ENCYCLOPÉDIE

MÉTHODIQUE,

O U

PAR ORDRE DE MATIÈRES;

PAR UNE SOCIÉTÉ DE GENS DE LETTRES, DE SAVANS ET D'ARTISTES;

Précédée d'un Vocabulaire universel, *servant de Table, pour tout* l'Ouvrage, *ornée des Portraits de* MM. DIDEROT & D'ALEMBERT, *premiers Éditeurs de l'*Encyclopédie.

ENCYCLOPÉDIE

MÉTHODIQUE.

JURISPRUDENCE,

DÉDIÉE ET PRÉSENTÉE

A MONSEIGNEUR *HUE DE MIROMESNIL*
GARDE DES SCEAUX DE FRANCE, &c.

TOME SIXIÈME.

A PARIS,

Chez PANCKOUCKE, Libraire, hôtel de Thou, rue des Poitevins.

A LIÈGE,

Chez PLOMTEUX, Imprimeur des États.

M. DCC. LXXXVI.

AVEC APPROBATION, ET PRIVILÈGE DU ROI.

MÉE, f. f. on donne quelquefois le nom de *mées* aux marches communes du Poitou & de la Bretagne ; mais on entend plus communément par-là le terrage que les seigneurs bretons ont droit de lever dans ces Marches communes sur les fonds roturiers.

On a vu, au mot MARCHES *communes*, que tout les fonds de ce petit pays étoient mouvans, moitié par indivis d'un seigneur poitevin, & moitié par indivis d'un seigneur breton. Les domaines roturiers y sont sujets à un terrage qui consiste dans la onzième gerbe au profit du seigneur Poitevin, & dans la dixième au profit du seigneur breton. La onzième gerbe du seigneur poitevin s'appelle *Touarçais*, parce qu'elle est due au seigneur de Thouars, ou à des seigneurs particuliers qui relevent, du moins pour la plupart, du duché de Thouars.

Quant au droit de *mée* des seigneurs bretons, Hullin prétend que la dénomination en provient de ce que, « l'évêché de Nantes, dans lequel » les marches sont situées, fut anciennement » divisé en deux archidiaconés, l'un appellé » *Nantois*, sous lequel est la ville de Nantes, & » l'autre est dit l'archidiaconé de la moitié d'outre-» Loire ; c'est ce qui est devers le Poitou, & ce » dernier, par mot corrompu, on le nomme à » présent archidiaconé de la *mée*, au lieu de pro-» noncer de la moitié, *de media parte*; & de-là » cette Bretagne des Marches a pris le nom de » *mée*, au lieu que convenablement elle eût pu » être dite Nantoise, comme le Poitou Thouar-» çois ». (*Traité de la Nature & usage des Marches*, *chap. 28*).

Pocquet de Livonniere critique cette interprétation, parce que, dit-il, l'archidiaconé de la *mée* comprend le territoire de l'évêché de Nantes, qui est à la droite de la rivière de Loire, en descendant du côté de la Bretagne, au lieu que Hullin le suppose à la gauche de la Loire, du côté du Poitou. (*Traité des Marches*, *chap. 1.*)

Quoi qu'il en soit, il y a tout lieu de croire que ce mot de *mée* a été donné au terrage du seigneur breton, parce qu'il partage son droit par indivis avec le seigneur poitevin. (*M. GARRAN DE COULON*, avocat au parlement.)

MÉFAIRE, v. act. (*terme de Droit cout.*) M. le Fevre Chantereau l'explique ainsi : « si le sei-» gneur vexoit intolérablement son vassal, & » manquoit à la protection qu'il lui devoit, il *mé-*» *faisoit*, c'est-à-dire, qu'il perdoit la seigneurie » qu'il avoit sur son vassal & sur son fief; dans » ce cas le vassal relevoit dans la suite, non du » seigneur dominant, mais du seigneur souverain, » dont relevoit son seigneur dominant; donc,

» ajoute notre jurisconsulte, les mots de *commise* » de fief & de *méfaire* sont relatifs; & toutes les » fois qu'ils sont employés dans les actes, ils con-» cluent autant l'un que l'autre, la feudalité, &c. » (*D. J.*)

MÉFAIT, ou MEFFAIT & MESFAIT, vieux termes qui signifient toute action contraire aux loix, aux mœurs & au bon ordre. Celui de *méfait* n'est plus en usage qu'au palais, où on l'emploie pour exprimer toute sorte de délits.

MEIX, ce mot paroît dérivé du latin barbare *mansus*, qui provient lui-même du verbe *manere*. Il désigne une métairie, une ferme, c'est-à-dire, un domaine composé d'une maison & d'une certaine quantité de terres labourables. Il est beaucoup question de ces *meix*, dans les coutumes de Bourgogne, duché & comté, au titre des mainmortes. « On trouve, dit Dunod, dans nos an-» ciens titres & terriers, que les *meix* sont com-» posés d'un tenement avec ses aisances, & d'une » certaine quantité de terre, pour occuper un » ou deux laboureurs, & dans lesquels ceux qui » les tiennent à perpétuité, sont appellés *meiniers* ». (*Observations sur la coutume de Bourgogne*, *titre des cens*, *n. 5.*)

« Nous trouvons, dit encore cet auteur, dans » les anciens titres, que le terme *meix* signifie » l'habitation d'un homme, jointe à autant de » terre qu'il en faut pour occuper & nourrir un sujet » avec son ménage. Ils nomment *meigniers* d'un » seigneur, ceux qui tiennent de lui une habita-» tion & des terres, & ils appellent *cens de meix* » le gros cens solidaire & indivisible, dont l'héri-» tage & les terres qui en dépendent, ont été » originairement chargés; mais que les héritiers, » ou les tiers-acquéreurs, ont égalé entre eux, » dans le partage qu'ils ont fait des terres du *meix*. » Nous appellons aussi du nom de *meix*, les mai-» sons d'un village avec leurs jardins, vergers & » autres dépendances, soit qu'elles soient actuel-» lement en état ou en ruine, & les places même » qui sont entre les quatre croix des villages, parce » qu'elles sont destinées à y faire des maisons pour » les sujets ». (*Traité de la main-morte*, *chap. 2*, *sect. 3*, *dist. 1.*)

Dom Carpentier dit aussi, dans son Glossaire françois, qu'on donne le nom de *meix* à des terres cultivées & préparées pour la semence; il cite un extrait de la chambre des comptes, qui dit que *les terres amprail, & les terres en meix, valent par an 5 s.* (*M. GARRAN DE COULON*, avocat au parlement).

MÉLIORATION, f. f. (*Grammaire & Jurisprud.*) en terme de palais, signifie toute impense que l'on a faite pour rendre un héritage meilleur, comme d'avoir réparé les bâtimens, d'y avoir ajouté quelque nouvelle conftruction ; d'avoir fumé, marné, ouamandé autrement les terres ; d'avoir fait des plants d'arbres fruitiers ou de bois. *Voyez* FRUITS, IMPENSES, RESTITUTION. (*A*)

MELTE , les anciennes chartes de Hainaut, chap. 69, 73 & 74 ; & les coutumes de Mons, chap. 12, 13 & 4t, fe fervent de ce mot. L'apoftille mife au chap. 69 des chartres de Hainaut, & Ragueau dans fon indice, difent que la *melte* fignifie le territoire du juge, *aliàs la melte*, & étendue de fa jurifdiction. (*M. GARRAN DE COULON, avocat au parlement.*)

MEMBRE DE HAUBERT. On appelle ainfi une portion d'un plein fief de *haubert* ; ces portions ne doivent pas être moindres d'un huitième; autrement elles ne feroient plus réputées nobles, mais roturières.

On entend communément fous ce mot de *membres de haubert*, les portions aliquotes, telles qu'une moitié, un quart, un huitième de *haubert*; mais il y a auffi des vavaffories qui font tenues à foi & hommage, & qui ayant *cour & ufage*, c'eft-à-dire jurifdiction, font de véritables fiefs nobles, quoiqu'elles ne forment pas des portions aliquotes d'un fief de haubert. *Voyez* FIEF de haubert & VAVASSORIE. (*M. GARRAN DE COULON, avocat au parlement.*)

MÉMOIRE , f. f. (*en Droit*,) fignifie la bonne ou mauvaife réputation qu'on laiffe après foi.

On fait le procès au cadavre ou à la *mémoire* des criminels de lèfe-majefté divine ou humaine, de ceux qui ont été tués en duel, qui ont été homicides d'eux-mêmes, qui ont été tués en faifant rebellion à juftice avec force ouverte; & pour cet effet on nomme un curateur au cadavre ou à la *mémoire* du défunt. *Voyez* CADAVRE.

La veuve, les enfans & parens d'un condamné par fentence de contumace, & décédé avant les cinq ans, à compter du jour de fon exécution, peuvent appeller de la fentence, à l'effet de purger la *mémoire* du défunt, s'ils prétendent qu'il a été condamné injuftement. *Voyez* CONTUMACE.

On brûle le procès de ceux qui ont commis des crimes atroces, pour effacer la *mémoire* de leur crime. (*A*)

MÉMOIRE ou FACTUM, f. m. eft un écrit ordinairement imprimé, & contenant le fait & les moyens d'une caufe, inftance ou procès. *Voyez* FACTUM. (*A*).

MÉMOIRE DE FRAIS, fe dit, en terme de pratique de l'état des frais, débourfés, vacations & droits dus à un procureur, par une partie. Ce *mémoire* diffère de la déclaration de dépens, en ce que celle-ci eft fignifiée au procureur adverfe, & que l'on n'y comprend que les frais qui entrent en taxe; au lieu que, dans le *mémoire* de frais, le procureur comprend en général tout ce qui lui eft dû par la partie, comme les ports de lettres & autres faux-frais, & ce qui lui eft dû pour fes peines, foins & vacations extraordinaires, & autres chofes qui n'entrent point en taxe. *Voyez* DÉPENS. (*A*)

MENACE , f. f. (*Code criminel*.) eft toute parole ou gefte dont on fe fert pour faire connoître à quelqu'un le mal qu'on lui prépare.

Des *menaces* faites antérieurement à une perfonne offenfée, forment une préfomption confidérable que l'auteur de ces *menaces* a commis l'offenfe, fur-tout lorfqu'elles font accompagnées d'autres indices, & que celui qui les a faites eft d'une mauvaife réputation.

Cette préfomption a particuliérement lieu en matière d'homicide, pourvu néanmoins qu'il ne fe foit pas écoulé un long intervalle entre les *menaces* & le délit qui les a fuivies, & que le délit qu'elles ont précédé y foit relatif.

L'ordonnance de 1667 veut qu'un juge puiffe être récufé pour *menace* par lui faite verbalement ou par écrit depuis l'inftance, ou dans les fix mois antérieurs à la récufation propofée.

La preuve des *menaces* peut fe faire par des témoins de faits finguliers, pourvu qu'ils foient d'accord fur leur qualité, quand bien même elles auroient été faites en différens temps & en différens lieux.

Les *menaces* violentes & capables d'intimider des gens courageux, fe pourfuivent par la voie d'information, & doivent être punies févérement. On trouve des arrêts du parlement de Paris & de Dijon, qui ont condamné aux galères perpétuelles, des particuliers qui avoient jetté dans ces maifons des billets menaçans.

Quand la colère ou la crainte de perdre un établiffement ont donné lieu aux *menaces*, on en modère la peine. Mathieu Augeard rapporte un arrêt rendu au parlement de Paris le 26 feptembre 1700, par lequel un fermier, pour avoir menacé de tuer les laboureurs qui fe préfentoient pour être fermiers à fa place, & de brûler leurs maifons, fut feulement condamné à cent livres de dommages & intérêts, avec défenfe de récidiver, fous peine de punition corporelle.

Quand on veut fe fouftraire à l'effet des *menaces* de quelqu'un, contre lequel on a obtenu une réparation pour une offenfe antérieure, on peut demander aux juges un affurement ou fauve-garde pour être mis fous la protection de la juftice. Si l'accufé vient enfuite à infulter celui qui a obtenu la fauve-garde, il doit être puni plus févérement qu'il ne l'eût été fans cette circonftance. La raifon en eft, qu'il y a, en cas pareil, attentat contre l'autorité publique. Auffi la coutume de la Marche dit-elle, qu'*infraction d'affurement* emporte la peine de la hart. *Voyez* INJURE, SAUVE-GARDE.

MENCAUDÉE ou MENCAULDÉE : il en eft queftion dans la coutume de Lens, locale d'Artois : c'eft une mefure de terre, qui tire fon nom de ce qu'on y fème un *mencaud* de bled. *Voyez* fur cette mefure de grains, les notes que Maillard a jointes au commentaire de Goffon, fur l'article 6 de la coutume d'Artois. (*M. GARRAN DE COULON*, *avocat au parlement.*)

MENDIANT, f. m. (*Police*), gueux ou vagabond de profeſſion, qui demande l'aumône par oiſiveté & par fainéantiſe, au lieu de gagner ſa vie par le travail.

Les légiſlateurs des nations ont toujours eu ſoin de publier des loix pour prévenir l'indigence, & pour exercer les devoirs de l'humanité envers ceux qui ſe trouveroient malheureuſement affligés par des embrâſemens, par des inondations, par la ſtérilité, ou par les ravages de la guerre; mais convaincus que l'oiſiveté conduit à la miſere plus fréquemment & plus inévitablement que toute autre choſe, ils l'aſſujettirent à des peines rigoureuſes.

Les Egyptiens, dit Hérodote, ne ſouffroient ni *mendians* ni fainéans, ſous aucun prétexte. Amaſis avoit établi des juges de police dans chaque canton, pardevant leſquels tous les habitans du pays étoient obligés de comparoître de temps en temps, pour leur rendre compte de leur profeſſion, de l'état de leur famille, & de la maniere dont ils l'entretenoient; & ceux qui ſe trouvoient convaincus de fainéantiſe, étoient condamnés comme des ſujets nuiſibles à l'état. Afin d'ôter tout prétexte d'oiſiveté, les intendans des provinces étoient chargés d'entretenir, chacun dans leur diſtrict, des ouvrages publics, où ceux qui n'avoient point d'occupation, étoient obligés de travailler. *Vous êtes des gens de loiſir*, diſoient leurs commiſſaires, aux Iſraélites, en les contraignant de fournir chaque jour un certain nombre de briques; & les fameuſes pyramides ſont en partie le fruit des travaux de ces ouvriers qui ſeroient demeurés ſans cela dans l'inaction & dans la miſere.

Le même eſprit régnoit chez les Grecs. Lycurgue ne ſouffroit point de ſujets inutiles; il régla les obligations de chaque particulier conformément à ſes forces & à ſon induſtrie. Il n'y aura point dans notre état de *mendiant* ni de vagabond, dit Platon; & ſi quelqu'un prend ce métier, les gouverneurs des provinces le feront ſortir du pays.

Les anciens Romains attachés au bien public, établirent pour une première fonction de leurs cenſeurs de veiller ſur les *mendians* & les vagabonds, & de faire rendre compte aux citoyens de leur temps. *Cavebant ne quis otioſus in urbe oberraret*. Ceux qu'ils trouvoient en faute étoient condamnés aux mines ou autres ouvrages publics. Ils ſe perſuadèrent que c'étoit mal placer ſa libéralité, que de l'exercer envers les *mendians* capables de gagner leur vie. C'eſt Plaute lui-même qui débite cette ſentence ſur le théâtre. *De mendico malè meretur qui dat ei quod edat aut bibat; nam & illud quod perdit, & producit illi vitam ad miſeriam.* En effet, il ne faut que dans une ſociété policée, des hommes pauvres, ſans induſtrie, ſans travail, ſe trouvent vêtus & nourris; les autres s'imagine-

roient bientôt qu'il eſt heureux de ne rien faire, & reſteroient dans l'oiſiveté.

Ce n'eſt donc pas par dureté de cœur que les anciens puniſſoient ce vice, c'étoit par un principe d'équité naturelle; ils portoient la plus grande humanité envers leurs véritables pauvres qui tomboient dans l'indigence ou par la vieilleſſe, ou par des infirmités, ou par des événemens malheureux. Chaque famille veilloit avec attention ſur ceux de leurs parens ou de leurs alliés qui étoient dans le beſoin, & ils ne négligeoient rien pour les empêcher de s'abandonner à la mendicité qui leur paroiſſoit pire que la mort : *malim mori quàm mendicare*, dit l'un d'eux. Chez les Athéniens, les pauvres invalides recevoient tous les jours du tréſor public deux oboles pour leur entretien. Dans la plûpart des ſacrifices il y avoit une portion de la victime qui leur étoit réſervée; & dans ceux qui s'offroient tous les mois à la déeſſe Hécate par les perſonnes riches, on y joignoit un certain nombre de pains & de proviſions; mais ces ſortes de charités ne regardoient que les pauvres invalides, & nullement ceux qui pouvoient gagner leur vie. Quand Ulyſſe, dans l'équipage de *mendiant*, ſe préſente à Eurimaque, ce prince le voyant fort & robuſte, lui offre du travail, & de le payer; ſinon, dit-il, je t'abandonne à ta mauvaiſe fortune. Ce principe étoit ſi bien gravé dans l'eſprit des Romains, que leurs loix portoient qu'il valoit mieux laiſſer périr de faim les vagabonds, que les entretenir dans leur fainéantiſe. *Potiùs expedit*, dit la loi, *inertes fame perire, quàm in ignaviâ fovere*.

Conſtantin fit un grand tort à l'état, en publiant des édits pour l'entretien de tous les chrétiens qui avoient été condamnés à l'eſclavage, aux mines, ou dans les priſons, & en leur faiſant bâtir des hôpitaux ſpacieux, où tout le monde fût reçu. Pluſieurs d'entre eux aimèrent mieux courir le pays ſous différens prétextes; & offrant aux yeux les ſtigmates de leurs chaînes, ils trouvèrent le moyen de ſe faire une profeſſion lucrative de la mendicité, qui auparavant étoit punie par les loix. Enfin les fainéans & les libertins embraſſèrent cette profeſſion avec tant de licence, que les empereurs des ſiècles ſuivans furent contraints d'autoriſer par leurs loix les particuliers à arrêter tous les *mendians* valides, pour ſe les approprier en qualité d'eſclaves ou de ſerfs perpétuels. Charlemagne interdit auſſi la mendicité vagabonde, avec défenſe de nourrir aucun *mendiant* valide qui refuſeroit de travailler.

Des édits ſemblables contre les *mendians* & les vagabonds, ont été cent fois renouvellés en France, & auſſi inutilement qu'ils le ſeront toujours, tant qu'on n'y remédiera pas d'une autre manière, & tant que les maiſons de travail ne ſeront pas établies dans chaque province, pour arrêter efficacement les progrès du mal. Tel eſt l'effet de l'habitude d'une grande miſere, que l'état de *mendiant* & de

A 2

vagabond attache les hommes qui ont eu la lâcheté de l'embrasser ; c'est par cette raison que ce métier, école du vol, se multiplie & se perpétue de père en fils. Le châtiment devient d'autant plus nécessaire à leur égard, que leur exemple est contagieux. La loi les punit par cela seul qu'ils sont vagabonds & sans aveu ; pourquoi attendre qu'ils soient encore voleurs, & se mettre dans la nécessité de les faire périr par les supplices ? Pourquoi n'en pas faire de bonne heure des travailleurs utiles au public ? Faut-il attendre que les hommes soient criminels, pour connoître de leurs actions ? Combien de forfaits épargnés à la société, si les premiers déréglemens eussent été réprimés par la crainte d'être renfermés pour travailler, comme cela se pratique dans les pays voisins !

Une des principales loix portées en France contre les *mendians*, est la déclaration du 18 juillet 1724, qui enjoignoit à tous les *mendians* de l'un & l'autre sexe, valides & capables de gagner leur vie par leur travail, de s'adonner à quelque ouvrage ou métier, qui pût les faire subsister.

On ordonna en même temps aux *mendians* invalides, de se présenter aux hôpitaux les plus prochains de leurs demeures, pour y être reçus gratuitement, & employés à des ouvrages proportionnés à leur âge & à leurs forces.

Des réglemens postérieurs ont ensuite ordonné que les *mendians* qui seroient arrêtés, demandant l'aumône avec insolence ; ceux qui se diroient faussement soldats, ou qui seroient porteurs de faux congés ; ceux qui, arrêtés & conduits à l'hôpital, auroient déguisé leur nom & leur pays ; ceux qui feindroient d'être estropiés, ou des maladies qu'ils n'auroient pas ; ceux qui se seroient attroupés audessus du nombre de quatre, non compris les enfans, soit dans les villes, soit dans les campagnes, ou qui auroient été trouvés armés de fusils, pistolets, épées, bâtons ferrés ou autres armes ; ceux enfin qui se trouveroient flétris par une marque infamante, quoiqu'arrêtés *mendiant* pour la première fois, seroient condamnés, les hommes valides aux galères au moins pour cinq ans, & les femmes & hommes invalides, au fouet dans l'intérieur de l'hôpital, & à une détention à temps ou à perpétuité, suivant l'exigence des cas.

Les officiers, huissiers ou autres qui favorisent la *mendicité* en prévariquant dans leurs fonctions, doivent être punis sévérement : un arrêt du 26 mars 1737 a condamné François-Vincent Loyer, commandant des archers de l'hôpital, préposés pour arrêter les *mendians*, à être attaché trois jours de suite au carcan, & à trois ans de galères, pour avoir, moyennant de l'argent, accordé à des *mendians* la liberté de *mendier* impunément.

Le 3 août 1764, une nouvelle déclaration a ordonné que tous les vagabonds & gens sans aveu, ceux qui depuis six mois n'auront exercé ni profession ni métier, & qui n'ayant aucun état ni aucun bien pour subsister, ne pourront être avoués ou

faire certifier de leurs bonne vie & mœurs par personnes dignes de foi, seront arrêtés & conduits dans les prisons, soit qu'ils soient *mendians* ou non *mendians*, & que leur procès leur sera fait en dernier ressort, par les prévôts des maréchaux ou les présidiaux.

Les *mendians* ainsi arrêtés, encore bien qu'ils ne fussent prévenus d'aucun crime ou délit, doivent être condamnés, les hommes valides, depuis seize ans & au-dessus, jusqu'à soixante-dix commencés, à trois années de galères ; ceux de soixante-dix ans & au-dessus, les infirmes, les filles & femmes, à être renfermés pendant le même temps dans l'hôpital le plus prochain ; les enfans au-dessous de seize ans, à être renfermés dans les hôpitaux, pour y être instruits, élevés & nourris, sans pouvoir être mis en liberté que par les ordres du roi.

Les *mendians* qui, après l'expiration du terme de leur condamnation, sont arrêtés de nouveau, & convaincus d'avoir repris le même genre de vie, doivent être condamnés aux galères ou à une détention de neuf ans, & en cas de récidive, à perpétuité.

Pour obvier à la *mendicité*, cette même loi exigeoit que le *mendiant* mis dehors après trois années de captivité, fût tenu de choisir un domicile fixe & certain, & par préférence celui de sa naissance, & de s'y occuper de quelque métier ou travail, qui pût le mettre en état de subsister : elle leur défendoit en même temps de s'établir dans la ville de Paris, & dans les dix lieues de la résidence du roi.

En Artois, conformément aux ordonnances des anciens souverains, confirmées par un arrêt du conseil du 10 septembre 1771, chaque bourg ou village est tenu de la subsistance & de l'entretien de ses pauvres, ceux qui sont arrêtés & conduits dans les prisons royales, y sont nourris à raison de cinq sous par jour pour chacun d'eux : les frais nécessaires pour cet objet sont acquittés par les états de la province, qui les répètent à la fin de chaque année sur la communauté du domicile de chaque *mendiant*.

Tous les ans au mois d'octobre, les gens de loi de la principale seigneurie des bourgs ou villages, en présence du lieutenant de chacune des autres seigneuries, & du curé de la paroisse, dressent un rôle de tous les pauvres ménages, dans lequel ils font mention du nombre & de l'âge des pauvres, des secours en pain qui leur seront nécessaires, déduction faite de ce qu'ils peuvent gagner par leur travail, des sommes qu'ils jugent également nécessaires pour les cas de maladie & les besoins imprévus : les secours en pain sont distribués en nature, ceux en argent sont donnés sur un mandat signé du curé & de l'un des gens de loi.

Les mesures prises par les loix dont nous venons de parler, n'ont point empêché qu'il ne se trouve à Paris un grand nombre de *mendians* des deux sexes, qui demandoient l'aumône avec audace & importunité : c'est pour faire cesser entièrement cette *mendicité*, qui est toujours la source de beaucoup de crimes, qu'une ordonnance du 27 juillet 1777 a enjoint à tous les *mendians* de l'un & de l'autre sexe de se retirer dans le lieu de leur naissance, & de s'y adonner à une profession qui puisse les nourrir, sous peine, à l'égard de ceux qui n'y auront pas satisfait dans le délai de quinzaine, d'être conduits dans les maisons de force pour y rester tant & si longuement qu'il sera jugé nécessaire.

La même loi excepte seulement les aveugles de l'hôpital des Quinze-vingts, & les pauvres appellés *troniers*, à qui elle permet de se tenir aux portes des églises, pour y recevoir les aumônes qui leur seront données, sans pouvoir *mendier* dans les églises & dans les rues ; elle veut aussi que les pauvres valides soient reçus dans les atteliers de charité, que le roi a établis dans les différentes paroisses de la ville & fauxbourgs, & que les infirmes & invalides soient admis dans les hôpitaux.

En 1778, les échevins de la ville de Douai ont formé, d'après les vues de M. de Calonne, premier président du parlement de Flandres, un établissement dont le but étoit de bannir la *mendicité* : les avantages qui en sont résultés, ont engagé le roi à en assurer la stabilité par des lettres-patentes du mois de janvier 1784, qui contiennent un réglement bien digne d'être connu : sa longueur nous empêche de l'insérer ici, & il nous suffit de l'indiquer.

ADDITION au mot MENDIANT. On sent & l'on connoît si bien la nécessité du travail, que toute recherche ou réflexion pour la démontrer, deviendroit une répétition peut-être aussi fastidieuse que superflue : ceux des riches, que le souvenir de leurs frères pauvres empêche d'oublier leurs premiers devoirs, sont loin de se croire exempts de cette loi commune & universelle : on sait également que la recommandation de ce travail, indispensable pour tout être soumis à des besoins, se trouve dans les écrits du plus grand poids & de la plus haute antiquité. Moyse entre les écrivains sacrés, Hésiode parmi les profanes, sont deux garans qu'il suffit de nommer : l'infraction de ce precepte si naturel n'en pas, à beaucoup près, l'unique source de l'indigence ; mais elle en est la cause la plus ordinaire & la plus générale : le titre de cet article annonce assez que nous ne parlerons point de cette détresse digne d'égard & de commisération qui provient seulement des malheurs de toute espèce, dont le mortel le plus estimable n'est pas toujours le plus exempt : il s'agira moins encore de cette pauvreté honorable, qui n'est que le fruit de la constance, du désintéressement, de la générosité, qui long-temps avant & depuis les Aristides & les Phocions, les Fabius & les Curius, a servi de véhicule & d'apanage à la piété la plus solide, au plus noble héroïsme, au patriotisme le plus pur, à la plus saine philosophie.

Qu'il étoit habile & clairvoyant cet antique instituteur de la religion des Mages, qui parvint à convaincre ses disciples, que faire un enfant, labourer un champ & planter un arbre, étoient les actes de l'homme les plus agréables à la Divinité !

De temps immémorial & conformément aux coutumes établies depuis les siècles si reculés où l'on place l'existence du premier des Zoroastres, les Guèbres, successeurs des anciens Persans, partagent avec les sectateurs de Moyse, l'avantage de n'avoir point chez eux de pauvres qui demandent leur pain : la sagesse égyptienne avoit pareillement extirpé cet abus, en ne souffrant aucun citoyen sans occupation ni vacation : les plus fameux législateurs de la Grèce, Dracon, Solon, Platon, poursuivirent avec la même rigueur la fainéantise & la *mendicité*, qu'Aristophane appelle le plus pernicieux animal du monde. L'ancienne Rome avoit pris contre elle des précautions plus efficaces ou plus heureuses que celles de Rome moderne. Je ne connois aucun pays, aucun siècle où l'on ne l'ait regardée comme un fléau : les Germains, au rapport de Tacite, quoique paresseux en général, plongeoient les fainéans de profession dans la bourbe de leurs marais & les y laissoient expirer : on sait quelle rude épreuve les Hollandois font subir à leurs *mendians* : si quelqu'un, disoit un empereur de la Chine, ennemi des sages maximes de Confucius, vit dans nos états sans travail, un autre de mes sujets languit dans la souffrance.

La fourmi travaille sans relâche : les abeilles ont des piqueures pour réveiller les indolentes ; irons-nous à ces animaux, serois-je tenté de demander avec le prieur de Pluche, irons-nous en qualité de paresseux pour nous instruire, ou en qualité de curieux pour admirer ?

La translation de quelques fêtes aux dimanches, la sollicitation, la concession de quelques secours de la part du gouvernement, les cotisations libres & volontaires des particuliers, les atteliers de charité, des bureaux d'avances ou de prêts sans intérêt quoique avec nantissement, différens ouvrages d'industrie, des défrichemens de landes, des curemens de canaux, de rivières & d'étangs, quelques réparations de pavés, de chemins ou de bâtimens publics, la surveillance ou les commissariats alternatifs des personnes les plus charitables & les plus éclairées des deux sexes, le concours & l'appui des pouvoirs ecclésiastiques, municipaux, & judiciaires, tels sont en substance les projets que nous avons eu l'honneur de proposer & la satisfaction de voir réussir dans quelques villes, qui, moyennant certaines modifications & corrections adaptées aux biens & aux circonstances, ont soulagé l'indigence, & presque éteint la *mendicité* par des secours distribués avec choix & discernement, en même temps qu'elles ont tranquillisé la société, en la purgeant des vagabonds & fainéans qui ne vouloient pas se corriger : on peut encore appliquer les moins utiles des édifices & revenus conventuels à des institutions charitables, d'après les exemples donnés par le pape, & les conseils renouvellés dans le traité d'économie politique du vicomte de la Maillardiere : il faudroit aussi, comme l'ont senti les patriotes abbés de Saint-Pierre & Baudeau, une composition aisée ou une considération honorable à la commiſſion générale établie pour les pauvres du royaume, commiſſion avec laquelle correſpondroient tous les hôpitaux, & tous les bureaux de charité.

N'ayant pas la petite & burleſque manie d'être exclufivement attachés à nos opinions, auxquelles on peut ajouter ou retrancher ſans nous déplaire, nous fîmes imprimer une partie de ces plans en 1774, dans le deſſein de réveiller d'une manière non ſtérile, les idées publiques ſur un objet auſſi intéreſſant pour la ſociété : depuis la publicité de cette foible production, nous avons trouvé des lumières bien ſupérieures dans les inſtructions & modèles que préſentent l'adminiſtration de l'hoſpice dirigé par madame Necker, celle de la paroiſſe de ſaint Sulpice ſous un digne ſucceſſeur de Languet, celle d'une paroiſſe de l'Alançonnois ſous un eſtimable paſteur, M. Colombel, celle enfin du dépôt de Soiſſons ſi ſagement, ſi exemplairement gouverné par M. l'abbé de Montlinot : nous ne doutons pas que l'analyſe raiſonnée de ces quatre établiſſemens, conſignée dans pluſieurs écrits périodiques, ne le ſoit auſſi dans la partie économique & morale de l'Encyclopédie : ainſi nous allons nous borner dans cet article de juriſprudence, à extraire de la mémoire & quelques notes pourront nous rappeller d'un *mémoire ſur les vagabonds & les mendians*, imprimé à Paris & à Soiſſons en 1764, & l'un des meilleurs que nous ayons lû juſqu'à ce mois de mai 1785, ſans en excepter le bon morceau que Pluche a donné ſur le même ſujet dans le fixième volume de ſon *Spectacle de la nature*, *entretien 7*, ni les traits lumineux ſemés dans le grand livre de M. Necker ſur l'adminiſtration des finances, livre qui ſervira probablement aux critiques, quoique celles-ci ne ſoient pas toujours à beaucoup près, dénuées de juſteſſe & de fondement.

La première partie de ce mémoire de 1764 renferme l'affreux tableau des excès & des crimes commis par les vagabonds, des maux infinis & de toute eſpèce qu'ils cauſent par tout où ils ſe répandent : tant que le vagabonnage ſubſiſte, les laboureurs ſont toujours en danger de leurs biens, ou même de leur vie.

Dans la deuxième partie, l'auteur expoſe les différentes meſures que le gouvernement a priſes en divers temps contre les vagabonds, & marque auſſi l'inſuffiſance de ces tentatives : il paroit que c'eſt Charles VII, qui, preſque auſſi-tôt après les guerres contre les Anglois, a le premier établi des maréchauſſées pour purger les provinces des gens de guerre congédiés & ſans emploi, leſquels mettoient le pays au pillage ou à contribution : on peut ſe rappeller ici le bon ordre que Louis XII rétablit dans l'intérieur du royaume dont il étoit le père, en faiſant pendre un gendarme de cette eſpèce.

Le judicieux auteur du mémoire ſe garde bien de confondre un vagabond avec un *mendiant domicilié* : il prouve que les reſſources qu'on a préſentées aux *mendians*, n'ont jamais eu de ſtabilité ; qu'on n'a puni que les récidives, & cela ſans prendre de pré-

caution pour la reconnoître ; qu'enfin les hôpitaux n'ont jamais été mis en état de nourrir ceux qu'on ordonnoit y être renfermés.

La troiſième partie traite de l'unique moyen de réprimer les vagabonds : la défenſe de donner l'aumône à peine de 50 livres, portée dans la déclaration de 1700, n'a jamais été exécutée & n'eſt pas de nature à l'être. La condamnation aux galères (ou aux travaux publics) eſt la ſeule peine efficace contre les vagabonds : la déclaration du 28 janvier 1687 a déjà prononcé cette peine contre eux : cette loi n'a jamais été révoquée ; mais ſeulement obſcurcie & comme oubliée dans la foule des réglemens poſtérieurs. Les juges étoient dans le cas d'y revenir d'eux-mêmes & de prononcer en conformité dès qu'ils ont vu que les meſures priſes par les déclarations de 1700 & 1724 ne pouvoient plus avoir d'exécution, vu la ceſſation des ouvrages publics & la ſouſtraction des ſecours accordés aux hôpitaux : l'ordonnance de Blois, *art. 360*, défend à tous cabaretiers de loger des gens ſans aveu plus d'une nuit, *ſur peine des galères*, & leur enjoint, ſur pareille peine, de venir les révéler à la juſtice : il ſe commet (1) peut-être tous les ans dans le royaume par des vagabonds, deux cens cinquante aſſaſſinats : c'eſt en un ſiècle vingt-cinq mille citoyens enlevés à la ſociété : ſi l'on exécute par an 60 ou 80 vagabonds au temps de ces aſſaſſinats, de vol ou d'incendies, c'eſt encore par ſiècle 6 ou 8000 ſujets que l'état perd : la punition de 50 vagabonds qu'on eût envoyés tous les ans aux galères, eût épargné ces crimes, & conſervé la vie de tous ces citoyens : les juges prononçant toujours la peine des galères, cette peine ſera cenſée accomplie par l'emploi & la diſtribution qu'il plaira au roi d'en faire. On marquera (2) les galériens au front, de la lettre G, pour éviter les évaſions qu'on punira ſévérement, & même de mort. L'auteur conſeille pour les déſerteurs la même punition que pour les vagabonds. Cette vue qu'avoit auſſi propoſée le comte de la Noue de Vair, au chap. 50 des *nouvelles Conſtitutions militaires*, a été remplie dans une des ordonnances publiées ſous le miniſtère du comte de S. Germain.

La déclaration du 28 janvier 1681 prononce

----

(1) N'oubliez jamais, dit M. le chevalier Deſlandes, dans ſon Diſcours ſur la révolution de l'Amérique ſeptentrionale : « n'oubliez jamais.... qu'il arrive preſque » toujours que celui qui eſt devenu voſeur & aſſaſſin, » ſeroit mort le cœur innocent & les mains pures, » ſi la ſociété ne l'eût pas abandonné ; que ſi les mi- » ſérables ſont la honte & le fléau de leurs conci- » toyens, les loix par leur indifférence, les riches » par leur dureté, ſont coupables des crimes qui for- » cent la patrie gémiſſante d'envoyer un ſi grand nom- » bre de ſes enfans, au gibet ou à l'échaffaud ».

(2) Toujours pénétré du ſentiment & des devoirs de l'humanité, je n'adopterois cette marque infamante & cruelle que pour les plus mauvais ſujets, pour ceux dont le délit de vagabonnage ou de déſertion ſeroit encore aggravé par certaines circonſtances & certains excès.

contre les femmes vagabondes la peine du fouet, de la flétriſſure & du banniſſement. Moyen dur & inſuffiſant: on pourroit les occuper dans des maiſons de force, à des travaux de main-d'œuvre; borner à cinq ans leur récluſion, & même permettre aux juges de l'abréger avec connoiſſance de cauſe, pour celles qui travailleroient, obéiroient & promettroient le mieux. La maréchauſſée ou les gens de la campagne, arrêteront les vagabonds. On ne paiera que deux hommes pour en amener un, vingt ſols par lieue peuvent ſuffire. Certes, on ne regrettera point cet argent modique·& utilement employé, puiſque l'on donne bien 10 liv. de récompenſe pour la tête d'un loup. On pourroit faire un établiſſement d'archers dans chaque paroiſſe: ils feroient choiſis parmi les habitans; on préféreroit ceux qui auroient ſervi le roi. Ils feroient exempts de corvée, modérés à la taille, & pourroient, dans le temps de la récolte, faire une quête dans la paroiſſe. (A cette quête onéreuſe pour qui donne, aviliſſante pour qui reçoit, nous ſubſtituerions des appointemens ou rétributions fixes. Le peuple n'eſt déjà que trop écraſé de quêtes monachales & ſacerdotales, impôt ſourd & plus fort en certains lieux que la taille & la capitation. Il faudroit réſerver cette reſſource pour les accidens ou calamités extraordinaires, telles qu'incendies, grêles, inondations. De plus, quelle inconſéquence de permettre la quête à ceux qui doivent empêcher ou reſtreindre la mendicité!) On donneroit un mois de délai par la déclaration projettée dans le mémoire, afin que les vagabonds euſſent le temps de ſe reconnoître, de ſe retirer, de prendre un meilleur train de vie. On pourroit agir mollement le ſecond mois, & répandre dans la campagne les ſentences de ceux qui auroient été pris: la terreur gagneroit & corrigeroit les autres.

Dans la quatrième partie, on propoſe de tolérer la mendicité, diſtincte du vagabonnage, en la ſoumettant à une police. Tout mendiant portera ſur lui la permiſſion qui s'étendra ſur un petit nombre de paroiſſes circonvoiſines: il ſera tenu de la montrer à quiconque voudra la voir. Chaque *mendiant* aura de plus, un numéro diſtinctif, ſon nom ſera inféré dans un regiſtre: à meſure qu'un *mendiant* mourra, le ſyndic de la paroiſſe effacera ſon nom (3). Tous les dix ans,

on fera un nouveau regiſtre, & on brûlera l'ancien, pour ménager les enfans & la famille. Les *mendians* ne ſeront jamais armés: les enfans pourront demander l'aumône ſans conſéquence juſqu'à 12 ans. [Ici nous prions ſpécialement le lecteur de voir notre note (4).] Paſſé cet âge, il leur faudra une permiſſion en règle. Le formulaire de ces permiſſions, tel qu'il eſt propoſé par l'auteur, m'échappe; mais j'en ai dit aſſez pour convaincre que ce projet, outre qu'il pourvoit à l'entretien des miſérables hors d'état de gagner leur vie, préſente encore l'avantage de faciliter la répreſſion des vagabonds qui ſe verront pourſuivis ou dénoncés par les *mendians* domiciliés, auxquels ils pourroient faire tort. Cette engeance, moins digne de commiſération que de châtiment, ſera très-déconcertée, lorſque tous les habitans d'un canton, prévenus au prône de leurs paroiſſes, s'accorderont à ne donner l'aumône qu'à des pauvres munis du billet de permiſſion & du numéro diſtinctif. Ceux qui, comme de raiſon, ne ſeront que des gens très-néceſſiteux & très-infirmes, ne partageront cependant pas aux charités diſtribuées dans les paroiſſes. La deſtination de ces dernieres charités ſera pour les pauvres honteux, ou pour les familles indigentes qui auront peine à vivre de leur travail.

Nous terminons cette courte & fidelle analyſe d'un ouvrage rempli de vues patriotiques, par une phraſe énergique de d'Alembert, dans ſon *Eloge de Montesquieu*. « Malheureux le pays où » la multitude des hôpitaux & des monaſteres, » qui ne font que des hôpitaux perpétuels, fait » que tout le monde eſt à ſon aiſe, excepté ceux » qui travaillent »! On peut auſſi comparer *l'Eſprit des loix*, liv. 23, chap. 29, avec *l'Offrande à l'humanité*, par M. *Briatte*, un long extrait ſe trouve au numéro 70 des Annales de M. Linguet.

Occupés de tous les moyens de diminuer l'indigence & la mendicité, nous remarquerons, en finiſſant l'article, que rien n'eſt plus propre à les augmenter, que l'excès & la multiplicité des emprunts publics. Si les emprunts ſont perpétuels, l'état eſt grevé; s'ils ſont viagers, les fortunes particulieres ſont pompées par le fiſc. Combien

---

(3) Cette idée m'en ſuggère une autre. Ce feroit de l'adapter aux regiſtres criminels, ſur tous les noms concernant leſquels, après vingt ans d'exécution, il n'y auroit ni tentative, ni apparence de réhabilitation. Je crois auſſi qu'excepté pour les crimes de lèſe-majeſté au premier chef, les copies d'arrêts criés & affichés, moins encore les papiers publics, ne devroient jamais renfermer le nom des victimes que la loi condamne à des ſupplices auſſi convenables pour l'exemple & le repos général, qu'ignominieux & cruels pour leurs individus & leurs familles. Ce n'eſt pas ici le lieu de

développer nos autres idées ſur une réforme bien déſirable dans notre juriſprudence criminelle encore barbare.

(4) Afin d'exciter le travail & de bannir la fainéantiſe, ne pourroit-on pas aſtreindre à une eſpèce de tirage, ſoit pour l'état de mouſſe, ſoit pour celui d'apprenti à une beſogne quelconque, dans une maiſon de force, mais ſeulement l'eſpace de deux ans, tous ceux des enfans mâles du petit peuple des villes, entre 9 & 18 ans, qui n'auroient ni occupation, ni métier, ni même apprentiſſage, & qui refuſeroient de ſe rendre aux ateliers de charité, dans les lieux où il en exiſteroit? Cette police ou cette loi ne ſentiroit en rien l'eſclavage, puiſque l'enrôlement ou la punition auroit un terme aſſez court, & ne porteroit que ſur les déſœuvrés, les inutiles & les pareſſeux.

d'utiles entreprises de toutes espèces ne manquent-elles pas, lorsque les gros capitalistes portent & reportent sans cesse au tréfor royal l'argent que, sans ce débouché funeste, ils auroient été forcés de faire valoir dans la circulation civile? Quant aux sommes prêtées par les petits capitalistes, c'est autant d'enlevé aux secours, à l'héritage, aux besoins de quantité de familles. En un mot, par cette facilité perfide & malheureuse, de doubler les revenus en anéantissant les fonds, on voit les richesses se concentrer dans un petit nombre de mains, ordinairement les moins dignes de les posséder; on voit les liens, les fortunes & les spéculations de famille & de société se dissoudre; on voit enfin les fléaux de l'égoïsme & de la misère pulluler de toutes parts, ou se déborder avec l'impétuosité d'un torrent qu'aucune digue n'est capable d'arrêter. (*Cette addition est de M. le Vicomte DE TOUSTAIN.*)

MENDIANS, (*Ordres religieux.*) Voyez le *Dictionnaire de Théologie.*

MENÉE, ce mot est particulièrement usité dans la Bretagne. Hevin en a donné l'explication avec son érudition & son jugement ordinaires: « La *menée*, dit-il, dans son origine, » n'a été autre chose que l'obligation que celui » qui concédoit une seigneurie en fief, im- » posoit à l'acceptant de se trouver avec tous ses » hommes & vassaux à son mandement, sous » des peines. Cette obligation au vassal de mener » tous ses hommes à son seigneur (d'où est venu » le mot de *menée*) ne se pratiqua d'abord que » pour le service militaire, & après elle fut tra- » duite à la justice; ensorte que l'usage s'étant » introduit que les grands seigneurs tinssent, » trois ou quatre fois l'an, leurs plaids généraux » ou grands-jours de leurs jurisdictions, ils » obligèrent leurs vassaux de s'y trouver & d'y » amener tous leurs hommes relevans d'eux, » sans qu'il leur fût permis ni audit seigneur » inférieur, ni à ses hommes de désemparer » pendant lesdits plaids, si ce n'étoit en obtenant » congé, qu'ils appelloient *délivrance;* même il » s'attribua la connoissance de leurs contestations » en première instance pendant qu'ils étoient re- » tenus à sa suite; cette servitude fut tempérée par » des privilèges que les seigneurs, tenans à cette » condition de *menée*, obtinrent à l'envi, pour » être expédiés préférablement les uns aux au- » tres, & pour avoir congé ou délivrance sur » leur comparution & présentation de leur *menée*, » tant pour leur personne que pour leurdite *menée* » avec renvoi des causes de leurs hommes dans » leurs jurisdictions, ce qui s'appelle encore au- » jourd'hui tenir *à congé de personne & de menée*, » dont il y a autant d'exemples dans toutes les » barres royales de la province qu'il y a de grandes » seigneuries qui en relèvent, & même comme » il y a de subordinations & degrés de fiefs & » tenues; la plupart des grandes seigneuries ont

» pratiqué sur leurs vassaux ce droit de *menée*, » qu'ils subissoient eux-mêmes.

» Il est vrai que par les ordonnances du duc » Jean de l'an 1420, pour obvier à l'abus, par le- » quel les seigneurs faisoient ajourner plusieurs » fois l'an, à présenter leur *menée*, ceux qui te- » noient d'eux en fief à cette condition, & mulc- » toient d'amendes, en cas que cette *menée* ne se » trouvât pas complette; cette rigueur fut modé- » rée, & lesdits seigneurs dispensés de compa- » roir en personne & de présenter leur *menée*; » ensorte que de cette ancienne pratique, il n'en » est demeuré que l'ombre, par la faculté que les » arrière-vassaux ont de porter leurs contestations » nuement en première instance à la cour supé- » rieure, & d'y faire les appropriemens de leurs » contrats, par l'article 269 de la coutume, en » donnant assignation à leurs parties adverses » & à tous les prétendans droit de comparoître » aux plaids généraux de la cour supérieure » à l'endroit de la *menée*, dont il se fait toujours » évocation.

» La nature de ce droit de *menée* marque très- » efficacement, & par-dessus toutes observations, » la mouvance proche & immédiate ». (*Questions sur les fiefs, p. 357 & 358.*)

Le même Hevin ajoute à la page 359, que le privilège de se délivrer *à congé de personne & de menée*, dans une barre du duc, étoit une marque de tenir *baronnement*, ou *tenere in capite seu à rege;* il dit également, *page 162* du même volume, que, « na- » turellement, lorsqu'une seigneurie en haute- » justice devenoit prochement mouvante du sou- » verain, elle prenoit son rang dans l'évocation » des vassaux aux plaids généraux ».

Il y a un petit traité ou style de procédure, pour les *menées* du célèbre d'Argentré. Il a été imprimé à Rennes par Julien Duclos en 1574, à la suite de l'édition in-8° de l'ancienne coutume de Bretagne. On l'a imprimé de nouveau à la suite des questions féodales d'Hevin.

Aujourd'hui le droit des *menées* n'a plus guère d'autre objet que de fixer le rang & les droits des anciennes seigneuries, ou le ressort des jurisdictions, sur-tout en cas d'appropriance & autres procédures réglées par la coutume. L'art. 269 de la coutume de Bretagne porte, par exemple, que les bannies seront certifiées devant le juge supérieur, « en l'endroit de la *menée* & obéissance du fief, » dont les choses sont tenues, si obéissance y a ».

Ainsi l'on suit toujours, pour la certification des bannies, l'ordre des *menées*, qui suit toujours elle-même la mouvance à laquelle la jurisdiction étoit toujours attachée autrefois.

Aussi, quoique toutes les jurisdictions royales, ressortissent aux présidiaux, dans les matières qui sont sous le premier chef de l'édit, cependant les jurisdictions, qui dans l'origine, étoient des sénéchaussées indépendantes de celle à laquelle le présidial est attaché, ne sont point sujettes à la

jurisdiction

jurifdiction du préfidial pour tout ce qui concerne la menée, parce qu'il n'y a aucune fubjection féodale, & que la fupériorité n'eft que de reffort & de jurifdiction.

Au contraire les duchés-pairies qui font affranchies du reffort des préfidiaux & des jurifdictions royales, font toujours fujettes aux fénéchauffées royales en cas de menée, parce qu'elles ne font pas affranchies de la féodalité.

Par une conféquence naturelle dans l'expédition des caufes des menées, attribut effentiel de la fénéchauffée, on ne peut pas prononcer préfidialement en dernier reffort ; c'eft ce qui a été jugé par un arrêt rendu en forme de réglement à l'audience des viennent de grand'chambre, le 6 juillet 1735, qui caffe & annulle une fentence du préfidial de Nantes ; faifant droit fur les conclufions de procureur-général, fait défenfes aux préfidiaux de la province de juger par jugement préfidial, les caufes des menées ; ordonne que l'arrêt fera lu, publié & enregistré aux fièges préfidiaux & royaux de la province. (*Journal du parlement de Bretagne*, tom. I, chap. 46.)

Il y avoit autrefois des ufages peu différens dans les provinces voifines, & fur-tout dans celles d'Anjou & de Touraine. Il paroit que, non-feulement les caufes de chaque jurifdiction reffortiffant à un bailliage ou fénéchauffée venoient de fuite & à tour de rôle ; mais que dans le rôle de chacune de ces jurifdictions, les caufes où un même fergent avoit donné l'affignation, venoient de fuite. C'eft par cette raifon qu'on nommoit *appel & menée* l'affignation donnée par un de ces fergens bailliagers, qu'on appelloit eux-même *fergens ameneurs* ; & qu'on entendoit par *appel d'amenée* le jour où venoient les caufes dans lefquelles ils avoient donné des affignations. Ces *fergens ameneurs* pouvoient feuls exploiter en matière réelle, & cette diftinction du reffort de chaque fergent eft encore de quelque ufage en matière de retrait. *Voyez* l'article 380 de la coutume d'Anjou ; l'obfervation de Dupineau, fur l'art. 382, & les articles 169 & 194 de la coutume de Tours.

On peut même dire que ces ufages ont régné du plus au moins dans toute la France, & il en refte encore plufieurs traces dans l'exercice des affifes confervé par bien des jurifdictions, & dans l'expédition des rôles au parlement même. (*M. GARRAN DE COULON*, avocat au parlement.)

MENEUR ET MENEUSE, (*Police.*) eft celui ou celle qui fe charge d'amener à Paris des nourrices au bureau des recommanderesses, & d'aller chez les parens des enfans mis en nourrice, pour recevoir les mois.

Une déclaration du premier mars 1727 veut que tout *meneur* de nourrice juftifie de fes bonnes vie & mœurs, par un certificat de fon curé : ce certificat doit être enregistré au bureau des recommanderesses, & fon nom doit être infcrit fur un tableau dans ce bureau. Si les fonctions de *meneur*

étoient exercées fans ces formalités, la perfonne qui les exerceroit pourroit être emprifonnée & condamnée à une amende de 50 livres.

L'article 8 défend à tout *meneur* de venir prendre à Paris des enfans fous de faux certificats, ou pour les remettre à des nourrices qui ne font pas chez les recommanderesses, fous peine de punition corporelle.

Il eft auffi défendu, par l'article 9, aux *meneurs*, d'emporter ou faire emporter des enfans nouveaux-nés, s'ils ne font accompagnés des nourrices qui doivent les allaiter, & s'il n'eft juftifié que ces enfans ont été baptifés : ils doivent d'ailleurs être porteurs du certificat du renvoi de la recommanderesse ; le tout, fous peine de 50 livres d'amende, & de plus grande peine s'il y échet. Si quelqu'un de ces enfans venoit à mourir en chemin, le *meneur* eft obligé d'en faire fur le champ fa déclaration au premier juge, ou au curé du plus prochain village, & d'en tirer certificat. Il doit enfuite envoyer l'extrait mortuaire de l'enfant à fes parens.

L'article 10 veut que le procès foit fait & parfait felon la rigueur des loix, à tout *meneur* qui abandonne ou expofe les enfans dont il s'eft chargé.

L'article 15 défend, fous peine du fouet, aux *meneurs*, de donner à la fois plus d'un enfant à la même nourrice pour le nourrir & allaiter. *Voyez* NOURRICE, RECOMMANDERESSE.

MÉNIL. *Voyez* MAISNIL.

MENSE, f. f. (*Droit canoniq.*) du latin *menfa*, qui fignifie *table*. En matière eccléfiaftique, fe prend pour la part que quelqu'un a dans les revenus d'une églife. On ne parloit point de *menfes* tant que les évêques & les abbés vivoient en commun avec leur clergé : mais depuis que les fupérieurs ont voulu avoir leur part diftincte & féparée de celle de leur clergé, on a diftingué dans les cathédrales la *menfe* épifcopale & celle du chapitre ; dans les abbayes, on a diftingué la *menfe* abbatiale & la *menfe* conventuelle, qui eft la part de la communauté.

Outre les deux *menfes* de l'abbé & du couvent, il y a le tiers-lot deftiné pour les réparations de l'églife & des lieux réguliers.

La diftinction des *menfes* n'eft que pour l'adminiftration des revenus ; elle n'ôte pas à l'abbé l'autorité naturelle qu'il a fur fes religieux, & l'aliénation des biens qui font de l'une ou de l'autre *menfe*, ne peut être faite fans le confentement réciproque des uns & des autres.

Dans quelques monaftères, il y a des *menfes* particulières attachées aux offices clauftraux ; dans d'autres, on a éteint tous ces offices, & leurs *menfes* ont été réunies à la *menfe* conventuelle.

On entend par *menfes monachales*, les places de chaque religieux, ou plutôt la penfion deftinée pour l'entretien & la nourriture de chaque religieux. Cette portion alimentaire n'eft due que par la maifon de la profeffion ; & pour la pofféder, il faut être religieux profès de l'ordre. Le nombre de ces *menses* est ordinairement réglé par les partages & transactions faites entre l'abbé & les religieux ; de manière que l'abbé n'est tenu de fournir aux religieux que le nombre de *menses* qui a été convenu, autrement il dépendroit des religieux de multiplier les *menses* monachales ; un officier claustral, retenant sa *mense*, résigneroit son office à un nouveau religieux ; celui-ci à un autre, & c'est au résignataire à attendre qu'il y ait une *mense* vacante pour la requérir.

Anciennement les *menses* monachales étoient fixées à une certaine quantité de vin, de bled, d'avoine. Les chapitres généraux de Cluny, de 1676 & 1678, ordonnent que la *mense* de chaque religieux demeurera fixée à la somme de 300 liv. en argent, & que les prieurs auront une double *mense*.

Dans les abbayes qui ne sont imposées aux décimes que par une seule cote, c'est à l'abbé seul à l'acquitter ; on présume que la *mense* conventuelle n'a point été imposée.

Dans celles où l'abbé & les religieux ont leurs *menses* séparées, la *mense* conventuelle doit être imposée séparément de celle de l'abbé ; & les religieux doivent acquitter leur cote sans pouvoir la répéter sur leur abbé, quoiqu'il jouisse du tiers-lot.

Lorsque les revenus d'un monastère soumis à la jurisdiction de l'évêque, ne sont pas suffisans pour entretenir le nombre de religieux nécessaires pour soutenir les exercices de la régularité, les saints décrets & les ordonnances autorisent l'évêque à éteindre & supprimer la *mense* conventuelle, & à en appliquer les revenus en œuvres pies, plus convenables aux lieux, aux circonstances, & sur-tout à la dotation des séminaires. *Voyez la bibliot. canon. tom. 1, p. 12 ;* Bouchel, *verbo* Mense ; Carondas, *liv. 13, rep. 2 ; les Mémoires du clergé & le Dictionnaire des arrêts,* au mot *Mense.*

MENUS MARCHÉS, (*Eaux & Forêts.*) l'ordonnance de 1669 se sert de cette expression pour désigner quelles espèces & quelle quantité de bois les officiers des maîtrises peuvent vendre, & quelles adjudications ils peuvent faire, sans avoir besoin de lettres-patentes, ni de commissions du grand-maître.

On comprend, sous le nom des *menus marchés,* les chablis, les arbres & les grosses branches cassés & tombés, les arbres de délit, ainsi que les voitures, chevaux & harnois, dont on s'est servi pour les transporter, les outils avec lesquels on les a coupés, les houpies & les remanens des arbres accordés pour la réparation des bâtimens, &c.

L'article 4 du titre 17 de cette ordonnance avoit établi qu'il seroit procédé sans délai à la vente des chablis ; mais un arrêt du conseil du 30 décembre 1687, a défendu aux officiers des maîtrises de faire aucune vente de chablis, qu'il n'y en eût au moins la valeur de dix cordes, parce qu'en en

vendant au-dessous de cette quantité, il en résulteroit une trop grande modicité dans le prix des ventes qui en seroient faites ; ce qui donneroit à bien des gens la facilité de l'entrée des forêts pour y commettre des délits.

Jusqu'à ce que la vente en soit faite, le garde-marteau & le garde du canton sont responsables de la conservation des chablis, tellement qu'ils pourroient être condamnés à en payer le prix, si ces chablis se trouvoient enlevés avant le jour fixé pour en faire la vente.

L'adjudication des chablis, ainsi que de tous les autres objets des *menus marchés,* doit être faite au siège des eaux & forêts à l'extinction des feux, après deux publications faites à l'audience ou au marché du lieu, & après affiches mises dans les villages qui avoisinent la forêt. Le délai de vuidange pour ces sortes d'adjudications, ne peut être que d'un mois au plus, à peine de confiscation des bois vendus.

Il ne faut pas conclure de-là qu'il soit toujours nécessaire de donner un aussi long délai pour l'enlèvement des chablis ; ce délai ne doit avoir lieu que quand il y a une certaine quantité de bois adjugée en même temps. Il convient de le restreindre à la quinzaine, & même à la huitaine, lorsque ces sortes de ventes n'ont pour objet qu'un petit nombre de chablis ; la raison en paroît sensible. Les chablis étant souvent épars & assez distans les uns des autres, l'exploitation qui s'en fait doit nécessairement distraire un garde de l'attention qu'il est obligé de porter sur tous les bois dépendans de son cantonnement ; dès-lors cette exploitation durant plus long-temps, il faut nécessairement que le garde y donne son application plus long-temps aussi ; ce qui lui ôte la facilité d'empêcher des dégradations dans les autres parties de son cantonnement.

Autrefois, quand l'adjudication avoit pour objet des arbres de délit confisqués, le prix devoit en être payé entre les mains du collecteur des amendes, ainsi que l'ordonnoit l'article premier de l'édit du mois de mai 1716, & non en celles du receveur des bois : mais d'après celui du mois d'avril 1777, & la déclaration du roi du 14 décembre de la même année, qui ont réuni sur un seul régisseur la recette du prix des bois & la collecte des amendes, c'est entre les mains de ce régisseur, ou de son commis, que doit être payé le prix de la vente des arbres de délit & autres accessoires dont la confiscation a été prononcée.

Cependant, comme cette réunion n'a point eu lieu dans les domaines dépendans de l'apanage des princes, frères du roi, & de M. le duc d'Orléans, la disposition de l'édit de 1716 doit continuer d'y être exécutée.

Le prix des adjudications des *menus marchés* n'étant pas ordinairement considérable, il est d'usage d'en ordonner le paiement comptant ; ce qui n'em-

pêche pas que l'adjudicataire ne doive être aftreint à donner caution pour répondre des délits
qui pourroient se commettre pendant l'exploitation ou l'enlèvement des chablis ou arbres de
délit, &c. ; car il est responsable, dans ce cas,
de tous ceux qui se font pendant ce temps-là à
l'ouïe de la coignée.

Les glandées & les pâturages font encore une
dépendance des *menus marchés*, dont les officiers
des maîtrises ont la liberté de faire les adjudications fans commission du grand-maître.

Quoique les brûlis ou bois incendiés, quand
la quantité n'en est pas considérable, soient regardés en quelque sorte comme *menus marchés*,
la vente ne peut cependant pas en être faite fans
ordre du conseil, parce qu'ils forment un bois
sur pied.

MER , s. f. (*Droit naturel, public & des gens.*)
est le nom de cet amas d'eaux qui environnent la
terre, & la couvrent en plusieurs endroits.

De toutes les choses qui font communes aux
hommes, il n'y en a point dont l'usage ait plus
d'étendue, & soit plus universel que celui de la
mer, puisqu'il est naturellement propre à toutes
les nations.

La pleine *mer* n'est point de nature à être occupée, personne ne pouvant s'y établir de manière à empêcher les autres d'y passer. Mais une
nation puissante sur *mer* pourroit défendre aux
autres d'y pêcher & d'y naviguer, déclarant
qu'elle s'en approprie le domaine, & qu'elle dé-
truira les vaisseaux qui oseront y paroître fans sa
permission. Voyons si elle seroit en droit de le faire.

Il est manifeste que l'usage de la pleine *mer*,
lequel consiste dans la navigation & dans la
pêche, est innocent & inépuisable, c'est-à-dire,
que celui qui navigue ou qui pêche en pleine
mer, ne nuit à personne, & que la *mer*, à
ces deux égards, peut fournir aux besoins de
tous les hommes. Or la nature ne donne point
aux hommes le droit de s'approprier les choses
dont l'usage est innocent, inépuisable & suffisant
à tous ; puisque chacun pouvant y trouver, dans
leur état de communion, de quoi satisfaire à ses
besoins, entreprendre de s'en rendre seul maître
& d'en exclure les autres, ce seroit vouloir les
priver fans raison des bienfaits de la nature. La
terre ne fournissant plus fans cesse toutes les
choses nécessaires ou utiles au genre humain extrêmement multiplié, il devint convenable d'introduire le droit de propriété, afin que chacun pût
s'appliquer avec plus de succès à cultiver ce qui lui
étoit échu en partage, & à multiplier par son travail les diverses choses utiles à la vie. Voilà pourquoi la loi naturelle approuve les droits de domaine & de propriété, qui ont mis fin à la communion primitive. Mais cette raison ne peut avoir
lieu à l'égard des choses dont l'usage est inépuisable, ni par conséquent devenir un juste sujet de
se les approprier. Si le libre & commun usage

d'une chose de cette nature étoit nuisible ou dangereux à une nation, le soin de sa propre sûreté
l'autoriseroit à soumettre, si elle le pouvoit, cette
chose-là à sa domination, afin de n'en permettre
l'usage qu'avec les précautions que lui dicteroit la
prudence. Mais ce n'est point le cas de la pleine
mer, dans laquelle on peut naviguer & pêcher,
fans porter préjudice à qui que ce soit, & fans
mettre personne en péril. Aucune nation n'a
donc le droit de s'emparer de la pleine *mer* ou de
s'en attribuer l'usage, à l'exclusion des autres. Les
rois de Portugal ont voulu autrefois s'arroger l'empire des mers de Guinée & des Indes orientales ;
voyez Grotius, *Mare liberum*, & Selden *Mare clau-*
fum, lib. I, cap. 17 ; mais les autres puissances
maritimes se font peu mises en peine d'une pareille
prétention.

Le droit de naviguer & de pêcher en pleine *mer*
étant donc un droit commun à tous les hommes,
la nation qui entreprend d'exclure une autre de
cet avantage, lui fait injure & lui donne un juste
sujet de guerre, la nature autorisant une nation à
repousser l'injure, c'est-à-dire, à opposer la force
à quiconque veut la priver de son droit.

Disons plus, une nation qui veut s'arroger fans
titre un droit exclusif sur la *mer*, & le soutenir
par la force, fait injure à toutes les nations, dont
elle viole le droit commun ; & toutes font fondées
à se réunir contre elle, pour la réprimer. Les nations ont le plus grand intérêt à faire universellement respecter le droit des gens, qui est la base
de leur tranquillité. Si quelqu'un le foule ouvertement aux pieds, toutes peuvent & doivent s'é-
lever contre lui ; & en réunissant leurs forces,
pour châtier cet ennemi commun, elles s'acquit-
teront de leurs devoirs envers elles-mêmes & envers la société humaine dont elles font membres.
Voyez DROIT DES GENS.

Cependant comme il est libre à un chacun de
renoncer à son droit, une nation peut acquérir
des droits exclusifs de navigation & de pêche
par des traités, dans lesquels d'autres nations
renoncent, en sa faveur, aux droits qu'elles tiennent de la nature. Celles-ci font obligées d'observer leurs traités, & la nation qu'ils favorisent
est en droit de se maintenir par la force dans la
possession de ses avantages. C'est ainsi que la maison d'Autriche a renoncé, en faveur des Anglois
& des Hollandois, au droit d'envoyer des vaisseaux des Pays-Bas aux Indes orientales. On peut
voir dans Grotius *de Jure B. & P. lib. II , cap. 3 ,*
§. *15 ,* plusieurs exemples de pareils traités.

Les droits de navigation, de pêche & autres,
que l'on peut exercer sur la *mer*, étant de ces
droits de pure faculté, *jura meræ facultatis*, qui font
imprescriptibles, ils ne peuvent se perdre par le
non-usage. Par conséquent, quand même une nation se trouveroit seule, depuis un temps immémorial, en possession de naviguer ou de pêcher en
certaines *mers*, elle ne pourroit, sur ce fondement,

B 2

s'en attribuer le droit exclusif. Car de ce que les autres n'ont point fait usage du droit commun qu'elles avoient à la navigation & à la pêche dans ces *mers*-là, il ne s'ensuit point qu'elles aient voulu y renoncer, & elles sont les maîtresses d'en user, toutes les fois qu'il leur plaira.

Mais il peut arriver que le non-usage revête la nature d'un consentement, ou d'un pacte tacite, & devienne ainsi un titre en faveur d'une nation, contre une autre. Qu'une nation en possession de la navigation & de la pêche en certains parages, y prétende un droit exclusif, & défende à d'autres d'y prendre part; si celles-ci obéissent à cette défense, avec des marques suffisantes d'acquiescement, elles renoncent tacitement à leur droit en faveur de celle-là, & lui en établissent un, qu'elle peut légitimement soutenir contre elles dans la suite, sur-tout lorsqu'il est confirmé par un long usage.

Les divers usages de la *mer*, près des côtes, la rendent très-susceptible de propriété. On y pêche, on en tire des coquillages, des perles, de l'ambre, &c. Or, à tous ces égards, son usage n'est point inépuisable; ensorte que la nation à qui les côtes appartiennent, peut s'approprier un bien dont elle est à portée de s'emparer, & en faire son profit, de même qu'elle a pu occuper le domaine des terres qu'elle habite. Qui doutera que les pêcheries des perles de Baharem & de Ceylan ne puissent légitimement tomber en propriété? Et quoique la pêche du poisson paroisse d'un usage plus inépuisable, si un peuple a sur ses côtes une pêcherie particulière & fructueuse, dont il peut se rendre maître, ne lui sera-t-il pas permis de s'approprier ce bienfait de la nature comme une dépendance du pays qu'il occupe; & s'il y a assez de poissons pour en fournir aux nations voisines, de se réserver les grands avantages qu'il en peut tirer pour le commerce? Mais si, loin de s'en emparer, il a une fois reconnu le droit commun des autres peuples d'y venir pêcher, il ne peut plus les en exclure; il a laissé cette pêche dans sa communion primitive, au moins à l'égard de ceux qui sont en possession d'en profiter. Les Anglois ne s'étant point emparés, dès le commencement, de la pêche du hareng sur leurs côtes, elle leur est devenue commune avec d'autres nations.

Une nation peut s'approprier des choses, dont l'usage libre & commun lui seroit nuisible ou dangereux. C'est une seconde raison pour laquelle les puissances étendent leur domination sur la *mer*, le long de leurs côtes, aussi loin qu'elles peuvent protéger leur droit. Il importe à leur sûreté & au bien de leur état, qu'il ne soit pas libre à tout le monde de venir si près de leurs possessions, sur-tout avec des vaisseaux de guerre, d'en empêcher l'accès aux nations commerçantes & d'y troubler la navigation. Pendant les guerres des Espagnols avec les Provinces-Unies, Jacques I, roi d'Angleterre, fit désigner tout le long de ses côtes des limites, dans lesquelles il déclara qu'il ne souffri-

roit point qu'aucune des puissances en guerre poursuivît ses ennemis, ni même que ses vaisseaux armés s'y arrêtassent, pour épier les navires qui voudroient entrer dans les ports ou en sortir. Ces parties de la *mer*, ainsi soumises à une nation, & comprises dans son territoire, on ne peut y naviguer malgré elle. Mais elle ne peut en refuser l'accès à des vaisseaux non suspects, pour des usages innocens sans pécher contre son devoir; tout propriétaire étant obligé d'accorder à des étrangers le passage même sur terre, lorsqu'il est sans dommage & sans péril. Il est vrai que c'est à elle de juger de ce qu'elle peut faire, dans tous les cas particuliers qui se présentent; & si elle juge mal, elle pèche; mais les autres doivent le souffrir. Il n'en est pas de même des cas de nécessité, comme, par exemple, quand un vaisseau est obligé d'entrer dans une rade qui vous appartient, pour se mettre à couvert de la tempête. En ce cas, le droit d'entrer par-tout, en n'y causant point de dommage, ou en le réparant, est, comme nous le ferons voir plus au long, un reste de la communauté primitive, dont aucun homme n'a pu se dépouiller; & le vaisseau entrera légitimement malgré vous, si vous le refusez injustement.

Il n'est pas aisé de déterminer jusqu'à quelle distance une nation peut étendre ses droits sur les *mers* qui l'environnent. Bodin prétend que, suivant le droit commun de tous les peuples maritimes, la domination du prince s'étend jusqu'à trente lieues des côtes. Mais cette détermination précise ne pourroit être fondée que sur un consentement général des nations qu'il seroit difficile de prouver. Chaque état peut ordonner, à cet égard, ce qu'il trouvera bon, pour ce qui concerne les citoyens entre eux, ou leurs affaires avec le souverain. Mais de nation à nation, tout ce que l'on peut dire de plus raisonnable, c'est qu'en général la domination de l'état sur la *mer* voisine va aussi loin qu'il est nécessaire pour sa sûreté & qu'il peut la faire respecter; puisque d'un côté, il ne peut s'approprier d'une chose commune, telle que la *mer*, qu'autant qu'il en a besoin pour quelque fin légitime, & que d'un autre côté, ce seroit une prétention vaine & ridicule de s'attribuer un droit, que l'on ne seroit aucunement en état de faire valoir. Les forces navales de l'Angleterre ont donné lieu à ses rois de s'attribuer l'empire des *mers* qui l'environnent, jusques sur les côtes opposées. Selden rapporte un acte solemnel, par lequel il paroît que cet empire, au temps d'Edouard I, étoit reconnu par la plus grande partie des peuples maritimes de l'Europe; & que la république des Provinces-Unies le reconnut en quelque façon par le traité de Breda en 1667, au moins quant aux honneurs du pavillon. Mais pour établir solidement un droit si étendu, il faudroit montrer clairement le consentement exprès ou tacite de toutes les puissances intéressées. Les François n'ont jamais donné les mains à cette prétention de l'Angleterre, & dans ce même traité de Breda, dont nous venons de parler, Louis XIV ne voulut pas souffrir seulement que la Manche fût appellée *Canal d'Angleterre* ou *mer Britannique*. La république de Venise s'attribue l'empire de la *mer* Adriatique, & chacun sait la cérémonie qui se pratique tous les ans à ce sujet. On rapporte, pour confirmer ce droit, les exemples d'Uladislas, roi de Naples, de l'empereur Frédéric III & de quelques rois de Hongrie, qui demandèrent aux Vénitiens la permission de faire passer leurs vaisseaux dans cette *mer*. Que l'empire en appartienne à la république jusqu'à une certaine distance de ses côtes, dans les lieux dont elle peut s'emparer & qu'il lui importe d'occuper & de garder, pour sa sûreté, c'est ce qui me paroît incontestable : mais je doute fort qu'aujourd'hui aucune puissance fût disposée à reconnoître sa souveraineté sur la *mer* Adriatique toute entière. Ces prétendus empires sont respectés, tandis que la nation qui se les attribue est en état de les soutenir par la force ; ils tombent avec sa puissance. Aujourd'hui tout l'espace de mer, qui est à la portée du canon le long des côtes, est regardé comme faisant partie du territoire ; & pour cette raison, un vaisseau pris sous le canon d'une forteresse neutre, n'est pas de bonne prise.

Les rivages de la *mer* appartiennent incontestablement à la nation maîtresse du pays dont ils font partie, & ils sont au nombre des choses publiques. Si les jurisconsultes romains les mettent au rang des choses communes à tout le monde, *res communes*, c'est à l'égard de leur usage seulement ; & on n'en doit pas conclure qu'ils les regardassent comme indépendans de l'empire ; le contraire paroit par un grand nombre de loix. Les ports & les havres sont encore manifestement une dépendance, & une partie même du pays, & par conséquent ils appartiennent en propre à la nation. On peut leur appliquer, quant aux effets du domaine & de l'empire, tout ce qui se dit de la terre même.

Tout ce que nous avons dit des parties de la *mer* voisines des côtes, se dit plus particulièrement & à plus forte raison, des rades, des baies & des détroits, comme plus capables encore d'être occupés, & plus importans à la sûreté du pays. Mais je parle des baies & détroits de peu d'étendue, & non de ces grands espaces de *mer*, auxquels on donne quelquefois ces noms, tels que la baie de Hudson, le détroit de Magellan, sur-lesquels l'empire ne sauroit s'étendre, & moins encore la propriété. Une baie dont on peut défendre l'entrée, peut être occupée & soumise aux loix du souverain ; & il importe qu'elle le soit, puisque le pays pourroit être beaucoup plus aisément insulté en cet endroit, que sur des côtes ouvertes aux vents & à l'impétuosité des flots.

Il faut remarquer en particulier à l'égard des détroits, que quand ils servent à la communication de deux *mers*, dont la navigation est commune à toutes les nations, ou à plusieurs, celle qui possède le détroit ne peut y refuser passage aux autres, pourvu que ce passage soit innocent & sans danger pour elle. En le refusant sans juste raison, elle priveroit ces nations d'un avantage qui leur est accordé par la nature ; & encore un coup, le droit d'un tel passage est un reste de la communion primitive. Seulement le soin de sa propre sûreté autorise le maître du détroit à user de certaines précautions, à exiger des formalités établies d'ordinaire par la coutume des nations. Il est encore fondé à lever un droit modique sur les vaisseaux qui passent, soit pour l'incommodité qu'ils lui causent en l'obligeant d'être sur ses gardes, soit pour la sûreté qu'il leur procure en les protégeant contre leurs ennemis, en éloignant les pirates, & en se chargeant d'entretenir des fanaux, des balises & autres choses nécessaires au salut des navigateurs. C'est ainsi que le roi de Danemarck exige un péage au détroit du Sund. Pareils droits doivent être fondés sur les mêmes raisons & soumis aux mêmes règles que les péages établis sur terre, ou sur une rivière.

Est-il nécessaire de parler du droit de naufrage, fruit malheureux de la barbarie, & qui a heureusement disparu presque par-tout avec elle. La justice & l'humanité ne peuvent lui donner lieu que dans le seul cas où les propriétaires des effets sauvés du naufrage ne pourroient absolument point être connus. Ces effets sont alors au premier occupant, ou au souverain, si la loi les lui réserve. *Voyez* NAUFRAGE.

Si une *mer* se trouve entièrement enclavée dans les terres d'une nation, communiquant seulement à l'océan par un canal, dont cette nation peut s'emparer, il paroît qu'une pareille *mer* n'est pas moins susceptible d'occupation & de propriété que la terre ; elle doit suivre le sort des pays qui l'environnent. La *mer* méditerranée étoit autrefois absolument renfermée dans les terres du peuple Romain : ce peuple, en se rendant maître du détroit qui la joint à l'océan, pouvoit la soumettre à son empire & s'en attribuer le domaine. Il ne blessoit point par-là les droits des autres nations ; une *mer* particulière étant manifestement destinée par la nature à l'usage des pays & des peuples qui l'environnent. D'ailleurs, en défendant l'entrée de la méditerranée à tout vaisseau suspect, les Romains mettoient d'un seul coup en sûreté toute l'immense étendue de ses côtes ; cette raison suffisoit pour les autoriser à s'en emparer. Et comme elle ne communiquoit absolument qu'avec leurs états, ils étoient les maîtres d'en permettre, ou d'en défendre l'entrée, tout comme celle de leurs villes & de leurs provinces.

Quand une nation s'empare de certaines parties de la *mer*, elle y occupe l'empire aussi bien que le domaine, par la même raison que nous avons alléguée en parlant des terres. Ces parties de la *mer* sont de la jurisdiction, du territoire de la nation ; le souverain y commande, il y donne des loix & peut réprimer ceux qui les violent ; en un mot, il y a tous les mêmes droits qui lui appartiennent sur la terre, & en général tous ceux que la loi de l'état lui donne.

Il est vrai cependant que l'empire & le domaine ou la propriété ne sont pas inséparables de leur nature, même pour un état souverain. De même qu'une nation pourroit posséder en propre le domaine d'un espace de terre ou de mer, sans en avoir la souveraineté ; il pourroit arriver aussi qu'elle eût l'empire d'un lieu, dont la propriété, ou le domaine utile seroit à quelque autre peuple. Mais on présume toujours, quand elle possède le domaine utile d'un lieu quelconque, qu'elle en a aussi le haut domaine & l'empire, ou la souveraineté. On ne conclut pas si naturellement de l'empire au domaine utile ; car une nation peut avoir de bonnes raisons de s'attribuer l'empire dans une contrée & particuliérement dans un espace de mer, sans y prétendre aucune propriété, aucun domaine utile. Les Anglois n'ont jamais prétendu la propriété de toutes les mers, dont ils s'attribuoient l'empire.

MERC ET MERCHER, le mot merc signifie marque, borne, limite, indication. L'usage de la vicomté de Bayeux en Normandie, dit dans l'article 2, que « les maisons & héritages de la ville » & fauxbourgs de Bayeux & partie de la ban- » lieue, selon qu'elle est bornée d'anciens mercs & » divisés, sont tenus en franc-aleu ».

Les art. 43 & 48 de la coutume d'Anjou, & les art. 50 & 56 de la coutume du Maine, disent aussi merc de châtel & merc de gibet, pour désigner le lieu ou les marques de l'hôtel du seigneur châtelain & des fourches patibulaires.

Quelques éditions de ces coutumes portent maire de châtel & maire de gibet, au lieu de merc de châtel & merc de gibet.

L'ancienne coutume de Touraine, au titre des amendes, article 8, disoit aussi meres, pour bornes. C'est un mot, dit Laurière, que les Tourangeaux, ainsi que les Angevins, ont peut-être retenu des Anglois. Suivant Skinner meere vient de l'Anglo-Saxon, mera, fines, termini, meta. Les Flamands & les Hollandois disent meere, dans le même sens. Voyez le Glossaire du droit françois aux mots Maire de châtel & merc ; voyez aussi l'article MERE, (droit de) & MÉREL. (M. GARRAN DE COULON, avocat au parlement.)

MERCHISSEMENT, s. m. vieux mot qui se trouve dans des titres anciens, & dans la coutume de Hainaut. Il est synonyme de borne & limite.

MERCURIALES, s. m. plur. terme usité au palais pour signifier les assemblées de toutes les chambres d'un parlement, dans lesquelles le premier avocat-général & le procureur-général font alternativement un discours pour la réformation de la discipline de la compagnie en général, & spécialement pour la censure des défauts dans

lesquels quelques magistrats pourroient être tombés.

On entend aussi quelquefois par mercuriales, le discours même qui se fait dans ces assemblées.

Ces assemblées & discours ont été appellés mercuriales, parce qu'on les fait le mercredi.

On les appelloit aussi anciennement quinzaine, ou après-dînées, parce que, dans l'origine, il se faisoit, tous les quinze jours après-midi, une assemblée de députés du parlement, auxquels le procureur-général présentoit un cahier de propositions pour la réformation de la discipline ; les députés en conféroient ensemble, & ce qui leur paroissoit mériter attention étoit porté à l'assemblée des chambres.

Ces mercuriales furent ordonnées par Charles VIII, en 1493, & par Louis XII, en 1498.

Comme on trouva que ces assemblées qui se faisoient tous les quinze jours, consommoient trop de temps, François I, par son ordonnance de 1539, article 130, statua qu'elles se tiendroient de mois en mois, sans y faire faute, & que par icelles seroient pleinement & entièrement déduites les fautes des officiers de ses cours, de quelque ordre ou qualité qu'ils fussent, & qu'il y seroit incontinent mis ordre par la cour, & que sa majesté en seroit avertie, & que les mercuriales & l'ordre mis sur icelles lui seroient envoyés tous les trois mois, & le procureur-général fut chargé d'en faire la diligence.

Henri II ordonna aussi, en 1551, que les gens du roi seroient tenus de requérir contre ceux de leur compagnie qui auroient fait quelque chose d'indigne de leur ministère.

L'ordonnance de Moulins diminua encore le nombre de ces assemblées ; il fut ordonné, par l'article 3, que, pour obvier & pourvoir à toutes contraventions aux ordonnances, les mercuriales seroient tenues aux cours de parlement de trois mois en trois mois ; il fut enjoint aux avocats & procureurs-généraux de les promouvoir & d'en poursuivre le jugement, & de les envoyer incontinent au roi ou au chancelier, duquel soin les présidens du parlement furent chargés.

Enfin Henri III, aux états de Blois, ordonna, article 144, que les mercuriales seroient reçues de six mois en six mois dans toutes les cours, & notamment dans les parlemens, les premiers mercredis après les fêtes de saint Martin & de Pâques. Le roi défend à ses cours de vaquer à l'expédition d'autres affaires, que les mercuriales n'aient été jugées, déclarant les jugemens qui auroient été donnés auparavant, nuls & de nul effet & valeur ; il est enjoint aux avocats & procureurs généraux & à leurs substituts, sur peine de privation de leurs charges, de les promouvoir, & d'en poursuivre le jugement, & d'avertir promptement sa majesté de la retardation ou empêchement.

Tel est le dernier état des mercuriales, c'est-à-dire, qu'elles ne se font plus que tous les six mois ; le discours de l'avocat-général ou du procureur-général roule sur les devoirs de la magistrature ; il observe en général quels sont les écueils que les magistrats ont à éviter : ce discours se fait à huis-clos.

MÈRE, s. f. (*Droit naturel & civil.*) est celle qui a donné la naissance à un enfant.

Il y avoit aussi chez les Romains des *mères* adoptives ; une femme pouvoit adopter des enfans, quoiqu'elle n'en eût point de naturels.

On donne aussi le titre de *mère* à certaines églises, relativement à d'autres églises que l'on appelle leurs *filles*, parce qu'elles en ont été, pour ainsi dire, détachées, & qu'elles en sont dépendantes.

Pour revenir à celles qui ont le titre de *mères* selon l'ordre de la nature, on appelloit chez les Romains *mères de famille*, les femmes qui étoient épousées *per coemptionem*, qui étoit le mariage le plus solemnel ; on leur donnoit ce nom, parce qu'elles passoient en la main de leur mari, c'est-à-dire, en sa puissance, ou du moins en la puissance de celui auquel il étoit lui-même soumis, pour y tenir la place d'héritier, comme enfant de la famille, à la différence de celle qui étoit seulement épousée *per usum*, que l'on appelloit *matrona*, mais qui n'étoit pas réputée de la famille de son mari.

Parmi nous, on appelle *mère de famille* une femme mariée qui a des enfans. On dit en droit que la mère est toujours certaine, au lieu que le père est incertain.

Entre personnes de condition servile, l'enfant suit la condition de la *mère*.

La noblesse de la *mère* peut servir à ses enfans, lorsqu'il s'agit de faire preuve de noblesse des deux côtés, & que les enfans sont légitimes & nés de père & *mère* tous deux nobles ; mais si la *mère* seule est noble, les enfans ne le sont point.

Le premier devoir d'une *mère* est d'allaiter ses enfans, & de les nourrir & entretenir jusqu'à ce qu'ils soient en âge de gagner leur vie, lorsque le père n'est pas en état d'y pourvoir.

Elle doit prendre soin de leur éducation en tout ce qui est de sa compétence, & singuliérement pour les filles, auxquelles elle doit enseigner l'économie du ménage.

La *mère* n'a point, même en pays de droit écrit, une puissance semblable à celle que le droit romain donne aux pères ; cependant les enfans doivent lui être soumis, ils doivent lui porter honneur & respect, & ne peuvent se marier sans son consentement jusqu'à ce qu'ils aient atteint l'âge de majorité ; ils doivent, pour se mettre à couvert de l'exhérédation, lui faire des sommations respectueuses comme au père.

En général, la *mère* n'est pas obligée de doter ses filles comme le père ; elle le doit faire cependant selon ses facultés, lorsque le père n'en a pas le moyen ; mais cette obligation naturelle ne produit point d'action contre la *mère* non plus que contre le père.

Lorsque le père meurt laissant des enfans en bas âge, la *mère*, quoique mineure, est leur tutrice naturelle & légitime, & pour cet emploi, elle est

préférée à la grand-mère ; elle peut aussi être nommée tutrice par le testament de son mari ; le juge lui défère aussi la tutèle. *Voyez* MINEUR & TUTÈLE.

La tutèle finie, la *mère* est ordinairement nommée curatrice de ses enfans jusqu'à leur majorité. Suivant la loi des douze tables, les enfans ne succédoient point à la *mère*, ni la *mère* aux enfans ; dans la suite, le préteur leur donna la possession des biens sous le titre de *undè cognati* ; enfin, l'empereur Claude & le sénatusconsulte Tertullien déférèrent la succession des enfans à la *mère* ; savoir, à la *mère* ingénue, lorsqu'elle avoit trois enfans, & à la *mère* affranchie, lorsqu'elle en avoit quatre. Il y avoit cependant plusieurs personnes qui étoient préférées à la *mère*, savoir les héritiers siens ou ceux qui en tenoient lieu, le père & le frère consanguin ; la sœur consanguine étoit admise concurremment avec elle. Par les constitutions postérieures, la *mère* fut admise à la succession de son fils ou de sa fille unique, & lorsqu'il y avoit d'autres enfans, elle étoit admise avec les frères & sœurs du défunt. Par le droit des novelles, elle fut préférée aux frères & sœurs qui n'étoient joints que d'un côté.

Cette jurisprudence, qu'on observoit dans les provinces de droit écrit, ayant paru opposée au droit commun de la France, qui affecte les biens paternels à la ligne paternelle, & les maternels à la ligne maternelle, Charles IX voulut mettre un ordre nouveau dans cette matière ; en conséquence, par l'édit de S. Maur du mois de mai 1567, appellé communément l'*édit des mères*, il ordonna que les *mères* ne succéderoient point en propriété aux biens paternels de leurs enfans, qu'elles demeureroient réduites à l'usufruit de la moitié de ces biens avec la propriété des meubles & acquêts qui n'en faisoient pas partie. Cet édit fut registré au parlement de Paris, mais il ne fut pas reçu dans les parlemens de droit écrit, si ce n'est au parlement de Provence, & il a été révoqué par un autre édit du mois d'août 1729, qui ordonne que les successions des enfans, par rapport à leurs mères, seront réglées comme elles l'étoient avant l'édit de S. Maur. Le roi, en remettant les choses dans leur premier état, n'a pas dérogé aux statuts & coutumes particulières des pays de droit écrit qui ne sont pas conformes aux dispositions des loix romaines, & il a voulu qu'elles fussent suivies & exécutées comme elles l'étoient avant son édit.

Suivant le droit commun du pays coutumier, la *mère*, aussi-bien que le père, succède aux meubles & acquêts de ses enfans décédés sans enfans ou petits-enfans ; à l'égard des propres, ils suivent leur ligne.

La *mère* fut admise à la succession de ses enfans naturels par le sénatusconsulte Tertullien.

Pour ce qui est des successions des enfans à leur *mère*, ils ne lui succédoient point *ab intestat* ; ce ne fut que par le sénatusconsulte Orphitien qu'ils y furent admis, & même les enfans naturels, ce qui fut depuis étendu aux petits-enfans.

En France la *mère* ne succède point à ses enfans naturels, & ils ne lui succèdent pas non plus si ce n'est en Dauphiné & dans quelques coutumes singulières, où le droit de succéder leur est accordé réciproquement. (*A*)

MÈRE (*Droit de*) Dom Carpentier dit, dans son glossaire françois, qu'on appelle *mère* ou *merc*, le droit qu'on paie pour le bornage des terres, il renvoie en preuve au mot *Meeritz* du glossaire de Ducange; mais on y voit que ce dernier mot seul a eu le sens dont parle dom Carpentier : on a expliqué les différentes acceptions du mot *merc* ou *mère* dans l'article MERC. *Voyez aussi* MÉREL. (*M. GARRAN de COULON, avocat au parlement.*)

MÉREL, ce mot a autrefois désigné un jetton, on la marque qu'on donnoit à ceux qui avoient acquitté le péage : il se trouve en ce dernier sens dans les coutumes de la vicomté de l'Eau. *Voyez le glossaire du droit françois sous ce mot, & celui de dom Carpentier au mot* Merella *& les articles* MERC *&* MÈRE (*droit de*). (*M. GARRAN de COULON, avocat au parlement.*)

MÉRIN, il en est parlé dans la coutume de Labourt, *titre* 1, *art.* 3, 7, 8; *titre* 14, *art.* 1, 2, 14, 15, 18 & *titre* 15, *art.* 2 & 3; presque tous ces articles disent *mérin* ou *sergent*, & l'on y voit effectivement que la plupart des fonctions attribuées à ces officiers, sont celles des sergens; mais l'art. 8 du titre 1 ajoute que lorsqu'un habitant arrête un débiteur forain, il doit incontinent l'amener pardevant *le bailli ou premier mérin du lieu* où la détention a été faite.

Cet article semble supposer que les *mérins* sont aussi des juges, ou qu'ils font quelques-unes des fonctions des juges : il est certain du moins, qu'en Espagne & même dans la Navarre françoise, on donne le nom de *mérins* à de véritables juges. On peut en voir la preuve dans les *siete partidas, lib.* 2, *tit.* 9, *ley* 23, & dans le *tesoro de la lengua Castellana* de Cobarrubias. (*M. GARRAN de COULON, avocat au parlement.*)

MÉRITE, s. m. (*Droit nat.*) Le *mérite* est une qualité qui donne droit de prétendre à l'approbation, à l'estime & à la bienveillance de nos supérieurs ou de nos égaux, & aux avantages qui en sont une suite.

Le *démérite* est une qualité opposée, qui, nous rendant digne de la désapprobation & du blâme de ceux avec lesquels nous vivons, nous force, pour ainsi dire, de reconnoître que c'est avec raison qu'ils ont pour nous ces sentimens, & que nous sommes dans la triste obligation de souffrir les mauvais effets qui en sont les conséquences.

Ces notions de *mérite* & de *démérite* ont donc, comme on le voit, leur fondement dans la nature même des choses, & elles sont parfaitement conformes au sentiment commun & aux idées généralement reçues. La louange & le blâme, à en juger généralement, suivent toujours la qualité des actions, suivant qu'elles sont moralement bonnes ou mau-

vaises. Cela est clair à l'égard du législateur; il se démentiroit lui-même grossièrement, s'il approuvoit pas ce qui est conforme à ses loix, & s'il ne condamnoit pas ce qui y est contraire; & par rapport à ceux qui dépendent de lui, ils sont par cela même obligés de régler là-dessus leurs jugemens.

Comme il y a des actions meilleures les unes que les autres, & que les mauvaises peuvent aussi l'être plus ou moins, suivant les diverses circonstances qui les accompagnent & les dispositions de celui qui les fait, il en résulte que le *mérite* & le *démérite* ont leurs degrés. C'est pourquoi, quand il s'agit de déterminer précisément jusqu'à quel point on doit imputer une action à quelqu'un, il faut avoir égard à ces différences; & la louange ou le blâme, la récompense ou la peine, doivent avoir aussi leurs degrés proportionnellement au *mérite* ou au *démérite*. Ainsi, selon que le bien ou le mal qui provient d'une action est plus ou moins considérable; selon qu'il y avoit plus ou moins de facilité ou de difficulté à faire cette action ou à s'en abstenir; selon qu'elle a été faite avec plus ou moins de réflexion & de liberté; selon que les raisons qui doivent nous y déterminer ou nous en détourner étoient plus ou moins fortes, & que l'intention & les motifs en sont plus ou moins nobles, l'imputation s'en fait aussi d'une manière plus ou moins efficace, & les effets en sont plus avantageux ou fâcheux.

Mais pour remonter jusqu'aux premiers principes de la théorie que nous venons d'établir, il faut remarquer que dès que l'on suppose que l'homme se trouve par sa nature & par son état assujetti à suivre certaines règles de conduite, l'observation de ces règles fait la perfection de la nature humaine, & leur violation produit au contraire la dégradation de l'un & de l'autre. Or nous sommes faits de telle manière que la perfection & l'ordre nous plaisent par eux-mêmes, & que l'imperfection, le désordre & tout ce qui y a rapport nous déplaît naturellement. En conséquence nous reconnoissons que ceux qui, répondant à leur destination, font ce qu'ils doivent & contribuent au bien du système de l'humanité, sont dignes de notre approbation, de notre estime, & de notre bienveillance; qu'ils peuvent raisonnablement exiger de nous ces sentimens, & qu'ils ont quelque droit aux effets qui en sont les suites naturelles. Nous ne saurions au contraire nous empêcher de condamner ceux qui, par un mauvais usage de leurs facultés, dégradent leur propre nature; nous reconnoissons qu'ils sont dignes de désapprobation & de blâme, & qu'il est conforme à la raison que les mauvais effets de leur conduite retombent sur eux. Tels sont les vrais fondemens du *mérite* & du *démérite*, qu'il suffit d'envisager ici d'une vue générale.

Si deux hommes sembloient à nos yeux également vertueux, à qui donner la préférence de nos suffrages? ne vaudroit-il pas mieux l'accorder à un homme d'une condition médiocre, qu'à l'homme déjà distingué, soit par la naissance, soit par les richesses?

richeffes? Cela paroît d'abord ainfi ; cependant, dit Bacon, le *mérite* eft plus rare chez les grands que parmi les hommes d'une condition ordinaire, foit que la vertu ait plus de peine à s'allier avec la fortune, ou qu'elle ne foit guère l'héritage de la naiffance : enforte que celui qui la poffède fe trouvant placé dans un haut rang, eft propre à dédommager la terre des indignités communes de ceux de fa condition. (*D. J.*)

MÈS ou **METS DE MARIAGE**. *Voyez* **MARIAGE** (*mets de*).

MESMARIAGE, il ne faut pas confondre ce mot avec celui de *mets de mariage*, dont on a parlé dans l'article **MARIAGE** (*mets de*) ; le *mefmariage* eft le droit qu'un ferf payoit à fon feigneur pour pouvoir fe marier à une femme de condition libre, ou à une ferve d'un autre feigneur, fans être fujet à la peine du for-mariage. *Voyez* le Gloffarium novum de dom Carpentier, *au mot* Foris maritagium. (*M. GARRAN DE COULON, avocat au parlement.*)

MESNIL. *Voyez* **MAISNIL**.

MESCHINE, mot particulier de la coutume de Hainaut, qui fignifie *fervante* ou *domeftique*.

MESDIT, terme ufité dans la coutume d'Auvergne pour défigner une injure verbale. *Voyez* **INJURE**.

MESHAIN, eft un ancien mot, employé dans la coutume locale d'Amiens, pour fignifier une bleffure affez confidérable pour occafionner la perte d'un membre.

MESNIE ou **MESGNIE**, termes ufités dans les anciennes ordonnances, pour défigner les gens d'une même maifon, tels que femme, enfans, ferviteurs & domeftiques, enforte que *mefnie* eft fynonyme de *famille*.

MESSADGE, **MESSADGERIE**, ces deux mots fe trouvent dans la coutume de Sole, *tit. 4 ; art. 1 & 2 ; tit. 5, art. 1 & 2 ; tit. 7, art 1, 2, 3, 4, & 5 ; & tit. 35, art. 17.* Les *meffadges* font les fergens qui font les *meffages* des juges & qui exécutent les mandemens de la juftice à la requête des parties. Les *meffadgeries* font les offices des *meffadges*.

La coutume locale de Comines fous Lille appelle auffi *meffager* des échevins une efpèce de fergent. (*M. GARRAN de COULON avocat au parlement.*)

MESSAGE (*droit de*), on a donné ce nom au droit que les feigneurs fe faifoient payer par le meffier, pour fon office, & à celui que ce meffier percevoit en vertu de ce même office. *Voyez* le *Gloffaire du droit françois* & celui de don Carpentier, *aux mots* Meffagium 2, & Meffegaria. (*M. GARRAN DE COULON, avocat au parlement.*)

MESSAGER, f. m. **MESSAGERIE**, f. f. On appelle *meffager* celui qui eft établi pour porter ordinairement les paquets & hardes d'une ville à une autre, & qui a l'entreprife des coches & voitures publiques : on entend par *meffagerie*, la charge & les fonctions du *meffager*, avec les droits qui y font attachés : il y a un grand nombre de réglemens fur cet objet qui trouveront leur place dans le *Dictionnaire des finances*, auquel nous renvoyons.

Jurifprudence. Tome VI.

MESSEILLIER eft la même chofe que *meffier*. *Voyez* **MESSIER**.

MESSERIE, on donne ce nom à l'office du meffier & au territoire dans lequel il peut exercer fon office. *Voyez les Gloffaires de* Ducange & de dom Carpentier, *au mot* Mefferia. (*M. GARRAN DE COULON, avocat au parlement.*)

MESSEURE, ou **MESSURE**, on donne ce nom dans la Breffe, au falaire qu'on paie aux moiffonneurs d'une de ces fermes à moitié qu'on appelle *grangeage* : il confifte ordinairement dans la onzième gerbe, après toutefois que la dîme a été prélevée, & que le fermier a auffi prélevé une gerbe qu'on appelle *dixia part*, c'eft-à-dire, Dieu y ait part. On met toutes ces gerbes des moiffonneurs dans un monceau qu'on nomme *la maye des meffeures*.

Au refte, ce droit des moiffonneurs n'a lieu que dans les fermes qui font fituées dans un mauvais terrein : dans les bons fonds, on charge le granger ou fermier de moiffonner fans prétendre de récompenfe au-delà de la moitié qu'il a dans les fruits.

C'eft-là du moins ce que dit Revel dans fes *ufages de Breffe*, p. 295. J'ignore fi cette manière de payer les moiffonneurs, y eft toujours ufitée. (*M. GARRAN DE COULON, avocat au parlement.*)

MESSIER, f. m. (*Police*) eft le nom qu'on donne plus ordinairement aux perfonnes prépofées pour garder les fruits de la terre, & empêcher qu'on y faffe du dommage. On les appelle en Lorraine *bangards*, en Auvergne *gaftiers*, dans le pays Meffin *bannerots*, en d'autres provinces *bannars*, *fergens*, *gardes champêtres*, &c.

Suivant l'article 16 de la déclaration du 11 juin 1709, il doit être nommé dans chaque paroiffe un nombre d'habitans proportionné à l'étendue du territoire, pour y faire les fonctions de *meffiers*, & veiller à la confervation des grains & autres fruits, jufqu'à ce que la récolte en foit faite.

Suivant l'édit de novembre 1706, c'eft aux officiers de police qu'appartient la nomination des *meffiers* : c'eft pardevant ces mêmes officiers qu'ils doivent prêter ferment, & ils font tenus de remplir leurs fonctions, nonobftant appel ou oppofition, & fans y préjudicier.

Dans les lieux où il n'y a point d'officiers particuliers pour la police, les *meffiers* doivent prêter ferment devant le juge ordinaire.

Les fonctions de *meffiers* font annuelles, & finiffent après la récolte.

L'auteur de la pratique des terriers cite un arrêt de réglement du 2 mai 1608, fuivant lequel les *meffiers* doivent répondre civilement des dégâts dont ils ont négligé de faire leur rapport.

C'eft auffi ce qui réfulte d'une difpofition de l'article premier de la coutume de Cappel, conçu en ces termes : *le gâtier préfenté en juftice par les habitans en la châtellenie de Cappel, eft tenu de garder les héritages fitués en icelle, & de répondre du dommage donné, ou dénoncer la partie qui a fait icelui dommage.*

C

Les *messiers* ne sont point obligés de dresser des procès-verbaux pour constater les dégâts faits dans les héritages ; ils doivent seulement en faire au greffe un rapport verbal, que le greffier rédige par écrit.

Les rapports des *messiers*, affirmés véritables, font foi en justice. C'est ce qui résulte de différentes loix, & particulièrement des ordonnances de septembre 1402, mars 1515, février 1544, & de l'article 8 du titre 10 de l'ordonnance des eaux & forêts du mois d'août 1669. Cette jurisprudence se trouve aussi introduite par différentes coutumes, telles que celle de Mons en Hainaut, d'Artois, de Ponthieu, de la Rochelle, d'Amiens, d'Auvergne, de Nevers, &c.

Si les personnes que les *messiers* trouvent en flagrant délit sont sans domicile & sans aveu, ils peuvent les arrêter & se saisir de leurs effets.

L'article 36 de la coutume de Normandie contient sur cette matière les dispositions suivantes : « En forfait de bois, de garennes &. d'eaux dé- » fendues, dégâts de bleds ou de praiz, ou pour » telle manière de forfaits, peuvent être les mal- » faiteurs tenus & arrêtés par les seigneurs aux » fiefs desquels ils font tels forfaits, pourtant » qu'ils soient pris en présent méfait, par le temps » de vingt-quatre heures, jusques à ce qu'ils » ayent baillé plège, ou namps de payer le » dommage & amende : & ledit temps de vingt- » quatre heures passé, doivent renvoyer le pri- » sonnier ès prisons royales ou du haut-justicier, » en prison empruntée ».

Les coutumes de Vastang, de Saint-Aignan, de Selles, de Tremblay & de Vitry, ont des dispositions conformes à celle de Normandie.

METS DE MARIAGE. *Voyez* MARIAGE (*mets de*).

MESTIER, c'est-à-dire *métier* ; ce mot a été autrefois employé pour désigner, 1°. un office, un emploi ; 2°. le territoire, le district, l'étendue d'une jurisdiction ; 3°. toute espèce de meuble, tout ce qui sert à quelque chose ; 4°. une espèce de mesure de grains ; 5°. enfin on a dit *mestier à huile*, pour *moulin à huile*. *Voyez* Ducange & dom Carpentier *au mot* Ministerium, *&-ce dernier auteur au mot* Mestarium. (*M.* GARRAN de COULON, *avocat au parlement.*)

MESTIVAGE, *ou* MESTIVE, c'est un droit de *mestive*, c'est-à-dire, une redevance qu'on paie au seigneur pour la moisson : on peut en voir divers exemples qui concernent pour la plûpart, le Poitou & les pays voisins, dans Ducange au mot *Mestiva* & ses dérivés.

J'ai vu quelque part qu'on donnoit aussi ce nom au droit de boisselage, qui tient lieu de dîme dans une partie du bas-Poitou. (*M.* GARRAN de COULON *avocat au parlement.*)

MESUAGE, c'est une métairie, un principal manoir, un *meix*. *Voyez* MEIX, MAS, MASAGE, &c. (*M.* GARRAN de COULON, *avocat au parlement*)

MESURAGE (*droit de*), c'est un droit dû au

seigneur pour le mesurage des bleds. *Voyez le Glossaire du droit françois*, celui de dom Carpentier & *l'article* MESURE (*droit de*). (*M.* GARRAN de COULON, *avocat au parlement.*)

MESURE, s. f. (*Droit public & Police.*) est en général ce qui sert de règle pour déterminer une quantité : on les distingue ordinairement en *mesure* de longueurs, en *mesure* de liquides, & en *mesure* rondes.

Les *mesures* de longueurs sont en France la ligne, le pouce, le pied, la toise, qui réunis & multipliés, forment le pas commun ou géométrique, & la perche, qui réunis & multipliés à leur tour, composent un arpent, une lieue, &c. Les *mesures* dont on se sert pour les étoffes de soie, laine, fil & autres matières, qu'on appelle *cannes*, *aunes*, &c. sont également des *mesures* de longueurs.

Les *mesures* de liquides sont le poisson, le demi-septier, la chopine, la pinte, qui composent les quarteaux, les demi-queues, les poinçons, les muids, les queues, les tonneaux.

Les rondes sont celles qui servent à mesurer les grains, les légumes, les fruits secs, la farine, le sel, &c. : tels sont le litron, le boisseau, le minot, ou la mine, le septier, le muid, le tonneau.

On trouvera tout ce qui a rapport aux *mesures*, sous les mots propres de chacune d'elles, dans les *Dictionnaires* de jurisprudence & de commerce.

MESURE, (*droit de*) le droit de régler les poids & les mesures qui sont d'usage dans le commerce appartient naturellement à la souveraineté, comme tout ce qui tient à la police de l'état ; mais dans les gouvernemens dont le régime a été modifié par la féodalité, une partie de la jurisdiction & de la police qui en dépend, est passée aux seigneurs particuliers, & c'est ainsi que le droit de *mesure* est devenu un attribut assez commun des seigneuries dans presque toute l'Europe : il paroit même qu'on y en a fait le plus communément une dépendance de la moyenne justice. (*Knichen*, *de jure territorii. Cap.* 4, *n.* 390 & *seq.*)

Cela s'observe ainsi dans un grand nombre de coutumes de France telles que celle de Bourgogne-Comté, *tit.* 7, *art.* 27, & de Poitou, *art.* 65 & 66, quoiqu'il paroisse plus conséquent de considérer le droit de *mesures* comme une dépendance de celui de foires & de marchés, qui n'appartient guère qu'aux seigneurs chatelains, ou tout au plus aux hauts-justiciers. Sans doute la nécessité d'une surveillance plus immédiate, &, pour ainsi dire, perpétuelle, a fait séparer cet objet de la police générale ; & c'est probablement de cette manière qu'on peut expliquer comment les justices vicomtières d'Artois, de Flandres & des pays voisins, qui ne sont que des moyennes justices, ont le droit de *mesure*, tant d'autres attributs qui dépendent de la haute-justice.

Il y a néanmoins aujourd'hui même plusieurs coutumes qui défèrent ce droit de *mesure* au seigneur haut-justicier exclusivement : telles sont les coutumes de Melun, *art.* 12 ; de Senlis, *art.* 96 ; & de

Sens, *art.* 17. Les coutumes d'Anjou, *art.* 43 ; du Maine, *art.* 50 ; de Tours, *art.* 42 , & de Lodunois, *chap.* 2 , *art.* 4 , font plus conséquentes encore lorf-qu'elles ne l'attribuent qu'au feigneur châtelain, ou au feigneur fupérieur.

Que faut-il décider dans les coutumes muettes.? Il feroit bien fage d'y fuivre la décifion de ces deux dernières coutumes ; cependant on tient communé-ment que le droit de *mefures* y eft un attribut de la haute-juftice, comme une dépendance de la police générale : cette attribution feroit bien ancienne fi l'ouvrage connu fous le nom d'*établiffemens de faint Louis* , contient véritablement les fources de notre droit commun, plutôt que celles du droit coutumier de quelques provinces. Il y eft dit, au liv. 1, *chap.* 38, que le feigneur haut-jufticier a l'étalon & le patron des *mefures* & qu'il les donne à fes vaffaux, & ceux-ci à leurs hommes.

Tout cela fouffre néanmoins des modifications réfultantes des titres & de la poffeffion de chaque feigneur ; enforte que le feigneur haut-jufticier qui n'eft point dans l'ufage de donner le patron ou l'étalon des *mefures* , ne pourroit pas s'en attribuer le droit dans les coutumes muettes ; tandis qu'au contraire, dans les coutumes même qui réfervent ce droit aux feigneurs châtelains , le feigneur haut-juf-ticier qui auroit une poffeffion bien conftante d'avoir des *mefures* particulières , y devroit être maintenu , fi du moins cette poffeffion étoit contradictoire avec le feigneur châtelain, & portée dans les aveux du feigneur haut-jufticier qui en relève.

Dans les coutumes même qui font dépendre le plus expreffément le droit de *mefures* de telle ou telle efpèce de jurifdiction , le feigneur qui a titre & poffeffion de cette jurifdiction ne pourroit pas éta-blir une *mefure* particulière dans fa terre , & moins encore y changer l'étalon de la *mefure* que fes auteurs y ont établi, & qu'on y fuit habituelle-ment : le feigneur qui a droit de *mefures* , dans le premier cas, peut feulement prendre un modèle con-forme à la *mefure* ufitée & le faire fervir d'étalon, pour que les autres *mefures* en ufage dans fa juftice y puiffent être vérifiées & proportionnées, fans fortir de fon territoire.

Le célèbre arrêt de réglement , fait aux grands jours de Clermont, le 19 janvier 1666 , porte *art.* 15 & 16: « toutes les *mefures* des feigneurs feront » réputées conformes à celles du plus prochain » marché, s'il n'y a titre au contraire : à l'égard des » *mefures* dont il y a titre, les feigneurs en joui-» ront, même de celles qui font moindres aux » *mefures* des marchés , foit qu'ils en aient joui » avec titre, ou non ».

Il y a effectivement plufieurs feigneuries & des villes confidérables, où il y a deux efpèces de *mefu-res*, l'une pour les foires & marchés, qu'on appelle *mefure-marché* , *mefure du minage* , *mefure vendant* ou *vendible* , & l'autre qui eft particulière au feigneur, & fuivant laquelle on *mefure* les cens & rentes en grains qu'on porte dans fes greniers : on la nomme

par cette raifon, *mefure-grenier* , *mefure cenfale* , *ceffale* ou *ceffalière* , comme on le dit en Auvergne & en Bourbonnois : la différence de ces deux ef-pèces de *mefures* peut provenir des fraudes commifes autrefois par les officiers des feigneurs, pour aug-menter infenfiblement leurs redevances ; cela eft d'autant plus probable que toutes ou prefque toutes les *mefures*-greniers font plus fortes que les *mefures*-marchés ; il n'eft pas douteux que, fi la fraude ou l'erreur étoient prouvées , le feigneur feroit tenu de reduire fes *mefures* à leur état primitif, quelque an-cien que pût être l'abus, parce qu'on ne prefcrit ja-mais contre l'intérêt public, & qu'une telle poffeffion eft d'ailleurs frappée de mauvaife foi. Pocquet de Livonnieres cite deux arrêts des 24 mars 1696 & 17 mars 1708 , qui l'ont ainfi jugé. (*Traité des fiefs* , *liv. 6 , chap. 3 à la fin.*)

Cette différence de *mefures* peut néanmoins auffi avoir eu une origine légitime. La chartre des habi-tans de Priffey, près Mâcon, porte que les feigneurs donneront des *mefures* à leurs fujets , mais qu'on ne changera rien à celles avec lefquelles on mefure les redevances. (*Ordonnances du Louvre, tome 3, p. 56.*)

Les coutumes d'Anjou & du Maine difent que le feigneur châtelain prendra à foi-même le patron des *mefures* à bled & à vin ; mais il faut interpréter cela par l'art. 42 de la coutume de Tours, qui porte que le feigneur ayant droit de *mefures* , ne peut avoir qu'un fep & étalon, lequel il ne pourra accroître & diminuer , ains ufer dudit droit comme il a accou-tumé d'en ufer d'ancienneté.

Cette coutume ajoute que fi le feigneur fait le contraire, il eft déchu du droit de *mefures* , & que les feigneurs ayant droit de *mefures* font tenus de porter ou envoyer en l'hôtel de la ville la plus prochaine, en laquelle il y a droit de mairie ou de communauté, le fep & étalon, dont ils s'entendent aider, pour y avoir recours ; & fi en ladite ville il n'y a droit de communauté , au fiége royal plus prochain : l'art. 62 répète la même chofe.

Quelque fage que foit la difpofition de cet article qui eft de nouvelle coutume, il ne s'obferve guère, & quoique le fep & étalon des *mefures* dont on fe fert dans une châtellenie ne fe trouve ni à l'hôtel de la ville plus prochaine ayant droit de commune, ni au greffe du fiége royal plus prochain, on ne peut pas réduire les *mefures* dont on s'y eft fervi de temps im-mémorial pour le paiement des redevances dues au feigneur, à la *mefure* du roi : c'eft ce qui a été jugé en faveur du chapitre de faint-Martin, feigneur châte-lain de faint Pater, contre divers de fes redevables , par arrêt du 12 août 1758 , confimatif d'une fen-tence du bailliage de Tours.

Le même arrêt ordonna néanmoins qu'il feroit fait un boiffeau garni de cuivre , fur lequel on gra-veroit ces mots : *mefure de faint Pater* ; qu'on le véri-fieroit en préfence du procureur du roi , & de quatre députés choifis par le châtelain & les débi-teurs des rentes , pour être dépofé en l'hôtel com-mun de Tours , & le double pareillement vérifié remis au chef-lieu de la châtellenie, pour servir à la perception des reptes, &c. On peut voir les détails de cette affaire dans Jacquet, *traité des justices*, *liv. 1, chap. 21, n. 14.*

Il y a lieu de croire même que les inconvéniens résultans du changement de *mesure* ne feroient adopter que très-difficilement la peine de la privation de ce droit prononcé par la coutume de Tours, contre les seigneurs qui les auroient altérées, du moins tant qu'on pourroit constater la *mesure* originaire de la seigneurie ; je ne pense pas qu'il y ait d'exemple de cette privation, quoiqu'il n'y en ait que trop des malversations commises en ce genre ; mais il faut avouer que le plus souvent elles doivent être attribuées aux gens d'affaires des seigneurs, plutôt qu'aux seigneurs même, & qu'en tout cas il doit être fort difficile de prouver qu'ils aient entré pour rien dans ces abus.

L'art. 66 de la coutume de Poitou assujettit seulement les seigneurs « à avoir & tenir en leurs » maisons leur sep & *mesure*, sans le pouvoir » changer, ni immuer, & aussi faire peser la quan- » tité de grains entrant audit sep & boisseau & dudit » poids & mesure en faire registre en leurs greffes ». Il seroit à desirer que les juges surveillassent cet objet de police avec le plus grand soin. Un greffier du présidial de Poitiers, qui avoit une contestation personnelle pour la fixation du boisseau suivant lequel il devoit payer une rente en grains au chapitre de saint Pierre le puellier fit une quantité de ratures & d'altérations sur les papiers de son greffe qui pouvoient constater l'état de cette *mesure*, & ces altérations n'ont été découvertes que long-temps après cette contestation qui fut terminée à son avantage. (*Histoire de Poitou par* Thibaudeau, *tom. 4, p. 331.*)

On a souvent tenté de supprimer en France cette diversité de *mesures*, & de les réduire toutes à un patron unique ; mais les difficultés de cette entreprise ont toujours fait échouer. Il n'y a peut-être que l'accroissement des lumieres & la longue durée d'une administration juste & irréprochable dans toutes ses opérations qui puisse parvenir à persuader au peuple que de tels changemens sont à son avantage ; mais il ne faut pas dire avec Fréminville, « que la différence des *mesures* ne peut provenir » que de la sagesse de cette providence qui gou- » verne tout, en ce que si toutes sortes de *mesures* » & de poids étoient égales, le commerce ne » subsisteroit pas, & qu'il n'y a que cette différence » & son obscurité sur le plus ou le moins de diffé- » rence, qui fait le négoce & la science du mar- » chand ». (*Pratique des droits seigneuriaux, tom. 4, chap. 2, p. 211.*)

C'est là à avilir le commerce en en faisant la science des fripons. Celui d'Angleterre n'en est pas moins florissant, quoiqu'il n'y ait presque aucune différence dans les *mesures* de ce royaume.

Il ne faut pas dire non plus indéfiniment avec le même auteur, que les seigneurs ou leurs fermiers

ne peuvent rien exiger pour la fourniture des *me-sures* : cela n'est vrai que dans les lieux où le seigneur n'est pas fondé en titres ou possession qui sont les regles qu'on doit suivre en cette matiere. *Voyez les art.* LEYDE & HALLAGE. (*M. GARRAN DE COULON, avocat au parlement.*)

MÉSUS, terme de coutume & de pratique, qui signifie abus & dommage causé par le bétail, qu'on fait pâturer dans les bois ou héritages, contre la disposition des ordonnances. *Voyez* AGATIS, DOMMAGE.

MÉTAYER, s. m. est le nom qu'on donne aux colons partiaires, c'est-à-dire, aux colons qui cultivent les héritages à moitié, & comme s'expriment les capitulaires de Charlemagne, *qui laborant ad medictatem.*

Suivant l'usage du Forez & du Lyonnois, les *métayers* peuvent se départir de leur bail, soit écrit soit verbal, dans le cours de la premiere année, & le maitre peut également les congédier dans la même année, pourvu qu'ils s'avertissent respectivement dans un temps convenable : il en est de même dans une partie de la Marche, où on oblige même par corps les *métayers* à réintégrer les domaines qu'ils abandonnent, sans considération de saison ; mais en Beaujolois, en Auvergne, & dans la plupart des provinces où les *métayers* sont en usage, les contractans ne peuvent se départir d'un bail par écrit, que d'un commun consentement.

Le bail fait à un *métayer* finit par sa mort, & son droit ne passe pas à ses héritiers, lorsqu'ils ne sont pas en état de faire valoir le bien ; mais lorsque le bail a été passé avec le chef, sa femme, & leurs enfans, on ne peut expulser ni lui ni ses descendans tant qu'ils cultivent l'héritage, sans le laisser venir en friche, & comme bon pere de famille.

Il paroit que de tout temps, & en tous pays, les *métayers* ont toujours été enclins à frauder leurs maitres : l'empereur Justinien II a été obligé d'établir des loix particulieres, pour les contenir dans les bornes de leur devoir.

D'après leurs dispositions, tout *métayer* surpris à voler des gerbes de bled dans le champ moissonné, doit, comme voleur, perdre, au profit du maitre, la portion qui lui revenoit dans le champ où il a fait le vol : celui qui ne fait pas les labours nécessaires en saison convenable, à moins que l'intempérie du temps ne s'y oppose, ou qui, par sa faute, seme plus tard qu'il ne doit, n'a rien à prétendre dans la récolte.

Un *métayer* qui prend, comme il arrive journellement, d'un autre *métayer* pauvre, des vignes à cultiver à moitié profit, n'y doit rien prendre, s'il n'a pas taillé, foui, labouré, échalassé la vigne, & fait les fosses ordinaires : celui qui s'est chargé de cultiver à moitié bénéfice, le domaine d'un autre *métayer* allant hors du pays, & qui vient à rétracter sa parole, doit être condamné à payer à celui dont il avoit pris la *métairie* à faire valoir, le double de la valeur de la récolte à venir.

MÉTRIQUET, c'est, suivant Barraud, un mets

du plat de poisson & un pain de la noce, accoutumé d'être payé au seigneur, baron d'Oyrvaut, par ses sujets en ladite baronnie, quand ils se marient. *Voyez* le commentaire de cet auteur sur la coutume de Poitou, *tit. 1, chap. 29*, & *les articles* MARIAGE (*mets de*) & PLAT NUPTIAL. (*M. GARRAN DE COULON, avocat au parlement.*)

MÉTROPOLE, s. f. (*Droit ecclésiastique.*) signifie mère-ville, ou ville principale d'une province : les colonies grecques donnèrent ce nom aux villes dont elles tiroient leur origine, & nous nous en servons dans le même sens, en parlant des états de l'Europe, vis-à-vis leurs colonies de l'Amérique.

Les Romains donnèrent le nom de *métropole* aux villes principales de chaque province de l'empire ; & comme le gouvernement civil a servi de règle au gouvernement ecclésiastique, les églises fondées dans ces villes principales ont été appellées *métropoles*, c'est-à-dire, *églises-mères*, & leurs évêques *métropolitains*.

Quelques auteurs prétendent que la distinction des *métropoles* d'avec les autres églises est de l'institution des apôtres ; mais il est certain que son origine ne remonte qu'au troisième siècle : elle fut confirmée par le concile de Nicée ; on prit modèle sur le gouvernement civil : l'empire romain ayant été divisé en plusieurs provinces, qui avoient chacune leur *métropole*, on donna le nom & l'autorité de *métropolitain* aux évêques des villes capitales de chaque province, tellement que dans la contestation entre l'évêque d'Arles & l'évêque de Vienne, qui se prétendoient respectivement *métropolitains* de la province de Vienne, le concile de Turin décida que ce titre appartenoit à celui dont la ville seroit prouvée être la *métropole* civile.

Comme le préfet des Gaules résidoit à Tours, à Trèves, à Vienne, à Lyon ou à Arles, il leur communiquoit aussi tour-à-tour le rang & la dignité de *métropole*. Cependant tous les évêques des Gaules étoient égaux entre eux, il n'y avoit de distinction que celle de l'ancienneté. Les choses restèrent sur ce pied jusqu'au cinquième siècle : ce fut alors que s'éleva la contestation dont on a parlé.

Dans les provinces d'Afrique, excepté celles dont Carthage étoit la *métropole*, le lieu où résidoit l'évêque le plus âgé, devenoit la *métropole* ecclésiastique.

En Asie, il y avoit des *métropoles* de nom seulement, c'est-à-dire, sans suffragans ni aucun droit de *métropolitain* ; telle étoit la situation des évêques de Nicée, de Chalcédoine & de Béryte, qui avoient la préséance sur les autres évêques & le titre de *métropolitain*, quoiqu'ils fussent eux-mêmes soumis à leurs *métropolitains*.

On voit par-là que l'établissement des *métropoles* est de droit positif & qu'il dépend indirectement des souverains ; aussi comme plusieurs évêques obtenoient par l'ambition, des rescrits des empereurs, qui donnoient à leur ville le titre imaginaire de *métropole*, sans qu'il se fît aucun changement ni

démembrement de province : le concile de Chalcédoine, dans le canon XII, voulut empêcher cet abus qui causoit de la confusion dans la police de l'église. *Voyez* MÉTROPOLITAIN. (*A*)

MÉTROPOLITAIN, s. m. (*Droit canonique.*) est l'évêque de la ville capitale d'une province ecclésiastique ; cependant quelques évêques ont eu autrefois le titre de *métropolitain*, quoique leur ville ne fût pas la capitale de la province. *Voyez ci-devant* MÉTROPOLE.

Présentement les archevêques sont les seuls qui aient le titre & le droit de *métropolitain* ; ils ont, en cette dernière qualité, une jurisdiction médiate & de ressort sur les diocèses de leur province, indépendamment de la jurisdiction immédiate qu'ils ont comme évêques dans leur diocèse particulier.

Les droits des *métropolitains* consistent, 1°. à convoquer les conciles provinciaux, indiquer le lieu où ils doivent être tenus, bien entendu que ce soit du consentement du roi ; c'est à eux à interpréter par provision les décrets de ces conciles, & absoudre des censures & peines décernées par les canons de ces conciles.

2°. C'est aussi à eux à indiquer les assemblées provinciales qui se tiennent pour nommer des députés aux assemblées générales du clergé ; ils marquent le lieu & le temps de ces assemblées, & ils y président.

3°. Ils peuvent établir des grands-vicaires, pour gouverner les diocèses de leur province qui sont vacans, si dans huit jours après la vacance du siège le chapitre n'y pourvoit.

4°. Ils ont inspection sur la conduite de leurs suffragans, tant pour la résidence que pour l'établissement ou la conservation des séminaires. Ils sont aussi juges des différends entre leurs suffragans & les chapitres de ces suffragans.

5°. Ils peuvent célébrer pontificalement dans toutes les églises de leur province, y porter le pallium, & faire porter devant eux la croix archiépiscopale.

6°. L'appel des ordonnances & sentences des évêques suffragans, de leurs grands-vicaires, & officiaux, va au *métropolitain*, en matière de jurisdiction, soit volontaire, soit contentieuse, & le *métropolitain* doit avoir un official pour exercer cette jurisdiction *métropolitaine*.

7°. Quand un évêque suffragant a négligé de conférer les bénéfices dans les six mois de la vacance, ou du temps qu'il a pu en disposer, si c'est par dévolution, le *métropolitain* a droit d'y pourvoir.

8°. Les grands-vicaires du *métropolitain* peuvent, en cas d'appel, accorder des *visa* à ceux auxquels les évêques suffragans en ont refusé mal-à-propos, donner des dispenses, & faire tous les actes de la jurisdiction volontaire, même conférer les bénéfices vacans par dévolution, si le *métropolitain* leur a donné spécialement le droit de conférer les bénéfices.

9°. Suivant l'usage de France, les bulles du jubilé

font adreffées au *mitropolitain* qui les envoie à fes fuffragans.

Le *métropolitain* affiftoit autrefois à l'élection des évêques de fa province, confirmoit ceux qui étoient élus, recevoit leur ferment; mais l'abrogation des élections, la nomination des évêques par le roi, leur confirmation par le pape ont privé les *métropolitains* de ces droits. Ils ont auffi perdu par non-ufage celui de vifiter les églifes de leurs provinces. *Voyez* ARCHEVÊQUE, OFFICIAL, PRIMAT. (*A*)

METTRE EN SA TABLE. *Voyez* UNIR ET METTRE EN SA TABLE.

MEUBLES, (*Droit coutumier.*) nous comprenons fous ce nom tous les biens qui, ne tenant point lieu de fonds, peuvent fe tranfporter; dans ce fens on les appelle *biens meubles*, par oppofition aux biens immeubles. *Voyez* IMMEUBLES.

Tout ce qui n'eft pas immeuble réel, fiftif ou légal, eft réputé *meuble*, de même que tous les effets qui peuvent fe tranfporter d'un lieu à un autre, comme nous venons de le dire.

Les rentes conftituées font mobiliaires dans quelques coutumes, comme celle des Pays-Bas; *Voyez* l'article 140 de la coutume d'Artois.

Quoique ces rentes foient *meubles* en Ponthieu, elles y font cependant fufceptibles d'hypothèque; mais ne font pas fufceptibles de la qualité de propres.

En Ponthieu, l'hypothèque s'acquiert fur les rentes par la main-mife de fait, fur icelles faite entre les mains des débiteurs qu'on fait affigner avec les créanciers de la rente, pour voir décréter la mife de fait, & la fentence qui intervient rend la rente fujette à l'hypothèque; de manière que le débiteur ne peut plus la rembourfer fans le confentement du créancier mis de fait. La mife de fait ainfi exercée, immobilife en quelque forte la rente, relativement au créancier, puifqu'il peut en conféquence la faire décréter, & que le prix s'en diftribue par ordre d'hypothèque. Le tout fuivant trois aftes de notoriété de la fénéchauffée de Ponthieu, des 20 décembre 1683, 13 juin 1701, & 20 mai 1755.

Le parlement de Touloufe, par arrêt du 2 juin 1706, « a déclaré les rentes conftituées à prix » d'argent dans fon reffort, être *meubles* & non » immeubles, foit qu'elles appartiennent à des par» ticuliers ou à des communautés & gens de main» morte ». Il en eft de même dans le reffort de la cour fouveraine de Lorraine & à Reims.

Les rentes conftituées font *meubles* dans le reffort du parlement de Dijon, ce qui réfulte d'un arrêt du 10 janvier 1718, portant enregiftrement de l'édit de fuppreffion du premier dixième du mois d'août 1717.

A Paris les rentes perpétuelles, conftituées à prix d'argent, font immeubles, comme les promeffes de paffer contrat de conftitution; mais les arrérages font *meubles*: cependant ils peuvent être immobilifés quand ils font faifis réellement, s'il y a bail judiciaire.

En eft-il de même des rentes viagères? cette queftion s'eft préfentée dans la direction des créanciers Brunet. Le contrat qui avoit été précédé de faifie-réelle, contenoit entre autres états celui des immeubles, dans lequel on avoit placé une rente viagère de 400 livres, due par le marquis de Brifay; un créancier, premier hypothécaire, demandoit à toucher tous les arrérages de cette rente, ainfi que le capital montant à 4000 livres, rembourfé de gré à gré par le débiteur.

Le moyen du créancier, étoit que le fonds de cette rente devoit être confidéré comme immeuble, & que les arrérages avoient été immobilifés, tant par la faifie-réelle, que par l'établiffement du fequeftre, & par le contrat d'union & d'abandon; que la direction avoit elle-même placé cette rente au nombre des immeubles dans le contrat, & que la diftribution par ordre d'hypothèque, étoit la fuite néceffaire de l'arrangement pris par le contrat, dont l'exécution avoit été ordonnée par la fentence d'homologation, &c.

Les autres créanciers Brunet répondirent que la qualification d'immeubles étoit une erreur de fait, qui ne pouvoit changer fa véritable nature de *meuble*, d'après l'arrêt du 31 juillet, rapporté au journal des audiences. Ils citoient auffi le traité de la vente des immeubles par d'Hericourt; leurs moyens furent accueillis. En conféquence la contribution fut ordonnée par arrêt rendu le 13 mai 1760, au rapport de M. Sahuguet d'Efpagnac, magiftrat que la mort a enlevé à l'âge de 80 ans en l'année 1781, mais dont le nom célèbre dans l'églife comme dans l'épée, fera long-temps cher à fa compagnie, dont il poffédoit à jufte titre la confiance, & à la cour, dont il étoit rapporteur depuis bien des années.

Dans toute la France les rentes foncières font immeubles.

On fait beaucoup de diftinction entre les *meubles* & les immeubles, parce que les immeubles, en général, font fufceptibles d'hypothèque, & qu'ils reçoivent d'ailleurs accidentellement la qualité de propres, dont les poffeffeurs ne peuvent difpofer que d'une partie, fuivant la plupart des coutumes; au lieu que les *meubles* font réputés acquêts dans tous les pays, & qu'ils forment toujours des biens libres qui ne font fufceptibles d'hypothèque que quand la loi municipale les y foumet comme en Bretagne, en Normandie. *Voyez* le traité des hypothèques par Bafnage, *chapitre 9*, & en pays de droit écrit.

Au furplus, les difpofitions de la coutume de Paris, touchant la nature des rentes conftituées, qu'elle répute immeubles, font obfervées dans toutes les coutumes qui n'ont point de difpofitions contraires, même dans les pays de droit écrit; il y a des pays de droit écrit où elles font *meubles*,

Voyez l'obfervation 5, fur Henrys, *tom. I, l. 4, 9, 74. Voyez* auffi Brodeau fur Paris, *article 92, nomb. 4.*

Il y a d'autres coutumes qui réputent ces fortes de rentes *meubles*, notamment celle de Troye, *article* 61. *Voyez* Argou, *liv.* 2, *chap.* 1, *p. 102.*

Les *meubles* meublans, la vaiffelle d'argent, les pierreries, les deniers comptans, le linge de toute efpèce, les dentelles, les habits, les uftenfiles de cuifine; les actions réfultantes des billets, promeffes, obligations, les arrérages de rentes, les chevaux, beftiaux, troupeaux & autres effets de pareille nature, font réputés *meubles*, de forte que les père & mère y fuccèdent.

Il y a pourtant quelques coutumes, où les beftiaux d'une métairie font cenfés faire partie du fonds, & font par conféquent immeubles. *Voyez* auffi un arrêt du premier juin 1681, au journal des audiences.

Il eft important d'obferver, d'après Argou, *loco citato*, qu'en pays de droit écrit, fous la dénomination de biens *meubles* & immeubles, on ne comprend point les obligations ni les droits incorporels; de forte que fi un homme avoit donné ou légué tous fes biens *meubles* & immeubles, fans en rien excepter ni réferver, la donation ou les legs, ne comprendroit que les *meubles* & immeubles réels & corporels, & non pas les noms, raifons & actions qui, fuivant le droit romain, forment une efpèce de biens diftincte des meubles & des immeubles.

Le legs des *meubles*, dans un teftament, ne comprend pas tous les effets mobiliers, mais feulement les *meubles* meublans; & par fentence du parc-civil du 31 mars 1708, il a été jugé que dans le legs des *meubles* meublans, étoient compris le caroffe & les chevaux; ceux de felle font toujours exceptés, les tableaux & généralement tous les *meubles*; mais non pas les diamans, colliers, bagues & bijoux. C'étoit dans la fucceffion de la demoifelle Marcillacq.

Les revenus des terres, maifons & héritages, font *meubles*, à moins qu'ils ne foient produits & échus depuis un bail judiciaire, auquel cas ils font immeubles, & ils fe diftribuent par ordre d'hypothèque, comme le prix de l'immeuble même.

Le poiffon dans l'étang, les pigeons dans le colombier à-pied, les lapins dans la garenne, font réputés immeubles; mais s'ils font en boutique, ils font *meubles*. *Voyez* l'article 91 de la coutume de Paris; Carondas & Dupleffis, fur la même coutume.

Le bois coupé, le bled, le foin & autres grains fauchés ou fciés, font *meubles*, encore qu'ils foient fur le champ; mais ils font immeubles, quand ils font fur pied & pendans par racine, parce qu'alors ils font partie du fonds. *Voyez* ibid. *art.* 92.

Toutefois, dit Loyfel, *inftitutions coutumières livre* 2, *tit.* 1, *n.* 6, « en beaucoup de lieux, » foins à couper après la mi-mai, bleds & autres

» grains après la S. Jean, ou qu'ils font noués, » & raifins à la mi-feptembre, font réputés *meu- » bles* »; mais cette fiction, dit Coquille, fur l'article 1 du tit. 26 de la coutume, n'a lieu que dans les cas prévus par la loi pour régler les fucceffions & les partages; dans les autres cas il faut s'en tenir à la règle, fuivant laquelle les fruits ne font *meuble* que *per feparationem à folo. Voyez* l'art. 19 de la coutume de Reims; Pithou, fur Troyes, Lalande, fur Orléans.

Remarquez que les fruits ne font immeubles que par rapport aux fucceffions, pouvant toujours être faifis & brandonnés comme *meubles*, par le créancier de celui à qui ils appartiennent.

Les deniers confignés pour rachat ou rembourfement de rente, font *meubles*, quand la rente appartient à un majeur; mais s'ils appartiennent à un mineur, les deniers font fictivement immeubles jufqu'à la majorité du propriétaire de la rente; & s'il décède, ils appartiennent à l'héritier qui auroit fuccédé à la rente.

Les *meubles*, deniers comptans & effets mobiliers, ne peuvent être chargés de fubftitution que dans le cas où le teftateur a ordonné qu'il feroit fait emploi du montant d'iceux, fuivant l'article 5 du titre premier de l'ordonnance de 1747. *Voyez* SUBSTITUTION.

Mais dans cette difpofition ne font pas compris les beftiaux & uftenfiles fervans à faire valoir les terres: ces objets font cenfés compris dans la fubftitution defdites terres. *Voyez* ibid. *art.* 6.

« Les *meubles* meublans & autres chofes mobi- » liaires, qui fervent à l'ufage & à l'ornement des » châteaux ou maifons, pourront être chargés des » mêmes fubftitutions que les châteaux ou maifons » où ils feront pour être confervés en nature, » pourvu que l'auteur de la fubftitution l'ait ainfi » expreffément ordonné, foit qu'il s'agiffe d'une » fubftitution univerfelle, foit qu'elle foit parti- » culière, & en ce cas le grevé de fubftitution fera » tenu de les rendre en nature, tels qu'ils feront » lors de la reftitution du fidéicommis, à peine » de tous dépens, dommages & intérêts. *Voyez* » ibid. *art.* 7 ».

Dans les fucceffions des rentes, les arrérages & loyers de maifons échus au jour du décès, appartiennent à l'héritier du mobilier par proportion de temps, quand même le temps fixé pour les payer, ne feroit pas arrivé, parce qu'ils écheoient de jour en jour, & que le temps convenu pour les paiemens, n'eft que pour la commodité des paiemens.

Mais il en eft autrement à l'égard des revenus des biens de la campagne, c'eft la récolte des fruits qu'il faut confidérer pour décider fi le revenu appartient à l'héritier des *meubles* ou des immeubles, & non pas le terme fixé pour payer les fermages.

Les pratiques des procureurs, notaires & huiffiers, font *meubles*, & ne font pas, comme l'office, susceptibles d'hypothèque, en faveur de certains créanciers.

Il s'est élevé la question de savoir, si le droit de préférence accordé à une veuve ou à des héritiers, de lever un office tombé aux parties casuelles, étoit meuble ou immeuble ; & par arrêt du lundi 6 septembre 1762, rendu en la deuxième chambre des enquêtes sur partage d'opinions en la troisième, il a été jugé que la cession faite par la veuve du titulaire de l'office, tant en son nom que comme tutrice de sa fille mineure, étoit sujette aux formalités prescrites, non-seulement pour la vente des immeubles réels des mineurs, mais encore pour celle de leurs immeubles fictifs tels que les offices ; on a jugé cette faculté immeuble, parce qu'on donne à l'action la qualité de la chose qu'on poursuit.

Les navires, les chaloupes, les bateaux, les vaisseaux qui se trouvent dans les successions, appartiennent à l'héritier des meubles, cependant ils font susceptibles d'hypothèque envers les créanciers. Voyez l'ordonnance de la marine & le traité des hypothèques par Basnage.

Les presses d'imprimerie sont réputées meubles, ainsi que les matériaux préparés pour bâtir, tant qu'ils ne sont point employés ; il en est de même des moulins sur bateaux, des pressoirs qui peuvent se désassembler & des pigeons en volière pour l'usage de la maison, ainsi que des catheux ou catteux secs en Artois, qui sont les bâtimens, & les catteux verds qui sont les arbres. Voyez CATTEUX. Mais les lambris, boiseries, plaques de cheminées, chambranles, glaces, tableaux encadrés & tous les ornemens que les propriétaires font dans leurs maisons, pour y rester à perpétuelle demeure, font immeubles.

Cependant tous ces ornemens mis par le locataire, quoique scellés & posés à perpétuelle demeure en apparence, sont meubles ; il peut les emporter, en remettant les lieux dans le même état que lors de son entrée.

On en doit dire autant à l'égard des instrumens d'un artisan mis en terre ou scellés en plâtre dans la maison par lui occupée, ou à lui appartenante, lesquels ne font pas partie de l'héritage, pourvu que l'artisan, en sortant de la maison qu'il tenoit à loyer, répare les dégradations causées par ses instrumens, qu'il peut emporter, ou ses représentans comme d'autres meubles.

Les esclaves de l'Amérique sont aussi regardés comme meubles, & ils peuvent être saisis & vendus comme les autres choses mobiliaires. Voyez l'édit de mars 1685, touchant la police des esclaves, art. 44, 46, 47 & 48.

La terre du Bouchet ayant été vendue par décret, il s'est agi de savoir si douze statues placées dans une galerie du château, non incorporées dans le mur, mais qu'on avoit placées sur des piédestaux scellés sur le plancher à chaux & à ciment, étoient meubles ; l'adjudicataire prétendoit qu'elles étoient

immeubles & faisoient partie de son adjudication ; mais par arrêt du 5 juillet 1737, rendu en la grand-chambre, la cour les a jugées meubles, & les a adjugées en conséquence à la veuve de M. Dubos, maître des requêtes. Voyez Coquille, question 161.

C'est la loi du domicile du possesseur ou propriétaire des meubles qui règle à qui ils appartiennent dans sa succession, & comment le prix doit s'en distribuer entre ses créanciers, & non pas la coutume de la situation : parce que, comme dit Loysel, liv. 2, tit. 1 de ses institutes coutumières ; règle 12, « meubles ne tiennent côté ni ligne » ; il en est autrement des immeubles : mobilia sequuntur consuetudinem loci in quo quisque habet domicilium, immobilia sequuntur consuetudinem loci in quo sita sunt. Voyez Dumoulin, sur l'article 254, de l'ancienne coutume d'Orléans. Voyez aussi DOMICILE.

« En meubles, la mesure doit s'en faire selon le » lieu où la vente se fait, & immeubles, selon le » lieu de leur situation ; c'est toujours Loysel qui » parle. Livre 3, titre 4, règle 19. »

La vente des meubles, sans déplacer & sans dépouiller le possesseur, ne sauroit préjudicier aux créanciers du vendeur, qui peuvent toujours les faire saisir nonobstant cette vente.

Les collecteurs de la paroisse de S. Didier au mont d'Or, pour l'année 1760, firent faire commandement le 17 juillet 1762 à Antoinette Grand, ou ses biens tenans, de payer 117 liv. 10 s. en reste de la côte pour laquelle elle, ou ses biens tenans, étoient compris sur leurs rôles ; le 21 juillet deuxième commandement.

Par acte passé devant notaire le 19 juillet 1762, Françoise Perret, héritière de ladite Grand, vendit les meubles à Jean Demollière son beau-frère ; le 27 juillet Demollière forma sa demande contre les collecteurs en nullité de commandement du 21 juillet ; sentence intervient en l'élection de Lyon, qui, sans s'arrêter à la vente, ordonna qu'à défaut de paiement les exécutions encommencées seroient continuées. Demollière appella à la cour des aides ; mais par arrêt du 11 mars 1766, la sentence fut confirmée avec amende & dépens; plaidans Me Desgranges pour les collecteurs, & Me Fougeron pour Demollière. Le grand moyen des collecteurs étoit, qu'il n'y avoit pas eu de vente, parce que la vente des meubles ne se peut consommer que par la tradition réelle & actuelle.

Cependant si les meubles avoient été loués par un tapissier ou autre marchand de meubles, par un bail passé devant notaire, sans fraude & sur-tout avant la saisie du créancier, le défaut de possession ne pourroit être opposé au tapissier, qui seroit toujours reçu à réclamer sa chose, en affirmant qu'elle lui appartient ; tel est l'usage du châtelet ; il n'y a que le propriétaire de la maison au préjudice duquel ces sortes de louage de meubles ne peuvent se faire, attendu que les meubles du locataire obligé de garnir les lieux, répondent de la location de la maison.

En

En Auvergne les *meubles* font fufceptibles d'affection par côté & lignes, lorfque les défunts les tenoient par fucceffion de celui qui les avoit poffédés le premier dans la famille ; cette jurifprudence eft particulière à la coutume de cette province : les commentateurs l'expriment par ces mots, les *meubles eftoquenés au premier degré de fucceffion.* *Voyez auffi* Coquille, *queftion* 63, fur *meubles n'a fuite par hypothèque.*

Une fentence rendue au châtelet le 4 décembre 1683, confirmée par arrêt du 30 mars 1685 & des lettres-patentes du mois d'août de la même année, enregiftrées au parlement le 13 mars 1692, déclarent que le privilège des coches & carroffes, de Paris à Verfailles, eft mobilier de fa nature, parce que ce privilège n'eft concédé que pour un temps ; l'arrêt eft au journal du palais : il en eft de même des privilèges accordés aux imprimeurs & libraires pour l'impreffion des livres.

Mais les droits des meffageries, coches & carroffes, font conftamment immeubles ; c'eft à ce titre que l'art. 10 de l'édit de mai 1749 les a affujettis au paiement du vingtième.

Chofe mobiliaire étant vue à l'œil, c'eft-à-dire, dans un lieu public, peut être entiercée, c'eft-à-dire, fequeftrée & mife *in tertian manum. Voyez* Dumoulin, *fur l'art.* 379 *de la coutume d'Orléans.*

Un arrêt de la grand-chambre du 11 juin 1720, au rapport de M. Brayer, entre Jacques Buiffon, les fieurs Saladin & autres intéreffés en la manufacture des glaces, a confirmé une fentence du châtelet du 18 août 1714, laquelle adjugeoit au fieur Saladin, pour 127,500 liv., une action de Jacques Buiffon fur cette manufacture, fans publication ni formalité. La cour a cependant, dans une autre conteftation, confirmé la faifie-réelle d'une femblable action.

La cour a jugé, par arrêt du 8 mars 1736, plaidans Mᵉˢ Cochin & Mauduit, que la finance d'un office fupprimé, mais non encore rembourfée, étoit également immeuble, & ne pouvoit entrer dans une donation d'effets mobiliers.

En général la poffeffion des *meubles* fe confidère peu : *mobilium vilis eft & abjecta poffeffio.*

Nous obferverons que, dans l'ancienne jurifprudence, il falloit obferver, pour l'aliénation des *meubles* précieux, les mêmes formalités que pour les immeubles ; *in alienatione mobilium pretioforum, eadem folemnia quæ in immobilium adhibed, debent,* difent les anciens jurifconfultes ; mais l'art. 344 de la coutume de Paris, qui a prefcrit les formalités de la vente des biens *meubles,* au plus offrant & dernier enchériffeur, après une fimple publication & affiche, a lieu en la vente des *meubles* les plus précieux, & jamais on ne peut les vendre par décret, quelle qu'en puiffe être la valeur. *Voyez* un arrêt du 5 mai 1611, rapporté par Brodeau fur l'article 144 de la coutume de Paris.

Celui qui poffède des *meubles* eft préfumé le propriétaire, il ne lui faut d'autre titre que fa poffeffion, d'après cette maxime connue, « *en fait des meubles, poffeffion vaut titre* ».

Les *meubles,* comme nous avons déjà dit, fuivent la perfonne & le domicile, foit pour les fucceffions, foit pour les difpofitions qu'on en peut faire. Il faut excepter de ce principe le cas de déshérence & de confifcation ; les *meubles* alors appartenans à chaque feigneur haut-jufticjer, fur le territoire duquel ils font trouvés.

Le plus proche parent eft héritier des *meubles,* ce qui n'empêche pas qu'on n'en puiffe difpofer autrement.

Celui qui eft émancipé a l'adminiftration de fes *meubles. Voyez* EMANCIPÉ. La plupart des coutumes permettent à celui qui eft marié ou émancipé, ayant l'âge de 20 ans, de difpofer de fes *meubles,* & du revenu de fes immeubles, foit entre-vifs ou par teftament.

Il eft permis par le droit commun de léguer tous fes *meubles* à autre qu'à l'héritier préfomptif, fauf la légitime pour ceux qui ont droit d'en demander une. Il y a auffi quelques coutumes qui reftreignent la difpofition des *meubles,* quand le teftateur n'a ni propres ni acquêts.

Suivant le droit romain, les *meubles* font fufceptibles d'hypothèque comme les immeubles, non-feulement ils fe diftribuent par ordre d'hypothèque entre les créanciers lorfqu'ils font encore en la poffeffion du débiteur ; mais ils peuvent être fuivis par hypothèque, quand ils paffent entre les mains d'un tiers.

Dans les pays coutumiers on tient pour maxime que les *meubles* n'ont point de fuite par hypothèque, ce qui femble n'exclure que le droit de fuite entre les mains d'un tiers ; néanmoins on juge qu'ils ne fe diftribuent point par ordre d'hypothèque, quoiqu'ils foient encore entre les mains du débiteur : c'eft le premier faififfant qui eft préféré fur le prix.

Il y a cependant des créanciers privilégiés, qui paffent avant le premier faififfant, tel que le nanti de gage. *Voyez* PRIVILÈGE, SAISIE, &c.

Il y a d'ailleurs des *meubles* non faififfables fuivant l'ordonnance de 1667, favoir, le lit & l'habit dont eft faifi eft vêtu, les bêtes & uftenfiles de labour ; on doit auffi laiffer au faifi une vache, trois brebis ou deux chèvres ; & aux eccléfiaftiques promus aux ordres facrés, leurs *meubles* deftinés au fervice divin, ou fervans à leur ufage néceffaire, & leurs livres jufqu'à concurrence de la valeur de 150 liv. *Voyez* CATTEUX, IMMEUBLES, FUTAIE, MINEUR, PRÉCIPUT, PRIVILÈGES, RENTE, ARRÉRAGES DE RENTE, SAISIE, SUCCESSION, VAISSELLE, USUFRUIT, &c. (*Article de M. DE LA CHENAYE, lieutenant-général honoraire de Mortagne, de plufieurs académies, & du mufée de Paris.*)

MEUNIER, f. m. (*Arts & Métiers, Police.*) eft celui qui eft chargé de la conduite & du gouvernement d'un moulin à bled.

Le *meûnier* d'un moulin bannal doit faire moudre les grains de chaque particulier dans l'ordre où ils ont été apportés : *en moulins bannaux*, *qui premier vient, premier engraine*, dit Loifel dans fes inftitutions coutumières. C'eft auffi une difpofition précife de l'article 386 de la coutume de Bretagne.

Aux états d'Orléans du mois de janvier 1560, le tiers-état avoit demandé inftamment, qu'à l'avenir les *meûniers* fuffent payés en argent de leurs moutures, & qu'ils priffent le bled & rendiffent la farine au poids ; mais il n'intervint aucune décifion fur cette demande.

Plufieurs coutumes ont réglé la mouture. L'article 535 de celle du Bourbonnois porte que le droit de moulage eft tel, que quand on baille aux *meûniers* le bled nettoyé, ils doivent rendre du boiffeau de bled raz, un comble de farine, bien & convenablement moulue, outre le droit de mouture.

Quelques coutumes attribuent aux *meûniers* la dix-huitième partie du grain, pour droit de mouture ; d'autres ne leur accordent que la vingtième. Il faut à cet égard fe conformer à l'ufage des lieux.

A Paris, on paie la mouture en argent : les *meûniers* reçoivent les grains au poids, & rendent la farine de même, en leur faifant état du déchet, qui a été évalué par les ordonnances à deux livres par fetier.

Comme le tambour des meules, quand il eft çarré, retient de la farine dans les angles au profit du *meûnier*, plufieurs coutumes ont ordonné que les moulins feroient ronds & bien clos, à peine d'amende & de démolition.

Divers réglemens, & particulièrement un arrêt du 22 juin 1639, rapporté par le commiffaire de de la Marre dans fon traité de la police, ont défendu aux *meûniers*, pour prévenir leurs infidélités, d'avoir aucun four ni huche pour faire & cuire leur pain ; de nourrir aucun porc, volailles & pigeons, & de faire ou garder des fons ou recoupes, pour les moudre avec de la bonne farine.

D'autres réglemens, & particulièrement deux ordonnances du mois de février 1350, & du 19 feptembre 1439, & un arrêt du parlement de Bretagne du 15 mars 1731, ont affujetti les *meûniers* à tenir des balances & des poids dans leurs moulins. *Voyez* BANNALITÉ, CHASSE DE MEUNIER, MOULIN.

MEURTRE. *Voyez* HOMICIDE.

MEUTURE, ce mot fe trouve employé pour celui de *mouture* dans une chartre de l'an 1356. *Voyez le* Gloffarium novum *de dom Carpentier au mot Molendinatura.* (*M. GARRAN DE COULON, avocat au parlement.*)

MEX. *Voyez* MEIX.

MEZEAU, MEZELLERIE, termes dont fe fervent les coutumes d'Orléans & Dunois pour défigner la ladrerie à laquelle les porcs font fujets. Elles donnent à la ladrerie le nom de *mezellerie*,

& aux porcs qui en font attaqués, celui de *mezeau*.

MI

MICE, Galland, dans le Gloffaire du droit françois, dit que « le droit de *mice* eft un droit de » moitié-fruits en l'ifle d'Elle, par un contrat du » 15 octobre 1604, entre le fieur comte de » Murat & les habitans de ladite ifle. » *Voyez* MIEGE. (*M. GARRAN DE COULON, avocat au parlement.*)

MI-DENIER, f. m. (*terme de Pratique*), qui, pris à la lettre, ne fignifie autre chofe que la moitié d'une fomme en général.

Mais dans l'ufage on entend ordinairement par *mi-denier*, la récompenfe que l'un des conjoints ou fes héritiers doivent à l'autre conjoint ou à fes héritiers, pour les impenfes ou améliorations qui ont été faites des deniers de la communauté fur l'héritage de l'un d'eux ; cette récompenfe n'eft due dans ce cas, que quand les impenfes ont augmenté la valeur du fonds.

Quand la femme ou fes héritiers renoncent à la communauté, ils doivent la récompenfe pour le tout, & non pas feulement du *mi-denier* ; & dans ce même cas, fi les impenfes ont été faites fur le fonds du mari, il n'a rien à rendre à la femme ou à fes héritiers, attendu qu'il refte maître de toute la communauté. *Voyez* COMMUNAUTÉ, PARTAGE, RÉCOMPENSE.

Il y a auffi le retrait de *mi-denier. Voyez* RETRAIT. (*A*)

MI-DOUAIRE. *Voyez* DOUAIRE.

MIÉGE, Galland dit, dans le Gloffaire du droit françois, que c'eft *un droit de moitié*, c'eft-à-dire, de moitié-fruit, fuivant une tranfaction du 24 août 1484, entre Pierre, abbé de Pfalmodi & les confeillers du lieu de Saint-Laurent, près d'Aigues-Mortes. *Voyez* MICE. (*M. GARRAN DE COULON, avocat au parlement.*)

MIEX, c'eft une maifon, une ferme, un *meix*. *Voyez le* Gloffarium novum *de dom Carpentier au mot Mefus, & l'article* MEIX. (*M. GARRAN DE COULON, avocat au parlement.*)

MI-LODS, c'eft un droit dû au feigneur féodal par les cenfitaires ou emphitéotes, pour la plupart des mutations autres que celles qui arrivent à titre de vente. On l'appelle *mi-lods*, parce qu'il confifte dans la moitié du droit de lods.

Le *mi-lods* n'eft connu que dans les provinces de Dauphiné, Lyonnois & Forez ; & l'on fait que, fuivant le droit commun, les mutations dans les domaines roturiers, lorfqu'elles ne fe font pas à titre de vente, n'engendrent aucun profit au feigneur féodal. Mais il y a plufieurs lieux, foit dans les pays de droit écrit, foit dans les pays coutumiers, où ces mutations produifent, en faveur du feigneur, des profits plus ou moins confidérables & connus fous divers noms ; tels font les acaptes, les aides de relief, les doubles cens, les marciages,

le plait de morte-main, le plait à merci, & les ré-
levoifons, dont on parle dans les articles particuliers.

Dans les provinces même où le *mi-lods* eft connu,
il y a différentes feigneuries où ce droit n'a point
lieu. Le franc-Lyonnois en eft exempt. L'ancienne
glèbe du duché du Rouannois l'eft auffi, fuivant un
arrêt du 17 juillet 1621, contre lequel le feigneur
fe pourvut inutilement par requête civile. Mais il
n'en eft pas de même des quatre châtellenies royales,
qui ont été depuis réunies à ce duché. (Henrys &
Bretonnier, *liv. 3, queft. 48.*)

Les efpèces de mutation qui donnent ouverture
au *mi-lods*, varient auffi fuivant la fituation des
lieux où les domaines font fitués. Il y a des feigneuries où ce droit eft dû, non-feulement pour
toutes les mutations de cenfitaires, autres que
celles arrivées à titre de vente, mais encore pour
les mutations des feigneurs. Ce dernier cas n'eft
néanmoins admis, qu'autant que le feigneur a titre
& poffeffion en fa faveur. On tient même que le
mi-lods n'eft dû que pour les mutations fortuites,
telles que la mort, & non pas pour les mutations
volontaires, parce qu'il ne doit pas dépendre du
feigneur d'aggraver les charges de fes tenanciers.
Cette décifion que d'Olive, Catellan & Vedel
ont donnée en matière d'acapte, & du Moulin
en matière de relief, a été appliquée par Mo-
lières-Fonmaur au droit de *mi-lods*; ce dernier auteur, d'après Bretonnier fur Henrys, décide la
même chofe pour la mutation à laquelle la mort
civile du feigneur donne lieu. (*Traité des lods &
ventes*, n°. *485.*)

On a demandé fi le *mi-lods* eft dû pour les mutations des cenfitaires, qui ont lieu à titre fucceffif,
en ligne directe. Il y a encore diverfité d'opinions & même des arrêts contraires fur cette queftion, parce qu'on la juge d'après les titres & l'u-
fage de chaque feigneurie. Mais dans la règle générale, le *mi-lods* n'eft dû que pour les mutations
qui s'opèrent à titre fucceffif en ligne collatérale.
Cela a été ainfi décidé pour le Forez, il y a près
de trois fiècles, en 1499, par des lettres de Pierre,
duc de Bourbonnois & d'Auvergne, comte de
Forez.

Au refte, on doit fuivre ici les mêmes règles
que pour le relief, lorfqu'il s'agit de régler les cas
où les *mi-lods* ont lieu, quelles font les perfonnes
qui les doivent ou à qui ils font dûs. On doit décider
par cette raifon qu'ils ne font pas dus par le feul fait
du contrat, comme les lods & ventes; mais par
la mutation du tenancier. (*M. GARRAN DE COU-
LON, avocat au parlement.*)

MINAGE (*Droit de*), c'eft ainfi qu'on
nomme dans une grande partie de la France, le
droit qui eft dû fur les grains, farines, légumes &
autres marchandifes qui fe vendent au boiffeau dans
les foires & marchés, & dans quelques lieux,
même fur ces denrées vendues dans les maifons
des particuliers. On l'appelle *minage*, parce qu'il

eft dû pour le mefurage qui fe fait avec le boiffeau qu'on appelle mine dans bien des lieux.

Ce droit reçoit différens autres noms, fuivant la
diverfité des lieux. Tels font ceux de bichenage,
cartelage, couponage, eftelage, hallage, leyde,
ou layde, ftellage & terrage. On en a parlé particuliérement aux mots HALLAGE & LEYDE. Voyez
auffi l'article MESURE (*droit de*). (*M. GARRAN DE
COULON, avocat au parlement.*)

MINAGE (*tenir à*), cette expreffion paroît avoir
été employée par Beaumanoir pour tenir à ferme,
à la charge de rendre tant de mines de bled par
an. C'eft du moins l'interprétation que Laurière
a donnée des deux paffages affez obfcurs où fe
trouve cette expreffion. Ces deux paffages font
le chap. 15, *pag. 90, al. 9*; & le chap. 32,
pag. 169, al. 7. On peut y ajouter le chap. 23,
pag. 121, àl. 5.

La Thaumaffière qui cite, ainfi que Laurière,
les expreffions de *minage* & de *muiage*, comme
fynonymes, dans le petit Gloffaire qu'il a joint
aux coutumes de Beauvoifis, dit fimplement que
ces mots fignifient *une ferme*; puis il ajoute qu'ils
fe prennent auffi pour antichrèfe quelquefois.

Il paroît que *tenir à minage*, *miniage*, ou *muiage*,
c'eft tenir à ferme, moyennant une certaine quantité de grains par an (*à tant de mines*); c'eft ce
qu'on a nommé en latin-barbare *modiagium*, comme
le dit fort bien dom Carpentier, fous ce mot. Cet
auteur cité plufieurs autres exemples des fermes
à muiage. Il ajoute qu'on nomme *muieur* le preneur
de cette efpèce de ferme. (*M. GARRAN DE COULON.*)

MINE, f. f. (*Droit public.*) on donne ce nom,
1°. aux endroits fouterreins où fe trouvent les
métaux, les minéraux, les pierres précieufes : 2°. à
ces mêmes métaux & minéraux, lorfqu'ils font tirés
de la *mine*, & dans leur état naturel. *Voyez* fur cet
objet, *le Dictionnaire d'Economie politique & diplomatique.*

MINEUR, f. m. en Droit, fignifie celui qui
n'a pas encore atteint l'âge prefcrit par la loi pour
fe conduire & diriger fes affaires. Comme il y a
diverfes fortes de majorités, l'état de minorité, qui
y eft oppofé, dure plus ou moins felon la majorité
dont il s'agit.

Ainfi nos rois ceffent d'être *mineurs* à 14 ans.

On ceffe d'être *mineur* pour les fiefs lorfqu'on a
atteint l'âge auquel on peut porter la foi.

La minorité coutumière finit à l'âge auquel la
coutume donne l'adminiftration des biens.

Enfin l'on eft *mineur* relativement à la majorité
de droit, ou grande majorité, jufqu'à ce qu'on ait
atteint l'âge de 25 ans accomplis; excepté en Normandie, où l'on eft majeur à tous égards à l'âge de
20 ans.

La loi qui fixe l'âge où ceffe la minorité, eft une
loi pofitive; mais elle n'en a pas moins fon fondement dans la nature. La raifon fe développe fucceffivement dans les hommes; les progrès ne font
pas les mêmes dans tous les individus; les uns

montrent de bonne heure les fruits de la maturité, les autres vont plus lentement, & n'acquièrent de la vigueur qu'en prenant de l'accroissement. En suivant cette variation de la nature, il faudroit fixer l'âge de majorité pour chaque individu, au moment où son jugement est assez sûr pour se conduire & administrer son bien. Mais la loi civile doit être plus simple & plus uniforme, & par cette raison prendre un terme moyen en établissant une règle générale & commune pour tous ceux qui sont soumis à son empire.

Les loix romaines distinguoient deux époques dans la minorité, la première depuis la naissance jusqu'à la puberté; la seconde depuis cet instant jusqu'à l'âge de vingt-cinq ans. Dans la première, les *mineurs* étoient dans une incapacité absolue de contracter, parce que, pour contracter, même à son avantage, il faut avoir une volonté, & qu'avant la puberté, on ne peut pas raisonnablement en attribuer une aux enfans. Ils étoient donc jusqu'à cet âge sous la puissance d'un tuteur; mais son autorité finissoit à la seconde époque, & on jugeoit capable de conduire ses affaires, celui qui par la loi civile & naturelle étoit capable de contracter mariage.

Nos loix & nos usages regardent les *mineurs*, comme hors d'état de se conduire, & de veiller à l'administration de leurs droits; c'est pourquoi pendant tout le temps de leur minorité, ils sont sous la tutèle de leurs père & mère, ou autres tuteurs & curateurs qu'on leur donne au défaut des père & mère. Il y a cependant beaucoup de différence entre les provinces réglées par le droit écrit, & celles qui se sont par les coutumes. En pays de droit écrit, ils ne demeurent en tutèle que jusqu'à l'âge de puberté, après lequel ils peuvent se passer de curateur, si ce n'est pour ester en jugement : en pays coutumier les *mineurs* demeurent en tutèle jusqu'à la majorité parfaite, à moins qu'ils ne soient émancipés plutôt, soit par mariage ou par lettres du prince. Mais ceux qui sont émancipés ont seulement l'administration de leurs biens, sans pouvoir faire aucun acte qui ait trait à la disposition de leurs immeubles, ni ester en jugement sans l'assistance d'un curateur. *Voyez* EMANCIPATION.

Le *mineur* qui est en puissance de père & mère, ou de ses tuteurs, ne peut s'obliger ni intenter, en son nom seul, aucune action; toutes ses actions actives & passives résident en la personne de son tuteur; c'est le tuteur seul qui agit pour lui, & ce qu'il fait valablement, est censé fait par le *mineur* lui-même.

Lorsque le *mineur* est émancipé, il peut s'obliger pour des actes d'administration seulement, & en ce cas il contracte & agit seul & en son nom; mais pour ester en jugement, il faut qu'il soit assisté de son curateur.

Le mari, quoique *mineur*, peut autoriser sa femme majeure.

Le domicile du *mineur* est toujours le dernier domicile de son père; c'est la loi de ce domicile qui règle son mobilier.

Les biens du *mineur* ne peuvent être aliénés sans nécessité; c'est pourquoi il faut discuter leurs meubles avant de venir à leurs immeubles : & lors même qu'il y a nécessité de vendre les immeubles, on ne peut le faire sans avis de parens homologué en justice, & sans affiches & publications préalables. Il n'y a même que deux cas dans lesquels la vente des immeubles d'un *mineur* peut être autorisée par le juge : 1°. lorsqu'elle est nécessaire pour acquitter les dettes d'une succession qui lui est échue; 2°. lorsqu'il s'agit de liciter un bien commun entre un majeur & lui, & que la licitation est demandée par le majeur. Toutes les fois que l'aliénation a été faite, sans observer les formalités requises, le *mineur* peut la faire annuller, & n'est tenu de restituer à l'acquéreur sur le prix de son acquisition, que ce qui en a été employé à son utilité.

L'ordre de la succession d'un *mineur* ne peut être interverti, quelque changement qui arrive dans les biens; de sorte que si son tuteur reçoit le remboursement d'une rente foncière, ou d'une rente constituée dans les pays où ces rentes sont réputées immeubles, les deniers provenant du remboursement appartiendront à l'héritier qui auroit hérité de la rente.

Un *mineur* ne peut se marier sans le consentement de ses père, mère, tuteur & curateur, avant l'âge de 25 ans; & s'il est sous la puissance d'un tuteur, autre que le père ou la mère, aïeul ou aïeule, il faut un avis de parens.

Il n'est pas loisible au *mineur* de mettre tous ses biens en communauté, ni d'ameublir tous ses immeubles; il ne peut faire que ce que les parens assemblés jugent nécessaire & convenable : il ne doit pas faire plus d'avantage à sa future qu'elle ne lui en fait.

En général le *mineur* peut faire sa condition meilleure; mais il ne peut pas la faire plus mauvaise qu'elle n'étoit.

Le *mineur* qui se prétend lésé par les actes qu'il a passés en minorité, ou qui ont été passés par son tuteur ou curateur, peut se faire restituer contre toutes les obligations qui n'ont point tourné à son profit. Ainsi il est restituable contre tout emprunt qu'il a reçu & qu'il a dissipé; mais il ne l'est pas, lorsque l'emprunt a eu pour but un emploi utile & raisonnable, tel que la liquidation des dettes d'une succession, la libération des créances hypothéquées sur ses biens, sa nourriture & son entretien suivant sa condition & ses facultés, le paiement d'une pension alimentaire à ses père ou mère, leur rachat de prison ou de captivité; encore, dans ce dernier cas, l'ordonnance de la marine, au titre des assurances, semble exiger un avis de parens, pour autoriser l'emprunt fait par le *mineur*.

Dans toutes ces circonstances, le *mineur* n'est

pas reſtituable, parce que le bénéfice que la loi lui accorde, n'eſt qu'un remède extraordinaire pour prévenir la perte que la foibleſſe de ſon jugement pourroit lui faire éprouver, & non pour lui procurer le moyen de s'enrichir aux dépens d'un tiers.

Le mineur ſe fait reſtituer en obtenant en chancellerie des lettres de reſciſion dans les 10 ans, à compter de ſa majorité, & en formant ſa demande en entérinement de ces lettres, auſſi dans les 10 ans de ſa majorité ; après ce temps, les majeurs ne ſont plus recevables à réclamer contre les actes qu'ils ont paſſés en minorité, ſi ce n'eſt en Normandie, où les mineurs ont juſqu'à 35 ans pour ſe faire reſtituer, quoiqu'ils deviennent majeurs à 20. Voyez RESCISION & RESTITUTION en entier.

Il ne ſuffit pourtant pas d'avoir été mineur pour être reſtitué en entier, il faut avoir été léſé ; mais la moindre léſion, ou l'omiſſion des formalités néceſſaires, ſuffit pour faire entériner les lettres de reſciſion. Voyez LÉSION.

Il y a des mineurs qui ſont réputés majeurs à certains égards ; comme le bénéficier à l'égard de ſon bénéfice ; l'officier pour le fait de ſa charge ; le marchand pour ſon commerce. Ils ſont cenſés majeurs à cet égard, & ſont capables d'eſter en jugement pour toutes les obligations qu'ils contractent dans ces qualités, & qui ſont relatives à leur état, mais non pour tout ce qui y eſt étranger.

En matière criminelle, les mineurs ſont auſſi traités comme les majeurs, pourvu qu'ils euſſent aſſez de connoiſſance pour ſentir le délit qu'ils commettoient : il dépend cependant de la prudence du juge d'adoucir la peine.

Autrefois le mineur qui s'étoit dit majeur, étoit réputé indigne du bénéfice de minorité ; mais préſentement on n'a plus égard à ces déclarations de majorité, parce qu'elles étoient devenues de ſtyle : on a même défendu aux notaires de les inſérer. Un arrêt de réglement du 6 mars 1620, ſignifié au ſyndic des notaires, contient ces défenſes ſous peine de nullité de l'acte, & de contraindre les notaires à répondre des ſommes prêtées au mineur en leurs propres & privés noms. Un autre arrêt du 26 mars 1624, rendu toutes les chambres aſſemblées, fait défenſes à toutes perſonnes, de quelque état & condition qu'elles ſoient, de prêter aux enfans de famille, encore qu'ils ſe diſent majeurs, & qu'ils miſſent en main du prêteur leur extrait de baptême, à peine de nullité des promeſſes, & de confiſcation des choſes prêtées, & de punition corporelle.

La preſcription ne court pas contre les mineurs, quand même elle auroit commencé contre un majeur, elle dort, pour ainſi dire, pendant la minorité ; cependant l'an du retrait lignager, & la fin de non-recevoir pour les arrérages de rente

conſtituée, antérieures aux cinq dernières années, courent contre les mineurs comme contre les majeurs.

Dans les parlemens de droit écrit, les preſcriptions de 30 ans ne courent pas contre les mineurs ; celles de 30 & 40 ans ne courent pas contre les pupilles ; mais elles courent contre les mineurs pubères, ſauf à eux à s'en faire relever par le moyen du bénéfice de reſtitution.

Lorſqu'il eſt intervenu quelque arrêt ou jugement en dernier reſſort contre un mineur, il peut, quoiqu'il ait été aſſiſté d'un tuteur ou curateur, revenir contre ce jugement, par requête civile, s'il n'a pas été défendu ; c'eſt-à-dire, s'il a été condamné par défaut ou forcluſion, ou s'il n'a pas été défendu valablement, comme ſi l'on a omis de produire une pièce néceſſaire, d'articuler un fait eſſentiel : car la ſeule omiſſion des moyens de droit & d'équité ne ſeroit pas un moyen de requête civile : les juges étant préſumés les ſuppléer.

On ne reſtitue point les mineurs contre le défaut d'acceptation des donations qui ont été faites à leur profit, par autres perſonnes que leurs père & mère ou leur tuteur ; ils ne ſont pas non plus reſtitués contre le défaut d'inſinuation, du moins à l'égard des créanciers qui ont contracté avec le donateur depuis la donation ; mais ſi le tuteur a eu connoiſſance de la donation, & qu'il ne l'ait pas valablement acceptée ou fait inſinuer, il en eſt reſponſable envers ſon mineur.

De même lorſque le tuteur ne s'eſt pas oppoſé, pour ſon mineur, au ſceau des proviſions d'un office, au ſceau des lettres de ratification, ou au décret des biens qui lui ſont hypothéqués, le mineur ne peut pas être relevé, pourvu que ſon droit fût ouvert à l'époque où le décret s'eſt pourſuivi ; mais, à ſeulement ſon recours contre le tuteur, s'il y a eu de la négligence de ſa part.

Il y a quelques perſonnes qui, ſans être réellement mineurs, jouiſſent néanmoins des mêmes droits que les mineurs, telles que l'égliſe ; c'eſt pourquoi on dit qu'elle eſt toujours mineure, ce qui s'entend pour ſes biens, qui ne peuvent être vendus ou aliénés ſans néceſſité ou utilité évidente, & ſans formalités ; mais la preſcription de 40 ans court contre l'égliſe.

Les interdits, les hôpitaux & les communautés laïques & eccléſiaſtiques, jouiſſent auſſi des privilèges des mineurs, de la même manière que l'égliſe. Voyez ALIÉNATION, CURATELLE, ÉMANCIPATION, MACÉDONIEN, PUBERTÉ, TUTELLE.

ADDITION à l'article MINEUR. Un mineur domeſtique peut intenter action contre ſon maître pour le paiement de ſes gages, qu'on doit conſidérer comme le pécule qui, dans le droit romain, étoit mis en réſerve & ſéparé par le père de famille ou par le maître, lequel prélevoit une légère portion de ſes biens pour le fils de famille ou pour l'eſclave ; c'eſt d'après ce principe que, par fentence du bailliage du Perche à Mortagne, du 3 juin 1769, confirmée par arrêt du 7 feptembre fuivant, le nommé Soyer a été condamné à payer les gages par lui dus à fon domeftique *mineur*, quoiqu'il le foutint incapable d'intenter action en juftice fans l'autorité d'un tuteur ou curateur. M. Lochard, qui plaidoit pour le *mineur*, fit voir que cette prétention étoit fans fondement, & qu'un *mineur* n'ayant pas befoin de curateur pour fe louer au fervice d'un maître, & pour le fervir, il pouvoit de même exiger feul le paiement de ce qu'il avoit gagné en minorité chez fon maître. *Voyez* DOMESTIQUE, SERVITEUR. (*Cette addition eft de M. DE LA CHENAYE, lieutenant - général honoraire de Mortagne, de plufieurs académies, & du mufée de Paris.*)

MINIAGE. *Voyez* MINAGE (*tenir à*).

MINIMA (APPEL A), (*terme de Pratique.*) eft le nom qu'on donne à l'appel que le miniftère public interjette d'un jugement rendu en matière criminelle, où il échet peine afflictive : cet appel eft qualifié *à minimâ*, on fous-entend *pœnâ* ; c'eft-à-dire, que le miniftère public appelle, parce qu'il prétend que la peine qui a été prononcée eft trop légère. Cet appel fe porte à la tournelle, *omiffo medio. Voyez* APPEL, *fect. IV.*

MINISTÈRE, f. m. ce mot a deux acceptions différentes dans le droit public. Il fignifie ou la geftion particulière d'un miniftre, comme lorfqu'on dit le *miniftère* du cardinal de Richelieu ; ou les miniftres d'état pris collectivement, comme dans cette phrafe : *le miniftère de France. Voyez le Dictionnaire diplomatique, d'écon. & polit.*

MINISTÈRE PUBLIC, (*Droit public.*) ce terme, pris dans une étroite fignification, veut dire *fervice* ou *emploi public, fonction publique.*

Mais on entend par ordinairement par cette expreffion, ceux qui rempliffent la fonction de partie publique ; favoir, dans les cours fupérieures, les avocats & les procureurs-généraux ; dans les autres jurifdictions royales, les avocats & procureurs d'un roi ; dans les juftices feigneuriales, le procureur-fifcal ; dans les officialités, le promoteur.

Le *miniftère public* requiert tout ce qui eft néceffaire pour l'intérêt du public ; il pourfuit la vengeance des crimes publics, requiert ce qui eft néceffaire pour la police & le bon ordre, & donne des conclufions dans toutes les affaires qui intéreffent le roi ou l'état, l'églife, les hôpitaux, les communautés : dans quelques tribunaux, il eft auffi d'ufage de lui communiquer les caufes des mineurs. On ne le condamne jamais aux dépens, & on ne lui en adjuge pas non plus contre les parties qui fuccombent. *Voyez* AVOCAT-GÉNÉRAL, AVOCAT DU ROI, CONCLUSIONS, COMMUNICATION AU PARQUET, GENS DU ROI, PROCUREUR-GÉNÉRAL, PROCUREUR DU ROI, SUBSTITUTS, REQUÊTE CIVILE. (*A*)

MINISTRE D'ÉTAT, (*Droit public.*) eft une perfonne diftinguée que le roi admet dans fa con-

fiance pour l'adminiftration des affaires de fon état.

Les princes fouverains ne pouvant vaquer par eux-mêmes à l'expédition de toutes les affaires de leur état, ont toujours eu des *miniftres* dont ils ont pris les confeils, & fur lefquels ils fe font repofés de certains détails dans lefquels ils ne peuvent entrer.

Sous la première race de nos rois, les maires du palais, qui, dans leur origine, ne commandoient que dans le palais de nos rois, accrurent confidérablement leur emploi, depuis la mort de Dagobert ; leur emploi, qui n'étoit d'abord que pour un temps, leur fut enfuite donné à vie ; ils le rendirent héréditaire, & devinrent les *miniftres* de nos rois : ils commandoient auffi les armées ; c'eft pourquoi ils changèrent dans la fuite leurs qualités de maire en celle de *dux Francorum, dux & princeps, fubregulus.*

Sous la feconde race, la dignité de maire ayant été fupprimée, la fonction de *miniftre* fut remplie par des perfonnes de divers états. Fulrard, grand chancelier, étoit en même temps *miniftre* de Pepin. Eginhard, qui étoit, à ce que l'on dit, gendre de Charlemagne, étoit fon *miniftre*, & après lui Adelbard. Hilduin le fut fous Louis-le-débonnaire, & Robert le fort, duc & marquis de France, comte d'Anjou, bifaïeul de Hugues - Capet, tige de nos rois de la troifième race, faifoit les fonctions de *miniftre* fous Charles-le-chauve.

Il y eut encore depuis d'autres perfonnes qui remplirent fucceffivement la fonction de *miniftres*, depuis le commencement du règne de Louis-le-begue, l'an 877, jufqu'à la fin de la feconde race, l'an 987.

Le chancelier qu'on appelloit, fous la première race, *grand référendaire*, & fous la feconde race, tantôt *grand chancelier* ou *archi-chancelier*, & quelquefois *fouverain chancelier* ou *archi-notaire*, étoit toujours le *miniftre* du roi pour l'adminiftration de la juftice, comme il l'eft encore préfentement.

Sous la troifième race, le confeil d'état fut d'abord appellé le *petit confeil* ou l'*étroit confeil*, enfuite le confeil fecret ou privé, & enfin le confeil d'état & privé.

L'étroit confeil étoit compofé des cinq grands officiers de la couronne ; favoir, le fénéchal ou grand-maître, le connétable, le bouteiller, le chambrier & le chancelier, lefquels étoient proprement les *miniftres* du roi. Ils fignoient tous fes chartres ; il leur adjoignoit, quand il jugeoit à propos, quelques autres perfonnes diftinguées, comme évêques, barons, ou fénateurs : ce confeil étoit pour les affaires journalières ou les plus preffantes.

Le fénéchal ou grand fénéchal de France, qui étoit le premier officier de la couronne, étoit auffi comme le premier *miniftre* du roi ; il avoit la furintendance de fa maifon, en régloit les dépenfes, foit en temps de paix ou de guerre ;

il avoit aussi la conduite des troupes, & cette dignité fut reconnue pour la première de la couronne sous Philippe I. Il étoit ordinairement grand-maître de la maison du roi, gouverneur de ses domaines & de ses finances, rendoit la justice aux sujets du roi, & étoit au-dessus des autres sénéchaux, baillifs & autres juges.

L'office de sénéchal ayant cessé d'être rempli depuis 1191, les choses changèrent alors de face; le conseil du roi étoit composé en 1316, de six des princes du sang, des comtes de Saint Paul & de Savoie, du dauphin de Vienne, des comtes de Boulogne & de Forez, du sire de Mercour, du connétable, des sieurs de Noyer & de Sully, des sieurs d'Harcourt, de Reinel & de Trye, des deux maréchaux de France, du sieur d'Erquery, l'archevêque de Rouen, l'évêque de saint-Malo & le chancelier; ce qui faisoit en tout vingt-quatre personnes.

En 1350 il étoit beaucoup moins nombreux, du moins suivant le registre C de la chambre des comptes; il n'étoit alors composé que de cinq personnes; savoir, le chancelier, les sieurs de Trye & de Beaucon, Chevalier, Enguerrand du petit collier, & Bernard Fermant, trésorier; chacun de ces conseillers d'état avoit 1000 livres de gages, & le roi ne faisoit rien que par leur avis.

Dans la suite le nombre de ceux qui avoient entrée au conseil varia beaucoup, il fut tantôt augmenté & tantôt diminué. Charles IX, en 1564, le réduisit à vingt personnes : nous n'entreprendrons pas de faire ici l'énumération de tous ceux qui ont rempli la fonction de *ministres* sous les différens règnes, & encore moins de décrire ce qu'il y a eu de remarquable dans leur *ministère*; ce détail nous meneroit trop loin, & appartient à l'histoire plutôt qu'au droit public : nous nous bornerons à expliquer ce qui concerne la fonction de *ministre*.

Jusqu'au temps de Philippe-Auguste, le chancelier faisoit lui-même toutes les expéditions du conseil avec les *secrétaires* du roi. Frère Guerin, évêque de Senlis, *ministre du roi* Philippe-Auguste, étant devenu chancelier, abandonna aux notaires du roi toutes les expéditions du secrétariat, & depuis ce temps les notaires du roi faisoient tous concurremment ces sortes d'expéditions.

Mais en 1309 Philippe-le-Bel ordonna qu'il y auroit près de sa personne trois clercs du secret, c'est-à-dire, pour les expéditions du conseil secret; ce que l'on a depuis appellé *dépêches*; ces clercs furent choisis parmi les notaires ou secrétaires de la grande chancellerie : on les appella *clercs du secret*, sans doute parce qu'ils expédioient les lettres qui étoient scellées du scel du secret, qui étoit celui que portoit le chambellan.

Ces clercs du secret prirent en 1343 le titre de *secrétaires des finances*, & en 1547 ils furent créés en titre d'office, au nombre de quatre, sous le titre de *secrétaires d'état* qu'ils ont toujours retenu depuis.

Ces officiers, dont les fonctions sont extrêmement importantes, comme on le dira plus particulièrement au mot SECRÉTAIRE D'ÉTAT, participent tous nécessairement au ministère par la nature de leurs fonctions, même pour ceux qui ne seroient point honorés du titre de *ministre d'état*, comme ils le sont la plupart au bout d'un certain temps; c'est pourquoi nous avons crû ne pouvoir nous dispenser d'en faire ici mention en parlant de tous les *ministres* du roi en général.

L'établissement des clercs du secret, dont l'emploi n'étoit pas d'abord aussi considérable qu'il le devint dans la suite, n'empêcha pas que nos rois n'eussent toujours des *ministres* pour les soulager dans l'administration de leur état.

Ce fut en cette qualité que Charles de Valois, fils de Philippe-le-Hardi, & oncle du roi Louis X, dit Hutin, eut toute l'autorité, quoique le roi fût majeur. Il est encore fait mention de plusieurs autres *ministres*, tant depuis l'établissement des secrétaires des finances, que depuis leur érection sous le titre de *secrétaire d'état*.

Mais la distinction des *ministres d'état* d'avec les autres personnes qui ont le titre de *ministres du roi*, ou qui ont quelque part au ministère, n'a pu commencer que lorsque le conseil du roi fut distribué en plusieurs séances ou départemens; ce qui arriva pour la première fois sous Louis XI, lequel divisa son conseil en trois départemens, un pour la guerre & les affaires d'état, un autre pour la finance, & le troisième pour la justice. Cet arrangement subsista jusqu'en 1526 que ces trois conseils ou départemens furent réunis en un. Henri II en forma deux, dont le conseil d'état ou des affaires étrangères étoit le premier; & sous Louis XIII, il y avoit cinq départemens, comme encore à présent.

On n'entend donc par *ministres d'état* que ceux qui ont entrée au conseil d'état ou des affaires étrangères, & en présence desquels le secrétaire d'état qui a le département des affaires étrangères, rend compte au roi de celles qui se présentent.

On les appelle en latin *regni administer*, & en françois, dans leurs qualités, on leur donne le titre d'*excellence*.

Le roi a coutume de choisir les personnes les plus distinguées & les plus expérimentées de son royaume pour remplir la fonction de *ministre d'état* : le nombre n'en est pas limité, mais communément il n'est que de sept ou huit personnes.

Le choix du roi imprime à ceux qui assistent au conseil d'état le titre de *ministre d'état*, lequel s'acquiert par le seul fait & sans commission ni patentes, c'est-à-dire, par l'honneur que le roi fait à celui qu'il y appelle de l'envoyer avertir de s'y trouver, & ce titre honorable ne se perd point, quand même on cesseroit d'être appellé au conseil.

Le secrétaire d'état ayant le département des

affaires étrangères eſt *miniſtre* né, attendu que ſa fonction l'appelle néceſſairement au conſeil d'état ou des affaires étrangères : on l'appelle ordinairement le *miniſtre des affaires étrangères.*

Les autres ſecrétaires d'état n'ont la qualité de *miniſtres* que quand ils ſont appellés au conſeil d'état ; alors le ſecrétaire d'état qui a le département de la guerre, prend le titre de *miniſtre de la guerre* ; celui qui a le département de la marine, prend le titre de *miniſtre de la marine.*

On donne auſſi quelquefois au contrôleur-général le titre de *miniſtre des finances* ; mais le titre de *miniſtre d'état* ne lui appartient que lorſqu'il eſt appellé au conſeil d'état.

Tous ceux qui ſont *miniſtres d'état* comme étant du conſeil des affaires étrangères, ont auſſi entrée & ſéance au conſeil des dépêches, dans lequel il ſe trouve auſſi quelques autres perſonnes qui n'ont pas le titre de *miniſtre d'état.*

Ce titre de *miniſtre d'état*, ne donne dans le conſeil d'état & dans celui des dépêches, d'autre rang que celui que l'on a d'ailleurs, ſoit par l'ancienneté aux autres ſéances ou départemens du conſeil du roi, ſoit par la dignité dont on eſt revêtu lorſqu'on y prend ſéance.

Les *miniſtres* ont l'honneur d'être aſſis en préſence du roi pendant la ſéance du conſeil d'état & de celui des dépêches, & ils opinent de même ſur les affaires qui y ſont rapportées.

Le roi établit quelquefois un premier ou principal *miniſtre d'état.* Cette fonction a été pluſieurs fois remplie par des princes du ſang & par des cardinaux.

Les *miniſtres d'état* donnent en leur hôtel des audiences où ils reçoivent les placets & mémoires qui leur ſont préſentés.

Les *miniſtres* ont le droit de faire contre-ſigner de leur nom ou du titre de leur dignité toutes les lettres qu'ils écrivent ; ce contre-ſeing ſe met ſur l'enveloppe de la lettre.

Les devoirs des princes, ſur-tout de ceux qui commandent à de vaſtes états, ſont ſi étendus & ſi compliqués, que les plus grandes lumieres ſuffiſent à peine pour entrer dans les détails de l'adminiſtration. Il eſt donc néceſſaire qu'un monarque choiſiſſe des hommes éclairés & vertueux, qui partagent avec lui le fardeau des affaires & qui travaillent ſous ſes ordres au bonheur des peuples ſoumis à ſon obéiſſance. Les intérêts du ſouverain & des ſujets ſont les mêmes. Vouloir les déſunir c'eſt jetter l'état dans la confuſion. Ainſi, dans le choix de ſes *miniſtres*, un prince ne doit conſulter que l'avantage de l'état, & non ſes vues & ſes amitiés particulieres. C'eſt de ce choix que dépend le bien-être de pluſieurs millions d'hommes ; c'eſt de lui que dépend l'attachement des ſujets pour le prince, & le jugement qu'en portera la poſtérité. Il ne ſuffit point qu'un roi deſire le bonheur de ſes peuples ; ſa tendreſſe pour eux devient infructueuſe, s'il les livre au pouvoir de *miniſtres* incapables, ou

qui abuſent de l'autorité. « Les *miniſtres* ſont les » mains des rois, les hommes jugent par eux de » leur ſouverain ; il faut qu'un roi ait les yeux » toujours ouverts ſur ſes *miniſtres* ; en vain reje- » tera-t-il ſur eux ſes fautes au jour où les peuples » ſe ſouleveront. Il reſſembleroit alors à un meur- » trier qui s'excuſeroit devant ſes juges, en diſant » que ce n'eſt pas lui, mais ſon épée qui a commis » le meurtre ». C'eſt ainſi que s'exprime Huſſein, roi de Perſe, dans un ouvrage qui a pour titre : *la ſageſſe de tous les temps.*

Les ſouverains ne ſont revêtus du pouvoir que pour le bonheur de leurs ſujets ; leurs *miniſtres* ſont deſtinés à les ſeconder dans ces vues ſalutaires. Premiers ſujets de l'état, ils donnent aux autres l'exemple de l'obéiſſance aux loix. Ils doivent les connoître, ainſi que le génie, les intérêts, les reſſources de la nation qu'ils gouvernent. Médiateurs entre le prince & ſes ſujets, leur fonction la plus glorieuſe eſt de porter aux pieds du trône les beſoins du peuple, de s'occuper des moyens d'a- doucir ſes maux, & de reſſerrer les liens qui doivent unir celui qui commande à ceux qui obéiſſent. L'envie de flatter les paſſions du mo- narque, la crainte de le contriſter, ne doivent jamais les empêcher de lui faire entendre la vé- rité. Diſtributeurs des graces, il ne leur eſt per- mis de conſulter que le mérite & les ſervices.

Il eſt vrai qu'un *miniſtre* humain, juſte & ver- tueux, riſque toujours de déplaire à ces courti- ſans avides & mercenaires, qui ne trouvent leur intérêt que dans le déſordre & l'oppreſſion ; ils formeront des brigues, ils trameront des cabales, ils s'efforceront de faire échouer ſes deſſeins gé- néreux ; mais il recueillera malgré eux les fruits de ſon zèle ; il jouira d'une gloire qu'aucune diſ- grace ne peut obſcurcir ; il obtiendra l'amour des peuples, la plus douce récompenſe des ames nobles & vertueuſes. Les noms chéris des d'Am- boiſe, des Sully, partageront avec ceux des rois qui les ont employés, les hommages & la ten- dreſſe de la poſtérité.

Malheur aux peuples dont les ſouverains ad- mettent dans leurs conſeils des *miniſtres* perfides, qui cherchent à établir leur puiſſance ſur la ty- rannie & la violation des loix, qui ferment l'ac- cès du trône à la vérité lorſqu'elle eſt effrayante, qui étouffent les cris de l'infortune qu'ils ont cau- ſée, qui inſultent avec barbarie aux miſeres dont ils ſont les auteurs, qui traitent de rebellion les juſtes plaintes des malheureux, & qui endorment leurs maîtres dans une ſécurité fatale qui n'eſt que trop ſouvent l'avant-coureur de leur perte. Tels étoient les Séjan, les Pallas, les Rufin, & tant d'autres monſtres fameux qui ont été les fléaux de leurs contemporains, & qui ſont encore l'exé- cration de la poſtérité. Le ſouverain n'a qu'un in- térêt, c'eſt le bien de l'état. Ses *miniſtres* peuvent en avoir d'autres très-oppoſés à cet intérêt prin- cipal : une défiance vigilante du prince eſt le ſeul

rempart

rempárt qu'il puiffe mettre entre fes peuplés & les paffions des hommes qui exercent fon pouvoir.

Mais la fonction de *miniftre d'état* demande des qualités fi éminentes, qu'il n'y a guère que ceux qui ont vieilli dans le miniftère qui en puiffent parler bien pertinemment ; c'eft pourquoi nous nous garderons bien de hafarder nos propres ré-flexions fur une matière auffi délicate ; nous nous contenterons feulement de donner ici une courte analyfe de ce que le fieur de Silhon a dit à ce fujet dans un ouvrage imprimé à Leyden en 1743, qui a pour titre : *le Miniftre d'état*, avec le vé-ritable ufage de la politique moderne.

Ce petit ouvrage eft divifé en trois livres.

Dans le premier, l'auteur fait voir que le con-feil du prince doit être compofé de peu de per-fonnes ; qu'un excellent *miniftre* eft une marque de la fortune d'un prince, & l'inftrument de la félicité d'un état ; qu'il eft effentiel par conféquent de n'admettre dans le miniftère que des gens fages & vertueux, qui joignent à beaucoup de péné-tration une grande expérience des affaires d'état, où l'on eft quelquefois forcé de faire ce que l'on ne voudroit pas, & de choifir entre plufieurs partis celui dans lequel il fe trouve le moins d'inconvéniens ; un *miniftre* doit régler fa con-duite par l'intérêt de l'état & du prince, pourvu qu'il n'offenfe point la juftice ; il doit moins chercher à rendre fa conduite éclatante qu'à la rendre utile.

L'art de gouverner, cet art fi douteux & fi difficile, reçoit, felon le fieur Silhon, un grand fecours de l'étude ; & la connoiffance de la mo-rale eft, dit-il, une préparation néceffaire pour la politique ; ce n'eft pas affez qu'un miniftre foit favant, il faut auffi qu'il foit éloquent pour pro-téger la juftice & l'innocence, & pour mieux réuffir dans les négociations dont il eft chargé.

Le fecond livre du fieur de Silhon a pour objet de prouver qu'un *miniftre* doit être également propre pour le confeil & pour l'exécution ; qu'il doit avoir un pouvoir fort libre, particuliérement à la guerre. L'auteur examine d'où procède la vertu de garder un fecret, & fait fentir combien elle eft néceffaire à un *miniftre* ; que pour avoir cette égalité d'ame qui eft néceffaire à un homme d'état, il eft bon qu'il ait quelquefois trouvé la fortune contraire à fes deffeins.

Un *miniftre*, dit-il encore, doit avoir la fcience de difcerner le mérite des hommes, & de les em-ployer chacun à ce qu'ils font propres.

Mais que de dons du corps & de l'efprit ne faut-il pas à un *miniftre* pour bien s'acquitter d'un emploi fi honorable, & en même temps fi diffi-cile ! un tempérament robufte, un travail affidu, une grande fagacité d'efprit pour faifir les objets & pour difcerner facilement le vrai d'avec le faux, une heureufe mémoire pour fe rappeller aifément tous les faits, de la nobleffe dans toutes fes ac-tions pour foutenir la dignité de fa place, de la douceur pour gagner les efprits de ceux avec lef-

quels on a à négocier, favoir ufer à propos de fermeté pour foutenir les intérêts du prince.

Lorfqu'il s'agit de traiter avec des étrangers, un *miniftre* ne doit pas régler fa conduite fur leur exemple ; il doit traiter différemment avec eux, felon qu'ils font plus ou moins puiffans, plus ou moins libres, favoir prendre chaque nation felon fon caractère, & fur-tout fe défier des confeils des étrangers qui doivent toujours être fufpects.

Un *miniftre* n'eft pas obligé de fuivre inviola-blement ce qui s'eft pratiqué dans un état ; il y a des changemens néceffaires, felon les circon-ftances : c'eft ce que le *miniftre* doit pefer avec beau-coup de prudence.

Enfin, dans le troifième livre le fieur de Silhon fait connoître combien le foin & la vigilance font néceffaires à un *miniftre*, & qu'il ne faut rien né-gliger, principalement à la guerre ; que le véri-table exercice de la prudence politique confifte à favoir comparer les chofes entre elles, choifir les plus grands biens, éviter les plus grands maux.

Il fait auffi, en plufieurs endroits de fon ou-vrage, plufieurs réflexions fur l'ufage qu'un *miniftre* doit faire des avis qui viennent de certaines puif-fances avec lefquelles on a des ménagemens à garder, fur les alliances qu'un *miniftre* peut re-chercher pour fon maître, fur la conduite que l'on doit tenir à la guerre ; & à cette occafion il envi-fage les inftructions que l'on peut tirer du fiège de la Rochelle où commandoit le cardinal de Ri-chelieu, l'un des plus grands *miniftres* que la France ait eu. (*A*)

MINISTRE PUBLIC, (*Droit des gens.*) eft une perfonne envoyée de la part d'un fouverain dans une cour étrangère pour quelque négociation. *Voyez le Dictionnaire d'économ. polit. & diplom.* & les mots AMBASSADEUR, ASYLE, CÉRÉMONIAL.

MINORITÉ, f. f. eft l'état de celui qui n'a pas encore atteint l'âge de majorité ; ainfi comme il y a plufieurs fortes de majorité, favoir celle des rois, la majorité féodale, la majorité coutumière & la majorité parfaite, ou grande majorité, la *mino-rité* dure jufqu'à ce qu'on ait atteint la majorité né-ceffaire pour faire les actes dont il s'agit.

La *minorité* rend celui qui eft dans cet état inca-pable de rien faire à fon préjudice ; elle lui donne auffi plufieurs privilèges que n'ont pas les ma-jeurs : elle forme un moyen de reftitution. *Voyez* MINEUR. (*A*)

MINU, ce mot eft d'un ufage très-fréquent en Bretagne, il fe trouve dans les art. 87 & 88 de l'ancienne coutume, & dans les art. 81 & 360 de la nouvelle.

Ragueau dit, dans fon indice, que c'eft la dé-claration, aveu & dénombrement qu'un nouvel acquéreur & fujet doit bailler par le menu à fon feigneur, des héritages, terres, rentes & devoirs qu'il a acquis.

Cette définition n'eft pas affez exacte : 1°. elle confond le *minu* avec l'aveu & dénombrement :

2°. elle suppose qu'on n'y doit énoncer que les objets acquis par le vassal, ce qui manque évidemment de clarté ou d'exactitude.

Dans les temps anciens & même depuis la réformation de la coutume de Bretagne, faite en 1580, on distinguoit les aveux des *minus* ou dénombremens, du moins pour les grandes terres; les aveux ne contenoient que peu de lignes, comme on le voit dans ceux de Rohan, de Léon, de Vitré, de Château-Briand, de Château-Giron, & de plusieurs autres seigneuries qui ne contiennent que sept ou huit lignes; on réservoit les détails pour les *minus* ou dénombremens, qui contenoient l'état de toute la seigneurie. Les uns & les autres avoient la même autorité & étoient sujets au blâme ou *impunissement*, comme on le dit en Bretagne.

Cela est assez conforme à la différence que Dumoulin a mise entre les aveux & les dénombremens.

Cependant d'Argentré, qui écrivoit en 1568, & qui n'a pas manqué une occasion de critiquer Dumoulin, enseigne dans sa note 4 sur l'art. 4, de l'ancienne coutume, qu'on ne mettoit point de différence entre aveu, *minu* & dénombrement, & que l'usage avoit rejetté celle que *quelques-uns avoient imaginée*. Hevin pense même que l'ancienne & la nouvelle coutume n'ont point distingué ces deux choses. L'ancienne coutume dit effectivement que, « tout sujet baillera son aveu, *minu* & tenue » dans trois mois depuis qu'il aura eu nouvelle » possession ».

La nouvelle coutume, art. 81 & 360, dit aussi: « bailleront leurs aveux & *minus* dedans l'an, à » compter du jour qu'ils seront venus à nouvelle » possession ».

Quoi qu'il en soit, il est certain qu'on distingue aujourd'hui l'aveu & le dénombrement, qui ne sont qu'une même chose, d'avec le *minu*. On donne ce dernier nom à la sommaire déclaration, que l'article 360 charge le vassal de fournir au seigneur dans un mois, en cas de rachat, afin que le seigneur puisse jouir des droits du rachat.

Lorsque l'héritier du vassal a joui de l'héritage sujet au rachat, sans être inquiété par le seigneur pour ce rachat, le seigneur ou son fermier, ne peut pas exiger la valeur de l'année échue après la mort; & le vassal peut l'obliger de jouir de l'année qui suit l'action & le *minu* fournir pour la perception du rachat.

Mais le vassal est obligé de fournir un *minu*, avant que le seigneur, ou son fermier, puisse être obligé de jouir ou d'opter entre la jouissance & les offres qui lui sont faites par le vassal.

C'est ce qui a été jugé par un arrêt du 17 mai 1743, rapporté au journal de Bretagne, tom. 3, *chap.* 97; le rédacteur ajoute qu'en point de droit, avant l'arrêt de 1743, la maxime confirmée par cet arrêt, étoit constante au palais. (M. GARRAN DE COULON, avocat au parlement.)

MINUTE, s. f. (*terme de Pratique.*) est l'original d'un acte, comme la *minute* des lettres de chancellerie, la *minute* des jugemens & procès-verbaux, & celle des actes qui se passent chez les notaires.

Les *minutes* des actes doivent être signées des officiers dont ils sont émanés, & des parties qui y stipulent, & des témoins, s'il y en a.

Les *minutes* des lettres de grande & petite chancellerie restent au dépôt de la chancellerie, où elles ont été délivrées. Celles des jugemens restent au greffe; celles des procès-verbaux de vente faite par les huissiers, celles des arpentages & autres semblables, restent entre les mains des officiers dont ces actes sont émanés.

Les notaires doivent en général, garder *minute* des actes qu'ils reçoivent, & particulièrement de ceux qui contiennent une obligation respective. L'édit de mars 1693 en excepte les testamens, dont les *minutes* peuvent être remises aux testateurs, sans être contrôlées.

La déclaration du 7 décembre 1723 permet aussi de passer en brevet, c'est-à-dire, sans en garder *minute*, les procurations, les avis de parens, les attestations ou certificats, les autorisations des maris à leurs femmes, les désaveux, les responsions de domestiques, les désistemens, les élargissemens, les main-levées, les décharges de pièces, papiers & meubles, les cautionnemens, les brevets d'apprentissage ou d'alloués, les quittances de gages de domestiques & d'arrérages de pensions ou de rentes; les quittances d'ouvriers, artisans, journaliers, & autres personnes du commun pour les choses qui concernent leur état & métier; les quittances de loyers & fermages; les cautionnemens des employés dans les fermes du roi, à quelque somme qu'ils puissent monter; les conventions, marchés ou obligations qui n'excédent point la somme de 300 livres; les commissions d'archidiacre, pour desservir une cure; les actes de vêture, noviciat ou profession dans les monastères; les nominations de gradués; les procurations pour compromettre, requérir, résigner ou rétrocéder un bénéfice; pour notifier les noms, titres & qualités des gradués, & pour consentir création ou extinction de pension; les révocations de ces procurations; les rétractations & significations de ces actes & des brefs, bulles, signatures, rescrits apostoliques, concordats & attestations de temps d'étude; les notifications de degrés & autres représentations; les requisitions de *visa*, de fulmination de bulles, d'admission à prendre l'habit, ou à faire noviciat & profession; celles pour satisfaire au décret d'une provision de bénéfice, régulier, & celles faites aux curés pour publier aux prônes des messes les prises de possession; les publications, à l'issue des messes, des prises de possession, en cas de refus des curés; les actes de refus d'ouvrir les portes pour prendre possession ou autrement; les oppositions à prise de possession; les lettres d'intronisation, & les répudiations de provisions,

Un arrêt du parlement de Paris du 14 février 1701 a enjoint aux notaires de garder *minute* des actes d'acceptation ou de renonciation à communauté. Le conseil, par arrêt du 7 septembre 1720, a défendu aux notaires de remettre aux parties les *minutes* des contrats remboursés. Et par celui du 21 janvier 1749, il a défendu aux notaires, greffiers, prévôts, magistrats, baillis, maires, échevins, gens de loi & autres faisant fonctions de personnes publiques dans les provinces de Flandres, Hainaut & Artois, de remettre aux parties les *minutes* des actes translatifs de propriété, & leur a enjoint de tenir registre de ces *minutes*.

Un arrêt de réglement du 4 septembre 1685, veut que les *minutes* des actes reçus par les notaires, soient écrites d'une manière correcte & lisible ; & défend à ces officiers d'y employer aucune abréviation, sur-tout à l'égard des sommes & des noms propres.

On trouve dans le sixième volume du registre des bannières du châtelet de Paris, un arrêt de réglement, par lequel le parlement a défendu aux notaires de se dessaisir des *minutes* des actes qu'ils ont reçus, à peine de privation de leur état. On ne peut pas même en ordonner le dépôt au greffe d'une justice royale, à moins qu'elle ne soit arguée de faux, & qu'il ne soit intervenu un jugement, qui ordonne qu'elle sera apportée au greffe de la jurisdiction, où l'instruction de faux se poursuit. *Arrêt de réglement du 13 avril 1724.*

Si le dépositaire d'une *minute* vient à la perdre, il doit être condamné aux dommages & intérêts des parties, & l'on peut d'ailleurs prononcer d'autres peines contre lui, selon la qualité du fait & des circonstances.

L'ordonnance du mois d'août 1539 a défendu aux notaires de communiquer les *minutes* de leurs actes, & d'en délivrer des expéditions à d'autres personnes qu'aux parties contractantes ou à leurs héritiers. Cependant il y a des circonstances où d'autres personnes peuvent obtenir du juge la permission de se faire délivrer des expéditions d'actes dont elles ont besoin : en pareil cas, le notaire délivre ces expéditions en vertu de l'ordonnance du juge, & par forme de compulsoire.

Par exception à la règle qu'on vient d'établir, les notaires sont obligés de communiquer les *minutes* des actes qu'ils reçoivent au procureur-général de chaque cour souveraine, lorsque ces actes peuvent intéresser le roi, le public ou les hôpitaux.

Si les *minutes* d'un notaire viennent à périr par cas fortuit dans un pillage, un incendie, &c. les parties qui en ont des expéditions, peuvent, en vertu d'une ordonnance du juge, les remettre à titre de dépôt chez le notaire, & alors elles tiennent lieu des *minutes* enlevées & brûlées.

Après le décès d'un notaire, les *minutes* suivent ordinairement l'office du défunt, ou se remettent à son successeur quand il s'agit d'un office héréditaire : si le défunt étoit notaire seigneurial, ses *minutes* doivent se remettre à l'un des autres notaires du lieu, ou au greffier de la justice du seigneur. C'est ce qui résulte de divers arrêts de réglemens, & particuliérement de ceux des 28 février & 9 décembre 1662, 27 juin 1716, 13 juillet 1720, 9 juin & 13 juillet 1739, 19 janvier & 23 mai 1740, 28 avril & 15 mai 1741, & 8 mai 1749. *Voyez* GREFFE, GREFFIER, NOTAIRE.

MIROIR, *ou* MIROUER DE FIEF. Lorsqu'un fief étoit tenu en parage, on nommoit dans le Vexin *mirouër de fief* la branche aînée de la famille qui faisoit la foi pour toutes les autres branches ; & cette branche a été ainsi appellée, parce qu'étant en apparence la seule à qui le fief appartenoit, le seigneur féodal, pour l'échéance de ses reliefs & autres droits, ne *miroit* qu'elle pour ainsi dire, & n'avoit les yeux que sur elle : ou cette branche a peut-être été ainsi nommée, parce qu'elle étoit comme une espèce de *mirouër*, qui représentoit au seigneur féodal toutes les autres branches.

C'est-là ce que dit Laurière dans son Glossaire, & l'on trouve à-peu-près la même explication dans les notes de cet auteur sur Loisel, *liv. 4, tit. 3, règle 77* ; & dans la Thaumassière. (*M.* GARRAN DE COULON, *avocat au parlement.*)

MIS (*acte de*), *terme de Pratique*, est une espèce de procès-verbal qui est fait pour constater qu'une pièce ou production a été mise au greffe, ou que le dossier ou sac contenant les pièces d'une cause a été mis sur le bureau ; on donne aussi ce nom à l'acte par lequel on signifie à la partie adverse que cette remise a été faite.

MISCIE, ce mot a été employé autrefois pour désigner le territoire, la jurisdiction, ou les dépendances d'une seigneurie. C'est ce qui paroit résulter du passage suivant, tiré du tome 5 de *l'amplissima collectio* du P. Marsenne. « Après cette bataille » ala l'empereur assieger une forte cité mult effor- » ciement, qui estoit de la *miscie* de Melan & » avoit nom Vincence. (*M.* GARRAN DE COULON, *avocat au parlement.*)

MISE DE FAIT, terme particulier aux coutumes d'Artois, Flandres & Picardie, qui désigne la prise de possession judiciaire d'un bien.

La *mise de fait* a pour objet, 1°. de réaliser, soit un contrat translatif de propriété, soit un simple bail ; 2°. de procurer à un exécuteur testamentaire, ou à un légataire, la délivrance des biens que l'un doit administrer, & qui ont été légués à l'autre ; 3°. de mettre une veuve en possession de son douaire ; 4°. de créer une hypothèque sur les biens vers lesquels elle est dirigée ; 5°. d'ensaisiner un héritier légitime dans une succession qui lui est dévolue.

Dans tous ces cas, celui qui veut exercer la *mise de fait*, doit avoir un titre relatif à l'objet qu'il se propose par cette voie. Ainsi il faut nécessairement pour le premier, un contrat de vente, d'échange, de donation, &c. ; pour le second un teſtament valable ; pour le troiſième , un contrat de mariage , s'il s'agit d'un douaire préfix , car pour le douaire coutumier , on n'a beſoin que de la diſpoſition de la loi ; pour le quatrième , un contrat ou un jugement ; pour le cinquième , la ſeule qualité d'héritier du ſang ſuffit.

Il importe peu que le titre contienne ou non une permiſſion expreſſe de ſe faire *mettre de fait* dans le bien dont on cherche à s'aſſurer la propriété ou la jouiſſance ; mais on ne peut le faire qu'en vertu d'un titre duement groſſoyé, ſigné & ſcellé.

La *miſe de fait* n'a communément lieu que ſur les immeubles : cependant en Artois, les exécuteurs teſtamentaires ſe font *mettre de fait* dans tous les biens meubles & immeubles des ſucceſſions qu'ils doivent régir , & la coutume de la châtellenie de Lille permet la *miſe de fait* ſur des meubles comme ſur des biens-fonds.

Pour pratiquer une *miſe de fait* , on commence par obtenir d'un juge compétent une commiſſion qui en autoriſe l'exploitation. Le juge compétent, quand la matière n'eſt pas privilégiée, eſt l'officier de la juſtice où ſont ſitués les biens ; mais lorſqu'ils ſont épars en différentes juriſdictions, on ſe pourvoit pardevant le ſiège ſupérieur des juges territoriaux.

La commiſſion doit être ſignée du greffier, & ſcellée du ſceau de la juriſdiction. On la fait encore exploiter par un huiſſier ou ſergent du ſiège qui l'a décernée. Les huiſſiers du conſeil d'Artois ont le droit d'exploiter toutes celles qui ſe délivrent dans ſon reſſort, ſans diſtinguer ſi c'eſt par l'autorité de ce tribunal, ou par celle d'un juge inférieur.

L'exploitation conſiſte à mettre l'impétrant, ou ſon fondé de pouvoir ſpécial, en poſſeſſion réelle de la choſe qu'il a en vue. Pour cet effet, il faut ſe transporter ſur chaque pièce des héritages cotiers, roturiers & allodiaux, parce que l'une ne dépend pas de l'autre : mais s'il s'agit d'un fief, il eſt ſuffiſant de ſe transporter ſur le chef-lieu ou principal manoir. Lorſque la *miſe de fait* ſe pratique ſur des meubles, il n'eſt pas néceſſaire de les inventorier, ni d'y établir gardien, quoiqu'il ne ſoit pas extraordinaire de voir employer ces deux formalités.

On ſe diſpenſe dans l'uſage d'appeller les intéreſſés à la priſe de poſſeſſion de l'héritage ſur lequel on veut obtenir la *miſe de fait* ; il ſuffit de mettre le prétendant droit en poſſeſſion de fait, d'en dreſſer procès-verbal, & de ſignifier le tout aux propriétaires des biens ſur leſquels elle a été exploitée, & aux ſeigneurs immédiats de qui relèvent les héritages, avec aſſignation pour en voir prononcer le décrètement. On appelle les ſeigneurs, parce que dans les pays de nantiſſement, on ne reçoit que de leurs mains les droits de propriété & d'hypothèque.

C'eſt une maxime conſtante, que la *miſe de fait* doit être exploitée dans l'année de l'obtention de la commiſſion, que le procès-verbal d'exploitation ait été ſignifié aux intéreſſés dans le même délai, & que dans le même eſpace de temps elle ait été *ramenée à fait*, c'eſt-à-dire, que l'inſtance en décrètement ſoit liée. La raiſon de cette juriſprudence eſt que les commiſſions de juſtice qui ne ſont pas miſes à exécution dans l'année de leur date, tombent en ſurannation, & deviennent caduques. La *miſe de fait* devient également caduque, ſi on laiſſe écouler un an ſans faire aucune pourſuite dans une inſtance en décrètement.

Les effets de la *miſe de fait*, lorſqu'il s'agit d'un contrat tranſlatif de propriété, ſont, ainſi que ceux des devoirs de loi, de dépouiller le vendeur ou donateur, & d'enſaiſiner l'acheteur ou donataire.

Dans le cas d'un bail, elle donne au fermier la préférence ſur tous ceux à qui le propriétaire auroit paſſé un autre bail, & elle lui aſſure la jouiſſance de l'objet affermé, pendant toute la durée du bail, ſans pouvoir être exclus par un acheteur, donataire, ou autre ſucceſſeur, à titre particulier.

Elle équivaut, de la part du légataire, à une demande en délivrance, & le décrètement qui s'en fait avec l'héritier, emporte tradition de la part de celui-ci.

Elle met la veuve en poſſeſſion de ſon douaire ; elle accorde aux créanciers une hypothèque ſur les biens ſur leſquels elle a été exploitée. A l'égard de l'héritier, elle n'a d'autre effet que de l'enſaiſiner vis-à-vis le ſeigneur de qui relèvent les biens du défunt. Il n'en a pas beſoin vis-à-vis des tiers, puiſqu'il eſt enſaiſiné de plein droit par la règle, *le mort ſaiſit le vif*. *Voyez* MAIN-ASSISE, MAINMISE, DEVOIRS DE LOI, NANTISSEMENT, &c.

MISÉRICORDE, ſ. f. ce terme, en Lorraine, ſert à déſigner une aſſociation établie à la ſuite des tribunaux, pour ſoulager les priſonniers, & leur fournir, ainſi qu'aux pauvres, pendant leur détention ou le cours de leurs procès, tous les ſecours qui peuvent dépendre des miniſtres de la juſtice.

La *miſéricorde* établie à Nancy réunit l'ordre des avocats & les communautés des procureurs dans une confrairie où ſont admis des citoyens de toutes les claſſes & de tous les ſexes. Elle eſt dirigée par un conſeil, ou bureau, compoſé d'un maître, d'un premier conſeiller, d'un ſecond conſeiller, d'un ſecrétaire-receveur, de trois avocats, & de deux procureurs, l'un du parlement, & l'autre du bailliage.

Le maître, le premier conſeiller & le ſecrétaire ſont élus parmi les anciens avocats. Le ſecond conſeiller eſt choiſi alternativement pendant deux années dans la communauté des procureurs du parlement, & la troiſième année, dans celle des procureurs au bailliage. L'honneur ſeul fait accepter & ſouvent rechercher ces charges onéreuſes & gratuites.

Deux des avocats doivent avoir au moins dix années de palais ; ils sont chargés, l'un de plaider, l'autre d'écrire au parlement & à la chambre des comptes ; le troisième avocat doit avoir au-dessus de six ans de matricule : il est chargé d'écrire & de porter la parole dans les sièges inférieurs.

Ces officiers sont élus tous les ans dans une assemblée générale des avocats, des procureurs, & des confrères agrégés.

Les procureurs éligibles sont présentés à l'assemblée, au nombre de trois ou quatre, par leurs communautés respectives.

Le bureau s'assemble tous les samedis pour examiner les affaires contentieuses des pauvres & des prisonniers, sur le rapport des avocats chargés de les défendre. C'est dans ces assemblées du samedi que l'on décide quelles affaires sont dans le cas d'être regardées comme *miséricordieuses* ; c'est-à-dire, d'être défendues par les officiers de la *miséricorde*. Ce sont toutes celles des pauvres & des prisonniers qui ne sont pas en état de satisfaire aux frais des poursuites.

Quoique l'ordonnance criminelle de Lorraine, calquée sur celle de France, ne laisse point indéfiniment aux accusés la faculté d'avoir un conseil, cependant l'usage adoucit cette loi rigoureuse.

Les greffiers ne refusent pas aux avocats de la *miséricorde* la communication, sans déplacer, des procédures criminelles, & après les interrogatoires, les geôliers ne leur interdisent point l'accès des accusés ; c'est pour les uns & les autres un acte d'humanité, au sujet duquel ils rougiroient d'accepter aucun salaire. Ainsi le malheureux est assuré que la précipitation de la prévention ne le feront point expirer sur l'échafaud, sans qu'il ait été défendu ; & les magistrats se félicitent de trouver, entre eux & l'accusé, un intercesseur ; la partie publique n'est point alarmée d'avoir sans cesse un contradicteur éclairé.

Les fonds de l'association sont principalement destinés au soulagement des prisonniers, & s'étendent à tous leurs besoins. On leur donne des couvertures de lit, des vêtemens ; plusieurs jours de la semaine on leur fait distribuer du bouillon, du vin, des alimens substantiels ; on écarte d'eux les infirmités ; on les soigne dans leurs maladies : le débiteur malheureux, retenu dans les fers par la dureté de son créancier, le père de famille qui, entraîné par le travail plutôt que par oisiveté, étoit devenu l'agent momentané d'un commerce contraire aux privilèges de la ferme générale, sont rachetés par le bureau : les innocens, que la longueur d'une instruction criminelle, ou la nécessité de leur défense contre des insolvables, ont dérangé dans leurs affaires ou dans leur commerce, obtiennent quelquefois des secours qui leur donnent le temps de recouvrer un crédit, une confiance plutôt détournés que perdus.

Pour subvenir aux dépenses qu'exigent tant de bonnes œuvres, l'association n'a point d'autres fonds que ses propres charités, & celles qu'obtiennent de l'humanité & de la religion des citoyens, les jeunes avocats qui font des quêtes en robe dans toutes les églises, les jours de dimanche & de fête.

Le zèle des officiers de la *miséricorde* est le même dans les affaires civiles des pauvres. Leur protection est assurée à tous ceux qui la réclament ; s'ils délibèrent avant de l'accorder, c'est que l'avocat qui proposeroit aux tribunaux des causes qui ne sont pas au moins l'objet d'un doute raisonnable, se rendroit le complice de la vexation & de la spoliation qu'il provoqueroit.

Tous les ministres de la justice s'empressent à seconder la bienfaisance des avocats ; les procureurs de la *miséricorde*, les greffiers, les huissiers prêtent aussi gratuitement leur ministère aux pauvres & aux prisonniers, chacun dans le tribunal auquel il est attaché ; les receveurs même de la ferme ou des régies ne perçoivent aucun droit sur les causes dont la *miséricorde* s'est chargée : dès que le bureau a décidé une affaire *miséricordieuse*, cette décision est une loi à laquelle les magistrats souverains & les tribunaux inférieurs ne dédaignent pas de se soumettre, en accordant la remise de leurs droits. Toutes les chambres du parlement ont des audiences particulières, uniquement réservées pour les *miséricordieux*.

Les avocats & les procureurs attachés aux bailliages & aux prévôtés de la province, forment entre eux des confraternités & des bureaux, à l'instar de ceux de Nanci.

On ne doit pas confondre l'association de la *miséricorde* avec la chambre des consultations établie à Nancy, pour consulter gratuitement sur tous les appels. Cet établissement n'a rien de commun avec le précédent, & ne le soulage en rien ; le bureau de la *miséricorde* est toujours obligé d'examiner & de discuter les affaires qu'on lui adresse ; il peut rejetter celles qui sont décidées soutenables par la chambre des consultations.

MISSI DOMINICI. Ces deux mots latins sont employés dans nos historiens & nos anciens praticiens, pour signifier des commissaires que le roi envoyoit autrefois dans les provinces du royaume, pour y informer de la conduite des ducs, des comtes & des juges. Ils recevoient les plaintes de tous ceux qui en avoient été maltraités ; ils jugeoient les causes d'appel dévolues au roi, ils réformoient les jugemens injustes, & ils renvoyoient aux grandes assises du roi les affaires les plus importantes. *Voyez* INTENDANT, MAITRE *des requêtes.*

MISTRAL, MISTRALIE, s. m. la *mistralie* est le titre d'un office connu dans quelques provinces de France, & particulièrement en Dauphiné. On appelloit *mistral*, celui qui étoit revêtu de cet office.

Les *mistraux* ont eu, suivant les lieux, des fonctions & des prérogatives plus ou moins étendues.

A l'exception de ceux que le dauphin & l'archevêque avoient établis à Vienne, pour y exercer leur jurisdiction; il paroît que les *miftraux* n'avoient aucune jurisdiction en Dauphiné. Leurs fonctions fe bornoient à faire la recette des droits feigneuriaux, ou à veiller à l'administration des domaines & à la culture des fonds, dont ils difpofoient avec un pouvoir fort étendu. On fe fervoit auffi de leur miniftère pour faire exécuter les mandemens de la juftice.

Le *miftral* avoit d'ordinaire pour récompenfe de fes fervices, un tiers des amendes & des autres revenus cafuels. Dans quelques terres, la difpofition de ces offices étoit abandonnée aux châtelains, à qui les *miftraux* rendoient compte. Les feigneurs particuliers avoient, comme les dauphins, des *miftraux* dans leurs terres; on peut voir dans les mémoires pour fervir à l'hiftoire du Dauphiné de M. le préfident de Valbonnais, quelles étoient les prérogatives & le pouvoir du *miftral* de l'archevêque de Vienne. Il y faifoit les fonctions de gouverneur & de commiffaire de l'empire, fuivant le pouvoir qui lui en avoit été donné par l'archevêque & le chapitre, à qui l'empereur Frédéric avoit commis la garde de la ville & des châteaux par une bulle de 1153. Celui du dauphin n'avoit de jurisdiction que dans une très-petite partie de la ville, & fon office paroît même avoir été anéanti dès le milieu du quinzième fiècle.

Le préfident de Valbonnais obferve encore que les *miftralies* furent aliénées à titre d'engagement, ou même inféodées dans beaucoup d'endroits, à titre de récompenfe de fervice, ou autrement, foit dans les domaines du dauphin, foit dans les terres des feigneurs. Tous ces offices ont été fupprimés par Charles V, en 1337; il en eft feulement refté quelques-uns de ceux qui avoient été inféodés. (*M. GARRAN DE COULON, avocat au parlement.*)

MITOYEN. *Voyez* MUR.

MITOYRIE, terme de coutume, qui fignifie féparation de deux héritages, ou de deux maifons voifines, par une clôture commune, ou un mur mitoyen. *Voyez* MUR.

MITRER, v. a. (*Code criminel.*) M. Philippe Bornier, en fa *Conférence fur l'ordonnance du commerce,* tit. des Faillites, art. 12, dit que ce qu'on appelle en France *mitrer,* eft lorfqu'on met le cou ou les poignets entre deux ais, comme on voit encore les ais troués au haut de la tour du pilori des halles à Paris. Mais il paroît que dans l'origine, ce qu'on appelloit *mitrer,* étoit une autre forte de peine ignominieufe, qui confiftoit à mettre fur la tête du condamné une mitre de papier, à-peu-près comme on en mettoit fur la tête de l'évêque ou abbé des fous, lorfqu'on en faifoit la fête, qui n'a été totalement abolie que depuis environ deux cens ans. En effet, il eft dit dans Barthole, fur la loi *eum qui,* au digeft. *de injuriis; tu fuifti miratus pro falfo.* Et dans le *Memoriale* de Pierre de Paül,

année 1693, tit. *de quibufdam maleficiis,* il eft dit: *Ubi unus dictorum facerdotum S. Dermeæ miratus fuit, & in eâdem mitriâ ductus fuit unâ cum prædictis aliis clericis ligatus,* &c. Sur quoi on peut voir auffi Julius Clarus, *in fentent.* p. 328, & le *Gloffaire de* Ducange, *p.* 328. La *mitre,* qui eft ordinairement une marque d'honneur, eft encore en certains cas une marque d'ignominie. Dans le pays de Vofges, le bourreau en porte une, pour marque extérieure de fon office. En Efpagne, l'inquifition fait mettre une *mitre* de carton fur la tête de ceux qu'elle condamne pour quelque crime d'héréfie. (*A*)

MIXTE, adj. fe dit, en droit, de tout ce qui tient de deux natures différentes. Il y a des corps *mixtes* qui font partie laïques, & partie eccléfiaftiques, comme les univerfités.

Il y a des droits & actions qui font *mixtes,* c'eft-à-dire, partie réels & partie perfonnels; de même les fervitudes *mixtes* font celles qui font tout à la fois deftinées pour l'ufage d'un fonds, & pour l'utilité de quelque perfonne. *Voyez* ACTION, SERVITUDE.

On appelle *queftions mixtes,* celles où plufieurs loix ou coutumes différentes fe trouvent en oppofition; par exemple, lorfqu'il s'agit de favoir fi c'eft la loi de la fituation des biens, ou celle du domicile du teftateur, ou celle du lieu où le teftament eft fait qui règle la forme & les difpofitions du teftament. *Voyez* QUESTION MIXTE.

Les ftatuts *mixtes* font ceux qui ont en même temps pour objet la perfonne & les biens. *Voyez* STATUTS. (*A*)

MIXTION. *Voyez* LETTRES.

M O

MOBILIER, adj. pris auffi fubft. fe dit de tout ce qui eft meuble de fa nature, ou qui eft réputé tel, par la difpofition de la loi, par convention, ou par fiction. *Voyez* MEUBLE.

MOBILISER, v. a. (*terme de Pratique*) qui fignifie *ameublir,* faire qu'un immeuble réel, ou réputé tel, foit réputé meuble. L'ameubliffement n'eft, comme on voit, qu'une fiction qui fe fait par convention. Ces fortes de claufes font affez ordinaires dans les contrats de mariages, pour faire entrer en communauté quelque portion des immeubles des futurs conjoints, lorfqu'ils n'ont pas affez de mobilier. *Voyez* AMEUBLISSEMENT. (*A*)

MODE, f. m. du latin *modus,* fignifie *en Droit* la fin que fe propofe le teftateur en laiffant à quelqu'un un legs ou un fidéicommis, ou un donateur en faifant une donation; ou, fi l'on veut, le *mode* eft toute difpofition par laquelle un donateur ou un teftateur charge fon donataire, ou légataire, de faire ou de donner quelque chofe, en confidération de la libéralité qu'il exerce envers lui.

Le *mode* approche beaucoup de la condition,

comme elle, il regarde un événement futur qui doit assurer au légataire, ou donataire, la propriété de la chose léguée ou donnée. Il y a même peu de différence dans la forme de l'un & de l'autre. Le legs est en forme de *mode* lorsque le testateur s'est exprimé ainsi : *je lègue à Titius mille écus, pour qu'il me fasse construire un tombeau, pour qu'il se bâtisse une maison* : il est au contraire conditionnel dans cette clause : *je donne mille écus à Titius, s'il me fait construire un monument.*

Mais l'effet de l'un ou de l'autre est bien différent. Un legs fait sous *mode* est pur & simple, & est exigible au moment du décès du testateur ; le légataire est tenu seulement de donner caution d'accomplir le *mode* : encore même cette caution n'est-elle exigée que dans le cas où il importe à un tiers que le *mode* soit accompli. Au contraire, le legs conditionnel n'est dû qu'après l'événement de la condition, & il devient caduc si elle n'arrive pas. *Voyez* CONDITION, LÉGATAIRE.

MODÉRATION, s. f. est cette vertu qui nous fait éviter les excès, qui nous rend heureux en bornant nos desirs, qui, par un juste tempérament, donne la perfection à toutes les vertus. Sous ce point de vue, la *modération* est du ressort de la morale.

En droit, on entend par ce terme tout adoucissement ou diminution. Les juges supérieurs peuvent *modérer* la peine à laquelle le juge inférieur a condamné ; ils peuvent aussi, en certains cas, modérer l'amende prononcée par la loi, c'est-à-dire, la diminuer.

MŒURS, s. f. plur. (*Droit naturel & public.*) ce mot a plusieurs acceptions. Dans une signification très-étendue, les *mœurs* embrassent l'observation attentive de toutes les règles de la morale, dont l'habitude forme la vertu. C'est dans ce sens qu'on dit : sans les *mœurs*, un homme ne peut être ni bon mari, ni bon père, ni bon citoyen ; si dans un état on peut s'avancer sans *mœurs*, c'est une preuve qu'elles y sont déjà altérées ; si les bonnes *mœurs* y exposent au ridicule, la corruption y est montée au plus haut degré.

Dans un sens moins étendu, les *mœurs* désignent par rapport à l'homme, les dispositions à agir, ou l'habitude de certaines actions libres, bonnes ou mauvaises, mais susceptibles de règles & de directions. Elles se prennent alors en bonne ou mauvaise part, selon l'épithète qu'on y ajoute, ou la phrase dans laquelle on se sert de ce terme. Par exemple, les *mœurs* marquent la vertu, lorsqu'on dit d'un homme qu'il a beaucoup de *mœurs* ; mais elles se prennent en mauvaise part, lorsqu'on dit d'un homme qu'il est sans *mœurs*.

Les *mœurs* se rapportent encore à la vie privée, ou à la conduite générale d'une nation. Au premier égard c'est la pratique ou l'observation des règles morales, selon les relations particulières, que l'on soutient dans l'état de père, de mari, de

frère, de parent, d'ami. Au second, l'idée de *mœurs* renferme encore celle des usages & des coutumes d'un peuple, qui ont un rapport à la morale, qui influent sur sa manière de penser, de sentir & d'agir, ou qui en dépendent.

Enfin le mot *mœurs* signifie quelquefois *conduite*, & c'est dans ce sens qu'en terme de pratique, on appelle information de vie & de *mœurs*, l'enquête que l'on fait de la conduite qu'a tenue celui qui se présente pour être reçu dans une charge.

Les *mœurs* peuvent se considérer sous différens rapports ; mais, pour remplir notre objet, nous nous contenterons de les examiner sous celui qu'elles ont avec les loix, & de faire voir combien elles influent sur l'ordre public & le bonheur de la société. Elles sont en effet, selon l'observation de M. Servan, avocat-général du parlement de Grenoble, dans son discours sur les *mœurs* & les loix en 1771, elles sont le supplément des loix insuffisantes, l'appui des bonnes, le correctif des mauvaises, ensorte que les *mœurs* peuvent tout sans les loix, & celles-ci ne peuvent presque rien sans les *mœurs*.

1°. D'abord les loix positives sont toujours insuffisantes, puisqu'elles ne règlent que les actes extérieurs & les actions principales & civiles. Elles ne peuvent commander les affections, ni les sentimens qui sont les mobiles, ou les motifs des actions, principes de leur moralité : ce sont les *mœurs* qui les produisent & les entretiennent. Jamais les loix ne sauroient détruire les inclinations vicieuses, les penchans déréglés, les passions impérieuses auxquelles l'homme obéit en esclave ; s'il ne leur commande en maître ; les *mœurs* seules ont le pouvoir de les régler ou de les modérer, en purifiant la source d'où elles partent. Ces loix punissent, il est vrai, les actions qui portent ouvertement atteinte à l'ordre public ; mais les *mœurs* préviennent les actes secrets qui détruisent sourdement les liens de la société, sans que la législation soit en état d'en arrêter les suites. La loi fixera, si vous le voulez, les règles du commandement & de l'obéissance, mais les *mœurs* apprennent aux supérieurs à rendre le commandement doux & agréable, & portent les inférieurs à une obéissance fidelle & volontaire. On est forcé par le droit civil à être juste & paisible, & par les *mœurs* on est engagé à devenir secourable & bienfaisant. Le magistrat prononce une peine contre les excès d'une débauche, qui intervertit l'ordre social, mais il ne sauroit rendre les citoyens chastes, tempérans, modérés dans les plaisirs ; c'est toujours l'ouvrage des *mœurs*. Dans un petit état on pourra s'occuper, j'en conviens, à faire des loix somptuaires négatives, tandis que pour être précises elles devroient être toujours positives, selon la condition, le sexe & l'âge ; mais ces réglemens multipliés, changés à chaque lustre, ne rendront pas les sujets plus simples, plus modestes, plus économes ; ce doit être l'effet de l'éducation & de l'exemple des supérieurs ; c'eſt-à-dire , celui des *mœurs* , dont ces ſupérieurs ſont par-tout le modèle.

Il n'eſt perſonne d'ailleurs qui ne ſente que l'homme n'eſt gouverné que par ſa volonté propre dans tous les .actes intérieurs , & dans toutes les .actions qui ne ſont pas publiques ; ainſi l'autorité du légiſlateur eſt toujours. inſuffiſante , ſans .les motifs. intérieurs qui conſtituent les *mœurs* : ſans eux , la légiſlation .n'eſt qu'un vain ouvrage de l'art , qui ne ſauroit ſeul maintenir l'ordre , produire la vertu , & procurer le bonheur public. Les loix toutes ſeules feront des eſclaves involontaires ; les *mœurs* , gardiennes de l'ordre politique, ſupérieures à tout par leur influence , feront des citoyens libres & vertueux par choix. Ce ſera même en vain que la loi preſcrira ce qui .eſt oppoſé aux *mœurs* univerſelles , qui conſtituent l'opinion publique ; le monde eſt bien plus gouverné par cette opinion , reine de l'univers , que par la puiſſance civile : on trouvera la loi trop dure , ou injuſte , ou impraticable ; on l'éludera; on cherchera des prétextes ; on s'entre-aidera pour la violer , pour l'eſquiver , pour s'exempter de la peine , & cette loi , mal conſeillée , deviendra inutile , même perniçieuſe , en accoutumant à la déſobéiſſance & à l'impunité. Platon, déjà inſtruit de ces vérités dépendantes de la nature de l'homme , demandoit auſſi trois choſes , au rapport de Diogène Laërce , pour conſtituer un bon gouvernement; l'une que les coutumes, uſages & maximes, c'eſt-à-dire , les *mœurs* , ſuppléaſſent au défaut des loix ; l'autre , que le peuple fût accoutumé à la ſoumiſſion ; la troiſième , que les loix fuſſent bonnes.

2°. Voyons donc maintenant comment ces *mœurs*, ſupplément.des loix toujours inſuffiſantes , deviennent encore l'appui des meilleures loix.

Les meilleures loix ſont celles qui ſont les plus conformes à la nature de l'homme & aux règles du droit naturel ; celles qui ôtent au ſujet le moins qu'il eſt poſſible de ſa liberté naturelle , qui ne le privent que du droit d'en abuſer par paſſion , le laiſſant jouir de tous les autres droits , dont il n'a pu , ni voulu ſe dépouiller en entrant en ſociété. *Voyez* DROIT NATUREL , LÉGISLATION , PROPRIÉTÉ , &c.

Qui ne ſent déjà que les bonnes *mœurs* ſeront le plus ferme appui de ces bonnes loix , qu'un cœur honnête approuve & chérit , puiſqu'elles ſont fondées ſur les mêmes principes de la nature , qu'elles partent de la même ſource ; & que la conſcience qui produit ces *mœurs* , ſollicitera ſans ceſſe à l'obéiſſance à ces loix ? Cette heureuſe réunion de tous les principes naturels & ſociaux formera donc néceſſairement des citoyens vertueux ; & ſi à cette habitude de la vertu ſe joint l'amour d'une gloire légitime , il pourra être dans l'occaſion un citoyen ſublime. Que cet accord entre les *mœurs* & les loix eſt avantageux à la ſociété ! Quelle force puiſſante & active le gouvernement n'en recevra-t-il pas ? Il n'y a plus de combats entre les paſſions & la loi ; entre les réglemens & la nature ; entre la volonté qui commande & celle qui doit obéir !

Il y a plus encore : jamais les meilleures loix n'ont pu prévoir ni déterminer tous les cas poſſibles , toutes les circonſtances : mais quand un citoyen a déjà des *mœurs* , ſa conſcience eſt ſa loi ſuprême ; un ſens , un inſtinct moral l'avertit de tout ce qu'il doit faire ou omettre ; il étend, il interprète la loi ſelon les principes de la vertu ; jamais Ariſtide , Régulus , Cincinnatus , Paul-Emile, ni Caton , ne furent embarraſſés ſur ce qui étoit bon ou juſte , lors même que les loix ſe taiſoient.

3°. Enfin , puiſqu'il n'eſt que trop certain que tous les états n'ont pas établi les meilleures loix, il eſt du moins très-important de ſavoir que les bonnes *mœurs* d'une nation ſervent toujours de correctif aux mauvaiſes loix , en adouciſſant la rigueur des unes , & en prévenant les ſuites funeſtes des autres.

Un citoyen n'a que la force & la durée d'un homme ; mais une loi vicieuſe a la force publique & la durée des ſiècles : on peut d'ailleurs oppoſer le courage à la violence d'un ſcélérat ; mais ce qui ſeroit une réſiſtance légitime contre un particulier , devient contre la volonté ſouveraine une révolte puniſſable. Quel ouvrage par conſéquent que celui de la légiſlation ! Qu'il demande d'attention , de réflexions , d'examen ! Vous méditez une loi , qui va plus ou moins décider de l'avantage ou du déſavantage , du bonheur même ou du malheur des générations futures ; mais trop jaloux de votre autorité , ou préſumant trop de vos lumières , qui ne peuvent cependant pas tout embraſſer , vous ne daignez conſulter ni les corps de l'état , ni les magiſtrats ſubalternes , ni les citoyens éclairés ; enfin , vous promulguez la loi , vous publiez un règlement ; ils ſont mauvais , dictés ou par le fanatiſme des uns , ou par l'ambition des autres , ou par l'intérêt perſonnel de pluſieurs , ou enfin parce qu'ils ſéparent l'intérêt du ſouverain de celui des ſujets. Ces réglemens pourroient apporter un grand dommage à l'état , le bouleverſer même ; mais les *mœurs* des citoyens , de ceux à qui la loi fait du tort , préviennent le trouble : on reſpecte le caractère de la loi , en déteſtant ſon eſprit ; on fait des ſacrifices pour s'y ſoumettre autant qu'il eſt poſſible ; on évite par la prudence de ſe trouver ſur ſes pas , pour ne pas être obligé de la violer & encourir la peine ; on gémit & on prend patience. Une loi vicieuſe donne-t-elle des droits barbares ſur un ordre de ſujets , comme ſur les Ilotes à Sparte , comme ſur les ſerfs dans le gouvernement féodal , l'humanité l'adoucit , & les *mœurs* dont qu'on n'en abuſe jamais. Sans les *mœurs* toute la légiſlation de Licurgue n'eût été qu'un eſſai chimérique. Y a-t-il des loix qui diviſent les citoyens par des prérogatives contraires à la nature , les ſervices mutuels les rapprochent, & les *mœurs* les réuniſſent.

L 2

La corruption des *mœurs* dans ceux qui gouvernent & ceux qui font gouvernés, & les mauvaifes loix, qui l'augmentent d'ordinaire, ont donné lieu encore à un autre mal, c'eft la multiplication des loix, défaut funefte dans tout gouvernement. Les nouvelles loix contre des abus nouveaux font comme les remèdes qui affoibliffent la conftitution, lors même qu'ils guériffent le mal. Le vice, dans un état où les *mœurs* fe dépravent, eft une maladie à qui tout peut fervir d'alimens, & moins de chofes de remèdes. La loi oppofée au mal le pallie quelquefois, mais le guérit rarement. L'exemple & l'éducation, en rétabliffant les *mœurs*, font donc les vrais remèdes. Sans cela, de vices en loix, de loix en nouveaux abus, d'abus en réglemens, la machine politique fe complique, & s'affoiblit toujours davantage.

Toutes les loix en particulier, tous les réglemens qui attaquent la propriété & la portion de liberté naturelle, que l'homme peut & doit conferver dans la fociété civile, toute loi faite pour l'intérêt mal entendu de ceux qui gouvernent, mais nuifible aux citoyens, donne néceffairement lieu à une multitude de fautes qui occafionnent de nouvelles loix : la fineffe, aiguifée par la contrainte, cherche les expédiens pour éluder, ou des artifices pour violer impunément l'ordonnance : le gouvernement imagine de nouvelles règles ou des précautions : de-là une guerre fourde, mais dangereufe entre le gouvernement & les fujets, du mécontentement & des plaintes, & rien ne précipite plus la décadence des *mœurs* : fans la multitude des loix prohibitives, il n'y auroit jamais eu de Mandrins ; & fans un refte de *mœurs*, les maux réfultans de ces réglemens trop multipliés par-tout, feroient plus grands, & deviendroient plus univerfels. On s'accoutumeroit à la défobéiffance, qui eft une forte de rebellion ; la délation, toujours infame, deviendroit plus commune ; enfin la vertu, fi fouvent attaquée, s'éloigneroit de la terre pour s'envoler vers le ciel, fon domicile inaltérable.

Ne prétendez donc jamais corriger les *mœurs* par la multitude des loix, mais rétabliffez phitôt les *mœurs* par l'exemple & l'éducation ; je le répète, parce qu'on ne fauroit trop le redire ; alors les loix les plus fimples fuffiront ; mais parmi les loix trop multipliées, il y en aura toujours de mauvaifes, ou d'inutiles. Pofant donc un petit nombre de bonnes loix, abandonnez aux *mœurs* rétablies tant de chofes que ces loix ne peuvent jamais régler, & tant d'autres qu'elles ne fauroient corriger, & auxquelles les *mœurs* remédieront avec facilité & infailliblement.

MOHATRA, (*Droit civil & canon.*) ou contrat *mohatra*, eft un contrat ufuraire, par lequel un homme achète d'un marchand des marchandifes à crédit à très-haut prix, pour les revendre au même inftant à la même perfonne argent comptant & à bon marché.

Ces fortes de contrats inventés par des perfonnes

fans foi, fans loi & fans religion, font prohibés par toutes les loix civiles & canoniques, & n'ont trouvé pour défenfeurs que ceux qui, dans tous les temps, ont fu les mettre en pratique.

L'ordonnance de Louis XII, en 1510, *art. 46*; celle d'Orleans, *art. 141* ; celle de Blois, *art. 202 & 362* ; défendent à tous marchands & autres, de quelque qualité qu'ils foient, de, fuppofer aucun prêt de marchandife appellé *perte de finance*, qui fe fait par revente de la même marchandife à perfonnes fuppofées, à peine de punition corporelle & de confifcation de biens.

Ces fortes de marchands, déjà trop communs, méritent d'être punis exemplairement, ainfi que tous les ufuriers, de quelque efpèce & condition qu'ils foient, fi déteftables & tellement déteftés même par Mahomet, qu'il dit d'eux, dans fon Alcoran, *chap 2*, qu'ils reffufciteront femblables aux démoniaques. Dans tous les temps les cours ont févi avec rigueur contre cette pefte publique, ainfi qu'on peut le voir par les arrêts des 26 juillet 1565, 28 mars 1612, rapportés dans la conférence des ordonnances de Guenois, & par ceux des 9 août 1745, contre Paul Colomb, ufurier de profeffion, & 10 janvier 1777, contre des ufuriers d'Orléans : ce dernier a été enregiftré dans tous les fièges du reffort du parlement de Paris. *Voyez* USURE.

MOÏEN, MOÏEN-JUSTICIER, MOÏENNE-JUSTICE. *Voyez* MOYEN, MOYEN-JUSTICIER, MOYENNE-JUSTICE.

MOINE, f. m. en latin *monachus*, (*Droit eccl.*) c'eft le nom que l'on donne communément à tous ceux qui fe font engagés par un vœu folemnel, à vivre fuivant une certaine règle & à pratiquer la perfection de l'évangile, dans fa fignification primitive, il défigne un religieux folitaire : *agnofcat nomen fuum : monos enim grecè, latinè eft unus, achos grecè, latinè triftis fonat : inde dicitur monachus, id eft, unus, triftis ; fedeat ergo triftis, & officio fuo valet. can. placuit. 16, queft. 1.*

Nous ne nous étendrons point ici fur l'origine & les progrès de la vie monaftique ; ce feroit entreprendre fur la partie hiftorique de cet ouvrage, nous en parlerons en jurifconfulte & non pas en hiftorien : nous devons nous borner à ce qui eft néceffaire pour l'intelligence de notre droit & de notre jurifprudence.

Le Père Thomaffin, dans fon traité de la difcipline eccléfiaftique, ne fait remonter l'origine des *moines* qu'à l'époque où Conftantin donna la paix à l'églife : alors faint Antoine raffembla en corps de communauté ceux que la perfécution avoit fait fuir dans les déferts. Il y avoit eu auparavant de pieux folitaires, qui pratiquoient dans la retraite les vertus les plus fublimes du chriftianifme ; mais ils n'avoient point formé de difciples ; ils n'étoient point foumis à une règle commune ; ils n'étoient diftingués par aucune marque extérieure & ne faifoient point un corps différent du clergé & des laïques.

A l'exemple des monastères de saint Antoine en Egypte, on vit s'en former d'autres dans le même pays & ailleurs : Saint-Pacôme fonda les fameux monastères de Tabenne & leur donna une règle qui lui avoit été dictée par un ange. Ses disciples vivoient trente ou quarante ensemble dans une même maison ; trente ou quarante de ces maisons composoient un monastère, dont chacun, par conséquent, contenoit depuis 1200 *moines* jusqu'à 1600 ; chaque monastère n'avoit qu'un oratoire commun où les *moines* s'assembloient les dimanches : il étoit gouverné par un abbé, ce qui n'empêchoit pas que chaque maison eût un supérieur & un prévôt, & chaque dixaine de *moines* un doyen : tous les monastères reconnoissoient un seul chef, & s'assembloient avec lui pour célébrer la pâque. Ces *moines* ainsi assemblés étoient quelquefois au nombre de 50 mille, & cela ne fut seuls monastères de Tabenne : l'Egypte avoit encore d'autres monastères, & les *moines* Egyptiens, dit l'abbé Fleury, furent regardés comme les plus parfaits & les originaux de tous les autres.

Saint-Hilarion, disciple de saint Antoine, établit des monastères en Palestine : on en vit bientôt se former dans toute la Syrie : saint Basile, qui avoit voyagé en Egypte, en fonda dans le Pont & la Cappadoce, & leur donna une règle qui contient tous les principes de la morale chrétienne.

Saint Athanase ayant écrit la vie de S. Antoine, la fit connoître à Rome lorsqu'il y vint lui-même : ce fut par son canal & celui de saint Jérôme, que la vie monastique s'introduisit en Occident : saint Martin, évêque de Tours, fut un des premiers qui l'établit dans les Gaules : il fit bâtir le monastère de Marmoutier ainsi nommé *quasi majus monasterium* ; d'autres donnent l'antériorité en France, au monastère de Lerins, dont saint Honoré d'Arles fut le fondateur vers la fin du sixième siècle. L'honneur de la primauté est accordé par quelques-uns, au monastère de Luxeuil, fondé par saint Colomban, vers le même temps que celui de Lerins.

Dans l'origine, les *moines* étoient tous laïques ; il ne falloit d'autre disposition pour le devenir que de la bonne volonté, un desir sincère de faire pénitence & d'avancer dans la perfection chrétienne. On y recevoit des gens de toute condition & de tout âge, même de jeunes enfans que leurs parens offroient pour les faire élever dans la piété ; les esclaves y étoient reçus, pourvu que leurs maîtres y consentissent : on ne regardoit ni aux talens de l'esprit ni à la vigueur du corps : chacun faisoit pénitence à proportion de ses forces.

Les *moines* & leurs abbés même étant laïques, des prêtres étrangers venoient dans leurs oratoires leur administrer les sacremens & s'acquitter des autres fonctions ecclésiastiques : en plusieurs endroits, ils alloient à l'église de la paroisse : si un clerc se faisoit *moine*, il cessoit de servir l'église en public, & si un *moine* étoit élevé à la cléricature,

on le tiroit du monastère & on l'obligeoit à venir servir l'église : les *moines* étoient si peu destinés au ministère ecclésiastique, que saint Jérome dit que leur devoir n'est point d'enseigner, mais de pleurer leurs péchés & ceux des autres : ils étoient par-tout soumis à la jurisdiction des évêques.

Mais bientôt on permit aux *moines* d'avoir entre eux quelques prêtres, pour célébrer la messe dans leurs propres chapelles. On s'accoutuma aussi à prendre parmi eux, ceux que l'on vouloit ordonner clercs, parce que l'on ne trouvoit point de chrétiens plus parfaits, & on allia enfin la vie contemplative avec l'active : ce changement n'arriva que par degrés. Lorsque saint Basile eut donné sa règle, les *moines* commencèrent à être comptés pour le dernier ordre de la hiérarchie ecclésiastique : en 383 le pape Sirice les appela à la cléricature. Dès le huitième siècle, les *moines* étoient compris sous le terme de clergé ; depuis le onzième, on n'a plus compté pour *moines* que les clercs ; c'est-à-dire, ceux qui étoient destinés au chœur, & qui étoient instruits du chant & de la langue latine : enfin le concile général de Vienne tenu en 1311, ordonna à tous les *moines* de se faire promouvoir à tous les ordres sacrés : ceux qui, n'ayant point de lettres, n'étoient capables que du travail des mains & des bas offices, ne furent pas pour cela exclus de la vie monastique ; mais on ne leur donna ni voix au chapitre, ni entrée au chœur, & on les nomma *frères laïs* ou *convers*.

L'introduction des *moines* dans le clergé fit naître la distinction de clergé séculier & de clergé régulier : ces deux classes furent tellement séparées qu'elles eurent leurs biens & leurs bénéfices à part, ce qui fit établir la règle *secularia secularibus, regularia regularibus*, dont la première trace se trouve dans le concile de Vienne, dont on vient de parler.

Avant l'établissement de cette règle, l'état monastique avoit éprouvé beaucoup de changemens, sur-tout en Occident : il y avoit près de deux cens ans qu'il y étoit en vigueur, quand saint Benoît écrivit sa règle pour le monastère qu'il avoit fondé au mont Cassin, entre Rome & Naples. Elle fut trouvée si sage, qu'elle fut embrassée par la plupart des *moines* d'Occident : en France on la préféra à celle de saint Colomban, qui avoit été approuvée par le concile de Mâcon en 627.

Les ravages des Lombards en Italie, des Sarrasins en Espagne & les guerres civiles qui affligèrent la France, portèrent des coups funestes aux monastères, & causèrent un grand relâchement parmi les *moines* : les richesses amassées par les donations & par le travail des mains, furent pillées & dissipées, & la discipline ne se rétablit qu'avec l'état sous Charlemagne. Saint Benoît d'Aniane en fut le principal restaurateur : il donna les instructions fur lesquelles fut dreffé, l'an 817, le grand réglement d'Aix-la-Chapelle.

Mais il refta beaucoup de relâchement : le travail des mains fut méprifé fous prétexte d'étude & d'oraifon : le gouvernement féodal s'étant établi, les abbés eurent des fiefs, des vaffaux ; ils furent admis aux parlemens avec les évêques ; ils firent la guerre, foit pour fe préferver du pillage, foit pour conferver la dignité de leurs fiefs: plufieurs abbayes furent poffédées par des princes & des feigneurs laïques. (*Voyez* COMMENDE.) Les Normands qui couroient la France & une partie de l'Europe, achevèrent de tout ruiner : les *moines* qui pouvoient échapper quittoient l'habit, revenoient dans leurs familles, prenoient les armes ou faifoient quelque trafic pour vivre : ceux qui étoient reftés dans les monaftères préfervés du pillage & de la deftruction, étoient plongés dans une fi profondeignorance qu'ils ne favoient pas même lire leur règle.

Au milieu de tous ces défordres & de ces malheurs, faint Odon releva la difcipline dans la maifon de Cluni : il fuivit la règle de faint Benoît avec quelques modifications, & prit l'habit noir : il appliqua fes *moines* principalement à la prière & à la pfalmodie. La maifon de Cluni fut mife par le titre de fa fondation, fous la protection particulière de faint Pierre & du pape, avec défenfe à toutes les puiffances féculières ou eccléfiaftiques, de troubler les *moines* dans la poffeffion de leurs biens, ni dans l'élection de leur abbé ; & de-là ils prirent occafion de fe prétendre exempts de la jurifdiction fpirituelle des évêques, & ils étendirent ce privilège à tous les monaftères dépendans de Cluni. *Voyez* BÉNÉDICTIN, CLUNI, EXEMPTION. On vit alors pour la première fois une congrégation de plufieurs maifons unies fous un chef immédiatement foumis au pape, pour ne faire qu'un corps, ou, comme nous l'appellons aujourd'hui, un ordre religieux : la difcipline s'affoiblit dans l'ordre de Cluni à mefure qu'il s'étendit, & avant deux cens ans il fe trouva fort relâché.

La vie monaftique reprit un nouveau luftre dans la maifon de Cîteaux fondée par faint Robert, abbé de Molefme, en 1098 : il fuivit la règle de faint Benoît, comme faint Odon ; mais fans aucune addition ni modification : il rétablit le travail des mains, le filence le plus exact & la folitude : de-là vinrent les nombreux défrichemens, que l'on doit à fon ordre. Il prit l'habit blanc, & le nom de *moines blancs* fut principalement donné à ceux de Cîteaux, comme le nom de *moines noirs* à ceux de Cluni.

Les monaftères qui fuivirent l'ordre de Cîteaux, s'unirent enfemble par une conftitution de l'an 1119, qui fut appellée la charte de charité, par laquelle ils établirent une efpèce d'ariftocratie pour remédier aux inconvéniens du gouvernement monarchique de Cluni. *Voyez* CITEAUX, CLAIRVAUX.

Dans le onzième fiècle on travailla à la réforma-tion du clergé féculier ; & c'eft ce qui produifit les diverfes congrégations de chanoines réguliers, auxquels on confia le gouvernement de plufieurs paroiffes, & dont on forma même des chapitres dans quelques églifes cathédrales, fans parler du grand nombre de maifons qu'ils fondèrent dans toute l'Europe. Ils fuivirent la règle de faint Auguftin, fans que l'on convienne bien, dit l'abbé Fleuri, dans quel écrit de faint Auguftin on l'a pris ; fi ce ne font les fermons de la vie commune, ou la lettre écrite pour le monaftère dont fa fœur avoit la conduite. Quoique faint Auguftin n'ait jamais fait de règle pour les monaftères d'hommes, on mit celle à laquelle on donna fon nom, en parallèle avec celle de faint Benoît, pour la propofer à tous les religieux clercs, comme l'autre à tous les *moines*. *Voyez* CHANOINE RÉGULIER, PRÉMONTRÉ.

Les croifades produifirent auffi une nouvelle efpèce de religieux ; ce furent les ordres militaires & hofpitaliers. *Voyez* MALTE.

A tous les ordres de *moines* & de religieux fuccédèrent les mendians. Saint Dominique & faint François d'Affife en furent les premiers inftituteurs : à leur exemple on en forma plufieurs autres, dont les religieux faifoient profeffion de ne point poffédér de biens, même en commun, & de ne fubfifter que des aumônes journalières des fidèles : ils étoient clercs la plupart, s'appliquant à l'étude, à la prédication & à l'adminiftration de la pénitence pour la converfion des hérétiques & des pécheurs. Ces fonctions vinrent principalement des Dominicains ; le grand zèle pour la pauvreté vint principalement des Francifcains ; mais en peu de temps tous les mendians furent uniformes, & on auroit peine à croire combien tous ces ordres s'étendirent promptement : ils prétendoient réunir toute la perfection de la vie monaftique & de l'état clérical, l'auftérité dans le vivre & le vêtiment, la prière, l'étude, & le fervice du prochain ; mais les fonctions cléricales leur ont ôté le travail des mains, la folitude & le filence des anciens *moines* ; l'obéiffance à leurs fupérieurs particuliers, qui les transfèrent fouvent d'une maifon ou d'une province à l'autre, leur a ôté la ftabilité des anciens clercs qui demeuroient toujours attachés à la même églife avec une dépendance entière de leur évêque.

L'état des religieux mendians eft comme mitoyen entre les chanoines réguliers & les *moines*. Ils font tous clercs, étant deftinés, par leur inftitution, à fervir le prochain par la prédication & l'adminiftration de la pénitence. Mais ils ont embraffé la plupart des auftérités des *moines*, & y ont ajouté la nudité des pieds, & la mendicité. Ils différent principalement des uns & des autres, en ce qu'ils ne font point attachés à un certain lieu, mais font des compagnies de miffionnaires toujours prêts à marcher félon l'ordre de leurs fupérieurs, par-tout où l'églife a befoin de leurs fecours.

Ils diffèrent encore des premiers *moines*, en ce que ceux-ci étoient soumis en tout à la jurisdiction des évêques, & que les mendians ont cherché, en tout temps, à s'y souftraire. Les services qu'ils ont rendus à l'église, & leur dévouement particulier à la cour de Rome, leur ont fait accorder, par les papes, des privilèges & des exemptions, contre lesquels les évêques ont toujours réclamé: le concile de Trente les a ou reftreints, ou révoqués, pour ce qui concerne les fonctions du facerdoce & du faint miniftère ailleurs que dans leurs monaftères. L'édit de 1695 comprend les religieux, même mendians, dans fes difpofitions, comme les clercs féculiers. *Voyez* CONFESSION, PRÉDICATEUR, VISITE.

Le vœu de pauvreté, c'eft-à-dire, le renoncement à toute efpèce de propriété, eft fans doute conforme à la perfection évangélique. Mais celui de ne vivre que des aumônes qu'on follicite de la charité & de la bienfaifance de fes concitoyens, n'eft peut-être pas compatible avec la faine politique des gouvernemens. Quelque utiles & refpectables que foient les fonctions des mendians, ils ne peuvent qu'être à charge aux peuples, s'ils font nombreux. Leur quête eft un impôt qui, quoique volontaire, n'en eft pas moins onéreux, fur-tout pour les claffes inférieures de la fociété, qui font, à proprement parler, les feules parmi lesquelles on ait confervé l'habitude de donner ou de l'argent, ou des denrées aux religieux chargés de recueillir des fubfiftances pour leurs communautés. D'ailleurs, cet état d'abjection où réduit la néceffité de quêter, fe concilie peu avec le refpect que doit infpirer celui qui annonce à fes femblables la parole de Dieu, & réconcilie les pécheurs avec le ciel qu'ils ont offenfé. Le même homme que l'on a vu chargé d'un fac ou d'un fceau pour recueillir quelques modiques portions de bled dans les greniers des payfans, ou quelques mefures de vin dans leurs preffoirs, &, qui, pour réuffir dans fa miffion, eft fouvent obligé d'employer les moyens les plus bas, pour ne pas dire les plus vils, eft-il propre à monter dans la chaire de vérité, ou à s'affeoir dans le tribunal de la pénitence? Nous ne le croyons pas. Mais s'enfuit-il qu'il faille détruire les ordres mendians? Cette conféquence ne feroit rien moins que jufte. Quoiqu'ils ne foient pas auffi néceffaires qu'ils l'ont été autrefois, ils peuvent encore être utiles; il ne s'agiroit que de leur affurer une fubfiftance honnête, de les fouftraire par-là à l'efpèce de mépris qu'entraîne aujourd'hui parmi nous la mendicité même volontaire, & de les appliquer au principal objet auquel ils font deftinés. Ils ont produit, même de nos jours, d'habiles prédicateurs & de favans écrivains, & leurs travaux deviendroient plus fructueux dans les campagnes où ils feront néceffaires, tant que la partition inégale des biens eccléfiaftiques retiendra dans la capitale, & dans les principales villes du royaume, les talens & les lumières du clergé féculier.

Depuis le commencement du feizième fiècle, il s'eft élevé plufieurs congrégations de clercs réguliers, telles que les théatins, les jéfuites, les barnabites, &c. *Voyez chacun de ces articles*, & le *Dictionnaire de théologie.*

Ainfi tous les ordres religieux, depuis leur établiffement jufqu'à préfent, peuvent être rapportés à cinq genres; *moines* proprement dits, chanoines réguliers, chevaliers, religieux mendians, clercs réguliers.

Il n'eft pas étonnant que le monachifme ayant pris fon origine dans l'Orient, fe foit confervé dans l'églife grecque. Les *moines* grecs regardent tous faint Bafile comme leur père & leur fondateur, & pratiquent fes conftitutions avec la dernière régularité.

Nous avons tiré une partie de cet article de l'inftitution au droit eccléfiaftique de l'abbé Fleury. Le public ne peut nous favoir mauvais gré de puifer dans de pareilles fources. *Voyez* ABBÉ, MONASTÈRE, PROFESSION, RELIGIEUX, VŒUX. (M. l'abbé BERTOLIO, avocat au parlement.)

MOIS APOSTOLIQUES, (*Droit eccléfiaftique.*) font les *mois* que les papes fe font réfervés pour la collation des bénéfices dans les pays d'obédience. La règle de chancellerie *de menfibus & alternativá*, donne au pape la collation de tous les bénéfices qui vaquent pendant huit *mois* de l'année, n'en confervant que quatre de libres aux collateurs ordinaires. La même règle donne fix *mois* aux évêques en faveur de la réfidence, quand ils ont adopté l'alternative.

On tient que ce furent quelques cardinaux qui projettèrent cette règle des huit *mois* après le concile de Conftance. Martin V en fit une loi de la chancellerie; Innocent VIII, en 1484, établit l'alternative pour les évêques en faveur de la réfidence.

Chaque *mois apoftolique* commence & finit à minuit. *Voyez* ALTERNATIVE, BÉNÉFICE, CHANCELLERIE ROMAINE, COLLATEUR, COLLATION, PAPE, RÈGLES DE CHANCELLERIE. (A)

MOIS MILITAIRES, en Pologne, font trois *mois* de l'année ainfi nommés, parce qu'autrefois les fiefs de nomination royale qui venoient à vaquer dans le cours de ces trois *mois*, ne fe conféroient qu'à des gens de guerre. La diète de Pologne propofa en 1752 de rétablir ces *mois militaires*, mais l'oppofition d'un nonce rendit ce projet & plufieurs autres inutiles.

MOIS ROMAINS, font des aides extraordinaires qui fe paient à l'empereur en troupes, ou en argent, par les cercles de l'empire; ils confiftent auffi en quelques fubfides ordinaires des villes impériales, en taxes de la chancellerie de l'empire; enfin, en redevances ordinaires & extraordinaires que les Juifs font obligés de payer à l'empereur: favoir, les redevances extraordinaires à fon couronnement, les redevances ordinaires tous les ans à Noël, ce qui ne forme pas des fommes fort

confidérables. Les fiefs de l'empire produifent auffi quelque argent à l'empereur pour l'inveftiture ; mais cet argent eft prefque toûjours pour les officiers qui affiftent à la cérémonie. *Voyez le Dictionnaire d'économie, politique & diplomatique.* (*A*)

MOISON, f. f. (*terme de Coutume.*) fignifie le prix d'une ferme qui fe paie en grain. On croit que ce mot vient de *muid*, parce que dans fortes de baux on ftipule tant de muids de bled ; d'où l'on a fait *muifon*, & par corruption *moifon*.

L'ordonnance de 1539, *art. 76*, permet de faifir & de faire crier pour *moyfons* de grains, ou autres efpèces dues par obligations ou jugement exécutoire, encore qu'il n'y ait point eu d'appréciation précédente. (*A*)

MOISSON, f. f. on entend par ce terme, les grains recueillis, & quelquefois le temps où fe fait la récolte.

Il y a des pays où l'on commet des meffiers pour la garde des *moiffons*, de même que l'on fait pour les vignes ; ce qui dépend de l'ufage de chaque lieu.

Suivant le droit romain, le gouvernement de chaque province faifoit publier un ban pour l'ouverture de la *moiffon*, *l. 14*, *ff. de feriis.* C'eft apparemment de-là que quelques feigneurs en France s'étoient auffi arrogé le droit de ban à *moiffon*, mais ce droit eft préfentement aboli par-tout.

L'édit de Melun, de l'an 1579, *art. 29*, veut que les détenteurs des fonds fujets à la dixme, faffent publier à la porte de l'églife paroiffiale du lieu, où les fonds font fitués, le jour qu'ils ont pris pour commencer la *moiffon*, ou vendange, afin que les décimateurs y faffent trouver ceux qui doivent lever la dixme. Cependant cela ne s'obferve pas à la rigueur ; on fe contente de ne point enlever de grains que l'on n'ait laiffé la dixme, ou en cas que les dixmeurs foient abfens, on laiffe la dixme dans le champ. (*A*)

En 1780, les ouvriers gagés pour faire la *moiffon* dans plufieurs paroiffes du bailliage de Laon, refuférent de travailler, à moins qu'on ne leur donnât de plus forts falaires que ceux dont ils étoient convenus avec les fermiers. Un arrêt du parlement de Paris, du 7 août, confirmatif d'une fentence du bailliage de Laon, leur enjoignit provifoirement de travailler fans délai, ni retard, fous les ordres, & fuivant les befoins de leurs maîtres ; leur défendit de fufpendre, d'interrompre, ou difcontinuer leurs travaux, fous quelque prétexte que ce fût ; d'exiger plus forte compofition que celle qui avoit été convenue ; de s'attrouper, & d'ufer de menaces, violences, ou voie de fait, foit à l'égard de ceux d'entre eux qui voudroient travailler, foit à l'égard des laboureurs ; permit en même temps aux laboureurs d'employer d'autres ouvriers, fur le refus perféverant de ceux qui avoient été gagés, & à leurs rifques, périls & fortunes.

La fageffe des difpofitions de cet arrêt doit les faire adopter dans tous les lieux où quelque cabale fe forme, pour empêcher les ouvriers de fe livrer aux travaux de la *moiffon* dans le temps utile.

MOISSON, f. f. (*Droit de*) on a donné ce nom à différens droits connus en Dauphiné, en Auvergne, & dans quelques autres provinces.

Suivant Chorier fur Gui-pape, *fect. 12*, *art. 21*, le droit de *moiffon* eft une fubjection fervile qui s'exige dans quelques terres du Dauphin. Elle confifte en une quantité de grains fixée par les reconnoiffances, & qui fe paie par les laboureurs, pour chaque joug de bœufs ou de mules.

Salvaing remarque que cette preftation eft connue dans quelques lieux fous le nom de *civerage*, ou *avenage* fi elle eft due en avoine ; & dans quelques autres, fous celui de *pâcage*, ou *pafquerage*, à caufe que le plus fouvent elle eft due par les habitans, *pour les pâturages communs que le feigneur leur a concédés.*

Il fuit de-là que la *moiffon* n'eft pas tout-à-fait la même chofe que le droit de blairie, avec lequel Freminville l'a confondue. Le droit de blairie eft dû indépendamment de toute conceffion de communal, pour l'ufage des vaines pâtures.

Il y a une autre différence entre la blairie & la *moiffon*. C'eft que la blairie eft due pour tous ceux qui profitent de la vaine pâture, fans diftinction de nobles & de roturiers, tandis que par l'ufage du Dauphiné, les gentilshommes, & même leurs fermiers, font exempts du droit de civerage, ou de *moiffon*. Salvaing cite, d'après Expilly, un arrêt du 9 juillet 1624, qui l'a ainfi jugé.

En Auvergne, le droit de *moiffon* eft une redevance due dans plufieurs terres, pour contribuer aux gages des officiers du feigneur, & aux frais de juftice. Ce droit eft ufité dans la terre de Mozun, & autres : c'eft peut-être fur le même fondement que les châtelains de Forez ont un droit de trois fols quatre deniers fur les lods & ventes qui fe paient dans la feigneurie. Henrys en a fait mention, & rapporte un arrêt qui confirme ce droit ; on l'appelle en Forez *rière-lods*, ou *dreuille*. Les prévôts de Riom ufoient du même droit dans les treizième & quatorzième fiècles. J'ai vu, dit M. Chabrol, plufieurs quittances qu'ils en ont données. Ce droit eft dénommé en quelques endroits *vigerie*, ou *viguerie* ; ce qui provient du mot *viguier*, officier de juftice. En Auvergne, c'eft ordinairement une preftation annuelle portée par le terrier, & ajoutée au cens : *plus*, eft-il dit, *pour droit de moiffon* ; quelquefois *pour moiffon du bail* ou bailli. *Voyez le nouveau Commentaire fur la coutume d'Auvergne*, *chap. 25*, *art. 22.*

On a auffi nommé en Berry *droit de moiffon*, une redevance en grains due pour l'abonnement des corvées. *Voyez le Gloffaire du Droit françois.*

Je ne fais fi l'on doit rapporter à quelqu'un des droits précédens, la rente de douze mines de froment appellée *la moiffon*, dont parle dom Carpentier au mot *Meffis 2.* (*M. GARRAN DE COULON, avocat au parlement.*)

MOLAGE, on a donné ce nom à la trémie du moulin & au droit de mouture. *Voyez le tome 5 des Ordonnances du Louvre, p. 222; & le Glossarium novum de dom Carpentier, aux mots Molarium 2, & Molegium. (M. GARRAN DE COULON, avocat au parlement.)*

MOLLAGE, on a nommé *molle*, & peut-être *moule*, une certaine mesure de bois; & *mollage*, le droit dû aux mesureurs, qu'on appelle encore aujourd'hui *mouleurs de bois* à Paris.

On a dit aussi *moller* pour *mesurer*. *Voyez le Glossarium novum de dom Carpentier; aux mots Molla 1 & 2, & Mollis. (M. GARRAN DE COULON, avocat au parlement.)*

MOLTE, ou MOULTE, (*Droit féodal.*) on a donné le nom latin de *molta* au droit de *mouture*; & il y a lieu de croire qu'on a dit, dans le même sens, *molte* en vieux françois. On trouve du moins le terme de *moulte*, pour *mouture*, dans l'ancienne coutume de Normandie, *chap. 28, art. 34*, & dans la coutume de Bretagne, *art. 372 & 375.*

Il est certain encore que ce dernier mot a aussi désigné autrefois une espèce de champart, ou d'agrier. On lit dans d'anciennes lettres de grace de l'an 1389, « comme Robert Vasse, demou- » rant à Caudebie, ait tenu certaines terres, » sur lesquelles Collart de Villequier, chevalier, » se dit avoir droit de *moulte*, qui est un droit & » profit qui se doit sur les fruits qui viennent » esdites terres ». *Voyez le Glossarium novum de dom Carpentier, au mot* Molta 2 & 3. (*M. GARRAN DE COULON, avocat au parlement.*)

MONARCHIE, s. f. MONARQUE, s. m. *Voyez le Dictionnaire diplomatique, d'économie & politique.*

MONASTERE, s. m. (*Droit ecclés.*) est une maison occupée par une communauté de moines : *monasterium à monachis.* Quelquefois par *monastère*, on entend la communauté même des religieux. C'est dans ce sens que l'on dit que les *monastères* ne peuvent aliéner, & sont toujours mineurs.

Monastère, ou *couvent*, sont à-peu-près la même chose. *Voyez* COUVENT.

Tout *monastère* suppose la conventualité, soit *élu*, soit *habitu. Voyez* CONVENTUALITÉ.

Pour établir un *monastère*, il faut nécessairement le consentement de l'évêque diocésain. C'est la disposition formelle du concile de Chalcédoine. *Placuit nullum quidem usquam ædificare aut construere monasterium vel oratorii domum præter conscientiam episcopi.*

Le nouveau droit canonique n'est pas moins précis sur ce sujet. Le canon 12, 18, *q. 2*, dit : *monasterium novum nisi episcopo permittente aut probante nullus incipere aut fundare præsumat.* Sur quoi la glose fait cette observation : *si ergo totum monasterium sit destructum; requiritur consensus episcopi in constructione, sed in reparatione non requiritur.*

Le consentement des villes & de tous les intéressés est encore nécessaire. C'est sur ce principe qu'a été rendu un arrêt du conseil le 24 février 1644, en faveur des habitans de Riom, contre les récollets qui avoient obtenu un brevet du roi pour s'établir dans cette ville. L'arrêt leur fait défenses de bâtir aucune maison en forme d'hospice, ou autrement, dans la ville de Riom, ses fauxbourgs, & à deux lieues aux environs, & leur enjoint de se retirer dans leurs maisons conventuelles.

Le consentement des évêques, des habitans, & autres parties intéressées, doit être accompagné de lettres-patentes. Il ne peut exister légalement aucun établissement public sans le sceau de l'autorité publique. C'est la jurisprudence constante de nos cours, & les dispositions formelles de la déclaration du 21 novembre 1629, & de l'édit du mois de décembre 1666. Ce dernier, après avoir détaillé les formalités nécessaires pour les nouveaux établissemens, déclare que si à l'avenir il s'en fait quelqu'un, sans avoir satisfait à toutes les conditions énoncées, ces communautés prétendues seront incapables d'ester en jugement, de recevoir aucun don ou legs de meubles, ou immeubles, & de tous autres effets civils; sa majesté annulle en même temps toutes les dispositions tacites, ou expresses, faites en leur faveur.

Toutes ces formalités remplies doivent être, pour ainsi dire, couronnées par l'enregistrement au parlement, ou autre cour supérieure, dans le ressort duquel se trouve le nouveau *monastère*.

L'ancienne discipline donnoit à l'évêque l'entière administration du temporel des *monastères*, ensorte que les abbés, les prêtres, les moines, ne pouvoient rien aliéner ni engager sans son consentement & son intervention dans les actes ou contrats.

Cette discipline a changé peu-à-peu. Les moines & les religieuses ont obtenu des privilèges qui ont entièrement ôté aux évêques l'administration temporelle des *monastères*. S. Grégoire-le-grand est le premier qui en fasse mention en faveur d'une abbesse de Marseille. Il étendit ensuite, au rapport de Gratien, cette exemption à tous les *monastères*, dans le concile de Latran convoqué par ses ordres; & elle est devenue d'un usage général.

Cependant l'évêque est resté chargé du soin d'empêcher le dépérissement des biens des *monastères*. C'est ce que porte la constitution *periculoso* de Boniface VIII, & la bulle *inscrutabili* de Grégoire XV, confirmée par la congrégation des cardinaux, & adoptée par un synode de Milan & par celui de Macerata. *Voyez* à l'article RELIGIEUSES, l'arrêt de 1727, rendu en faveur de l'archevêque de Sens, contre l'abbesse de Lys. Le concile de Vernon, tenu sous Charlemagne, contient à cet égard une disposition singulière. Il veut que les comptes de l'administration des biens des *monastères*, tant d'hommes que de filles, soient rendus au roi, s'ils sont de fondation royale, & ceux des autres aux évêques. Le roi pourroit encore uſer de ce droit, comme attaché à la couronne, & impreſcriptible de ſa nature.

Si un *monaſtère* contractoit des dettes, ſes biens, & le *monaſtère* même, pourroient être ſaiſis réellement, vendus & adjugés; c'eſt ce qui réſulte de l'arrêt rendu le 25 février 1650, dans la cauſe des religieuſes de l'Annonciation des dix Vertus, du-fauxbourg Saint-Germain à Paris, rapporté au tome 4 des *Mémoires du clergé*. M. l'avocat-général Talon obſerva que les lettres-patentes qui autoriſoient l'établiſſement des religieuſes dont il s'agiſſoit, n'avoient point été enregiſtrées en la cour; que les religieuſes s'étoient étudiées à faire bâtir un ſuperbe bâtiment, & dreſſer ſimplement un autel dans un des corps du logis, le tout aux dépens d'autrui, comme avoient fait ſix ou ſept *monaſtères* de religieuſes du fauxbourg Saint-Germain....: que cela n'avoit rien de privilégié pour être tiré du commerce; d'où il paroît qu'il faut conclure avec Deniſard, qu'une maiſon & *monaſtère* de religieuſes ne peuvent être ſaiſis réellement, & vendus, que lorſque leur établiſſement n'a point été autoriſé par des lettres-patentes duement enregiſtrées.

Quant à la juriſdiction ſpirituelle des évêques ſur les *monaſtères*, *voyez* EXEMPTION, RELIGIEUX, RELIGIEUSES, VISITE.

Les *monaſtères* ont eu ſouvent beſoin de réforme, & on l'y a introduite avec ſuccès. *Voyez* RELIGIEUX RÉFORMÉS.

On transfère quelquefois un *monaſtère* d'un lieu à un autre, lorſqu'il y a des raiſons eſſentielles pour le faire. *Voyez* TRANSLATION.

Les *monaſtères* ont des offices clauſtraux qui ne peuvent être poſſédés que par des religieux. *Voyez* COMMENDE, OFFICES CLAUSTRAUX.

Il eſt des bénéfices qui peuvent être unis à des *monaſtères*. *Voyez* UNION.

Il arrive qu'on ſéculariſe des *monaſtères*. *Voyez* SÉCULARISATION. Quant aux charges des *monaſtères*, *voyez* INDULT, DÉCIMES, OBLATS. Sur les donations faites aux *monaſtères*, *voyez* NOVICE, RELIGIEUX. (M. *l'abbé* BERTOLIO, *avocat au parlement*.)

MONITION CANONIQUE, (*Droit eccléſ.*) *monition* ſignifie en général *avertiſſement* : quelquefois ce terme ſe prend pour la publication d'un monitoire : mais on entend plus communément par *monition*, & ſur-tout lorſqu'on y ajoute l'épithète canonique, un avertiſſement fait par l'autorité de quelque ſupérieur eccléſiaſtique, à un clerc, de corriger ſes mœurs qui cauſent du ſcandale.

L'uſage des *monitions* canoniques eſt tracé dans l'évangile S. Mathieu, *chap. xviij*, lorſque J. C. dit à ſes diſciples : ſi votre frère pêche contre vous, remontrez-le lui en particulier; s'il ne vous écoute pas, prenez un ou deux témoins avec vous : s'il ne les écoute pas, dites-le à l'égliſe; s'il n'écoute pas l'égliſe, qu'il vous ſoit comme les païens & les publicains.

Dans l'égliſe primitive, ces ſortes de *monitions*

n'étoient que verbales, & ſe faiſoient ſans formalités; la diſpoſition des anciens canons ne leur donnoit pas moins d'effet : il étoit ordonné que celui qui auroit mépriſé ces *monitions*, ſeroit privé de plein droit de ſon bénéfice.

Il paroît par un concile tenu en 625, ou 630, dans la province de Reims, du temps de Sonnatius, qui en étoit archevêque, que l'on faiſoit des *monitions*.

Mais les formalités judiciaires, dont on accompagne ordinairement ces *monitions*, ne furent introduites que par le nouveau droit canonique. On tient qu'Innocent III, lequel monta ſur le ſaint-ſiège en 1198, en fut l'auteur, comme il paroît par un de ſes décrets adreſſé à l'évêque de Parnies.

L'eſprit du concile de Trente étoit que les *monitions*, procédures & condamnations, ſe fiſſent ſans bruit & ſans éclat, lorſqu'il dit que la correction des mœurs des perſonnes eccléſiaſtiques appartient aux évêques ſeuls, qui peuvent, *ſine ſtrepitu & figura judicii*, rendre des ordonnances; & il ſeroit à ſouhaiter que cela pût encore ſe faire, comme dans la primitive égliſe : mais la crainte que les ſupérieurs ne portaſſent leur autorité trop loin, ou que les inférieurs n'abuſaſſent de la douceur de leurs juges, a fait que nos rois ont aſtreint les eccléſiaſtiques à obſerver certaines règles dans les procédures & condamnations.

Quoique toutes les perſonnes eccléſiaſtiques ſoient ſujettes aux mêmes loix, le concile de Trente, *ſeſſion 25*, *ch. 14*, fait voir que les bénéficiers penſionnaires, ou employés à quelques offices eccléſiaſtiques, ſont obligés encore plus étroitement que les ſimples clercs, à obſerver tout ce qui eſt contenu dans les canons : c'eſt pourquoi il veut que les eccléſiaſtiques du ſecond ordre, bénéficiers, penſionnaires, ou ayant emploi & offices dans l'égliſe, lorſqu'ils ſont connus pour concubinaires, ſoient punis par la privation, pour trois mois, des fruits de leurs bénéfices, après une *monition*, & que ces fruits ſoient employés en œuvres pies; qu'en cas de récidive après la première monition, ils ſoient privés du revenu total pendant le temps qui ſera aviſé par l'ordinaire des lieux; & après la troiſième *monition*, en cas de récidive, qu'ils ſoient privés pour toujours de leur bénéfice, ou emploi, déclarés incapables de les poſſéder, juſqu'à ce qu'il paroiſſe amendement, & qu'ils ſe ſoient diſpenſés; que ſi, après la diſpenſe obtenue, ils tombent dans la récidive, ils ſoient chargés d'excommunications & de cenſures, & déclarés incapables de jamais poſſéder aucun bénéfice.

A l'égard des ſimples clercs, le même concile veut qu'après les *monitions*, en cas de récidive, ils ſoient punis de priſon, privés de leurs bénéfices, déclarés incapables de les poſſéder, & d'entrer dans les ordres.

Ces *monitions canoniques* peuvent pourtant encore être faites en deux manières.

La première, verbalement par l'évêque, ou autre

supérieur, dans le secret, suivant le précepte de l'évangile; c'est celle dont les évêques se servent le plus ordinairement : mais il n'est pas sûr de procéder extraordinairement après de pareilles *monitions*, y ayant des accusés qui dénient avoir reçu ces *monitions* verbales, & qui se font par-là un moyen d'abus au parlement.

La seconde forme de *monition* est celle qui se fait par des actes judiciaires, de l'ordre de l'évêque, ou de l'official, à la requête du promoteur : c'est la plus sûre & la plus juridique.

Les évêques, ou les promoteurs, doivent, avant de procéder aux *monitions*, être assurés du fait par des dénonciations en forme, à moins que le fait ne fût venu à leur connoissance par la voix & clameur publiques : alors le promoteur peut rendre plainte à l'official, faire les *monitions*, & ensuite informer suivant l'exigence des cas.

Après la première *monition*, le délai expiré, on peut continuer l'information sur la récidive, & sur le requisitoire du promoteur qui peut donner sa requête à l'official, pour voir déclarer les peines portées par les canons, encourues.

En vertu de l'ordonnance de l'official, le promoteur fait signifier une seconde *monition*, après laquelle on peut encore continuer l'information sur la récidive.

Sur les conclusions du promoteur, l'official rend un décret que l'on signifie avec la troisième *monition*.

Si après l'interrogatoire, l'accusé obéit aux *monitions*, les procédures en demeurent-là : c'est l'esprit de l'église qui ne veut pas la mort du pécheur, mais sa conversion.

Si, au contraire, l'accusé persévère dans ses désordres, on continue l'instruction du procès à l'extraordinaire, par récolement & confrontation.

Quand les *monitions* n'ont été que verbales, si l'accusé les dénie, on en peut faire la preuve par témoins.

On peut faire des *monitions* aux ecclésiastiques pour tout ce qui touche la décence & les mœurs, pour les habillemens peu convenables à l'état ecclésiastique, pour le défaut de résidence, & en général pour tout ce qui touche l'observation des canons & des statuts synodaux.

Les censures que le juge d'église prononce, doivent être précédées de *monitions canoniques*.

On fait ordinairement trois *monitions*, entre chacune desquelles on laisse un intervalle au moins de deux jours, pour donner le temps de se reconnoître à celui qui est menacé d'excommunication. Cependant quand l'affaire est extraordinairement pressée, on peut diminuer le temps d'entre les *monitions*, n'en faire que deux, ou même qu'une seule, en avertissant dans l'acte, que cette seule & unique *monition* tiendra lieu de trois *monitions canoniques*, attendu l'état de l'affaire qui ne permet pas que l'on suive les formalités ordinaires. *Voyez* RÉSIDENCE. (*A*)

MONITOIRE, s. m. (*Droit civil & ecclés.*) on appelle ainsi des lettres qu'on obtient du juge d'église, en conséquence du jugement d'un juge royal, ou autre juge laïque, ou ecclésiastique, même subalterne, & qu'on fait ensuite publier au prône de la messe paroissiale, & afficher à la porte des églises & dans les places publiques, par lesquelles il est enjoint, sous peine d'excommunication, de venir à révélation des faits qu'on sait sur le contenu au *monitoire*; ou de restituer quelque chose, ou de réparer quelque injure faite à Dieu, ou au prochain.

Le *monitoire* est donc différent de la *monition* dont nous venons de parler, quoique plusieurs auteurs les aient confondus, parce que l'un & l'autre a la même étymologie, & vient également du mot latin *monere*.

« Rien de plus connu, dit M. Gibert, en son *Traité des usages de l'église gallicane, concernant les monitoires*, que l'étymologie du nom que portent les *monitoires*; mais il n'en est pas de même du temps où ils ont commencé à porter ce nom. Le concile de Trente se sert de monition *ad finem revelationis*. L'article 21 de l'ordonnance de Blois dit aussi *monition* dans la même acception, & en remontant plus haut, on ne trouve plus que le même terme de *monition*. Les plus anciens canons, continue cet auteur, où j'ai trouvé le nom de *monitoire* dans le sens qu'on le prend aujourd'hui, sont ceux du concile de Bourges, en 1528; cependant on le voit employé formellement & conformément à l'usage présent dans la session 20 du concile de Constance ». Aujourd'hui l'acception du mot *monitoire* est déterminée, & on ne le confond plus avec *monition*.

La matière de cet article est assez importante pour la traiter dans un ordre qui puisse facilement présenter à nos lecteurs, les questions dont ils pourroient chercher la solution. Nous examinerons donc, 1°. l'origine des *monitoires*; 2°. par quelles personnes ils peuvent être demandés; 3°. par quels supérieurs ecclésiastiques ils peuvent être accordés, & la nécessité du concours du magistrat civil; 4°. pour quelles causes ils doivent être accordés; 5°. dans quelle forme ils doivent l'être; 6°. leur publication, signification, & exécution; 7°. leur fulmination, ou dénonciation d'anathème; 8°. l'aggrave & réaggrave.

§. 1. *Origine des monitoires.* On croit communément que les *monitoires* sont en usage dans l'église, depuis que le pape Alexandre III, vers l'an 1170, décida qu'on pouvoit contraindre par censure ceux qui refusoient de porter témoignage dans une affaire. Dans l'origine, il n'étoit permis de procéder par voies de censures, ou de *monitoires*, que pour les affaires civiles. Les deux décrétales d'Alexandre III qui introduisirent cet usage, ne portoient que sur deux causes de cette nature. Bientôt après on usa de *monitoires* dans les procès criminels, quoique le pape Honoré III les eût exceptés dans une de ses les épitres à l'abbé de Saint-Eugène. Mais le pape Alexandre III avoit déjà déclaré que, dans la rigueur du droit, on pouvoit contraindre les témoins par censures, à déposer sur toutes sortes de crimes. On a depuis changé cet usage, & dans les derniers siècles on n'a plus voulu à Rome user de *monitoires* pour les causes criminelles. C'est ce qu'ordonne une bulle de Pie V, conforme au quatrième concile de Milan.

Cependant le concile de Trente, dans son réglement à ce sujet, comprend les causes criminelles comme les causes civiles. Mais il prohibe les censures ecclésiastiques, dans tous les cas où elles ne seroient pas indispensablement nécessaires pour rendre la justice, ou punir les coupables. *Quod si executio realis vel personalis adversùs reos, hac ratione fieri non poterit; sitque erga judicem contumacia, tum eos etiam mucrone anathematis, arbitrio suo præter alias pœnas ferire poterit. In causis quoque criminalibus, ubi executio realis vel personalis, ut supra fieri poterit, erit à censuris abstinendum : sed si dictæ executioni facilè locus esse non possit, licebit judici hoc spirituali gladio, in delinquentes uti, si tamen delicti qualitas, præcedente bina saltem monitione, etiam per edictum id postulet.*

D'ailleurs le concile donne aux évêques seuls, exclusivement à tous autres, la faculté d'accorder des *monitoires*, & défend aux juges séculiers de les y contraindre. *Quapropter excommunicationes illæ, quæ monitionibus præmissis ad finem revelationis ut aiunt, aut pro deperditis, seu substractis rebus, ferri solent, à nemine prorsùs præterquam episcopo decernantur, & tunc non aliàs quàm ex re non vulgari, causâque diligenter ac magnâ maturitate, per episcopum examinatâ, quæ ejus animum moveat, nec ad eas concedendas, cujusvis secularis, etiam magistratus, auctoritate adducatur. Sed totum hoc in ejus arbitrio & conscientiâ sit positum: quando ipse pro re, loco, personâ, aut tempore, eas decernendas esse judicaverit.*

On distinguoit autrefois quatre sortes de *monitoires*, 1°. pour faire venir à révélation de quelques faits, ou de quelques meubles soustraits & détournés, ce que le concile de Trente appelle, *excommunicatio ad finem revelationis seu substractis rebus;* 2°. afin de connoître certains malfaiteurs cachés : *in formâ malefactorum;* 3°. pour obliger à une satisfaction, ou à payer une dette : *obligationes de nisi;* 4°. pour faire restituer certains droits ou certains biens dont on s'est emparé : *in forma conquestus.*

En France, on a admis les *monitoires*, comme on le voit par l'ordonnance de Blois, par celle de 1670, & par l'édit de 1695. Mais on ne s'y est nullement conformé au décret du concile de Trente, ni même à ceux de nos conciles provinciaux. Dumoulin regarde celui du concile de Trente comme contraire à nos libertés & à nos usages.

Depuis que nos loix criminelles ont établi des peines contre les témoins qui refusent de venir déposer lorsqu'ils sont assignés à cet effet, on a cru pouvoir les y forcer par la crainte des cen-

sures, & l'on a fait usage des *monitoires* dans les affaires criminelles, comme dans les civiles. Mais nous ne connoissons point les *monitoires de nisi*, c'est-à-dire, ceux dont le but seroit de contraindre des débiteurs à payer leurs dettes. Nous ne connoissons point non plus ceux *in forma conquestus.* L'article 35 des libertés de l'église gallicane, nous apprend ceux qui sont reçus parmi nous.

« *Monitoires* ou excommunications avec clauses » satisfactoires, qu'on appelloit anciennement *super* » *obligatione de nisi*, ou *significavit*, comprenant les » laïques, & dont l'absolution est réservée, *supe-* » *riori usque ad satisfactionem*, ou qui sont pour » choses immeubles; celles qui contiennent choses » imprécatoires contre la forme prescrite par les » conciles, & pareillement celles dont l'absolution » est par exprès réservée à la personne du pape, » & qui emporte distraction de jurisdiction ordi- » naire, ou qui sont contre les ordonnances du » roi, & arrêts de ses cours, sont censées abu- » sives : mais il est permis de se pourvoir par- » devant l'ordinaire, par monition générale *in* » *formâ malefactorum, pro rebus occultis mobilibus* , » & *usque ad revelationem duntaxat.* Et si le lai » s'y oppose, la connoissance de son opposition » appartient au juge laïque, & non à l'ecclésias- » tique ». Nous aurons occasion de revenir bientôt sur cet article de nos libertés.

§. 2. Par quelles personnes les monitoires peuvent-ils être demandés ? En général toute personne peut se servir de la preuve par *monitoires.* Il paroît qu'il suffit qu'elle ait un intérêt puissant, & qu'elle ne puisse se procurer autrement les preuves dont elle a besoin. Mais on a demandé si ceux qui ne sont pas de l'église romaine peuvent obtenir des *monitoires.* Tous les auteurs qui ont traité cette question, sont convenus qu'il y auroit de l'indécence que l'église employât les foudres en faveur de ceux qui ne la reconnoissent point, & qui, au contraire, voudroient la combattre. Cependant ils ont cru la plupart que, pourvu qu'un protestant obtienne les censures sous le nom du procureur du roi, il peut s'en servir. De cet avis ont été Mornac & Pastor. Fevret les a suivis en son *Traité de l'abus*, part. 2, l. 7, ch. 2, n. 8; & il cite, en faveur de son opinion, un arrêt du parlement de Dijon. Hautesserre, *de jurisdict. ecclesf.* liv. 6, ch. 8, est d'un avis contraire, & il en donne des raisons qui paroissent plausibles. *Absit*, dit-il, *hæreticos sub sacra imagine principis latere & irato numine perfrui; ecclesiæ auxilio indignus est qui ecclesiam oppugnat..... Adeò cum in Gallià nemini liceat agere vel excipere per procuratorem, præterquàm principi, maximè in criminalibus, quonam jure licebit novatoribus agere per procuratorem regium ?...Non jure igitur per interpositam personam expetunt monitoria ab ecclesiastico judice, quæ per se non essent impetraturi : quod enim directò prohibetur, per indirectum licere non potest.*

S'il s'agissoit d'un crime atroce, dans la poursuite duquel le procureur du roi fût nécessai-

G

ment partie, le *monitoire* pourroit être obtenu en son nom, quoiqu'un hérétique fût la partie civile. Ce seroit moins à ce dernier qu'à la partie publique qu'il seroit accordé. Mais s'il ne s'agissoit que d'un délit ou d'un intérêt privé, il paroît douteux si le protestant pourroit obtenir le *monitoire*; même sous le nom du procureur du roi.

Au reste, cette question a pu faire difficulté avant la révocation de l'édit de Nantes, dans le temps où les loix reconnoissoient des protestans en France. Mais aujourd'hui quelqu'un qui formeroit opposition à l'obtention ou à la publication d'un *monitoire*, sous prétexte que celui qui l'a obtenu, n'est point catholique, devroit être déclaré non-recevable. Tout françois est présumé catholique; & si cette maxime est si souvent employée contre les protestans, il est bien naturel qu'elle puisse quelquefois leur être utile.

La même question se présente pour les excommuniés. Le concile de Toulouse en 1590, défendit d'accorder des *monitoires*, *in gratiam excommunicati aut perditi sceleftique hominis*. Pour que cette décision pût avoir lieu dans la pratique, il faudroit que l'excommunication fût accompagnée de la notoriété de droit.

Des enfans peuvent-ils obtenir un *monitoire* contre leur père? Cette question a été agitée au parlement de Dijon dans l'espèce suivante: des enfans d'un premier lit, prétendoient que leur père avoit supprimé l'inventaire fait après le décès de leur mère; qu'il en avoit substitué un où tous les biens n'étoient pas rapportés & qu'il soustrait beaucoup de papiers intéressans pour la première communauté; pour en avoir preuve, les enfans firent publier un *monitoire* conçu en termes généraux. Le père en appella comme d'abus. Par arrêt de 1654, la publication du *monitoire* fut ordonnée & les parties, quant à l'abus, furent mises hors de cour. *Mémoires du Clergé, tom. 7.*

§. 3. *Par quels supérieurs ecclésiastiques les monitoires doivent-ils être accordés, & quand l'intervention du juge civil est-elle nécessaire?* Suivant les maximes de toutes nos cours séculières & les usages du royaume, il n'est point permis d'obtenir des *monitoires* en cour de Rome, ni de les faire fulminer en France, *auctoritate apostolicâ*; Fevret confirme ces maximes par plusieurs arrêts, entre autres par celui du parlement de Paris du 22 septembre 1569: nous rejettons également l'usage des lettres apostoliques, impétrées à Rome pour obliger, *auctoritate apostolicâ*, ceux qui savent quelque chose des spoliations & distractions de meubles & de papiers héréditaires. On rapporte à ce sujet l'arrêt du parlement de Toulouse du 17 mai 1460, par lequel on prétend que cette cour a déclaré abusive l'exécution des lettres apostoliques, obtenues pour avoir révélation des meubles du défunt archevêque. Dumoulin, dans la sixième partie du style du parlement, en parle en ces termes. *Item in parlamento anno domini 1460, 17 martii, Jacobo de Me-*

dun præsidente, dictum fuit quod dominus Bernardus archiepiscopus Tolosæ revocaret vel revocari faceret, executionem quarumdum litterarum monitionalium, ratione bonorum defuncti archiepiscopi in curia contensorum.

Dans cette espèce, l'exécution de ce *monitoire* ne fut point déclarée abusive parce qu'on s'étoit adressé à Rome pour l'obtenir, mais parce qu'on l'avoit fait sans se munir préalablement de la permission du parlement. *Quia præcedere debebat permissio curiæ*, dit Dumoulin..

Il n'est donc pas absolument prohibé parmi nous, de s'adresser à la cour de Rome pour obtenir un *monitoire*. Mais il faut pour cela le concours de deux circonstances. La première qu'on soit autorisé par un juge laïque, la seconde qu'on ne le fasse qu'après avoir épuisé les degrés de la jurisdiction ecclésiastique; le pape alors n'est considéré que comme le dernier supérieur, sur le refus duquel on se pourvoit. Si l'évêque & le métropolitain avoient refusé un *monitoire*, on pourroit dans ce cas s'adresser au pape. On ne le peut pas *omisso medio*, ce seroit, comme le dit M. Pithou dans l'article des libertés ci-dessus cité, distraction de jurisdiction ordinaire, & il y auroit abus.

On peut dans le même cas se pourvoir à la vice-légation d'Avignon, parce que, pour les provinces sur lesquelles s'étend sa jurisdiction, le vice-légat représente le pape. Le parlement d'Aix, par arrêt du 18 juin 1674, a déclaré n'y avoir abus dans l'obtention d'un *monitoire* accordé par le vice-légat d'Avignon, sur le refus de l'archevêque d'Aix. C'est donc aux supérieurs ecclésiastiques ordinaires qu'il faut s'adresser pour obtenir un *monitoire*; on a prétendu que cette règle générale souffroit une exception en faveur de l'abbé de sainte Geneviève de Paris. On fonde son droit tant sur les privilèges en qualité de juge conservateur apostolique, que sur des arrêts rendus en 1539, 1540, 1556 & autres.

L'assemblée du clergé a fait, en différentes circonstances, des plaintes contre ce privilège, qui a été l'occasion de plusieurs procès; un arrêt du parlement de Paris du 17 mai 1618, prononça que l'archevêque de Bourges s'étoit, à juste cause, opposé à la publication d'un *monitoire* obtenu de l'abbé de sainte-Geneviève, cassa & révoqua tout ce qui avoit été fait, avec défense d'obtenir de semblables *monitoires*, sans permission de la cour. Cet arrêt n'est rien moins que décisif contre l'abbé de sainte-Geneviève, puisqu'il ne lui défend pas absolument d'accorder des *monitoires*, mais seulement sans la permission de la cour.

Un arrêt du conseil d'état du mois de février 1664, rendu sur la requête de M. l'évêque du Mans, fit défenses aux curés & vicaires de ce diocèse, de publier un *monitoire* accordé par l'abbé de sainte Geneviève, au procureur-général de la chambre de justice; donna main-levée des saisies du temporel des curés, faites sur le refus de l'avoir publié, sauf au procureur-général d'obtenir *monitoire* pardevant l'évêque du Mans.

Malgré cet arrêt, on voit en 1665 les arche-vêques de Rouen & de Sens se plaindre à l'af-semblée du clergé, l'un de ce que le procureur-général au grand-conseil, avoit obtenu un *moni-toire* de l'abbé de sainte Geneviève, pour être publié dans son diocèse ; l'autre de ce que le parlement de Paris, par un arrêt, avoit ordonné que le temporel d'un de ses curés seroit saisi pour avoir refusé de publier un *monitoire* de l'abbé de sainte Geneviève. Le clergé arrêta d'intervenir au conseil du roi en faveur des deux archevêques. On ne connoît point les suites de cette contestation.

Enfin, en 1668 & le 4 juillet, il fut rendu un arrêt au parlement de Paris, par lequel il fut dé-fendu à l'abbé de sainte Geneviève de décerner aucun *monitoire*, sinon dans les causes qui lui seront renvoyées par arrêt ou par sentence d'un juge sé-culier, ou qui lui seront dévolues ; M. Talon por-tant la parole dans cette affaire, observa que le droit des *monitoires* n'appartenant aux abbés de sainte-Geneviève, qu'en qualité de conservateurs des privilèges apostoliques, ils n'en peuvent user que dans les causes qui se traitent en leur tribunal de la conservation de ces privilèges. Il paroît que c'est à quoi il faut s'en tenir sur le droit des abbés de sainte-Geneviève en fait de *monitoires*.

Le concile de Trente ordonne, par le décret que nous avons cité, que les *monitoires* ne seront accordés que par les évêques, ce qui dépendra uni-quement de leur prudence, sans qu'ils puissent y être contraints par aucun juge séculier. Les conciles provinciaux de France, tenus depuis celui de Trente, s'empressèrent d'adopter ou de renouveller ce décret. Celui de Bordeaux de l'an 1624 fait défenses aux officiaux d'accorder des *monitoires* en d'autres causes que celles qui sont portées aux officialités, & ré-serve les autres aux évêques & à leurs grands-vicaires. Quelques-unes de nos ordonnances sem-blent reconnoître cette puissance dans la personne des évêques ; d'autres semblent la leur refuser pour la concentrer uniquement dans leurs officiaux. Ce qui a fait naître la question de savoir si les évê-ques seuls avoient le pouvoir de décerner des *monitoires*.

Plusieurs auteurs & particuliérement le rédac-teur des mémoires du clergé, ont eu recours pour la résoudre à une distinction. Ils observent qu'un *monitoire* peut être décerné sur la permission du juge séculier (voyez ci-dessous) accordée aux parties, d'y avoir recours & d'en obtenir la fulmi-nation pour avoir preuve des faits articulés devant lui, ou sur la requête du promoteur ou des parti-culiers, sur des faits articulés en cour d'église. Dans le premier cas, le pouvoir de décerner des *monitoires* paroît être de la jurisdiction volontaire : dans le second cas, la concession du *monitoire*, étant pour l'exécution de la jurisdiction contentieuse, il y a plus de fondement d'accorder au supé ieur qui en a l'exercice ; le pouvoir de donner le *monitoire*. *Mémoires du clergé, tome 7.*

Suivant cette opinion qu'on autorise par un arrêté des évêques assemblés, en 1637, dans l'abbaye de sainte Geneviève, les évêques auroient seuls le droit de décerner des *monitoires* dans toutes les affaires qui ne seroient pas pendantes en leur officialité.

Cette opinion n'est rien moins que sûre dans la pratique. Elle est contraire à l'article 2 de l'or-donnance de 1670, qui porte : « enjoignons aux » officiaux, à peine de saisie de leur temporel, » d'accorder les *monitoires* que le juge aura per-» mis d'obtenir ». D'après cet article, on croit que si les évêques se réservoient le pouvoir d'ac-corder les *monitoires* privativement aux officiaux, à l'égard même de ceux que les juges permettent d'obtenir, cette réserve seroit déclarée abusive par les cours séculières.

Ce qui paroîtroit le plus naturel, ce seroit de dire que les évêques & les officiaux peuvent cumu-lativement accorder les *monitoires* ; encore ce sen-timent ne paroît pouvoir se soutenir que pour les évêques qui se sont conservés dans l'usage d'exercer par eux-mêmes la jurisdiction conten-tieuse. Un *monitoire* n'est pas, à proprement par-ler, un acte de la jurisdiction volontaire, puis-qu'il n'est jamais accordé que sur un jugement du juge, soit ecclésiastique, soit laïque ; jugement auquel celui à qui il appartient de le décerner, doit toujours obtempérer. Aussi, dans l'usage le plus général, ce sont les officiaux qui accordent les *monitoires*.

Les évêques peuvent transmettre à leurs grands-vicaires le pouvoir qu'ils ont eux-mêmes d'ac-corder des *monitoires* ; mais il faut que les lettres de vicariat en fassent une mention expresse.

Les archidiacres ont voulu s'arroger le droit d'accorder des *monitoires* ; mais leurs entreprises ont été réprimées par plusieurs arrêts, qu'on peut voir dans les mémoires du clergé. Les promo-teurs n'ont pas non plus ce droit. Ils sont tou-jours parties, & ne peuvent par conséquent ja-mais être juges.

On a vu ci-dessus que le concile de Trente défend aux magistrats séculiers de forcer les évêques à décerner des *monitoires* ; nos conciles provinciaux ont adopté ce principe, & le clergé a plusieurs fois demandé qu'il fût mis en pratique parmi nous. Il renouvella à ce sujet ses remontrances en 1635, & le roi répondit que les ecclésiastiques ne seroient point obligés à décerner censures & *monitoires*, sinon pour causes graves, & suivant l'ordonnance d'Orléans.

Malgré les remontrances & les prétentions du clergé, l'ordonnance de 1670, *tit. 7*, a conservé les tribunaux séculiers dans le droit de permettre d'obtenir des *monitoires*, de contraindre les supé-rieurs ecclésiastiques à les accorder, & les curés, ou vicaires, à les publier. Selon l'article premier de ce titre, « tous juges, même ecclésiastiques, » & ceux des seigneurs pourront permettre d'ob-

» tenir *monitoires* , encore qu'il n'y ait aucun
» commencement de preuve ; ni refus de dépo-
» fer par les témoins ».

L'article 2 enjoint aux officiaux, à peine de faifie
de leur temporel, d'accorder les *monitoires* que
le juge aura permis d'obtenir.

D'après l'article 5 , les curés & leurs vicaires
feront tenus , à peine de faifie de leur temporel,
à la première requifition , faire la publication du
monitoire, qui pourra , néanmoins , en cas de refus ,
être faite par un autre prêtre nommé d'office par
le juge.

Non-feulement les juges féculiers , foit royaux,
foit feigneuriaux , ont le droit de permettre d'obtenir des *monitoires* , & de forcer les officiaux à
les accorder , & les curés à les publier ; on ne
peut même les obtenir fans leur permiffion , lorfque
la caufe dans laquelle ils font néceffaires ou utiles ,
eft portée devant eux. Fevret & plufieurs autres
jurifconfultes ont établi que , fuivant nos maximes ,
il y auroit lieu de fe pourvoir par appel comme
d'abus , d'un décret d'un fupérieur eccléfiaftique
qui accorderoit un *monitoire* avant qu'il y eût
plainte portée en juftice , fur laquelle le juge auroit permis de l'obtenir. Ils citent plufieurs arrêts
des parlemens de Dijon , Rouen & Aix , qui l'ont
ainfi jugé , & qui font inhibitions aux officiaux ,
& à tous autres d'octroyer des *monitoires* , fans
inftance & fans permiffion du juge laïque , dans
les chofes qui concernent fa jurifdiction.

Le droit des tribunaux féculiers eft donc inconteftable d'après nos ordonnances & nos maximes ;
eux feuls , dans les inftances civiles ou criminelles
portées devant eux , peuvent permettre d'obtenir
& de publier les *monitoires* , & fi on le faifoit
fans leur permiffion , il y auroit abus. L'autorité
des magiftrats féculiers doit intervenir dans la
conceffion & la publication des *monitoires* , toutes
les fois qu'ils font demandés pour parvenir à éclairer leur juftice dans les conteftations foumifes à
leur décifion ; & leur autorité eft telle dans ce cas,
que le juge , ou fupérieur eccléfiaftique , n'eft que
le fimple exécuteur des ordonnances qu'ils rendent
à ce fujet , & n'a point droit de les examiner.
C'eft ce qui réfulte évidemment des trois articles
de l'ordonnance de 1670 , que nous venons de
citer.

§. 4. *Pour quelles caufes les monitoires doivent-ils
être accordés ?* L'efprit de l'églife & des ordonnances
du royaume eft que les *monitoires* ne puiffent être
accordés que pour des caufes graves. Mais dans
la pratique , il n'eft pas aifé de déterminer ce qu'il
faut entendre par caufe grave. Fevret dit qu'à
Rome , dans les inftances civiles , on ne permet
point d'accorder des *monitoires* , fi la fomme dont
il s'agit , n'excède pas la valeur de cinquante ducats. Le concile de Narbonne , en 1609 , défend
d'en décerner , fi ce n'eft pour des chofes dont
la valeur eft au-deffus de quinze livres. Il eft évident que cette fomme eft trop modique pour

recourir à un moyen auffi extraordinaire que les
cenfures de l'églife. Auffi Fevret & Chenu rap-
portent-ils un arrêt du parlement de Paris , du 24
juillet 1601 , qui , fur un appel comme d'abus
de la conceffion & publication d'un *monitoire*, pour
avoir révélation d'une fomme de trente - trois
livres , déclara qu'il avoit été mal & abufivement
concédé & publié , avec défenfes à tous juges d'en
concéder pour une fomme fi légère.

Tout juge peut permettre d'obtenir *monitoire*,
tant en matière civile que criminelle ; c'eft ce qui
réfulte des articles 1 & 11 du titre 7 de l'ordonnance de 1670. Nous avons cité le premier ; voici le
onzième. « En matière criminelle , nos procureurs
» & ceux des feigneurs , & les promoteurs aux
» officialités , auront communication des révéla-
» tions des témoins , & les parties civiles de
» leur nom & domicile feulement ».

Un arrêt du parlement d'Aix , du 12 juin 1674 ,
déclara n'y avoir dans l'obtention d'un *monitoire* , pour avoir des preuves d'un adultère , &
faire déclarer par-là la femme qui en étoit accufée , incapable d'un legs qui lui avoit été fait par
le complice. Nous en avons ci-deffus cité un autre
du parlement de Dijon , qui confirme la publication
d'un *monitoire* obtenu par des enfans , pour prouver qu'il avoit fouftrait l'inventaire fait au décès
de leur mère.

Lorfque les effets d'une fucceffion ont été détournés , ou qu'il s'agit d'une faillite , on peut
obtenir *monitoire* , quoique l'action fe pourfuive par
la voie civile.

On peut pareillement en obtenir en matière
de dol ou de fraude , ou d'ufure. On le peut encore , fuivant l'ordonnance de Blois , pour parvenir à la preuve que des gentilshommes , ou des
officiers de juftice ont pris à ferme , fous des
noms interpofés , les dixmes ou autres revenus
des gens d'églife. La même ordonnance met la
fimonie au rang des crimes pour lefquels on peut
obtenir *monitoire*.

Cette voie peut auffi être employée pour prouver qu'un teftament a été fupprimé ou déchiré.
Il en eft de même à l'égard du délit que commet
quelqu'un qui fait paître fon bétail à la garde faite
dans les terres enfemencées , ou dans les prés
d'autrui ; ainfi jugé par arrêt rendu au parlement
de Dijon , le 2 mai 1678.

Un arrêt du 5 juin 1670 , rapporté au journal
du palais , a jugé que la violation d'un dépôt volontaire , il n'étoit pas permis d'obtenir *monitoire*. Il ne l'eft pas non plus pour la perception
des droits d'aide ; ainfi jugé par la cour des aides
de Paris , au mois de novembre 1603. M. Dulis ,
avocat-général , dit à cette occafion que le roi
ne vouloit pas que l'on preffât les confciences de
fes fujets pour faits d'aides. *Mémoires du clergé* ,
tome 7.

Par arrêt de règlement du 16 août 1707 , le
parlement de Bretagne a défendu aux juges de

fon reſſort d'ordonner aucune publication de *monitoire* dans les affaires criminelles, lorſqu'ils auroient une preuve claire & concluante du crime imputé à l'accuſé, à moins qu'ils n'euſſent quelque commencement de preuve d'un autre crime énoncé dans la plainte, ou dont l'accuſé feroit prévenu ; auquel cas ils ne pourroient employer dans le *monitoire* que les faits dont ils n'auroient pas les preuves ſuffiſantes.

Lorſqu'en matière criminelle il ne s'agit que d'une accuſation légère, fondée ſur de ſimples querelles, la voie du *monitoire* ne doit pas avoir lieu. Fevret rapporte un arrêt du parlement de Dijon, du 23 janvier 1583, qui l'a ainſi jugé. Mais le *monitoire* pourroit être employé dans le cas d'injures graves & atroces.

M. Gibert dit avoir vu publier un *monitoire* contre des perſonnes inconnues, qui, dans la nuit, avoient pendu au gibet une ſtatue de la Sainte-Vierge.

§. 5. *Quelles formalités ſont requiſes dans l'expédition des monitoires ?* Pour avoir droit de demander un *monitoire*, il faut qu'il y ait une inſtance commencée, ou du moins une plainte répondue avec permiſſion d'informer.

Il ſuit de-là qu'un official qui accorde un *monitoire* doit ſe faire repréſenter la plainte ſur laquelle les juges laïques ont permis de l'obtenir. Il eſt même en droit d'exiger qu'il en reſte dans ſon greffe un extrait, ainſi que de l'ordonnance qui a donné la permiſſion, afin qu'on puiſſe connoître ſi l'on s'eſt conformé à l'article 3 du titre 7 de l'ordonnance de 1670, qui veut que les *monitoires* ne contiennent autres faits que ceux compris au jugement qui aura permis de les obtenir, à peine de nullité, tant des *monitoires*, que de ce qui aura été fait en conſéquence. Un arrêt du 22 février 1707, déclara abuſif un *monitoire* obtenu par des héritiers pour parvenir à la preuve d'un recelé d'effets, parce qu'on y avoit articulé des faits de ſuggeſtion qui n'étoient pas dans la requête ſur laquelle on avoit obtenu la permiſſion d'informer.

Il faut que le *monitoire* ne nomme, ni ne déſigne les perſonnes accuſées, ou contre leſquelles on ſe pourvoit. Autrement le *monitoire* ſeroit pris pour un libelle diffamatoire ; parce qu'au cas où il n'y eût pas de révélation, la réputation de ceux qui en ſont l'objet, ne laiſſeroit pas d'en être bleſſée. C'eſt d'ailleurs la diſpoſition formelle de l'article 4 du titre 7 de l'ordonnance de 1670. « Les per- » ſonnes ne pourront être nommées, ni déſignées » dans les *monitoires*, à peine de cent livres d'a- » mende contre la partie, & de plus grande, s'il y » échet ».

Il faut néanmoins obſerver que toute déſignation contenue aux *monitoires* n'eſt pas abuſive, mais ſeulement celle qui ſe fait, *ex re & cauſâ infamante*. Mais ſi quelqu'un eſt déſigné & nommé *ad fines notitiæ*, & pour inſtruire ſeulement les

témoins & ſans diffamation, il n'y a point d'abus. Tel eſt, entre autres, le cas de l'accuſation d'adultère, relativement à laquelle, auſſi-tôt que le nom du mari eſt dans le *monitoire*, quoiqu'on ne nomme pas, par ſon nom, la femme qui en eſt l'objet, elle y eſt cependant déſignée d'une manière à ne pas s'y méprendre, par ces termes, *une certaine perſonne femme du complaignant* ; dans ce cas, la femme ne peut pas ſe plaindre & exciper de l'article de l'ordonnance, parce que la nature du délit ne permet pas qu'on s'exprime autrement.

Le curé de Beugnon ſe faiſoit un moyen d'abus contre un *monitoire*, de ce qu'il y avoit été déſigné ſous la dénomination d'un curé d'une paroiſſe de campagne, dans le diocèſe d'Auxerre. Mais l'arrêt qui intervint le 18 décembre 1734, dit qu'il n'y avoit abus dans cette partie. M. l'avocat-général Gilbert qui porta la parole dans cette cauſe, obſerva que cette déſignation n'étoit point un abus, parce qu'on ne pouvoit s'expliquer autrement pour fixer l'objet de l'accuſation.

§. 6. *Publication & ſignification des monitoires & révélations.* Les curés & les vicaires ſont tenus, ſous peine de ſaiſie de leur temporel, de faire, à la première réquiſition, la publication du *monitoire* ; & en cas de refus de leur part, le juge qui aura permis d'obtenir le *monitoire*, pourra nommer d'office un autre prêtre pour le publier ; c'eſt la diſpoſition de l'article 5 du titre de l'ordonnance déjà cité. « Les curés & leurs vicaires ſeront tenus, » à peine de ſaiſie de leur temporel, à la pre- » mière réquiſition, faire la publication du *moni*- » *toire*, qui pourra néanmoins, en cas de refus, » être faite par un autre prêtre nommé d'office » par le juge ».

Lorſqu'après la ſaiſie du temporel ſignifiée aux curés ou vicaires, ils perſiſtent dans leur refus de publier le *monitoire*, le juge royal peut ordonner la diſtribution de leurs revenus aux hôpitaux & pauvres des lieux ; c'eſt ce qui réſulte de l'article 6 du même titre de l'ordonnance. Sur quoi il faut obſerver que, quoique tout juge, même ſeigneurial, puiſſe permettre l'obtention du *monitoire*, & faire ſaiſir les revenus des officiaux, & des curés & vicaires, dans le cas de refus de l'accorder & de le publier, il n'y a néanmoins que les juges royaux qui puiſſent ordonner la diſtribution des revenus ſaiſis.

Un curé ne peut ſe diſpenſer de publier un *monitoire*, ſous prétexte que le coupable du délit qu'on cherche à connoître, s'eſt confeſſé à lui, & l'a chargé d'offrir des dommages & intérêts à la partie léſée ; ainſi jugé par arrêt du 29 juillet 1670.

En publiant un *monitoire*, un curé eſt obligé de le lire en entier, à haute & intelligible voix, au prône de la meſſe paroiſſiale, & non à vêpres, pendant trois dimanches conſécutifs ; s'il le prononçoit à voix baſſe, ou s'il en altéroit quelque diſpoſition, il devroit être condamné à une peine pécuniaire, & aux dépens faits pour parvenir à une nouvelle publication.

On peut se pourvoir contre les *monitoires* par simple opposition, ou par l'appel comme d'abus. On ne le peut pas par l'appel simple au métropolitain. Arrêt du parlement de Dijon du 22 mars 1694.

L'appel comme d'abus a lieu principalement lorsque l'official ne s'est point conformé à l'ordonnance du juge, soit en nommant & désignant, d'une manière trop sensible, les personnes, soit en insérant dans le *monitoire* des faits non compris dans la plainte & l'ordonnance.

Quant à l'opposition qui est la voie la plus commune pour empêcher ou arrêter la publication du *monitoire*, il faut distinguer les juges qui en doivent connoître, & les procédures nécessaires pour en obtenir main-levée.

A l'égard des juges, celui qui a donné la permission d'obtenir le *monitoire* est seul compétent pour connoître de l'opposition formée à sa publication, & cela par droit de suite. Il est indifférent qu'il soit juge royal, seigneurial, ou ecclésiastique.

L'opposition peut être formée, même après deux publications du *monitoire*. Elle peut l'être aussi avant l'expédition ; on la fait alors signifier au greffier, ou secrétaire de l'officialité.

Par rapport à la procédure, elle est prescrite par l'article 8 du titre 8 de l'ordonnance de 1670. « Les opposans à la publication du *monitoire* seront » tenus d'élire domicile dans le lieu de la jurif- » diction du juge qui en aura permis l'obtention, » à peine de nullité de leur opposition : & pour- » ront, sans commission, ni mandement, y être » assignés pour comparoir à certain jour & heure, » dans les trois jours pour le plus tard, si ce n'est » qu'il y eût appel comme d'abus ».

Au jour & à l'heure indiqués dans l'assigna- tion, on porte la cause à l'audience sans aucune autre procédure, & le juge est obligé de pronon- cer définitivement sur le mérite de l'opposition, sans pouvoir appointer les parties : ainsi jugé par arrêt du 23 mars 1743.

Le jugement qui intervient sur ces sortes d'op- positions doit avoir son exécution provisoire. L'ap- pel, même comme d'abus, ne peut en suspendre l'effet. Il n'est pas non plus permis d'obtenir des arrêts de défenses, si ce n'est en connoissance de cause, & sur le vu tant de l'information que du *mo- nitoire*, & sur les conclusions du ministère pu- blic ; c'est ce qui est textuellement prononcé par l'article 9 du titre des *monitoires*. « L'opposition » sera plaidée au jour de l'assignation, & le ju- » gement qui interviendra sera exécuté, nonobstant » opposition ou appellation, même comme d'abus. » Défendons à nos cours, & à tous autres juges, » de donner des défenses ou surséances de les » exécuter ; si ce n'est après avoir vu les informa- » tions & le *monitoire*, & sur les conclusions de

» nos procureurs. Déclarons nulles toutes celles » qui pourroient être obtenues. Voulons, sans » qu'il soit besoin d'en demander main-levée, que » les arrêts, jugemens & sentences, soient exé- » cutés, & les parties qui auront présenté re- » quête à fin de défenses, ou surséances, & les » procureurs qui auront occupé, condamnés cha- » cun en cent livres d'amende, qui ne pourra » être remise, ou modérée, applicable moitié à » nous, moitié à la partie ».

On ne peut pas faire signifier le *monitoire* à celui qui en est l'objet, afin de l'obliger à réparer promptement le tort qu'il a fait à la partie plai- gnante. Cette signification, quand même elle ne seroit pas faite à sa personne, mais à quelqu'un de ses domestiques, tiendroit lieu de nomination & de désignation : ainsi jugé par le parlement de Dijon, le 7 juin 1603, & le 12 mars 1610.

Le but des *monitoires* est d'acquérir la preuve des faits qui y sont contenus. Ceux qui l'ont en- tendu publier sont tenus de révéler ce qu'ils savent à celui qui a fait la publication. Ils peuvent cependant se contenter de dire qu'ils ont des éclair- cissemens à donner sur l'affaire dont il s'agit, at- tendu que cela suffit pour déterminer la partie plaignante à faire assigner devant le juge celui qui a ainsi révélé.

Les parens du coupable, jusqu'au quatrième degré, ne sont pas obligés de révéler ce qui peut lui préjudicier. Il en est de même des confesseurs & des personnes dont l'accusé a pris conseil. Les médecins, chirurgiens, apothicaires, sages-femmes, & autres, qui, par leur état, sont obligés de garder le secret à ceux qui les emploient, sont dans la même exception, de même que les do- mestiques à l'égard de leurs maîtres. Mais s'il s'agissoit du crime de lèse-majesté au premier chef, ou du salut de l'état, personne ne seroit exempt de venir à révélation.

Les révélations ne peuvent être rédigées avec trop de soin ; c'est pourquoi le curé ou vicaire qui les reçoit, doit les écrire de sa propre main. Il doit faire signer chaque révélation à celui qui l'a faite, ou faire mention de son refus, ou qu'il ne sait pas signer. Il doit la signer lui-même, la cacheter, & l'envoyer en cet état au greffe de la jurisdiction où le procès est pendant, sauf aux juges à pourvoir aux frais du voyage, s'il y échet. Il n'y a que la partie publique qui doive en avoir communication : on ne doit faire connoître à la partie civile que les noms & domiciles des révé- lans. *Articles 10 & 11 du titre 7 de l'ordonnance de 1670.*

L'objet de la communication des révélations, & du nom & domicile des révélans, est de mettre la partie publique & la partie civile en état de faire assigner les témoins pour déposer sur les faits par eux révélés. Mais la révélation n'étant point précédée de serment, le témoin peut ne pas per- sister dans ce qu'il a dit, & changer, augmenter, ou diminuer, lorfqu'il fait fa dépofition judiciaire. Le juge ne doit même fe fervir des révélations que comme mémoires, & en conféquence la répétition du témoin fur fa révélation, doit contenir fa dépofition en entier. Pour ne s'être pas conformé à cette règle, la procédure du juge de Saint-Amant a été annullée par arrêt du 20 décembre 1708, & il a été ordonné que la répétition des témoins venus à révélations, feroit refaite à fes dépens.

§. 7. *De la fulmination d'anathème.* M. Pithou, dans l'article des libertés ci-deffus cité, met au nombre des *monitoires* abufifs ceux qui contiennent des claufes imprécatoires contre la forme prefcrite par les conciles. Il faut fuivre l'ufage de chaque diocèfe, à moins qu'il ne fût trop fingulier & extraordinaire. *Curandum maximè*, dit Imbert en fes *Inftit.* lib. 1, cap. 62, ne excrationes conftitutionibus pontificis improbatæ monitionibus inferantur, veluti quod nolis pulfatis, in terramque projectis cereis ardentibus, devoveantur qui moniti non paruerint, fimileque luant fupplicium ac Core, Dathan & Abiron: ab hujufmodi enim imprecationibus procurator regius reftè provocat ab abufu.

Mornac, fur la *Loi* 3, cod. de apoft. dit, publicantur monitiones, fed non ad ritum veterem, exequendi, fulminandique anathemati itur, omiffaque dudum feralis illa devovendi fpecies. L'ufage le plus commun, &, même le plus fûr, eft celui du rituel romain. M. le cardinal le Camus, évêque de Grenoble, en a fait une loi pour fon diocèfe. Nous défendons, dit-il dans fes ordonnances fynodales, d'employer dans la fulmination de l'excommunication aucune cérémonie fuperftitieufe & extraordinaire, mais feulement celles qui font prefcrites dans le pontifical romain, qui confiftent à avoir un nombre de prêtres, à éteindre des cierges, & à faire fonner les cloches d'un fon lugubre.

Dans plufieurs diocèfes, on diftingue le *monitoire* de l'aggrave & réaggrave, par trois actes différens, à chacun defquels il faut une permiffion du juge qui a permis ou a donné le *monitoire*. Mais, dans d'autres, on prononce une feule fois l'excommunication pour être encourue par le feul fait après le délai donné pour venir à révélation, c'eft-à-dire, qu'il y a des *monitoires* qui menacent d'excommunication ceux qui ne dépoferont point fur les faits & contenus, & d'autres qui prononcent l'excommunication *ipfo facto*. Lorfqu'on emploie les premiers, il faut, pour fulminer l'excommunication, une fentence du juge qui le permette, lui feul pouvant être inftruit fi les témoins ont obéi ou non. Sur quoi M. Gibert, dans fon *Traité des ufages de l'églife gallicane*, obferve que ceux qui défobéiffent au monitoire qui excommunie ipfo facto, font toujours punis de l'excommunication, au lieu que ceux qui défobéiffent à l'autre forte de monitoire, font peu fouvent frappés d'excommunication, parce qu'il arrive fréquemment qu'il n'eft pas fulminé.

Dans le diocèfe de Paris, & dans ceux de Provence, on fuit l'ufage de ne point prononcer l'excommunication par le *monitoire*; on attend, pour la fulminer, de connoître quel effet il aura produit. Cet ufage eft conforme à la nature même des *monitoires*, *monitorium à monitione*, & au principe, felon lequel perfonne ne doit être excommunié fans monitions précédentes.

§. 8. *De l'aggrave & réaggrave.* Pour entendre ces termes, il faut fuppofer que, quoique l'excommunication, prife dans toute fon étendue, opère en un moment tous fes effets, & ne fe partage point, néanmoins l'églife qui n'a pas accoutumé d'employer à la fois tous fes châtimens pour parvenir à réduire fes enfans à leur devoir, ne laiffe pas de partager, quand elle le juge à propos, les effets extérieurs de l'excommunication. Quand elle a privé un fidèle de la communion intérieure ou fpirituelle, & qu'elle le voit infenfible à cette peine, elle le prive de tout ufage de la fociété civile, & c'eft ce qu'on appelle *aggrave*, qu'on publie au fon des cloches, avec des chandelles allumées qu'on tient en main, qu'on éteint enfuite, & qu'on jette par terre.

Si toutes ces cérémonies ne font aucune impreffion fur cet excommunié, on défend publiquement à tous les fidèles, à peine d'excommunication, d'avoir aucune forte de commerce avec lui, & l'on publie cette défenfe avec les mêmes folemnités employées pour *l'aggrave*. Cette défenfe publique, qui repréfente cet excommunié comme un objet d'horreur & d'abomination, porte le nom de *réaggrave*.

Ducaffe, dans fon *Traité de la jurifdiction eccléfiaftique*, obferve que les aggraves & réaggraves font fans objet dans les fentences d'excommunication que l'on publie en conféquence des *monitoires*. Il eft conftant que ces excommunications font prononcées en termes généraux, fans nommer & défigner perfonne. Ces aggraves & réaggraves ne doivent être publiées qu'à mefure que l'official eft informé que l'excommunié perfifte dans fa coutumace. Cela étant, comment défendre aux fidèles d'avoir aucun commerce avec des gens qu'ils ne connoiffent pas, & dont ils ne favent ni le nom, ni la demeure? Comment menacer d'excommunication ceux qui mangeront & boiront avec des perfonnes qu'on ne défigne, qu'on ne nomme point, & par conféquent qu'on ne peut éviter? Comment enfin connoître que les excommuniés perfiftent dans leur contumace, fi on ignore qui ils font? c'eft cependant ce qui arrive toutes les fois qu'il n'y a aucune révélation après la publication du *monitoire*.

Concluons donc, avec l'auteur cité, que les aggraves & réaggraves des excommunications qui font la fuite des *monitoires*, font au moins inutiles, & qu'il n'eft point étonnant que l'ufage n'en foit pas commun. Au refte, on ne peut les employer qu'avec la permiffion du juge qui a déjà permis d'obtenir le *monitoire*, & il ne doit point l'accorder, à moins que des circonstances extraordinaires ne fassent présumer qu'elles seront de quelque utilité. On a perdu de vue pendant trop long-temps ce principe, que le concile de Trente a voulu remettre en vigueur. *Quamvis excommunicationis gladius nervus sit ecclesiasticæ disciplinæ & ad continendos in officio populos valdè salutaris, sobriè tamen magnaquè circonspectione exercendus est, cum experientia doceat, si temerè aut levibus ex causis incutiatur, magis contemni quàm formidari, & perniciem potius parere quàm salutem.* (*M. l'abbé* BERTOLIO, *avocat au parlement.*)

MONITORIALES. *Voyez* LETTRES MONITOIRES.

MONNAGE. Ce mot a signifié autrefois le droit de mouture, ou quelque chose d'approchant.

Une chartre de Guillaume, comte de Hainaut, de l'an 1326, porte: « Nous donnons au devant » dit maistre Jehan..... le *monnée*, le *monnage*, » & le *moulture*, avœckes toutes les frankises, les » droitures, & les appartenances que nous aviens » en le ville & four le ville de Marke en » Ostrevant ».

Dom Carpentier, qui cite cet extrait au mot *Monagium*, soupçonne le *monnage* n'est pas absolument la même chose que le droit de mouture, puisque la chartre les énonce l'un après l'autre; & dans cette supposition, le *monnée* seroit encore un autre droit.

Quoi qu'il en soit, le mot de *monnage* a aussi signifié autrefois un droit de hallage ou de marché, dû par les marchands forains, tant pour leur vente, que pour leur achat; c'est ce qui résulte d'un compte des domaines du comté de Boulogne, de l'an 1402, qui est cité par les additionnaires de Ducange, à la fin du mot *Monetagium*. « C'est à savoir, y » est-il dit, de tous marchands forains, & faisant » résidence hors de la comté, qui doivent de » toutes denrées & marchandises qu'ils vendent » & achètent en ladite ville, & vicomté de Bou- » logne, deux deniers oboles pour livre ». (*M.* GARRAN DE COULON, *avocat au parlement.*)

MONNANS. On a donné ce nom à ceux qui étoient sujets aux moulins bannaux du seigneur; c'est ce qui résulte d'une chartre de l'an 1308, citée par dom Carpentier, au mot *Monancius.* (*M.* GARRAN DE COULON, *avocat au parlement.*)

MONNEAGE, *droit de*, (*Code féodal.*) est un droit dû au roi en Normandie sur chacun feu. *Voyez* FOUAGE.

MONNÉE. C'est une espèce de droit de mouture. *Voyez l'article* MONNAGE.

MONNOIE, s. f. (*Droit public.*) est le nom qu'on donne aux pièces d'or, d'argent ou autre métal, qui servent au commerce & aux échanges, qui sont fabriquées par l'autorité du souverain, & ordinairement marquées au coin de ses armes, ou autre empreinte certaine.

Nous ne parlerons pas ici de l'établissement de la *monnoie* dans les sociétés civiles & politiques, de la manière dont elles sont fabriquées, de l'influence qu'elles ont sur la prospérité des états, & du commerce en particulier, du rapport qu'ont entre elles les différentes *monnoies* des peuples policés. Ces articles se trouvent dans les dictionnaires d'économie polit. & dipl. du commerce, des finances, des arts & métiers. Nous nous bornerons à donner un précis des loix données par nos rois pour faire battre de la *monnoie*, & du crime de *fausse monnoie*.

§. 1. *Ordonnances pour faire battre beaucoup de monnoie.* Les rois de France de la troisième race, ont toujours eu à cœur de faire battre quantité de bonne monnoie. Henri I rendit une ordonnance en 1053 par laquelle tout particulier devoit porter à la *monnoie*, la vaisselle qui lui étoit superflue, laquelle lui seroit payée sur le pied du prix courant, proportion gardée du titre qu'elle tiendroit.

Philippe-Auguste confirma la même ordonnance en 1204 en défendant en outre aux orfèvres de battre vaisselle qui pesât plus de 12 marcs.

Philippe IV, dit le Bel, manquant de matière, rendit une ordonnance le jeudi de devant Pâques fleuries en 1314, qui portoit que ceux qui n'auroient pas 6000 livres de rente fissent porter la troisième partie de leur argenterie à l'hôtel de la *monnoie* le plus prochain, qui leur seroit payée selon le titre auquel elle se trouveroit suivant l'évaluation du prix du marc d'argent fin, sur peine de perdre la moitié de celle qu'ils auroient cachée.

Une autre ordonnance rendue en l'année 1310 le 20 janvier, interdit la fabrication de vaisselle d'or & d'argent excédant un marc; le 12 juin 1313, il ordonna que nul orfèvre ne travailleroit aucune vaisselle jusqu'à un an; celle du premier octobre 1314, porte qu'il soit pris la quatrième partie des vaisselles d'or & d'argent du royaume qui sera payée à un prix raisonnable, & défend aux orfèvres de travailler pendant deux ans.

Le même roi rendit aussi une ordonnance qui enjoignoit à tous ses sujets qui n'auroient pas 2,000 livres parisis de rente, de faire porter à la *monnoie* la plus prochaine les pièces de vaisselle, qui pèseroient plus de quatre marcs.

Et pour donner l'exemple, ce monarque envoya à la *monnoie* plusieurs gros effets en or massif, de même qu'une table d'argent lesquels, effets furent convertis en bonne *monnoie* à ses coins & armes.

Philippe V dit le Long, par son édit du 15 janvier 1316, défend aux orfèvres de faire vaisselle jusqu'à deux ans, sous peine de punition corporelle.

Boisard donne cette ordonnance émanée de Louis Hutin: cela est impossible, puisque ce roi n'a commencé à régner que sur la fin de 1314, & qu'il mourut subitement à Vincenne par le poison le 13 juin 1315, âgé de 20 ans, n'ayant régné qu'environ 6 mois.

Cet anachronisme ne diminue rien à la vérité de la

la force de l'ordonnance, il ne change feulement que le nom du roi qui régnoit.

Charles-le-Bel, par ordonnance du 11 mai 1322, défend à tous orfèvres de faire des vaiffelles d'argent excédant un marc, finon pour le roi, fanctuaire, églife, fur peine de confifcation des vaiffelles & du corps, à la volonté du roi.

Philippe de Valois en 1330, 17 février, permet à Michel de Rams, orfèvre de Paris, de travailler en vaiffelle d'argent pour l'abbé de faint Denis en France, & de faire quatre douzaines d'écuelles & 12 plats pour le feigneur de Roye.

Le même roi, le 25 mai 1332, défend à tous les orfèvres de faire des vaiffelles ni grands vaiffeaux d'argent ni hanaps d'or, fi ce n'eft pour calice ou vaiffeaux à fanctuaire : Item, que ceux qui auront au-deffus de 12 marcs de vaiffelle, porteront à la monnoie la troifième partie d'icelle, qui fera payée proportion gardée du titre qu'elle tiendra.

Le comte de S. Paul obtint un mandement du roi en date du 23 août 1335, pour faire forger vaiffelles d'argent jufqu'à 15 marcs.

L'ordonnance du 23 août 1343 défend la fabrication de la vaiffelle ou joyaux d'or ou d'argent, fi ce n'eft pour églife ; & par une autre du 21 juillet 1347, il eft dit que nul orfèvre ne pourra faire vaiffelle d'argent que d'un marc & au-deffous, finon pour églife.

Le roi Jean I, dit le Bon, confirma l'ordonnance de fon père Philippe de Valois du 21 juillet 1347, par celle du 25 novembre 1356, qui porte que nul n'ait à vendre aucune vaiffelle d'or ou d'argent à aucun orfèvre, mais au maître de la monnoie la plus prochaine.

Cette ordonnance fut confirmée par celle du 10 avril 1361 du même roi, qui porte que nul orfèvre ne pourra travailler aucune vaiffelle fans un congé de nous ou de nos généraux maîtres des monnoies, ni faire aucune ceinture d'or ou d'argent, ni joyaux pefant plus d'un marc.

Charles V, dit le Sage, par fon ordonnance du 15 mai 1365, fait les mêmes défenfes que celles du roi Jean; & en outre de ne vendre aucune matière d'or ou d'argent, ni même vaiffelle à aucun orfèvre.

Louis XII, furnommé le Père du peuple, par fon ordonnance du 22 novembre 1506, défend à tous orfèvres de faire aucune vaiffelle de cuifine, comme baffins, pots à vin, flacons & autres groffes vaiffelles, finon du poids de 3 marcs & au-deffous, fans fa permiffion vérifiée par les généraux-maîtres des monnoies, ni de faire aucun ouvrage en or, pefant plus d'un marc, fans fes lettres-patentes.

Par lettres-patentes du même roi, en date du 25 janvier 1506, il fut permis à meffire Levi, évêque de Mirepoix, de faire battre deux cens marcs de vaiffelle d'argent.

Du même jour il fut auffi permis à la comteffe

Jurifprudence. Tome VI.

de Dunois, coufine du roi, de faire travailler 50 marcs d'argent pour fon ufage.

Le 15 février de la même année, pareilles lettres furent accordées au grand-maître de Rhodes, de faire battre 72 marcs d'argent en vaiffelle, & le même jour pareille permiffion fut donnée au feigneur de Threvolh, confeiller au grand-confeil, de faire travailler 60 marcs d'argent ; au fieur de la Chambre, il fut permis d'en faire battre 80 marcs ; au cardinal de la Trimouille, il fut permis d'en faire battre 100 marcs en argent & 16 en or.

François I, le 5 juin 1521, ordonna qu'il fût fait monnoie des emprunts qu'il avoit faits de vaiffelles d'argent de plufieurs notables de fon royaume pour fubvenir à fes guerres.

Du 10 feptembre 1521, défenfes furent faites de faire vaiffelle d'or & d'argent, & autres ouvrages d'orfèvrerie pendant fix mois.

Charles IX défendit, au mois d'avril 1571, aux orfèvres du royaume, de faire de trois ans une vaiffelle d'or ni d'argent excédant un marc & demi, & une loi du mois d'octobre de la même année défend de faire aucun ouvrage en or de quelque poids que ce foit, ni vaiffelle d'argent excédant deux marcs la pièce, fans une permiffion du roi enregiftrée en la cour des monnoies.

Louis XIII, par fon édit du 20 décembre 1636, défend aux orfèvres du royaume de faire à l'avenir aucun ouvrage en argent, pour qui que ce foit, pendant un an, au-deffus du poids de 4 marcs, & en or au-deffus de 4 onces, fans en avoir, par ceux qui commanderont les ouvrages, la permiffion fpéciale du roi, par lettres-patentes fcellées du grand fceau, & regiftrée en la cour des monnoies, fur peine de confifcation des ouvrages, de 500 livres d'amende & clôture de la boutique pour la première fois.

Louis XIV a réitéré les mêmes défenfes par fon édit de 1645 ; mais à l'égard des ouvrages d'argent, il permet d'en faire jufqu'à 6 marcs.

Par l'ordonnance du mois d'avril 1672, fa majefté défend toutes fortes de travail d'or pour table de quelque poids que ce foit ; en argent le poids eft permis jufqu'à 12 marcs pour les baffins ; pour les plats, & toute vaiffelle de table. Les grands ouvrages font défendus fous peine de confifcation, de 1500 livres d'amende, & de punition corporelle en cas de récidive.

Sa majefté a confirmé cette ordonnance par celle du mois de février 1687, qui défend à tous orfèvres, marchands, ouvriers, &c. de fabriquer, vendre, expofer en vente, des feaux, cuvettes, ni autres vafes d'argent fervans pour l'ornement des buffets, feux d'argent, brafiers, &c. à peine de 3000 livres d'amende.

Enfin, par édit du mois d'octobre 1689, il défend à tous orfèvres, ouvriers & marchands, de fabriquer, vendre, expofer en vente aucun ouvrage d'or excédant une once, à la réferve des croix d'archevêques, évêques, abbés & chevaliers ;

H

de ne vendre ni expofer en vente des effets d'argent, comme brafiers, foyers, cuvettes, &c. fous peine de confifcation, de 6000 livres d'amende pour la première fois, & de punition corporelle en cas de récidive ; & enjoint fa majefté à ceux qui ont chez eux des effets en argent ci-deffus détaillés, de les faire porter à la monnoie la plus prochaine pendant le cours du même mois, fous pareilles peines, pour lefdits effets être convertis en efpèces aux coins & effigie de fa majefté, & la valeur en être payée à raifon de 29 livres 10 fols pour chaque marc de vaiffelle plate, & 29 pour chaque marc de la vaiffelle montée & marquée du poinçon de Paris : à l'égard de celles qui ne feront point marquées dudit poinçon, elles feront fondues, effayées & payées fuivant le rapport de l'effayeur.

Il eft auffi défendu, fous peine de confifcation & de 6000 livres d'amende, à tous orfèvres, ouvriers & marchands, de travailler, expofer en vente ou débiter aucun ouvrage doré, fi ce n'eft pour ciboires & autres vafes d'églife, ni argenter aucun ouvrage en bois ou en métal.

Ces défenfes ne fubfiftent plus aujourd'hui, & l'on permet aux orfèvres de travailler auffi fortement qu'ils le peuvent. Peut-être que cette condefcendance augmente le luxe des particuliers ; mais il n'en eft pas moins vrai qu'elle excite l'induftrie parmi les orfèvres, qu'elle entretient un commerce lucratif pour l'état, par la vente qui fe fait aux étrangers de matières & de bijoux d'or & d'argent fabriqués dans le royaume ; qu'elle produit au roi, fur chaque marc d'or & d'argent travaillé, un revenu plus confidérable que celui qu'il retire par le droit de feigneuriage de la fabrication des monnoies. D'ailleurs, fi on s'en rapporte à M. Neker, cette permiffion tacite accordée aux orfèvres, n'empêche pas qu'il ne fe fabrique tous les ans en France une très-grande quantité de monnoies nouvelles, dont il porte le montant à une fomme d'environ quarante millions.

§. 2. Du crime de fauffe-monnoie. Le crime de fauffe-monnoie eft un crime de lèfe-majefté au fecond chef, car il arrache un fleuron de la couronne des fouverains ; puifqu'il n'appartient qu'à eux feuls de faire battre monnoie, comme il a été démontré plus haut.

Fauffe-monnoie comprend celle qui eft fabriquée en cachette hors de l'hôtel des monnoies, qu'elle foit de bonne ou de mauvaife matière ; celle qui eft de bonne matière ne fait point de tort au public, il eft vrai ; mais elle en fait au roi, parce que celui qui la fabrique vole au roi le bénéfice qu'il doit faire fur fes monnoies, & ufurpe en même temps un droit de fabriquer, qui n'appartient qu'aux fouverains.

Quant à ceux qui battent monnoie fecrète dans laquelle ils mettent un tiers, moitié, trois quarts de cuivre, ou qui font des efpèces de pur étain fonnant pour imiter l'argent, ou de pur cuivre ar-

genté ou doré, ces fortes de monnoies font fauffes en tous points ; 1°. parce qu'elles font fabriquées furtivement ; 2°. parce que plufieurs de ces efpèces ne font pas au titre, & que les autres font de nulle valeur par rapport à leur matière. Les faux-monnoyeurs de ce genre volent le fouverain & fes fujets.

Enfin la fauffe-monnoie eft un crime qui fe commet de plufieurs façons.

Sans la permiffion du prince, quoique les efpèces foient à meilleurs titres, ou quand elles font à moindres titres.

Quand on s'en charge fciemment pour l'expofer, ou que l'on participe avec les faux-monnoyeurs.

Quand on rogne ou altère la monnoie qui eft au titre.

Quand on achète les rognures, ou qu'on participe avec les rogneurs.

Quand ceux qui font la monnoie avec la permiffion du fouverain, la font plus foible ou de moindre titre & poids.

Dans toutes ces circonftances, la fauffe-monnoie eft une crime public, dont l'accufation eft permife à un chacun, tant contre les faux-monnoyeurs, que contre ceux qui les recèlent, ou qui, en ayant connoiffance, ne les découvrent pas.

Ce crime ne reçoit point d'excufe, il viole toujours la majefté du fouverain, il arrache l'un des fleurons de fa couronne, il rompt le lien du commerce, il altère la règle & la mefure du prix de toutes les marchandifes, il empoifonne une fontaine publique & ne peut tomber que dans une ame baffe.

Les empereurs Valentinien, Théodofe & Arcadius, ordonnèrent que ceux qui feroient convaincus de ce crime, feroient punis du même fupplice que les criminels de lèfe-majefté.

La coutume de Bretagne porte en termes exprès : les faux-monnoyeurs feront bouillis, & puis pendus.

Celle de Loudun porte dans l'article 39 ce qui fuit : quiconque fait ou forge fauffe-monnoie, doit être traîné, bouilli & puis pendu.

Les ordonnances des rois de France contre les faux-monnoyeurs font de Childéric III, de Louis-le-Débonnaire, de Charles-le-Chauve, de faint Louis, de François I, de Henri II & de Charles IX.

Celle de Childéric III porte que celui qui fera convaincu du crime de fauffe-monnoie aura le poing coupé ; que fes complices, s'ils font libres, paieront 60 fols d'amende, & s'ils font efclaves, qu'ils recevront 60 coups : cette ordonnance eft de l'an 744.

Celle de Louis-le-Débonnaire, donnée à Aix-la-Chapelle en 819, eft conçue en ces termes : De falfa moneta jubemus ut qui eam percuffiffe comprobatus fuerit, manus ei amputetur, & qui hoc confenferit, fi liber, fexaginta folidos componat, fi fervus fexaginta ictus accipiat.

Celle de Charles-le-Chauve, donnée en l'année 864, est conçue dans les mêmes termes.

Celle de S. Louis, de l'an 1248, porte que les faux-monnoyeurs, expositeurs, billonneurs, rogneurs, &c. seroient pendus comme voleurs publics.

Les ordonnances de François I, en 1536, 1540, portent que les rogneurs seroient punis comme les faux-monnoyeurs.

Celle de Henri II, en 1549, porte que ceux qui seroient saisis avoir des rognures & billons provenans d'icelles, seroient punis comme faux-monnoyeurs.

Celle de Charles IX porte défenses à toutes personnes d'altérer, souder, ou charger aucune espèce d'or ou d'argent, à peine d'être punies comme faux-monnoyeurs.

Ces ordonnances ont été confirmées par arrêt du conseil, en date du 20 février 1675.

Les bulles des papes Clément V, en 1308, obtenues par Philippe-le-Bel; celles du pape Jean XII, en 1320, obtenues par Charles-le-Bel: celles de Clément VI, en 1349, par Philippe-de-Valois; celles de Grégoire XIII, en 1583, par Henri III: tous ces papes ont fulminé des excommunications contre les faux-monnoyeurs, billonneurs, rogneurs & expositeurs.

Billonner, en général, se dit de celui qui profite induement sur les espèces au préjudice des ordonnances. *Voyez* BILLONNEURS.

On appelle expositeurs ceux qui étant de concert avec les faux-monnoyeurs, rogneurs & billonneurs, reçoivent d'eux les espèces fausses, ou altérées pour les faire entrer dans le commerce.

Ce crime, de même que celui de faux-monnoyeurs, &c. étoit puni très-rigoureusement; car celui qui en étoit convaincu étoit cousu vif dans un sac de cuir; on lui donnoit pour compagnie dans ce sac, un chat, une couleuvre ou serpent & un coq: & on le jettoit ainsi dans l'eau. Dans la suite ce supplice fut modéré: aujourd'hui celui qui est convaincu de ce crime est pendu avec inscription devant & derrière lui en gros caractère, (*Faux-monnoyeur*.)

Ce crime est si énorme, qu'il est du nombre de ceux que les rois font serment de ne point pardonner.

MONNOIES, (COURS DES), sont des cours souveraines qui connoissent en dernier ressort & souverainement de tout ce qui concerne les *monnoies* & leur fabrication, comme aussi de l'emploi des matières d'or & d'argent; & de tout ce qui y a rapport tant au civil qu'au criminel, soit en première instance, soit par appel des premiers juges de leur ressort.

Originairement, la *cour des monnoies* de Paris étoit seule, & avoit tout le royaume pour ressort jusqu'en 1604, que fut créée la *cour des monnoies* de Lyon.

Cour des monnoies de Paris. La fabrication des monnoies, ainsi que l'emploi des matières d'or & d'argent, sont de telle importance, que les souverains ont eu dans tous les temps des officiers particuliers pour veiller sur les opérations qui y avoient rapport, & sur ceux qui étoient préposés pour y travailler.

Chez les Romains, il y avoit trois officiers appellés *triumviri mensarii seu monetarii*, qui présidoient à la fabrication des *monnoies*; ces officiers faisoient partie des centumvirs, & étoient tirés du corps des chevaliers.

Il paroît que cette qualité leur fut conservée jusqu'au règne de Constantin, qui, après avoir supprimé les triumvirs monétaires, créa un intendant des finances, ayant aussi l'intendance des *monnoies* auquel on donna le nom de *comes sacrarum largitionum*.

Cet officier avoit l'inspection sur tous ceux qui étoient préposés pour la fabrication des *monnoies*, il étoit aussi le dépositaire des poids qui servoient à peser l'or & l'argent, & c'étoit par son ordre qu'on envoyoit dans les provinces des poids étalonnés sur l'original, comme il se pratique actuellement à la *cour des monnoies*, seule dépositaire du poids original de France.

Telle étoit la forme du gouvernement des Romains, par rapport aux *monnoies*; lorsque Pharamond, premier roi en France, s'empara de Trèves qui lui appartenoit; il suivit, ainsi que ses successeurs, la police des Romains pour les *monnoies*.

Vers la fin de la première race, il y avoit des *monnoies* dans les principales villes du royaume, qui étoient sous la direction des ducs & comtes de ces villes, mais toujours sous l'inspection du *comes sacrarum largitionum*, ou des généraux des *monnoies* que le bien du service obligea de substituer à l'intendant-général.

Ces généraux des *monnoies* furent d'abord appellés *monetarii*; on les appelloit en 1211, & dans les années suivantes, *magistri monetæ*, & en françois, *maîtres des monnoies*; ces maîtres étoient d'abord tous à la suite de la cour, parce qu'on ne fabriquoit les *monnoies* que dans le palais des rois; ils étoient commensaux de leur hôtel, & c'est de-là que les officiers de la *cour des monnoies* tirent leur droit de *committimus*.

Depuis que Charles-le-Chauve eut établi huit hôtels des *monnoies*, il y eut autant de maîtres particuliers des *monnoies* au-dessus desquels étoient les autres maîtres, qu'on appella pour les distinguer, *maîtres généraux des monnoies*, par tout le royaume de France, ou *généraux-maîtres* ou *généraux des monnoies*.

En 1459, le roi les qualifioit de ses *conseillers*; ils sont même qualifiés de *présidens* dans des lettres de Charles-le-Bel de 1322; & dans des comptes de 1473 & 1474, ils sont qualifiés de *sires*.

Le nombre des généraux des *monnoies* a beaucoup varié: ils étoient d'abord au nombre de trois, & c'est dans ce temps qu'ils furent unis & incorporés avec les maîtres des comptes qui n'étoient pareillement qu'au nombre. de trois, & avec les tréforiers des finances qui étoient aussi en pareil nombre, & placés dans le palais à Paris, au lieu où est encore présentement la chambre des comptes.

Ces trois jurifdictions différentes qui compofoient anciennement la chambre des comptes, connoiffoient conjointement & féparément, fuivant l'exigence des cas, du maniement & diftribution des finances, de celui du domaine qu'on appelloit *tréfor des monnoies*, d'où a été tirée la chambre des *monnoies*; cela fe juftifie par diverfes commiffions, dont l'adreffe leur étoit faite en commun par nos rois.

Les généraux des *monnoies* avoient dans l'enceinte de la chambre des comptes leur chambre particulière, dans laquelle ils s'affembloient pour tout ce qui concernoit le fait de leur jurifdiction, & même pour y faire faire les effais & épreuves des deniers des boîtes qui leur étoient apportées, par les maîtres & gardes de toutes les *monnoies* du royaume.

Conftant, qui écrivoit en 1653, dit qu'il n'y avoit pas long-temps que l'on voyoit encore dans cette chambre des veftiges des fourneaux où les généraux faifoient faire les effais des deniers des boîtes, & deniers courans.

En 1296, il y avoit quatre généraux, dont un étoit maître de la *monnoie* d'or; on n'en trouve plus que trois en 1315; ils étoient quatre en 1346; l'année fuivante ils furent réduits de même à quatre par Charles V, alors régent du royaume; il établit en 1358 un gouverneur & fouverain maître des *monnoies* du royaume; mais fon adminiftration, dont on ne fut pas content, ne dura qu'un an; il il y eut cependant encore un femblable en 1364.

Pour ce qui eft des généraux, ce même prince en mit un cinquième en 1359; & dans la même année, il en fixa le nombre à huit, dont fix étoient pour la langue d'Oil ou pays coutumier, & réfidoient à Paris; les deux autres étoient pour rendre la juftice en qualité de commiffaires dans les provinces de la langue d'Oc ou pays de droit écrit.

Les trois corps d'officiers qui fe réuniffoient à la chambre des comptes, ayant été augmentés, cela donna lieu à leur féparation, ce qui arriva vers 1358; alors la chambre des *monnoies* fut placée au-deffus du bureau de la chambre des comptes, auffi-bien que leur greffe & parquet, & ce tribunal tint en cet endroit fes féances jufqu'en 1686, que la *cour des monnoies* fut transférée au pavillon neuf du palais du côté de la place Dauphine, où elle commença à tenir fes féances au mois d'octobre de ladite année, & depuis ce temps elle les a toujours tenues dans le même lieu.

Pour revenir aux généraux, l'augmentation qui avoit eu lieu fut confirmée par le roi Jean en 1361, & ils demeurèrent dans le même nombre de huit, jufqu'à ce que Charles V en 1378, les réduifit à fix. Charles VI en 1381, n'en nomma

que cinq en titre, & un fixième pour fuppléer en l'abfence d'un des cinq qui étoit échevin. Ils furent cependant encore depuis au nombre de fix, & même en 1388 Charles VI ordonna qu'il y en auroit huit; favoir, fix pour la langue d'Oil, & deux pour la langue d'Oc : il réduifit en 1400 ceux de la langue d'Oil à quatre, & confirma ce même nombre en 1413.

Lorfque les Anglois furent maîtres de Paris fous Charles VI, les généraux des *monnoies* transférèrent leur chambre à Bourges, où elle demeura depuis le 27 avril 1418, jufqu'en 1437 qu'elle fut rétablie à Paris après l'expulfion des Anglois; il y eut néanmoins pendant ce temps une chambre des *monnoies*, tenue à Paris par deux généraux & un commiffaire extraordinaire qui étoient du parti des Anglois.

Tous ces officiers étant réunis, lorfque la chambre fut rétablie à Paris, Charles VII trouva qu'ils étoient en trop grand nombre; c'eft pourquoi en 1443 il les réduifit à fept, ce qui demeura fur ce pied jufqu'en 1455 qu'il les réduifit à quatre.

Louis XI les maintint de même; mais Charles VIII, en 1463, en fixa le nombre à fix, & en 1494 il en ajouta deux.

Ce nombre de huit ne paroiffant pas fuffifant à François premier, il créa en 1522 un préfident & deux confeillers de robe-longue, ce qui faifoit en tout onze perfonnes, un préfident & dix confeillers. *[annotation marginale: 10.]*

Les premiers généraux des *monnoies* jugeoient & connoiffoient de la bonté des *monnoies* de nos rois, & même de celles des feigneurs auxquels nos rois avoient accordé la permiffion de faire battre *monnoie*; c'étoit les généraux qui régloient le poids, l'aloi & le prix des *monnoies* de ces feigneurs, qui pour cet effet en faifoient la vifite.

Du temps de Philippe-le-Bel, les feigneurs hauts-jufticiers connoiffoient, dans leurs terres, des abus que l'on faifoit des *monnoies*, foit en en fabricant de fauffes, ou en rognant les bonnes; ils pouvoient faire punir le coupable. Philippe-le-Bel accorda même aux feigneurs hauts-jufticiers la confifcation des *monnoies* décriées que leurs officiers auroient faifies, il ne leur en accorda enfuite que la moitié.

Mais le roi connoiffoit feul par fes officiers des conteftations pour le droit de battre *monnoie*, ils avoient auffi feuls la connoiffance & la punition des coupables pour *monnoies* contrefaites à fon coin, & les officiers que les feigneurs nommoient pour leurs *monnoies* devoient être agréés par le roi, & reçus par les généraux.

Philippe-le-Bel, Louis Hutin, Philippe-le-Long, Charles IV, Philippe de Valois, Charles VII, & en dernier lieu François premier, ayant ôté aux feigneurs le droit de battre *monnoie*, les généraux des *monnoies*, & autres officiers royaux qui leur étoient fubordonnés, furent depuis ce temps les feuls qui eurent connoiffance du fait des *monnoies*.

Charles V, étant régent du royaume, renouvella

les défenfes qui avoient été faites à tous juges de connoître des *monnoies*, excepté les généraux & leurs députés.

Ces députés étoient quelques-uns d'entre eux qu'ils envoyoient dans les provinces pour empêcher les abus qui fe commettoient dans les *monnoies* éloignées de Paris ; ils alloient deux de compagnie, & avoient outre leurs gages des taxations particulières pour les frais de leurs voyages & chevauchées. Leur équipage étoit réglé à trois chevaux & trois valets ; ils devoient vifiter deux fois l'an chaque *monnoie*.

La jurifdiction des généraux des *monnoies* s'étendoit, comme fait encore celle de la cour des *monnoies*, privativement à tous autres juges, fur le fait des *monnoies* & fabrications d'icelle, baux à fermes des *monnoies* & réceptions de cautions, fur les maîtres officiers, ouvriers & monnoyers, foit pour le poids, aloi, & remède d'icelles, pour le cours & prix des *monnoies*, tant de France qu'étrangères, comme auffi pour régler le prix du marc d'or & d'argent, faire obferver les édits & réglemens fur le fait des *monnoies* par les maîtres & officiers d'icelles, changeurs, orfèvres, jouailliers, affineurs, orbateurs, tireurs & écacheurs d'or & d'argent, lapidaires, merciers, fondeurs, alchymiftes, officiers de mines, graveurs, doreurs, horlogers, fourbiffeurs, & généralement fur toutes fortes de perfonnes travaillant ou trafiquant en matières ou ouvrages d'or ou d'argent dans toute l'étendue du royaume.

Les généraux avoient auffi, par prévention à tous juges ordinaires, la jurifdiction fur les faux-monnoyeurs, rogneurs des *monnoies*, & altérateurs d'icelles.

Pour fceller leurs lettres & jugemens ils fe fervoient chacun de leur fceau particulier, dont l'appofition à queue pendante rendoit leurs expéditions exécutoires par tout le royaume ; on croit même qu'ils ont ufé de ces fceaux jufqu'au temps où ils ont été érigés en cour fouveraine.

Ils commettoient auffi aux offices particuliers des *monnoies*, qui fe trouvoient vacans, ceux qu'ils en jugeoient capables, jufqu'à ce qu'il y eut été pourvu par le roi.

Les généraux des *monnoies* jugeoient fouverainement, même avant l'érection de leur cour en cour fouveraine, excepté en matière criminelle, où l'appel de leurs jugemens étoit attribué au parlement de Paris ; le roi leur donnoit pourtant quelquefois le droit de juger fans appel, même dans ce cas, ainfi qu'il paroît par différentes lettres-patentes.

La chambre des *monnoies* étoit en telle confidération, que les généraux étoient appellés au confeil du roi lorfqu'il s'agiffoit de faire quelques réglemens fur les *monnoies*.

Nos rois venoient même quelquefois prendre féance dans cette chambre, comme on voit par des lettres du roi Jean du 3 feptembre 1364, lef-

quelles font données en la chambre des *monnoies* le roi y féant ; & lorfque Philippe de Valois partant pour fon voyage de Flandres, laiffa à la chambre des comptes le pouvoir d'augmenter & diminuer le prix des *monnoies*, ce furent en particulier les généraux des *monnoies* qui donnèrent aux officiers des *monnoies* les mandemens & ordres néceffaires en l'abfence du roi.

Louis XII, en confirmant leur jurifdiction à fon avénement à la couronne, les qualifia de *cour*, quoiqu'ils ne fuffent point encore érigés en cour fouveraine, ne l'ayant été qu'en 1551.

Plufieurs généraux des *monnoies* furent élus prevôts des marchands de la ville de Paris, tels que Jean Culdoé ou Cadoé en 1355, Pierre Deflandes en 1438, Michel de la Grange en 1466, Nicolas Potier en 1500, Germain de Marle en 1502 & 1526, & Claude Marcel en 1570.

Anciennement il n'y avoit qu'un même procureur du roi pour la chambre des comptes, les généraux des *monnoies*, & les tréforiers des finances, attendu que ces trois corps compofoient enfemble un corps mixte ; mais depuis leur féparation il y eut un procureur du roi pour la chambre des *monnoies* : on ne trouve point fa création, mais il exiftoit dès 1392.

L'office d'avocat du roi ne fut établi que vers l'an 1436, auparavant il étoit exercé par commiffion.

Celui de greffier en chef exiftoit dès l'an 1296, fous le titre de *clerc des monnoies*, & ce ne fut qu'en 1448 qu'il prit la qualité de greffier.

Au mois de janvier 1551 la chambre des *monnoies* fut érigée en cour & jurifdiction fouveraine & fupérieure, comme font les cours de parlemens, pour juger, par arrêt & en dernier reffort, toutes matières, tant civiles que criminelles, dont les généraux avoient ci-devant connu ou dû connoître, foit en première inftance ou par appel des gardes, prévôt, & confervateurs des privilèges des mines.

Le même édit porte qu'on ne pourra fe pourvoir contre les arrêts de cette cour que par la voie de propofition d'erreur (à laquelle a fuccédé celle de requête civile) ; que les gens de la cour des *monnoies* jugeront eux-mêmes s'il y a erreur dans leurs arrêts en appellant avec eux quelques-uns des gens du grand-confeil, cour de parlement ou généraux des aides jufqu'au nombre de dix ou douze.

Ils devoient, fuivant cet édit, être au moins neuf pour rendre un arrêt ; & au cas que le nombre ne fût pas complet, emprunter des juges dans les trois autres cours dont on vient de parler, auxquelles il eft enjoint de venir à leur invitation, fans qu'il foit befoin d'autre mandement.

Dans la fuite il a été ordonné qu'ils feroient dix pour rendre un arrêt ; & le nombre des préfidens & confeillers de la cour des *monnoies* ayant été beaucoup augmenté, ils n'ont plus été dans le cas d'avoir recours à d'autres juges.

Le même édit de 1551, en créant un fecond

préfident & trois généraux, ordonna que les préfidens ne pourroient être que de robe-longue, & qu'entre les généraux il y en auroit au moins fept de robe-longue; depuis par une déclaration du 29 juillet 1637, il fut ordonné qu'à mefure que les offices de confeillers vaqueroient, ils feroient remplis par des gradués.

Depuis ce temps il y a eu encore diverfes autres créations, fuppreffions, & rétabliffemens d'offices dont le détail feroit trop long: il fuffit de dire qu'en exécution d'un édit du mois de juillet 1778, cette cour eft préfentement compofée d'un premier préfident, de cinq autres préfidens, de deux confeillers d'honneur, de vingt-huit confeillers, qui font tous officiers de robe-longue, & dont deux font contrôleurs-généraux du bureau des monnoies de France établi en ladite cour, où ils ont féance du jour de leur réception après le doyen, chacun dans leur femeftre.

Il y a auffi des commiffaires en titre pour faire les vifites dans les provinces de leur département; ces commiffions font au nombre de dix, lefquelles font remplies par les préfidens & confeillers de ladite cour.

Outre les officiers ci-deffus, il y a encore deux avocats-généraux, un procureur-général, deux fubftituts, un greffier en chef, lequel eft fecrétaire du roi près ladite cour, deux commis du greffe, un receveur des amendes, un premier huiffier-audiencier, & quinze autres huiffiers ordinaires, un receveur-général des boîtes des monnoies, lequel eft tréforier-payeur des gages, ancien, alternatif & triennal des officiers de ladite cour, comme auffi trois contrôleurs dudit receveur-général.

Son établiffement en titre de cour fouveraine fut confirmé par édit du mois de feptembre 1570, par lequel le roi ôta toutes les modifications que les cours avoient pu apporter à l'enregiftrement de l'édit de 1551.

Ses droits & privilèges ont encore été confirmés & amplifiés par divers édits & déclarations, notamment par un édit du mois de juin 1635.

La cour des monnoies jouit du droit de committimus, du droit de franc-falé, & autres droits attribués aux cours fouveraines.

Elle a rang dans toutes les cérémonies publiques, immédiatement après la cour des aides.

La robe de cérémonie des préfidens eft de velours noir; celle des confeillers, gens du roi & greffier en chef eft de fatin noir; ils s'en fervent dans toutes les cérémonies publiques, à l'exception des pompes funèbres des rois, reines, princes & princeffes, où, en qualité de commenfaux, ils confervent leurs robes ordinaires avec chaperons, comme une marque du deuil qu'ils portent.

Par un édit du mois de mars 1719, regiftré tant au parlement qu'en la chambre des comptes & cour des aides, le roi a accordé la nobleffe aux

officiers de la cour des monnoies au premier degré, à l'inftar des autres cours.

L'édit de 1570 ordonna que les officiers de cette cour ferviroient alternativement, c'eft-à-dire, la moitié pendant une année, l'autre moitié l'année fuivante; mais par un autre édit du mois d'octobre 1647, cette cour a été rendue femeftre. Aujourd'hui le fervice de ces officiers eft ordinaire. Leurs féances s'ouvrent le lendemain de faint Martin, & finiffent au 7 feptembre de chaque année.

La chambre des vacations commence fes féances le 9 du même mois, & les continue jufqu'au 27 octobre. Elle eft compofée de deux préfidens à tour de rôle, & dix confeillers, dont cinq font pris parmi les plus anciens, & cinq parmi les moins anciens, à commencer par les derniers reçus, fuivant des commiffions que le roi eft expédier chaque année par des lettres-patentes adreffées à la cour.

La cour des monnoies a, fuivant fa création, le droit de connoître en dernier reffort & toute fouveraineté, privativement à toutes cours & juges, du travail des monnoies, des fautes, malverfations & abus commis par les maîtres, gardes, tailleurs, effayeurs, contre-gardes, prévôts, ouvriers, monnoyeurs & ajufteurs, changeurs, affineurs, départeurs, batteurs, tireurs d'or & d'argent, cueilleurs & amaffeurs d'or de paillole, orfèvres, jouailliers, mineurs, tailleurs de gravures, balanciers, fourbiffeurs, horlogers, couteliers, & autres faifant fait des monnoies, circonftances & dépendances d'icelles, ou travaillans & employans les matières d'or & d'argent, en ce qui concerne leur charges & métiers, rapports & vifitations d'iceux.

Les ouvriers qui font des vaiffeaux de terre réfiftans au feu à fec, propres à la fonte des métaux, font auffi foumis à fa jurifdiction.

Les particuliers qui veulent établir des laboratoires deftinés à la fufion des métaux, doivent en obtenir la permiffion, & faire enregiftrer leurs brevets en la cour des monnoies.

Elle a droit, de même que les juges qui lui font fubordonnés, de connoître des matieres de fa compétence, tant au civil qu'au criminel, & de condamner à toutes fortes de peines afflictives, même à mort. Elle connoît par prévention & par concurrence avec les baillis, fénéchaux, prévôts des maréchaux, & autres juges, des faux-monnoyeurs, billonneurs, rogneurs & altérateurs de monnoie, alchymiftes, tranfgreffeurs des ordonnances fur le fait des monnoies de France & étrangères.

L'article 6 de l'édit de juillet 1778 a attribué à chacun des préfidens de la cour des monnoies, quatre mille livres de gages, & dix-huit cens livre à chacun des confeillers: ces gages font fujets à la retenue du dixième: le doyen de la cour jouit d'ailleurs d'une penfion de mille livres: il y en a deux autres de cinq cens livres chacune, que le roi s'eft réfervé d'accorder à ceux d'entre les officiers de la cour, qui auront mérité cette diftinction par leur zèle & leurs fervices ; quant aux groffes & menues épices , & autres émolumens quelconques, ils doivent être répartis proportionnément à l'ufage obfervé dans la cour des *monnoies.*

Les jours d'audience font les mercredis & famedis ; & ceux que M. le premier préfident veut accorder extraordinairement : les autres jours font employés aux affaires de rapport.

Dans les audiences, les juges fe mettent fur les hauts fièges, lorfqu'il eft queftion d'appel des fentences des premières jurifdictions : & lorfque ce font des affaires en première inftance, ils fe mettent fur les bas fièges.

Le reffort de la cour des *monnoies* de Paris s'étendoit dans fon origine fur tout le royaume. Louis XIV en démembra quelques provinces, lorfque par édit du mois de juin 1704, il créa une cour des *monnoies* à Lyon ; mais comme celle-ci a été fupprimée par édit du mois d'août 1771, & fa jurifdiction réunie à la cour des *monnoies* de Paris, cette dernière eft aujourd'hui le feul tribunal du royaume, connu fous cette dénomination ; fi ce n'eft cependant la chambre des comptes de Lorraine, qui fe qualifie en même temps , cour des aides , & cour des *monnoies.*

La cour des *monnoies* a encore , entre autres prérogatives, celle d'être dépofitaire de l'étalon ou poids original de France , qui eft confervé dans un coffre fermé à trois ferrures & clefs différentes.

Le poids original pèfe 50 marcs , & contient toutes fes différentes parties ; c'eft fur ce poids qu'on étalonne tous ceux du royaume, en préfence d'un confeiller.

En 1529 l'empereur Charles V ayant voulu conformer le poids du marc de l'empire pour les Pays-Bas, au poids royal de France , envoya un de fes généraux des *monnoies,* pour en demander permiffion au roi ; & les lettres de créance lui ayant été expédiées à cet effet, la vérification & l'étalonnement furent faits en préfence du préfident & des généraux des *monnoies :* la même vérification a encore eu lieu en 1756, ainfi que nous l'avons dit fous le *mot* ÉTALON.

Généraux provinciaux des monnoies. Les généraux provinciaux fubfidiaires des *monnoies*, font des officiers établis pour veiller dans les provinces de leur département, fous l'autorité des cours des *monnoies* auxquelles ils font fubordonnés, à l'exécution des ordonnances & des réglemens fur le fait des *monnoies*, ainfi que fur tous les ouvriers jufticiables d'icelles, qui emploient les matières d'or & d'argent, & fabriquent les différens ouvrages compofés de ces matières précieufes.

Ils connoiffent de toutes les tranfgreffions aux ordonnances & réglemens, ainfi que de toutes les contraventions qui peuvent être commifes par lefdits jufticiables, à la charge de l'appel dans les cours des *monnoies* auxquelles ils reffortiffent ; ils préfident aux jugemens qui font rendus dans les jurifdictions ou fièges établis dans les hôtels des

monnoies, & font tenus de faire exactement des chevauchées dans les provinces de leur département, à l'effet de découvrir les différens abus, délits & malverfations qui peuvent fe commettre fur le fait des *monnoies* & des matières & ouvrages d'or & d'argent.

Ils connoiffent des mêmes matières, & ont la même jurifdiction en première inftance, que les cours des *monnoies* dans lefquelles ils ont entrée, féance & voix délibérative, le jour de leur réception, & toutes les fois qu'il s'y juge quelque affaire venant de leur département, ou qu'ils ont quelque chofe à propofer pour le bien du fervice & l'intérêt public.

On les appelle *fubfidiaires,* parce qu'ils repréfentoient en quelque façon les généraux des *monnoies,* & qu'ils repréfentent encore dans les provinces les commiffaires des cours des *monnoies,* qui, étant obligés de réfider continuellement pour vaquer à leurs fonctions, ne peuvent faire des tournées & chevauchées auffi fouvent qu'il feroit à défirer pour la manutention des réglemens ; auffi ont-ils droit dans les provinces de leur département, comme les commiffaires defdites cours, de juger en dernier reffort des accufés de crime de fabrication, expofition de fauffe-*monnoie*, rognure & altération d'efpèces , & autres crimes de jurifdiction concurrente, lorfqu'ils ont prévenu les autres juges & officiers royaux.

Ces officiers furent inftitués originairement dans les provinces de Languedoc , Guienne , Bretagne, Normandie , Bourgogne , Dauphiné & Provence, pour régir & gouverner les *monnoies* particulières des anciens comtes & ducs de ces provinces, qui, ayant un coin particulier pour les *monnoies* qu'ils faifoient frapper, avoient befoin d'un officier particulier pour la police & le gouvernement de leurs *monnoies* particulières, dont le travail étoit jugé par les généraux-maîtres des *monnoies* à Paris.

Ils étoient auffi dès-lors chargés du foin de faire obferver les ordonnances du roi fur le fait des *monnoies,* & ils étoient dès-lors appellés *fubfidiaires,* parce qu'ils étoient foumis en tout aux généraux des *monnoies* dont ils étoient jufticiables, & ne connoiffoient que fubfidiairement à eux des matières qui leur étoient attribuées.

Ils étoient mis & établis par l'autorité des rois, & fi les feigneurs de ces provinces les nommoient & préfentoient, ils étoient toujours pourvus par le roi, & reçus par les généraux de la chambre des *monnoies* en laquelle reffortiffoit l'appel de leurs jugemens.

Plufieurs de ces officiers avoient été deftitués en différens temps, & il n'avoit point été pourvu à leurs offices : en 1522 il n'en reftoit plus que trois, dont un en Languedoc & Guienne, un en Dauphiné, & le troifième en Bourgogne ; & comme ces offices étoient devenus affez inutiles par la réunion que les rois avoient faite des *monnoies* particulières des feigneurs, & qu'ils caufoient quelquefois du trouble & empêchement aux commiffaires & députés de la

chambre des *monnoies*, lorſqu'ils faiſoient leurs chevauchées dans les provinces, Henri II les ſupprima
en tout par édit du mois de mars. 1549.

Ils furent rétablis au nombre de ſept, par édit du
roi Henri III du mois de mai 1577, pour faire leur
principale réſidence ès villes & provinces dans leſquelles étoient établis les parlemens de Languedoc,
Guienne, Bretagne, Normandie, Bourgogne,
Dauphiné & Provence; cet édit leur attribua les
mêmes pouvoir & juriſdiction qui avoient été attribués aux généraux de la cour des *monnoies* de Paris,
par l'édit de Charles IX, de l'année 1570, lorſqu'ils
font leurs chevauchées dans les provinces; & ordonna que ceux qui ſeroient pourvus deſdits offices,
ſeroient reçus en ladite cour & y auroient entrée,
ſéance & voix délibérative en toutes matières de
leur connoiſſance, & quand ils s'y trouveroient.
pour le fait de leurs charges.

Ces ſept offices ont été ſupprimés par édit du mois
de juin 1696; mais le même édit porte création de
28 autres généraux provinciaux ſubſidiaires des
monnoies, avec les mêmes honneurs, droits, pou-
voirs & juriſdiction portés par l'édit du mois de mai
1577, ſavoir :
Un pour la ville & généralité de Rouen :
Un pour les villes de Caën & Alençon :
Un pour la ville & diocèſe de Rennes, & ceux de
Dol, Saint-Malo, Saint-Brieux, Treguier & Saint-
Paul-de-Léon :
Un pour la ville & diocèſe de Nantes & ceux de
Vannes & Cornouailles :
Un pour la ville de Tours, la Touraine & l'Or-
léanois :
Un pour la ville d'Angers & pour les provinces
d'Anjou & Maine :
Un pour la ville & généralité de Limoges :
Un pour la ville & généralité de Bourges &
Nivernois :
Un pour la ville & généralité de Poitiers :
Un pour la ville de la Rochelle, le pays d'Aunis
& la province de Xaintonge :
Un pour la ville de Bordeaux, Périgueux, Agen,
Condom & Sarlat :
Un pour la ville de Bayonne, élection d'Acqs,
le pays du Soule & de Labour, & le comté de
Marſan :
Un pour la ville de Pau & le reſſort du parlement :
Un pour la ville & diocèſe de Toulouſe, &
ceux de Mirepoix, Alby, Lavaur, Comminges,
Montauban, Pamiers, Conſerans, Lectoure,
Auſch, Lombez, Cahors, Rhodès & Vabres :
Un pour la ville & diocèſe de Narbonne, & ceux
de Beziers, Agde, Lodève, Saint-Pons, Carcaſ-
ſonne, Saint-Papoul, Caſtres, Aleth & Limoux :
Un pour la ville & diocèſe de Montpellier, &
ceux de Niſmes, Alais, Viviers, le Puy, Uzès &
Mende :
Un pour la ville de Lyon, le Lyonnois & les
pays de Forez & de Beaujolois :

Un pour la ville de Grenoble, le Dauphiné, la
Savoie & le Piémont :
Un pour la ville & reſſort du parlement d'Aix :
Un pour la ville de Riom & les provinces d'Au-
vergne & de Bourbonnois :
Un pour la ville & reſſort du parlement & cham-
bre des comptes de Dijon :
Un pour la ville & reſſort du parlement de
Beſançon :
Un pour la ville & reſſort du parlement de Metz,
ville & province de Luxembourg :
Un pour la ville & généralité d'Amiens, le Bou-
lonnois & le pays conquis & reconquis :
Un pour la ville de Lille, la province d'Artois,
& les pays nouvellement conquis en Flandres &
Hainaut, ou cédés par les derniers traités :
Un pour la ville de Reims & les élections de
Reims, Châlons, Epernay, Rethel, Sainte-Mene-
hould & le Barrois :
Un pour la ville de Troye, Sézanne, Langres,
Chaumont, Bar-ſur-Aube & Vitry-le-François :
Et un pour les villes & provinces d'Alſace, &
autres lieux de la frontière d'Allemagne :
Le même édit ordonne qu'ils ſeront gradués &
reçus en la cour des *monnoies*. Le jour de leur réception ils y ont entrée, ſéance, & voix délibérative,
après le dernier conſeiller : ils y entrent également
toutes les fois qu'il s'y juge quelque affaire venant
de leur département, ou qu'ils ont quelque choſe
à proposer pour le bien du ſervice & l'intérêt
public.
Ils connoiſſent, de même que les commiſſaires des
cours des *monnoies*, par prévention & concurrence
avec les baillifs, ſénéchaux, officiers des préſidiaux,
juges-gardes des *monnoies*, & autres juges royaux,
du billonnage, altération de *monnoies*, fabrication
& expoſition de fauſſe-monnoie; & peuvent juger de
ces matières en dernier reſſort, en appellant le
nombre de gradués ſuffiſant.
Ils connoiſſent auſſi par concurrence avec leſdits
commiſſaires & juges-gardes des *monnoies*, & jugent
ſeuls, ou avec leſdits juges-gardes, de toutes les
matières tant de la juriſdiction privative que cumulative, où il n'échet de prononcer que des amendes,
confiſcations ou autres peines pécuniaire, à la charge
de l'appel eſdites cours des *monnoies*.
Ils ſont les chefs des juriſdictions des *monnoies*
de leur département; ils ont droit d'y préſider; les
juges-gardes ſont tenus de les appeller au jugement
des affaires qu'ils ont inſtruites, & les jugemens
qu'ils ont rendus, ou auxquels ils ont préſidé, ſont
intitulés de leurs noms.

Juriſdiction des monnoies. Les juriſdictions des
monnoies ſont des juſtices royales, établies dans
différentes villes du royaume, pour connoître en
première inſtance du fait des *monnoies*, des matières
d'or & d'argent, & de tous les ouvriers employés à
la fabrication deſdites *monnoies*, ou aux différens
ouvrages d'or & d'argent.
Les officiers qui compoſent ces juriſdictions, ſont
le

r général provincial fubfidiaire dans le département duquel fe trouve la jurifdiction ; deux juges-gardes, qui, en l'abfence du général provincial, & concurremment avec lui, peuvent faire toutes les inftructions & connoître des mêmes matières ; un contrôleur contre - garde qui remplit les fonctions des juges en leur abfence ; un garde - fcel ; un avocat & un procureur du roi ; un greffier ; un premier huiffier & deux autres huiffiers.

Les procureurs des jurifdictions royales y occupent.

L'établiffement des juges-gardes eft fort ancien ; ils réuniffent aujourd'hui toutes les fonctions & jurifdiction qu'avoient autrefois les gardes & prévôts des monnoies.

Les gardes & contre-gardes des monnoies furent établis par Charles-le-Chauve, dans chacune des villes où les monnoies du roi étoient établies ; il y en avoit auffi dans les monnoies des feigneurs particuliers ; les uns & les autres étoient pourvus par le roi, fur la nomination des feigneurs, ou des villes dans lefquelles les monnoies étoient établies ; & lorfque ces places étoient vacantes, il y étoit commis par les généraux-maîtres des monnoies, comme il eft encore aujourd'hui commis à l'exercice de ces charges par les cours des monnoies, lorfqu'elles fe trouvent vacantes, jufqu'à ce qu'il y ait été pourvu ou commis par le roi.

L'édit du mois de mai 1577, avoit uni les offices de gardes & de contre - gardes à ceux de prévôts royaux des monnoies ; mais ces mêmes offices furent rétablis par l'édit du mois de juillet 1581, qui fupprima les prévôts royaux, & rendit les autres héréditaires.

Les juges-gardes connoiffent en l'abfence du général provincial, concurremment avec lui, privativement à tous autres officiers, de l'examen & réception des changeurs, batteurs & tireurs d'or, ainfi que des afpirans à la maîtrife d'orfèvrerie, de leurs cautions, de l'élection de leurs jurés, de l'infculpation de leurs poinçons, & de ceux des fourbiffeurs, horlogers, graveurs fur métaux, & tous autres ouvriers qui travaillent & emploient les matières d'or & d'argent, chez lefquels ils ont droit de vifite ; de toutes les malverfations dont pourront être par eux commifes, même des entreprifes de tous ceux qui ont des fourneaux, & fe mêlent de fontes & diftillations fans y être autorifés par état ou par lettres du roi enregiftrées dans les cours des monnoies ; & généralement de tout ce qui concerne le titre, bonté, alliage des matières, marques & poinçons qui doivent être fur les ouvrages, & de l'abus defdits poinçons ; à l'effet de quoi les jurés des communautés d'orfèvres & autres ouvriers travaillans en or & en argent, doivent porter devant eux les procès-verbaux & rapport des vifites & faifies qu'ils peuvent faire, ainfi que le fermier de la marque d'or & d'argent, pour être par eux jugés fur le titre & les marques de tous les ouvrages faifis par les uns ou par les autres.

Jurifprudence. Tome VI.

Ils connoiffent auffi, en l'abfence du général provincial, & concurremment avec lui & autres juges royaux, des crimes de billonnage, altération des monnoies, fabrication, expofition de fauffe-monnoie, & autres de jurifdiction concurrente.

Ils connoiffent feuls & privativement aux généraux provinciaux, de la police intérieure des monnoies, & du travail de la fabrication des efpèces dont ils font les délivrances aux maîtres ou directeurs particuliers d'icelles, ainfi que du paraphe des regiftres que tiennent tous les officiers & ouvriers employés à ladite fabrication ; & ils font dépofitaires des poinçons, matrices & carrés fur lefquels les efpèces font monnoyées.

v Outre les officiers dont nous venons de parler, il en exifte d'autres dans les jurifdictions & hôtels des monnoies, auxquels la police & les détails de la fabrication des efpèces font confiés : ces officiers font le directeur, les deux juges-gardes, le contrôleur contre-garde, les effayeurs & graveurs.

Le directeur eft chargé de la recette des efpèces & matières que le public apporte au change, & de leur converfion en efpèces ; il en rend compte au tréforier-général des monnoies : il réunit auffi la qualité de tréforier particulier.

Les deux juges - gardes, & le contrôleur contregarde, outre les fonctions de juges qu'ils rempliffent dans la jurifdiction des monnoies, font encore établis pour veiller à toutes les opérations relatives à la fabrication des monnoies, & à la comptabilité du directeur, ils jouiffent en conféquence de certains droits qui leur ont été attribués, fur chaque marc converti en efpèces.

Les effayeurs font chargés de conftater par des effais, le titre des efpèces, ouvrages & matières, que l'on apporte au change, & de vérifier fi les matières préparées par les directeurs, pour être monnoyées, font aux titres fixés par les ordonnances & réglemens.

Les graveurs gravent les carrés, poinçons & matrices, que l'on emploie pour la marque des monnoies & médailles : les édits de création de leurs offices leur ont accordé, ainfi qu'aux effayeurs, une rétribution déterminée fur chaque marc de matières converties en efpèces, au moyen de laquelle ils n'ont rien de plus à prétendre pour raifon de leur travail, & des dépenfes qu'il exige.

D'après la difpofition de l'*article 12* de l'édit de février 1772, nul ne peut être pourvu d'un office dans les monnoies, fans en avoir obtenu l'agrément du contrôleur-général des finances.

Prévôté générale des monnoies. La prévôté générale des monnoies eft une compagnie d'ordonnance créée & établie par édit du mois de juin 1635, pour faciliter l'exécution des édits & réglemens fur le fait des monnoies, prêter main-forte aux députés de la cour des monnoies, tant en la ville de Paris que hors d'icelle, & dans toute l'étendue du royaume, & exécuter les arrêts de ladite cour & ordonnances de fes commiffaires, ainfi que les commiffions qui peuvent être adreffées par elle aux officiers de ladite prévôté.

Cette compagnie eft affimilée, & jouit des mêmes honneurs & avantages que les autres maréchauffées du royaume.

Elle étoit originairement compofée d'un petit nombre d'officiers créés par l'édit de 1635 ; elle a été augmentée depuis en différens temps par différentes créations d'officiers & archers, tant pour le fervice de ladite cour que pour la jurifdiction.

Elle eft actuellement compofée d'un prévôt, fix lieutenans, deux guidons ayant rang de lieutenans, dix exempts, un procureur du roi, un greffier en chef, un premier huiffier-audiencier, & quatre cens archers qui ont droit d'exploiter par tout le royaume.

Les fonctions & le titre de l'affeffeur & du procureur du roi ont été unis aux charges de fubftituts du procureur-général de la cour des *monnoies*, en laquelle tous ces officiers doivent être reçus, à l'exception feulement des greffiers, huiffiers & archers, qui font reçus par le prévôt, & prêtent ferment entre les mains.

Cette compagnie a auffi une jurifdiction qui lui a été attribuée par fon édit de création, & confirmée depuis par différens arrêts du confeil, réglés ainfi qu'il fuit :

Le prévôt général des *monnoies* & les officiers de ladite prévôté peuvent connoître par prévention & concurrence avec les généraux-provinciaux, juges-gardes & autres officiers des *monnoies*, prévôts des maréchaux, & autres juges royaux, même dans la ville de Paris, des crimes de fabrication & expofition de fauffe-*monnoie*, rognure & altération d'efpécés, billonnage, & autres crimes de jurifdiction concurrente, pour raifon defquels il peut informer, décréter, & faire toutes inftructions & procédures néceffaires jufqu'à jugement définitif exclufivement, fans pouvoir cependant ordonner l'élargiffement des prifonniers arrêtés en vertu de fes décrets ; & à la charge d'apporter toutes lefdites procédures & inftructions en la cour des *monnoies*, à l'effet d'y être réglées à l'extraordinaire, s'il y a lieu, & être jugées définitivement lorfque le procès a été inftruit dans l'étendue de la ville, prévôté, vicomté & monnoie de Paris, ou aux préfidiaux les plus prochains, lorfque lefdits procès ont été inftruits hors ladite étendue.

Il connoît par concurrence avec lefdits généraux-provinciaux, juges-gardes, & autres officiers des *monnoies*, & privativement à tous autres prévôts & juges, des délits, abus & malverfations qui, dans l'étendue du reffort de la cour des *monnoies* de Paris, peuvent être commis par les jufticiables d'icelle, chez lefquels ils peuvent faire vifites & perquifitions pour ce qui concerne la fonte, l'alliage des matières d'or & d'argent, les marques qui doivent être fur leurs ouvrages, & autres contraventions aux réglemens, à l'exception cependant de ceux qui demeurent en la ville de Paris, chez lefquels

ils ne peuvent fe tranfporter fans y être autorifés par ladite cour ; & il peut juger lefdits abus, délits, & malverfations jufqu'à fentence définitive & inclufivement, fauf l'appel en icelle.

Il ne peut néanmoins connoître, dans l'intérieur des hôtels des *monnoies*, des abus, délits & malverfations qui pourroient être commis par les officiers & ouvriers employés à la fabrication des efpèces, ni des vols des matières qui feroient faits dans lefdites hôtels des *monnoies*.

Il peut auffi connoître des cas prévôtaux autres que ceux concernant les *monnoies*, fuivant l'édit de fa création, concurremment avec les autres prévôts des maréchaux ; on doit cependant obferver que par arrêt du confeil du 6 février 1685, contradictoire entre lui & le prévôt de l'île de France, il ne peut en connoître dans la ville de Paris, ni dans l'étendue de l'île de France.

Le prévôt général des *monnoies* a auffi le droit de correction & difcipline fur les officiers & archers de fa compagnie, fauf l'appel en la cour des *monnoies*, à laquelle il appartient de connoître de toutes les conteftations qui peuvent naître entre lui ou autres fes officiers & archers pour raifon des fonctions de leurs offices.

Il a entrée & féance en la cour des *monnoies* après le dernier confeiller d'icelle, le jour de fa réception, ainfi qu'au rapport des procédures inftruites par lui ou par fes lieutenans, & toutes les fois qu'il eft mandé & qu'il a quelque chofe à repréfenter pour le fervice du roi ou les fonctions de fa charge, mais fans avoir voix délibérative.

Le prévôt général des *monnoies* a encore le droit de connoître des duels, fuivant la difpofition de l'édit de 1669.

Il n'eft point obligé de faire juger fa compétence comme les autres prévôts des maréchaux, mais feulement lorfqu'elle lui eft conteftée ; & c'eft à la cour des *monnoies* qu'il appartient de la juger.

Le prévôt général des *monnoies* étoit créé pour toute l'étendue du royaume, & a été feul prévôt des *monnoies* jufqu'en l'année 1704, qu'il a été créé & établi une feconde prévôté des *monnoies* pour le reffort de la cour des *monnoies* de Lyon, à l'inftar de celle ci-deffus.

Ces prévôts généraux des *monnoies* ne doivent point être confondus avec les anciens prévôts des *monnoies* dont il va être parlé ci-après.

Prévôts des monnoies. Il y avoit, dès le commencement de la troifième race de nos rois, des prévôts des *monnoies* qui avoient infpection fur tous les monnoyeurs & ouvriers des *monnoies* ; dans la fuite il y en eut deux dans chaque *monnoie*, l'un pour les monnoyers, qu'on appelle aujourd'hui *monnoyeurs*, & l'autre pour les ouvriers, qu'on appelle aujourd'hui *ajufteurs*.

Il eft à remarquer que les monnoyers & ouvriers qui ajuftent & monnoyent les efpèces qui fe fabriquent dans les *monnoies*, ne peuvent y être admis, qu'en juftifiant de leur filiation & du droit que la naiſſance leur en a donné de père en fils ; & il faut bien les diſtinguer des autres ouvriers ou journaliers, gens de peine & à gages, qui ſont employés dans les *monnoies*.

Ces prévôts des monnoyeurs & ouvriers étoient élus chacun dans leur corps, & non-ſeulement en avoient la direction, mais encore l'exercice de la juſtice tant civile que criminelle, ſur ceux du corps auquel ils étoient prépoſés : ce droit leur étoit attribué par d'anciennes ordonnances, & ils furent maintenus juſqu'en l'année 1548, que, par édit du mois de novembre, ils furent ſupprimés, & en leur place il fut créé dans chaque *monnoie* un ſeul prévôt avec un greffier, lequel prévôt avoit l'inſpection ſur les monnoyers & ouvriers, & la connoiſſance de tout-ce qui concernoit la *monnoie*, avec l'exercice de la juſtice.

En 1555 il fut créé en chacune des *monnoies* un procureur du roi & deux ſergens, ce qui formoit un corps de juriſdiction.

Cet établiſſement ſouffrit quelques difficultés avec les gardes des *monnoies* ; & enfin par édit du mois de juillet 1581, les prévôts furent entièrement ſupprimés, & les offices des gardes furent rétablis ; & depuis ce temps ce ſont les gardes qu'on appelle aujourd'hui *juges-gardes des monnoies*, qui ont toute la juriſdiction dans l'étendue de leur département, & qui connoiſſent de toutes le matières, dont la connoiſſance appartient à la cour des *monnoies*.

Les monnoyers & ouvriers ont cependant continué d'élire entre eux des prévôts, mais qui n'ont plus que la police & la diſcipline de leurs corps, pour obliger ceux d'entre eux au travail & les y contraindre par amendes, même par privation ou ſuſpenſion de leurs droits.

Au mois de janvier 1705, il fut créé des charges de prévôts & lieutenans des monnoyeurs & ajuſteurs ; mais elles furent ſupprimées peu de temps après, & réunies au corps des monnoyeurs & ajuſteurs, qui, depuis ce temps, ont continué d'élire leurs prévôts & lieutenans à vie, leſquels ſont reçus & prêtent ſerment en la cour des *monnoies*. (*A*)

Hôtels des monnoies. Avant l'édit du mois de juin 1738, il exiſtoit dans le royaume trente *hôtels des monnoies*, où l'on fabriquoit des eſpèces. La *monnoie* d'Angers ayant été ſupprimée à cette époque, le nombre s'en eſt trouvé réduit à vingt-neuf. Une nouvelle ſuppreſſion de treize *monnoies*, ordonnée par l'édit de février 1772, le réduiſit à ſeize : une déclaration du 22 ſeptembre de la même année a rétabli celle de Toulouſe, enſorte qu'il exiſte aujourd'hui dix-ſept *hôtels des monnoies*, qui ſont en activité. Ces *hôtels* ſont : Paris, Rouen, Lyon, la Rochelle, Limoges, Bordeaux, Bayonne, Toulouſe, Montpellier, Perpignan, Orléans, Nantes, Aix, Metz, Strasbourg, Lille & Pau.

Les treize *hôtels* ſupprimés ſont : Caen, Tours, Angers, Poitiers, Riom, Dijon, Reims, Troyes, Amiens, Bourges, Grenoble, Rennes & Beſançon.

On ne fabrique plus d'eſpèces dans ces différentes villes, mais on y a conſervé la juriſdiction, parce qu'on a penſé que l'exiſtence des officiers qui la compoſent étoit néceſſaire pour maintenir, dans les provinces où elles ſont établies, l'exécution des ordonnances & réglemens concernant le fait de la *monnoie*, & la police des communautés d'arts & métiers qui travaillent ſur les matières d'or & d'argent, en tout ce qui eſt de la compétence de la *cour des monnoies*.

Avant la réunion de la Lorraine, il y avoit à Nantes *un hôtel des monnoies*, où les anciens ducs faiſoient frapper de la *monnoie* à leurs coins. Depuis le roi Staniſlas, il n'en a été fait uſage que pour y fabriquer des médailles. Un édit du mois de février 1782, y a créé une juriſdiction des *monnoies* pour connoître en première inſtance, dans les duchés de Lorraine & de Bar, des affaires dont la connoiſſance appartiendra à la *cour des monnoie*. Les officiers de ce ſiége n'étoient pas encore pourvus au commencement de cette année (1785).

La *monnoie* de Paris a été établie par Charles-le-Chauve en 864. Les pièces qui y ſont fabriquées ſont diſtinguées par la lettre *A*. Les vingt-ſix monnoyeurs, & les vingt-ſept ajuſteurs qui y ſont attachés, jouiſſent du privilège de tranſmettre leur état à leurs enfans. Nul ne peut y être admis, s'il n'eſt d'eſtoc & ligne ; les aînés ſont monnoyeurs, les cadets ſont ajuſteurs. Les filles ont le droit d'y être reçues ſous le nom de tailléreſſes : elles tranſmettent à leurs enfans mâles le droit d'être reçus monnoyeurs & ajuſteurs. Ces officiers conſervent cet état dans leurs familles depuis plus de ſix cens ans : ils jouiſſent de pluſieurs privilèges, qui ont été renouvellés & confirmés par des lettres-patentes en forme d'édit, du mois d'octobre 1782.

L'époque de la création de la *monnoie* de Rouen remonte à l'an 864 ; la lettre *B* déſigne les *monnoies* qui y ſont fabriquées. Sa juriſdiction s'étend ſur toutes les villes de la généralité de Rouen.

La *monnoie* de Lyon a été établie par lettres-patentes du 13 décembre 1415, la marque de ſes eſpèces eſt un *D*.

La *monnoie* de la Rochelle doit ſon établiſſement au roi Jean en 1360. Elle a ſous ſon reſſort la Rochelle, Rochefort, Coignac, Daligre, ci-devant Marans, Xaintes, S. Jean-d'Angely & Marennes. *H* eſt la lettre qui lui eſt affectée.

On fabriquoit, dès le ſixième ſiècle, des *monnoies* à Limoges, & on a continué d'y en fabriquer ſous la ſeconde & au commencement de la troiſième race de nos rois. Mais ſon *hôtel des monnoies*, tel qu'il ſubſiſte aujourd'hui, n'a été établi qu'en 1371, & il exerce ſa juriſdiction ſur le haut & bas Limouſin & ſur l'Angoumois. Il diſtingue ſes *monnoies* par un *I*.

Il exiſte quelques eſpèces fabriquées à Bordeaux ſous Charlemagne ; mais cependant il paroît qu'on doit rapporter l'établiſſement de ſon *hôtel des mon-*

noies au capitulaire de Charles-le-Chauve-du-mois de juillet 864. Les espèces qui y sont travaillées portent l'empreinte de la lettre *K*. La Guienne, l'Agenois & le Périgord sont de son ressort.

La *monnoie* de Bayonne a été établie par des lettres-patentes de Charles VIII, du mois de septembre 1488. Celle de Toulouse a été rétablie en 1520, par une déclaration de François I, pour Toulouse, Montauban, Milhau, Rhodez & Cahors. La première marque les espèces qu'elle fabrique de la lettre *L*, & la seconde de la lettre *M*.

La création de *l'hôtel des monnoies* de Montpellier est du quatorzième siècle, sous le règne de Philippe-le-Bel; sa jurisdiction s'étend principalement sur Montpellier, Lunel, Nismes, Beaucaire, le S. Esprit, Uzès, Mende, Alais, Vigan, Pezenas & Beziers. Ses espèces se distinguent par la lettre *N*.

Un édit de Louis XIV, du mois de juin 1720, a établi à Perpignan un *hôtel des monnoies*, pour les villes de Perpignan, Narbonne, Castres, Carcassonne & leurs dépendances. La marque distinctive des espèces qui y sont fabriquées est la lettre *Q*.

On trouve des pièces de *monnoie*, frappées sous les rois de la première race, qui portent le nom de la ville d'Orléans, ce qui pourroit faire croire que l'établissement de son *hôtel des monnoies* remonte aux premiers temps de la monarchie : néanmoins le titre qui le constate, est le capitulaire de Charles-le-Chauve de 864. Ses *monnoies* sont distinguées par une *R*.

La *monnoie* de Nantes paroît avoir été établie en vertu d'une commission de Charles V, du 13 septembre 1374, adressée à Martin de Foulques, général-maître des *monnoies*, pour l'autoriser à ouvrir les *monnoies* de Nantes & de Rennes. La jurisdiction de celle de Nantes s'étendoit sur les dioceses de Nantes, Vannes & Quimper. Sa lettre distinctive est un *T*.

Une déclaration du 25 juin 1742, en portant le rétablissement de la *monnoie* d'Aix, indique assez qu'elle avoit existé avant cette époque. Les espèces qui y sont fabriquées se reconnoissent au signe &.

Metz jouissoit autrefois du privilège de faire battre *monnoie* à ses coins & armes ; mais en 1662, il lui a été défendu d'en faire fabriquer à l'avenir ; autrement qu'aux coins & armes de France. Elle y fait apposer l'empreinte de deux *AA*. Son hôtel des *monnoies*, tel qu'il existe aujourd'hui, a été établi en 1690, son ressort a à-peu-près la même étendue que celle de la généralité.

L'hôtel des monnoies de Strasbourg a été créé par édit du mois de juin 1696. Sa jurisdiction s'étend sur toute la province d'Alsace. On distingue les espèces qui en sortent par deux *BB*.

Un édit du mois de septembre 1685 a établi à Lille un *hôtel des monnoies*, pour les justiciables de la cour des *monnoies*, établis en Flandre, Hai-

naut, Artois & Cambresis. La marque des espèces qui y sont fabriquées est un double *W*.

Dès le douzième siècle on fabriquoit des *monnoies* en Béarn & dans la Navarre. Il y avoit dans ces provinces deux hôtels, l'un à Morlaas, pour lors capitale du Béarn, & l'autre à Saint-Palais, capitale de la basse-Navarre. Il n'en existe plus qu'un aujourd'hui établi à Pau, dont la jurisdiction s'étend sur la Navarre & le Béarn. Les espèces qui en sortent, ont pour marque distinctive une vache, à la place des lettres dont on se sert dans les autres *monnoies*.

☞ Comme il existe encore un grand nombre d'espèces fabriquées dans les treize hôtels des *monnoies*, supprimés par l'édit de février 1772, nous indiquerons ici les lettres qui servoient à faire connoître l'endroit de leur fabrication. Caen avoit un *C*, Tours un *E*, Angers une *F*, Poitiers un *G*, Riom un *O*, Dijon un *P*, Reims une *S*, Troyes, un *V*, Amiens un *X*, Bourges un *Y*, Grenoble un *Z*, Besançon deux *CC*, Rennes un *9*.

COUR DES MONNOIES DE LYON. Cette cour a été créée une première fois par édit du mois d'avril 1645, qui a été presque-aussitôt révoqué. Elle fut créée de nouveau par édit du mois de juin 1704, à l'instar de celle de Paris, dont elle est un démembrement.

L'année suivante le roi y réunit la sénéchaussée & siège présidial de la même ville, pour ne faire à l'avenir qu'un même corps.

Le ressort de cette cour s'étendoit suivant son édit de création, dans les provinces, généralités & départemens de Lyon, Dauphiné, Provence, Auvergne, Toulouse, Montpellier, Montauban & Bayonne.

Et par un autre édit du mois d'octobre 1705, le roi a ajouté à ce ressort les provinces & pays de Bresse, Bugey, Volromey & Gex, dans lesquelles provinces énoncées dans les deux édits ci-dessus, se trouvoient les *monnoies* de Lyon, Bayonne, Toulouse, Montpellier, Riom, Grenoble & Aix. La *monnoie* de Perpignan étoit aussi de son ressort.

Elle étoit composée d'un premier président & de cinq autres présidens, aux offices desquels étoient joints ceux de lieutenant-général, de présidens au présidial, de lieutenant-criminel, lieutenant-particulier & assesseur-criminel ; de deux chevaliers d'honneur, dont l'un est lieutenant-général d'épée, de deux conseillers d'honneur, de vingt-neuf autres conseillers, dont un conseiller clerc ; un autre pour les fonctions de commis au comptoir, & un autre pour celles de contrôleur ; de deux avocats-généraux, un procureur-général, quatre substituts, un greffier en chef, qui étoit secrétaire du roi ; trois greffiers commis, un receveur-payeur des gages, un receveur des amendes ; un premier huissier ; trois huissiers-audienciers, & dix autres huissiers.

Il y avoit en outre huit commissions établies à l'effet de faire des visites dans les *monnoies* du resfort de cette cour; dont deux devoient être poffédées par deux préfidens, & les fix autres par des confeillers : lefquelles charges étoient réunies au corps.

Par le même édit de création, le roi avoit établi près cette cour une chancellerie, laquelle étoit compofée d'un garde-fcel, quatre fecrétaires du roi audienciers, quatre contrôleurs, quatorze fecrétaires, deux référendaires, un chauffe-cire, un receveur des émolumens du fceau, un greffier & deux huiffiers.

Il y avoit encore près cette cour une prévôté générale des monnoies, laquelle étoit compofée d'un prévôt général des monnoies, d'un lieutenant, d'un guidon, d'un affeffeur, d'un procureur du roi, de quatre exempts, d'un greffier, de 30 archers & d'un archer trompette.

Cette compagnie avoit été créée par édit du mois de juin 1704, à l'inftar de celle qui eft attachée à la cour des monnoies de Paris. Suivant cet édit, le prévôt général des monnoies de Lyon devoit y faire juger les procès par lui inftruits contre les délinquans dont il avoit fait la capture dans l'étendue de la généralité de Lyon, & hors de cette généralité ; il devoit les inftruire & les juger au plus prochain préfidial.

Nous avons déjà remarqué, en parlant de la cour des monnoies de Paris, que celle de Lyon avoit été fupprimée par un édit du mois d'août 1771, enforte que depuis cette époque fa jurifdiction a été réunie à celle de Paris. Par un autre édit du mois de juillet 1779, le roi a rétabli l'office de confeiller-général-provincial-fubfidiaire des monnoies au département de Lyon, & a fixé en même temps la finance, les gages & les émolumens attribués à cet office. M. Proft de Royer, ancien lieutenant-général de police & échevin de la ville de Lyon, auteur du nouveau dictionnaire des arrêts de Brillon, l'a exercé jufqu'à fa mort, par commiffion, en vertu d'un arrêt du 14 mars 1781.

MONNOIE DES MÉDAILLES. Cette monnoie a été établie par Henri II, vers l'an 1550, dans fa maifon des étuves, fituée à l'extrémité de l'ifle du palais, fur le terrein qui fert aujourd'hui d'emplacement à la rue de Harlay & la place Dauphine.

Elle a porté d'abord le nom de monnoie des étuves, à caufe de fon emplacement, & de monnoie du moulin, parce qu'on s'y fervoit, pour monnoyer, d'un moulin qui venoit d'être inventé, pour fuppléer aux marteaux employés auparavant à la fabrication des efpèces.

Aubin Olivier, inventeur de ce nouveau monnoyage, par lettres-patentes du 11 février 1554, fut pourvu, fous le nom de maître & conducteur des engins de la monnoie des étuves, d'un des offices créés pour le fervice de cette monnoie, par édit de juillet 1553.

On y a fabriqué des efpèces jufqu'en 1585, qu'il fut défendu de continuer le monnoyage au moulin, & cette machine ne fut plus employée

qu'à la fabrication des jettons & médailles, qui fut attribuée exclufivement à la monnoie des étuves.

Elle fut transférée au Louvre fous Louis XIII. Il paroit que c'eft dans cette monnoie qu'on a commencé à fe fervir du balancier, porté à fa perfection par Varin, puifqu'on lui donnoit dans le temps le nom de balancier du Louvre, auquel on a fubftitué celui de monnoie des médailles, qu'elle conferve aujourd'hui.

Par un édit du mois de juin 1696, Louis XIV créa pour cette monnoie, en titres d'offices, un directeur & un contrôleur-garde. Mais ces offices ont été réunis par un arrêt du confeil du 3 novembre fuivant. L'office d'effayeur créé par l'édit de 1553 a été réuni à celui de la monnoie de Paris, par des lettres-patentes du mois de mai 1663.

L'article 27 de l'édit de 1696 a renouvellé les défenfes portées par les réglemens antérieurs, de fabriquer ou faire fabriquer aucuns jettons, médailles ou pièces de plaifir, d'or, d'argent, ou autres métaux, ailleurs qu'en la monnoie des médailles, à peine de confifcation des outils & matières, & de mille livres d'amende contre chacun des contrevenans.

Le titre des médailles & jettons d'or eft fixé à vingt-deux karats, celui des jettons & médailles d'argent, à onze deniers dix grains ; mais celui des médailles de bronze varie felon leur diamètre. Le titre des médailles d'or & d'argent eft vérifié par l'effayeur de la monnoie, & leur travail eft jugé par la cour des monnoies avec les mêmes formalités que celui de la fabrication des efpèces. (Cet article eft tiré de l'almanach des monnoies par M. des Rotours, qui nous a été auffi d'un grand fecours pour rectifier l'article MONNOIE).

MONOCULE, f. m. (Matière bénéficiale.) on appelle ainfi le bénéfice qui eft à la collation ou préfentation d'une perfonne qui n'a à pourvoir qu'à ce feul & même bénéfice : monocula feu monocularis dicitur ecclefia feu beneficium, cujus collatio ad eum pertinet, qui illi dumtaxat & non alterius beneficii conferendi poteftatem habet. On appelle collateur monocule celui qui n'a qu'un feul bénéfice à conférer.

Les monocules ne font pas fujets aux expectatives. Quelques auteurs ont propofé la queftion de favoir fi un collateur qui n'auroit à fa collation qu'un bénéfice dans le royaume, mais qui en auroit plufieurs dans les pays étrangers, doit être cenfé collateur monocule, à l'effet de ne pouvoir être grevé de l'expectative des gradués. Rebuffe l'a examinée dans fon Traité des nominations, queft. xv, n°. 42 ; il paroit être pour la négative, & finit par dire, & fic requiritur quod collator habeat faltem beneficia in regno tria, ut fit tertia pars, per §. præfat. quæ ordinar. de collat.

Les impétrans en cour de Rome font obligés de faire mention des bénéfices monocules comme des autres. Cette expreffion eft fur-tout néceffaire lorfqu'il s'agit d'une union. Les canoniftes en apportent cette raifon, cum papa non foleat unicam *dignitatem in ecclefiis tollere.* Voyez GRADES, IN-DULT. (*M. l'abbé BERTOLIO, avocat au parlement.*)

MONOGAME, f. m. terme de droit qui fignifie *celui qui n'a eu qu'une femme.* Voyez ci-deffous MONOGAMIE.

MONOGAMIE, f. f. état de celui ou de celle qui n'a qu'une femme ou qu'un mari, ou qui n'a été marié qu'une fois. *Voyez* MARIAGE, BIGAMIE, &c. ce mot eft compofé de μονος *feul, unique*; & de γαμος, *mariage.*

MONOPOLE, f. m. (*Police.*) eft le trafic illicite & odieux que fait celui qui fe rend feul le maître d'une forte de marchandife, pour en être le feul vendeur, & la mettre à fi haut prix que bon lui femble, ou bien en furprenant des lettres du prince pour être autorifé à faire feul le commerce d'une certaine forte de marchandife, ou enfin lorfque tous les marchands d'un même corps font d'intelligence pour enchérir les marchandifes ou y faire quelque altération.

Ce terme vient du grec πολειν & μονος qui fignifie *vendre feul;* il étoit fi odieux aux Romains, que Tibère, au rapport de Suétone, voulant s'en fervir, demanda au fénat la permiffion de le faire, parce que ce terme étoit emprunté du grec.

Ce n'eft pas d'aujourd'hui que l'on voit des *monopoles,* puifque Ariftote, en fes *Politiques, liv. t, ch. 7,* dit que Talès, miléfien, ayant prévu, par le moyen de l'aftrologie, qu'il y auroit abondance d'olives l'été fuivant, ayant recouvré quelque peu d'argent, il acheta & arrha toutes les olives qui étoient à l'entour de Milet & de Chio à fort bas prix, & puis les vendit feul, & par ce moyen fit un gain confidérable.

Pline, *liv. 8* de fon *Hiftoire naturelle,* dit, en parlant des hériffons, que plufieurs ont fait de grands profits pour avoir tiré toute cette marchandife à eux.

Chez les Romains le crime de *monopole* étoit puni par la confifcation de tous les biens, & un exil perpétuel, comme on voit en la loi unique, au code *de monop.* L'empereur Charles-Quint ordonna la même chofe en 1548.

François I fut le premier de nos rois qui défendit les *monopoles* des ouvriers, fous peine de confifcation de corps & de biens. *Voyez l'ordonnance de 1539, article 191.*

Il y a nombre d'autres réglemens qui ont pour objet de prévenir ou réprimer les *monopoles.*

Comme il n'y a rien de plus néceffaire à la vie que le bled, il n'y a point auffi de *monopole* plus criant que celui des marchands & autres perfonnes qui fe mêlent d'acheter du bled pour le revendre plus cher. *Voyez* ACCAPAREMENT, BLED, COMMERCE, GRAINS, dans les *Dictionnaires de Jurifprudence,* & *d'Economie polit.* & *diplom.* (*A*)

MONS, (*Droit public.*) anciennement ville capitale de tout le Hainaut, eft encore aujourd'hui la capitale du Hainaut autrichien.

On appelle *chef-lieu de Mons,* toute la partie de cette province dont les échevinages étoient fubordonnés à celui de *Mons,* qui jugeoit fouverainement, & par forme de *charge d'enquête,* les procès de leur compétence. Les mayeurs & échevins de la partie françoife, ne pouvant plus faire juger à *Mons* les affaires portées devant eux, y fuppléent par l'avis de quelques gradués, & leurs fentences font foumifes à l'appel au parlement de Flandre.

La coutume du chef-lieu de *Mons* a été rédigée par l'autorité de l'empereur Charles-Quint, & publiée au mois de juin 1534. Elle ne forme, pour ainfi dire, qu'un réfumé des chartres particulières, données antérieurement à cette partie de la province par les comtes du Hainaut: c'eft pourquoi l'empereur ne l'a homologuée qu'avec cette claufe: fans déroger aux chartres, loix & ordonnances de nos prédéceffeurs, dont modération ou changement ne feroit fait ci-deffus, lefquelles demeureront en leur force & vertu.

La confufion & l'obfcurité qui y règnent, en ont toujours fait defirer la réformation; mais jufqu'à préfent les vœux du public n'ont produit qu'un fimple projet, connu fous le nom de *chartres préavifées,* ouvrage de plufieurs jurifconfultes, divifé en 75 chapitres fort étendus pour la plupart.

On ne connoît pas la date précife de la rédaction de ces chartres; on fait feulement qu'elle eft fort ancienne: un arrêt du confeil fouverain de *Mons,* du 6 mars 1660, porte qu'il fera informé par turbes, fi l'article 19 du chapitre 36 de ces loix projettées eft introductif d'un droit nouveau, ou s'il ne fait qu'exprimer l'ufage du chef-lieu de *Mons,* par rapport à l'objet dont il traite.

Cette obfervation prouve que les chartres préavifées ont été rédigées dans un temps où tout le Hainaut étoit encore foumis à une feule domination, & par conféquent elles doivent avoir, dans la partie du chef-lieu de *Mons* qui appartient actuellement à la France, la même autorité qu'elles ont dans la partie autrichienne de ce diftrict, c'eft-à-dire que, dans l'une comme dans l'autre, les décifions qu'elles renferment peuvent fervir de commencement de preuve fur la manière dont l'ufage a interprété différens articles de la coutume.

Cette coutume n'embraffe point d'autres matières que celles dont les jurifdictions échevinales peuvent connoître: les matières féodales & allodiales, les droits de juftice, la forme des contrats, les actions perfonnelles; ces objets & beaucoup d'autres font foumis, dans toute l'étendue du Hainaut, aux difpofitions des chartres générales; les loix des différens chefs-lieux n'ont là-deffus aucune efpèce d'influence. *Voyez* ECHEVINAGE, HAINAUT, VALENCIENNES, CHARGE D'ENQUÊTES, MAINFERME, &c.

MONSTRANCE, f. f. terme ancien qu'on trouve dans la coutume de Hainaut pour fignifier preuve ou enquête.

MONT, f. m. ce terme, dans la coutume de Lille, *art. 35,* fignifie lot & portion de bien. Lorfque le furvivant de deux conjoints par mariage eft convolé en fecondes noces, fans avoir fait partage avec fes enfans du premier lit, & que le partage eft enfuite demandé, foit par eux, foit par leurs tuteurs, tous les biens meubles, ou réputés tels, doivent être partis en trois *monts*, defquels l'un appartient aux enfans, & les deux autres aux conjoints, & chaque *mont* eft chargé du tiers des dettes.

Mont-de-piété : on défigne par ces mots, certains lieux établis par l'autorité publique, où l'on prête de l'argent, fur des nantiffemens, moyennant un certain intérêt.

Le but de ces établiffemens eft, 1°. de foulager la mifère des pauvres, qui, dans un befoin preffant d'argent, font forcés de vendre leurs effets à vil prix, ou d'emprunter à un intérêt exorbitant ; 2°. de faire ceffer les défordres introduits par l'ufure, qui fouvent ont entraîné la ruine de plufieurs familles.

On croit communément qu'ils ont commencé à être autorifés par une bulle de Léon X, en 1551 ; mais depuis il s'eft formé plufieurs de ces établiffemens dans différentes villes d'Italie, de Flandre, Hainaut, Artois & Cambrefis. Des lettres-patentes du 9 décembre 1777 en ont établi un à Paris, fur un plan qui affure des fecours d'argent aux emprunteurs dénués d'autres reffources, & fuivant lequel les bénéfices font entièrement appliqués au foulagement des pauvres, & à l'amélioration des maifons de charité.

Les réglemens qui concernent le *mont-de-piété* de Paris font contenus dans les lettres-patentes du 9 décembre 1777, dans celles des 7 août 1778, 22 & 25 mars 1779 ; dans les délibérations prifes par le bureau d'adminiftration, & homologuées au parlement, des 5 janvier 1778, 2 février & 26 août 1779 & 22 février 1780.

D'après ces loix, l'adminiftration du *mont-de-piété* eft confiée au lieutenant de police, comme chef, & à fix adminiftrateurs de l'hôpital-général, nommés par le bureau d'adminiftration du même hôpital. Leurs fonctions doivent être charitables & entièrement gratuites.

Pour l'exactitude & la régularité du fervice, on a établi trois bureaux différens de direction, de magafin & de caiffe.

Celui de direction eft compofé d'un directeur-général, d'un premier & plufieurs autres commis, qui fervent au contrôle & à la vérification de toutes les opérations de l'établiffement. Le directeur-général a féance au bureau d'adminiftration, lorfqu'il y eft mandé, ou lorfqu'il a quelque rapport à y faire, fans avoir néanmoins aucune voix délibérative.

Celui du magafin eft compofé d'un garde-magafin, de plufieurs commis & garçons. Le garde-magafin eft feul chargé des clefs des lieux où font dépofés les effets donnés en nantiffement ; & lorfqu'un empêchement légitime ne lui permet pas de faire fes fonctions, il peut fe faire fuppléer par un au-

tre commis, de l'agrément du directeur ; mais il refte perfonnellement garant de celui qu'il met à fa place.

Celui de la caiffe eft compofé d'un caiffier, de plufieurs commis aux écritures, & d'un garçon de caiffe. Le caiffier a feul la clef d'une première caiffe, qui contient les fommes que l'adminiftration juge néceffaires pour le fervice journalier ; il eft également dépofitaire de l'une des trois clefs de la caiffe, qui contient les fonds de l'établiffement ; les deux autres clefs font entre les mains d'un des adminiftrateurs & du directeur-général. Le caiffier peut fe faire fuppléer, ainfi que le garde-magafin, en cas d'empêchement légitime, & il eft également garant & refponfable de celui qui le remplace.

Pour l'utilité & la commodité des emprunteurs, le bureau d'adminiftration a établi dans les différens quartiers de Paris vingt commiffionnaires, quatre à Verfailles, trois à Saint-Germain-en-Laie, & deux dans chacune des villes de Fontainebleau, Compiegne & Saint-Denis.

Ces commiffionnaires font tenus de tenir deux regiftres, l'un pour infcrire les nantiffemens qu'on leur confie pour être portés au *mont-de-piété* ; l'autre pour les dégagemens, ou recouvremens des *boni* qu'ils font chargés de faire. Ils ne peuvent faire aucune avance aux emprunteurs, à moins qu'ils n'y foient déterminés par des circonftances particulières, telles que les jours de fête où le bureau eft fermé, le befoin preffant de l'emprunteur : & dans ces cas ils ne doivent avancer qu'une fomme inférieure à celle que le bureau peut prêter fur l'objet donné en nantiffement. Leurs droits font fixés à quatre deniers pour livre fur la fomme réellement prêtée par le *mont-de-piété*, & à deux deniers pour livre pour les objets dégagés ou les recouvremens de *boni* faits par eux.

Les objets donnés en nantiffement au *mont-de-piété* y reftent un an, & lorfqu'ils n'ont point été retirés pendant ce délai, le bureau eft autorifé à les faire vendre à enchère publique par le miniftère d'un huiffier-prifeur. Pour cet effet la communauté de ces huiffiers eft tenue d'envoyer journellement au bureau le nombre d'huiffiers néceffaire tant pour cette vente publique, que pour l'eftimation des objets portés en nantiffement.

Lorfque la vente des effets dépofés excède le prix de l'engagement, l'intérêt de la fomme prêtée, & les frais de la vente, le furplus en appartient au propriétaire, & doit lui être remis à fa première requifition, en repréfentant par lui la reconnoiffance de fon engagement. C'eft cet excédent qu'on appelle le *boni*.

MONTANAGE, l'article 49 de l'ancienne coutume de Montreuil donnoit ce nom à un droit feigneurial qui fe lève fur les moutons. *Voyez le Gloffaire du droit françois* ; Ducange *au mot* Multo, & l'article MOUTONNAGE. (*M. GARRAN DE COULON, avocat au parlement.*)

MONTENAGE, l'art. 24 de la coutume de Montreuil-fur-mer, donne ce nom au droit de moutonnage. Voyez ce mot & MONTANAGE. (M. GARRAN DE COULON ; avocat au parlement.)

MONTONAGE, ce mot se trouve au lieu de celui de moutonnage, dans un édit de Charles, régent, depuis Charles V, dit le sage, pag. 223 des ordonnances du Louvre. Voyez MONTANAGE, MONTENAGE & MOUTONNAGE. (M. GARRAN DE COULON, avocat au parlement.)

MONTRÉ, s. f. terme usité à Paris pour signifier une cavalcade, que les officiers du châtelet font dans l'usage de faire chaque année le lendemain de la Trinité.

Dans l'origine, la montre se faisoit le mardi gras, & c'est par une déclaration du 31 décembre 1558, qu'elle a été fixée au lendemain de la Trinité : elle étoit composée du prévôt de Paris, de ses lieutenans, des gens du roi, des commissaires de police, & de tous les huissiers, qui devoient s'y trouver sans exception.

Les plaintes qu'on avoit à faire contre les officiers qui avoient prévariqué dans leurs fonctions, se portoient à la montre même ; le prévôt statuoit à l'instant sur le délit, s'il étoit léger ; & s'il étoit grave, il alloit en rendre compte aux premiers magistrats : on prétend que c'est de-là que dérive l'usage actuel où l'on est d'aller chez les principaux magistrats dans le cours de la cavalcade.

Le prévôt de Paris n'assiste plus à la montre, elle est seulement composée du lieutenant-civil, des lieutenans de police, criminel & particuliers, quand ils veulent y assister ; des avocats du roi, de douze commissaires, d'un greffier de la chambre civile, d'un premier huissier, des huissiers-audienciers, des huissiers à cheval & à verge, & des huissiers-priseurs.

La marche commence par les huissiers à cheval, qui ont à leur tête des timballes, des trompettes, des hauts-bois, & les attributs de la justice, tels que le casque, la cuirasse, les gantelets, le bâton de commandement & la main de justice.

Les huissiers-priseurs viennent ensuite, & successivement les huissiers-audienciers. Le premier huissier & le greffier, qui suivent les huissiers-audienciers, précèdent les magistrats. Les commissaires vont après les gens du roi, & la marche se ferme par les huissiers à verge.

Les magistrats ont la robe rouge ; les commissaires, la robe de soie noire ; les huissiers à cheval, un habit d'ordonnance rouge ; les huissiers à verge, un habit d'ordonnance bleu, & les huissiers priseurs, les huissiers-audienciers, le premier huissier & le greffier, la robe noire, avec des housses noires, presque traînantes sur leurs chevaux.

Tous ces officiers partent du châtelet & se rendent, en premier lieu, chez M. le premier président du parlement, à qui le lieutenant-civil ou le magistrat qui le remplace adresse un discours : ils vont ensuite chez M. le chancelier, chez les présidens à mortier, chez les avocats & procureurs-généraux du parlement, chez le gouverneur

de la ville, chez le prévôt, chez les principaux magistrats du châtelet & à Sainte-Geneviève. Ils reviennent après cela au châtelet, d'où les huissiers à cheval & à verge reconduisent chez lui le magistrat qui a assisté, comme chef, à la montre.

On ne prononce plus lors de la montre, comme cela se pratiquoit autrefois, sur les plaintes portées par les particuliers contre les huissiers accusés d'avoir prévariqué dans leurs fonctions : mais le mardi d'après le dimanche de la Trinité, tous les huissiers sont obligés de comparoître successivement devant le magistrat qui a fait la montre, pour répondre aux plaintes énoncées dans les placets présentés contre eux : on condamne ceux qui ne se présentent pas & dont l'absence n'est point fondée sur une cause capable de les faire excuser, à une amende arbitraire, qui est ordinairement de vingt livres.

Si l'huissier contre lequel il y a une plainte, comparoît, on lui lit le placet qui contient cette plainte : il doit ensuite y répondre verbalement & sommairement, & la partie plaignante lui replique, sans que l'un ni l'autre puissent employer pour cet effet le ministère d'un avocat ou d'un procureur : après cela, le juge statue sur la plainte à l'instant sous forme de procès. Si l'huissier ne comparoît pas, le jugement se rend par défaut ; un tel jugement n'est pas susceptible d'opposition : il faut, pour le faire réformer, se pourvoir par appel au parlement, & cet appel n'en suspend pas l'exécution.

Au reste, cette manière de procéder n'a lieu que relativement aux abus ou prévarications que les huissiers ont pu commettre dans leurs fonctions : les plaintes portées contre eux concernent le plus souvent des remises de pièces ou de deniers qu'ils retiennent. Lorsqu'il paroît que l'huissier a tort, le magistrat le condamne par corps à remettre dans un temps limité la chose réclamée, & quelquefois il ajoute à cette condamnation la peine de l'interdiction.

MORALITÉ, s. f. (Droit naturel.) on nomme moralité, le rapport des actions humaines avec la loi qui en est la règle. En effet, la loi étant la règle des actions humaines, si l'on compare ces actions avec la loi, on y remarque ou de la conformité, ou de l'opposition ; & cette sorte de qualification de nos actions par rapport à la loi, s'appelle moralité. Ce terme vient de celui de mœurs, qui sont des actions libres des hommes susceptibles de règle.

On peut considérer la moralité des actions sous deux points de vue différens : 1°. par rapport à la manière dont la loi en dispose, & 2°. par rapport à la conformité ou à l'opposition de ces mêmes actions avec la loi.

Au premier égard, les actions humaines sont ou commandées ou défendues, ou permises. Les actions commandées ou défendues sont celles que défend ou proscrit la loi ; les actions permises sont
celles

telles que la loi nous laisse la liberté de faire.

L'autre manière dont on peut envisager la *moralité* des actions humaines, c'est par rapport à leur conformité ou à leur opposition avec la loi : à cet égard, on distingue les actions en bonnes ou justes, mauvaises ou injustes, & en actions indifférentes.

Une action moralement bonne ou juste, est celle qui est en elle-même exactement conforme à la disposition de quelque loi obligatoire, & qui d'ailleurs est faite dans les dispositions, & accompagnée des circonstances conformes à l'intention du législateur. Les actions mauvaises ou injustes sont celles qui, ou par elles-mêmes, ou par les circonstances qui les accompagnent, sont contraires à la disposition d'une loi obligatoire, ou à l'intention du législateur. Les actions indifférentes tiennent, pour ainsi dire, le milieu entre les actions justes & injustes ; ce sont celles qui ne sont ni ordonnées ni défendues, mais que la loi nous laisse en liberté de faire ou de ne pas faire, selon qu'on le trouve à propos ; c'est-à-dire, que ces actions se rapportent à une loi de simple permission, & non à une loi obligatoire.

Outre ce qu'on peut nommer la *qualité* des actions morales, on y considère encore une sorte de *quantité*, qui fait qu'en comparant les bonnes actions entre elles, & les mauvaises aussi entre elles, on en fait une estimation relative, pour marquer le plus ou le moins de bien ou de mal qui se trouve dans chacune ; car une bonne action peut être plus ou moins excellente, & une mauvaise action plus ou moins condamnable, selon son objet, la qualité & l'état de l'agent ; la nature même de l'action, son effet & ses suites, les circonstances du temps, du lieu, &c. qui peuvent encore rendre les bonnes ou les mauvaises actions plus louables ou plus blâmables les unes que les autres.

Remarquons enfin qu'on attribue la *moralité* aux personnes aussi-bien qu'aux actions ; & comme les actions sont bonnes ou mauvaises, justes ou injustes, l'on dit aussi des hommes qu'ils sont vertueux ou vicieux, bons ou méchans. Un homme vertueux est celui qui a l'habitude d'agir conformément à ses devoirs. Un homme vicieux est celui qui a l'habitude opposée. *Voyez* VERTU & VICE. (*D. J.*)

MORATOIRES, (*Lettres*) *litteræ moratoriæ*. C'est ainsi qu'on nomme en Allemagne, des lettres que l'on obtient de l'empereur & des états de l'empire, en vertu desquelles les créanciers doivent accorder à leurs débiteurs un certain temps marqué par ces lettres, pendant lequel ils ne peuvent point les inquiéter. Suivant les loix de l'empire, les *Lettres moratoires* ne doivent s'accorder que sur des raisons légitimes & valables ; & celui qui les obtient doit donner caution qu'il paiera ce qu'il doit, lorsque le délai qu'il a demandé sera expiré. Les *lettres moratoires* sont la même chose que ce qu'on appelle en France *lettres d'état*.

MORGANATIQUE. *Voyez* MARIAGE *à la* morganatique.

MORGENGAB, (*Droit germ.*) c'est-à-dire, *présent du matin*. En effet on entend par ce terme, le présent que le mari fait d'ordinaire le lendemain des noces à sa femme pour ses menus-plaisirs, & ce présent peut consister en argent ou en valeur. On l'appelle encore en allemand *spiegeld*, ou comme nous dirions les *épingles*.

Ce présent se fait à la femme par le mari, quand même il auroit épousé une veuve ; mais la femme ne fait jamais un présent au mari, quand même il seroit marié pour la première fois.

Ce présent peut être promis par une convention expresse, ou bien s'exécuter par une tradition réelle. Mais si par le contrat de mariage on n'est pas convenu de ce présent, le mari n'est pas tenu de le faire après les noces.

Ceux qui peuvent constituer ce *morgengab*, sont, 1°. le mari qui peut le donner de son bien propre ; 2°. le père qui est obligé de donner des assurances à l'égard de ce présent, de même qu'il est tenu d'en donner par rapport à la dot ; 3°. un étranger, par où nous entendons aussi la mère & les frères.

Lorsque le *morgengab* a été délivré à la femme, elle en acquiert la propriété ; & elle en peut disposer à son gré. Si l'on est convenu qu'on en paiera les intérêts, ni elle ni les héritiers ne pourront en demander la propriété qu'après la dissolution du mariage.

La femme acquiert par rapport au *morgengab* une hypothèque tacite sur les biens de son mari, depuis le jour qu'on est convenu, & qu'elle a été réglée. Mais la femme n'a pas de privilège personnel à ce sujet ; c'est pourquoi aussi elle ne sera colloquée, s'il y a un concours de créanciers, que dans la cinquième classe. Cependant si le *morgengab* existe en nature, elle sera rangée dans la première classe. S'il n'existe plus, qu'il ait été enregistré dans le livre des hypothèques, la femme sera colloquée dans la troisième classe.

La femme pourra faire servir le *morgengab* de cautionnement pour son mari, ce qui ne la privera pas du sénatus-consulte Velléien.

Le *morgengab* ne retourne jamais au mari ni à ses héritiers, quand même le mariage seroit déclaré nul ou qu'il seroit dissous par la faute de la femme : telles sont les ordonnances du code Frédéric au sujet du *morgengab*. (*D. J.*)

MORGUE, s. f. *Voyez* GEOLE.

MORT, s. m. & f. (*Droit public & civil.*) ce terme est féminin lorsqu'il signifie l'état d'une personne qui cesse de vivre, ou qui est regardée comme n'existant plus dans le société : c'est dans ce sens qu'on dit la *mort naturelle*, la *mort civile* ; mais ce même *mort* est masculin, lorsqu'on parle d'une personne décédée, comme dans ces phrases : *le mort saisit le vif*, *le mort exécute le vif*.

Après avoir rapporté ce que les loix civiles ont

déterminé pour conftater la *mort naturelle* d'un membre de la fociété publique, nous traiterons, fous des mots particuliers, de la *mort civile*, & des autres objets auxquels le mot *mort* peut avoir rapport en droit.

Il eft très-important dans les fociétés civiles, de conftater d'une manière certaine la *mort* des citoyens. Les loix du royaume y ont pourvu en obligeant les curés & vicaires des paroiffes, d'infcrire fur des regiftres deftinés à cet effet, la *mort* & la fépulture de ceux qui décèdent fur leurs paroiffes, fans aucune diftinction d'âge ou de fexe, d'inférer le plus exactement qu'il eft poffible les noms & qualités des perfonnes qu'ils enterrent, de faire figner l'acte qu'ils en dreffent par deux des plus proches parens, amis, ou autres qui ont affifté au convoi, s'ils favent figner, ou d'y faire mention qu'aucun d'eux ne fait figner.

A l'égard de ceux qui font privés de la fépulture eccléfiaftique, leur *mort* doit être conftatée fur un regiftre particulier, pardevant le juge des lieux, par la déclaration de deux des plus proches parens du défunt, ou à leur défaut, par deux voifins.

La *mort* des perfonnes tuées ou décédées à l'armée ne peut pas être conftatée d'une manière auffi précife que celle d'un citoyen d'une ville : un certificat figné des officiers chargés du détail de chaque régiment tient lieu d'extrait mortuaire, & fuffit pour prouver le décès d'un officier ou foldat, ainfi qu'il a été décidé par un arrêt du parlement de Paris du 25 février 1755.

L'impoffibilité de conftater le prédécès de l'une ou l'autre de plufieurs perfonnes qui périffent par un même accident, donne lieu à des queftions difficiles à réfoudre, lorfqu'il exifte entre les perfonnes décédées, des relations qui attribuent certains effets à la furvie ou au prédécès des unes ou des autres.

On peut former à cette occafion trois hypothèfes différentes : des enfans impubères peuvent périr par le même accident avec leurs père ou mère : les enfans peuvent fubir le même fort, mais après l'âge de puberté : enfin plufieurs perfonnes d'âge à-peu-près égal, peuvent périr enfemble.

Dans la première hypothèfe, la loi 4, *ff. de pact. dotal.*, & les loix 9, §. 4 & 23, *ff. de reb. dub.* décident qu'un enfant impubère eft réputé *mort* le premier, parce qu'il eft probable, & même conforme aux loix ordinaires de la nature, que l'enfant dans un âge fi tendre réfifte moins long-temps que le père ou la mère dont la conftitution doit être plus robufte : de-là il fuit que fi on fuppofe qu'un enfant foit péri avec fa mère par un naufrage, le père furvivant ne pourra réclamer la fucceffion de fes meubles & acquêts, qui fera adjugée à fes héritiers maternels, par la raifon que la mère eft cenfée lui avoir furvécu, & c'eft ce qui a été jugé par un arrêt du 9 février 1629, rapporté au journal des audiences.

Il y a plus de difficulté dans le fecond cas.

Les loix 9, §. 1 & 4, 16 & 22 *ff. d. reb. dub.* paroiffent décider pour le prédécès des père & mère ; mais la loi 9, §. 2, au même *titre*, & la loi 17, §. 7, *ff. ad. f. c. trebell.* établiffent au contraire la préfomption de leur furvie : dans cette oppofition apparente, quelques auteurs ont penfé, qu'on ne devoit établir en cette matière aucune règle générale ; que la décifion dépendoit de la qualité & recommandation de ceux qui fe préfentent pour héritiers ; que d'ailleurs, toutes chofes égales, lorfqu'il étoit queftion de la validité d'un teftament ou d'un contrat, il falloit préfumer pour la furvie de la perfonne dont le prédécès les anéantiroit, parce que, dans le doute, on doit admettre le parti le plus favorable à la validité des actes.

Cette opinion paroît même appuyée du texte des loix que nous venons de citer : la première a pour fondement la faveur de la mère, & la préférence qu'on doit lui accorder naturellement fur des collatéraux : la feconde & la fixième ont pour but de donner effet à des teftamens : la troifième eft fondée fur l'injuftice qu'il y auroit de priver un mari du gain de la dot, fans preuve du prédécès de fa femme : la quatrième annonce clairement que fa décifion eft déterminée par un motif d'humanité : la cinquième enfin eft appuyée fur la confidération & la faveur due au patron.

Dans la troifième hypothèfe, lorfque deux frères, deux coufins, deux étrangers, tous deux pubères ou au-deffous de cet âge, périffent enfemble & par le même accident, fans qu'aucune circonftance particulière puiffe indiquer le prédécès de l'un ou de l'autre, c'eft à celui qui a intérêt de prouver le prédécès de l'un d'eux à en adminiftrer la preuve, qui, par la nature même de l'hypothèfe, fe trouve impoffible, enforte qu'il faut tenir comme principe certain à cet égard que l'un & l'autre font morts en même temps : *fi duo plures-ve eodem cafu perierint, ii eodem tempore extincti præfumuntur*, *l. 8*, §. 3, *l. 16*, *l. 17*, *l. 18*, *ff. de reb. dub.*

MORT-BOIS, *Voyez* BOIS, *fect. troifième.*

MORT CIVILE, eft l'état de celui qui eft privé de tous les effets civils, c'eft-à-dire, de tous les droits de citoyen, comme de faire des contrats qui produifent des effets civils, d'efter en jugement, de fuccéder, de difpofer par teftament : la jouiffance de ces différens droits compofe ce que l'on appelle la *vie civile* ; de manière que celui qui en eft privé eft réputé *mort* felon les loix, quant à la vie civile ; & cet état oppofé à la vie civile, eft ce que l'on appelle *mort civile.*

Chez les Romains la *mort civile* provenoit de trois caufes différentes ; ou de la fervitude, ou de la condamnation à quelque peine qui faifoit perdre les droits de cité, ou de la fuite en pays étranger.

Elle étoit conféquemment encourue par tous ceux qui fouffroient l'un des deux changemens d'état appelés en droit *maxima & minor*, *feu media capitis diminutio.*

Le mot *caput* étoit pris en cette occasion pour la personne, ou plutôt pour son état civil pour les droits de cité ; & *diminutio* signifioit le changement, l'altération qui survenoit dans son état.

Le plus considérable de ces changemens, celui que l'on appelloit *maxima capitis diminutio*, étoit lorsque quelqu'un perdoit tout à la fois les droits de cité & la liberté, ce qui arrivoit en différentes manières : 1°. par la condamnation au dernier supplice ; car dans l'intervalle de la condamnation à l'exécution, le condamné étoit *mort* civilement ; 2°. lorsque, pour punition de quelque crime, on étoit déclaré *esclave de peine, servus pœnæ* ; on appelloit ainsi ceux qui étoient *damnati ad bestias*, c'est-à-dire, condamnés à combattre contre les bêtes : ceux qui étoient condamnés *in metallum*, c'est-à-dire, à tirer les métaux des mines ; ou *in opus metalli*, c'est-à-dire, à travailler aux métaux tirés des mines. La condamnation à travailler aux salines, à la chaux, au soufre, emportoit aussi la privation des droits de cité, lorsqu'elle étoit prononcée à perpétuité. Les affranchis qui s'étoient montrés ingrats envers leurs patrons, étoient aussi déclarés *esclaves de peine* ; 3°. les hommes libres qui avoient eu la lâcheté de se vendre eux-mêmes, pour toucher le prix de leur liberté, en la perdant étoient aussi déchus des droits de cité.

La nouvelle 13, *chap. 8*, abrogea la servitude de peine ; mais en laissant la liberté à ceux qui subissoient les condamnations dont on vient de parler, elle ne leur rendit pas la vie civile.

L'autre changement d'état qui étoit moindre, appellé *minor, seu capitis media diminutio*, étoit lorsque quelqu'un perdoit seulement les droits de cité, sans perdre en même temps sa liberté ; c'est ce qui arrivoit à ceux qui étoient interdits de l'eau & du feu, *interdicti aquâ & igne*. On regardoit comme retranchés de la société ceux qu'il étoit défendu d'assister de l'usage de choses si nécessaires à la vie naturelle. Ils se trouvoient par-là obligés de sortir des terres de la domination des Romains. Auguste abolit cette peine à laquelle on substitua celle appellée *deportatio in insulam*. C'étoit la peine du bannissement perpétuel hors du continent de l'Italie, ce qui emportoit *mort civile*, à la différence du simple exil, appellé *relegatio*, lequel, soit qu'il fût à temps, ou perpétuel, ne privoit point des droits de cité.

Il y avoit donc deux sortes de *mort civile* chez les Romains ; l'une qui emportoit tout à la fois la perte de la liberté & des droits de cité ; l'autre qui emportoit la perte des droits de cité seulement. Du reste, la *mort civile* opéroit toujours les mêmes effets quant à la privation des droits de cité. Celui qui étoit *mort civilement*, soit qu'il restât libre ou non, n'avoit plus ses enfans sous sa puissance : il ne pouvoit plus affranchir ses esclaves : il ne pouvoit ni succéder, ni recevoir un legs, ni laisser sa succession, soit *ab intestat*, ou par testament : tous ses biens étoient confisqués :

en un mot, il perdoit tous les privilèges du droit civil, & conservoit seulement ceux qui sont du droit des gens.

En France, il n'y a aucun esclave de peine, ni autres ; les serfs & mortaillables, quoique sujets à certains devoirs personnels & réels envers leur seigneur, conservent cependant en général la liberté & les droits de cité. Il y a néanmoins dans les colonies françoises des esclaves, qui ne jouissent point de la liberté, ni des droits de cité ; mais lorsqu'ils viennent en France, ils deviennent libres, à moins que leurs maîtres ne fassent leur déclaration à l'amirauté que leur intention est de les remmener aux îles. *Voyez* ESCLAVES.

La *mort civile*, suivant les usages reçus dans le royaume, procède de plusieurs causes différentes ; ou de la profession religieuse, ou de la condamnation à quelque peine qui fait perdre les droits de cité ; ou de la sortie d'un sujet hors du royaume, pour fait de religion, ou pour quelque autre cause que ce soit, lorsqu'elle est faite sans permission du roi, & pour s'établir dans un pays étranger.

Dans les premiers siècles de l'église, la profession religieuse n'emportoit point *mort civile*, mais aujourd'hui elle est encourue du moment de l'émission des vœux ; & un religieux ne recouvre pas la *vie civile*, par l'adoption d'un bénéfice, par la sécularisation de son monastère, ou par la promotion à l'épiscopat. *Voyez* MOINE, RELIGIEUX.

Les peines qui opèrent en France la *mort civile* sont, 1°. toutes celles qui doivent emporter la mort naturelle ; 2°. les galères perpétuelles ; 3°. le bannissement perpétuel hors du royaume ; 4°. la condamnation à une prison perpétuelle.

Dans tous ces cas, la *mort civile* n'est encourue que par un jugement contradictoire, ou par contumace.

Lorsque la condamnation est contradictoire, son effet commence dès l'instant qu'elle est prononcée ; & ce n'est qu'à cette époque que le condamné est censé *mort civilement*. Mais quand la condamnation est par contumace, si l'accusé décède après les cinq ans sans s'être représenté, ou avoir été constitué prisonnier, il est réputé *mort civilement* du jour de l'exécution du jugement de contumace. Car il est à remarquer que le simple jugement de contumace, prononcé dans le secret d'une chambre criminelle, ne peut être public, & affecter le condamné que du moment où il est exécuté par l'exposition de l'effigie, ou du tableau dans la place publique.

Il y a pourtant une exception pour certains crimes énormes, tels que celui de lèse-majesté divine ou humaine, le duel, le parricide, &c. ; dans ces cas, la *mort civile* est encourue du jour du délit ; mais elle ne l'est pas *ipso facto*, & ce n'est toujours qu'après un jugement, comme il vient d'être dit : tout ce que l'on a ajouté de plus à l'égard de ces crimes, c'est que la *mort civile* qui résulte

K 2

des peines prononcées par le jugement, a un effet rétroactif au jour du délit.

Hors ces cas, celui qui est *in reatu*, n'est pas réputé *mort civilement*; cependant si les dispositions qu'il a faites sont en fraude, on les déclare nulles. *Voyez* ACCUSÉ.

Celui qui est *mort civilement* demeure capable de tous les contrats du droit des gens; mais il est incapable de tous les contrats qui tirent leur origine du droit civil: il est incapable de succéder soit *ab intestat*, ou par testament, ni de recevoir aucun legs: il ne peut pareillement tester, ni faire aucune donation entre-vifs, ni recevoir lui-même par donation, si ce n'est des alimens.

Le mariage contracté par une personne *morte civilement* est valable quant au sacrement; mais il ne produit point d'effets civils, nonobstant la bonne-foi de l'un des conjoints. La loi ne peut la présumer, parce qu'une condamnation prononcée & exécutée acquiert nécessairement une publicité suffisante, pour empêcher l'erreur, & justifier la rigueur du principe que nous établissons.

Enfin celui qui est *mort civilement* ne peut ni ester en jugement, ni porter témoignage; il perd les droits de puissance paternelle; il est déchu du titre & des privilèges de noblesse, & la condamnation qui emporte *mort civile*, fait vaquer tous les bénéfices & offices dont le condamné étoit pourvu.

La *mort civile*, de quelque cause qu'elle procède, donne ouverture à la succession de celui qui est ainsi réputé *mort*.

Lorsqu'elle procède de quelque condamnation, elle emporte la confiscation dans les pays où la confiscation a lieu, & au profit de ceux auxquels la confiscation appartient. *Voyez* CONFISCATION.

Les biens acquis par le condamné depuis sa *mort civile*, appartiennent après sa *mort naturelle*, par droit de *déshérence*, au seigneur du lieu où ils se trouvent situés.

L'ordonnance de 1747 décide que la *mort civile* donne ouverture aux substitutions.

La *mort civile* éteint l'usufruit en général, mais non pas les pensions viagères, parce qu'elles tiennent lieu d'alimens: par la même raison le douaire peut subsister, lorsqu'il est assez modique pour tenir lieu d'alimens.

Toute société finit par la *mort civile*; ainsi, en cas de *mort civile* du mari ou de la femme, la communauté de biens est dissoute; chacun des conjoints reprend ce qu'il a apporté.

Si c'est le mari qui est *mort civilement*, il perd la puissance qu'il avoit sur sa femme; celle-ci peut demander son augment de dot, & ses bagues & joyaux coutumiers, en donnant caution; mais elle ne peut demander ni deuil, ni douaire, ni préciput.

Il y avoit chez les Romains différens degrés de restitution contre les *condamnations pénales*: quelquefois le prince ne remettoit que la peine, quelquefois il remettoit aussi les biens; enfin il remettoit

quelquefois aussi les droits de cité, & même les honneurs & dignités.

Il en est de même parmi nous; les lettres d'abolition, de pardon, de rappel de ban ou des galères, de réhabilitation, de rémission, rendent la vie civile lorsqu'elles sont valablement entérinées. Il en est de même des lettres de revision, lorsque le premier jugement est déclaré nul, & que l'accusé est renvoyé de l'accusation.

Les lettres pour ester à droit, après les cinq ans de la contumace, lui donnent la faculté d'ester en jugement, & font qu'on le regarde alors simplement comme accusé, ensorte que s'il vient à mourir avant le jugement définitif, il meurt *integri status*, encore bien que les cinq ans fussent expirés.

Lorsque le roi commue la peine de *mort* en une peine moins grave, le condamné reste dans l'incapacité qui procède de la *mort civile*. On tient pour maxime que la commutation ne regarde que l'exécution du jugement, & n'influe pas sur l'état du condamné.

Quoique la peine du crime se prescrive par vingt ans, lorsqu'il n'y a point eu de condamnation, & par trente lorsqu'il y a eu condamnation, la prescription ne rend pas la vie civile. *Voyez* ABDICATION, BANNISSEMENT, GALÈRES, RÉHABILITATION.

MORT (*le*) *exécute le vif, le vif n'exécute pas le mort*, espèce de proverbe qui contient une règle du droit françois, admise également dans les provinces coutumières, & de droit écrit.

Ces termes *le mort exécute le vif*, signifient que l'héritier du *mort* peut mettre à exécution, contre un débiteur vivant, l'obligation que celui-ci a faite au défunt, comme ce dernier auroit pu le faire, & par les mêmes voies; ce qui s'applique également aux actes extrajudiciaires, & aux sentences & arrêts. *Le vif*, au contraire, *ne peut exécuter le mort*, c'est-à-dire, que le créancier du *mort* ne peut exécuter contre les héritiers du défunt l'obligation, les jugemens, les arrêts qu'il avoit contre lui, pour les contraindre au paiement: il est tenu de faire déclarer son titre exécutoire contre eux, comme il l'étoit contre le décédé. Il faut même observer dans ce cas, que si l'obligation du défunt entraînoit la contrainte par corps, elle demeure éteinte par le décès du débiteur, & qu'elle ne se demande & ne s'accorde jamais contre ses héritiers.

MORT FIEF. *Voyez* FIEF MORT.

MORT, *se faire mort d'un fief*, (*Droit coutumier*) La coutume de Cambrai entend par-là une espèce de donation en avancement d'hoirie, qui transmet à l'héritier d'un fief à-peu-près les mêmes droits que si le donateur étoit *mort*.

Dans cette coutume, tous ceux qui ne sont pas mariés peuvent disposer de leurs fiefs, aussi-bien que de leurs autres héritages, pourvu que ce soit avec les devoirs requis. Mais dans l'état de mariage, soit qu'on ait des enfans ou non, toute aliénation d'immeubles est défendue à l'un des conjoints, s'il la fait à l'insu de l'autre. La personne veuve qui n'a pas d'enfans, recouvre sa liberté. Mais si elle en a, elle ne peut pas, sans leur consentement, disposer d'aucun immeuble *porté ou acquis audit mariage-brisé*, (c'est-à-dire, des immeubles qui sont avenus à la veuve avant ou durant le mariage, que la mort a dissous). La veuve peut encore moins disposer de ses fiefs, quand bien même elle ne se remarieroit pas, à moins que ce ne soit en faveur de son héritier le plus proche, & non d'autre.

L'article 70 du *titre* 1, qui permet ces sortes de dispositions, porte qu'elles ne donnent ouverture à aucuns droits seigneuriaux, sauf que ledit héritier, pour son relief, doit double droit de relief & simple cambrelage. L'article 71 ajoute que l'héritier peut aussi consentir l'usufruit de tel fief à celui qui s'en est fait *mort* à son profit, sans pour ce payer aucuns droits seigneuriaux.

Le frère, la sœur, ou autre parent, peut également. *se faire mort d'un fief* au profit du frère, de la sœur, ou de tel autre parent collatéral, pourvu que ce soit son héritier présomptif, suivant l'article 19.

Cette donation n'exproprie pas le donateur d'une manière absolue ; car, suivant le même article, « si ledit héritier apparent décede par après sans » hoirs descendans de lui, étant celui qui se seroit » fait *mort d'un fief* encore vivant, tel fief lui re- » tourne, sans, par ce, être réputé remonter, » mais plutôt retourner ».

Au reste, quoique tous les articles qui parlent de ces sortes d'avancement d'hoirie disent tous *se faire mort d'un fief*, & que l'article 70 dise même *se faire morte d'un seul fief*, comme la coutume de Cambrai, en autorisant le fils aîné, ou la fille aînée, à choisir le meilleur fief, donne aussi, dans l'article 10, « aux autres puînés, par choix & à » degré d'âge, les autres fiefs, tant qu'ils durent », Pinault des Jaunaux pense dans son *Commentaire*, sur l'art. 70, que si le pere ou la mere avoient plusieurs fiefs, & plusieurs fils, ils pourroient *se faire morts de chaque fief* en faveur de chacun de leursdits enfans, selon l'ordre qu'ils y devroient succéder, parce qu'il y a la même raison de favoriser ces successions anticipées en faveur des puînés, qu'en faveur de l'aîné. La même décision s'appliqueroit aux filles puînées ; mais, en ligne collatérale, l'aîné mâle, ou femelle, a seul tous les fiefs. (*M. GARRAN DE COULON*, *avocat au parlement.*)

MORT (*gage.*) *Voyez au mot* GAGE *l'article* GAGE-MORT.

MORT (*herbage.*) *Voyez* HERBAGE.

MORT (*le*) *saisit le vif*, est une regle du droit françois, en vertu de laquelle le plus proche parent d'un défunt est saisi de plein droit, à l'instant de son décès, de tous les objets qui composent

sa succession ; ce qui empêche la justice de s'en saisir pour les délivrer à l'héritier. La loi suppose que la propriété & la possession du défunt passent, sans aucun intervalle, à son héritier, ensorte que l'un & l'autre sont considérés comme une seule & même personne. *Voyez* SUCCESSION.

MORT ET VIF, *ou* MORS ET VIS. On a donné ce nom au droit de *mort & vif herbage*. Une chartre de l'an 1353 porte : « *Item*, les *mors & vis* » des herbages d'Ault & de la châtellenie, pour » lx sous parisis de rente par an ». *Voyez le* Glossarium novum *de dom* Carpentier, *au mot* Herbagium vivum, & *l'article* HERBAGE. (*M. GARRAN DE COULON*, *avocat au parlement.*)

MORTAGNE, ville capitale du grand-Perche, avec titre de comté. Geoffroi qui, en 1030, en étoit regardé comme le premier comte, fut depuis titré comte du Perche. Charles V, roi de France, la fit détruire, en 1378, pour arrêter les conquêtes de Thibault, comte Palatin de Champagne, roi de Navarre, soutenu des Anglois. Elle fut encore ruinée deux fois, sous Henri IV, le 5 novembre 1590, & le 13 juillet 1593, après avoir essuyé le 22 mars 1562, un siège opiniâtre contre une armée de quinze mille protestans, commandée par l'amiral Coligny.

Tous les comtes du Perche, excepté François, le dix-neuvième & dernier, ont résidé à *Mortagne*, dans un château dont partie subsiste encore. S. Louis, neuvième comte, choisit à deux lieues de-là le village de Longpont pour sa résidence, après avoir pris possession de la province en 1257.

Les habitans de la châtellenie de *Mortagne*, depuis 1140, par les bienfaits de Rotrou, comte de Bellême, & deuxième comte du Perche, jouissent de l'exemption des droits de lods & ventes, tant envers le roi qu'autres seigneurs. L'article 86 de la coutume du grand-Perche y est précis ; elle a été réformée le 28 juillet 1558, sur l'ancienne coutume, rédigée le 4 mars 1505 ; c'est cette coutume qui régit toutes les villes & lieux du grand-Perche. *Voyez l'article* LODS ET VENTES, où il est parlé de cette concession.

Cette ville, de l'évêché de Séez & de la généralité d'Alençon, est le chef-lieu d'un bailliage du parlement de Paris, ressortissant dans les cas de l'édit au présidial de Chartres. Le bailliage de Bellême faisoit encore partie de celui de *Mortagne*, en 1230. Il y a à *Mortagne* une élection seule pour tout le grand-Perche, sous le ressort de la cour des aides & chambre des comptes y jointe de Rouen, une maîtrise d'eaux & forêts, un grenier-à-sel, & une officialité ressortissante à Pontoise, archevêché de Rouen.

Les états de la province y ont tenu le premier août 1588, au sujet de l'ordonnance de Blois.

Il y a à *Mortagne* une collégiale, trois paroisses, quatre communautés religieuses, dont une de capucins établis en 1615, par les libéralités de

Jean Chatel , curé de Saint-Jean de cette ville , & de l'abbé Catinat , dont le nom a été fur-tout illuftré par le maréchal de Catinat , à qui la province a donné le jour. Jean Abol y fonda , en 1584 , un collège par un legs dont la modicité en a empêché l'effet malgré les foins renouvellés , en différens temps , par des citoyens zélés ; cependant les principaux de la ville , animés du même zèle , font parvenus avec différens fonds qui ont été réunis pour cet objet , à faire faire , en 1782 , l'ouverture de ce collège où l'on profeffe aujourd'hui les baffes claffes.

Les armes de la ville font d'argent , chargées de trois branches de fougère de finople.

Les droits d'aides & autres , font prefque auffi forts qu'à Alençon , excepté ceux d'octroi , tenans lieu à Alençon de taille , laquelle fe paie à *Mortagne* après avoir été impofée par les maire & échevins , comme nous l'avons dit en traitant cet article. *Voyez* ALENÇON , MAIRE & ECHEVINS.

Il y a eu dans tous les temps pour la ville de *Mortagne* , ainfi que pour la province du Perche dont cette ville fait partie , différens abonnemens fixés par des arrêts du confeil , en faveur des biens - tenans fujets aux droits de francs-fiefs. Il faut voir à cet égard la nouvelle déclaration du roi du 23 feptembre 1784 , regiftrée au parlement le 26 novembre fuivant , interprétative des articles 66 & 77 de la coutume du grand-Perche , lefquels déformais feront fuppléés par les articles 51 & 52 de la coutume de Paris. Nous en rendrons compte au mot TENURES-HOMMAGÉES. (*Cet article eft de M. DE LA CHENAYE , lieutenant-général honoraire de Mortagne , de plufieurs académies , & du mufée de Paris.*)

MORTAILLABLES , f. m. plur. (*Grammaire & Jurifprud.*) font des efpèces de ferfs , *adfcripti glebæ* , auxquels le feigneur a donné des terres à condition de les cultiver. Ils ne peuvent les quitter fans la permiffion du feigneur , lefquels ont droit de fuite fur eux.

Les héritages *mortaillables* font les biens tenus à cette condition : les tenanciers ne peuvent les donner , vendre , ni hypothéquer qu'à des perfonnes de la même condition , & qui foient auffi fujets du même feigneur.

Il eft parlé des *mortaillables* dans les coutumes d'Auvergne , Bourgogne , Beaumont , la Marche , Nevers , Troye & Vitry. *Voyez les commentateurs de ces coutumes , & les Mémoires d'Auzanet , p. 8 ;* & MAIN-MORTE. (*A*)

MORTAILLE , f. f. (*Jurifprud.*) eft l'état des perfonnes ou héritages mortaillables , ou le droit que le feigneur a fur eux , & finguliérement le droit qu'il a de fuccéder à ceux de ces ferfs qui décèdent fans laiffer aucuns parens *communiers. Voyez* MAIN-MORTE , & MORTAILLABLES. (*A*)

On a auffi donné le nom de *mortaille* à cette efpèce de confifcation de meubles que les feigneurs & les eccléfiaftiques fe font arrogée fur ceux qui

mouroient fans confeffion. C'eft ce qu'on voit dans la chartre d'échange du château de Montferrand en Auvergne , faite par Louis de Beaujeu , feigneur de Borci , avec le roi Philippe-le-Bel , en 1292. Il y eft dit , « & eft à fçavoir que pour les » quatre aides que li fires de Montferrant a & doit » avoir à Montferrant , quant li cas aviennent , » c'eft à fçavoir l'aida de fa chevaliere , l'aida de » fa fille marier , de la raençon de fon corps pris » en guerre , & de l'alée d'Ouftremer , & encore » pour le cas de la *mortaille* , c'eft-à-dire , que quand » aucun meurt en la ville de Montferrant fans » confeffion , tout li bien meuble d'icelui font au » feigneur de Montferrant ». *Voyez le Gloffaire de* Ducange , *au mot* Inteftatio , & *l'article* DÉCONFÉS.

Enfin , on a auffi appellé *mortailles* les funérailles ou enterrement de quelqu'un. *Voyez* dom Carpentier , *au mot* Mortalia 1. (*M. GARRAN DE COULON , avocat au parlement.*)

MORTAILLER. L'article 1 des coutumes de la ville & feptaine de Bourges , rapportées par la Thaumaffiere , *p. 313 de fes anciennes Coutumes de Berry* , emploie ce mot pour *impofer le droit de mortaille* , c'eft-à-dire , la taille due par les mortaillables. *Voyez* MORTALIER. (*M. GARRAN DE COULON , avocat au parlement.*)

MORTALIER , (*Droit féodal.*) des lettres de grace , de l'an 1411 , citées par dom Carpentier , au mot *Mortaillia* , portent : « Simon Cronay , » notre fergent & *mortalier* au bailliage de Saint- » Père-le-Mouftier ». Dom Carpentier penfe qu'on doit entendre par *mortalier* , celui qui levoit le droit de mortaille. *Voyez* MORTAILLER. (*M. GARRAN DE COULON , avocat au parlement.*)

MORTE-MAIN. *Voyez* MAIN-MORTE.

MORTE-VUE. La coutume de Bretagne appelle *morte-vues* les jours que le propriétaire d'une maifon tire de l'héritage voifin , par une fenêtre pofée au-deffus de fept pieds & demi fur plancher , & fermée par un verre dormant. Elle décide que cette *morte-vue* n'emporte aucun droit de prefcription fur l'héritage du voifin , enforte qu'il lui eft toujours loifible de bâtir au-devant de cette vue , & d'en empêcher l'effet , à moins qu'un titre exprès n'autorife l'établiffement de la *morte-vue. Voyez* VUE.

MORTIER , c'eft ainfi qu'on appelle au palais une efpèce de toque , ou bonnet , qui étoit autrefois l'habillement de tête commun , & dont on a fait une marque de dignité pour certaines perfonnes , telles que les préfidens aux parlemens , qui , par cette raifon , font appellés préfidens à mortier.

Le *mortier* a été porté par quelques empereurs de Conftantinople , dans la ville de Ravenne : l'empereur Juftinien eft repréfenté avec un *mortier* enrichi de deux rangs de perles.

Nos rois de la première race ont auffi ufé de cet ornement ; ceux de la feconde , & quelques-uns de la troifième race s'en fervirent auffi. Charlemagne & S. Louis font repréfentés dans certaines vieilles peintures avec un *mortier* ; Charles VI est repréfenté en la grand'chambre avec le *mortier* fur la tête.

Lorfque nos rois quittèrent le palais de Paris pour en faire le fiège de leur parlement, ils communiquèrent l'ufage du *mortier*, & autres ornemens, à ceux qui y devoient préfider, afin de leur attirer plus de refpeét ; le *mortier* des préfidens au parlement eft un refte de l'habit des chevaliers, parce qu'il eft de velours, & qu'il y a de l'or.

Le chancelier & le garde-des-fceaux portent un *mortier* de toile d'or, bordé & rebraffé d'hermine.

Le premier préfident du parlement porte le *mortier* de velours noir, bordé de deux galons d'or. Les autres préfidens n'ont qu'un feul galon ; le greffier en chef porte auffi le *mortier*.

Autrefois le *mortier* fe mettoit fur la tête deffous le chaperon ; préfentement, ceux qui portent le *mortier* le tiennent à la main ; il y a néanmoins quelques cérémonies où ils le mettent encore fur la tête, comme aux entrées des rois & des reines ; ils le portent auffi en cimier fur leurs armes.

Les barons le portent auffi au-deffus de leur écuffon avec des filets de perles. (*A*)

MORTUAIRE, adj. (*Jurifprud.*) fe dit de ce qui regarde la mort. Regiftre *mortuaire* eft celui où l'on écrit l'inhumation des défunts. Les curés & fupérieurs des monaftères & hôpitaux font obligés de tenir des regiftres *mortuaires*. *Voyez* REGISTRE.

On appelle *extrait mortuaire* le certificat d'un enterrement tiré fur le regiftre : droits *mortuaires* font ceux que les curés font autorifés de prendre pour les enterremens. Anciennement quelques curés prenoient dans la fucceffion de chaque défunt un droit nommé *mortuaire*, confiftant en une certaine quantité de bétail, ou autres effets, & ce pour s'indemnifer des dixmes, ou autres droits, que le défunt avoit négligé de payer. Les conftitutions fynodales de Pierre Quivil, évêque d'Excefter, fuffragant de Cantorbéry, publiées le 16 avril 1287, recommandent le paiement de ce droit ; mais il n'étoit pas établi par-tout. *Voyez* Fleury, *Hift. eccléfiaft.* (*A*)

MOSTAIGE. *Voyez* MOUSTAIGE.

MOTAGE, (*Droit féodal.*) 1°. l'on a donné ce nom à des mottes de terre, & au droit d'en prendre pour faire ou réparer des levées, & furtout la chauffée des moulins ou des étangs. Une chartre, de l'an 1188, tirée d'un cartulaire de Saint-Marian d'Auxerre, porte : « *quia verò molen-* » *dinarii & homines noftri ad continendam aquam* » *motas de eifdem pratis auferre confueverant hæc* » *omnino deinceps fieri prohibui* ».

Une autre chartre de Robert de Vieux-pont, de l'an 1330, tirée du cartulaire de Saint-Jean en vallée, dit auffi : « le prieur (de Saint-Nicolas » de Courbeville) ou prieurs de leur droit, peuet » & pourront prendre mote & *motage* en tous nos

» frouz pour la réparation de tous leurs moulins, » lices & chauciés, fans contredit de nous, ne de » nos gens ».

Ces extraits font rapportés par dom Carpentier, dans fon *Gloffaire*, *au mot* Mota 5. On peut en voir d'autres exemples dans celui de Ducange, au mot *Motaticum*.

2°. Ducange, au mot *Mota* 2, dit qu'on a donné le nom de *mote* aux plaids du feigneur, & dom Carpentier conclut de-là qu'on doit entendre le mot de *motage* qui fe trouve dans une chartre de l'an 1361, de l'obligation où étoit le vaffal d'affifter aux plaids du feigneur qui fe tenoient ordinairement fur les mottes ou lieux élevés. Mais les textes cités par Ducange, au mot *Mota*, ne paroiffent défigner rien autre chofe que le chef-lieu du fief, qu'on appelloit *mote*, comme Ducange en convient mi-même. Il paroît néanmoins qu'on a dit *mote* pour *cour & plaids*, du moins en Angleterre. *Voyez Jacobs' new-law-Diétionnary*.

On pourroit croire que ce terme de *mote*, pris pour château, a fait nommer *motage* le droit de guet qu'on devoit à ce même château. C'eft ce qui paroît réfulter de l'extrait cité par dom Carpentier : « avons baillé, y eft-il dit, à Regnault » Willot.... en pur fieffage à fin & perpétuel » héritage, notre manoir de Bérengerville.... » avec certaines franchifes, c'eft à favoir.... » eftre franc de *motage* & de guet en noftre chaftel ». *Voyez l'article* MOTE.

Peut-être néanmoins que le *motage* n'eft-il rien autre chofe que l'obligation de curer les foffés du château. *Voyez l'article* MOTE, *n°. 2.* (*M.* GARRAN DE COULON, *avocat au parlement.*)

MOTE, MOTTE, *ou* MOTHE. On trouve ce mot dans nos livres, écrit de toutes ces manières. On entend non-feulement par-là un petit morceau de terre détaché avec la charrue, avec la bêche, ou autrement ; mais auffi une butte, ou une éminence faite de main d'hommes, ou par nature, & qui eft faillante de tous côtés par-deffus les autres terres.

Ce mot reçoit, en droit, plufieurs acceptions particulières, qui paroiffent toutes dériver du dernier fens qu'on vient d'expliquer.

1°. Suivant dom Carpentier, au mot *Mota* 4, on a donné ce nom à une chauffée, ou à une digue. Des lettres de l'an 1371, qu'on trouve au tome 5 des *Ordonnances du Louvre*, portent : « & » *quædam mota*, *five platea*, *fita fuper duo ftagna* » *diétæ villæ* ». D'autres lettres de la même année, fur le même objet, difent auffi : « & la *mote* qui » eft fur les deux étangs du châtel de Limoges ». On trouve d'autres exemples de cette acception dans le gloffaire de Ducange, qui a mal pris le fens de ce mot, ainfi que fes additionnaires.

2°. On a donné ce nom aux châteaux ou chefs-lieux d'une feigneurie, parce qu'ils étoient ordinairement bâtis fur des éminences. Cette expreffion fe retrouve encore dans les coutumes d'Auvergne, *chap.* 12 ; *art.* 51 ; de Chaumont , *art.* 8 ; & de Troyes , *art.* 14. C'eſt de-là que provient le droit de *mote* dû à quelques ſeigneuries de Normandie. Il conſiſtoit, dit M. Houard, dans l'obligation , de la part des vaſſaux , de curer les foſſés des châteaux fortifiés. On l'appelle quelquefois *heriſſonage* , parce qu'il étoit d'uſage de hériſſer les foſſés des maiſons fortes par des ouvrages de bois ou de fer. Les ordonnances de Henri IV en 1595 , & de Louis XIII en 1629 , ont anéanti ces corvées. (*Dictionnaire du droit normand , au mot* Mote).

3°. Le mot de *mote* a été employé pour déſigner le droit de mouture. *Voyez* dom Carpentier, *au mot* Molta 2.

4°. Dans l'uſance de Cornouailles , on appelle *mote* une eſpèce de tenure main-mortable , ſans doute parce qu'au centre de la tenure on bâtiſſoit une habitation ſur une *mote*. Les détenteurs de ces domaines s'appelloient *motoyers* , en latin *motales homines* & *motales ſervi*, comme on le dit dans les annales de Fulde.

Cette tenure étoit fort commune autrefois dans les évêchés de Cornouailles & de Léon. Le duc Pierre de Bretagne , par ſes lettres pour la réformation de ſon domaine de l'an 1455 , enjoignit à ſes commiſſaires de s'informer quel profit ou dommage il recevroit de l'affranchiſſement de ces ſerfs , pour leur inſtruction rapportée, être par lui ordonné en ſon conſeil , ce qui feroit vu appartenir.

Le dernier duc François ayant beſoin d'argent , ordonna par ſes lettres de l'an 1484 , qui ſont à la chambre des comptes, que les tenues cultivées à titre de *mote* , dépendantes de ſon domaine , feroient affranchies & converties en arrentement. Le prétexte qui y eſt énoncé, eſt que la plupart des habitations de ces tenues avoient été ruinées par la longueur des guerres , ce qui cauſoit qu'elles étoient abandonnées & infructueuſes , à la diminution de ſon domaine. On y trouve la deſcription & les attributs du droit de *mote* , qui a beaucoup de rapport avec celui de *quévaize*. C'eſt de-là que Sauvageau a extrait les quatre articles ſuivans pour fixer la nature de cette tenure rigoureuſe.

1. Chaque homme motoyer doit par an une geline , un boiſſeau d'avoine , & le devoir appellé *demande d'août*, aux mains des prévôts & féodés.

2. L'homme motoyer mourant ſans enfans mâles, le ſeigneur lui ſuccède , à l'excluſion des filles & des parens collatéraux.

3. L'homme motoyer ne peut quitter ſa tenue , mais la doit occuper actuellement & en perſonne, & la cultiver & entretenir bien & dûment ; & s'il la délaiſſe par an & jour , il la perd , & le ſeigneur en peut diſpoſer.

4. Ne peut l'homme motoyer prendre tonſure , & ſe faire clerc, ſans le conſentement du ſeigneur.

Il paroît même que les motoyers étoient ſerfs de pourſuite , & qu'ils confiſquoient tous leurs biens en cas de formariage ou de tonſure. « Mais ,

» ajoute Sauvageau, comme il ſemble dur d'être » néceſſité dans des actions qui doivent être libres, » comme le choix de la profeſſion & du domi- » cile, la contravention aux articles deſdites uſances » n'emporte que la privation de la tenue ».

Le roi François I pourſuivit l'exécution des lettres de 1484. Il paroît que les ſeigneurs particuliers ont ſuivi le même exemple. Le compilateur de l'uſance de Cornouaille , en l'an 1580 , dit « que le droit de *mote* étoit dès-lors comme aboli, » par la commutation univerſelle de ce titre en » celui de domaine congéable ».

Cependant Sauvageau, qui écrivoit en 1710, dit « qu'il ſubſiſte encore aujourd'hui ſous l'étendue » de la ſeigneurie de Craudon, ou Crauzon, qui » appartenoit, lors de la réformation de la coutume » en 1580 , au ſeigneur vicomte de Rohan , lequel » forma oppoſition pour la conſervation des droits » de ſes ſeigneuries, dont les réformateurs lui » donnèrent acte ».

On trouve à-peu-près les mêmes détails au chapitre 9 des *Uſances particulières de Bretagne*, qui ſont inſérées au tome 4 du *Coutumier général de Richebourg*. Voyez *auſſi* le livre 22 de l'*Hiſtoire de Bretagne*, par dom Lobineau , n°. 184; le *Gloſſaire du Droit françois* , & *l'article* MOTTE-FERME. (M. GARRAN DE COULON , avocat au parlement.)

MOTHE. *Voyez* MOTE.

MOTOIERS , ou MOTOYERS. Ce mot a deux ſens différens dans nos anciennes chartres : 1°. on y donne ce nom à des métayers, c'eſt-à-dire, à des colons à moitié fruit : 2°. on nomme ainſi ces eſpèces de main-mortables qui poſſédoient les tenures appellées *mote*. *Voyez l'article* MOTE , *n°. IV*. (M. GARRAN DE COULON , avocat au parlement.)

MOTTE , ſ. f. (*Droit féodal.*) pluſieurs coutumes donnent ce nom à la place où étoit ſituée le châtel ou maiſon forte , & même la maiſon ſeigneuriale d'un fief. A défaut de manoir , la *motte* appartient , par préciput , à l'aîné en ſucceſſion directe. *Voyez* AÎNESSE , AVANTAGE , PRÉCIPUT.

MOTTE-FERME , la coutume de Bourbonnois appelle ainſi la portion d'un terrein inondé une rivière , qui n'a point été couverte par les eaux , & elle décide que la *motte-ferme* conſerve au propriétaire ſes droits ſur la totalité du terrein inondé, enſorte qu'il reprend toute ſa terre , lorſqu'elle a été abandonnée par la rivière.

Cette diſpoſition limite le droit que cette coutume accorde par un autre article aux ſeigneurs hauts-juſticiers , de s'emparer de tous les terreins totalement inondés & enſuite délaiſſés par les rivières d'Allier , Loire, Scioule , Cher & Besbre; mais elle ne s'étend pas vis-à-vis du roi. Un arrêt du conſeil du 10 février 1728 a jugé qu'un terrein inondé & couvert par les eaux d'une rivière pendant dix ans , appartenoit au roi, ſans que ceux qui en étoient propriétaires auparavant , puiſſent alléguer

alléguer qu'ils ont conservé leur droit, en conservant la propriété de la *motte-ferme*, dont le terrein inondé faisoit partie. Cet arrêt est fondé sur le principe général de notre droit public, qui donne au roi la propriété des îles, îslots, crémens & atterriffemens qui se forment dans les rivières navigables.

MOTU PROPRIO, (*Droit can:*) c'est une clause insérée dans certains refcrits de cour de Rome, & qui est cenfée signifier que le pape n'a été déterminé par aucune follicitation, ni motif étranger, à accorder une grace, & qu'il n'a agi que de son propre mouvement, *proprio motu.*

Des canoniftes ont appellé cette claufe, *la mère du repos : sicut papaver gignit quietem, ita & hæc claufula habenti eam.* Tout ce que l'on a dit fur fes effets prouve combien l'efprit humain eft capable de s'égarer lorfqu'il part d'un principe faux. Il ne fait alors que marcher d'erreur en erreur, & rien n'egale fa malheureufe fécondité dans ce genre.

De cette maxime abfurde, que le pape réunit en fa perfonne toute puiffance & toute autorité, on a conclu que, lorfqu'il prononçoit *proprio motu*, il prononçoit des oracles auxquels il falloit fe foumettre aveuglément. En conféquence, on a donné à la claufe, *motu proprio*, trente-huit effets, tous plus étonnans les uns que les autres. Rebuffe a pris la peine de les expofer dans fon *Commentaire fur le concordat : de formâ mandati verbo* Motu proprio. Nous ne croyons pas devoir le fuivre dans ces détails.

Cependant, pour juftifier ce que nous venons de dire fur cette claufe, nous croyons devoir rapporter quelques-uns des effets qui lui font attribués.

Le *motu proprio* rend un refcrit valable, quand même il feroit contraire aux loix.

Ce que le pape fait, *motu proprio*, en faveur d'un autre, eft valide, quoiqu'il foit contraire à fes propres décrets.

Le refcrit accordé, *motu proprio*, produit fon effet en faveur de l'impétrant, avant même qu'il le préfente.

Une grace accordée, *motu proprio*, profite à celui à qui il étoit défendu de la demander.

Le *motu proprio* déroge aux réferves même expreffes.

En changeant de domicile par privilège accordé *motu proprio*, on change auffi de tribunal pour les caufes & inftances.

La claufe *motu proprio* exclut toute fubreption & obreption. *Tollit fubreptionem in quibufcumque beneficiis & qualibufcumque. Attenditur autem voluntas papæ*, &c.

Dans une monarchie abfolue, ou fous l'empire d'un defpote, une ordonnance rendue, du propre mouvement du monarque, ou du defpote, pouvoit produire tous ces effets, & d'autres encore plus tyranniques. Mais dans un gouvernement ariftocratique, tel que celui de l'églife, il répugne à la nature des chofes que la claufe *motu proprio*;

inférée dans un refcrit de cour de Rome, faffe ainfi plier toutes les loix. Que le pape s'en ferve quand il s'agira de l'adminiftration politique & civile de fes états temporels, fes fujets feuls ont intérêt à réclamer. Mais qu'il l'emploie lorfqu'il s'agira du gouvernement fpirituel de l'églife, & de la difpenfation de fes bénéfices, c'est un abus auquel les princes, les évêques & les peuples ont également droit de s'oppofer ; on l'a toujours fait en France, & on le fait encore, mais d'une manière qui concilie le refpect dû au chef de l'églife, avec la confervation de nos libertés.

Pour maintenir les règles dans leur pureté, les cours féculières, attentives à défendre l'autorité que Dieu a confiée aux évêques, ne fouffrent point, dans les décrets émanés des papes, les expreffions qui ont même quelque rapport avec la caufe *motu proprio* ; & quoique les bulles, brefs & refcrits, dans lefquels les officiers de la cour de Rome affectent de les inférer, aient été accordés à la réquifition des évêques, ou fur la demande du roi, nos tribunaux fupérieurs ont toujours la fage précaution de faire inférer dans leurs arrêts d'enregiftrement, que c'eft, fans approbation de la claufe *motu proprio*, ou autres femblables. *Mémoires du clergé, tome VI.*

Au moyen de ces réferves, on rejette la claufe, & on permet l'exécution des autres parties de la bulle, ou refcrit, qui ne font point contraires à nos libertés & aux loix reçues dans le royaume. Nos principes font fi conftans en cette matière, que quand les cours omettroient les réferves dont on vient de parler, leur filence ne feroit pas préfumer une approbation tacite. (*M. l'abbé* BERTOLIO, *avocat au parlement.*)

MOUDRE, (*Droit de*) on donne ce nom, dans quelques anciens titres, au droit de mouture. On appelle *franc-moudre* ou *franc-moulu* dans la Picardie, un privilège, en vertu duquel certains couvens ou des vaffaux ont le droit de faire *moudre* leurs grains au moulin bannal de leur feigneur, fans payer de droit de mouture. On a quelquefois donné le même nom à ceux qui jouiffoient de ce privilège. (*M.* GARRAN DE COULON, *avocat au parlement.*)

MOULAGE, MOULTE, MOULURE ou MOULTURE, (*Droit féodal.*) les coutumes de Bourbonnois, *chap. 33 ;* de Bretagne, *art. 372 & 387 ;* de Loudunois, *chap. 1, art. 10 ;* & de Tours, *art. 14,* emploient ces différens mots pour défigner le droit de mouture. (*M.* GARRAN DE COULON, *avocat au parlement.*)

MOULANS, (*Droit féodal.*) l'art. 370. & les fuivans de la coutume de Bretagne donnent ce nom aux hommes qui font fujets à la bannalité de moulin.

Les établiffemens de S. Louis, *liv. 1, chap. 107,* difent *mouléeurs* dans le même fens.

On a dit auffi *moultents* & *mounants* pour *moulans. Voyez* le *Gloffarium novum de dom* Carpentier, *au mot* Monnancius. (*M. GARRAN DE COU-LON, avocat au parlement.*)

MOULÉEUR. *Voyez* MOULANS.

MOULIN BANNAL *ou* BANNIER, (*Droit féodal.*) on donne ce nom aux *moulins* où les sujets d'un seigneur sont obligés d'aller faire moudre leurs grains. *Voyez l'article* BANNALITÉ. (*M. GARRAN DE COULON, avocat au parlement.*)

MOULIN-FOLLEREZ, *ou* MOULIN-DRAPIER, (*Droit féodal.*) on a donné ce nom aux *moulins* à foulon. On a établi la bannalité sur ces sortes de *moulins*, comme sur tous les autres. *Voyez* le Glossarium novum *de dom* Carpentier au mot *Molendinum*, & aux mots *Folagium, Folare, Fullare, Fullaria, Fullatorium* & *Fullanus*.

J'observerai à cette occasion, que cet auteur dit mal-à-propos, que les mots *folage, follage* & *foulage* sont usités en Bretagne pour désigner la mouture, c'est-à-dire, l'action de moudre & le droit qui est dû au seigneur pour faire moudre le bled à son *moulin*. Il paroît qu'on ne doit entendre par ces trois mots que le droit dû pour faire fouler les draps. (*M. GARRAN DE COULON, avocat au parlement.*)

MOULTE. *Voyez* MOLTE, MOLAGE & MOUTURE.

MOULTENT. *Voyez* MOULANS.

MOULTURE. *Voyez* MOULAGE & MOUTURE.

MOULTURER, (*Droit féodal.*) ce mot a été employé pour *prendre le droit de mouture. Voyez* le Glossarium novum *de dom* Carpentier, *au mot* Mouturare. (*M. GARRAN de COULON, avocat au parlement.*)

MOULURE. *Voyez* MOULAGE.

MOUNANT. *Voyez* MOULANS.

MOUSTAIGE *ou* MOSTAIGE, (*Droit féodal.*) Dom Carpentier dit que c'est le temps où l'on paie la redevance qu'on doit en vin doux, appellé *moût*; mais il me paroît qu'on doit entendre par-là le moût lui-même, d'après les deux textes cités par cet auteur. Ce sont des extraits de deux chartres des années 1254 & 1273, tirées d'un cartulaire de Saint-Pierre de Mons. Il y est dit : « & pour le cens de » cette vigne devons nous rendre..... deus mues » (ou muids) de vin à *mostaige* ou cours (c'est-à-» dire au cours) de vendanges. Demi-mui de vin » à *moustaige* ou cours de vendange ». (*M. GARRAN DE COULON, avocat au parlement.*)

MOUSTE. *Voyez* MOULAGE & MOUTURE.

MOUSTRANCHE, (*Droit féodal.*) Dom Carpentier dit, que *faire moustranche* est faire aveu & dénombrement. Mais n'est-ce pas plutôt faire exhibition de son titre au seigneur ? Cela paroît résulter du texte même que cet auteur indique. C'est une chartre de l'an 1280, tirée du cartulaire de Corbie, dont Ducange rapporte l'extrait suivant : « A tous Chiaus, &c. Henris, cheva-» lier, sire de Fluy, salut. Comme nobles hom & » mes chiers sires Jehans, vidames d'Amiens, » sires de Pinkeigny, m'eust kemadé que je ad

» journée certaine qui me fu assignée de par li, » susse à Pinkeigny pour faire men estage, si comme » je li devoie & pour faire certaine *moustranche* des » fiefs que je tenoie de li, à laquelle journée je fu » & li moustrai les tenanches des fiés & des avant-» fiés que je tenoie de li, &c. » (*M. GARRAN DE COULON, avocat au parlement.*)

MOUTES FÉTIERES, (*Droit féodal.*) c'est le nom d'une redevance qui subsiste encore en Normandie, quoique l'établissement en paroisse très-abusif : « les seigneurs, dit M. Houard dans son dic-» tionnaire du droit normand, par respect pour les » principales fêtes de l'année, ne permettoient pas » à leurs moulins de travailler pendant ces jours, » & comme les vassaux faisoient moudre dans la » semaine qui précédoit ces fêtes, un certain » nombre de boisseaux de bled, ils payoient une » certaine redevance aux seigneurs en argent ou » grain pour cette *moûte* extraordinaire ; redevance » qui, par la raison du motif qui y obligeoit, s'ap-» pelloit *moûte-fétiere* ».

Un arrêt rendu au parlement de Paris le 14 septembre 1752, a jugé que deux particuliers, aînés des aînesses de la Rouge & de la Volinière, ne pouvoient pas être obligés d'aller faire moudre leurs grains au moulin de la rivière, dépendant du fief de M. Guenet de Louis, leur seigneur immédiat, & qu'ils devoient continuer à les moudre au moulin du Prey, dépendant du duché de Broglie, d'où relève le fief de la Rivière, parce qu'ils avoient suivi la bannalité de cette seigneurie suzeraine de temps immémorial, & payé la faisance de trois boisseaux de bled de *moûte fétiere* par chaque aînesse. (*M. GARRAN DE COULON, avocat au parlement.*)

MOUTON, s. m. (*Code rural.*) nous comprenons sous cette dénomination, les brebis, les béliers & les agneaux, lorsqu'ils sont en troupeau.

Les ordonnances & réglemens, & particulièrement un arrêt de règlement du parlement de Paris, du 23 janvier 1779, défendent à tous particuliers, propriétaires, fermiers, cultivateurs, journaliers, & autres habitans de la campagne, de mener paître en aucun temps les *moutons* & brebis dans les vignes, bois & buissons, ni aux environs des haies, ni dans les jardins, prairies & vergers, à moins que ces jardins, prairies & vergers n'appartiennent aux propriétaires des *moutons* & brebis, & ne soient enclos de murs ou de haies : à peine contre les contrevenans de 3 livres d'amende par chacune bête, & des dommages & intérêts du propriétaire, du double en cas de récidive, même de confiscation des bestiaux, & d'être poursuivis extraordinairement, suivant l'exigence des cas.

Le même arrêt ordonne aussi que les pères & mères, à l'égard de leurs enfans ; les maîtres & maîtresses à l'égard de leurs domestiques, seront garans & responsables des amendes & des dommages & intérêts qui seront prononcés pour raison des contraventions dont il s'agit ; & il enjoint aux syndics & gardes-meſſiers des paroiſſes de dénoncer les contrevenans, & aux officiers & cavaliers de maréchauſſée de prêter main-forte pour l'exécution de l'arrêt, qui doit être lu chaque année aux prônes des meſſes de paroiſſe.

Le parlement de Flandre a rendu deux arrêts pour régler la forme du pâturage des *moutons*; l'un du 24 novembre 1760, concerne les châtellenies de Lille, Douai & Orchies; l'autre du 14 août 1776, regarde le Cambreſis.

Le premier ordonne que les cantonnemens pour le pacage des *moutons* continueront d'avoir lieu dans les paroiſſes où ils ſont en uſage, encore que les terres y compriſes ſoient ſituées en partie hors les limites de la paroiſſe des fermes cantonnées: qu'à défaut de cantonnement, tout occupeur de ferme des *moutons* pourra les faire paître ſur les terres de ſon exploitation; que pour arriver aux terres ſituées hors de la paroiſſe, il ſera permis de faire paſſer les *moutons* par le chemin public le plus direct, ſans cependant pouvoir les y faire paître ou arrêter; qu'à défaut de chemin public pour y conduire, on ne pourra en exiger un ſur le terrein d'autrui, ſous quelque prétexte que ce ſoit, ſi ce n'eſt du conſentement exprès des intéreſſés; que dans les cas où les pâturages d'une ferme ſeroient notablement éloignés de la paroiſſe dont elle fait partie, la communauté où ils ſont ſitués pourra en retirer la paiſſon, en laiſſant au fermier qui les exploite une étendue équivalente dans l'endroit le plus commode pour lui, & dont ils conviendront; qu'il ſera loiſible aux propriétaires & occupeurs de ferme d'affermer la paiſſon ſur leurs terres, à qui bon leur ſemblera, même à des forains, lorſqu'ils ſeront en bonne & ſuffiſante poſſeſſion de ce droit.

Le ſecond arrêt déclare que nul ne peut avoir de *moutons*, s'il n'occupe au moins la quantité de cent vingt mencaudées de terres, & ne peut avoir qu'un *mouton* par mencaudée, ſans comprendre néanmoins les agneaux au-deſſous d'un an, & la monture du berger, qui ne doit pas excéder dix *moutons* par cent. Il ajoute à cette diſpoſition une injonction aux propriétaires des *moutons*, de ne plus à l'avenir accorder de monture à leurs bergers, & de les dédommager par une augmentation de gages, & à ceux-ci de ſe défaire ſous deux mois de leurs *moutons*, lorſqu'ils ſortiront de condition, à peine d'amende, de ſaiſie & de confiscation des *moutons*.

Le même arrêt défend de mener paître les *moutons* en aucun temps, dans les prairies, pâtures communes, mais ſeulement dans les rues vertes, flégards & wareſchais, depuis le premier novembre juſqu'au premier avril: de faire paſſer & champayer les *moutons* ſur les chemins publics, contigus aux terres enſemencées en bled, à moins qu'ils ne ſoient les ſeuls qui conduiſent aux pâturages; de réfugier ou receler des *moutons* étrangers, ou de les prendre en nourriſſon.

Il ordonne que chaque année, les mayeurs & gens de loi détermineront le tiers du terroir de chaque paroiſſe pour la paiſſon des *moutons*, ſans cependant préjudicier à celle des chevaux, bœufs & vaches, & que s'il s'élève des conteſtations à ce ſujet, elles ſeront portées devant les juges qui en doivent connoître, pour être jugées ſommairement: il permet auſſi les cantonnemens dans les lieux où ils ſont en uſage, comme auſſi de pouvoir louer le pâturage, dans les communautés qui ne poſſèdent pas de *moutons*, pourvu que cette location ne ſe faſſe que pour un an, & par une adjudication en préſence de la communauté aſſemblée, ſans aucun frais, & après affiches poſées dans le lieu & dans les villages voiſins.

MOUTONNAGE, (*Droit féodal.*) ce mot ſe trouve énoncé ſans aucune explication, avec pluſieurs autres droits dans l'art. 3, de la coutume d'Herly, locale de celle de Boulonnois. On pourroit croire qu'il ne déſigne rien autre choſe qu'un droit dû ſur les moutons, & il paroît du moins qu'on l'a ainſi entendu quelquefois. On peut en voir un exemple dans l'article MOUTONNIER.

M. le Camus d'Houlouve, dans ſes coutumes de Boulonnois, *tit. 4, chap. 12, ſect. 7*, regarde le droit de vif & mort herbage, comme ſynonyme de celui de *moutonnage*: il paroît effectivement qu'on a pris ces deux droits l'un pour l'autre. Un compte du domaine d'Etaples de l'an 1475, cité par Ducange au mot *Mutonagium*, ſous *Multo*, porte: « recepte de *moutonnages*, qui ſe paient au jour » de S. Jehan-Baptiſte en paine de 60 ſ. d'amende, » eſt à ſavoir pour chacune bête à laine un denier». *Voyez* HERBAGE VIF ET MORT.

Cependant Ragueau, dans le Gloſſaire du droit françois, dit en général, que le *moutonnage* eſt un droit ſeigneurial qui ſe prend ſur ceux qui vendent & achètent du bétail ou d'autre marchandiſe ſur le fief du ſeigneur. On voit effectivement que l'ancienne coutume de Boulonnois, *art. 12*, employoit ce mot & celui de tonlieu, comme ſynonymes; & que l'art. 3 de la nouvelle coutume, qui correſpond à cet art. 12 de l'ancienne, confond ces deux droits ſous le nom de *droit de taille*.

Il paroît même, ſuivant d'autres textes cités par les additionnaires de Ducange, qu'on a donné le nom de *moutonnage* à des redevances perſonnelles. Il y a dans la maiſon-de-ville d'Amiens, un regiſtre où il eſt parlé d'une aide, ou d'une ſubvention miſe à cauſe de la guerre qu'on nomme *moutonnage-courant*. (*M. GARRAN DE COULON, avocat au parlement.*)

MOUTONNATS, on nomme ainſi dans quelques provinces, les agneaux qui ont atteint la ſeconde année de leur naiſſance. *Voyez le commentaire de la coutume de Berry, par la Thaumaſſiere. tit. 10, art. 17, pag. 605.* (*M. GARRAN DE COULON, avocat au parlement.*)

MOUTONNIER, (*Droit féodal.*) on a donné ce nom à celui qui levoit le droit ſeigneurial de *moutonnage* ; un regiſtre des fiefs de l'égliſe de Cambrai, cité par dom Carpentier au mot *Multo*, porte : « & ſpareillement eſt l'un des *moutonniers* avec le » iiij frans-fiefvez, & eux deux enſemble ſont tenus » de cacher le moutonnage, dont pour ce il doibt » avoir pour ſa part un jour le S. Jehan deux mou- » tons ». (*M. GARRAN DE COULON, avocat au parlement.*)

MOUTURE, (*Droit féodal.*) on entend par-là l'action de moudre le bled & les autres grains & le droit dû au meûnier, ou au ſeigneur d'un moulin bannal à cette occaſion. (*GARRAN DE COULON, avocat au parlement.*)

MOUVANCE, c'eſt l'état de dépendance par lequel un domaine relève d'un fief, ſoit noblement, ſoit roturiérement. On dit dans le même ſens, qu'un domaine eſt *mouvant* d'un autre, c'eſt-à-dire, qu'il en relève, ſoit roturiérement, ſoit noblement. Ainſi le mot de *mouvance* eſt corrélatif de celui de *directe*. On l'emploie néanmoins auſſi quelquefois, mais improprement, comme ſynonyme de *directe*, pour déſigner la ſupériorité d'un fief ſur les domaines qui en ſont tenus.

C'eſt à-peu-près dans le même ſens que les auteurs diſtinguent la *mouvance active* de la *mouvance paſſive*. La *mouvance active* eſt la même choſe que la *directe*, c'eſt-à-dire, la ſupériorité du fief dominant. La *mouvance paſſive* eſt la *mouvance* proprement dite, telle qu'on vient de la définir.

Comme dans l'article DIRECTE, on n'a donné que la définition de ce mot, c'eſt ici lieu d'expoſer les principes généraux des directes & des *mouvances*.

Pour remplir cet objet, on va parler 1°. des diverſes ſortes de *mouvance* & de leurs effets ; 2°. des différentes manières de conſtituer la *mouvance* ; 3°. de la tranſlation, de l'extinction & de la ſuſpenſion des *mouvances* ; 4°. de la converſion des *mouvances*.

§. 1. *Des différentes ſortes de mouvance & de leurs effets.* Outre les *mouvances* actives & paſſives dont on a parlé au commencement de cet article, on diſtingue diverſes ſortes de *mouvance*, ſoit qu'on la conſidère relativement au degré plus ou moins éloigné, par lequel elle unit un domaine aux fiefs qui en ont la directe immédiate, ou médiate, ſoit qu'on examine la nature du lien qui produit cette union. Sous le premier point de vue, on diviſe les *mouvances*, en *mouvances* immédiates & médiates ; ſous le ſecond en *mouvances* nobles & roturières.

On appelle *mouvance immédiate*, cet état de dépendance par lequel un domaine relève nûement & ſans moyen, d'un fief qui a ſur lui la directe ; & *mouvance médiate*, la dépendance qui ſubſiſte entre ce même domaine & le fief ſuzerain, ou les autres fiefs qui ont la ſupériorité ſur lui, en parcourant tous les degrés de la ſubordination féodale.

On nomme *mouvance noble* ou *féodale*, celle qui aſtreint le *vaſſal*, c'eſt-à-dire, le poſſeſſeur du domaine qui y eſt ſujet, à la foi & hommage ou du moins à la fidélité envers le poſſeſſeur de la directe ; & *mouvance roturière*, ou *cenſuelle*, celle en vertu de laquelle les domaines qui y ſont aſtreints, & leurs poſſeſſeurs qu'on appelle *ſujets, tenanciers, hommes coutumiers*, ſont aſſujettis au paiement de certaines redevances, ou devoir en argent, grain ou volailles, ſans devoir ni la foi & hommage, ni la fidélité au ſeigneur.

C'eſt proprement ce dernier caractère qui diſtingue la *mouvance roturière* de la *mouvance* noble : car le cens n'eſt point de l'eſſence de la *mouvance* roturière, qui peut ſubſiſter ſans lui, quoiqu'il en ſoit la ſuite la plus ordinaire, & que pour la déſigner, on ſe ſerve même le plus ſouvent du mot de *cenſive*, ou d'autres termes dérivés de celui de *cens*.

Il y a néanmoins des coutumes où certaines eſpèces de *mouvances* roturières ſont ſujettes à la foi & hommages, comme les fiefs. Telles ſont les tenures connues ſous le nom de *fiefs bourſaux* dans la coutume du Perche. Ces tenures n'ont ni les prérogatives, ni les charges des fiefs. Elles ont été expreſſément exemptées des francs-fiefs par des lettres-patentes.

Cependant elles ſont ſujettes à la foi & hommage de la part du principal détenteur, & on les appelle même, comme par excellence dans le Perche, *tenures hommagées. Voyez l'article* MAIRIE & FIEF-BOURSIER.

Cet exemple de la confuſion du caractère diſtinctif du fief & de la cenſive, n'eſt pas le ſeul qu'on trouve dans notre droit ; on ne doit pas s'attendre à trouver dans les inſtitutions politiques des différences eſſentielles qui diſtinguent par des traits inaltérables les élémens de la métaphyſique. On doit donc ſe contenter d'offrir les diſſemblances les plus marquées, & la fidélité due au ſeigneur eſt le caractère le plus diſtinctifs des fiefs.

Quoi qu'il en ſoit, pluſieurs auteurs, tels que Pocquet de Livonnière, dans ſon *Traité des fiefs, liv.* 6, *chap.* 1, enſeignent que la *mouvance féodale*, quoique plus noble que la cenſuelle, eſt plus onéreuſe en ce que les vaſſaux ſont ſujets au droit d'arrière-ban, de francs-fiefs, de rachat, de commiſe, de ſaiſie avec perte de fruits par défaut d'hommes, tandis que les cenſitaires ſont délivrés de ces droits onéreux. C'eſt par cette raiſon, ajoute Livonnière, que les héritages cenſifs ſont plus eſtimés que les hommagés. Beaumanoir dit, au chap. 27, qu'ils valent un ſixième de plus, & c'eſt de-là que s'eſt formé l'uſage, dans la coutume d'Anjou, de faire payer des dommages-intérêts à celui qui a vendu comme roturiers des héritages nobles. Ces dommages-intérêts n'étoient que d'un huitième, ou d'un dixième du temps de Dupineau. Ils ſont aujourd'hui d'un cinquième en faveur de l'acquéreur roturier, apparemment parce que, dans les derniers temps, les droits de francs-fiefs ont été exigés avec beaucoup de dureté.

Mais quelque juste que puisse être cette obser-vation pour la plupart des domaines dans la cou-tume d'Anjou, elle souffre une quantité d'excep-tions, soit par la variété des coutumes, soit par la diversité des titres qui y dérogent.

Il y a des provinces entières, telles que la Bour-gogne & la Franche-Comté, où les fiefs sont sim-plement d'honneur, sans être sujets à aucune charge, soit en cas de mutation ou autrement. Dans d'au-tres pays, tels que l'Aunis, la Saintonge régie par l'usance & une grande partie du Poitou, la plu-part des fiefs sont affranchis des rachats, & de plusieurs autres droits très-onéreux.

Dans bien des coutumes au contraire, les cen-sives sont sujettes au champart ou terrage, aux bannalités, aux droits de guet & garde, de tailles, quête ou fouage, & même à des espéces de ra-chats, connus sous le nom de relevoisons, double & triple cens, acaptes, maciages, &c.

Il n'est pas douteux que dans ces pays l'acqué-reur d'un domaine roturier vendu comme noble, ne pût demander des dommages-intérêts, sur-tout si sa propre condition l'exemptoit des francs-fiefs. Pothier le décide ainsi dans son Traité de contrat de vente, pour les coutumes de Chartres & de Châ-teaudun. Pocquet de Livonnière lui-même en dit autant pour la Guienne. On ne peut donc pas avoir de règles générales sur cet objet. Il faut, pour se décider, examiner la coutume des lieux, les titres particuliers de chaque domaine, & la condition des acquéreurs.

Dumoulin enseigne sur l'art. 74 de la coutume de Paris, que la dépendance où la mouvance met le censitaire, ne l'empêche pas de changer à la vo-lonté la surface de l'héritage, contre le gré même du seigneur, quand bien même ce changement tendroit à diminuer les droits casuels, tels que les lods & ventes, parce que ces droits ne sont pas le véritable objet du bail à cens; mais qu'il en seroit autrement, si le changement tendoit à rendre le domaine hors d'état de supporter le devoir ordi-naire, tel que le terrage pour les fonds qui y sont sujets.

Henrys, tom. 1, liv. 3, quest. 20, cite deux arrêts qui l'ont ainsi jugé, l'un pour les pays cou-tumiers, & l'autre pour ceux de droit écrit. Cet auteur observe néanmoins, que si les titres de l'hé-ritage assujettissoient le détenteur à tenir feu vif, c'est-à-dire, à résider, il ne pourroit pas démolir les édifices.

Cette restriction ne doit pas souffrir de difficulté, lors du moins qu'il s'agit d'une démolition totale, qui rendroit le fonds inhabitable. Mais je ne sais si l'on doit également adopter une autre restriction d'Henrys. Suivant lui, le seigneur qui est fondé à lever dans sa terre des droits & des redevances personnelles, comme les droits de guet & garde, corvée & bannalité de four & de moulin, pourroit demander ses dommages-intérêts pour la démoli-tion des maisons, attendu qu'elle le priveroit de ces derniers droits qui se lèvent sur les personnes & domiciles, & non pas sur les héritages.

On ne se prévaudra point ici pour réfuter Henrys, de ce qu'il restreint les droits du seigneur à de simples dommages-intérêts. Mais dès qu'il ne s'agit que de droits & de redevances personnelles, dès que ces droits ne se lèvent que sur les personnes, & non sur les fonds & héritages, il est clair que le seigneur ne peut pas se plaindre d'un changement, qui n'a pour objet que les héritages; & de même qu'il ne peut pas retenir sur sa terre les corvéables, ou les sujets à la banna-lité, qui ne veulent pas y rester, il ne doit pas avoir le droit d'obliger les censitaires à demeurer sur les lieux, ou à y entretenir une maison. Ces droits n'é-tant pas dus par les fonds, comme Henrys en convient, ils ne sont pas dus non plus par le domicile, mais pour le domicile. Le seigneur ne peut pas plus exiger qu'on réside dans sa terre pour y être sujet, qu'il ne pour-roit exiger des marchands qu'ils y menassent leurs denrées pour acquitter le droit de péage & de leyde qui lui sont dus.

A plus forte raison la mouvance noble, dans la-quelle les droits lucratifs ne consistent communé-ment que dans du casuel, n'empêche-t-elle pas le changement de surface.

Suivant notre ancien droit françois, la mouvance régloit le ressort, ensorte qu'on y pouvoit con-clure que lorsque l'héritage étoit sous la directe d'un seigneur, il en suivoit aussi la jurisdiction; mais quoiqu'il y ait encore aujourd'hui quelques rapports entre la justice & la mouvance, sur-tout dans quelques coutumes, la règle contraire forme à présent notre droit commun. Voyez le §. 2 de l'article JUSTICE.

La mouvance règle encore moins la coutume à laquelle les domaines sont assujettis. Ce n'est pas non plus le ressort ou la jurisdiction qui détermine cette coutume, c'est le territoire ou l'enclave, parce que les coutumes étant réelles, & s'étant formées peu-à-peu par le consentement & l'usage universel des habitans d'un même pays, c'est la situation du domaine qu'on doit considérer pour savoir quelles loix on y doit suivre. Telle est la décision de Coquille dans la préface de son com-mentaire sur la coutume de Nivernois, & de Loi-feau dans son traité des seigneuries, chap. 12, n°. 28 & suivans.

Cette règle reçoit néanmoins des exceptions dans bien des lieux. C'est ainsi que plusieurs fiefs du Berry sont sujets à la coutume de Lorris (ou ancienne coutume de Montargis), parce qu'ils relè-vent des seigneuries sujettes à cette coutume. Mais ces exceptions ne se présument pas; il faut des titres bien précis ou un usage bien constant pour les faire autoriser.

§. 2. Des différentes manières de constituer la mou-vance. La mouvance peut être produite par quatre causes principales: ce sont, 1°. la présomption que forment les coutumes, où le franc-aleu sans titre est rejetté; 2°. la soumission des propriétaires des domaines allodiaux ; 3°. la conceſſion du ſeigneur féodal, ou du propriétaire d'un aleu : 4°. la preſcription.

On parle de la première & de la dernière de ces cauſes aux mots FRANC-ALEU & PRESCRIPTION. (*Droit féodal.*)

Il ſuffira de faire ici quelques obſervations ſur les deux autres cauſes. Pluſieurs juriſconſultes penſent que la ſoumiſſion du propriétaire d'un domaine allodial, envers un ſeigneur féodal, où la conceſſion que ce propriétaire fait d'une partie de ſon aleu, ne peuvent pas conſtituer des *mouvances* proprement dites, parce que la dépendance territoriale que la *mouvance* établit, eſt un caractère qui tient à notre droit public, ſur lequel les conventions des particuliers ne doivent pas avoir d'influence.

Cette objection ne paroît pas ſans réplique. Quoique les particuliers ne puiſſent pas altérer le droit public, comme le droit privé, ils peuvent tous les jours faire des conventions qui donnent plus ou moins d'étendue aux effets de ce droit. Si la *mouvance* féodale tient au droit public, il ne s'enſuit pas de-là, qu'on déroge à ce droit en la conſtituant. C'eſt par ces conventions que la plupart de celles qui exiſtent ont été établies. Aucune loi n'a défendu de faire encore aujourd'hui ces conventions qui ont eu tant d'influence autrefois ſur l'état de la monarchie. Tout au contraire, pluſieurs coutumes, telles que Bourbonnois, *article 392*, la Marche, *art. 406*, enſeignent que la première rente créée ſur un héritage emporte la directe.

Notre droit eſt donc bien loin de rejetter les conventions qui peuvent établir la directe dans les pays allodiaux ; elles ne ſeront pas plus redoutables que les anciennes inféodations, ou les accenſemens anciens, parce qu'elles pourront être alors facilement anéanties par la preſcription. Dans les pays de directe univerſelle, elles tendent à ramener une tenure véritablement extraordinaire aux termes du droit commun. Par-tout elles n'opéreront rien de plus que ce que la preſcription centenaire opère tous les jours.

On a propoſé une différence entre les directes établies par la conceſſion du ſeigneur, & celles qui ſe ſont établies par la ſoumiſſion du propriétaire. Les ſecondes ſont, dit-on, beaucoup moins favorables. Comme les domaines qu'elles ont pour objet, n'ont jamais appartenu au ſeigneur direct, & qu'ils ne ſont tombés dans ſa *mouvance* que par la volonté libre de leur poſſeſſeur, qui, par foibleſſe ou par intérêt, a cru devoir acheter la protection d'un voiſin puiſſant, en l'avouant pour ſeigneur d'un bien qu'il n'avoit pas reçu de lui, ou qui a voulu donner une marque de dévotion aſſez mal entendue, en déclarant qu'il tiendroit de l'égliſe un domaine, qui auparavant en étoit indépendant ; un tel contrat ne forme qu'une *mouvance* impropre. On peut voir les maximes que M. d'Agueſſeau a poſées pour les fiefs établis de cette ma-

nière dans ſa quatrième requête, *tom. 6, de l'édition in-4°. & tom. 8 de l'édition in-8°.* C'eſt ce qu'il appelle, d'après d'autres auteurs, des directes impropres.

Il y a en Provence beaucoup de ces directes, qui ont ainſi été établies à prix d'argent. Elles ſont toujours rachetables de la même manière. La Touloubre, dans ſa juriſprudence ſur les matières féodales (*part. 2, chap. 1, n°. 5,*) cite un jugement rendu par Pierre de Beauvau, grand ſénéchal de Provence, le 7 avril 1484, & un arrêt du 13 décembre 1630, contre le chapitre de l'égliſe d'Arles, rapporté au *tom. 1* des conſultations de Cormis, qui l'ont ainſi jugé. La faveur de l'allodialité avoit même fait ſoumettre le poſſeſſeur de la directe à juſtifier par le titre conſtitutif qu'elle n'avoit pas été créée à prix d'argent. On obſerve avec raiſon le contraire aujourd'hui.

§. 3. *De la tranſlation, de l'extinction & de la ſuſpenſion des mouvances.* Les *mouvances* peuvent être transférées d'un fief à un autre de bien des manières différentes. On parle de leur aliénation ſéparée au mot DÉMEMBREMENT DE FIEF, §. 4, *queſt. 4*; de leur dévolution au profit du ſeigneur ſuzerain, au mot DÉVOLUTION FÉODALE, DÉLOYAUTÉ, EXEMPTION PAR APPEL, de leur preſcription, au mot PRESCRIPTION, (*Droit féodal.*) & de pluſieurs autres changemens qui s'y opèrent, aux mots DÉPIÉ DE FIEF, JEU DE FIEF, PARAGE, RÉUNION, RETRAIT CENSUEL, &c. On va ſe contenter d'expoſer ici ceux des cas où les *mouvances* ſont éteintes, ou changent de poſſeſſeurs, qui n'appartiennent à aucun des articles qu'on vient d'indiquer.

La manière la plus naturelle d'éteindre la *mouvance*, eſt lorſque le domaine, qu'elle a pour objet, retourne dans la main de celui de qui elle procède ; ainſi tous les domaines qui relèvent d'un franc-aleu noble, redeviennent eux-mêmes des aleux, lorſqu'ils ſont acquis par quelque titre que ce ſoit, au propriétaire de ce franc-aleu. Ainſi la *mouvance* de tous les héritages qui relèvent du roi, de quelque eſpèce qu'ils ſoient, s'éteint par une confuſion ſemblable, lorſqu'ils ſont unis au domaine.

Cette confuſion de *mouvance* n'avoit lieu autrefois pour les héritages unis au domaine, qu'autant qu'ils relevoient immédiatement de la couronne ; lorſque le roi acquéroit, à quelque titre que ce fût, une terre relevante de ſes ſujets, il étoit tenu de faire acquitter par un ou par pluſieurs nobles, ſelon le plus ou le moins d'importance de cette terre, les devoirs & ſervice dont elle étoit chargée envers le ſeigneur dominant. Cet uſage ſubſiſta juſqu'à la fin du règne de Charles VII. On peut en voir les preuves dans Bruſſel, *liv. 2, chap. 5*; mais l'augmentation de la prérogative royale, continuée ſans interruption par les ſucceſſeurs de cet heureux prince, a fait ceſſer l'aſſujettiſſement ancien, ſans qu'on voie de loi qui l'ait formellement aboli.

Aujourd'hui la confuſion de *mouvance* a toujours

lieu en faveur du domaine, en quelque degré que les héritages qui y sont unis en relevassent auparavant. Nos rois paient seulement en ce cas aux anciens seigneurs, une indemnité qui a été réglée par un édit du mois d'avril 1667, & par d'autres réglemens postérieurs. *Voyez* le mot INDEMNITÉ.

Cette réunion de la *mouvance* à la couronne a même lieu de plein droit avant l'expiration des dix années déterminées par l'édit de 1566, pour la réunion des domaines privés du roi au domaine de la couronne ; en sorte que si dans cet intervalle le prince aliène ses terres, autrefois soumises à des *mouvances* particulières, elles ne sont plus, après l'aliénation, assujetties à ces *mouvances*; mais elles relèvent nuement de la couronne. C'est du moins ce qui a été jugé par un arrêt du 9 janvier 1679, rendu sur les conclusions de M. l'avocat-général de Lamoignon, & sur la discussion la plus solemnelle, quoique les seigneurs qui réclamoient la *mouvance*, eussent continué de s'en faire servir depuis plus de 40 ans, après la confusion de *mouvances*.

La confusion a pareillement lieu, lorsque le domaine acquiert un héritage situé dans la *mouvance* médiate ou immédiate d'un aleu noble.

Lorsqu'un ou plusieurs fiefs & les domaines que l'on y joint, sont érigés en fief de dignité, il est d'usage d'ordonner qu'ils deviendront par-là mouvans de sa majesté, à la charge par ceux qui obtiennent des lettres d'érection, d'indemniser les seigneurs particuliers de la perte de leurs *mouvances*. Il y a néanmoins un grand nombre d'exemples de pareilles lettres d'érection, où cette clause ne se trouve pas, sur-tout depuis la multiplication des fiefs de dignité.

On l'a même pratiqué de cette manière plus d'une fois pour les duchés-pairies, qui sont de tous les fiefs les plus éminens, & les seuls qui aient essentiellement un office attaché au fief. Plusieurs lettres d'érection, telles que celles des duchés de Gêvres & de Nevers, n'ont rien prononcé sur la *mouvance* de ces fiefs de dignité, quoiqu'ils ne fussent pas dans celle du roi. Dès avant Chopin, plusieurs arrêts rapportés dans son traité du domaine, ont jugé que la clause de distraction de *mouvance* ne se suppléoit point, que le titre du fief de dignité demeureroit seulement honoraire; & que les *mouvances* anciennes subsisteroient, puisque le roi n'avoit pas jugé à propos d'ordonner la distraction. D'autres lettres où cette distraction de *mouvance* étoit expressément énoncée, ont été registrées pour le titre & dignité de pair seulement, & sans distraction de *mouvance*.

On peut voir néanmoins dans le *chap. 6 du Traité des seigneuries de* Loiseau, dans un des plaidoyers de M. Marion, & dans les ouvrages de M. d'Aguesseau, avec quelle force tous ces auteurs ont insisté sur la nécessité de cette distraction de *mouvance*.

L'édit du mois de juillet 1566 va bien plus loin. Il ordonne qu'on ne puisse faire aucune érection de terres & seigneuries en duché, qu'à la charge de la réunion de la totalité de la terre à la couronne, à défaut d'hoirs mâles; mais on sait que la dérogation à cette loi est devenue, pour ainsi dire, de style, dans toutes les lettres d'érection des pairies, & qu'il n'y a plus que le duchés d'Usès, la plus ancienne des pairies laïques subsistantes aujourd'hui, qui soit sujet à cette réunion à la couronne.

On doit donc regarder les exceptions à la règle générale de distraction de *mouvance* dans l'érection des fiefs de dignité, & sur-tout dans celle des pairies, comme une dérogation, que la multiplication de ces sortes d'érections pour des terres non mouvantes du domaine, a rendu générales. Si c'est-là un abus, il tient à la propriété des sujets du roi, dont la conservation est une loi fondamentale, non pas seulement de la couronne de France, mais aussi de toute administration politique, où c'est la loi & non la volonté arbitraire & momentannée du souverain qui règle la fortune & le sort des hommes qui lui sont soumis.

Les ecclésiastiques ont prétendu que les biens qui étoient autrefois sujets à la *mouvance* du roi, ou des seigneurs particuliers, soit en vertu de titres précis, soit en vertu du droit d'enclave, cessoient d'y être sujets, quand ils étoient dans leurs mains, sur-tout lorsque ces biens ont été amortis, & que l'église en a joui franchement depuis 40 années. Mais la *mouvance* est seulement suspendue, quand le domaine a été donné à titre de franche-aumône. *Voyez l'article* FRANCHE-AUMONE.

§. 4. *De la conversion ou changement des mouvances.* La tenure roturière peut devenir noble par convention entre le seigneur & le vassal, & *vice versâ*. Ce que les coutumes d'Anjou & du Maine & autres circonvoisines appellent *abonnement* ou *abournement de foi*, est un exemple assez commun de ces sortes de conventions.

Ces conversions de *mouvances*, par convention, sont permises & autorisées de droit commun, suivant la doctrine de Dumoulin, dans les coutumes de jeu de fiefs, telles que celle de Paris, & plus encore dans les coutumes de dépié de fiefs, telles que celles d'Anjou & de Touraine ; mais dans les unes & les autres, cette faculté doit suivre les règles & les restrictions qui ont été introduites pour concilier, autant qu'il est possible, la liberté naturelle avec l'intérêt du seigneur dominant, dont on diminue ainsi les droits. *Voyez ci-dessus les mots* DÉPIÉ DE FIEF & JEU DE FIEF.

Ces conversions de *mouvance* ont-elles leur effet dans les successions ? Le Brun qui a examiné cette question dans la seule hypothèse de la conversion du fief en roture, estime qu'elles doivent produire le partage égal entre les enfans au préjudice du droit d'aînesse ; « chacun, dit-il, peut changer » la nature de son bien, comme bon lui semble,

» & le père pouvoit faire la même chofe par la
» voie d'un échange. Enfin, cela ne paroît pas fait
» en haine de l'aîné, ni en fraude du droit d'aî-
» neffe, mais pour changer fon bien en une na-
» ture que l'on aime mieux, & c'eft le fentiment
» de Dumoulin fur l'art. 8 de la coutume de Paris,
» glof. 3, n°. 3. »

Du Rouffeaud de la Combe eft du même avis
dans fon recueil de jurifprudence au mot Aineffe,
fect. 1, n°. 2.

Guyot, dans fon Traité des fiefs, tom. 5, fect. 2,
pag. 304 & 305; & Vaflin fur la coutume de la
Rochelle, art. 54, n°. 48, font d'un avis abfolument contraire à ce cas, dit ce dernier auteur,
» eft tout différent de l'échange d'un fief contre
» une roture. Dans l'échange, le père peut trouver
» un avantage confidérable, qui le follicite à ac-
» cepter la roture pour fon fief, au lieu que con-
» fervant le même domaine, il ne peut avoir au-
» cun intérêt à le rendre roturier, de noble qu'il
» étoit. Un tel changement ne peut donc être cenfé
» fait que pour nuire au droit d'aîneffe ».

Vaflin penfe d'ailleurs, non-feulement avec le
Brun, « qu'un père, dans l'inféodation d'une ro-
» ture, peut ftipuler valablement que ce nouveau
» fief fera partagé roturiérement (1) & fans droit
» d'aîneffe » ; mais il penfe même contre cet auteur, & le plus grand nombre des autres, que le
père peut acquérir un fief à condition qu'il fera
partagé de la même manière dans fa fucceffion.
La coutume d'Orléans permet cette ftipulation dans
le contrat d'acquifition; mais feulement pour les
fiefs fans juftice ni vaffaux. Du Rouffeaud de la
Combe cite au même mot Aineffe, différens arrêts
qui ont permis de préjudicier au droit d'aîneffe, en
ordonnant le partage égal des fiefs d'acquêts,
au moins dans les coutumes de Picardie, à caufe
des avantages exceffifs qu'elles accordent aux aînés.

Peut-être dans ces queftions doit-on fe décider
par les circonftances particulières d'un cas, comme
dans bien d'autres. Il n'eft pas impoffible qu'un
père trouve un avantage réel dans ces converfions
de mouvance, & alors on pourroit affimiler ces
fortes de conventions avec affez de juftice aux contrats d'échange. Il faut encore confidérer l'efprit
des coutumes où les domaines font affis; & la
crainte de l'avantage indirect, qui peut réfulter de
ces converfions, ne devroit pas arrêter dans les
coutumes où les avantages directs font permis entre
les enfans, même pour les fiefs, & dans celles où
les rotures fe partagent comme les fiefs. On trouvera quelques nouveaux détails à ce fujet au mot
TIERCE-FOI. (M. GARRAN DE COULON.)

MOUVANCE DES PAIRIES. Voyez ci-deffus le
§. 3 de l'art. MOUVANCE.

MOUVEMENT (Propre), on fe fert de cette
expreffion, en terme de pratique, pour diftinguer les

---

(1) Le texte de Vaflin porte noblement; mais c'eft une
faute d'imprimerie : il faut lire roturiérement.

arrêts rendus par la volonté du roi en fon confeil,
de ceux qui font rendus fur la requête d'une partie.
Les premiers ne font pas fufceptibles d'oppofition.
Le pape emploie quelquefois dans des bulles & brevets la caufe motu proprio. Cette claufe, qui annonce
un pouvoir abfolu, eft regardée en France comme
contraire à nos libertés. Voyez MOTU PROPRIO.

MOYEN, f. m. ce terme, en droit, a plufieurs
fignifications différentes. Il fignifie quelquefois milieu ; on dit, par exemple, d'une juftice-pairie, qui
reffortit directement au parlement, qu'elle reffortit nuement & fans moyen en la cour, c'eft-à-dire,
que l'appel des fentences du juge de la pairie fe
porte directement en la cour, fans être porté auparavant devant les bailliages & fénéchauffées,
qui connoiffent ordinairement des appels des juges
feigneuriaux.

En matière criminelle, les appels des juges feigneuriaux & des prévôts fe relèvent au parlement
fans moyen ; c'eft ce qu'on appelle au palais omiffo
medio. Voyez APPEL.

Dans les coutumes d'Anjou & du Maine, on appelle fuccéder par moyen, lorfqu'on vient à la fucceffion par l'interpofition d'une autre perfonne qui eft
décédée, comme quand le petit-fils fuccède à fon
aïeul, le petit-neveu à fon grand-oncle.

MOYEN fignifie toutes les raifons & preuves que
l'on emploie pour établir quelque chofe après l'expofition des faits. Dans une pièce d'écriture ou mémoire, ou dans un plaidoyer, on explique les
moyens : on les diftingue quelquefois par premier,
fecond, troifième. Il y a des moyens de fait, d'autres
de droit ; des moyens de forme, & des moyens de
fonds ; des moyens péremptoires, qui tranchent toute
difficulté, & des moyens furabondans, des moyens de
faux, des moyens de nullité, & des moyens de reftitution.

On appelle au palais, caufes & moyens d'appel,
les écritures dans lefquelles on explique les moyens
particuliers qui viennent à l'appui de l'appel. Ces
moyens font fouvent les mêmes que les moyens de
la caufe proprement dits.

MOYEN, (Droit féodal.) quelques coutumes, &
& particuliérement celle d'Anjou, emploient ce
terme dans différens fens. L'art. 207 en fait ufage
au lieu de celui de manière. L'art. 6 le prend pour fynonyme de médiat. Cet article qui contient une difpofition très-fingulière, permet au feigneur, « de con-
» traindre les fujets prochains & immédiats de fes
» hommes de foi de déclarer en gros & non par le
» menu leurs obéiffances de fief par moyen ; mais,
» ajoute-t-il, des autres moyens plus lointains n'y
» peuvent être contraints à faire telles déclarations
» & obéiffances à leurs dépens ».

Les art. 262 & 221, difent auffi tenir nuement &
fans moyen & fujet nuement & fans moyens, pour
tenir immédiatement & fujets immédiats. Bouteiller emploie les mêmes expreffions dans un fens un peu
différent, il appelle feigneur moyen, le feigneur immédiat par le moyen duquel on tient du feigneur
fuzerain ;

fuzerain; & c'eft ainfi qu'il faut entendre ce qu'il dit, que le *tiers-fiévé*, c'eft-à-dire, le vaffal médiat, ne peut plus faire de fon fief quelque tranfport ou nouvelleté fans le *feigneur moyen*, ni fans le feigneur fuzerain. (*Somme rurale, liv. 1; tit. 83.*)

Enfin les art. 84 & 224, parlent des *héritiers fans moyen* & *des moyens en fucceffions*, pour défigner ceux qui font les héritiers les plus immédiats du défunt & les canaux par lefquels une fucceffion eft tranfmife aux héritiers éloignés. L'art. 84 accorde le rachat, dans ce cas, & l'art. 224 dit qu'il y a autant de préciputs d'aînés dans une fucceffion qu'il y a de *moyens*, ou de degrés de repréfentation. (M. GARRAN DE COULON, avocat au parlement.)

MOYEN-JUSTICIER, (*Droit féodal.*) on donne ce nom au feigneur qui a le droit de moyenne-juftice, & à fon juge. *Voyez* MOYENNE-JUSTICE. (M. GARRAN DE COULON, avocat au parlement.)

MOYENNE-JUSTICE, (*Droit féodal.*) c'eft le degré de jurifdiction qui tient le milieu entre la haute & & la baffe-juftice. V. *l'art.* JUSTICE DES SEIGNEURS.

La compétence des *moyennes-juftices* eft reftreinte dans des bornes plus ou moins étroites par les coutumes qui en ont parlé; mais on convient généralement que les principes du droit commun à cet égard, font expofés d'une manière affez exacte dans les articles concernant le droit de juftice, haute moyenne & baffe, conformes au cahier dreffé lors de la réformation de la coutume de Paris, quoique ces articles n'y aient point été inférés, parce qu'il ne s'agiffoit que de réformer l'ancienne coutume, qui ne difoit rien des droits de juftice.

Voici ceux de ces articles qui concernent la *moyenne-juftice*, tels qu'on les trouve dans le *chap. 2 du Traité* de Bacquet.

12. Le *moyen-jufticier* connoît en première inftance, de toutes actions, civiles, réelles, perfonnelles & mixtes, & des délits éfquels l'amende n'excède envers juftice foixante fols parifis. Et fi le crime commis en la terre du *moyen-jufticier*, méritoit une plus griève peine, il le doit faire favoir au haut-jufticier, pour en connoître & juger.

13. Pour l'exercice de laquelle juftice, il doit avoir fiège notable, juge, procureur d'office, fergent, prifons à rez-de-chauffée, sûres & bien fermées, telles que deffus.

14. Peut toutefois, ledit *moyen-jufticier*, prendre ou faire prendre tous délinquans, qu'il trouve en fa terre; les emprifonner, informer, tenir le prifonnier par l'efpace de 24 heures feulement; pendant lequel temps il peut inftruire le procès jufqu'à fentence définitive exclufivement. Et à l'inftant de 24 heures, fi le crime mérite plus griève punition que de foixante fols parifis envers juftice, il eft tenu de faire conduire le prifonnier au haut-jufticier & y faire porter le procès pour y être pourvu.

15. Si le haut-jufticier donne fentence contre aucun fujet du *moyen-jufticier*, ou d'autre dont il aura fait la capture, & icelui fait mener ès prifons du haut-jufticier, le *moyen-jufticier* prendra préalablement fur l'amende ou confifcation, foixante fols parifis, avec les frais de la capture & autres raifonnables.

16. Celui qui a *moyenne-juftice* peut créer & bailler tuteurs & curateurs, & pour cet effet, faire appofer fcellés, faire inventaire des biens des mineurs auxquels il aura fait pourvoir de tuteur & non autrement.

17. Peut le *moyen-jufticier*, faire mefurer & arpenter, borner entre fes fujets, & non, les chemins & voieries publiques, eftire meffiers ès faifons, auxquels il fera taux raifonnable, & condamner les fujets en amende par faute de cens non payé ès juftices où l'amende eft due.

On doit ajouter ici, que la *moyenne-juftice* comprend éminemment la juftice baffe & foncière, lors du moins qu'il n'y a pas au-deffous d'elle une jurifdiction particulière établie pour cet objet. Dans ce cas-là même le juge du *moyen-jufticier* peut connoître par appel des caufes qui dépendent de la juftice baffe & foncière; dans quelques coutumes même, il peut en connoître par prévention. *Voyez les coutumes d'Anjou, art. 65 & fuivans, & du Maine, art. 74 & fuivans.*

Le *moyen* & même le bas-jufticier pouvoit autrefois condamner à mort pour caufe de vol, comme on peut le voir dans les établiffemens de faint Louis, *liv. 1, chap. 38*; dans Baumanoir, *chap. 8*; les *moyens-jufticiers* ont confervé ce privilège, nonfeulement dans plufieurs coutumes de Flandre & d'Artois, où, fous le nom de vicomtiers, ils jouiffent de tant d'autres droits de la haute-juftice; mais auffi dans la coutume de Blois, qui donne au *moyen-jufticier*, le titre de gros voyer. L'art. 23 de cette coutume lui attribue la connoiffance « des » faits fimples, foit de jour ou de nuit, d'homi- » cide fait en chaude-mêlée, & non quand il eft fait » de guet-à-pens & propos délibéré, & de tous au- » tres cas criminels, moindres que les deffufdits ». L'art. 24 lui donne en conféquence le droit d'avoir des fourches patibulaires à deux piliers, pour exécuter ces délinquans.

L'art. 81 de la coutume de Ponthieu paroît plus réfervé lorfqu'il attribue au feigneur vicomtier 60 fols d'amende pour les forfaits dont il peut connoître, & *la connoiffance de fang & de larron*; auffi M. Duchefne obferve-t-il fur cet article que cela ne doit s'entendre, « que du petit-criminel & bat- » teries légères à fang & de poing garni, & larcin » non qualifié, ni capital, fuivant Loifeau, *des fei- » gneuries, chap. 10, n°. 32* ».

Des coutumes auffi exhorbitantes du droit commun, doivent être reftreintes dans d'étroites bornes.

On peut douter par la même raifon fi les *moyens-jufticiers* font compris fous le nom des juges ordinaires auxquels l'article 2 de la déclaration du 7 avril 1759 attribue la connoiffance des matières confulaires, attendu que leurs jugemens rendus en cette matière entraînent la contrainte par corps, qu'ils font en dernier reffort jufqu'à concurrence de 500 liv. , & qu'au deffus de cette fomme ils font encore exécutoires par provifion.

Ceux qui defireront plus de détails fur les droits de moyenne-juſtice, peuvent conſulter la conférence des coutumes, *tit. 3*, & les commentateurs des coutumes qui y ſont indiqués. (*M. GARRAN DE COU-LON, avocat au parlement.*)

M U

MUABLE & NON-MUABLE, (*Droit féodal.*) pluſieurs de nos coutumes, & particuliérement celle de Troyes, *art. 186 & 187*, parlent de domaines *muables* & de domaines *non-muables*, à l'occaſion des aſſiettes de rente. Elles entendent par les domaines *muables*, ceux dont la valeur peut augmenter ou diminuer, ſelon les baux à ferme, & par domaine *non-muable* ou immuable, les revenus qui n'augmentent ni ne diminuent. Les cenſives & rentes foncières ſont des domaines *non-muables*.

Pour bien entendre les diſpoſitions de nos coutumes à cet égard, il faut conſulter le *Gloſſaire du droit François*, où Laurière a éclairci cet objet, comme tant d'autres. Quoique les aſſiettes de rente ne ſe pratiquent plus aujourd'hui, ces éclairciſſemens peuvent ſervir encore pour entendre les anciens titres. Le domaine de la couronne ſe diviſe auſſi en domaine immuable & domaine *muable*. *Voyez l'article* DOMAINE IMMUABLE. (*M. GARRAN DE COULON, avocat au parlement.*)

MUAGE, (*Droit féodal.*) c'eſt un droit de mutation. *Voyez* INVESTISON.

Il y a lieu de croire que ce droit de *muage* eſt le même que le *mutagium* dont parle Ducange, au mot *muta 2* : cet auteur cite l'extrait ſuivant des coutumes manuſcrites de Bellac ou du Bellay (*Bellaici in piſtonibus*,) tirée du regiſtre d'Angoulême. « *Si dominus fundi retinere voluerit rem ipſam quam* » *habet vendi, de ſingulis ſolidis pretii factæ vendi-* » *tionis unum denarium habebit & mutagium debitalé* » *habebit de illo qui ſuccedit in poſſeſſionem* ».

Il paroit au ſurplus que ce droit différoit de celui de lods & ventes, & qu'il pouvoit même appartenir à d'autres qu'au ſeigneur. Les coutumes qu'on vient de citer, diſent encore : « *debet reddere de* » *nummis illis vendas domino. fundi, ſed mutagium* » *debet eſſe Burgenſium: Voyez l'art.* ECART.

Une chartre de l'an 1256, rapportée au premier volume de *l'Hiſtoire du Dauphiné*, par M. de Valbonnais, dit que le droit de *muage* a lieu en cas de mutation arrivée autrement qu'à titre de vente, & qu'il conſiſte dans le double du cens que doit le nouveau détenteur.

Le droit de *muage* eſt auſſi établi par un très-grand nombre de terriers en Auvergne ; mais, dit M. Chabrol, ſur *l'art. 22. du chap. 25*, dans la plupart des terres, on ne lui attribue aucun effet pécuniaire ; dans d'autres, comme à Uſſon, & Nonette, il emporte le double cens. A Culhat, le droit de *muage* conſiſte dans une certaine quantité de froment l'année de la mutation. A Buffet, le double cens eſt dû, en vertu du *muage*, quand le chef de

l'hôtel va de vie à trépas ; & ce droit a lieu en ſucceſſion même directe. C'eſt ainſi que dans les coutumes de Verneuil & de Billy, locales de Bourbonnois, la mort du propriétaire ou du ſeigneur donne ouverture à un droit appellé *marciage*, qui conſiſte en une année de revenu dans Verneuil, & le double cens dans Billy. Les commentateurs de cette coutume ne diſent cependant pas que ce droit ait lieu, même en ligne directe, comme à Buffet. (*M. GARRAN DE COULON, avocat au parlement.*)

MUE, vieux terme de pratique qui vient du verbe *mouvoir*. On appelloit *mue de plaids*, le commencement d'un procès, l'action d'en intenter, ou ce qui y donne lieu. (*A*)

MUESON, (*Droit féodal.*) ce mot ſignifie, 1°. une meſure, 2°. un droit ſur les vins vendus. C'eſt-là du moins ce que dit dom Carpentier dans ſon *Gloſſaire françois*, il cite en preuve pour la première acception, le mot *Moiſo 1* de ſon *gloſſarium novum*, & pour la ſeconde le mot *Mutaticum* ſous *Muta 2*, du *Gloſſaire* de Ducange. Mais on ne trouve point le mot *mueſon*, dans ce dernier endroit. (*M. GARRAN DE COULON, avocat au parlement.*)

MUET, en Droit, & ſinguliérement en matière criminelle, s'entend également de celui qui ne peut pas parler & de celui qui ne le veut pas ; mais on procède différemment contre le *muet* volontaire ou le *muet* par nature.

Quand l'accuſé eſt *muet* ou tellement ſourd qu'il ne peut aucunement entendre, le juge lui nomme d'office un curateur ſachant lire & écrire, lequel prête ſerment de bien & fidellement défendre l'accuſé. Et ce curateur répond en ſa préſence aux interrogatoires, fournit de reproches contre les témoins, & eſt reçu à faire, audit nom, tous actes que l'accuſé pourroit faire pour ſe défendre. Il lui eſt même permis de s'inſtruire ſecrètement avec l'accuſé, par ſignes ou autrement ; ſi le *muet* ou ſourd ſait & veut écrire, il peut le faire & ſigner toutes ſes réponſes, dires & reproches qui ſont néanmoins ſignés auſſi par le curateur, & tous les actes de la procédure font mention de l'aſſiſtance du curateur.

Mais ſi l'accuſé eſt un *muet* volontaire qui ne veuille pas répondre le pouvant faire, le juge doit lui faire ſur le champ trois interpellations de répondre, à chacune deſquelles il lui déclare qu'à faute de répondre, ſon proceſſus lui ſera tenu, comme à un *muet* volontaire, & qu'après il ne ſera plus reçu à répondre ſur ce qui aura été fait en ſa préſence pendant ſon ſilence volontaire. Le juge peut néanmoins, s'il le juge à propos, lui donner un délai pour répondre, de vingt-quatre heures au plus ; après quoi s'il perſiſte en ſon refus, le juge doit en effet procéder à l'inſtruction du procès, & faire mention à chaque article d'interrogatoire que l'accuſé n'a voulu répondre ; & ſi dans la ſuite l'accuſé veut répondre, ce qui aura été fait juſqu'à être répondre, ce qui aura été fait juſqu'à ſes réponſes ſubſiſtera, même la confrontation des témoins contre leſquels il aura fourni de reproches ;

& il ne fera plus reçu à en fournir , s'ils ne font justifiés par pièces.

MUIAGE. *Voyez* MINAGE (*tenure à*)

MUISNAGE , (*Droit féodal.*) une chartre de Renaud , vicomte de Falaife , de l'an 1295 , porte : « *Item* , la *muifnage* , en ladite ville pour 20 fols ». Dom Carpentier qui rapporte cet extrait au mot *Mufnare* , doute fi le mot *muifnage* eft ici employé pour *mouture*. Il eft plus probable qu'il défigne le droit de minage. (M. GARRAN DE COULON , avocat en parlement.)

MULCTE , f. f. fe dit au palais pour *aménde* ; & *mulcter* , pour condamner ou impofer à une amende.

MUNDIBURNIE & MUNDIBURDIE : ces termes qui fe trouvent dans quelques coutumes , font fynonymes de celui de *main-bournie*. *Voyez* MAIN-BOURNIE.

MUNICIPAL , adj. (*Droit public.*) fe dit de ce qui appartient à une ville. Chez les Romains , les villes appellées *municipia* , étoient dans l'origine des villes libres qui , par leurs capitulations , s'étoient rendues & adjointes volontairement à la république romaine quant à la fouveraineté feulement , gardant du refte leur liberté , leurs magiftrats & leurs loix , d'où ces magiftrats furent appellés *magiftrats municipaux* , & le droit particulier de ces villes , *droit municipal*. Les villes qui tiroient leur origine de colonies romaines étoient un peu plus privilégiées. Dans la fuite on appella *municipia* , toutes villes ayant un corps d'officiers pour les gouverner.

Parmi nous on appelle *droit municipal* , le droit particulier d'une ville ou même d'une province.

Les officiers *municipaux* , que l'on diftingue des officiers royaux & de ceux des feigneurs , font ceux qui font élus pour défendre les intérêts d'une ville , comme les maires , échevins , capitouls , jurats , confuls , & autres magiftrats populaires. *Voyez* ces différens mots & celui de HOTEL-DE-VILLE. (*A*)

MUR MITOYEN , eft celui qui fait la féparation commune de deux maifons contiguës.

Le feul principe que nous ayons dans le droit romain touchant le *mur mitoyen* , c'eft que l'un des voifins ne pouvoit pas y appliquer de canaux , malgré l'autre , pour conduire l'eau qui venoit du ciel ou d'un réfervoir ; mais nos coutumes , finguliérement celle de Paris , en ont beaucoup d'autres.

Quand un homme fait bâtir , s'il ne laiffe un efpace vuide fur fon propre terrein , il ne peut empêcher que fon *mur* ne devienne *mitoyen* entre lui & fon voifin , lequel peut appuyer fon bâtiment contre ce *mur* , en payant la moitié du *mur* & du terrein fur lequel il eft affis.

L'un des deux propriétaires du *mur mitoyen* n'y peut rien faire faire fans le confentement du voifin , ou du moins fans lui en avoir fait faire une fignification juridique : il eft même défendu aux maçons d'y toucher , avant d'en avoir averti le voifin par une fignification.

L'un des voifins peut obliger l'autre de contribuer aux réparations du *mur mitoyen* , à proportion de fon héberge , & pour la part qu'il y a.

Le voifin ne peut percer le *mur mitoyen* , pour y placer les poutres de fa maifon , que jufques à l'épaiffeur de la moitié du *mur* , & il eft obligé d'y faire mettre des jambes , parpaignes ou chaînes , & corbeaux fuffifans de pierre de taille , pour porter les poutres.

Dans les villes & fauxbourgs , on peut contraindre les voifins de contribuer aux *murs* de clôture , pour féparer les maifons , cours & jardins , jufques à la hauteur du rez-de-chauffée , compris le chaperon : cette hauteur eft fixée par la coutume à dix pieds , compris le chaperon.

Le particulier qui veut faire entourer de *murs* un héritage fitué en pleine campagne , ne peut forcer le voifin à contribuer aux frais de cette clôture , s'il juge qu'il lui eft avantageux de laiffer entre fon *mur* & le terrein voifin , un efpace pour le tour de l'échelle ; il doit le fignifier au propriétaire du terrein voifin , prendre alignement avec lui , & en faire dreffer acte , afin que par la fuite on ne puiffe lui difputer la propriété de l'efpace qu'il a laiffé , ni le forcer à rendre fon *mur mitoyen*.

En général tout *mur* de féparation eft réputé *mitoyen* , à moins qu'il n'y ait titre au contraire : on juge qu'il eft commun lorfqu'il y a des filets accompagnés de pierres de chaque côté du *mur* ; mais s'il n'y en a que d'un côté , il appartient à celui du côté duquel ils font conftruits.

Les principes que nous venons d'établir par rapport aux *murs mitoyens* font tirés de la coutume de Paris , à laquelle les autres coutumes font conformes fur cette matière : cependant celles d'Etampes permet au voifin de percer jufqu'au deux tiers le *mur mitoyen* , pour y affeoir fes poutres ; celles de Lorraine , de Nantes & de Rennes l'autorifent à le percer d'outre en outre , excepté à l'endroit des cheminées , & où l'autre voifin a déjà placé fes poutres & folives.

Celle de Reims fixe la hauteur des *murs* de clôture à douze pieds dans les villes , & à neuf dans les fauxbourgs : celle d'Orléans n'exige indiftinctement que deux pieds de fondement , & fept de hauteur.

Quant aux matériaux qui doivent fervir à la conftruction du *mur mitoyen* , il faut fe conformer à l'ufage des lieux & à la nature des héritages : fi l'un des voifins vouloit en faire conftruire un avec une dépenfe plus confidérable , qu'il n'eft d'ufage de la faire , l'augmentation feroit à fa charge.

MURAGE , (*Droit féodal.*) c'étoit un droit qui fe payoit pour l'entretien ou le rétabliffement des murs d'une ville. Gilles-Jacob , dans fon *new-law-dictionnary* , dit qu'il fe percevoit fur chaque voiture ou cheval chargé , qui paffoit dans la ville , & qu'on a donné le même nom à la taxe pour laquelle on avoit abonné les corvées que tous les habitans devoient pour le rétabliffement des murs. (*M. Garran de Coulon*, *avocat au parlement.*)

MUTATION, (*Droit féodal.*) ce terme, qui fignifie littéralement un changement, eft fur-tout employé dans les matières féodales & domaniales, pour défigner un changement de propriété & de poffeffion.

En matière féodale, on diftingue les mutations du feigneur, & celles du vaffal, ou du tenancier d'un héritage rotúrier.

Les *mutations* qui furviennent de la part du feigneur, n'affujettiffent ordinairement le vaffal qu'à la foi & hommage : il y a néanmoins des coutumes où elles donnent lieu à des profits pécuniaires en faveur du feigneur, tels que les actes de reliefs, établis par la coûtume de Normandie, les plects de morte-main, & les chevaux de fervice que la coutume de Poitou attribue aux héritiers du feigneur dans certaines parties de la province. Le même ufage a lieu pour les chevaux de fervice dans plufieurs feigneuries de la Touraine & du Loudunois.

Les *mutations* de vaffaux obligent le nouveau vaffal à faire la foi & hommage & à rendre fon aveu & dénombrement. Celles qui fe font à titre de vente produifent de plus, des droits de lods, de quint & requint, de treizième, &c. Celles qui fe font à tout autre titre, produifent très-fouvent des droits de relief, ou de rachat, de chambellage & même des droits d'échange, lorfque le titre de la *mutation* eft un échange.

Quant aux cenfives, les *mutations* de feigneur ne donnent ouverture à aucun profit fuivant le droit commun ; mais il y a des coutumes & des pays même du droit écrit, où les cenfitaires doivent une efpèce de relief dans le cas : tel eft le droit d'acapte, & l'une des efpèces du droit de doublage, connue dans les coutumes d'Anjou & du Maine.

Il y a même des lieux où ce droit eft dû par les cenfitaires au feigneur fuzerain qui lève le rachat du fief dominant. *Voyez l'art.* 160 *de la coutume de Poitou, & l'art.* 139 *de celle du Maine.*

Il en eft à-peu-près de même en cas de *mutation* de la part du cenfitaire pour caufe de mort ou à titre gratuit : il n'y a qu'un petit nombre de coutumes où ces *mutations* produifent des profits au feigneur : tels font encore les acaptes dont on vient de parler ; les doubles cens de plufieurs provinces, les marciages du Bourbonnois ; les muages du Dauphiné & d'Auvergne, les relevoifons de la coutume d'Orléans ; & les reliefs de plufieurs coutumes de Flandre.

Mais prefque par-tout les *mutations* qui fe font à titre de vente, produifent des droits de lods & ventes, ou d'autres droits femblables : celles à titre d'échange produifent également des droits d'échange, comme on vient de le dire pour les fiefs.

On n'entrera point ici dans le détail de ces différens droits ; il fuffit de les indiquer. On en parle fous leurs titres refpectifs. (*M. Garran de Coulon, avocat au parlement.*)

MUTILATION, f. f. (*Code criminel.*) retranchement de quelque membre, *amputatio alicujus membri.* Les mêmes loix qui défendent à l'homme d'attenter à fes jours, ou à ceux des autres, lui défendent encore, & par une conféquence néceffaire, toute *mutilation* qui tendroit à diminuer, à altérer fon exiftence, ou celle d'autrui, quand même cette diminution ou altération ne pourroit caufer la mort.

On fait de quelle manière cruelle Origène fe mutila lui-même pour prévenir jufqu'au moindre foupçon fur le commerce qu'il étoit obligé d'entretenir avec les perfonnes du fexe à qui il enfeignoit la théologie, ainfi qu'aux hommes. Origène vivoit dans le deuxième fiècle, & vraifemblablement, à une époque auffi éloignée de nos jours, les principes de la morale n'étoient pas encore invariablement fixés, car une conduite auffi extraordinaire partagea tous les efprits ; mais Démétrius, évêque d'Alexandrie, loua hautement fon zèle, & l'exhorta à continuer fes leçons.

Ce qui fit la matière d'une queftion dans le fecond fiècle de l'églife, n'en feroit plus une aujourd'hui ; toute *mutilation* perfonnelle ou étrangère doit être envifagée comme un crime.

Si l'on excepte les infenfés, de la part defquels l'abfence des facultés morales rend tout excufable, le crime de *mutilation* perfonnelle ne peut guère avoir lieu que dans le cas prévu par la déclaration du roi du 4 feptembre 1677 : nous allons la rapporter en fon entier, parce qu'elle préfente, d'une manière claire & précife, la nature de ce crime, & la peine que le fouverain a voulu qui fût prononcée contre ceux qui s'en rendroient coupables.

» Louis, &c. Nous avons été informés que plu-
» fieurs criminels condamnés à fervir fur nos
» galères, ont porté leur fureur à de tels excès
» qu'ils ont *mutilé* leurs propres membres, pour
» éviter d'être attachés à la chaîne, & fe mettre
» hors d'état de fubir la peine due à leurs crimes ;
» & d'autant que fi ce défordre étoit toléré, ce
» feroit le moyen facile d'éluder la juftice de nos
» loix, & établir l'impunité des crimes qui ne font
» point fujets à la peine de mort ; confidérant
» d'ailleurs que cet excès de fureur bleffe égale-
» ment les loix divines & humaines, nous avons
» eftimé néceffaire d'établir des peines févères
» contre ceux qui tombent dans un pareil aveu-
» glement ; à ces caufes, &c. Voulons & nous
» plaît que les criminels condamnés à fervir fur
» nos galères comme forçats, lefquels après leurs
» jugemens auront *mutilé* ou fait *mutiler* leurs mem-
» bres, feront punis de mort pour réparation de
» leurs crimes.

Cette déclaration a été enregiftrée au parlement le 4 février 1676.

Ceux qui fe rendent coupables du crime de *mutilation* envers autrui, ne font pas traités moins févèrement. Les amours d'Abailard & d'Héloïse, leurs malheurs, la vengeance du chanoine Fulbert sont connus de tout le monde : deux des complices de cet horrible attentat furent condamnés à la peine du talion & à avoir les yeux crevés : Fulbert, le plus coupable de tous, n'évita vraisemblablement un pareil traitement qu'à la faveur de sa qualité de prêtre ; cependant il fut dépouillé de tous ses bénéfices, & ses biens furent confisqués au profit de l'église.

Quelque rigoureux que parût alors le jugement des deux scélérats, qui avoient été les ministres des cruautés de Fulbert, il paroîtroit aujourd'hui trop au-dessous de la nature d'un tel crime. Le crime de plage, commis par les mendians qui enlèvent des enfans pour se les approprier, est puni de mort quand ils les *mutilent* afin d'exciter la compassion du public : il n'est puni que de la peine des galères, quand il n'y a point de *mutilation*. *Voyez* Brunnau, observations criminelles, *tit. 29*, & dans le recueil des causes célèbres, les plaidoyers sur l'affaire du gueux de Vernon. *Cet article est de M. BOUCHER D'ARGIS, conseiller au châtelet de l'cademie royale des sciences, belles-lettres & arts de Rouen, &c.*

MUYAGE. *Voyez* MINAGE, (*tenure à.*)

N

N, Quatorzième lettre de notre alphabet. Les Romains s'en servoient dans les jugemens prononcés par forme de scrutin, en la joignant avec la lettre **L**, & toutes les deux signifioient *non liquet*, l'affaire n'est pas claire, elle demande une nouvelle information, une ample discussion. *Voyez* A.

On l'emploie dans les monnoies de France, pour désigner celles qui sont fabriquées à Montpellier. *Voyez* Noue.

N. A

NAIF, Naiverie, Neif & Nief, (*Droit féodal.*) le premier & les deux derniers de ces mots signifient littéralement un *natif*. Ils ont été employés autrefois pour désigner un serf naturel, c'est-à-dire, l'homme ou la femme nés dans la servitude de la glèbe. On nommoit *naiverie*, l'état de servitude qui résultoit de cette naissance. *Voyez le Glossaire de Ducange, au mot* Nativitas *sous* Nativus; *le premier tome des preuves de l'Histoire de Bretagne; & les anciennes loix des françois, tom.* 1, *p.* 263. *Voyez aussi l'article* Serf naturel. (M. Garran de Coulon, *avocat au parlement.*)

NAISAGE, (*Droit féodal.*) on appelle ainsi dans la Bresse & les provinces voisines, le droit de faire rouir son chanvre dans un étang. Ce droit n'a point lieu sans titre, & il est sujet à beaucoup de restrictions que les inconvéniens de cette opération rendent nécessaires.

Il faut, dit Revel, qu'on ne mette pas le chanvre dans la pêcherie, & qu'il y ait de l'eau suffisamment : car en temps de sécheresse, lorsque le poisson souffriroit de la puanteur que rend le chanvre, le *naisage* ne seroit pas permis. J'ai vu un acte de notoriété des praticiens de Villars qui l'attestoit ainsi le 24 avril 1657, & j'ai été d'un arbitrage, où nous le jugeâmes de la sorte.

La coutume de Normandie défend expressément dans l'art. 209, de faire rouir le chanvre dans l'eau courante, & ce doit être le droit commun. *Voyez* au surplus Collet, *sur les statuts de Savoye, liv.* 3, *sect.* 2, *pag.* 95. (M. Garran de Coulon, *avocat au parlement.*)

NAISSANCE, s. f. (*Droit naturel & civil.*) est le moment où un enfant vient au monde, & la première époque de la vie de l'homme.

Dans l'ordre de la nature, tous les hommes naissent égaux, ils ne peuvent être distingués que par les différences qui se rencontrent dans leur conformation physique : dans l'ordre social ils naissent soumis aux loix de leur patrie, qui les rend libres ou esclaves, nobles ou roturiers, légitimes ou bâtards.

N A N

La *naissance* fixe l'état civil des enfans : les pères sont dans l'impuissance de le leur ôter, ni même de le changer, & les enfans par la même raison ne peuvent méconnoître les parens qui leur ont donné le jour, & de s'en choisir d'autres suivant leur caprice. *Voyez* Accouchement, Avortement, Batard, Conception, Enfant, État, &c.

NAIVERIE. *Voyez* Naif.

NAMPS, s. m. pl. est un terme usité principalement dans la coutume de Normandie : il signifie *meuble saisi*. Ce mot vient de *nantir*, qui, dans la coutume de Normandie, veut dire *saisir* & exécuter des meubles & autres choses mobiliaires. *Namps* paroît un diminutif de *nantissement*; l'édit de François I de 1540 distingue deux sortes de *namps* ou meubles : les uns vifs, ce sont les bestiaux : les autres morts, qui comprennent tous les autres meubles de quelque qualité & valeur qu'ils soient.

Le titre 4 de la coutume de Normandie est intitulé *délivrance de namps*. Elle ordonne que si le seigneur ayant saisi les *namps* de son vassal est refusant de les délivrer à caution ou plège, le sergent de la querelle, c'est-à-dire, le sergent ordinaire de l'action & du lieu où la contestation est pendante, peut les délivrer à caution, & assigner les parties aux prochains plaids ou assises.

Les *namps* saisis doivent être mis en garde sur le fief & en lieu convenable où ils n'empirent point, & où celui à qui ils appartiennent, puisse aller une fois le jour pour leur donner à manger; ce qui s'entend si ce sont des *namps vifs*. Les seigneurs doivent avoir un parc pour garder ces *namps vifs* quand il s'agit des droits de la seigneurie. (*A*)

NANTES, (*Édit de*) *Voyez* les mots Calvinisme & Édit.

NANTISSEMENT, s. f. (*Droit civil.*) signifie en général *sûreté & gage*. On donne en *nantissement* des effets mobiliers, des titres & papiers, &c. & celui auquel on a donné des effets en *nantissement* n'est point obligé de les rendre qu'en lui payant ce qui lui est dû : sous cette acception le mot *nantissement* est synonyme de celui de *gage*. *Voyez* Gage.

Dans les provinces des Pays-Bas, de Picardie & de Vermandois, le terme de *nantissement* signifie aussi une espèce de tradition feinte & simulée que l'on pratique, à l'effet d'acquérir droit de propriété ou d'hypothèque sur un héritage; c'est pourquoi ces pays sont appelés *coutumes* ou pays de *nantissement*.

Le *nantissement* s'y fait de trois manières : la première est par dessaisine & saisine, autrement par veſt & deveſt ; pour cet effet le vendeur ou le débiteur ſe dépouille de la propriété de l'héritage ès mains du ſeigneur, & l'acquéreur ou créancier hypothécaire s'en fait enſaiſiner par le ſeigneur du lieu où eſt ſitué l'héritage, lequel lui donne un bâton en ſigne de tradition & de miſe en poſſeſſion. Cette forme de *nantiſſement* ſe pratique plutôt dans les ventes que dans les engagemens & obligations des héritages. *Voyez* DEVOIR DE LOI.

La ſeconde eſpèce de *nantiſſement* ſe fait par main aſſiſe, c'eſt-à-dire, que le créancier auquel un héritage eſt obligé, y fait mettre & aſſeoir la main du roi ou de juſtice, & fait ordonner par le juge, le débiteur & le ſeigneur appellés, que la main-miſe tiendra juſqu'à ce qu'il ſoit payé de ſon dû. *Voyez* MAIN-ASSISE.

La troiſième ſe fait par priſe de poſſeſſion de l'héritage obligé, lorſque le créancier, en vertu d'une commiſſion du juge, ſe fait mettre de fait en poſſeſſion réelle & actuelle de l'héritage qui lui eſt hypothéqué, ayant ajourné pour cet effet le débiteur & le ſeigneur direct. L'acte de cette ſorte de priſe de poſſeſſion porte : « Nous avons » nanti, réaliſé &, hypothéqué un tel ſur tels & » tels héritages, & pour une telle ſomme ». *Voyez* MAIN-MISE, MISE DE FAIT.

Le *nantiſſement* produit deux effets : l'un que le créancier acquiert un droit réel ſur la choſe, tellement que l'héritage ſur lequel il s'eſt fait nantir ne peut plus être engagé ni aliéné au préjudice de ſon dû, & qu'il eſt préféré à tous les autres créanciers hypothécaires qui ne ſeroient point inſcrits ſur le regiſtre de *nantiſſement*, ou qui ne le ſeroient qu'après lui.

L'autre effet du *nantiſſement* eſt que, par ſon moyen, le commerce eſt plus aſſuré, en ce qu'étant public, celui qui veut prêter avec ſûreté peut, par le moyen du *nantiſſement*, connoître l'état des affaires de celui avec lequel il traite, ou du moins ſavoir s'il y a quelque créancier nanti avec lui.

De quelque manière que le *nantiſſement* ſe faſſe, il eſt toujours public ; car ſi c'eſt par veſt ou deveſt entre les mains du ſeigneur, celui-ci doit avoir un regiſtre pour ces ſortes d'actes, dont il doit donner communication à tous ceux qui y ont recours.

Les *nantiſſemens* qui ſe font par main-aſſiſe ou par miſe en poſſeſſion, ſont pareillement publics ; car il faut que le créancier ſe tranſporte ſur les héritages avec un huiſſier, qui dreſſe un procès-verbal de la main-aſſiſe ou de la miſe en poſſeſſion, en conſéquence de quoi le créancier obtient une ſentence du juge, qui lui en donne acte, le débiteur & le ſeigneur duement appellés. On peut par conſéquent conſulter les regiſtres où ſont ces ſortes de ſentences.

On a tenté pluſieurs fois d'établir dans tout le royaume la formalité du *nantiſſement*, ſous prétexte de rendre les hypothèques notoires, & de prévenir les ſtellionats ; mais cela n'a point eu lieu.

Dans les provinces de Vermandois, Picardie,

& Artois, on pratique une quatrième eſpèce de *nantiſſement* par un ſimple acte, en la forme qui ſuit : l'acquéreur d'un héritage ou un créancier fait *nantir* ſon titre d'acquiſition ou de créance, expédié en forme authentique ſur les héritages énoncés dans ſa requiſition, à l'effet d'avoir hypothèque deſſus, & qu'il ne ſoit reçu aucun autre *nantiſſement*, ſi ce n'eſt à la charge de ſon dû ou vente, & de la priorité de ſon droit. L'acte de *nantiſſement* doit être délivré & endoſſé en ſes lettres d'acquiſition ou de créance, & doit auſſi être enregiſtré au greffe des lieux où ſont aſſis les héritages.

Dans les coutumes de *nantiſſement*, les contrats, quoique paſſés devant notaires, n'emportoient point hypothèque contre des tierces perſonnes, s'ils n'étoient nantis & réaliſés par les officiers des lieux de la ſituation des héritages ; ſans cette formalité ils étoient réputés purs perſonnels & mobiliers.

Les hypothèques notoires & publiques, telles que les hypothèques légales du mineur ſur les biens de ſon tuteur, de la femme ſur les biens de ſon mari & ſur ceux de ſon père qui a promis de la doter, n'avoient pas beſoin de *nantiſſement*, non plus que les dettes privilégiées, les ſoultes de partage, ni les ſentences.

Il faut néanmoins excepter l'Artois, où les ſentences n'emportent pas hypothèque, parce que l'ordonnance de Moulins n'y a pas été enregiſtrée : on n'y connoit pas non plus les hypothèques tacites.

Par un édit du mois de juin 1771, l'uſage des ſaiſines & *nantiſſemens*, pour acquérir hypothèque & préférence, a été abrogé, & cette nouvelle loi a dérogé à toutes coutumes contraires : une déclaration du 23 juin 1772, en interprétant l'article 35 de l'édit de 1771, a ſtatué que les formalités de ſaiſine & miſe de fait, de *nantiſſement* & autres, ne ſeroient plus néceſſaires pour acquérir hypothèque ſur les immeubles réels & fictifs : en conſéquence, elle a ordonné qu'à dater du jour de l'enregiſtrement de l'édit, l'hypothèque s'acquerra dans les coutumes de *nantiſſement*, tant par actes paſſés pardevant notaires, que par jugemens, de la même manière & ainſi qu'il ſe pratique dans les autres coutumes.

Cependant ces deux loix n'ont abrogé le *nantiſſement* que par rapport aux hypothèques, & par conſéquent elles l'ont laiſſé ſubſiſter pour les actes d'aliénation. C'eſt la remarque de M. le Camus d'Houlouve ſur la coutume du Boulonnois. « L'édit » de 1771, dit-il, n'a pas pour objet de procurer » à un acquéreur la ſaiſine que la coutume exige » qu'il prenne des ſièges royaux ou des juges » du ſeigneur, pour ſe rendre propriétaire in- » commutable de l'immeuble qu'il a acquis, & » prévenir l'effet de toute autre aliénation au pro- » fit d'un autre acquéreur enſaiſiné ou nanti avant » lui. Ainſi le nouvel édit ne change rien aux » diſpoſitions de la coutume, relativement à un

» acquéreur qui ne peut posséder réellement &
» irrévocablement l'immeuble par lui acquis, qu'il
» n'en ait été saifi par la voie de la faifine &
» mife de fait. Par cette raifon, depuis l'édit,
» tous nouveaux acquéreurs d'immeubles fitués
» dans cette province, n'obtiennent des lettres de
» ratification pour purger tous droits, privilèges
» & hypothèques fur les biens par eux acquis,
» qu'après s'être fait nantir & réalifer fur leurs
» acquifitions, conformément aux difpofitions de
» la coutume à ce fujet, que l'édit a laiffées dans
» toute leur intégrité ».

Il y a quelque chofe de plus dans les Pays-
Bas : non feulement les formalités du nantiffement
y font en vigueur pour les aliénations, mais elles
y fubfiftent encore pour les hypothèques, parce
que l'édit & la déclaration cités n'ont été enregiftrés ni au parlement de Flandre ni au confeil
provincial d'Artois.

Quoique les coutumes du nantiffement l'exigent
abfolument dans les actes tranflatifs de propriété,
pour affurer à l'acquéreur une propriété incommutable, il en exifte néanmoins quelques-uns
qui réalifent de plein droit, & fans le fecours
du nantiffement.

Tel font, 1°. les actes que fait le fouverain relativement aux terres qu'il poffède : telles folemnités ne font requifes ès contrats du prince,
parce que fa perfonne vaut toute folemnité.

2°. L'aliénation des immeubles fictifs, tels que
les offices & les rentes, à moins que celles-ci
ne foient hypothéquées & réalifées fur des biens
fonds, parce qu'elles en font confidérées comme
des parties intégrantes, & qu'elles en prennent
la nature.

3°. Les acquifitions par décret judiciaire, dans
les coutumes qui n'obligent pas aux œuvres de
loi l'adjudicataire, pour par lui accorder la propriété pleine & incommutable.

4°. Dans plufieurs coutumes les difpofitions
d'immeubles par contrat de mariage, ou en avancement d'hoirie.

5°. L'acquifition que fait l'héritier des biens du
défunt, parce que la loi le faifit de plein droit :
il faut cependant excepter la coutume de la ville
& chef-lieu de Valenciennes, qui en difpofe
autrement à l'égard des fucceffions collatérales.

6°. Les partages entre cohéritiers, parce qu'il
ne leur accorde rien de nouveau, & qu'il eft
fimplement déclaratif des portions dont ils font
refpectivement faifis par la loi.

7°. Dans quelques coutumes, les inféodations
& accenfemens, lorfque l'on détache fimplement
du gros d'un fief quelque fonds ou quelque droit
réel, fans que le propriétaire s'en dépouille entièrement : cette jurifprudence eft admife dans
le Hainaut, & dans les coutumes de Vermandois
& de Reims ; elles n'exigent pas également les
formalités du nantiffement, pour affurer la propriété
au preneur par bail emphytéotique.

A l'exception des actes dont nous venons de
parler, le nantiffement eft abfolument néceffaire
pour tranfmettre la propriété, parce que, dans
les coutumes qui l'ont admis, il eft la feule tradition légale qu'elles reconnoiffent, & que la propriété des chofes ne peut paffer à un nouvel
acquéreur que par la tradition, fuivant le principe établi dans la loi 20, ff. de pact. dominia rerum non
nudis pactis, fed traditionibus transferuntur.

Cependant, fi le nouvel acquéreur a pris de fait
poffeffion de l'héritage, avec le confentement
exprès ou tacite du vendeur, & l'a poffédé pendant le temps fixé par la coutume du lieu pour
acquérir la prefcription, il en obtient la propriété
incommutable, fa poffeffion fuplée le nantiffemens
& en opère tous les effets.

NASSE, f. f. (Eaux & Forêts) efpèce d'engin
propre à prendre du poiffon. L'ordonnance de 1669,
tit. 31, art. 8, défend de mettre dans les viviers
des naffes d'ofier à bout des dideaux, pendant le
temps du frai, à peine de vingt livres d'amende,
& de confifcation du harnois.

NATURALISATION, f. f. (Droit public.) eft
l'acte par lequel un étranger eft naturalifé, c'est-à-
dire, qu'au moyen de cet acte, il eft réputé &
confidéré de même que s'il étoit naturel du pays,
& qu'il jouit de tous les mêmes privilèges ; ce
droit s'acquiert par des lettres de naturalité. Voyez
NATURALITÉ.

NATURALITÉ, f. f. (Droit public.) eft l'état
de celui qui eft naturel d'un pays ; les droits de
naturalité ou de régnicolat font la même chofe.
On appelle lettres de naturalité des lettres de
chancellerie, par lefquelles le prince déclare
que quelqu'un fera réputé naturel du pays, &
jouira des mêmes avantages que fes fujets naturels.

Ceux qui ne font pas naturels d'un pays, ou
qui n'y ont pas été naturalifés, y font étrangers
ou aubains, quafi alibi nati.

La diftinction des naturels du pays d'avec les
étrangers, & l'ufage de naturalifer ces derniers,
ont été connus dans les anciennes républiques.

A Athènes, fuivant la première inftitution, un
étranger ne pouvoit être fait citoyen que par les
fuffrages de fix mille perfonnes, & pour de grands
& fignalés fervices.

Ceux de Corinthe, après les grandes conquêtes
d'Alexandre, lui envoyèrent offrir le titre de citoyen de Corinthe, qu'il méprifa d'abord : mais
les ambaffadeurs lui ayant remonté qu'ils n'a-
voient jamais accordé cet honneur qu'à lui & à
Hercule, il l'accepta.

On diftinguoit auffi à Rome les citoyens, ou
ceux qui en avoient la qualité de ceux qui ne
l'avoient pas.

Les vrais & parfaits citoyens, qui optimá lege
cives à Romanis dicebantur, étoient les Ingénus,
habitans de Rome & du territoire circonvoifin ;
ceux-ci participoient à tous les privilèges indiftinctement,

Il y avoit des citoyens de droit seulement; c'étoient ceux qui demeuroient hors le territoire particulier de la ville de Rome, & qui avoient néanmoins lei nom & les droits des citoyens romains, soit que ce privilège leur eût été accordé à eux personnellement, ou qu'ils demeurassent dans une colonie ou ville municipale qui eût ce privilège : ces citoyens de droit ne jouissoient pas de certains privilèges qui n'étoient propres qu'aux vrais & parfaits citoyens.

Il y avoit enfin des citoyens honoraires, c'é-toient ceux des villes libres qui restoient volon-tairement adjointes à l'état de Rome, quant à la souveraineté, mais non quant aux droits de cité, ayant voulu avoir leur cité, leurs loix, & leurs officiers à part; les privilèges de ceux-ci avoient encore moins d'étendue que ceux des citoyens de droit.

Ceux qui n'étoient point citoyens de fait, ni de droit, ni même honoraires, étoient appellés *étrangers*. Ils avoient un juge particulier pour eux, appellé *prætor peregrinus*.

Il n'est pas d'état en Europe où l'étranger ne doive obtenir des lettres-patentes, pour pouvoir jouir des prérogatives de citoyen. L'étranger que la naissance exclut de la capacité du droit civil, ne peut être relevé de son incapacité que par une grace du prince qui, en effaçant le vice de la pérégrinité, mette par fiction l'étranger au niveau du régnicole.

En France, tous ceux qui sont nés dans le royaume, & sujets du roi, sont naturels François, ou régnicoles ; ceux qui sont nés hors le royaume, sujets d'un prince étranger, & chez une nation à laquelle le roi n'a point accordé le privilège de jouir en France des mêmes privilèges que les ré-gnicoles, sont réputés aubains ou étrangers, quoi-qu'ils demeurent dans le royaume, & ne peuvent effacer ce vice de pérégrinité qu'en obtenant des lettres de *naturalité*.

Anciennement ces lettres se nommoient *lettres de bourgeoisie*, comme s'il suffisoit d'être bourgeois d'une ville pour être réputé comme les naturels du pays. Il y a au trésor des chartres un grand nombre de ces lettres de bourgeoisie, qui ne sont autre chose que les lettres de *naturalité* accordées à des étrangers ; du temps de Charles VI, on se faisoit encore recevoir bourgeois du roi pour par-ticiper aux privilèges des régnicoles.

Dans la suite, ces lettres ont été appellées *lettres de naturalité*. Elles ne peuvent être accordées que par le roi ; aucun seigneur, aucun juge, aucune cour souveraine n'a le droit d'en donner.

Bacquet, dans son *Traité du droit d'aubaine*, *chap. 2*, compare ces lettres à un contrat de do-nation réciproque. L'étranger, dit-il, se donne au roi, & le roi lui donne sa protection : il se fait une double acceptation : le roi accepte l'é-tranger par les lettres qu'il lui donne, & l'étran-ger accepte les lettres par la demeure qu'il fait

dans le royaume, & l'enregistrement qu'il en fait faire, & de même que la seule habitation dans le royaume ne peut pas rendre l'étranger citoyen d'aucune ville de France, de même les *lettres de naturalité*, sans demeure dans le royaume, ne peuvent opérer aucun effet. Il faut donc que l'é-tranger qui veut profiter de la *naturalité*, com-mence par abdiquer sa patrie, qu'il rompe les liens qui l'y attachent, qu'il cesse d'être sujet d'un prince étranger pour devenir sujet du roi, qu'il perde les impressions du droit civil de sa patrie, pour recevoir celles du droit civil particulier à la France, à moins que le roi n'accorde en même temps, par les *lettres de naturalité*, une dispense d'*incolat*, c'est-à-dire, la faculté de jouir de la grace, en résidant en pays étranger, comme il l'accorda, en 1734, à la princesse de Carignan, veuve du premier prince du sang de Savoie.

Les *lettres de naturalité* s'accordent en la grande chancellerie, & doivent être enregistrées en la chambre des comptes. *Voyez* AUBAIN, ÉTRAN-GER, RÉGNICOLE.

NATURAUX CASALÉS, *ou* Casalées NA-TURAUS, (*Droit féodal.*) les fors de Béarn se servent de ce mot dans l'article 20 de la rubrique 1. Il y est dit que le seigneur ne pourra pas exiger d'avoine, ou le droit de *civerage* (*sibado*), de ses sujets, ni des sujets des gentilshommes, si ce n'est dans les bégueries, ou doiennés, & des *casalées naturaus*, qui ont coutume d'en payer.

Le glossaire du droit françois enseigne qu'on appelle les jardins *casaux* dans le Béarn, & que les *naturaus casalées* sont les jardiniers du pays.

Dans la vallée d'Aspe, ajoute Laurière, il y a des maisons qu'on appelle *casalères*, qui doivent de certaines redevances, ce qui pourroit faire croire que les *casalées* sont des espèces de censitaires. Ce mot vient de *casatus*, qui signifie *affranchi*, à la charge de payer quelques cens.

Ducange dit au mot *Casati*, qu'on donnoit ce dernier nom à des serfs, ou hommes de corps attachés à ces petites fermes qu'on appelloit *casa*, & que c'est ainsi qu'on doit entendre l'expression de *casalées naturaus*, qu'on trouve dans la coutume de Béarn.

Il y a probablement un tempérament à prendre entre ces différentes opinions. Le texte de la cou-tume prouve que le droit n'est dû que par les *natifs casalées*, c'est-à-dire, ceux qui sont nés dans les casaux ; mais cela ne suppose pas qu'ils soient des serfs. Les *casaux*, *chasaux*, ou *casels* sont, à ce qu'il paroit, des masures ou places vuides, ou de petites habitations avec des granges & des jar-dins, auxquels on donnoit aussi le même nom.

On voit, au tome 2 des preuves de l'histoire du Languedoc, une chartre latine, où le mot *casal* est pris plusieurs fois pour de petits édifices, & sur-tout pour des granges. Mais des lettres de grace, citées par dom Carpentier, au mot *Casal*, prennent

N

ce mot pour un jardin. Il y eſt dit en un vergier ou *caſal* aſſis audit lieu d'Agen.

On voit dans le même auteur, aux mots *Caſalaria* & *caʒelaria*, qu'on a donné ces noms à des terreins concédés pour y bâtir. Le mot *chaſau* eſt pris pour des maiſons, ou pour les dépendances d'une maiſon, dans une chartre de l'an 1303, qu'il rapporte au mot *Caſale*. « Ung chaſal, y eſt-il dit, qui » fut Oudart Jouvenet... ô (avec) toutes ſes ap- » partenances, ſoit en vergiers, hoſches, chaſaus, » meſons, aubrayes, bois, buiſſons, &c. ».

Enfin des lettres de grace, citées par le même auteur, au mot *Caſalenum*, portent : « le ſup- » pliant & ſes varlez ſe mirent en une vieille » maſure, ou *chaſal*, près dudit hôtel ». *Voyez auſſi le même ouvrage, au mot* Chaſellum.

Il y a donc lieu de croire que les *caſalées naturaux* ſont les ſujets nés dans ces petites habitations, où leurs auteurs ont payé, de tout temps, le droit de civerage, ſans doute parce qu'ils ont été affranchis, ou qu'ils ſont préſumés l'avoir été. (*M.* GARRAN DE COULON, *avocat au parlement.*)

NATURE, *état de,* (*Droit naturel.*) eſt un état de parfaite liberté, dans lequel, ſans demander de permiſſion à perſonne, & ſans dépendre de la volonté d'aucun homme, chacun peut faire ce qui lui plaît, & diſpoſer de ſa perſonne & de ſes biens, comme il le juge à propos, pourvu qu'il ſe tienne dans les bornes de la loi de *nature*.

Cet état eſt auſſi un état d'égalité ; enſorte que tout pouvoir & toute juriſdiction eſt réciproque, un homme n'en ayant pas plus qu'un autre. Car il eſt très-évident que des créatures d'une même eſpèce & d'un même ordre, qui ſont nées ſans diſtinction, qui ont part aux mêmes avantages de la nature, qui ont les mêmes facultés, doivent pareillement être égales entre elles, ſans nulle ſubordination ou ſujétion ; à moins que le ſeigneur & le maître de ces créatures n'ait établi, par quelque manifeſte déclaration de ſa volonté, quelques-unes d'elles ſur les autres, & leur ait conféré, par une évidente & claire ordonnance, un droit irré-fragable à la domination & à la ſouveraineté.

C'eſt cette égalité, où les hommes ſont natu-rellement, que le judicieux Hooker regarde comme ſi évidente en elle-même, & ſi hors de conteſta-tion, qu'il en fait le fondement de l'obligation où ſont les hommes de s'aimer mutuellement : il fonde ſur ce principe d'égalité, tous les devoirs de charité & de juſtice, auxquels les hommes ſont obligés les uns envers les autres. Voici ſes paroles.

« Le même inſtinct a porté les hommes à re-» connoître qu'ils ne ſont pas moins tenus d'ai-» mer les autres, qu'ils ſont tenus de s'aimer eux-» mêmes. Car voyant toutes choſes égales entre » eux, ils ne peuvent que comprendre qu'il doit » y avoir auſſi entre eux tous une même meſure. » Si je ne puis que déſirer de recevoir du bien, » même par les mains de chaque perſonne, au-» tant qu'aucun autre homme en peut déſirer pour » ſoi, comment puis-je prétendre de voir en au-» cune ſorte mon déſir ſatisfait, ſi je n'ai ſoin de » ſatisfaire le même déſir, qui eſt infailliblement » dans le cœur d'un autre homme, qui eſt d'une » ſeule & même *nature* avec moi ? S'il ſe fait » quelque choſe qui ſoit contraire à ce déſir, que » chacun a, il faut néceſſairement qu'un autre » en ſoit auſſi choqué, que je puis l'être. Telle-» ment que ſi je nuis & cauſe du préjudice, je » dois me diſpoſer à ſouffrir le même mal, n'y » ayant nulle raiſon qui oblige les autres à avoir » pour moi une plus grande meſure de charité, » que j'en ai pour eux. C'eſt pourquoi le déſir que » j'ai d'être aimé, autant qu'il eſt poſſible, de » ceux qui me ſont égaux dans l'état de *nature*, » m'impoſe une obligation naturelle de leur porter » & témoigner une ſemblable affection. Car en-» fin, il n'y a perſonne qui puiſſe ignorer la re-» lation d'égalité entre nous-mêmes & les autres » hommes, qui ſont d'autres nous-mêmes, ni les » règles & les loix que la raiſon naturelle a preſ-» crites pour la conduite de la vie ».

Cependant, quoique l'état de la *nature* ſoit un état de liberté, ce n'eſt nullement un état de li-cence. Certainement, un homme en cet état, a une liberté inconteſtable, par laquelle il peut diſ-poſer, comme il veut, de ſa perſonne, ou de ce qu'il poſſède : mais il n'a pas la liberté & le droit de ſe détruire lui-même, non plus que de faire tort à aucune autre perſonne, ou de la troubler dans ce dont elle jouit : il doit faire de ſa liberté le meilleur & le plus noble uſage, que ſa propre conſervation demande de lui. L'état de *nature* a la loi de la *nature*, qui doit le régler, & à laquelle chacun eſt obligé de ſe ſoumettre & d'obéir : la rai-ſon, qui eſt cette loi, enſeigne à tous les hommes, s'ils veulent bien la conſulter, qu'étant tous égaux & indépendans, nul ne doit nuire à un autre, par rapport à ſa vie, à ſa ſanté, à ſa liberté, à ſon bien : car les hommes étant tous l'ouvrage d'un ouvrier tout-puiſſant & infiniment ſage, les ſer-viteurs d'un ſouverain maître, placés dans le monde par lui & pour ſes intérêts, ils lui appartiennent en propre, & ſon ouvrage doit durer autant qu'il lui plaît, non autant qu'il plaît à un autre. Etant doués des mêmes facultés, & participant aux mêmes avantages dans la communauté de *nature*, on ne peut ſuppoſer aucune ſubordination entre nous, qui puiſſe nous autoriſer à nous détruire les uns les autres, comme ſi nous étions faits pour l'uſage les uns des autres, de la même manière que les créatures d'un rang inférieur au nôtre ſont faites pour notre uſage. Chacun donc eſt obligé de ſe conſerver lui-même, & de ne quitter point vo-lontairement ſon poſte, pour parler ainſi. Et lorſque ſa propre conſervation n'eſt point en danger, il doit, ſelon ſes forces, conſerver le reſte des hom-mes ; & à moins que ce ne ſoit pour faire juſtice de quelque coupable, il ne doit jamais ôter la vie à un autre, ou préjudicier à ce qui tend à la conſervation de ſa vie, par exemple, à ſa liberté, à ſa ſanté, à ſes membres.

Mais afin que perſonne n'entreprenne d'envahir les droits d'autrui, & de faire tort à ſon prochain, & que les loix de la *nature*, qui a pour but la tranquillité & la conſervation du genre-humain, ſoient obſervées, la *nature* a mis chacun en droit, dans cet état, de punir la violation de ſes loix, mais dans un degré qui puiſſe empêcher qu'on ne les viole davantage. Les loix de la *nature*, auſſi-bien que toutes les autres loix qui regardent les hommes en ce monde, ſeroient entièrement inutiles, ſi perſonne, dans l'état de *nature*, n'avoit le pouvoir de les faire exécuter, de protéger & conſerver l'innocent, & de réprimer ceux qui lui ſont tort. Que ſi, dans cet état, un homme en peut punir un autre, à cauſe de quelque mal qu'il aura fait, chacun peut pratiquer la même choſe. Car en cet état de parfaite égalité, dans lequel naturellement nul n'a de ſupériorité, ni de juriſdiction ſur un autre, ce qu'un peut faire, en vertu des loix de la *nature*, tout autre doit avoir néceſſairement le droit de le pratiquer.

Ainſi, dans l'état de *nature*, chacun a, à cet égard, un pouvoir inconteſtable ſur un autre. Ce pouvoir néanmoins n'eſt pas abſolu & arbitraire, enſorte que lorſqu'on a entre ſes mains un coupable, l'on ait droit de le punir par paſſion, & de s'abandonner à tous les mouvemens, à toutes les fureurs d'un cœur irrité & vindicatif. Tout ce qu'il eſt permis de faire en cette rencontre, c'eſt de lui infliger les peines que la raiſon tranquille & la pure conſcience dictent & ordonnent naturellement ; peines proportionnées à ſa faute, & qui ne tendent qu'à réparer le dommage qui a été cauſé, & qu'à empêcher qu'il n'en arrive un ſemblable à l'avenir. En effet, ce ſont les deux ſeules raiſons qui peuvent rendre légitime le mal qu'on fait à un autre, & que nous appellons *punition*. Quand quelqu'un viole les loix de la *nature*, il déclare, par cela même, qu'il ſe conduit par d'autres règles que celles de la raiſon & de la commune équité, qui eſt la meſure que Dieu a établie pour les actions des hommes, afin de procurer leur mutuelle ſûreté ; & dès-lors il devient dangereux au genre humain, puiſque le lien formé des mains du tout-puiſſant, pour empêcher que perſonne ne reçoive de dommage, & qu'on n'uſe envers autrui d'aucune violence, eſt rompu & foulé aux pieds par un tel homme : de ſorte que ſa conduite, offenſant toute la *nature* humaine, & étant contraire à cette tranquillité & à cette ſûreté à laquelle il a été pourvu par les loix de la *nature*, chacun, par le droit qu'il a de conſerver le genre-humain, peut réprimer, ou, s'il eſt néceſſaire, détruire ce qui lui eſt nuiſible ; en un mot, chacun peut infliger à une perſonne qui a enfreint ces loix, des peines qui ſoient capables de produire en lui du repentir, & lui inſpirer une crainte qui

l'empêche d'agir une autre fois de la même manière, & qui même faſſe voir aux autres un exemple qui les détourne d'une conduite pareille à celle qui les lui a attirées. En cette occaſion donc, & ſur ce fondement, chacun a droit dans l'état de *nature*, de punir les coupables, & de faire exécuter les loix de la *nature*.

Lorſque quelqu'un viole la loi de la *nature*, qu'il s'éloigne des droites règles de la raiſon, & fait voir qu'il renonce aux principes de la *nature* humaine, & qu'il eſt une créature nuiſible & dangereuſe, chacun eſt en droit de le punir : mais celui qui en reçoit immédiatement & particuliérement quelque dommage ou préjudice, outre le droit de punition qui lui eſt commun avec tous les autres hommes, a un droit particulier en cette rencontre, en vertu duquel il peut demander que le dommage qui lui a été fait ſoit réparé. Et ſi quelque autre perſonne croit cette demande juſte, elle peut ſe joindre à celui qui a été offenſé perſonnellement, & l'aſſiſter dans le deſſein qu'il a de tirer ſatisfaction du coupable, enſorte que le mal qu'il a ſouffert, puiſſe être réparé.

De ces deux ſortes de droits, dont l'un eſt de punir le crime pour le réprimer & pour empêcher qu'on ne continue à le commettre, ce qui eſt le droit de chaque perſonne ; l'autre, d'exiger la réparation du mal ſouffert : le premier a paſſé & a été conféré au magiſtrat, qui, en qualité de magiſtrat, a entre les mains le droit commun de punir, & toutes les fois que le bien public ne demande pas abſolument qu'il puniſſe & châtie la violation des loix, peut, de ſa propre autorité, pardonner les offenſes & les crimes ; mais il ne peut point diſpoſer de même de la ſatisfaction due à une perſonne privée, à cauſe du dommage qu'elle a reçu. La perſonne qui a ſouffert en cette rencontre, a droit de demander la ſatisfaction ou de la remettre ; celui qui a été endommagé, a le pouvoir de s'approprier les biens ou le ſervice de celui qui lui a fait tort : il a ce pouvoir par le droit qu'il a de pourvoir à ſa propre conſervation ; tout de même que chacun, par le droit qu'il a de conſerver le genre humain, & de faire raiſonnablement tout ce qui lui eſt poſſible ſur ce ſujet, a le pouvoir de punir le crime, pour empêcher qu'on ne le commette encore. Et c'eſt pour cela que chacun, dans l'état de *nature*, eſt en droit de tuer un meurtrier ; afin de détourner les autres de faire une ſemblable offenſe, que rien ne peut réparer, ni compenſer, en les épouvantant par l'exemple d'une punition à laquelle ſont ſujets tous ceux qui commettent le même crime ; & ainſi mettre les hommes à l'abri des attentats d'un criminel, qui, ayant renoncé à la raiſon, à la règle, à la meſure commune que Dieu a donnée au genre humain, a, par une injuſte violence & par un eſprit de carnage dont il a uſé envers une perſonne, déclaré la guerre à tous les hommes, & par conſéquent doit être détruit comme un lion, comme un tigre, comme une de ces bêtes féroces avec lesquelles il ne peut y avoir de société, ni de sûreté. Aussi est-ce sur cela qu'est fondée cette grande loi de la nature ; *si quelqu'un répand le sang d'un homme, son sang sera aussi répandu par un homme.* Et Caïn étoit si pleinement convaincu que chacun est en droit de détruire & d'exterminer un coupable de cette nature, qu'après avoir tué son frère, il crioit : *quiconque me trouvera, me tuera.* Tant il est vrai que ce droit est écrit dans le cœur de tous les hommes.

On a souvent demandé, en quels lieux & dans quels temps les hommes sont, ou ont été dans l'état de *nature* ? On peut répondre d'abord que les princes & les magistrats des gouvernemens indépendans, qui se trouvent dans l'univers, étant dans l'état de *nature*, il est clair que le monde n'a jamais été & ne sera jamais sans un certain nombre d'hommes qui ont été, & qui seront dans cet état. Quand je parle des princes, des magistrats, & des sociétés indépendantes, je les considère précisément en eux-mêmes, soit qu'ils soient alliés, ou qu'ils ne le soient pas. Car ce n'est pas toute sorte d'accord qui met fin à l'état de *nature*, mais seulement celui par lequel on entre volontairement dans une société politique. Toute autre sorte d'engagemens & de traités, que les hommes peuvent faire entre eux, les laissent dans l'état de *nature*. Les promesses & les conventions faites, par exemple, pour un troc, entre deux hommes, dans l'isle déserte, dont parle Garcilasso de la Vega, dans son histoire du Pérou, ou entre un Suisse & un Indien, dans les déserts de l'Amérique, sont des liens qu'il n'est pas permis de rompre, & sont des choses qui doivent être ponctuellement exécutées, quoique ces sortes de gens soient en cette occasion dans l'état de *nature* par rapport l'un à l'autre. En effet, la sincérité & la fidélité sont des choses que les hommes sont obligés d'observer religieusement, en tant qu'ils sont hommes, non en tant qu'ils sont membres d'une même société.

On peut dire, en second lieu, que l'état de *nature* a existé véritablement, lorsque les hommes, avant l'établissement des sociétés politiques, quoique unis, avec quelques autres, par une société particulière, n'avoient rien de commun ensemble que la qualité de créatures humaines, & ne se dévoient rien les uns aux autres, que ce qu'on peut exiger précisément en tant qu'homme ; que c'est ainsi que vivoient respectivement autrefois les membres de différentes familles séparées & indépendantes, tels que Moïse nous dépeint la famille d'Abraham & de ses descendans, jusqu'à leur entrée en Egypte ; que c'est sur le même pied que se regardent encore aujourd'hui les sociétés civiles, & les particuliers qui ne sont pas membres d'un corps politique, & que l'état de *nature* n'a cessé que lorsque les hommes, de leur propre consentement, se sont réunis en sociétés civiles, & se sont soumis à l'empire d'un maître commun.

NATUREL, adj. qui se dit de tout ce qui se rapporte à la nature, de ce qui vient d'un principe de la nature, de ce qui est dans l'ordre de la nature, ou conforme au cours ordinaire de la nature.

NATUREL SERF. *Voyez* SERF NATUREL.

NATURELLE (*loi*), nous avons donné, sous le mot DROIT NATUREL, une notice des auteurs qui en ont traité, & indiqué la source d'où il provient. Mais il manqueroit quelque chose à un traité de jurisprudence, dans lequel on ne trouveroit pas une idée de la *loi naturelle* ; c'est par cette raison que nous allons en donner ici une esquisse.

Il est certain que les règles de notre conduite ont une source primitive où il est nécessaire que nous puisions des connoissances qui fixent notre entendement, & qui, en éclairant notre esprit, déterminent notre volonté, pour juger des devoirs des sujets envers leur prince, des princes envers leurs sujets, & des obligations des hommes vivans dans des sociétés civiles. Cette source est celle qui leur auroit donné des règles pour se conduire dans l'égalité *naturelle*, & dans une indépendance absolue.

Les hommes, à la vérité, ne vivent plus dans l'état naturel, c'est-à-dire, libres de tous engagemens contractés, & précisément tels que la nature les a fait naître ; mais néanmoins la *loi naturelle* est le premier principe de leur conduite, & la base de la science du gouvernement. Ils ont renoncé à l'égalité dans laquelle la nature les avoit fait naître, & ils ont formé des corps politiques. Ils avoient alors des droits, les ont-ils encore ? Ils étoient tenus de certains devoirs, & ils ont contracté d'autres engagemens, quels sont-ils ? Pour les connoître, il faut remonter à la source, & examiner quels étoient leurs droits & leurs engagemens dans l'état de nature, pour connoître quels ils sont dans l'état civil, ce qu'ils peuvent ou ne peuvent point, ce qu'ils ont conservé de leurs droits naturels, & ce qu'ils en ont cédé, ce qui leur est resté de leur première liberté, & ce qu'ils en ont perdu.

Les hommes, dans quelque état qu'on les suppose, n'ont pu être sans une règle qui leur présente des principes fixes de leur conduite : cette règle dans le premier état où la nature les a fait naître, n'est autre que la *loi naturelle*, la première de toutes, & le fondement de celles qu'ils ont établies ensuite.

La *loi naturelle* peut être définie une règle que la droite raison montre aux hommes, pour diriger leurs actions, & pour leur faire appercevoir ce qui est juste & équitable, soit qu'ils vivent en particuliers, soit qu'ils soient membres d'un corps.

La raison toute pure a posé les fondemens de ce droit, pour la sûreté du genre humain, & la nature même est l'auteur de cette règle, laquelle, dans son origine, n'a d'autre livre que les esprits & les cœurs. La philosophie morale est proprement la science de l'homme, celle qui lui apprend à fe connoître, à fe conduire, à fe rendre utile à la fociété. C'eft la jufte application des moyens propres à la fin que nous devons nous propofer. C'eft la proportion des objets avec nos idées, la convenance entre les actions & les objets de ces actions. C'eft l'impreffion de la lumiere de la raifon fur ce que nous devons à Dieu, à nous-mêmes, & aux autres hommes.

Cette regle eft droite comme la raifon qui la contient, parce qu'elle enfeigne le chemin le plus court pour arriver au but qu'on doit fe propofer. On l'appelle de ce nom à caufe de la reffemblance naturelle qu'elle a avec la ligne droite qui eft la plus courte entre deux points, & c'eft ainfi que les actions, étant comparées avec la loi qui eft la regle des mœurs, font dites moralement bonnes ou droites, fi elles s'y trouvent conformes.

Ce droit naturel eft divin, puifque Dieu eft l'auteur de la nature, & que nous ne tenons pas moins de lui la raifon que la vie ; que fa fageffe eft la regle de la raifon en qui elle exifte éternellement, & qu'il eft cette lumiere infinie & immuable qui fe donne à tous fans fe partager, cette vérité fouveraine & univerfelle qui éclaire tous les efprits comme le foleil éclaire tous les corps. La *loi naturelle*, fondée fur la raifon, eft éternelle & immuable comme la raifon.

« Nos plus grands philofophes ont penfé (dit Cicéron, *de leg. lib.* 2.) que la loi n'eft point une invention de l'efprit humain, ni un réglement fait par les hommes, mais quelque chofe d'éternel qui regle l'univers par la fageffe de fes comman-demens & de fes défenfes. Selon eux, cette pre-miere & derniere loi eft l'efprit de Dieu même, dont la fouveraine raifon fait faire ou empêche qu'on ne faffe tout ce qui fe fait, ou ne fe fait point. C'eft de cette loi que tire fa fageffe celle que les dieux ont donnée au genre humain, laquelle n'eft autre chofe que l'efprit du fage, qui fait commander le bien & défendre ce qui y eft contraire. Il y a une raifon (rapporte-t-il plus loin) fondée fur la nature même, qui porte au bien & qui détourne du mal ; & cette raifon a force de loi, non-feulement du jour qu'elle eft rédigée par écrit, mais dès l'inftant qu'elle commence à rayonner : or, il eft indubitable qu'elle a commencé avec l'efprit de Dieu même ; c'eft pourquoi la loi proprement dite, la premiere & la principale loi, celle qui a vraiment pouvoir de commander & de défendre, eft la droite raifon de Dieu même. Cette loi (ajoute-t-il ailleurs) n'eft pas écrite au dehors, mais elle eft imprimée au dedans de nous ; elle n'a été ni apprife, ni re-çue ; mais plutôt prife, puifée, & tirée du fein même de la nature. De toutes les chofes qui font matiere d'entretien entre les favans (dit auffi ce même philofophe) il n'y en a conftamment aucune de plus effentielle, que de bien compren-dre que nous fommes nés pour la juftice, & que le droit n'eft point un établiffement de l'opinion,

mais de la nature (c'eft-à-dire, fuivant le lan-gage de ce temps-là, de la raifon) : cette vérité devient évidente (ajoute-t-il encore) fi l'on jette les yeux fur les rapports d'égalité & de raifon qui font entre les hommes ».

Je rapporte ces longs paffages, parce qu'il eft utile qu'on voie ce que les païens ont penfé de la *loi naturelle*, en même temps qu'on lit ce que les chrétiens en difent, afin que les efprits atten-tifs connoiffent, dans le rapport de ce que les uns & les autres enfeignent, combien eft court le chemin de la philofophie au chriftianifme. Si l'on retranche la pluralité des dieux, des expreffions qu'ont employées dans leurs ouvrages les plus éclai-rés d'entre les philofophes du paganifme, il n'y en refte point dont les chrétiens ne puiffent fe fervir.

Qu'un grand philofophe de nos jours (Locke, *effai fur l'entendement*, liv. 1, chap. 2, §. 13) ait prétendu qu'il n'y a aucune idée innée, qu'il l'ait prouvé même, fi l'on veut, cela ne fait rien au fyftême que je développe ici. Ce philofophe a déclaré qu'il ne prétendoit pas qu'il n'y eût des loix pofitives. Il a uniquement voulu mettre de la différence entre une loi innée & une loi de nature, entre une vérité gravée originairement dans l'ame & une vérité que nous ignorons, mais dont nous pouvons acquérir la connoiffance en nous fervant, comme il faut, des facultés que nous avons reçues de la nature ; & il a fimplement foutenu que ceux qui fuppofent une loi innée, & ceux qui nient qu'il y ait aucune loi qui puiffe être connue par la lumiere de la raifon, c'eft-à-dire, fans le fecours d'une révélation pofitive, fe trompent également.

La perfuafion où nous fommes de l'exiftence d'un Dieu fage, bon, tout-puiffant, nous doit faire faire cette réflexion : que dépendant de cet Être fouve-rain à l'égard de notre exiftence, nous en dépen-dons auffi à l'égard de nos actions, & que nous fommes obligés de pratiquer tous les devoirs qui font compris fous le nom de religion naturelle. Jamais la divinité ne m'a parlé elle-même (peut fe dire chaque homme), mais ne me parle-t-elle pas par l'entremife de ma raifon ? Je dois donc écouter cet interprete fidele, le feul que je con-noiffe jufqu'ici.

Les différentes loix ne font que la *loi naturelle* appliquée aux hommes avec les modifications con-venables aux fituations où ils fe trouvent. Le droit civil, le droit public, le droit eccléfiaftique, le droit des gens, ont leur fondement dans le droit naturel.

La raifon a été donnée aux hommes pour leur faire difcerner les biens & les maux, & pour régler leurs defirs & leurs actions. Elle leur indique clai-rement ce qui eft conforme ou contraire au droit naturel, dans tous les pays & dans toutes les reli-gions du monde. Elle fait fentir à tous les hommes les regles communes de la juftice & de l'équité ; elle eft pour eux une lumiere naturelle qui éclaire l'ame, au milieu des paffions qui la rempliffent de ténebres, lumiere qui la conduit vers le bien, lors même que les passions la jettent dans l'erreur. Le droit naturel n'est pas la loi des sociétés particulières ; il est la loi de la société générale. De ce que les hommes se sont séparés pour former différentes habitations, de ce qu'ils occupent des pays éloignés les uns des autres, de ce qu'ils parlent des langues particulières, il ne suit pas que leur espèce ait cessé d'être semblable. La différence des loix positives qui lient les hommes dans des sociétés particulières, est absolument arbitraire ; & chaque code a un point de réunion commun dans les principes du droit naturel, qui est le lien général de tous les hommes.

Il est des vérités qui ne peuvent être connues naturellement & que nous devons à la révélation ; mais toutes les autres vérités peuvent être facilement découvertes par la raison, aidée de l'expérience.

Chaque homme apporte, en venant au monde, la lumière naturelle qui doit le conduire. Il trouve la loi qui doit régler ses actions, écrite non sur le papier, sur le bronze, sur des tables d'airain, sur des colonnes de marbre & de porphyre, sur ces monumens que le temps détruit ; mais dans son cœur, où la main du créateur l'a gravée. C'est-là que la *loi naturelle* est écrite en caractères intelligibles à tous les hommes de tous les pays. La raison est une dans l'univers, elle n'est ni dans le temps, ni dans le lieu ; elle est la même à la Chine qu'en France : elle est la même aujourd'hui qu'elle étoit hier, & elle sera toujours la même dans tous les siècles, comme dans tous les lieux.

On ne finiroit point, si l'on vouloit rapporter tous les témoignages que le paganisme a rendus à la *loi naturelle*. L'un dit que ce qu'il y a de meilleur dans chaque être, c'est ce à quoi il est destiné par la nature & ce qui fait son excellence propre ; & que ce qui est tel en l'homme, c'est la raison. Un autre reconnoît que nous n'avons point de meilleur guide pour nous conduire que la raison, & qu'il ne faut jamais ni rien dire, ni rien faire sans l'avoir consultée. Tous lui rendent hommage.

Il y auroit de grandes réflexions à faire sur les principes de morale où les seules lumières de la raison ont fait arriver des païens. Que cela nous apprenne au moins jusqu'où notre raison nous pourroit mener, si nous avions quelque soin de la consulter & de la suivre. Les hommes peuvent avoir, par les vertus simplement morales, un commerce de mœurs avec les peuples les plus différens de religion. C'est par-là que dans la religion même, on peut entretenir l'humanité & la probité si nécessaires au bien public dans ceux qui ont le malheur de n'être pas sensibles à des motifs d'un autre ordre & plus importans pour eux. C'est par-là aussi que l'on peut faire remarquer à des personnes trop zélées qui paroissent mépriser les vertus simplement morales, que les vertus chrétiennes sont à l'égard des vertus morales, ce que la foi est à l'égard de la raison, c'est-à-

dire ; qu'elles leur sont supérieures, sans leur être jamais contraires.

Les jurisconsultes Romains n'ont pas donné une définition exacte du droit *naturel*. Le droit *naturel* (disoient-ils) est celui que tous les animaux apprennent de la nature ; il n'est point particulier à l'espèce humaine, il est commun à tous les animaux que la terre porté, à tous ceux que l'air soutient, & à tous ceux que la mer nous cache. C'est de ce droit *naturel* que procède la conjonction du mâle & de la femelle, qui s'appelle *mariage* parmi les hommes, la naissance & l'éducation des enfans. Les bêtes même sont censées susceptibles de ce droit, s'il en faut croire ces jurisconsultes. *Jus naturale est quod natura omnia animalia docuit : nam jus istud non humani generis proprium, sed omnium animalium quæ in terris, quæ in mari nascuntur, avium quoque commune est : hinc descendit maris atque fœminæ conjunctio quam nos matrimonium appellamus : hinc liberorum procreatio : hinc educatio. Videmus feras istius juris peritas censeri.* Inst. lib. 1, §. 3, *de Justit. & Jure.*

Toutes les parties de cette définition sont vicieuses ; elle attribue aux autres animaux une connoissance qui est particulière au genre humain, & met les bêtes en parallèle avec les hommes. Il n'est pas étonnant que les Romains aient mal défini le droit *naturel*, eux qui le violoient de tant de manières ; mais il l'est que Grotius ait pensé que la justice & l'équité soient du ressort des bêtes. Il se fonde à la vérité sur une foible lueur de raison qui est en elles, & il rapporte le témoignage de Pline, qui a rempli son livre de fables, & attribué des vertus & des passions aux bêtes.

Leur état est trop obscur pour nous, & nous est trop inconnu, pour que nous essayons de déterminer le principe qui les fait agir ; d'ailleurs, cette question n'est pas de notre ressort. Nous remarquerons seulement que le système de Grotius détruiroit le principe des obligations & des devoirs.

Quel est ce principe, si ce n'est l'intelligence par laquelle nous reconnoissons un Être suprême qui nous donne des loix, accompagnées de promesses & de menaces ? Or, les brutes destituées de raison, ne connoissant ni loi, ni législateur, & n'ayant aucune idée de peine & de récompense, n'ont aucun principe d'obligation. A combien d'absurdités l'hypothèse de Grotius ne conduiroit-elle point ? Si les bêtes connoissoient la volonté de Dieu, il s'ensuivroit qu'elles la devroient suivre ; & que ne le faisant pas, elles encourroient la même damnation que les hommes qui s'en éloignent. De ce qu'elles auroient la connoissance du droit *naturel*, il s'ensuivroit qu'elles pourroient être sujettes aux loix civiles, & que ceux qui les tueroient commettroient un meurtre. Tout cela ne répugne pas moins à la raison qu'à la révélation.

Puffendorff croit que la définition des jurisconsultes Romains doit son origine au sentiment de la métempsycose ou de la transmigration des ames, que tenoient les Stoïciens. Ce n'eft pas excufer le vice de la définition, c'eft montrer la fource où ces jurifconfultes ont puifé leur erreur.

Les termes de *loi* & de *droit*, & autres, dans leur fignification propre, défignent une règle prefcrite à des agens libres, c'eft-à-dire, capables de connoître la règle, obligés de s'y conformer, & difpofés de telle manière que, comme ils peuvent ne pas la fuivre actuellement, ils peuvent auffi la fuivre, & la fuivent toutes les fois qu'ils agiffent felon la raifon. Comme cette règle, tant qu'elle demeure règle, eft conftante & invariable, furtout la loi de nature, qui, par elle-même, ne fauroit ceffer d'être telle, on a appliqué métaphoriquement le nom de loi aux mouvemens, non-feulement des bêtes, mais encore des chofes inanimées produites en conféquence d'un ordre *naturel* qui ne change point. C'eft ainfi que les anciens philofophes, fur-tout les Stoïciens, appellent fouvent *loi de nature*, ce qui fe fait en conféquence de l'ordre des caufes phyfiques. C'eft en ce même fens que les philofophes modernes difent que telle ou telle chofe fe fait felon les loix du mouvement. Tout cela eft néceffaire, d'une néceffité phyfique, qui n'a rien de commun avec l'ordre moral auquel on fe foumet par une détermination libre de la volonté; & c'eft de l'ordre moral qu'il s'agit dans la définition que j'examine.

Le droit *naturel* eft tout autre chofe que ce penchant que la nature a donné à toute forte d'animaux vers ce qui leur eft utile. Le droit eft ce qui doit déterminer un penchant; mais le penchant n'eft point le droit. De ce que quelqu'un a du penchant à faire une action, en conclura-t-on qu'il a droit de la faire? Et ce qui doit déterminer, eft-il la même chofe que ce qui doit être déterminé?

Difons donc qu'il y a un ordre de la nature, une inclination, un penchant qui eft commun à tout ce qui refpire. Dieu a imprimé à tous les animaux ce mouvement univerfel, par lequel ils fe portent à la multiplication de leur efpèce, à élever leurs petits, & à fe défendre quand ils font attaqués; mais il n'y a aucun rapport entre ces mouvemens de la nature qui font du reffort des fens communs à tous les animaux, & le droit *naturel* qui eft du reffort de l'efprit particulier aux hommes, à qui il enfeigne à fe conduire felon les règles de leur raifon. Il n'y a point de fimilitude entre les mariages des perfonnes qui font l'ouvrage de la raifon, & que le mutuel confentement forme, & les accouplemens des bêtes qui ne peuvent donner de confentement, par cela même qu'elles n'ont point de volonté. La conjonction des deux fexes n'eft entre les bêtes qu'une union brutale, qui ne peut être comparée avec l'honnêteté du mariage entre les hommes. De-là qu'il ne peut y avoir de fociété entre les animaux, il fuit qu'il ne peut y avoir ni droit, ni juftice parmi eux. Dieu a imprimé dans l'homme l'idée du bien & du mal, & c'eft ce fentiment général d'équité qui forme le droit

naturel. Ce droit, que la raifon feule enfeigne, ne peut pas avoir lieu parmi les animaux que la raifon n'éclaire point.

Trois écrivains célèbres qui ont traité des devoirs de la fociété, Grotius, Hobbes, Puffendorff, veulent également que les hommes vivent bien les uns à l'égard des autres; mais ils diffèrent dans les motifs fur lefquels ils fondent ces devoirs. Grotius veut que ce foit, *parce que* vivre bien eft conforme à la fainteté divine; Hobbes, *parce que* fans cela il n'y auroit que guerres parmi les hommes; Puffendorff, *parce que* Dieu commande de bien vivre. Tous ces motifs font bons, mais il faut les réunir au lieu de les féparer. Vivre bien, *parce que* c'eft imiter la fainteté divine, ce qui eft le motif de Grotius, eft une idée très-raifonnable. Vivre bien, *parce que* Dieu l'ordonne, eft encore un très-jufte motif. Celui de Hobbes qui a fon ufage, feroit fans doute défectueux, pris tout feul; & ce n'eft qu'après avoir établi que nous fommes obligés d'obferver la juftice, qu'on doit prouver que notre intérêt mutuel demande que nous l'obfervions.

Le premier principe de la *loi naturelle* eft, felon Hobbes, la confervation propre; Thomafius veut que ce foit le bonheur propre, & fon fentiment revient à celui de Hobbes; Grotius, la droite raifon; Puffendorf, la focialité; Valentin Alberti, la croyance que nous fommes l'image de Dieu; Coccejus, la volonté de Dieu; Welthenius, l'honnêteté ou la turpitude intrinfèque des actions; Strimefius, Janus & Burlamaqui, ce principe, il faut aimer Dieu, nous-mêmes, & le prochain. Ce dernier fentiment eft inconteftable; il réunit ce que les autres féparent; mais l'amour de Dieu, l'amour-propre & l'amour du prochain, font des principes particuliers qu'il ne faut développer qu'après avoir démontré le principe général d'où ils émanent & auquel ils fe rapportent, comme l'effet fe rapporte à la caufe.

Le principe général de la *loi naturelle*, c'eft que la raifon doit être notre guide; qu'il n'appartient qu'à elle de nous gouverner, & que les paffions ne peuvent entreprendre de le faire, fans ufurper l'empire légitime qu'elle a fur nous.

Dès que ce principe général eft établi, nous découvrons fans peine dans la *loi naturelle* trois principes particuliers, qui en font comme les efpèces, & qui forment les trois engagemens qui nous lient à Dieu, à nous-mêmes, & à notre prochain. Ces trois fortes de devoirs peuvent être apperçus par les feules lumières de la raifon, & font renfermés dans l'idée de la *loi naturelle* prife dans toute fon étendue. Elle élève à Dieu pour l'adorer, & nous fait defcendre jufqu'à nous pour nous aimer, & jufqu'aux autres hommes pour les fecourir. L'homme, regardé dans l'ordre de la nature, travaille à fa propre confervation; en le faifant, il travaille auffi à celle des autres, & il aime Dieu, fource des biens que l'homme conferve , en s'aimant lui-même avec le prochain. De-là les trois principes particuliers que j'annonce. I. L'amour de nous-mêmes , cette inclination pour notre confervation , cette averfion pour tout ce qui peut nous nuire , eft un mouvement fi *naturel* , qu'il prévient nos réflexions. C'eft une vérité de fentiment. La volonté de l'Être fuprême qui nous a créés , eft que nous nous aimions , puifqu'il a mis en nous ce penchant *naturel* qui nous porte à l'amour de nous-mêmes. II. Nous fommes deftinés à la fociété , & c'eft encore une vérité de fentiment. La volonté de cet Être fuprême eft auffi que nous aimions les autres hommes , puifque le penchant qu'il nous a donné pour la fociété feroit vain & illufoire fans cela , & qu'il ne peut y avoir de focialité fans cet amour d'autrui. III. Avec ce penchant à nous aimer & à vivre avec les autres hommes , la divinité nous a doués de la raifon. C'eft une vérité de fait , & cette raifon nous dit que nous devons avoir de la reconnoiffance pour les biens que nous recevons , & que nous devons proportionner cette reconnoiffance , autant qu'il dépend de nous , à la grandeur du bienfait.

L'amour de Dieu renferme tous les devoirs de l'homme envers cet Être fuprême. Il eft l'auteur de toute la nature , des principes qui conftituent l'homme , de cette proportion occulte qui charme encore plus les yeux de l'efprit , que la beauté extérieure ne fauroit plaire aux yeux du corps , de la lumière *naturelle* qui nous éclaire. Nous tenons de lui la vie & la raifon. Voilà la fource de l'obligation où nous fommes d'aimer Dieu , indépendamment de la néceffité que la révélation nous en impofe.

L'amour-propre renferme tout ce que l'homme eft tenu de faire directement par rapport à lui-même. Le créateur a mis en nous cette lumière *naturelle* qui nous porte à rechercher le bien & à fuir le mal. Il s'eft donc propofé la confervation & le bonheur du genre humain. Il veut par conféquent que chaque individu travaille à fe conferver & à fe rendre heureux. Voilà la fource de l'amour-propre , mais de l'amour-propre éclairé.

L'amour des autres hommes , ou la focialité , renferme tout ce qu'on doit à autrui. La confervation & le bonheur du genre humain que Dieu s'eft propofé en le créant , & le penchant que Dieu a donné à tous les hommes pour la fociété , impofent manifeftement à chaque homme l'obligation de travailler de toutes fes forces à la félicité des autres hommes ; car , fans cette obligation , ni l'objet de fa création ne fauroit être rempli , ni le penchant que les hommes ont à la fociété fatisfait. Dieu nous a donc créés , afin que nous nous rendions des fervices réciproques. Voilà l'origine de l'amour du prochain.

Ces trois fortes d'amours font facrés , les engagemens qu'ils nous impofent doivent nous être chers ; & de-là même pourroit naître une forte d'embarras. Lorfque les devoirs n'ont que des paf-

fions à combattre , la raifon n'a que des ennemis à vaincre ; mais quand ils fe combattent les uns les autres , elle peut douter auquel elle doit donner l'avantage , parce qu'elle veut fatisfaire à tous. La *loi naturelle* léve nos fcrupules , & nous y trouvons un quatrième principe particulier qui , dans ce conflit des devoirs , fixe nos idées , en nous apprenant que les moins importans doivent céder à ceux qui le font le plus.

NAUFRAGE , f. m. (*Code maritime.*) fignifie la perte d'un vaiffeau qui périt en mer , ou le long des côtes , par quelque accident. Les *naufrages* proviennent fouvent des tempêtes , mais l'impéritie des pilotes y a fouvent beaucoup de part ; car on remarque qu'à mefure que la navigation s'eft perfectionnée , ils font devenus plus rares.

Les Barbares qui envahirent l'empire romain en Occident , ne les regardèrent d'abord que comme un objet de leur brigandage , & ce fut en conféquence dans ces temps-là , que s'établit fur toutes les côtes de la mer le *droit* infenfé *de naufrage* : ces peuples penfoient que les étrangers ne leur étant unis par aucune communication de droit civil , ils ne leur devoient ni juftice , ni pitié. Dans les bornes étroites où fe trouvoient les peuples du Nord , tout leur étoit étranger ; & dans leur pauvreté , tout étoit pour eux un objet de richeffe. Etablis avant leurs conquêtes fur les côtes d'une mer refferrée & pleine d'écueils , ils avoient tiré parti de ces écueils même pour piller les vaiffeaux qui avoient le malheur d'échouer dans leur pays , au lieu de confoler par tous les fervices de l'humanité , ceux qui venoient d'éprouver ce trifte accident.

Les Romains ne reconnurent que fort tard que les effets *naufragés* ne devoient appartenir ni au fifc , ni au premier occupant , & qu'ils devoient être reftitués à celui qui en avoit la propriété avant le *naufrage*. Mais enfin ils firent des loix très-humaines fur cet objet ; leurs empereurs Adrien & Antonin réprimèrent les brigandages de ceux qui habitoient les côtes , & ce qui étoit le plus difficile , la rapacité de leur fifc , en renonçant au droit de *naufrage* qu'il exerçoit auparavant.

Plufieurs de leurs fucceffeurs , moins attentifs à faire régner la juftice qu'à étendre les droits de leur fifc , négligèrent l'obfervation des loix concernant les *naufrages* ; enforte que , dans la décadence de l'empire , les bonnes loix demeurant fans vigueur , le défordre , par rapport aux *naufrages* , ne put que continuer. Les peuples croyoient ne s'approprier que les droits du fifc , trop foible alors pour les conferver , & ils n'envifageoient pas l'injuftice dont ils fe rendoient coupables envers les malheureux naufragés. Ainfi la coutume de piller les effets naufragés fut une efpèce de mal épidémique , qui s'étendit de toutes parts.

En France , les feigneurs voifins des côtes de la mer , après avoir participé , comme particuliers , au pillage des effets naufragés , fe firent peu-à-peu

de

de ce pillage un droit exclusif & comme attaché à leurs seigneuries. Nos rois, trop peu puissans alors pour faire respecter leur autorité, auroient en vain entrepris de réprimer ce brigandage. Aussi voit-on que S. Louis, au lieu de punir son vassal le duc de Bretagne, qui exerçoit à la rigueur le droit de *naufrage*, traita avec lui, en 1231, pour l'engager à renoncer à ce droit; & cette renonciation n'eut lieu qu'à condition que les navigateurs prendroient de ce duc, des *brefs* ou *brieux*, appellés les uns de *sauver*, & les autres de *conduite* ou de *victuailles*.

Vers ces temps-là parurent les fameux jugemens d'Oléron; ce sont des réglemens qui eurent uniquement pour objet la navigation des côtes de Guienne, de Poitou & de Normandie; mais ils parurent si judicieux, qu'on les adopta par-tout. Ils ordonnèrent, entre autres choses, qu'on fourniroit les secours convenables à ceux qui auroient le malheur de faire *naufrage*, qu'on leur laisseroit tous leurs effets sans en retenir aucun, & qu'on n'exigeroit d'eux aucune chose que les frais de sauvement, tels qu'ils seroient réglés par justice; le tout sous peine, contre les transgresseurs, d'être *excommuniés de l'église*, & *d'être punis comme larrons*.

Dans le traité de paix & de commerce conclu entre Henri VII & Philippe, archiduc d'Autriche, duc de Bourgogne, &c., le 14 février 1495, il fut stipulé, qu'en cas de *naufrage*, les débris & les effets ne seroient point sujets à confiscation, quoiqu'il ne fût échappé personne du *naufrage*, mais qu'ils seroient sauvés & recueillis par les soins des officiers des parties contractantes, & mis sous bonne garde pendant un an & jour, pour être rendus à ceux qui, dans cet espace de temps, justifieroient leur droit de propriété sur ces effets.

Cette règle fut adoptée par François I, dans son ordonnance du mois de février 1543, qui est la première que nous ayons sur la matière dont il s'agit: il ordonna d'ailleurs qu'à défaut de réclamation dans l'an & jour, un tiers des effets qui auroient été tirés de la mer, appartiendroit à ceux qui les auroient sauvés, un tiers à l'amiral, l'autre tiers au roi, ou aux seigneurs auxquels il auroit cédé son droit.

Le parlement, en enregistrant cette loi, limita à deux mois le temps de la réclamation, & cette disposition, aussi injuste qu'elle étoit, fut confirmée par l'ordonnance du mois de mars 1584; mais elle a dans la suite été réformée par l'ordonnance de 1629, & par celle du mois d'août 1681.

Par cette dernière loi, le législateur déclare qu'il met sous sa protection & sauve-garde les vaisseaux, leurs équipages & chargemens qui auront été jettés par la tempête sur les ports du royaume, ou qui autrement y auront échoué, & en général tout ce qui sera échappé du *naufrage*.

Il enjoint à ses sujets de faire leur possible pour secourir les personnes qu'ils voient en danger de faire *naufrage*, & il veut que ceux qui attentent à la vie & aux biens de ces personnes, soient punis de mort, sans qu'il puisse leur être accordé aucune grace.

Il ordonne aussi que, dans le cas de pillage des effets naufragés, les officiers de l'amirauté doivent procéder par voie d'information, & faire le procès aux coupables, à peine d'interdiction de leurs charges, & de répondre, en leurs noms, des pertes & dommages envers les intéressés.

Il défend aux mêmes officiers de se rendre, directement ou indirectement, adjudicataires d'effets naufragés, à peine de restitution du quadruple, & de privation de leurs charges.

Il enjoint à tous ceux qui tirent du fond de la mer, ou trouvent sur les flots des effets provenant de jet, bris, ou *naufrages*, de les mettre en sûreté, d'en faire, vingt-quatre heures au plus tard après leur arrivée, leur déclaration aux officiers de l'amirauté, dans le district de laquelle ils auront abordé, à peine d'être punis comme receleurs.

Il enjoint encore, sous les mêmes peines, à ceux qui trouvent sur les grèves & rivages de la mer quelques effets échoués ou jettés par les flots, de faire une semblable déclaration dans pareil temps, soit que les effets soient du crû de la mer, ou qu'ils procèdent de bris, *naufrages* & échouemens.

Ces décisions sont fondées sur ce que les effets dont il s'agit, peuvent être réclamés par les propriétaires dans le temps prescrit; & qu'à défaut de réclamation, ils sont dévolus au souverain à qui appartient le domaine de la mer, sauf le droit de celui qui les a sauvés: mais celui-ci ne peut non-seulement retenir le surplus sans se rendre coupable de vol, il doit encore recevoir sa part des mains de la justice, soit pour prévenir les fraudes, soit pour le maintien du bon ordre, qui ne permet pas qu'on se fasse justice à soi-même, & par voie de fait.

Pour rendre uniforme la manière de procéder en cas de *naufrage*, le roi, par une déclaration du 10 janvier 1770, a ordonné que les seigneurs & habitans des paroisses voisines de la mer, avertiroient incontinent après les *naufrages* & échouemens, les officiers de l'amirauté des lieux; que ceux-ci seroient tenus de faire avertir les officiers des classes, le trésorier de la marine, & le receveur de l'amirauté, afin qu'ils en puissent prendre connoissance; qu'ils feront afficher dans le lieu de l'échouement, & à la porte de leur auditoire, le nom du navire, de la nation, du capitaine, du départ, & de sa destination, & le gros de son chargement, dès qu'ils en ont la connoissance.

Que les seigneurs, leurs officiers, les curés & syndics des paroisses seront tenus, en attendant la venue des officiers de l'amirauté, de faire travailler au sauvetage des effets naufragés, d'en en pêcher le pillage, & de pourvoir à tout ce qui peut être urgent, sans qu'aucun habitant puisse y travailler, sans avoir été appellé & hors de leur présence.

Que dans le cas où il ne se trouvera personne pour réclamer les effets, il sera nommé d'office un commissionnaire pour se transporter à l'endroit de l'échouement, & avancer les frais nécessaires ; que les effets sauvés seront confiés à un gardien bon & solvable, après leur reconnoissance, description & vérification, par quantité, qualité, poids, mesure, marque & numéros : que dans les trois mois il sera procédé par les officiers de l'amirauté à la vente de quelques marchandises des plus périssables, pour satisfaire au paiement des salaires des ouvriers.

Que si, lors ou depuis l'échouement, les propriétaires, ou commissionnaires auxquels les effets naufragés étoient adressés par les connoissemens, se présentent pour y mettre ordre par eux-mêmes, les officiers de l'amirauté seront tenus de se retirer : mais cette disposition ne peut avoir lieu, que dans le cas où tous les effets seroient réclamés.

Lorsque la réclamation n'est faite que pour une partie, les réclamateurs ne contribuent aux frais & vacations, dus avant leur réclamation, qu'à proportion de la valeur des marchandises réclamées, & eu égard au total de celles qui ont été sauvées. Au reste les réclamations doivent être faites dans l'an & jour : après l'expiration de ce délai, les effets sont vendus par les officiers de l'amirauté, les officiers des classes, le trésorier des invalides, & le receveur de l'amiral présens ou duement appellés. On prélève sur le produit de la vente les frais de justice, & le surplus est remis, moitié au trésorier, moitié au receveur de l'amiral.

Dans le cas où le naufrage est arrivé en pleine mer, ou à la portée des côtes, sans qu'il en reste aucun vestige permanent sur la surface des eaux, les propriétaires ou leurs commissionnaires sont tenus, dans les deux mois de la nouvelle, de déclarer au greffe de l'amirauté du ressort, qu'ils sont dans l'intention d'entreprendre le sauvement des bâtiment, marchandises & effets submergés, & d'y faire travailler dans les six mois.

Ces délais expirés, sans avoir réclamé, ou avoir fait travailler, ils sont déchus de tous leurs droits, & le roi s'est réservé d'accorder par brevet à qui bon lui semblera, la permission de relever & de sauver les effets naufragés, qui lui appartiendront en toute propriété, à l'exception de deux dixièmes, l'un pour le roi, le second pour l'amiral. Telles sont les dispositions d'une déclaration du 15 juin 1735.

L'ordonnance de 1681 défend aux seigneurs particuliers, & aux officiers de guerre & de justice, de prendre connoissance des naufrages & échouemens, & de s'en attribuer aucun droit à cause de leurs terres, offices ou commissions, & d'y troubler les

officiers de l'amirauté, à peine de privation de leurs fiefs, charges ou emplois ; & à tous soldats & cavaliers de courir aux naufrages, sous peine de la vie. Elle ordonne en outre aux gouverneurs des places, aux commandans des garnisons, de donner main-forte aux officiers de l'amirauté, & aux intéressés dans les naufrages, lorsqu'ils en seront requis, & d'envoyer pour cet effet des officiers & des soldats, dont ils sont obligés de répondre. Voyez VARECH.

NAVIGATION, s. f. (Droit des gens. Droit public.) est l'art ou l'action de conduire un navire sur la mer ou sur une rivière, d'un lieu dans un autre, par le chemin le plus sûr, le plus court & le plus commode.

On trouvera dans le Dictionnaire de la Marine, & dans celui d'Economie politique & diplomatique, l'histoire de la navigation, sa nécessité & les avantages qu'elle procure aux peuples voisins de la mer, les soins que nos rois ont pris pour la rendre florissante, les écoles qu'ils ont établies dans différens ports du royaume, pour en faciliter l'étude. Nous nous bornerons en conséquence à faire connoître les loix qui concernent la navigation intérieure.

Leurs principales dispositions se trouvent réunies dans l'ordonnance des eaux & forêts de 1669, & dans un arrêt du conseil du 24 juin 1777.

Toutes les actions concernant les entreprises ou prétentions sur les rivières navigables & flottables, pour raison tant de la navigation & flottage, que des droits de passage, pontonnage & autres, soit en espèces, ou en deniers, conduite, rupture & loyers de flettes, bacs ou bateaux, épaves sur l'eau, constructions & démolitions d'écluses, gords, pêcheries & moulins, & généralement tout ce qui peut préjudicier à la navigation, charroi & flottage des bois du roi, sont de la compétence des officiers des eaux & forêts, sans préjudice néanmoins de la jurisdiction des prévôts des marchands, ès villes où ils sont en possession de connoître de tout, ou de partie de ces matières, & de la jurisdiction des turcies & levées, ou autres qui peuvent avoir titre ou possession pour en connoître.

Les grands-maîtres des eaux & forêts doivent visiter les rivières navigables & flottables, ensemble les routes, pêcheries & moulins, pour connoître s'il y a des entreprises ou usurpations, qui puissent empêcher la navigation ou le flottage, & y pourvoir incessamment, en faisant rendre le cours des rivières libre. Les maîtres particuliers sont tenus de faire de pareilles visites dans leur ressort, de six mois en six mois.

Les propriétaires riverains des rivières navigables, de quelque qualité & condition qu'ils soient, ne peuvent construire aucuns moulins, pertuis, vannes, écluses, arches, bouchis, gords ou pêcheries, ni autres constructions, à peine de mille livres d'amende & de démolition des ouvrages. Ils doivent laisser vingt-quatre pieds du côté du hallage des bateaux, & dix pieds sur l'autre bord , pour le libre paſſage des mariniers & des chevaux, & ne peuvent planter arbres ni haies , conſtruire murs ni clôture, creuſer foſſés , plus près des bords que de trente pieds. Ils ne peuvent également jetter dans le lit des rivières , ni ſur leurs bords aucuns immondices, pierres, graviers , bois , pailles ou fumiers , ou autre choſe qui en embarraſſe le cours ou en attériſſe le lit; affoiblir ou détourner le cours de l'eau par des foſſés & tranchées ; planter des pieux dans le lit , y mettre rouir du chanvre; & tirer des pierres , terres & ſables ou autres matériaux, plus près des bords que de ſix toiſes.

Les riverains , mariniers ou autres ſont tenus de faire enlever les pierres , terres, bois , pieux , débris de bateaux , & autres empêchemens, provenans de leurs faits , ou étant à leurs charges , à peine de 500 liv. d'amende, de confiſcation des matériaux, & d'être contraints au paiement des ouvriers qui auront été employés aux nettoiemens qu'ils devoient faire. *Voyez* BAC, CHOMMAGE, FLEUVE , & généralement tous les mots particuliers , qui ont rapport à la *navigation*.

N E

NÉANT , eſt un terme de pratique qui ſert à exprimer qu'une procédure eſt rejettée ; les cours ſouveraines mettent l'appellation au *néant* quand elles confirment la ſentence dont eſt appel; quand elles l'infirment , elles mettent l'appellation & ce dont eſt appel au *néant*. En matière du grand criminel ne mettent pas au *néant*, elles prononcent qu'il a été bien jugé, mal & ſans grief appellé ; les juges inférieurs ne peuvent pas ſe ſervir de ces termes, *au néant*, ils doivent ſeulement prononcer par bien ou mal jugé.

Au conſeil du roi , quand une requête en caſſation eſt rejettée , on met ſur la requête *néant*. *Voyez* APPEL, INFIRMER, SENTENCE. (*A*)

NÉCESSITÉ, ſ. f. (*Droit naturel.*) nous examinerons ſous ce mot, ce qu'on doit entendre par le droit de *néceſſité*, c'eſt-à-dire , par le droit auquel la *néceſſité* donne lieu , en autoriſant des actions , qui autrement ne ſeroient pas licites , mais qui le deviennent , parce que ſans elles on ne ſatisferoit pas à une obligation indiſpenſable.

La *néceſſité* extrême autoriſe tout ce qui contribue à notre propre conſervation & détruit tout ce qui s'y oppoſe. Elle eſt au-deſſus de tous les réglemens établis par les hommes pour leur utilité particulière & commune. C'eſt la nature qui la revêt de ſes propres forces, ou plutôt qui en prend la forme, lorſqu'il faut abſolument qu'elle agiſſe elle-même en notre faveur.

Le ſoin que l'homme a naturellement pour ſa propre conſervation , & l'impoſſibilité où il eſt d'agir par un autre principe, fondent le droit de bienſéance dans le cas d'une *néceſſité* extrême. Ce n'eſt pas ſimplement un privilège, une faveur , c'eſt un droit formel & parfait. Le ſoin de défendre notre vie eſt d'obligation , & non pas ſimplement de permiſſion.

Les loix humaines qui n'ont qu'une obligation empruntée & relative, ne peuvent pas renverſer celles que la nature nous impoſe, & qui ſont fondées ſur des principes généraux & invariables. La *néceſſité* jointe au droit qu'elle produit, ſubſiſte dans toute ſa vigueur , en quelque état que l'homme ſe trouve. Les diſpoſitions accidentelles ſont trop foibles pour l'anéantir, ou pour en empêcher les effets. Loin de faire l'exception , la *néceſſité* rétablit la règle fondamentale du droit, & prive les loix poſtérieures de tout ce qu'elles ont de force, dès qu'elles s'écartent de leur but général & immuable.

L'homme ne peut, quand même il le voudroit, ſe ſouſtraire à une obligation ſi eſſentielle, ni fermer l'oreille à la voix de la nature. Il doit être cenſé avoir perſiſté dans la volonté de s'y conformer, quelque engagement temporel qu'il ait pris en quittant l'état primitif. Il eſt obligé de conſerver ſon prochain, autant que cela peut dépendre de lui , en vertu de la liaiſon naturelle ou arbitraire dans laquelle il ſe trouve à ſon égard ; mais chaque individu doit préférer ſa propre conſervation à celle d'autrui.

Les devoirs envers nos ſemblables ne ſont qu'accidentels ou imparfaits par rapport à ceux qui regardent notre être propre ; ils ſuppoſent des occaſions & des facilités qui n'y ſont pas inſéparablement attachées. Dans le cas où il faut, de toute *néceſſité*, que de deux hommes l'un ou l'autre périſſe , il eſt indifférent , par rapport à la félicité générale des hommes, lequel ce ſoit , il ſuffit à la ſociété humaine que l'un des deux ſoit ſauvé. Le devoir de conſerver les autres perd alors toute ſa force, parce que la raiſon en ceſſe ; mais l'obligation de ſe conſerver ſoi-même ſubſiſte toujours. C'eſt en vertu de cette obligation , que nous ſommes tenus de nous ſauver dans l'extrémité du péril , plutôt que de ſauver les autres.

On reconnoît le cas de *néceſſité* à cela, que les moyens ordinaires & aiſés ne ſuffiſent point pour notre conſervation , mais qu'il faut en employer d'extraordinaires & de difficiles. La ſeule conſidération de notre propre bonheur ſuffit pour connoître tous les cas de *néceſſité* , ſans qu'il ſoit beſoin de diſtinguer ſi la choſe nous regarde médiatement ou immédiatement ; ſi elle intéreſſe notre perſonne, ou ſi l'on n'en veut qu'à nos biens. Si la perte de nos biens emporte celle des moyens propres à nous ſoutenir, & par conſéquent celle de la vie ou de quelque choſe d'équivalent , la perte eſt dans le fond la même , & ne manque pas de produire le même effet; ſinon, ce n'eſt tout au plus qu'un grand avantage, qui n'en produit aucun.

On peut ranger le cas de *néceſſité* ſous deux claſſes générales.

L'une eſt celle des cas où l'homme eſt contraint

d'entreprendre fur lui-même ou fon propre bien, & de fe faire un mal, pour en éviter un plus confidérable. Par exemple, lorfqu'un membre eft attaqué d'un mal incurable qui pourroit gagner les parties faines & faire périr tout le corps, fi l'on ne le coupoit ; où lorfqu'il eft de notre intérêt de perdre une partie de notre bien pour fauver le refte.

L'autre renferme le cas où notre propre confervation demande abfolument qu'un autre en fouffre, foit en fa perfonne ou en fés biens. Par exemple, lorfqu'un homme fe trouve dans un danger fi preffant, qu'il n'en peut échapper qu'en y précipitant un autre, quand même il en coûteroit à ce dernier la vie ou la fortune.

Dans tous les cas femblables à ceux que je viens d'énoncer, on ne peut douter qu'à la rigueur il ne foit jufte & permis d'outrepaffer les réglemens particuliers faits pour d'autres circonftances, pourvu que celles que je fuppofe dans les cas expliqués, s'y trouvent effectivement.

Quelques auteurs exigent deux conditions pour approuver les effets du droit de *néceffité* ; l'une, que le poffeffeur n'ait pas befoin lui-même de tout fon bien ; l'autre, qu'il n'y ait pas de la faute de celui qui court rifque de périr. La première ne paroît pas néceffaire, car dès que le droit qui réfulte de la *néceffité*, autorife à prendre le bien d'autrui jufqu'à concurrence du befoin extrême, on ne voit pas pourquoi il feroit défendu de prendre ce même bien, parce que celui à qui il appartient en auroit befoin. La feconde ne doit pas non plus être prife à la rigueur, comme fi elle étoit toujours abfolument néceffaire ; car fuppofé qu'un homme ait été prodigue ou négligent dans fes affaires, faudra-t-il pour cela le laiffer mourir de faim ? Ne devons-nous notre compaffion qu'à ceux qui n'ont point contribué à leur mifère ?

Par les principes que j'ai pofés, il eft aifé de juger que la *néceffité* revêtue d'un droit & d'une *néceffité* propre & indépendante de tout ce qui eft extérieur ou accidentel, autorife indifféremment celui qui n'a d'autre reffource, à s'en prévaloir dans toute fa rigueur & dans toute fon étendue ; enforte que quand une action auroit quelque défaut dans fon principe, la *néceffité* ne laifferoit pas de rectifier celles de fes fuites qui s'y rapportent uniquement.

Quelles doivent être les règles particulières de la conduite du néceffiteux ?

Grotius exige la préfence du péril ; mais s'il entend par-là la réalité & la préfence du danger, ces qualités font déjà renfermées dans l'idée de la *néceffité*, n'y en ayant point abfolument, où elles manquent. Que s'il a voulu défigner le dernier moment, on n'eft pas obligé de l'attendre, parce qu'on fe priveroit par-là de la reffource la plus fûre, qui confifte à prévenir cet inftant. Le temps n'y peut mettre aucune différence effentielle. Se voir privé actuellement des moyens propres à la vie, ou être affuré d'en manquer, lorfque le befoin

arrivera, c'eft dans le fond la même chofe. Il fuffit que la privation foit moralement certaine & réelle.

Le néceffiteux eft obligé de reftituer au propriétaire ce qu'il lui a pris par *néceffité*, ou de l'en dédommager, lorfque le danger eft paffé. Le droit que la *néceffité* donne, répond véritablement à toute fa force & à toute fa durée, mais il ne s'étend pas au-delà. Tout revient à fon premier maître, dès que les circonftances qui ont fait éclorre la *néceffité*, perdent ce qu'elles ont de plus preffant.

Celui à qui nous nous en prenons dans la *néceffité*, & lequel on peut appeller le *fouffrant*, a un droit incontestable de nous refufer ce dont il a befoin lui-même, & d'en venir aux voies de fait, pour nous empêcher de nous en emparer. La raifon en eft que le droit de *néceffité* appartient également à tous les hommes, confidérés comme tels, & que par-là même chacun eft fondé à le faire valoir au cas qu'on l'y contraigne.

Les loix de la *néceffité* forment un conflit, I. entre l'amour-propre & la focialité, en conféquence d'un fait d'autrui, comme dans le cas d'une légitime défenfe ; II entre les différens devoirs de l'amour-propre & ceux de la focialité, fans aucun fait defperfonnes avec qui nous ferions obligés d'agir autrement, fi la néceffité ne nous faifoit violence ; III entre les devoirs de cet amour de foi-même & ceux de la religion.

Il eft donc queftion de favoir en quel cas on peut faire ce que les loix défendent, ou fe difpenfer de ce qu'elles ordonnent, fi l'on eft réduit fans y avoir contribué par fa faute, à une telle extrémité qu'on ne puiffe, en obéiffant aux loix, fe garantir du péril dont on eft menacé, foit en fa perfonne, foit en fes biens.

Toutes les fois qu'en faifant, par rapport à autrui, ou par rapport à foi-même, quelques actions d'ailleurs défendues, on trouve un moyen infaillible d'éviter un grand péril, fans qu'il en revienne un mal ou plus grand, ou même égal à celui dont on veut fe garantir, la loi fouffre l'exception des cas de *néceffité*. Mais elle ne les admet pas, fi l'exécution d'une pareille action n'eft pas un moyen infaillible d'éviter ce péril plus grand ou au moins égal. Par moyens infaillibles, j'entends ici ceux qui ont une liaifon naturelle & néceffaire avec l'éloignement du danger dont on eft menacé, & non pas une liaifon purement arbitraire qui dépende de la fantaifie de celui de qui vient la *néceffité* ou il fe trouve. La grandeur du mal fe doit auffi mefurer phyfiquement, & l'on ne peut ni l'on ne doit comparer le mal moral qu'il y a de part & d'autre, puifque c'eft cela même qui eft en queftion. Pourvu que nous ne nous jettions pas volontairement ou par notre propre faute, dans le danger (ce qu'il faut toujours fuppofer ici) les circonftances marquées fuffifent pour nous former une conjecture vraifemblable de la volonté de Dieu. La loi naturelle tend au bonheur du genre humain, & lorfqu'on peut fûrement fe délivrer d'un grand mal, en s'expofant à un moindre, ou a raifon de choifir le dernier. Mais fi le mal que l'on embrafferoit eft égal à celui dont on voudroit fe garantir, & qu'on ne puiffe d'ailleurs fe promettre infailliblement d'éviter par ce moyen le péril, rien ne difpenfe d'obéir.

Si un vaiffeau, dans le cours de fa navigation, fe trouve en péril pour être trop chargé, celui qui le commande peut faire jetter dans la mer une partie de la charge, quoiqu'il n'en foit pas le propriétaire, parce qu'il eft plus obligé de conferver le tout que la partie, & qu'en voulant conferver la partie qu'il abandonne, il rifqueroit de laiffer périr le tout.

Si les vivres viennent à manquer dans un vaiffeau, ou qu'on prévoie qu'ils ne fuffiront pas à toute la navigation, le commandant eft autorifé, par la même raifon, à obliger tous ceux qui fe trouvent fur fon bord, de mettre en commun les vivres qu'ils peuvent avoir en particulier.

Si la famine eft extrême, il peut par la même raifon, faire jetter dans la mer les enfans, les femmes, les vieillards, & les autres perfonnes moins néceffaires à la manœuvre.

Si un vaiffeau fe trouve embarraffé dans les cables d'un autre vaiffeau, ou dans les filets des pêcheurs, il peut faire couper ces cables, ces filets, lorfqu'il n'a point d'autre moyen de dégager fon vaiffeau, parce qu'on eft en droit de conferver fon bien préférablement à celui d'autrui.

La *néceffité* de fauver notre bien nous donne droit de gâter celui d'autrui, pourvu que ce ne foit pas par notre faute que notre bien court rifque de périr, que ce ne foit pas pour conferver une chofe de moindre valeur, & qu'on dédommage le propriétaire, fi fans cela fon bien n'eût dû courir aucun rifque.

Le propriétaire d'une maifon, qui voit le feu à une autre, dont la fienne eft féparée par une troifième, peut abattre celle-ci pour couper chemin à la flamme, & l'empêcher de venir à lui. Mais ce n'eft que dans le cas où les officiers de police ne font pas à la portée de donner leurs ordres. Leur préfence fait ceffer le droit du propriétaire, parce que c'eft à eux à pourvoir au falut public.

NÉCESSITÉ-JURÉE, termes ufités dans les Pays-Bas pour fignifier la feule voie régulière de faire dans ces provinces une aliénation valable de certains immeubles.

La prohibition d'aliéner fans *néceffité-jurée*, eft bornée aux propres, & même la plupart des coutumes exigent que le propre ait fait fouche dans les auteurs de celui qui veut les mettre hors de fa main : celles d'Artois, de Boulonnois, de Montreuil & de Ponthieu permettent de difpofer du quint des propres, fans obferver cette formalité.

Cette prohibition comprend non-feulement l'expropriation entière ; mais même elle s'étend jufqu'à la conftitution d'ufufruit, de fervitude réelle, d'hypothèque, & généralement de toute efpèce de charge. Cependant, dans la coutume d'Artois, la for-

malité de *néceffité-jurée* n'a lieu que pour les ventes, les charges réelles, & autres aliénations des héritages patrimoniaux ; mais elle n'eft pas néceffaire pour les obligations perfonnelles contractées légitimement, & qui emportent hypothèque ; elles ont leur entière exécution contre les héritiers de ces biens. C'eft ce qui réfulte d'une déclaration du 14 mars 1722, enregiftrée au parlement le 17 avril fuivant.

Cette prohibition ne s'étend pas aux partages entre cohéritiers, quoiqu'ils contiennent une aliénation, parce qu'elle eft forcée, & qu'elle porte avec elle la preuve de fa *néceffité*. Il en eft de même des aliénations faites par contrat de mariage à l'un des conjoints, parce que la *néceffité* du mariage néceffite l'accompliffement des conventions matrimoniales.

Quelques auteurs ont prétendu que la *néceffité* qui autorife la vente des propres doit être urgente & phyfique, mais on doit tenir pour certain qu'il fuffit qu'elle foit morale, c'eft-à-dire, qu'il fuffit que le propriétaire ait befoin de vendre ou d'emprunter pour mettre fes affaires dans un meilleur ordre, on peut, dit la coutume locale de Warneton, vendre fes fiefs par *néceffité*, pour mieux faire que laiffer.

La preuve de la *néceffité* requife en matière d'aliénation, confifte le plus ordinairement dans le ferment du vendeur ; mais au refte on doit fuivre à cet égard les difpofitions particulières de chaque coutume. Mais dès que l'aliénation a été faite avec les formalités qu'elles exigent, l'héritier des propres ne peut être admis à prouver qu'elle a eu lieu fans *néceffité*, à moins que le contrat lui-même, ou d'autres preuves par écrit n'indiquent que le vendeur n'a eu d'autre motif que de difpofer en fraude de la coutume.

On peut fuppléer la voie de la *néceffité-jurée* par le confentement de l'héritier préfomptif, ou le remploi.

Toutes les coutumes dont nous avons parlé dans cet article, mettent le confentement de l'héritier préfomptif fur la même ligne que la *néceffité-jurée* : elles attribuent à l'un comme à l'autre la vertu de faire valoir les aliénations qu'elles défendent en général.

De-là naiffent quelques queftions intéreffantes. 1°. Ce confentement doit-il être exprès, & faut-il qu'il intervienne dans l'acte même d'aliénation ? La négative eft inconteftable. Tous les auteurs nous enfeignent que le confentement peut être donné tacitement & après coup, lorfqu'il n'eft pas requis par forme d'autorifation, mais à caufe de l'intérêt qu'a dans la chofe celui qui le donne. Or, on ne dira pas qu'un majeur, capable par état de difpofer de toute fa fortune, ait befoin, pour aliéner fes propres, d'y être habilité par l'autorifation de fon héritier préfomptif, puifque la défenfe que lui fait la coutume de toucher à ces biens, n'altère point fa capacité d'état, & n'empêche pas que l'aliénation qu'il en fait ne soit valable & exécutoire, non-seulement contre lui-même, mais encore contre l'héritier de ses meubles & acquêts. C'est donc uniquement pour l'intérêt de l'héritier patrimonial, & parce qu'il lui est permis de renoncer à une prohibition établie en sa faveur, que la coutume permet d'aliéner avec son consentement, sans employer la voie de *nécessité-jurée*; &, par une conséquence nécessaire, ce consentement n'en est pas moins valable, lorsqu'il est tacite ou donné après coup, que s'il intervenoit expressément dans l'acte même. « Ainsi, dit Maillart, un arrêt rendu à la quatrième le 17 juin 1693, au rapport de M. Morel, a jugé en Artois, que la donation solidaire de cinq cens livres de rente, rachetable de huit mille livres, faite par deux sœurs à leur cousine paternelle, en faveur de son mariage, devoit subsister; parce que ces deux sœurs étant héritières apparentes l'une de l'autre, elles étoient censées avoir consenti à la donation l'une de l'autre ».

Mais pour établir un consentement tacite, il faut que l'acte dont on prétend le faire résulter, ait un rapport direct & intime avec l'approbation de la vente. Ainsi la seule présence de l'héritier présomptif à l'aliénation, & son silence, ne font pas présumer son consentement, parce que son droit étant en suspens pendant la vie du vendeur, & n'étant pas maître d'empêcher l'aliénation, il ne peut pas être censé, en se taisant, renoncer à un droit dont l'exercice est différé: c'est ici le cas de dire, avec la loi 14, D. *de regulis juris*, *qui tacet non utique fatetur*.

Quelques-uns prennent pour consentement tacite, le défaut d'un héritier apparent d'accepter l'offre que lui fait le propriétaire de lui vendre le bien dont il projette l'aliénation; c'est même ce que décide expressément la coutume de la cour féodale de Courtrai, *rubrique 4*, *article 1*. Voici les termes dont elle se sert: « personne ne peut aliéner ni engager son fief ou ses fiefs qui ont fait souche, si ce n'est du consentement du notoirement apparent héritier plus âgé, ou par *nécessité* duement prouvée & notifiée aux hommes de fiefs, ou du moins par le serment du vendeur ou de celui qui engage; ou encore si ce n'étoit que le fief étant vendu, il en fût fait trois publications à l'église, de quinze jours en quinze jours, & que, pendant ce temps, les publications fussent déclarées à l'héritier plus âgé, parlant à sa personne ou à son domicile & qu'il ne comparût pas & ne s'opposât point, mais qu'il en fût débouté, ceux hors du pays, & les mineurs demeurans en leur entier ».

On a prétendu que cette disposition devoit former un droit commun, & cela, d'après la loi 122, §. 3, D. *de verborum obligationibus*, suivant laquelle, si celui à qui il est défendu de vendre un fonds hors de sa famille, dénonce la vente à tous ceux qui la composent, & qu'aucun d'eux ne

veuille acheter, il lui est loisible de vendre à un étranger. Mais ce texte ne suppose pas l'existence d'un fidéicommis légal, d'où naît, pour le possesseur, l'obligation de transmettre le fonds, à sa mort, à celui qui sera le plus habile à lui succéder; &, dans ce cas, le refus d'acheter ne peut raisonnablement être pris pour un consentement à la vente, parce qu'ayant le choix de recevoir le bien des mains de la loi, ou de l'acquérir à titre d'achat, on peut opter entre ces deux partis, sans que la répudiation de l'un puisse préjudicier à l'autre. Ainsi, le fils qui refuse d'être institué héritier, dans l'espérance d'avoir la succession *ab intestat*, n'est pas censé, par ce refus, renoncer à son droit; cela résulte de la loi 19, D. *de inofficioso testamento*.

Quelques coutumes de Flandre, telles que Bruges & Furnes, ont prévenu les difficultés que fait souvent naître la question de savoir si tel ou tel acte forme un consentement tacite, en décidant qu'une aliénation faite sans *nécessité-jurée* ne peut être validée que par le consentement exprès & formel de l'héritier présomptif, déclaré par sa propre bouche, ou par celle de son procureur, devant les hommes de fiefs qui président aux devoirs de loi requis pour l'aliénation.

Au reste, pour que ce consentement, quel qu'il soit, mette pour toujours l'acquéreur en sûreté, il faut qu'il intervienne du vivant de celui qui a aliéné; car du moment que le vendeur rend le dernier soupir, son héritier devient propriétaire, & alors son consentement exprès ou tacite ne peut plus rien opérer, s'il n'est accompagné ou suivi de celui de son propre héritier présomptif. C'est ce qu'explique fort bien Maillart: « le consentement, dit-il, doit être prêté par l'héritier durant le temps qu'il est héritier; car dès-là qu'il est devenu propriétaire, le consentement qu'il prête à l'aliénation ou à la charge nominale faite par son auteur, n'est plus le consentement de l'héritier, mais du propriétaire, au moyen de quoi il ne peut pas valoir sans le consentement & au préjudice de l'héritier apparent de cet héritier...... En ce cas, l'action qui résulte de la ratification (donnée après le décès du vendeur), sera bonne pour obliger l'héritier à garantir, parce qu'il ne peut pas venir contre son propre fait; mais elle ne passera pas contre son héritier patrimonial, parce qu'il n'y aura pas consenti ».

Nous trouvons, dans le recueil de M. Cuvelier, un arrêt du grand-conseil de Malines, qui confirme cette doctrine de la manière la plus précise. François de Clèves, duc de Nivernois, demandoit la nullité d'une rente que Louis de Clèves, comte d'Auxerre, avoit constituée, sans *nécessité-jurée*, sur la terre de Pondrouwart, en la coutume de la cour féodale de Furnes. On lui opposoit deux moyens; l'un, que le contrat de constitution renfermoit une clause équipollente à un ferment de *néceffité* ; l'autre , que par l'appréhenfion des biens libres du comte d'Auxerre , il s'étoit rendu non-recevable à impugner l'hypothèque dont fon auteur avoit chargé fa terre. Le confeil provincial de Gand avoit admis le premier de ces moyens , & confirmé l'hypothèque ; mais , par arrêt du 24 avril 1573 , le grand-confeil de Malines a mis l'appellation & ce au néant ; émendant , a déclaré la terre de Pondrouwart libre de la charge dont il s'agiffoit , & néanmoins a condamné le duc de Nivernois à reconnoître la rente , & à l'hypothéquer fur des biens fuffifans.

2°. Qui entend-on en cette matière par héritier préfomptif ? Eft-ce celui qui fe trouve le plus habile à fuccéder lors de l'aliénation , ou ne faut-il déterminer cette qualité que par le temps de la mort du vendeur ? Ce dernier parti femble d'abord le plus juridique : on ne peut pas être héritier d'un homme vivant , *viventis non eft hereditas* ; c'eft donc au temps de la mort du vendeur qu'il faut faire attention , pour favoir fi celui qui a confenti à l'aliénation eft fon héritier , & par conféquent , lorfque le confentement a été donné par une perfonne en qui cette qualité ne fe trouve pas à cette époque , on doit le regarder comme caduc , & déclarer l'aliénation nulle.

Mais cette réfolution eft plus fpécieufe que folide. Les coutumes dont il s'agit permettent d'*aliéner* avec le confentement de l'héritier *apparent* : or , il eft fenfible que ces mots *aliéner* & *apparent* fe réfèrent l'un à l'autre ; il faut donc déterminer le fens du fecond , par le temps où fe fait l'opération défignée par le premier. Entendre ces coutumes autrement , c'eft non-feulement en violer la lettre , puifqu'en fe fervant des termes *héritier apparent* , elles annoncent , de la manière la moins équivoque , qu'elles ne demandent pas le confentement d'un véritable héritier , mais encore aller directement contre leur efprit & leurs vues , puifque cette interprétation rendroit prefque toujours illufoire la faculté qu'elles accordent d'aliéner avec le confentement de l'héritier préfomptif. Auffi Maillart explique-t-il le mot *apparent* par « celui à qui , de droit , l'héritage feroit déféré , » fi dans le moment du contrat le propriétaire » décédoit , quand même cet héritier qui feroit » lors apparent , ne le feroit plus au moment du » décès de l'aliénant ». M. le Camus d'Houlouve enfeigne la même chofe ; & l'on trouve dans les inftitutions au droit belgique de Deghewiet , « un » arrêt rendu au parlement de Flandre , en 1691 , » qui a jugé que le confentement de l'héritier , » lors de la difpofition , fuffit ». Telle eft auffi la décifion expreffe des coutumes de Berghes-Saint-Winock , *rubrique 16* , *art. 2* ; de Bruges , cour féodale , *rubrique 7* , *art. 1* ; de Caffel , *art. 30* ; d'Ypres , *chap. 224* , *art. 1* ; de Bailleul , *rubrique 15* , *art. 1*.

M. le Camus d'Houlouve va plus loin ; il foutient qu'il faut tellement s'attacher à la qualité d'héritier apparent , à l'époque dont il eft queftion , que « fi le confentement étoit prêté par celui qui » n'étant pas héritier apparent au jour de la dif- » pofition , le feroit devenu depuis , & même fe » trouveroit l'héritier effectif du difpofant au jour » de fon décès , cet événement ne pourroit faire » valider la difpofition , ni produire aucune fin » de non-recevoir contre cet héritier fur fa de- » mande en nullité d'un pareil acte , parce que » l'aliénation eft nulle , & d'une nullité abfolue , » puifqu'elle eft prononcée par la coutume ; & » d'une nullité non réparée , puifque celui qui a » donné un confentement dans le temps où il » n'avoit pas de qualité à cet effet , ne l'a pas » renouvellé dans le temps où cette qualité lui » étoit furvenue ». Mais cette opinion eft contraire aux vrais principes. Celui qui a vendu comme propriétaire un bien qui ne lui appartenoit pas , n'eft pas recevable à le revendiquer après l'avoir acquis légitimement ; c'eft la décifion expreffe de la loi 4 , §. 32 , D. *de dolo mali & metûs exceptione* ; pourquoi donc celui qui a confenti à une aliénation , comme héritier apparent , fans l'être , pourroit-il révoquer fon confentement , lorfqu'il eft devenu tel ? Il eft impoffible d'affigner une raifon fuffifante de la différence que l'auteur cité fuppofe entre ces deux hypothèfes ; & c'eft en les affimilant l'une à l'autre , qu'un arrêt du parlement de Flandre , du 16 janvier 1704 , rapporté par M. le préfident Defjaunaux , a jugé « que le confentement qu'une perfonne donne » à fon parent pour qu'il puiffe aliéner les fiefs » qu'il a en Flandre , quoique lors du confente- » ment elle ne fût pas le plus proche héritier » féodal , fuffit pour faire valoir la difpofition qui » s'en fait dans un temps où elle eft devenue le » plus proche héritier ».

Nous avons dit que le fecond moyen de fuppléer à la voie de *néceffité-jurée* , eft le remploi du prix de l'héritage qu'on aliène en un autre héritage de la même nature. C'eft en effet ce que décident les coutumes d'Artois , *art. 76* ; d'Ypres , *chapitre 224* , *art. 1* ; & de Bailleul , *rubrique 15* , *art. 1*.

NÈGRE. *Voyez* COLONIE , ESCLAVAGE.

NEIF. *Voyez* NAIF.

NERET. *Voyez* NOIRE.

NETTOIEMENT , f. m. (*Police.*) c'eft l'action de rendre propre , d'ôter les ordures.

La police doit être attentive à entretenir la propreté dans une ville. Il convient pour cet effet d'avoir des entrepreneurs , & de les affujettir , par leur bail , à faire enlever journellement les immondices par un nombre fuffifant de voituriers. *Voyez* RUE.

Un arrêt du confeil du 24 avril 1773 , a attribué aux intendans & commiffaires départis , la connoiffance de tout ce qui intéreffe le *nettoiement* des rivières de Loire & d'Allier , & autres y affluentes.

NEVEU, f. m. (*Droit naturel & civil.*) terme relatif, fils du frère ou de la fœur.

Les *neveux* & nièces font parens de leurs oncles & tantes au troifième degré, felon le droit civil, & au deuxième, felon le droit canon. L'oncle & la nièce, la tante & le *neveu*, ne peuvent fe marier fans difpenfe, laquelle s'accorde même difficilement.

Suivant le droit romain, les *neveux*, enfans des frères germains, concourent dans la fucceffion avec leurs oncles, frères germains du défunt; ils excluent même leurs oncles qui font feulement confanguins ou utérins.

Dans la coutume de Paris, & beaucoup d'autres femblables, l'oncle & le *neveu* d'un défunt fuccèdent également, comme étant en même degré.

On appelle *neveu à la mode de Bretagne*, le fils du coufin-germain ou de la coufine-germaine; & *petit-neveu*, le fils du *neveu*.

NEUFME, f. m. (*Droit eccléf.*) eft un droit fingulier que les curés perçoivent dans certains endroits fur les biens de leurs paroiffiens décédés, pour leur donner la fépulture eccléfiaftique; c'eft pourquoi ce droit eft auffi appellé *mortuage*.

Ce droit tire fon origine de ce qu'anciennement on regardoit comme un crime de ne pas donner, par teftament, au moins la neuvième partie de fon bien à l'églife.

C'eft principalement en Bretagne que ce droit eft connu. M. Hévin prétend que ce droit fut établi pour procurer aux recteurs des paroiffes un dédommagement de la perte de leurs dixmes ufurpées par la nobleffe, ou de leur procurer leur fubfiftance néceffaire, de forte que ce motif ceffant, foit par la reftitution des dixmes, foit par la jouiffance de la portion congrue, le droit de *neufme*, fuivant cet auteur, a dû s'éteindre.

Au commencement, ce droit s'appelloit *tierfage*, parce qu'il confiftoit dans le tiers des meubles de celui qui étoit décédé fans rien léguer à l'églife.

On regardoit ce droit fi odieux, qu'en 1225, Pierre, duc de Bretagne, fit de fortes remontrances à ce fujet; il y joignit même les reproches, & l'on en vint à la fédition.

En 1285, le duc Jean II, fon fils, refufa avec vigueur la confirmation de ce droit, qui étoit pourfuivie par les eccléfiaftiques.

Artus II, fon fils, confentit que l'affaire fût remife à l'arbitrage de Clément V, lequel fiégeoit à Avignon. Ce pape dans fa fentence en 1309, laquelle eft contenue dans une bulle appellée la *Clémentine*. Il réduifit le tierfage au neuvième, appellé *neufme*. Ce droit fut même confervé fur les feuls roturiers, parce que les eccléfiaftiques, pour gagner plus aifément les députés de la nobleffe, auxquels on avoit confié la défenfe de la caufe, confentirent que les nobles en fuffent déchargés.

En 1330, Philippe de Cugnières fit des remontrances à ce fujet au roi Philippe de Valois,

Cependant les recteurs de Bretagne fe font maintenus en poffeffion de ce droit fur les roturiers dans la plupart des villes de Bretagne.

Mais, par arrêt du parlement de Rennes, du 16 mars 1539, ce droit de *neufme* fut réduit à la neuvième partie du tiers des meubles de la communauté du décédé, les obfèques, funérailles & tiers des dettes préalablement payés.

Ceux dont les meubles valent moins de quarante livres, ne doivent point de *neufme*.

Ce droit n'eft point autorifé que pour tenir lieu des dixmes, tellement que les recteurs ou vicaires perpétuels qui jouiffent des dixmes, ou qui ont la portion congrue, ne peuvent exiger ce droit de *neufme* ou mortuage, ainfi qu'il a été décidé par un arrêt de règlement du parlement de Bretagne, du 13 décembre 1676.

Un autre arrêt rendu par le même parlement, le 15 mars 1667, a infirmé une fentence du préfidial de Quimper, portant permiffion d'informer que le défunt avoit plus de meubles que n'en contenoit fon inventaire.

NEXUS, (*Droit rom.*) c'eft-à-dire, citoyen attaché par efclavage à fon créancier pour dettes. On appelloit *nexi*, chez les Romains, ceux qui ayant contracté des dettes, & ne les pouvant acquitter au jour marqué, devenoient les efclaves de leurs créanciers, qui pouvoient non-feulement les faire travailler pour eux, mais encore les mettre aux fers, & les tenir en prifon. *Liber qui fua opera in fervitute pro pecuniâ quam debet, dum folveret, dat, nexus vocatur*, dit Varron.

La condition de ces débiteurs, appellés auffi *addicti*, étoit d'autant plus miférable, que leurs travaux & leurs peines n'entroient point en déduction de leurs dettes; mais lorfqu'ils avoient payé, ils recouvroient avec la liberté tous leurs droits : car cette efpèce d'efclavage étoit différente du véritable efclavage, en ce que les *nexi* pouvoient, malgré leur maître, fe délivrer de la fervitude, en payant leur dette, & en ce qu'ils n'étoient point regardés comme affranchis après être fortis de fervitude, mais comme citoyens libres, *ingenui*, puifqu'ils ne perdoient pas la qualité de citoyen romain, pouvant même fervir dans les légions romaines. *Servus cùm manumittitur fit libertinus; addictus, receptâ libertate, eft ingenuus. Servus invito domino libertatem non confequitur; addictus folvendo, citra voluntatem domini confequitur; ad fervitutem nulla lex pertinet. Addictus legem habet; propria liberi, quæ nemo habet nifi liber, prænomen, nomen, cognomen, habet hæc addictus.* Ce font les termes de Quintilien.

Cette coutume fut en ufage à Rome jufqu'à l'an 429, & elle donna occafion à bien des tumultes de la part des Plébéïens : ils la regardoient comme une véritable tyrannie, qui obligeoit les enfans mêmes à fe rendre efclaves pour les dettes de leurs pères. Un jeune homme, nommé Caïus Publilius, ayant été maltraité cruellement pour n'avoir pas

voulu

voulu condefcendre aux defirs infames de Lucius Papirius, fon maître, à qui il s'étoit donné comme efclave pour les dettes de fon père : *cui quàm fe C. Publilius ob æs alienum paternum nexum dediffet,* il excita la commifération des citoyens, & fut caufe de la loi qui ordonnoit que les biens des débiteurs répondroient à l'avenir de l'argent prêté; mais que les perfonnes feroient libres. *Pecuniæ credita bona debitoris, non corpus obnoxium effet. Ita nexi foluti, cautumque in pofterùm ne necterentur,* dit Tite-Live, *lib. VIII, chap. xxviii.* (*D. J.*)

N I

NIEF. *Voyez* NAIF.

NISI, *claufe du*, (*Droit canon.*) c'eft ainfi qu'on nomme une fameufe claufe inventée par quelques canoniftes pour prévenir les détours des fermens, & affurer l'effet de l'excommunication.

Il eft certain que la frayeur de la vengeance divine fervit long-temps comme d'une barrière refpectable contre l'inconftance & la perfidie des hommes. On inventa même différentes fortes d'imprécations pour fixer leur parole; mais la foi n'eft jamais plus mal gardée que quand on prend tant de mefures pour s'en affurer. Ces fortes d'ufages pieux eurent le fort de la plupart des chofes du monde; on ceffa de les révérer à force de s'en fervir; & les reliques les plus célèbres pour les fermens perdirent infenfiblement leur réputation, s'il eft permis de s'exprimer ainfi, parce qu'on y avoit eu trop fouvent recours.

On changea donc la formule des fermens; on fubftitua à la crainte du ciel qui fe faifoit fentir trop rarement, la frayeur des foudres eccléfiaftiques toujours prêtes à tomber fur les parjures; & la plupart des fouverains de l'Europe fe foumirent à être excommuniés par le pape, s'ils violoient leurs fermens. Mais le prince qui vouloit recommencer la guerre, ou obtenoit difpenfe de fon ferment, avant que de prendre les armes, ou s'il avoit déjà fait quelque acte d'hoftilité, il en demandoit l'abfolution avant qu'on eût prononcé contre lui les cenfures eccléfiaftiques.

Ce fut pour prévenir ce détour, & pour affurer l'effet de l'excommunication, que quelques canoniftes inventèrent la fameufe claufe du *nifi*. Cette claufe confiftoit en ce que les princes, immédiatement après avoir figné leur traité, faifoient d'avance & de concert fulminer les cenfures par l'official de l'évêque diocéfain de l'endroit où ce traité avoit été conclu; & celui-ci déclaroit dans la fentence qu'il excommunioit actuellement celui qui violeroit fon ferment dès-à-préfent, comme dès-lors, & dès-lors comme dès-à-préfent : *ex nunc, prout ex tunc, & ex tunc prout ex nunc, nifi conventa acta, conclufa, & capitulata realiter, & de facto adimpleantur.* De cette manière, celui des princes qui rompoit le traité étoit cenfé ex-

communié, fans qu'on fût obligé d'avoir recours à aucune autre formalité de juftice qu'à la fimple publication de la fentence de cet official.

Louis XI, dans une promeffe qu'il fit à Edouard IV, roi d'Angleterre, d'une penfion annuelle de cinquante mille écus d'or, s'y engage, dit-il, par un traité de l'an 1475, fous les peines des cenfures apoftoliques, & par l'obligation du *nifi. Obligamus nos fub pænis apoftolicæ cameræ, & per obligationem de nifi.* Mais comme il arriva que le pape relevoit de l'excommunication le prince qu'il vouloit favorifer, lui mettoit les armes à la main; en excommuniant même fon concurrent, on ne fuivit plus la claufe du *nifi*, & on la regarda comme une formule illufoire.

Le remède violent des excommunications fut bientôt appliqué aux affaires les plus ordinaires de la vie, & fous prétexte que c'étoit un péché de ne pas remplir fes obligations, de ne pas payer fes dettes, les créanciers s'adrefsèrent aux tribunaux eccléfiaftiques pour contraindre leurs débiteurs par la voie des cenfures; on inféra enfuite dans les obligations la claufe de *nifi*, qu'on appelloit auffi *fignificavit*, parce que l'excommunication majeure étoit encourue de plein droit à la fimple fignification qui en étoit faite avec commandement, de la même manière que les actes pardevant notaires emportent exécution parée. Ces obligations étoient regardées, dans notre ancien droit, comme les plus fûres de toutes.

Le chapitre 155 des anciennes *coutumes de Bourges & pays de Berry*, qui paroiffent être rédigées dans le quatorzième fiècle, le prouve feul. « Nota, y » eft-il dit, que fi aulcuns veulent faire obliger » aultres à eulx pour debtes de meubles, il le peult » faire en plufieurs manières. Premièrement, en » lettres exécutoires fous fcel royal, & en *nifi*; & » fi les parties font de la ville, l'en les doibt faire » obliger en *nifi*, & confentir qu'ils veulent eftre » excommuniés par ung des curés de Bourges, ou » d'ailleurs, là où fe paffe l'obligation, afin que l'en » les puiffe faire excommunier, fans perdre fon » obligation. Qui ne fe veult obliger en *nifi*, en » doit faire obliger le corps, qui peut; & qui » ne peut, l'en doit faire obliger biens, meubles » & immeubles, & faire confentir que les héri- » taiges foient vendus comme biens-meubles; aux » nuits & jours que biens-meubles fe font accoutu- » més à vendre; & renoncer aux foires de Brie » & de Champaigne ».

Il n'eft pas étonnant qu'une pareille obligation fût préférée à toutes les autres, & même à celles qui emportoient la contrainte par corps, d'après les effets terribles, même au civil, qu'on attribuoit aux excommunications, fuivant ce vers fi connu, qui indiquoit tout ce qu'on devoit refufer aux excommuniés.

Os, orare, vale, communio, menfa negatur.

En France même, fuivant Bouteiller, confeiller

P

au parlement, fous Charles VI, les excommuniés ne pouvoient faire de demande en cour laie. La majefté fouveraine ne garantiffoit pas non plus nos rois de ces effets fi redoutés. L'exemple du roi Robert eft affez connu.

Cette célérité redoutable de l'excommunication, à laquelle on fe foumettoit par l'obligation en *nifi*, en conftituoit fur-tout le caractère propre. On donna en conféquence cette dénomination à toutes les excommunications qui avoient lieu par le feul fait. C'eft ainfi fans doute qu'il faut entendre le mot *nifi* dans le canon 9 du concile tenu à Rouen en 1074, où Ducange a cru qu'il ne fignifioit rien. Ce canon eft ainfi conçu : *Hos verò qui facros ordines reliquerunt, placuit fanctæ fynodo nifi anathematifari.*

Quoi qu'il en foit, les abus multipliés qu'on faifoit des obligations en *nifi*, en l'employant dans les affaires du commerce le plus ordinaire, devoient ouvrir tôt ou tard les yeux aux hommes. Ce n'a été néanmoins que peu-à-peu, & après trois fiècles de combat, que les parlemens font parvenus à détruire le mal jufqu'à fa racine. L'illuftre & malheureux défenfeur des droits du royaume, Pierre de Cugnières, foutint le premier, dans le onzième de fes fameux articles de nos libertés, l'irrégularité des obligations DE NISI, *per quas quis excommunicatur incontinenti, fi non folvat certâ die, licet nequeat folvere die illâ.*

Un arrêt du parlement de Grenoble, du 15 décembre 1461, rapporté par Chorier fur Guy-pape, *art. 3*, défendit, dans le fiècle fuivant, de fe fervir des refcrits que les créanciers avoient coutume d'obtenir pour contraindre leurs débiteurs par excommunication.

L'ufage de ces cenfures eccléfiaftiques dura bien plus long-temps au parlement de Paris. On fe contenta d'abord d'exiger que l'excommunication ne pût être lancée contre le débiteur, foit laïque, foit eccléfiaftique, fans en avoir obtenu la permiffion du juge laïque, & qui ne l'accordoit qu'après avoir ouï le débiteur, & difcuffion préalablement faite de fes meubles; autrement il y avoit abus. Papon, qui cite des arrêts conformes des 18 mai 1519, 7 mai 1528, 30 mai 1530, 6 février 1534, & 3 mai 1537, au liv. 18, tit. 37 de fon notaire, obferve qu'à l'égard des laïques, la difcuffion devoit être entière, mais qu'à l'égard des clercs elle étoit plus légère.

Si le clerc déclaroit qu'il avoit des immeubles, le juge lui pouvoit donner un délai pour payer, après lequel il permettoit au créancier de fe pourvoir par cenfures eccléfiaftiques fans difcuter les immeubles. C'eft la décifion d'un arrêt du 6 juillet 1545, cité auffi par Papon.

Peu de temps après, on n'admit plus l'excommunication pour dettes que contre les clercs qui avoient été condamnés par un jugement eccléfiaftique, & feulement lorfqu'il paroiffoit qu'ils ne refufoient de payer que par mauvaife volonté : car, s'ils prouvoient qu'ils étoient dans l'impuiffance de payer,

l'appel comme d'abus qu'ils auroient interjetté de l'excommunication, auroit été favorablement reçu. Tel eft l'avis de Bouchel, dans fa *Bibliothèque canonique, tom. 1, p. 79*; de Chopin, *Traité de la police eccléfiaftique, liv. 2, tit. 3, n°. 3*; & de Charondas, en fes *Annotations fur la fomme rurale, liv. 2, tit. 12*, qui citent également un arrêt du mois de janvier 1569, qui, fur l'appel comme d'abus de l'excommunication lancée par l'official de Noyon, contre un prêtre qui étoit dans l'impoffibilité de fatisfaire fes créanciers, jugea qu'il avoit été *mal, nullement & abufivement prononcé & exécuté*. Ce dernier auteur prétend même qu'il falloit préalablement faifir les immeubles du débiteur, indépendamment de la difcuffion des meubles.

L'article 6 de l'ancienne coutume de Bretagne, rédigée en 1539, le décidoit ainfi de la manière la plus expreffe, au moins en faveur des féculiers.

L'ordonnance donnée par François premier à Villers-Coterets, dans la même année, défendoit expreffément par l'article 2, « à tous juges ecclé-
» fiaftiques de ne bailler, ne délivrer aucunes cita-
» tions verbalement, ou par écrit, pour faire citer
» fes fujets *laïques*, efdites matières des actions
» *pures perfonnelles*, fur peine auffi d'amende
» arbitraire ». D'Argentré conclut de-là que les obligations de *nifi* font abolies par cette loi, du moins quant aux laïques, & qu'ils peuvent, en tout cas, éviter la peine de l'excommunication par la ceffion de leurs biens, & les eccléfiaftiques par l'abandon de leurs bénéfices.

Cela fut encore mieux indiqué dans la fuite par l'article 18 de l'ordonnance d'Orléans de 1560, qui défend *d'ufer de cenfures eccléfiaftiques, finon pour crime & fcandale public*. Le clergé réclama beaucoup contre cette difpofition, & plufieurs autres de l'ordonnance d'Orléans; il obtint même, le 16 avril 1571, des lettres-patentes *fur fes doléances, plaintes & remontrances*, dont l'article 18 eft ainfi conçu : « pour faire ceffer toute difficulté fur
» l'article 18 de nos ordonnances faites à Or-
» léans l'an 1560, avons ordonné que les prélats,
» pafteurs & curés pourront ufer des monitions
» & cenfures eccléfiaftiques, ès cas qu'il leur eft
» permis par les faints décrets & conciles ». Mais on voit dans Néron que cet article ne fut vérifié qu'à la charge « que les eccléfiaftiques (même)
» ne pourroient être excommuniés pour argent
» par eux dû, fauf à leurs créanciers à procéder
» par voie d'exécution fur les biens-meubles,
» ainfi qu'ils verroient être à faire ». Le parlement ordonna de plus, que remontrances feroient faites fur plufieurs autres articles de ces lettres-patentes.

Il eft vrai que le clergé obtint encore, le 13 novembre 1572, une déclaration, qui ordonnoit que, *fans s'arrêter aux difficultés quelconques que le parlement pourroit faire pour le regard defdits articles, il eût, en levant & ôtant fes modifications fur iceux, à procéder à la vérification du réfidu defdits articles*. Cette déclaration fut même enregistrée purement & simplement le 22 décembre suivant. Mais le parlement de Paris n'en a pas moins tenu pour règle que les excommunications ne pouvoient avoir lieu pour dettes.

Ce principe étoit en effet conforme aux loix eccléfiastiques, auxquelles renvoyoit l'article 18 des lettres-patentes de 1571, dont la déclaration de 1572 ordonnoit l'exécution pure & fimple.

Les deux derniers conciles de Latran, & le premier concile de Lyon avoient renouvellé la décifion de la novelle 123, & du concile de Paris, de 829; & le concile de Trente, *feff. 25, cap. 111, de reformatione*, ordonna depuis de ne faire ufage de l'excommunication qu'avec beaucoup de circonfpection, lorfque la qualité du délit l'exigeoit, & après deux monitions. Frérot, dans fon commentaire fur le code Henri, où l'excommunication pour dettes eft profcrite, même à l'égard des eccléfiaftiques, obferve qu'elle eft expreffément défendue par le concile d'Orléans, *chap. 5*. Auffi un arrêt du 20 juillet 1574, cité par Papon, jugea-t-il, conformément à un précédent arrêt du 11 décembre 1569, qu'il y avoit abus dans une excommunication prononcée faute de paiement de dépens.

Il eft vrai qu'on a douté encore, durant quelque temps, fi l'excommunication ne pouvoit pas avoir lieu pour dettes, du moins contre les prêtres, lors fur-tout qu'ils s'y étoient foumis par l'obligation en *nifi*. Chenu, *queftion 12, cent. 2*; & Dufail, *liv. 1, chap. 59*, difent qu'elle étoit reçue dans ce cas au parlement de Touloufe. L'article 35 des célèbres libertés de l'églife gallicane, dit feulement, « que monitoires ou excommunications, » avec claufe fatisfactoire, qu'on appelloit ancien-» nement *de nifi*, ou *fignificavit*, comprenant les » laïques, & dont l'abfolution eft réfervée *Jupe-» riori, ufque ad fatisfactionem*, ou qui font pour » chofes immeubles ... font cenfées abufives ».

L'article 6 de la nouvelle coutume de Bretagne, réformée en 1581, fuivant l'avis de d'Argentré, dit auffi, que « les gens d'églife peuvent procé-» der par femonces & monitions, mais ne pour-» ront procéder par cenfures & excommunica-» tions contre aucun detteur *féculier*, par faute de » payer fa dette ». Mais les eccléfiaftiques jouiffent aujourd'hui des mêmes libertés à cet égard que les laïques. Un arrêt du 26 avril 1602, rendu au parlement de Paris, & rapporté par Bouchel, dans la *Bibliothèque canonique, tome 1, page 596*, déclara abufive une fentence d'un official, qui avoit déclaré fufpens *à divinis*, un prêtre, pour n'avoir pas payé dans le temps porté par un précédent jugement, une fomme due à un autre prêtre.

Un dernier arrêt du parlement de Touloufe a jugé, le 5 mai 1671, qu'il y avoit abus dans une ordonnance du métropolitain de cette ville, qui avoit condamné un prêtre à payer une fomme de quatorze cens livres, à peine d'excommunication. (Albert, *verbo* Eveque, *art. 1.*)

Il paroît que la jurifprudence du parlement de Bretagne ne diffère point à cet égard de celle des autres cours fouveraines. Dufail, *liv. 1, chap. 59* & 108, rapporte trois arrêts de ce parlement, antérieurs à la réformation de 1583, qui déclarent abufives des excommunications prononcées, faute de paiement, contre des prêtres. Ces arrêts font des 12 février 1554, 4 feptembre 1559, & 5 feptembre 1570. Dans l'efpèce du fecond, le doyen de Nantes avoit obtenu à Rome, contre un chanoine de Lyon, un jugement qui l'excommunioit, faute de payer les arrérages d'une penfion conftituée fur un bénéfice; défendoit à quarante de fes amis de converfer avec lui, fous les mêmes peines, & mandoit au roi & aux princes, *autoritate apoftolicâ, ut per captionem perfonæ ac bonorum diftractionem in hunc infurgant*. L'arrêt qui déclare l'excommunication abufive, ordonne que dans trois mois le doyen apportera abfolution de Rome, fur peine de faifie de fon temporel, & autres peines, & cependant que le chanoine pourra prendre abfolution *ad cautelam* de l'évêque de Nantes, ou de fon vicaire; condamne le doyen aux dépens de la caufe d'appel.

A plus forte raifon eût-on décidé la même chofe, fi la queftion fe fût préfentée depuis que la chambre eccléfiaftique des états de 1614 défend d'octroyer des monitions ou excommunications, finon en matière grave & de conféquence. L'application des cenfures eccléfiaftiques aux affaires purement civiles, eft trop évidemment abufive. C'eft la décifion d'un magiftrat également vertueux & éclairé du parlement de Bretagne. « C'eft un péché, dit-il, » que de manquer à payer fes dettes, & de con-» trevenir à toutes nos loix, de forte que fi un » péché fimple étoit une matière fuffifante, on » pourroit excommunier bien des gens. Il arri-» veroit par-là des maux fans fin; car ces dettes, » ou la juftice des loix, ou la contravention qu'on » y fait, font fouvent incertaines ou conteftées, » & l'églife connoîtroit de toutes fortes d'affaires.

» Nous regardons, ajoute-t-il, les excommu-» nications comme des procédures & des fentences » des officialités, fufceptibles d'erreur & d'appel. » Saint Chryfoftome & faint Epiphane fe font ex-» communiés fur le fujet des opinions d'Origène, » fans perdre leur fainteté, parce que cela n'eft » que d'une difcipline extérieure ».

N O

NOBILITÉ DES FONDS.

On donne ce nom, dans nos provinces méridionales, à la nobleffe de certains héritages qui les fait participer à divers avantages.

L'établiffement des fiefs qui a tant influé fur l'état des perfonnes, n'a pas eu moins d'influence fur l'état des biens-fonds, quelque peu fufceptibles qu'ils paruffent être de caractères moraux, d'exemptions & de privilèges, ils font tous devenus, depuis cette époque, libres, ferfs, nobles, ou roturiers.

Cette diftinction des fonds eft le grand objet du droit féodal, & l'on appelle ordinairement *biens nobles*, non pas précifément les francs-aleux, qui, ayant confervé leur indépendance naturelle, devroient être inconteftablement les véritables biens nobles, mais ceux qui font affujettis à une fervitude plus honorable, qui doivent la foi & hommage, & qui ont ordinairement été concédés à la charge du fervice militaire. On appelle *biens roturiers* ceux qui font fujets à des corvées, aux bannalités, &c. ou fimplement à la preftation annuelle d'un cens.

Ainfi les biens nobles font, fuivant le droit commun, la même chofe que les fiefs, & les biens roturiers la même chofe que les cenfives. Il faut feulement ajouter qu'on diftingue auffi des biens nobles & roturiers. Les premiers font ceux auxquels il y a une juftice ou une directe attachée. Les roturiers font ceux qui font privés de ces décorations.

Dans la majeure partie du royaume, cette diftinction des biens nobles & des roturiers n'influe en rien fur leur affujettiffement aux impofitions, ou fur leur exemption de ces charges publiques. Les tailles y font perfonnelles; l'exemption en eft réglée, non par la qualité des fonds, mais par celle des perfonnes. Un roturier qui n'a pas de privilège, paie la taille, même pour les fiefs de dignité qu'il pourroit poffeder, indépendamment du droit de franc-fief dont il eft auffi perfonnellement tenu. Tout au contraire, le noble fait porter fes privilèges fur les fonds les plus furchargés de fervices roturiers.

Mais comme les provinces qui font fous le reffort des parlemens de droit écrit, les tailles font réelles, les biens nobles ne font pas fujets à cette impofition, quels que foient leurs poffeffeurs, les biens roturiers y font toujours affujettis, lors même qu'ils appartiendroient à des princes.

La même diftinction fubfifte ou a fubfifté dans la majeure partie de l'Allemagne & de l'Italie, & ce paroît avoir été l'un des motifs qui ont engagé le roi de Pruffe à décharger fes vaffaux de toutes les obligations du vaffelage.

D'après cette conftitution des provinces de droit écrit, on fent combien il eft important pour le roi qui lève la taille, pour chaque province qui en paie une quantité déterminée, pour les diocèfes & les communautés qui fupportent une portion fixe dans la contribution générale, de ne pas laiffer augmenter le nombre des biens nobles, afin que les exemptions ne fe multiplient pas.

Dans la plupart de ces provinces, les biens nobles font abfolument la même chofe que les fiefs, & l'on a fait divers réglemens pour empêcher qu'on ne comprît dans les aveux, comme nobles, des biens qui font roturiers, & que la connivence des particuliers ne pût nuire à l'intérêt public. Telles font fur-tout les déclarations du 9 octobre 1684, l'édit du mois de novembre 1690, & la déclaration du 13 feptembre 1731.

On fuivoit autrefois les mêmes règles en Provence pour diftinguer les biens nobles des roturiers. Mais depuis environ un fiècle, on y en a adopté un autre. On a réglé la *nobilité des biens*, du moins pour ce qui concerne l'affujettiffement à la taille, non pas fur leur état féodal, mais fur la jurifdiction qui y eft attachée. Nul autre que le feigneur jufticier ne peut poffeder de biens nobles. Aliénés fans une portion de la jurifdiction, ils tombent en roture.

L'application de ces maximes générales qui fouffrent bien des modifications, fait naître une foule de queftions & de décifions particulières, dont on ne s'occupera point ici. Il fuffit d'avoir indiqué ce nouvel effet du droit féodal. Tout ce qui concerne les impofitions doit être traité dans le Dictionnaire des finances.

Au furplus, les jurifconfultes peuvent confulter le traité des tailles que du Rouffeau de la Combe a inféré dans fon édition des *Œuvres de d'Efpeiffes*, le *nouveau Commentaire de Julien, fur les ftatuts de Provence*; la *Jurifprudence féodale de la* Touloubre, *part. 1, tit. 8*; & les réglemens pour le Languedoc; qu'on a joints à la dernière édition de cet ouvrage. (*M. GARRAN DE COULON, avocat au parlement.*)

NOBLE, f. m. (*Droit public & civil.*) fe dit de quelque perfonne, ou chofe diftinguée du commun, & décorée de certains titres & privilèges dans lefquels confifte la prérogative de nobleffe.

Il y a des perfonnes *nobles* & des biens *nobles*: les biens de cette efpèce font les fiefs & les francs-aleux *nobles*.

Les biens *nobles* fe partagent ordinairement noblement, c'eft-à-dire, comme fucceffion *noble*. Dans certaines coutumes, le partage *noble* fe règle non par la qualité des biens, mais par la qualité des perfonnes; c'eft-à-dire, que quand la fucceffion eft *noble*, que les héritiers font *nobles*, ils partagent tous les biens noblement.

Le titre de *noble* veut dire *connu, nobilis quafi nofcibilis feu notabilis*, qui eft recommandable, & dont la renommée a la vertu pour fondement, ainfi que le dit Cicéron, *nobilitas nihil aliud eft quam cognita virtus*. Ce titre eft beaucoup plus ancien que ceux d'*écuyer*, de *gentilhomme*, & de *chevalier*, dont on fe fert préfentement pour exprimer la nobleffe : il y a eu des *nobles* chez toutes les nations. *Voyez* NOBLESSE.

En France, fous nos premiers rois, *noble* & *libre* fignifioient la même chofe.

Dans la fuite, lorfque la nobleffe proprement dite a commencé à s'établir, la qualité de *noble* fervoit pour exprimer toute forte de nobleffe, grande & petite.

Quand on commença à diftinguer les différens degrés de nobleffe, les *nobles* étoient d'abord au-deffus des écuyers : les plus grands feigneurs, les princes, les rois même, prenoient le titre de *noble*; on confondit enfuite le titre de *noble* avec celui d'écuyer, & avec la qualité de gentilhomme.

Le titre de *noble*, dans les pays de droit écrit, équivaut à celui d'écuyer, mais pour les officiers de juftice, avocats & médecins, ils ne peuvent le prendre qu'avec celui de leur profeffion, & il ne leur attribue pas les privilèges de nobleffe.

En pays coutumier il faut, pour preuve de no-bleffe, avoir pris dans les actes le titre d'écuyer.

En Normandie, le titre de *noble* homme eft équi-valent dans les anciens actes.

Préfentement on prend prefque par-tout le titre d'écuyer pour exprimer la nobleffe.

Cependant, en quelques endroits, les nouveaux *nobles* ne prennent le titre que de *nobles* tels; leurs enfans prennent le titre d'écuyer, comme il fe pra-tique à Lyon pour les échevins. *Voyez* ci-après NOBLESSE. (*A*)

NOBLES (*biens*). *Voyez* NOBILITÉ DES FONDS.

NOBLES (*fiefs*). *Voyez* FIEFS NOBLES.

NOBLE (*rente*). *Voyez* RENTE NOBLE.

NOBLESSA, (*Droit féodal.*) les fors de Bearn donnent ce nom à un domaine noble, dont l'aliéna-tion ne peut être faite que du confentement du feigneur, ou de fon bailli, ou enfin de fon fondé de procuration. *Voyez la rubrique des Con-tractes & Tornius, art. 25.* (*M. GARRAN DE COULON, avocat au parlement.*)

NOBLESSE, f. f. (*Droit public.*) eft un titre d'honneur qui diftingue, du commun des hommes, ceux qui en font décorés, & les fait jouir de plufieurs privilèges.

On peut confidérer la *nobleffe*, avec le chan-celier Bacon, en deux manières, ou comme fai-fant partie d'un état, ou comme faifant une con-dition de particuliers.

Comme partie d'un état, toute monarchie où il n'y a point de *nobleffe* eft une pure tyrannie : la *nobleffe* entre en quelque façon dans l'effence de la monarchie, dont la maxime fondamentale eft, *point de nobleffe, point de monarque*; mais on a un defpote comme en Turquie.

La *nobleffe* tempère la fouveraineté, & par fa propre fplendeur accoutume les yeux du peuple à fixer & à foutenir l'éclat de la royauté fans en être effrayé. Une *nobleffe* grande & puiffante aug-mente la fplendeur d'un prince, quoiqu'elle dimi-nue fon pouvoir quand elle eft trop puiffante. Il eft bon pour le prince & pour la juftice que la *nobleffe* n'ait pas trop de puiffance, & qu'elle fe conferve cependant une grandeur eftimable & propre à réprimer l'infolence populaire, & l'em-pêcher d'attaquer la majefté du trône. Dans un état monarchique, le pouvoir intermédiaire fubor-donné le plus naturel, eft celui de la *nobleffe*;

aboliffez fes prérogatives, vous aurez bientôt un état populaire, ou bien un état defpotique.

L'honneur gouverne la *nobleffe*, en lui prefcri-vant l'obéiffance aux volontés du prince; mais cet honneur lui dicte en même temps que le prince ne doit jamais lui commander une action désho-norante. Il n'y a rien que l'honneur prefcrive plus à la *nobleffe*, que de fervir le prince à la guerre : c'eft la profeffion diftinguée qui convient aux nobles, parce que fes hafards, fes fuccès, & fes malheurs même, conduifent à la grandeur.

Il faut donc que dans une monarchie les loix travaillent à foutenir la *nobleffe* & à la rendre hé-réditaire, non pas pour être le terme entre le pouvoir du prince & la foibleffe du peuple, mais pour être le lien de tous les deux. Les préroga-tives accordées à la *nobleffe* lui feront particu-lières dans la monarchie, & ne pafferont point au peuple, fi l'on ne veut choquer le principe du gouvernement, fi l'on ne veut diminuer la force de la *nobleffe* & celle du peuple. Cependant une *nobleffe* trop nombreufe rend d'ordinaire un état monarchique moins puiffant; car, outre que c'eft une furcharge de dépenfes, il arrive que la plupart des nobles deviennent pauvres avec le temps, ce qui fait une efpèce de difproportion entre les honneurs & les biens.

La *nobleffe* dans l'ariftocratie tend toujours à jouir d'une autorité fans bornes; c'eft pourquoi lorfque les nobles y font en grand nombre, il faut un fénat qui règle les affaires que le corps des nobles ne fauroit décider, & qui prépare celles dont il décide. Autant il eft aifé au corps des nobles de réprimer les autres dans l'ariftocratie, autant eft-il difficile qu'il fe réprime lui-même : telle eft la nature de cette conftitution, qu'il femble qu'elle mette les mêmes gens fous la puif-fance des loix, & qu'elle les en retire. Or, un corps pareil ne peut fe réprimer que de deux ma-nières, ou par une grande vertu, qui fait que les nobles fe trouvent en quelque façon égaux à leur peuple, ce qui peut former une forte de ré-publique; ou par une vertu moindre, qui eft une certaine modération qui rend les nobles au moins égaux à eux-mêmes, ce qui fait leur confervation.

La pauvreté extrême des nobles & leurs ri-cheffes exorbitantes font deux chofes pernicieufes dans l'ariftocratie. Pour prévenir leur pauvreté, il faut fur-tout les obliger de bonne heure à payer leurs dettes. Pour modérer leurs richeffes, il faut des difpofitions fages & infenfibles, non pas des confifcations, des loix agraires, ni des abolitions de dettes, qui font des maux infinis.

Dans l'ariftocratie, les loix doivent ôter le droit d'aineffe entre les nobles, comme il eft établi à Venife, afin que par le partage continuel des fuc-ceffions les fortunes fe remettent toujours dans l'égalité. Il ne faut point par conféquent de fubfti-tutions, de retraits lignagers, de majorats, d'a-doptions : en un mot, tous les moyens inventés pour soutenir la *noblesse* dans les états monarchiques, tendroient à établir la tyrannie dans l'aristocratie.

Quand les loix ont égalisé les familles, il leur reste à maintenir l'union entr'elles. Les différends des nobles doivent être promptement décidés, sans cela les contestations entre les personnes deviennent des contestations entre les familles. Des arbitres peuvent terminer les procès, ou les empêcher de naître.

Enfin il ne faut point que les loix favorisent les distinctions que la vanité met entre les familles, sous prétexte qu'elles sont plus nobles & plus anciennes ; cela doit être mis au rang des petitesses des particuliers.

Les démocraties n'ont pas besoin de *noblesse*, elles sont même plus tranquilles quand il n'y a pas de familles *nobles* ; car alors on regarde à la chose proposée, & non pas à celui qui la propose ; ou quand il arrive qu'on y regarde, ce n'est qu'autant qu'il peut être utile pour l'affaire, & non pas pour ses armes & sa généalogie. La république des Suisses, par exemple, se soutient fort bien, malgré la diversité de religion & de cantons, parce que l'utilité, & non pas le respect, fait son lien. Le gouvernement des Provinces-Unies a cet avantage, que l'égalité dans les personnes produit l'égalité dans les conseils, & fait que les taxes & les contributions sont payées de meilleure volonté.

A l'égard de la *noblesse* dans les particuliers, on a une espèce de respect pour un vieux château ou un bâtiment qui a résisté au temps, ou même pour un bel & grand arbre qui est frais & entier malgré sa vieillesse. Combien en doit-on plus avoir pour une noble & ancienne famille qui s'est maintenue contre les orages des temps ? La *noblesse* nouvelle est l'ouvrage du pouvoir du prince, mais l'ancienne est l'ouvrage du temps seul : celle-ci inspire plus de talens, l'autre plus de grandeur d'ame.

Ceux qui sont les premiers élevés à la *noblesse*, ont ordinairement plus de génie, mais moins d'innocence que leurs descendans. La route des honneurs est coupée de petits sentiers tortueux que l'on suit souvent plutôt que de prendre le chemin de la droiture.

Une naissance noble étouffe communément l'industrie & l'émulation. Les nobles n'ont pas tant de chemin à faire que les autres pour monter aux plus hauts degrés ; & celui qui est arrêté tandis que les autres montent, a connu pour l'ordinaire des mouvemens d'envie. Mais la *noblesse* étant dans la possession de jouir des honneurs, cette possession éteint l'envie qu'on lui porteroit si elle en jouissoit nouvellement. Les rois qui peuvent choisir dans leur *noblesse* des gens prudens & capables, trouvent en les employant beaucoup d'avantages & de facilité : le peuple se plie naturellement

sous eux, comme sous des gens qui sont nés pour commander.

Cicéron dit que la *noblesse* n'est autre chose qu'une vertu connue, parce qu'en effet le premier établissement de la *noblesse* tire son origine de l'estime & de la considération que l'on doit à la vertu.

C'est principalement à la sagesse & à la vaillance que l'on a d'abord attaché la *noblesse* ; mais quoique le mérite & la vertu soient toujours également estimables, & qu'il fût à désirer qu'il n'y eût point d'autre voie pour acquérir la *noblesse* ; qu'elle soit en effet encore quelquefois accordée pour récompense à ceux dont on veut honorer les belles qualités, il s'en faut beaucoup que tous ceux en qui ces mêmes dons brillent, soient gratifiés de la même distinction.

La *noblesse* des sentimens ne suffit pas pour attribuer la *noblesse* proprement dite, qui est un état civil que l'on ne peut acquérir que par quelqu'une des voies admises par la loi.

Il en est de même de certaines fonctions honorables, qui, dans certains pays, donnent la qualité de *nobles*, sans communiquer les autres titres de vrais *nobles*, ni tous les privilèges attachés à la *noblesse* proprement dite.

La nature a fait tous les hommes égaux ; elle n'a établi d'autre distinction parmi eux que celle qui résulte des liens du sang, telle que la puissance des père & mère sur leurs enfans.

Mais les hommes jaloux chacun de s'élever au-dessus de leurs semblables, ont été ingénieux à établir diverses distinctions entre eux, dont la *noblesse* est une des principales.

Il n'y a guère de nation policée qui n'ait eu quelque idée de la *noblesse*.

Il est parlé des nobles dans le Deutéronome : on entendoit par-là ceux qui étoient connus & distingués du commun, & qui furent établis princes & tribuns pour gouverner le peuple. Il y avoit dans l'ancienne loi une sorte de *noblesse* attachée aux aînés mâles, & à ceux qui étoient destinés au service de Dieu.

Thésée, chef des Athéniens, qui donna chez les Grecs la première idée de la *noblesse*, distingua les nobles des artisans, choisissant les premiers pour connoître des affaires de la religion, & ordonnant qu'ils pourroient seuls être élus magistrats.

Solon, le législateur, en usa de même, au rapport de Denis d'Halicarnasse.

On l'a trouvée établie dans les pays les plus éloignés, au Pérou, au Mexique, & jusques dans les Indes orientales.

Un gentilhomme Japonois ne s'allieroit pas pour tout l'or du monde à une femme roturière.

Les Naires de la côte du Malabar, qui sont les nobles du pays, où l'on compte jusqu'à dix-huit sortes de conditions d'hommes, ne se laissent pas seulement pas toucher ni approcher de leurs inférieurs ; ils ont même le droit de les tuer s'ils les trouvent dans leur chemin allant par les champs : ce que ces miférables évitent de tout leur poſſible, par des cris perpétuels dont ils rempliſſent la campagne.

Quoique les Turcs ne connoiſſent pas la *nobleſſe* telle qu'elle a lieu parmi nous, il y a chez eux une eſpèce de *nobleſſe* attachée à ceux de la lignée de Mahomet, que l'on nomme *chérifs* ; ils ſont en telle vénération, qu'eux ſeuls ont droit de porter le turban verd, & qu'ils ne peuvent point être reprochés en juſtice.

Il y a en Ruſſie beaucoup de princes & de gentilshommes. Anciennement, & juſqu'au commencement de ce ſiècle, la *nobleſſe* de cet état n'étoit pas appréciée par ſon ancienneté, mais par le nombre des gens de mérite que chaque famille avoit donné à l'état. Le czar Théodore porta un terrible coup à toute la *nobleſſe* ; il la convoqua un jour avec ordre d'apporter à la cour ſes chartres & ſes privilèges ; il s'en empara & les jetta au feu, & déclara qu'à l'avenir les titres de *nobleſſe* de ſes ſujets ſeront fondés uniquement ſur leur mérite, & non pas ſur leur naiſſance. Pierre-le-grand ordonna pareillement que ſans aucun égard aux familles, on obſerveroit le rang ſelon la charge & les mérites de chaque particulier ; cependant, par rapport à la *nobleſſe* de naiſſance, on diviſe les princes en trois claſſes, ſelon que leur origine eſt plus ou moins illuſtre. La *nobleſſe* eſt de même diviſée en quatre claſſes, ſavoir, celle qui a toujours été regardée comme égale aux princes ; celle qui a des alliances avec les czars ; celle qui s'eſt élevée par ſon mérite ſous les règnes d'Alexis & de Pierre I ; enfin les familles étrangères qui, ſous les mêmes règnes, ſont parvenues aux premières charges.

Les Romains, dont nous avons emprunté pluſieurs uſages, avoient auſſi une eſpèce de *nobleſſe*, & même héréditaire. Elle fut introduite par Romulus, qui diviſa ſes ſujets en deux claſſes, l'une des ſénateurs, qu'il appella *pères*, & l'autre compoſée du reſte du peuple, qu'on appella les *plébéiens*, qui étoient comme ſont aujourd'hui parmi nous les roturiers.

Par ſucceſſion de temps, les deſcendans de ces premiers ſénateurs, qu'on appelloit *patriciens*, prétendirent qu'eux ſeuls étoient habiles à être nommés ſénateurs, & conſéquemment à remplir toutes les dignités & charges qui étoient affectées aux ſénateurs, telles que celles des ſacrifices, les magiſtratures, enfin l'adminiſtration preſque entière de l'état. La diſtinction entre les patriciens & les plébéiens étoit ſi grande, qu'ils ne prenoient point d'alliance enſemble ; & quand tout le peuple étoit convoqué, les patriciens étoient appellés chacun par leur nom, & par celui de l'auteur de leur race, au lieu que les plébéiens n'étoient appellés que par curies, centuries, ou tribus.

Les patriciens jouirent de ces prérogatives tant que les rois ſe maintinrent à Rome ; mais après l'expulſion de ceux-ci, les plébéiens, qui étoient en plus grand nombre que les patriciens, acquirent tant d'autorité, qu'ils obtinrent d'abord d'être admis dans le ſénat, enſuite aux magiſtratures, puis au conſulat, & enfin juſqu'à la dictature & aux fonctions des ſacrifices ; de ſorte qu'il ne reſta d'autre avantage aux patriciens ſur les plébéiens qui étoient élevés à ces honneurs, ſinon la gloire d'être deſcendus des premières & plus anciennes familles nobles de Rome. On peut comparer à ce changement celui qui eſt arrivé en France ſous la troiſième race, lorſque l'on a annobli des roturiers, & qu'on les a admis à poſſéder des fiefs & certains offices qui, dans l'origine, étoient affectés aux nobles.

Outre la *nobleſſe* de dignité, il y avoit chez les Romains une autre eſpèce de *nobleſſe* attachée à la naiſſance, que l'on appelloit *ingénuité*. On n'entendoit autre choſe par ce terme, que ce que nous appellons une *bonne race*, une *bonne famille*.

Il y avoit trois degrés d'ingénuité ; le premier de ceux qu'on appelloit *ingénus* ſimplement, c'étoient ceux qui étoient nés de parens libres, & qui eux-mêmes avoient toujours joui de la liberté.

Le ſecond degré d'ingénus étoit de ceux appellés *gentiles*, c'eſt-à-dire, qui avoient *gentem & familiam*, qui étoient d'une ancienne famille.

Le troiſième degré d'ingénuité étoit compoſé des patriciens qui étoient deſcendus des deux cens premiers ſénateurs inſtitués par Romulus, & auſſi, ſelon quelques-uns, des autres cent ſénateurs qui furent ajoutés par Tarquin l'ancien.

De ces trois degrés d'ingénuité, il n'y avoit d'abord que le dernier, ſavoir celui des patriciens, qui eût la *nobleſſe* proprement dite, qui étoit celle de dignité.

Mais depuis que les plébéiens furent admis à la magiſtrature, ceux qui y étoient élevés participèrent à la *nobleſſe* qui étoit attachée à cet emploi, avec cette différence ſeulement qu'on les appelloit *hommes nouveaux*, *novi homines*, pour dire qu'ils étoient nouvellement annoblis.

Ainſi la *nobleſſe* plus ou moins ancienne provenoit toujours des grands offices qui étoient conférés par tout le peuple aſſemblé, appellés *magiſtratus curules* & *magiſtratus populi romani*, tels que la place d'édile, de queſteur, de cenſeur, de conſul, de dictateur.

Les ſénateurs qui n'avoient point eu les grands offices, ni leurs prédéceſſeurs, n'étoient pas non plus au commencement réputés nobles ; mais depuis que les plébéiens furent admis aux grands offices, la *nobleſſe* fut donnée aux ſénateurs.

La valeur militaire étoit fort eſtimée ; mais elle n'attribuoit qu'une *nobleſſe* imparfaite, que l'on peut appeller *conſidération* plutôt qu'une *nobleſſe* proprement dite.

Les chevaliers romains n'étoient pas non plus réputés nobles, quoique l'on ſe fît honneur d'être iſſu *ex equeſtri familiâ*.

Les vrais nobles étoient donc, 1°. les patriciens, c'est-à-dire, ceux qui étoient descendus des premiers sénateurs ; 2°. ceux qui étoient élevés aux grandes magistratures ; 3°. les sénateurs ; 4°. ceux dont le père & l'aïeul avoient été successivement sénateurs, ou avoient rempli quelque office encore plus élevé, d'où est venu cette façon de parler, que la *noblesse*, attachée à la plupart des offices, ne se transmet aux descendans que *patre & avo consulibus.*

Mais la *noblesse* des sénateurs ne s'étendoit pas au-delà des petits-enfans, à moins que les enfans ou petits-enfans ne possédassent eux-mêmes quelque place qui leur communiquât la *noblesse.*

Ces nobles avoient droit d'images, c'est-à-dire, d'avoir leurs images & statues au lieu le plus apparent de leur maison : leur postérité les gardoit soigneusement ; elles étoient ornées des attributs de leur magistrature autour desquels leurs gestes étoient décrits.

Au reste, la *noblesse* romaine ne faisoit pas, comme parmi nous, un ordre à part ; ce n'étoit pas non plus un titre que l'on ajoutât à son nom comme on met aujourd'hui les titres d'écuyer & de chevalier ; c'étoit seulement une qualité honorable qui servoit à parvenir aux grandes charges.

Sous les empereurs les choses changèrent de face ; on ne connoissoit plus les anciennes familles patriciennes, qui étoient la plupart éteintes ou confondues avec des familles plébéiennes ; les grands offices dont procédoit la *noblesse* furent la plupart supprimés, d'autres conférés au gré des empereurs ; le droit d'images fut peu-à-peu anéanti, & la *noblesse* qui procédoit des offices de la république fut tout-à-fait abolie ; les empereurs établirent de nouvelles dignités auxquelles elle fut attachée, telles que celles de comte, de préfet, de proconsul, de consul, de patrice.

Les sénateurs de Rome conservèrent seuls un privilège, c'étoit que les enfans des sénateurs qui avoient eu la dignité d'illustres, étoient sénateurs-nés : ils avoient entrée & voix délibérative au sénat lorsqu'ils étoient en âge : ceux des simples sénateurs y avoient entrée, mais non pas voix, de sorte qu'ils n'étoient pas vrais sénateurs ; ils avoient seulement la dignité de clarissime, & même les filles, & étoient exempts des charges & peines auxquelles les plébéiens étoient sujets.

Les enfans des décurions & ceux des vieux gens d'armes, appellés *veterani*, étoient aussi exempts des charges publiques, mais ils n'avoient pas la *noblesse.*

Au reste, la *noblesse* chez les Romains ne pouvoit appartenir qu'aux citoyens de Rome ; les étrangers, même ceux qui habitoient d'autres villes sujettes aux Romains, & qui étoient nobles chez eux, étoient appellés *domi-nobiles*, c'est-à-dire, *nobles chez eux ou à leur manière*, mais on ne les reconnoissoit pas pour nobles à Rome.

L'infamie faisoit perdre la *noblesse*, quoiqu'elle ne fît pas perdre l'avantage de l'ingénuité & de la gentilité.

En France, la *noblesse* tire sa première origine des Gaulois, chez lesquels il y avoit l'ordre des chevaliers, distingué des druides & du commun du peuple.

Les Romains ayant fait la conquête des Gaules, y établirent peu-à-peu les règles de leur *noblesse.*

Enfin, lorsque les Francs eurent à leur tour conquis les Gaules sur les Romains, cette nation victorieuse forma le principal corps de la *noblesse* en France.

On sait que les Francs venoient des Germains, chez lesquels la *noblesse* héréditaire étoit déjà établie, puisque Tacite, en son *liv. 2 des mœurs des Germains*, dit que l'on choisissoit les rois dans le corps de la *noblesse.* Ce *terme* ne signifioit pas la valeur militaire ; car Tacite distingue clairement l'une & l'autre, en disant : *reges ex nobilitate, duces ex virtute sumunt.*

Les nobles faisoient tous profession de porter les armes ; ainsi l'on ne peut douter que les Francs qui étoient un essaim des Germains, & qui aidèrent Clovis à faire la conquête des Gaules, étoient tous nobles d'une *noblesse* héréditaire, & que le surnom de *franc* qu'on leur donna, parce qu'ils étoient libres & exempts de toutes impositions, désigne en même temps leur *noblesse*, puisque cette exemption dont ils jouissoient étoit fondée sur leur qualité de nobles.

Il y avoit donc au commencement de la monarchie trois sortes de nobles : les uns qui descendoient des chevaliers gaulois qui faisoient profession de porter les armes, d'autres qui venoient de magistrats romains, lesquels joignoient l'exercice des armes à l'administration de la justice & au gouvernement civil & des finances ; & la troisième sorte de nobles étoit les Francs, qui, faisant tous profession des armes, étoient exempts de toutes servitudes personnelles & impositions, ce qui les fit nommer *Francs*, à la différence du reste du peuple qui étoit presque tout serf, & cette franchise fut prise pour la *noblesse* même, de sorte que *franc*, *libre* ou *noble*, étoient ordinairement des termes synonymes.

Dans la suite, les Francs s'étant mêlés avec les Gaulois & les Romains, ne formèrent plus qu'une même nation ; & si l'on peut dire, d'après les anciens monumens de notre histoire, que tous ceux qui faisoient profession des armes étoient réputés nobles également, de quelque nation qu'ils tirassent leur origine ; il n'en est pas moins vrai qu'on distinguoit entre eux ceux qui tiroient leur origine d'une ancienne *noblesse*, & d'une extraction illustre.

Toute sorte de *noblesse* fut d'abord exprimée par la seule qualité de noble, ensuite la simple *noblesse* par la qualité d'écuyer, laquelle venoit des Romains ; l'on appella *gentilhomme* celui qui étoit noble de race, & *chevalier* celui qui avoit été annobli par l'accolade, ou qui étoit de race de chevalier.

On

On distingua aussi les nobles en trois classes : savoir, les chevaliers bannerets qui avoient droit de porter bannière, & devoient soudoyer cinquante hommes d'armes ; le bachelier étoit un chevalier qui n'ayant pas assez de bien pour lever bannière, servoit sous la bannière d'autrui ; l'écuyer portoit l'écu du chevalier.

La haute *noblesse* fut elle-même divisée en trois classes : dans la première, les princes ; dans la seconde, les ducs, comtes, marquis & barons ; dans la troisième, les simples chevaliers.

Il y avoit autrefois quatre voies différentes pour acquérir la *noblesse* : la première étoit par la profession des armes ; la seconde étoit par l'investiture d'un fief ; la troisième étoit par l'exercice des grands offices de la couronne & de la maison du roi & des grands offices de judicature ; la quatrième étoit par des lettres d'annoblissement.

Présentement la profession des armes n'annoblit pas indifféremment tous ceux qui l'exercent ; la *noblesse* militaire n'est acquise que par certains grades & après un certain temps de service. *Voyez* NOBLESSE MILITAIRE.

La possession des fiefs, même de dignité, n'annoblit plus. *Voyez ci-après* NOBLESSE FÉODALE.

Il y a cependant encore quatre sources différentes d'où l'on peut tirer la *noblesse* : savoir, de la naissance ou ancienne extraction ; du service militaire, lorsqu'on est dans le cas de l'édit du mois de novembre 1750 ; de l'exercice de quelque office de judicature, ou autre qui attribue la *noblesse* ; enfin par des lettres d'annoblissement, moyennant finance ou sans finance, en considération du mérite de celui qui obtient les lettres.

Le roi est seul dans son royaume le pouvoir d'annoblir. Néanmoins anciennement plusieurs ducs & comtes s'ingéroient de donner des lettres de *noblesse* dans leurs seigneuries, ce qui étoit une entreprise sur les droits de la souveraineté. Les régens du royaume en ont aussi donné. Il y avoit même des gouverneurs & lieutenans-généraux de province qui en donnoient, & même quelques évêques & archevêques.

Enfin, il n'y eut pas jusqu'à l'université de Toulouse qui en donnoit. François I, passant dans cette ville, accorda aux docteurs-régens de cette université le privilège de promouvoir à l'ordre de chevalerie, ceux qui auroient accompli le temps d'étude & de résidence dans cette université, ou autres qui seroient par eux promus & agrégés au degré doctoral & ordre de chevalerie.

Mais tous ceux qui donnoient ainsi la *noblesse*, ou ne le faisoient que par un pouvoir qu'ils tenoient du roi, ou c'étoit de leur part une usurpation.

La *noblesse* accordée par des princes étrangers à leurs sujets & officiers, n'est point reconnue en France à l'effet de jouir des privilèges dont les nobles françois jouissent dans le royaume, à moins que l'étranger qui est noble dans son pays n'ait

obtenu du roi des lettres portant reconnoissance de sa *noblesse*, ou qu'il ne tienne sa *noblesse* d'un prince dont les sujets soient tenus pour régnicoles en France, & que la *noblesse* de ce pays y soit reconnue par une réciprocité de privilèges établie entre les deux nations, comme il y en a quelques exemples.

La *noblesse* d'extraction se prouve tant par titres que par témoins. Il faut prouver, 1°. que depuis cent ans les ascendans paternels ont pris la qualité de noble ou d'écuyer, selon l'usage du pays ; 2°. il faut prouver la filiation.

Les bâtards des princes sont gentilshommes, mais ceux des gentilshommes sont roturiers, à moins qu'ils ne soient légitimés par mariage subséquent.

La *noblesse* se perd par des actes de dérogeance, ainsi que je l'ai observé ci-devant au mot *dérogeance*. On met au nombre de ces actes l'exercice des arts méchaniques, & des professions & emplois vils ; il faut cependant excepter dans les arts méchaniques, celui de la verrerie. Plusieurs arrêts de la cour des aides ont déclaré les gentilshommes verriers exempts de taille, pourvu qu'ils justifient qu'ils sont extraits de noble & ancienne lignée. Mais il est faux que les personnes adonnées à l'exercice & trafic de la verrerie, puissent prétendre acquérir les droits & les exemptions de la *noblesse*, à l'occasion de cette profession.

Par un usage particulier à la Bretagne, la *noblesse* d'un gentilhomme qui exerce une profession dérogeante, n'est pas éteinte : on dit seulement qu'elle dort, c'est-à-dire, que la jouissance des prérogatives attachées à la *noblesse* sont seulement suspendues, & le gentilhomme qui a dérogé, en jouit de nouveau sans contradiction, lorsqu'il quitte la profession qui le faisoit déroger, & qu'il a déclaré devant le juge royal de son domicile, qu'il reprend l'exercice & les privilèges de sa *noblesse*. *Voy.* BRETAGNE, DORMIR.

Les nobles sont distingués des roturiers par divers privilèges. Ils en avoient autrefois plusieurs dont ils ne jouissent plus à cause des changemens qui sont survenus dans nos mœurs : il est bon néanmoins de les connoître pour l'intelligence des anciens titres & des auteurs.

Anciens privilèges des nobles. La *noblesse* étoit autrefois le premier ordre de l'état ; présentement le clergé est le premier, la *noblesse* le second.

Les nobles portoient tous les armes & ne servoient qu'à cheval, eux seuls par cette raison pouvoient porter des éperons ; les chevaliers en avoient d'or, les écuyers d'argent, les roturiers servoient à pied : c'est de-là qu'on disoit, *vilain ne fait ce que valent éperons.*

Les anciennes ordonnances disent que les nobles, étant prisonniers de guerre, doivent avoir double portion.

Le vilain ou roturier étoit semond pour la guerre ou pour les plaids du matin au soir ou du soir au matin ; pour femondre un noble il falloit quinzaine.

Dans l'origine des fiefs, les nobles étoient feuls capables d'en poffeder.

La chaffe n'étoit permife qu'aux nobles.

La femme noble, dès qu'elle avoit un hoir mâle, ceffoit d'être propriétaire de fa terre, elle n'en jouiffoit plus que comme ufufruitière, bailliste, ou gardienne de fon fils, enforte qu'elle ne pouvoit plus la vendre, l'engager, la donner, ni la diminuer à fon préjudice par quelque contrat que ce fût ; elle pouvoit feulement en léguer une partie au-deffous du quint pour fon anniverfaire ; au lieu que le père noble, foit qu'il eût enfans ou non, pouvoit difpofer comme il le vouloit du tiers de fa terre.

Le noble, en mariant fon fils, ou en le faifant recevoir chevalier, devoit lui donner le tiers de fa terre, & le tiers de la terre de fa mère, fi elle en avoit une.

Quand on demandoit à un noble, qui n'étoit pas encore chevalier, une partie de fon héritage, il obtenoit en le demandant un répit d'un an & jour.

Du temps que les duels étoient permis, les nobles fe battoient en duel à cheval entre eux, & contre un roturier lorfqu'ils étoient défendeurs ; mais lorfqu'un noble appelloit un roturier en duel pour crime, il devoit fe battre à pied.

Lorfque le feigneur, pour quelque méfait d'un noble fon vaffal, confifquoit fes meubles, le noble qui portoit les armes avoit droit de garder fon palfroi ou cheval de fervice, le rouffin de fon écuyer, deux felles, un fommier, ou cheval de fomme, fon lit, fa robe de parure, une boucle de ceinture, un anneau, le lit de fa femme, une de fes robes, fon anneau, une ceinture & la boucle, une bourfe, fes guimpes ou linges, qui ferçoient à lui couvrir la tête.

La femme noble qui marioit fa fille fans le confeil du feigneur, perdoit fes meubles ; mais on lui laiffoit une robe de tous les jours, & fes joyaux à l'avenant, fi elle en avoit ; fon lit, fa charrette, deux rouffins, & fon palefroi, fi elle en avoit un.

Le mineur noble ne défendoit pas en action réelle avant qu'il eût atteint l'âge de majorité féodale, fi fon père étoit mort faifi des biens que l'on répétoit.

Au commencement, les nobles ne payoient point les aides qui s'impofoient pour la guerre, parce qu'ils contribuoient tous de leurs perfonnes. Dans la fuite, lorfqu'on les obligea d'y contribuer, il fut ordonné qu'on les croiroit auffi-bien que les gens d'églife fur la déclaration qu'ils feroient de leurs biens, fauf néanmoins aux élus à ordonner ce qu'ils jugeroient à propos s'il y avoit quelque foupçon de fraude.

Quelques nobles alloient jufqu'à prétendre qu'ils avoient droit d'arrêter la marée, & autres provi-

fions deftinées pour Paris, qui paffoient fur leurs terres, & de les payer ce qu'ils jugeroient à propos.

Il étoit défendu à toutes perfonnes de faire fortir de la vaiffelle d'argent hors du royaume, excepté aux nobles, qui en pouvoient faire fortir, mais néanmoins en petite quantité, & pour l'ufage de leur maifon feulement.

Les plus notables d'entre les nobles devoient avoir un étalon ou patron des monnoies, afin que leur poids & leur loi ne puffent être changés.

En fait de peines pécuniaires, les nobles étoient punis plus rigoureufement que les roturiers ; mais, en fait de crime, c'étoit tout le contraire, le noble perdoit l'honneur & *repons* en cour, tandis que le vilain, qui n'avoit point d'honneur à perdre, étoit puni en fon corps.

En Dauphiné, on ne devoit point faire de faifie dans les maifons des nobles, lorfqu'ils avoient hors de leurs maifons des effets que l'on pouvoit faifir.

Les nobles avoient auffi un privilège fingulier dans l'univerfité d'Angers, les roturiers qui y étoient devoient payer vingt fols par an, au lieu que les docteurs-régens devoient, pour les nobles ou prélats, fe contenter de ce que ceux-ci leur préfenteroient volontairement ; mais, dans la fuite, les nobles furent taxés à quarante fols par an.

Les nobles demeurant dans le bourg de Carcaffonne, prétendoient n'être pas tenus de contribuer aux dépenfes communes de ce bourg.

L'ordonnance de 1315, pour les nobles de Champagne, dit que « nul noble ne fera mis en gehenne » (c'eft-à-dire, à la queftion ou torture), fi ce » n'eft pour cas dont la mort doive s'enfuivre, & » que les préfomptions foient fi grandes qu'il con- » vienne le faire par droit & raifon ».

Privilèges actuels des nobles. Ils confiftent, 1°. à pouvoir prendre la qualité d'écuyer ou de chevalier, felon que leur *nobleffe* eft plus ou moins qualifiée, & à communiquer les mêmes qualités & les privilèges qui y font attachés à leurs femmes quoique roturières, & à leurs enfans & autres defcendans mâles & femelles.

2°. A être admis dans le corps de la *nobleffe*, affifter aux affemblées de ce corps, & à pouvoir être député pour ce même corps.

3°. Les nobles font préfentement le fecond ordre de l'état, c'eft-à-dire, que la *nobleffe* a rang après le clergé, & avant le tiers-état, lequel eft compofé des roturiers. Les nobles ont le rang & la préféance fur eux dans toutes les affemblées, proceffions & cérémonies, à moins que les roturiers n'aient quelque autre qualité ou fonction qui leur donne la préféance fur ceux qui ne font pas revêtus du même emploi, ou de quelque emploi fupérieur.

4°. Les nobles font feuls capables d'être admis dans certains ordres réguliers, militaires, & autres, & dans certains chapitres, bénéfices & offices, tant eccléfiaftiques que féculiers, pour lefquels il faut faire preuve de *noblesse* ; en cas de concurrence ils doivent être préférés aux roturiers.

5°. Ils ont auffi des privilèges dans les univerfités pour abréger le temps d'études, & obtenir les degrés néceffaires pour requérir & pofféder des bénéfices en vertu de leurs grades.

Saivant la pragmatique, le concordat & l'ordonnance de Louis XII, *article 8*, les bacheliers en droit canon, s'ils font nobles *ex utroque parente*, & d'ancienne lignée, font difpenfés d'étudier pendant cinq ans ; il fuffit qu'ils aient trois ans d'étude, & les religieux même, quoique morts civilément, jouiffent en ce cas de la prérogative de leur naiffance lorfqu'ils font nés de parens nobles.

La pragmatique règle auffi que pour le tiers des prébendes des églifes cathédrales ou collégiales réfervées aux gradués, les perfonnes nobles de père & mère, ou d'ancienne famille, ne feront pas fujets aux mêmes règles que les roturiers; qu'il leur fuffit d'avoir étudié fix ans en théologie, ou trois ans en droit canon ou civil, ou cinq ans dans une univerfité privilégiée, en faifant apparoir aux collateurs de leurs degrés & de leur nobleffe par des preuves en bonne forme.

Le concile de Latran permet auffi aux nobles de diftinction & aux gens de lettres, *fublimibus & litteratis*, de pofféder plufieurs dignités ou perfonnats dans une même églife, avec difpenfe du pape.

6°. Ils font auffi feuls capables de prendre le titre des fiefs, des dignités, tels que ceux de baron, marquis, comte, vicomte, duc.

7°. Ils font perfonnellement exempts de tailles & de toutes les impofitions acceffoires que l'on met fur les roturiers, & peuvent faire valoir par leurs mains une ferme de quatre charrues, fans payer de taille. En Dauphiné, & dans quelques autres endroits, les nobles paient moins de dixme que les roturiers. *Voyez l'édit de février 1657, article vj.*

8°. Ils font auffi exempts des bannalités, corvées, & autres fervitudes, lorfqu'elles font perfonnelles & non réelles.

9°. Ils font naturellement feuls capables de pofféder des fiefs, les roturiers ne pouvant en pofféder que par difpenfe en payant le droit de francsfiefs, auquel les nobles ne font points fujets.

10°. Ils ont droit de porter l'épée, & ont feuls droit de porter des armoiries timbrées.

11°. Ils ont la garde-noble de leurs enfans.

12°. Dans certaines coutumes, leurs fucceffions fe partagent noblement, même pour les biens roturiers.

13°. Quelques coutumes n'établiffent le douaire légal qu'entre nobles ; d'autres accordent entre nobles un douaire plus fort qu'entre roturiers.

14°. La plupart des coutumes accordent au fur-

vivant de deux conjoints nobles un préciput légal qui confifte en une certaine partie des meubles de la communauté.

15°. Les nobles ne font pas fujets à la milice, parce qu'ils font obligés de marcher lorfque le roi convoque le ban & l'arrière-ban.

16°. Ils ne font point fujets au logement des gens de guerre, finon en cas de néceffité.

17°. En cas de délit, les nobles font exempts d'être fuftigés, on leur inflige d'autres peines moins ignominieufes ; & s'ils méritent la mort, on les condamne à être décolés, à moins que ce ne foit pour trahifon, larcin, parjure, ou pour avoir corrompu des témoins, car l'atrocité de ces délits leur fait perdre le privilège de *nobleffe*.

18°. La femme noble de fon chef, qui époufe un roturier rentre, après la mort de fon mari, dans fon droit de *nobleffe*.

19°. Les nobles, comme les roturiers, ne peuvent préfentement chaffer que fur les terres dont ils ont la feigneurie directe, ou la haute-juftice; tout ce que les nobles ont de plus à cet égard que les roturiers, c'eft que l'ordonnance des eaux & forêts permet aux nobles de chaffer fur les étangs, marais & rivières du roi : en Dauphiné, les nobles, par un droit particulier à cette province, ont le droit de chaffer tant fur leurs terres, que fur celles de leurs voifins.

20°. Les nobles peuvent affigner leurs débiteurs nobles au tribunal du point d'honneur qui fe tient chez le doyen des maréchaux de France.

21°. Ils peuvent porter leurs caufes directement aux baillis & fénéchaux, au préjudice des premiers juges royaux ; leurs veuves jouiffent du même privilège, mais les nobles & leurs veuves font fujets à la jurifdiction des feigneurs.

22°. Ils ne font fujets en aucuns cas, ni pour quelque crime que ce puiffe être, à la jurifdiction des prévôts des maréchaux, ni des juges préfidiaux en dernier reffort.

23°. En matière criminelle, lorfque leur procès eft pendant en la tournelle, ils peuvent demander en tout état de caufe d'être jugés, la grand'chambre affemblée, pourvu que les opinions ne foient pas commencées.

Au refte, nous ne prétendons pas que les privilèges des nobles foient limités à ce qui vient d'être dit, il peut y en avoir encore d'autres qui nous foient échappés ; nous donnons feulement ceux-ci comme les plus ordinaires & les plus connus.

Le crime de lèfe-majefté fait perdre la *nobleffe* à l'accufé & à fes defcendans ; à l'égard des autres crimes, quoique fuivis de condamnations infamantes, ils ne font perdre la *nobleffe* qu'à l'accufé, & non pas à fes enfans. (*A*)

Plufieurs ordonnances défendent, de la manière la plus expreffe, aux roturiers d'ufurper la *nobleffe*. Celle du roi Henri II, donnée à Amboife le 26 mars

1555, profcrit ces ufurpations, à peine de mille livres d'amende.

Les articles 3 & 110 de l'ordonnance d'Orléans portent : *ceux qui ufurperont fauffement & contre-vérité le nom & titre de nobleffe, prendront ou porteront armoiries timbrées, feront par nos juges mulctés d'amendes arbitraires, & au paiement d'icelles contraints par toutes voies.*

Les mêmes défenfes ont été réitérées par des édits de juillet 1576, de feptembre 1577 ; par l'ordonnance de Blois, *article 257* ; par l'édit de Henri IV, de l'an 1600 ; par autre édit de Louis XIII, de l'an 1632 ; enfin, par plufieurs édits & déclarations de Louis XIV, dont nous rendrons compte dans un inftant.

Les états généraux, affemblés à Paris en 1614 & 1615, demandèrent que l'on fît la recherche de ceux qui avoient ufurpé la nobleffe, & que les ufurpateurs fuffent punis fuivant la rigueur des ordonnances, notamment celles d'Orléans & de Blois.

Par arrêt du parlement de Paris, du 13 août 1663, rendu en la grand'chambre au rôle d'Angoumois, contre François d'Ennezau, écuyer, fieur de Laage, châtelain de Chaffeneuil, appellant de fentence du 16 février 1663, rendue au profit de M. le duc de la Rochefoucault, confeigneur fuzerain ; il eft fait défenfes à tous gentilshommes, propriétaires de terres, de fe qualifier barons, comtes ou marquis, & de prendre couronnes en leurs armes, finon en vertu de lettres-patentes bien & duement vérifiées en la cour ; & à tous gentilshommes de prendre la qualité de meffires & de chevaliers, finon en vertu de bons & légitimes titres ; & à ceux qui ne font point gentilshommes, de prendre la qualité d'écuyers, ni de timbrer leurs armes, le tout à peine de quinze cens livres d'amende.

Ces mefures, toutes fages qu'elles étoient, n'ayant pû ni arrêter, ni réprimer les ufurpations de la nobleffe, qui s'étoient multipliées à la faveur des troubles & des guerres civiles & étrangères qui avoient affligé le royaume pendant les quatorze, quinze & feizième fiècles, les véritables nobles s'en plaignirent enfin ; & Louis XIV, à leur demande, autant pour le foulagement des contribuables aux tailles, prit le parti d'ordonner la recherche des ufurpateurs, & des moyens en même temps pour affurer l'état des gentilshommes qui feroient légitimement reconnus.

De premiers réglemens des 15 mars 1655, 10 décembre 1656, 8 février 1662, 5 juillet 1664, avoient commis les cours des aides pour la recherche des faux nobles dans le reffort de chacune de ces cours.

Les véritables nobles furent inquiétés & vexés par les lenteurs & les frais de procédures. Des arrêts du confeil des 8 août 1664, 22 mars 1666, & 5 mai 1667, arrêtèrent ces pourfuites, & commirent à la continuation des recherches des ufur-

pateurs de la nobleffe, les commiffaires départis en chaque province, devant lefquels feroient affignés les véritables gentilshommes & les prétendus ufurpateurs, pour repréfenter leurs titres, même les arrêts & jugemens rendus en faveur de quelques particuliers déclarés nobles par ces arrêts. L'article 17 de l'arrêt du confeil du 22 mars 1666, a ordonné qu'à la fin defdites recherches, il fût fait un catalogue, contenant les noms, furnoms, armes & demeures des gentilshommes qui feroient reconnus. Ces catalogues ont dû être enregiftrés aux bailliages refpectifs ; des arrêts du confeil des 15 mars 1669, & 2 juin 1670, en ont enfuite ordonné le dépôt en la bibliothèque du roi, ainfi que les états des particuliers condamnés comme ufurpateurs.

Les commiffaires départis dans les provinces ont envoyé leurs avis fur les affaires portées devant eux, à d'autres commiffaires établis par commiffion du 14 mai 1666, à la fuite du confeil du roi, où fe font faits les rapports des avis des intendans des provinces, & fur ces rapports, ces officiers ont été autorifés, par d'autres arrêts du confeil, à prononcer en dernier reffort. Les circonftances du moment ayant fait révoquer, par arrêt du confeil du 6 janvier 1674, la commiffion pour les recherches des ufurpateurs de la nobleffe, ceux qui avoient été condamnés renouvellèrent leurs ufurpations, elles fe multiplièrent : mais le roi ayant enfuite été dans le cas de dédommager les taillables d'une création de cinq cens nobles, par la condamnation d'un plus grand nombre de faux nobles, rétablit, par une déclaration du 4 feptembre 1696, la recherche devant les commiffaires départis dans les provinces, tant de ceux qui avoient ufurpé après avoir été condamnés, que des ufurpateurs qui n'auroient pas été recherchés.

Les recherches donc continuèrent contre les ufurpateurs de la nobleffe, contre ceux qui en avoient repris les qualités après avoir été condamnés, ou après y avoir renoncé, fur les pourfuites faites de 1661 à 1674, ou fur celles faites en exécution de la déclaration de 1696, contre ceux qui, ayant été décrétés fur productions fauffes, avoient enfuite obtenu une confirmation de leur nobleffe ; & enfin, contre ceux qui produiroient de faux titres.

Les ufurpateurs traînoient en longueur l'inftruction des inftances formées contre eux. Mais un arrêt du confeil d'état du 15 mai 1703, prefcrivit une forme de procéder, propre à en accélérer le jugement. Quelques-uns avoient pour objet d'acquérir la poffeffion centenaire, qu'ils oppofoient enfuite aux pourfuivans. Une déclaration du 7 octobre 1717 ordonna que ceux qui auroient été déclarés ufurpateurs avant la déclaration du 16 janvier 1714, qui confirmoit la poffeffion centenaire, & qui fe feroient pourvus par oppofition ; & que ceux dont les auteurs auroient renoncé, ou qui auroient été maintenus par des jugemens contre lefquels on le pourfuivant, ou d'autres particuliers fe feroient pourvus, feroient tenus de prouver une poffeffion centenaire, antérieure à l'affignation à eux donnée, fans qu'on pût toutefois obliger les affignés à rapporter une poffeffion antérieure à l'année 1560, fauf, en cas de dérogeance, à y être pourvu ainfi qu'il appartiendroit. C'eft apparemment en conféquence de cette difpofition qu'on a pris le parti d'exiger, pour les charges nobles de la maifon du roi & de la reine, la preuve d'une *nobleffe* qui dateroit au moins de l'an 1550; ce qui n'eft pas contradictoire avec l'édit de 1643, parce qu'alors les quatre générations paternelles, requifes par cet édit, remontoient à 1550.

Tel eft le dernier état des précautions prifes par le gouvernement contre les ufurpateurs de la *nobleffe*. On n'entend plus parler de recherches; elles feroient plus néceffaires que jamais : les ufurpateurs ne gardent aucune mefure; les gentils-hommes non qualifiés, les annoblis même prennent hardiment la qualité de hauts & puiffans feigneurs, même de très-hauts & très-puiffans; les fimples écuyers, celle de chevaliers, des roturiers bien connus fe font annoncer comme marquis, comtes, barons & vicomtes; ils en prennent le titre, s'ils ne fe contentent pas de celui d'écuyer, dans les actes qu'ils paffent, & fi l'on n'y pourvoit point inceffamment, la plupart d'entre eux fe trouveront avoir acquis la poffeffion centenaire.

NOBLESSE ACCIDENTELLE, eft celle qui ne vient pas d'ancienne extraction, mais qui eft furvenue par quelque office ou par lettres du prince. *Voyez* la Roque, *en fa Préface; &* Hennequin, *dans fon Guidon des finances.*

NOBLESSE ACTUELLE, eft celle qui eft déja pleinement acquife, à la différence de la *nobleffe* graduelle qui n'eft acquife qu'au bout d'un certain temps, qui eft communément après vingt ans de fervice, ou après un certain nombre de degrés, comme quand le père & le fils ont rempli fucceffivement jufqu'à leur mort, ou pendant vingt ans chacun, une charge qui donne commencement à la *nobleffe*, les petits-enfans font pleinement nobles. *Voyez* la Roque, *chap. 50; & l'édit du mois de mai 1711*, portant création d'un commiffaire des grenadiers à cheval, qui lui donne la *nobleffe* graduelle.

NOBLESSE D'ADOPTION; on appelle ainfi l'état de celui qui entre dans une famille noble, ou qui eft inftitué héritier, à la charge d'en porter le nom & les armes : cette efpèce de *nobleffe* n'en a que le nom, & n'en produit point les effets; car celui qui prend ainfi le nom & les armes d'une autre famille que la fienne, ne jouiroit pas des titres & privilèges de *nobleffe*, s'il ne les avoit déja d'ailleurs.

Un enfant adoptif dans les pays où les adoptions ont lieu, ne participe pas non plus à la *nobleffe* de celui qui l'adopte, néanmoins dans la république de Gènes, quand celui qui adoptoit étoit de la faction des nobles, la famille adoptée le devenoit auffi. *Voyez* la Roque, *c. viij & clxvj; & ci-après* NOBLESSE D'AGRÉGATION.

NOBLESSE D'AGRÉGATION, eft celle d'une famille qui a été adoptée par quelque maifon d'ancienne *nobleffe*.

Dans l'état de Florence, la *nobleffe d'agrégation* y a commencé depuis l'extinction de la république; quand on y étoit agrégé, on y changeoit de nom comme de famille, & on y prenoit le nom & les armes de celui qui adoptoit.

L'agrégation a commencé à Naples, l'an 1300.

Il y a dans Gènes vingt-huit anciennes maifons, & quatre cens trente-deux autres d'agrégation : on a commencé à y agréger en 1528.

Dans toute l'Italie, les nobles des villes agrègent des familles pour entrer dans leur corps.

La maifon de Gonzague a agrégé plufieurs familles, qui en ont pris le nom & les armes, & cette coutume eft ordinaire à Mantoue.

Lucan dit que la *nobleffe* de Raguze agrège, & que les comtes de Blagean & de Cathafa y furent agrégés. L'agrégation de George Bogftimonite, comte de Blageay, fe fit le 22 juillet de l'an 1464. *Voyez* la Roque, *c. clxvj, & ci-devant,* NOBLESSE D'ADOPTION. (A)

NOBLESSE ANCIENNE, ou DU SANG, qu'on appelle auffi *nobleffe de race* ou *d'extraction*, eft celle que la perfonne tient de fes ancêtres, & non pas d'un office ou de lettres du prince; on ne regarde comme *ancienne nobleffe* que celle dont les preuves remontent à plus de cent ans, & dont on ne voit pas l'origine.

La déclaration du 8 février 1661 porte que ceux qui fe prétendent nobles d'extraction, doivent juftifier, par titres authentiques, la poffeffion de leur *nobleffe* & leur filiation, depuis l'année 1550, & que ceux qui n'ont des titres & contrats que depuis, & au-deffous de l'année 1560, doivent être déclarés roturiers, & contribuables aux tailles & aux impofitions.

Dans les Pays-Bas, on ne regarde comme *ancienne nobleffe* que celle qui eft de nom & d'armes : la *nobleffe* de race, lorfqu'elle n'eft pas de nom & d'armes, n'eft pas réputée *ancienne. Voyez* la Roque, *chap. vij, & ci-après* NOBLESSE NOUVELLE.

NOBLESSE ARCHÈRE, eft la même chofe que *nobleffe* des francs-archers, ou francs-taupins. *Voyez ci-après* NOBLESSE DES FRANCS-ARCHERS, *& la préface de* la Roque.

NOBLESSE PAR LES ARMES, c'eft-à-dire, qui vient du fervice militaire & des beaux faits d'armes. *Voyez ce qui eft dit ci-devant de la* nobleffe *en-général, & ci-après* NOBLESSE MILITAIRE.

NOBLESSE PAR LES ARMOIRIES, eft celle dont la preuve fe tire de la permiffion que le fouverain a donnée à un non-noble de porter des armoiries timbrées, ou de la poffeffion de porter de telles armoiries. Anciennement, les nobles étoient les seuls qui euffent droit de porter des armoiries, comme étant la repréfentation de leur écu & des autres armes dont ils fe fervoient pour la guerre; mais depuis que l'on a permis aux roturiers de porter des armoiries fimples, il n'y a plus que les armoiries timbrées qui puffent former une preuve de *nobleffe*; encore cela eft-il fort équivoque, beaucoup de perfonnes fe donnant la licence de faire timbrer leurs armoiries, quoiqu'ils n'en aient pas le droit. *Voyez* la Roque, *ch. xxvij*, & *ci-après* NOBLESSE MILITAIRE. (*A*)

NOBLESSE AVOUÉE, eft celle d'une ancienne maifon dont un bâtard tire fon origine, auquel on permet de jouir de cette *nobleffe*, en reconnoiffance des fervices de fon père naturel. *Voyez* la Roque, *chap. xxj*.

NOBLESSE DE BANNIÈRE, eft une efpèce particulière de *nobleffe* que l'on diftingue en Efpagne de celle de chaudière; on appelle *nobleffe de bannière* celle qui vient des grands feigneurs qui fervoient avec la bannière pour affembler leurs, vaffaux & fujets; les autres nobles étoient appellés *ricos hombres*, ou riches hommes. Leurs richeffes ne fervant pas moins à les diftinguer que la vertu & la force. Ils étoient auffi appellés *nobles de chaudière*, parce qu'ils fe fervoient de chaudières pour nourrir ceux qui les fuivoient à la guerre; de-là vient que dans les royaumes de Caftille, de Léon, d'Aragon, de Portugal, de Navarre, & autres états d'Efpagne, plufieurs grandes maifons portent les unes des bannières, les autres des chaudières en leurs armoiries, comme des marques d'une ancienne & illuftre *nobleffe*. La Roque, *ch. clxxviij*.

NOBLESSE DE CHAUDIÈRE, *voyez ce qui en eft dit ci-devant à l'article* NOBLESSE DE BANNIÈRE.

NOBLESSE DE CHEVALERIE, eft celle qui provient de la qualité de chevalier, attribuée à quelqu'un, ou à fes ancêtres, en lui donnant l'accolade.

Cette manière de conférer la *nobleffe* eft la première qui ait été ufitée en France. Grégoire de Tours rapporte que nos rois de la première race créoient des chevaliers de l'accolade; cependant on tient plus communément que cette cérémonie ne commença à être ufitée que fous la feconde race, vers le temps où les fiefs devinrent héréditaires. Cet ufage fut moins commun depuis François I; cependant il y en a encore quelques exemples fous le règne de Louis XIV, notamment en 1662 & en 1676.

Au lieu de donner la chevalerie par l'accolade, on a établi divers ordres de chevalerie, dont quelques-uns exigent des preuves de *nobleffe*; mais aucun de ces ordres ne la donne.

La poffeffion ancienne de la qualité de chevalier fimplement, fait une preuve de *nobleffe*. *Voyez* CHEVALERIE & CHEVALIER.

NOBLESSE DES FRANCS-ARCHERS, *ou* FRANCS-TAUPINS, *ou*, comme l'appelle la Roque, NOBLESSE ARCHÈRE; c'eft-à-dire, qui procède de la qualité de francs-archers, prife par quelques-uns des ancêtres de celui qui fe prétend noble. Les francs-archers, ou francs-taupins étoient une forte de milice établie par Charles VII, en 1444, compofée de gens qui étoient exempts de tous fubfides, & que l'on furnomma par cette raifon, *francs-archers* ou *francs-taupins*. François I inftitua des légions au lieu de ces francs-archers. Quelques perfonnes iffues de ces francs-archers fe font prétendues nobles; mais, quoique cette milice fût libre, & franche d'impôt, elle n'étoit pas noble, & l'on ne regardoit plus dès-lors pour nobles indiftinctement tous ceux qui faifoient profeffion de porter les armes. *Voyez* la Roque, *ch. lv*, & *ci-après, voyez* NOBLESSE MILITAIRE.

NOBLESSE DES FRANCS-FIEFS *de Normandie*, eft celle qui fut accordée par Louis XI, par une chartre donnée au Montil-lès-Tours, le 5 novembre 1470, par laquelle il ordonna, entre autres chofes, que pour les fiefs nobles acquis jufqu'alors par des roturiers en Normandie, & qu'ils tenoient à droit héréditaire, propriétaire & foncier, & qu'ils poffédoient noblement à gage-plège, cour & ufage; ils les pourroient tenir paifiblement fans être contraints de les mettre hors de leurs mains, ni payer aucune autre finance que celle portée par la compofition & ordonnance fur ce faite par le roi, & qu'ils feroient tenus & réputés pour nobles; & dès-lors feroient annoblis, enfemble leur poftérité née & à naître en loyal mariage, & que la volonté du roi étoit qu'ils jouiffent du privilège de *nobleffe*, comme les autres nobles du royaume, en vivant noblement, fuivant les armes, & fe gouvernant en tous actes, comme les autres nobles de la province, & ne faifant chofe dérogeante à *nobleffe*.

Les enfans de ceux qui payèrent ce droit de francs-fiefs furent maintenus dans leur *nobleffe* par des lettres de Charles VIII, du 12 janvier 1486, & par d'autres, du 20 mars de la même année.

Henri II, par une ordonnance du 26 mars 1556, régla, entre autres chofes, que ceux qui prétendroient être nobles par la chartre des francs-fiefs de 1470, ne pourroient jouir des privilèges de *nobleffe*, s'ils ne faifoient apparoir des chartres particulières, tenant leurs fiefs à cour & ufage; & qu'eux, ou leurs fucceffeurs euffent vécu noblement, fuivans les armes, fans avoir dérogé, auquel cas ils feroient privés de leurs privilèges, encore qu'ils fiffent voir des quittances particulières de la finance par eux payée.

Il y a eu en divers temps des recherches faites contre ceux qui fe prévaloient fans fondement de la chartre générale des francs-fiefs : on peut voir ce qui eft dit à ce fujet dans la Roque, *ch. xxxij*.

NOBLESSE GRADUELLE, eft celle qui ne peut être pleinement acquife qu'au bout d'un certain temps, ou après deux ou trois degrés de perfonnes qui ont rempli un office propre à donner commencement à la *nobleffe*. En France, la plupart des offices des cours fonveraines ne donnent qu'une *nobleſſe* graduelle ; c'eſt-à-dire, qu'elle n'eſt acquiſe à la poſtérité que quand le père & le fils ont rempli ſucceſſivement de ces offices, qui eſt ce que l'on dit, *patre & avo conſulibus*. Voyez ci-devant NOBLESSE ACTUELLE.

NOBLESSE GREFFÉE, eſt quand quelqu'un profitant de la conformité de ſon nom avec celui de quelque famille noble, cherche à ſe enter ſur cette famille, c'eſt-à-dire, à ſe mêler avec elle. Voyez *la préface* de la Roque. (*A*)

NOBLESSE HAUTE, (*Hiſt. de France.*) il n'eſt pas aiſé de définir aujourd'hui ſi ce titre, dont tant de gens ſe parent dans le royaume, conſiſte dans une *nobleſſe* ſi ancienne que l'origine en ſoit inconnue, ou dans des dignités actuelles qui ſuppoſent, mais qui ne prouvent pas toujours une véritable *nobleſſe*.

Le point le plus intéreſſant n'eſt pas cependant de diſcuter l'objet de la *nobleſſe* d'ancienneté ou de dignité, mais les premières cauſes qui formèrent la *nobleſſe* & la multiplièrent.

Il ſemble qu'on trouvera l'origine de la *nobleſſe* dans le ſervice militaire. Les peuples du Nord avoient une eſtime toute particulière pour la valeur militaire : comme par leurs conquêtes ils cherchoient la poſſeſſion d'un pays meilleur que celui de leur naiſſance ; qu'ils s'eſtimoient conſidérables à proportion du nombre des combattans qu'ils pouvoient mettre ſur pied ; & que pour les diſtinguer des payſans ou roturiers, ils appelloient *nobles* ceux qui avoient défendu leur patrie avec courage, & qui avoient accru leur domination par les guerres : or, pour récompenſe de leurs ſervices, dans le partage des terres conquiſes, ils leur donnèrent des francs-fiefs, à condition de continuer à rendre à leur patrie les mêmes ſervices qu'ils lui avoient déja rendus.

C'eſt ainſi que le corps de la *nobleſſe* ſe forma en Europe, & devint très-nombreux ; mais ce même corps diminua prodigieuſement par les guerres des croiſades, & par l'extinction de pluſieurs familles : il fallut alors de néceſſité créer de nouveaux nobles. Philippe-le-Hardi, imitant l'exemple de Philippe-le-Bel ſon prédéceſſeur, qui, le premier, donna des lettres de *nobleſſe* en 1270, en faveur de Raoul l'orfèvre, c'eſt-à-dire, l'argentier ou payeur de ſa maiſon, prit le parti d'annoblir pluſieurs roturiers. On employa la même reſſource en Angleterre. Enfin, en Allemagne même, ſi les empereurs n'euſſent pas fait de nouveaux gentilshommes, s'il n'y avoit de nobles que ceux qui prouveroient la poſſeſſion des leurs châteaux & de leurs fiefs, ou du ſervice militaire de leurs aïeux, du temps de Frédéric Barberouſſe, ſans doute qu'on n'en trouveroit pas beaucoup. (*D. J.*)

NOBLESSE DE HAUT PARAGE, eſt celle qui ſe tire d'une famille illuſtre & ancienne. Voyez *le*

Roman de Garin & Guillaume Guyart. La Roque, *chap. ij.* (*A*)

NOBLESSE HÉRÉDITAIRE, eſt celle qui paſſe du père aux enfans & autres deſcendans. La *nobleſſe* provenant des grands offices étoit héréditaire chez les Romains, mais elle ne s'étendoit pas au-delà des petits-enfans.

En France, toute *nobleſſe* n'eſt pas héréditaire ; il y a des offices qui ne donnent qu'une *nobleſſe* perſonnelle ; d'autres qui donnent commencement à la *nobleſſe* pour les deſcendans ; mais il faut que le père & l'aïeul aient rempli un de ces offices pour donner la *nobleſſe* au petit-fils, ſans qu'il ſoit pourvu d'un office ſemblable ; enfin, il y a des offices qui tranſmettent la *nobleſſe* au premier degré. Voyez NOBLESSE AU PREMIER DEGRÉ, NOBLESSE *patre & avo*, NOBLESSE TRANSMISSIBLE.

NOBLESSE HONORAIRE, eſt celle qui ne conſiſte qu'à prendre le titre de noble, & à être conſidéré comme vivant noblement, ſans avoir la *nobleſſe* héréditaire : ce n'eſt qu'une *nobleſſe* perſonnelle, elle n'a même que les privilèges des nobles, comme la *nobleſſe* perſonnelle de certains officiers. Voyez la Roque, *chap. xciv*, & *ci-après* NOBLESSE PERSONNELLE.

NOBLESSE ILLUSTRE, eſt celle qui tient le premier rang ou degré d'honneur, comme ſont les princes du ſang ; elle eſt encore au-deſſus de ce que l'on appelle la *haute-nobleſſe*. Voyez Loyſeau, *Traité des Ordres*, *chap. vj*, *n. 9* ; & *ci-deſſus*, HAUTE-NOBLESSE.

NOBLESSE IMMÉDIATE, en Allemagne, eſt celle des ſeigneurs qui ont des fiefs mouvans directement de l'empire, & qui jouiſſent des mêmes prérogatives que les villes libres : ils prennent l'inveſtiture en la même forme ; mais ils n'ont pas, comme ces villes, le droit d'archives.

Le corps de la *nobleſſe* immédiate eſt diviſé en quatre provinces & en quinze cantons ; ſavoir, la Suabe, qui contient cinq cantons ; la Franconie, qui en contient ſix ; la province du Rhin, qui en contient trois ; & l'Alſace, qui ne fait qu'un canton.

Cette *nobleſſe* immédiate eſt la principale *nobleſſe* d'Allemagne, parce que c'eſt l'empereur qui la confère immédiatement. Ceux que les électeurs annobliſſent, ne ſont nobles que dans leurs états, à moins que leur *nobleſſe* ne ſoit confirmée par l'empereur. Voyez la Roque, *chap. clxxij*, & *ci-après* NOBLESSE MÉDIATE & NOBLESSE MIXTE. (*A*)

NOBLESSE IMMÉMORIALE, *ou* IRRÉPROCHABLE, eſt celle dont on ne connoît point le commencement, & qui remonte juſqu'au temps de l'établiſſement des fiefs ; c'eſt pourquoi on l'appelle auſſi *féodale* ; on l'appelle auſſi *irréprochable*, parce qu'elle eſt à couvert de tout reproche ou ſoupçon d'annobliſſement. Voyez la Roque, *préface*.

NOBLESSE INFÉODÉE, *ou* FÉODALE, eſt celle qui tire ſon origine de la poſſeſſion ancienne de quelque fief. *Voyez ci-deſſus* NOBLESSE FÉODALE.

NOBLESSE IRRÉPROCHABLE, eſt celle dont l'origine eſt ſi ancienne, qu'elle eſt au-deſſus de tout reproche d'annobliſſement fait par lettres ou office, de manière qu'elle eſt réputée pour *nobleſſe* de race & d'ancienne extraction. *Voyez la préface* de la Roque.

NOBLESSE DE LAINE, eſt la ſeconde claſſe de la *nobleſſe*, dans la ville de Florence. On y diſtingue deux ſortes de *nobleſſe* pour le gouvernement; ſavoir, la *nobleſſe* de ſoie, & la *nobleſſe* de laine. La première eſt plus relevée & plus qualifiée que la ſeconde. Il y a apparence que ces différentes dénominations viennent de la différence des habits. Cette diſtinction de deux ſortes de *nobleſſe* ſe fait au regard du gouvernement de la ville. *Voyez le Traité de la Nobleſſe*, par de la Roque, *chap. cxij & clxvj*.

NOBLESSE LIBÉRALE, eſt celle que l'on a accordée à ceux qui, pouſſés d'un beau zèle, ont dépenſé leur bien pour la défenſe de la patrie. *Voyez la préface* de la Roque.

NOBLESSE DE LETTRES, eſt celle qui eſt accordée aux gens de lettres, & aux gradués & officiers de judicature. On l'appelle auſſi *nobleſſe littéraire*. *Voyez ci-après* NOBLESSE LITTÉRAIRE.

NOBLESSE PAR LETTRES, eſt celle qui provient des lettres d'annobliſſement accordées par le prince.

M. d'Hozier, dans l'hiſtoire d'Amanzé, rapporte une chartre d'annobliſſement du 24 juin 1008; mais cette chartre eſt ſuſpecte.

D'autres prétendent que les premières lettres d'annobliſſement furent données, en 1095, par Philippe I, à Eudes le Maire, dit Chalo S. Mars.

On fait encore mention de quelques autres lettres de nobleſſe données par Philippe-Auguſte.

Mais il eſt plus certain qu'ils commencèrent ſous Philippe III, car il ſe voit un annobliſſement de ce temps qu'il accorda à Raoul l'orfèvre.

Ses ſucceſſeurs en accordèrent auſſi quelques-uns, mais ils devinrent plus fréquens ſous Philippe-de-Valois, & il en accorda dès-lors moyennant finance & ſans finance; car la chartre de *nobleſſe* de Guillaume de Dormans, en 1339, fait mention qu'elle fut donnée ſans finance; & en 1354, Jean de Reims paya trente écus d'or; un autre, en 1355, en paya quatre-vingts.

Dans la ſuite il y a eu des annobliſſemens créés par édit, & dont la finance a été réglée; mais ils ont toujours été ſuivis de lettres particulières pour chaque perſonne qui devoit profiter de la grace portée par l'édit.

Charles IX créa douze nobles en 1564; il en créa encore trente par édit de 1568.

Henri III en créa mille par édit du mois de juin 1576, par les déclarations des 20 janvier & 10 ſeptembre 1577.

Il y eut une autre création de nobles par édit de juin 1588, vérifiée au parlement de Rouen.

On en créa vingt par édit du 20 octobre 1592; & vingt autres par édit du 23 novembre ſuivant, pour des perſonnes tant taillables que non taillables; dix par édit d'octobre 1594, & encore en mars en 1610.

En 1643, on en créa deux en chaque généralité pour l'avénement de Louis XIV à la couronne.

Le 4 décembre 1645, il fut créé cinquante nobles en Normandie, avec permiſſion de trafiquer leur vie durant, à condition que leurs enfans demeureroient dans des villes franches, & ſerviroient le roi au premier arrière-ban.

En 1660, Louis XIV créa deux nobles dans chaque généralité.

En 1696, il créa cinq cens nobles dans le royaume. On obtenoit des lettres de *nobleſſe* pour deux mille écus. Il créa encore deux cens nobles par édit du mois de mai 1702, & cent autres par édit de décembre 1711.

On a ſouvent donné des lettres de *nobleſſe* pour récompenſe des ſervices; mais à moins qu'ils ne ſoient ſpécifiés, on y a peu d'égard, vu qu'il y a eu de ces lettres où cette énonciation étoit devenue de ſtyle; on laiſſoit même le nom de la perſonne en blanc, de ſorte que c'étoit une *nobleſſe* au porteur.

Les divers beſoins de l'état ont ainſi réduit les miniſtres à chercher des reſſources dans l'avidité que les hommes ont pour les honneurs.

Il y a même eu des édits qui ont obligé des gens riches & aiſés de prendre des lettres de *nobleſſe*, moyennant finance; de ce nombre fut Ricard Graindorge, fameux marchand de bœufs, du pays d'Auge en Normandie, qui fut obligé, en 1577, d'accepter des lettres de *nobleſſe*, pour leſquelles on lui fit payer trente mille livres. La Roque, en ſon *Traité de la nobleſſe, ch. xxj*, dit en avoir vu les contraintes entre les mains de Charles Graindorge, ſieur du Rocher, ſon petit-fils.

Ce n'eſt pas ſeulement en France que la *nobleſſe* eſt ainſi devenue vénale. Au mois d'octobre 1750, on publia à Milan, par ordre de la cour de Vienne, une eſpèce de tarif qui fixe le prix auquel on pourra ſe procurer les titres de prince, duc, marquis, comte, & les ſimples lettres de *nobleſſe* ou de naturaliſation. *Voyez le Mercure de France*, décembre 1750, *pag. 184*.

Les annobliſſemens accordés à prix d'argent, ont été ſujets à pluſieurs révolutions. Les annoblis ont été obligés, en divers temps, de prendre des lettres de confirmation, moyennant une finance.

On voit auſſi dès 1588 des lettres de rétabliſſement de *nobleſſe* enſuite d'une révocation qui avoit été faite.

Henri IV, par l'édit du mois de janvier 1598, révoqua tous les annobliſſemens qui avoient été faits à prix d'argent.

Il les rétablit enſuite par édit du mois de mars 1606.

Louis

Louis XIII, par édit du mois de novembre 1640, révoqua tous ceux qui avoient été faits depuis trente ans.

Les lettres de *noblesse*, accordées depuis 1630, furent aussi révoquées par édit du mois d'août 1664.

Enfin, par édit du mois d'août 1715, Louis XIV supprima tous les annoblissemens par lettres & privilèges de *noblesse* attribués depuis le premier janvier 1689, aux offices, soit militaires, de justice ou finance.

Pour jouir pleinement des privilèges de *noblesse*, il faut faire enregistrer ses lettres au parlement, en la chambre des comptes & en la cour des aides.

Voyez la Roque, *ch. xxj*; Brillon, au mot *Annoblissement*, & ce qui a été dit ci-devant en parlant de la *noblesse* en général.

NOBLESSE LITTÉRAIRE, *ou* SPIRITUELLE, est une qualification que l'on donne à la *noblesse*, accordée aux gens de lettres pour récompense de leurs talens. *Voyez la préface* de la Roque.

On peut aussi entendre par-là une certaine *noblesse* honoraire qui est attachée à la profession des gens de lettres, mais qui ne consiste en France que dans une certaine considération que donnent le mérite & la vertu. A la Chine, on ne reconnoît pour vrais nobles que les gens de lettres; mais cette *noblesse* n'y est point héréditaire : le fils du premier officier de l'état reste dans la foule, s'il n'a lui-même un mérite personnel qui le soutienne.

Quelques auteurs, par *noblesse littéraire*, entendent aussi la *noblesse* de robe, comme Nicolas Upton, anglois, qui n'en distingue que deux sortes; l'une militaire, l'autre littéraire, qui vient des sciences & de la robe, *togata sive litteraria*.

NOBLESSE LOCALE, est celle qui s'acquiert par la naissance dans un lieu privilégié, telle que celle des habitans de Biscaye. *Voyez* la Roque, *ch. lxxvij*.

On pourroit aussi entendre par *noblesse locale*, celle qui n'est reconnue que dans un certain lieu, telle qu'étoit celle des villes romaines, dont les nobles étoient appellés *domi nobiles*.

Les auteurs qui ont traité des patrices d'Allemagne, disent que la plupart des communautés qui font dans les limites de l'empire, font gouvernées par certaines familles qui usent de toutes les marques extérieures de *noblesse*, qui n'est pourtant reconnue que dans leur ville; aucun des nobles de cette espèce n'étant reçu dans les chapitres nobles, en-forte qu'il y a en Allemagne comme deux sortes de *noblesse*, une parfaite, & une autre locale qui est imparfaite; & ces mêmes auteurs disent que la plupart de ces familles ne tenant point du prince le commencement de leur *noblesse*, & ne portant point les armes, ils fe font contentés de l'état de bourgeoisie & des charges de leur communauté, en vivant noblement. *Voyez* la Roque, *chap. xxxix*.

Il est de même des nobles de Chiary en Piémont, & des nobles de certains lieux dans l'état de Venise. La Roque, *chap. clxvij*.

NOBLESSE CIVILE, POLITIQUE, *ou* ACCIDENTELLE, est celle qui provient de l'exercice de quelque office ou emploi qui annoblit celui qui en est revêtu : elle est opposée à la *noblesse* d'origine. *Voyez* la Roque & Thomas Miles, *in tract. de nobilitate*.

On peut aussi entendre par *noblesse civile*, toute *noblesse*, soit de race ou d'office, ou par lettres, reconnue par les loix du pays, à la différence de la *noblesse* honoraire qui n'est qu'un titre d'honneur attaché à certains états honorables, lesquels ne jouissent pas pour cela de tous les privilèges de la *noblesse*. Voyez ci-après NOBLESSE HONORAIRE.

NOBLESSE CLÉRICALE, ou attachée à la cléricature, consiste en ce que les clercs vivant cléricalement, participent à quelques privilèges des nobles, tels que l'exemption des tailles; mais cela ne produit pas en eux une *noblesse* proprement dite : ils font seulement considérés comme gens vivant noblement.

Les ecclésiastiques des diocèses d'Autun & de Langres ont prétendu avoir par état la *noblesse*, mais tout leur droit se borne, comme ailleurs, à l'exemption des tailles & corvées personnelles. *Voyez* la Roque, *chap. xlix*. (*A*)

NOBLESSE DE CLOCHE, ou *de la cloche*, est celle qui provient de la mairie & autres charges municipales auxquelles la *noblesse* est attribuée. On l'appelle *noblesse de cloche*, parce que les assemblées pour l'élection des officiers municipaux se font ordinairement au son du beffroi, ou grosse cloche de l'hôtel-de-ville.

Les commissaires du roi en Languedoc, faisant la recherche de la *noblesse*, appellent aussi la *noblesse* des capitouls de Toulouse, *noblesse de la cloche*. *Voyez* la Roque, *ch. xxxvj*.

NOBLESSE COMITIVE, est celle que les docteurs-régens en droit acquièrent au bout de vingt ans d'exercice. On l'appelle *comitive*, parce qu'ils peuvent prendre la qualité de *comes*, qui signifie *comte*; ce qui est fondé sur la loi unique au code *de professoribus in urbe*. *Constantin*.

Il est constant que les professeurs en droit ont toujours été décorés de plusieurs beaux privilèges, qu'en diverses occasions ils ont été traités comme les nobles; par rapport à certaines exemptions. C'est pourquoi plusieurs auteurs ont pensé qu'ils étoient réellement nobles : ils ont même prétendu que cela s'étendoit à tous les docteurs en droit. Tel est le sentiment de Guy-pape, de Tiraqueau, de François Marc, de Bartole, de Balde, Dangelus, de Paul de Castre, de Jean Raynuce, d'Ulpien, de Cromerus, de Lucas de Penna.

La qualité de professeur en droit est si considérable à Milan, qu'il faut même être déjà noble pour remplir cette place, & faire preuve de la *noblesse* requise par les statuts avant fa profession, comme rapporte Paul de Morigia, docteur Milanois, dans son *hist. ch. xlix* & *l*.

Mais en France, les docteurs en droit, & les

R

professeurs ne jouissent de la *noblesse* que comme les avocats & medecins, c'est-à-dire, que leur *noblesse* n'est qu'un titre d'honneur, qui ne les autorise pas à prendre la qualité d'écuyer, & ne leur donne pas les privilèges de la *noblesse*. *Voyez* la Roque, *ch. xlij*, & *ci-devant le mot* DOCTEUR *en droit*.

NOBLESSE COMMENCÉE, est celle dont le temps ou les degrés nécessaires ne sont pas encore remplis, comme ils doivent l'être pour former une *noblesse* acquise irrévocablement. *Voyez* NOBLESSE ACTUELLE.

NOBLESSE COMMENSALE, est celle qui vient du service domestique & des tables des maisons royales, telle qu'étoit autrefois celle des chambellans ordinaires. *Voyez* la *préface* de la Roque.

NOBLESSE COUTUMIÈRE, *ou* UTÉRINE, est celle qui prend sa source du côté de la mère, en vertu de quelque coutume ou usage. *Voyez la préface de* la Roque, & *ci-après* NOBLESSE UTÉRINE.

DEMI-NOBLESSE, est une qualification que l'on donne quelquefois à la *noblesse* personnelle de certains officiers, qui ne passe point aux enfans. *Voyez* M. le Bret, dans son *septième. Plaidoyer.*

NOBLESSE A DEUX VISAGES, est celle qui est accordée, tant pour le passé que pour l'avenir, lorsqu'on obtient des lettres de confirmation ou de réhabilitation, ou même, en tant que besoin seroit, d'annoblissement. *Voyez* la Roque, *ch. xxj.* (*A*)

NOBLESSE DE DIGNITÉ, est celle qui provient de quelque haute dignité, soit féodale ou personnelle, comme des grands offices de la couronne, & des offices des cours souveraines.

NOBLESSE DES DOCTEURS EN DROIT. *Voyez ce qui en est dit ci-devant à l'article* NOBLESSE COMITIVE.

NOBLESSE QUI DORT, c'est celle dont la jouissance est suspendue à cause de quelque acte contraire. C'est un privilège particulier aux nobles de la province de Bretagne. Suivant l'article 561, les nobles qui font trafic de marchandises & usent de bourse commune, contribuent pendant ce temps aux tailles, aides & subventions roturières; & les biens acquis pendant ce même temps, se partagent également pour la première fois, encore que ce fussent des biens nobles. Mais il leur est libre de reprendre leur *noblesse* & privilège d'icelle, toutes fois & quantes que bon leur semblera, en laissant leur trafic & usage de bourse commune, en faisant de ce leur déclaration devant le plus prochain juge royal de leur domicile. Cette déclaration doit être insinuée au greffe, & notifiée aux marguilliers de la paroisse, moyennant quoi le noble reprend sa *noblesse*, pourvu qu'il vive noblement; & les acquêts nobles, faits par lui depuis cette déclaration, se partagent noblement.

M. d'Argentré observe que cet article est de la

nouvelle réformation; mais que l'usage étoit déjà de même auparavant.

La *noblesse qui dort* est en suspens, *dormit sed non extinguitur.* (*A*)

NOBLESSE D'ÉCHEVINAGE, est celle qui vient de la fonction d'échevin, que celui qui se prétend noble, ou quelqu'un de ses ancêtres paternels, a rempli dans une ville où l'échevinage donne la *noblesse*, comme à Paris, à Lyon, &c.

Ce privilège est établi à l'instar de ceux des décurions des villes romaines, qui se prétendoient nobles & privilégiées, *cod. de decur.* Charles V, en 1371, donna la *noblesse* aux bourgeois de Paris. Henri III, par des lettres de janvier 1577, réduisit ce privilège au prévôt des marchands & aux quatre échevins qui avoient été en charge depuis l'avènement de Henri II à la couronne, & à leurs successeurs, & à leurs enfans nés & à naître, pourvu qu'ils ne dérogent point.

Quelques autres villes ont le même privilège. *Voyez* ECHEVIN & ECHEVINAGE.

NOBLESSE EMPRUNTÉE, est lorsqu'un parent annobli prête sa chartre à un autre non annobli, pour mettre toute sa race en honneur & à couvert de la recherche de la taxe des francs-fiefs & de la taille. *Préf.* de la Roque.

NOBLESSE ENTIÈRE, est celle qui est héréditaire, & qui passe à la postérité, à la différence de la *noblesse* personnelle attachée à certains offices, qui ne passe point aux enfans de l'officier, & qu'on appelle *demi-noblesse*. La Roque, *chap. liv. Voyez* DEMI-NOBLESSE.

NOBLESSE D'ÉPÉE, est celle qui provient de la profession des armes. *Voyez* NOBLESSE PAR LES ARMES.

NOBLESSE ÉTRANGÈRE : on entend par-là celle qui a été accordée ou acquise dans un autre état que celui où l'on demeure actuellement.

Chaque souverain n'ayant de puissance que sur ses sujets, un prince ne peut régulièrement annoblir un sujet d'un autre prince. L'empereur Sigismond étant venu à Paris en 1415, pendant la maladie de Charles VI, vint au parlement, où il fut reçu par la faction de la maison de Bourgogne; on plaida devant lui une cause au sujet de l'office de sénéchal de Beaucaire, qui avoit toujours été rempli par des gentilshommes; l'un des contendans qui étoit chevalier, se prévaloit de sa *noblesse* contre son adversaire, nommé *Guillaume Signet*, qui étoit roturier. Sigismond, pour trancher la question, voulut annoblir Guillaume Signet; Pasquier, & quelques autres supposent même qu'il le fit, & que, pour cet effet, l'ayant fait mettre à genoux près du greffier, il fit apporter une épée & des éperons dorés, & lui donna l'accolade; qu'en conséquence, le premier président dit à l'avocat de l'autre partie, de ne plus insister sur le défaut de *noblesse*, puisque ce moyen tomboit. Pafquier n'a pu cependant s'empêcher de dire que plufieurs trouvèrent mauvais que l'empereur entreprît ainfi fur les droits du roi, & même qu'il eût pris féance au parlement.

Quelques-uns difent que le chancelier, qui étoit aux pieds de Sigifmond, s'oppofa à ce qu'il vouloit faire, lui obfervant qu'il n'avoit pas le droit de faire un gentilhomme en France ; & que Sigifmond voyant cela, dit à cet homme de le fuivre jufqu'au pont de Beauvoifin, où il le déclara gentilhomme : enfin, que le roi confirma cet annobliffement. *Tableau de l'empire germanique*, pag. 27.

Tiraqueau a prétendu qu'un prince ne pouvoit conférer la *nobleffe* hors les limites de fes états, par la raifon que le prince n'eft-là que perfonne privée ; mais Bartole, *fur la loi* 1, *ff. 3, off. pro conful, coll. 9*; Barbarus, *in caput novit, coll. 11*; & Jean Raynuce, en fon *Traité de la nobleffe*, tiennent le contraire, parce que l'annobliffement eft un acte de jurifdiction volontaire ; c'eft même plutôt une grace qu'un acte de jurifdiction. Et en effet, il y en a un exemple récent pour la chevalerie, dont on peut également argumenter pour la fimple *nobleffe*. Le 9 octobre 1750, dom François Pignatelli, ambaffadeur d'Efpagne, chargé d'une commiffion particulière de fa majefté catholique, fit dans l'églife de l'abbaye royale de faint Germain-des-prés, la cérémonie d'armer chevalier de l'ordre de Calatrava, le marquis de Maenza, feigneur efpagnol, auquel le prieur de l'abbaye donna l'habit du même ordre. *Voyez* le Mercure de France de décembre 1750, *pag.* 188.

Mais, quoiqu'un prince fouverain qui fe trouve dans une autre fouveraineté que la fienne, puiffe y donner des lettres de *nobleffe*, ce n'eft toujours qu'à fes propres fujets ; s'il en accorde à des fujets d'un autre prince, cet annobliffement ne peut avoir d'effet que dans les états de celui qui l'a accordé, & ne peut préjudicier aux droits du prince, dont l'annobli eft né fujet, à moins que ce prince n'accorde lui-même des lettres par lefquelles il confente que l'impétrant jouiffe auffi du privilège de *nobleffe* dans fes états, auquel cas, l'annobli ne tire plus à cet égard fon droit de la conceffion d'un prince étranger, mais de celle de fon prince.

Cependant, comme la *nobleffe* eft une qualité inhérente à la perfonne, & qui la fuit par-tout, les étrangers qui font nobles dans leur pays, font auffi tenus pour nobles en France. Ils y font en conféquence exempts des francs-fiefs, ainfi que l'obferve Bacquet. Loifeau prétend même que ces nobles étrangers font pareillement exempts de tous fubfides roturiers, fur-tout, dit-il, lorfque ces nobles font nés fujets des états, amis & alliés de la France, & que leur *nobleffe* eft établie en la forme. Defranco, *Traité des ordres, chap. v.*

Mais, dans l'ufage préfent, les étrangers qui font nobles dans leur pays, n'ont en France qu'une *nobleffe* perfonnelle, qui ne leur donne pas le droit

de jouir de tous les autres privilèges attribués aux nobles, tels que l'exemption des tailles & autres fubfides, & fur-tout des privilèges qui touchent les droits du roi, parce qu'un fouverain étranger ne peut accorder des droits au préjudice d'un autre fouverain ; mais la Roque, *chap. xxj*, dit que des étrangers ont été maintenus dans leur *nobleffe* en fe faifant naturalifer.

Il faut néanmoins excepter ceux qui tiennent leur *nobleffe* d'un prince allié de la France, & dont les fujets y font réputés régnicoles, tels qu'autrefois les fujets du duc de Lorraine, & ceux du prince de Dombes ; car les fujets de ces princes qui font nobles dans leur pays, jouiffoient en France des privilèges de *nobleffe*, de même que les fujets du roi ; ce qui eft fondé fur la qualité de régnicoles, & fur la réciprocité des privilèges qu'il y avoit entre les deux nations ; les François qui font nobles jouiffant pareillement des privilèges de *nobleffe* dans les états de ces princes. *Voyez* la Roque, *Traité de la nobleffe, chap. lxxvj.* (*A*)

NOBLESSE FÉMININE, *ou* UTÉRINE, eft celle qui fe perpétue par les filles, & qui fe communique à leurs maris & aux enfans qui naiffent d'eux. *Voyez ci-après* NOBLESSE UTÉRINE.

NOBLESSE FÉODALE, *ou* INFÉODÉE, eft celle dont les preuves fe tirent de la poffeffion ancienne de quelque fief, & qui remontent jufqu'aux premiers temps de l'établiffement des fiefs où ces fortes d'héritages ne pouvoient être poffédés que par des nobles, foit de père ou de mère, tellement que quand le roi vouloit conférer un fief à un roturier, il le faifoit chevalier, ou du moins l'annobliffoit en lui donnant l'inveftiture de ce fief. Dans les commencemens ces annobliffemens à l'effet de pofféder des fiefs, ne fe faifoient que verbalement en préfence de témoins. Dans la fuite, quand l'ufage de l'écriture devint plus commun, on dreffa des chartres de l'annobliffement & inveftiture. Il ne faut pas confondre ces annobliffemens à l'effet de pofféder des fiefs, avec ceux qui fe donnoient par lettres fimplement, fans aucune inveftiture de fief. Le premier exemple de ces lettres n'eft que de l'an 1095, au lieu que l'inveftiture des fiefs, eft auffi ancien que l'établiffement des fiefs, c'eft-à-dire, qu'il remonte jufqu'au commencement de la troifième race, & même vers la fin de la feconde.

La facilité que l'on eut de permettre aux roturiers de pofféder des fiefs, & l'ufage qui s'introduifit de les annoblir à cet effet, opéra dans la fuite que tous ceux qui poffédoient des fiefs, furent réputés nobles. Le fief communiquoit fa *nobleffe* au roturier qui le poffédoit, pourvu qu'il fît fa demeure fur le fief ; tandis qu'au contraire, les nobles étoient traités comme roturiers tant qu'ils demeuroient fur une roture.

Cependant la fucceffion d'un roturier qui poffédoit un fief fans avoir été annobli, ne fe partageoit pas noblement jufqu'à ce que le fief fût tombé en tierce foi, c'eſt-à-dire, qu'il eût paſſé de l'aïeul au fils, & de celui-ci aux petits-enfans; alors le fief ſe partageoit noblement, & les petits-enfans jouiſſoient de la nobleſſe héréditaire.

Cet annobliſſement par la poſſeſſion des fiefs, quand ils avoient paſſé de l'aïeul au fils, du fils au petit-fils, étoit encore en uſage en Italie & en France, dans le quinzième ſiècle, ainſi que l'atteſte le Poggio.

Pour réprimer cette uſurpation de nobleſſe par la poſſeſſion des fiefs, nos rois ont fait payer de temps en temps aux roturiers une certaine finance, que l'on a appellée droit de francs-fiefs, afin d'interrompre la poſſeſſion de la nobleſſe que les roturiers prétendoient tirer des fiefs.

Cependant les roturiers qui poſſédoient des fiefs, continuant toujours à ſe qualifier écuyers, l'ordonnance de Blois, art. 258, ordonna que les roturiers & non-nobles achetant fiefs nobles, ne ſeroient pour ce annoblis, de quelque revenu que fuſſent les fiefs par eux acquis; & tel eſt actuellement l'uſage. Voyez la Roque, chap. xviij; la préface de M. de Laurière, ſur le premier tome des ordonnances, le mot FIEF & NOBLESSE IMMÉMORIALE.

NOBLESSE DE MAIRIE, ou DE PRIVILÈGE, eſt celle qui vient de la fonction de maire, ou autre office municipal, qui a été rempli par celui qui ſe prétend noble, ou par quelqu'un de ſes ancêtres en ligne directe maſculine, dans une ville où l'exercice des charges municipales donne la nobleſſe, comme à Paris, à Lyon, à Poitiers, &c.

NOBLESSE MATERNELLE, eſt la nobleſſe de la mère conſidérée par rapport aux enfans.

Suivant le droit commun, la nobleſſe de la mère ne ſe tranſmet point aux enfans; on peut voir ce qui eſt dit ci-après à ce ſujet à l'article NOBLESSE UTÉRINE.

C'eſt principalement du père que procède la nobleſſe des enfans; celui qui eſt iſſu d'un père noble & d'une mère roturière, jouit des titres & privilèges de nobleſſe, de même que celui qui eſt iſſu de père & mère nobles.

Cependant la nobleſſe de la mère ne laiſſe pas d'être conſidérée; lorſqu'elle concourt avec celle du père, elle donne plus de luſtre à la nobleſſe des enfans, & la rend plus parfaite. Elle eſt même néceſſaire en certains cas, comme pour être admis dans certains chapitres nobles, ou dans quelque ordre de chevalerie où il faut preuve de nobleſſe du côté de père & de mère; il faut même, en certains cas, prouver la nobleſſe des aïeules des pères & mères, de leurs biſaïeules & de leurs triſaïeules; on diſpenſe quelquefois de la preuve de quelques degrés de nobleſſe du côté des femmes, mais rarement diſpenſe-t-on d'aucun des degrés néceſſaires de nobleſſe du côté du père.

La nobleſſe de la mère peut encore ſervir à ſes enfans, quoique le père ne fût pas noble, lorſqu'il s'agit de partager ſa ſucceſſion, dans une coutume de repréſentation où il ſuffit de repréſenter une perſonne noble, pour partager noblement. Voyez le premier tome des Œuvres de Cochin, art. 20.

NOBLESSE MÉDIATE, en Allemagne, eſt celle que donnent les électeurs; elle n'eſt reconnue que dans leurs états, & non dans le reſte de l'empire.

De Prade, en ſon Hiſtoire d'Allemagne, dit que les nobles médiats ont des régales ou droits régaliens dans leurs fiefs par des conventions particulières; cependant qu'ils n'ont point droit de chaſſe. Voyez ci-devant NOBLESSE IMMÉDIATE, & ci-après NOBLESSE MIXTE.

NOBLESSE MILITAIRE, eſt celle qui eſt acquiſe par la profeſſion des armes. C'eſt de-là que la nobleſſe de France la plus ancienne tire ſon origine; car les Francs qui faiſoient tous profeſſion de porter les armes, étoient auſſi tous réputés nobles. Les deſcendans de ces anciens Francs ont conſervé la nobleſſe; on la regardoit même autrefois comme attachée à la profeſſion des armes en général; mais ſous la troiſième race, on ne permit de prendre le titre de noble, & de jouir des privilèges de nobleſſe, qu'à ceux qui ſeroient nobles d'extraction, ou qui auroient été annoblis par la poſſeſſion de quelque fief, ou par un office noble, ou par des lettres du prince.

Il n'y avoit depuis ce temps aucun grade dans le militaire, auquel la nobleſſe fût attachée; la dignité même de maréchal de France ne donnoit pas la nobleſſe, mais elle la faiſoit préſumer en celui qui étoit élevé à ce premier grade.

Henri IV, par un édit du mois de mars 1600, art. 25, défendit à toutes perſonnes de prendre le titre d'écuyer, & de s'inſérer au corps de la nobleſſe, s'ils n'étoient iſſus d'un aïeul & d'un père qui euſſent fait profeſſion des armes, ou ſervi le public en quelqu'une des charges qui peuvent donner commencement à la nobleſſe.

Mais la diſpoſition de cet article éprouva pluſieurs changemens par différentes loix poſtérieures.

Ce n'eſt que par un édit du mois de novembre 1750, que le roi a créé une nobleſſe militaire qu'il a attachée à certains grades & ancienneté de ſervice.

Cet édit ordonne, entre autres choſes, qu'à l'avenir le grade d'officier général conférera de droit la nobleſſe à ceux qui y parviendront, & à toute leur poſtérité légitime lors née & à naître.

Ainſi tout maréchal-de-camp, lieutenant-général, ou maréchal de France, eſt de droit annobli par ce grade.

Il eſt auſſi ordonné que tout officier né en légitime mariage, dont le père & l'aïeul auront acquis l'exemption de la taille par un certain temps de ſervice, ſuivant ce qui eſt porté par cet édit, ſera noble de droit, après toutefois qu'il aura été créé chevalier de ſaint Louis, qu'il aura ſervi pendant le temps preſcrit par les articles IV & VI de cet édit, ou qu'il aura profité de la diſpenſe

accordée par l'article VIII, à ceux que leurs bleſ-
ſures mettent hors d'état de continuer leurs ſervices.

Au lieu des certificats de ſervice que l'édit de
1750 avoit ordonné de prendre au bureau de la
guerre, pour jouir de la *nobleſſe*, la déclaration
du 22 janvier 1752 ordonne de prendre des lettres
du grand ſceau, ſous le titre de *lettres d'approba-*
tion de ſervices, leſquelles ne ſont ſujettes à aucun enregiſtrement.

L'impératrice-reine de Hongrie a fait quelque
choſe de ſemblable dans ſes états, ayant, par une
ordonnance du mois de février 1757, qu'elle a
envoyé à chaque corps de ſes troupes, accordé
la *nobleſſe* à tout officier, ſoit national, ſoit étranger, qui aura ſervi dans ſes armées pendant trente
ans. *Voyez* le Mercure d'Avril 1757, pag. 181. (A)

NOBLESSE MIXTE, en Allemagne, eſt celle des
ſeigneurs qui ont des fiefs mouvans directement
de l'empire, & auſſi d'autres fiefs ſitués dans la
mouvance des électeurs & autres princes qui relèvent eux-mêmes de l'empire. *Voyez* la Roque,
chap. clxxij, & *ci-devant* NOBLESSE IMMÉDIATE,
& NOBLESSE MÉDIATE.

NOBLESSE NATIVE, *ou* NATURELLE, eſt la même
choſe que *nobleſſe de race*; Thomas Miles l'appelle
native; Bartole, Landulphus, & Therriat, l'appellent *naturelle*. Préface de la Roque.

NOBLESSE DE NOM ET D'ARMES, eſt la *nobleſſe*
ancienne & immémoriale, celle qui s'eſt formée
en même temps que les fiefs furent rendus héréditaires, & que l'on commença à uſer des noms
de famille & des armoiries. Elle ſe manifeſta d'a-
bord par les cris du nom dans les armées, & par
les armes érigées en trophée dans les combats
ſanglans, & en temps de paix parmi les joûtes
& les tournois.

Les gentilshommes qui ont cette *nobleſſe*, s'appellent *gentilshommes de nom & d'armes*; ils ſont conſidérés comme plus qualifiés que les autres nobles
& gentilshommes qui n'ont pas cette même prérogative de *nobleſſe*.

Cette diſtinction eſt obſervée dans toutes les
anciennes chartres, & par les hiſtoriens & autres
auteurs: l'ordonnance d'Orléans, celle de Moulins, & celle de Blois, veulent que les baillis &
ſénéchaux ſoient gentilshommes de nom & d'armes,
c'eſt-à-dire, d'ancienne extraction, & non pas de
ceux dont on connoît l'annobliſſement.

En Allemagne, & dans tous les Pays-Bas, cette
nobleſſe de nom & d'armes eſt fort recherchée; &
l'on voit par un certificat du gouvernement de
Luxembourg, du 11 juin 1619, que dans ce duché, on n'admet au ſiège des nobles que les gentilshommes de nom & d'armes; que les nouveaux
nobles, qu'on appelle *francs-hommes*, ne peuvent
pas ſeoir en jugement avec les autres nobles féodaux. *Voyez* la Roque, *chap. vij*, à la fin. (A)

NOBLESSE NOUVELLE, eſt oppoſée à la NO-
BLESSE ANCIENNE; on entend parmi nous par
nobleſſe nouvelle, celle qui procède de quelque
office ou de lettres, dont l'époque eſt connue dans
les Pays-Bas; on regarde comme *nobleſſe nouvelle*,
non-ſeulement celle qui s'acquiert par les charges
ou par les lettres, mais même celle de race, lorſqu'elle n'eſt pas de nom & d'armes. *Voyez* la Roque,
chap. vij, & *ci-devant* NOBLESSE ANCIENNE.

NOBLESSE D'OFFICE, *ou* CHARGE, eſt celle qui
vient de l'exercice de quelque office ou charge
honorable, & qui a le privilège d'annoblir.

Celui qui eſt pourvu d'un de ces offices ne jouit
des privilèges de *nobleſſe* que du jour qu'il eſt reçu,
& qu'il a prêté ſerment.

Pour que l'officier tranſmette la *nobleſſe* à ſes
enfans, il faut qu'il décède revêtu de l'office, ou
qu'il l'ait exercé pendant vingt ans, & qu'au bout
de ce temps il ait obtenu des lettres de vétérance.

Il y a même certains offices dont il faut que le
père & le fils aient été revêtus ſucceſſivement pour
que leurs deſcendans jouiſſent de la *nobleſſe*.

Les offices qui donnent la *nobleſſe* ſont les grands
offices de la couronne, ceux de ſecrétaire d'état &
de conſeiller d'état, ceux des magiſtrats des cours
ſouveraines, des tréſoriers de France, des ſecrétaires du roi, & pluſieurs autres, tant de la maiſon du roi, que de judicature & des finances.

Il y a auſſi des offices municipaux qui donnent
la *nobleſſe*. *Voyez* NOBLESSE DE CLOCHE, D'ÉCHE-
VINAGE DE VILLE. (A)

NOBLESSE D'ORIGINE, *ou* ORIGINELLE, eſt celle
que l'on tire de ſes ancêtres. *Voyez* Duhaillon,
en ſon Hiſtoire de France, & *les articles* NOBLESSE
ANCIENNE, NATIVE, D'EXTRACTION, DE RACE.

NOBLESSE PALATINE, eſt celle qui tire ſon origine des grands offices du palais, ou maiſon du roi
& de la reine auxquels la *nobleſſe* eſt attachée. *Voyez*
la Préface de la Roque.

NOBLESSE DE PARAGE, eſt la *nobleſſe* de ſang,
& ſingulièrement celle qui ſe tire du côté du père.
Voyez la Roque, *chap. xj*.

NOBLESSE PARFAITE, eſt celle ſur laquelle il
n'y a rien à deſirer, ſoit pour le nombre de ſes
quartiers, ſoit pour les preuves; la *nobleſſe* la plus
parfaite eſt celle dont la preuve remonte juſqu'au
commencement de la troiſième race, ſans qu'on
en voie même l'origine; & pour le nombre des
quartiers en France, on ne remonte guère au-delà
du quatrième aïeul, ce qui fournit trente-deux quartiers: les Allemands & les Flamands affectent de
prouver juſqu'à ſoixante-quatre quartiers. *Voyez* la
Roque, *chap. x*.

NOBLESSE PATERNELLE, eſt celle qui vient du
père; ſuivant le droit commun, c'eſt la ſeule qui
ſe tranſmette aux enfans.

On entend auſſi quelquefois par *nobleſſe pater-*
nelle, l'illuſtration que l'on tire des alliances du

côté paternel. *Voyez* Noblesse maternelle.

Noblesse *patre et avo*, on sous-entend *consulibus*, est celle qui n'est acquise aux descendans d'un annobli par charge, qu'autant que le père & le fils ont rempli successivement une de ces charges qui donnent commencement à la *noblesse*.

Cet usage a été établi sur le fondement de la loi 1, au code de *dignitatibus*, qui porte : *si ut proponitis & avum consularem & patrem prætorium habuistis, & non privatæ conditionis hominibus, sed clarissimis nupseritis, claritatem generis retinetis.*

Cette loi est néanmoins mal appliquée ; car elle ne dit pas qu'il soit nécessaire pour avoir le titre de *clarissime*, que le père & l'aïeul aient été dans des charges éminentes, on ne révoquoit pas en doute la *noblesse* d'origine de la fille, mais de savoir si elle la conservoit en se mariant.

La loi 2 du même titre confirme que la *noblesse* de l'officier se transmettoit au premier degré, puisqu'elle dit *paternos honores filiis invidere non oportet.*

Cependant parmi nous tous les offices ne transmettent pas la *noblesse* au premier degré : ce privilège est réservé aux offices de chancelier, de garde-des-sceaux, de secrétaire d'état, de conseiller d'état servant actuellement au conseil, de maître des requêtes, de secrétaire du roi.

Les conseillers de certaines souveraines ont aussi la *noblesse* au premier degré ; tels sont ceux des parlemens de Paris, de Besançon, du Dauphiné ; le parlement de Dombes jouit de ce même privilège, tant en Dombes qu'en France.

La chambre des comptes de Paris & la cour des aides ont aussi le même droit.

Mais dans la plupart des autres cours souveraines, les offices de président & de conseiller ne transmettent la *noblesse* qu'au second degré, qui est ce qu'on appelle *patre & avo. Voyez* la Roque, *chap. ij* du petit Traité, qui est à la suite du grand. (*A*)

Noblesse patricienne peut s'entendre de ceux qui descendoient de ces premiers sénateurs de Rome, & qui furent nommés *patriciens.*

Dans les Pays-Bas, on appelle *familles patriciennes* celles qui sont nobles.

En Allemagne, les principaux bourgeois des villes prennent le titre de *patrices*, & se donnent des armes ; mais ils n'ont point de privilèges particuliers, si ce n'est dans quelques villes, comme Nuremberg, Ausbourg, Ulm, où ils sont distingués dans le magistrat, mais cette *noblesse* n'est pas reçue dans les collèges.

Les Suisses n'estiment que la *noblesse* qui étoit devant leur changement de gouvernement, & appellent celle qui s'est faite depuis *noblesse patricienne. Voyez* la Roque, *chap. clxxij.*

Noblesse personnelle, est celle qui ne passe pas la personne, & ne se transmet pas à ses enfans ; telle est la noblesse attachée à certains offices de la maison du roi, & autres qui donnent le titre d'écuyer, & toutes les exemptions des nobles, sans

néanmoins communiquer une véritable *noblesse* transmissible aux enfans.

On entend aussi par *noblesse personnelle*, celle qui est attachée à certaines professions honorables, telles que les fonctions de judicature, la profession d'avocat, & celle de médecin : en Dauphiné, à Lyon, en Bourgogne, ces sortes de personnes sont en possession de mettre devant leur nom la qualité de *noble* ; mais cette *noblesse* n'est qu'honoraire, & ne leur attribue pas les privilèges des nobles. *Voyez* la Roque, *chap. xciv, &* Henris.

Noblesse petite, en Espagne, on appelle ainsi les seigneurs qui n'ont point de dignité, mais seulement jurisdiction ; il y en a encore une moindre qui est celle des nobles qui n'ont aucune jurisdiction, & enfin on appelle *noblesse* très-petite, *minima*, l'état de ceux qui ne sont pas vraiment nobles, mais qui vivent noblement, & de leurs revenus.

En France, on ne connoît point ces distinctions, toute *noblesse* est de même qualité ; un homme nouvellement annobli jouit des mêmes privilèges que celui qui est noble de race, si ce n'est dans le cas où il faut prouver plusieurs degrés de *noblesse. Voyez* Loyseau, *Traité des Ordres, chap. vj, n°. 5.*

Noblesse politique, *ou* civile, est celle qui prend son origine des charges ou des lettres du prince. *Voyez la préface de* la Roque, Landulphus, Therriat & Bartole.

Noblesse au premier degré, est celle qui est acquise & parfaite en la personne des enfans, lorsque leur père est mort revêtu d'un office qui annoblit, ou qu'il a servi pendant le temps prescrit par les réglemens. *Voyez* Noblesse d'office, Noblesse militaire, Noblesse transmissible.

Noblesse privilégiée, est celle qui vient de la mairie & des charges de secrétaires du roi. *Voyez la préface de* la Roque.

Noblesse prononcée, on appelle ainsi celle qui, n'étant pas bien fondée, est reconnue par un jugement passé de concert entre le prétendu noble & les habitans du lieu où il demeure. *Voyez la préface de* la Roque.

Noblesse protégée, est celle de quelqu'un dont la *noblesse* est douteuse, & qui s'allie des grandes maisons par des mariages ; afin de s'assurer par le crédit de ces maisons le titre de *noblesse* qu'on lui conteste. *Voyez la préface de* la Roque.

Noblesse de la Pucelle d'Orléans. *Voyez* ce qui en est dit ci-après à l'article Noblesse utérine.

Noblesse de quatre lignes, *ou* quartiers, est celle qui est établie par la preuve que les quatre aïeuls & aïeules étoient nobles ; d'autres par *noblesse de quatre lignes* entendent celle dont la preuve comprend quatre lignes paternelles & autant de lignes du côté maternel, de sorte que l'on remonte jusqu'à quatre générations, c'est-à-dire, jusqu'au bisaïeul, ce qui forme huit quartiers. Si l'on commence par celui *de cujus*, il est compté pour la première ligne ; si l'on commence par le bisaïeul, ce-lui-ci fait la première ligne, & celui de *cujus* fait la quatrième. En Italie & en Espagne, on exige communément la preuve de quatre lignes ; il est fait mention de cette *noblesse de quatre lignes* dans les statuts de l'ordre du croissant, institué par René, roi de Sicile & duc d'Anjou, le 11 août 1448, il déclare que nul ne pourra être reçu dans cet ordre qu'il ne soit gentilhomme de quatre lignes. *Voyez* la Roque, *chap. x.*

NOBLESSE DE RACE, *ou* D'ANCIENNE EXTRAC-TION, est celle qui est fondée sur la possession im-mémoriale, plûtôt que sur les titres : cependant à cette possession l'on peut joindre des titres énon-ciatifs ou confirmatifs.

En France, la possession doit être au moins de cent ans, quoique la déclaration de 1664 semble la fixer à cent quatre, puisqu'elle veut que l'on prouve sa possession depuis 1560 ; mais elle est relative à une autre déclaration de l'an 1660 : ainsi il ne faut que cent ans, comme il est encore or-donné par la déclaration du 16 janvier 1714. *Voyez* NOBLESSE ANCIENNE, NOBLESSE D'EXTRACTION, NOBLESSE DE QUATRE LIGNES.

NOBLESSE DE ROBE, on appelle ainsi celle qui provient de l'exercice de quelque office de judica-ture, auquel le titre & les privilèges de *noblesse* sont attachés.

Quoique la profession des armes soit la voie la plus ancienne par laquelle on ait commencé à ac-quérir la *noblesse*, il ne faut pas croire que la *no-blesse* de robe soit inférieure à celle d'épée. La *no-blesse* procède de différentes causes ; mais les titres & privilèges qui y sont attachés sont les mêmes pour tous les nobles, de quelque source que pro-cède leur *noblesse* ; & la considération que l'on at-tache à la *noblesse* doit être égale, lorsque la *noblesse* procède de sources également pures & honora-bles, telles que la magistrature & la profession des armes.

On a même pratiqué pendant long-temps en France que la profession des armes & l'administra-tion de la justice n'étoient point séparées. La justice ne pouvoit être rendue que par des militaires, tel-lement que les loix saliques leur défendoient de quitter l'écu en tenant les plaids. Dans la suite tout le monde quitta les armes pour rendre la justice, & prit l'habit long, que les gens de loi ont seuls conservé.

Loyseau, en son *Traité des offices*, *liv. I, c. ix*, *n. 10,* fait voir que la vertu militaire n'est nécessaire qu'en cas de guerre ; au lieu que la justice est néces-saire en paix & en guerre ; en paix, pour empêcher la force sans la justice ne seroit pas une vertu, mais une violence, d'où il infère que la *noblesse* peut aussi-bien procéder de justice que de la force ou valeur militaire. Il observe encore au *n. 17,* que les offices d'éminente qualité attribuent aux pour-vus, non-seulement la simple *noblesse*, mais aussi la qualité de chevalier, qui est un titre important haute *noblesse* ; ce qui a eu lieu, dit-il, de tout temps à l'égard des principaux offices de justice, té-moins les chevaliers de loix dont il est parlé dans Froissart.

Enfin il conclut au nombre 18, en parlant des offices de judicature, que tous ceux qui, à cause de leurs offices, se peuvent qualifier chevaliers, sont nobles d'une parfaite *noblesse* eux & leurs en-fans, ainsi que l'observe M. le Bret en son septième plaidoyer, ni plus ni moins que ceux à qui le roi confère l'ordre de chevalerie.

Au reste, pour ne pas user de répétitions, nous renvoyons à ce que nous avons dit sur la *noblesse de robe*, au mot ÉTATS. (*A*)

NOBLESSE DU SANG, est celle que l'on tire de la naissance, en justifiant que l'on est issu de parens nobles, ou au moins d'un père noble. *Voyez* NO-BLESSE D'EXTRACTION.

NOBLESSE DES SECRÉTAIRES DU ROI. *Voyez* ci-après SECRÉTAIRE DU ROI.

NOBLESSE SIMPLE, est celle qui ne donne que le titre de noble ou écuyer, à la différence de la haute *noblesse*, qui donne le titre de chevalier, ou autre encore plus éminent, telles que ceux de ba-ron, comte, marquis, duc. *Voyez* NOBLESSE DE CHEVALERIE & HAUTE NOBLESSE.

NOBLESSE DE SOIE. *Voyez* ce qui en est dit ci-devant à l'article NOBLESSE DE LAINE.

NOBLESSE SPIRITUELLE *ou* LITTÉRAIRE. *Voyez* ci-devant NOBLESSE LITTÉRAIRE.

NOBLESSE DE TERRE FERME, est le nom que l'on donne en l'état de Venise & en Dalmatie à la *noblesse* qui demeure ordinairement aux champs. Dans l'état de Venise, les nobles de terre ferme ou de campagne n'ont point de prérogatives ; ils ne participent point aux conseils & délibérations. En Dalmatie, la *noblesse* de terre ferme gouverne aristocratiquement. *Voyez* la Roque, *chap. clxvij.*

NOBLESSE TITRÉE, est celle qui tire son origine de la chevalerie. *Voyez* NOBLESSE DE CHEVA-LERIE.

On entend aussi par ce terme la haute *noblesse* ou *noblesse* de dignité, c'est-à-dire, les princes, les ducs, les marquis, comtes, vicomtes, barons, &c. *Voyez* HAUTE NOBLESSE.

NOBLESSE DE TOURNOI, est celle qui tire son origine des tournois ou combats d'adresse, institués en 935, par l'empereur Henri Loiseleur. Il falloit, pour y être admis, faire preuve de douze quar-tiers. Ces tournois furent défendus ou négligés l'an 1403 en France ; le dernier fut celui de 1559, qui fut si funeste à Henri II. *Voyez* la Roque, *chap. clxxij.*

NOBLESSE TRANSMISSIBLE, est celle qui passe de l'annobli à ses enfans & petits-enfans. Il y a des charges qui donnent une *noblesse* transmissible au premier degré, *voyez* NOBLESSE AU PREMIER

DEGRÉ ; d'autres qui ne la donnent que *patre & avo consulibus.* *Voyez* NOBLESSE *patre & avo.*

NOBLESSE VÉNALE, est celle qui a été accordée par lettres, moyennant finance. *Voyez* NOBLESSE PAR LETTRES.

NOBLESSE VERRIÈRE, on appelle ainsi celle des gentilshommes qui s'occupent à souffler le verre. C'est une tradition vulgaire que les gentilshommes ont seuls le droit de travailler à cet ouvrage ; ce qui est certain, c'est que dans la plupart des verreries, ce sont des gentilshommes qui s'occupent à cet exercice, & qu'ils ne souffriroient pas que des roturiers travaillassent avec eux, si ce n'est pour les servir. C'est apparemment ce qui a fait croire à quelques personnes que l'exercice de l'art de verrerie faisoit une preuve de *noblesse* ; & en effet, la Roque, *chap.* cxliv, dit que les arrêts contraires n'ont pas empêché qu'en quelques provinces plusieurs verriers n'aient été déclarés nobles en la dernière recherche des usurpateurs de *noblesse* (il parle de celle qui fut faite en exécution de la déclaration de 1696), quoique, dit-il, ces verriers n'eussent aucune chartre ni autre principe de *noblesse.* Mais dans les vrais principes, il est constant que l'exercice de l'art de la verrerie ne donne pas la *noblesse,* ni ne la suppose pas. On voit même que des gentilshommes de Champagne demandèrent à Philippe-le-Bel des lettres de dispense pour exercer la verrerie, & que tous les verriers des autres provinces en ont obtenu de semblables des rois successeurs de Philippe-le-Bel ; ce qu'ils n'auroient pas fait, si cet art eût annobli, ou s'il eût supposé la *noblesse* : ainsi tout ce que l'on peut prétendre, c'est qu'il ne déroge pas. On voit en effet au *liv. II du titre théodosien,* que Théodore honora les verriers de l'exemption de la plupart des charges de la république, pour les engager à perfectionner leur profession par l'invention admirable du verre. *Voyez* la Roque, *chap.* cxliv. (*A*)

NOBLESSE DE VILLE, est celle qui tire son origine de la mairie, c'est-à-dire, des charges municipales, telles que celles de prévôt des marchands, de maire, d'échevin, capitoul, jurat, &c., dans les villes où ces charges donnent la *noblesse,* comme à Paris, à Lyon, à Toulouse, &c.

Ce privilège de *noblesse* a été ôté à plusieurs villes qui en jouissoient sans titre valable. *Voyez* ÉCHEVIN, ÉCHEVINAGE, NOBLESSE DE CLOCHE.

NOBLESSE UTÉRINE, ou COUTUMIÈRE, est celle que l'enfant tient seulement de sa mère lorsqu'il est né d'une mère noble & d'un père roturier.

Cette espèce de *noblesse* étoit autrefois admise dans toute la France, & même à Paris : en effet, on voit dans les établissemens de saint Louis, qu'un enfant né d'une *gentilfemme* & d'un père *vilain* ou *roturier,* pouvoit posséder un fief ; ce qui n'étoit alors permis qu'aux nobles & gentilshommes.

Cet usage est très-bien expliqué par Beaumanoir sur les coutumes de Beauvoisis, où il observe que la seule différence qu'il y eût entre les nobles de parage, c'est-à-dire, par le père, & les nobles de mère, c'est que ces derniers ne pouvoient pas être faits chevaliers ; il falloit être noble de père & de mère.

Du reste, ceux qui tiroient leur *noblesse* de leur mère, étoient qualifiés de gentilshommes. Monstrelet, en parlant de Jean de Montaigu, qui fut grand-maître de France sous Charles VI, dit qu'il étoit gentilhomme de par sa mère.

Il n'y a point de province où la *noblesse* utérine se soit mieux maintenue qu'en Champagne. Toutes les femmes nobles avoient le privilège de transmettre la *noblesse* à leur postérité. Les historiens tiennent que ce privilège vint de ce que la plus grande partie de la *noblesse* de cette province ayant été tuée en une bataille, l'an 841, on accorda aux veuves le privilège d'annoblir les roturiers qu'elles épousèrent, & que les enfans qui naquirent de ces mariages furent tenus pour nobles. Quelques-uns ont cru que cette *noblesse* venoit des femmes libres de Champagne, lesquelles épousant des esclaves, leurs enfans ne laissoient pas d'être libres ; mais la coutume de Meaux dit très-bien que la verge annoblit, & que le ventre affranchit.

Quoi qu'il en soit de l'origine de ce privilège, il a été adopté dans toutes les coutumes de cette province, comme Troyes, Châlons, Chaumont en Bassigny, Vitry.

Les commentateurs de ces coutumes se sont imaginé que ce privilège étoit particulier aux femmes de Champagne : mais on a déjà vu le contraire ; & les coutumes de Champagne ne sont pas les seules où il soit dit que le ventre annoblit ; celles de Meaux, de Sens, d'Artois, & de Saint-Michel, portent la même chose.

Charles VII, en 1430, donna des lettres datées de Poitiers, & qui furent registrées en la chambre des comptes, par lesquelles il annoblit Jean l'Eguisé, évêque de Troyes, ses père & mère, & tous leurs descendans, mâles & femelles, & ordonna que les descendans des femelles seroient nobles.

Sous le règne de Louis XII, en 1509, lorsque l'on présenta les procès-verbaux des coutumes de Brie & de Champagne aux commissaires du parlement, les vrais nobles qui ne vouloient point avoir d'égaux, remontrèrent que la *noblesse* ne devoit procéder que du côté du père ; ceux du tiers-état, & même les ecclésiastiques du bailliage de Troyes, & autres ressorts de Champagne & de Brie, s'y opposèrent, & prouvèrent par plusieurs jugemens, que tel étoit l'usage de toute ancienneté. On ordonna que la *noblesse* & le tiers-état donneroient chacun leur mémoire, & que les articles seroient insérés par provision tels qu'ils étoient. Les commissaires renvoyèrent la contestation au parlement, où elle est demeurée indécise.

Dans la suite, lorsqu'on fit la rédaction de la coutume de Châlons, l'article second qui admet la *nobleſſe utérine*, ayant été préſenté conforme aux uſages de Troyes, de Chaumont & de Meaux, les gens du roi au ſiège de Châlons remontrèrent l'abſurdité de la coutume de Châlons, & demandèrent que l'on apportât une exception pour les droits du roi; ce qui fut accordé, & l'exemption confirmée par arrêt du parlement du 23 décembre 1566; & préſentement la *nobleſſe utérine* admiſe par les coutumes de Champagne, & quelques autres, ne ſert que pour ce qui dépend de la coutume, comme pour poſſéder des fiefs, pour les partages, ſucceſſions, & autres choſes ſemblables; mais elle ne préjudicie point aux droits du roi.

La *nobleſſe utérine* de Champagne a été confirmée par une foule de jugemens & arrêts, dont les derniers ſont de Noël 1599, 11 janvier 1608, 7 ſeptembre 1622, 7 ſeptembre 1627, 14 mars 1633, 18 août 1673. Il y eut en 1668 procès intenté au conſeil, de la part du prépoſé à la recherche des faux nobles contre les nobles de Champagne, que l'on prétendoit ne tirer leur *nobleſſe* que du côté maternel; mais le procès ne fut pas jugé, le conſeil ayant impoſé ſilence au prépoſé. *Voyez les recherches ſur la nobleſſe utérine de Champagne.*

L'exemple le plus fameux d'une *nobleſſe utérine* reconnue en France, eſt celui des perſonnes qui deſcendent par les femmes de quelqu'un des frères de la pucelle d'Orléans. Elle ſe nommoit Jeanne Dars, ou Darc. Charles VII, en reconnoiſſance des ſervices qu'elle avoit rendus à la France par ſa valeur, par des lettres du mois de décembre 1429, l'annoblit avec Jacques Dars, ou Darc, & Iſabelle Romée ſes père & mère, Jacquemin & Jean Dars, & Pierre Perrel ſes frères, enſemble leur lignage, leur parenté & leur poſtérité née & à naître en ligne maſculine & féminine. Charles VII changea auſſi leur nom en celui de *du Lys.*

On a mis en doute ſi l'intention de Charles VII avoit été que la poſtérité féminine des frères de la pucelle d'Orléans eût la prérogative de tranſmettre la *nobleſſe* à ſes deſcendans, parce que c'eſt un ſtyle ordinaire dans ces ſortes de chartres d'annoblir les deſcendans mâles & femelles de ceux auxquels la *nobleſſe* eſt accordée, mais non pas d'annoblir les deſcendans des filles, à moins qu'elles ne contractent des alliances nobles. La Roque, en ſon *Traité de la nobleſſe*, rapporte vingt exemples de ſemblables annobliſſemens faits par Philippe de Valois, par le roi Jean, par Charles V, Charles VI, Charles VII & Louis XI, en vertu deſquels perſonne n'a prétendu que les filles euſſent le privilège de communiquer la *nobleſſe* à leurs deſcendans; il n'y a que les parens de la pucelle d'Orléans qui aient prétendu avoir ce privilège.

Il fut néanmoins interprété par une déclaration de Henri II, du 26 mars 1555, par laquelle il eſt dit qu'il s'étend & ſe perpétue ſeulement en faveur de ceux qui ſeroient deſcendus du père & des frères de la pucelle en ligne maſculine & non féminine; que les ſeuls mâles ſeront cenſés nobles, & non les

deſcendans des filles, ſi elles ne ſont mariées à des gentilshommes. Ce même privilège fut encore aboli par l'édit de Henri IV, de l'an 1598, ſur le fait des annobliſſemens créés depuis 1578. L'édit de Louis XIII, du mois de juin 1614, *article 10*, porte que les filles & les femmes deſcendues des frères de la pucelle d'Orléans n'annobliront plus leurs maris à l'avenir. Les déclarations de 1634 & de 1635 portent la même choſe. Ainſi, ſuivant l'édit de 1614, les deſcendans de la pucelle d'Orléans par les filles, nés avant cet édit, ſont maintenus dans leur poſſeſſion de *nobleſſe*; mais ce prétendu privilège a été aboli, à compter de cet édit.

Il y a dans d'autres pays quelques exemples de ſemblables privilèges. J'ai vu des lettres du mois de février 1699, accordées dans une ſouveraineté voiſine de la France, qui donnoient aux filles du ſieur de *** le droit d'annoblir leurs maris; mais je ne ſais s'il y a eu occaſion de faire valoir ce privilège.

Juſte-Lipſe dit qu'à Louvain il y a ſept familles principales & nobles, qui ont droit de transférer la *nobleſſe* par les femmes; de ſorte que ſi un roturier épouſe une fille de l'une de ces familles, les enfans qui naiſſent d'eux ſont tenus pour nobles, & leurs deſcendans pour gentilshommes.

François Pyrard rapporte qu'aux iſles Maldives, les femmes nobles, quoique mariées à des perſonnes de condition inférieure, & non nobles, ne perdent point leur rang, & que les enfans qui en ſont iſſus ſont nobles par leur mère. *Voyez les recherches ſur la nobleſſe utérine de Champagne; le Traité de la nobleſſe, par de la Roque; le Code des tailles, le Mémoire alphabétique des tailles, & ci-devant* NOBLESSE MATERNELLE. (*A*)

NOBLESSE (*uſurpateur de la*). On nomme en France *uſurpateurs de la nobleſſe*, ou *faux nobles*, ceux qui, n'étant pas nobles, uſurpent les droits & les privilèges de la *nobleſſe*. Sous M. Colbert, on en fit pluſieurs fois la recherche, qui ne parut pas moins intéreſſante pour les revenus publics, que pour relever l'éclat de la véritable *nobleſſe*; mais la manière d'y procéder fut toujours mauvaiſe, & le remède on prit pour ce genre de recherches penſa être auſſi funeſte que le mal. Les traitans chargés de cette diſcuſſion, ſe laiſſèrent corrompre par les faux nobles qui purent les payer; les véritables nobles furent tourmentés de mille manières, au point qu'il fallut rechercher les traitans eux-mêmes, qui trouvèrent encore le moyen d'échapper à la peine qu'ils méritoient. (*D. J.*)

NOBLESSES ET RÉGALES. On a quelquefois donné le nom de *nobleſſes* aux droits de régales, c'eſt-à-dire, aux prérogatives qui appartiennent à la ſouveraineté. *Voyez* d'Argentré *ſur l'article 56 de l'ancienne coutume de Bretagne.* (*M.* GARRAN DE COULON, *avocat au parlement.*)

NOBLESSES ET SEIGNEURIES, (*Droit féodal.*) ce mot ſe trouve dans une ordonnance du roi

Jean, du mois de décembre 1360. *Voyez le Glof-faire du droit françois.*

Le mot de *nobleffe* eft un fynonyme à *feigneu-rie. Voyez l'article* NOBILITÉ DES FONDS & NO-BLESSA. (M. GARRAN DE COULON, avocat au parlement.)

ADDITION à l'article NOBLESSE. L'étendue que nous avons donnée à l'article DEGRÉ DE NOBLESSE, juftifiera la briéveté de celui-ci. On fent bien qu'une telle matière, fous la plume d'un auteur qui ne fauroit ou ne voudroit pas fe circonfcrire, rem-pliroit des volumes entiers. Sans copier Tiraqueau, Matthæus, la Roque, M. Barthez, &c. nous croyons fatisfaire fuffifamment au plan de l'Ency-clopédie, à l'utilité du public, & à la curiofité du lecteur, en nous bornant ici à quelques éclair-ciffemens fur l'article cité.

§. 1. *Du Tribunal héraldique.* Plufieurs perfonnes de l'art & beaucoup de gentilshommes m'ont re-nouvellé des inftances auxquelles le fentiment de mon infuffifance m'a fait réfifter long-temps. Enfin le defir d'être utile & les égards dus à des citoyens bien intentionnés, ont furmonté mes fcrupules. Affligé d'ailleurs de ce que la *nobleffe* en France ne jouit que d'un état précaire, par la néceffité de reproduire fes titres originaux à chaque chan-gement d'objet ou de commiffaires; gémiffant de la dépenfe ftérile & journalière que lui caufe en argent, en foins, en temps, en idées, la nullité dont le procès-verbal d'un généalogifte, ou d'un corps de la nation, eft aux yeux d'un autre corps ou généalogifte de la même nation, j'ai pris la liberté de propofer au tribunal des maré-chaux de France, & à quelques miniftres, l'érec-tion d'une chambre héraldique à Paris, compé-tente pour toutes les preuves du royaume, & fub-divifée en commiffions également authentiques & compétentes dans les provinces. Dans cette cham-bre & dans ces commiffions entreroient quelques nobles, tels qu'étoient jadis les rois-d'armes, les maréchaux-d'armes, & tels qu'ont toujours été les juges-d'armes. C'eft bien, je crois, un article de droit naturel & pofitif, qu'au nombre des exa-minateurs d'un ordre, il y ait quelques-uns de fes pairs ou de fes membres. Les rois-d'armes de France man-geoient avec le roi fous Dagobert & fous Philippe-Augufte. Eux & les maréchaux-d'armes, créés en 1487, étoient encore *meffires* & *chevaliers* fous Louis XII & fous les derniers Valois. J'exhorte fort M. le chevalier de la Haye, roi-d'armes actuel, à publier les recherches qu'il a faites fur les anciennes prérogatives de fa charge. Mon pro-jet, rapporté en juillet 1785, par M. de Tolozan, rapporteur-général du point d'honneur, n'a pas eu plus d'exécution que celui que M. le chevalier du Sauffeuil avoit propofé au même tribunal en 1761, fur la création d'une charge de grand-archivifte, lequel recevroit le dépôt des originaux de tous les titres généalogiques des familles, nobles ou rotu-rières, & feroit fondé à en délivrer des expéditions

légales & authentiques. Mais dans mon peu de fuccès, j'ai goûté la confolation d'avoir femé le germe d'une idée utile, de n'avoir pas altéré la pureté de mes vues par l'ombre la plus légère d'une perfonnalité quelconque, d'avoir prouvé à la nation que j'aimois & refpectois toutes fes claffes, que les devoirs du gentilhomme m'étoient plus chers que fes prérogatives, à la *nobleffe* que je voulois fervir tous fes membres, fans en humilier aucun, & aux commiffaires actuellement chargés, foit par le roi, foit par des corps ou des chapitres, de conftater les preuves de cet ordre; qu'ayant fatisfait pour moi-même ou pour les miens à toutes leurs formes, j'avois bien plus d'envie de confolider leur travail que de décliner leur jugement, car on ne peut dire leur jurifdiction.

§. 2. *De l'antiquité d'un ordre de nobleffe.* Cette inftitution fe retrouve chez prefque tous les peu-ples anciens & modernes, entièrement ou à de-mi-policés. Elle exifte fur les bords du Sénégal, du Gange & de l'Ohio, comme fur les rives de l'Elbe & du Tanaïs; au Mexique & au Pérou, comme dans les Gaules & la Germanie; à Mada-gafcar & au Japon, comme dans l'Archipel & aux Canaries. Les infulaires de la mer du Sud, comme ceux des mers Boréales, ont reconnu ces diftinc-tions héréditaires de certaines familles & de cer-tains individus. Les hiftoriens, les voyageurs, &, en dernier lieu, le célèbre navigateur Cook, fe réuniffent pour l'atteftation de ce fait. La diftance ou différence inévitable entre gouvernans & gou-vernés, entre commandans & fubordonnés dans une peuplade quelconque, & peut-être antérieure-ment encore l'aîneffe ou la force phyfique des indi-vidus dans les familles eft la première fource de cette aîneffe ou diftinction civile des claffes dans les fociétés. Cette fource féconde s'eft bientôt accrue des hommages que l'homme eft affez enclin à rendre aux perfonnes & aux defcendans de ceux qui l'au-ront étonné par leurs talens, lui auront impofé par leur puiffance, l'auront captivé par leur bonté, l'auront fervi par leurs lumières ou leurs actions. De toutes ces chofes, on trouve dans prefque toutes les parties du monde connu, des veftiges de plus de quarante fiècles. Ce ne font ni les Hugues-Capet, ni les Charles-le-Chauve, ni les Clotaire II, ni les Clovis ou les Pharamond qui furent chez nous les inventeurs de ces préroga-tives héréditaires, vrais échelons de leur gran-deur. Mais je ne difconviens pas que fous ces princes, comme fous plufieurs de leurs fuccef-feurs, il n'y ait eu beaucoup de variations & de modifications dans le nombre, l'influence & la forme d'un ordre dont la défignation, le germe & le fond précédèrent & accompagnèrent la naif-fance de notre monarchie. Avant la manie ger-manique, flamande, irlandoife, tartare, moſko-wite, efpagnole, italienne & françoife, les Indiens, les Juifs, les Perfes, les Phrygiens, les Phéni-ciens, les Grecs & les Romains, s'étoient occupés de généalogie. La religieuse vénération des Chinois pour la mémoire de leurs pères, tient plus qu'on ne pense à la vertu. Celui qui fait honorer ses aïeux aspire aux respects de ses descendans. « O » mes enfans ! dit l'honnête habitant de Pékin, mon » ombre ne sera pas insensible à d'aussi doux souvenirs ; puissé-je dès aujourd'hui mériter de » vous, pour le temps où je ne serai plus, ces » mêmes hommages que nous offrons aux mânes » des ancêtres dont nous embrassons les images, » de ces ancêtres vertueux qui nous ont transmis » le présent de la vie & l'exemple du bien » !

Je n'ai pas été médiocrement flatté de trouver mon sentiment sur l'origine & l'antiquité de la *noblesse*, adopté & confirmé par le savant M. l'abbé Rive.

§. 3. *De la féodalité*. Je ne suis ni l'apologiste de l'ancien gouvernement féodal, ni moins encore le partisan des vestiges informes, tronqués, & dès-là même très-abusifs, qui en subsistent encore. Mais je n'adopte pas davantage les déclamations modernes de ceux qui croient ne trouver qu'une combinaison suivie de la ruine du peuple & de la tyrannie des nobles dans cet ancien système, le moins défectueux peut-être dont une grande monarchie fût susceptible si l'on eût conservé cette constitution, soit entièrement telle que l'avoit réglée Charlemagne, soit avec les seules modifications qu'y laissa le bon roi Louis XII. J'ai développé dans un éloge de ce prince, ainsi que dans mes *Lettres économiques*, les avantages qui balançoient les inconvéniens d'un système, lequel substituoit la plus patriotique harmonie aux rivalités perpétuelles & scandaleuses, que les arrangemens postérieurs ont fait naître. Quoique sujette, comme toutes les institutions humaines, à de grands abus, la féodalité françoise a toujours eu tous les avantages de celle d'Allemagne, & n'a jamais mérité les reproches de celle de Pologne. Indépendamment des autorités anciennes & très-graves, voyez l'*Histoire des hommes* & le *Tableau de Paris*, ouvrages dont les auteurs ne sont pas suspects de partialité pour la *noblesse*. MM. de Boulainvilliers (1), de Montesquieu, de Mabli, du Buat

(1) Quel dommage que ce savant & estimable comte de Boulainvilliers ait cru relever la nation françoise en ravalant si mal-à-propos la gauloise, comme si sous la postérité de Clovis, sous celle de Conan, sous celle de Rollon, le sang franc & gaulois, breton & armoricain, normand & neustrien, ne s'étoit pas mêlé & confondu, tant par l'impulsion de la nature, que par une suite de cette prudence qu'ont eue de tout temps les hordes conquérantes envers les nations conquises, sans en excepter les Tartares à la Chine, & les Ottomans en Turquie. D'ailleurs, les Gaulois, unis à leurs vainqueurs, ne tardèrent pas à mériter de nouveau le magnifique éloge que leur avoient donné les meilleurs écrivains de Rome, entre autres Salluste, au n°. 309 & dernier de son histoire de la guerre de Jugurtha. *Avec les autres peuples les Romains comptoient sur la victoire : avec les Gaulois, ils s'estimoient heureux de pouvoir se défendre.*

& Garnier, quoique peu d'accord entre eux sur divers points capitaux, se sont réunis dans la réfutation complette de ces compilateurs infidelles qui nous peignent, comme recouvrement de droit, toutes les usurpations faites au nom des rois, & comme rebellion punissable toutes les résistances des seigneurs.

Sans parler de la légitimation très-incontestable de la souveraineté des comtes de Normandie, de Bretagne, de Picardie, de Champagne, &c. lesquels, à leur tour, étoient obligés à beaucoup d'égards envers leurs barons ou premiers vassaux, il est évident qu'à l'avénement de Hugues Capet, les simples seigneurs de Montlhéri & du Puiset possédoient ces terres aux mêmes titres & droits que ce prince occupoit le marquisat de France. Que diroit-on aujourd'hui d'un empereur d'Allemagne qui, sous prétexte de réunion, voudroit envahir un électorat, ou d'un grand état d'empire qui vexeroit le comte régnant d'un petit territoire autrefois détaché de sa principauté ?

De plus, ces injustices des plus puissans sur les plus foibles ne tournent jamais à l'avantage de l'humanité. Indépendamment de ce que les talens & les qualités d'un souverain ne se multiplient, ne s'augmentent pas en proportion de l'accroissement de ses domaines & de la multiplication de ses sujets, il est généralement vrai que plus un état s'agrandit, plus les individus qui le composent se rappetissent. Ne vaut-il pas mieux être pour un millième que pour un millionnième dans la chose publique ? Cette supériorité des petits états sur les grands, pour la facilité d'un bon gouvernement, a été vivement sentie dans le roman pastoral-héroïque des *Aventures d'Alcime*, & dans le traité politique & moral *du bonheur dans les campagnes*. Les campagnes ! elles n'étoient ni désertes, ni incultes du temps de cette féodalité si décriée (1). Si les

(1) On dit que le ministre de Louis XIII eut un prétexte plausible pour attirer la très-haute *noblesse* à la cour. Mais, à dater des quatorze dernières années de Louis XV, je ne sais quel motif couvre la démarche assurément préjudiciable aux campagnes & aux provinces, d'y avoir appellé sans charges, sans places, sans dignité, sans besoin quelconque, le gros de la bonne *noblesse* ordinaire, par le seul attrait des carrosses du roi. Le gentilhomme n'a pas tort de sacrifier à l'opinion ; mais il est malheureux que le gouvernement ait laissé l'opinion se diriger vers un objet si importun pour le roi, si futile pour le sujet, je pourrois ajouter si nuisible à tous deux depuis qu'il paroît presque aussi beau d'entrer dans les carrosses que de monter à l'assaut. Ayant fait mes preuves comme les autres, je n'en parle pas en renard qui dédaigne les raisins qu'il ne peut atteindre, mais je persisté à croire que le roi rendroit autant de lustre & plus de service à son ancienne *noblesse*, en n'admettant aux honneurs de la cour que ceux qui en ont les emplois, & en déclarant admissibles, sans les déranger de leurs familles, de leurs affaires, de leurs terres, ou de leurs garnisons, tous ceux qui feroient les preuves requises. Cet arrangement me sembleroit d'autant plus proposable, que les places de la cour, quoique très-décorantes pour les

bourgeois d'alors n'avoient point d'equipages, de lambris dorés, de glaces magnifiques, de diamans, de pierreries, & de vaisselle plate, ils étoient riches de leur honnête médiocrité, & vivoient contens de leur sort, parce qu'ils savoient borner leurs spéculations & leurs jouissances. D'un autre côté, le villageois, infiniment plus nombreux, & quelquefois bien plus utile, avoit du pain, un toit, des vêtemens, & ne marchoit pas ruds pieds. Les grands & les moyens propriétaires, nourriciers de l'état dans leurs campagnes, au lieu d'en être les sangsues à la cour, veilloient & contribuoient à l'aisance & au bien-être de leurs vassaux, comme un bon pasteur, pour me servir d'une expression de Louis XII, s'occupe de la subsistance & de l'entretien de son troupeau. Aux charges modiques & presque volontaires que les seigneurs imposoient à leurs colons, en retour des bienfaits & de la protection qu'ils leur accordoient, ont succédé les vexations du fisc & de la maltôte, de la chicane & de la momerie, bien plus onéreuses que toutes les chaînes féodales, & qui ne présentent pas les mêmes compensations. Charlemagne, Louis XII, Henri IV ont senti la dignité, l'utilité du gentilhomme cultivateur, & ces grands princes ne confondoient pas la sagesse active & bienfaisante de la vie patriarchale & champêtre avec la fainéantise, la grossiereté de la vie braconnière & campagnarde. Ils ne confondoient pas non plus avec une domesticité servile & avilissante, cette commensalité réciproque, & dès-là généreuse & secourable, par laquelle la noblesse s'entre-soutenoit alors, & conservoit toujours les rapports les plus fraternels du puissant au foible, & du riche au pauvre. Ce faste antique de chambellans, d'écuyers & de pages, ne décoroit-il pas infiniment plus un seigneur opulent que le luxe moderne des chiens, des chevaux, des courtisannes & de la valetaille ? En même temps que sans frais pour l'état, & sans accablement pour les particuliers, cette magnificence de nos ancêtres tenoit toujours en haleine une partie de la nation spécialement disponible, & propre à la représentation & à la guerre, elle empêchoit d'arracher journellement aux arts, aux métiers, à la marine, à l'agriculture, aux légions, une foule de sujets que le déplacement & la corruption rendent quelquefois aussi complètement inutiles qu'ils auroient été précieux dans leur destination primitive. C'est à des causes morales, dit fort judicieusement M. de Saint-Pierre, dans ses *Etudes de la nature*, « qu'il faut rapporter les phy» sionomies, singulièrement remarquables par leur

sujets qui en sont revêtus, ne doivent jamais être de nature à transmettre une prééminence héréditaire. Dans l'article DEGRÉ DE NOBLESSE qui a beaucoup de connexité avec celui-ci, nous avons tâché de fixer les idées sur ce qu'on appelle haute noblesse, sans nous occuper de ceux qui furent suspects en différens siècles, de ne devoir leur élévation qu'à des bassesses.

» dignité, de grands seigneurs de la cour de » Louis XIV, comme on le voit dans leurs por» traits ;..... les gens de qualité du siècle de » Louis XIV avoient cet avantage pardessus leurs » descendans qu'ils se piquoient de bienfaisance & » d'affabilité populaire, & d'être les patrons des » talens & des vertus par-tout où ils les rencon» troient. Il n'y a peut-être pas une grande mai» son de ce temps-là qui ne puisse se glorifier » d'avoir poussé en évidence quelque homme de » familles du peuple, ou de simple noblesse, qui est » devenu célèbre dans les lettres, dans l'église, » ou dans les armes par leur moyen. Les grands » agissoient ainsi à l'imitation du roi, ou peut-être » par un reste d'esprit de grandeur du gouverne» ment féodal qui finissoit alors ». Les guerres civiles qui faisoient le plus terrible inconvénient du gouvernement féodal, dépouilloient, emprisonnoient, désespéroient, tuoient moins de monde que le luxe, la maltôte, la contrebande, les galères & la chicane n'en dévorent aujourd'hui. L'aisance que le riche gentilhomme répandoit sur son pair moins riche, refluoit successivement sur ses fermiers, les vassaux, ou les suivans de ce dernier, de manière que de proche en proche, les liens de secours, de concorde & de fraternité, se maintenoient parmi les ordres, les classes, les familles, & les individus de l'état, au moyen même de cette dépendance ou subordination graduelle qui mettoit entre eux une distance bien plus apparente qu'effective. Au reste, loin de tenir à l'ancien système féodal, j'ai proposé dans la première de mes Lettres économiques, d'en extirper jusqu'aux derniers vestiges de la manière la plus avantageuse au peuple, & la plus honorable à la noblesse. Ainsi le but de ce paragraphe n'est pas tant de justifier le règne de la féodalité, que d'avertir les gens en place de se conduire à l'égard de la nation, de manière qu'elle ne soit jamais tentée de soupçonner que ses aïeux étoient plus fortunés & plus libres sous leurs chaînes illusoires, qu'elle ne l'est avec son affranchissement réel. De telles observations serviront d'avertissement aux règnes futurs, en même temps qu'elles honoreront celui sous lequel on se permet de les mettre au jour.

§. 4. De la noblesse des francs-fiefs. A ce que nous en avons dit au mot DEGRÉ, t. 3, p. 563, col. 2, nous pouvons ajouter ce qui suit. L'ordonnance rendue par Louis XII en 1470, concernant les francs-fiefs en Normandie, n'étoit guère que le renouvellement d'un usage bien antérieur & plus général dans le royaume, usage dont on retrouve les vestiges même avant saint Louis, qui, le premier de nos rois, permit aux roturiers de posséder des fiefs ; usage très-sagement aboli par Henri III, puisque insensiblement tout le monde, ou peu s'en faut, seroit devenu noble comme en Biscaye, & le mot vuide de sens.

Le réglement de saint Louis est d'environ 1270. Les francs-fiefs ont commencé, en 1275, sous son fils , & fucceffeur immédiat , Philippe-le-Hardi. Les roturiers qui pouvoient acquérir de grands fiefs avoient l'affurance & fouvent l'avantage d'être annoblis par l'inveftiture du roi. Ceux qui acquéroient des fiefs fubalternes n'étoient pas annoblis par leurs fuzerains autres que le roi ; mais leurs enfans étoient annoblis, & faifoient fouche de *nobleffe*. Ces nouveaux nobles fortoient de la première bourgeoifie des villes & communes, dont l'affranchiffement avoit commencé depuis environ cent cinquante ans ; enforte qu'au fervice militaire, inhérent à leurs fiefs, ils joignoient encore la recommandation de plus d'un fiècle d'ingénuité, de *notabilité*. De l'ordonnance de Philippe-le-Hardi, non-feulement il réfultoit de temps en temps que le roturier, acquéreur de fief, annobliffoit fon petit-fils, & que la *nobleffe* étoit affurée par la *tierce-foi*, ou par le troifième poffeffeur, ainfi qu'il en eft aujourd'hui de plufieurs charges de robe ; mais il eft vraifemblablement arrivé plus d'une fois que le gentilhomme qui avoit vendu fon fief à un roturier, demeuroit roturier lui-même s'il reftoit dans la cenfive ou dépendance de ce fief.

Un parlement de 1260 avoit prévu ce renverfement d'ordre, qui ne fut ni fi fréquent que l'avance l'auteur des lettres écrites de Lyon, ni fi nul que le foutient fon eftimable adverfaire. Le parlement cité difpenfe les gentilshommes de rendre hommage aux fuzerains roturiers. On fait quels défagrémens éprouvèrent, fous faint Louis, plufieurs bourgeois nommés au tome 6 de l'abbé Velly, lorfqu'ils voulurent faire valoir les droits des fiefs dont leurs richeffes les avoient rendus poffeffeurs. Seroit-ce donc un mal aujourd'hui de laiffer dormir les prérogatives nobles d'une terre poffédée par un roturier, à-peu-près comme en Bretagne, en Artois, dorment les privilèges d'un gentilhomme exerçant une profeffion roturière. Peut-être alors moins de feigneurs deviendroient vaffaux de leurs intendans, & la loi qu'on propofe réfréneroit également l'inconduite des premiers & l'avidité des feconds.

§. 5. *De la magiftrature.* Le fragment qu'on a rapporté de nous au mot MAGISTRAT, *t. 5*, & ce que nous avons dit à l'article DEGRÉ DE NOBLESSE, prouve que dans notre opinion particulière, fondée fur beaucoup d'étude & de méditation, non-feulement la magiftrature & les armes font également compatibles avec la *nobleffe* ; mais qu'en général un homme de condition naît magiftrat & militaire. Les feules convocations du ban & de l'arrière-ban prouvent affez pour le fecond. Quant au premier, voyez-en la preuve dans toutes les provinces où le droit précieux de délibérer en corps fur les affaires nationales, n'eft pas encore perdu ni fufpendu. Car il eft palpable que la définition de magiftrat ne fe borne pas à celle de juge, & que ce mot eft également propre à défigner un citoyen autorifé, par le feul droit de fa

naiffance, à donner fa voix fur quelques objets d'adminiftration politique & civile.

En l'abfence des anciens parlemens nationaux & des états-généraux qui les ont remplacés, les cours judiciaires, qui confervent le premier nom de ces corps, dont elles ne font que des parcelles dès long-temps démembrées, ont le droit & même l'obligation d'agir pour la totalité, comme formant alors pour le bien du peuple, autant que pour le fervice du monarque, des états *au petit pied*, fuivant les termes du règlement de Blois. Cette règle fe modifie dans les provinces qui ont confervé leurs états. Hommes de guerre ou de loi qui n'avez pas encore dépouillé vos injuftices & préventions refpectives, ne difputez entre vous qu'à qui fe montrera le mieux enfant de la patrie, & ne trouvez pas mauvais que mon impartialité vous renvoie au chapitre 13 du tome 1 du grand ouvrage mis au jour en 1782, par M. le comte de Mirabeau. Vous trouverez auffi dans les *Elémens de la politique* de M. le comte de Buat, de fort bons réfumés fur les parlemens, foit affemblées nationales, foit cours de juftice, fur les états tant généraux que provinciaux, fur la pairie ancienne & moderne. Ce même écrivain, dans fes *Remarques d'un françois*, a victorieufement défendu la *nobleffe* du royaume des atteintes inconfidérées que le livre de M. Necker fur l'adminiftration des finances, fembloit porter aux frêles & précieux débris des droits de cet ordre. Nousmêmes, dans le *Journal de Normandie*, du 21 mai, n°. 40 *de la préfente année 1785*, avons ofé réfuter les affertions hafardées par l'illuftre Genevois, contre la *nobleffe* de Bretagne en particulier. Mais notre difcuffion s'eft faite avec tous les égards qui lui font dus. Nous ne furchargerons point cet article, déjà trop long, de la tranfcription de tous ces morceaux ; mais il nous a paru d'autant plus convenable de les indiquer, que les erreurs du livre de M. Necker font rachetées par des traits d'éloquence & de fentiment, de lumière & de vérité, qui le feront réfifter aux critiques les mieux fondées. Magiftrature, *nobleffe*, nation françoife, gardons-nous de ne pas refpecter & chérir un adminiftrateur qui a vivement ranimé chez nous le langage & l'efprit de patriotifme ; qui n'a pas craint de foumettre fes combinaifons, fes vues, fes opérations, fa conduite, & fes confrères, au tribunal de l'opinion publique. (*Cette addition eft de M. le vicomte DE TOUSTAIN-RICHEBOURG.*)

NOÇAILLES, (*Droit féodal.*) dom Carpentier dit dans fon *Gloffaire françois*, & dans fon *Gloffarium novum*, au mot *Nuptiaticum*, que ce dernier mot & celui de *noçailles*, fignifient le droit que payoient les ferfs aux feigneurs pour la permiffion de fe marier.

Cet auteur cite en preuve l'article 14 de la chartre de la ville de Tannay, de l'an 1352, qui eft rapportée au tome 6 des ordonnances du Louvre, *page 163* : « ne pourront, y eft-il dit, demander

» lidit feigneur & dames és diz habitanz ne avoir
» d'iceux nulle chofe, pour caufe de oft, de che-
» vauchée, de fubvention, de mortailles, de
» noçailles, de chevalerie, &c. ».

Il fe pourroit néanmoins que ce mot de noçailles ne défignât rien autre chofe que l'un des
droits connus fous le nom de loyaux-aides, cas
impériaux, aides-chevels, ou taille aux quatre cas,
que l'on payoit au feigneur pour le mariage (les
noces) de fa fille aînée.

Au refte, dom Carpentier obferve qu'on a imprimé mal-à-propos notailles, pour noçailles, dans
les ordonnances du Louvre. (M. GARRAN DE
COULON, avocat au parlement.)

NOCES, f. f. plur. (Droit civil & canon.) ce
terme, dans le fens du mot latin nuptiæ, eft fynonyme de celui de mariage. Mais il fignifie auffi,
dans l'ufage ordinaire, la célébration du mariage.

On appelle don de noces, celui qui eft fait en
faveur du mariage; gain de noces & de furvie, celui
que le furvivant des conjoints gagne, foit en vertu
de la loi ou ufage, foit en vertu d'une convention
inférée au contrat de mariage. Voyez GAIN &
MARIAGE.

NOCES (fecondes.) On appelle fecondes noces,
tout mariage fubféquent que contracte une perfonne qui a déjà été mariée, & qui depuis eft
devenue en état de viduité. Ainfi nous comprenons
fous ce nom le fecond, troifième ou fubféquent
mariage.

Les peuples anciens, qui admettoient le divorce
& la poligamie, étoient bien éloignés de profcrire, même de reftreindre les fecondes noces. La
loi politique & religieufe des Hébreux faifoit
un devoir aux veuves qui n'avoient point eu d'enfans de leur mariage, d'époufer le frère ou le
plus proche parent de leur défunt mari. Il paroît
par l'hiftoire de la veuve de Sichée, que c'étoit
un ufage autorifé chez les Phéniciens.

Les anciens Romains qui avoient formé leurs
loix fur celles des Grecs, fembloient, en favorifant les fecondes noces, vouloir encourager la population. Ils envifageoient comme contraires au
bien de la république, les difpofitions d'un mari,
qui, jaloux de vivre feul dans le fouvenir de fa
veuve, cherchoit à lui enlever la liberté de paffer
dans les bras d'un autre, & malgré la faveur des
teftamens, la loi julia mifcella veut que la prohibition de fe marier, impofée comme condition à
un legs fait à la femme, foit regardée comme inutile, & que la veuve puiffe contracter un fecond
mariage, pourvu qu'elle affirme par ferment, que
fon objet, en paffant à de fecondes noces, eft de
donner des enfans à la république. Juftinien écarta
même ces entraves, & abolit ce ferment par la
loi 2, c. de indic. viduit. toll.

Mais lorfque la religion chrétienne fut montée
fur le trône des Céfars, & que tous les peuples
de l'empire l'eurent embraffée, les fentimens de
perfection & les mœurs plus pures qu'elle inf-

pira, firent regarder les fecondes noces peu favorablement, & bientôt les inconvéniens qui en ré-
fultoient fe firent fentir aux légiflateurs.

Par rapport à la religion, on les regarda comme
une efpèce d'incontinence contraire au premier
état du mariage, fuivant lequel Dieu ne donna à
l'homme qu'une feule femme. On les regarda auffi
comme contraires à l'inté-
rêt des familles, en ce qu'elles y apportent fouvent du trouble, foit en diminuant la fortune des
enfans du premier lit, foit parce qu'ordinairement
celui qui fe remarie tourne toute fon affection du
côté de fon nouveau conjoint & des enfans qui
proviennent de ce nouveau mariage.

Tertullien s'eft même efforcé d'établir comme
un dogme que les fecondes noces étoient réprou-
vées, & divers auteurs qui ont écrit fur cette
matière, ont rempli leurs ouvrages de déclamations contre les fecondes noces.

Il eft néanmoins conftant que l'églife romaine
les autorife comme un remède contre l'incontinence, melius eft nubere quàm uri; c'eft la doctrine
du canon aperiant, du canon Deus mafculum, &
du canon quod fi dormierit, 31, queft. j, & autres
textes facrés. Le feptième canon du concile de
Nicée a même déclaré hérétiques les Cathares ou
Purs qui condamnoient les feconds mariages, &
il avoit défendu de les admettre à rentrer dans
le fein de l'églife, s'ils n'abjuroient par écrit cette
erreur.

Si l'églife ne donne pas la bénédiction aux feconds mariages, ce n'eft pas qu'elle les regarde
comme impies, c'eft que la première bénédiction
eft cenfée fe perpétuer.

En Ruffie, les feconds mariages font tolérés,
mais à peine les regarde-t-on comme légitimes;
les troifièmes ne font jamais permis fans une caufe
grave, & l'on ne permet jamais un quatrième,
en quoi les Ruffes ont adopté la doctrine de l'églife
d'Orient.

L'églife romaine, en permettant les fecondes
noces, & autres fubféquentes, n'a cependant pu
s'empêcher d'y attacher quelque peine, en ce que
celui qui a été marié deux fois, ou qui a époufé
une veuve, ne peut être promu aux ordres
facrés.

Les loix civiles ont auffi autorifé les fecondes
noces; mais elles y ont impofé des peines & conditions, non pas pour empêcher abfolument ces
feconds mariages, mais pour tâcher d'en détourner, ou du moins d'en prévenir les plus grands
inconvéniens: auffi chez les Romains n'accor-
doit-on la couronne de chafteté qu'aux veuves qui
étoient demeurées en viduité après leur premier
mariage.

Entre les loix romaines qui ont établi des peines
ou conditions pour ceux qui fe remarient, les plus
fameufes font les loix fæmina generaliter, & hâc
ediltali au code de fecundis nuptiis.

La première de ces loix veut qu'une veuve qui,

ayant des enfans de son premier mariage, se remarie après l'an du deuil, réserve à ses enfans du premier lit tout ce qu'elle a eu de la libéralité de son premier mari, à quelque titre que ce soit, ensorte qu'elle n'en a plus que l'usufruit, & que la propriété en est assurée aux enfans du premier lit, sans qu'on puisse en rien aliéner, ou autrement disposer à leur préjudice. L'authentique *in donatione*, prive également la veuve qui se remarie de la propriété des donations qu'elle a reçues à cause de ses premières *noces*, quoiqu'elles ne proviennent pas de la substance de son premier époux, si elles ont été faites à sa considération.

La loi *generaliter* étend aux hommes qui se remarient ce que la première avoit ordonné pour les femmes.

Enfin, la loi *hâc edictali* défend aux femmes qui contractent de seconds ou autres subséquens mariages, de donner de leurs biens à leurs nouveaux maris, à quelque titre que ce soit, plus que la part de l'enfant le moins prenant dans leur succession.

Nous avons été long-temps en France sans aucune loi générale sur cet objet. Les provinces, régies par le droit écrit, avoient adopté les loix de Justinien; plusieurs de nos coutumes avoient été rédigées d'après les principes qu'elles établissent, mais avec des différences remarquables.

En effet, la coutume de Paris, *art. 279*; celle de Calais, *art. 71*; d'Orléans, *art. 203*; de Normandie, *art. 91, 390, 406 & 405*; de Sedan, *art. 99*, défendent, comme la loi *hac edictali*, à la veuve qui se remarie, d'avantager son second époux au-delà de la part des enfans moins prenans, & l'article 134 de celle de Valois, défend, sans distinction, de lui faire aucun avantage au-delà du tiers des immeubles.

La prohibition est étendue aux enfans du second époux par les coutumes de Paris, *art. 283*; de Calais, *art. 79*; de Bourbonnois, *art. 226*; & de Sedan, *art. 126*.

D'autres coutumes ordonnent, comme la loi *feminæ*, aux personnes veuves de laisser aux enfans du premier lit la propriété de tous les gains & avantages résultans des premiers mariages: telles sont les coutumes de Calais, *article 71*; d'Amiens, *art. 107*; de Sedan, *art. 100*; de Laon, *tit. 3, art. 29*; & de Châlons, *tit. 6, art. 35*.

Les coutumes de Sedan & de Calais paroissent celles de toutes qui ont à cet égard les dispositions les plus étendues: car non-seulement elles assurent, comme la loi *feminæ*, aux enfans du premier mariage tous les dons & avantages faits par le premier époux; mais encore, comme les articles 279 de la coutume de Paris, & 203 de celle d'Orléans, ces loix défendent à la veuve de disposer, au préjudice de ces enfans, de sa part des conquêts de la première communauté.

Cette disposition, qu'une jurisprudence constante a rendue commune aux hommes veufs, & a

étendue aux effets mobiliers de la première communauté, est bien plus rigoureuse que la loi *feminæ*, puisque ces conquêts & ces meubles ne devant pas être regardés comme des bienfaits du premier époux, ne peuvent, en aucun cas, être réputés tels à l'égard des maris, mais leur sont au contraire personnels, comme étant les fruits de leur collaboration commune; aussi la réserve n'est-elle pas absolue; & il faut observer que les enfans des lits postérieurs succèdent à ces conquêts comme ceux des premiers lits.

Un autre avantage que les veufs retirent de leur premier mariage, est la garde de leurs enfans mineurs ou impubères, dont les revenus leur sont déférés à titre de gardiens. Dans plusieurs coutumes, les *secondes noces* leur font perdre cet avantage; telles sont les coutumes de Paris, *art. 268*; de Calais, *art. 139*; d'Etampes, *art. 89*; de Clermont, *art. 172*; de Meaux, *art. 152*; de Laon, *art. 261*; de Reims, *art. 332*; de Troies, *tit. 2, art. 17*; d'Anjou, *tit. 7, art. 85*; du Maine, *tit. 8, art. 98*; & de Chartres, *tit. 19, art. 106*, &c.

Dans ces coutumes, les hommes comme les femmes perdent également la garde de leurs enfans & de leurs petits-enfans, en passant à de *secondes noces*; mais cette privation n'a lieu que pour les mères ou les aïeules, dans les coutumes de Melun, *art. 286*; du grand-Perche, *art. 268*; de Troies, *art. 339*; de Sedan, *art. 151*; de la Marche, *art. 81*; de Montargis, *tit. 1, art. 30*; & de Blois, *tit. 2, art. 9*.

Le don mutuel fait pendant le mariage n'étant permis en général que dans le cas où il n'y a point d'enfant, n'est pas sujet, aux peines des *secondes noces*; mais les coutumes du Maine, *art. 334*; & de Château-neuf, *art. 106*, qui admettent cet avantage réciproque, malgré qu'il y ait des enfans, veulent qu'il soit révocable par les *secondes noces*, quoiqu'il ne consiste qu'en usufruit: la coutume de Poitou, qui le permet jusqu'à concurrence de la propriété des meubles, des acquêts, & du tiers des propres, le restreint, dans ce cas, à l'usufruit par l'article 209; enfin, les articles 281 de la coutume de Paris, & 72 de celle de Calais, qui permettent aux conjoints qui ont des enfans, de se donner réciproquement, en les mariant, la jouissance de leurs meubles & conquêts, ordonnent que cet avantage cessera, au cas que le conjoint se remarie.

Il n'étoit pas besoin de disposition expresse pour empêcher que le douaire de la femme & des enfans du second lit ne pût donner atteinte à celui des enfans du premier lit, que la loi leur avoit assuré irrévocablement par le fait seul du mariage qui leur a donné l'être. Cependant plusieurs coutumes, comme celle de Paris, *art. 254*; de Mantes, *art. 135*; de Senlis, *art. 185*, ont ordonné, quoique dans des termes différens, que le douaire n'auroit lieu en faveur de la femme & des enfans du second lit ; que fur la portion du patrimoine paternel qui refteroit libre du douaire des enfans du premier lit , fans qu'il pût accroître par leur mort.

Cette modération du douaire , en cas de fecondes noces , n'eft point une peine dans ces coutumes ; elle en eft une dans celle de l'évêché de Metz : tandis que , par l'article 3 du titre 3 , la femme mariée jeune fille a pour douaire la totalité de l'ufufruit des acquêts ou des anciens de fon mari à fon choix ; d'un côté , cette femme , fi elle ne refte point en viduité , doit rendre aux enfans du premier lit le tiers du douaire qu'elle a opté ; d'un autre côté , la veuve qui fe remarie n'a aucun douaire fur les biens de fon fecond mari , foit qu'il y ait enfans ou non.

Cette coutume de l'évêché de Metz met un bien plus grand obftacle aux fecondes noces , en excluant , pour ainfi dire , du patrimoine de leurs ancêtres les enfans du fecond lit. Suivant l'article 3 du tit. 11 , tous les anciens du père , échus & à écheoir , & les acquêts faits jufqu'au jour de fon fecond mariage , appartiennent à ceux du premier lit , privativement à tous les autres , qui , en vertu de l'article 4 , n'ont que les acquêts faits conftant le mariage duquel ils font nés & la viduité fuivante ; il eft vrai que l'article 5 veut que les fucceffions collatérales foient réputées acquêts pour les enfans du mariage conftant lequel elles échéent , & que fi ces fucceffions ne font ouvertes qu'après le décès du père , tous y viennent également.

En cas de fecondes noces , d'autres coutumes introduifent un ordre de fucceffion bien plus bizarre ; les coutumes de Saint-Sever & d'Acqs veulent qu'il y ait autant de parts que de mariages ; c'eft ce que la dernière de ces loix appelle fuccéder par ventrée.

Nous ne parlerons pas ici des coutumes qui ont ôté la tutèle & la curatèle aux mères & aux aïeules , en cas de fecondes noces. Plufieurs de ces loix ont ordonné que dans ce cas , ces charges pafferoient au fecond époux ; mais , par une difpofition fingulière , & cependant conforme au droit romain , l'article 31 du titre premier de la coutume de Berry , veut que dans les cas où la veuve pafferoit à d'autres noces avant d'avoir reftitué les meubles , rendu compte , & payé le reliquat fuivant l'inventaire , elle foit privée des fucceffions & autres droits qui pourroient lui être déférés par la mort de fes enfans.

Au furplus , fur toutes ces difpofitions , aucune de ces coutumes ne s'accorde entièrement avec les autres ; un grand nombre renferme des décifions abfolument contraires ; leurs principes , le plus fouvent contradictoires , font naître une foule de queftions , dont la décifion feroit néceffairement arbitraire , fi l'on n'étoit guidé par l'ufage & par la jurifprudence qui fait connoître l'ufage , mais rarement d'une manière bien certaine. D'ailleurs , un grand nombre de coutumes ne prononçoient point de peines contre les fecondes noces ; & , dans leur filence , celles du droit romain n'étoient point obfervées.

Enfin , fous François II , en 1560 , parut l'ordonnance , appellée communément l'édit des fecondes noces : elle fut l'ouvrage du chancelier de l'Hôpital , qui la fit , à ce que l'on prétend , à l'occafion du fecond mariage d'Anne d'Alegre avec Georges de Clermont.

Les motifs exprimés dans le préambule de cette ordonnance font , que les femmes veuves , ayant enfans , font fouvent follicitées de paffer à de nouvelles noces ; que ne connoiffant pas qu'on les recherche plus pour leurs biens que pour leurs perfonnes , elles abandonnent leurs biens à leurs nouveaux maris , & que fous prétexte & faveur de mariage elles leur font des donations immenfes , mettant en oubli le devoir de nature envers leurs enfans ; defquelles donations , outre les querelles & divifions d'entre les mères & les enfans , s'enfuit la défolation des bonnes familles , & conféquemment diminution de la force de l'état public ; que les anciens empereurs y avoient pourvu par plufieurs bonnes loix , fur quoi le roi , pour la même confideration & entendant l'infirmité du fexe , loue & approuve icelles loix. Il fait enfuite deux difpofitions , appellées communément le premier & le fecond chef de l'édit des fecondes noces.

Il ordonne par le premier chef , que fi les femmes veuves ayant enfans , ou petits-enfans paffent à de nouvelles noces , elles ne pourront en quelque façon que ce foit , donner de leurs biens meubles , acquêts , ou acquis par elles d'ailleurs que par leur premier mari ; ni moins leurs propres à leurs nouveaux maris , père , mère ou enfans defdits maris , ou autres perfonnes qu'on puiffe préfumer être par dol ou fraude interpofées , plus qu'à un feul de leurs enfans , ou enfans de leurs enfans ; & que s'il fe trouve divifion inégale de leurs biens faite entre leurs enfans ou petits-enfans , les donations par elles faites à leurs nouveaux maris , feront réduites & mefurées à la raifon de celui des enfans qui en aura le moins.

Le fecond chef de cet édit porte , qu'au regard des biens à icelles veuves acquis par dons & libéralités de leurs défunts maris , elles n'en pourront faire aucune part à leurs nouveaux maris , mais feront tenues de les réferver aux enfans communs d'entre elles & leurs maris , de la libéralité defquels ces biens leur feront advenus.

La même chofe eft ordonnée pour les biens qui font venus aux maris par dons & libéralités de leurs défuntes femmes , tellement qu'ils n'en pourront faire don à leurs fecondes femmes , mais feront tenus les réferver aux enfans qu'ils ont eus de leurs premières.

Enfin par ce même article le roi déclare qu'il n'entend point donner aux femmes plus de pouvoir & de liberté de donner & difpofer de leurs biens , qu'il ne leur eft loifible par les coutumes des pays , auxquelles par cet édit il n'eft dérogé en tant qu'elles qu'elles restreignent plus ou autant la libéralité desdites femmes.

L'article 182 de l'ordonnance de Blois contient des dispositions particulières contre les veuves qui se remarient à des personnes indignes de leur qualité.

Nous n'avons point d'autres ordonnances qui aient prescrit des règles pour les seconds mariages. Il faut même remarquer que l'édit de 1560 n'a d'exécution que dans les provinces qui étoient soumises à François II, & non dans celles qui ont été depuis réunies à la couronne de France, telles que les trois évêchés, l'Alsace, la Bresse, le Bugey, la Dombes, l'Artois, la Flandre, le Hainaut, le Cambresis, le Béarn, la Corse, la Lorraine. On suit dans cette dernière une ordonnance du duc Léopold, du 22 décembre 1711, conforme à l'édit de 1560. Automne & Dupin assurent qu'il n'a point été publié au parlement de Bordeaux, & qu'on s'y conforme aux dispositions des loix romaines. A l'égard des autres provinces dont nous venons de parler, on se règle à cet égard, ou par les mêmes loix, ou par les statuts locaux.

On voit par le texte de l'édit de 1560, que nous venons de rapporter, que notre législation n'a point distingué, comme les empereurs romains, les *secondes noces* contractées pendant l'année de deuil, d'avec celles qui sont célébrées après. Il est cependant nécessaire d'y faire attention pour bien entendre quels sont nos usages à l'égard des *secondes noces*.

Dans le droit romain, la veuve qui se remarioit avant l'année du deuil, étoit réputée infame. Mais cette peine n'étoit prononcée que contre les femmes, *propter turbationem sanguinis & incertitudinem prolis*; de sorte que la veuve qui accouchoit peu de jours après la mort de son mari, pouvoit se remarier avant la fin de l'année du deuil.

On étendit la peine d'infamie contre celui qui épousoit la femme, avec connoissance que l'an du deuil n'étoit pas expiré, contre le père du mari, & contre celui de la veuve; cette infamie pouvoit être levée par des lettres du prince.

On sait que la durée de l'année ne fut pas toujours la même; que, sous Romulus, elle n'étoit que de dix mois; que, sous Numa, elle fut mise à douze, faisant 355 jours, avec quelques jours de plus, que l'on intercaloit de temps en temps; enfin que, sous Jules César, elle fut fixée à 365 jours, & à 366 pour les années bissextiles.

L'année de deuil n'étoit d'abord que de dix mois, comme l'ancienne année civile; mais sous les empereurs, elle fut fixée à douze.

On augmenta aussi alors les peines des *secondes noces* contractées dans l'an du deuil.

Outre la peine d'infamie, il fut ordonné, 1°. que la veuve qui se remarieroit dans cette année, seroit privée de tous les avantages à elle faits par son premier mari.

2°. Qu'elle seroit aussi privée de la succession de ses enfans & de ses parens au-delà du troisième degré.

3°. Elle fut déclarée incapable de profiter d'aucunes dispositions à cause de mort.

Enfin il fut ordonné qu'elle ne pourroit donner à son second mari plus du tiers de ses biens, quoiqu'elle n'eût point d'enfans de son premier mariage, & que si elle en avoit, elle ne pourroit donner à son mari qu'une part égale à celle de l'enfant le moins prenant.

Ces différentes dispositions des loix romaines n'ont point été reçues dans la France coutumière, excepté dans le cas où la femme convole à de *secondes noces* assez promptement après la mort de son premier mari, pour qu'on présume, *turbatio sanguinis & incertitudo prolis*.

Les parlemens d'Aix, Toulouse, Grenoble & Dijon, ont admis les peines prononcées contre les femmes qui se remarient dans l'an de deuil, mais avec des différences sensibles. Celui de Toulouse est le seul qui les observe avec le plus de rigueur : celui de Grenoble en excepte la peine de l'infamie : ceux d'Aix & de Dijon privent seulement les veuves de tous les droits & de toutes les libéralités qu'elles pourroient prétendre en vertu de leur premier mariage.

Pour ce qui est des peines des *secondes noces* contractées après l'année de deuil, on voit par le texte de l'édit de 1560, qu'elles consistent dans deux points principaux : la prohibition de disposer d'aucuns des biens avenus à celui qui se remarie, par le don & libéralité du premier conjoint défunt; & le retranchement des avantages faits au second mari ou à la seconde femme, en ce qu'ils excéderoient la portion héréditaire du moins prenant des enfans du premier lit.

La prohibition faite aux veuves qui se remarient, comprend non-seulement les biens qu'une femme a acquis de son mari défunt à titre de donation formelle & de libéralité proprement dite, mais encore tout ce qui lui est provenu des conventions matrimoniales de son précédent mariage, & en général tous les biens dont le mari du premier lit a disposé directement ou indirectement à son profit, à titre gratuit.

1°. Le douaire préfix, lorsqu'il est assigné en propriété & sans retour, soit en fonds de terre, soit en deniers, doit être réservé en entier aux enfans du premier mariage; s'il n'est qu'en usufruit, & que cependant il excède le coutumier, il est réductible pour la portion d'usufruit qui excéderoit ce qui est fixé par la loi.

2°. Il en est de même des gains de *noces* statutaires en pays de droit écrit : par exemple, suivant certains statuts, le mari gagne la dot de sa femme prédécédée; & si la femme survit, elle prend sur les biens de son mari l'augment, qui est toujours dans une proportion plus ou moins forte avec la dot : la propriété de cette dot & de ces

T

augment tombe fans difficulté dans la réferve. On oppoferoit en vain que les gains de furvie font des avantages réciproques , & en quelque forte onéreux ; c'eft la nature de prefque toutes les claufes des contrats de mariage , qui cependant font foumis aux peines de l'édit.

Ce que nous difons de l'augment s'entend également de la donation à caufe de *noces*, & de l'agencement, qui , fous différentes dénominations , font à-peu-près la même chofe en pays de droit écrit.

Si la dot ou la donation à caufe de *noces* ont été conftituées par des parens du conjoint prédécédé, ou même par des étrangers , mais en contemplation du défunt , elles font fujettes à la réferve de l'édit; plufieurs loix , & entre autres la novelle 22 , *chap. 23* , y font précifes. Cependant , ce principe fouffriroit de grandes difficultés dans les provinces où le droit romain n'a pas force de loi , comme l'obferve Pothier d'après Ricard.

Mais il ne faut pas comprendre dans la décifion du chapitre ci-deffus cité , les avantages que l'époux furvivant avoit faits à fon conjoint défunt en cas de furvie de celui-ci, & qui deviennent caducs par le défaut de la condition ; le conjoint qui recouvre ces avantages, ne les tient pas de la libéralité de fon premier époux, il n'en perd pas la propriété par les *fecondes noces*. Cette diftinction eft bien expliquée par l'authentique *eo decurfum : donationem propter nuptias*, dit cette loi , *quam contulit in uxorem, non cogitur refervare liberis prioris matrimonii*. A plus forte raifon , felon la loi *fi liberis*, le conjoint qui fe remarie ne perd pas , par les *fecondes noces*, la propriété de la donation ou de la dot qui ont été conftituées en fa faveur & en fa feule confidération par des tiers.

3°. Le préciput accordé à la femme par le contrat de mariage , eft auffi fujet à la réferve de l'édit, mais pour la moitié feulement , fi elle a accepté la communauté ; & pour le tout, fi le préciput lui a été donné en renonçant.

De même, le préciput du mari eft pour moitié un avantage pour les biens de la femme prédécédée, fi les enfans ont accepté la communauté ; s'ils y ont renoncé, il n'y a plus de préciput : mais il en eft autrement du préciput légal que quelques coutumes accordent aux nobles ; le furvivant ne tient rien à cet égard du prédécédé ; c'eft un avantage qu'il ne reçoit que de la loi.

4°. L'avantage que le furvivant a retiré de ce que le défunt a apporté de plus que lui dans la communauté , eft encore fujet à la réferve des *fecondes noces*, pour la moitié à l'égard de la femme, ainfi qu'à l'égard du mari, lorfque fes enfans ont accepté la communauté, & pour le tout, s'ils y ont renoncé, & s'il n'y a pas eu de reprife de cet apport à leur profit.

La même décifion doit avoir lieu pour les profits de cette nature qui proviennent des fociétés ftipulées entre conjoints, en pays de droit écrit ; & à plus forte raifon , fi le défunt avoit légué fa

portion d'acquêts au furvivant , celui-ci en perdroit la propriété par le convol ; car c'eft une libéralité qui vient uniquement du défunt.

5°. Le Brun & Ferrière penfent que les bagues & joyaux ne tombent pas dans la réferve des *fecondes noces*. Dupin & Ricard font d'une opinion contraire ; mais les autorités que les premiers invoquent ne font relatives qu'aux préfens de *noces* que les parens du mari font à la femme ; le préfident Faber n'excepte que l'anneau nuptial. Taifand rapporte un arrêt du parlement de Dijon , qui a jugé pour la réferve.

6°. Il n'y a aucun doute que le don mutuel en propriété ne foit fujet aux réferves des *fecondes noces* ; cette donation , quoique réciproque, procède réellement de la libéralité du défunt ; auffi , par un arrêt de la feconde des enquêtes du parlement de Paris, les autres chambres confultées, il a été décidé, fuivant Carondas , au profit de Perrette Vignal, que les biens procédans de la donation mutuelle en contrat de mariage , *tanquàm lucra nuptialia* , ont dû être réfervés à l'enfant du premier lit , auquel la propriété appartenoit , & le feul ufufruit à la mère.

Cet arrêt eft conforme à l'efprit de notre droit coutumier , puifque l'article 209 de la coutume de Poitou , en autorifant le don mutuel entre les conjoints qui ont des enfans , jufqu'à concurrence des meubles & acquêts & du tiers des propres, veut qu'ils foient reftreints à l'ufufruit en cas de *fecondes noces*.

7°. Dans le droit écrit, les fucceffions des enfans , pour ce qui vient de la fubftance du père , tombent dans la réferve des *fecondes noces* ; mais nous n'avons pas admis cette réferve en pays coutumier.

La nature de la réferve établie par la loi en faveur des enfans du premier lit, eft une efpèce de fubftitution en leur faveur , & elle en a tous les effets.

Ainfi les enfans qui prédécèdent ne peuvent rien tranfmettre de ces avantages dans leur fucceffion ; & lorfqu'ils les recueillent , par exemple, à la mort de leur mère qui a convolé, ils font cenfés les tenir directement de leur père , fur ce principe admis dans les fubftitutions , *accipiunt non à gravato , fed à gravante*. En conféquence ils font , dans la perfonne des enfans , des propres paternels, fi c'eft la mère qui a furvécu & convolé ; & des propres maternels , fi c'eft le père.

Par une autre conféquence , le conjoint qui a convolé ne peut aliéner ni hypothéquer les immeubles compris dans la réferve. Il eft même indifférent que l'aliénation ait été faite avant les *fecondes noces*. Dans tous les cas , les enfans du premier lit peuvent y rentrer fans garantie, à moins qu'ils ne fe portent héritiers de celui qui a aliéné. La raifon en eft , qu'en cette qualité ils font tenus de garantir l'aliénation faite par celui dont ils recueillent la fucceffion, ce qui les rend non-recevables dans une demande en éviction, fuivant cette règle de droit : *quem de evictione tenet actio , eundem agentem repellit exceptio.*

Les enfans ne pouvant agir pour les réserves faites en leur faveur , du vivant de leurs pères ou de leurs mères passés à de *secondes noces* , parce que leur droit n'est pas encore ouvert ; il faut décider que le décret , & , à plus forte raison , des lettres de ratification ne commence à courir contre eux que du moment où leur droit est ouvert , & où ils ont le pouvoir de l'exercer.

Lorsque les avantages consistent en effets mobiliers , il ne suffiroit pas , en pays de droit écrit , de les conserver en nature aux enfans du premier lit , il faut leur rendre l'estimation de ce que ces effets valoient au temps de la donation : cette décision paroît rigoureuse , en ce qu'elle semble priver le conjoint qui convole , du bénéfice de l'usage & de l'usufruit que lui conserve l'édit ; mais c'est la décision précise du §. 1 de la loi *hâc ædictali.* Cette loi fait plus , elle veut que la mère ne conserve la possession des effets mobiliers qu'en donnant caution ; si elle la refuse , ou si elle est dans l'impuissance de la donner , la loi ajoute que les meubles seront remis aux enfans , qui seront aussi tenus de donner caution & de payer les intérêts de trois pour cent chaque année : & si les enfans & la mère sont également dans l'impuissance de donner caution , ces effets doivent rester à la mère pendant sa vie.

Cette nécessité de donner caution n'a pas lieu pour les immeubles.

Les enfans , pour la restitution de la somme à laquelle se porte l'estimation , ont hypothèque sur les biens de leur père ou de leur mère du jour que ces derniers sont censés avoir reçu la donation ou l'avantage ; c'est-à-dire , du jour du décès du conjoint prédécédé.

C'est en faveur des enfans , & des seuls enfans du premier lit , que la substitution & la réserve sont établies par la loi ; ce sont dès-lors les seuls enfans du premier lit qui peuvent recueillir les avantages réservés ; mais les petits-enfans , si les enfans dont ils sont issus sont morts avant l'ouverture de la réserve , doivent y prendre la portion qu'y auroient eue le père ou la mère qu'ils représentent.

La loi *generaliter* laissoit au père ou à la mère qui avoient convolé , le droit d'élire , entre les enfans , celui auquel ils vouloient remettre les avantages réservés , & à plus forte raison , celui de partager inégalement entre eux ces avantages ; mais par la novelle 2 , *chapitre premier* , le choix a été ôté à la mère. Le chapitre 23 de la novelle 22 l'a ôté ensuite au père ; & enfin l'authentique *lucrum* a décidé que ces avantages seroient partagés également entre les enfans. Cette décision est suivie tant dans les pays de droit écrit , que dans celui de droit coutumier.

On demande si , lorsqu'il y a des biens nobles

compris dans les avantages réservés aux enfans du premier lit , l'aîné a droit d'y prendre son droit d'aînesse : Ricard & Pothier se décident pour l'affirmative , parce que , quoique les enfans ne recueillent pas les biens à titre de succession , c'est un dédommagement du préjudice qu'ils souffrent ; & l'aîné souffrant un plus grand préjudice par rapport aux biens nobles , sur lesquels il auroit exercé sa prééminence si son père les eût laissés dans sa succession , doit avoir dans la substitution une part proportionnée , & par conséquent y exercer son droit d'aînesse , comme il l'eût fait dans la succession.

Les enfans ne tenant pas de leur mère remariée les biens compris dans la réserve , il n'est pas nécessaire qu'ils soient ses héritiers pour les recueillir ; & quoiqu'ils les tiennent de leur père , il n'est pas encore nécessaire qu'ils soient de celui-ci : ce n'est pas en effet en qualité d'héritiers que les réserves ont lieu en leur faveur , mais à titre d'enfans. Mais il n'en est pas de même lorsqu'après la mort de l'un des enfans , les petits-enfans demandent la portion de leur père , aux biens perdus par le convol de leur aïeul. Il faut , pour y être admis , qu'ils soient héritiers de leur père.

Quoiqu'il ne soit pas nécessaire d'être héritier , les filles qui sont exclues , par les coutumes , de la succession de leur père qui les a dotées , & celles qui , par leur contrat de mariage , y ont renoncé , ne sont pas admises à partager les biens réservés , avec leurs frères , au profit desquels elles ont renoncé. L'édit ayant eu en vue de réparer le préjudice que supportent les seuls enfans qui avoient droit de venir à la succession , eux seuls doivent être admis au partage des réserves que fait la loi. Mais si les frères , en faveur desquels les filles avoient renoncé , ou avoient été exclues , étoient tous prédécédés sans aucune postérité qui les représentât , les filles , en recouvrant leur droit aux successions , recouvreroient en même temps celui d'être admises à la réserve.

Les réserves n'étant établies qu'en faveur des enfans , & ne devant être ouvertes qu'à la mort du conjoint qui a convolé en *secondes noces* , elles cessent entièrement par le défaut d'enfans , ou par leur prédécès avant le survivant , lorsque dans ce dernier cas , ils ne laissent aucune postérité qui les représente. Elles cessent également lorsqu'ils se sont rendus coupables d'ingratitude envers leur père ou mère remariés , ou qu'ils sont morts civilement.

Nous venons de voir quels sont les objets dont l'édit des *secondes noces* réserve la propriété aux enfans du premier lit ; il nous reste à examiner quels sont les avantages que les seconds époux peuvent se faire mutuellement.

L'édit défend aux femmes veuves , ayant enfans , ou enfans de leurs enfans , de donner directement ou indirectement à leur second époux , au-delà de la portion de l'enfant moins prenant :

la jurisprudence constante a étendu cette prohibition aux hommes veufs qui se remarient.

On voit, par les termes dont s'est servi le législateur, que l'existence de tout enfant ou petit-enfant légitime empêche toute donation contraire aux dispositions de la loi, & qu'on doit comprendre sous le mot générique *enfant*, les posthumes, suivant cet axiome de droit : *qui in utero est, pro jam nato habetur, quoties de commodo ejus agitur*. Mais on n'a aucun égard aux enfans morts civilement, soit par la profession religieuse, soit par une condamnation capitale.

La prohibition de donner par le mari veuf, ou la femme veuve qui convolent en *secondes noces*, s'étend non-seulement à la personne qu'ils épousent, mais encore à ses père & mère, aïeul ou aïeule, enfans & petits-enfans, & généralement à toute personne qu'on puisse présumer être interposée par dol ou fraude ; car autrement il eût été trop facile d'éluder la loi.

La rigueur de l'édit ne comprend pas seulement les seconds mariages, mais encore les troisièmes, quatrièmes, &c. Ainsi, lorsqu'une femme ayant des enfans d'un premier lit, a passé successivement à différens mariages, & qu'elle a fait des donations à ses second, troisième & quatrième maris, il n'est pas nécessaire, pour donner lieu à la réduction, que la donation faite à l'un de ces maris excède la part de l'enfant moins prenant, il suffit que toutes ces donations excèdent ensemble cette part ; l'édit ne dit pas, *ne pourront donner à chacun de leurs nouveaux maris* ; mais il dit, *ne peuvent donner à leurs nouveaux maris plus qu'à l'un de leurs enfans* ; ces expressions, celles de la loi *hâc edictali*, justifient que les veuves ne peuvent donner à tous leurs nouveaux maris, ensemble ou séparément, lorsqu'elles en ont eu plusieurs, plus que l'équivalent de l'enfant le moins prenant.

Mais le troisième, & successivement les maris postérieurs ne peuvent rien prétendre qu'après que les donations faites au second mari auront été successivement remplies ; ensorte que si les avantages faits au second mari absorbent ou égalent la part d'un enfant, les donations faites au troisième seront nulles : dans ce cas de différens mariages successifs, il faut faire entre les différens maris un ordre de priorité & de postériorité ; le second mari étant le premier en date, ses héritiers doivent être satisfaits d'abord ; il n'a pu dépendre de la veuve de diminuer leurs droits acquis.

Il faut aussi comprendre dans cette réduction à une seule part d'enfans, avec les donations faites directement aux second & postérieurs maris, celles qui ont été faites aux personnes interposées, ou présumées telles. Mais dans quel ordre doit se faire la réduction à l'égard de ces avantages indirects, lorsqu'ils sont attaqués du chef du même mari ? Il semble que l'on devroit suivre également l'ordre de priorité, comme lorsqu'il s'agit de la légitime des enfans contre les donataires ; mais le

Brun décide que la réduction n'étant causée que sur la présomption que toutes ces donations sont faites au profit de la même personne, c'est-à-dire, du second mari, elle doit s'opérer au sou la livre, comme celle des legs & des donations à cause de mort. Ne seroit-ce pas le cas au contraire de faire d'abord le retranchement sur les dons faits sous le nom des tiers, afin que le second mari conserve au moins l'intégrité de sa part d'enfant, sur-tout si la donation qui lui est faite est par contrat de mariage, & que les autres soient postérieures ?

En général, tous les dons & avantages qu'une femme fait à ses second & ultérieurs maris, sont sujets à la réduction de l'édit.

1°. Les donations rémunératoires y sont sujettes, quelque signalés que soient les services, s'ils ne sont pas appréciables en argent ; mais s'ils peuvent être appréciés, si le donataire avoit pu avoir action en justice pour en demander le paiement, le don ne seroit réductible que pour ce qui excéderoit la valeur des services. Le Brun dit qu'il faudroit traiter favorablement la donation faite par un vieillard à sa seconde femme, pour avoir passé la moitié de sa vie à le soigner dans ses infirmités & ses maladies ; cependant il décide que le retranchement y auroit lieu.

2°. Si la veuve avoit fait la donation avant les *secondes noces*, sans qu'il en fût fait mention, l'on présumeroit toujours que les *secondes noces* en ont été le motif ; mais si le laps de temps & d'autres circonstances résistoient à la présomption, s'il y avoit eu pendant l'intervalle un mariage intermédiaire, la réduction n'auroit pas lieu, & les *secondes noces* postérieures ne pourroient faire révoquer le droit du donataire.

3°. Les donations onéreuses sont également sujettes à la réduction, si les charges ne sont pas appréciables à prix d'argent : par exemple, lorsque la veuve a chargé le second mari de prendre son nom.

Mais si les charges peuvent être estimées, la donation n'est plus alors réductible que pour ce qui excède le prix de ces charges.

4°. On a douté si la donation mutuelle, lorsqu'elle est égale, est sujette au retranchement : on a dit que c'étoit un contrat intéressé de part & d'autre, & dont la femme recevoit l'équivalent ; que si les enfans du premier lit y courent quelque risque, ils en sont indemnisés par l'espérance de profiter des biens du second mari, dans le cas où il prédécéderoit.

Non-seulement les expressions de l'édit n'admettent point ces considérations ; elles s'étendent à toute espèce de donation, *ne pourront en quelque façon que ce soit donner* : mais l'esprit de cette loi a voulu prévenir jusqu'à l'incertitude de la perte à laquelle les enfans du premier lit pourront être exposés : le principe est constant ; Ricard rapporte un arrêt célèbre du 23 mai 1586, prononcé en robes rouges par le préſident Briſſon, qui a jugé en conſéquence que les donations mutuelles, quelque égales qu'on puiſſe les ſuppoſer, ne ſont pas moins ſujettes à la réduction de l'édit, que les donations ſimples. Depuis cet arrêt, la juriſprudence n'a pas varié.

Cependant Frain fait mention d'un arrêt du parlement de Bretagne, du mois de février 1631, qui a jugé le contraire.

5°. M. le préſident Boyer croit que la donation de l'uſufruit de tous les biens, faite au ſecond conjoint, eſt valable; mais elle eſt également ſujette à réduction; il n'y a de difficulté que ſur la manière dont l'évaluation en doit être faite. Il paroîtroit naturel de conſidérer l'âge de celui à qui l'uſufruit eſt donné pour en fixer la valeur : par exemple, cette valeur eſt moins conſidérable lorſque le donataire eſt âgé de ſoixante ans, que s'il n'en avoit que trente à quarante. Cependant Bechet, Brodeau & l'auteur des nouvelles remarques ſur la Peyrere, penſent, d'après les arrêts du parlement de Paris, qu'il faut évaluer indiſtinctement cet uſufruit à un tiers de la propriété.

6°. Nous avons dit que les coutumes accordoient à la ſeconde femme un douaire ſur les biens qui n'étoient point affectés à celui des enfans du premier lit. Ce douaire, les ſecondes femmes le tiennent de la loi, & non de leur mari; il ne peut être dès-lors ſujet à la réduction de l'édit. C'eſt ce qui eſt bien établi dans la juriſprudence; le premier arrêt qui l'ait décidé eſt du 18 juillet 1615; il a été rendu _conſultis claſſibus_.

Cependant Ricard prétend que ſi la ſeconde femme eſt de qualité & de condition inférieures à ſon mari, l'on doit eſtimer à quoi peut ſe monter un douaire convenable à la condition & aux facultés de cette femme, & que ſon douaire coutumier doit être pour l'excédent réputé un avantage ſujet à la réduction de l'édit. Le mari, ajoute ce juriſconſulte, qui pouvoit avec juſtice, par le traité de mariage, reſtreindre le douaire coutumier, eſt cenſé avoir fait à ſa ſeconde femme un avantage de ce que le douaire coutumier excède, parce que, pouvant le reſtreindre, il ne l'a pas fait. Pothier s'élève avec juſtice contre cette erreur d'un grand homme, ſi judicieux d'ailleurs. Les coutumes, en effet, ne règlent le douaire ni ſur l'état de la femme avant ſon mariage, ni ſur les biens qu'elle a apportés à ſon mari.

Mais ce principe n'a lieu que pour le douaire coutumier. Quant au douaire préfix ou conventionnel, il eſt réductible pour ce qui excède le coutumier.

Une queſtion bien plus importante, eſt de ſavoir ſi le douaire coutumier, & même le douaire conventionnel, lorſqu'il n'eſt pas plus conſidérable, doivent être imputés ſur la part d'enfant; ou ſi la ſeconde femme peut exercer dans leur intégrité les droits de l'enfant moins prenant, indépendam-

ment de ſon douaire. On cite à cet égard pluſieurs arrêts contraires; mais, quoi qu'il en ſoit, le Brun ne fait aucun doute ſur la néceſſité de l'imputation.

7°. La dot eſt également ſujette au retranchement; il en eſt de même de l'augment dans les pays de droit écrit. Les bagues & joyaux y ſont cumulés avec les autres avantages, & imputés ſur la part d'enfant. On décide de même par rapport à l'agencement, ou gain de ſurvie.

8°. Les libéralités faites au ſecond conjoint ſont ſi peu favorables, que ſi le don lui étoit fait pour ſes alimens, il n'en ſeroit pas moins ſujet au retranchement. Il n'y a point de loi pour excepter les alimens, & les enfans du premier mariage n'ont point à cet égard d'obligation naturelle envers un ſecond conjoint.

9°. La renonciation d'un conjoint à un droit acquis, qui paſſe immédiatement au ſecond conjoint, eſt-il un avantage ſujet à la réduction? Par exemple, lorſque le mari eſt héritier immédiat ou inſtitué, & que la ſeconde femme eſt une héritière médiate ou ſubſtituée, ſi le mari renonce, & que la femme accepte, doit-on imputer la ſucceſſion, la ſubſtitution ſur la part d'enfans?

La Peyrere, pour décider cette queſtion, aſſimile le droit des enfans du premier lit à celui du créancier; il dit que l'héritier étant ſaiſi par la loi, ne peut renoncer aux ſucceſſions qui lui ſont échues, ni refuſer de répéter ſa légitime au préjudice de ſes créanciers; mais que l'on peut ſe relâcher des quartes falcidies & trébellianiques. Il ajoute que les enfans du premier lit ſont, à l'égard de leur père, de véritables créanciers, puiſqu'ils peuvent exiger le retranchement de tous les dons & avantages faits au ſecond conjoint : ce parallèle de la Peyrere eſt trop modéré. La loi traite plus favorablement les enfans du premier lit que les créanciers, pour empêcher qu'ils ne ſoient léſés par des avantages faits à leur préjudice au ſecond conjoint. Elle ne s'arrête point à de vaines ſubtilités; c'eſt l'événement de l'avantage qu'elle conſidère. Si le mari avoit fait donner à ſa ſeconde femme par ſon père ou par ſon aïeul, le don ſeroit imputé ſur la part d'enfant : à plus forte raiſon rien ne doit empêcher l'imputation ſur les ſucceſſions, les ſubſtitutions, que la ſeconde femme a recueillies en vertu de la renonciation, & ſur les quartes qu'il a négligé de prélever en remettant les legs & fidéicommis, ſurtout lorſqu'on ne peut attribuer l'abſtention du mari & la répudiation qu'il a faite de ſes droits, à d'autre cauſe qu'au deſir d'avantager ſa ſeconde épouſe.

10°. Le préciput, quoiqu'il ſoit une convention ordinaire des contrats de mariage, eſt auſſi ſujet au retranchement pour la moitié, lorſque la femme ou ſes héritiers acceptent la communauté; pour le tout, s'il leur eſt donné en renonçant : il n'y a plus de préciput lorſqu'il eſt ſtipulé en faveur du mari, & que la femme ou ses héritiers renoncent à la communauté.

11°. La stipulation de la communauté de biens, lorsque les apports sont égaux, n'est pas un avantage; elle en est un lorsque les apports sont inégaux de la part du second mari ou de la seconde femme. L'avantage est de la moitié de ce que l'autre conjoint a apporté de plus. Ainsi le partage égal de la communauté ne peut se faire qu'après avoir défalqué les apports de part & d'autre.

La stipulation pure & simple de communauté seroit aussi comprise dans le retranchement, si elle avoit été anticipée. Cette question peut avoir lieu dans les coutumes d'Anjou ou du Maine, dans lesquelles la communauté n'a lieu qu'après la demeure d'an & jour; ainsi lorsque le mari, en passant à de *secondes noces*, la stipule du jour de la bénédiction nuptiale; s'il vient à décéder avant l'an & jour, cette communauté tombe dans un avantage indirect, devient un titre lucratif, un pur don sujet à réduction, puisque, sans la convention, la seconde femme n'eût pu rien prétendre dans la communauté, ni dans les choses qui y sont entrées, & qui eussent appartenu pour le tout aux enfans du premier lit.

En vertu du même principe, lorsque dans les coutumes qui ne donnent à la femme qu'un tiers dans la communauté ou dans les meubles, comme l'article 377 de celle de Normandie, le mari consent que la seconde femme ait une part égale dans la communauté; ce qui excéderoit la portion réglée par la coutume, seroit un avantage sujet à réduction.

Ce seroit encore un avantage sujet à réduction, si la part de la seconde femme dans la communauté avoit été fixée à une certaine somme qui excédât la moitié ou le tiers qu'elle auroit eu sans une pareille clause; le retranchement auroit lieu sur l'excédent; ce qui doit s'entendre dans le cas où la somme fixée excède en même temps les apports de la femme dans la communauté : il ne peut y avoir d'avantage lorsqu'elle ne retire que sa mise.

12°. La communauté légale qui s'opère en vertu de la coutume & sans contrat de mariage, devient aussi un objet de réduction; si le mobilier de la veuve est plus considérable que celui du second époux. Car, quoique le second mari ne semble tenir cet avantage que de la loi qui a déterminé la communauté & les biens qui la composent, cependant, comme il dépend des époux d'adopter ou non les dispositions de la coutume à cet égard, & qu'ils ne peuvent l'adopter sans une convention tacite, c'est de cette convention, de ce consentement tacite de la femme, & non de la loi, que le second époux est censé tenir immédiatement ces avantages; la veuve, en ne se réservant pas propre, comme elle le pouvoit, & en laissant tomber à dessein dans la communauté ce qu'elle avoit de plus en mobilier que son second mari, est

censée lui avoir fait en cela le même avantage que celui qui est fait dans le cas d'une communauté conventionnelle, lorsque la femme y apporte plus que lui.

Mais ne pourroit-on pas compenser l'inégalité des apports de la femme avec ce que peut produire à la communauté les talens & la profession lucrative du second mari? Cet équivalent, quoique vrai dans la théorie, n'est pas généralement reçu dans l'usage, parce que l'estimation de cette industrie du second mari est trop arbitraire & trop difficile, parce que souvent la femme, par le soin de son ménage, peut enrichir autant la communauté, que peuvent le faire les gains du mari dans l'exercice de son art. Cependant si les gains annuels étoient immenses, & que la communauté en fût considérablement enrichie, les enfans du premier lit ne pourroient se prévaloir de l'excès de l'apport que leur mère auroit fait.

Le second mari n'est censé avantagé que de l'excès des apports en principal. Ainsi, lorsqu'une femme qui a, par exemple, dix mille livres de rente, s'est remariée à un homme qui n'en a pas la dixième partie, & a contracté communauté de biens, en y faisant entrer les revenus pendant tout le temps qu'elle durera, Ricard décide qu'en ce cas, quoique le second mari profite des revenus de la femme, néanmoins cette communauté n'est point réputée un avantage qui puisse être réductible suivant l'édit; il cite un arrêt qui a jugé, que même dans le pays de droit écrit, où la communauté n'a pas lieu si elle n'est stipulée, celle qui l'avoit été par le contrat de mariage d'une femme avec son second mari, ne pouvoit être attaquée comme un avantage fait au second mari; à plus forte raison doit-on le juger dans le pays coutumier où la communauté est de droit. Pothier atteste que l'avis de Ricard est suivi dans l'usage.

13°. Les successions mobilières qui tombent dans la communauté, faute d'avoir été réservées propres à celui auquel elles sont échues, ne sont pas ordinairement regardées comme un avantage sujet à la réduction; la raison en est que l'événement de ces successions étoit incertain lors du mariage. Mais il y auroit réduction en cas d'inégalité, si, dans le contrat du second mariage, l'on étoit convenu que les successions, de part & d'autre, tomberoient en communauté, tant pour le mobilier que pour l'immobilier. Les conjoints, en s'écartant, dans une pareille clause, de la loi de la communauté conjugale, qui n'y fait pas tomber les successions immobilières, ne peuvent paroître avoir d'autres vues que celle de s'avantager réciproquement. En vain opposeroit-on qu'il y a réciprocité d'espérance; les donations, quoique en espérances, lorsqu'elles sont effectuées, & quoique mutuelles & réciproques, sont sujettes à la réduction de l'édit; il en doit être de même de l'espérance des successions immobilières.

Pour éviter les inconvéniens & les difficultés

des retranchemens, on préfère souvent de faire au second mari, dans le contrat de mariage, la donation d'une part d'enfant, au lieu de certains effets déterminés, ou d'une certaine somme en argent : le mari n'est pas héritier de cette part, mais seulement donataire ; il n'est tenu des dettes de la succession qu'au prorata de l'émolument.

Cependant ces donations tiennent beaucoup des institutions contractuelles ; elles deviennent également caduques par le prédécès du donataire ou de la donatrice : c'est ce qui a été jugé par un arrêt du 13 avril 1688, rapporté au journal du palais. En ce cas, le don d'une part d'enfans est bien différent de celui d'un corps certain dont le second mari ne perd pas la propriété par son prédécès : mais de même que dans les donations contractuelles on suppose une substitution tacite en faveur des enfans du donataire, lorsqu'il prédécède le donateur, de même, dans les donations de part d'enfans, on suppose une substitution en faveur des enfans communs, dans le cas où le second époux viendroit à prédécéder : c'est l'avis de Renusson ; mais, pour plus de sûreté, il vaut mieux exprimer la substitution dans le contrat de mariage.

Le second mari, donataire d'une part d'enfant, a droit de la prendre dans tous les biens de la succession de la donatrice, soit meubles, soit immeubles, soit acquêts, conquêts ou propres, sans autre exception que les retranchemens des avantages faits par le premier mari, & des biens qui, dans les coutumes plus rigoureuses que l'édit, tombent encore dans la prohibition des secondes noces ; comme sont les conquêts du premier mariage dans les coutumes de Calais, de Paris & d'Orléans.

La part d'enfant, soit en vertu de contrat de mariage, soit en conséquence des retranchemens ordonnés par l'édit & par le droit, doit être faite en telle sorte, que le second conjoint ne puisse avoir au-delà de ce qui échet à l'un des enfans du conjoint qui a convolé : la réduction est faite à la portion de celui qui prend le moins.

Lorsque les enfans de la donatrice sont prédécédés, quoique la donation de tous ses biens au profit du second mari, eût été valable, cependant si elle lui a donné une part d'enfant, le donataire ne peut prétendre la totalité des biens de la donatrice ; sa part ne doit être que de la moitié de tous les biens indistinctement, quels ils soient. C'est l'avis de Ricard, fondé sur ce que l'expression part, quand elle est indéfinie, se prend, dans le langage ordinaire, pour la moitié, suivant la loi 164, ff. de verborum significatione. Cette opinion, contraire à celle de le Brun, a prévalu lors de l'arrêt du parlement de Paris du 21 juin 1763, cité par Denisard.

Lorsque la donatrice n'a laissé qu'un fils unique, & qu'il y a des biens féodaux, le fils doit y prendre son droit d'aînesse, tel qu'il l'auroit eu s'il

eût partagé la succession avec un autre enfant : la donation de part d'enfans est la donation de ce qu'auroit eu un second enfant, si la donatrice en eût laissé ; mais dans les coutumes, où la portion avantageuse de l'aîné est des deux tiers, un autre enfant n'auroit eu que le tiers des biens-meubles après qu'on auroit prélevé le manoir & le vol du chapon.

Cependant, si dans ces coutumes la donatrice a laissé deux enfans, un aîné & un puîné, la part du mari dans les biens nobles, après le prélèvement du manoir & du vol du chapon en faveur de l'aîné, doit être du quart ; parce que, dit Pothier, 1°. c'est la part qu'auroit eue un autre enfant, s'il y en eût eu un de plus ; 2°. en assignant au second mari cette portion, la loi qui règle la part du second mari à celle de l'enfant le moins prenant dans la succession, & la loi qui attribue à l'aîné les deux tiers, outre le manoir & le vol du chapon, se trouvent à la fois exécutées : la succession de la mère n'est plus composée que de ce qui reste dans ses biens, après la distraction de ce qui a été donné au mari. C'est le surplus que l'aîné doit partager avec le puîné. L'aîné ne peut à la vérité souffrir des donations qui sont faites de sa part à des puînés ; mais il doit contribuer à celles qui sont faites à des étrangers.

Il faut suivre la même règle lorsque la mère a laissé plusieurs puînés, & faire contribuer l'aîné à la fixation de la part d'enfant, dans la même proportion, suivant le nombre des enfans & les forces de la portion avantageuse que la coutume donne à l'aîné.

Si la mère avoit réduit un de ses enfans à une moindre portion que celle fixée par la loi, la part du mari, qui ne peut pas l'excéder, diminueroit d'autant. Ainsi, lorsqu'un des enfans aura été réduit à sa légitime, la part du mari ne pourra être plus forte que cette légitime. Mais, dans le cas où les enfans donataires seroient obligés au rapport, le mari, après avoir pris la portion d'un enfant dans les biens libres, pourroit-il encore la prendre dans ceux qui seront rapportés ? On dit pour la négative, que le rapport n'étant établi qu'en faveur des cohéritiers, & un donataire étranger, n'y peut rien prétendre : cependant un arrêt du 2 avril 1683, rapporté au journal des audiences, a jugé le contraire ; parce que la donation faite au second mari étant irrévocable, il ne doit pas être au pouvoir de la femme d'y donner atteinte ; & il faut donner au mari la part qu'il auroit eue si les donations n'eussent pas été faites. Si les donations étoient antérieures aux secondes noces, les droits du second mari n'y donneroient au contraire aucune atteinte.

Lorsque la mère a réduit la part de l'un des enfans au-dessous de la légitime, s'il veut s'en tenir au don ou legs, sans prétendre de supplément, la donation du second mari ne doit pas être réduite à la valeur de ce don, mais doit se porter jusqu'à concurrence de la légitime que cet enfant auroit droit de prendre. Quand l'édit réduit les avantages faits au second conjoint, à la part de l'enfant le moins prenant, c'est à la part que cet enfant a droit d'avoir, & non à celle dont il veut bien se contenter : tel est, selon Ricard, le sens des expressions de l'édit, *les donations seront mesurées à raison de celui des enfans qui en aura le moins*. Telle est la jurisprudence du parlement de Paris ; c'est aussi celle du parlement de Toulouse, suivant les arrêts recueillis par M. Maynard ; le dernier est du 16 janvier 1588.

La jurisprudence du parlement de Bordeaux est contraire ; cette cour a toujours jugé, dit Bechet, que le retranchement des dons faits au second conjoint, se doit faire à la moindre portion, quoiqu'elle n'égale pas la légitime due à l'enfant. On cite différens arrêts, &, entre autres, un du 12 mai 1646, qui a jugé la réduction de tous les avantages, au *cui minùs de facto*.

Cependant, si le legs de l'enfant étoit de peu de valeur, il seroit regardé comme illusoire ; & ce parlement a jugé en 1609, qu'un simple legs de cinq sous ne pouvoit servir pour faire réduire les avantages portés par le contrat de mariage du second mari ; il a ordonné que, malgré ce legs fait à l'un des enfans, la donation à cause de *noces* sortiroit son plein & entier effet.

Si l'on en croit M. Expilly, le parlement de Grenoble s'étoit conformé à la jurisprudence de celui de Bordeaux, dans deux arrêts des 22 mai 1570, & 17 juillet 1572 ; mais cette cour a depuis adopté les principes de celles de Paris & de Toulouse ; ç'a été à l'occasion d'un legs de trois livres fait à un enfant. Ce legs dérisoire, dit Basset, fit faire de justes réflexions à la cour, afin de ne pas suivre le caprice d'un testateur : l'arrêt qui intervint le 14 mars 1618, réduisit à la légitime de droit seulement, les avantages faits à la seconde femme. Le principe général a été depuis confirmé par deux arrêts des 2 avril 1642, & 14 mars 1649.

Si une fille a renoncé, au moyen d'une dot inférieure à la légitime, la donation du second mari ne doit pas être réduite à cette dot, quoiqu'elle fasse tout l'héritage de l'un des enfans ; l'édit ne peut s'entendre de la part d'une fille qui s'est exclue de la succession, elle n'y a plus de part, au moyen de l'espèce de transport qu'elle a fait à ses frères de ses droits ; il faut s'en tenir à cette décision de Ricard & de Pothier, sans aucun égard aux subtilités & aux distinctions de quelques auteurs & de Dupin, entre les filles qui ont été dotées avant ou après le mariage.

Le Brun, qui est d'avis de réduire indistinctement les avantages du second mari à la dot de la fille qui a renoncé, en conclut, qu'en Normandie, où, suivant l'article 249 de la coutume, « les » filles ne peuvent demander ni prétendre au- » cune portion en l'héritage de leurs pères & » mères contre leurs frères, ni contre leurs hoirs,

» mais seulement mariage avenant » ; le second conjoint doit également être réduit au mariage avenant de celle des filles la moins avantagée. Cette opinion est encore opposée aux vrais principes & à la décision de Ricard, puisque la fille qui a reçu un mariage avenant n'est point héritière.

La dot d'une fille religieuse ne peut servir à faire la réduction, même dans le parlement de Bordeaux, quoique les retranchemens y aient lieu sur le pied du *cui minùs de facto*. Cette dot n'est en effet qu'un don de simples alimens, dont la propriété appartient au monastère, & non à la fille ; ce sont les motifs d'un arrêt de ce parlement du 15 avril 1671, qui est rapporté par la Peyrere.

Par la même raison, le legs d'alimens fait à l'enfant exhérédé, ne peut servir de base de comparaison pour fixer le retranchement ou la part d'enfant du second mari ; des alimens ne sont pas une part dans la succession dont l'exhérédé est exclu.

Lorsque le conjoint qui a convolé n'a laissé que des petits-enfans, on demande comment doit se faire la réduction ; l'on distingue s'il y a des petits-enfans d'une seule ou de plusieurs souches.

Lorsqu'il y a des petits-enfans de différentes souches, la donation faite au second mari ne doit pas être réduite à la part que l'un des petits-enfans a dans la subdivision du lot échu à sa souche, mais sur la part de la souche qui a le moindre lot. La succession étant partagée par souches, c'est chacune des souches, & non chacun des petits-enfans, qui prend une part dans la succession.

Au contraire, lorsque la femme n'a laissé que des petits-enfans d'une même souche, la succession se partageant, non par souche, mais par personnes, la donation du second mari est réductible à la portion que prendra celui des petits-enfans qui aura la moindre part. C'est ce qui a été jugé par un arrêt de 1651, rapporté par Brodeau : cependant Ricard prétend, sur le fondement d'un arrêt du parlement de Toulouse, que la part d'enfans devroit se mesurer à ce que les petits-enfans ont tous ensemble, parce qu'ils n'y viennent tous ensemble qu'au lieu de leur père, fils de la défunte : mais Pothier observe qu'il est faux que les petits-enfans viennent en ce cas au lieu de leur père, puisque la fiction de la représentation cesse, mais qu'ils y viennent de leur chef.

Pour fixer la part d'enfant & le retranchement des avantages faits au second mari, il faut liquider la succession de la mère, faire une estimation de tous les biens-meubles & immeubles dont elle est composée.

Cette estimation doit se faire avec le second mari qui a un intérêt à ce que les biens ne soient pas estimés au-dessous de leur valeur, ce qui diminueroit la donation ; & si l'estimation eût été faite fans lui, il auroit droit d'en demander une nouvelle.

On doit auffi eftimer les biens dont eft compofée la donation faite au fecond mari, qu'on prétend fujets à réduction, pour juger fi la donation excède le montant de la part de l'enfant qui a le moins dans la fucceffion.

Ces eftimations fe font fur la valeur des chofes au temps de l'ouverture de la fucceffion, pourvu qu'elles n'aient point été détériorées par la faute du fecond mari donataire. *Tempus illud confiderandum eft quo binubus moritur; non ab initio donatio aut fcriptura refpicienda, fed qui vocatur eventus confiderandus eft*, porte le chapitre 28 de la novelle 22. Le droit que l'édit donne aux enfans eft la réparation du préjudice que la donation faite au fecond mari leur caufe dans la fucceffion de leur mère; ce préjudice confifte en ce que les héritages compris dans la donation ne fe trouvent pas dans cette fucceffion : la valeur de ce préjudice eft par conféquent celle des héritages au temps de l'ouverture de cette fucceffion, & non celle qu'ils avoient au temps de la donation.

Si c'étoit par la faute du donataire, ajoute Pothier, que les héritages ont été dégradés, ils ne devroient pas être eftimés, eu égard feulement à l'état où ils fe trouvent lors de l'ouverture de la fucceffion de la donatrice, mais eu égard à ce qu'ils auroient valu fi la donation n'eût pas été faite; car on doit préfumer qu'alors la donatrice eût confervé en bon état fon héritage.

Réciproquement, lorfque cet héritage fe trouve amélioré, il faut eftimer fa valeur au temps de l'ouverture de la fucceffion : mais lorfque l'augmentation vient des impenfes utiles faites par ce donataire, l'héritage ne doit être eftimé que ce qu'il vaudroit, fi les impenfes n'euffent pas été faites, & qu'il eût été laiffé au même état qu'il étoit lors de la donation. En effet, la donation ne fait de préjudice aux enfans que de cette valeur; lorfque ce font des impenfes néceffaires qui ont été faites par le mari fur l'héritage, il faut les prélever avant l'eftimation. Si le fecond mari n'eût pas fait ces dépenfes, la donatrice y eût été obligée, & la fomme qu'elle y eût employée auroit diminué d'autant fa fucceffion.

Les dépenfes d'entretien ne peuvent être déduites; elles font une charge des fruits que le donataire perçoit.

Ces obfervations doivent avoir lieu, quand même le mari auroit aliéné l'héritage donné; car quel qu'ait été le prix de la vente, la donation fait préjudice aux enfans dans la fucceffion de leur mère, de la valeur qu'auroit l'héritage au moment de l'ouverture de la fucceffion, s'il s'y fût trouvé.

Cependant fi la vente avoit été forcée, par exemple, pour la conftruction d'un ouvrage public, ou par les fuites d'une claufe de réméré, la valeur de l'héritage ne pourroit être portée au-delà du prix que le mari en auroit reçu. Il en eft des rentes

comme des héritages, l'eftimation doit être faite d'après les mêmes principes.

Comme c'eft au temps de la mort de la donatrice que le droit des enfans eft ouvert pour demander la réduction, c'eft à ce temps qu'il faut avoir égard pour juger fi elle doit avoir lieu, & pour fixer l'eftimation de l'héritage. Pothier décide que les diminutions qui feroient arrivées depuis, jufqu'au partage, tomberoient uniquement à la charge du mari, & ne doivent pas empêcher les enfans de demander la réduction, ainfi qu'ils l'auroient fait lors de la mort.

C'eft auffi fur le nombre des enfans qui exiftent au temps du décès, qu'il faut régler les droits du fecond époux; c'eft à cet inftant feulement que l'on peut connoître quels feront les droits des enfans dans la fucceffion de leur mère : jufques-là leur nombre peut diminuer par la mort de quelques-uns d'entre eux; il peut auffi augmenter par la naiffance de ceux du fecond lit. La jurifprudence du parlement de Paris eft conftante.

Il faut confidérer non-feulement les enfans qui reftent du premier lit, mais il faut encore compter tous ceux, tant du premier que du fecond mariage; c'eft ce qui eft encore décidé par Ricard; il dit que fi l'un des enfans du fecond lit fe trouve le moins avantagé, fa part doit fervir de modèle pour régler la donation. Selon Dupin, cette décifion n'eft infaillible que dans les pays de coutume où les enfans de deux lits prennent part au retranchement indiftinctement; mais il n'en eft pas de même en pays de droit écrit, où les parlemens n'accordent le bénéfice de l'édit qu'aux enfans du premier lit. Ce texte de la loi *hác edictali : cui minor portio ultimá voluntate derelicta*, fe rapporte, ajoute Dupin, aux enfans dont la loi parle au commencement; *fi ex priore matrimonio procreatis liberis, plus quàm ad mèum quamque pervenerit.* D'ailleurs, la difpofition de la loi *quoniam*, au code *de fecundis nuptiis*, eft précife : *iis ampliora quæ uni filio vel filiæ ex anteriore matrimonio progenitis danda vel relinquenda funt revocata.* Auffi Cujas n'en fait-il aucun doute fur la loi *hác edictali.*

Tels font les principes d'après lefquels on doit réduire les avantages accordés au fecond époux; nous allons voir quels font leurs droits fur les biens retranchés, & comment ils peuvent les exercer.

Tandis que la loi *hác edictali* paroiffoit n'accorder de droit dans le retranchement qu'aux enfans du premier lit, la loi *quoniam* ordonnoit que les enfans du fecond lit feroient admis au partage des biens retranchés. Pour faire ceffer la contrariété de ces deux loix, le chapitre 27 de la novelle 22 a ordonné que les feuls enfans du premier mariage partageroient l'excès des donations & libéralités faites par le convolant au fecond conjoint : mais, malgré une difpofition auffi claire, appuyée de l'autorité de Cujas, la queftion a été diverfement jugée au parlement de Paris, pour les provinces de droit écrit de fon reffort.

D'abord, Brodeau rapporte un arrêt du 4 juillet 1606, confirmatif d'une fentence arbitrale rendue en la ville de Lyon, par laquelle le retranchement avoit été adjugé à la fille du premier lit, ou à fa repréfentation (à l'exclufion des enfans du fecond lit), enfemble la légitime, conformément au teftament.

Depuis, il eft intervenu dans cette cour trois arrêts contraires, les 2 mars 1610, 7 feptembre 1645 & 7 mars 1648, qui ont attribué le profit du retranchement aux enfans des deux lits également. Ces arrêts ont été rendus entre des perfonnes domiciliées en pays de droit écrit. Henris, qui fait mention des deux derniers, dit qu'il les rapporte fans les approuver, ni fe départir de la règle établie par les loix romaines. Bretonnier eft du fentiment d'Henris.

Mais la queftion a été décidée très-folemnellement le 14 juillet 1660 : le procès avoit été porté en la feconde chambre des enquêtes, qui ordonna d'abord que l'avis feroit demandé aux chambres ; & les avis ayant été prefque uniformes pour adjuger aux enfans du premier lit feulement le bénéfice du retranchement, l'arrêt confirma la fentence du prévôt de Mâcon, par laquelle tous les avantages faits au fecond mari avoient été réduits à une portion pareille à celle qui arriveroit pour la légitime à l'enfant du premier lit, auquel on avoit en outre adjugé tout ce que le fecond époux pouvoit avoir amendé de la fucceffion. Cette décifion folemnelle n'a pu être déterminée par la confidération de l'excès des avantages faits aux enfans communs : le fecond mari avoit été en effet inftitué feul héritier, à charge de donner à chacun des enfans, tant du premier que du fecond lit, une fomme de 1500 liv.

Quant aux autres parlemens de droit écrit, on ne voit pas d'exemple, dit Dupin, que le principe etabli par cet arrêt y ait fait de difficulté. Il y a une foule d'arrêts par lefquels le retranchement a toujours été ordonné en faveur des enfans du premier lit, mais fans que ceux du fecond lit fe foient préfentés pour demander d'être admis au partage.

Au contraire, dans les pays de coutume, on fuit la difpofition de la loi *quoniam*. Cette jurifprudence conftante eft fondée fur le principe d'équité, que les biens retranchés de la donation faite au fecond mari, étant ceux de la mère commune, & tous les enfans, de quelque mariage qu'ils foient nés, étant autant à leur mère les uns que les autres, ils doivent y avoir un droit égal.

Le droit de demander le retranchement eft dès-lors ouvert, en pays de coutume, aux enfans du fecond lit, dès qu'un feul de ceux du premier lit furvit, quand même ceux-ci en feroient remife, parce qu'ils ne peuvent remettre que la part qui

leur appartient dans ce retranchement, & non celles qui appartiennent aux enfans du fecond lit.

Cependant fi, lors du décès de la mère, tous les enfans du premier lit étoient prédécédés, les enfans du fecond mariage ne feroient pas feuls capables de donner lieu à ce retranchement : il eft néceffaire que, pour y être admis, ils concourent avec les enfans du premier lit, qui font le principal motif de l'édit.

Pour que les enfans, foit du premier, foit des autres mariages, puiffent demander la réduction, il n'eft pas néceffaire qu'ils foient héritiers de leur mère ; car leur mère ayant mis hors de fes biens la donation, tout ce qui y eft compris ne fait plus partie de fa fucceffion ; ce n'eft pas des loix des fucceffions, mais de celles des *fecondes noces*, que les enfans tiennent ce retranchement. Ainfi, foit qu'ils renoncent tous, ou feulement quelques-uns d'entre eux, tous font admis à partager le retranchement ; les jurifconfultes, les arrêts de différens parlemens, s'accordent fur ce principe, & donnent aux enfans qui ont renoncé, comme à ceux qui n'ont pas renoncé, l'action révocatoire de l'excédent de la donation.

Mais, quoique les enfans n'aient befoin que de la qualité d'enfans, pour demander le retranchement, ceux qui font exhérédés n'y font pas admis : ils s'en font rendus indignes par les caufes qui, en leur méritant l'exhérédation, les ont exclus de tous les titres en vertu defquels les loix les appelloient aux biens de leurs pères & mères. Non-feulement ils n'y ont aucun droit ; mais comme ils ne font pas comptés pour faire nombre, afin de former la légitime, ils ne doivent pas l'être pour déterminer la part de chacun des enfans fur le pied de laquelle le retranchement doit être fixé.

Il en eft de même des enfans morts civilement, comme les religieufes, religieux profés, & ceux qui ont été flétris par des condamnations qui emportent la mort civile : les uns ni les autres ne peuvent être admis à demander le retranchement, ni à le partager ; ils ne peuvent faire nombre pour le déterminer.

Quant aux filles, qui, par leur contrat de mariage, ont renoncé à la fucceffion en faveur de leurs frères ; quant à celles qui, dans certaines coutumes, font, par leur mariage, exclues des fucceffions de leurs pères & mères qui les ont dotées, Ricard décide qu'elles ne doivent pas être admifes au partage du retranchement. Quoiqu'il ne foit pas néceffaire pour cela, de venir à la fucceffion, il faut au moins être capable d'y venir, l'objet de l'édit eft de réparer le préjudice que fait la donation aux enfans : mais ceux qui ont renoncé à la fucceffion ne fouffrent aucun préjudice, puifque fi la donation ceffoit, ils ne pourroient rien prétendre aux biens qu'elle comprend ; c'eft ainfi qu'ils ne peuvent, par exemple, rien demander dans le douaire des enfans.

Si cependant la fille du premier lit n'avoit renoncé qu'à la fucceffion de fon père, elle pourroit prendre part à la réduction des libéralités faites par la mère au fecond époux, & réciproquement dans celles faites à la feconde femme, fi elle n'a pas renoncé à la fucceffion de fon père qui a convolé. Comme les renonciations par contrat de mariage, & les exclufions des coutumes, ne font ordinairement prononcées qu'en faveur des frères, à leur défaut, les filles peuvent toujours demander le retranchement, malgré leur renonciation.

Mais, quoiqu'elles ne doivent pas profiter du retranchement, elles n'en doivent pas moins être comptées pour faire nombre : on oppoferoit en vain la maxime *repudians pro mortuo habetur*, c'eft un décès feint en faveur des frères feulement; le fecond époux ne peut profiter de la fiction.

Les enfans légitimés par mariages fubféquent doivent être comptés & admis au partage; le mariage de leur père a effacé toutes les taches & détruit tous les obftacles de l'illégitimité : mais ceux qui ne font légitimés que par refcrit du prince, n'étant pas véritablement légitimes, & ne fuccédant pas comme tels, ne peuvent en exercer les droits.

Dans la Saintonge, où l'adoption eft reçue, Bechet demande fi la perfonne adoptée doit être comptée au nombre des enfans, pour faire réduire les donations exceffives que le convolant a faites au fecond conjoint; il diftingue ceux qui font adoptés ou affiliés par fubrogation, & ceux qui font fimplement adoptés. Les premiers étant fubrogés au nombre des enfans légitimes dont ils rempliffent la place, ils doivent en exercer les droits; on peut dire, qu'ils ne le font pas de leur chef, mais comme repréfentant les véritables enfans, par une efpèce d'échange; il n'en eft pas de même de ceux qui, n'étant pas fubrogés, n'ont pas de pareils motifs en leur faveur.

L'action des enfans pour demander le retranchement, eft fondée fur ce que le retranchement eft la charge inféparable dont leur mère a transféré la propriété à fon fecond mari, qui ne l'a reçue lui-même qu'à condition de remettre, au moment du décès de fa femme, tout ce qui fe trouveroit excéder la part de l'enfant moins prenant.

C'eft la loi qui forme cette obligation; elle donne aux enfans, pour fe faire remettre cet excédent, une action que l'on peut appeler *condictio ex lege*.

Cette action eft perfonnelle & réelle; elle peut être intentée contre les tiers-détenteurs des biens immeubles compris dans la donation, dans le cas où le fecond mari les auroit aliénés, foit pour le total, foit pour partie; car le fecond mari n'ayant acquis la propriété de ces biens qu'à charge du retranchement, ils y font affectés; le mari n'a pu les transférer, & des étrangers n'ont pu les acquérir qu'avec cette charge, qu'avec la condition d'être tenus de l'action des enfans.

On pourroit auffi dire que cette action eft refcifoire, puifque la donation, lorfqu'elle fe trouve excéder la part de l'enfant moins prenant à la mort de la donatrice, eft refcindée par l'autorité de la loi, jufqu'à concurrence de cet excédent.

On ne doit pas s'attacher, parmi nous, aux fubtilités du droit romain fur la nature & les caractères des actions; il faut s'en tenir aux vues de l'édit; auffi-tôt qu'il y a lieu au retranchement, l'on peut regarder les enfans comme devenus déjà propriétaires de la portion dans les biens donnés, que la loi veut être retranchés à leur profit; on peut leur accorder en conféquence l'action *utilis in rem*, pour la revendiquer : il n'importe qu'ils aient une action perfonnelle réelle, *conditio ex lege*, ou une action *utilis in rem*. Dans notre pratique francoife l'on fait peu d'attention aux noms que les Romains donnoient aux actions.

Cependant, lorfque le mari n'a aliéné qu'une partie des biens compris dans la donation, & qu'il en a confervé fuffifamment pour remplir les enfans de la portion entière qui doit être retranchée, il eft équitable, pour éviter les circuits des demandes en garantie, que les enfans exercent leurs droits fur les biens qui font reftés au fecond mari, & qu'ils ne puiffent inquiéter les tiers - détenteurs.

Lorfque ces tiers-détenteurs peuvent être préfumés avoir acquis fans connoiffance de la charge, comme ils font alors poffeffeurs de bonne-foi, ils ne font tenus des fruits que depuis la demande formée contre eux, fauf aux enfans à fe pourvoir pour ceux perçus avant la demande & depuis le décès de leur mère, contre le fecond mari qui eft obligé perfonnellement.

Mais lorfque ce font des fommes d'argent, des marchandifes, ou d'autres meubles qui ont été donnés au fecond mari, & que ces fommes ou le prix de ces effets fe trouvent, lors du décès de la donatrice, excéder la valeur de la part de l'enfant le moins prenant, le droit des enfans pour la reftitution de cet excédent n'eft qu'une fimple créance d'une fomme d'argent contre le fecond mari, avec hypothèque fur les biens, du jour de la donation; les enfans n'ont aucune action contre les tiers-détenteurs de ces effets mobiliers; ils ont feulement un privilège fur ceux qui font reftés en nature au fecond mari, pour la créance de la fomme d'argent qu'il leur doit.

L'action des enfans, foit contre le fecond mari, foit contre les tiers-détenteurs, n'eft ouverte que par la mort de celui des conjoints qui a convolé & fait la donation.

C'eft fur ce fondement, dit Denifart, qu'il a été jugé au parlement de Bretagne, par arrêt du 2 avril 1738, qu'une veuve qui avoit des enfans d'un premier lit, s'étant remariée, & ayant fait une donation de 12000 livres, tant à fon fecond mari qu'aux enfans à naître de leur mariage, devoit, après la mort du fecond mari, payer les 12000 livres à la fille du fecond lit, nonobftant la réfiftance de la mère & l'oppofition des enfans du premier lit, fauf à ceux-ci à demander la réduction après le décès de leur mère.

Quoique les enfans ne tiennent les biens retranchés que du bénéfice de la loi, & non de la succession de leur mère, cependant ils doivent les partager dans l'ordre des successions ; c'est pour cela que les petits-enfans n'y sont admis qu'à défaut de leurs pères & mères prédécédés ; c'est pour cela que les petits-enfans qui ont renoncé à la succession de leur mère, ou ne se sont portés ses héritiers que par bénéfice d'inventaire, ne sont point tenus des dettes de leur mère, pour raison de ce qu'ils reçoivent dans le retranchement, à moins que les créanciers ne fussent antérieurs à la donation ; ils sont en ce cas tenus de leurs créances hypothécairement, & non personnellement.

Mais ils ne sont pas tenus de celles constituées par le second mari, qui, n'ayant jamais eu de propriété absolue sur les biens sujets au retranchement, n'a pu les hypothéquer.

Enfin, il faut observer qu'en conséquence de ce que les enfans ne prennent pas dans la succession de leur mère les biens retranchés des donations faites au second mari, ils ne sont pas tenus de les imputer, selon Ricard, sur leur légitime, quoique l'aîné doive y prendre son droit d'aînesse.

Les coutumes de Paris, Orléans & Calais défendent aux conjoints qui convolent en *secondes noces*, de disposer en aucune manière, au profit du second mari, ou de la seconde femme, des conquêts soit meubles ou immeubles, qu'ils ont faits pendant leur précédent mariage ; la disposition de ces coutumes doit être restrainte à leur territoire.

NOE, NOHE, NOUE, ou NOUHE. Tous ces termes sont les mêmes, & signifient proprement un lieu noyé, un lieu aquatique & marécageux, propre dans certaines saisons de l'année, au pâturage des bestiaux. Dans quelques titres du Poitou, le mot *noue* s'emploie dans la signification de noyer. M. de Laurière, dans son glossaire, pense que ces mots signifient une terre nouvellement mise en prés.

NOEL (*parlement de*). *Voyez* PARLEMENT.

NOIR (*code*). *Voyez* CODE NOIR.

NOIRE, (*monnoie.*) c'est la dénomination qu'on donnoit à la monnoie de cuivre pour la distinguer de celle d'argent, qu'on appelloit *monnoie blanche.* C'est dans le même sens qu'on appelloit *nerets* certains sous de cuivre & autre métal inférieur, à la différence des sous argentés, qu'on nommoit *sous blancs.* La coutume de Valois, art. 7, dit : que sept sous six deniers nerets valent quatre sous parisis, & les soixante sous nerets, trente-six sous parisis. On doit faire attention à cette différence entre la *monnoie noire* & *blanche*, dans les amendes & autres droits fixés en argent par les titres ou les coutumes.

NOM, f. m. (*Droit public & civil.*) est ce qui distingue chaque individu.

Les premiers hommes n'avoient qu'un *nom* : tels

Adam, Noé, Abraham. Tous les anciens peuples ont suivi le même usage ; témoins Priam, Hector, Agamemnon, Ulysse, Ménélas, Cyrus, Xerxès, Alexandre.

Les Romains en avoient jusqu'à quatre, pour désigner une personne, *nomen*, *agnomen*, *cognomen*, *pronomen*. Le premier, *nomen*, étoit un véritable nom de famille qui étoit donné à la race commune, & qui passoit à toutes les branches qui en descendoient. Le second, *agnomen*, étoit un surnom donné à un citoyen pour une cause particulière. Le troisième, *cognomen*, étoit le surnom de chaque branche, & se mettoit après le *nom* de famille. Le quatrième enfin, *pronomen*, étoit le nom propre qui appartenoit à un particulier, & qui se mettoit devant le *nom* de famille. On trouve fréquemment ces quatre sortes de *noms* donnés à un citoyen de Rome, & il est aisé de reconnoître leur signification particulière. Par exemple, dans le *nom* de Publius Cornelius Scipio Africanus, celui de Publius est le *nom* particulier de celui qui a vaincu les Carthaginois, celui de Cornelius est le *nom* de la famille dont il descendoit, celui de Scipio est le surnom propre de sa branche, celui d'Africanus est le surnom que ses victoires lui ont acquis. Publius est le *pronomen* ; Cornelius, est le *nomen* ; Scipio, le *agnomen* ; Africanus, le *cognomen*.

Les anciens Germains qui ont renversé en Europe le colosse de l'empire romain, n'avoient, ainsi que les plus anciens peuples, qu'un seul *nom* propre & individuel : Pharamond, Clovis, Clotaire, Charles, Lothaire, &c. Cet usage a duré sous la première & la seconde races de nos rois, & si quelquefois on y a ajouté un sobriquet, il ne passoit pas pour un *nom*, & servoit seulement à désigner les personnes.

Il n'y avoit point alors de *nom* de baptême. Les parens nommoient leurs enfans, & les faisoient baptiser sous le *nom* qu'ils leur avoient donné. Les personnes plus âgées se faisoient baptiser, ou sous le *nom* qu'elles avoient reçu de leurs parens, ou sous le nouveau *nom* qu'elles se choisissoient elles-mêmes, pour le porter après le baptême. Comme on ne baptisoit, dans ce temps-là, qu'aux fêtes de Pâques & de la Pentecôte, ces personnes se faisoient, en attendant, enrôler sous le *nom* sous lequel elles vouloient recevoir le sacrement. Les jours solemnels étant venus, le prêtre les appelloit par les *noms* qu'elles avoient choisis, pour être baptisées, sans que lui, ni le parrain, se mêlassent d'imposer ces *noms*.

Cette considération doit faire douter de ce que disent quelques historiens, que des rois de la première race ont été nommés par leurs parrains, lors de leurs baptêmes. Ils veulent, par exemple, que Gontran, tenant son neveu sur les fonts, l'ait nommé *Clotaire* ; mais, outre que cela est contraire à l'usage universel de l'église, Clotaire ayant déjà régné plus de six ans sous ce *nom*, lorsqu'il fut baptifé, il eft certain qu'il ne reçut point, lors de fon baptême, de nouveau nom. A cela, les hiftoriens oppofent l'autorité de Grégoire de Tours ; mais Grégoire de Tours dit lui-même que ce prince n'avoit encore que quatre mois lorfqu'il fut nommé Clotaire par Gontran, qui, étant fon tuteur, & lui tenant lieu de père, lui avoit donné ce nom, felon la coutume qui s'obfervoit alors. Ce que Grégoire de Tours ajoute, que Gontran, tenant fon neveu fur les fonts, avoit voulu qu'il s'appellât Clotaire, fe doit entendre par relation à ce qu'il avoit fait autrefois en qualité de tuteur, & non à ce qu'il faifoit en qualité de parrain ; on ne fert qu'à marquer que Gontran n'avoit pas voulu que fon neveu changeât de nom au baptême, comme il fe pratiquoit quelquefois alors.

La plupart des noms qu'on prenoit dans ce temps-là étoient païens, & la coutume de ne donner que des noms de faints au baptême, peu effentielle au facrement, eft moderne. Il n'y avoit pas non plus de nom de famille ; puifqu'il n'y en avoit point qui fût commun à tous ceux qui defcendoient d'une même tige : on n'avoit qu'un nom, qui fe perdoit avec la perfonne qui l'avoit porté ; car les noms de Mérovingiens & de Carlovingiens qui ont fervi de dénomination aux rois de la première & de la feconde races, font de ces derniers temps. Les noms étoient anciennement fi peu communs à toute une famille, que plus un feul roi de la première race n'a porté le nom de fon père. Enfin, on ne favoit pas, dans ce temps-là, ce que c'étoit que le nom de feigneurie ; s'il y avoit des duchés & des comtés dès la fondation de la monarchie, ce n'étoient que des offices qui ne pouvoient alors non plus paffer pour noms, qu'aujourd'hui la qualité de gouverneur de province.

Si l'on demande de quelle nature étoit le nom qu'on portoit alors, puifqu'il n'étoit ni de baptême, ni de famille, ni de feigneurie, la réponfe eft que ce nom n'avoit aucun rapport avec ceux dont on fe fert préfentement, & qu'étant feul, il tenoit lieu tout enfemble de nom de baptême, de nom de famille, & de nom de feigneurie.

Cet ufage de n'avoir qu'un nom qui n'étoit pas alors plus propre que l'eft maintenant celui de Pierre & de Jacques, caufoit une étrange confufion dans la connoiffance des perfonnes & des maifons, & faifoit perdre la trace des filiations.

Il y a lieu de s'étonner qu'un tel ufage ait duré fi long-temps, étant fi incommode, & les Romains ayant donné l'exemple d'avoir plufieurs noms, & même des noms de famille. Les Romains qui n'avoient pas l'ufage des fiefs, ne penfèrent point à tirer leurs furnoms des lieux qu'avoient poffédés leurs ancêtres ; ils les prirent de diverfes chofes relatives ou à l'agriculture, ou à la vie paftorale qu'ils eftimoient, ou de certaines qualités marquées du corps, ou de l'efprit, ou de quelque circonftance particulière de leur vie.

Au commencement de la troifième race de nos rois, les duchés, les comtés, & les autres feigneuries ayant changé de nature, apportèrent un grand changement à l'ufage des noms. Les derniers rois de la feconde race avoient été trop foibles pour refufer aux enfans les dignités que leurs pères avoient poffédées ; & Hugues-Capet qui eut befoin, à fon avénement à la couronne, de gagner l'affection des grands feigneurs, permit qu'ils fe fiffent un domaine de leurs offices, & rendiffent héréditaires, à leurs maifons, les feigneuries qu'ils ne tenoient auparavant que de la pure grace du roi. Cette fucceffion, introduite dans les feigneuries, donna lieu à une nouvelle impofition de noms qui en furent tirés.

Alors il y eut deux noms : l'un, felon l'ancien ufage, qui étoit particulier à la perfonne qui le portoit : l'autre, tiré de la feigneurie qui étoit héréditaire & domaniale. On ne peut pas dire néanmoins qu'il y eût encore des noms de famille, attendu que ce nouveau nom étoit attaché à la poffeffion de la feigneurie, qu'il n'y avoit qu'un des enfans qui portât le nom de fon père, parce qu'il n'y en avoit qu'un qui fuccédât à la feigneurie, c'étoit l'aîné. Les autres enfans étoient obligés de prendre le nom d'une autre feigneurie ; & ainfi, dans une même maifon, il y avoit plufieurs noms qui fe multiplioient avec les branches & les perfonnes. « Il convient entendre (dit du Tillet qui » avoit vu tant de titres, de regiftres, de chartres, » tant fouillé dans nos archives, & dont de Thou » fait une mention fi honorable), que les furnoms » des feigneurs & gentilshommes n'étoient conti- » nués qu'au fils aîné qui héritoit au principal fief, » & les puînés portoient le nom du principal fief de » leur partage, comme en la maifon de Champa- » gne, Etienne, fils puîné du comte Thibault-le- » Grand, & fes defcendans, eurent le nom de San- » cerre, parce que le comté de Sancerre lui échut » en partage ».

Quoique cet ufage fût moins imparfait que le premier, il ne laiffoit pas d'avoir beaucoup de défauts. Il étoit toujours très-difficile, dans une fi grande diverfité de noms, de reconnoître les perfonnes qui étoient d'une même maifon ; mais le principal défordre venoit de ce que les noms de feigneuries étant abfolumentréels, quand on venoit à perdre la feigneurie, on en perdoit auffi-tôt le nom. Si l'on acquéroit une feigneurie plus confidérable que celle qu'on avoit auparavant, on quittoit fon ancien nom pour prendre celui de la nouvelle acquifition qu'on avoit faite. Les noms étoient dans une viciffitude continuelle. Cela eft conftant, parce qu'on ne trouve dans aucune hiftoire, ni dans aucun acte, des furnoms avant ce temps-là.

Il n'y a pas encore fix cens ans que, parmi nous, les noms font devenus perfonnels & inféparables des familles, qui fe les approprièrent. Les filles n'ayant point ordinairement de feigneurie en partage, furent les premières à prendre le nom de leurs pères, afin qu'on pût connoître de quelle maifon

elles étoient. A leur exemple, les cadets qui n'a-
voient pas non plus de seigneurie, ou qui en
avoient quelqu'une fort inférieure à celle de leur
père, prirent aussi le *nom* de leur père. C'est ainsi
que s'établirent insensiblement dans les grandes
maisons les *noms* de famille, communs à tous ceux
qui descendoient d'une même tige, & indépendans
de la possession de la seigneurie. Ce n'est que depuis ce temps qu'il a été plus facile de connoître les
familles ; car ceux-là se trompent qui veulent qu'on
ait reconnu les maisons par les armes avant qu'on
les pût reconnoître par les *noms*, puisqu'il est constant que l'usage des armes n'est pas plus ancien
que celui des *noms*, quoique quelques-uns en rapportent l'origine aux temps les plus éloignés, &
donnent des armes aux grands officiers des premiers rois de la première race.

Ce qui s'est fait en France est arrivé également
en Italie, où les Lombards établirent l'usage des
fiefs, à-peu-près dans le même temps qu'il s'introduisit dans ce royaume. Un savant historien de
Naples rapporte que les Lombards tirèrent communément leurs surnoms des villes ou des châteaux que leurs ancêtres avoient possédés, & où
ils faisoient leur séjour ordinaire ; que les charges
de magistrature, les emplois militaires, les dignités ecclésiastiques & séculières, la profession
qu'avoit exercée quelqu'un des ancêtres, furent
aussi des sources où diverses familles prirent leurs
surnoms ; que les surnoms tirent leur origine des
mœurs & des qualités personnelles, ainsi que de
la couleur des cheveux, de la barbe, ou de quelque
habitude particulière ; & qu'enfin on emprunta les
noms des plantes, des fleurs, des animaux, &
d'une infinité d'autres choses. L'historien que je
cite, remarque que cet usage, distinguant les familles par des surnoms qui se conservoient de génération en génération, parmi les
Italiens, que vers la fin du dixième siècle ; qu'il
ne fut pas commun alors ; qu'il devint plus fréquent dans l'onzième & dans le douzième siècle,
mais que ce ne fut que dans le treizième & le
quatorzième qu'on le vit généralement répandu
dans le plus bas peuple, comme parmi les princes
& la noblesse.

Nos auteurs françois marquent exactement ce
qui est arrivé parmi nous, & nous apprennent que,
par les divers changemens dont j'ai parlé, on est
enfin parvenu à avoir aujourd'hui trois sortes de
noms : le premier, de baptême, qui est particulier
à celui qui le porte ; le second, de famille, qui est
commun à toutes les personnes d'une même maison ; le troisième, de seigneurie, qui est réel &
dépendant de la possession de la chose, & qui, par
conséquent, se perd par l'aliénation de la seigneurie. Ce n'est pas que tous les *noms* des grandes maisons n'aient été réels dans leurs commencemens,
il n'y avoit non plus de *noms* en l'air, dans ce
temps-là, que des fiefs & des seigneuries chimé-
riques ; & c'est par cette raison que beaucoup de

gens affectent d'ajouter à leur *nom* la particule *de* ;
pour faire voir que leur *nom* a été autrefois réel,
qu'il a été tiré d'une seigneurie, & qu'il est par
conséquent très-ancien. Mais la coutume ayant
rendu personnels les *noms* qui auparavant étoient
réels, ils changèrent entièrement de nature ; indépendans de la possession de la seigneurie, ils
furent inséparables de la famille à laquelle ils étoient
devenus propres. Aussi le nom de Montmorenci
subsiste-t-il dans cette maison, quoique la terre
dont il a été tiré, n'y soit plus. Les gentilshommes
qui possèdent les seigneuries dont ils ont reçu le
nom, auroient beau les aliéner, ils n'en quitteroient
pas le *nom* ; comme ils seroient obligés de quitter
celui d'un autre terre qu'ils vendroient. Les *noms*
de famille, réels dans leur commencement, mais
devenus personnels, ne peuvent plus se perdre.

Lorsqu'il n'y avoit que des *noms* réels, on ne trouvoit pas à redire que ceux qui acquéroient un fief plus
considérable que celui qu'ils avoient auparavant,
prissent le *nom* de leur nouvelle acquisition, comme
l'on quitte encore aujourd'hui le *nom* d'une seigneurie inférieure pour prendre celui d'une autre plus
relevée, parce que le *nom* de seigneurie est encore
à présent réel, & de la nature qu'étoient les anciens noms de seigneurie : mais depuis que les *noms*
sont devenus personnels & propres aux familles,
ce changement ne se fait plus ; chacun est jaloux
de conserver le *nom* de sa maison, comme la première & la principale marque d'honneur ; & l'on
ne peut, sans honte, quitter son *nom* pour en reprendre un autre. Quand les *noms* étoient purement réels, ils ne marquoient que la seigneurie
dont l'une peut être préférée à l'autre, sans que
personne y prenne intérêt, & sans que cette préférence ait aucune suite fâcheuse ; mais les *noms* étant
personnels, renferment tout ce qu'il y a de mérite,
de vertu, & de gloire dans une maison ; & comme
chacun veut donner une opinion avantageuse de
la sienne, on s'est fait un point d'honneur de conserver son *nom*, & de ne le plus changer pour
un autre. La dernière peine qu'on impose aux coupables des crimes les plus énormes, est d'obliger
leur famille à changer de *nom*.

Ce n'est pas qu'il n'y ait quantité d'exemples
de gens qui quittent le *nom* de leur famille pour
prendre celui de quelque autre ; mais ce changement est une preuve certaine du peu de grandeur
qu'il y avoit dans la maison dont on quitte le
nom. Ils n'ont pu le faire que parce qu'ils n'étoient
pas contens de la gloire de leurs ancêtres, &
qu'ils cherchoient à se revêtir de la splendeur d'un
nom de famille étrangère plus illustre que le leur.
La conséquence est infaillible, à moins que la condition de porter le *nom* d'une famille étrangère ne
leur ait été imposée par des donations, des mariages, ou des testamens qui leur en aient fait passer
les biens.

De tous les rois & de tous les empereurs de
l'Europe, il n'y a que le roi de France dont la

famille n'ait point d'autre *nom* que celui de la couronne, parce que leurs ancêtres ont porté ce *nom* de famille sur le trône, en y montant, depuis que les *noms*, auparavant réels, ont été rendus personnels & inséparables de la maison à laquelle ils sont devenus propres. Le roi de France a pour *nom* de famille le *nom* même de sa couronne, parce que ses ancêtres, assis sur le trône, prirent ce *nom* lorsque les *noms* devinrent personnels sur la fin du douzième siècle. C'est ainsi que dans la nécessité de satisfaire à la coutume qui voulut que chaque maison eût un *nom* qui lui fût propre, les pères des princes qui ont régné depuis en Europe, choisirent le *nom* des terres qu'ils possédoient. La maison qui règne en France n'en a pu avoir d'autre que celui de sa couronne, parce qu'elle régnoit depuis long-temps; au lieu que les autres maisons royales étant montées sur le trône depuis que les *noms* sont personnels, elles se sont trouvées avec un *nom* de famille qu'elles n'ont pu quitter pour prendre celui de la couronne à laquelle elles parvenoient. Ainsi il est bien aisé de reconnoître l'antiquité de la maison de France, lorsqu'on fait la comparaison du *nom* de France avec ceux des autres familles souveraines. Tous les *noms* des autres maisons royales, quelque illustres qu'elles soient, ramènent à un point où les commencemens des maisons qu'ils désignoient étoient foibles, au lieu que la maison de France n'a rien que de grand & d'auguste dans son origine, comme dans son progrès & dans sa durée.

Je m'étends beaucoup sur le *nom* de cette première maison de l'Europe, à cause d'une erreur dans laquelle les ministres du roi des deux Siciles tombèrent il y a quelque temps, lorsqu'ils firent frapper, au coin de leur maître, de la monnoie à Naples, dont ce prince entroit en possession. Ils y firent mettre cette légende: *Carolus Borbonius, rex Neapolis.* C'est Charles de France qu'il falloit mettre, & non pas Charles de Bourbon.

Le *nom* de famille de nos rois est France, & tous nos princes sont de la maison de France, en prenant ce *nom*, non comme un titre de dignité qui indique la possession d'une couronne, mais comme un *nom* propre de famille, & dans le même sens qu'on dit, en parlant de quelques rois, qu'ils sont de la maison de Brunswick, d'Oldembourg, &c.

Les filles de nos rois, lesquelles n'ont point d'apanage, portent distinctement le *nom* de *France*, comme *nom* de famille. Du Tillet, qui est de tous les auteurs françois le plus exact à distinguer le *nom* de famille d'avec les *noms* d'apanage, dit que *le surnom de France appartient aux filles des rois de France; & que si elles sont nées avant que leurs pères soient rois, elles se prennent ce surnom qu'après leur avénement à la couronne.*

Les fils de France qui n'ont point d'apanage, parce qu'ils doivent hériter de la couronne, portent toujours le *nom* de France. Le duc de Bourgogne,

en ratifiant le contrat de son mariage, s'appelle *Louis de France, duc de Bourgogne.*

Les fils de France qui ont des apanages, joignent au *nom* de France, comme *nom* de famille, celui de leur apanage, comme *nom* de terre; & c'est ce *nom* d'apanage qui se perpétue dans leurs descendans, & se quitte par l'aîné de la branche parvenant à la couronne. J'ai encore ici pour garant de ce fait, du Tillet que j'ai cité. « En la maison de France (dit cet auteur) est demeuré quelque chose de la susdite vieille forme (l'usage que l'aîné seul portoit le nom de la seigneurie du père); car combien qu'à tous messeigneurs les puînés des rois ait été réservé, pour leurs personnes, l'honneur du surnom de France qui est titre de grandeur & éminence, toutefois ledit surnom n'est continué aux enfans desdits puînés, lesquels prennent celui du principal titre de l'apanage de leur père, & dure jusqu'à ce que la branche finisse ». Pour faire voir qu'ils sont de la maison de France, & pour conserver le droit qu'ils ont à la couronne, ces descendans des fils de France prennent le titre de prince du sang de France. Avant le règne de saint Louis, il n'y avoit même que les fils aînés de nos rois qui portassent le *nom* & les armes de France. C'étoit aussi l'usage des autres maisons souveraines, comme l'atteste un auteur fort connu. *Tel étoit (dit-il) l'usage du siècle (13ᵉ siècle), qui a continué long-temps après. Un cadet de maison souveraine prenoit le nom de l'apanage qui lui étoit échu.*

Voyez les qualités que prirent le seigneur & la dame de Beaujeu, gendre & fille de Louis XI, dans un traité de confédération avec le duc de Lorraine. « Pierre de Bourbon, seigneur de Beaujeu, comte de Clermont & de la Marche, & nous Anne de France, dame de Beaujeu, comtesse de Clermont & de la Marche ». La fille du roi ne s'appelle pas *de Valois*, qui étoit le *nom* de la branche dont étoit sorti Louis XI; elle s'appelle *de France*. Le gendre du roi, qui étoit d'une branche puînée, s'appelle *de Bourbon*. « Je n'appelle *fils de France* (dit un introducteur des ministres publics), que les princes qui sont fils de rois. Il n'y a de fils de France que ceux dont les pères ont régné ou règnent, parce que le prince qui monte sur le trône, perdant son surnom, ne peut donner que celui qu'il acquiert à ceux qui sont nés de lui: or, il n'acquiert que celui de France, ainsi on ne peut donner que le surnom de France à ses enfans. Mais comme les fils de France ont des apanages, les princes qui sont issus de ces fils de France, qui ne viennent point à régner, portent le *nom* de l'apanage de leurs pères, & font dans la suite une branche de la maison royale ».

Orléans, Bourbon-Condé, & Bourbon-Conti sont des branches de la maison de France. Chacune de ces branches, outre le *nom* de France qui est commun à toute la maison, a une espèce de *nom* mixte qui eft particulier à tous les defcendans de celui qui le premier a pris le *nom* d'un apanage ou d'une feigneurie. Je dis que ce *nom* eft mixte étant en partie perfonnel, puifqu'il eft commun à tous ceux qui defcendent de celui qui l'a porté le premier; & en partie réel, puifqu'il fe quitte comme un *nom* de feigneurie par celui qui parvient à la couronne. J'ajoute que ces branches fubfiftantes de la maifon de France, fe font exactement conformées aux ufages des branches éteintes, que des princes du fang royal avoient anciennement formées fous les noms de *Bourgogne*, *Vermandois*, *Dreux*, *Artois*, *Touloufe*, *Anjou*, *Evreux*, *Blois*, *Champagne*, *Berri*, *Orléans*, *Angoulême*, *Alençon*, *Valois*.

On ne peut douter que Louis de Clermont qui, le premier des princes du fang de France, a porté le *nom* de Bourbon, ne fût de la maifon de France, puifqu'il étoit petit-fils de faint Louis. Si l'on demande pourquoi Louis de Clermont, contre l'ufage ordinaire, changea le *nom* de Clermont qui étoit celui de fon apanage & de fa defcendance paternelle de la plus illuftre maifon du monde, en celui de Bourbon qui étoit un titre du côté maternel; du Tillet, que j'aime à citer, parce qu'il eft de tous les auteurs le plus inftruit de ces fortes de faits, répondra précifément à la queftion. « Il convient entendre (dit ce greffier en chef du parlement de Paris) que l'an 1327, le roi Charles-le-Bel voulut ravoir la comté de Clermont en Beauvoifin, donnée par le roi faint Loys à M. Robert de France fon fils; parce que ledit roi Charles étoit né audit Clermont; & de fait, il l'eut de Loys, fils du comte Robert, auquel furent baillés en récompenfe les comtés de la Marche & feigneurie d'Iffoudun, Saint-Pierre-le-Moutier, Montferrand, & autres, que la baronie de Bourbon érigée en duché. Cet échange exécuté, Loys I, duc de Bourbon & fes enfans, prindrent le furnom *de Bourbon*, laiffant celui de Clermont; parce que le roi avoir reprins ledit apanage de Clermont, & combien que le roi Philippe de Valois, venu à la couronne par le décès de Charles-le-Bel, ne tint ledit échange comme trop dommageable, & qui diminuoit de la couronne, rendit la comté de Clermont, & reprinft les terres du contr'efchange: le furnom de Bourbon fut continué & a été fuivi ».

Les defcendans de ce prince, jufqu'à Henri IV, portèrent toujours le *nom* de Bourbon. Henri IV lui-même le porta avant qu'il fût parvenu à la couronne de France; mais du moment qu'il fut devenu roi de France, il ne s'appella plus du *nom* de Bourbon, & fes defcendans n'ont jamais porté le *nom* de Bourbon, mais celui de France. Y a-t-il plus de raifon à dire que les defcendans de Henri IV font de la maifon de Bourbon, qu'il n'y en auroit à foutenir qu'ils font de la maifon de Clermont? C'eft donc une grande erreur que de croire que le *nom*

de Bourbon foit le *nom* propre de la maifon royale de France: car, quoiqu'il foit vrai que la couronne eft poffédée par un monarque qui porteroit le *nom* de Bourbon, fi Henri IV, fon quatrième aïeul, n'étoit parvenu à la couronne, il eft faux qu'elle foit dans la branche de Bourbon, dont le prince de Condé eft devenu le chef par l'avénement de l'aîné de cette branche à la couronne; & quoiqu'il foit vrai auffi que les ancêtres du roi régnant aient porté le *nom* de Bourbon, il eft encore faux que le *nom* de Bourbon, foit le *nom* générique de la famille.

Les defcendans de Philippe de France, duc d'Orléans, frère de Louis XIV, portent le *nom* d'Orléans, comme *nom* diftinctif de cette autre branche, fans qu'aucun ait pris, ni doive prendre le *nom* de Bourbon, deftiné à en diftinguer une autre.

Si Philippe V ne fût pas parvenu à le couronne d'Efpagne, & s'il eût vécu duc d'Anjou en France, le prince fon fils, formant en France une branche particulière, fe feroit appellé *Charles d'Anjou*. Il devroit donc porter à Naples le *nom* de Charles d'Anjou, & non pas celui de Charles de Bourbon, fi ces *noms* d'apanages montoient fur le trône avec le prince qui les a portés; & je ne vois pas plus de fondemét à l'appeller Charles de Bourbon, qu'il n'y en auroit à l'appeller Charles d'Orléans. Dès qu'un prince de la maifon de France règne, il quitte le *nom* fpécifique de fa branche, & reffaifit le *nom* générique de fa famille, parce que ce *nom* eft confacré à la branche aînée, & que le titre de roi éteint celui de l'apanage, de la même manière qu'une grande lumière en fait difparoître une moindre. Le *nom* de la maifon qui règne en France, en Efpagne, & fur les deux Siciles, eft donc de France, & non de Bourbon, & c'eft ce que je voulois prouver.

On ne peut changer de *nom* de famille, fans en avoir obtenu la permiffion du roi. C'eft la difpofition précife d'une ordonnance de 1555; mais cette efpèce de grace ne fe refufe pas, lorfqu'elle eft fondée fur des motifs légitimes.

Il n'eft pas plus permis de vendre fon *nom*, que de prendre celui d'une autre famille. C'eft une propriété inaliénable de chaque maifon. Il fuffit, pour en jouir, d'être defcendant de la race qui le porte, parce que le *nom* eft attaché à la naiffance; il faut néanmoins obferver que les enfans légitimes ou légitimés font les feuls qui puiffent le prendre, les bâtards n'y ont aucun droit, à moins qu'ils n'aient été reconnus par leur père. Les filles qui fe marient, quittent le *nom* de leur père, pour prendre celui de leur mari.

Un teftateur peut appofer la condition, à fon inftitution d'héritier, que fon inftitué ou fon légataire univerfel portera fon *nom* & fes armes: mais même dans ce cas les héritiers inftitués & les légataires doivent fe faire autorifer par le prince à changer leur *nom*. Il y a plus, la condition inférée dans un teftament de porter le *nom* & les armes, ne doit-

avoir

avoir lieu que lorfqu'il n'y a plus de mâles de la famille du teftateur, ou que ceux qui exiftent confentent à l'exécution de cette condition.

Lorfque le roi permet à quelqu'un de porter le *nom* & les armes d'une maifon dont il ne defcend point par les mâles, on infère prefque toujours dans les lettres-patentes qui accordent cette grace, *fauf notre droit en autre chofe & l'autrui en tout.* Cette claufe conferve le droit des intéreffés, & les autorife à former oppofition à l'enregiftrement des lettres-patentes.

Les précautions prifes pour affurer à chaque citoyen fon véritable *nom*, ont toujours été regardées comme très-importantes à l'ordre public. Auffi, dans tous les temps, les tribunaux fe font empreffés de punir les ufurpateurs de *nom*.

C'eft en effet commettre un faux, que de prendre un autre *nom* que le fien. Un arrêt récent, qu'on trouve dans le journal des caufes célèbres, a fait défenfes au fils d'un faifie d'Etampes, qui prenoit le titre *de comte de Roquelaure*, de porter ce *nom* & les armes de cette maifon, jufqu'à ce qu'il eût juftifié qu'il en étoit iffu. Cet arrêt eft du 16 janvier 1778.

L'article 211 de l'ordonnance de 1629, « enjoint » à tous gentilshommes de figner du *nom* de leur » famille, & non de celui de leur feigneurie, en » tous actes & contrats qu'ils feront, à peine de » nullité defdits actes & contrats ».

La difpofition de cette loi eft fans doute très-fage, cependant elle n'a jamais été fuivie; l'ufage l'a emporté fur la loi, & les tribunaux n'ont jamais déclaré nuls les contrats fignés par les gentilshommes du feul *nom* de leur feigneurie.

Si c'eft un délit aux yeux des loix d'ufurper un *nom* pour fatisfaire fa vanité, c'eft un plus grand crime de figner un autre *nom* que le fien, pour fe mettre à couvert de l'engagement qu'on contracte réellement fous cette fauffe fignature. Un arrêt rendu le 11 mars 1735, au rapport de M. Pafquier, a condamné le commis d'un banquier de Paris, qui avoit mis des fignatures fuppofées fur le dos de lettres-de-change, à les acquitter.

NOMBLE. *Voyez* NUMBLE.

NOMERAGE, ou NOMBRAIGE, (*Droit féodal.*) en latin barbare, *numeragium*: on a ainfi appellé un droit dû à celui qui recueilloit & comptoit, (*nombroit*) pour le feigneur & le décimateur, les gerbes du droit de champart ou de dixme. *Voyez* dom Carpentier, *au mot* Numeragium.

On doit ajouter, avec ce dernier auteur, que ce droit de *nombrage* & le foin d'amaffer les dixmes dépendoient le plus fouvent de ces offices féodaux, qu'on appelloit *mairies* : cela réfulte d'un cartulaire cité par ce favant, & des détails où l'on eft entré au mot MAIRIE, (*Droit féodal.*) (*M. GARRAN DE COULON, avocat au parlement.*)

NOMBRE, (*Droit féodal.*) on a nommé ainfi autrefois l'aveu & *dénombrement*; ou peut-être la déclaration roturière. *Voyez l'article* NOMBRÉE, *Jurifprudence.* Tome VI.

& dom Carpentier, *au mot* Narratio 2. (*M. GARRAN DE COULON, avocat au parlement.*)

NOMBRÉE. On a quelquefois donné ce nom aux avèux ou dénombremens. *Voyez le Gloffaire du droit françois, au mot* NOMMÉE ; *le Gloffarium novum de dom Carpentier, au mot* Nominatio 2 ; *& l'article* NOMBRE, (*Droit féodal.*) (*M. GARRAN DE COULON, avocat au parlement.*)

NOMEN, (*Jurifprud. romaine.*) Quoique ce mot *nomen* fe trouve dans tous les bons auteurs pour toutes fortes d'engagemens par écrit, foit qu'ils portent intérêt ou non, la jurifprudence romaine en faifoit une différence, & n'employoit proprement ce terme, que pour fignifier ce que nous appellons un *billet* ou une *promeffe* de payer, qui n'eft accompagné, ni d'intérêt, ni d'ufure. Il y avoit des gens que l'on nommoit *proxenetæ* ou *pararii*, qui faifoient profeffion de procurer des créanciers de bonne volonté à ceux qui cherchoient à emprunter de cette forte. Ces billets ne laiffoient pas de s'infinuer fur des regiftres publics ; mais différens de ceux où l'on infcrivoit les obligations qui portoient intérêt. Ces derniers regiftres s'appelloient calendriers, parce que les intérêts fe payoient tous les mois, & même le premier jour du mois, que l'on nommoit le jour des calendes. (*D. J.*)

NOMINATION, f. f. (*en Droit.*) fignifie quelquefois le droit de nommer à un bénéfice, office ou autre place ; d'autres fois l'ufage qui a été fait de cette faculté en faveur de quelqu'un ; & encore l'acte qui exprime la *nomination*.

NOMINATION *aux bénéfices* : en général la *nomination* eft l'acte par lequel une perfonne eft élevée à une charge ou dignité, au choix d'une ou de plufieurs autres perfonnes. C'eft la définition que donne *la loi 2, §. 1, ff. ad munic.* nominatio dicitur de magiftratibus, tutoribus & alias, cum ad munera publica alio fuggerenti vocantur. Dans ce fens on fe fert du mot de *nomination* en matière d'élection, & les canoniftes en diftinguent de deux fortes, la *nomination* fimple, & la *nomination* folemnelle. La première fe fait de ceux qui doivent être élus, par tous ceux qui ont un droit paffif à l'élection : l'autre fe fait de deux ou trois de ces mêmes éligibles qu'on préfente au pape, ou à un autre fupérieur, afin qu'il choififfe celui des trois qu'il lui plaira. C'eft fous cette dernière acception que le mot *nomination* eft plus communément reçu. Il femble aujourd'hui qu'en matière de bénéfices, on ne peut entendre par *nomination* que la préfentation d'une perfonne à un fupérieur, qui la pourvoit d'un bénéfice auquel elle a été nommée.

On doit donc appeller *nomination*, la préfentation des patrons ; celle au roi par les officiers du parlement de Paris, à caufe de leur droit d'induft ; celle des univerfités par rapport aux gradués ; celle du roi par rapport aux brévetaires ; enfin, celle que le roi exerce fur toutes les prélatures de fon royaume, depuis le concordat. Nous ne parlerons ici que de cette dernière *nomination*. *Voyez* pour les autres, Brevet, Gradués, Indult, Patronage, Élection, Postulation.

Nomination royale. Foible & timide dans fes commencemens, l'églife ne cherchoit qu'à fe dérober à la perfécution, & les princes, loin de s'intéreffer à fon gouvernement, ne s'occupoient qu'à arrêter fes progrès, à la détruire même, & à en faire perdre jufqu'au fouvenir, s'il leur eût été poffible. Ce n'eft donc point dans la naiffance même de l'églife qu'il faut aller chercher des exemples de l'exercice du droit des princes à la *nomination* des évêchés & des prélatures de leurs états.

Depuis Conftantin, les empereurs romains ne donnérent point les évêchés, mais ils ne fouffroient pas que perfonne y fût élevé fans leur approbation: ils faifoient même dépofer ceux dont ils étoient mécontens, & fouvent ils les exiloient. Tout le monde fait que l'élection de faint Ambroife fut confirmée par l'empereur qui régnoit alors en Occident. Il n'eft rien moins qu'exact d'avancer, comme l'a fait un auteur moderne, que dans l'empire romain, l'élection d'un nouvel évêque étoit d'un trop petit intérêt pour que les chefs de l'état s'en occupaffent. Les affaires de la religion ont toujours beaucoup occupé les empereurs devenus chrétiens; l'hiftoire eccléfiaftique & profane en fournit des milliers de preuves, & il eft impoffible de fuppofer que ceux qui préfidoient & affembloient les conciles généraux, qui ne laiffoient rien juger pour le dogme & pour la difcipline, fans leur préfence ou leur intervention, regardaffent l'épifcopat comme une place ou une dignité affez indifférente pour ne point faire attention aux perfonnes qui y étoient élevées.

Quand les empereurs romains auroient commis cette faute, quand ils ne fe feroient mêlés en rien de l'élection des évêques, il n'en réfulteroit point pour cela que le fouverain, ou celui en qui réfide l'autorité publique, n'ait pas le droit d'infpection, de vigilance, & même de difpofition, fur toutes les places qui, par leur importance, peuvent influer fur le bonheur des peuples & fur la fûreté des états, & tels font certainement les évêchés.

Les préceptes de l'évangile & l'exemple des apôtres ne font point contraires à cette doctrine. Jefus-Chrift n'a dit dans aucun endroit de fon code facré, que les fouverains, lorfque l'églife feroit reçue dans l'état, n'auroient aucun droit fur la *nomination* aux évêchés, & les élections pratiquées du temps des apôtres, ne pouvoient être autorifées par des gouvernemens qui n'avoient aucune connoiffance de la religion chrétienne, ou qui la perfécutoient.

La forme des élections étant introduite dans l'églife, lorfque les empereurs embrafférent le chriftianifme, elle continua à être en ufage dans l'empire. *Voyez* Élection.

Les peuples du Nord ayant ébranlé le coloffe de la domination romaine, formérent des provinces qu'ils lui arrachérent, des royaumes & des états.

Les conquérans fe foumirent à la religion des vaincus, & leurs princes prirent part aux affaires de l'églife, foit comme chefs de l'état, foit en qualité de princes chrétiens. Tantôt ils nommérent les évêques de leur propre autorité, tantôt ils permirent les élections, mais à la charge que l'élu obtiendroit leur confentement. Dès les commencemens de la monarchie, Clotaire II, en confirmant les canons d'un concile de Paris qui déclaroit nulle la confécration d'un évêque, faite fans le confentement du métropolitain, du clergé & du peuple, ajouta que celui qui avoit été canoniquement élu, ne pourroit être facré, qu'après avoir obtenu le confentement du roi.

Depuis cette époque, il eft conftant que lorfque les rois de la première race ne nommérent point aux évêchés, les élections des évêques n'étoient valides qu'autant qu'elles étoient confirmées par les princes. Mais il paroît que la voie des élections étoit celle qui étoit le plus en ufage. On trouve parmi les formules de Marculphe, la forme des lettres que les églifes écrivoient au roi pour lui faire connoître celui qui avoit été élu, fes vertus, fon mérite, & le fupplier de confirmer ce qui avoit été fait dans l'affemblée du clergé & du peuple.

Sous la feconde race, les élections ne furent point troublées, ou, pour mieux dire, elles devinrent la difcipline générale du royaume. Mais nos rois y avoient toujours la plus grande influence. Il en fut de même fous la troifième; le feul changement qui s'opéra infenfiblement, fut que le clergé des églifes cathédrales parvint à s'emparer du droit d'élire les évêques, à l'exclufion du clergé du refte du diocèfe & du peuple. Quant aux abbayes, les élections faites par les religieux des monaftères avoient toujours eu lieu, du confentement du prince, & n'avoient reçu d'autre échec que l'introduction de la commande. *Voyez* Commande.

Les chofes étoient dans cet état auquel la pragmatique-fanction n'avoit rien changé, lorfque Léon X & François I paffèrent le fameux traité connu fous le nom de *concordat françois*. Voyez *cet article*.

L'auteur, dont nous venons de parler, affure que jufqu'à cette époque, nos rois n'avoient point nommé aux évêchés, mais qu'alors ils en acquirent le droit.

Mais fi en 1516 nos rois n'avoient pas le droit de nommer aux évêchés du royaume, comment ont-ils pu l'acquérir? Eft-ce par une conceffion de l'églife? Non fûrement. Eft-ce par une grace, une faveur du pape? Mais comment le pape a-t-il pu donner ce qui ne lui appartenoit pas? Or, il eft certain que la *nomination* des évêchés & autres prélatures n'appartenoit point au pape. A la vérité, la cour de Rome étoit parvenue à fe mettre quelquefois à la place des métropolitains & des conciles provinciaux, pour confirmer les évêques élus; elle s'étoit arrogé le droit de juger les conteftations que les élections pouvoient faire naître; fouvent même elle comprenoit les évêchés dans les réferves. Mais toutes ces ufurpations étoient des abus, & des abus ne peuvent être le fondement d'un droit, & encore moins d'un droit tranfmiffible.

Comment donc confidérer le concordat, par rapport au droit de *nomination* qu'il attribue au roi ? Ce feroit une erreur impardonnable à un François de le regarder comme le fondement même des droits du roi, dans cette partie de notre légiflation ; le concordat n'eft, aux yeux de nos tribunaux & de nos jurifconfultes les plus éclairés, qu'un acte par lequel le fouverain a déclaré qu'il vouloit exercer un droit inhérent à fa couronne, dont l'exercice avoit été long-temps fufpendu, & qu'il exerceroit dorénavant fous telle condition qu'il veut bien s'impofer. Le pape, à la vérité, y a confenti ; mais fon confentement n'étoit point nécef-faire. Il a feulement fervi à applanir des difficul-tés que l'intérêt ou le préjugé auroient pu faire naître. En un mot, le concordat n'eft point le fon-dement du droit qu'ont nos rois de nommer aux évêchés de leur royaume. Ce droit eft inhérent à leur couronne.

Il n'en eft pas de même du droit que les papes ont acquis de conférer les évêchés fur la *nomina-tion* du roi. Il eft évident qu'ils ne le doivent qu'au concordat. On peut dire que c'eft un don que leur a fait François I.

Mais en leur donnant ce droit, les métropoli-tains & les conciles provinciaux en ont été dé-pouillés. Pouvoient-ils l'être par un fimple traité entre le roi & le pape ? C'eft une queftion qui nous paroît délicate. Nous favons quelle influence les princes doivent avoir fur la difcipline eccléfiaf-tique. Nous favons qu'ils font, pour nous fervir d'une ancienne expreffion, les évêques temporels de leur royaume.

La confirmation d'une élection eft, à proprement parler, la provifion du bénéfice. L'élu n'a que *jus ad rem* tant qu'il n'eft pas confirmé ; & la confir-mation feule lui donne *jus in re*. Sous ce point de vue, la confirmation doit être regardée comme la miffion que donne l'églife pour exercer telles ou telles fonctions. Jufqu'à 1516, c'étoient les mé-tropolitains ou les conciles provinciaux qui don-noient cette miffion aux évêques, & ils la tenoient en cette partie leurs pouvoirs de l'églife univer-felle qu'ils repréfentoient. Dépendoit-il de Fran-çois I & de Léon X de changer cet ordre ancien ? Pouvoient-ils, de leur feule autorité, détruire la délégation donnée par l'églife aux métropolitains, & la transporter aux papes feuls ? Soutenir l'affir-mative, ce feroit foutenir que le pape & le roi pouvoient feuls repréfenter l'églife univerfelle. Le roi étoit fans doute le maître de rétablir les *nomi-nations*, cela ne devoit rien changer à l'ordre éta-bli ; les métropolitains & les conciles provinciaux, au lieu de confirmer les élus, auroient conféré aux nommés par le roi. La collation auroit pris la place

de la confirmation, l'un & l'autre étant la même chofe quant à fes effets.

On peut donc regarder les bulles ou provifions des évêchés de France, que les papes font dans l'ufage de donner, comme une ufurpation fur les métropolitains & les conciles provinciaux, qui a le concordat pour fondement. Mais cette bafe eft bien fragile, parce que la manière dont l'églife doit donner la miffion à fes miniftres, eft une chofe uniquement de fon reffort, & qu'il n'appartient qu'à elle de la changer, ou de la modifier.

De-là il fuit encore qu'on s'eft trompé, en di-fant & en répétant fi fouvent, que par le concor-dat, le pape & le roi s'étoient mutuellement don-né ce qui ne leur appartenoit pas. Le pape n'a rien donné au roi, parce que la *nomination* aux évêchés eft un droit de la couronne que nos fouverains pou-voient exercer, même fans le confentement de la cour de Rome. Il eft feulement vrai qu'en attribuant aux papes le droit de conférer les évêchés fur les nominations royales, François I a donné ce qui ne lui appartenoit pas, & ce qu'il ne pouvoit pas donner. Si aujourd'hui le roi adreffoit fes nomina-tions aux métropolitains & aux conciles provin-ciaux, la cour de Rome exciperoit en vain du con-cordat ; on lui répondroit victorieufement que ce traité n'a pu, dans le point de droit, anéantir une loi auffi ancienne, auffi générale, & qui a tant de rapport au fpirituel, que celle qui déléguoit les métropolitains & les conciles provinciaux, pour donner, au nom de l'églife, la miffion aux évêques.

Les principes ultramontains fur la fuprématie du pape feroient une objection facile à réfoudre. La feule chofe raifonnable que la cour de Rome pour-roit oppofer, ce feroit de dire que le concordat a été confirmé par le concile général de Latran, com-mencé en 1512, & fini en 1517. Mais nous répon-drions avec le favant Langlet Dufrefnoi, que le concile de Latran n'eft point univerfellement re-connu pour un concile œcuménique ; que plufieurs théologiens lui refufent cette qualité, & que Bel-larmin lui-même laiffe la liberté d'en douter.

Ce que nous venons de dire peut s'appliquer aux indults que nos rois ont confenti à recevoir de la cour de Rome, pour la *nomination* aux évê-chés des provinces réunies à la couronne depuis le concordat, par droit de réunion, de ceffion, ou de conquête. *Voyez* CONCORDAT, INDULT. Mais fi le concordat n'eft pas le véritable fonde-ment du droit du roi à la *nomination* aux évêchés, on ne peut nier qu'il ne foit aujourd'hui la règle felon laquelle il s'exerce.

Les évêchés ne font pas les feuls bénéfices aux-quels nos rois aient droit de nommer, & auxquels ils nomment effectivement depuis le concordat ; les abbayes & les prieurés électifs-confirmatifs font de-venus à leur difpofition. Perfonne ne le leur con-tefte ; il n'y a d'excepté que les abbayes chefs d'or-dre, & les quatre premières filles de Cîteaux. Cette exception a été établie par l'ordonnance de Blois.

Les abbayes qui étoient triennales dans le temps du concordat, n'étant point de véritables titres, la *nomination* n'en est point passée au roi ; mais celles qui étoient en titre & à vie à cette époque, n'ont pu devenir triennales sans le consentement du roi, & sans lettres-patentes duement enregistrées, parce qu'un droit acquis au roi ne peut jamais se perdre sans son consentement. C'est pourquoi lorsque, dans l'établissement de la congrégation de France, on voulut, pour décorer le généralat de cette congrégation, y unir le titre d'abbé de sainte Geneviève, & cependant le rendre triennal pour éviter les inconvéniens qui résultent d'une autorité perpétuelle, il fallut obtenir le consentement du roi & des lettres-patentes qui permissent aux religieux d'élire leurs abbés tous les trois ans. Les lettres-patentes sont du mois de novembre 1626.

Il y a des ordres où la plupart des prieurés ne sont point électifs ; dès-lors le roi a peu de *nomination* dans ces ordres : tel est celui de Cluny. Mais dans ceux où les religieux élisoient leurs prieurs, le roi a été substitué aux électeurs. C'est pourquoi la plus grande partie des prieurés de l'ordre de saint Augustin se trouvent aujourd'hui à sa nomination.

Les coadjutoreries avec future succession étant de véritables provisions, le pape ne peut en accorder pour les évêchés, abbayes & prieurés électifs, que sur la *nomination* du roi.

Les abbayes de filles sont-elles comprises dans le concordat ? Cette question fut agitée sous le pontificat de Paul III, & les officiers de cour de Rome la décidèrent pour la négative, en refusant des bulles sur la *nomination* du roi. Plusieurs auteurs rapportent que Henri III, voulant terminer cette affaire sans éclat, déclara verbalement son intention sur ce sujet à trois présidens & à deux conseillers du grand-conseil, qu'il fit entrer dans son cabinet, & auxquels il ordonna de faire inscrire sur leurs registres sa déclaration verbale. On nomme ces magistrats : ce sont MM. Arnoult, Boucher, & André de Hacqueville, présidens & maîtres ; Henri le Maréchal, & François Rusé, conseillers. On prétend que l'on retrouve consigné sur les registres du grand-conseil « qu'étant » introduits dans le cabinet du roi, ledit seigneur » leur auroit dit qu'il les auroit mandés pour entendre une déclaration de sa volonté, qui étoit » que desirant conserver les privilèges, prérogatives & droits appartenans à sa majesté, son intention avoit toujours été & étoit de nommer » aux abbayes & prieurés électifs des moniales, » tout ainsi que lui & ses prédécesseurs ont accoutumé de faire aux bénéfices consistoriaux des » hommes..... & qu'il a renvoyé & renvoie à sondit » grand-conseil, tous les procès mus & à mouvoir » pour raison desdits prieurés & abbayes de moniales.... laquelle déclaration il auroit voulu faire » entendre aux susdits présidens & conseillers pour » toute la compagnie de sondit grand-conseil, au-

quel il enjoint expressément de faire enregistrer » la présente déclaration.... n'ayant voulu sa majesté, pour certaines considérations, en faire ou » publier d'autre édit & déclaration que la présente, » qu'elle veut être de tel effet, force & vertu, que » s'il étoit passé par édit.... Après lequel rapport le » conseil ayant mûrement délibéré, a ordonné & » ordonne la présente déclaration de la volonté du » roi être enregistrée en un registre à part & séparé » des expéditions communes des parties, pour y » avoir égard au jugement desdits procès & se » régler par icelle suivant l'exprès commandement » du roi... &c. » D'Héricourt rapporte cette déclaration, comme extraite des registres du grand-conseil, & on la date du 21 mars 1580.

Malgré cela, dans une contestation jugée au grand-conseil & actuellement pendante au conseil des dépêches entre les religieux de Clairvaux & la dame de la Ville, qui s'est fait pourvoir en cour de Rome avec la clause *pro cupiente profiteri* & sans *nomination* du roi, de l'abbaye féminine de Clairmarais, éteinte depuis l'an 1460, on a nié l'existence de la déclaration de Henri III, & on a produit un certificat du sieur Bailleux, greffier en chef des présentations & affirmations du grand-conseil, faisant pour la vacance du greffier en chef, délivré le 27 janvier 1783, qui porte que « perquisition exactement faite » dans les greffes dudit conseil, il ne s'est rien » trouvé à la date du 21 mars 1580, qui ait rapport » à une prétendue déclaration verbale faite par le » roi Henri III, aux présidens Arnoult, Boucher, » & André de Hacqueville, & à MM. Henri le » Maréchal & François Rusé, conseillers, par laquelle sa majesté eût déclaré qu'il étoit dans » l'intention de nommer aux abbayes de moniales ». Ce certificat a été contrôlé & déposé en l'étude de Me Belime, notaire, le 28 janvier 1783.

D'après ce certificat, on peut regarder comme douteuse la déclaration de Henri III ; mais elle n'est pas nécessaire pour assurer à nos rois la *nomination* aux abbayes de moniales. Il y ont le même droit que sur celles des hommes, soit que ce droit dérive du concordat, soit qu'il tienne à la nature même de ces grands bénéfices. Le concordat donne au roi la *nomination* de tous les bénéfices électifs sans exception, & les abbayes de moniales sont certainement de ce nombre. Il n'étoit donc pas nécessaire d'en faire une mention particulière. Il est d'ailleurs très-intéressant pour l'état, que les monastères de filles soient conduits par des supérieures de la capacité & de la fidélité desquelles on ne puisse douter. La plupart des abbayes féminines sont de fondation royale, ou les droits des fondateurs sont passés entre les mains de nos monarques ; enfin ces abbayes possèdent des fiefs comme celles d'hommes, & sous ce dernier point de vue, le roi est non-seulement leur souverain, mais encore leur suzerain : les qualités de chef de l'état, de fondateur & de suzerain se réunissent donc au concordat pour assurer au roi la *nomination* des abbayes de moniales.

Il faut cependant excepter de cette règle générale les abbayes, prieurés & monastères des religieuses de l'étroite observance de saint François dite de sainte Claire, & celles de l'annonciade, auxquelles le droit d'élire leurs supérieures a été conservé par un arrêt du conseil d'état du 17 octobre 1676. Ainsi, dit d'Héricourt, les abbayes des bénédictines, des religieuses de Citeaux & les prieurés de l'ancienne observance de saint François sont à la *nomination* du roi.

En France le roi jouit de fait & de droit de ces *nominations*; par rapport à la cour de Rome, il n'en jouit que dans le fait. On y expédie à la vérité des bulles sur les brevets; mais on n'y fait pas mention des brevets, & les clauses qu'on y insère supposent au contraire que la nouvelle abbesse ou prieure a été élue par les religieuses du monastère. On auroit pu & on pourroit encore s'élever avec raison contre la forme de ces bulles. Mais en considération de la paix, qui est le plus grand de tous les biens, on a gardé le silence, & on s'est contenté de regarder les clauses de ces bulles, dont on auroit à se plaindre, comme non avenues, & de les ranger dans la classe de celles dont on dit, *vitiantur & non vitiant.* Cependant cette tolérance peut entraîner des abus. On en a un exemple récent dans une contestation dont on vient déjà de parler. La dame de la Ville, chanoinesse prébendée de l'église de Rouen, ayant découvert qu'il avoit existé autrefois dans le diocèse de Reims une abbaye de moniales sous le nom de Clairmarais, de l'ordre de Citeaux, filiation de Clairvaux, d'abord convertie en prieuré masculin, uni ensuite à l'abbaye de Clairvaux, l'a demandée au pape en commende. Les officiers de cour de Rome ont sans doute trouvé cette demande extraordinaire. En effet, on ne connoît point parmi nous d'exemple d'une abbaye féminine donnée en commende. Ils ont pris un autre parti, qui a été d'expédier à la dame de la Ville des bulles de l'abbaye de Clairmarais, avec la clause *pro cupiente profiteri*, clause aussi insolite que la commende; avec ces bulles la dame de la Ville a pris possession de ce qu'elle appelle l'abbaye de Clairmarais, a interjetté appel comme d'abus au parlement de Paris des actes en vertu desquels l'abbaye avoit été en 1460 convertie en prieuré masculin, & le prieuré ensuite uni à l'abbaye de Clairvaux. Sur cet appel, elle a fait intimer les religieux de Clairvaux au parlement. Ceux-ci, en vertu de leurs lettres-patentes d'attribution, ont attiré la contestation au grand-conseil, y ont eux-mêmes interjetté appel comme d'abus des bulles de la dame de la Ville & de tout ce qui s'étoit ensuivi, & l'ont soutenue non-recevable dans ses appels comme d'abus. Le 10 septembre 1782 le grand-conseil a déclaré y avoir abus dans les provisions de la dame de la Ville, & qu'elle étoit non-recevable dans son appel comme d'abus.

La dame de la Ville s'est pourvue en cassation contre cet arrêt: elle en a obtenu de soit communiqué. Dans la requête sur laquelle il a été rendu,

elle soutient que sa majesté ne nomme utilement aux abbayes de moniales & sur-tout à celles de Citeaux, que parce que mutuellement d'accord sur ce point, le pape, qui confère volontairement & amiablement sur les présentations du roi, approuve tacitement & singuliérement par ses bulles, le choix de la personne en faveur de laquelle le roi lui a écrit, & qui n'a pu lui être présentée par une main plus digne & plus respectable.

Nous doutons que cette doctrine soit plus favorablement accueillie au conseil des dépêches, que dans les tribunaux ordinaires, où elle ne le seroit sûrement pas. Ce qui donne lieu de le croire, c'est que sa majesté, instruite de la contestation, a nommé à l'abbaye de Clairmarais, la dame de Mandols, déjà abbesse des Olieux, qui a obtenu ses bulles, a pris possession, & fait des saisies-arrêts entre les mains des fermiers des biens qu'elle prétend dépendre de l'ancienne abbaye de Clairmarais. Les religieux de Clairvaux ont fait assigner la dame de Mandols au grand-conseil, pour obtenir main-levée des saisies-arrêts. La dame de Mandols a fait évoquer la contestation au conseil des dépêches, & s'y est rendue appellante comme d'abus des actes de 1460 & autres dont on a déjà parlé. Ses demandes ont été jointes à l'instance en cassation déjà introduite par la dame de la Ville, & toutes les parties instruisent actuellement sur les différentes questions à juger. Il en est sur-tout deux fort intéressantes. 1° Le pape peut-il accorder des provisions avec la clause *pro cupiente profiteri*, & sans la *nomination* du roi, pour une abbaye de moniales? 2°. Le roi peut-il nommer aujourd'hui à une abbaye de moniales, éteinte & supprimée long-temps avant le concordat, & l'abbaye de Clairvaux à laquelle elle a été unie doit-elle en restituer les biens, quoiqu'elle les possède depuis plus de trois cens ans, & qu'elle y ait été maintenue par un arrêt solemnel du conseil des dépêches de 1682? Nous nous ferons un devoir de rendre compte à l'article *Provisions de cour de Rome*, de l'arrêt qui jugera ces différentes questions.

Nous avons dit que, si le concordat n'étoit pas le fondement du droit qu'a le roi de nommer aux prélatures de son royaume, il est du moins la règle selon laquelle ce droit s'exerce aujourd'hui. Le titre IV du concordat, *de regia ad prælaturas nominatione*, est entiérement consacré à fixer les droits du roi & du pape, & à déterminer la manière dont ils en feront usage; quant aux évêchés & archevêchés, le roi, dans les six mois de la vacance doit, de quelque nature qu'elle soit, présenter un sujet qui ait atteint sa vingt-septième année, docteur ou licentié en théologie, ou en droit, d'une université fameuse, & qui d'ailleurs n'ait aucune incapacité, *& alias idoneum*. Si le présenté n'a pas toutes les qualités requises, le roi aura trois autres mois, à compter du jour de la signification du refus, faite à la personne chargée de solliciter les provisions, *à die recusationis... sollicitatori nominationem* *intimandæ computando*, pour nommer un autre sujet.

Si le roi laisse écouler neuf mois sans nommer un sujet capable, alors, pour éviter les inconvéniens d'une trop longue vacance, *ut dispendiosè ecclesiarum hujusmodi vacationi cèleriter consulatur*, le pape conférera librement; & sans le consentement du roi; il aura aussi le droit de conférer les évêchés & archevêchés qui viendront à vaquer en cour de Rome, *necnon ecclesiis apud sedem prædictam vacantibus.* Ce qu'on appelle vacance *in curiâ.*

Il n'y a d'exception pour les qualités requises & désignées dans le chapitre, qu'en faveur des parens du roi, *consanguineis tamen præfati regis*, des personnes d'un rang très-élevé, *personis sublimibus* & des religieux des ordres mendians, qui, d'après leurs statuts, ne peuvent prendre des degrés dans les universités, *necnon religiosis mendicantibus reformatis.*

Quant aux abbayes & prieurés électifs, confirmatifs, le roi y présentera, dans les six mois de la vacance, un religieux du même ordre qui soit au moins dans sa vingt-troisième année, *in ætate 23 annorum ad minus constitutum*; mais si le roi présente un prêtre séculier, un religieux d'un autre ordre ou qui ait moins de 23 ans, il aura encore trois mois pour nommer un sujet capable, après lequel temps le pape pourra librement conférer les abbayes & prieurés, comme aussi, si elles vaquent en cour de Rome.

Telles sont les dispositions du concordat par rapport aux *nominations* de nos rois aux prélatures du royaume. La première question qu'elles présentent est de savoir si le délai accordé au roi n'est que comminatoire, ou s'il est tellement fatal, qu'aussi-tôt qu'il est expiré, le pape puisse conférer de plein droit & de sa seule volonté!

A ne consulter que la lettre du concordat, la question paroît ne devoir point souffrir de difficulté. On y voit que le pape a expressément le droit de conférer seul les évêchés & les autres prélatures, quand le roi n'y nomme point dans les neuf mois de la vacance. Cependant il n'y a point d'exemple que le pape en ait jamais fait usage, quoiqu'il soit souvent arrivé que le roi ait différé plus de neuf mois à nommer; mais dans tout état de cause, il ne pourroit conférer qu'avec l'agrément du roi, parce qu'étant substitué aux anciens électeurs, il n'a pas plus de droit qu'eux, & qu'ils ne pouvoient s'assembler pour les élections sans la permission du prince, ni élire une personne qui ne lui fût pas agréable. La saine politique des gouvernemens ne permet pas de laisser à la disposition d'un prince étranger, des places aussi considérables par leur influence & leurs revenus, que le sont les évêchés & autres prélatures du royaume. Et malgré les clauses du concordat, si le pape, même après les délais qui y sont marqués, donnoit des bulles de son propre mouvement & sans le consentement du roi, ces bulles ne manqueroient pas d'être déclarées abusives par les parlemens. C'est ce qui nous fait

dire avec confiance, que les délais de neuf mois apposés dans le concordat pour les *nominations* royales, ne sont que comminatoires, & que jamais le roi ne peut perdre son droit. L'usage vient à l'appui de notre opinion : nous pouvons de plus l'étayer de l'aveu tacite de la cour de Rome, trop habile pour ne pas exercer des droits qui seroient bien fondés, & qui cependant ne s'est jamais servi de la faculté que François I a semblé lui accorder dans le titre IV du concordat; cependant il faut convenir que le bien de la religion exige que les évêchés ne restent pas trop long-temps vacans. Il n'en est pas tout-à-fait de même des abbayes, depuis que la commende est devenue si fréquente.

Le roi nomme aux prélatures de ses états dans toutes sortes de vacances, par mort, par démission, par résignation en faveur, &c.

C'est le roi seul qui peut nommer au pape; pendant la minorité de nos souverains, les régens ne nomment que sous le nom du prince. Les apanagistes n'ont pas droit de nommer aux bénéfices consistoriaux situés dans leurs apanages, ni les reines douairières pour ceux qui se trouvent dans les terres qui leur sont assignées pour douaire. Le roi leur accorde ordinairement ce droit; mais il excepte toûjours les évêchés : les lettres-patentes du 3 février 1702, portant permission à Philippe, duc d'Orléans, de présenter des personnes capables, aux abbayes, prieurés & autres bénéfices consistoriaux de son apanage, en exceptent les évêchés. Celles accordées à MONSIEUR & à monseigneur comte d'Artois, contiennent la même exception. Il faut même observer que les apanagistes présentent au roi, qui, sur leur présentation, fait expédier un brevet de *nomination* pour obtenir des bulles du pape.

De même que le roi seul peut nommer aux prélatures, de même le pape seul peut conférer; & par conséquent les cardinaux pendant la vacance du S. Siège ne peuvent donner des bulles aux nommés par le roi. Si la vacance du S. Siège étoit longue, cela entraîneroit des inconvéniens.

Nous venons de dire que le roi nomme dans toutes sortes de vacance; le concordat apporte une exception à cette règle générale. Il porte que les bénéfices électifs-confirmatifs, qui vaqueront en cour de Rome, seront à la pleine collation du pape, *necnon ecclesiis apud sedem prædictam vacantibus.* François I n'a pu accorder ce droit au pape, surtout au préjudice de ses successeurs. Selon l'article 68 des libertés de l'église gallicane, la *nomination* du roi ne peut être absolument empêchée par aucune réserve, & les prélatures vacantes *in curiâ* y sont assujetties comme les autres. Si quelquefois la cour de Rome en a usé, ç'a été une pure déférence de la part de nos rois, qui ne peut tirer à conséquence & contre laquelle le ministère public a réclamé. Lorsqu'après le décès du cardinal de Marquemont, arrivé à Rome, Urbain VIII pourvut M. Miron, évêque d'Angers, de l'archevêché de Lyon, vacant par le décès du cardinal, M. Talon.

alors avocat-général, protesta contre ces bulles, en ce qu'elles ne faisoient point mention de la *nomination* du roi ; & la cour, par son arrêt du 6 juillet 1636, « faisant droit sur les conclusions du procureur-général, lui a donné & donne acte des protestations par lui faites, que la bulle obtenue par » ledit archevêque de Lyon, pour n'avoir été expédiée sur la *nomination* du roi, ne puisse nuire ni préjudicier aux droits dudit seigneur roi ». On se contenta sans doute de ces protestations, parce qu'avant de pourvoir M. Miron de l'archevêché de Lyon, le pape avoit fait demander le consentement du roi par le cardinal Spada, & que le roi avoit écrit qu'il agréoit la personne de M. Miron. C'est pourquoi les partisans de la cour de Rome sont obligés de convenir que, malgré que la réserve des vacances *in curia* soit expressément contenue dans le concordat, elle ne peut cependant avoir lieu qu'en faveur d'un françois & du consentement du roi, ce qui, dans le fait, la réduit à bien peu de chose. Il est certain que si le pape vouloit en user de son propre mouvement & de sa pleine autorité, ses bulles seroient déclarées abusives & deviendroient inutiles à ceux qui en seroient porteurs. Claude-Gollard fut maintenu, par arrêt du grand-conseil, en possession de l'abbaye de Charnie, qui avoit vaqué en cour de Rome par le décès du cardinal de Bichi, sans aucun égard pour les bulles de François Joisel, pourvu de cette abbaye, du propre mouvement du pape Alexandre VII.

Pour éviter toute contestation, il est souvent arrivé, que lorsqu'un ecclésiastique pourvu de bénéfices consistoriaux se proposoit d'aller à Rome, le roi ne lui permettoit qu'à la condition que le pape accorderoit un indult par lequel il déclare qu'il n'usera point à son égard du droit de la vacance *in curia*. Ce sont de petits moyens que la cour de Rome accueille volontiers, parce qu'ils semblent être une reconnoissance de son droit : elle les ménage dans le silence, en attendant les occasions de les faire valoir. Mais on sait trop bien les apprécier en France, pour que les effets en soient jamais à craindre. Cependant il seroit plus prudent de les bannir absolument. Par-là on ne verroit pas le gouvernement être en contradiction avec les principes de notre droit public, & les décisions de nos tribunaux.

Quant aux bénéfices qui ne sont pas consistoriaux & qui vaquent en cour de Rome, *voyez* VACANCE *in curia*.

On demande si le roi peut nommer deux personnes différentes au même bénéfice, & lequel des deux nommés devroit l'emporter dans le cas d'une double *nomination*. Tous les jurisconsultes conviennent que le roi ne peut varier. Dumoulin l'a décidé de la manière la plus énergique : *hoc enim ad regiæ dignitatis culmen spectat, ut variare non possit, stabilis enim esse debet ut polus articus, & immobilis sicut lapis angularis.* De-là il suit que de deux nommés par le roi, le premier en date doit

l'emporter, puisque la seconde *nomination* est nulle. Si les deux brevets étoient du même jour, quel est celui qui doit être préféré ? Nous répondrons d'abord que ce cas est moralement impossible. Nous dirons ensuite qu'il paroîtroit que les deux *nominations* devroient se détruire par l'effet du concours, *mutuo concursu sese destruunt.* Cependant, comme il n'est pas naturel, & encore moins raisonnable que le roi veuille accorder, à deux personnes à la fois, une grace indivisible en elle-même, il est certain qu'il y a un des deux nommés qui l'a été par erreur ou par fraude. Le roi seul peut faire connoître quelle a été sa véritable intention. C'est ce qui nous fait croire que, dans le cas du concours de deux *nominations*, il faudroit renvoyer les deux pourvus pardevant sa majesté, pour la supplier de vouloir déclarer quel est celui qu'elle a voulu gratifier. On ne peut pas appliquer à cette espèce le principe du concours en fait de dates retenues à Rome ; le pape étant collateur forcé, n'a point une intention plus déterminée pour l'un que pour l'autre des impétrans, ce qui rend les deux dates nulles par défaut de volonté dans le collateur. Au contraire, le roi est toujours nominateur libre, & ne peut pas être supposé n'avoir point eu une volonté & une intention déterminée. Dès-lors on ne peut pas dire que les deux *nominations* sont nulles par défaut de volonté dans le nominateur.

Après avoir posé en principe que le roi ne peut pas varier, privilège dont jouissent cependant les patrons laïques, les canonistes examinent s'il peut révoquer sa *nomination*. Lacombe décide qu'il le peut, si le nommé n'a pas encore obtenu ses bulles ou provisions du pape. On prétend que la révocation peut se faire par un acte signifié au nommé, ou par la clause révocatoire insérée dans une seconde *nomination*.

Il faut donc distinguer entre varier & révoquer une *nomination*. Varier, c'est nommer successivement plusieurs personnes au même bénéfice, sans paroître préférer aucun des nommés. La variation, envisagée sous ce point de vue, ne se rencontre point, lorsque, par une seconde *nomination*, on révoque la première ; alors la première *nomination* est détruite, & il faut que toutes les deux subsistent par rapport au nominateur pour qu'il soit censé avoir varié.

Quelques auteurs ont refusé au roi la faculté de révoquer ses *nominations*, sous prétexte qu'étant aux droits des anciens électeurs, il ne peut pas plus qu'eux. Or, il est certain que les élections une fois consommées, les électeurs ne pouvoient y apporter aucune espèce de changement, & par conséquent les révoquer.

Les canonistes répondent à cette difficulté, que le roi n'est point soumis aux règles & aux formalités que les électeurs étoient obligés de suivre. Mais il est une réponse plus décisive ; c'est qu'il est faux que le roi soit au lieu & place des électeurs,

& y ait été fubrogé. Depuis le concordat, le roi eft rentré dans l'exercice d'un droit qui appartient à la couronne. Les loix concernant les élections lui font donc étrangeres. On ne peut donc par conféquent les lui oppofer.

Par le concordat, le pape s'eft réfervé la faculté d'examiner les nommés par le roi, & de refufer fa confirmation s'il ne les juge pas duement qualifiés; c'eft le fens naturel que préfente la claufe *& fi contigerit præfatum regem perfonam taliter non qualificatam ad dictas ecclefias fic vacantes nominare, nos & fucceffores feu fedes hujufmodi de perfona fic nominata iifdem ecclefiis minimè providere teneatur.* Dans le cas d'un refus, le roi a un nouveau délai pour nommer un autre fujet, & ce délai une fois expiré, le pape peut conférer librement, *liberè providi poffit.*

Mais cette faculté de refufer les nommés par le roi n'eft point auffi étendue qu'on pourroit le croire. Le pape ne peut pas en ufer fans caufe, même du confentement de tout le facré collège, *quia fine caufâ juftâ non poteft papa, etiam cùm affenfu omnium cardinalium, recufare.* Dumoulin, *in reg. de inf. refig. n°. 405*; & lorfque le pape a un jufte motif, il faut dans ce cas qu'il ait l'avis des cardinaux affemblés, *folus autem papa*, continue Dumoulin, *ex caufâ quamtumvis juftâ non poteft refervare, nifi confiftorialiter, & fic de confilio & cardinalium collegialiter congregatorum.*

Mais fi, comme il arriva à Innocent XI, le pape refufoit des bulles aux nommés par le roi, à raifon de quelque diffenfion avec le gouvernement ou le clergé de France, & que fon refus ne portât fur aucune qualité perfonnelle des brévetaires, ou qu'il ne voulût point alléguer fes motifs, ou qu'ils fuffent évidemment injuftes, dans ces différentes occurrences, quel parti faudroit-il prendre? Il faut diftinguer la caufe publique d'avec celle des particuliers. Dans un cas femblable à celui d'Innocent XI, il n'y a pas de difficulté que le roi pourroit adreffer fes nominations au métropolitain & à fes fuffragans, pour qu'ils euffent à accorder la collation au nommé s'il s'agiffoit d'un évêché; cette voie n'auroit rien de contraire aux véritables principes, & ce feroit rétablir en partie l'ancienne difcipline de l'églife. Par rapport aux abbayes, il y auroit plus de difficulté, parce que depuis l'introduction des commendes, telles qu'elles exiftent aujourd'hui, il n'y a que le pape qui foit en droit d'en donner des provifions. Mais la commende étant un établiffement nouveau, inconnu dans l'ancienne difcipline, les droits du pape à cet égard ne font fondés que fur une efpèce de confentement tacite des évêques & des princes. Ils pourroient les révoquer, & rien n'empêcheroit les évêques de donner des provifions en commende fur la *nomination* du roi.

Mais ces moyens ont paru trop violens au gouvernement françois, & fa modération eft digne d'éloge. Sous le pontificat d'Innocent XI, on fe contenta de faire prendre poffeffion civile aux nommés par le roi, qui obtinrent pour cela des arrêts du grand-confeil; on attendit le rétabliffement de la paix entre les deux cours, & lorfqu'elle fut rétablie, ils obtinrent des provifions.

S'il ne s'agiffoit que d'un refus fait à un particulier, ou il ne feroit pas motivé, ou il feroit fondé fur des raifons injuftes ou contraires à nos loix & à nos libertés. Dans l'un & l'autre cas, le nommé par le roi pourroit faire déclarer le refus abufif, & le tribunal qui en connoîtroit pourroit l'autorifer à fe retirer devant le métropolitain ou l'évêque diocéfain, pour en obtenir des provifions qui auroient la même force que celles refufées par la cour de Rome. Toute la difficulté confifteroit à faire obtempérer les évêques à un femblable arrêt, & le brévetaire feroit peut-être obligé de fe contenter de la poffeffion civile, jufqu'à ce qu'il eût fait changer au pape de fentiment à fon égard.

Quant à l'âge néceffaire pour être nommé par le roi aux bénéfices confiftoriaux, *voyez* ABBÉ, ABBESSE, COMMENDE, EVÊQUE. Dans quels délais doit-on obtenir de cour de Rome des provifions, & prendre enfuite poffeffion? *Voyez* les mêmes articles.

Le droit de *nomination* royale s'étend-il fur toutes les provinces de la domination françoife? *Voyez* CONCORDAT, INDULT. Dans quelle forme doivent être les *nominations* du roi & les provifions faites fur ces *nominations? Voyez* PROVISIONS. (*M. l'abbé* BERTOLIO, *avocat au parlement.*)

NOMMÉE, (*Droit féodal.*) quelques coutumes, telles que Bourbonnois, *art. 381 & 382*; la Marche, *art. 188*; & Montargis, *tit. 1, art. 75*, donnent ce nom au dénombrement que le vaffal donne à fon feigneur, parce qu'il y *nomme* tout ce qu'il tient de lui. *Voyez le Gloffaire du droit françois, aux mots* Aveu & Nommée. (*M.* GARRAN DE COULON, *avocat au parlement.*)

NOMOCANON, f. m. recueil de canons & de loix impériales, conformes & relatives à ces canons; ce mot eft compofé du grec νομος, loi, & χανων, canon ou règle.

Le premier *nomocanon* fut fait en 554, par Jean le fcholaftique. Photius, patriarche de Conftantinople, compila un autre *nomocanon* ou *collation* des loix civiles avec les loix canoniques; ce dernier eft le plus célèbre, & Balfamon y a fait un commentaire en 1180.

En 1225, Arfénius, moine du Mont-Athos, & depuis patriarche de Conftantinople, recueillit de nouveau les loix des empereurs & les ordonnances des patriarches, qu'il accompagna de notes pour montrer la conformité des unes avec les autres; on donna auffi à cette collection le titre de *nomocanon.* Enfin, Mathieu Blaftares en compofa encore un nouveau en 1335, qu'il appella *fyntagma,* ou *affemblage de canons & de loix par ordre*; ces

diverfes

diverfes collections formoient *un corps de* droit civil & canonique *parmi les Grecs.*

NOMOCANON fignifie auffi un recueil des anciens canons des apôtres, des conciles & des pères de l'églife, fans aucune relation aux conftitutions impériales; tel eft le *nomocanon* publié par M. Cotelier.

NOMOCANON fe prend encore quelquefois pour les livres pénitentiaux des Grecs. *Voyez* PÉNITENTIEL. (*G*)

NON-AGE, f. m. ancien terme de coutume & de pratique, qui fignifie le défaut d'âge compétent pour faire quelque chofe: c'eft l'état de minorité féodale ou coutumière. *Voyez* MAJORITÉ, MINORITÉ.

NON-AGÉ, adj. dans le ftyle ancien des coutumes & de la pratique, veut dire celui qui n'eft pas fuffifamment âgé, celui qui n'a pas l'âge requis pour faire quelque chofe. En matière féodale, le *non-âgé* s'entend de celui qui n'a pas l'âge pour faire la foi. En matière d'émancipation légale, *non-âgé* eft celui qui n'a pas atteint la majorité coutumière. Enfin, dans les autres matières, *non-âgé* eft celui qui n'a pas atteint la pleine majorité. *Voyez ci-devant* NON-AGE. (*A*)

NONCE, f. m. (*Jurifpr. eccléf.*) *nuncius*, que l'on appelle quelquefois le *nonce du pape*, & plus fouvent le *nonce* fimplement, eft un eccléfiaftique député ou envoyé par le pape vers quelque prince, ou état catholique, pour y réfider comme fon ambaffadeur, fous le titre de *nonce*, & en ce cas il prend le titre de *nonce ordinaire.* Quelquefois le pape envoie un *nonce* extraordinaire vers un prince, ou état catholique, pour affifter, de fa part, à une affemblée de plufieurs ambaffadeurs; & lorfqu'il n'y a pas de *nonce* en titre, cet ambaffadeur extraordinaire s'appelle *internonce.*

On appelloit autrefois les *nonces*; *miffi fancti patris, miffi apoftolici, legati miffi.*

Nous faifons cependant en France une différence entre les légats du pape & les *nonces.*

Les légats, lorfqu'ils font envoyés en France, de l'agrément du roi, ont une autorité & une jurifdiction eccléfiaftique, fuivant les modifications appofées à leurs facultés, lors de l'enregiftrement de leurs lettres; au lieu qu'en France, les *nonces* n'ont aucune autorité eccléfiaftique: ils n'y font confidérés que comme les autres ambaffadeurs des puiffances étrangères. C'eft ordinairement un évêque ou un archevêque qui remplit cette fonction.

Les *nonces* du pape ont un tribunal en règle, & l'exercice de la jurifdiction eccléfiaftique dans les pays qui font foumis au droit des décrétales & aux décrets du concile de Trente qui concernent la difcipline: ils peuvent dans ces pays déléguer des juges. Ils connoiffoient, même avant le concile de Trente, en première inftance, des caufes qui font de la jurifdiction eccléfiaftique: mais ce concile, *feff.* 24, *ch.* 20, *de reform.* défend expreffément aux légats & aux *nonces* de troubler

les évêques dans l'exercice de leur jurifdiction dans les caufes qui font du for eccléfiaftique, & de procéder contre des clercs & autres perfonnes eccléfiaftiques, fans la requifition de leur évêque, ou excepté qu'il négligeât de les punir; enforte que, depuis la publication des décrets de ce concile, ils ne peuvent être juges que d'appel des jugemens rendus par les ordinaires des lieux compris dans l'étendue de leur nonciature: le concile de Touloufe, en 1590, paroît approuver cette difcipline.

On entend quelquefois par *nonciature*, la fonction ou charge du *nonce*, & le temps qu'il l'a exercée. On entend auffi par-là une certaine étendue de terrein foumife à la jurifdiction d'un *nonce*; le pape a divifé les pays foumis à fa puiffance en plufieurs nonciatures, comme la nonciature d'Avignon.

L'ufage où eft la cour de Rome d'envoyer des *nonces* en France, eft fort ancien. Mais les maximes des décrétales, & celles des conciles de Trente & de Touloufe, par rapport à la jurifdiction des *nonces*, ne font point reconnues parmi nous, étant contraires aux ufages & aux maximes du royaume.

En effet, les *nonces* n'ont en France aucun territoire, tribunal, ni jurifdiction, foit voluntaire ou contentieufe: ils n'y font, comme on l'a déjà dit, d'autres fonctions que celle d'ambaffadeur; ils n'ont aucun emploi que proche la perfonne du roi, & n'ont aucune autre fonction que près de la perfonne du roi, tellement qu'en 1647; le *nonce* du pape en France, ayant pris, dans un écrit, la qualité de *nonce* dans tout le royaume de France, & un autre *nonce* ayant pris, en 1665, la qualité de *nonce* au parlement & au royaume, le parlement s'éleva contre ces nouveautés.

Cependant la cour de Rome, ou les *nonces* mêmes, ont fait de temps en temps quelques entreprifes contraires à nos maximes. Mais, dès qu'elles ont été connues, le miniftère public s'y eft oppofé, & elles ont été réprimées par plufieurs ordonnances & arrêts du parlement.

Pour les informations de vie, mœurs & doctrine de ceux qui font nommés aux bénéfices confiftoriaux, que les évêques de France font en poffeffion de faire, le concile de Trente donne le même pouvoir aux légats & aux *nonces*: mais, en France, les évêques fe font toujours maintenus dans le droit & poffeffion de faire feuls ces informations devant le *nonce*: il ne paroît même pas qu'avant le règne de Henri IV, la cour de Rome ait voulu troubler les évêques de France dans la poffeffion de faire ces informations. Lorfque cette cour eut formé ce deffein, elle ne penfa jufqu'au pontificat d'Urbain VIII, qu'à établir que ces informations pourroient être faites concurremment par les légats & les *nonces*, ou par les ordinaires. Tels étoient les réglemens de Clément VIII & de Grégoire XIV. Sous le pape Urbain VIII, la cour de Rome alla jufqu'à prétendre qu'en

Y

France même, les ordinaires ne pouvoient les faire qu'en l'absence des légats & des *nonces*.

Mais l'ordonnance de Blois, *art. 1 & 2*, & la résistance du roi Henri IV à l'article qui lui fut proposé de réserver ces informations aux *nonces*; l'avis de l'assemblée des notables, tenue à Rouen en 1596; les remontrances de l'assemblée du clergé, convoquée en 1605; l'ordonnance de 1606, dressée sur ces remontrances; celles de la chambre ecclésiastique de 1624; enfin les arrêts de réglement de 1639 & de 1672, justifient l'attachement du clergé & de tous les corps du royaume, à maintenir les ordinaires dans la possession de faire seuls ces informations.

Le *nonce* du pape en France ne peut pareillement donner aucunes provisions pour les bénéfices, ni aucunes dispenses; ni ne peut fulminer les bulles qui lui sont adressées. Il ne peut même être délégué juge *in partibus*, pour ouïr & terminer les différends des sujets du roi, parce que ces sortes de juges doivent être régnicoles.

Il n'a pas non plus droit de visitation, ni de correction sur les monastères exempts ou non exempts. C'est pourquoi l'arrêt du parlement du 29 mars 1582 déclara abusif un rescript de Grégoire XIII, qui commettoit son *nonce* pour terminer un différend survenu entre le général des cordeliers & les gardiens & couvens des cordeliers de Paris, au sujet d'un visiteur, avec ample pouvoir d'ouïr les parties. L'arrêt du 28 mars 1633, en ordonnant la vérification des lettres-patentes du roi, qui permettoient l'établissement d'un monastère de religieuses de saint Augustin, mit cette modification, que le pape ne pourroit exercer aucune jurisdiction, visitation, correction dans ce monastère, conformément aux droits & privilèges de l'église gallicane.

Le *nonce* ne peut pareillement prendre connoissance des causes de mariage, par la raison qu'il n'a en France aucune jurisdiction : & s'il y a quelques exemples de causes de mariage, & autres, pour lesquelles nos rois ont bien voulu que les *nonces*, autorisés par lettres-patentes, aient été commissaires avec d'autres prélats du royaume, ces exemples ne doivent point être tirés à conséquence. (*A*.)

L'empereur vient d'abolir dans ses états héréditaires les tribunaux de la nonciature, & les *nonces* n'y seront plus que ce qu'ils sont en France. Ce prince sollicite actuellement les autres états catholiques de l'empire à suivre son exemple; & il a déjà été imité par l'électeur de Cologne.

NONCIATION DE NOUVEL ŒUVRE. *Voyez* DÉNONCIATION.

NONE. On entendoit autrefois par ce terme, la neuvième partie des fruits, ou leur valeur, que l'on payoit, par forme de redevance, pour la jouissance de certains biens, de même que l'on appelloit *dixme* ou *décime*, la prestation du dixième des fruits.

Le concile de Meaux, de l'an 845, demande

que ceux qui doivent à l'église des *nones* & des dixmes, soient excommuniés s'ils ne les paient, pour fournir aux réparations & à l'entretien des clercs. On voit par-là que les laïques qui tenoient des terres par concession de l'église, lui devoient double prestation, la dixme ecclésiastique, & en outre une redevance du neuvième des fruits, comme rente seigneuriale ou emphytéotique. *Voyez* DIXME. (*A*)

NONES, *nonæ*, terme usité par les Romains, pour désigner le cinquième jour des mois de janvier, février, avril, juin, août, septembre, novembre & décembre ; le septième des mois de mars, mai, juillet & octobre, & toujours le huitième jour avant les ides. On s'en sert encore dans la chancellerie romaine pour dater les actes qui en sortent.

On compte, en rétrogradant, les jours qui se trouvent entre les calendes & les *nones*, ensorte que le premier jour après les calendes, qui est le second du mois, s'appelle *sextus nonarum*, pour les mois qui ont six jours avant les *nones*, & *quartus nonarum*, pour ceux qui n'en ont que quatre.

NONOBSTANCES, s. f. (*Droit canonique.*) ce terme qui vient du latin, signifie une clause usitée dans les provisions de cour de Rome & dans les rescrits, qui commencent par ces mots, *nonobstantibus*, d'où l'on a fait *nonobstances*. Cette clause fait ordinairement la troisième partie des provisions de cour de Rome : elle comprend l'absolution des censures, les réhabilitations & dispenses nécessaires pour jouir du bénéfice impétré, *nonobstant* les incapacités ou autres obstacles qu'on pourroit proposer à l'encontre ; ainsi ces *nonobstances* sont apposées en faveur des impétrans. Dans les rescrits, la quatrième clause est celle des *nonobstances* & dérogatoires. Ceux qui sont inférieurs au pape ne peuvent user de la clause des *nonobstances* & dérogatoire aux constitutions canoniques, si ce n'est dans certaines dispenses que les archevêques & évêques peuvent donner. *Voyez* DISPENSE.

NONOBSTANT, (*terme de Pratique.*) ce mot signifie *malgré*, *sans avoir égard*.

Quand un tribunal inférieur a rendu une sentence qui est dans le cas d'être exécutée par provision, les juges prononcent ordinairement que cette sentence *sera exécutée* nonobstant *l'appel & sans y préjudicier*, ou nonobstant *opposition ou appellation quelconque*, &c.

L'appel qu'on peut interjetter d'une sentence qui renferme une pareille disposition, n'a aucun effet suspensif, à moins que l'appellant n'ait obtenu du tribunal supérieur un jugement portant défense d'exécuter cette sentence *Voyez* EXÉCUTION.

En Lorraine, on appelle *contrat de nonobstant*, une sorte de contre-lettre, par laquelle on stipuloit autrefois une faculté de réméré en faveur du vendeur d'un héritage, ou que le prix de cet héritage restoit dû au vendeur, *nonobstant* la stipulation contraire inférée dans le contrat de vente.

Les contrats de *nonobstant* ont été supprimés par une ordonnance du duc Léopold, du 8 mars 1723, enregistrée à la cour souveraine de Lorraine, le 15 du même mois.

NORE, f. f. terme particulier de la coutume d'Acs, qui vient du latin *nurus*, & qui signifie *bru* ou *belle-fille*.

NOTAIRE, f. m. (*Jurisprudence.*) en latin *notarius*, *tabellio*, est un officier revêtu de la foi publique, pour donner aux actes la sanction des loix, & les transmettre à la postérité dans les *minutes* qu'il en conserve.

On prétend que les anciens peuples, même de la Grèce & de la Judée, n'ont jamais eu d'officiers publics, pour rédiger les conventions des hommes, & en perpétuer l'existence. Il y avoit pourtant des scribes qui étoient chargés de les recevoir; mais n'ayant point de caractère pour y donner la foi publique, tous ces contrats qu'ils écrivoient, n'avoient que la forme des conventions, qu'on appelle en France des *actes privés*.

On dit, par exemple, que le peuple Juif avoit des scribes de trois sortes; les uns, qu'on nommoit *scribes de la loi*, & dont les fonctions étoient de l'écrire, de la lire au peuple & de l'interpréter. *I. Esd.* 7, 6, *Jerem.* 8, 8; *Mat.* 2, 4, 23, 2; d'autres, nommés *scribes du peuple*, formoient une classe de magistrats, telle à-peu-près que chez les Grecs, qui l'établirent par imitation; d'autres, enfin, étoient greffiers ou secrétaires du conseil: on dit qu'ils écrivoient & cachetoient les actes que l'on scelloit du sceau public.

La fonction des scribes, comme on le voit, n'a qu'un rapport très-éloigné avec le ministère du notariat. Ces secrétaires, chez les Juifs, rédigeoient bien les conventions; mais c'étoit le sceau qu'on y apposoit, qu'elles tiroient toute leur force, & non de celui qui les écrivoit; au lieu que le *notaire* imprime à ses actes l'autorité qu'il a reçue & qui réside toute en lui.

Pour donner ici des notions exactes sur l'origine des *notaires*, il faut d'abord examiner ce qu'ils étoient chez les Romains. Nous nous livrons à cette recherche avec d'autant plus de raison, qu'aucun auteur jusqu'à présent (nous croyons du moins pouvoir l'assurer) n'a fait encore sur la matière une dissertation complète.

Des notaires chez les Romains. Rome ne fut, dans son principe, que le repaire de quelques barbares, qu'un même goût pour la rapine & pour les autres crimes de toute espèce, avoit rassemblés comme par hasard. Bientôt, à force de s'exercer, soit à la chasse dans leurs forêts, soit à la violence contre leurs voisins, ils acquirent ce fier courage qui devoit décider du sort de l'univers. Romulus, enfant de prostitution, né de Silvia, fille du roi d'Albe; ayant été jetté parmi ces brigands, forma ses mœurs sur celles de ses hôtes, & se rendit célèbre en les surpassant dans

la carrière qu'ils lui montroient. Dévoré d'ambition, & sur-tout plein d'audace, il ose concevoir le projet de régner, & de donner enfin des loix à cette horde de barbares. Remus, son frère, alloit partager la puissance qu'on lui offroit; le cruel l'immole à sa politique, & monte seul & sans remords sur un trône qu'il n'a pas craint de souiller de son propre sang.

De si funestes commencemens ne promettoient pas des suites heureuses; mais par la mort de sa victime, le roi parricide avoit satisfait la plus violente de ses passions; & tranquille sur le pouvoir qu'on venoit de lui confier, il parut aussi grand prince qu'il avoit d'abord été criminel. Il mit tous ses soins à bâtir sa ville, à augmenter ses nouveaux sujets, à former un sénat des plus vertueux, & à leur donner des loix relatives à leurs mœurs & à leurs usages.

Ce peuple fier & courageux, composé de pâtres, de laboureurs, & puisqu'il faut le dire encore, des brigands chassés des nations voisines, qui accouroient en foule à Rome pour y trouver l'impunité, ne connoissoit point les arts ni les sciences: de-là son mépris souverain pour tous ceux qui les cultivoient. Romulus ne permit aux personnes libres que la guerre & l'agriculture, & il en fit une loi précise. L'art militaire, dit Montesquieu, étoit alors la seule voie pour aller aux magistratures & aux honneurs de la république; & ce préjugé qui dura long-temps, parce qu'il tenoit aux loix de l'état, fut un obstacle chez les Romains, aux connoissances de toute espèce qui n'avoient point de rapport de la guerre.

Ce mépris qu'ils avoient pour les arts & les lettres, s'étendoit à toutes les professions. On tira même des esclaves ceux que l'état vouloit préposer à la garde de ses archives & à la recette de ses deniers. Telle est l'origine des *tabulaires*, qu'on appelloit aussi du nom de *notaire*, du mot *notare*, *écrire par notes*. A cette fonction qui étoit publique, ils en joignirent bientôt une autre, qui les rendit aux citoyens de la plus grande utilité. La plûpart des Romains ne savoient point écrire; ils s'adressoient aux tabulaires pour rédiger leurs conventions. Ceux-ci les signoient au nom des parties, & souvent même y stipuloient pour les personnes incapables, telles, par exemple, que des pupilles, qui, ne pouvant agir eux-mêmes, & n'ayant point d'esclave en propriété, recevoient la promesse de leur tuteur, *rem salvam fore pupillo*, par le tabulaire qui l'acceptoit. C'est le cas de la loi 1, *ff. de magist. conven.* §. 15.

C'est ainsi que M. Cujas, sur la loi *universos* 15, *cod. de decur.* a défini les tabulaires. Il est certain que leur condition étoit une preuve d'esclavage, comme on le voit dans plusieurs loix qu'il est inutile de rapporter, & ce ministère ne fut exercé par des personnes libres que vers l'année 401. *Generali lege sancimus*, disent les Empereurs Arcadius & Honorius, *ut sivè solidis provinciis, sivè singulis civita-*

ibus necessarii fuerint tabularii, liberi homines ordinentur : neque ulli deinceps ad hoc officium pateſcat aditus ; qui ſit obnoxius ſervituti. De cette loi, qui doit nous ſervir à réfuter l'erreur de quelques interprètes ſur la qualité des tabellions, il faut ſur-tout retenir deux choſes ; d'abord l'époque où elle fut donnée, & ſur laquelle ils n'ont pas réfléchi ; en ſecond lieu, que juſqu'au moment où cette loi fut promulguée, les tabulaires, comme on l'a dit, n'avoient pas encore ceſſé d'être eſclaves.

On voit très-bien qu'il eſt inutile de s'épuiſer en raiſonnemens pour démontrer que les tabulaires n'ont jamais eu la foi publique. Tous les contrats qu'ils écrivoient, qu'ils ſignoient même au nom des parties, quoique paſſés devant témoins, étoient dans la forme des contrats privés. Ces officiers étoient des ſcribes, que l'ignorance des Romains avoit d'abord rendu néceſſaires. L'expérience qu'ils acquièrent les rendit utiles, même aux perſonnes qui auroient pu ſe paſſer d'eux, &, ſoit pareſſe ou vanité (car c'étoit à Rome un air de grandeur d'avoir à ſa ſolde pluſieurs copiſtes) les gens inſtruits s'adreſſoient à eux pour le détail de leurs affaires, pour tenir un journal de leurs revenus, & pour avoir même en dépôt des ſommes deſtinées à des paiemens, ou à des emprunts dont ils ſe chargeoient. Mais aucune de ces fonctions ne tenoit à celles du notariat, & ce miniſtère ſans autorité étoit celui des tabellions, dont peut-être il donna l'idée, ce que ſont à-peu-près aux *notaires* de France les copiſtes de profeſſion.

On trouve tant de confuſion dans les loix romaines, ſur les *greffiers*, *les tabulaires*, *les copiſtes*, *les actuaires*, & ſur tant d'autres praticiens qu'on appelloit du nom de *notaire*, qu'induits en erreur par ce dernier nom, quelques interprètes ont avancé que les uns n'étoient pas diſtingués des autres, & qu'ils avoient tous les mêmes fonctions. Il eſt bien vrai qu'en général ils pouvoient écrire les conventions, les rédiger, les mettre en forme ; tout le monde à Rome avoit ce pouvoir : mais chacun dans ſon miniſtère avoit enſuite des fonctions qui lui étoient particulières, & qui ſéparoient chaque profeſſion. Les *actuaires*, par exemple, étoient ſecrétaires des gouverneurs ; ils regiſtroient les actes d'émancipation, les adoptions, les manumiſſions, enfin les contrats & les teſtamens qu'on vouloit faire publier. Tous les greffiers étoient copiſtes de telle ou telle juriſdiction ; ils écrivoient les jugemens & tous les actes qui dépendoient de la juſtice contentieuſe ; & quoique tous fuſſent eſclaves, ou qu'on les appellât du nom de *notaire*, la différence qui ſe trouvoit dans leur office princi-pal, les diſtinguoit toujours aſſez pour qu'on ne pût jamais les confondre.

Les interprètes dont nous parlons, imbus des uſages de l'ancienne Rome, ou plutôt de ſes préjugés, ont cru, par l'idée d'aviliſſement que la ſervitude rappelle encore, que ces emplois n'étoient pas honorables, parce que des eſclaves les rempliſſoient.

Si ces auteurs avoient penſé que les grammairiens, & les philoſophes, les médecins & les artiſtes n'avoient pourtant pas d'autre condition dans cette ancienne maîtreſſe du monde, d'abord ſous les rois qui la gouvernèrent, & puis long-temps ſous ſes conſuls, auroient-ils porté ce faux jugement avec la même ſécurité, en ſe copiant les uns & les autres ? Eſt-ce par l'importance & l'utilité, ou par la condition de l'homme qui l'exerce, qu'on doit eſtimer une profeſſion ? Et parce qu'un peuple igno-rant & barbare aura mépriſé dans ſon origine, tous les arts qui l'environnoient, hors celui de détruire & de conquérir, on adoptera cette erreur groſ-ſière pour nous en faire une maxime ! D'ailleurs, à Rome, les eſclaves étoient ſouvent plus inſtruits que leurs maîtres. Ceux qui, dans le principe, y cultivoient les arts, étoient d'illuſtres priſonniers que les Romains faiſoient à la guerre ; & ſoit par goût ou par beſoin, ils exercèrent la profeſſion qui y avoit quelque rapport.

N'oublions pas que, juſqu'à préſent, nous n'avons point vu de *notaire* en titre. On n'avoit pas d'autre manière, pour aſſurer les conventions, que de les faire ſous ſeing-privé. Cet uſage dura long-temps, & quoique ſujet à beaucoup d'abus, il pouvoit ſuffire aux premiers Romains, dont les mœurs ſim-ples, la pauvreté & la bonne-foi qui les accompa-gne, n'exigent pas les formalités qu'il faut aux peuples corrompus. Mais tout changea dans la ré-publique avec le faſte & l'opulence qu'on y ap-porta des nations voiſines que les Romains avoient ſubjuguées. En menant des flottes contre Carthage, ils avoient pris le goût du commerce, & de l'in-duſtrie qui marche à ſa ſuite. Cette révolution en produiſit une autre dans les affaires en général : car elles augmentent en proportion de l'abondance & des richeſſes. Ainſi les conventions verbales, ou les écrits ſous ſeing-privé, qui régloient tout dans le principe, ne ſuffiſoient plus à un peuple riche, & dont les mœurs étoient changées. La né-ceſſité fit donc établir les *tabellions* dans la répu-blique pour recevoir les teſtamens & les actes de toute eſpèce, & les *notaires* ou copiſtes, dont nous avons parlé ci-deſſus, devinrent les clercs de ces officiers.

Mais ce miniſtère des tabellions, dont on con-noiſſoit toute l'importance, & d'où dépendoit la paix des familles, & la ſûreté des engagemens, ne pouvoit être confié qu'à des hommes inſtruits au-tant que vertueux. Les Romains prirent donc les plus ſages meſures lorſqu'ils établirent ces officiers ; car moins un peuple a de vertus, plus il doit met-tre de précautions dans le choix de ceux à qui l'on remet le droit d'exercer les fonctions publiques. Les tabellions, dit M. Cujas, formoient à Rome un grand collège ſous un chef nommé *Primicerius*. Ils devoient être juriſconſultes, ſavans dans l'art d'écrire & de parler, & d'une probité vraiment reconnue. On leur avoit permis d'élire tous les candidats qui ſe préſentoient ; mais l'uſage étoit de ne les admettre qu'après l'épreuve la plus longue de leurs lumières & de leurs talens. Les tabellions les menoient ensuite à l'audience du préfet de Rome. Ils juroient tous à ce magistrat, que ni l'indulgence, ni l'intérêt n'avoient eu de part à cette élection, & les candidats recevoient de lui le don d'un anneau gravé d'un cachet. Enfin, dit M. Cujas, qui rapporte encore avec complaisance toutes les suites de cette élection, on observoit pour les tabellions les cérémonies qu'on observe en France pour les grades du doctorat.

Les tabellions ne furent choisis que parmi des personnes libres, & il est facile de s'en convaincre, tant par le texte des loix romaines, que par l'opinion des meilleurs auteurs.

Nous avons dit que les *actuaires*, les scribes, les tabulaires, avant la loi. *generali*, que nous avons déjà citée, étoient tous esclaves par leur profession, & que c'est seulement depuis cette loi que leurs emplois furent donnés à des personnes de condition libre. On ne trouve en effet dans le droit romain aucune loi antérieure dont on puisse tirer la moindre induction qui soit contraire à ce sentiment. Or, cette loi *generali*, notons bien qu'elle est de 401, ou suivant une autre supputation, qu'elle est postérieure de deux années.

Les loix *si quis* & *universos*, qu'on trouve au code également, sont toutes deux de 316, & antérieures par conséquent de près d'un siècle à la loi citée. Il est prouvé par ces deux loix que les tabellions de l'empire romain étoient souvent promus à la dignité de décurion, c'est-à-dire, de sénateur dans les villes de province, & tout annonce que cet usage étoit alors aussi ancien que l'établissement des tabellions. Or, pour remplir l'office de sénateur, il falloit être de condition libre, & l'esclave pouvoit si peu y aspirer, que l'affranchi même en étoit exclu. *Voyez* le texte des deux loix, *cod. si servus aut libertus ad decurionatum adspiraverit*, qui le défendent expressément. De tout cela deux conséquences, que nous avons déjà présentées, & qui vraiment sont incontestables; la première, que les tabellions ont toujours été des personnes libres, puisqu'on tiroit de leur collège les sénateurs ou décurions, long-temps avant la loi *generali*; & la seconde, que cette loi ne peut concerner que les *tabulaires*, comme il est facile de s'en convaincre en en lisant les propres termes.

Perezius, dans ses leçons sur le code de Justinien, *liv.* 10, *tit.* 19, a embrassé notre opinion, la seule en effet qui soit soutenable. *Observandum*, dit cet auteur, *discrimen quod olim fuit inter tabularios & tabelliones. Tabularii, scribæ.... tamquam servi publici reipublicæ & fisco erant adscripti & deputati ad rationes conficiendas & supputandas... tabelliones verò circà privatorum conventiones versabantur, easque in instrumentum publicum referebant & auctoritate donabant, prout hodiè faciunt notarii publici... Tabelliones igitur erant liberi homines, & poterant ad decurionatum adspirare.*

Citons encore un auteur grave, & ne craignons pas les répétitions. Lorsqu'on établit une vérité, il faut faire usage des autorités qui peuvent la mettre hors de toute atteinte.

Furgole, sur les donations, article 5 de l'ordonnance qu'il a commentée, est du même avis que *Perezius*. Il prend pour garant de son opinion les plus savans jurisconsultes, tels que Cujas, Coquille, Henri Zoezius, Perezius lui-même, Guipancirolus, Jacques Godefroy & autres, & c'est ainsi qu'il s'est exprimé, en réfutant quelques interprètes qui étoient tombés dans l'erreur grossière que nous leur avons déjà reprochée. « Les tabellions étoient » différens des tabulaires, non-seulement par leur » condition, mais encore par leur emploi. Les ta» bellions étoient des officiers publics, employés » à recevoir les actes; ils composoient un corps » sous un chef appellé *Primicerius*, lequel élisoit » les nouveaux tabellions de l'avis des autres. Ceux » qui étoient reçus dans ce corps, devoient être » des gens d'une exacte probité, très-expérimentés » dans l'art d'écrire & de parler; & de plus, ils » devoient être jurisconsultes. Pour ce qui est de » leur condition, ils ont toujours été libres ou in» génus... Les tabellions pouvoient être faits décu» rions, c'est-à-dire, sénateurs dans les villes des » provinces, pour parvenir à laquelle charge il » falloit être de condition libre d'origine, & les » esclaves, ni même les affranchis, ne pouvoient » pas y aspirer. Au lieu que les tabulaires étoient » employés à dresser les rôles ou comptes de ce qui » étoit dû des deniers publics. Ils étoient préposés » à la garde des archives appellées *tabularia civi» tatum*, où l'on conservoit les titres publics & ceux » des particuliers. On les employoit à écrire & à » signer pour les illittrés, & à stipuler pour ceux » qui ne le pouvoient pas eux-mêmes. Et quant à » leur condition, ils étoient esclaves, en sorte que » leur emploi étoit une preuve d'esclavage ».

Voyons maintenant quels sont les auteurs qui ont enseigné l'opinion contraire, ou plutôt tâchons d'en réfuter un, & nous aurons réfuté tous les autres; car ils ont tous fait la même méprise.

Le mot *notaire* a trompé Guipape, comme on le voit dans ses décisions, *quest.* 90. Il a confondu les tabellions avec ceux qu'à Rome on nommoit *notaires*, c'est-à-dire, les *scribes*, les *tabulaires*, les *logographes*. Mais ce qui étonne dans un homme instruit, c'est qu'il cite à l'appui de son sentiment la loi *universos* & la loi *si quis*, qui la détruisent absolument. Et en effet, que portent ces deux loix? La première, que le tabellion devenu sénateur, ne remplira plus ses premières fonctions; & le motif en est bien simple, car si le sénateur eût continuées, il eût jugé le plus souvent sur des actes reçus par lui, ce qui sans doute ne devoit pas être: la seconde dispose ensuite que si le sénateur reçoit un testament, un codicille ou un autre acte, & qu'il s'agite une question de faux sur ce contrat ou ce testament, sa dignité de magistrat ne puisse en aucun cas le fauver de l'action ; ce qui aura pareil-lement lieu pour le tabellion devenu fénateur. Main-tenant rapprochez ces difpofitions des conféquences de Guipape & de tous ceux qui l'ont fuivi, & vous verrez s'il eft poffible de fe tromper plus groffié-rement fur des pareilles autorités. Il eft prouvé par ces deux loix que les tabellions de l'empire romain étoient promus le plus fouvent à la dignité de décurion ; ils étoient donc tous de condition libre, même dès le temps de leur création ; & leur mi-niftère, loin d'être vil, comme Guipape le décide, fut donc toujours un des degrés par où l'on mon-toit aux magiftratures ? Il eft impoffible de rien oppofer à cette preuve irréfiftible.

Quelques auteurs, qui, comme nous, ont exa-miné la queftion préfente, n'ont pas été fort loin de croire que Guipape étoit de mauvaife foi, & ils ont fait le même reproche aux annotateurs de fes décifions. Pour nous, qui ne cherchons que la vérité, ils nous fuffit d'avoir démontré, par le texte même des loix romaines, qu'ils fe font trom-pés en les rapportant : que nous importe après cela qu'ils aient voulu en abufer ? L'abus feroit auffi groffier que l'erreur paroît manifefte.

Ils ne fe font pas moins trompés lorfque, pour avilir les *notaires* de France, ils les ont comparés aux tabellions dont ils prétendoient que le minif-tère étoit une preuve d'efclavage. Quand on ne pourroit douter aujourd'hui de l'affertion de ces auteurs, parce qu'à Rome les tabellions auroient été des efclaves publics, faudroit-il en conclure, comme ils l'ont fait, que les *notaires* d'une nation où l'efclavage n'exifte pas, ne font pas moins qu'eux dignes de mépris ? Nous l'avons déjà remarqué plus haut ; les grammairiens & les philofophes étoient à Rome des efclaves, ou quelquefois des affranchis ; il faut donc parmi nous méprifer les arts & les perfonnes qui les cultivent ? Que diroit-on de ce raifonnement, qui eft pourtant celui des auteurs cités ?

Gardons-nous au refte, d'oublier jamais que les ta-bellions de l'empire romain étoient bien différens des *notaires* françois. Si leurs fonctions étoient les mê-mes, l'effet du moins n'en étoit pas égal. En France les *notaires* ont reçu du prince le pouvoir d'obliger les parties contractantes, & de figner autant d'ar-rêts qu'ils fignent de contrats revêtus de leurs formes. Ceux que paffoient les tabellions, devoient être portés devant le magiftrat pour acquérir toute leur force ; au lieu qu'en France le *notaire*, comme nous allons le prouver bientôt, imprime aux fiens l'au-torité qu'il a reçue dans fa plénitude, & qui ré-fide toute dans le miniftère que le prince lui a confié.

Etabliffement des notaires en France. Un des favans du premier ordre, le père Mabillon, dans fa diplomatique, nous attefte qu'il n'a point vu jufques vers le milieu du treizième fiècle, foit en France, foit au dehors, d'actes reçus par des *notaires* en qualité d'officiers publics. On peut en

croire cet auteur, qui avoit fouillé dans les biblio-thèques, & prefque dans toutes les archives de l'Europe.

En remontant du treizième fiècle jufqu'au pre-mier temps de la monarchie françoife, on ne trouve en effet point de *notaire* en titre. D'abord, l'ufage de l'écriture étoit abfolument ignoré chez les Francs. Lorfque le *comte* tenoit le plaid, tous les contrats fe paffoient devant lui, en préfence de trois témoins, & quelquefois d'un plus grand nom-bre, felon les affaires dont il s'agiffoit. Ainfi, la preuve teftimoniale, la poffeffion de la chofe cé-dée, ou quelques autres formalités auffi fimples que les mœurs d'alors, tenoient lieu de titres & de contrats, & la bonne-foi des parties entre elles préfidoit à tous les engagemens.

Mais quand les Francs furent écrire, on établit bientôt l'ufage de rédiger les conventions. On n'a-voit pas encore d'officiers en titre pour les écrire & les recevoir ; on les paffoit toujours en préfence du comte, qui les faifoit écrire par fon chance-lier, & qui leur donnoit la fanction publique. On alloit auffi devant les évêques, qui vouloient bien remplir les mêmes fonctions ; enfin les juftices s'é-tant multipliées, les magiftrats, dans leur diftrict, paffoient les actes en jugement, & leur donnoient ce qu'on appelle encore aujourd'hui *l'exécution parée.*

La fignature du magiftrat non plus que celle des parties, ni même celle des témoins qui affif-toient aux actes, n'étoit point encore en ufage alors. On y appofoit fimplement le fceau, qui te-noit lieu de fignature. On ne doit pas au refte, en être furpris ; très-peu de gens favoient écrire ; la plûpart des grands, & fur-tout le peuple, ne daignoient pas s'en occuper. L'art de l'écriture n'é-toit exercé que par les clercs ou les hommes de lettres : les écrivains de ce temps-là étoient pref-que tous eccléfiaftiques.

Les magiftrats avoient fous eux des fecrétaires ou copiftes qui écrivoient les jugemens & les actes de toute efpèce. On les appelloit *clercs*, *notaires ou commis*, & ils étoient le plus fouvent du nombre de leurs domeftiques. Leur miniftère ne leur don-noit ni caractère ni autorité ; c'étoient des *fcribes* de profeffion, des généraux gagés de leurs maî-tres ; & quoiqu'ils tinffent lieu de *greffiers*, ils n'en avoient pas même la commiffion, & ne s'avifoient point de figner les actes qu'ils enregiftroient ou ex-pédioient.

Cette pratique de paffer les actes devant les juges de chaque lieu, dura jufqu'au treizième fiè-cle, & l'on prétend que c'eft fous Louis IX que les premiers *notaires* furent établis. On comptoit foixante greffiers ou clercs dans la juftice de la ca-pitale, occupés à écrire les jugemens & tous les actes qu'on y recevoit. Les magiftrats ne pouvant fuffire aux détails immenfes qui les furchargeoient, finirent tous par s'en remettre à leurs copiftes ou greffiers pour rédiger les conventions. Ceux-ci, réduits à la science des formes & aux connoissances du praticien, faisoient les contrats comme ils le pouvoient; & les parties, sans cesse exposées aux tristes effets de leur ignorance, se replongeoient dans les procès qu'elles croyoient avoir terminés. Saint Louis vit donc la nécessité de mettre un terme à ces abus, & le moyen qu'il employa, ce fut d'ôter à tous les juges le droit de recevoir les actes volontaires, & de ne leur laisser que la justice contentieuse. Il créa donc des officiers publics, que l'on continua d'appeller notaires, & il leur confia la même autorité dont il privoit ces magistrats.

La justice du roi étoit alors tenue en ferme. Les prévôts-fermiers avoient tout vendu, disent les historiens, jusqu'à la liberté du commerce. On conçoit bien que, sous de tels juges, on n'exerçoit pas mieux la justice volontaire que la justice contentieuse. Le roi choisit *Etienne Boylesve*, magistrat du plus grand mérite, pour lui donner la prévôté. Or, dit Loiseau, *traité des offices, la prévôté comprenoit non-seulement la charge du juge, mais aussi le greffe, les notaires & le sceau*. Ces différens emplois furent érigés en titre d'office, & séparés par leurs fonctions. Ce fut-là le premier exemple d'un changement devenu nécessaire dans l'administration de la justice, & c'est à cette époque qu'on doit fixer en France la création des notaires royaux.

Cependant cette création ne s'étendit pas au-delà de Paris; c'étoit le premier pas vers la grande réforme que saint Louis s'étoit proposée. En établissant soixante notaires dans la prévôté de la capitale, il les laissa en quelque sorte, non sous la dépendance du prévôt, mais sous ses yeux & dans le sanctuaire même de la justice. C'étoit dans les salles du châtelet qu'ils exerçoient leur ministère, & l'on étoit alors si accoutumé à passer les actes en jugement, que le prince voulut que les premiers notaires commençassent les leurs sous le nom du prévôt. Cette compagnie, dit M. Brunet, devint en peu de temps si célèbre à Paris, que sur la fin du treizième siècle, elle y formoit déjà une confrairie, & que lorsque François I voulut créer en France des *tabellions*, le parlement n'enregistra l'édit, qu'à la charge de l'exception pour la capitale & son territoire.

Le bien que produisit cette création, détermina Philippe IV à l'étendre dans ses domaines; & par une ordonnance de 1302, il défendit à tous ses juges de se servir de leurs clercs ou copistes pour les fonctions du notariat; se réservant & à ses successeurs, le droit appartenant au seul souverain de créer des notaires dans le royaume, pour leur attribuer le libre exercice de la justice volontaire. « Je vois, dit M. de la Roque, dans son *traité de la Noblesse*, chap. 148, que les deux sortes de jurisdictions qui étoient exercées en France par un même magistrat, ont été séparées, à l'imitation des Romains, par l'ordonnance du roi Philippe-le-Bel, du mois de mars 1302, art. 20, par laquelle il ôte la puissance aux juges de se servir

» de leurs clercs pour *notaires*, & se réserva, & » à ses successeurs, la puissance de créer des *no-* » *taires* publics, auxquels cette jurisdiction volon- » taire, qui étoit exercée par les juges ordinaires, » a été attribuée.... Leur pouvoir semble encore » plus grand que celui des juges mêmes, puisque » l'on peut se pourvoir & appeller du jugement » des juges, & que l'on ne peut donner aucune » atteinte aux contrats passés légitimement devant » eux, qui ont autant de force que des arrêts ».

Par un édit du mois de novembre 1542, François I créa des tabellions. Le ministère de ces officiers, dont il est certain que la création étoit absolument bursale, ne consistoit qu'à mettre en grosse & à sceller les actes des *notaires*. Les besoins de l'état, les malheurs de la guerre, avoient fait introduire la vénalité, & l'on multiplioit sans nécessité les offices de toute espèce.

François I, dans ce même édit, défendit aux juges, leurs lieutenans & leurs greffiers de recevoir, sous aucun prétexte, les contrats volontaires entre les parties. Henri II, par un édit de 1554, leur renouvella les mêmes défenses. L'avidité des praticiens, & la négligence de certains juges qui profitoient de ces abus, rendoient inutile, dans plusieurs sièges, l'ordonnance de Philippe IV. Le démembrement de jurisdiction, que cette ordonnance avoit opéré, les privoit tous des honoraires que devoit produire le notariat, & pour éluder une loi si sage, on menoit les parties devant le magistrat, qui, *de leur propre volonté*, inféroit-on dans les contrats, les *condamnoit* à exécuter des conventions purement volontaires. La loi citée de Henri II acheva de détruire ce honteux trafic, & les greffiers n'eurent plus de ressources pour empiéter sur le notariat.

Ce n'est pourtant pas que de temps à autre ils n'en retirassent quelque produit. Dès qu'un *notaire* étoit décédé, ou qu'il avoit résigné son office, on devoit porter ses minutes au greffe. Les greffiers se hâtoient d'expédier les actes, & de délivrer, autant qu'ils pouvoient, des extraits à leur profit. En 1575 Henri III réforma cet étrange abus; il établit dans tous les sièges un officier appelé *garde-note*, à qui les minutes étoient remises, & qui devoit les conserver. Mais le législateur ne s'apperçut pas que la réforme même étoit abusive; il y a plus, elle étoit injuste. On confioit à un seul homme, qui n'y avoit presque point d'intérêt, le dépôt sacré de la fortune des citoyens, & l'on privoit les héritiers, ou les successeurs des officiers morts d'une dépendance de leurs offices.

Tous ces offices surabondans de tabellions & de garde-notes, occasionnoient sans cesse des démêlés avec les *notaires* qu'ils fatiguoient. En 1597, Henri IV perfectionna, par son édit du mois de mai, le véritable état des *notaires*. Il réunit à son domaine, & supprima tous ces offices dont son royaume étoit surchargé; puis il créa de nouveaux officiers, avec le titre de *notaires*, de tabellions & de garde-notes, de forte qu'un même fujet en réunit toutes les fonctions. C'est l'état aujourd'hui des *notaires* de France.

Il est aisé de voir par tout ce qui précède, ce que font les *notaires* en général, de quelle importance font leurs fonctions, & enfin les devoirs qu'ils ont à remplir dans ce ministère de confiance.

« La profession de *notaire*, dit très-bien Ferriere, » est d'une étendue immense, puisqu'à proprement » parler, il n'y a point d'affaire qui ne puisse être » de fon ressort, ni de personnes qui n'en éprou- » vent tous les jours la nécessité ».

Il n'est point en effet dans la société de profession plus nécessaire, ni d'une utilité auffi générale que les fonctions du notariat. Combien d'états ne doivent l'existence qu'à la dépravation des mœurs, & à l'oubli des grands principes de la morale & de l'équité! Si ces principes régloient toujours les actions des hommes, s'il n'avoit pas fallu des loix pour les opposer aux excès du vice, pour réprimer la force & l'audace, & maintenir les droits de la propriété, toutes ces professions, nécessaires fans doute dans l'état actuel des sociétés, auroient-elles jamais existé parmi nous? Mais qu'on suppose la plus parfaite, la plus heureuse administration, le peuple même, si l'on veut, le plus sage & le plus docile, toutes les vertus de ce siècle d'or, qui n'est peut-être qu'une chimère, pourroit-on s'y passer d'officiers publics pour rédiger les conventions des hommes, en perpétuer l'existence, & veiller fans cesse à la garde de ce dépôt? La bonne-foi des contractans suffiroit bien pendant leur vie pour l'exécution des engagemens; mais suffiroit-elle à leurs successeurs qui pourroient peut-être les ignorer, ou ne les connoître qu'imparfaitement? D'ailleurs, quelque sage que soit un peuple, il est difficile de concevoir qu'il n'ait besoin ni de loix ni de règles, soit pour l'ordre des successions, soit pour celui des mariages, soit enfin pour mieux conserver la propriété des individus, & affurer les mutations qui en font presque inséparables : or, comment seroit-il possible qu'il n'y eût point d'officiers publics pour des objets de cette importance, pour y donner une forme légale, & les perpétuer dans la mémoire des hommes? Il est difficile de l'imaginer.

Il est donc certain que l'état de *notaire* est d'une indispensable nécessité dans toute espèce de gouvernement, & c'est par cette nécessité qu'il faut régler l'estime qu'on doit en avoir. On n'évalue les professions que par l'utilité dont elles peuvent être; le bien général est donc la mesure de l'importance qu'on y attache, & c'est toujours par cette mesure qu'on détermine l'ordre & le rang de chaque état de la société.

Toutes les fonctions du notariat font auffi nobles que précieuses. Les grands vassaux les ont exercées tant qu'ils ont rendu la justice au peuple; les magistrats les ont remplies jusqu'à ce que les cir-

constances les aient féparées de leur ministère, & ce démembrement de jurisdiction n'a pu les rendre ni moins estimables, ni moins utiles au public. Auffi, combien de gentilshommes ont anciennement rempli ces fonctions, fans que la noblesse de leur origine ait rien perdu de son éclat! Il y a fur-tout deux de nos provinces, celle de Provence & de Dauphiné, où une foule de monumens, de protocoles des *notaires* mêmes attestent le fait que nous avançons. On a voulu, il y a long-temps, contester à quelques *notaires* la prérogative de ne pas déroger; cette chicane suscitée, tantôt par des traitans avides, tantôt par des praticiens, ennemis cachés du notariat, n'a pas encore eu de succès, & n'en aura jamais sans doute. La commission envoyée par le roi pour vérifier les titres de noblesse dans la province de Dauphiné, maintint les descendans de plusieurs *notaires* dans la qualité de nobles qu'avoient ceux-ci ; & d'après tous ces jugemens, qu'a recueillis M. de la Roque, sur le certificat du président Allard, rapporteur de la commission, il n'est plus possible de mettre en doute pour les *notaires* du royaume, ce privilège de non-dérogeance.

Ceux de Dauphiné ont encore un titre beaucoup plus ancien que ces jugemens, & qui existe à la chambre des comptes. Ce n'est rien moins que des lettres-patentes du 23 juin 1516, que François I, étant à Grenoble, adresse à son gouverneur & à ses cours de parlement & chambre des comptes, qui pour lors étoient réunies, en faveur de *Guillaume Bovier*, gentilhomme & *notaire* de la province. Ce *notaire* éprouvoit des contestations dans la jouissance de sa noblesse. François I, déclare aux deux cours que, *par la costume dalphinale, les gentilshommes notaires ne desroguent à l'état de noblesse en faisant l'art de notaire ;* en conséquence, il enjoint de le maintenir en la possession, faisine & joyssance de sondit privilège de noblesse : ce font les termes des lettres-patentes.

Quant aux *notaires* de Paris, on sait qu'ils ont été confirmés dans le privilège dont nous parlons par un édit de Louis XIV du mois d'août 1673. Où fait d'ailleurs que la noblesse est compatible avec leurs fonctions, puisque plusieurs achètent pour l'acquérir, des charges de secrétaire du roi, concurremment avec leurs offices.

On est surpris que quelques auteurs aient voulu difputer aux *notaires* de France ce droit certain de ne pas déroger. Cette erreur a son fondement dans une autre non moins grossière, que nous avons déjà réfutée. Ils s'imaginoient que chez les Romains tous les *notaires* étoient efclaves, & il n'en a pas fallu davantage pour étayer leur sentiment sur les *notaires* de leur nation. Voyez Guipape & ses annoteurs; voyez Loyseau, dont les motifs bisarres n'étonnent pas moins dans un homme instruit; mais ne lisez point Denisart, dont la fureur contre les *notaires* doit absolument faire retrancher cet article de son ouvrage. Au reste, on trouvera dans

plusieurs,

plufieurs auteurs, l'opinion contraire bien établie : confultez Langlois, *Traité des Notaires* ; Expilly, *Plaidoyer premier* ; Lévêque, en fon *Recueil de chartres* ; Bouret, *Coutume d'Artois* ; Ferrière, *Parfait Notaire* ; Dufait, *Arrêts de Bretagne*, & M. de la Roque, *Traité de la Nobleffe* ; que nous avons déjà cité.

Mais les privilèges du notariat ne font prefque rien en comparaifon des devoirs qu'impofe ce miniftère. Celui qui l'exerce eft dépofitaire, nonfeulement du fecret des familles, & de ces titres précieux qui conftatent l'état des perfonnes, mais de la fortune des citoyens & du repos de la fociété. Quelle influence n'a-t-il donc pas dans tous les détails de la vie civile ! Les fucceffions ne font réglées que par les actes qu'il reçoit ; les mutations, les mariages, tous les contrats enfin n'ont la forme publique que par fa préfence & fa fignature, & cette fignature imprime à fes actes un caractère indélébile, & toute la force de la loi même. L'hypothèque, la loi probante, la fûreté des engagemens, la confiance de l'adminiftration font inféparables du notariat, & les *notaires* font les feuls magiftrats de la juftice volontaire.

Ainfi donc rien n'eft étranger à des fonctions de cette importance. L'amour de l'ordre du bien public, l'exactitude & la fidélité, la délicateffe la plus fcrupuleufe, & une probité hors de toute atteinte, voilà les vertus du notaire. La connoiffance des loix romaines, des ordonnances & des coutumes ; la fcience, peut-être non moins utile, de la jurifprudence des cours du royaume ; celle des droits prefque arbitraires de contrôle & d'infinuation ; cet art d'écrire avec clarté, avec jufteffe & précifion, cette foule d'actes de toute efpèce qui font les liens de la fociété, pour les fauver des mains de la chicane qui fe nourrit de leurs débris : voilà les devoirs de tous les *notaires*. Mais que ces devoirs feront rigoureux, fi l'on confidère que la vie de l'homme fuffit à peine à cette étude ; fi l'on réfléchit à l'obfcurité, à l'étendue de ces volumes qu'il faut toujours confulter pour s'inftruire, & à ce nombre infini d'édits, d'ordonnances, de réglemens !

Cependant la difficulté que cette étude préfente aux *notaires*, ne fauroit les en difpenfer. On voudroit en vain objecter ici que la plupart d'entre eux exercent leurs fonctions, fans fe mettre en peine d'acquérir la fcience que nous regardons comme indifpenfable. Nous répondrons que cet abus qui trouble fans ceffe la paix des familles, & rend incertaine la propriété par les procès interminables qui naiffent des actes mal rédigés, n'eft pas une objection difficile à détruire. Ni l'exemple du temps paffé, ni celui du fiècle préfent, ni la négligence de l'adminiftration fur une partie fi effentielle, ne feront penfer aux bons citoyens que les dépofitaires de leur fortune ne doivent pas être éclairés. Nous avouons toutefois ici qu'il n'eft peut-être qu'un feul moyen de donner aux *notaires*

l'amour de l'étude ; & ce moyen, nous le trouvons dans les écrits des plus grands magiftrats. Ce feroit de faire une loi précife pour interdire des fonctions qui tiennent de fi près au bonheur public, à ceux qui n'auront pas le ferment d'avocat, & qui, pendant deux ans au moins, n'auront pas fait un cours de droit. Il faudroit encore inviter les *notaires* de toutes les villes qui ont juftice, à ne pas fi-tôt quitter le barreau, à réunir deux profeffions, qui, fur les rapports qu'elles ont entre-elles, devroient fans ceffe fe confondre, & à devenir les dignes émules des plus célèbres avocats. Rome fentit cette vérité lorfqu'elle créa les tabellions ; elle prévit dans fa fageffe que s'il étoit indifpenfable que les tabellions fuffent éclairés, il falloit, d'une part, leur donner les moyens, & de l'autre leur impofer la néceffité de l'être : ils furent donc affociés, comme le prouve M. Cujas, à tous les travaux des jurifconfultes.

Un autre abus dans le notariat, & qui produit toujours les plus triftes effets, c'eft de créer de nouveaux offices à mefure qu'on en demande. C'eft en vain qu'on exige encore l'atteftation des intendans ; l'expérience nous inftruit que les intendans font fouvent trompés fur le befoin de cette création, & que les fubalternes qui les environnent, leur arrachent le plus fouvent, fur un faux expofé fans doute, le certificat dont on a befoin. Tous ces offices furabondans font occupés, pour l'ordinaire, par des perfonnes vraiment incapables, & ce n'eft pas le feul inconvénient. En multipliant ainfi les *notaires*, on les ruine dans leur diftrict ; & rien n'eft peut-être plus dangereux que cet état de médiocrité. Il faut toujours que l'officier public foit au-deffus de fes befoins ; car le mépris n'eft que trop fouvent inféparable de la pauvreté, & dans cette trifte fituation, les meilleurs fentimens peuvent s'altérer, la délicateffe s'évanouir ..... j'allois prefque dire une injure grave.

Des notaires par rapport au contrôle. Dans les pays où le contrôle a lieu, les actes doivent être contrôlés dans la quinzaine de leur date, ou plutôt le feizième jour, fuivant un arrêt du confeil rendu depuis quatre à cinq ans. Il y a même quelques actes qui doivent l'être dans les trois jours, tels que les *notifications*, *réitérations*, *requifitions des gradués*, & en général tous les autres actes qui ont la forme des exploits.

Il eft impoffible de diffimuler que la loi du contrôle eft purement burfale. C'eft le befoin d'argent qui fit introduire cette ruineufe formalité, & non pas, comme difent ceux qui ont intérêt qu'elle fe perpétue, les abus qui fe commettoient lorfqu'on établit cette impofition. Que de mauvais raifonnemens n'a-t-on pas faits à ce fujet ! Il n'y a pas plus de raifon de dire que le contrôle eft néceffaire aux actes, que de foutenir que la taille annuelle eft néceffaire à nos moiffons. Mais les fermiers du droit de contrôle fe mêlent quelquefois d'excufer le prince, auprès duquel ils implorent fans cesse de nouvelles augmentations ; comme fi le prince, dans les impôts, avoit d'autre excuse ou d'autre motif auprès du peuple qui les acquitte, que ses besoins ou sa volonté !

Le droit de contrôle est donc un subside, sans autre utilité que de produire au roi de fortes sommes annuelles ; & nous allons le démontrer, en réfutant ce que les fermiers ont dit ou fait dire sur cet article par les commentateurs de l'édit du contrôle.

Ils soutiennent, en premier lieu, que le contrôle est établi pour rendre les actes plus authentiques ; c'est la plus folle prétention & l'erreur la plus manifeste. C'est donc à dire qu'avant ce droit, les actes passés devant les *notaires* n'avoient pas eu la foi probante ! Quelle misérable supposition ! C'est la recette d'un commis des fermes, & la quittance qu'il en donne, qui imprime aux actes la forme publique ! Mais où est la preuve de tout cela ? Il est difficile de la trouver & de faire adopter aux cours du royaume cette opinion purement fiscale.

Aujourd'hui, comme avant le droit de contrôle, l'acte est parfait à l'instant même que le *notaire*, par sa signature, y a donné la sanction publique. La relation du contrôleur, qu'il ne sait souvent qu'après la quinzaine, c'est-à-dire, le seizième jour, n'ajoute donc rien à l'authenticité, ni à la forme des contrats, comme sa quittance des droits de scel sur les sentences ou jugemens, n'ajoute rien à l'autorité du magistrat qui les a rendus. Ce que nous disons est d'autant plus vrai, que les *notaires* abonnés pour l'imposition du droit de contrôle, tels que les *notaires* de la capitale, n'ont pas des minutes moins authentiques que leurs confrères des provinces, quoiqu'un commis n'y mette pas une quittance sous seing-privé.

Ils soutiennent, en second lieu, que le contrôle a pour objet de prévenir les effets de la fraude, de la surprise & de la négligence. Cette seconde prétention est aussi vaine que la première. D'abord, s'il faut surveiller les *notaires* dans l'exercice de leurs fonctions, n'est-ce donc pas aux magistrats que cette censure doit appartenir ? & leurs regards sont-ils moins à craindre que l'inspection d'un simple commis, plus occupé de sa recette que de l'intérêt de la société ? D'ailleurs, qu'opère en général une inspection de cette espèce ? Rien que d'arracher des mains du *notaire*, dont on prouvera la contravention, une amende plus ou moins forte ; & cette amende une fois payée, le *notaire* est absous aux yeux du commis, ainsi que de ceux qui l'ont préposé. Dans cette justice vraiment bisarre, c'est la bourse toujours qui paie le délit ; parce qu'enfin ni les fermiers, ni les subalternes qu'ils ont à gage, ne peuvent demander d'autre punition, & cela n'arrête que bien foiblement les effets de la fraude & de la surprise.

S'il étoit besoin, nous le répétons, que l'ad-

ministration veillât sur les *notaires*, si c'étoit la raison qui fit introduire l'imposition dont il s'agit, elle seroit une surcharge que ce motif même n'excuseroit pas. Comment donc seroit-il possible qu'on fit payer si cher au peuple la vertu forcée des individus à qui l'on confie des fonctions publiques ? Est-ce qu'il falloit au notariat une police particulière, inutile aux autres états, & composée de cette foule énorme de *directeurs*, de *vérificateurs*, de *commis ambulans*, de *commis sédentaires* ? La loi qui donne au magistrat le pouvoir de sévir contre les *notaires*, n'étoit-elle pas plus que suffisante ? & la crainte des peines qu'elle décerne contre l'officier prévaricateur, n'est-elle donc pas le plus sûr moyen de l'attacher à ses devoirs ? Cette censure intermédiaire que l'on permet aux commis du contrôle, est plus dangereuse que profitable ; en ce qu'elle cesse pour des amendes, & qu'elle assoupit souvent des délits dont la justice auroit eu connoissance, & qui méritent, nous l'avouons, un châtiment plus rigoureux que des peines pécuniaires.

D'ailleurs, il faut le dire encore, à quoi mène cet examen que l'on permet au contrôleur ? Que peut-il voir dans les minutes qu'on lui présente à contrôler ? Deux choses seulement qui sont relatives à la perception du droit imposé ; deux choses, disons-nous, & pas davantage. La première est la date de chaque contrat, pour savoir si le terme n'est point expiré ; & la seconde, les renvois que l'on a pu porter en marge. Or, cela même n'a aucun rapport à la police du notariat ; car le contrôleur n'examine la date que pour savoir si le *notaire* n'a point laissé passer le délai fatal ; & il ne paraphe les renvois en marge que dans la crainte d'une surprise que la finance a su prévoir. Les regards soupçonneux de la bursalité ont vu qu'on pourroit ajouter aux actes, après qu'on auroit payé le contrôle, quelque clause omise pour échapper à la perception d'un droit onéreux : de-là le devoir qu'on fait au commis de parapher ces additions, ou de *verbaliser* contre le *notaire*, si, lorsque l'acte est contrôlé, il s'en permet à la prière des parties mêmes qui l'ont souscrit. Ainsi les parties qui se sont trompées, & qui voudroient, par un seul mot, donner plus de jour à des expressions qui peuvent paroître obscures ou douteuses, sont obligées, quoi qu'il en coûte, de faire un autre acte qui les explique, & qui produise un nouveau droit.

Il est donc certain que le contrôleur n'ajoute rien à la force d'un acte qui ne reçoit que du *notaire* l'authenticité & la forme légale. Il ne l'est pas moins que son inspection ne réprime que les abus qui ont du rapport à la perception, & que cette police n'est que bursale. Tout ce qu'il fait est donc inutile au véritable maintien de l'ordre, de l'exactitude & de la probité chez les *notaires* en général ? Aussi le public ne s'est pas trompé sur la nature de ses fonctions. Il est impossible de ne pas voir qu'elles se bornent à sa recette, & que son extrême féverité n'eft utile qu'à lui & à fes commettans. Mais fi le contrôleur n'eft qu'un commis des fermes, que dirons-nous des *ambulans*, des *infpecteurs*, des *vérificateurs* ? Au moins le contrôleur fert à quelque chofe, car fon regiftre affure la date des conventions fous *feing-privé* ; & fédentaire dans un endroit, dans une ville confidérable, il eft prefque toujours un bon citoyen, & fouvent même il n'a contre lui que d'avoir la recette d'un droit onéreux, qu'il a le regret de ne pouvoir remettre. Mais à quoi fervent au public les *ambulans* & les *infpecteurs* ? A lui faire beaucoup de mal, fans pouvoir jamais lui faire aucun bien. Ils vont parcourant toutes les campagnes, recherchant par-tout des droits négligés, forçant à payer ceux qui les ignorent, ou qui, dans la crainte de plus grands frais, n'ofent fouvent rien examiner : fouillant le fecret de tous les protocoles, jettant leurs regards fur les teftamens qui ne devoient être lus de perfonne jufqu'au décès prouvé de ceux qui les ont faits, feuilletant les regiftres chez les curés, pour s'affurer mieux du nombre des morts ; enfin, portant jufqu'à l'excès l'efprit de recherche & d'avidité, foit pour groffir la recette ordinaire, foit pour l'augmenter par les doubles droits & par des amendes fouvent arbitraires : voilà les fonctions qu'ils ont à remplir, & qu'ils rempliffent toujours très-bien. Or, certainement l'on ne dira pas que cette effrayante police, ou plutôt cette inquifition dont on n'a vu nulle part qu'en France le dangereux établiffement, puiffe être utile à la fociété, qu'elle fatigue fans relâche.

Rien n'eft peut-être plus illégal, ni plus contraire à la liberté civile, que de permettre aux *ambulans* de violer le fecret d'autrui ; en vifitant les protocoles que les *notaires* font obligés de leur livrer impunément. Un des plus grands devoirs de l'officier public, c'eft de garder fidellement le dépôt des actes qu'il a reçus, & de ne jamais les communiquer qu'aux parties mêmes qui les demandent. Ce devoir eft encore plus rigoureux pour les difpofitions à caufe de mort. Combien de gens ont intérêt de les cacher à leur famille, à leurs parens, aux étrangers ! Et combien d'autres, c'eft le grand nombre, ne veulent pas expreffément qu'on fache même qu'ils ont tefté ! N'eft-ce pas déjà trop que le contrôleur jette les yeux fur les teftamens en contrôlant les autres actes ? Du moins ce mal eft prefque néceffaire pour la recette de l'impôt, mal toutefois qu'on pourroit éviter, fi pour les teftamens & les codicilles, les *notaires* faifoient un regiftre à part. Mais que, depuis le fermier général jufqu'au dernier des fubalternes, chacun prétende s'ingérer dans la vifite des minutes, & bleffer, fans pudeur, toutes les bienféances en pénétrant le fecret des familles, c'eft l'excès de l'abus & de la furcharge.

Concluons donc que le droit de contrôle n'eft qu'un fubfide, une impofition, & que les prépofés à cette recette font, comme les autres commis des fermes, fans miniftère & fans autorité dans l'adminiftration des chofes publiques.

Nous devons pourtant l'avouer ici ; il eft une ombre d'utilité, pour les parties en général, dans l'établiffement du droit de contrôle ; c'eft la note que garde le contrôleur, fur les regiftres de perception, des différens actes qu'on lui préfente. Mais nous avons raifon de dire que ce n'eft qu'une ombre d'utilité ; &, pour le prouver, il fuffit de lire la note informe qu'il en conferve. Il n'eft point de cafe de fon regiftre qui contienne plus de cinq à fix lignes. C'eft dans ces limites qu'a refferrées la plus étrange parfimonie, que l'on réduit ou qu'on reftreint le contrat le plus important. Auffi le regiftre ne fert jamais qu'à trouver le nom de quelque *notaire*, ou la relation de quelque vieux acte que les parties auront oublié ; & fouvent même vaut-il mieux courir les *notaires* de toute une ville, que d'examiner ce tas de volumes, très-peu lifibles en général, & où la recherche eft toujours coûteufe. Il étoit facile, en établiffant une impofition fi confidérable, de la rendre chère aux bons citoyens. C'étoit, au lieu de ces regiftres, de former par-tout un dépôt public du double des actes de toute efpèce, & de le conferver dans le meilleur ordre. Un incendie peut en un jour, en confumant les originaux, mettre le trouble dans une ville, & renverfer toutes les fortunes : la négligence d'un *notaire*, l'ignorance des héritiers, des fautes même involontaires, & peut-être auffi, nous ofons le dire, une honteufe prévarication fait difparoître des minutes qu'il eft impoffible de recouvrer ; un dépôt public feroit la reffource contre ces maux prefque inévitables, & la dépenfe en feroit prife fur les droits mêmes de contrôle.

Quant à la loi de ce fubfide, on a déjà fait tant d'obfervations, de critiques, de commentaires, qu'il eft inutile de s'en occuper. Mais nous ne pouvons paffer fous filence une réflexion bien effentielle, & que tout citoyen doit faire avec nous.

La nullité que la loi prononce de tous les actes non contrôlés, eft une injuftice en légiflation. A la bonne heure qu'on eût puni la négligence des *notaires* qui auroient omis la formalité ; dès que la loi n'étoit que burfale, & qu'elle n'obligeoit que les *notaires* feuls à la remplir avec exactitude (ce qui eft pourtant une autre injuftice), on auroit dû fe contenter de l'amende infligée contre l'omiffion, & ne pas expofer l'intérêt des parties, ou plutôt le repos de toutes les familles, aux procès que caufe cette nullité. On a porté la rigueur fi loin, qu'à quelque prix que ce puiffe être, le commis ne peut contrôler les actes après l'expiration du délai fatal. Il étoit fans doute plus raifonnable, en puniffant le *notaire* feul, de toujours permettre aux parties léfées de réparer fa négligence ; mais l'efprit de finance & de burfalité qui rédigea l'édit du contrôle, &, qui, depuis fon établiffement, n'a pas ceffé d'en aggraver les trop rigoureufes dispositions, songea bien moins à être utile, qu'à assurer l'exécution & la recette de l'impôt.

On annonce depuis trente ans un nouveau tarif des droits de contrôle; mais ce tarif ne viendra point; & la raison en est bien simple. Si le ministre des finances, obsédé des plaintes & des murmures qu'occasionne, depuis tant d'années, cette formule de perception, vouloit enfin travailler lui-même à la réforme qu'on réclame, il mettroit sans doute plus de proportion entre les qualités des différentes classes, entre le produit des grands bénéfices, des abbayes & des évêchés, & le modique revenu des bénéfices inférieurs. Un bon ministre ne voudroit pas que le petit bourgeois d'une petite ville, épiscopale ou présidiale, fût mis à l'impôt comme un duc & pair, un évêque ou un président; il répugneroit à mettre au niveau des officiers de judicature, des avocats, des médecins, & la marchande d'allumettes; & l'artisan qui tient boutique, & les herbières de la halle; car, en matière de subside, rien ne doit être respecté comme les classes inférieures qui vivent à peine au jour la journée. Voilà, sans doute, une partie de la réforme qu'un grand ministre appercevroit au premier coup-d'œil; mais à l'instant, du fond des bureaux, mille voix crieroient aux petites vues, à la sottise, à l'innovation. On lui diroit que les basses classes étant toujours les plus nombreuses, ne doivent pas être allégées, & que les droits sont anéantis s'il est humain, bienfaisant & juste. Or, ces cris-là sont en finance des argumens irréfistibles, & par conséquent point d'autre tarif; ou si jamais il est réformé, il ne faut pas attendre qu'il soit meilleur. (M. GAULTIER, notaire à Grenoble.)

NOTAIRES DES ABBÉS : anciennement les abbés avoient chacun leur notaire ou chancelier, de même que les évêques & les comtes; cela leur fut permis par un capitulaire de Charlemagne, de l'an 805. Ce notaire étoit plutôt un secrétaire qu'un officier public; cependant ces notaires ne laissoient pas de recevoir aussi les actes entre ceux qui venoient faire quelque convention devant l'abbé. Voyez le Glossaire de Ducange, au mot Notarii. (A)

NOTAIRES pour les actes des martyrs, furent institués par saint Clément, pape. On les appella notaires, parce qu'ils écrivoient en notes les faits des martyrs & leur constance à souffrir; pour servir d'exemple & de perpétuelle mémoire. Les évêques en constituèrent aussi dans leur diocèse; & c'est probablement de-là que les notaires apostoliques tirent leur origine. Voyez NOTAIRE APOSTOLIQUE.

NOTAIRES APOSTOLIQUES. Il y avoit anciennement deux sortes de notaires ecclésiastiques; ceux que les papes instituoient, & qu'on nommoit notaires papistiques; ceux qui créoient les ordinaires, ou les notaires épiscopaux.

Ce fut le pape saint Clément qui, le premier, créa sept notaires, dont un pour chaque quartier de Rome. D'abord, ils écrivoient les actes des martyrs, & remplissoient quelques fonctions auprès du souverain pontife. L'établissement fut perfectionné. On augmenta le nombre des notaires, & les premiers institués, ou plutôt ceux qui les représentoient, prirent le nom de protonotaire, titre qu'ils ont encore aujourd'hui. On peut voir dans Brunet, notaire apostolique, quels sont les droits & les prééminences de ces officiers de la cour de Rome.

Les protonotaires ne se bornoient pas à écrire les actes des saints martyrs; ils recevoient aussi les actes en matière spirituelle. Ils passent aujourd'hui ceux des consistoires, & ce sont eux qui les expédient.

La puissance des papes s'étant accrue, & la révolution s'étant faite dans les esprits, on crut en France que leurs notaires pouvoient venir y instrumenter. On le permit également en Angleterre & en Espagne, & des étrangers s'y rendoient en foule avec des brefs de commission. Les François ne tardèrent pas d'en demander aussi pour eux. La cour de Rome les accordoit presque sans choix & sans examen, & la plupart de ceux qui les obtenoient étoient des personnes vraiment incapables. On conçoit bien que les abus devoient toujours croître en raison, & du nombre de ces notaires, & de leur peu de capacité, pour ne rien dire de leurs mœurs, de leurs qualités personnelles, & souvent de leur condition.

Tous les évêques à leur tour firent des notaires dans leurs diocèses. On les nommoit épiscopaux, notaires de l'évêque ou de la cour épiscopale, & notaires jurés de l'officialité. Ils prêtoient serment devant l'official, & sans doute c'est pour cela qu'ils avoient pris ce dernier nom.

Les notaires épiscopaux n'avoient pas tous le même rang. Il y en avoit un qui prenoit le titre de chancelier, & c'est sous lui qu'écrivoient les autres. La dignité de chancelier existe encore en ce moment, dans plusieurs de nos cathédrales.

Il n'y eut pas jusqu'aux abbés qui n'établissent des notaires. Un capitulaire de 805 leur avoit donné cette faculté.

Tous ces notaires apostoliques ne recevoient d'abord des actes que dans des matières spirituelles, & pour des affaires qui concernoient les bénéfices en général. Ils s'ingérèrent bientôt après de recevoir toute sorte d'actes; de-là les plaintes & les murmures de la plupart des notaires royaux. Ceux de Paris s'étant pourvus en l'année 1421, obtinrent un jugement contre les notaires apostoliques, épiscopaux, & impériaux, qui mit un terme à leurs entreprises.

Nous disons notaires impériaux, car l'empereur donnoit aussi des commissions de cette nature, dont on pouvoit se servir en France. Quelquefois un notaire avoit trois qualités, tel que celui d'Humbert, dauphin, qui, dans les lettres de ce prince, qu'on lit encore au statut delphinal, prenoit les titres que voici : & ego Humbertus Pillati *de Buxeria, clericus Çationopol. diæcesis, apostolicâ, imperiali & domini Francorum regis auctoritatibus, notarius publicus*, &c.

Le nombre des *notaires* croissant toujours, il en fut fait de grandes plaintes, même par ceux qui s'en servoient. En 1547, Henri II fit un édit pour ordonner aux sénéchaux, aux baillis, & ses autres juges, de fixer le nombre de ces *notaires*, leur résidence & leur district, & de choisir les plus capables dans l'étendue de leur jurisdiction, *pour, par lesdits notaires apostoliques ainsi choisis dudit nombre, & immatriculés que dit est, être dorénavant passés & reçus en chacun desdits bailliages, sénéchaussées & jurisdictions, respectivement, toutes procurations à résigner bénéfices, de quelque qualité qu'ils soient, & autres instrumens dépendans de leur état.*

Cette loi sans doute ne suffit pas pour prévenir tous les abus. Le même prince, par un autre édit du mois de juin 1550, appellé *l'édit des petites dates*, dont Dumoulin a fait le commentaire, y ajouta beaucoup de dispositions.

Il ordonne, 1°. que les cours souveraines & autres juges n'auront point d'égard aux procurations pour résigner les bénéfices, révocations d'icelles, prises de possession, & autres actes qu'auront passés les *notaires apostoliques*, si ces *notaires* n'ont pas fait serment devant les évêques ou archevêques, leurs grands-vicaires ou officiaux, après l'examen & la réception dont ils auront lettres scellées, & s'ils ont omis de faire enregistrer, tant au greffe des cours d'église qu'en celui des présidiaux, leurs noms, surnoms, ainsi que le lieu de leur résidence.

2°. Que les archevêques & évêques, trois mois après l'édit cité, seront tenus d'arrêter le nombre de ces *notaires apostoliques*, auxquels personne ne sera subrogé que par mort, vacation, privation ou forfaiture, sans que ce nombre puisse être augmenté; & si quelqu'un de ces *notaires* mérite la peine d'interdiction, & qu'elle lui soit infligée, l'interdiction sera enregistrée, tant au greffe des cours d'église, qu'en celui des présidiaux: admonestant lesdits prélats de ne recevoir parmi ces *notaires*, que de bons & notables personnages, lesquels à l'avenir ne passeront des actes que dans l'étendue de leur diocèse.

3°. Que quand ces *notaires* auroient observé ce qui est prescrit par les articles précédens, il ne sera ajouté aux instrumens par eux reçus, si dans ces actes il n'est fait mention, & de leurs qualités, & de leur résidence, & du lieu où ils ont été enregistrés. Quant aux actes de procuration pour résigner les bénéfices, les juges n'y auront égard, si les *notaires* n'y appellent deux témoins connus & domiciliés, qui ne soient domestiques, ni parens des parties jusqu'au degré de cousin-germain; lesquels témoins signeront la minute dans le cas que le résignant ne puisse pas la signer lui-même; & les *notaires* feront mention de la raison ou de la cause qui lui aura empêché de signer.

4°. Que les *notaires* seront tenus de faire bon & loyal registre des procurations par eux reçues, du temps auquel ils les délivreront, combien de fois, & à quelles personnes; & de remettre, chaque année, au greffe des évêques & archevêques, pour le plus tard au mois de janvier, des extraits en forme de leurs registres.

Il est inutile de parler ici de l'institution que donnoit le pape à ces *notaires apostoliques*, des formalités de leur réception, de l'examen qu'on faisoit de leurs mœurs, de leurs études & capacité. On peut le voir dans M. Brunet, qui traite au long cette matière, bien plus curieuse qu'elle n'est utile depuis la création dont nous allons parler.

Louis XIV, par un édit du mois de décembre 1691, voulut donner une autre existence à tous les *notaires apostoliques*, en les érigeant en titre d'office dans l'étendue de chaque évêché. La bursalité eut bien plus de part à ce nouvel établissement que le besoin d'une réforme; car, au lieu de les réformer, il falloit détruire tous ces *notaires*, qui, avec un bref de la cour de Rome, & des pouvoirs d'un prince étranger, venoient, à la honte de l'administration, usurper les fonctions des *notaires royaux*. C'est ainsi du moins que les parlemens ont considéré la nouvelle loi, en la rendant presque inutile par la jurisprudence de leurs arrêts.

Le prince érige donc en titres formés & héréditaires un nombre suffisant d'offices royaux, pour être tenus & exercés, dans chaque diocèse, par les *notaires apostoliques*, qui ne pourront plus remplir leurs fonctions sans être pourvus d'un de ces offices.

Le législateur leur assigne ensuite les différens actes qu'ils ont à passer, les uns privativement aux *notaires royaux*, & les autres concurremment.

Les actes de la première espèce sont les résignations de tous bénéfices, pures & simples ou en faveur, pour cause d'union, d'extinction, de permutation, & les actes qui les révoquent; les prises de possession & tous les actes qui en dépendent; les présentations des patrons laïques ou ecclésiastiques; les commissions d'archidiacre; les lettres d'intronisation; les requisitions de *visâ*, ou de fulmination de bulles; les significations des lettres d'indult; les joyeux avénement, & serment de fidélité, & tous les actes qui ont rapport aux droits & titres des gradués, *&c. &c.*

Ceux que les *notaires apostoliques* peuvent passer concurremment avec les *notaires royaux*, sont les titres sacerdotaux, les fondations de bénéfices, de monastères & d'obits; les donations en faveur des fabriques, confrairies & hôpitaux; les testamens des gens d'église, l'inventaire des meubles après leur décès, *&c. &c.*

L'information de vie & mœurs, ainsi que la réception des *notaires apostoliques*, doivent être faites gratuitement par les baillis & sénéchaux, dans la jurisdiction desquels ils seront établis; & outre le serment prêté devant ces juges, ils sont tenus de le renouveller devant l'évêque, ou ses délégués.

Le reste de l'édit, à quelque chose près, n'ajoute presque rien à l'édit des *petites dates*, dont il répète les dispositions.

Quand cette loi fut promulguée, les *notaires royaux* de quelques grandes villes, craignant sans doute la concurrence de ces nouveaux *notaires apostoliques*, se hâtèrent d'offrir une finance au roi pour obtenir l'attribution ou l'union à leurs offices du ministère de ceux-ci. Les *notaires* de Grenoble furent les premiers à solliciter cette espèce de grace au conseil d'état; & l'administration, nous l'avons déjà dit, qui ne vouloit que de l'argent, la leur accorda sans difficulté par un arrêt du 30 septembre 1692, au moyen d'une somme de neuf mille livres, & les deux sols pour livre de cette somme. En 1693, ceux de Paris obtinrent cette attribution pour une finance de cent neuf mille livres, & cet exemple fut suivi par les corps des *notaires* de la plupart des villes.

Mais cet édit de Louis XIV, outre le subside qu'il procura, eut un autre effet, qui, en quelque sorte, le fit accueillir par les parlemens. Ce fut de détruire, en très-peu de temps, tous les *notaires apostoliques* dont on avoit tant à se plaindre, en les forçant d'acheter un office pour exercer leur ministère. Accoutumés à prendre à Rome une institution qui leur coûtoit peu, ou ils n'eurent pas les moyens, ou ils ne s'empressèrent pas d'acheter du prince un titre nouveau; & l'attribution qu'avoient obtenue les *notaires* royaux de la plupart des villes, les ayant ainsi d'abord supprimés dans une grande partie du royaume, il y en eut très-peu qui se firent pourvoir de ces offices créés par l'édit. En vain le clergé, que ce changement fatigua de plus d'une manière, voulut s'opposer à la création qui lui ôtoit le libre choix de tant de *notaires* qu'il s'attachoit; le souverain n'eut aucun égard aux murmures qu'on se permit, & les *notaires apostoliques*, obligés de cesser toutes leurs fonctions, ou de payer une finance pour en conserver l'exercice, furent réduits à un très-petit nombre.

D'autre part, les cours du royaume accueillirent pas-tout les édits ou arrêts qui attribuoient aux *notaires* royaux les fonctions des *notaires apostoliques*. On reconnut que par eux-mêmes les *notaires* royaux n'étoient point incapables de recevoir les actes de ces derniers. Cette opinion prit de nouvelles forces quand les *notaires apostoliques* furent encore devenus plus rares, & sur-tout dans les diocèses où ils étoient totalement détruits. On alla même jusqu'à penser que les *notaires* des grandes villes, qui avoient acquis pour une finance, le droit de passer, privativement aux autres *notaires* d'un diocèse, tous les actes ecclésiastiques, n'étoient pas les seuls qui pussent les recevoir; & que les simples *notaires* royaux, malgré la nullité portée par l'édit, étoient en droit, dans certains cas, de les passer également. Aujourd'hui, l'on ne doute plus que les *notaires* de la campagne, dans les endroits où il n'existe plus de *notaires apostoliques*, ne puissent, même sans attribution, recevoir les actes de toute espèce

qui concernent les bénéfices; & les magistrats ne s'arrêtent plus à la nullité que l'édit prononce.

Quant aux raisons qui font établir cette jurisprudence contraire à la loi, il est bien facile de les pénétrer. Dans les diocèses, plus ou moins grands, qui n'ont plus de *notaires apostoliques*, les seuls *notaires* de quelques villes, qui ont acquis la faculté d'en exercer le ministère, seroient en droit de recevoir les actes en matière bénéficiale. Or, très-souvent d'une ville à l'autre il y a des distances considérables semées de bourgs & de paroisses, où l'occasion peut se présenter de passer des actes ecclésiastiques. Les magistrats ont donc pensé qu'il seroit dangereux de forcer les patrons & les pourvus de bénéfices, les gradués, les résignans, d'aller chercher, quelquefois très-loin, pour des actes qu'ils ont à faire, les *notaires* qui seuls pourroient les recevoir. La loi sur ce point a paru trop dure, & l'on a fini par en dispenser.

Mais dans les lieux où il peut exister des *notaires apostoliques*, conformément à l'édit cité, ou des *notaires* qui aient acquis l'attribution de leurs fonctions, l'acte, en matière bénéficiale, reçu par un simple *notaire* royal, seroit encore déclaré nul, & la raison en est bien simple; car le motif de la dispense dont nous avons parlé plus haut, n'est que l'extrême difficulté, dans les campagnes éloignées des villes, de trouver des *notaires apostoliques*, ou des *notaires* ayant leurs fonctions; mais si l'on est dans le district des uns ou des autres de ces officiers, la loi reprend toute sa vigueur, & l'on ne peut se garantir des nullités qu'elle prononce.

Au reste, il faut bien observer que, quand les *notaires* font les fonctions des anciens *notaires apostoliques*, par droit d'union ou d'attribution, ils ne sont pas tenus de se conformer ni à l'édit de 1550, ni à celui de 1691, tant pour leurs noms & leurs qualités, que pour l'expression de leur résidence & du siège où ils sont reçus. « Les dispositions de » ces loix, dit M. Piales, ne les obligent point » à cet égard: ils commencent & finissent les » actes ecclésiastiques de la même manière & dans » la même forme qu'il est d'usage dans les lieux » où ils sont établis, de commencer & de finir » les actes civils ». Quant aux simples *notaires* royaux à qui l'on permet, au défaut des autres, de passer les actes ecclésiastiques, ils ne doivent jamais y prendre, comme cela leur arrive souvent, la qualité, qu'ils ne peuvent avoir, de *notaires apostoliques*. C'est un abus qui règne encore dans la plupart de nos provinces.

L'article XVI du même édit de 1691 donne pouvoir aux *notaires* royaux & apostoliques, de *postuler dans les officialités & cours ecclésiastiques, avec défense aux procureurs des bailliages, sénéchaussées, ainsi que des justices seigneuriales, d'y occuper, plaider, ni écrire, à peine de faux, de nullité des procédures, d'une amende de mille livres, & des dommages des parties.* Les *notaires* royaux qui ont les fonctions des anciens *notaires apostoliques*, par droit d'union ou d'attribution, poſtulent donc ; ſi bon leur ſemble, dans les ſièges dont il s'agit ; mais quelques-uns ont négligé ce foible avantage que l'édit leur donne, cette fonction qui leur eſt étrangère, pour ſe livrer entièrement au miniſtère du notariat. Les procureurs de quelques villes, qui poſtuloient avant l'édit dans les cours eccléſiaſtiques, vouloient d'abord s'y conſerver, au mépris de l'édit qui les excluoit ; mais il eſt jugé par pluſieurs arrêts que s'il étoit toujours loiſible aux *notaires* d'abandonner la poſtulation, ou de négliger de s'en prévaloir, il leur étoit également permis d'en uſer privativement aux procureurs de tous les ſièges, quand ils vouloient réclamer ce droit. Il n'y a pas un arrêt contraire à cette ancienne juriſprudence. (*M. GAULTIER, notaire à Grenoble.*)

NOTAIRES-ARPENTEURS-ROYAUX, furent créés par édit du mois de mai 1702, dans toutes les juriſdictions royales. C'étoient des offices en vertu deſquels le pourvu pouvoit faire la fonction de *notaire* avec celle d'arpenteur. Ils ont depuis été ſupprimés.

NOTAIRE-AUDIENCIER. On joignoit ainſi autrefois le titre de *notaire* avec celui d'*audiencier*, pour déſigner l'audiencier de la chancellerie de France, parce qu'il étoit tiré du collège des *notaires* ou ſecrétaires du roi ; ce qui fait qu'encore aujourd'hui il jouit des mêmes privilèges que les ſecrétaires du roi. *Voyez* GRAND-AUDIENCIER.

Il eſt ainſi appellé dans des lettres de Charles V, alors régent du royaume, en date du 18 mars 1357.

NOTAIRES AUTHENTIQUES. On donne quelquefois ce titre aux *notaires* des ſeigneurs, pour les diſtinguer des *notaires* royaux. Ce ſurnom d'*authentique* vient probablement de ce que les obligations qu'ils reçoivent ſont paſſées ſous le ſcel du ſeigneur, qu'on appelle ſimplement *ſcel authentique*, pour le diſtinguer du ſcel royal. Fevret, en ſon *Traité de l'abus*, liv. 4, chap. 4, n. 16, dit que ſi les évêques ou leurs officiaux avoient interdit ou ſuſpendu de leurs charges les *notaires* royaux ou *authentiques*, il y auroit abus.

NOTAIRES des *Bayle & Conſuls* dans le Languedoc, étoit le greffier des juges, de même que les greffiers des autres tribunaux étoient auſſi alors qualifiés de *notaires*. Voyez *le Recueil des ordonnances de la troiſième race*, où il s'en trouve nombre d'exemples.

NOTAIRES DES CAPITOULS *de Toulouſe* ; ces officiers prétendoient, par privilège impérial, avoir le droit de créer des *notaires* qui auroient la faculté d'inſtrumenter par-tout, & concevroient leurs actes en cette forme : *ego talis notarius autoritate imperiali & dominorum de capitulo* ; mais les officiers royaux empêchèrent cette entrepriſe ſur les droits du roi ; & Benedict, ſur le chapitre *raynutius in verbo uxorem deciſ. n. 580*, dit que de ſon temps (il écrivoit au commencement du ſeizième ſiècle), ces *notaires* de Toulouſe n'uſoient plus de ces termes ; *autoritate imperiali*, mais qu'ils ſe qualifioient ſeulement *notaires* conſtitués, *autoritate dominorum de capitulo. Voyez* Fevret, en ſon *Traité de l'abus*, liv. 11, chap. 4, n. 14, & ci-devant NOTAIRE APOSTOLIQUE, & ci-après NOTAIRE IMPÉRIAL.

NOTAIRES DE LA CHAMBRE, ou *de la chambre apoſtolique*, leſquels ſe qualifient en latin *ſecrétaires de la chambre*, ſont des officiers de la chambre apoſtolique qui reçoivent & expédient les actes qui émanent de cette chambre, & notamment les bulles & proviſions pour les bénéfices. Le banquier qui eſt ordinairement porteur de la procuration, a le choix de faire mettre le conſens par le *notaire* de la chancellerie, ou par un de ceux de la chambre apoſtolique, qui l'expédient en la même forme, ſi ce n'eſt que les *notaires* de la chambre comptent l'année depuis la nativité de notre-Seigneur, au lieu que le *notaire* de la chancellerie compte l'année depuis l'incarnation.

NOTAIRE DE LA CHANCELLERIE ROMAINE eſt un officier unique, lequel reçoit les actes de conſens & les procurations des réſignations, révocations, & autres actes ſemblables. C'eſt lui qui fait l'extenſion du conſens au dos de la ſignature, qu'il date *ab anno incarnationis*, c'eſt-à-dire, de l'année après l'incarnation, qui ſe compte du mois de mars, trois mois après la Nativité. Ce *notaire* ſe qualifie *député de la chancellerie*, & ſigne en ces termes au bas de l'extenſion du conſens, *ſic in cancellariâ N.... deputatus.* Voyez *le Traité de l'uſage & pratique de la cour de Rome, par* Caſtel, *tome I, pag. 46.* Voyez auſſi ci-devant NOTAIRES DE LA CHAMBRE.

NOTAIRE AU CHATELET, eſt un *notaire* royal, reçu & immatriculé dans un ſiège qui a le titre de châtelet, tels ſont les *notaires* des châtelets de Paris, Orléans & Montpellier. Les fonctions de ces *notaires* ſont les mêmes que celles des *notaires* royaux des autres villes ; mais ils y joignent quelques autres privilèges.

Les *notaires du châtelet* de Paris réuniſſent les fonctions de *notaire* apoſtolique, depuis que le roi, par édit du mois de février 1693, a éteint le titre des offices de *notaires* apoſtoliques, créés pour le dioceſe de Paris, ſuivant l'édit du mois de décembre 1691. Les *notaires du châtelet* d'Orléans réuniſſent également les mêmes qualités.

Ceux du châtelet de Paris jouiſſent encore de pluſieurs droits & privilèges.

La compatibilité de la nobleſſe avec leurs fonctions a été reconnue en leur faveur, par l'édit du mois d'août 1673, & par celui du mois d'avril 1736. Mais il en doit être de même pour tous les *notaires* royaux.

Ils ſont en la ſauve-garde du roi, eux, leurs biens & domeſtiques, ce qui leur fut confirmé par des lettres de Charles VI de l'année 1411.

Ils ſont exempts du logement des gens de guerre, tant en leurs maiſons de Paris, qu'en celles de la campagne, même du logement des troupes de la maiſon du roi ; comme auſſi du logement des officiers de la cour & ſuite de ſa majeſté.

Divers édits leur ont aussi attribué l'exemption de tutèle, curatèle, guet, garde & autres charges publiques.

Ils jouissent du droit de garde-gardienne, & leurs causes, soit en demandant ou défendant, sont commises en première instance au châtelet, & par appel au parlement; même les causes criminelles concernant leur ministère & les fonctions de leurs offices.

Les douze plus anciens en réception, successivement, ont droit de *committimus* aux requêtes du palais.

L'édit du mois d'août 1713 leur a attribué à chacun un minot de franc-salé, & à ceux d'entre eux qui, en vendant leurs offices, obtiendroient des lettres d'honoraires, comme aussi aux veuves de ces officiers & honoraires.

Ils ont droit d'instrumenter, tant en matière civile que bénéficiale, dans tout le royaume, lorsqu'ils en sont requis; mais ils ne peuvent s'habituer ou faire leur résidence ailleurs qu'en la ville de Paris pour l'exercice de leurs offices.

Ils ont le droit exclusif de recevoir tant en la ville que dans toute l'étendue du diocèse de Paris, tous les actes de matière bénéficiale, à l'exception seulement des résignations de bénéfices, qui peuvent être reçues par tous *notaires* royaux, chacun dans son district, dans les lieux situés à quatre lieues de Paris & au-delà, pour les personnes qui s'y trouvent domiciliées.

Eux seuls peuvent, dans la ville & fauxbourgs de Paris, faire tous compromis, recevoir les sentences arbitrales, tenir registres des délibérations des syndicats & directions de créanciers, & recevoir les ordres & distributions de deniers émanés de ces directions.

Ils ont de plus le droit de recevoir & passer seuls, & à l'exclusion de tous autres, tous contrats & actes volontaires, tant entre majeurs qu'entre mineurs, en la ville, fauxbourgs & banlieue de Paris.

La confection des inventaires & récolemens, ainsi que des comptes, liquidations & partages volontaires, tant entre majeurs que mineurs, leur appartiennent à l'exclusion de tous autres officiers, dans la ville, fauxbourgs & banlieue de Paris. Ils ont été confirmés dans ce droit, par deux arrêts de réglement du parlement de Paris, des 15 mars & 23 août 1752, dont le dernier est contradictoire avec les commissaires.

Ce sont eux, lors des inventaires, qui reçoivent le serment, tant de ceux qui représentent les effets que de ceux qui en font la prisée.

On a tenté plusieurs fois d'assujettir leurs actes à la formalité du contrôle, comme ceux des autres *notaires*; mais ils n'y ont pas été sujets long-temps, à cause du préjudice notable que cette formalité apportoit au commerce des affaires & au secret des actes les plus importans; & lorsque ce droit fut rétabli en 1722, il n'eut lieu que jusqu'en 1723, qu'il fut commué en un droit de marque sur le papier dont se servent les *notaires* de Paris. *Voyez* PAPIER TIMBRÉ.

On a pareillement dispensé les *notaires* de Paris de faire insinuer eux-mêmes les actes qui y sont sujets.

Il y auroit encore bien d'autres choses à observer au sujet des *notaires* au châtelet de Paris, mais dont le détail nous meneroit trop loin; ceux qui voudront s'instruire plus à fond de ce qui les concerne, peuvent consulter le traité qui a été fait sur leurs droits, privilèges & fonctions, par M. Langlois, *notaire*, où l'on trouve tous les édits, arrêts & réglemens, notamment les lettres en forme d'édit, portant confirmation de tous leurs droits & privilèges du mois d'avril 1736, registrées le 13 août suivant.

Les *notaires* au châtelet d'Orléans & ceux du châtelet de Montpellier ont, comme ceux de Paris, le droit d'instrumenter dans tout le royaume, avec cette différence seulement qu'ils ne peuvent instrumenter à Paris; au lieu que les *notaires* de Paris peuvent instrumenter à Orléans & à Montpellier. *Voyez* la Lande *sur la coutume d'Orléans.* (*A*)

NOTAIRES COMMUNS ou ÉPISCOPAUX, *notarii communes ordinariorum;* on entendoit autrefois par-là les *notaires* épiscopaux, que l'on appelloit ainsi pour les distinguer des *notaires* apostoliques, qui n'étoient alors autres que ceux commis par le pape. *Voyez* Dumoulin en ses *notes sur l'édit des petites dates;* Ragueau, en son *indice*, au mot *Notaire;* Fevret, *tr. de l'abus, liv.* 4, *ch.* 4, *n.* 15 & 16.

NOTAIRES DES COMTES. Anciennement chaque comte ou gouverneur d'une province ou d'une ville avoit, de même que les évêques & les abbés, son *notaire;* cela leur fut même ordonné par un capitulaire de l'an 805. *Voyez ce qui est dit ci-devant à l'article* NOTAIRE DES ABBÉS.

NOTAIRES DES COMTES PALATINS, *ou simplement* NOTAIRES PALATINS. Il y a dans l'Empire un titre de *comte palatin*, qui n'a rien de commun avec celui des princes palatins du Rhin; c'est une dignité dont l'empereur décore quelquefois des gens de lettres, & selon le pouvoir que leur donne les lettres-patentes de l'Empire, ils peuvent créer des *notaires*, légitimer des bâtards, &c. Mais, dit un auteur qui a écrit sur les affaires d'Allemagne, comme on ne respecte pas beaucoup ces comtes, on considère encore moins leurs productions, qui sont souvent vénales aussi bien que la dignité même. *Voyez le tableau de l'Empire germanique, pag.* 107.

Le pape fait aussi des comtes palatins, auxquels il donne pareillement un pouvoir très-étendu, & entre autres choses de créer des *notaires* ayant pouvoir d'instrumenter par-tout; mais ces *notaires* ne sont point reconnus en France, & l'on voit dans les arrêts de Papon, *titre des légitimations,* que Jean Navar, chevalier & comte palatin, fut condamné par arrêt du parlement de Toulouse, prononcé ńoncé le 25 mai, 1462, à faire amende honorable & demander pardon au roi pour les abus par lui commis en octroyant en France légitimation, *notariat*, & autre chofe dont il avoit puiffance du pape contre l'autorité du roi, & que le tout fut déclaré nul & abufif.

Il eft parlé de ces *notaires palatins* dans l'édit de François I du mois de novembre 1542, où ils font diftingués des *notaires* impériaux. (*A*)

NOTAIRES, *confeillers du roi, tabellions, gardenotes & garde-fcel de fa majefté*, &c. ce font la plupart des *notaires* de France, créés à l'inftar de ceux de Paris, avec les mêmes droits, rang, féance & prérogatives, dans plus de la moitié des villes du royaume. La qualité de *confeiller du roi* leur a été donnée à diverfes époques.

NOTAIRES DE LA COUR, c'étoit le nom que l'on donnoit anciennement aux *notaires* & fecrétaires du roi fervans près du parlement ou de quelque autre cour fouveraine; on ne les appelle plus préfentement que *fecrétaires du roi près les cours*. *Voyez* SECRÉTAIRES DU ROI.

NOTAIRES DE COUR D'ÉGLISE. On comprenoit fous ce terme tous les *notaires* eccléfiaftiques, favoir tant les *notaires* apoftoliques qui étoient établis en France de l'autorité du pape, que les *notaires* épifcopaux établis de l'autorité de l'évêque, & qui prêtoient ferment en l'officialité, pour quoi on les appelloit auffi *notaires jurés de l'officialité*. *Voyez* NOTAIRE APOSTOLIQUE.

NOTAIRE DE LA COUR ÉPISCOPALE; c'étoient ceux qui étoient inftitués par l'évêque dans fon diocèfe. *Voyez ci-devant* NOTAIRE APOSTOLIQUE.

NOTAIRE DE COUR LAÏQUE; c'eft un *notaire* royal laïque ou un *notaire* de feigneur : ce titre eft oppofé à celui de *notaire* de cour d'églife ou apoftolique. *Voyez* Fevret, *traité de l'abus*.

NOTAIRE DU DAUPHIN ou DU DAUPHINÉ, appellé auffi *notaire delphinal*, ou *notaire de l'autorité delphinale*, étoit un de ceux qui étoient établis en Dauphiné de l'autorité du dauphin, avant que cette province eût été cédée par Humbert II à Philippe de Valois. Il y eut auffi depuis de ces *notaires* qui tenoient leurs provifions du roi ou du gouverneur du Dauphiné; il eft parlé de ces *notaires* de l'autorité delphinale dans plufieurs anciennes ordonnances. *Voyez le Recueil des ordonnances de la troifième race*:

Quelques-uns joignent au titre de *notaire delphinal*, celui de *notaire impérial*; d'autres y joignoient auffi les titres de *notaire royal & apoftolique*.

Suivant un réglement qui fut fait pour l'adminiftration de la juftice en Dauphiné, & confirmé par Charles VI le 12 juillet 1409, les *notaires delphinaux* faifoient ferment d'être fidèles au dauphin & à fes officiers, de ne point révéler à perfonne les fecrets de l'Empire & du Dauphiné, de donner avis au dauphin, ou à fon confeil delphinal de tout ce qui intéreffero le dauphin, & de le coucher

par écrit, tout au long & fans & cetæra : ils promettoient auffi de mettre au net dans douze jours, à compter de la réception, tous les teftamens, codicilles, donations à caufe de mort, & tous contrats & actes entre-vifs, avec leurs notes & protocoles; de donner avis à l'évêque ou à fon vicaire des legs pieux dans deux mois, à compter du décès du teftateur; de ne point vexer les fujets pour leur écritures ni pour celles des autres, & de ne point permettre qu'aucun fût opprimé directement ni indirectement; de n'écrire aucuns actes fur du papier vieux ou ufé, mais fur du parchemin blanc & neuf; d'écrire fidellement, & de conferver de même les teftamens, codicilles, donations à caufe de mort, les dépofitions des témoins, & autres chofes qui appartenoient à leur office, de ne révéler à perfonne les chofes fecrettes avant le temps; d'avoir foin des affaires des veuves & autres perfonnes miférables; de l'entretien des ponts, chemins publics, & hôpitaux; enfin d'exercer loyalement l'office de *notaire* fans agir par des vues d'intérêt ni par aucun mouvement de haine ou d'affection particulière.

On connoît par la forme de ce ferment quelles étoient alors les fonctions de ces *notaires*. *Voyez le Recueil des Ordonnances de la troifième race, notamment le tome IX, pag. 459.*

NOTAIRES DOMESTIQUES, *notarii domeftici*, c'étoient des fecrétaires particuliers que les empereurs romains avoient pour les affaires de leurs maifons, à la différence des *notaires* tribuns & des *notaires* prétoriens qui étoient pour les affaires publiques. *Voyez* Pancirolus, *in notitiâ Imperii*; le *Gloffaire* de Ducange, au mot *Notarii*. *Voyez ci-après* NOTAIRES PRÉTORIENS & NOTAIRES TRIBUNS.

NOTAIRE ECCLÉSIASTIQUE, fignifie tout *notaire* établi, foit par le pape, ou par l'évêque dans fon diocèfe, pour recevoir les actes concernant les bénéfices & matières eccléfiaftiques.

Ils étoient autrefois de deux fortes dans le royaume, favoir les *notaires* apoftoliques, par lefquels on n'entendoit alors que ceux qui étoient commis par le pape, & les *notaires* communs ou épifcopaux, qui étoient commis par les évêques chacun dans leur diocèfe. *Voyez ci-devant* NOTAIRE APOSTOLIQUE.

NOTAIRE ÉPISCOPAL ou COMMUN, étoit un *notaire* eccléfiaftique commis par un évêque ou archevêque, pour recevoir dans fon diocèfe les actes concernant les matières bénéficiales & eccléfiaftiques. *Voyez ci-devant* NOTAIRE APOSTOLIQUE, NOTAIRE COMMUN, NOTAIRE ECCLÉSIASTIQUE, & ci-après, NOTAIRE DE L'ÉVÊQUE.

NOTAIRE DES ÉVÊQUES : anciennement ces officiers n'étoient pas des *notaires* publics deftinés à recevoir des actes dans le fens que nous entendons aujourd'hui le terme de *notaires*; c'étoient des eccléfiaftiques que l'évêque choififfoit pour fes fecrétaires, & qui, outre les fonctions de fcribes, en rempliffoient encore d'autres auprès de lui, comme de porter fa croffe, de porter devant lui des cierges allumés. *Voyez* la vie de S. *Céfarien d'Arles,* par Meffianus, & *le gloff.* de Ducange, au mot *Notarii epifcoporum.*

Ces *notaires* ou fecrétaires pouvoient bien être les mêmes que les évêques établiffoient dans leur diocèfe pour écrire les actes des martyrs, & qui, par fucceffion de temps, s'adonnèrent à recevoir tous les actes concernant les matières fpirituelles & eccléfiaftiques, d'où font venus les *notaires* apoftoliques & épifcopaux. *Voyez* ci-devant NOTAIRE APOSTOLIQUE. (*A*)

NOTAIRES DES FOIRES DE BRIE ET DE CHAMPAGNE, il y avoit anciennement des *notaires* ou tabellions établis pour recevoir les contrats qui fe paffoient entre les marchands fréquentans les foires de Brie & de Champagne, pendant le cours de ces foires; il falloit que le nombre de ces *notaires* fût d'abord bien confidérable, puifque Philippe V, par des lettres du mois de juin 1317, le réduifit à quarante. Philippe de Valois, dans fon ordonnance du mois de décembre 1331, touchant les foires de Champagne & de Brie, voulant que les maîtres de ces foires connuffent la fuffifance des *notaires des foires*, & que l'on ne commît à cet office que les plus capables, ordonne que quand le fiège d'un *notaire* de ces foires vaqueroit par mort ou autrement, les maîtres des foires en leur loyauté y établiroient des perfonnes convenables & fuffifantes, & qu'ils auroient la correction de ces *notaires* préfens & à venir, quant à leur deftitution s'ils méfaifoient, & l'inftitution d'iceux quand le cas échéroit fans en prendre pour ce aucun profit, & qu'ils n'établiroient fur leur ferment perfonne qui ne fût capable, foit par prière ou affection. Il ordonna auffi qu'il y auroit dans ces foires deux tabellions pour recevoir les contrats d'italien à italien, au lieu que Charles IV, en 1327, avoit ordonné qu'il n'y en auroit qu'un. *Voyez* NOTAIRES DES ITALIENS.

Le même Philippe de Valois, au mois de juillet 1344, ordonna que le nombre des quarante *notaires* ne feroit point augmenté; que quand le *lieu* d'aucun d'eux vaqueroit, que les gardes des foires en auroient le don, & y mettroient perfonne capable par élection & par ferment; que des premiers *notaires* qui y feroient établis, l'on en feroit quatre bons clercs & bons *notaires* fuffifans pour écrire en françois & en latin par tout pays; que fi les gardes y mettoient d'autres perfonnes, ou en conféquence & conféquence des lettres du roi, le don ou réception feroit de nulle valeur; enfin que ces *notaires* obéiroient aux gardes des foires, & au chancelier & garde-fcel de ces foires.

Les *notaires* des foires étoient obligés d'exercer leur office en perfonne, & ne pouvoient le vendre, à moins qu'ils n'y fuffent autorifés par les gardes. (*A*)

NOTAIRES DE FRANCE. On donnoit ancienne-ment cette qualité aux fecrétaires du roi & greffiers du confeil. *Voyez* ci-devant au mot CONSEIL DU ROI, *l'article des greffiers du confeil.*

NOTAIRES-GARDE-NOTES, font ceux qui, par le titre de leur office, ont droit de garder les notes, minutes, regiftres & protocoles de leurs prédéceffeurs. Anciennement, après le décès de tous les *notaires*, même royaux, leurs veuves & héritiers gardoient les minutes, ou les donnoient à ceux qu'ils jugeoient à propos. L'ordonnance d'Orléans enjoignit aux juges des lieux de faire inventaire des notes, regiftres & protocoles des *notaires* décédés dans leur reffort, pour être ces notes, regiftres & contrats remis ès mains des greffiers des lieux, afin de les groffoyer & délivrer aux parties, moyennant falaire raifonnable. Cette ordonnance n'ayant point été exécutée, Henri III, par l'édit du mois de mai 1575, créa dans chaque bailliage, fénéchauffée & fiège royal, un certain nombre de *notaires-garde-notes*, pardevers lefquels, auffi-tôt après le décès des *notaires* du reffort où ils auroient été inftitués & établis, les veuves & héritiers feroient tenus de remettre toutes notes, minutes, protocoles & regiftres qui feroient en leur poffeffion, tant de la pratique du défunt que des autres pratiques qu'ils auroient acquifes de leur vivant des autres *notaires*. Cet édit ne fut enregiftré que fous les modifications que le nombre de garde-notes feroit certain & déterminé, qu'ils ne feroient point établis dans les lieux où il y avoit des tabellions créés; que l'émolument des veuves & héritiers des *notaires* décédés feroit de la moitié; que l'autre appartiendroit au garde-note; que le *notaire* vivant qui auroit réfigné ne feroit point tenu de porter fes notes & protocoles aux garde-notes, & qu'il expédieroit ce qu'il auroit reçu avant fa réfignation; enfin que les garde-notes ne feroient point exempts de tutèle. Les *notaires* de Paris & des autres villes ayant formé des oppofitions à la réception de ceux qui avoient été pourvus de ces offices de garde-notes, le roi, par arrêt & lettres-patentes du 12 décembre 1577, unit les garde-notes créés pour Paris, aux offices de *notaires*. Il fit la même chofe pour les *notaires* royaux des autres villes par l'édit du mois d'avril 1578, au moyen de quoi tous les *notaires* royaux font préfentement *notaires-garde-notes*, à l'effet de garder les notes & minutes, de leurs prédéceffeurs, & d'en délivrer des expéditions. *Voyez* le Recueil des *offices de* Joly, *tome IV, liv. III, tit. 4t.*

Il fut auffi créé huit offices de *notaires-garde-notes* en la cour & fuite du roi par l'édit du mois de décembre 1637, mais ces offices ont été fupprimés. (*A*)

NOTAIRE-GREFFIER. On donnoit anciennement ce titre à ceux des *notaires* ou fecrétaires du roi qui exerçoient la fonction de greffier dans quelque cour, mais plus fouvent on ne les appelloit que *notaires*. *Voyez* GREFFIER & SECRÉTAIRE DU ROI.

NOTAIRE DE L'HÔTEL DU ROI. On donnoit quelquefois ce titre aux *notaires* & secrétaires du roi, comme on voit dans diverses lettres, entre autres, dans celles de Charles VI, du 19 octobre 1406, contenant un règlement sur l'état & office des clercs-*notaires* de son hôtel. *Voyez le Recueil des ordonnances de la troisième race, tome IX, pag. 152.*

NOTAIRE IMPÉRIAL, ou *Notaire institué par l'empereur.* On permettoit autrefois en France à des *notaires impériaux* d'y exercer toutes leurs fonctions, quoiqu'ils ne tinssent que de l'empereur le pouvoir de passer des actes, comme on permit à ceux du pape d'en recevoir également. *Voyez ci-dessus* NOTAIRE APOSTOLIQUE. On ne réprima cet étrange abus que vers la fin du quinzième siècle. Charles VIII défendit à tous ses sujets de passer des actes à l'avenir devant des *notaires impériaux*; & pour assurer cette inhibition, il ajouta la peine de nullité.

Quelquefois ces *notaires* étoient aussi *notaires* royaux & apostoliques, & réunissoient les trois qualités. On voit encore au statut delphinal, que le *notaire* d'Humbert, dauphin, nommé *Pilate de Buxeria*, & clerc-tonsuré du diocèse de Grenoble, se qualifioit *notaire public*, de l'autorité du pape, de l'empereur & du roi de France. (*M. GAULTIER, notaire à Grenoble.*)

NOTAIRES INSTRUMENTAIRES. M. Brillon, en son *Dictionnaire des arrêts*, au mot *Notaire*, pag. 591 & 592, col. 2, appelle ainsi ceux dont les fonctions se bornent à la rédaction & expédition des contrats, pour les distinguer des *notaires* du roi & de ceux des cours.

NOTAIRE DES ITALIENS. Les anciennes ordonnances portant règlement pour les foires de Brie & de Champagne, avoient accordé qu'il y auroit un ou deux tabellions pour recevoir dans ces foires les contrats d'italien à italien, & non entre autres personnes. Charles-le-Bel, en 1327, ordonna qu'il n'y auroit qu'un tabellion à cet effet. Philippe VI, en 1331, en établit deux. Ces contrats ne pouvoient être mis à exécution par mandement des foires.

Les *notaires* du roi ou publics de la province de Languedoc, *regis vel publici*, furent assujettis par l'ordonnance de Charles V, alors lieutenant du roi Jean, son père, du mois de février 1356, au paiement de l'aide accordé par les états de la province, moyennant quoi l'exaction de marcs d'argent qui se faisoit sur eux, fut abolie. (*A*)

NOTAIRE JURÉ, *notarius-juratus*. Dans les anciennes ordonnances, on appelle ainsi ceux qui étoient en titre d'office, & qui avoient prêté serment, pour les distinguer des clercs & autres personnes sans caractère qui s'ingéroient de faire aussi la fonction de *notaire;* ce qui leur fut défendu par lettre-patente en forme de chartre, nommée la *philippine*, du 20 juillet 1384.

NOTAIRE LAÏQUE, est opposé au *notaire* qui est seulement apostolique. *Voyez ci-devant* NOTAIRE APOSTOLIQUE.

NOTAIRE-MAYOR, en Espagne, est le chef des secrétaires du roi. Il y en a un dans chacun des royaumes qui composent la monarchie d'Espagne. *Voyez l'état présent d'Espagne, par l'abbé de* Vayrac, *tom. II, pag. 180.*

NOTAIRE DE L'OFFICIALITÉ. Ce terme peut avoir deux significations différentes: du temps que les *notaires* étoient pris pour greffiers, & que l'on confondoit les titres de greffier & de *notaire*, on entendoit quelquefois par *notaire de l'officialité*, le greffier de ce tribunal; mais depuis que le titre de *notaire* a été restreint à ceux qui reçoivent des contrats & autres actes pour les parties, on a entendu par *notaire de l'officialité* un *notaire* ecclésiastique, & singulièrement un *notaire* épiscopal, ou de l'évêque, qui avoit prêté serment en l'officialité. On les appelloit aussi *greffiers-jurés de l'officialité.* (*A*)

NOTAIRE DE L'ORDINAIRE, étoit la même chose que *notaire* de l'évêque. On disoit *notaire* commun de l'ordinaire pour le distinguer du *notaire* apostolique établi par le pape. *Voyez ci-devant* NOTAIRE APOSTOLIQUE, NOTAIRE COMMUN, NOTAIRE ÉPISCOPAL, NOTAIRE DE L'ÉVÊQUE, &c.

NOTAIRES PALATINS, *voyez ci-devant* NOTAIRES DES COMTES PALATINS.

NOTAIRE DU PAPE, *ou* NOTAIRE APOSTOLIQUE, étoit anciennement la même chose. *Voyez ci-devant* NOTAIRE APOSTOLIQUE.

NOTAIRES DU PARLEMENT, c'étoient les secrétaires du roi qui étoient députés près le parlement pour y faire les expéditions nécessaires. On les appelle présentement *secrétaires de la cour*, ou *secrétaires du roi servant près la cour de parlement:* l'un d'eux étoit commis pour greffier; c'est de-là que le greffier en chef du parlement est encore obligé d'être secrétaire du roi pour pouvoir signer les arrêts. *Voyez* PARLEMENT, *à l'article du* GREFFIER, & au mot SECRÉTAIRE DU ROI.

NOTAIRES-POURSUIVANS ou *poursuivans la cour*, comme qui diroit *suivans la cour*, étoient ceux des *notaires* ou secrétaires du roi qui étoient distribués à la suite de la cour pour faire les expéditions de la chancellerie. Il en est parlé dans une ordonnance de Philippe-le-Long, du mois de décembre 1320.

NOTAIRES PRÉTORIENS, on appelloit ainsi chez les Romains, les premiers secrétaires du préfet du prétoire, qui parvenoient à cette place après avoir rempli celles de moindres *notaires* ou secrétaires, que l'on appelloit *cornicularii* & *primiscrinii. Voyez* Pancirolus, *in notitiâ imperii; le glossaire de* Ducange, *au mot Notarii.*

NOTAIRE PRIMICIER, *primicerius*, *quasi primus in cerâ seu tabulâ;* on donnoit ce titre au premier des *notaires* du sacré palais. *Voyez* la notice de l'Empire.

On donnoit aussi ce titre au premier des *notaires* de l'église romaine: lequel fut depuis appellé *protonotaire. Voyez le glossaire de* Ducange, *& ci-après* NOTAIRE RÉGIONAIRE, & à la lettre P, PROTONOTAIRE.

NOTAIRE PUBLIC, on donnoit anciennement ce titre aux *notaires* royaux, pour les distinguer des *notaires* des seigneurs qui recevoient les actes dans leur ressort, & qui néanmoins n'étoient point encore réputés officiers publics. Philippe V, dit le Long, dans une ordonnance du mois de juin 1319, faite sur les remontrances des habitans d'Auvergne, veut & accorde qu'à l'avenir il n'y ait dans la baillie & ressort d'Auvergne, aucun *notaire public* établi de son autorité, *notarius publicus*; ce que M. de Laurière traduit par *notaire royal*.

Il y avoit aussi anciennement des *notaires impériaux* qui prenoient en même temps le titre de *notaires publics*. *Voyez* NOTAIRE IMPÉRIAL.

NOTAIRES RÉGIONAIRES, *notarii regionarii*, on donne ce nom aux sept *notaires* qui furent institués à Rome par le pape saint Clément, pour écrire les actes des martyrs. Ils furent appellés *régionaires*, parce que le pape leur assigna à chacun une région ou quartier de la ville, dans lequel ils devoient recueillir soigneusement tout ce qui se passoit par rapport aux martyrs. Ces *notaires* étoient subordonnés aux diacres & aux sous-diacres. Ils avoient encore quelques autres fonctions dans Rome; c'étoient eux qui annonçoient au peuple, comme font aujourd'hui les couriers, les litanies, c'est-à-dire, les processions ou rogations que le pape avoit ordonnées, ou dans quelle église il devoit célébrer la messe, ou faire quelque station; ils rendoient compte aussi au pape des noms & du nombre de ceux qui avoient été baptisés.

Le nombre des *notaires* ayant été dans la suite augmenté par les papes, ceux qui étoient des sept premiers institués, furent appellés *notaires régionaires* ou *protonotaires*, c'est-à-dire, *premiers notaires*, & les autres, *notaires simplement*, ou *notaires apostoliques*. *Voyez* là-dessus le glossaire de Ducange, au mot Notarii, & NOTAIRE APOSTOLIQUE & PROTONOTAIRE. (*A*)

NOTAIRE A LA RÉSIDENCE *d'un tel lieu*: on appelle ainsi certains *notaires* royaux qui, par le titre de création de leur office, doivent résider dans une ville ou bourg qui n'est pourtant pas le lieu du siège royal où ils sont reçus; c'est pour la commodité des particuliers que ces sortes de *notaires* ont été établis, & afin que ceux qui veulent passer un acte devant un *notaire* royal ne soient point obligés de se transporter dans la principale ville où est le siège royal dans lequel sont reçus les *notaires*. On trouve des exemples fort anciens de ces sortes de créations, témoin l'édit du mois d'octobre 1575, portant création d'un office de *notaire* royal ès ressorts de Touraine, Anjou, Maine & Vermandois, pour résider à Neufve.

NOTAIRE DU ROI, étoit anciennement la même chose que secrétaire du roi. *Voyez* l'*Histoire de la chancellerie*, par Tessereau, tome *I*; & SECRÉTAIRE DU ROI.

Il ne faut pas confondre les *notaires du roi* avec les *notaires* royaux; les premiers sont des officiers de la grande chancellerie, les autres sont des officiers publics établis pour recevoir les contrats, testamens, & autres actes. *Voyez* ce qui est dit au commencement de cet article sur les *notaires* en général, & *ci-après* NOTAIRE ROYAL.

NOTAIRE ROYAL, est celui qui tient ses provisions du roi, à la différence des *notaires* des seigneurs ou subalternes, qui tiennent leur commission du seigneur de la justice où ils sont reçus.

Il y a deux sortes de *notaires royaux*; les uns qu'on surnomme *laïques* ou *séculiers*, parce que leur fonction est de recevoir les actes qui se passent en matière temporelle; les autres, qu'on appelle *royaux apostoliques*, parce qu'ils reçoivent les actes en matière ecclésiastique. *Voyez* ce qui est dit ci-devant des *notaires* en général, & la *subdivision* NOTAIRE APOSTOLIQUE.

NOTAIRE ROYAL ET APOSTOLIQUE, est celui qui réunit la fonction de *notaire royal* séculier avec celle de *notaire royal apostolique*. Il y a néanmoins aussi quelquefois des *notaires apostoliques* qu'on appelle *royaux*, parce qu'ils ont été créés par le roi; mais qui ne réunissent pas la fonction de *notaire-royal*-laïque.

NOTAIRE-ROYAL-LAÏQUE *ou* SÉCULIER, est celui qui n'est établi que pour recevoir les actes en matière temporelle, à la différence des *notaires* seulement apostoliques qui ne reçoivent que les actes concernant les bénéfices & matières ecclésiastiques. *Voyez* NOTAIRE APOSTOLIQUE.

NOTAIRE NON-ROYAL, se dit en deux sens différens, savoir, en parlant d'un *notaire* seigneurial ou subalterne, & en parlant d'un *notaire* apostolique, lorsqu'il ne réunit pas en même temps la fonction de *notaire* royal laïque ou séculier. *Voyez* NOTAIRE APOSTOLIQUE & NOTAIRE ROYAL.

NOTAIRE DE SANG *ou* SANGUIN, c'est ainsi que l'on appelloit anciennement celui des *notaires* du roi servant près les cours, qui y faisoit la fonction de greffier au criminel, & qui rapportoit les lettres de grace, appellées *lettres de sang*. Il y avoit quatre *notaires* aux requêtes du palais, dont un étoit *notaire de sang*; c'est ainsi qu'il est qualifié dans une ancienne ordonnance rapportée par Miraulmont, dans ses *mémoires*, *pag.* 169.

Le *sciendum* de la chancellerie porte que les *notaires* sanguins ou criminels ont leur sceau des lettres de sang ou criminelles qu'ils font ou qu'ils signent, même le sceau des arrêts criminels & des rémissions de ban en la forme qui se fait en double queue; que de toutes ces choses ils ne doivent rien prendre sinon qui se puisse manger & consommer en peu de temps, comme, par exemple, bas de chausses ou gants, ou semblables choses légères; mais qu'ils ne peuvent demander autre chose, sous peine d'infraction de leur propre serment; & s'il se savoit, de privation & suspension de leur office, dénigrement d'honneur & renommée. (*A*)

NOTAIRES surnommés *scriniarii*, c'étoient proprement des secrétaires du cabinet, ou du trésor de l'églife. Le P. Mabillon en fait mention dans fa *diplomatique*, *pag. 125 & 126.* Les *notaires* régionaires furent auffi appellés *fcriniarii*, parce que le pape Antheme ordonna que les actes des martyrs feroient renfermés dans des armoires ou boîtes appellées *fcrinia*. *Voyez* auffi le *gloffaire de* Ducange, au mot *Notarii regionarii*. Voyez ci - deffus NO-TAIRES RÉGIONAIRES.

Il eft parlé dans les *annales de faint Bertin*, fous l'année 877, des *notaires* qui font furnommés *fecundi fcrinii*, *notaires* du fecond cabinet, comme qui diroit *notaires* ou fecrétaires de la petite chancellerie.

NOTAIRE EN SECOND. Quand un acte eft paffé devant deux *notaires*, ils doivent toujours le figner tous deux. L'un retient la minute ou l'original, l'autre ne fait que le contre-figner. Celui-ci s'appelle *notaire en fecond*.

Plufieurs ordonnances ont exigé que le *notaire*, dans les actes, foit affifté de deux témoins. C'eft la difpofition de celle de Louis XII, & notamment de celle de Blois, *art. 165*.

Lorfqu'un *notaire* figne en fecond, on n'appelle plus de témoins à l'acte, ou du moins, dans ce cas, ils font inutiles.

Mais la faculté de figner en fecond n'eft pas accordée à tous les *notaires*; il faut abfolument que le prince la donne. C'eft un privilège ou une difpenfe qui ne tient point au notariat, qui n'en eft point une dépendance.

Les *notaires* qui forment communauté, tels que ceux des villes, pour la plupart ont obtenu cette difpenfe. Le roi l'accorde ordinairement par un édit particulier, foumis, comme les autres, à l'enregiftrement.

A l'exception des teftamens, codicilles, & autres difpofitions de dernière volonté, des réfignations de bénéfices, permutations & démiffions qui font des actes de rigueur auxquels le *notaire* qui figne en fecond, doit en perfonne affifter fon confrère, fuivant l'article 48 de l'ordonnance des teftamens, du mois d'août 1735, & l'article 4 de la déclaration du 14 février 1737, qui règle la forme des réfignations; il n'eft pas néceffaire qu'il foit préfent à la paffation des autres actes : il les contrefigne, fuivant l'ufage, à la relation du *notaire* en premier, pour rendre plus facile l'expédition des actes ordinaires de la vie civile.

Les *notaires* ne peuvent en général fe refufer la fignature qu'ils fe demandent les uns aux autres. C'eft le texte précis de la déclaration du 4 feptembre 1706, portant établiffement des *notaires-fyndics* dont les fonctions ont été réunies aux communautés des *notaires* royaux, par une autre déclaration du 24 avril 1708. Dans la déclaration de 1706, le prince même n'entend pas que le *fecond notaire* foit préfent à l'acte; il veut que les fyndics qu'il vient de créer pour figner les actes de leurs confrères, ne puiffent être réputés abfens qu'après un temps de vingt-quatre heures, paffé lequel il

eft enjoint aux autres *notaires* de contre-figner. Or, cela fuppofe néceffairement qu'il faut attendre le fyndic; & s'il ne vient pas, aller chez un autre; ce qui démontre que ce fyndic ou cet autre qui le remplace, peut ne pas être préfent à l'acte qu'on lui porte à contre-figner. Auffi le prince ajoute-t-il que les *notaires en fecond* ne pourront point être repris à l'égard des actes par eux fignés, mais feulement pour ceux qu'ils *auront paffés comme notaires*. (M. GAULTIER, notaire à Grenoble.)

NOTAIRES DU SECRET, ou *Clercs du fecret*, c'étoient ceux des *notaires* ou fecrétaires du roi qui faifoient la fonction de fecrétaire d'état. *Voyez au mot* CLERC, *l'article* CLERCS DU SECRET & SECRÉTAIRES D'ÉTAT. *Voyez auffi les lettres hiftoriques fur le parlement, tome II, pag. 295.*

NOTAIRES SECRÉTAIRES DU ROI, on joignoit anciennement ces deux titres pour défigner les officiers que nous appellons aujourd'hui fimplement *fecrétaires du roi*. Voyez *l'hiftoire de la chancellerie, par* Teffereau, *tome I, &* SECRÉTAIRES DU ROI.

NOTAIRE SÉCULIER ou LAÏQUE, s'entend de tout *notaire*, foit royal, ou fubalterne, qui n'eft pas *notaire* apoftolique. *Voyez ci-devant* NOTAIRE LAÏQUE.

NOTAIRES SEIGNEURIAUX. Les *notaires* furent long-temps inconnus à Rome. Dans l'origine, les citoyens contractoient dans les affemblées publiques, & par-là l'écriture étoit inutile. Les relations fociales, & par conféquent les conventions s'étant multipliées, il fallut les rédiger par écrit; mais peu de perfonnes poffédant l'art d'écrire, on fut obligé d'établir des fcribes. On les choifit d'abord parmi les efclaves publics, & cela par deux raifons; pour que leur miniftère fût gratuit, & pour qu'ils puffent ftipuler pour les autres. Suivant cette règle, *fervus ut acquirere, ita etiam ftipulari pro domino poteft, & fervus communis cuique dominorum*. C'eft de-là, & non de la jurifdiction volontaire, que dérive la faculté dont jouiffent les *notaires*, de ftipuler pour les parties. Ce miniftère étant devenu chaque jour plus important, on fupprima les efclaves, & l'on choifit les notables citoyens de chaque ville pour le remplir à tour de rôle; mais comme chacun s'efforçoit de s'y fouftraire, les procureurs des provinces & les magiftrats prirent le parti de le faire remplir par des perfonnes attachées à leur fervice. On les nomma *actuarii*. Tout cela fe faifoit fans inconvénient, parce que les *notaires* n'imprimoient alors aucune efpèce d'authenticité aux actes qu'ils rédigeoient. Ces actes n'étoient que des écritures privées jufqu'à leur tranfcription dans les regiftres publics; cette formalité feule en affuroit la fignature; auffi ne manquoit-on pas de la remplir pour parer aux inconvéniens d'une vérification. Pour éviter ce circuit & cette efpèce de double emploi, on imagina enfin un expédient très-fage; ce fut d'attribuer aux juges eux-mêmes les fonctions des *notaires*; c'eft ce que l'on fit par la *L. 2. C. de*

Majeſti. mun. Cette loi porte : *Magiſtratus conficien-dorum actuum habeant poteſtatem.* Ainſi à Rome, lorſ-que la légiſlation fut perfectionnée ; les fonctions des *notaires* appartinrent aux juges. D'abord, ils les exer-cèrent par leur prépoſés, enſuite le bien public exigea qu'ils le rempliſſent eux-mêmes.

Voilà quelle étoit la pratique des Romains touchant les notaires, qui ſert grandement à l'explication de la nôtre. Loiſeau, des offices, liv. 2, chap. 5. Tel étoit donc l'état des choſes, lorſque les nations Germa-niques inondèrent l'Europe, détruiſirent l'empire Romain, & enſevelirent les loix romaines ſous ſes débris.

Cette révolution fit ſuccéder la confuſion la plus étrange à l'ordre qui régnoit auparavant.

Le miniſtère des *notaires* fut une des premières choſes que l'on perdit de vue. Ceux qui ſavoient écrire, rédigeoient les conventions ; ſouvent même on ſe contentoit de prendre des témoins, & le juge leur donnoit enſuite la ſanction publique. Les choſes ſe paſſèrent ainſi pendant pluſieurs ſiècles. On ne penſe guère au ſuperflu, lorſque l'on man-que du néceſſaire. Enfin l'étude du droit Romain renaquit & ſe propagea. Les juriſconſultes trou-vèrent dans ce beau corps de légiſlation ce qui concerne les fonctions des *notaires.* Que pouvoit-on faire de plus ſage que de ſe conformer à la pra-tique Romaine ? Auſſi fut-elle admiſe ſans aucune eſpèce de modification ; & les juges du royaume, ainſi qu'à Rome & dans les provinces de l'Empire, exercèrent toutes les fonctions des *notaires ;* mais ſurchargés par ce nouveau miniſtère, comme les juges romains, ils le firent enfin exercer, du moins en partie, par leurs clercs ou commis.

Au commencement du quatorzième ſiècle les progrès du commerce & de la circulation ayant ajouté à l'importance, & ſur-tout aux émolumens des *notaires,* cet objet fixa l'attention du gouver-nement. Par ordonnance de l'an 1302, Philippe-le-Bel défendit aux baillis, ſénéchaux, & autres juſticiers, de plus à l'avenir nommer leurs clercs pour *notaires.* Par-là ces commiſſions furent réunies au domaine de la couronne, & l'office de *no-taire,* détaché de celui de juge.

Les choſes ſuivirent le même cours dans les juſ-tices des ſeigneurs, on les voyoit en poſſeſſion de la plénitude du droit de juſtice ; l'idée de leurs conteſter ce que nous appellons aujourd'hui la ju-riſdiction volontaire, ne ſe préſenta à l'eſprit de perſonne. Lorſque l'uſage d'établir des *notaires* s'in-troduiſit, que les juges du roi en firent exercer les fonctions par leurs clercs ou commis, les juges des ſeigneurs en nommèrent également ; & lorſ-qu'enfin le droit d'inſtituer des *notaires* fut déclaré domanial par les ordonnances, les ſeigneurs re-gardèrent cette prérogative comme une dépen-dance de leur domaine, & donnèrent eux-mêmes des proviſions aux *notaires* de leurs ſeigneuries.

Le temps a modifié cet ancien état des choſes ;

& dans l'état actuel, ce qui concerne les *notaires* des ſeigneurs, donne lieu à trois queſtions.

1°. Tous les ſeigneurs ont-ils le droit d'inſtituer des *notaires* ?

2°. Entre quelles perſonnes les *notaires* des ſei-gneurs ont-ils le droit d'inſtrumenter ?

3°. Les *notaires* royaux ont-ils le droit de s'établir & d'inſtrumenter dans les terres des ſeigneurs ?

I. Un ſeigneur haut-juſticier qui a la plénitude du droit de juſtice, devroit ce ſemble, & même à plus forte raiſon avoir la faculté de nommer des *notaires.* C'étoit, comme nous venons de le dire, l'ancienne manière de voir, *is qui habet juriſdictionem contentioſam,* diſoit Barthole, *tacité & multo majori ratione habet volontariam.*

Ce droit primitif a ſubſiſté juſqu'en 1302 ; à cette époque parut une ordonnance, par laquelle, après s'être réſervé à lui & à ſes ſucceſſeurs le droit d'inſtituer des *notaires,* Philippe-le-Bel parlant des ſeigneurs, ajoute, que ceux qui ſont dans l'uſage de faire exercer dans leurs terres les fonctions du notariat, conſerveront ſeuls cette prérogative. *Nolumus tamen quod prælatis, baronibus, vel aliis ſubditis noſtris, qui de antiqua conſuetudine in terris ſuis poſſunt notarios facere, per hoc præjudicium gene-retur.* Ordonnances du Louvre, tome 1, pag. 363.

Toutes les cours du royaume ſe ſont conformées à cette ordonnance ; & c'eſt aujourd'hui un principe auſſi certain, qu'univerſellement adopté, que les ſeigneurs hauts-juſticiers n'ont droit de tabellionage que dans trois cas ; quand ils y ſont fondés ou en titres, ou en poſſeſſion immémoriale, ou par une diſpoſition de la coutume des lieux.

Nous diſons les ſeigneurs hauts-juſticiers, parce qu'il paroît en effet que ce n'eſt qu'aux ſimples hautes-juſtices que la juriſprudence applique l'ordonnance de 1302. A l'égard des fiefs de ſeigneur, les cou-tumes, les auteurs & même les ordonnances, tout ſe réunit pour attacher aux ſeigneuries de cette eſpèce le droit d'inſtituer des *notaires.*

Les coutumes de Blois, Senlis, Touraine, Maine, Anjou, &c. le diſent expreſſément. « Les » comtes, vicomtes, barons & ſeigneurs châtelains » ſont fondés d'avoir foires, marchés : *ſceaux de* » *contrats,* coutumes d'Anjou, art. 94. »

Quant aux auteurs, les ſuffrages les plus reſpec-tables donnent cette prérogative aux châtellenies & autres ſeigneuries ſupérieures.

« Pour le regard du notariat, ou ſcel authenti-» que des contrats, dit Loiſeau, c'eſt choſe cer-» taine qu'il n'appartient qu'aux ſeigneurs châte-» lains & autres plus grands ſeigneurs. . . . aux-» quels le droit de tabellionage appartient au pro-» pre droit de leurs ſeigneuries. *Des ſeigneuries, ch.* » *8, n. 86 & 88 ».*

Même déciſion, & en termes auſſi affirmatifs, dans le *Traité des Droits de Juſtice* de Bacquet, ch. 25, n. 10. « On tient pour certain que quiconque eſt » ſeigneur châtelain a droit de tabellionage, qui » eſt de créer *notaires* ou tabellions pour recevoir

» tous contrats & actes volontaires, passés au-
» dedans de sa châtelenie, & droit de sceaux pour
» sceller lesdits contrats. Quant aux autres sei-
» gneurs qui ne sont châtelains, encore qu'ils aient
» droit de justice, haute, moyenne & basse, toute-
» fois ils n'ont droit de tabellionage, s'ils n'en ont
» titre particulier, privilège spécial, ou concef-
». sion de rois de France ».

M. le président Bouhier, sur la coutume de Bourgogne, *ch. 53, n. 22*, regarde de même le droit de
créer des *notaires*, comme une prérogative inhérente à tous les fiefs de dignité, *& qui leur appartient de plein droit*: ce sont les termes de ce savant
magistrat.

Nous avons parlé des ordonnances; celle de
François I, donnée à Angoulême au mois de novembre 1542, porte, art. 1: *Voulons & octroyons,
que les seigneurs, barons & châtelains de nos pays
réglés par droit écrit puissent & leurs hoirs jouir & user
des droits de tabellionages & seaux en leurs baronnies
& châtellenies, ainsi qu'en cas semblable font les barons & châtelains de nos pays réglés par coutume, afin
qu'en ce égalité soit gardée, & que le tout soit réduit
sous une même forme & loi.*

Cette ordonnance reconnoît très-clairement que
le droit de tabellionage est inhérent à tous les fiefs
de dignité. Effectivement, par quel motif la loi
donne-t-elle cette prérogative à tous les barons &
châtelains *des pays réglés par le droit civil ?* C'est
parce qu'elle appartient à toutes les seigneuries titrées
dans les pays réglés par coutume; & afin *que l'égalité
soit gardée* entre toutes les seigneuries du même ordre, *& que le tout soit réduit sous une même forme & loi.*

Mais si tel est à cet égard notre droit public,
il faut aller encore plus loin, & dire que toutes
les fois que le roi érige une terre en fief de dignité,
par cela seul qu'il imprime le titre à la seigneurie,
il donne au seigneur le droit d'instituer des *notaires*,
quand même cette faculté ne seroit pas nomina-
tivement exprimée dans les lettres d'érection. En
effet, dans la donation d'une chose est nécessairement compris tout ce qui est de sa nature & de
son essence.

De tous les auteurs nous n'en connoissons que
deux qui se soient expliqués nettement sur cette question: Bacquet, dans son *Traité des droits de justice*,
chap. 25, & Carondas dans ses notes sur la somme
rurale de Boutilier, *liv. 2, tit. 4*: « les *notaires*
» royaux, dit Carondas, n'y peuvent instrumenter
» sinon en deux cas; le premier, si le roi a la fa-
» culté & pouvoir d'y mettre & établir *notaires*»;
*comme si en érigeant la terre & seigneurie de quelque
seigneur en titre de baronie, châtellenie ou autre plus
grand, & il se l'est par exprès réservé.*

Bacquet s'exprime à-peu-près dans les mêmes
termes: « Les *notaires* ne peuvent instrumenter ès
» terres desdits seigneurs, sinon en deux cas; le
» premier quand le roi érigeant les terres desdits
» seigneurs en pairies duchés, &c. s'est par exprès
» réservé la faculté & le pouvoir de mettre des

» *notaires* royaux ès terres des seigneurs; comme
» on dit le roi avoit fait en érigeant le duché de
» Montpensier en pairie ».

Pour que le roi conserve le droit de tabellionage
dans les terres qu'il érige en fief de dignité, ces
auteurs exigent, comme l'on voit, que les lettres
d'érection en renferment une réserve expresse.

Cependant il reste une difficulté; avant l'érection, les *notaires* royaux de l'arondissement instru-
mentoient dans cette seigneurie, ceux que le seigneur va nommer, les excluront, & cependant jamais les graces du roi ne peuvent nuire à des tiers.

Cela se concilie très-aisément. Le seigneur de la
terre nouvellement érigée, jouira du droit de tabellionage; mais à la charge d'indemniser les *notaires* royaux.

De ce que le roi peut, en érigeant une terre
en fief de dignité, se réserver le droit de tabellionage, il résulte que ce droit n'est pas essentiel
aux seigneuries titrées, mais seulement naturel
& ordinaire. Et de-là cette autre conséquence, que
si le roi étoit en possession d'instituer des *notaires*
dans une baronnie, un comté, &c. le seigneur n'auroit pas la faculté d'en nommer, parce que la possession du roi fait présumer une réserve dans les
lettres d'érection. C'est la décision de Carondas &
de Bacquet à la suite des deux passages que nous
avons transcrits plus haut.

II. On distingue trois choses dans un contrat, la
convention, l'hypothèque & l'exécution.

La convention absolument subordonnée à la
volonté des parties est valable, obligatoire, quel
que soit le *notaire* qui la reçoit, quel que soit le domicile des contractans.

Quant à l'hypothèque, elle dépend de la qualité du rédacteur de l'acte: toutes les fois que l'officier instrumentaire a un caractère public, toutes
les fois qu'il est revêtu d'un office de *notaires*, tous
les actes qu'il reçoit emportent donc hypothèque.

Où pourroit être la différence entre les *notaires*
du roi & ceux des seigneurs ? les uns & les autres
ne sont-ils pas également *notaires*, & leurs pouvoirs n'émanent-ils pas également du roi, puisque
toutes les justices viennent de lui ?

Mais à l'égard de l'exécution, la chose est différente. L'exécution émane du sceau, & il y en
a de deux sortes; le sceau royal & le sceau authentique. Le premier s'exécute par tout le royaume,
parce que personne ne peut le méconnoître. Le
second, qui n'est légalement connu que dans la seigneurie, ne peut recevoir d'exécution hors de ses
limites qu'en vertu d'un pareatis.

Ces principes sont consacrés par les suffrages des
meilleurs jurisconsultes, notamment par celui du
judicieux Loiseau, qui, dans son *Traité des Offices*,
liv. 1, ch. 6, n. 105 & 106, s'exprime en ces termes:
« Quant aux contrats reçus par le *notaire* dans son
» territoire, c'est bien chose certaine qu'ils ont
» force par-tout; car en matière de contrats, ni la
» subjection, ni la compétence n'est requise, tant

» à cause du confentement qui fert de prorogation » de la jurifdiction volontaire, que pour ce qu'ils » font du droit des gens, ainfi que le commerce : » autrement ce feroit une grande incommodité, » que celui qui feroit hors de fon pays ne pût » contracter, ce qui eft fans difficulté à l'égard de » la preuve & de l'hypothèque ; mais il y a difficulté » à l'égard de l'exécution parée, difficulté » qui même a lieu à l'égard des contrats paffés à ces » fous fceaux authentiques, c'eft-à-dire, par les *notaires* » des feigneurs, attendu l'ordonnance de » l'an 1539, *article 66*, & de la coutume de Paris, » *article 165*, qui n'attribue exécution parée à ces » contrats finon dans le détroit de leur fceau, & » contre ceux qui étoient demeurans en icelui » lorfque le contrat a été paffé, dont la raifon eft » que le fcel du feigneur, qui produit l'exécution » parée, n'eft pas connu & notoire hors de fon » territoire. . . . ; d'où j'infère que le juge de l'o- » bligé, reconnoiffant ce fceau pour authentique » & pour véritable, peut donner permiffion de » mettre à l'inftant le contrat à exécution, ce qu'il » peut faire fans avoir l'obligé, pour ce que déja » le contrat étant public, fait pleine foi contre lui, » & ne lui refte que l'exécution parée qui eft dé- » niée feulement aux fceaux authentiques, pour » empêcher les abus qui pourroient furvenir, s'il » étoit permis de le mettre à exécution hors le » territoire du fceau ».

M. Bouguier, *lettre* C, *n°. 7*, diftingue de même l'hypothèque & l'exécution. « La raifon de diffé- » rence, dit ce magiftrat, d'autant que l'exé- » cution dépend de la jurifdiction, laquelle ne fe » peut pas proroger, étant limitée par le territoire, » & fur les perfonnes demeurantes dans la jurifdic- » tion : tellement que l'exécution fur la perfonne » obligée & fur fes biens, en vertu d'un contrat paffé » fous le fcel d'une juftice fubalterne, ne fe peut » faire en la juftice de l'autre fans mandement ou » paréatis. Mais l'hypothèque dépend de la conven- » tion des parties, & vient en vertu du contrat, » lequel étant du droit des gens, à raifon de la » liberté & du commerce, doit avoir fon effet fur » les biens des contractans, qui ont fubi la jurifdic- » tion volontaire du lieu où ils ont été paffés ».

De ces notions élémentaires il réfulte que les contrats reçus par le *notaire* d'un feigneur, dans la circon-fcription de fa feigneurie, eft obligatoire pour les contractans, quel que foit leur domicile, & em-porte hypothèque fur tous leurs biens, en quelque lieu qu'ils foient affis ; en un mot qu'il n'y a de différence entre les actes reçus par les *notaires* du roi & ceux des feigneurs, que relativement à leur exécution.

Cependant au mois d'octobre 1705, parut un édit qui *fait défenfes aux* notaires *des feigneurs hauts-juf-ticiers de notre royaume de paffer à l'avenir aucuns actes entre d'autres perfonnes que les jufticiables de la juftice dans laquelle ils font établis, & pour biens fitués dans le reffort d'icelle.*

Cet édit devoit fervir de bafe à une loi-burfale que l'on fe propofoit de promulguer & qui le fut en effet l'année fuivante ; auffi a-t-il eu le fort de toutes les loix de cette efpèce. Les principes, étouf-fés pour un inftant, ont bientôt repris leur autorité naturelle. Parlant de cet édit de 1705 & d'une dé-claration de 1697, dans une affaire jugée par arrêt du 3 février 1711, M. l'avocat-général Chauvelin, difoit : « que fon miniftère ne l'obligeoit pas à fe » conformer à ces édits & déclarations, que c'é- » toient des édits burfaux ». En un mot c'eft une maxime aujourd'hui confacrée par le double fuf-frage des auteurs & des arrêts, que les actes reçus par les *notaires* des feigneurs dans leur territoire font obligatoires, & emportent hypothèque quels que foient & le domicile des contractans & l'affiette de leurs biens.

Bourjon, *des Actions, tit. 6, ch. 1, n. 29*, en fait une propofition de droit commun. « A préfent, » dit-il, les *notaires* des feigneurs donnent hypo- » thèque, pourvu qu'ils aient inftrumenté dans l'é- » tendue de leur jurifdiction, abftraction faite du » dol des contractans.

» Quoiqu'il y ait, dit Pothier, *Traité des oblig.* » *n. 657*, des réglemens qui ont défendu aux *no-* » *taires* fubalternes de recevoir des actes entre d'au- » tres perfonnes, que les jufticiables de la jurifdic- » tion où ils font établis, & pour d'autres biens que » ceux fitués en leur territoire, néanmoins ces » actes ne laiffent pas de paffer pour authentiques, » ces réglemens ayant été regardés comme des » loix burfales & n'ayant point du effet ».

Quant aux arrêts, on les trouve principalement dans deux ouvrages qui font entre les mains de tout le monde, le Recueil de Jurifprudence de Rouffeau de la Combe, & la collection de Deni-fart. Nous ajouterons feulement que, fur la foi de l'édit de 1705, les *notaires* royaux s'étant pourvus en caffation contre l'arrêt du premier août 1739, & depuis contre un plus récent du 11 juillet 1768, les deux requêtes ont été rejettées. Ce dernier arrêt du 11 juillet 1768, « maintient & garde le fei- » gneur de Nogent-le-Rotrou dans la propriété & » poffeffion du droit de tabellionage, dépendant » de la juftice de Nogent-le-Rotrou, Souancé & » Mondoucet ; & en conféquence maintient & » garde les *notaires* par lui établis dans lefdites juf- » tices dans le droit & poffeffion de recevoir dans » l'étendue de leur territoire feulement, toutes » fortes d'actes & contrats entre toutes fortes de » perfonnes, même entre ceux qui ne font point » domiciliés dans l'étendue defdites juftices, & » pour biens qui n'y font pas fitués. Fait défenfes » aux *notaires* royaux de Nogent de les troubler. » Permet au feigneur de faire imprimer & afficher » l'arrêt ».

III. Que les *notaires* royaux n'aient pas le droit de s'établir & d'inftrumenter dans les feigneuries aux-quelles le droit de tabellionage eft attaché, quand même les parties contractantes feroient étrangères à

la

feigneurie, c'est un de ces anciens principes que tous nos rois jusqu'à Louis XIV, se sont fait un devoir de respecter.

En 1302, Philippe-le-Bel se réserve le droit qu'avoient auparavant les baillis & sénéchaux de créer des *notaires*; mais il déclare positivement, que c'est sans préjudice du droit des seigneurs, *nolumus quòd præfatis baronibus, & aliis subditis nostris, qui de antiquá consuetudine in terris suis possunt notariòs facere, per hoc, præjudicium generetur.*

Une autre ordonnance de ce même prince, du mois de mai 1304, porte en termes encore plus positifs, *article 5*, & est à savoir que *nos chanceliers n'auront nuls notaires ès terres ni ès justices des barons & des autres seigneurs qui ont haute-justice & ne recevront nuls contrats ès terres d'iceux.*

Ordonnance de Louis Hutin en 1315; *statuta prædicti genitoris nostri de notariis nostris in eorum jurisdictionibus non mansuris inviolabiliter servari volumus.*

Même disposition dans les ordonnances des rois Philippe-de-Valois, Jean & Charles V, des années 1333, 1351 & 1371.

Édit de François I en 1542, par lequel, en créant des *notaires* royaux pour les pays de droit écrit, il fait réserve du droit des seigneurs barons & châtelains, *qui useront du droit de tabellionage & sceaux, ainsi qu'au semblable font les barons & châtelains du pays coutumier.*

L'édit de 1568, qui crée des offices de gardes-des-sceaux royaux, fait la même réserve en faveur des seigneurs, *qui ont le droit de sceaux dans leurs terres.*

Henri III, par son édit de 1584, institua des *notaires* royaux dans les lieux où les précédens édits de création n'avoient point encore été exécutés, *sauf*, est-il dit, *& excepté ès terres des seigneurs hauts-justiciers, qui ont droit de tabellionage, & qui ont accoutumé d'en jouir.*

Enfin, l'édit de 1606, relatif, à la vérité, aux seigneurs ecclésiastiques, mais applicable, par identité de raison, à tous les seigneurs en général, défend expressément, *art. 22, aux notaires royaux de passer contrats, testamens, ou faire aucun exercice de leur état* dans l'étendue de ces seigneuries, *si ce n'est du consentement & permission des seigneurs.*

La jurisprudence des arrêts a constamment suivi la législation. Bacquet rapporte fort au long les espèces de cinq arrêts, tous confirmatifs du droit des seigneurs, contre des *notaires* royaux qui prétendoient s'établir & instrumenter dans leurs seigneuries.

Le premier, du dernier juillet 1543, entre François de Vendôme, baron de Confolant, appellant de l'exécution des lettres royaux, portant érection de *notaires* royaux dans sa terre, & de leur sentence de réception par le sénéchal d'Angoumois, M. le duc d'Orléans prenant fait & cause pour son procureur-fiscal d'Angoumois, & les deux *notaires* royaux institués à Confolant. *Il fut dit qu'il avoit été mal exécuté & mal procédé par l'exécu-*

teur des lettres royaux, bien appellé, les notaires déboutés de leurs provisions, & condamnés aux dépens.

Le second, du 20 décembre 1575, entre M. le duc de Nivernois, seigneur de Saint-Valery, & deux *notaires* royaux qui étoient venus y résider. *Il permet aux deux notaires nés & mariés à Saint-Valery, d'y résider, mais leur fait défenses d'y instrumenter, si ce n'est de la permission des seigneurs.*

Le troisième, du 11 février 1580, entre ce même duc de Nivernois, comme comte de Réthelois, & les *notaires* royaux établis à Réthel.

Le quatrième, du 27 juillet 1574, entre Guillaume de l'Aubépine, seigneur de Château-neuf-sur-Cher, & un *notaire* royal de Dun-le-Roi, qui vouloit résider & instrumenter à Châteauneuf.

Le cinquième, de 1578, entre M. le Maréchal d'Amville, baron de Nesle, & deux *notaires* royaux de la prévôté d'Augny, qui vouloient venir résider à Nesle.

Tellement, dit Bacquet, *des Droits de justice, ch. 25, n. 28*, & c'est par-là qu'il termine le compte qu'il rend de ces arrêts, *qu'à présent on tient pour certain que le roi ne peut établir notaires au-dedans des terres des seigneurs qui ont droit de tabellionage, & que les notaires royaux ne peuvent instrumenter ès terres desdits seigneurs.*

Même décision dans le *Traité des Offices de Loiseau, liv. 5, ch. 1, n. 57.* « Le roi, par puissance » réglée, ne peut pas mettre des *notaires* ou ta- » bellions dans les terres des seigneurs hauts-jus- » ticiers ayant droit de tabellion ou notariat, qui, » en France, dépend sans doute de la justice or- » dinaire; de sorte que, comme la jurisdiction » contentieuse réside pardevers le juge, aussi la » volontaire réside pardevers le *notaire*, laquelle » néanmoins il exerce sous le nom & autorité du » juge, & comme son ministre, l'intitulant & fai- » sant parler en tous ses contrats ».

Coquille & Basnage pensent de même.

Telle a été notre jurisprudence jusqu'à la fin du dernier siècle. A cette époque, malheureusement célèbre par la création d'une multitude d'offices aussi ruineux pour l'état que préjudiciables à l'ordre public, on imagina d'établir des *notaires* royaux dans toutes les justices seigneuriales. Un édit de 1664, après avoir fixé à deux les *notaires* royaux *dans chaque bourg fermé, ou grandes paroisses, où il y a foires & marchés ordinaires*, ajoute à l'égard des hautes-justices: *nous voulons que les notaires & sergens desdites justices soient réduits pour les villes & lieux où il y a foire & marché, à la moitié des nombres ci-dessus, & que l'autre moitié soient établis officiers royaux.*

Cet édit, auquel le parlement opposa la plus vive résistance, & qui ne fut enregistré qu'en lit de justice, ne produisit pas, à beaucoup près, les secours pécuniaires que l'on s'en étoit promis. On ne leva qu'un très-petit nombre de ces nouveaux offices.

Au commencement du siècle, de nouveaux

B b

besoins obligèrent de recourir au même expédient ; mais on s'y prit avec plus d'art. On donna d'abord cet édit d'octobre 1705, dont nous avons parlé plus haut, *qui fait défenses aux notaires & tabellions des seigneurs, de passer à l'avenir aucuns actes entre d'autres personnes que les justiciables de la justice dans laquelle ils étoient établis, & pour biens situés dans le ressort d'icelle.*

Le pouvoir des *notaires seigneuriaux* ainsi limité, il devenoit en quelque sorte nécessaire de créer des *notaires royaux* dans les terres des seigneurs, au moins dans les grandes terres, & l'on avoit un appât à présenter aux acquéreurs de ces nouveaux offices.

Cet objet rempli, parut au mois de mars 1706, un édit conçu en ces termes. « Louis, &c. nous » avons, par notre édit du mois d'octobre 1705, fait » défenses aux *notaires* des seigneurs hauts-justi- » ciers de notre royaume de passer à l'avenir au- » cuns actes entre d'autres personnes que les jus- » ticiables de la justice dans laquelle ils sont éta- » blis, & pour biens situés dans le ressort d'icelle, » sous les peines y portées ; & ayant été infor- » més qu'il y a dans notre royaume plusieurs villes, » bourgs & lieux dans lesquels il n'y a aucuns » *notaires* royaux établis, parce que les seigneurs » particuliers qui ont droit de haute-justice, en ont » empêché l'établissement par leur crédit pour faire » valoir leurs tabellionages ; au moyen de quoi, » nos sujets établis dans lesdites villes & bourgs sont » obligés, depuis notre édit du mois d'octobre der- » nier, d'aller chercher souvent fort loin des *notaires* » royaux pour tous les actes que les *notaires* des » seigneurs ne peuvent plus passer, à quoi étant » nécessaire de pourvoir : à ces causes, & au- » tres à ce nous mouvans, de notre certaine » science, pleine puissance & autorité royale, » nous avons par notre présent édit, perpétuel & » irrévocable, créé & érigé, créons & érigeons en » titre d'offices formés & héréditaires, des *no-* » *taires* royaux, pour être établis dans chacune des » villes, bourgs & lieux de notre royaume, où » l'établissement en sera jugé nécessaire, suivant » les rôles qui seront pour cet effet arrêtés en » notre conseil, pour, par les pourvus desdits » offices en faire les fonctions, & passer toutes » sortes d'actes entre nos sujets, de même que » font les autres *notaires* royaux de notre royaume, » même concurremment avec les *notaires* des sei- » gneurs : & pour donner moyen aux pourvus » desdits offices d'en faire les fonctions, & y pou- » voir vaquer, nous leur avons accordé l'exemp- » tion de tutèle, curatèle, nomination d'icelles, » guet & garde, & de la milice, tant pour eux » que pour leurs enfans. Permettons aux seigneurs, » ayant droit de notariat ou de tabellionage, de » réunir lesdits offices de *notaire* créés par le pré- » sent édit à leurs *notaires* & tabellions, en payant » par eux la finance desdits offices suivant les rôles » qui seront arrêtés en notre conseil, lesquels

» offices ils pourront faire exercer par leurs *no-* » *taires* & tabellions, à la charge par lesdits *no-* » *taires* de faire sceller leurs actes comme font les » *notaires royaux*, sans que, pour ce, ils soient » tenus de prendre de nous aucunes provisions, » mais jouiront desdits offices en vertu des quit- » tances de nos revenus casuels ; n'entendons que » la présente création ait lieu dans la province de » Normandie dans laquelle nous avons établi un » nombre suffisant de *notaires* pour le service de » nos sujets, par notre édit du mois de juillet » 1677. Si donnons en mandement, &c. ».

Cet édit eut le sort des deux précédens. Les vues de finance qui l'avoient dicté ne furent pas, à beaucoup près, remplies. Cependant, quelques-uns de ces offices furent levés ou acquis par les seigneurs ; mais les motifs qui avoient en quelque sorte forcé de porter cette atteinte à la propriété des seigneurs, ayant cessé quelque temps après, les anciens principes reprirent leur empire. Louis XIV lui-même révoqua, par une déclaration du 9 juillet 1713, *tous les traités faits au conseil pour les finances d'offices créés par augmentation dans les jurisdictions en vertu d'édits & déclarations antérieurs à 1713.*

Enfin, par édit du mois d'août 1716, Louis XV supprima *tous les offices créés avant 1713, dont les finances n'avoient point été payées en entier,* & ne conserva que ceux dont les finances se trouvoient entièrement payées à l'époque de l'édit.

Cet édit forme le dernier état ; & depuis, toutes les fois que des *notaires* royaux ont instrumenté dans les justices des seigneurs, ayant droit de tabellionage, ou qu'ils se sont fait pourvoir de ces offices créés par les édits de 1664 & 1706, ces entreprises ont toujours été réprimées par les arrêts.

Cette jurisprudence a, comme l'on voit, deux branches : l'une relative aux *notaires royaux* qui exercent dans les justices des seigneurs ; l'autre à ceux qui se font pourvoir en vertu des édits de 1664 & 1706.

Le premier point est si constant, que de tous les monumens de cette jurisprudence, nous ne rapporterons que l'arrêt rendu au profit de M. l'évêque de Châlons-sur-Marne, contre les *notaires* royaux de la même ville. Nous le choisissons, parce que nous ne le croyons encore imprimé dans aucun recueil. En voici l'espèce que nous prenons dans les mémoires.

L'évêque de Châlons est, en cette qualité, seigneur haut-justicier de la majeure partie de la ville & de son territoire, & à sa haute-justice est attaché le droit de tabellionage : en conséquence, il a toujours eu des *notaires.*

Dans cette même ville de Châlons existe un bailliage royal & des *notaires* royaux. En 1778, ces *notaires* réclamèrent la concurrence avec les *notaires seigneuriaux,* notamment pour la confection des inventaires.

La même prétention, élevée par les mêmes *notaires*, avoit été proscrite par un arrêt du 26 juin 1668, en faveur de M. de Violart; mais les *notaires* actuels prétendoient écarter, & cet arrêt & les anciens principes par des changemens survenus, disoient-ils, dans la législation; changemens, suivant eux, opérés par les édits & déclarations de 1664, 1697, 1705 & 1706.

Ces loix nouvelles ont été comptées pour rien; & par arrêt du 26 mai 1778, au rapport de M. Poitevin de Villiers, les *notaires seigneuriaux* ont été maintenus dans le droit exclusif de faire les inventaires, avec impression & affiche de l'arrêt.

M. de la Fourniere défendoit M. l'évêque de Châlons. Les mémoires qu'il a fait imprimer dans cette affaire, méritent d'être recherchés.

Ce qui concerne les offices créés par les édits de 1664 & 1706, exige plus de détails. Le besoin de faire un état & de se procurer une existence quelconque, devenu chaque jour plus pressant, il est nécessaire que la jurisprudence sur ce point soit connue.

Des *notaires* royaux prétendoient s'établir dans le comté de Tonnerre, en vertu de l'édit de 1706. Le marquis de Courtenvaux s'y opposa sur le motif, que jamais cet édit n'avoit été exécuté dans sa terre. Ce motif fut accueilli, & l'arrêt fit défenses à ces *notaires* d'y exercer aucune fonction. Cet arrêt, rendu sur les conclusions de M. l'avocat-général Séguier, est du 18 juin 1761.

Un sieur Janson s'étoit fait expédier des provisions d'un office de *notaire* royal à Courtenay, *comme non compris dans les états de réserve arrêtés au conseil en conséquence de l'édit du mois d'août 1664.*

Sur l'appel interjetté de la sentence de réception du sieur Janson par la comtesse de Ligny, dame de Courtenay, son défenseur disoit : le motif de la loi ne subsiste plus. L'édit de 1664, en créant des *notaires* royaux dans les justices seigneuriales, annonce que c'est *pour l'assurance & commodité des marchands forains*, & il est aujourd'hui reconnu que les *notaires seigneuriaux* peuvent acter entre toutes sortes de personnes : l'effet de la loi doit donc cesser.

Arrêt du 28 juin 1769, sur les conclusions de M. l'avocat-général Séguier, qui *met l'appellation & ce au néant; émendant, maintient & garde la comtesse de Ligny dans le droit & possession du notariat & tabellionage dans la justice de Courtenay; fait défenses à Janson de l'y troubler, de se dire & qualifier notaire royal à la résidence de Courtenay, & d'y passer aucuns actes de notaire, sans le consentement de la comtesse de Ligny; ordonne l'impression & l'affiche de l'arrêt dans la ville de Courtenay, & dépendances, aux frais de Janson, & le condamne aux dépens.*

Un arrêt du 6 septembre 1777, au rapport de M. l'abbé d'Espagnac, en faveur de M. de l'Averdy, des prêtres de saint Lazare, & du sieur Rouveau, leur tabellion, annulle de même des provisions

obtenues en vertu des édits de 1664 & 1706. En voici le dispositif.

« Après que Gauthier, avocat de François-Clément de l'Averdy, des prêtres de saint Lazare, » & de Rouveau; & Debonnières, avocat de » Castel Dumarais, ont été ouis; ensemble d'Aguesseau pour notre procureur-général, & qu'il en » a été délibéré;

» Notredite cour..... a mis & met l'appellation & ce dont est appel au néant; émendant, » décharge les parties de Gauthier des condamnations... ordonne que les différens édits, arrêts & réglemens, & notamment les édits, ar» rêts & déclarations des 9 juillet & 19 novembre » 1715, & mois d'août 1716, seront exécutés; » ce faisant, déclare les oppositions formées par » les parties de Gauthier à la réception de celle » de Debonnières, comme *notaire* royal, & de» vant en exercer les fonctions dans l'étendue de » leurs hautes-justices, bonnes & valables; main» tient & garde les parties de Gauthier dans le » droit & possession exclusif de nommer des *no»taires* dans l'étendue de leurs hautes-justices; » fait défenses à la partie de Debonnières de réci» diver, ni de se qualifier *notaire* royal de la Vil» lette-Saint-Lazare, Maulny, & autres lieux, » étant des hautes-justices des parties de Gauthier, » ni de faire aucun acte de *notaire* royal dans l'éten» due de ces hautes-justices; ordonne que le pré» sent arrêt sera imprimé, lu, publié & affiché; » tant à la Villette-Saint-Lazare & Maulny, que » dans tous les lieux & paroisses dépendans des » hautes-justices desdites parties de Gauthier, & » dans lesquels ils ont, en leur qualité de hauts» justiciers, le droit de notariat & de tabellio» nage, aux frais & dépens de ladite partie de » Debonnieres, jusqu'à concurrence de six exem» plaires; sur la demande en dommages-intérêts, » met les parties hors de cour; condamne ladite » partie de Debonnieres aux dépens des causes » principale, d'appel & demandes, même en » ceux réservés ».

Cet arrêt est remarquable en ce qu'il est rendu sur délibéré, & qu'il ordonne l'exécution de l'édit du mois d'août 1716.

Un arrêt aussi solemnel devoit sans doute fixer irrévocablement les idées; cependant, la question s'est encore présentée depuis dans l'espèce suivante.

En 1766, un sieur Mabille leva un office de *notaire royal à la résidence de Mello, non compris,* portoient ses provisions, *dans les états de réserve arrêtés en notre conseil, en conséquence de notre édit du mois d'avril 1664.*

Après avoir exercé cet office pendant deux années, Mabille s'en démit par acte du 20 février 1768, en faveur d'un sieur Noté, qui fut reçu au bailliage de Senlis par sentence du 24 mars suivant.

Le sieur Patu, seigneur de Mello, & propriétaire du droit de tabellionage dans sa seigneurie, interjetta appel de cette sentence, & conclut à ce qu'il fût fait défenses à Noté de prendre la qualité de *notaire* royal à la résidence de Mello, & de faire aucuns actes dans la baronnie de Mello.

Un arrêt de l'année 1778, sur les conclusions de M. l'avocat-général Jolly de Fleury, a adjugé au sieur Patu ses conclusions.

Cette espèce a cela de remarquable que Noté exerçoit depuis dix ans sous les yeux du sieur Patu, & que ce dernier, dans un acte qu'il avoit passé avec lui, lui avoit donné ou laissé prendre la qualité de *notaire royal résidant à Mello*. De-là Noté faisoit résulter une fin de non-recevoir.

Le sieur Patu, par l'organe de M. Hardouin, son défenseur, répondoit :

« 1°. Noté osera-t-il jamais en conclure que » par-là le sieur Patu a renoncé à son droit ex-» clusif de tabellionage ? Ce n'est pas ainsi qu'on » renonce à un droit acquis. Il faut que l'acte dans » lequel on prétend cette renonciation écrite, y » ait une relation directe, & celui-ci n'en a point » aucune avec l'office de *notaire* royal.

» 2°. Du consentement donné alors par le sieur » Patu, à ce que Noté prît le titre de *notaire royal* » *résidant à Mello*, il pourroit tout au plus en in-» duire une *tolérance*, un consentement *actuel* de » lui laisser exercer ses fonctions ; mais cette to-» lérance même ne formeroit pas un droit, ce » consentement ne seroit pas irrévocable. J'ai bien » voulu fermer un moment les yeux sur votre » usurpation ; mais je les ouvre sur les consé-» quences qu'un trop long silence auroit pu en-» traîner contre ma propriété, & je fais usage de » mon droit : voilà ce qui arrive tous les jours, » & ce qui n'est point une contradiction, & ne » forme point une *fin de non-recevoir* ».

C'est donc un principe aujourd'hui supérieur à toute critique que les *notaires* royaux ne peuvent ni s'établir, ni instrumenter dans les terres des seigneurs qui ont le droit de tabellionage.

Il y a cependant trois exceptions à cette règle.

1°. Lorsque le roi est en possession de nommer des *notaires* dans une seigneurie, il doit être maintenu dans cette prérogative, & ses *notaires* doivent avoir la concurrence avec ceux du seigneur, parce que cette possession fait présumer une réserve, soit dans l'acte d'investiture du fief, soit dans les lettres d'érection de la terre.

2°. Dans les coutumes & dans les lieux où les juges royaux ont sur ceux des hautes-justices la prévention parfaite, c'est-à-dire, la concurrence, les *notaires* du roi jouissent de la même prérogative. Sur ceux des seigneurs, le châtelet de Paris a la prévention parfaite sur les hautes-justices qui existent encore dans l'enceinte de la ville, & les *notaires* au châtelet ont la concurrence pour les inventaires avec les juges de ces hautes-justices. Sur le même motif, la même prérogative vient d'être assurée aux *notaires* royaux de la ville de Reims, par arrêt du 21 mai 1764. Plus ancien-

nement un arrêt de 1666 avoit admis la concurrence entre les *notaires* royaux, & ceux de la pairie de Noyon, parce que la coutume de Vermandois est du nombre de celles qui donnent aux juges royaux la prévention parfaite sur ceux des seigneurs.

3°. La troisième exception est établie par un arrêt du 25 juin 1668, entre l'évêque de Châlons-sur-Marne & les *notaires* royaux de la même ville, dont voici le dispositif. « Ladite cour, fai-» sant droit sur ladite demande, sans s'arrêter à » l'intervention de la communauté desdits no-» taires, a maintenu & gardé ledit évêque & comte » de Châlons dans la possession & jouissance du » droit de faire par son tabellion, seul & priva-» tivement à tous autres, les inventaires des biens » en la ville de Châlons, au ban & territoire du-» dit évêché ; fait défenses auxdits Lallement, » Moriset, & autres *notaires* de ladite ville de » Châlons, de plus entreprendre, de faire au-» cuns inventaires de quelque personne & qua-» lité qu'elles soient, dans ledit finage & terri-» toire, à peine de nullité, sinon qu'ils fussent » biens d'aubains, vacans, de morte-main, for-» mariage, bâtards, ou de qualité & condition » dont par l'ordonnance & coutume du lieu les » droits sont réservés au roi, sans restitution » d'émolumens ». (M. HENRION, avocat au parlement.)

NOTAIRE SUBALTERNE, est un *notaire* de seigneurs ; quelques auteurs appellent ces *notaires*, *subalternes*, soit parce qu'ils sont inférieurs aux *notaires* royaux pour l'étendue de leur pouvoir, soit parce qu'ils exercent leur ministère sous l'autorité d'un juge seigneurial ou subalterne, par lequel ils sont reçus. *Voyez ci-devant* NOTAIRE DE SEIGNEUR.

NOTAIRES-SYNDICS. Il fut créé par déclaration du 4 septembre 1706, deux offices de *notaires-syndics* dans les villes & bourgs où il avoit été réservé au moins huit *notaires* ; & un dans les villes & bourgs où il en avoit été réservé au moins quatre. On attacha à ces offices de *notaires* le titre de *syndic*, & le droit de faire les fonctions de syndic de la communauté des *notaires*. Il fut encore fait, par édit du mois d'août 1707, une autre création de *syndic* & *garde-scel* des notaires en chaque justice & seigneurie, dans laquelle il y avoit deux *notaires* royaux établis. Mais tous ces offices de *notaires-syndics* créés en 1706 & 1707, furent réunis aux communautés des *notaires* par une déclaration du 24 avril 1708, & par édit du mois de décembre 1717, le titre & les fonctions de *syndic* attribués aux *notaires* créés par l'édit de 1706, furent supprimés. (A)

NOTAIRE-TABELLION, est celui qui réunit en sa personne les fonctions de *notaire* & celles de *tabellion*, c'est-à-dire, qui a le droit de recevoir les actes & de les expédier. Autrefois ces deux fonctions étoient séparées ; mais présentement elles font prefque par-tout réunies. *Voyez ce qui eſt dit ci-dévant des* notaires *en général.* Voyez *auſſi* TABELLION.

NOTAIRES-TRIBUNS, *tribuni & notarii*, c'étoient des officiers dont les empereurs romains fe fervoient pour porter leurs ordres : on pourroit les comparer aux fecrétaires des commandemens ; il en eſt beaucoup parlé par Godefroy, fur la loi unique, au code Théodoſien, *de mandatis principum* ; & dans Henri de Valois, fur le *liv. XVII* d'Ammian, *pag. 140.*

Il y avoit auſſi les tribuns des *notaires*, *tribuni notarii*, qui étoient proprement les premiers fecrétaires du prince ; ils expédioient les édits du prince & les dépêches des finances. *Voyez* Zozime, *lib. V*; le *Gloſſaire de* Ducange, *au mot Tribuni*, & *les auteurs auxquels il renvoie.*

NOTAIRE DE L'UNIVERSITÉ ; c'eſt ainſi que l'on appelloit anciennement le *fcribe* ou *greffier* de chaque univerſité : on en trouve nombre d'exemples dans les anciennes ordonnances de la troiſième race. (*A*)

NOTÉ, adj. on appelle un *homme noté*, en terme de palais, celui dont l'honneur & la réputation ont fouffert quelque atteinte, foit par un jugement qui a prononcé contre lui quelque peine qui porte infamie de droit ou de fait, foit par quelque accuſation ou reproche dont il ne s'eſt point lavé. *Voyez* INFAMIE. (*A*)

NOTIFICATION, f. f. en terme de pratique, fe dit généralement de tout exploit par lequel on donne connoiſſance à quelqu'un du contenu dans un acte. La *notification* a principalement lieu en matière féodale, dans les cas de retrait ou de faiſie ; & en matière bénéficiale, lorſqu'un gradué fait ſignifier fes degrés à un collateur eccléſiaſtique.

NOTIFICATION, f. f. (*Juriſpr. can.*) c'eſt l'acte par lequel un expectant fait ſignifier à un collateur ou patron, les titres de fon expectative, & le rend par-là fon débiteur pour le premier bénéfice qui viendra à vaquer. *Voyez* BREVET, GRADES, INDULT. (*M. l'abbé* BERTOLIO, *avocat au parlement.*)

NOTIFICATION, (*Juriſpr. féodale.*) toutes les fois qu'un immeuble féodal ou cenſuel change de main, le nouveau propriétaire eſt obligé de notifier fon contrat au feigneur, de lui exhiber, & de lui en laiſſer une copie. S'il ne le fait pas, le feigneur eſt en droit de l'y contraindre.

Cette *notification* eſt également utile au feigneur & au vaſſal ; au feigneur, elle lui apprend ſi la mutation eſt productive de droits en fa faveur, & quels font ceux qu'il peut exiger : au vaſſal, ce n'eſt que du jour de l'accompliſſement de cette formalité que commence le délai de quarante jours pour exercer le retrait féodal.

Mais pour que la *notification* ait cette efficacité, pour qu'elle faſſe courir le délai de quarante jours, il faut qu'elle foit régulière ; & quelles font les

formalités néceſſaires pour la régularité d'une *notification* ?

A cet égard nous fommes dans l'heureuſe impuiſſance de donner nos propres idées, de parler d'après nous-mêmes. Dumoulin a tellement décompoſé, approfondi cette matière ; le temps, le fuffrage & des tribunaux & des juriſconſultes ont imprimé aux règles qu'il a établies fur ce point, une fanction telle que tout ce qui reſte à faire, c'eſt d'en préſenter l'analyſe.

Dans l'origine, le feigneur n'étoit for-clos du retrait que lorſqu'il avoit reçu le vaſſal en foi, que lorſqu'il avoit enſaiſiné fon contrat.

Mais le feigneur pouvoit arbitrairement différer cette miſe en poſſeſſion, & la propriété du vaſſal demeuroit incertaine : c'étoit un inconvénient, on l'a fenti. Et l'on a pris enfin le parti de préſumer le choix & la volonté du feigneur, mais dans un cas feulement, lorſque l'acquéreur lui a notifié fon contrat d'acquiſition, & qu'il a laiſſé écouler l'eſpace de quarante jours fans déclarer qu'il étoit dans l'intention de retirer féodalement. Si le vaſſal veut abréger le délai fixé par les coutumes pour l'exercice du retrait, cette voie feule lui eſt ouverte ; autrement, il y demeure expoſé pendant l'eſpace de trente années, ou juſqu'à ce qu'il ait plu au feigneur de s'expliquer.

Ainſi, toutes les fois qu'un fief change de main par vente, il s'ouvre, au profit du feigneur, une action en retrait ; au profit du vaſſal, une preſcription de trente années contre cette action. Cependant le vaſſal peut abréger la durée de cette preſcription ; mais pour cela, il faut un fait de fa part ; il faut qu'il notifie fon contrat. Conſéquemment trois choſes qu'il faut bien diſtinguer ; l'action en retrait qui s'ouvre de plein droit & fe perpétue de même ; la preſcription de trente ans contre cette action qui court également de plein droit. Enfin, une deuxième eſpèce de preſcription dont le terme eſt borné à quarante jours, mais dont le principe eſt fubordonné à un fait, à la *notification* du contrat.

Diligenter adverte differentiam inter principium actionis vel juris retractûs & inter principium hujus excluſionis ; quià non incipit currere hæc præſcriptio, cùm primum ceſſit & venit dies ; ceſſit enim & venit ſtatim à venditione concluſâ : & tamen non illicò currere incipiunt hi quadraginta dies, ſed tunc demum cùm obſervata funt eaque principio hujus præſcriptionis præfixa funt.

Et qu'eſt-ce que la loi exige pour le commencement & la fin de cette preſcription ? Dumoulin continue : *excluſio ſeu reſolutio retractûs requirit duo extrema & medium : videlicet debitam notificationem pro termino à quo ; lapſum quadraginta dierum pro termino ſuo extremo ad quod, & in medio ceſſationem patroni.*

La *notification* du contrat au feigneur peut donc feule faire courir la preſcription de quarante jours.

C'est à l'accompliſſement de cette formalité que la loi féodale attache le bénéfice de cette eſpèce de preſcription : *terminus à quo.*

Dumoulin s'occupe enſuite de la forme de cette *notification. Circa hujuſmodi notificationem quatuor ſunt conſideranda ; perſonæ, tempus, locus, forma. Primùm igitur quæritur quis hanc notificationem facere poſſit ; 2°. cui fieri poſſit ; 3°. quo tempore ; 4°. quo loco ; 5°. qualiter.*

Notre juriſconſulte entre enſuite dans le détail de ces différens points. Il ſe demande d'abord *quis hanc notificationem facere poſſit ?* Il convient qu'un fondé de pouvoir peut remplir cette formalité ; mais il exige une procuration ſpéciale *ad hoc,* ou du moins une procuration générale qui embraſſe tous les actes d'adminiſtration utiles au mandant. Et pourquoi l'une ou l'autre de ces procurations eſt-elle néceſſaire ? c'eſt pour que le ſeigneur ne ſoit pas expoſé à faire en pure perte les frais & les opérations préliminaires qu'exige le retrait féodal, c'eſt pour lui ménager dans le cas où la *notification* ne ſeroit pas exacte, un double recours, & contre le mandataire & contre l'acquéreur. *Ut non temere faciat ſumptum ad retrahendum, & ſi fecerit & denuntiatio falſa fuerit, habeat recurſum, nedum contrà eum qui denuntiavit de quo non eſt dubium, ſed etiam adversùs eum cujus nomine denuntiatum eſt.*

Inutilement l'acquéreur qui a omis de donner cette procuration, voudroit couvrir ce défaut par une ratification poſtérieure. La notification n'en ſeroit pas moins nulle. *Amplio etiam, ſi poſteà emptor expreſſè ratificaret, denuntiationem nomine ſuo factam, quia adhuc non valet etiam ut ex nunc ; igitur opus eſt verâ & debitâ notificatione de integro.*

Ce qui concerne la perſonne qui peut faire la *notification* ainſi déterminée, Dumoulin paſſe à ſa ſeconde diviſion, *cui fieri poſſit.* Sa réponſe eſt : *patrono vel alio ejus nomine poteſtatem habente.* A l'égard d'un fondé de procuration générale ou d'un pouvoir ſpécial, mais qui n'a pas pour objet le retrait ou le quint, nul doute, continue notre juriſconſulte, que la *notification* qui lui ſeroit faite, n'auroit aucune eſpèce d'efficacité, parce que recevoir la *notification,* c'eſt faire courir le délai contre l'action en retrait, c'eſt conſéquemment diſpoſer d'un droit acquis au ſeigneur ; & quelque indéfinie que ſoit une procuration, jamais elle ne peut autoriſer le mandataire à diſpoſer des droits qui appartiennent à ſon mandant, *quantumcumque habeat generale mandatum, non poteſt remittere jus domini liquidum.*

Mais le ſeigneur a eu connoiſſance de cette *notification* faite à ſon procureur-général, & il ne l'a pas improuvée. Ce ſilence de ſa part équivaut-il à une approbation ? Le délai pour retirer commence-t-il à courir au moins du jour qu'il a connu la *notification ?* Dumoulin réſout cette difficulté par une diſtinction auſſi ſolide qu'elle eſt ingénieuſe.

Le procureur qui a reçu la *notification,* a gardé le ſilence ſur les effets qu'elle pourroit produire ; *omninò tacuit,* ou bien il a déclaré qu'il l'acceptoit à l'effet de faire courir le délai de quarante jours ; *ſi verò procurator receperit dictam notificationem & habuerit pro accepta & ad idoneam perſonam facta.*

Si le ſeigneur connoît non-ſeulement cette *notification,* mais l'acceptation de ſon procureur, & l'erreur dans laquelle il a induit l'acquéreur, il doit réclamer ; autrement & à défaut d'improbation de ſa part, le délai court à compter de l'inſtant où la connoiſſance lui en eſt parvenue.

Si hoc perveniat ad notitiam patroni...... & non improbaverit factum procuratoris ſui, ex tunc cenſetur approbaſſe ; & ex tunc ; & non à die notificationis factâ minus legitimo procuratori incipiunt currere quadraginta dies ad excluſionem retractûs.

Mais la choſe eſt bien différente, lorſque le procureur a reçu la *notification* ſans s'expliquer ſur ſa validité. *Si omninò tacuit.* Inutilement voudroit-on tirer avantage de la connoiſſance du ſeigneur & du défaut d'improbation de ſa part : que pouvoit-il déſapprouver dans la conduite de ſon procureur, puiſqu'il n'a rien dit, rien fait qui pût compromettre ſes droits ? *Si hoc pervenit ad notitiam patroni, non cenſetur illam approbare, etiamſi taceat & non reprobet, quia procurator nihil agit, quod ratificari aut impugnari debeat. Quod autem fecit denuntians nullum eſt ; eique imputari debet quod perſonam illegitimam adivit, & de ejus poteſtate non inquiſivit, ſecurus igitur eſt patronus jus ſuum durare.*

Quant au temps & au lieu auxquels doit ſe faire la *notification,* rien de plus ſimple, *in tempore & loco congruo & opportuno.*

Enfin, quelle eſt la forme de cette *notification ?* Notre juriſconſulte a renfermé ſa déciſion ſur ce point en très-peu de mots, mais il n'en eſt aucun qui ne préſente un grand ſens, & qui ne forme une eſpèce de maxime ; voici ſes termes : *forma notificationis eſt quod venditio plenè & integrè nota fiat patrono, & ſic cum ſuis modis, qualitatibus & circumſtantiis. Nihil igitur debet teneri ſecretum patrono. Alioquin non cenſetur facta notificatio & non incipit labi tempus retractûs. Non enim ſufficit quem ſcire factum, niſi ſciat ejus modum & qualitatem. Nedum quæ concernunt ſubſtantiam actûs notificari debent, ſed etiam certæ qualitates & circumſtantiæ.*

Et peu importe que le ſeigneur ait connu ou ignoré la vente, quelque parfaite connoiſſance qu'il ait, & du prix, & de toutes les clauſes du contrat : il n'y a qu'une *notification* légale & régulière qui puiſſe faire courir le délai de quarante jours.

Sur ce point, comme ſur les précédens, écoutons encore le père & l'oracle de la juriſprudence féodale ; cette *notification,* dit Dumoulin, ſera-t-elle donc néceſſaire, ſi d'ailleurs il eſt prouvé que le ſeigneur avoit une connoiſſance parfaite de la vente : *ſi patronus perfectam notitiam venditionis, pretii & omnium clauſarum habeat.* Il décide que « quand » la dénonciation n'a pour objet que la ſimple » ſcience de celui à qui elle ſe fait, la ſcience ſuffit

» fans dénonciation ; mais que quand ce n'eſt pas
» aſſez que la perſonne ſache , & qu'il faut outre
» cela , que quelque choſe ſe faſſe , ou ne ſe faſſe
» point en conſéquence ; en ce cas , la dénoncia-
» tion doit être faite même à celui qui ſait ; *ſi requi-*
» *ritur ut præter ipſum ſcire , aliquid fiat , aut non*
» *fiat , tunc debet fieri etiam ſcienti* ».

Dumoulin ajoute : « or , dans le cas propoſé , la
» *notification* ne ſe fait pas à l'effet de la ſcience ſim-
» plement , & à ce que le ſeigneur ſache ; mais afin
» de faire courir le terme de quarante jours , & à
» ce que le vaſſal acquierre la libération du retrait
» féodal ; par conſéquent , la *notification* eſt de
» forme ; elle eſt néceſſaire avant que le temps coure
» contre le ſeigneur : *etiamſi maximè ſciat* ».

Pothier , dans ſon *Traité des fiefs* , art. 4 , §. 2 ,
adopte dans toute ſon étendue le ſentiment de Dumoulin , & diſtingue , comme lui , « quand la *no-*
» *tification* ſe fait , non-ſeulement pour donner con-
» noiſſance au ſeigneur , mais à l'effet qu'elle ſerve
» d'interpellation pour qu'il ait à ſe décider ſur la
» faculté d'uſer , ou de ne point uſer du retrait féo-
» dal , & pour faire courir le délai de la coutume ,
» pour cela , en ce cas , la *notification* eſt néceſſaire ,
» *quoiqu'il ſoit conſtant que le ſeigneur avoit d'ailleurs*
» *connoiſſance de la vente* ».

La *notification* ainſi faite , & avec toutes les formalités dont nous venons de parler , ne ſuffit pas
toujours pour faire courir le délai du retrait féodal.
Lorſque le contrat de vente renferme pluſieurs fiefs ,
il faut que la *notification* ſoit accompagnée d'une
ventilation de chacun d'eux.

Tout ce que l'on peut dire à cet égard eſt renfermé dans ces expreſſions ſi énergiques , tranſcrites
plus haut : *forma notificationis eſt quod venditio plenè*
& integrè nota fiat patrono , cum ſuis modis , qualitatibus
& circumſtantiis , nihil igitur debet teneri ſecretum pa-
trono , alioquin non cenſetur faſta notificatio & non in-
cipit labi tempus retraſtûs , non enim ſufficit quem
ſcire faſtum , niſi ſciat ejus modum & qualitatem.

Il faut donc , pour être régulière , que la *notifica-*
tion ſoit telle qu'elle donne au ſeigneur la connoiſſance la plus exaſte & la plus détaillée de toutes les
charges , de toutes les circonſtances de la vente.

De toutes les circonſtances d'une aliénation la
plus intéreſſante , celle qu'il importe le plus au ſeigneur de connoître , c'eſt ſans doute le prix convenu ; c'eſt même ce qui forme la ſubſtance de l'aſte ,
ce qui donne l'être au contrat , puiſque ſans prix ,
il n'y a pas de vente.

Si le contrat n'indique pas le prix , ou , ce qui eſt
la même choſe , s'il renferme pluſieurs fiefs mouvans de différens ſeigneurs , & que tous ſoient vendus pour un ſeul & même prix , ſans aucune eſpèce
de diſtinſtion , l'acquéreur doit donc diviſer ce
prix unique , en faire la ventilation , & la joindre
à ſon contrat ; autrement point de *notification* , ou
du moins ce n'eſt que du jour que cette ventilation
eſt ſignifiée au ſeigneur , que le contrat eſt notifié.

En effet , juſques-là , relativement au fief qui

relève de lui , il eſt vrai de dire que le ſeigneur ne
connoît pas l'aſte de vente , puiſque des trois qualités qui en conſtituent l'eſſence , *res , pretium & con-*
ſenſus , il en eſt une ; *pretium* , qui lui eſt abſolument
inconnue.

Lorſque les loix féodales impoſent à l'acquéreur
l'obligation de notifier ſon contrat au ſeigneur dominant , quel eſt leur objet ? Cela ſort de la nature
des choſes ; cela eſt écrit par-tout , dans les loix
elles-mêmes , comme dans les écrits des juriſconſultes ; c'eſt pour mettre le ſeigneur en état de délibérer s'il prendra les droits utiles , ou s'il uſera du
retrait ; c'eſt pour qu'il puiſſe ſe déterminer en connoiſſance de cauſe pour l'une ou pour l'autre de ces
deux alternatives.

Toutes les fois qu'un fief change de main par
vente , il s'ouvre au profit du ſeigneur des droits
de deux eſpèces , le quint ou les lods dans la majeure partie des coutumes , le relief dans quelques-
unes , & dans toutes le retrait féodal ; ces droits ,
ſavoir , le retrait féodal & les droits utiles , s'excluent
réciproquement ; le ſeigneur ne peut pas les cumuler , mais il a la faculté de choiſir , & c'eſt à lui ſeul
que ce choix appartient. Pour exclure le ſeigneur
du retrait , il faut donc pouvoir ſuppoſer qu'il a
choiſi le quint ou le relief ; c'eſt en effet ce que la
loi ſuppoſe quarante jours après une *notification* régulière : elle regarde le ſilence du ſeigneur , pendant cet eſpace de temps , comme une option des
droits utiles : mais comment ſe prêter à cette ſuppoſition , *lorſque le ſeigneur n'a pas eu connoiſſance*
du prix de la vente ; ce ſeroit choquer les notions les
plus ſimples. En effet , un choix eſt néceſſairement
l'aſte d'une volonté libre , éclairée , réfléchie ; en
un mot , c'eſt l'effet d'une délibération : or , comment veut-on que le ſeigneur délibère , réfléchiſſe
ſur le point de ſavoir s'il préférera le quint ou le
relief au retrait féodal , tout le temps qu'il ne connoît pas le prix de la vente. Le fief lui convient ,
& il a des deniers ; il uſera du retrait ſi ces deniers
forment l'équivalent du prix ; mais ſi ce prix excède
les bornes de ſa fortune , de ſon crédit , ou la valeur
intrinſèque du fief , il ſe contentera des droits utiles
ouverts par la mutation. Voilà , relativement au retrait féodal , la poſition de tous les ſeigneurs. C'eſt
toujours le prix qui détermine leur conduite à cet
égard ; c'eſt ſur le prix , ſur le prix ſeul qu'ils cal-
culent & qu'ils peuvent calculer les avantages du
marché & les reſſources de leurs finances ; ce n'eſt
donc que du jour que l'acquéreur leur a donné connoiſſance , & une connoiſſance très-nette du prix ,
que peut courir contre eux le délai de la coutume.
Avant la *notification* du prix , induire de leur ſilence
qu'ils ont préféré les droits utiles au retrait féodal ,
ce ſeroit ſuppoſer qu'ils ont délibéré ſans motifs ,
& choiſi ſans connoître.

Encore un mot : s'il pouvoit ſe faire qu'une loi ,
un arrêt fiſſent courir le délai de quarante jours ,
avant la ventilation des différens objets compris
dans le contrat , qu'arriveroit-il ? Que les ſeigneurs

feroient à la merci de leurs vaffaux, & flotte-roient dans une incertitude perpétuelle. Déterminé par la convenance, & perfuadé par la connoif-fance qu'il a du peu de valeur de l'objet qui re-lève de lui, que fi le prix total eft confidérable, c'eft que les autres fiefs vendus par le même con-trat font de grande importance, le feigneur ufe-roit du retrait féodal; mais l'acquéreur a acheté beaucoup trop cher, & la ventilation qui fe fait enfuite porte le fief de fa mouvance à un prix qui excède de beaucoup fes facultés & fes reffources : cependant il a exercé le retrait, & il ne peut plus rétrograder; ainfi le retrait féodal deviendroit un piège pour les feigneurs, ne feroit plus déformais pour eux qu'une fource de ruine & un moyen de vexation.

On fe doute bien qu'une queftion qui peut fe reproduire auffi fouvent, & d'une folution auffi facile, n'a pas échappé aux jurifconfultes feudiftes; cependant tous ne l'ont pas difcutée; mais dans le nombre de ceux qui s'en font occupés, il n'y a pas une feule voix difcordante.

Dumoulin ne la décide pas précifément dans le texte que nous venons de tranfcrire; mais il y re-vient fur l'article 45 de l'ancienne coutume, qui forme le foixante-troifième article de la nouvelle; il la difcute même avec beaucoup d'étendue fous les 11, 19, 20 & 21; & fa décifion eft que lorfque plufieurs objets, par exemple, un fief & une roture ont été vendus par le même contrat & pour un feul prix, la *notification* ne fait pas courir le délai de quarante jours, à moins qu'elle ne foit accompagnée d'une ventilation qui détermine le prix des différens objets compris dans la vente. *Ita ut non curret patrono tempus 40 dierum ad retrahen-dum, nifi liquidatione hujufmodi fatta, & patrono no-tificata.*

« Le retrait, dit Guyot, ne doit courir que du » jour de la ventilation faite; l'article 349 de Poi-» tou le dit, & cela doit avoir lieu par-tout, parce » qu'avant cela, le feigneur ne fachant pas le prix » de fon fief, n'a pas pu fe déterminer au retrait » ou aux droits : fon incertitude provient du fait » de l'acquéreur, & toutes les fois que par le fait » de l'acquéreur, le feigneur ne peut exercer fes » droits, il eft d'une conféquence victorieufe que » fon action doit être prorogée ».

On retrouve la même décifion conçue en termes auffi pofitifs, dans le commentaire de Vallin, fur la coutume de la Rochelle, *tome premier, pag. 176.*

« Toutes les fois, dit cet auteur, qu'il y a une » ventilation à faire, le délai du retrait feigneurial » ne court que du jour de la ventilation notifiée au » feigneur, parce que avant cela le feigneur étant » incertain du prix, n'a pu être en demeure de fe » déterminer pour le retrait, ou pour les lods & » ventes ». Boucheul, fur l'*article 349 de Poitou, n°. 11.*

Enfin, nous n'en fommes pas réduits fur cette queftion au fuffrage des auteurs; nous avons des loix, & des loix très-précifes.

« Si aucuns achete plufieurs chofes pour un feul » prix, & en plufieurs fiefs & feigneuries, c'eft à » l'acheteur d'eftimer & liciter que vaut la chofe, » étant en chacune defdites feigneuries; & à cha-» cune des feigneurs refpectivement appartient d'é-» lire dedans le temps de la coutume, qui eft huit » jours après ladite exhibition du contrat, les » ventes & honneurs, ou prendre la chofe par » puiffance de fief, pourvu que la licitation, ven-» tilation & eftimation que feroit l'acquéreur, ne » fût frauduleufe, ce que pourra maintenir le fei-» gneur & la débattre fi bon lui femble, & pen-» dant cette connoiffance *ne courra le temps contre* » *ledit feigneur*, la fraude étant par après connue; » mais où elle ne feroit vérifiée, ledit feigneur » en demeurera forclos. *Coutume de Poitou, art. 349.*

» Si aucun achepte *in globo*, & pour un prix, » plufieurs chofes eftants en plufieurs fiefs & fei-» gneuries, à lui eft d'eftimer & liciter que vaut » la chofe étant en chacune defdites feigneuries, » & à chacun des feigneurs refpectivement ap-» partiennent d'eflire dedans le temps de la couf-» tume, qui eft huit jours après ladite exhibition » de contracts, les ventes & honneurs, ou prendre » la chofe par puiffance de fief. *Coutume d'Angou-» mois, art. 71.*

» Si aucun achepte enfemble, & pour un prix, » plufieurs chofes étant en plufieurs fiefs & fei-» gneuries à lui eft d'eftimer & liciter que vaut la » chofe, étant en chacune defdites feigneuries, » & à chaq'un des feigneurs appartient refpecti-» vement d'élire dans le temps de la coutume » qui eft de huit jours, après l'exhibition des con-» trats, ventes & honneurs, ou prendre les chofes » par puiffance de fief ». *Saintonge, art. 54.*

On ne peut pas des autorités plus graves. Les coutumes, les jurifconfultes, & ce qui eft fupé-rieur à toutes les autorités, la raifon & le bon fens, tout fe réunit donc pour établir cette affertion : toutes les fois que le contrat renferme plufieurs fiefs, & un prix unique, fi le vaffal ne joint pas la ventilation du prix à la *notification* de fon con-trat, cette *notification*, quelque régulière qu'elle foit d'ailleurs, eft infuffifante pour faire courir le délai de quarante jours. (*Article de M. Henrion, avocat au parlement.*)

NOTOIRE, adj. fe dit, en terme de palais, de ce qui eft connu, public & évident. Il y a notoriété de droit & notoriété de fait. *Voyez ci-après* No-toriété.

NOTORIÉTÉ, f. f. fe en dit général de ce qui eft connu.

La *notoriété* d'un fait le rend en quelque forte certain, tellement qu'en matière criminelle la '*no-toriété* d'un crime tient lieu d'information. *Voyez* l'ordonnance de 1670, *tit. X, art. 9.*

La *notoriété* publique eft celle des chofes que tout le monde connoit.

La *notoriété* particulière est la connoissance de quelques personnes. On fait des *notoriétés* ou des certificats pour attester certains faits qui sont notoires dans une ville, dans une maison ou dans une famille ; pour attester qu'un homme est mort en tel temps, qu'il étoit riche d'une telle somme, qu'il a laissé tant d'enfans, qu'un tel a été son héritier.

Acte de notoriété est un certificat authentique délivré par des officiers de judicature, de ce qui se pratique dans leurs sièges sur quelque matière de jurisprudence, ou quelque forme de procédure.

Ces sortes d'actes sont ordinairement accordés à la requisition de quelqu'un qui a intérêt de constater l'usage.

Le juge qui les délivre, ne le doit faire qu'après avoir consulté les autres officiers de son siège s'il y en a, & même après avoir pris l'avis des avocats & procureurs, ou autres praticiens de son siège, s'il n'y a ni avocats, ni procureurs en titre.

L'usage des actes de *notoriété* s'est introduit depuis l'abrogation des enquêtes par turbes, qui a été faite par l'ordonnance de 1667.

Pour que les actes de *notoriété* puissent avoir quelque autorité dans une cause ou procès, il faut qu'ils aient été délivrés en vertu d'un jugement d'un juge supérieur ; autrement ces sortes d'actes ne passent que pour des certificats mendiés, que le juge a accordés par complaisance & à force d'importunités.

Il faut aussi qu'il y ait requête présentée par l'une des parties ; qu'on appelle devant le juge les parties qui peuvent y avoir intérêt ; que les avocats soient ouis de vive voix à l'audience, & le syndic des procureurs pour tous ceux du siège ; que le ministère public ait donné ses conclusions ; que l'acte fasse mention des jugemens sur lesquels la *notoriété* est établie ; enfin, qu'il soit ordonné qu'acte en sera délivré à la partie requérante, pour lui servir ce que de raison.

Les juges sont les seuls qui aient caractère pour donner des actes de *notoriété* ; les avocats d'un siège même en corps ne peuvent donner que des consultations ; les gens du roi, ou autres personnes qui exercent le ministère public, ne sont pas non plus parties capables pour donner des actes de *notoriété* en forme.

On a imprimé en 1709 un recueil des actes de *notoriété*, que M. le lieutenant-civil le Camus avoit donnés sur l'usage observé au châtelet dans plusieurs matières importantes. On a aussi les actes de *notoriété* du parlement d'Aix, imprimées à Avignon en 1764.

NOTORIÉTÉ, s. f. (*Jurispr. civ. & canon.*) ce mot dérive du latin *noscere*, qui signifie *connoître*, *avoir connoissance*. On l'emploie fréquemment dans l'usage. Quelques jurisconsultes divisent la *notoriété* en trois classes, *præsumptionis*, *juris* & *facti*. Ils définissent la *notoriété* de présomption, l'évidence à laquelle une présomption violente de droit ne permet pas de se refuser, comme la paternité

qu'il suffit de prouver par les conjectures légitimes du mariage ; *nam si vir & uxor infantem nutriunt & dicant eum filium eorum esse, tunc præsumitur eorum filius ; est ergo notorium præsumptionis, evidentia rei evidenter à jure præsumpta.*

La *notoriété* de droit est une preuve sans replique que produit un jugement ou une libre & claire confession faite en jugement. *Est clara judicialis confessio, invincibilis probatio, & irretractabilis definitio, de quo scilicet notorio quis damnatus est vel in jure confessus ; & sic illud duplex est, videlicet per confessionem factam in jure & per sententiam judicis.*

La *notoriété* de fait est celle d'un fait qui est connu de tout le peuple, ou de la plus grande partie, de sorte qu'on ne peut en dérober la connoissance, ou la déguiser en quelque manière que ce soit. *Notorium facti scilicet quod commissum vel factum non dubitatur à populo, vel majori populi parte, & per evidentiam rei nullâ potest tergiversatione celari ; nec oportet omnes circumstantias facti esse notas.*

Les canonistes ne distinguent que deux espèces de *notoriété*, celle de droit, & celle de fait. Ils les définissent à-peu-près comme les jurisconsultes, mais ils subdivisent la *notoriété* de fait en trois classes, *notorium*, *manifestum* & *famosum*. Selon eux, il faut, pour établir le *notorium*, ou la simple *notoriété* de fait, que la chose soit connue de la plus grande partie d'une communauté ou d'un peuple ; & ils ajoutent que dix personnes forment un peuple, une paroisse, une communauté : de-là ils concluent que quand la communauté n'est pas composée de dix personnes, il ne peut jamais y avoir une *notoriété* de fait, quand même la chose se soit passée à la vue de tous les habitans : que s'il y a dix personnes dans le lieu, il suffira pour la *notoriété* de fait, que six personnes en aient été témoins, parce que ces six personnes font la plus grande partie de la communauté : que si la communauté est de vingt ou de trente personnes, ces dix témoins ne suffiront pas, parce qu'ils ne font pas la plus grande partie du peuple : enfin, que si la communauté, la paroisse, la ville est très-nombreuse, il faut que la chose se soit passée devant douze ou quinze témoins. Tous les canonistes n'adoptent pas ce dernier principe. Il y en a qui pensent que, comme dix personnes ne font presque rien dans une ville telle que Paris, Rome, &c. quand une chose n'est connue que d'un si petit nombre de personnes, il faut laisser à un homme sage & prudent à définir si cela suffit pour la *notoriété*, parce que le droit n'a rien de bien précis sur ce dernier article. De-là il faut conclure que l'on n'est point d'accord sur ce qui constitue la *notoriété* de fait, & il est effectivement très-difficile de la déterminer.

On appelle *manifeste*, ce qui étant certainement connu par un nombre de personnes, a été par elles répandu dans le public. *Manifestum id est quod à pluribus prædicatur.....* Une chose, pour être manifeste, n'a pas besoin d'avoir été vue par la plus grande partie de la communauté, ce seroit alors le cas de la *notoriété* ; mais il suffit que la moitié du nombre nécessaire pour la *notoriété* l'ait appris de l'autre moitié qui a vu. On confond souvent le manifeste avec le notoire, & celui-ci avec l'évident. *Evidens quandoque ponitur pró notorio, quandoque pro manifesto.* On voit par-là que l'idée du manifeste n'est pas plus aisée à fixer que celle du notoire ou de la *notoriété* de fait.

Enfin on appelle *fameux*, ce qui est connu par le bruit public. *Famosum id quód famá notum.* Mais tout bruit ne produit pas cette publicité, il n'y a que celui qui est fondé sur des conjectures très-fortes, ou qui, ayant été répandu par une personne digne de foi, passe pour constant parmi ce qu'il y a de gens sages dans un canton. On voit, par exemple, un homme pâle & troublé sortir précipitamment d'une maison : son épée est teinte de sang, & il en est lui-même tout couvert : on trouve dans cette maison un de ses ennemis assassiné : on dit publiquement que ce meurtre part de la main de celui à qui on a vu prendre la fuite, voilà ce que l'on appelle *actio famosa.*

D'après ces notions sur la *notoriété* de fait que l'on retrouve dans la plupart des canonistes, il est évident qu'il est très-difficile de juger ou de prononcer d'après cette *notoriété*, puisqu'il est très-difficile de fixer quels sont les caractères qu'elle doit avoir pour être une véritable *notoriété* de fait. Elle peut être regardée comme telle aux yeux des uns, & ne pas l'être aux yeux des autres. Permettre de se conduire d'après cette *notoriété*, ce seroit donc permettre l'arbitraire, ce seroit ouvrir la porte à une foule de vexations & d'injustices.

C'est pour éviter cet inconvénient bien dangereux, que nous avons rejetté en France toute espèce de *notoriété* de fait pour base des jugemens ecclésiastiques ; & que nous ne reconnoissons d'autre *notoriété* que celle de droit. De-là vient que les excommunications n'ont jamais, parmi nous, leur effet extérieur, à moins qu'elles n'aient été prononcées après un jugement soit contradictoire, soit par défaut, & toujours précédé de monitions & d'information. De-là vient encore que cette *notoriété* de fait est insuffisante pour refuser la communion à celui qui la demande, soit au lit de la mort, soit à la table publique où tous les fidèles viennent y participer.

Ce principe que parmi nous la *notoriété* de fait est insuffisante pour encourir les censures, ou toute autre peine pareille, a été soutenu par nos canonistes les plus respectables. Ducasse, *chap. XI de la Jurisdiction ecclésiastique*, *part.* 1, s'exprime de la manière la plus claire & la plus démonstrative : « quand il s'agit de prononcer les censures » contre quelque particulier, soit qu'elles soient » *à jure*, soit qu'elles soient *ab homine*, soit qu'elles » soient encourues par le seul fait, soit qu'on n'y

» tombe que par le-ministère du supérieur, il est » absolument nécessaire de citer celui contre lequel » on veut procéder par voie de censure. La » raison est que, s'il est question de quelque cen- » sure qu'on encourt par le seul fait, il faut, par » un préalable, déclarer juridiquement qu'on l'a » effectivement encourue avant qu'on puisse être » dénoncé, quand même il seroit de *notoriété* pu- » blique, qu'on a commis un tel crime auquel » cette censure est attachée. Or, pour faire régu- » liérement cette déclaration, il faut ouïr la par- » tie, laquelle peut-être niera le fait ; ou si elle » l'avoue, elle peut alléguer des raisons qui la » mettront à couvert de la censure. D'ailleurs, » Alexandre III dit dans le chapitre *consuluit, » de app.* que plusieurs choses étant appellées *no- » toires*, on ne doit pas prendre pour un fait no- » toire une chose qui n'est que douteuse : *cum » multa dicantur notoria quæ non sunt, providere » debes ne quod dubium est, pro notorio videatis habere.* » Il en est ainsi des autres censures, parce qu'il » est de la justice de ne condamner les gens qu'a- » près les avoir ouïs. Or, pour être ouï, il faut » être cité ».

Dubois, dans ses *Maximes du droit canonique de France*, t. 1, p. 585, en observant que, selon le concordat, le concubinage public est justifié & prouvé, non-seulement par sentence ou confession judiciaire, mais encore par une *notoriété* de fait qui ne peut être dissimulée, dit : « ce qui est singulier dans » ce royaume, où la *notoriété* ne dispense pas d'in- » former, & de la solemnité des preuves re- » quises, pour la preuve des faits par témoins » connus ».

Nous ne pouvons puiser dans une meilleure source les principes sur la matière présente, que dans le réquisitoire célèbre de M. Joli de Fleury, présenté aux chambres assemblées, le 17 juin 1755, contre un ouvrage intitulé : *Réflexions sur la notoriété de droit & de fait.* « L'église, dit ce respectable » magistrat, a si bien senti l'insuffisance de la *notoriété* » de fait pour régler sa conduite à l'égard de ses » enfans, que, frappée des inconvéniens & des » abus des censures *latæ sententiæ*, portées par » quelques décrets des papes, elle a publié dans le » concile de Constance cette bulle célèbre *ad evi- » tanda scandala*, de laquelle il résulte bien claire- » ment, qu'il n'est pas permis aux ministres & aux » pasteurs de refuser les sacremens aux fidèles, » sous prétexte de quelque censure que ce soit, à » moins que la censure n'ait été expressément & » nommément dénoncée par sentence du juge » ecclésiastique.

» Si l'auteur du libelle ne sauroit refuser d'adop- » ter cette bulle, il fait les plus grands efforts pour » en éluder la disposition ; il voudroit enlever à » la bulle toute son autorité, par les exceptions des » censures *ipso facto* ajoutées par le concile de » Basle, la pragmatique & le concordat, avec la » seule exception de ceux qui auroient notoire-

» ment frappé un ecclésiastique. C'est avec cette
» seule exception que cette bulle nous a été tranf-
» mise par saint Antonin qui a vu tenir les con-
» ciles de Conftance & de Bafle, & qu'elle nous
» a été donnée par Vander-Hardt, qui l'a co-
» piée fur les manufcrits originaux dépofés dans
» la bibliothèque de l'empereur.

» Que l'on confulte Eveillon, Ducaffe, auteurs
» fi autorifés parmi nous, on y trouvera qu'il faut
» s'arrèter au texte du concile de Conftance, c'eft-
» à-dire, de la bulle qui fut alors reçue d'un com-
» mun confentement : que ce qui a été ajouté au
» texte de cette bulle dans le concile de Bafle &
» dans la pragmatique, inféré même dans le con-
» cordat, n'a pas été mis en pratique : que l'ufage
» contraire a prévalu, & le règlement établi par
» le concile de Conftance, comme étant plus équi-
» table & plus propre à entretenir le repos des
» confciences ; que c'eft le fentiment des plus cé-
» lèbres théologiens & canoniftes qui ont écrit
» depuis le concile de Conftance, & qui, étant de
» différentes nations, font voir que cet ufage eft
» conftant & général. Eveillon a raffemblé une
» foule de ces autorités. Ajoutons que tous nos
» canoniftes n'admettent pas même l'exception de
» la percuffion du clerc ; qu'ils fe réuniffent à dire
» que c'eft l'ufage du royaume de ne la pas ad-
» mettre ; que cet ufage déroge à ce fujet à la dif-
» pofition de la bulle ; que cet ufage eft fondé fur
» cette maxime, *qu'en France la notoriété de fait*
» *n'a pas lieu* ».

Ces principes ont été admis, à bien peu de chofes
près, par Benoît XIV, dans fa lettre encyclique
adreffée aux évêques de France, & datée du 16
octobre 1756. Il s'agiffoit de la trop fameufe bulle
unigenitus, & de décider dans quels cas ceux qui
ne l'admettoient pas devoient été privés du faint
viatique. Ecoutons le pape lui-même. *Publici au-*
tem atque notorii funt refractarii, in cafu de quo agi-
tur, quicumque per fententiam, à judice competente
prolatam, rei declarati funt eo nomine, quod debitam
prædictæ conftitutioni unigenitus, *venerationem, ob-*
fequium, obedientiam contumaciter denegaverint : qui-
cumque etiam hujufmodi contumaciæ reos fe in judicio
confeffi funt ; ac præterea illi, qui quamvis nec in ju-
dice condemnati, neque reatum fuum in judicio con-
feffi fuerint, nihilominus vel eo tempore quo facrum
ipfum viaticum fufcepturi funt, propriam in obedien-
tiam & contumaciam adverfus conftitutionem unigenitus *fponte profitentur*.

Il eft évident que dans ce paffage de fa lettre,
Benoît XIV ne parle que de la *notoriété de droit*.
Il fuppofe que le refus de facremens, & par conféquent toute autre efpèce de peine canonique
extérieure, ne peut être infligé qu'à ceux qui ont
été condamnés par un jugement, ou qui ont con-
feffé en juftice le fait qu'on leur impute. Ceux qui,
fans aucun jugement rendu contre eux, ou fans
aucune confeffion judiciaire de leur part, déclarent
d'eux-mêmes, & fans en avoir été requis, *fponte*,

qu'ils ne reçoivent pas la conftitution *unigenitus*,
doivent être traités comme les premiers. En cela
le pape ne déroge point aux vrais principes, parce
qu'alors il y a une évidence de fait plus frappante
& plus fûre que la *notoriété* de droit, en fuppofant,
comme il le fuppofoit & ne pouvoit le fuppofer
autrement, l'autorité de la bulle. *Tanta eft profecto*
in ecclefia Dei autoritas apoftolicæ conftitutionis quæ
incipit unigenitus : *eademque fibi tam finceram vene-*
rationem, obfequium & obedientiam ubique vindicat,
ut nemo fidelium poffit, abfque falutis æternæ difcri-
mine, à debitâ erga ipfam fubjectione fefe fubducere,
aut eidem ullo modo refragari. En confidérant ainfi la
bulle, le pape ne pouvoit décider d'une autre manière le cas qu'il fe propofoit. C'eft dans ce fens
que M. Joly de Fleury difoit : « mais celui qui
» commet un péché grief en préfence du public,
» & au moment de l'adminiftration, fournit lui-
» même une preuve exempte de toute incertitude,
» qui, plus forte que celles qu'on peut raffembler
» en obfervant les formes de la loi, n'a pas befoin
» d'emprunter fon fecours. Le refus n'eft plus une
» diffamation publique, ce n'eft plus un fcandale
» alors de refufer ; ce feroit un fcandale aux yeux
» du public que d'adminiftrer..... Quelle diffé-
» rence entre cette évidence & ce qu'on connoît
» dans l'ufage commun fous le nom de *notoriété*
» *de fait*; cette dernière ne peut jamais porter avec
» elle la conviction de la vérité ; l'autre porte tou-
» jours néceffairement cette conviction ».

On voit, par ces différentes citations, que l'opinion de Benoît XIV fe rapproche infiniment des
principes expofés dans le requifitoire de M. Joly
de Fleury. Cependant le pontife romain ajoute une
troifième *notoriété* à celle de droit & d'évidence,
qui eft une *notoriété* de fait ; mais il veut qu'elle foit
accompagnée de tant de circonftances, qu'il la réduit à rien dans la pratique ; & l'on peut dire que
la lettre encyclique de Benoît XIV ne combat
point nos principes généraux fur la notoriété, d'après
laquelle l'églife peut infliger des peines publiques
& extérieures, & retrancher les fidèles de fon fein,
ou ne pas les admettre à fa communion.

Finiffons cette difcuffion, en répétant avec
M. Joly de Fleury : « c'eft fur ces principes qu'entre
» la *notoriété* de droit & celle de fait, on a toujours
» rejetté en France la fimple *notoriété* de fait, pour
» n'admettre que la feule *notoriété* de droit, fans
» laquelle le refus public (de la participation à la
» communion de l'églife), feroit une diffamation
» publique & un fcandale contre lefquels les juges
» royaux fe font élevés dans tous les temps ».

Efpérons qu'enfin la raifon & la vérité feront
affez puiffantes pour réunir bientôt les efprits fur
un point que l'on ne peut fouffrir de difficulté, pourvu
qu'on veuille y apporter une attention dégagée de
toute prévention & de toute partialité. Les chofes
ne font plus depuis long-temps dans l'état où elles
étoient lors de la primitive églife. Renfermée
dans des bornes très-étroites ; & obligée de fe

cacher au public, la religion n'avoit aucune influence civile fur l'état des citoyens. Les peines qu'elle infligeoit, tenues fecrettes, n'avoient rapport qu'au fpirituel. Le manteau de la charité couvroit l'honneur de ceux qui en étoient frappés. La pénitence publique, la privation momentanée des faints myftères, l'excommunication même, ne privoient d'aucun des droits de cité. Il ne doit donc pas paroître étonnant qu'une *notoriété* de fait fût fuffifante dans ces temps pour être condamné & puni au tribunal fpirituel des fidèles.

Mais depuis que la religion a été reçue dans l'état, depuis que l'incommunication & l'excommunication ont pris un tel caractère qu'elles portent tout à la fois fur l'honneur & fur l'état des citoyens, on a dû arrêter, que ces moyens ne pourroient plus être employés qu'après un jugement ou une confeffion judiciaire, c'eft-à-dire, une *notoriété* de droit à laquelle on a cru devoir ajouter l'évidence de fait. Par-là on a prévenu l'arbitraire, & fans rien ôter à la force des armes fpirituelles qui ont été de tout temps dans les mains de l'églife, on en a feulement modéré l'ufage en l'empêchant de devenir abufif.

Ce que nous venons de dire s'applique également à la privation des bénéfices & à l'incapacité pour en acquérir. « Quand il n'y auroit aucune » difficulté fur la qualité & le nombre des crimes » qui notent d'infamie, il y en auroit toujours » une très-grande fur le degré de publicité que » doit avoir un crime, pour être réputé notoire » ou évident; car cette *notoriété* ou évidence eft » néceffaire pour établir une infamie de fait : c'eft » à caufe de ces difficultés que, dans l'ufage du » royaume, on n'admet ni *notoriété*, ni infamie » de fait ». Piales, *Traité du dévolut*, tom. 3, pag. 301. (*M. l'abbé* BERTOLIO, *avocat au parlement.*)

NOVALE, f. f. (*Jurifpr. can.*) toutes les queftions agitées depuis long-temps fur les *novales* font devenues beaucoup moins intéreffantes depuis l'édit de 1768, qui, par fon article 14, les abroge, de manière qu'il ne doit plus y avoir parmi nous qu'une feule efpèce de groffes dixmes, fans aucune diftinction entre les dixmes anciennes & les *novales*.

Cependant, comme l'édit laiffe aux curés qui n'opteront point la nouvelle portion congrue, les *novales* dont ils fe trouveront en légitime poffeffion à l'époque de la publication de la loi, il s'élève encore des conteftations entre eux & les curés primitifs, ou autres gros décimateurs, fur la nature de telle ou telle dixme : conteftations qui préfentent la queftion de favoir fi les dixmes dont il s'agit, font ou anciennes, ou *novales*. Il eft donc encore néceffaire, malgré l'édit de 1768, de connoître les principes fur les dixmes *novales*, & en quoi elles différoient des dixmes anciennes.

Que faut-il entendre par dixmes *novales* ? Ici l'on eft arrêté dès les premiers pas. On n'eft pas

trop d'accord fur la définition du terme. Innocent III, au chapitre dernier du titre *de privileg.*, dit que les *novales* font celles qui fe lèvent nouvellement fur des fonds que perfonne ne fe fouvient d'avoir vus en culture, *ex terra quæ ad culturam noviter redacta eft, & de quâ non exftat memoria quod aliquando culta fuerit*. On voit au chapitre premier *de verbor. fignif.*, *novale eft terra tunc primum ad fructificandum profcifa.... novale eft ager tunc primum. præcifus*. Mais faut-il que la terre n'ait jamais rien produit, ou n'ait jamais produit de fruits décimables, pour être réputée terre *novale* ? Ou fuffit-il feulement qu'elle n'ait point été dans cet état de mémoire d'homme ? Gohard, qui a fenti la difficulté, croit l'avoir réfolue en définiffant les *novales*, celles qui fe perçoivent fur des fonds nouvellement chargés de fruits décimables.

Dejoui donne des notions qui paroiffent plus claires. Selon lui, les dixmes *novales* font de deux efpèces. Les unes font celles qui fe perçoivent fur des terres nouvellement défrichées, & qui ne l'avoient pas été anciennement : les autres font celles qui fe perçoivent fur des terres anciennement défrichées, mais nouvellement chargées de fruits fujets à la dixme. Ainfi, continue cet auteur, fi dans une paroiffe où le lin n'eft pas fujet à la dixme, une pièce de terre qui auroit toujours été enfemencée en lin commençoit à être enfemencée en bled, le bled feroit fujet à la dixme, & feroit une dixme *novale*.

Cependant l'article 14 de l'édit de 1768 annonceroit qu'il faut diftinguer trois efpèces de *novales*; 1°. les terres nouvellement défrichées; 2°. celles qui font converties en fruits décimables; 3°. celles qui font remifes en valeur. « Voulons » qu'à l'avenir il ne foit fait aucune diftinction entre » les dixmes anciennes & *novales*, dans toute » l'étendue de notre royaume, même dans les » paroiffes dont les curés n'auroient pas fait l'op- » tion de la portion congrue : en conféquence, » les dixmes de toutes les terres qui feront défrichées » par la fuite, lorfqu'elles auront lieu felon notre » déclaration du 13 août 1766 (c'eft celle con- » cernant les défrichemens des landes & terres » incultes), *comme auffi les dixmes des terres re- » mifes en valeur, ou converties en fruits décimables*, » appartiendront aux gros décimateurs de la pa- » roiffe, foit curés, foit autres, foit laiques ou » eccléfiaftiques, &c. ». D'après l'énumération faite par le légiflateur, il eft difficile de ne pas croire qu'il met dans la claffe des *novales* les terres remifes en valeur, c'eft-à-dire, celles qui feroient reftées incultes pendant plus de quarante ans.

Cependant plufieurs auteurs ne font pas de cet avis, quant aux terres remifes en valeur, & ne les regardent pas comme des terres *novales*. « On » dit ordinairement, dit Dejoui, qu'une terre » nouvellement défrichée, eft réputée *novale*, fi » on ne prouve pas que, de mémoire d'homme, » elle ait déjà été défrichée. Mais cela n'eft pas

» exact ; car si on prouvoit par titres que cette
» piéce eût été labourée anciennement, même
» au-delà de cent ans, elle ne pourroit être ré-
» putée *novale* ».

On pourroit dire à l'appui de l'opinion de
Dejoui, que si l'on prouve par titres qu'une terre
a été autrefois en culture, on n'est pas dans le cas
de soutenir qu'elle n'a pas été cultivée de mémoire d'homme, *memoria extat*, & que le gros
décimateur ayant eu un droit acquis sur cet héritage, le droit n'a été que suspendu par le défaut de culture. C'est le raisonnement de d'Héricourt.

M. Camus, dans son *Commentaire sur l'édit de
1768*, tom. 2, pag. 1885 s'exprime ainsi en parlant de la décrétale d'Innocent III, ci-dessus citée.
« La décrétale du pape Innocent III a pour objet
» de décider l'étendue d'un privilège accordé
» contre les curés, & de-là on a conclu qu'il avoit
» dû y expliquer le mot de *novale* dans un sens
» étroit ; d'où l'on a tiré cette seconde consé-
» quence, que quand il s'agit d'interpréter le mot
» *novale* en faveur des curés, il faut le prendre
» dans un sens plus étendu, de sorte que si le simple
» défaut de culture, pendant un an, ne suffit pas
» pour donner à un champ la qualité de nova-
» lier, au moins on peut lui donner ce nom
» lorsque, quoique cultivé par le passé, il n'a pas
» rapporté, de mémoire d'homme, de fruits déci-
» mables. Les mêmes conséquences auroient suivi,
» & plus naturellement ce semble, du seul principe
» qui a fait établir les *novales*. C'est le défaut de
» possession de la part des décimateurs qui fait que
» la dixme *novale* est attribuée aux décimateurs.
» Or, quoiqu'une terre se soit reposée pendant
» un an, & même plus, il n'est pas moins possible
» que les décimateurs justifient une ancienne pos-
» session ; donc les curés n'auront point la dixme
» sur ces terres. Au contraire, quoiqu'une terre
» ait été anciennement cultivée, le décimateur
» ne sauroit prouver de possession, si jamais, de
» mémoire d'homme, elle n'a rapporté de fruits
» décimables ; lors donc qu'elle commencera à en
» produire, la dixme sur cette terre ne pourra
» appartenir à d'autres qu'au curé ».

Malgré ce raisonnement qui paroît annoncer clairement l'opinion de l'auteur, M. Camus dit ensuite que le vrai caractère des *novales*, dans le sens
que les textes canoniques & les ordonnances
donnent à cette expression, est que la terre sur
laquelle on veut percevoir la dixme *novale*, n'ait
jamais été défrichée, ou qu'elle n'ait jamais rapporté de fruits décimables : d'où il faudroit conclure qu'une terre qui a été autrefois cultivée, lorsqu'elle recommencera à produire des fruits décimables, ne sera point terre *novale*, quoiqu'elle
n'en ait point rapporté de mémoire d'homme.

Il nous paroîtroit que la coutume de Nivernois peut très-bien servir à résoudre la question ;

elle distingue deux espéces de *novales*, les rompeis
& les ronteis ; elle définit les rompeis « les terres
» nouvellement cultivées, esquelles n'y a appa-
» rence ou mémoire de culture faite autrefois » ;
& les ronteis, « les terres qui, de long-temps,
» n'ont été labourées, & esquelles il y a appa-
» rence ou mémoire de culture ancienne ».

Cette coutume donne aux curés les rompeis
à perpétuité, & les ronteis seulement pour les
trois premières années. Elle considère les rompeis comme de véritables *novales*, & les ronteis
comme des *novales* imparfaites. Voilà pourquoi elle
accorde pour toujours les premières aux curés,
& ne leur accorde les secondes que pour trois
ans. La coutume n'exige pas pour les rompeis que
les terres n'aient jamais été cultivées ; elle se contente qu'il n'y ait point apparence ou mémoire
de culture faite autrefois. Mais que faut-il entendre par cette expression *mémoire* ? Supposons
qu'une terre soit restée pendant deux cens ans en
friche, pourra-t-on dire qu'il y a mémoire qu'elle
a été cultivée autrefois, si le décimateur autre
que le curé, retrouve dans ses archives quelque
vieux parchemin qui annonce qu'elle a été en
culture il y a deux siècles ?

Cette question n'a jamais été formellement décidée ; on en peut juger par l'article 111 des cahiers présentés au roi par le clergé en 1725 ;
« qu'attendu que plusieurs curés, au préjudice des
» gros décimateurs, perçoivent la dixme sur des
» terres qui ont été ensemencées, sous prétexte
» qu'elles ont cessé d'être cultivées pendant quel-
» ques années, & les veulent faire passer pour
» *novales*, ce qui donne lieu à plusieurs procès, il
» plaise à sa majesté ordonner que les *novales* ne
» pourront être levées par les curés, *que sur les terres
» qui n'auront jamais été cultivées ni ensemencées*, sans
» qu'ils puissent prétendre de les lever sur des
» terres que l'on aura cessé de cultiver, ou d'en-
» semencer *pendant quelque nombre d'années que ce
» puisse être* ». Par l'article suivant, le clergé demande que les terres nouvellement-défrichées ne
soient censées *novales* que pendant vingt années,
à commencer du jour que les curés auront commencé à percevoir la dixme à titre de *novale*, après
lequel temps les décimateurs percevront la dixme
sur lesdites terres.

La réponse du roi ne décide rien : « sa majesté
» s'étoit proposé de pourvoir, par une déclara-
» tion particulière, au contenu en ces deux ar-
» ticles : mais après s'être fait informer avec soin
» de la jurisprudence qui s'observe dans les res-
» sorts, tant des parlemens que des bailliages de
» son royaume, l'usage lui a paru si différent en
» matière de *novales*, qu'elle croit devoir laisser
» aux juges ordinaires la connoissance des con-
» testations qui peuvent survenir à cet égard, pour
» être jugés, ainsi qu'il a été pratiqué jusqu'à pré-
» sent, selon l'usage établi dans les différens lieux
» du royaume ».

Dunod, dans fon *Traité de la dixme*, adopte abfolument l'avis que le clergé defiroit faire ériger en loi. « Mais on ne doit point prendre en cette » matière le temps immémorial dont Innocent III » a parlé, comme en matière de prefcription, où » ce temps couvre & efface tout ce qui a précédé ; » car il ne s'agit pas ici d'acquérir un droit par » la poffeffion, mais de prouver, par celle qui eft » immémoriale, qu'un héritage n'a jamais été cul- » tivé. C'eft dans ce fens que le pape a dit que la » terre *novale* eft celle, *de quâ non extat memoria* » *quod aliquando culta fuiffet* : or, les fillons qui » confervent & expofent perpétuellement la mé- » moire & le fait de l'ancienne culture, ou même » les titres qui la prouvent, empêchent la pré- » fomption qui naîtroit fans eux du défaut de cul- » ture pendant un temps immémorial, & font que » la terre ne peut pas être réputée *novale*, puifque, » fuivant un autre texte avec lequel il faut conci- » lier la réponfe d'Innocent III, la *novale* eft une » terre vierge : *novale eft ager primum præcifus ;* » &, comme dit M. Cujas, *primum aratum exper- » tus :* d'où il faut conclure que quand il confte » d'une ancienne culture, quand même elle excé- » deroit la mémoire des vivans, il n'y a plus de » *novale* à prétendre. La jurifprudence du parle- » ment de Touloufe a varié fur cette queftion, & » elle s'eft enfin fixée à juger, que quand il exif- » toit de la culture, quelque ancienne qu'elle fût, » la dixme n'étoit plus *novale*. C'eft auffi la jurif- » prudence du parlement de Befançon ; car il or- » donna la reconnoiffance des anciens veftiges de » culture dans un fonds que le curé difoit n'avoir pas » été labouré de mémoire des vivans, & être rem- » pli d'arbres fi gros, qu'il avoit fallu plus de cent » ans pour les produire ».

Si les décimateurs, autres que les curés, avoient en leur faveur le droit commun, fi les dixmes leur avoient originairement été deftinées comme aux curés, l'opinion de Dunod & des autres auteurs qui l'ont embraffée, devroit être fuivie. Mais les décimateurs qui ne font pas curés, ne font décimateurs que par privilège, & une ceffation de culture pendant un fiècle ou deux, nous paroît un temps de non-poffeffion plus que fuffifant pour faire ceffer le privilège, & faire rentrer les chofes dans leur état naturel.

Cette ceffation de culture qui produit une nonpoffeffion de la part des décimateurs, ne produit point une poffeffion pour les curés. Cela eft vrai. Auffi n'eft-ce pas la prefcription que nous invoquerions en faveur de ces derniers, & nous ne nous contenterions pas d'une ceffation de culture pendant quarante ans pour dépouiller les décimateurs. Nous en exigerions une de cent ans au moins. On pourroit dire qu'après ce temps révolu, il n'exifteroit point de mémoire de culture, *de quo non extat memoria quod aliquando cultus fuiffet.* Un parchemin enfeveli dans la pouffière pendant un fiècle, n'empêcheroit point qu'il ne fût vrai que,

de mémoire d'homme, la terre n'a pas été cultivée, & la loi n'exige rien de plus. Il faut la prendre à la lettre, toutes les fois que fon interprétation littérale tend à faire rentrer les chofes dans le droit commun. L'édit de 1768 le fuppofe ainfi, puifqu'il prive pour l'avenir les curés à portion congrue de la dixme *des terres remifes en valeur*. La déclaration de 1766 pour les défrichemens, le fuppofe de même, puifqu'elle répute terres incultes celles qui font en friche depuis quarante ans.

Cette queftion qui peut encore être intéreffante dans le moment actuel, ne le fera plus par la fuite, l'édit de 1768 ayant aboli les *novales* & réduit les groffes dixmes à une feule efpèce. Cette loi nouvelle, dont le but eft de couper la racine à tous les procès que faifoient naître les *novales*, & de procurer aux décimateurs une indemnité pour l'augmentation des portions congrues dont ils font chargés, a trouvé des contradicteurs. Il eft des perfonnes qui la regardent comme très-onéreufe aux curés congruiftes, en ce qu'elle donne aux décimateurs une indemnité bien audeffus de la nouvelle charge qui leur eft impofée. Les curés du diocèfe d'Auch, dans un mémoire publié récemment en leur nom, ont prétendu que les *novales* de l'année 1785 ont produit aux décimateurs du diocèfe une augmentation de 50000 liv. ; qu'elles leur en produiront une de 80000 liv. à l'expiration des quinze années portées dans la déclaration de 1766, & qu'ils n'ont été chargés que de 3200 liv. par l'augmentation des portions congrues ordonnée par l'édit de 1768. *Voyez* PORTION CONGRUE.

Avant l'édit de 1768, les curés qui avoient opté la portion congrue jouiffoient, aux termes de la déclaration du 29 janvier 1686, des *novales* fur les terres défrichées depuis leur option. La loi nouvelle accorde ces *novales* aux gros décimateurs. Ainfi les curés qui opteront la portion congrue de 500 liv., perdent non-feulement les *novales* dont ils jouiffoient avant cette option, mais encore celles des terres qui feront défrichées par la fuite.

Ceux qui n'ont point opté la nouvelle portion congrue ont confervé les dixmes *novales* dont ils jouiffoient avant l'édit. Mais ils ont perdu celles des terres poftérieurement défrichées. Cependant cette propofition reçoit les diftinctions établies par l'article 14. Si le temporel de la cure, confervé par le curé, confifte dans des héritages ; s'il n'a aucune portion dans les groffes dixmes, il ne peut rien prétendre aux *novales* poftérieures à l'édit.

S'il n'a qu'un trait de dixme qui lui ait été affigné pour portion congrue, alors les dixmes des terres défrichées dans ce canton, dont il eft décimateur, lui appartiennent ; mais il n'en jouit plus en vertu du titre que fon clocher formoit en fa faveur avant l'édit. Sa qualité de gros décimateur est le feul titre en vertu duquel il puiffe les réclamer. Ainfi celles des terres qui feront défrichées dans les autres cantons où il n'eft point gros décimateur, ne lui appartiennent plus. Si la portion de dixme dont jouit le curé eft indivife avec le gros décimateur, il jouira des *novales* au prorata de fa portion des groffes dixmes. Il doit en être de même, aux termes de l'article 14 de l'édit, pour les terres remifes en valeur, ou converties en fruits décimables; les curés à portion congrue n'y ont plus aucun droit; la loi met fur la même ligne les terres nouvellement défrichées, celles remifes en valeur & celles converties en fruits décimables. Elle a voulu prévenir par-là toute efpèce de difficulté.

Mais que faut-il entendre par terres remifes en valeur? Car dans cette matière on eft arrêté à chaque pas par défaut de définitions généralement adoptées. Faut-il qu'une terre ait été pendant quarante ans inculte, ou fuffit-il qu'elle l'ait été pendant un moins long intervalle de temps? M. Camus, dans fon *Commentaire fur l'édit de 1768*, fe propofe la difficulté, *tom. 2, pag. 226.* « Le fens qui fe » préfente, dit-il, naturellement à l'efprit, lorf- » qu'on parle d'une terre remife en valeur, eft » qu'il s'agit d'une terre qui eft demeurée inculte: » or, appliquera-t-on cette dénomination à une » terre qui n'eft demeurée en friche que deux » années? Si l'on croit devoir chercher dans » d'autres loix ce que le légiflateur a entendu par » des terres incultes, on pourra argumenter de » l'article premier de la déclaration du 13 août » 1766, qui s'exprime en ces termes; *les terres* » *de quelque qualité & efpèce qu'elles foient, qui,* » *depuis quarante ans, fuivant la notoriété publique* » *des lieux, n'auront donné aucune récolte, feront ré-* » *putées terres incultes.* On obfervera que l'époque de » cette déclaration eft voifine de celle de l'édit » des portions congrues; que la déclaration elle- » même étoit préfente à l'efprit du légiflateur, » lorfqu'il a ftatué fur les portions congrues, puif- » qu'elle eft citée dans l'article même que nous » expliquons. On dira donc une terre remife en » valeur, eft une terre qui, auparavant, étoit in- » culte. Or, nos loix ont défini terre inculte, celle » qui, depuis quarante ans, n'a donné aucune ré- » colte; la conféquence de ce raifonnement fera » que les curés conferveront, nonobftant l'édit, » le droit qu'ils avoient par le paffé fur les terres » qui font cultivées de nouveau, après être reftées » en friche pendant un long intervalle, moindre » cependant que l'efpace de quarante ans; nous » penfons en notre particulier, que tel eft le fens » que l'on doit donner à l'édit, & qu'il n'entend » par terres remifes en valeur, que celles qui » font demeurées plus de quarante ans fans cul- » ture ».

D'autres auteurs ne penfent pas comme M. Camus. Ils n'accordent aux curés que les dixmes *novales* dont ils étoient en poffeffion actuelle au jour de la publication de l'édit; c'eft ainfi que le décide M. Potier de la Germondaye, dans fon *Gouvernement des paroiffes, pag. 131.* « Suppofons » qu'un recteur, c'eft-à-dire curé, n'ait pas opté » la portion congrue de 500 liv., & qu'il ait pré- » féré la jouiffance des revenus de fa cure & des » *novales* dont il étoit en poffeffion lors de la pu- » blication de l'édit: fuppofons encore qu'une » terre dont il percevroit la dixme comme *no-* » *vale*, pendant qu'elle étoit cultivée, ait été laif- » fée en friche pendant plufieurs années avant » l'édit, & remife en valeur depuis la publica- » tion de l'édit, à qui appartiendra la dixme? Si » nous confultons l'ancienne jurifprudence, nous » dirons que le recteur rentroit avant l'édit dans » fes premiers droits, qui n'avoient été que fuf- » pendus pendant que le cultivateur avoit laiffé » fa terre inculte. Mais ce principe a été effacé » par la loi nouvelle de l'article 14 de cet édit, qui » accorde aux gros décimateurs les dixmes, non- » feulement des terres qui feront défrichées dans la » fuite, mais encore de celles qui feront remifes » en valeur ou converties en fruits décimables: » ainfi lorfque le recteur n'eft point décimateur » du canton où ces terres font fituées, il n'a plus » aucun droit fur les dixmes qu'elles produifent, » parce qu'il n'en avoit point la poffeffion lors de » la publication de l'édit ».

Nous ne déciderons point entre ces deux fenti- mens: le premier a pour lui la faveur que mé- ritent les curés; le fecond paroît plus conforme au texte de la loi.

L'édit de 1768 maintient les curés qui n'opte- ront point la portion congrue, dans la jouiffance des *novales* dont ils feroient en poffeffion lors de fa publication. On a demandé fi la poffeffion dont parle l'édit doit être une poffeffion de fait & de droit tout enfemble, ou fi une fimple poffeffion de droit fuffit. Deux arrêts de 1768 & de 1770 ont jugé que la poffeffion de droit fuffifoit. Mais il exifte, dit M. Camus, un arrêt contraire, rendu en la grand'chambre le mercredi 2 août 1775, entre le fieur Harmant, curé de Vaudoué, le cha- pitre de Notre-Dame de Paris, & l'abbeffe de Chelles. Le fieur Harmant demandoit l'envoi en poffeffion des dixmes des terres défrichées, de- puis 1730 jufqu'en 1768, comme dixmes novales, aux offres de faire preuve des défrichemens. M. l'a- vocat-général Séguier, qui portoit la parole dans cette affaire, obferva que le curé n'étoit en pof- feffion de ces *novales*, ni par lui-même, ni par fes prédéceffeurs: il lui oppofa la difpofition de l'ar- ticle 14 de l'édit, & rejetta la diftinction propo- fée par le curé, de la poffeffion de droit & de la poffeffion de fait. M. l'avocat-général foutint que, dès que la loi exigeoit qu'on foit en poffeffion, cette poffeffion devoit s'entendre d'une poffeffion réelle & actuelle. L'arrêt, conforme à fes con- clufions, a confirmé la fentence du châtelet qui ayoit rejetté la demande du curé : il a paru paffer fans aucune contradiction.

La queftion jugée par l'arrêt qu'on vient de rapporter, l'étoit déjà par l'article 2 de la déclaration interprétative de l'édit de 1768, adreffée au parlement de Touloufe. Cet article exige que les curés aient été en poffeffion actuelle, réelle, & paifible des *novales*, lors de la publication de l'édit, pour avoir la faculté de les conferver à perpétuité. Il eft vrai que les curés du reffort du parlement de Touloufe étoient dans un cas particulier. Selon la jurifprudence de ce parlement, les *novales* ne leur appartenoient que pendant les dix années qui fuivoient le défrichement. La modification appofée à l'enregiftrement avoit changé cette jurifprudence. Le parlement de Touloufe, « en » dérogeant, en tant que de befoin, à fa jurifpru-» dence, & fe conformant à l'article 14 de l'édit, » (avoit ordonné) que les *novales* dont les curés » du reffort, foit congruiftes, foit fruits prenans, » fe trouveroient en poffeffion, leur appartien-» droient irrévocablement à perpétuité ». Ce changement de jurifprudence étoit favorable aux curés du reffort. Les gros décimateurs fe crurent léfés, & demandèrent en conféquence que la poffeffion dont parloient l'édit & l'enregiftrement du parlement de Touloufe, fût déclarée devoir être une poffeffion de droit & de fait, & non pas une fimple poffeffion de droit : par-là ils fe mirent à l'abri de toute conteftation.

Il y avoit des ordres religieux qui jouiffoient du privilège de l'exemption pour les *novales*, comme pour les dixmes anciennes. Une déclaration du 28 août 1759 avoit fixé l'étendue de ce privilège. Mais l'édit de 1768 l'a rendue inutile en aboliffant les *novales*. (*M. l'abbé* BERTOLJO, *avocat au parlement.*)

NOVATION, f. f. (*Droit civil.*) eft le changement d'une obligation en une autre, c'eft-à-dire, qu'elle eft une obligation nouvelle conftituée à la place d'une ancienne. Ce terme eft emprunté des loix romaines, & nous l'avons admis dans notre droit françois, fans fuivre cependant, dans cette matière, toutes les fubtilités du droit romain.

Suivant fes difpofitions, la *novation* fe faifoit par ftipulation, *voyez ce mot*, & il étoit néceffaire qu'il y eût une ancienne obligation qui fût changée, & une nouvelle fubftituée à l'ancienne. La *novation* étoit regardée comme une efpèce de preftation & de paiement, qui détruifoit la première obligation pour en fubftituer une autre, enforte que tous les accefloires de la première fe trouvoient détruits, tels que les intérêts de la chofe promife, le privilège de l'hypothèque & du gage, les cautions & fidéjuffeurs. Cependant il faut remarquer que la *novation* étoit cenfée n'avoir lieu que lorfque les parties contractantes avoient eu deffein de changer l'ancienne obligation en une nouvelle.

Les jurifconfultes romains diftinguoient deux efpèces de *novations*, la volontaire & la néceffaire.

La volontaire, qu'on pourroit feule appeller proprement *novation*, eft celle qui avoit lieu par la ftipulation, & elle s'opéroit de quatre manières différentes. La première, lorfque la caufe de l'obligation étoit feulement changée, fans qu'il y eût changement de débiteur, par exemple, lorfqu'une fimple obligation eft changée en un contrat de conftitution. La feconde, lorfque la perfonne du créancier eft changée, ce qui arrive par le moyen de la délégation. La troifième fe fait par le changement du débiteur, lorfqu'un tiers s'oblige envers le créancier de lui payer ce qui lui étoit dû par l'ancien débiteur. La quatrième a lieu par le changement du créancier & du débiteur, lorfque par exemple, un créancier délègue ce qui lui eft dû par fon débiteur, qu'il charge de payer au créancier d'une autre perfonne. Il fuit de-là que la *novation* volontaire pouvoit fe faire avec délégation ou fans délégation. *Voyez* DÉLÉGATION.

La *novation* judiciaire eft celle qui avoit lieu par la conteftation en caufe. Ce n'eft qu'improprement qu'on lui donne le nom de *novation*, qui lui a été appliqué par la raifon feulement, que toute action produite en jugement acquiert quelques qualités nouvelles, telles, par exemple, que la perpétuité de l'action & la faculté de la tranfmettre à fes héritiers, l'obligation plus ftricte & plus précife qui réfulte d'un jugement contre le condamné, l'interruption de la prefcription, la reftitution des fruits, ou la preftation des intérêts du jour de la demande.

On peut diftinguer auffi dans notre droit françois deux efpèces de *novations*, l'une volontaire ou contractuelle, l'autre néceffaire ou judiciaire ; car les jugemens modifient fouvent les obligations de différentes manières. Ils y ajoutent des intérêts, des hypothèques, des délais qui n'étoient pas dans l'obligation primitive. Mais nous ne confidérons ici que la *novation* contractuelle.

Cette dernière efpèce eft parfaite ou imparfaite. La parfaite, qui eft affez rare, détruit tellement la première obligation, qu'elle eft regardée comme non avenue : l'imparfaite eft celle qui, fans l'anéantir entièrement, en altère les caufes, & la modifie de diverfes manières.

La *novation* peut avoir lieu pour toutes fortes d'obligations, foit qu'elles foient valables dans les principes des loix civiles, foit qu'elles tirent feulement leur force du droit naturel. Il faut feulement en excepter celles que la loi civile rejette, ou à caufe de la défaveur de leur origine, ou à caufe du défaut d'habileté de la perfonne qui les a contractées. Telles font, par exemple, la créance d'un cabaretier, qui eft profcrite par l'article 128 de la coutume de Paris, & l'obligation contractée par une femme fous puiffance de mari, fans fon autorifation. On peut même échanger une créance éventuelle, contre une créance affurée, & *vice verfâ*,

pourvu

pourvu que l'on compenfe l'incertitude de la créance conditionnelle, par la moindre value de la créance affurée.

Pour que la *novation* foit valable civilement, il faut que le créancier ait la capacité de remettre l'obligation qu'elle doit détruire, & que le débiteur de fon côté, foit habile à contracter la nouvelle obligation qu'on lui fubftitue; ou du moins que le créancier & le débiteur aient un caractère qui les autorife à faire les changemens, par lefquels la nouvelle obligation différe de la première.

De-là il fuit que les fondés de procuration fpéciale, ceux qui font indiqués pour recevoir un paiement, ne peuvent faire *novation*; qu'il en eft de même des mineurs & des interdits, & des femmes fous puiffance de mari, excepté dans les cas où ils peuvent s'obliger valablement; que les tuteurs & curateurs, les maris, les fondés de procuration générale peuvent faire *novation*, toutes les fois qu'ils agiffent conformément aux règles d'une fage adminiftration, ou qu'ils n'excèdent pas les bornes du pouvoir qu'ils tiennent de la loi ou de leurs mandans. A l'égard des créanciers folidaires & des affociés, il faut regarder comme règle certaine, que l'un d'eux ne peut faire *novation* au préjudice des autres, que lorfque par la nature de l'obligation ou de la fociété, tous ont également le pouvoir de contracter au nom des autres, & de les engager par leurs fignatures.

Les loix romaines exigeoient une expreffion fpéciale pour opérer la *novation* contractuelle; mais dans nos ufages elle peut fe faire par quelque acte & de quelque manière que ce foit, pourvu que les parties contractantes aient conftaté la preuve de leur volonté dans la forme prefcrite par les ordonnances, & qu'elle paroiffe fi évidente, qu'elle ne puiffe être révoquée en doute.

Quant aux effets de la *novation*, il faut diftinguer entre la *novation* parfaite, & la *novation* imparfaite. La *novation* parfaite éteint tous les acceffoires de l'ancienne dette, tant à l'égard du débiteur & de fes coobligés, qu'à l'égard du créancier. Elle ne laiffe donc plus fubfifter, ni le terme, ni les hypothèques, ni les contraintes, ni les intérêts, à moins que la feconde obligation ne faffe une réferve expreffe de quelques-uns de ces acceffoires; & alors la *novation* n'eft, à cet égard, qu'une *novation* imparfaite.

Au furplus, comme la *novation* parfaite n'eft admife entre les parties contractantes, qu'autant qu'on ne peut pas interpréter différemment les termes du dernier contrat, la réferve des hypothèques fe préfume facilement entre elles. On en trouve un exemple remarquable dans l'arrêt du dernier avril 1602, rapporté par M. Louet, *lettre* N, *fommaire* 7, dans les termes fuivans : « en l'an 1583, de la » Grange contracte par échange. En 1592, il fe » paffe un autre contrat entre les contractans, par » lequel ils prennent d'autres rentes, & *moyennant* » *ce, le contrat demeure nul & de nul effet & valeur.*

» La Grange, en 1598, eft évincé de ce qui lui » avoit été baillé par le contrat de 1592; il a fon » recours fur les biens du débiteur. Savoir s'il aura » hypothèque de l'année 1583, date de fon pre- » mier contrat, ou feulement de celui de 1592.

» La raifon de douter, ajoute M. Louet, étoit, » que *difceffum erat à primo contractu*; il y avoit *no-* » *vation* affez expreffe par ces mots, *le contrat de-* » *meure nul*, que la minute du contrat avoit été dé- » chargée fans aucune ftipulation de l'ancienne » hypothèque, qui étoit par ce moyen éteinte par » la réfolution volontaire du premier contrat, fui- » vant la loi *aliam de Novat.*

» Jugé, au contraire, que telle réfolution de » contrat étoit conditionnée, pourvu que le der- » nier contrat pût réuffir; que ce mot, *moyennant*, » le montroit affez.... qu'en effet *eadem caufa de-* » *bendi remanet*, qu'il ne falloit pas tant confidérer » ces mots *de nul effet & valeur*, que le mot précé- » dent, & *moyennant ce*, &c. qui montre la caufe » de la réfolution ».

La *novation* imparfaite n'a au contraire d'autre effet que d'opérer les changemens qui font expreffément mentionnés dans la dernière obligation, ou du moins ceux à l'égard defquels la volonté des parties contractantes ne peut être douteufe. Tout le furplus eft cenfé fubfifter dans fon premier état; parce qu'on ne doit pas préfumer fans caufe que perfonne renonce à fes droits.

Mais cela n'a lieu qu'entre ceux qui font parties au contrat qui contient la *novation*. Car lorfqu'un débiteur innove, même imparfaitement, la *novation* eft parfaite à l'égard de fes codébiteurs, & furtout de fes cautions, qui font libérées de plein droit, pour peu que les changemens faits par la dernière obligation leur faffent préjudice.

Ainfi, quoique plufieurs arrêts aient jugé que les codébiteurs folidaires n'étoient point déchargés par la converfion d'une créance mobilière en une rente conftituée faite avec l'un des coobligés, parce que ce changement ne leur préjudicioit en rien, on obferve le contraire en faveur des cautions, fans doute parce que le bénéfice de difcuffion dont elles jouiffent, eft inconciliable avec le contrat de conftitution fait entre le créancier & le débiteur principal. Cela a été ainfi jugé au parlement de Normandie par arrêts des 29 mars 1661 & 1 juillet 1677, & au parlement de Bourgogne par arrêts des 28 novembre 1623 & 17 mai 1624, fuivant Bafnage, *Traité des Hypothèques*, *part.* 2, *chap.* 6, & Taifand, *tit.* 4, *art.* 3, *note* 9.

Du Rouffeaud de Lacombe, au mot *Caution*, eft à la vérité d'un avis contraire. Il cite Mornac & les arrêts des 10 mai 1633 & 13 avril 1683. Mais ces arrêts avoient été rendus, non contre des cautions, mais contre des débiteurs folidaires, & même dans des efpèces où le créancier avoit fait des réferves. C'eft avec auffi peu de fondement que cet auteur cite Bafnage pour cette opinion, en l'accufant de contradiction en ce point,

Dans le cas, au contraire, où le créancier d'une rente constituée en a simplement consenti la réduction, pour empêcher le rachat de la rente, la caution ne peut pas prétendre que cette réduction forme une *novation* qui opère sa décharge ; & le créancier peut toujours agir contre elle à défaut de paiement de la part du débiteur principal ; c'est la décision de l'article 132 du célèbre réglement du parlement de Normandie fait en 1666, & connu sous le nom d'*articles placités*. On l'a ainsi jugé depuis à l'audience de la grand'chambre du parlement de Rouen, le 19 mai 1672. L'arrêt rapporté par Basnage à la fin de la première partie de son *Traité des Hypothèques*, déclara l'exécution faite contre la caution, bonne & valable, *sauf le recours contre le principal obligé* ; c'est aussi l'avis de l'additionnaire de Lange, *liv. 2 chap. 4.*

Cependant Denisart, qui soutient aussi avec Mornac, que la constitution de rente faite par le principal obligé, n'opère pas la libération de sa caution, dit immédiatement après, que « la cour » a jugé par arrêt rendu le 6 mai 1687, sur les con» clusions de M. l'avocat-général de Lamoignon, » que le créancier qui consent la réduction d'une » rente, pour éviter le remboursement, donne » lieu à la *novation* à l'égard du garant ».

L'on a douté si le nouveau terme accordé volontairement au débiteur principal par le créancier, décharge la caution. Vinnius, dans ses *quæstiones selectæ, lib. 2, sect. 42* ; Basnage, *Traité des Hypothèques, part. 2, ch. 7* ; & Pothier dans son *Traité des obligations, n° 406*, tiennent la négative. « La » simple prorogation du terme accordée par le » créancier au débiteur, dit ce dernier jurisconsulte, ne faisant pas paroître la dette acquittée, » n'ôte pas à la caution le moyen de pourvoir à » son indemnité & d'agir contre le débiteur principal, si on s'apperçoit que sa fortune commence » à se déranger, *si bona dilapidare cæperit. lib. 10,* » *cod. mandati.* Elle ne peut donc pas prétendre que » cette prorogation de terme accordée au débiteur » lui fasse tort, puisqu'au contraire elle-même en » profite ».

L'article 191 de la coutume de Bretagne dit en effet : « quand le créancier fait nouveau contrat » avec son detteur, le pledge non appellé, ledit » pledge ne sera plus obligé ; mais si ledit créan» cier prolongeoit seulement le terme au detteur, » le pledge ne seroit pour se décharger & quitte de » la plevine, sinon que, pendant ladite prolonga» tion, le detteur fût demeuré insolvable ».

Deux arrêts, l'un de l'année 1587, rapporté par Carondas dans ses *Réponses, liv. 12, ch. 215* ; l'autre, de l'année 1558, recueilli par Papon, *liv. 10, tit. 4, n°. 33*, l'ont ainsi jugé.

Bouvot, *tom. 2, verbo* Detteur, *quest. 8*, cite au contraire un arrêt du parlement de Bourgogne, du 2 août 1596, qui a jugé que le nouveau terme accordé par le créancier au débiteur principal, opéroit une *novation* au profit du fidéjusseur.

On a proposé une distinction. Si l'obligation est pure & simple, & ne contient aucun terme pour le paiement, le délai donné par le créancier ne décharge point les cautions ; mais si l'obligation contient un terme, le créancier qui le proroge sans le consentement des cautions, les décharge malgré lui de leur cautionnement.

Telle est la décision d'Argou, *liv. 4, ch. 1*, qui cite Ranchin sur Guypape, *quest. 117* & Heringius, *de fideicommissis, cap. 20, §. 3.* C'est aussi l'opinion adoptée dans l'instruction sur les conventions, *liv. 3, tit. 15, §. 8*, où l'on cite d'autres autorités. On peut dire néanmoins, dans les deux cas, que le créancier est contrevenu volontairement à ses obligations envers la caution, en s'ôtant la faculté de contraindre, au temps où ils l'auroit pu, le débiteur principal. On pourroit aussi se déterminer sur les circonstances particulières du fait, & décider, par exemple, qu'il n'y a point de *novation* quand le créancier, en donnant un terme, n'a fait qu'un acte de prudence & de bonne administration, qui tendoit à lui procurer, après l'expiration du terme, un paiement que le débiteur n'auroit pu faire lors de la prorogation du terme. Mais il faut avouer que ce système, si équitable en apparence, a l'inconvénient de prêter beaucoup à l'arbitraire.

Les remises faites au débiteur en faillite par le créancier, profitent-elles aussi à la caution ? D'Héricourt pense que l'affirmative ne peut souffrir de difficulté en aucun cas. « Cette remise, dit-il, em» portant l'extinction de la dette, la caution est » déchargée par rapport à cette partie, & l'hy» pothèque ne subsiste plus que par rapport à la » partie de la dette, dont le créancier s'est réservé » de se faire payer ; ce qui doit avoir lieu même » dans le cas de contrats d'atermoiement : car » quoique la remise qui se fait en ce cas au débi» teur, ne soit point toujours absolument volon» taire, & que le créancier soit toujours obligé de » suivre la loi du plus grand nombre des créan» ciers, elle opère l'extinction d'une partie de la » dette, déchargé par ce moyen la caution & ses » biens d'une partie de la dette, jusqu'à concurrence » de la remise ». Goujet en rapporte un arrêt prononcé en robes rouges le 14 avril 1609.

Cette opinion n'est pas néanmoins reçue généralement. Les arrêtés de M. de Lamoignon, titre *de l'extinction des hypothèques*, article 13, y sont contraires. L'auteur estimable de l'*instruction sur les conventions*, qui est d'ailleurs du même avis que d'Héricourt contre les créanciers même qui refusent d'accéder au contrat de remise, convient que, dans ce dernier cas, il y a des arrêts récens contraires aux anciens.

On ne peut s'empêcher de dire que cette dernière jurisprudence est la plus conforme aux règles. L'objet du cautionnement est de prévenir les risques qu'on court avec le débiteur principal ; & cet objet seroit trop souvent éludé par les contrats de remife & d'atermoiement , fi l'effet s'en étendoit aux cautions lors même que le créancier n'a point accédé au contrat de remife. On a beau dire dans l'inftruction fur les conventions , qu'il réfulteroit de-là un circuit d'actions & de recours ; que les cautions étant obligées de payer, reviendroient contre le débiteur, & que, n'ayant point fait de remifes , elles pourroient le pourfuivre ; la créance qui réfulte du droit de garantie de la part des cautions , a dû être comprife avec toutes les autres dans le contrat d'atermoiement. Il eft plus naturel de faire fupporter les pertes qui réfultent de l'infolvabilité du débiteur à ceux qui ont garanti fa folvabilité à un tiers, qu'à celui qui n'a voulu contracter que fur la foi de cette garantie. Un arrêt du parlement de Grenoble du 22 mai 1680, rapporté au journal du palais, l'a ainfi jugé.

NOUE, f. f. en terme d'eaux & forêts , fe dit des bas-lieux & des foffés qui avoifinent les rivières, ou qui y aboutiffent. L'ordonnance de 1669, *tit. 31*, *art. 11* , défend de pêcher dans les *noues* avec des filets , & d'y bouiller pour prendre le poiffon & le frai qui a pu y être porté par le débordement des rivières, fous quelque prétexte & en quelque temps ou manière ce foit , à peine, contre les contrevenans, de cinquante livres d'amende, & d'être bannis pour trois ans des rivières, & de trois cens livres d'amende contre les officiers des maîtrifes qui en auroient donné la permiffion.

NOUE, NOUHE, *ou* NOUÉE. Ce mot, qui fe trouve dans plufieurs titres du Poitou & de la Bretagne, a deux fens différens.

Il fignifie d'abord un *noyer*, ou le lieu qui en eft planté. C'eft dans cette acception qu'on trouve le mots de *noa juikel*, ou la *noë gicquel*, p. 216 du premier tome des *Preuves de l'hiftoire de Bretagne* ; celui de *bella noa*, ou *belle nouë*, p. 185 du même volume ; & *caftrum novum de noa*, ou *Château-neuf de la nouée*, p. 648.

Ce dernier mot, dit dom Lobineau, dans fon gloffaire, peut auffi venir de *noüer* ou *noïer*, à caufe que l'on prétend que dans une plaine qui eft tout auprès (c'eft dans le diocèfe de Saint-Malo), il y a eu autrefois une forêt qui a été noyée, renverfée par la mer, & enfevelie fous les terres, d'où l'on retire fouvent des arbres entiers qui fe trouvent tout noirs. *Voyez la page 250 des mêmes preuves.*

Mais il eft plus naturel de dériver le mot *noüé* dans cette dernière acception du verbe *noïer*. Il eft certain qu'on appelle ainfi les lieux aquatiques & marécageux propres à la pâture. *Voyez la chartre des Libertés de Saint-Palais en Berry, de l'an 1279, dans les anciennes coutumes de Berry ; la Coutume de Chartres, art. 12 ; celle de Château-neuf en Timerais , art. 11; & Ducange, aux mots Necare & Noa.*

De Laurière dit à la vérité, dans fon gloffaire, que la *noe* ou *nouée* eft *une terre nouvellement mife en pré*. Il cite en preuve l'extrait fuivant de la coutume de Saint-Palais, de l'an 1279. « *Prata five nohes quas & » qua habent in nemora* ». Mais ce paffage doit s'en-

tendre des bas-fonds ou clairières marécageufes de la forêt. (*M. GARRAN DE COULON, avocat au parlement.*)

NOUÉE. *Voyez* NOUE.

NOVELLES, f. f. pl. (*Jurifprudence romaine.*) font des conftitutions de quelques empereurs romains , ainfi appellées *quafi novæ & recentes editæ*, parce qu'elles étoient poftérieures aux loix qu'ils avoient publiées.

Elles ont été faites pour fuppléer ce qui n'avoit pas été prévu par les loix précédentes , & quelquefois pour réformer l'ancien droit en tout ou partie.

Quoique les *novelles* de Juftinien foient les plus connues , & que quand on parle des *novelles* fimplement on entende celles de cet empereur , il n'eft pourtant pas le premier qui ait donné le nom de *novelles* à fes conftitutions ; il y en a quelques-unes de Théodofe & Valentinien , de Martian, de Léon & Majorien , de Sévère & d'Anthemius, qui ont auffi été appellées *novelles*.

On verra que dans la fuite que , depuis Juftinien, quelques empereurs ont auffi publié des *novelles*.

Celles des empereurs qui ont précédé Juftinien , n'eurent plus l'autorité de loi après la rédaction & compofition du droit par l'ordre de cet empereur, d'autant que dans le titre *de confirm. digeft.* il ordonna que toutes les loix & ordonnances qui ne fe trouveroient pas comprifes dans les volumes du droit publiés de fon autorité , n'auroient aucune force , défendant aux avocats & à tous autres de les citer , & aux juges d'y avoir égard.

Cependant ces *novelles* ne font pas entiérement inutiles ; car le code Juftinien ayant été compofé principalement des conftitutions du code Théodofien , & des *novelles* de quelques empereurs qui avoient précédé Juftinien , on voit par la lecture du code Théodofien , de ces *novelles* , & du code Juftinien , ce que Tribonien , qui a fait la compilation de ce dernier code, a pris de ces *novelles*, ce qu'il en a retranché , & comment il en a divifé & tronqué plufieurs , ce qui fert beaucoup pour l'intelligence de certaines loix du code.

Par exemple , Tribonien a divifé en trois la *novelle 5* de Théodofe , *de tutoribus* , dont il a fait la loi 10. C. *de legitim. heredib.* la loi C. *ad fen. Tertull.* & la loi pénultieme. C. *in quibus caufis pignus vel hyp. contrah.*

De la *novelle 9*, du même empereur , qui eft *de teftamentis*, Tribonien a tiré deux loix ; favoir la loi 27, *cod. de teftam.* & la loi dernière du même titre.

De la *novelle* de Valentinien & de Majorien, tit. IV. *de matrim. fenat.* il a tiré la loi 9, au code *de legibus*, & ainfi de plufieurs autres.

Les *novelles* des empereurs qui ont précédé Juftinien ont été imprimées, pour la plus grande partie, avec le code Théodofien , par Jean Sichard, en l'année 1528, & enfuite par les foins de Cujas, en l'an 1566, & quelques-unes y ont été ajoutées depuis par Pierre Pithou, l'an 1571.

Les *novelles* de Juſtinien ſont les dernières conſtitutions faites par cet empereur ſur différentes matières, après la publication de ſon ſecond code ; elles compoſent la quatrième & dernière partie du droit civil.

Juſtinien, en confirmant le digeſte, avoit dèslors prévu qu'il ſeroit obligé, dans la ſuite, de faire de nouvelles loix ; il s'en explique de même dans la loi unique, au code *de emendat. cod.* & dans ſes *novelles 74 & 127.*

Suivant le rapport d'Harmenopule, Tribonien fut employé pour la compoſition des *novelles*, comme pour celles des autres volumes du droit romain. Il étoit, comme on ſait, grand-maître du palais, ce qui revenoit à la dignité de *chancelier*. Il étoit auſſi le premier de tous les queſteurs. D'autres tiennent que Juſtinien employa divers juriſconſultes ; ce qui eſt aſſez vraiſemblable, par la diverſité du ſtyle dont elles ſont écrites.

Si l'on en croit Harmenopule, Tribonien, qui aimoit beaucoup l'argent, faiſoit ces *novelles* pour divers particuliers, deſquels il recevoit de grandes ſommes pour faire une loi qui leur fût favorable : on lui imputa même d'avoir fait à deſſein des conſtitutions obſcures & ambiguës, pour embarraſſer les parties dans de grands procès, & les obliger d'avoir recours à ſon autorité.

Les *novelles* de Juſtinien ſont adreſſées ou à quelques officiers, ou à des archevêques & évêques, ou aux citoyens de Conſtantinople : elles avoient toutes la même force, d'autant que dans celles qui ſont adreſſées à des particuliers, il leur eſt ordonné de les faire publier & de les faire obſerver ſelon leur forme & teneur.

Elles furent la plupart écrites en grec, à l'exception des *novelles* 9 & 11, de la préface de la *novelle* 17, des *novelles* 23, 33, 34, 35, 41, 62, 65, 114, 138 & 143, qui furent publiées en latin, parce qu'elles étoient deſtinées principalement pour l'empire d'Occident,

Il y a eu pluſieurs éditions du texte grec des *novelles* ; la première fut faite à Nuremberg, par les ſoins d'Haloander, en 1531, chez Jean Petro ; la ſeconde à Bâle, par Hervagius, avec les corrections d'Alciat & de quelques autres auteurs, en 1541 ; la troiſième par Henri Scrimger, écoſſois, en 1558, chez Henry Etienne.

On n'eſt pas bien d'accord ſur le nombre des *novelles* de Juſtinien ; quelques-uns, comme Irnerus, n'en comptent que 98 : cependant on en trouve 128 dans l'abrégé qu'en fit Julien. Haloander & Scrimger en ont publié 165, & Denis Godefroy y en a encore ajouté trois, ce qui feroit 168. Le moine Mathieu prétend que Juſtinien en a fait 170 ; mais il eſt certain que dans ce nombre il y en a pluſieurs qui ne ſont pas de Juſtinien, telles que les *novelles* 140, 144, 148 & 149, qui

ſont de l'empereur Juſtin, & 161, 163 & 164 qui ſont de l'empereur Tibère II.

L'incertitude qu'il y a ſur le nombre des *novelles* de Juſtinien, peut venir de ce que l'on a confondu pluſieurs *novelles* enſemble, ou bien de ce que pluſieurs de ces conſtitutions ayant rapport à des choſes qui n'étoient plus d'uſage en Europe, on négligea de les enſeigner dans les écoles : les gloſſateurs n'expliquèrent auſſi que celles qui étoient d'uſage, au moyen de quoi les autres furent omiſes dans pluſieurs éditions.

Après le décès de Juſtinien, qui arriva, ſelon l'opinion commune, l'an du monde 566, de ſon âge 82, & de ſon empire 39, une partie de ſes *novelles*, qui étoient diſperſées de côté & d'autre, fut recueillie & rédigée en un même volume en langue grecque, en laquelle elles avoient été écrites, & quelque temps après elles furent traduites en langue latine.

Jacques Godefroy eſtime que cette première verſion fut miſe en lumière vers l'an 570, par l'ordre de Juſtin II. Quelques-uns l'attribuent à Bulgarus, ſous Frédéric Barberouſſe ; d'autres à un certain Irnerus, autre que celui dont on parlera ci-après. Cette première traduction, qui eſt littérale, ſe trouve remplie de termes barbares ; mais Cujas tient que c'eſt plutôt le fait des imprimeurs que celui du traducteur, & Leunclavius témoigne que cette traduction eſt la plus ample & la plus correcte.

Peu de temps après, le patrice Julien, qui avoit été conſul, ſurnommé l'*antéceſſeur*, parce qu'il étoit profeſſeur de droit à Conſtantinople, fit, de ſon autorité privée, un épitome des *novelles*, qu'on appella les *novelles de Julien* ; ce n'eſt pas une traduction littérale, mais une paraphraſe qui eſt fort eſtimée. L'auteur en a retranché les prologues & les épilogues des *novelles*. Elle eſt diviſée en deux livres ; le premier contient juſqu'à la novelle 63ᵉ, le ſecond les autres *novelles*.

La ſeconde traduction des *novelles* eſt celle d'Haloander, imprimée pour la première fois à Nuremberg l'an 1531, & depuis réimprimée en pluſieurs autres lieux.

Il y en a une troiſième & dernière d'Agylée, faite ſur la copie grecque de Scrimger, imprimée à Bâle par Hervagius l'an 1561, *in-4*. Celle-ci eſt fort eſtimée.

Cependant Contius s'eſt ſervi de l'ancienne, & c'eſt celle qui eſt imprimée dans les corps de droit civil, avec les gloſes ou ſans gloſes.

Cette première verſion a été appellée le *volume des authentiques*, pour dire que c'étoit la ſeule verſion fidelle & entière.

Les ravages des guerres & les incurſions des Goths dans l'Italie & dans la Grèce, avoient cauſé la perte du droit de Juſtinien, & du premier livre grec des *novelles* & de la première traduction ; ces livres furent enfin retrouvés dans Melphi, ville de la Pouille, & Irnerus, par l'autorité de Lonaire II vers 1430, remit au jour le code & la première version latine des *novelles* de Justinien.

Cette édition des *novelles* par Irnerus, a été appellée *germanique* ou *vulgate* ; c'est celle dont on se sert présentement pour la citation des *novelles* : cependant elle se trouva défectueuse ; plusieurs *novelles* y manquoient, soit qu'Irnerus ne les eût pas retrouvées, soit qu'il les eût retranchées, comme étant hors d'usage.

Berguntio ou quelque autre interprète, vers l'an 1140, divisa ce volume des *novelles* en neuf collations, & changea l'ordre observé dans la première version, & ce volume fut appellé *authentique*, *authenticum*, ou *volumen authenticorum*, & a été depuis reçu dans toutes les universités.

Quelques-uns veulent que le nom d'*authentique* lui ait été donné parce que les loix qu'il contient ont plus d'autorité que les autres, qu'elles confirment, interprètent ou abrogent : d'autres disent que c'est par rapport aux authentiques d'Irnerus, qui, n'étant que des extraits des *novelles*, n'en ont pas l'autorité ; d'autres enfin veulent que ce soit par rapport à l'épitome de Julien, qui ne fut fait que de son autorité privée.

Il ne faut pas confondre ce volume appellé *authentique* avec les authentiques appellés *authenticæ*, qui font des extraits des *novelles* qu'Irnerus inséra dans le code aux endroits où ces *novelles* ont rapport.

On ne voit pas pourquoi les *novelles* ont été divisées en neuf collations : ce terme signifie *amas* & *rapport* ; mais dans une même collation il y a des *novelles* qui n'ont aucun rapport les unes avec les autres ; elles y sont rangées sans ordre.

La première & la seconde collations de l'édition d'Irnerus, contiennent chacune 6 *novelles* ; la troisième & la quatrième chacune 7 ; la cinquième 20, la sixième 14, la septième 10, la huitième 13, & la neuvième 15.

Haloander & Scrimger en ont ajouté 70, qui étoient la plupart des loix particulières & locales ; il y en a pourtant aussi quelques-unes qui sont des loix générales qu'ils ont dispersées dans les différentes collations ; savoir, 2 dans la seconde, 1 dans la troisième, 17 dans la quatrième, 6 dans la cinquième, 3 dans la sixième, autant dans la septième, & 38 dans la neuvième.

Chaque collation est divisée en autant de titres qu'elle renferme de *novelles*.

Ces *novelles* sont divisées en un commencement ou préface, plusieurs chapitres qui sont subdivisés en paragraphes ; & à la fin il y a un épilogue où l'empereur ordonne l'observation de sa loi.

Pour plus grande intelligence des *novelles*, il est bon d'observer le temps où elles ont été publiées.

Les 16 premières le furent en 535 ; la 17e jusqu'à la 38, en 536 ; la 38e jusqu'à la 64, en 537 ; la 64e jusqu'à la 78, en 538 ; la 78e jusqu'à la 98, en 539 ; la 98e jusqu'à la 107, en 540 ; la 107e jusqu'à la 116,

en 541 ; les 116e & 117, en 542 ; la 118e, en 543 ; la 119e, en 541 ; la 120e, en 545 ; les 121e, 122, 123, 124, 125, 128, 129, 131, 132, 134, 135, 136, 137, 142, 146, 147, 157 ; en l'an 541 ; la 126e est sans date ; la 127e, en 548 ; la 130e & la 133, en 545 ; la 140e, en 546 ; la 141e & la 149, en 544 ; la 143e, en 546 ; la 145e, en 549 ; la 148e, en 535 ; la 162e, en 539 ; toutes les autres sont sans date.

Divers auteurs ont travaillé sur les *novelles* de Justinien ; Cujas en a fait des *paratitles* qui sont fort estimés ; Gudelinus a fait un traité de *jure novissimo* ; Rittershusius les a aussi traitées par matières. Ceux qui ont travaillé sur le code ont expliqué par occasion les authentiques. M. Claude de Ferrières a fait la jurisprudence des *novelles* en deux volumes in-4°. en 1688 ; M. Terrasson en a aussi traité fort doctement dans son *histoire de la jurisprudence romaine*.

Quelques empereurs, après le décès de Justinien, firent aussi des constitutions qu'ils appellèrent *novelles* ; savoir, Justin II, Tibère II, Léon, fils de l'empereur Basile, Héraclius, Alexandre, Constantin Porphyrogenete, Michel & autres.

Les *novelles* de ces empereurs furent imprimées pour la première fois en 1573, & depuis elles furent jointes par Leunclavius à l'épitome des 60 livres de basiliques, à Bâle 1575 : on les a imprimées depuis à Paris en 1606, & à Amsterdam en 1617.

Les 113 *novelles* de l'empereur Léon ont été imprimées avec le cours civil par Godefroy ; ces *novelles* n'ont point force de loi. *Voyez* AUTHENTIQUES, CODE JUSTINIEN, DROIT ROMAIN. (A)

NOUHE. *Voyez* NOUF.

NOVICE, s. m. (*Jurisp. civile & canon.*) est une personne de l'un ou l'autre sexe qui est dans le temps de sa probation, & qui n'a pas encore fait ses vœux de religion.

Depuis que la vie monastique a commencé d'être assujettie à certaines règles, on crut, avec raison, qu'il ne falloit pas y admettre indifféremment tous ceux qui se présentoient pour entrer en religion.

La règle de saint Benoît veut que l'on éprouve d'abord, pendant quatre ou cinq jours, celui qui postule pour prendre l'habit, afin d'examiner sa vocation, ses mœurs & ses qualités du corps & de l'esprit ; qu'après avoir ainsi éprouvé l'humilité du postulant, on lui permette d'entrer dans la chambre des hôtes pour les servir pendant peu de jours. Saint Isidore dans sa règle, veut que les postulans servent les hôtes pendant trois mois. Ces premières épreuves qui précèdent le noviciat, sont plus ou moins longues, suivant l'usage de chaque congrégation.

Après ces premières, le postulant est admis dans la chambre des novices.

On donne pour maître aux *novices* un ancien profès qui ait du zèle, & qui soit exercé dans la pratique de la règle. On choisit ordinairement un prêtre qui soit âgé de plus de trente-cinq ans, & qui ait plus de dix ans de profession.

Pour la validité des vœux que le *novice* doit faire lors de sa profession, il est essentiel que, pendant son noviciat, il soit exactement instruit de la règle & des autres exercices & obligations de la vie monastique, & qu'on les lui fasse pratiquer.

Suivant la règle de saint Benoît, le noviciat doit être d'un an entier. Justinien, dans sa novelle 5, suivant la règle des anciens moines d'Egypte, veut que les *novices* soient éprouvés pendant trois ans. Comme plusieurs supérieurs dispensoient de cette règle, le concile de Trente a ordonné que personne, de l'un & de l'autre sexe, ne soit admis à faire profession qu'après un an de noviciat, depuis la prise d'habit, & que la profession faite auparavant, soit nulle.

L'ordonnance de Blois, *art. 28*, a adopté cette décision du concile de Trente ; mais le concile ni l'ordonnance n'ont pu éviter de réprouver les statuts & usages de certains ordres qui veulent plus d'un an pour la probation.

L'année de probation ou noviciat doit être continue & sans interruption, autrement il faut recommencer le noviciat en entier.

Mais si un *novice*, après avoir rempli son temps de probation, sort du monastère, & y rentre ensuite, il peut faire profession sans recommencer le noviciat.

Les mineurs ne peuvent se faire religieux sans le consentement de leurs père & mère. Mais quand ils n'ont plus ni père & mère, leurs tuteurs & curateurs, & même les parens collatéraux, ne peuvent les empêcher d'entrer en religion : ils n'ont que la voie de représentation auprès de l'évêque, pour l'engager à examiner la vocation du mineur.

Le concile de Trente défend de rien donner au monastère, sous quelque prétexte que ce soit, par les parens ou curateurs, excepté la vie & le vêtement du *novice* ou de la *novice*, pour le temps de son noviciat. *Voyez* DOTATION DES RELIGIEUX.

Les donations que font les *novices* sont réputées à cause de mort. Il suffit même pour cela que le donateur soit dans le dessein formel de se faire religieux, comme s'il avoit déjà son obédience, & étoit sur le point d'entrer dans le monastère pour y faire son noviciat.

Les *novices* ne peuvent disposer en faveur du monastère où ils doivent faire profession, ni même en faveur d'un autre du même ordre, ou d'un autre ordre, directement ni indirectement.

L'article 28 de l'ordonnance de Blois, permet aux *novices* de disposer de leurs biens & des successions qui leur sont échues, trois mois après qu'ils ont atteint l'âge de seize ans.

L'ordonnance des testamens, *art. 21*, porte que ceux ou celles qui, ayant fait des testamens, codicilles, ou autres dernières dispositions olographes, voudront faire des vœux solemnels de religion, seront tenus de reconnoître ces actes pardevant notaires, avant que de faire leurs vœux, sinon que les testamens, codicilles, ou autres dispositions, demeureront nuls & de nul effet.

Quant à l'âge où les *novices* peuvent faire profession, l'ordonnance d'Orléans l'avoit fixé à vingt-cinq ans pour les mâles, & à vingt ans pour les filles : mais, suivant l'ordonnance de Blois, qui est conforme en ce point au concile de Trente, il suffit, pour les uns & les autres, d'avoir seize ans accomplis.

L'examen des postulantes avant la prise d'habit & avant leur profession, appartient à l'évêque diocésain. *Voyez* PROFESSION RELIGIEUSE, VŒUX (*A*).

Depuis l'impression de cet article dans l'ancienne Encyclopédie, les choses ont changé par rapport à l'âge où l'on peut valablement s'engager dans un ordre religieux. L'édit de mars 1768 a pris un milieu entre les ordonnances d'Orléans & de Blois. « Aucun de nos sujets, porte l'article premier, ne pourra, à compter du premier avril » 1769, s'engager dans la profession monastique ou » régulière, s'il n'a atteint, à l'égard des hommes, » l'âge de vingt-un ans accomplis ; & à l'égard » des filles, celui de dix-huit ans pareillement » accomplis, nous réservant, après le terme de » dix années, d'expliquer de nouveau nos intentions » à ce sujet ». L'article 12 déclare toute profession faite avant l'âge fixé par le premier, absolument nulle ; & veut que, « ceux ou celles » qui feront profession avant ledit âge, soient & » demeurent capables de successions, ainsi que de » tous autres effets civils ».

A l'expiration des dix années portées en l'article premier, le législateur n'a pas cru devoir rétablir les choses dans l'ancien état, & l'édit de mars 1768 a continué d'être exécuté. Nous aurons occasion de revenir sur cet édit aux articles PROFESSION RELIGIEUSE & VŒUX.

A l'appui du principe que le temps du noviciat doit être sans interruption, on peut citer l'arrêt du 13 août 1759, rendu sur les conclusions de M. l'avocat-général Séguier. Un religieux augustin réclamoit contre les vœux. Il proposoit, comme moyen de nullité, une discontinuation de son noviciat pendant quinze jours, pendant lesquels il avoit été mis en prison, privé des habits religieux, du bréviaire & de l'assistance aux offices. On lui répondoit que cette prison n'étoit qu'une retraite dont le motif avoit été d'éprouver sa vocation. Par sentence de l'officialité d'Orléans, du 23 juillet 1755, la preuve de l'interruption du noviciat fut admise. Sur l'appel comme d'abus de cette sentence, il fut dit *n'y avoir abus*.

Le temps prescrit pour la durée du noviciat est tellement de rigueur, que le consentement du *novice* à ce qu'il soit abrégé, ne couvriroit pas la nullité. La raison qu'on en donne, c'est que la loi qui en fixe la durée, a pour objet l'ordre public & l'avantage réciproque des *novices* & du couvent, & de prévenir les inconvéniens d'une profession précipitée.

Dans le cas de translation d'un ordre à un autre, est-il nécessaire de faire un nouveau noviciat ? *Voyez* TRANSLATION.

Les *novices* ne sont point réputés morts civilement. Ils conservent tous les droits de cité jusqu'au jour de leur profession. Ils peuvent conserver leurs bénéfices, & les résigner pendant l'année de probation. D'Héricourt pense que si un résignant sortoit du cloître après sa résignation, il pourroit exercer le regrès, & qu'il seroit juste de l'y admettre. *Voyez* REGRÈS.

Le noviciat doit se prouver par des registres en bonne forme, tenus & paraphés, comme les ordonnances le prescrivent. Il faut consulter à ce sujet les articles 15 & 16 de l'ordonnance de 1667, modifiés & expliqués par les articles 23 & 26 de la déclaration du 9 avril 1736.

On ne doit pas recevoir indifféremment toutes sortes de personnes au noviciat. Les ordres religieux ont sur cela des règles particulières à chacun d'eux, dans le détail desquels nous ne pouvons entrer. Indépendamment de ces empêchemens puisés dans leurs régimes, il y en a de généraux & qui sont communs à tous les ordres. Ainsi on ne peut recevoir comme *novices*, les personnes mariées, celles qui n'y entrent que par contrainte, les impubères, les imbécilles, les personnes en démence, les stellionataires, les comptables envers le roi dont les comptes ne sont point apurés, &c. On peut y joindre les étrangers non naturalisés. Il faudroit au moins qu'ils obtinssent des lettres de naturalisation avant la profession. Encore cela pourroit-il souffrir de la difficulté, d'après l'article 3 de l'édit de 1768, qui porte : « défendons aux supérieurs & supé-
» rieures desdits ordres, congrégations & commu-
» nautés régulières, d'admettre à la profession
» aucuns étrangers non naturalisés ; comme aussi
» d'accorder une place monachale auxdits étran-
» gers, de les agréger ou affilier à leur ordre,
» congrégation ou communauté : le tout sans avoir
» préalablement obtenu des lettres de naturalité
» duement enregistrées, dont il sera fait mention
» dans les actes de vêture, profession, réception,
» agrégation ou affiliation, à peine de nullité des-
» dits actes, & d'être lesdits supérieurs ou supé-
» rieures poursuivis suivant l'exigence des cas ».

NOVICIAT, f. m. (*Jurispr. can.*) est le temps de probation, c'est-à-dire, le temps pendant lequel on éprouve les vocations & la qualité de la personne qui est entrée en religion, avant que de l'admettre à faire profession. *Voyez ci-dessus* NOVICE.

(*A*)

NOURRICE, s. f. (*Droit naturel & civil.*) est une femme qui allaite les enfans d'une autre.

Nous laissons aux moralistes, aux économistes & aux médecins à prouver aux mères l'obligation où elles sont de nourrir leurs enfans, & les avantages qu'elles en retireroient. Nous nous bornerons à indiquer les loix qui concernent les *nourrices* étrangères.

Nous remarquerons d'abord qu'en Turquie, après la mort d'un père de famille, on fait sept lots des biens qu'il laisse : deux sont pour la veuve, trois pour les enfans mâles, & deux pour les filles. Mais si la veuve a allaité ses enfans elle-même, elle tire encore le tiers des cinq lots, destinés aux enfans. Cette disposition pourroit être imitée dans bien des pays.

Une déclaration du 29 janvier 1715 veut qu'on tienne au bureau général des recommandaresses à Paris, un registre paraphé du lieutenant de police, qui contienne, par articles séparés, le nom, l'âge, le pays & la paroisse de la *nourrice*, la profession de son mari, l'âge de l'enfant dont elle est accouchée, & s'il est vivant ou mort, le tout justifié par un certificat du curé de la paroisse, qui doit aussi rendre témoignage des mœurs & de la religion de la *nourrice*, si elle est veuve ou mariée, & si elle n'a pas d'autre nourrisson.

On doit aussi faire mention sur le même registre, du nom & de l'âge de l'enfant donné en *nourrice*, du nom, de la demeure & de la profession de son père, où de la personne de qui on a reçu l'enfant. On donne copie de cet enregistrement à la *nourrice*, qui doit le représenter au curé de sa paroisse ; celui-ci lui en donne un certificat, qu'elle est tenue de faire remettre au bureau de Paris, à peine de cinquante livres d'amende.

La même loi défend aux *nourrices* d'avoir en même temps deux nourrissons, & leur enjoint d'avertir les pères & mères, ou autres personnes de qui elles ont reçu les enfans, des empêchemens qui ne leur permettent plus d'en continuer la nourriture, des raisons qui les ont obligées de les remettre à d'autres, dont elles indiqueront en ce cas, le nom, la demeure & la profession, le tout sous les peines du fouet contre la *nourrice*, d'être privée des salaires qui lui seroient dus, & de cinquante livres d'amende contre son mari.

Il est défendu aux *nourrices*, de venir prendre des enfans à Paris, pour les remettre à d'autres lorsqu'elles sont arrivées dans leur pays, d'en venir prendre sous de faux certificats, & d'en prendre lorsqu'elles se trouvent grosses. Elles doivent être punies exemplairement, lorsqu'elles abandonnent ou exposent les enfans dont elles se sont chargées. Elles sont tenues de rapporter ou de renvoyer les enfans, dans la quinzaine du jour qu'ils leur ont été demandés par leurs parens, ou par les personnes qui les en ont chargées. En cas de mort de leurs nourrissons, elles doivent en rapporter ou renvoyer les hardes avec l'extrait mortuaire.

NOURRITURE, f. f. dans les pays de droit écrit, on entend par ce terme, la convention par laquelle un père, en mariant fa fille, s'engage à nourrir les futurs conjoints. Lorfque la *nourriture* eft eftimée par le contrat de mariage, elle fait partie de la dot, ce qui n'arrive pas lorfqu'elle n'a pas été eftimée. Cette maxime eft fondée fur l'ufage, elle fe pratique très-rarement; mais le cas pouvant fe préfenter, il n'eft pas inutile d'en avertir, afin qu'on ne tombe pas dans un procès coûteux, occafionné fouvent par un modique objet, & par une minutie.

NOUVEL ACQUÊT, on appelle de ce nom, la finance que le roi impofe fur les gens de mainmorte, qui fe trouvent pofféder des héritages non amortis. *Voyez le Dictionnaire des Finances* & les mots ACQUÊT NOUVEAU, ACQUÊT NOUVEL.

NOUVEL AVEU, (*Droit féodal.*) fuivant Ragueau, on donne ce nom dans quelques feigneuries du Berry, au droit qu'a le feigneur de recevoir le ferment de fidélité des aubains qui viennent demeurer dans fa terre, & *de fe les acquérir par ce moyen.*

Cet auteur, qui étoit lieutenant du bailliage même de Berry, au fiège de Mehun, ajoute, « qu'en plu» fieurs lieux les vavaffeurs n'ont *nouvel aveu de fervi*» *tude*, que dans l'an & jour que les aubains font » venus établir domicile en leurs terres, après quoi » les aubains font acquis hommes francs ou ferfs aux » feigneurs, felon les différentes coutumes ».

La côutume de Linières, locale des anciennes coutumes de Berry, dit à-peu-près la même chofe, & il paroît réfulter de-là, que le droit de *nouvel aveu* rendoit les forains ferfs du feigneur, à qui il fe faifoit. Renauldon, qui étoit auffi avocat au fiège d'Iffoudun, dans la même province, enfeigne au contraire, que le *nouvel aveu* avoit pour objet de fouftraire les forains au droit de fervitude, & de les rendre fimplement les bourgeois du feigneur du lieu. « L'effet de *l'aveu nouvel*, dit-il, eft d'empê» cher que le nouveau venu dans une terre ferve, » n'y devienne ferf, après y avoir demeuré pen» dant an & jour. Pour l'éviter, l'an, l'au» bain fe déclare bourgeois du feigneur, & offre » de payer les droits de bourgeoifie accoutumés. » Les feigneurs de la terre de Marais en Berry, » appartenante aujourd'hui à M. le duc de Charoft, » ont droit de bourgeoifie ». (*Traité des Droits fei*gneuriaux, liv. 5., chap. 10, au mot *Droit d'Aveu nouvel, pag.* 436).

On trouve la même explication dans le *Gloffaire*, qui eft à la fuite de la nouvelle édition du *Traité des Droits feigneuriaux* de Boutaric.

Ragueau lui-même femble en admettre la juftteffe, en renvoyant au *Grand Coutumier*, liv. 2, chap. 31, p. 210, pour y trouver la formule de ferment de *nouvel aveu* que faifoient les aubains ou forains au feigneur.

Cette formule, qui eft intitulée *le ferment des aubains*, paroît concerner les bourgeois & non les ferfs.

Enfin l'art. 2 de la coutume locale de Rezai, qui fe trouve à la pag. 205 des anciennes coutumes de Berry, de la Thaumaffière, dit que par la coutume, « ladite terre & feigneurie de Rezai eft » terre ferve & de ferve condition, en telle ma» nière que tous manans & habitans en icelle & » qui y viennent demeurer par an & jour, font » acquis à mondit feigneur, ferfs & de ferve con» dition, finon qu'ils aient fait adveu de bourgeoifie » à mondit feigneur ou autre ayant puiffance de rece» voir nouveaux aveux, ou qu'ils aient autres » privilèges de libertés & franchifes ».

Sur ce pied-là, le *nouvel aveu* ne feroit rien autre chofe que l'aveu de bourgeoifie; mais il paroît que le droit de *nouvel aveu* affujettiffoit effectivement les forains à la fervitude, dans plufieurs feigneuries du Berry : c'eft ce qu'on voit dans les coutumes locales de Linières & de Thevé, qui parlent de ce droit, & que la Thaumaffière a également recueillies parmi fes anciennes coutumes de Berry, *chap.* 100 & 101, pag. 206 & 207.

Il fuffira de citer ici les dernières coutumes. Il y eft dit : « tous étrangers, venans demeurer en » ladite terre, & juftice, par demeure d'an & jour » par eux faites, font acquis gens franchs du fei» gneur, finon que dedans ledit an & jour, ils aient » fait adveu de fervitude ex feigneurs ayant droit de » nouvel aveu ».

Il paroît donc conftant que, dans la province de Berry, l'on a également entendu, par le mot de *nouvel aveu*, l'aveu de bourgeoifie, qu'on faifoit au feigneur du lieu, pour ne pas tomber en fervitude, & l'aveu de fervitude que les feigneurs exigeoient de ceux qui alloient demeurer dans une autre feigneurie, où fans doute ils avoient le droit d'entre cours. *Voyez* les articles ENTRE-COURS & JURÉE. (*M. GARRAN DE COULON, avocat au parlement.*)

NOUVELLETÉ, f. f. (*terme de Pratique.*) fe dit lorfque quelqu'un trouble un autre dans la poffeffion de quelque héritage ou droit réel, foit en l'ufurpant foit en y faifant quelque innovation qui lui peut faire préjudice. La *nouvelleté* donne lieu à l'action poffeffoire qu'on nomme complainte, en cas de faifine & de *nouvelleté*. Cette action doit s'intenter dans l'an & jour du trouble. Elle étoit différente de celle en cas de faifine; mais cette dernière eft abolie. *Voyez* COMPLAINTE.

NOUVENT, (*Droit féodal.*) Il eft parlé d'hommage de *nouvent*, dans une chartre de l'an 1283, rapportée au *tome I des Preuves de l'Hiftoire de Bretagne*. Dom Lobineau dit, avec beaucoup de vraifemblance, que c'eft l'hommage de celui qui eft venu de nouveau à la poffeffion de la terre. (*M. GARRAN DE COULON, avocat au parlement.*)

N U

NUE PROPRIÉTÉ, terme de pratique, qui fignifie une propriété féparée de l'ufufruit. *Voyez* PROPRIÉTÉ.

NUECE,

NUECE, NUEPCE ou NUESSE, (*Droit féodal.*) ce mot se trouve dans les coutumes d'Anjou, *art.* 10, 12, 13, 29, 42, 61, 179, 221, 268, 351, & dans les articles correspondans de la coutume du Maine. C'est, dit fort bien Ragueau, l'étendue de la seigneurie féodale & censuelle, de laquelle les choses sont tenues *nuement* & sans moyen. Ainsi la *nuece*, ou la directe immédiate, sont la même chose, & ce mot de *nuesse* est synonyme de mouvance *nue*. Les art. 12 & 13 des coutumes disent aussi *justice foncière en nuece & seigneur justicier en nuece*, pour désigner *justice* foncière, immédiate & le seigneur qui a cette jurisdiction immédiate.

Il semble d'abord qu'il ne peut pas y avoir d'autre justice foncière que celle du seigneur immédiat. Mais comme dans les coutumes d'Anjou, les seigneurs suzerains ou médiats conservent beaucoup de droits sur les vassaux de leurs vassaux & qu'ils peuvent même en exiger des dénombremens, ils doivent avoir sur eux une espèce de jurisdiction foncière. *Voyez les articles* MOYEN & NUEMENT. (M. GARRAN DE COULON, *avocat au parlement.*)

NUEMENT, adv. On s'en sert, en terme de pratique, pour signifier *immédiatement*, *sans moyen* ; comme quand on dit, qu'un fief relève *nuement* du roi ; que l'appel d'un tel juge relève *nuement* au parlement.

NUEMENT, (*Droit féodal.*) on dit tenir *nuement* pour tenir immédiatement : ce mot se trouve dans les coutumes d'Anjou, *art. 23*, & du Maine, *art. 24*. *Voyez* NUECE. (M. GARRAN DE COULON, *avocat au parlement.*)

NUEPCE. *Voyez* NUECE.

NUESSE. *Voyez* NUECE.

NUISANCE, s. f. ce terme, usité au palais, signifie un mal ou dommage, fait ou à un endroit public ; tel qu'un grand chemin, un pont, une rivière commune ; ou à un endroit privé, en y mettant quelque chose qui puisse engendrer de la corruption, en usurpant le terrein, en l'embarrassant, ou en faisant autre chose semblable. Celui qui porte *nuisance*, est obligé de faire cesser les obstacles, & de réparer le dommage qu'il a causé. *Voyez* DOMMAGE.

NUIT, s. f. (*Eaux & Forêts.*) l'ordonnance de 1669 contient plusieurs dispositions sur les délits qui se commettent de *nuit* dans les forêts. Les articles 1 & 5 du titre 32 veulent que l'amende pour les délits commis de *nuit*, soit double de ceux qui se commettent dans le jour.

Les usagers & autres, trouvés de *nuit* dans les forêts, hors les routes & grands chemins, avec outils propres à couper du bois, doivent être emprisonnés & condamnés, pour la première fois, en six livres d'amende, vingt livres pour la seconde, & au bannissement des forêts pour la troisième.

Les marchands, & tous autres ne peuvent faire travailler de *nuit* dans les ventes en coupe, à peine de cent livres d'amende. Les procès-verbaux de

leurs facteurs & gardes-ventes, affirmés par serment, font foi, sans autres témoins, pour les délits commis de *nuit* dans les réponses de leurs ventes. Les pêcheurs ne peuvent pêcher en quelque saison que ce soit, que depuis le lever du soleil jusqu'à son coucher, si ce n'est aux arches des ponts & aux gords où se trouvent les dideaux.

Il est défendu à toutes personnes de chasser à feu, & d'entrer de *nuit* dans les forêts du roi ou des particuliers, avec armes à feu ; à peine de cent livres d'amende, & même, s'il y échéoit, de punition corporelle.

NULLITÉ, s. f. (*terme de Procédure.*) signifie la *qualité* d'un acte qui est nul & comme non-avenu. On entend aussi, par le terme de *nullité*, le vice qui empêche cet acte de produire son effet.

Il y a deux sortes de *nullités* : les unes touchent la forme des actes ; les autres, le fond.

Les *nullités* de forme sont celles qui proviennent de quelque vice en la forme extérieure de l'acte ; par exemple, s'il manque quelque chose pour le rendre probant & authentique.

Les *nullités* des actes au fond sont celles qui viennent d'un vice intrinsèque de l'acte ; par exemple, si celui qui s'oblige n'en a pas la capacité, ou si la disposition qu'il fait est prohibée par les loix.

On distingue encore les *nullités*, en *nullités* de droit & *nullités* d'ordonnance ou de coutume. Les *nullités* de droit sont celles qui sont prononcées par les loix ; comme la *nullité* de l'obligation d'un mineur qui est lésé.

Les *nullités* d'ordonnance sont celles qui résultent de quelque disposition d'ordonnance, qui ordonne de faire quelque chose à peine de *nullité*. Quelques-unes de ces *nullités* d'ordonnance regardent la forme de la procédure ; c'est pourquoi on les appelle aussi *nullités* de procédure, comme seroit dans un exploit le défaut de mention de la personne à qui l'huissier a parlé.

Il y a des *nullités* d'ordonnance qui regardent la forme ou le fond de certains actes, comme dans les donations le défaut de tradition & d'acceptation, le défaut d'insinuation.

Il en est de même des *nullités* de coutume : ce sont des peines prononcées par les coutumes pour l'omission de certaines formalités, comme la *nullité* du retrait lignager faute d'offres réelles à chaque journée de la cause, ou bien lorsqu'une disposition entre-vifs ou testamentaire est contraire à la coutume.

Les *nullités* ne peuvent être établies que par la loi, elle seule a droit de les prononcer ; cependant il n'est pas toujours nécessaire que la clause de *nullité* se trouve expressément dans la disposition de la loi, il suffit qu'elle soit prohibitive, pour que ce qui est fait contre sa teneur, doive être annullé, à moins que le législateur n'ait prononcé une autre peine.

Il y a cependant plusieurs loix qui, en défendant certains actes, les laissent subsister lorsqu'ils sont faits : Ulpien les appelle pour cette raison *impar-faits*, & c'est de-là qu'est venu l'axiome , *multa prohibentur in jure fieri quæ tamen facta tenent*. Telle étoit, dans l'ancien droit romain , la loi *cincia*, qui interdifoit à chaque particulier de faire des donations au-delà d'une certaine quotité de fes biens, & qui cependant ne les annulloit pas. Telle eft la loi 1, §. 5 , ff. *quando appellandum fit*, qui défend à tout juge de rendre une fentence fous condition, & déclare qu'elle n'eft cependant pas nulle pour être portée de cette manière. Telle eft la loi 1 , §. 3 , ff. *de appellationibus*, qui défend d'appeler à un autre juge que le fupérieur immédiat de celui dont eft émanée la fentence , & qui cependant attribue un effet fufpenfif à l'appel porté *omiffo medio*, dans un tribunal plus relevé. Telle étoit auffi cette ancienne loi canonique qui défendoit d'admettre un religieux à la profeffion avant une année entière de noviciat, & qui cependant déclaroit valables les vœux prononcés fans cette épreuve préalable. Tels font encore tous les canons qui établiffent des empêchemens de mariage purement prohibitifs.

On pourroit pouffer cette énumération beaucoup plus loin ; mais il eft plus important de diftinguer les cas où l'on doit fous-entendre la claufe de *nullité* dans une loi , d'avec ceux où il n'eft pas permis de fuppléer cette claufe , ou , ce qui revient au même , les cas auxquels s'applique la loi 5 , C. *de legibus*, d'avec ceux à l'égard defquels elle eft fans application.

Tous les auteurs conviennent que toute défenfe qui concerne la fubftance ou la forme effentielle d'un acte , emporte *nullité* en cas de contravention. Il y a donc nullité, 1°. dans un acte fait par une perfonne , ou en faveur d'une perfonne que la loi en a déclarée incapable. Le mot *ne peut*, dit Dumoulin , ôte toute puiffance de droit & de fait ; il en réfulte une néceffité précife de fe conformer à la loi , & une impoffibilité abfolue de faire ce qu'elle défend : *negativa præpofita verbo potest, tollit potentiam juris & facti , & inducit neceffitatem præcifam, defignans actum impoffibilem*. (Sur la loi 1 , D. *de verborum obligationibus*, n. 2.)

2°. Il y a pareillement *nullité* quand la prohibition tombe fur l'acte même , & qu'elle n'eft modifiée par aucune claufe dont on puiffe conclure que le légiflateur a voulu laiffer fubfifter l'acte. Ainfi la feule défenfe de faire fecrétement des contre-lettres pour déroger aux contrats de mariage , fuffiroit pour obliger les juges de les déclarer nulles , quand même les loix qui l'établiffent ne contiendroient pas de claufe irritante.

3°. Il faut dire la même chofe de la défenfe de paffer un acte dans une forme qui en concerne la fubftance. Telles font , par exemple , les loix qui interdifent aux teftateurs de prendre pour témoins des perfonnes d'une certaine qualité ; quand ces loix ne renfermeroient pas la claufe de *nullité*, elles n'en feroient pas moins cenfées la prononcer ,

parce que leur prohibition a pour objet une chofe qui eft de l'effence d'un teftament.

Mais fi la défenfe ne roule que fur une chofe purement accidentelle , & , pour ainfi dire , indifférente à la fubftance de l'acte, elle n'emporte d'elle-même aucune *nullité*, & le légiflateur ne peut en ce cas annuller l'acte dans lequel on a contrevenu à cette défenfe , que par le moyen d'une claufe irritante. Ainfi , quoiqu'il foit par-tout défendu aux notaires de paffer des contrats dans les cabarets , il n'y a cependant que très-peu d'endroits où la contravention à cette défenfe forme une *nullité*. Voici un autre exemple d'autant plus remarquable , qu'on ne le trouve dans aucun de nos recueils. Un arrêt du 23 janvier 1755 , rendu fur les conclufions de M. l'avocat-général d'Ormeffon, avoit confirmé le teftament de la marquife de Brun & l'exhérédation prononcée par cet acte contre la fille de la teftatrice. La demoifelle de Brun s'eft pourvue en caffation , & entre autres moyens , elle a dit que le teftament n'étoit ni infinué ni contrôlé lors de l'arrêt ; que , d'après la défenfe expreffe portée par l'édit de mars 1703, & la déclaration de juillet 1704 , un pareil défaut devoit entraîner la ruine de toute la procédure , & que par conféquent l'arrêt ne pouvoit échapper à la caffation. Mais on a répondu que ces loix étoient burfales , qu'elles ne concernoient que l'intérêt du fermier qui ne réclamoit pas , & qui même avoit été fatisfait ; que d'ailleurs elles ne contenoient pas de claufe irritante , & que dans une telle matière on ne pouvoit étendre ni fuppléer les peines. Par arrêt du 12 avril 1756 , le confeil a rejetté la requête.

Le principe confirmé par ce jugement eft fi certain , qu'il eft bien des matières où l'on n'a pas même d'égard aux claufes irritantes appofées aux défenfes concernant les chofes accidentelles ; on les regarde alors comme fimplement comminatoires , foit qu'elles n'aient pour objet que de faire refpecter des loix abfolument burfales , foit pour d'autres motifs.

A l'égard des loix qui , au lieu de défendre , ne font que prefcrire & enjoindre quelque chofe , quelques auteurs enfeignent qu'elles n'emportent *nullité*, en cas d'infraction à ce qu'elles ordonnent , que lorfqu'elles contiennent une claufe irritante. Mais cette doctrine eft trop générale , & il paroît que l'on doit auffi-bien appliquer à ces fortes de loix qu'à celles conçues en forme prohibitive , la diftinction que nous venons de développer entre les chofes concernant la fubftance des actes , & celles qui n'y font qu'accidentelles. Par exemple , qu'une loi prefcrive la forme dans laquelle doit être fait un teftament , une donation , un acte de retrait , n'eft-il pas évident que l'omiffion de la moindre des chofes comprifes dans fes difpofitions , eft une *nullité* qui vicie entièrement l'acte ? L'article 10 du titre 25 de l'ordonnance de 1670 , porte , qu'aux procès criminels qui feront jugés à la charge de l'appel, « affisteront au moins trois juges, qui » seront officiers fi tant y en a dans le siège, ou » gradués, & se transporteront au lieu où s'exerce » la justice, fi l'accusé est prisonnier ». L'article suivant ajoute, que « les jugemens en dernier ref-» fort se donneront par sept juges au moins ». On ne trouve pas de clause irritante dans ces deux textes, cependant il est certain que l'on ne pour-roit les enfreindre sans *nullité*. Il y a même un arrêt du parlement de Dijon du 12 août 1739, qui or-donne aux officiers des justices inférieures du bail-liage d'Avalon, d'appeller le lieutenant-général de ce siège aux jugemens des procès criminels dont les appellations doivent se relever immédiatement en la cour, *à peine de nullité*. Pourquoi cela ? Parce qu'il est de l'essence d'un jugement d'être rendu par un certain nombre de juges, & que par consé-quent les loix qui règlent ce nombre, se rapportent à la substance même du jugement.

Mais lorsque les dispositions du législateur ne concernent que des choses accidentelles à l'acte, il n'est pas permis régulièrement d'y suppléer la clause de *nullité* : la preuve en résulte, *à fortiori*, de ce que nous avons dit au sujet des loix prohi-bitives.

Les *nullités* qui résultent d'une loi, dont l'intérêt public est le principal motif, peuvent être objectées par la partie publique, & même par toutes sortes de personnes sans qu'on puisse leur opposer qu'elles se prévalent du droit d'un tiers : le juge peut éga-lement y prendre garde d'office, quand personne ne les proposeroit.

Telle est, en matière bénéficiale, la *nullité* qui provient, soit d'un défaut de pouvoir dans le col-lateur, soit d'indignité dans le pourvu, soit d'une paction symoniaque entre un résignant & son ré-signataire, soit d'un défaut de qualité dans les té-moins qui ont souscrit la collation, &c.

Telle est, relativement au mariage, la *nullité* produite par l'engagement d'un de ceux qui pré-tendent le contracter, dans l'état religieux ou les ordres sacrés. C'est ainsi que, par arrêt du 25 mai 1723, le mariage du sieur Baudoin du Plessis, prêtre, fut déclaré nul & abusif, sur la demande des nommés le Jaune & Marie Baudoin, quoique l'on opposât à ceux-ci une fin de non-recevoir, tirée de ce qu'ils n'agissoient que pour un intérêt pécuniaire.

Telle est, en matière civile, la *nullité* des établis-semens & acquisitions des gens de main-morte sans autorisation du souverain.

Telles sont enfin presque toutes les *nullités* pro-noncées par les loix criminelles : car, dans ces matières, soit qu'il s'agisse de punir un coupable ou de justifier un innocent, le grand objet du lé-gislateur est toujours l'intérêt public. C'est par ce motif que l'article 8 du titre 14 de l'ordonnance de 1670 enjoint aux juges d'examiner, « avant le » jugement, s'il n'y a point de *nullité* dans la pro-» cédure ». De-là cet usage constant & approuvé

par le procès-verbal de la même loi, d'admettre les parens d'un accusé contumax, à faire obser-ver par requête les *nullités* commises dans l'ins-truction ou le jugement.

A l'égard des *nullités* qui n'intéressent que cer-taines personnes, elles ne peuvent être opposées que par elles-mêmes. Quoique la fin de la loi, dit Dunod, soit toujours l'intérêt du public & de la société, la vue de cet intérêt est souvent éloignée, & la loi considère alors en premier lieu, dans sa prohibition & dans les *nullités* qu'elle prononce, l'intérêt des particuliers : *primariò spectat utilitatem privatam & secundariò publicam*. Ce sont les parti-culiers qui profitent de sa disposition, & sa prohi-bition en ce cas produit une *nullité* qu'on appelle respective, parce que cette *nullité* n'est censée in-téresser que celui en faveur de qui elle est pronon-cée ; c'est pourquoi il peut seul s'en prévaloir & la proposer ; & si d'autres le faisoient, on leur op-poseroit avec raison qu'ils se fondent sur le droit d'autrui.

Telles sont les défenses d'aliéner les fonds do-taux & les biens des mineurs ; de contracter sans l'autorité du père, du curateur, du mari, & autres semblables : elles concernent principalement l'in-térêt des particuliers ; elles n'annullent pas pleine-ment & simplement les actes qui sont faits au con-traire ; ces actes subsistent à l'égard des tiers, & ne sont déclarés nuls que quand les personnes que la loi a voulu favoriser le demandent ; ils peuvent être con-firmés & ratifiés ; les tiers s'obligent valablement pour leur exécution ; car celui, par exemple, qui a cautionné pour la vente du bien d'un mineur, & le mari qui a vendu le fonds dotal de sa femme, sont tenus à la garantie. La loi ne résiste pas ex-pressément & toujours à ces sortes d'actes, comme dans les cas auxquels elle produit une *nullité* abso-lue ; elle se contente de ne les pas avouer & auto-riser à l'égard de certaines personnes.

On peut mettre dans cette classe la *nullité* d'une collation faite par l'ordinaire au préjudice du droit d'un patron ou d'un expectant. Voici comme en parle Durand de Maillane : cette *nullité* n'est point inhérente au titre, qui est d'ailleurs parfait au fond & dans la forme ; mais il est, pour ainsi dire, condi-tionnel, c'est-à-dire, que son exécution dépend d'une condition. Cette condition est que ceux qui ont droit au bénéfice, ne se plaignant pas ou n'exer-çant pas leur droit dans le temps utile, le titre devient absolu & irrévocable. Il y a dans Brodeau sur M. Louet, trois arrêts de 1564, février 1568 & 29 mars 1612, qui ont expressément confirmé cette assertion.

Les coutumes de Bourgogne, de Franche-Comté, de Nivernois, d'Auvergne, de Bourbon-nois, de Hainaut, défendent aux serfs d'aliéner leurs biens, à peine de *nullité*. Mais comme cette *nullité* n'a pour objet que l'intérêt du seigneur, l'a-liénation doit être pleinement exécutée lorsque celui-ci ne s'en plaint pas. M. le préfident Bégat, *décifion 88*, rapporte un arrêt du parlement de Dijon du 28 juin 1553, que l'a ainfi jugé. M. Grivel, *décifion 105*, nous en fournit deux autres rendus au parlement de Dôle les 13 feptembre 1596 & 27 février 1604. Il s'agiffoit de favoir fi l'hypothèque conftituée par un ferf fur fes biens, & ratifiée quelque temps après par le feigneur, devoit avoir lieu du jour de la conftitution, ou feulement du jour de la ratification. On faifoit valoir pour ce dernier parti la maxime que les ratifications n'ont jamais d'effet rétroactif au préjudice des tiers. Mais on a jugé que le confentement du feigneur n'étant point requis pour l'habilitation du ferf, avoit pu être donné après l'acte, & qu'on ne devoit le confidérer comme une ratification que relativement au feigneur, parce que l'hypothèque étoit valable par rapport au ferf & à tous fes ayans droit.

On juge, fur le même fondement, que la *nullité* des aliénations de propres, faites au préjudice des réferves coutumières, ne peut être alléguée que par l'héritier en faveur duquel ces réferves ont été établies.

L'effet des *nullités*, fuivant le fens naturel de ce mot, doit être de vicier tellement les actes, qu'on les regarde comme non-avenus, & qu'il n'en puiffe rien réfulter : c'eft d'après cela que s'eft introduite la maxime *quod nullum eft, nullum producit effectum*.

Cette maxime n'eft cependant pas toujours vraie; on peut en juger par ce que dit Fuet en fon traité des matières bénéficiales, fur la queftion de favoir fi une collation nulle de la part de l'ordinaire, empêche la prévention du pape.

« Les canoniftes diftinguent entre ce qui eft nul de foi, & ce qui doit être annullé ou par une fentence, ou par la plainte d'un tiers... Tous les auteurs conviennent que la première collation de l'ordinaire, qui n'eft pas nulle de foi, mais qui peut être annullée, empêche la prévention du pape; ainfi la collation faite par l'ordinaire fans attendre la préfentation du patron, celle qui eft faite à un abfent qui n'a pas encore accepté, celle qui eft faite à un incapable; comme, par exemple, fi l'ordinaire avoit conféré un bénéfice vacant dans les mois affectés aux gradués fimples ou nommés, à une perfonne non qualifiée, toutes ces collations fubfiftant par elles-mêmes, quoiqu'elles puiffent être annullées, foit par la préfentation du patron eccléfiaftique dans les fix mois, ou du patron laïc dans les quatre mois; foit par la démiffion ou refus de l'abfent; foit par la requifition d'un gradué, arrêtent la prévention du pape, à l'effet de faire jouir ou le nommé par le patron, ou le gradué qui requiert poftérieurement à la prévention du pape; parce que cette collation faite par l'ordinaire, à qui elle appartient de droit commun, & qui a droit de dévolution en cas de négligence ou de mauvais choix, lie les mains du pape, & empêche qu'il ne puiffe prévenir, non-feulement en faveur du

pourvu par l'ordinaire, dont les provifions font nulles, mais encore en faveur d'un tiers qui n'a qu'un droit poftérieur, & qui n'en avoit point, ou du moins un fort éloigné, lors de la provifion du pape.

Mais lorfque la collation de l'ordinaire eft abfolument nulle, c'eft-à-dire, lorfqu'elle eft faite par un collateur qui n'eft pas l'ordinaire du patron ou du gradué, ou à qui le droit de collation du bénéfice n'appartient point, les canoniftes font encore partagés. Les uns veulent que fi la *nullité* ne vient que de l'incapacité, indignité ou autre défaut du pourvu, la collation émanée de celui qui a pouvoir de conférer, quoique nulle, empêche la prévention du pape; les autres foutiennent qu'une collation nulle ne doit produire aucun effet, non pas même d'empêcher la prévention du pape. Cette queftion paroît encore indécife; cependant je ferois affez du fentiment de ceux qui foutiennent que la collation faite par le véritable collateur qui a droit, quoiqu'il ait conféré à un indigne, doit arrêter la prévention.

On voit par-là qu'il y a bien de la différence entre un acte qui eft nul de foi, *ipfo jure*, *ipfo facto*, & celui qui n'eft nul que par accident & qui doit être annullé, *qui venit annullandus, eo cujus intereft conquerente*; & que la maxime de droit, qui dit que ce qui eft nul de foi ne peut produire aucun effet, & que c'eft la même chofe de ne rien faire, ou de ne pas faire ce qu'on doit felon les règles, fouffre des exceptions, parce qu'un acte qui peut fubfifter de foi & qui n'eft nul que par la confidération de l'intérêt d'un tiers, au moment qu'il eft fait, doit arrêter la prévention ».

C'eft par la même diftinction que Dunod réfout la queftion de favoir fi un titre nul peut fervir de fondement à la prefcription. « Le titre nul d'une *nullité* abfolue, dit-il, n'a jamais transféré le domaine, ni pu mettre le poffeffeur ou fes héritiers en bonne-foi; ainfi lorfqu'il paroît, l'on n'a aucun égard à la poffeffion qui l'a fuivi. Les actes dont la *nullité* n'eft que refpective, produifent une obligation naturelle, & ne font pas même toujours nuls de plein droit à l'égard de la partie intéreffée; car il faut fouvent qu'elle les faffe refcinder, comme il arrive dans les contrats faits par crainte. Ces actes font tranflatifs du domaine, lorfqu'ils font accompagnés de la tradition, & ils forment du moins un titre putatif & coloré, à l'ombre duquel l'acquéreur peut fe croire le maître & poffeder de bonne-foi. La prefcription de trente ans ne reçoit point d'obftacle de la défenfe d'aliéner les chofes qui font dans le commerce, & de la *nullité* qui réfulte d'un défaut de formalité ou de la faveur d'un particulier, qui ne peut être ni fuppléée par le juge, ni propofée par un tiers, parce que cette *nullité* eft fimplement refpective, & ne produit qu'une action qui s'éteint par le laps de trente ans ».

Il y a dans les procédures des *nullités* qui portent

leurs effets plus loin les unes que les autres. « Les unes, dit Serpillon, n'influent que sur une déposition, un récolement ou autre acte unique; alors il n'y a que cet acte unique qui soit nul. Mais il y a des *nullités* qui infectent toute une procédure : par exemple, si dans la plainte il y en avoit une, c'est le fondement de toute la procédure; sa *nullité* entraîneroit celle de tout ce qui auroit été fait en conséquence. De même, dans l'information, la *nullité* qui s'y trouveroit influeroit sur toute la procédure; il n'y auroit que les interrogatoires qui seroient exempts de la ruine de l'édifice, parce qu'ils n'ont aucune connexité, ni liaison, ni dépendance avec le reste de la procédure. Il n'y a qu'une exception, qui est celle où le décret seroit nul ».

Il a été question de savoir si la *nullité* des informations faites dans une procédure en entérinement de lettres de grace, entraînoit la *nullité* des lettres, & nécessitoit le demandeur d'en obtenir de nouvelles. Un arrêt du 31 mars 1711, rapporté par Jousse, a décidé pour la négative.

Des raisons d'équité ou de bien public obligent quelquefois les juges, & sur-tout les juges souverains, à laisser subsister ce qui a été fait par suite même directe & immédiate des actes qu'ils déclarent ou doivent déclarer nuls. Ainsi, par arrêt du 15 avril 1776, le parlement de Flandres a déclaré nul, avec dépens, dommages & intérêts, un emprisonnement pratiqué contre les formes légales, & néanmoins a ordonné que le débiteur tiendroit prison jusqu'au plein paiement de la dette pour laquelle il étoit arrêté & qu'il avouoit.

Ainsi quoique les cours déclarent souvent nulles des procédures criminelles, depuis la plainte inclusivement jusqu'à la sentence définitive, cependant si les accusés ont été arrêtés, en vertu des décrets prononcés dans ces procédures, elles ne les mettent pas pour cela en liberté; mais elles ordonnent qu'ils seront transférés, sous bonne & sûre garde, dans les prisons des juges qu'elle nomme pour recommencer l'instruction, à moins que la nature du délit ou l'apparence des charges ne détermine à prononcer autrement.

Ainsi lorsqu'on déclare nuls quelques actes particuliers d'une instruction criminelle, on ne laisse pas, sur-tout s'ils sont du nombre de ceux qui ont la preuve pour objet, d'ordonner qu'ils seront joints au procès pour servir de mémoire.

Une observation importante pour les cours souveraines dans les matières criminelles, est que rarement elles cassent les procédures qui ne roulent que sur des cas légers. Si peu qu'il en résulte de preuve & qu'il y ait de procédure valable, dit Serpillon, elles évoquent & jugent à l'audience, pour tirer les parties du procès qu'il est important pour le bien public d'assoupir.

Il en est de même, continue cet auteur, des lettres de grace. Les cours passent souvent à l'entérinement malgré les *nullités*. Il y en a des arrêts

du parlement de Paris des 18 février & 18 mars 1715. Elles se contentent de faire des injonctions aux juges.

Les officiers publics qui commettent des *nullités*, en sont-ils garans envers les parties intéressées à ce que l'acte soit valable? On peut dire en général qu'un officier quelconque, n'est pas garant d'une *nullité* qu'il a commise par simple impéritie ou négligence; c'est ce qui résulte d'une multitude d'arrêts.

Brodeau en rapporte un du 7 juillet 1575, qui déboute un particulier de sa demande en garantie contre la veuve d'un notaire qui avoit reçu un contrat sans faire signer les parties ni les témoins. M. Louet nous en fournit un autre du 28 juin 1604, qui met hors de cour sur la demande en garantie formée contre deux notaires, pour n'avoir pas exprimé valablement la renonciation d'une femme au sénatusconsulte Velleien.

A la suite de cet arrêt, Brodeau en cite un du 16 février 1617, par lequel, sur une sommation faite à un notaire qui avoit omis des formalités essentielles à un testament, en conséquence de quoi il avoit été cassé, les parties furent mises hors de cour & de procès ». Brodeau ajoute qu'il en a été rendu un semblable le 30 avril 1633, au sujet d'une donation, dans laquelle le notaire n'avoit exprimé l'acceptation que par un, &c.

M. Bouguier en rapporte deux des 21 janvier 1605 & de l'an 1610, qui ont pareillement rejetté les demandes en dommages-intérêts formées contre des notaires qui, dans l'espèce du premier, avoient omis de faire mention de la lecture d'un testament au testateur; & dans l'espèce du second, n'avoient signé un testament que deux jours après le défunt.

Un arrêt du 7 mars 1684, rapporté au journal des audiences, a déchargé un notaire d'une demande en garantie, pour avoir énoncé dans une obligation passée par une femme, un arrêt d'autorisation qui ne se trouvoit pas véritable.

Par un autre arrêt du 5 septembre 1758, rendu en la deuxième chambre des enquêtes, la cour, en déclarant nul l'acte dont il étoit question au procès, a débouté de la demande en garantie qui avoit été formée contre les héritiers du notaire dont l'impéritie avoit causé la *nullité*.

Le parlement de Toulouse a jugé la même chose par arrêt du 8 avril 1743; il s'agissoit d'un notaire qui n'avoit pas écrit lui-même un testament. On a jugé, dit Furgole, « que les notaires ne doivent pas répondre des *nullités* des actes, quoiqu'elles interviennent par leur faute ».

Les procureurs sont, à cet égard, de la même condition que les notaires. On trouve dans Montholon un arrêt du 23 décembre 1589, qui met hors de cour sur la demande en garantie intentée contre un procureur, pour avoir oublié dans un appointement de conclusions sur procès en retrait lignager, de réitérer l'offre *de bourse, deniers à* découvert & à parfaire, conformément à la coûtume de Paris ; on remarque néanmoins que cet arrêt a enjoint « aux procureurs de se rendre dorénavant soigneux de faire lesdites offres, à peine des dépens, dommages & intérêts des parties ».

On voit, par cette injonction, que la loi & les arrêts de réglement peuvent rendre des officiers garans des *nullités* qu'ils commettent par leur faute.

C'est ainsi qu'aux termes de l'article 36 du titre 22 de l'ordonnance de 1667, lorsqu'une enquête est déclarée nulle par la faute du juge ou commissaire, il en doit être fait une nouvelle à ses frais.

L'article 24 du titre 15 de l'ordonnance de 1670, porte pareillement, que s'il est ordonné que les témoins seront ouïs une seconde fois, ou le procès fait de nouveau à cause de quelque *nullité* dans la procédure, le juge qui l'aura commise sera condamné d'en faire les frais & payer les vacations de celui qui y procédera, & même les dommages & intérêts de toutes les parties.

En général, on est toujours, en matière de *nullité*, plus sévère contre un juge que contre un notaire ou un procureur, parce qu'il ne dépend pas des particuliers de se choisir un juge plutôt qu'un autre, au lieu que le choix d'un notaire ou d'un procureur est toujours libre.

De-là vient que plusieurs auteurs, en convenant du principe qu'un juge ne peut être pris à partie qu'en cas de dol ou de concussion, soutiennent néanmoins qu'il doit toujours être condamné à la réparation des *nullités* auxquelles il a donné lieu par sa faute ou négligence.

Il y a plusieurs réglemens qui assujettissent les notaires aux dommages-intérêts de certaines *nullités*. Un arrêt du 6 mars 1620, rapporté par Brodeau, « a fait défenses aux notaires de plus insérer dans les contrats & obligations conçus pour prêt, les déclarations de majorité & extraits baptistaires, sur peine de *nullité* & d'en répondre en leur propre & privé nom ».

Les procureurs sont responsables des *nullités* qu'ils commettent dans les décrets ; on l'a ainsi réglé, pour les obliger à être attentifs sur ces sortes de procédures, toujours importantes. Rousseau de Lacombe, qui établit cette maxime, ajoute qu'un arrêt du 26 avril 1644 a condamné un procureur aux dommages-intérêts, pour n'avoir pas fait enrégistrer au greffe des décrets l'opposition de sa partie, dont il avoit les pièces.

A l'égard des huissiers & sergens, il paroît qu'on les rend assez généralement responsables des *nullités* qu'ils font dans leurs exploits, quoique l'ordonnance de 1667 ne les condamne qu'à 20 livres d'amende, lorsque leurs exploits sont déclarés nuls pour les causes marquées au titre 2 de cette loi. Il y a dans le journal des audiences deux arrêts des 10 juin 1704 & 12 mai 1705, qui condamnent, l'un par défaut, l'autre contradictoirement,

un huissier à garantir un demandeur en retrait lignager, qui avoit été débouté par des *nullités* d'ajournement.

L'article 22 d'un arrêt de réglement du parlement de Flandres, du 16 septembre 1672, porte pareillement, que les huissiers sont tenus d'exprimer dans tous leurs exploits les noms & surnoms des personnes à qui ils parlent & délivrent copie, « à peine de *nullité* & de recommencer par l'ex- » ploiteur à ses frais & dépens, outre la réfusion » des dommages & intérêts de partie, s'il y » échet ». Il y a dans le même arrêt une foule d'autres dispositions qui prononcent les mêmes peines.

Il y a encore un arrêt du premier juillet 1752, qui ordonne qu'une poursuite déclarée nulle avant l'adjudication, sera recommencée aux frais de Guillaume, huissier, qui avoit fait une *nullité* dans l'une des quatre criées.

On trouve néanmoins un arrêt du 13 mai 1760, qui décharge un huissier audiencier de la demande en garantie de la *nullité* d'un exploit en matière de retrait : mais il est à croire que la cour n'a jugé de la sorte dans ce cas, qu'à cause que la procédure du retrayant étoit infectée de plusieurs autres *nullités* étrangères à l'huissier.

Il y a une règle de droit, qui porte, qu'un acte nul dans le principe, ne peut être validé par le seul laps de temps. *Quod initio vitiosum est, non potest tractu temporis convalescere. L. 29, ff. de regulis juris.* La raison de cette règle, disent les interprètes, est que, comme le temps n'est pas un moyen d'établir ou d'éteindre de plein droit une obligation, il ne doit pas non plus avoir la vertu de confirmer seul un acte nul en soi.

Cette règle, ajoutent les commentateurs, a lieu dans les testamens, dans les contrats, dans les mariages, dans les jugemens, dans les usucapions, en un mot dans toutes les matières de droit.

Dans les testamens, il est de principe, qu'une disposition qui auroit été nulle si le testateur fût décédé immédiatement après l'avoir faite, ne peut pas devenir valable par la suite. C'est la décision expresse de la fameuse règle de Caton, contenue dans la loi 1, *ff. de regulâ Caton.*

Dans les contrats, on tient pour maxime, que la stipulation d'une chose qui est hors du commerce, demeure toujours nulle, quoique la chose change par la suite de qualité & tombe dans le commerce. C'est ce que porte le §. 1, aux institutes, *de inutilibus stipulationibus.*

A l'égard des sentences, lorsqu'elles sont nulles en elles-mêmes, le laps du temps fixé pour l'appel ne les valide pas, & jamais elles ne passent en choses jugées. La loi 19, *ff. de appellationibus*, est formelle sur ce point.

Il y a cependant bien des cas où la règle dont il s'agit est sans effet ; on peut même dire en général, que ce sont tous ceux où la cessation de l'empêchement qui produisoit la *nullité*, se réunit à la survenance d'une cause nouvelle & propre à confirmer l'acte.

Par exemple, la prescription, c'est-à-dire, le laps d'un certain espace de temps, est souvent un moyen qui couvre & efface les *nullités*. Pourquoi ? Parce que la loi présume, de la part de ceux qui ont intérêt de faire valoir ces *nullités*, un consentement tacite à l'exécution des actes qui en sont frappés ; car, dit le jurisconsulte Paul dans la loi 28, *ff. de verborum significatione*, celui-là est censé aliéner son bien, qui laisse passer le temps de la prescription sans le revendiquer.

La loi 1, §. 1, *ff. de legatis*, 3°. nous offre un autre exemple ; elle décide qu'un legs ou un fidéicommis fait par un fils de famille, quoique nul dans son principe, devient valable, si le fils de famille, étant émancipé, témoigne être toujours dans la même volonté & y persévère jusqu'à la mort.

Le mariage contracté par un impubère est nul, & demeure perpétuellement tel. Si cependant il survenoit, après la puberté, un nouveau consentement de la part de l'homme & de la femme, le mariage seroit validé, & ne pourroit plus être dissous. C'est la décision expresse du chapitre 1, §. 1, aux décrétales, *de sponsalibus impuberum*, & de la loi 4, *ff. de ritu nuptiarum*.

On a agité au parlement de Normandie la question de savoir si un patron ayant présenté à une prébende un laïc qui ne s'étoit fait tonsurer qu'immédiatement avant de recevoir son institution, la *nullité* de la présentation étoit effacée par la capacité survenue depuis. La contestation étoit entre un dévolutaire & le présenté. Il y a si grande relation, disoit le premier entre l'acte de présentation & l'institution ; que ces deux actes ne font qu'un tout ; c'est ce qui compose la provision ; si donc l'un des deux est nul, sa *nullité* influe sur l'autre, & l'on ne peut détruire l'un, que l'autre ne tombe nécessairement. L'institution est une collation nécessaire & forcée, l'ordinaire ne l'accorde que sur le fondement de la présentation ; il pourroit à la vérité pourvoir le présenté de plein droit, *jure ordinario* ; mais en référant ses provisions à la présentation, il les fait nécessairement dépendre de la validité de cet acte, & par conséquent il ne peut avoir l'intention de couvrir par les unes le défaut de capacité qui vicie l'autre.

Le présenté disoit au contraire, que la tonsure avoit été le fondement de ses provisions ; que la présentation n'étoit point une partie principale de la collation, mais seulement une servitude sans laquelle la collation donnée par l'ordinaire devenoit canonique, lorsque le patron ne se plaignoit pas ; que par conséquent on ne devoit pas considérer le temps de l'exercice du patronage, mais celui où l'ordinaire avoit approuvé la présentation.

Par arrêt du 17 décembre 1637, rapporté par Basnage sur l'article 69 de la coutume, le dévolutaire fut maintenu dans la prébende.

Dans les bénéfices électifs confirmatifs, la *nullité* produite par l'incapacité du pourvu au temps de l'élection, peut-elle être couverte par la cessation de cette incapacité au temps de la confirmation ? La décrétale *dudum*, *de electione*, décide pour la négative, & c'est d'après sa disposition que Duperray dit que la *nullité* d'un élu n'est point relevée par la confirmation en forme commune. Cependant, continue-t-il, elle seroit suppléée par le supérieur en connoissance de cause, en ajoutant qu'il confère, en tant que besoin, à cet élu la même dignité.

Les voies de *nullité* n'ont point lieu en France, c'est-à-dire, que les actes, dont les loix prononcent la *nullité*, ne sont pas nuls de plein droit, il faut les faire déclarer tels ; ce qui ne se peut faire, sans obtenir à cet effet des lettres du prince. Mais cela n'a lieu que pour les *nullités* de droit, c'est-à-dire, celles qui résultent du droit romain.

Cette règle n'est pas sans exceptions. Nos praticiens, dit le Grand sur l'article 138 de la coutume de Troyes, en exceptent communément les usures, symonies & les contrats faits avec pupilles. On peut aller plus loin, & dire en général, qu'elle ne peut avoir lieu, ni par rapport aux actes contraires aux bonnes mœurs ou au droit public, ni relativement à ceux que des vices de forme intrinsèque empêchent de regarder comme existans, ni dans les cas où la *nullité* provient d'une incapacité légale & absolue de contracter.

Il y a même plusieurs provinces où l'on est admis, sans lettres de rescision, à proposer toutes les espèces de *nullités* de droit. Nous voyons dans de Lauriere, art. *Nullité*, que telle est la pratique constante de la Lorraine. Dunod, en son traité de l'aliénation & de la prescription des biens d'église, en dit autant de la Franche-Comté, & il y a pour cette province un édit du mois de juillet 1707, qui paroît y autoriser cet usage. On juge de même dans les Pays-Bas ; & quoique l'on y prenne quelquefois des lettres de rescision contre des actes nuls de droit, cette formalité n'y a jamais été regardée comme nécessaire.

A l'égard des jugemens, il faut distinguer s'ils sont interlocutoires ou définitifs.

Les jugemens interlocutoires ou de simple instruction peuvent être déclarés nuls par les juges mêmes qui les ont rendus, & cela sur la seule exposition des moyens qui en fondent la *nullité*. C'est la conséquence du principe établi par la loi 14, *ff. de re judicatâ*, & par les docteurs qui l'ont commentée, que ces sortes de jugemens sont sujets à être révoqués jusqu'en définitif. De-là l'injonction que l'ordonnance criminelle, *titre 14, article 8*, fait aux juges d'examiner, avant de procéder au jugement définitif des procès, s'il n'y a pas des *nullités* dans l'instruction. De-là la permission expresse qu'elle leur donne, *titre 6, article 14*, d'annuller les dépositions qu'ils ont reçues sans les formalités requises. De-là aussi l'observation que faifoit en 1727 M. l'avocat-général, que fi un official a commis quelque faute dans la procédure, il faut fuivre à fon égard l'ufage établi par rapport aux autres juges, & lui laiffer, comme à ceux-ci, le pouvoir de réparer fes *nullités*.

Mais cette faculté que la loi laiffe aux juges, n'ôte pas aux plaideurs celle de fe pourvoir par la voie d'appel contre les fentences d'inftruction qui font nulles; & il y a à cet égard une remarque bien effentielle, c'eft que le juge ne peut plus annuller fa procédure dès qu'il y en a un appel interjetté, parce qu'alors le juge fupérieur eft faifi de la caufe. Il a été ainfi jugé par arrêt du 7 décembre 1726, rapporté par Rouffeau de Lacombe, en fa jurifprudence canonique, au mot *Official*.

C'eft une queftion fi les actes de pure inftruction peuvent être annullés par le juge ou commiffaire qui a procédé, ou fi ce pouvoir eft réfervé au fiége affemblé. Il paroît, dit Serpillon, que l'article 14 du titre 6 de l'ordonnance de 1670, laiffe au juge la liberté de pouvoir feul déclarer nulles les difpofitions qui n'ont pas été reçues avec toutes les formalités néceffaires. Cependant, ajoute cet auteur, il eft plus fûr de fe conformer à un arrêt du 10 juin 1746, qui a jugé que le lieutenant-criminel d'Angers n'avoit pu déclarer nulles quelques dépofitions d'une information qu'il avoit faite. Du Rouffeau rapporte les motifs fur lefquels cet arrêt a été rendu; il prouve qu'ils font conformes à l'efprit de l'ordonnance, & que le juge doit caffer ce qui eft nul de l'avis de deux officiers, ou de deux gradués ou praticiens.

Le pouvoir que l'ordonnance attribue aux juges d'annuller eux-mêmes leurs procédures vicieufes, a auffi lieu par rapport à celles qui ont été faites en d'autres fiéges, & qui leur font renvoyées pour les continuer. Un arrêt du 22 décembre 1731, rapporté par Serpillon, a enjoint au lieutenant-général de Limours, lorfqu'il continuera une procédure commencée par un premier juge, d'examiner, avant toutes chofes, fi la procédure eft réguliere, & au cas qu'il ne la trouve pas telle, de la déclarer nulle, ou fe pourvoir à la cour pour en faire prononcer la *nullité* avant de faire aucune inftruction de fon chef, ou procéder à aucun jugement.

Lorfqu'il s'agit d'un jugement définitif, il faut diftinguer s'il eft rendu en dernier reffort, ou fujet à l'appel.

Dans l'un & l'autre cas, les parties qui n'y ont pas été appellées, ou qui ne l'ont pas été duement, peuvent en faire prononcer la *nullité* par les juges même qui les ont portés; il ne leur faut pour cela d'autre voie que celle de l'OPPOSITION.

Mais quand la partie qui veut faire déclarer un jugement nul, a été duement affignée, elle n'a pas d'autre voie à prendre que celle de la caffation ou de la requête civile, fi le jugement eft en dernier

reffort, & celle de l'appel, s'il eft queftion d'une fimple fentence.

Sur la queftion de favoir dans quel temps on doit fe pourvoir pour faire déclarer une *nullité*, il faut diftinguer fi la *nullité* eft propofée par exception ou par action.

Dans le premier cas, il n'y a aucun laps de temps qui puiffe la couvrir. C'eft ce qu'établit Dunod, *part.* 1, *chap.* 12; & c'eft ce que Furgole démontre parfaitement en ces termes : « dans quel temps la *nullité* d'un teftament, réfultante de la préterition, devra-t-elle être propofée ? Je réponds que le teftament étant nul de plein droit, & ne pouvant produire aucun effet quant à l'inftitution d'héritier, la *nullité* peut être oppofée en tout temps; c'eft-à-dire, perpétuellement, même après trente ans, par voie d'exception; parce que *quæ funt temporalia ad agendum, funt perpetua ad excipiendum;* qu'ainfi celui qui fe trouve en poffeffion d'un bien dont on veut le dépoffeder en vertu d'une fubftitution univerfelle comprife dans un teftament nul par préterition, peut oppofer la *nullité* en quelque temps que ce foit. Pour évincer le poffeffeur d'un bien, quand même il n'auroit point de titre, il faut que le demandeur faffe apparoir d'un titre bon & légitime, qui lui attribue la propriété; autrement il ne doit pas être admis à fa demande, & il en doit être exclus, non à caufe du droit du poffeffeur, mais par défaut de droit & de titre de fa part, à caufe que *rei vindicatio foli domino cómpetit;* qu'il faut par conféquent que le demandeur rapporte un titre légitime de propriété; autrement le défendeur doit être renvoyé abfous, parce que *in pari caufâ melior eft conditio poffidentis* ».

Dans le fecond cas, on diftingue la *nullité* abfolue d'avec la *nullité* relative.

La *nullité* abfolue ne peut être couverte par la prefcription : ce principe eft avoué par tous les auteurs; mais quelques-uns foutiennent qu'il en faut excepter la prefcription immémoriale. « Fachiné » les réfute, dit Dunod, & fon opinion eft la » plus commune : je crois cependant qu'on doit » laiffer la queftion à l'arbitrage du juge, pour la » décider fuivant les circonftances, la qualité & » l'importance de la *nullité* ».

On fait affez communément fur cette matiere une fous-diftinction qui peut être d'un grand fecours en plufieurs circonftances; c'eft que les actes argués de *nullités* abfolues pour des défauts effentiels de formalité, ne font pas même confirmés par une poffeffion immémoriale, lorfque ces actes renferment une preuve directe & pofitive de l'omiffion des formes néceffaires; c'eft l'efpece précife de la maxime, *melius eft non habere titulum, quàm habere vitiofum.* Au lieu que, dans les cas où cette omiffion n'eft pas prouvée par les actes même, ou ne l'eft que négativement, le laps de cent ans fait préfumer que toutes les formes ont été remplies. La prefcription de 30 ou 40 ans produit auffi

quelquefois

quelquefois cet effet : cela dépend de l'arbitrage du juge & de la nature de chaque affaire. *Cùm illud tempus*, dit Dumoulin, *non fit à jure determinatum, nec poffit determinari, cùm à fingularibus & variis factorum circumstantiis pendeat, concludo judicis effe arbitrium.*

Quant aux *nullités* refpectives, on ne peut plus les propofer par action, après une poffeffion de trente ans de la part de celui que l'on voudroit évincer. « L'on ne révoque point en doute parmi » nous, dit Dunod, que les *nullités* refpectives fe » prefcrivent par trente ans, & qu'il n'y a plus » d'avantage à les propofer après ce temps, fi ce » n'eft par voie d'exception ». Furgole enfeigne la même chofe par rapport aux teftamens nuls : « fi l'héritier inftitué a poffédé l'hérédité pendant » trente ans, & qu'il n'y ait aucun moyen qui ait » empêché ou interrompu la prefcription, la *nul-* » *lité* ne pourra produire aucun effet, non que le » teftament foit devenu valide, parce que cela ne » fe peut point, à caufe de la maxime, *quod initio* » *vitiofum eft tractu temporis convalefcere non poteft*, » mais parce que la prefcription aura acquis à l'hé- » ritier la propriété des biens, & produira une » exception qui détruit & exclut le droit de ceux » qui auroient pu demander l'hérédité, s'ils étoient » venus avant l'accompliffement de la prefcrip- » tion ».

D'après le principe établi ci-deffus, que l'on ne peut en France propofer une *nullité* de droit contre un contrat, fi ce n'eft à l'aide de lettres du prince en forme de refcifion, il fembleroit que l'on ne dût plus être admis à le faire après le temps au-quel nos loix ont limité les actions refcifoires, c'eft-à-dire, après dix ans. Néanmoins le Grand fait mention d'une fentence du bailliage de Troies, du 31 mars 1560, qui a jugé le contraire, & il en approuve la décifion. « La formalité des lettres, » dit-il fur l'article 139 de fa coutume, n'empêche » pas que le principal de l'affaire ne doive être » jugé felon fa nature & qualité, c'eft-à-dire, » felon la *nullité*, puifque l'obligation étant faite » fans caufe, l'obligé pouvoit répéter l'obligation » *conditione fine causâ*, jufqu'à trente ans, par le-» quel efpace de temps feulement les actions per-» fonnelles peuvent être prefcrites. Et ne font » au contraire les ordonnances de Louis XII de

» l'an 1510, article 46, & de François I de l'an » 1535, *chapitre 8, article 52*, d'autant qu'elles » n'ont lieu que pour les obligations qui fubfiftent » de leur commencement, comme celles faites par » dol, fraude ou crainte, pour refcinder lefquelles » la reftitution eft néceffaire, tant par le droit ro-» main que par notre droit, & non pas pour les » obligations nulles, n'étant pas vraifemblable que » l'intention de l'ordonnance ait été de violer les » raifons de droit à l'endroit de ceux qui font » contraints d'avoir recours aux lettres du prince, » ès cas éfquels, felon la vraie raifon de droit, il » ne feroit pas befoin de lettres ».

NUMBLE ou NOMBLE, (*Droit féodal.*) On a donné ce nom à des longes de veau ou à des échi-nées de porc que les feigneurs fe font attribuées dans bien des lieux à titre de leyde ou de droit de marché fur ceux de ces animaux qu'on tuoit dans les boucheries.

Voyez le Gloffaire de Ducange, *aux mots* LUMBI, NUMBILE, & NUNBLICUS, & *le Gloffarium novum de* dom Carpentier, *aux mots* NEBULUS, NUM-BILE, NUMBLUS & NUMBULUS. Ce dernier auteur cite des lettres d'amortiffement de l'an 1445, pour l'églife de Viviers, où il eft dit : « *Item* la moitié » des langues de bœufs & des *nombles* des porcs, » qui fe tuent au mazél, ou boucherie ».

Il paroît même que les feigneurs de certaines terres levoient auffi des droits femblables fur les porcs tués hors des boucheries, par leurs fujets. *Voyez l'article* PALLERON DE PORC. (*M. GARRAN DE COULON, avocat au parlement.*)

NUNCUPATIF, adj. *terme de Jurifprudence*, qui ne fe dit qu'en parlant d'un teftament. Or un tef-tament *nuncupatif* que Juftinien appelle αγγραφον βουλησιν, *voluntatem non fcriptam*, étoit celui par lequel le teftateur nommoit feulement de vive voix l'héritier qu'il vouloit inftituer, & les légataires à qui il faifoit des largeffes, & cela en préfence de fept témoins convoqués pour cet effet ; fi le tef-tateur étoit aveugle, il falloit un huitième témoin ; ou un officier public qui rédigeât par écrit la vo-lonté du teftateur.

Le teftament *nuncupatif* n'eft ufité qu'en pays de droit écrit, où il eft tenu pour bon ; mais en pays coutumier il eft rejetté, à moins qu'il ne foit tef-tament militaire. *Voyez* TESTAMENT.

O

O, quinzième lettre de notre alphabèt, & quatrième voyelle. L'*O*, gravé fur les monnoies de France, fervoit à diftinguer celles qui étoient fabriquées à Riom.

O A

OANCE. *Voyez* OYANCE.

O B

OBÉANCIER, f. m. (*Jurifprud. canonique.*) eft un titre ufité dans l'églife collégiale de Saint-Juft de Lyon : le grand *obéancier* eft la première dignité. Le premier-chanoine après les dignitaires, a auffi le titre d'*obéancier*. Ce terme paroît être venu, par corruption, d'*obédiencier* ; il y a apparence que ces *obéanciers* ont été ainfi nommés, parce que, dans l'origine, ils étoient envoyés par l'archevêque de Lyon pour deffervir cette églife.

OBÉDIENCE, f. f. (*Jurifprud. canonique.*) ce terme, dans fon origine, étoit toujours fynonyme d'*obéiffance* ; il n'eft plus ufité qu'en matière eccléfiaftique, & on lui attribue différentes fignifications.

En général, *obédience* fignifie *foumiffion* à un fupérieur eccléfiaftique ; quelquefois ce terme fe prend pour l'autorité même du fupérieur ; quelquefois enfin on entend par *obédience*, la permiffion ou l'ordre que le fupérieur donne d'aller quelque part, ou de faire quelque chofe.

Pendant le grand fchifme d'Avignon on fe fervoit du terme d'*obédience* pour défigner le territoire dans lequel chacun des deux papes étoit reconnu comme légitimement élu. Prefque toutes les villes de Tofcane & de Lombardie, toute l'Allemagne, la Bohême, la Hongrie, la Pologne, la Pruffe, le Danemarck, la Suède, la Norwège, l'Angleterre, étoient de l'obédience de Clément VII ; la France, la Lorraine, l'Ecoffe, la Savoie & le royaume de Naples, fe rangèrent fous l'*obédience* d'Urbain : l'Efpagne prit d'abord le même parti, enfuite elle fe mit fous l'*obédience* de Clément VII.

C'eft en ce même fens que l'on appelle ambaffadeurs d'*obédience*, ceux que des princes envoient au pape pour lui rendre hommage de quelques fiefs qui relèvent de lui : c'eft ainfi que les rois de Naples & de Sicile envoient un ambaffadeur d'*obédience* au pape, auquel il préfente la haquenée que ces princes doivent au pape à caufe du royaume de Naples.

Les provinces dans lefquelles le concordat n'a pas lieu, & qui font foumifes à toutes les règles de chancellerie que l'on obfervoit avant le concor-

O B E

dat, telles que la Bretagne, la Provence, la Lorraine, font appellées communément *pays d'obédience*, ce qui eft une expreffion très-improper, vu que ces pays ne font point foumis au pape plus particuliérement que les autres ; toute la différence eft que la règle *de menfibus & alternativa* y a lieu, c'eft-à-dire, que le pape y confère les bénéfices pendant huit mois de l'année, les autres collateurs n'ont que quatre mois, à la réferve des évêques, lefquels, en faveur de la réfidence, ont l'alternative, c'eft-à-dire, qu'ils ont la collation pendant un mois, & le pape pendant l'autre, & ainfi de fuite alternativement.

Le pape n'ufe point de prévention dans les pays d'*obédience*, dans les fix mois de l'alternative des évêques, ni dans les quatre mois des autres collateurs.

Obédience, fe prend auffi pour un acte qu'un fupérieur eccléfiaftique donne à un inférieur, foit pour le faire aller en quelque miffion, foit pour le transférer d'un lieu dans un autre, ou pour lui permettre d'aller en pélerinage ou en voyage : un prêtre ne doit point être admis à dire la meffe dans un diocèfe étranger, qu'il ne montre fon *obédience*. On doit arrêter les moines vagabonds qui errent par le monde, & qui ne montrent point leur *obédience*.

On a auffi appellé *obédiences* les maifons, églifes, chapelles & métairies qui ne font pas des titres de bénéfices féparés, & dans lefquels un fupérieur eccléfiaftique envoie un religieux pour les deffervir ou adminiftrer. On les a ainfi appellés *obédience*, parce que le religieux qui les deffert n'y eft envoyé qu'en vertu d'un acte d'*obédience*, & qu'il eft révocable *ad nutum*.

Dans les premiers fiècles de l'état monaftique, tous les prieurés n'étoient que des *obédiences*. Il y a encore quelques abbayes où les prieurés qui en dépendent ne font que de fimples *obédiences*. (*A*)

OBÉDIENCIER, f. m. eft un religieux qui va, par l'ordre de fon fupérieur, deffervir une églife dont il n'eft point titulaire. *Voyez* OBÉDIENCE. (*A*)

OBÉISSANCE, f. f. (*Droit naturel & politique.*) Dans tout état bien conftitué, l'*obéiffance* à un pouvoir légitime eft le devoir le plus indifpenfable des fujets. Refufer de fe foumettre aux fouverains, c'eft renoncer aux avantages de la fociété, c'eft renverfer l'ordre, c'eft chercher à introduire l'anarchie. Les peuples, en obéiffant à leurs princes, n'obéiffent qu'à la raifon & aux loix, & ne travaillent qu'au bien de la fociété. Il n'y a que des tyrans qui commanderoient des chofes contraires ; ils pafferoient les bornes du pouvoir légitime, & les peuples feroient toujours en droit de réclamer contre violence qui leur feroit faite. Il n'y a qu'une honteuse flatterie & un avilissement odieux qui ait pu faire dire à Tibère par un fénateur romain : *tibi fummum rerum judicium dii dedere , nobis obfequii gloria relicta eft.* Ainsi *l'obéiffance* ne doit point être aveugle. Elle ne peut porter les sujets à violer les loix de la nature. Charles IX, dont la politique inhumaine le détermina à immoler à fa religion ceux de fes fujets qui avoient embraffé les opinions de la réforme, non content de l'affreux maffacré qu'il en fit fous fes yeux & dans fa capitale, envoya des ordres aux gouverneurs des autres villes du royaume, pour qu'on exerçât les mêmes cruautés fur ces feclaires infortunés. Le brave d'Orte, commandant à Bayonne, ne crut point que fon devoir pût l'engager à obéir à ces ordres fanguinaires. « J'ai communiqué, dit-il au roi, le commandement de » votre majefté à fes fidèles habitans & gens de » guerre de la garnifon, je n'y ai trouvé que » bons citoyens & braves foldats, mais pas un » bourreau : c'eft pourquoi eux & moi fupplions » très-humblement votre majefté de vouloir employer nos bras & nos vies en chofes poffibles ; » quelque hafardeufes qu'elles foient, nous y mettrons jufqu'à la dernière goutte de notre fang ». Le comte de la Tende & Charny répondirent à ceux qui leur apportoient les mêmes ordres, qu'ils refpectoient trop le roi pour croire que ces ordres inhumains puffent venir de lui. Quel eft l'homme vertueux, quel eft le chrétien qui puiffe blâmer ces fujets d'avoir défobéi ?

OBÉISSANCE, (*Droit féodal.*) les coutumes d'Anjou, du Maine & du Loudunois, entendent par-là la foumiffion du vaffal à fon feigneur. C'eft dans ce fens qu'elles difent que le feignenr qui fuccombe dans les accufations qui donnent lieu à la commife, perd *l'obéiffance* de fon homme, & que les parageaux font obligés de retourner à l'obéiffance du parageur en cas de mefure, pour les étalonner & les ajufter, & quand le parageur les fait appeller pour raconter parage. Les coutumes difent que, dans ce cas, le parageau doit *obéir*, ce qui montre affez l'origine de ce mot *obéiffance. Voyez la préface de la cinquième partie des coutumes d'Anjou & du Maine, les articles 187, 195 & 216 de la coutume d'Anjou, les art. 206, 211 & 231 de la coutume du Maine, les coutumes de Tours, art. 130 ; & de Loudunois, chap. 12, art. 8.*

Il paroît qu'on doit donner le même fens au mot latin barbare d'*obeiffentia* ou *obeiffantia*, qui fe trouve dans deux titres rapportés aux preuves de l'hiftoire de Bretagne, *tom. 1, p. 407 & 408*, quoique le petit gloffaire qui eft enfuite, dife que c'eft une redevance. (*M. Garran de Coulon, avocat au parlement.*)

OBITUAIRE, f. m. (*Droit canon.*) ce terme, ufité en matière bénéficiale, a plufieurs fignifications.

1°. On appelle *obituaire*, le regiftre où l'on écrit les *obits*, c'eft-à-dire, où l'on fait mention du décès & de la fépulture de certaines perfonnes. Ce regiftre s'appelle auffi *mortuaire ; nécrologe.*

2°. On entend auffi par *obituaire*, le regiftre fur lequel on infcrit les prières & fervices fondés pour les défunts & les autres fondations qui ont été faites dans une églife.

3°. *Obituaire* fe dit encore d'un bénéficier pourvu d'un bénéfice *per obitum*, c'eft-à-dire, par le décès du précédent titulaire. Dans la chancellerie romaine, il y a un officier appellé *dataire* ou révifeur *per obitum. Voyez* DATAIRE.

OBLAT, f. m. (*Droit canon. & civil.*) on appelloit ainfi autrefois ceux qui, fe dévouant à l'état monaftique, abandonnoient en même temps tous leurs biens à une communauté ; c'étoient de véritables moines. La réception de ces fortes d'*oblats* apportoit quelquefois des richeffes immenfes dans les monaftères ; car, indépendamment des biens dont ils étoient alors en poffeffion & dont ils faifoient l'abandon à la communauté, ils jouiffoient encore du fingulier avantage d'hériter de leurs parens, tandis que les parens perdoient ce droit à leur égard. Par ce moyen, les abbayes, &, en général, les communautés régulières, ajoutoient fouvent de nouveaux domaines à ceux qu'ils poffédoient déjà de la part de leurs fondateurs.

Il y avoit une feconde efpèce d'*oblats* que, par une coutume barbare, on dévouoit au fervice des autels dans les maifons religieufes, fans attendre ni demander le confentement de ces malheureufes victimes. Tels étoient les enfans qui, quelquefois dès leur naiffance, étoient donnés à un ordre au choix des pères & des mères ; cette donation fe faifoit auffi par teftament. La cérémonie confiftoit à conduire l'enfant auprès de l'autel, où on lui enveloppoit la main dans un des coins de la nappe : dès-lors il n'étoit plus libre à l'enfant dévoué de renoncer à la règle & à l'habit auxquels il avoit été deftiné. Ce cruel ufage a été aboli parmi nous.

On appelloit encore *oblats*, des laïques qui, fans renoncer abfolument au fiècle, ni même fans prendre l'habit monaftique, fe retiroient dans une communauté régulière, à laquelle ils donnoient tous leurs biens à perpétuité, s'ils s'engageoient à y demeurer toujours ; ou fimplement une jouiffance, s'ils fe réfervoient la faculté de fortir de la maifon.

Une quatrième efpèce d'*oblats* étoit des laïques, qui, non-feulement fe donnoient eux & leurs biens à un monaftère, mais fe faifoient encore ferfs de ce monaftère eux & leurs enfans. On a la preuve de ce zèle abfurde dans les archives de l'églife de faint Paul de Verdun, où l'on trouve une permiffion donnée, en 1360, à un homme de cette abbaye, de fe marier à une femme de l'évêché de Verdun, à condition que la moitié des enfans qui naîtroient de ce mariage, appartiendroit à l'abbaye, & l'autre moitié à l'évêque.

Oblat s'eft encore dit autrefois d'un foldat qui,

ne pouvant plus servir à cause de ses blessures ou de sa vieillesse, étoit logé, nourri & entretenu dans une abbaye ou dans un prieuré de nomination royale. On l'appelloit autrement *moine lai*.

Aujourd'hui les maisons régulières sont déchargées de la nourriture de ces *oblats*, parce que tous les soldats qui, par leurs blessures ou leurs longs services, sont hors d'état de porter les armes, sont nourris & entretenus à l'hôtel des invalides ; & toutes les abbayes & tous les prieurés du royaume paient, en vertu d'un édit du mois d'avril 1674, des pensions à cet hôtel, au lieu de la nourriture qu'ils fournissoient anciennement aux *oblats*.

Ces pensions ont été successivement augmentées par différentes ordonnances, en proportion de l'augmentation du prix des denrées & de la valeur numéraire du marc d'argent. Louis XIV les fixa à cent-cinquante livres. Mais le feu roi ayant consideré que les dépenses de toute espèce avoient tellement augmenté, qu'il n'auroit plus été possible aux monastères de loger, nourrir & entretenir convenablement un officier ou soldat infirme ou invalide, pour une somme aussi modique, il donna, le 2 avril 1768, une déclaration par laquelle il ordonna qu'à compter du premier janvier précédent, la pension d'*oblat* demeureroit fixée à la somme de trois cens livres, qui seroit payée chaque année, de quartier en quartier, & par avance, au receveur de l'hôtel des invalides, par tous les abbés & prieurs du royaume, à peine d'y être contraints par saisie de leur temporel. Sa majesté se réserva en même temps d'accorder telle diminution qu'il appartiendroit aux abbés & prieurs qui justifieroient que les revenus de leurs bénéfices n'excédoient pas deux mille livres.

Cette loi a été suivie d'un arrêt rendu au conseil d'état le 13 janvier 1769, par lequel le roi, en interprétant la réserve dont on vient de parler, a ordonné que les abbés & prieurs qui justifieroient que les revenus de leurs bénéfices étoient au-dessous de mille livres, ne paieroient que soixante-quinze livres pour la pension d'*oblat*, & que ceux dont les revenus étoient de mille livres & au-dessus, mais qui n'excédoient pas deux mille livres, ne paieroient que cent cinquante livres pour le même objet.

Les évaluations des revenus doivent se faire, suivant le même arrêt, sur les baux & autres pièces indicatives de la recette, sans autre déduction que celle des charges foncières, & sans que les décimes payées par les titulaires des bénéfices dont il s'agit, puissent être déduites sur le montant de ces revenus.

OBLATION, s. f. (*Droit canon.*) signifie tout ce qui est offert à Dieu ou à l'église en pur don ; c'est la même chose qu'*offrande*.

Les Hébreux avoient plusieurs sortes d'*oblations* qu'ils présentoient au temple. Il y en avoit de libres, & il y en avoit d'obligation. Les prémices & les décimes des fruits, les hosties pour le péché

étoient d'obligation : les sacrifices pacifiques, les vœux, les *oblations* d'huile, de pain, de vin, de sel, & d'autres choses que l'on faisoit au temple, ou aux ministres du seigneur, étoient libres & de dévotion.

Dans les premiers siècles de l'église, ses ministres ne vivoient que d'*oblation* & d'aumônes : l'usage qui s'est établi de payer la dixme n'a pas empêché que les fidèles n'aient continué à faire des *oblations* ; mais il y a des églises qui, ne jouissant pas des dixmes, n'ont d'autre revenu que les *oblations* & le casuel.

Saint Augustin parle d'un tronc ou d'un trésor particulier où l'on faisoit les *oblations* que l'on destinoit à l'usage du clergé, comme du linge, des habits, & autres choses semblables. Il est parlé dans les dialogues de saint Grégoire-le-grand des *oblations* qu'on faisoit pour les morts. Un concile de Francfort distingue deux sortes d'*oblations* ; les unes se faisoient à l'autel pour le sacrifice ; les sous-diacres les recevoient des mains des fidèles pour les remettre en celles des diacres, qui les plaçoient sur l'autel : les autres étoient portées à la maison de l'évêque pour l'entretien des pauvres & du clergé.

Il y a eu dans chaque église divers réglemens pour le partage des *oblations* entre les clercs. Le concile de Mérida en Espagne, tenu en 666, ordonne, *canon 14*, que les *oblations* faites à l'église pendant la messe, se partageront en trois ; que la première part sera pour l'évêque ; la seconde, pour les prêtres & les diacres ; la troisième, pour les sous-diacres & les clercs inférieurs. Les *oblations* des paroissiens appartiennent aux curés, à l'exclusion des curés primitifs, des patrons & marguilliers, &c. Les *oblations* casuelles & incertaines ne sont point imputées sur la portion congrue. *Voyez* PORTION CONGRUE.

OBLATION, étoit aussi un droit que les seigneurs levoient en certaines occasions sur leurs hommes. *Voyez le glossaire de M. de Laurière.* (*A*)

OBLATIONNAIRE, s. m. dans la basse latinité, *oblationarius*, étoit un officier ecclésiastique qui recevoit les offrandes & oblations des fidèles. C'étoit un diacre ou sous-diacre qui avoit cet emploi ; *oblationaire*, ou *diacre des oblations* étoit la même chose. Quand le pape célébroit, l'*oblationnaire* apportoit du palais les oblations, c'est-à-dire, le pain & le vin, & les donnoit à l'archidiacre. *Voyez l'ordo romanus.* (*A*)

OBLIAGE, s. m. (*Droit féodal.*) est une redevance annuelle due en certains lieux au seigneur. Quelques-uns ont prétendu qu'*obliage* se disoit pour *oubliage*, & que ce terme venoit d'*oubli* ; c'est ainsi que l'interprète de la coutume de Blois, sur l'article 40, dit que l'*obliage* est l'amende que le sujet doit à son seigneur, pour ne lui avoir pas payé sa rente ou devoir annuel au jour accoutumé, & pour l'avoir oublié. En effet, les cens & rentes emportent communément une amende faute de paiement. Mais M. de Laurière remarque avec raison que c'est une imagination ridicule de faire venir *obliage* du mot *oubli*.

Le droit appellé *obliage*, vient du latin *oblata*. C'étoit le nom que l'on donnoit autrefois aux *pains* qui étoient présentés pour la communion, ainsi qu'il se voit dans le seizième concile de Tolède, *chap. xvj.*

On donna aussi le même nom à des pains ronds & plats que les sujets étoient tenus de présenter à leur seigneur. Ces pains furent appellés *oblata quasi numerata oblata*, *seu oblationes ab offerendo*, à cause qu'ils étoient présentés au seigneur, & peut-être aussi parce qu'ils étoient à l'instar de ceux qu'on donnoit pour la communion. On les appella en françois *oblies*; & par corruption *oublies*; c'est de-là qu'on appelle *oublies* ces menues pâtisseries rondes & plates que les pâtissiers font avec de la farine & du miel; & c'est aussi de-là que les pâtissiers font appellés *oblayers* dans le *livre noir du châtelet*.

Du mot *oblie*, l'on fit *obliage* & *oubliage* pour exprimer la redevance des oublies ou pains dus au seigneur; & en effet, dans la coutume de Dunois, *pains & oublies* font employés indifféremment, & dans la même signification.

Ces oublies étoient plus ou moins grands, & de divers prix, selon la convention ou l'usage de chaque lieu.

Ce terme d'*obliage* a aussi été employé pour exprimer toutes sortes de redevances dues au seigneur, comme oublies de vin, oublies de froment, oublies de chapons; mais quand on disoit *oublies* simplement, ou *oubliage* sans autre explication, cela s'entendoit toujours d'une redevance en pain.

Dans presque toutes les seigneuries ces droits d'*obliages* ont été convertis en argent. *Voyez le Glossaire de* Ducange, *ou mot* Oblata, & *celui de M. de* Laurière, *au* mot *Obliages.* (*A*)

OBLIAU. On a donné ce nom au censitaire qui devoit le cens d'oubliage. *Voyez le* Glossarium novum *de dom* Carpentier, *au mot* Oblarius *sous* Oblata. (*M.* GARRAN DE COULON, *avocat au parlement.*)

OBLIE. *Voyez* OBLIAGE.

OBLIGATION, s. f. (*Droit naturel & civil.*) est un lien de droit & d'équité, par lequel quelqu'un est tenu de faire ou de donner quelque chose.

On entend quelquefois par *obligation*, l'écrit qui contient l'engagement; & quand ce terme est pris dans ce sens, il signifie un contrat passé devant notaire, portant promesse de payer une somme qui est exigible en tout temps, ou du moins au bout d'un certain temps.

L'*obligation*, prise dans le sens d'un lien qui nous oblige à quelque chose, est la mère de l'action, parce qu'en effet toute action est produite par une *obligation*; & quand il n'y a point d'*obligation*; il

n'y a point d'action. Mais il y a des *obligations* qui ne produisent pas d'action, telles que les *obligations* naturelles, les *obligations* sans cause, les *obligations* contre les bonnes mœurs. *Voyez* ACTION.

L'*obligation* procède de quatre causes, d'un contrat ou d'un quasi-contrat, d'un délit ou d'un quasi-délit. Elles se forment en quatre manières, par la chose, par paroles, par écrit, par le seul consentement. *Voyez* CONTRAT, QUASI-CONTRAT, DÉLIT, QUASI-DÉLIT.

Pour former une obligation, il faut le concours de deux personnes, dont l'une se trouve engagée à quelque chose envers l'autre. On appelle *débiteur*, celui qui a contracté l'*obligation*; & *créancier*, celui au profit de qui elle est contractée.

Tous ceux qui font capables de contracter, sont également capables de s'obliger. *Voyez* CONTRAT.

§. 1. *Division des obligations.* Les jurisconsultes romains divisoient les *obligations* en naturelles, civiles & mixtes; en civiles & prétoriennes. Mais, sans nous arrêter à ces divisions, nous allons expliquer, par ordre alphabétique, les diverses sortes d'*obligations*.

Obligation accessoire, est celle qui est ajoutée à l'*obligation* principale pour procurer au créancier plus de sûreté; telles sont les *obligations* des gages, & les hypothèques, relativement à l'*obligation* personnelle qui est la principale; telles sont aussi les *obligations* des cautions & fidéjusseurs, lesquelles ne sont qu'accessoires relativement à l'*obligation* du principal obligé. Les *obligations* accessoires cessent lorsque l'*obligation* principale est acquittée. *Voyez l'art.* 132 *des Placités du parlement de Rouen, voyez* OBLIGATION PRINCIPALE.

Obligation authentique, est celle qui est contractée devant un officier public, ou qui résulte d'un jugement.

Obligation en brevet, est celle qui est passée devant notaire sans qu'il en reste de minute chez le notaire, mais dont l'original est remis au créancier. *Voyez* BREVET.

Obligation causée, est celle dont la cause est exprimée dans l'acte, comme cela doit être pour la validité de l'*obligation*; mais toute *obligation* sans cause est nulle.

Obligation civile, est celle qui descend de la loi, mais qui peut être détruite par quelque exception péremptoire, au moyen de laquelle cette *obligation* devient sans effet; telle est l'obligation que l'on a extorquée de quelqu'un par dol ou par violence. Pour former une *obligation* valable, il faut que l'*obligation* naturelle concoure avec la civile, auquel cas elle devient mixte.

Obligation conditionnelle, est un engagement qui n'est contracté que sous condition : par exemple, *si navis ex Asiâ venerit*; elle est opposée à l'*obligation* pure & simple.

Obligation confuse, est celle qui est éteinte en la personne du créancier ou du débiteur par le concours de quelque qualité ou *obligation* passive qui anéantit l'action;

telle eſt l'*obligation* que le défunt avoit droit d'exercer contre ſon héritier, laquelle ſe trouve confuſe
en la perſonne de celui-ci par le concours des qualités de créancier & de débiteur qui ſe trouvent réunies en ſa perſonne. *Voyez* CONFUSION.

Obligation ad dandum, eſt un contrat par lequel
on s'engage à donner quelque choſe; ce qui peut
tenir de deux ſortes de contrats ſpécifiés au droit
romain, *do ut des*, *facio ut des*. Voyez *les Inſtitutes*,
lib. 3, *tit.* 14.

Obligation écrite ou *par écrit*, eſt celle qui eſt rédigée par écrit, ſoit ſous ſeing-privé, ou devant
notaire, ou qui réſulte d'un jugement, à la différence de celles qui ſont verbales, ou qui réſultent
d'un délit ou quaſi-délit.

Obligation éteinte, eſt celle qui ne ſubſiſte plus,
ſoit qu'elle ait été acquittée par un paiement, ou par
quelque compenſation, ſoit qu'elle ſoit préſumée
acquittée par le moyen de la preſcription, ou qu'elle
ſoit anéantie par l'effet de quelque fin de non-
recevoir.

Obligation ad faciendum, eſt celle qui conſiſte à
faire quelque choſe, comme de bâtir ou réparer
une maiſon, de fournir des pièces, &c. c'eſt le cas
des contrats innommés *do ut facias*, *facio ut des*.
Inſtit. lib. 3, *tit.* 14.

Obligation en forme ou *en forme probante & exécutoire*, eſt celle qui eſt miſe en groſſe, intitulée
du nom du juge & ſcellée, au moyen de quoi elle
emporte exécution parée. *Voyez* FORME EXÉCU-
TOIRE.

Obligation générale, eſt celle par laquelle celui
qui s'engage oblige tous ſes biens-meubles & immeubles préſens & à venir, à la différence de
l'*obligation* ſpéciale, par laquelle il n'oblige que certains biens ſeulement qui ſont ſpécifiés, à moins
qu'il ne ſoit dit que l'*obligation* ſpéciale ne dérogera
point à la générale, ni la générale à la ſpéciale,
comme on le ſtipule preſque toujours.

Obligation à la groſſe, ou *contrat à la groſſe*, on
ſous-entend *aventure*. *Voyez* GROSSE AVENTURE.

Obligation à jour, on appelle ainſi en Breſſe les
obligations payables dans un certain temps: comme
les contrats de conſtitution ne ſont point uſités
dans cette province, il eſt permis d'y ſtipuler l'intérêt des *obligations à jour*, quoique le principal n'en
ſoit pas aliéné.

Obligation mixte, eſt celle qui eſt partie perſonnelle & partie réelle, comme l'*obligation* du preneur
à rente & de ſes héritiers, & même celle du tiers-
détenteur pour les arrérages échus de ſon temps.

Les juriſconſultes romains appelloient *obligation
mixte* celle qui formoit en même temps un lien
naturel & civil, forçoit le débiteur à remplir ſon
engagement, & donnoit au créancier une action
pour le contraindre.

Obligation naturelle, eſt celle qui n'engage que
par les liens du droit naturel & de l'équité, mais
qui ne produit pas d'action ſuivant le droit civil;
telle eſt l'*obligation* du fils de famille, lequel ne

laiſſe pas d'être obligé naturellement, quoiqu'on
ne puiſſe le contraindre. Cette *obligation naturelle*
ne produit point d'action, mais on peut l'oppoſer
pour faire une compenſation.

Obligation devant notaire, eſt celle qui eſt contractée en préſence d'un notaire, & par lui rédigée.

Obligation perſonnelle, eſt celle qui engage principalement la perſonne, & où l'*obligation* des biens
n'eſt qu'acceſſoire à l'*obligation perſonnelle*.

Obligation prétorienne, étoit chez les Romains
celle qui n'étoit fondée que ſur le droit prétorien;
comme le conſtitut & quelques autres ſemblables.
Voyez CONSTITUT.

Obligation prépoſtère, eſt un acte par lequel on
commence par promettre quelque choſe, enſuite
on y met une condition.

Ces ſortes d'*obligations* étoient nulles par l'ancien droit romain.

L'empereur Léon les admit en matière de dot.
Juſtinien les autoriſa dans les teſtamens & dans
toutes ſortes de contrats; de manière néanmoins
que la choſe ne pouvoit être demandée qu'après
l'événement de la condition, à quoi notre uſage
eſt conforme. *Voyez la loi* 25, *au code de teſta-
mentis*.

Obligation principale, eſt celle du principal
obligé, à la différence de celle de ſes cautions &
fidéjuſſeurs, qui ne ſont que des *obligations* acceſſoires & pour plus de ſûreté.

On entend auſſi quelquefois par *obligation principale*, celle qui fait le principal objet de l'acte;
comme quand on dit que dans le bail à rente l'*obligation* des biens eſt la *principale*, & que celle de
la perſonne n'eſt qu'acceſſoire.

Obligation pure & ſimple, eſt celle qui n'eſt
reſtrainte par aucune condition, ni terme; à la
différence de l'*obligation conditionnelle*, dont on
ne peut demander l'exécution que quand la condition eſt arrivée.

Obligation réelle, eſt celle qui a pour objet principal un immeuble; comme dans un bail à rente,
où l'héritage eſt la principale choſe qu'on oblige
à la rente.

Obligation ſans cauſe, eſt un contrat où l'obligé
n'exprime aucun motif de ſon engagement: une
telle *obligation* eſt nulle, parce qu'on ne préſume
point que quelqu'un s'engage volontairement ſans
quelque raiſon; & pour qu'on puiſſe juger de ſa
validité, il faut l'exprimer.

Obligation ſolidaire, eſt celle de pluſieurs perſonnes qui s'obligent chacune, ſoit conjointement
ou ſéparément, d'acquitter la totalité d'une dette.
Voyez SOLIDITÉ.

Obligation ſolue, eſt celle qui a été acquittée.
On dit quelquefois *ſolue* & acquittée; ce qui ſemble
un pléonaſme, à moins qu'on n'entende par *ſolue*, que l'*obligation* eſt diſſoute.

Obligation ſpéciale, eſt celle qui ne porte que
ſur certains biens ſeulement.

Obligation à terme, est celle dont l'acquittement est fixé à un certain temps. *Voyez* TERME.

Obligation verbale, est une promesse ou contrat que l'on fait de vive voix & sans écrit; la preuve par témoins de ces sortes d'*obligations* n'est point admise pour une somme au-dessus de 100 liv. si ce n'est dans les cas exceptés par l'ordonnance. *Voyez* PREUVE PAR TÉMOINS. (*A*)

§. 2. *De l'objet des obligations.* Toutes les choses qui sont dans le commerce sont susceptibles de devenir des objets d'*obligation*. Cette règle s'applique non-seulement aux choses qui composent un corps certain & déterminé, mais encore à des choses qui sont indéterminées. Mais pour qu'une chose indéterminée donne lieu à une *obligation*, il faut qu'elle soit d'une certaine considération morale; comme quand on a promis une bague de diamans, une montre d'or en général; car si cette chose étoit telle qu'elle pût être réduite à presque rien, il ne pourroit point y avoir d'*obligation*, attendu que, dans l'ordre moral, *presque rien* est considéré comme rien. Ainsi, dans le cas où l'on stipuleroit une promesse de donner de l'argent, des légumes, du papier, sans déterminer la quantité des choses, il ne résulteroit de cette stipulation aucune *obligation*, parce que tout cela pourroit se réduire à presque rien, comme à un liard, à une fève, à une feuille de papier.

On peut aussi contracter des *obligations* relativement aux choses qui n'existent pas encore, mais dont on attend l'existence. Ainsi, lorsque je m'engage à livrer les fruits que produiront les arbres de mon jardin l'année prochaine, je contracte une *obligation* valable, quoique ces fruits n'existent pas encore.

Il faut remarquer que, relativement aux successions, les loix romaines ont établi une exception à la règle que les choses futures peuvent donner lieu à une *obligation*: ces loix sont annullée, comme contraire à l'honnêteté publique, toute convention qui a pour objet une succession future.

Cette disposition du droit romain a été restreinte par nos loix, en ce que la faveur des contrats de mariage y a fait autoriser les conventions par rapport aux successions futures. Ainsi vous pouvez, par le contrat de mariage de votre enfant, vous obliger à lui laisser en tout ou en partie votre future succession; vous pouvez de même vous obliger à la laisser aux enfans qui naîtront du mariage.

Les loix de police concernant les bleds, les foins & les laines, ont introduit une autre exception à la règle que les choses futures peuvent donner lieu à une *obligation*; les bleds & les foins ne peuvent être valablement achetés avant la récolte, ni les laines avant la tonte.

Nous pouvons nous obliger à délivrer, non-seulement les choses qui nous appartiennent, mais encore celles qui appartiennent à autrui: ainsi Pierre peut s'engager envers Paul à lui délivrer un équipage qui appartient à Martin: il faut, en cas pareil, que Pierre achète l'équipage promis; & si Martin ne juge pas à propos de le vendre, Pierre sera tenu des dommages & intérêts résultans de l'inexécution de l'*obligation* qu'il a contractée envers Paul.

On conçoit que tout ce que nous avons dit ne peut s'appliquer qu'aux choses qui sont dans le commerce, & que celles qui n'y sont pas ne peuvent être l'objet d'une *obligation*: ainsi on ne peut pas s'obliger à donner un évêché, une église, un chemin public, &c.

On ne peut pas non plus s'obliger valablement à donner à une personne une chose qu'elle est incapable de posséder: on ne pourroit pas, par exemple, contracter l'*obligation* de donner des immeubles à des gens de main-morte, parce que le souverain les a déclarés incapables d'en acquérir sans sa permission.

Tous les faits qui sont d'une exécution possible peuvent être l'objet d'une *obligation*, quand même cette exécution seroit impossible à celui qui s'est obligé. Dans ce dernier cas, le débiteur doit s'imputer d'avoir contracté un engagement indiscret.

Il faut excepter de la règle qu'on vient d'établir, les faits qui sont contraires aux loix & aux bonnes mœurs; ils ne peuvent point être l'objet d'une *obligation*.

Il en est de même d'un fait qui n'est pas déterminé; il ne produit point d'*obligation*. Ce seroit, par exemple, inutilement que je me serois engagé à vous construire une maison, si le lieu de la situation n'étoit pas déterminé.

Observez d'ailleurs qu'il faut que ce qu'on s'oblige de faire ou de ne pas faire, soit tel, que celui envers qui l'*obligation* est contractée, ait intérêt à ce qu'elle soit exécutée, & cet intérêt doit être appréciable; sinon celui qui s'est obligé peut, sans risque, se dispenser de remplir son engagement, attendu qu'on ne pourroit point prononcer de dommages & intérêts contre lui.

Supposez, par exemple, que nous soyons convenus que vous iriez tous les mois faire une visite au gouverneur de la province; il ne résulteroit de cette convention aucune *obligation*, parce que je serois censé n'avoir aucun intérêt à ce que vous fissiez cette visite.

Mais quoiqu'un fait auquel on n'a point d'intérêt appréciable ne puisse être l'objet d'une *obligation*, il peut en être la condition ou la charge.

Ainsi, dans le cas où nous serions convenus que si vous vous absteniez de passer la nuit au bal je vous donnerois cinquante écus, la convention seroit valable. C'est conformément à cette règle, qu'un arrêt rapporté par Maynard, a jugé valable une promesse par laquelle un neveu s'étoit obligé envers son oncle à ne plus jouer, sous peine de lui donner trois cens livres, s'il manquoit à sa promesse.

§. 3. *De l'effet des obligations.* Celui qui s'est obligé de livrer une chose est tenu de le faire dans le temps & dans le lieu convenables, soit au créancier, soit à la personne qui le représente.

D'ailleurs, quand la chose à livrer est un corps certain, le débiteur est obligé de donner un soin convenable à la conservation de cette chose, jusqu'à ce qu'elle soit livrée. Il faut conclure de-là, que si, pour avoir négligé ce soin, la chose vient à périr ou à se détériorer, le débiteur sera tenu des dommages & intérêts qui résulteront de la perte ou détérioration.

Mais quel est le soin que le débiteur est obligé de donner à la conservation de la chose ?

Ce soin est relatif à la nature du contrat qui a produit l'*obligation.* La loi 5, §. 2, *ff. commodat.* établit pour principe, que quand la convention n'a pour objet que la seule utilité du créancier, comme dans le contrat de dépôt, il suffit que le débiteur apporte de la bonne-foi à la conservation de la chose : ainsi on ne peut rendre ce dernier responsable que de la faute grave, qui est censée tenir du dol.

Si la convention a pour objet l'utilité commune des deux contractans, comme dans le contrat de vente, le débiteur est obligé de donner à la conservation de la chose le soin qu'une personne prudente a coutume de donner à ses affaires ; d'où il suit qu'il est responsable de la faute légère. Le vendeur, par exemple, est tenu de cette faute, relativement à la chose vendue qu'il s'est obligé de livrer.

Quand la convention n'a pour objet que la seule utilité du débiteur, comme dans le contrat de prêt à usage, le débiteur est obligé de donner tout le soin possible à la conservation de la chose, d'où il suit qu'il est tenu de la faute la plus légère.

Tant que le débiteur d'un corps certain n'a pas été mis en demeure de payer, il n'est tenu ni des cas fortuits, ni de la force majeure, à moins que, par une convention particulière, il ne s'en soit chargé, ou que, par faute précédente, il n'ait donné lieu au cas fortuit.

Lorsque, par une interpellation judiciaire valablement faite, le débiteur a été mis en demeure de remplir son *obligation,* il doit indemniser le créancier du préjudice que le retard lui a occasionné. C'est en conformité de cette règle, que si un cas fortuit ou de force majeure a fait, depuis le retard, périr ou détériorer la chose due, le débiteur est responsable de cette perte, dans les circonstances où elle auroit pu ne pas avoir lieu de même chez le créancier. C'est aussi en conformité de cette règle, que le débiteur est obligé de faire raison au créancier, tant des fruits perçus, que de ceux que le même créancier auroit pu percevoir depuis le retard du débiteur. Mais des offres valablement faites par le débiteur, font cesser l'effet de son retard envers le créancier qui est en demeure de les accepter.

Souvent l'*obligation* de livrer une chose s'étend aux fruits que cette chose produit, & aux intérêts, lorsque la chose due est une somme d'argent. Ceci dépend de la nature de chaque convention & des différentes causes qui donnent lieu aux *obligations.*

Quand l'objet d'une *obligation* est une chose à faire, & que le débiteur ne l'a point faite après avoir été mis en demeure de la faire, il est tenu de l'indemnité du créancier, & cette indemnité doit être évaluée à une somme d'argent par des experts dont les parties sont convenues, ou que le juge a nommés d'office.

Le débiteur n'est ordinairement mis en demeure que par une demande juridique, qui tend à ce qu'il ait à remplir son *obligation,* sinon qu'il soit condamné aux dommages & intérêts du créancier.

En conséquence de cette demande, le juge ordonne que le débiteur sera tenu, dans un tel délai, d'exécuter ce qu'il a promis, sous peine des dommages & intérêts résultans de l'inéxécution, & il le condamne aux dépens envers le créancier.

Quelquefois le débiteur est dans le cas de supporter des dommages & intérêts, pour n'avoir pas rempli son *obligation,* quoique le créancier n'ait point formé de demande juridique à cet égard. Ceci arrive quand la chose que le débiteur étoit tenu de faire, ne pouvoit s'exécuter utilement que dans un certain temps qu'il a laissé passer. Par exemple, j'ai acheté de vous une certaine quantité de marchandises que je me proposois de vendre à la foire de Beaucaire ; vous vous êtes engagé à me les livrer lors de l'ouverture de cette foire, & cependant la foire s'est terminée sans que vous ayez rempli votre *obligation* : il est évident qu'en ce cas vous me devez des dommages & intérêts, quoique je n'aie formé aucune demande juridique pour vous mettre en demeure. La raison en est, que la connoissance que vous aviez du jour où s'ouvroit la foire, étoit une interpellation suffisante.

Si quelque cas fortuit ou de force majeure a empêché le débiteur de remplir son *obligation,* il ne peut être prononcé de dommages & intérêts contre lui ; mais il faut qu'en pareil cas il avertisse le créancier, & lui fasse part de l'obstacle. Sans cet avertissement, le débiteur seroit tenu des dommages & intérêts du créancier, à moins toutefois qu'une force majeure n'eût pareillement rendu l'avertissement impraticable.

C'est une suite ou un effet de l'*obligation,* que le créancier ait le droit de poursuivre le débiteur pour la lui faire exécuter.

Quand l'*obligation* est d'une somme liquide, le débiteur est fondé à l'employer par voie de compensation contre son créancier jusqu'à due concurrence de ce que l'un peut être créancier de l'autre.

Lorsque l'*obligation* consiste à donner une chose, le créancier ne peut en devenir propriétaire qu'autant que le débiteur lui en fait la tradition réelle ou feinte, en remplissant son *obligation.* Jusqu'alors le le créancier n'a que le droit de demander la chose par une action formée contre la personne du débiteur qui a contracté l'*obligation* envers lui, ou contre les héritiers ou successeurs universels, attendu que ceux-ci succèdent aussi aux charges & aux dettes.

Il faut conclure de cette décision, que si depuis que le débiteur s'est obligé de donner une chose à un tiers à titre singulier, soit de vente, soit de donation, le créancier n'est pas fondé à demander cette chose au tiers-acquéreur; il peut seulement agir contre le débiteur, qui, faute de pouvoir donner la chose qu'il ne possède plus, doit être condamné aux dommages & intérêts résultans de l'inexécution de son *obligation*.

De même, si le débiteur a fait un legs de la chose qu'il devoit livrer, & qu'il vienne à mourir, le légataire aura la propriété de cette chose, & le créancier n'aura que des dommages & intérêts à prétendre contre les héritiers du débiteur.

Cependant si le débiteur étoit insolvable, le créancier pourroit agir contre le tiers-acquéreur pour faire annuller l'aliénation qui lui auroit été faite à titre gratuit, & même à titre onéreux, si ce tiers-acquéreur avoit été participant de la fraude du débiteur.

Il faut d'ailleurs remarquer que s'il s'agit de la vente d'un immeuble, faite par un acte passé devant notaires, l'acquéreur a un droit d'hypothèque sur cet immeuble pour l'exécution de l'*obligation* que le vendeur a contractée envers lui; & il peut faire valoir cette hypothèque contre le second acquéreur qui s'est mis en possession de cet immeuble. Ce dernier peut, à la vérité, forcer le premier acquéreur à discuter les biens du vendeur pour les dommages & intérêts qui résultent de l'inexécution de la première *obligation*: mais si la discussion devient infructueuse à cause de l'insolvabilité du vendeur, le second acquéreur doit être tenu de déguerpir, en conséquence de l'action hypothécaire, à moins qu'il ne préfère de payer les dommages & intérêts du premier acquéreur.

Quoiqu'en général une *obligation* personnelle ne donne au créancier aucun droit pour répéter à un tiers-acquéreur la chose qui en est l'objet, cette règle reçoit néanmoins une exception, relativement à certaines *obligations* pour l'exécution desquelles la chose qui en fait l'objet est affectée. Telle est l'*obligation* qui a pour fondement une clause de réméré, par laquelle l'acquéreur d'un immeuble s'est obligé de le rendre au vendeur, en remboursant par celui-ci ce qu'il en a coûté à celui-là. L'immeuble qui fait l'objet d'une telle *obligation*, étant affecté à l'exécution de cette *obligation*, le vendeur a le droit de poursuivre cette exécution contre le tiers-détenteur de cet immeuble.

Pour obliger le débiteur ou ses représentans à donner au créancier ce qui lui est dû, ce dernier a deux moyens, dont l'un consiste à procéder

par commandement & exécution, & l'autre par simple demande.

Pour pouvoir procéder par commandement & exécution, il faut le concours de trois choses: 1°. la dette doit être d'une somme d'argent, c'est-à-dire, liquide, ou d'une certaine quantité de choses fongibles; tels que des grains, de l'huile, &c.

Observez, au sujet d'une dette de choses fongibles, que, quoiqu'elle puisse donner lieu à une exécution, quand la quantité due est liquide, il doit néanmoins être sursis à la vente, jusqu'à ce que l'appréciation en ait été faite: c'est une disposition de l'article 2 du titre 23 de l'ordonnance du mois d'avril 1667.

2°. Il est nécessaire que le créancier ait un titre exécutoire, c'est-à-dire, un acte devant notaire révêtu des formes prescrites pour le rendre authentique, ou un jugement de condamnation qui ne soit pas suspendu par un appel ou une opposition.

Cette règle souffre néanmoins quelques exceptions, en ce qu'il y a des cas où l'on peut saisir & exécuter sans avoir un titre authentique & en bonne forme. Par exemple, l'article 406 de la coutume d'Orléans autorise les propriétaires des maisons, métairies & rentes foncières, à saisir & enlever par exécution les meubles de leurs locataires, fermiers & débiteurs, pour sûreté de leurs loyers, rentes & fermages, sans qu'ils soient tenus de prendre à cet effet aucune permission de justice.

3°. La voie de saisie & exécution ne doit avoir lieu que contre la personne même qui s'est obligée par acte devant notaire, ou qui a été condamnée; d'où il suit que, quoique les héritiers d'une telle personne soient tenus de remplir ses *obligations*, le créancier ne peut néanmoins agir contre eux que par la voie de la demande.

Dans le cas du concours des trois choses dont nous venons de parler, le créancier procéderoit irrégulièrement s'il prenoit la voie de la demande; il doit employer la voie de l'exécution.

Et lorsqu'il ne peut pas prendre cette dernière voie, il doit former sa demande qui consiste à assigner le débiteur, pour le faire condamner à remplir son *obligation*.

Quand la chose que le débiteur est condamné de livrer est un corps certain, & qu'il l'a entre ses mains, le juge doit permettre au créancier de le saisir & de s'en mettre en possession: le débiteur ne pourroit pas, dans ce cas, retenir la chose due, en offrant les dommages & intérêts résultans de l'inexécution de son *obligation*.

Quand le débiteur s'est engagé à faire quelque chose, une telle *obligation* ne donne pas au créancier le droit de forcer le débiteur à remplir son engagement à la lettre, c'est-à-dire, en faisant la chose qu'il a promis de faire; mais celui-ci doit être condamné aux dommages & intérêts qui peuvent résulter de l'inexécution de son *obligation*; c'est à quoi se réduisent toutes les *obligations* de faire quelque chose.

Si l'*obligation* consiste à ne pas faire quelque chose, & que le débiteur contrevienne à son engagement, le créancier peut le poursuivre en justice pour le faire condamner aux dommages & intérêts résultans de la contravention. Et si la chose faite au préjudice de l'*obligation* est une chose qui puisse se détruire, le créancier est fondé à demander que le juge en ordonne la destruction. C'est ainsi que si vous entourez de murs un terrein qui devoit rester ouvert en conséquence de la convention que vous avez faite avec moi, je serai fondé à faire ordonner la démolition de ces murs.

Quoique en prononçant des dommages & intérêts contre le débiteur, on ait pour objet d'indemniser le créancier de la perte que lui a occasionnée & du gain dont l'a privé l'inexécution de l'*obligation*, il ne faut pas néanmoins étendre l'indemnité à toutes les pertes indistinctement, & encore moins au manque de gain, qui ont pu résulter de cette inexécution : on doit, à cet égard, distinguer différens cas, dont quelques-uns exigent qu'on taxe avec modération les dommages & intérêts auxquels le débiteur est assujetti.

Quand celui-ci n'a point agi par dol, & que c'est une simple faute qui l'a empêché de remplir son *obligation*, soit parce qu'il s'est engagé imprudemment, ou qu'il s'est mis hors d'état de faire ce qu'il a promis, il ne doit être condamné qu'aux dommages & intérêts qu'on a pu prévoir lors du contrat, que l'inexécution de l'*obligation* occasionneroit au créancier.

On présume ordinairement que les parties contractantes n'ont prévu que les dommages & intérêts que le créancier pourroit souffrir par rapport à la chose même qui étoit l'objet de la convention, & non ceux que l'inexécution de l'*obligation* a pu lui occasionner dans ses autres biens; d'où il suit que le débiteur ne doit pas être tenu de ces derniers.

Supposez, par exemple, que je me sois obligé de vous livrer deux septiers de bled dans un certain temps, & que je n'aie pu remplir mon *obligation*, il est constant que si dans ce temps le bled s'est trouvé plus cher que ne vous l'avois vendu, je dois vous indemniser de ce qu'il vous en a coûté de plus pour avoir du bled pareil à celui que je devois vous livrer : il est évident que ce dommage a pu être prévu lors du contrat, puisqu'il s'agissoit d'une denrée dont le prix est sujet à varier. Mais si vous êtes un boulanger, & que le défaut de cette livraison vous ait privé de vos pratiques, je ne vous devrai, à cet égard, aucune indemnité, quoique ce soit l'inexécution de mon *obligation* qui vous ait occasionné ce préjudice. Cette décision est fondée sur ce qu'on ne peut pas dire que ce préjudice ait été prévu lors du contrat, attendu qu'il est étranger à ce qui a fait l'ob-

jet de mon *obligation*, d'où il suit que je ne suis point censé m'être soumis à le réparer.

Il arrive néanmoins quelquefois que le débiteur est tenu des dommages & intérêts du créancier, quoiqu'étrangers à ce qui a fait l'objet de l'*obligation*. Cette décision s'applique au cas où il paroît qu'ils ont été prévus par le contrat, & que le débiteur s'en est expressément ou tacitement chargé, s'il venoit à ne pas remplir son *obligation*.

Supposez, par exemple, que je vous aie loué une maison pour tenir auberge, & que vous veniez à être évincé dans votre jouissance, il est constant que les dommages & intérêts dont je serai tenu envers vous, s'étendront non-seulement aux frais du délogement & à ceux que peut occasionner l'augmentation du prix des loyers, mais encore au préjudice qui pourra vous résulter de la perte de vos pratiques, si vous n'avez pas pu trouver d'autre maison dans le quartier. Il est clair que, vous ayant loué une maison pour y tenir auberge, le risque du dommage résultant de la perte de vos pratiques, en cas d'éviction, a été prévu par le contrat, & je suis censé m'être tacitement assujetti à le réparer.

Pareillement, si un charpentier vous vend des étais pour étayer un bâtiment, & que ce bâtiment vienne ensuite à s'écrouler, parce que ces étais n'avoient pas une solidité suffisante, ce charpentier sera tenu du dommage résultant de l'écroulement, parce qu'il est censé qu'en vendant ces étais, il a répondu qu'ils seroient suffisans, & s'est par conséquent soumis à réparer le dommage qu'occasionneroit le défaut de solidité de ces mêmes étais.

Dumoulin observe qu'en ce cas les dommages & intérêts dont le charpentier est tenu, se bornent à la ruine du bâtiment, & ne doivent pas être étendus à la perte que vous avez faite des meubles qui se sont brisés ou gâtés dans les ruines, à moins que le charpentier n'en ait répondu expressément. La raison en est qu'on a coutume de démeubler les bâtimens qu'on étaie, & que par conséquent il est censé n'avoir répondu que de la conservation du bâtiment.

Il en seroit différemment d'un architecte qui auroit traité avec vous pour vous bâtir une maison; &, quelque temps après avoir été finie, elle venoit à s'écrouler par défaut de construction, les dommages & intérêts dont cet architecte seroit tenu pour avoir mal rempli son *obligation*, s'étendroient non-seulement à la perte de la maison, mais encore à celle des meubles qu'on n'auroit pas pu sauver.

Les dommages & intérêts qui résultent du dol du débiteur, différent des dommages & intérêts ordinaires, en ce que la modération qu'on observe dans la taxe de ceux-ci, ne doit pas avoir lieu à l'égard de ceux-là : la raison en est que celui qui commet un dol s'oblige à la réparation du tort que son dol pourra causer.

Quant aux dommages & intérêts qui résultent du retard apporté par le débiteur à l'exécution d'une *obligation* qui consiste à donner une somme d'argent, ils sont fixés aux intérêts de la somme due, lesquels commencent à courir contre le débiteur, du jour qu'il a été mis en demeure jusqu'au paiement. Ainsi, quelque grand que soit le préjudice que le créancier a souffert faute d'avoir été payé dans le temps convenu, soit que le retard ait été l'effet de la négligence ou du dol du débiteur, il ne peut exiger d'autre dédommagement que les intérêts, au taux fixé par l'ordonnance.

Cette règle reçoit néanmoins une exception relativement aux lettres-de-change. Quand celui sur qui une lettre-de-change est tirée, ne la paie point au jour de l'échéance, le créancier qui la fait protester, peut, par forme de dommages & intérêts du retard qu'il a soufferts, exiger du tireur & des endosseurs le rechange, quand même il excéderoit l'intérêt ordinaire de l'argent.

§. 4. *Des preuves par lesquelles on peut constater une* obligation *ou le paiement de cette obligation.* Il est évident que celui qui prétend qu'un autre est obligé envers lui, doit prouver la convention qui a produit l'*obligation*, & que quand l'*obligation* est prouvée, le débiteur qui dit l'avoir acquittée, est tenu de justifier du paiement.

Les preuves qu'on peut employer pour prouver une *obligation* ou le paiement de cette *obligation*, sont littérales ou testimoniales, ou dérivent de certaines présomptions, ou même du serment de l'une des parties.

La preuve littérale des obligations qui résultent des conventions, telles qu'un contrat de louage, une constitution de rente, est celle qui est fondée sur les actes où ces conventions sont exprimées: la preuve littérale de l'*obligation* qui dérive d'une condamnation, est l'acte qui renferme le jugement de condamnation: la preuve littérale du paiement d'une *obligation* est la quittance de ce paiement donnée par le créancier.

Les actes qui établissent la preuve littérale d'une *obligation* ou du paiement de cette *obligation*, sont ou authentiques, ou écritures privées.

Les actes authentiques sont ceux qu'a reçus un officier public avec les solemnités requises: les écritures privées sont les actes que font les particuliers sans le concours d'un officier public.

Un acte authentique original fournit par lui-même une preuve complète de ce qu'il renferme, & la signature de l'officier public qui a reçu l'acte, donne une pleine foi aux signatures des parties: ainsi il n'est pas nécessaire qu'un tel acte soit reconnu.

Cependant un acte authentique peut être attaqué de faux: mais jusqu'à ce que le faux soit prouvé, l'acte fait foi, & le juge doit ordonner l'exécution provisoire des *obligations* qu'il contient. Cette décision est fondée sur ce que le crime ne se présume pas, & qu'il seroit dangereux que les débiteurs fussent les maîtres de retarder le paiement de leurs dettes ou *obligations* par des accusations de faux.

Par un acte authentique, on a contre les parties contractantes, & contre leurs représentans, une preuve complète de tout ce que les parties ont eu en vue, & qui a été l'objet de l'acte. Un tel acte prouve même suffisamment ce qui n'est qu'exprimé en termes énonciatifs, pourvu que les énonciations aient trait à la disposition. Par exemple, si, en passant reconnoissance d'un cens, je m'exprime ainsi: *je reconnois que l'héritage qui m'appartient dans un tel endroit, est chargé envers Jean Gerard présent, de vingt francs de cens par chacune année, duquel cens les arrérages ont été payés jusqu'à ce jour*: quoique ces termes *duquel cens les arrérages ont été payés*, ne soient qu'énonciatifs, & qu'il ne soit pas dit que Jean Gerard reconnoît avoir reçu ces arrérages, ils font néanmoins preuve du paiement contre lui, présent à l'acte, parce qu'ils ont trait au dispositif de l'acte où il s'agissoit de ce qui étoit effectivement dû d'arrérages du cens à Jean Gerard.

Mais si les énonciations sont absolument étrangères au dispositif de l'acte, elles ne font pas preuve suffisante, même contre les parties contractantes; elles peuvent seulement fournir quelque semi-preuve selon les circonstances. Ainsi, lorsqu'en vous vendant une métairie, j'ai déclaré qu'elle provenoit de la succession de Louis mon cousin, Pierre, qui, comme héritier en partie de Louis, vient à former contre vous une demande en revendication de sa portion dans cette métairie, ne peut pas, pour fonder sa demande, prouver par cette seule énonciation que la métairie provient en effet de la succession de Louis, quoique vous ayez été partie dans l'acte où se trouve cette énonciation: la raison en est qu'elle est absolument étrangère à la disposition de l'acte, & que vous n'aviez pour lors aucun intérêt de vous opposer à ce qu'il y fût dit que la métairie que je vous vendois provenoit de la succession de Louis.

Un acte authentique prouve aussi contre un tiers que la convention exprimée dans cet acte a eu lieu. Ainsi, dans le cas où vous vous feriez chargé de faire payer tous les profits seigneuriaux qui pourroient être exigibles dans le cours de trois années, le contrat de vente d'un immeuble sujet à ces profits fera foi contre vous que cette vente a eu lieu, quoique vous n'ayez pas été présent à l'acte; & en conséquence le propriétaire des mêmes profits sera bien fondé à exiger de vous celui auquel la vente dont il s'agit aura donné ouverture.

Mais un acte authentique ne prouve rien contre un tiers qui n'a pas contracté relativement à ce qui y est énoncé. Par exemple, si en vous vendant un héritage, je vous assigne un droit de passage sur le champ de mon voisin, cette énonciation ne fera aucune preuve contre lui.

Observez toutefois que cette règle reçoit une

exception dans le cas où une telle énonciation est soutenue d'une longue possession, selon la maxime, *in antiquis enunciativa probant.*

C'est pourquoi, si dans une coutume où l'on n'admet point de franc-aleu sans titre, il paroît que les anciens titres de propriété déclarent qu'un certain immeuble est en franc-aleu, cette énonciation doit faire foi contre le seigneur, dans l'enclave duquel est l'immeuble, si la directe de ce seigneur sur le même immeuble, n'a point été reconnue.

Un acte sous signature privée fait, contre ceux qui l'ont souscrit & contre leurs héritiers ou représentans, la même foi qu'un acte authentique. Mais il y a entre ces actes la différence, que ce dernier n'est sujet à aucune reconnoissance, au lieu que le créancier ne peut, en vertu d'un acte sous signature privée, obtenir aucune condamnation contre celui qui l'a souscrit, ni contre ses héritiers ou représentans, qu'il n'ait préalablement conclu à la reconnoissance de l'acte, & qu'il n'ait été statué sur cette reconnoissance. C'est ce qui résulte d'un édit du mois de décembre 1684.

Il y a à cet égard une différence entre le débiteur qui a lui-même souscrit l'acte, & ses héritiers ou représentans. Quand on assigne ceux-ci pour reconnoître la signature du défunt, ils ne sont obligés ni de la reconnoître, ni de la dénier formellement ; & lorsqu'ils déclarent qu'ils ne la connoissent pas, le juge en ordonne la vérification ; au lieu que celui qui a souscrit l'acte, ne devant point ignorer sa propre signature, est obligé de la reconnoître ou de la dénier formellement ; & s'il ne la dénie pas, le juge doit en prononcer la reconnoissance.

Lorsque, dans une jurisdiction consulaire, le débiteur dénie sa signature, les consuls sont tenus de renvoyer devant le juge ordinaire, pour y être procédé à la reconnoissance ; & jusqu'alors l'acte sous signature privée ne fait aucune foi : mais il y a de particulier dans ces jurisdictions, que, tandis que le débiteur n'a pas dénié sa signature, l'acte fait foi, & le créancier peut obtenir un jugement de condamnation, sans qu'il ait été obligé de faire statuer préalablement sur la reconnoissance de la signature du débiteur. C'est ce qui résulte d'une déclaration du 15 mai 1703.

Il y a aussi quelque chose de particulier relativement aux simples billets ou promesses par lesquels on s'oblige à payer une certaine somme pour argent prêté ou pour marchandise délivrée, &c. Lorsque le billet n'est pas écrit de la main de la personne qui l'a souscrit, il faut, pour qu'il fasse foi, que le débiteur ait écrit de sa main la somme qu'il s'est obligé de payer, ce qu'on est dans l'usage de faire ainsi : *bon pour la somme de*...... Cette règle a été établie par une déclaration du roi du 22 septembre 1733, pour empêcher qu'on ne surprenne les personnes qui signent les actes qu'on leur présente sans avoir lu ce qu'ils renferment.

Cependant, comme le commerce pourroit être gêné si toutes sortes de particuliers étoient assujettis à écrire de leur main les sommes pour lesquelles ils contractent des *obligations* sous signature privée, le législateur a voulu que les billets & promesses des banquiers, marchands, artisans, laboureurs & gens de campagne fissent foi contre eux, quoique ces billets ou promesses ne continssent que la signature de ces personnes.

Si la somme écrite de la main du débiteur hors du corps du billet, se trouve moindre que la somme énoncée dans le corps du billet écrit d'une autre main, le débiteur n'est obligé que pour la somme qu'il a écrite de sa main. Supposez, par exemple, que dans le corps d'un billet que j'ai écrit, vous vous soyez reconnu débiteur envers moi d'une somme de quinze cens livres, & que, hors du billet, vous ayez écrit de votre main, *bon pour douze cens livres*, il est constant que je ne pourrai exiger de vous que cette dernière somme.

Si le débiteur avoit écrit de sa main le corps du billet de quinze cens livres, & le *bon pour la somme de douze cens livres*, il faudroit aussi juger, dans le doute, que les douze cens livres sont la somme qui est véritablement due. Cette décision est fondée sur ce qu'en pareil cas on doit prononcer en faveur de la libération, conformément à cette maxime, *semper in obscuris quod minimum est sequimur.*

Cependant il en seroit différemment si la cause de la dette énoncée dans le corps du billet faisoit connoître que la somme y exprimée est celle qui est véritablement due. Par exemple, si par un billet écrit de ma main, je reconnois devoir à un marchand de Reims six cens livres pour prix de deux cens bouteilles de vin de Champagne mousseux, que ce marchand a coutume de vendre trois livres la bouteille, mon billet vaudra pour six cens livres, quoique j'aie écrit au bas, *bon pour deux cens livres.*

Si quelqu'un se reconnoît débiteur & dépositaire d'une somme, conformément au bordereau des espèces joint à l'acte, & que la somme énoncée dans l'acte soit différente de celle que composent les espèces désignées au bordereau, c'est cette dernière somme qui est due ; on juge que l'autre n'a été exprimée que par erreur de calcul.

Lorsqu'un acte sous signature privée se trouve sous la main de la personne qui l'a souscrit, il ne produit aucune *obligation* contre elle. C'est pourquoi si sous le scellé de mes effets on trouve un billet par lequel je me reconnois débiteur envers vous d'une somme de cent écus pour des marchandises que vous m'avez vendues, il ne résultera de ce billet aucune preuve que je vous dois la somme y énoncée. La raison en est que ce billet étant en ma possession, on doit présumer que je l'ai écrit dans l'espérance que vous me vendriez les marchandises y énoncées, & que la vente n'ayant pas eu lieu, le billet m'est resté ; ou que vous m'avez effectivement vendu ces marchandises, mais que j'ai retiré mon billet en vous les payant.

Il faut appliquer la même décision à la quittance qui se trouve parmi les effets du créancier qui l'a signée : elle ne prouve pas que le débiteur a rempli son *obligation* ; on présume seulement que le créancier l'a écrite d'avance, dans l'espérance que le débiteur viendroit se libérer, & que celui-ci ne s'étant pas présenté, la quittance est restée à celui-là.

Comme on ne peut point se faire de titre à soi-même, il faut conclure que les actes qui ne sont point passés par un officier public, tels que sont les registres ou papiers cueillerets qu'un seigneur de censive tient lui-même des cens qu'on lui paie annuellement, ne prouvent pas que ces cens soient réellement dus.

Cependant lorsque ces registres sont anciens & uniformes, ils font une semi-preuve, qui étant jointe à d'autres, comme est celle qui résulte des reconnoissances des propriétaires des terres circonvoisines, suffit pour autoriser le seigneur à former une demande à cet égard.

Quoique les registres ou papiers cueillerets d'un seigneur, qui ne sont pas authentiques, ne fassent pas preuve pour lui contre d'autres, ils font preuve pour d'autres contre lui. Ainsi, dans le cas où le seigneur viendroit à usurper sur vous la possession d'un immeuble, vous pourriez fonder votre demande en revendication contre lui sur les papiers cueillerets qui justifieroient qu'il a reçu de vous & de vos auteurs un cens pour cet immeuble.

Au reste, il faut observer que quand un censitaire s'est servi de ces papiers cueillerets contre le seigneur, celui-ci peut à son tour les employer pour preuve contre le censitaire. Ils suffiront, par exemple, pour justifier que l'immeuble revendiqué est chargé de toutes les redevances dont ils font mention.

Quoique les livres-journaux des marchands ne fassent pas une preuve complette des fournitures qu'ils prétendent avoir faites à quelqu'un, la faveur du commerce a néanmoins fait établir, que quand ces livres sont en bonne règle, qu'ils sont écrits de jour à jour sans aucun blanc, que le marchand passe pour un homme de probité, & que son action est intentée dans l'année de la fourniture, ils forment une semi-preuve. C'est pourquoi il arrive fréquemment, en pareil cas, qu'on adjuge au marchand sa demande, en affirmant par lui que la somme qu'il répete lui est légitimement due.

Il faut cependant, pour qu'on s'en rapporte à l'affirmation du marchand sur la vérité des fournitures inscrites sur son livre, qu'elles ne s'étendent pas à une somme trop forte, & qu'il soit vraisemblable que le particulier auquel on les répete en a eu besoin.

Au reste, les livres-journaux d'un marchand forment une preuve complette contre lui, relativement aux marchés qu'il a conclus, aux livraisons qu'on lui a faites, & aux sommes qui lui ont été payées.

Cette règle doit être suivie, quand même les choses inférées sur le journal seroient écrites d'une autre main que celle du marchand, pourvu qu'il conste que ce journal est celui dont le marchand est dans l'usage de se servir.

Quant aux livres-journaux ou papiers domestiques des particuliers, ils ne prouvent rien contre les personnes qui n'y ont pas apposé leurs signatures. Mais on demande s'ils peuvent servir de preuve contre le particulier auquel ils appartiennent ?

Boiceau fait à cet égard une distinction entre le cas où ce que le propriétaire des papiers a écrit, tend à l'obliger envers quelqu'un, & le cas où ce qu'il a écrit tend à libérer son débiteur.

Supposez, pour le premier cas, que vous ayez écrit sur vos papiers que je vous ai prêté cinquante louis : si vous avez signé cette note, elle sera une preuve suffisante de la dette ; mais si vous n'avez point signé, ce ne sera qu'une semi-preuve. La raison en est que la note n'étant pas signée, elle ne paroît avoir été faite que pour vous rendre compte à vous-même, & non pour prouver l'emprunt que vous avez fait. Il y a lieu de présumer que le créancier vous a remis votre billet lorsque vous l'avez payé, & que vous avez négligé de supprimer la note. Mais si la note étoit signée, elle suffiroit pour prouver la dette, parce qu'on présumeroit qu'elle n'a été faite que pour servir de titre au créancier.

A l'égard du cas où ce que le créancier a écrit sur son journal tend à libérer son débiteur, on ne peut pas douter que cela ne fasse preuve complette en faveur de ce dernier, soit que le créancier ait signé ce qu'il a écrit, ou qu'il ne l'ait pas signé.

Il faudroit décider différemment relativement à une quittance non signée que le créancier auroit écrite & qui seroit entre les mains du débiteur. Une telle quittance ne feroit pas preuve du paiement comme ce qui se trouve écrit sur un journal. La raison en est qu'on n'a pas coutume de signer les reçus qu'on inscrit sur un journal, au lieu qu'il est d'usage que le créancier signe les quittances qu'il donne à ses débiteurs.

Cependant s'il y avoit lieu de présumer que ce n'a été que par oubli que la quittance n'a pas été signée, & que le débiteur fût connu pour un homme de probité, le juge pourroit admettre le serment du porteur de la quittance, pour en justifier la vérité.

Il se trouve souvent des écritures non signées, qui font à la suite, ou à la marge, ou au dos d'un écrit signé ; & ces écritures tendent à former une nouvelle *obligation* ou à libérer le débiteur.

Dans le premier cas, si les écritures non signées expriment un rapport avec l'acte signé au dos, ou au bas, ou en marge duquel elles font, elles font preuve contre le débiteur qui les a écrites. Supposez, par exemple, qu'au bas d'un billet de cinquante louis que je vous ai passé & que j'ai signé, j'aie écrit de ma main : *Je dois en outre à M... dix louis qu'il a délivrés pour mon compte il y a huit jours*; cette addition, quoique non signée, fera preuve contre moi, à cause que par ces termes *en outre*, elle a un rapport avec l'écrit que j'ai signé.

Mais si les écritures non signées n'ont aucun rapport avec l'acte au-bas ou à la marge duquel elles sont, elles ne font aucune preuve contre celui qui les a écrites, que *l'obligation* qu'elles renferment a été contractée, & elles ne passent que pour de simples projets qui n'ont point eu d'exécution.

Lorsque les écritures non signées dont il s'agit, tendent à libérer le débiteur, il faut distinguer le cas auquel l'acte au dos ou au bas duquel elles sont, a toujours été entre les mains du créancier, & le cas où cet acte est entre les mains du débiteur.

Si, par exemple, au bas ou au dos d'un billet de cinquante louis, que je vous ai passé & qui est entre vos mains, il se trouve des quittances de deniers délivrés à compte, elles font preuve que j'ai délivré ces deniers, & il n'est même pas nécessaire pour cela qu'elles soient écrites de votre main, parce qu'il est censé que vous ne les auriez point laissé écrire si vous n'aviez en effet reçu les deniers y énoncés.

Mais si l'acte est, par exemple, un traité de vente fait double, & qu'au bas & au dos de celui qui est entre les mains du débiteur, il se trouve des reçus non signés, ces reçus feront foi s'ils sont écrits de la main du créancier; si, au contraire, ils sont écrits d'une autre main, on ne doit pas les regarder comme une preuve de paiement: on conçoit que s'il en étoit autrement, le débiteur pourroit se libérer à son gré, sans bourse délier, en faisant quittancer l'acte par telle personne qu'il jugeroit à propos.

La copie d'un titre quelconque ne prouve rien au-delà de ce que renferme le titre original; & les notaires ne doivent pas même, sous prétexte d'interprétation, ajouter dans les grosses ou expéditions, la moindre chose à ce qui est contenu dans la minute de l'acte.

Mais on demande quelle foi peut faire une copie lorsque le titre original est perdu? Il faut, en premier lieu, distinguer les copies tirées par un officier public, de celles qui n'ont été tirées que par des particuliers: il faut aussi, à l'égard de celles-là, en distinguer trois sortes: 1°. celles qui ont été tirées par l'autorité des juges, parties présentes ou dûement appellées; 2°. celles qui ont été tirées en présence des parties sans le concours de l'autorité des juges; 3°. celles qui ont été tirées sans que les parties aient été présentes, ni que le juge les ait fait appeller.

Une copie tirée sur l'original en vertu de l'autorité du juge, parties présentes ou dûement appellées, se nomme une copie en forme. Si dans la suite l'original vient à se perdre, une telle copie

fait autant de foi que feroit l'original même, contre les parties qui y ont été présentes ou dûement appellées, & contre leurs héritiers ou successeurs.

La même décision doit ordinairement s'appliquer aux copies qui ont été faites en présence des parties sans le concours de l'autorité du juge. La raison en est que les parties, par leur présence, sont censées être tacitement convenues que ces copies leur tiendroient lieu d'original.

Il faut néanmoins observer que ces copies ne font pas toujours la même preuve que des copies en forme: car, comme elles ne tiennent leur vertu que de la convention des parties, il en résulte la conséquence, qu'elles ne doivent produire aucun effet relativement aux choses dont les parties n'ont pas la liberté de disposer. Supposez, par exemple, que, sans le concours de l'autorité du juge, vous ayez tiré copie avec le titulaire d'un bénéfice, d'une transaction qui établissoit en votre faveur une servitude sur un héritage dépendant de ce bénéfice, & que le successeur de ce titulaire se prétende affranchi de cette servitude; la copie que vous aurez tirée avec le prédécesseur, ne sera pas contre le successeur, la même preuve qu'auroit faite l'original, qui depuis s'est trouvé perdu, ni même celle qu'auroit faite une copie en forme: la raison en est que le prédécesseur, qui n'a pas plus la liberté d'assujétir ses héritages de son bénéfice à une droit de servitude, que celle de les aliéner, n'a pas pu, au préjudice de son successeur, convenir que la copie que vous avez tirée étoit conforme à l'original de la transaction qui établissoit la légitimité de la servitude.

Quant aux copies tirées sans que les parties aient été présentes, ni que le juge les ait fait appeller, elles ne font communément pas une preuve complette de ce que contenoit l'original qui se trouve perdu; mais elles forment un commencement de preuve par écrit, suffisant pour faire admettre à l'appui de ces copies la preuve testimoniale.

Observez au surplus que quand les copies sont anciennes, elles font preuve au défaut de l'original, parce qu'elles énoncent qu'il y a eu un original en règle, & que *in antiquis enunciativa probant*. Telle est la doctrine de Dumoulin; &, suivant le même auteur, une copie est ordinairement réputée ancienne lorsqu'elle a plus de trente ou quarante ans, à moins qu'il ne s'agisse d'une matière relative à des droits qui ne peuvent s'établir que par la possession immémoriale & centenaire: dans ce cas-ci, un acte n'est réputé ancien que quand il passe cent ans.

Quant aux copies tirées par des particuliers, elles ne font, quelque anciennes qu'elles soient, aucune preuve des *obligations*, elles peuvent tout au plus former quelques légers indices.

Tout ainsi qu'on passe des actes pour prouver les *obligations*, on en passe aussi pour justifier que le débiteur s'est acquitté envers le créancier, & ceux-ci sont ce qu'on appelle des *quittances*.

Une quittance énonce quelquefois la fomme qui a été payée, fans énoncer la caufe de la dette; ou elle énonce la caufe de la dette, fans énoncer la fomme payée; ou elle n'énonce ni la fomme payée ni la caufe de la dette; ou elle énonce l'une & l'autre.

Une quittance qui énonce la fomme payée fans énoncer la caufe de la dette, ne laiffe pas d'être valable; telle feroit la quittance qui feroit ainfi conçue: *J'ai reçu de Guillaume Petit trois cens cinquante livres. Fait à Paris le 10 mai 1779*. Si celui qui a donné la quittance a plufieurs créances contre le débiteur; celui-ci peut imputer le montant de cette quittance fur la dette qu'il lui importe le plus d'acquitter.

Une quittance eft pareillement valable, lorfqu'elle n'énonce que la caufe de la dette, fans exprimer la fomme payée, & elle prouve le paiement de tout ce qui étoit dû alors pour la caufe exprimée. Suppofez qu'une telle quittance foit ainfi conçue: *J'ai reçu de Louis ce qu'il me devoit pour le café que j'avois à Nantes & que je lui ai vendu.*

Mais fi Louis étoit obligé envers moi pour d'autres caufes, une telle quittance ne le libéreroit point relativement à ces autres caufes, quand même je n'aurois fait à cet égard aucune réferve expreffe.

Si la dette, dont la caufe eft énoncée dans la quittance, confifte en arrérages, rentes, loyers ou fermages, il y a preuve du paiement de tout ce qui a couru jufqu'au dernier terme d'échéance qui a précédé la date de la quittance. Suppofez, par exemple, que je vous aie loué une métairie, dont le fermage fe paie annuellement le 11 novembre, & que je vous aie donné une quittance ainfi conçue: *J'ai reçu de Louis ce qu'il me doit pour fermages. Fait ce premier avril 1779*: une telle quittance s'étend à tous les fermages échus jufqu'au 11 novembre 1778, mais elle ne peut pas s'appliquer aux poftérieurs.

Mais que faudroit-il décider fi la quittance n'étoit pas datée? Il réfulteroit de ce défaut de date, que la quittance prouveroit que le débiteur auroit au moins payé un terme; & cependant il ne pourroit la faire valoir que pour ce terme. Il en feroit autrement fi une telle quittance avoit été donnée par l'héritier du créancier; elle vaudroit pour tous les termes échus durant la vie de ce créancier, attendu qu'elle n'auroit pu être donnée que depuis fon décès.

Quand la quittance n'énonce ni la fomme payée, ni la caufe de la dette, & qu'elle eft, par exemple, conçue en ces termes: *Je reconnois avoir reçu de Louis Geoffroi ce qu'il me doit. Fait le 15 mai 1779*; il en réfulte la libération du débiteur, relativement à toutes les dettes qu'il avoit contractées envers moi, & qui étoient exigibles lors de la date de la quittance.

Mais le débiteur ne feroit pas fondé, en vertu d'une telle quittance, à fe prétendre quitte des *obligations* dont le terme de paiement ne feroit pas encore échu: la raifon en eft qu'on ne préfume pas qu'un débiteur paie avant le terme.

Une quittance femblable ne s'étendroit pas non plus aux capitaux des rentes dues par le débiteur, elle ne comprendroit que les arrérages échus jufqu'au terme antérieur à la quittance.

Il faut appliquer la même décifion aux dettes qui peuvent exifter en faveur du créancier, fans qu'il en ait connoiffance. C'eft pourquoi fi vous me devez deux ou trois fommes par différentes *obligations* contractées envers moi, & que je vous donne une quittance telle que celle dont il s'agit, ces *obligations* feront inconteftablement éteintes; mais il en fera différemment de la dette que vous auriez contractée envers mon oncle, & dont je n'avois pas connoiffance, quoiqu'elle me fût échue en qualité de fon héritier, lorfque je vous ai donné une quittance générale.

Lorfque la quittance exprime tout à la fois la fomme payée & la caufe de la dette acquittée, on a prévenu communément toute efpèce de conteftation. Il faut feulement obferver que fi la fomme payée excède celle qui étoit due pour la caufe énoncée dans la quittance, le débiteur eft fondé à répéter cet excédent, ou à l'imputer fur la dette qu'il a le plus d'intérêt d'acquitter, s'il en doit plufieurs autres au même créancier.

§. 5. *Des moyens qui peuvent opérer l'extinction des obligations*. Ces moyens font le paiement réel, la confignation, la remife de dette, la novation, la confufion, la compenfation, l'extinction de la chofe due, les conditions réfolutoires, la mort du créancier ou celle du débiteur, & les fins de non-recevoir.

Nous allons parcourir rapidement ces divers moyens.

1. *Paiement*. Le paiement réel eft le moyen le plus fimple pour éteindre une *obligation*.

Si par l'*obligation* on doit donner quelque chofe, le paiement confiftant alors dans la tradition de la chofe promife, il faut en conclure qu'il n'eft valable qu'autant qu'il eft fait par le propriétaire de cette chofe, ou de fon confentement. Autrement celui qui paie ne transfère pas au créancier la propriété de la chofe dont il s'agit, felon la règle, *nemo plus juris in alium transferre poteft quàm ipfe habet*.

Il faut auffi, pour la validité du paiement, que la perfonne qui a livré la chofe n'ait pas été incapable de l'aliéner. Ainfi un tel paiement ne feroit pas valable s'il avoit été fait par un mineur ou par une femme non autorifée de fon mari.

Au refte, toute perfonne capable de transférer la propriété de la chofe, peut payer valablement & opérer l'extinction de l'*obligation* même malgré le débiteur. Il importe d'ailleurs fort peu au créancier que la chofe due lui foit donnée par fon débiteur ou par d'autres.

Il pourroit n'en pas être de même fi l'*obligation* confiftoit à faire quelque chofe. En effet, fi j'ai conſidéré l'habileté & le talent perſonnel de la perſonne qui a contracté l'*obligation*, la dette ne peut être acquittée que par cette perſonne.

Suppoſez, par exemple, que j'aie traité avec un architecte pour conduire les travaux d'un édifice, il ne pourra pas faire remplir ſon *obligation* par un autre architecte, à moins que ce ne ſoit de mon conſentement.

Il faut encore, pour la validité du paiement d'une *obligation*, qu'il ſoit fait au créancier ou à une perſonne qui ait pouvoir de lui, ou qualité pour recevoir.

Celui à qui une créance a été cédée devient le créancier par la ſignification qu'il fait au débiteur de ſon titre de ceſſion, ou par l'acceptation que le débiteur fait du tranſport ; d'où il ſuit que le paiement qui ſeroit fait poſtérieurement à l'ancien créancier, n'éteindroit pas l'*obligation*.

Lorſqu'un créancier a laiſſé pluſieurs héritiers, chacun d'eux n'ayant qu'une part dans la créance, on ne peut pas valablement payer la totalité à un ſeul, à moins que ſes cohéritiers ne lui aient donné le pouvoir de la recevoir.

Il arrive quelquefois que celui envers qui on a une raiſon ſuffiſante de ſe croire obligé, n'eſt pas le véritable créancier ; mais le paiement qu'on lui fait ne laiſſe pas d'être valable. Suppoſez, par exemple, que vous poſſédiez une ſeigneurie qui n'eſt point à vous & dont relèvent divers héritages ; le paiement qu'on vous aura fait des profits ſeigneuriaux échus durant votre poſſeſſion, ſera valable, & le véritable propriétaire, à qui vous aurez été obligé de reſtituer la ſeigneurie, ne ſera pas en droit de demander de nouveau les profits ſeigneuriaux à ceux de qui vous les aurez reçus. Cette déciſion eſt fondée ſur ce qu'un poſſeſſeur étant réputé propriétaire de la choſe qu'il poſſède, ceux qui vous ont payé les profits ſeigneuriaux ont eu une raiſon ſuffiſante pour croire que vous en étiez le légitime créancier : leur bonne-foi doit faire valider le paiement qu'ils vous ont fait, & le véritable propriétaire doit s'imputer d'avoir laiſſé ignorer ſes droits, ſauf néanmoins à celui-ci ſon recours contre vous.

Lorſqu'un débiteur paie à une perſonne ce qu'il lui doit, au préjudice de la ſaiſie-arrêt fait entre ſes mains par les créanciers de cette perſonne, ceux-ci peuvent obliger le débiteur à payer une ſeconde fois, ſauf néanmoins ſon recours contre la perſonne qui a reçu cette paiement.

Le décret de priſe-de-corps décerné contre un créancier, n'empêche pas que ſes débiteurs ne puiſſent valablement remplir leurs *obligations* envers lui, & le payer, tandis qu'il n'y a point de ſaiſie-arrêt entre leurs mains.

Lorſqu'un créancier capable de recevoir par lui-même ce qui lui eſt dû, a donné pouvoir à une perſonne de recevoir pour lui, le débiteur peut valablement payer entre les mains de cette perſonne, quand même ce ſeroit un mineur ou une femme ſous puiſſance de mari. Cette déciſion eſt fondée

ſur ce que le débiteur eſt cenſé faire le paiement à celui qui a donné le pouvoir, & ce dernier doit s'imputer, en cas d'événement, d'avoir donné ſa commiſſion à quelqu'un contre qui il n'y avoit aucun recours à exercer.

Le titre dont eſt porteur un huiſſier qui va le mettre à exécution à la requête du créancier, équivaut au pouvoir de recevoir la ſomme énoncée dans ce titre ; c'eſt pourquoi la quittance donnée par cet huiſſier vaut comme ſi le créancier l'avoit donnée lui-même.

Mais cette déciſion ne doit pas s'appliquer au procureur que vous avez chargé de former une demande contre votre débiteur : cette commiſſion n'eſt pas cenſée renfermer le pouvoir de recevoir ce qui fait l'objet de la demande.

On paie auſſi valablement à ceux qui, en vertu de la loi, ont qualité pour recevoir à la place du créancier. Tels ſont les tuteurs pour ce qui eſt dû à leurs mineurs, les maris pour ce qui eſt dû à leurs femmes non ſéparées de biens, les receveurs des fabriques, des hôpitaux, &c.

Mais la parenté, à quelque degré que ce ſoit, avec la perſonne du créancier, n'eſt pas une qualité ſuffiſante pour recevoir ce qui lui eſt dû. Ainſi le père ne peut pas valablement recevoir ce qui eſt dû à ſon fils qui n'eſt plus ſous ſa puiſſance, ni le fils recevoir ce qui eſt dû au père.

On ſtipule quelquefois dans l'acte par lequel on contracte l'*obligation* de payer quelque choſe, que le paiement pourra ſe faire entre les mains d'un tiers qu'on indique, comme entre celles du créancier : il n'eſt pas douteux qu'en ce cas le paiement fait à ce tiers ne ſoit auſſi valable que s'il avoit été fait au créancier lui-même.

On tient pour maxime, qu'un créancier n'eſt pas obligé de recevoir par parties ce qui lui eſt dû, à moins que la faculté de payer n'ait été accordée au débiteur. Il réſulte de cette juriſprudence, que la conſignation d'une partie de la dette n'arrête pas le cours des intérêts, même pour la partie conſignée.

Il ne ſuffit même pas au débiteur d'offrir le capital de la dette lorſqu'elle porte intérêt, il faut encore, pour qu'il ſoit quitte de ſon *obligation*, qu'il offre les intérêts qui peuvent être dus ; autrement le créancier peut refuſer le paiement.

Cette règle reçoit néanmoins une exception, quand on a ſtipulé par le contrat que le débiteur pourroit ſe libérer en trois ou quatre paiemens ; ou qu'en conſidération de la pauvreté du débiteur, le juge l'a ainſi ordonné par une ſentence ou arrêt de condamnation. Le créancier doit alors ſe conformer à ce qui a été convenu ou jugé.

S'il n'y a eu aucune explication ſur la ſomme qui ſeroit payée chaque fois, les paiemens doivent s'entendre de paiemens égaux entre eux. C'eſt pourquoi ſi vous vous êtes obligé à me payer cinquante louis en trois paiemens, chaque paiement doit être

de

de quatre cens livres, & vous avez la liberté d'en faire plusieurs en même temps.

On admet une autre exception à la règle que le créancier ne peut pas être obligé de recevoir par parties ce qui lui est dû, lorsque les parties ne font pas d'accord sur la quotité de la dette. En ce cas, le créancier doit, conformément à la loi 31, D. *de reb. cred.* recevoir la somme qu'on avoue lui devoir, sans préjudice du reste, en attendant que la contestation soit décidée. Le juge ne doit pas refuser d'ordonner ce paiement provisionnel lorsque le débiteur le demande.

La compensation donne lieu à une troisième exception à la règle dont il s'agit : ainsi vous devez compenser avec ce qui vous est dû, la somme que vous devez à votre débiteur, quoiqu'elle soit moindre que celle qu'il vous doit.

Si vous êtes créancier d'une personne pour différentes dettes, vous devez recevoir le paiement d'une de ces dettes, lorsqu'il vous est offert, quoique le débiteur n'offre pas de payer les autres.

Quand une *obligation* consiste à livrer un corps certain & déterminé, le paiement peut être valablement fait par la tradition de la chose en quelque état qu'elle se trouve, pourvu que les détériorations survenues depuis la convention ne puissent être imputées au débiteur ni aux personnes dont il est responsable, tels que ses enfans, ses domestiques. En ce cas, le débiteur est seulement obligé de céder au créancier l'action qu'il peut avoir contre la personne qui a occasionné le dommage.

Il en seroit différemment si la dette étoit d'un corps indéterminé. Supposez, par exemple, qu'étant possesseur de plusieurs arpens de vigne, vous ayez promis à votre fils de lui en donner un quand il seroit revenu d'Espagne : si un ouragan a singulièrement endommagé un de ces arpens, sans avoir beaucoup offensé les autres, vous ne pouvez pas vous acquitter de votre *obligation* en offrant l'arpent endommagé ; vous serez tenu d'en donner un qui n'ait pas souffert considérablement : au lieu que si vous vous étiez obligé à donner déterminément un tel arpent, votre *obligation* seroit remplie en le donnant en quelque état qu'il fût.

Lorsque par la convention le débiteur s'est obligé de payer dans un certain lieu, cette clause doit être exécutée. Si les parties n'ont désigné aucun endroit, & que la dette soit d'un corps certain, le paiement doit se faire au lieu où la chose se trouve. Ainsi lorsque je vous vends des arbres de haute-futaie qui se trouvent dans une forêt qui m'appartient, je ne suis point obligé de les déplacer, & vous devez les faire enlever où ils sont.

Si la dette est d'une chose indéterminée, telle qu'un douzaine de chemises, un setier de bled, une somme d'argent, &c. & que le lieu du paiement ne soit pas désigné, il doit se faire au domicile du débiteur. Cette décision est fondée sur ce que les objets à l'égard desquels les parties ne se sont pas

Jurisprudence. Tome VI.

expliquées, doivent s'interpréter de la manière la moins désavantageuse au débiteur.

Observez néanmoins que si la chose due consiste dans une somme d'argent ou dans quelque autre chose qui puisse être portée sans frais chez le créancier, & que le domicile de celui-ci soit à peu de distance de celui du débiteur, le paiement doit se faire au domicile du créancier. C'est l'avis de Dumoulin.

Si, depuis la convention, le créancier est allé résider dans une ville éloignée du domicile du débiteur, celui-ci peut demander que l'autre élise domicile dans le lieu où il l'avoit lors du contrat, pour y recevoir son paiement. Ceci est fondé sur ce que le changement de domicile du créancier ne doit pas rendre pire la condition du débiteur.

Comme le paiement doit se faire aux frais du débiteur, s'il exige une quittance pardevant notaires, il doit payer cette quittance.

II. *Consignation.* Lorsque le créancier a refusé de recevoir le paiement de la chose due, & qu'après en avoir fait des offres, le débiteur l'a consignée, cette consignation équivaut à un paiement & éteint l'*obligation*, comme le paiement réel l'auroit éteinte.

Mais pour que la consignation tienne lieu de paiement, il faut que le créancier ait été mis en demeure de recevoir, & qu'elle ait été précédée d'offres valables.

Si la chose due est payable au créancier chez lui, les offres ne peuvent être valablement faites qu'en son domicile.

Si la chose due est un corps certain qui doive être livré dans le lieu où il se trouve, il faut sommer le créancier de l'enlever ; & sur cette sommation, qui tient lieu d'offres de paiement, le débiteur peut obtenir du juge la permission de mettre la chose en dépôt dans quelque endroit, s'il a besoin du lieu qu'elle occupe.

Il doit être dressé un acte des offres faites au créancier, & de la sommation de recevoir.

Cette sommation doit se faire par le ministère d'un huissier ou sergent, & être revêtue des formalités des autres exploits ; elle doit aussi contenir assignation devant le juge pour voir ordonner la consignation. La sentence qui intervient en conséquence, se signifie au créancier avec assignation, pour être présent à la consignation au jour, lieu & heure que l'on indique.

Observez néanmoins que, quoique le débiteur n'ait pas fait ordonner la consignation par le juge, elle ne laisse pas d'être valable lorsqu'il a déclaré au créancier que, sur son refus d'accepter les offres, il alloit consigner la chose due. Le jugement qui intervient par la suite, & qui confirme cette consignation, a un effet rétroactif au temps où elle a été faite. Le parlement l'a ainsi jugé par arrêt du 11 août 1703, rapporté au journal des audiences.

Il faut que la consignation se fasse au jour &

à l'heure indiqués : l'acte qu'on en dresse doit contenir le bordereau des espèces consignées, & on le signifie au créancier.

III. *Remise de la dette.* La remise que le créancier fait de la dette éteint *l'obligation* ; & cette remise peut avoir lieu, non-seulement par une convention expresse, mais encore par une convention tacite qui résulte de certains faits par lesquels on présume cette remise ; comme quand le créancier a rendu au débiteur sa promesse ou le brevet *d'obligation.*

Cette présomption n'auroit pas lieu s'il s'agissoit d'une *obligation* dont il y eût minute pardevant notaires. La grosse qui se trouveroit entre les mains du débiteur ne prouveroit ni le paiement, ni la remise de la dette, à moins que d'autres circonstances ne concouruffent. La raison en est que la minute qui est chez le notaire, sans être quittancée, réclame en faveur du créancier qui a pu perdre la grosse, ou la confier à la bonne-foi du débiteur.

Le défaut de réserve d'une dette dans la quittance que le créancier donne d'une autre dette, ne fait pas préfumer qu'il ait remis la dette dont il n'a point stipulé de réserve.

De même, si, dans un compte intervenu entre vous & moi, vous n'avez pas compris un objet de créance que vous aviez contre moi, il ne résulte de cette omission aucune présomption que vous m'ayez fait remise de la créance.

Lorsqu'il y a plusieurs débiteurs obligés solidairement, la remise que le créancier accorde à l'un d'eux, n'éteint que *l'obligation* de celui-ci, & non celle de ses codébiteurs. Ces derniers sont néanmoins déchargés relativement à la part de celui à qui le créancier a remis la dette.

Quand le créancier décharge le débiteur principal, la caution cesse d'être obligée ; mais la décharge accordée à la caution n'empêche pas que le débiteur principal ne reste obligé. La raison en est que *l'obligation* du débiteur principal ne dépend pas de celle de la caution, & qu'au contraire *l'obligation* de la caution dépend de celle du débiteur principal ; enforte qu'il ne peut point y avoir de caution sans débiteur principal, quoiqu'il puisse y avoir un débiteur sans caution.

On demande si le créancier peut valablement recevoir une somme d'une caution pour la décharger de son cautionnement ? Il faut répondre qu'il le peut. La raison en est que ce que le créancier reçoit en cas pareil, est le prix du rifque de l'insolvabilité du débiteur dont la caution étoit chargée, & dont il se charge à sa place. Or, il est constant que le créancier n'est pas obligé de se charger de ce rifque pour rien ; d'où il suit qu'il ne commet aucune ufure en en recevant le prix. C'est une convention qui doit être aussi permise que le contrat d'affurance.

Il n'y a que le créancier ufant de ses droits qui puisse faire la remise d'une *obligation.* Un procureur-

général de toutes les affaires, tel qu'un tuteur, un curateur, un administrateur, n'a pas ce pouvoir. La raison en est que ces personnes n'ont qualité que pour administrer, & non pour donner : or, la remise équivaut à une donation.

Il faut néanmoins excepter de cette règle la remise qu'on fait, en cas de faillite, au débiteur. Comme cette remise a bien moins lieu pour faire un don que pour affurer le paiement du surplus de la dette, elle peut passer pour un acte d'administration dont un tuteur ou curateur est capable.

On doit appliquer la même décision aux remises que l'on fait d'une partie des profits seigneuriaux aux gens qui se présentent pour composer de ces profits avant de conclure le marché des immeubles qu'ils veulent acheter. Il est clair que ces remises ne sont pas des donations, mais des actes d'administration, dont l'objet est de ne pas manquer les profits seigneuriaux dont on seroit privé si le marché n'avoit pas lieu.

IV. *Novation.* La novation étant la fubstitution d'une nouvelle dette à une ancienne, on la met au rang des moyens qui éteignent les *obligations.*

Comme le consentement que le créancier donne à la novation équivaut, quant à l'extinction de la dette, au paiement qui en seroit fait, il faut en conclure qu'il n'y a que la personne à laquelle on peut payer valablement, qui ait la faculté de faire novation.

Ainsi, comme on ne peut pas payer valablement à un interdit, ni à un mineur, ni à une femme non autorisée de son mari, ces personnes sont incapables de faire novation.

La novation qui se fait par l'intervention d'un nouveau débiteur, peut avoir lieu entre celui-ci & le créancier, sans que le premier débiteur, dont *l'obligation* doit s'éteindre par la novation, y ait aucune part. La raison en est qu'on peut acquitter la dette d'une personne, sans qu'il faille à cet égard son consentement.

Lorsque de plusieurs débiteurs solidaires, un seul contracte avec le créancier un nouvel engagement pour faire novation du premier, tous les codébiteurs se trouvent libérés par cette novation. Elle éteint pareillement toutes les *obligations* accessoires, telles que celles des cautions.

Si le créancier veut faire fubsister *l'obligation* des autres débiteurs & des cautions, il faut qu'il mette pour condition à la novation, que les codébiteurs & les cautions accéderont à la nouvelle dette, finon qu'il n'y aura point de novation, & que la première créance demeurera en toute sa force.

De ce que la novation éteint la première *obligation*, il faut conclure qu'elle éteint aussi les hypothèques qui y étoient inhérentes ; mais le créancier peut, par le contrat même de novation, attacher à la nouvelle *obligation* les hypothèques sur lesquelles s'étendoit la première.

Suppofez, par exemple, que, l'an dernier,

vous ayez prêté à Pierre cinquante louis sous l'hypothèque de ses biens, & que, par un autre acte passé cette année, Pierre ait contracté envers vous une nouvelle *obligation*, avec stipulation qu'il demeure libéré de celle qu'il a contractée l'an dernier, *de laquelle les contractans ont entendu faire novation sous la réserve des hypothèques*; vous serez, par cette clause, conservé dans votre ordre d'hypothèque pour votre nouvelle créance depuis la date de l'ancienne.

Remarquez néanmoins que si la nouvelle créance étoit plus considérable que la première, vous ne conserveriez votre rang d'hypothèque que jusqu'à concurrence de la somme qui vous étoit originairement due : la raison en est que le transport des hypothèques de la première *obligation* à la seconde, ne doit pas nuire aux créanciers intermédiaires.

V. *Confusion*. La confusion qui est aussi une manière d'éteindre les *obligations*, a lieu quand le créancier devient héritier ou donataire universel du débiteur, ou que le débiteur devient héritier ou donataire universel du créancier.

Il est clair que, dans ces cas, les qualités de créancier & de débiteur de la même dette se trouvant en concurrence chez la même personne, elles se détruisent mutuellement; on ne peut pas être créancier de soi-même, ni débiteur envers soi-même.

L'extinction que la confusion fait de l'*obligation* principale, entraîne aussi l'extinction des *obligations* accessoires, telles que celles des cautions. La raison en est qu'il ne peut point y avoir de caution, lorsqu'il n'y a point de débiteur principal.

Mais l'extinction que la confusion fait de l'*obligation* de la caution, lorsque celle-ci devient héritière du créancier, ou qu'elle lui laisse sa succession, ne s'étend pas à l'*obligation* principale. La raison en est que, quoique l'*obligation* accessoire ne puisse subsister sans l'*obligation* principale, celle-ci peut avoir lieu sans qu'il y ait d'*obligation* accessoire.

VI. *Compensation*. Si deux particuliers sont respectivement débiteurs l'un de l'autre, leurs *obligations* s'éteignent réciproquement par la compensation. Supposez, par exemple, que vous m'ayez prêté cinquante louis, & que, postérieurement, vous soyez devenu mon débiteur de pareille somme, en achetant de moi une certaine quantité de bled, la créance que vous avez contre moi se trouve éteinte par celle que j'ai contre vous.

Il est clair que la compensation est établie sur l'intérêt commun des parties. En effet, il leur est plus utile & plus commode d'éteindre leurs *obligations* respectives par cette voie, que de délier leur bourse pour payer ce qu'elles doivent, & de faire des poursuites pour se faire payer.

VII. *Extinction de la chose due*. Comme il n'existe point de dette qu'il n'y ait une chose due qui soit l'objet de l'*obligation*, il faut en conclure que,

quand la chose due vient à périr, l'*obligation* est éteinte.

La même décision doit avoir lieu lorsque la chose qui faisoit l'objet de l'*obligation* a été mise hors du commerce. C'est pourquoi si je me suis obligé de vous livrer un certain arpent de terre, & que, postérieurement, le souverain l'ait pris pour en faire un marché public, la créance que vous aviez de cet arpent de terre est éteinte, parce qu'étant hors du commerce, il ne peut plus être la matière d'une *obligation*.

Une *obligation* s'éteint aussi lorsque celui qui est créancier d'un corps certain, en vertu d'un titre lucratif, en devient propriétaire en vertu d'un autre titre également lucratif. La raison en est que, quand quelqu'un est devenu propriétaire de la chose qui lui étoit due, elle ne peut plus lui être due.

Mais pour que l'*obligation* soit éteinte lorsque le créancier est devenu propriétaire de la chose qu'on lui devoit, il faut que sa propriété soit pleine & entière; autrement le débiteur est obligé d'ajouter à ce qui manque pour former cette pleine & entière propriété. C'est pourquoi si Paul vous a légué une métairie qu'il savoit m'appartenir, & que depuis sa mort, & avant l'exécution du legs, je vous aie donné cette métairie sous la réserve de l'usufruit, la créance que vous avez contre l'héritier de Paul n'est point éteinte, parce que la réserve de l'usufruit empêche que votre propriété ne soit pleine & entière : ainsi vous pouvez obliger l'héritier de Paul à racheter pour vous l'usufruit que vous vous êtes réservé, ou à vous en payer la valeur.

Il faut observer que si le créancier de la chose due en étoit devenu propriétaire à titre onéreux, en l'achetant, par exemple, l'*obligation* du débiteur ne seroit pas éteinte, & il seroit tenu de rembourser au créancier le prix de son acquisition.

Pareillement, si je vous avois vendu un fief qui ne m'appartînt pas, & que le véritable propriétaire vous en eût fait une donation ou un legs, l'*obligation* que j'aurois contractée par le contrat de vente ne seroit pas éteinte, & je serois tenu de vous rendre le prix que vous m'auriez payé pour votre acquisition, avec les frais, &c.

Lorsqu'une chose se trouve perdue sans la faute du débiteur, comme quand des voleurs la lui ont ravie, il est quitte de son *obligation*, de même que si cette chose avoit cessé d'exister, à moins toutefois que la chose ne vienne à se retrouver.

On demande si le débiteur d'un corps certain, qui n'est tenu que des accidens arrivés par sa faute, est tenu, pour être libéré, de prouver que la chose due est périe sans sa faute & par cas fortuit, ou si le créancier doit prouver que la perte est arrivée par la faute du débiteur ? il faut répondre que c'est au débiteur à fournir la preuve du cas fortuit ou de force majeure qui a fait périr la chose. En effet, tout ainsi que le demandeur doit justifier ce qui sert de fondement à la demande, de même

le défendeur eft tenu de juftifier les faits fur lefquels il fonde fa défenfe. Le premier prouve la
légitimité de fa demande en repréfentant le titre
de fa créance : le fecond qui oppofe à cette demande le cas fortuit qui a occafionné la perte de
la chofe due, doit prouver ce cas fortuit.

Il n'en eft pas des *obligations* alternatives, comme
des *obligations* d'un corps certain & déterminé : on
conçoit que celles-ci s'éteignent par la perte du
corps certain ; mais celles-là ne s'éteignent pas
par la perte de l'une des deux chofes qui font dues
fous une alternative : la raifon en eft que dans
l'*obligation* alternative de deux chofes, les deux
chofes font dues, & il fuffit qu'il en refte une pour
qu'il y ait un fujet fuffifant d'*obligation*. Suppofez,
par exemple, que Paul, ayant deux carroffes, fe
foit obligé de vous en donner un : le vol de l'un
de ces carroffes n'éteint pas l'*obligation*, & il vous
doit celui qui refte.

Il en feroit différemment fi d'alternative qu'é-
toit l'*obligation*, elle étoit devenue déterminée par
l'offre que le débiteur auroit faite de l'une des deux
chofes : il eft conftant que fi la chofe offerte venoit à périr depuis la demeure dans laquelle avoit
été conftitué le créancier, l'*obligation* feroit éteinte.

L'extinction des *obligations* par l'extinction de
la chofe due, ne peut pas s'appliquer aux *obligations* d'une fomme d'argent ou de quelque quantité, comme de dix tonneaux de vin, vingt boif-
feaux d'avoine, &c., ou d'un corps indéterminé,
tel qu'un mulet, une voiture, &c. La raifon en eft
qu'en pareil cas il ne peut point y avoir d'extinction de la chofe due, attendu qu'il ne peut pas
y avoir d'extinction de ce qui n'eft pas déterminé.
Ce feroit donc en vain que le débiteur d'une
fomme de cent louis fe prétendroit libéré, fous le
prétexte que fon argent lui auroit été volé.

VIII. *Conditions réfolutoires.* On contracte quelquefois une *obligation*, à la charge qu'elle n'aura
lieu que jufqu'à l'accompliffement d'une certaine
condition. Suppofez, par exemple, que j'aie répondu d'une fomme pour vous jufqu'à ce que vous
auriez vendu vos bois de haute-futaie ; mon *obligation* doit s'éteindre par cette vente. On appelle
conditions réfolutoires, les conditions de cette efpèce.

Dans les contrats fynallagmatiques qui contiennent des *obligations* refpectives, on ftipule fouvent pour condition réfolutoire de l'*obligation* de
l'une des parties, l'inexécution de quelque engagement de l'autre partie. Suppofez, par exemple,
qu'en me vendant le poiffon qui eft dans un vivier, vous ayez ftipulé que fi je ne l'enlève &
ne paie pas avant la fin du mois, vous ferez déchargé de l'*obligation*, c'eft une condition réfolutoire.

Il faut obferver que, fuivant notre jurifprudence, le défaut d'exécuter la condition n'éteint
pas de plein droit l'*obligation* : on doit, en pareil
cas, faire une fommation par le miniftère d'un
huiffier ou fergent, au créancier, pour qu'il ait à

remplir la condition, & enfuite l'affigner devant
le juge, pour voir déclarer l'engagement réfolu,
faute par lui de l'avoir rempli.

Et quand par le contrat il n'auroit pas été ftipulé que l'inexécution de mon *obligation* feroit la
condition réfolutoire de l'engagement que vous
avez contracté envers moi, cette inexécution pourroit néanmoins faire réfilier la convention &
éteindre votre engagement. Suppofez, par exemple, que j'aie acheté purement & fimplement le
vin qui eft dans votre cave ; fi je néglige de vous
payer le prix convenu, vous ferez difpenfé de
me livrer votre vin. Mais il faut pour cela que
vous obteniez une fentence par laquelle il foit ordonné que, faute par moi d'avoir enlevé le vin
& d'en avoir payé le prix, le marché fera nul
& comme non avenu. Le juge peut, en pareil cas,
fixer un délai, durant lequel je ferai tenu de remplir mon *obligation*.

IX. *Mort du créancier.* Quoique régulièrement
une *obligation* ne s'éteigne pas par la mort du
créancier, il y a néanmoins des créances qui
ceffent d'exifter par cette mort. Telles font celles
qui ont pour objet quelque chofe de perfonnel au
créancier. Par exemple, fi je me fuis obligé de
vous prêter mon carroffe toutes les fois que vous
le defireriez, il eft évident que fi vous venez à
mourir, votre créance fera éteinte, & ne paffera
point à vos héritiers.

Mais fi, faute de vous avoir prêté mon carroffe lorfque vous l'avez defiré, vous m'avez fait
condamner à des dommages & intérêts, vos héritiers feront fondés à me les faire payer.

La créance qui réfulte d'une réparation d'injures
s'éteint auffi par la mort du créancier, quand il
n'a formé aucune plainte ni demande en juftice
tandis qu'il vivoit. On préfume, en ce cas, qu'il a
pardonné l'injure.

Les rentes viagères conftituées fur la tête du
créancier, font encore des *obligations* qui s'éteignent par fa mort ; mais fes héritiers font fondés
à faire payer les arrérages jufqu'au jour de fon
décès.

X. *Mort du débiteur.* Il y a pareillement des *obligations* qui s'éteignent par la mort du débiteur :
telles font celles par lefquelles il s'eft obligé à faire
des chofes qui lui font perfonnelles, comme quand
il s'eft engagé pour être domeftique, pour fervir
de pilote fur un vaiffeau, &c.

Si, faute de fatisfaire à fon *obligation*, le débiteur a été condamné à des dommages & intérêts,
l'action pour les répéter peut être exercée contre
fes héritiers.

Obfervez qu'à l'exception du cas des faits perfonnels, les héritiers du débiteur font tenus de
remplir fes *obligations*.

XI. *Fin de non-recevoir.* Il y a des caufes qui empêchent que le créancier ne foit écouté en juftice
lorfqu'il veut obliger le débiteur à remplir fon

engagement, & ces caufes fe nomment *fins de non-recevoir.*

Une première forte de fin de non-recevoir eft l'autorité de la chofe jugée. Quand un débiteur a été renvoyé de la demande formée contre lui, il réfulte d'un tel jugement que le créancier eft non-recevable à répéter fa créance, à moins qu'il ne parvienne, par la voie de l'oppofition ou de l'appel, à faire réformer ce jugement.

Une autre fin de non-recevoir eft celle qu'opère le ferment décifoire du débiteur qui a affirmé qu'il ne devoit rien quand ce ferment lui a été déféré.

Une troifième fin de non-recevoir eft celle qui dérive du laps de temps auquel les loix ont limité la durée de l'action qu'on peut exercer en vertu d'une obligation. Cette fin de non-recevoir fe nomme proprement *prefcription.*

Quoique les fins de non-recevoir ne détruifent point une *obligation,* elles la rendent inutile au créancier, parce qu'elles l'empêchent de pouvoir intenter l'action qui en naît; elles font en outre préfumer que l'obligation eft acquittée. Ainfi, lorfque votre débiteur a acquis une fin de non-recevoir contre votre créance, non-feulement vous n'êtes plus en droit de le pourfuivre, vous ne pouvez même pas lui oppofer la compenfation relativement aux *obligations* que vous avez pu contracter à fon profit depuis la fin de non-recevoir qu'il a acquife contre votre créance. La raifon en eft que cette fin de non-recevoir fait préfumer l'extinction de votre créance.

Mais fi, avant que votre débiteur eût acquis une fin de non-recevoir contre votre créance, il étoit devenu votre créancier d'une fomme pareille à celle qu'il vous devoit, & qu'enfuite, après que le temps de la prefcription contre votre créance fe feroit écoulé, il voulût exiger le paiement de fa créance contre vous, vous feriez fondé à lui oppofer la compenfation. Ce feroit le cas d'appliquer la maxime, *quæ temporalia funt ad agendum, perpetua funt ad excipiendum.* La raifon en eft que la compenfation fe faifant de plein droit, il en réfulte, qu'auffi-tôt que votre débiteur eft devenu votre créancier, fa créance & la vôtre qui n'étoit pas encore prefcrite, fe font mutuellement compenfées & éteintes.

Puifque la fin de non-recevoir fait préfumer l'extinction d'une *obligation,* il faut en tirer la conféquence, que ce feroit en vain qu'une perfonne fe rendroit caution d'une *obligation* contre laquelle il y a une fin de non-recevoir. La raifon en eft que les moyens que le débiteur peut employer contre l'*obligation* principale, militent pareillement en faveur de la caution.

Les fins de non-recevoir doivent être oppofées par le débiteur; il n'eft pas du miniftère du juge de les fuppléer.

Obligation dans le Hainaut: on entend par ce terme tous titres revêtus des formes propres à le rendre exécutoire, & il eft oppofé à celui de *cédule,* dont on fe fert pour exprimer une dette qui n'eft pas juftifiée par un titre authentique. On comprend auffi fous le mot *obligation,* les fentences & arrêts. Les actes paffés pardevant notaires dans d'autres provinces, n'y font regardés que comme cédules.

OBLIGATOIRE, adj. fe dit de ce qui oblige la perfonne ou les biens, & quelquefois l'un & l'autre. On dit des *lettres-obligatoires,* c'eft-à-dire, un contrat portant obligation. Il y a des actes qui ne font *obligatoires* que d'un côté, comme une promeffe ou billet, lequel n'oblige que celui qui le foufcrit. Il y a au contraire des actes ou contrats fynallagmatiques, c'eft-à-dire, qui font *obligatoires* des deux côtés, comme un bail, un contrat de vente, &c. *Voyez* BAIL, CONTRAT, OBLIGATION, SYNALLAGMATIQUE. (*A*)

OBLIGÉ, adj. pris fubft. eft celui qui a contracté quelque obligation ou autre engagement, foit par écrit, foit verbalement ou autrement. *Voyez* CONTRAT, ENGAGEMENT, OBLIGATION.

OBOLE (*droit d'*): c'eft, fuivant l'article 247 de la coutume de Sens, un droit dû au roi, ou à ceux qui font à fes droits, « à caufe de fon tabellionage de Sens ...... pour raifon des contrats de vendition d'héritages ou autres chofes excédant la fomme de quinze livres tournois pour une fois ».

La dénomination de ce droit provient de ce qu'il confifte dans une *obole* pour chaque livre, « à favoir de tournois le tournois, & de parifis le parifis », comme le dit encore la coutume.

L'article 9 de la coutume d'Anjou attribue auffi une *obole* au feigneur bas-jufticier, pour le levage du menu bétail, comme porcs, moutons & brebis. Les articles 10 & 11 de la coutume du Maine, qui font d'ailleurs femblables à l'article 9 de la coutume d'Anjou, difent *maille* au lieu d'*obole;* ce qui confirme l'opinion de ceux qui penfent que la maille & l'*obole* étoient la même chofe. (*M.* GARRAN DE COULON, *avocat au parlement.*)

OBOLÉE DE TERRE, (*Code féodal*) eft la quantité de terre que l'on tient fous la redevance d'une obole. Ainfi, comme l'obole étoit la moitié d'un denier, l'*obolée de terre* eft la moitié d'une *denrée* de terre, c'eft-à-dire, de la quantité que l'on en tient pour un denier, eu égard au taux courant du cens. *Voyez le gloffaire de* Ducange, *au mot* Obolata. (*A*)

OBREPTICE, adj. eft un terme de palais & de chancellerie qui fe dit des lettres, dans l'expofé defquelles on a caché quelque fait effentiel, pour obtenir, par furprife, quelque grace, comme un bénéfice, ou l'admiffion d'une penfion en cour de Rome, ou pour obtenir du prince une commiffion, des lettres de refcifion, &c. Ces lettres font appellées *obreptices,* à la différence de celles où l'on a avancé quelque fauffeté pour les obtenir plus facilement. Quand la grace eft *obreptice,* c'eft-à-dire, obtenue fur des lettres *obreptices*, elle eſt nulle. *Voyez ci-après* Obreption. (*A*)

OBREPTION, ſ. f. (*Juriſprud. civile & canonique.*) eſt la ſurpriſe que l'on fait à quelque ſupérieur de qui on obtient quelque grace, en lui taiſant une vérité dont la connoiſſance auroit été un obſtacle à ſa conceſſion. L'*obreption* eſt différente de la ſubreption, qui eſt la fraude que l'on commet dans l'obtention des mêmes actes, en avançant des faits contraires à la vérité. *Obreptio fit veritate tacitâ, ſubreptio autem fit ſubjectâ tacitate.*

Deniſart donne une définition contraire de ces deux mots; mais il s'eſt trompé. L'académie, Furetière, dans ſon dictionnaire, & preſque tous les auteurs, expliquent ces mots de la même manière que nous. Briſſon dit : *obrepere dicitur, qui taciturnitate & reticentiâ veri, aliquem circumvenit, quique id celat & reticet, quo expreſſo, non eſſet poſtulata impetraturus.* Les lettres où il y a *obreption* font appellées *obreptices*. L'*obreption* annulle de droit le titre ou la grace qui ſe trouve ainſi accordée : par exemple, celui qui, en demandant un bénéfice, n'exprime point ceux dont il eſt déja pourvu, eſt déchu, par cette réticence, du bénéfice qu'il a impétré.

Le défaut d'expreſſion d'une choſe néceſſaire, quoique de bonne-foi, & ſans en avoir connoiſſance, ne laiſſe pas d'être fatal & de rendre les proviſions nulles, parce que l'on fait attention à la volonté & à l'intention du collateur, & non à la faute de l'impétrant.

C'eſt ſur-tout pour l'obtention des lettres de chancellerie ou des expéditions de cour de Rome, qu'on voit ſe préſenter des queſtions ſur leur validité, d'après les réticences ou les erreurs qu'on a pu commettre dans la requête ou ſupplique ſur leſquelles elles ſont obtenues. Comme les lettres de petite chancellerie & la plupart des expéditions ſont ſoumiſes, non à la volonté privée du roi ou du pape, mais à des règles generales, c'eſt à ces règles qu'il faut recourir pour ſavoir ſi l'omiſſion commiſe dans l'expoſé eſt eſſentielle ou non. On ne doit regarder comme eſſentielles que les omiſſions des faits dont l'expoſé étoit requis à peine de nullité.

Ainſi dans les proviſions de cour de Rome, l'omiſſion des qualités qui ne ſont point néceſſaires pour poſſéder un bénéfice, ne forme point une nullité. Il en eſt de même de l'omiſſion d'un ou de pluſieurs noms de baptême, qui auroit été faite par inadvertance, & de laquelle il ne pourroit réſulter aucune équivoque ou application des bulles d'une perſonne à une autre.

Au contraire, l'expreſſion des bénéfices qu'on poſſéde eſt néceſſaire, à peine de nullité. Il en faut dire autant de l'expreſſion des penſions que les réguliers ont obtenues ou retenues ſur d'autres bénéfices. Mais cette expreſſion n'eſt pas néceſſaire à l'égard des ſéculiers, ſuivant un arrêt du 31 décembre 1680, rapporté au journal des audiences.

Suivant l'article 11 du titre 16 de l'ordonnance criminelle, les gentilshommes ſont tenus d'exprimer nommément leur qualité, à peine de nullité *dans les lettres de rémiſſion, pardon pour eſter à droit, rappel de ban & de galères, commutation de peine, réhabilitation & réviſion de procès.* De pareilles lettres, ſi la qualité de gentilhomme n'y eſt pas, ſeroient donc *obreptices*, & l'impétrant ſeroit débouté de leur entérinement.

Mais lorſque l'omiſſion qui a été faite dans l'expoſé des lettres, ne concerne que les circonſtances du délit qui en eſt l'objet, il faut faire une diſtinction : ou ce ſont des lettres obtenues dans les petites chancelleries qui ſont auprès des cours, telles que les lettres de grace ou de rémiſſion ordinaires. Dans ce cas, ſi l'omiſſion dans l'expoſé des lettres eſt telle qu'elle change la qualité de l'action & la nature du délit, les juges doivent débouter l'impétrant de l'entérinement, ſuivant l'ordonnance de 1670, *tit.* 16, *art.* 27.

Lorſqu'au contraire les lettres ont été obtenues en la grande chancellerie, bien qu'il y ait eu une omiſſion grave dans l'expoſé des faits, les cours ne doivent pas pour cela débouter l'impétrant, mais elles doivent ſurſeoir à ſtatuer ſur l'entérinement, juſqu'à ce qu'elles aient reçu de nouveaux ordres ſur les informations que le procureur-général ou ſes ſubſtituts doivent en ce cas envoyer inceſſamment à M. le chancelier; & pendant ce temps-là il doit être ſurſis à toutes procédures : mais l'impétrant doit reſter en priſon. C'eſt la déciſion de la déclaration du 10 août 1686, interprétative de celle du 22 novembre 1683. La raiſon eſt que ces ſortes de lettres provenant de la volonté libre du prince, qu'il peut modifier à ſon gré, les juges ne ſavent pas ce qu'il auroit déterminé ſi les circonſtances qu'on a omiſes euſſent été expoſées. Le coupable peut même alors obtenir des lettres d'ampliation de rémiſſion, par leſquelles il eſt ordonné que les premières lettres auront leur effet nonobſtant les circonſtances qu'on y avoit omiſes.

OBSTACLE, ſ. m. (*Juriſprud.*) dans certaines coutumes, ſignifie *ſaiſie & empêchement* & ſinguliérement la *ſaiſie cenſuelle* que le ſeigneur fait des fruits.

Dans la coutume d'Orléans, *art.* 103, le ſeigneur de cenſive, pour les arrérages de ſon cens, & ſon défaut & droits cenſuels, peut *empêcher & obſtacler* l'héritage tenu de lui à cens; ſi c'eſt maiſon par *obſtacle* & barreau mis à l'huis, & ſi c'eſt labourable ou vigne par brandon mis à ſes fruits.

Les auteurs des notes ſur cette *coutume*, obſervent que dans l'uſage on fait mention, dans le procès-verbal de ſaiſie, de cette appoſition de barreaux & brandon, mais qu'on n'en oppoſe point.

La coutume d'Orléans, *art.* 125, porte auſſi que, pour être payé des relevoiſons à plaiſirs & arrérages de cens, & d'un défaut qui en ſeroient dus, le ſeigneur cenſier peut *obſtacler & barrer* l'héritage qui doit leſdites relevoiſons; juſqu'à paiement deſdites relevoiſons, cens, & un défaut ou provision de juſtice ; mais la *coûtume* ajoûte que le ſeigneur cenſier ne peut procéder par *obſtacle*, que quinze jours après la mutation, ni enlever les huis &.fenêtres *obſtaclés*, que huit jours après *l'obſtacle* fait.

Les auteurs des notes obſervent que ce droit d'enlever les portes & fenêtres, eſt particulier à ces cenſives ; que par ce terme *enlever*, on entend les ôter de deſſus leurs gonds & les mettre en travers ; mais que cet enlevement ſe pratique peu. *Voyez la coutume d'Orléans, avec les notes de* Fornier, *& les nouvelles notes.* (*A*)

OBTEMPÉRER, v. n. vieux mot, ſynonyme *d'obéir* ; il n'eſt guère en uſage qu'au palais.

O C

OCCUPANT, part. pris ſubſt. *en terme de pratique*, ſignifie un procureur conſtitué ſur une cauſe, inſtance ou procès ; il ne peut y avoir deux procureurs occupans en même temps pour une même partie.

On appelle premier *occupant*, celui qui ſe ſaiſit le premier d'une choſe qui n'appartient à perſonne, & qui s'en rend le maître. *Voyez* OCCUPATION.

OCCUPATION, ſ. f. (*Droit naturel*, *des gens*, *& civil.*) eſt un moyen d'acquérir, ſuivant lequel les choſes qui n'appartiennent à perſonne, paſſent au pouvoir & en la propriété de celui qui s'en empare, avec l'intention de ſe les approprier.

Il eſt donc néceſſaire, pour que *l'occupation* ſoit un moyen légitime d'acquiſition, que la choſe occupée n'ait point de maître ; qu'elle ſoit de nature à être appréhendée & conſervée, & que l'occupant la détienne effectivement ſous ſa main, avec l'intention de la garder.

Il y a, ſuivant le droit romain, cinq manières d'acquérir ainſi par *occupation* ; ſavoir, *venatus*, la chaſſe aux bêtes ſauves ; *aucupium*, qui eſt la chaſſe à l'oiſeau ; *piſcatio*, la pêche ; *inventio*, lorſqu'on trouve des perles ſur le bord de la mer, des choſes abandonnées, ou un tréſor ; enfin, *prœda bellica*, c'eſt-à-dire, le butin que l'on fait ſur les ennemis. *Voyez les inſtit. lib.* 12, *tit.* 1.

Ces manières d'acquérir n'ont pas toutes également lieu dans notre uſage. *Voyez* CHASSE, PÊCHE, INVENTION, TRÉSOR, ENNEMIS, BUTIN.

OCCUPATION, ſignifie quelquefois *habitation*, c'eſt-à-dire, ce qu'un locataire occupe, & le temps qu'il a à garder les lieux. C'eſt ainſi que l'article 162 de la coutume de Paris porte : que s'il y a des *ſous-locatifs*, leurs biens peuvent être pris pour le loyer & charge de bail, & néanmoins qu'ils leur ſeront rendus en payant le loyer pour leur *occupation.* (*A*)

OCTRISES, ce mot eſt ſynonyme d'*octrois*. Il paroît déſigner un droit de mutation. Pierre II, duc de Bretagne, dans ſon teſtament, fait en 1457, ordonna qu'on acquerra pour l'égliſe de N.-D. de

Nantes, 130 livres de rente, ſans que pour raiſon dudit acquêt, il ſoit payé à lui & à ſes hoirs aucunes ventes, lodes, ni *octriſes*. *Voyez les preuves de l'hiſtoire de cette province, tom.* 1, *pag.* 1175. (M. GARRAN DE COULON, *avocat au parlement.*)

O F

OFFICE, ſ. m. (*Droit public.*) en latin *officium*, *munus*, *honos*, eſt le titre qui donne le pouvoir d'exercer quelque fonction publique.

On confond ſouvent *charge* & *office*, & en effet, tout office eſt une charge, mais toute charge n'eſt pas un *office* : ainſi les charges dans les parlemens & autres tribunaux, ſont de véritables *offices* ; mais les places d'échevins, conſuls & autres charges municipales ne ſont pas des *offices* en titre, quoique ce ſoient des charges, parce que ceux qui les rempliſſent ne les exercent que pour un temps, ſans autre titre que celui de leur élection ; au lieu que les *offices* proprement dits, ſont une qualité permanente, c'eſt pourquoi on les appelle auſſi *états*.

Chez les Romains les *offices* n'étoient ni vénaux ni héréditaires ; ce n'étoient que des commiſſions, qui furent d'abord ſeulement annales, puis à vie : les *officiers* qui avoient la puiſſance publique, & que l'on appelloit *magiſtrats*, avoient en leur diſtrict le pouvoir des armes, l'adminiſtration de la juſtice & celle des finances.

Il en étoit à-peu-près de même en France ſous les deux premières races de nos rois.

Dans la ſuite, on a diſtingué diverſes ſortes d'*offices* ; ſavoir, de juſtice, de police, de finance, de guerre, de la maiſon du roi, & de pluſieurs autres, qui ont cependant tous rapport à quelqu'une de ces cinq ſortes. Tous ces *offices* ſont auſſi domaniaux, ou caſuels ou militaires.

Anciennement tous *offices* en France n'étoient tenus que par commiſſion, & ſous le bon plaiſir du roi : depuis, ceux de judicature ont été faits perpétuels, enſuite ceux de finance, & quelques autres.

Louis XI ordonna, en 1467, qu'il ne donneroit aucuns *offices*, s'ils n'étoient vacans par mort, ou par réſignation faite du bon gré & conſentement du réſignant, ou par forfaiture préalablement jugée. L'ordonnance de Rouſſillon, *art.* 27, porte la même choſe.

La même choſe fut ordonnée par Henri II, au mois de mars 1554, pour les *offices* de ſa maiſon.

Les *offices* ainſi rendus perpétuels & à vie, n'étoient pas d'abord vénaux ni héréditaires. Il n'y avoit que les *offices* domaniaux qui ſe donnoient à ferme, & qui pouvoient être vendus, tels que les écritures ou greffes, les ſceaux, les tabellionages, la recette des prévôtés & bailliages, c'eſt-à-dire, les émolumens des amendes & confiſcations, ſe donnoient auſſi à ferme. Le roi nommoit aux *offices* non domaniaux en cas de vacance.

En 1493 Charles VIII ordonna que les *offices* de finance ne feroient plus conférés en titre, mais par commiffion, & fit inférer dans les provifions la claufe *tant qu'il nous plaira*, qui eft devenue dans la fuite ufitée dans toutes fortes de provifions ; on l'y infère encore aujourd'hui, quoiqu'elle foit fans effet : on mettoit encore la claufe que l'officier pourroit réfigner, pourvu qu'il furvécût 40 jours après la réfignation.

S. Louis défendit de vendre les *offices* de judicature ; cependant fes fuccefleurs en ordonnèrent la vente, entre autres Louis Hutin & Philippe le Long ; mais ce n'étoit pas une véritable vente ; on donnoit feulement ces *offices* à ferme pour un temps.

Charles V n'étant encore que régent du royaume, ordonna, en 1356, que les prévôtés, tabellionages, vicomtés, clergies, & autres *offices*, appartenans au fait de juftice, ne feroient plus vendus ni donnés à ferme ; mais qu'ils feroient donnés en garde à des perfonnes qui ne feroient pas du pays.

La même loi fut renouvellée par le roi Jean en 1360.

Charles VII, Louis XI & Charles VIII ordonnèrent qu'avenant vacation de quelque *office* de judicature, les autres officiers du même tribunal nommeroient à S. M. deux ou trois perfonnes des plus capables, pour en pourvoir le plus digne ; voulant que ces *offices* fuffent conférés gratuitement, afin que la juftice fût adminiftrée de même.

La vénalité des *offices* commença à s'introduire entre les particuliers fous le règne de Charles VIII.

Le roi Louis XII, pour acquitter les grandes dettes de Charles VIII, fon père, commença le premier à tirer de l'argent pour la nomination aux *offices* de finances.

François Ier établit en 1522 le bureau des parties cafuelles, où tous les *offices* furent taxés par forme de prêt, & vendus ouvertement.

Les réfignations en faveur furent autorifées par Charles IX, en payant la taxe qui en feroit faite aux parties cafuelles ; & en 1568, il fut permis aux officiers, qui payèrent la taxe de la finance de leurs *offices*, de les réfigner, & à leurs héritiers d'en difpofer : que fi les officiers réfignans furvivoient à leurs fils ou gendres réfignataires, ils y rentreroient avec même faculté de réfigner, & que s'ils laiffoient un fils mineur, l'*office* lui feroit confervé. Ce même prince, en 1567, ordonna que les greffes & autres *offices* domaniaux feroient vendus à faculté de rachat, au lieu qu'auparavant ils étoient feulement donnés à ferme.

Henri III fit d'abord quelques changemens : l'ordonnance de Blois, art. 100, abolit la vénalité des charges de judicature ; mais elle fut bientôt rétablie, de forte qu'en 1595 le parlement de Paris abolit le ferment que l'on faifoit prêter aux officiers de judicature de n'avoir point acheté leurs *offices* ; réglement fait à l'occafion de M. Guillaume Joly,

lieutenant-général de la connétablie, lequel ayant traité de cet *office*, eut la délicateffe de ne vouloir point jurer qu'il ne l'avoit pas acheté, ce qui donna lieu à Henri IV de faire arrêter dans l'affemblée des notables, tenue à Rouen, que l'on retrancheroit ce ferment qui fe faifoit contre la vérité & contre la notoriété publique.

Henri IV fit auffi, le 12 décembre 1604, un édit portant établiffement de l'annuel ou paulette : ce droit fut ainfi appellé du nom de Charles Paulet, qui en fut l'inventeur : cet édit porte en fubftance, que les officiers fujets à la règle de 40 jours pour la réfignation de leurs *offices*, feront difpenfés de la rigueur de cette loi, en payant chacun 4 deniers pour livre de la valeur de l'*office*, & ce depuis le premier janvier jufqu'au 15 février, moyennant quoi les *offices* feront confervés à leurs réfignataires, leurs veuves & héritiers qui en pourront difpofer, en payant le huitième denier pour la réfignation ; que ceux qui négligeront en quelques années de payer ce droit, feront privés pour ces années de la difpenfe des 40 jours : que ceux qui n'auront pas payé la paulette paieront le quart-denier de la valeur de l'*office* en cas de réfignation, & que ceux qui n'auront pas payé ce droit, venant à décéder avant l'accompliffement des 40 jours, leurs *offices* feront impétrables au profit du roi. Il y a eu bien des variations par rapport à la paulette. *Voyez* ANNUEL, CENTIÈME DENIER.

On a auffi affujetti les *offices* au prêt, qui eft une taxe que chaque officier eft obligé de payer pendant les trois premières années du renouvellement qui fe fait de l'annuel tous les neuf ans. Les officiers des cours fouveraines & quelques autres, font exempts de ce droit. *Voyez* PRÊT, ANNUEL.

Les *offices* vénaux font préfentement de quatre fortes ; les uns héréditaires, dont on a racheté la paulette ; les autres tenus à titre de furvivance, pour laquelle les acquéreurs paient au roi une certaine fomme ; d'autres qui paient paulette, & faute de ce, tombent aux parties cafuelles ; d'autres enfin qui ne font point héréditaires ni à furvivance, tels que les *offices* de la maifon du roi.

Le prix des *offices* ayant confidérablement augmenté dans les premiers temps du règne de Louis XIV, il les fixa à un certain prix par deux édits du mois de décembre 1665, & 13 août 1669. Ces édits furent révoqués par un autre édit du mois de décembre 1709 : mais un nouvel édit du mois de feptembre 1724, a ordonné que le prix demeureroit fixé comme il l'étoit avant l'édit de décembre 1709 ; ce qui n'empêcha pas les traités faits de gré-à-gré, pourvu que le prix n'excédât pas celui de la fixation.

Les chofes ont fubfifté fur ce pied jufqu'à l'édit de février 1771, concernant l'évaluation des *offices*, dont nous avons rendu compte fous le mot ANNUEL. Cette loi a été fuivie d'un arrêt du confeil du 6 juillet 1772, qui prefcrit non-feulement ce qu'on doit obferver dans la perception du centième denier,

denier, auquel les officiers étoient affujettis, mais encore les règles qui dévoient être fuivies relativement à divers autres objets concernant les *offices* & les revenus du roi.

Les *offices* font réputés immeubles, tant par rapport à la communauté, que pour les fuccefsions & difpofitions; ils font fufceptibles de la qualité de propres réels & de propres fictifs; ils peuvent aufsi être ameublis par rapport à la communauté.

Les anciens *offices* domaniaux, comme les greffes, fe règlent par la coutume du lieu où s'en fait l'exercice; les autres fuivent le domicile du propriétaire.

Tous *offices* patrimoniaux font fujets aux hypothèques des créanciers; fuivant l'édit du mois de février 1683, ils peuvent être vendus par décret, & le prix en ce cas en eft diftribué par ordre d'hypothèque entre les créanciers oppofans au fceau : un *office* levé aux parties cafuelles, & dont on a obtenu des provifions fans aucune charge d'oppofition, eft affranchi de toutes hypothèques du paffé. *Voyez* OPPOSITION AU SCEAU, PARTIES CASUELLES.

Les *offices* étant réputés immeubles, celui dont le mari eft titulaire lorfqu'il fe marie, lui rèfte propre & n'entre pas en communauté, à moins qu'il n'en ait été difpofé autrement par le contrat de mariage. C'eft pourquoi fi le mari vend cet *office* pendant le mariage; il lui eft dû à cet égard une indemnité par la communauté.

Quand le mari acquiert pendant la communauté un *office* vénal, il a droit de le retenir, en rendant aux héritiers de la femme la moitié du prix qui a été tiré de la communauté, à l'exception des frais de provifion & de réception.

Les *offices* font fujets au douaire, de même que les autres biens, à l'exception des *offices* chez le roi, la reine, & autres princes.

Dans les fucceffions & partages, les *offices* vénaux font fujets à rapports : mais le gendre qui a reçu l'*office*, ne peut être contraint à le rapporter en nature, à moins qu'il ne fût mineur, lorfqu'il a été pourvu; il eft feulement obligé à en rapporter le prix qui en a été payé pour lui, pourvu que ce foit fans fraude.

Pour ce qui eft des *offices* de la maifon du roi, & des *offices* militaires, comme ils font dans la feule & entière difpofition du roi, ils ne font point fufceptibles d'hypothèque, ni fujets à faifie, & n'entrent point en partage dans la famille. Ces *offices* font une efpèce de préciput pour ceux auxquels ils ont été donnés : il n'en eft dû aucune récompenfe à la veuve ni aux héritiers, fi ce n'eft de la fomme que le père auroit payée pour avoir la démifsion du titulaire; ils font néanmoins propres de communauté, & fi le mari qui étoit pourvu de ces *offices* le revend pendant la communauté, il lui en fera dû remploi.

Les *offices* poffédés par des comptables des deniers royaux, tels que ceux des receveurs des fi-

nances, des tréforiers, &c. reftent, nonobftant les provifions qui en ont été accordées, affujettis aux hypothèques & privilèges acquis au roi fur ces *offices*, pour les créances qui réfultent du maniement des deniers royaux. Le fceau même des provifions ne purge aucun des privilèges du roi fur les *offices* même non comptables, que les comptables ont vendus, c'eft ce qui réfulte d'un édit du mois d'août 1669.

Depuis la révocation de l'édit de Nantes, on ne reçoit dans aucun *office*, que des perfonnes de la religion catholique. C'eft un des objets pour lefquels fe fait l'information de vie & de mœurs.

L'ordonnance de Blois veut que pour être reçu dans un *office* de judicature de cour fouveraine, on foit âgé de vingt-cinq ans accomplis, & qu'on ait fréquenté le barreau & les plaidoiries : elle fixe l'âge des préfidens des cours fouveraines à 40 ans, & veut qu'ils aient été auparavant confeillers de cour fouveraines, ou lieutenans-généraux de bailliage pendant dix ans, ou qu'ils aient fréquenté le barreau, & fait la profefsion d'avocat fi longuement & avec telle renommée, qu'ils foient eftimés dignes & capables de cet *office*. Pour les baillages, elle fixe l'âge des lieutenans à 30 ans; celui des confeillers à 25, & veut qu'ils aient fréquenté le barreau pendant trois ans.

La déclaration du mois de novembre 1661 veut que les officiers des cours fouveraines juftifient de leur majorité, qu'ils rapportent leur matricule d'avocat, & une atteftation d'affiduité au barreau; que les préfidens aient été dix ans officiers dans les cours : mais le roi fe réferve de donner des difpenfes d'âge & de fervice dans les occafions importantes.

L'édit du mois de juillet 1660 exige 40 ans pour les *offices* de préfidens de cour fouveraine; 27 ans, & 10 de fervice pour les maîtres des requêtes; 30 ans pour les avocats & procureurs-généraux; 27 ans pour les confeillers, avocats & procureurs du roi.

Ces édits furent confirmés par celui du mois de février 1672, qui ajouta que les difpenfes feroient accordées féparément des provifions.

Par une autre déclaration du 30 décembre 1679, l'âge pour être reçu dans les *offices* de baillifs, féné-chaux, vicomtes, prévôts, lieutenans-généraux, civils, criminels ou particuliers des fièges & juftices qui ne reffortiffent pas nuement au parlement, avocat & procureur du roi defdits fièges, fut fixé à 27 ans.

Enfin, par déclaration de novembre 1683, l'âge des confeillers des cours fupérieures & des avocats & procureurs du roi des préfidiaux a été réduit à 25 ans; celui des maîtres des requêtes à 31, & fix ans de fervice; celui des maîtres, correcteurs, auditeurs des comptes à 25 ans.

Les confeillers qui font reçus par difpenfe avant l'âge de 25 ans, n'ont point voix délibérative;

fi ce n'eft dans les affaires dont ils font rapporteurs.

Les *offices* de confeillers-clercs ne peuvent être poffédés que par des perfonnes conftituées dans les ordres facrés.

Les officiers de judicature ne doivent point paroître au tribunal fans être revêtus de l'habit propre à leur dignité ; & lorfqu'ils paroiffent au-dehors, ils doivent toujours être en habit décent, ainfi qu'il a été ordonné par plufieurs déclarations, & par des réglemens particuliers de chaque compagnie.

L'ordonnance de 1667, conforme en ce point aux anciennes ordonnances, fuppofe que tous officiers publics doivent réfider au lieu où fe fait l'exercice de leur *office* : les officiers des feigneurs y font obligés auffi-bien que les officiers royaux ; mais cela n'eft pas obfervé à leur égard, par la difficulté qu'il y a de trouver dans chaque lieu des perfonnes capables, ou d'en trouver ailleurs qui veuillent fe contenter d'un *office* dans une feule juftice feigneuriale ; la plupart en poffèdent plufieurs en différentes juftices, & ne peuvent réfider dans toutes ces juftices.

L'édit du mois de juillet 1669 porte, que les parens au premier, fecond & troifième degrés, qui font de père à fils, frère, oncle & neveu, enfemble les alliés jufqu'au fecond degré, qui font beaux-pères, gendres & beaux-frères, ne peuvent être reçus dans une même compagnie, foit cour fouveraine ou autre ; & à l'égard des parens & alliés, tant confeillers d'honneur que vétérans, jufqu'au fecond degré de parenté & alliance, leurs voix ne font comptées que pour une, à moins qu'ils ne foient de différens avis.

Le roi accorde, quand il lui plaît, des difpenfes d'âge, de temps d'étude, d'ordres de fervice, de parenté ou alliance.

Les officiers royaux ne peuvent être en même temps officiers des feigneurs ; l'ordonnance de Blois déclare ces *offices* incompatibles.

L'ordonnance d'Orléans défend à tous officiers de juftice de faire commerce & de tenir aucune ferme, foit par eux ou par perfonnes interpofées, à peine de privation de leur *office*.

Celle de Blois leur défend, fous les mêmes peines, d'être fermiers des amendes & autres émolumens de leur fiège, ni de fe rendre adjudicataires des biens faifis, ni cautions des fermiers ou adjudicataires.

Pour ce qui concerne le devoir des juges en particulier, *voyez au mot* JUGE.

Un officier qui a vendu fa charge peut, nonobftant les provifions obtenues par l'acquéreur & avant fa réception, demander la réfolution du contrat en rembourfant tous les frais faits par l'acquéreur ; cette révocation de la vente qu'on appelle *regrès*, n'eft fondée que fur la jurifprudence.

Le roi accorde, quand il lui plaît, la furvivance d'un *office*, c'eft-à-dire, des provifions pour l'exer-

cer après la mort ou démiffion de l'officier qui eft en exercice. Il accorde même quelquefois la concurrence, c'eft-à-dire, le droit d'exercer conjointement les fonctions de l'*office*. *Voyez* SURVIVANCE.

Les officiers qui ont vingt ans de fervice peuvent, en vendant, obtenir des lettres de vétérance, pour conferver l'entrée, féance & voix délibérative. *Voyez* HONORAIRE & VÉTÉRANCE.

Lorfqu'un officier commet quelque faute qui le rend indigne de continuer fes fonctions, il peut néanmoins réfigner fon *office*, à moins que le délit ne foit tel qu'il emporte confifcation.

Le roi peut fupprimer les *offices* lorfqu'il les juge à charge ou inutiles à l'état. On en a vu plufieurs qui ont été créés, fupprimés & rétablis plufieurs fois, felon les diverfes conjonctures. *Voyez* MAGISTRAT, MAGISTRATURE.

Nous allons donner, par ordre alphabétique, une notice & un précis des différens *offices*.

OFFICE ANCIEN, eft celui qui a été créé le premier pour exercer quelque fonction : on l'appelle *ancien*, pour le diftinguer de l'alternatif, triennal, mi-triennal, &c.

OFFICE ANNAL, eft celui dont la fonction ne dure qu'un an, comme font en quelques endroits les fonctions de maire, échevin, fyndic, conful, &c.

OFFICE ALTERNATIF, eft celui dont le titulaire exerce les fonctions pendant un an, alternativement avec le titulaire de l'ancien *office*, qui exerce pendant l'autre année.

OFFICE CASUEL, eft celui qui n'eft point domanial, mais qui tombe dans les parties cafuelles du roi ou de celui qui eft à fes droits, faute d'avoir payé les droits établis pour conferver l'hérédité de l'*office*. *Voyez* ANNUEL & PAULETTE.

OFFICE CIVIL : on entend ordinairement par ce terme, tout *office* qui dépend de la puiffance féculière ; &, en ce fens, *office civil* eft oppofé à *office eccléfiaftique*.

OFFICE CLAUSTRAL, eft une fonction particulière dont on charge quelque religieux d'un monaftère, comme d'avoir foin de l'infirmerie, de la facriftie, de la panneterie, du cellier, des aumônes. L'*office* de grand-veneur de l'abbé de faint Denis étoit un *office clauftral*, comme on le peut voir dans *le Pouillé*.

Ces *offices* n'étoient tous, dans l'origine, que de fimples adminiftrations, confiées à des religieux du monaftère par forme de commiffion révocable *ad nutum*. Mais, par un abus introduit dans les derniers fiècles, plufieurs ces *offices* ont été transformés en bénéfices, au moyen de différentes réfignations faites fucceffivement en cour de Rome par les religieux qui rempliffoient ces *offices clauftraux* ; de forte que l'on en diftingue aujourd'hui de deux fortes, les uns qui font poffédés en titre de bénéfice, d'autres qui font demeurés de fimples commiffions.

On ne préfume pas que ces *offices* foient dès ti-tres de bénéfice ; c'eft aux religieux qui le prétendent à le prouver, & dans le doute ils ne font regardés que comme de fimples commiffions.

La collation des *offices clauftraux* appartient aux religieux, même pendant la vacance des abbayes ou prieurés dont ils dépendent.

Les bénédictins de la congrégation de faint Maur ont obtenu des bulles des papes, confirmées par lettres-patentes, qui ont éteint les titres de ces *offices*, & qui en ont uni les revenus à leurs menfes conventuelles.

Un *office clauftral* qui eft devenu titre de bénéfice, ne peut être fécularifé par une poffeffion même de quarante ans, s'il n'y a titre de *fécularité*, en vertu duquel il ait été ainfi poffédé pendant cet efpace de temps.

On ne peut pas non plus donner un *office clauftral* en commende à un féculier, à moins que la conventualité n'ait été anéantie dans le monaftère.

Les *offices clauftraux* n'entrent point en partage, fi ce n'eft lorfque ces *offices* font chargés de fournir certaines chofes aux religieux ; en ce cas, en rapporte au partage ce que ceux-ci font obligés de fournir au couvent. *Voyez les mémoires du clergé, le recueil de jurifprud. de* la Combe.

OFFICE COMPTABLE, fe dit par abréviation pour *office* d'un comptable, c'eft-à-dire, un office dont le titulaire eft obligé de compter à la chambre des comptes du maniement de deniers qu'il a eus ; tels font les receveurs-généraux des finances, les receveurs des tailles, & tous les tréforiers & payeurs des deniers royaux. Suivant l'édit du mois d'août 1669, le roi eft préféré à tous créanciers fur le prix de ces *offices*. La vente & diftribution du prix doit être faite aux cours des aides. *Voyez, au mot* CHAMBRE DES COMPTES, l'article *Comptable*.

OFFICE DE LA COURONNE : on donne ce nom aux premières & principales charges, ou dignités du royaume. Tous les chefs & premiers officiers des principales fonctions de l'état, foit pour la guerre, la juftice, ou les finances, & pour la maifon du roi, voulant fe diftinguer des autres officiers du roi, fe font qualifiés officiers de la couronne ; foit à l'exemple des grands officiers d'Allemagne, qui fe qualifient tous officiers du faint empire & non de l'empereur ; foit parce que ces premiers officiers n'étoient pas deftituables comme les autres officiers du roi, qui l'étoient à volonté, & ceux de la maifon du roi à chaque mutation de roi ; foit encore parce que leur fonction ne fe bornoit pas à une feule province, comme celle des ducs & des comtes, mais s'étendoit dans tout le royaume ; foit enfin parce que tous les autres officiers dépendoient d'eux, foit pour la difpofition & provifion, foit pour le commandement : tels font les *offices* de duc & pair, celui de chancelier, ceux de maréchal de France, d'amiral, de chevalier du faint-Efprit, de grand aumônier, de grand-maître de la maifon du roi, de grand-chambellan, grand-écuyer, grand-échan-

fon, grand-pannetier, grand-veneur, grand-fauconnier, grand-louvetier, grand-prévôt de France, grand-maître des eaux & forêts.

Tels étoient auffi anciennement les *offices* de maire du palais, de fénéchal, de connétable, de général des galères, de grand-maître des arbalètriers, grands-maîtres de l'artillerie, porte-oriflamme, colonels-généraux de l'infanterie, chambrier, grand-tréforier, grand-queux, &c.

Les auteurs, tant anciens que modernes, comme du Tillet, Fauchet, & notamment André Favin, qui a fait un traité exprès fur les *offices* de la couronne, nous apprennent que le nombre de ces *offices* a été différent, fuivant les différens temps auxquels ils ont été établis.

Favin remarque que fous la première race de nos rois, il y avoit fept officiers de la couronne ; favoir, le maire du palais, les ducs, les comtes, les comtes du palais, le comte de l'étable, le référendaire & le chambrier.

Que, fous la feconde race, il y avoit dix officiers de la couronne ; favoir, le confeffeur ou archi-chapelain, le grand-chancelier, le chambrier, aujourd'hui le grand-chambellan, le comte du palais, le fénéchal, aujourd'hui le grand-maître, le bouteillier, aujourd'hui le grand-échanfon, le connétable, le grand-maréchal des logis du roi, quatre grands-veneurs & un fauconnier, comme le juftifie le livre d'Adelard, abbé de Corbie, compofé par l'ordre de Charlemagne, & intitulé, *ordo facri Palatii*, &c.

Le même auteur remarque enfin qu'au commencement de la troifième race, il y avoit cinq officiers de la couronne ; favoir, le chancelier, le fénéchal ou grand-maître de la maifon du roi, le grand-échanfon ou bouteillier, le chambrier ou chambellan, & le comte de l'étable ou connétable.

La diverfité des fentimens des auteurs fur cette matière, fuit des divers dénombremens des officiers de la couronne, faits par Favin, de même que de ce que nous lifons dans du Tillet, qui compte parmi les officiers de la couronne le grand-pannetier & le grand-queux ou furintendant des cuifines du roi, lefquels ne font pas compris dans le dénombrement exact que Favin prétend en avoir donné. Mais tous les doutes qui pouvoient refter ont été levés par des lettres-patentes du roi Henri III du 3 avril 1582, enregiftrées au parlement de Paris, lefquelles portent expreffément, que les officiers de la couronne font : le connétable de France, le chancelier de France, le grand-maître, appellé par les Romains *magifter officiorum*, le même qui avoit la furintendance de tous les officiers de l'empereur, en la même manière que l'a aujourd'hui le grand-maître fur tous les officiers de la maifon du roi, le grand-chambellan, l'amiral, & les maréchaux de France.

Sur le fondement de ces lettres-patentes de Henri III, qui font une loi certaine & indubitable, il eft conftant qu'alors il n'y avoit en France que fix officiers de la couronne. Mais, depuis cette époque, Henri IV en créa deux; savoir, l'*office* de grand-écuyer de France, en faveur de M. de Bellegarde, & celui de grand-maître de l'artillerie, en faveur de M. le duc de Sully, en 1601. En 1626, les *offices* de connétable de France & d'amiral de France furent supprimés. Mais l'*office* d'amiral de France a dans la suite été rétabli, & celui de grand-maître de l'artillerie supprimé; ensorte qu'il n'y a actuellement que six grands officiers de la couronne, savoir, le chancelier de France, le grand-maître, le grand-chambellan, l'amiral, les maréchaux de France & le grand-écuyer.

Ces *offices* ont été aussi appellés *office de France*, comme si ceux qui en sont revêtus appartenoient plutôt à l'état qu'au roi. Cela vient de ce que ceux qui tenoient ces grands & premiers *offices* du royaume, employoient toutes sortes de moyens pour s'y maintenir, soit en se qualifiant officiers de la couronne, & non simplement officiers du roi, soit en faisant la foi & hommage de ces *offices* au roi, comme si c'eût été des *offices* à vie, afin qu'ils ne fussent pas révocables non plus que les fiefs : cependant du Tillet rapporte plusieurs exemples de destitutions pour chacun de ces *offices*, qu'il appelle toujours des *charges*, pour montrer qu'elles se faisoient en termes honnêtes.

La plupart de ces *offices* avoient autrefois une justice qui y étoit annexée, comme quelques-uns l'ont encore conservé.

Mais ces *offices* ne sont plus regardés comme des fiefs & seigneuries, si ce n'est les pairies, l'*office* desquelles est présentement attaché à un duché.

Les *offices de la couronne* supposent la noblesse dans ceux qui en sont pourvus; c'est pourquoi ils prennent la qualité de chevalier.

OFFICE DIVIN : on entend par-là les prières qui doivent être dites chaque jour dans l'église, & les cérémonies qui doivent y être observées. Il se dit aussi de cette partie de bréviaire que tout bénéficier, ou ecclésiastique constitué dans les ordres sacrés, est obligé de dire chaque jour.

Les conciles obligent à la récitation de l'*office divin* ou bréviaire les bénéficiers & ceux qui sont dans les ordres sacrés, & à la restitution des fruits ceux d'entre les bénéficiers qui manquent à ce devoir, *pro ratâ parte omissionis;* c'est la disposition des conciles de Reims, de Bordeaux & de Tours, en 1583.

Le droit de publier un *office* nouveau, ou d'y faire quelque changement, appartient à l'évêque; mais il ne peut le faire imprimer sans la permission du souverain. *Voyez le Dictionnaire de Théologie*, BREVIAIRE, MISSEL.

Quand une église est polluée, ou est interdit, on doit y cesser l'*office divin. Voyez* INTERDIT & POLLUTION.

La connoissance du trouble qui peut être apporté au service divin, de la négligence à faire acquitter le service, des aumônes & fondations dont les églises sont chargées, appartient au juge royal, suivant l'*art.* 23 de l'édit de 1695.

OFFICE DOMANIAL, est celui qui dépend du domaine de la couronne, que le roi peut donner à ferme & qu'il n'aliène jamais qu'à faculté de rachat perpétuel, comme les greffes & les contrôles, à la différence des *offices* non domaniaux qui sont tous les autres *offices* non unis au domaine, & que les particuliers possèdent soit à titre d'hérédité ou de survivance, casuels & sujets à résignation. *Voyez* Loyseau, *des Offices.*

OFFICE ECCLÉSIASTIQUE, se prend quelquefois pour le service divin: *voyez* OFFICE DIVIN. Quelquefois aussi il se prend pour toute fonction publique ecclésiastique, telle que celle d'évêque, d'archidiacre, de grand-vicaire, d'official, de promoteur, &c. Les *offices claustraux* sont aussi des *offices ecclésiastiques.*

OFFICE D'ÉPÉE, est celui qui doit être rempli par un homme d'épée; tels que l'*office* de pair de France, celui de conseiller d'état d'épée, des chevaliers d'honneur, des baillis d'épée, & autres semblables.

OFFICE FÉODAL, FIEFFÉ *ou* INFÉODÉ : on nomme ainsi un *office* qui est tenu à titre de fief.

On a fait voir au mot JUSTICE DES SEIGNEURS, & l'on verra de plus en plus au mot OFFICE SEIGNEURIAL, que dans l'origine du droit féodal, la jurisdiction étoit une suite de la concession des fiefs, qui étoient d'ailleurs ordinairement sujets au service militaire. Il suit de-là que tous, ou presque tous les fiefs, rigoureusement parlant, ont été des *offices* dans leur institution primitive, soit relativement au seigneur, dont ils dépendoient, soit relativement aux vassaux & aux censitaires qui en étoient mouvans; mais depuis la suppression du service militaire, les obligations du vasselage ne constituent plus un *office.* La supériorité féodale n'en constitue pas un davantage aujourd'hui, non-seulement pour la plupart des fiefs inférieurs, auxquels la jurisdiction n'est pas attachée, suivant le droit commun; mais encore pour les seigneuries, c'est-à-dire, pour tous les fiefs qui ont une justice, parce que c'est la propriété de la jurisdiction, ou le droit de la faire exercer & d'en recueillir les fruits, & non pas l'exercice même de cette jurisdiction qui est attaché au fief.

Dans le temps même où les seigneurs avoient l'exercice personnel de leur jurisdiction, on n'auroit pu qualifier *d'offices* les fiefs ordinaires que très-improprement, parce que la justice n'étoit qu'un accessoire de la terre qu'on tenoit en fief. On doit donc borner la signification du mot *office féodal* aux fiefs seuls qu'on a concédés, à la charge par le vassal, d'exercer pour le seigneur les fonctions publiques ou privées qu'il y attachoit. Ces fonctions forment le principal caractère de ces *offices;* les domaines & les droits qui y sont joints, ne sont qu'une suite de la possession même de l'*office*, ou tiennent lieu de gage à celui qui en est revêtu.

Bruffel a fort bien obfervé, au *chap. 1*, §. 2, de fon ufage des fiefs, que les feigneurs donnoient tout en fief, dans les onzième & douzième fiècles, afin de fe procurer de nouveaux vaffaux qui puffent les foutenir contre leurs voifins, & les appuyer dans leurs entreprifes. Nos rois même donnèrent auffi à titre de fief, non-feulement les grands *offices* de la couronne, tels que ceux de grandfénéchal, de bouteillier, de grand-chambrier, de connétable & de chancelier; mais auffi toutes les fonctions qui pouvoient appartenir à leurs domeftiques.

Du Tillet eft entré dans quelques détails à ce fujet au *chap. du grand-chambrier de France.*

On peut voir au mot INFÉODATION, que la même chofe a eu lieu anciennement dans d'autres royaumes. Les feigneurs particuliers, & fur-tout les poffeffeurs des grands fiefs ou des feigneuries confidérables, fuivirent le même ufage. Ils inféodèrent le droit de les fervir, de recueillir leurs revenus, de rendre la juftice à leurs vaffaux ou à leurs fujets, & d'exécuter cette même juftice. Rien n'a été plus fréquent que ces inféodations, & cependant il ne fubfifte plus qu'un petit nombre de ces *offices*. Il eft donc convenable de rechercher ici comment le plus grand nombre de ces *offices* eft difparu.

1°. Les *offices inféodés* ne confiftent point, comme le plus grand nombre des autres fiefs, dans un fonds de terre; les revenus qui y étoient attachés, n'étant même le plus fouvent que des droits incorporels, l'idée de propriété qui n'eft guère autre chofe, dans fon origine, que celle de la poffeffion continuée, n'a pas dû fuivre auffi naturellement la poffeffion des *offices inféodés* que celle des autres fiefs.

2°. Par la même raifon, ceux qui poffédoient des *offices inféodés*, n'ont pas pu fi facilement s'en affurer l'hérédité en en démembrant une partie, pour fe faire des vaffaux intéreffés à les défendre, ni y joindre, à titre d'acquifition ou de conquête, de nouveaux domaines, ou enfin fe cantonner dans des fortereffes pour défier leur feigneur.

3°. Plufieurs des *offices inféodés* laiffoient une relation plus intime entre la perfonne du feigneur & celle du vaffal. Il étoit donc important au feigneur de n'en pas aliéner la propriété, afin de ne pas s'expofer à avoir des officiers qui ne lui convinffent pas, & il étoit auffi plus à portée de prévenir l'ambition de ceux qui les poffédoient.

4°. Les fonctions attachées à ces *offices* étant affez arbitraires, il dépendoit le plus fouvent du feigneur de diminuer l'autorité de l'officier, en attribuant les mêmes fonctions à un ou plufieurs autres officiers, fous des noms & des formes un peu différens. Ainfi l'inftitution de baillis royaux, faite par Philippe-Augufte en 1190, réduifit prefque à rien l'*office* du grand-fénéchal de France.

5°. Enfin l'inféodation de la plupart des *offices*, n'ayant eu lieu qu'après l'établiffement de l'héré-

dité des bénéfices & des fiefs, les rois & les feigneurs, qui fentirent combien cette hérédité leur étoit devenue préjudiciable, eurent foin de ne pas les conférer aux héritiers des derniers officiers.

C'eft par cette raifon fans doute que, fuivant l'obfervation de Bruffel (*liv. 2, chap. dernier*), le roi Louis VIII, en conférant à Jean Clément, la maréchauffée de France, que fon oncle & fon père avoient exercée jufqu'à leur mort, prit la précaution de le faire jurer, que ni lui ni fes héritiers ne pourroient la prétendre à titre héréditaire.

Cependant on ne peut pas nier que plufieurs *offices inféodés* ne foient devenus héréditaires par la fucceffion des temps; ce font fur-tout ceux dont les fonctions ne concernoient pas la perfonne du feigneur ou fa maifon, ceux qui avoient été donnés à titre de fief à des grands terriens, & qui avoient un domaine fixe attaché à l'*office* même. Ainfi l'*office* de grand-fénéchal de France, fut poffédé à titre héréditaire par les comtes d'Anjou. Il en fut de même de la connétablie de Normandie & de plufieurs des principaux *offices* des grands vaffaux.

Nos rois mirent en œuvre une politique auffi adroite pour fupprimer ces grands *offices* inféodés, qu'ils en employèrent dans les autres manières d'accroître leur puiffance. Les embarras où s'étoit trouvé Charles VII, lui durent faire fentir, ainfi qu'à fes fucceffeurs, combien il étoit important pour un roi de difpofer librement des principaux *offices* de l'état; & l'accroiffement de l'autorité de cet heureux prince, qui fut la fuite des mêmes circonftances, lui facilita les moyens de faire, dans l'adminiftration du royaume, les changemens qu'il jugea convenables. Auffi voit-on dans Bruffel (*liv. 2, chap. 40, n° 5*,) que les chofes étoient encore fur l'ancien pied à l'égard de l'inféodation des *offices* au commencement du quinzième fiècle, mais que l'ufage en ceffa vers le milieu du même fiècle.

La même révolution eut lieu dans les grandes feigneuries à différentes époques, & il n'eft plus refté qu'un petit nombre d'*offices inféodés* & héréditaires. On parle de quelques-uns d'entre eux, aux mots ÉCHEVINAGE, HOMMES COTTIERS, HOMMES DE FIEF, JURÉS DE CATTEL, MISTRAL, MAIRIE & FIEFS BOURSIERS, SERGENTERIE FÉODALE, & dans quelques autres articles de cet ouvrage. Ceux qui defirent plus de détails fur cet objet, en trouveront de très-exacts dans l'hiftoire du Dauphiné de M. de Valbonnois. *Voyez* auffi *les huit barons ou fieffez de l'abbaye de Compiegne, par de Gayac.*

Vers le commencement du dix-feptième fiècle, il fut queftion de rétablir l'inféodation des *offices*. Il y a dans les œuvres du célèbre Lefchaffier, un difcours adreffé au roi, où il propofe « de changer » la qualité & la nature de tous les biens du » royaume, & de les rendre héréditaires & patri- » moniaux, à la charge de les tenir de fa majefté, » les uns en fief, les autres en cenfives, & de » payer aux mutations à favoir les féodaux, le

» droit de relief & rachat, & les cenſuels, les
» lods & ventes, & outre ce , le cens par cha-
» cun an ».

Ce projet, auquel on fit ſans doûté quelques
changemens, paroît-être l'origine de la Paulette,
& de l'hérédité des offices. Leſchaſſier dit *que cet
avis a été jugé utile & néceſſaire pour le public, commode & profitable pour les particuliers.* On peut voir
les preuves que cet auteur en a données. Les raiſons
& l'autorité d'un juriſconſulte, qui ſut voir nos
loix en homme d'état, & connoître leurs rapports
généraux avec la conſtitution de notre gouvernement, peut appuyer le ſentiment ſi critiqué de
Monteſquieu, ſur la vénalité & l'hérédité des offices
dans les monarchies. (*Article de M. Garran de
Coulon, avocat au parlement.*)

OFFICE FIEFFÉ. *Voyez* OFFICE FÉODAL.

OFFICE INFÉODÉ. *Voyez* OFFICE FÉODAL.

OFFICE DE FINANCE, eſt celui qui n'a que des
fonctions de finance, comme celles des receveurs-
généraux des finances, des receveurs des tailles,
& autres tréſoriers, receveurs & payeurs des deniers royaux ou publics. Il y a quelques *offices* dont
les fonctions ſont mêlées de juſtice & de finance,
comme ceux des chambres des comptes; cours
des aides, bureaux des finances, élections, greniers à ſel.

OFFICE FORMÉ, ſuivant le langage des édits
portant création de quelque *office*, eſt celui dont le
titre eſt véritablement érigé en *office* permanent &
ſtable.

OFFICE HÉRÉDITAIRE, eſt celui que le titulaire
tranſmet à ſes héritiers. *Voyez ce qui a été dit ci-
devant ſur les offices en général.*

OFFICE DE JUDICATURE, eſt celui dont la fonction a pour objet l'adminiſtration de la juſtice,
comme un *office* de préſident ou conſeiller, bailli,
prévôt, &c. On comprend auſſi dans cette claſſe
ceux qui concourent à l'adminiſtration de la juſtice,
quoique leur fonction ne ſoit pas de juger, comme
les *offices* d'avocat & de procureur du roi, ceux
des ſubſtituts, ceux des greffiers, huiſſiers, &c.

OFFICE DE JUSTICE, eſt la même choſe qu'*office
de judicature.*

OFFICE DE LA MAISON DU ROI, ſont ceux qui
ſe rapportent à la perſonne du prince, aux fonctions de ſon ſervice, ou à l'exécution des ordres
qu'il peut donner à ceux qui approchent de lui;
tels ſont tous les officiers militaires de la maiſon
du roi, ceux de la chambre, garderobe & cabinet
du roi, & ce qu'on appelle les ſept *offices* qui ſont
le gobelet du roi, la panneterie & échanſonnerie-
bouche, la bouche du roi ou cuiſine-bouche, l'é-
chanſonnerie-commun, la panneterie-commun,
le grand & petit commun, la fruiterie, & la fourrière.

Les *offices* de la maiſon du roi ſont en ſa ſeule diſpoſition; &, s'ils ſe vendent, ce n'eſt que par ſa
permiſſion. Ils ne ſont point éteints à la mort du
roi, mais ils ne ſont pas héréditaires; ils ne ſont

point ſujets à rapport, & il n'en eſt dû aucune
récompenſe à la veuve ni aux héritiers, parce que
ces *offices* ne ſont pas proprement *in bonis*, l'officier ne pouvant en diſpoſer ſans la permiſſion du
roi. Les règles concernant les *offices de la maiſon
du roi* s'appliquent également aux *offices* de la maiſon de la reine, & des princes & princeſſes du
ſang, qui ont des maiſons.

OFFICE MILITAIRE, eſt celui dont la fonction ſe
rapporte au ſervice militaire; tel que celui de maréchal de France, de capitaine des gardes, &c.
Les *offices militaires* tant de la maiſon du roi qu'autres, comme ceux de colonel, de capitaine, lieutenant, &c. ſont ſujets aux mêmes règles que les
offices de la maiſon du roi.

On qualifie auſſi d'*offices militaires* ceux de commiſſaire & de contrôleur des guerres, parce qu'ils ont
rapport au militaire.

OFFICE MUNICIPAL, eſt celui qui a pour objet
quelque partie du gouvernement d'une ville, bourg,
ou communauté d'habitans; tels ſont les *offices* de
prévôt des marchands & de maire, d'échevins,
capitouls, jurats, conſuls, ſyndics, & autres ſemblables.

La dénomination de ces *offices* vient de ce que les
villes romaines, qui avoient le privilège de n'a-
voir d'autres juges ni magiſtrats que leur corps,
s'appelloient *municipia, à muneribus capiundis.*

En France, tant que le tiers-état fut ſerf, il n'y
eut point d'officiers municipaux: l'affranchiſſement
accordé par Louis-le-Jeune aux habitans des villes
de ſon domaine vers l'an 1137 & 1138, eſt l'é-
poque à laquelle on doit fixer le rétabliſſement des
offices municipaux; car de ce moment les bourgeois
eurent le droit d'élire leurs maires & échevins, &
autres officiers.

Ces *offices municipaux* étoient autrefois tous électifs; mais les *offices* de maire, lieutenant de maire,
échevins, capitouls, jurats, avocats & procureurs
du roi, aſſeſſeur, commiſſaires aux revues & logement de gens de guerre, contrôleurs d'iceux, archers, hérauts, hocquetons, maſſarts, valets de
villes, trompettes, tambours, fifres, portiers,
concierges, gardes-meubles, & gardes dans toutes
les villes & communautés du royaume, de ſyndics
perpétuels en chaque paroiſſe des pays d'élection
& de la province de Bretagne où il n'y a ni maire,
ni hôtel-de-ville, & de greffier des rôles des tailles,
& autres impoſitions, furent créés en titre d'*office*
par édits de juillet 1690, août 1692, mars, mai
& août 1702, octobre 1703, janvier 1704, décembre 1706; juillet 1707, octobre 1708, mars
1709, avril 1710, & janvier 1712.

Pluſieurs de ces *offices* furent réunis aux communautés; ceux qui reſtoient à vendre & à réunir furent ſupprimés par édit de ſeptembre 1714, & tous
furent ſupprimés par édit de juin 1717.

Il furent néanmoins rétablis par un édit du mois
d'août 1722; mais ils furent de nouveau ſupprimés
par un édit du mois de juillet 1724.

Par un autre édit du mois de novembre 1733, le roi rétablit les gouverneurs, lieutenans de roi, maires, lieutenans de maire, & autres officiers de ville, qui avoient été supprimés en 1724. La plupart de ces *offices* ont été réunis aux corps de villes; &, par un arrêt du conseil du 14 août 1747, il a été ordonné que les *offices municipaux* créés en 1733, restans à vendre dans les villes & généralité de Paris, seroient réunis aux corps des villes & communautés, ensorte que la plupart de ces *offices* sont toujours électifs comme par le passé. Mais un édit de 1769 & plusieurs autres postérieurs ont encore donné une nouvelle forme aux *offices municipaux*. *Voyez* CAPITOUL, ÉCHEVIN, JURAT, MAIRE, MUNICIPALITÉ, PRÉVÔT DES MARCHANDS.

OFFICE PERPÉTUEL, est celui dont la fonction est stable & permanente, à la différence des commissions momentanées qui ne sont que pour un temps ou pour une seule affaire. On entend aussi quelquefois par *office perpétuel* celui qui est héréditaire.

OFFICE DE POLICE, est celui qui a rapport singuliérement à la police, comme l'*office* de lieutenant de police, ceux de commissaire, ceux d'inspecteur de police.

On peut mettre aussi au nombre des *offices* de police ceux de jurés-mesureurs de grains, &c.

OFFICE PRIVÉ, est celui qui est exercé par un autre qu'un officier public. Chez les Romains le délégué ou commissaire n'étoit pas réputé officier public; parmi nous, quoiqu'il ne soit pas officier perpétuel, il est toujours considéré comme officier public pour le fait de sa commission. *Voyez* COMMISSAIRE.

OFFICE PUBLIC, est celui dont la fonction a pour objet quelque partie du gouvernement, soit ecclésiastique ou séculier, militaire, de justice, police & finance. On appelle aussi *office public* celui qui est établi pour le service du public, comme l'*office* de notaire.

OFFICE QUATRIENNAL, est celui dont le titulaire n'exerce que de quatre années l'une. La plupart des *offices quatriennaux* ont été réunis aux *offices* anciens & alternatifs, ou ont été supprimés.

OFFICE DE ROBE-LONGUE, est celui qui doit être exercé par des officiers de robe-longue, à la différence des *offices* d'épée, des *offices* de robe-courte, & des *offices* de finance.

OFFICE ROYAL, est celui dont le roi donne les provisions.

OFFICE SEIGNEURIAL. On entend communément par-là cette espèce d'*offices*, dont les seigneurs ont la nomination & la collation, par suite de la patrimonialité de leurs justices.

On pourroit aussi donner ce nom aux *offices* inféodés, & particuliérement à ceux qui donnent le droit d'exercer une partie de la puissance publique. Il n'y a guère aujourd'hui que les paiies qui soient des *offices* seigneuriaux dans ce dernier sens. Comme on parle de cette éminente dignité & des *offices* inféodés en général dans des articles particuliers, on ne s'occupera ici que de la première acception du mot *office seigneurial*.

Pour expliquer ce qu'il y a de plus important à connoître sur cet objet, on va exposer, 1°. l'origine & l'histoire des *offices seigneuriaux*; 2°. leur nature & leur différence; 3°. quels sont les officiers que les seigneurs peuvent & doivent établir; 4°. à qui appartient la nomination & la collation de ces différens officiers.

Il faudroit, pour compléter cette matière, traiter aussi de la réception & de l'installation des officiers des seigneurs, de leurs fonctions, & de la manière dont ils peuvent disposer de leurs *offices*, ou dont le seigneur même peut en disposer. Mais il n'y a point ou presque point à cet égard de règles communes aux divers *offices* des seigneurs, & la plupart des questions qu'on peut proposer sur cet objet, sont traitées dans des articles particuliers. On se contentera donc de renvoyer aux mots GRUIER DES SEIGNEURS, JUGE DES SEIGNEURS, NOTAIRE DES SEIGNEURS, PROCUREUR-FISCAL, SERGENT DES SEIGNEURS, &c.

§. I. *Essai sur l'origine & l'histoire des offices seigneuriaux.* C'est une chose assez remarquable, que dans l'enfance des sociétés civiles, où la liberté n'a presque point de bornes, comme dans leur vieillesse, où le despotisme enchaîne tout, l'administration de la justice se trouve dans les mêmes mains que le commandement militaire & la puissance exécutrice.

De tous les peuples à demi-sauvages, les nations septentrionales qui ont détruit l'empire romain, paroissent avoir connu les premières, la nécessité de diviser les pouvoirs, pour en tempérer la violence; & nos usages tiennent de bien plus près aux leurs qu'on ne le croit communément. On en trouve des preuves jusques dans l'ouvrage de Tacite, sur les mœurs des Germains.

Non-seulement ces peuples avoient des causes majeures, telles que les accusations de trahison & de lâcheté, dont la connoissance étoit réservée aux assemblées générales; mais les chefs que l'on élisoit dans ces assemblées pour rendre la justice dans chaque district (*per vicos & pagos*), ne pouvoient pas juger arbitrairement, dans le temps même où il n'y avoit point encore de loix. On leur joignoit des assesseurs tirés du corps du peuple, pour leur servir tout-à-la-fois de conseil & de garans.

Cet usage se maintint chez les Francs, qui conservèrent mieux que les autres peuples sortis de la Germanie, leurs mœurs originaires, & qu'ils firent adopter aux vaincus. Chez eux, la jurisdiction ordinaire étoit principalement exercée par les ducs & les comtes, quoiqu'il y eût aussi dans chaque petit district, des officiers inférieurs connus sous le nom de *centeniers, dixainiers, grafions, thun-*

gins, &c. qui connoiſſoient des faits de police, des vols & des plus petites cauſes.

Quoique tous ces officiers fuſſent qualifiés de juges, il ne faut pas croire qu'ils jugeaſſent les conteſtations par eux-mêmes. Ils n'avoient pas même voix délibérative, ils ne faiſoient que préſider au jugement. Ils le provoquoient, ils le prononçoient & ils le faiſoient exécuter. C'eſt à cela que ſe réduiſoient leurs fonctions, comme l'ont enſeigné M. Bouquet, dans ſon *Droit public*, *part*. 3, *art*. 2, & l'abbé de Mably, dans ſes *Obſervations ſur l'hiſtoire de France*, *tome* 1., *p*. 27. Ce point de notre droit ancien mérite bien qu'on s'y arrête un inſtant.

Les comtes & tous les autres officiers qui jouiſſoient d'une autorité pareille à la leur, avoient la ſurintendance générale de la juſtice. C'étoit à eux qu'on adreſſoit les mandemens qui s'y rapportoient; ils étoient chargés de l'inſtruction des procès, de la pourſuite des criminels, de la conſervation du domaine public & de la défenſe des veuves & des orphelins.

Ils n'étoient point juges; en voici la preuve. Ils ſont ſans ceſſe qualifiés dans les capitulaires, d'*adminiſtrateurs* & *de miniſtres de la choſe publique ou du royaume*, *de défenſeurs de la choſe publique*, *de miniſtres du roi*, *de prépoſés* & *de procureurs de la choſe publique*, enfin *de partie publique*. Un capitulaire les charge ſeulement du ſoin de faire rendre la juſtice au peuple; d'autres les obligent d'arrêter les criminels, en ordonnant qu'ils ſoient privés de la part qui leur appartient dans la compoſition, lorſqu'après avoir entraîné la pourſuite d'une cauſe ils négligent de la faire juger. S'il leur étoit ordonné de ſavoir la loi, c'étoit ſeulement afin qu'on ne pût pas juger mal en leur préſence & changer la loi. *Voyez l'ouvrage de M. Bouquet*, *p*. 146, *les capitulaires de la ſeconde race*, *capit. an*. 789, *cap*. 4, *capit. Lud. Pii an*. 819, *cap*. 20, &c.

L'emploi des ſherifs d'Angleterre ſe rapporte encore aujourd'hui dans bien des points à ces fonctions.

Un fait aſſez ſingulier, qui s'explique néanmoins fort bien par ce qu'on vient de dire, c'eſt qu'il y avoit une ſorte de ſerfs ſupérieurs aux autres, qu'on qualifioit de *juges*, parce qu'ils rempliſſoient, ſous les ducs & les comtes, les fonctions du miniſtère public. Les loix barbares appellent *ſerfs*, *le ſénéchal*, *le maire* & *le maître-d'hôtel*. Elles les aſſujettiſſent aux punitions propres aux autres ſerfs, & les qualifient néanmoins de juges & leur en attribuent les fonctions. *Voyez lex Allamannorum*, *tit*. 79; *lex Salica*, *tit*. 11; *lex Ripuaria*, *tit*. 53; *capit. de villis*, *cap*. 7, 8, 16, &c.

Ceux que les capitulaires & les diplômes appellent *junieurs*, étoient dans ce cas. Ils avoient les mêmes fonctions que les comtes. On adreſſoit les mandemens concernant la juſtice, aux comtes & à leurs lieutenans les *junieurs*; & une chartre

de Charlemagne comprend ſous ce dernier nom les gaſtalds, les vicaires ou voyers, les centeniers & les chaſſeurs.

Cependant il n'y avoit que les ſeuls ingénus qui puſſent rendre témoignage contre une perſonne libre. Ils pouvoient donc encore moins la juger. C'eſt la déciſion expreſſe du chapitre 15 d'un capitulaire *incerti anni*, & la loi des Lombards, dit au liv. 2, tit. 52, §. 24; *Scabini conſtituantur nobiles*, & *viles perſonæ conſtitutæ ejiciantur*.

Ces *échevins*, qu'on appelloit plus anciennement *rachimburges*, étoient les véritables juges, ceux dont l'opinion décidoit véritablement les conteſtations. Au commencement de la ſeconde race de nos rois, ils étoient choiſis parmi les hommes libres, par les *miſſi dominici*, & deſtituables par eux. *Voyez capitul. Lindinbrogii*, *lib*. 3, *cap*. 7, & 33.

On vit ſuccéder à ces échevins, depuis l'établiſſement des fiefs, les bons hommes, hommes de fief, & pairs pour les matières féodales, & les jurés & bourgeois dans les matières ordinaires. Il en falloit un nombre plus ou moins grand pour former le jugement, ſuivant l'objet de la conteſtation & l'uſage des lieux. Eux ſeuls étoient ſujets à l'amende s'ils jugeoient contre la loi ou s'ils dénioient la juſtice. On pouvoit ſi peu ſe paſſer d'eux pour juger, qu'ils ſuivoient le comte à l'armée pour remplir cette fonction. Mais comme c'étoient le comte ou les autres officiers dépoſitaires du miniſtère public qui les préſidoient, qui les ſommoient de rendre le jugement, & qui le prononçoient, ils ne pouvoient faire aucune fonction, ni s'aſſembler de leur chef. Voilà pourquoi on ne les qualifioit pas de juges le plus ſouvent.

Cette manière de rendre la juſtice eut lieu dans les juriſdictions des ſeigneurs comme dans toutes les autres. Il paroît bien que les ducs, les comtes & les autres ſeigneurs qui acquirent la juriſdiction à titre patrimonial, lors de l'établiſſement des fiefs, préſidèrent quelquefois à l'adminiſtration de la juſtice, au moins dans les cauſes féodales. Mais la plupart d'entre eux, & ſur-tout les ſeigneurs eccléſiaſtiques, confièrent à des inférieurs cette fonction comme preſque toutes celles qui leur appartenoient. Ils en chargèrent à titre d'inféodation les châtelains auxquels ils donnoient la garde de leurs châteaux, les bailes, miſtraux & prévôts qui adminiſtroient leurs revenus, enfin les vicomtes & les vidames qui leur ſervoient de lieutenans-généraux. Souvent même ceux-ci ſe débarraſſoient de ce ſoin ſur leurs propres vaſſaux.

Dans tous ces arrangemens, il paroît que ni les ſeigneurs, ni ceux qu'ils avoient chargés du ſoin de faire rendre la juſtice, ſoit que ce fuſſent des prévôts, des voyers, des baillis, des viguiers, des châtelains, ou des officiers d'une autre dénomination, ne rendoient pas la juſtice par eux-mêmes, & qu'ils ne faiſoient guère que préſider aux jugemens, long-temps après le parfait établiſſement.

blissement des fiefs. Le seigneur ou son juge étoit tenu d'assembler une certaine quantité de vassaux ou de simples habitans, selon qu'il s'agissoit d'une question féodale ou d'une affaire ordinaire. C'étoient ce qu'on appelloit des *pairs* ou *hommes de fiefs*, des *bourgeois jurés*.

Tous les monumens établissent cet usage. Il est exposé de la manière la plus claire au chap. 2 des assises de Jérusalem, l'une des sources les plus pures de notre ancien droit. On y voit que le duc Godefroy de Bouillon établit à Jérusalem deux cours, *la haute cour, de qui il fut governor & justicier & la cour des bourgés* ou bourgeois, où il mit un homme en son lieu *à être governor & justicier*, qu'on appelloit *vicomte*. Elles ajoutent qu'il établit *à être juges de la haute cour*, les chevaliers, ses hommes de foi, & *juges de sa cour de la borgesie*, des bourgeois de la cité, & qu'il établit de même dans toutes les cités & les autres lieux du royaume, *viscomté & jurés & cour de borgesie*.

Beaumanoir en dit autant au chap. 67 de ses assises de Beauvoisis. Il ajoute néanmoins qu'il y avoit des lieux où les baillis s'étoient déjà mis sur le pied de faire les jugemens. Mais il observe que dans ces lieux-là même le bailli *doit appeller à son conseil des plus sages & faire le jugement par son conseil.*

Cet ancien droit de juger par pairs subsiste encore presque sans altération dans l'Artois, la Flandres, le Hainaut, dans une partie de la Picardie & du Vermandois, *&c.* Il ne faut pas croire que ce fût un usage particulier à ces provinces. C'étoit celui de tous les peuples du Nord où il subsiste encore à bien des égards, témoins les jurés d'Angleterre, d'Écosse & d'Irlande, les nampdes ou nampdaires de Suède, *&c.*

Il ne seroit peut-être pas impossible de prouver que ces jurés & ces nampdaires jugeoient des questions même de droit, & que les juges de robbe-longue ne servoient autrefois qu'à faire l'instruction, qu'à provoquer le jugement & y présider. Les jurés d'Angleterre sont du moins encore aujourd'hui juges de la légalité du fait, dans bien des cas, puisque leurs rapports, qu'on appelle *indictemens* ou *verdicts*, portent toujours que le fait ou le crime a été commis d'une manière contraire aux loix. *Voyez an analysis of the Laws of England by W. Blackstone, in the appendix*, n° 10.

Quoi qu'il en soit, les jugemens par jurés ont régné du nord de l'Europe jusqu'au midi, ils se retrouvent jusques dans les loix de Portugal. On peut en voir plusieurs preuves dans les fors (*forals*) de Zezeres, de Pombal, & de Castello Branco, que cite M. Alvares de Silva, & c'étoit un nouvel exemple à joindre à ceux qu'il a rapportés au chap. 5 de son intéressante Dissertation, où il montre l'influence que la législation des peuples du Nord a eue sur celle de sa nation. (*Introducção a o novo codico, cap. 3, Lisboa na regia officina 1780.*)

On trouve aussi des traces de ce droit dans les conjuremens de Hongrie. *Voyez jus consuetudinarium Jo. Sambuci, part. 2, tit. 29, &c.*

Ce même usage paroît avoir eu lieu dans toute la France. On en verra des preuves pour le Dauphiné, dans le second discours de M. de Valbonnais, pour la Marche dans le *Droit public* de Bouquet, *p. 185 & suivantes*; & pour le Berry, dans les anciennes coutumes recueillies par la Thaumassière.

Encore aujourd'hui, l'article 4 du titre 2 de la dernière coutume de cette province, attribue le jugement des causes criminelles des habitans de Bourges aux bourgeois de cette ville, quoique l'instruction en appartienne au juge royal.

Il y a des règles peu différentes dans les coutumes de S. Sever, *tit. 1, art. 1, 7, 8 & 9*; de Soles ou Soules, *tit. 10, art. 2*; de Bayonne, *tit. 25 & 26*; d'Acs ou Dacs, *tit. 151*; de Bearn, *tit. 1.* Les mêmes usages subsistent dans plusieurs lieux du ressort du parlement de Bordeaux, tels que l'Agenois & le Condomois.

Plusieurs causes ont concouru à détruire cet ancien usage dans le surplus de la France. Le droit qu'avoient les seigneurs de faire ou de faire faire par leurs officiers des réglemens pour l'administration de la justice, dégénéra bientôt en abus, lorsque la passion des croisades leur eut appris à aimer l'argent. Après avoir multiplié d'une manière incroyable les amendes & les autres droits casuels de leurs justices, les simples barons, les châtelains même, & à plus forte raison les seigneurs d'une qualité supérieure, établirent deux degrés de jurisdiction, pour augmenter leurs profits.

Les baillis & les sénéchaux qu'ils créèrent à cet effet au-dessus des prévôts, des châtelains & des autres juges de première instance, furent choisis dans cette classe d'hommes versés dans les loix civiles & canoniques, dont on commençoit à suivre les formes dans les tribunaux du roi. C'étoit le seul moyen de défendre les jurisdictions des seigneurs contre les entreprises des juges d'église & les prétentions des juges royaux, auxquels les peuples s'adressoient, soit parce que la justice s'y expédioit plus promptement & à moindre frais, soit parce qu'on espère toujours trouver plus d'intégrité & de lumières dans de nouveaux établissemens & dans des officiers d'un caractère plus vénérable.

Bientôt les prud'hommes, dont les baillis se faisoient assister dans leur origine, ne furent plus à portée de connoître ni les loix ni la procédure. Sujets personnellement à des amendes excessives en cas d'infirmation de leurs sentences, que l'extrême facilité des appels rendoit presque inutiles, ils s'estimèrent heureux que les baillis voulussent bien se passer d'eux. L'exemple des juges ecclésiastiques qui jugeoient presque toutes sortes de matières, avoit familiarisé les esprits à l'idée d'un juge unique. Cette qualité même de juges que les officiers du seigneur avoient toujours eue plus

K k

particuliérement que les pairs ou les jurés qui faifoient les jugemens, rendit le changement plus
infenfible. Plufieurs des villes & des bourgs les
plus confidérables, où les anciens ufages qu'on commença à regarder comme des priviléges, s'étoient
le mieux maintenus, les virent reftreindre ou les
perdirent entiérement dans les troubles qui défo-
lèrent la France aux quatorzième & quinzième
fiècles.

Depuis cette époque, l'accroiffement de l'autorité royale n'a ceffé de diminuer encore celle
des communautés d'habitans, jufqu'à ce que l'art. 71
de l'ordonnance de Moulins, & les loix poftérieures en aient transféré les jurifdictions aux officiers du roi ou des feigneurs. La Thaumaffière
obferve qu'un fimple arrêt du parlement, rendu
le 27 février 1666, abrogea la difpofition de l'art. 2
du tit. 4 de la coutume de Berry, fur la jurifdiction criminelle des bourgeois de Bourges.

Ainfi les juftices des feigneurs n'ont plus été
compofées, comme les jurifdictions royales, que
d'un ou plufieurs juges de robbe-longue, d'un
procureur-fifcal & quelquefois auffi d'un avocat-
fifcal pris de même parmi les gens de loi, d'un
greffier & d'un plus ou moins grand nombre de
fergens.

§. II. *De la nature des offices feigneuriaux & de
leurs différences.* Les détails hiftoriques où l'on vient
d'entrer fur l'origine & les variations des *offices*
feigneuriaux, prouvent que la jurifdiction des feigneurs étoit véritablement la jurifdiction ordinaire
des lieux. Lorfque l'accroiffement de l'autorité
royale a refferré leur autorité dans des bornes plus
étroites, on a réfervé la connoiffance de plufieurs
matières aux officiers royaux, foit à ceux qu'on
appelle *ordinaires*, tels que les baillis & les fénéchaux, foit à ceux qu'on appelle *extraordinaires*,
tels que les juges des exempts, ceux des eaux &
forêts & des matières de finances, qu'on a même
affez fouvent établis dans les terres des feigneurs
& dans le chef-lieu de leurs feigneuries.

Malgré toutes ces attributions, les juges des feigneurs n'en font pas moins reftés les juges ordinaires des lieux. L'ordonnance de Charles V, de
l'an 1357, le décide expreffément. Il y eft dit:
« pour ce que plufieurs de nos officiers fe font
» mêlés d'attribuer à eux la jurifdiction des fei-
» gneurs & juges ordinaires, dont le peuple eft
» moult grevé; nous qui defirons que chacun ufe
» de fon droit, juftice & jurifdiction, ordonnons
» que toutes juftices foient laiffées aux juges ordi-
» naires, & à chacun finguliérement fa jurifdic-
» tion ».

Cette autorité, qu'il feroit facile d'appuyer d'une
quantité d'autres puifées dans nos coutumes, dans
nos ordonnances, dans les lettres-patentes qui ont
conftitué les apanages, & dans les jurifconfultes
qui ont le mieux défendu l'autorité royale, fuffit
fans doute pour décider cette queftion, fur laquelle

on a voulu répandre des nuages dans ces derniers
temps.

Au refte, il y a une diftinction importante à
faire fur la nature des *offices feigneuriaux*, comme
fur celle des *offices* royaux. Il y en a de cafuels
& domaniaux. Les *offices* cafuels peuvent être donnés à titre gratuit, ou être aliénés à prix d'argent;
les *offices* domaniaux peuvent être aliénés de la
même manière, ou affermés, pour être exercés
au profit du feigneur; les greffes, & fouvent les
notariats & fergenteries, font dans ce cas. S'ils font
aliénés ou donnés à bail emphytéotique, les femmes,
les mineurs, & généralement toutes fortes de perfonnes, peuvent les pofféder, en les faifant exercer
par des commis à leur profit; mais ceux de juge
& de procuréur-fifcal, qui s'affermoient auffi autrefois, ne peuvent plus l'être aujourd'hui, quoiqu'ils
puiffent être vénaux; le titulaire doit toujours les
exercer par lui-même.

§. III. *Des divers officiers que les feigneurs peuvent
& doivent avoir aujourd'hui.* Les attributions que
les ordonnances ont faites des matières de finances,
& de plufieurs autres, à des juges particuliers, en
les tirant de la compétence des juges ordinaires, en
privent ordinairement la jurifdiction des feigneurs
comme toutes les autres. Quelques-unes même de
ces attributions, telles que celles qui concernent
les cas royaux & les exempts, n'ont pour objet
d'exclufion que les juges des feigneurs. Il fuit de-
là que les feigneurs ne peuvent avoir, dans leur
juftice, que des juges ordinaires.

Quelques-uns d'entre eux ont néanmoins des
juges d'attribution, en vertu d'une conceffion du
roi, ou d'une poffeffion immémoriale, qui en tient
lieu. Il y a par exemple, au chef-lieu du comté
de Laval, une maîtrife particulière d'eaux & forêts,
qui a été érigée en vertu de lettres-patentes données par Charles IX, en 1573, pour reffortir directement à la table de marbre.

Beaucoup de feigneurs ont auffi des juges gruyers
particuliers. *Voyez* GRUYER DES SEIGNEURS.

M. le duc de Nivernois, & M. le duc de la
Trémoille, en fa qualité de comte de Laval, ont
même une chambre des comptes. Il peut y avoir
d'autres exemples femblables. Mais ce ne font-là
que des exceptions.

Tous les feigneurs, & la plupart même des
hauts-jufticiers, ne peuvent pas établir tous les
offices qui font néceffaires pour l'adminiftration
complette de la juftice. Ainfi, quoique l'*office* des
fergens foit abfolument indifpenfable pour l'exécution des mandemens & des fentences du juge,
les fimples feigneurs hauts-jufticiers ne peuvent
pas en avoir, fuivant la coutume de Poitou, *article 387*; de Tours, *article 76*; & d'Angoumois,
article 9. A plus forte raifon, ne peuvent-ils pas
établir des notaires, & les feigneurs mêmes, dont
la terre eft titrée, ne peuvent créer de ces officiers que jufqu'à un certain nombre. Tout dépend
à cet égard de la poffeffion & de l'ufage, ou des

dispofitions des coutumes. C'eſt qu'autrefois les notaires & les ſergens ne formoient point dès *offices* particuliers. Le greffier ſervoit de notaire, & les valets du ſeigneur, de ſergens. Ces officiers ne s'étant introduits que peu-à-peu dans les villages, les moindres ſeigneurs n'en avoient pas dans le temps où les officiers royaux ont commencé à en ſurveiller plus ſoigneuſement la juriſdiction.

Aucune coutume, je crois, n'impoſe aux ſeigneurs l'obligation d'avoir un geolier, & un exécuteur de la haute-juſtice. Mais pluſieurs d'entre elles, & l'ordonnance même d'Orléans, *art. 55*, ordonnent aux ſeigneurs hauts-juſticiers d'avoir des priſons ſûres; ſur quoi Néron, d'après Papon, *liv. 24, tit. 42*, *art. dernier*, dit que « par arrêt » des grands jours de Moulins, du 16 octobre 1550, » fut enjoint aux ſeigneurs hauts-juſticiers, entre- » tenir un geolier, créé & juré, réſidant au châ- » teau où eſt la priſon ».

Cependant la plupart des ſeigneurs n'obſervent point cette règle. Quelques-uns ſe contentent de faire enfermer les priſonniers dans un lieu dont ils confient la clef à leur greffier, ou même à un domeſtique; d'autres font conduire les priſonniers dans les priſons royales les plus voiſines.

C'eſt auſſi le plus ſouvent l'exécuteur de la haute-juſtice du bailliage royal, qui remplit ſon miniſ-tère dans les juſtices des ſeigneurs. Il y en a néan-moins quelques-unes où l'on trouve des exécuteurs particuliers.

Les ſeigneurs ne peuvent également établir des procureurs, que lorſqu'ils ont une conceſſion par-ticulière du roi à cet effet, ou une poſſeſſion très-ancienne.

On a vu au mot JUGES DES SEIGNEURS, *§. 6*, que les ſeigneurs ne peuvent plus avoir double degré de juriſdiction dans le même lieu, ſuivant le droit commun; ils ne peuvent même créer, dans leur juſtice, que le nombre d'officiers qu'il eſt d'uſage d'y avoir.

Suivant le droit commun, il n'y a, dans chaque juſtice, qu'un juge, un procureur-fiſcal, & un greffier. Mais dans les terres les plus conſidérables, & ſur-tout dans les pairies, il eſt d'uſage d'avoir un lieutenant de juges, un avocat-fiſcal, & quel-quefois des aſſeſſeurs, &c. Il y a même des pro-vinces entières, telles que le Lyonnois & le Beau-jolois, où les moindres juſtices ont communément un lieutenant de juges.

Quelquefois auſſi le roi permet aux ſeigneurs d'augmenter le nombre de leurs juges. Le comté de Laval nous en fournit encore un exemple. Il n'y avoit autrefois qu'un ſeul juge civil, criminel & de police, avec deux lieutenans. En 1683, M. le duc de la Trémoille repréſenta au roi, que la juſtice ſeroit mieux & plus promptement rendue, s'il y avoit cinq juges au lieu de trois. Des lettres-patentes lui permirent d'avoir à l'avenir dans ſon ſiège un juge civil, un juge criminel, un juge de police, un lieutenant-général, un lieutenant-par-

ticulier, un avocat-fiſcal, un procureur-fiſcal, & un ſubſtitut.

§. IV. *De la nomination & collation des offices ſei-gneuriaux.* Il faut diſtinguer, dans la création des officiers des ſeigneurs, deux choſes, qui ſont le plus ſouvent réunies, mais qui ne le ſont pas tou-jours; ce ſont le choix ou la déſignation du titu-laire, qu'on appelle plus préciſément *préſentation* ou *nomination*, & la collation de l'*office*, qu'on appelle *inſtitution* ou *confirmation*.

La nomination des officiers eſt moins regardée comme un effet de la puiſſance publique attachée à la ſeigneurie, que comme un des fruits qui en dépendent. Il ſuit de-là qu'elle eſt tranſmiſſible, à quelque titre que ce ſoit, & à qui on veut, comme à un fondé de procuration, à un ceſſionnaire, à un régiſſeur, à un fermier de la ſeigneurie, pourvu que cette faculté ſoit expreſſément énoncée dans leur titre. Elle eſt même transférée tacitement & de droit commun, à celui auquel tous les fruits de la ſeigneurie appartiennent, bien qu'il n'en ſoit pas propriétaire, comme à l'uſufruitier, au mari, au bénéficier, au gardien, au père, en vertu de la puiſſance paternelle, & au ſimple poſſeſſeur de la ſeigneurie. Il ne peut guère ſe préſenter de difficulté à ce ſujet.

Au contraire, dit Loyſeau, « l'inſtitution & » toute autre proviſion des officiers, conſiſte plus » en puiſſance & autorité, qu'en fruit & profit ». Cet auteur conclut de-là que le ſeigneur ne peut pas transférer à un procureur-général ou ſpécial, à un ceſſionnaire, à un régiſſeur ou receveur, à un fermier, ou à quelque autre perſonne que ce ſoit, le droit de pourvoir le moindre des officiers de ſa juſtice, quoiqu'il puiſſe leur attribuer le ſimple choix, ou la nomination des officiers, par une clauſe expreſſe de l'acte qui autoriſe leur adminiſ-tration.

Loiſeau & Dumoulin limitent au moins cette dé-ciſion en faveur du fermier à vie ou à longues années, tels que les preneurs dans les baux em-phytéotiques. Ces fermiers ont, dit-il, la pleine proviſion des *offices*, ſans qu'il ſoit beſoin de s'adreſ-ſer au ſeigneur direct, parce qu'ils ſont ſeigneurs utiles, & poſſeſſeurs en leur nom.

A plus forte raiſon, l'acheteur à faculté de rachat d'une ſeigneurie particulière, peut lui conférer plei-nement, & en ſon nom, tous les *offices* qui en dépendent, puiſqu'il en eſt le vrai ſeigneur & le propriétaire juſqu'au rachat.

On a cru autrefois que l'uſufruitier & le pro-priétaire, devoient concourir à la nomination des officiers, & l'on trouve un arrêt du parlement de Touloſe, de l'an 1479, qui l'avoit ainſi jugé. Mais il eſt généralement reçu aujourd'hui, que l'uſufruitier a ſeul la nomination, comme le pro-priétaire a ſeul la collation. C'eſt la déciſion de Loiſeau, de M. Mainard, *liv. 8*, *chap. 82*; de la Rocheflavin, en ſes arrêts, *liv. 5*; *tit. 3*, *art. 1*; de Belordeau, en ſes controverſes, *lettre* D, *liv. 4*.

chap. 65. Ces derniers auteurs citent deux arrêts, qui l'ont ainsi jugé, l'un au parlement de Toulouse, en 1571, & l'autre au parlement de Bretagne, en 1607.

Il n'y a point d'inconvénient à cela : car, dit Loiseau, « si le seigneur propriétaire fait refus de » bailler ses lettres de provision à celui qui lui » est nommé & présenté par l'usufruitier, il peut » demander au juge, à qui la réception en appartient, d'être reçu & installé en l'office, sur la » nomination de l'usufruitier, & acte du refus du » propriétaire. Tout ainsi que quand, en dépit de » l'usufruitier, le propriétaire refuse faire la saisie » féodale, l'usufruitier la peut faire lui-même, » qui est l'expédient que notre coutume réformée » de Paris a trouvé en l'art. 2 ».

Si la seigneurie est indivise entre plusieurs seigneurs, l'un d'eux ne peut pas y établir seul des officiers pour l'exercice de la justice ; quand bien même il en auroit la portion la plus considérable. Mais il doit se concerter avec ses co-seigneurs, ainsi qu'il a été jugé au parlement de Dijon, par arrêt du 15 janvier 1608, rapporté par Bouvot, *tome* 2, au mot *Jurisdiction*, quest. 26 ; & d'après lui par Jouet, en sa bibliothèque, au mot *Seigneur*, *n°.* 40. Si les co-seigneurs ne sont pas d'accord sur le choix des officiers, chacun d'eux doit en établir alternativement pour un temps relatif à la portion que chacun d'eux a dans la justice.

La même chose a lieu lorsque la justice est indivise entre le roi & des seigneurs particuliers.

Tel est l'esprit des articles 25 & 26 de l'ordonnance de Roussillon.

Lorsque les juges, ou les autres officiers ordinaires de la justice du seigneur, ne peuvent pas faire leurs fonctions dans une affaire portée par-devers eux, soit qu'ils aient été justement récusés, soit par quelque autre raison que ce soit, l'usage le plus commun, sur-tout dans le ressort du parlement de Paris, est de les faire remplacer par le plus ancien avocat, procureur ou praticien du siège. Mais le procureur-fiscal a droit de représenter le juge avant eux tous, s'il n'y a aucun motif d'exclusion personnelle contre lui. Ce point, qui a été autrefois contesté, & même jugé diversement, est universellement reconnu aujourd'hui.

Dans une grande partie du pays de droit écrit, on s'adresse au seigneur pour obtenir la subrogation d'un nouvel officier, à la place de celui qui s'absient. Le juge même ne peut, sous quelque prétexte que ce soit, faire lui-même la subrogation d'un officier, ni le greffier établir un commis. Ils n'ont en effet aucun caractère pour autoriser qui que ce soit à remplir leurs fonctions. On juge constamment que l'officier établi par le juge ne peut exercer, non-seulement si le seigneur en a nommé un autre, comme il a été décidé au parlement de Bordeaux le 5 septembre 1529, & au parlement de Toulouse, en 1564, suivant des arrêts rapportés par Boerius, *décision* 152, & par May-

nard, *liv.* 2 ; *chap.* 22, mais aussi lorsque le seigneur n'a point nommé d'officier.

Enfin, c'est au seigneur qu'il appartient de créer les sergens, & non point à son juge. Plusieurs coutumes, comme celles d'Angoumois, *art.* 5 ; de Touraine, *art.* 76, & de Poitou, *art.* 387, en ont des dispositions formelles. Autrefois, à la vérité, il n'y avoit point de sergens en titre d'offices ; les juges en créoient & commettoient comme ils le jugeoient convenable, pour faire exécuter leurs sentences & leurs mandemens. L'ancienne coutume de Poitou, & quelques autres, avoient en conséquence attribué ce pouvoir au sénéchal, c'est-à-dire, au juge d'appel des châtelains, & des autres seigneurs, qui avoient deux degrés de jurisdiction. Mais à l'exemple de nos rois, qui se réservèrent, il y a plus de deux siècles, le pouvoir de créer des sergens, à l'exclusion de leurs juges, les seigneurs se sont mis sur le pied de créer personnellement des sergens, qui sont néanmoins tenus de se faire recevoir par le juge, sur une information de vie & mœurs. C'est encore là la disposition de l'art. 386 de la coutume de Poitou.

L'héritier par bénéfice d'inventaire a également le droit de conférer pleinement les *offices* dépendans de la succession, puisqu'il est le véritable propriétaire des biens qui en dépendent, & qu'il ne diffère de l'héritier pur & simple, qu'en ce qu'il ne peut être tenu des dettes de la succession au-delà de ses forces, lorsqu'il en rend un compte fidèle.

Cela seroit vrai, quand même la seigneurie dont dépend l'*office* auroit été saisie réellement sur l'héritier bénéficiaire, ou sur tout autre propriétaire, & qu'il y en auroit eu bail. C'est la décision de Loiseau & de d'Héricourt. Ce dernier auteur cite, d'après Bouchel, un arrêt du 11 mai 1634, qui infirma un bail judiciaire fait aux requêtes du palais, parce qu'on y avoit donné au fermier la nomination aux bénéfices & aux *offices*. On ordonna qu'elle appartiendroit à la partie saisie. (*Vente des immeubles par décret*, *chap.* 7, *n°.* 21.)

Quoique le tuteur n'ait pas un droit personnel dans les biens de son pupille, dont il a seulement l'administration, cependant on lui attribue aussi la pleine collation des *offices*, jusques à la puberté du mineur, laquelle est, à proprement parler, le terme de son autorité, suivant le droit romain. Jusqu'à cet âge, le mineur n'a ni la capacité, ni l'habilité nécessaire pour nommer ses officiers, ou pour leur donner des provisions.

Mais après la puberté du mineur, la plupart des auteurs pensent que le mineur peut lui-même conférer les *offices*, sur l'avis de son tuteur ou curateur, en en prenant conseil. Cette opinion a néanmoins été combattue par Dumoulin, qui n'a pas fait difficulté de la traiter d'absurde. Il seroit peut-être conforme à l'esprit de notre droit françois, d'attribuer cette capacité à la majorité féodale, plutôt qu'à l'âge de puberté. (*M. Garran de Coulon, avocat au parlement.*)

Office semestre, est celui dont les fonctions ne s'exercent que pendant six mois de l'année.

Office surnuméraire, est lorsque le roi donne à quelqu'un une commission ou des provisions pour exercer le premier *office* qui sera vacant, & que cet officier est couché sur l'état sans avoir néanmoins aucuns gages. *Voyez* Loiseau, *des offices*, *livre 1, chap. ij, n. 32.*

Office triennal, est celui dont les fonctions ne s'exercent que de trois années l'une. Il y a eu beaucoup de ces *offices* créés en divers temps pour ce qui a rapport aux finances, mais la plupart ont été réunis ou supprimés.

Office vacant, est celui qui n'est point rempli, soit que le titulaire en soit décédé, ou qu'il ait donné sa démission, ou qu'il ait résigné en faveur d'un autre. L'*office* est vacant jusqu'à ce que le résignataire ait obtenu son *soit-montré*, & qu'il ait été reçu.

Office vénal, est celui que le roi a donné moyennant finance, & qu'il est permis au titulaire de revendre à un autre. L'*office* non vénal est celui que l'on ne peut transmettre à prix d'argent. *Voyez* ce qui a été dit *ci-devant* des *offices en général*.

Office de ville, est celui qui a rapport au gouvernement d'une ville. *Voyez* Office municipal.

Office civil, est une fonction publique qui ne peut être remplie que par un homme, telle que la tutelle qu'on ne défère qu'à des mâles, excepté la mère & l'aïeule qui y sont admises, par la grande confiance que l'on a en la tendresse qu'elles ont ordinairement pour leurs enfans & petits-enfans. *Voyez* Tutelle.

La pairie est aussi un *office* civil; il y a pourtant eu des pairies femelles. *Voyez* Pairie. (*A*)

Office, (*d'*) terme de Pratique. *Ex officio*, se dit lorsque le juge ordonne quelque chose de son propre mouvement, soit qu'il n'y ait point de parties pour requérir, soit qu'aucune des parties n'ait requis ce qu'il ordonne. Les juges ordonnent une enquête d'*office* pour éclaircir quelque fait; ils nomment des experts d'*office* pour les parties qui n'en nomment pas.

On appelle *office du juge* tout ce qui touche sa fonction & le devoir de sa charge. *Voyez* Juge. (*A*)

OFFICIAL, s. m. (*Jurispr. eccl.*) ce mot, pris du terme latin *officialis*, terme générique dans cette langue, n'est employé dans la nôtre qu'à désigner le juge ecclésiastique délégué par un prélat ou par un corps, soit séculier, soit régulier, pour exercer en leur nom la jurisdiction contentieuse attachée & appartenante au prélat, ou au corps qui le commettent.

Nous examinerons ici, 1°. l'établissement des *officiaux*; 2°. les droits & les obligations des prélats & des corps, relativement à l'établissement des officiaux; 3°. les différentes espèces d'*officiaux*; 4°. les qualités qu'ils doivent avoir.

§. I. *Etablissement des officiaux.* On pense assez communément, & l'auteur de l'ancienne & nouvelle discipline de l'église, *quatrième partie, liv. 1, chap. 26*, a suivi cette opinion, que les *officiaux* ne furent établis dans l'église de France, comme dans les autres, que vers la fin du treizième siècle. Ce sentiment est fondé sur ce qu'il n'est fait aucune mention des *officiaux* dans la collection des décrétales, publiée en 1230, trois ans après l'élévation au pontificat de Grégoire IX, qui l'avoit ordonnée. Mais on en fit mention dans le texte publié par Boniface VIII, qui occupoit le saint-siège sur la fin du treizième siècle, & le commencement du quatorzième, d'où les auteurs concluent que l'établissement des *officiaux* ne s'est fait que dans le temps intermédiaire, entre le pontificat de Grégoire IX & celui de Boniface VIII.

Cependant il seroit difficile de concilier cette opinion sur l'époque de l'établissement des *officiaux*, au moins pour ce qui regarde la France, avec ce qui nous reste des monumens historiques à ce sujet.

Pierre de Blois, archidiacre de Bathe en Angleterre, qui vivoit du temps du pape Alexandre III, & qu'on croit être mort avant la fin du douzième siècle, adressa une lettre à l'*official* de l'évêque de Chartres. Il y avoit donc de son temps des *officiaux*; on peut même assurer qu'il y en avoit depuis long-temps. En effet, dans cette lettre, Pierre de Blois représente en termes très-énergiques, les excès que l'on reprochoit alors aux *officiaux*; & l'on ne doit pas croire que les désordres aient suivi de si près l'établissement. Il paroît donc que cet établissement des *officiaux* étoit bien antérieur au temps de cet écrivain.

Nous voyons même, dans le septième canon d'un concile de Tours, de l'an 1163, des reproches très-graves contre des évêques, qui retiroient tous les ans une redevance de leurs officialités; ce qui en feroit encore remonter l'institution plus haut. Un autre concile de Tours, en 1231, un troisième, en 1236, & un quatrième, en 1239, présentent aussi des réglemens relatifs aux *officiaux*.

Leur origine en France a donc de beaucoup précédé le pontificat de Grégoire IX : mais à quelle époque précise faut-il la placer? il seroit difficile de la déterminer; le fait n'est pas assez intéressant par lui-même, pour engager à de plus longues recherches, dans un ouvrage sur-tout de la nature de celui-ci.

Les motifs de cet établissement se découvrent plus aisément, & sont bien plus certains. On sait qu'indépendamment des causes spirituelles, dont la connoissance & la décision appartient de droit à la puissance ecclésiastique, les évêques, dans les premiers siècles, étoient les arbitres charitables dans la plupart des contestations qui s'élevoient entre leurs diocésains, même pour des affaires civiles, & pour des intérêts purement temporels, persuadés qu'arrêter & éteindre des procès, c'étoit prévenir & épargner bien des fautes, & quelquefois des crimes ; les plus grands évêques de l'antiquité se faisoient un devoir de donner à ce soin un tems considérable. La sagesse & l'équité de leurs jugemens leur concilièrent la plus grande vénération ; les empereurs chrétiens, &, à leur exemple, les autres princes, les favorisèrent de tout leur pouvoir ; ils en appuyèrent l'exécution de toute leur autorité ; l'église acquit ainsi des tribunaux, avec l'appareil & les formes judiciaires. Les évêques, chacun dans son diocèse, en étoient les présidens, & même les seuls juges ; leur presbytère leur servoit de conseil ; mais ils prononçoient ensuite seuls, d'après leurs lumières, & selon leur conscience.

A mesure que la jurisdiction ecclésiastique s'étendoit, & que l'exercice en devenoit par conséquent plus difficile & plus laborieux, le zèle des prélats se refroidissoit. Ils ne cherchèrent qu'à se décharger de la fonction de juges, qui leur étoit si honorable, & dont ils pouvoient rendre l'usage si précieux à leurs justiciables ; ils commirent bientôt ce soin à des ecclésiastiques de leurs diocèses. Il y eut même de ces prélats, comme nous l'apprenons du premier des conciles de Tours, qui voulurent s'en faire un moyen d'augmenter leurs revenus, & qui ne rougirent pas de mettre en ferme & de donner, en quelque sorte, au plus offrant, leurs officialités. C'est le nom que l'on donna dès-lors aux tribunaux où s'exerçoit la jurisdiction contentieuse des prélats ou corps ecclésiastiques séculiers ou réguliers. Les fermes des officialités furent abolies ; mais les officialités & les officiaux restèrent. L'usage même a tellement prévalu à cet égard, qu'on ne permettroit plus aux prélats de se ressaisir de l'exercice de cette jurisdiction, dont ils se sont autrefois volontairement dépouillés ; à l'exception de quelques diocèses de Provence, dont les évêques se sont maintenus dans la possession de siéger & de juger par eux-mêmes dans leur officialité, on déclareroit abusives les sentences que les prélats essaieroient aujourd'hui de rendre par eux-mêmes en matière contentieuse. Ils ne peuvent pas plus exercer actuellement leur jurisdiction en cette partie, que les seigneurs hauts-justiciers, & il faut nécessairement qu'ils la commettent à d'autres.

Quelques prélats paroissent en avoir conservé une ombre, par l'usage où ils sont de siéger une fois au commencement de leur prélature. Mais on chercheroit en vain dans les registres de l'officialité, des traces de leurs sentences ; ils ne jugent que pour la forme, & on ne leur présente à décider que des causes imaginaires, entre des contendans factices.

§. II. *Droits & obligations des évêques, pour l'établissement des officiaux.* Cet article présente deux objets, qui paroissent d'abord opposés : d'une part, la liberté des prélats, & de l'autre, l'obligation

où ils peuvent être par rapport à l'établissement des officiaux : mais quand on parle de leur liberté à cet égard, il ne s'agit que de leur droit, dans le cas où leurs diocèses sont entièrement renfermés dans le ressort d'un même parlement ; & l'on demande si, dans ce cas, un évêque peut établir à son gré plusieurs officiaux pour son diocèse, comme il peut établir plusieurs vicaires-généraux. Quand au contraire on parle de leur obligation, on envisage le cas où le même diocèse se trouve divisé entre différens ressorts de parlemens ou de cours supérieures ; & il s'agit de savoir si les évêques sont alors forcés d'établir des officiaux pour les districts de leurs diocèses, qui ressortissent à un autre parlement que celui dont relève l'officialité diocésaine.

Comme la jurisdiction contentieuse des prélats, & sur-tout le droit de l'exercer publiquement, n'est qu'une concession des souverains, qui ont voulu donner cette autorité & cet état à l'église, c'est aussi par les loix des souverains, & par la jurisprudence établie dans leurs états, que l'exercice de cette jurisdiction est réglé & déterminé ; quant à la forme & à la manière, c'est aux ordonnances, aux arrêts, & à l'usage qu'il faut avoir recours.

D'abord, quant aux droits qu'ont les prélats, d'établir un ou plusieurs officiaux, pour l'exercice de leur jurisdiction contentieuse, nous ne connoissons ni déclarations, ni arrêts de réglement, qui aient restreint ou modifié leur liberté à cet égard.

Si nous consultons l'ancien usage, nous trouverons que, pendant le quatorzième siècle, il étoit assez ordinaire que dans les grands diocèses les prélats établissent plusieurs officiaux, pour la plus grande commodité des habitans. Ce fut même le sujet du seizième article des plaintes que M. Pierre de Cugnieres, ou Congnieres, avocat-général au parlement de Paris, porta, en 1329, au roi Philippe VI, contre les entreprises du clergé, & qui donnèrent lieu à la fameuse dispute entre ce magistrat & le cardinal Bertrand, évêque d'Autun. Les prélats, disoit M. l'avocat-général, ont une grande multitude d'officiaux ; & cependant, ajoutoit-il, il ne devroit y avoir qu'un siège & un tribunal dans chaque diocèse. Le cardinal Bertrand, dans sa réponse, convient du fait ; mais il nia la maxime de M. de Cugnieres, & donna quelques raisons de convenance, pour justifier la conduite & l'usage des prélats sur ce point.

On ne voit pas au reste, que ni l'accusateur, ni le défenseur du clergé, se soient appuyés sur aucune loi ; il n'y en avoit donc point alors, comme il n'y en a point encore à ce sujet ; d'où l'on peut inférer que l'établissement de plusieurs officiaux dans un même diocèse, ne parut pas alors, & n'a pas paru depuis, entraîner de grands inconvéniens.

Quelques diocèses, où il y a d'autres villes considérables que celle où se trouve le siège épiscopal, ont conservé la coutume d'avoir plusieurs officialités : outre celle qui est établie à Bayeux, il

en exifte une feconde à Caen, pour le même diocèfe, quoique les deux villes, comme tout le
diocèfe, reffortiffent au parlement de Rouen. Dans
le diocèfe de Coutances, on voit de même trois
officialités ; la première, à Coutances ; la feconde,
à Saint-Lô ; la troifième, à Vallogne ; toutes les
trois fans fubordination de l'une à l'autre. M. l'é-
vêque de la Rochelle eft auffi en poffeffion d'avoir
à Fontenay un fiège d'officialité, indépendamment
de celui de la ville épifcopale. Si la multiplicité des
officiaux dans un même diocèfe, & dans le reffort
d'un même parlement, étoit par elle-même abufive, on n'auroit pas laiffé fubfifter ces établiffemens. On en peut donc conclure que cette multiplicité n'a par elle-même rien de contraire à notre
droit public.

Cependant, comme l'ufage le plus généralement
fuivi, & qui paroît ainfi former le droit commun,
eft qu'il n'y ait qu'un *offical* pour chaque diocèfe,
un évêque ne pourroit aujourd'hui, fans de fortes
raifons, & fans beaucoup de formalités, entreprendre d'établir un fecond fiège d'officialité dans
fon diocèfe.

M. l'évêque de Langres ayant, à la fin du feizième fiècle, cru pouvoir ériger une nouvelle officialité à Muffy-l'Evêque, ville de fon diocèfe, à
douze lieues de la ville épifcopale, & dans le même
reffort, l'*offical* de Langres en interjetta appel
comme d'abus au parlement de Paris : en vain,
de la part du prélat, on repréfenta qu'il n'avoit en
cela cherché que le plus grand bien, & le foulagement des habitans de fon diocèfe, en leur procurant une expédition plus prompte & moins
difpendieufe ; que dans un auffi grand diocèfe,
l'éloignement de la ville épifcopale jettoit les jufticiables dans de grands frais, quand ils étoient obligés de venir y fuivre leurs caufes ; que d'ailleurs
l'*offical* n'étoit point prélat, mais fimplement un
vicaire & délégué de l'évêque, pour exercer fa
jurifdiction, & que les vicaires des évêques peuvent être multipliés, fans qu'il y ait aucune fuite
fâcheufe à craindre pour l'état ni pour l'églife.
Malgré toutes ces confidérations, par arrêt du 24
avril 1600, la cour, fur les conclufions de M. l'avocat-général Servin, déclara que l'établiffement de
l'*offical* à Muffy-l'Evêque avoit été mal, nullement
& abufivement fait par l'évêque de Langres, lui
fit défenfe d'y faire exercer l'officialité, & ordonna
que l'*offical* ne feroit établi qu'à Langres, & non
ailleurs.

Point de loi, point d'arrêt de réglement antérieur, n'ayant fait aucune défenfe aux évêques
d'établir plus d'un *offical* dans chaque diocèfe ; on
ne voit point fur quel fondement le parlement a
pu déclarer nulle & abufive l'érection d'une feconde
officialité dans le diocèfe de Langres, fi ce n'eft
que cette érection important l'exiftence d'un nouveau tribunal, la cour aura penfé qu'un pareil établiffement ne devoit ni ne pouvoit être fait dans
le royaume fans l'approbation & l'autorité fpéciale

du fouverain. En effet, Tournet & Chopin, qui
ont recueilli cet arrêt, ne difent pas que l'évêque
de Langres eut obtenu des lettres-patentes, pour
autorifer l'établiffement qu'il avoit entrepris. Tout
porte à croire que ce défaut fournit le vrai motif
de la condamnation prononcée contre ce prélat. Si
un évêque croyoit néceffaire de multiplier les officialités dans fon diocèfe, il faudroit s'adreffer au
roi, pour en obtenir des lettres-patentes qui l'au-
torifaffent à faire l'établiffement projeté, & qu'enfuite ces lettres-patentes fuffent préfentées au parlement dans le reffort duquel fe trouveroit le diocèfe. Avec ces précautions, il y a tout lieu de
croire que les prélats n'éprouveroient aucune difficulté.

Tels font à cet égard les droits des évêques :
examinons à préfent leurs obligations.

D'après ce qui a été dit plus haut, on fent que
les évêques en France font obligés, non-feulement
d'avoir des officialités dans leurs diocèfes, mais d'y
établir des *officiaux* qui y rendent la juftice, puifqu'ils ne peuvent remplir eux-mêmes la fonction
de juges.

Mais, indépendamment de cette officialité ordinaire, il y a des circonftances où les prélats doivent établir une feconde ou plufieurs officialités,
indépendantes les unes des autres ; c'eft lorfqu'un
même diocèfe s'étend dans le reffort de plufieurs
parlemens ; il faut alors que dans le canton qui
reffortit pour le civil d'un autre parlement que la
ville épifcopale, l'évêque inftitue une officialité
& un *offical*, afin que les diocéfains de ce canton
aient, pour les affaires foumifes à la jurifdiction de
l'églife, des juges, contre les fentences defquels ils
puiffent, fi le befoin le demande, fe pourvoir par
la voie d'appel comme d'abus, pardevant les juges
naturels, & qu'ils ne foient point expofés à fe voir
diftraits de leur reffort ordinaire.

C'eft la difpofition textuelle de l'article 31 de
l'édit du mois d'avril 1695, concernant la jurifdiction eccléfiaftique ; il eft conçu en ces termes : « les
» archevêques & évêques ne feront tenus d'établir
» des vicaires-généraux, mais feulement des *offi-
» ciaux*, pour exercer la jurifdiction contentieufe
» dans les lieux de leurs diocèfes ou provinces qui
» font du reffort d'un parlement autre que celui
» dans lequel eft établi le fiège ordinaire de leur
» officialité ».

Cet article n'avoit fait que renouveller les difpofitions du foixante-feizième de l'ordonnance de
Moulin, en levant l'équivoque qui pouvoit réfulter
des termes de *vicaires-généraux*, dont elle s'étoit
fervie, fuivant l'ufage du temps, pour défigner ceux
que nous nommons *officiaux*, & à qui, dans ce
temps, on donnoit le nom commun de *vicaires-généraux*, qui peut en effet leur convenir également,
puifqu'ils repréfentent les évêques pour la jurifdiction contentieufe, comme les vicaires-généraux
les repréfentent pour la jurifdiction gracieufe &
volontaire ; mais l'ufage a laiffé ce nom aux der-

niers, & a affecté aux premiers le nom d'*officiaux*.

Ainsi, l'article 76 de l'ordonnance de Moulins, portant en général, « sur la remontrance d'aucun » de nos parlemens, admoneftons, & néanmoins » enjoignons à tous archevêques & métropolitains » bailler leur vicariat à perfonnes conftituées en » dignité eccléfiaftique, réfidant dans le reffort de » nos parlemens, pour y avoir recours quand be- » foin fera, & ce fous peine de faifie de leur tem- » porel ».

On auroit pu en inférer, 1°. que les archevêques & les primats feulement étoient affujettis à cette obligation ; 2°. qu'ils y étoient obligés, tant pour l'exercice de la jurifdiction volontaire, que par celui de la jurifdiction contentieufe.

L'édit de 1695 a levé ces deux difficultés, en étendant, d'une part, aux evêques ce que l'ordonnance de Moulins n'avoit dit que des archevêques & métropolitains ; d'une autre part, en reftreignant l'injonction à ce qui regarde les *officiaux* & l'adminiftration de la jurifdiction contentieufe.

Avant l'édit de 1695, & avant l'ordonnance de Moulins, François I en avoit rendu une particulière, le 19 mars 1542, pour obliger M. l'archevêque de Bordeaux d'établir un *official* métropolitain à Poitiers, pour y juger les appels interjettés des fonctions des *officiaux* de Poitiers, Maillezais, Luçon & Angoulême, *quant aux parties & chofes des diocèfes qui feront du reffort du parlement de Paris.*

On a plufieurs arrêts des parlemens de Paris & de Dijon, qui, foit avant, foit depuis l'ordonnance de Moulins, ont ordonné que les archevêques ou evêques établiroient des officialités & des *officiaux* pour certains cantons & diftricts de leurs diocèfes ou métropoles. Rebuffe, dans fon commentaire fur le concordat, titre *de frivolis appellationibus* §. *fi quis*, parle d'un arrêt du parlement de Paris, du 13 avril 1517, contre l'evêque de Toul, qui refufoit d'établir un *official* dans le canton de fon diocèfe, qui s'étend dans le duché de Bar, & qui fe trouve dans le reffort du parlement ; & d'un autre arrêt de la même cour, du 7 mai 1734, qui juge que les parties citées pardevant des *officiaux* établis hors du reffort du parlement, ne font point obligées de déférer à ces citations, & les en décharge.

Le même auteur, dans fa pratique, fous le titre *de formâ vicariatûs*, n°. 58, indique un troifième arrêt du même parlement, rendu le 15 décembre 1524, par lequel il fut ordonné que M. l'archevêque de Bordeaux nommeroit des vicaires dans Poitiers, pour juger des appels des juges des églifes fuffragantes, qui étoient du reffort du parlement de Paris, & cela à raifon des appels comme d'abus, auxquels les fentences de ces juges métropolitains pouvoient donner lieu, lefquels appels ne devoient être relevés qu'en la grand'chambre du parlement de Paris ; *& hoc propter appellationes de abufu*, ajoute Rebuffe.

Ce fut vraifemblablement le refus que firent MM. les archevêques de Bordeaux, de fe conformer aux difpofitions de cet arrêt, qui détermina le parlement à demander au roi François I l'ordonnance dont nous avons parlé plus haut, du 19 mars 1542, pour faire enjoindre à ces prélats ce que l'arrêt leur avoit déjà prefcrit. Deux ans après, & le 27 mai 1544, le parlement rendit un nouvel arrêt contre le même archevêque, qui n'avoit pas encore fatisfait au précédent arrêt, ni à l'ordonnance de François I, & prononça la faifie de fon temporel jufqu'à ce qu'il eût pleinement obéi.

Fevret, dans fon *traité de l'abus, liv. 3, chap. 9, n°. 9,* obferve que, par arrêt du même parlement, de l'année 1569, M. l'électeur & archevêque de Trèves, comme métropolitain de Toul, & M. l'evêque de Toul, furent condamnés chacun à nommer des *officiaux* dans la province de Bar, pour juger, tant en première qu'en feconde inftance, les caufes eccléfiaftiques des habitans du Barrois. Le même auteur, n°. 7, fait mention d'un autre arrêt du même parlement, contre M. l'evêque d'Autun, dont le diocèfe comprend la ville de Moulins, & une partie du Bourbonnois, qui font du reffort du parlement du Paris, tandis qu'Autun & le refte du diocèfe, font dans le reffort du parlement de Dijon.

Au chapitre précédent du même livre, & dans le troifième chapitre du livre neuvième du même traité, Fevret rapporte plufieurs arrêts du parlement de Dijon, rendus fur ces mêmes motifs, & qui renferment de femblables difpofitions contre MM. les archevêques de Lyon & de Befançon, & les evêques de Langres & de Geneve, dont les diocèfes s'étendent dans le reffort de ce parlement.

La jurifprudence eft ainfi fur ce point parfaitement d'accord avec les ordonnances ; elle paroît même y avoir fervi de fondement. Les canoniftes en apportent plufieurs raifons : la feule véritable eft celle que nous avons indiquée d'abord, & qui a fervi de motif à l'arrêt de 1524, contre M. l'archevêque de Bordeaux, c'eft-à-dire, afin qu'en cas d'appel comme d'abus, ou de déni de juftice, les jufticiables ne fuffent point obligés de recourir à des juges étrangers.

Si les prélats perfiftoient, malgré les arrêts du parlement, à ne point vouloir établir d'*officiaux* pour les diftricts qui font d'un autre reffort que la ville épifcopale, quelquefois les parlemens permettent aux parties de demander à Rome des juges délégués *in partibus*, ou même de s'adreffer au plus prochain evêque ou métropolitain du reffort : c'eft le parti que prit en 1544 le parlement de Paris, dans l'arrêt qu'il rendit contre M. l'archevêque de Bordeaux : quelquefois, & fur-tout lorfque les caufes font urgentes, les cours de parlement nomment elles-mêmes un *official*, pour connoître des affaires ; les prélats auroient tort de s'en plaindre, puifque les parlemens ne font en cela que fuppléer leur négligence.

Il peut cependant y avoir de folides raifons pour
difpenfer

dispenser les archevêques & évêques d'établir des officialités & des *officiaux* dans les cantons de leur diocèse, qui sont dans un autre ressort que la ville épiscopale ou métropolitaine. Par exemple, si ces districts sont peu considérables, si l'on n'y peut aisément trouver des personnes dont on auroit besoin pour composer le tribunal de l'officialité, s'il n'y en a jamais eu, s'il y a peu de distance de ces cantons au siège de l'officialité ordinaire, on sent combien, dans tous ces cas, l'établissement d'une officialité particulière deviendroit difficile & inutile.

Ce fut sur ces motifs que, d'après un arrêt du parlement de Grenoble, du 9 mars 1679, qui exhortoit M. de Villeroy, archevêque de Lyon, à nommer un *official* forain pour la partie de son diocèse qui est du ressort de ce parlement, pour y exercer la jurisdiction contentieuse, ce prélat se pourvut pardevant le souverain, & obtint un arrêt du conseil en date du mois d'octobre de la même année, & revêtu de lettres-patentes, par lequel il est ordonné que les procès des ecclésiastiques des paroisses du diocèse de Lyon, qui sont du ressort du parlement de Grenoble, ensemble toutes procédures sur rescrits du pape, continueront à être instruits & jugés à l'avenir, comme elles l'ont été par le passé, par l'*official* de l'archevêque de Lyon, sans préjudice néanmoins des appellations comme d'abus qui seront interjettées des jugemens rendus en ladite officialité, de la part des ecclésiastiques demeurans ès paroisses du ressort dudit parlement de Grenoble, lesquelles appellations seront jugées audit parlement de Grenoble.

Ces lettres-patentes & arrêts furent enregistrés au même parlement, sur le réquisitoire de M. le procureur-général, & de l'avis des chambres, par arrêt du 22 novembre 1679.

L'auteur des mémoires du clergé, après avoir rapporté ces arrêts & ces lettres-patentes, *tome 7, page 225 & suivantes*, observe un défaut qui s'y rencontre, & qui ne peut être l'effet que de l'inattention du rédacteur; c'est qu'il n'y est fait mention que des causes des personnes ecclésiastiques, en sorte qu'en prenant à la lettre & à la rigueur les dispositions de l'arrêt & des lettres-patentes, il sembleroit que l'*official* de Lyon n'ait point reçu d'attribution pour les causes appartenantes à la jurisdiction ecclésiastique, qui pourroient s'élever entre des laïques. Il ne paroit pas cependant qu'il se soit, depuis cet arrêt jusqu'à présent, élevé la moindre difficulté à ce sujet, & que les personnes laïques de ces cantons & districts, sans être nommées dans cet arrêt & ces lettres-patentes, s'y sont crues désignées & comprises.

Dix-sept ans après, M. de Saint-George, archevêque de Lyon, sur de semblables motifs, obtint de pareilles lettres-patentes, pour faire autoriser son *official* métropolitain à juger les appels des sentences des *officiaux*, relevant tant de sa métropole que de sa primatie, qui se trouvent dans le ressort du parlement, à la charge que les appellations

comme d'abus, s'il y en avoit d'interjettées de ces sentences, le seroient au parlement de Dijon.

On a, dans ces lettres-patentes, évité le défaut que les mémoires du clergé reprochent aux précédentes : le roi statue & ordonne que les appellations simples des sentences rendues, tant en matière civile que criminelle, par les *officiaux* ordinaires & métropolitains, concernant les ecclésiastiques, & autres personnes du ressort du parlement de Dijon, seront jugées par l'*official* de la primatie de Lyon.

M. l'évêque du Puy avoit, dès 1658, obtenu de semblables lettres-patentes pour la partie de son diocèse qui ressortit au parlement de Paris : en 1694, M. l'évêque de Nantes en obtint aussi pour quelques cantons de son diocèse, qui sont du ressort du même parlement de Paris : enfin, il y a eu de pareilles lettres-patentes obtenues par M. l'archevêque de Rouen, pour attribuer à son *official* de Rouen la connoissance & le jugement des causes du comté d'Eu, quoique ce comté relève, pour le ressort de la jurisdiction temporelle, du parlement de Paris.

Toutes ces lettres-patentes sont accordées sur quelques-uns des motifs ci-dessus allégués ; elles contiennent toutes la réserve des appels comme d'abus aux parlemens où les districts ressortissent ; & tous les prélats, qui se sont crus fondés à demander de pareilles dispenses, ont toujours eu soin de les faire entériner & homologuer à ces mêmes parlemens ; elles n'auroient pu autrement avoir d'exécution.

Au moyen de la réserve qu'on a faite aux parlemens, de la connoissance des appels comme d'abus interjettés par des parties de leurs ressorts, des sentences rendues entre ces parties, par des juges ecclésiastiques d'un ressort étranger, on a tout à la fois conservé les droits de chacune des deux jurisdictions, & pourvu à l'avantage des parties.

§. III. *Des differentes espèces d'officiaux.* Cet article n'exige qu'une simple exposition des termes.

L'*official* est un ecclésiastique commis par un prélat ou par un corps, soit séculier, soit régulier, pour exercer la jurisdiction contentieuse qui leur appartient : or, la hiérarchie ecclésiastique ayant admis différens degrés de jurisdiction, & une subordination entre les évêques, quoique par le caractère ils soient tous égaux, cette subordination & ces différens degrés de jurisdiction ont aussi fait établir différens *officiaux*.

Ainsi, l'on appelle *official* diocésain, celui auquel un simple évêque a donné la commission de connoître des causes nées dans son diocèse, & de les décider.

On appelle *official* métropolitain, celui qu'un archevêque a constitué pour juger des appellations simples des sentences émanées des *officiaux* des évêques ses suffragans.

L'*official* primatial est celui qu'un archevêque jouissant du titre & des droits de primat, a commis

pour connoître des appellations simples des jugemens rendus par les *officiaux* métropolitains des
archevêques qui relèvent de sa primatie.

Ainsi, un archevêque peut avoir deux *officiaux*,
un *official* diocésain pour son diocèse particulier,
& un *official* métropolitain pour les appels interjettés
des sentences de ses suffragans. Le primat, par la
même raison, peut en avoir trois ; l'*official* diocésain, l'*official* métropolitain, & l'*official* primatial.
Il est libre aux archevêques & aux primats de réunir
ces deux ou trois places sur une même tête, ou d'en
revêtir trois différens sujets.

Outre ces *officiaux* diocésain, métropolitain &
primatial, on a vu dans le paragraphe précédent,
que les évêques, archevêques & primats pouvoient, si le roi ne jugeoit pas à propos de les en
dispenser, être obligés d'établir des *officiaux* pour
les districts de leurs évêchés, métropoles ou primaties qui se trouvoient hors des ressorts des parlemens dont relevoient les villes où étoient établis
des sièges des officialités ordinaires de ces évêques
ou archevêques. On a donné à ces *officiaux* établis
hors des villes épiscopales, le nom d'*officiaux* forains, pour les distinguer des *officiaux* diocésains
ordinaires, qui ont leurs sièges dans ces villes. Mais
il ne faut pas confondre ces *officiaux* forains établis
dans quelques districts particuliers, à raison du ressort différent de ce district, avec les *officiaux* forains
dont parlent beaucoup d'anciens canonistes. Ces
derniers *officiaux* n'avoient qu'une jurisdiction subordonnée à celle de l'*official* principal, & limitée
à la connoissance de certaines causes ; ils étoient
comme des premiers juges, dont on appelloit pardevant l'*official* principal du diocèse : au lieu que
les *officiaux* forains établis dans quelques cantons
particuliers, pour raison de la différence des ressorts
des parlemens, jouissent, dans ces cantons, de la
même étendue de jurisdiction dont l'*official* diocésain jouit dans tout le reste du diocèse, & sans
aucune dépendance de cet *official*, qui ne pourroit
sans abus entreprendre de connoître des contestations nées dans ces districts, ou des sentences rendues par l'*official* forain, dont il n'est point le supérieur.

Il arrive quelquefois que l'*official* diocésain, métropolitain ou primatial, se déporte de lui-même,
ou bien est récusé par l'une des parties, soit pour
cause de parenté, ou par quelque autre motif légal.
Alors il est d'usage que les évêques, archevêques
ou primats, donnent une commission particulière
à quelque ecclésiastique constitué en dignité, pour
connoître de la cause, l'instruire & la juger. On
appelle *official ad hoc*, celui qui est revêtu d'une
pareille commission. Il faut, on le sent, que les
causes de déport ou de récusation soient graves,
sérieuses & valables, qu'elles soient exposées à
l'évêque par l'*official* qui veut se déporter, ou par
la partie qui le récuse, & que l'évêque en fasse
mention dans la commission qu'il fait délivrer à
l'*official* qu'il substitue pour cette cause ; sans cela

la commission pourroit être attaquée, & seroit proscrite vraisemblablement comme abusive. L'*official*
dépouillé seroit en droit de se plaindre : on a vu
plus haut qu'un *official* diocésain de Langres avoit
appellé comme d'abus de l'érection d'une seconde
officialité que M. l'évêque de Langres vouloit établir dans son diocèse, & que son appel fut accueilli
favorablement par le parlement de Paris, qui, par
son arrêt, déclara qu'il y avoit abus.

Nous n'avons rien de particulier à faire observer
sur les *officiaux* que plusieurs chapitres, & quelques
abbayes, ont droit & sont obligés de commettre
pour exercer la jurisdiction contentieuse, qui appartient à ces chapitres ou abbayes. Ces *officiaux* ont
les mêmes droits dans leurs districts, que les *officiaux* diocésains dans les diocèses.

§. IV. *Qualités que doivent avoir les officiaux*. 1°. Il
faut que l'*official* soit françois ; nos ordonnances &
notre usage ne permettant pas à des étrangers d'exercer en France aucune jurisdiction. Si l'on ne souffre
pas que pour décider les contestations nées dans le
royaume, lorsqu'elles lui sont dévolues par la voie
de l'appel, le pape donne des commissaires étrangers, & qui ne résident pas sur les lieux, encore
moins permettroit-on que les évêques du royaume
confiassent l'exercice de leur jurisdiction à des ecclésiastiques qui ne seroient pas françois. C'est une des
dispositions de l'édit donné au mois de septembre
1554, par Henri II, à Villers-Coterets : « seront
» tenus (les prélats) faire & créer lesdits vicaires-
» généraux & *officiaux*, d'aucuns de notre royau-
» me, à peine de saisissement de leur temporel ».

2°. Suivant la disposition de l'article 45 de l'ordonnance de Blois, l'*official* doit être prêtre. « Nul,
» porte cet article, ne pourra être vicaire-général
» ou *official* d'aucun archevêque ou évêque, s'il
» n'est gradué & constitué en ordre de prêtrise ».

Cette ordonnance n'a fait en cela que se conformer à la disposition du canon *omnis oppressus 2*,
*quæst. 6, de clericorum causis sacerdotali tantùm judicio
disceptandis*, & que remplir les vœux des différens
conciles.

Il peut, après cela, paroître étonnant que la
chambre ecclésiastique des états du royaume, assemblés en 1614, se soit contentée de dire, dans
son réglement spirituel, *article 15* : « les *officiaux*
» & promoteurs seront gradués ès droits, & per-
» sonnes de savoir & probité reconnue, & con-
» stituées aux ordres sacrés, s'il est possible ». On
avoit, il est vrai, autrefois douté si des laïques pouvoient exercer les fonctions d'*officiaux* & de promoteur, & les paroles d'un concile tenu à Bourges
en 1584, sembloient favoriser ce doute. Mais il est
aisé de sentir que si, parmi les causes qui sont de
la compétence des *officiaux*, il s'en rencontre plusieurs qui pourroient être laissées à la connoissance
& à la décision des laïques, il en est bien d'autres
dont le jugement ne peut convenir & ne doit être
attribué qu'à des ecclésiastiques, & même à des
prêtres : telles sont celles qui peuvent donner lieu

à des excommunications, des interdits, des sufpenfes, &c. Auffi tous les docteurs fe réuniffentils en faveur des *officiaux* conftitués dans les ordres facrés, & c'eft avec raifon que l'ordonnance de Blois veut qu'ils foient prêtres.

Chopin, dans fon deuxième livre *de polit. facrâ; tit. 3, n°. 8*, cite un arrêt du parlement de Paris, du jeudi 9 janvier 1603, qui, fur l'appel comme d'abus des procédures d'un *official* d'Angers, non promu à l'ordre de prêtife, ordonna que cet *official* s'y feroit promouvoir dans trois mois, & en certifieroit la cour, & jufqu'à ce l'interdit de tout exercice des fonctions de fon état.

Par arrêt du 15 mai 1608, le parlement de Touloufe déclara qu'il n'entendoit, pour aucunes caufes & confidérations, empêcher que la procédure faite par un fieur Deliguier, chanoine & *official* de Carcaffonne, ne forte fon plein & entier effet, quoique ce fieur Deliguier eût négligé de fe faire promouvoir à la prêtife, malgré un arrêt de la même cour, qui le lui enjoignoit, & lui faifoit inhibitions & défenfes de remplir les fonctions d'*official*, jufqu'à ce qu'il eût fatisfait à l'injonction : mais en même tems le parlement fait inhibitions & défenfes aux archevêques & évêques de fon reffort, de pourvoir aucun de la charge d'*official*, qu'il ne foit actuellememt prêtre, conformément aux ordonnances & arrêts de la cour, à peine de nullité.

Il eft donc indifpenfable d'être élevé à l'ordre de prêtife, pour être pourvu de la charge d'*official*, ou du moins pour l'exercer.

3°. Il faut être licencié en droit ou en théologie, pour pouvoir exercer les fonctions d'*official*. Différens réglemens des conciles généraux & provinciaux, avoient exigé que les *officiaux* fuffent inftruits & exercés dans la connoiffance des loix; le concile de Tours, en 1224, avoit ordonné, par fon quatrième canon, qu'aucun ne pût être inftitué *official*, s'il n'avoit étudié en droit, ou plaidé des caufes pendant cinq ans; le dernier concile tenu en la même ville l'an 1583, prefcrit de même, *tite 19*, que les *officiaux* foient très-inftruits du droit, fur-tout du droit canonique, mais fans ordonner qu'ils foient gradués, en quoi ce concile fe conformoit aux difpofitions de celui de Trente. Celuici, *feff. 24, chap. 16 de la réforme*, en traitant du gouvernement des diocèfes pendant la vacance des fièges, femble d'abord exiger des grades; il enjoint aux chapitres de nommer des *officiaux*, ou de continuer ceux de l'évêque défunt, pourvu qu'ils foient au moins docteurs ou licenciés en droit; ce qui paroîtroit exclure tous ceux qui ne font pas revêtus de l'un de ces grades; mais le concile ajoute, ou bien des perfonnes auffi capables que faire fe pourra; d'où il réfulte que, malgré le defir qu'avoit cette affemblée, de ne voir les places d'*officiaux* confiées qu'à des eccléfiaftiques gradués en droit, elle permet cependant d'en établir d'autres au befoin, & à défaut de ceux-là.

Les loix du royaume n'ont pas porté la com-

plaifance auffi loin. L'ordonnance de Blois, conformément aux vœux de l'affemblée des états généraux, tenus en cette ville en 1576, avoit réglé, *art. 45*, que nul ne pourroit être vicaire-général ou *official* d'aucun archevêque ou évêque, s'il n'étoit gradué. Il paroît que cette défenfe ne fut pas bien exactement obfervée, puifque la chambre eccléfiaftique des derniers états généraux, affemblés en 1614, crut devoir demander à Louis XIII d'ordonner que les *officiaux* & promoteurs fuffent gradués en droit canon; & l'affemblée elle-même demanda la même chofe, par rapport aux juges, que, felon nos libertés, les papes doivent donner en France, pour y juger, les appellations portées au faint-fiège.

Mais l'ordonnance de Blois avoit fimplement exigé qu'on ne pût être vicaire-général ou *official*, à moins d'être gradué, fans fixer en quelle faculté. L'affemblée des états, en 1614, demandoit feulement que les *officiaux*, promoteurs, & les commiffaires apoftoliques délégués juges *in partibus*, fuffent gradués en droit canon, mais fans défigner quel degré elle defiroit dans les juges d'églife.

Louis XIV, par fa déclaration du 26 février 1680, enregiftrée au parlement le 12 avril fuivant, a, fur ce point, établi une règle invariable. Voici la teneur de cette déclaration, dont le préambule annonce toute l'importance.

« Louis, &c... Nous avons toujours confidéré
» comme la principale de nos obligations, celle
» de faire régner la juftice dans nos états; & afin
» de donner, à ceux qui fe deftinent à ce minif-
» tère, le moyen d'acquérir la doctrine & la capa-
» cité convenable, en leur impofant la néceffité de
» s'inftruire des principes de la jurifprudence, tant
» des canons & du droit romain, que du droit
» françois, nous avons, par notre édit du mois
» d'avril dernier, fait les réglemens que nous avons
» crus néceffaires, tant pour le rétabliffement des
» leçons, que pour le tems des études : & bien
» que par icelui notre édit nous ayons expliqué,
» que nul ne pourroit être pourvu d'aucune charge
» de judicature, fans faire apparoir de fes lettres
» de licence, & du ferment d'avocat; néan-
» moins parce qu'il n'a pas été particulièrement
» fait mention des juges que les feigneurs, ayant
» droit de juftice, établiffent dans leurs terres, ni
» des *officiaux* qui font établis par les évêques dans
» leurs diocèfes, & qu'il n'importe pas moins qu'ils
» aient, chacun à leur égard, la doctrine & la
» capacité néceffaires pour leur miniftère; favoir
» faifons, que nous, pour ces caufes & autres à ce
» nous mouvans.... déclarons, ordonnons, vou-
» lons & nous plaît.... qu'aucun eccléfiaftique ne
» puiffe à l'avenir être admis à faire les fonctions
» d'*official*, s'il n'eft licencié en droit, le tout à
» peine de nullité des fentences & jugemens qui
» feront rendus par lefdits.... *officiaux*.... & que
» nos fujets, de quelque qualité & condition qu'ils
» foient, ne puiffent être reçus à prendre aucun

» degré, ni lettres de sciences esdites facultés de
» droit civil & canonique, en vertu des attesta-
» tions d'étude qu'ils auroient obtenues ès royaume
» & pays étrangers, ni pareillement être reçus
» au serment d'avocat, sur les degrés & lettres
» de science qu'ils auroient obtenus dans les mê-
» mes universités étrangères ; mais seront tenus de
» faire les années d'étude, soutenir les actes, &
» faire tout ce qui est porté par notre édit. … Si
» donnons, &c. ».

Par une autre déclaration postérieure, du 22 mai
de la même année, Louis XIV a bien voulu déroger à la précédente, en faveur des docteurs ou
licenciés en théologie des différentes universités du
royaume, & les autoriser à pouvoir, en vertu de
ce degré, & sans être obligé d'en prendre en droit,
exercer les fonctions d'*official*. Le motif de cette
dérogation en faveur des docteurs en théologie, a
été, comme le législateur veut bien nous l'apprendre, que les docteurs en théologie de l'université de Paris sont serment de ne point prendre
de degrés dans les facultés inférieures, & qu'ainsi
en les excluant des fonctions des *officiaux*, par la
raison qu'ils ne seroient point gradués en droit, on
pourroit priver l'église de grands avantages.

L'auteur des mémoires du clergé ne trouve pas
cette raison bien frappante ; il prétend que l'on
s'écarte souvent de ce serment, ou que l'on auroit pu y déroger. L'un & l'autre peuvent être vrais,
mais ils n'ôtent rien au motif de sa force ; c'est une
distinction particulière que le souverain a cru devoir accorder à la faculté de théologie, comme à
la première, & la plus relevée des facultés, de ne
point astreindre ceux qui seroient parvenus à ses
derniers grades, à prendre des degrés dans une
faculté inférieure ; &, par la manière dont cette
exception est exposée & motivée, le souverain
fait assez entendre que son intention est qu'elle
n'ait lieu que par rapport à ceux des docteurs ou
licenciés en théologie, qui, par leur application à
l'étude des loix ecclésiastiques & civiles, seroient
en état de remplir avec succès les fonctions d'*officiaux* : c'est en effet pour ne pas priver les diocèses
des services qu'ils pourroient en retirer, que le
législateur veut que les docteurs ou licenciés en
théologie puissent être revêtus des places d'*officiaux*, & en exercer les fonctions, sans avoir pris
des grades en droit.

Telles sont les qualités requises dans un *official* :
il y en a d'autres qui sont incompatibles avec ce
titre.

D'abord, il est défendu, par plusieurs loix &
ordonnances, aux *officiaux*, d'être ou de se rendre
administrateurs des biens & revenus de l'évêque,
dont ils exercent l'officialité ; la défense devroit
être générale pour toutes les fermes ; car, indépendamment de la crainte qu'on pourroit avoir
qu'un *official*, fermier de son évêque, ne fît servir l'une des places à rendre l'autre plus lucrative & d'un plus grand rapport, on sent assez d'ail-

leurs que les soins de l'administration d'une ferme
ne peuvent guère s'accorder avec l'application que
doit donner un juge à l'examen des affaires pendantes à son tribunal ; la défense faite de réunir
sur une même tête les qualités d'*official* & de fermier de l'évêque, est donc appuyée sur les motifs
les plus sages.

En second lieu, on regarde aussi comme incompatibles, les places d'*official* & de pénitencier : il
n'y a point, il est vrai, de loi précise, & l'on ne
connoît pas d'arrêt qui ait directement prononcé
cette incompatibilité ; mais il n'y en a pas non
plus qui favorise la réunion de ces deux places.
On doit même considérer comme un assez fort
préjugé contre cette réunion, un arrêt rendu au
parlement de Paris, sur les conclusions de M. Servin, le 15 avril 1611, par lequel la cour déclara
qu'il y avoit abus dans la nomination que M. Merou,
évêque d'Angers, avoit faite du sieur Ogier, pénitencier de son église, à la charge de promoteur
de l'officialité de son diocèse. Il fut enjoint par cet
arrêt, au sieur Ogier, d'opter dans un mois entre
les deux places. Il paroît que la cour se détermina
par la crainte, que si le pénitencier étoit promoteur, il ne fût excité à poursuivre les criminels,
d'après les lumières qu'il auroit puisées dans la confession, & à faire ainsi usage dans un tribunal public, de connoissances qu'il n'auroit pourtant reçues que sous le sceau du secret le plus sacré &
le plus inviolable.

Quoique ces motifs aient moins de force par
rapport à l'*official* que par rapport au promoteur,
ils pourroient pourtant encore faire une impression
fâcheuse à l'égard du premier, s'il réunissoit les
fonctions de pénitencier à celles de juge d'église :
il est de la sagesse des prélats de n'y pas donner
lieu, & de la prudence des magistrats de s'y opposer, & de l'empêcher si on le tentoit. Les jugemens qu'ils rendroient pour défendre la réunion
de ces sortes de fonctions, ne porteroient pas sur
leur incompatibilité intrinsèque, mais sur les suites
extérieures de cette réunion, qui sont évidemment
de la compétence des tribunaux séculiers. Il est
étonnant que lors de l'arrêt de 1611, dont on vient
de parler, on ait mis en question, si le parlement
pouvoit prononcer sur cet objet, comme le rapporte l'auteur des mémoires du clergé. La compétence de la cour ne pouvoit être douteuse ; il ne
s'agissoit point de statuer sur le fond même des
pouvoirs du pénitencier & du promoteur, ni sur
l'exercice séparé des fonctions de chacune de ces
places en particulier ; mais sur l'influence que pouvoit avoir l'exercice de ces fonctions réunies dans
la même personne ; ce qui ne regarde que la police
extérieure de l'église, sur laquelle on ne peut disputer un droit d'inspection au prince & aux magistrats, qu'il charge de l'exercer en son nom.

L'article 14 de l'ordonnance donnée par Louis
XIII, en 1629, a défendu aux curés d'accepter
des offices d'*official* ou de promoteur, qui les dis-

penseroient ou détourneroient de la résidence actuelle, avec injonction à ceux qui s'en trouveroient pourvus, d'opter dans trois mois ; & , ce temps passé, elle déclaroit leurs cures vacantes & impétrables. Cette ordonnance fut enregistrée au parlement de Toulouse, malgré l'opposition qu'y avoit formée le syndic du clergé de Languedoc ; d'autres cours souveraines l'enregistrèrent également : les circonstances du temps portèrent le parlement de Paris à ne le faire que dans une forme assez singulière, & en ont fait négliger en cette cour quelques articles : celui dont nous parlons ici porte sur des motifs trop puissans, pour laisser craindre que la singularité de cet enregistrement puisse servir de prétexte pour s'écarter de ses dispositions. Le parlement de Paris n'en déclareroit certainement pas moins abusive la nomination qui seroit faite d'un curé à la charge d'*official*, si la paroisse de ce curé étoit hors de la ville épiscopale, où se tient le siège de l'officialité, à moins que le curé ne prît le parti de se démettre de sa cure : on sent que l'une & l'autre place, demandant une résidence suivie & habituelle, il n'est ni convenable ni permis de les réunir sur une même tête ; autrement les fonctions de l'une ou de l'autre place, & peut-être celles de toutes les deux, en souffriroient ; ce que les loix ne peuvent autoriser.

- Ces raisons n'ont point d'application aux curés des paroisses érigées dans les villes où se trouve établi le tribunal de l'officialité ; l'obligation de la résidence ne peut être un obstacle à ce qu'ils soient chargés des fonctions d'*official*, puisque ces fonctions se doivent exercer dans le même lieu où la loi de la résidence les fixe. Aussi l'édit de 1629 n'a rien prononcé à leur sujet. Mais si l'on examine bien ce qu'exigent d'eux le soin des ames dont ils sont chargés, & les qualités de pères & de pasteurs, dont ils sont revêtus, & qu'ils ne doivent pas porter en vain, il sera difficile de ne pas voir une sorte d'incompatibilité entre ces titres & ceux d'*official* & de juge. Comment allier les devoirs, en quelque sorte opposés, qu'imposent les uns & les autres ? Si cependant un évêque croit devoir faire choix d'un curé pour lui confier l'exercice de sa jurisdiction contentieuse, & que ce curé se détermine à s'en charger, au moins faudra-t-il qu'il s'en déporte, s'il se présente au tribunal des causes entre des habitans de sa paroisse, d'une part, & d'autres habitans du même diocèse, d'autre. On auroit trop lieu d'appréhender que la qualité de paroissiens dans les premiers, ne fît une impression trop avantageuse en leur faveur.

En troisième lieu, nos ordonnances ont fait une défense expresse aux officiers du roi dans les cours souveraines, & tous autres tribunaux de judicature, d'accepter aucune charge de juges d'église, ou des seigneurs, sans une permission expresse du roi.

Dumoulin, dans la troisième partie du style du parlement, intitulée *ordinationes regiæ*, rapporte

l'ordonnance de Charles VI, de 1368, à ce sujet, conçue en ces termes : *volumus & ordinamus quod omnes prælibati seneschalli, ballivi & judices nostri de cætero non sint de concilio nec aliis dominicis ecclesiarum villis, aut communitatibus serviant, sed nobis tantummodo : nec sint etiam pensionarii prædictioni nisi de nostrâ licentiâ sive congedio procedat.*

L'article 112 de l'ordonnance de Blois a renouvellé très-formellement cette défense. « Avons, » y est-il dit, suivant les ordonnances des rois nos » prédécesseurs, inhibé & défendu, inhibons & » défendons à tous présidens, maîtres des requêtes » ordinaires de notre hôtel, conseillers, avocats » & procureurs-généraux & autres officiers de nos » cours de parlement, grand-conseil, chambre des » comptes, généraux de la justice des aides, & » généralement tous nos officiers, tant des cours » souveraines que subalternes, de prendre charge » directement ou indirectement, en quelque sorte » & manière que ce soit, des affaires des seigneurs, » chapitres, communautés, & autres personnes » quelconques, ni pareillement aucuns vicariats des » évêques ou prélats, pour le fait du temporel, » spirituel, ou collation des bénéfices, sur peine » de privation de leursdits états, & ce nonobstant » toutes permissions & dispenses sur ce obtenues, » ou qu'ils pourroient obtenir ci-après ; lesquelles » nous avons révoquées & annullées, révoquons » & annullons par ces présentes, comme contraires » à nos édits & ordonnances ».

Défendons, par l'art. 44 de l'ordonnance d'Orléans, du mois de janvier 1560 ; « défendons à » nos juges, tant ès cours souveraines que subal- » ternes & inférieures, à nos avocats & pro- » cureurs, d'accepter gages ou pensions des sei- » gneurs ou dames de ce royaume, prendre bé- » néfice de leur archevêque ou évêque, des abbés, » prieurs ou chapitres, qui sont ès sénéchaussées, » prévôtés ou provinces où ils sont officiers, soit » pour eux, leurs enfans, parens ou domestiques, » à peine de privation de leur état, nonobstant » toute dispense qu'ils pourroient obtenir au con- » traire ». Quoique dans cet article il ne soit pas fait mention des officialités, on sent bien que les mêmes motifs qui ont fait défendre aux officiers royaux d'accepter des charges ou pensions des seigneurs, & des bénéfices des évêques, s'appliquoient également aux officialités, & à toutes les places qui peuvent emporter quelque dépendance des évêques ou des seigneurs ; & même la faire soupçonner.

Aussi l'ordonnance de Moulins, donnée six ans après, en 1566, s'en est-elle formellement expliquée, *art.* 19. « Leur défendons, y est-il dit, de » prendre pension & tenir état aux offices des sieurs » temporels, ecclésiastiques ou autres (ce sont les » termes de l'ordonnance), ne s'entremettre de » postuler en leurs sièges pour les parties ».

L'on n'admettroit autrefois les dispenses à cet égard qu'avec beaucoup de peine. Fevret, dans son

Traité de l'abus, *liv.* 3, *chap.* 5, *parag.* 9, rapporte que M. Berbis, conseiller-clerc au parlement de Dijon, ayant obtenu des lettres de dispenses, pour pouvoir, nonobstant son office de conseiller, tenir & exercer les pouvoirs de grand vicaire de Langres, qu'il avoit reçus de M. le cardinal de Givry, évêque de ce diocèse, & ayant présenté ces lettres au parlement de Dijon, pour y être enregistrées, les chambres s'assemblèrent le 4 juin 1558, à ce sujet. Plusieurs des membres de la cour s'élevèrent avec force contre ces lettres, & représentèrent que telles dispenses détourneroient les officiers du parlement de rendre justice avec assiduité, étant occupés aux affaires de leur vicariat; que le service du roi seroit négligé; que les officiers, au lieu d'être juges, deviendroient solliciteurs des affaires des prélats, qui étoient en grand nombre en Bourgogne, & desquels les procès étoient toujours de grande conséquence; que les contestations de jurisdiction entre les cours ecclésiastiques & séculières, étoient les différends les plus fréquens qui se présentoient à juger, & qu'il seroit périlleux que les conseillers, revêtus de ces vicariats, opinassent dans ces procès. Sur ces fondemens, ils furent d'avis de n'avoir aucun égard aux lettres de dispenses, & de s'en tenir aux termes des ordonnances. Les lettres furent cependant entérinées; à condition que M. Berbis ne délaisseroit le service du roi, ni les affaires de la cour, pour vaquer à son vicariat; qu'il n'assisteroit aux causes de M. le cardinal de Givry, ni ne les solliciteroit, & ne feroit chose contraire à son état de conseiller.

Depuis un siècle environ, ces lettres de dispenses s'obtiennent beaucoup plus aisément, & les parlemens les entérinent sans beaucoup de difficultés. Il ne faut cependant pas en conclure, comme l'ont fait quelques-uns, que ces lettres ne sont plus nécessaires, & que les loix qui les avoient fait introduire, sont comme abrogées par l'usage contraire. Le sieur Coquante, conseiller-clerc au présidial de Reims, nommé par M. l'archevêque de Reims, *official* de son diocèse, en faisoit les fonctions, sans avoir abandonné celles de conseiller, ni obtenu dispense pour les réunir: sur les plaintes qui en furent portées au parlement de Paris, la cour, sur les conclusions de M. le procureur-général, rendit, le 30 avril 1719, un arrêt dont voici les dispositions: « faisant droit » sur les conclusions du procureur-général du roi, » ordonne que les ordonnances, édits & déclara» tions du roi, arrêts & réglemens de la cour, » seront exécutés selon leur forme & teneur; ce » faisant, que Me Simon Coquante, *official* de » Reims, & conseiller-clerc au bailliage royal & » siège présidial de Reims, sera tenu dans trois » mois d'opter de la fonction d'*official*, ou de sa» dite charge de conseiller, sinon, & à faute de » ce faire, ledit terme passé, déclare ladite charge » de conseiller vacante & impétrable, conformé» ment aux ordonnances ».

Cet arrêt fait bien connoître que le parlement de Paris regarde comme toujours subsistantes, dans toute leur force, les ordonnances qui ont prononcé l'incompatibilité des offices de judicature civile, & des charges dépendantes de la jurisdiction ecclésiastique, quoique les motifs qui ont autrefois fait porter ces loix n'aient plus autant de force. *Voyez* Chopin, Fevret, Lacombe, *les Mémoires du clergé;* & *les articles* CLERGÉ, JURISDICTION ECCLÉSIASTIQUE.

ADDITION à l'article OFFICIAL. L'*official* de l'archevêque de Cambrai, par une prérogative singuliere, mais qui a sa source dans l'ancienne prétention des archevêques de cette ville, à la supériorité territoriale, réunit dans sa personne deux titres incompatibles par-tout ailleurs, celui de juge ecclésiastique du diocèse de Cambrai, & celui de juge civil & ordinaire de toute la province du Cambresis.

Un arrêt du conseil, du 21 janvier 1682, porte à ce sujet, que « ledit *official* sera tenu de justi» fier, en tous actes & jugemens qui seront émanés » de lui, la qualité en laquelle il procédera, soit » de juge ecclésiastique ou de juge ordinaire, vou» lant sa majesté, qu'en cas d'appel de ses juge» mens en ladite qualité de juge ordinaire, les » appellations soient relevées & jugées au conseil » souverain de Tournay (aujourd'hui parlement de » Flandres), & non ailleurs, défendant à tous » autres juges d'en connoître ».

Un arrêt du parlement de Flandres, du 20 août 1696, rapporté par M. le président Desjaunaux, décide que l'*official* de Cambrai ne peut connoître des successions des ecclésiastiques, si ce n'est en sa qualité de juge ordinaire.

La jurisdiction temporelle de cet *official* est assez imparfaite; il n'a ni haute, ni moyenne, ni basse justice; il n'a que ce que les jurisconsultes romains appellent *notio*, c'est-à-dire, le pouvoir de connoître des causes portées à son tribunal, & rien de plus, pas même le droit de faire exécuter ses propres sentences. Il faut que ses appariteurs se fassent assister du bras séculier, lorsqu'il s'agit d'une exécution. Un édit de Maximilien de Berghes, archevêque de Cambrai, daté du 16 février 1565, renferme sur ce point une disposition qui mérite d'être connue.

« Pour ce que, par le saint concile général de » Trente, est décrété que les ecclésiastiques s'ab» stiennent, tant que faire se pourra, des censures » spirituelles, mais qu'il leur soit loisible, s'il sem» blera expédient aux causes civiles qui appar» tiennent, en quelque manière que ce soit, à » la cour ecclésiastique, de procéder & définir les » causes par peines & amendes pécuniaires, ou » peines de gages, ou par étroite détention des » personnes, qui soit à faire par leurs propres » exécuteurs, ou ceux d'autrui, & autres remèdes » de droit; nous, pour l'exécution dudit concile,

» mandons & commandons à tous nos officiers &
» justiciers, & ceux de nos vassaux & fiefvés, tant
» en notredite cité, que pays & comté de Cam-
» bresis ; & à chacun d'eux, sous peine de notre
» indignation, & de vingt marcs d'argent, à ap-
» pliquer à la fortification de cette notredite cité, ou
» autres usages pieux, que toutes fois & quantes ils
» seront requis par lettres-requisitoires de nos vi-
» caires-généraux ou notre *official*, ils, comme
» bons chrétiens & fils d'obéissance de notre sainte
» mère l'église, aient à donner toute aide & assis-
» tance aux exécuteurs de notredite cour, ou même
» d'y faire ladite exécution réelle ou personnelle,
» par tous les meilleurs moyens & voies que faire
» se pourra, & ce aux dépens de la partie requé-
» rante ».

L'imploration du bras séculier, pour mettre à
exécution une sentence de l'*official*, considéré comme
juge ordinaire, se fait le plus souvent par une requête adressée, soit au juge domiciliaire de la partie
condamnée, soit au magistrat de Cambrai, juge
supérieur de tous les échevinages du Cambresis.
On peut aussi prendre aux mêmes fins des lettres
de paréatis en la chancellerie du parlement de
Flandre, comme l'a jugé un arrêt de cette cour,
du 19 novembre 1699, inséré dans le recueil de
M. Desjaunaux.

Quelque ancienne que soit la jurisdiction civile
de l'*official* de Cambrai, elle n'a pas laissé de recevoir, dans ce siècle, de vives attaques. En 1737,
il s'est élevé entre ce juge & les échevins de Cambrai, un procès, à l'occasion duquel ces derniers
ont interjetté appel comme d'abus au parlement de
Flandre, de la possession dans laquelle est l'*official*
de connoître des matières temporelles, ainsi que
de tous les édits, statuts & titres sur lesquels elle
est fondée ; mais cette affaire a été évoquée au
conseil, par arrêt du 27 juillet 1737, & n'est point
encore jugée. En attendant, l'*official* exerce paisiblement sa jurisdiction ordinaire, par prévention
avec les juges séculiers de Cambrai & du Cambresis.

OFFICIER CHATELAIN. *Voyez* CHATELAIN.

OFFICIER FIEFFÉ, *ou* FIÉVÉ. *Voyez* OFFICE IN-
FÉODÉ.

OFFICIERS ORDINAIRES, c'est le nom qu'on
donne en Hainaut à certains *officiers* établis par le
souverain pour rendre la justice en première instance, dans un certain arrondissement. On en
compte dix, savoir, les prévôts de Mons, Valenciennes, Maubeuge, Bavay, Binche & du Quesnoy & les châtelains de Bouchain, d'Ath, de
Lessines & de Braine-le-Comte. Les chartres générales ne leur permettent pas de connoître des cas
royaux ; &ceux d'entre eux qui ressortissent aujour-
d'hui au parlement de Flandre, n'ont ce pouvoir
qu'en vertu de quelques édits d'attribution.

OFFICIER SEIGNEURIAL. *Voyez* OFFICE SEI-
GNEURIAL.

OFFRANDE. *Voyez* OBLATION, DROITS SEI-
GNEURIAUX.

OFFRANT, adj. pris subst. en terme de pratique, est usité dans les ventes de meubles, & les
adjudications de baux judiciaires, & d'immeubles
vendus par décret ou par licitation, pour signifier
celui qui offre un prix des choses mises en vente.
On adjuge les objets mis à l'encan, ou proposés
par adjudication, au *plus offrant* & dernier enché-
risseur.

OFFRE, s. f. en terme de pratique, signifie ce
qu'on présente ou ce qu'on propose à quelqu'un,
afin qu'il l'accepte. Les *offres* ont lieu lorsqu'on se
soumet à faire quelque chose ; lorsqu'on exhibe à
quelqu'un des pièces ou autres choses qu'on est
tenu de lui remettre, ou bien, une somme de
deniers qu'on est obligé de lui payer : on entend
aussi par le mot *offres*, l'acte qui les contient.

Au palais, on appelle *offres labiales*, celles qui
ne consistent que dans la déclaration que l'on offre
& que l'on est prêt de faire telle chose. Quand même
cette déclaration seroit faite par écrit, on appelle
ces *offres labiales*, pour les distinguer des *offres*
réelles qui sont accompagnées de l'exhibition &
présentation effective des deniers ou autres choses
que l'on offre, soit que ces *offres* réelles soient
faites par un huissier, ou qu'elles soient faites sur
le barreau.

Les *offres* réelles ont pour objet d'éteindre l'action du créancier, ou de retirer une chose vendue
ou donnée en nantissement. Ainsi, lorsqu'on est
poursuivi, ou qu'on craint d'être poursuivi par un
créancier au sujet de la dette contractée envers lui,
il faut lui faire des *offres* réelles de la somme échue.

Pour que des *offres* soient valables, il faut,
1°. qu'elles soient faites au créancier, s'il a la capacité de recevoir, sinon à son tuteur ou autre
ayant qualité pour recevoir à sa place. Si le contrat
indique une personne à qui l'on puisse payer, les
offres peuvent valablement se faire à cette personne.

2°. Les *offres* doivent être de la somme entière,
à moins que le débiteur n'ait été autorisé par la
convention à payer par parties.

3°. Il faut que les *offres* se fassent au lieu où le
paiement doit être fait. Ainsi lorsque la dette doit
s'acquitter au domicile du créancier, les *offres* ne
peuvent valablement se faire que dans ce domicile.
Quand la dette est payable dans un autre lieu, le
créancier peut être sommé de se trouver au domicile par lui élu en ce lieu pour recevoir ; & s'il
n'en a point élu, il faut le faire assigner devant son
juge, pour faire ordonner qu'il sera tenu d'en élire
un où le débiteur puisse payer, sinon qu'il sera
permis à celui-ci de consigner la somme due.

Si la chose due est un corps certain qui doit être
livré au lieu où-il se trouve, il faut sommer le
créancier, à personne ou domicile, de l'enlever ;
& sur cette sommation, qui tient lieu d'*offre* de
paiement, le débiteur peut obtenir du juge la per-

miſſion de mettre en dépôt dans quelque lieu la choſe due, s'il a beſoin de l'endroit que cette choſe occupe.

4°. Il doit être dreſſé un acte des *offres* & de la ſommation faite en conſéquence au créancier de recevoir. Il faut que cet acte de ſommation ſe faſſe par un huiſſier ou ſergent, & qu'il ſoit revêtu des formalités des autres exploits.

Lorſque les *offres* ſont refuſées par le créancier, & qu'elles ſont ſuivies d'une conſignation en vertu d'un jugement qui les a déclarées valables, elles éteignent la dette, comme le paiement l'auroit éteinte : d'où il ſuit que depuis la conſignation, la perte ou la diminution de la choſe offerte eſt aux riſques du créancier qui s'eſt mal-à-propos refuſé aux *offres*.

On peut faire des *offres* en tout état de cauſe, & l'on peut les révoquer tant qu'elles n'ont point été acceptées ; mais après l'acceptation, & lorſqu'il en a été donné acte à la partie adverſe, elles ſont irrévocables.

On ne peut point accepter une partie des *offres*, il faut les recevoir pour le tout, ou les rejetter entièrement.

Les *offres* ont principalement lieu, en matière de retrait lignager, & en matière féodale, lorſque le vaſſal préſente à ſon ſeigneur la foi & hommage, le relief, le quint, & autres droits ſeigneuriaux. *Voyez* FOI, HOMMAGE, QUINT, RELIEF, RETRAIT.

OFFRIR, (*Droit d'*). *Voyez* DROIT D'OFFRIR.

O I

OIANCE. *Voyez* OYANCE.

OICTIEVE, (*Droit féodal.*) ce mot, qui ſignifie littéralement un *huitième*, eſt employé dans une chartre de l'an 1290, tirée d'un cartulaire de Chartres, pour le droit de prendre la huitième gerbe d'une dimerie. On a dit *otteume* dans le même ſens. *Voyez* le *Gloſſarium novum de dom* Carpentier, *au mot* Octova 6. (*M. GARRAN DE COULON, avocat au parlement.*)

O L

OLOGRAPHE. *Voyez* TESTAMENT.

O N

ONCLE, f. m. (*Droit naturel & civil.*) eſt une qualité relative à celle de neveu & de nièce, qui annonce le degré de parenté qui eſt entre eux ; ils ſont au troiſième degré ſelon le droit civil, & au ſecond, ſelon le droit canon ; ainſi l'*oncle* ne peut épouſer ſa nièce ſans une diſpenſe obtenue en cour de Rome. Sur la manière dont les *oncles* ſuccèdent avec les neveux, *voyez* NEVEU & SUCCESSION. (*A*)

ONÉRAIRE, adj. ſe dit en droit de quelqu'un

qui ſupporte une charge : ce terme ne s'emploie ordinairement qu'en parlant des tuteurs comptables, lorſqu'on veut les diſtinguer de ceux qui ne le ſont pas, & qu'on appelle par cette raiſon, *tuteurs honoraires*. *Voyez* TUTEUR. (*A*)

ONÉREUX, (*en Droit.*) ſignifie *ce qui eſt à charge*. Une ſucceſſion eſt *onéreuſe* lorſqu'il y a plus de dettes que de biens : titre *onéreux* eſt celui qui tranſmet quelque choſe, non pas gratuitement, mais à prix d'argent ou en paiement, ou bien ſous la condition d'acquitter certaines charges qui égalent la valeur de la choſe. *Voyez* DONATION, RENONCIATION, SUCCESSION, TITRE ONÉREUX. (*A*)

ONOR, (*Droit feodal.*) on a donné ce nom aux ſeigneuries, aux fiefs conſidérables, qu'on appelloit auſſi en latin *honores*. *Voyez* le *Gloſſaire de* Ducange, *au mot* Honor. (*M. GARRAN DE COULON, avocat au parlement.*)

O P

OPINION, ſ. f. en terme de palais, ſignifie l'avis, le ſentiment de celui qui opine ſur une affaire miſe en délibération. Les *opinions*, ou les avis des juges ſervent à former les jugemens.

La manière de recueillir & de compter les *opinions* n'a pas toujours été le même.

Chez les Grecs on opinoit par le moyen de tablettes que l'on mettoit dans une boëte : on en donnoit trois à chacun, marquées de lettres différentes : l'une déſignoit l'abſolution ; la ſeconde la condamnation ; la troiſième que la cauſe demandoit une plus ample diſcuſſion.

Les aréopagiſtes voulurent que leurs *opinions* fuſſent ainſi données en ſecret & par bulletins, de peur que les jeunes, au lieu de dire leur avis par eux-mêmes, ſe contentaſſent de ſuivre celui des anciens.

T. Arius ayant appellé Céſar avec d'autres pour juger ſon propre fils, pria que chacun opinât par écrit, de crainte que tout le monde ne fût de l'avis de Céſar.

Ce fut dans cette vue, qu'au procès de Métellus, Tibère ſe mit à dire ſon avis tout haut : mais Piſon lui en fit ſentir l'inconvénient.

On opinoit auſſi ordinairement par écrit à Rome & ſur des tablettes, comme chez les Grecs ; & comme chaque décurie avoit ſes tablettes différentes, on ſavoit qui avoit été la plus ſévère.

Dans les aſſemblées du peuple, nul ne diſoit ſon avis qu'il ne lui fût demandé par celui qui préſidoit. Le droit d'opiner le premier, s'appelloit *prærogativa*, *quaſi prius erogare ſententiam* : ce terme a depuis été appliqué à toute ſorte de prééminences.

Cet honneur d'opiner avant tous les autres, appartenoit à la tribu appellée *veturea*, qui fut auſſi ſurnommée de-là *tribus prærogativa*.

On tiroit au ſort laquelle des centuries opineroit la première, & ſon ſuffrage étoit fort recherché.

Au

Au fénat, l'on opinoit au commencement fuivant l'ancienneté de l'âge, comme on faifoit à Athènes, à Lacédémone & à Syracufe. Dans la fuite on demanda l'avis à chacun, felon le rang qu'il tenoit dans le fénat, jufqu'à ce que Céfar fe donna la liberté de demander l'avis à quatre perfonnes hors de leur rang, Augufte ne fuivit plus de règle, demandant l'avis de chacun, dans tel ordre qu'il lui plaifoit, afin que les fuffrages fuffent plus libres.

Caligula voulut qu'entre les confulaires on fuivît le rang d'ancienneté, ce qui fut confirmé par les empereurs Théodofe & Arcade.

En France, il n'y a aucune loi générale qui ait réglé l'ordre fuivant lequel les juges doivent opiner. Néanmoins, dans les caufes d'audience, il eft d'ufage de prendre les opinions des confeillers dans l'ordre où ils font affis, en commençant par le plus ancien. C'eft celui qui préfide, qui recueille les avis.

Quand il y a plus de quatre juges, il fait plufieurs bureaux ou confeils, & aucun des confeillers dont on a pris l'avis, ne peut s'affeoir que tous les confeillers qui ont opiné au même confeil, n'aient achevé; & lorfqu'il y a divers avis, il retourne aux opinions pour les concilier: chacun eft obligé de fe ranger à l'un des deux avis qui prévalent par le nombre de voix.

Dans les affaires de rapport, les juges opinent fans aucun rang, le rapporteur le premier, les autres fuivant l'ordre dans lequel ils fe trouvent affis auprès du rapporteur, mais aucun ne donne fon avis qu'après en avoir été requis par l'officier qui préfide.

Différentes ordonnances, & particulièrement celles d'avril 1458, de juillet 1493, de novembre 1507, & d'octobre 1535, veulent que l'officier qui préfide écoute patiemment les opinions, fans rien dire qui puiffe faire appercevoir la fienne, & l'on ne doit point interrompre celui qui opine, à moins toutefois qu'il ne vienne à errer dans le fait. En ce cas, on peut l'en avertir.

Le préfident pourroit auffi avertir un juge de finir, fi, en donnant fon opinion, il ufoit de redites ou de difcours inutiles.

Pour pouvoir opiner dans une caufe, il faut avoir affifté à toutes les audiences auxquelles on l'a plaidée, ou à toutes les féances auxquelles on l'a rapportée; autrement on ne doit point y donner fon avis, quand même on feroit en état de le faire.

Un juge doit pareillement s'abftenir d'opiner, lorfqu'il connoît quelque caufe valable de récufation en fa perfonne. C'eft ce qui réfulte de l'article 17 du titre 24 de l'ordonnance du mois d'avril 1667.

Il n'y a jamais de partage d'opinions en matière criminelle; quand le nombre de voix eft égal, l'avis le plus doux doit être préféré: cet ufage eft fort ancien, puifqu'il fe trouve déjà configné dans les capitulaires, liv. 5, n. 160.

Jurifprudence. Tome VI.

Une voix de plus ne fuffit pas pour départager, en matière criminelle; il en faut au moins deux.

Au confeil privé du roi il n'y a point de partage, M. le chancelier ayant la voix prépondérante.

A la grand-chambre du parlement, une voix de plus départage à l'audience; au rapport il en faut deux.

Au grand-confeil, il en faut toujours deux pour départager, foit à l'audience, foit au rapport.

Dans tous les fièges qui jugent, à la charge de l'appel; une voix de plus départage au civil; en matière criminelle il en faut deux. Voyez PARTAGE.

Au refte, les opinions qui fe donnent, foit à l'audience ou au rapport, doivent également être fecrètes: il eft défendu par les ordonnances aux juges, greffiers & huiffiers de les révéler: c'eft pour prévenir cet inconvénient que l'on opinoit à Rome fur des tablettes; & qu'encore à préfent dans les chancelleries de Valladolid & de Grenade, les opinions fe donnent par écrit fur un regiftre.

Les opinions du père du fils, de l'oncle & du neveu, du beau-père & du gendre, & des deux beaux-frères, ne font comptées que pour une, quand elles font conformes. Edit de janvier 1681.

Suivant une déclaration du 20 mai 1713, enregiftrée au parlement le 31 du même mois, les officiers, tant de cours fouveraines que des autres jurifdictions du royaume, qui y ont été reçus avec difpenfe d'âge, & qui font exclus de la voix délibérative par leurs difpenfes, peuvent être nommés rapporteurs comme les autres juges, & en ce cas, ils ont voix délibérative dans les affaires qu'ils rapportent.

Quand il y a plufieurs chambres dans un même tribunal, & que dans une il furvient un partage d'opinions en procédant au jugement d'un procès, l'affaire doit fe porter dans une autre chambre pour l'y juger, au lieu d'appeler des avocats, comme cela fe pratiquoit autrefois.

Ainfi, lorfqu'il y a partage d'opinions à la grand-chambre du parlement, l'affaire fe porte dans l'une des trois chambres des enquêtes; & fi le partage arrive dans l'une des chambres des enquêtes, l'affaire fe porte dans l'une des autres chambres.

S'il furvient un partage d'opinions aux requêtes du palais, comme il n'y a plus qu'une chambre, l'affaire doit fe porter aux requêtes de l'hôtel.

Au châtelet, où les juges fervent par colonnes, l'affaire où il y a partage d'opinions fe porte d'une colonne dans une autre; & dans tous ces tribunaux, c'eft le premier rapporteur de l'affaire qui la rapporte de nouveau en préfence du compartiteur, dans la chambre où elle doit fe juger.

Telle eft la forme qu'on obferve dans les caufes dont la connoiffance appartient de droit au parlement; mais lorfqu'une des chambres de cette cour connoît de quelque affaire particulière en vertu d'une attribution spéciale, & qu'il survient un partage d'*opinions*, on a recours au roi pour faire renvoyer cette affaire dans une autre chambre.

Quand il survient un partage d'*opinions* dans un siège présidial, l'affaire doit être portée au plus prochain présidial. Le parlement l'a ainsi jugé pour le présidial de Tours, par un arrêt du 13 juillet 1587, que rapporte Carondas sur le code Henry : c'est aussi ce qui résulte d'un réglement du 24 mai 1603, fait pour le présidial de Bourg-en-Bresse.

En Lorraine, lorsqu'il survient un partage d'*opinions* dans une affaire d'audience, l'article 38 du titre 22 de l'ordonnance du duc Léopold, du mois de novembre 1707, veut que les pièces soient mises sur le bureau, pour en délibérer à l'issue de l'audience, ou pour le plus tard au lendemain ; & que, si le partage continue, l'affaire soit appointée pour être en nombre impair ; à l'effet de quoi, si la compagnie est en nombre pair, le dernier reçu est tenu de s'abstenir.

Si le partage d'*opinions* a lieu dans un procès par écrit, l'article 39 du même titre veut que l'affaire soit rapportée de nouveau en présence d'un juge surnuméraire qui n'ait point été du jugement ; & que si la compagnie s'est trouvée complète & en nombre pair, le dernier reçu soit tenu de s'abstenir.

Un édit du mois de février 1705, rendu pour le présidial d'Ypres, défend d'opiner une seconde fois sur ce qui a été arrêté. C'est en conformité de cette règle, que les juges ne peuvent apporter aucun changement aux sentences qu'ils ont rendues, à moins que ce ne soit du consentement de toutes les parties.

OPPOSITION, s. f. (*terme de Procédure.*) signifie en général un empêchement que l'on met à quelque chose : il signifie également l'acte qui a pour objet d'empêcher qu'on ne fasse quelque chose au préjudice de la personne, à la requête de qui il est fait.

On distingue plusieurs sortes d'*oppositions*, dont nous allons parler successivement.

OPPOSITION A FIN D'ANNULLER, est une *opposition* au décret qui tend à faire annuller la saisie-réelle & les criées ; elle est ordinairement formée par la partie saisie, & se fait par rapport à la forme ou par rapport à la matière.

L'opposition à fin d'annuller se fait par rapport à la forme, lorsque la saisie-réelle ou les criées n'ont pas été valablement faites, c'est-à-dire, que l'on n'y a pas observé les formalités établies par les ordonnances, coutumes & usages des lieux.

Elle se fait par rapport à la matière, quand la saisie-réelle & les criées ont été faites pour choses non dues par celui sur qui elles ont été faites.

La partie saisie n'est pas la seule qui puisse s'opposer à fin d'annuller, un tiers peut aussi le faire lorsqu'il est propriétaire des héritages saisis réellement ; mais s'il y a quelque immeuble ou portion qui ne lui appartient pas, il ne peut s'opposer qu'à fin de distraire.

Lorsque la partie saisie veut former une *opposition à fin d'annuller*, il faut qu'elle le fasse avant le congé d'adjuger, conformément à l'assignation qui lui est donnée à cet égard pour parvenir à ce congé : mais il en est autrement des créanciers ; ils peuvent s'opposer à fin d'annuller jusqu'à l'adjudication. Cette différence est fondée sur ce que la partie saisie étant constituée en demeure de proposer les moyens de nullité par l'assignation en interposition de décret, il ne seroit pas juste que, relativement à cet objet, elle pût impunément garder le silence, & qu'au contraire les créanciers n'ayant pas été appellés pour proposer leurs moyens de nullité, & n'ayant par conséquent point été constitués en demeure à cet égard, on doit les admettre à proposer ces moyens jusqu'au moment de l'adjudication.

Au lieu de s'opposer à fin d'annuller, on prend souvent le parti d'interjetter appel de la saisie & de tout ce qui a suivi, & l'on peut également, par cette voie, parvenir à faire annuller la saisie-réelle, & les criées, si elles sont mal faites.

L'article 15 de l'édit de 1551 a ordonné que les opposans à fin d'annuller, qui auroient retardé l'adjudication & qui viendroient à être déboutés de leurs *oppositions*, seroient condamnés à trente livres parisis envers le roi, & autant envers le saisissant, & tenus des arrérages de rentes qui auroient couru pendant la durée du retard. Cet article porte même, qu'ils pourront être contraints au paiement de ces condamnations par emprisonnement, à moins que, pour des justes considérations, le juge ne les trouve excusables.

OPPOSITION A FIN DE CONSERVER, est celle qui est formée à un décret par un créancier de la partie saisie afin d'être colloqué contre ; on l'appelle *à fin de conserver*, parce qu'elle tend à ce que l'opposant soit conservé dans tous ses droits, privilèges & hypothèques, & à ce qu'il soit payé, sur le prix de l'adjudication, de tout ce qui lui est dû en principal, intérêts & frais, par privilège s'il en a un, ou par hypothèque s'il en a une.

Cette *opposition* est reçue par-tout jusqu'à l'adjudication, le saisissant est tenu d'en former une pour être colloqué.

Il est nécessaire de former cette *opposition*, quand bien même la créance que l'on a contre la partie saisie, seroit conditionnelle. Dans ce cas le juge ordonne, en procédant à l'ordre, que les créanciers postérieurs à l'hypothèque de la créance conditionnelle ne toucheront les sommes pour lesquelles ils se trouveront colloqués, qu'à la charge de rapporter, si par la suite ces sommes viennent à être dues au créancier conditionnel. L'article 16 de l'édit des criées, veut que cela s'observe ainsi, relativement aux demandes en garantie formées contre la partie saisie. *Sera passé outre*, porte cette loi, *pour le regard des* oppositions *de recours de garantie, pour lequel n'y auroit procès commencé, à la charge que les opposans postérieurs seront tenus obliger & hypothéquer tous & chacun leurs biens, & bailler caution idoine & suffisante, de rendre & restituer les deniers qui par eux seront reçus, à l'opposant ou opposans, pour raison de ladite garantie, qui seroient trouvés être précédens en hypothèque auxdits opposans auxquels la distribution auroit été faite.*

La même pratique doit avoir lieu lorsque l'*opposition* est formée pour une dette certaine, mais dont le terme du paiement n'est pas encore échu dans le temps qu'on procède à l'ordre des créanciers, ou quand la dette échue n'est pas liquidée, & qu'il faudroit long-temps pour la liquider. On en use encore de même quand l'*opposition* de celui qui se prétend créancier n'est fondée que sur une requête civile prise contre un arrêt, & qui n'est point jugée lorsqu'on procède à l'ordre des créanciers.

L'*opposition à fin de conserver* est absolument nécessaire pour la conservation des hypothèques ; car le décret les purge tellement, que ceux qui ont négligé de la former, l'église même & les mineurs, ne peuvent être restitués contre cette négligence. Mornac rapporte un arrêt du 17 mars 1588, par lequel un mineur a été débouté des lettres qu'il avoit obtenues pour être restitué contre le défaut d'*opposition* de sa mère, qui étoit sa tutrice, au décret d'un bien qui lui étoit hypothéqué. On a jugé la même chose aux grands jours de Clermont, contre un mineur dont le tuteur étoit insolvable, & contre lequel par conséquent le recours de garantie du mineur étoit absolument inutile. A ces deux arrêts, il en faut joindre un troisième du 26 février 1626, contre une mineure qui ne s'étoit point opposée aux criées du bien de son père, qui étoit son tuteur naturel, quoiqu'elle n'eût pas d'autre tuteur pour la défendre.

Lorsque le cessionnaire d'une rente n'a pas formé *opposition* au décret des biens du débiteur, & qu'on peut justifier que s'il s'étoit opposé, il auroit été colloqué utilement, il n'a point de recours à exercer contre le cédant, quoique celui-ci se soit obligé à fournir & faire valoir la rente discussion. Cette décision est fondée sur ce que le défaut de paiement étant un effet de la négligence du cessionnaire, il est juste qu'il en supporte la peine.

La coutume de Paris permet de former *opposition à fin de conserver*, jusqu'à ce que le décret soit levé & scellé ; plusieurs coutumes contiennent une disposition semblable. L'arrêt de réglement rendu au parlement de Paris le 23 novembre 1598, porte aussi, que les *oppositions à fin d'hypothèque & de paiement* de dettes seront reçues jusqu'à ce que le décret soit délivré, & non après, sauf à ceux qui n'ont point formé leur *opposition* dans le temps, à

se pourvoir par saisie sur les deniers de l'adjudication, s'il en reste après que les opposans auront été satisfaits.

Hevin dit qu'en Bretagne on admet les *oppositions* sur les deniers, jusqu'à la distribution actuelle & consommée, quoique le créancier ne se soit opposé ni aux bannies, ni aux criées.

En Normandie, les créanciers sont reçus à s'opposer sur le prix de la terre adjugée par décret, même après l'ouverture de l'état, c'est-à-dire, après qu'on a commencé à faire l'ordre & la distribution du prix ; mais, en ce cas, l'opposant doit payer les dépens du retardement qu'il cause, pour n'avoir point formé son *opposition* avant qu'on procédât à l'état, & il ne peut être payé de ce qui lui est dû, cependant ceux qu'on a mis en ordre avant son *opposition*, quoique ceux-ci lui soient postérieurs en hypothèque.

En Lorraine, les *oppositions à fin de conserver* ou de collocation doivent être formées avant la sentence ou arrêt d'ordre préparatoire qui doit avoir lieu en tout décret ; & si elles ne sont formées que postérieurement, elles doivent être converties en simples saisies-arrêts sur les deniers restant de l'adjudication, après que les opposans mis en ordre ont été payés. C'est ce qui résulte de l'article 23 du titre 18 de l'ordonnance du duc Léopold du mois de novembre 1707.

L'*opposition à fin de conserver* a l'effet non-seulement de faire colloquer le créancier sur le prix des biens saisis pour le capital qui lui est dû, elle fait encore produire des intérêts à ce capital, qui n'en produisoit point par lui-même. Mais il faut pour cela que l'*opposition* contienne une demande expresse des intérêts.

OPPOSITION À FIN DE CHARGE est celle que forme une personne qui prétend quelque droit réel sur le bien saisi, & qui demande qu'il ne soit adjugé que sous la condition de quelque rente ou servitude dont ce bien est chargé.

Comme l'article 6 de l'édit du 3 septembre 1551, exige que les *oppositions* à fin de distraire & à fin de charge soient vuidées avant le congé d'adjuger, il semble qu'en interprétant cette loi à la rigueur, on ne devroit plus admettre ces sortes d'*oppositions* après que le congé d'adjuger est prononcé : cependant le législateur ne s'étant pas expliqué là-dessus avec précision, on a pensé qu'on pouvoit encore suivre à cet égard les usages des différentes jurisdictions & les dispositions des coutumes.

La pratique observée relativement aux décrets qui se poursuivent au parlement de Paris, est de n'admettre les *oppositions* à fin de distraire & à fin de charge, que jusqu'au congé d'adjuger, qui doit être enregistré au greffe. L'article 4 du réglement rendu le 23 novembre 1598, en contient une disposition expresse. L'article 6 du même arrêt étend cette disposition aux décrets faits en cette cour par évocation d'un autre parlement & des siéges inférieurs ; ce qui est fondé sur ce qu'en matière de formalités & de procédures , il faut suivre celles du tribunal où une affaire est pendante.

On a autrefois douté si cette règle , qui est contraire à la disposition de la coutume de Paris, & à celle du plus grand nombre de nos coutumes, devoit être suivie aux requêtes du palais & aux requêtes de l'hôtel. Ce qui faisoit la difficulté étoit que l'arrêt de 1598 , concernant le temps dans lequel doivent être formées ces *oppositions* , dit qu'elles seront reçues jusqu'à l'arrêt par lequel la vente des héritages aura été ordonnée au quarantième jour , & qu'aux requêtes du palais & de l'hôtel, on ne rend point d'arrêts, mais des sentences dont il y a appel au parlement. Mais on a décidé que ce réglement ayant été fait par la cour de parlement de Paris , il devoit être observé par tous les juges qui sont du corps du parlement, & par conséquent aux requêtes du palais & à celles de l'hôtel ; & ce qui est dit dans le réglement du congé d'adjuger, prononcé par un arrêt , doit avoir lieu pour celui qui est prononcé par une sentence de ces deux jurisdictions. C'est ce qui s'y est pratiqué depuis le réglement de 1598 , & cet usage a été approuvé pour les requêtes de l'hôtel, par un arrêt du 30 août 1698 , qui confirme une sentence de ce tribunal, du 31 juillet 1698.

Mais au châtelet de Paris on admet l'*opposition* à fin de distraire & à fin de charge , jusqu'à l'adjudication, conformément à l'article 354 de la coutume de Paris, qui est suivi par le plus grand nombre des autres coutumes.

Dans le duché de Bourgogne , l'ordre des créanciers se fait avant de recevoir les enchères sur l'adjudication, & on ne reçoit plus les *oppositions* à fin de distraire après les sentences ou après les arrêts d'ordre & de collocation : c'est la disposition de l'article 19 du réglement du parlement de Dijon sur les criées.

En Franche-Comté, on ne reçoit point d'*oppositions* après que les criées ont été bien faites , & que le décret a été interposé: Les anciennes ordonnances de Franche-Comté exceptent de cette règle ceux qui , ayant intérêt de s'opposer , *affirment sur les saints évangiles* qu'ils n'ont point eu de connoissance des criées avant l'interposition du décret : en ce cas , on ne les reçoit opposans qu'en refondant les dépens du procès qu'ils ont retardé.

En Lorraine, les *oppositions* à fin de distraire & à fin de charge doivent être formées avant le congé d'adjuger : si on ne les forme qu'après , mais avant la sentence ou arrêt d'ordre préparatoire, elles doivent être converties en *oppositions* en deniers , & à fin de collocation par préférence sur l'estimation qui doit être faite de l'objet de ces *oppositions* si elles sont bien fondées. C'est ce qui

résulte de l'article 22 du titre 18 de l'ordonnance du duc Léopold , du mois de novembre 1707.

Les *oppositions* à fin de distraire doivent être formées en Normandie , avant l'interposition du décret qui se fait aux prochains plaids pour les rotures , & pour les fiefs aux prochaines assises, après la certification. Cela est fondé sur la disposition de l'article 569 de la coutume de cette province , qui dit , qu'*aux prochains plaids ensuivant l'adjudication , sera procédé , tant au passement & interposition du décret au préjudice du décrété , & de tous autres absens & non contredisans qui pourroient prétendre droit , qu'à la réception des enchères & renchères.*

Il est de règle en Normandie de juger les *oppositions* à fin de distraire avant l'interposition du décret ; néanmoins on les renvoie quelquefois à l'ordre , que l'on appelle *état* dans cette province.

Suivant l'article 14 du réglement fait par le parlement de Toulouse , le 23 décembre 1566 , après l'expédition du décret , on n'est point reçu à demander *le recouvrement des biens décrétés , ou contreiceux former opposition par quelque moyen que ce soit* : ainsi l'on y peut former les *oppositions* à fin de distraire & à fin de charge , jusqu'à l'adjudication.

Mais il y a des parlemens où l'on n'a ni loix ni réglemens qui fixent le temps auquel on doit s'opposer à fin de distraire ou à fin de charge ; tel est le parlement de Bretagne : c'est ce qui fait que dans cette province on trouve des jugemens différens sur cette question. On y a quelquefois refusé d'admettre les *oppositions* après l'interposition du décret , & quelquefois on les a admises jusqu'à l'adjudication. Le parti qu'Hévin trouve le plus juste , est de recevoir jusqu'à l'adjudication les *oppositions* à fin de distraire ou à fin de charge ; la raison qu'il en donne , est qu'il ne se fait de translation de propriété que par l'adjudication , & par conséquent que le propriétaire d'une partie du bien saisi ou d'une rente foncière due sur le bien saisi , n'étant point privé jusques-là de son droit , il n'est point naturel de l'empêcher de réclamer.

L'usage contraire des jurisdictions de l'enclos du palais de Paris , est fondé sur ce que les particuliers enchérissent plus volontiers quand ils ne craignent pas d'être évincés d'une partie des biens qu'ils veulent acquérir , ou que ce bien soit chargé de quelque rente ou de quelque servitude.

En Artois , les *oppositions* à fin de distraire & à fin de charge doivent être jugées , comme au parlement de Paris , avant le congé d'adjuger.

Il y a plusieurs provinces où ceux qui ont des droits réels sur les fonds , ne sont pas obligés de s'opposer au décret pour la conservation de ces droits. Ils ne sont pas purgés par les subhastations dans la Bresse & dans les pays voisins.

La coutume de Normandie , dont les dispositions sont suivies dans son ressort , même quand elles font contraires à l'édit de 1551, dit que *le décret ne peut être passé au préjudice des rentes seigneuriales ou foncières & anciennes pour faire perdre les rentes à ceux à qui elles sont dues, supposé qu'ils ne soient opposans audit décret.* Le défaut d'opposition ne fait perdre dans cette coutume que les arrérages échus, & l'adjudicataire a son recours contre les créanciers pour être remboursé de la valeur de la rente foncière. Comme les rentes qui ont été données par les pères & les mères, ou par les frères, pour la dot des filles, font réputées foncières en Normandie, après avoir été quarante ans dans les mains des filles, ou de leurs descendans, ces fortes de rentes ne se perdent point par le défaut d'opposition au décret. On a étendu la disposition de l'article 578 de la coutume au douaire & au tiers qui est réservé aux enfans. Basnage estime sur cet article, que l'on doit suivre la même règle pour les servitudes prédiales; en effet, il paroît que l'esprit général de cette coutume est que les droits réels s'y conservent sur les fonds décrétés, nonobstant le défaut d'opposition à fin de charge.

On doit suivre la disposition de l'article 578 de la coutume de Normandie, même dans le cas où le décret n'est point fait dans un des tribunaux de cette province; car la disposition de la coutume en cet article est purement réelle. D'ailleurs, la perte des droits réels, fondée sur le défaut d'opposition à fin de conserver, dans les provinces où l'édit de 1551 est suivi, doit être regardée comme une espèce de prescription fondée sur la négligence du propriétaire de ces droits; & dans les matières de prescription on suit toujours la loi du lieu où le bien est situé.

En Artois, l'édit de 1551 n'est point suivi, non plus qu'en Normandie; toutes les adjudications sur les ventes par décret sont censées faites à la charge des droits purement réels des rentes foncières & des anciennes redevances. Il y en a un acte de notoriété, donné par le conseil d'Artois le 27 février 1696. Quelques personnes ont cru que la même règle devoit être suivie en Bretagne, sous prétexte que, suivant la coutume de cette province, les *appropriemens*, qui font une espèce de décret, lequel fait perdre au créancier son hypothèque, quand il n'y forme point une *opposition*, ne purgent point les droits réels & les rentes foncières: mais ce que la coutume n'a établi que pour l'appropriement, ne peut s'étendre aux décrets, ni donner atteinte à une disposition expresse de l'édit de 1551, qui est la loi de la Bretagne sur cette matière; loi qui devroit l'emporter, même sur une disposition expresse de la coutume.

Comme il est de l'intérêt public que les adjudicataires qui acquièrent de la justice ne soient point troublés dans leurs acquisitions, la jurisprudence a établi que le défaut d'opposition à fin de distraire ou à fin de charge, pouvoit être valablement opposé à l'église, aux communautés & aux mineurs, quoique leurs biens ne puissent régulièrement être aliénés

qu'en observant les formalités prescrites par les ordonnances pour ces aliénations: mais les uns & les autres peuvent avoir recours contre leurs tuteurs ou autres administrateurs qui ont négligé de former les *oppositions* nécessaires pour la conservation de leurs droits dans les biens décrétés.

Observons néanmoins, que par le défaut d'*opposition* on ne doit pas être privé des droits auxquels le bien décrété peut être assujetti, lorsque, dans le temps de l'adjudication, ces droits n'étoient pas encore ouverts. La raison en est, que la perte d'un droit réel sur un fonds vendu par décret, est une espèce de punition que la loi prononce contre celui qui a négligé de veiller comme il le devoit à la conservation de son bien. Or, la personne dont le droit n'est pas encore ouvert, n'étant point en état d'agir, ne peut pas être censée avoir négligé ce droit, & par conséquent elle ne doit point être punie.

C'est en conformité de ce principe, que par arrêt du 23 décembre 1586, on a jugé qu'un décret n'avoit point purgé une substitution qui, dans le temps de l'adjudication, ne s'étoit pas encore trouvée ouverte.

La même décision doit s'appliquer au douaire qui n'est point ouvert dans le temps du décret. En effet, si les biens sont décrétés sur le mari, la femme qui ignore si elle lui survivra, & par conséquent si elle jouira du douaire, n'est pas obligée de former une *opposition* à fin de distraire, si le douaire est coutumier; ni à fin de charge, s'il est préfix & conditionnel.

Observons aussi, qu'il y a sur les fonds certains droits, tels que le cens seigneurial, pour lesquels on n'est pas obligé de s'opposer au décret, quoiqu'ils soient acquis. La raison en est, que ces droits sont des charges ordinaires des fonds dont l'adjudicataire a dû prévoir qu'il seroit chargé. C'est pour cela que l'article 355 de la coutume de Paris porte, que le seigneur féodal ou censier n'est point tenu de former *opposition* pour son droit de fief ou de censive. La plupart des autres coutumes du royaume ont des dispositions semblables. C'est d'ailleurs une conséquence de l'article 13 de l'édit des criées, qui porte, que *tous prétendans droits non seigneuriaux ou censuels, seront tenus de s'opposer pour lesdits droits.*

Cette règle doit avoir lieu non-seulement dans les coutumes où est établie la maxime *nulle terre sans seigneur*, mais encore dans celles qui admettent le franc-aleu sans titre, quand même le bien décrété auroit été adjugé comme franc-aleu, & que depuis plus de quarante ans les censives n'eussent point été acquittées. En effet, il suffit que le seigneur puisse justifier par titres valables que le fonds décrété est sujet à la censive, pour que le détenteur soit tenu de la payer. Aussi la coutume de Troie, qui dit, à l'article 31, que tout héritage est réputé franc-aleu, lors même qu'il n'y a point de

titre, décide, par l'article 171, que les rentes foncières, qui font tout à la fois censives & seigneuriales, *demeurent en leur entier, nonobstant l'adjudication.*

Il en est de même du droit de lods & ventes dans
les coutumes où le fonds sujet à censives ne doit les
lods & ventes que quand le titre de concession ou
les anciennes reconnoissances l'assujettissent à ce
droit. Dans tous ces cas, c'est à l'adjudicataire à
examiner, lorsqu'il enchérit, si le fonds est chargé
de droits seigneuriaux.

Quant aux coutumes où la censive peut être
prescrite par l'acquéreur qui a joui du fonds durant trente années sans la payer, l'adjudication peut
servir de titre pour acquérir la prescription contre
le seigneur; mais elle ne purge pas le droit de censive, qui n'est pas encore prescrit dans le temps
de l'adjudication, quoique le seigneur ne se soit
point opposé au décret pour la conservation de
ses droits. Cette décision est fondée sur ce que
l'édit des criées, qui dispense le seigneur de s'opposer pour les droits seigneuriaux, ne distingue
point entre ceux que l'on peut prescrire, & ceux
que la coutume déclare imprescriptibles.

Comme le droit de corvée est réputé seigneurial,
à moins que le contraire ne soit établi par les titres,
il faut en conclure que ce droit ne peut pas être
purgé par le décret. C'est en conformité de cette
règle, que par arrêt du 30 août 1698, on a jugé
qu'un seigneur n'avoit pas été obligé de s'opposer
pour la conservation d'une rente, en laquelle on
avoit converti des corvées, qui, suivant les anciens
titres, étoient dues à ce seigneur par toutes les
maisons d'un village.

La même jurisprudence doit être observée relativement à la taille due par les vassaux à leur seigneur, attendu que ce droit est seigneurial. On
trouve au journal des audiences un arrêt du 10 décembre 1676, qui l'a ainsi jugé pour la coutume
de Bourbonnois.

Quoique la dixme ne soit point un droit seigneurial, & que l'édit des criées n'ait pas dispensé les
décimateurs de former *opposition* pour la conserver,
la jurisprudence a néanmoins établi que le décret
ne purgeoit point cette sorte de redevance. La raison en est, que tous possesseurs de fonds étant assujettis à payer la dixme, un adjudicataire ne peut
pas croire qu'il en sera dispensé.

Ce que nous venons de dire s'applique, non-seulement à la dixme ecclésiastique, mais encore à la
dixme inféodée, parce que l'une & l'autre sont imprescriptibles.

On demande si, pour conserver une servitude
réelle, on est obligé de former *opposition* au décret
de l'héritage assujetti à cette servitude.

Il faut, à cet égard, distinguer entre la servitude
latente ou discontinue, & celle qui est patente &
continue.

La servitude latente ou discontinue ne subsistant

point par elle-même ou par l'état du fonds auquel
elle est due, il faut en conclure que l'adjudicataire
du fonds décrété n'a pu la prévoir par l'inspection
des lieux; d'où il suit qu'elle doit être purgée par
le décret auquel on n'a point formé d'*opposition*
pour cet objet. Le droit de puiser de l'eau dans le
puits de son voisin, & celui de passer dans sa cour,
sont des servitudes de cette espèce.

Mais il en est autrement d'une servitude patente
& continue. Comme elle subsiste par elle-même &
qu'elle dépend de l'état des lieux, elle emporte
avec elle une espèce de propriété de la chose ou du
fonds, & elle s'exerce sans le ministère de l'homme; c'est pourquoi la jurisprudence a établi qu'il
n'étoit pas nécessaire de former *opposition* à un décret pour la conservation d'une servitude de cette
nature. On met au rang des servitudes patentes &
continues, les égouts qui conduisent les eaux de
l'héritage supérieur dans l'héritage inférieur; les
fenêtres qui sont ouvertes sur le jardin ou sur la
cour du voisin; la cave qui appartient au propriétaire d'une maison, sous le terrein de la maison voisine, &c.

OPPOSITION AUX CRIÉES. *Voyez ci-dessous* Op-
POSITION AU DÉCRET.

OPPOSITION AU DÉCRET VOLONTAIRE ou FOR-
CÉ, est celle que l'on fait pour la conservation de
quelque droit que l'on prétend avoir sur le prix de
l'objet saisi: il y en a de cinq sortes, savoir l'*opposition à fin d'annuller*, l'*opposition à fin de charge*, l'*opposition à fin de conserver*, l'*opposition à fin de distraire*, & l'*opposition en sous-ordre. Voyez* l'article qui
concerne chacune de ces différentes sortes d'*opposition*.

L'*opposition à un décret* équivaut à une demande,
de manière que les intérêts courent du jour de l'*opposition*; elle ne tombe point en péremption lorsqu'il y a établissement de commissaire, & des baux
faits en conséquence. *Voyez* CRIÉE, DÉCRET,
SAISIE-RÉELLE, SUBHASTATION.

OPPOSITION A LA DÉLIVRANCE, est lorsqu'un
créancier, ou quelque autre prétendant droit à la
chose, s'oppose à ce qu'aucune somme de deniers
soit payée à quelqu'un, ou à ce qu'on leur fasse
la délivrance d'un legs ou autre effet.

OPPOSITION A FIN DE DISTRAIRE, est celle qui
se forme par une personne qui se prétend propriétaire de quelque bien qu'on a compris dans une
saisie-réelle, comme appartenant à la partie saisie.

OPPOSITION A HYPOTHÈQUE, c'est ainsi
que l'on appelle au parlement de Bordeaux ce que
nous appellons communément *opposition à fin de conserver. Voyez le recueil de Questions de M.* Bretonnier, *au mot* DÉCRET.

OPPOSITION A UN JUGEMENT, a lieu dans plusieurs cas. On forme cette *opposition* ou à un jugement
rendu par défaut, ou à un jugement qui a été rendu
sans que les parties intéressées y aient été appellées.
Cette dernière s'appelle *tierce-opposition*.

Il paroît par l'article 5 du titre 14 de l'ordonnance du mois d'avril 1667, que l'intention du légiſlateur avoit été que les premiers juges ne puſſent réformer les ſentences qu'ils avoient rendues par défaut, à moins toutefois que ce ne fût à l'audience où les défauts auroient été prononcés. Cette intention ſe trouve même confirmée implicitement par l'article 3 du titre 35, qui ne permet l'oppoſition que contre les arrêts & jugemens rendus par défaut en dernier reſſort.

Cependant l'uſage de tous les ſièges a étendu cette diſpoſition de l'article 3 aux ſentences dont il peut y avoir appel. Ainſi, dans tous les cas où une ſentence a été rendue par défaut contre une partie, on peut ſe pourvoir par oppoſition dans la huitaine, au lieu d'en interjetter appel. On a là-deſſus un acte de notoriété donné au châtelet de Paris le 3 octobre 1727.

Il eſt même d'uſage que quand on a laiſſé paſſer la huitaine, on interjette appel, & l'on convertit cet appel en une oppoſition ſur laquelle on vient enſuite plaider. On autoriſe cette manière de procéder, pour éviter les frais d'un appel ſouvent diſpendieux. Mais lorſque, par une ſentence, on a été débouté d'une première oppoſition, on ne peut plus être reçu oppoſant à cette ſentence, quoiqu'elle ait été rendue par défaut.

Lorſqu'une cauſe a été jugée contradictoirement avec quelques-unes des parties, & par défaut contre d'autres, celles-ci peuvent ſe pourvoir par oppoſition; mais celles-là ne peuvent revenir contre le jugement que par la voie d'appel, lorſqu'elle peut avoir lieu.

Au reſte, il faut obſerver que quand on ſe pourvoit par oppoſition contre un jugement rendu par défaut, & que la procédure de la partie adverſe eſt régulière, on ne doit être reçu oppoſant qu'en refondant les dépens du défaut, qui ne peuvent être réunis en définitive.

Quoique l'ordonnance, en permettant aux parties de ſe pourvoir par oppoſition contre les arrêts & jugemens en dernier reſſort, rendus faute de comparoir, exige que cette oppoſition ſoit formée dans la huitaine, à compter du jour qu'ils ont été ſignifiés à perſonne ou domicile des condamnés qui n'ont point conſtitué de procureur, ou au procureur quand il y en a un; l'uſage du palais eſt néanmoins de recevoir les oppoſitions de cette eſpèce pendant trente ans, afin qu'une partie ne puiſſe pas être la victime de la prévarication d'un huiſſier qui auroit certifié la ſignification, ſans qu'elle eût eu lieu.

L'article 3 du titre 35 défend de recevoir les oppoſitions contre les arrêts ou jugemens en dernier reſſort, rendus à tour de rôle. La raiſon en eſt, que le rôle contenant la liſte des cauſes à plaider, avertit du temps & de l'ordre où elles doivent être appellées.

Les arrêts ou jugemens en dernier reſſort, ren-

dus par forcluſion, ne ſont pas non plus ſuſceptibles d'oppoſition, parce qu'étant prononcés ſur un appointement dont le défaillant eſt cenſé avoir eu connoiſſance, il doit s'imputer de n'avoir pas produit. On ſait d'ailleurs, que, dans ces affaires, le rapporteur eſt dans l'uſage de ne faire ſon rapport qu'après avoir fait avertir les procureurs des parties.

Comme il eſt juſte que chacun jouiſſe du droit de pouvoir ſe plaindre d'un jugement qui le bleſſe, & dans lequel il n'a été ni partie, ni même appellé, les ordonnances lui ont pour cet effet ouvert une voie qu'on appelle tierce-oppoſition. Mais le légiſlateur a voulu en même temps empêcher que les plaideurs téméraires n'abuſaſſent de cette voie: c'eſt pourquoi l'article 10 du titre 27 de l'ordonnance de 1667 a établi que les tiers-oppoſans qui auroient été déboutés de leurs oppoſitions à l'exécution des arrêts, ſeroient condamnés à cent cinquante livres d'amende, & que ceux qui auroient été déboutés de leurs oppoſitions à l'exécution des ſentences, ſeroient condamnés à 75 livres, le tout applicable, moitié au roi & moitié à la partie.

La déclaration du 21 mars 1671 a enjoint aux cours & aux juges inférieurs de condamner à l'amende, conformément à l'ordonnance de 1667, les tiers-oppoſans qui ſeroient déboutés de leurs oppoſitions.

La même loi veut que, de quelque manière que les juges aient prononcé, quand les pourſuivans ſuccombent dans leurs requêtes civiles, inſcriptions de faux ou oppoſitions, ſoit par débouté, ſans avoir égard, ſans s'arrêter, ou hors-de-cour, même en cas d'acquieſcement, l'amende ſoit acquiſe au roi, ſans que les cours puiſſent en ordonner la remiſe ou modération. C'eſt en conformité de ces règles, que, par arrêt du 12 mars 1698, le parlement de Paris a confirmé une ſentence de la chambre du domaine, par laquelle des tiers-oppoſans à un arrêt de cette cour avoient été condamnés à payer l'amende portée par l'ordonnance de 1667, quoique l'amende n'eût pas été prononcée par l'arrêt qui les avoient déboutés de leur tierce-oppoſition.

L'oppoſition formée par un tiers à l'exécution d'un arrêt ou d'un jugement dont il n'y a point d'appel, ou qui s'exécute par proviſion nonobſtant l'appel, n'empêche pas que le jugement ne s'exécute contre le condamné. C'eſt la diſpoſition de l'article 51 de l'ordonnance de Moulins, qui porte: « que ſi à un » jugement portant condamnation de délaiſſer un » héritage, il ſurvient des oppoſitions formées par » des tierces perſonnes, néanmoins celui qui a » obtenu le jugement ſera mis en poſſeſſion en » laquelle étoit ce condamné, ſans préjudice des » droits deſdits oppoſans ».

C'eſt auſſi ce qui réſulte de l'article 11 du titre 27 de l'ordonnance de 1667.

Il en ſeroit de même du cas où le jugement

condamneroit à délaisser la possession d'une chose mobilière.

Mais s'il s'agissoit d'une condamnation à quelque somme, la tierce-*opposition* empêcheroit de procéder à la vente des effets saisis en vertu de la sentence ou arrêt de condamnation, jusqu'à ce que cette *opposition* eût été terminée.

Le titre 10 de la première partie du réglement du conseil du 28 juin 1728, a établi les règles qu'il faut suivre sur les *oppositions* aux arrêts du conseil.

OPPOSITION *aux lettres de ratification, des aliénations des rentes dues par le roi*, est un empêchement que l'on forme entre les mains du greffier conservateur des hypothèques, pour empêcher qu'il ne soit expédié en la grande chancellerie des lettres appellées *de ratification*, dont l'effet est de purger les hypothèques sur les revenus du roi ou sur le clergé : ces *oppositions* n'ont d'effet que pendant une année.

Elles ne font point courir les intérêts de la créance comme l'*opposition* à un décret, parce que le conservateur des hypothèques n'a point de jurisdiction. *Voyez l'édit du mois de mars 1673, le Traité de la vente des immeubles par décret*, de M. d'Héricourt, *ch. ix; & le mot* LETTRES DE RATIFICATION. (*A*)

OPPOSITION *aux lettres de ratification, établie par l'édit de juin 1771*, est un empêchement formé entre les mains des conservateurs des hypothèques, à l'expédition d'aucunes lettres de ratification, sur les aliénations d'immeubles, autres que les rentes dues par le roi & le clergé.

Les créanciers & tous ceux qui prétendent droit de privilége & hypothèque, à quelque titre que ce soit, sur les immeubles tant réels que fictifs de leurs débiteurs, sont tenus de former des *oppositions* de cette espèce, pour conserver leurs hypothèques & priviléges lors des mutations de propriété des immeubles & des lettres de ratification prises sur ces mutations par les nouveaux propriétaires.

Et lorsque les contrats d'acquisition ou autres actes translatifs de propriété contiennent des immeubles situés dans l'étendue de plusieurs bailliages ou sénéchaussées, les *oppositions* doivent être formées dans chacun de ces siéges : cependant s'il s'agit de l'aliénation d'une seigneurie qui s'étend dans plusieurs bailliages ou sénéchaussées, les *oppositions* faites entre les mains du conservateur des hypothèques du siège où est situé le chef-lieu de la seigneurie, doivent valoir comme si elles étoient faites dans tous les bailliages où ressortissent les dépendances de cette seigneurie. C'est ce qui résulte des articles 12 & 15 du même édit.

Ces *oppositions* n'ont d'effet que pendant trois ans; mais les créanciers peuvent les renouveller, même avant l'expiration de ce délai, pour la conservation de leurs priviléges & hypothèques.

Les syndics & directeurs des créanciers unis peuvent s'opposer en leur qualité, & par cette oppo-

sition ils conservent les droits de tous les créanciers.

Entre les créanciers opposans, les privilégiés doivent être les premiers payés sur le prix des acquisitions, les hypothécaires doivent ensuite être colloqués selon l'ordre & le rang de leurs hypothèques; & s'il reste des deniers après l'entier paiement des opposans privilégiés & hypothécaires, la distribution doit s'en faire par contribution entre les créanciers chirographaires opposans, par préférence aux créanciers privilégiés ou hypothécaires qui ont négligé de faire leur *opposition*.

Les conservateurs des hypothèques sont obligés de tenir un registre en papier timbré, dont les feuillets doivent être cotés sans frais par premier & dernier, & paraphés à chaque page par le lieutenant-général du siège ou autre officier, suivant l'ordre du tableau, pour y insérer de suite, sans aucun blanc ni interligne, toutes les *oppositions* qui peuvent être formées entre leurs mains, à peine de faux, de quinze cens livres d'amende, & de tous dépens, dommages & intérêts des parties.

Chaque *opposition* doit être datée & visée par le conservateur, & il doit être exprimé si elle a été formée avant ou après-midi : il faut qu'elle contienne les noms de baptême, famille, qualité & demeure de l'opposant, avec élection de domicile dans le lieu où se fait l'enregistrement, sans que ce domicile puisse cesser par le décès du procureur où il a été élu : on ne peut d'ailleurs le changer que par une nouvelle élection qui doit être enregistrée à la marge de l'*opposition* & visée par le conservateur de la même manière que l'*opposition* : le tout à peine de nullité.

Le créancier est obligé de déclarer, par son *opposition*, le nom de famille, les titres, qualités & demeure de son débiteur, à peine d'être déchu du recours prononcé par l'article 27 contre le conservateur.

Les conservateurs sont tenus de délivrer, quand ils en sont requis, les extraits de leurs registres, & d'y coter le jour & la date des *oppositions*, ainsi que le registre & le feuillet où elles ont été enregistrées, ou de donner des certificats portant qu'il n'en a été formé aucune, à peine de privation de leurs offices, de quinze cens livres d'amende, & des dommages & intérêts des parties.

Avant de présenter au sceau les lettres de ratification, les conservateurs sont obligés de faire mention, sur le repli de ces lettres, s'il y a des *oppositions* subsistantes : dans ce cas, les lettres ne peuvent être scellées qu'à la charge de ces *oppositions*, qui doivent subsister sans être renouvellées, comme cela se pratique relativement aux lettres de ratification obtenues à la grande chancellerie.

Quand il n'y a aucune *opposition* subsistante, les lettres de ratification doivent être scellées purement & simplement : si avant le sceau il avoit été
formé

ormé quelque *opposition*, dont les confervateurs n'euffent pas fait mention, ils demeureroient refponfables, en leur propre & privé nom, des fommes auxquelles pourroient monter les créances des oppofans qui feroient venus en ordre utile, & cela jufqu'à concurrence de la valeur de l'immeuble mentionné aux lettres de ratification : la finance de chaque office de confervateur eft déclarée affectée par préférence à cet effet, comme fait de charge.

Dans le cas de vente par décret forcé, les créanciers qui ont fait faifir réellement un immeuble, font tenus de faire dénoncer, un mois au moins avant l'adjudication, leur faifie-réelle à ceux qui fe trouvent avoir formé leur *opposition* fur cet immeuble, aux domiciles qu'ils ont élus par l'acte d'*opposition*, à peine de nullité de la procédure du décret, relativement aux créanciers qui ont formé leurs *oppositions* entre les mains du confervateur des hypothèques, & de tous dépens, dommages & intérêts des oppofans : ces *oppositions* ont d'ailleurs la même valeur que fi elles avoient été formées au greffe de la jurifdiction où fe pourfuit le décret.

Il y a trois cas où le légiflateur a difpenfé de former *opposition* pour conferver les droits d'hypothèque. Le premier, établi par l'article 32, s'applique au douaire, foit des femmes, foit des enfans, lorfqu'il n'eft pas encore ouvert.

Le fecond, établi par l'article 33, concerne les biens fubftitués, lorfque les fubftitutions ont été infinuées & publiées au defir des ordonnances.

Le troifième, établi par l'article 34 en faveur des feigneurs féodaux ou cenfiers, tant laïques qu'eccléfiaftiques, s'étend fur les fonds des cens, rentes foncières & autres droits feigneuriaux auxquels font affujettis les héritages, fiefs & droits qui font dans la cenfive & mouvance de ces feigneurs : mais, à l'égard des arrérages de ces droits & autres dettes généralement quelconques, les feigneurs font obligés de former leur *opposition* entre les mains du confervateur, comme tous les autres créanciers.

OPPOSITION MENDIÉE, eft lorfqu'une partie faifie fait former par un tiers, & avec qui il eft d'intelligence, un empêchement à la vente de fes meubles ou de fes fonds pour éluder la vente. (*A*)

OPPOSITION A UN MARIAGE, eft un empêchement que quelqu'un forme à la publication des bans, & à la célébration d'un mariage projetté entre deux autres perfonnes. Cette *opposition* empêche le curé de paffer outre, jufqu'à ce qu'on lui en apporte main-levée.

Les curés ou vicaires font obligés d'avoir des regiftres pour y tranfcrire ces fortes d'*oppositions*, & les défiftemens & mains-levées qui en feront donnés par les parties, ou ordonnés par juftice.

Ils doivent auffi faire figner les *oppositions* par ceux qui les font, & les mains-levées par ceux qui les donnent ; & s'ils ne les connoiffent pas, ils doivent fe faire certifier par quatre perfonnes di-

gnes de foi, que ceux qui donnent la main-levée font ceux dont il eft parlé dans l'acte.

L'official ne peut connoître que des *oppositions* où il s'agit *de fœdere matrimonii*, comme quand l'oppofant prétend que l'un des deux qui veulent contracter mariage enfemble eft marié avec une autre perfonne, ou qu'il y a eu des fiançailles célébrées.

Mais les *oppositions* qui font formées par les pères, mères, tuteurs, curateurs & autres, qui n'ont pour objet que des intérêts temporels, doivent être portées devant le juge féculier.

Il s'étoit introduit plufieurs abus, par rapport aux *oppositions* à un mariage, fous prétexte d'intérêts civils, ou de promeffes verbales de mariage. Le parlement de Paris y a pourvu par un arrêt de réglement du 28 avril 1778.

Il y eft fait défenfes à toutes perfonnes, excepté aux pères & mères, tuteurs & curateurs, frères & fœurs, oncles & tantes, de former *opposition au mariage*, foit des mineurs, foit des majeurs, ni d'interjetter appel comme d'abus des publications de bans, fous quelque prétexte que ce foit, à moins que ce ne foit pour empêchement dirimant, dont les caufes feront déduites dans les exploits d'*opposition* ou d'appels comme d'abus, fous peine de trois cens livres d'amende, même d'être pourfuivis extraordinairement fuivant l'exigence des cas. Il y eft également fait défenfes à tous huiffiers de prêter leur miniftère pour de pareils exploits, fous les mêmes peines, & même d'interdiction, à défaut par eux d'y déduire les caufes d'*oppositions* ou d'appels comme d'abus.

Le même arrêt ordonne aux procureurs du roi des bailliages, fénéchauffées & autres fièges royaux, de pourfuivre la main-levée des *oppositions* formées aux mariages des ouvriers & habitans, foit des villes, foit de la campagne, qui ne feroient pas en état de fe pourvoir en juftice ; & quant aux appels comme d'abus, il veut qu'il y foit ftatué à la requête du procureur-général.

OPPOSITION A L'ORDRE, eft la même chofe qu'*opposition* au décret, & finguliérement que l'*opposition à fin de conferver*. Ce terme convient furtout dans les pays où on commence l'ordre avant de faire l'adjudication des biens faifis réellement. *Voyez le recueil des Questions* de M. Bretonnier, au mot *Décret.*

OPPOSITION A UNE SAISIE, eft un empêchement qu'un tiers forme à la vente d'une chofe mobiliaire ou immobiliaire, foit qu'il prétende droit à la chofe, ou feulement d'être payé fur le prix.

Toute *opposition* doit contenir élection de domicile ; & fi c'eft à un décret, elle doit être formée au greffe.

C'eft une maxime que tout oppofant eft faififfant, c'eft-à-dire, que l'*opposition* équivaut à une faifie, l'*opposition* à une faifie-réelle équivaut auffi à une demande par rapport aux intérêts. *Voyez* OPPOSITION AU DÉCRET.

OPPOSITION AU SCEAU, est un empêchement qu'un créancier forme entre les mains de M. le garde-des-sceaux, en parlant au garde des rôles des offices de France, à ce qu'aucunes provisions ne soient scellées au préjudice de ses droits sur la procuration *ad resignandum* de son débiteur, pour faire passer en la personne d'un autre l'office dont il est revêtu.

L'usage de ces sortes d'*oppositions* commença du temps du garde-des-sceaux du Vair.

Ces *oppositions* ont non-seulement l'effet d'empêcher de sceller des provisions au préjudice des créanciers, elles procurent aussi l'avantage aux créanciers opposans d'être préférés sur le prix de l'office à ceux qui n'ont pas formé *opposition*, quand même ils auroient un privilège spécial sur la charge.

Un mineur même n'est pas relevé du défaut d'*opposition au sceau*, sauf son recours contre son tuteur.

Il y a deux sortes d'*opposition au sceau*; savoir, l'*opposition au titre*, & celle qu'on appelle *à fin de conserver*.

L'*opposition au titre* est celle qui se fait par ceux qui prétendent avoir droit à un office royal, pour empêcher qu'aucunes provisions n'en soient scellées à leur préjudice.

Elle ne peut être faite que par le vendeur ou par ses ayans cause, pour raison du prix de l'office' qui leur est dû en tout ou en partie : il faut aussi ajouter ceux envers qui le titulaire est obligé pour fait de sa charge.

Celui qui a prêté les deniers pour l'acquisition, ne peut s'opposer qu'à fin de conserver; & non au titre.

L'*opposition au titre* doit être signée d'un avocat au conseil, chez lequel l'opposant élit domicile.

Elle ne dure que six mois; de sorte que si au bout de ce temps elle n'est pas renouvellée, elle ne sert de rien.

Quand l'*opposition au titre* est faite par des personnes qui n'avoient pas de qualité pour la faire, on en prononce la main-levée, avec dommages & intérêts.

L'*opposition à fin de conserver*, est celle qui se forme par le créancier d'un titulaire, à l'effet de conserver ses droits, privilèges & hypothèques sur le prix de l'office, au cas que le débiteur vienne à s'en démettre au profit d'une autre personne.

Cette *opposition* n'a pas besoin d'être signée d'un avocat aux conseils; elle n'empêche pas qu'on ne scelle des provisions; elle opère seulement que les provisions ne sont scellées qu'à la charge de l'*opposition*; son effet ne dure qu'un an.

Les huissiers aux conseils & ceux de la grande chancellerie ont seuls le droit de signifier toutes. les *oppositions au sceau* entre les mains des gardes des rôles, des conservateurs des hypothèques, & des gardes du trésor royal, & de signifier toutes

les mains-levées pour raison de ces *oppositions*.

Ils sont pareillement seuls en droit de former les *oppositions* qui surviennent au titre ou au sceau des provisions des offices dépendans des ordres du roi, lesquelles *oppositions* doivent être formées entre les mains du chancelier-garde-des-sceaux de ces ordres.

Aucune *opposition au sceau* ou au titre ne fait courir les intérêts, parce que ce n'est qu'un acte conservatoire. On forme de semblables *oppositions* pour les offices royaux établis dans l'étendue de l'apanage d'un prince entre les mains du chancelier de l'apanage, en parlant à son garde des rôles.

Les *oppositions au sceau* d'un office ne donnent droit aux opposans que sur le prix de l'office : c'est pourquoi ils ne peuvent exiger de l'acquéreur que la représentation de ce prix; & s'il avoit été payé sans que les créanciers du vendeur eussent formé leur *opposition*, ils seroient déchus de leurs droits d'hypothèque sur cet office, parce que le sceau purge tout, même le douaire de la femme & des enfans, quoiqu'il ne soit point ouvert, s'ils n'ont eu la précaution de former une *opposition* pour la conservation de leur droit.

L'*opposition au sceau*, de même que celle qui se fait à la vente d'un immeuble réel, peut être valablement formée pour tous les créanciers d'un officier, par les directeurs qu'ils ont établis, & elle produit, pour la conservation des droits de chacun d'eux, le même effet que si chaque créancier en eût fait une particulière.

OPPOSITION AU SCELLÉ, est un acte par lequel celui qui réclame quelque effet compris sous un scellé, ou celui qui se prétend créancier, proteste & demande que le scellé ne soit levé qu'à la charge de son *opposition*.

Ces sortes d'*oppositions* ont été introduites en faveur de ceux qui ayant des droits à exercer sur les effets scellés, n'ont aucune qualité pour être appellés à la levée des scellés. Elles peuvent se faire par la partie elle-même, ou par le ministère d'un huissier; si elles ont lieu pour une dette qui ne produit pas d'intérêts, on peut les demander par l'acte d'*opposition*, & ils courent depuis cette époque. *Voyez* SCELLÉ.

OPPOSITION EN SOUS-ORDRE, est un acte par lequel le créancier d'un opposant à une saisie-réelle s'oppose à ce que la somme pour laquelle son débiteur sera colloqué dans l'instance d'ordre, lui soit délivrée, & conclut à ce que sur ladite somme il soit payé de son dû.

L'*opposition en sous-ordre* doit être formée au greffe avant que le décret soit levé & scellé, autrement si elle n'est formée qu'entre les mains du receveur des consignations, elle n'est considérée que comme une saisie & arrêt.

Les opposans en sous-ordre sont colloqués pour la créance de leur débiteur, suivant l'ordre de son hypothèque & sur sa collocation; chacun d'eux est colloqué en fous-ordre, fuivant la date de fon hypothéque particulière. *Voyez* SOUS-ORDRE. (*A*)

OPPOSITION EN SURTAUX, eft un acte par lequel un particulier taillable qui prétend que fa cote de taille eft trop forte, eu égard à fes biens, commerce & induftrie, fe plaint de fa taxe, & demande une diminution, déclarant qu'il eft oppofant à la taxe faite de fa perfonne à une telle fomme, & en même temps il donne affignation aux habitans à comparoir en l'élection, pour voir dire que fa côte demeurera réduite à une telle fomme. *Voyez* SURTAUX, TAILLE.

OPPOSITION TIERCE fe dit de l'*oppofition* qu'un tiers forme à un mariage, quoiqu'il ne prétende pas avoir d'engagement avec aucune des deux perfonnes qui veulent fe marier enfemble ; telle eft l'*oppofition* des père & mère, & autres parens, des tuteurs & curateurs, &c. *Voyez* MARIAGE & OPPOSITION AU MARIAGE.

OPPOSITION TIERCE, eft celle qui eft formée contre un jugement par un tiers qui n'y a pas été partie contradictoire ni par défaut.

Cette *oppofition* fe peut former en tout temps, même contre les fentences, après le temps d'interjetter appel, parce que les fentences ne paffent en force de chofe jugée qu'à l'égard de ceux qui y ont été parties.

Elle fe forme devant le juge qui a rendu le jugement : fi l'*oppofition* fe trouve bien fondée, le jugement eft rétracté à l'égard du tiers - oppofant feulement ; fi l'oppofant fe trouve mal fondé, le tiers - oppofant eft condamné aux dépens & en l'amende portée par l'ordonnance, *tit.* 27, *art.* 10 ; favoir, 150 liv. fi la tierce-*oppofition* eft contre un arrêt, & 75 liv. fi c'eft contre une fentence.

OPPOSITION AU TITRE, c'eft-à-dire, *au titre* d'un office. *Voyez ce qui eft dit ci-deffus à l'article* OPPOSITION AU SCEAU.

OPPOSITION A LA VENTE, eft l'empêchement qu'un tiers fait à la vente de biens faifis : par ce terme d'*oppofition à la vente*, on entend principalement celle qui fe fait en cas de faifie & exécution de meubles ; elle peut être faite par tous ceux qui prétendent avoir quelque droit foit de propriété, foit de privilège ou hypothéque fur les meubles. *Voyez* SAISIE & EXÉCUTION.

L'*oppofition à la vente* d'un immeuble s'appelle communément *oppofition au décret. Voyez* CRIÉES, DÉCRET, SAISIE-RÉELLE, OPPOSITION AU DÉCRET. (*A*)

OPTION, f. f. fignifie en droit la faculté que l'on a de choifir une chofe entre plufieurs. Quelquefois auffi l'on entend par le terme d'*option*, le choix même qui a été fait en conféquence de cette faculté. Il eft de principe général que celui qui a une fois confommé fon *option* ne peut pas varier.

Le droit d'*option* qui appartenoit au défunt, n'étant pas confommé, eft tranfmiffible aux hé-ritiers directs ou collatéraux. *Voyez* CHOIX, & les différens mots auxquels il renvoie.

O R

ORDALIE, *ordalium*, (*Code criminel*) terme générique, par lequel on défignoit les différentes épreuves du feu, du fer chaud, de l'eau bouillante, ou froide, du duel, & auxquelles on avoit autrefois recours dans l'efpérance de découvrir par ce moyen la vérité. Ce terme venoit, felon plufieurs auteurs, du mot faxon *ordela*, lequel étoit compofé de *ord*, qui fignifie *grand*, & *duel* ou *dele*, qui fignifie *jugement* : ainfi, felon cette étymologie, *ordela* & *ordalie* vouloient dire grand *jugement*, & par-là on vouloit défigner le jugement de Dieu, ou la purgation vulgaire.

Ne pourroit-on point auffi dire que *ordela* & *ordalium* venoient de *ordeum*, qui fignifie *orge*, & que l'on appella d'abord *ordalie*, la purgation vulgaire qui fe faifoit par le moyen d'un morceau de pain d'orge que l'on faifoit manger à l'accufé, dans la perfuafion où l'on étoit que s'il étoit coupable, ce morceau de pain l'étrangleroit ? Et il fe peut bien faire que dans la fuite l'on appella *ordalie*, toute autre purgation vulgaire qui étoit faite à l'inftar de celle du pain d'orge.

C'étoit fur-tout en Angleterre que l'on fe fervoit du terme d'*ordalie*. Emme, mère de S. Edouard le confeffeur, accufée d'une trop grande familiarité avec l'évêque de Lancaftre, demanda l'*ordalie* du fer chaud ; & elle paffa nuds pieds, les yeux bandés, fur neuf focs de charrue tous rouges, fans fe brûler.

Ces *ordalies* fe pratiquoient auffi en Allemagne & en France. Yves de Chartres, dans une épître à Hidelbert, évêque du Mans, parlant des épreuves appellées *ordalies*, qui fe faifoient par l'eau ou par le feu, ou en champ clos, dit que cette manière de défendre l'innocence, eft *innocentiam perdere*.

Outre les *ordalies* dont on vient de parler, il y en avoit encore plufieurs autres, telles que celles du potage judiciel, du fromage bénit, de la croix, celle des dés pofés fur des reliques, dans une enveloppe de laine. *Voyez le Gloffaire* de Ducange, au mot *Ordela. Voyez* auffi CHAMP CLOS, DUEL, EPREUVE & PURGATION VULGAIRE.

ORDINAIRE, (*Droit civil*) ce terme fe prend au palais en plufieurs fignifications différentes.

On appelle juges *ordinaires* ceux qui fervent toute l'année, à la différence de ceux qui ne fervent pas toute l'année. Il y a des confeillers d'état *ordinaires*, & d'autres femeftres. Il y a des cours qui font *ordinaires*, comme le parlement de Paris ; d'autres qui font femeftres, comme la chambre des comptes, la cour des monnoies.

On entend auffi par juge *ordinaire* le juge propre & naturel de chacun, à la différence des juges d'attribution & de privilège qui font des juges extraordinaires.

Un procès *ordinaire* est un procès civil : on appelle recevoir les parties en procès *ordinaire* quand on civilise une affaire criminelle, sauf à reprendre la voie extraordinaire s'il y échet, c'est-à-dire, la voie criminelle.

Suivant l'ancien style du parlement, toutes les causes qui étoient au rôle des provinces sont à l'*ordinaire*, c'est-à-dire, aux audiences *ordinaires*, au lieu que celles qui se poursuivoient sur placets sont à l'extraordinaire, c'est-à-dire, à des jours autres que ceux des rôles des provinces ; c'est pourquoi les procureurs au parlement cotent encore les dossiers de ces sortes de causes de ce titre extraordinaire.

Les maîtres des requêtes & le tribunal des requêtes de l'hôtel sont dits juger à l'*ordinaire*, lorsqu'ils jugent des matières qui sont de leur jurisdiction *ordinaire*, soit qu'ils jugent à la charge de l'appel ou au souverain. Ils rendent des sentences, au nombre de trois juges ; au souverain ils rendent, au nombre de sept, des arrêts sur les matières qui sont de leur compétence au souverain. *Voyez* REQUÊTES DE L'HÔTEL.

On appelle frais *ordinaires* de criées, les procédures qui se font pour l'instruction du décret & la sûreté de la vente, lesquels sont dus par l'adjudicataire outre le prix de l'adjudication ; les frais extraordinaires sont ceux que l'on fait pour faire juger les oppositions formées au décret ; ceux-ci se prennent par préférence sur le prix de la chose vendue.

On distingue encore la question en *ordinaire* & *extraordinaire*. *Voyez* QUESTION, TORTURE. (*A*)

ORDINAIRE, (*Jurisprud. canon.*) est l'archevêque, évêque, ou autre prélat qui a la jurisdiction ecclésiastique dans un territoire, *proprius pastor seu judex proprius.*

On entend aussi par collateur *ordinaire*, tout bénéficier auquel appartient naturellement & de droit la collation d'un bénéfice.

Le pape renvoie aux collateurs *ordinaires*, c'est-à-dire, aux évêques, l'examen de ceux qu'il pourvoit de cures.

C'est à l'*ordinaire* à donner le *visa* des provisions qui ne sont point en forme gracieuse.

Depuis que, dans le concile de Latran, le pape s'est attribué la collation des bénéfices par prévention sur tous les collateurs *ordinaires*, on le qualifie *ordinaire des ordinaires*, & c'est en cette qualité que par le concordat il s'est réservé ce droit de prévention sur les collateurs *ordinaires*.

Les *ordinaires* qui ne sont pas évêques ne peuvent pas décerner des monitoires ; pour en obtenir, il faut s'adresser au pape, & cette expédition s'appelle *in forma significavit* : l'exécution de ces monitoires est ordinairement adressée aux évêques voisins ou à leurs officiaux.

Il y a des chapitres & abbayes qui ont des exemptions de l'*ordinaire*. *Voyez* EXEMPTION, ALTERNATIVE, COLLATION, JURISDICTION EC-CLÉSIASTIQUE, MOIS APOSTOLIQUE, OBÉDIENCE, VISA. (*A*)

ORDONNANCE, s. f. (*Jurisprudence.*) est une loi faite par le prince pour régler quelques objets qui méritent l'attention du gouvernement.

Le terme d'*ordonnance* vient du latin *ordinare*, qui signifie *ordonner*, c'est-à-dire, arranger quelque chose, y mettre l'ordre. En effet, on écrivoit anciennement *ordrenance*, pour exprimer quelque arrangement ou disposition. Ce terme se trouve employé en ce sens dans quelques anciennes chartres & *ordonnances* ou réglemens, comme dans l'accord ou concordat fait en 1275, entre Jean dit *le Roux*, duc de Bretagne, & quelques-uns des barons & grands nobles de la province ; sauf, y est-il dit, *l'ordrenance resnable au juveigneur* ; c'est-à-dire, sans préjudice de la disposition convenable que le puiné (*junior*) peut faire. Ce concordat est à la fin de la très-ancienne coutume de Bretagne : cependant le terme *ordinare* se trouve employé dans le temps de la seconde race, pour dire *ordonner*. Aimoin, qui vivoit dans le neuvième siècle, dit en parlant des capitulaires de Charlemagne, *liv. 5, chap. 35, placitum generale habuit, ubi per capitula, qualiter regnum Franciæ filius suus Ludovicus regeret*, ordinavit.

Du latin *ordinare* on a fait *ordinatio* ; un grand nombre des anciennes *ordonnances* latines commençoient par ces mots *ordinatum fuit*. De tout cela s'est formé le terme françois d'*ordrenance* ou *ordonnance* : on disoit aussi quelquefois *ordrenement* pour *ordonnement* ; & quoique dans l'origine ce terme d'*ordonnance* ne signifiât autre chose qu'*arrangement* ; néanmoins comme ces arrangemens ou dispositions étoient faits par une autorité souveraine, on a attaché au terme d'*ordonnance* l'idée d'une loi impérative & absolue.

Le terme françois d'*ordonnance*, ni même le latin *ordinatio*, dans le sens où nous le prenons pour *loi*, n'étoient point connus des anciens.

Les réglemens que firent les anciens législateurs chez les Grecs, étoient qualifiés de loi.

Il en fut de même chez les Romains : ils appelloient *loi* les réglemens qui étoient faits par tout le peuple assemblé à la requisition de quelque magistrat du sénat.

Le peuple faisoit aussi des loix avec l'assistance d'un de ses magistrats, tels qu'un tribun ; mais ces loix étoient nommées *plébiscites*.

Ce que le sénat ordonnoit s'appelloit un *senatus-consulte*.

Les réglemens faits par les empereurs, s'appelloient *principum placita* ou *constitutiones principum*. On verra que cette dernière dénomination a été aussi employée par quelques-uns de nos rois.

Les constitutions des empereurs étoient générales ou particulières.

Les générales étoient de trois sortes : savoir, des édits, des rescripts & des décrets.

Les édits étoient des constitutions générales que

le prince faifoit de fon propre mouvement pour la police de l'état ; il y avoit d'autres édits qui étoient faits par les magiftrats, mais qui n'étoient autre chofe que des efpèces de programmes publics, par lefquels ils annonçoient la forme en laquelle ils fe propofoient de rendre la juftice fur chaque matière pendant l'année de leur magiftrature. Nous n'avons pas en France d'édits de cette efpèce ; mais nos rois font auffi des édits qui ont le même objet que ceux des empereurs, & qui font compris fous le terme général d'*ordonnances*.

Les refcripts des empereurs étoient des réponfes aux requêtes qui leur étoient préfentées, ou aux mémoires que les magiftrats donnoient pour favoir de quelle manière ils devoient fe conduire dans certaines affaires. Nous avons auffi quelques anciennes *ordonnances*, ou lettres de nos rois, qui font en forme de refcripts.

Les décrets étoient des jugemens que le prince rendoit dans fon confiftoire, ou confeil fur les affaires des particuliers ; ceci revient aux arrêts du confeil privé. Les qualifications de décret ou d'édit fe trouvent employées indifféremment dans quelques anciennes *ordonnances* de nos rois.

Enfin, les conftitutions particulières étoient celles qui étoient faites feulement pour quelque perfonne ou pour un certain corps, de manière qu'elles ne tiroient point à conféquence pour le général. On trouve quelques anciennes *ordonnances* latines de nos rois, qui font pareillement qualifiées de conftitutions : préfentement ce terme n'eft plus ufité. Ces fortes de conftitutions revenoient aux lettres-patentes que nos rois accordent à des particuliers, corps & communautés.

Les *ordonnances* qui avoient lieu en France du temps de la première race, reçurent divers noms : les plus confidérables furent nommées *loix*, comme la loi gombette, la loi ripuaire, la loi falique ou des Francs.

Il y eut encore quelques autres loix faites par nos rois de la première race, pour d'autres peuples qui étoient foumis à leur obéiffance, telles que la loi des Allemands, celles des Bavarois & des Saxons, celle des Lombards, &c. Toutes ces loix ont été recueillies en un même volume, fous le titre de *loix antiques*.

La loi falique ou des Francs, qui eft une des plus fameufes de ces loix, eft intitulée *pactum legis falicæ*; il y eft dit qu'elle a été réfolue de concert avec les Francs.

La loi des Allemands faite par Clotaire, porte en titre dans les anciennes éditions, qu'elle a été réfolue par Clotaire, par fes princes ou juges, c'eft-à-dire, par trente-quatre évêques, trente-quatre ducs, foixante-douze comtes, & même par tout le peuple.

La loi bavaroife, dreffée par le roi Thierry, revue par Childebert, par Clotaire, & en dernier lieu par Dagobert, porte qu'elle eft l'ouvrage du

roi, de fes princes, & de tout le peuple chrétien qui compofe le royaume des Mérovingiens.

La loi gombette contient les foufcriptions de trente comtes, qui promettent de l'obferver, eux & leurs defcendans.

La principale matière de ces loix, ce font les crimes, & fur-tout ceux qui étoient les plus fréquens chez les peuples brutaux, tels que le vol, le meurtre, les injures ; la peine de chaque crime y eft réglée felon les circonftances, à l'égard defquelles la loi entre dans un fort grand détail, *voyez* ce qui eft dit de ces loix dans l'*hiftoire du Droit françois* de M. l'abbé Fleury, & ce qui a été dit ici au mot CODE *des loix antiques*, & au mot LOIX *antiques*, & aux articles où il eft parlé de chacune de ces loix en particulier.

Il y eut quelques loix de la première race qui furent nommées *édits*, tel que l'édit de Théodoric, roi d'Italie, qui fe trouve dans ce code des loix antiques.

D'autres furent nommées en latin *conftitutiones*.

D'autres enfin furent appellées *capitulaires*, parce que leurs difpofitions étoient diftinguées par chapitres, ou plutôt par articles, que l'on appelloit *capitula*. Ces capitulaires fe faifoient par nos rois, dans des affemblées compofées d'évêques & de feigneurs ; & comme les évêques y étoient ordinairement en grand nombre, & que l'on y traitoit d'affaires eccléfiaftiques, ces mêmes affemblées ont fouvent été qualifiées de *concile*. Le *Recueil des capitulaires* de l'édition de M. Baluze, comprend quelques capitulaires du temps de la première race, lefquels remontent jufqu'au règne de Childebert.

Les *ordonnances* qui nous reftent des rois de la feconde race, font toutes qualifiées de *capitulaires*, & comprifes dans l'édition qu'en a donnée M. Baluze, en deux volumes *in-folio*, avec des notes.

Les capitulaires de Charlemagne commencent en l'an 768, première année de fon règne ; il y en a des règnes fuivans, jufques & compris l'an 921, temps fort voifin de la fin du règne de Charles-le-Simple.

La collection des capitulaires porte en titre *capitula regum & epifcoporum, maximèque nobilium francorum omnium.*

Et en effet, ils font appellés par les rois *leur ouvrage & celui de leurs féaux*. Charlemagne, en parlant de ceux faits pour être inférés dans la loi falique, dit qu'il les a faits du confentement de tous ; celui de 816 porte, que Louis le Débonnaire a affemblé les grands eccléfiaftiques & laïques pour faire un capitulaire pour le bien général de l'églife ; dans un autre, il remet à décider jufqu'à ce que fes féaux foient en plus grand nombre.

Charles-le-Chauve dit, tels font les capitulaires de notre père, que les Francs ont jugé à propos de reconnoître pour loi, & que nos fidèles ont réfolu dans une affemblée générale, d'obferver en tous temps ; & dans un édit qu'il fit à Poiffy en 844, pour une nouvelle fabrication de monnoie, il eft dit que cet édit fut fait *ex confenſu*, par où l'on entend que ce fut dans une aſſemblée du peuple.

Les capitulaires ſont diſtingués en pluſieurs occaſions d'avec les autres loix, qui étoient plus anciennes; & en effet, il y avoit différence, en ce que les capitulaires n'avoient été faits que pour ſuppléer ce qui n'avoit pas été prévu par les loix, cependant ils avoient eux-mêmes force de loix; & l'on voit, dans pluſieurs capitulaires de Louis-le-Débonnaire & de Charles-le-Chauve, qu'ils ordonnent que les capitulaires ſeront tenus pour loi.

Ceux de Charlemagne forment même un corps complet de légiſlation politique, eccléſiaſtique, militaire, civile & économique.

Les loix & capitulaires, tant de la première que de la ſeconde race, ſe faiſoient donc dans des aſſemblées de la nation, qui ſe tenoient en plein champ, & qu'on a appellées *parlement*, parce que c'étoit dans ces aſſemblées que l'on *parloit* & traitoit des affaires ſur leſquelles le roi vouloit bien ſe concerter avec ſes ſujets.

Sous la première race, ces aſſemblées ſe tenoient au mois de mars, d'où on les appelloit quelquefois *champ de Mars*; d'abord toutes les perſonnes libres y étoient admiſes, le peuple comme les grands; mais la confuſion que cauſe toujours la multitude, fit que l'on changea bientôt la forme de ces aſſemblées. On aſſembla chaque canton en particulier, & l'on n'admit plus aux aſſemblées générales que ceux qui tenoient quelque rang dans l'état; les évêques y furent admis de fort bonne heure; c'eſt de-là que Grégoire de Tours, Réginon & autres auteurs, nomment ſouvent ces aſſemblées *ſynodes* ou *conciles*.

Ces mêmes aſſemblées ſont nommées dans la loi ſalique *mallus*, mot tudeſque, qui veut dire *parole*; c'étoit-là en effet que la nation parlementoit avec le roi, c'eſt-à-dire, conféroit, communiquoit avec lui; elles furent auſſi appellées *judicium francorum* & *placitum*, & dans la ſuite *parlamentum*, parlement.

C'eſt dans ces aſſemblées que ſe faiſoient les nouvelles loix & capitulaires, ou autres ordonnances; on y délibéroit, entre autres choſes, de la conſervation des loix, & des changemens qui pouvoient être néceſſaires.

Au reſte, ces aſſemblées, ſoit générales, ou réduites à un certain nombre de perſonnes, ne ſe tenoient point par une autorité qui fût propre à la nation; & l'on ne peut douter, ſuivant les principes univerſellement reconnus parmi nous, que rien ne ſe faiſoit dans ces aſſemblées que par la permiſſion du roi.

Auſſi voit-on que nos rois en changèrent la forme, & même en interrompirent le cours, ſelon qu'ils le jugèrent à propos: le pouvoir & la dignité de ces aſſemblées ne furent pas long-temps uniformes; elles ne reſtèrent pas non plus long-temps dans leur intégrité, tant à cauſe des diffé-

rens partages qui ſe firent de la monarchie, qu'à cauſe des entrepriſes de Charles Martel, lequel irrité contre le clergé qui compoſoit la plus grande partie de ces aſſemblées, les abolit entiérement pendant les vingt-deux ans de ſa domination; ſes enfans les rétablirent. Pepin les transféra au mois de mai; il y donna le premier rang aux prélats. Charlemagne rendit ces aſſemblées encore plus auguſtes, tant par la qualité des perſonnes qui s'y trouvoient, que par l'ordre qu'il y établit, & par la bonté qu'il avoit d'écouter les avis de ſon peuple, au ſujet des loix que l'on propoſoit dans ces aſſemblées, cherchant ainſi à prévenir toutes les difficultés & les inconvéniens qui auroient pu ſe trouver dans la loi.

Les loix antiques de la première race continuèrent à être obſervées avec les capitulaires, juſques vers la fin de la ſeconde race, dans tous les points auxquels il n'avoit pas été dérogé par les capitulaires; la loi ſalique fait même encore une de nos plus ſaintes loix, par rapport à l'ordre de ſuccéder à la couronne.

Du reſte, toutes ces loix anciennes, & le ſurplus de la loi ſalique elle-même, ainſi que les capitulaires, ſans avoir jamais été abrogés formellement, tombèrent peu-à-peu dans l'oubli, à cauſe du changement qui arriva dans la forme du gouvernement, lequel introduiſit auſſi un nouveau droit.

En effet, les inféodations qui furent faites vers la fin de la ſeconde race, & au commencement de la troiſième race, introduiſirent le droit féodal.

Sous Louis-le-Gros, lequel commença à affranchir les ſerfs de ſon domaine, tout ſe régloit en France par le droit des fiefs, celui des communes & bourgeoiſies, & des mains-mortes.

Tous ces uſages ne furent point d'abord rédigés par écrit; dans une révolution, telle que celle qui arriva dans le gouvernement, on étoit beaucoup plus occupé à ſe maintenir par les armes, que du ſoin de faire des loix.

Depuis les capitulaires, qui finiſſent, comme on l'a dit, en 921, l'on ne trouve aucune *ordonnance* faite par les rois de la ſeconde & de la troiſième race, juſqu'en 1051; encore juſqu'à S. Louis, ſi l'on en excepte une *ordonnance* de 1188, ſur les décimes, & celle de Philippe-Auguſte, en 1190, ce ne ſont proprement que des chartres ou lettres particulières; dans le premier volume des *ordonnances* de la troiſième race, on n'a inſéré que dix de ces lettres, qui ont été données depuis l'an 1051 juſqu'en 1190, étant les ſeules qui contiennent quelques réglemens; encore ne ſont-ce que des réglemens particuliers pour une ville, ou pour une égliſe ou communauté, & non des *ordonnances* générales faites pour tout le royaume.

Les *ordonnances* que nous avons depuis Henri I, ſont toutes rédigées en latin, juſqu'à celle de S. Louis, de l'année 1256, qui eſt la première que l'on trouve écrite en françois, encore eſt-il incertain si elle a été publiée d'abord en françois ou en latin. Il y en eut en effet encore beaucoup depuis ce temps, qui furent rédigées en latin ; on en trouve dans tous les règnes suivans, jusqu'au temps de François I, lequel ordonna en 1539, que tous les actes publics seroient rédigés en françois ; mais pour ce qui est des *ordonnances*, elles étoient déjà la plupart en françois, si ce n'est les lettres-patentes qui regardoient les provinces, villes, & autres lieux des pays de droit écrit, qu'on appelloit alors la *Languedoc*, lesquelles étoient ordinairement en latin : les *ordonnances* générales ; & celles qui concernoient les pays de la Languedoil ou pays coutumier, étoient ordinairement rédigées en françois, du moins depuis le temps de S. Louis.

Les anciennes *ordonnances*, chartres ou lettres de nos rois ont reçu, selon les temps, diverses qualifications.

Henri I, dans les lettres de l'an 1051, portant un réglement pour la ville d'Orléans, qualifie lui-même sa chartre *testamentum nostræ autoritatis, quasi testimonium*. On remarque encore une chose dans ces lettres, & dans quelques autres postérieures ; c'est que quoique la personne de nos rois fût ordinairement qualifiée de *majesté*, ainsi que cela étoit usité dans le temps de Charlemagne, néanmoins en parlant d'eux-mêmes, ils ne se qualifioient quelquefois que de *sérénité* & de *celsitude*, *celsitudinem nostræ sereniatis adierit* ; mais le style des lettres de chancellerie n'étoit alors ni bien exact, ni bien uniforme ; car, dans ces mêmes lettres, on trouve aussi ces mots : *nostræ majestatis autoritate*.

Les lettres de l'an 1105, par lesquelles Philippe I défend de s'emparer des meubles des évêques de Chartres, décédés, sont par lui qualifiées en deux endroits *pragmatica sanctio* : on entendoit par-là une constitution que le prince faisoit de concert avec les grands de l'état, ou, selon Hotman, c'étoit un rescrit du prince, non pas sur l'affaire d'un simple particulier, mais de quelque corps, ordre ou communauté ; on appelloit un tel réglement, *pragmatique*, parce qu'il étoit interposé après avoir pris l'avis des gens pragmatiques, c'est-à-dire, des meilleurs praticiens, des personnes les plus expérimentées ; *sanctio* est la partie de la loi qui prononce quelque peine contre les contrevenans.

Ce réglement n'est pas le seul qui ait été qualifié de *pragmatique-sanction* ; il y a, entre autres, deux *ordonnances* fameuses qui portent le même titre ; l'une est la pragmatique de saint Louis, du mois de mars 1268 ; l'autre est la pragmatique-sanction faite à Bourges par Charles VII, au mois de juillet 1438.

Les lettres de Louis-le-Gros, de l'année 1118, contenant les serfs de l'église de saint Maur-des-fossés, sont qualifiées dans la pièce même de *décret*; & dans un autre endroit d'*édit*, *nostræ institutionis edictum*. Mais dans ces premiers temps il se trouve fort peu d'édits : ce terme n'est devenu plus usité que depuis le seizième siècle, pour exprimer des loix générales, mais ordinairement moins étendues que les *ordonnances* proprement dites.

Le terme d'*institution* dont on vient de parler, se trouve employé dans d'autres lettres du même prince, de l'an 1128, où il dit *instituo & decerno*, ce qui annonce encore un décret.

Dans d'autres lettres, de l'an 1134, il dit, *volumus & præcipimus*.

Louis VII, dans des lettres de l'an 1145, dit, en parlant d'un réglement fait par son père, *statutum est à patre nostro*.

Les lettres du même prince, touchant la régale de Laon, sont intitulées : *carta de regalibus laudunensibus* ; mais on ne peut assurer si ce titre vient du copiste ou de l'original.

La plupart de ces lettres sont plutôt des priviléges particuliers que des *ordonnances* ; cependant, comme elles ont fait en leur temps une espèce de droit, on les a comprises dans la collection des *ordonnances*. Philippe-Auguste étant sur le point de partir pour la Terre-sainte, en 1190, fit une *ordonnance*, qui est intitulée *testamentum* ; c'est un réglement pour la police du royaume : il a été qualifié *testament*, soit parce que le roi y fait plusieurs dispositions pour la distribution de ses trésors, au cas que lui & son fils vinssent à mourir pendant ce voyage, ou plutôt cette *ordonnance* a été qualifiée *testament*, dans le même sens que la chartre de Henri premier, *quasi testimonia nostræ autoritatis* : quoi qu'il en soit, ce testament est regardé, par quelques-uns, comme la plus ancienne *ordonnance* proprement dite, du temps de la troisième race. Le roi ne s'y sert pourtant point du terme *ordonnons*, mais de ceux-ci, *volumus*, *præcipimus*, *prohibemus*, qui reviennent au même ; & il ne qualifie ce testament à la fin que de *præsentem paginam*, de même que d'autres lettres qu'il donna en 1197. Cette expression se trouve encore dans plusieurs autres lettres postérieures ; mais ces mots sont désignatifs, & non qualificatifs.

Les premières lettres où il se soit servi du terme *ordinamus*, sont celles qu'il accorda à l'université en 1200.

Ce terme *ordinamus*, ou *ordinatum fuit*, fut souvent employé dans la suite pour exprimer les volontés du prince : cependant elles n'étoient pas encore désignées, en françois, par le terme d'*ordonnance*.

En faisant mention que les lettres alloient être scellées du sceau du prince, & souscrites de son nom, on mettoit auparavant, à la fin de la plupart des lettres, cette clause de style, *quod ut firmum & stabile maneat*, ou bien *quod ut stabilitatis robur obtineat* : on forma de-là le nom de *stabilimentum*, ou établissement, que l'on donna aux *ordonnances* du roi.

Beaumanoir, dans ses *Coutumes de Beauvoisis*, dit que quand le roi faisoit quelque établissement, spécialement en son domaine, les barons ne laissoient pas d'en user en leurs terres, selon les anciennes coutumes ; mais que quand l'établissement étoit général, il devoit avoir cours par tout le royaume ; & nous devons croire, dit-il, que tel établissement étoit fait par très-grand conseil, & pour le commun profit.

Les seigneurs barons s'ingéroient alors de faire aussi des établissemens ou *ordonnances* dans leurs domaines, ce qui étoit un attentat à l'autorité royale, lequel fut depuis réprimé.

La première *ordonnance* que l'on trouve, intitulée *établissement*, est celle de Philippe-Auguste, du premier mai 1209. Il n'y a cependant pas dans le corps de la pièce la qualification de *stabilimentum*, comme elle se trouve dans plusieurs autres semblables établissemens : il est dit en tête de celui-ci, que le duc de Bourgogne, les comtes de Nevers, de Boulogne & de S. Pol, le seigneur de Dampierre, & plusieurs autres grands du royaume de France, sont convenus unanimement, & ont confirmé par un consentement public, qu'à l'avenir on en useroit pour les fiefs, suivant ce qui est porté ensuite ; ce qui feroit croire que les établissemens étoient des *ordonnances* concertées avec les barons, & pour avoir lieu dans leurs terres, aussi bien que dans celles du domaine.

Cependant le roi faisoit aussi des *ordonnances* qui n'avoient lieu que dans son domaine, & qu'il ne laissoit pas de qualifier d'établissement, ce qui se trouve conforme à la distinction de Beaumanoir.

C'est ainsi que Philippe-Auguste fit, en mars 1214, une *ordonnance* touchant les Croisés, qui est intitulée *stabilimentum cruce signatorum*, dans le second registre de Philippe-Auguste, qui est au trésor des chartres ; & néanmoins dans le premier registre il y a d'autres lettres touchant les Croisés, qui sont intitulées *carta*.

On remarque seulement dans cet établissement, que le roi y annonce que, du consentement du légat, il s'est fait informer par les évêques de Paris & de Soissons de quelle manière la sainte Eglise avoit coutume de défendre les libertés des Croisés, & qu'information faite pour le bien de la paix entre le sacerdoce & l'empire, jusqu'au concile qui devoit se tenir incessamment, ils avoient arrêté qu'on observeroit les articles qui sont ensuite détaillés à la fin de cet article ; le roi ordonne qu'ils seront observés dans tout son domaine jusqu'au concile ; mais il a soin de mettre, que c'est sans préjudice des coutumes de la sainte Eglise, du droit & des coutumes du royaume de France, & de l'autorité de la sainte Eglise romaine : on voit par-là qu'il n'avoit pas fait tout seul ce réglement ; qu'il n'avoit fait qu'adopter ce qui avoit été réglé par le légat & par deux évêques, & c'est apparemment pour cela qu'il le nomme *établissement*.

Son *ordonnance* du mois de février 1218, touchant les Juifs, est qualifiée par lui de *constitution* : elle commence par ces mots *hæc est constitutio* ; ainsi, toute *ordonnance* n'étoit pas qualifiée d'*établissement*.

On a encore de ce prince deux établissemens sans date ; l'un intitulé *stabilimentum*, qui est rédigé dans le goût des capitulaires : en effet, il commence par ces mots *primum capitulum est*, & ensuite *secundum capitulum*, & ainsi des autres ; chaque capitule contient une demande faite au roi, laquelle est suivie de la réponse ; celle qui est faite au premier article, est conçue en cette forme : *responsio ; in hoc concordati sunt rex & barones*. Les autres réponses contiennent les accords faits avec le clergé : ce concordat ne doit pourtant pas être considéré comme une simple convention, parce que le roi, en se prêtant à ce concordat, lui donnoit force de loi.

L'autre établissement, qui est la dernière *ordonnance* que l'on rapporte de Philippe-Auguste, commence par ces mots, *hoc est stabilimentum quòd rex facit judæis*. Celui-ci est fait par le roi, du consentement de la comtesse de Troyes & de Guy de Dampierre ; & il est dit à la fin, qu'il ne durera que jusqu'à ce que le roi, ces deux seigneurs, & les autres barons, dont le roi prendra l'avis, le jugeront à propos.

Ce que l'on vient de remarquer sur ces deux derniers établissemens, confirme bien que l'on ne donnoit le nom qu'aux réglemens qui étoient faits de concert avec quelques autres personnes, & principalement lorsque c'étoit avec d'autres seigneurs, & pour que l'*ordonnance* eût lieu dans leurs domaines.

Les historiens font mention de plusieurs autres *ordonnances* de Philippe-Auguste ; mais que l'on n'a pu recouvrer ; & il est probable que dans ces temps tumultueux, où l'on étoit peu versé dans les lettres, & où l'on n'avoit point encore pensé à mettre les *ordonnances* dans un dépôt stable, il s'en est perdu un grand nombre.

Ce fait est d'autant plus probable, que l'on sait qu'en 1194, Philippe-Auguste ayant été surpris près de Blois par Richard IV, roi d'Angleterre & duc de Normandie, avec lequel il étoit en guerre, il y perdit tout son équipage, les scels, chartres, & beaucoup de titres & papiers de la couronne.

Quelques auteurs néanmoins, du nombre desquels est M. Brussel (*usage des fiefs*), tiennent que les Anglois n'emportèrent point de registres, ni de titres considérables ; qu'on ne perdit que quelques pieces détachées.

Mais il est toujours certain, suivant Guillaume Brito, que cette perte fut très-grande, & que dans le grand nombre de chartres qui furent perdues, il y avoit sans doute plusieurs *ordonnances*, ou comme on disoit alors, *établissemens*. Le roi donna ordre de réparer cette perte, & chargea de ce soin, frère Gautier ou Guerin, religieux de l'ordre de S. Jean de Jérusalem, évêque de Senlis, lequel étoit aussi garde-des-sceaux sous Philippe-Auguste, & fut ensuite chancelier sous Louis VIII & S. Louis. Guerin recueillit tout ce qu'il qu'il put trouver de copies de chartres, & rétablit le surplus de mémoire le mieux qu'il put : il fut résolu de mettre ce qui restoit, & ce qui seroit recueilli à l'avenir en un lieu où ils ne fuffent point exposés à tant de hafards ; & Paris fut choifi, comme la ville capitale du royaume, pour la confervation de ces titres ; & il eft à croire que les plus anciens furent enlevés par les Anglois, puifqu'il ne fe trouve rien au tréfor des chartres, que depuis le roi Louis-le-Jeune, dont la première *ordonnance* eft de l'an 1145.

Telle fut l'origine du tréfor des chartres, dans lequel une partie des *ordonnances* de la troifième race fe trouve confervée tant dans les deux regiſtres du temps de Philippe-Augufte, que dans d'autres pietes qui font dans ce dépôt.

Il y en a néanmoins cinq ou fix qui font antérieures à ces regiſtres, qui ont été tirées de divers autres dépôts, comme de quelques monaftères, & une de 1137, tirée de la chambre des comptes.

Nous n'avons de Louis VIII que deux *ordonnances*.

L'une de l'an 1223, touchant les Juifs, dans le préambule de laquelle il dit, *fecimus ftabilimentum fuper Judæos* ; & un peu plus loin, *ftabilimentum autem tale eft*, c'eft encore un concordat fait avec divers feigneurs, qui font dénommés dans le préambule, tant archevêques qu'évêques, comtes, barons & chevaliers *milites*, lefquels, eft-il dit, ont juré d'obferver cet établiffement.

L'autre, qui eft de l'année fuivante, concernant des mauvaifes coutumes de la ville de Bourges, qui avoient été abolies, fait mention d'une *ordonnance* de Philippe-Augufte, qu'il qualifie *in litteris fuis*. Louis VIII ne défigne point celle-ci par le terme de *ftabilimentum* ; mais il met à la fin la claufe ordinaire *ut autem hæc omnia ftabilitatis robur obtinéant, præfatam paginam figilli noftri autoritate, &c.* C'eft le prince qui ordonne feul, de l'avis toutefois de fon confeil, *magno noftrorum & prudentium confilio.*

S. Louis, dans fon *ordonnance* de 1228, fe fert tantôt du terme *ordinamus*, & tantôt de ceux de *ftatuimus* ou *mandamus*.

Dans celle de 1230, il dit *ftatuimus*, & plus loin, *hæ ftatuta faciamus fervari* ; & vers la fin, il ajoute *hæ voluimus & juravimus*. Cette *ordonnance* eft faite par le roi, *de fincerâ voluntate noftrâ & de communi confilio baronum* : le roi ordonne tant pour fes domaines que pour les barons ; cette *ordonnance* n'eft pourtant pas qualifiée d'*établiffement* : les réglemens qu'elle contient ne font qualifiés que de *ftatuts* ; mais le roi déclare qu'il veut qu'elle foit gardée par fes héritiers, & par fes barons & leurs héritiers, & l'*ordonnance* eft fignée par fept barons différens, lefquels mettent chacun *ego . . T . . . eadem volui, confului & juravi.*

Son *ordonnance* de 1230 commence par *anno domini inftitutum eft à Ludovico, &c.* Le premier article porte *fciendum eft*, & les fuivans commencent par *præceptum eft.*

Celle qu'il fit en 1235, commence par *ordinatum fuit* : il y a lieu de croire qu'elle fut faite dans un parlement, attendu que cette forme annonce un procès-verbal plutôt que des lettres du prince.

Mais ce qui mérite plus d'être remarqué, c'eft que les lettres ou *ordonnances* de ce prince, du mois de juin 1248, par lefquelles il laiffe la régence à la reine fa mère pendant fon abfence font émanées de lui feul.

On en rapporte une autre faite par ce prince en 1245, avec la traduction françoife à côté ; le tout eft tiré d'une *ordonnance* du roi Jean, où celle-ci eft rapportée, & la traduction paroît être du temps de S. Louis, tant l'ouvrage en eft barbare.

Ses lettres du mois d'avril 1250, contenant plufieurs réglemens pour le Languedoc, font proprement un refcrit : en effet, il s'y exprime en ces termes, *confultationibus veftris duximus refpondendum taliter*, & ailleurs on trouve encore le terme de *refpondemus.*

L'*ordonnance* qu'il fit en 1254, pour la réformation des mœurs dans le Languedoc, & dans le Languedoil, eft intitulée dans les conciles de la Gaule narbonnoife de M. Baluze, *hæ ftabilimenta per dominum regem Franciæ, &c.* Au commencement de la pièce S. Louis dit, *fubfcripta duximus ordinanda* ; & plus loin, en parlant d'une *ordonnance* qui avoit été faite pour les Juifs, il la qualifie d'*ordinationem.*

Dans une autre, du mois de février de la même année, il dit *ordinavimus*, & ailleurs *ordinamus & præcipimus* ; & à la fin, enjoint de mettre cette *ordonnance* avec les autres, *inter alias ordinationes prædictas confcribi volumus*, ce qui fait connoître qu'il y avoit dès-lors un livre où l'on tranfcrivoit toutes les *ordonnances.*

Il en fit une françoife en 1256, pour l'utilité du royaume, laquelle commence par ces mots : *nous établiffons que, &c.* Ces termes font encore répétés dans un autre endroit ; & ailleurs il dit : nous voulons, nous commandons, nous défendons ; celle-ci ne paroît qu'une traduction de celle de 1254, avec néanmoins quelques changemens & modifications ; mais ce qui eft certain, c'eft que le texte de cette *ordonnance* françoife n'a point été compofé tel qu'il eft rapporté, le langage françois que l'on parloit du temps de S. Louis étant prefque inintelligible aujourd'hui fans le fecours d'un gloffaire.

Quoique S. Louis fe fervît volontiers du terme d'*établiffement*, ce ftyle n'étoit pourtant pas uniforme pour toutes les *ordonnances* ; car celle qu'il fit dans la même année touchant les mairies, commence par *nous ordonnons*, & ce terme y eft répété à chaque article.

De même, dans celle qu'il fit touchant l'élection des maires de Normandie, il commence par ces mots, *nos ordinavimus*, & à chaque article il dit, *nos ordinamus*.

On s'exprimoit souvent encore autrement, par exemple, l'ordonnance que S. Louis fit en 1262 pour les monnoies, commence ainsi, *il est égardé*, comme qui diroit *on aura égard* ou *attention* de ne pas faire telle chose : ce réglement avoit pourtant bien le caractère d'ordonnance, car il est dit à la fin *facta fuit hæc ordinatio*, &c.

Un autre réglement qu'il fit en 1265, aussi touchant les monnoies, commence par l'*attirement que le roi a fait des monnoies est tiex*, (tel) ; on entendoit par *attirement* une ordonnance par laquelle le roi attiroit à ses hôtels les monnoies à refondre ou à réformer, ou plutôt par laquelle il remettoit ou attiroit les monnoies affoiblies à leur juste valeur ; peut-être *attirement* se disoit-il par corruption pour *attitrement*, comme qui diroit un réglement qui mettoit les monnoies à leur juste titre ; & ce qui justifie bien que cet attirement étoit une *ordonnance*, c'est que le roi l'a qualifié lui-même ainsi. Il veut & commande que cet *ordennement* soit tenu dans toute sa terre & ès terres de ceux qui n'ont point de propre monnoie, & même dans les terres de ceux qui ont propre monnoie, sauf l'exception qui est marquée, & il veut que cet attirement soit ainsi tenu par tout son royaume.

Il fit encore dans la même année une *ordonnance* pour la cour des esterlins, laquelle commence par ces mots, *il est ordonné* ; & à la fin il est dit, *facta fuit hæc ordinatio in parlamento*, &c.

Quand le roi donnoit un simple mandement, on ne le qualifioit que de *lettres*, quoiqu'il contînt quelque injonction qui dût servir de règle. C'est ainsi qu'à la fin des lettres de saint Louis, du mois de janvier 1268, il y a, *ista littera missa fuerunt clausæ omnibus baillivis*.

Quelquefois les nouvelles loix étoient qualifiées d'*édits* ; on en a déjà fait mention d'un de Louis-le-gros, en 1118. Saint Louis en fit aussi un au mois de mars 1268, qu'il qualifie d'*edicto consultissimo* ; cet édit ou *ordonnance* est ce qu'on appelle communément la *pragmatique* de saint Louis.

On voit par les observations précédentes, que les *ordonnances* recevoient différens noms, selon leur objet, & aussi selon la manière dont elles étoient formées. Quand nos rois faisoient des *ordonnances* pour les pays de leur domaine, ils n'employoient que leur seule autorité ; quand ils en faisoient qui regardoient le pays des barons ou de leurs vassaux, elles étoient ordinairement faites de concert avec eux, ou scellées, ou souscrites d'eux ; autrement les barons ne recevoient ces *ordonnances* qu'autant qu'ils y trouvoient leur avantage. Les arrière-vassaux en usoient de même avec les grands vassaux ; & il paroît que l'on appelloit *établissement* les *ordonnances* les plus considérables & qui étoient concertées avec les barons dans des assemblées de notables personnages.

La dernière *ordonnance*, connue sous le nom d'*établissement*, est celle de saint Louis, en 1270. Elle est intitulée : *les établissemens selon l'usage de Paris & de cour de baronnie* : dans quelques manuscrits, ils sont appellés *les établissemens du roi de France*.

Quelques-uns ont révoqué en doute que ces établissemens aient eu force de loi ; ils ont prétendu que ce n'étoit qu'une compilation ou traité du droit françois, d'autant qu'ils sont remplis de citations de canons, de décrets, de chapitres des décrétales, & de loix du digeste & du code, ce qui ne se voit point dans toutes les *ordonnances* précédentes de la troisième race.

Il est néanmoins vrai que ces établissemens furent autorisés par saint Louis ; c'est une espèce de code qu'il fit faire peu de temps avant sa seconde croisade ; l'on y inséra des citations pour donner plus d'autorité ; ce qui ne doit pas paroître extraordinaire, puisque nous avons vu de nos jours cette méthode renouvellée dans le code Frédéric : les établissemens de saint Louis sont distribués en deux parties, & chaque partie divisée par chapitres : ils contiennent en tout 213 chapitres.

Charles VI s'est pourtant encore servi du terme d'*établissement* dans des lettres de 1394 touchant les Juifs. Il ordonne par manière d'*établissement* ou *constitution irrévocable*, c'est ainsi qu'il explique lui-même le terme d'*établissement*.

Dans la plupart des *ordonnances* qui furent faites par nos rois depuis le temps de saint Louis, ils s'expriment par ces mots, *ordinatum fuit* ; il se trouve un assez grand nombre de ces *ordonnances* faites au parlement, même depuis qu'il eut été rendu sédentaire à Paris : cela étoit encore assez commun vers le milieu du xivᵉ siècle : il s'en trouve même encore de postérieures, notamment des lettres de 1388, comme on l'a dit *au mot* ENREGISTREMENT.

Mais la première loi de cette espèce qui ait été qualifiée en françois *ordonnance*, est celle de Philippe-le-Bel, faite au parlement de la Pentecôte en 1287, touchant les bourgeois, qui commence par ces mots : « c'est l'*ordonnance* faite par la cour de notre » seigneur le roi, & de son commandement ».

Depuis ce temps, le terme d'*ordonnance* ou *ordonnance* devint commun, & a été enfin consacré pour exprimer en général toute loi faite par le prince.

Il y en a pourtant de postérieures à celle de 1287, qui sont encore intitulées autrement, telle que celle du 3 mai 1302 pour les églises de Languedoc, qui est intitulée *statutum regium* ; d'autres sont encore qualifiées *ordinationes*.

On comprend sous le terme général d'*ordonnance* du roi, tant les *ordonnances* proprement dites, que les édits, déclarations, & lettres-patentes de nos rois.

Les *ordonnances* proprement dites, sont des réglemens généraux sur une ou plusieurs matières, & principalement sur ce qui est du droit public,

& ce qui concerne les formes de rendre la justice.

Les édits font des lettres de chancellerie, que le roi donne de son propre mouvement, pour servir de loi à ses sujets sur une certaine matière.

Les déclarations font aussi des lettres de chancellerie, par lesquelles le roi déclare sa volonté sur l'exécution d'un édit ou d'une *ordonnance* précédente, pour l'interpréter, changer, augmenter ou diminuer.

On trouve un exemple d'une déclaration du roi dès le 26 décembre 1335, donnée sur une *ordonnance* du 11 mai 1333. Les gens des comptes avoient supplié le roi d'expliquer sa volonté sur un objet qui n'étoit pas spécifié dans son *ordonnance*; & le roi dit qu'il vouloit en avoir *sa déclaration & savoir son entente*, & en conséquence il explique son intention & sa volonté : on trouve pourtant peu d'*ordonnances* qui aient été qualifiées de *déclarations* jusqu'au commencement du xvj⁰ siècle : les édits font encore en plus petit nombre que les déclarations.

Le pouvoir de faire de nouvelles *ordonnances*, édits ou déclarations, de les changer, modifier, n'appartient en France qu'au roi, dans lequel seul réside tout le pouvoir législatif.

Mais comme on ne sauroit apporter trop d'attention à la rédaction des *ordonnances*, nos rois ont coutume de prendre l'avis des personnes sages & éclairées de leur conseil.

Les anciennes *ordonnances* se faisoient de deux manières : les unes étoient arrêtées dans le conseil intime & secret du roi; celles qui paroissoient plus importantes, étoient délibérées dans des assemblées plus nombreuses.

Les premières chartres ou lettres qui nous restent des rois de la troisième race, font signées des grands officiers de la couronne, & de quelques autres notables personnages.

Quelques auteurs ont avancé que toutes celles qui n'étoient pas signées des grands officiers de la couronne, étoient délibérées au parlement, comme en effet cela se pratiquoit assez ordinairement, mais on n'en trouve pas des preuves pour toutes les *ordonnances*.

Les lettres de Henri I de l'an 1051, que l'on met en tête des *ordonnances* de la troisième race, font d'abord scellées du scel du roi, comme c'étoit la coutume : il est dit *sigillo & annullo* : dans d'autres il est dit *sigillo nostræ majestatis*.

Quelquefois, outre son scel, le roi mettoit sa signature; dans d'autres *ordonnances* il n'en est point parlé, quoiqu'elles fussent souscrites des plus grands du royaume.

Une autre singularité qui se trouve dans les lettres données à Orléans l'an 1051, dont on a déjà parlé, c'est que la signature de l'évêque d'Orléans y est avant celle du roi; ensuite celle de l'archevêque de Reims, de Hugues Bardoul, celle de Hugues Bouteiller (c'étoit le grand-bouteiller de France) : il y a encore quelques autres signatures de divers particuliers qui paroissent être des officiers du chapitre : enfin est celle de Baudouin, chancelier, lequel signa le dernier, ce qu'on exprime par ce mot *subscripsit*.

Les lettres de Philippe I en 1105, qui ne sont proprement qu'un rescript, font signées de lui seul; il n'y est même pas fait mention qu'il eût pris l'avis de personne; il dispose de sa seule autorité, *nostræ majestatis autoritate res prætaxatas à pravâ consuetudine liberamus*.

Quelquefois les lettres de nos rois étoient données de l'avis des évêques & grands du royaume, & néanmoins elles n'étoient signées que des grands officiers de la couronne : c'est ainsi que les lettres de Louis-le-Gros en 1118 font données, *communi episcoporum & procerum consilio & assensu & regiæ autoritatis decreto*. Les grands, comme on voit, ne donnoient qu'un avis & consentement; le roi parloit seul avec autorité. Ces lettres ne font point signées de ces évêques & grands, il est seulement dit qu'elles furent données à Paris publiquement, *publicè*. Il y en a beaucoup d'autres où la même chose se trouve exprimée; ce qui fait voir que l'on a toujours reconnu la nécessité de donner aux nouvelles loix un caractère de publicité par quelque forme solemnelle. Enfin, il est dit que ces lettres furent données *adstantibus in palatio nostro quorum nomina substituta sunt & signa*; & ensuite font les noms & seings du grand-maître *dapiferi*, du connétable, du bouteiller, du chambrier, & il est fait mention que ces lettres ont été données par la main du chancelier, *data per manum Stephani cancellarii*, ce qui se trouve exprimé de même à la fin de plusieurs lettres.

Louis-le-Gros, dans des lettres de 1128, après avoir énoncé l'avis & le consentement des évêques & grands, fait mention qu'il a pris aussi l'avis & consentement d'Adélaïde sa femme, & de Philippe son fils, désigné roi. Cependant cette princesse ni son fils ne signèrent point non plus que le roi; il n'y eut que trois des grands officiers de la couronne. Il est dit que l'office de grand-maître n'étoit point rempli, *dapifero nullo*, & l'on ne fait point mention du chancelier.

Dans des lettres que ce même prince donna en 1134, il est dit, *annuente Ludovico nostro filio in regem sublimato*; dans celles de 1137, il dit *assentiente*. Ces dernières lettres font faites en présence de deux fortes de personnes; les unes à l'égard desquelles il est dit *in præsentiâ*, & qui ne signent point; savoir, l'évêque de Chartres, légat du saint siège; Etienne, évêque de Paris; Suger, abbé de saint Denis, c'étoit le ministre de Louis-le-Gros; Girard, abbé de Josaphat; Algrin qui est qualifié *à secretis nostris*, c'est-à-dire, secrétaire du roi. A l'égard des autres personnes, ce font les grands officiers de la couronne, qui font dits *astantibus in palatio nostro*, & dont les noms & seings se trouvent ensuite. Ceux-ci étoient aux côtés du prince, les autres étoient présens, mais n'approchoient pas si près de la perfonne du roi; cette diſtinction ſe trouve obſervée dans pluſieurs autres lettres & *ordonnances.*

L'*ordonnance* de 1190; connue ſous le nom de *teſtament* de Philippe-Auguſte, ne fait point mention qu'il eût pris l'avis d'aucun des grands; le roi dit qu'il l'a fait *conſilio altiſſimo.* Elle eſt néanmoins ſignée des grands officiers de la couronne, quoiqu'elle ne ſoit pas dite faite *publicè* ; il s'en trouve pluſieurs autres ſemblables, où ils ont pareillement ſouſcrit; celle-ci eſt donnée *vacante cancellariâ* , & eſt ſignée du roi.

Pluſieurs anciennes *ordonnances* ne font aucune mention des ſignatures & ſeings, ſoit que cette partie de la pièce ait été adirée, ſoit qu'elles aient été extraites d'autres *ordonnances* où l'on avoit retranché cette forme comme inutile.

Quelquefois tous les grands qui étoient préſens à la conſection d'une *ordonnance* , y appoſoient leurs ſceaux avec les grands officiers de la couronne; cela ſe pratiquoit ſur-tout dans les établiſſemens, comme il paroît par celui de 1223, fait par Louis VIII touchant les Juifs. Il eſt dit que les comtes, barons, & autres qui y ſont dénommés, y ont fait mettre leurs ſceaux. C'étoit ainſi que l'on ſouſcrivoit alors les actes; car l'ignorance étoit ſi grande, ſur-tout chez les laïques, que peu de perſonnes ſavoient écrire. On faiſoit écrire le nom de celui qui vouloit appoſer ſon ſceau; en ces termes, *ſignum Hugonis* , ou autre nom; & enſuite celui dont le nom étoit écrit appoſoit ſon ſceau à côté de ce nom.

Quand le roi ne ſe trouvoit pas accompagné des grands officiers de la couronne, à leur défaut on appelloit d'autres perſonnes à la conſection des *ordonnances* , pour y donner la publicité, on prenoit ordinairement les perſonnages les plus notables du lieu; dans quelques occaſions, de ſimples bourgeois furent appellés.

Par exemple, dans l'*ordonnance* que ſaint Louis fit à Chartres en 1262 touchant les monnoies, il eſt dit qu'à la conſection de cette *ordonnance* , aſſiſtèrent pluſieurs bourgeois qui y ſont dénommés, & qui ſont dits *jurati* , c'eſt-à-dire, qui avoient prêté ſerment; ſavoir, trois bourgeois de Paris, trois bourgeois de Provins, deux bourgeois d'Orléans, deux de Sens, & deux de Laon. Il paroît aſſez ſingulier que l'on eût ainſi raſſemblé à Chartres des bourgeois de différentes villes, & qu'il n'y en eût aucun de la ville même; on n'avoit apparemment appellé que ceux qui étoient le plus au fait des monnoies.

Au reſte, il ſe trouve fort peu d'*ordonnances* du temps de ſaint Louis, qui faſſent mention que l'on y ait appoſé d'autres ſceaux que celui du roi.

La formule de la plupart des *ordonnances* de ce règne, de celui de Philippe-le-Hardi, & de celui de Philippe-le-Bel, énonce qu'elles furent faites au parlement; le roi étoit préſent à ces délibérations, & les *ordonnances* que l'on y propoſoit y étoient corrigées quand il y avoit lieu.

Le roi Jean finit une *ordonnance* en diſant que s'il y a quelque choſe à y ôter, ajouter, changer, ou interpréter, cela ſera fait par des commiſſaires qu'il députera à cet effet, & qui en délibéreront avec les gens du parlement; elles ſont relatées dans le regiſtre des enquêtes, ou dans les regiſtres *olim* dont elles tirent toute leur authenticité.

Ce que l'on trouve de plus remarquable du temps de Philippe-le-Bel par rapport à la manière dont ſe faiſoient les *ordonnances* , c'eſt premièrement celle de 1287, qui fut faite au parlement touchant les bourgeoiſies; il eſt dit qu'elle fut faite par la cour notre ſeigneur le roi; mais il y a tout de ſuite ces mots, *& de ſon commandement.*

On trouve au bas d'une *ordonnance* de 1288, qu'elle fut regiſtrée *inter judicia, conſilia & arreſta expedita in parlamento omnium ſanctorum.*

Celle de 1291, touchant le parlement, fut faite au parlement même tenu à Paris.

Philippe-le-Bel en fit une autre à Paris en 1295, par laquelle il promit de dédommager ceux qui prendroient de ſa nouvelle monnoie; & il obligea ſon domaine, ſes héritiers & ſucceſſeurs, & généralement tous ſes biens & les leurs, & ſpécialement tous ſes revenus & produits de la province de Normandie, & ce de la volonté & conſentement de ſa très-chère femme, Jeanne, reine de France. Il finit en ordonnant l'appoſition de ſon ſceau; enſuite la reine parle à ſon tour, & ratifie le tout, & y fait mettre ſon ſcel avec celui du roi; il y a encore une *ordonnance* ſemblable de la même année.

Celle de 1298; concernant le jugement des hérétiques, fut donnée en préſence d'un archevêque, & de trois évêques.

Dans un mandement du 23 août 1302, il dit qu'il a été accordé enſemblement de pluſieurs de ſes amés & féaux prélats & barons avec ſon conſeil; il y en a un ſemblable de 1303, & deux *ordonnances* de 1306, qui ſont faites de même.

L'*ordonnance* du mois de novembre concernant le châtelet, fut faite par le roi & ſon conſeil; mais il paroît que ce conſeil n'étoit autre choſe que le parlement que l'on appelloit encore communément *le conſeil du roi.* Dans quelques *ordonnances* poſtérieures, il eſt dit qu'elles furent faites par délibération du grand-conſeil du roi; & dans quelques-unes, il ajoute *& de ſes barons.*

Depuis que le parlement eut été rendu ſédentaire à Paris, les *ordonnances* ne ſe firent plus guère au parlement, mais dans le conſeil particulier du roi. Il fut même ordonné en 1359, que dorénavant il ne ſe feroit plus aucunes *ordonnances* , que ce ne fût par délibération de ceux du conſeil; quelquefois ce conſeil ſe tenoit en la chambre des comptes; quelquefois dans la chambre du parlement: c'eſt pourquoi l'on trouve encore quelques *ordonnances* qui furent faites au parlement juſqu'en 1388.

Dans ces premiers temps, le roi envoyoit quelquefois ſes *ordonnances* à la chambre des comptes pour y être regiſtrées; on en trouve des exemples en 1320, 1323 & 1361 : il chargeoit même aussi quelquefois la chambre d'en envoyer des copies vidimées aux baillis & sénéchaux. On appelloit *vidimus*, un transcrit de l'ordonnance qui étoit collationné par quelque officier public.

Le prévôt de Paris faisoit quelquefois des *ordonnances* pour la police de son siège, lesquelles étoient ensuite adoptées & autorisées par le roi ; témoin l'*ordonnance* de Philippe-le-Bel, du premier mai 1313, qui homologue un réglement de cette espèce.

Depuis que l'on eut introduit de faire assembler les trois états, ce qui commença sous Philippe, il y eut plusieurs *ordonnances* faites aux états, ou sur leurs remontrances, doléances & supplications ; mais dans tous les temps, ç'a toujours été le roi qui a ordonné ; les états ne faisoient que requérir. *Voyez* ÉTATS.

Une grande partie des *ordonnances*, faites jusqu'au temps de S. Louis, commence par ces mots, *in nomine sanctæ & individuæ trinitatis* ; quelques-unes par *in nomine domini* ; plusieurs commencent par le nom du roi, comme *Ludovicus Dei gratiâ Francorum rex* ; dans quelques-unes au lieu de *Dei gratiâ*, il y a *Dei misericordiâ*. Cet intitulé répond à celui qui est encore usité présentement : *Louis par la grace de Dieu*, roi de France & de Navarre.

Les établissemens qui étoient des espèces de concordats faits avec les barons, commencent la plupart, comme on l'a déjà dit, par ces mots, *hoc est stabilimentum*.

Les *ordonnances* qui commencent par *ordinatum fuit*, sont celles qui avoient été formées dans l'assemblée du parlement.

Il s'en trouve plusieurs autres qui commencent de diverses manières, soit que l'intitulé en ait été retranché, soit parce que ces pièces sont plutôt une relation des *ordonnances* que ces ordonnances mêmes. Telle est celle de Philippe-Auguste, du mois de juillet 1219, qui commence par ces mots, *dominus rex statuit*, &c.

Pour ce qui est de ceux à qui les *ordonnances* sont adressées, les plus anciennes sont adressées à tous les fidèles présens & à venir : *notum fieri volo*, dit Henri I en 1051, *cunctis fidelibus sanctæ Dei ecclesiæ, tam præsentibus quàm futuris*. Louis-le-Gros dans plusieurs de ses lettres, dit de même, *omnibus Christi fidelibus*. Mais avant lui Philippe I adressa des lettres, *universis in regno Francorum*. Louis-le-Gros, adresse un mandement en 1134, *tam præsentibus quàm futuris* : il y en a beaucoup d'autres semblables. Cette clause est encore d'usage dans les *ordonnances* & édits, lesquels sont adressés au commencement, *à tous présens & à venir*.

Au surplus, il faut observer que la différence de l'adresse dépendoit beaucoup de la qualité de l'*ordonnance* ; quand elle étoit générale, & qu'elle devoit avoir lieu dans tout le royaume, l'adresse étoit plus générale ; quand son objet étoit limité à certains pays ou personnes, elle étoit adressée à ceux qu'elle concernoit.

Ainsi quand Louis-le-Gros, en 1137, abolit dans l'Aquitaine le droit d'hommage & d'investiture, en faveur des archevêques, évêques & autres prélats, ses lettres sont adressées à l'archevêque de Bordeaux, ses suffragans, aux abbés de la province, & à leurs successeurs à perpétuité.

L'*ordonnance* de 1190, appellée *le testament de Philippe-Auguste*, ne contient aucune adresse : il se trouve plusieurs autres *ordonnances* dans lesquelles il n'y en a point non plus.

Les premières lettres où l'on trouve l'origine de cette forme d'adresse, *à nos amés & féaux*, ce sont celles de Philippe-Auguste en 1208 ou 1209, pour les patronages de Normandie ; l'adresse en est faite, *amicis & fidelibus suis, Rothomagensi episcopo & universis episcopis Normaniæ ejus suffraganeis*. Cette forme est encore usitée présentement dans l'adresse ou mandement qui se met à la fin des *ordonnances*, édits & déclarations en ces termes : *si mandons à nos amés & féaux*, &c. clause qui s'adresse aux cours souveraines, & autres officiers auxquels le roi envoie ses nouvelles *ordonnances* pour les faire exécuter.

Philippe-le-Bel, dans des lettres du mois de mars 1299, dit à la fin, *damus igitur ballivis nostris..... in mandamentis* ; d'où a été imitée cette clause, *si donnons en mandement*, qui revient au même que la clause *si mandons*, &c.

On lit aussi dans les lettres de Philippe-Auguste de 1209, après l'adresse qui est au commencement, ces mots, *salutem & dilectionem*, d'où est venu la clause *salut savoir faisons*, usitée dans les *ordonnances* & autres lettres, & dans l'intitulé des jugemens.

On trouve deux autres lettres ou *ordonnances* de Philippe-Auguste, de l'an 1214, adressées *universis amicis & fidelibus suis baronibus, & aliis ad quos præsentes litteræ p. venerint*. C'est de cette adresse qu'est encore venue cette clause usitée dans les déclarations du roi. Le préambule des anciennes *ordonnances* commençoit ordinairement par *notum facimus*, ou *notum fieri volumus*, ou *noveritis, noverint universi*. Les lettres de S. Louis, en 1234, touchant les Juifs, commencent par *sciendum est* : on reconnoît encore là ce style de *savoir faisons que*, &c. usité dans quelques déclarations, & dans les jugemens & actes devant notaires.

S. Louis, dans des lettres du mois d'avril 1250, mande à ses baillifs, & à ceux des seigneurs, de tenir la main à l'exécution. Dans sa pragmatique de l'an 1260, il mande à tous ses juges, officiers & sujets, & lieutenans, chacun en droit soi, de garder cette ordonnance.

L'*ordonnance* françoise de Philippe III, faite au parlement de la Pentecôte en 1273, est adressée à tous ses amés & féaux.

Présentement toutes les *ordonnances*, édits & déclarations, sont des lettres intitulées du nom du

roi, & fignées de lui, contre-fignées par un fecrétaire d'état, fcellées du grand fceau, & vifées par
le garde-des-fceaux.

Les *ordonnances* & édits contiennent d'abord,
après le nom du roi, cette adreffe : *à tous préfens &*
à venir, falut ; ils ne font datés que du mois & de
l'année, & on les fcelle en cire verte fur des lacs
de foie verte & rouge ; au lieu que dans les déclarations il y a ces mots : *à tous ceux qui ces préfentes*
lettres verront, falut : elle ne font fcellées qu'en cire
jaune fur une double queue de parchemin, & font
datées du jour du mois & de l'année. Il y a pourtant quelques édits rédigés en forme de déclarations, comme l'édit de Crémieux.

Après le préambule où le roi annonce les motifs de
fa loi, il dit : « A ces caufes, de l'avis de notre con-
» feil, & de notre certaine fcience, pleine puif-
» fance & autorité royale, nous avons dit & dé-
» claré, difons, déclarons, ordonnons, voulons
» & nous plaît ce qui fuit ».

Quand le prince eft mineur, il ordonne de l'avis
du régent ; on y ajoute quelquefois les princes du
fang & quelques autres grands du royaume, pour
donner plus de poids à la loi.

A la fuite des difpofitions des *ordonnances*, édits
& déclarations, eft la claufe, *fi mandons*, qui contient l'adreffe que le roi fait aux cours & autres tribunaux, pour leur enjoindre de tenir la main à l'exécution de la nouvelle *ordonnance*, & eft terminée
par cette claufe : *car tel eft notre plaifir*, dont on
dit que Louis XI s'eft fervi le premier.

Outre la date du jour du mois & de l'année, on
marque auffi l'année du règne. Anciennement on
marquoit auffi l'année du règne de la reine, &
même celle du prince qui étoit défigné pour fuc-
cefleur : il y en a quelques exemples au commencement de la troifième race ; mais cela ne fe pratique plus.

Il y a des *ordonnances* que le roi fait pour régler certaines chofes particulières, comme pour la
police de fes troupes, pour l'expulfion des vagabonds, la défenfe du port d'armes, &c. celles-ci
font ordinairement en cette forme : *de par le roi*,
fa majefté étant informée, &c. elles font fimplement
fignées du roi, & contre-fignées d'un fecrétaire
d'état.

Depuis que le parlement fut rendu fédentaire à
Paris, on ne laiffe pas de trouver encore des *or-*
donnances, mandemens & autres lettres, adreffés
directement au prévôt de Paris, & auffi aux baillis
& fénéchaux du reffort, au maître des forêts, au
duc de Bretagne, & à d'autres officiers, chacun
pour ce qui les concernoit. Philippe de Valois, dans
des lettres du mois de novembre 1329, dit à la
fin à tous ducs, comtes, barons, fénéchaux, baillis, prévôts, viguiers, châtelains, & à tous autres
jufticiers de notre royaume, lefdites claufes être
gardées, &c. Il fe trouve plufieurs adreffes femblables faites en divers temps.

Philippe-le-Bel adreffe, en 1308, des lettres,

« à nos amés & féaux les gens de l'échiquier de
» Rouen » : *dilectis & fidelibus gentibus noftris fcaca-*
rii Rothomagenfis. Il en adreffe de femblables, en
1310, « à nos amés & féaux les gens de nos
» comptes ».

Les premières lettres que nous ayons trouvées qui
foient adreffées au parlement de Paris, font celles
de Philippe V, dit *le Long*, de l'an 1318, dont
l'adreffe eft faite au commencement : *dilectis & fide-*
libus gentibus noftri parlamenti. Dans d'autres, de
1328, il eft dit, *parlamenti Parifius ;* & dans d'autres encore de la même année, *gentibus noftris par-*
lamentum tenentibus, comme on a dit depuis, *les gens*
tenans notre cour de parlement.

Une chofe remarquable dans les lettres de Philippe de Valois, du premier juin 1331, qui font
adreffées à nos amés & féaux les gens des comptes,
c'eft qu'il leur mande que cette préfente *ordonnance*
ils faffent fignifier & publier à tous les fénéchaux
& baillis du royaume, ce qui depuis long-temps
ne fe pratique plus ainfi, les nouvelles *ordonnances*
étant envoyées par le procureur-général du parlement aux baillis & fénéchaux.

Les juges royaux ont toujours eu feuls le droit
de faire crier & publier les nouvelles *ordonnances*
dans tout leur diftrict.

Anciennement nos rois faifoient quelquefois jurer aux principaux perfonnages de leur état, l'obfervation des *ordonnances* qui leur paroiffoient les
plus importantes. C'eft ainfi que Charles VI ayant
fait le 7 janvier 1400, une *ordonnance* concernant
les officiers de juftice & de finances, voulant
qu'elle fût inviolablement obfervée, il ordonna
que fon obfervation feroit jurée par les princes du
fang, les grands officiers étant en fon confeil, par
les gens du parlement, de la chambre des comptes,
les tréforiers, & autres femblables.

Le roi faifoit lui-même ferment d'obferver inviolablement certaines *ordonnances*, comme fit de
même Charles VI, pour l'*ordonnance* du dernier
février 1401, touchant le domaine ; il fit ferment
le premier de l'obferver inviolablement, & fit faire
enfuite le même ferment en fa préfence, à fes
oncles, à fon frère, & autres princes du fang,
au connétable, au chancelier, aux gens du grand-
confeil (qui étoit le confeil du roi), à ceux du
parlement & de la chambre des comptes, & aux
tréforiers de Paris.

Le ferment que faifoit alors le roi, & qui ne fe
pratique plus, doit paroître d'autant moins extraordinaire, que le roi à fon facre fait ferment d'obferver les loix, ce qui fignifie qu'il fe conformera
en toutes chofes à la juftice & à l'équité, & aux
loix fubfiftantes.

Il ne s'enfuit pas de-là que le roi foit tellement
aftreint de fe conformer à fes propres *ordonnances*,
ni même à celles de fes prédéceffeurs, qu'il ne
puiffe jamais s'en écarter ; en effet, il eft certain
que le roi peut, par de nouvelles *ordonnances*, édits

& déclarations, déroger aux anciennes *ordonnances*, les abroger, changer ou modifier.

Mais tant qu'elles ne font point abrogées, elles ont toujours force de loi, le roi lui-même fait gloire de s'y conformer, elles doivent pareillement être obfervées par tous les fujets du roi, & les juges font également obligés de s'y conformer pour leurs jugemens; c'eft ce qui fut ordonné par Clotaire I, en 560, par l'édit de Rouffillon, *art. 36*; par l'édit de Louis XIII, du mois de janvier 1629, *art. 53 & 54*, il eft enjoint aux cours d'obferver les *ordonnances* anciennes & nouvelles qui n'ont point été abrogées; & l'édit de Moulins, *art. 4*, ordonne que les cours de parlement procederont à rigoureufes punitions des juges & officiers de leur reffort qu'elles trouveroient avoir contrevenu aux *ordonnances*.

C'eft dans cet efprit que l'on a établi, de temps immémorial, l'ufage de faire la lecture des *ordonnances* à la rentrée du parlement & des autres tribunaux.

Mais les loix ayant été trop multipliées pour pouvoir les lire toutes, la lecture que fait le greffier fe borne à quelques articles qui concernent la difcipline des tribunaux, & n'eft plus qu'une vaine cérémonie; on fuppofe que chacun doit les relire en fon particulier pour s'en rafraîchir la mémoire.

Il faut néanmoins convenir qu'il y a de certaines difpofitions d'*ordonnances*, qui, fans avoir été formellement abrogées, font tombées en défuétude, parce qu'elles ne conviennent plus aux mœurs préfentes; mais il dépend toujours de la volonté du roi de les remettre en vigueur, & d'en prefcrire l'obfervation.

Les cours & autres juges doivent tenir la main à l'exécution des *ordonnances*.

Les principales *ordonnances* de la troifième race, & auxquelles le titre d'*ordonnance* proprement dite, convient fingulièrement, font celles du roi Jean, en 1356, pour le gouvernement du royaume; celle de Charles VII, en 1446, touchant le ftyle du parlement, celle que ce même prince fit au Montillès-Tours, en 1453; celle de Louis XII, faite à Blois en 1498; l'*ordonnance* de François I, en 1535, concernant l'adminiftration de la juftice; fon *ordonnance* de Villers-Cotterets, en 1539, pour l'abréviation des procès; l'*ordonnance* donnée par Charles IX, aux états d'Orléans, en 1560; celle de Rouffillon, en 1563, qui eft une fuite de l'*ordonnance* d'Orléans; celle de Moulins, en 1566, pour la réformation de la juftice; celle de 1579, dite *de Blois*, faite fur les plaintes des états affemblés à Blois; celle de 1629, appellée *le code Michault*.

Sous le règne de Louis XIV, on fit plufieurs grandes *ordonnances* pour la réformation de la juftice, favoir l'*ordonnance* de 1667, pour la procédure; celle de 1769, pour les *committimus*; une autre pour les eaux & forêts; une en 1670, pour les matières criminelles; une en 1673, pour le commerce; une en 1676, pour le bureau de la ville;

une en 1680, pour les gabelles; une autre pour les aides; une en 1681, pour les fermes; une autre pour la marine; & en 1687, une *ordonnance* pour les cinq groffes fermes.

Nous avons auffi plufieurs *ordonnances* célèbres publiées par Louis XV, favoir l'*ordonnance* des donations, en 1731; la déclaration de la même année fur les cas prévôjaux & préfidiaux; l'*ordonnance* des teftamens, en 1735; la déclaration concernant les regiftres des baptêmes, mariages, fépultures, vêtures, &c., en 1736; l'*ordonnance* du faux & celle des évocations, en 1737; le réglement de 1738 pour le confeil; enfin l'*ordonnance* des fubftitutions en 1747, &c.

Nous avons déjà vu ci-devant que, dès le temps de Philippe-Augufte, il y avoit un dépôt pour les *ordonnances*; que ce dépôt étoit le tréfor des chartres; que, dès le douzième fiècle, il y avoit un livre ou regiftre dans lequel on tranfcrivoit les *ordonnances*, afin qu'elles ne fe perdiffent point.

Mais depuis que le parlement fut rendu fédentaire à Paris, le véritable dépôt des *ordonnances* a toujours été au greffe de cette cour; fi quelquefois on a négligé de les y envoyer, ou fi on les a adreffées ailleurs, c'eft parce qu'il n'y avoit pas encore d'ordre certain bien établi.

Les regiftres des enquêtes & les regiftres *olim* contiennent quelques *ordonnances* depuis 1252 jufqu'en 1318; mais ces regiftres ne font pas des livres uniquement compofés d'*ordonnances*, elles y font mêlées avec des arrêts, des enquêtes, des procédures.

Les quatre plus anciens regiftres d'*ordonnances* font cotés par les lettres *A, B, C, D*.

Le premier coté *A*, eft intitulé *ordinationes antiquæ*, il comprend depuis 1337 jufqu'en 1415; il s'y trouve cependant quelques *ordonnances* antérieures à 1337. La plus ancienne contient des lettres-patentes de faint Louis, données à Fontainebleau au mois d'août 1229, qui confirment les privilèges de l'univerfité de Paris; & la plus moderne eft une déclaration donnée à Rouen le 7 novembre 1415, pour la délivrance de ceux qui avoient été emprifonnés à caufe des troubles.

Le fecond coté *B*, eft le *volume croifé*, ainfi appellé, parce qu'il y a une croix marquée deffus, il comprend depuis 1415 jufqu'en 1426: il y a pourtant auffi quelques *ordonnances* antérieures à 1415. La plus ancienne eft un édit fait par Philippe de Valois à Gondreville, le 13 juillet 1342, portant réglement pour le fervice des maîtres des requêtes ordinaires de l'hôtel du roi; la plus moderne faite par Charles VI, eft une déclaration donnée à Saint-Faron, près Meaux, le 25 janvier 1421, portant réglement pour l'alternative dans la collation des bénéfices; le refte de ce regiftre eft rempli des *ordonnances* de Henri VI, roi d'Angleterre, foi-difant roi de France.

Le troifième regiftre coté *C*, eft intitulé *liber accordarum ordina. Pictavis*; on l'appelle *liber accor-*

darium, parce qu'il contient des accords, lesquels ne pouvoient alors être faits sans être homologués au parlement ; il comprend depuis 1418 jusqu'en 1436. Ce sont les *ordonnances* regiftrées au parlement de Paris, transféré à Poitiers, faites par Charles VII, depuis l'année 1418, qu'il prit la qualité de régent du royaume, & depuis son avénement à la couronne, jusqu'au 9 avril 1434.

Le quatrième regiftre coté *D*, eft intitulé *ordinationes barbinæ* ; on croit que ces *ordonnances* ont été ainfi appellées du nom de celui qui les a recueillies & mifes en ordre ; il commence en 1427, & contient jufqu'au *folio 33*, la fuite des *ordonnances* du roi d'Angleterre, dont la dernière eft du 16 mars 1436 ; & enfuite jufqu'au *folio 207*, font tranfcrites celles de Charles VII, depuis la réduction de la ville de Paris à fon obéiffance, jufqu'à fon décès arrivé le 22 juillet 1461. La première, qui eft au *folio 34*, eft un édit du 15 mars 1435, qui confirme les arrêts & jugemens rendus par les officiers tenans le parti du roi d'Angleterre, & enfuite font les premières *ordonnances* faites par Louis XI.

Ces quatre premiers volumes font fuivis de trois volumes des *ordonnances* de ce roi, d'une de Charles VIII, d'une de Louis XII, de cinq de François I, de fept de Henri II, de huit de Charles IX, de huit de Henri III, d'une des *ordonnances* de Henri III & de Henri IV, regiftrées au parlement de Paris féant à Tours ; de fix de Henri IV, de huit de Louis XIII, & de celles de Louis XIV, dont il y a d'abord quarante-cinq volumes jufques & compris partie de l'année 1705, & le furplus de fes *ordonnances* jufques & compris 1715.

Les *ordonnances* du règne de Louis XV compofent déjà un très-grand nombre de volumes, fans compter celles qui ne font encore qu'en minute.

On a fait, en divers temps, différens recueils imprimés des *ordonnances* de nos rois de la troifième race.

Le plus ancien eft celui que Guillaume Dubreuil donna vers 1315, & dont il compofa les trois parties de fon ftyle du parlement de Paris ; il ne remonta qu'au temps de faint Louis, parce que les *ordonnances* plus anciennes n'étoient pas alors bien connues.

Dumoulin revit ce ftyle vers l'an 1549, & y ajouta plufieurs difpofitions d'*ordonnances* latines de faint Louis & de fes fucceffeurs, jufques & compris Charles VIII. Il divifa cette compilation en cinquante titres, & morcela ainfi les *ordonnances* pour ranger leurs difpofitions par ordre de matières.

Il parut, quelques années après, une autre compilation d'*ordonnances*, rangées par ordre chronologique, de l'impreffion des Etiennes, divifées en deux petits volumes *in-folio*, dont le premier contient feulement quarante-cinq *ordonnances*, qui font prefque toutes françoifes, entre lefquelles font les grandes *ordonnances* du roi Jean, de Charles VI, de Charles VII, de Louis XI, de Louis XII, dont quelques-unes néanmoins ne font que par extrait ;

le fecond volume ne contient que des *ordonnances* de François I, tant fur le fait de la guerre que fur d'autres matières, depuis le 3 feptembre 1514, jufqu'en 1546.

En 1549, Rebuffe donna un recueil des mêmes *ordonnances* diftribuées par ordre de matières, avec de longs commentaires.

Il y eut encore quelques autres collations d'*ordonnances* ; mais comme il n'y en avoit aucune qui fût complète, Fontanon, avocat au parlement, aidé par Pierre Pithou, Bergeron, & autres jurifconfultes de fon temps ; donna, en 1580, un recueil plus ample d'*ordonnances*, qui ne remonte cependant encore qu'à faint Louis. Il divifa ce recueil en quatre tomes *in-folio*, reliés en deux volumes : les *ordonnances* y font rangées par matières.

La Rochemaillet revit cet ouvrage par ordre de M. le chancelier de Sillery, & en donna, en 1611, une feconde édition en trois volumes *in-folio*, augmentée d'un grand nombre d'*ordonnances* anciennes & nouvelles qui n'avoient pas encore été imprimées ; mais au lieu de les placer fuivant l'ordre de Fontanon, fous les titres qui leur convenoient, il les mit par forme d'appendice, & avec une telle confufion, qu'il n'y a feulement pas obfervé l'ordre des dates.

Henri III ayant conçu, dès 1579, le deffein de faire, à l'imitation de Juftinien, un recueil abrégé de toutes les *ordonnances* de fes prédéceffeurs & des fiennes, il chargea de cette commiffion M. Briffon, avocat-général, & enfuite préfident au parlement de Paris. Le préfident Briffon s'en acquitta avec autant de foin que de diligence ; il fit une compilation des *ordonnances* par ordre de matières ; qu'il mit fous le titre de *code Henri* & de *Bafiliques*. Il comptoit faire autorifer & publier cet ouvrage en 1585 ; c'eft pourquoi il a mis fous cette date toutes les nouvelles difpofitions qu'il avoit projettées ; ce code fut imprimé en 1588. *Voyez* ce qu'on en a dit au mot CODE HENRI.

En 1596, Guenois fit une compilation plus ample des *ordonnances* par ordre de matières, qui parut d'abord en deux gros volumes *in-folio*, & enfuite en trois.

Il parut, en 1620, une nouvelle compilation d'*ordonnances* par ordre chronologique en un volume *in-8°*, qui ne contenoit que les *ordonnances* concernant les matières dont l'ufage eft le plus fréquent au palais. Néron & Girard augmentèrent ce petit recueil, en y joignant d'autres *ordonnances* avec de petites notes & renvois, de forte qu'ils en formèrent un volume *in-folio*, dont il y a eu différentes éditions. M. de Ferrières y a fait auffi depuis des augmentations dans le même goût, & en a donné, en 1720, une édition en deux volumes *in-folio*.

Ces différens recueils d'*ordonnances* n'étant point complets, ou n'étant point dans l'ordre chronologique, Louis XIV réfolut de faire faire une nouvelle.

velle collection des *ordonnances*, plus ample, plus correcte & mieux ordonnée que toutes celles qui avoient paru jusqu'alors; il fut réglé qu'on ne remonteroit qu'à Hugues Capet, soit parce que les *ordonnances* antérieures conviennent peu aujourd'hui à nos mœurs; soit parce qu'on ne pouvoit rien ajouter aux recueils imprimés qui ont été donnés de ces *ordonnances*, qui ont été données sous le titre de *Code des loix antiques*, & de *Capitulaires des rois de France*.

M. le chancelier Pontchartrain, que le roi chargea de l'exécution de ce projet, fit faire des recherches dans tous les dépôts, & MM. Berroyer, de Laurière & Loger, avocats, qui furent choisis pour travailler, sous ses ordres, à la collection des *ordonnances*, donnèrent, en 1706, un volume *in-4°*, contenant une table chronologique des *ordonnances* depuis Hugues Capet jusqu'en 1400, pour exciter les savans à communiquer leurs observations sur les *ordonnances* qui auroient été omises.

M. de Laurière étant resté seul chargé de tout le travail, donna, en 1723, le premier volume des *ordonnances* qui sont imprimées au Louvre; le second a été donné en 1729, après sa mort, sur ses mémoires, par M. Secousse, avocat, qui fut chargé de continuer cette collection, & qui en a donné sept volumes. M. de Vilevaut, conseiller de la cour des aides, que le roi a chargé du même travail après la mort de M. Secousse, a publié, en 1755, le neuvième volume, que l'on achevoit d'imprimer peu de temps avant la mort de M. Secousse.

Les *ordonnances* comprises dans ces neuf volumes, commencent à l'an 1051, & vont jusqu'à la fin de l'année 1411.

Cette collection où les *ordonnances* sont rangées par ordre chronologique, est accompagnée de savantes préfaces qui annoncent les matières, de notes semblables sur le texte des *ordonnances*, d'une table chronologique des *ordonnances*, & d'autres tables très-amples, une des matières, une des noms des personnes dont il est parlé dans les *ordonnances*, l'autre des noms des provinces, villes & autres lieux.

Plusieurs auteurs ont fait des commentaires, notes & conférences sur les *ordonnances*, entre autres, Jean Constantin, sur les *ordonnances* de François I; Bourdin & Dumoulin, sur celle de 1539; Duret & Boutaric, sur celle de Blois; Rebuffe, Fontanon, Joly, la Rochemaillet, Vrevin, Bagereau, Bornier, Corbin, Blanchard.

On joint souvent au terme d'*ordonnance*, quelque autre dénomination: on va expliquer les principales dans les divisions suivantes.

Ordonnance des aides est une *ordonnance* de 1680, sur la matière des aides & droits du roi.

Ordonnances barbines, qu'on appelle aussi *barbines* simplement, *ordinationes barbinæ*, sont celles qui sont contenues dans le quatrième registre des *ordonnances* du parlement, intitulé *ordinationes barbinæ*; on croit qu'elles furent ainsi appellées du nom de

celui qui les a recueillies & mises en ordre. Ce registre commence en 1427, & finit en 1462.

Ordonnance de Blois; il y en a deux de ce nom, une de Louis XII, en 1498, sur les gradués; elle adopte le concile de Bâle & la pragmatique; elle concerne aussi l'administration de la justice & la procédure; l'autre, qui est celle que l'on entend ordinairement, est dite *de Blois*, quoique donnée à Paris, parce qu'elle fut faite sur les remontrances des états de Blois: elle concerne le clergé, les hôpitaux, les universités, la justice, la noblesse, le domaine, les tailles.

Ordonnance civile, c'est l'*ordonnance* de 1667, qui règle la procédure civile.

Ordonnance du commerce, qu'on appelle aussi *code marchand*, est celle qui fut faite en 1673, pour régler les matières de commerce.

Ordonnance des committimus est celle du mois d'août 1669; on l'appelle ainsi, parce qu'un des principaux titres est celui des *committimus*: elle traite aussi des évocations, réglemens de juges, gardes-gardiennes, lettres d'états & de répi.

Ordonnance de la cour, est celle qui est rendue sur requête par quelque cour souveraine.

Ordonnance criminelle, est celle de 1670, qui règle la procédure en matière criminelle.

Ordonnance du domaine; on appelle quelquefois ainsi l'édit de février 1566, portant réglement pour le domaine du roi.

Ordonnance des donations est celle du mois de février 1731, qui fixe la jurisprudence sur la nature, la forme, les charges, ou les conditions des donations.

Ordonnance des eaux & forêts est une ordonnance de 1669, qui contient un réglement général sur toute la matière des eaux & forêts.

Ordonnance des évocations; on entend quelquefois par-là l'*ordonnance* de 1669, dont le premier titre traite des évocations, & les autres des réglemens de juge, *committimus* & gardes-gardiennes, &c. mais le titre d'*ordonnance des évocations* convient mieux à celle du mois d'août 1737, concernant les évocations & les réglemens de juges.

Ordonnance du faux, est celle du mois de juillet 1737, concernant le faux principal, le faux incident, & les reconnoissances des écritures & signatures en matière criminelle. *Voyez* FAUX.

Ordonnance des fermes, est celle du mois de juillet 1681, portant réglement sur les droits de toutes les fermes du roi en général: il y a une autre *ordonnance* du mois de février 1687, sur le fait des cinq grosses fermes en particulier.

Ordonnance de Fontanon, c'est un recueil de diverses *ordonnances* de nos rois, rangées par matières, publié par Fontanon, avocat, en 1580, en deux volumes *in-fol*.

Ordonnance des gabelles, est celle du mois de mai 1680, qui règle tout ce qui concerne l'usage du sel.

Ordonnances générales; on appelloit ainsi autrefois

celles qui étoient faites pour avoir lieu dans tout le royaume, à la différence d'autres *ordonnances* qui n'avoient lieu que dans les terres du domaine du roi.

Ordonnance de l'intendant, est un réglement fait par un intendant de province dans une matière de sa compétence.

Ordonnance du juge, est celle qui est rendue par un juge au bas d'une requête, ou dans un procès-verbal, par lequel il permet d'assigner, saisir, ou autre chose semblable.

Au conseil provincial d'Artois, on qualifie d'*ordonnance* tous les jugemens rendus à l'audience. *Voyez* Maillard, *sur Artois, art. 37.*

Ordonnance de loi signifie la même chose qu'*ordonnance du juge. Voyez* Loyseau, en son *Traité des seigneuries, ch. 16, n. 47.*

Ordonnance de la marine, est celle de 1671, portant réglement pour le commerce maritime : il y en a une autre de 1689 pour les armées navales.

Ordonnance militaire, est celle que le roi rend pour régler quelque chose qui touche le service militaire.

Ordonnance de 1539, est celle de Villers-Coterets, qui fut faite par François I, pour l'observation des procès.

Ordonnance de 1667. Voyez ci-devant *Ordonnance civile.*

Ordonnance de 1669. Voyez Ordonnance des committimus, & Ordonnance des eaux & forêts.

Ordonnance de 1670. Voyez Ordonnance criminelle.

Ordonnance de 1676. Voyez Ordonnance de la ville.

Ordonnance de 1673, est celle qui règle le commerce. *Voyez* CODE MARCHAND, & *Ordonnance du commerce.*

Ordonnance de Moulins, ainsi appellée, parce qu'elle fut faite à Moulins en 1566, concerne la réformation de la justice.

Ordonnance de Néron, c'est un recueil des principales *ordonnances* de nos rois, rangées par ordre de date, publié par Néron & Girard, avocats; ce recueil a été augmenté à diverses reprises; il est présentement en 2 vol. *in-fol.*

Ordonnance d'Orléans, a pris ce nom de ce qu'elle fut faite à Orléans en 1560, sur les remontrances des états tenus à Orléans; elle concerne la réformation de la justice.

Ordonnances particulières. Voyez Ordonnances générales.

Ordonnance des quatre mois; on appelle ainsi la disposition de l'article 48 de l'*ordonnance* de Moulins, qui permet d'exercer la contrainte par corps pour dettes, quoique purement civiles, quatre mois après la condamnation, ce qui a été abrogé par l'ordonnance de 1667, *tit. 34*, si ce n'est pour dépens, restitution de fruits, ou dommages & intérêts montans à 200 liv. ou au-dessus.

Ordonnance sur requête. Voyez Ordonnance du juge.

Ordonnance de Roussillon, ainsi appellée, parce

qu'elle fut faite au château de Roussillon en Dauphiné, en 1563, sur l'administration de la justice : c'est celle qui a fixé le commencement de l'année au premier janvier.

Ordonnance du roi signifie quelquefois *une nouvelle loi*, intitulée *ordonnance* : quelquefois on comprend, sous ce terme, toute loi émanée du prince, soit *ordonnance*, édit ou déclaration.

Ordonnance du royaume; on distingue quelquefois les *ordonnances* du roi des *ordonnances* du royaume; les premières se peuvent changer, selon la volonté du roi : on entend, par les autres, certains usages immuables qui regardent la constitution de l'état, tel que l'ordre de succéder à la couronne, suivant la loi salique. On trouve cette distinction dans un discours de M. de Harlay, président, prononcé devant le roi, séant en son lit de justice au parlement, le 15 juin 1586.

Ordonnances royaux; on appelle ainsi, en style de chancellerie, les *ordonnances* du roi, pour les distinguer de celles des cours & autres juges.

Ordonnance des substitutions, est la dernière *ordonnance* donnée, par Louis XV, au mois d'août 1747, concernant les biens qui peuvent être substitués, la forme & la durée des substitutions, les règles à observer par ceux qui en sont grevés, & les juges qui en doivent connoître.

Ordonnance des testamens, est celle du mois d'août 1735, qui règle plusieurs choses à observer dans la confection des testamens.

Ordonnance des transactions, est un édit de Charles IX en 1560, portant que les transactions entre majeurs ne pourront être attaquées pour cause de lésion, telle qu'elle soit, mais seulement pour cause de dol ou force.

Ordonnance de la troisième race; on comprend, sous ce nom, toutes les *ordonnances*, édits, déclarations, & même les lettres-patentes qui contiennent quelques réglemens émanés de nos rois, depuis Hugues Capet jusqu'à présent : la collection de ces *ordonnances*, qui se trouvent dispersées en différens dépôts, a été entreprise par ordre du roi Louis XIV, & se continue actuellement par les soins de M. de Villevaut, maître des requêtes, & M. de Brequigny, de l'académie des inscriptions & belles-lettres. Ils en ont donné un douzième volume, qui contient les *ordonnances* depuis 1411, jusqu'au 25 août 1420 inclusivement.

Ordonnance de la ville; on donne ce nom à deux *ordonnances* qui ont été faites pour régler la jurisdiction du bureau de la ville de Paris; l'une, de Charles VI, en 1415; l'autre, de Louis XIV, en 1672.

Ordonnance de Villers-Coterets, fut faite par François I, en 1539, pour la réformation & abréviation des procès. *Voyez* CODE, DÉCLARATION, ÉDIT, LOI. (*A*)

ORDRE, s. m. (*Droit public, canonique & civil.*) ce mot a des significations différentes, suivant les diverses espèces de droit auxquelles il se rapporte.

En terme de droit public, on appelle *ordre*, les différens corps qui composent la société civile & politique d'un état. L'*ordre* en matière canonique, est le sixième sacrement de l'église catholique, qui donne un caractère particulier aux personnes consacrées au service de Dieu, & leur transmet la puissance de faire les fonctions ecclésiastiques.

En style de pratique, on entend par *ordre*, l'état qu'on dresse des créanciers d'un homme, pour les payer suivant leur privilège ou hypothèque.

En terme de commerce, on appelle *ordre*, un endossement ou écrit succint, mis au dos d'un billet ou d'une lettre-de-change, pour en faire le transport & le rendre payable à un autre.

On trouvera dans le dictionnaire de théologie ce qui concerne l'*ordre* comme sacrement. Nous avons parlé des *ordres* de l'état, sous les *mots* ETATS-GÉNÉRAUX, ETATS-PROVINCIAUX; de l'*ordre*, comme endossement, sous ceux de BILLET, LETTRES-DE-CHANGE; & de l'*ordre*, ou état des créanciers, sous celui de COLLOCATION.

ORDRE (*bénéfice d'*), est une exception accordée à la caution, pour ne pouvoir être poursuivie avant que le principal obligé ait été discuté. C'est la même chose que le bénéfice de discussion. *Voyez* CAUTION, DISCUSSION.

ORINE. *Voyez* OURINE.

ORME. *Voyez* JUGES SOUS L'ORME.

ORFICIEN. *Voyez* SÉNATUS-CONSULTE.

O S

OSCLAGE, s. m. & par corruption, *oclage*, *usclage*, *ouclage*, & *onclage*, du latin *osculum*, est le nom que l'on donne à une espèce de gain nuptial dans quelques coutumes, comme celle de la Rochelle & de l'Angoumois; on trouve aussi ce mot dans l'ancienne coutume de Bordeaux, & dans les anciens contrats de mariage du Limousin, & des provinces qui l'environnent. On trouve aussi dans la même signification les mots d'*ocle* ou *ofcle*.

Ces termes paroissent venir de ce qui se pratiquoit autrefois chez les Romains. Après que les futurs conjoints avoient été accordés, ils se donnoient réciproquement un baiser, qui faisoit partie de la cérémonie : ce baiser étoit nommé *osculum*. Cette cérémonie étoit suivie des présens que les futurs époux se faisoient l'un à l'autre, & comme le baiser, *osculum*, étoit regardé comme le gage du mariage, les dons faits de la part du futur époux étoient censés faits *pro osculo*, ce qui leur a apparemment fait donner le nom d'*osclage*, dans les coutumes dont on a parlé.

Le droit d'*osclage* tient lieu du douaire, & ressemble plus particulièrement à l'augment de dot.

Dans la coutume de la Rochelle l'*osclage* est de la moitié de la dot qui entre en communauté, ce qui s'appelle *tiers en montant*.

Il n'est pas dû sans stipulation, laquelle ne peut être faire que par contrat de mariage; il n'a lieu qu'en cas de renonciation à la communauté.

De droit il ne se règle qu'à proportion de la partie de la dot actuelle qui entre en communauté, mais on peut par convention le rendre plus fort.

Il est toujours dû à la femme sans retour.

La femme peut toujours le demander, quoique la dot n'ait pas été payée, pourvu qu'elle fût réelle.

Le douaire & l'*osclage* peuvent concourir ensemble lorsqu'on est ainsi convenu par le contrat de mariage.

Il n'est pas ordinaire de stipuler un *osclage* en cas des secondes noces de la femme; cependant cette convention n'est pas prohibée.

Enfin l'*osclage* n'est dû que par le décès du mari.

Dans la coutume d'Angoumois, il y a deux droits d'*osclage*, l'un pour les femmes roturières, l'autre pour les nobles. L'article 47 donne à la femme roturière, qui survit à son mari, & qui renonce à la communauté, le tiers des deniers dotaux en montant, outre sa dot qui doit lui être restituée en entier. L'article 82 donne à la femme noble qui survit à son mari, l'usufruit, pendant sa vie, du tiers des héritages nobles & féodaux de son mari, soit propres, soit qu'il les ait acquis avant son mariage; & cet usufruit lui appartient, soit qu'elle accepte la communauté, soit qu'elle y renonce, soit qu'il y ait des enfans du mariage, soit qu'il n'y en ait pas, soit qu'elle convole ou non, quand même elle convoleroit avec un roturier.

Cet usufruit de la femme noble est un véritable douaire, il a tous les caractères, & se règle par les mêmes principes. Mais il en est autrement du droit de la femme roturière. Il faut, 1°. pour que celui-ci ait lieu, que la femme renonce à la communauté : 2°. qu'elle ait porté une dot en argent, & le gain ne consiste qu'en une portion en sus des deniers dotaux. Bien plus, les deniers dotaux ne produisent point de gain nuptial, s'ils ont été immobilisés; 3°. ce gain nuptial appartient en propriété à la femme roturière.

Aucun de ces attributs de l'*osclage* ne convient au douaire, & tous conviennent très-bien aux gains de survie qui se pratiquoient sous le bas-empire. L'*osclage* de la coutume d'Angoumois pour les femmes roturières, paroît exactement calqué sur l'*hypobolon* des Grecs.

Mais la coutume d'Angoumois établit bien plus d'égalité entre le mari & la femme, que ne le faisoient les mœurs du dernier siècle de l'empire d'Orient. Elle donne aussi un droit d'*osclage* au mari qui survit à sa femme; elle se rapproche sur ce point de la jurisprudence de Justinien.

Elle fait même plus pour le mari que pour la femme; car elle fait gagner au mari roturier, qui survit, les deux tiers des deniers dotaux de sa femme, tandis qu'elle ne donne à la femme roturière qui survit, que le tiers de ses deniers dotaux en montant, c'est-à-dire, la moitié en sus. Ainsi, sur une dot de 6000 livres, la femme qui furvit ne gagne que 3000 livres, tandis que le mari furvivant gagnera 4000 liv.

L'ufage, qui a interprété la coutume, a encore mieux traité le mari noble que le roturier : tandis que la femme noble n'a, par la coutume, pour tout gain nuptial, que l'ufufruit du tiers des héritages nobles de fon mari, l'ufage a donné au mari noble, pour fon *ocle* ou gain nuptial, la propriété de toutes les chofes mobilières que fa femme lui a portées en dot.

Plufieurs arrêts rapportés par Vigier, ont même jugé que la propriété de ce gain nuptial étoit acquife au mari noble, quoiqu'il y eût des enfans. Le même principe doit donc avoir lieu pour le gain nuptial du mari & de la femme roturiers ; car il y a bien plus de raifons en leur faveur que pour le mari noble.

Il faut donc appliquer à l'*ofclage* de la coutume d'Angoumois, la jurifprudence du code & de la novelle 22 de Juftinien, qui donnoit à l'époux furvivant la propriété & la libre difpofition du gain nuptial, quoiqu'il y eût des enfans du mariage.

Quoique l'*ofclage* foit légal dans l'Angoumois, on peut y déroger ou le modifier par la convention.

Dans les coutumes d'Aunis & d'Angoumois, la femme perd fon droit d'*ofclage* ; 1°. fi elle s'eft rendue coupable d'adultère ; 2°. fi elle s'eft proftituée dans l'an du deuil ; 3°. fi elle refufe ou néglige de venger la mort de fon mari ; 4°. fi elle a quitté fon mari fans caufe légitime ; 5°. fi elle a tué fon mari.

Dans la coutume d'Angoumois, le mari doit perdre auffi fon droit d'*ofclage* ; 1°. s'il a tué fa femme ; 2°. s'il a négligé de venger la mort de fa femme.

Quant à la coutume de Bordeaux, le droit d'*ofcle*, dont l'ancienne coutume fait mention, étoit uniquement réglé par la convention, & il a été remplacé par d'autres gains nuptiaux que la nouvelle coutume a établis.

A l'égard de la femme, la nouvelle coutume diftingue celle qui fe marie pour la première fois, de celle qui paffe à de fecondes ou à de troifièmes noces.

Elle donne pour gain nuptial à la première le double de fa dot, à la feconde le tiers de fa dot, fi elle furvit à fon mari. Et ce gain de furvie lui appartient en propriété, foit qu'il y ait des enfans du mariage, foit qu'il n'y en ait pas.

A l'égard du mari, elle diftingue le cas où il n'y a pas d'enfans du mariage, & celui où il y a des enfans.

Au premier cas, elle donne pour gain nuptial au mari furvivant, la propriété de la dot, des meubles meublans & uftenfiles de la femme, & de tout le mobilier qui a été acquis pendant le mariage.

Au fecond cas, elle lui donne la propriété de la dot & les uftenfiles de la maifon. Il n'a que l'ufufruit du furplus du mobilier ; la propriété en appartient aux enfans.

Mais il eft rare que ce gain de furvie coutumier ait lieu à Bordeaux. La coutume ne l'a établi que pour les cas *où il ne feroit pas dit autrement par le contrat ou pacte*. Or, il ne fe fait prefque pas un mariage dans le Bordelois, où l'on ne faffe des conventions fur le gain de furvie, qui font ceffer les difpofitions de la loi.

OST, (*Droit féodal.*) c'eft la même chofe que l'*hoft*. *Voyez les articles* CHEVAUCHÉE & HOST.

Le mot *oft* a auffi été employé pour défigner une maifon, un hôtel. *Voyez le Gloffarium novum de dom* Carpentier, & *le mot* OSTIEX. (M. GARRAN DE COULON, *avocat au parlement.*)

OST, (*Aide de l'*) il en eft fait mention dans le *chap.* 44 de l'ancienne coutume de Normandie. C'eft un droit qu'on impofoit fur ceux qui ne pouvoient pas faire le fervice de l'hoft. *Voyez l'article* HOST. (M. GARRAN DE COULON, *avocat au parlement.*)

OST BANNI, (*Droit féodal.*) c'eft à-peu-près la même chofe que le ban & l'arrière-ban, c'eft-à-dire, la réunion de tous les vaffaux & arrière-vaffaux du prince, qui lui doivent le fervice. On a auffi donné ce nom à la proclamation qu'on faifoit pour convoquer l'*hoft*. *Voyez le chap.* 44 *du grand Coutunier de Normandie,* & *l'article* HOST. (M. GARRAN DE COULON, *avocat au parlement.*)

OSTAGE, OSTAIGE, *ou* HOSTAGE, (*Droit féodal.*) on entend ordinairement par-là la même chofe, que l'*hoftelage*, ou l'*oftize*, c'eft-à-dire, une redevance due fur les *hôtels* ou maifons.

Le mot *oftage* a de plus une autre fignification. Dom Carpentier dit, dans fon *Gloffaire françois*, que c'eft un certain droit dû fur les grains amenés à la grange du feigneur, ou peut-être le terrage ou champart. Mais il paroît que c'étoit un droit particulier qui fe percevoit fur les terres qui dévoient la dixme & le terrage.

Cela réfulte du titre même invoqué par dom Carpentier aux mots *Hoftagium* & *Rentagium*. C'eft une reconnoiffance féodale de l'an 1330, tirée du cartulaire de S. Pierre de Gand, *chap.* 18 : « Derechief, y eft-il dit, à li dit Mikiel à Harnes, » rentes que on appelle *oftages* fur toutes les terres » dont le difmes & le terrage viennent au cours » S. Pierre à Harnes & à Loyfons & valent chil » *oftage* par ans, fix muis d'avaine. »

Il y a tout lieu de croire que ce nom d'*oftage* dérive de ce que le droit étoit dû pour la permiffion d'enlever les grains. *Voyez au furplus l'article* KARION. (M. GARRAN DE COULON, *avocat au parlement.*)

OSTAGER, (*Droit féodal.*) c'eft celui qui tient une maifon dans une feigneurie, ou le domicilié qui en eft jufticiable.

On entend auffi par-là quelquefois les ferfs d'une

feigneurie. *Voyez* le *Gloſſaire du Droit françois*, *aux mots* OSTAGER *&* OSTIZE, *& le Gloſſarium novum de dom* Carpentier, *au mot* Hoſtelarius. (*M.* GARRAN DE COULON, *avocat au parlement.*)

OSTIEX, (*Droit féodal.*) Beaumanoir emploie ce mot au *chap. 25* de ſes coutumes de Beauvoiſis, pour déſigner des maiſons, des *hôtels*, habités par les ſujets d'un ſeigneur. Ce mot & ceux qui y ſont relatifs, peuvent dériver, ou du mot latin *oſtium*, ou de celui d'*hoſtis*. (*M.* GARRAN DE COULON, *avocat au parlement.*)

OSTISE, (*Droit féodal.*) on a donné ce nom, 1°. à une maiſon, c'eſt-à-dire, à la demeure de l'*hoſte*; 2°. à la redevance qu'il devoit à ſon ſeigneur. *Voyez* Ducange, *au mot* Hoſpes, *col. 1197 de la nouvelle édition*, le *Gloſſaire du droit François*, & *les articles*, HOSTIS, OSTIEX, &c. (*M.* GARRAN DE COULON, *avocat au parlement.*)

O U

OUANCE. *Voyez* OYANCE.

OUBLIAGE. *Voyez* OBLIAGE.

OUBLIAL, (*Droit féodal.*) le *Gloſſaire du droit françois* remarque, d'après Borel, que l'*oublial*, dans le Bazadois, eſt une rente annuelle. Dominicy, dans ſon *Traité de Prærogativâ allodiorum*, *cap. 16, n°. 3*, dit auſſi qu'on appelle *fief oublial*, dans ce pays une terre cenſuelle, ſans doute parce que dans l'origine on ne payoit d'autre redevance au ſeigneur, que cette pâtiſſerie faite de ſucre & de fleur de froment, qu'on appelle *oublie*. *Voyez* l'article OBLIAGE.

Il eſt certain du moins que le mot d'*oublie*, ou *oblie*, eſt fort connu dans nos provinces méridionales pour déſigner un droit annuel. La coutume de Toulouſe, *part. 4, tit. 1, art. 18*, porte que ſi le feudataire, ou celui qui tient un fief, confeſſe devoir payer les *oblies* en argent, au ſeigneur dudit fief, quoiqu'il ne ſe trouve aucun acte ou titre, qui établiſſe les droits du ſeigneur, il eſt tenu de lui payer les *arrière-acaptes*, qui ſont le double deſdites oblies, & les autres droits & redevances ſeigneuriales, ſi le cas arrive, à l'exception des oblies dues au roi, s'il y en a ſous le nom d'oblies.

Soulatges, après avoir obſervé dans ſon commentaire, que cet article ne s'obſerve point à Toulouſe, comme étant contraire au droit commun, ajoute que la coutume confond ici la qualité de ſeigneur féodal, avec celle de ſeigneur cenſier; que le cens & l'oblie, qui eſt la même choſe, n'eſt dû qu'au ſeigneur cenſier, à raiſon de l'héritage roturier qui eſt mouvant de ſa directe; que c'eſt une redevance annuelle, dont l'héritage eſt chargé par le bail à cens, ou emphytéotique; enfin que dans l'uſage, on appelle *oblie* la rente en argent; & *cenſive* la rente en grains, volailles & autres eſpèces, ſuivant les titres du ſeigneur.

J'obſerverai néanmoins, que le mot *oublie* eſt auſſi pris pour une redevance en grains, ou denrées dans des titres de la Provence & du Languedoc. Une ſaiſie du comté de Toulouſe, qui eſt rapportée dans les annales de cette ville par la Faille, *p. 37*, dit, en particulier: « homines dicti loci præſ-» tant annuatim domino regi, quatuor arietes de » obliis ». *Voyez* au ſurplus le *Gloſſaire de* Ducange, *au mot* Oblia, & ſur-tout la Thaumaſſière *ſur l'art. 40 du titre 2 de la coutume de Montargis*. (*M.* GARRAN DE COULON, *avocat au parlement.*)

OUBLIE. *Voyez* OBLIAGE.

OVRE, (*Droit féodal.*) ce mot ſignifie littéralement *œuvre* ou *ouvrage*. Il eſt employé pour corvée dans la chartre des libertés de la ville de Bourbonne de l'an 1204. *Voyez* dom Carpentier, *au mot* Operæ. (*M.* GARRAN DE COULON, *avocat au parlement.*)

OURINE ou ORINE, (*Droit féodal.*) ce mot a été employé autrefois dans le même ſens que celui d'*origine*. C'eſt dans cette acception que le *chap. 83* des anciennes chartres de Hainaut, dit *franc-ourine*, pour franche-origine.

Dans des lettres-patentes données par Charles VI, le 15 juin 1395, à l'abbaye de Montierender, & qui m'ont paſſé ſous les yeux, il eſt dit que tous ceux qui iront demeurer dans cette terre, jouiront des mêmes droits d'uſage & autres libertés, « que » font les autres hommes & femmes des ſuplians » qui ſont d'*orine* de tout temps & des villes où » ils ſe ſont aſſis & demourez ». *Voyez* auſſi le *Gloſſaire de* Ducange, *au mot* Originales ſervi, *ſous* Originarii. (*M.* GARRAN DE COULON *avocat au parlement.*)

OUTRE-MOITIÉ, ſe dit, en terme de pratique, de ce qui excède la moitié de la valeur de quelque choſe; on s'en ſert particulièrement lorſqu'il s'agit de léſion: c'eſt en ce ſens qu'on dit que la léſion *d'outre-moitié* du prix d'une choſe vendue, donne lieu à la reſtitution. *Voyez* LÉSION, VENTE, RESTITUTION.

OUVERTURE, ſ. f., a en droit, pluſieurs ſignifications différentes.

Ouverture de l'annuel ou paulette, eſt le temps où l'on eſt admis à payer la paulette. *Voyez* ANNUEL & PAULETTE.

Ouverture de l'audience, ſignifie non-ſeulement l'action d'*ouvrir* les portes du tribunal, mais il ſignifie auſſi le commencement de l'audience.

Ouverture d'un bureau, ſignifie le temps où l'on commence à y inſcrire ceux qui ſe préſentent, ou à faire les paiemens, ſi c'eſt le bureau d'un tréſorier ou payeur public.

Ouverture de clameur en Normandie, eſt lorſque l'on peut intenter le retrait. *Voyez* CLAMEUR.

Ouverture de fief, eſt lorſqu'il y a mutation, ſoit de ſeigneur ou de vaſſal. *Voyez* FIEF & MUTATION.

Ouverture au rachat, ou relief, c'eft lorfque le feigneur eft en droit d'exiger le relief. *Voyez* MUTATION, RACHAT & RELIEF. (*A*)

Ouverture de requête civile, ce font les moyens qui peuvent faire entériner une requête civile prife contre un arrêt. *Voyez* REQUÊTE CIVILE.

Ouverture à la régale, eft lorfqu'un bénéfice fujet à la régale vient de vaquer de fait ou de droit ; on entend auffi par *ouverture à la régale*, le droit que le roi a dès ce moment de nommer au bénéfice. *Voyez* RÉGALE.

Ouverture au retrait, c'eft lorfqu'il y a lieu d'exercer le retrait. *Voyez* RETRAIT.

Ouverture de fubftitution ou fidéicommis, c'eft lorfque le cas ou la condition de la vocation du fubftitué font arrivés. *Voyez* SUBSTITUTION & FIDÉICOMMIS.

Ouverture de fucceffion, eft le moment où la fucceffion eft échue. *Voyez* SUCCESSION. (*A*)

OUVRIER, f. m. (*Police. Arts & Métiers.*) fe dit de tous ceux qui travaillent de la main, & qui fabriquent quelques ouvrages.

En général, un *ouvrier* peut faire faire par un autre l'ouvrage dont il s'eft chargé ; mais cette règle reçoit exception relativement aux ouvrages de génie, dans lefquels on confidère le talent perfonnel de celui à qui on les donne à faire : ainfi lorfque vous avez traité avec un fculpteur pour orner de certains ouvrages un corps d'édifice, il ne peut pas, fans votre confentement, fe faire fuppléer par un autre fculpteur.

Si un *ouvrier* néglige de faire l'ouvrage pour lequel vous avez traité avec lui, vous êtes fondé à le pourfuivre pour le faire condamner à remplir fon obligation dans le temps qui fera fixé par le juge, finon aux dommages & intérêts réfultans de l'inexécution de l'obligation.

Vous pouvez auffi faire ordonner que, faute par l'*ouvrier* d'avoir rempli fon obligation, vous ferez autorifé à traiter avec un autre pour faire l'ouvrage ou le continuer ; &, dans ce cas, l'*ouvrier* négligent doit être condamné à payer, par forme de dommages & intérêts, ce que le fecond marché peut coûter au-delà du prix convenu par le premier.

Il ne fuffit pas, pour la décharge de l'*ouvrier*, qu'il ait fait l'ouvrage ; il faut encore qu'il l'ait livré dans le temps convenu : finon il doit être tenu des dommages & intérêts que le retard a pu occafionner. C'eft pourquoi le maître maçon qui s'eft chargé de rendre votre maifon habitable à une époque déterminée, & qui n'a pas rempli fon obligation au terme prefcrit, doit être tenu de vous indemnifer. Pareillement, fi vous aviez loué votre maifon pour le terme auquel vous efpériez qu'elle feroit achevée, & que n'ayant pu remplir votre obligation, on vous eût condamné aux dommages & intérêts du preneur, votre maître maçon feroit obligé de vous les rembourfer.

Comme un *ouvrier* qui fe charge de faire un ouvrage eft tenu de le faire felon les règles de l'art, il en réfulte, que fi l'ouvrage eft défectueux, foit par l'impéritie de l'*ouvrier*, foit à caufe des mauvais matériaux qu'il a employés, il doit être condamné à réparer les défectuofités, & même aux dommages & intérêts que le vice de l'ouvrage a pu occafionner. Ainfi, dans le cas où un maître maçon s'eft chargé d'étayer votre maifon, & que par le vice des étaies elle s'eft écroulée, il doit être tenu de vous payer les meubles qui, par l'effet de l'écroulement, fe font trouvés brifés.

Si l'ouvrier ne convient pas des défectuofités dont on fe plaint, le juge doit ordonner la vifite de l'ouvrage avant de prononcer fur le fond de la conteftation.

Lorfqu'un *ouvrier* a mal employé, ou gâté les matières qu'on lui a mifes en main pour faire un ouvrage, il doit en payer la valeur ou en fournir d'autres de pareille qualité, à fes dépens. Si, par exemple, le tailleur à qui vous avez donné du drap pour faire un habit, coupe ce drap de manière qu'il ne puiffe plus fervir à vous habiller, il eft obligé de le prendre pour fon compte & de vous en fournir d'autre de pareille qualité, ou de vous en payer la valeur.

L'article 3 du titre 17 de l'ordonnance du mois d'avril 1667, a mis au rang des matières fommaires les falaires dus aux *ouvriers* à caufe de leurs ouvrages, pourvu toutefois que la fomme demandée n'excède pas celle de mille livres.

OUZ & OZ, (*Droit féodal.*) ces mots fe trouvent employés au pluriel, au lieu de celui d'*oft* ou *hoft*, dans un état de l'*hoft*, convoqué par le duc de Bretagne en 1294. *Voyez les preuves de l'Hiftoire de cette Province, par dom Lobineau, vol.* 436. (*M. GARRAN DE COULON, avocat au parlement.*)

O Y

OYANCE, OISANCE, OANCE, OUANCE, ou AUDIENCE, (*Droit féodal.*) en latin *audientia*. On appelle ainfi un droit que l'on exigeoit probablement comme une compenfation des frais qu'occafionnoient l'exercice de la jurifdiction & la tenue des audiences. Il en eft queftion dans plufieurs chartres citées par Ducange & fes commentateurs au mot *Audientia* 7. On y voit que ce droit étoit connu jufques en Italie, ou du moins dans la principauté de Salerne, où les Normands & les François avoient pu en porter l'ufage.

Quoi qu'il en foit, ce droit a été perçu en plufieurs lieux de France, & particuliérement à Orléans. Une chartre de l'an 1178, qui fe trouve dans le regiftre de Philippe-Augufte, fol. 72, & dans l'*Hiftoire d'Orléans*, de le Maire, *p.* 323, porte : « *nullus homo focietatem habens cum homine de*

» *audientiis* , tótam reddat confuetudinem fed eam » tantùm partem quæ ipfum contigerit ». Le Maire dit que ce mot *audientiis* défigne ici les cris pu-bliés que les fergens-audienciers faifoient fous les halles, pour faire payer les coutumes dans la forme fuivante :

   « Entre vous bourgeois marchands,
   Qui voulez jouir des *ouances*,
   Venez, fuivant les ordonnances,
   Payer le droit des *ouances* ». (Aux halles.)

Un regiftre de la chambre des comptes de Blois, qui paroît être du quatorzième fiècle , & qui eft auffi cité par les additionnaires de Ducange au mot *oiancia* ex-plique les *oyances* de la manière fuivante dans l'*ar-ticle* 19 : « *oances* eft une rente qui vaut 8 liv. ou 10 l. » & peut croiftre & décroiftre. Et es iffi que chacun » de ceus qui eft des *oiances*, doit dix fols ledit » jour des *oyances* & à une pièce de charcuite de » requeneiffance qui vaut II d. ou III d. & à tant il » eft quite des couftumes & des toules que ils ne » doivent riens de riens que ils achatent ou ven-» dent. Si aucun veut entrer es *oyances*, il convient » que il en cheviffe aux rentiers le roi ou aus tou-» laiers l'éveſque ».

Il eft également queſtion des *oyances* , dans deux chartres de 1286 & de 1295 , tirées du cartulaire de faint Denis. On peut en voir l'extrait dans Ducange.

Ce dernier auteur foupçonne que ce droit d'*oyance* pouvoit être dû par ceux qui étoient obligés de venir aux plaids du feigneur, & que c'eft ce que le polyptique de Fleury appelle *Eulogie*. Il y eft dit que les chevagiers doivent venir *ad 3 audientias cum eulogiis fuis*. Il paroît du moins qu'on a donné le nom d'*audience* à une efpèce de taille qui fe le-voit annuellement pour la tenue des plaids. Une chartre de 1250, donnée par l'abbé de faint Ger-main-des-Prés, remet cette taille à diverfes per-fonnes, dont cette abbaye étoit en poffeffion de l'exiger. « Cum ecclefia noftra fuiffet in poffef-» fione.... levandi & capiendi *talliam nomine audien-* » *tiarum annis fingulis* ad placitum , ab Ermardi, &c ». (M. GARRAN DE COULON , avocat au parlement.)

OYANT , terme de pratique , qui fignifie celui à qui on rend un compte. L'*oyant* compte fournit fes débats contre le compte, & le foutenant ou rendant compte fournit fes foutenemens contre les débats de l'*oyant. Voyez* COMPTE , DÉBAT , SOU-TENEMENT.

OYSENCE. *Voyez* OYANCE.

O Z

OZ, *Voyez* Ouz.

P

P, Seizième lettre de notre alphabet, qui fert dans les monnoies à diftinguer celles qui font fabriquées à Dijon.

P A

PACAGE, *anciennement* PASÇAGE, f. m. (*Code rural.*) du latin *pafcere*, eft un terrein dont on ne fauche point l'herbe, & qui fert pour la nourriture des beftiaux. Quand le pâturage eft fec, on le nomme *patis* ou *pâquis ;* il faut néanmoins avouer que, dans l'ufage, on confond fouvent les termes de *prés*, *prairies*, *pâturages*, *pâtures*, *patis* ou *pafquis*, *pafcage* ou *pácage*, *pafqueirage*, *herbages*, *communes* : l'ordonnance des eaux & forêts de 1669 fe fert plus ordinairement du terme de *paturage*.

Quelquefois le terme de *pacage* eft pris pour le droit de faire paître les beftiaux dans un certain lieu : quelquefois on entend par-là l'exercice de ce droit; quelquefois enfin c'eft le terrein fur lequel ce droit s'exerce.

On diftingue ordinairement les pâtures en vives ou graffes, & en vaines.

Les pâtures vives ou graffes font les prés, les *pacages* ou communes, les bois, les droits de pâturage & de panage que plufieurs communautés d'habitans ont dans les forêts & autres bois dont ils font voifins, & qui confiftent à y mener paître leurs chevaux & bêtes aumailles dans le temps de la paiffon, & leurs cochons dans le temps de la glandée.

L'ufage des pâtures graffes ou vives n'appartient qu'au propriétaire ou à celui qui eft en fes droits, tel qu'un locataire ou fermier, parce que la pâture de ces fonds eft un fruit domanial.

Quand ces pâtures vives ou graffes font des communes, c'eft-à-dire, des pâturages appartenans à une communauté d'habitans, l'ufage n'en appartient qu'aux habitans qui ont la propriété du fonds; du refte, chaque habitant a la liberté d'y mettre tel nombre de beftiaux qu'il veut, même un troupeau étranger, pourvu qu'il foit hébergé dans le lieu auquel ces communes font attachées. *Voyez* COMMUNES & TRIAGE.

Les droits de pâturage & de *pacage* que les riverains ont dans les forêts voifines, dépendent des titres particuliers des ufagers; & pour en jouir, il faut fe conformer aux règles établies par l'ordonnance des eaux & forêts, *tit. XVIII & XIX.*

Les vaines pâtures font les chemins publics, places, carrefours, les terres à grain après la dépouille, les jachères, les guérets, les terres en friche, & généralement toutes les terres où il n'y a ni fruits ni femences.

Les prés font auffi réputés vaines pâtures après la dépouille du foin, fuppofé que le pré ne foit pas clos & défendu d'ancienneté; fi l'on a coutume d'y faire du regain, ces prés ne font réputés vaine pâture qu'après la dépouille de la feconde herbe. *Voyez* REGAIN.

Les landes ou pâtis font auffi fujets à la vaine pâture, fi ce n'eft dans quelques coutumes qui les en exceptent pour le temps de l'herbe, c'eft-à-dire, depuis la mi-mars jufqu'en feptembre.

Les bois-taillis de trois, quatre ou cinq ans de recrue, plus ou moins, felon la qualité du bois & l'ufage du pays, pour le temps pendant lequel les bois font défenfables; les accrues de bois au-delà de leurs bornes; & les bois de haute-futaie pour les herbes qui croiffent deffous, font auffi des endroits de vaine pâture pour les propriétaires & pour leurs fermiers; à la différence de la glandée ou autre récolte de fruits fauvages, qui eft toujours réfervée au propriétaire, fauf les droits de pâturage & de panage pour ceux qui en ont dans les bois d'autrui.

Le droit de mener les beftiaux dans les vaines pâtures, quoique le fonds appartienne à autrui, eft un refte de l'ancien droit naturel & primitif, fuivant lequel toutes chofes étoient communes entre les hommes; c'eft une efpèce de droit commun que la plupart des coutumes ont confervé pour la commodité publique, & pour maintenir l'abondance des beftiaux.

Il eft pourtant libre, en tout temps, à celui qui eft propriétaire d'une vaine pâture, de la faire clorre pour en empêcher l'ufage commun, à moins que la coutume ne contienne quelque difpofition contraire.

En vaine pâture, il y a dans quelques coutumes droit de parcours entre les habitans des paroiffes voifines; c'eft-à-dire, que les habitans d'un village peuvent mener leurs beftiaux de clocher à clocher, ou jufqu'au milieu du village voifin, ou du moins jufqu'aux clos, felon l'ufage des lieux.

À l'égard des bêtes blanches, il eft d'ufage dans les pays où le parcours a lieu, qu'on les peut mener fi loin que l'on veut, pourvu qu'elles retournent de jour à leur gîte.

Mais l'ufage le plus commun, & en même temps le plus naturel & le plus équitable, eft que chaque paroiffe a fon territoire diftinct & féparé de celui des paroiffes voifines pour le pâturage; il y a même des endroits où chaque village, chaque hameau, chaque cenfe a fon triage ou canton féparé.

Il y a pourtant une exception à l'égard du propriétaire & de fon fermier, lefquels peuvent faire pâturer leurs beftiaux fur toutes les terres qui leur appartiennent, quoiqu'elles foient fituées en différentes paroiffes ou cantons.

Dans

Dans quelques coutumes, la vaine pâture fuit la haute-justice; & moyennant une redevance que les justiciables paient au seigneur pour son droit de *blairie* ou permission de vaine pâture, ils y ont seuls droit: les étrangers sont sujets à l'amende & à la prise de leurs bestiaux.

Dans les communes, tout habitant a droit de faire paître ses bestiaux, quand même il n'auroit pas dans la paroisse des terres en propriété ou à ferme; il n'en est pas de même des terres sujettes à la vaine pâture, le droit de *pacage* dans ces sortes de pâtures est réel & non personnel; & comme on n'y a droit que par une société qui se contracte tacitement pour cet objet, chacun n'a droit dans cette sorte de pâturage qu'à proportion de la quantité de terres qu'il possède lui-même dans le lieu. Chaque propriétaire ou fermier n'a la vaine pâture sur les autres que parce que les autres l'ont sur lui: de sorte que ceux qui n'ont point de terres, n'ont pas le droit de mener ni envoyer leurs bestiaux en vaine pâture, tellement qu'il est passé en maxime que, *qui n'a labourage n'a pacage*.

Suivant les arrêts du parlement de Paris, dont la jurisprudence devroit être adoptée en ce point par les autres cours, on ne peut envoyer dans les vaines pâtures des moutons qu'à raison d'un par chaque arpent de terre labourable que l'on possède dans la paroisse.

Pour les chevaux & bêtes à cornes, il est de règle, suivant quelques coutumes, qu'on ne peut mettre dans les pâturages publics que les bestiaux de son crû, ou ceux qui sont nécessaires à son usage, & en même quantité que l'on en a nourri pendant l'hiver précédent, du produit de sa récolte.

Les règles que l'on observe pour le nombre de bestiaux que chacun peut envoyer dans les vaines pâtures, sont pour les nobles comme pour les roturiers, & pour le seigneur même du lieu, sauf son triage dans les communes.

On permet, par humanité, le pâturage d'une vache ou de deux chèvres aux pauvres gens qui n'ont que l'habitation.

Pour jouir de la vaine pâture sur les terres d'autrui, il faut laisser le tiers de ses terres en jachères, étant juste que chacun contribue au pâturage qui est en commun.

Les vignes, garennes & jardins clos ou non clos, sont toujours en défends, & conséquemment ne sont point sujets à la vaine pâture.

Les terres labourables sont de même en défends tant qu'il y a des grains dessus, soit en semailles, sur pied, en javelles ou en gerbes.

Pour les prés & les bois, il faut observer ce qui a été dit ci-devant.

Il est défendu de mettre dans les pâturages, soit publics ou particuliers, des bêtes attaquées de maladies contagieuses, comme gale, claveau, morve, &c.

Il en est de même des bêtes mal-faisantes, telles

que les bœufs sujets à frapper de la corne, les chevaux qui ruent ou qui mordent.

Il est aussi défendu de mener dans les prés, ni dans les bois, les chèvres, les porcs, les brebis & moutons, & les oies dans les prés; on excepte seulement pour les porcs, le temps de la glandée, pendant lequel on peut les mener dans les bois.

Dans les pâturages qui sont près de la mer, il est permis d'y envoyer les bêtes à laine; mais on observe à cet égard quelques arrangemens qui dépendent de l'usage de chaque lieu.

Le propriétaire ou fermier qui trouve des bestiaux en délit sur ses héritages, peut les saisir lui-même sans ministère d'huissier, & les mettre en fourrière, soit dans le parc du seigneur, ou dans quelque autre lieu public; il ne doit pas les tuer ni se les approprier; il doit intenter son action en dommages & intérêts dans le temps prescrit par la coutume, lequel, en quelques endroits, est de vingt ou trente jours, en d'autres d'un an.

On ne peut acquérir sans titre, & par la simple possession, le droit de passer dans le fonds d'autrui, pour conduire du bétail au *pacage*. Tel est le droit commun, & c'est ce que décident formellement plusieurs coutumes.

Les ordonnances défendent très-expressément de faire paître le bétail la nuit, parce qu'il peut s'écarter & causer du dommage dans les héritages cultivés. *Voyez* BESTIAUX, BLAIRIE, COMMUNES (*Droit civil.*) BERGER, PAISSON, PARCOURS.

PACAIRES. C'est un droit qui tient lieu de dîmes dans le Béarn. *Voyez les Loix ecclésiastiques* de d'Héricourt, *part.* 4, *chap.* 1, §. 42, *note.* (M. GARRAN DE COULON, *avocat au parlement.*)

PACIFICATEUR, s. m. (*Droit particulier de la Flandre.*) ce mot est synonyme de celui d'*appaiseur*, dont nous avons parlé en son lieu. La coutume de Bailleul appelle *pacificateurs*, les officiers publics institués pour ordonner des ôtages & une prompte paix à tous les habitans de la ville, à l'égard de tous différends, batteries & menaces, & donner sûreté entre les parties & les parens & alliés respectifs, à peine de confiscation de corps & de bien. *Voyez* APPAISEUR.

PACIFICATION, s. f. (*Droit public.*) on appelle *édits de pacification*, plusieurs ordonnances rendues pour pacifier les troubles de religion qui se sont élevés dans le royaume pendant le seizième siècle. *Voyez* CALVINISME.

PACIFICIS POSSESSORIBUS (*règle de*), (*Droit can.*) Il y a long-temps que l'on a établi dans l'église le principe qu'une possession triennale mettoit le possesseur à l'abri de toute recherche. Un ancien concile d'Afrique s'exprime ainsi au sujet d'une possession semblable: *placuit ut si quispiam aliquem locum ad catholicam unitatem converterit, si eum per triennium nemine reclamante tenuerit, alterius ab eo non repetatur.* Le désir de réprimer les vexations que cause aux bénéficiers l'avidité des dévolutaires, leur a fait appliquer le réglement du concile de

Carthage, & on a ordonné que tout bénéficier qui seroit entré dans son bénéfice, sans violence & sans simonie, & qui l'auroit possédé durant trois ans, paisiblement & sans contestation juridique, ne pourroit plus, après ce temps, être inquiété par personne. Tel a été l'objet de la règle de chancellerie romaine, qu'on appelle *de pacificis possessoribus*, ou *de triennali possessore*. Elle est conçue en ces termes : *Statuit & ordinavit dominus noster, quod si quæcumque beneficia qualiacumque sint, absque simoniaco ingressu ex apostolica vel ordinaria collatione aut electione & electionis confirmatione, seu presentatione & institutione illorum ad quos beneficiorum hujusmodi collatio, provisio, electio seu quævis alia dispositio pertinet, per triennum pacificè possederint, dummodo in beneficiis, si dispositioni apostolicæ ex aliqua reservatione generali in corpore juris clausa, reservata fuerint, non se intruserint, super iisdem beneficiis ipsis sic possessis molestari nequeant ; necnon impetrationes de beneficiis ipsis sic possessis factas, irritas & inanes censeri debere decrevit, antiquas lites super illis motas penitus extinguens.*

On ne peut refuser à cette règle un caractère de sagesse. Cependant elle n'est point au nombre de celles de la chancellerie romaine, qui ont été admises parmi nous. Nous n'en avons pas besoin. Les privilèges de la possession triennale en matière de bénéfices, ont été réglés pour nous par un décret du concile de Bâle, inféré dans la pragmatique-sanction, & ensuite dans le concordat. *Voyez* POSSESSION TRIENNALE. (*M. l'abbé* BERTOLIO, *avocat au parlement.*)

PACIFIQUES, (*lettres*). *Voyez* LETTRE.

PACTE, s. m. (*Droit naturel & civil.*) est le consentement de deux ou plusieurs personnes, à l'effet de faire ou de donner quelque chose. Ce mot est synonyme d'*accord*, de *convention*. Nous nous bornerons à donner ici l'énumération des conventions dans lesquelles il est particulièrement employé, parce que nous avons traité suffisamment de ce qui regarde les *pactes*, sous les mots CONTRATS, CONVENTION.

PACTE, appellé *in diem addictio*, étoit chez les Romains, une convention qui étoit quelquefois ajoutée à un contrat de vente, par laquelle les contractans convenoient que si, dans un certain temps, quelqu'un offroit un plus grand prix de la chose vendue, ou rendoit meilleure dans un certain temps la condition du vendeur, par quelque moyen que ce fût, le vendeur pourroit retirer la chose vendue des mains de l'acheteur. Ce *pacte* n'est point admis parmi nous dans les ventes volontaires ; mais on peut le rapporter aux adjudications par décret, qui se font sauf quinzaine, pendant laquelle chacun est admis à enchérir sur l'adjudicataire. *Voyez* DÉCRET, RABATTEMENT DE DÉCRET.

PACTE DE FAMILLE, est un accord fait entre les membres d'une même famille, & quelquefois entre plusieurs familles, pour régler entre les contrac-

tans & leurs descendans l'ordre de succéder, autrement qu'il n'est réglé par la loi.

L'usage des *pactes de famille* paroît être venu d'Allemagne, où il paroît s'être introduit dans le treizième siècle avec le droit romain. La noblesse allemande, jalouse de ses anciens usages & de la splendeur de son nom, craignit que le droit romain ne fît passer aux filles une partie des allodes dont elles étoient exclues par les anciennes loix, & c'est ce qui donna naissance aux *pactes de famille*.

Ces *pactes* ne sont en effet que des protestations domestiques, par lesquelles les grandes maisons se sont engagées de suivre dans l'ordre des successions allodiales, l'ancien droit de l'empire qui affecte aux mâles tous les allodes, c'est-à-dire, tous les biens patrimoniaux, à l'exclusion des filles. Il est d'usage de fixer dans ces *pactes* la quotité des dots qui doivent être données aux filles ; & pour une plus grande précaution, la famille convient de faire, en toute occasion, renoncer les filles à toutes successions, en faveur des mâles.

Ces *pactes* sont peu usités en France : nous n'en connoissons guère d'autres exemples parmi nous, que celui des différentes familles qui sont propriétaires des étaux de boucherie de l'Apport-Paris, & des maisons de la rue de Gêvres, entre lesquelles, par un ancien *pacte de famille*, les mâles sont seuls habiles à succéder à ces biens, à l'exclusion des filles ; il y a même droit d'accroissement, à défaut de mâles d'une famille, au profit des mâles des autres familles.

Au reste, ces sortes de *pactes* ne pourroient produire parmi nous aucun effet, s'ils n'étoient autorisés par des lettres-patentes duement enregistrées.

PACTE DE LA LOI COMMISSOIRE, est une convention qui se fait entre le vendeur & l'acheteur, par laquelle il est stipulé que s'il plaît au vendeur, la vente sera nulle, dans le cas où le prix de la chose vendue ne sera pas payée dans un temps fixé.

Ce *pacte* est appellé *loi*, parce que, suivant les jurisconsultes romains, les *pactes* sont les *loix* des contrats ; & *commissoire*, parce que la chose vendue est *commise* au vendeur, dans le cas où elle ne seroit pas payée, *venditori committitur*, c'est-à-dire, doit lui être rendue. L'effet de ce *pacte* n'est pas de rendre la vente conditionnelle, mais d'en opérer la résolution au cas que la condition prévue arrive. Il n'est pas besoin que le vendeur avertisse l'acheteur de payer : *dies interpellat pro homine.*

Ce *pacte* étant en faveur du vendeur, il est à son choix de se servir de la faculté qu'il lui donne, ou de poursuivre l'acheteur pour l'exécution de la vente ; mais quand une fois il a opté l'un ou l'autre des deux partis, il ne peut plus varier. Lorsqu'il demande la résolution de la vente, en vertu du *pacte*, il peut faire condamner l'acheteur à la reftitution des fruits, à moins que l'acheteur n'ait payé des arrhes, ou une partie du prix, auquel cas les jouiffances fe compenfent jufqu'à due concurrence.

On ne peut pas demander la réfolution de la vente faute de paiement, lorfque le vendeur a fait à l'acheteur, dans le temps convenu, des offres réelles du prix, qu'il l'a configné, ou qu'il a été empêché de payer à caufe de quelque faifie ou autre empêchement provenant du fait du vendeur.

Quoiqu'on n'ait appofé dans un contrat de vente le *pacte de la loi commiffoire*, le vendeur ne laiffe pas d'avoir la faculté de pourfuivre l'acheteur pour réfilier la vente faute de paiement du prix convenu.

En fait de prêt fur gage, on ne peut pas ftipuler que fi le débiteur ne fatisfait pas dans le temps convenu, la chofe engagée fera acquife au créancier, un tel *pacte* feroit ufuraire, & comme tel il eft réprouvé par les loix. *Voyez* GAGE, VENTE.

PACTE DE-QUOTA LITIS, eft une convention par laquelle le créancier d'une fomme difficile à recouvrer, en promet une portion, comme le tiers ou le quart, à quelqu'un qui fe charge de lui en procurer le paiement.

Cette convention eft valable, quand elle eft faite en faveur de quelqu'un qui ne fait que l'office d'ami. Mais elle eft vicieufe & illicite quand elle eft faite au profit d'un juge, d'un avocat, d'un procureur, d'un folliciteur de procès, parce que l'on craint que de telles perfonnes n'abufent du befoin que l'on peut avoir d'un miniftère, pour fe faire abandonner ainfi une certaine portion de la créance.

PACTE DE SUCCÉDER, eft la même chofe que *pacte de famille*.

PACTION, f. f. en général eft la même chofe que *pacte* & *convention*; cependant il n'eft guère ufité au palais, qu'en parlant des conventions qui ne font pas légitimes, & qu'on appelle par cette raifon *pactions illicites*. *Voyez* CONTRAT, CONVENTION.

PADOUENS & PADOENCES, (*Droit féodal.*) ces mots fe trouvent dans un édit de Henri III, du mois de janvier 1583, & dans les coutumes de Béarn, tit. 51, art. 5; de Soles, tit. 13, art. 4; de Labourt, tit. 3, art. 16, 23, 27, & tit. 20, art. 4: prefque tous ces articles difent *padouëns & pafturages*. Les *padouëns* ne font effectivement rien autre chofe que des pâturages communs. J'obferverai à cette occafion, que les communes ont des droits d'ufage qui paroiffoient affurés à des communautés d'habitans, par une poffeffion immémoriale fondée en titre, leur ont été contestés par leurs feigneurs, fous prétexte que ceux-ci pouvoient exiger un droit des beftiaux étrangers, qu'on admettoit dans les pâturages communs. Les feigneurs ont conclu de-là que la poffeffion des habitans n'étoit

qu'une fimple tolérance purement volontaire de la part des feigneurs.

Cependant les art. 23, 24 & 27 de la coutume de Labourt accordent au roi, qui eft feigneur haut-jufticier de tout le pays, un droit fur tous les beftiaux étrangers, « qui viennent aux *padouëns* d'au-» cune paroiffe de Labourt, pour y pâturer du con-» fentement des paroiffiens d'icelles », & le quint du prix *des pâturages communs* de la paroiffe, qui les vend à aucun étranger hors du royaume pour pâturer le bétail étranger.

Defpeiffes dit auffi que les feigneurs hauts-jufticiers du Languedoc font les feuls qui puiffent accorder aux étrangers, c'eft-à-dire, à ceux qui ne font pas de la feigneurie, ou de la communauté, la faculté de paître dans les pâturages communs, & dans les vacans; quoique dans cette province la propriété des vacans appartienne aux feigneurs directs & non pas aux feigneurs hauts-jufticiers, *des droits feigneuriaux, tome 3, tit. 5, art. 3, fect. 7, n°. 1.*

Le droit d'admettre les étrangers dans ces pâturages, ne détruit donc, ni le droit d'ufage, ni même la propriété qui pourroit appartenir, foit aux habitans, foit à d'autres. *Voyez* PADUENTAGE. (*M. GARRAN DE COULON, avocat au parlement.*)

PADOUYR, (*Droit féodal.*) la coutume d'Acs, tit. 11, art. 2, fe fert de ce mot, au lieu de celui de pacager ou vain pâturer. *Voyez* PADUENTAGE & PADOUENS. (*M. GARRAN DE COULON, avocat au parlement.*)

PADUENTAGE, (*Droit féodal.*) ce mot eft fynonyme de *pacage*. Il fe trouve dans la coutume d'Acs, tit. 11, art. 26, 27 & 29: il y eft dit qu'il eft dû une amende aux habitans de la paroiffe par les étrangers, dont le bétail eft trouvé au *paduentage* commun de ladite paroiffe; que s'il y a bois commun, quant au droit de pâturage avec des habitans d'une autre paroiffe, la paroiffe où ce bois eft fitué, ne peut rien ftatuer fans eux, pour ce qui concerne ledit droit de *paduentage*, « & qu'au temps des fruits » l'un defdits ayant droit de *paduantage*, ne peut » mettre plus de bétail que l'autre audit bois ». *Voyez* PADOUYR & PADOUENS.

De *pafcera*, dit Laurière, on a fait *padouir* pour paître, ou mener des bêtes au pâturage & de *padouir*, on a fait *paduentage*. Skinner, dans fon étymol. expof. vocum forenf., dit qu'il n'a trouvé le mot *paduantage* que dans un dictionnaire Anglois, qui porte que c'eft *jus compafcendi in agro compafcuo unius aut plurium pagorum*. Skinner ajoute que c'eft un mot françois-gaulois, qui fignifie la même chofe dans les deux langues. « *Nefcio*, » dit-il, an à Franco-G. » PAST, *paftus* & advantage, *commodum*, emolu-» mentum q. d. advantage & pafture ».

J'ignore quel eft le dictionnaire anglois dont Skinner veut parler. Je n'ai trouvé ce mot, ni dans Jonfthon, ni dans Littleton, ni dans Jacob, ni dans *les termes de la ley*, mais seulement dans le dictionnaire *françois-barbare*, de Guy Miéges, qui dit aussi que le *paduentage* est le pâturage commun d'une ou de plusieurs paroisses. (*M. GARRAN DE COULON, avocat au parlement.*)

PAGARQUE, est le nom qu'on donnoit anciennement aux magistrats des villages, ou à ceux qui avoient quelque autorité dans les campagnes. Il en est fait mention dans les novelles. Leurs fonctions étoient à-peu-près les mêmes que celles des baillis & procureurs-fiscaux des juridictions seigneuriales.

PAGEÉS, (*Droit féodal.*) ce mot se trouve dans les fors de Béarn, *rubr. 12*, deus castellaâs, *art. 4.* Il y est dit que les castellans ou capitaines des châteaux de Béarn n'exigeront, pour droit de sortie, que quatre deniers morlas des hommes *pageés*, arrêtés au château, & six sous des gentilshommes. Il paroît résulter de-là que les *pageés* sont des roturiers, des paysans. *Pagano* se dit dans le même sens en espagnol. *Voyez le Dictionnaire de l'académie espagnole.* (*M. GARRAN DE COULON, avocat au parlement.*)

PAGÉSIE, (*Droit féodal.*) il paroît par les exemples rapportés dans Ducange, au mot *Pagesia* sous *Pagus*, qu'on a donné ce nom à toute espèce de tenure roturière, ou, comme on le dit dans les pays de droit écrit, aux emphytéoses.

Aujourd'hui, l'on entend par-là dans les provinces de Bourbonnois, d'Auvergne, de Forez, de Rouergue, &c. un tenement chargé d'un cens solidaire.

C'est ce qu'enseigne Galland, dont le texte est rapporté par Ducange, & dans le *Glossaire du droit françois.*

Henrys dit la même chose, si ce n'est qu'il se sert du mot *apagésie*, au lieu de celui de *pagésie.* Peut-être est-ce une faute d'imprimerie.

Il est certain du moins que le mot *pagésie* est celui qui est usité dans l'Auvergne. Il ne se trouve pas néanmoins dans la coutume de cette province, ni dans aucune autre.

L'art. 19 du titre 21 de la coutume d'Auvergne, porte seulement, que, « si le seigneur direct, son » recepveur ou commis a reçu particuliérement » son cens d'aucuns particuliers tenanciers des hé-» ritages mouvans de sa censive à un seul & même » cens; pourtant n'est sondict cens divisé, sinon » que autrement il ait expressément accordé la di-» vision de sondict cens ».

M. Chabrol a traité avec beaucoup d'étendue toutes les questions relatives à cette solidité dans son commentaire sur la coutume d'Auvergne : en renvoyant à son ouvrage & au mot *Solidité*, je me contenterai d'observer que ce jurisconsulte s'est mépris en annonçant dans la première question que *la loi commune en France est que le cens est individu.* Il est vrai que plusieurs anciens auteurs ont enseigné cette opinion. Mais le droit commun actuel n'en est pas moins que le cens est divisible, quoi-

que les rentes purement foncières soient solidaires.

Loisel en a fait deux règles de notre droit françois, dès il y a plus de deux siècles. *Voyez ses institutes coutumières, avec les notes de* Laurière, *liv. 4, tit. 1, §. 25, &c. & tit. 2, §. 1.*

On pourroit même soutenir encore avec quelque fondement, contre l'opinion de M. Chabrol, que l'article 19 du titre 17 ne décide rien pour la solidité du cens, dans la coutume d'Auvergne en particulier. Cet article parle bien dans la supposition d'un cens solidaire ; mais il ne dit pas que cette solidité ait lieu de plein droit. (*M. GARRAN DE COULON, avocat au parlement.*)

PAIN, s. m. *en terme de Jurisprudence*, se prend quelquefois pour *jouissance.* Être en pain, dans les coutumes de Hainaut & de Mons, c'est être sous la puissance de son père ; comme être hors de pain, signifie être hors de cette puissance, être émancipé.

PAIN BÉNIT, est un *pain* qui se bénit tous les dimanches à la messe paroissiale, & qui se distribue ensuite aux fidèles.

La distribution du *pain bénit* est une image des eulogies qui avoient lieu dans la primitive église, & qui consistoient en différens mets bénits que l'on donnoit aux fidèles assemblés, comme une espèce de supplément de l'eucharistie, ou que l'on envoyoit aux absens en signe de communion.

Chaque famille doit s'acquitter à son tour de l'offrande du *pain bénit.* Plusieurs arrêts ont autorisé les marguilliers à faire rendre le *pain* à bénir aux dépens de ceux qui sont refusans, & d'y employer jusqu'à la somme de 15 livres. Un arrêt du 26 avril 1712 n'a néanmoins permis d'avancer que dix livres pour chaque refusant.

Suivant divers arrêts rendus au parlement de Paris, tout particulier résidant à Paris ou dans les fauxbourgs est tenu à son tour, sous peine d'amende & de dommages & intérêts, de quêter pour les pauvres à la grande messe de sa paroisse, & d'y présenter le même jour le *pain* à bénir, avec cierges & offrandes, ou de faire quêter & présenter le *pain* à bénir par une personne de sa condition, décemment mise, sans pouvoir commettre une personne de moindre qualité.

La primauté pour la distribution du *pain bénit*, entre les personnes qualifiées d'une même paroisse, a été souvent l'occasion de procès ruineux, ainsi que la manière dont le morceau de *pain bénit* étoit coupé : on a toujours admis de la différence entre le *pain bénit* par morceaux de distinction, & le *pain bénit* par distinction seulement ; la Jurisprudence actuelle des parlemens de Paris & de Rouen, entre autres, pour prévenir par la suite, toute sorte de contestation à ce sujet, est d'accorder le *pain bénit* par distinction seulement, à tout commensal de la maison du roi ou des princes, dont l'office ne donne pas le titre d'écuyer, ni les privilèges de la noblesse ; mais les privilèges attribués aux commensaux n'ont lieu, comme on l'a dit au mot COMMENSAUX, qu'autant qu'ils font compris dans les états envoyés annuellement à la cour des aides, qu'ils font un service ordinaire & réel, &c.

A l'égard du *pain bénit* par morceaux de diftinction, il eft actuellement d'ufage de l'accorder à tous gentilshommes & à tous officiers & commenfaux, ayant, d'après leurs provifions, le titre d'écuyer & jouiffant des privilèges de la nobleffe. Plufieurs arrêts du parlement de Paris l'ont récemment ainfi jugé, en faveur, entre autres, de divers commenfaux, notamment du fieur de Karvoifin, garde-du-corps du roi, demeurant en la ville de Châteauneuf en Thimerais : cet arrêt eft d'autant plus remarquable, qu'il eft rare de voir accorder de tels droits honorifiques dans les villes où le grand nombre des gentilshommes commenfaux, & officiers pourvus d'offices, donnant les titres & prérogatives de la nobleffe, ne pourroit manquer d'occafionner du trouble dans le fervice divin, par la néceffité où feroit le bedeau de parcourir toute l'églife, pour aller chercher à leur place tous ceux qui prétendroient à une pareille diftinction. L'ufage ne l'accordant dans quelques villes, qu'au lieutenant-général & au procureur du roi feulement, quand il eft fondé fur une poffeffion ancienne, ainfi qu'il fe pratique de tout temps à Mortagne au Perche.

Le parlement de Rouen l'a jugé de même par arrêt du 17 février 1769, confirmatif d'une fentence du bailliage de Verneuil, & a condamné Thomas Aubery, marguillier de Gros-Bois, à préfenter ou faire préfenter, après le clergé & le feigneur de la paroiffe, le *pain bénit* par morceaux de diftinction, au fieur Laurent de Madeline, écuyer, feigneur des Portes (gentilhomme & feigneur de fief dans la paroiffe). L'arrêt a fait même défenfe aux marguilliers, fur les conclufions du procureur-général, d'employer dans leur compte les frais du procès auxquels ils avoient été condamnés.

On prétend que les fabriques, quoiqu'en fuivant l'ordre des maifons, ne peuvent forcer un nouveau paroiffien de rendre à fon tour le *pain bénit*, qu'après trois mois au moins de réfidence dans la paroiffe où il eft venu s'établir : quoiqu'on ne connoiffe pas de réglement précis à cet égard, & qu'affez fouvent les habitans & les marguilliers préfèrent la voie de la conciliation à celle de la juftice fur un objet peu difpendieux, fur-tout dans les campagnes ; cependant la queftion a été jugée conformément à cette maxime par fentence rendue au bailliage de Vendôme en 1760, confirmative de celle du haut-jufticier, qui avoit décidé que les marguilliers ne pouvoient forcer un particulier à rendre le *pain bénit* avant trois mois de réfidence & domicile dans la paroiffe. Cette fentence a été exécutée alors par les marguilliers qui n'en ont point appellé.

Au furplus, le temps pour acquérir domicile, tant en matière civile que bénéficiale, varie fouvent fuivant les cas & les circonftances ; par l'édit de mars 1697,

les curés ou autres prêtres de leur confentement ne peuvent marier leurs paroiffiens, s'ils n'ont au moins fix mois de réfidence actuelle & publique dans leur paroiffe, à l'égard de ceux qui demeuroient auparavant dans une paroiffe du même diocèfe, & au moins un an pour ceux qui avoient leur réfidence dans un autre. Quant au temps de domicile requis pour pouvoir valablement impofer à la taille, capitation, &c. ceux qui changent de domicile, les affigner à leur dernier ou nouveau domicile, publier & adjuger dans les fabriques les bancs vacans par leur fortie de la paroiffe, &c. l'ufage, faute de réglemens conftans, fi ce n'eft à l'égard des bancs de fabrique, varie affez ordinairement : ce temps eft tantôt de trois mois, tantôt de fix mois. *Voyez* à ce fujet AJOURNEMENT, CAPITATION, MARIAGE, TAILLE. Quant au délai pour procéder à la nouvelle adjudication des bancs, *voyez* ce mot, & en outre les articles FABRIQUE, MARGUILLIERS, où font cités différens réglemens, notamment celui du 2 avril 1737, d'après lequel, ainfi que d'après l'article premier de l'arrêt de la cour du 26 avril 1766, pour la fabrique de Maulée près Meulan, & autres poftérieurs y mentionnés, il eft dit que les affemblées, tant du bureau ordinaire, que les affemblées générales, foit pour l'intérêt des fabriques, foit pour celui des habitans, comme quand il s'agit d'intenter ou foutenir un procès, de réparations ou reconftructions d'églife, presbytère, &c. ne peuvent être faites, qu'elles n'aient été convoquées par le premier marguillier, qui doit en fixer le jour & l'heure, ou qu'il n'en ait été délibéré dans l'affemblée ordinaire du bureau, quand il y en a (ce qui eft rare dans les paroiffes de campagne) : dans laquelle affemblée du bureau ordinaire, le jour & l'heure, audit cas, feront pareillement fixés ; lefdites affemblées enfemble lefdits jour & heure doivent être publiés au prône de la meffe paroiffiale avant l'affemblée, & même on doit y inviter par billets fignés dudit premier marguillier quelques jours avant ladite affemblée, ceux qui ont droit d'y affifter, afin qu'ils puiffent s'y rendre, à moins qu'il n'y eût néceffité urgente de la convoquer plutôt, à laquelle toutefois, lorfqu'elle fera générale & qu'elle intéreffera le corps defdits habitans, les fyndics des paroiffes doivent être appellés.

Dans tous ces cas, c'eft aux marguilliers à propofer le fujet de l'affemblée, fauf au curé & autres perfonnes préfentes qui auroient quelques propofitions à faire pour le bien de l'églife, de la fabrique ou des habitans, à le faire fuccinctement pour être mifes en délibération par le premier marguillier, s'il y échet ; lequel premier marguillier préfidera aux affemblées, recueillera les voix, aura la prépondérance en cas de partage d'opinion, ainfi qu'il eft porté dans les arrêts ci-deffus. (*Article de* M. DE LA CHENAYE, *lieutenant-général honoraire de Mortagne, de plufieurs académies, du mufée de Paris, &c.*)

PAIN CONJURÉ, étoit un *pain* d'épreuve que

les anciens Saxons donnoient à manger à un criminel non convaincu, après que le prêtre avoit proféré dessus des imprécations, persuadés que s'il étoit innocent, le *pain* ne lui feroit point de mal ; mais que s'il étoit coupable, il ne pourroit l'avaler, ou qu'après l'avoir avalé, il étoufferoit. *Voyez* ÉPREUVE, PURGATION.

PAIN, (*Droit féodal.*) il n'y a pas de redevance que les seigneurs n'aient exigé de leurs censitaires. Les *pains* sont une charge d'un grand nombre de domaines. Le *Glossaire du droit françois* dit que le terrier de l'Isle-Adam porte : « en la ville de Chan- » very, huit *pains* & les trois quarts d'un *pain*, & » vaut chacun *pain* un boisseau froment ».

Cet ouvrage ajoute, qu'aux aveux du sieur de Saint-Remy, en Champagne, dont la terre est gouvernée par la coutume de Vitry, ses sujets sont obligés de lui fournir deux deniers ou du *pain* pour deux deniers.

J'ai vu la même charge dans les titres de plusieurs autres seigneurs, dont les terres sont régies par cette coutume.

Ragueau parle aussi de *pain* de panière, ou de pannière que les sujets de saint Godon sur Loire, doivent chacun an à leur seigneur. C'est, dit-il, un grand *pain* froment.

L'article 27 de la coutume de Dunois, locale de celle de Blois, parle de *pains d'hôtellage mangez*. Il y est dit qu'ils doublent de moitié en cas de rachat, comme les avenages, tailles & festages. *Voyez* HOSTELAGE.

Il est aussi question de *pain féodal* & de *pain de feu*, c'est-à-dire, de *pain de fouage* dans le *Glossaire* de dom Carpentier, aux mots *Panis feodalis* & *Panis focagii*, sous *Panis* 2.

Le même auteur cite un tabulaire de l'évêché de Chartres, où l'on parle de *pains oubliées*. C'est la même chose que les *oublies*, ou droit *d'oblige*. *Voyez* OBLIAGE. (*M. GARRAN DE COULON*, avocat au parlement.)

PAIR, s. m. (*Droit public & françois.*) du latin *par*, signifie ce qui est égal à un autre : on s'en sert particuliérement pour désigner la première dignité de l'état. Nous allons en traiter d'abord sous le nom de *pair de France*, nous donnerons ensuite une notice des autres officiers auxquels on donne quelquefois la dénomination de *pairs*.

PAIR DE FRANCE, sont les grands du royaume. & les premiers officiers de la couronne, qui composent la cour du roi, que l'on appelle par cette raison la cour des *pairs*.

L'origine des *pairs*, en général, est beaucoup plus ancienne que celle de la pairie, qui n'a commencé d'être réelle de nom & d'effet, que quand les principaux fiefs de la couronne commencèrent à devenir héréditaires.

Sous la première & la seconde races, on entendoit par le terme *pair*, des gens égaux & de même condition, des confrères.

Il est parlé de *pairs* dans la loi des Allemands, rédigée sous Clotaire.

Dagobert I donne le nom de *pair* à des moines.

Le nom de *pair* est aussi usité dans les formules de Marculphe, qui vivoit en 660. On lit dans cet auteur ces mots : *qui cum reliquis paribus qui eum secuti fuerant interfecit.*

Godegrand, évêque de Metz du temps de Charlemagne, appelle *pares* des évêques & des abbés.

Tassillon, roi de Baviere, fut jugé au parlement de l'an 788, & les *pairs*, c'est-à-dire, les seigneurs assemblés, le jugérent digne de mort ; il fut, par ordre du roi, enfermé dans un monastère.

Les enfans de Louis-le-Débonnaire s'appellèrent de même *pares*, dans une entrevue de l'an 851.

Au xe siècle, le terme de *pair* commença à s'introduire dans le langage gallo-tudesque que l'on parloit en France ; les vassaux d'un même seigneur s'accoutumèrent à s'appeller *pairs*, c'est-à-dire, qu'ils étoient égaux entre eux, & non pas qu'ils fussent égaux à leur seigneur. C'étoit un usage chez les Francs, que chacun avoit le droit d'être jugé par ses *pairs*. Dans les premiers temps de la monarchie, ce droit appartenoit à tout citoyen libre ; mais il appartenoit plus particuliérement aux grands de l'état, que l'on appelloit alors *principes*, parce qu'indépendamment de la peine capitale qui ne se prononçoit que dans une assemblée du parlement, leur sort formoit toujours une de ces causes majeures que les rois ne devoient juger qu'au parlement ; & comme le roi y présidoit, c'est-de-là que dans les causes criminelles des *pairs*, il est encore d'usage au parlement d'inviter le roi d'y venir prendre place.

Chacun dans son état étoit jugé par des personnes de même grade ; le comte étoit jugé par d'autres comtes, le baron par des barons, un évêque par des évêques, & ainsi des autres personnes. Les bourgeois eurent aussi leurs *pairs*, lorsqu'ils eurent obtenu le droit de commune. La loi des Allemands, rédigée sous Clotaire I, porte, *chap.* 45, que pour se venger d'un homme on assemble ses *pairs*, *si mittunt in vicino & congregant pares.*

Cela s'observoit encore même pour le civil, sous la seconde race.

Dans le xj^e siècle Geoffroy Martel, comte d'Anjou, fit faire ainsi le procès à Guerin de Craon, parce qu'il avoit fait hommage de la baronnie de Craon à Conan, duc de Bretagne, & Conan fut condamné, quoique absent.

Mathieu Pâris (année 1226) dit : *nullus in regno Francorum debet ab aliquo jure spoliari, nisi per judicium parium.*

On verra néanmoins dans la suite, que l'on ne tarda pas long-temps à mettre des bornes à ce privilège.

Les Anglois qui ont emprunté une grande partie de leurs loix & de leurs usages de notre ancien droit françois, pratiquent encore la même chose. La grande chartre, n°. 29, dit : *nec super eum (liberum hominem) ibimus, nec super eum mittemus nisi per legale judicium parium suorum.* Tous accufés y font encore jugés par leurs *pairs*, c'eft-à-dire, par des perfonnes de même état & condition, à la referve des bourreaux & bouchers, qui, par rapport à la dureté de leur métier, ne font point juges. Cet ufage ne vint pas, comme quelques-uns l'ont cru, de la police féodale, qui devint univerfelle à la fin de la feconde race. Elle ne fit qu'affermir le droit de pairie, fur-tout au criminel; le fupérieur ne peut être jugé par l'inférieur; c'eft le principe annoncé dans les capitulaires & puifé dans la nature même.

Au commencement de la monarchie, les diftinctions perfonnelles étoient les feules connues; les tribunaux n'étoient pas établis; l'adminiftration de la juftice ne formoit point un fyftème fuivi, fur lequel l'ordre du gouvernement fût diftribué; le fervice militaire étoit l'unique profeffion des Francs; les dignités, les titres acquis par les armes, étoient les feules diftinctions qui puffent déterminer entre eux l'égalité ou la fupériorité. Tel fut d'abord l'état de la pairie, ce que l'on peut appeller fon premier âge.

Le choix des juges égaux en dignité à celui qui devoit être jugé, ne pouvoit être pris que fur le titre perfonnel ou grade de l'accufé.

L'établiffement des fiefs ne fit qu'introduire une nouvelle forme dans un gouvernement, dont l'efprit général demeura toujours le même; la valeur militaire fut toujours la bafe du fyftème politique; la diftribution des terres & des poffeffions; l'ordre de la tranfmiffion des biens, tout fut réglé fur le plan d'un fyftème de guerre; les titres militaires furent attachés aux terres mêmes, & devinrent avec ces terres la récompenfe de la valeur; chacun ne pouvoit être jugé que par les feigneurs de fief du même degré.

La pairie étoit alors une dignité attachée à la poffeffion d'un fief, qui donnoit droit d'exercer la juftice conjointement avec fes *pairs* ou pareils dans les affifes du fief dominant, foit pour les affaires contentieufes, foit par rapport à la féodalité.

Tout fief avoit fes pairies, c'eft-à-dire, d'autres fiefs mouvans de lui, & les poffeffeurs de ces fiefs fervans qui étoient cenfés égaux entre eux, compofoient la cour du feigneur dominant, & jugeoient avec lui ou fans lui toutes les caufes dans fon fief.

Il falloit quatre *pairs* pour rendre un jugement.

Si le feigneur n'en avoit moins, il en empruntoit de fon feigneur fuzerain.

Dans les caufes où le feigneur étoit intéreffé, il ne pouvoit être juge, il étoit jugé par fes *pairs*.

C'eft de cet ufage de la pairie, que viennent les hommes de fief en Hainaut, Artois & Picardie.

On trouve, dès le temps de Lothaire, un jugement rendu en 929, par le vicomte de Thouars avec fes *pairs*, pour l'églife de faint Martin de Tours.

Le comte de Champagne avoit fept *pairs*, celui de Vermandois fix; le comte de Ponthieu avoit auffi les fiens; & il en étoit de même dans chaque feigneurie. Cette police des fiefs forme le fecond âge du droit de pairie, laquelle, depuis cette époque,

devint réelle, c'eft-à-dire, que le titre de *pair* fut attaché à la poffeffion d'un fief de même valeur que celui des autres vaffaux.

Il fe forma dans la fuite trois ordres ou claffes; favoir, de la religion, des armes & de la juftice: tout officier royal devint le fupérieur & le juge de tous les fujets du roi, de quelque rang qu'ils fuffent; mais dans chaque claffe, les membres du tribunal fupérieur confervèrent le droit de ne pouvoir être jugés que par leurs confrères, & non par les tribunaux inférieurs qui reffortiffent devant eux. De-là vient cette éminente prérogative qu'ont encore les *pairs de France*, de ne pouvoir être jugés que par la cour de parlement fuffifamment garnie de *pairs*.

Il refte encore quelques autres veftiges de cet ancien ufage des Francs, fuivant lequel chacun étoit jugé par fes *pairs*. De-là vient le droit que la plupart des compagnies fouveraines ont de juger leurs membres: telle eft auffi l'origine des confeils de guerre, du tribunal des maréchaux de France. De-là vient encore la jurifdiction des corps-de-ville, qui ont porté long-temps le nom de *pairs bourgeois*. Enfin, c'eft auffi de-là que vient la police que tous les ordres du royaume exercent fur leurs membres; ce qui s'étend jufques dans les communautés d'arts & métiers.

Le troifième âge de la pairie, eft celui où les *pairs de France* commencèrent à être diftingués des autres barons, & où le titre de *pair* du roi ceffa d'être commun à tous les vaffaux immédiats du roi, & fut réfervé à ceux qui poffédoient une terre à laquelle étoit attaché le droit de pairie.

Les *pairs* étoient cependant toujours compris fous le terme général de *barons* du royaume, parce qu'en effet tous les *pairs* étoient barons du royaume; mais les barons ne furent plus tous qualifiés de *pairs*: le premier acte authentique où l'on voit la diftinction des *pairs* d'avec les autres barons, eft une certification d'arrêt fait à Melun l'an 1216, au mois de juillet. Les *pairs* nommés font l'archevêque de Reims, l'évêque de Langres, l'évêque de Châlons, celui de Beauvais, l'évêque de Noyon, & Eudes, duc de Bourgogne; enfuite font nommés plufieurs autres évêques & barons.

Anciens pairs. Dans l'origine, tous les Francs étoient *pairs*; fous Charlemagne tous les feigneurs & tous les grands l'étoient encore. La pairie dépendant de la nobleffe de fang, étoit perfonnelle; l'introduction des grands fiefs fit les pairies réelles, & les arrière-fiefs formèrent des pairies fubordonnées; il n'y eut plus de *pairs* relativement à la couronne du roi, que les barons du roi, nommés *barons du royaume*, ou *pairs de France*: mais il y en avoit bien plus de douze, & chaque baron, comme on l'a dit, avoit lui-même fes *pairs*.

Les plus anciens *pairs* font donc ceux auxquels on donnoit cette qualité de la pairie de la première & de la feconde race, & même encore au commencement de la troifième; temps auquel la pairie étoit encore perfonnelle: on les appelloit alors *principes*,

ou *primates*, *magnates*, *proceres*, *barones* : ces différentes dénominations se trouvent employées indifféremment dans plusieurs chartres & anciennes
ordonnances, notamment dans un acte où Eudes,
comte de Chartres, se plaignant au roi Robert,
de Richard, duc de Normandie, se sert des termes
de *pair* & de *prince* en un même sens.

L'origine de la pairie réelle remonte aussi loin
que celle des fiefs ; mais les pairies ne devinrent
héréditaires, que comme les fiefs auxquels elles
étoient attachées ; ce qui n'arriva que vers la fin de
la seconde race, & au commencement de la troisième.

M. de Boulainvilliers, en son *histoire de la Pairie*,
prétend que du temps de Hugues Capet, ceux que
l'on appelloit *pairs de France*, n'étoient pas *pairs*
du roi ; que c'étoient les *pairs* de Hugues Capet,
comme duc de France ; qu'ils étoient *pairs de fiefs*,
& ne se mêloient que du domaine du roi & non du
reste de l'état ; le duc de Bourgogne, les comtes de
Flandres & de Champagne, ayant de même leurs
pairs.

Quoi qu'il en soit de cette opinion, on entend
communément par le terme d'*anciens pairs de France*,
les douze barons auxquels seuls le titre de *pairs de
France*, appartenoit du temps de Louis VII, dit *le
Jeune*.

L'institution de ces douze anciens *pairs* ne doit
point être attribuée à Charlemagne ; c'est une fable
qui ne mérite pas d'être réfutée sérieusement.

Viguier dit qu'avant Louis-le-Begue, presque
toutes les terres du royaume étoient du domaine
royal, le roi en faisant la part à ses sujets comme
bon lui sembloit ; mais sous Charles III, dit *le
Simple*, le royaume fut distribué en sept grandes &
principales provinces, & en plusieurs moindres &
petites comtés, qui dépendoient des grandes seigneuries.

Ces sept principales seigneuries furent données
aux maisons les plus puissantes de l'état.

Tel étoit encore l'état du royaume à l'avénement
de Hugues Capet à la couronne ; il n'y avoit en tout
que sept pairies qui étoient toutes laïques ; savoir,
le duché de France, qui étoit le domaine de Hugues
Capet ; les duchés de Bourgogne, de Normandie,
& de Guienne, & les comtés de Champagne, de
Flandres & de Toulouse. La pairie de France ayant
été réunie à la couronne, il ne resta plus que les six
autres *pairs*.

Favin & quelques autres pensent que la pairie
fut instituée par le roi Robert, lequel établit un conseil secret d'état composé de six ecclésiastiques &
de six laïques qu'il honora du titre de *pairs*. Il fixe
cette époque à l'an 1020, qui étoit la vingt-qua-
trième année du règne de ce prince ; mais cet auteur ne s'appuie d'aucune autorité ; il n'a pas fait
attention qu'il n'y avoit pas alors six *pairs* ecclésiastiques : en effet, l'évêque de Langres relevoit encore du duc de Bourgogne sous Louis VII, lequel
engagea le duc de Bourgogne à unir le comté de

Langres à l'évêché, afin que l'évêque relevât du
roi ; ce prince étant alors dans le dessein de faire
sacrer son fils Philippe-Auguste, & de rendre cette
cérémonie mémorable par la convocation des douze
pairs.

Ainsi l'évêque de Langres n'étant devenu propriétaire du comté de Langres qu'en l'année 1179,
il est certain que l'époque où on le comptoit *pair*,
ne peut être antérieure à cette époque, soit que
Louis VII ait institué les douze anciens *pairs*, ou
qu'il ait seulement réduit le nombre des *pairs* à
douze.

Plusieurs tiennent que ce fut Louis VII qui institua les douze anciens *pairs* ; ce qui n'est fondé que
sur ce que les douze plus anciens pairs connus,
sont ceux qui assistèrent, sous Louis VII, au sacre
de Philippe Auguste, le premier novembre 1179,
& qui sont qualifiés de *pairs* ; savoir Hugues III,
duc de Bourgogne ; Henri le jeune, roi d'Angleterre, duc de Normandie ; Richard d'Angleterre
son frère, duc de Guienne ; Henri I., comte de
Champagne ; Philippe d'Alsace, comte de Flandres ;
Raymond, vicomte de Toulouse ; Guillaume de
Champagne, archevêque duc de Reims ; Roger de
Rosay, évêque duc de Laon ; Manassés de Bar,
évêque duc de Langres ; Barthelemi de Montcor-
net, évêque comte de Beauvais ; Gui de Joinville,
évêque comte de Châlons ; Baudouin, évêque &
comte de Noyon.

Mais on ne peut pas prétendre que ce fut
Louis VII qui eût institué ces douze pairs ; en effet,
toutes les anciennes pairies laïques avoient été données en fief long-temps avant le règne de Louis VII ;
savoir, le comté de Toulouse, en 802 ; le duché
d'Aquitaine, en 844 ; le comté de Flandres, en
864 ; le duché de Bourgogne, en 890, celui de
Normandie, en 912 ; le comté de Champagne, en
999. Il ne faut pas croire non plus que Louis le
jeune eût fixé ou réduit les *pairs* au nombre de
douze, si ce n'est que l'on entende par-là qu'aux
onze *pairs* qui existoient de son temps, il ajouta
l'évêque de Langres, qui fit le douzième ; mais le
nombre des *pairs* n'étoit pas pour cela fixé ; il y en
avoit autant que de vassaux immédiats de la couronne ; la raison pour laquelle il ne se trouvoit alors
que douze *pairs*, est toute naturelle ; c'est qu'il n'y
avoit dans le domaine de nos rois que six grands
vassaux laïques, & six évêques aussi vassaux immédiats de la couronne, à cause de leurs baronnies.

Lorsque dans la suite il revint à nos rois d'autres
vassaux directs, ils les admirent aussi dans les conseils & au parlement, sans d'autre distinction que
du rang & de la qualité de *pair*, qui appartenoit
primitivement aux anciens.

Quoi qu'il en soit, ces anciennes pairies parurent
avec éclat sous Philippe Auguste ; mais bientôt la
plupart furent réunies à la couronne, ensorte que
ceux qui attribuent l'institution des douze *pairs* à
Louis VII, ne donnent à ces douze *pairs* qu'une
existence, pour ainsi dire, momentanée. En effet,

Ii

la Normandie fut confisquée sur Jean-sans-Terre, par Philippe Auguste, ensuite usurpée par les Anglois, sous Charles VI, & reconquise par Charles VII.

L'Aquitaine fut aussi confisquée, en 1202, sur Jean-sans-Terre ; & , en 1259, saint Louis en donna une partie à Henri, roi d'Angleterre, sous le titre de *duché de Guienne.* Le comté de Toulouse fut aussi réuni à la couronne sous saint Louis, en 1270, par le décès d'Alphonse son frère sans enfans ; le comté de Champagne fut réuni à la couronne en 1284 , par le mariage de Philippe-le-Bel, avec Jeanne, reine de Navarre & comtesse de Champagne.

Lettres d'érection. Les anciens *pairs* n'avoient point de lettres d'érection de leur terre en pairie, soit parce que les uns se firent *pairs* eux-mêmes, soit parce que l'on observoit alors peu de formalités dans la concession des titres & dignités ; on se passa même encore long-temps de lettres, après que la pairie eut été rendue réelle. Les premières lettres que l'on trouve d'érection en pairie font celles qui furent données, en 1002, à Philippe-le-Hardi, chef de la seconde maison de Bourgogne. Le roi Jean son père le créa *pair* de ce duché.

Plusieurs des anciennes pairies laïques étant réunies à la couronne, telles que le comté de Toulouse, le duché de Normandie , & le comté de Champagne, on en créa de nouvelles , mais par lettres-patentes.

Ces nouvelles érections de pairies ne furent d'abord faites qu'en faveur des princes du sang. Les deux premières nouvelles pairies furent le comté d'Artois & le duché de Bretagne, auxquels Philippe-le-Bel attribua le titre de *pairie,* en 1297, en faveur de Robert d'Artois, & de Jean, duc de Bretagne.

Ce qui est remarquable dans l'érection du duché de Bretagne en pairie, c'est que la Bretagne n'étoit pas contente de cette érection, craignant que ce ne fût une occasion au roi de s'emparer de ce pays, tellement que le roi donna une déclaration à Yolande de Dreux, veuve du duc Artus, que l'érection en pairie ne préjudicieroit à elle, ni à ses enfans, ni aux pays & coutumes.

On érigea dans la suite plusieurs autres nouvelles pairies en faveur des princes du sang, notamment le duché de Normandie qui fut rétabli par le roi Jean en 1355, en faveur de Charles son fils, dauphin de France, qui fut depuis le roi Charles V.

On érigea de même successivement en pairies pour divers princes de la maison de France, le duché d'Alençon, en 1268 ; celui de Bourbon, en 1308 ; celui d'Orléans , en 1345 ; celui de Normandie, qui fut rétabli en 1355. Il y en eut encore d'autres par la suite. Les princes du sang ne jouissoient point alors du titre ni des prérogatives de la pairie, à moins qu'ils ne possédassent quelque terre érigée en pairie. Les princes non *pairs* étoient précédés par les *pairs*, soit que ceux-ci fussent princes

ou non, & les princes même qui avoient une pairie, n'avoient à la cour & au parlement d'autre rang que celui de leur pairie ; mais présentement tous les princes font *pairs* nés , sans qu'ils aient besoin de posséder de pairie ; ils précèdent tous les autres *pairs* , ils jouissent tous du titre de *pair* & des prérogatives qui y sont attachées , quoiqu'ils ne possèdent point de terre érigée en pairie ; ce fut Henri III qui leur donna ce titre de *pair* né. Ce sont les seuls *pairs* nés que l'on connoisse parmi nous.

Lorsque l'on érigea de nouvelles pairies pour des princes du sang , il subsistoit encore quatre des anciennes pairies laïques ; mais , sous Charles VII, il y en eut trois qui furent réunies à la couronne ; savoir, le duché de Normandie , en 1465 ; celui de Bourgogne, en 1467 ; & celui de Guienne , en 1468 ; de sorte qu'il ne resta plus que le comté de Flandre , qui , dans la suite des temps , a été partagé entre plusieurs souverains ; & la portion qui en est demeurée à la France, a été réunie à la couronne : c'est pourquoi, lors du second procès qui fut fait au duc d'Alençon, Louis XI créa de nouveaux *pairs* pour représenter la pairie de France assemblée.

Il ne subsiste plus présentement aucune des six anciennes pairies laïques ; & conséquemment les six pairies ecclésiastiques sont, sans contredit, les plus anciennes de toutes les pairies qui subsistent présentement.

Long-temps après les nouvelles créations de pairies faites pour des princes du sang, on en fit aussi en faveur de princes étrangers ; le premier qui obtint cette faveur , fut le duc de Nevers en 1549.

Enfin , on en créa aussi en faveur d'autres seigneurs, qui n'étoient ni princes du sang , ni princes étrangers.

La première qui fut érigée pour un autre qu'un prince, fut celle de Roannes, par François I, en avril 1519, pour Artus de Gouffier , seigneur de Boissy ; mais comme il mourut au mois de mai suivant, l'érection n'eut pas lieu ; ce qui a fait dire à plusieurs que Guise étoit la première terre érigée en pairie en faveur d'un autre qu'un prince du sang, quoique son érection ne soit que de 1527. Mais l'érection du duché de Guise en pairie étoit en faveur d'un prince étranger, & même issu originairement du sang de France. La première érection de pairie qui eut lieu en faveur d'un simple seigneur non prince, fut , selon quelques-uns , celle de la baronnie de Montmorency, en 1551 ; mais il s'en trouve une plus ancienne, qui est celle du duché de Nemours , en faveur de Jacques d'Armagnac, en 1462. Le parlement n'enregistra ses lettres qu'après plusieurs jussions.

Depuis ce temps, les érections de duchés-pairies en faveur de simples seigneurs non princes , ont été multipliées à mesure que nos rois ont voulu illustrer quelques-uns des seigneurs de leur cour.

Présentement les *pairs de France* sont :

1°. Les princes du sang, lesquels sont *pairs* nés

lorfqu'ils ont atteint l'âge de vingt ans, qui eft la majorité féodale.

2°. Les princes légitimés, lefquels font auffi *pairs nés*.

3°. Les *pairs* eccléfiaftiques, qui font préfentement au nombre de fept ; favoir, les fix anciens *pairs*, & l'archevêque de Paris, duc de Saint-Cloud ; mais le rang de cette pairie fe règle par celui de fon érection, qui n'eft que de 1690.

4°. Les ducs & *pairs* laïques : ces *pairs*, fuivant la date de leur érection, & l'ordre de leur féance au parlement, font :

1572	Usès.	1710	Villars.
1582	Elbeuf.	1710	Harcourt.
1595	Montbazon.	1710	Fitz-James.
1599	La Trémoille.	1711	Chaulnes.
1606	Sully.	1714	Rohan-Rohan.
1619	Luynes.	1716	Villars-Brancas.
1620	Briffac.	1716	Valentinois.
1631	Richelieu.	1720	Nevers, aujourd'hui Nivernois.
1634	Fronfac.		
1637	La Rochefoucauld.	1723	Biron.
1637	La Force.	1723	La Vallière.
1648	Rohan Chabot.	1731	Aiguillon.
1652	Bouillon.	1736	Chaftillon.
1662	Luxembourg.	1736	Fleury.
1663	Gramont.	1757	Duras.
1663	Villeroi.	1758	La Vauguyon.
1663	Mortemart.	1758	Choifeul.
1663	Saint-Aignan.	1762	Praflin.
1663	Trefmes ou Gefvres.	1775	Clermont-Tonnerre.
1663	Noailles.		
1665	Aumont.	1777	D'Aubigny duc de Richémont.
1672	Béthune-Charoft.		

Il y a en outre quelques ducs héréditaires vérifiés au parlement, & quelques ducs par fimples brevet ; mais les uns & les autres n'ont point le titre de *pair*, ni aucune des prérogatives attachées à la pairie.

Pairs eccléfiaftiques, font des archevêques & évêques qui poffèdent une terre érigée en pairie, & attachée à leur bénéfice. Le roi eft le feul en France qui ait jamais eu des *pairs eccléfiaftiques* ; les autres feigneurs avoient chacun leurs *pairs*, mais tous ces *pairs* étoient laïques.

Les fix anciens *pairs eccléfiaftiques* font préfentement les plus anciens de tous les *pairs* : il n'y a eu aucun changement à leur égard, foit pour le titre de leurs pairies, foit pour le nombre.

L'article 45 de l'édit de 1695 maintient les *pairs eccléfiaftiques* dans le rang qui leur a été donné jufqu'à préfent auprès de la perfonne du roi dans le confeil & dans les parlemens.

Pairie mâle, eft celle qui ne peut être poffédée que par des mâles, à la différence de la pairie femelle, qui eft érigée en faveur de quelque femme ou fille, ou qui eft créée avec faculté de pouvoir être poffédée par les femelles au défaut des mâles.

Pair femelle. Anciennement les femelles étoient exclues des fiefs par les mâles, mais elles y fuccédoient à leur défaut, ou lorfqu'elles étoient rappellées à la fucceffion par leurs père & mère ; elles fuccédoient même ainfi aux plus grands fiefs, & en exerçoient toutes les fonctions.

En effet, dans une chartre de l'an 1199, qui eft au tréfor des chartres, donnée par Eléonore, reine d'Angleterre, pour la confirmation des immunités de l'abbaye de Xaintes, cette princeffe prend la qualité de ducheffe de Normandie & d'Aquitaine, & de comteffe d'Anjou.

Blanche, comteffe de Troyes, prenoit auffi la qualité de comteffe palatine.

Mahault ou Mathilde, comteffe d'Artois, figna, en cette qualité, l'ordonnance du 3 octobre 1303 ; elle affifta en perfonne au parlement en 1314, & y eut féance & voix délibérative comme les autres *pairs de France*, dans le procès criminel fait à Robert, comte de Flandre ; elle fit auffi, en 1316, les fonctions de *pair* au facre de Philippe-le-Long, où elle foutint, avec les autres *pairs*, la couronne du roi fon gendre.

Une autre comteffe d'Artois fit fonction de *pair*, en 1364, au facre de Charles V.

Jeanne, fille de Raimond, comte de Touloufe, prêta le ferment, & fit la foi & hommage au roi de cette pairie.

Jeanne, fille de Baudouin, fit le ferment de fidélité pour la pairie de Flandre ; Marguerite fa fœur en hérita, & affifta, comme *pair*, au célèbre jugement des *pairs de France*, donné pour le comte de Clermont en Beauvoifis.

Au parlement tenu le 9 décembre 1378, pour le duc de Bretagne, la ducheffe d'Orléans s'excufa par lettres, de ce qu'elle n'y trouvoit pas.

Mais depuis long-temps les *pairs femelles* n'ont plus entrée au parlement. On a diftingué avec raifon la poffeffion d'une pairie, d'avec l'exercice des fonctions de *pair* : une femme peut pofféder une pairie, mais elle ne peut exercer l'office de *pair*, qui eft un office civil, dont la principale fonction confifte en l'adminiftration de la juftice.

Ainfi mademoifelle de Montpenfier, Anne-Marie-Louife, ducheffe de Montpenfier, comteffe d'Eu, &c. prenoit le titre de premier *pair de France* ; mais elle ne fiégeoit point au parlement.

En Angleterre il y a des pairies femelles, mais les femmes qui les poffèdent n'ont pas non plus entrée au parlement.

Premier pair de France. Avant que les princes du fang euffent été déclarés *pairs nés*, c'étoit le premier *pair eccléfiaftique* qui fe difoit *premier pair de France*. On voit qu'en 1360, l'archevêque de Reims, fe qualifiant premier *pair de France*, préfenta requête au parlement de Paris ; le duc de Bourgogne fe qualifioit des *pairs de France* au mois d'octobre 1380 : il eut, en cette qualité, la préféance au facre de Charles VI fur fon frère aîné duc d'Anjou. On conferve au tréfor des chartres un hommage par lui fait au roi le 23 mai 1404, où il eſt dit qu'il a *fait foi & hommage-lige de la pairie & doyenné* des pairs de France, *à cauſe dudit duché.* Il prit la même qualité de doyen des *pairs* dans un autre hommage de 1419. Chaſſanée, en ſon ouvrage intitulé : *Catalogus gloriæ mundi*, lui donne le titre de *primus* par *regni Franciæ* ; & en effet, dans des lettres de Louis XI, du 14 octobre 1468, il eſt dit que le duché de Bourgogne eſt la première pairie, & qu'au moyen d'icelle, le duc de Bourgogne eſt le premier *pair* & doyen des *pairs* ; dans d'autres du même jour, il eſt dit que, comme premier *pair* & doyen des *pairs de France,* il a une chancellerie dans ſon duché, & un ſcel authentique en ſa chancellerie pour ſes contrats, & le roi veut que ce ſcel emporte *garniſon de maire* ; mais depuis, par une déclaration donnée à Blois par Henri III, au mois de décembre 1576, regiſtrée le 8 janvier 1577, il a été réglé que les princes précéderont tous les *pairs,* ſoit que ces princes ne ſoient pas *pairs,* ſoit que leurs pairies ſoient poſtérieures à celles des autres *pairs ;* au moyen de quoi le premier prince du ſang, autre que ceux de la famille royale, a préſentement ſeul droit de ſe qualifier premier *pair de France* : une princeſſe du ſang peut prendre cette qualité, lorſqu'elle a le premier rang entre les princes. C'eſt ainſi que mademoiſelle de Montpenſier ſe qualifioit premier *pair de France.* Cependant l'archevêque de Reims, qui eſt le premier *pair* eccléſiaſtique, ſe qualifie encore premier duc & *pair de France.*

Doyen des pairs. C'étoit autrefois le duc de Bourgogne qui étoit le doyen des *pairs.* Il joignoit cette qualité de doyen avec celle de premier *pair,* parce que ſon duché étoit le plus ancien, ayant été inſtitué dès le temps de Charles-le-Chauve. Au feſtin qui ſuivit le ſacre de Charles VI encore mineur, le duc de Bourgogne, doyen des *pairs,* ſe mit de fait & de force en poſſeſſion de la première place au-deſſous du roi, avant le duc d'Anjou ſon frère aîné, qui étoit régent du royaume.

Hommage. Les *pairs* faiſoient autrefois deux hommages au roi, un pour le fief auquel étoit attachée la pairie, à cauſe du royaume ; l'autre pour la pairie, & qui avoit rapport à la royauté. Il y a de ces anciens hommages à la chambre des comptes ; mais depuis long-temps le fief & la pairie ſont unis, & les *pairs* ne ſont plus qu'un ſeul hommage pour l'un & l'autre. Les rois & autres princes étrangers ne ſont pas diſpenſés de l'hommage pour les pairies qu'ils poſſèdent en France.

Jean-ſans-Terre, roi d'Angleterre & duc de Normandie & de Guienne, à cauſe de ces deux duchés, *pair de France,* refuſant de prêter la foi & hommage à Philippe Auguſte, & étant accuſé d'avoir fait perdre la vie à Artus, comte de Bretagne ſon neveu, ayant été ajourné pluſieurs fois, ſans qu'il eût aucunement comparu, fut, en 1202, condamné à mort par jugement des *pairs de France,* qui

déclarèrent la Guienne & la Normandie confiſquées ſur lui.

Le duché de Guienne étant retourné depuis au pouvoir du roi d'Angleterre, celui-ci en fit hommage-lige & ſerment de fidélité au roi ſaint Louis en 1259. Edouard fit pareillement hommage, en 1282, pour ce duché, lequel fut confiſqué ſur lui en 1286. Edouard étant rentré dans ce duché en 1303, fut pourſuivi pour la foi & hommage ; on lui donna pour cet effet un ſauf-conduit en 1319. Il fit la foi à Amiens la même année, & le 30 mars 1331, il reconnut que la foi & hommage qu'il devoit à cauſe de ſon duché-pairie de Guienne, étoit un hommage-lige ; enfin la Guienne ayant encore été confiſquée en 1378, & donnée à Louis de France, dauphin de Viennois, il en fit hommage au roi le dernier février 1401.

On voit, dans la chronique de Flandre, la forme de l'hommage que le comte de Flandre rendoit au roi ; ce prince s'aſſeyoit dans ſa chaiſe royale : il étoit autrefois accompagné des *pairs de France,* & depuis de tels que bon lui ſembloit ; le comte marchoit vers lui la tête nue & déceint, & ſe mettoit un genou en terre ſi le roi le permettoit ; le roi aſſis mettoit ſes mains en celles du comte, & le chancelier, ou autre que le roi, à ces fins, ordonnoit ; & s'adreſſant au comte, lui parloit de cette ſorte : « Vous devenez homme-lige du roi, votre » ſouverain ſeigneur, *pour raiſon de la pairie &* » *comté de Flandre,* & de tout ce que vous levez » & tenez de la couronne de France, & lui pro- » mettez foi & hommage, & ſervice contre tous » juſqu'à la mort incluſivement, ſauf au roi ſes » droits en autre choſe, & l'autrui en toutes ». Le comte répondoit : *oui ſire, je le promets.* Ainſi cela dit, il ſe levoit & baiſoit le roi en la joue ; le comte ne donnoit rien pour relief, mais les hérauts & ſergens *à marche* du roi butinoient la robe du comte, ſon chapeau & bonnet, ſa ceinture, ſa bourſe, ſon épée, &c.

On doit ſur-tout voir le procès-verbal de l'hommage fait à Louis XII, en 1499, par Philippe, archiduc d'Autriche, pour ſon comté de Flandre : l'archiduc vint juſqu'à Arras, où le chancelier de France vint pour recevoir ſon hommage. Le chancelier étant aſſis dans une chaiſe à bras, l'archiduc nue tête ſe préſente, en lui diſant : « monſeigneur, » je ſuis venu devers vous pour faire l'hommage » que tenu ſuis faire à monſeigneur le roi, tou- » chant mes pairies de Flandre, comtés d'Artois » & de Charolois, leſquels tiens *de monſeigneur* » *le roi à cauſe de ſa couronne* ». M. le chancelier aſſis & couvert, lui demanda s'il avoit ceinture, ou autre bague ; l'archiduc en levant ſa robe qui étoit ſans ceinture, dit que non. Cela fait, M. le chancelier mit les deux mains entre les ſiennes, & les tenant ainſi jointes, l'archiduc voulut s'incliner, le chancelier ne le voulant ſouffrir, & le ſoulevant par ſes mains qu'il tenoit, lui dit ces mots : *il ſuffit de votre bon vouloir ;* puis M. le chancelier lui tenant toujours les mains jointes, & l'archiduc ayant la tête nue, & s'efforçant toujours de se mettre à genoux, le chancelier lui dit : « vous » devenez homme du roi votre souverain seigneur, » & lui faites foi & hommage-lige pour raison des » pairie & comté de Flandre, & aussi des comtés » d'Artois & de Charolois, & de toutes autres terres » que tenez & qui sont mouvans & tenus du roi à » cause de sa couronne, lui promettez de le servir » jusqu'à la mort inclusivement, envers & contre » tous ceux qui peuvent vivre & mourir sans nul » réserver, de procurer son bien & éviter son » dommage, & vous conduire & acquitter envers » lui comme envers votre souverain seigneur ». A quoi fut par l'archiduc répondu : « par ma foi » ainsi le promets & ainsi le ferai ». Ensuite M. le chancelier lui dit : « je vous y reçois, sauf le droit » du roi en autre chose & l'autrui en toutes ». Puis l'archiduc tendit la joue, en laquelle M. le chancelier le baisa, & il demanda à M. le chancelier lettres de cet hommage.

Réception des pairs. Depuis l'arrêt du 30 avril 1643, qui fut rendu les chambres assemblées, pour être reçu en l'office de *pair*, il faut être âgé au moins de vingt-cinq ans.

Il faut aussi faire profession de la foi & religion catholique, apostolique & romaine.

Un ecclésiastique peut posséder une pairie laïque, mais un religieux ne peut être *pair*.

On voit dans les registres du parlement, sous la date du 11 septembre 1557, que les grand'chambre & tournelle assemblées firent difficulté de recevoir l'évêque de Laon *pair de France*, parce qu'il avoit fait profession monastique en l'ordre de saint Benoît; il fut néanmoins reçu suivant que le roi le desiroit.

Le nouveau *pair* n'est reçu qu'après information de ses vie & mœurs.

Il est reçu par la grand'chambre seule; mais lorsqu'il s'agit d'enregistrer des lettres d'érection d'une nouvelle pairie, elles doivent être vérifiées toutes les chambres assemblées.

Le récipiendaire est obligé de quitter son épée pour prêter serment; il la remet entre les mains du premier huissier, lequel la lui remet après la prétation du serment.

Serment des pairs. Il paroît qu'anciennement le *serment des pairs* n'étoit que conditionnel, & relatif aux engagemens réciproques du seigneur & du vassal. En effet, dans un traité fait au mois d'avril 1225, entre le roi saint Louis & Ferrand, comte de Flandre, ce comte promet au roi de lui être fidèle tant que le roi lui fera droit en sa cour par jugement de ses pairs, *quamdiu dominus rex velit facere nobis jus in curiâ suâ per judicium parium nostrorum :* mais il y a apparence qu'à mesure qu'on est devenu plus éclairé, on a senti qu'il ne convenoit pas à un sujet d'apposer une telle restriction vis-à-vis de son souverain. On trouve des exemples du *serment des pairs* dès l'an 1407, dans les registres du parle-

ment, où il est dit, que le 9 septembre de ladite année, Jean, duc de Bourgogne, prêta serment comme *pair*. La forme du serment qu'ils prêtoient autrefois au parlement, est exprimée dans celui qu'y fit Charles de Genlis, évêque & comte de Noyon, le 16 janvier 1502; il est dit qu'il a fait avec la cour de céans le serment qu'il est tenu de faire à cause de sa dignité de *pair*, à savoir de s'acquitter en sa conscience ès jugemens des procès où il se trouvera en ladite cour sans acception de personne, ni révéler les secrets de ladite cour, obéir & porter honneur à icelle.

Pierre de Gondy, évêque & duc de Langres, prêta serment le 13 août 1566; mais les registres du parlement disent seulement, que la main-mise *au pis* (*id est ad pectus* comme ecclésiastique) il a fait & prêté le serment accoutumé de *pair de France*.

Pendant long-temps la plupart des *pairs* ont prêté serment comme conseillers de la cour. François de Bourbon, roi de Navarre, dit qu'il étoit *conseiller né* au parlement.

Ce ne fut que du temps de M. le premier président de Harlay que l'on établit une formule particulière pour le serment des *pairs*.

Jusqu'au temps de M. de Harlay, premier président, il y a la moitié des *sermens des pairs* qui sont conçus dans les mêmes termes que ceux des conseillers.

Présentement ils jurent de se comporter comme un sage & magnanime duc & *pair*, d'être fidèle au roi, & de le servir dans ses très-hautes & très-puissantes affaires.

Ils prêtent serment derrière le premier barreau, après avoir ôté leur épée, qui reste pendant cette cérémonie entre les mains du premier huissier.

Présentation des roses. Anciennement les *pairs* présentoient, chacun en leur rang, des roses & chapeaux à MM. du parlement; cette présentation se faisoit dans les mois de mai & de juin; chaque *pair* avoit son jour pour cette cérémonie, suivant son ancienneté. Il est fait mention de ces présentations de roses dans les registres du parlement jusqu'en 1586.

Fonctions des pairs. Les *pairs de France* ont été créés pour soutenir la couronne, comme les électeurs furent établis pour le soutien de l'empire; c'est ainsi que le procureur-général s'en expliqua les 19 & 26 février 1410, en la cause des archevêque & archidiacre de Reims.

Aussi dans une cause plaidée au parlement contre l'évêque de Châlons, le 3 février 1364, le procureur-général dit que, « plus les *pairs de France* » sont près du roi, & plus ils sont grands dessous » lui, de tant ils sont tenus & plus astraints de » garder les droits & l'honneur de leur roi & de la » couronne de France, & de ce ils font serment » de fidélité plus especiale que les autres sujets du » roi; & s'ils font ou attentent à faire au contraire, » de tant sont-ils plus à punir ».

Au sacre du roi, les *pairs* font une fonction

royale; ils y repréfentent la monarchie, & y paroiffent avec l'habit royal & la couronne en tête;
ils foutiennent tous enfemble la couronne du roi,
& ce font eux qui reçoivent le ferment qu'il fait
d'être le protecteur de l'églife & de fes droits, &
de tout fon peuple. On a même confervé dans cette
cérémonie, fuivant l'ancien ufage, la forme & les
termes d'une élection, ainfi qu'on le peut voir dans
du Tillet; mais auffi-tôt après cette action, les *pairs*
rentrent dans le devoir de véritables fujets; enforte que leur fonction au facre eft plus élevée que
celle des électeurs, lefquels font fimplement la
fonction de fujets au couronnement de l'empereur.

Outre ces fonctions qui font communes à tous
les *pairs*, ils en ont encore chacun de particulières
au facre.

L'archevêque de Reims a la prérogative d'oin-
dre, facrer & couronner le roi; ce privilège a été
confirmé aux archevêques de Reims par le pape
Sylveftre II, & par Alexandre III. L'évêque de
Laon & celui de Beauvais accompagnent l'archevêque de Reims lorfqu'il va recevoir fa majefté
à la porte de l'églife la veille de la cérémonie;
& le lendemain ces deux évêques font toujours
députés, l'un comme duc, & l'autre comme premier comte eccléfiaftique, pour aller querir le roi
au palais archiépifcopal, le lever de deffus fon
lit & l'amener à l'églife; enfin d'accompagner fa
majefté dans toute la cérémonie de l'onction facrée;
& dans la cérémonie, l'évêque de Laon porte la
fainte ampoule; celui de Langres, le fceptre, &
il a la prérogative de facrer le roi en l'abfence de
l'archevêque de Reims; celui de Beauvais porte &
préfente le manteau royal; l'évêque de Châlons
porte l'anneau royal; l'évêque de Noyon la ceinture ou baudrier. Les fix anciens pairs laïques font
repréfentés, dans cette cérémonie, par d'autres
pairs que le roi commet à cet effet; le duc de Bourgogne porte la couronne royale & ceint l'épée au
roi; le duc de Guienne porte la première bannière
quarrée; le duc de Normandie porte la feconde; le
comte de Touloufe, les éperons; le comte de
Champagne, la bannière royale ou l'étendard de
la guerre; le comte de Flandre, l'épée du roi.

Anciennement les *pairs* étoient appellés aux actes
publics de leur feigneur, pour les rendre plus authentiques par leur foufcription, & c'étoit comme
pairs de fief, & comme gardiens du droit des fiefs
que leur préfence y étoit requife, afin que le feigneur ne le diffipât point; tellement que pour rendre
valable une aliénation, un feigneur empruntoit
quelquefois des *pairs* d'un autre feigneur pour l'affifter en cette occafion.

Le roi faifoit de même figner des chartres &
ordonnances par fes *pairs*, foit pour les rendre
plus authentiques, foit pour avoir leur confentement aux difpofitions qu'il faifoit de fon domaine,
& aux réglemens qu'il faifoit, lorfque fon intention
étoit que ces réglemens euffent auffi leur exécution
dans les terres de fes barons ou *pairs*.

Ce fut fans doute par une fuite de cet ancien
ufage, qu'au traité d'Arras, en 1482, l'empereur
Maximilien demanda à Louis XI, pour garantie
de ce traité, l'engagement des princes du fang,
fubrogés, eft-il dit, *au lieu des pairs*.

Les pairs font auffi près du roi lorfqu'il tient
fes états-généraux.

Mais la principale caufe pour laquelle les *pairs de
France* ont été inftitués, a été pour affifter le roi de
leurs confeils dans fes affaires les plus difficiles, &
pour lui aider à rendre la juftice dans fa cour, de
même que les autres *pairs* de fiefs y étoient obligés
envers leur feigneur: les *pairs de France* étoient
juges naturels des nobles du royaume en toutes
leurs caufes réelles & perfonnelles.

Charles V dans des lettres de 1359, portant érection du comté de Mâcon en pairie, *ad confilium &
juramentum rei publicæ duodecim pares qui regni Franciæ in arduis confiliis & judiciis affifterint & ftatuerint.*

Tous les *pairs* en général étoient obligés de juger
dans la cour du feigneur, fous peine de faifie de
leurs fiefs, & d'établiffement de garde, *fe ainfi n'é-
toit* (difent les affifes de Jérufalem) *le feigneur ne
pourroit cour tenir telle comme il doit, ne les gens avoir
leur raifon*, &c.

Ces *pairs* de fiefs étoient les juges du feigneur; il
en falloit au moins deux avec lui pour juger. C'eft
peut-être de-là que quand le parlement eut été
rendu fédentaire à Paris, & que le roi eut commis
des gens de loi pour tenir ordinairement le parlement, il fut néanmoins ordonné qu'il y auroit
toujours au moins deux barons ou *pairs* au parlement.

Perfonne, dit Beaumanoir, pour tel fervice qu'il
eût, n'étoit excufé de faire jugement en la cour;
mais s'il avoit loyale exoine, il pouvoit envoyer
un homme qui, felon fon état, pût le repréfenter.

Mais ce que dit ici Beaumanoir des *pairs* de fief,
n'a jamais eu lieu pour les *pairs* de France, lefquels
ne peuvent envoyer perfonne pour les repréfenter,
ni pour fiéger & opiner en leur place, ainfi qu'il fut
déclaré dans un arrêt du parlement du 20 avril
1458.

Séance au parlement. Les *pairs* étant les plus anciens & les principaux membres de la cour, ont
entrée, féance & voix délibérative en la grand-
chambre du parlement & aux chambres affemblées,
toutes les fois qu'ils jugent à propos d'y venir,
n'ayant pas befoin pour cela de convocation ni
d'invitation.

La place des *pairs* aux audiences de la grand-chambre eft fur les hauts-fiéges, à la droite du premier
préfident; les princes occupent les premières places; après eux font les *pairs* eccléfiaftiques, enfuite les *pairs* laïques, fuivant l'ordre de l'érection
de leurs pairies.

Lorfque le premier banc ne fuffit pas pour contenir tous les *pairs*, on forme pour eux un fecond
rang avec des banquettes couvertes de fleurs-de-lys.

Le doyen des confeillers laïques, ou autre plus

ancien, en son absence, doit être assis sur le premier banc des *pairs*, pour marquer l'égalité de leurs
fonctions ; le surplus des conseillers laïques se place
après le dernier des *pairs* laïques.

Lorsque la cour est au conseil, ou que les chambres sont assemblées, les *pairs* sont sur les bas
sièges.

Aux lits de justice, les *pairs* laïques précèdent les
évêques *pairs* ; les laïques ont la droite : les ecclésiastiques furent obligés au lit de justice de 1610, de la
laisser aux laïques. M. de Boulainv. croit que cela
vient de ce que les laïques avoient entrée aux
grandes assemblées avant que les évêques y fussent
admis.

Aux séances ordinaires du parlement, les *pairs*
n'opinent qu'après les présidens & les conseillers-
clercs ; mais aux lits de justice ils opinent les premiers.

Autrefois les *pairs* quittoient leur épée pour entrer au parlement ; ce ne fut qu'en 1551 qu'ils commencèrent à en user autrement, malgré les remontrances du parlement, qui représenta au roi que de
toute antiquité cela étoit réservé au roi seul, en
signe de spéciale prérogative de sa dignité royale,
& que le feu roi François I, étant dauphin, &
messire Charles de Bourbon, y étoient venus
laissant leur épée à la porte.

Cour des pairs, appellée aussi la *cour de France*, ou
la *cour du roi*, est le tribunal où le roi, assisté des
pairs, juge les causes qui concernent l'état des
pairs, ou les droits de leur pairie.

Dès le commencement de la monarchie, le roi
avoit sa cour qui étoit composée de tous les francs
qui étoient *pairs* ; dans la suite ces assemblées devenant trop nombreuses, furent réduites à ceux qui
étoient chargés de quelque partie du gouvernement
ou administration de l'état, lesquels furent alors considérés comme les plus grands du royaume ; ce qui
demeura dans cet état jusques vers la fin de la seconde race de nos rois, auquel temps le gouvernement féodal ayant été introduit, les vassaux immédiats du roi furent obligés de se trouver en la
cour du roi pour y rendre la justice avec lui, ou
en son nom : ce fut une des principales conditions
de ces inféodations. La cour du roi ne fut donc plus
composée que des vassaux immédiats de la couronne, qui prirent le nom de *barons* & de *pairs de
France* ; & la cour de France, ou cour du roi prit aussi
le nom de *cour des pairs* ; non pas que ce fût la cour
particulière de ces *pairs*, mais parce que cette cour
étoit composée des *pairs de France*.

Cette cour du roi étoit au commencement dis-
tincte des parlemens généraux, auxquels tous les
grands du royaume avoient entrée ; mais depuis
l'institution de la police féodale, les parlemens généraux ayant été réduits aux seuls barons & *pairs*,
la cour du roi ou des *pairs* & le parlement furent
unis & confondus ensemble, & ne firent plus qu'un
seul & même tribunal : c'est pourquoi le parlement

a depuis ce temps été qualifié de *cour de France*, *cour
du roi*, ou *cour des pairs*.

Quelque temps après se firent plusieurs réunions
à la couronne, par le moyen desquelles les arrière-vassaux du roi devenant barons & *pairs* du
royaume, eurent entrée à la cour du roi comme
les autres *pairs*.

C'étoit donc la qualité de vassal immédiat du roi
qui donnoit aussi la qualité de baron ou *pair*, & qui
donnoit conséquemment l'entrée à la cour du roi,
ou cour des *pairs* ; tellement que sous Lothaire en
964, Thibaud le Trichard, comte de Blois, de
Chartres & de Tours, fut exclu d'un parlement,
quelque considérables que fussent les terres qu'il
possédoit, parce qu'il n'étoit plus vassal du roi,
mais de Hugues, duc de France.

La cour des *pairs* fut plus ou moins nombreuse,
selon que le nombre des *pairs* fut restraint ou multiplié ; ainsi lorsque le nombre des *pairs* fut réduit aux
six anciens *pairs* laïques, & aux six *pairs* ecclésias-
ques, eux seuls eurent alors entrée, comme *pairs*
à la cour du roi ou parlement, avec les autres personnes qui étoient nommées pour tenir le parlement.

Depuis que le parlement & la cour du roi ont été
unis ensemble, le parlement a toujours été considéré comme la cour des *pairs*, c'est-à-dire, comme
le tribunal où ils ont entrée, séance & voix délibérative ; ils sont toujours censés y être présens
avec le roi dans toutes les causes qui s'y jugent ;
c'est aussi le tribunal dans lequel ils ont droit d'être
jugés, & auquel ressortit l'appel de leurs justices-
pairies, lorsqu'elles sont situées dans le ressort du
parlement.

Le parlement est ainsi qualifié de *cour des pairs*
dans plusieurs ordonnances, édits & déclarations,
notamment dans l'édit du mois de juillet 1644, registré le 9 août suivant, « laquelle cour, porte cet
» édit, a rendu de tout temps de grands & signalés
» services aux rois, dont elle fait régner les loix &
» reconnoître l'autorité & la puissance légitime ».

Il est encore qualifié de même dans la déclaration
du 28 décembre 1724, registrée le 29, qui porte
que le parlement est encore aujourd'hui *la cour des
pairs*, & *la première* & *la principale du royaume*.

Anciennement les *pairs* avoient le privilège de ne
répondre qu'au parlement pour toutes leurs causes
civiles ou criminelles ; mais depuis ce privilège a été
restraint aux causes où il s'agit de leur état, ou de la
dignité & des droits de leur pairie.

Les *pairs* ayant eu de tout temps le privilège de
ne pouvoir être jugés que par leurs *pairs*, c'est sur-
tout lorsqu'il s'agit de juger un *pair*, que le parlement est considéré comme la cour des *pairs*, c'est-
à-dire le tribunal seul compétent pour le juger.

C'est sur-tout dans ces occasions que le parlement
est qualifié de *cour des pairs*.

Le père Labbé, en ses mémoires, rapporte un arrêt
de 1224, rendu en la *cour des pairs* contre une comtesse de Flandre ; le chancelier, les grands bouteil-

ler & chambellan, le connétable & autres officiers de l'hôtel du roi y étoient.

* Froissard, *ch. cclxvij*, dit que le prince de Galles, fils d'Edouard III, roi d'Angleterre, ayant voulu exiger du Languedoc un subside considérable, la province en appella à la cour des pairs où le prince fut cité ; & que n'étant point comparu, il fut réassigné : il y eut en 1370 un arrêt rendu contre lui par défaut, qui confisqua la Guienne & toutes les terres que la maison d'Angleterre possédoit en France.

Un autre exemple plus récent où il est fait mention de la cour des *pairs*, est celui de Henri IV, lequel s'opposant à l'excommunication qui avoit été prononcée contre lui, en appella comme d'abus *à la cour des pairs de France, desquels il avoit*, disoit-il, *cet honneur d'être le premier.*

On peut voir dans le recueil du père Anselme, *tom. 3*, les différens exemples de la jurisdiction exercée par la cour des *pairs* sur ses membres, & ses prérogatives expliquées ci-après au *mot* PARLEMENT.

Il ne faut pas confondre la cour des *pairs*, ou cour commune des *pairs*, avec la cour particulière de chaque *pair* : en effet, chaque *pair* avoit anciennement sa cour, qui étoit composée de ses vassaux, ou *pairs* appellés *pares*, parce qu'ils étoient égaux entre eux : on appelloit aussi quelquefois simplement *franci*, francs, les juges qui tenoient la cour d'un *pair*, comme il se voit en l'ordonnance de Philippe de Valois du mois de décembre 1344.

Présentement ces cours particulières des *pairs* sont ce que l'on appelle *les justices des pairies*. *Voyez* ci-après *l'art.* JUSTICE DES PAIRIES.

Cour suffisamment garnie de pairs, n'est autre chose que le parlement ou la cour des *pairs*, lorsqu'il s'y trouve au moins douze *pairs*, qui est le nombre nécessaire pour juger un *pair*, lorsqu'il s'agit de son état.

On en trouve des exemples dès le xj.e siècle.

Richard, comte de Normandie, dit, en parlant du différend d'Eudes de Chartres avec le roi Robert, en 1025, que le roi ne pouvoit juger cette affaire, *fine confensu parium suorum.*

Le comte de Flandre revendiqua de même, en 1109, le droit d'être jugé par ses *pairs*, disant que le roi devoit le faire juger par eux, *& hoc per pares suos qui eum judicare debent.*

Jean-sans-Terre, roi d'Angleterre, fut jugé en 1202, par arrêt du parlement suffisamment garni de pairs. Du Tillet, Mathieu Pâris, à l'an 1216, dit, en parlant du jugement rendu contre ce prince, *pro quo facto condemnatus fuit ad mortem in curiâ regis Francorum per judicium* parium *suorum.*

On voit dans les registres du parlement, que quand on convoquoit les *pairs*, cela s'appelloit *fortifier la cour de pairs*, ou *garnir la cour de pairs : curiam vestram paribus Franciæ vultis habere munitam*, 1312 ; *curia est sufficienter munita, 1315.*

Au procès de Robert d'Artois en 1331, Philippe VI émancipa son fils Jean, duc de Normandie, &

le fit *pair*, afin que la cour fût suffisamment garnie de *pairs ;* ce qui prouve que les *pairs* n'étoient pas seuls juges de leurs *pairs*, mais qu'ils étoient jugés par la cour, & conséquemment par tous les membres dont elle étoit composée, & qu'il falloit seulement qu'il y eût un certain nombre de *pairs*. En effet, dans un arrêt solemnel rendu en 1224, par le roi en sa cour des *pairs*, en faveur des grands officiers contre les *pairs de France*, il est dit « que, » suivant l'ancien usage & les coutumes observées » dès long-temps, les grands officiers de la cou- » ronne, savoir les chancelier, bouteillier, cham- » brier, &c. devoient se trouver au procès qui se » feroit contre un des *pairs*, pour le juger avec » les autres *pairs*, & en conséquence ils assistèrent » au jugement de la comtesse de Flandre. »

Les *pairs* ont quelquefois prétendu juger seuls leurs *pairs*, & que le roi ne devoit pas y être présent, sur-tout lorsqu'il y avoit intérêt pour la confiscation. Ils firent des protestations à ce sujet en 1378 & 1386 ; mais cette prétention n'a jamais été admise : car quant au jugement unique de 1247, où trois *pairs* paroissent juger seuls, du Tillet remarque que ce fut par convention expresse portée dans le traité du comte de Flandre : en effet la règle, l'usage constant s'y opposoient.

Il a toujours été pareillement d'usage d'inviter le roi à venir présider au parlement pour les procès des *pairs*, au moins quand il s'agit d'affaires criminelles, & nos rois y ont toujours assisté jusqu'à celui du maréchal de Biron, auquel Henri IV ne voulut pas se trouver. On observe encore la même chose présentement ; & dans ce cas, le dispositif de l'arrêt qui intervient, est conçu en ces termes : *la cour suffisamment garnie de pairs ;* au lieu que dans d'autres affaires où la présence des *pairs* n'est pas absolument nécessaire, lorsque l'on fait mention qu'ils ont assisté au jugement, on met seulement dans le dispositif, *la cour, les princes & les pairs présens*, &c.

L'origine de cette forme qui s'observe pour juger la personne d'un *pair*, vient de ce qu'avant l'institution des fiefs, il falloit au moins douze échevins dans les grandes causes ; l'inféodation des terres ayant rendu la justice féodale, on conserva le même usage pour le nombre des juges dans les causes majeures : ainsi comme c'étoient alors les *pairs* ou barons qui jugeoient ordinairement, il fallut douze *pairs* pour juger un *pair*, & la cour n'étoit pas réputée suffisamment garnie de *pairs*, quand ils n'étoient pas au moins douze.

Lors du différend entre le roi Louis Hutin & Robert, comte de Flandre, les *pairs* de France assemblés, savoir, l'archevêque de Reims, Charles, comte de Valois & d'Anjou, & Mahaut, comtesse d'Artois, firent savoir qu'à jour assigné ils tiendroient cour avec douze autres personnes, ou prélats, ou autres grands ou hauts hommes.

Robert d'Artois, en présence du roi, de plusieurs prélats, barons & autres suffisans conseillers, dit contre Mahaut, comtesse de Flandre, qu'il n'étoit pas tenu de faire ses demandes, que la cour ne fût suffisamment garnie de *pairs*; il fut dit par arrêt qu'elle l'étoit, *quod absque vocatione parium Franciæ quantum ad præsens, curia parlamenti, maxime domino rege ibidem existente cum suis prælatis, baronibus & aliis ejus consiliariis, sufficienter erat munita*. Robert d'Artois n'ayant pas voulu procéder, Mahaut obtint congé.

Mais pour juger un *pair* il suffit que les autres *pairs* soient appellés; quand même ils n'y seroient pas tous, ou même qu'il n'y en auroit aucun qui fût présent, en ce cas les *pairs* sont représentés par le parlement qui est toujours la cour des *pairs*, soit que les *pairs* soient présens ou absens.

Causes des pairs. Anciennement les *pairs* avoient le droit de ne plaider, s'ils vouloient, qu'au parlement, soit dans les procès qu'ils avoient en leur nom, soit dans ceux où leur procureur-fiscal se vouloit adjoindre à eux, se rendre partie, ou prendre l'aveu, garantie & défense: il est fait mention de cette jurisprudence dans les ordonnances du Louvre, *tom*. 7, p. 39.

Ce privilège avoit lieu tant en matière civile que criminelle; on en trouve des exemples dès le temps de la seconde race: les plus mémorables sont le jugement rendu par la cour des *pairs* contre Tassillon, roi de Bavière en 788; le jugement rendu contre un bâtard de Charlemagne en 792; celui de Bernard, roi d'Italie en 818; celui de Carloman, auquel on fit le procès en 871, pour cause de rebellion; celui de Jean-sans-Terre, roi d'Angleterre, lequel en 1202 fut déclaré criminel de lèse-majesté, & sujet à la loi du royaume; le jugement rendu contre le roi Philippe-le-Hardi, & Charles, roi des deux Siciles, pour la succession d'Alphonse, comte de Poitiers; celui qui intervint entre Charles-le-Bel, & Eudes, duc de Bourgogne, au sujet de l'apanage de Philippe-le-Long, dont Eudes prétendoit que sa femme, fille de ce roi, devoit hériter en 1316 & en 1328, pour la succession à la couronne, en faveur de Philippe-le-Long & de Philippe-de-Valois; le jugement de Robert d'Artois en 1331; celui de Charles, roi de Navarre, en 1349; celui qui intervint entre Charles V & Philippe, duc d'Orléans.

Jean, duc d'Alençon, fut condamné deux fois à mort par les *pairs*, pour crime de lèse-majesté; savoir, le 10 octobre 1458, & le 14 juillet 1474; l'exécution fut chaque fois remise à la volonté du roi, lequel usa de clémence par respect pour le sang royal.

Il seroit facile d'en rapporter un grand nombre d'autres: on le peut voir dans le recueil du père Anselme; mais depuis on y a mis quelques restrictions.

On trouve dans les registres *olim*, qu'en 1259 l'archevêque de Reims demanda au parlement, où le roi étoit présent, d'être jugé par ses *pairs*; ce qui lui fut refusé. Il y a apparence que l'on jugea qu'il

ne s'agissoit pas de la dignité de sa pairie, & que dès-lors les *pairs* même de France n'avoient plus le droit de plaider au parlement dans toutes sortes de cas, mais seulement dans les causes qui intéressoient l'honneur & les droits de la pairie.

En matière civile, les causes des *pairs*, quant au domaine ou patrimoine de leurs pairies, doivent être portées au parlement, comme il fut dit par le procureur-général le 25 mai 1394, en la cause du duc d'Orléans; ils y ont toujours plaidé pour ces sortes de matières, lors même qu'ils plaidoient tous en corps, témoin l'arrêt rendu contre eux en 1224, dont on a déjà parlé ci-devant.

A l'égard de leurs causes en matière criminelle, toutes celles qui peuvent toucher la personne des *pairs*, comme quand un *pair* est accusé de quelque cas criminel qui touche ou peut toucher son corps, sa personne, son état, doivent être jugées la cour suffisamment garnie de *pairs*.

Les *pairs* ont toujours regardé ce privilège comme un des principaux attributs de la pairie: en effet, au lit de justice du 2 mars 1386, ils ne réclamèrent d'autre droit que celui de juger leurs *pairs*, ce qui leur fut octroyé de bouche, & les lettres commandées, mais non expédiées.

Il est dit dans les registres du parlement, que le duc de Bourgogne, comme doyen des *pairs*, remontra à Charles VI au sujet du procès criminel qu'on faisoit au roi de Navarre, qu'il n'appartenoit qu'aux seuls *pairs* de France d'être jugés des *pairs* leurs pareils. Il prouva en plein parlement, par le témoignage d'un chancelier, & d'un premier & second président au même parlement, que le feu roi avoit reconnu ce privilège; & l'affaire mise en délibération, il lui en fut décerné acte, & ordonné qu'il en seroit fait registre.

Le premier décembre 1373, l'évêque de Laon requis d'être renvoyé en parlement, selon le privilège de sa pairie, ce privilège fut reconnu pour l'évêque de Langres le 19 novembre 1484.

Ce privilège est d'ailleurs confirmé par l'ordonnance du mois de décembre 1365; par celle de 1366; celle du mois d'avril 1453, *art*. 6, & encore plus récemment par l'édit du mois de septembre 1610, *art*. 7, où, en parlant des *pairs*, il est dit que *c'est de leur nature & droit que les causes dans lesquelles leur état est intéressé doivent y être introduites & traitées*.

Convocation des pairs. Quoique les *pairs* aient droit de venir prendre leur place au parlement lorsqu'ils le jugent à propos, néanmoins comme ils y sont moins assidus que les magistrats, il arrive de temps en temps qu'on les convoque, soit pour juger un *pair*, soit pour quelque autre affaire qui intéresse l'honneur & la dignité de la pairie, ou autre affaire majeure pour laquelle il paroît à propos de réunir le suffrage de tous les membres de la compagnie.

L'usage de convoquer les *pairs* est fort ancien, puisqu'ils furent convoqués dès l'an 1202 contre Jean

Jean-fans-Terre, roi d'Angleterre, duc de Normandie & de Guienne.

Ils furent auffi convoqués à Melun en 1216 fous
Philippe-Augufte, pour décider le différend au fujet
du comte de Champagne, entre le jeune, Thibaut
& Erard de Brienne ; les *pairs* étoient dès-lors diftingués des autres barons.

Dans le xive fiécle, ils furent convoqués deux
fois pour le procès du duc d'Alençon : en 1378,
pour le duc de Bretagne, quoique la pairie lui fût
conteftée : en 1386, pour faire le procès au roi de
Navarre fous Charles VII : en 1458, pour le procès
du duc d'Alençon.

On peut voir dans le père Anfelme plufieurs exemples de ces convocations ou femonces des *pairs* faites
en divers temps, felon que les occafions fe font préfentées.

Une des dernières eft celle qui fut faite en 1727
pour le procès du duc de la Force.

Cette convocation des *pairs* ne fe fait plus en matière civile, même pour leur pairie ; mais elle fe
fait toujours pour leurs affaires criminelles.

Jufqu'au procès du maréchal de Biron, fous
Henri IV, les rois ont affifté au jugement des
procès criminels des *pairs* ; c'eft pourquoi il eft encore d'ufage d'inviter le roi de venir prendre place
au parlement lorfque l'on convoque les *pairs*.

Le cérémonial que l'on obferve pour convoquer
ou femoncer les *pairs*, eft que pour inviter les
princes du fang, lefquels font *pairs* nés, on envoie
un des greffiers de la grand-chambre, qui parle
au prince ou à quelque officier principal de fa
maifon, fans laiffer de billet ; à l'égard des autres
pairs, le greffier y va la première fois, & s'il ne
les trouve pas chez eux, il laiffe un billet qui contient la femonce ; quand l'affaire dure plufieurs
féances, c'eft un autre que le greffier qui porte les
billets aux *pairs*. C'eft ainfi que l'on en ufa dans l'affaire du duc de la Force ; les *pairs* furent priés de
trouver bon qu'on ne fit que leur envoyer les billets, parce que les greffiers ne pouvoient fuffire à
tant de courfes, fur-tout lorfque les affaires pref-
foient, ce qui fut agréé par les *pairs*.

Il y a des occafions, où fans convocation judiciaire, tous les *pairs* fe réuniffent avec les autres
membres du parlement, comme ils firent le lendemain de la mort de Louis XIV pour ftatuer fur le
teftament de ce prince & fur l'adminiftration du
royaume.

Ajournement des pairs. C'étoit autrefois un privilège des *pairs* de ne pouvoir être ajournés que
par deux autres *pairs*, ce que l'on appelloit *faire
un ajournement en pairie.* On tient que cette manière d'ajourner étoit originairement commune à
tous les Francs, qu'elle fe conferva enfuite pour
les perfonnes de diftinction ; elle fubfiftoit encore
au treizième fiécle en Normandie pour les nobles
& pour les évêques.

À l'égard des *pairs*, cela fut pratiqué diverfement en plufieurs occafions.

Jurifprudence. Tome VI.

Sous le roi Robert, par exemple, le comte de
Chartres fut cité par le duc de Normandie.

Sous Louis-le-Jeune, en 1153, les derniers
ajournemens furent faits au duc de Bourgogne *per
nuntium* ; mais il n'eft pas dit quelle étoit la qualité de ce député.

Lors du différend que Blanche, comteffe de Champagne, & Thibaut fon fils, eurent avec Erard de
Brienne & Philippe fa femme, au fujet du comté de
Champagne, la comteffe Blanche fut ajournée par
le duc de Bourgogne & par deux chevaliers.

Dans un arrêt donné en 1224 contre la comteffe de Flandre, il eft dit que c'étoit un privilège des *pairs* de ne pouvoir être ajournés que par
deux chevaliers.

Ducange dit qu'en 1258, on jugea néceffaire
un certain cérémonial, pour affigner un évêque,
baron du royaume, quand il s'agiffoit de fa baronnie.

Philippe-le-Bel fit, en 1292, ajourner Edouard I,
roi d'Angleterre, à la cour des *pairs*, par les évêques de Beauvais & de Noyon, tous deux *pairs*
de France.

Ce même Edouard ayant été ajourné en 1295,
comme duc de Guienne, pour affifter en perfonne
au procès d'entre Robert, duc de Bourgogne, &
Robert, comte de Nevers, touchant le duché de
Bourgogne, la publication de l'ajournement fut
faite par le fénéchal de Périgord & par deux chevaliers.

Robert d'Artois fut ajourné en 1331 par des
chevaliers & confeillers ; cependant l'ordonnance
de Philippe VI, du mois de décembre 1344,
porte que quand un *pair* en ajournoit un autre,
c'étoit par deux *pairs*, comme cela s'étoit déja
pratiqué ; mais il paroit auffi qu'au lieu de *pairs*,
on commettoit fouvent des chevaliers & confeillers pour ajourner.

En effet, le prince de Galles fut ajourné en
1368, *par un clerc de droit, moult bien enlangagé,
& par un moult noble chevalier.*

Dans une caufe pour l'évêque de Beauvais, le
23 mars 1373, il fut dit que, fuivant les ordonnances & ftyle de la cour, les *pairs* avoient le
privilège de ne pouvoir être ajournés que par deux
pairs de lettres : on entendoit apparemment par
là *deux chevaliers en loix.*

Ces formalités que l'on obfervoit pour ajourner
un *pair*, avoient lieu même dans les affaires civiles
des *pairs* ; mais peu à peu elles ne furent pratiquées que pour les caufes criminelles des *pairs* ;
encore pour ces caufes criminelles les ajournemens
en pairie ont paru fi peu néceffaires, que fous
Louis XI, le duc de Bourgogne accufé
de crime d'état, fut affigné en la cour des *pairs*
par un fimple huiffier du parlement, d'où eft venu
le proverbe que *fergent du roi eft pair à comte* ;
c'eft-à-dire, qu'un fergent royal peut ajourner un
pair, de même que l'auroit fait un comte-pair.

Les *pairs* font ajournés en vertu de lettres-patentes, lesquelles sont publiées par cri public : lorsqu'ils sont défaut sur le premier ajournement, ils sont réassignés en vertu d'autres lettres ; l'ajournement doit être à long terme ; c'est-à-dire, que le délai doit être de trois mois, ainsi qu'il est dit dans un traité fait entre le roi Philippe-le-Bel, & les enfans de Guy, comte de Flandre, & les Flamands.

Rangs des pairs. Autrefois les *pairs* précédoient les princes non *pairs*, & entre les simples *pairs* & les princes qui étoient en même temps *pairs*, le rang se régloit selon l'ancienneté de leur pairie ; mais par une déclaration donnée à Blois en 1576, en réformant l'ancien usage, il fut ordonné que les princes précéderoient tous les *pairs*, soit que ces princes ne fussent pas pairs, ou que leurs pairies fussent postérieures à celles des autres *pairs*, & que le rang des princes qui sont les premiers *pairs*, se régleroit suivant leur proximité à la couronne.

Les nouveaux *pairs* ont les mêmes droits que les anciens, ainsi que la cour l'observa à Charles VII, en 1458, lors du procès du duc d'Alençon ; & le rang se règle entre eux, non pas suivant l'ordre de leur réception, mais suivant la date de l'érection de leurs pairies.

L'avocat d'un *pair* qui plaide en la grand'chambre doit être *in loco majorum*, c'est-à-dire, à la place de l'appellant, quand même le *pair* pour lequel il plaide seroit intimé ou défendeur.

Les ambassadeurs du duc de Bourgogne, premier *pair de France*, eurent la préséance sur les électeurs de l'Empire au concile de Basle ; l'évêque & duc de Langres, comme *pair*, obtint la préséance sur l'archevêque de Lyon, par un arrêt du 16 avril 1152, auquel l'archevêque de Lyon se conforma ; & à l'occasion d'une cause plaidée au parlement le 16 janvier 1552, il est dit dans les registres que les évêques *pairs de France* doivent précéder au parlement les nonces du pape.

Pair, *alimens.* Les auteurs qui ont parlé des *pairs*, tiennent que le roi seroit obligé de nourrir un *pair* s'il n'avoit pas d'ailleurs de quoi vivre ; mais on ne trouve pas d'exemple qu'aucun *pair* ait été réduit à cette extrémité.

Douaire des veuves des pairs. En 1306, Marguerite de Hainaut, veuve de Robert, comte d'Artois, demanda contre Mahaut, qui étoit alors comtesse d'Artois, que son douaire fût assigné sur les biens de ce comté, suivant la coutume qu'elle alléguoit être observée en pareil cas entre les *pairs de France*, au cas que l'on pût vérifier ladite coutume, sinon selon les conventions qui avoient été faites entre les parties ; après bien des faits proposés de part & d'autre, par arrêt donné ès enquêtes, des octaves de la Toussaint 1306, il fut jugé qu'il n'y avoit point de preuve suffisante d'aucune loi ni coutume pour les douaires des veuves des *pairs*, & il fut dit que ladite Marguerite auroit pour son douaire dans les biens du comté

d'Artois, 3500 liv. tournois ; ce qui avoit été convenu entre les conjoints.

Amortissement. Par une ordonnance faite au parlement de l'Epiphanie en 1277, il fut permis à l'archevêque de Reims, & autres évêques *pairs de France*, d'amortir, non pas leur domaine ni les fiefs qui étoient tenus d'eux immédiatement, mais seulement leurs arrière-fiefs ; au lieu qu'il fut défendu aux évêques non *pairs* d'accorder aucun amortissement.

Mais dans les vrais principes, le roi a seul vraiment le pouvoir d'amortir des héritages dans son royaume ; de sorte que quand d'autres seigneurs, & les *pairs* même amortissent des héritages pour ce qui les touche, cet amortissement ne doit pas avoir d'effet ; & les gens d'église acquéreurs, ne sont vraiment propriétaires que quand le roi leur a donné ses lettres d'amortissement, ainsi qu'il résulte de l'ordonnance de Charles V, du 8 mai 1372.

Extinction de pairie. Lorsqu'il ne se trouve plus de mâles, ou autres personnes habiles à succéder au titre de la pairie, le titre de la pairie demeure éteint ; du reste la seigneurie qui avoit été érigée en pairie se règle à l'ordinaire pour l'ordre des successions.

Continuation de pairie. Quoiqu'une pairie soit éteinte, le roi accorde quelquefois des lettres de continuation de pairie en faveur d'une personne qui n'étoit pas appellée au titre de la pairie ; ces lettres diffèrent d'une nouvelle érection en ce qu'elles conservent à la pairie le même rang qu'elle avoit suivant son érection.

Justice des pairies. Suivant un arrêt du 6 avril 1419, l'archevêque de Reims avoit droit de donner des lettres de *committimus* dans l'étendue de sa justice.

Les *pairs* ont droit d'établir des notaires dans tous les lieux dépendans de leur duché.

Suivant la déclaration du 26 janvier 1680, les juges des *pairs* doivent être licenciés en droit, & avoir prêté le serment d'avocat.

Ressort des pairies au parlement. Autrefois toutes les affaires concernant les pairies ressortissoient au parlement de Paris, comme les causes personnelles des *pairs* y sont encore portées ; & même par une espèce de connexité, l'appel de toutes les autres sentences de leurs juges, qui ne concernoient pas la pairie, y étoit aussi relevé sans que les officiers royaux ou autres, dont le ressort étoit diminué, pussent se plaindre. Ce ressort immédiat au parlement causoit de grands frais aux justiciables ; mais François I, pour y remédier, ordonna en 1527 que désormais les appels des juges des pairies, en ce qui ne concernoit pas la partie, seroient relevés au parlement dans le ressort duquel la pairie seroit située ; & tel est l'usage qui s'observe encore présentement.

Mouvance des pairies. L'érection d'une terre en pairie faisoit autrefois cesser la féodalité de l'ancien seigneur supérieur, sans que ce seigneur pût se plaindre de l'extinction de la féodalité ; la raison que l'on en donnoit, étoit que ces érections se faisoient pour l'ornement de la couronne ; mais ces graces étant devenues plus fréquentes, elles n'ont plus été accordées qu'à condition d'indemniser les seigneurs de la diminution de leur mouvance.

Sièges royaux ès pairies. Anciennement dans les villes des *pairs,* tant d'église que laïques, il n'y avoit point de siège de bailliages royaux. Le roi Charles VI en donna déclaration à l'évêque de Beauvais le 22 avril 1422 ; & le 10 janvier 1453, l'archevêque de Reims, plaidant contre le roi, allégua que l'évêque de Laon, pour endurer audit Laon un siège du bailli de Vermandois, avoit 60 liv. chacun an sur le roi ; mais cela n'a pas continué, & plusieurs des *pairs* l'ont souffert pour l'avantage de leurs villes. Il y eut difficultés pour savoir s'ils étoient obligés d'y admettre les officiers du grandmaître des eaux & forêts, comme le procureur du roi le soutint le dernier janvier 1459 ; cependant le 29 novembre 1460, ces officiers furent par arrêt condamnés envers l'évêque de Noyon, pour les entreprises de jurisdiction qu'ils avoient faites en la ville de Noyon, où l'évêque avoit toute justice comme *pair de France.* (*A*)

PAIRS BOURGEOIS. Lorsque les villes eurent acquis le droit de commune, & de rendre elles-mêmes la justice à leurs citoyens, elles qualifièrent leurs juges de *pairs bourgeois,* apparemment à l'instar des *pairs* de fief, qui y rendoient auparavant la justice pour les seigneurs.

PAIRS DE CHAMPAGNE. L'arrêt du parlement de 1388, rendu entre la reine Blanche & le comte de Joigny, fait mention du comté de Champagne étoit décoré de sept comtes *pairs* & principaux membres de Champagne, lesquels siégeoient avec le comte de Champagne en son palais pour le conseiller. Ces sept *pairs* étoient les comtes de Joigny, de Rethel, Brienne, Portier, Grandpré, Roucy & Brairé.

PAIRS DES ECCLÉSIASTIQUES ; les cardinaux sont les *pairs* du pape, soit comme évêque de Rome, ou comme souverain.

Les évêques avoient autrefois pour *pairs* les dignités de leurs chapitres, qui souscrivoient leurs actes, tant pour les statuts de l'église, que pour les graces qu'ils accordoient.

Pour ce qui regardoit le domaine de l'église & les fiefs qui en dépendoient, les évêques avoient d'autres *pairs* qu'on appelloit les *barons de l'évêque,* ou *de l'évêché,* lesquels étoient les *pairs* & les juges des causes des fiefs des autres vassaux laïques des évêques. *Voyez l'histoire de la Pairie,* par Boulainvilliers : on peut voir aussi l'*histoire de Verdun,* aux preuves, *page 88,* où il est parlé des *pairs* ou barons de l'évêché de Verdun, qui étoient au nombre de quatre.

PAIRS DE FIEF, FÉODAUX ou FIEFFÉS, (*Droit féodal.*) c'est le nom dont on se sert pour désigner les propriétaires des fiefs servans, ou leurs

représentans, considérés relativement à leurs covassaux, & comme rendant la justice avec eux dans la cour du seigneur dominant. On les appelle *pairs* & *vassaux,* ou *hommes de fief. Voyez le Glossaire du droit françois,* & *l'article* HOMME DE FIEF.

On ajoutera ici que plusieurs des grands vassaux, tels que les comtes de Flandre, ceux de Hainaut, &c. avoient douze *pairs ;* peut-être ne firent-ils en cela que suivre l'exemple de nos rois, comme Laurière l'a observé dans son glossaire : mais il paroît que cette affection pour le nombre de douze est beaucoup plus ancienne que l'institution des douze *pairs* de France. *Voyez les origines du comté de Buat, liv.* 8, *chap.* 4. (M. GARRAN DE COULON, *avocat au parlement.*)

PAIRS FÉODAUX. *Voyez* PAIRS DE FIEF.

PAIRS DE HAINAUT. Dumées, *titre* 6 de sa *Jurisprudence du Hainault,* dit que leur origine est assez incertaine. L'auteur des annales de la province tient que ces *pairs* & autres officiers héréditaires, furent institués par la comtesse Richilde & son fils Baudouin, après l'an 1076, lorsque se voyant dépossédés par Robert le Frison, du comté de Flandre où il y avoit des *pairs,* & voulant faire marcher en même rang leur comté de Hainaut, ils instituèrent douze *pairs,* qui étoient les seigneurs d'Avesnes, Lens, Roeux, Chimay, Barbançon, Rebaix, Longueville, Silly, Walincourt, Baudour, Chievres & Quevy. Il y eut dans la suite d'autres terres érigées en pairies, telle que celle de Berlaymont, qui appartient aujourd'hui au comte d'Egmond.

Les princes rendoient autrefois la justice eux-mêmes ; les *pairs* étoient leur conseil, auquel on associa les prélats, barons & chevaliers.

Les guerres presque continuelles ne permettant pas aux princes & aux seigneurs de vaquer exactement à rendre la justice, on institua certain nombre de conseillers de robe, choisis du corps des avocats.

Cependant les *pairs,* prélats, barons & chevaliers, n'ont pas cessé d'être membres du conseil de Hainaut, auquel on donna le titre de noble & souveraine cour de Hainaut.

C'est de-là que l'art. 30 de la coutume générale de Hainaut dit qu'en matière de grande importance, si les parties plaidantes ou l'une d'elles, insistent au renforcement de cour, & qu'il soit jugé nécessaire, les *pairs,* prélats, nobles & autres féodaux, seront convoqués pour y assister & donner leur avis.

PAIRS DES MONNOIES RÉELLES, est le rapport qu'il y a entre les espèces d'or & d'argent d'un état, & celles des états étrangers, ou le résultat de la comparaison faite de leur poids, titre & valeur intrinsèque. Toutes les monnoies en général n'ont point de valeur réelle ; leur valeur est de convention, & dépend de la volonté du souverain : on appelle *monnoie réelle,* la valeur que

Ss 2

la monnoie à par rapport à celle d'un autre pays ; & ce rapport eft le *pair des monnoies.*

PAIRS ou PRUDHOMMES, quelques coutumes fe fervent du terme de *pairs ,* pour exprimer des prudhommes ou gentilshommes choifis à l'effet de faire des eftimations.

PAIRS ET VASSAUX. *Voyez* PAIRS DE FIEF.

PAIRS DE VERMANDOIS : les chanoines de Saint-Quentin font appellés *pares Viromandiæ ,* & leur doyen eft le douzième des prélats appellés à la confécration de l'archevêque de Reims.

PAIRS DES VILLES , ce font les échevins : ces officiers étant choifis entre les plus notables bour-geois pour être juges de leurs concitoyens , au moins c'étoient eux qui rendoient autrefois la juf-tice avec les comtes , dont ils étoient les *pairs* & les affeffeurs , & encore actuellement dans quelques villes , ils ont confervé une portion de l'adminif-tration de la juftice. *Voyez* ÉCHEVIN.

PAIRIE , f. f. *(Droit public.) Voyez* PAIR.

PAIRIE FÉODALE. C'eft une feigneurie à la pof-feffion de laquelle eft attaché le droit de juger dans la cour du feigneur dominant , conjointement avec les autres *pairs.* Voyez *l'article* HOMME DE FIEF. (*M.* GARRAN DE COULON.)

PAIRIER , (*Droit féodal.*) en latin barbare , *parerius.* Ce mot a été employé dans les provinces méridionales , au lieu de celui de *cofeigneur. Voyez* Ducange , *au mot* Parerii *fous* Par , & *les articles* PARAGE & PARIAGE. (*M.* GARRAN DE COU-LON , *avocat au parlement.*)

PAISSE. *Voyez* FIEF DE PAISSE.

PAISSON , f. m. (*Eaux & Forêts.*) terme an-cien , qui vient du latin *pafcere ,* & qui eft en-core ufité en matière d'eaux & forêts , pour ex-primer le droit de pacage, ou l'exercice même de ce droit , c'eft-à-dire , l'acte même de faire paître les beftiaux ; il fignifie auffi quelquefois les herbes & fruits que les beftiaux paiffent dans les forêts & dans la campagne.

Le réglement général pour les eaux & forêts, fait par Henri IV , au mois de mai 1597 , pour éviter les fraudes & les abus qui fe commettoient par le paffé fous couleur de délivrance d'arbres faite aux marchands adjudicataires de la *paiffon* & glandée pour leur chauffage , ordonne qu'à l'ave-nir les *paiffons* & glandées foient adjugées , fans qu'aux marchands paiffoniers foient délivrés au-cuns arbres pour leur chauffage ; mais feulement que ceux qui auront en garde les porcs pourront porter à leur loge le bois traînant ès forêts , ou du bois fec abattu au crochet.

L'article fuivant porte que , dans les publications qui fe feront des *paiffons* & glandées avant l'adjudi-cation d'icelles , fera comprife la quantité de porcs que pourra porter la glandée de la forêt , fuivant l'eftimation qui en aura été faite , & que le nombre des officiers ufagers , & autres privilégiés ayant droit de *paiffon* , fera reftreint à proportion de ladite eftimation.

Enfin l'article 35 défend aux ufagers , officiers & autres ayant droit de *paiffon* , d'y mettre d'autres porcs que de leur nourriture , fans qu'ils puiffent vendre leur droit (*de paiffon*) aux marchands paif-foniers , ni que les marchands les puiffent acheter d'eux , fous peine d'amende arbitraire & confifca-tion des porcs , & privation defdits droits & offices pour les ufagers , officiers & privilégiés , & contre les marchands , fur peine d'amende arbitraire.

Le titre 18 de l'ordonnance des eaux & forêts eft intitulé , *des ventes & adjudication des pafcages , glandées & paiffons ;* il n'eft cependant point parlé de *paiffon* nommément dans le corps du titre , mais feulement du cas où il y aura affez de glands & de feines pour faire vente de glandée , & que l'on réglera le nombre des porcs qui feront mis en pacage ou glandée , tant pour les ufagers que pour les officiers , ce qui fait connoître que *paiffon* & pacage font quelquefois fynonymes ; & que la glandée eft auffi prife le plus fouvent pour *paiffon* , parce que le gland eft le fruit qui fe trouve le plus communément dans les bois , propre à la nour-riture des porcs. *Voyez* PACAGE.

Dans les bois de haute-futaie , la glandée n'eft ouverte que depuis le premier octobre jufqu'au premier février ; il n'y a pendant ce temps-là que les propriétaires ou leurs fermiers , & les ufagers , qui puiffent envoyer des beftiaux dans la futaie. *Voyez* GLANDÉE , PANAGE. (*A*)

PAIX , f. f. (*Droit natur. polit. & civil.*) c'eft la tranquillité dont une fociété politique jouit , foit au dedans , par le bon ordre qui règne entre fes membres , foit au dehors , par la bonne intelligence dans laquelle elle vit avec les autres peuples.

On trouvera dans le *Dictionnaire d'économie po-litique & diplomatique,* ce qui concerne les traités de *paix* entre les nations ; nous remarquerons feu-lement ici à l'occafion de ce mot , qu'on le trouve employé dans quelques anciennes ordonnances , dans le fens de *convention.* C'eft la fignification qu'il a dans une ordonnance de Charles V , du mois de janvier 1364.

PAIX (*Droit de*) , j'ai vu , dit Gérault , dans les titres de M. Louis la Roque-Bouillac , feigneur & baron de Saint-Gery & Loupiac, le droit de *paix* , confiftant en une mine d'avoine , *pro pace* , payable annuellement par chacun des habitans , chef de fa-mille , dans le château de Saint-Gery , à la fête de faint Julien. Olive traite au long de ce droit de *paix* , en fes *Queftions de droit , liv.* 2 , *chap.* 9. Ainfi le *droit de paix* eft la même chofe que le *commun de paix.* Voyez ce mot. (*M.* GARRAN DE COULON , *avocat au parlement.*)

PAIX , ou *trève de Dieu* , étoit une ceffation d'armes , depuis le foir du mercredi de chaque femaine , jufqu'au lundi matin , que les eccléfiaf-tiques & les princes religieux firent obferver dans le temps où il étoit permis aux particuliers de tuer le meurtrier de leur parent , ou de fe venger

par leurs mains en tel autre cas que ce fût. *Voyez*
FAIDE.

PAIXENNAGE. Dom Carpentier dit dans ses
deux glossaires, que c'est le droit de couper des
paisseaux ou échalas dans une forêt.

Il est bien certain qu'on a donné le nom de
paissel ou *paisseau* aux échalas, comme on peut le
voir dans le *Glossarium novum* de cet auteur, *au
mot* Paissellare. Mais il ne s'ensuit pas de-là que
le droit de *paixennage* soit relatif à cet objet. Il
est plus probable qu'on doit entendre par-là un
droit de pacage ou de panage. On peut le croire
ainsi, d'après le texte même rapporté par dom Carpentier, au même mot. C'est une chartre donnée
en 1295, par Frédéric, duc de Lorraine, & tirée
du cartulaire de Remiremont, *chap.* 34. Il y est dit :
« des *paixennages* des bois que nous avons en-
» semble, accordons nous que li sonrais de ladite
» englise & nostre commandement les vendront
» par acort ». (M. GARRAN DE COULON.)

PALAIGE. *Voyez* PELLAGE.

PALAIS, s. m. *en terme de Jurisprudence*, est une
maison dans laquelle un roi, ou autre prince souverain, fait sa demeure ordinaire.

Le *palais* qui est à Paris dans la cité, & dans
lequel le parlement & plusieurs cours & tribunaux tiennent leurs séances, est ainsi appellé,
parce qu'il a été la demeure de plusieurs de nos
rois jusqu'au temps de Louis Hutin, qui l'abandonna entiérement pour y faire rendre la justice.

A l'imitation du *palais* de Paris, on a aussi dans
plusieurs grandes villes donné le titre de *palais* à
l'édifice dans lequel se rend la principale justice
royale, parce que ces sortes d'édifices ont ou ont
servi de demeure, soit aux rois, soit aux anciens
seigneurs de ces villes, ou sont censés la demeure
du roi, au nom duquel la justice se rend.

Les maisons des cardinaux sont aussi qualifiées
de *palais*, témoin le *palais* cardinal à Paris, qu'on
nomme aujourd'hui *palais* royal.

Les maisons des archevêques & évêques n'é-
toient autrefois qualifiées que d'hôtel ; présentement on dit *palais archiépiscopal*, *palais épiscopal*.
Au reste, aucune personne, de quelque qualité
qu'elle soit, ne peut faire mettre sur la porte de
sa maison le titre de *palais*, mais seulement celui
d'*hôtel*. (A)

PALAIS (*comte du*), titre d'une des principales
charges de la maison du roi, sous la première &
la seconde races. Sous la première, le *comte du palais* étoit fort inférieur au maire, quoiqu'il fût
cependant le juge de tous les officiers de la maison du roi, & qu'il confondît dans sa personne
plusieurs offices institués postérieurement, tels que
ceux de bouteiller, chambrier, &c. Cette charge
s'éleva sous la seconde race, après que celle de
maire fut anéantie ; mais, sous la troisième, celle
de sénéchal a fait disparoître celle de *comte*, dont
l'idée nous est restée dans le grand-prévôt de l'hôtel. Le connétable qui ne marchoit qu'après le

comte du palais, sous la deuxième race, devint le
premier homme de l'état sous la troisième, & la
charge de sénéchal finit en 1191. (*D. J.*)

PALEFROI, (*Droit féodal.*) Ducange & Laurière disent dans leurs glossaires que le *palefroi* est
un cheval de service sur lequel on peut aller à
l'aise. Ils citent le chapitre 61 du livre premier des
Etablissemens de saint Louis, & le chapitre 52 des
Coutumes de Beauvoisis, par Beaumanoir.

La Thaumassière dans son petit glossaire, sur ce
dernier auteur, dit aussi que c'est un cheval de
service. Il cite le même chapitre de Beaumanoir,
& le chap. 60, au lieu du chapitre 61 des *Etablissemens*. Mais le mot *palefroi* ne se trouve ni dans
l'un ni dans l'autre de ces chapitres, ni dans le
chap. 52 de Beaumanoir.

En lisant nos anciens romans de chevalerie, il
paroît que le *palefroi* ne doit point être confondu
avec le cheval de service, qu'on appelle aussi *destrier*,
dextrier, ou *roussin de service*. Le *palefroi* étoit
un cheval doux à monter & à conduire, un cheval de voyage. Nicot dit, avec raison, qu'il se
prend d'ordinaire dans les romans, pour le cheval sur lequel alloient les dames. Le cheval de
service étoit un cheval de guerre. Il paroît même
qu'on a entendu par *palefroi*, toute espèce de cheval.

Une enquête faite à Dol, en 1181, par ordre
du roi d'Angleterre, & rapportée au tome premier des *Preuves de l'histoire de Bretagne*, col. 135,
parle d'un *palefroi* dont on se servoit pour herser
& pour labourer. *Voyez aussi les col.* 183 & 246
des mêmes Preuves.

Ducange, Laurière, & beaucoup d'auteurs, dérivent ce mot du latin *Paravederus* ; Nicot & Ca-
saubon de *par le frein*. On peut voir beaucoup
d'autres étymologies dans Ménage. Dom Lobineau,
dans son *Histoire de Bretagne*, dérive ce mot de
l'ancien breton, *pallfroy*, qui signifie la même chose.
Voyez néanmoins le *Dictionnaire de la langue bre-
tonne*, par dom le Pelletier, *aux mots* Palafrer &
Palafrez. (M. GARRAN DE COULON.)

PALLAGE. *Voyez* PELLAGE.

PALLERON DE PORC, (*Droit féodal.*) un
aveu rendu à l'évêché de Chartres, par le seigneur de Tachainville, porte entre autres : « item,
» un *palleron* de chacun porc tué en hostizes de
» Tachainville ».

Il paroît qu'on doit entendre par-là une poële
remplie de porc. *Voyez* NUMBLE. (M. GARRAN
DE COULON, avocat au parlement.)

PALLIUM, s. m. (*Droit ecclés.*) mot latin que
nous avons fait passer dans notre langue pour désigner l'ornement pontifical que les papes & certains prélats portent pardessus leurs habits ponti-
ficaux, en signe de jurisdiction. *Voyez le Dictionnaire de théologie.*

PANAGE, s. m. (*Eaux & Forêts.*) dans la basse
latinité, *panagium*, est le droit de mener paitre
des porcs dans les bois & forêts pour y paitre le
gland. L'ordonnance des eaux & forêts contient

un titre des ventes & adjudications des *panages*, glandées & paissons, & un autre des droits de *pâturage* & de *panage*. Ce n'est pas que ces termes *panage* & *pâturage* soient synonymes. Celui de pâturage est plus général ; il comprend toutes sortes de paissons, soit dans les champs ou dans les bois, au lieu que le terme de *panage* ne se prend que pour la paisson dans les bois & forêts, & singulièrement pour la paisson des fruits sauvages : la glandée est une des espèces de fruits qui servent au *panage* des porcs, & les feines en font une autre. *Voyez* PAISSON. *(A)*

PANCARTE, s. f. est un placard affiché dans l'endroit le plus apparent du lieu où l'on perçoit les droits imposés sur certaines denrées ou marchandises. *Voyez* PÉAGE.

PANDECTES, s. f. plur. est un nom que Justinien a donné au corps du digeste, pour exprimer que cette collection renferme toutes les questions controversées, toutes les décisions, & tout ce qui avoit été extrait des livres des jurisconsultes. *Voyez* DIGESTE. *(A)*

PANDECTES FLORENTINES, sont une édition du digeste, faite à Florence sur un manuscrit célèbre & ancien qui est dans cette ville.

Cette édition nous a appris plusieurs choses qui rendent inutile une bonne partie de ce qu'avoient écrit les anciens interprètes. *Voyez* DIGESTE.

PANETIER (grand-), (*Droit public.*) est le titre que portoit autrefois un des grands officiers de la maison du roi, chargé de la distribution du pain. Il avoit autorité & jurisdiction sur tous les boulangers, & il l'exerçoit dans l'enclos du palais. Cet office a été supprimé sous Charles VII.

PANONCEAU, s. m. est un écusson d'armoiries mis sur une affiche pour y donner plus d'autorité, ou sur un poteau, pour marque de jurisdiction.

On dit aussi, par corruption, *pénonceau* ou *pénoncel* : tous ces mots viennent du latin *pannum*, qui signifie un *drapeau*, un *pan*, morceau ou lambeau de drap ou de lange qui sert de marque pour désigner quelque chose.

L'usage des *panonceaux* paroît tirer son origine des brandons ou marques que les Grecs & les Romains mettoient sur les héritages pour annoncer qu'ils étoient hypothéqués.

En France, on n'use pas de brandons ni de *panonceaux* pour marquer qu'un héritage est hypothéqué ; on met des brandons pour marque de saisie.

Les *panonceaux* royaux sont des placards, affiches ou tableaux, sur lesquels sont représentées les armes du roi.

On appose ces *panonceaux* sur la porte ou entrée d'une maison ou autre héritage, pour marquer que ce lieu est sous la sauve-garde ou protection du roi, ou bien pour signifier que l'héritage est sous la main de la justice, c'est-à-dire, qu'il est saisi réellement.

Les *panonceaux* royaux sont aussi appellés *bâtons royaux*, parce que les bâtons royaux sont passés en sautoir derrière l'écu, ou parce qu'on se contente de représenter dans le tableau les bâtons royaux.

Dans plusieurs lettres de sauve-garde, les armes du roi étoient peintes.

On mettoit de ces *panonceaux* sur les lieux qui étoient en la sauve-garde du roi dans les pays de droit écrit.

On en mettoit aussi quelquefois, & en cas de péril imminent, sur les maisons de ceux qui étoient en la sauve-garde du roi, quoiqu'elles ne fussent pas situées dans le pays de droit écrit : il y a plusieurs exemples de sauve-gardes pareilles, dont les lettres sont rapportées dans le quatrième volume des ordonnances de la troisième race.

Présentement l'on ne fait plus à cet égard aucune distinction entre les pays coutumiers & les pays de droit écrit.

Suivant une ordonnance de Louis X du 17 mai 1315, & une de Philippe-le-Long, du mois de juin 1319, les *panonceaux* royaux ne doivent être apposés dans les lieux de jurisdiction seigneuriale que dans les cas qui sont réservés au roi & avec connoissance de cause.

Bacquet, dans son *traité des droits de justice, ch. 26, n. 11*, dit qu'en matière de saisie-réelle & de criées, les sergens-royaux sont les seuls qui puissent apposer les *panonceaux*. *(A)*

PAPE, s. m. (*Droit eccl.*) nom grec, qui signifie aïeul ou père des pères. Il a été commun à tous les prêtres, & on l'a donné aux évêques & aux patriarches. Il est enfin devenu le titre distinctif de l'évêque de Rome. Dans le huitième concile œcuménique tenu à Constantinople en 869, & qui étoit composé de 300 évêques, tous les patriarches y furent appellés *papes*, & le patriarche de Rome, Jean VIII, donna même par ses lettres & par ses légats, le titre de *votre sainteté* au patriarche Photius. Saint Augustin, écrivant à sa sœur, lui dit : *je crois que vous avez les ouvrages du saint pape Ambroise* ; saint Jérôme écrivant à saint Augustin, l'appelle *le bienheureux pape Augustin* ; & saint Augustin, dans une lettre adressée à l'évêque Aurele, le qualifie de *très-saint pape & de très-honoré seigneur Aurele*. On appella donc ainsi tous les évêques, qui, pendant long-temps, s'intitulèrent eux-mêmes *papes, pères, pontifes, serviteurs des serviteurs de Dieu, apostoliques*, &c. Ce ne fut que vers la fin du 11e siècle, que Grégoire VII, évêque de Rome, dans un concile tenu à Rome, fit ordonner que le nom de *pape* demeureroit au seul évêque de Rome : ce que l'usage a autorisé en Occident ; car en Orient on donne encore ce même nom aux simples prêtres.

Constantin donna, non au seul évêque de Rome, mais à la cathédrale, qui étoit l'église de saint Jean, mille marcs d'or, & trente mille marcs d'argent, avec mille sols de rente, & des terres dans la Calabre. Chaque empereur augmenta ensuite ce patrimoine. Les évêques de Rome en avoient besoin. Les missions qu'ils envoyèrent bientôt dans l'Europe païenne, les évêques chassés de leurs sièges, auxquels ils donnèrent asyle, les pauvres qu'ils nourrirent, les mettoient dans la nécessité d'être très-riches. Le crédit de la place, supérieur aux richesses, fit bientôt du pasteur des chrétiens de Rome, l'homme le plus considérable de l'Occident. La piété avoit toujours accepté ce ministère ; l'ambition le brigua. On se disputa la chaire. Il y eut deux anti-*papes* dès le milieu du quatrième siècle, & le consul Prétexta, idolâtre, disoit en 466 : *faites-moi évêque de Rome, & je me fais chrétien.*

Cependant cet évêque n'avoit d'autre pouvoir que celui que peuvent donner la vertu, le crédit, ou l'intrigue, dans des circonstances favorables. Jamais aucun pasteur de l'église n'eut la jurisdiction contentieuse, encore moins les droits régaliens. Aucun n'eut ce qu'on appelle *jus terrendi*, ni droit de territoire, ni droit de prononcer *do, dico, addico*, les empereurs restèrent les juges suprêmes de tout, hors du dogme. Ils convoquèrent les conciles. Constantin, à Nicée, reçut & jugea les accusations que les évêques portèrent les uns contre les autres ; le titre de souverain pontife resta même attaché à l'empire. Quand Théodoric eut établi le siège de son empire à Ravenne, deux *papes* se disputèrent la chaire épiscopale ; il nomma le *pape* Symmaque, & ce *pape* Symmaque étant accusé, il le fit juger par ses *missi dominici.*

Altaric, son fils, régla les élections des *papes* & de tous les autres métropolitains de ses royaumes, par un édit qui fut observé ; édit rédigé par Cassiodore son ministre, qui depuis se retira au mont Cassin, & embrassa la règle de saint Benoît ; édit auquel le *pape* Jean II se soumit sans difficulté. Quand Belisaire vint en Italie, & qu'il l'a remit sous le pouvoir impérial, on sait qu'il exila le *pape* Silverius, & qu'en cela il ne passa point les bornes de son autorité, s'il passa celles de la justice.

Dans la déplorable situation où se trouvoit la ville de Rome aux sept & huitième siècles, cette ville malheureuse, qui, mal défendue par les Exarques & continuellement menacée par les Lombards, reconnoissoit toujours l'empereur pour son maître, le crédit des *papes* augmentoit au milieu de la désolation de la ville. Ils en étoient souvent les consolateurs & les pères ; mais toujours sujets, ils ne pouvoient être consacrés qu'avec la permission expresse de l'Exarque. Les formules par lesquelles cette permission étoit demandée & accordée, subsistent encore. Le clergé romain écrivoit au métropolitain de Ravenne, & demandoit la protection de sa béatitude auprès du gouverneur ; ensuite le *pape* envoyoit à ce métropolitain sa profession de foi.

Astolphe, roi des Lombards, prétendit avoir Rome par le droit de sa conquête de l'exarchat de Ravenne, dont le duché de Rome dépendoit. Le *pape* Etienne II, seul défenseur des malheureux Romains, envoya demander du secours à l'empereur Constantin, surnommé *Copronyme*. Ce misérable empereur envoya pour tout secours un officier du palais, avec une lettre pour le roi Lombard. C'est cette foiblesse des empereurs grecs, qui fut l'origine du nouvel empire d'Occident & de la grandeur pontificale.

Rome tant de fois saccagée par les Barbares, abandonnée des empereurs, pressée par les Lombards, incapable de rétablir l'ancienne république, ne pouvoit plus prétendre à la grandeur. Il lui falloit du repos. Elle l'auroit goûté, si elle avoit pu dès-lors être gouvernée par son évêque, comme le furent depuis tant de villes d'Allemagne, & l'anarchie eût au moins produit ce bien ; mais il n'étoit pas encore reçu dans l'opinion des chrétiens, qu'un évêque pût être souverain, quoiqu'on eût dans l'histoire du monde tant d'exemples de l'union du sacerdoce & de l'empire dans d'autres religions. Le *pape* Grégoire III recourut le premier à la protection des Francs contre les Lombards & contre les empereurs. Zacharie, son successeur, animé du même esprit, reconnut Pepin, usurpateur du royaume de France, pour roi légitime.

On a prétendu que Pepin, qui n'étoit que premier ministre, fit demander d'abord au *pape* quel étoit le vrai roi, ou de celui qui n'en avoit que le droit & le nom, ou de celui qui en avoit l'autorité & le mérite ? Et que le *pape* décida que le ministre devoit être roi. Il n'a jamais été prouvé qu'on ait joué cette comédie : mais ce qui est vrai, c'est que le *pape* Etienne III appella Pepin à son secours contre les Lombards ; qu'il vint en France, & qu'il donna dans saint Denis l'onction royale à Pepin, premier roi consacré en Europe. Non-seulement ce premier usurpateur reçut l'onction sacrée du *pape*, après l'avoir reçue de saint Boniface, qu'on appelloit *l'apôtre d'Allemagne* ; mais Etienne III défendit, sous peine d'excommunication, aux François de se donner des rois d'une autre race. Tandis que cet évêque, chassé de sa patrie & suppliant dans une terre étrangère, avoit le courage de donner des loix, sa politique prenoit une autorité qui assuroit celle de Pepin ; & ce prince, pour mieux jouir de ce qui ne lui étoit pas dû, laissoit au *pape* des droits qui ne lui appartenoient pas. Hugues Capet en France, & Conrard en Allemagne, firent voir depuis, qu'une telle excommunication n'est pas une loi fondamentale.

Cependant l'opinion qui gouverne le monde imprima d'abord dans les esprits, un si grand respect pour la cérémonie faite par le *pape* à saint Denis, qu'Eginhard, secrétaire de Charlemagne, dit en termes exprès, que le roi Hilderic fut déposé par ordre du *pape* Etienne. On croiroit que c'est une contradiction que ce *pape* fût venu en France se prosterner aux pieds de Pepin, & disposer ensuite de la couronne : mais, non ; ces prosternemens n'étoient regardés alors que comme le sont aujourd'hui nos révérences. C'étoit l'ancien usage de l'Orient. On saluoit les évêques à genoux ; les évêques faluoient de même les gouverneurs de leurs diocéfes. Charles, fils de Pepin, avoit embraffé les pieds du *pape* Etienne à faint Maurice en Valois. Etienne embraffa ceux de Pepin, tout cela étoit fans conféquence ; mais peu-à-peu les *papes* attribuèrent à eux feuls cette marque de refpect.

On prétend que le *pape* Adrien I fut celui qui exigea qu'on ne parût jamais devant lui fans lui baifer les pieds. Les empereurs & les rois fe foumirent depuis, comme les autres, à cette cérémonie, qui rendoit la religion romaine plus vénérable aux peuples. On nous dit que Pepin paffa les monts en 754 ; que le lombard Aftolphe, intimidé par la feule préfence du franc, céda auffi-tôt au *pape* l'exarchat de Ravenne ; que Pepin repaffa les monts, & qu'à peine s'en fut-il retourné, qu'Aftolphe, au lieu de donner Ravenne au *pape*, mit le fiège devant Rome. Toutes les démarches de ces temps-là étoient fi irrégulières, qu'il fe pourroit faire à toute force que Pepin eût donné aux *papes* l'exarchat de Ravenne qui ne lui appartenoit pas, & qu'il eût même fait cette donation fingulière, fans prendre aucune mefure pour la faire exécuter. Cependant il eft bien peu vraifemblable qu'un homme tel que Pepin, qui avoit détrôné fon roi, n'ait paffé en Italie avec une armée que pour y aller faire des préfens. Rien n'eft plus douteux que cette donation citée dans tant de livres. Le bibliothécaire Anaftafe, qui écrivit 140 ans après l'expédition de Pepin, eft le premier qui parle de cette donation ; mille auteurs l'ont citée ; mais les meilleurs publicites d'Allemagne, la réfutent aujourd'hui.

Il régnoit alors dans les efprits un mélange bifarre de politique & de fimplicité, de groffièreté & d'artifice, qui caractérife bien la décadence générale. Etienne feignit une lettre de faint Pierre, adreffée du ciel à Pepin & à fes enfans ; elle mérite d'être rapportée ; la voici : « Pierre, appellé » *apôtre* par J. C. fils du dieu vivant, &c. comme » par moi toute l'églife catholique apoftolique ro- » maine, mère de toutes les autres églifes, eft » fondée fur la pierre, & afin qu'Etienne, évêque » de cette douce églife romaine, & que la grace & » la vertu foient pleinement accordées du feigneur » notre Dieu, pour arracher l'églife de Dieu des » mains des perfécuteurs : à vous, excellent Pepin, » Charles & Carmolan, trois rois, & à tous faints » évêques & abbés, prêtres & moines, & même » aux ducs, aux comtes & aux peuples, moi, Pierre » apôtre, &c. Je vous conjure, & la vierge Marie » qui vous aura obligation, vous avertit & vous » commande auffi bien que les trônes, les domi- » nations.... fi vous ne combattez pour moi, je » vous déclare par la fainte Trinité, & par mon » apoftolat, que vous n'aurez jamais de part au » paradis ».

La lettre eut fon effet. Pepin paffa les Alpes pour la feconde fois. Il affiégea Pavie, & fit encore la paix avec Aftolphe. Mais eft-il probable qu'il ait paffé deux fois les monts uniquement pour donner

des villes au *pape* Etienne ? Pourquoi faint Pierre, dans fa lettre, ne parle-t-il pas d'un fait fi important ? Pourquoi ne fe plaint-il pas à Pepin de n'être pas en poffeffion de l'exarchat ; pourquoi ne le redemande-t-il pas expreffément ? Le titre primordial de cette donation n'a jamais paru. On eft donc réduit à douter. C'eft le parti qu'il faut prendre fouvent en hiftoire, comme en philofophie. Le faint fiège d'ailleurs n'a pas befoin de ces titres équivoques ; il a des droits auffi inconteftables fur fes états, que les autres fouverains d'Europe en ont fur les leurs.

Il eft certain que les pontifes de Rome avoient dès-lors de grands patrimoines dans plus d'un pays, que ces patrimoines étoient refpectés, qu'ils étoient exempts de tribut. Ils en avoient dans les Alpes, en Tofcane, à Spolette, dans les Gaules, en Sicile & jufques dans la Corfe, avant que les Arabes fe fuffent rendus maîtres de cette ifle au huitième fiècle. Il eft à croire que Pepin fit augmenter beaucoup ce patrimoine dans le pays de la Romagne, qu'on appella le *patrimoine de l'exarchat*. C'eft probablement ce mot de *patrimoine*, qui fut la fource de la méprife. Les auteurs poftérieurs fuppofèrent dans des temps de ténèbres, que les *papes* avoient régné dans tous les pays où ils avoient feulement poffédé des villes & des territoires.

Si quelque *pape*, fur la fin du huitième fiècle, prétendit être au rang des princes, il paroît que c'eft Adrien I. La monnoie qui fut frappée en fon nom, fi cette monnoie fut en effet frappée de fon temps, fait voir qu'il eut les droits régaliens ; & l'ufage qu'il introduifit de fe faire baifer les pieds, fortifie encore cette conjecture. Cependant il reconnut toujours l'empereur Grec pour fon fouverain. On pouvoit très-bien rendre à ce fouverain éloigné un vain hommage, & s'attribuer une indépendance réelle, appuyée de l'autorité du faint miniftère.

On a écrit, on écrit encore que Charlemagne, avant même d'être empereur, avoit confirmé la donation de l'exarchat de Ravenne ; qu'il y avoit ajouté la Corfe, la Sardaigne, la Ligurie, Parme, Mantoue, les duchés de Spolette, de Bénevent, la Sicile, Venife, & qu'il dépofa l'acte de cette donation fur le tombeau dans lequel on prétend que repofent les cendres de faint Pierre & de faint Paul. On pourroit mettre cette donation à côté de celle de Conftantin, dont il fera parlé ci-après. On ne voit point que jamais les *papes* aient poffédé aucun de ces pays jufqu'au temps d'Innocent III. S'ils avoient eu l'exarchat, ils auroient été fouverains de Ravenne & de Rome ; mais dans le teftament de Charlemagne, que Enginhart nous a confervé, ce monarque nomme, à la tête des villes métropolitaines qui lui appartiennent, Rome & Ravenne, auxquelles il fait des préfens. Il ne put donner ni la Sicile, ni la Corfe, ni la Sardaigne qu'il ne poffédoit pas, ni le duché de Bénevent dont il avoit à peine la fuzeraïneté, encore moins Venife qui

qui ne le reconnoissoit pas pour empereur. Le duc de Venise reconnoissoit alors, pour la forme, l'empereur d'Orient, & en recevoit le titre d'*hippatos*.

Les lettres du *pape* Adrien parlent du patrimoine de Spolette & de Bénevent; mais ces patrimoines ne se peuvent entendre que des domaines que les *papes* possédoient dans ces deux duchés. Grégoire VII lui-même avoue dans ses lettres que Charlemagne donnoit 1200 liv. de pension au saint-siège. Il n'est guère vraisemblable qu'il eût donné un tel secours à celui qui auroit possédé tant de belles provinces. Le saint-siège n'eut Bénevent que long-temps après la donation de l'empereur Henri-le-Noir, vers l'an 1047. Cette concession se réduisit à la ville, & ne s'étendit point jusqu'au duché. Il ne fut point question de confirmer le don de Charlemagne.

Ce qu'on peut recueillir de plus probable au milieu de tant de doutes, c'est que du temps de Charlemagne, les *papes* obtinrent en propriété la marche d'Ancône, outre les villes, les châteaux & les bourgs qu'ils avoient dans les autres pays. Voici sur quoi l'on pourroit se fonder. Lorsque l'empire d'Occident se renouvella dans la famille des Othons, au dixième siècle, Othon III assigna particuliérement au saint-siège la marche d'Ancône, en confirmant toutes les concessions faites à cette église. Il paroît donc que Charlemagne avoit donné cette marche, & que les troubles survenus depuis en Italie avoient empêché les *papes* d'en jouir. Ils perdirent ensuite le domaine utile de ce petit pays sous l'empire de la maison de Souabe.

Dans le onzième siècle, le *pape* Grégoire VII prévalut tellement sur l'esprit de Mathilde, comtesse de Toscane, qu'elle fit une donation authentique de ses états au saint-siège, s'en réservant seulement l'usufruit sa vie durant. On ne sait s'il y eût un acte, un contrat de cette concession. La coutume étoit de mettre sur l'autel une motte de terre quand on donnoit ses biens à l'église : des témoins tenoient lieu de contrat. On prétend que Mathilde donna deux fois tous ses biens au saint-siège. La vérité de cette donation, confirmée depuis par son testament, ne fut point révoquée en doute par l'empereur Henri IV; c'est le titre le plus authentique que les *papes* aient réclamé : mais ce titre même fut un nouveau sujet de querelles.

La comtesse Mathilde possédoit la Toscane, Mantoüe, Parme, Reggio, Plaisance, Ferrare, Modène, une partie de l'Ombrie & du duché de Spolette, Vérone, presque tout ce qui est appellé aujourd'hui le *patrimoine de saint Pierre*, depuis Viterbe jusqu'à Orviète, avec une partie de la marche d'Ancône. Henri III avoit donné la marche d'Ancône aux *papes*, mais cette concession n'avoit pas empêché la mère de la comtesse Mathilde de se mettre en possession des villes qu'elle avoit cru lui appartenir. Il semble que Mathilde voulut réparer, après sa mort, le tort qu'elle faisoit au saint-siège pendant sa vie. Mais elle ne pouvoit donner

les fiefs qui étoient inaliénables, & les empereurs prétendirent que tout son patrimoine étoit fief de l'empire. C'étoit donner des terres à conquérir, & laisser des guerres après elle. Henri IV, comme héritier & comme seigneur suzerain, ne vit dans une telle donation que la violation des droits de l'empire. Cependant, à la longue, il a fallu céder au saint-siège une partie de ces états.

Les *papes* ont éprouvé le sort de plusieurs autres souverains; ils ont été tantôt grands terriens, & tantôt dépouillés presque de tout. Qu'il nous suffise de savoir qu'ils possédent aujourd'hui la souveraineté reconnue d'un pays de cent quatre-vingts milles d'Italie en longueur, depuis les portes de Mantoüe aux confins de l'Abbruzze, le long de la mer Adriatique, & qu'ils ont plus de cent milles en largeur, depuis Civita-Vecchia, jusqu'au rivage d'Ancône d'une mer à l'autre. Il a fallu négocier toujours & souvent combattre, pour s'assurer cette domination.

Les *papes* prétendoient aussi qu'ils avoient en la souveraineté du comtat Venaissin depuis le temps du comte Raymond de Saint-Gilles; quoique les empereurs, comme rois d'Arles, eussent joui de ce droit, & eussent exercé dans ce comté des actes de souverain. L'empereur Frédéric II donna l'an 1234, à Raymond le jeune, les droits qui appartenoient à l'empire dans les villes & autres lieux de ce comté; & le *pape* se vit obligé de le remettre à Raymond le jeune, qui le laissa à sa fille Jeanne & à son gendre Alphonse. Philippe-le-Hardi, roi de France, qui fut leur héritier, remit, l'an 1273, au *pape* Grégoire X, le comtat Venaissin, comme étant un propre de l'église romaine. Depuis ce temps, les *papes* jouissent de ce comté, ainsi que de celui d'Avignon, que Clément VI acheta soixante-quinze ans après, c'est-à-dire, l'an 1348, de Jeanne, reine de Sicile, comtesse de Provence, du consentement de Louis de Tarente son mari, pour la somme de quatre-vingts mille florins.

Il est à propos de ne pas finir cet article, sans dire un mot de cette célèbre donation qu'on dit avoir été faite par Constantin au *pape* Sylvestre, de la ville de Rome, & de plusieurs provinces d'Italie. Hincmar, archevêque de Reims, qui florissoit vers l'an 850, est le premier qui en ait fait mention. Le *pape* Léon IX rapporte cette donation dans une lettre qu'il écrit, en 1053, à Michel, patriarche de Constantinople. Pierre Damien la cite. Anselme, évêque de Luques; Yves, évêque de Chartres, & Gratien, l'ont insérée dans leurs collections.

Il est néanmoins certain que c'est une pièce supposée. 1°. Aucun des anciens n'en a fait mention; 2°. les *papes* qui ont parlé des bienfaits que les empereurs avoient faits au saint-siège de Rome, ou qui ont défendu leur patrimoine temporel, ne l'ont jamais alléguée; 3°. la date de cet acte est fausse, car il est daté de l'an 315; & dans l'acte, il est parlé du baptême de l'empereur qui n'étoit pas encore baptifé, même fuivant l'avis de ceux qui croient qu'il a été baptifé à Rome ; 4°. le ftyle en eft barbare & bien différent de celui des édits véritables de Conftantin, & il y a des termes qui n'étoient point en ufage de fon temps ; 5°. il y a une infinité de fauffetés & d'abfurdités dans cet édit. Il eft permis au *pape* de fe fervir d'une couronne d'or, femblable à celle des rois & des empereurs : or, en ce temps-là les empereurs ne fe fervoient point de couronne, mais de diadême. L'hiftoire fabuleufe du baptême de Conftantin par faint Sylveftre, & fa guérifon miraculeufe de la lèpre, y font rapportées comme une chofe certaine. Enfin tant de raifons concourent à décrier cette pièce, que l'on ne finiroit point fi l'on vouloit les expofer toutes.

Il fera plus agréable de rappeller au lecteur la réponfe adroite que Jérôme Donato, ambaffadeur de Venife à Rome, fit au *pape* Jules II. Ce *pape* lui ayant demandé à voir le titre du droit que la république de Venife avoit fur le golfe Adriatique, il lui répondit que, *s'il plaifoit à fa fainteté de faire apporter l'original de la donation que Conftantin avoit faite au pape Sylveftre de la ville de Rome, & des autres terres de l'état eccléfiaftique, il y verroit au dos la conceffion faite aux Vénitiens de la mer Adriatique.*

Dans les premiers fiècles de l'églife, les peuples & le clergé conjointement, & quelquefois le clergé feul, du confentement du peuple, firent librement l'élection du *pape* à la pluralité des voix. Les empereurs depuis s'attribuèrent le droit de confirmer ces élections. Ce droit fut aboli au quatrième concile de Rome, du confentement de Théodoric, qui fut, fur la fin de fes jours, ufurper lui-même le pouvoir de créer les *papes*. Les rois Goths qui lui fuccédèrent, fe contentèrent de confirmer les élections. Juftinien enfuite contraignit l'élu de payer une fomme d'argent, pour obtenir la confirmation de fon élection. Conftantin Pogonat délivra l'églife de cette fervitude. Néanmoins les empereurs fe confervèrent toujours quelque autorité dans l'élection des *papes*, qu'on ne confacroit pas fans leur approbation. Louis-le-Débonnaire & fes fucceffeurs rétablirent les anciennes coutumes pour la liberté des élections.

Pendant les défordres du dixième fiècle, fous la tyrannie des marquis d'Etrurie & des comtes de Tofcanelle, ces hommes puiffans créoient & dépofoient les *papes* comme il leur plaifoit. L'empereur Othon, fes fils & petits-fils, foumirent de nouveau à leur autorité l'élection des *papes*, qui dépendoient abfolument d'eux. Henri, duc de Bavière, leur fucceffeur à l'empire, laiffa la liberté de cette élection au clergé & au peuple romain, à l'exemple des empereurs françois. Conrard-le-falique ne changea rien ; mais Henri III fon fils, & Henri IV fon petit-fils, fe remirent en poffeffion du pouvoir de choifir eux-mêmes, ou de faire élire celui qu'ils voudroient pour *pape* ; ce qui alluma d'horribles troubles dans l'églife, fit naître

le fchifme ; & caufa la guerre entre les *papes* & les empereurs au fujet des inveftitures.

Enfin l'églife ayant encore été troublée pendant l'efpace d'un fiècle, par les anti-*papes*, la liberté des élections fut rétablie fous Innocent II ; car, après que le fchifme de Pierre de Léon, dit *Anaclet*, & de Victor IV, eut été éteint, tous les cardinaux réunis fous l'obéiffance d'Innocent, & fortifiés des principaux membres du clergé de Rome, acquirent tant d'autorité, qu'après fa mort ils firent feuls l'élection du *pape* Céleftin II, en 1143. Depuis ce temps-là ils fe font toujours maintenus dans la poffeffion de ce droit ; le fénat, le peuple, & le refte du clergé ayant enfin ceffé d'y prendre part. Honorius III, en 1216, ou, felon d'autres, Grégoire X, en 1274, ordonna que l'élection fe fit dans un conclave, c'eft-à-dire, un lieu fermé.

Le *pape* peut être confidéré fous quatre fortes de titres : 1°. comme *chef* de l'églife romaine ; 2°. comme *patriarche* ; 3°. comme *évêque* de Rome ; 4°. comme *prince* temporel.

Election du pape. L'élection des *papes* a toujours été retenue dans l'églife ; mais elle a reçu divers changemens dans fa forme.

Anciennement elle fe faifoit par le clergé, les empereurs, & par tout le peuple : au même temps que le *pape* étoit élu, on le confacroit.

Telle fut la forme que l'on pratiqua jufqu'au huitième fiècle, vers la fin duquel, fi l'on en croit le canon *Adrianus* (mais qui eft tenu pour apocryphe), le *pape* Adrien I, avec cent cinquante évêques, & le peuple romain, accorda à Charlemagne la faculté de nommer & d'élire feul le fouverain pontife.

Charlemagne ordonna que l'élection feroit faite par le clergé & le peuple, que le décret feroit envoyé à l'empereur, & que le nouveau *pape* élu feroit facré, fi l'empereur l'approuvoit.

L'empereur Louis-le-Débonnaire remit l'élection aux Romains, à condition feulement que quand le *pape* feroit élu & confacré, il enverroit fes légats en France.

Léon VII remit ce même droit d'élire les *papes* à l'empereur Othon ; & Nicolas XI, dans un concile tenu à Rome, l'an 1059, confirma le droit que les empereurs avoient d'élire les *papes*. Mais les empereurs ne jouirent pas long-temps de ce droit, fous prétexte de quelques inconvéniens que l'on prétendoit qui fe rencontroient dans ces fortes d'élections. L'empereur Lothaire, pour éviter les féditions qui arrivoient fréquemment dans ces occafions, fit une célèbre ordonnance, portant que le *pape* ne feroit plus élu par le peuple ; mais cette ordonnance ne fut point obfervée.

Les empereurs perdirent donc feuls le droit d'élire le *pape*. Les *papes* réfervèrent au clergé, au fénat & au peuple de Rome, le droit de faire conjointement cette élection, & ils réglèrent qu'après l'élection, le *pape* feroit confacré en préfence des ambaſſadeurs de l'empire : ce changement arriva ſous le pontificat d'Etienne X.

Vers l'an 1126, le clergé de Rome fut déclaré avoir ſeul le droit d'élire les *papes*, ſans le conſentement ni la confirmation de l'empereur.

Innocent II s'étant brouillé avec les Romains qui le chaſſèrent de la ville, les priva à ſon tour du droit d'élire les *papes*. Le clergé & le peuple de Rome furent donc exclus de cette élection ; mais ce changement ne fut entièrement affermi que ſous Alexandre III.

Ce *pape*, en 1160, donna aux cardinaux ſeuls le droit de faire cette élection, & voulut qu'elle ne fût réputée valable, qu'en cas que les deux parts des cardinaux fuſſent concordantes.

Le concile général de Lyon, tenu ſous Grégoire X, & celui de Vienne, tenu ſous Clément V, confirment cette forme d'élection, & c'eſt la même qui ſe pratique encore préſentement.

Elle ſe fait donc par les cardinaux aſſemblés à cet effet dans le conclave. *Voyez* CONCLAVE.

Auſſi-tôt après l'élection du *pape*, il eſt exalté, c'eſt-à-dire, porté ſur les épaules. Etienne III fut le premier pour qui cela fut pratiqué en 752, & depuis cette coutume a été ſuivie.

Le ſecond concile de Lyon veut que les cardinaux laiſſent paſſer dix jours après la mort du *pape*, avant de procéder à l'élection : après ces dix jours, les cardinaux préſens doivent entrer au conclave, ſans attendre les abſens. *Voyez* CONCLAVE.

Ce même concile déclare qu'ils ne ſont tenus d'obſerver aucune des conventions particulières qu'ils auroient pu faire, même avec ſerment, pour l'élection d'un *pape*, attendu qu'ils ne doivent avoir d'autre objet que de donner à l'égliſe celui qui eſt le plus digne d'en être le chef.

L'élection ſe fait ordinairement par la voie du ſcrutin, en mettant des billets dans un calice qui eſt ſur l'autel de la chapelle du conclave.

Pour qu'un *pape* ſoit légitimement élu, il faut qu'il ait au moins les deux tiers des voix, autrement on doit recommencer à prendre les ſuffrages : cela fut ainſi ordonné dès 1179.

Quand les voix ſont trop long-temps partagées, il arrive quelquefois que pluſieurs cardinaux conviennent d'un ſujet, & ſortent de leur cellule en publiant ſon nom. Si tous les autres nomment le même ſujet, l'élection eſt canonique : mais ſi quelqu'un des cardinaux garde le ſilence, on procède de nouveau par la voie du ſcrutin.

Quelquefois on a nommé des compromiſſaires, auxquels on donne le pouvoir d'élire un *pape*.

En 1314, les cardinaux aſſemblés à Lyon, après la mort de Clément V, étant embarraſſés ſur le choix d'un *pape*, déférèrent l'élection à la voix de Jacques d'Oſſat, cardinal, qui ſe nomma lui-même, en diſant, *ego ſum papa*. Il fut appellé Jean XXII.

Depuis Sergius II, qui changea ſon nom en devenant *pape*, les ſucceſſeurs ont coutume de faire la même choſe.

La promotion d'un évêque à la papauté fait ouverture à la régale.

Confirmation. Dans tous les temps les *papes* ont eu le pouvoir de gouverner l'égliſe auſſi-tôt après leur élection ; en conſéquence ils ont, dès ce moment, le droit de conférer tous les bénéfices qui ſont à leur collation : ils ſont même obligés de le faire dans les collations forcées, lorſqu'ils en ſont requis.

Le pouvoir que le *pape* a dès le moment de ſon élection, eſt établi par deux textes précis.

L'un eſt dans une conſtitution d'un concile tenu à Rome en 1059, où il eſt dit que le ſiège apoſtolique ayant la prééminence ſur toutes les égliſes de la terre, ne peut avoir de métropolitain au-deſſus de lui, & que les cardinaux en ſont la fonction ; qu'ainſi le *pape* ne peut être confirmé par d'autres : les cardinaux le confirment en l'éliſant. La cérémonie de l'élection & celle de la confirmation, qui ſont diſtinctes & ſéparées dans les autres évêques, ne ſont qu'une ſeule & même choſe à l'égard du *pape*.

Le ſecond texte qui établit que le *pape* n'a pas beſoin d'autre pouvoir que ſon élection même, & qu'elle emporte auſſi la confirmation, eſt aux décrétales, *cap. licet de elect. & elect. poteſtate*.

On trouve cependant qu'après Conſtantin, les empereurs s'attribuèrent inſenſiblement le droit de confirmer l'élection des *papes*, & que cela eut lieu pendant pluſieurs ſiècles ; tellement que les *papes* n'étoient point conſacrés avant cette confirmation : pour l'obtenir, ils envoyoient des légats à Conſtantinople auſſi-tôt après leur élection.

L'empereur Juſtinien fit faire un décret par Virgilius, par lequel il étoit défendu de conſacrer le *pape* élu, que premièrement il n'eût obtenu des lettres-patentes de confirmation de Juſtinien, ou de ſes ſucceſſeurs empereurs. Cette coutume fut conſtamment obſervée pendant plus de cent vingt ans, & juſqu'à Benoît II. Durant ce temps, il y eut toujours une diſtance entre l'élection & la conſécration des *papes*, parce qu'il falloit attendre les lettres de confirmation, qui étoient octroyées ou par les empereurs, ou par les exarques & lieutenans-généraux en Italie, avant leſquelles il n'étoit pas permis au *pape* élu de ſe faire conſacrer, ni de prendre poſſeſſion de cette dignité ; tellement même que pour cette permiſſion, il falloit que le *pape* élu donnât à l'empereur vingt livres d'or.

L'empire ayant paſſé aux Allemands, quelques empereurs de cette nation jouirent encore de ce droit. Charlemagne ordonna que le *pape* élu ſeroit ſacré, ſi l'empereur l'approuvoit.

Sous ſes deſcendans, pluſieurs *papes* n'attendirent pas cette confirmation, notamment Paſchal avec Louis-le-Débonnaire, auquel Paſchal s'en excuſa enſuite.

Quelques-uns prétendent que Louis-le-Débonnaire renonça à ce droit, ſuivant le canon *ego Ludovicus* ; mais ce canon eſt apocryphe. En effet,

Lothaire & Louis II, fils de Louis-le-Débonnaire, jouirent encore de ce droit, non pourtant fans quelque contradiction; car le *pape* Eugène, en 824, refufa de prendre de l'empereur la confirmation de fon élection : Lothaire s'en plaignit hautement. Grégoire IV, qui tint le faint-fiége peu de temps après, demanda à l'empereur la confirmation de fon exaltation.

Mais les empereurs fuivans ayant voulu abufer de ce droit, & fe rendre maîtres des élections, ils en furent bientôt privés. Adrien III, en 884, ordonna que les *papes* feroient déformais facrés fans l'approbation des empereurs. Nicolas II aida beaucoup à affranchir les *papes* de la néceffité de cette confirmation. Enfin, dans le douzième fiécle, le clergé de Rome fut déclaré avoir feul le droit d'élire les *papes*, fans le confentement ni la confirmation de l'empereur.

Couronnement. Le couronnement des *papes* eft une cérémonie qui n'eft pas fort ancienne, & qui eft plutôt relative à la qualité de prince temporel, qu'à celle de vicaire de J. C. & de fucceffeur de faint Pierre.

Quelques auteurs ont prétendu que, outre l'élection, il y avoit une cérémonie dont le couronnement eft l'image, & que, fans cette formalité, ceux qui étoient élus ne fe difoient point *papes*, & n'étoient point reconnus pour tels dans l'églife.

Quoi qu'il en foit, il eft certain qu'Urbain II fe fit couronner à Tours. Ils ne portoient d'abord qu'une feule couronne; Benoît XII fut le premier qui porta la triple couronne.

Les jurifconfultes d'Italie ont introduit l'ufage de dater les actes après le couronnement, à l'exemple des empereurs; cependant on ne laiffe pas d'expédier & de dater des provifions avant le couronnement, avec cette différence feulement, qu'au lieu de dater *ab anno pontificatûs*, on met, *à die fufcepti à nobis apoftolatûs officii*.

Croffe. Anciennement le *pape* portoit une croffe, comme les autres évêques; mais, fous l'empereur Othon, Benoît renonçant au pontificat auquel il avoit été appellé fans le confentement de l'empereur, remit fa croffe entre les mains de Léon VIII, *pape* légitime, qui la rompit en préfence de l'empereur, des prélats & du peuple.

On remarque auffi qu'Innocent III trouvoit audeffous de fa dignité de porter une croffe qui le confondoit avec les évêques. Cependant on ne peut douter, fuivant ce qui vient d'être dit dans l'article précédent, que les *papes* ne l'euffent toujours portée.

Le *pape*, pour marque de fa jurifdiction fupérieure, fait porter devant lui la croix à triple croiffillon.

Jurifdiction. Le *pape*, en qualité de chef de l'églife, a certaines prérogatives, comme de préfider aux conciles écuméniques : tous les évêques doivent être en communion avec lui.

Il eft néceffaire qu'il intervienne aux décifions qui regardent la foi, attendu l'intendance générale qu'il a fur toute l'églife : c'eft à lui de veiller à fa confervation & à fon accroiffement.

C'eft à lui qu'eft dévolu le droit de pourvoir à ce que l'évêque, le métropolitain & le primat refufent ou négligent de faire.

Les *papes* ont prétendu, fur le fondement des fauffes décrétales, qu'eux feuls avoient droit de juger les caufes majeures, entre lefquelles ils ont mis les affaires criminelles des évêques. Mais les parlemens & les évêques de France ont toujours tenu pour règle, que les caufes des évêques doivent être jugées en première inftance par le concile de la province; qu'après ce premier jugement, il eft permis d'appeller au *pape*, conformément au concile de Sardique; & que le *pape* doit commettre le jugement à un nouveau concile, jufqu'à ce qu'il y ait trois fentences conformes : la règle préfente de l'églife étant que les jugemens eccléfiaftiques qui n'ont pas été rendus par l'églife univerfelle, ne font regardés comme fouverains que quand il y a trois fentences conformes.

Dans les derniers fiécles, les *papes* ont auffi voulu mettre au nombre des caufes majeures, celles qui regardent la foi, & prétendoient en avoir feuls la connoiffance; mais les évêques de France fe font maintenus dans le droit de juger ces fortes de caufes, foit par eux-mêmes, foit dans le concile de la province, à la charge de l'appel au faint-fiége.

Lorfque le *pape* fait des décrets fur des affaires qui concernent la foi, nées dans un autre pays, ou même fur des affaires de France qui ont été portées directement à Rome, contre la difcipline de l'églife de France, au cas que les évêques de France trouvent ces décrets conformes à la doctrine de l'églife gallicane, ils les acceptent par forme de jugement : c'eft ainfi qu'en uférent les pères du concile de Chalcédoine pour la lettre de faint Léon.

Le *pape* ne peut exercer une jurifdiction immédiate dans les diocéfes des autres évêques; il ne peut, fans le confentement des évêques, établir des délégués qui faffent leurs fonctions.

Il eft vrai que le concile de Trente approuve que le *pape* évoque à foi les caufes qu'il lui plaira de juger, ou qu'il commette des juges qui en connoiffent en première inftance; mais cette difcipline qui dépouille les évêques de l'exercice de leur jurifdiction, & les métropolitains de leur prérogative de juge d'appel, n'eft point reçue en France : les *papes* n'y font point juges en première inftance des caufes concernant la foi & la difcipline. Il faut obferver les degrés de jurifdiction : on appelle de l'évêque au métropolitain, de celui-ci au primat, & du primat au *pape*.

Il y a feulement certains cas dont la connoiffance lui eft attribuée directement par un ancien ufage; tels que le droit d'accorder certaines difpenfes, la collation des bénéfices par prévention, &c.; hors ces cas, & quelques autres femblables qui font remarqués en leur lieu, fi le *pape* entreprenoit quelque chofe fur la jurifdiction volontaire ou contentieufe des évêques, ce qu'il feroit feroit déclaré abufif.

Les *papes* ont des officiers eccléfiaftiques, qu'on appelle *légats du faint-fiège*; qu'ils envoient dans les différens pays catholiques, lorfque le cas le requiert, pour les repréfenter & exercer leur jurifdiction dans les lieux où ils ne peuvent fe trouver. Ces légats font de trois fortes; favoir, des *légats à latere*, qui font des cardinaux : le pouvoir de ceux-ci eft le plus étendu; ils ont d'autres légats qui ne font pas *à latere*, ni cardinaux, & qu'on appelle *legati miffi*, & enfin il y a des légats nés.

Dès que le légat prend connoiffance d'une affaire, le *pape* ne peut plus en connoître. *Voyez* LÉGAT.

Outre les légats, les *papes* ont des nonces & des internonces, qui, dans quelques pays, exercent auffi une certaine jurifdiction : mais en France, ils ne font confidérés que comme les ambaffadeurs des autres princes fouverains. *Voyez* NONCE & INTERNONCE.

Ce que l'on appelle *confiftoire*, eft le confeil du *pape* : il eft compofé de tous les cardinaux; le *pape* y préfide en perfonne. C'eft dans ce confeil qu'il nomme les cardinaux, & qu'il confère les évêchés & autres bénéfices, qu'on appelle *confiftoriaux*. Nous reconnoiffons en France l'autorité du confiftoire, mais feulement pour ce qui regarde la collation des bénéfices confiftoriaux. *Voyez* CONSISTOIRE.

Les lettres-patentes des *papes*, qu'on appelle *bulles*, font expédiées dans leur chancellerie, qui eft compofée de divers officiers.

Le *pape* a encore d'autres officiers pour la daterie & pour les lettres qui s'accordent à la pénitencerie.

Les brefs des *papes* font des lettres moins folemnelles que les bulles, par lefquelles ils accordent les graces ordinaires & peu importantes; telles que les difpenfes des interftices pour les ordres facrés, &c. *Voyez* BREF.

Pouvoir du pape. Le *pape* a inconteftablement le droit de décider fur les queftions de foi : les décrets qu'il fait fur ce fujet regardent toutes les églifes; mais comme ce n'eft point au *pape*, mais au corps des pafteurs, que J. C. a promis l'infaillibilité, ils ne font règles de foi que quand ils font confirmés par le confentement de l'églife. Telle eft la teneur de la fixième propofition du clergé, en 1682.

En qualité de chef de l'églife, le *pape* préfide aux conciles œcuméniques, & il eft feul en poffeffion de les convoquer, depuis la divifion de l'empire romain entre différens fouverains.

Le *pape* eft foumis aux décifions du concile œcuménique, non-feulement pour ce qui regarde la foi, mais encore pour tout ce qui regarde le fchifme & la réformation générale de l'églife. C'eft encore un des quatre articles de 1682; ce qui eft conforme aux conciles de Conftance & de Bâle.

Le pouvoir des *papes* n'a pas toujours été auffi étendu qu'il l'eft préfentement.

Les *papes* doivent à la piété de nos rois de la feconde race, les grands domaines qu'ils tiennent en toute fouveraineté, ce qui doit les engager à donner de leur part à nos rois des marques de reconnoiffance, & à avoir des confidérations particulières pour l'églife gallicane.

Les *papes* n'avoient au commencement aucun droit fur la difpofition des bénéfices, autres que ceux de leur diocèfe. Ce ne fut que depuis le douzième fiècle, qu'ils commencèrent à fe réferver la collation de certains bénéfices. D'abord, ils prioient les ordinaires par leurs lettres monitoires, de ne pas conférer ces bénéfices; plus fouvent ils recommandoient de les conférer à certaines perfonnes. Ils envoyèrent enfuite des lettres préceptoriales pour obliger les ordinaires, fous quelque peine, à obéir; & comme cela ne fuffifoit pas encore pour annuller la collation des ordinaires, ils renvoyoient des lettres exécutoires pour punir la coutumace de l'ordinaire, & annuller fa collation. Les lettres compulfoires étoient à même fin.

L'ufage a enfin prévalu, & en vertu de cet ufage qui eft aujourd'hui fort ancien, le *pape* jouit de plufieurs prérogatives pour la difpofition des bénéfices : c'eft ainfi qu'il confère les bénéfices vacans en cour de Rome; qu'il admet les réfignations en faveur; qu'il prévient les collateurs ordinaires; qu'il confère pendant huit mois dans les pays d'obédience, fuivant la règle des mois établie dans la chancellerie romaine, qu'il admet feul les réferves des penfions fur les bénéfices.

Les fauffes décrétales, compofées par Ifidore de Séville, contribuèrent auffi beaucoup à augmenter le pouvoir du *pape* fur le fpirituel.

Suivant le concordat, le *pape* confère, fur la nomination du roi, les archevêchés & évêchés de France, les abbayes & autres bénéfices qui étoient auparavant électifs par les chapitres féculiers ou réguliers : le *pape* doit accorder des bulles à celui qui eft nommé par le roi, quand ce préfenté a les qualités requifes pour pofféder le bénéfice.

Le roi doit nommer au *pape* un fujet dans les fix mois de la vacance; & fi celui qu'il a nommé n'a pas les qualités requifes, il doit, dans les trois mois du refus des bulles, en nommer un autre; fi dans ces trois mois le roi ne nomme pas une perfonne capable, le *pape* peut y pourvoir de plein droit, fans attendre la nomination royale; mais comme en ce cas il tient la place du chapitre, dont l'élu étoit obligé d'obtenir l'agrément du roi, il faut qu'il faffe part au roi de la perfonne qu'il veut nommer, & qu'il obtienne fon agrément.

Le concordat attribue auffi au *pape* le droit de pouvoir conférer, fans attendre la nomination du roi, les bénéfices confiftoriaux qui vaquent par le décès des titulaires en cour de Rome ; plufieurs perfonnes ont prétendu que cette réferve qui n'avoit point lieu autrefois pour les bénéfices électifs, avoit été inférée par inadvertence dans le concordat, & qu'elle ne faifoit point une loi. Néanmoins Louis XIII s'y eft foumis, & il eft à préfumer que fes fucceffeurs s'y foumettront : bien entendu que les *papes* en ufent comme Urbain VIII, lequel ne conféra l'archevêché de Lyon, qui étoit vacant en cour de Rome, qu'après avoir fu de Louis XIII, que M. Miron qu'il en vouloit pourvoir, lui étoit agréable.

Pour prévenir les difficultés auxquelles les vacances en cour de Rome pourroient donner lieu, le *pape* accorde des indults, quand ceux qui ont des bénéfices confiftoriaux vont réfider à Rome, il déclare par ces indults, qu'il n'ufera pas du droit de la vacance *in curia*, au cas que les bénéficiers décèdent à Rome.

Lorfque le *pape* refufe fans caufe légitime des bülles à celui qui eft nommé par le roi, le nominataire peut fe pourvoir devant les juges féculiers, qui commettent l'évêque diocéfain pour donner des provifions, lefquelles ont en ce cas la même force que des bulles ; ou bien celui qui eft nommé obtient un arrêt, en vertu duquel il jouit du revenu, & confère les bénéfices dépendans de la prélature. Cette dernière voie eft la feule qui foit ufitée depuis plufieurs années : on ne voit pas que l'on ait employé la première pour les évêchés depuis le concordat ; cependant, fi le *pape* refufoit fans raifon d'exécuter la loi qu'il s'eft lui-même impofée, rien n'empêcheroit d'avoir recours à l'ancien droit de faire facrer les évêques par le métropolitain, fans le confentement du *pape*.

Dans les premiers fiècles de l'églife, toutes les caufes eccléfiaftiques étoient jugées en dernier reffort par les évêques de la province dans laquelle elles étoient nées. Dans la fuite, les *papes* prétendirent qu'en qualité de chef de l'églife, ils devoient connoître de toutes les affaires, en cas d'appel au faint-fiège. Après bien des conteftations, tous les évêques d'Occident ont condefcendu au defir des *papes*, lefquels jugent préfentement les appellations interjettées des fentences rendues par les primats, ou par les métropolitains qui relèvent immédiatement du faint-fiège. A l'égard de la France, le pape doit nommer des délégués pour juger fur les lieux des appellations qui font portées à Rome ; & il ne peut en connoître, même par fes délégués, que quand on a épuifé tous les degrés inférieurs de la jurifdiction eccléfiaftique.

Les canoniftes ultramontains attribuent aux *papes* plufieurs autres prérogatives, telles que l'infaillibilité dans leurs décifions qui regardent la foi, la fupériorité au-deffus des conciles généraux, & une autorité fans bornes pour difpenfer des canons & des règles de la difcipline : mais l'églife gallicane, toujours attentive à conferver la doctrine qu'elle

a reçue par tradition des hommes apoftoliques, en rendant au fucceffeur de faint Pierre, tout le refpect qui lui eft dû fuivant les canons, a eu foin d'écarter toutes les prétentions qui n'étoient pas fondées.

On tient en France que, quelque grande que puiffe être l'autorité du *pape* fur les affaires eccléfiaftiques, elle ne peut jamais s'étendre directement ni indirectement fur le temporel des rois ; il ne peut délier leurs fujets du ferment de fidélité ; ni abandonner les états des princes fouverains au premier occupant ou en difpofer autrement.

Par une fuite du même principe, que le *pape* n'a aucun pouvoir fur le temporel des rois, il ne peut faire aucune levée des deniers en France, même fur le temporel des bénéfices du royaume, à moins que ce ne foit par permiffion du roi. C'eft ce qui eft dit dans une ordonnance de faint Louis du mois de mars 1268, que le *pape* ne peut lever aucuns deniers en France, fans un exprès confentement du roi & de l'églife gallicane ; on voit auffi par un mandement de Charles IV, dit le Bel, du 12 octobre 1326, que ce prince fit ceffer la levée d'un fubfide que quelques perfonnes exigeoient au nom du *pape* pour la guerre qu'il avoit en Lombardie.

Néanmoins pendant un temps les *papes* ont pris fur les biens eccléfiaftiques de France, des fruits & émolumens à l'occafion des *vacans* (ou annates) des procurations, dixmes ou fubventions & des biens meubles des eccléfiaftiques décédés ; mais ces levées ne fe faifoient que par la permiffion de nos rois, ou de leur confentement, & il y a long-temps qu'il ne s'eft rien vu de femblable.

Les *papes* ont auffi fouvent cherché à fe rendre néceffaires pour la levée des deniers que nos rois faifoient fur le clergé ; ils ont plufieurs fois donné des permiffions au clergé de France de payer les droits d'aide au roi ; mais nos rois n'ont jamais reconnu qu'ils euffent befoin du confentement du *pape*, pour faire quelque levée de deniers fur le clergé ; & depuis long-temps les *papes* ne fe font plus mêlés de ces fortes d'affaires.

Le *pape* ne peut excommunier les officiers royaux pour ce qui dépend de l'exercice de la jurifdiction féculière.

Il ne peut pas non plus reftituer de l'infamie, remettre l'amende honorable, proroger le temps pour l'exécution des teftamens, convertir les legs, permettre aux clercs de tefter au préjudice des ordonnances & des coutumes, donner pouvoir de pofféder des biens dans le royaume contre la difpofition des ordonnances, ni connoître en aucun cas des affaires civiles ou criminelles des laïques.

Quoique le *pape* foit le chef vifible de l'églife, & qu'il ait la principale autorité pour tout ce qui regarde le fpirituel, on a toujours tenu pour maxime en France, que fon pouvoir n'eft pas abfolu ni infini, & que fa puiffance doit être bornée par les faints canons, par les règles des conciles qui font reçus dans le royaume, & par les décrets fes prédécefleurs, qui ont été approuvés parmi nous.

Le *pape* ne peut donner aucune atteinte aux anciennes coutumes des églifes, qui ne font pas contraires aux règles de la foi & aux bonnes mœurs, & notamment il ne peut déroger aux coutumes & ufages de l'églife gallicane, pour lefquels les plus grands *papes* ont toujours témoigné une attention particulière.

Le *pape* peut accorder des difpenfes d'âge pour certains bénéfices, tels que les abbayes & les prieurés conventuels; mais quand l'âge eft fixé par la fondation, le *pape* ne peut y déroger, fur-tout fi le bénéfice eft de fondation laïque.

Il n'y a que le *pape* & ceux qui en ont reçu de lui le pouvoir par quelque indult, qui puiffe conférer les bénéfices en commende.

Le *pape* jouit encore, en vertu de l'ufage, de plufieurs autres droits.

C'eft à lui feul qu'il appartient de réfoudre le mariage fpirituel qu'un prélat a contracté avec fon églife; de forte que le fiege épifcopal n'eft cenfé vacant que du jour qu'on connoît que la démiffion, la réfignation ou la permutation ont été admifes en cour de Rome.

C'eft auffi le *pape* qui accorde des difpenfes pour contracter mariage dans les degrés prohibés.

Il difpenfe ceux dont la naiffance eft illégitime pour recevoir les ordres facrés, & pour tenir les bénéfices-cures & les canonicats dans les églifes cathédrales; mais cette légitimation n'a point d'effet pour le temporel.

Il fe réferve l'abfolution de quelques crimes les plus énormes; mais il y a certaines bulles qui ne font point reçues en France, telle que la bulle *in cœna domini*, par laquelle les *papes* fe font réfervé le pouvoir d'abfoudre de l'héréfie publique.

En France le *pape* ne peut pas déroger au patronage laïque. *Libertés de l'Eglife Gallicane*, art. 30.

Cependant, fi le *pape* accordoit par privilège à un particulier le droit de patronage fur une églife, cette conceffion feroit valable, pourvu que ce privilège eût une caufe légitime, & qu'on y eût obfervé toutes les formalités requifes pour l'aliénation des biens eccléfiaftiques.

Lorfque le *pape* ne déroge pas au patronage laïque, par fa provifion dans les temps accordés au patron laïque, il n'eft pas contraire aux maximes du royaume d'y avoir égard, lorfque le patron néglige d'ufer de fon droit. Louet & Solier *fur Paftor*.

L'autorité du *pape* pour l'érection d'une fondation en titre de bénéfice n'eft pas reçue en France; l'évêque feul a ce pouvoir; à fon refus, on fe pourvoit au métropolitain.

Pour ce qui concerne la puiffance temporelle du *pape* pendant plus de fept fiecles, le *pape* n'étoit

fimplement que l'évêque de Rome, fans aucun droit de fouveraineté: la tranflation du fiege de l'empire à Conftantinople put bien donner occafion au *pape* d'accroitre fon pouvoir dans Rome; mais la véritable époque de la puiffance temporelle des *papes* eft fous Grégoire III, lequel en 742 propofa à Charles Martel de fe fouftraire à la domination de l'empereur, & de le proclamer conful.

Pepin, fils de Charles Martel, donna au *pape* l'exarchat de Ravenne; il ne lui donna pas la ville de Rome: le peuple alors ne l'eût pas fouffert. C'eft apparemment cette donation de Pepin, qui a donné lieu à la fable de la donation prétendue faite au *pape* Sylveftre par l'empereur Conftantin-le-Grand. Celle de Pepin fut faite du temps de Conftantin-Copronyme, mais fans fon confentement; il paroit pourtant que c'eft cette équivoque de nom qui a fervi de fondement à la prétendue donation de Conftantin, que l'on imagina dans le dixième fiecle.

Sous Charlemagne, le *pape* n'avoit encore qu'une autorité précaire & chancelante dans Rome: le préfet, le peuple & le fénat, dont l'ombre fubfiftoit encore, s'élevoient fouvent contre lui.

Adrien I reconnut Charlemagne roi d'Italie & patrice de Rome. Charlemagne reconnut les donations faites au faint-fiege, en fe réfervant la fuzeraineté; ce qui fe prouve par les monnoies qu'il fit frapper à Rome en qualité de fouverain, & parce que les actes étoient datés de l'année du règne de l'empereur, *imperante domino noftro Carolo*; & l'on voit par une lettre du *pape* Léon III à Charlemagne, que le *pape* rendoit hommage de toutes fes poffeffions au roi de France.

Ce ne fut que long-temps après que les *papes* devinrent fouverains dans Rome, foit par la ceffion que Charles-le-Chauve leur fit de fes droits, foit par la décadence de l'empire, depuis qu'il fut renfermé dans l'Allemagne: ce fut fur-tout vers le commencement du douzième fiecle que les *papes* achevèrent de fe fouftraire à la dépendance de l'empereur.

Boniface VIII porta les chofes encore plus loin; il parut en public, l'épée au côté & la couronne fur la tête, & s'écria: *je fuis empereur & pontife*.

Plufieurs empereurs s'étant fait couronner par le *pape*, pour rendre cette action plus fainte & plus folemnelle, les *papes* ont pris de-là occafion de prétendre que le nouvel empereur étoit obligé de venir en Italie fe faire couronner; c'eft pourquoi autrefois après l'élection, & en attendant le couronnement, on envoyoit à Rome pour en donner avis au *pape*, & en obtenir la confirmation. Le *pape* faifoit expédier les lettres qui difpenfoient l'empereur de fe rendre en Italie pour y être couronné à Milan & à Rome; ainfi que les *papes* prétendoient que les empereurs y étoient obligés.

Ces deux couronnemens furent abolis par les états de l'empire en 1338 & 1339; il fut décidé que l'élection des électeurs fuffifoit; & que quand l'empereur avoit prêté ferment à l'empire, il avoit toute puiffance.

Cependant les *papes* veulent toujours que l'empereur vienne à Rome pour recevoir la couronne impériale, & dans leurs bulles & brefs, ils ne le qualifient que d'empereur élu.

Quelques *papes* ont même prétendu avoir droit de difpofer des couronnes.

Sylveftre II érigea le duché de Hongrie en royaume en faveur du duc Etienne : c'eft le premier exemple d'une femblable érection faite par le *pape*.

Léon IX donna aux Normands toutes les terres qu'ils avoient conquifes, & qu'ils prendroient fur les Grecs & fur les Sarrafins.

Urbain II prétendit que toutes les îles lui appartenoient.

D'autres encore plus ambitieux, tels que Grégoire VII & Boniface VIII, ont voulu entreprendre fur le temporel des fouverains, délier leurs fujets du ferment de fidélité, & difpofer de leurs états : mais en France, on a toujours été en garde contre ces fortes d'entreprifes ; & toutes les fois qu'il a paru quelques actes tendant à attenter fur le temporel de nos rois, le miniftère public en a interjetté appel comme d'abus, & les parlemens n'ont jamais manqué, par leurs arrêts, de prendre toutes les précautions convenables pour prévenir le trouble que de pareilles entreprifes pourroient caufer. (*A*)

PAPIERS CUEILLÉRETS, (*Droit féodal.*) on nomme ainfi des regiftres qu'un feigneur de cenfive, fon receveur, ou fon fermier tiennent des cens & redevances, qui lui font payés annuellement. *Voyez fur ces regiftres les numéros 717 & 718 du Traité des obligations, & l'article* PAPIER TERRIER. (*M, GARRAN DE COULON, avocat au parlement.*)

PAPIERS TERRIERS : Brodeau, dans fon commentaire fur l'art. 73 de la coutume de Paris, nous donne une idée très-jufte des *papiers terriers :* voici fes termes, « le feigneur.... voulant faire un *papier, » terrier,* les tenanciers d'héritages tenus en fa cen- » five, qui n'ont que la feigneurie utile, font obli- » gés de lui exhiber, comme à leur feigneur di- » rect, cenfier & foncier, primitif & immédiat, » leurs titres, tant nouveaux qu'anciens, s'il le re- » quiert, à lui bailler déclaration, titre nouvel, & » reconnoiffance par nouveaux tenans & aboutif- » fans »,

L'obligation de donner à fon feigneur une déclaration de ce que l'on poffède fous fa mouvance, fort de la nature des chofes ; elle eft conféquemment auffi ancienne que l'établiffement du régime féodal. Ainfi la nature de ces actes pouvoit feule éprouver des variations. Effectivement elle a varié.

D'abord les reconnoiffances ne renfermoient qu'une defcription très-fommaire du fief ou du tenement cenfuel ; enfuite on a exigé des détails, & même les détails les plus minutieux. D'abord on ne connoiffoit d'autres formalités extérieures, que

la fignature ou le fceau du vaffal ou du cenfitaire ; enfuite on a exigé que l'acte fût en forme authentique. Cette dernière innovation ne remonte pas plus haut que la fin du feizième fiècle.

Précédemment l'ufage avoit encore introduit dans cette matière deux autres modifications. Les feigneurs avoient imaginé de fe faire rendre à la même époque toutes les reconnoiffances qui leur étoient dues ; & de prendre à cet effet des lettres en chancellerie.

La plus légère réflexion fait fentir que ces deux innovations, uniquement relatives à la manutention domeftique du feigneur, & à la forme de fon adminiftration, ne devoient influer, ni fur les obligations des tenanciers, ni fur la forme de leurs reconnoiffances.

En effet, pourquoi ne pas attendre les mutations fucceffives ? pourquoi exiger toutes les reconnoiffances à la même époque ? C'eft afin de les réunir dans un même volume, & par-là rendre la connoiffance & la perception des droits de la feigneurie plus prompte & plus facile. Cette remarque eft de Dargentré, fur l'article 81 de l'ancienne coutume de Bretagne, *note 1 : hæc ratio reperta eft dominorum feudalium commodo & ut viatores* (les prépofés à la recette,) *expeditiorem haberent rationem cogendi ejus, quod deberetur.*

A l'égard des lettres de chancellerie, l'ufage d'en obtenir a également pour motif l'intérêt des feigneurs.

Le 14e & 15e fiècles furent, comme perfonne ne l'ignore, des fiècles d'anarchie. Le peuple qui fortoit de la fervitude confondoit, dans fon premier enthoufiafme, l'indépendance & la liberté, les droits réels & fonciers, avec les charges de la main-morte perfonnelle, & refufoit de payer les uns, parce qu'il étoit affranchi des autres.

Cependant l'abus du pouvoir en avoit affoibli tous les refforts, & après avoir exigé pendant fi long-temps des droits qui ne leur appartenoient pas, les feigneurs avoient peine à fe faire fervir ceux qui leur étoient légitimement dus.

La puiffance exécutrice féodale fe trouvant trop foible, on imagina de fuppléer à fon infuffifance par l'autorité royale ; & l'on prit en chancellerie des lettres royaux, portant injonction à tous les vaffaux & cenfitaires, de payer & fervir les droits & devoirs féodaux, avec permiffion, en cas de refus, de faifir féodalement.

Cet ufage de recourir à l'autorité du prince avoit lieu dans bien d'autres circonftances ; lorfqu'un citoyen craignoit, de la part d'un autre, quelque voie de fait, il demandoit des lettres de fauvegarde : toutes les fois qu'un feigneur avoit fait faifir féodalement un vaffal, dont il redoutoit la puiffance, il prenoit à la chancellerie du roi, des lettres, que l'on nommoit *lettres de conforte-main,* parce qu'elles ajoutoient à la main du feigneur la force qui pouvoit lui manquer.

L'unique objet de toutes les lettres de cette efpèce ;

pèce étoit, comme l'on voit., l'intérêt de celui auquel on les accordoit.

Cette observation n'a pas échappé aux anciens jurisconsultes. « Pour faire un terrier, je tiens, dit » Loiseau, *des seign. chap.* 12, *n.* 54, qu'il n'est né- » cessaire au haut-justicier d'obtenir commission » du roi, qu'on appelle vulgairement lettres à ter- » rier; & s'il en obtient, c'est pour plus grande au- » torité, & par cautelle superabondante: comme » anciennement un seigneur féodal après sa saisie, » prenoit des lettres de conforte-main. Et telles let- » tres sont excitatives, & non pas attributives de » jurisdiction ».

Coquille ajoute : *quest.* 77, « selon les anciennes » ordonnances de ce royaume, au roi seul appar- » tient octroyer lettres de concession générale; & » les baillis royaux, & autres seigneurs justiciers, » ou leurs juges, ne peuvent octroyer commis- » sions, sinon particulières, une pour chacun né- » goce & affaire.... C'est pourquoi il est observé, » que les seigneurs qui ont amples territoires, & » beaucoup de redevances, droits & devoirs, ob- » tiennent des lettres du roi en chancellerie..... » afin d'être rédimés de la vexation, qui seroit, » si pour chacun article convenoit avoir une com- » mission du juge du lieu ».

Ces deux textes nous donnent les notions les plus satisfaisantes sur la nature des lettres à terrier. On voit que, connues long-temps après l'établisse- ment du régime féodal, elles lui sont absolument étrangères; que l'usage d'en obtenir ne sort, ni de la loi des fiefs, ni d'aucune espèce de convention entre le seigneur & ses vassaux & tenanciers, qu'il est conséquemment impossible qu'elles ajoutent à leurs obligations. On voit en un mot que cette *cautelle surabondante* n'est qu'un expédient imaginé pour faciliter aux seigneurs la reconnoissance de leurs droits; comme le livre que l'on nomme *papier terrier*, n'a pour objet que d'en rendre la preuve & la perception plus commodes.

Quoique sans influence sur le contrat féodal, cependant ces lettres procuroient aux seigneurs des avantages très-notables. Elles leur donnoient la facilité de faire approcher à la fois tous leurs vassaux & censitaires, & en cas de refus de leur part, elles dispensoient les seigneurs, qui vou- loient saisir féodalement, de prendre des commis- sions particulières pour chaque objet. Enfin elles fortifioient leur puissance de tout le respect dû à la puissance royale.

Les seigneurs, d'abord très-satisfaits de ce triple avantage, cherchèrent bientôt à s'en procurer d'autres.

Dans le principe les hommes de la seigneurie présentoient, en exécution des lettres à terrier, leurs aveux ou reconnoissances au seigneur, à ses officiers ou aux préposés de sa part; on ne tarda pas à imaginer d'insérer dans les lettres, que tous ces actes seroient reçus par un notaire indiqué par le seigneur, & nommé par le juge.

Cette innovation parut d'abord sans conséquence; mais l'art des terriers s'étant compliqué, & leur con- fection étant devenue une grande & pénible opéra- tion par les arpentages, les plans & tout l'appareil dont on les a environnés, il a fallu joindre au notaire, ce que l'on appelle un commissaire à terrier, & don- ner à ce dernier des coopérateurs; mais combien de dépenses ! si d'un côté, les seigneurs regardoient les terriers comme très-utiles; de l'autre, ces dépenses en arrêtoient un grand nombre. On eut recours aux expédiens, qui par malheur ne se présentoient que trop naturellement. Ce fut de mettre la con- fection des reconnoissances à un taux qui indem- nisât des frais du terrier. Comme les tenanciers n'a- voient pas le choix du notaire, il falloit bien don- ner à celui que le juge avoit nommé, le prix qu'il mettoit à son travail. Cet abus s'étant fait sentir, l'autorité a fait des réglemens; mais les malheu- reux paysans, éloignés des conseils des grands tri- bunaux, & dépourvus de moyens, se sont trouvés dans l'impuissance d'en réclamer l'exécution.

A peine ce produit étoit-il établi, que l'on s'est occupé des moyens de l'augmenter; & rien n'est échappé de ce qui pouvoit conduire à ce but. 1°. On a exigé des reconnoissances de tous les censitaires sans distinction, même de ceux qui en avoient fourni depuis une époque inférieure à 30 ans, & qui par conséquent n'en devoient pas. 2°. Quoi- qu'il ne soit dû au seigneur qu'une simple expédi- tion de la reconnoissance, les notaires ont fait une minute & deux expéditions, & tout cela, comme l'on s'en doute bien, aux frais des tenanciers. 3°. En- fin, on en est venu au point de prétendre que les vassaux étoient obligés, comme les censitaires, de faire rédiger par le notaire du terrier, leurs hom- mages & leurs dénombremens; qu'ils devoient payer une minute & deux expéditions en parche- min; & même les vacations du commissaire à ter- rier pour la vérification de l'aveu.

Les abus ont encore été portés beaucoup plus loin. Mais rapprochons d'abord de cette prétention des seigneurs les réglemens & les coutumes.

Un règlement du 13 mars 1366 paroît avoir fourni l'idée de ce que l'on nomme aujourd'hui *papiers terriers*. Mais si l'on y trouve le germe de cet usage, on y cherche vainement celui des pré- tentions que nous venons d'exposer.

Ce règlement relatif à la Normandie, porte : « qu'il sera fait déclaration par écrit *en un rôle*, sous » le scel de chacun vicomté, que les héritages étant » en leurs vicomtés, appartiennent au roi, qui » sont empiriés, *&c. art.* 1, que pour savoir & en- » quérir la vérité des choses dessusdites, seront » faites enquêtes, *&c. art.* 7, que les lieux & cha- » cun d'iceux seront vus & visités.... appellé cer- » tain nombre de gens anciens sages, & experts; » *art.* 8, que sur ce soit fait par le commissaire, » un procès-verbal; *art.* 9, *ordonnances du Louvre,* » *tom.* 4, *pag.* 715 ».

Voilà les précautions les plus sages, & c'est

V v

à-peu-près ce qui se pratique aujourd'hui pour la confection des terriers. Mais dans ce réglement, rien de dispendieux pour les tenanciers ; pas un mot qui tende à les charger des frais de cette opération ; en un mot il n'est pas question de notaire, ayant le droit exclusif de recevoir les reconnoissances.

Il en étoit de même des terriers des seigneurs. Masuer, ancien & savant praticien, qui vivoit dans le 16e siècle, parlant des terriers, nous apprend, *que l'on n'observoit anciennement en iceux aucune forme publique* : *Pratique de Masuer*, *tit. 25, n. 26.*

L'arrêt le plus ancien que nous connoissions sur cette matière, est du 26 octobre 1540 ; & l'on y voit de même qu'il n'est pas question de notaire, & encore moins de privilège exclusif accordé au notaire du seigneur. Papon qui nous a conservé cet arrêt, le rapporte en ces termes : *Arrêts de Papon, liv. 13, tit. 2, n. 14* : « Le mardi 26 octobre 1540, » fut dit par arrêt de Paris & grands jours de » Moulin, qu'un possesseur est tenu bailler décla- » ration & dénombrement pardevant le commis- » saire à renouveller terriers, de tout ce qu'il tient » du seigneur, & toutes les charges & devoirs qu'il » en doit ».

Cet arrêt juge, qu'après la publication des lettres à terrier, les propriétaires doivent donner leur reconnoissance au commissaire désigné par le seigneur. Mais il ne dit pas par quel notaire cette reconnoissance doit être passée ; il ne dit pas qu'il en faut une minute & deux expéditions.

Neuf ans après cet arrêt, parurent les premières lettres à terrier, données pour le domaine du roi. Ces lettres, en forme d'édit, laissent de même aux vassaux & censitaires la liberté de faire rédiger leurs aveux & reconnoissances par qui bon leur semble. Elles leur ordonnent, & rien de plus, « de » porter & mettre pardevers notre procureur, en » notredite chambre dudit trésor, la déclaration par » écrit, au vrai & par le menu, des fiefs, arriere-fiefs, » héritages, possessions, & autres choses quelcon- » ques tenus de nous, & de quels droits & devoirs » ils sont chargés, & nous sont tenus faire & payer » par chacun an & à chacune mutation... faire ap- » paroir de leurs lettres & titres.... exhiber les » actes de la réception de leur foi & hommage ».

Cette dernière disposition est remarquable, il en résulte que l'obligation imposée par cet édit aux vassaux du roi, n'avoit pas pour objet la prestation de la foi & hommage ; & en effet, l'édit n'en parle pas. Quant aux aveux & reconnoissances, la loi n'exige qu'une seule chose, que ces actes soient présentés au procureur du roi de la chambre du trésor.

Enfin, après avoir ordonné l'arpentage des terres, & différentes opérations pour la régularité de l'aveu, ce qui demandera *grand soin, cure, sollicitude, & vigilance*, l'édit rend hommage au principe que le vassal ne doit à son seigneur que la présentation de son aveu, & en conséquence il ordonne *que les*

journées *& vacations de chacun des commissaires & autres officiers qui vaqueront audit négoce, seront payés par le receveur du domaine à Paris.*

Cet édit est du 25 novembre 1549 ; combien ces dispositions sont différentes de ce qui se pratique aujourd'hui ! L'usage, un simple usage, pourroit-il légitimer ce que le roi n'a pas cru pouvoir se permettre par un acte législatif ?

Depuis 1549 jusqu'en 1579, nous ne voyons pas de réglemens généraux sur les terriers. L'ordonnance de Blois de cette année 1579, en parle dans l'article 54, qui porte : « voulons que par » nos sénéchaux, baillis, leurs lieutenans ou autres » nos officiers, soit procédé à la confection de » nouveaux terriers des fiefs & censives desdits » ecclésiastiques, sans qu'ils soient pour ce con- » traints d'obtenir autres commissions de nous que » ces présentes ».

L'édit, donné à Melun l'année suivante, renferme la même disposition conçue dans les mêmes termes, & ajoute : « seront tenus les détenteurs & » propriétaires desdits héritages passer titres nou- » veaux, & iceux droits payer & continuer ».

Présenter aux juges désignés pour la confection du terrier des titres nouveaux des droits & devoirs dont ils sont grevés, telle est donc la seule obligation qu'imposent aux vassaux, aux censitaires, l'ordonnance de Blois & l'édit de Melun. Dans ces deux loix, pas un seul mot qui tende à gêner la liberté des tenanciers sur le choix du notaire.

Cependant nous voilà parvenus à la fin du seizième siècle, & non-seulement rien ne favorise les prétentions actuelles des seigneurs, mais nous n'en voyons pas encore le germe.

Pendant ce même siècle, on s'occupoit de la rédaction des coutumes. Il résulte de ce que nous venons de dire, qu'alors les terriers étoient connus, & très-bien connus ; aussi en est-il parlé dans les coutumes de Bretagne, Bourbonnois, Estampes & Auvergne.

Si l'on eut pensé que l'usage des terriers pouvoit influer sur les obligations des vassaux & des censitaires, changer ou seulement modifier la forme des reconnoissances, une innovation aussi importante auroit nécessairement fixé l'attention des réformateurs ; & la nécessité de donner des règles sur un point de cette nature, se seroit fait sentir si vivement & si universellement, qu'il en existeroit au moins dans quelques coutumes. Cependant, voici ce que nous y voyons.

Dans celles d'Auvergne, *chap. 25, art. 8* ; & d'Estampes, *art. 14*, on trouve, & rien de plus, le mot *terrier*. L'article 203 de Bourbonnois un peu moins laconique, porte : *tous ceux qui doivent quatre deniers de taille personnelle, que l'on appelle les quatre deniers de chantelle..... & se trouve au terrier ou papier du prévôt, sont tous serfs,* &c.

Dans cet article, ces mots *terrier & papier du*

prévôt font employés comme fynonymes. Or, qu'eft-ce que le *papier* du prévôt? Il ne paroît pas poffible de s'y méprendre. Ce *papier* eft un regiftre dans lequel le greffier de la juftice infcrit tous ceux qui fe reconnoiffent affujettis à la taille feigneuriale.

L'article 74 de la coutume de Bretagne nous donne les mêmes notions fur l'idée que l'on avoit alors des terriers, & fur la forme de ces actes. L'article 74 eft conçu en ces termes : *les rôles & rentiers des jurifdictions feront réformés de dix ans en dix ans : & pour ce faire, pourront les feigneurs affigner par trois bannies, de huitaine d'intervalle, à certain lieu & compétent jour & heure, aux hommes de venir nommer leurs rentes, & s'enrôler.*

Cet article 74 étoit le 81e de l'ancienne coutume, & fur ces mots, *les rôles,* d'Argentré écrit cette note : *Franci vocant* papiers terriers.

Aux termes de ces deux coutumes, les feules qui renferment quelques détails fur la forme des terriers, ces actes ne font autre chofe qu'un livre tenu par le greffier de la juftice ; obliger à des époques déterminées les hommes de la feigneurie à déclarer les droits & devoirs auxquels ils font affujettis, en préfence du juge qui fait écrire cette déclaration par fon greffier ; voilà le feul droit, la feule prérogative que ces coutumes accordent aux feigneurs. D'ailleurs, pas un mot qui les autorife à exiger que les reconnoiffances foient rédigées par tel notaire, à exiger qu'il en foit fait une minute & deux expéditions.

A l'égard des autres coutumes, elles font, à la vérité, muettes fur les terriers ; mais on ne peut pas attribuer leur filence à l'oubli, puifque toutes fe font occupées des actes récognitifs, notamment des aveux & dénombremens. L'article 8 de la coutume de Paris en règle la forme avec la plus grande précifion. « Le vaffal, porte cet article, eft tenu » bailler fon dénombrement en forme probante » & authentique, écrit en parchemin, paffé par- » devant notaires ou tabellion ».

Ces mots *en forme probante,* &c. furent ajoutés lors de la réformation de 1580. Avant cette époque, les reconnoiffances, les aveux n'étoient affujéttis à aucune efpèce de forme. Encore aujourd'hui plufieurs coutumes en rendent témoignage. La coutume d'Anjou, *art. 139,* dit, & rien de plus : « lequel aveu fe peut bailler au feigneur en » jugement, ou dehors ; & doit icelui feigneur » le recevoir ». L'article 6 de la même coutume, également relatif à la forme des aveux & déclarations, fe contente de dire : « léfquels aveux & » dénombremens doivent être déclaratifs, & par » le menu ».

Un détail exact de ce que poffède le vaffal ou le cenfitaire, voilà donc ce que la coutume exige.

A la vérité, la jurifprudence a étendu la difpofition de l'article 8 de la coutume de Paris à toutes les coutumes qui, comme celle d'Anjou, femblent fe contenter des reconnoiffances fous fignature

privée ; & aujourd'hui il eft de maxime générale que ces actes doivent être rédigés en forme authentique.

Mais ce changement eft le feul que les cenfitaires ont éprouvé. Depuis leurs rédactions, il n'eft intervenu ni loix, ni réglemens généraux qui aient, à cet égard, changé ou modifié le texte des coutumes. Sur ce point, nous n'avons, à compter du dix-feptième fiècle, que des lettres à terrier pour différens feigneurs ; lettres qui, loin d'être des actes légiflatifs, peuvent à peine être regardées comme des jugemens, puifque rendues fans contradicteurs, les fentences qui les ont enregiftrées font fufceptibles d'être attaquées par la voie de l'oppofition.

Il exifte auffi plufieurs lettres à terrier pour le domaine du roi ; &, en général, ces lettres font dans la forme légiflative. Mais perfonne n'ignore que la féodalité de la couronne a un régime particulier, fans conféquence pour les autres feigneurs.

Il faut donc mettre à l'écart & les édits pour le domaine du roi, & les lettres à terrier données aux différens feigneurs. Mais alors que refte-t-il ? les baux à cens, les actes d'inféodation ; en un mot, les contrats entre les feigneurs & leurs vaffaux, & les difpofitions des coutumes.

A l'égard des actes d'inféodation, on ne craint pas de fe tromper, en difant qu'il n'en exifte pas un feul qui porte que le vaffal ou le cenfitaire feront tenus de paffer leurs reconnoiffances par-devant le notaire qu'il plaira au feigneur de défigner, &c. D'ailleurs, ce feroit à lui à produire ces actes. Cependant, il en eft des actes d'inféodation, comme de tous les contrats : la convention une fois écrite, elle eft inaltérable ; & il n'eft pas plus permis au feigneur d'ajouter aux obligations de fon vaffal, qu'à celui-ci d'en éluder l'exécution.

Quant aux coutumes, il n'en eft pas une feule qui ajoute fur ce point aux obligations naturelles des vaffaux ; deux feulement renferment quelques détails fur les terriers, & ces détails écartent jufqu'à l'idée de toute efpèce de furcharge ; enfin prefque toutes parlent de la forme des aveux, & quelques-unes de la forme des reconnoiffances ; & quoique alors les lettres à terrier fuffent très-connues & d'un ufage très-fréquent, il n'en eft aucune qui dife que cette forme fera modifiée, lorfque le feigneur aura un terrier ouvert. Qu'il exifte ou qu'il n'exifte pas de lettres à terrier, la condition des hommes de la feigneurie doit donc être la même. Dans les deux cas, ils ont donc également rempli ce qu'ils doivent à leur feigneur, lorfqu'ils lui ont préfenté, ou au commiffaire prépofé de fa part, la reconnoiffance authentique des droits & devoirs dont ils font grevés.

Il nous femble qu'il faut adopter cette conféquence, ou bien aller jufqu'à dire que, par un privilège particulier, les feigneurs peuvent fe créer des droits ; & que, lorfqu'il s'agit de leur intérêt, les abus doivent prévaloir fur les loix.

Cependant, comme le nombre des cenfitaires eft infiniment beaucoup plus confidérable que celui des vaffaux; qu'il eft en conféquence bien plus intéreffant de réunir les reconnoiffances que les aveux, & que cette réunion eft en quelque forte néceffaire à la manutention de la féodalité; que d'ailleurs les coutumes ont réglé, avec beaucoup plus de foin, la forme des aveux que celle des reconnoiffances; enfin, qu'il paroît que la jurifprudence eft fixée relativement aux cenfitaires, il y auroit, de leur part, au moins de l'imprudence de vouloir s'oppofer à l'exécution des lettres à terrier, & de refufer au notaire qu'elles défignent, l'avantage de recevoir leurs déclarations. Mais à l'égard des hommages & des aveux, où feroit le motif d'en changer la forme ancienne, forme que les coutumes ont déterminée avec tant de précifion? Pourquoi les aftreindre à les faire rédiger par le notaire du feigneur? Pourquoi exiger d'eux une minute & deux expéditions, formalité qui, vu l'étendue de la plupart des aveux, eft infiniment difpendieufe?

1°. Le nombre des fiefs mouvans de chaque feigneurie étant, en général, peu confidérable, il eft toujours facile d'en réunir les aveux, quoique préfentés féparément, & même à des intervalles éloignés.

2°. Chaque fief formant un tout indépendant & ifolé, la formalité d'en faire rédiger les aveux en même temps, & par le même notaire, eft abfolument fans objet, & ne peut avoir d'autre intérêt que de procurer des émolumens au notaire des feigneurs. Mais ce n'eft pas pour l'avantage des gens d'affaires des feigneurs que les coutumes impofent à leurs vaffaux l'obligation de donner le dénombrement de leurs fiefs.

3°. La queftion, quant aux hommages, eft jugée par les lettres données à MONSIEUR, frère du roi, le 11 août 1779, pour la confection du terrier de fon duché d'Alençon. Ces lettres portent que les foi & hommage feront rendus *en la forme ordinaire.*

4°. Les lettres-patentes du 20 février 1676, pour la confection du terrier général de l'apanage de MONSIEUR, frère de Louis XIV, confervent de même aux aveux leur ancienne forme. En effet, elles fe contentent d'ordonner « que tous les pro-
» priétaires de fiefs, juftices, feigneuries... feront
» tenus de bailler *pardevant les commiffaires & entre*
» *les mains des greffiers commis*, les titres, aveux,
» dénombremens & reconnoiffances nouvelles def-
» dits fiefs, juftices, feigneuries..... & *le tout*
» *faire infcrire dans un regiftre par ledit greffier* »: difpofition conforme à celle de la coutume de Bretagne, que nous avons tranfcrite plus haut; difpofition qui, réduifant l'opération de ce terrier à une tenue d'affifes, la fait rentrer fous les règles du droit commun, puifque chaque feigneur a le droit de tenir de pareilles affifes dans fa feigneurie; difpofition enfin, abfolument contraire à la pré-

tention d'obliger les vaffaux à payer au notaire du feigneur une minute & deux expéditions.

5°. Il n'en eft pas des hommages & des aveux comme des reconnoiffances, faute par le vaffal de les préfenter, non-feulement dans le temps déterminé par la coutume, mais dans la forme requife, le feigneur eft en droit de faifir féodalement. Ajouter aux formalités de ces actes, ce feroit donc multiplier les cas où la faifie féodale peut avoir lieu.

Mais alors qu'arriveroit-il? Le vaffal qui auroit donné fon aveu en forme probante & authentique, auroit fatisfait à tout ce que la loi exige de lui; & néanmoins parce qu'il n'auroit pas fait rédiger cet aveu par tel notaire, obligation qui ne lui eft impofée par aucune coutume, il feroit expofé à la faifie féodale. Cependant la faifie féodale eft une peine, & même une peine très-grave; & comme perfonne ne l'ignore, il n'eft pas permis d'ajouter aux difpofitions pénales. Le juge ne peut infliger d'autres peines que celles que la loi prononce.

6°. Enfin fi, dans les terriers du domaine de la couronne, on fe permet de déroger fur ce point aux coutumes, on expie, fi l'on peut parler ainfi, cette efpèce de violence faite aux loix municipales, en mettant à la charge du roi la très-majeure partie des frais, du moins c'eft ce que l'on a fait lors de la confection du terrier de Verfailles, Marly, Saint-Germain & Meudon. L'arrêt du confeil du 19 juin 1736, portant règlement pour ce terrier, porte, *article premier*, « les vaffaux & cenfitaires
» de fa majefté ne paieront que la feule minute des
» déclarations qui feront par eux fournies; fa
» majefté voulant bien prendre fur fon compte la
» dépenfe des expéditions qu'elle fera faire dans
» la forme qui fera jugée la plus convenable pour
» le bon ordre de fon terrier ».

De la forme des terriers. On énonce auffi ordinairement dans le préambule des terriers tous les droits de la terre & les fiefs qui en dépendent. Ces préambules ne font pas obligatoires, à moins que les redevables n'y aient parlé. Mais lorfque les terriers font anciens, ils font une preuve de poffeffion. Pour la confection d'un terrier, on obtient ordinairement en grande ou petite chancellerie des lettres, qu'on appelle *lettres de terrier*, à l'effet de contraindre tous les vaffaux & fujets à repréfenter leurs titres, & paffer nouvelle reconnoiffance.

Les feigneurs qui agiffent en vertu d'un acte d'inféodation, bail à cens, ou autre contrat, n'ont pas befoin de lettres de terrier pour fe faire paffer reconnoiffance: les lettres ne font néceffaires que pour contraindre leurs vaffaux & fujets à repréfenter leurs titres, & à paffer reconnoiffance devant le notaire qui eft commis.

L'ordonnance de Blois, & l'édit de Melun, difpenfent les eccléfiaftiques d'obtenir des lettres de terrier, pour ce qui relève de leurs bénéfices.

Lorſqu'un ſeigneur a pluſieurs terres en diffé-rentes juriſdictions, & qu'il ne veut faire qu'un ſeul *terrier*, il faut qu'il obtienne des lettres en grande chancellerie, portant que le notaire qui ſera commis, recevra les reconnoiſſances, même hors de ſon reſſort.

Les lettres de *terrier* doivent être enregiſtrées par le juge royal auquel elles ſont adreſſées ; ce-pendant quand les terres ne relèvent pas en pre-mière inſtance d'un juge royal, on autoriſe quel-quefois pour les lettres le juge royal à déléguer le juge des lieux pour régler les conteſtations.

Les lettres de *terrier* enregiſtrées, on fait enſuite des publications au marché, s'il y en a un dans le lieu, ou à l'iſſue des meſſes de paroiſſe, & l'on met enſuite des affiches qui en font mention.

Ces publications tiennent lieu d'interpellation générale à tous les vaſſaux & ſujets pour paſſer reconnoiſſance dans le délai qui eſt indiqué, & faute d'y ſatisfaire, ils peuvent être contraints par amende.

On inſéroit autrefois dans les lettres de *terrier* un relief de preſcription en faveur du ſeigneur ; mais l'uſage de cette clauſe a été abrogé par une déclaration du 19 août 1681.

Le *terrier* doit régulièrement être fait dans l'an de l'obtention des lettres.

Lorſqu'il eſt parachevé, il faut le faire clorre par le juge.

De la rétribution due au notaire chargé de recevoir les reconnoiſſances des cenſitaires. Il réſulte d'un acte de notoriété donné pour le comte de Ponthieu le 19 janvier 1690, que dans cette province, *le ſeigneur eſt tenu de payer les frais des papiers terriers, ſi ce n'eſt qu'il lui ſoit dû par celui qui paſſe ſa déclaration, auquel cas le vaſſal paie les notaires, la déclaration ſervant aveu.*

Par un autre acte de notoriété, du 30 juin 1692, le bailliage de Villefranche a atteſté qu'en Beau-jolois, l'uſage eſt que les rénovations des terriers ſe faſſent aux frais des ſeigneurs, *ſans que les emphy-téotes & cenſitaires, qui paſſent les nouvelles reconnoiſſances, ſoient tenus d'y contribuer en aucune manière, directement ni indirectement, même aux frais de l'obligation qu'ils paſſent aux ſeigneurs.*

Cette règle n'eſt pas à beaucoup près générale, au contraire l'uſage eſt que les frais de reconnoiſ-ſances ſont à la charge des cenſitaires.

A l'égard de ces frais, pluſieurs réglemens par-ticuliers les fixent à des quotités différentes ; mais nous n'avons rien de plus ſage que la diſpoſition de l'arrêt des grands jours de Clermont du 9 janvier 1666. Cet arrêt donné en forme de règlement pour les provinces d'Auvergne & de Bourbonnois, porte : « & ſi les ſeigneurs veulent faire de nou-» veaux terriers, faire paſſer nouvelles reconnoiſ-» ſances à leurs tenanciers, ne ſera payé pour » chacune déclaration contenant un ſeul article, » que cinq ſols, & s'il y a plus d'un article, ſera » augmenté deux ſols ſix deniers, pour chacun des

» autres, juſqu'au nombre de cinq articles ; mais » s'il y en a plus, en quelque nombre qu'il y ait » au-delà, ne pourra être prétendu que quinze » ſols, le tout payable par les ſeigneurs, quand » leſdites reconnoiſſances auront été faites, dans » les vingt années des précédentes, & qu'il n'y » aura mutation de tenanciers, & s'il y a muta-» tion de tenancier, ou que du jour de la précé-» dente reconnoiſſance, il y ait plus de vingt an-» nées, en ce cas & non autrement, les frais deſ-» dites déclarations ſeront portés par leſdits te-» nanciers ».

Nous avons encore ſur la quotité des droits du notaire, un monument très-précieux ; c'eſt un acte de notoriété du châtelet de Paris, dont voici la teneur. « Nous Jean le Camus, &c. ſur la requête » judiciairement faite par Me Jean-Baptiſte Lé-» gerin, procureur de meſſire Antoine Ruyé, » chevalier, ſeigneur, marquis d'Effiat, Chilly & » Lonjumeau, baron de la ville de Crocq & pre-» mier écuyer de MONSIEUR, frère unique du » roi, expoſitive que ledit ſieur marquis d'Effiat, » ayant obtenu des lettres en la chancellerie pour » le renouvellement de ſon terrier en ladite ba-» ronnie de Crocq, & fait adreſſer icelles au juge » royal de Bellegarde, il auroit commis, pour les » déclarations des vaſſaux, un notaire de ladite » ville de Crocq, & enſuite fait faire les publi-» cations, après leſquelles aucuns vaſſaux ne ſe » ſeroient préſentés pour faire leur déclaration, » & au contraire, auroient refuſé d'en fournir des » expéditions à leurs frais audit ſieur marquis » d'Effiat, quoique ce ſoit choſe qui ſe doive, ſui-» vant l'uſage & les coutumes, tous vaſſaux & » tenanciers ne pouvant s'en diſpenſer ; & lorſ-» qu'il eſt arrivé pareilles conteſtations, & qu'elles » ont été portées en juſtice, les vaſſaux ont tou-» jours été condamnés de fournir à leurs frais leſ-» dites déclarations ; & afin de le faire connoître » aux juges des lieux qui doivent connoître ces » conteſtations, requéroit qu'il nous plût donner » audit ſieur marquis d'Effiat un acte de notoriété » de l'uſage qui s'obſerve dans le ſiège du châtelet » de Paris, pardevant nous, lorſque les ſeigneurs » veulent renouveller leurs terriers, & déclara-» tions qui ſe doivent paſſer, & de ce que nous » taxons au notaire pour chacune déclaration.

» Après avoir pris l'avis des avocats & anciens » praticiens, communiqué aux gens du roi, & » conféré avec les officiers ; certifions & atteſtons, » par acte de notoriété, que les ſeigneurs peuvent, » toutes les trente années, faire renouveller leur » terrier, afin d'éviter les preſcriptions que les » vaſſaux leur peuvent oppoſer à l'égard des ren-» tes & charges extraordinaires ; & que pour y » parvenir, ils doivent obtenir lettres-royaux en » chancellerie, qui ſont toujours adreſſés aux juges » royaux, & que, ſur les ſentences d'entérine-» ment, le juge commet un notaire ou autre per-» ſonne publique, pour recevoir les déclarations

» de chacun des cenfitaires, tenanciers ou rentiers,
» dont eft dreffé minute, fur laquelle le cenfitaire
» fournit une expédition au feigneur à fes frais,
» fans que le feigneur en paie aucun ; lefquels
» frais font réglés à raifon de cinq fols pour le pre-
» mier article de la déclaration, & de deux fols
» fix deniers pour chacun des autres articles,
» moyennant lefquels falaires le notaire commis
» doit fournir la minute & une expédition de cha-
» cune déclaration. Ce que nous certifions & at-
» teftons être l'ufage qui s'obferve au châtelet de
» Paris, confirmé par toutes les fentences qui s'y
» rendent fur les lettres qui y font adreffées. Ce
» fut fait & donné, &c. le cinquième jour d'août
» 1680. Signé LE CAMUS ».

Enfin la queftion vient d'être jugée en conformité de ces réglemens par un arrêt du 3 juillet
1785, fur les conclufions de M. Séguier, qui fixe
les droits d'un feigneur propriétaire d'une terre
près Tours, vis-à-vis de fes cenfitaires, en confirmant une fentence du lieutenant-particulier de
Tours, à 5 fols pour le premier article de déclaration, & à 2 fols 6 deniers pour les autres articles ;
on avoit excipé dans cette caufe d'une fentence
de Tours de l'année 1777, qui avoit fixé les premiers articles à 20 fols & les autres à 4 fols, &
d'une autre fentence de Poitiers, qui fixe les
premiers articles à 30 fols, & les autres à 4 fols, non
compris ceux de clôture des déclarations fixées par
cette fentence à 10 fols.

Des conventions, par lefquelles le feigneur cède au
notaire qu'il prépofe à la confection de fon terrier, les
droits feigneuriaux arrérages. Ces conventions font-
elles auffi légitimes qu'elles font communes ? Quelle
en eft l'influence fur la validité du terrier ?

C'eft un principe de toute certitude qu'un notaire ne peut pas recevoir un acte, dont l'objet
tourne à fon profit ; telle eft même à cet égard la
févérité des réglemens, qu'ils leur défendent d'inftrumenter pour leurs frères, neveux, &c. Et rien
de plus jufte : un notaire exerce une efpèce de jurifdiction, & perfonne ne peut être juge dans fa
propre caufe.

On ne peut pas en douter, la ceffion dont nous
venons de parler donne au notaire rénovateur du
terrier, un intérêt direct & très-réel, dans toutes
les reconnoiffances qu'il reçoit ; effectivement il eft
fubrogé à tous les droits du feigneur, & s'il n'a
pas la feigneurie, il eft vrai de dire que les droits qui
en dérivent lui appartiennent.

Un notaire qui reçoit des reconnoiffances de cette
efpèce, inftrumente donc dans fa propre caufe &
pour fon profit ; conféquemment les reconnoiffances font nulles.

Telle eft la conféquence du principe que nous
venons de préfenter.

Auffi Freminville, dans fa *Pratique des Terriers,*
tom. 1, pag. 56, dit-il très-affirmément : « je foutiens
» que ce traité eft nul, & tout ce que peut faire le
» commiffaire ceffionnaire, en conféquence, par la

» raifon que perfonne ne peut être juge en fa pro-
» pre caufe ; ce commiffaire devient partie princi-
» pale dans ce recouvrement ».

On ne peut rien de plus pofitif. Nous croyons
cependant que cette décifion eft fufceptible de modifications, & ne doit pas s'appliquer indiftinctement
à toutes les reconnoiffances que le terrier peut renfermer.

Les actes obligatoires fe divifent en deux claffes :
il en eft, tels par exemple que les donations, qui
doivent néceffairement, & à peine de nullité, être
paffées pardevant notaires ; il y en a d'autres qui
font valables par la feule fignature des parties contractantes, & que l'on peut paffer indifféremment
pardevant notaire ou fous feing-privé.

Les premiers font inconteftablement nuls, fi
le notaire a le plus léger intérêt dans la convention qui en eft l'objet ; inutilement diroit-il que la
volonté de la partie obligée eft fuffifamment connue
par fa fignature ; on lui répondroit que l'efficacité
de l'acte eft fubordonnée à fa forme extérieure, &
qu'étant partie dans ce même acte, il étoit incapable
de lui imprimer le caractère que la loi exige.

Mais il n'en eft pas de même des actes que l'on
peut paffer indifféremment pardevant notaire ou
fous fignature privée ; lorfque la partie obligée les
a fignés, à moins qu'elle ne prouve qu'il y a eu dol
ou violence, ils peuvent efficacement lui être oppofés ; tout ce qui réfulte du fait, qu'ils font au
profit du notaire qui les a reçus, c'eft qu'ils ne font
pas authentiques, qu'ils n'emportent pas hypothèques, en un mot que ce ne font qu'autre chofe que
des écrits fous feing-privé : mais, encore une fois,
comme tels ils font obligatoires contre celui qui les
a foufcrits.

Nous en trouvons un exemple dans les loix romaines : la loi *Cornelia de falfis*, fuppofe un teftament reçu par un notaire efclave, & dans ce teftament une claufe qui affranchit le notaire ; queftion
de favoir fi cet affranchiffement aura fon effet :
oui, dit la loi, fi le teftament eft foufcrit par le
teftateur.

Cette décifion fort de la nature des chofes ; les
actes paffés pardevant notaire, ont deux caractères
très-diftincts, l'obligation & l'authenticité. L'authenticité réfulte de la forme extérieure & du caractère de l'officier public ; l'obligation de la fignature eft de la volonté des parties. Ces deux caractères très-indépendans, dérivent de deux fources
différentes ; ainfi tel acte peut ceffer d'être authentique, & néanmoins être obligatoire.

C'eft ce que dit très-affirmativement M. Potier,
Traité des Obligations, tom. 2, pag. 310 : « Lorfque
» l'acte n'eft pas authentique, foit par l'incompé-
» tence, ou l'interdiction de l'officier, foit par le
» défaut de forme ; s'il eft figné des parties, il
» fait au moins la même foi contre la partie qui l'a
» figné, qu'un acte fous fignature privée ».

Or, un terrier appartient évidemment à la claffe
des actes qui peuvent indifféremment être paffés

pardevant notaire ou rédigés fous fignatures privées.

En effet, qu'est-ce qu'un terrier ? Ce n'est autre chofe qu'une collection de reconnoiffances données au feigneur par les cenfitaires d'une feigneurie. Or, peu importe la forme dans laquelle une dette eft reconnue ; une reconnoiffance eft obligatoire, par cela feul qu'elle eft émanée du débiteur & revêtue de fa fignature ; aussi voyons-nous que les anciens aveux n'ont, pour la plupart, d'autre formalité que le fceau ou la fignature du rendant, & néanmoins ils ont autant de force que les modernes, qui font tous pafés pardevant notaires, & même ces derniers cèdent à l'autorité des plus anciens.

D'un autre côté, ces anciens aveux fous fignatures privées, rendus par le vaffal, font reçus par le feigneur fans interpofition d'aucune autre perfonne ; la circonftance que celui qui reçoit un aveu, ou, ce qui eft la même chofe, une reconnoiffance, eft partie intéreffée dans l'acte, n'eft donc pas un motif, nous ne difons pas de le faire annuller, mais d'en fufpecter la bonne-foi.

Cependant le propriétaire de la feigneurie a bien plus d'intérêt dans les reconnoiffances, dans les aveux, que le notaire qui les reçoit, quelque étendue que foit la ceffion qui lui eft faite des droits échus ou à écheoir.

Puifque le feigneur peut valablement recevoir lui-même les aveux & reconnoiffances de fes vaffaux & cenfitaires, ces reconnoiffances ne font donc pas nulles, par la circonftance que le notaire qui les a reçues avoit la ceffion des droits échus, ou à écheoir.

Dans ce cas, à la vérité, les reconnoiffances ne font pas authentiques ; voilà tout ce qui réfulte de la ceffion des droits échus, & du principe qu'un notaire ne peut pas inftrumenter dans fa propre caufe ; mais elles fubfiftent comme écritures privées, & n'en font pas moins obligatoires contre celui qui les foufcrit.

Cela conduit à une autre obfervation. Dans le nombre des cenfitaires d'une feigneurie, tous ne favent pas figner ; alors le témoignage & la fignature d'un notaire eft le feul garant de la comparution & de l'aveu du reconnoiffant.

Mais la foi n'eft due au notaire que lorfqu'il inftrumente comme officier public, que lorfque l'acte a tous les caractères requis pour être authentique, &, comme nous l'avons déjà dit, le notaire qui inftrumente dans fa propre caufe, perd le caractère d'officier public, & l'acte qu'il reçoit n'eft qu'un écrit privé : or, un écrit privé ne peut avoir de force que par la fignature des parties intéreffées.

De ces notions, il réfulte qu'un terrier de cette efpèce n'eft pas frappé d'une nullité abfolue & radicale ; que les reconnoiffances fignées des cenfitaires, confervent comme écritures privées, toute la force dont peuvent être fufceptibles des actes de cette efpèce ; mais à l'égard des reconnoiffances non-fignées, elles font nulles. (*Article de M.* HENRION, *avocat au parlement.*)

PAPIER ET PARCHEMIN TIMBRÉ, eft celui qui porte la marque du timbre, & qui eft deftiné à écrire les actes publics dans les pays où la formalité du timbre eft en ufage.

Le timbre eft une marque que l'on appofe aux *papiers & parchemins* deftinés à écrire les actes que reçoivent les officiers publics.

Quelques auteurs le définiffent en latin *fignum regium papyro impreffum*, parce qu'en effet il repréfente communément les armes du prince, ou quelque autre marque par lui ordonnée, felon la qualité particulière de l'acte & le lieu de la paffation.

Le nom de *timbre* que l'on a donné à ces fortes de marques paroît avoir été emprunté du blafon, & tirer fon étymologie de ce que le timbre s'imprime ordinairement au haut de la feuille de *papier* ou *parchemin*, comme le cafque ou autre couronnement, que l'on nomme auffi *timbre*, en terme de blafon, fe met au-deffus de l'écu.

Je ne dis pas indiftinctement que le timbre s'appofe au haut de la feuille, mais feulement qu'on l'appofe ainfi ordinairement ; car quoique l'ufage foit de l'imprimer au milieu du haut de la feuille, la place où on l'appofe n'eft point de l'effence de la formalité ; on peut indifféremment le mettre en tête de l'acte, ou au bas, ou au dos, ou fur l'un des côtés, & l'on voit beaucoup de ces timbres appofés diverfement aux actes publics.

La prudence veut feulement que l'on ait attention de faire appofer le timbre ou d'écrire l'acte de manière que l'on ne puiffe pas fupprimer le timbre fans altérer le corps de l'acte ; & les officiers publics devroient toujours ainfi difpofer leurs actes, ce que néanmoins quelques-uns n'obfervent pas, n'écrivant le commencement de leurs actes qu'au-deffous du timbre, d'où il peut arriver des inconvéniens, & notamment qu'un acte public dont on aura coupé le timbre ne vaudra plus que comme écriture privée, & même fera totalement nul, felon la nature de l'acte & les circonftances : ce que nous examinerons plus particuliérement dans la fuite.

Au refte, à quelque diftance que l'acte foit écrit du timbre, il ne laiffe pas d'être valable, & la difpofition dont on vient de parler, n'eft qu'une précaution qui n'eft pas de rigueur.

En France, & dans plufieurs autres pays, on appofe la marque du timbre avec un poinçon d'acier femblable à ceux qui fervent à frapper les monnoies, excepté qu'il eft moins concave ; en d'autres pays, comme en Allemagne, on imprime le timbre avec une planche de cuivre gravée, telle que celles qui fervent à tirer les eftampes.

En France, & dans la plupart des autres pays où le timbre eft en ufage, on met de l'encre dans le poinçon pour marquer le timbre ; en Angleterre, on ne met aucune couleur dans le poinçon, enforte que la marque qu'il imprime ne paroît que parce qu'elle fe forme en relief fur le papier.

La formalité du timbre paroît avoir été totalement inconnue aux anciens, & les actes reçus par des officiers publics n'étoient alors distingués des écritures privées que par le caractère de l'officier qui les avoit reçus, & par le sceau qu'il y appofoit, qui étoit plus connu que les sceaux des parties contractantes à cause de la fonction publique de l'officier; mais du reste, ce sceau n'étoit que le cachet particulier de l'officier, car les anciens n'avoient point de sceaux publics, tels que nous en avons en France, ainsi que l'observe Loyseau, *des Offices*, liv. 2, chap. 4, n. 10. Les sceaux particuliers dont ils se servoient étoient plutôt de simples cachets que de vrais sceaux; ils n'avoient pour objet que de tenir lieu de signature, comme cela s'est pratiqué long-temps dans plusieurs pays, & même en France, à cause qu'il y avoit alors peu de personnes qui sussent écrire; & ces sortes de sceaux ou cachets n'avoient aucun rapport avec les timbres dont nous parlons.

Justinien fut le premier qui établit une espèce de timbre: cet empereur, considérant le grand nombre d'actes que les tabellions de Constantinople recevoient journellement, & voulant prévenir certaines faussetés qui pouvoient s'y glisser, ordonna par sa novelle 44, publiée l'an 537, que ces tabellions ne pourroient recevoir les originaux des actes de leur ministère que sur du papier, en tête duquel (ce que l'on appelloit *protocole*), seroit marqué le nom de l'intendant des finances qui seroit alors en place, le temps auquel auroit été fabriqué le papier, & les autres choses que l'on avoit coutume de mettre en tête de ces papiers destinés à écrire les originaux des actes que recevoient les tabellions de Constantinople, ce que l'on appelloit, suivant la glose & les interprètes, *imbreviaturam totius contractus*; c'est-à-dire, un titre qui annonçoit sommairement la qualité & substance de l'acte.

Par cette même novelle, l'empereur défendoit aussi aux tabellions de Constantinople de couper ces marques & titres qui devoient être en tête de leurs actes; il leur enjoignoit de les laisser sans aucune altération, & défendoit aux juges d'avoir égard aux actes écrits sur du papier qui ne seroit pas revêtu en tête de ces marques, quelques autres titres ou protocoles qui y fussent écrits.

M. Cujas, en ses *Notes* sur cette novelle, examine ce que Justinien a entendu par le protocole qu'il recommande tant aux tabellions de conserver; les uns, dit-il, veulent que ce soit une grande feuille royale; d'autres, que ce soit une simple note des actes; d'autres, que ce soit un exemplaire des formules dont les tabellions avoient coutume de se servir: mais ils se trompent tous également, dit M. Cujas; car, de même qu'aujourd'hui, un papier a quelque marque qui indique celui qui l'a fabriqué, de même autrefois les *papiers* dont on se servoit contenoient une note abrégée de l'intendant des finances qui étoit alors en place, parce

que ces sortes d'intendans avoient inspection sur les fabriques de *papier*; on y marquoit aussi en quel temps, & par qui le *papier* avoit été fabriqué; ce qui servoit à découvrir plusieurs faussetés.

Loyseau, dans son *Traité des offices*, liv. 2, ch. 5, n. 82, dit, en parlant de la novelle 44, qu'il nous apprend un beau secret qui avoit été ignoré jusqu'à ce que le docte Cujas l'eût découvert, à savoir qu'elle défend de couper & ôter le protocole des chartres que nous pensons vulgairement être la minute & première écriture du contrat; & de fait les ordonnances des années 1512, & encore celle d'Orléans, *art. xcviij*, l'usurpent en cette signification, combien qu'à la vérité ce soit la marque du *papier* où étoit écrite l'année qu'il avoit été fait, laquelle marque Justinien défend de couper, comme on pouvoit aisément faire, d'autant qu'elle étoit en haut du *papier*, & non pas au milieu, comme celle de notre *papier*, pour ce, dit-il, que par le moyen de ce protocole, ou marque du *papier*, plusieurs faussetés ont été découvertes, ce qui s'est aussi vu quelquefois en France; partant, dit-il, pour se servir à propos de cette antiquité, il seroit expédient, ce semble, d'ordonner que tout *papier* seroit marqué, & que la marque contiendroit l'année qu'il auroit été fait, chose qui ne coûteroit rien & empêcheroit plusieurs faussetés, tant aux contrats qu'aux écritures.

Cette origine du *papier* & parchemin timbrés fut remarquée dans une cause qui se plaida au parlement d'Aix en 1676, entre les marchands de Marseille & le fermier du *papier timbré*, laquelle cause est rapportée par Boniface, en ses *arrêts de Provence*, tome 4, *liv. 3, tit. 15, chap. 2.* Le défenseur du fermier du *papier timbré* faisoit valoir, « que » le timbre n'étoit pas nouveau, puisqu'il y en » avoit du temps de Justinien, en 537; qu'il y » avoit des marques pour les protocoles des no- » taires; qu'on y marquoit en chiffre l'année en » laquelle ils avoient été faits avec le nom *comitis* » *sacrarum largitionum*, qui étoit alors en exercice; » que Justinien vouloit que le notaire qui avoit » commencé le protocole ou la chartre, achevât » de l'écrire, & que le motif & le fondement de » Justinien n'avoit été que pour la précaution » contre les faussetés, comme il paroît par la no- » velle 44; suivie par Godefroy ».

Cette origine a aussi été remarquée par M. de Basville, intendant de la province de Languedoc, dans les mémoires qu'il a faits pour servir à l'histoire de cette province, dans lesquels, en parlant du domaine, il dit que, comme il y a deux généralités dans le Languedoc, il y a aussi deux sous-fermes du domaine, l'une pour la généralité de Toulouse, l'autre pour la généralité de Montpellier, & que, dans ces sous-fermes, sont compris le *papier timbré*, les formules & le contrôle des exploits; & à ce propos, il remarque en passant, que le *papier timbré* n'a pas été inconnu aux Romains, puisqu'on voit, par la novelle 44, qu'ils avoient une espèce particulière

particulière de *papier* pour écrire les originaux des actes des notaires, lequel portoit la marque que l'intendant des finances y faisoit apposer, & la date du temps auquel il avoit été fait.

Ainsi, quoiqu'il paroisse peut-être d'abord singulier que l'on fasse remonter l'origine du *papier timbré* jusqu'au temps des Romains, cependant il est constant que cette formalité étoit déjà en quelque usage chez eux, puisque les titres, dates, & autres marques que l'on apposoit en tête du *papier* destiné à écrire les originaux des actes des tabellions de Constantinople, étoient une espèce de timbre qui avoit le même objet que ceux qui sont aujourd'hui usités en France, & dans plusieurs autres pays.

Mais, suivant la même novelle de Justinien, cette formalité n'étoit établie que pour les actes des tabellions de Constantinople, encore n'étoit-ce que pour les originaux de ces actes, & non pour les expéditions ou copies, du moins la novelle n'en fait pas mention; ensorte qu'à l'égard de tous les autres actes passés dans la ville de Constantinople par d'autres officiers publics que les tabellions, & à l'égard de tous les autres actes publics reçus hors la ville de Constantinople, soit par des tabellions, soit par d'autres officiers publics, il n'y avoit jusqu'alors aucune marque sur le *papier* qui distinguât ces actes des écritures privées.

Cette formalité ne tomba pas en non-usage jusqu'au temps où elle a été établie en France, comme quelques-uns se l'imagineroient peut-être : il paroît, au contraire, qu'à l'imitation des Romains, plusieurs princes l'établirent peu de temps après dans leurs états, & que nos rois ont été les derniers à l'ordonner.

En effet, du temps des comtes héréditaires de Provence, qui régnèrent depuis 915 ou 920, jusqu'en 1481, que cette province fut réunie à la couronne de France, les notaires de ce pays se servoient de protocoles, marqués d'une espèce de timbre, ainsi que cela fut observé dans la cause dont j'ai déjà fait mention, qui fut plaidée au parlement d'Aix, en 1676. Le défenseur du fermier du *papier timbré*, pour faire voir que cette formalité n'étoit pas nouvelle, observoit que non-seulement du temps de Justinien, les protocoles étoient marqués, mais encore du temps des comtes de Provence, & que Me Jean Darbès, notaire à Aix, avoit de ces anciens protocoles marqués.

Cette formalité fut introduite en Espagne & en Hollande, vers l'an 1555.

Le *papier timbré* est aussi usité dans plusieurs autres états, comme en Angleterre, dans le Brabant & dans la Flandre impériale, dans les états du roi de Sardaigne, en Suède, & il a été introduit dans l'état ecclésiastique, à compter du 1 avril 1741, & dans d'autres pays, comme nous le dirons dans un moment.

Les timbres qu'on appose aux *papiers & parchemins*, destinés à écrire les actes publics, ont quelque rapport avec les sceaux publics dont on use aujourd'hui en France, & dans plusieurs autres pays, en ce que les uns & les autres sont ordinairement une empreinte des armes du prince, ou de quelque autre marque par lui établie, qui s'apposent également aux actes publics, & les distinguent des actes sous signature privée; cependant il ne faut pas confondre ces deux formalités, entre lesquelles il y a plusieurs différences essentielles.

La première qui se tire de leur forme, est que les sceaux publics, tels que ceux du roi, des chancelleries, des jurisdictions, des villes, des universités, & autres semblables, s'appliquent sur une forme de cire, ou de quelqu'autre matière propre à en recevoir l'empreinte, laquelle est en relief; il y a de ces sceaux qui s'appliquent ainsi sur l'acte même, d'autres qui sont à double face, & ne sont attachés à l'acte que par les lacs; au lieu que le timbre n'est qu'une simple marque imprimée au haut du *papier* ou parchemin.

La seconde différence est que l'on n'appose point de sceau sur la minute des actes publics : cette formalité n'est même pas toujours nécessaire pour donner l'authenticité & la publicité aux expéditions ou copies collationnées des actes publics ; c'est plutôt le caractère & la qualité de l'officier qui a reçu l'acte, & sa signature apposée au bas, qui rendent l'acte public : au lieu que dans les pays où le timbre est en usage, pour donner l'authenticité & le caractère de publicité à un acte, soit original, en minute ou en brevet, soit expédition ou copie collationnée, il doit être écrit sur du *papier timbré* ou en parchemin timbré, si l'acte est de nature à être écrit en *parchemin*.

La troisième différence qui se trouve entre les sceaux publics & les timbres, c'est que l'apposition du sceau est la marque de l'autorité publique dont l'acte est revêtu par cette formalité ; tellement, qu'en quelques endroits, comme à Paris, le droit d'exécution parée en dépend, & que si un acte public n'étoit pas scellé, il ne pourroit être mis à exécution, quand même il seroit d'ailleurs revêtu de toutes les autres formalités nécessaires : au lieu que le timbre contribue bien à donner à l'acte le caractère de publicité nécessaire pour qu'on puisse le mettre en forme exécutoire ; mais par lui-même il ne donne point ce droit d'exécution parée, qui dépend de certaines formalités qu'on ajoute à celle qui constitue la publicité.

Quoique la formalité du timbre semble n'avoir été établie que pour la finance qui en revient au prince, elle ne laisse pas d'être utile d'ailleurs.

En effet, le timbre sert, 1°. à distinguer à l'inspection seule du haut de la feuille sur laquelle l'acte est écrit, si c'est un acte reçu par un officier public, ou si ce n'est qu'une écriture privée.

2°. Le timbre fait respecter & conserver les affiches, publications & autres exploits, ou actes que l'on attache extérieurement aux portes des maisons ou dans les places publiques, soit en cas de décret, licitation, adjudications ou autres publications, soit dans les exploits que l'on attache à la porte des personnes absentes auxquels ils sont signifiés ; car, comme ces sortes d'actes ne sont point scellés, il n'y a proprement que le timbre qui fasse connoître que ce sont des actes émanés de l'autorité publique, & qui les distingue des écritures privées.

3°. Le timbre annonce la solemnité de l'acte aux personnes qui le signent, & sert en cela à prévenir certaines surprises que l'on pourroit faire à ceux qui signeroient un acte sans l'avoir lu ; par exemple, il seroit difficile de faire signer, pour une écriture privée, un acte public qui seroit sur *papier timbré*, parce que l'inspection seule du timbre feroit connoître la surprise.

4°. Le timbre sert aussi à prévenir quelques faussetés dans les dates de temps & de lieu, qui peuvent se commettre plus facilement dans les actes où cette formalité n'est pas nécessaire : en effet, comme il y a un timbre particulier pour chaque état, & même en France pour chaque généralité, que la formule de ces timbres a changé en divers temps, & que l'on ne peut écrire les actes publics que sur du *papier* ou *parchemin* marqué du timbre actuellement usité dans le temps & le lieu où se passe l'acte, ceux qui écrivent un acte sur du *papier* ou *parchemin* marqué du timbre actuellement usité dans un pays, ne pourroient pas impunément le dater d'un temps ni d'un lieu où il y auroit eu un autre timbre, parce que la formule du timbre apposé à cet acte étant d'un autre temps ou d'un autre lieu, feroit connoître la fausseté des dates de temps & de lieu qu'on auroit donné à cet acte.

La formalité du timbre n'ayant été établie que pour les actes publics, il s'ensuit que tous les actes qui ne sont pas reçus par des officiers publics ne sont point sujets à être écrits sur *papier timbré*.

Boniface, en son recueil des arrêts du parlement de Provence, *tome 4, liv. 3, tit. 15, chap. 1 & 2*, rapporte à ce sujet deux arrêts de la cour des aides & finances de Montpellier.

Au mois de mars 1655, Louis XIV étant lors à Paris, donna un édit portant établissement d'une marque sur le *papier* & le *parchemin* destinés à écrire les actes reçus par les officiers publics. Cet édit fut enregistré en parlement, en la chambre des comptes & en la cour des aides, le 20 du même mois. Il est au cinquième volume des ordonnances de Louis XIV, coté 3, *fol. 69*, & il en est fait mention dans le recueil des ordonnances, édits, &c. par M. Blanchart.

Cet édit n'eut aucune exécution ; mais dans la suite le roi, voulant rendre le style des actes publics uniforme dans tout son royaume, donna une déclaration le 19 mars 1673, par laquelle il ordonna qu'il seroit dressé des formules imprimées pour toutes sortes d'actes publics, & que les exemplaires de ces formules seroient *marqués en tête d'une*

fleur-de-lys, & timbrés de la qualité & substance des actes.

Les formules d'actes ordonnées par cette déclaration n'eurent cependant pas lieu, parce que l'on y trouva trop d'inconvéniens, & le roi donna une autre déclaration le 2 juillet 1673, registrée au parlement le 10 du même mois, par laquelle, en attendant que les formules fussent perfectionnées, il ordonna que les actes publics ne pourroient être écrits que sur du *papier* ou *parchemin timbrés*, comme ils devoient l'être pour les formules, avec cette différence seulement que le corps de l'acte seroit entiérement écrit à la main ; & c'est de-là que le *papier* & le *parchemin timbrés* ont retenu le nom de *formule*.

Le 4 juillet de la même année 1673, il fut fait un état des formules, dont les *papiers* & *parchemins* devoient être *timbrés*, suivant la déclaration dont on vient de parler.

En exécution de cette déclaration, le *papier* & le *parchemin* destinés à écrire les actes publics, furent marqués en tête d'une fleur-de-lys, & intitulés de la qualité & formule de l'acte auquel il devoit servir ; on y marquoit même en tête, & même dans les commencemens, le nom du quartier dans lequel il devoit servir ; précaution qui fut établie pour prévenir plusieurs faussetés, qui peuvent se commettre à l'égard des dates. Cette précaution si utile fut dans la suite retranchée, à cause que le *papier* ou *parchemin timbrés*, pour un quartier, ne pouvoit pas être vendu pendant le cours du suivant, sans marquer la date de ce nouveau quartier, ce qui causoit quelque embarras aux fermiers du timbre.

Le 3 avril 1674, en son conseil d'état, fit un réglement pour l'usage du *papier* & *parchemin timbrés* ; ce réglement, qui est divisé en vingt articles, explique nommément quels actes doivent être écrits sur *papier* ou *parchemin timbré* : il seroit trop long d'en faire ici le détail ; il suffit de dire que ce sont tous les actes émanés des officiers publics ; & ce qu'il est sur-tout important d'observer, c'est que ce réglement prononce la peine de nullité contre lesdits actes publics qui seroient faits sur papier ou *parchemin timbré*. Ce réglement a été enregistré dans les différens parlemens & autres cours, & il s'observe à la rigueur.

Plusieurs cours ayant fait des remontrances au sujet de ce réglement, le droit établi sur le *papier* & le *parchemin timbrés* fut converti par édit du même mois d'avril 1674, en un autre sur tout le *papier* & *parchemin* qui se consomment dans l'étendue du royaume.

La perception de ce nouveau droit fut différée par arrêt du conseil, du 22 mai 1674 ; & par un autre arrêt du conseil du même jour, le réglement du 3 avril 1674, fait pour l'usage du *papier* & *parchemin timbrés*, fut confirmé, & en conséquence, ordonné que les timbres & actes différens, auxquels le *papier* étoit destiné, seroient supprimés, & qu'à l'avenir, au lieu d'iceux, tout le *papier* qui seroit confommé par les officiers & miniftres de juftice, feroit marqué d'une fleur-de-lys, & timbré du nom de la généralité où il devoit fervir.

Au mois d'août de la même année, le roi donna un édit, par lequel il révoqua pleinement celui du mois d'avril précédent, portant établiffement d'une marque générale fur tout le *papier & parchemin*, pour continuer l'ufage du *papier & parchemin timbrés*, fupprima les différens timbres établis pour chaque formule ou modèle d'acte, & ordonna que tous officiers & miniftres de juftice, & autres affujettis par fes précédens édits, déclarations & réglemens à l'ufage du *papier & parchemin timbrés*, fe ferviroient, à commencer du premier octobre 1674, de *papier & parchemin timbrés*, qui feroient feulement marqués d'une fleur-de-lys, & du nom de la généralité dans laquelle il devoit être employé, & les droits en furent arrêtés, non plus felon la qualité & la nature des actes, mais felon la hauteur & la largeur du *papier*.

En exécution de cet édit, on commença au premier octobre à fe fervir de *papier & parchemin timbrés* pour les actes publics.

J'en ai vu de timbré d'une fleur-de-lys, avec ces mots autour, *généralité de Moulins*, fur un exploit fait dans ladite généralité, le 3 novembre 1674.

Il y a néanmoins encore plufieurs provinces de ce royaume, dans lefquelles la formalité du timbre n'a jamais eu lieu; telles font la province d'Artois, la Flandre françoife, le Hainaut françois, la principauté d'Arches & de Charleville, dont le territoire comprend la ville de Charleville, Arches qui en eft le fauxbourg, & environ vingt-quatre villages. Il en eft de même dans la Franche-Comté, l'Alface & le Rouffillon.

Il n'y en a pas non plus à Bayonne, ni dans le pays de Labour.

Il y avoit auffi trois principautés enclavées dans la France, dans lefquelles on ne fe fervoit pas de *papier ni de parchemin timbrés*; favoir, la principauté fouveraine de Dombes, celle d'Orange & celle d'Enrichemont & Bois-Belle en Berry; mais le roi ayant acquis celles de Dombes & d'Enrichemont, le *papier timbré* y eft aujourd'hui en ufage.

On ne fe fert pas non plus de *papier ni de parchemin timbrés* dans les îles françoifes de l'Amérique, comme la Martinique, la Guadeloupe, la Cayenne, Marigalante, Saint-Domingue & autres.

Quoiqu'en général tous les officiers publics royaux ou autres, foient obligés de fe fervir de *papier & parchemin timbrés* dans les lieux où il eft établi, il y a néanmoins quelques tribunaux où l'on ne s'en fert point, quoique la formalité du timbre foit établie dans le pays. 1°. On ne s'en fert pas pour les mémoires ou requêtes que l'on préfente au confeil royal des finances, & même les arrêts qui s'y rendent, s'expédient auffi en *papier* & parchemin communs; mais quand le con-

feil ordonne que les mémoires ou requêtes feront communiqués aux parties intéreffées, alors la procédure fe fait à l'ordinaire, & tout ce qui fe fignifie doit être fur *papier timbré*.

2°. On ne s'en fert pas non plus dans les bureaux extraordinaires du confeil, lorfque la commiffion porte que l'inftruction des affaires qui y font renvoyées, fe fera par fimples mémoires & fans frais.

3°. Les requêtes que l'on préfente à MM. les maréchaux de France, pour les affaires d'honneur qu'ils jugent en l'hôtel de leur doyen, fe donnent auffi fur *papier commun*.

4°. Les confuls, vice-confuls & chanceliers, & autres officiers réfidans dans les villes & ports d'Efpagne, d'Italie, de Portugal, du Nord, des échelles du Levant & de Barbarie, ne fe fervent auffi que de *papier commun*, même pour les actes qu'ils envoient en France, parce que la jurifdiction qu'ils ont dans ces pays n'étant que par emprunt de territoire, ils ne peuvent ni fe fervir de *papier timbré* de France, ni de celui de la puiffance étrangère, dans le territoire de laquelle ils ne font que par emprunt.

5°. Les ambaffadeurs, envoyés, agens, réfidens, & autres miniftres des princes étrangers auprès du roi de France, ne fe fervent pour les actes qu'ils font, ni du *papier timbré* de leur pays, ni de celui de France, mais de *papier commun*.

6°. De même les ambaffadeurs & autres miniftres du roi de France dans les pays étrangers, ne fe fervent que de *papier commun*.

7°. On ne fe fert point de *papier* ni de *parchemin timbrés* dans les confeils de guerre, même lorfque l'on y juge à mort quelqu'un pour délit militaire.

8°. Les officiers des confeils des princes apanagiftes, comme ceux de M. le duc d'Orléans, expédient en *papier* commun tous les actes qui fe font dans le confeil, quoique ces actes foient authentiques, & les quittances du fecrétaire des commandemens paffent à la chambre des comptes, fur *papier commun*.

Les régiftres des hôpitaux, tant de Paris qu'autres lieux, même ceux des baptêmes, mariages, fépultures, fe tiennent en *papier* commun, depuis le premier janvier 1737, *art. 15* de la déclaration du 9 avril 1736; mais les extraits doivent être en *papier timbré*, *art. 29*.

Les maifons religieufes tiennent auffi leurs deux régiftres de vêture, noviciat & profeffion, en *papier* commun, *article 25*, *ibid*.

Suivant l'*article 1*, un des originaux des régiftres de baptêmes, ondoiemens, cérémonies du baptême, mariages & fépultures, doit être en *papier* commun.

La décharge de l'apport des régiftres fe donne en *papier commun*, *18*, *ibid. & 20*.

Voyez l'article 37, qui permet de mettre au greffe des expéditions en *papier commun*.

Article 38. Les états seront en *papier* commun.

Quoique le timbre ne soit qu'une formalité, il ne laisse pas d'y avoir plusieurs choses à considérer, pour déterminer sur quelle sorte de *papier* on doit écrire les actes publics.

En effet, on distingue dans les actes trois sortes de formalités, qui se règlent chacune par des loix différentes.

Il y a des formalités qui habilitent la personne, c'est-à-dire, qui lui donnent la capacité de contracter, comme l'autorisation du mari à l'égard de la femme, dans les coutumes où elle est requise, le consentement du père, qui est nécessaire en pays de droit, pour faire valoir l'obligation du fils de famille en pays de droit écrit : l'observation de ces formalités, & autres semblables, se règle par la loi du domicile des personnes qui s'obligent, parce que ces formalités ont pour objet de leur donner la capacité de contracter, qui dépend de la loi du domicile.

Il y a d'autres formalités, qui concernent la substance de l'acte, telles que l'acceptation dans les donations, qui est une condition que la loi de la situation impose aux biens dont on veut disposer : aussi ces sortes de formalités se règlent-elles par la loi du lieu où les biens sont situés.

La troisième espèce de formalités est de celles qui ne concernent que la forme extérieure des actes : telles sont toutes celles qui ne servent qu'à rendre l'acte probant ou authentique, comme la signature des parties, celle des officiers publics & des témoins, l'apposition du sceau, le contrôle, l'insinuation, & autres semblables.

Ces formalités extérieures ne se règlent point par la loi du lieu où les biens sont situés, ni par la loi du domicile des parties, ni par celle du lieu où les officiers publics, qui reçoivent les actes, font leur résidence ordinaire, mais par la loi du lieu où l'acte est passé, & cela suivant la maxime, *locus regit actum*, qui est fondée sur la loi 3, au digeste *de testibus*, sur la loi 1, au code *de emancip. liber.* & sur ce que dit M. Ch. Dumoulin, sur la loi 1, au code *liv. 1, tit. 1*, verbo *conclusiones de statutis.* *Aut statutum*, dit-il, *loquitur de his quæ concernunt nudam ordinationem, vel solemnitatem actûs, & semper inspicitur statutum vel consuetudo loci ubi actus celebratur, sive in contractibus, sive in judiciis, sive in testamentis, sive in instrumentis aut aliis conficiendis.*

Il n'y a certainement rien qui soit plus de la forme extérieure des actes, que la qualité du *papier* ou *parchemin* sur lequel on les écrit ; soit qu'on ne considère que le *papier* même, si l'acte est écrit sur *papier* ou *parchemin* commun ; soit que l'on considère la marque du timbre, s'il est écrit sur *papier timbré* : car le *papier* & le *parchemin*, & le timbre que l'on y appose, ne sont point de la substance de l'acte, puisqu'il pourroit subsister sans cela.

C'est pourquoi l'on doit suivre l'usage du lieu où se passent les actes, pour déterminer s'ils doivent être écrits sur *papier* ou *parchemin timbré*, ou s'ils peuvent être écrits sur *papier* ou *parchemin* commun.

Ainsi, les Notaires, greffiers, huissiers, & autres officiers publics, doivent écrire sur du *papier* ou *parchemin timbré*, les actes qu'ils reçoivent à Paris, & dans les autres endroits où la formalité du timbre est établie.

Ils ne peuvent même pas se servir indifféremment de toute sorte de *papier* ou *parchemin timbré* ; il faut que ce soit du *papier* ou *parchemin timbré* exprès pour le pays, & en particulier pour la généralité dans laquelle ils reçoivent l'acte : en sorte qu'un acte public reçu en France doit non-seulement être écrit sur du *papier* ou *parchemin timbré* d'un timbre de France, & non sur du *papier* marqué du timbre d'un autre état, mais il faut encore qu'il soit écrit sur du *papier timbré* pour la généralité dans laquelle il est reçu, y ayant autant de timbres différens que de généralités.

Au contraire, si l'acte est reçu dans un état ou une province dans lesquels le *papier* ni le *parchemin timbré* ne sont point en usage, comme en Flandre, en Hainaut, &c. l'officier public qui reçoit l'acte, doit l'écrire sur *papier* ou *parchemin* commun.

Néanmoins un acte écrit sur *papier* ou *parchemin timbré*, dans un pays où la formalité du timbre n'est pas établie, ne seroit pas pour cela nul, parce que ce qui abonde ne vicie pas.

Les officiers publics, qui ont leur résidence ordinaire dans un lieu où l'on ne se sert point de *papier timbré*, ne laissent pas d'être obligés de s'en servir pour les actes qu'ils reçoivent dans le pays où il est établi.

Et vice versâ, les actes publics reçus dans des pays où le *papier timbré* n'a pas lieu, doivent être écrits sur *papier* commun, quand même les officiers publics qui les reçoivent auroient leur résidence ordinaire dans un lieu où l'on se serviroit de *papier timbré*.

Ainsi, les notaires d'Orléans & ceux de Montpellier, les huissiers à cheval & à verge au châtelet de Paris, & autres officiers publics, qui ont droit d'instrumenter par tout le royaume, doivent écrire les actes qu'ils reçoivent dans chaque lieu, sur du *papier* marqué du timbre établi pour le lieu, ou sur du *papier* commun, si le timbre n'est pas établi dans le lieu où ils reçoivent l'acte.

De même, un conseiller au parlement, ou de quelque autre cour souveraine, qui seroit commis par sa compagnie pour aller faire quelque visite, procès-verbal, enquête, information, ou autre instruction, dans une province du ressort dans laquelle le *papier* est marqué d'un timbre différent de celui de Paris, comme en Picardie, en Champagne, ou en Touraine, &c. seroit obligé de se servir du *papier* du lieu où il feroit l'instruction, & par la même raison pourroit se servir de *papier* commun pour les actes qu'il feroit en Flandre, en Hainaut, &c. ou autres provinces, dans lesquelles il n'y a point de *papier timbré*.

Et lorsqu'un officier public, qui a commencé un acte dans une généralité, le continue en d'autres généralités ou provinces, soit par droit de suite, soit en vertu d'une commission particulière ou autre droit, comme il arrive quelquefois à l'égard des inventaires, procès-verbaux de visite, &c. l'officier doit, pour chaque partie de l'acte qu'il reçoit, se servir du *papier* ou *parchemin timbré* pour le lieu où il reçoit cette partie de l'acte, quand même le commencement de l'acte seroit sur du *papier* marqué d'un timbre différent, parce que ces différentes parties sont proprement autant d'actes particuliers qui doivent être reçus chacun selon la forme usitée dans le lieu où ils se passent, & par conséquent être écrits sur du *papier timbré* pour le lieu où on les reçoit, & non pas sur du *papier timbré*, pour le lieu où on a commencé l'acte.

Ce que l'on vient de dire, que toutes sortes d'actes doivent être écrits sur le *papier* dont on se sert dans le lieu où ils sont reçus, s'entend non-seulement des minutes ou originaux des actes, mais aussi des grosses, expéditions & copies collationnées; si elles sont délivrées dans le lieu où l'acte original a été reçu, elles doivent être écrites sur du *papier* marqué du même timbre, ou du moins de celui qui est usité dans le pays au temps de l'expédition; mais si l'original a été reçu hors du lieu de la résidence ordinaire de l'officier public, dans un pays où le timbre est différent de celui qui est usité dans le lieu de sa résidence, les expéditions qu'il en délivre dans le dernier lieu doivent être écrites sur du *papier* marqué du timbre qui y a cours, parce que le fait de l'expédition ou copie est un nouvel acte, qui doit être reçu suivant l'usage actuel du lieu où il se passe.

Ainsi, un notaire d'Orléans, qui aura écrit sur du *papier timbré* de la généralité de Paris l'acte qu'il aura reçu dans cette généralité, écrira sur du *papier timbré* de la généralité d'Orléans les expéditions ou copies qu'il délivrera de cet acte à Orléans.

Par la même raison, ce notaire d'Orléans, qui aura écrit sur *papier* commun un acte qu'il aura reçu en Flandre ou autre pays, dans lequel il n'y a point de *papier timbré*, sera obligé d'écrire sur du *papier timbré* de la généralité d'Orléans l'expédition qu'il en délivrera dans cette généralité.

Par une suite du même principe, toutes expéditions ou copies délivrées depuis l'établissement du timbre dans les pays où il a lieu, doivent être écrites sur *papier timbré*, encore que les minutes ou originaux soient antérieurs à l'établissement du timbre, & aient été reçus sur *papier* commun, parce que l'expédition ou copie doit être dans la forme usitée au temps où elle est faite, sans considérer en quelle forme est l'original.

Et comme toute expédition ou copie doit aussi être dans la forme usitée dans le lieu où elle est faite, ainsi qu'on l'a déjà expliqué ci-devant, il

seroit à propos que les officiers publics fissent toujours mention au bas de la grosse, expédition ou copie, du jour & du lieu où ils l'ont délivrée, ce que la plupart n'observent pas, sur-tout dans les grosses : néanmoins cela est nécessaire, pour connoître si la grosse, expédition ou copie, est dans la forme usitée dans le temps & le lieu où elle a été délivrée; car elle ne l'est pas toujours dans le même temps, ni dans le même lieu, que la minute ou brevet original de l'acte; or, l'on ne peut juger si l'expédition est dans la forme où elle doit être, sans savoir le temps & le lieu où elle a été délivrée : on peut aussi avoir intérêt de savoir la date d'une grosse, parce que s'il s'en trouve deux, celle qui a été délivrée la première a plusieurs droits & privilèges que n'a pas la seconde : d'ailleurs, il est important de savoir si l'officier public, qui a reçu l'acte, avoit encore caractère d'officier public lorsqu'il l'expédition, & pour cela il en faut savoir la date : en un mot, il y a beaucoup d'inconvéniens à ne pas marquer la date & le lieu des expéditions; & il seroit plus régulier de le marquer, puisque le fait de l'expédition est proprement un acte particulier, qui doit avoir sa date comme l'original a la sienne, & que l'expédition doit être faite dans la forme usitée dans le temps & lieu où elle est délivrée.

C'est encore une question de savoir, si dans un temps & dans un pays où le timbre a lieu, on peut écrire un acte public à la suite d'un autre acte aussi public, reçu sur du *papier* ou *parchemin* non-timbré, ou marqué d'un ancien timbre, qui n'a plus cours.

Cela se pratique quelquefois pour faire mention sur la minute ou sur la grosse d'un acte, d'un paiement, d'une décharge, d'une réduction, augmentation ou autre déclaration, qu'il est essentiel d'écrire sur l'acte auquel elle est relative, auquel cas la nécessité de joindre le nouvel acte à l'ancien, d'une manière qu'il ne puisse en être séparé, autorise à écrire le nouvel acte à côté ou à la suite de l'ancien, quoique le *papier* sur lequel on l'écrit ne soit pas dans la forme usitée au temps où l'on passe le nouvel acte.

Mais si l'on écrivoit à côté ou à la suite d'un acte ancien un nouvel acte, qui n'auroit aucune connexité avec l'autre, alors n'y ayant pas de nécessité de joindre ces actes, il n'y auroit aucun prétexte pour s'écarter des règles ordinaires; ainsi, dans ce cas, lorsque le premier acte auquel on en voudroit joindre un autre, seroit écrit sur du *papier* non-timbré, ou marqué d'un timbre qui n'a plus cours, on ne pourroit pas écrire le nouvel acte sur ce même *papier*; il faudroit l'écrire sur du *papier timbré* de la formule actuelle, autrement l'acte pourroit être argué de nullité, pour n'avoir pas été écrit sur du *papier* de la forme usitée au temps où il a été passé.

Les notaires au châtelet de Paris se sont long-temps servi du même *papier* & *parchemin* que les autres officiers publics ; avant 1673, ils écrivoient leurs actes sur *papier* ou *parchemin* commun ; & depuis 1673, époque de l'établissement du timbre, ils ont été obligés d'écrire tous leurs actes sur du *papier* ou *parchemin timbré*.

La formule du timbre a été changée plusieurs fois ; mais la nouvelle formule que l'on introdui-soit étoit uniforme pour tous les actes publics, & les notaires au châtelet de Paris se servoient, comme tous les autres officiers, de *papier* ou *par-chemin timbré*, de la formule usitée au temps de la passation de leurs actes.

Ce ne fut qu'en 1723 que l'on commença à établir un timbre particulier pour les actes des no-taires au châtelet de Paris : le roi, par sa décla-ration du 7 décembre 1723, registrée le 22 des-dits mois & an, en supprimant la formalité du contrôle, à laquelle ils avoient été assujettis, comme tous les autres notaires du royaume, ordonna, par *l'article 3* de ladite déclaration, qu'il seroit établi des formules particulières pour les *papiers* & *par-chemins timbrés* qui seroient employés par lesdits notaires pour les brevets, minutes & expéditions des actes qui seroient par eux passés, laquelle for-mule seroit imprimée à côté de celle de la ferme.

L'article 4 ordonna que tous les actes seroient divisés en deux classes.

La première, composée des actes simples, & qui se passent ordinairement sans minutes ; savoir, les procurations, avis de parens, attestations, &c. & autres actes, qui sont énoncés nommément dans ledit *article*, & qu'il seroit trop long de dé-tailler ici.

La seconde classe, composée de tous les autres actes non compris dans la première classe.

L'article 5 ordonne qu'il sera fait une première sorte de formule pour les actes de la première classe, intitulés, *actes de la première classe*, & que si les parties jugent à propos qu'il reste minute de quel-qu'un desdits actes, & qu'il leur en soit délivré des expéditions, lesdites expéditions ne pourront être faites que sur du *papier* de la même marque.

L'article 6 porte que les minutes des actes de la seconde classe seront écrites sur un *papier*, intitulé : *minute des actes de la seconde classe* : & à l'égard des expéditions & grosses qui seront délivrées des actes, que la première feuille de celles qui seront faites en *papier*, sera écrite sur un *papier* intitulé, *première feuille d'expédition* ; & que si l'expédition contient plus d'une feuille, les notaires se serviront pour les deuxièmes & autres feuilles, à quelque quantité qu'elles puissent monter, d'un *papier* intitulé : *deuxiè-mes feuilles d'expéditions*.

L'article 7 ordonne que les notaires se serviront de *parchemin* intitulé de même pour les grosses & expéditions, que les parties desireront leur être dé-livrées en *parchemin*.

L'article 8 défend aux notaires au châtelet de Paris de se servir, à compter du premier janvier

1724, d'autres *papiers* & *parchemins*, que ceux de la nouvelle formule ; leur enjoint de les employer suivant la nature des actes, & ordonne que cela soit pareillement observé par tous autres officiers & per-sonnes publiques, qui prétendent avoir droit de faire des inventaires & partages dans la ville & fauxbourgs de Paris.

L'article 9 ordonne que les expéditions & grosses dont la date sera antérieure audit jour premier jan-vier 1724, seront faites & délivrées en *papier* ou *parchemin timbrés* seulement du timbre ordinaire des fermes.

Enfin *l'article 10* porte que les quittances des rentes sur l'hôtel-de-ville, ou sur les tailles perpé-tuelles ou viagères, ainsi que les minutes, grosses & expéditions des contrats qui ne seroient point encore passés avant le premier janvier 1724, soient passés & expédiés sur le *papier timbré* ordinaire des fermes ; & qu'il en soit usé de même pour les copies collationnées par les notaires des grosses & expé-ditions, dont ils n'auront pas les minutes.

Cette déclaration fut exécutée pendant sept an-nées ; mais l'embarras que la distinction du *papier*, selon la nature des actes, causoit aux notaires & aux parties contractantes, engagea le roi à donner une autre déclaration le 5 décembre 1730, regis-trée en la cour des aides le 15 du même mois, qui supprime, à commencer du premier janvier 1731, les différentes formules dont l'établissement étoit ordonné par la déclaration du 7 décembre 1723, sur les différens actes & expéditions des notaires de Paris, & en conséquence commue lesdites formules en une formule uniforme, qui sera établie, à compter du premier janvier 1731, sur tous les *papiers* & *par-chemins* servant aux actes & contrats qui seront passés, à compter dudit jour, par les notaires de Paris, brevets, grosses, expéditions, copies collationnées, & extraits desdits actes & contrats, sans aucune distinction des différens actes, ni des premières & autres feuilles des grosses, expéditions, copies collationnées ou extraits, laquelle formule sera in-titulée : *actes des notaires de Paris*, & sera imprimée à côté du timbre ordinaire des fermes.

La même déclaration ordonne que les grosses, expéditions, extraits ou copies collationnées des actes & contrats qui auront été passés par lesdits notaires de Paris, à compter du premier janvier 1724, seront aussi sujets à la nouvelle formule.

Les grosses, expéditions, copies collationnées & extraits des actes & contrats dont la date sera anté-rieure au premier janvier 1724, sont dispensés de la nouvelle formule, ainsi que les contrats & quit-tances des rentes de l'hôtel-de-ville ou sur les tailles, perpétuelles & viagères, & aussi toutes autres quit-tances à la décharge de S. M. à condition toutefois que les pièces justificatives du droit & des qualités de ceux qui donneront lesdites quittances, seront mises sur *papiers timbrés* de la nouvelle formule.

Cette déclaration porte aussi que les empreintes des timbres de la nouvelle formule, tant du *papier*

que du *parchemin*, feront dépofées au greffe de l'é-
lection de Paris, qui connoîtra en première inftance
des contraventions à fa difpofition, & que les appels
en feront portés en la cour des aides à Paris.

Cette déclaration eft la dernière qui ait été rendue à l'égard des notaires à Paris, & même concernant le *papier timbré* en général, & elle a toujours
eu fon exécution.

Les deux déclarations dont on vient de rendre
compte, forment une exception en faveur des notaires de Paris, par rapport à ce que l'on a dit ci-
devant que les officiers publics qui ont le droit d'aller recevoir des actes hors du lieu de leur réfidence,
& même en d'autres généralités ou provinces, font
obligés de fe fervir du *papier* ufité dans chaque
pays pour les actes qu'ils y reçoivent; car les notaires au châtelet de Paris qui ont droit d'inftrumenter par tout le royaume, peuvent, depuis les déclarations de 1723 & 1730, fe fervir par tout le
royaume du même *papier & parchemin* dont ils fe
fervent à Paris.

Lorfque les notaires au châtelet de Paris vont recevoir des actes en quelque province, dans laquelle
il n'y a ni *papier timbré*, ni contrôle pour les actes
des notaires, comme en Artois, ils peuvent écrire
les actes qu'ils y reçoivent fur *papier commun*,
parce qu'il n'y a rien qui les oblige à fe fervir en
cette occafion de leur *papier* particulier: s'ils s'en
fervoient, l'acte n'en feroit pas moins valable,
parce que ce qui abonde, ne vicie pas ; ce feroit
feulement une dépenfe inutile.

Mais s'ils alloient recevoir des actes dans un pays
où le *papier timbré* n'eft pas en ufage, & dans lequel
néanmoins le contrôle des actes des notaires auroit
lieu, alors ils feroient obligés de fe fervir du même
papier dont ils fe fervent à Paris, parce que n'ayant
été affranchis de la formalité du contrôle qu'au
moyen du timbre particulier appofé *au papier* fur lequel ils écrivent leurs actes, on prétendroit peut-
être que leurs actes y deviendroient fujets dans
un tel pays, fi ces actes étoient écrits fur *papier
commun*.

Le *papier* deftiné à leurs actes leur eft tellement
perfonnel, qu'aucun autre officier public ne pourroit s'en fervir, même dans la généralité de Paris dont
ce papier porte auffi le timbre général, parce que
l'autre timbre particulier qui y eft appofé avertit
que ce *papier* ne peut fervir qu'aux actes des notaires au châtelet de Paris.

Mais quoique les notaires au châtelet de Paris
femblent être obligés, par la déclaration du 5 décembre 1730, de fe fervir pour tous leurs actes indiftinctement, de *papier timbré* de la nouvelle formule
établie pour eux, il y a néanmoins quelques actes
qu'ils peuvent écrire fur du *papier timbré* feulement
de la formule générale des fermes ; favoir,

1°. Les groffes, expéditions, copies collationnées,
& extraits des actes & contrats dont la date eft antérieure au premier janvier 1724, lefquels font dif-

penfés de la nouvelle formule par la déclaration du
5 décembre 1730.

2°. Les contrats & quittances de rentes fur l'hôtel-de-ville ou fur les tailles, perpétuelles ou viagères, & toutes autres quittances à la décharge de
fa majefté, à condition que les pièces juftificatives
du droit & des qualités de ceux qui donneront lefdites quittances, feront mifes fur *papier timbré* de la
nouvelle formule; ce qui eft ainfi ordonné par la
même déclaration du 5 décembre 1730.

3°. Les copies collationnées que les notaires délivrent des arrêts, fentences, & autres jugemens, &
des autres actes qui ne font pas émanés du miniftère
des notaires.

4°. Les notaires au châtelet de Paris peuvent écrire
un acte, fujet au nouveau timbre, à côté ou à la fuite
d'un acte précédent, quoique reçu fur du *papier
timbré* feulement de la formule générale des fermes
ou d'un timbre précédent, ou même fur du *papier
commun*, lorfque le nouvel acte a une liaifon &
une connexité naturelle avec celui auquel on le
joint, comme lorfqu'il s'agit de faire mention fur
l'original d'un acte, foit en minute ou en brevet,
ou fur la groffe, d'un paiement, d'une décharge,
d'une réduction, augmentation ou autre déclaration, qu'il eft important d'écrire fur l'acte auquel
elle eft relative, ainfi que cela a été remarqué
ci-devant par rapport à tous les notaires en général.

Par une fuite des principes généraux que l'on a
établis à ce fujet, un notaire au châtelet de Paris
ne pourroit pas, à la fuite ou à côté d'un acte ancien, reçu fur du *papier* qui ne feroit pas revêtu du
timbre actuellement ufité, écrire un nouvel acte qui
n'auroit aucune connexité avec celui auquel on le
joindroit ; autrement le nouvel acte pourroit être
argué de nullité pour n'avoir pas été écrit fur du
papier timbré de la formule particulière, établie pour
les actes des notaires de Paris, qui avoit cours au
temps où le nouvel acte a été paffé.

L'obfervation de la formalité du timbre dans les
lieux & les cas où elle eft requife, eft d'autant plus
effentielle que les réglemens qui la prefcrivent ne
font pas des loix fimplement comminatoires ; ils
prononcent formellement la peine de nullité contre
tous actes publics, qui devant être écrits fur *papier*
ou *parchemin timbré*, feroient écrits fur *papier* ou
parchemin commun ; enforte que l'on ne pourroit
pas rendre valable un acte public écrit fur du *papier* ou *parchemin* commun, en le faifant timbrer
après qu'il a reçu fa perfection par la fignature des
parties & des officiers publics, & cela même en
payant aux fermiers du roi les droits & les amendes;
parce que le fermier ne peut remettre que fon intérêt, & ne peut pas relever de la peine de nullité
ceux qui l'ont encourue ; car dès que la nullité eft
encourue, le droit de l'oppofer eft acquis à tous
ceux qui peuvent avoir intérêt d'empêcher l'exécution de l'acte ; & comme c'eft une maxime certaine, que l'on ne peut préjudicier au droit acquis

à un tiers, il ne dépend pas du fermier de remettre la peine de nullité une fois encourue par l'omission de la formalité du timbre.

Mais pour mieux entendre quel eſt l'effet de la peine de nullité prononcée par les réglemens qui ont établi la formalité du timbre, il faut d'abord diſtinguer les actes contentieux des actes volontaires.

Les actes contentieux, comme les arrêts, ſentences, ordonnances, & autres jugemens, les enquêtes, informations, procès-verbaux de viſite, rapports d'experts, les exploits & autres procédures & inſtructions qui ſe font par le miniſtère des officiers de juſtice, doivent, ſous peine de nullité abſolue, être écrits ſur *papier* ou *parchemin timbré*, dans les lieux où la formalité du timbre eſt établie, ainſi qu'il fut jugé par arrêt rendu à la ſéance de la chambre des vacations en la conciergerie du palais le 26 octobre 1753, ſurveille de ſaint Simon-ſaint Jude : voici l'eſpèce de cet arrêt.

La demoiſelle Robert, priſonnière pour dettes en la conciergerie, ayant demandé à cette ſéance ſa liberté, en fut déboutée; elle avoit aſſiſté à la plaidoierie de ſa cauſe auſſi-bien que ſon créancier; après la prononciation de l'arrêt, elle lui donna un ſoufflet derrière le barreau : le ſubſtitut qui portoit la parole à cette ſéance pour M. le procureur-général, ayant entendu le coup qui venoit d'être donné & le murmure que cela excita, rendit plainte de l'irrévérence commiſe envers l'audience, & conclut à ce qu'il en fût informé, ce qui fut ainſi ordonné par la chambre; & comme ces ſortes de procès s'inſtruiſent ſommairement, on entendit ſur-le-champ les témoins qui avoient vu donner le ſoufflet.

Lorſqu'on en étoit au récolement, le ſubſtitut s'apperçut que le greffier qui tenoit la plume, avoit par inadvertence écrit toute la procédure ſur du *papier* commun; il conclut à ce que toute cette procédure fût déclarée nulle; & en effet il intervint arrêt conforme à ſes concluſions, qui déclara toute ladite procédure nulle, & ordonna qu'elle ſeroit recommencée, ce qui fut fait ſur *papier timbré*, & cette ſeconde inſtruction ayant été achevée en bonne forme, la demoiſelle Robert fut condamnée à faire réparation à l'audience, &c.

A l'égard des actes publics volontaires, tels que ceux émanés des notaires, tabellions, &c. il faut diſtinguer ceux qui ne ſont obligatoires que d'une part, d'avec ceux qui ſont ſynallagmatiques, c'eſt-à-dire, qui ſont reſpectivement obligatoires à l'égard de toutes les parties contractantes.

Les actes qui ne ſont obligatoires que d'une part, comme une obligation, une quittance, & les actes qui ne forment point de convention, tels que les déclarations, les certificats, & autres actes de cette nature, ne ſont pas abſolument nuls à tous égards, lorſqu'il leur manque la formalité du timbre : toute la peine de nullité par rapport à ces ſortes d'actes, eſt qu'ils ne ſont pas valables comme actes publics,

& qu'ils n'ont aucun des effets attachés à la publicité des actes, tels que l'authenticité, l'hypothèque, l'exécution parée; mais ils ſont quelquefois valables comme écriture privée.

En effet, lorſque l'on y a obſervé la forme preſcrite pour les actes ſous ſignature privée, ils ſont valables en cette dernière qualité, quoiqu'ils euſſent été faits pour valoir comme actes publics.

Mais ſi ayant été faits pour valoir comme actes publics, ils ne peuvent valoir en cette qualité faute du timbre, ou à cauſe de quelque défaut eſſentiel dans l'obſervation de cette formalité; & que d'un autre côté ces actes ne ſoient pas dans une forme telle qu'ils puiſſent valoir comme écriture privée, c'eſt alors un des cas où ils ſont abſolument nuls aux termes des réglemens.

Par exemple, ſi un notaire reçoit un teſtament ſur *papier* commun, dans un lieu où il devoit l'écrire ſur du *papier timbré*, ce teſtament ſera abſolument nul, & ne vaudra même pas comme teſtament olographe, parce que, pour être valable en cette qualité, il faudroit qu'il fût entièrement écrit & ſigné de la main du teſtateur, au lieu qu'ayant été reçu par un notaire, ce ſera le notaire ou un de ſes clercs qui l'aura écrit.

De même, ſi un notaire reçoit une obligation ſur *papier* commun, tandis qu'elle devoit être ſur *papier timbré*, elle ne ſera pas valable, même comme promeſſe ſous ſignature privée, parce qu'aux termes de la déclaration du roi du 22 ſeptembre 1733, regiſtrée en parlement le 14 ſuivant & le 20 janvier 1734, *tous billets ſous ſignature privée, au porteur, à ordre ou autrement, cauſés pour valeur en argent, ſont nuls, ſi le corps du billet n'eſt écrit de la main de celui qui l'a ſigné, ou du moins ſi la ſomme portée au billet n'eſt reconnue par une approbation écrite en toutes lettres auſſi de ſa main.*

Cette déclaration excepte ſeulement les billets ſous ſignature privée, faits par *des banquiers, négocians, marchands, manufacturiers, artiſans, fermiers, laboureurs, vignerons, manouvriers, & autres de pareille qualité*, à l'égard deſquels elle n'exige pas que le corps de leurs billets ſoit entièrement écrit de leur main; enſorte que les obligations paſſées devant notaires par ces ſortes de perſonnes, & reçues ſur du *papier* commun, lorſqu'elles devoient être ſur *papier timbré*, pourroient valoir comme billets ſous ſignature privée, pourvu que l'acte fût ſigné de l'obligé.

Pour ce qui eſt des actes que les parties n'ont point ſignés, faute de ſavoir écrire, ou pour quelque autre empêchement, ils ſont abſolument nuls à tous égards, lorſque les officiers publics qui devoient les recevoir ſur *papier timbré*, les ont reçus ſur *papier* commun, & ces actes ne peuvent valoir même comme écriture privée, parce que les actes ſous ſeing-privé ne ſont parfaits que par la ſignature des parties.

A l'égard des actes ſynallagmatiques, tels que les contrats de vente, d'échange, de ſociété, les baux,

&

& autres actes semblables, qui obligent respectivement les parties contractantes à remplir, chacune de
leur part, certains engagemens, lorsqu'ils sont reçus par des officiers publics sur du *papier* commun,
dans un lieu où ils devoient être écrits sur *papier
timbré*, ils sont aussi absolument nuls à tous égards,
& ne peuvent valoir même comme écriture privée,
encore que les parties contractantes les eussent signés, parce que pour former un acte obligatoire,
synallagmatique, sous seing-privé, il faut qu'il soit
fait double, triple, ou quadruple, &c. selon le
nombre des contractans, afin que chacun puisse en
avoir un pardevers soi, ce que l'on appelle en Bretagne *un autant*; & qu'il soit fait mention dans chaque expédition que l'acte a été fait double, triple,
ou quadruple; ce qui est tellement de rigueur, que
l'omission de cette mention suffit pour annuller la
convention.

Cette règle est fondée sur le principe, qu'une
convention ne peut pas être valable, à moins que
chaque contractant ne puisse contraindre les autres
à exécuter leurs engagemens, comme il peut être
contraint de remplir les siens.

Pour mettre les contractans en état d'obliger les
autres d'exécuter leurs engagemens, il faut que chacun d'eux ait pardevers soi un titre contre les autres; car un acte synallagmatique sous seing-privé
qui seroit simple, ne formeroit pas un titre commun,
quoiqu'il fût signé de tous les contractans, puisque chacun d'eux ne pourroit pas l'avoir en sa possession, & que celui entre les mains duquel il seroit, pourroit le faire paroître ou le supprimer, selon
son intérêt, au préjudice des autres contractans qui
ne pourroient pas s'en aider.

Or, lorsqu'un acte synallagmatique a été reçu
par un officier public, pour valoir comme acte public, & que néanmoins il ne l'a reçu que sur *papier*
commun, soit par impéritie ou autrement, quoiqu'il dût le recevoir sur *papier timbré*, cet acte ne
peut valoir comme écriture privée, parce qu'il n'a
point été fait double, triple, ou quadruple, &c.
selon le nombre des contractans, & que par conséquent il n'y est pas fait mention qu'il ait été fait
double ou triple, &c. d'où il s'ensuit qu'il ne peut
être synallagmatique, & qu'il est absolument nul.

En vain prétendroit-on que la minute de cet acte
synallagmatique devient un titre commun dont
chaque contractant peut ensuite lever des expéditions, & par-là se procurer un titre pour obliger les
autres parties à exécuter l'acte de leur part: dès
que l'acte synallagmatique n'a pas été reçu par l'officier public sur *papier timbré* comme il devoit l'être,
& que par l'omission de cette formalité l'acte ne
peut valoir comme acte public, l'original de cet
acte que l'officier public a retenu pardevers lui,
ne peut être considéré comme une vraie minute,
qui soit un titre commun dont on puisse lever des
expéditions qui servent de titre à chacun des contractans, parce que l'original n'étant pas un acte
public, mais seulement un acte privé simple, il

pouvoit être supprimé par ceux entre les mains desquels il étoit, & par conséquent ne pouvoit pas
devenir obligatoire: le dépôt qui en a été fait chez
un officier public, ne peut pas réparer ce vice primordial, ni faire que les expéditions qu'en délivre-
roit l'officier public, servissent de titre à chacun des
contractans, parce que l'acte étant nul dans le principe, ne peut être réhabilité par la qualité du lieu
où il est gardé.

Il faut néanmoins excepter de cette règle certains
actes que les notaires peuvent recevoir en brevet;
car si ces actes ont été faits doubles ou triples, selon
le nombre des parties contractantes, ainsi que cela
s'observe ordinairement, & que chaque double soit
signé de la partie qu'il oblige; ces actes qui ne seroient pas valables comme actes publics, s'ils étoient
écrits sur du *papier* ou *parchemin* commun, dans un
lieu où ils devoient l'être sur *papier* ou *parchemin
timbré*, vaudroient du moins comme écriture privée, parce qu'ils auroient en eux toutes les conditions nécessaires pour valoir en cette qualité.

En France, depuis quelque temps, on a établi
dans chaque généralité où le *papier timbré* est en
usage, une papeterie pour y fabriquer exprès le
papier que l'on destine à être timbré; & dans le corps
de ce *papier*, au lieu de la marque ordinaire ou enseigne du fabricant, il y a au milieu de chaque
feuille une marque intérieure du timbre extérieur
qui doit y être apposé en tête.

Tout le *papier* qui se fait dans ces fabriques particulières est porté au bureau du timbre, & l'on
n'en vend point aux particuliers qu'on n'y ait auparavant apposé le timbre extérieur de la généralité
pour laquelle il a été fabriqué.

Suivant l'usage qui s'observe actuellement, la
marque intérieure du timbre insérée dans le corps
du *papier timbré*, ne paroît pas être absolument de
l'essence de la formalité, & à la rigueur il suffit que
le *papier* sur lequel est écrit l'acte public soit timbré
au haut de chaque feuille du timbre extérieur qui
s'imprime avec le poinçon ou filigramme; & en
effet les officiers publics écrivent quelquefois leurs
actes sur du *papier* commun, & font ensuite timbrer chaque feuille avant de signer & faire signer
l'acte; on fait aussi timbrer les mémoires, criées,
enchères, & autres publications ou jugemens imprimés que l'on doit signifier, & tous ces différens
actes ainsi timbrés ne sont pas moins valables que
ceux qui sont écrits sur du *papier* marqué, tant du
timbre intérieur que de l'extérieur.

Il seroit néanmoins à propos que les officiers publics ne pussent se servir pour les actes de leur ministère que de *papier* marqué de l'un & l'autre timbre; car loin que cette répétition du timbre soit
inutile, chacun de ces deux timbres a son utilité
particulière.

Le timbre extérieur imprimé au haut de chaque
feuille, contribue à donner à l'acte le caractère d'authenticité & de publicité; & fait connoître à l'inf-

pection seule de l'acte, que c'est un acte public & non une écriture privée.

La marque intérieure du timbre qui est dans le corps du *papier* & faite en même temps que le *papier*, sert à assurer que le *papier* étoit revêtu du timbre extérieur lorsque l'acte y a été écrit, & qu'il n'a pas été timbré après coup, parce qu'on ne délivre à personne du *papier* fabriqué pour être timbré, que le timbre n'y ait effectivement été apposé ; ensorte que la marque intérieure du timbre constate d'une manière plus sûre la régularité de la forme de l'acte, que le timbre extérieur qui pourroit frauduleusement être appliqué après coup, pour faire valoir un acte auquel manqueroit cette formalité.

Mais ce qui est encore plus important, c'est que la marque intérieure du timbre peut suppléer le timbre extérieur s'il n'avoit pas été marqué, ou bien s'il se trouvoit effacé ou déchiré ; c'est ce qui a été jugé dans une affaire dont voici l'espèce.

Théophile Vernet, banquier à Paris, fut emprisonné pour dettes en vertu de différentes sentences des consuls obtenues contre lui par le sieur le Noir, son créancier. Il interjetta appel de ces sentences, & à la séance du 23 décembre 1732, il demanda sa liberté, prétendant que toute la procédure étoit nulle, sous prétexte que l'exploit du 6 avril 1728, en quelque façon introductif de l'instance, étoit écrit sur *papier* non-timbré ; il fit valoir la disposition des réglemens qui ont établi la formalité du timbre, lesquels prononcent la peine de nullité contre les actes émanés d'officiers publics, qui seront écrits sur *papier* commun.

La copie de l'exploit en question n'avoit réellement aucune marque du timbre extérieur ; mais Vernet étoit forcé de convenir que le quarré de *papier* sur lequel elle étoit écrite, sortoit de la fabrique des *papiers* destinés à recevoir l'empreinte du timbre, car, en le présentant au jour, on en voyoit distinctement la marque : or, disoit le défenseur du sieur le Noir, le *papier* de cette fabrique particulière ne sert qu'au bureau du timbre, par conséquent ce n'est pas la faute de l'huissier, mais des buralistes, si le timbre n'y est pas bien marqué, qu'il leur est assez ordinaire en marquant le *papier*, d'oublier quelquefois de renouveller l'encre que l'on met sous le poinçon ou filigramme du timbre, & de passer une feuille, laquelle ne reçoit l'empreinte du timbre que par la compression du *papier* ; qu'en ce cas cette empreinte faite sans encre s'efface aisément, soit d'elle-même par la longueur du temps, soit en mettant le *papier* sous presse ; que ce dernier cas sur-tout se vérifie par l'expérience journalière que nous avons à l'égard des feuilles nouvellement imprimées, où les caractères des lettres forment, du côté de l'impression, autant de petites concavités qu'il y a de lettres, & de l'autre côté débordent & paroissent en relief ; mais que la feuille imprimée soit mise sous presse, le *papier* redevient uni de part &

d'autre, & il est difficile que l'on reconnoisse la trace des caractères qui débordoient, soit d'un côté seulement, soit de tous les deux.

Le défenseur du sieur le Noir ajoutoit que lorsqu'on s'apperçoit que le timbre n'est pas marqué, on n'a qu'à reporter la feuille aux buralistes qui ne font pas difficulté de la reprendre ; que l'huissier, en écrivant au dos de l'empreinte l'exploit en question, ne s'en étoit pas apperçu ; qu'il n'avoit pas examiné si elle étoit plus ou moins marquée ; qu'il étoit dans la bonne-foi ; qu'il falloit même observer que Vernet n'avoit relevé ce moyen qu'après plus de quatre ans, c'est-à-dire, après s'être ménagé cette prétendue nullité avec le secours du temps, ou plutôt de la presse ; qu'aussi s'appercevoit-on aisément que la place de l'empreinte étoit extrêmement polie, ce qui prouvoit qu'elle n'avoit disparu qu'avec peine, mais qu'il en falloit toujours revenir au point de fait que le *papier* étoit émané du bureau du timbre ; que Vernet convenoit lui-même que le *papier* étoit sorti de la fabrique particulière destinée au timbre ; que dès-lors que cette fabrique ne sert que pour les bureaux du timbre, il n'y avoit point de nullité, qu'il n'y en avoit qu'autant que les préposés à la distribution du *papier timbré* pourroient se plaindre de la contravention aux édits & ordonnances intervenus à ce sujet ; que puisque ces commis ne pouvoient se plaindre, & qu'on avoit satisfait aux droits du roi, le sieur Vernet étoit non-recevable.

Cette question de nullité ayant été vivement discutée de part & d'autre, il intervint arrêt ledit jour 23 décembre 1732, qui joignit au fond la requête de Vernet.

Quelque temps après, Vernet s'étant pourvu sur le fondement du même moyen devant M. de Gaumont, intendant des finances, on mit *néant* sur sa requête.

Enfin, sur le fond de l'appel, l'instance ayant été appointée au conseil, entre autres moyens que proposoit Vernet, il opposoit que toute la procédure étoit nulle, attendu que l'exploit introductif étoit sur *papier* non timbré.

La question de la validité de l'exploit fut de nouveau discutée. La dame le Noir, au nom & comme tutrice de ses enfans, ayant repris au lieu de son mari, fit valoir les moyens qui avoient déjà été opposés à Vernet. Elle ajouta que l'arrêt rendu contre lui, à la séance du 23 décembre 1732, étoit un débouté bien formel d'un moyen qui, s'il eût été valable, auroit dû, dans le moment, lui procurer sa liberté ; qu'à ce préjugé se joignoit encore celui qui résultoit du *néant* mis sur la requête présentée par ledit Vernet à M. de Gaumont, intendant des finances.

Par arrêt du 22 août 1737, rendu en la grand-chambre, au rapport de M. Bochart de Saron, la cour, en tant que touchoient les appels interjettés par Vernet, mit les appellations au néant, ordonna que ce dont étoit appel, sortiroit son plein & entier effet ; condamna l'appellant en l'amende : enforte que l'exploit en queſtion a été jugé valable , & que dans ces ſortes de cas, la marque intérieure du timbre ſupplée le timbre extérieur , ſoit qu'il n'ait pas été appoſé , ou qu'il n'ait pas été bien marqué, & qu'il ait été effacé ou déchiré.

La marque intérieure du timbre fait donc préſumer que le *papier* a reçu le timbre extérieur , & par-là ſert à aſſurer que l'acte a été écrit ſur du *papier* qui étoit déjà revêtu du timbre extérieur , & non pas timbré après coup, ce qui ne laiſſe pas d'être important ; car puiſqu'il eſt enjoint aux officiers publics , ſous peine de nullité des actes qu'ils reçoivent, d'écrire leſdits actes ſur du *papier timbré* , ceux qui ſont dépoſitaires des poinçons du timbre ne doivent pas timbrer un acte écrit ſur du *papier* commun, lorſqu'il eſt déjà ſigné & parfait comme écriture privée, pour le faire valoir après coup comme écriture publique : ſi on tolère que le timbre extérieur ſoit appoſé ſur un acte déjà écrit , ce ne doit être que ſur un acte qui ne ſoit pas encore ſigné. C'eſt pourquoi il ſeroit à propos d'aſſujettir tous les officiers publics à n'écrire les actes qu'ils reçoivent que ſur du *papier* marqué des deux timbres , c'eſt-à-dire , de la marque du timbre qui eſt dans le corps du *papier*, & du timbre extérieur qui s'imprime au haut de la feuille , parce que le concours de ces deux marques rempliroit tous les objets que l'on peut avoir eu en vue dans l'établiſſement de cette formalité ; & la marque intérieure du timbre écarteroit tout ſoupçon & toute difficulté , ſoit en conſtatant que le *papier* étoit revêtu du timbre extérieur lorſque l'acte y a été écrit , ſoit en ſuppléant ce timbre extérieur s'il ne ſe trouvoit pas ſur l'acte.

Mais cette précaution ne ſerviroit que pour les actes qui s'écrivent ſur du *papier*, & non pour ceux qui s'écrivent en parchemin ; parce que la matière du parchemin n'étant pas faite de main d'homme , on ne peut pas y inférer de marque intérieure, comme dans le *papier* dont la marque ſe fait en même temps; leſquelles marques intérieures , ſoit qu'elles repréſentent le timbre ou l'enſeigne du fabricant, ſont fort utiles & ont ſervi à découvrir bien des fauſſetés : auſſi y a-t-il beaucoup plus d'inconvéniens à ſe ſervir de *parchemin* qu'à ſe ſervir de *papier*, non-ſeulement parce que la deſtination du *parchemin* ne peut pas être conſtatée d'une manière auſſi ſûre que le *papier*, mais encore parce que le *parchemin* eſt plus facile à altérer que le *papier* : enſorte que pour mieux aſſurer la vérité des actes , il ſeroit à ſouhaiter qu'on les écrivît tous ſur du papier.

Les ordonnances , édits & déclarations qui ont établi la formalité du timbre , ne ſe ſont pas contentées d'ordonner que tous les actes reçus par les officiers publics ſoient timbrés. L'ordonnance du mois de juin 1680 , rendue ſur cette matière , a diſtingué les actes qui doivent être écrits en *parchemin timbré*, de ceux qu'il ſuffit d'écrire ſur *papier*

timbré. Cette diſtinction a été confirmée & détaillée encore plus particuliérement par la déclaration du 19 juin 1691.

Ces réglemens prononcent bien une amende contre ceux qui y contreviendroient ; mais ils ne prononcent pas la peine de nullité comme les premiers réglemens qui ont établi la formalité du timbre en général.

Ainſi un acte qui doit être en *parchemin timbré* ne ſeroit pas nul , ſous prétexte qu'il ne ſeroit qu'en *papier timbré* ; parce que tout ce qu'il y a d'eſſentiel dans la formalité , & qui doit être obſervé à peine de nullité , c'eſt que l'acte ſoit timbré : pour ce qui eſt de la diſtinction des actes qui doivent être en *parchemin*, d'avec ceux qui doivent être en *papier*, c'eſt un réglement qui ne concerne , en quelque ſorte , que les officiers publics , qui , en y contrevenant , s'expoſent aux peines pécuniaires prononcées par les réglemens.

Il y a néanmoins un inconvénient conſidérable pour les parties qui agiſſent en vertu de tels actes , c'eſt que les débiteurs, parties ſaiſies , ou autres perſonnes pourſuivies en vertu de ces actes écrits ſur *papier timbré* ſeulement , tandis qu'ils devroient être en *parchemin timbré*, obtiennent ſans difficulté , par ce défaut de formalité , la main-levée des ſaiſies faites ſur eux , ſauf aux créanciers , ou autres porteurs de ces actes , à ſe mettre après en règle. Telle eſt la juriſprudence que l'on ſuit à cet égard.

Pour ce qui eſt des actes qu'il ſuffit d'écrire ſur *papier timbré*, & que l'on auroit écrit ſur *parchemin timbré*, ou bien de ceux que l'on peut mettre ſur *papier* ou *parchemin* commun, & que l'on auroit écrit ſur *papier* ou *parchemin* timbrés , ils ne ſeroient pas pour cela nuls, parce que ce qui abonde ne vicie pas.

Mais il y auroit plus de difficulté ſi un acte d'une certaine nature étoit écrit ſur du *papier* ou *parchemin* deſtiné à des actes d'une autre eſpèce ; par exemple , ſi un notaire écrivoit ſes actes ſur du *papier* ou *parchemin* deſtiné pour les expéditions des greffiers , & *vice verſâ* ; dans ces cas, la contradiction qui ſe trouveroit entre le titre du timbre & la qualité de l'acte , pourroit faire ſoupçonner qu'il y auroit eu quelque ſurpriſe , & qu'on auroit fait ſigner aux parties un acte pour un autre , ou du moins , feroit rejetter l'acte comme étant abſolument informe.

De même s'il arrivoit qu'un acte paſſé dans une généralité fût écrit ſur du *papier* ou *parchemin timbrés* du timbre d'une autre généralité , il y a lieu de croire qu'un tel acte ſeroit déclaré nul ; & ce ſeroit aux parties à s'imputer d'avoir fait écrire leur acte ſur du *papier* qui ne pouvoit abſolument y convenir , & qu'ils ne pouvoient ignorer être une autre généralité, puiſque le nom de chaque généralité eſt gravé dans le timbre qui lui eſt propre.

Et à plus forte raiſon , un acte reçu par un officier public de la domination de France ſeroit-il nul , s'il étoit écrit ſur du *papier* ou *parchemin* ſur lequel

Y y 2

feroit appofé un timbre étranger ; parce que le timbre établi par chaque prince, ne peut convenir qu'aux actes qui fe paffent dans fes états.

Les poinçons ou empreintes du timbre font dépofés au greffe de l'élection de Paris, laquelle connoit en première inftance des contraventions aux réglemens ; & l'appel va à la cour des aides. *Voyez la déclaration du 5 novembre 1730.* Voyez auffi le *Dictionnaire des finances.* (A)

PARADE, (*Droit féodal.*) le terrier de l'abbaye de Bonnefaque en Limoufin, porte que l'abbeffe ne doit point de vifitation ni de décime, finon le droit de parade, l'an biffextral.

Galland, qui donne cette indication dans le *Gloffaire du droit françois*, dit que la parade eft ici ce qui eft appellé ailleurs *parata.*

Ce dernier mot défigne une efpèce de droit de vifite ou de procuration que plufieurs évêques & d'autres prélats fe font attribués. Mais Galland prouve, par le texte fuivant tiré de l'ouvrage de Paris *de Puteo, de redintegratione feudorum, cap.* 151, qu'on a auffi donné ce nom dans le royaume de Naples, à un droit féodal qui avoit à-peu-près le même objet. *Eft confuetudo aliquorum feudorum regni ut eft in terrâ Cilenti, de provinciâ Principatus, quod dominus directus anno quolibet accedere folet ad civitatem, vel terram in quâ funt feuda, & feudatarii tenentur dare fibi unam paratam, vel duas, quæ parata eft tot corbarum ordei, pullorum, ceræ, piperis & aliarum rerum utenfilium,* &c. *Voyez l'article* PARÉE. (*M. GARRAN DE COULON, avocat au parlement.*)

PARAGE, (*Droit féodal.*) ce mot a ou a eu plufieurs acceptions, qui toutes défignent une relation d'égalité ; ainfi l'on a raifon de le dériver du latin *par*, qui fignifie *égal* ou *pareil.*

1°. On a autrefois employé ce mot pour marquer cette égalité de condition, fuivant laquelle les filles nobles devoient être mariées, & que quelques coutumes appellent encore *aparagement* ou *emparagement.* On trouve le mot *parage*, ou le latin barbare *paragium*, dans ce premier fens, au livre 3, *tit.* 33 des conftitutions de Sicile, dans les anciennes loix d'Angleterre, & dans beaucoup de titres & d'auteurs anciens.

2°. On a auffi appellé *haut parage*, ou fimplement *parage*, une naiffance illuftre, ou l'état de la haute-nobleffe. On a employé le mot *parage* dans ce fens, prefque dans toute l'Europe.

C'eft ainfi qu'on lit dans les livres des fiefs, *liv.* 2, *tit.* 10, que les nouveaux acquéreurs des fiefs reftent toujours roturiers, & que ceux qui font aujourd'hui foudoyés pour aller à la guerre, n'acquièrent par-là ni le *parage*, ni même l'ufage d'un fief, *per eam nullum paragium fed nec feudi ufum acquirunt.*

C'eft encore à-peu-près dans ce fens qu'on l'a employé dans la province de Catalogne. Le comte Borel, dit Çurita, manquant de monde, après la prife de Barcelonne, pour fuivre la guerre contre les Maures, accorda la liberté & la franchife militaire à tous ceux qui viendroient

fe réunir à lui avec armes & chevaux. On affure qu'il lui vint 600 cavaliers, qui de-là en avant fe nommèrent *hommes de parage* (*hombres de paratge*), ce qui fignifie, fuivant l'auteur catalan, d'où ces détails font tirés, qu'ils étoient abfolument égaux à ceux dont les maifons avoient obtenu ces franchifes ; & dans la langue catalane, le mot *hombre de paratge* fignifie abfolument la même chofe que *hombre hijo dalgo*, en caftillan. *Analès de Aragon, lib.* 1, *cap.* 10.

3°. On a dit autrefois *parage*, ou en latin barbare, *paragium*, pour défigner une portion aliquote dans quelque chofe, & particulièrement dans une pêcherie ou dans une éclufe. On peut voir plufieurs exemples de cette acception dans Ducange.

4°. On a dit auffi *parage* pour *pariage. Voyez* dom Carpentier, *au mot* Pariagium, *& l'article* PARIAGE.

5°. Enfin on entend par *parage*, une efpèce de tenure, fuivant laquelle l'aîné d'un fief échu à plufieurs cohéritiers, rend au feigneur dominant la foi & hommage pour la totalité du fief, tandis que les puînés y tiennent leurs portions divifément ou indivifément, fans en faire hommage, ni au feigneur dominant, ni à l'aîné qui les garantit fous fon hommage.

Cette acception du mot *parage*, qui eft la plus ufitée & la feule dont on va s'occuper dans la fuite de cet article, ne convient guère qu'au *parage* de notre droit françois (1). Elle ne peut même s'appliquer qu'au *parage* légal, le feul qui mérite véritablement ce nom. Il y a néanmoins une autre efpèce de *parage*, que les auteurs appellent *parage conventionnel*, & que la coutume de Poitou défigne fous le nom de *tenure en gariment.* On parle de cette dernière efpèce de *parage*, aux mots GARIMENT, PARAGE CONVENTIONNEL, PART-METTANT & PART-PRENANT.

On va fe borner ici à parler du *parage* légal. La fingularité de ce droit & les difficultés qu'il préfente, doivent fervir d'excufes fi l'on entre dans beaucoup de détails.

On va donc traiter,

1°. De l'origine & de l'hiftoire du *parage.*

2°. Des coutumes où ce droit eft encore admis aujourd'hui.

3°. Des coutumes qui ont du rapport avec celles de *parage.*

4°. Des différens noms que les coutumes admettent en matière de *parage.*

5°. Des perfonnes entre lefquelles le *parage* peut avoir lieu.

6°. Des biens qui font fufceptibles de *parage.*

7°. Des cas où le *parage* s'établit.

8°. Du fous-*parage* ou du *parage* qui a lieu dans la fubdivifion d'une portion du fief tenu en *parage.*

9°. Du titre d'aîné ou de chenier, des prérogatives & des charges qui y font attachées.

---

(1) *Voyez fur le parage d'Allemagne, la fin du §. I.*

10°. Des droits & des charges des puînés durant le *parage*.

11°. Des droits du seigneur dominant durant le *parage*.

12°. Des différentes manières dont le *parage* cesse.

13°. De la procédure qui doit être tenue à la fin du *parage*.

14°. Des effets de la cessation du *parage*.

§. I. *De l'origine & de l'histoire du parage.* Le droit des *parages* est une suite de l'hérédité des fiefs, dont il est impossible de déterminer l'époque d'une manière bien précise. Cette révolution, comme toutes celles qui se font dans les usages, a dû se préparer & s'opérer insensiblement. On trouve quelques exemples de bénéfices héréditaires de la première race ; & l'on peut démontrer que la plupart de ceux qui étoient tenus de la couronne furent rendus tels par Louis-le-Débonnaire, Charles-le-Chauve & Charlemagne lui-même ; quoique Chantereau le Febvre ait prétendu que cela n'avoit eu lieu que sous la troisième race. *Voyez dans le Journal du palais le* factum *de M.* Husson ; *sous l'arrêt du 3 septembre 1668 ; l'Esprit des loix,* liv. 31, chap. 8, 28 & 32 ; *les Historiens de France, par* dom Bouquet, *tome* 6, *pag.* 646 & *suiv. ; le Droit public de France, par* Bouquet, *pag.* 108, &c.

Cette hérédité des grands bénéfices, qui n'acheva d'être générale en France qu'à la fin de la seconde race, devint néanmoins assez commune dès le règne de Louis-le-Débonnaire. On trouve à cet égard un passage curieux dans la vie de ce prince, par Thégan, son contemporain. *In tantum largus, ut anteà nec in antiquis libris, nec in modernis temporibus auditum est, ut villas regias quæ erant sui, & avi & tritavi, fidelibus suis tradidit eas in possessiones sempiternas & præcepta construxit, & annuli sui impressione, cum subscriptione manû propriâ roboravit ; fecit enim hoc diù tempore.* Thégan, *de gestis Lud. imp. cap. 19.*

L'hérédité des sous-inféodations s'établit plus tard. On en trouve pourtant des exemples dès le dixième siècle, ou même avant. *Voyez la lettre* 4 *de* Boullainvilliers *sur les parlemens, & la fin de la lettre* 3.

Cette succession n'eut d'abord lieu qu'en ligne directe, & pour les mâles seulement. L'admission des parens collatéraux & des filles ne fût, dans l'origine, qu'une grace ou une composition entre le seigneur & eux. Aussi dans la plupart des coutumes où l'on ne paie point de rachat pour les fiefs échus en ligne directe, il se paie dans tous les degrés de ligne collatérale.

La même décision se retrouve dans les *Livres des fiefs,* liv. 2, tit. 24, pour la succession des filles. Ailleurs, le droit de mariage autrefois si général, & depuis presque par-tout aboli, tenoit lieu de rachat pour les filles. *Voyez les Assises de Jérusalem,* chap. 245, 246 & 247, *avec les notes ; le grand Coutumier, liv.* 2, *chap.* 29 ; Ducange, *verbo* Maritagium ; *les anciennes Loix d'Angleterre & d'Ecosse,* &c.

Encore aujourd'hui dans quelques coutumes, le achat a lieu quand le fief tombe en mains de filles, ou quand elles se marient. Anjou, art. 87, Poitou, art. 144 & 150.

Toutes ces entraves mises à l'hérédité des fiefs n'auroient pas néanmoins suffi pour faire introduire le *parage,* sans l'établissement du droit d'aînesse. L'origine de ce dernier droit est un problème assez incertain.

Loisel dit qu'avant que les fiefs fussent vraiment patrimoniaux, ils étoient indivisibles & baillés à l'aîné pour lui aider à supporter les frais de la guerre ; &c. *Institutes cout. liv.* 4, *tit.* 3, §. 60.

Le savant Laurière adopte cette opinion dans ses *Notes* & dans son *Glossaire du droit françois.* Il y ajoute que, sous nos rois de la seconde race, quand l'église donnoit des terres à précaire, & quand elle vouloit bien que ces terres passassent aux enfans des donataires jusqu'à un certain degré, c'étoit quelquefois à la charge qu'elles appartiendroient seulement à l'aîné. Il rapporte en preuve, d'après Besly, une chartre de l'an 892, qui contient effectivement une telle clause. Enfin il dit que quoiqu'a-
» lors les fiefs ne fussent point encore héréditaires,
» cependant comme les seigneurs consentoient
» quelquefois qu'ils passassent aux enfans de leurs
» vassaux, & jusqu'à un certain degré, ainsi que
» les terres données par l'église à précaire, vrai-
» semblablement c'étoit aussi pour l'ordinaire, à
» la charge que les fiefs appartiendroient aux en-
» fans aînés, à l'exclusion des puînés.
» Le droit d'aînesse, ajoute-t-il, fut ensuite gé-
» néralement établi parmi nous, quand on y ren-
» dit les fiefs héréditaires & patrimoniaux, & en-
» fin nous avons communiqué ce droit aux autres
» nations de l'Europe ».

Un exemple unique, tel que celui de la chartre de 892, n'est guère décisif. Aussi le même auteur dit-il, dans sa belle *Préface des Ordonnances du Louvre,* que quand le roi Lothaire, en 954, & ses successeurs eurent réformé l'usage funeste de partager le royaume entre les enfans du dernier roi, les seigneurs prirent pour modèle ce qui venoit de se passer à l'égard du fief dominant, c'est-à-dire, de la couronne, & qu'on les regarda, pendant quelque temps, comme les seuls héritiers dans les successions féodales, & comme les seigneurs de leurs frères.

Un autre écrivain prétend au contraire que ce furent les grands fiefs qui servirent en cela de modèle pour la couronne, parce que, dit-il, on a des exemples de la succession des aînés seuls, pour ces fiefs, avant qu'on en ait pour la couronne. Il observe, que, dès l'an 921, Raoul, depuis élu roi de France, succéda seul dans le duché de Bourgogne, à Richard le Justicier, son père, quoiqu'il eût deux frères, dont l'un, nommé Boson, fut comte de la haute-Bourgogne, & de plus qu'il eſt viſible que Lothaire, qui n'avoit pas encore 14 ans à la mort de Louis d'Outremer, ſon père, ſurvenue en 954, n'auroit pas pû exclure du partage de la couronne Charles, ſon cadet, s'il n'avoit pas été en cela ſoutenu par les grands du royaume, à qui par conſéquent il faut attribuer ce changement d'uſage. Bruſſel, *liv. 3, ch. 13, n°. 2.*

On voit combien tout cela eſt obſcur. Encore aujourd'hui, ſuivant le droit commun d'Allemagne, les fiefs ſe partagent également, quoiqu'il y ait un grand nombre d'exemples du droit d'aîneſſe, ſoit en vertu d'un privilège du prince, ſoit en vertu d'un pacte de famille, ou d'un teſtament. Fleiſcher, *inſtit. jur. feud. cap. 12, §. 15.*

Il y a lieu de croire que l'uſage varia en France ſuivant les lieux & les titres d'inveſtiture. Pluſieurs raiſons durent concourir à faire prévaloir le droit d'aîneſſe, indépendamment de la néceſſité de maintenir la ſplendeur des familles, & ces raiſons peuvent expliquer l'introduction du *parage*.

Les fiefs étant chargés du ſervice militaire, & ſouvent d'un ſervice déterminé, ce devoir étoit beaucoup mieux rempli par un ſeul vaſſal à la tête de chaque fief.

Les filles étoient incapables de ce ſervice, & les mâles l'étoient également durant la minorité féodale. Les raiſons qui firent accorder l'hérédité de tel ou tel fief à divers vaſſaux, durent donc engager ſouvent à préférer l'aîné; & pluſieurs exemples de cette préférence eurent bientôt l'autorité de l'uſage.

Quand un vaſſal décédoit en laiſſant des enfans mineurs, ils tomboient en la garde du ſeigneur, ou dans celle de leur plus proche parent majeur. Lorſque l'aîné d'eux tous étoit majeur au temps du décès, il ne tomboit point en garde, & lors même qu'il y tomboit, il en ſortoit le premier. Il étoit donc naturel qu'il ſe chargeât de faire le ſervice du fief, tant pour lui que pour ſes frères, & ceux-ci tomboient même ſous ſa garde, dans les pays où c'étoient les parens qui en étoient chargés.

Toutes ces cauſes jointes à l'opinion généralement répandue, que l'aîné doit avoir des privilèges (1), invitoient, pour ainſi dire, à établir le droit de primogéniture dans les fiefs, & le développement des forces, tant du corps que d'eſprit, donna bien des avantages à l'aîné pour appuyer ſes prétentions.

Quel que ſoit le poids de ces conjectures, il paroît certain que le droit d'aîneſſe dans les fiefs, a eu lieu dès le douzième & même dès le onzième ſiècle. Lambert de Schawembourg, qui mourut en 1077, & qui ſavoit du moins ce qui ſe pratiquoit de ſon temps, aſſure dans ſa chronique ſur l'an 1071, que

(1) Le droit d'aîneſſe eſt établi dans l'Écriture ſainte. *Voyez la Genèſe, chap. 25, v. 31, & chap. 49, v. 3; le Deutéron. chap. 21, v. 15.*

pour maintenir la ſplendeur de la famille du comte Baudouin, on y obſervoit comme une loi depuis pluſieurs ſiècles, que celui des enfans, qu'il plaiſoit au père de choiſir, ſuccédoit ſeul à ſon titre & à la principauté de Flandre, tandis que ſes frères reſtoient dans ſa dépendance, ou alloient chercher fortune ailleurs. *In comitatû Balduini ejuſque familiâ id multis jam ſeculis ſervabatur, quaſi ſancitum lege perpetuâ, ut unus filiorum qui patri potiſſimum placuiſſet, nomen patris acciperet, & totius Flandriæ principatum ſolus hereditaria ſucceſſione obtineret; cæteri verò fratres aut huic ſubditi dictoque obtemperantes in gloriam vitam ducerent, aut peregrè profecti, &c.*

Le droit d'aîneſſe ne tarda pas à devenir preſque général. Othon de Friſinghen, qui mourut en 1157, & qui connoiſſoit parfaitement nos uſages, dit en parlant de la Bourgogne : *mos in illâ, qui penè in omnibus Galliæ provinciis ſervatur, remanſit, quod ſemper ſeniori fratri, ejuſdem liberis, ſeu maribus, ſeu feminis, paternæ hæreditatis cedat auctoritas, cæteris ad illum tamquam ad dominum reſpicientibus.*

On voit le même uſage atteſté pour la France, dans l'acte de conceſſion d'un château, qui ſe trouve dans le *chap. 25 des Epîtres* du fameux Pierre des Vignes : *ita tamen quod caſtrum... à noſtrâ curiâ recognoſcat; vivens jure francorum, in eo videlicet quod major natû excluſis minoribus fratribus & cohæredibus in caſtro ipſo ſuccedat; inter eos nullo tempore dividendo, &c.*

Ces paſſages ſemblent annoncer que l'aîné avoit alors la totalité de la ſucceſſion, ou du moins que les puînés tenoient leur portion héréditaire de leur aîné. On trouve dans le douzième ſiècle des preuves qu'on la pratiquoit ainſi, pour les fiefs même qui étoient indépendans des ſeigneuries réſervées à l'aîné. Thibaut-le-Grand étant décédé en 1152, Henri, ſon fils aîné, eut la Champagne & la Brie. Thibaut & Etienne, ſes puînés, eurent, le premier le comté de Chartres & de Blois, & le ſecond le comté de Sancerre; tous deux tinrent ces comtés de Henri leur aîné, quoique celui de Chartres & de Blois eût juſqu'alors été mouvant nuement du roi, & que le comté de Champagne en eût peut-être lui-même relevé. Bruſſel, *liv. 3, ch. 13, n°. 3.*

A plus forte raiſon, cette prééminence de l'aîné ſur les puînés, avoit-elle lieu lorſqu'il étoit queſtion de partager un fief unique entre eux; la directe de l'aîné ſur les puînés eſt l'une des clauſes inſérées dans l'acte d'inféodation de la viguerie de Montpellier, faite en 1163. (*Ib. n°. 14.*)

Il paroît néanmoins, par un acte fait en 1208, entre Simon, ſire de Château-Vilain, & Thibaut-le-Grand, comte de Champagne, que les puînés prétendoient avoir le choix de tenir leurs domaines de leur aîné, ou du ſeigneur dominant de cet aîné. (*Ibid. n°. 4 & 5.*)

Cette faculté leur eſt effectivement encore aujourd'hui attribuée par la coutume de Troyes, *art.* 14, & par quelques autres.

Quelles que fuſſent les règles du partage des fiefs, il n'étoit pas moins préjudiciable aux ſeigneurs qu'à l'aîné. Auſſi trouve-t-on à cette époque une quantité de réglemens faits pour parer à cet inconvénient.

Le premier de tous eſt, je penſe, l'aſſiſe du comte Geoffroi, faite pour la Bretagne en 1185, ſuivant laquelle les baronnies & les chevaleries entières devoient appartenir aux aînés, à la charge de donner aux puînés des penſions alimentaires proportionnées à leur naiſſance & à la valeur des terres.

En 1200, Baudouin, comté de Flandre & de Hainaut, fit auſſi une déclaration pour la ſucceſſion des fiefs dans le Hainaut. On y voit qu'ils devoient toujours appartenir à l'aîné mâle, ou à ſon défaut à l'aînée, tant en ligne directe qu'en collatérale; mais que la repréſentation n'y étoit point admiſe, même en ligne directe. Bruſſel, ibid. n°. 13.

Le 1 mai 1209, ou 1210 ſuivant d'autres auteurs, le roi Philippe-Auguſte fit de concert avec Eudes, duc de Bourgogne; Hervé, comte de Nevers; Renaud, comte de Boulogne; Guillaume, comte de ſaint-Pol, & Gui, ſire de Dampierre, le célèbre établiſſement des fiefs, par lequel il fut réglé que chaque portion du fief, qui ſeroit diviſé par partage entre cohéritiers, ſeroit à l'avenir tenue du ſeigneur dominant du chef-lieu. Voyez l'art. ETABLISSEMENT DES FIEFS.

Parmi tous les juriſconſultes qui ont parlé de cet établiſſement, je n'en connois pas un, qui n'ait enſeigné que ſon objet étoit de proſcrire les parages. Je ne ſais pas néanmoins, ſi l'on ne pourroit pas croire qu'il en a donné l'idée. On vouloit détruire un abus invétéré. Cela n'étoit pas facile alors. Il ne ſeroit donc pas étonnant que les aînés, accoutumés à être les ſeigneurs de leurs puînés, euſſent fait conſentir les ſeigneurs à conſentir par une eſpèce de compoſition à l'introduction du parage. Comme la ſous-inféodation que cette eſpèce de tenure produiſoit, n'avoit lieu qu'à une époque aſſez éloignée, & que dans cet intervalle l'aîné reportoit toujours à ſon ſeigneur dominant la totalité du fief, on put croire que ce tempérament ſuffiſoit pour l'empêcher de ſe plaindre. Ce qui m'a conduit à cette conjecture, c'eſt qu'on voit beaucoup de parages immédiatement après cette époque, & qu'il ne m'a pas été poſſible d'en trouver un ſeul d'antérieur à 1210. Le plus ancien monument que je connoiſſe, eſt un arrêt de l'Echiquier, tenu à Falaiſe l'an 1213, qui jugea, ſuivant Terrien, que deux frères, partageant la ſucceſſion de leur père, chacun deſquels avoit une baronnie, ne tiendroient point par parage, mais tiendroient du roi chacun par hommage.

Il eſt certain du moins que les parages ont eu lieu conſtamment depuis l'établiſſement des fiefs dans la majeure partie de la France, & particulièrement dans les provinces qui dépendoient alors du domaine de la couronne. Auſſi le droit de parage eſt-il expoſé comme obſervé, ſuivant le droit com-

mun, dans les établiſſemens de ſaint Louis; & quelque opinion qu'on ait de l'authenticité de ces établiſſemens, conſidérés comme loix, ils prouvent du moins la pratique de ce temps-là, c'eſt-à-dire, pour la fin du treizième ſiècle.

Bruſſel, qui prétend prouver, par deux chartres aſſez obſcures, que le parage étoit auſſi uſité en Champagne en 1218, rapporte deux ordonnances faites par les comtes de cette province en 1212 & 1224, pour la ſucceſſion des fiefs. On y voit que lorſqu'il y en avoit pluſieurs, l'aîné en prenoit un à ſon choix, puis chacun de ſes cadets un autre à ſon tour; mais que lorſqu'il n'y en avoit pas aſſez pour en donner un à tous, l'aîné avoit le château & ſes préclatures par préciput. Ainſi le partage des fiefs ſubſiſtoit encore ſans parage dans une partie de la France.

Ducheſne rapporte un arrêt du parlement de Paris, de l'an 1275, rendu contre le bailli de Calais, qui demandoit pour le roi l'hommage de quelques terres appartenantes au comte de Dammartin; l'arrêt l'en débouta, parce que le comte de Dreux devoit garantir ces terres en parage au comte de Dammartin, ſuivant la coutume du lieu (Preuves de l'hiſtoire de la maiſon de Dreux, pag. 281.)

Un autre arrêt de l'an 1277, parle d'un homet tenu d'anceſteur, ou d'ancienneté (ab ante nato) en parage, ſuivant la coutume de Normandie. Ducange, au mot Paragium 1.

Le même uſage ſubſiſtoit auſſi en Bretagne en 1301. Voyez l'article PARAGOIN.

Les anciennes règles du parage ſont fort bien tracées dans les établiſſemens de ſaint Louis; on y voit que l'aîné garantiſſoit ſes puînés ſous ſon hommage envers le ſeigneur commun. Il les acquittoit des reliefs ou rachats, & des autres droits féodaux ordinaires, tels que ſont les gants, les ſonnettes d'éperviers, les éperons, le rouſſin de ſervice. Mais lorſque les droits féodaux étoient inſolites & extraordinaires, comme quand le fief étoit chargé d'une redevance annuelle, l'aîné noble n'en affranchiſſoit pas ſes puînés: & de-là vient, ſelon le chapitre 42 du premier livre de cet ouvrage, que les puînés nobles, quoique garantis en franc-parage, devoient contribuer aux loyaux-aides.

Suivant la rigueur du droit, il n'y avoit que les aînés nobles, qui puſſent ainſi de droit garantir leurs puînés en franc-parage, du moins dans la partie du royaume où les nobles ſeuls partageoient noblement les fiefs avec avantage pour l'aîné; cependant il paroît qu'on y admit auſſi le parage entre roturiers, en accordant à l'aîné un moindre avantage, la moitié, au lieu des deux tiers. On le pratiquoit ainſi juſqu'à ce que le domaine fut venu à la tierce-foi. De-là en avant il ſe partageoit noblement, même entre roturiers. Voyez TIERCE-FOI.

Les filles nobles partageoient auſſi les ſucceſſions féodales par tête; mais on régla que l'aînée auroit l'hébergement & un coq, c'eſt-à-dire, le vol du chapon, en préciput pour garantir ses puînées en *parage*. *Etablissemens de saint Louis*, *liv.* 1, *chap.* 143 & 10.

Le premier de ces deux usages ne subsiste plus dans aucune des coutumes où le *parage* est admis.

L'existence du *parage* étoit d'ailleurs tellement subordonnée à la conservation dans la main de l'aîné des deux tiers, ou de telle autre portion avantageuse qui lui appartenoient, que si l'aîné les aliénoit à un étranger, cet acquéreur avoit le droit de se faire rendre hommage par les puînés, sauf le recours de ceux-ci contre l'aîné pour leurs dommages-intérêts.

Il y avoit aussi des *parages* à vie, soit pour les fiefs de dignité, où les puînés ne devoient avoir qu'une simple provision à vie, soit dans les pays où les puînés mâles ne succédoient pas en propriété aux fiefs les plus ordinaires. Brussel, *ibid.*, *n°.* 23.

Tel étoit notre ancien droit sur les *parages*; cette espèce de tenure a été connue dans des royaumes étrangers. Encore aujourd'hui dans celles des seigneuries de l'Allemagne, où le droit d'aînesse a lieu, on donne indifféremment aux puînés & à leurs héritiers, de l'argent comptant ou de simples rentes avec un manoir à titre d'apanage, ou une portion de la seigneurie, avec une partie de la jurisdiction & des droits qui en dépendent; ensorte que l'aîné n'a sur eux la supériorité féodale qu'avec diverses modifications, & que, suivant quelques auteurs, les puînés peuvent être au nombre des états de l'empire. Mais les jurisconsultes Allemands ne sont pas d'accord sur la nature de ce droit de *parage*, que plusieurs même ne veulent point distinguer des simples apanages. Cette nature est d'autant plus difficile à fixer, que le *parage* n'y est réglé par aucune loi, mais seulement par les pactes, ou les testamens. (Schilterus *de paragio & apanagio*; Joach. Meïerius, *in corpore juris apanagii & paragii*.)

En Angleterre, on a aussi connu sous le nom de *franc-mariage*, une tenure absolument semblable au *parage*; elle avoit d'autant plus de rapport à nos mœurs, que quelques-unes de nos coutumes n'admettent nommément le *parage* que dans le cas du mariage des filles. *Voyez l'art.* MARIAGE-FRANC.

En France, le droit de *parage* a non-seulement eu lieu pour les fiefs; mais il s'est établi des tenures qui paroissent en dériver pour les rotures même, & quelquefois l'obligation où étoit l'aîné de porter la foi pour les puînés, a tellement dénaturé les tenures des puînés, qu'il est assez difficile de déterminer, si ce sont des fiefs ou des rotures.

Cette bisarrerie tient à des causes différentes de celles qu'on vient d'expliquer.

Quelque opinion qu'on ait sur l'origine de la noblesse, il est difficile de ne pas reconnoître que dans les commencemens même de la troisième race, il n'y avoit point une ligne de démarcation bien sensible entre les nobles & les roturiers; la possession des fiefs, lors sur-tout qu'elle étoit ancienne, devint le carac-

tère le plus apparent auquel les nobles furent connus. Mais les roturiers, qui n'en avoient point possédé jusqu'à tel ou tel temps, n'étoient pas exclus pour cela d'en posséder à l'avenir. Comme néanmoins presque tous les fiefs assujettissoient au service militaire, la plupart des roturiers qui s'occupoient de l'agriculture ou du commerce, demandoient souvent aux seigneurs d'être exemptés de cette obligation. Les seigneurs leur vendirent cette dispense, comme tout le reste; c'est-là ce qui a produit dans toute la France tant de fiefs abonnés, abrégés, ou restraints: le droit de franc-fief a probablement aussi la même origine. *Voyez l'article* FRANCS-FIEFS.

Il y avoit même plusieurs coutumes, où la possession des fiefs faisoit réputer nobles ceux qui les possédoient, & telle paroît être la source du droit de *quart-hommage*, & de *tierce-foi*. *Voyez ces mots.*

Cet anoblissement flattoit sans doute l'aîné de la famille, à qui le partage avantageux donnoit le moyen de soutenir sa nouvelle dignité. Mais il convenoit mal aux puînés, dont les droits réunis n'alloient pas même au tiers du fief. Pour se délivrer d'une illustration qui leur étoit à charge, ils convinrent avec leur aîné qu'il feroit seul pour eux la foi au seigneur, & le service du fief, sans qu'eux & leurs descendans, à quelque époque que ce fût, pussent être tenus d'aucune des obligations attachées à la possession des fiefs. Les part-prenans & part-mettans du Poitou, & sur-tout les fiefs boursiers ou tenures hommagées du grand-Perche, paroissent dériver de cet usage. *Voyez* GARIMENT, MAIRIE & FIEF-BOURSIER, PART-PRENANT, &c.

Dans d'autres pays, les inconvéniens de la solidité pour les domaines roturiers, chargés de rentes considérables, firent également qu'on chargea l'aîné de les payer seul au seigneur, sauf à lui à exiger la cote-part de chacun des puînés: cet usage, comme le précédent, devint tellement général, en s'invétérant, que les aînés furent sujets à cette charge, lors même qu'ils n'avoient plus de relation de parenté avec les détenteurs des portions des puînés. Cet usage a eu lieu particulièrement en Bretagne & en Normandie, où il constitue une espèce particulière de biens roturiers, qu'on appelle *aînesses* & *masures*.

§. II. Des coutumes où le parage est admis. Outre la coutume de Bretagne, qui connoît une espèce particulière de *parage*, dont on parle au mot JUVEIGNEUR, les coutumes de Normandie, de Blois, du Maine, d'Anjou, de Touraine, de Loudunois, de Poitou, d'Angoulême & de Saint-Jean-d'Angely, admettent expressément le *parage*, & ce sont les seules qui en fassent mention. Mais on verra au §. suivant, qu'il en reste des traces dans plusieurs autres coutumes.

Malgré le nombre de ces dernières coutumes & la grande étendue du territoire de celles où le *parage* est admis, cette tenure est aujourd'hui réputée

réputée contraire au droit commun. On la rejette donc dans toutes les coutumes qui ne l'ont pas expressément adoptée, quand bien même on l'établiroit dans l'acte de partage par une convention formelle. C'est la décision unanime de tous les auteurs. Il semble néanmoins que rien ne devroit faire proscrire une telle convention dans les coutumes, qui, comme celle de Reims, permettent aux puînés de tenir leurs portions de fief de leur aîné, puisque cet arrangement seroit moins préjudiciable au seigneur. Voyez le §. suivant.

Il faut même avouer que, par une exception particulière, le parage est admis dans le ressort de l'usance de Xaintes, quoique les textes, soit manuscrits, soit imprimés de cette usance, n'en disent pas un mot, & que l'article 9 même porte expressément, « que tous seigneurs en aliénant leurs » fiefs ou partie d'iceux, en quelque sorte que ce » soit, ne pourront préjudicier au droit d'hommage, » lods & ventes, & autres devoirs dus aux sei- » gneurs des fiefs dominans sans leur consente- » ment. Néanmoins, ajoute Béchet, il n'y a rien » de plus commun en notre usage, qui observe des » loix non écrites en ce sujet, par une forme de » cabale, ou de traditive de main en main ».

On trouve en effet une foule de partages faits suivant les règles du parage dans le ressort de la sénéchaussée de Xaintes. Cet usage est même rappellé comme ayant force de loi, dans une transaction du 5 juin 1396, qui est rapportée dans la première requête de M. d'Aguesseau à la mouvance de la terre de Saint-Maigrin. Regnaud de Pons, & les frères & sœurs de Blanche d'Archiac, y conviennent que « cette terre & ses appartenan- » ces seront héritages perpétuels à Jeanne, fille na- » turelle de ladite Blanche, & à ses hoirs » descendus & procréés de sa chair, & en loyal » mariage, laquelle Jeanne & sesdits hoirs ou li » tiendront ledit châtel ou châtellenie en franc-pa- » rage dudit seigneur d'Archiac, tant comme le li- » gnage dureroit jouxte & selon la coutume du pays » de Saintonge, de-là la Charente, &c. »

Il faut néanmoins avouer que la validité du parage dans l'usance de Xaintes, a été fortement combattu par M. d'Aguesseau, dans l'affaire dont on vient de parler; j'ignore si elle a été jugée. On voit dans Guyot qu'elle ne l'étoit pas au temps où il a fait sa dissertation sur les parages. Cet auteur prétend même que l'arrêt ne pourroit rien préjuger pour ou contre le parage, & il paroît certain du moins que cet arrêt ne prouveroit rien contre le parage, s'il eût été contraire.

Guyot remarque effectivement, qu'on soutenoit nul le parage de la terre de Saint-Maigrin, établi par la transaction de 1396, comme contenant des conventions contraires aux dispositions textuelles de la coutume même de Poitou, qui sert de règle à cet égard dans l'usance de Xaintes. On voit encore dans les deux requêtes de M. d'Aguesseau, qu'il attaquoit ce même parage, avec la plus grande

force par les principes de l'ordre public, relatifs au domaine de la couronne; mais si l'arrêt eût été rendu contre M. le procureur-général, il semble qu'on ne pourroit pas se dispenser de reconnoître que ce seroit un préjugé très-légitime, en faveur du parage.

Au surplus, M. d'Aguesseau reconnoissoit lui-même que « les usages non écrits, que l'on ap- » pelle ordinairement l'usance de Xaintes, ne tien- » nent lieu de règle dans les jugemens, suivant la » remarque de l'auteur qui a recueilli les usages, » que dans l'un de ces trois cas; le premier, lorsque » les parties en demeurent d'accord; le second, lorsque » l'usance dont il s'agit a été confirmée par divers ju- » gemens, & principalement par arrêts; le troi- » sième après une preuve faite par une noto- » riété ».

Il seroit facile de justifier l'usage de la sénéchaussée de Xaintes, par des actes de notoriété, & Béchet lui-même rapporte au chapitre 10 de sa digression des parages, deux arrêts qui ont jugé conformément à ce droit. Ces arrêts sont, l'un du parlement de Bordeaux, que Béchet ne date point, & qu'il dit être rendu après enquêtes par turbes pour la seigneurie de Bois; l'autre du grand-conseil, rendu en 1633 pour le fief de Salignac.

La même question a fait long-temps des difficultés dans la coutume de la Rochelle. Il est certain qu'on trouve beaucoup d'exemples de parages dans les anciens partages du pays d'Aunis. Dumoulin veut d'ailleurs qu'on supplée cette coutume, qui ne contient que 68 articles, par la coutume du Poitou, qui est beaucoup plus étendue, & qui sur un grand nombre de points, se rapproche fort de celle de la Rochelle, dont elle est si voisine. On cite même deux arrêts, l'un du 28 mars 1743, l'autre du 2 septembre 1744, qui semblent y avoir autorisé le parage.

Cependant c'est une opinion généralement reçue aujourd'hui à la Rochelle, que le parage n'y peut point avoir lieu au préjudice & contre le gré du seigneur. Ce sentiment a particulièrement été adopté par Vaslin dans son excellent commentaire sur la coutume de la Rochelle, art. 4, n°. 48 & suivans; par les annotateurs de Vigier, sur la même coutume, & par Guyot, dans sa Dissertation sur les parages, chap. 1, n°. 17.

On peut voir dans ces auteurs les preuves qu'ils ont données. Ils citent deux arrêts du 24 juillet 1687 & du 1 juin 1707, qui ont rejetté le parage en Aunis. Le premier fut rendu d'après un acte de notoriété, qui attestoit que le parage n'a pas lieu dans la province, & qu'on y suit la coutume de Paris dans tous les cas non prévus par celle du pays. Il faut néanmoins observer, que dans l'espèce du dernier arrêt il s'agissoit du parage d'un fief mouvant du roi, & que M. d'Aguesseau, qui intervint en qualité de procureur-général, alléguoit encore les grands principes de l'inaliénabilité du domaine. Mais voyez à ce sujet le §. VI.

On reconnoît feulement à la Rochelle que lorf-que le feigneur dominant a approuvé le *parage*, il ne peut plus le contredire. C'eft tout ce qui a été jugé par les arrêts du 28 mars 1743, & du 2 fep-tembre 1744, qui ont fait croire à quelques perfon-nes, que la jurifprudence qui rejettoit le *parage* en Aunis, étoit changée. *ibid.*

§. III. *Des coutumes, dont les difpofitions appro-chent de celles des coutumes de parage.* Ces coutumes font en très-grand nombre. Suivant celle d'Orléans *art. 35*, le fils aîné, âgé de 20 ans & un jour, peut, fi bon lui femble, faire l'hommage pour tous fes frères & fœurs, mariés ou non mariés. La Lande a fort bien obfervé que la faculté laiffée à l'aîné par cet article, vient de ce que jadis les cadets tenoient de lui en *parage*, & que quelques coutumes l'affu-jettiffent formellement à rendre hommage pour fes puînés, à peine de tous dépens, dommages & inté-rêts; c'eft ce que porte effectivement l'article 39 du chapitre 22 de la coutume d'Auvergne, & l'art. 19 du titre 5. de la coutume du comté de Bour-gogne.

La coutume de Montargis, *chap. 1, art. 32*, & celle de Saint-Quentin, *art. 35*, difent auffi que l'aîné eft tenu de faire l'hommage pour fes puînés. Celle de Dourdan, *art. 10*, dit qu'il *peut y être con-traint*.

On obfervoit la même chofe dans l'ancienne coutume de Paris, & encore aujourd'hui, fuivant l'*art. 35*. « un fils aîné, en la foi & hommage au » feigneur féodal, acquitte fes fœurs de leur pre-» mier mariage, tant de la foi que du relief, où » il eft dû relief ».

D'autres coutumes fe rapprochent encore plus près du droit des *parages*. Celle de Chartres, *art. 2*, porte : « le frère aîné peut retenir & porter la foi » des fiefs venus de père ou de mère, aïeul ou » aïeule, ou autrement en ligne directe du con-» fentement de fes frères & fœurs ; & en ce fai-» fant, les fauve & garantit du profit du rachat; & » *fi tiendront lefdits frères leurs portions de lui fa vie* » *durant feulement* ».

La coutume de Reims, *art. 114, 115 & 116*, laiffe auffi aux puînés l'alternative de tenir leur portion de fief, directement du feigneur féodal, ou de la tenir immédiatement de leur frère aîné & en arrière-fief du feigneur féodal ; dans le premier cas, elle oblige l'aîné à porter la foi pour fes puînés, & fur fon refus, elle autorife les puînés fucceffivement à la porter.

Les coutumes du comté de Bourgogne, *article cité*, du grand-Perche, *art. 62. & 63*; de Mantes, *art. 5*; de Troyes, *art. 14* & de Vermandois, *art. 159*, laiffent la même alternative aux puînés.

Guyot, dans fes notes imprimées fur la cou-tume de Mantes, dit à la vérité qu'on y a toujours tenu que la faculté accordée aux puînés de tenir leur portion de fief de leur aîné n'a lieu, « que » pour la première fois, & que c'eft la vérité. Au-

» trement, dit-il, ce feroit un *parage* que la cou-» tume n'admet pas ».

Mais le même auteur ajoute dans de nouvelles notes manufcrites, qui font en ma poffeffion : « Ou » bien cela s'entend pendant que le fief refte indivis » entre l'aîné & fes frères, comme Dumoulin l'en-» tend en fes notes fur l'art. 14 de Troyes, &c. »

C'eft ainfi effectivement, comme le dit encore la note manufcrite de Guyot, que le Grand expli-que l'apoftille, affez obfcure d'ailleurs, de Dumou-lin fur cet article de la coutume de Troyes. Mais les coutumes qu'on vient de citer ne font aucune diftinction. Celle de Vitry, qui défend expreffément la fous-inféodation dans l'*art. 25*, permet néan-moins au vaffal de la faire, lorfqu'en mariant fes enfans, il leur baille de fes héritages féodaux.

L'article 62 de la coutume du grand-Perche, dit expreffément que le rachat diminue, quand les puînés optent de tenir leur portion de leur aîné, & que, « toutefois tout ledit fief, *pour la première* » *fois* fe rachète entièrement & pleinement par la » mort du prédéceffeur defdits cohéritiers ».

La fous-inféodation fubfifte donc bien après le partage, & même après la première génération.

Enfin la coutume du comté de Bourgogne dit expreffément, *art. 18 & 19*, du titre *des fiefs*, qu'une telle convention ne pourra pas préjudicier au droit de faifie du feigneur fupérieur fur la totalité du fief, en cas de défaut d'hommage, ou de dénombrement de la part de l'aîné ; *fauf le recours des puînés ou de* *leurs hoirs, à l'encontre des aînés ou de leurs hoirs*; mais qu'il ne pourra pas faire les fruits fiens fur la part des puînés, s'ils ont fait leur devoir de fief à leur aîné.

L'art. 20 ajoute que ledit fief de partage fera tou-jours fujet à la commife au profit du premier fei-gneur, « par felonie, que lefdits maifnez ou leurs » hoirs pourront faire ou commettre à l'encontre » de lui, &c. »

L'article 21 foumet néanmoins auffi lefdits maif-nés enfans, ou leurs hoirs, vaffaux de lefdits aînés ou de leurs hoirs, à caufe de partage, à la commife pour félonie envers les aînés. L'art. 22 déclare enfin, que la commife (qui a lieu dans la coutume du comté de Bourgogne) pour la prife de poffeffion faite fans le confentement du feigneur, & le retrait féodal, appartiendront à l'aîné, comme feigneur immédiat dudit fief.

On voit combien ces fiefs de partage ont de rap-port avec les tenures en *parage*. Dunod de Char-nage ne fait pas de difficulté de dire qu'ils forment un véritable *parage*. Mais ce que la coutume du comté de Bourgogne a vraiment de fingulier, c'eft qu'elle permet dans l'article 22 de laiffer tous les hommages (c'eft-à-dire, la directe de tous les fiefs mouvans de celui qu'on partage) à l'un des en-fans, quand bien même il n'auroit dans fa portion *aucune autre chofe de ladite chofe féodale, dont dépen-dront iceux dits hommages*.

C'eft-là véritablement une difpofition exorbisaite du droit actuel, qui ne peut pas tirer à conséquence pour les autres coutumes.

§. IV. *Des différens noms que les coutumes emploient en matière de parage.* Le mot parage est général à toutes les coutumes qui admettent le *parage* ; mais les seules coutumes de Poitou & de Saint-Jean-d'Angely, usent du nom de *chemier,* pour désigner l'aîné de tous les frères cohéritiers, ou celui qui le représente, soit fils ou fille : le même nom est adopté dans l'usance de Xaintes. *Voyez l'art.* CHEMIER.

Béchet a dit mal-à-propos, « que les autres cou- » tumes se contentent de l'appeller simplement » l'aîné, excepté les coutumes de Touraine & » d'Anjou qui le nomment *parageur* ». celles du Maine & de Loudunois, appellent aussi l'aîné *parageur,* & les puînés *parageaux.* Il n'y a que les coutumes de Normandie, de Blois & d'Angoumois, qui n'emploient que le nom d'aîné pour désigner le chef du *parage.*

Les coutumes de Poitou, de Saint-Jean-d'Angely & d'Angoumois, appellent les puînés du nom de *parageur,* que les coutumes de Touraine, de Loudunois, d'Anjou & du Maine, emploient pour désigner l'aîné ou ses représentans. Ces dernières coutumes appellent les puînés, ou leurs représentans, *parageaux* ; la coutume de Normandie les nomme *paragers* ; celle de Blois les appelle *cohéritiers.* C'est à quoi il faut bien prendre garde en lisant les coutumes & les commentateurs ou les titres qui sont relatifs à cette matière.

Plusieurs jurisconsultes & praticiens du Poitou & de la Saintonge appellent *chemerage* le droit du chemier. Mais comme ce mot ne se trouve point dans les coutumes, & qu'il n'est point d'un usage nécessaire, on n'en fera guère usage ici qu'en citant les commentateurs.

La coutume de Blois appelle *garentage,* la garantie que l'aîné doit à ses puînés durant le *parage.* La coutume de Poitou se sert du mot *gariment* dans le même sens ; mais on peut voir dans l'article particulier qu'on a donné sur le gariment au tome 4 de cet ouvrage, que ce mot a une acception beaucoup plus étendue. *Voyez aussi les art.* DÉPIÉ DE FIEF, DÉVOLUTION FÉODALE & EMPIREMENT DE FIEF.

§. V. *Des personnes entre lesquelles le parage peut avoir lieu.* Il y a plusieurs différences à cet égard entre les coutumes de *parage,* soit relativement à la condition des personnes entre lesquelles il peut avoir lieu, soit relativement à leur sexe.

1°. *Quant à la condition des personnes.* Le parage a lieu entre roturiers comme entre nobles, dans les coutumes de Poitou, d'Angoumois, de Saint-Jean-d'Angely & de Normandie. C'est un point reconnu par tous les commentateurs des coutumes de ces provinces, qui ne font point en effet de distinction à cet égard, quoique celles de Poitou & de Saint-Jean-d'Angely n'admettent les roturiers à partager les fiefs noblement qu'à la quatrième mutation.

On suit néanmoins une autre règle dans l'usance

de Xaintes. On y tient que le *parage* étant une suite du droit d'aînesse, ne peut pas avoir lieu entre roturiers, parce qu'ils ne partagent pas noblement. (Béchet & Guyot).

On fait une distinction dans la coutume de Tours, où les acquêts féodaux ne se partagent noblement entre roturiers, que lorsqu'ils sont parvenus à la tierce-foi. Dans ce dernier cas seulement, l'art. 297 charge l'aîné de faire l'hommage, & *de payer les devoirs seigneuriaux ordinaires à la manière desdits nobles.* Pallu conclut de-là, avec raison, que le *parage* a lieu entre roturiers, comme entre nobles, mais seulement lorsque les héritages sont venus en tierce-foi.

C'est au surplus la décision expresse de l'art. 2 du chap. 29 de la coutume de Loudunois, qui est d'ailleurs semblable à la coutume de Tours, à cet égard, comme à tant d'autres.

Cependant les coutumes d'Anjou & du Maine qui partagent de la même manière les fiefs tombés en tierce-foi, entre roturiers, rejettent expressément le *parage* dans ce cas. Les articles 262 & 280 de ces coutumes laissent seulement aux puînés le choix *de faire devoir à leur aîné ou d'être ses sujets, ou de faire hommage au seigneur de fief dont tout meut & dépend.* L'aîné ne peut faire la foi & hommage pour le tout, & garantir l'autre tiers à ses puînés de foi & hommage envers le seigneur suzerain, dont tout est tenu à foi & hommage, qu'en y retenant devoir, comme dans les aliénations de fief.

2°. *Quant au sexe.* Les coutumes de Touraine, Loudunois, Blois, Poitou, Angoumois, & Saint-Jean-d'Angely, admettent le *parage* entre les parens de quelque sexe qu'ils soient : la même chose a lieu dans l'usance de Saintes. Mais, suivant les coutumes d'Anjou & du Maine, les puînés mâles nobles n'y ont leur portion qu'en *bienfait,* c'est-à-dire, en *usufruit,* tandis que les filles au contraire l'ont *par héritages,* c'est-à-dire, en *propriété.* Voilà pourquoi les articles 213 & 228 des coutumes d'Anjou & du Maine ne parlent du *parage* que pour les filles ou les sœurs mariées par leur père ou leur frère aîné.

L'opinion la plus générale est néanmoins que la décision de ces articles est simplement exemplative & non pas limitative, ensorte que le *parage* peut avoir lieu au profit des puînés mâles, ou au profit des filles mariées par leur sœur aînée. Les coutumes d'Anjou, *art. 232 ;* du Maine, *art. 249,* le supposent nettement pour ce dernier cas.

Dans la coutume de Normandie, le *parage* avoit anciennement lieu entre les mâles comme entre les femelles. Basnage, sur l'article 127, rapporte un arrêt du parlement de Paris, de l'an 1398, où il est dit que Robert de Mortemer avoit eu de Guillaume son frère, la terre de la Haye du Puits, en premier degré de *parage* de la baronnie de Varanguebec, *per consuetudinem nostræ provinciæ Normaniæ observatam per quam filius secundo genitus*

*portionem hæreditagii fibi ex fucceffione paternâ obve-
nientem à fratre primogenito per paragium tenere debebat ufque ad fextum gradum confanguinitatis.*

Aujourd'hui que le partage des fiefs n'eft plus
admis en Normandie qu'entre filles & leurs repréfentans, du moins dans les cas ordinaires, la coutume ne parle plus que du *parage* entre filles ; c'eft
ce que dit l'article 127 : « la tenure par *parage* eft
» quand un fief noble eft divifé entre filles, ou
» leurs defcendans à leur repréfentation ».

Mais il femble que cette limitation ne peut pas
s'appliquer aux cas où les fiefs peuvent fe partager
entre mâles.

Telle eft l'opinion de d'Aviron. La coutume ne
parle, dit-il, que par forme d'exemple, & il y
a du moins un cas où le *parage* peut avoir lieu entre
le frère & la fœur. Ce cas eft celui où, fuivant
l'article 264, la fœur aura partage à la fucceffion
de fes père & mère, lorfque fon frère refufe d'entendre à fon mariage fans caufe légitime.

J'ajouterai qu'il y a beaucoup d'autres cas où
l'aîné, entre mâles, n'a pas la totalité des fiefs en
Normandie. On peut en voir des exemples, non-
feulement dans la plupart des ufages locaux de la
province, tels que l'article 2 de celui de Gour-
nay, mais auffi dans les difpofitions générales de
la coutume. *Voyez les articles 295, 318 & 342.*
Auffi l'article 319 dit-il « que les aînés font les
» hommages aux chefs-feigneurs pour eux & leurs
» puînés paragers, & que les puînés tiennent des
» aînés par *parage*, fans hommage ».

Les articles 128 & fuivans, c'eft-à-dire, le plus
grand nombre de ceux qui parlent du *parage*, paroiffent auffi fe rapporter au *parage* des mâles, &
M. Houard en convient lui-même. *Dictionnaire du
droit normand*, tome 2, page 422.

§. VI. *Des biens qui font fufceptibles de parage.*
Non-feulement il n'y a que les fiefs qui puiffent
être tenus en *parage*, mais il faut pour cela que les
puînés foient copropriétaires du même fief avec
leur aîné. Ils ne peuvent pas tenir en *parage* un fief
diftinct, parce que l'aîné ne peut garantir fous fon
hommage que les portions du fief pour lequel il
rend cet hommage.

Si néanmoins deux fiefs relevant du même feigneur avoient été compris dans un même dénombrement, fous un feul titre de fief, le *parage* y
auroit lieu en cas que l'un fût attribué à l'aîné, &
l'autre au puîné, par un partage-poftérieur. Conftant, fur l'article 116, cite un arrêt de 1608 qui
l'a ainfi jugé contre la comteffe de la Rochefoucault. *Voyez* PARAGE CONVENTIONNEL.

Dans la coutume de Normandie où le fief ne
peut être partagé au-delà de huit portions, fans
perdre fa qualité féodale, on ne peut tenir en *parage* moins d'un huitième de fief pour chaque propriétaire ; c'eft ce qui a été jugé par arrêt du 13
mars 1603, rapporté par Bérault, fur l'article 134
de cette coutume.

Il en feroit de même fi, par le partage entre

fœurs, le fief n'avoit point été divifé, & qu'un lot
eût été compofé feulement d'une portion du domaine du fief, fans aucune dignité féodale ; la fœur
qui poffederoit ce lot ne pourroit le tenir en *parage*, quand même on feroit expreffément convenu
par le partage qu'elle le tiendroit en cette qualité,
puifque le *parage* ne peut avoir lieu que pour les
fiefs ; c'eft l'obfervation de Bafnage fur l'article 127.
Voyez néanmoins la fin du §. I.

Au refte, Vigier affure que les prérogatives du
parage fe communiquent aux mouvances du fief que
l'un des puînés acquiert durant le *parage*. Il cite un
arrêt qui l'a ainfi jugé le 13 mai 1610, pour une
acquifition de 10000 liv., quoique la portion du
puîné n'en valût que 100. *Article 25 d'Angoumois,
n°. 26.*

M. Souchet foutient au contraire que l'acquifition même faite par un parageur de la portion de
fon coparageur, ne peut pas être tenue en *parage*, parce que la coutume exige que le *parage*
vienne de lignage, & qu'elle ne fait aucune exception.

Guyot penfe auffi que la décifion de Vigier
fouffre des difficultés.

Le même Guyot enfeigne que le *parage* ne peut
pas avoir lieu dans les fiefs de dignité, lors du
moins qu'ils font mouvans du roi ; c'eft, dit-il, le
fentiment des commentateurs : mais cela n'eft point
affez exact. L'article 129 de la coutume de Tours,
& l'article 2, chapitre 28 de celle de Loudunois,
admettent expreffément le *parage* dans les baronnies ou au-deffus ; feulement elles accordent alors
quelques prérogatives de plus à l'aîné. On le pratique ainfi dans toutes les coutumes de *parage*,
& les commentateurs n'ont jamais prétendu le
contraire.

Quelques auteurs étrangers aux coutumes de
parage ont, à la vérité, foutenu que le *parage* ne
devoit pas avoir lieu au préjudice du roi dans tous
les fiefs qui en font mouvans. Ils fe fondent pour
cela fur les principes connus de l'inaliénabilité du
domaine, & fur le règlement du premier mai 1209.
M. d'Agueffeau a allégué ces moyens dans fa requête fur la mouvance du fief de Saint-Laurent de
la Prée, pour foutenir qu'il ne pouvoit être tenu
en *parage* au préjudice du roi ; & de Laurière,
dans la *Préface du tome 1 des ordonnances du Louvre*,
fuppofe même que c'eft-là le motif de l'arrêt
qui a été rendu en faveur du domaine dans cette
affaire.

Mais, quelque refpect qu'on doive avoir pour
les opinions d'un magiftrat & d'un jurifconfulte
fi juftement célèbres, on ne peut guère fe prévaloir ici des maximes fur l'inaliénabilité du domaine, ni du règlement de 1209. On convient
que le privilège du domaine ne s'étend pas à tout
ce qui a été fait par les vaffaux de la couronne,
avant la réunion des grands fiefs, & dans les temps
où ils jouiffoient de tous les droits régaliens. Ainfi
les abonnemens des fiefs faits par les anciens comtes

de Poitou, ou par les ducs d'Anjou, les droits qu'ils ont cédés à différens feigneurs ne font pas fujets à conteftation, malgré le principe de l'inaliénabilité du domaine. La raifon en eft que le roi n'a fuccédé qu'aux droits de mouvance que ces grands vaffaux lui ont laiffés, & fous les reftrictions qu'ils y avoient mifes; le furplus n'appartenant plus à ces grands vaffaux dès avant la réunion de ces provinces à la couronne, n'a jamais pu être réuni au domaine. Or, la faculté de diminuer les fiefs à titre de *parage*, ou, ce qui eft plus fort encore, la faculté de fous-inféoder ou d'acenfer à des étrangers, étoit univerfellement admife dans ces provinces; elle y formoit une partie du droit public au temps de leur réunion à la couronne. Le roi qui n'a la mouvance des principaux fiefs que comme repréfentant les anciens comtes ou ducs, n'en jouit que fous cette reftriction & fous toutes les autres qui y avoient été mifes précédemment : la mouvance des fiefs fitués dans ces coutumes, ne lui appartient en entier, qu'autant que les feigneurs particuliers ne feront point ufage de la faculté d'empirer le fief qui leur a été attribuée de toute ancienneté : fi l'ufage qu'ils font de cette faculté eft poftérieur à l'établiffement des maximes fur l'inaliénabilité du domaine, & à la fucceffion du roi aux droits des comtes & des ducs, à qui la mouvance des premiers fiefs appartenoit, la faculté même eft antérieure de beaucoup à ces deux objets.

Quant au réglement de 1209, ce n'eft point une ordonnance du royaume, & l'on peut même douter fi nos rois en faifoient alors de générales pour tout le royaume. Ce n'eft qu'un traité fait entre le roi & quelques-uns de fes vaffaux. *Unanimiter convenerunt*, y eft-il dit, & *affenfû publico firmaverunt*.

Il eft vrai que Philippe-Augufte avoit alors réuni, à titre de confifcation, la Normandie, le Maine, l'Anjou, la Touraine & le Poitou, c'eft-à-dire, prefque tous les pays où le *parage* eft encore admis aujourd'hui. Mais c'eft cette circonftance-là même qui prouve ou que l'établiffement de 1209 n'y fut pas reçu, ou qu'il n'y profcrivoit pas les *parages*; & dans un cas comme dans l'autre, cette ordonnance ne peut pas plus faire rejetter les *parages* des fiefs mouvans du roi que ceux de tout autre fief.

Tel eft au furplus le fentiment de M. le Febvre de la Planche, qui en donne des raifons différentes dans fon *Traité du domaine*, liv. 3, chap. 2.

Quant à l'arrêt du premier juin 1707, qui a rejetté le *parage* du fief de Saint-Laurent de la Prée, il a été déterminé, non par ces maximes, mais par le principe général, que le *parage* n'eft point admis en Aunis. Les annotateurs de Vigier, Vaflin & Guyot, qui en rapportent l'efpèce, en conviennent unanimement, comme on l'a pu voir au §. II de cet article.

§. VII. *Des cas où le parage légal s'établit.* Le *parage* légal ne peut avoir lieu qu'en fucceffion,

c'eft-à-dire, quand un fief vient à plufieurs cohéritiers à titre héréditaire. Mais on doit donner à ce mot de *fucceffion*, le fens le plus étendu, en y comprenant les conftitutions de dot & toutes les donations en ligne directe qui font toujours réputées avoir été faites en avancement d'hoirie.

Les conftitutions de dot font même les manières les plus communes dont le *parage* s'établit dans les coutumes d'Anjou & du Maine. *Voyez les articles* 213 & 228 de ces coutumes.

Tout autre titre que celui qui équivaut à un partage ne peut pas être le fondement du *parage* légal, quand bien même il attribueroit la propriété d'un feul fief à plufieurs frères ou fœurs, parce que le *parage* étant contraire au droit commun, doit être reftreint dans les bornes les plus étroites. *Voyez* Bafnage, *fur l'article* 27 de fa coutume.

La plupart des coutumes admettent le *parage* en fucceffion collatérale, comme en fucceffion directe. Cela réfulte pour la coutume de Poitou, des articles 107 & 289, & pour celle de Normandie, de l'article 127.

On doit en dire autant des coutumes d'Angoumois, d'Anjou, du Maine, de Touraine & de Loudunois, pour les cas où le droit d'aîneffe y eft admis en collatérale; cela paroît d'ailleurs réfulter des articles 238 & 249 des coutumes d'Anjou & du Maine; & telle eft l'opinion de Dupleffis dans fon *Traité du dépé de fief & du parage*, fect. 2, pag. 136. Voyez *auffi les coutumes de Tours*, art. 284; & de Loudun, chap. 27, art. 23.

Il eft prefque inutile d'obferver que dans les coutumes d'Anjou, du Maine, de Loudunois, de Touraine & de Normandie, le *parage* ne peut pas avoir lieu en collatérale lorfque les cohéritiers ne font parens qu'au degré où la coutume a établi la ceffation du *parage*.

Quant à l'ufance de Xaintes, comme il n'y a pas de droit d'aîneffe en collatérale, fuivant l'article 57, le *parage* n'y peut pas avoir lieu. Béchet, chap. 2.

§. VIII. *Du fous-parage ou du parage qui a lieu dans la fubdivifion des portions du fief tenu en parage.* Lorfque l'aîné ou le chemier laiffe plufieurs enfans qui partagent entre eux la portion qui lui appartenoit dans un fief tenu en *parage*, il n'eft pas douteux qu'il ne conftitue un nouveau *parage* dans la fubdivifion de cette portion, & que cela fe répète de la même manière dans toutes les divifions ultérieures de la portion qui eft échue à chacun des aînés. C'eft la décifion expreffe des articles 214 de la coutume d'Anjou, & 229 de celle du Maine, qui forment à cet égard le droit commun, de l'aveu de tous les auteurs.

En eft-il de même pour les fubdivifions des portions des puînés, lorfqu'elles font partagées par plufieurs enfans? L'aîné des enfans de chaque puîné, en fubdivifant fa portion fuivant la coutume, peut-il s'attribuer les droits d'aîné à titre de *parage*, & prétendre, par exemple, qu'en cas d'aliénation des portions de ces puînés de la branche cadette, il en aura la mouvance, soit avant, soit après l'expiration du *parage* principal?

Il semble d'abord que cela ne devroit pas faire de question. Les coutumes d'Anjou & du Maine le décident encore dans les articles cités, & l'on trouve une disposition semblable dans les articles 280 & 281 de la coutume de Tours. Mais comme les autres coutumes ne disent rien à ce sujet, les commentateurs de celle de Poitou y ont voulu faire introduire une règle contraire, sur le fondement de je ne sais quelle comparaison qu'ils ont faite entre le fief & le corps humain. Ils disent que le chemier est le chef du fief, & qu'un seul corps ne peut pas avoir plusieurs têtes.

Guyot, après avoir long-temps balancé, finit aussi par adopter cette opinion. L'indivisibilité du fief, dit-il, rend le sous-*parage* inutile & contraire au droit du *parage*. Il est inutile, parce que les puînés n'y trouvent aucun avantage. Il est contraire aux coutumes qui veulent qu'en cas de vente de la portion paragère, les droits en appartiennent au chemier, comme seigneur plus proche du fonds aliéné. Or, la portion puînée, quoique subdivisée entre les enfans du premier parageur, est toujours la même & toujours une à l'égard du premier chemier. L'aîné de la subdivision ne peut donc pas établir sur ses puînés un chémerage qui le rende seigneur plus proche des portions de ses puînés, au préjudice du premier chemier qui doit tous les garantir sous son hommage tant que le *parage* dure.

Guyot convient néanmoins que lorsque le premier *parage* est fini, il s'en forme un second en faveur de l'aîné de la portion puînée qui a éprouvé une subdivision par un second *parage*.

Ces raisonnemens ne sont que spécieux. L'article 140 de la coutume de Poitou dit expressément que « le parageur ou part-prenant a, en sa » partie, telle & semblable jurisdiction & connois- » sance comme a ledit chemier en la sienne ». Il peut y faire des sous-inféodations, ou des accensemens. Car la coutume comprend ici, sous le nom de jurisdiction, le droit de directe, qui, dans cette coutume, n'est point séparé de la justice foncière. Pourquoi ne pourroit-il pas également faire la sous-inféodation sous une condition éventuelle, telle que le *parage*?

Il est bien vrai que durant le premier *parage*, le fief subsistant encore dans son intégrité à l'égard du seigneur dominant, celui-ci ne connoît que le premier chemier. Mais dès que la portion puînée est subdivisée, le premier chemier à son tour ne connoît plus que l'aîné des détenteurs de cette portion. C'est à lui qu'il doit demander l'aveu de cette portion paragère: elle n'est donc pas une à tous les égards. Cette opinion a été embrassée & défendue avec beaucoup de force par M. Souchet, dans son *Commentaire sur la coutume d'Angoumois*, chap. 1, art. 25, n°. 16.

Au reste, tant que le *parage* dure, le chemier n'est point le seigneur le plus proche de la portion du parageur. Il n'en est aucunement seigneur, il a seulement une aptitude à le devenir lors de la cessation du *parage*. Mais le droit éventuel qui résulte de cette aptitude peut être restreint par toutes les espèces d'empirement de fief que la coutume permet aux vassaux, & par conséquent par un autre *parage*, comme par une sous-inféodation pure & simple.

§. IX. *Du titre d'aîné ou de chemier: de ses prérogatives & de ses charges.* Toutes les coutumes de *parage* supposent que le titre d'aîné ou de chemier appartient de plein droit à l'aîné de plusieurs copartageans; mais c'est une question fort controversée que de savoir si ce titre appartient tellement à l'aîné, qu'on ne puisse l'attribuer, par convention, à l'un des puînés. Il est bien certain que les prérogatives de l'aîné ne peuvent être attribuées à l'un des puînés dans la coutume de Normandie. *Voyez l'art. 128, avec les commentateurs.*

La question n'est pas aussi bien éclaircie dans les autres coutumes où l'aîné prend de plein droit le chef-lieu, & presque toujours les deux tiers du surplus du fief. Les auteurs ont été partagés sur le point de savoir si le chemerage dépendoit de la qualité d'aîné, ou de la possession du chef-lieu du fief.

Il est plus sûr de dire qu'il faut avoir concurremment la qualité d'aîné, & le chef-lieu du fief. C'est à l'aîné seul que les coutumes attribuent la qualité de chemier; telle est en particulier la disposition de celle de Poitou, dans l'art. 125. Mais l'art. 130 de la même coutume ajoute que le chemier perd le droit de garantir les *parageurs* sous son hommage, s'il aliène le chef d'hommage, ou le tiers qui en tient lieu lorsqu'il n'y a pas de chef d'hommage; c'est, au surplus, l'opinion de Boucheul & de Guyot, qui a cru, mal-à-propos, que Boucheul étoit d'un avis contraire.

Rien n'empêcheroit néanmoins, dans la coutume de Poitou, d'établir un parage conventionnel entre les puînés. Mais ils n'ont pas plus de prérogatives à cet égard que les étrangers, qui peuvent établir ce dernier *parage* dans le partage d'un fief, sous les conditions prescrites par la coutume.

Il ne faut donc pas dire avec Harcher, *chap. 5, sect. 4, §. 25*, que l'aîné, entre roturiers, peut conserver le chemerage, sans avoir ni le chef d'hommage, ni le tiers qui en tient lieu.

Cependant M. Souchet, sur l'*art. 25* de la coutume d'Angoumois, n°. 9, prétend aussi que l'aîné peut rester chemier lors même qu'il a aliéné le chef d'hommage, ou principal manoir, pourvu qu'il conserve une portion quelconque dans le fief. Il soutient même, au n°. 18, que lorsqu'un fief entier échet aux puînés, le plus âgé d'entre eux est chemier de droit.

Ces deux décisions doivent souffrir de la difficulté. La coutume d'Angoumois est si succincte sur les *parages*, qu'il est nécessaire de la suppléer par

les difpofitions des coutumes voifines qui font dépendre la qualité de chemier, & le droit de garantir
les puînés fous fon hommage, de la poffeffion du
chef d'hommage; cela paroît d'ailleurs conforme
aux principes de notre droit féodal, qui eft purement réel, & dans lequel c'eft la glèbe qui dépend de la glèbe, & non pas la perfonne de la
perfonne.

L'art. 25 de la coutume même d'Angoumois,
proferit d'ailleurs la dernière décifion, en chargeant l'aîné, *ou qui le repréfente*, de faire l'hommage pour fes cohéritiers. Or affurément, l'aîné,
tant qu'il eft vivant, ou qu'il laiffe des defcendans,
n'eft pas repréfenté, ou ne l'eft que très-incom-
pletement, par le plus âgé des puînés.

A plus forte raifon, cette fubrogation de l'un
des puînés aux droits de l'aîné, ne peut-elle pas
être admife dans la coutume de Poitou, quoique
la plupart des commentateurs l'aient foutenu. Barraud, qui s'eft contrarié lui-même fur cette queftion, convient qu'un arrêt a proferit une prétention femblable.

Suivant l'*art.* 140 de la coutume de Poitou, le
« chemier n'a jurifdiction, ne connoiffance fur fon
» parageur, fors en trois cas; le premier par défaut
» de devoir non payé, pour la partie que le *pa-*
» *rageur* ou part-prenant y doit contribuer; le fe-
» cond pour fon aveu & déclaration non baillée;
» & le troifième, s'il vend la chofe. Car lors le
» chemier la peut avoir pour le prix, ou les ventes
» & honneurs à fon élection, & efdits cas, peut
» le chemier faifir & connoître à fa cour, & en
» tout autre cas n'y a ledit chemier jurifdiction ne
» connoiffance ».

Il femble d'abord que c'eft improprement que
la coutume attribue, dans ce dernier cas, une
jurifdiction au chemier fur le parageur, puifque
la vente fait ceffer le *parage*. Mais on verra, aux
§. XIII & XIV, que la ceffation de *parage* ne
peut avoir d'effet, qu'autant que l'aîné la fait
prononcer en juftice.

L'art. 216 de la coutume d'Anjou, dit auffi :
« Le parageur & fes fubjets, le *paraige* durant, ne
» répondront point en la cour de leur *parageur*,
» mais en la cour & jurifdiction du feigneur, fauf
» en deux cas; l'un en cas de mefures, c'eft à
» favoir pour les étalonner, & ajufter à celle de
» fon feigneur; le fecond pour raconter *paraige*,
» pour ce que le parageur efdits cas doit une
» fois retourner à l'obéiffance de fon parageur ».
Les coutumes du Maine, *art.* 231; de Tours,
art. 130; de Loudun, *chap.* 12, *ari.* 8, ont la
même difpofition.

Béchet, au chap. 9 de fa digreffion, eftime que
l'on doit fuivre, dans l'ufance de Xaintes, la règle
de ces coutumes fur les poids & mefures, & cela
paroît jufte.

La coutume de Normandie n'a pas de difpofitions
auffi précifes fur la jurifdiction de l'aîné fur fes
puînés en certains cas. On en trouve néanmoins

un exemple dans les art. 130 & 131 : « Par les mains
» des aînés, y eft-il dit, paient les puînés, les re-
» liefs, aides & toutes redevances aux chefs fei-
» gneurs, & doivent, lefdits puînés, être inter-
» pellés par les aînés, pour le paiement de leur
» part defdits droits; les aînés paragers peuvent
» faire juftice fur les biens des puînés, par les
» mains du prévôt de leur fief ».

Godefroy conclut de-là, avec raifon, que l'aîné
a jurifdiction fur fes puînés en ce cas.

Quant aux prérogatives générales du chemier,
la coutume de S. Jean-d'Angely les a énoncées
avec le plus grand détail dans l'article 107 & les
deux fuivans. On peut les confulter.

J'obferverai néanmoins que plufieurs de ces privilèges ne peuvent avoir lieu que durant l'indivifion, fuivant le texte même de la coutume de
S. Jean d'Angely, & que d'autres font trop étendus pour qu'on puiffe les attribuer au chemier,
hors du reffort de cette coutume; d'autres enfin
appartiennent à l'aîné, lors même qu'il n'y a pas
de *parage*. Voyez l'art. AINÉ.

La plupart des coutumes de *parage*, ainfi que
plufieurs autres coutumes du royaume, dans lefquelles le *parage* n'eft point admis, difent auffi que
l'aîné fait & reçoit les hommages pour fes puînés,
tant que la fucceffion n'eft pas partagée. *Voyez
le* §. 3.

Mais lorfque par le partage les mouvances font
attribuées en partie aux puînés, l'aîné ne reçoit
plus feul les hommages, quoiqu'il continue de
faire feul la foi & hommage de la totalité du fief
tenu en *parage*.

Ce partage des mouvances eft très-licite, au
moins dans les coutumes de *parage*, puifque l'aliénation des vaffaux peut fe faire féparément fans
dépié de fief; on peut voir cette queftion fort bien-
traitée à la fin du chap. 3 des obfervations de
Guyot, fur le démembrement, au tome 3 de fon
Traité des fiefs. L'arrêt du 26 août 1739, rendu au
profit de M. Raillé, acquéreur d'une partie de la
mouvance de la chatellenie de Muley, membre du
comté de Laval, à titre de fous-inféodation, a
jugé la queftion de la manière la plus précife.

Lors, au contraire, que les mouvances reftent
indivifes, l'aîné continue de recevoir feul les hommages. Par la même raifon, c'eft à lui feul que
doit fe faire l'exhibition des contrats fujets à cette
formalité, parce que l'exhibition eft un droit honorifique qu'il fuffit de faire au chef du fief. Les
parageurs peuvent feulement prétendre la communication du contrat, par forme d'édition. C'eft la
décifion de Conftant & de Boucheul, fur l'art. 140
de la coutume de Poitou.

Mais les auteurs font partagés fur le point de
favoir fi l'option faite par le chemier, des lods &
ventes ou du retrait, peut préjudicier aux puînés,
& les forclore du droit d'opter entre ces deux droits
pour ce qui les concerne perfonnellement. Filleau
& Boucheul penfent contre Conftant, que les pu-

nés font tenus de s'en tenir à l'option de l'aîné. Ils citent, à ce fujet, l'arrêt du 21 janvier 1640, dont on vient de parler. Mais cet arrêt n'a eu lieu que pour le *parage* d'indivifion. *Voyez* Harcher, *chap. 14, fect. 3, §. 6.*

Dans ce cas-là même, il faudroit, je crois, décider différemment fi les puînés avoient formé une demande en partage.

Lorfqu'on partage, à titre de *parage*, un fief de dignité, l'aîné feul a, durant le *parage* même, le titre & l'honorifique de cette dignité, qui font indivifibles. (Coutumes d'Anjou , *art. 215* ; du Maine, *art. 230* ; de Loudun, *chap. 12 , art. 7* , & de Tours, *art. 129.*)

Par une efpèce de compenfation de tant de prérogatives, l'aîné eft tenu de faire feul la foi & hommage au feigneur dominant , & de lui rendre l'aveu du fief, tant pour lui que pour les puînés. Il eft même tenu, par fuite de cette obligation, de les garantir des faifies féodales que le feigneur dominant peut mettre fur la totalité du fief, quand il n'en eft pas fervi. (*Coutume de Poitou , art. 130, 136 & 94.*)

L'art. 264 de la coutume de Tours, qui eft fur ce point conforme à l'ancien droit, tel qu'on l'a expofé au §. 1, charge de plus l'aîné noble , pour la part qu'il prend plus que fes puînés , de garantir « leur tierce partie franche de tout devoir » féodal *ordinaire* , dû pour raifon dudit hom-» mage ». *Voyez l'art.* DÉPIÉ, §. III.

Les coutumes de Loudunois , d'Anjou & du Maine, diftinguent le cas où le rachat advient par mort , d'avec celui où il advient par le fait de l'aîné , comme par vente ou mariage. Dans ce dernier cas , l'aîné eft tenu de dédommager fes puînés du droit de rachat.

Les autres coutumes n'admettent point de garantie, en faveur des puînés, pour le droit de rachat en aucun cas , & cela eft très-conféquent, parce qu'il y dépend de l'aîné de faire ceffer le *parage*, en difpofant de fa portion en faveur d'un tiers.

§. X. *Des droits & des charges des puînés, durant le parage.* Suivant les coutumes d'Anjou, *art. 215* ; & du Maine , *art. 239* , « celui qui tient en *parage* , » a telle & femblable juftice , comme fon para-» geur , & tient auffi noblement comme lui , s'il » n'eft parti de comté , vicomté ou baronnie, au-» quel cas il ne pourroit pas demander ni avoir » fur fes fujets les droits & prérogatives qui ap-» partiennent au comte, vicomte ou baron, dont » a été deffus touché, s'il ne lui étoit expreffé-» ment tranfporté ; car ces droits de comtés, vi-» comtés & baronnies , ne fe départent point » comme il fera déclaré en la matière des fuccef-» fions des nobles ».

Les art. 216 & 231 des mêmes coutumes ajoutent, « que le paraigeau , & fes fubjets la paraige » durant, ne répondront point en la cour de leur

» parageur , mais en la cour du chef feigneur ». Sauf dans les deux cas dont on a parlé.

Les coutumes de Tours , *art. 129 & 130* ; & de Loudun , *chap. 12, art. 7 & 8* , ont des difpofitions abfolument femblables.

La coutume de Poitou , *art. 140,* après avoir expofé les trois cas où le chemier a jurifdiction fur fes parageurs , comme on l'a vu dans la fect. 9, ajoute : « Et en tous autres cas , ledit chemier n'y » a jurifdiction ni connoiffance , & le parageur » ou part-prenant a en fa partie telle & femblable » jurifdiction & connoiffance , comme a ledit » chemier en la fienne , fi autrement n'étoit con-» venu ou accordé au contraire , ou auffi par » ufance ancienne ».

Ces cinq coutumes établiffent le droit commun des coutumes de *parage* ; mais il fuit des derniers mots de celle de Poitou, qu'il dépend des copartageans de déroger en plus ou en moins à ces règles , & qu'on doit préfumer cette dérogation, quand un long ufage peut la faire fuppofer. Cet ufage doit fur-tout être refpecté dans les coutumes où le *parage* dure *tant que le lignage fe peut compter* , parce que le laps de temps peut facilement y faire perdre l'acte de partage.

Quoique les puînés aient le même droit à la juftice que leur aîné , on tient aujourd'hui qu'ils ne peuvent pas la faire exercer féparément d'après les ordonnances qui prohibent la multiplication des jurifdictions. Les puînés n'ont avec leur aîné qu'une feule feigneurie ; l'exercice de la jurifdiction qui y eft attachée , doit fuivre les règles qui font admifes , à cet égard, entre co-feigneurs. *Voyez* JUSTICE DES SEIGNEURS, §. III.

On fuivoit néanmoins un ufage contraire autrefois , & c'eft ainfi qu'on doit entendre deux difpofitions de la coutume de Touraine , dont un jurifconfulte , avantageufement connu dans cette province, nous a demandé la conciliation avec les principes.

Les coutumes ayant été rédigées dans des temps où nos maximes, fur l'ordre & la conceffion des jurifdictions, n'étoient point encore affurées, celles de *parage* ont fuppofé que les puînés avoient toujours une jurifdiction diftincte. Celle de Tours & quelques autres ont feulement voulu que cette multiplicité de jurifdiction ne pût pas donner aux puînés le droit d'établir de nouvelles mefures. D'un autre côté, la coutume de Tours avoit décidé que les droits de baronnie ne fe partageoient pas ; mais afin que l'aîné n'abufât pas de cette prérogative pour foumettre les puînés à fa jurifdiction, lorfqu'ils avoient eu leur partage dans une baronnie, l'art. 73 de la coutume de Tours a déclaré « qu'en baronnie la juftice du parageau ref-» fortit en la jurifdiction du feigneur fupérieur , » pardevant lequel reffortiffent les appellations.

Ces règles peuvent s'appliquer encore aujourd'hui à la jouiffance des droits honorifiques. *Voyez* les

les art. 127, 134 & 135 de la coutume de Normandie, avec les commentateurs.

Le plus beau des privilèges des puînés, dans cette dernière coutume, est que leurs portions ne tombent point en garde ; ce privilège n'est point écrit dans la coutume, & l'art. 213, dont on le fait résulter, n'a guère de rapport à la question. Mais l'usage paroît constant à cet égard.

On vient de voir, au §. IX, que les puînés étoient soumis à la jurisdiction de leur aîné dans plusieurs cas ; ils sont néanmoins sujets comme lui à la jurisdiction du seigneur dominant, & aux mêmes exploits de fief.

Il faut cependant en excepter quelques-unes des coutumes de *parage*, où, conformément à l'ancien droit, les puînés sont exempts de contribuer aux devoirs ordinaires du fief, sans en excepter le rachat ; mais suivant le droit commun, leurs portions sont sujettes aux mêmes devoirs que celle de l'aîné, & on se règle toujours sur sa portion pour juger des mutations qui peuvent donner ouverture aux droits seigneuriaux, parce que les portions des puînés sont censées faire partie du même fief.

Tout cela est expressément énoncé dans les art. 95, 121 & 139 de la coutume de Poitou. Ce dernier article ajoute, « que les puînés contribueront aussi aux frais & mises que feroit le chemier, tant pour faire l'hommage que payer le » chambellage & autres devoirs pour raison de ce, » & aussi doivent à leur chemier leur aveu par » écrit des choses qu'ils tiennent avec lui ».

C'est donc sans fondement que Béchet, au chap. 2 de sa digression, veut que l'aîné fasse seul les frais de la prestation d'hommage & des devoirs ordinaires, comme sont les gants, sonnettes d'épervier, éperons, &c. (Boucheul, *art. 125* & *139*.)

§. XI. *Des droits du seigneur dominant, durant le parage.* Le seigneur dominant a les mêmes droits sur les portions des puînés, que sur celle de l'aîné, si l'on en excepte l'hommage & le dénombrement qu'il ne peut pas exiger d'eux directement, parce que l'aîné est tenu de les rendre pour tout le fief ; mais lorsque l'aîné néglige de satisfaire à ces devoirs, le seigneur dominant a le droit de saisir la totalité du fief & de gagner les fruits des portions paragères dans les cas où il gagne ceux de la portion chemière.

C'est la décision expresse des art. 91, 94 & 118 de la coutume de Poitou, & de l'art. 22 de celle de S. Jean d'Angely, qui autorisent seulement les puînés à demander la main-levée provisoire.

La coutume de Poitou dit expressément qu'en définitif, tout ce que les puînés auront levé au préjudice de la saisie sera en pure perte, c'est-à-dire, qu'ils devront le restituer au seigneur, *sauf leur recours contre leur chemier.*

En s'en tenant à la lettre de cet article, il ne resteroit aux puînés aucune autre ressource que de demander la main-levée provisoire, en appelant

l'aîné à leur garantie. Telle est l'opinion de plusieurs commentateurs de la coutume de Poitou. On sent néanmoins combien l'insolvabilité de l'aîné, ou d'autres causes pourroient rendre cette garantie illusoire. Le droit commun fournit aux puînés une ressource plus utile. Les coutumes de Reims, *art. 3* ; de Dourdan, *art. 9* ; de Montfort, *art. 3*, & plusieurs autres, autorisent expressément le plus âgé des puînés, & successivement les autres à porter la foi au seigneur, lorsque l'aîné ne le peut pas faire, ou en est refusant. *Voyez le* §. III.

Dumoulin dit dans son apostille sur la coutume d'Etampes, que celle de Paris, & par conséquent toutes les autres qui autorisent l'aîné à porter l'hommage pour ses puînés, se doivent ainsi interpréter ; Loisel a adopté cette décision, *liv. 4, tit. 3*, §. *18.*

Enfin on retrouve la même décision dans les coutumes d'Anjou, *art. 110 & 266* ; de Loudun, *chap. 27, art. 11* ; du Maine, *art. 113 & 284* ; & de Tours, *art. 265.*

Ces mêmes coutumes d'Anjou, *art. 126*, & du Maine, *art. 136*, donnent une faculté pareille à la douairiere, au puîné qui tient sa portion à vie, & à tout autre usufruitier, pour empêcher la prise par défaut d'homme, en cas de dol, collusion, ou négligence de la part du propriétaire. Aussi Béchet, Boucheul & Guyot, qui prête mal-à-propos une autre opinion à Boucheul, paroissent-ils croire que les puînés ont cette ressource dans les coutumes même de *parage*, qui n'en disent rien. *Voyez aussi* l'art. 115 de la coutume de Normandie sur les aînesses.

On tient communément que les puînés ne peuvent pas demander la main-levée provisoire d'une saisie faite à défaut de rachat. Un arrêt du 18 février 1592, cité par les commentateurs de la coutume de Poitou, l'a ainsi décidé. Mais du Moulin observe, sur l'art. 136 de la coutume du Maine, que les puînés peuvent obtenir la main-levée définitive, en offrant la totalité du droit de rachat au seigneur. Ce dernier ne peut pas être obligé de souffrir la division de ses droits.

§. XII. *De la cessation du parage.* Le parage, suivant l'expression des coutumes, *vient par succession ou lignage, & défaut faillant le lignage.* Tel est le vrai principe de cette matière. Mais comme il souffre beaucoup de modifications, il est bon de distinguer cinq manières différentes, dont le *parage* peut cesser. Ce sont l'aliénation de la portion chemière, celle de la portion paragère, le défaut, ou l'éloignement du lignage, la confusion, & l'hommage fait par le puîné au seigneur dominant.

Avant d'entrer dans aucun détail à cet égard, il faut observer que le *parage* d'indivision, que toutes les coutumes de *parage* établissent avant le partage, & qui est même le seul qui soit admis dans la coutume de Blois, cesse par le partage.

I. *L'aliénation de la portion chemière*, fait cesser le *parage* dans la coutume de Poitou, suivant l'art. 139,

A a a

& il en eſt de même de l'art. 174 de la coutume de Blois. Mais les coutumes d'Anjou, *art.* 229 ; de Loudun, *chap.* 27 , *art.* 19 ; du Maine, *art.* 234 , & de Touraine, *art.* 131, chargent, au contraire, l'acquéreur de l'aîné de garantir les portions des puinés *tant que la ligne durera,* entre eux & lui, de la manière preſcrite par ces coutumes.

Il paroît qu'on doit ſuivre la même règle dans la coutume de Normandie, ſuivant l'art. 132.

La queſtion fait plus de difficulté dans les coutumes d'Angoumois, de S. Jean d'Angely, & dans l'uſance de Saintes. L'uſage y eſt de ſuivre la même règle que dans la coutume de Poitou, & cela paroît d'autant plus raiſonnable, qu'elles ont généralement le même eſprit ſur le parage, comme ſur tant d'autres points.

Il faut avouer néanmoins qu'il y a une eſpèce de rigueur pour les puinés de les aſſujettir à voir dégrader leur portion dès le commencement du *parage,* quand il plaira à l'aîné de vendre la ſienne à un étranger. C'eſt l'obſervation de Dupleſſis, *part.* 2, *ſect.* 2, *p.* 115 ; & de Guyot, *chap.* 3. Mais il n'eſt pas préſumable que l'aîné aliène ſa terre exprès pour donner cette mortification à ſes puinés, & ils ſont d'ailleurs dédommagés de cet inconvénient par la longue durée du *parage* dans le cas contraire.

Au reſte, le tranſport de la portion chemière, à tout autre titre qu'à celui de ſucceſſion ou d'avancement d'hoirie, détruit tellement le *parage* dans la coutume de Poitou, que l'art. 129 le décide ainſi pour le tranſport fait au parent du chemier, parce que la choſe ne vient pas par *ſucceſſion & ſouche,* comme l'exige la coutume.

On ne doit donc pas croire, avec Vigier, que le *parage* ſubſiſte lorſque l'aîné de pluſieurs frères tranſporte au ſecond le manoir principal, & tout le droit qu'il a dans le fief. L'acceſſion que cet auteur ſuppoſe dans ce cas, ne peut pas ſe faire quand il s'agit d'unir la portion de l'aîné à celle du puiné. Le puiné n'a pas dans ſa perſonne le caractère que les coutumes exigent dans les chemiers, & l'acceſſion ne peut guère avoir lieu de l'objet principal à une de ces portions.

Lorſque l'aîné n'aliène qu'une partie de ſa portion, en ſe réſervant le ſurplus, le *parage* ceſſe-t-il également? Cette queſtion doit ſe décider par les mêmes principes que celles de dépié, & d'empirement de fief ; tant que l'aîné ſe réſerve une portion ſuffiſante pour garantir ſes vaſſaux ſous ſon hommage, il peut auſſi garantir ſes puinés. Il perd cette prérogative quand il n'a pas retenu la portion de fief néceſſaire pour cela, à moins qu'il n'y ait une convention expreſſe au contraire, & qu'elle ne ſoit approuvée du ſeigneur dominant. *Voyez* l'art. EMPIREMENT DE FIEF, §. I.

Enfin le *parage* doit ſe renouveller, ſi l'aîné, qui avoit aliéné une portion exceſſive de ſa tenure, en recouvre ſuffiſamment pour fief ſervir. On a vu au mot DÉVOLUTION, qu'elle ceſſoit dans ce cas.

II. *L'aliénation de la portion d'un des puinés* fait ceſſer le *parage* dans toutes les coutumes, mais ſeulement pour la portion qui a été aliénée. Il paroît même que le *parage* ne devroit pas ceſſer pour cette portion, ſi l'aliénation étoit faite à un des puinés. C'eſt-là le cas de dire avec Vigier, ſur l'art. 125 de la coutume d'Angoumois, n°. 9, qu'il ſe fait une acceſſion, une conſolidation de la portion acquiſe avec la portion tenue en *parage ;* que la choſe eſt venue originairement dans la famille à titre ſucceſſif; qu'elle n'eſt point ſortie du lignage; que les *trois conditions du parage, la conſanguinité, le titre d'hérédité & la participation au même fief, ſe trouvent ici de toutes parts.* On peut citer ſur-tout comme un préjugé bien applicable à ce cas, l'arrêt du 13 mai 1610, dont on a parlé au §. VI.

Cependant Bécher, au *chap.* 3 *de ſa Digreſſion,* & pluſieurs des commentateurs ſur l'article 129 de la coutume de Poitou, ſoutiennent le contraire. Il faut même avouer que la coutume de Tours ſemble autoriſer leur opinion, du moins en partie, en définiſſant, *art.* 131, les perſonnes étranges dont l'acquiſition fait ceſſer le *parage,* celles *qui ne ſont en premier & prochain degré pour ſuccéder,* ab inteſtat. Mais on peut dire que cette coutume n'entend parler ici que des parens qui ne ſont pas eux-mêmes parageurs.

L'article 133 de la coutume de Normandie tranche la difficulté d'une manière bien plus préciſe, dans l'article 135 : il y eſt dit « que le fief ſort de pa- » rage, & doit foi & hommage quand il tombe en » main d'autres qui ne ſont paragers ou deſcendans » de paragers, encore qu'ils ſoient parens ».

Les articles 135 & 136 de la même coutume diſent auſſi que le *parage* eſt rétabli ſi le vendeur rentre en poſſeſſion de ſon héritage à titre de réméré ou de reſciſion, ou bien ſi l'un des puinés ou l'un des deſcendans exerce le retrait lignager.

De ces trois eſpèces de renouvellement du *parage,* les deux premières ſont reconnues conformes au droit commun. Quant à la dernière, c'eſt la même queſtion que celle de la vente faite par l'un des puinés à un autre puiné. *Voyez* le §. VI, & le *Traité des fiefs* d'Harcher, *chap.* 5, *ſect.* 3, §. 5.

Si au lieu d'aliéner la totalité de ſa portion, le puiné n'en aliène qu'une partie, il faut encore, pour décider ſi le *parage* eſt ceſſé, recourir aux principes admis en matière de dépié & d'empirement de fief. Si le puiné s'eſt conformé aux règles preſcrites par les coutumes, tant pour la quotité que pour la forme de l'aliénation, il doit demeurer en *parage* pour ce qui lui reſte, & conſerver la mouvance ſur la portion aliénée. S'il n'y avoit pas retenu devoir, la mouvance en paſſeroit à ſon aîné, & il en ſeroit de même de ce qui lui reſte, s'il avoit aliéné plus que la quotité dont la coutume lui permet de diſpoſer ſans dépié de fief. Il y auroit dévolution au profit de ſon aîné. Ce n'eſt pas-là le ſentiment des commentateurs ; mais c'eſt le véritable eſprit des coutumes.

III. *Le défaut ou l'éloignement du lignage* fait auffi ceffer le *parage* dans toutes les coutumes. Mais cette règle s'interprète différemment dans plufieurs d'entre elles.

Les coutumes d'Anjou, *art. 213*; de Loudunois, *chap. 27, art. 9*; du Maine, *art. 128*, & de Touraine, *art. 126*, difent que le *parage* dure jufqu'à ce que le lignage foit fi éloigné que le mariage fe puiffe faire entre l'aîné & le puîné fans difpenfe, c'eft-à-dire, hors le *quart degré*. La même règle fe trouve dans les *Etabliffemens de faint Louis, liv. 1, chap. 22 & 44*.

La coutume de Normandie, *art. 129*, fait au contraire durer le *parage* jufqu'au fixième degré inclufivement.

Les coutumes de Poitou, *art. 107*; & d'Angoumois, *art. 26*, décident que le *parage dure autant que le lignage*, c'eft-à-dire, fuivant que l'explique l'article 126 de la coutume même de Poitou, *tant comme le lignage fe peut compter & prouver*.

On fuit la même règle, fuivant Béchet & Maichin, dans l'ufance de Xaintes & dans la coutume de Saint-Jean-d'Angely, qui n'ont aucune difpofition à ce fujet.

Ces variétés tiennent néanmoins à un principe unique, favoir, que la durée du *parage* doit fuivre la parenté. Les coutumes de Poitou & d'Angoumois fe font réglées fur le droit civil où la parenté fubfifte toujours, tant qu'on peut en donner la preuve; celles de Loudun, d'Anjou & du Maine, ont fuivi le droit canonique, qui ne confidère plus la parenté au-delà du quatrième degré pour le mariage : enfin celle de Normandie a pris pour bafe d'anciennes difpofitions du même droit, qui prohiboient auffi le mariage entre parens jufqu'au feptième degré. *Voyez le Traité du contrat de mariage*, par M. Pothier, *n*os *142, 143, 144, & fur-tout n°. 145*.

Au refte, fi de fucceffion en fucceffion l'héritage venoit à un étranger du chemier, le *parage* feroit ceffé quand bien même les chemiers pourroient prouver la parenté de leur auteur avec le chemier : car, dit l'article 107 de la coutume de Poitou, le *parage vient par fucceffion & lignage, & défaut faillant le lignage*.

Ce cas peut fe rencontrer dans l'ufance de Xaintes. Comme on n'y obferve point la règle *paterna paternis*, la repréfentation à l'infini, & les autres principes admis en Poitou fur la fucceffion des propres, il eft très-poffible que la fucceffion d'un parageur foit recueillie par un parent d'une ligne étrangère à celle du chemier.

C'eft l'obfervation de Béchet, au *chap. 3 de fa Digreffion*.

La même chofe pourroit avoir lieu en Poitou, par les claufes particulières du partage.

IV. *La confufion* fait ceffer le *parage* de plein droit dans toutes les coutumes. Ainfi quand l'aîné fuccède au puîné, & réciproquement, ou bien quand l'héritier de l'un des deux fe marie avec l'héritière de l'autre, il ne peut plus y avoir de *parage*; c'eft l'obfervation de Béchet. J'ajouterai feulement que le *parage* doit revivre dans tous les cas où la réunion féodale peut ceffer, lors, par exemple, qu'il ne refte pas d'enfans du mariage qui l'a produite.

V. *L'hommage fait par le puîné au feigneur dominant*, forme une efpèce de défaveu des droits de fon aîné. Auffi l'article 126 de la coutume de Tours décide-t-il, que le *parage* faut « quand » le parageau fans fommer fon parageur a fait » hommage au feigneur fuzerain, auquel cas l'o- » béiffance en peut être rendue audit parageur » s'il le requiert, lequel parageau fera en après » ladite foi audit parageur ».

Béchet, au *chap. 3 de fa Digreffion*, penfe que cet article de la coutume de Tours doit être obfervé dans les autres coutumes de *parage*.

§. XIII. *De la procédure qui doit être tenue à la fin du parage*. La coutume de Poitou prefcrit des règles très-fages à cet égard dans les articles 126, 127 & 128. « Si le parageur, y eft-il dit, ne peut dé- » clarer & nommer à fon chemier leur lignage & » defcente, ledit chemier le peut contraindre de » lui faire hommage de ladite chofe qui étoit tenue » en parage...... & à faire ledit hommage le fei- » gneur dont la chofe eft tenue par hommage, » doit être appellé & attrait par ledit parageur à » garant; autrement, ce qui feroit fait ne préju- » dicieroit audit feigneur, lequel pourroit tou- » jours ufer de fes droits en prenant fon rachat » où les fruits pour ledit hommage non fait par » ledit chemier; toutefois ledit feigneur ainfi ap- » pellé par ledit parageur, ne peut empêcher que » ledit parageur ne faffe hommage audit chemier, » fi ledit lignage ne fe peut compter & prouver ».

Ainfi, quelque certitude que le chemier ait, que le repréfentant du parageur ne peut compter & prouver le lignage, il ne peut faifir fa portion de plein droit. Il doit fe pourvoir par fimple action. La faifie féodale ne peut effectivement avoir lieu que fur les vaffaux, & les parageurs ne le font point tant qu'il n'y a pas de jugement qui déclare le *parage* failli. Il faut dire néanmoins que tous les profits de fief qui peuvent être dus fur les portions des puînés, doivent appartenir à l'aîné du jour de la demande. Harcher, *chap. 5, fect. 2, §. 13*.

L'article 129 de la coutume de Tours, en difant que le parageau doit répondre en la jurifdiction du parageur, *pour raconter parage*, fuppofe que la demande en fin de *parage*, à caufe de l'éloignement du lignage, doit fe donner en la jurifdiction du chemier. On retrouve cette difpofition dans les coutumes du Maine, de Tours & de Loudun; & l'on fuit la même règle dans les coutumes qui n'en difent rien. Mais l'on fent bien que le feigneur dominant du chemier, s'il juge à propos de répondre à l'affignation en garantie qui lui a été donnée par le propriétaire de la portion paragère, a le droit d'évoquer la connoissance du tout en sa jurisdiction. Il seroit peu décent qu'il fût obligé de défendre ses droits en la jurisdiction de son vassal. C'est l'avis de Boucheul, sur l'art. 127, n°. 5.

Constant & Filleau, sur le même article, disent qu'il est d'usage d'aller en ce cas devant le juge royal supérieur ; mais on ne trouvera aucune loi qui fasse de cette matière un cas royal.

Il paroît seulement qu'il faudroit se pourvoir dans la jurisdiction où ressortit celle du seigneur dominant, si le droit du seigneur étoit contesté. *Voyez l'article* JUSTICE DES SEIGNEURS, §. 5, *pag.* 398 ; & Harcher, *chap.* 5, *sect.* 2, §. 14.

Au reste, la coutume de Poitou n'exige cette demande en garantie, & même la demande principale, qu'au cas où le *parage* est fini, à défaut par le propriétaire de la portion paragère de pouvoir compter le lignage. Dans les autres cas où le *parage* finit, la nature de la cause qui le fait cesser n'exige pas l'examen que peut occasionner la fin du *parage*, par le défaut de preuves du lignage.

Cette coutume est la seule qui exige formellement la mise en cause du seigneur dominant, lorsque l'aîné prétend que le *parage* est fini par défaut de lignage, ou à cause de son éloignement. L'aîné a néanmoins le plus grand intérêt à faire prononcer en justice la cessation du *parage* dans les coutumes d'Anjou, du Maine, de Touraine & de Loudunois, lors du moins que les puînés ne lui font pas volontairement l'hommage, parce qu'il n'est dû aucun rachat pour le premier hommage fait pour *parage* failli, comme on va le voir.

§. XIV. *Des effets de la cessation du parage.* Par la cessation du *parage*, les puînés, ou leurs ayans cause, deviennent les vassaux de l'aîné ou de son représentant ; c'est ce que l'article 221 de la coutume d'Anjou explique fort bien. Quoique cet article ne parle que des deux cas où le *parage* cesse le plus communément en Anjou, on doit en appliquer la décision à tous les cas où le *parage* finit.

Le seul privilège que donne la cessation du *parage* aux propriétaires des portions cadettes, c'est que lorsque le *parage* finit par l'éloignement du lignage, ils ne doivent ni le rachat, ni aucun devoir à l'aîné lors du premier hommage qu'ils lui font.

Ce point est encore décidé par la coutume du Maine, *art. 179.* « Pour cette première foi faite, » y est-il dit, le parageur n'aura aucun rachat de » son parageau ». La coutume ajoute que l'hommage sera lige ou simple, suivant que l'aîné le fair à son seigneur, & qu'on réglera aussi le devoir que le puîné fera à son aîné sur celui que l'aîné fera au chef-seigneur.

Les coutumes d'Amiens, *art. 218* ; de Tours, *art. 127, 136, 177* ; de Loudun, *chap. 12, art. 11* ; *chap. 14, art. 14* ; & *chap. 27, art. 19* ; de Poitou, *art. 126 & 134*, ont des dispositions semblables.

On peut induire la même chose de l'article 132

de la coutume de Normandie, qui charge simplement les héritiers des puînés de faire *foi & hommage aux hoirs de l'aîné*, ou à ses représentans, quand le lignage est hors le sixième degré.

Les coutumes d'Anjou & du Maine disent bien qu'après le *parage* fini, le parageur ou l'aîné, ses gens & officiers, feront sur les portions des parageaux ou des puînés, *tous exploits de justice, comme en leur fief & nuepce* ; mais il ne paroît guère être là question que de la justice foncière que tout seigneur a sur ses vassaux, & du moins ces coutumes ne s'expliquent pas sur la jurisdiction des propriétaires des portions cadettes.

Maichin & des Vignes, sur l'article 28 de la coutume de Saint-Jean-d'Angely, prétendent que les portions cadettes auront chacune une justice semblable à celle de la portion de l'aîné.

Duplessis pense aussi que la jurisdiction ne doit point être perdue pour les parageurs par la cessation du *parage* ; mais il croit qu'ils doivent rester copropriétaires de la justice attachée au fief d'où le leur est dérivé, ou si l'on veut leur attribuer une jurisdiction séparée, qu'elle doit ressortir directement comme auparavant à celle où ressortit la jurisdiction de l'aîné.

Ce dernier sentiment est proscrit d'avance par les articles 25 & 26 de l'ordonnance de Roussillon, qui ne permettent pas de multiplier les jurisdictions en les partageant ; l'existence d'une jurisdiction indépendante de celle de l'aîné, ou même la copropriété dans sa jurisdiction, paroît d'ailleurs peu conforme à la subordination qui doit régner entre les puînés & l'aîné depuis la cessation du *parage*.

Quant à l'opinion des commentateurs de la coutume de S. Jean d'Angely, elle paroit assez conforme à notre ancien droit. Mais elle ne peut guère se concilier avec les principes actuels de notre jurisprudence, qui ne souffrent plus l'établissement d'un nouveau degré de jurisdiction. Il paroît donc plus sûr de dire que la cessation du *parage* fait perdre aux puînés tous leurs droits à la jurisdiction contentieuse, dont ils n'étoient copropriétaires que parce qu'ils étoient les *pairs* & les coteneurs de l'aîné.

Telle est la décision de d'Argentré, sur *l'article 311 de l'ancienne coutume de Bretagne* ; de Constant, sur *l'art. 140 de celle de Poitou* ; de Béchet, *chap. 9* ; & de Guyot, *chap. 2, n°. 9.* Ce dernier auteur pense seulement que s'il s'agissoit d'un fief de dignité ; le puîné prendroit pour titre de sa portion, *le titre & la justice qui est au-dessous de celle de son aîné*, ensorte que si le fief étoit baronnie, la portion du puîné deviendroit châtellenie.

Jacquet, dont les réflexions ne sont pas toujours aussi déraisonnables qu'on l'a prétendu, a fort bien prouvé que cette restriction entraîneroit les plus grands inconvéniens. La coutume de Tours dit d'ailleurs dans l'article 129, que le puîné « qui a en son partage dans une baronnie, ne peut » pas avoir les droits & prééminences, sans les-

» quels baronnie ne peut être dite *comme le châtel* ,
» & autres droits déclarés au chapitre des droits de
» baronnie ».

Un arrêt du parlement de Rouen, du 20 mars
1632, cité par Basnage, a jugé que tous les parageurs auroient les honneurs de l'église, « à con-
» dition que la part de l'aîné auroit feule cette
» prérogative *après le parage fini* ».

La restriction de Guyot ne feroit donc admiffible que dans le cas où la portion de terre accordée au puîné auroit formé un fief de dignité, qui,
lors de fa réunion à celui de l'aîné, auroit confervé l'exercice distinct de fa jurifdiction, comme
il y en a des exemples. (*M. GARRAN DE COU-
LON, avocat au parlement.*)

PARAGE CONVENTIONNEL : Béchet, au chapitre
11 de fa digreffion des *parages* & les commentateurs de plufieurs coutumes où le *parage* eft admis,
appellent ainfi une efpèce de tenure, fuivant laquelle l'un de plufieurs co-acquéreurs d'un fief
auquel on laiffe l'hôtel, ou le chef d'hommage eft
chargé d'en faire feul la foi & hommage, & de garantir fes co-acquéreurs fous cet hommage, de la
même manière que l'aîné dans le *parage* légal garantit fes puînés.

Cette forte de *parage* n'eft connue que dans les
coutumes de Poitou, d'Angoumois, de Saint-Jean-
d'Angely, & dans l'ufance de Xaintes. Le mot
même de *parage conventionnel* ne fe trouve point
dans le texte de ces coutumes; elles défignent cette
forte de *parage*, fous le nom de *tenure en part-prenant* ou *part-mettant*, laquelle eft elle-même comprife avec le *parage* fous le nom générique de *tenure en gariment*, c'eft-à-dire, de tenure en garantie.
Tout cela eft indiqué dans les articles 106 & 107
de la coutume de Poitou, qui préfente auffi la différence fpécifique du *parage* légal & du *parage conventionnel* d'une manière très-précife.

« Les domaines & chofes immeubles nobles,
» dit l'article 106, font & doivent être tenus par
» hommage, ou en *parage*, part-prenant ou part-
» mettant, & en gariment, ou autres devoirs no-
» bles abonnés fans foi & fans hommage.

» Entre tenir en *parage*, dit l'article 107 & tenir
» part-prenant & part-mettant, il y a différence ; car
» le *parage* vient par fucceffion & lignage, & défaut
» ledit *parage*, faillant le lignage ; & le part-prenant &
» part-mettant vient par convention & longue ufan-
» ce, & ne change par tranfport ni faute de lignage ».

Ainfi le *parage conventionnel* ne peut ceffer que
de la même manière qu'il a été établi, c'eft-à-dire,
par convention ; à cette différence près, on y doit
fuivre les mêmes règles que dans le *parage* légal,
foit pour les droits du feigneur dominant, foit pour
les obligations refpectives du chemier & de fes
parageurs conventionnels, tant qu'il n'y a point
de claufes contraires dans l'acte, qui établit le *parage conventionnel*. On peut confulter à cet égard
l'article précédent, *& les mots* GARIMENT, PART-
PRENANT, & PART-METTANT.

Quoique ce qu'on appelle communément *parage
conventionnel* n'ait lieu d'ordinaire qu'entre les copropriétaires d'un fief qu'on a eu à titre d'acquifition, on peut néanmoins établir un *parage* par
convention entre des parens qui recueillent conjointement un fief à titre fucceffif dans les cas où
le *parage* légal ne peut avoir lieu entre eux de plein
droit.

Lors même qu'un fief vient à titre fucceffif à
ceux entre lefquels la coutume établit le *parage* légal, on peut encore déroger plus ou moins aux
règles du *parage* légal, par l'acte de partage, fuivant la décifion de l'article 140 de la coutume de
Poitou, & il y a alors un véritable *parage conventionnel*. Mais comme on ne doit fuppofer de dérogation à la coutume, qu'autant qu'elle eft nettement exprimée, le *parage* n'eft pas conventionnel
à tous les égards. Dans ce cas-là il doit finir comme
le *parage* légal, à moins qu'il n'y ait une claufe expreffe dans le partage, qui prolonge la durée du
parage, lors même que le lignage fera ceffé.

Le *parage conventionnel* peut-il également avoir
lieu dans les coutumes qui ne parlent point de ces
parts-prenans, part-mettans & tenans en gariment,
par exemple dans les coutumes d'Anjou & du
Maine ? On peut dire que, comme c'eft-là une tenure
tout-à-fait extraordinaire, la convention en feroit
difficilement admife dans les tribunaux. Cependant
il faut avouer qu'elle eft bien moins préjudiciable
au feigneur que la fous-inféodation, ou l'accenfe-
ment que toutes ces coutumes permettent à fon
préjudice.

Il femble du moins que les coutumes d'Anjou,
art. 232, & du Maine, *art. 249*, permettent d'établir un *parage* de convention entre les fœurs puînées, qui partagent entre elles feules un fief qui
leur a été abandonné en entier par leur aîné, « S'il
» y a un fief entier, y eft-il dit, qui chet en par-
» tage des filles puînées, elles en feront chacune
» une foi, finon que par partage fait entre icelles
» filles puînées, à l'une d'icelles filles fuffent de-
» meurés les deux tiers d'icelui fief, auquel cas
» elle pourroit garantir l'autre tiers à fes fœurs,
» fous fon hommage, en retenant devoir, *ou qu'il*
» *foit baillé à tenir nommément & déclaré en pa-
» raige comme dit eft* ».

On a interprété ces derniers mots, comme préfentant l'idée d'une convention de *parage* entre les
puînées feules. Je ne fais néanmoins fi les coutumes
ne veulent pas dire ici que l'aîné peut donner à
fes fœurs un fief entier, à condition de le tenir
de lui en *parage*, comme on le pratiquoit autrefois. *Voyez le §. I de l'art.* PARAGE.

J'obferverai encore en finiffant cet article, que
M. Souchet foutient même dans fon commentaire
fur la coutume d'Angoumois, *art. 20, n°. 22 & fuivans*, que le *parage conventionnel* n'eft point reçu
dans cette province. Une telle convention eft,
dit-il, contraire au droit commun. Elle ne doit
être admife que dans les coutumes qui l'autorifent

expreſſément. C'eſt mal-à-propos qu'on veut le confondre avec la tenure en gariment, qui ne forme qu'un arrière-fief ; Gandillaud le dit expreſſément, puiſqu'il enſeigne qu'après le *parage* fini, les co-ſeigneurs & part-prenans au fief ſont hommage au chemier, & tiennent de lui en gariment. Rat s'explique à-peu-près de la même manière ; enfin Boucheul & Ragueau diſent que le gariment a lieu, quand on tient une portion de fief à la charge d'en payer un devoir.

Il eſt bien vrai que Gandillaud & Rat paroiſſent avoir confondu la tenure en gariment avec l'arrière-fief. Mais quoique le mot *gariment* puiſſe quelquefois être pris dans ce ſens, parce que le ſeigneur garantit effectivement ſes vaſſaux ſous ſon hommage envers le ſeigneur ſuzerain, il n'en eſt pas moins certain qu'on entend généralement par-là tous ceux qui tiennent ſous l'hommage d'un ſeigneur, & par conſéquent ſes parageurs conventionnels.

Les part-prenans & les part-mettans, qui ne ſont pas moins connus dans l'Angoumois que dans le Poitou, & dont Vigier & M. Souchet lui-même parlent dans pluſieurs endroits de leurs commentaires, ſont auſſi des teneurs en gariment, auxquels on donne ces noms de part-prenans, ou part-mettans, parce qu'ils ont une part dans le fief, & qu'ils en ſupportent proportionnellement les charges. Les art. 25 & 27 de la coutume d'Angoumois les déſignent ſous le nom de *parſonniers*. Il ſuffit d'avoir lu les aveux & les autres titres du Poitou & de l'Angoumois, pour être bien convaincu que ces part-prenans, part-mettans ou parſonniers ne ſont point les vaſſaux de celui qui tient le chef-lieu du fief, mais ſes co-vaſſaux : l'art. 107 de la coutume de Poitou qu'on vient de citer, prouve qu'ils ne diffèrent des parageurs qu'en ce que leur tenure procède d'une convention & non pas du lignage, & que par conſéquent elle n'eſt pas ſujette à ceſſer par le défaut de lignage.

Quand Boucheul & Ragueau diſent que les tenans en gariment paient un devoir, ils entendent ſeulement qu'ils contribuent à celui qui eſt dû au ſeigneur du fief, & l'art. 20 de la coutume d'Angoumois, conforme aux art. 99 & 107 de la coutume de Poitou, dit que les domaines nobles ſont tenus par hommage lige ou plain en *parage*, ou part-prenant, ou part-mettant, ou en gariment, ou autres devoirs non roturiers ; il paroît réſulter ſûrement de-là, que la tenure en gariment n'eſt pas un arrière-fief, qui eſt communément une tenure par hommage.

Comme néanmoins la coutume d'Angoumois n'admet point l'empirement de fief, par ſimple convention, autrement que par ces énonciations ; quoique les anciens titres de cette province prouvent qu'il y étoit autrefois admis ; comme d'ailleurs, ſuivant la dernière Juriſprudence, on ſupplée cette coutume par celle de Paris, plutôt que par celle de Poitou, malgré les rapports qu'elle a avec cette dernière, il eſt fort poſſible que la

convention du *parage* y fît aujourd'hui des difficultés, ſi elle étoit récente. Mais je penſe qu'on ne peut pas du moins ſe diſpenſer d'y adopter les *parages conventionnels* qui y ſubſiſtent d'ancienneté, ſur-tout ſi le ſeigneur les a approuvés, & qu'on doit entendre de cette eſpèce de *parage*, les énonciations qui ſe trouvent dans les titres de la province, des teneurs en gariment, des parſonniers, & ſur-tout des part-prenans & part-mettans. On vient de voir que la coutume même de Poitou ne parle pas autrement du *parage conventionnel.* (*Article de M. GARRAN DE COULON, avocat au parlement.*)

PARAGEAU, PARAGER, PARAGEUR. *Voyez le* §. IV *de l'art.* PARAGE.

PARAGOIN, il paroît que ce mot a été uſité autrefois en Bretagne pour déſigner, dans la tenure en parage, tant l'aîné que le puiné.

L'article 11 d'une ordonnance de l'an 1301, rapportée au tome 1 des *Preuves de l'Hiſtoire de Bretagne*, porte : « nul homme, qui tient en parage, » ne fait aider à ſon *paragoin*, s'il ne fait au cheiff » ſeigneur. Si un homme a paragoins qui tiennent » de lui en parage, il ne leur peut mettre tenue » hors du parage par droit ».

On a vu au §. IV de l'art. PARAGE, que quelques coutumes donnent encore aujourd'hui le nom de parageur à l'aîné, & d'autres aux puînés de ceux qui tiennent en parage.

Le mot *parreux* a été employé au même ſens dans l'art. 13 des lettres de l'an 1368, rapportées au tome V des *Ordonnances du Louvre. Voyez le Gloſſarium novum de dom* Carpentier, *au mot* Paragium 3. (*M. GARRAN DE COULON, avocat au parlement.*)

PARAGRAPHE, ſ. m. eſt un terme dérivé du grec, qui ſignifie *ſection* ou *diviſion* de quelque partie d'un ouvrage ; il eſt particulièrement uſité en droit pour exprimer une *ſection* d'un titre ou d'une loi. Les titres des inſtitutes & les loix du code & du digeſte qui ſont un peu longues, ſont diviſés en pluſieurs articles ou *paragraphes.* Lorſqu'on cite un *paragraphe* d'une loi, on ſe ſert de cette marque § pour le déſigner. (*A*)

PARAISON *ou* PARAYSON, (*Droit féodal.*) dom Carpentier dit au mot *Parceria* de ſon *Gloſſarium novum*, que la *parayſon* eſt la même choſe que le bail à parcière. Cet auteur cite en preuve l'extrait ſuivant des libertés de la ville d'Aigueperſe de l'an 1374. « Item les *paraiſons* & les choſes que noſ- » tre chaſtellain.... baille, ou baillera ou temps à » venir, & les octroyemens qu'il a fait ou fera » pour nous.... auront telle valeur & telle fer- » meté, comme ſe nous l'avions fait & octroyé » (*M. GARRAN DE COULON, avocat au parlement.*)

PARANGUAYRA, une chartre d'André de Chauvigny, ſeigneur de Château-Roux, de l'an 1325, porte : « avons franchi.... Ameline, fare feu » Grangier... de taille, mortaille, leyde, bian, an- » guara, *paranguayra* & de toute exaction ».

Dom Carpentier dit que c'eſt l'obligation de

fournir « de chevaux & de voitures pour les che-
» mins de traverse ».

Struvius interprète à peu près de la même manière, le mot *parangia*. (*Syntagma juris feudalis*,
cap. 6, §. 25).

On a dit *parangariâ & parangarea*, dans le même
sens en latin-barbare: *Voyez* Ducange & *dom* Carpentier, *sous ces derniers mots ; les loix 1, 4, 7. & 17,
cod. de curs. publ. & la loi derniere*, §. 21, cod. de
muneribus. (*M. GARRAN DE COULON*, avocat au
parlement.)

PARAPHE, f. m. (*terme de Pratique.*) est une
marque & un caractère composé d'un ou de plusieurs traits de plume que chacun s'est habitué à faire
toujours de la même manière, & à joindre à son
nom quand il signe quelque acte.

Le *paraphe* se met ordinairement au bout de la
signature, & dans ce cas c'est une double précaution
que l'on prend pour empêcher que quelqu'un ne la
contrefasse.

Quelquefois le *paraphe* se met seul, & tient lieu
de signature, comme quand un des avocats généraux *paraphe* un appointement avisé au parquet.

Le *paraphe* sert quelquefois seulement à marquer
des pièces, afin de les reconnoître, & pour en
constater le nombre ; c'est ainsi qu'un notaire *paraphe*, par première & dernière, toutes les pièces
inventoriées, c'est-à-dire, qu'il met sur chacune
un nombre avec un *paraphe* qui tient lieu de sa
signature. Ces nombres se suivent tant qu'il y a
a des pièces, de manière que sur la dernière
le notaire met le nombre, comme *trentième*, s'il
y en a 30, & ajoute ces mots *& dernier*, avec son
paraphe.

Le secrétaire du rapporteur *paraphe* de même
par premier & dernier, les pièces de chaque sac
d'une instance ou procès.

Quand on remet une pièce dans quelque dépôt
public, ou que l'on verbalise sur la pièce, on la *paraphe, ne varietur*, c'est-à-dire pour empêcher que
l'on ne substitue une autre pièce à celle dont il
s'agissoit d'abord ; sans quoi l'on ne pourroit point
compter sur quelque chose de certain.

Un arrêt de réglement du conseil du 21 juin
1713, fait défenses aux notaires, greffiers, & autres ayant droit d'instrumenter, de faire aucune
rature, renvoi ni changement, de quelque espèce
que ce soit, dans les actes qu'ils recevront, à
moins qu'ils ne soient approuvés par les parties,
à peine de nullité des actes, de 200 livres d'a-
mende, d'interdiction, & même en cas de récidive, d'être poursuivis extraordinairement comme
pour crime de faux. Il leur enjoint aussi, conformément à la déclaration du 14 juillet 1699, de
faire *parapher* les renvois & ratures par les commis
du contrôle des actes, & il fait défenses à ceux-
ci de contrôler aucun acte, où les ratures, renvois
& changemens ne seroient pas approuvés par les
parties contractantes, à peine de 300 liv. d'amende.

& de révocation. *Voyez* APPOINTEMENT, COTE,
INVENTAIRE, SIGNATURE.

PARAPHERNAL, f. m. (*terme du Droit romain.*) usité dans les provinces de France régies
par le droit écrit, & dans la coutume de Normandie. En droit romain, *paraphernal* signifie littéralement *extra-dotal*, & on entend par ce mot
tous les biens de la femme, qu'elle n'a pas compris
dans sa constitution de dot. En Normandie, on
appelle *paraphernaux*, les meubles servans à l'u-
sage de la femme, comme lit, robes, linges, &
autres de pareille nature.

L'usage des *paraphernaux* ou biens *paraphernaux*,
vient des Grecs, le mot *paraphernal* étant composé
de deux mots grecs, παρὰ *præter*, & φερνὶ *dos*,
quasi bona quæ sunt præter dotem.

Ulpien dans la loi 9, §. 3, ff. *de jure dot*. remarque que les Gaulois appelloient *pécule de la femme*,
peculium, les mêmes biens que les Grecs appelloient
parapherna.

Ce même jurisconsulte ajoute qu'à Rome la femme avoit un petit registre des choses qu'elle avoit
apportées dans la maison de son mari, pour son
usage particulier ; sur lequel le mari reconnoissoit
que sa femme, outre sa dot, lui avoit apporté tous
les effets mentionnés sur ce registre, afin que la
femme pût les reprendre après la dissolution du
mariage.

Aulugelle, *lib. VII, ch. vj*, dit qu'à Rome les
femmes avoient trois sortes de biens ; savoir, *dotaux*, *paraphernaux*, & les biens particuliers appellés *res receptitias*, *quas neque dabant ut dotem*,
neque tradebantur parapherna, *sed apud se retin-
ebant*.

Le mari étoit le maître de la dot, il étoit seulement possesseur des *paraphernaux*, & n'en jouissoit
qu'autant que sa femme le lui permettoit ; quant
aux biens particuliers appellés *res receptitias*, il n'en
avoit ni la propriété, ni la possession.

Tel étoit le droit observé dans les mariages qui se
contractoient *per usum* ; mais dans ceux qui se faisoient *per coemptionem*, le mari achetant solemnellement sa femme, achetoit aussi conséquemment tous
ses biens, lesquels en ce cas, étoient tous réputés
dotaux : il n'y avoit point de *paraphernal*.

On ne pratique plus, même en pays de droit
écrit, la distinction des biens appellés *res receptti-
tias* ; tous les biens de la femme y sont dotaux ou
paraphernaux, au lieu qu'en pays coutumier, tous
biens sont réputés dotaux ; car les biens que la
femme se stipule propres, ne sont pas des *paropher-
naux* : cette stipulation de propres n'a d'autre effet
que d'empêcher que le fonds de ces biens n'entre en
communauté.

Tous les biens présens & à venir que la femme
n'a pas compris dans sa constitution de dot, sont
réputés *paraphernaux*, soit qu'elle les eût lors de
son mariage, ou qu'ils lui soient échus depuis. Il
faut cependant excepter de cette disposition générale les coutumes d'Auvergne & de la Marche,

qui décident que tous les biens de la femme au temps de ses fiançailles, sont tenus & réputés biens dotaux, s'il n'y a dot particulière constituée, en traitant le mariage.

On distingue deux sortes de *paraphernaux*. Les uns sont les biens dont la femme, par contrat de mariage, s'est réservé la jouissance & la disposition : ce sont-là les véritables *paraphernaux*.

Les autres sont tous les biens qui viennent à la femme pendant le mariage, soit par succession, donation ou autres. On appelle ceux-ci, pour les distinguer des autres, *biens adventifs*, & la coutume d'Auvergne les appelle *biens adventices*; mais ils ne laissent pas d'être compris sous le terme général de *paraphernaux*.

Les biens *paraphernaux* peuvent consister en meubles ou en immeubles.

S'ils consistent en meubles, ou effets mobiliers qui ne soient point au nom de la femme, tels que pourroient-être des billets & obligations, la femme en les apportant dans la maison de son mari, doit lui en faire signer un état, pour justifier qu'ils lui appartiennent; car de droit tout est présumé appartenir au mari, s'il n'y a preuve au contraire.

La femme peut se réserver l'administration de ses *paraphernaux*, & en jouir par ses mains, sans le consentement ni l'autorisation de son mari; elle peut aussi les engager, vendre & aliéner sans lui, pourvu qu'elle ne s'oblige que pour elle-même.

Ce que l'on vient de dire reçoit néanmoins une exception, pour les pays de droit écrit du ressort du parlement de Paris, dans lesquels la femme peut bien administrer ses *paraphernaux*, sans le consentement de son mari, mais elle ne peut disposer, vendre, engager, ou donner la propriété sans le consentement de son mari : elle ne peut même, sans son autorisation, intenter aucune action pour raison des jouissances de ses *paraphernaux*, soit adventifs ou autres.

Cependant les coutumes de la Marche & d'Auvergne, situées sous le ressort du même parlement, autorisent la femme à disposer de ses *paraphernaux* sans l'autorité de son mari.

Quand le mari ne s'est point immiscé dans l'administration des *paraphernaux*, il n'en est point responsable. La femme peut lui en confier l'administration, & dans ce cas le mari n'étant que son mandataire, il est comptable envers elle de son administration.

Mais le mari ne peut s'immiscer dans cette administration contre la volonté de sa femme, & celle-ci est tellement maîtresse de ce genre de biens qu'elle peut agir en justice pour en faire le recouvrement, & pour les autres actes conservatoires, sans qu'elle ait besoin de l'autorisation ni de l'assistance de son mari.

On distingue pourtant entre la propriété & les fruits & revenus. Le mari ne peut disposer de la propriété des *paraphernaux*, sans le consentement exprès de sa femme; à l'égard des fruits & revenus, le consentement tacite de la femme suffit, parce que le mari est procureur né de sa femme.

Le débiteur des sommes *paraphernales* peut payer au mari, sur un mandement de la femme, sans qu'il soit besoin que celle-ci ratifie; il suffit même qu'elle ait remis à son mari ses titres de créances, pour l'autoriser à en faire le recouvrement.

Lorsque le mari a l'administration des *paraphernaux*, s'il en a employé les revenus à l'entretien de sa famille, il n'en doit aucune restitution à sa femme; mais s'il en a fait des épargnes, il doit lui en tenir compte.

Les docteurs font néanmoins plusieurs distinctions à ce sujet, entre les fruits naturels, les fruits industriaux & les fruits civils, les fruits extans & les fruits consumés; mais cette discussion nous meneroit.ici trop loin, on peut voir toutes ces questions dans le recueil de M. Bretonnier, où il examine les diverses opinions des docteurs à ce sujet, & la jurisprudence des divers parlemens.

Il faut cependant remarquer que les coutumes de Bordeaux & de la Marche défèrent de plein droit au mari, l'administration des *paraphernaux*, & en font même résulter pour lui un gain absolu de tous les fruits, qui naissent ou échoient pendant le mariage, sans qu'il soit tenu d'en rendre compte & reliquat aux héritiers de sa femme, après son décès.

Lorsque le mari jouit de l'administration des *paraphernaux*, il doit y apporter les mêmes soins & la même diligence que pour ses propres affaires. Ainsi il répond des actions & des héritages qu'il laisse prescrire par sa négligence. Mais si la prescription avoit été presque acquise au moment du mariage, ou de son administration, il n'en seroit pas responsable.

La loi dernière au code *de pactis conventis*, &c. donne à la femme, pour la restitution de ses *paraphernaux*, une hypothèque sur les biens que son mari lui a spécialement affectés à cette fin, par son contrat de mariage, sans pouvoir prétendre de privilège sur les autres biens : & dans le cas où il n'y a point eu de stipulation à cet égard, dans le contrat de mariage, elle ne lui accorde qu'une hypothèque tacite & générale, du jour seulement que le mari a reçu les deniers. Mais la jurisprudence des parlemens de Paris & de Bordeaux, est de colloquer la femme sur les biens immeubles de son mari, pour la restitution de ses *paraphernaux*, du jour de son contrat de mariage. Nous venons de dire sur les biens immeubles de son mari, parce que, suivant un arrêt du parlement de Paris, rapporté par Bouguier, *lett.* Q, §. *14*, il a été jugé que la femme d'un failli seroit préférée sur les meubles, pour sa dot & son augment seulement; mais que pour le paiement des *paraphernaux*, elle viendroit à contribution avec les autres créanciers.

Lorsque la femme meurt laissant des enfans sous

la

la puiſſance de leur père, celui-ci a droit à l'uſufruit des *paraphernaux*, & les enfans ne peuvent en jouir pendant ſa vie: ils ne le peuvent pas, même quand les biens de leur père ſeroient généralement ſaiſis, parce que le père en a l'uſufruit par la puiſſance paternelle, & qu'il ne peut y renoncer au préjudice de ſes créanciers.

La coutume de Normandie, *art. 394*, dit que la femme qui renonce à la ſucceſſion de ſon mari, doit avoir ſes *paraphernaux* & ſon douaire.

L'article ſuivant dit que les *paraphernaux* ſe doivent entendre des meubles ſervans à l'uſage de la femme, comme lits, robes, linges & autres de pareille nature, dont le juge fera honnête diſtribution à la veuve, eu égard à ſa qualité & à celle de ſon mari, l'héritier & le créancier appellés, pourvu que ces biens n'excèdent pas la moitié du tiers des meubles: & où le meuble ſeroit ſi petit, qu'elle aura ſon lit, ſa robe & ſon coffre.

C'eſt une juriſprudence conſtante au parlement de Rouen, que la femme ne peut prétendre de *paraphernal*, que lorſqu'elle n'a point ſtipulé de *remport*, ou qu'elle ne peut l'avoir tel qu'elle l'a ſtipulé. La raiſon en eſt que la femme ne doit pas jouir de deux cauſes lucratives ſur les biens de ſon mari; auſſi le legs fait par le mari à ſa femme, la prive de ſes *paraphernaux*.

Le *paraphernal* que la coutume évalue au ſixième des meubles, ne s'étend pas ſur tous les effets mobiliers de la ſucceſſion du mari, mais ſeulement ſur les meubles qui ſervent à meubler la maiſon.

La demande des *paraphernaux* eſt tranſmiſſible aux héritiers de la femme, qui ne l'a pas formée de ſon vivant; un arrêt du 26 août 1626, rapporté par Baſnage, a même jugé qu'un ſecond mari étoit admiſſible à demander les *paraphernaux* dus à ſa défunte femme, quoique de ſon vivant elle n'en eût formé aucune demande.

La ſéparation civile du mari & de la femme, opère le même effet que le décès du mari, & dans l'un & l'autre cas, la femme peut obtenir ſes *paraphernaux*. Mais avant que d'être ſéparée, elle ne ſeroit pas admiſe à en demander la diſtraction, quoique les meubles de ſon mari fuſſent généralement ſaiſis.

Pour obtenir la délivrance du *paraphernal*, il n'eſt pas néceſſaire que le contrat de mariage ait été revêtu des formes conſtitutives de l'hypothèque, il eſt dû en vertu de la coutume.

PARATIME, ſ. m. *dans l'ancienne juriſprudence grecque*, étoit un nom donné à une ſorte de châtiment impoſé aux adultères qui étoient pauvres & hors d'état de payer l'amende ordinaire en pareil cas.

Il conſiſtoit à les faire marcher en public avec une rave enfoncée dans l'anus, ce qu'ils appelloient Παραφανίδωσις, ou à lui arracher juſqu'à la racine le poil d'autour des parties naturelles, ce qu'ils appelloient παρατιλμός, de χαρατιλλείν, déchirer, arracher.

Juriſprudence. Tome VI.

PARATITLES, ſ. f. pl. *paratitla* eſt un terme dérivé du grec, qui ſignifie *extrait*, ou *abrégé ſommaire des titres*, & *brève* expoſition des matières.

Juſtinien s'eſt ſervi de ce terme dans la loi 1 au code *de veteri jure enucleando*, où il permet ſeulement de faire des *paratitles*, & non pas des commentaires ſur le code & le digeſte.

Quelques interprètes, tels que Matthieu Blaſtares, & après lui la Coſte, ont cru que par ce terme de *paratitles* Juſtinien avoit entendu un ſupplément de ce qui pouvoit manquer à chaque titre, & que l'on pouvoit ſuppléer par les autres titres du corps de droit.

Cujas au contraire, & pluſieurs autres, tiennent que les *paratitles* ne ſont, comme on l'a dit en commençant, qu'un abrégé ou ſommaire des loix contenues ſous chaque titre; & c'eſt ainſi que l'on entend communément le terme de *paratitles*.

On ſent aſſez l'utilité des *paratitles*, ou traités de droit qui tendent à éclaircir les matières, à y mettre de l'ordre & de la netteté, & à rapprocher certains objets qui, quoique relatifs, ſe trouvent diſperſés ſous différens titres; mais la défenſe de Juſtinien a été mal obſervée, en ce que les docteurs ſe ſont donné là liberté de faire des commentaires, qu'ils ont la plupart déguiſés ſous la dénomination de *paratitles*. *Voyez* CODE, DIGESTE. (*A*)

PARATRE, ſ. m. qu'on appelle auſſi *beau-père*, terme de relation dont on ſe ſert pour déſigner l'affinité du ſecond mari de la mère, relativement aux enfans qu'elle a de ſon premier mariage.

PARC, (*Droit féodal.*) c'eſt un droit en vertu duquel les ſujets d'un ſeigneur ſont obligés de garder les bêtes priſes en agât, quand elles ſont miſes au *parc*, c'eſt-à-dire en fourrière. Laurière & les additionnaires de Ducange en rapportent l'exemple ſuivant tiré d'un aveu rendu par M. de la Trémoille, comme ſeigneur de Craon au comte d'Anjou, « s'en » ſuivent ceux qui doivent le *parc*, pour garder les » bêtes, quand elles ſont priſes par mes ſergens & » foreſtiers, endommageant mes bois & mes fo- » rêts, leſquels me ſont ſujets à pleſſer meſdites » garennes: 1°. pour ſa maiſon me doit la garde » deſdites bêtes, &c. (*M. GARRAN DE COULON,* avocat au parlement.)

PARCAGE, (*Droit féodal.*) c'eſt, dit Deſpeiſſes, un droit que chacun des habitans tenant troupeau ou parc, doit à ſon ſeigneur. Le ſieur de Chevrieres, baron de Serve, a ce droit dans toute l'étendue de ſadite baronnie, & pour icelui, lève ſur chacun deſdits habitans tenant troupeau ou parc, un fromage de 6 livres, comme j'ai vu par ſes titres. Voyez *la dernière Section du Traité des Droits ſeigneuriaux, n°. 3.* (*M. GARRAN DE COULON,* avocat au parlement.)

PARCENERS, ſ. f. pl. c'étoit les ſœurs qui partageoient une hérédité ou tenement entre elles comme co-héritières. *Voyez le troiſième livre des tenures, ch. j. & le gloſſaire de* Laurière *au mot Parceners.* (*A*)

Bbb

PARCERANT, (*Droit féodal.*) M. de Chaffaneuz, fur la coutume de Bourgogne, titre des mainmortes, §. 18, n°. 25 de l'édition de 1616, dit
qu'on donne ce nom à des efpèces de corvéables,
qui doivent un jour de travail fur trois & le tiers
de leur récolte au feigneur. *In terra & feignoria de
Faulinis,* dit-il, *quæ eft juxta Yfiacum epifcopi, dif-
tans à dicto loco per unam leucam, ubi funt qui funt
ita corveabiles, quòd de tribus diebus debent unam domino; & fi funt tres homines in domo, unus debet con-
tinuè fervire & facere operas domino, & de tribus gerbis
debent unam domino. Conclufivè dominus percipit tertiam partem omnium fructuum provenientium ex operibus
fuorum hominum. Et dicuntur in vulgari noftro ad con-
ditionem, de parcerant, nefcio aliud intelligere nec if-
tum terminum fcirem alio modo interpretari, nifi quod
dicatur, quod fint coloni partiarii.*

On voit par ce texte de Chaffaneuz, avec combien peu fe fondement Guyot a dit dans fa differ-
tation fur les corvées, chap. 9, n°. 29, que ces
parcerans reffemblent aux fermiers partiaires, & qu'il
n'y a point là de corvées. (M. GARRAN DE COU-
LON, avocat au parlement.)

PARCHÉE. *Voyez* PARGIE.

PARCHIE. *Voyez* PARGIE.

PARCHONNIER, f. m. eft dit par corruption
dans certaines coutumes pour *perfonnier. Voyez
ci-après* PERSONNIER; on dit auffi PARTHONNIER.

PARCOURS D'HOMMES, (*Droit féodal.*)
c'eft le droit qu'ont les habitans de deux feigneuries, d'aller librement s'établir de l'une dans l'autre, fans être fujets aux droits de confifcation ou
de pourfuite, envers le feigneur de leur origine.

Ce droit de *parcours* a été en France l'aurore de
de la liberté. Il a particuliérement été établi par
des conventions entre les feigneurs de Champagne & ceux des provinces voifines dans le
treizième fiècle. On peut en voir plufieurs exemples dans l'ufage des fiefs de Bruffel, liv. 3,
chap. 20.

Cet auteur dit que dans l'origine, il fe réduifoit
à permettre aux hommes de corps d'un feigneur,
d'époufer la femme de corps d'un autre feigneur,
fans qu'on pût exiger d'eux aucune efpèce de droit,
tant que les enfans procréés de ce mariage habite-
roient conjointement avec leur père, & vivroient
à fa table. « C'eft ainfi, dit-il, que Hugues III,
» duc de Bourgogne, & Manaffer, évêque de Lan-
» gres, convinrent, en l'année 1188, qu'ils en ufe-
» roient réciproquement par rapport aux hommes
» que chacun d'eux avoit dans la ville & châtel-
» lenie de Châtillon-fur-Seine, laquelle le duc te-
» noit en fief de cet évêque, & où celui-ci avoit
» un domaine confidérable ».

Mais on ne peut donner que bien improprement
le nom de *parcours* à cette convention.

Au refte, comme les feigneurs avoient introduit le privilège du *parcours,* pour leur propre utilité, plus que pour l'avantage de leurs fujets, ils

fe permettoient fouvent de le fupprimer, ou d'en
fufpendre l'exercice. On peut en voir des preuves
dans le même ouvrage.

On trouvera quelques autres détails fur cet objet
aux mots ENTRECOURS & JURÉE (*droit de*) (M.
GARRAN DE COULON, avocat au parlement.)

PAR-DESSOUS ou PAR-DESSOUS, (*Droit féodal.*)
fuivant le chap. 34 de l'ancienne coutume de Normandie, les fiefs *par-deffous,* font ceux qui defcendent des fiefs chevels, & qui leur font foumis, tels
que les vavaffories qui font tenues par hommage &
cheval de fervice. (M. GARRAN DE COULON,
avocat au parlement.)

PAR-DESSUS, (*Droit féodal.*) Beaumanoir
donne ce nom au feigneur *fupérieur,* c'eft-à-dire, au
feigneur dominant d'un autre feigneur. *Voyez* dom
Carpentier, *au mot* Perdefuper. (M. GARRAN DE
COULON, avocat au parlement.)

PARDON, f. m. (*Code criminel.*) eft la grace
que le prince accorde à celui qui fe trouve impliqué
dans une affaire criminelle, pour s'être trouvé en
la compagnie du principal accufé, lorfqu'il a commis
le crime. *Voyez* LETTRES DE PARDON.

PARÉ, adj. du latin *paratus,* fe dit en terme de
pratique, de tout ce qui eft prêt à recevoir fon exécution. Ce mot eft ordinairement joint à celui de
titre. On appelle *titre paré,* celui qui eft exécutoire
par lui-même, fans autre ordonnance de juftice.
Voyez TITRE.

PARÉAGE. *Voyez* PARIAGE.

PARÉATIS, f. m. (*terme de Procédure.*) purement latin, qui fignifie *obéiffez;* il eft de ftyle dans
les mandemens ou commiffions que l'on donne en
chancellerie, pour pouvoir mettre à exécution un
jugement hors du territoire ou reffort du juge,
dont ce jugement étoit émané: depuis l'ordonnance
de 1539, qui a enjoint de rédiger en françois tous
les actes publics, on a confervé dans le ftyle françois le terme de *paréatis,* pour défigner ces fortes
de mandemens ou commiffions.

Comme les juges n'ont d'autorité que dans l'é-
tendue de leur jurifdiction, & qu'il eft important
que les jugemens rendus par un tribunal, foient
exécutés dans tout le royaume, on a introduit les
paréatis pour empêcher que les juges des lieux ne
s'oppofaffent à l'exécution des jugemens qu'ils n'auroient pas prononcés.

Il y a trois fortes de *paréatis:* ceux qui s'obtiennent au grand fceau, c'eft-à-dire qui font donnés
en la grande chancellerie & font fcellés du grand
fceau; ceux qu'on appelle *du petit fceau* qui fe
donnent dans les petites chancelleries; & ceux que
donnent les juges des lieux, où l'on veut faire exécuter un jugement rendu ailleurs.

Tous arrêts peuvent être exécutés dans l'étendue
du royaume en vertu d'un *paréatis* du grand fceau,
fans qu'il foit befoin de demander aucune permiffion aux cours de parlement, baillifs, fénéchaux &

autres juges dans le reffort defquels on les veut faire exécuter.

Les *paréatis* des chancelleries particulieres font reftreints dans les limites du reffort de ces chancelleries.

Ceux des juges n'ont de pouvoir que dans l'enclave de leur jurifdiction.

L'article 6 du titre 27 de l'ordonnance de 1667, contient fur cette matiere plufieurs difpofitions qu'il eft néceffaire de rapporter.

« Tous arrêts (y eft-il dit) feront exécutés dans » toute l'étendue de notre royaume, en vertu d'un » *paréatis* du grand fceau, fans qu'il foit befoin d'en » demander aucune permiffion à nos cours de par-» lement, baillis, fénéchaux, & autres juges dans » le reffort ou détroit defquels on les voudra faire » exécuter; & au cas que quelques-unes de nos » cours ou fieges en empêchent l'exécution, & » qu'ils rendent quelques arrêts, jugemens ou or-» donnances portant défenfes ou furféance de les » exécuter, voulons que le rapporteur, & celui » qui aura préfidé, foient tenus folidairement des » condamnations portées par les arrêts dont ils » auront empêché ou retardé l'exécution, & des » dommages & intérêts de la partie, & qu'ils foient » folidairement condamnés en deux cens livres » d'amende envers nous : de laquelle contraven-» tion nous réfervons la connoiffance à nous & à » notre confeil. Sera néanmoins permis aux parties » & exécuteurs des arrêts hors l'étendue des par-» lemens & cours où ils auront été rendus, de » prendre un *paréatis* en la chancellerie du parle-» ment où ils devront être exécutés, que les gardes » des fceaux feront tenus de fceller à peine d'inter-» diction, fans entrer en connoiffance de caufe. » Pourront même les parties prendre une permif-» fion du juge des lieux au bas d'une requête, fans » être tenues de prendre en ce cas *paréatis* au grand » fceau & petites chancelleries : mandons à nos » gouverneurs & lieutenans généraux de tenir la » main à l'exécution de la préfente ordonnance, » fur la fimple repréfentation des *paréatis* ou de la » permiffion des juges des lieux ».

Quoiqu'en thèfe générale ce foit un principe certain que les arrêts & les jugemens ne peuvent être exécutés hors le reffort des tribunaux qui les ont rendus, qu'avec un *paréatis*, il y a cependant plufieurs exceptions à cette règle, qui font fondées fur des loix particulieres.

Par exemple, les fentences des juges confervateurs des privileges des foires de Lyon s'exécutent dans toute l'étendue du royaume, fans qu'on foit obligé d'obtenir aucun *paréatis*. C'eft une difpofition de l'édit du mois de juillet 1669. Les fentences rendues par le fiege de la connétablie s'exécutent auffi fans *paréatis*.

Les jugemens rendus par le bailliage de l'artillerie de France, dont le fiege eft à Paris à l'arfenal, font également difpenfés de la formalité du *paréatis*,

par l'édit du mois d'août 1703, qui l'a créé, cette jurifdiction.

L'édit du mois d'avril 1695 a fait la même exception en faveur des fentences des officiaux & des autres juges d'églife, à moins qu'il ne s'agiffe de temporel, de poffeffoire, de féqueftre ou de faifie.

Les décréts rendus en matiere criminelle, de quelques juges qu'ils foient émanés, s'exécutent également par tout le royaume fans *paréatis*, fuivant la difpofition de l'article 12 du titre 10 de l'ordonnance de 1670.

Quant aux contrats paffés fous le *fcel royal*, l'article 95 de l'ordonnance de 1539 veut qu'ils foient exécutoires dans toute l'étendue du royaume fans *paréatis*.

Il n'eft point néceffaire d'obtenir des lettres de *paréatis* pour exécuter les commiffions du confervateur des privileges royaux de l'univerfité de Paris, ni celles des autres juges confervateurs des univerfités de France, & autres députés par le roi.

Les fentences arbitrales, lorfque les parties y ont acquiefcé devant notaires, jouiffent du même privilege; mais les contrats reçus par les notaires des feigneurs ne peuvent être mis à exécution hors le reffort de leur juftice, qu'en vertu d'une permiffion des juges des lieux.

Les *paréatis* ne peuvent fe refufer, à moins que le titre qu'on veut exécuter ne foit pas revêtu des formes extérieures qui rendent un *acte* paré. Par exemple, s'il y a quelque défaut dans l'intitulé; s'il n'eft pas revêtu du fceau de la jurifdiction dont il eft émané; enfin s'il eft l'ouvrage d'une autorité non reconnue en France.

On appelle *paréatis rogatoire* une commiffion du grand fceau, que l'on prend pour mettre à exécution un jugement hors de l'étendue du royaume : par cette commiffion, le roi prie tous rois, princes & potentats de permettre que le jugement émané de France foit mis à exécution dans leur fouveraineté, comme il feroit s'il en étoit par eux requis; & fur ce *paréatis*, le prince auquel on s'adreffe en donne un pour permettre d'exécuter le jugement dans fa fouveraineté.

Ces fortes de *paréatis* rogatoires ne font pas en ufage entre toutes fortes de princes, mais feulement entre ceux qui font particuliérement alliés, & qui fe donnent de part & d'autre toutes les facilités poffibles pour mettre à exécution dans une fouveraineté un jugement rendu dans l'autre, fans que l'on foit obligé de faire juger de nouveau; c'eft ainfi que l'on en ufe entre la France & plufieurs principautés voifines, les jugemens émanés de chaque fouveraineté s'exécutent dans l'autre fur un fimple *paréatis*, qui s'accorde par le fouverain fur le *paréatis* ou commiffion rogatoire donnée par l'autre fouverain.

PARÉE, (*Droit féodal.*) on nommoit ainfi autrefois dans la province de Berry, un droit en vertu duquel les feigneurs pouvoient fuivre librement leurs serfs, dans la seigneurie d'un ou plusieurs de leurs voisins, & respectivement. On a aussi donné le nom de *parée* au territoire même où cette suite avoit lieu.

Ainsi le droit de *parée* étoit une espèce de parcours ou d'entre-cours, introduit en faveur des seigneurs, pour conserver la main-morte, tandis que le parcours ou l'entre-cours ordinaire avoit pour objet de conserver la liberté.

Il faut néanmoins observer que les main-mortables jouissoient de plusieurs privilèges dans l'étendue de la *parée*. Les coutumes locales de Thevé, qui se trouvent dans le recueil des anciennes coutumes de Berry par la Thaumassière, portent : « ledit » seigneur a *parée* & suite avec le seigneur ou » dame de la Chastre, à la Bertenoux, èsquels lieux » il a accoutumé suivre & exploiter ses hommes » sans contradiction, & n'y doivent les hommes » d'icelles terres & seigneurie, péages & barrages » les uns les autres pour les marchandises, qui » peuvent passer & repasser par icelles ».

Tout cela est encore expliqué d'une manière plus détaillée, dans la charte de Saint-Palais de l'an 1279, qui se trouve à la p. 111 du même recueil.

Au reste le mot *parata*, qu'on a dit en latin pour exprimer le droit de *parée*, dont on vient de parler, a aussi été employé pour désigner une espèce de droit de procuration. *Voyez* dom Carpentier, aux mots Parata & Paratæ, & M. Salvaing, *au dernier chapitre de son usage des fiefs.* (M. GARRANDE COULON, *avocat au parlement.*)

PARENTÉ, s. f. (*Droit civil & naturel.*) est le rapport qui est entre les personnes qui sont unies par les liens du sang, comme l'affinité est le rapport qui est entre deux familles différentes qui sont unies par un mariage.

Toute *parenté* vient de la naissance, & dérive de ce que les personnes descendent d'une même souche.

Mais il faut observer qu'il n'y a que ceux qui sont nés d'un mariage légitime, qui soient considérés comme parens de la famille de leur père & mère; car les bâtards n'ont point de parens, si ce n'est leurs enfans nés en légitime mariage; & à l'exception de ceux-ci, personne ne leur succède, & ils ne succèdent à personne.

On distingue trois sortes de parens; savoir, les *ascendans*, les *descendans* & les *collatéraux*.

Les ascendans sont les père, mère, aïeul & aïeule, & autres plus éloignés en remontant.

Les descendans sont ceux qui sont issus des mêmes ascendans.

Les collatéraux sont ceux qui descendent d'une souche commune, mais non pas toujours des mêmes pères & mères; tels sont les frères & sœurs, les cousins, l'oncle & le neveu, &c.

Les degrés de *parenté* sont l'éloignement qu'il y a d'une génération à l'autre : pour les compter, on suit la ligne ou suite des personnes dont on veut connoître la proximité.

La *parenté* entre les ascendans & les descendans

se compte suivant l'ordre de la ligne directe ascendante & descendante; & la *parenté* des collatéraux se compte de même dans la ligne collatérale : de manière que chaque personne ou génération, fait un degré.

Ainsi le père & le fils ne sont éloignés que d'un degré, le petit-fils est éloigné de son aïeul de deux degrés; on ne compte pour celui-ci que deux degrés, quoiqu'il y ait trois personnes, parce que de l'aïeul au petit-fils, il n'y a que deux générations, savoir, le fils & le petit-fils : on ne compte pas l'aïeul, parce qu'il ne s'agit pas en ce cas de sa génération.

Les degrés de *parenté* en collatérale se comptent de même par génération, en remontant à la souche commune que l'on ne compte pas.

Ainsi, pour trouver le degré de *parenté* entre deux cousins germains, il faut remonter à l'aïeul; & comme il y a entre lui & ces deux cousins quatre générations, deux d'un côté & deux de l'autre, savoir, les deux fils & les deux petits-fils, qui sont cousins-germains, il se trouve que ces deux cousins sont parens au quatrième degré.

Cette manière de compter les degrés par générations a lieu pour la ligne directe, tant par le droit civil, que pour le droit canon; mais en collatérale, elle n'est observée que suivant le droit civil.

Suivant le droit canon, en collatérale, il faut deux personnes engendrées pour faire un degré, c'est-à-dire, que l'on ne compte les degrés que d'un côté; de manière que deux collatéraux sont parens entre eux au même degré, qu'ils sont éloignés de la souche commune; & si l'un des deux en est plus éloigné que l'autre, c'est cet éloignement où le premier se trouve de la souche commune, qui forme le degré de *parenté* entre eux, suivant la règle vulgaire, *remotior trahit ad se proximiorem.*

En France, on compte les degrés de *parenté* suivant le droit canon, pour les mariages & pour les récusations de juges.

Pour ce qui est des successions, on succédoit, suivant le droit romain, que jusqu'au dixième degré de *parenté*. L'article 41 des placités de Normandie, porte que l'on ne succède point dans cette province que jusqu'au septième degré inclusivement; mais, suivant le droit commun observé en France, on succède à l'infini, tant en directe que collatérale, tant que l'on peut prouver sa *parenté*; quand même on n'en prouveroit pas précisément le degré, le fisc ne succède qu'au défaut de tous les parens.

Le mariage est défendu entre les ascendans & les descendans, jusqu'à l'infini.

Il est également défendu entre les collatéraux qui se tiennent lieu entre eux d'ascendans & de descendans, comme l'oncle & la nièce, la tante & le neveu, &c.

A l'égard des autres collatéraux qui n'ont point entre eux cette ressemblance de la ligne directe, le mariage est défendu jusqu'au quatrième degré canonique inclusivement, c'est-à-dire, qu'il est défendu jusques & compris les petits-fils des coufins-germains.

L'alliance spirituelle qui procède de l'administration ou réception du sacrement de baptême, ou de celui de confirmation, forme aussi une espèce de *parenté* ou affinité, dont les degrés se comptent de même que ceux de la *parenté* qui vient des liens du sang. *Voyez* EMPÊCHEMENT & MARIAGE.

La *parenté* fait aussi un empêchement pour être pourvu d'une charge de judicature dans un tribunal où l'on a quelque parent au degré marqué par l'ordonnance; ces degrés se comptent suivant le droit civil.

L'édit du mois d'août 1669, porte défense à ceux qui sont parens au premier, second & troisième degrés, qui sont le père & le fils, les frères, l'oncle & le neveu, & à ceux qui sont alliés jusqu'au second degré, qui sont le beau-père & le gendre, & les deux beaux-frères, d'être reçus à exercer conjointement aucun office, soit dans les cours souveraines, ou sièges inférieurs, à peine de nullité des provisions & des réceptions qui seroient faites, & de la perte des offices.

Le même édit fait défenses aux officiers titulaires, reçus & servant actuellement dans les cours & sièges, de contracter alliance au premier degré de beau-père & de gendre; autrement, & en cas de contravention, l'édit déclare l'office du dernier reçu vacant au profit du roi.

On peut obtenir du roi des dispenses de *parenté*, à l'effet d'être reçu officier dans un tribunal où l'on a des parens ou alliés au degré de l'ordonnance; mais en ce cas, les voix des parens & alliés, jusqu'au deuxième degré de *parenté*, ne sont compris que pour une, à moins qu'ils ne soient d'avis différens.

Par rapport aux évocations pour cause de *parenté* & alliance, *voyez* ÉVOCATION; *voyez aussi* DEGRÉ, LIGNE, SUCCESSION, TÉMOIN, TUTEUR.

PARÈRE, s. m. (*Code marchand.*) avis, sentiment de négocians sur des questions de commerce.

La pratique du négoce, particuliérement de celui des lettres-de-change, étant venue d'Italie, on a conservé dans presque toutes les places de France, singuliérement en celle de Lyon, l'usage des *parères*: ils tiennent lieu d'actes de notoriété, lorsqu'ils ont été donnés de l'autorité du juge conservateur, ou par une consultation particulière pour appuyer le droit de celui qui consulte.

Depuis l'érection des chambres particulières de commerce dans quelques principales villes de France, en conséquence de l'édit de 1700 & de l'arrêt du conseil de 1701, les *parères* faits sur les places de la bourse ou du change, dans les villes où ces chambres sont établies, ne peuvent avoir d'autorité qu'après avoir été présentés & approuvés par ces chambres.

M. Savary, auteur du parfait négociant, a donné au public, en 1588, un livre intitulé: *Parères ou avis & conseils sur les plus importantes matières du commerce.*

Ce livre contient la résolution des questions les plus difficiles concernant les banqueroutes & faillites, les lettres & billets de change, les ordres sans dates & sans expression de valeur, les signatures en blanc, les renouvellemens des billets & lettres-de-change, celles qui sont tirées ou acceptées par des femmes en puissance de mari, la minorité des tireurs, les différentes sociétés, la compétence des juges & consuls, & d'autres matières touchant le fait du commerce, ensemble plusieurs arrêts des parlemens rendus en conformité des *parères* donnés sur toutes ces questions.

Ce livre a été depuis imprimé en 1715, par Guignard, libraire, avec une augmentation de trente-neuf *parères* sur différentes questions toutes nouvelles, tirées des mémoires de l'auteur.

PARET ou PAURET, (*Droit féodal.*) une chartre de Vulgrin, abbé de Saint-Euverte, de l'an 1220, porte: « *conceffimus duas partes minutæ* » *decimæ*, *reducis* pauret, *quæ confuetudines paret* » *appellantur* ». Dom Carpentier, qui rapporte cet extrait au mot *Pareta* de son *Gloffarium novum*, pense qu'on doit entendre par-là le droit de gîte, ou de procuration. *Voyez* PARADE. (*M. GARRAN DE COULON.*)

PARFOURNISSEMENT, s. m. PARFOURNIR, v. a. termes anciens dont on se sert encore au palais; on dit de quelqu'un qu'il *parfournit*, lorsqu'il achève entiérement de fournir quelque chose dont il devoit livrer une certaine quantité, comme des deniers, des grains, ou autre espèce.

PARGIE, PARGÉE, PARCHÉE & PARCHIE, (*Droit féodal.*) on a donné ce nom à l'amende due au seigneur pour les bestiaux trouvés en agât & renfermés dans un *parc*, jusqu'au paiement.

On a aussi donné les mêmes noms, ou quelquesuns d'entre eux, au territoire où l'on pouvoit percevoir ce droit. *Voyez* le Gloffarium novum de dom Carpentier, *aux mots* Pargea, Percheia, Pargia & Pergea, & *l'article* PARC.

Il est beaucoup question de ce droit dans des titres de la Lorraine & des Trois-Evêchés, qui m'ont passé par les mains. (*M. GARRAN DE COULON, avocat au parlement.*)

PARIAGE, (*Droit féodal.*) du latin *pariatio*, qui signifie *affociation*, est une espèce de société entre le roi, ou quelque autre grand seigneur, & un autre seigneur moins puissant, lequel recherche la société & la protection d'un seigneur plus puissant que lui, auquel il cède une partie de ses droits, afin de se mettre à couvert des violences qu'il avoit à craindre, & d'avoir lui-même la force en main pour jouir plus sûrement de la portion qu'il se réserve.

Les *pariages* ont ordinairement pour objet l'exploitation de la justice, & des droits qui en dépendent, ou la perception de quelques droits seigneuriaux, comme tailles, ventes, bannalités, &c.

Ces associations étoient sur-tout recherchées par les évêques, abbés, & autres seigneurs ecclésiastiques, lesquels, pour avoir main-forte, entroient en *pariage* avec le roi, ou quelque autre grand seigneur laïque.

Tel fut le *pariage* d'entre le roi & l'évêque de Mende, dont le registre de la cour du 18 juillet 1369, est chargé. Tel fut encore le *pariage* d'entre le roi & l'évêque de Cahors, pour la jurisdiction commune, comme aussi, par un arrêt des prieurs de la Charité & Porte Saint-Léon, du 27 mars 1405, appert que les *pariages* des associations faites entre le roi & aucuns de ses sujets, à la charge qu'il ne les mettra hors ses mains, doivent y demeurer, & le roi ne peut les transporter même en apanage, ou récompense d'apanage. Tel fut aussi le *pariage* de l'an 1263, fait entre l'abbaye de Luxeux, & le comte de Champagne, qui est rappellé par Pithou, dans ses mémoires.

Les *pariages* furent fort fréquens dans les treizième & quatorzième siècles. Ils se faisoient en deux manières, à temps ou à perpétuité. Les premiers étoient limités à la vie des grands seigneurs avec lesquels les abbés & les monastères traitoient, & souvent ils étoient renouvellés avec leurs successeurs. Il ne reste plus aucun vestige de ces *pariages* à temps ; ceux qui étoient à perpétuité sont demeurés dans leur force & vertu, quoique la cause qui les avoit produits ne subsiste plus.

La Rocheflavin, titre *des droits seigneuriaux*, décide que le roi qui est en *pariage* avec un autre seigneur, ne peut vendre, ni aliéner, en aucune manière, sa part, ni rien innover aux clauses & conditions du traité.

Dans les lieux où le roi est en *pariage* avec quelque seigneur, celui-ci ne peut contraindre les vassaux & emphytéotes communs à lui faire hommage, & passer reconnoissances sans appeller le procureur-général du roi, ou son substitut, afin d'obvier aux usurpations que l'on pourroit faire sur les droits du roi.

Quand une justice est tenue en *pariage* entre le roi & quelque seigneur, le juge doit être nommé alternativement de trois en trois ans, par le roi & par le seigneur particulier ; il en est de même d'une justice tenue en *pariage* entre deux seigneurs. *Ordonnance de Roussillon*, art. 25 & 26. Voyez le *Glossaire* de Ducange ; celui de Laurière, la Rocheflavin, Graverol, Cambolas, Guyot. (*A*)

Suivant ce dernier auteur, quand le *pariage* est fait avec le roi, « la haute-justice, *in sensu communi*, s'efface ; elle est absorbée dans les rayons » de la justice royale ; la haute-justice de ce sei- » gneur devient justice royale : il lui reste, outre » l'utile, pour sa portion, le droit de nommer & » de donner ses provisions au prévôt de cette » justice, lesquelles s'attachent sous le contre-scel

» de celles données par le roi, *qui les donne en* » *plein* ; ensorte que ce juge est nommé par le » roi, & par ce seigneur, suivant l'article 25 de » l'ordonnance de Roussillon de 1563. Ancienne- » ment, on jugeoit que le roi auroit son juge, & » le seigneur le sien, qui exerceroient tour-à- » tour ». (*Observations sur les droits des patrons*, *chap.* 3, *n.* 19, *p.* 128.)

Il sembleroit résulter de-là que les églises qui sont en *pariage* n'ont plus aujourd'hui, comme autrefois, le droit de nommer des officiers pour exercer la justice à leur tour. Mais quoiqu'on prenne souvent le tempérament dont parle Guyot, l'usage de nommer alternativement un juge de trois ans en trois ans, peut aussi avoir lieu. Il n'y a aucune loi qui y soit contraire, & c'est la disposition expresse de l'ordonnance de Roussillon, que Guyot a mal-à-propos invoquée pour l'usage contraire.

Les communautés séculières, associoient aussi quelquefois le roi dans les seigneuries qui leur appartenoient. Laurière en donne un exemple dans le *Glossaire du droit françois*. Il y rapporte un extrait du contrat de *pariage*, fait entre le roi Philippe de Valois, & les consuls de la ville & château de Miremont, près la ville de Rieux en Languedoc, le 4 août 1346.

L'article 27 du titre *des Chasses* de l'ordonnance de 1669, porte que lorsque la haute-justice d'un lieu est divisée entre plusieurs enfans ou particuliers, « celui seul à qui appartiendra la principale » portion, aura droit de chasser dans l'étendue de » sa justice, à l'exclusion des autres cojusticiers, » qui n'auront part au fief ; & si les portions » étoient égales, celle qui procéderoit du par- » tage de l'aîné auroit cette prérogative à cet égard » seulement, & sans tirer à conséquence pour » leurs autres droits ».

Fréminville a demandé à cette occasion à qui la chasse devoit appartenir, du roi ou du seigneur, soit laïque, soit ecclésiastique, en cas de *pariage* : voici comme il a résolu cette question : dans le doute, on doit présumer que c'est le seigneur qui a associé le roi, & non pas le roi qui a associé le seigneur ; le roi n'étant devenu propriétaire de la justice que par association gratuite, ne peut donc pas être réputé l'aîné ; d'où l'on doit conclure que le seigneur en *pariage* avec le roi, doit avoir droit de chasse en tous les temps, dans l'étendue de la justice, & peut poursuivre par ses officiers, & même devant ceux du roi, ceux qui enfreignent les ordonnances sur la chasse. *Pratique des terriers*, *tom.* 6, *pag.* 366. (*M. GARRAN DE COULON*, *avocat au parlement.*)

PARIAGE (*droit de*), la coutume de Saint-Sever, *tit.* 3, *art.* 1 & 2, donne ce nom au droit de parcours, ou de réciprocité, en vertu duquel les habitans de diverses jurisdictions peuvent faire paître leur bétail les uns sur les autres. (*M. GARRAN DE COULON*, *avocat au parlement.*)

PARIAGIER. Ce mot a été employé pour signifier un coseigneur, ou plutôt celui qui tient en pariage. Voyez le Glossarium novum de dom Carpentier, au mot Pariagium; & l'article PARIAGE. (M. GARRAN DE COULON, avocat au parlement.)

PARIAIRE, s. m. (Jurispr.) signifie celui qui tient en pariage avec quelqu'un, dans des lettres de Charles VI. du mois de janvier 1399, il est dit que Bernard de Sanclava étoit seigneur en partie de Montfaucon en Bigorre, & qu'il étoit pariaire de ce lieu avec le roi. (A)

PARISIS, (Droit féodal.) on nomme ainsi dans la province de Berry, un droit qui se paie à quelques seigneurs, au lieu des lods & ventes ordinaires établis par la coutume. Ce droit provient sans doute de ce que le droit de parisis consiste dans le quint du prix, tandis que, suivant la coutume de Berry, ils ne sont que du douzième ou de vingt deniers pour les laïques, & du dixième ou de deux sous pour livre pour les ecclésiastiques.

La Thaumassière fait mention de ce droit dans son Commentaire sur la coutume de Berry, tit. 6, art. 6. Il observe que le seigneur de Saint-Florent le lève sur le lieu d'Azenay, assis dans sa justice, en conséquence d'anciens baux, & qu'il est fréquent dans le ressort du bailliage d'Issoudun; mais que pour prétendre ce droit & les autres qui sont extraordinaires & exorbitans du droit commun de la province, il faut que le seigneur soit fondé en titres valables & bonne possession, & qu'il se soit opposé au décret si les héritages ont été décrétés; autrement, l'acquéreur par décret ne paiera les lods & ventes que suivant la taxe portée par la coutume.

On a aussi donné le nom de parisis dans les environs de Paris, à une mesure de terre, sans doute parce qu'elle rapportoit un parisis de revenu: on a dit parisiata en latin barbare, dans le même sens. Voyez le Glossarium novum de dom Carpentier, sous ce dernier mot. (M. GARRAN DE COULON, avocat au parlement.)

PARJURE, s. m. (Code criminel.) est le crime de celui qui a fait sciemment un faux serment; on entend aussi par le terme de parjure, celui qui a commis ce crime.

On appelle également parjure, celui qui a fait un faux serment, en affirmant véritable un fait qu'il savoit être faux, & celui qui a manqué volontairement à son serment en n'accomplissant pas la promesse qu'il a faite sous la foi & la religion du serment.

Il seroit assez difficile de déterminer par les textes de droit, si le crime de parjure est punissable, & de quelle manière.

En effet, d'un côté la loi dernière ff. de stellion. dit que le parjure doit être puni du bannissement, & la loi 13, au ff. de jurejur. qu'on doit le condamner au fouet, la loi 47, au code de transactionibus, dit qu'il est infame, & la loi 17, au code de dignitatib. qu'il doit être privé de ses dignités;

les loix du code prononcent aussi que le parjure n'est plus reçu au serment, qu'il ne peut plus être témoin, ni agir en demandant.

Mais d'un autre côté la loi 2, au code de rebus creditis, dit que le parjure ne doit point être puni par le prince, parce que c'est assez qu'il ait Dieu pour vengeur de son crime.

Julius Clarus nous apprend qu'au royaume de Naples, il y a une constitution qui condamne les parjures à avoir le poing coupé; Farinacius dit qu'en Lombardie, on applique la même peine à ce genre de délit.

La constitution Caroline veut que celui qui commet un parjure en matière civile, soit condamné à restituer les deniers, ou autres choses que son crime lui a procurés; qu'il soit d'ailleurs privé de ses honneurs & dignités, & que selon l'exigence du cas, il soit en outre condamné à avoir les doigts coupés, conformément à l'ancien usage de l'empire; que le témoin, coupable d'un parjure, qui donne lieu de prononcer contre quelqu'un une peine capitale, soit puni de la même peine; que cette peine soit également prononcée contre ceux qui s'engagent, par méchanceté, une personne à commettre un parjure.

Nos rois n'ont pu souffrir qu'un crime qui offense Dieu si grievement, & qui est en même temps si préjudiciable à la société civile, demeurât sans punition.

Suivant les capitulaires de Charlemagne & de Louis-le-Débonnaire, la peine du parjure est d'avoir la main droite coupée.

Par l'ordonnance de saint Louis, en 1254, qui est rapportée dans le style du parlement, le bénéfice d'appel est dénié à celui qui a été condamné pour crime de parjure; mais elle ne règle point la peine à laquelle il doit être condamné.

L'ordonnance de Charles VII. sur le fait des aides, art. 14, dit que si le parjurement se prouve, celui qui se sera parjuré, sera condamné en une amende arbitraire envers le roi & envers le fermier, & aux dépens, dommages & intérêts du fermier.

Par l'article 593 de l'ancienne coutume de Bretagne, qui est le 638 de la nouvelle, tout homme qui est condamné & déclaré parjure, perd tous ses meubles, & les confisque au profit du seigneur en la justice duquel il est condamné.

L'article 40 de la même coutume, qui est le 37 de la nouvelle, porte que tout officier de justice qui est convaincu de parjure, est infame & incapable d'être juge, & de tenir aucun autre office public.

Enfin l'article 362 de la coutume de Bourbonnois déclare que si aucun affirme frauduleusement qu'il mène aucune chose par Paris pour gens privilégiés, & il est convaincu du contraire, il est puni comme parjure, à l'arbitrage du juge.

On voit par ces différentes loix, qu'en France le parjure a toujours été regardé comme un crime très-odieux, & que l'on punit celui qui en est convaincu : mais que la peine en est arbitraire ; quelquefois on condamne le *parjure* en une amende honorable, ou, en tous cas, en une amende pécuniaire, envers le roi, & une réparation envers la partie ; tout cela dépend des circonstances & de la qualité du fait.

Mais la recherche de ce crime est assez rare, soit parce qu'il est difficile de prouver que celui qui a commis un *parjure*, l'a fait sciemment, soit parce que, suivant la loi 1, au code *de rebus creditis*, on ne peut, sous prétexte de *parjure*, faire rétracter le jugement qui a été rendu sur le serment déféré à une partie par son adversaire, ensorte que l'on ne pourroit agir que dans le cas où le serment a été déféré par le juge, & que, depuis le jugement, l'on a trouvé de nouvelles pièces qui prouvent la fausseté du serment, comme il est dit en la loi 5 *uff. de jurejurando*.

Cependant plusieurs auteurs, entre lesquels est M. d'Argentré, sur l'article 593 de l'ancienne coutume de Bretagne, tiennent qu'après la prestation de serment déféré, même par la partie adverse, la preuve du *parjure* doit être reçue, & le jugement intervenu sur icelui rétracté. Si la preuve du *parjure* est prompte & évidente, comme si un débiteur avoit dénié par serment le prêt qui lui avoit été fait, croyant que la promesse fût perdue, ou qu'un créancier de mauvaise foi eût dénié le paiement qui lui auroit été fait, & que l'on ou l'autre fût convaincu de mauvaise foi par la représentation de la promesse ou quittance qui auroit été recouvrée depuis.

Mais il faut bien prendre garde que par le canon 5, *cauf.* 22, *quæf.* 5, qui est tiré de saint Augustin, il est expressément défendu de provoquer au serment celui qu'on peut convaincre de *parjure* aussi-tôt qu'il aura affirmé ; car en ce cas, dit ce saint père, celui qui défère le serment est homicide de son ame & de celui qu'il fait jurer.

Ainsi celui qui, ayant en main des promesses, des quittances, ou autres pièces, pour convaincre sa partie, au lieu de les lui communiquer, les lui dissimuleroit & lui défèreroit le serment malicieusement, pour faire tomber cette partie dans un *parjure*, seroit lui-même très-coupable.

Mais si celui qui a déféré le serment n'avoit pas alors en main la preuve du fait contraire, & que les pièces n'aient été recouvrées que depuis, il n'encourt point de censure ; ainsi qu'il est dit dans le canon 6, à l'endroit que l'on vient de citer.

Quand la peine prononcée contre le *parjure* est légère, eu égard aux circonstances, & qu'elle n'emporte pas infamie de droit, il y a toujours au moins infamie de fait qui fait perdre au *parjure* la confiance de tous les gens d'honneur & de probité, & l'exclut de toute dignité.

Le *parjure* que commet une personne constituée en dignité, doit être plus sévèrement puni que celui d'un simple particulier. Il en est de même du *parjure* commis par un tuteur, un curateur, un associé.

On considère aussi, pour la punition du *parjure*, les effets qui ont pu en résulter. S'il est tel qu'il ait donné lieu à prononcer une peine capitale contre une personne, il doit être puni de la même peine.

Le *parjure* que commet un accusé pour défendre sa vie, ou pour éviter la punition de son crime, n'entraîne aucune peine. Il est excusable lorsqu'on affirme une chose fausse que l'on croit vraie. On peut en dire autant lorsqu'il ne cause de préjudice à personne. *Voyez* FAUX, SERMENT, TÉMOIN.

PARLEMENT, (*Droit public.*) ce terme a eu différentes significations, comme on le verra dans les subdivisions qui sont à la suite de cet article ; mais la plus ordinaire est que l'on entend en France par ce terme, *une cour souveraine*, composée d'ecclésiastiques & de laïques, établie pour administrer la justice en dernier ressort au nom du roi, en vertu de son autorité, comme s'il y étoit présent.

Il y a treize *parlemens* dans le royaume, qui, suivant l'ordre de leur création, sont Paris, Toulouse, Grenoble, Bordeaux, Dijon, Rouen, Aix, Rennes, Pau, Metz, Besançon, Douai & Nanci.

Quand on dit *le parlement* simplement, on entend ordinairement le *parlement* de Paris, qui est le *parlement* par excellence, & le plus ancien de tous, les autres ayant été créés à l'instar de celui de Paris ; c'est pourquoi nous parlerons d'abord de celui-ci, après quoi nous parlerons tant des douze autres *parlemens* de France, que des autres assemblées auxquelles on a donné ce nom, suivant l'ordre alphabétique.

PARLEMENT DE PARIS, est une cour établie à Paris sous le titre de *parlement*, composée de pairs & de conseillers ecclésiastiques & laïques, pour connoître, au nom du roi qui en est le chef, soit qu'il y soit présent ou absent, de toutes les matières qui appartiennent à l'administration de la justice en dernier ressort, notamment des appellations de tous les juges inférieurs qui ressortissent à cette cour.

Ce *parlement* est aussi appellé *la cour du roi*, ou *la cour de France*, *la cour des pairs* ; c'est le premier *parlement* & la plus ancienne cour souveraine du royaume.

Les auteurs ne sont pas d'accord sur le temps de l'institution du *parlement*.

Les uns prétendent qu'il est aussi ancien que la monarchie, & qu'il tire son origine des assemblées de la nation ; quelques-uns en attribuent l'érection à Charles Martel, d'autres à Pepin-le-Bref, d'autres encore à S. Louis, d'autres enfin à Philippe-le-Bel, qui sûrement ne le créa pas, mais le rendit sédentaire, ainsi qu'on le verra par la suite.

Il est fort difficile de percer l'obscurité de ces temps si reculés, & de fixer la véritable époque de son institution.

Les assemblées de la nation, auxquelles les historiens ont dans la suite donné le nom de *parlemens généraux*, n'étoient point d'institution royale ; c'étoit une me coutume que les Francs avoient apportée de leur pays, quoique depuis l'affermissement de la monarchie, elles n'étoient plus convoquées que par l'ordre du roi, & ne pouvoient l'être autrement.

Sous la première race, elles se tenoient au mois de mars, d'où elles furent appellées *champ de Mars*; chacun s'y rendoit avec ses armes.

La tenue de ces assemblées fut remise au mois de mai par Pepin, parce que l'usage de la cavalerie s'étant introduit dans les armées, on crut que, pour entrer en campagne, il falloit attendre qu'il y eût du fourrage : de-là ces assemblées furent appellées *champ de Mai*. On leur donna encore les noms de *colloquium, concilium, judicium Francorum* ; ce n'est que sous le règne de Pepin qu'elles furent nommées *parlement*, nom qui signifie l'objet qu'elles se proposoient, celui de parler & de traiter des affaires importantes qui y étoient agitées.

D'abord tous les Francs ou personnes libres étoient admis à ces assemblées ; les ecclésiastiques y eurent aussi entrée dès le temps de Clovis, non comme clergé, mais comme seigneurs. Il est vrai cependant, suivant la remarque de M. Fleury dans son troisième discours sur l'histoire ecclésiastique, que les évêques de France devenus seigneurs, & admis en part du gouvernement, crurent avoir comme évêques, ce qu'ils n'avoient que comme seigneurs.

Dans la suite, la nation étant devenue beaucoup plus nombreuse par le mélange des vaincus avec les vainqueurs, chaque canton s'assembloit en particulier, & l'on n'admit plus guère aux assemblées générales que ceux qui tenoient un rang dans l'état; & vers la fin de la seconde race, la police féodale réduisit ces assemblées aux seuls barons ou vassaux immédiats de la couronne, & aux grands prélats & autres personnes choisies. On lit dans les annales de Reims que, sous Lothaire, en 964, Thibaud-le-Trichard, comte de Blois, de Chartres & de Tours, fut exclus d'un *parlement* général, quelque considérables que fussent ces comtés, parce qu'il n'étoit plus vassal du roi, mais de Hugues Capet, qui n'étoit encore alors que duc de France.

Ces assemblées générales formoient le conseil public de nos rois ; on y traitoit de la police publique, de la paix & de la guerre, de la réformation des loix & autres affaires d'état, des procès criminels des grands & autres affaires majeures. C'est dans ces assemblées que furent formés les capitulaires de Charlemagne, que Baluse a fait imprimer en 1677, & dont Chiniac a donné une nouvelle édition en 1780; mais celle de Baluse est la plus recherchée par les savans.

Mais outre ce conseil public, nos rois de la première & de la seconde races avoient leur cour ou conseil particulier, qui étoit aussi composé de plusieurs grands du royaume, principaux officiers de la couronne & prélats, en quoi ils se conformoient à ce qui se pratiquoit chez les Francs dès avant leur établissement dans les Gaules. On voit en effet par la loi salique, qu'il se faisoit un travail particulier par

les grands & les personnes choisies dans les assemblées de la nation, soit pendant qu'elles se tenoient, soit dans l'intervalle qu'il y avoit de l'une à l'autre.

Cette assemblée particulière ne différoit de l'assemblée générale, qu'en ce qu'elle étoit moins nombreuse ; c'étoit le conseil ordinaire du prince, & sa justice capitale pour les affaires les plus urgentes, pour celles qui demandoient du secret, ou pour les matières qu'il falloit préparer avant de les porter à l'assemblée générale. Les personnes qui y assistoient, signoient les chartres données par les rois, & c'est de cet usage qu'est venue la clause insérée dans toutes les loix : *de l'avis de notre conseil*.

La différence qu'il y avoit alors entre la cour du roi & le *parlement* général, ou assemblée de la nation, se trouve marquée en plusieurs occasions, notamment sous Pepin en 754 & 767 ; où il est dit que ce prince assembla la nation, & qu'il tint son conseil avec les grands.

Mais vers la fin de la seconde race, les *parlemens* généraux étant réduits, comme on l'a déjà dit, aux seuls barons ou vassaux immédiats de la couronne, aux grands prélats, & autres personnes choisies parmi les clercs & les nobles, qui étoient les mêmes personnes dont étoit composée la cour du roi : ces deux assemblées furent insensiblement confondues ensemble, & ne firent plus qu'une seule & même assemblée, qu'on appelloit *la cour du roi* ou *le conseil*, où l'on porta depuis ce temps toutes les affaires qui se portoient auparavant, tant aux assemblées générales de la nation, qu'à la cour du roi.

Cette réunion des deux assemblées en une seule & même, se consomma dans les trois premiers siècles de la troisième race.

Mais, quoique depuis ce temps la cour du roi prît connoissance des matières qui se traitoient auparavant aux assemblées générales de la nation, l'assemblée de la cour du roi n'a jamais été de même nature que l'autre : car, comme on l'a remarqué, l'assemblée de la nation n'étoit point, dans son origine, d'institution royale; d'ailleurs ceux qui y entroient, du moins sous la première race, & encore pendant long-temps sous la seconde, en avoient le droit par leur qualité de francs; qualité qu'ils ne tenoient point du roi, au lieu que la cour ou conseil du roi fut formée par nos rois même, & n'a jamais été composée que de ceux qu'ils jugeoient à propos d'y admettre, ou auxquels ils en avoient attribué le droit, soit par quelque qualité qu'ils tenoient d'eux, comme de barons, de pair ou d'évêque, soit en vertu d'une nomination personnelle : en général la cour du roi n'étoit composée que des grands officiers de la couronne, & des personnes qui avoient entrée au *parlement*.

Ainsi, quoique la cour du roi ait réuni les affaires que l'on traitoit dans l'assemblée de la nation, on ne peut pas dire que ce soit la même assemblée, puisque la constitution de l'une & de l'autre est toute différente.

Au surplus, toutes ces assemblées générales ou particulières qui se tenoient sous l'autorité du roi, ne portoient pas le nom de *parlement*.

Sous la première race on les appelloit *mallus* ou *mallum*, mot qui vient du teutonique *mallen*, qui signifie *parler*; ensorte que *mallum* étoit la même chose que *parlamentum*. *Voyez* le préambule de la loi salique, où il est dit *per tres mallos convenientes*, &c.

On appelloit aussi ces assemblées *concilium seniorum & fidelium*; quelquefois *consilium* ou *synodus*, *placitum*. Grég. de Tours.

Sous la seconde race, on les appelloit encore *mallum*, *placitum generale*, *synodus*, *consilium*, ou *colloquium*.

Sous la troisième race, on leur donnoit pareillement le nom de *consilium* ou *placitum*; & depuis que la cour du roi eut réuni les fonctions de l'assemblée générale avec celles qu'elle avoit auparavant, elle se trouve ordinairement désignée sous les titres de *curia regis*, *curia regalis*, *curia Franciæ*, *curia gallicana*, *judicium Francorum*; & en françois *la cour le roi*, *la cour le roi de France*, *la cour du roi*.

Dans la suite, on lui donna aussi le nom de *parlement*.

Ce terme *parlement* étoit usité dès le temps de Louis-le-Gros, pour exprimer toute assemblée où on parloit d'affaire. L'avocat Orléans a remarqué que celui qui a fait les gestes de Louis-le-Gros, dit qu'après le retour de son armée, l'empereur & le roi de France, & les autres princes, *collegerunt iterum parlamentum*, *ubi magni barones cum minoribus*, *sicut antea fecerant*, *convenerunt*.

Il dit de même en un autre endroit, que les princes s'assemblèrent, & *ad illud parlamentum fuit Conradus imperator*, &c.

On trouve aussi des exemples que l'on donnoit le nom de *parlement* à la cour du roi dès le temps de Louis VII, suivant ce qui est dans sa vie. *Eodem anno*, *castro vezialici*, *magnum parlamentum congregavit*, *ubi archiepiscopi*, *episcopi & abbates*, & *magna pars baronum Franciæ convenerunt*.

Il est dit de Louis VIII, qu'il tint un *parlement* à Péronne : *Ludovicus rex parlamentum indicit apud Peronam*; & en 1227, sous S. Louis, il est dit, *rex tenuit parlamentum*.

On le trouve qualifié de *parlement de Paris* dans les *olim* de l'an 1306, *nostra curia Parisiensis*, & même dès l'an 1291, dans une ordonnance qui y fut faite dans les trois semaines après la Toussaint de ladite année, *pro celeri & utili parlamentorum nostrorum Parisiensium expeditione sic duximus ordinandum*; & il est à croire que le surnom de *parlement de Paris* fut ajouté dès que ce *parlement* commença à tenir ses séances ordinairement dans cette ville, quoiqu'il n'y fût pas encore absolument sédentaire.

On l'appelloit aussi quelquefois *consilium*, le conseil du roi; Joinville l'appelle le *conseil juré*, parce que ceux qui y étoient admis prêtoient serment, à la différence du conseil étroit ou secret, où le roi admettoit ceux qu'il jugeoit à propos, sans leur faire

prêter serment; le titre de *parlement* n'empêche pas qu'il n'ait aussi conservé celui de *cour* : on dit encore la *cour de parlement*; le roi en parlant du *parlement* dit, *notre cour de parlement*; & le *parlement*, en parlant de lui-même, ou en prononçant quelque arrêt dit *la cour*; ainsi le *parlement* est toujours la cour du roi & la cour des pairs.

Les anciennes ordonnances l'appellent *le souverain consistoire des rois*, *la cour de France*, *la cour royale*, *la cour capitale & souveraine de tout le royaume*, *représentant sans moyen la personne & la majesté de nos rois*, *étant en cette qualité le miroir*, *la source*, *l'origine de la justice dans l'état sous l'autorité du souverain*.

Le *parlement de Paris* étant autrefois le seul pour tout le royaume, étoit souvent nommé le *parlement de France*, ou *la cour de France* : une chartre de l'an 1211 le nomme *judicium curiæ Gallicanæ*, & dans l'épitaphe de Pierre de Courthardy, premier président, inhumé au Maine en 1512, il est encore nommé *parlement de France*. Comme le *parlement* dans son origine étoit le conseil du roi, il conserva aussi pendant long-temps ce nom; on l'appelloit autrefois *parlement* ou *conseil* indifféremment, & même quelques auteurs prétendent que lorsque le roi y venoit siéger, ce tribunal étoit seulement désigné sous le titre de *conseil du roi*.

Les assemblées, soit générales ou particulières des grands du royaume, qui se tinrent sous les deux premières races, ne furent pas uniformes pour le nombre des personnes qui y étoient admises, ni pour les temps ou les lieux où ces assemblées se tenoient.

Nous n'entrerons ici dans le détail de tout ce qui concerne les assemblées de cette espèce, qui se tinrent sous les deux premières races de nos rois; nous nous contenterons de rapporter ce que dit M. de la Rocheflavin du conseil ou *parlement* qui fut établi par Pepin-le-Bref, & qui semble avoir servi de modèle pour la forme des assemblées tenues au commencement de la troisième race.

Pepin-le-Bref, dit cet auteur, ayant résolu d'aller en personne en Italie au secours du pape contre le roi des Lombards; & voyant qu'il ne pouvoit plus assister aux assemblées qui se tiendroient pendant son absence pour les affaires d'état & de la justice, comme lui & ses prédécesseurs avoient coutume de faire; que la plupart des princes & grands seigneurs du royaume l'accompagnant en Italie, ne pourroient pas non plus assister à leur ordinaire à ces assemblées, il ordonna un conseil ou *parlement* composé de certain nombre, gens de savoir & d'expérience, pour, en son nom & sous son autorité, connoître & décider des affaires les plus importantes, & rendre la justice souverainement, quoiqu'il fût absent du royaume : il destina le temps le plus voisin des grandes fêtes annuelles pour tenir ces assemblées; savoir, vers les fêtes de Pâques, la Pentecôte, la Notre-Dame d'août, la Toussaint & Noël, en mémoire de quoi, lorsque le *parlement* eut été rendu sédentaire, on conserva pendant long-temps l'usage de prononcer en robes rouges la veille de ces grandes fêtes, les jugemens des enquêtes qui n'acquéroient le caractère d'arrêt & de jugement public que par cette prononciation. Il paroît que dans la fuite, voyant l'inutilité de cette prononciation, & que c'étoit un temps perdu, on fe réduifit peu-à-peu à prononcer feulement les arrêts qui devoient être plus connus, & qu'il étoit de quelque importance de rendre publics. Cette forme a ceffé entiérement depuis la mort de M. le premier préfident de Verdun, arrivée le 16 mars 1627.: le grand ufage de l'impreffion a donné la facilité de rendre publics les arrêts qui devoient l'être; l'ordonnance de 1667 a même abrogé formellement les formalités des prononciations d'arrêts & jugemens.

Ils n'avoient point de lieu fixe pour leurs féances. On les affembloit dans le lieu que le roi trouvoit le plus commode, & felon que les affaires le demandoient.

Avant que le *parlement* eût été rendu fédentaire à Paris, le roi envoyoit prefque tous les ans dans les provinces des commiffaires appellés *miffi dominici*, lefquels, après s'être informés des abus qui pouvoient avoir été commis par les feigneurs ou par leurs officiers, rendoient la juftice aux dépens des évêques, abbés & autres feigneurs qui auroient dû la rendre, & rapportoient au roi les affaires qui leur paroiffoient le mériter.

Ces grands qui avoient été envoyés dans les provinces pour y rendre la juftice, fe raffembloient en certains temps, pour les affaires majeures auprès du roi, avec ceux qui étoient demeurés près de fa perfonne pour fon confeil ordinaire : cette réunion de tous les membres de la cour du roi formoit alors la cour plénière ou le plein *parlement*, l'entier *parlement*, qui fe tenoit ordinairement vers le temps des grandes fêtes ; les féances ordinaires n'étoient communément que des prolongations ou des fuites de ces cours plénières ; mais lorfque le *parlement* eut été rendu fédentaire à Paris, on ceffa d'envoyer ces fortes de commiffaires dans les provinces. Ils font aujourd'hui repréfentés par les intendans, que le *parlement* défigne toujours fous le nom de commiffaires départis.

L'affemblée des grands du royaume continua d'être ambulatoire après que Pepin fut de retour des deux voyages qu'il fit en Italie, & encore après fon décès fous fes fucceffeurs, & même fous les premiers rois de la troifième race.

Ces affemblées furent auffi convoquées par Charlemagne pour les affaires les plus importantes.

Elles devinrent encore plus recommandables fous le règne de Louis-le-Débonnaire, & commencèrent à fe tenir ordinairement deux fois l'an, non pas à jours certains & préfix, comme cela fe pratiquoit depuis, mais felon ce qui étoit avifé par l'affemblée avant de fe féparer ; on convenoit du temps & de la ville où on fe raffembleroit.

Hugues Capet affembla les grands encore plus fouvent que fes prédéceffeurs.

Cette affemblée des barons ou grands vaffaux avoit, comme on l'a dit, pris le nom de *parlement* dès le temps de Louis-le-Gros ; mais il paroît qu'elle ne commença à fe former en cour de juftice, comme elle eft préfentement, que du temps de S. Louis, vers l'an 1254.

En effet, le plus ancien regiftre du *parlement* que nous ayons, qui eft le regiftre des enquêtes, & qui eft le premier de ceux qu'on appelle les *olim*, ne remonte point au-delà de l'année 1254 : cependant il exifte au tréfor des chartres un regiftre de Philippe-Augufte, & un autre intitulé *regiftrum curiæ Franciæ*, qui remonte jufqu'en 1214. Ils contiennent des chartres, ordonnances, & autres pièces. Quelques auteurs prétendent en conféquence, qu'ils ne font pas des regiftres du *parlement*, mais des inventaires des titres dépofés au tréfor des chartres. Quelques autres cependant les regardent également comme des regiftres du *parlement* : ce qui eft certain, c'eft qu'indépendamment de ces différens regiftres, il exifte au greffe du *parlement* des rouleaux contenant les jugemens & ordonnances antérieurs à 1200. M. de Fleury père, procureur-général, a commencé à les faire déchiffrer ; travail qui fe fuit très-lentement, vu la difficulté & la dépenfe ; mais travail qui jettera un grand jour fur notre hiftoire, lorfqu'il fera fini & rendu public.

Quelques autres auteurs, tels que la Rocheflavin, tiennent que le *parlement* fut ambulatoire jufqu'au temps de Philippe-le-Bel ; que ce prince délibérant d'aller en Flandre, & prévoyant qu'il y feroit longtemps, réfolut d'y mener fon confeil ; mais que ne voulant pas que fes fujets fuffent fans juftice, & furtout à Paris, ville capitale du royaume, qui étoit dès-lors fort peuplée, & où les affaires fe préfentoient en grand nombre, & auffi pour le foulagement de fon confeil, qui étoit incommodé d'être obligé de fe tranfporter tantôt dans un lieu & tantôt dans un autre, pour rendre la juftice, il ordonna, le 23 mars 1302, que pour la commodité de fes fujets & l'expédition des caufes, l'on tiendroit deux *parlemens* à Paris chaque année.

Quelques perfonnes peu inftruites ont cru que cette ordonnance étoit l'époque de l'inftitution du *parlement*, ou du moins que celui dont elle parle étoit un nouveau *parlement*, qui fut alors établi : il eft néanmoins certain que le *parlement* exiftoit déjà fous ce titre long-temps avant cette ordonnance, & que celui dont elle règle les féances, & qui a toujours fubfifté depuis ce temps, eft le même qui étoit ambulatoire à la fuite de nos rois, ainfi que l'obferva le garde-des-fceaux de Marillac, dans un difcours qu'il fit au *parlement*.

En effet, l'ordonnance de 1302 parle par-tout du *parlement*, comme d'un tribunal qui étoit déjà établi d'anciennté : elle parle des caufes qui s'y difcutent, de fes audiences, de fes rôles pour chaque bailliage, de fes enquêtes, de fes arrêts, de fes membres ; il y eft auffi parlé de fes confeillers, qui étoient déjà reçus, & des fonctions qu'ils continueroient ; & il eft dit, que fi quelque baillif a été reçu membre du *parle-*

ment, il n'en fera aucune fonction, tant qu'il sera baillif.

Aussi les *olim*, en parlant de certains usages du *parlement* sous la date de 1308, disent-ils *hoc dudum factum fuisse*; & en 1329 il est encore dit, *in parlamento longis temporibus observatum fuisse*, ce qui suppose nécessairement qu'il existoit long-temps avant l'ordonnance de 1302. Ces textes prouvent donc que cette ordonnance ne fit que fixer le lieu & le nombre des séances du *parlement*. Pasquier fait mention d'une ordonnance de 1304 ou 1305, semblable à celle de 1302; mais celle dont il parle, ne paroît qu'une exécution de la précédente.

D'autres monumens attestent encore que le *parlement* étoit déjà sédentaire à Paris long-temps avant 1302.

En effet, dès le temps de Louis-le-Jeune, les grands du royaume s'assembloient ordinairement dans le palais à Paris, pour juger, tellement que le roi d'Angleterre offrit de s'en rapporter à leur jugement, *judicium in palatio Parisiensi subire proceribus Galliæ residentibus*.

Quelques-uns tiennent que dès le temps de S. Louis le *parlement* ne se tenoit plus ordinairement qu'à Paris, & qu'il ne devoit plus se tenir ailleurs, & que ce fut ce prince qui donna son palais à perpétuité pour la séance du *parlement*; & en effet, la chambre où se tient la tournelle criminelle conserve encore le nom de la salle de S. Louis, comme étant le dernier prince qui l'a occupée; & la chambre du conseil de MM. des requêtes du palais, (qui étoit celle de MM. de la seconde, dans le temps qu'il existoit deux chambres), est l'oratoire de S. Louis.

L'ordonnance de 1291 veut que les avocats soient présens dans le palais, *in palatio*, tant que les maîtres seront dans la chambre; ainsi le *parlement* se tenoit déjà ordinairement dans le palais à Paris dès le temps de Louis VII. Nos rois ne lui avoient pourtant pas encore abandonné le palais pour sa demeure: on tient que ce fut seulement Louis Hutin qui le lui céda après la condamnation de Marigny, qui avoit fait bâtir ce palais.

Quoi qu'il en soit de cette époque, on ne peut guère douter que, dès 1291, le *parlement* étoit sédentaire, & même qu'il l'étoit antérieurement à l'ordonnance de cette année; ce qui résulte des termes de cette ordonnance, ainsi qu'on vient de l'observer. Cependant il faut convenir que tous les auteurs ont fixé l'époque à laquelle il a été rendu sédentaire à l'année 1302. Cette erreur peut provenir de deux causes: 1°. de ce que l'ordonnance de 1291 n'étoit pas connue. Et en effet, M. le président Hénault, dans les premières éditions de son *Abrégé chronologique de l'Histoire de France*, prétendoit que cette ordonnance qu'il datoit de 1294, n'étoit pas venue jusqu'à nous; erreur qu'il a rectifiée dans les éditions postérieures. La seconde cause vient de ce que l'ordonnance de 1302, en établissant deux *parlemens*, l'un à Paris, pour la Languedoil, l'autre pour la Languedhoc, a donné à ce tribunal une double existence, qui,

ayant eu lieu dans deux provinces différentes, a nécessairement multiplié ses rapports. Cette division du *parlement*, en établissant celui de la Languedhoc, a donné lieu de conclure que la même loi avoit également rendu sédentaire le *parlement* de la Languedoil.

Au reste, il est certain que les soixante-neuf *parlemens* qui furent tenus depuis 1254, jusqu'en 1302, ont presque tous été tenus à Paris; il y en a un à Orléans, en 1254; un à Melun, en septembre 1257; des soixante-sept autres, il est dit expressément de trente-trois, qu'ils ont été tenus à Paris; le lieu des autres n'est pas marqué; mais il est évident que c'étoit à Paris; car cette omission de lieu qui se trouve uniformément dans les vingt années qui ont immédiatement précédé 1302, se continue de même jusqu'à la fin des *olim*, qui vont jusqu'en 1318, temps auquel le *parlement* étoit bien certainement sédentaire; & cette omission de lieu semble une preuve que ces *parlemens* ont été tous tenus dans le même lieu.

Mais, quoique le *parlement* se tînt le plus souvent à Paris, & que dès 1291, il se trouve qualifié *parlement de Paris*, il n'en faut pas conclure qu'il fut dès-lors absolument rendu sédentaire à Paris, & qu'on lui donna le nom de *parlement de Paris*; je croirois volontiers qu'on ne lui a donné, que vers 1302, le surnom de *parlement de Paris*, que pour le distinguer du *parlement* qui se tenoit à Toulouse. En effet, si l'on examine bien l'ordonnance de 1291, on verra qu'elle parle seulement des *parlemens* qui se tenoient à Paris, & que les mots, *parlamentorum nostrorum Parisiensium*, ne signifient pas que le *parlement* fut alors désigné ordinairement par le nom de *parlement de Paris*, étant certain qu'à cette époque, il n'y étoit pas encore totalement fixé, comme il l'a été depuis.

L'ordonnance même de 1302 ne le qualifie pas encore de *parlement de Paris*, & ne dit pas qu'il y sera sédentaire, mais seulement que l'on tiendra deux *parlemens* à Paris, c'est-à-dire, que le *parlement* s'assemblera deux fois à Paris. Il paroît néanmoins certain que dès 1296 le *parlement* se tenoit ordinairement à Paris, & qu'on le regardoit comme y étant sédentaire, puisque cette ordonnance, en fixant le nombre des séances du *parlement*, tant en paix qu'en guerre, dit que tous les présidens & conseillers s'assembleront à Paris.

Cependant comme depuis quelque temps le *parlement* s'assembloit le plus souvent à Paris, il ne faut pas s'étonner si dès 1291 le *parlement* se trouve qualifié de *parlement de Paris*, quoiqu'il soit certain que depuis 1291, & même encore postérieurement à cette époque, le *parlement* s'assembloit encore quelquefois hors de Paris.

En effet, dans un accord qui fut fait en ladite année, entre Philippe-le-Bel & l'église de Lyon, il est dit que l'archevêque, le chapitre & les sujets de l'église ne seront pas tenus de suivre les *parlemens* du roi, sinon en cas de ressort; & dans l'article premier il eſt dit que l'appel du juge des appellations de l'archevêque & du chapitre ſera porté pardevant les gens tenant le *parlement*, à Paris ou ailleurs, ou bien devant deux ou trois perſonnes du conſeil du roi, au choix de l'archevêque & du chapitre.

Le *parlement* fut tenu à Cachant en 1369.

On trouve auſſi au troiſième regiſtre des *olim*, fol. 120, une preuve qu'en 1311, il fut tenu à Maubuiſſon près Pontoiſe; à la fin de trois arrêts, il y a : *actum in regali abbatiâ beatæ Mariæ juxta Pontiſaram, dominicâ poſt Aſcenſionem Domini 1311.*

Les premiers regiſtres civils du *parlement* qui contiennent une ſuite d'arrêts après les *olim*, ne commencent qu'en 1319, ce qui pourroit faire croire que le *parlement* ne commença à être totalement ſédentaire que dans cette année : cependant il faut remarquer que les regiſtres criminels remontent juſqu'en 1312, ce qui peut donner lieu de croire que le *parlement* étoit déjà ſédentaire lorſque l'on commença à former ces regiſtres ſuivis. Mais on trouve encore quelques *parlemens* qui ont été tenus depuis ce temps hors de Paris ; par exemple, en 1314 il y en eut un à Vincennes où le roi le manda à jour nommé, pour y tenir ce jour-là ſa ſéance. Il en convoqua auſſi un en 1315 à Pontoiſe pour le mois d'avril, compoſé de prélats & de barons ; on y reçut la ſoumiſſion du comte de Flandre : mais ces convocations faites extraordinairement à Vincennes, à Pontoiſe & ailleurs, n'empêchent pas qu'on ne puiſſe déjà le regarder comme ſédentaire à Paris dès 1291, & même qu'il ne ſe tînt ordinairement à Paris dès le temps de Louis VII, ainſi qu'on l'a établi ci-devant.

Quoique le *parlement* ait été rendu ſédentaire à Paris dès le xiij.e ſiècle, il eſt néanmoins arrivé en différentes occaſions qu'il a été transféré ailleurs.

C'eſt ainſi qu'il fut transféré à Poitiers par édit du 21 ſeptembre 1418, donné par Charles VII, alors régent du royaume, à cauſe de l'invaſion des Anglois, où il demeura juſqu'en 1437 qu'il revint à Paris.

Charles VII le convoqua auſſi à Montargis, puis à Vendôme, pour faire le procès à Jean, duc d'Alençon en 1456 : l'arrêt fut donné contre lui en 1458.

Il fut transféré à Tours ſous Henri III, par une déclaration du mois de février 1589, vérifiée le 13 mars ſuivant, à cauſe des troubles de la ligue, & rétabli à Paris par Henri IV par déclaration du 27 mars 1594, vérifiée le 28 du même mois.

Il fut auſſi établi par édit du mois d'octobre 1590, une chambre du *parlement* de Paris dans la ville de Châlons-ſur-Marne, qui y demeura tant que le *parlement* fut à Tours.

Les troubles de la minorité de Louis XIV donnèrent lieu à une déclaration du 6 janvier 1649, portant tranſlation du *parlement* en la ville de Montargis ; mais cela n'eut pas d'exécution.

Le roi étant à Pontoiſe, donna le 31 juillet 1652

un édit par lequel il transféra le *parlement* dans cette ville ; le *parlement* s'y rendit, mais en petit nombre, le ſurplus demeura à Paris ; l'édit fut vérifié à Pontoiſe le 7 août ſuivant : par déclaration du 28 octobre de la même année le *parlement* fut rétabli à Paris, & y reprit ſes fonctions le 22.

Le *parlement* fut encore transféré à Pontoiſe dans la minorité du roi, par déclaration du 21 juillet 1720, vérifiée à Pontoiſe le 27 : il fut rappellé à Paris par une autre déclaration du 26 décembre ſuivant, vérifiée le 17.

Les préſidens & conſeillers des enquêtes & requêtes ayant été exilés en différentes villes le 9 mai 1753, la grande chambre fut transférée le 11 du même mois à Pontoiſe, & le 4 ſeptembre 1754 tout le *parlement* fut rétabli dans ſes fonctions à Paris.

Avant que le *parlement* eût été rendu ſédentaire à Paris, il n'étoit pas ordinaire, c'eſt-à-dire, qu'il ne tenoit ſes ſéances qu'à certain temps de l'année. M. de la Rocheflavin, en parlant de l'état du *parlement* ſous Pepin-le-Bref, dit qu'il tenoit alors vers le temps des grandes fêtes.

Une chartre du roi Robert, dont les lettres hiſtoriques ſur le *parlement* font mention, ſuppoſe pareillement que le *parlement* tenoit quatre fois par an, ſavoir à Noël & à la Touſſaint, à l'Epiphanie ou à la Chandeleur, à Pâques & à la Pentecôte.

Cependant les *olim* ne font mention que de deux *parlemens* par an ; ſavoir, celui d'hiver, qui ſe tenoit vers les fêtes de la Touſſaint ou à Noël, & celui d'été, qui ſe tenoit à la Pentecôte.

La plupart de ces *parlemens* ſont même preſque ſtériles pour les affaires ; on peut dire qu'il n'y a rien en 1291 & 1292 ; il n'y a que trois jugemens en 1293, quatre en 1294, un peu plus en 1295 ; & quoique le *parlement* tint encore au mois d'avril 1296, il y a peu de jugemens. Il y eut peu de *parlemens* en 1297 ; les années 1298, 1299 & 1300 ſont peu remplies ; dans un jugement de 1298 on trouve encore le nom des juges, ſavoir quatre archevêques, cinq évêques, deux comtes, quatre chevaliers, un maréchal de France, un vicomte, un chambellan, & dix-huit maîtres ; le roi n'y étoit pas.

L'ordonnance de 1291 fixe bien les jours de la ſemaine auxquels on devoit s'aſſembler tant en la chambre des plaids qu'aux enquêtes & à l'auditoire de droit écrit ; mais elle ne dit rien du temps auquel le *parlement* devoit ſe tenir.

Par l'ordonnance de Philippe-le-Bel donnée entre 1294 & 1298, temps auquel le *parlement* n'étoit pas encore totalement rendu ſédentaire à Paris, il étoit dit qu'en temps de guerre le roi feroit tenir *parlement* qui commenceroit à l'octave de la Touſſaint ; on choiſiſſoit ce temps afin que les barons puſſent y aſſiſter à leur retour de l'armée.

En temps de paix, l'ordonnance porte qu'il y auroit deux *parlemens*, l'un aux octaves de la Touſſaint, l'autre aux octaves de Pâques.

Dans les premiers temps où le *parlement* a été rendu sédentaire à Paris, ses séances étoient de peu de durée ; mais dans la suite les affaires s'étant multipliées par la réunion de plusieurs baronnies à la couronne, par la réserve des cas royaux, par l'utilité que l'on trouva dans l'administration ordinaire de la justice, les séances du *parlement* devinrent plus longues.

Sous Louis VIII en 1226, on en trouve jusqu'à six, tant pour affaires publiques que pour les affaires des particuliers. Sous saint Louis il y en avoit presque toujours quatre par an, mais il y en avoit deux qui étoient comme de règle dès le temps des *olim*, savoir à la Pentecôte & aux octaves de la Toussaint. Les *olim* remarquent en 1262, comme une singularité, qu'il n'y en eut point à la Pentecôte à cause des noces de Philippe, fils du roi, lesquelles furent célébrées à Clermont ; les autres séances se tenoient aussi vers le temps des grandes fêtes, telles que l'Ascension, à Noël, à la Chandeleur ; on disoit *le parlement de la Chandeleur*, & ainsi des autres.

En 1302 on ne trouve que deux jugemens en la chambre du plaidoyer, & douze ou quinze sur enquêtes.

Les deux séances ordinaires fixées à Paris par l'ordonnance du 23 mars 1302 se tenoient, l'une à l'octave de Pâques, l'autre après l'octave de la Toussaint ; chaque séance ne devoit durer que deux mois. Le rôle de Philippe-le-Bel pour l'année 1306 règle encore de même chaque séance ; mais cela ne s'observoit pas toujours régulièrement, car il ne tint qu'une fois en 1304, & depuis 1308 jusqu'en 1319, où finissent les *olim*, il n'y eut de même qu'un seul *parlement* par an.

Aussi l'ordonnance du 17 novembre 1318 porte-t-elle qu'après toutes les causes délivrées le *parlement* finira, & que l'on publiera le nouveau *parlement* ; la séance d'hiver commençoit au mois de novembre, elle se prolongeoit quelquefois jusqu'au mois d'avril & même jusqu'au mois d'août, suivant l'abondance des affaires ; de sorte qu'au lieu de quatre, six séances, on n'en distinguoit plus que deux, celle de la Toussaint ou de la saint Martin, & celle de Pâques ou Pentecôte, lesquelles furent aussi bientôt confondues ; l'on tient même communément que depuis 1291 les deux *parlemens* s'étoient réunis en un seul, & continué pendant toute l'année ; que par cette raison les lettres de chancellerie qui devoient être renouvellées à chaque tenue de *parlement*, selon la règle ancienne, ne se renouvelloient plus qu'après l'an & jour.

Il y eut pourtant encore un réglement en 1314, pour le cas où le *parlement* tiendroit deux fois par an ; mais l'ordonnance du mois de décembre 1320 suppose que le *parlement* duroit toute l'année, & celle de 1344 parle de la tenue de deux *parlemens* par an, comme d'une chose cessée depuis longues années, *cum à magnis retroactis temporibus quibus parlamentum bis in anno qualibet teneri solebat.*

Aussi voit-on dans les registres des xiv. & xve.

siècles, que la rentrée de Pâques se faisoit sans cérémonie le mercredi, lendemain des trois fêtes de Pâques. Cependant, quoiqu'il n'y ait qu'un *parlement* qu'on date toujours de la saint Martin, il y a deux mercuriales, l'une le mercredi d'après la rentrée de saint Martin, & la seconde le mercredi d'après la Quasimodo.

Depuis que le *parlement* eut été rendu sédentaire à Paris, il ne laissoit pas d'être quelquefois long-temps sans s'assembler ; il n'y en eut point en 1303 ; il ne se tint qu'une fois en 1304 ; il n'y en eut point en 1315 ; il y a des intervalles de six ou sept mois, *propter guerram*, sur-tout sous Philippe de Valois.

La police féodale qui s'établit vers la fin de la seconde race, changea la forme du *parlement* ; on y admettoit bien toujours les barons, mais on ne donnoit plus ce titre qu'aux vassaux immédiats de la couronne, soit laïques ou ecclésiastiques, lesquels depuis ce temps furent considérés comme les seuls grands du royaume.

Mais au lieu que l'on donnoit anciennement le titre de *pair* à tous les barons indifféremment, la pairie étant devenue réelle, on ne donna plus le titre de *pair* qu'à six des plus grands seigneurs laïques & à six évêques.

Les simples nobles n'entroient pas au *parlement*, à moins que ce ne fût comme ecclésiastiques, ou qu'ils n'eussent la qualité de *maîtres du parlement*, titre que l'on donna à certaines personnes choisies pour tenir le *parlement* avec les barons & prélats.

Les évêques & abbés, qu'on appelloit tous d'un nom commun *les prélats*, avoient presque tous entrée au *parlement*, les uns comme pairs, d'autres comme barons.

Les hauts barons laïques, y compris les six pairs, ne montoient pas au nombre de trente.

A l'égard des évêques barons, ils se multiplièrent beaucoup à mesure que le royaume s'accrut par la réunion de différentes provinces à la couronne.

Les barons ou pairs, tant ecclésiastiques que laïques, étoient alors obligés de se trouver assidument au *parlement*, pour y juger les affaires qui étoient de leur compétence.

On trouve en effet qu'en 1235 les barons laïques se plaignoient de ce que l'archevêque de Reims & l'évêque de Beauvais, malgré le devoir de leurs baronnies, & la loi de leur féauté, ne vouloient pas se rendre au *parlement*. *Cum regis sint ligii & fideles, & ab ipso per homagium teneant sua temporalia in paritate & baronia, in hanc contra ipsum insurrexerunt audaciam, quod in sua curia jam nolunt de temporibus respondere, nec in sua curia jus facere.*

Les barons, indépendamment des causes des pairs, jugeoient les affaires de grand-criminel : il y en a un exemple dès l'an 1202, pour l'affaire du roi d'Angleterre.

Les affaires dont le *parlement* prenoit connoissance, se multiplièrent principalement par la voie d'appel, qui devint plus fréquente sous saint Louis, & la décision en devint plus difficile par les ordon-

nances qu'il fit, & par les formes qui furent établies ; ce qui obligea faint Louis d'introduire dans
le *parlement* des gens lettrés, pour aider de leurs
lumières les barons, qui ne favoient la plupart ni
lire, ni écrire : ces gens de loi n'avoient d'abord que
voix confultative, mais on leur donna bientôt voix
délibérative.

Suivant une ordonnance non imprimée qui eft au
tréfor des chartres, & dont on ne trouve pas la date,
mais qui ne peut être devant 1268, ni poftérieure
à 1284, il paroît que le roi avoit dès-lors intention d'inférer tous les deux ou trois ans dans les lettres qu'il donnoit pour l'ouverture de chaque *parlement*, les noms des barons & des clercs qui auroient entrée au *parlement* ; ce qui fait croire que
dès-lors & même long-temps auparavant, il n'y
avoit que les pairs qui euffent confervé le droit d'y
entrer par le titre feul de leur dignité.

L'ordonnance de Philippe-le-Bel en 1291, porte
qu'il devoit y avoir chaque jour pendant le *parlement* pour entendre les requêtes, trois perfonnes du
confeil du roi qui ne fuffent point baillis ; il nomme
ces trois perfonnes, auxquelles il donne le titre
de *maîtres* : le dernier avoit auffi la qualité de *chevalier*.

Les baillis & fénéchaux avoient anciennement
entrée, féance & voix délibérative au *parlement* ;
mais depuis que l'ufage des appellations fut devenu
plus fréquent, ils furent privés de la voix délibérative, comme il paroît par l'ordonnance de Philippe-
le-Bel, faite après la Touffaint 1291, qui ordonne
de députer du confeil du roi un certain nombre de
perfonnes, tant pour la grand'chambre que pour
l'auditoire de droit écrit & pour les enquêtes, mais
que l'on ne prendra point de baillis & fénéchaux.

Les baillis & fénéchaux confervèrent cependant
leur entrée & féance en la grand'chambre, fur le
banc appellé de leur nom *banc des baillis & fénéchaux*, qui eft le premier banc couvert de fleurs-de-
lys à droite en entrant dans le parquet ; mais ils
n'avoient plus voix délibérative, & n'affiftoient
point au *parlement* lorfqu'on y rendoit les arrêts, à
moins qu'ils ne fuffent du confeil ; & ceux même
qui en étoient devoient fe retirer lorfqu'on alloit
rendre un arrêt fur une affaire qui les regardoit.

Ils étoient autrefois obligés de venir au *parlement*,
tant pour rendre compte de leur adminiftration,
que pour foutenir le bien-jugé de leurs fentences,
fur l'appel defquelles ils étoient intimés. Mais il y
a déjà long-temps que les juges ne peuvent plus être
intimés ni pris à partie fans en avoir obtenu la permiffion par arrêt.

Il eft feulement refté de l'ancien ufage, qu'à l'ouverture du rôle de Paris, qui commence le lendemain de la Chandeleur, le prévôt de Paris, le lieutenant-civil, & la colonne du parc civil, font obligé d'affifter en la grand'chambre ; ils fe lèvent &
fe découvrent quand on appelle le rôle à la fin de
l'audience ; on va aux opinions, & il eft d'ufage
que M. le premier préfident prononce que la cour

les difpenfe d'affifter à la fuite de la caufe, & leur
permet de retourner à leurs fonctions.

Il y a déjà long-temps que les gens du châtelet,
au lieu de fe placer fur le banc des baillis & fénéchaux, fe placent fur le banc des parties, du côté
du greffier, ce qu'ils font pour n'être pas précédés
par le bailli du palais, lequel a droit d'occuper la
première place fur le banc des baillis & fénéchaux.

Pour entendre & juger les enquêtes, il y avoit
fix perfonnes du confeil, favoir quatre eccléfiaftiques & deux laïques, qui fe partageoient en deux
colonnes, & travailloient chacun deux jours de la
femaine. L'ordonnance de Philippe-le-Bel, donnée
entre 1294 & 1298, nomme pour tenir le *parlement* trois préfidens laïques ; favoir, le duc de Bourgogne, le connétable, & le comte de Saint-Paul,
& trois préfidens prélats ; elle nomme auffi les confeillers, tant clercs que laïques, pour le *parlement*,
pour les enquêtes & pour les requêtes.

L'ordonnance de 1304 ou 1306, dont Pafquier
fait mention, dit qu'il y aura au *parlement* deux prélats ; favoir, l'archevêque de Narbonne & l'évêque
de Rennes ; & deux laïques, favoir, le comte de
Dreux, & le comte de Bourgogne ; & en outre
treize clercs & treize laïques : le connétable étoit du
nombre de ces derniers aux enquêtes ; il y avoit
deux évêques & quelques autres eccléfiaftiques &
laïques, jufqu'au nombre de dix.

Philippe-le-Long ordonna le 3 décembre 1319,
qu'il n'y auroit plus aucuns prélats députés en *parlement*, fe faifant confcience, dit-il, les empêcher au gouvernement de leurs fpiritualités. Il déclara qu'il vouloit avoir en fon *parlement* gens qui
puffent y entendre continuellement fans en partir,
& qui ne fuffent occupés d'autres grandes occupations ; que cependant les prélats qui étoient de fon
confeil y refteroient. Il ajouta encore qu'il y auroit au *parlement* un baron ou deux ; & pour cette
fois il y mit le comte de Boulogne. Qu'outre le
chancelier & l'abbé de faint Denis, il y auroit huit
clercs & huit laïques, quatre perfonnes aux requêtes & aux enquêtes, huit clercs & huit laïques
jugeurs, & vingt-quatre rapporteurs.

Ce même prince, par fon ordonnance du mois de
décembre 1320, dit qu'il y aura au *parlement* huit
clercs & douze laïques préfidens ; ailleurs il les qualifie tous *maîtres du parlement* ou de *gens du parlement* ; qu'aux enquêtes il y aura vingt clercs &
vingt laïques, & aux requêtes trois clercs & deux
laïques.

Philippe-de-Valois, par fon ordonnance du 11
mars 1344, fit le rôle de ceux qui devoient tenir
continuellement le *parlement*, & qui prenoient
gages ; favoir, pour la grand'chambre, trois préfidens, quinze clercs & quinze laïques ; pour la chambre des enquêtes quarante ; favoir, vingt-quatre
clercs & feize laïques ; & aux requêtes huit perfonnes, cinq clercs & trois laïques. Il y avoit
beaucoup plus de clercs que de laïques, parce que

l'ignorance étoit encore si grande, qu'il y avoit peu de laïques qui fussent lettrés.

L'ordonnance de 1344 ajoute qu'il y avoit beaucoup d'autres personnes qui avoient entrée au parlement & qui pouvoient continuer d'y venir, mais sans prendre gages, jusqu'à ce qu'ils fussent nommés au lieu & place de quelqu'un de ceux qui étoient sur le rôle.

Depuis ce temps, il y eut peu de prélats & de barons au parlement, sinon ceux qui y avoient entrée, à cause de leur pairie.

Cependant du Tillet fait encore mention en 1413, de diverses assemblées du parlement, auxquelles assistèrent, outre les pairs, plusieurs barons & chevaliers.

Présentement les pairs laïques sont les seuls qui y représentent les anciens barons.

A l'égard des prélats, il paroît que l'ordonnance de Philippe-le-Long ne fut pas d'abord bien exécutée; en effet il y eut le 18 janvier 1461, un arrêt rendu les chambres assemblées, par lequel la cour arrêta que dorénavant les archevêques & évêques n'entreroient point au conseil de la cour sans le congé d'icelle, à moins qu'ils n'y fussent mandés, excepté ceux qui sont pairs de France, & ceux qui par privilège ancien ont accoutumé d'y entrer. L'évêque de Paris conserva ce droit, quoiqu'il ne fût pas encore pair de France; il en fut de même de l'abbé de saint-Denis & de l'abbé de Clugny; peut-être ce privilège de l'abbé de saint-Denis, venoit-il de Suger, ministre de Loüis-le-Gros.

On a vu que dès le commencement de la troisième race tous ceux qui avoient la qualité de barons, soit laïques ou prélats, avoient entrée, séance & voix délibérative au parlement; qu'outre les barons il y avoit des gens lettrés qui commencèrent à y être admis sous saint Louis.

Mais ceux qui étoient membres du parlement n'y étoient pas toujours de service; ils étoient souvent employés ailleurs; les uns étoient retenus pour le conseil étroit du roi, d'autres étoient envoyés à la chambre des comptes, d'autres à l'échiquier de Normandie. Lorsque tous ces membres du parlement étoient réunis, c'est ce que l'on appelloit le plein parlement ou le grand-conseil.

Au commencement tous les officiers du parlement avoient toujours des gages; mais comme ces gages se payoient à raison de chaque jour de service, on les épargnoit quand il y avoit guerre, ainsi qu'il est prouvé par un compte de 1301, & par l'ordonnance de 1321.

Il paroît que dès le commencement de la troisième race, nos rois nommoient ceux qui devoient tenir ordinairement leur justice capitale, appellée depuis parlement.

L'ordonnance de Philippe-le-Bel, donnée entre 1294 & 1298, porte que de deux en trois ans l'on fera enquête sur ceux qui tiendront le parlement.

Dans la suite le roi envoyoit tous les ans le rôle de ceux qui devoient tenir le parlement. L'ordon-

nance de Philippe de Valois, du 8 avril 1342, portoit que quand le parlement seroit fini, le roi manderoit le chancelier, les trois maîtres présidens du parlement, & dix personnes, tant clercs que laïques, du conseil du roi, lesquels ordonneroient selon sa volonté, tant de la grand'chambre du parlement, que de la chambre des enquêtes & de celle des requêtes, & qu'ils feroient serment de nommer les plus suffisans qui fussent dans le parlement, & de dire le nombre de personnes nécessaires pour la grand-chambre, les enquêtes & les requêtes. L'ordonnance du 11 mars 1344, nomme ceux qui devoient tenir le parlement; il n'est pas dit à la vérité combien de temps devoit durer leur fonction, mais il paroît qu'elle étoit à vie.

En effet, le roi dit qu'encore qu'il y eût bien d'autres personnes qui avoient été nommées par le conseil pour exercer ces mêmes états, celles qui sont nommées par cette ordonnance seront à demeure pour exercer & continuer lesdits états; que s'il plaisoit aux autres de venir au parlement, le roi leur permettoit d'y venir, mais qu'ils ne prendroient point des gages jusqu'à ce qu'ils fussent mis au lieu & place de ceux qui étoient élus.

Le roi ordonne en même temps qu'aucun ne soit mis au lieu de l'un de ceux qui avoient été élus quand sa place seroit vacante, que le chancelier & le parlement n'eussent témoigné qu'il fût capable d'exercer cet office. Lorsque Charles VI prit en main le gouvernement du royaume en 1388, il fit une ordonnance portant que quand il vaqueroit des lieux de présidens ou autres conseillers du parlement, il se feroit, pour les remplir, des élections en présence du chancelier, de personnes capables, & des différentes parties du royaume.

Il ordonna la même chose le 7 janvier 1400; cette ordonnance porte seulement de plus que l'on mettroit de bonnes personnes sages, lettrés, experts & notables, selon les places où ils seroient mis, sans aucune faveur ni acception de personnes; qu'on y mettroit, entre autres, des personnes nobles qui fussent capables; & qu'autant que faire se pourroit, on en mettroit de chaque pays qui connussent les coutumes des lieux.

Il ordonna encore en 1406, que quand la place d'un officier du parlement seroit vacante, les chambres s'assembleroient, & qu'en présence du chancelier, s'il étoit à Paris & qu'il voulût & pût se trouver à l'assemblée, il y seroit fait, pour remplir cette place, élection par scrutin de deux ou trois personnes, & que cette élection seroit présentée au roi, afin qu'il pourvût à cette place.

Charles VI confirma encore ce qu'il avoit ordonné pour l'élection des officiers du parlement, par une autre ordonnance qu'il fit le 7 janvier 1407, & cette élection avoit lieu, même pour la place du chancelier.

Mais par les circonstances des temps, cet usage tomba en désuétude, quoiqu'il ait été pratiqué

quelquefois

quelquefois dans des temps bien postérieurs, notamment sous Louis XII & sous Henri III.

Ceux qui étoient pourvus des places de présidens & de conseillers, étoient quelquefois changés, selon les conjonctures ; mais ces places ayant été érigées en titre d'office formé, & Louis XI ayant ordonné en 1467 qu'il ne seroit pourvu à aucun office sinon en cas de vacance par mort, résignation ou forfaiture, ces offices sont devenus stables & héréditaires.

Si l'on vouloit entrer ici dans l'énumération de toutes les différentes créations & suppressions qui ont été faites des présidens, conseillers & autres officiers du *parlement*, ce seroit un détail qui deviendroit fastidieux ; il suffit de dire que cette cour est présentement composée, premièrement du roi, qui vient lorsqu'il le juge à propos, soit pour y tenir son lit de justice, soit avec moins d'appareil pour y rendre lui-même la justice à ses peuples, ou pour entendre les avis de son *parlement* sur les affaires qui y sont proposées.

En second lieu, les autres personnes qui composent le *parlement* sont le chancelier, lequel peut y venir présider quand bon lui semble ; un premier président, neuf autres présidens à mortier ; les princes du sang, qui tous y ont séance par leur naissance, & y entrent à l'âge de 14 ans sans prêter aucun serment. Nous remarquerons à cette occasion qu'avant l'édit de Henri II, ils n'y entroient que quand ils possédoient des pairies & n'avoient rang que du jour de l'érection de leur pairie. Aussi pour les faire précéder les pairs qui n'étoient pas princes du sang, on avoit établi vers le xive siècle l'usage de leur conférer des pairies anciennes, & de leur accorder le rang de l'érection originaire de ces pairies.

En troisième lieu, les membres du parlement sont les six pairs ecclésiastiques, dont trois ducs & trois comtes ; les pairs laïques, les conseillers d'honneur, les maîtres des requêtes, qui y ont séance au nombre de quatre ; les conseillers tant clercs que laïques, trois avocats du roi, appellés ordinairement avocats généraux, un procureur-général, plusieurs substituts.

Nous venons de dire que MM. les avocats-généraux n'étoient qualifiés que d'avocats du roi ; en effet, le jour de la messe rouge ils ne sont appellés au serment que sous le titre d'*advocati regis* ; M. le procureur-général raie toujours de leurs provisions le mot *général* ; & dans tous les arrêts où ils ont porté la parole, ils sont simplement qualifiés d'*avocats dudit seigneur roi.*

En quatrième lieu, on compte parmi les membres du *parlement*, le greffier en chef civil, le greffier en chef criminel, celui des présentations ; les quatre notaires & secrétaires de la cour, plusieurs autres officiers des greffes pour le service des chambres & autres fonctions ; un premier huissier, vingt-deux autres huissiers ordinaires, & plusieurs autres officiers moins considérables.

Premier président. Dans tous les temps, le roi a

Jurisprudence. Tome *VI.*

toujours été essentiellement le chef & suprême président des grandes assemblées, & notamment de celle qui, sous la troisième race, a pris le nom de *cour du roi, de cour des pairs* & *de parlement.*

Sous la première race de nos rois, le maire du palais présidoit à la cour du roi en son absence, avec plus ou moins d'autorité, selon les temps.

Dans la suite, nos rois, en convoquant leur cour, commettoient certaines personnes pour y présider en leur nom.

Le chancelier n'avoit point alors la première place ; lorsqu'il venoit au *parlement*, même avec le roi, il étoit présidé par tous les présidens.

Ceux qui étoient commis pour présider au *parlement* étoient appellés *présidens*, & en latin *magni præsidentiales* : on joignoit ainsi l'épithète *magni*, pour distinguer les présidens proprement dits des conseillers de la *grand'chambre du parlement*, que l'on désignoit quelquefois sous les termes de *conseillers présidens du parlement*, parce que l'on ne choisissoit alors que parmi eux les présidens des enquêtes, qui n'étoient composées que de conseillers-rapporteurs & de conseillers-jugeurs.

Il paroit que nos rois en usoient déjà ainsi dès le temps de Louis-le-Gros, suivant une chartre de ce prince de l'an 1120, par laquelle il veut que l'abbaye de Tiron ne réponde que devant ses grands présidens à Paris, ou en tout autre lieu où se tiendra son éminente & suprême cour royale.

Il est vrai que plusieurs savans qui ont examiné cette charte, ont estimé qu'elle étoit fausse ; quelques personnes ont même cru que jusqu'en 1344 il n'y avoit point de présidens au-dessus des conseillers, & que le titre de *présidens* ne se donnoit qu'à ceux que le roi commettoit quelquefois pour décider des contestations, le *parlement* vacant ou hors le *parlement* : mais il y a des preuves suffisantes qu'il y avoit dès le treizième siècle des présidens en titre au *parlement.*

En effet, au *parlement* de 1222, les grands présidens sont nommés après le roi, avant M. Louis & M. Philippe, fils du roi ; ce qui fait connoître que le titre de *grands présidens* ne se donnoit qu'à ceux qui étoient établis en dignité au-dessus des autres personnes qui avoient entrée au *parlement.*

On voit au *fol. 78 verso* du second des *olim*, sous le titre de *parlement* de 1287, qu'entre ceux qui assistèrent à un jugement, le comte de Ponthieu est nommé le premier, *præsentibus comite . Pontivi* , & ensuite sont nommées six personnes qualifiées *clericis arrestorum*, qui étoient des conseillers, & *pluribus aliis*, dit le registre ; de sorte que, quoique le comte de Ponthieu ne soit pas qualifié dans le registre de président du *parlement*, & que dans les registres *olim* les rangs ne soient pas toujours observés en écrivant les noms de ceux qui étoient présens, il est néanmoins évident que le comte de Ponthieu étant ici nommé le premier & étant d'ailleurs sans contredit le plus qualifié, c'étoit lui qui présidoit alors au *parlement* ; ainsi l'on peut avec raison le regarder comme le plus ancien des premiers préſidens qui ſont connus.

L'ordonnance manuſcrite concernant le *parlement*, que Ducheſne daté de 1296, nomme ſix préſidens, trois laïques & trois eccléſiaſtiques; le duc de Bourgogne y eſt nommé le premier, & les préſidens y ſont bien diſtingués des conſeillers, leſquels y ſont appellés *réſidens*.

Cette même ordonnance, en parlant du premier des barons qui préſidoient, l'appelle le *ſouverain du parlement* ou le *préſident* ſimplement, & comme par excellence.

Dans les regiſtres du *parlement*, ſous la date du 2 décembre 1313, le premier des préſidens eſt qualifié de *maître de la grand'chambre des plaids*.

L'ordonnance de 1320 l'appelle le *ſouverain du parlement*; c'étoit le comte de Boulogne qui rempliſſoit alors cette place.

Il y a depuis 1320, pendant long-temps, défaut de premier préſident & même de préſidens en général. Il eſt vrai que l'hiſtoire des premiers préſidens met dans ce nombre Hugues de Cruſy ou Courcy, parce qu'il eſt qualifié *magiſter parlamenti*; mais ce terme *magiſter* ne ſignifioit ordinairement que membre du *parlement*, à moins qu'il ne fût joint à quelque autre titre qui marquât une préſéance, comme en 1342 où le titre de *maître* eſt joint à celui de *préſident*, *maître des préſidens*.

Au commencement c'étoit l'ancienneté qui donnoit la préſéance entre les préſidens: c'eſt pourquoi celui qui étoit l'ancien ne prenoit pas encore le titre de *premier préſident*; mais depuis que la préſéance entre les préſidens fut donnée à celui que le roi jugea à propos d'en gratifier, celui qui eut la première place prit le titre de *premier préſident*.

Le premier qui ait porté ce titre eſt Simon de Bucy, lequel étoit préſident dès 1341. Il paroît qu'il y en avoit dès-lors trois, & qu'il étoit le premier; car en 1343 il eſt fait mention d'un tiers-préſidens appellé *Galerand*.

L'ordonnance du 5 avril 1344 juſtifie que les préſidens étoient perpétuels, au lieu que les conſeillers changeoient tous les ans.

Par une autre ordonnance du 11 mai ſuivant, il fut nommé trois préſidens pour le *parlement*: Simon de Bucy eſt nommé le premier, mais ſans lui donner aucun titre particulier.

Il eſt néanmoins certain qu'il portoit le titre de *premier préſident*; il eſt ainſi qualifié dans les lettres du 6 avril 1350 qui ſont au ſixième regiſtre du dépôt, *fol. 385*. Le roi le pourvoit d'une place de conſeiller en ſon conſeil ſecret, ſans qu'il quitte les offices & états qu'il avoit auparavant: *videlicet ſtatum primi præſidentis in noſtro parlamento*. Il étoit en même temps premier maître des requêtes de l'hôtel; il mourut en 1370; on nomma à ſa place Guillaume de Seris. Les proviſions de celui-ci, qui ſont au huitième regiſtre du dépôt, portent cette clauſe, *quandiu prædictus* Guillaume de Seris *vixerit*

humanis; clauſe qui confirme que l'office de préſident étoit dès-lors perpétuel.

En 1458, le premier préſident ſe trouve qualifié de grand préſident, mais ce titre lui étoit commun avec les autres préſidens.

Dans la ſuite on s'eſt fixé au titre de *premier préſident*; & dans toutes les liſtes des préſidens, après le nom du *premier*, on met ces titres, *chevalier*, *premier*.

Anciennement, quand le roi nommoit un premier préſident, & même des préſidens en général, il les choiſiſſoit ordinairement entre les barons: il falloit du moins être chevalier, ſur-tout pour pouvoir remplir la première place; & depuis ſaint Louis il fallut encore long-temps avoir ce titre pour être premier préſident, tellement que ſous Charles V, Arnaud de Corbie ayant été premier préſident, cela reſta ſecret juſqu'à ce que lui & le chancelier d'Orgement euſſent été faits chevaliers.

Cela ne fut pourtant pas toujours obſervé ſi ſcrupuleuſement: pluſieurs ne furent faits chevaliers que long-temps après avoir été nommés premiers préſidens; tels que Simon de Bucy, lequel fut annobli étant premier préſident; Jean de Popincourt fut fait chevalier, & reçut l'accolade du roi: ces magiſtrats étoient faits chevaliers ès loix; Philippe de Morvilliers, quoique gentilhomme, fut long-temps maître & préſident avant d'être fait chevalier; & Robert Mauger ne fut jamais qualifié que maître, & ſa femme ne fut point qualifiée madame.

Cependant quoiqu'on ne faſſe plus depuis long-temps de ces chevaliers ès loix, & que la cérémonie de l'accolade ne ſe pratique plus guère, il eſt toujours d'uſage de ſuppoſer le premier préſident revêtu du grade éminent de chevalier; c'eſt pourquoi l'hiſtoire des premiers préſidens les qualifie tous de chevaliers, même ceux qui ne l'étoient pas lors de leur nomination à la place de premier préſident, parce qu'ils ſont tous cenſés l'être dès qu'ils ſont revêtus d'une dignité qui exige ce titre: le roi lui-même le leur donne dans toutes les lettres qu'il leur adreſſe; on le leur donne pareillement dans tous les procès-verbaux d'aſſemblée, & ils le prennent dans tous les actes qu'ils paſſent. Le premier préſident portoit même autrefois ſur ſon manteau une marque de l'accolade; & l'habit qu'il porte, ainſi que les autres préſidens, eſt l'ancien habillement des barons & des chevaliers: c'eſt pourquoi le manteau eſt retrouſſé ſur l'épaule gauche, parce que les chevaliers en uſoient ainſi afin que le côté de l'épée fût libre.

L'habillement du premier préſident eſt diſtingué de celui des autres préſidens, en ce que ſon manteau eſt attaché ſur l'épaule par trois lеtices d'or, & que ſon mortier eſt couvert d'un double galon d'or.

Pendant un temps le premier préſident étoit élu par le *parlement* par la voie du ſcrutin; c'eſt ainſi que Henri de Marle fut élu en 1413; Robert Mauger en 1417, & Elie de Taureſte en 1461.

Mathieu de Nanterre, qui avoit été nommé premier préſident dans la même année, fut deſtitué en

1465 par Louis XI, qui l'envoya remplacer Jean d'Auvet, premier préfident du *parlement* de Toulouse, qu'il mit à la place de Mathieu de Nanterre ; celui-ci fut depuis rappellé à Paris, & ne fit aucune difficulté de prendre la place de fecond préfident, étant perfuadé que la véritable dignité des places dépend de la vertu de ceux qui les rempliffent.

L'office du premier préfident eft perpétuel, mais il n'eft ni vénal, ni héréditaire. Les premiers préfidens avoient autrefois tous entrée au confeil du roi.

Plufieurs d'entre eux ont été envoyés en ambaffade & honorés de la dignité de chancelier des ordres du roi, de celle de garde-des-fceaux, & de celle de chancelier de France.

En 1691, le premier préfident obtint les entrées des premiers gentilshommes de la chambre.

Le prieuré de faint Martin-des-champs eft obligé, fuivant une fondation faite par Philippe de Morvilliers, premier préfident, mort en 1438, & inhumé dans l'églife de ce prieuré, d'envoyer tous les ans, le lendemain de faint Martin, avant la meffe rouge, par deux de fes religieux, deux bonnets quarrés, l'un de velours pour l'hiver, & l'autre pour l'été : l'un des religieux qui préfentent ces bonnets, fait un compliment dont les termes font prefcrits par la fondation, & un autre compliment en langage du temps préfent.

Préfidens du parlement. En parlant de l'office de premier préfident, nous avons déjà été obligés de toucher quelque chofe des autres préfidens, dont l'inftitution fe trouve liée avec celle du premier préfident.

On a obfervé que, fuivant une chartre de Louisle-Gros, donnée en faveur de l'abbaye de Tiron en 1120, il y avoit des préfidens au *parlement* appellés *magni præfidentiales*, que l'authenticité de cette chartre eft révoquée en doute ; mais il eft prouvé d'ailleurs qu'il y avoit réellement déjà des préfidens, qu'il eft fait mention de fes grands préfidens dans un *parlement* de 1222.

Il eft vrai dans les quatre regiftres *olim*, qui contiennent les délibérations & les arrêts du *parlement* depuis 1254, jufqu'en 1318, dans lefquels on nomme en plufieurs endroits les noms des juges, on n'en trouve aucun qui ait le titre de préfident.

La diftinction des rangs n'eft même pas toujours obfervée dans les *olim*, peut-être parce que celui qui tenoit la plume écrivoit les noms des juges à mefure qu'ils arrivoient. Les perfonnes les plus qualifiées y font fouvent nommées après celles qui l'étoient beaucoup moins. Par exemple, au quatrième des *olim*, fol. 180 verfo, fous le *parlement* de 1310, les deux premiers juges qui font nommés, font l'archidiacre de Châlons, & le doyen de faint-Martin de Tours. Diroit-on qu'ils étoient les préfidens du comte de Valois & de l'évêque de Conftance qui font enfuite ?

De même dans un arrêt du 11 février 1317, au troifième *olim*, les deux premiers juges font *dominus* P. de Dici, *dominus* Hugo de Celles, les deux derniers font l'évêque d'Auxerre & le chancelier.

C'eft ce qui a fait croire à quelques-uns qu'il n'y avoit point alors de préfidens au *parlement* ; que l'on ne donnoit ce titre qu'à ceux que le roi commettoit quelquefois pour décider les conteftations, le *parlement* vacant, ou hors le *parlement* ; & qu'alors on donnoit à tous ces commiffaires le titre de préfidens, fans en excepter aucun. C'eft ainfi que l'ordonnance de 1302, qualifie de préfidens ceux des membres du *parlement* de Paris qui étoient députés pour aller tenir le *parlement* de Touloufe ; & dans le rôle des juges pour l'année 1340, tous les confeillers de la grand'chambre font appellés *præfidentes in magnâ curiâ*.

Il paroît néanmoins conftant que, dès le temps de Philippe IV, dit le Bel, il y avoit au *parlement*, outre celui qui y préfidoit pour le roi, d'autres.perfonnes qui avoient auffi la qualité de préfidens, & qui étoient diftingués des autres membres de cette même cour, que l'on appelloit *réfidens*, qui étoient les confeillers.

C'eft ce que juftifie l'ordonnance françoife concernant le *parlement*, l'échiquier de Normandie, & les jours de Troyes, qui eft au tréfor des chartres, & que Duchefne date de 1296.

Il eft dit, article 4 de cette ordonnance, que tous les préfidens, & les réfidens du *parlement*, s'affembleront à Paris, & que de-là les uns iront à l'échiquier, les autres verront les enquêtes jufqu'au commencement du *parlement*, & qu'à la fin de chaque *parlement* les préfidens ordonneront, qu'au temps moyen des deux *parlemens*, l'on examinera les enquêtes.

Il eft ordonné par l'art. 6, que, au temps de *parlement*, « feront en la chambre des plaids li fouve-
» rain ou li préfident, certain baron (ou certain
» prélats) c'eft à fçavoir le duc de Bourgogne, le
» connétable & le comte de Saint-Po ».

Item, dit l'article fuivant *des prélats*, l'archevêque de Narbonne, l'évêque de Paris, & l'évêque de.... & les prélats des comptes, quand ils y pourront entendre, & qu'il y aura toujours au *parlement* au moins un des barons & un des prélats, & qu'ils partageront le temps, de manière qu'il y en ait toujours au moins deux, un prélat & un baron, & qu'ils régleront eux-mêmes ce département.

Ces deux articles font connoître qu'il y avoit dès-lors au *parlement* des perfonnes commifes par le roi pour y préfider, & qui avoient le titre de préfidens du *parlement* ; que ces préfidens étoient, felon cette ordonnance, au nombre de fix, trois laïques & trois prélats, fans compter les *préfidens* de la chambre des comptes, qui étoient auffi alors des prélats, & qui avoient la liberté de venir au *parlement* ; que les préfidens laïques étoient des plus grands feigneurs du royaume, & qu'ils avoient la préféance fur les prélats ; que tous ces préfidens étoient qualifiés de fouverains ou préfidens du *parlement*, comme repréfentant la perfonne du roi en fon abfence ; enfin que de fix préfidens qui étoient commis pour tenir le *parlement*, il falloit qu'il y en eût toujours au moins deux, un prélat & un baron.

C'étoient les préfidens qui faifoient la diftribution des confeillers, que l'on appelloit alors les *réfidens*; ils retenoient les uns en la chambre, c'eft-à-dire, en la grand'chambre; ils en élifoient trois autres pour l'auditoire ou chambre de droit écrit, c'eft-à-dire, pour la chambre où fe portoient les affaires des pays de droit écrit; les autres pour ouïr les requêtes communes. Les autres préfidens & confeillers devoient s'employer aux affaires publiques qui furvenoient, lorfqu'il leur paroiffoit néceffaire.

Les préfidens avoient un fignet pour figner tout ce qu'ils délivroient. Ce fignet étoit tenu par celui qui étoit par eux ordonné à cet effet; ce qui fait juger que ce fignet étoit quelque gravure qui s'imprimoit.

Il paroît que c'étoient auffi les préfidens qui députoient ceux qui devoient travailler aux enquêtes; car il eft dit que, fi les préfidens envoient ou établiffent quelqu'un qui ne foit pas du confeil (c'eft-à-dire du *parlement*) pour faire enquêtes, il jurera en la préfence des parties qu'il la fera loyalement.

Enfin, par rapport à l'échiquier de Normandie & aux jours de Troyes, il eft dit, que fi le roi eft préfent, ce fera lui qui y commettra; que s'il n'eft pas préfent, ce feront les préfidens qui en ordonneront dans chaque *parlement* qui précédera l'échiquier & les grands jours de Troyes.

Philippe-le-Bel fit une ordonnance après la mi-carême de l'an 1302, portant entre autres chofes, que comme il y avoit au *parlement* un grand nombre de caufes entre des perfonnes notables, il y auroit toujours au *parlement* deux prélats & deux autres perfonnes laïques en confeil, ou du moins un prélat & un laïque. Il eft vifible que ces quatre perfonnes étoient les préfidens du *parlement*.

Le nombre des préfidens n'étoit pas fixe; car en 1287, il n'en paroît qu'un. En 1291, il eft fait mention de trois. L'ordonnance de 1296 en nomme fix: celle de 1302 n'en ordonne que quatre. En 1304 ou 1305 il n'y en avoit que deux. En 1334 il y en avoit trois: car le roi écrivit d'y en mettre un tiers.

Ils étoient encore en même nombre en 1342, y compris le premier, & tous appellés *maîtres-préfidens*.

Par l'ordonnance du 11 mai 1344, il fut nommé trois préfidens pour le *parlement*; favoir, Simon de Bucy qui eft nommé le premier; mais fans lui donner le titre de premier. La Vache eft nommé le fecond; & le troifième eft Mererille. C'étoit à eux, & non au *parlement*, que les lettres de provifion de confeillers étoient adreffées, comme on voit au fixième regiftre du dépôt, *fol.* 5.

On voit par une ordonnance que fit Charles V en qualité de régent du royaume, le 27 janvier 1350, qu'il y avoit alors quatre préfidens au *parle-*

ment; mais il ordonna que la première place vacante ne feroit point remplie, & que dorénavant il n'y en auroit que trois.

Il y eut fouvent de femblables créations de préfidens extraordinaires; mais qui n'étoient que des commiffions pour un temps ou à vie, fans que le véritable nombre des préfidens fût augmenté.

Il y en avoit quatre en 1364, & cinq en 1394; mais la cinquième charge ne paroît avoir été créée à demeure qu'en 1466.

Il y eut divers édits de fuppreffion & établiffement de charges de préfidens, & réduction au nombre de quatre.

Le cinquième fut rétabli en 1576, & le fixième créé en 1577. Dans ces temps de troubles & de factions, la gaieté françoife fe développoit comme dans les temps de paix; & quelqu'un apparemment à qui cette création déplut, fit une pafquinade en jouant fur le nom de famille de ce nouveau préfident, & fur le rang qu'il tenoit parmi les préfidens. Cette plaifanterie fe trouve dans les mémoires de l'Etoile.

L'ordonnance de Blois renouvella les difpofitions des précédens édits pour la fuppreffion des nouvelles charges.

Mais en 1585, on rétablit les préfidens qui avoient été fupprimés.

En 1594, on créa le feptième, lequel fut fupprimé comme vacant par mort en 1597, & recréé en 1633.

Le huitième fut créé en 1635.

Dès 1643, il y en avoit en un neuvième furnuméraire; mais il ne fut créé à demeure que dans la fuite.

On voit dans les regiftres du *parlement*, que la plupart des préfidens à mortier font qualifiés de meffire & de chevalier; quelques-uns néanmoins font feulement qualifiés maîtres: c'étoient ceux qui n'avoient point été faits chevaliers.

Préfentement tous les préfidens à mortier font en poffeffion de prendre, dans tous les actes, le titre de chevalier en vertu de leur dignité, quand ils ne l'auroient pas par la naiffance. Cet ufage a même paffé aux confeillers.

Ils prennent auffi le titre de confeillers du roi en fes confeils, parce qu'ils avoient autrefois entrée au confeil du roi.

L'habit de cérémonie des préfidens eft la robe d'écarlate, fourrée d'hermine; & en hiver, ils portent pardeffus la robe, le manteau fourré d'hermine, retrouffé fur l'épaule gauche, & le mortier de velours noir bordé d'un galon d'or. Il y a lieu de penfer que ce galon repréfente un cercle d'or maffif que les préfidens portoient autrefois, & que c'étoit la couronne des barons.

Le ftyle de Boyer dit que le mortier eft couvert de velours cramoifi; cependant, depuis long-temps, il eft couvert de velours noir.

Autrefois les préfidens mettoient ordinairement leur mortier fur la tête, & le chaperon pardeffus;

préfentement ils portent le chaperon fur l'épaule, & ne mettent plus le mortier fur la tête que dans les grandes cérémonies, comme aux entrées des rois & des reines. Lorfqu'ils font en robe rouge, ils tiennent leur mortier à la main. Lorfqu'ils font en robe noire, leur habillement de tête eft le bonnet quarré.

Il eft d'ufage que leurs armoiries foient appliquées fur le manteau d'hermine : le mortier fe met au-deffus du cafque, lequel pofe fur l'écu.

Pour être reçu préfident, il faut être âgé de quarante ans, fuivant l'édit du mois de novembre 1683 ; mais le roi difpenfe quelquefois à trente ans, & même plutôt. Nous avons vu dans ce fiècle-ci, & même il n'y a pas vingt ans, des préfidens reçus à dix-huit ans, mais à la charge de ne pouvoir fiéger qu'à vingt-cinq, jufqu'auquel temps ils rempliffoient un office de confeiller dans le parlement. Le dernier auquel cette grace a été accordée, eft M. le préfident de Rofambo, reçu à dix-huit ans & quelques mois, le 12 novembre 1765. Depuis, lorfque le roi a accordé l'agrément à un fils d'un préfident de la cour qui venoit de perdre fon père, fa majefté lui a impofé la loi de n'être reçu qu'à vingt-cinq ans, & la place demeure vacante ; ce que l'on a vu pour la place de M. le préfident de Saint-Fargeau, reçu l'année dernière.

Les préfidens à mortier ne font tous, pour ainfi dire, qu'une feule & même perfonne avec le premier préfident, que chacun d'eux repréfente ; chacun d'eux peut, en fon abfence, ou autre empêchement, préfider tout le parlement affemblé, & on les comprend, avec le premier préfident, dans le mot générique de MM. du grand banc.

Ne s'étant trouvé aucun préfident en 1407, Dudeac, confeiller-préfident aux requêtes, eut des lettres du roi pour aller préfider la compagnie.

Jufqu'en 1576, il étoit d'ufage que la cour affiftoit en corps aux obfèques des préfidens, ainfi qu'à celles de plufieurs des membres du parlement. Dans ce cas, la famille venoit prier le parlement d'honorer de fa préfence les obfèques du décédé. On prétend que le dernier qui a joui de cet honneur, eft M. Fraguier, confeiller de grand-chambre, ancêtre de M. Fraguier, préfident à la chambre des comptes, & de M. Fraguier, officier des gardes-du-corps.

Confeillers d'honneur. Voyez ci-devant à la lettre C, l'article CONSEILLER D'HONNEUR.

Maîtres des requêtes. Voyez ci-devant à la lettre M, l'article MAÎTRE DES REQUÊTES.

Confeillers, fous la première & la feconde races de nos rois, & dès le commencement de la troifième, il y avoit dans la cour, au confeil du roi, des francs ou maîtres, autres que les barons & que les évêques, qui y avoient entrée comme barons, à caufe des grands fiefs qu'ils poffédoient.

Ces francs étoient des perfonnes libres & in-génues, choifies dans l'ordre des eccléfiaftiques & des nobles, autres que les barons, pour concourir avec eux & avec les prélats à l'adminiftration de la juftice.

Ces francs furent depuis appellés maîtres, & enfuite confeillers.

Dans les trois fiècles qui ont précédé la fixation du parlement à Paris, les confeillers étoient la plupart des abbés ; il y en avoit fort peu de laïques, parce qu'on étoit alors dans l'opinion, qui a même duré encore long-temps après, qu'il falloit avoir été reçu chevalier pour fiéger au parlement. L'ignorance des laïques, & le goût de la chevalerie, qui étoit alors feule en honneur, put éloigner les laïques de ces places de fénateurs. On ne vouloit point de laïques non chevaliers, tellement que les barons ne pouvoient rendre la juftice en perfonne à leurs fujets fans être chevaliers ; de forte que les gens de lettres, peu propres au noviciat de la chevalerie, ne pouvoient devenir fénateurs qu'en fe faifant d'églife : de-là tant d'eccléfiaftiques au parlement dans ces trois fiècles.

La preuve qu'il y avoit des fénateurs laïques dès le commencement de la troifième race, fe tire de ce qu'il y avoit au parlement des chevaliers diftingués, des barons & d'autres perfonnes qui étoient auffi des vaffaux du fecond ordre, c'eft-à-dire, qui ne relevoient pas immédiatement du roi, lefquels n'auroient pas été admis au parlement fous ce titre de fénateurs. D'ailleurs, la qualité de clerc n'emportoit pas toujours celle d'eccléfiaftique, comme on l'entend actuellement : elle prouvoit feulement qu'on étoit lettré, & procuroit les privilèges de cléricature ; ce qui n'empêchoit pas ceux qui n'étoient pas dans les ordres de fe marier.

La reine Eléonore voulant, en 1149, faire diffoudre fon mariage avec Louis-le-Jeune, fous prétexte de parenté, le roi y confentoit, fi confiliari fui & Francorum procéres paruiffent.

L'ordonnance de Louis VIII, en 1223, les appelle chevaliers de France, per voluntatem & affenfum archiepifcoporum, epifcoporum, comitum, baronum, & militum regni Franciæ.

Dans un parlement tenu en 1225, le fire de Courcy ayant récufé tous les barons, le roi demeura prefque feul avec quelques perfonnes de fon confeil, rex quafi folus præter paucos confilii fui (manfit). Saint Louis, dans une ordonnance de 1246, dit de communi confilio & affenfu dictorum baronum & militum : ces chevaliers étoient les fénateurs ou confeillers du parlement. Ainfi faint Louis ne rétablit pas les fénateurs, comme quelques-uns l'ont cru, puifqu'il y en avoit toujours eu ; mais il les difpenfa d'être eccléfiaftiques, en les difpenfant auffi d'être chevaliers ; cela ne fe fit même que peu-à-peu ; c'eft-de-là qu'ils ont confervé le titre de chevalier. On voit dans les regiftres, fous les dates des années 1317, 1364, 1368, 1377, 1384, 1388 & 1459, qu'ils font qualifiés meffires & chevaliers, milites. En 1484, on trouve, pour la première fois, un conseiller qualifié, *messire*, *maître*.

Il y eut donc, sous saint Louis, des conseillers laïques non chevaliers.

Dans quelques-unes de ses ordonnances, il les appelle *prudentes*, *de magnorum nostrorum*, & *prudentum consilio*; c'étoient les gens lettrés que l'on appelloit alors en françois, *prud'hommes* ou *bons-hommes*: il est dit dans le préambule des établissemens de saint Louis, en 1270, qu'ils furent faits par grand-conseil de sages-hommes & de bons clercs.

Les conseillers au *parlement* furent nommés les *maîtres du parlement*, *magistri curi* ou *magistri curiæ*; on entendoit par-là les gens lettrés qui conseilloient le *parlement*; ils sont ainsi nommés dès 1282. Suivant le second registre *olim*, *fol. 65*, *recto*, où le greffier dit qu'il lui fut donné une cédule de la part des maîtres du *parlement*, *ex parte magistrorum*, au *fol. 76*, ils sont nommés *magistri curiæ*; ce titre étoit commun aux présidens & aux conseillers.

On rapporte même que, dès 1287, le *parlement* voyant que le nombre des cercles ou conseillers qui avoient entrée au *parlement*, étoit beaucoup multiplié, & que chacun vouloit se placer avant les plus hauts barons, ordonna que ceux-ci reprendroient leurs places, & renvoya les prélats & gens d'église dans un rang qui ne devoit point tirer à conséquence.

Au *fol. 78 verso* du second des *olim*, sous le titre de *parlement* de 1278, il est parlé des conseillers qui assistèrent à un jugement, *præsentibus*, est-il dit, *comite Pontivi* (c'étoit le président), *thesaurario sancti Martini Turonensis*, *archidiacono Xanbonensi*, *M. M. de Petro de Capella Parisiensis de puteolo Carnoiensi*, *Roberto Frison*, *Abrissiodarensi reguinal de Barbon*, *clericis arrestorum*, *& pluribus aliis*. Ces clercs, & autres, étoient certainement des ecclésiastiques jugeurs & rapporteurs, & les autres qui ne sont pas nommés étoient aussi apparemment des conseillers, tant laïques qu'ecclésiastique.

Il est parlé de ces conseillers dans les registres *olim*, sous l'an 1290, où l'on trouve ces mots *consiliarios domini regis clericos*, qui font voir que tous ces maîtres étoient encore clercs, & qu'ils avoient dès-lors le titre de *conseillers du roi*.

Dans une ordonnance de Philippe-le-Bel, en 1291, il ordonne que pendant la tenue du *parlement*, il y aura trois personnes du conseil du roi pour entendre les requêtes; il qualifie de *maîtres* ceux qu'il nomme pour cette fonction, & l'on voit qu'un d'eux étoit chevalier.

L'ordonnance du même prince, que l'on croit de l'an 1296, appelle les conseillers *présidens*, comme étant ceux qui faisoient ordinairement le service, les présidens retenoient les uns en la chambre, ils en élisoient trois autres pour l'audi-

toire de droit écrit, les autres pour ouïr les requêtes communes, d'autres pour les enquêtes.

On a vu que les anciens sénateurs ou maîtres étoient tous chevaliers, mais cela ne fut pas toujours observé; car dans un arrêt de 1298, rapporté dans les *olim*, les chevaliers paroissent distingués des maîtres; il y avoit quatre archevêques, cinq évêques, deux comtes, quatre chevaliers, un maréchal de France, un vicomte, le chambellan, & dix-huit maîtres.

Cependant, pour ne pas heurter de front le préjugé qu'on avoit pour la chevalerie, & qu'il falloit que les laïques en fussent décorés pour siéger au *parlement*, on imagina dans le quatorzième siècle de faire des chevaliers de lecture ou ès loix, comme on faisoit des chevaliers d'armes; c'est ce qui a donné lieu dans la suite à la nécessité de prendre des degrés en droit, il fallut encore long-temps être chevalier pour être premier président. La création de chevalier ès loix fit naître par la suite la difficulté de savoir si le chevalier-d'armes siégeroit avant le chevalier ès loix, & il fut décidé, par le *parlement*, qu'ils prendroient rang entre eux, suivant l'ordre de leur réception: en conséquence le chevalier ès loix, plus anciennement reçu que le chevalier-d'armes, obtint la préséance.

Il paroît par l'ordonnance de 1302 ou 1304, qu'outre les présidens, il y avoit au *parlement* treize clercs & treize laïques; aux enquêtes, cinq personnes, tant clercs que laïques; & aux requêtes, dix; mais ils ne sont pas qualifiés de *conseillers*.

L'ordonnance du 17 novembre 1318 appelle *maîtres du parlement* les conseillers, aussi-bien que les présidens; celles de 1319 & de 1320 les distinguent en deux classes, savoir, les jugeurs & les rapporteurs; les jugeurs étoient ceux qui rendoient les arrêts; les rapporteurs étoient ceux qui faisoient le rapport des enquêtes ou preuves.

Dans une déclaration du premier juin 1334, le roi les qualifie de *nos conseillers* de nos chambres de *parlement* . . . . . & des enquêtes.

Dans celle du dernier décembre 1334, il y a *consiliari nostri*.

Il paroît qu'ils ne prirent ce titre de *conseillers* que lorsqu'ils furent érigés en titre d'office; l'ordonnance du 11 mars unit en un même corps les conseilleurs-jugeurs & les conseillers-rapporteurs, & ordonna que tous conseillers seroient rapporteurs & jugeurs.

Le nombre des conseillers-clercs & des conseillers laïques fut d'abord égal, il y en avoit treize de chaque sorte sous Philippe-le-Bel; sous Louis Hutin, le nombre des laïques fut augmenté d'un tiers, car il n'y avoit que douze clercs & dix-huit laïques; sous Philippe-le-Long, il y eut vingt clercs & trente laïques; la chambre des requêtes étoit alors composée de plus de clercs que de laïques. *Voyez ci-après l'article des* REQUÊTES DU PALAIS.

Depuis, Henri III, aux états tenus à Blois en 1479, fixa le nombre des conseillers-clercs du *parlement* de Paris à quarante, y compris les présidens des enquêtes.

Présidens des enquêtes. Anciennement le titre de *conseillers-présidens* n'étoit donné, comme on l'a déjà dit, qu'aux conseillers de la grand-chambre, & non à ceux des enquêtes, parce qu'il n'y avoit alors aux enquêtes que des conseillers-jugeurs & des conseillers-rapporteurs qui ne pouvoient présider à rien, pas même à leur propre chambre, à laquelle présidoient toujours deux conseillers de la grand-chambre, évêques, barons, ou autres, qui étoient commis par elle à cet effet à chaque *parlement*, ou tous les trois ans, jusqu'à ce que les conseillers-jugeurs & rapporteurs ayant été rendus tous égaux entre eux & aux conseillers de la grand-chambre, on commença d'élire les présidens des enquêtes dans l'assemblée de toute la compagnie, dans le nombre de tous les conseillers indifféremment, & dans la même forme que l'on élisoit les conseillers, c'est-à-dire, en présentant au roi trois sujets dont il en choisissoit un, auquel il donnoit une commission spéciale de président des enquêtes.

Le nombre de ces présidens fut augmenté à mesure que l'on augmenta celui des chambres des enquêtes, le roi ayant établi deux présidens dans chaque nouvelle chambre.

Ces places de présidens aux enquêtes ne furent que de simples commissions jusqu'à l'édit du mois de mai 1704, par lequel ces commissions furent supprimées; & au lieu d'icelle le roi créa quinze offices de ces conseillers-présidens aux enquêtes, c'est-à-dire, trois pour chaque chambre.

Par édit du mois de décembre 1755, le roi, en supprimant deux chambres des enquêtes, supprima aussi tous les offices de président des autres chambres des enquêtes à mesure qu'ils viendroient à vaquer, par mort ou par démission; la présidence des enquêtes avoit été attribuée spécialement à un des présidens à mortier pour chaque chambre; mais par une déclaration du 30 août 1757, il a été ordonné qu'après l'extinction des offices de président des enquêtes, il seroit commis, par sa majesté, deux conseillers de la cour pour présider en chaque chambre des enquêtes, ainsi qu'il se pratiquoit avant la création de ces offices en 1704. *Voyez* Joly, Néron, & *les derniers édits & déclarations.*

Avocats-généraux. Voyez tome 1, sous le mot AVOCAT, à *l'article* AVOCAT-GÉNÉRAL.

Procureur-général du roi au parlement. En parlant des avocats-généraux, nous avons déjà touché quelque chose de certaines fonctions & prérogatives qui sont communes au procureur-général; c'est pourquoi l'on n'ajoutera ici que ce qui lui est de propre.

L'office de ce magistrat a été établi à l'*instar* du procureur des empereurs romains, appellé *procu-*

rator Cæsaris, qui étoit chargé de veiller aux intérêts du prince & à ceux du public.

Dans les premiers temps de la monarchie, c'étoit quelqu'un des grands du royaume qui étoit commis pour faire cette fonction quand l'occasion s'en présentoit.

C'est ainsi que, suivant Grégoire de Tours, sous Childebert, un évêque étant accusé d'un crime d'état, on convoqua un *parlement* auquel assistèrent tous les évêques; le roi y présidoit, un ancien duc y faisoit la fonction de promoteur ou accusateur, ce qui revient à la fonction de procureur-général.

Il est souvent parlé dans les *olim de gentes regni.... gentibus domini regis multa proponentibus*, mais on n'entendoit pas toujours par-là un procureur & des avocats du roi qui fussent attachés au *parlement*. Lorsqu'il étoit question de s'opposer ou de plaider pour le roi, c'étoit le plus souvent le prévôt de Paris ou les baillis royaux qui portoient la parole, chacun dans les affaires de son territoire où le roi se trouvoit intéressé; on en trouve la preuve dans des arrêts de 1252, 1270, 1282 & 1295, où il est dit : *senescallo nostro nobis hoc negante, ballivo nostro ex unâ parte.*

Dans le second registre *olim*, fol. 40, sous la date de 1277, il est fait mention du procureur du roi : *quin procurator domini regis in causâ quam dominus rex habet contrà decanum & capitulum montis Falconis*; mais rien ne dénote que ce procureur du roi fût attaché au *parlement*, & il y a tout lieu de croire que c'étoit le procureur du roi de quelque bailliage ou sénéchaussée; & en effet, dans un autre arrêt de 1299, on voit que le procureur du roi de Normandie parla pour le roi : *audito procuratore nostro Normanniæ*. Il y avoit donc dès-lors des procureurs du roi dans les bailliages & sénéchaussées, & ces procureurs du roi venoient au *parlement* pour y défendre, conjointement avec le bailli ou sénéchal du lieu, les droits que le roi avoit dans les affaires de leur territoire. Philippe-le-Long supprima, en 1319, les procureurs du roi, mais par une déclaration du 30 août 1757, il a été ordonné qu'après l'extinction des offices de préfiffoit encore en 1345.

Il paroîtra sans doute assez extrordinaire que le roi n'eût pas, dès le treizième siècle, des officiers attachés au *parlement*, chargés singulièrement d'y défendre ses droits & intérêts, puisque le roi d'Angleterre y en avoit comme duc de Guienne; le comte de Flandre en avoit aussi. Un arrêt de 1283 fait mention du procureur du roi de Sicile, *procurator regis Siciliæ*; mais pour le roi Philippe-le-Bel, on ne qualifie celui qui parla, sinon en ces termes : *verùm parte Philippi regis adjiciens pars regis*, &c.

Il y a lieu de croire que le roi avoit son procureur au *parlement* pour les affaires qui ne regardoient pas les bailliages, telles que celles des pairs & des pairies, de baronnage, de régale, &c. &

que le procureur du roi au *parlement* employoit aussi son ministère dans les cas auxquels les baillis ou procureurs du roi des bailliages ne défendoient pas suffisamment le roi.

En 1312, Simon de Bucy étoit procureur-général, *procuratore nostro*, dit le registre ; c'est le même qui fut depuis premier président, & que l'on regarde comme le premier des premiers présidens.

Aux *parlemens* de 1312, 1313, 1314, 1317, 1318, & en 1333, le procureur du roi est toujours qualifié *procurator regis* ou *procurator noster*, lorsque la cour parle au nom du roi.

Mais dans des arrêts de 1325, 1338, 1344, 1352, 1356, 1377, 1386 & 1403, il est qualifié de procureur-général ; & dans le quatrième registre du dépôt, on trouve une commission du 7 décembre 1338, où il est dit, *à procuratore nostro generali in hâc parte* : c'est aussi la première occasion où les procureurs du roi sont qualifiés de substituts du procureur-général.

Il paroit donc certain qu'il y avoit un procureur du roi au *parlement*, depuis que ses séances eurent été réglées par l'ordonnance de 1302, car il y en avoit un en 1309, en 1311, & en 1332 : on ne sait si ce ne seroit point le procureur du roi au *parlement* dont parlent les *olim* sous l'année 1314 ; il y est dit que pour un jugement on convoque le procureur & garde de la prévôté de Paris, *magister Guillelmus, procurator & custos præpositura*, ce qui pourroit naturellement s'appliquer à Guillaume de la Madeleine, qui étoit constamment procureur du roi au *parlement* en 1319 ; & dans cette présupposition, le procureur du roi auroit été dès-lors garde de la prévôté de Paris pendant la vacance, comme il l'est depuis un temps immémorial ; mais comme les prévôts de Paris ne se nommoient eux-mêmes alors que *gardes* de la prévôté, le terme *procurator* pourroit bien n'être ici qu'un synonyme de *custos*.

Ce qui est de certain, c'est que l'ordonnance de 1319 annonce qu'il devoit y avoir alors un procureur du roi au *parlement*, puisque le roi y ordonne qu'il y en ait en son *parlement*, qui ait cure de faire avancer & délivrer les *propres causes-le-roi*, & qu'il puisse être de son conseil avec ses avocats. On trouve en effet cette année, Guillaume de la Madeleine faisoit la fonction de procureur du roi au *parlement* ; c'est le premier qui soit connu pour avoir exercé cette fonction ; ceux qui lui ont succédé en cette place sont tous connus ; mais la première fois qu'il soit fait mention de procureur-général, c'est dans l'ordonnance du mois de décembre 1344, où il est parlé de cet officier sans le désigner par son nom, mais seulement par le titre de son office, *procuratore nostro generali præsente* ; titre qui lui fut donné apparemment, parce qu'alors il ne fut plus permis aux procureurs du roi des bailliages de parler au *parlement* pour le roi, ce qui rendit en effet celui du *parlement* procureur-général ; mais dans les registres du *parlement*, on ne lui donne uniformément ce titre que depuis 1437. Jusques-là

il est presque toujours appellé *procureur du roi* simplement ; l'ordonnance de 1344, & autres monumens de ce temps, n'entendent même ordinairement par le terme de *procureurs-généraux*, que les procureurs des parties.

Le titre de *procureur-général* peut aussi venir de ce que le procureur du roi au *parlement* avoit inspection dans toute l'étendue du royaume ; il n'y avoit même point d'autre procureur du roi que lui à la chambre des comptes, à la cour des aides, & à la chambre du trésor ; il y alloit ou y envoyoit ses substituts.

Il n'y a qu'un seul procureur-général au *parlement* de Paris, à la différence du *parlement* d'Aix où il y en a eu deux, depuis que ce *parlement* avoit été créé semestre ; mais les deux charges ont été réunies en une en 1579. Il y en a pourtant eu deux au *parlement* de Paris en certaines occasions ; mais c'étoient des graces personnelles & des officiers extraordinaires dont les charges s'évanouissoient après la mort des titulaires.

On a vu à Paris, en certaines occasions, des procureurs-généraux établis par commission, tels que Guillaume le Tur, qui fut commis en 1417, pendant l'absence de Jean Aguenin ; & du temps de la ligue, Jacques de la Guesle qui tenoit l'office de procureur-général, ayant suivi le *parlement* à Tours, Pierre Pithou fut nommé procureur-général à Paris, lors de la réduction de cette ville ; & dans le même temps, Eustache de Mesgrigny exerçoit aussi cette fonction à Châlons-sur-Marne, où il y avoit une partie du *parlement*.

Plusieurs d'entre les procureurs-généraux ont été élevés aux premières dignités de la robe, tels que Jean Dauvet & Mathieu Molé, qui devinrent premiers présidens, & M. d'Aguesseau qui devint chancelier de France.

Le procureur-général représente la personne du roi au *parlement*, & dans tout le ressort, à l'effet d'agir en son nom ; car le roi ne plaide jamais en personne, mais par son procureur-général. Les requêtes qu'il donne sont intitulées : *à MM. du parlement*, & commencent par ces mots : *supplie le procureur-général, disant*, privilège dont jouissent également MM. les princes du sang, au lieu que toutes les requêtes présentées par toute autre personne, sont intitulées : *à nosseigneurs du parlement*, & commencent par ces mots : *supplie très-humblement*. Les puissances étrangères, qui, en plusieurs occasions, ont plaidé au *parlement*, notamment la république de Gênes, usent de la même forme que M. le procureur-général.

Le procureur-général ne prête serment qu'à sa réception, & non à la rentrée.

Il doit tenir la main à ce que la discipline établie par les ordonnances & réglemens, soit observée : c'est pourquoi il venoit autrefois de grand matin dans le parquet des huissiers où il avoit une place marquée ; l'hiver, lorsqu'il n'étoit pas encore jour, il avoit sa lanterne en main, suivant la simplicité de de ces temps, pour obferver ceux qui entroient, & piquoit ceux qui arrivoient tard : il eft encore refté de cet ufage que c'eft lui qui fait les mercuriales alternativement avec le premier avocat-général. On voyoit encore dans le dernier fiècle, au parquet des huiffiers dans la grand'chambre, une chaire femblable à celles des églifes, dans laquelle le procureur-général fe tenoit pour marquer ceux qui venoient, & faire par conféquent la lifte de ceux qui manquoient.

Il n'exiftoit autrefois que deux charges d'avocats-généraux ; la troifième a été créée pour M. d'Aguefleau, depuis chancelier. Du temps qu'il n'y avoit que deux avocats-généraux, M. le procureur-général étoit affis au milieu d'eux, ce qui étoit la place d'honneur, & lors de la création du troifième, il a confervé la même place.

Lorfqu'ils délibèrent entre eux au parquet de quelque affaire par écrit, & que le nombre des voix eft égal, la fienne eft prépondérante, enforte qu'il n'y a point de partage.

Les avocats-généraux portent la parole pour lui, c'eft-à-dire, à fa décharge ; ils ne font cependant pas obligés de fuivre fon avis dans les affaires d'audience, & ils peuvent prendre des conclufions différentes de celles qu'il a prifes.

Il arrive quelquefois qu'il porte lui-même la parole en cas d'abfence ou autre empêchement du premier avocat-général, & par préférence fur le fecond & le troifième, auxquels, à la vérité, il abandonne ordinairement cette fonction à caufe de fes grandes occupations. Il faut cependant convenir qu'il eft très-rare que le procureur-général porte la parole à l'audience, & il n'ufe guère de cette faculté que dans les caufes domaniales. Dans ces caufes même, quoique appointées, & que le procureur-général ait donné fes conclufions par écrit, on ne peut pas juger qu'on ne l'ait fait entrer en la chambre & qu'on ne l'ait entendu. Après la bataille de Fontenoi, M. le procureur-général porta la parole dans une caufe d'audience, attendu que MM. les avocats-généraux étoient allés avec le parlement complimenter le roi en Flandre.

Lorfque les gens du roi entrent au parlement, foit en la grand'chambre, foit aux chambres affemblées, pour des affaires publiques, & que le premier avocat-général eft abfent, c'eft toujours le procureur-général qui porte la parole.

Comme la parole appartient naturellement aux avocats-généraux, la plume appartient au procureur-général ; c'eft-à-dire, que c'eft lui qui fait toutes les requifitions, demandes, plaintes ou dénonciations, qui fe font par écrit au parlement.

C'eft lui qui donne des conclufions par écrit dans toutes les affaires de grand criminel, dans celles de petit criminel, qui font appointées, & dans les affaires civiles appointées qui font fujettes à communication.

Les ordres du roi pour le parlement, les lettres-patentes & clofes, lui font adreffés, ainfi que les or-

nances, édits & déclarations. Il peut auffi-tôt entrer en la cour pour les apporter ; &, à cet effet, la porte du parquet qui donne dans la grand'chambre doit toujours être ouverte ; il peut en tout temps interrompre le fervice pour apporter les ordres du roi, fur lefquels, fuivant les ordonnances, le parlement doit délibérer toute affaire ceffante. Cependant lorfqu'une délibération eft commencée, & que, fuivant l'ufage, il fait demander à entrer par un huiffier, on a vu des exemples où le parlement l'a fait attendre jufqu'après la délibération commencée.

Les ordonnances le chargent fpécialement de veiller à ce que les évêques ne s'arrêtent à Paris que pour leurs affaires.

Pour l'aider dans fes fonctions au parlement, on lui a donné des fubftituts ; il en avoit dès 1302, l'ordonnance de cette année en fait mention, art. 10 ; il les établiffoit lui-même, mais ce n'étoit jamais qu'en cas d'abfence ; en 1533 & 1541, on les continua après la mort du procureur-général. L'ordonnance d'Orléans & celle de Blois enjoignent aux gens du roi, d'en prendre le moins qu'ils pourront ; celle de Moulins leur défend de rien prendre : les chofes furent fur ce pied jufqu'à l'édit du 6 juin 1586, par lequel ils furent créés en titre d'office ; ils font préfentement au nombre de quatorze, au moyen de la fuppreffion de quatre faite par édit du mois de feptembre 1785, vérifié le 10 février 1786.

Il s'eft élevé à leur fujet une difficulté. Ils ont prétendu avoir le droit, en l'abfence du procureur-général, d'entrer avec MM. les avocats du roi & de prendre la même place que M. le procureur-général, ce que les avocats du roi leur ont refufé ; il a été à ce fujet fourni des mémoires de part & d'autre, & par arrêtés des 6 mai & 20 juin 1760, il a été ordonné que les avocats du roi & les fubftituts prendront refpectivement communication des mémoires par eux fournis ; & jufqu'à ce que la queftion fût décidée, il a été provifoirement ftatué que, fans préjudice du droit des parties, MM. les avocats du roi, en l'abfence de M. le procureur-général, entreroient feuls & fans les fubftituts, & apporteroient même les conclufions par écrit, qu'ils feroient dans le cas de donner aux chambres affemblées, quoique ces conclufions fuffent fignées par un fubftitut ; car ce font eux qui en l'abfence du procureur-général, fignent toutes les conclufions données par écrit.

Les procureurs du roi des bailliages & fénéchauffées, & autres jurifdictions du reffort, ne font auffi proprement que fes fubftituts, & vis-à-vis de lui on ne les qualifie pas autrement ; il leur donne les ordres convenables pour qu'ils aient à faire ce qui eft de leur miniftère.

Les procureurs-généraux ne doivent point avoir de clercs ou fécrétaires qui foient procureurs ou folliciteurs de procès ; il ne leur eft pas permis de s'abfenter fans congé de la cour ; ils doivent faire mettre à exécution les provifions, arrêts & appointemens de la cour ; ils ne doivent former aucune

demande en matière civile, ni accorder leur intervention ou adjonction à personne, qu'ils n'en aient
délibéré avec les avocats-généraux ; ils doivent
faire mettre les causes du roi les premières au rôle.

En matière criminelle, dès qu'ils ont vu les charges & informations, ils doivent sans délai donner
leurs conclusions : après l'arrêt ou jugement d'abfolution, ils doivent nommer à l'accusé le délateur
ou le dénonciateur s'ils en font requis.

Les ordonnances leur défendent, non-feulement
de donner des conseils contre le roi, mais même en
général de plaider ni consulter pour les parties, encore
que le roi n'y eût pas d'intérêt ; ils ne peuvent assister
au jugement des procès civils ou criminels de leur
fiège ; ils doivent informer des vie, mœurs & capacité des nouveaux pourvus qui font reçus au *parlement*, & être présens à leur réception, tenir la
main à la conservation & réunion du domaine
du roi, empêcher que les vassaux & sujets ne soient
opprimés par leurs seigneurs, qu'aucune levée de
deniers ne soit faite sur le peuple fans commission ; ils doivent avoir soin de la nourriture, entretien & prompte expédition des prisonniers, & pour
cet effet visiter souvent les prisons.

Greffier en chef civil. L'établissement de cet office
est si ancien, que l'on ne peut en fixer l'époque
précise.

Il paroît que dès que le *parlement* commença à
prendre la forme d'une cour de justice, on y envoyoit deux notaires ou secrétaires du roi pour tenir
la plume.

En effet, on trouve une ordonnance de l'hôtel du
roi faite en 1240, qui porte que N. de Chartres &
Robiet de la Marche feront à Paris pour les registres
pour les *parlemens*, & auront chacun six sols par
jour & leur retour des chevaux ; ces deux personnes
étoient sûrement des notaires du roi.

L'un de ces notaires qui étoit clerc, c'est-à-dire
ecclésiastique, tenoit la plume dans les affaires civiles ; l'autre qui étoit laïque, tenoit la plume dans
les affaires criminelles.

Ainsi les greffiers du *parlement* tirent leur origine
des notaires ou secrétaires du roi près le *parlement* ;
c'est qu'ils font encore obligés d'être pourvus
d'un office de secrétaire du roi pour pouvoir signer
les arrêts, & c'est ce qui a donné lieu d'unir à la
charge de greffier en chef civil une des charges de
notaires de la cour.

Les ordonnances de 1291 & 1296 touchant le
parlement, ne font mention que des notaires pour
tenir la plume.

Il est vrai que les registres *olim*, fous l'an 1287,
font mention de certaines personnes qui y font qualifiées *clericis arreftorum*, ce que plusieurs personnes
ont voulu appliquer aux greffiers du *parlement* ; mais
il n'est pas question de greffier ni de notaire dans
l'endroit du registre, il s'agit des personnes qui
avoient assisté à un jugement entre autres, le comte
de Ponthieu, fix autres personnes qui font dénom-
mées, & fur lesquelles tombe la qualification de

clericis arreftorum, parce que c'étoient des ecclésiastiques qui étoient tous juges & rapporteurs ; y a-t-il
apparence de prétendre que le comte de Ponthieu,
ces fix ecclésiastiques présens, & plusieurs autres
encore, comme le dit le registre, fussent tous des
greffiers ?

Jean de Montluc, que l'on regarde commune-
ment comme le premier greffier civil du *parlement*
qui foit connu, étoit ecclésiastique ; il devint greffier en 1257 ; il fut le premier qui fit un dépouillement des arrêts rendus précédemment, & les tranf-
crivit fur un registre ; ce registre qui est le plus ancien de ceux qui font au *parlement*, s'appelle *le registre des enquêtes*, on l'appelle aussi *le premier registre
des olim* ; il commence en 1254 : mais Montluc y
a rapporté des arrêts rendus avant qu'il exerçât l'office de greffier, & ce registre ne commence à devenir vraiment fuivi qu'en 1257.

Ainsi le commissaire de la Mare s'est trompé, en
disant qu'aussi-tôt que le *parlement* fut fédentaire,
Jean de Montluc ramassa les arrêts contenus ès rouleaux, puisque le *parlement* ne fut rendu fédentaire
à Paris que dans le xive siècle, ou au plutôt vers
la fin du xiij^e.

Le premier des *olim* fait mention de Nicolaus de
Carnoto qui avoit recueilli plusieurs arrêts fur des
enquêtes, dont il avoit pardevant lui les originaux :
on pourroit croire que ce Nicolaus de Carnoto étoit
le même que N. de Chartres, dont il est parlé dans
l'ordonnance de 1240 ; mais ce qui feroit douter
que N. de Chartres & Nicolaus de Carnoto fussent
le même individu, c'est que Nicolaus de Carnoto
exerçoit encore en 1298, comme on le dira dans
un moment, ils il feroit assez probable qu'ils
étoient de la famille, & peut-être le père & le fils,
ce que la ressemblance des mêmes noms de baptême
induiroit à croire. Quoi qu'il en soit, il paroît certain que Nicolaus de Carnoto avoit écrit des arrêts
auxquels Montluc n'avoit pas assisté, comme il le
dit lui-même dans le premier registre *olim*, *fol.* 68
année 1270., où il déclare que tout ce qui précède
lui a été remis par Nicolaus de Carnoto : *præmissa
tradidit mihi Nicolaus de Carnoto qui præsens fuerat
quia ego non interfui, & ipse habet penes se originalia
dictarum inquestarum.*

Dans un arrêt de 1260, qui est rapporté dans la
féconde partie du registre des enquêtes, *fol.* 112,
Montluc nomme ceux qui eurent part à cet arrêt,
il fe met aussi de ce nombre, *huic determinationi in-
terfuerunt:... Joannes de Montelucio qui scripsit hæc ;*
il paroît par-là que le greffier en chef avoit part aux
délibérations, & c'est peut-être de-là qu'il a le titre
de *conseiller du roi*.

Montluc vivoit encore en 1270, comme il résulte
des enquêtes qu'il a rapportées fous cette date.

Mais ce ne fut pas lui qui acheva la féconde partie
du premier registre *olim* ou des enquêtes qui va jufqu'en 1273. Lamare tient que ce fut Gau de Fridus,
fon successeur, lequel en continuant le registre a
fait mention en cet endroit, que Montluc étoit le-

premier qui eût tiré des rouleaux du *parlement*, dont on a déjà parlé ci-deſſus *page* 402, les arrêts qui étoient déjà tranſcrits ſur ce regiſtre, & que ceux que lui *Gau de Fridus* y ajoutoit, avoient auſſi été écrits en rouleaux du temps de Montluc : *inferiùs*, dit-il, *continentur & ſcribuntur quædam judicia & arreſta inventa in quibuſdam rotulis ſcripta de manu magiſtri Joannis de Montelucio antequam inciperet arreſta ponere in quaternis originalibus inter rotulos* parlamentorum *de tempore ipſius magiſtri Joannis reſervatis*.

Il paroît pourtant que *Nicolaus de Carnato*, qui avoit déjà fait la fonction de greffier du temps de Montluc, continua de la faire après lui, puiſque ce fut lui qui rédigea le ſecond regiſtre appellé *regiſtre olim*; après lui ce fut *Petrus de Bitteris*.

Les regiſtres *olim* font mention ſous l'an 1287, des clercs des arrêts, *clericis arreſtorum*, ce que quelques-uns ont voulu appliquer aux greffiers du *parlement*; mais il n'eſt queſtion en cet endroit que des conſeillers ordinaires. Le premier de ces greffiers étoit le greffier civil.

Il eſt déſigné dans l'ordonnance de Philippe V du mois de décembre 1320, par ces mots, *celui qui tient le greffe*; il devoit, ſuivant cette ordonnance, donner tous les ſamedis en la chambre des comptes les condamnations & amendes pécuniaires qui toucheroient le roi : elle veut auſſi qu'il enregiſtre la taxation faite à ceux que l'on enverra en commiſſion, & le jour qu'ils partiront de Paris.

L'ordonnance de Philippe de Valois du 11 mars 1344, touchant le *parlement*, ordonne que le ſecret de la cour ne ſoit point divulgué; & pour cet effet, elle ajoute qu'il ſeroit bon qu'il ne reſtât au conſeil que les ſeigneurs & le *regiſtreur de la cour* : il paroît que l'on a entendu par-là le greffier du *parlement*, & ſinguliérement le greffier civil.

Le réglement que le roi Jean fit le 7 avril 1361, pour les gages du *parlement*, fait mention des trois greffiers du *parlement*; ſavoir, le greffier civil, le greffier criminel, & le greffier des préſentations, qui étoit déjà établi; il les comprend tous ſous ce titre commun, *tres regiſtratores ſeu grefferii pardamenti*.

Depuis ce temps, on leur donna à tous le titre de *regiſtrateurs* ou *greffiers*, & peu-à-peu ce titre de greffier prévalut.

On ne laiſſe pas de les conſidérer toujours comme notaires du roi : en effet, Charles V, dans le réglement qu'il fit le 16 décembre 1365, dit que les articles *diſcordés* ſeront ſignés par les greffiers ou par aucuns de nos autres notaires; on voit dans les regiſtres du *parlement* ſous la date du 29 octobre 1421, que Charles VI unit à l'office de greffier les gages, manteaux & bourſes de celui de notaire de la même cour; le pourvu de ce dernier voulut diſputer ſous Louis XI, au greffier civil les droits qui lui avoient été attribués; ce procès fut jugé au grand-conſeil.

MM. du Tillet exprimoient en latin leur qualité de greffier par le terme *commentarienſis*, qui ſignifie

celui qui tient le regiſtre. M. Joly dit qu'on les appelloit *amanuenſes quia manu propriâ ſcribebant*; & en effet la plupart des regiſtres criminels ſont intitulés *regiſtrum manuale cauſarum*.

Le greffier civil & le greffier criminel du *parlement* ne pouvant ſuffire à faire par eux-mêmes toutes les expéditions, prirent des commis pour tenir la plume en leur abſence, & pour expédier les arrêts ſous leur inſpection, ſe réſervant toujours la délivrance & la ſignature des arrêts : ces commis prirent dans la ſuite le titre de *commis-greffier*, & même celui de *greffier* ſeulement, & dans la ſuite ils ont été érigés en charge.

Cependant le greffier civil & le greffier criminel ne prirent le titre de *greffier en chef* que depuis l'édit du mois de décembre 1639, portant création de greffiers alternatifs & triennaux dans toutes les cours & ſièges royaux, mais dont les deux greffiers du *parlement* & quelques autres furent exceptés. L'arrêt d'enregiſtrement les nomme *greffiers en chef* : il eſt du 9 janvier 1640; il porte que le roi ſera ſupplié d'excepter les greffiers en chef civil & criminel du *parlement*, & quelques autres qui y ſont nommés, de la création des greffiers alternatifs & triennaux, qui étoit ordonnée par l'édit du mois de décembre 1639 pour toutes les cours & ſièges royaux.

Le célèbre Jean du Tillet, qui étoit greffier civil du *parlement*, ſe qualifioit *protonotaire & ſecrétaire du roi*, *greffier de ſon parlement*. Les greffiers en chef prennent encore ce titre de *protonotaire & ſecrétaire du roi*, ſoit parce qu'ils tirent leur origine des notaires & ſecrétaires du roi, dont ils étoient réputés les premiers pour l'honneur qu'ils avoient d'exercer leurs fonctions au *parlement*, ſoit parce qu'ils ſont les premiers notaires & ſecrétaires de la cour pour la ſignature de ſes arrêts.

M. du Tillet fut le premier qui eut diſpenſe d'être clerc pour exercer la charge de greffier civil, ce qui eſt reſté depuis ſur le même pied.

Le greffier civil avoit anciennement livraiſon de robes & manteaux, comme les autres membres du *parlement*; c'eſt-de-là qu'il porte encore le même habillement qu'eux; il porte non-ſeulement la robe rouge, mais auſſi l'épitoge ou manteau fourré de menu vair : ce manteau eſt relevé de deux côtés, parce que le greffier doit avoir ſes deux mains libres pour écrire, à la différence de l'épitoge des préſidens à mortier, qui n'eſt relevée que du côté gauche, qui eſt le côté de l'épée, parce que ce manteau eſt le même que portoient les barons ou chevaliers.

La place du greffier en chef civil, ſoit aux audiences ou au conſeil, eſt dans l'angle du parquet.

Lorſque le roi vient au *parlement* tenir ſon lit de juſtice, le greffier en chef y aſſiſte revêtu de ſon épitoge; il eſt aſſis à côté des ſecrétaires d'état, ayant devant lui un bureau couvert de fleurs-de-lys, & à ſa gauche un des principaux commis au greffe de la cour, ſervant en la grand'chambre, ayant un bureau devant lui ; les secrétaires de la cour font derrière eux.

Dans les cérémonies le greffier en chef civil marche tout seul immédiatement devant le *parlement*, & devant lui le greffier en chef criminel & le greffier des présentations.

L'ordonnance de 1296 défendoit aux notaires de la chambre du *parlement*, & à ceux de la chambre de droit écrit, de rien recevoir, eux ni *leur mesnie*, c'est-à-dire, ni leurs commis ; il est dit qu'ils demeureront *en la pouveance le roi* ; la même chose est ordonnée pour les notaires de la chambre de droit écrit.

Les greffiers du *parlement*, qui ont succédé à ces notaires, observoient aussi autrefois la même chose : le roi fournissoit un fonds pour payer au greffier l'expédition des arrêts, au moyen de quoi il les délivroit *gratis* aux parties ; ce qui dura jusqu'au règne de Charles VIII, qu'un commis du greffier qui avoit le fonds destiné au paiement des arrêts s'étant enfui, le roi, qui étoit en guerre avec ses voisins & pressé d'argent, laissa payer les arrêts par les parties, ce qui ne coûtoit d'abord que six blancs ou trois sols la pièce, mais par succession de temps cela est augmenté comme toutes les autres dépenses.

Le greffier en chef est du corps intime du *parlement*, jouit de tous les mêmes privilèges que les autres officiers du *parlement*, notamment du droit d'indult, du droit de franc-salé, du *committimus* ; il jouissoit aussi de l'exemption des droits seigneuriaux dans le domaine du roi, tant en achetant qu'en vendant, avant que tous ceux qui en jouissoient, même les chevaliers des ordres du roi & les secrétaires du roi, en aient été privés sous le ministère de M. l'abbé Terray.

Le prieuré de saint Martin de Paris est obligé d'envoyer tous les ans, le lendemain de saint Martin avant la messe rouge, deux religieux de ce prieuré présenter au greffier en chef une écritoire, suivant la fondation faite par Philippe de Morvilliers, premier président, dont on a déjà parlé ci-devant.

Le greffier en chef civil est dépositaire des minutes & registres civils du *parlement* ; un édit de Louis XIV avoit créé quatre offices de greffiers en chef, qui ont été réunis ensuite en un seul, dont M. Dongois se fit revêtir.

Minutes & registres du parlement. Dans le x⁰ siècle on rédigeoit peu d'actes par écrit.

Dans les xj⁰ & xij⁰ siècles les actes sont en plus grand nombre ; mais il y a peu de registres de ce temps ; on ne tenoit même souvent point de note des jugemens, si ce n'est de ceux qui concernoient les ecclésiastiques dont on trouve des chartres ; on recordoit les juges sur la disposition des arrêts rendus ci-devant.

Tous les actes de la cour de France & chartres de la couronne que l'on portoit à la suite de nos rois, furent enlevés, à ce que croient quelques auteurs, par les Anglois en 1194.

Depuis ce temps on prit plus de précautions pour conserver les chartres & minutes du *parlement*. Et M. le président Hénault remarque, « que cet » accident a fait abolir l'étrange coutume de porter » à la guerre les titres les plus précieux de la cou- » ronne ; que cet abus fut réformé ; & que c'est » l'époque du trésor des chartres qui fut d'abord » établi dans la tour du Louvre, au Temple, & » depuis par saint Louis en la Sainte-Chapelle de » Paris : le frère Guerin, évêque de Senlis, eut » l'honneur de cet établissement ».

Les anciennes minutes étoient écrites en rouleaux ; on ignoroit alors l'usage d'écrire en cahiers ; on ne faisoit point non plus de registres pour suppléer aux minutes.

L'incendie arrivé au palais en 1618 a occasionné la perte d'une grande partie des anciennes minutes du greffe civil ; mais heureusement les registres ont été préservés. Dans ce temps & même depuis, les minutes & les registres étoient dans le même dépôt, ce n'est que sous le règne du roi, & depuis les travaux qu'on a faits pour l'augmentation & la décoration du palais, qu'on a eu soin de séparer les minutes & les registres.

Les minutes sont en papier, les registres en parchemin.

Les plus anciens registres sont ceux qu'on appelle d'un nom commun les *olim* ; il ne s'en trouve présentement que quatre ; mais dans un ancien registre contenant des copies faites très-anciennement de plusieurs arrêts, aussi très-anciens, il se trouve en tête qu'il y avoit cinq anciens registres au lieu de quatre *olim* qui restent aujourd'hui.

Le premier, appelé *liber inquestarum coopertus pelle viridi, signatus in dorso, ab anno 1256 usque ad annum 1270*.

Le second, aussi appelé *liber inquestarum signatus in dorso A, incipiens à parlamento anni 1289 usque ad annum 1298* : ce registre ne se trouve plus.

Le troisième, appelé *liber vocatus olim, incipiens à parlamento 1274 usque ad annum 1298* : ce registre est celui auquel convient vraiment le surnom de registre *olim*, parce qu'il commence par ces mots *olim homines de Bayona*, &c.

Le quatrième, appelé *liber signatus in dorso C, incipiens à parlamento 1299 usque ad parlamentum 1318* ; c'est le troisième des *olim* : il n'y a plus de C marqué sur le dos.

Le cinquième est désigné *liber coopertus de rubeo signatus in dorso D, & incipiens à parlamento 1299 usque ad annum 1315* ; c'est à présent le dernier des *olim*.

Il y a certainement des arrêts rendus plus anciennement que ceux qui sont dans les *olim*, lesquels ne remontent point au-delà de 1254. Du Tillet, qui vivoit dans le xv⁰ siècle, en a rapporté plusieurs, qui étoient apparemment alors au greffe ; mais ils ne s'y trouvent plus, à moins qu'ils ne soient dans les rouleaux dont on a déjà parlé.

Le premier des quatre plus anciens registres restans, surnommés les *olim*, fut, ainsi qu'on l'a déjà dit, rédigé par Jean de Montluc, greffier civil du *parlement*; le commencement fut par lui copié fur des enquêtes, recueillies par *Nicolaus de Carnoto*; il contient deux parties.

La première commence en 1256, & finit en 1272 : elle contient des arrêts intitulés *inquesta reddita*, ou *terminata*, ou *deliberatæ Parisius in parlamento*; ce font des arrêts rendus fur enquêtes.

L'autre partie, qui commence en 1254, & finit en 1273, contient des arrêts intitulés *arrestationes factæ Parisius in parlamento*, ou bien *arresta, consilia & judicia in parlamento*, ou bien *judicia & consilia facta Parisius in parlamento* : il y a pourtant parmi ceux-ci des arrêts fur enquêtes & autres qui avoient été omis du temps de Jean de Montluc.

Le regiftre *olim*, qu'on regarde préfentement comme le fecond des anciens regiftres, parce que celui qui étoit le fecond eft perdu, a été confidéré comme le principal, puifqu'il a donné le nom aux autres; il eft mieux écrit, & avec beaucoup plus de décence que le premier; il contient, au commencement, des lettres-patentes, ce qui fait croire qu'il a été établi avec plus d'autorité que les autres, & non pas fur différens recueils, comme il eft évident que le premier l'a été.

Ce regiftre *olim* a été rédigé par *Nicolaus de Carnoto*.

Les différens titres des arrêts qu'il contient de chaque *parlement*, font *judicia, consilia & arresta expedita*, ou *reddita in parlamento*.

Le troifième des quatre plus anciens regiftres qui reftent, contient en 94 feuillets, plufieurs tables ou indications de ce qu'il y avoit alors de papiers concernant le *parlement*, le furplus font des arrêts.

Il contient beaucoup de pièces intitulées *inquesta & processus*, d'autres *processus* feulement.

Le quatrième des *olim* eft auffi une table d'enquêtes & de procès.

Ces quatre regiftres, furnommés *olim*, contiennent quatre fortes de pièces; favoir, 1°. des ordonnances depuis 1252 jufqu'en 1273; 2°. des arrêts du *parlement* depuis 1254 jufqu'en 1298; 3°. de 1299 en 1318, des enquêtes faites par les baillifs & fénéchaux; 4°. de 1299 à 1318 des procédures & réglemens.

On ne trouve dans ces quatre regiftres aucun jugement à mort, ce font des regiftres civils, & l'ouvrage d'un greffier-clerc, qui ne pouvoit prendre part à des jugemens de cette efpece; ils en rappellent néanmoins quelques-uns; & du refte le civil y eft mêlé avec le criminel; il y a des décrets d'ajournement perfonnel & de prife-de-corps.

On ne peut douter que ces regiftres devinrent, au moins dans leurs progrès, les regiftres authentiques du *parlement*; car dans les additions du quatrième volume, où l'on fait mention des jugemens rendus en 1286 dans les affaires du roi d'Angleterre : on lit *videbitur in registro curiæ regis Franciæ fi aliquid fuit ibi fcriptum de gardia ecclefiæ Wafatenfis in caufa quæ fuit inter ipfam ecclefiam & fenefcallum regiftrata* : il y avoit

donc dès-lors un regiftre de la cour, & ce n'étoient pas de fimples notes que le greffier faifoit de fon chef, & pour fa propre fatisfaction; un peu après on lit encore *videbitur judicatum ut curia Franciæ*, fur la fujétion du vicomte de Fronfac.

Les *olim* finiffent en 1319, plufieurs années après la fixation du *parlement* à Paris, fans qu'il y ait aucune lacune depuis 1257 jufqu'en 1319.

Les plus anciens regiftres civils après les *olim*, commencèrent en 1320; il n'exifte que les années 1320, 1321, 1323 & 1329. Il y a des lacunes confidérables dans les années fuivantes jufqu'en 1338; ils reprennent alors jufqu'en 1354, où les lacunes recommencent. Ce n'eft qu'en 1364 qu'ils deviennent très-fuivis jufqu'au temps préfent, à dix ou douze années près, dont on eft ordinairement en arrière pour le travail de la tranfcription des minutes fur les regiftres. Il faut cependant obferver que les trois regiftres du confeil fecret cotés C. D. E., commençant le 13 novembre 1645, & finiffant le 31 octobre 1652, ont été remis au roi, fuivant l'arrêt de la cour les chambres affemblées, du 18 janvier 1668, qui eft au confeil fecret, *vol. M. fol.* 226. Ceux du temps de la ligue ont été également fupprimés, & c'eft M. Pithou qui fut chargé d'en faire la recherche, & de ne conferver que ce qui étoit de nature à être confervé, notamment le célèbre arrêt du 28 juin 1593.

Ces regiftres font fort étendus; chaque année en remplit 35 à 40; la dépenfe en eft confidérable, & monte à 6000 liv. par an.

Les anciens regiftres qui manquent au dépôt, font perdus, & les minutes mêmes brûlées. On y peut fuppléer en partie par les regiftres criminels qui fe fuivent fort exactement depuis 1312, & qui contiennent heureufement un grand nombre de pièces importantes qui auroient dû naturellement être placées dans les regiftres civils.

On a trouvé en 1756 les neuf premiers regiftres du dépôt civil des enquêtes, dont les huit premiers font intitulés *jugés & arrêts*; le neuvième eft intitulé fur le dos *lettres & arrêts*.

Ces regiftres contiennent les jours des rôles, les notes des caufes portées au *parlement*, des commiffions, des lettres d'état, les procédures appellées *articuli, petitiones, protestationes*, & les *accords ou tranfactions, concordiæ*.

Le premier de ces regiftres commence en 1319, & finit en 1327.

Le fecond comprend de 1328 à 1333.

Le troifième, de 1334 à 1337.

Le quatrième, de 1338 à 1342.

Le cinquième, de 1343 à 1345.

Le fixième, de 1346 à 1350.

Le feptième, de 1351 à 1357.

Il n'y a point de regiftres pour 1358 & 1359; il paroît qu'il n'y eut pas de *parlement*, à caufe des guerres & de la prifon du roi Jean, lequel ne revint à Calais qu'au mois de mai 1360. Le *parlement* ne recommença que le 13 janvier de la même année.

Le huitième regiftre s'étend depuis 1360 à 1371.

Le neuvième va depuis 1371 jusqu'en 1394.

Depuis ce neuvième régistre on n'a trouvé au greffe des dépôts que deux régistres.

L'un qui commence en 1462, & finit en 1545.

L'autre commence en 1546, & finit en 1648.

Mais on a trouvé au même dépôt dix-huit cahiers en papier, qui ne contiennent que des listes d'accords depuis 1438 jusqu'en 1461.

Du temps des *olim* il n'y avoit qu'un seul régistre civil, sur lequel on transcrivoit les ordonnances, les arrêts, les délibérations & procès-verbaux de la compagnie, les commissions, & même certaines procédures. Dans la suite on fit différens régistres, selon les diverses natures d'actes; de sorte que l'on a distingué ces régistres en dix classes.

La première est composée des quatre régistres *olim*.

La seconde est composée des régistres cotés *lettres & jugés*. Ces régistres commencent en 1319, & vont jusqu'en 1364; les uns sont intitulés *jugés*; les autres, *arrêts*; d'autres, *lettres & arrêts*; d'autres, *lettres, arrêts & jugés*; d'autres enfin, *arrêts & jugés*. Le tout contient les choses mêlées, y compris les jugés des enquêtes, & uniquement les procès jugés des enquêtes jusqu'en 1514, qu'ils contiennent sous le seul titre de *jugés*.

La troisième classe est composée des régistres de conseil & plaidoyers, lesquels ne commencent qu'en 1364.

Le conseil contient les enregistremens d'édits, les réceptions d'officiers, les instances jugées, les arrêts sur défaut, les arrêts sur requêtes, en un mot, tout ce qui émane de la chambre du conseil, de la grand-chambre, ou des deux chambres (grand'chambre & tournelle) assemblées, ou même de toutes les chambres assemblées.

Les plaidoyers contiennent tous les arrêts d'audiences. Il se trouve un régistre intitulé *manuale placitorum* pour l'année 1364, écrit par Nicolas de Villemur, qui est qualifié *clericus regis*.

Mais sur ces régistres de conseil & plaidoieries il faut observer,

1°. Que le conseil & les plaidoieries n'ont été réunis que dans les onze premiers volumes; au douzième il n'y a plus le conseil; & les plaidoieries forment ci-après une classe particulière: ensorte que depuis le douzième volume, cette classe n'est intitulée que *conseil*.

2°. Le conseil en 1636 a été partagé, & on a fait une nouvelle classe ci-après du conseil *secret*, qui ne contient plus depuis ce temps que les délibérations de la cour, enregistremens d'édits & réceptions d'officiers; ce qui fera une classe particulière.

La quatrième classe est composée des régistres de plaidoieries, depuis qu'elles ont été séparées du conseil; ce qui a commencé en 1395.

Les uns sont intitulés *Matinées*, lesquels vont depuis le 12 novembre 1395, jusqu'au 12 avril 1572.

D'autres sont intitulés *Après-dînées*, & vont

depuis le mois de juin 1405, jusqu'à 1570, que l'on a cessé de faire des régistres particuliers pour les après-dînées.

Les derniers où tout est réuni, c'est-à-dire les matinées & après-dînées, sont intitulés: *Plaidoieries*; ils commencent en 1571.

La cinquième classe est celle des régistres des après-dînées, dans le temps qu'ils ont été séparés des matinées, comme on l'a dit ci-dessus.

La sixième classe est composée des régistres du conseil secret, depuis qu'on l'a séparé du conseil ordinaire; ce qui a commencé au 12 novembre 1636.

Tous les régistres dont on a parlé jusqu'ici ne sont cotés que par premier & dernier; mais ceux du conseil secret & autres, dont on parlera ci-après, sont cotés par les lettres de l'alphabet, lesquelles sont redoublées & triplées à mesure que le nombre des régistres de chacune de ces classes augmente.

La septième classe est des régistres, des ordonnances, contenant les ordonnances, édits, déclarations & lettres-patentes.

Le premier coté *A*, intitulé: *Ordinationes antiquæ*, comprend depuis 1337, jusqu'en 1415.

Le second coté *B*, intitulé: *Livre croisé*, comprend depuis 1415, jusqu'en 1427.

Le troisième coté *C*, intitulé: *Liber accordatarum ordinationum pictavis*, comprend depuis 1418 jusqu'en 1436. Ce sont les ordonnances régistrées pendant que le parlement étoit transféré à Poitiers.

Le quatrième coté *D*, est intitulé: *Ordinationes barbinæ*, les barbines. On croit qu'elles ont été ainsi appellées de quelqu'un, nommé *Barbin*, qui a fait ce régistre; il comprend depuis 1427, jusqu'en 1462.

Les volumes suivans sont tous cotés par les lettres de l'alphabet: le dernier volume des ordonnances de Louis XIV est coté cinquième *x*. On peut juger par-là combien il y a de régistres pour les seules ordonnances.

La huitième classe est composée des régistres du *parlement* séant hors de Paris, ou des grands jours tenus par le *parlement*; savoir:

Du parlement séant à Poitiers. Des arrêts & jugés de 1418 à 1436.

Régistres du conseil de même.

Lettres, commissions, &c. depuis 1418, jusqu'en 1429.

Régistres de plaidoiries de 1422, à 1436.

Autres régistres, conseil, plaidoieries, jugés, en 1531.

Grands jours tenus à Poitiers. Lettres, arrêts, & jugés, en 1519.

Conseil & jugés, en 1541.

Conseil, plaidoieries, appointemens, en 1579.

Trois autres de plaidoieries, aussi en 1579.

Un autre conseil, en 1634 & 1635.

Un autre de plaidoyer de 1634 & 1635.

Un autre de conseil & plaidoyer, en 1667.

Un autre des grands jours, tenus à Poitiers par le *parlement* lors féant à Tours, en 1454, 1455.

Les lettres royaux de Charles VI, depuis 1412, jufqu'en 1436.

Du parlement tenu à Tours. Jugés de 1590 à 1593.

Confeil de 1589 à 1594.

Plaidoieries de 1589 à 1594.

Du parlement de Châlons. Jugés, confeil, plaidoierie de 1589 à 1594.

Grands jours tenus à Tours. Jugés, confeil, plaidoieries, en 1547.

Grands jours de Moulins. Confeil, jugés, plaidoieries de 1534 à 1550.

Confeil & plaidoierie, en 1596.

Grands jours à Bordeaux. Confeil, plaidoierie, lettres, arrêts & jugés, de 1456, à 1459.

Grands jours en Auvergne. A Montferrand, regiftres de 1481, à 1520.

A Clermont, confeil & plaidoierie, 1582.

A Riom, confeil & plaidoirie, en 1546.

Les derniers grands jours tenus à Clermont en Auvergne, font aux minutes en deux liaffes fans être reliés.

Parlement de Pontoife, eft auffi aux minutes fans être relié.

La neuvième claffe eft compofée de regiftres de diverfes efpèces; favoir,

1°. Les regiftres de la chambre du domaine.

2°. Les regiftres des amendes.

3°. Les regiftres d'enchères.

4°. Ceux d'omiffions.

5°. Un regiftre de nouvelle date.

6°. Trois regiftres intitulés, *Concordiæ parlamenti*, qui font des tables des tranfactions en rouleaux homologuées au *parlement*.

7°. Trois regiftres criminels, où il y a des chofes mêlées, même l'ordre des rôles de la grand-chambre.

La dixième claffe eft encore compofée de divers autres regiftres; favoir, des procès-verbaux de coutumes, le contrat du mariage du roi Louis XIV, le traité des Pyrénées, enregiftré le 27 juillet 1660, les limites de la ville de Paris avec l'abrégé, & les lettres-patentes données à ce fujet.

Il y a encore trois regiftres *in-folio*, qui font un inventaire ou table des rouleaux, dont on parlera ci-après. Il y a pourtant dans ces regiftres quelques pièces qui font tranfcrites tout au long; il y en a de quatre fortes; favoir, 1°. les accords ou tranfactions; 2°. *petitiones*, les demandes; 3°. *articuli*, qui font les interdits; 4°. *proteftationes*, qui font les proteftations que l'on faifoit après l'homologation de la tranfaction.

On ne peut pas dire précifément à quel nombre les regiftres du *parlement* montent, attendu que le nombre en augmente tous les jours, à mefure que le travail fe continue, il y en a préfentement environ 8000 volumes.

Quelques riches bibliothèques poffèdent des ex-

traits des regiftres du *parlement*, c'eft-à-dire, des copies des pièces les plus curieufes qu'ils renferment, & une table générale des matières qu'ils renferment.

Le premier dépouillement & la première table qui aient été faits de ces regiftres, font dus aux foins de Jean le Nain, reçu confeiller au *parlement* en 1632, puis maître des requêtes, l'un des plus dignes magiftrats qui aient paru dans le dix-feptième fiècle, père de celui qui mourut doyen du *parlement* en 1719, & aïeul de l'avocat-général du même nom. Jean le Nain, auteur de la table dont nous parlons, mourut le 9 février, âgé de 85 ans.

Il employa plus de vingt années à ce travail, qu'il fit copier avec beaucoup de foin & de dépenfe. Il y a plus de deux cens volumes de copies d'arrêts, & autres pièces curieufes.

La table des matières contient 83 volumes *in-folio*; & y a un quatre-vingt-quatrième volume qui eft la table de la table.

Il y a encore quinze volumes de table alphabétique, qui font auffi de M. le Nain : cette feconde table eft un peu confufe.

Cette collection de M. le Nain n'alloit que jufqu'en 1669; mais elle a été augmentée par les foins de quelques perfonnes qui en poffédoient des copies.

On a toujours fait un cas fingulier de celle que poffédoit M. Ogier, préfident aux requêtes du palais, depuis ambaffadeur en Danemarck. Cette copie eft la même qui vient de M. le Nain, auteur de ce grand travail; elle fut achetée des héritiers de l'auteur.

Les copies de cette table & collection fe font depuis multipliées; mais on n'en connoit point qui foit plus ample que celle dont on vient de parler, ni qui ait des tables plus commodes; c'eft M. de Cotte, maître des requêtes, qui en eft à préfent propriétaire.

Il y a auffi une collection très-ample des regiftres du *parlement*, chez M. de Lamoignon, chancelier, & copiée dans une autre forme que celle de M. le Nain.

On fait auffi beaucoup de cas d'une autre collection que poffède M. le préfident de Meinières, & que poffède actuellement M. de Brunville, procureur du roi au châtelet. On la regarde même comme la plus complette après celle de M. le Nain.

M. Bertin, miniftre, eft propriétaire de celle qu'avoit fait copier M. Bernard, maître des requêtes.

Outre la table de M. le Nain, il y en a deux autres bien moins confidérables, dont on ne connoît pas l'auteur.

L'une qui eft en fix volumes *in-fol.*, fut faite par ordre de M. Colbert; celle-ci eft très-bonne, & dans ce qu'elle renferme, elle eft plus eftimée que la grande table en quatre-vingt-quatre volumes, parce que cette dernière renvoie aux pages des regiftres de M. le Nain, au lieu que l'autre renvoie à la date : de façon que ceux qui n'ont pas les regiftres de M. le Nain ne peuvent prefque faire aucun ufage de fa table.

L'autre table qui eft en deux volumes *in-folio*, a auffi fon utilité.

Greffier en chef criminel. Son établiffement paroît auffi ancien que celui du greffier civil ; en effet, on a déjà obfervé en parlant du greffier en chef civil, que dès l'an 1240, il y avoit deux notaires pour les regiftres, & que les regiftres *olim* font mention fous l'an 1288, des greffiers du *parlement*, *clericis arreftorum* ; ce qui fuppofe qu'il y en avoit dès-lors plufieurs. Or il eft conftant que les deux offices de greffier en chef civil, & de greffier en chef criminel, font les plus anciens ; celui des préfentations n'ayant été établi que quelque temps après.

Il étoit d'autant plus néceffaire d'établir un greffier criminel en même temps qu'un greffier civil, que jufqu'en 1518, la place de greffier civil ne pouvoit être remplie que par des eccléfiaftiques, lefquels ne pouvoient point fe mêler d'affaires criminelles.

Le quatrième regiftre des *olim*, qui eft le troifième de ceux qui reftent, *folio* 27, fait mention fous la date de 1306, d'une enquête que le greffier civil rendit, ce qui s'entend au greffier criminel, parce qu'il s'agiffoit d'une affaire criminelle, *reddidi inquæftam quia fanguinis eft* ; & fous la date de 1312, il eft parlé d'une autre enquête que le greffier civil rendit de même à Me Jean du Temple, qui eft le premier greffier criminel connu, *inquæfta reddita fuit M. J. de Templo quia fanguinis eft.*

Les regiftres criminels qui commencent en 1322, font mention de ce même Jean du Temple, lequel y eft qualifié de *clericus domini regis*, c'eft-à-dire, *notaire du roi*, que nous appellons aujourd'hui *fecrétaire du roi.*

Ce même Jean du Temple rempliffoit encore la place de greffier en chef criminel en 1320 ; il en eft fait mention dans le premier regiftre après les *olim*, *fol.* 27, où il eft qualifié *monfeigneur* Jean du Temple ; ce qui fait connoître en quelle confidération étoit cet office.

Une ordonnance de Philippe VI dit *de Valois*, du 11 mars 1344, touchant le *parlement*, en parlant des deux greffiers en chef civil & criminel, les appelle *li regiftreurs de la cour* ; il eft dit qu'il ne demeurera au confeil que les feigneurs du *parlement*, & li regiftreurs de la cour ; ce qui fuppofe que les deux greffiers civil & criminel, affiftoient tous deux en même temps à la chambre du *parlement.*

Dans un réglement du roi Jean, du 23 avril 1361, le greffier criminel eft compris fous la dénomination des trois regiftrateurs de la cour, *tres regiftratores, feu greffeii parlamenti.*

Le même prince fit le 7 décembre fuivant un réglement pour fes notaires ou fecrétaires, à la fuite

duquel eft une lifte de ceux qu'il avoit retenus, & de ce nombre fe trouva le greffier civil, & Me Denis Tite, greffier criminel en *parlement ;* ainfi ces deux greffiers, étoient notaires du roi. C'eft ce que confirme encore une ordonnance de Charles V, du 16 décembre 1364, portant, *article 3,* que les articles de dépens feront fignés *par les greffiers de notre parlement,* ou par aucun de nos autres *notaires.*

Depuis l'an 1356 jufqu'en 1418, le greffier criminel, de même que les deux autres greffiers, fut appellé *greffier & notaire* tout enfemble : en 1418 on conféra ces offices de greffiers fans parler de la qualité de notaire.

Lorfque le *parlement* fut rendu fédentaire à Paris, il n'y avoit d'abord qu'une feule chambre appellée la *chambre du parlement,* & depuis la *grand'chambre,* où l'on jugeoit le civil & le criminel.

Les deux greffiers civil & criminel fervoient tous les deux à la fois dans cette chambre, pour être toujours prêts à remplir chacun ce qui étoit de leur miniftère ; c'eft pourquoi dans l'édit de 1515, qui rendit la tournelle continuelle, le greffier criminel eft encore qualifié *greffier criminel de la grand-chambre,* & fes gages furent augmentés de 80 liv. *à caufe de nouveau fervice* qu'il devoit faire à la tournelle.

Le greffier criminel étoit chargé de recueillir & dreffer tout ce qui appartenoit à l'inftruction criminelle, & tout ce qui pouvoit y avoir relation, foit arrêts, commiffions, enquêtes, informations, foit abolitions, édits, déclarations & lettres-patentes de nos rois fur des matières criminelles.

Le greffier civil ne pouvoit point fe mêler d'affaires criminelles ; tellement qu'en l'abfence du greffier criminel, la cour commit un clerc du greffe pour vifiter un prifonnier & lui faire le rapport de fes vêtemens, comme on voit au douzième regiftre criminel à la date du 18 mai 1418.

Au contraire, en cas d'abfence, maladie, récufation ou autre empêchement du greffier civil, le greffier criminel tenoit la plume, & comme depuis 1312 il avoit fon regiftre à part, il portoit fur ce regiftre toutes les affaires civiles où il fuppléoit le greffier civil ; c'eft pourquoi dans les premiers regiftres criminels on trouve beaucoup d'ordonnances & d'arrêts rendus en matière civile, entre autres une érection en duché-pairie en faveur de Louis, comte d'Evreux, oncle du roi ; des queftions de régale & de matière bénéficiale, notamment au 3 juillet 1432, à l'occafion d'un bénéfice que poffédoit Jean le Maifne ou de Blois, greffier civil ; des conceffions en faveur des reines de France ; les privilèges d'établiffement de la halle aux bleds & de la halle aux draps à Paris ; & des conceffions en faveur des villes du royaume, &c.

M. de la Rochestavin, *liv. 6, pag. 120,* dit qu'aux rentrées de la faint Martin, la lecture des ordonnances que l'on fait avant les fentences & celle du rôle des avocats & procureurs, eft faite par le greffier

greffier civil, en son absence par le greffier criminel, & en l'absence de celui-ci par le greffier des présentations.

Au lit de justice tenu par Louis XIV le 19 janvier 1654, M^e le Teneur, greffier en chef criminel, tint la place de greffier, ainsi que le porte le procès-verbal de la séance, écrit par le greffier civil.

Depuis l'établissement d'une tournelle fixe en 1515, le greffier en chef criminel a sa place ordinaire dans la grande tournelle, dans l'angle, de manière qu'il est à côté du président, lorsque la cour est sur les bas-siéges; il a aussi toujours le droit d'entrer aux assemblées des chambres.

La cour a quelquefois ordonné que certains procès-verbaux de protestations ou autres actes, seroient insérés dans les registres des deux greffes, civil & criminel; témoin une célèbre protestation que l'on trouve au registre criminel, coté 107, à la date du premier mars 1558, au sujet des lettres-patentes envoyées à la cour pour juger un procès-criminel, conjointement avec MM. de la chambre des comptes.

Le greffier en chef criminel a été maintenu dans ses fonctions par plusieurs arrêts, entre autres un du mois de février 1401, qui jugea que l'arrêt d'un condamné au pilori appartenoit au greffier criminel.

L'arrêt du 13 mars 1535 ordonne que toutes les procédures criminelles faites de l'ordonnance de la cour ou par lettres-royaux, seront mises au greffe criminel pour y être registrées, distribuées, & les procédures y expédiées; & dans un autre article, il est dit que, où la cour renverroit une instance criminelle en la tournelle, ou en la grand'chambre, pardevant les conseillers laïques, pour y être jugée, audit cas lesdits procès criminels incidemment intervenus ès matières civiles, seront mis & portés au greffe criminel pour y être enregistrés & distribués, & les expéditions qui s'ensuivront y être faites.

Le réglement fait par la cour le 17 décembre 1568, qui se trouve dans le registre criminel, cote 121, ordonne que le greffier criminel assistera aux délibérations, & fera registre des arrêts & ordonnances qui interviendront sur icelles à l'encontre des bénéficiers de la nouvelle religion & de tous officiers du roi, tant de judicature qu'autres de la nouvelle religion, & contre ceux qui n'ont fourni & envoyé procuration pour résigner leurs états & offices dedans les vingt jours, &c. & seront les informations, professions de foi & toutes autres procédures, pour raison de ce, portées & registrées au greffe criminel de la cour.

Enfin, le réglement du 3 mars 1635 a expliqué quelles sont les procédures qui doivent être portées au greffe criminel.

Le greffier en chef criminel ne pouvant pas toujours assister aux audiences & séances du parlement, & vaquer en même temps aux enregistremens, aux

expéditions & à la signature des arrêts, choisit pour aides deux commis, qui par succession de temps furent admis à tenir la plume en son lieu & place; ces commis ayant pris, quoique improprement, le titre de greffier, ce fut ce qui donna lieu d'appeler le greffier criminel greffier en chef criminel, de même que le greffier en chef civil : le greffier criminel est ainsi qualifié dans l'arrêt du parlement du 9 janvier 1640, dont on a déjà parlé à l'article de greffier en chef civil, & dans l'édit du mois de mars 1673 portant création de cette charge en titre d'office, formé & héréditaire, & dans plusieurs autres édits & déclarations.

Dans l'origine, le greffier en chef criminel, de même que le greffier en chef civil, choisissoit lui-même ses commis; en 1577 le roi érigea en charge tous les commis de greffe, mais cela ne fut pas exécuté alors pour ceux du parlement.

Sa place, qui jusqu'alors étoit domaniale, fut créée en titre d'office formé & héréditaire par édit du mois de mars 1673, ainsi que deux principaux commis pour servir à la chambre du conseil, & aux audiences de la tournelle & du petit criminel; ils prennent le titre de greffiers criminels & des dépôt du grand criminel.

La déclaration du 10 mai 1675 lui donne le titre de conseiller du roi, greffier en chef du parlement, garde & dépositaire des minutes & autres expéditions du greffe criminel.

Le roi a aussi créé par le même édit en titre d'office héréditaire, un greffier garde-sacs pour le criminel, & un greffier des présentations, & par un autre édit du mois de décembre 1674, quatre greffiers commis au greffe criminel pour mettre les arrêts du criminel en peaux.

Le greffier en chef reçoit le serment de ses commis en peau; le parlement les lui renvoie pour cet effet.

Quant aux autres droits & privilèges du greffier en chef criminel, l'ordonnance du roi Jean, du 7 avril 1361, dit que les trois greffiers du parlement (dont il est le second) seront payés de leurs gages & de leurs manteaux sur les fonds assignés pour les gages du parlement, lesquels se prenoient alors sur les amendes : on voit par-là que le greffier criminel avoit droit de manteau, comme les autres membres du parlement.

Il signe en commandement, comme les secrétaires du roi & de la cour, tous les arrêts rendus en matière criminelle, tant en la grand'chambre qu'en la tournelle, aux enquêtes & aux chambres assemblées, ce qui est fondé sur ce que les deux greffiers civil & criminel ont été, dans leur origine, tirés du corps des notaires ou secrétaires du roi; c'est pourquoi l'édit d'octobre 1727 concernant les charges de secrétaires du roi du grand collège, art. 11, excepte les greffiers en chef du parlement, de l'obligation d'être secrétaires du roi pour signer les arrêts en commandement.

Dans les cérémonies, il porte la robe rouge

F f f

comme le greffier en chef civil ; l'édit du mois de mars 1673, portant création en titre d'office héréditaire de trois greffiers en chef pour le *parlement* de Paris, dit qu'ils *porteront la robe rouge & l'épitoge, deux pour le civil, & un pour le criminel* ; ces droits sont énoncés dans leurs provisions, il jouit aussi de tous les mêmes privilèges que les autres membres du *parlement*, tels que la noblesse transmissible au premier degré, le droit d'indult, le committimus au grand sceau, le droit d'être jugé en matière criminelle par le *parlement*, les chambres assemblées.

Il est garde & dépositaire des registres & minutes, & autres actes du greffe criminel dont on parlera.

Greffe criminel. Ce dépôt contient trois sortes de pièces ; savoir, des registres, des minutes & les originaux de toutes les lettres de remission, pardon, abolition, rappel de ban, de galères, &c.

La plupart des anciens registres criminels sont intitulés *registrum manuale caufarum criminalium*. Le plus ancien commence en 1312 : de sorte que ces registres remontent plus haut que les registres civils, lesquels ne commencent qu'en 1319. C'est par ce premier registre criminel que l'on peut fixer l'époque certaine du temps où le *parlement* a été rendu ordinaire. C'est en effet le premier registre qui soit suivi ; car les *olim*, qui sont les plus anciens registres civils, ne sont proprement qu'une collection de différentes ordonnances, réglemens, arrêts & autres pièces curieuses tirées de divers endroits, au lieu que le premier registre criminel contient des arrêts de tous les mois de l'année : ces registres contiennent les arrêts rendus dans les causes de sang, ou affaires criminelles. Le premier arrêt que l'on y trouve est celui qui ordonna la saisie du temporel de l'évêque de Xaintes, pour l'obliger de relever un interdit.

Ils contiennent aussi les ordonnances rendues en matières criminelles jusqu'en 1540, notamment celle pour le supplice de la roue.

On trouve même aussi dans ces registres, jusque dans le milieu du xvje siècle, des ordonnances & des arrêts rendus en matière civile & de police ; comme pour faire arroser les ponts & les rues adjacentes en été, pour la conduite des chartiers & voituriers dans Paris, pour l'entretien du pavé, pour la conservation de la foi catholique, pour la défense des assemblées & des livres hérétiques, des réglemens généraux pour la librairie & imprimerie, pour les marchands du palais, les pages, les clercs, les écoliers, les laquais, pour le port d'armes, & sur beaucoup d'autres matières : ce qui provient de ce que le greffier criminel tenoit alors la plume dans toutes les affaires où il s'agissoit de réglemens qui prononçoient quelque peine contre les contrevenans.

Ces registres sont tous écrits en parchemin ; ils se suivent sans interruption jusqu'en 1571, qu'ils manquent jusqu'en 1594, où ils recommencent jusqu'en mai 1599. Ils se continuent sans interruption jus-

qu'aux dernières années où l'on est actuellement ; chaque année remplit ordinairement cinq registres.

On ne peut douter que l'on n'ait enlevé les registres qui manquent depuis 1571 ; mais les minutes sur lesquelles ils ont été faits existent encore, ce qui rend la perte facile à réparer. On connoît à Paris trois copies de ces registres, dont une à la bibliothèque de S. Victor, une qui exista dans celle de feu M. le chancelier d'Aguesseau ; l'autre a été léguée à la bibliothèque des avocats au *parlement* de Paris, par feu M. Prevot, avocat.

Les minutes du greffe criminel commencent en 1528. Elles remontent par conséquent plus haut que les minutes du greffe civil ; elles se suivent sans interruption.

Outre les registres & les minutes, on conserve dans ce greffe des liasses de toutes les lettres de remission, pardon, abolition, rappel de ban & de galères, & autres semblables ; elles sont rangées par année.

Le dépôt du greffe criminel étoit ci-devant dans des greniers, au-dessus du greffe criminel en chef ; mais ce lieu étant trop resserré, & d'ailleurs peu convenable, trop petit, & que tout y étoit fort mal en ordre, M. Richard, précédent greffier en chef criminel, ayant obtenu une grande pièce dépendante des nouveaux bâtimens qui ont été établis dans la grande galerie des prisonniers, au-dessus des cabinets que l'on a construits pour messieurs, il y a fait transporter en 1748, tous les registres, minutes, & autres pièces du greffe criminel, & on lui est redevable du bon ordre dans lequel ce greffe se trouve présentement par ses soins.

Greffier des présentations, est celui qui est établi pour recevoir les cédules de présentation que les procureurs sont obligés de mettre en son greffe, contenant la comparution qu'ils font en justice pour leurs parties.

Son institution paroît aussi ancienne que celle des greffiers civil & criminel : on l'appelloit comme eux *registreur* ou *registrateur* ; on le qualifia ensuite de *député aux présentations*, enfin de *notaire & greffier des présentations*.

Si l'une des parties ne compare, ou ne se présente par son procureur, l'autre peut lever au greffe un défaut faute de comparoir : l'expédition de ces défauts appartient au greffier des présentations.

Il recevoit aussi autrefois les présentations au criminel ; mais l'on a depuis établi un autre greffier particulier pour les présentations au criminel.

C'est lui qui fait les rôles ordinaires des causes qui se plaident en l'audience de la grand'chambre : autrefois un de ses commis assistoit en la grand-chambre, en robe noire & en bonnet, pour retirer les rôles qui n'étoient point achevés ; mais présentement cela ne s'observe plus.

Ses privilèges sont semblables à ceux du greffier en chef civil & criminel.

Notaires secrétaires du roi près la cour de parlement.

Dès que le *parlement* fut rendu sédentaire à Paris, le chancelier envoyoit des notaires ou secrétaires du roi pour faire les expéditions; ils étoient au nombre de quatre dès 1372, & tous clercs.

Leur principale fonction étoit de faire des collations de pièces; ils faisoient aussi les extraits des procès, quand les conseillers n'avoient pas le temps.

Présentement leur fonction est de signer les arrêts, en l'absence du greffier en chef.

Ils peuvent aussi faire des collations de pièces comme les autres secrétaires du roi.

Ce sont eux qui reçoivent les inventaires des princes du sang.

Ils sont du corps de la cour, & participent aux mêmes privilèges.

Ils portent la robe rouge aux assemblées des chambres & autres cérémonies.

Leur place, en la grand'chambre, est sur le banc qui est au-dessous des présidens.

Premier huissier, il est appelé en latin par du Luc *princeps apparitor*. Philippe-le-bel, en 1344, l'appelle *l'huissier* qui appelle les présentations; Louis XI, en 1468, l'appelle *l'huissier du rôle*, ou qui appelle le rôle, parce qu'en effet c'est lui qui appelle les rôles qui étoient faits autrefois par le greffier des présentations.

Il a le titre de maître & la qualité d'écuyer, & jouit de la noblesse transmissible au premier degré, qui a été attribuée à sa charge, par une déclaration du 2 janvier 1691.

Aux assemblées des chambres, lits de justice & autres cérémonies, il porte la robe rouge.

Il porte aussi dans ces mêmes occasions, & à toutes les grandes audiences de la grand'chambre, un bonnet de drap d'or, rebrossé d'hermine, & au-dessus, à la rose du bonnet, une rose de perles.

Sa place dans le parquet de la grand'chambre, & dans celui de la tournelle, est à côté du greffier en chef.

Il a le droit d'être couvert à l'audience, même en appellant les causes du rôle; mais quand il entre en la cour, ou qu'il parle aux présidens, il doit ôter son bonnet, ainsi qu'il fut jugé par un arrêt du 18 janvier 1452, cité par du Luc & Papon.

Un des droits de sa charge est de placer à son choix, la quatrième cause au rôle de Paris.

C'est lui qui publie tous les rôles à la barre de la cour; il les expose ensuite au public, à son banc qui est dans la grande salle, à côté du parquet des huissiers.

C'est lui qui appelle les causes du rôle à l'audience.

Lorsque l'une des parties ne se présente pas, & que l'autre demande défaut à tour de rôle, le premier huissier va à la porte de la grand'chambre appeller la partie défaillante & son procureur, & fait ensuite rapport à la barre de la cour de l'appel qu'il vient de faire.

Il appelloit autrefois les pairs défaillans à la pierre de marbre; & l'on voit dans l'histoire de Charles VIII, par Jaligny, qu'en 1487 le prévôt de Paris, qui servoit de premier huissier, accompagné d'un conseiller de la cour & du premier huissier, y appella les seigneurs du sang & pairs de France, & qu'enfin fut donné défaut contre eux.

Lors de l'arrêt qui fut donné en 1524, contre le connétable de Bourbon, maître Jean de Surie, premier huissier de la cour, appella le connétable à la barre du *parlement*; & à la table du perron de marbre, en présence de deux conseillers.

L'ordonnance de Charles VII, de l'an 1446, dit, *article xxij*, qu'au premier huissier de la cour appartient appeller les parties pour être expédiées; qu'il jurera expressément de les appeller selon l'ordre du rôle, sans préposer ou postposer autrement une partie à l'autre, par faveur, haine, requête, ni pour commandement qui leur en soit fait par qui que ce soit, ni pour quelque profit qu'ils en puissent espérer.

Il est tenu de rayer les causes expédiées sur le rôle.

Un arrêt du 3 août 1550 lui défend de souffrir qu'il soit fait aucune addition aux rôles. Mais cet arrêt est tombé en désuétude par l'usage introduit des ajoutés aux rôles; usage qui a été confirmé implicitement par une déclaration donnée sous le présent règne, qui fixe les droits des procureurs pour les ajoutés au rôle, & règle les formalités de cette partie de la procédure.

Pendant l'audience il reçoit les ordres de la cour, soit pour faire faire silence, soit pour faire placer quelqu'un, ou pour quelqu'autre arrangement; c'est lui qui transmet ces ordres aux autres huissiers, auxquels il ordonne tout haut de faire faire silence.

Lorsqu'un pair prête serment en la grand'chambre, c'est le premier huissier qui lui ôte son épée, & qui la lui remet après la prestation de serment.

Quand la cour marche en corps, le premier huissier marche à la tête de la compagnie après tout le corps des huissiers.

C'est lui qui fait l'ouverture de la foire du Landi à Saint-Denis, le 11 juin de chaque année.

Les religieux de Saint-Martin des champs sont obligés de lui donner tous les ans à la rentrée une écritoire & des gants, suivant la fondation de Philippe de Morvilliers, *martiniana*.

Il jouit de tous les privilèges de la cour, notamment du droit d'indult.

Mercuriales. Voyez *ce mot sous la lettre* M.

Compétence. Le parlement a toujours été le tribunal destiné à connoître des affaires majeures & des causes qui concernent l'état des grands du royaume.

Dans le temps qu'il étoit encore ambulatoire à la suite de nos rois, & qu'il formoit leur grand-conseil, on y délibéroit de la paix & de la guerre, de la réformation des loix, du mariage des enfans de nos rois, du partage de leur succession entre leurs enfans, comme cela se pratiqua en 768 entre les deux fils de Pepin ; en 806, sous Charlemagne, entre ses trois fils ; en 813, lorsque le *parlement* fut assemblé à Aix pour faire passer la couronne à Louis-le-Débonnaire, & en 836 quand Louis-le-Débonnaire voulut partager ses états ; enfin pour celui qui fut fait entre Louis-le-Begue & Louis son cousin.

Philippe-Auguste tint en 1190 un *parlement* pour statuer sur le gouvernement du royaume pendant le voyage qu'il se préparoit à faire à la Terre-sainte ; ce fut dans ce même *parlement* que ce prince, avec le congé & l'agrément de tous ses barons, *acceptâ licentiâ ab omnibus baronibus*, donna la tutèle de son fils & la garde du royaume à la reine sa mère.

Ce fut ce même *parlement* qui jugea les contestations qu'il y eut entre Philippe-le-Hardi & Charles, roi des deux Siciles, pour la succession d'Alphonse, comte de Poitiers.

Ce fut lui pareillement qui jugea en 1316 & 1328 la question de la succession à la couronne en faveur de Philippe-le-Long & Philippe-de-Valois, & le différend qu'il y eut entre Charles-le-Bel & Eudes, duc de Bourgogne, à cause de l'apanage de Philippe-le-Long, dont Eudes prétendoit que sa femme, fille de ce roi, devoit hériter.

Du temps du roi Jean, les princes, les prélats & la noblesse furent convoqués au *parlement* pour y délibérer sur les affaires les plus importantes de l'état.

Charles V lui fit aussi l'honneur de le consulter quand il entreprit la guerre contre les Anglois, dont le succès lui fut si glorieux.

Ce fut encore le *parlement* qui rassembla & réunit les maisons d'Orléans & de Bourgogne, que les désordres du temps avoient divisées, qui s'est opposé dans plusieurs occasions au démembrement du royaume, notamment après le traité de Madrid sous François I.

Cet illustre corps, par la sagesse & l'équité de ses jugemens, a mérité de voir courber devant lui, les tiares & les couronnes, & d'être l'arbitre des plus grands princes de la terre. Les Innocent, les Frédéric, les rois de Castille & ceux de Portugal, les Ferdinand, les Maximilien, les Philippe & les Richard ont soumis leur pourpre à la sienne ; & l'on a vu lui demander la justice, ceux qui la rendoient à plusieurs peuples, & qui ne voyoient au-dessus de leurs trônes que le tribunal de Dieu.

Les ducs & comtes d'Italie, sur lesquels nos rois s'étoient réservé toute souveraineté, ont été plusieurs fois mandés au *parlement* pour y rendre raison de leur déportement. Tassillon, duc de Bavière, fut obligé d'y venir pour se purger du crime de rebellion qu'on lui imposoit ; on y jugea de même Bernard, roi d'Italie, & Carloman, pour rebellion contre son père.

Dans des temps bien postérieurs, en 1536, ce fut ce *parlement* qui décréta d'ajournement personnel l'empereur Charles-Quint.

Edmont rapporte qu'un pape ayant excommunié le comte de Toscanelle Formose, évêque du Porto, le pape fit porter au *parlement* le procès-verbal de ce qu'il avoit fait.

Les rois étrangers y ont quelquefois envoyé leurs accords & contrats pour y être homologués ; & les rois de France eux-mêmes y ont plusieurs fois perdu leur cause quand elle n'a pas paru bien fondée.

Enfin le *parlement* a toujours connu des affaires les plus importantes.

Il connoît seul des causes qui concernent l'état, & la personne des pairs, comme on le dira ci-après en parlant du *parlement* considéré comme cour des pairs.

Lui seul a la connoissance des matières de régale dans toute l'étendue du royaume. Comme il étoit autrefois l'unique *parlement*, & qu'aujourd'hui il est encore le premier & principal, tous les pays conquis par le roi sont dépendans de son ressort, soit pendant la guerre, & au moment de la conquête, soit après la paix, lorsque le roi en conserve la possession, à moins que par les capitulations ou les traités, il ne soit stipulé que ces pays continueront d'être soumis à leurs juges ordinaires, ou que le tribunal auquel ils ressortissoient n'ait été également conquis, ou qu'enfin le roi n'accorde à ses nouveaux sujets le droit de porter l'appel de leurs causes soit à une nouvelle cour souveraine qu'il crée à cet effet, ou à un *parlement* du royaume plus prochain. Mais dans tous ces cas, le roi adresse au *parlement* de Paris une loi, pour lui faire connoître ses volontés. C'est ce qui est arrivé plusieurs fois, notamment sous Louis XIV, lors des conquêtes de la Flandre & de la Franche-Comté.

Il connoît en première instance de certaines matières dont la connoissance lui a été réservée privativement à tous autres juges.

Il connoît aussi de temps immémorial du bien ou mal jugé des sentences dont l'appel est porté devant lui.

Cette voie étoit usitée dès le temps de la première race ; on prenoit quelquefois la voie de la plainte, ou prise à partie contre le juge ; quelquefois on demandoit à fausser le jugement, c'est-à-dire, à prouver qu'il étoit faux, & que les premiers juges avoient mal jugé ; mais on se servoit aussi quelquefois du terme d'*appellation* pour exprimer ces procédures, comme il paroît au quatrième registre *olim*, *fol*. 107, où il est dit, *à quo judicato tanquam falso & pravo parlamentum nostrum appellavit* ; ce fut ainsi qu'en 1224, il est dit que la comtesse de Flandre *appellavit ad curiam regis* ; les *olim* sont pleins d'exemples de semblables appellations verbales & autres.

Il est vrai que ces appels ne furent pas d'abord portés en si grand nombre au *parlement*, parce que la manie des hauts seigneurs étoit de s'opposer par des violences à ce que l'on appellât de leurs juges au *parlement*.

On défendit en 1228 au comte d'Angoulême de mettre aucun empêchement à ceux qui voudroient venir au *parlement* pour se plaindre de lui.

Le roi d'Angleterre, comme duc d'Aquitaine, faisoit pendre les notaires qui en avoient dressé les actes; il exerçoit des cruautés inouïes contre ceux qui les avoient interjettés; un manifeste de Philippe-le-Bel qui est à la fin des *olim*, dit qu'on ne se contentoit pas de les enfermer dans d'étroites prisons, & de mettre leurs maisons au pillage, on les dépouilloit de leurs biens, on les bannissoit du pays, on les pendoit même pour la plupart; quelques-uns furent déchirés en quatre parts, & leurs membres jettés à l'eau.

Les seigneurs ecclésiastiques n'étoient pas plus doux que les laïques; un évêque de Laon entre autres dépouilloit de leurs biens ses vassaux, qui appelloient au *parlement*: un abbé de Tulles les emprisonnoit & mutiloit; & parce qu'un homme condamné par ses juges à perdre la main gauche, en avoit appellé au *parlement*, il lui fit couper la main droite: l'abbé fut condamné en 4000 livres d'amende; l'évêque eut des défenses de récidiver, avec injonction au duc de Bretagne d'y tenir la main.

Le roi d'Angleterre ayant refusé de comparoître, son duché de Guienne fut confisqué.

Il y a d'autres arrêts semblables contre le comte de Bretagne, celui de Flandres & le duc de Bourgogne.

Grand-chambre. Avant que le *parlement* eût été rendu sédentaire à Paris, toute la compagnie s'assembloit dans une même chambre, que l'on appelloit la *chambre du parlement*, ou la *chambre des plaids*, *camera placitorum.*

Quelques-uns ont écrit qu'elle s'appelloit aussi la *chambre des prélats*, ce qui pourroit être venu de ce que l'assemblée étoit principalement composée d'évêques, abbés & autres ecclésiastiques qu'on appelloit tous d'un nom commun les *prélats*.

Mais il paroît que c'est par une méprise du premier copiste, qui a lu *prælatorum* pour *placitorum*, que cette opinion a pris cours; car la grand-chambre n'a jamais eu ce nom; tous les monumens du temps l'appellent *camera placitorum*, *chambre des plaids*, c'est-à-dire, du *plaidoyer*; elle est ainsi appellée dans le quatrième registre *olim*, fol. 344; & dans l'ordonnance de Philippe-le-Bel en 1291.

M. de la Rocheflavin cite une ordonnance de Philippe-le-Hardi en 1275, qui fait mention, à ce qu'il prétend, de la chambre des prélats; mais cette ordonnance ne se trouve point; elle n'est point dans le *Recueil des ordonnances* imprimées au Louvre.

Cette chambre fut dans la suite surnommée la *grand-chambre du parlement*, soit parce que l'on y traitoit les plus grandes affaires, soit parce qu'elle étoit composée des plus grands personnages, tels

que les princes, pairs, prélats, ducs, comtes, barons, les officiers de la couronne, le chancelier & autres; & aussi pour la distinguer des chambres des enquêtes & requêtes, & de celles des requêtes qui furent établies peu de temps après que le *parlement* eut été rendu sédentaire.

Elle fut aussi appellée la *chambre du plaidoyé*, parce que c'étoit là seule chambre du *parlement* où on plaidât; comme elle est encore destinée principalement pour les affaires d'audiences.

On l'a aussi appellée la *grand'voûte*.

Enfin, le vulgaire lui a encore donné le nom de *chambre dorée*, depuis qu'elle eut été réparée par le roi Louis XII, lequel y fit faire le plafond orné de culs-de-lampe dorés, que l'on y voit encore présentement; le tableau du crucifix est d'Albert Durer, & le tableau qui est au-dessous représente Charles VI habillé comme sont aujourd'hui les présidens à mortier.

La décoration du surplus de cette chambre a été faite en 1722.

C'est en la grand-chambre que le roi tient son lit de justice, & que le chancelier, les princes & les pairs laïques & ecclésiastiques viennent siéger quand bon leur semble.

C'est aussi dans cette chambre que les princes du sang, les ducs & pairs & les conseillers d'honneur ont séance, ainsi que les maîtres des requêtes, mais au nombre de quatre seulement.

La grand-chambre étoit autrefois seule compétente pour connoître des crimes; la chambre de la tournelle qui fut instituée pour la soulager, ne connoissoit que des causes criminelles, & non des crimes; ce ne fut qu'en 1515 qu'elle fut rendue capable de la connoissance des crimes; aussi du temps que le *parlement* étoit à Poitiers, il se trouve un réglement rapporté par Pasquier, dans ses recherches, contenant, entre autres choses, qu'en la tournelle se vuideroient les causes criminelles, à la charge toutefois que si, en définitive, il falloit juger d'aucun crime qui emportât peine capitale, le jugement s'en feroit en la grand-chambre.

Elle est composée de vingt-cinq conseillers laïques & de douze clercs; les clercs servent toujours à la grand-chambre: à l'égard des laïques, douze sont toujours de service à la grand-chambre, depuis la saint Martin jusqu'à Pâques, & les douze autres à la tournelle; & depuis Pâques jusqu'au 7 septembre, ceux de la tournelle reviennent à la grand-chambre, & les autres font le service de la tournelle. Quant au doyen, il va à celui des services qu'il juge à propos.

A l'égard du premier président & des quatre plus anciens, ils sont toujours de service à la grand-chambre, & les cinq derniers présidens sont toute l'année de service à la tournelle.

Quand les magistrats de la grand-chambre qui sont de service à la tournelle, se réunissent à ceux qui tiennent à la grand-chambre, cela s'appelle les *grand-chambre & tournelle assemblées*. Il est bon de

remarquer que ceux de MM. des enquêtes & requêtes qui font de fervice à la tournelle, n'affiftent
pas à ces affemblées.

Elles fe tiennent à la grand-chambre ou à la tournelle ; ou, pour mieux dire, elles fe tenoient
toutes autrefois à la grand-chambre. Mais depuis
au moins un fiècle, l'ufage s'étoit introduit de venir
à la tournelle pour les matières criminelles ; ce
qui privoit ceux qui avoient le droit d'être jugés
les grand-chambre & tournelle affemblées, d'avoir
pour juges les princes du fang, les ducs & pairs,
les confeillers d'honneur ; les maîtres des requêtes,
& même les confeillers honoraires affez anciens
pour avoir féance à la grand-chambre, attendu
qu'il n'y a que les titulaires qui puiffent affifter à
la tournelle. C'eft pour remédier à cet abus, qu'en
1765, fur la repréfentation de M. le prince de
Conti, il fut décidé par arrêt des chambres affemblées, que, conformément à l'ufage anciennement
obfervé, toutes les fois que la totalité de la grand-
chambre fe réuniroit, même pour des affaires criminelles, la féance fe tiendroit à la grand-chambre,
bien entendu que les clercs fe retirent dans les
efpèces d'affaires criminelles où ils ne peuvent pas
refter juges, c'eft-à-dire, lorfque les conclufions
des gens du roi vont à peine afflictive ou infamante, ou dans l'inftant que cet avis eft ouvert ;
car jufqu'à ce moment, même lorfqu'il s'agit d'un
crime qui mérite la mort, tel, par exemple, qu'un
affaffinat prémédité, les clercs peuvent affifter à
tous les jugemens d'inftruction & préparatoire,
même entendre le rapport le jour que l'on opine
pour juger les coupables.

C'eft à la grand-chambre & tournelle affemblées que l'on enregiftre les lettres-patentes & déclarations en commandement, qui ne doivent pas
être portées aux chambres affemblées ; mais la
grand-chambre feule enregiftre toutes les lettres-
patentes obtenues par des particuliers qui préfentent
leur requête pour en obtenir l'enregiftrement.

Les eccléfiaftiques, les nobles & les officiers des
fièges reffortiffans nuement en la cour, prévenus
de crime, ont confervé le droit d'être jugés à la
grand-chambre & tournelle affemblées. C'eft ordinairement la grand-chambre feule qui détermine
quels procès doivent être ainfi jugés. Cependant
toute perfonne ayant féance à la grand-chambre,
même ceux qui, ainfi qu'on l'a obfervé ci-deffus,
ont féance à la grand-chambre, & non à la tournelle, peuvent demander à M. le premier préfident de faire affembler les grand-chambre & tournelle, à l'effet d'y faire décider fi une affaire
particulière peut être jugée à la grand-chambre ou
à la tournelle, ou fi elle eft de nature à être portée aux deux chambres réunies. Quant aux perfonnes qui ont le droit de faire juger leurs procès
criminels aux deux chambres réunies, s'ils ne réclament pas leur privilège, ils font jugés par la
tournelle. Mais s'ils veulent être jugés les deux
chambres affemblées, ils préfentent une requête à

la tournelle, par laquelle ils réclament leur privilège, & juftifient du titre qui leur accorde ce
droit ; les eccléfiaftiques par leurs lettres d'ordre,
les nobles par leurs titres de nobleffe, les magiftrats par leurs provifions, arrêts ou fentences de
réception, & fur le vu de ces pièces, fi les qualités
auxquelles le privilège eft attaché fe trouvent
prouvées, la tournelle rend arrêt qui renvoie aux
deux chambres réunies. Il faut remarquer qu'à cet
arrêt affiftent MM. des enquêtes & requêtes de
fervice à la tournelle ; car quand on fe fert du
terme de la tournelle, on entend tous MM. des
différentes chambres du *parlement* qui font le fervice
à la tournelle.

La préfentation de toutes les lettres de grace,
pardon & abolition, appartient à la grand-chambre,
encore que le procès foit pendant à la tournelle
ou aux enquêtes. Elles fe font à la grande audience, l'accufé à genoux au milieu du barreau :
après que lecture a été faite de ces lettres, & que
l'accufé a déclaré en vouloir faire ufage, il eft
rendu un arrêt qui renvoie l'accufé en la tournelle,
ou même aux enquêtes fi l'affaire eft de petit-criminel, & qu'elle foit pendante dans l'une des
chambres des enquêtes.

C'eft en la grand-chambre que l'on plaide les
requêtes civiles, même contre des arrêts de la
tournelle.

Les partages qui fe font en la grand-chambre en
matière civile, fe jugent en celle des chambres des
enquêtes, que le rapporteur & le compartiteur choififfent ; & en matière criminelle, ils fe jugent en
la tournelle ; les partages de la tournelle vont en
la grand-chambre, & enfuite aux enquêtes ; ceux
des enquêtes vont d'une chambre à l'autre ; & s'il
y a partage dans ces chambres, on va à la grand-
chambre ; & s'il y avoit encore partage, en ce
cas l'affaire eft portée aux chambres affemblées où
l'arrêt même fur rapport paffe à une feule voix,
quoique dans toutes les chambres, même à la
grand-chambre & tournelle affemblées, il foit néceffaire de deux voix pour rendre arrêt dans une
affaire de rapport, tandis qu'il n'en faut qu'une à
l'audience : ainfi fix voix contre cinq déterminent
l'arrêt à l'audience, & formeroient un partage dans
une affaire de rapport.

Elle donne la loi aux officiers du *parlement* qui
pourfuivent leur réception, & juge feule les informations de leur vie & mœurs, auffi-bien que
celle des officiers des fièges de fon reffort dont elle
envoie l'examen dans les chambres des enquêtes,
& en reçoit le ferment après que le préfident de
la chambre des enquêtes où le récipiendaire a été
renvoyé & le rapporteur font venus certifier qu'il
a été trouvé capable.

Elle connoît, ainfi qu'il a été dit ci-deffus, de
toutes les lettres accordées par le roi à des particuliers, fcellées en cire jaune, à la réferve des
difpenfes d'âge ou de parenté, accordées à ceux qui
veulent être reçus en des charges du *parlement.* Elle

connoît aussi des lettres de présidens, maître des requêtes ou conseillers honoraires, lorsqu'elles sont accordées après les vingt ans de service. Mais si elles étoient données à un officier avant les vingt ans, comme pour lors elles contiendroient des dispenses, elles seroient portées à l'assemblée des chambres, elle seule pouvant enregistrer des dispenses pour avoir séance en la cour.

Audiences de la grand-chambre, rôles des bailliages & sénéchaussées, & autres rôles. Les rôles des bailliages, appellés anciennement *jours* ou *temps des baillies, dies sénescallorum & baillivorum*, sont des listes en parchemin des causes de chaque bailliage ou sénéchaussée royale, que l'on plaide au *parlement* pendant un certain temps de l'année & à certains jours.

L'usage de faire des rôles pour les causes de chaque bailliage & sénéchaussée est fort ancien; il faut qu'il ait commencé presque aussi-tôt que le *parlement* eut été rendu sédentaire à Paris; ce qui remonte jusqu'au temps de saint Louis.

En effet, dans l'ordonnance de Philippe-le-Bel, faite après la Toussaint 1291, il en est parlé comme d'un usage qui étoit déjà établi: les sénéchaux & baillis, dit l'*art*. 7, seront payés de leurs gages à raison des journées qu'ils auront employées à aller & revenir dans leurs baillies aux comptes, & à aller & venir aux *parlemens* où ils resteront tant que le temps de leur baillie durera, ou tant qu'ils y seront retenus.

Ce même prince, par son ordonnance du 23 mars 1302, régla que les causes des prélats & autres ecclésiastiques, celles des barons & autres sujets, seroient expédiées promptement dans l'ordre de leurs bailliages ou sénéchaussées, *secundùm dies sénescallorum & baillivorum*, sans prorogation, à moins que ce ne fût pour cause juste & du mandement spécial du roi; que si, par rapport à l'affluence des affaires, quelque prélat ou baron ne pouvoit pas être expédié promptement, la cour leur assigneroit un jour pour être ouis.

Philippe V, dit *le Long*, fit deux ordonnances qui contiennent quelques dispositions concernant les rôles des bailliages.

La première est celle du 17 novembre 1318. Elle ordonne, 1°: que tous ceux qui auront affaire au *parlement*, se présenteront dans le premier ou, au plus tard, dans le second jour de leur baillie ou sénéchaussée, avant que le siège du *parlement* soit levé; qu'autrement, ils seront tenus pour défaillans.

2°. Que toutes causes, fût-ce de pair ou baron, seront délivrées selon l'ordre des présentations, à moins que ce ne fût la cause de quelqu'un qui seroit absent pour le profit commun, qu'en ce cas la cause seroit remise au prochain *parlement*; ou bien qu'il fût question de causes du domaine, de pairies ou baronnies que l'on remettroit à plaider en présence du roi.

Que l'on ne commencera point à plaider les causes d'un bailliage ou sénéchaussée, que toutes celles de l'autre ne soient jugées & les arrêts prononcés, ce qui ne s'exécute plus; car le rôle de saint Martin tiendroit tout le *parlement*, & ne seroit pas même fini. Par une ordonnance de Louis XIV, il a été prescrit que toutes les affaires mises sur les rôles, qui n'auroient pas été jugées à l'audience, seroient appointées; & c'est ce qui forme les instances ou procès de rapport à la grand-chambre; car toutes celles qui ont été appointées en province, vont de droit aux chambres des enquêtes.

La seconde ordonnance où Philippe-le-Long parle des rôles, est celle du mois de décembre 1320: l'*article 3* ordonne que les sénéchaux, baillis & procureurs du roi, qui ont accoutumé de venir en *parlement*, viendront trois jours au plus avant la journée de leurs présentations, & qu'ils se présenteront aussi-tôt qu'ils seront arrivés; que le *parlement* commettra un clerc & un laïque dudit *parlement*, lesquels, avec un des maîtres des comptes & le trésorier du roi, entendront en certain les relations de ces sénéchaux, baillis & procureurs sur les causes & faits qui touchent & peuvent toucher le roi; que si ces officiers rapportent certaines choses qui ne méritent pas d'être entendues, on leur dira de les souffrir; qu'à l'égard des autres, les commissaires les publieront & les feront ouir & juger en *parlement*. Voilà sans doute l'origine des rôles des bailliages qui se publient à la barre de la cour, lesquels, comme on voit, étoient alors faits par les commissaires nommés pour ouir le rapport des baillis & sénéchaux.

Les rôles des provinces se plaident les lundis & mardis, depuis la saint Martin jusqu'à l'Assomption: il y en a neuf différens; savoir, ceux de Vermandois, Amiens & Senlis, qui doivent finir à la Chandeleur; celui de Paris qui comprend les appels des requêtes du palais, ainsi que ceux du châtelet; viennent ensuite les rôles de Champagne & Brie, celui de Poitou, celui de Chartres, & celui d'Angoumois.

Les jeudis est le rôle des appels comme d'abus, & requêtes civiles.

On a aussi établi des audiences les mercredi & samedi pour les oppositions aux enregistremens de lettres-patentes, exécutions d'arrêts, appels en matière de police, oppositions aux mariages, &c. il est d'usage que MM. les gens du roi parlent seuls à ces audiences, & les avocats des parties ne font que conclure. On prétend que cet usage n'est pas très-ancien, & que M. Gilbert, mort conseiller d'état, le 20 avril 1769, est le premier avocat-général qui ait plaidé seul les causes.

Depuis environ cent ans, il a été établi un rôle pour les causes de séparation, & pour servir de supplément à celui des jeudis.

Après l'Assomption, le rôle des jeudis, & ceux des mercredi & samedi continuent; mais il se fait un rôle d'entre les deux Notre-Dame, composé de quelques caufes importantes & preffées, qui fe plaident les lundi, mardi & jeudi : ces dernières audiences fe tiennent fur les bas-fièges : cependant depuis quelques années, on y reçoit des avocats au ferment, comme aux grandes audiences.

On diftingue trois différentes audiences, dont deux fe tiennent tous les jours le matin, & la troifième l'après-midi des mardi & vendredi feulement : celles du matin fe tiennent à fept heures & à neuf. La première s'appelle ordinairement l'audience de fept heures, & la feconde l'audience de neuf heures, ou la grande audience.

Les affaires portées à celle de fept heures fe jugent fur mémoire, c'eft-à-dire, d'après des rôles faits fur papier, & c'eft en cela que les caufes plaidées fur mémoire font diftinguées des caufes plaidées fur le rôle qui eft en parchemin, ainfi que nous venons de l'obferver.

On juge également fur mémoire les affaires de la feconde audience, les mercredi, vendredi & famedi, & fur les rôles celles des audiences du lundi, mardi & jeudi.

Les grandes audiences de ces trois jours fe tiennent fur les hauts-fièges ; les préfidens y portent leurs fourrures & mortiers depuis la rentrée jufqu'à l'Annonciation, & enfuite la robe rouge fans fourrure & le bonnet fans mortier.

Aux audiences qui fe tiennent fur les bas-fièges, ils font en robes noires.

Depuis le voyage du roi de Danemarck à Paris, la grand-chambre a rétabli l'ancien ufage, & tous les magiftrats qui affiftent à ces audiences, même les greffiers, fecrétaires de la cour, & premier huiffier, font en robes rouges ; au lieu que depuis long-temps les préfidens avoient feuls confervé cet habillement de cérémonie. C'eft par une fuite de cet ancien ufage qu'aux affemblées de chambre qui fe tiennent les jours de grande audience, c'eft-à-dire, les mardi & vendredi, M. le premier préfident conferve la robe rouge, quoique tous les autres magiftrats, même les préfidens à mortier, foient en robes noires.

Il eft d'ufage que le préfident qui tient l'audience de relevée, fait appeler le vendredi des mémoires & placets à fa difpofition, ou du rôle fait par le premier préfident.

La première & la dernière des audiences de relevée font tenues par le premier préfident ; le fecond tient toutes les autres.

L'audience de relevée fe tient depuis trois heures jufqu'à cinq ; & avant la Chandeleur, à deux heures jufqu'à quatre, à caufe du meurtre du préfident Minard, arrivé en fortant de cette audience qui finiffoit, en tout temps, à cinq heures ; ce qui a fait nommer l'audience de relevée, qui finit à quatre heures, *audience à la minarde*.

On plaide à l'audience de fept heures les caufes les moins importantes ; les autres fe jugent à la grande audience, & c'eft-là finguliérement ce qu'on appelle les rôles des baillages.

Les caufes qui ne peuvent être plaidées fur les rôles des baillages des jeudi de relevée, demeurent appointées, à moins que le premier préfident ne les remplace fur un autre rôle ; mais celles des rôles des mercredi, vendredi & famedi ne demeurent pas appointées.

Les audiences du matin durent depuis huit heures & demie jufqu'à dix ; en carême elles ne finiffent qu'à onze, parce qu'on alloit autrefois au fermon entre les deux audiences. Elles font précédées du rapport des procès depuis fix jufqu'à fept, & même s'il fe trouve des inftances, où autres affaires en état d'être rapportées, le rapport s'en fait encore après la tenue de la feconde audience.

C'eft ordinairement entre les deux audiences du matin que fe fait l'apport des lettres-patentes, par les gens du roi, requêtes & réquifitions de leur part, jugement des informations de vie & mœurs, réception de pairs & d'officiers, audition d'officiers mandés, ou du maître des cérémonies ou autres perfonnes, celle des paranymphes & autres complimens, le ferment des confuls, adminiftrateurs d'hôpitaux, &c.

Le fervice des audiences de la grand-chambre eft tellement refpectable, qu'il ne doit fe tenir aucune audience en aucun tribunal qu'à l'heure où elle finit ; ce qui fait que les audiences des enquêtes & requêtes ne commencent qu'à dix heures ; celle du châtelet, même celle du grand-confeil, cour des aides & autres tribunaux, ne commencent pour la plaidoirie qu'après dix heures, & n'ont auparavant que des expéditions d'inftructions & procédures qui fe font par les procureurs, ce qui du moins eft le droit & s'obferve encore affez pour que l'on puiffe reconnoître la raifon & l'objet de ces ufages.

A dix heures font les affemblées de chambres & quelquefois le rapport des procès ; cet ufage, qui eft très-récent, s'eft introduit depuis que les heures des repas ont changé.

Tous les rapports font précédés d'un examen de commiffaires appelés petits commiffaires, qui fe tient chez M. le premier préfident : toutes les perfonnes ayant féance à la grand-chambre ont droit d'affifter à ces rapports, & on ne juge à la grand-chambre aucune affaire de grand commiffaire, forme qui n'eft d'ufage qu'aux enquêtes, ainfi que nous le verrons ci-après ; & ce, parce que tous les procès de rapport à la grand-chambre étant originairement des affaires jugées à l'audience en première inftance, ou fur délibéré, elles font cenfées ne pas être affez chargées de pièces, ni avoir un affez grand nombre de chefs pour être dans le cas d'être jugées de grand commiffaire.

Tous les mois, & même quelquefois plus fouvent, lorfque le cas le requiert, le premier ou le fecond préfident & fept confeillers de la grand-chambre vont à la table de marbre tenir l'audience
au

au souverain, avec quatre officiers du siège, qui restent du nombre des juges.

Le plus ancien des présidens à mortier, & deux conseillers de la grand-chambre tiennent la chambre de la marée. *Voyez ci-devant* CHAMBRE DE LA MARÉE.

Le *parlement* vaque depuis le 7 septembre jusqu'au lendemain de la S. Martin, si l'on en excepte la chambre des vacations, dont il sera parlé ci-après.

La rentrée se fait le lendemain de la S. Martin, 12 novembre, auquel jour, MM. les présidens sont en robes rouges & fourrures, tenant leur mortier, MM. les conseillers en robes rouges & chaperons fourrés, MM. les gens du roi, vêtus de même que les conseillers.

Après avoir assisté à la messe solemnelle du S. Esprit, que la communauté des procureurs fait dire dans la grand-salle en la chapelle de S. Nicolas, & qui est ordinairement célébrée par quelque prélat, le *parlement* reprend ses fonctions. Le célébrant, quand il est évêque, prend ce jour séance au *parlement*, à la place des conseillers d'honneur, & même il siège avant les conseillers d'honneur présens à la séance. Après les complimens accoutumés, M. le premier président reçoit les sermens des gens du roi, avocats & procureurs, en présence du prélat célébrant qui vient de la grand-salle à la grand-chambre entre le premier & le second présidens; & au contraire, en allant à la buvette au sortir de la grand-chambre, il marche au rang de conseiller d'honneur, & après tous les présidens à mortier. Lorsque le trésorier de la sainte chapelle du palais célèbre la messe rouge, il jouit de tous les honneurs des prélats.

Le premier président, & les présidens à mortier font, suivant l'ancien usage, des révérences en femme, dont le nombre varie suivant celui des présidens à mortier présens. Ces révérences se font dans l'ordre suivant: en allant à l'offrande le premier président, & chaque président à mortier font deux révérences à l'autel, deux au célébrant, deux au premier président, deux à chaque président à mortier en séance, deux à chacune des deux colonnes des magistrats du *parlement*, deux aux gens du roi. Ils vont ensuite à l'offrande, & avant de reprendre leurs places, ils réitèrent les mêmes révérences.

Il faut observer que l'officiant, avant de célébrer la messe, fait également des révérences; mais il n'en fait aucune après la messe, s'il vient prendre sa place au *parlement*; mais s'il n'a pas ce droit, il se recommence.

Ses révérences ne font pas comme celles des présidens, elles se font par simple inclination.

L'ouverture des grandes audiences se fait à la grand-chambre le premier lundi d'après la semaine franche de la S. Martin par un discours que M. le premier président & un de MM. les avocats-généraux font aux avocats & aux procureurs, après ces discours, on appelle la première cause du rôle de Vermandois.

Le mercredi ou vendredi suivant, se font les mercuriales, ainsi qu'il est expliqué au mot MERCURIALES.

Chambre de droit écrit, ou *auditoire de droit écrit*, appellée aussi la *langue de droit écrit*, ou qui se gouverne par le *droit écrit; chambre de la languedoc* ou *de Languedoc*, & enfin *requêtes de la languedoc*, étoit une chambre ou division du *parlement*, composée d'un certain nombre de membres du *parlement* qui étoient commis pour juger les affaires desdits pays de droit écrit; elle fut établie en 1291, lorsque le roi cessa d'envoyer des députés du *parlement* de Paris à Toulouse pour y tenir un *parlement*, & que ce *parlement* de Toulouse fut supprimé & réuni à celui de la Languedoil, c'est-à-dire, au *parlement* de Paris.

L'établissement de cette chambre se trouve dans l'ordonnance de Philippe-le-Bel donnée après la Toussaint 1291; elle porte que pour entendre & expédier les causes & requêtes des sénéchaussées & pays qui suivent le droit écrit, il y aura quatre ou cinq personnes du conseil qui siégeront les vendredis, samedis & dimanches, & autres jours qu'ils trouveront à propos; Philippe-le-Bel commet à cette occupation le chantre de Bayeux, Me Jean de la Ferté, Guy, Camelin, & Me Geoffroi de Villebraine, & pour notaire le doyen de Gerberie.

Telle est l'origine de l'interprète de la cour, qui a encore sa fonction marquée à l'entrée du parquet de la grand-chambre, à droite en entrant; sa fonction ordinaire étoit d'expliquer les enquêtes, titres & pièces qui venoient des pays de droit écrit, & qui étoient écrites en langage du pays, que beaucoup des membres du *parlement* pouvoient ne pas entendre.

L'ordonnance de 1296 fait mention de ceux qui étoient établis pour les présidens, *à ouïr la langue qui se gouverne par droit écrit*, & de ceux qui entendoient les requêtes; &, dans un autre article il est parlé de la distribution que les présidens faisoient des *résidens* ou conseillers dans les différentes chambres; qu'ils retiendroient les uns en la grand-chambre, enverroient les autres *au droit écrit*, les autres aux requêtes communes.

L'*article 19* dit qu'à ouïr la langue qui se gouverne par droit écrit, trois seront élus par les présidens; savoir deux clercs très-bien lettrés, & un laï spécialement pour les causes de sang, c'est-à-dire les affaires criminelles; ils avoient deux notaires & un signet dont ils signoient leurs expéditions, & le chancelier étoit tenu de les sceller.

L'exercice de cette chambre dut cesser en 1302, lorsque le roi établit un *parlement* à Toulouse.

Cependant Pasquier fait mention d'une ordonnance de 1304 ou 1305, où l'on distingue encore les enquêtes de la languedoc des enquêtes de la langue françoise; qu'aux enquêtes de la languedoc seront le prieur de saint Martin, & jusqu'à cinq.

Il est encore dit que celui qui portera le grand sceau du roi ordonnera d'envoyer aux enquêtes, tant de la languedoc, que de la langue françoise, des notaires, selon ce qui paroîtra nécessaire pour l'expédition.

Mais cette ordonnance ne se trouve dans aucun dépôt public.

Chambre du conseil. Le *parlement* ayant été rendu semestre par Henri II en 1554, ce qui dura jusqu'en 1557, lorsqu'on remit les choses en leur premier état, comme le nombre des présidens & conseillers avoit été beaucoup multiplié, on forma une chambre du conseil souverain où se vuideroient les instances de la grand-chambre appointées au conseil, les présidens de l'un & l'autre semestre présidoient indifféremment en la grand-chambre ou à celle du conseil; mais celle-ci fut supprimée lorsque le nombre des officiers eut été diminué peu-à-peu par mort, & réduit à l'ancien nombre.

Tournelle criminelle, qu'on appelle aussi *tournelle* simplement, est une des chambres du *parlement* destinée à juger les affaires criminelles.

Elle est composée, ainsi qu'on l'a dit ci-dessus, des cinq derniers présidens à mortier, de douze conseillers laïques de la grand-chambre, & de douze conseillers des enquêtes & requêtes, c'est-à-dire, trois de chacune d'elles.

Quelques-uns croient qu'elle a été nommée *tournelle* de ce que les conseillers de la grand'chambre & des enquêtes y passent chacun à leur tour; mais la vérité est qu'elle a pris ce nom de ce que les juges qui composent cette chambre tenoient leur séance dans un tour du palais que l'on appelloit alors la *tournelle*; il y a lieu de croire que c'est celle où est présentement la buvette de la grand'chambre.

Cette tournelle ou tour servoit dès 1344 aux officiers de la cour à faire certaines expéditions, tandis que l'on étoit au conseil en la grand-chambre. L'ordonnance de Philippe de Valois, du 11 mars 1341, voulant que le secret de la cour soit mieux gardé, ordonna qu'il ne demeure au conseil que les seigneurs & le greffier, & que tous les autres aillent pendant ce temps-là besogner en la tournelle; mais on ne voit point que cette chambre servît à juger les affaires criminelles.

Du temps des registres *olim* qui commencent en 1254, & finissent en 1318, quoiqu'il y eût déjà un greffier criminel, il n'y avoit que la même chambre pour juger le civil & le criminel, que l'on appelloit la *chambre du parlement,* & que l'on a depuis appelée la *grand-chambre;* le greffier criminel tenoit la plume quand le jugement tendoit à effusion de sang; il l'avoit depuis 1312 son registre à part. Sous Charles VI & Charles VIII, la grand-chambre introduisit l'usage de faire juger certaines affaires civiles, & le petit criminel par quelques-uns de ses membres, dans une chambre que les registres appellent la *petite chambre de derrière la grand-chambre;* c'est ce qui a fait naître depuis, sous François I, l'établissement fixe de la tournelle criminelle; mais jusqu'à l'an 1515 on ne jugeoit à mort qu'en la grand-chambre; la chambre

des vacations ne jugeoit elle-même à mort que parce qu'elle prenoit des lettres *ad hoc.*

Pendant long-temps il n'y eut point de chambre particulière pour les affaires criminelles; on prenoit un certain nombre de conseillers de la grand-chambre & des enquêtes pour juger les procès criminels en la chambre de la tournelle, laquelle n'étoit point alors ordinaire; elle ne fut établie en titre de chambre particulière qu'en 1436, après la réunion du *parlement* de Poitiers. En effet Bouthillier, qui vivoit sous le règne de Charles VI, & qui fit son testament en 1402, ne fait point mention de la tournelle dans sa somme rurale.

Mais elle étoit déjà établie en 1446; en effet, Charles VII, dans son ordonnance du 28 octobre de ladite année, *article 10,* ordonne que le greffier de la cour portera ou enverra les requêtes criminelles en la tournelle criminelle, où au greffier criminel, pour être par icelle chambre & greffier répondues & expédiées.

Ce n'étoit pas seulement l'instruction qui y étoit renvoyée, car l'*article 13* de la même ordonnance parle des procès que l'on y jugeoit.

L'ordonnance qu'il fit au mois d'avril 1453 ordonne, *article 23,* qu'à la tournelle criminelle soient expédiés les procès criminels le plus briévement & diligemment que faire se pourra; mais que si en définitif il convenoit juger d'aucun crime qui emportât peine capitale, le jugement seroit fait en la grand-chambre, & que pendant que le jugement du cas criminel se fera en la grand-chambre, que l'un des présidens & les conseillers-clercs aillent en une autre chambre pour travailler aux autres procès & affaires du *parlement.*

L'*article 2* de l'ordonnance de Charles VIII, du mois de juillet 1493, veut que tous les conseillers de la grand-chambre assistent aux plaidoieries, excepté ceux qui seront ordonnés pour être de la tournelle.

L'*article 90* enjoint aux présidens & conseillers qui doivent tenir la tournelle, d'y résider & vaquer diligemment.

L'ordonnance du mois d'avril 1515, qui rendit la tournelle criminelle ordinaire, nous apprend que cette chambre n'avoit coutume de tenir que les jours de plaidoierie, & qu'avant cette ordonnance il n'étoit pas d'usage, pendant la durée du *parlement,* de juger à la tournelle personne à mort, quoiqu'il y eût dans cette chambre deux présidens & douze conseillers laïques, dont huit étoient de la grand chambre; & quatre des enquêtes, tandis qu'en la grand-chambre tous procès criminels étoient jugés par un président & neuf conseillers.

La tournelle ne jugeoit donc alors que les affaires de petit criminel; & lorsque les conclusions tendoient à mort, le procès étoit porté en la grand-chambre.

Mais comme celle-ci étoit surchargée d'affaires, & qu'elle ne pouvoit vaquer assez promptement à l'expédition des criminels & prisonniers, dont quelques-uns même étoient échappés, François I, par son ordonnance du mois d'avril 1515, ordonna que dorénavant le *parlement* séant, les présidens & conseillers qui seroient ordonnés pour tenir la tournelle criminelle, dès qu'ils entreroient en la cour, s'en iroient en ladite tournelle, ainsi que faisoient ceux les enquêtes, sans s'arrêter en la grand-chambre; & qu'ils vaqueroient & entendroient diligemment au jugement & expédition des procès criminels, soit de peine de mort ou autre peine corporelle, en expédiant premiérement les prisonniers enfermés, & ayant égard aux cas qui, pour le bien de la justice, requièrent prompte expédition, & que les arrêts & jugemens qui y seront faits & donnés dans ces matières, auront la même autorité ou vertu, que s'ils étoient donnés & faits en la grand-chambre du *parlement*, sans qu'en ladite tournelle ils puissent expédier aucunes matières civiles, soit requêtes ou expéditions, à moins que cela n'eût été ainsi en la grand-chambre; & que pour les autres matières criminelles, elles seront expédiées & jugées, tant en plaidoieries qu'autrement, en la grand-chambre & en la tournelle, ainsi qu'il y avoit été par le passé, pourvu toutefois que s'il étoit question de cléricature ou d'immunité, au jugement desquelles ont accoutumé d'être les conseillers-clercs, & aussi de crimes de gentilshommes, ou d'autres personnages d'état, leur procès soit rapporté en la grand-chambre.

L'ordonnance de Henri II du mois de mars 1549, défend aux conseillers des enquêtes députés à la tournelle, d'aller pendant ce temps en la chambre dont ils sont ordinairement, sous couleur de rapporter quelque requête; elle défend aux présidens de les recevoir, & à ses conseillers d'assister ailleurs, sur peine de privation de leur office, à moins que pour quelque bonne & raisonnable cause, il fût ordonné par la cour qu'ils assisteroient au jugement & expédition de quelque procès en autre chambre que celle pour laquelle ils seroient ordonnés, députant d'autres conseillers pour servir en leur lieu, dont le greffier fera registre de la permission & ordonnance de la cour.

Cette ordonnance veut aussi que tous les arrêts & jugemens donnés *en la chambre criminelle, dite de la tournelle*, en matière civile & civilement intentée, soient déclarés nuls, & que les parties en puissent appeler; mais dans ces matières civiles le roi déclare qu'il n'entend pas comprendre les procès criminellement & extraordinairement faits & intentés, lesquels, quoique les parties aient été reçues en procès ordinaire, s'instruiront & se vuideront en la chambre criminelle, préférant toutefois à l'expédition les procès des condamnés à mort ou peine corporelle, même de ceux où il n'y a que le procureur-général partie, & qui sont au pain du roi.

Charles IX voulant régler les différends qu'il y avoit dans les cours pour la connoissance des causes & procès criminels des gens d'église, no-

blés & officiers, par son ordonnance faite à Moulins en 1566, *article 38*, ordonna que ces procès introduits en première instance au *parlement*, seront jugés en la grand-chambre, si faire se peut, & si les accusés le requièrent; qu'autrement, & sans ladite requisition, ils se pourroient instruire & juger en la chambre de la tournelle, à laquelle il est dit que les instructions seront renvoyées par la grand-chambre, si pour les empêchemens & occupations de celle-ci ces instructions ne peuvent être faites promptement & commodément en la tournelle.

L'ordonnance veut néanmoins qu'au jugement de ces procès criminels qui seront faits en la grand-chambre, assistent les présidens & conseillers de la grand-chambre, les conseillers des enquêtes n'y sont point admis.

Enfin quant aux procès instruits ou jugés en première instance hors des cours contre les personnes de la qualité exprimée par cet article, l'ordonnance décide que les appellations interjettées des instructions se pourront juger en la tournelle, nonobstant le débat des parties; pareillement les appellations des jugemens définitifs, à moins que les personnes condamnées ne demandent d'être jugées en la grand-chambre, auquel cas il y sera procédé comme il est dit d'abord par cet article.

Cet ordre établi pour le service de la tournelle n'a point été changé depuis; l'ordonnance de Blois n'a fait que le confirmer en ordonnant, *art. 139*, que les conseillers, tant de la grand-chambre que des enquêtes des *parlemens*, qui seront destinés pour le service de la tournelle, vaqueront diligemment à l'expédition des prisonniers & jugemens des procès criminels, sans se distraire à autres affaires, suivant les anciennes ordonnances & réglemens des *parlemens*.

Cette ordonnance donne seulement un pouvoir un peu plus étendu aux conseillers de grand-chambre, sortant de la tournelle, qu'à ceux des enquêtes: en effet, l'*article 140* veut que les conseillers des enquêtes, après avoir fait leur service à la tournelle, soient tenus de remettre au greffe trois jours après pour le plus tard, tous procès criminels leur auront été distribués, sous peine de privation de leurs gages pour les jours qu'ils auront été en demeure de le faire; & quant aux conseillers de la grand-chambre, il est dit que les présidens leur pourront laisser tel desdits procès qu'ils aviseront, s'ils voient que pour l'expédition & bien de la justice il y ait lieu de le faire, dont il sera fait registre au greffe de la cour.

Les présidens & conseillers de la tournelle vont tenir la séance aux prisons de la conciergerie & au parc-civil du châtelet quatre fois l'année; savoir, la surveille de Noël, le mardi de la semaine sainte, la surveille de la Pentecôte, & la veille de l'Assomption.

Tournelle civile. Chambre du *parlement* qui a été

établie de temps en temps pour l'expédition des affaires d'audience auxquelles la grand-chambre ne pouvoit suffire.

Elle fut établie pour la première fois par une déclaration du 18 avril 1667, & composée d'un président & d'un certain nombre de conseillers, tant de la grand-chambre que des enquêtes, pour tenir la séance les lundis, mercredis, jeudis & samedis, & connoître & juger toutes les causes de la somme & valeur de 1000 l. & de 50 l. de rente & au-dessous.

Cette déclaration fut registrée le 20 desdits mois & an.

Comme l'établissement de cette chambre n'étoit que provisionnel, & qu'il parut utile; par une déclaration du 11 août 1669, qui fut registrée le 13, le roi séant en son lit de justice, il fut créé pour une année seulement, une chambre appellée *tournelle civile*, pour commencer au lendemain de saint Martin, lors prochain, composée de trois & quatre présidens du parlement, qui y serviroient chacun six mois alternativement, de six conseillers de la grand chambre, qui changeoient de trois en trois mois, & de quatre conseillers de chaque chambre des enquêtes, qui changeoient de même tous les trois mois, pour tenir la séance en la chambre saint Louis.

Il fut dit que les ducs & pairs, conseillers d'honneur, maîtres des requêtes & autres officiers qui ont séance en la grand-chambre, pourroient pareillement siéger en la tournelle civile.

Le roi donna à cette chambre le pouvoir de juger toutes les causes où il s'agiroit seulement de la somme de 3000 liv. & de 150 liv. de rente & au-dessous, à l'exception des causes du domaine, des matières bénéficiales & ecclésiastiques, appels comme d'abus, requêtes civiles & causes concernant l'état des personnes, les qualités d'héritier & de commune, les droits honorifiques, les duchés-pairies, réglemens entre officiers, ceux de police & des corps & communautés qui ont leurs causes commises en la grand-chambre.

La jurisdiction de cette chambre fut prorogée d'année en année par diverses déclarations, jusqu'en 1691, & supprimée peu de temps après.

Elle fut rétablie par une déclaration du 12 janvier 1735, pour commencer le lendemain de la chandeleur; on lui donna le même pouvoir qu'en 1669; elle fut continuée pendant un an & ensuite supprimée.

Au commencement du présent règne il en a été également établi une qui a duré peu de temps.

Chambres des enquêtes, sont des chambres du *parlement* où l'on juge les procès par écrit, c'est-à-dire, ceux qui ont déjà été appointés en droit; à écrire, produire & contredire devant les premiers juges, à la différence des causes qui ont été jugées à l'audience en première instance, dont l'appel va à la grand-chambre, ou chambre de

plaidoyer, où il est instruit & jugé, quand même cette chambre appointeroit ensuite les parties au conseil, c'est-à-dire, à instruire l'instance par écrit.

Il y a plusieurs chambres des enquêtes; elles ont été créées, & le nombre en a été augmenté ou diminué selon que l'expédition des affaires a paru le demander.

Le nom de chambre des enquêtes, vient de ce qu'anciennement au *parlement* de Paris, lorsqu'on avoit ordonné la preuve de quelque fait, soit par titre ou par témoins, les pièces qui étoient représentées, ou les enquêtes qui avoient été faites sur les lieux par les baillis & sénéchaux, étoient apportées au *parlement*, qui les renvoyoit devant des commissaires pour les examiner; on envoyoit aussi quelquefois sur les lieux des commissaires du *parlement* pour faire les enquêtes, lorsque, par quelque raison particulière, elles ne pouvoient être faites par les baillis & sénéchaux.

Les anciens arrêts du *parlement*, qui sont dits avoir été rendus *ès enquêtes du parlement*, étoient ceux qui intervenoient sur les matières de fait, & qui gissoient en preuve. Les registres *olim* qui commencent en 1252, contiennent plusieurs de ces arrêts rendus *ès enquêtes du parlement* : le troisième de ces registres *olim* commençant en 1299, & finissant en 1318, est un registre particulier pour les enquêtes faites par les baillis & sénéchaux, & qui avoient été envoyées au *parlement*.

Il y a apparence que les baillis & sénéchaux qui avoient fait ces enquêtes, les rapportoient au *parlement*, ou du moins que les ayant envoyées, elles y étoient rapportées devant des commissaires détachés de la grand-chambre, qui s'assembloient hors de cette chambre pour faire l'examen & le jugé des enquêtes, lequel jugé se rapportoit ensuite à la grand-chambre pour prendre force d'arrêt, être prononcé, scellé, couché dans le registre. Ce fut-là le commencement de l'institution de la chambre des enquêtes.

Mais peu de temps après, au lieu de faire faire les enquêtes & le rapport par les baillis des lieux, on commit des conseillers pour faire les enquêtes & pour en faire le rapport, & d'autres pour les juger. Les commissaires furent donc distingués en deux classes; les uns furent appellés *les jugeurs des enquêtes*, ou *regardeurs des enquêtes*, parce qu'on leur donna le pouvoir de juger les questions de fait; les autres furent nommés *enquêteurs ou rapporteurs d'enquêtes*, parce qu'ils faisoient les enquêtes sur les lieux, ou les recevoient & faisoient le rapport des preuves en général, & alors on leur assigna une chambre particulière pour s'assembler, qu'on appella *les enquêtes*, c'est-à-dire, *la chambre des enquêtes* : les procès par écrit étoient tous compris alors sous ce terme d'*enquêtes*. Les anciens registres du *parlement* qui contiennent les arrêts rendus sur ces sortes d'affaires, sont intitulés les *jugés des enquêtes*.

L'ordonnance de Philippe-le-Bel, datée de trois semaines après la Toussaint de l'année 1291, por-

toit que pour entendre & juger les enquêtes, il y auroit huit perfonnes du confeil du roi qui ne feroient
point baillis, lefquelles fe partageroient chaque femaine; favoir, quatre le lundi & le mardi, & les
quatre autres le mercredi & le jeudi; que s'il y en
avoit quelqu'un qui ne pût venir, il fuffiroit qu'ils
fuffent deux ou trois; que ceux qui feroient commis
pour voir les enquêtes, les liroient exactement chez
eux, & qu'ils ne viendroient en la chambre des plaids
que quand ils feroient mandés.

Ceux qui étoient commis pour les enquêtes devoient les lire exactement chez eux, & ne venir à la
chambre des plaids que quand ils y étoient mandés;
c'étoit la chambre des plaids qui leur envoyoit les
enquêtes.

Ces enquêtes devoient, fuivant l'ordonnance du
23 mars 1102, être jugées, au plus tard, dans deux
ans.

Pafquier, dans fes recherches, *liv. II, ch. iij*, fait
mention d'une ordonnance de 1304 ou 1305, fuivant laquelle il devoit y avoir cinq perfonnes aux
enquêtes, entre lefquelles font nommés deux évêques & un autre eccléfiaftique.

Du Tillet rapporte une ordonnance ou état du
parlement, faite au mois de juillet 1316, dans lequel, après la lifte de ceux qui devoient compofer la grand-chambre, on trouve celle des jugeurs
des enquêtes au nombre de huit; il rapporte auffi
une femblable ordonnance ou état du 3 décembre
1316.

Les affaires fe multipliant de jour en jour, Philippe V, dit le Long, ordonna, le 3 décembre 1319,
qu'il y auroit aux enquêtes deux chambres, une pour
délivrer toutes les enquêtes du temps paffé, l'autre
pour délivrer celles qui fe feroient à l'avenir; & que
dans ces deux chambres, il y auroit en tout huit clercs
& huit laïques jugeurs, & vingt-quatre rapporteurs:
ce même prince, par une autre ordonnance du mois
de décembre 1320, régla ainfi l'état de cette chambre; favoir, qu'il y auroit 20 clercs & 20 laïques,
dont 16 feroient jugeurs, & les autres rapporteurs,
que les jugeurs viendroient & demeureroient à la
chambre comme meffieurs du *parlement*, & que depuis Pâques jufqu'à la S. Michel, ils entreroient l'a-
près-diner.

Le même prince ordonna encore, en 1320, à fes
gens des comptes & tréforier de Paris, de payer
tous les mois à fes amés & féaux les gens des enquêtes leurs gages, & de leur donner des manteaux
ou robes deux fois l'an; ces manteaux font voir que
les gens des enquêtes étoient réputés *commenfaux* de
la maifon du roi.

Il paroît que l'on ne montoit point alors des enquêtes à la grand'chambre; c'eft ce qui réfulte des
provifions de confeillers pour la grand-chambre, ou
de confeillers pour les enquêtes, qui font rapportées
dans le premier regiftre du dépôt; & dans le troifième, en 1335, *fol. 88, 163, 165, 167, 166, 172*,
quatrième regiftre, *fol.* 82; cinquième regiftre, *fol.*
6; feptième regiftre, *fol.* 1.

Il n'y avoit plus qu'une chambre des enquêtes,
fuivant l'ordonnance du 11 mars 1344; mais elle
étoit compofée de 40 perfonnes, 24 clercs & 16
laïques : on fupprima, par la même ordonnance, la
diftinction des jugeurs d'avec les rapporteurs, & on
leur donna à tous la faculté de faire l'une & l'autre
fonction : ils avoient à leur tête deux préfidens tirés
de la grand-chambre, & lorfque les arrêts étoient
rendus dans la chambre des enquêtes, ils devoient
être fcellés du fceau d'un des préfidens, & enfuite
étoient portés aux regiftres de la cour pour y être
prononcés, ce qui eft tombé depuis long-temps en
défuétude; tout ce qui eft refté de l'ancien ufage eft
que, comme les jugés des enquêtes n'étoient point
arrêts par eux-mêmes, & ne le devenoient que par
la prononciation publique qui s'en faifoit à la fin du
parlement; les chambres des enquêtes n'ont encore
ni fceau, ni greffe particulier; leurs arrêts font portés au greffe de la grand-chambre, pour y être gardés
en minutes, expédiés, fcellés & délivrés.

Le nombre des gens des enquêtes étoit encore le
même en 1359, fi ce n'eft qu'il fut ordonné qu'il y
auroit en outre tant de prélats qu'il plairoit au roi,
attendu que ceux-ci n'avoient point de gages : il y
avoit deux huiffiers pour la chambre des enquêtes.

Une ordonnance du 17 avril 1364 fut lue dans
les chambres du *parlement*, des enquêtes & des requêtes.

Quoique les gens des enquêtes fuffent devenus
jugeurs, on ne laiffoit pas de les envoyer en commiffions pour faire des enquêtes comme autrefois
lorfqu'il y avoit lieu; mais ce n'étoit qu'à la fin du
parlement, & il falloit qu'ils fuffent de retour au
commencement du *parlement* fuivant.

En 1446, Charles VII divifa la chambre des enquêtes en deux; la première de ces deux chambres
fut alors appellée *la grand-chambre des enquêtes*, &
l'autre *la petite*. La grand-chambre fut appellée fimplement *chambre du parlement*, comme le voit dans
les regiftres du *parlement*, où l'on trouve qu'en l'an
1483, le 25 juin, la cour tint le *parlement* en la falle
S. Louis; & la grand-chambre des enquêtes à la
tournelle, & la petite en la tour de Beauvais pour
l'entrée du roi Charles VIII. François I, en 1521, créa
la troifième. Au mois de mai 1543, il créa une quatrième chambre, que l'on appella pendant quelque
temps *la chambre du domaine*, parce qu'elle connoiffoit fingulièrement des affaires concernant le domaine du roi : dans la fuite, ayant connu de toutes
autres affaires indifféremment, on l'appella *la quatrième chambre des enquêtes*. Il en fut créé une cinquième par Charles IX, au mois de juillet 1568.

Enfin par édit du mois de mai 1581, il fut créé
20 confeillers au *parlement* avec intention d'y faire
une fixième chambre des enquêtes; mais fur les remontrances faites par la cour, l'érection de cette
chambre n'eut pas lieu.

Des cinq chambres des enquêtes il ne fubfifte
préfentement que les trois premières, les deux

autres ayant été supprimées par édit du mois de décembre 1756.

Il y a eu, en divers temps, plusieurs nouvelles créations de charges de conseillers du *parlement*, qui ont été distribuées dans les cinq chambres des enquêtes. A l'égard des commissions de présidens aux enquêtes, elles furent créées en même temps que chaque chambre, & mises en charges en 1704, puis en dernier lieu, rétablies en commission, comme on l'a dit ci-devant.

Elles sont présentement composées chacune de deux présidens qui sont nommés par le roi, & choisis parmi les conseillers, & de 26 ou 27 conseillers, tant laïques que clercs. Les présidens prennent seulement le titre de président de telle chambre des enquêtes & de présidens au *parlement*, à la différence des présidens au mortier qui peuvent seuls prendre le titre de présidens *du parlement*.

Tous les trois mois on tire de chaque chambre des enquêtes ou requêtes, trois conseillers pour faire le service de la tournelle criminelle, avec ceux qui sont tirés de la grand'chambre : ils vont ainsi chacun successivement à la tournelle, à l'exception des conseillers-clercs qui n'y vont jamais; & lorsqu'il vaque une place de conseiller en la grand'chambre, le plus ancien conseiller des enquêtes ou requêtes monte à la grand'chambre, c'est-à-dire, succède à la place qui étoit vacante.

Les conseillers-clercs & les conseillers laïques des enquêtes & requêtes, ne forment dans leur chambre, & même dans l'assemblée des chambres, qu'un même ordre, c'est-à-dire, qu'ils prennent chacun séance suivant l'ordre de leur réception, sans distinction des clercs d'avec les laïques. Mais lorsqu'il s'agit de parvenir à la grand'chambre, les clercs & les laïques font chacun un ordre à part; de manière que si c'est une place de conseiller-clerc qui vaque en la grand'chambre, il est remplacé par le plus ancien des conseillers-clercs, à l'exclusion des conseillers laïques, quand même il s'en trouveroit un plus ancien que le conseiller-clerc qui monte à la grand'chambre.

Le plus ancien conseiller de chaque chambre s'appelle le *doyen*.

Quoique les chambres des enquêtes aient été établies principalement pour juger les procès par écrit, on y porte néanmoins aussi quelquefois des appellations verbales, ou des affaires d'audience, soit par connexité, ou qui leur sont renvoyées par attribution, ou autres raisons particulières. On plaide aussi tous les incidens qui s'élèvent dans les procès par écrit, & autres affaires appointées; c'est pourquoi il y a audience dans chaque chambre deux jours de la semaine.

Les enquêtes connoissent aussi des procès de petit criminel, c'est-à-dire, de ceux où il n'y a point eu de conclusion du ministère public, tendantes à peine afflictive ou infamante; elles peuvent même dans le cours de l'instruction des affaires civiles, décréter de prise-de-corps, & instruire jusqu'à arrêt définitif.

Mais dans les procès de petit criminel portés aux enquêtes, comme on l'a dit ci-dessus, si la chambre estime qu'il y ait lieu de prononcer peine afflictive ou infamante, l'affaire doit être portée à la tournelle, où le conseiller qui en avoit fait le rapport aux enquêtes vient le rapporter, encore qu'il ne soit pas de service actuellement à la tournelle.

Les présidens & conseillers des enquêtes sont du corps du *parlement*, ils participent aux mêmes honneurs & privilèges; c'est pourquoi ils sont appellés à toutes les assemblées des chambres, soit pour quelque lit de justice, enregistrement d'ordonnance, édit ou autres affaires importantes. Ils portent tous, dans les cérémonies, la robe rouge & le chaperon herminé; ils ont les mêmes droits & exemptions que les présidens & conseillers de la grand'chambre.

Les conseillers-commissaires aux requêtes du palais peuvent passer aux enquêtes sans changer de charges, & montent à leur tour en la grand'chambre, ce qui leur étoit contesté avant 1763, mais est devenu loi par la déclaration du mois de mars 1763, vérifiée au parlement le 15 dudit mois de mars.

Chambre de l'édit, voyez *au mot* CHAMBRE, *les articles* CHAMBRE *de l'édit*, CHAMBRE *mi-partie &* CHAMBRE *tri-partie.*

Chambre des vacations, est une chambre particulière, que le roi établit tous les ans en vertu de lettres-patentes, pour juger les affaires civiles provisoires, & toutes les affaires criminelles, pendant le temps des vacations, ou vacances d'automne du *parlement*. Dans ces lettres, le roi nomme tous les conseillers de la grand-chambre qui doivent y servir : il y a de semblables chambres dans les autres *parlemens* & cours souveraines.

La plus ancienne chambre des vacations est celle du *parlement* de Paris.

Avant que le *parlement* eût été rendu ordinaire, il n'y avoit point d'autres vacations que les intervalles qui se trouvoient entre chaque *parlement*; & dans ces intervalles les présidens & conseillers ne laissoient pas de travailler à certaines opérations.

Si l'on en croyoit la chartre de Louis-le-Gros, en faveur de l'abbaye de Tiron, les grands présidens du *parlement* jugeoient tant en *parlement*, que hors la tenue d'icelui; mais on a observé, en parlant des présidens, que l'authenticité de cette chartre est révoquée en doute par plusieurs savans.

L'ordonnance de 1296, dont nous avons déja parlé plusieurs fois, porte qu'au temps moyen de deux *parlemens*, les présidens ordonneront que l'on *rebriche* (ce qui signifie *intituler* & *étiqueter*), & examiné les enquêtes, ce que l'on en pourra faire.

Le *parlement* fini, on députoit quelques-uns de ses membres à l'échiquier de Normandie, & d'autres aux grands jours de Troyes.

La même ordonnance dit que ceux de la chambre qui n'iront point à l'échiquier, ni aux jours de Troyes, s'assembleront à Paris avant le *parlement*, pour *concorder* les jugemens des enquêtes, & que les jugemens qu'ils accorderont feront recordés par eux, devant les autres de la chambre qui n'y auront pas été présens ; qu'ils les accorderont avant qu'ils foient publiés aux parties ; que fi la chose étoit grave, ils la verront & débattront, mais qu'elle ne fera accordée qu'en plein *parlement*, & en préfence de tous.

L'ordonnance du 23 mars 1302, *article 6*, dit, en parlant des prélats & autres eccléfiaftiques qui avoient des affaires eccléfiaftiques, qu'afin de ne les point détourner de leur miniftère, ils feront expédiés promptement, lorfqu'ils viendront au *parlement*, chacun felon les jours de leurs fénéchauffées ; *& volumus*, ajoute cet article, *quod in parlamento, & extrà per curiales noftros tractentur condecenter, & honeftè, ut & clericus fieri poffit* : la même chose eft auffi ordonnée pour les barons.

Quelques-uns ont voulu inférer de ces mots, *& extrà (parlamentum)*, qu'il y avoit dès-lors au *parlement* une chambre des vacations, compofée des membres même du *parlement*.

Les *olim* rapportent en effet des jugemens rendus *extra parlamentum*, par les grands préfidens, ou par les gens des requêtes du palais.

Mais les préfidens qui jugeoient hors le *parlement*, n'avoient aucun rapport à ce que l'on entend aujourd'hui par *chambre des vacations*, laquelle juge tous les ans depuis le 8 feptembre jufqu'au 28 octobre, & qui connoît d'une certaine efpèce d'affaires circonfcrites & limitées. Ces préfidens ou juges étoient commis par le roi, pour une ou plufieurs affaires particulières, d'entre certaines parties ; & l'on ne trouve qu'un très-petit nombre de ces commiffions depuis 1254 jufqu'en 1318 : il n'y en a point dans le premier ni dans le fecond des *olim*.

Il paroît que ces commiffaires, pour juger *extra parlamentum*, n'ont commencé qu'en 1311, parce qu'au lieu de trois ou quatre *parlemens* qui fe tenoient chaque année, il n'y en eut qu'un dans celle-ci, *octavâ brandorum, 3 olim fol. 52.*

On voit une feconde commiffion en 1315, parce qu'alors il n'y eut point de *parlement* ; c'eft-à-dire, depuis la faint Martin 1315, jufqu'à la faint Martin 1316. Ces commiffaires ne jugèrent que trois procès : leur commiffion eft énoncée en ces termes, *per noftras mandavimus & commifimus litteras.*

Cette commiffion étoit, comme on voit, établie par des lettres-patentes. On tient néanmoins qu'anciennement le *parlement* ne prenoit point de lettres pour établir la chambre des vacations ; cette chambre en prenoit feulement pour juger les affaires criminelles ; & lorfqu'il s'agiffoit de juger le fond de quelque droit, le *parlement* donnoit lui-même quelquefois ces lettres. Cette manière d'établir la chambre des vacations dura plus de deux fiècles ; elle étoit encore la même du temps de François I.

Les *olim* parlent fouvent de la chambre des requêtes, comme étant la chambre où l'on s'affembloit en vacation, & c'eft peut-être encore de-là que meffieurs des requêtes ne prennent point leurs vacances en même temps que le *parlement*. On tient communément que tous les tribunaux qui jugent les affaires du roi, & des officiers qui font à fa fuite, n'ont point de vacances, afin que ces fortes d'affaires puiffent être expédiées en tout temps, au moins provifoirement : c'eft pour cela que la cour des aides n'en avoit point jufqu'au réglement qui a changé cet ufage, lorfque M. le chancelier de Lamoignon étoit premier préfident de cette compagnie. C'eft par la même raifon que les requêtes du palais entrent toute l'année, du moins jufqu'à ce que le châtelet foit rentré, afin qu'il foit en état de pourvoir, en attendant, aux affaires les plus preffées, de ceux même qui ont droit de *committimus*; droit qui n'étant qu'une faculté, & non une compétence néceffaire, laiffe au privilégié la liberté de fuivre la juftice ordinaire, lorfqu'il le veut.

En 1316 la chambre des vacations fe tint dans la chambre du plaidoyer ; dans la fuite elle fe tint plus d'une fois dans la chambre des enquêtes, comme on le voit par les regiftres du *parlement*: mais depuis long-temps fes féances font fixées en la tournelle.

Il n'y eut qu'un *parlement* en 1317, qui commença à la faint André ; de forte qu'il y eut un intervalle confidérable entre ce *parlement* & celui de la Touffaint 1316, ce qui donna lieu à une nouvelle commiffion, *noftris commiffariis feu judicibus in hac parte deputatis..... mandavimus, &c.* Leur arrêt eft du 6 mai 1317.

L'ordonnance du mois de décembre 1320, porte que le *parlement* fini, ceux du *parlement* qui voudroient demeurer à Paris, pour travailler à délivrer les enquêtes, prendroient les mêmes gages qu'en temps de *parlement*.

Le réglement que cette même ordonnance fait pour la chambre des requêtes, porte que ceux qui feront de cette chambre entreront après-dîner, depuis Pâques jufqu'à la faint Michel, *pour befogner* ; ainfi, non-feulement on travailloit aux enquêtes jufqu'à la faint Michel, mais on y travailloit en général pendant tout le temps que le *parlement* ne tenoit pas.

Il n'y eut point de *parlement* en 1424, fuivant le premier regiftre du dépôt du *parlement*, lequel regiftre eft le premier après les *olim*. Le roi nomma de même des commiffaires, *vocatis igitur fuper hoc partibus coram comiffariis quos ad hoc duximus deputandos*, &c.

Il y en eut de même en 1326, puifqu'au folio 479 du regiftre dont on vient de parler, il eft dit *anno domini 1326, non fuit* parlamentum, *tamen expedita & prolata fuerunt judicata & arrefta quæ fequuntur.*

On ne trouve rien de ftable ni d'uniforme dans ces premiers temps fur la manière dont on devoit se pourvoir pour l'expédition des affaires pendant que le *parlement* ne tenoit pas.

La guerre ayant empêché d'assembler le *parlement* en corps, pendant les années 1358, 1359, & jusqu'au 13 janvier 1360, le roi Jean, par des lettres du 18 octobre 1358, manda aux présidens qui tenoient le dernier *parlement*, de juger avec les conseillers les procès qui étoient restés pendans au dernier *parlement*, jusqu'à ce qu'il y en eût un nouveau assemblé; & sans pouvoir juger des affaires qui n'y avoient pas encore été portées, à moins que cela ne leur fût ordonné.

Le pouvoir de cette chambre des vacations fut augmenté par des lettres de Charles V, alors régent du royaume, du 19 mars 1359, par lesquelles il est dit qu'étant encore incertain quand le *parlement* pourroit tenir, à cause des guerres, les présidens jugeroient toutes les affaires qui seroient portées devant eux, entre toutes sortes de personnes, de quelque état & condition qu'elles fussent. On trouve aussi dans les registres du *parlement*, des lettres accordées le 28 mars 1364, à un conseiller de cette cour, par lesquelles il est dit que ceux qui le troubleroient dans l'exemption des droits de péages, travers & autres, dont jouissoient les officiers du *parlement*, pour leurs provisions qu'ils faisoient venir à Paris, seroient assignés devant le *parlement*, ou aux requêtes du palais, si le *parlement* ne tenoit pas; & il paroît que l'on accordoit de semblables lettres à tous les conseillers & présidens au *parlement* qui en avoient besoin.

Charles V régnant ordonna par des lettres de sauve-garde, accordées à l'abbaye de Fontevrault, au mois de juin 1365, que les affaires de cette abbaye seroient portées au *parlement* qui tenoit alors, & aux *parlemens* suivans, ou devant les présidens lorsque le *parlement* ne tiendroit pas. Ces lettres laissent néanmoins à cette abbaye le choix de poursuivre ses affaires aux requêtes du palais, soit que le *parlement* fût assemblé ou non. Ce même privilège fut confirmé dans toute son étendue, par des lettres du mois de juin 1382.

Les Célestins de Paris obtinrent, au mois d'octobre 1369, des lettres portant mandement aux gens des requêtes du palais d'expédier leurs affaires, soit que le *parlement* tînt ou non: l'abbaye de Chalis obtint aussi de semblables lettres, au mois de mars 1378; & l'église & chapitre de Chartres en obtint de pareilles le 20 novembre 1380.

Au mois d'août 1405, Charles VI ordonna que du jour que le *parlement* seroit clos & fini jusqu'au lendemain de la fête de saint Martin, les présidens du *parlement*, ou quelques-uns d'eux, ou au moins l'un des présidens de la chambre des enquêtes, avec tous les conseillers-clercs & laïques, tant de la chambre du *parlement* que des enquêtes, qui pour lors seroient à Paris, vaqueroient au jugement & expédition des procès pendans tant en la chambre du *parlement*, qu'aux enquêtes, pourvu

que les juges fussent en nombre suffisant, & à condition que leurs arrêts seroient prononcés au prochain *parlement*; il ordonna aussi que leurs gages leur seroient payés pendant ce temps comme si le *parlement* siégeoit.

L'établissement de cette chambre fut confirmé par Louis XII en 1499, & par François I en 1519.

Cette chambre ne se tient qu'en vertu d'une commission que le roi envoie chaque année.

Le temps de ses séances est depuis la Notre-Dame de septembre jusqu'à la saint Simon; dans les autres *parlemens* & cours souveraines, le temps des vacations est réglé différemment.

Elle est composée d'un président à mortier, & de vingt-quatre conseillers, tant clercs que laïques, dont douze sont tirés de la grand-chambre, & douze des enquêtes.

Le *parlement* rendit un arrêt le 2 septembre 1754, qui permit d'instruire à l'ordinaire les instances & procès, tant de la grand-chambre que des enquêtes, nonobstant vacations.

En 1755, le *parlement* fut continué, & il n'y eut point de vacations.

Requêtes du palais, sont des chambres établies pour juger les causes de ceux qui ont droit de *committimus*.

On appelloit anciennement *requêtes du palais*, le lieu où l'on répondoit les requêtes qui présentées au *parlement*, & où l'on examinoit les lettres qui devoient passer au sceau pour ce *parlement*, lequel se servoit alors de la grande chancellerie.

Les maîtres des requêtes de l'hôtel du roi recevoient non-seulement les requêtes qui étoient présentées au roi, mais ceux qui servoient en *parlement* recevoient les requêtes qui y étoient présentées; si elles étoient de peu de conséquence, ils les jugeoient seuls entre eux; ou bien s'ils ne pouvoient s'en accorder par rapport à l'importance ou difficulté de la matière, ils venoient en conférer à la grand-chambre les après-dînées, ou le matin avant l'audience.

Pour cet effet ils étoient tenus de s'assembler à l'heure du *parlement*, & de demeurer jusqu'à midi, suivant l'ordonnance de Philippe-le-Bel, faite au *parlement* tenu dans les trois semaines après la Toussaint, en 1291, portant règlement, tant sur l'état du *parlement*, que sur celui de la chambre des enquêtes & des requêtes.

Cette ordonnance veut que, pendant tout le *parlement*, il y ait trois personnes du conseil qui siégent tous les jours, *pro requestis audiendis*; & pour cet effet, le roi nomme trois personnes, auxquelles il donne le titre de *magistrat*, de même qu'aux membres du *parlement*: l'un de ces trois députés est aussi qualifié *militem*, & il commet près d'eux un notaire, aussi qualifié de *maître*.

Outre ces trois maîtres qui étoient pour les requêtes de la languedouy ou langue françoise (c'étoit le pays coutumier), il y en avoit d'autres pour les

requêtes

requêtes de la languedoc, ou pays de droit écrit.
En effet, l'article suivant de la même ordonnance
de 1291, dit que pour entendre & expédier les
causes & requêtes des fénéchauffées & pays qui
font régis par le droit écrit, il y aura les vendredi,
samedi, dimanche, & autres jours de la. semaine
qu'il paroîtra néceffaire, quatre ou cinq perfonnes
du confeil ; & le roi donne cette commiffion au
chantre de Bayeux, & à deux autres perfonnes
qui font qualifiées comme les premiers *magiftrats*,
avec le doyen de Gerberie pour leur notaire ou
greffier.

C'eft ainfi que cela fut pratiqué jufqu'à ce que
le *parlement* eut été rendu fédentaire à Paris ; car
alors, ou du moins peu de temps après, les maîtres
des requêtes de l'hôtel du roi étant employés près
la perfonne du roi, & ailleurs pour les commiffions qui leur étoient départies, ils laiffèrent au
parlement la connoiffance des requêtes qui lui étoient
préfentées ; & en conféquence quelques-uns des
maîtres du *parlement* furent commis par le roi pour
connoître de ces requêtes, comme il paroît par
les ordonnances intervenues depuis Philippe-le-Bel,
jufqu'à Charles VI, & ces maîtres étant tirés du
corps de la cour féante au palais, furent appellés
les *maîtres des requêtes du palais*, pour les diftinguer
des maîtres des requêtes de l'hôtel du roi.

L'ordonnance de 1304 ou 1305, citée par Pafquier, veut qu'il y ait cinq perfonnes aux requêtes
de la languedoc, & cinq aux requêtes de la langue
françoife ; il eft vrai qu'au lieu de *requêtes*, on
trouve le mot d'*enquêtes* ; mais on voit que c'eft
par erreur, car il eft dit auparavant qu'il y aura
cinq perfonnes à la chambre des enquêtes ; de
forte que ce qui fuit concerne les requêtes.

Les maîtres des requêtes du palais reftoient en
leur fiège pour recevoir les requêtes, quoique le
parlement fût fini : cela fe voit dans les regiftres
olim fous l'année 1310, où il eft dit que le roi
adreffa un mandement aux gens des requêtes du
palais, *cum finitum effet* parlamentum, *rex dilectis
& fidelibus gentibus fuis Parifiis requeftas tenentibus
mandavit*, &c. Il les qualifioit dès-lors d'*amés &
féaux*, comme les maîtres du *parlement*, du corps
defquels ils avoient été tirés.

On voit dans le quatrième *olim*, arrêt devant
Noël 1315, que les gens des requêtes du palais
font tous qualifiés de *préfidens* : ils font nommés
au nombre de cinq ; mais dans d'autres féances
du *parlement*, ils font juges & fouvent rapporteurs, fans être nommés au premier rang.

Il en eft encore parlé dans les années fuivantes,
jufqu'en 1318.

Le 17 novembre de cette année, Philippe V,
dit *le Long*, fit une ordonnance touchant le *parlement* ; il ordonne par l'*article* 7, que bonnes perfonnes & apertes pour délivrer, foient aux requêtes
de la languedoc & de la françoife, & qu'en chacun fiège des requêtes il y ait trois ou quatre notaires, un de fang (c'eft-à-dire, pour les lettres de

grace), & le remanant des autres, qui, par leurs
fermens, foient tenus d'être aux requêtes tant
comme les maîtres des requêtes y feront, fans faillir & fans aller à la chambre, & que par leurs
fermens ils ne puiffent faire autres lettres tant qu'ils
aient lettres de requêtes à faire ; qu'ils apporteront
le matin à leurs maîtres des requêtes les lettres
qu'ils feront ; que les maîtres les corrigeront s'il
y a lieu, & les figneront du fignet que l'un d'eux
portera comme au chancelier, & les enverront
au chancelier toutes corrigées & fignées pour les
fceller ; que s'il y a quelque défaut dans ces lettres,
ceux qui les auront paffées & fignées, en feront
blâmés ; qu'en chaque fiège des requêtes il n'y
aura qu'un fignet tel que le roi ordonnera, & que
les maîtres ne pourront connoître des caufes ni
des querelles, fpécialement du principal des caufes
qui doivent être difcutées en *parlement*, ou devant
les baillis ou les fénéchaux ; mais que fi une partie s'oppofe à la requête à ce qu'aucune lettre de
juftice ne foit donnée, ils pourront bien en connoître & ouir les parties, pour voir s'ils accorderont les lettres ou non : ce règlement fut renouvellé en 1344.

Ce même prince, par fon ordonnance du mois
de décembre 1320, fit encore un règlement fur
l'état de fes requêtes (les requêtes du palais) ; favoir qu'il y auroit trois clercs & deux laïques pour
ouir les requêtes ; que ceux-ci viendroient le matin à la même heure que ceux du *parlement*, &
demeureroient jufqu'à midi, fi befoin étoit.

Que les notaires qui feroient à Paris, excepté
ceux qui feroient députés à certains offices, viendroient chaque jour aux requêtes, & employeroient
chacun la journée ; que le lendemain chacun rap-
porteroit les lettres qu'il auroit faites pour lire ès
requêtes, & que par fon ferment, il n'en figneroit aucune jufqu'à ce qu'elles y euffent été lues,
ou devant celui par qui elles avoient été commandées.

Que fi on donnoit aux maîtres quelque requête
qu'ils ne puiffent délivrer, ils en parleroient aux
gens du *parlement* quand midi feroit fonné, & que
fi la chofe demandoit plus mûre délibération, ils
en parleroient quand on feroit aux arrêts (c'eft-à-
dire, le jeudi, qui étoit le jour que l'on jugeoit) ;
& qu'ils le diroient à celui que la requête con-
cerneroit, afin qu'il fût qu'on ne le faifoit pas
attendre fans caufe.

Enfin, que ceux des requêtes n'entreroient point
dans la chambre du *parlement*, excepté dans les
cas ci-deffus, à moins qu'ils n'y fuffent mandés ou
qu'ils n'y euffent affaire pour eux-mêmes ou pour
leurs amis particuliers ; & qu'en ce cas, dès qu'ils
auroient parlé, ils fortiroient & iroient faire leur
office, le roi voulant qu'ils fuffent payés de leurs
gages par fon tréforier, comme les gens du *parlement* & des enquêtes.

Il n'y eut point de *parlement* en 1326, mais il y
eut des commiffaires pour juger pendant cette

vacance. *Non fuit parlamentum*, dit le premier re-giftre du dépôt, *tamen expedita & prolata fuerunt judicata quæ fequuntur....... certum diem habentes coram gentibus noftris Parifiis præfidentibus.*

Il paroît que, dès 1341, les gens des requêtes du palais étoient confidérés comme une cour qui avoit la concurrence avec les requêtes de l'hôtel. En effet, on trouve des lettres de 1341, & d'autres de 1344, adreffées « à nos amés & féaux les gens » tenant notre *parlement*, & nos amés & féaux les » gens des requêtes de notre hôtel & de notre » palais à Paris ».

Lorfque Philippe de Valois fit l'état de fon *parlement* au mois de mars 1344, il ordonna pour fes requêtes du palais huit perfonnes ; favoir, cinq clercs & trois laïques ; il régla en même temps que les gens des enquêtes ou requêtes du palais qui feroient envoyés en commiffion, ne pourroient fe faire payer que pour quatre chevaux.

Les maîtres des requêtes du palais, que l'on appelloit auffi *les gens des requêtes du palais*, ou *les gens tenans les requêtes du palais*, avoient, dès 1358, cour & jurifdiction; c'eft ce qui réfulte d'une ordonnance du mois de janvier 1358, du dauphin Charles, régent du royaume, qui fut depuis le roi Charles V ; il déclare que perfonne ne peut tenir cour ou jurifdiction temporelle au palais fans le congé du concierge, excepté les gens des comptes, de *parlement*, & des requêtes du palais, ou aucuns commiffaires députés de par eux.

Cette jurifdiction des requêtes s'appelloit auffi *l'office des requêtes du palais*, comme il fe voit dans l'ordonnance du même prince, du 27 janvier 1359, portant, entre autres chofes, qu'en l'office des requêtes du palais, il y auroit préfentement & à l'avenir, feulement cinq clercs & trois laïques : c'étoit toujours le même nombre qu'en 1344.

Dans ce même temps l'ufage des *committimus* aux requêtes du palais commençoit à s'établir. On voit dans différentes lettres des années 1358 & fuivantes, que la fainte Chapelle avoit fes caufes commifes aux requêtes du palais, & qu'en conféquence des lettres de fauvegarde accordées à l'abbaye de Notre-Dame du Vivier en Brie, les affaires de ce chapitre furent d'abord pareillement attribuées, en 1358, aux requêtes du palais; qu'enfuite, en 1359, on les attribua au *parlement*, mais avec la claufe que quand le *parlement* ne tiendroit pas, le chapitre pourroit fe pourvoir devant les préfidens du *parlement*, ou devant les gens des requêtes du palais. Il y eut dans la fuite plufieurs autres attributions femblables.

Il y avoit auffi déjà deux huiffiers aux requêtes du palais qui faifoient corps avec les autres huiffiers du *parlement* ; ailleurs ils font nommés *fergens des requêtes*.

Le réglement que Charles V fit en novembre 1364, touchant les requêtes du palais, & qui eft adreffé à nos amés & féaux confeillers les gens tenans les requêtes en notre palais à Paris, nous

apprend qu'ils étoient dès-lors fi chargés de diverfes caufes touchant les officiers du roi & autres, que le roi leur avoit commifes de jour en jour par fes lettres, qu'il crut néceffaire de faire ce réglement pour la prompte expédition des caufes en ce fiège.

On y remarque, entre autres chofes, qu'ils devoient donner leurs audiences les jours que le *parlement* étoit au confeil, & que les jours que l'on plaidoit au *parlement*, ils devoient à leur tour être au confeil pour faire les autres expéditions de leur fiège.

Que les caufes qui n'avoient pu être expédiées le matin, devoient l'être après-diné.

Qu'il y avoit un fcel établi pour ce fiège qui étoit entre les mains du préfident ; & quand celui-ci s'abfenteroit, il devoit laiffer ce fcel entre les mains du plus ancien clerc, c'eft-à-dire, confeiller.

Les requêtes du palais étoient juges de leurs compétences, comme il réfulte d'un arrêt du 18 juillet 1368, qui porte : quand il y aura conflit de jurifdiction entre les requêtes du palais & le prévôt de Paris, il fe retirera devant les confeillers des requêtes pour y dire fes raifons, & ceux-ci décideront.

Charles V, dans des lettres de 1378 pour l'abbaye de Chalis, qualifie les gens des requêtes du palais de *commiffaires*, titre qui eft demeuré à ceux des confeillers au *parlement* qui font attachés à ce fiège.

Du temps de Charles VI, le privilège de fcholarité fervoit à attirer les procès aux requêtes du palais.

L'exercice de cette jurifdiction des requêtes du palais qui fe tenoit par les commiffaires du *parlement* au nom du roi, fut interrompu fous Charles VI, à caufe des guerres qu'il eut contre les Anglois, qui commencèrent vers l'an 1418, pendant lefquelles Henri V, roi d'Angleterre, qui s'étoit emparé de plufieurs villes du royaume, & entre autres, de celle de Paris, y établit, pour les requêtes du palais, un préfident & quatre confeillers, dont les deux premiers étoient du corps de la cour, & les deux autres généraux des aides.

Durant le cours de ces guerres, le roi ayant établi fon *parlement* & requêtes à Poitiers, ce fut les maîtres des requêtes de l'hôtel du roi qui tinrent les requêtes du palais, comme ils faifoient anciennement, ce qui dura jufqu'en 1436, que Charles VII, ayant remis fon *parlement* à Paris, y rétablit auffi la chambre des requêtes.

En 1473, il ordonna qu'elle feroit compofée d'un préfident & de cinq confeillers, lefquels ne furent point tirés du corps de la cour, comme cela fe pratiquoit auparavant.

Ce nombre de fix, y compris le préfident, dura jufqu'à François I, lequel, par édit du mois de mai 1544, créa encore pour les requêtes, un préfident & deux confeillers, auxquels, par un édit du mois fuivant, il ajouta un autre commiffaire ou confeiller ; & dans le même mois, il en créa encore un autre pour être tenu & exercé par un conseiller du *parlement*.

Charles IX créa aussi en 1567, trois conseillers laïques pour les requêtes, dont l'un seroit second président.

Les pourvus de ces offices n'ayant point été tirés du corps de la cour, suivant les anciennes ordonnances, il fut ordonné par lettres-patentes du mois de mars 1571, que vacation avenant des offices de conseillers des requêtes du palais, ces offices seroient donnés à un des trois plus anciens conseillers de la grand-chambre, que la cour nommeroit & éliroit plus anciens, sans démembrer à l'avenir la commission de l'état de conseiller, suivant l'ancienne coutume.

Il y fut cependant dérogé par un édit de 1574, portant création de quatre offices de conseillers aux requêtes.

Mais sur les remontrances faites par la cour, par une déclaration du 6 mars 1576, il fut dit que vacation avenant, il ne seroit pourvu aux commissions des requêtes du palais à autres qu'aux anciens conseillers de la grand-chambre du *parlement*, par élection & nomination que le corps en feroit.

Depuis, par édit du mois de juin 1580, Henri III créa une seconde chambre des requêtes du palais, composée de deux présidens & huit conseillers, aux mêmes droits, privilèges & prérogatives que les anciens.

Il y a eu depuis diverses créations & suppressions d'offices de conseillers au *parlement*, commissaires aux requêtes du palais, par édits & déclarations de septembre & mai 1597, 2 décembre 1599, décembre 1635, décembre 1637.

Il a aussi été créé un troisième office de président dans chaque chambre par édit du mois de mai 1704.

D'après l'édit de 1756 & déclaration de 1757, chaque chambre des requêtes du palais devoit être composée de deux présidens & de quatorze conseillers; ce qui a été changé par l'édit de mars 1763.

Par celui de novembre 1774, les deux chambres des requêtes furent supprimées; il en fut seulement rétabli une par édit de juillet 1775; & en conséquence de cette loi, elle est composée de deux présidens, douze conseillers laïques & deux clercs.

Lors de ce rétablissement, ses audiences ont été fixées aux lundi, mardi, mercredi & jeudi matin; & celles de relevée ont été supprimées par le fait.

Les requêtes du palais sont du corps du *parlement*, & jouissent des mêmes privilèges.

Les présidens & conseillers aux requêtes assistent aux assemblées des chambres & aux réceptions; les conseillers peuvent en quittant la commission passer aux enquêtes.

Ils sont juges des causes personnelles, possessoires & mixtes, de tous ceux qui ont droit de *committimus* au grand ou au petit sceau : ce dernier

attire aux requêtes du palais ceux qui sont dans l'étendue du *parlement* de Paris ; mais d'après un *committimus* du grand sceau, on fait évoquer les causes de tout le royaume, à l'exception de quelques provinces qui, par le traité de leur réunion à la couronne, ont stipulé que leurs habitans ne pourroient être distraits de leur ressort.

Il est néanmoins au choix des privilégiés de porter leurs causes aux requêtes de l'hôtel ou aux requêtes du palais, à l'exception des présidens, conseillers & autres officiers des requêtes du palais & de leurs veuves, lesquels ne peuvent, en vertu de leur privilège, plaider ailleurs qu'aux requêtes de l'hôtel, comme *è contrario* les maîtres des requêtes & officiers des requêtes de l'hôtel ne peuvent plaider qu'aux requêtes du palais.

Chancellerie près le parlement. Anciennement le *parlement* n'avoit point d'autre chancellerie pour sceller ses expéditions, que la grande chancellerie de France.

On voit par l'ordonnance de 1296, que les présidens du *parlement* avoient alors un signet qui étoit tenu par celui qui étoit par eux ordonné ; que ce signet servoit à signer toutes les expéditions qu'ils délivroient, & que le chancelier étoit tenu de sceller tout ce qui étoit ordonné par la chambre, sans y pouvoir rien changer.

Il en étoit de même de tout ce qui émanoit de la chambre de droit écrit & de celle des requêtes qui avoient aussi chacune leur signet ; le chancelier étoit tenu pareillement de sceller tout ce qui étoit délivré sous leur signet.

Quand le *parlement* tenoit, on ne délivroit point ailleurs les lettres de justice ; l'ordonnance de Philippe V, du 16 novembre 1318, *art. 4*, porte qu'il y aura toujours avec le roi deux poursuivans, un clerc & un laïque, lesquels quand le *parlement* ne tiendra pas, délivreront les *requêtes* de justice ; & quand le *parlement* tiendra, ils ne les délivreront point, mais les renverront au *parlement*; & soit qu'il y eût *parlement* ou non, ces deux poursuivans devoient examiner toutes les requêtes avant qu'elles fussent envoyées au grand sceau.

Privilèges du parlement. Les privilèges de cette compagnie sont en si grand nombre, que nous n'entreprendrons pas de les marquer ici tous ; nous nous contenterons de remarquer les principaux.

Tel est celui de la noblesse transmissible au premier degré. Dans les premiers temps, le *parlement* étant composé de tous les Francs & ensuite des grands vassaux, tous les membres du *parlement* étoient, sans contredit, nobles ; ce qui étoit d'autant plus nécessaire, que, comme le droit de la nation étoit que chacun fût jugé par ses pairs, il falloit être noble pour être juge des nobles, pour juger l'appel des baillis, pairs & barons. Dans la suite, & sur-tout depuis les établissemens de saint Louis, qui, étant tirés du droit romain, rendoient nécessaire la connoissance du corps de droit, on fut contraint d'admettre au *parlement* des gens lettrés non nobles, pour aider aux pairs & aux prélats à rendre la justice. Dans ces temps d'ignorance, où l'on ne faisoit pas attention que la dignité de cette fonction conféroit nécessairement la noblesse, on donnoit des lettres de noblesse à ceux qui n'étoient pas nobles d'extraction, on les faisoit chevaliers en loix ; mais dans des temps plus éclairés, on a reconnu l'erreur où l'on étoit tombé à cet égard ; & dans les occasions qui se sont présentées, l'on a jugé que ces offices conféroient la noblesse ; il y en a arrêt dès 1546. Louis XIII confirma la noblesse du *parlement* par édits des mois de novembre 1640 & juillet 1644.

Un édit du mois de juillet 1669 avoit supprimé ce privilège, ensorte que les officiers du *parlement* étoient réduits à la noblesse personnelle. Mais par un autre édit de novembre 1690, la noblesse au premier degré, transmissible à leurs enfans, a été accordée à ceux qui auront exercé pendant vingt ans, ou qui seront décédés revêtus de leurs offices. Comme les substituts de M. le procureur-général n'avoient point été compris dans cet édit, ils ont obtenu, le 29 juin 1704, une déclaration qui leur accorde la noblesse comme aux autres membres du *parlement*.

L'édit du mois d'août 1715, en révoquant la noblesse au premier degré, attribuée à différentes cours, en a excepté le *parlement*.

Les présidens à mortier & les conseillers-clercs jouissoient autrefois du droit de manteaux.

Pour ce qui est des gages du *parlement*, ils lui furent attribués lorsqu'il devint sédentaire & ordinaire ; ce fut en 1322 qu'on en assigna le paiement sur les amendes.

Les présidens, conseillers & autres principaux officiers du *parlement* jouissent de l'exemption du ban & arrière-ban, du logement de gens de guerre & de la suite du roi, du droit d'indult, du droit de franc-salé, de la prestation de l'hommage en personne, du droit de porter la robe rouge & le chaperon herminé dans les cérémonies, de la recherche des sacs après trois ans.

Les conseillers-clercs en particulier sont dispensés de résider à leurs canonicats où ils sont réputés présens, excepté dans le chapitre de l'église de Paris, où ils n'ont aucune exemption.

Le doyen des conseillers de la grand-chambre & le plus ancien des conseillers-clercs de la même chambre, est gratifié d'une pension ; aux enquêtes & requêtes, il n'y a de pension que pour le doyen des conseillers laïques. Le doyen des laïques est toujours doyen du *parlement*, quand bien même l'ancien des clercs seroit plus anciennement reçu que lui.

Les conseillers au *parlement* ont le droit de dresser des procès-verbaux des choses qui se passent sous leurs yeux qui intéressent le service du roi, le public ou la compagnie.

Mais un de leur plus considérables privilèges est celui qu'ils ont d'être, non-seulement jugés par le *parlement* assemblé, mais même d'être exempts de toute instruction devant aucun autre juge, ensorte que *la plume doit tomber des mains*, suivant l'expression ordinaire, dès qu'un conseiller au *parlement* est impliqué ou même nommé dans la procédure ; le juge doit s'interrompre, fût-ce au milieu d'une déposition, interrogatoire, plaidoierie, ou autre acte quelconque de la procédure.

Discipline du parlement. Chaque chambre doit connoître des matières qui lui ont été attribuées par les réglemens. Ainsi la grand-chambre connoit de la police générale dans les matières civiles & ecclésiastiques, soit par appel simple ou comme d'abus, soit en première instance, sans que, sous aucun prétexte, les officiers des enquêtes puissent en prendre connoissance, à moins que l'assemblée des chambres n'ait été jugée nécessaire à cet égard.

Observez toutefois que cette règle ne s'applique pas aux appels comme d'abus incidens aux procès soumis à la décision d'une chambre des enquêtes.

Lorsqu'il survient quelque différend sur la compétence entre les chambres de la cour, il doit être porté aux chambres assemblées ; & s'il ne peut pas y être terminé, les chambres entre lesquelles il s'est élevé doivent chacune envoyer à M. le chancelier ou à M. le garde-des-sceaux de France, un mémoire contenant sommairement l'objet de la difficulté & les motifs des prétentions respectives, pour, sur le compte que le ministre de la justice est chargé d'en rendre au roi, être par sa majesté ordonné ce qu'il convient.

Il doit en être usé de même quand il s'élève des difficultés entre les officiers de quelques-unes des chambres du *parlement* & les avocats-généraux, ou le procureur-général, relativement à leurs fonctions, aux droits & aux privilèges de leurs offices.

Nous avons indiqué à l'article *Assemblée*, les règles qui doivent être observées relativement aux assemblées des chambres du *parlement* : ainsi *voyez cet article*.

D'après l'édit de novembre 1774, aucune dénonciation ne peut être faite que par le procureur-général : mais si des officiers du *parlement* viennent à être instruits de quelques faits qu'ils regardent comme sujets à dénonciation, ils doivent en informer le premier président ou celui qui préside en son absence, pour, sur le compte qu'il en rend à la grand-chambre assemblée, être enjoint, s'il y a lieu, au procureur-général de faire la dénonciation ; ce qu'il ne peut refuser : mais cette loi ne s'exécute pas.

Le *parlement* est tenu de procéder sans retardement & toutes affaires cessantes, à l'enregistrement des ordonnances, édits, déclarations & lettres-patentes qui lui sont adressés ; mais si, en procédant à l'enregistrement de ces loix, la cour trouve qu'il y ait lieu, pour le bien du service & pour l'intérêt public, de faire au roi des représentations ou remontrances sur les dispositions qu'elles contiennent, elle peut faire ces repréſentations avant d'enregiſtrer, ſans toutefois que pour les rediger, le ſervice ordinaire puiſſe être interrompu.

Les remontrances ou repréſentations que le *parlement* de Paris a réſolu de faire, doivent être, d'après l'édit de novembre 1774, préſentées dans le mois au plus tard, à compter du jour que la loi nouvelle lui a été remiſe par les gens du roi : ce délai ne peut être prorogé ſans une permiſſion ſpéciale de ſa majeſté.

Le roi a réglé qu'il ne ſeroit à l'avenir accordé aucune lettre de diſpenſe, ſous quelque prétexte que ce pût être, à l'effet de donner voix délibérative aux officiers du *parlement* avant l'âge de vingt-cinq ans : mais ſa majeſté a déclaré que, par cette diſpoſition, elle n'avoit point entendu abroger l'uſage de compter la voix du rapporteur dans les affaires dont il fait le rapport, quoiqu'il n'ait pas atteint vingt-cinq ans.

Il y auroit bien d'autres choſes curieuſes à dire au ſujet du *parlement*, & des droits, honneurs, prérogatives & privilèges, accordés à ce corps & à chacun de ſes membres; mais ce détail paſſeroit les bornes que l'on doit mettre à cet article qui ſe trouve déjà aſſez étendu.

Ceux qui voudront en ſavoir davantage ſur cette matière, peuvent conſulter les regiſtres du *parlement*, le recueil des ordonnances de la troiſième race, l'ancien ſtyle du *parlement*, Paſquier, Joly, Fontanon, Miraulmont, la Rocheflavin, Chenu, Bouchel, Boulainvilliers, Néron, Coquille, & les lettres ſur le *parlement*, qui ont paru en 1759, & ſur-tout M. le Saige, bailli du temple à Paris ; *& les mots* AVOCAT, COUR, ENREGISTREMENT, ÉTATS, ÉVOCATION, INDULT, LIT DE JUSTICE, NOBLESSE, PAIRS.

Cet article, dans la première édition de l'Encyclopédie, avoir été rédigé par M. Boucher d'Argis. Il lui a certainement coûté des recherches immenſes. Je l'ai conſervé dans ſon entier ; j'y ai ſeulement joint des éclairciſſemens qui m'ont été donnés par un magiſtrat du *parlement*, qui a bien voulu revoir cet article avec moi.

PARLEMENT D'AIX *ou* DE PROVENCE, eſt le ſeptième des *parlemens* de France, parce que le rang d'ancienneté n'a pu être fixé, vis-à-vis des autres *parlemens*, qu'à la date des édits qui ont donné une nouvelle forme à ce tribunal, après l'union de la Provence à la couronne.

Ce tribunal avoit été érigé par Louis II, comte de Provence, le 14 août 1415, ſous le titre de *parlement*, qui lui eſt attribué par les lettres-patentes.

Le même tribunal fut érigé ſous le titre de *conſeil éminent*, par Louis III, comte de Provence, au mois de ſeptembre de l'année 1424.

Après l'union de la Provence à la couronne, Charles VIII conçut le deſſein de réformer l'adminiſtration de la juſtice dans le comté de Provence. Il avoit envoyé pour cet effet des commiſſaires qui avoient rédigé par écrit pluſieurs articles ; mais les

voyages de ce prince pour la conquête du royaume de Naples, & les grandes affaires qu'il eut à ſon retour, empêchèrent la concluſion de ce projet.

Louis XII étant parvenu à la couronne, fit aſſembler pluſieurs grands & notables perſonnages, tant de ſon grand-conſeil que de ſes *parlemens*, & du pays de Provence, par l'avis deſquels il donna un édit au mois de juillet 1501, portant érection de la juſtice & juriſdiction de la grande ſénéchauſſée & conſeil du comté de Provence, Forcalquier, & terres adjacentes, en cour ſouveraine & *parlement*, pour leſdits pays & comté.

Il ordonna que cette cour de *parlement* ſeroit tenue par le ſénéchal de Provence, ou ſon lieutenant en ſon abſence ; un préſident & onze conſeillers, dont il y en avoit quatre eccléſiaſtiques, & les autres laïques, tous gens notables, clercs gradués & expérimentés au fait de judicature, qui jugeroient en ſouverain & dernier reſſort toutes cauſes, procès & débats, en telle autorité, privilèges, prérogatives & prééminences, qui ſont dans les autres cours de *parlemens* du royaume ; qu'il y auroit un avocat & deux procureurs-généraux & fiſcaux, pour pourſuivre & défendre les droits du roi, un avocat & un procureur des pauvres, quatre greffiers & trois huiſſiers, qui tous enſemble feroient & repréſenteroient un corps & collège, qui fut intitulé : *cour du parlement de Provence*.

L'édit de création porte encore que le grand-ſénéchal du pays préſent & à venir, demeureroit à toujours le chef & le principal de ce *parlement*, & que l'on expédieroit, ſous ſon nom & titre, tous arrêts & appointemens donnés, & qui ſe donneroient en ce *parlement*, & que le préſident de cette cour préſideroit ſous le grand-ſénéchal ou lieutenant en ſon abſence, en la forme & manière que faiſoit le préſident du *parlement* du Dauphiné, ſous le gouverneur du pays. Le lieutenant de ſénéchal n'avoit point de voix au *parlement* en préſence du ſénéchal.

Il eſt dit que le chancelier, les pairs de France, les maîtres des requêtes ordinaires de l'hôtel, les conſeillers ordinaires du grand-conſeil, & autres, qui ont entrée dans les *parlemens*, auront pareillement entrée dans celui de Provence.

Que les évêques & prélats pourront y prendre ſéance.

Cet édit de 1501 fut publié ; mais les états de Provence ayant fait à ce ſujet des remontrances au roi, il envoya dans le pays deux commiſſaires qui ſuſpendirent l'aſſiette du *parlement*, juſqu'à ce que, par ſa majeſté, il en eût été autrement ordonné.

Au mois de juillet 1502, le roi donna un édit portant confirmation de ce *parlement*, & qui ordonné que l'édit de 1501 ſortiroit ſon plein & entier effet, & ſeroit de rechef publié ; il y eut un autre édit de confirmation au mois de février 1504.

L'édit de François I, connu ſous le nom d'*ordonnance* de Provence, du mois de ſeptembre 1535, ôta la préſidence au grand-ſénéchal ; il ordonna que les arrêts seroient sous le nom du roi, & mit le sénéchal à la tête des jurisdictions inférieures. Il porte que le siège principal du grand-sénéchal seroit dans la ville d'Aix, & qu'il auroit quatre autres sièges particuliers; qu'il connoîtra en première instance des causes exprimées dans l'édit, à la charge de l'appel au *parlement*; qu'en qualité de gouverneur, il auroit la même autorité que les gouverneurs des autres provinces; qu'au *parlement* il sera assis au lieu & côté que les gouverneurs de Languedoc & autres provinces ont accoutumé. Le grand-sénéchal a été supprimé par édit du mois de mars 1662, & il a été établi un sénéchal dans chaque siège de la province. Depuis ce temps, le gouverneur a pris sa séance au *parlement*, au-dessus du doyen des conseillers.

Les lettres-patentes du 22 juillet 1544, portent que les officiers du *parlement d'Aix* ont droit d'aller aux autres *parlemens*; qu'ils y seront reçus fraternellement, & y auront séance suivant l'ordre de leur réception.

Par édit du mois d'octobre 1647, publié au sceau le 27 novembre suivant, il fut ordonné que ce *parlement* seroit tenu par deux séances & ouvertures de semestres; mais l'établissement du semestre fut supprimé par l'édit du mois de février 1649.

Ce *parlement* étoit formé d'une grand-chambre, d'une chambre tournelle établie par lettres-patentes du 22 juillet 1544; d'une chambre des enquêtes, créée au mois de février 1553, supprimée en mars 1560, créée de nouveau au mois de décembre 1574; d'une chambre des requêtes créée au mois de janvier 1641; d'une chambre des eaux & forêts, créée au mois de février 1704. La chambre des requêtes qui avoit été supprimée au mois de mars 1649, a été unie à celle des eaux & forêts, par édit du mois d'avril 1705, & réunie ensuite à la chambre des enquêtes, par édit du mois d'avril 1746.

Par les différentes crues, ce *parlement* a été composé de dix présidens à mortier, cinquante-six conseillers laïques, un conseiller-clerc, dont la charge ne peut être exercée que par une personne engagée dans les ordres sacrés, & qui soit au moins soudiacre, suivant l'édit du 30 juillet 1710; de trois avocats-généraux, & d'un procureur-général, attendu que l'un des deux offices créé par l'édit d'érection du *parlement*, a été supprimé & réuni par édit du mois de novembre 1745, de quatre greffiers en chef, de quatre notaires & secrétaires de la cour, de quatre substituts du procureur-général, d'un premier huissier, & de onze autres huissiers. L'avocat & le procureur des pauvres établis dans la création du *parlement*, subsistent encore, & le procureur des pauvres a le privilège d'occuper dans toutes les jurisdictions.

Par une suite de la révolution arrivée au corps de la magistrature en 1771, ce *parlement*, ainsi que tous les autres, avoit été supprimé, & le feu roi y avoit

créé de nouveaux offices, qui devoient être accordés gratuitement au mérite & aux talens. Mais un édit du mois de décembre 1774, vérifié le 12 janvier suivant, a rétabli tous ceux qui étoient pourvus d'office en cette cour, avant l'édit de 1771.

Ce *parlement* commence ses séances tous les ans le premier octobre, auquel jour il prête serment, & procède au département des chambres; il finit ses séances le 30 juin. La chambre des vacations commence les siennes le premier juillet, & les finit le 30 septembre. Son ressort s'étend sur toute la Provence, les terres adjacentes & la vallée de Barcelonette, depuis son union à la couronne. Il connoît de l'appel des jugemens des consuls de la nation, établis aux échelles du levant & aux côtes de Barbarie; il a dans son ressort douze sénéchaussées, savoir celles d'Aix, Arles, Marseille, Toulon, Hyeres, Draguignan, Grasse, Castellanne, Digne, Sisteron, Forcalquier, Brignole, outre la préfecture de Barcelonette, & les sièges d'appeaux.

Les judicatures royales de ce *parlement* sont Gardanne, Pertuis, Tarascon, Saint-Remy, Antibes, Cuers, les Mées, Saint-Paul de Vence, Moustiers, Apt, Saignon, Saint-Maximin, Correns, le Val, Barjolx, Guillaume, Entrevaux, Colmar, Seyne, Aups, & le Martigues.

Ce *parlement* jouit du droit d'annexe, en vertu duquel aucune bulle ne peut être exécutée dans son ressort, sans sa permission, paréatis, entérinement, attache ou annexe. Ce droit s'exerce non-seulement à l'égard des bulles qui ont besoin de lettres-patentes enregistrées, suivant le droit public du royaume, mais généralement envers tous brefs, rescrits, expéditions pour affaires publiques, ou pour celles des particuliers, & qui seront émanées de la cour de Rome ou de la légation d'Avignon, jubilés, indulgences, dispenses de vœux ou de mariage, dispenses d'âge, collation des bénéfices; usage fondé sur ce que les ordres des souverains étrangers ne peuvent être exécutés sans un paréatis, & la puissance spirituelle ne doit pas être exceptée de cette règle.

Ce droit est établi sur les monumens les plus authentiques, tant avant qu'après l'union de la Provence à la couronne. Le conseil éminent avoit ordonné en 1432, qu'aucunes lettres émanées d'une puissance étrangère, même spirituelle, ne pourroient être exécutées en Provence sans l'annexe de ce tribunal, à peine de saisie du temporel. L'arrêt fut signifié au syndic des évêques & aux agens du clergé séculier & régulier.

Il est dit dans l'ordonnance de Provence, que la concession des annexes *concerne grandement l'autorité, puissance, & prééminence du roi & le soulagement de ses sujets*; & comme l'observoit le procureur-général du *parlement* dans une requête présentée au roi en 1653, *les appels comme d'abus peuvent bien remédier aux entreprises de la cour de Rome, mais l'annexe peut seule les prévenir en les arrêtant dès leur naissance,*

On trouve dans les registres du *parlement* des lettres que Louis XII & François I lui écrivoient pour demander l'annexe en faveur des ecclésiastiques par eux nommés à des bénéfices.

On y trouve aussi divers brefs des papes qui sollicitent l'annexe en faveur des pourvus par la cour de Rome, deux brefs de Jules II, du 1 juillet 1504 & 23 avril 1510, pour l'annexe des provisions de la prévôté d'Arles, que ce pape avoir conférée, & un troisième de Léon X, en faveur de son vice-légat, du 25 septembre 1514, signé du cardinal Sadolet. *Hortamur in Domino, requirimusque paternè, ut debitæ executioni demandare permittatis & faciatis :* c'est le style de ces brefs.

Il y a un ancien concordat passé entre le vice-légat d'Avignon & le député du *parlement*, qui reconnoît le droit d'annexe. Léon X, après l'avoir reconnu par le bref rapporté ci-dessus, voulut y donner atteinte à l'occasion des difficultés que faisoit le *parlement* d'accorder l'annexe des facultés du cardinal de Clermont, légat d'Avignon; ce pape employa même l'autorité du concile de Latran pour excommunier & citer les officiers du *parlement* ; François I écrivit différentes lettres au *parlement* ; contenant approbation de sa conduite, & promesse de l'appuyer de son pouvoir. Mais ce prince voulant ménager la cour de Rome, après la conquête du Milanois, marqua au *parlement* de terminer ce différend avec la cour de Rome par un accommodement, dont les conditions furent, que le pape accorda à la demande du député du *parlement*, l'absolution des censures prononcées dans le concile; mais ce pape signa en même temps des articles qui conservent le droit d'annexe. Le *parlement* en a toujours usé depuis, & a puni les contrevenans qui avoient publié dans son ressort quelques bulles non annexées. Divers arrêts de réglemens obligent à faire mention de l'annexe dans les imprimés des bulles, brefs, ou rescrits de la cour de Rome, ou de la légation d'Avignon.

M. de la Rochaflavin en son traité *des Parlemens de France, livre XIII*, remarque que *le parlement de Provence à cause de l'éloignement du roi, a de tout tems accoutumé en l'absence des gouverneurs & lieutenans généraux, en cas de besoin & nécessité & pour le bien public & conservation des villes frontières, se mêler des finances, permettre les impositions. De quoi se trouvent infinité d'arrêts & délibérations dans leurs registres ; ce que ne font les parlemens de Paris, Normandie, Bourgogne, & Bretagne, à cause de la présence & voisinage du roi ou des gouverneurs des provinces qui pourvoient suivant les occurrences.*

Ce *parlement* avoit eu de toute ancienneté le commandement de la province, en l'absence du gouverneur, qui venoit le remettre entre les mains de la grand'chambre, lorsqu'il sortoit de la province. Ce droit est établi par plusieurs lettres-patentes, arrêts du conseil, par le réglement fait de l'autorité du roi, entre le *parlement* & le maréchal de Vitry, gouverneur, le 20 décembre 1633, & par un arrêt du conseil de 1635. Il y est déclaré que l'assemblée des

communautés de Provence ne peut être permise que par le gouverneur ou le *parlement*, ayant en son absence le gouvernement. La grand'chambre a exercé ce droit jusqu'en l'année 1667, en laquelle M. d'Oppede, premier président, obtint des lettres de commandant.

L'usage que ce *parlement* a fait de son autorité dans le temps de la ligue, lui attira de la part de Henri IV, un témoignage honorable des services qu'il a rendus à la couronne dans cette conjoncture importante : les lettres-patentes de l'an 1594, s'expliquent en ces termes. *Déclarons notre cour de parlement de Provence avoir été principal instrument de la réduction de toutes les villes de notre royaume en notre obéissance, ayant véritablement témoigné en cette rencontre une entière reconnoissance de notre autorité, & montré une constance & fidélité exemplaire à toute la France.*

Le *parlement* est chargé de tous les temps, à chaque paix, d'en ordonner la publication. Louis XIV se trouvant à Aix en 1660, en donna l'ordre ; le *parlement* fit publier la paix de Nimègue en 1677 ; il n'avoit point reçu les traités de Riswick & d'Utrecht ; mais il a été rétabli dans ses droits en 1714. La publication de la paix est d'abord faite à l'audience après un discours de l'avocat-général, & ensuite dans la ville par le greffier audiencier, précédé de tambours, trompettes, & fourriers du pays, de la maréchaussée, des huissiers, suivi des greffiers & secrétaires de la cour, des principaux officiers du siége, des consuls & officiers de la ville, tous à cheval, en robe ou en habits de cérémonie. (*A*)

PARLEMENT AMBULATOIRE, est celui qui se tenoit à la suite de nos rois, avant qu'il eût été rendu sédentaire à Paris. *Voyez* ce qui est dit ci-devant du *parlement* de Paris.

PARLEMENT A AMIENS, pendant la démence de Charles VI, la reine Isabeau de Baviere son épouse, que le duc de Bourgogne & sa faction qualifioient régente du royaume, établit un *parlement à Amiens*, dont les arrêts se rendoient au nom de cette princesse en ces termes : *Isabelle, par la grace de Dieu, reine de France, ayant pour l'occupation de monsieur le roi, le gouvernement & administration de ce royaume.* La reine avoit aussi fait faire un sceau particulier sur l'un des côtés duquel elle étoit représentée, & sur l'autre étoient les armes de France écartelées de Baviere. Le duc de Bourgogne mit à la tête de ce *parlement* Philippe de Morvilliers, qui fut depuis premier président du *parlement* de Paris. (*A*)

PARLEMENT D'AMOUR, étoit un tribunal composé de dames, dont les séances se tenoient principalement en Provence, dans les xiije & xive siècles. On ne connoît point d'histoire de ce tribunal, que la galanterie françoise avoit laissé ériger ; il en existe cependant des traces dans les histoires de Provence, & dans les ouvrages de troubadours. Ses décisions portoient sur des questions d'amour, appellées *tensons* ; Pasquier en fait mention dans son traité *des recherches de la France, liv. 7, chap. 4* ; Marechal d'Auvergne, procureur au *parlement* de

Paris, mort en 1508, en a fait un recueil, intitulé les *arrêts d'amour*, il y en a cinquante-deux.

M. Rolland, préfident des requêtes du palais, a rédigé une diſſertation, dans laquelle il a réuni tout ce que ſes recherches & ſes connoiſſances lui ont pu procurer ſur ce point de notre hiſtoire. Les ouvrages qu'il a donnés au public, particulièrement ſa lettre à l'abbé de Velli, ſur les troiſième & quatrième tomes de ſon *Hiſtoire de France*, ſon plan d'éducation dont nous ſerons uſage ſous le mot UNIVERSITÉ; ſa diſſertation ſur l'uſage de la langue françoiſe dans les inſcriptions, doivent faire deſirer qu'il faſſe bientôt imprimer la diſſertation dont nous parlons, qui ſera auſſi curieuſe qu'honorable pour les dames. Nous avons cru devoir parler ici de ces *parlemens d'amour*, pour inſtruire nos lecteurs de leur exiſtence, dont les premiers auteurs de l'Encyclopédie n'avoient fait aucune mention.

PARLEMENS ANCIENS, ou plutôt, comme on dit, *anciens parlemens*, ſont ces aſſemblées de la nation qui ſe tenoient ſous la première & la ſeconde races de nos rois, & auxquelles on a donné le nom de *parlemens généraux*. *Voyez* ce qui eſt dit ci-devant du *parlement* en général, & notamment du *parlement* de Paris, & *ci-après* PARLEMENS GÉNÉRAUX. (*A*)

PARLEMENS (ANTI-), c'eſt ainſi qu'on appelle les cours ſouveraines de juſtice qui furent établies en divers temps & en divers lieux par quelque autorité non légitime, c'eſt-à-dire, autre que celle du roi.

Tel fut le *parlement* établi à Amiens par Jean, duc de Bourgogne, du temps de Charles VI. Tel fut pareillement celui que les Anglois firent tenir à Paris, depuis 1417 juſqu'en 1436, tandis que le véritable *parlement* étoit refugié à Poitiers.

Telles furent auſſi les chambres ſouveraines établies par le parti des religionnaires à la Rochelle, à Montauban & à Caſtres, en 1562 & 1567.

Enfin, pendant les troubles de la ligue, depuis 1589 juſqu'en 1595, toutes les villes de *parlement* s'étant déclarées pour la ligue, excepté Rennes & Bordeaux; le roi Henri III fut obligé d'établir de nouveaux *parlemens* dans preſque toutes les provinces, pour les oppoſer à ceux qui ne reconnoiſſoient plus ſon autorité. Henri IV continua ces *parlemens* à Troyes en Champagne & à Tours, pour le reſſort du *parlement* de Paris; à Carcaſſonne, & depuis à Beziers, & encore depuis à Caſtel-Sarrazin, pour le reſſort du *parlement* de Touloufe.

Par les édits de pacification, les arrêts donnés par tous les *parlemens* & *anti-parlemens* ont été confirmés, à l'exception de ceux qui concernoient l'état général du royaume. (*A*)

PARLEMENT DE L'ASCENSION, *parlamentum aſcenſionis Domini*, étoit la ſéance que le *parlement* tenoit vers la fête de l'Aſcenſion de Notre-Seigneur. Il en eſt parlé dans le premier des regiſtres *olim*,

ou des enquêtes, dès l'année 1259; & dans le recueil des ordonnances de la troiſième race, on trouve un fragment d'ordonnance de Philippe III, à la fin de laquelle il eſt dit, *Pariſius in parlamento Aſcenſionis*.

PARLEMENT DE L'ASSOMPTION, étoit la ſéance que le *parlement* tenoit la veille de la fête de l'Aſſomption de la Vierge. On trouve dans le recueil des ordonnances de la troiſième race, des lettres ou mandemens de Philippe III, dit *le Hardi*, de l'an 1274, à la fin deſquels il eſt dit, *factum fuit hoc ſtatutum Pariſius: parlamento Aſſumptionis beatæ Mariæ Virginis*.

PARLEMENT DE BEAUNE: on donnoit quelquefois ce nom aux grands jours que les ducs de Bourgogne faiſoient tenir en la ville de Beaune; mais l'appel de ces grands jours reſſortiſſoit au *parlement* de Paris. Il y eut néanmoins un temps où ce *parlement* de Beaune eût le pouvoir de juger ſouverainement. *Voyez* PARLEMENT DE DIJON. (*A*)

PARLEMENT DE BESANÇON, ou *comté de Bourgogne* ou *de Franche-Comté*, eſt le onzième *parlement* du royaume. Il a auſſi été connu anciennement ſous le titre de *parlement de Dole*, & ſous celui de *parlement de Salins*; dans le temps qu'il ſiégeoit dans l'une ou l'autre de ces villes.

Il tire ſon origine de l'ancienne cour ou *parlement* des comtes de Bourgogne, qui fut ſubſtituée aux baillis généraux de la province.

Cet ancien *parlement* fut d'abord ambulatoire, comme celui de Paris, à la ſuite du prince, lequel y ſiégeoit toujours.

On trouve quantité d'arrêts rendus par ce *parlement*, pendant les onzième & douzième ſiècles, ſur des conteſtations particulières, & principalement pour les droits féodaux & ſeigneuriaux.

Dans le treizième ſiècle, il ne marcha plus régulièrement à la ſuite du prince; celui-ci aſſembloit ſon *parlement*, pendant un certain temps limité, dans différentes villes de la province, telles que Dole, Salins, Gray, Arbois, Chariez, & quelquefois à Beſançon.

Le prince y ſiégeoit encore, lorſqu'il ſe trouvoit dans la ville où il aſſembloit ſon *parlement*; il y a pluſieurs édits & réglemens des années 1340, 1386, 1399 & 1400, qui furent faits dans ces *parlemens* touchant les procédures & l'ordre judiciaire, les baillis, les prévôts de la province, les avocats, les greffiers, les procureurs, les ſergens, & autres matières.

En l'année 1421, le *parlement*, par un édit, ordonna que les avocats feroient gradués; ce qui n'étoit pas néceſſaire auparavant pour leurs fonctions; il fit en la même année un règlement qui fixe la forme de procéder ſur les appellations des juges, des vaſſaux au *parlement*, tant au civil qu'au criminel.

Philippe-le-Bon, duc & comte de Bourgogne, rendit ce *parlement* ſédentaire à Dole en 1422, & ſans changer la forme, les fonctions, ni l'autorité

de

de cette compagnie; il le compofa de fa perfonne, de celle de fon chancelier, d'un préfident, deux chevaliers, onze confeillers, deux avocats, un procureur-général, un fubftitut, un greffier, & quatre huiffiers; les deux maîtres des requêtes du prince avoient auffi droit d'y entrer.

Gollut, dans fes *Mémoires hiftoriques de la république Sequanoife*, pag. 145, dit que « Philippe-le-Bon donna à ce *parlement* toutes les puiffances » de la fouveraineté; même d'avifer fur les confti-» tutions du prince, pour les homologuer, pu-» blier, furfeoir, pour difpenfer contre les édits, » pour les habiliter, proroger temps, donner refti-» tutions en entier, & enfin de commander ce » que le prince commanderoit, fauf, pour les » deniers publics, légitimation de bâtards, graces » pour délits, dérogation à la coutume générale ».

Le *parlement* renouvella & confirma, en 1439, tous les édits & réglemens faits dans les précédens *parlemens*, en les rappellant par leurs dates; il en fit de nouveaux en 1422, pour la jurifdiction des baillis, détermina les délais de faire des enquêtes, d'appeller les garans, & renouvella les procédures pour les appellations des juges inférieurs au *parlement*; tous ces réglemens furent confirmés par Philippe-le-Bon, le 3 juin 1448.

En 1450, le *parlement* fixa, pour les bailliages & prévôtés, le nombre des fergens ou huiffiers, qui étoit auparavant indéfini; l'année fuivante, il fit trois édits touchant la promulgation de la coutume en attendant une nouvelle rédaction, & auffi touchant les commis au féqueftre, & les obligations fous le fcel fouverain.

Le 26 juillet 1452, le duc Philippe confirma les édits précédemment faits par fon *parlement* de Dole.

Le 24 décembre 1459, le même prince donna une déclaration adreffée à fon *parlement* pour la promulgation de la nouvelle rédaction de la coutume qui avoit été augmentée de plufieurs articles, & qui eft celle qui s'obferve aujourd'hui : cette déclaration fait mention que, par des lettres du 11 mars 1557, il avoit ordonné que l'information & rédaction par écrit de cette coutume feroit faite par fix de fes confeillers, dont trois feroient choifis par lui, & les autres feroient nommés par les gens des trois états. Le greffier du *parlement* fut nommé fecrétaire de cette commiffion : la promulgation de la nouvelle coutume fut faite le 22 février 1459, en l'affemblée des états généraux de la province, tenue à Salins fur une copie fignée du greffier, & fcellée du grand fceau du *parlement*.

En 1460, Philippe-le-Bon, de l'avis de fon *parlement* alors affemblé, fit un règlement concernant les avocats.

Le même prince, par une déclaration du 16 mai 1462, prefcrivit de nouveau ce qu'il vouloit être obfervé au comté de Bourgogne pour les procédures & l'ordre judiciaire; & après avoir fait une collection de tous les édits du *parlement*, de-

Jurifprudence. Tome VI.

puis le 10 mai 1340, il en ordonna l'exécution. Cette déclaration fut publiée au *parlement* le même jour.

En 1476, après la mort de Charles, duc & comte de Bourgogne, qui fut le dernier des comtes de Bourgogne de la feconde race, Louis XI conquit la Franche-Comté; les états de Bourgogne le fupplièrent d'entretenir les *parlemens* de Dole & de Saint-Laurent pour les comtés de Bourgogne, d'Auxonne, & autres terres d'outre Saône, éfquelles d'ancienneté il y avoit toujours eu cour fouveraine, pour l'exercer en la même forme & manière que l'on avoit accoutumé de faire par le paffé; le roi, en établiffant le *parlement* de Dijon pour le duché de Bourgogne, au lieu des grands jours de Beaune, ordonna qu'avec ce, les *parlemens* de Dole & de Saint-Laurent feroient dorénavant entretenus fouverains, felon que, par ci-devant, ils avoient été de toute ancienneté, & que ces *parlemens* fe tiendroient en la manière déclarée par les autres lettres qu'il avoit accordées fur ce aux états.

La ville de Dole ayant été prefque entièrement ruinée par le fiège qu'elle avoit fouffert, Louis XI, en retournant de Saint-Claude, & étant à Salins, y transféra le *parlement* de Franche-Comté, & le rendit femeftre pour les deux Bourgognes, n'y ayant point alors de *parlement* dans le duché de Bourgogne.

Charles VIII, roi de France, étant encore dauphin, & âgé feulement de dix ans, & ayant été marié le 2 juin 1483, avec l'archiducheffe Marguerite, âgée de trois ans, fille de l'empereur Maximilien, laquelle eut en dot la Franche-Comté, confirma le *parlement* de Salins aux états-généraux, tenus à Befançon au mois de décembre.

Ce mariage ne fut point accompli, au moyen de quoi Charles VIII ne tint la Franche-Comté que jufqu'en 1491, qu'il époufa Anne de Bretagne, & renvoya l'archiducheffe Marguerite de Bourgogne.

Le *parlement* étant encore à Salins en 1499, fit un règlement pour les dépens réparatoires, qu'il ordonna être payés incontinent, & non réfervés en définitive.

La Franche-Comté ayant été rendue à l'empereur Maximilien, qui avoit époufé Marie de Bourgogne, héritière & fille unique du duc Charles, l'archiduc, dit *le Bel*, fon fils, roi de Caftille & comte de Bourgogne, transféra le *parlement* de Salins à Dole, fur la demande des états-généraux de la province, par lettres du dernier décembre 1500.

Après la mort du roi de Caftille, arrivée le 25 feptembre 1506, l'empereur Maximilien fon père, & Charles, prince d'Efpagne, fon fils, qui fut depuis empereur, fous le nom de Charles-Quint, confirmèrent de nouveau le *parlement* de Franche-Comté dans la ville de Dole, par des lettres du 12 février 1508, par lefquelles ils ordonnèrent que, des onze conseillers, il y en auroit deux d'église.

L'archiduchesse Marguerite, tante de l'empereur Charles-Quint, ayant eu en apanage le comté de Bourgogne, confirma le *parlement* à Dole, par des lettres du 4 août 1517.

La Franche-Comté étant retournée à l'empereur Charles-Quint, après la mort de l'archiduchesse Marguerite, l'empereur confirma aussi le *parlement* à Dole, par des lettres du 10 février 1530.

Par d'autres lettres, datées de Tolède, du premier avril 1538, ce même prince confirma de nouveau le *parlement* dans la ville de Dole; & s'il survient (dit-il dans ce diplôme), empêchement légitime, les présidens & conseillers le transporteront en tel lieu qu'ils trouveront convenir.

Un an après l'abdication de Charles-Quint, Philippe II son fils, roi d'Espagne, étant aux états de Bruxelles, confirma aussi le *parlement* à Dole, par lettres du 23 juillet 1556.

Il fut encore confirmé dans cette même ville par des lettres du 21 octobre 1599, données par les archiducs Albert & Isabelle, auxquels la Franche-Comté avoit été donnée à charge de réversion.

En vertu de la faculté donnée au *parlement* de Dole, dans le diplôme de l'empereur Charles-Quint, du premier avril 1538, ce *parlement* se retira le 16 août 1630 à Pesme, où il tint ses séances à cause de la peste; & le 19 octobre suivant, il se retira à la Loye pour la même raison.

Philippe IV, roi d'Espagne, confirma, comme ses prédécesseurs, ce parlement à Dole, par des lettres du 20 mars 1556.

Louis XIV, ayant conquis la Franche-Comté le 14 février 1668, confirma le *parlement*; mais cette province ayant été rendue au mois de mai de la même année, par le traité d'Aix la Chapelle, la confirmation qui avoit été faite du *parlement* par le roi Louis XIV, donna de l'ombrage au roi d'Espagne, & sur les impressions que lui donna le marquis de Castel Rodrigue, gouverneur du comté, lequel étoit fâché d'avoir été obligé de partager le gouvernement avec cette compagnie, Philippe IV défendit au *parlement* de faire aucune fonction jusqu'à nouvel ordre.

Mais le roi Louis XIV ayant, le 15 mai 1674, conquis de nouveau la Franche-Comté, laquelle fut réunie pour toujours à la couronne, le 17 septembre 1678, par le traité de Nimègue, il confirma le *parlement* à Dole par des lettres du 17 juin 1674, portant que le *parlement* resteroit à Dole jusqu'à la fin de l'année, pendant lequel temps le roi se réservoit d'aviser en quel lieu de la province il estimeroit le plus à propos d'établir pour toujours le siège de cette cour, & d'augmenter le nombre de ses officiers.

Ce même prince, par des lettres du 22 août 1676, transféra le *parlement* de la ville de Dole dans celle de Besançon, où il est toujours demeuré depuis ces lettres jusqu'à présent.

Louis XV, à son avénement à la couronne,

confirma le *parlement* à Besançon, par des lettres données à Versailles le 10 septembre 1715.

Le nombre des officiers de ce *parlement*, dans son origine, n'étoit pas fixe; il ne le fut qu'en 1422, lorsque Philippe-le-Bon le rendit sédentaire à Dole.

Cette cour n'étoit alors composée que de deux chambres, qui se réunissoient quelquefois, lorsqu'il s'agissoit d'affaires importantes.

Le *parlement* étoit toujours en robe rouge lorsqu'il donnoit audience & qu'il prononçoit les arrêts.

Le président de *Bourgogne*, que l'on appelloit ainsi, parce qu'il étoit alors le seul président du *parlement* du comté de Bourgogne, étoit toujours à la première chambre; le doyen des conseillers, qui avoit le titre de *vice-président*, étoit à la tête de la seconde chambre.

Lorsqu'il vaquoit quelque place dans l'une des deux chambres, le *parlement* présentoit trois sujets au prince, lequel nommoit l'un d'entre eux, excepté pour la place de président, à laquelle le roi nommoit seul, sans la participation du *parlement*; il le consultoit cependant quelquefois à ce sujet.

Les choses demeurèrent dans cet état jusqu'en 1679, que Louis XIV, par l'édit du mois de février, créa deux présidens à mortier, sept conseillers, & établit une troisième chambre. Le roi nomma les deux présidens & un conseiller; & le *parlement* présenta les autres en la forme ordinaire.

Par un autre édit du mois d'août 1684, le roi créa encore un office de président à mortier auquel il nomma, & trois conseillers qui furent, suivant l'usage, présentés par le *parlement*. Il créa aussi par le même édit, deux avocats-généraux en titre d'office.

Au mois d'août 1692, le roi confirma l'établissement du *parlement* de Besançon pour le comté de Bourgogne, & attribua aux officiers de cette compagnie les mêmes honneurs, prérogatives, prééminences, privilèges, franchises, exemptions, dont jouissent les officiers des autres parlemens du royaume. Il établit la vénalité de toutes les charges de ce *parlement*, & les rendit héréditaires, à l'exception de celles de premier président & de procureur-général, & créa par le même édit deux présidens à mortier, un chevalier d'honneur & huit conseillers : il établit aussi près ce *parlement* une chancellerie, aux officiers de laquelle, par une déclaration du 14 janvier 1693, il attribua les mêmes droits dont jouissent tant ceux de la grande chancellerie de France, que ceux des autres chancelleries établies près les différentes cours du royaume.

Peu de temps après, par édit du mois d'avril 1693, il créa encore quinze conseillers & six notaires & secrétaires du roi près ce *parlement*.

Il y eut au mois de février 1694, un édit portant réglement pour l'administration de la justice au *parlement* de Besançon.

Par un autre édit du mois de juillet 1704, le roi établit une quatrième chambre pour les eaux & forêts, & requêtes du palais; il créa par le même édit deux présidens à mortier, un chevalier d'honneur, deux conseillers présidens des eaux & forêts & requêtes du palais, huit conseillers laïques, un conseiller-clerc, un avocat général & deux substituts.

La charge de conseiller-clerc fut depuis supprimée par édit du mois de mars 1708, & convertie en un office de conseiller laïque.

Enfin par un édit du mois de février 1741, le roi supprima les deux offices de présidens des eaux & forêts & requêtes, & créa une charge de président à mortier & une de conseiller.

Il y a peu de *parlemens* qui aient eu un pouvoir aussi étendu que celui de Besançon, puisqu'à l'exception du droit de donner des lettres de grace, que le souverain se réservoit, le *parlement* étoit presque maître absolu en tout.

Il partageoit le gouvernement de la province avec le gouverneur, lequel ne pouvoit rien faire d'important sans son avis; les ordonnances même des gouverneurs étoient sujettes aux lettres d'attache du *parlement*.

Cette cour avoit même souvent seule tout le gouvernement, & en cas de mort, maladie, absence, ou autre empêchement du gouverneur, elle avoit droit de commettre un commandant en la place du gouverneur.

Outre les affaires contentieuses, le *parlement* connoissoit pendant la paix, de toutes les affaires concernant les fortifications; les finances, les monnoies, la police, les chemins, les domaines, les fiefs, & la conservation des limites de la province.

Pendant la guerre, il régloit la levée des troupes, leurs quartiers, leurs passages, les étapes, subsistances, paiemens & revues.

Enfin presque toute l'autorité souveraine lui étoit confiée par les lettres particulières des souverains, comme il paroît par celles de 1508, 1518, 1530, 1533, 1534, 1542, 1543, 1556, 1577, 1599, 1603, 1613, 1616, 1656 & 1665, qui justifient que cette autorité n'étoit point usurpée, qu'elle étoit approuvée du souverain même, lequel n'ordonnoit rien sans avoir consulté le *parlement*.

Les membres de cette compagnie ont toujours joui, dès le temps de sa première institution, de la noblesse transmissible au premier degré; elle lui a été confirmée par les déclarations des 24 octobre, 1607, 9 décembre 1610, & 29 mars 1665. On voit par les recès des états des seize & dix-septième siècles, & par la convocation qui se faisoit aux grandes assemblées, que les membres du *parlement* y étoient toujours appellés, & admis dans la chambre de la noblesse, par leur

seule qualité de présidens ou conseillers au *parlement*; que leur fils, & autres descendans d'eux y étoient pareillement admis, comme ils le sont encore dans tous les chapitres nobles de la province.

Louis XIV s'étant fait représenter les titres justificatifs de cette prérogative de noblesse, ordonna par sa déclaration du 11 mars 1694, que les officiers de ce *parlement* continueroient de jouir du privilège de la noblesse au premier degré, tant en vertu des déclarations des anciens souverains du comté de Bourgogne, que par la possession dans laquelle ils étoient, sans que les édits des mois de mars 1669, & août 1692, puissent leur préjudicier; ce qui a été confirmé de nouveau par édit du mois de mars 1706, & par une déclaration du 13 octobre 1741, rendue en faveur de l'huissier audiencier.

Cette compagnie a toujours été féconde en grands hommes; elle a donné plusieurs cardinaux à l'église romaine, deux chanceliers à la France, trois à l'Empire, quatre aux Pays-Bas, quantité de chevaliers de la toison d'or, & plus de quinze plénipotentiaires ou ambassadeurs en différentes cours de l'Europe.

Ce *parlement*, supprimé comme les autres en 1771, a été rétabli dans son ancienne constitution par un édit de mars 1776. Il est composé présentement de quatre chambres; savoir, la grand-chambre, celle de la tournelle, celle des enquêtes, & celle des eaux & forêts & requêtes du palais, dans lesquelles messieurs du *parlement* servent tour-à-tour.

La grand-chambre est composée du premier président & de trois autres présidens à mortier, trois chevaliers d'honneur, seize conseillers, & quinze honoraires.

La tournelle est composée de deux présidens à mortier, quatorze conseillers, & quatre honoraires.

La chambre des enquêtes est composée de deux présidens à mortier, de seize conseillers, & de cinq honoraires.

Enfin la chambre souveraine des eaux & forêts & requêtes du palais, est composée de deux présidens à mortier & douze conseillers.

Les autres officiers de ce *parlement* sont les trois avocats-généraux, le procureur-général, quatre substituts, un greffier en chef, quatre greffiers au plumitif, qui sont distribués dans les quatre chambres du *parlement*, & quatre greffiers à la peau, qui sont distribués de même, un greffier des affirmations & présentations, un greffier garde-sacs, un premier huissier & six autres huissiers, un receveur des consignations, un receveur des épices, un contrôleur, un receveur & contrôleur des amendes, deux payeurs des gages.

Les avocats de ce *parlement* sont en grand nombre; le bâtonnier est inscrit le premier sur le tableau, avant le doyen d'âge. Il y a deux avocats désignés spécialement pour les affaires des pauvres, & un pour recueillir les arrêts de chaque chambre du *parlement*, & un avocat des prisonniers.

Il y a vingt-neuf procureurs.

La chancellerie établie près de ce *parlement* est composée d'un conseiller au *parlement* qui est garde-des-sceaux, de quatre secrétaires du roi audienciers, de quatre secrétaires du roi contrôleurs, & de douze autres secrétaires du roi, de quatre conseillers référendaires, un scelleur, deux trésoriers payeurs des gages, un trésorier des émolumens du sceau, un greffier garde-minute, deux chauffes-cire, deux portes-coffre & quatre huissiers.

La rentrée du *parlement* se fait le lendemain de la saint Martin, le surlendemain on fait les mercuriales, & à la séance de relevée, les députés des bailliages de la province font leurs remontrances à la cour sur ce qui s'est passé d'important dans leur ressort pendant le cours de l'année.

Le *parlement* de Besançon comprend dans son ressort cinq présidiaux; savoir, Besançon, Vésoul, Gray, Salins & Lons-le-Saulnier, réunis aux bailliages de ces mêmes villes, & à chacun desquels ressortissent plusieurs autres bailliages pour les matières qui sont de leur compétence.

Sous ces présidiaux sont treize bailliages royaux, dont les appels ressortissent immédiatement au *parlement*. Ces treize bailliages sont distribués sous les quatre grands bailliages de Besançon, de Dole, d'Amont & d'Aval, outre trois autres judicatures: Le bailliage de Besançon est seul; celui de Dole comprend le bailliage particulier de Dole, & ceux de Quingey & d'Ornans; celui d'Amont comprend ceux de Vésoul, de Gray & de Baume; & celui d'Aval ceux de Poligny, de Salins, d'Arbois, de Pontarlier & d'Orgelet; & la grande judicature de Saint-Claude, qui est à l'instar des bailliages royaux.

Il y a encore d'autres bailliages dont les appels ressortissent nûment au *parlement*; savoir, Moyrans, Lure, Luxeuil, Faucogney, Amblans, Fougerolle, S. Loup, Vauvilliers & Hollaincour, Blamont & Clermont, Granges, Héricourt & Chatelot.

Il y a aussi sept maîtrises des eaux & forêts qui ressortissent nûment à la chambre souveraine des eaux & forêts qui est unie au *parlement*: ces maîtrises sont Besançon, Vésoul, Gray, Baume, Poligny, Salins & Dole.

Enfin il y a encore quelques justices particulières qui ressortissent nûment au *parlement*; savoir, la maréchaussée, la mairie, la vicomté, la monnoie, la justice consulaire. (*A*)

PARLEMENT DE BORDEAUX, est le quatrième *parlement* du royaume.

On l'appelle aussi *parlement de Guienne*, mais plus ordinairement *parlement de Bordeaux*.

Les auteurs ne sont pas d'accord sur le tems auquel ce *parlement* fut institué.

Fontanon en attribue l'institution aux rois Philippe-le-Bel en 1306, & à Charles VII, en 1444.

Le Caron, Frerot, Duhaillan, Guénois, Joly & Nicolas Gilles, en rapportent l'institution au même roi Charles VII, mais ils ne la font remonter qu'en 1451.

Ducange suppose qu'il fut érigé au mois de mai 1460.

D'autres, tels que Chopin, le chancelier de l'Hôpital & la Rocheflavin, tiennent que ce *parlement* ne fut institué que par Louis XI en 1462.

D'autres enfin, tels que le président Boyer, prétendent que ce fut Louis XII seulement qui en fut le véritable instituteur.

On ne trouve aucune preuve qu'il y eût déjà un *parlment* à Bordeaux en 1306, ni même que le *parlement* de Paris y tînt des grands jours; il n'en est fait aucune mention dans les ordonnances avant le temps de Charles VII, & je serois presque tenté de croire que cette prétendue époque de 1306, a été fabriquée par une inversion de chiffres, & que l'on a voulu parler de la jurisdiction souveraine établie à Bordeaux par les Anglois en 1360.

La ville de Bordeaux fut, comme le reste de la Guienne, pendant long-temps sous la domination des Anglois: le duché de Guienne fut laissé par saint Louis à Henri III, roi d'Angleterre, à condition que lui & ses successeurs seroient, pour ce duché, vassaux de la couronne de France; au moyen de quoi les rois d'Angleterre, ducs de Guienne, n'avoient point dans cette province le droit de faire rendre la justice en dernier ressort; l'appel des sénéchaussées de Guienne ressortissoit alors au *parlement* de Toulouse, comme il paroît par des lettres de Philippe-le-Bel de l'an 1306, & de Charles VII en 1444, concernant le *parlement* de Toulouse, qui font mention que ce *parlement* étoit établi pour le Languedoc, pour le duché d'Aquitaine, & pour tous les pays qui sont au-delà de la Dordogne.

Mais Edouard, roi d'Angleterre, qui tenoit prisonnier le roi Jean, le contraignit, par l'*article 12* du traité de Brétigny, conclu le 8 mai 1360, de renoncer à tout droit de souveraineté sur la Guienne, dont il fut dit que la propriété resteroit à Edouard.

Il paroît que ce prince, étant ainsi devenu maître absolu de toute la Guienne, & singulièrement de Bordeaux, établit dans cette ville une justice souveraine qui y étoit encore subsistante en 1451: c'est apparemment ce qui a fait dire à l'abbé des Thuilleries, dans son *Introduction au Dictionnaire de la France*, que le *parlement de Bordeaux* tient la place de la jurisdiction du juge de Gascogne: c'est ainsi que l'on appelloit anciennement le sénéchal de Guienne, qui jugeoit en dernier ressort pendant la domination des Anglois.

C'est ce que dénotent aussi les lettres-patentes de Charles VII, du 20 juin de ladite année, confirmatives du traité qui fut fait alors entre le roi, d'une part, & les états de Guienne, d'autre part.

Le préambule de ces lettres annonce que le comte de Dunois ayant repris sur les Anglois plusieurs

villes & places de Guienne, il avoit été fait plufieurs fommations aux gens des trois états du pays
de Guienne & du Bordelois, & aux habitans de
Bordeaux, de fe remettre fous l'obéiffance du roi,
& de remettre entre fes mains la ville de Bordeaux
& toutes les autres villes que les Anglois tenoient
dans ces pays.

Qu'il fut fait à ce fujet un traité entre les commiffaires nommés pour le roi, par le comte de
Dunois & les gens des trois états des ville & cité
de Bordeaux & pays Bordelois, en leurs noms, &
pour les autres pays de la Guienne qui étoient en
l'obéiffance des Anglois.

Par le vingtième article de ce traité, il étoit dit
que *le roi fera content qu'en ladite cité de Bordeaux, il
y ait juftice fouveraine, pour connoître, difcuter & terminer définitivement de toutes les caufes d'appel qui fe
feront en ce pays, fans que ces appels, par fimple querelle ou autrement, foient traduits hors de ladite cité:*
cet article eft celui que Joly & plufieurs autres auteurs regardent comme l'inftitution du *parlement de
Bordeaux.*

Les commiffaires du roi promirent de tenir cet
article & autres qui y font joints; & le roi aimant
mieux réduire le pays de Guienne fous fon obéiffance par traité amiable, que d'y procéder par la
voie des armes, ratifia ce traité par les lettres du
20 juin 1451.

Le mandement qu'il donne à la fin de ces lettres
pour leur exécution, eft adreffé à nos amés & féaux
confeillers, les gens tenans & qui tiendront notre
parlement & cour fouveraine, aux fénéchaux de
Guienne, &c. ce qui fuppofe qu'il y avoit déjà un
parlement établi à Bordeaux, & qu'il n'y avoit été
établi que par les Anglois, puifque les habitans de
Bordeaux mettoient dans leurs articles que le roi
approuveroit qu'il y eût une juftice fouveraine dans
cette ville.

Cependant l'on ne voit point que ces lettres aient
été publiées & enregiftrées dans ce *parlement;* on
trouve feulement qu'elles le furent en la fénéchauffée de Guienne, à la requête du procureur & fyndic de la cité de Bordeaux, le 12 février 1451; &
dans cette publication il n'eft point parlé du *parlement.*

Le traité de 1451 n'eut point d'exécution, attendu
la rebellion que firent les Bordelois l'année fuivante 1452; au moyen de quoi le *parlement* que
l'on avoit accordé à la ville de Bordeaux n'eut pas
lieu alors, ou, s'il y fut établi de l'autorité de
Charles VII, en tout cas ce *parlement* ne fubfifta
pas long-temps, & fut fupprimé prefque auffi-tôt
qu'il avoit été établi.

Le *parlement* de Paris reprit la connoiffance des
appellations interjettées des fénéchauffées du pays
de Guienne; il y tint même de temps en temps
fes grands jours, depuis le 2 feptembre 1456, jufqu'au mois de feptembre 1459, ainfi qu'on le voit
au dépôt du greffe civil du *parlement* de Paris, dans

lequel il fe trouve deux regiftres contenans ces
grands jours.

Ducange, en fon *Gloffaire,* au mot *Parlamentum Burdigalenfe,* après avoir dit que ce *parlement*
fut d'abord inftitué par Charles VII, en 1451,
ajoute qu'enfuite il fut érigé, *erectum fuit,* au mois
de mai 1460. La Rocheflavin dit la même chofe,
& l'un & l'autre remarquent qu'on lui affigna alors
pour le lieu de fes féances le château de l'Om-
brières, ainfi appellé à caufe de l'ombrage des
arbres qui l'environnoient, & qui étoit la demeure
des anciens ducs d'Aquitaine; mais Ducange fuppofe que les Bordelois s'étant révoltés, & la ville
ayant été reprife, tout le pays demeura compris
dans le reffort du *parlement* de Paris, jufqu'à ce que
Louis XI, à la prière des trois états de Guienne,
rétablit le *parlement* de Bordeaux fuivant les lettres
du 10 juin 1462.

Il paroît que cet auteur a entendu parler de la
rébellion qui arriva en 1462.

La Rocheflavin dit que Charles VII étant mort,
Louis XI, à l'inftante pourfuite des états de Guienne,
confirma l'inftitution de ce *parlement,* par des lettres
données à Chinon le 12 juin 1462.

Ce qui eft de certain, c'eft que le *parlement de
Bordeaux* fut alors rétabli par Louis XI, fuivant les
lettres rapportées par Chopin, en fon *Traité du
domaine,* liv. 2, tit. 15, n. 7. Par ces lettres qui
font en latin, & qui ont été extraites des regiftres
de ce *parlement,* le roi inftitue, établit & ordonne,
il le qualifie *curia noftra parlamenti in civitate Bur-
digalenfi;* il fpécifie que ce n'eft pas feulement pour
cette ville, mais auffi pour les pays & fénéchauffées de Gafcogne, d'Aquitaine, des Landes, d'Agénois, Bazadois, Périgord, Limofin; il met cette
claufe, pour tant qu'il nous plaira, *quandiu noftræ
placuerit voluntati,* il ordonne que les fénéchauffées, bailliages & autres jurifdictions de ces pays,
auront leur reffort & dernier recours, *ultimum refugium,* en ce *parlement.*

Il dit que ce *parlement* commencera fa première
féance le lendemain de faint Martin lors prochain;
qu'il fera tenu par un préfident laïque, & par un
certain nombre de confeillers, tant clercs que
laïques, deux greffiers, & quatre huiffiers, *oftiarios.*

Il donne à ce *parlement* le même pouvoir & la
même autorité qu'avoit celui de Paris dans ces
pays.

L'ouverture de ce *parlement* fut faite par Jean
Tudert, premier préfident, le lendemain de faint
Martin de la même année. Entre les confeillers
qui furent alors reçus, on remarque l'archevêque
de Bordeaux, lequel fut reçu en vertu de lettres
comme les autres; & après fon décès, l'évêque
d'Acqs eut de femblables lettres le 3 novembre
1467. Cependant depuis long-temps les archevêques de Bordeaux font confeillers-d'honneur-nés
au *parlement,* avec féance & voix délibérative. Ce
droit leur fut accordé par un édit du 20 février
1553. On trouve auffi au nombre des premiers

conseillers Blaise de Grelé, que l'on croit être de l'ancienne famille des Grelys, prédécesseurs des comtes de Candale, d'où ces comtes prétendoient tirer la qualité de conseillers-nés dans ce *parlement* ; mais cela n'a plus lieu depuis long-temps.

Le *parlement* fut donc d'abord établi à Bordeaux en 1462 ; mais comme, le 29 avril 1469, Louis XI fut obligé de céder la Guienne à Charles, duc de Berry, son frère, à titre d'apanage ; & que les *parlemens* ne peuvent pas tenir leurs séances dans les terres possédées à titre d'apanage, Louis XI, au mois de novembre suivant, transféra le *parlement de Bordeaux* à Poitiers, où ce *parlement* tint ses séances jusqu'à la réunion de l'apanage. Après la mort de Charles, arrivée le 12 mai 1471, le *parlement* qui étoit à Poitiers, fut alors de nouveau établi à Bordeaux.

Depuis ce temps, il a aussi quelquefois tenu ses séances en plusieurs autres lieux successivement.

Le 8 mars 1464, il tenoit ses séances à Saint-Jean-d'Angely, suivant un enregistrement de ce jour, où il est dit qu'il y fut tenu *certis in causis*.

En 1473, la peste fut si violente à Bordeaux, que le *parlement* se tint à Libourne pendant les mois de décembre, janvier & février.

En 1497, la peste l'obligea pareillement de tenir ses séances pendant quelques mois à Bergerac.

La chronique bordeloise fait mention qu'en 1501, il se tint à Saint-Emylion ; elle ne dit pas la cause de ce déplacement.

Dans le cours de l'année 1515, & pendant une partie de l'année suivante, il fut de nouveau transféré à Libourne à cause de la peste.

Le supplément de la chronique bordeloise fait mention qu'il y étoit pareillement en 1528.

Il se tint encore à Libourne pour la même cause, depuis le premier août 1546, jusqu'au 18 janvier 1547.

En 1549, il fut interdit de ses fonctions à l'occasion d'une émotion populaire qui étoit arrivée à Bordeaux pour la gabelle du sel ; & en la place des officiers de ce *parlement*, le roi envoya le 22 mai des conseillers du *parlement* de Paris, & de ceux de Toulouse & de Rouen, pour tenir le *parlement* à Bordeaux, qu'il composa de deux chambres, l'une pour le civil, l'autre pour le criminel. Mais le 22 mai de la même année, le roi inclinant aux remontrances de la ville, rétablit le *parlement de Bordeaux* dans ses fonctions, & les commissaires des autres *parlemens* furent rappellés.

En 1555, le *parlement de Bordeaux*, pour éviter le danger de la peste, se tint pour la quatrième fois à Libourne, & il y resta jusqu'au 6 janvier 1557.

Au mois de juin 1578, suivant l'édit de pacification, la chambre tripartie, composée d'un président & de douze conseillers au *parlement de Bordeaux*, fut établie à Agen ; & en 1582, suivant le dernier édit de pacification, une chambre du *parlement* de Paris tint pendant quelques mois sa séance aux Jacobins de Bordeaux.

La peste étant survenue à Bordeaux en 1653, le *parlement* fut transféré à Agen, & ensuite à la Réole, où il demeura jusqu'au mois de mai 1654, qu'il fut rétabli à Bordeaux par une déclaration expresse du roi : l'ouverture du *parlement* se fit le premier décembre de la même année.

Les émotions populaires qu'il y eut à Bordeaux depuis le 26 mars 1675, à l'occasion de l'établissement du papier timbré & de quelques nouvelles impositions, donnèrent lieu de transférer le *parlement* à Condom : la déclaration fut publiée le 22 novembre de la même année.

Il fut depuis transféré à Marmande ; il y étoit le 18 juillet 1676 & encore le 3 août 1677, comme il paroît par deux députations que les jurats firent alors vers ce *parlement* séant à Marmande.

Il fut ensuite transféré à la Réole ; il y étoit au mois de mai 1678 : on en trouve la preuve dans un recueil d'anciens édits, où celui portant défense de saisir les bestiaux, du mois de janvier 1678, fut enregistré à la Réole, le 29 mai de ladite année.

Le *parlement* resta à la Réole jusqu'en 1690, qu'il fut rétabli à Bordeaux sur la demande qu'en avoient faite les jurats, moyennant un don de 400000 liv. Il reprit sa séance à Bordeaux, le 13 novembre ; & depuis ce temps, il a toujours été sédentaire en cette ville.

Le démembrement qui avoit été fait d'une partie du *parlement* de Paris & de celui de Toulouse, fut confirmé par des lettres du 8 mai 1464.

Depuis, la ville & gouvernement de la Rochelle & pays d'Aunis, furent rendus au *parlement* de Paris ; & en récompense, par une déclaration du mois de mai 1474, le roi donna au *parlement de Bordeaux* toute la sénéchaussée de Querci. Le pays d'Armagnac qui avoit été d'abord compris dans le ressort du *parlement de Bordeaux*, fut ensuite attribué à celui de Toulouse, puis rendu à celui de Bordeaux par d'autres lettres du 25 avril 1474.

L'étendue de son ressort a encore été confirmée par diverses autres lettres postérieures.

François I. ordonna en 1519, que le *parlement de Bordeaux* tiendroit ses grands jours comme ceux de Paris, de Toulouse & de Rouen.

En conséquence, le 6 septembre 1533, il fut arrêté qu'un président & tel nombre de conseillers qui seroit avisé, iroient tenir les grands jours à Périgueux, depuis le premier octobre jusqu'à la fin du mois.

Le 2 août 1540, on publia les lettres pour en tenir à Agen, depuis le premier septembre jusqu'au 15 octobre.

Il paroît que le 8 juin 1547 il y eut un arrêté pour écrire à M. le chancelier, pour obtenir les provisions nécessaires, à l'effet de tenir les grands jours pour extirper du pays les voleurs & les hérétiques : on ne voit pas si cela eut quelques suites.

En 1567, il tint ses grands jours à Périgueux pendant les mois de septembre & octobre.

Henri II, par un édit de 1553, régla que ce *parlement* précéderoit celui de Dijon.

Charles IX y tint, le 12 avril 1565, fon lit de juftice.

Le nombre des officiers de ce *parlement* a été augmenté par divers édits : il eft préfentement, comme avant la révolution de 1771, compofé de cinq chambres ; favoir, la grand-chambre, la tournelle, deux chambres des enquêtes, & une chambre des requêtes.

La grand-chambre eft compofée du premier préfident & de cinq autres préfidens à mortier, des confeillers-d'honneur, dont deux font confeillers nés, favoir, l'archevêque de Bordeaux & le gouverneur de la province de Guienne, lefquels fiègent à la droite des préfidens au-deffus des confeillers, deux chevaliers d'honneur, & de vingt-deux confeillers.

La tournelle, établie en 1519, eft compofée de quatre préfidens à mortier, & de feize confeillers qui font députés pour ce fervice pendant toute une année, tant de la grand-chambre que des enquêtes.

Chaque chambre des enquêtes eft compofée de deux préfidens des enquêtes & de vingt confeillers.

La chambre des requêtes eft compofée de deux préfidens & de fept confeillers.

Il y a deux avocats-généraux, l'un pour le civil, l'autre pour le criminel à la tournelle, & un procureur-général qui a trois fubftituts.

Il y a deux greffiers en chef & trois fecrétaires de la cour, un greffier en chef des requêtes du palais, un greffier des préfentations, un pour les affirmations, & un greffier-commis, un autre greffier pour la grand-chambre, deux greffiers des audiences, un pour la tournelle, & un pour chaque chambre des enquêtes.

La chancellerie, établie près ce *parlement*, eft compofée d'un garde-des-fceaux, quatre fecrétaires du roi audienciers, quatre fecrétaires du roi contrôleurs, douze autres fecrétaires du roi non fujets à l'abonnement & qui ont des gages, un fcelleur, onze confeillers référendaires, deux receveurs de l'émolument du fceau, deux payeurs des gages.

Les huiffiers du *parlement* font au nombre de feize, fans compter le premier huiffier, lequel jouit de la nobleffe. Il y a auffi foixante-quinze procureurs. (*A*)

PARLEMENT DES BOURGEOIS DE PARIS, *parlamentum, feu parlatorium, vel parloüerium*, comme on difoit dans la baffe latinité, c'étoit le parloir aux bourgeois, c'eft-à-dire, le lieu où les bourgeois de Paris s'affembloient pour parler de leurs affaires communes ; il eft ainfi nommé dans des lettres du roi Jean, du mois de novembre 1350. *Voyez* le recueil des ordonnances de la troifième race, *tome IV, page* 10, (*A*)

PARLEMENT DE BOURGOGNE, SÉANT A DIJON, eft le cinquième *parlement* du royaume. Le royaume de Bourgogne avoit fon *parlement* ; il en eft fait

mention dès le temps de Clotaire II. Cet ancien *parlement* finit avec le royaume de Bourgogne, c'eft-à-dire, vers le milieu du onzième fiècle.

Philippe-le-Hardi, l'un des fils du roi Jean, & premier duc de Bourgogne de la feconde race, avoit dreffé les premiers projets d'un *parlement* à Bellay & depuis à Dijon.

Ses fucceffeurs ducs de Bourgogne, formèrent deux confeils qu'ils appelloient *grands jours*, l'un à Beaune & l'autre à Saint-Laurent.

Le *parlement* qui fubfifte aujourd'hui à Dijon a pris la place de ces jours généraux ou grands jours de Beaune & de Saint-Laurent ; les premiers furent inftitués, vers l'an 1354, par Philippe, duc de Bourgogne, en la ville de Beaune, où plufieurs ducs de Bourgogne tinrent leur cour.

Ces jours généraux de Beaune étoient quelquefois nommés *parlement*, mais l'appel de ces grands jours reffortiffoit au *parlement* de Paris.

Chaffanée, qui fut préfident au *parlement de Dijon*, dit en fon *præmium* de la coutume de Bourgogne, qu'il ne fait pas en vertu de quel droit le duc Philippe avoit érigé ce *parlement*, ayant vu, dit-il, plufieurs arrêts du *parlement* de Paris donnés dans ce même temps pour la Bourgogne ; il ajoute que le duc Philippe étoit lui-même foumis au *parlement* de Paris en qualité de pair de France, & qu'il a vu d'anciennes lettres qui prouvoient que la chancellerie de Bourgogne avoit été donnée au duc par le roi, & que les lettres fcellées du fceau du duc n'avoient d'exécution parée qu'en vertu de la conceffion de cette chancellerie ; mais il eft aifé de réfoudre la difficulté, en obfervant que ce *parlement* de Beaune n'étoit pas fouverain fous les ducs de Bourgogne, mais que c'étoit feulement de grands jours fous le nom de *parlement*, comme en tenoient tous les pairs de France, dont l'appel reffortiffoit au *parlement* de Paris.

La Bourgogne étant retournée à la couronne en 1361, par le décès de Philippe de Rouvre, le roi Jean donna au *parlement* la permiffion de juger fouverainement ; Arnaud de Corbie, premier préfident du *parlement* de Paris, y préfida en 1376.

La Bourgogne ayant été de nouveau donnée en apanage par le roi Jean au plus jeune de fes fils, appellé Philippe-le-Hardi, ce prince & fes fucceffeurs, à l'imitation des anciens ducs de Bourgogne, tinrent leurs jours généraux à Beaune, & depuis ce temps, l'appel de ces jours généraux reffortit au *parlement* de Paris ; ce qui fe faifoit avant la réunion de la Bourgogne à la couronne.

Il y avoit auffi des grands jours à Saint-Laurent-lès-Châlons, que l'on qualifioit de *parlement*, & qui étoient pour le comté d'Auxerre & la Breffe Châlonnoife ; ils avoient pareillement été inftitués par les anciens ducs de Bourgogne, & eurent le même fort que ceux de Beaune ; de forte que l'appel de ces grands jours reffortiffoit auffi au *parlement* de Paris.

Le dernier duc de Bourgogne, Charles-le-Téméraire, ayant été tué devant Nanci, le 5 janvier 1477 nouveau ſtyle, le duché de Bourgogne fut alors réuni à la couronne & n'en a plus été ſéparé depuis. Les principaux des trois états de cette province ſe retirèrent pardevers le roi, & le ſupplièrent, pour le bien de la juſtice, d'établir dans ſon duché de Bourgogne & comté de Charolois, baronnie de Noyers, & terres enclavées audit duché, une cour ſouveraine qui fût appellée *cour de parlement*, fondée & garnie de préſidens & douze conſeillers & autres officiers en tel nombre de conſeillers qu'il y avoit au *parlement* de Beaune, que l'on ſouloit nommer les *grands jours du duché de Bourgogne*, & qu'elle fût de telle prééminence & autorité touchant le fait de judicature & juriſdiction ſouveraine comme le *parlement de Paris*, auquel, eſt-il dit, leſdits grands jours ſouloient reſſortir; ils demandèrent auſſi au roi qu'il lui plût entretenir les *parlemens de Dole* & de Saint-Laurent pour les comtés de Bourgogne, d'Auxonne, & autres terres d'outre Saône, eſquelles, diſoient-ils, d'ancienneté il y avoit toujours eu cour ſouveraine pour l'exercer, comme on avoit toujours fait par le paſſé. Le roi, par un édit du 18 mars 1476 vieux ſtyle, ou mai 1477 nouveau ſtyle, créa & établit eſdits duché & pays deſſus dits adjacens, une cour & juriſdiction ſouveraine, pour être tenue dorénavant ſous le titre de *parlement & cour ſouveraine*, ayant tout droit de reſſort & de ſouveraineté au lieu des grands jours; il ordonna auſſi que les *parlemens* de Dole & Saint-Laurent ſeroient entretenus ſouverains, comme ils l'étoient de toute ancienneté; & pour tenir chacun deſdits *parlemens*, il ordonna qu'il y auroit avec le préſident deux chevaliers, douze conſeillers en la manière accoutumée, deux avocats, un procureur-fiſcal, un greffier, cinq huiſſiers ordinaires.

Ce nouveau *parlement* tint d'abord ſes ſéances à Beaune; mais quelque temps après, cette ville s'étant révoltée, le *parlement* fut transféré à Dijon par édit du 10 août 1480; ſa ſéance dans cette ville fut confirmée par un édit du mois de février ſuivant.

On voit par cet édit qu'il y avoit déjà deux préſidens au *parlement* du duché de Bourgogne, deux chevaliers & douze conſeillers-clercs & laïques; il ordonna que ce *parlement* ſe tiendroit, comme il faiſoit déjà ordinairement, en la ville de Dijon, qu'il commenceroit le lendemain de la ſaint Martin d'hiver, comme il avoit commencé dernièrement; il transféra celui du comté de Bourgogne, de Dole à Salins, & ordonna que ſi par faute de cauſes le *parlement* du comté de Bourgogne finiſſoit plutôt, les conſeillers qui le tiendroient retourneroient à Dijon pour y vaquer aux cauſes & affaires du *parlement* du duché de Bourgogne, juſqu'à la mi-août que commenceroient leurs vacations, comme celle des autres *parlemens*; il permit auſſi aux parties de comparoître au *parlement de Bourgogne* par un procureur, au lieu que ſelon les ordonnances du

parlement précédent, il falloit comparoître en perſonne.

Ce même édit de 1480 contient un ample règlement pour l'adminiſtration de la juſtice au *parlement* de Dijon; ce *parlement* fut caſſé par Charles VIII, par édit du mois d'avril 1485, & réuni au *parlement* de Paris. *Voyez* Chopin, *de Dom. lib. II, tit.* 15, *n.* 7; mais il fut rétabli l'année ſuivante, & enſuite augmenté par Louis XII, & fixé à Dijon par une déclaration du 29 août 1494.

Les fonctions des officiers de ce *parlement* furent ſuſpendues par une déclaration du 14 mars 1637; quelques-uns furent rétablis le premier mai ſuivant, & le ſurplus par un édit du mois de juillet de la même année.

Ce *parlement* fut encore quelque temps ſans fonctions au moyen d'une déclaration du 28 décembre 1658, qui attribue au grand-conſeil tous les procès du reſſort de ce *parlement*; cette déclaration fut regiſtrée au grand-conſeil le 3 février 1659; mais par une déclaration du 7 juin ſuivant, le *parlement* de Dijon fut rétabli dans ſes fonctions.

Le nombre des officiers de ce *parlement* a été augmenté & diminué par divers édits & déclarations dont le détail ſeroit trop long; il ſuffit d'obſerver que cette cour eſt préſentement compoſée de dix préſidens à mortier, y compris le premier préſident, trois conſeillers d'honneur-nés, qui ſont les évêques de Dijon, d'Autun, de Bellay, deux chevaliers d'honneur, ſoixante-huit conſeillers, dont ſix clercs & ſoixante-deux laïques, non compris le chancelier garde-des-ſceaux de la chancellerie, deux greffiers en chef, & pluſieurs commis-greffiers, onze huiſſiers du *parlement*, y compris le premier huiſſier, & quatre huiſſiers aux requêtes.

Le parquet eſt compoſé de deux avocats-généraux, un procureur-général & huit ſubſtituts. Il y a auſſi ſoixante-dix procureurs.

Le *parlement* eſt diſtribué en quatre chambres; ſavoir, la grand-chambre, la tournelle criminelle, la chambre des enquêtes, & celle des requêtes du palais.

La grand-chambre eſt compoſée du premier préſident, de trois préſidens à mortier, des conſeillers & chevaliers d'honneur, & de dix-neuf autres conſeillers.

La tournelle fut établie par édit du mois de juin 1523, qui fut révoquée par déclaration du 13 août 1527; mais elle fut rétablie par édit du mois de décembre 1537; elle eſt compoſée de quatre préſidens & de dix-neuf conſeillers.

La chambre des enquêtes eſt compoſée de deux préſidens & de vingt-un conſeillers.

La chambre des requêtes du palais fut établie par édit du mois de décembre 1543, regiſtrée au même *parlement* le 14 février ſuivant; elle fut ſupprimée par édit du mois de ſeptembre 1546, & rétablie par un autre édit donné à Avignon au mois de janvier 1576; elle eſt préſentement compoſée de deux préſidens & de dix conſeillers.

Les

Les fièges royaux qui reffortiffent à ce *parlement*, font le bailliage & chancellerie de Beaune, les fièges de Nuys, d'Auxonne & de Saint-Jean-de-Lone, le bailliage & chancellerie d'Autun, les fièges de Moncenis, de Semur en Briennois, le bailliage & chancellerie de Châlons-fur-Saône, le bailliage & chancellerie d'Auxois, & les fièges d'Avalon, d'Arnay-le-duc, de Saulieu, le bailliage & chancellerie de Châtillon, les bailliages de Charolles, de Bourbon-Lancy, de Bourg-en-Breffe, les fièges de Bellay & de Gex; il y a auffi plufieurs juftices feigneuriales qui y reffortiffent directement.

La chancellerie établie près le *parlement* eft compofée d'un confeiller garde-des-fceaux, de vingt-deux fecrétaires du roi, tant audienciers, contrôleurs, qu'autres ; deux fcelleurs, trois référendaires, un chauffe-cire, un greffier, trois gardes-minutes, & huit huiffiers. (*A*)

PARLEMENT DE BRESSE. Il y eut un *parlement* créé & établi pour cette province, avec une chambre des comptes, aides & finances, à Bourg-en-Breffe. Pierre de Mufy en étoit premier préfident; il en prend la qualité dans fon contrat de mariage paffé devant Gabillon, notaire au châtelet, le 26 février 1661; mais il fut réuni quelque temps après au *parlement* de Metz, où M. de Mufy fut fait préfident à mortier; il en eft parlé dans l'avant-propos du traité des criées de Bruneau. (*A*)

PARLEMENT DE BRETAGNE *ou* DE RENNES, eft le huitième des *parlemens* de France. Il tire fon origine des grands jours ou *parlement*, que les comtes de Bretagne, & enfuite les ducs, faifoient tenir dans cette province; on les appelloit à Paris, *grands jours*; & dans la province, *parlement*; mais c'étoit abufivement, car les pairs n'avoient chez eux que des grands jours, comme en Champagne, les grands jours de Troyes.

On appelloit des juges des feigneurs devant les juges du comte ou duc de Bretagne féans à Rennes ou à Nantes, lefquels connoiffoient des appellations de toute la province aux plaids généraux. On pouvoit enfuite appeller de ces jugemens, ne fût-ce que des interlocutoires, au confeil du duc, & de ce confeil aux grands jours ou *parlement*.

D'Argentré, dans fon *Hiftoire de Bretagne, liv. 5, chap. 17*, dit qu'avant le comte Alain III, dit Fergent, lequel mourut le 13 octobre 1120, il y avoit déja un ce pays un *parlement*; que c'étoit une affemblée d'hommes de fens de tous états & conditions, qui étoit convoquée par lettres du comte ou duc chaque année, & fouvent plus rarement; que du temps de faint Louis, il y avoit appel de ce *parlement* à celui de France en deux cas; le premier pour faux & mauvais jugement ou fentence inique; le fecond par faute ou dénégation de droit: le traité fait en la ville d'Angers, l'an 1231, y eft exprès.

Il y a auffi des lettres de Philippe-le-Bel, du mois de février 1296, par lefquelles ce prince accorde au duc de Bretagne & à fes heirs, qu'ils ne pour-

ront être ajournés, tant pardevant lui, que pardevant fes gens (c'étoit fon confeil), par fimples ajournemens, qu'en cas d'appel de défaut de droit ou de faux jugemens, ou autres cas dépendans de la fouveraineté.

Louis Hutin fit au mois de mars 1315 une ordonnance à la requifition du duc de Bretagne, portant, entre autres chofes, que le roi enverroit des commiffaires pour informer comment les appellations interjettées des jugemens rendus au duché de Bretagne devoient reffortir au *parlement* de Paris; la jurifdiction du duc n'y eft point qualifiée de *parlement*, ni même de grands jours. Mais dans des lettres de Philippe de Valois, du mois de juin 1328, la jurifdiction du duc eft qualifiée de grands jours, *magnos dies*; & il eft dit qu'en Bretagne ces grands jours étoient qualifiés de *parlement*. Il eft dit dans l'expofé de ces lettres, que le duc de Bretagne avoit repréfenté que par coutume ancienne, les appellations des fénéchaux de Bretagne étoient portées au duc ou à fes grands jours, lefquels en Bretagne font qualifiés de *parlement*; qu'ils avoient été introduits d'ancienneté pour cela, fuivant qu'ils avoient coutume d'être affignés; & par ces lettres, le roi confirme l'ordre qui s'obfervoit anciennement, & ordonne que l'appel des grands jours ou *parlement* de Bretagne reffortira au *parlement* de Paris, fans que l'on puiffe y porter directement les appellations interjettées des fénéchaux de Bretagne.

Cette ordonnance fut confirmée par le roi Jean, au mois de juillet 1352.

Ces grands jours devoient fe tenir tous les ans, en vertu de lettres que le roi donnoit à cet effet, mais on ne les convoquoit communément que tous les deux ans; & même quelquefois plus rarement; c'eft pourquoi le duc Jean tenant fon *parlement* en 1404 ou 1424, ordonna que toutes appellations qui feroient interjettées de fimples interlocutoires qui n'emporteroient pas principal de caufe, feroient terminées comme de *parlement*, une fois l'an, devant fon préfident & fon confeil, qui feroit à Vannes ou en quelque autre ville de Bretagne.

Les chofes demeurèrent fur ce pied jufqu'au temps de Charles VIII, lequel ayant époufé Anne de Bretagne en 1491, établit un nouveau confeil en Bretagne, au lieu de celui des ducs, & peu de temps après, il mit fes foins à régler les grands jours, ou *parlement de Bretagne*, auxquels reffortiffoient les appellations de tous les juges inférieurs du pays; ces grands jours n'avoient pu être tenus depuis long-temps, tant à l'occafion des procès & divifions qui étoient encore dans ce pays, qu'à caufe du décès de plufieurs barons, nobles & autres gens dudit pays. Ce prince ordonna donc, pour le bien & utilité de ce pays, de faire tenir les grands jours ou *parlement*, audit pays & duché de Bretagne, pour le premier terme, le premier jeudi de Carême de cette année, & qu'ils dureroient jufqu'au famedi de Pâques enfuivant, qu'on difoit l'an 1493, & de-là en avant de terme en terme, ainfi que fa majefté l'ordonneroit & verroit être nécessaire pour le bien de ce pays.

Pour tenir ces grands jours ou *parlement*, il commit meffire Jean de Gonnay pour premier préfident, avec un fecond préfident, & huit confeillers-clercs & dix laïques, un greffier & deux huiffiers.

Il régla que les gages & vacations feroient payés aux préfidens ordinairement & aux confeillers-clercs & laïques, pour le temps de leur vacation feulement, caffant & révoquant tous dons, érections & retenues des confeillers & autres officiers des grands jours, faites à d'autres qu'à ceux qui furent pour lors commis.

Depuis, voyant le bien & utilité qui étoient avenus de la tenue de ces grands jours ou *parlement*, il ordonna fuccessivement que ces grands jours feroient tenus ès mois de feptembre 1494 & 1495; ce qui fut ainfi exécuté.

Enfin ayant reconnu qu'il feroit avantageux pour ce pays que l'on y tînt les grands jours une fois l'an à un terme nommé & préfix, & que ce feroit occafionner de grands frais s'il falloit, chaque année, obtenir des lettres du roi pour faire tenir les grands jours, il ordonna par un édit du 27 novembre 1495, qui fut publié dans l'affemblée des états de la province, que ces grands jours ou *parlement* fe tiendroient une fois chaque année, depuis le premier feptembre jufqu'au 5 octobre fuivant, par les mêmes préfidens, confeillers & autres officiers qui avoient d'abord été commis, lefquels font dénommés dans cet édit, fans qu'il fût befoin dorénavant d'obtenir d'autres lettres de provifion pour la tenue de ces grands jours ou *parlement*.

La jurifdiction de ces grands jours ou *parlement*, n'étoit pas fouveraine; il y avoit appel au *parlement* de Paris; cependant les exemples en font rares, fur-tout fous les ducs de Bretagne, qui empêchoient, autant qu'il leur étoit poffible, que l'on ne prît cette voie; il y en a pourtant un exemple dans les rouleaux du *parlement* de Paris, en 1461.

Le fecond mariage d'Anne de Bretagne avec Louis XII; celui de François I avec Claude de France, fille de Louis XII & d'Anne de Bretagne; la réunion même qui fut faite de la Bretagne à la couronne en 1532, n'apportèrent encore aucun changement à l'état du *parlement de Bretagne*. Il arriva feulement que le roi François I ayant cédé à Henri II fon fils, alors dauphin de France, la jouiffance du duché de Bretagne, il ordonna à la prière de ce prince, par des lettres en forme d'édit, que dans les matières où il feroit queftion de 1000 livres de rente & au-deffous, ou de 10000 liv. une fois payées, il n'y auroit aucun reffort par appel des grands jours, ou *parlement de Bretagne*, au *parlement* de Paris, comme cela avoit lieu auparavant; mais que les jugemens donnés fur ces matières fortiroient nature d'arrêt.

Ces lettres ayant été préfentées au *parlement* de Paris pour y être enregiftrées, le procureur-général y forma oppofition.

Mais François I étant décédé en 1547, cela leva les obftacles. Henri II, par édit du mois de feptembre 1551, ordonna l'exécution de celui du roi fon père, & néanmoins ayant aucunement égard aux motifs allégués par le procureur de fon oppofition, il modifia cet édit, & ordonna que dans les matières où il feroit queftion de 150 liv. tournois de rente, & de 3000 liv. tournois à une fois payer, il n'y auroit aucun reffort par appel des jugemens, foit interlocutoires ou définitifs, fur ce donnés par les grands jours ou *parlement de Bretagne*, au *parlement* de Paris; mais qu'ils fortiroient nature d'arrêt exécutoire, nonobftant ledit appel.

Cet édit fut enregiftré au *parlement de Bretagne* le 17 feptembre 1551, & dans celui de Paris le premier octobre 1552.

Mais les grands jours ou *parlement de Bretagne*, ne furent érigés en cour abfolument fouveraine, & fous le titre de *parlement*, que par l'édit du roi Henri II, du mois de mars 1553. Les motifs expofés dans cet édit font que la féance des grands jours étoit fi brève, qu'elle ne fuffifoit pas pour expédier toutes les affaires; que d'ailleurs ces grands jours n'étant pas fouverains, c'étoit un degré de jurifdiction qui ne fervoit qu'à fatiguer les parties & éternifer les procès.

Par cet édit, Henri II établit un *parlement* & fiège ordinaire de juftice fouveraine audit pays & duché de Bretagne, lequel devoit être compofé de deux chambres pour être exercé & tenu par quatre préfidens & trente-deux confeillers qui ferviroient alternativement; favoir, feize non originaires du pays, lefquels, enfemble les quatre préfidens, feroient pris & choifis dans les autres pays de l'obéiffance du roi, foit préfidens, maîtres des requêtes ordinaires de l'hôtel du roi, ou confeillers des autres cours fouveraines, ou autres, & que les feize autres confeillers feroient pris des originaires du pays.

Il créa, par le même édit, deux avocats pour lui, dont il ne pourroit y en avoir qu'un originaire du pays; un procureur-général, deux greffiers, l'un civil, l'autre criminel; fix huiffiers, un receveur & payeur des gages, un receveur des amendes, un garde & concierge pour adminiftrer les menues néceffités.

Chaque chambre devoit être compofée de deux préfidens, feize confeillers, un des deux avocats du roi.

Il fut auffi ordonné que ce *parlement* feroit tenu & exercé en deux féances & ouvertures; l'une de la ville de Rennes durant trois mois; favoir, août, feptembre & octobre; & que durant les mois de novembre, décembre & janvier, il y auroit vacations; que l'autre féance & ouverture fe tiendroit en la ville de Nantes; qu'elle feroit de fervice pendant les mois de février, mars & avril, & les mois de mai, juin & juillet pour les vacations.

La première féance pour laquelle furent députés

les premier & troisième présidens, commença au mois d'août, & la seconde où furent députés les second & quatrième présidens, commença au premier février, suivant l'édit.

Et au cas que durant ces deux séances, ou l'une d'icelles, les procès par écrit, appellations verbales, ou autres matières civiles qui seroient instruites & en état d'être jugées, ne fussent pas décidées durant les trois mois ordonnés pour chacune desdites ouvertures & séances, il est ordonné que les présidens & conseillers procéderont au jugement desdits procès & matières instruites, avant que de désemparer chacune desdites séances, dont le roi charge leur honneur & conscience, sans néanmoins que lesdits présidens, conseillers & autres officiers, fussent tenus en chacune desdites séances, de vaquer en tout plus de quatre mois.

Il est encore dit que les conseillers & présidens de chacune desdites chambres, moyennant ladite érection, connoîtront & jugeront en dernier & souverain ressort, de tous différends & matières survenant audit pays, civiles, criminelles, mixtes, leurs circonstances, séquelle & dépendances d'icelles, entre quelques personnes, & pour quelque cause & valeur que ce soit, au nombre des présidens ou conseillers requis par les ordonnances; comme aussi des matières de régale & jurisdictions temporelles des évêques dudit pays, prééminence d'église, contention des ressorts différens des sièges présidiaux, malversation d'iceux, & d'autres juges inférieurs, appellation des jugemens donnés par le grand-maître des eaux & forêts, ou ses lieutenans, sans qu'elles puissent ressortir ailleurs par appel, ni autrement, pour quelque somme & considération que ce soit; & des autres, selon l'édit de la création des présidiaux qui excéderont 10 liv. de rente, ou 250 liv. une fois payées; le roi révoquant à cette fin le pouvoir qu'il avoit donné aux présidiaux pour connoître la souveraineté des matières criminelles par la suppression du conseil, ou grands jours dudit pays; enfin il donna au nouveau parlement telle autorité, pouvoir, prééminences, honneurs, droits, profits, revenus & émolumens que les autres cours souveraines & parlemens du royaume, & que l'ancien parlement & conseil dudit pays avoient coutume d'avoir.

En conséquence il supprima, par le même édit, l'ancien parlement ou grands jours.

Il ordonna qu'en la chancellerie dudit pays, il y auroit un garde-scel, qui seroit conseiller de la cour, des secrétaires & un sceleur, comme il y avoit eu de tout temps, un receveur & payeur des gages des officiers de cette chancellerie, quatre rapporteurs & un huissier; & il supprima tous autres officiers de ladite chancellerie & conseil de ce pays.

Et afin de prévenir toute difficulté sur l'exécution de cet édit, il ordonna qu'il seroit fait un extrait au parlement de Paris, des réglemens, usances, styles & formes qui se doivent garder pour les mercuriales, & toutes autres choses concernant le

fait du parlement de Paris, ses officiers & sa chancellerie, pour se régler de même au parlement & chancellerie de Bretagne.

Comme les offices de présidens & conseillers de l'ancien parlement étoient la plupart tenus par des maîtres des requêtes de l'hôtel du roi, les offices du nouveau parlement furent pareillement déclarés compatibles avec ceux des maîtres des requêtes, avec séance telle que les maîtres des requêtes l'ont dans les autres parlemens, sans avoir égard au rang qu'ils devroient tenir comme conseillers.

L'édit de 1553 ordonna encore que l'un des présidens de la première séance de Rennes, avec les huit conseillers originaires de la province, continueroient l'exercice de la justice criminelle pendant les vacations, en appellant avec eux pour parfaire le nombre de dix au moins, tels des conseillers du même parlement, sièges présidiaux, ou autres juges & officiers royaux, ou quelqu'un des plus anciens & fameux avocats des lieux, pour terminer, pendant ledit temps, les procès criminels, comme il se pratiquoit anciennement au conseil de Bretagne, & que la même chose seroit observée par la séance établie à Nantes.

Enfin ce même édit ordonne que les évêques de Rennes & de Nantes auront séance, voix & opinion délibérative au parlement de Bretagne, ainsi que les évêques de Paris & abbé de Saint-Denis l'ont au parlement de Paris, & que tous les autres archevêques ou évêques du royaume y auront séance les jours d'audience & de plaidoierie, uniformément & comme ils l'ont au parlement de Paris.

Cet édit fut enregistré au parlement de Paris le 4 mai 1554, avec la clause de mandato regis.

Par des lettres-patentes du 26 décembre 1558, Henri II autorisa les présidens & conseillers du parlement de Bretagne à visiter toutes les prisons, interroger les prisonniers, comme aussi à visiter les présidiaux, & à y présider, seoir & juger, tant ès jours de plaidoierie que de conseil, sans y prendre aucun profit ni émolument, à visiter les hôpitaux & lieux piteux, pour voir & entendre s'ils sont bien & duement entretenus & réparés, pour, sur leur rapport, être pourvu par la cour.

Les habitans de la ville de Nantes demandèrent à François II que le parlement fût transféré en la ville de Nantes, & que les deux séances fussent unies en une, & tenues dans cette ville.

La ville de Rennes y mit empêchement, ce qui donna lieu à un arrêt du conseil du 19 mars 1554, par lequel les parties furent renvoyées devant le gouverneur & lieutenant-général de Bretagne, pour, à la première convocation & assemblée ordinaire, enquérir & informer par les voix des gens des trois états, si l'observation de l'érection & séance du parlement dans les deux villes de Nantes & de Rennes, seroit plus commode & profitable tant au roi qu'à ses sujets, ou s'il y auroit lieu d'attribuer la séance perpétuelle du parlement en l'une de ces deux villes.

Cependant, sans attendre cette information, les habitans de Nantes obtinrent au mois de juin 1557, des lettres-patentes portant translation du *parlement*, & réunion des deux séances en la ville de Nantes.

La ville de Rennes forma opposition à l'enregistrement de ces lettres, & présenta requête au roi François II, le 4 décembre 1559, pour demander que l'information qui avoit été ordonnée fût faite.

La requête renvoyée au duc d'Estampes, gouverneur de Bretagne, le procès-verbal & information *de commodo & incommodo*, fut fait en l'assemblée des trois états tenus en la ville de Vannes au mois de septembre 1560; le gouverneur donna aussi son avis; & sur ce qui résultoit du tout, par arrêt & lettres-patentes du 4 mars 1561, le roi Charles IX, pour nourrir paix & amitié entre les habitans des villes, & accommoder ses sujets de Bretagne en ce qui concerne l'administration de la justice, révoqua les lettres du mois de juin 1557, contenant la translation du *parlement* à Nantes, & ordonna que la séance ordinaire de ce *parlement* seroit & demeureroit toujours en la ville de Rennes, sans que, pour quelque cause que ce fût, elle pût être à l'avenir transférée à Nantes ni ailleurs. Il institua & établit ce *parlement* ordinaire en la ville de Rennes, pour y être tenu & exercé à l'avenir à perpétuité, comme les autres cours de *parlement* du royaume, à la charge seulement que les habitans de Rennes seroient tenus d'indemniser & rembourser ceux de Nantes, des deniers qu'ils avoient donnés au feu roi Henri II pour avoir chez eux le *parlement*.

Cependant comme le *parlement* tenoit déjà sa séance à Nantes, l'exécution de l'arrêt du 4 mars 1561 souffrit quelque retardement, tant par l'opposition des Nantois qui empêchèrent d'abord les commis des greffes d'emporter les sacs & papiers, que par divers autres incidens; enfin le 24 juillet 1561 il y eut des lettres de jussion pour enregistrer l'arrêt du 4 mars, & il fut enjoint au *parlement* de commencer à siéger à Rennes, le premier août suivant: ce qui fut exécuté.

Il paroît néanmoins que ce *parlement* de Rennes fut encore interrompu: en effet, il fut rétabli & confirmé par une déclaration du premier juillet 1568.

Il ne laissa pas d'être depuis transféré à Vannes, par déclaration du mois de septembre 1675, mais il fut rétabli à Rennes par édit du mois d'octobre 1689.

Par une déclaration du 23 février 1584, les séances qui n'étoient que de trois mois, furent fixées à quatre chacune.

Henri IV, par édit du mois de juillet 1600, ordonna que chaque séance seroit de six mois.

Enfin, par édit du mois de mars 1724, le roi a rendu ce *parlement* ordinaire, au lieu de *trimestre* & *semestre* qu'il étoit auparavant.

Ce *parlement* est présentement composé de cinq chambres; savoir, la grand-chambre qui est aussi ancienne que le *parlement*, deux chambres des enquêtes, dont l'une tire son origine de la première érection du *parlement* en 1553; la seconde fut créée en 1557; la tournelle établie en 1575, & les requêtes du palais en 1581.

L'édit du mois de mars 1724 avoit ordonné qu'il y auroit deux chambres des requêtes; mais par une déclaration du 12 septembre de la même année, il fut ordonné que les deux seroient & demeureroient réunies en une seule.

Par un édit du mois de février 1704, il avoit été créé une chambre des eaux & forêts près le *parlement* de Rennes, pour juger en dernier ressort toutes les instances & procès concernant les eaux & forêts, pêche & chasse; mais par un autre édit du mois d'octobre suivant, cette chambre fut réunie au *parlement*.

On a vu que lors de la création de ce *parlement*, il n'étoit composé que de quatre présidens, seize conseillers originaires, & seize non originaires, deux avocats-généraux, un procureur-général, deux greffiers & six huissiers; mais au moyen de nouvelles charges qui ont été créées en divers temps, il est présentement composé d'un premier président, de neuf présidens à mortier.

Les autres officiers dont il est composé, sont six présidens aux enquêtes, deux aux requêtes, quatre-vingt-quatorze conseillers, douze conseillers commissaires aux requêtes, deux avocats-généraux, un procureur-général, deux greffiers en chef, l'un civil, & l'autre criminel, deux greffiers aux enquêtes, un aux requêtes, un garde sacs, un des affirmations, un premier huissier & treize autres huissiers, & cinq huissiers aux requêtes, & cent huit procureurs.

Tous les conseillers, tant du *parlement* que des requêtes, sont laïques; il n'y a point de conseillers-clercs, si ce n'est les évêques de Rennes & de Nantes, qui sont conseillers d'honneur nés.

Une partie des charges de conseillers est affectée à des personnes originaires de la province; l'autre est pour des personnes non originaires; & suivant un réglement fait par le *parlement* au sujet de ces diverses charges, le 21 juillet 1683, sur lequel est intervenu un arrêt conforme au conseil du roi, le 15 janvier 1684, regiftré à Rennes le 3 juin suivant, il est dit:

1°. Que ceux qui, des autres provinces du royaume, sont venus ou viendront s'établir dans celle de Bretagne, autrement que pour exercer dans le *parlement* des charges de présidens ou de conseillers, & y ont eux, ou les descendans d'eux, leur principal domicile pendant l'espace de quarante ans, seront réputés originaires de Bretagne, & ne pourront eux & les descendans d'eux posséder des offices non originaires.

2°. Que ceux qui sont sortis ou sortiront hors de la province de Bretagne, & qui ont eu ou auront dans les autres provinces du royaume, eux ou les descendans d'eux, leur principal domicile pendant l'espace de quarante ans, seront réputés non originaires, & ne pourront eux & les descendans d'eux posséder des offices originaires.

3°. Ceux qui possèdent actuellement, ceux qui posséderont à l'avenir, & ceux qui ont possédé depuis quarante ans des charges non originaires, seront réputés *in æternum*, eux & les descendans d'eux par mâles, non originaires, excepté néanmoins ceux qui ont été pourvus, & ensuite reçus dans les charges non originaires autrement que comme non originaires, dont les enfans, & petits-enfans par mâles pourront posséder les charges de leurs pères & grands-pères seulement, immédiatement & sans interruption.

Suivant l'édit du mois de septembre 1580, & la déclaration du 30 juin 1705, les charges de présidens aux requêtes du palais, & celles de conseillers doivent être remplies, moitié par des François, l'autre moitié par des originaires.

Il en étoit de même anciennement des deux charges d'avocats-généraux, suivant l'édit de création; mais par une déclaration du 15 octobre 1714, il a été réglé que ces charges seront possédées indifféremment par des Bretons & par d'autres.

Par une déclaration de Henri III, du 2 mai 1575, les présidens & conseillers de ce *parlement* ont entrée & séance dans toutes les cours souveraines du royaume.

L'ouverture du *parlement* se fait le lendemain de la saint Martin.

La grand-chambre est composée du premier président, des quatre plus anciens présidens à mortier, & des trente-quatre conseillers les plus anciens en réception.

Chaque chambre des enquêtes est composée de trois présidens & vingt-cinq conseillers.

La tournelle est composée des cinq derniers présidens à mortier, de dix conseillers de la grand-chambre, de cinq de chaque chambre des enquêtes, & de deux conseillers de la chambre des requêtes, qui servent jusqu'à Pâques, & sont remplacés par un pareil nombre, depuis Pâques jusqu'aux vacations.

Les vacations sont depuis le 24 août jusqu'à la saint Martin.

La chambre des vacations commence le 26 août & finit le 17 octobre.

La chancellerie établie près le *parlement* de Bretagne est composée de deux conseillers-garde-des-sceaux, qui servent chacun six mois, quatre audienciers, quatre contrôleurs, quinze secrétaires, un scelleur, quatre référendaires, deux payeurs des gages, & un greffier garde-notes. (*A*)

PARLEMENT DE CHALONS. On donna ce nom à une des chambres du *parlement* de Paris, transférée à Tours pendant la ligue, laquelle fut envoyée à Châlons-sur-Marne pour y rendre la justice. *Voyez* PARLEMENT DE LA LIGUE & PARLEMENT DE TOURS. (*A*)

PARLEMENT DE CHAMBÉRY. Il y a eu autrefois un *parlement* à Chambéry, ville capitale de la Savoie, lequel a pris depuis la dénomination de

sénat; il fut établi par le roi François I, lorsqu'il se fut rendu maître de la Savoie. (*A*)

PARLEMENT DE LA CHANDELEUR, *in parlamento Candelosæ* ou *octavarum Candelosæ*, des octaves de la Chandeleur. C'étoit la séance que le *parlement* tenoit vers la fête de la purification de la Vierge; il en est parlé dans le premier des registres *olim*, dès l'année 1259, & en 1290. Philippe-le-Bel fit une ordonnance touchant les Juifs au *parlement de la Chandeleur*, en 1290. (*A*)

PARLEMENT COMTAL; c'étoit les grands jours ou *parlement* du comte de Toulouse ou de Poitiers. *Voyez* PARLEMENT DE TOULOUSE.

PARLEMENT DU COMTÉ DE BOURGOGNE, *Voyez ci-devant* PARLEMENT DE BESANÇON.

PARLEMENT DE DAUPHINÉ, *voyez ci-après* PARLEMENT DE GRENOBLE.

PARLEMENT DE DIJON, *voyez ci-devant* PARLEMENT DE BOURGOGNE.

PARLEMENT DE DOLE, *voyez* PARLEMENT DE BESANÇON.

PARLEMENT DE DOMBES étoit la cour souveraine établie pour rendre la justice en dernier ressort aux sujets de cette principauté particulière, formée des débris du second royaume de Bourgogne.

Les ducs de Bourbon, souverains de Dombes, avoient pour leurs états une chambre des comptes établie à Moulins, où ressortissoient en dernier ressort les appellations des sentences des juges ordinaires & d'appeaux de la souveraineté, pour raison de quoi elle étoit nommée *chambre du conseil*; elle étoit sédentaire à Moulins.

Lorsque Charles de Bourbon, connétable de France (qui avoit épousé Susanne sa cousine, fille de Pierre de Bourbon, & lui avoit succédé à sa mort en 1521, tant en vertu de son contrat de mariage qui l'appelloit à la succession d'Anne à défaut d'enfans, que du testament à son profit qu'elle avoit fait en 1519), eut embrassé le parti de l'empereur Charles-Quint, le roi François I s'empara de la souveraineté de Dombes par droit de conquête en 1523.

Après avoir fait recevoir par le maréchal de la Palisse le serment de fidélité des habitans du pays, sur leur requisition, le roi, par des lettres-patentes du mois de novembre 1523, établit une chambre ou conseil souverain à Lyon, à laquelle il évoqua toutes les causes & appellations du pays & souveraineté de Dombes.

Il composa ce conseil du gouverneur de Lyon (c'étoit alors le maréchal de la Palisse), du sénéchal de Lyon, des lieutenans général & particulier, & de deux docteurs résidans dans la même ville; il commit son procureur à Lyon pour procureur général, & deux huissiers pour le service de cette chambre ou conseil; il défendit, pour quelques causes que ce fût, soit civiles, soit criminelles, de traduire les sujets de Dombes en autre cour & jurisdiction que pardevant ledit conseil. Il commit le sénéchal pour garde-des-sceaux de ce conseil. Le premier ſcel dont on ſe ſervit eſt encore conſervé dans les archives de Dombes ; François I y eſt repréſenté avec cette inſcription, *ſigillum domini noſtri Francorum regis, pro ſupremo Dombarum parlamento.*

Les lettres de 1523 furent enregiſtrées & publiées en l'auditoire de Lyon ; le 6 novembre de la même année, en Dombes ; le 26 du même mois, & à la chambre des comptes de Moulins, le 24 janvier ſuivant. De ce moment elles eurent leur exécution.

Ce nouveau conſeil fut qualifié de *parlement* dès le mois de juin 1538, dans des lettres-patentes accordées à Me Jean Godon, pour la rénovation du terrier de la ſeigneurie de Gravin, où l'on lit : *Jean Godon . . . . . préſident en notre cour de parlement & conſeil de notre pays de Dombes.*

Ce tribunal fut qualifié de *parlement*, après, ſans doute, qu'Antoine Dubourg eut été nommé premier préſident, parce qu'alors il y avoit un préſident en titre, & qu'il étoit compoſé d'officiers de robe longue.

Dans des lettres-patentes de 1543, 1547 & 1549, il eſt qualifié tantôt de *conſeil*, tantôt de *parlement*, comme mots ſynonymes ; mais il étoit déjà reconnu comme *parlement*, ſuivant le ſcel accordé par François I ; & tant les arrêts que les enregiſtremens, ſe donnoient & s'inſcrivoient alors *à la cour de parlement ſéant à Lyon.*

Le roi François II, dans des lettres-patentes du mois de mars 1559, confirma les offices du *parlement de Dombes*, tels qu'ils ſubſiſtoient au temps de ſon avénement, & les privilèges de chacun de ces offices.

La principauté de Dombes enſuite de la tranſaction du 27 ſeptembre 1560, fut rendue par François II à Louis de Bourbon, duc de Montpenſier (fils de Louiſe, ſœur & héritière de droit du connétable Charles de Bourbon) & héritier inſtitué par teſtament que ledit connétable avoit fait en l'année 1521. La tranſaction confirmée par Charles IX, le 11 novembre 1661, fut enregiſtrée au *parlement* de Dombes, le 20 mars de la même année.

Louis de Bourbon-Montpenſier prit poſſeſſion de la ſouveraineté de Dombes, au mois de mars 1561 ; il rendit le 15 ſeptembre un édit enregiſtré le 18 décembre de la même année au *parlement*, par lequel il ſupprima, *vacation avenant*, l'office de juge d'*appeaux* établi à Trévoux par le roi François I, & ordonna qu'à l'avenir il n'y auroit plus que deux degrés de juriſdiction, ſelon la forme ancienne. Il fit une ordonnance pour l'adminiſtration de la juſtice, tant en matière civile que criminelle, qui contient vingt-quatre chapitres & cent cinquante articles ; elle eſt datée de Champigny, du mois de juin 1581. Louis de Montpenſier étant décédé avant l'enregiſtrement, François ſon fils & ſon ſucceſſeur, donna des lettres-patentes au mois de juin 1583, confirmatives de cette ordonnance, & le tout fut enregiſtré le 27 juillet ſuivant. M. Jérôme

de Châtillon, premier préſident du *parlement de Dombes*, a fait un commentaire de grande érudition, qui a été imprimé avec cette même ordonnance.

En 1576, le *parlement* fit un réglement, tant ſur la police intérieure du palais, que ſur la monnoie, avec ſupplication à S. A. S. pour avoir des ordonnances ſur le fait de la juſtice. Il y eſt marqué que la ſouveraineté ſe régiſſoit par le droit écrit. Ce réglement fut confirmé par les lettres-patentes du ſouverain, du 24 juin 1576, duement enregiſtrées.

Le *parlement* s'eſt tranſporté pluſieurs fois de Lyon dans la ſouveraineté de Dombes, pour y tenir les grands jours, enſuite de commiſſion ou lettres-patentes du ſouverain. La première fois, le 8 octobre 1583, il fit publier à Trévoux un réglement pour la police & l'adminiſtration de la police au bailliage. Une autre fois, au mois d'octobre 1602, étant à Trévoux pour ſemblable cauſe, il rendit deux arrêts de réglement, l'un ſur la police générale du pays de Dombes, & l'adminiſtration de la juſtice, tant au bailliage, qu'aux autres juriſdictions ; & l'autre ſur la forme des impoſitions. Ces deux réglemens ont été confirmés par les mêmes lettres-patentes du 24 février 1603, regiſtrées le 9 avril ſuivant. Depuis 1602, le *parlement* n'a pas tenu les grands jours.

M. le duc du Maine transféra le *parlement* de Lyon à Trévoux, capitale de la ſouveraineté, par déclaration du mois de novembre 1696.

Par une autre déclaration du 15 ſeptembre 1728, regiſtrée le premier octobre ſuivant, il permit aux officiers du *parlement* de Dombes de poſſéder des charges hors de la ſouveraineté, dans les cours du royaume.

Le nombre des officiers du *parlement* de Dombes a été augmenté en divers temps.

Les lettres-patentes de François de Montpenſier, prince ſouverain de Dombes, du 26 novembre 1582, font mention, outre les préſidens, conſeillers, avocats & procureur généraux, des ſecrétaire & greffier, tréſorier & payeur, huiſſier & concierge de ladite conr. Il étoit compoſé d'un préſident & de deux autres préſidens à mortier, du gouverneur qui y avoit ſéance & voix délibérative après le premier préſident, de trois maîtres des requêtes, de deux chevaliers d'honneur, de dix conſeillers laïques, de deux conſeillers-clercs ; du doyen du chapitre de Trévoux, de deux avocats-généraux & un procureur-général, de deux ſubſtituts du procureur général ; de quatre ſecrétaires de S. A. S., d'un greffier en chef, d'un premier huiſſier, quatre huiſſiers-audienciers & douze procureurs.

Les préſidens, maîtres des requêtes, conſeillers, avocats & procureurs-généraux, les quatre ſecrétaires, le greffier en chef du *parlement*, jouiſſoient de la nobleſſe tranſmiſſible à leurs enfans au premier degré, tant en Dombes qu'en France. Ce qui leur avoit été confirmé, de même qu'au confeil souverain de Dombes, par des édits & déclarations des 2 avril 1571, mars 1604 & novembre 1694, pourvu toutefois, aux termes de cette dernière déclaration, qu'ils eussent servi pendant vingt ans, ou qu'ils fussent décédés dans le service actuel de leurs charges.

Ils ont été maintenus dans la jouissance de tous leurs privilèges en France, & des mêmes honneurs & prérogatives des officiers de *parlement* du royaume par des lettres-patentes de nos rois de 1577, 1595, 1611 & 1644, qui toutes rappellent la création du *parlement* en 1523. L'exécution de ces lettres a été en 1611, attribuée au grand-conseil : depuis ce temps, elles y ont toujours été enregistrées, & il étoit le tribunal compétent pour raison des privilèges du *parlement* de Dombes.

Ils ont obtenu au conseil d'état du roi, le 22 mars 1669, un arrêt solemnel qui les déchargea de l'assignation à eux donnée par le préposé à la recherche des faux nobles ; & toutes les fois qu'ils ont été troublés dans la jouissance de leurs privilèges, & notamment de la noblesse personnelle ou transmissible, les jugemens du conseil & des intendans ont été conformes à leurs privilèges. Les officiers du *parlement* de Dombes assistèrent, en 1548, à l'entrée de Henri II dans la ville de Lyon, vêtus de grandes robes de satin, damas & taffetas, montés sur des mules harnachées de velours, avec de grandes housses de fin drap noir ; ils n'étoient en usage alors de porter la robe rouge, quoiqu'ils en eussent le droit comme les autres *parlemens*.

La princesse Marie ordonna en 1614, qu'ils porteroient la robe rouge, & en fit la première dépense. Ils eurent l'honneur, le 22 décembre 1658, étant ainsi vêtus, de saluer *debout*, suivant le certificat donné par M. de Sainctot, maître des cérémonies, le roi, la reine-mère, monsieur Philippe de France, & le cardinal Mazarin ; ils allèrent ensuite rendre leurs respects à *mademoiselle*, leur souveraine, qui étoit à Lyon avec la cour. M. de Seve, premier président, porta la parole à la tête de la compagnie.

Les conseillers-clercs qui ont des canonicats ou dignités en France, ont droit d'y porter, & y portent la soutane rouge les jours de cérémonie.

Louis XIII, par édit de 1621, avoit ordonné que les officiers du *parlement* de Dombes auroient les mêmes rangs, séance, &c. en France, qu'ont accoutumé d'avoir les officiers des *parlemens* du royaume, même pardessus les juges & officiers des jurisdictions subalternes & ressortissantes aux cours de *parlement*.

Un déclaration de 1642 avoit rendu les offices de Dombes incompatibles avec ceux de France. Louis XIV révoqua cette déclaration, & permit la compatibilité en 1643.

Les officiers du *parlement* de Dombes jouissoient du droit de *committimus*, tant aux requêtes du palais, que de l'hôtel, en vertu des lettres-patentes

accordées par Henri III en 1577, & autres lettres confirmatives : ils y ont été maintenus par deux arrêts du conseil en 1670 & 1678, publiées pendant la séance du sceau.

Avant la création du bailliage de Dombes par le roi Henri II, les mêmes juges résidans à Villefranche étoient pourvus sous différens titres pour la souveraineté & pour le Beaujolois. Les affaires de Dombes ressortissoient à leur *parlement* lors séant à Lyon, & celles du Beaujolois au *parlement* de Paris. Il arrivoit souvent que, par méprise ou par affectation, les parties portoient des appellations au *parlement* de Paris, qui auroient dû l'être au *parlement* de Dombes ; ce qui donna lieu au premier huissier, ou à son clerc, de faire mention du pays de Dombes avec celui de Beaujolois dans le rôle de Lyon ; & comme les clercs du premier huissier copioient tous les ans l'intitulé du rôle sur l'ancien, on y comprenoit toujours mal-à-propos la souveraineté de Dombes.

Le roi Louis XIV, par une déclaration du mois de mars 1682, registrée au *parlement* de Paris le 25 juin suivant, a reconnu l'indépendance de la souveraineté de Dombes, & a déclaré que la mention qui avoit été faite *du pays de Dombes* dans les rôles des provinces de Lyonnois, Mâconnois & autres ressortissans par appel au *parlement* de Paris, ne pouvoit être tirée à conséquence au préjudice des droits de souveraineté de la principauté de Dombes, & il défendoit au *parlement* de Paris de comprendre le pays & la principauté de Dombes dans lesdits rôles, ni de souffrir qu'ils y fussent compris à l'avenir ; ce qui, depuis ce temps, a toujours été exécuté.

Me Bretonnier étoit mal informé, lorsque dans ses *Observations sur Henrys, tome 2, liv. 4, quest. 24*, il a avancé qu'autrefois les jugemens du *parlement* de Dombes étoient sujets à l'appel, & que cet appel se portoit au *parlement* de Paris. Ces faits ne sont nullement véritables. Les arrêts du *parlement* de Dombes n'ont jamais été attaqués que par requête civile à ce même *parlement*, ou par requête en cassation qui se juge au conseil souverain de Dombes. L'erreur du rôle de Lyon a occasionné celle de M. Bretonnier.

Les arrêts du *parlement* de Dombes étoient exécutés en France sur un simple paréatis du juge des lieux. Les arrêts des *parlemens* & autres jugemens de France s'exécutoient en Dombes, en vertu d'un paréatis que le *parlement* donnoit sur les conclusions du ministère public ; on prenoit très-rarement des paréatis du grand sceau.

Le service fait au *parlement* de Dombes par les officiers, leur servoit pour obtenir toutes sortes d'offices en France, où le service est nécessaire. Telle est la disposition expresse des lettres-patentes de Louis XIV, du mois de mars 1682, par lesquelles il veut que les officiers du *parlement* de Dombes qui seront pourvus par le roi d'offices de présidens en ses cours de *parlement*, ou de maîtres des requêtes ordinaires de son hôtel, y soient reçus & installés, en cas qu'ils aient servi au *parlement* de Dombes pendant le temps prescrit par les ordonnances pour les *parlemens* du royaume, & que le temps du service qu'ils auront rendu ou rendront au *parlement* de Dombes, soit considéré comme s'il avoit été rendu dans un des *parlemens* du royaume. Ces lettres-patentes ont eu leur exécution, & il y en a plusieurs exemples.

Le *parlement de Dombes* étoit en même temps *chambre des comptes* & *cour des aides*, & la seule cour souveraine du pays.

La souveraineté de Dombes a été cédée au roi par Louis-Charles de Bourbon, comte d'Eu, par contrat d'échange passé devant Baron & son confrère, notaires à Paris, le 29 mars 1762, ratifié par des lettres-patentes du même mois, duement vérifiées. Sa cour souveraine a été supprimée par un édit du mois d'octobre 1771, qui a ordonné en même temps que les matieres civiles & criminelles, dont le *parlement* de Dombes connoissoit, soit comme *parlement*, soit comme chambre des comptes, ou comme cour des aides, se porteroient au *parlement*, à la chambre des comptes, & à la cour des aides de Paris; à l'égard des matieres dont ce *parlement* connoissoit comme bureau des finances, elles doivent être portées au bureau des finances de Lyon.

PARLEMENT DE DOUAI, appellé aussi *parlement de Flandres*, est le douzieme *parlement* du royaume. *Voyez* DOUAI.

Nous ajouterons, pour compléter cet article, que dans sa premiere institution, le ressort du *parlement de Douai* n'étoit pas aussi étendu qu'il l'a été dans la suite; il étoit alors borné aux conquêtes de la campagne de 1667.

La partie du Hainaut qui avoit été cédée à la France par le traité des Pyrénées, & qui consistoit dans les villes, bailliages & dépendances du Quesnoy, d'Avesnes, de Philippeville, de Marienbourg & de Landrecies, étoit du ressort du *parlement* de Metz, auquel la jurisdiction en avoit été attribuée par édits du mois de novembre 1661 & avril 1668; ces même lieux furent distraits du ressort du *parlement* de Metz, & attribués au conseil souverain de Tournai, par édit du mois d'août 1678. C'est pourquoi Dumées, dans sa *Jurisprudence de Hainaut, tit. 6*, dit que le *parlement de Douai* est subrogé à la cour de Mons, & que les chevaliers d'honneur y représentent les pairs de la province, qui n'ont plus aujourd'hui de fonction dans la partie du Hainaut qui est à la France.

Par un autre édit du mois de mars 1679, le roi attribua encore au conseil de Tournai le ressort des villes d'Ypres, Cassel, Bailleul, Poperingue, Warneton, Warwic, Condé, Valenciennes, Bouchain, Cambrai, Bavai & Maubeuges, & de leurs châtellenies, bailliages, prévôtés, dépendances & annexes qui venoient d'être cédées à la France par le traité de Nimègue.

Au moyen de ces différens accroissemens, le ressort de ce *parlement* comprend aujourd'hui toutes les conquêtes que Louis XIV a faites en Flandre, en Hainaut & dans le Cambrésis, à la réserve de Gravelines & de Bourboutis, qui sont dans le ressort du conseil provincial d'Artois établi à Arras.

Les lieux qui sont présentement compris dans le ressort de ce *parlement*, sont le gouvernement ou la châtellenie de Douai, la châtellenie de Lille, le Cambrésis, le Hainaut françois où se trouvent les bailliages de Quesnoy & d'Avesnes; la châtellenie de Bouchain, la ville de Valenciennes & la prévôté, dite *Prévôté-le-comte*; les prévôtés de Maubeuges, d'Agimont & de Bavai; & les villes de Condé, Philippeville, Landrecies & Marienbourg, la Flandre flamingante qui forme un présidial, contenant la châtellenie de Bery, les villes & châtellenies de Cassel & de Bailleul.

Un des privileges particuliers de ce *parlement*, est que l'on ne peut point se pourvoir en cassation contre ses arrêts; mais, suivant l'usage du pays, on demande la révision du procès. L'édit du mois d'avril 1668 vouloit que l'on prît un renfort de huit juges, & qu'à ces révisions assistassent six conseillers au conseil provincial d'Artois, & deux professeurs en droit civil de l'université de Douai; mais une déclaration du 15 décembre 1708 a ordonné que les révisions seroient jugées par les trois chambres assemblées.

La chancellerie qui est près de ce *parlement*, fut créée au mois de décembre 1680.

PARLEMENT DU DUC DE BRETAGNE, *voyez ci-devant* PARLEMENT DE BRETAGNE.

PARLEMENT DE L'EPIPHANIE, qu'on appelloit aussi par corruption *le parlement de la tiphaine*, étoit la séance que le *parlement* tenoit vers le temps de cette fête. Il y a une ordonnance de Philippe III, de l'an 1277, touchant les amortissemens, qui fut faite au *parlement de l'Epiphanie*. *Voyez le recueil des ordonnances de la troisieme race*. (*A*)

PARLEMENT FINI, c'étoit lorsque le *parlement* terminoit sa séance actuelle, & se séparoit jusqu'au temps de la prochaine séance. *Voyez l'ordonnance du parlement de 1344, & ci-après* NOUVEAU PARLEMENT.

PARLEMENT DES FLAMANDS. M. de la Rocheflavin, en son traité des *parlemens* de Flandre, *lib. I, c. 4*, dit que les Flamands, à l'imitation des François, dont ils ont emprunté le terme *parlement*, appellent encore l'assemblée qui se fait pour les affaires de l'état ou des particuliers, pour la justice. (*A*)

PARLEMENT DE FLANDRE, *voyez ci-devant* PARLEMENT DE DOUAI.

PARLEMENT DE FRANCHE-COMTÉ, *voyez* PARLEMENT DE BESANÇON.

PARLEMENT FUTUR : c'étoit la séance qui devoit suivre celles qui l'avoient précédée : on disoit aussi *parlement prochain*; il y a des exemples de l'un & de l'autre dans beaucoup de lettres de nos rois, entre autres dans les lettres du roi Jean, du

du mois de novembre 1355, où il dit, *mandantes....
gentibus nostris, quæ parlamentum nostrum proximum,
seu alia futura parlamenta tenebunt*, &c. Voyez le
recueil des ordonnances de la troisième race, tome 4,
p. 222. (*A*)

PARLEMENT DE GRENOBLE, connu anciennement sous le nom de *conseil delphinal*, fut institué par le dauphin Humbert II, lequel, par une ordonnance du 22 février 1337, établit un conseil delphinal à Saint-Marcellin. Ce conseil tint aussi pendant quelque temps ses séances à Beauvoir; mais Humbert II le fixa dans la ville de Grenoble, le premier août 1340. Il fut composé pour lors d'un chancelier & de six conseillers : voici la manière dont s'explique l'ordonnance du dauphin, rapportée par M. de Vaubonnois dans son histoire du Dauphiné, *vol. II, pag. 391 : quodquidem consilium esse debeat de duobus militibus Balliviatus Graisivodani, & quatuor doctoribus seu jurisperitis*. Par son ordonnance du 6 avril de la même année 1340, il donne l'office de chancelier à l'un de ses conseillers qu'il nomme. Cet officier fut chef & président du conseil, ainsi que porte l'ordonnance du premier août même année, *qui cancellarius in agendo per vos habeat primam vocem & sententiam proferre teneatur.*

Les maîtres, auditeurs des comptes, & trésoriers du dauphin, n'étoient pas, à proprement parler, membres du conseil; ils avoient leurs fonctions séparées. Les premiers étoient établis pour examiner les comptes de ceux qui recevoient les deniers du domaine, & les trésoriers pour être les dépositaires des sommes restantes dans les mains des comptables, après leurs comptes rendus.

Il y avoit aussi un procureur-fiscal delphinal établi pour le recouvrement de ces deniers.

Dans les affaires qui regardoient les comptes & finances du dauphin, le conseil devoit appeller ces officiers, & décider avec eux, ainsi que porte ladite ordonnance, rapportée dans le second volume de l'histoire du Dauphiné, par M. de Vaubonnois. L'ordonnance du premier août porte la même chose, & recommande de plus à son conseil de convoquer ces officiers chaque semaine, pour conférer avec eux sur la conservation des droits du dauphin.

Louis XI n'étant encore que dauphin de Viennois, avant son départ pour la Flandre, érigea en 1451, ce conseil sous le nom de *parlement du Dauphiné*, séant à Grenoble, avec les mêmes honneurs & droits dont jouissoient les deux autres *parlemens* de France. Le roi Charles VII approuva & confirma cet établissement, par édit du 4 août 1453; ensorte que le *parlement de Grenoble* se trouve le troisième *parlement* de France.

M. le président Henaut remarque, dans son abrégé chronologique de l'histoire de France, que le *parlement* de Bordeaux n'a été établi qu'en l'année 1462.

La question de la préférence du *parlement de*

Grenoble sur celui de Bordeaux, ayant été élevée dans l'assemblée tenue à Rouen en 1617, elle fut décidée par provision en faveur du *parlement de Grenoble*, par un arrêt du conseil d'état, rapporté tout au long par M. Expilly, dans ses arrêts, *page 161*, où cet auteur fait le détail des raisons sur lesquelles cette préférence est fondée, & il cite le témoignage des auteurs Bourdelois qui l'ont reconnue; il rapporte aussi une précédente décision de 1566, en faveur du *parlement de Grenoble*, prononcée par le chancelier de l'Hôpital. Cambolas, *lib. V, c. 18* de ses arrêts, rapporte qu'à la chambre de justice, érigée en 1624, la séance du député du *parlement de Grenoble* fut réglée, par ordre exprès du roi, avant le député du *parlement* de Bordeaux.

Dans une assemblée tenue depuis, les députés du *parlement* de Bordeaux agitèrent de nouveau la question de la préférence; les députés du *parlement de Grenoble*, qui ne s'y étoient pas attendus, dans la confiance des précédentes décisions, n'ayant pas apporté les titres pour établir leur droit, l'assemblée qui ne pouvoit décider la chose au fond, faute de ces titres, ordonna que les députés des deux *parlemens* se pourvoiroient au roi; & néanmoins pour que cette querelle particulière ne retardât pas les séances de l'assemblée, elle décida, par provision, que ces députés prendroient alternativement le pas, en observant que celui de Grenoble commenceroit.

Le roi Henri II, en 1556, a maintenu le *parlement de Grenoble* dans la jouissance des mêmes privilèges & exemptions dont jouissoit le *parlement* de Paris; & par son ordonnance du 2 juillet 1556, le roi voulut que ses arrêts pussent être rendus par six conseillers & un président, ou par sept conseillers, à défaut de président.

Dans les premiers temps de son institution, il ne portoit en tête de ses arrêts que le nom du gouverneur de la province : cet usage a été abrogé par nos rois.

Cette compagnie a cela de particulier, que le gouverneur & le lieutenant-général de la province sont du corps; ils marchent à la tête de la compagnie, & précèdent le premier président.

Ce *parlement* étoit composé de dix présidens à mortier, y compris le premier président, deux chevaliers d'honneur, cinquante-quatre conseillers, dont il y en avoit quatre clercs, ayant chaque bureau, & cinquante laïques, trois avocats-généraux, & un procureur-général. Ces cinquante-quatre conseillers étoient divisés en quatre bureaux, dont deux étoient composés de quatorze conseillers, & les deux autres de treize. Les dix présidens étoient de service; quatre au premier bureau, y compris le premier président, & deux dans chacun des trois autres bureaux. Les présidens optoient chaque année, à l'ouverture du *parlement* à la saint Martin, le bureau dans lequel ils vouloient servir. Il n'y avoit que le premier président qui fût toujours au premier bureau.

La question de la préférence du *parlement de Jurisprudence. Tome VI.*

L l l

Le garde-des-fceaux n'avoit plus de féance au premier bureau, l'office de conseiller qui étoit uni à celui de garde-des-fceaux ayant été désuni & supprimé en 1749.

Il n'y avoit ni tournelle, ni chambre des enquêtes. Les quatre bureaux rouloient alternativement entre eux. Le premier bureau devenoit l'année suivante quatrième bureau, & le second le remplaçoit & devenoit premier bureau, & les autres avançoient dans le même ordre; mais ils restoient toujours composés des mêmes conseillers.

Les archevêques & évêques de la province avoient entrée & féance au *parlement* au premier bureau, & siégeoient après les présidens, & avant le doyen des conseillers; mais il n'y avoit que l'évêque de Grenoble qui eût voix délibérative, les autres n'avoient que voix confultative.

Par lettres-patentes de 1638, ce *parlement* fut confirmé dans la jurifdiction des aides dont il avoit joui précédemment; & par édit de 1638, le roi la désunit, & créa une cour des aides séparée; mais fur les représentations & oppositions de tous les corps de la province, & des fyndics des trois ordres, cette cour fut supprimée en 1658, & fa jurifdiction réunie au *parlement*.

Ensuite de l'édit de Nantes, il fut créé une chambre mi-partie au *parlement de Grenoble*, qui fut détruite & supprimée en 1679.

L'union qui a existé entre le *parlement* & la chambre des comptes jusqu'à l'édit de 1628, qui érigea la cour des comptes, étoit d'une nature bien différente que celle de la cour des aides; le *parlement* & la chambre des comptes avoient chacun leurs officiers à part, lesquels, à la vérité dans certaines matières, fe réunissoient pour décider conjointement. Cet arrangement avoit fans doute pris fa fource dès l'origine du conseil delphinal.

Le bureau des finances n'a jamais formé corps avec le *parlement*; l'on peut s'en convaincre par fon édit de création du mois de décembre 1627, avant lequel il n'existoit pas. Il ne faut pas confondre le bureau des tréforiers d'aujourd'hui avec les anciens tréforiers du Dauphiné, établis principalement pour être les receveurs & gardes du tréfor du dauphin; leurs fonctions n'ont aucun rapport.

En l'absence du gouverneur & du lieutenant-général, qui font membres & chefs du *parlement*, c'est le premier président, & à fon défaut, celui qui préside la compagnie, qui commande dans la province, à moins qu'il ne plaise au roi d'y établir un commandant par brevet particulier; & même fi ce commandant par brevet s'absente de la province, celui qui préside la compagnie, dès ce moment reprend le commandement.

Ce privilège est des plus anciens & des mieux confirmés par les fouverains du Dauphiné.

Le conseil delphinal avoit ce droit, le *parlement* l'a confervé, & nos rois le lui ont maintenu en

toutes occasions, dont la relation feroit immense. Aussi le feu roi, après s'être fait rapporter les titres de fon *parlement*, par fes lettres-patentes du 12 juillet 1716, le maintient & confirme dans la possession de fes anciens privilèges; & en conséquence, en tant que de befoin feroit, établit & commet le premier président en fadite cour, & en fon absence, celui qui y préfidera, pour commander dans toute la province du Dauphiné, tant aux habitans qu'aux gens de guerre; ordonne à tous fes officiers & autres, de le reconnoître en ladite qualité de commandant toutes & quantes fois que le gouverneur & le lieutenant-général de la province fe trouveront absens, & fauf le cas où le roi auroit donné des lettres de commission particulière pour commander les troupes dans ladite province, auquel cas il veut & entend que pareille commission pour commander ne prive pas le premier président, & en fon absence celui qui préfide, des honneurs qui lui font attribués, comme commandant naturel en l'absence du gouverneur & du lieutenant-général, tel que celui d'avoir une fentinelle à fa porte, & autres, même lorfque le commandant-particulier fera à Grenoble.

Les tribunaux qui font dans l'étendue du *parlement de Grenoble*, font le préfidial de Valence, deux grands bailliages, celui de Viennois & celui des montagnes, qui en comprennent chacun plusieurs autres; la fénéchaussée du Valentinois, qui fe divise en deux vice-fénéchaussées, celle de Cret & celle de Montélimart : il y a aussi plusieurs autres justices qui y ressortissent immédiatement, comme la justice de la principauté d'Orange. (*A*)

Ce *parlement*, supprimé comme les autres en 1771, a été rétabli par un édit du mois d'avril 1775. Suivant cette loi les bureaux ont été supprimés, & il est aujourd'hui composé d'une grand-chambre, d'une tournelle, & d'une chambre des enquêtes.

La grand-chambre doit être composée du premier président, de huit présidens à mortier, de deux chevaliers d'honneur, & de trente des plus anciens conseillers, dont deux clercs.

La chambre des enquêtes doit être préfidée par les deux derniers présidens en réception, & composée des vingt-deux derniers conseillers en réception, dont deux clercs.

La tournelle est composée des quatrième, cinquième & fixième présidens à mortier, de dix conseillers de grand-chambre, & de fix conseillers des enquêtes. Ces conseillers doivent y fervir un an, & être remplacés par un pareil nombre, fuivant l'ordre du tableau, à l'exception du doyen & du fous-doyen de la grand-chambre, & des conseillers-clercs qui ne font tenus d'aucun fervice à la tournelle.

Il y a en outre dans cette cour trois avocats-généraux, un procureur-général, des greffiers, des procureurs, des huissiers, &c.

PARLEMENT DE GUIENNE. *Voyez ci-devant* PARLEMENT DE BORDEAUX.

PARLEMENT D'HIVER, étoit la féance que le *parlement* tenoit aux octaves de la faint Martin, de la Touffaint, ou de la faint André, ou aux octaves de la Chandeleur ; on lui donnoit indifféremment tous ces noms de *parlement* des octaves de tous les Saints, de faint Martin, *fancti Martini hiemalis*, de faint André, des octaves de la Chandeleur. *Voyez* les *regiftres olim*, & les lettres hiftoriques fur les *parlemens*, tome II, page *146*. (*A*)

PARLEMENT DE LA LANGUEDOC : on donnoit ce nom au *parlement* qui fut établi à Touloufe par Philippe-le-Hardi en 1280 ; on l'appelloit ainfi pour le diftinguer du *parlement* de Paris, qu'on appelloit auffi *parlement de la Languedoui*, ou *Languedoil*, parce qu'il étoit pour les pays de la Languedoil, ou pays coutumier, au lieu que l'autre étoit pour les pays de la Languedoc, ou pays de droit écrit. *Voyez* PARLEMENT DE TOULOUSE.

PARLEMENT DE LA LANGUEDOIL *ou* DE LA LANGUEDOUI ; c'étoit le *parlement* de Paris que l'on appelloit ainfi, pour le diftinguer du *parlement de la Languedoc* ou de Touloufe. *Voyez* PARLEMENT DE LA LANGUEDOC, *& ci-devant* PARLEMENT DE PARIS.

PARLEMENT DE LA LIGUE ; on donna ce nom à la portion du *parlement* de Paris, qui tenoit le parti de la ligue, & refta à Paris pendant que le furplus du *parlement* étoit à Tours & à Châlons. Buffy-le-Clerc, un des factieux de la ligue, ayant mis le premier préfident de Harlay & plufieurs autres membres du *parlement* à la baftille, le préfident Briffon refta dans Paris, & y fit la fonction de premier préfident. Le roi donna, au mois de janvier 1589, un édit qui transféra le *parlement* à Tours ; il y eut une des chambres du *parlement* transférée à Tours, qui fut envoyée à Châlons pour y rendre la juftice. La portion du *parlement* reftée à Paris n'étoit pas toute compofée de ferviteurs aveugles de la ligue, plufieurs avoient ouvert les yeux fur l'erreur de ce parti ; quelques-uns ayant cédé à la crainte ou à la néceffité, rougiffoient en fecret de leur foibleffe ; il y en avoit même qui s'étoient toujours montrés bons ferviteurs du roi : ce fut cette portion du *parlement* qui rendit le fameux arrêt du 28 juin 1593, pour l'obfervation de la loi falique, & qui déclara nuls tous traités & actes tendans à faire paffer la couronne ès mains de princes & princeffes étrangers : les *parlemens* de Tours, de Châlons & de Paris furent enfin réunis au mois d'août 1594. *Voyez les regiftres du parlement, & les mémoires de la ligue.*

PARLEMENT *ou* GRAND CONSEIL DE MALINES, fut établi par Charles-le-Téméraire, duc de Bourgogne, & fouverain des Pays-Bas, par lettres du mois de décembre 1473 ; ce *parlement* fubfifta jufqu'au décès de ce prince, arrivé le 5 janvier 1476 vieux ftyle. *Voyez la Chronologie d'Artois* par Maillart, *en tête de fon commentaire.*

PARLEMENT DE METZ, eft le dixième *parlement* de France.

Le pays des trois évêchés, Metz, Toul & Verdun, qui compofe l'étendue de ce *parlement*, faifoit anciennement partie du royaume d'Auftrafie.

Après la mort du roi Raoul, du temps de Louis d'Outremer, les trois évêchés furent affujettis à l'empereur Othon I, & reconnurent fes fucceffeurs pour fouverains.

Les villes de Metz, Toul & Verdun étoient gouvernées par des comtes.

Les caufes des habitans des évêchés reffortiffoient alors par appel à la chambre impériale de Spire ; mais les appels étoient très-rares, à caufe des frais immenfes que les parties étoient obligées d'effuyer, & des longueurs des procédures de la chambre impériale, qui éternifoient les procès.

Il y avoit d'ailleurs dans ce pays plufieurs feigneurs qui prétendoient être en franc-aleu, & avoir le droit de juger en dernier & fouverain reffort.

Les chofes demeurèrent en cet état jufqu'au temps de Henri II, lequel, en 1552, ayant repris Metz, Toul & Verdun, s'en déclara le protecteur ; ces trois évêchés lui furent affurés par le traité de Cateau-Cambrefis en 1559 : l'empereur Ferdinand les fit redemander à François II en 1560 ; mais celui-ci s'en excufa, & dit que l'on n'avoit fait aucun tort à l'empire, & que ces pays étoient du patrimoine de la France.

Henri IV s'étoit fait affurer ces mêmes pays par le traité de Vervins en 1598 ; mais les mouvemens qu'il y eut à Metz en 1603 l'obligèrent d'y aller en perfonne, & de s'emparer de la citadelle dont il chaffa le commandant.

Ce prince s'étant ainfi rendu maître de la ville de Metz, y établit un préfident pour connoître des différends qui pourroient arriver entre les bourgeois & les foldats de la garnifon ; cet office fubfifta jufqu'à la création du *parlement* en 1633.

Il y avoit déjà quelque temps que l'on avoit deffein d'établir un *parlement* à Metz : Henri IV, vifitant les Trois-Evêchés, fut informé des grands abus qui s'y commettoient en l'adminiftration de la juftice, tant pour le peu d'expérience de ceux qui y étoient employés, que pour les ufurpations de quelques perfonnes, qui, fous prétexte de prétendus privilèges & de titres de franc-aleu, ou de quelques ufages & coutumes injuftes & erronées, avoient mis la juftice en confufion & défordre, & avoient même ofé entreprendre de juger fouverainement, non-feulement des biens & fortunes des habitans de cette province, mais auffi de leur vie & de leur honneur, avec confifcation de leurs biens à leur profit particulier.

Ces juges s'étoient même ingérés de donner des graces par faveur aux criminels les plus coupables ; ce qui avoit encore enhardi ceux-ci, & leur impunité donnoit occafion à d'autres de les fuivre, dont il étoit arrivé de grands inconvéniens, à la désolation de plusieurs familles.

Henri IV voulant remédier à ces désordres, & faire jouir les habitans de cette province d'une justice & police mieux ordonnée & autorisée, leur promit d'établir dans ce pays une cour souveraine avec plein pouvoir de connoître, décider & terminer en dernier reffort toutes matières civiles & criminelles; mais la mort funeste & prématurée de ce grand prince, l'empêcha d'exécuter ce qu'il avoit projetté.

Sur les nouvelles prières qui furent faites à Louis XIII par tous les ordres de ces trois villes & provinces, ce prince étant à Saint-Germain-en-Laye, au mois de janvier 1633, donna un édit par lequel, pour remplir les vûes de son prédécesseur, & donner une meilleure forme à l'administration de la justice dans ce pays, & voulant marquer à ses habitans le reffentiment qu'il avoit de l'affection qu'ils avoient toujours eue pour son service & pour l'accroissement de sa couronne, après avoir mis cette affaire en délibération dans son conseil, où étoient plusieurs princes du sang & autres seigneurs du royaume, & les premiers & principaux de son conseil, il ordonna:

Que dans les provinces & évêchés de Toul, Metz & Verdun, il seroit établi une cour souveraine en titre de *parlement*, dont le siège actuel seroit en la ville de Metz, à cause de la commodité de sa situation, de sa grandeur & de l'affluence du peuple.

Cette cour fut composée d'un premier président, de six autres présidens, quarante-six conseillers, dont six conseillers-clercs, un procureur-général, deux avocats-généraux, quatre substituts du procureur-général, un greffier civil, un greffier criminel, un greffier des présentations, auxquels trois greffiers le roi donna le titre de *secrétaires de la cour*, un greffier garde-sacs des greffes, un contrôleur des greffes civil & criminel, deux notaires & secrétaires de la cour, un maître-clerc des audiences, un maître-clerc de la chambre du conseil, & un maître-clerc du criminel, un premier huissier-buvetier, six autres huissiers, un conseiller-receveur des consignations, trois conseillers-payeurs des gages & receveurs des amendes, vingt-quatre procureurs postulans, un concierge-garde des meubles, enfin un concierge-garde des prisons.

Cette cour fut établie pour être exercée par semestres, & en deux séances & ouvertures; le premier président présidant dans les deux semestres. Il paroît que cette cour avoit depuis été rendue ordinaire; car le semestre y fut de nouveau établi par édit du mois de mai 1661, publié au sceau le dernier du même mois.

La première séance commençoit au premier février, & étoit composée des quatrième, cinquième & septième présidens, & de vingt-trois conseillers; l'autre séance commençoit au premier août, & étoit

composée des second, quatrième & sixième présidens, & de vingt-trois autres conseillers.

L'édit de création déclare que les évêques de Metz, Toul & Verdun, l'abbé de saint Arnould de Metz, & le gouverneur de la ville de Metz, seront tenus pour conseillers laïques de cette cour, pour y avoir séance & voix délibératives aux audiences publiques, ainsi que les autres évêques & gouverneurs l'ont dans les autres *parlemens*. La Martinière, en son *Dictionnaire géographique*, suppose aussi que l'abbé de Goria & le lieutenant-général de Metz, ont de même séance en ce *parlement*, en qualité de conseillers d'honneur.

Le roi attribue aussi par cet édit au *parlement de Metz*, les mêmes autorités, pouvoirs, jurisdictions & connoissance en dernier reffort, de toutes les matières civiles & criminelles, bénéficiales, mixtes, réelles & personnelles, aides & finances, & autres, sans aucunes en excepter, qu'aux autres *parlemens*, & suivant les mêmes réglemens; lesquels, est-il dit, serviront pour le *parlement de Metz*.

Il est ordonné nommément que ce *parlement* connoîtra de toutes les appellations qui seront interjettées des jugemens & sentences, rendues en toutes matières civiles & criminelles, mixtes, réelles & personnelles par tous les juges ordinaires desdites villes & communautés, & de toutes les autres terres & seigneuries appartenantes aux seigneurs, tant ecclésiastiques que temporels, comprises dans l'étendue desdites provinces & anciens ressorts, souverainetés, enclaves d'icelles, tels qu'ils étoient en l'an 1552, notamment des villes de Vic, Moyenvic, Marsal, Clermont, Gorze, Jamets & Stenay, & autres villes & seigneuries situées dans le bailliage de l'évêché de Metz; comme aussi des paroisses communes & tenues en surféance, dépendantes des élections de Langres & de Chaumont-en-Bassigny, en ce non compris celles ressortissantes au *parlement* de Paris; & défenses sont faites à tous lesdits juges, de quelque qualité & condition qu'ils soient, d'entreprendre ci-après de juger souverainement & en dernier reffort, avec injonction à eux de déférer auxdites appellations, & de ne passer outre au préjudice d'icelles.

Toutes les causes qui se présentent entre les bourgeois de Metz & les soldats de la garnison, doivent, suivant le même édit, être traitées en première instance au *parlement*; & pour l'expédition de ces causes, il doit être donné une audience par semaine, à laquelle audience il doit assister un président & six conseillers pour le moins, lesquels sont tenus de juger ces causes sur le champ.

Au moyen de l'institution de ce *parlement*, le roi supprima l'office & charge de président de Metz, & les autres offices de ce siège.

Il fut dit que les appellations comme d'abus qui seroient interjettées des officiaux des églises de Metz, Toul & Verdun, seroient relevées, jugées & décidées en ce nouveau *parlement*, selon les maximes qui s'obfervent en pareille occurrence dans les autres *parlemens*, fpécialement dans celui de Paris.

Et pour accroître l'étendue & reffort de cette cour, le roi ordonna que dorénavant il feroit permis d'appeller en toutes matières civiles, criminelles, bénéficiales, mixtes, réelles, perfonnelles, finances, & autres fentences qui feroient données par les officiers des villes de Mouzon, Château-regnaud, terres & feigneuries qui en dépendent, nonobftant la fouveraineté dont ces juges pouvoient avoir joui jufqu'alors, laquelle fouveraineté fut fupprimée pour éviter les abus & les inconvéniens qui en étoient arrivés; il fut feulement permis aux officiers de Mouzon, ainfi qu'à ceux de Metz, Toul, Verdun & Vic, de juger en dernier reffort dans les cas portés par cet édit.

Les gages des officiers font enfuite réglés par cet édit.

La difpofition fuivante leur attribue les mêmes honneurs, autorités, pouvoirs, prééminences, prérogatives, privilèges, franchifes, immunités, exemptions, droits, fruits, revenus, taxations, profits, émolumens dont jouiffent les officiers de même qualité, au *parlement* de Paris, encore que le tout ne foit exprimé dans cet édit.

Enfin les pourvus defdits offices furent difpenfés, pendant trois ans, de la rigueur des quarante jours fans payer le droit annuel, après lequel temps ils feroient admis au droit annuel, fans faire aucun prêt, niavance, en payant feulement le foixantième denier de l'évaluation de leurs offices.

Cet édit fut enregiftré par le *parlement de Metz*, le 26 août 1633, & le même jour fut faite l'ouverture de ce *parlement* par M. de Bretagne, premier préfident, avec plufieurs maîtres des requêtes, confeillers au *parlement* & au grand-confeil, & quelques avocats au *parlement*, tous deftinés à remplir les places des préfidens, confeillers & avocats-généraux de ce *parlement*.

Ce même édit d'établiffement du *parlement de Metz* fut regiftré en celui de Paris, le 20 décembre 1635.

Le premier acte de ce *parlement* fut l'enregiftrement de l'édit de création qui fut fait à la requifition du miniftère public, & fur l'intervention de l'évêque de Metz, lequel y prit féance par fon vicaire-général, au même rang que les ducs & pairs tiennent à Paris. Cela fut fait en préfence du maître échevin & des magiftrats ordinaires de Metz, qui prirent place dans les bas-fieges, des députés du chapitre de la cathédrale de Saint-Arnoult, & autres eccléfiaftiques diftingués, avec la principale nobleffe, & un concours extraordinaire de peuple.

Par un autre édit du mois de janvier 1633, le roi établit une chancellerie près le *parlement*, compofée d'un garde-des-fceaux, pour être cet office rempli par un des confeillers au *parlement*, deux audienciers, deux contrôleurs, deux référendaires, un chauffe-cire, & deux huiffiers gardes-portes:

depuis, le nombre de ces officiers a été augmenté par édit du mois de mai 1661, & eft préfentement compofé du garde-des-fceaux, de quatre confeillers-audienciers, quatre contrôleurs.

Par des lettres-patentes du 10 mai 1636, le roi ordonna aux officiers du *parlement de Metz*, de fe transporter, huitaine après, en la ville de Toul, pour y faire à l'avenir leurs fonctions; & ce, fur ce que l'on prétendoit que la ville de Toul étoit plus commode pour les juges & pour les parties.

Ces lettres furent préfentées au *parlement* le 21 juin; mais l'affemblée fut remife à fix femaines, pour avoir le temps d'inviter les abfens. Par un autre arrêt du 21 juillet fuivant, le délai fut prorogé d'un mois à caufe des hafards des chemins & périls de la guerre. Enfin, par arrêt du 12 feptembre 1636, il fut arrêté qu'il feroit fait des remontrances au roi fur cette tranflation, & par l'événement elle n'eut point lieu.

Les treize officiers qui compofoient la cour des aides de Vienne-en-Dauphiné, transférée depuis à Bourg-en-Breffe, où elle fut érigée en confeil fouverain par édit du mois de feptembre 1658, furent joints au *parlement de Metz* par lettres-patentes du 11 juillet 1663, regiftrées le 6 feptembre fuivant, & par les arrêts du confeil intervenus à ce fujet, ils furent confervés dans la prérogative de nobleffe pour eux & leur poftérité, dont jouiffoient les officiers des cours fouveraines de Dauphiné, dont ils avoient fait partie, ainfi que l'affure de la Roque, dans fon *Traité de la nobleffe*, ch. 36; & comme il eft dit dans l'avertiffement qui eft en tête du recueil des privilèges du *parlement de* Dombes.

Ce *parlement* avoit été fupprimé par un édit du mois d'octobre 1771, & fa jurifdiction avoit été réunie à la cour fouveraine & chambre des comptes de Lorraine. Mais il a été rétabli par un autre édit du mois de feptembre 1775, vérifié le 5 octobre fuivant.

Il eft préfentement compofé de quatre chambres; favoir, la grand-chambre, la tournelle, les enquêtes & une chambre des requêtes.

Il y a huit préfidens outre le premier préfident, fept confeillers d'honneur-nés, deux confeillers d'honneur, deux chevaliers d'honneur, quarante-cinq confeillers, dont quatre clercs (il y en avoit autrefois fix de la religion prétendue réformée), deux confeillers-correcteurs des comptes, quatre confeillers-auditeurs, deux avocats-généraux, un procureur-général, fix fubftituts, un greffier en chef civil, un greffier en chef criminel, &c.

La grand-chambre eft compofée du premier préfident, des préfidens à mortier, & des vingt-trois plus anciens confeillers, dont trois clercs; la tournelle & la chambre des enquêtes font préfidées chacune par trois préfidens à mortier, les derniers en réception, & compofée de dix-fept confeillers, dont un clerc.

Les requêtes font préfidées par deux confeillersprésidens, que le roi choisit, l'un parmi les conseillers de grand-chambre, & l'autre parmi ceux des enquêtes. Elle est composée des cinq conseillers moins anciens en réception, qui passent successivement aux enquêtes.

Ce *parlement* comprend dans son ressort les bailliages & présidiaux de Metz, Toul, Verdun & Sarlouis; les bailliages de Sedan, Thionville, Longwy, Mouzon & Mohon; les prévôtés bailliagères de Mouzon, Montmédy, Chavaney, Marville; les prévôtés royales de Dampvillers, Châteauregnaud, Sierk, Phiisbourg, Sarbourg; & les bailliages seigneuriaux de Vic & de Carignan, dont les appels se portent directement au *parlement*.

La jurisdiction de ce *parlement* est fort étendue; cette cour étant en même temps chambre des comptes, cour des aides & finances, & table de marbre. Elle a toute l'attribution des cours des aides, depuis la réunion de celle qui avoit été créée pour les trois évêchés; & en tant que chambre des comptes, cour des aides, sa jurisdiction s'étend en Alsace pour les matieres de sa compétence. Elle étoit autrefois cour des monnoies; mais par l'article premier de l'édit de 1775, dont nous avons parlé ci-dessus, la connoissance des matieres relatives aux monnoies a été réservée à la cour des monnoies de Paris.

PARLEMENT DE NANCI ou DE LORRAINE, est le treizième des parlemens de France. Il étoit connu, avant 1775, sous le nom de *cour souveraine de Lorraine & Barrois*.

Cette compagnie, dans les premiers temps de son institution, tenoit ses séances à Saint-Mihiel, dans le duché de Bar; son ressort étoit limité à la partie de ce duché qui ne relevoit point du royaume de France.

Quand le Barrois cessa de former un état particulier, quand il fut uni à la Lorraine par le mariage de l'héritiere de la branche aînée de cette maison, avec René d'Anjou, héritier des ducs de Bar, la constitution des deux provinces ne fut pas confondue.

La Lorraine étoit encore de tous les territoires conquis par les Francs & les Germains, celui où leur administration primitive s'étoit conservée avec le plus de pureté.

Les états-généraux, composés des trois ordres, avoient un pouvoir qui embrassoit toutes les parties de la législation & de l'administration économique de l'état.

La puissance vraiment monarchique du duc étoit sur-tout tempérée par l'autorité de sa cour féodale, dans laquelle l'ancienne noblesse ou chevalerie du pays rendoit la justice souverainement à toute la nation.

Les assemblées de ce sénat étoient appellées *assises*. Les chevaliers y prononçoient en premiere instance & en dernier ressort, sur les contestations de leurs membres, soit qu'elles fussent élevées entre eux, soit que le duc fût leur partie. Ce prince,

obligé de se soumettre à cette jurisdiction, de se conformer à ses décisions, & d'employer, pour en assurer l'exécution, la force publique dont il étoit dépositaire, n'avoit dans le duché de Lorraine proprement dit, qu'une autorité très-limitée.

Les assises recevoient aussi les appels des tribunaux inférieurs de la province; elles pouvoient réformer ou confirmer les sentences des officiers du duc, comme celles des justices patrimoniales des vassaux ordinaires; & il n'étoit permis, dans aucun cas, de porter l'examen des jugemens de ce tribunal, ou d'en demander la revision pardevant aucune autre cour du duché: autrefois l'on pouvoit en interjetter appel à la chambre impériale de Spire; mais depuis que Charles-Quint & Ferdinand eurent reconnu à Nuremberg que les états de Lorraine avoient le privilège de *non appellando*, c'est-à-dire, de ne point ressortir aux tribunaux souverains de l'Empire, la souveraineté des sentences rendues par les assises ne souffrit plus de difficulté.

Les historiens se sont épuisés en recherches, pour fixer l'époque de l'établissement de ces tribunaux; ils ne se ont point apperçus qu'il tenoit à l'ancienne constitution des Francs: c'étoit dans de pareilles assemblées que les comtes & les ducs administroient la justice en France, sous les deux premieres races.

Les ducs de Lorraine avoient si peu d'influence dans les assises, que les baillis qui les représentoient y faisoient seulement l'instruction de la procédure, y veilloient à l'observation des formes & à l'exécution des jugemens: ils n'étoient pas juges; mais, après avoir assisté à l'examen des procès, ils étoient obligés de se retirer avant qu'on ouvrît les opinions, & pouvoient seulement commettre un maître échevin pour recueillir les suffrages.

Il ne faut pas s'étonner si les ducs de Lorraine ne cherchoient point à étendre la jurisdiction des assises, & ne s'empressoient pas d'augmenter une autorité rivale de la leur; lorsque ces princes, par des successions ou des échanges qui leur furent toujours très-avantageux, réunirent à leur état des terres démembrées, des domaines, des églises & des territoires voisins, ce n'étoit pas aux assises, mais à leur conseil-privé, à la chambre des comptés de Lorraine, ou à d'autres tribunaux particuliers, que se portoient les appels des jurisdictions établies dans ces terres.

Le conseil aidoit non-seulement le prince dans les affaires d'administration qui le concernoient; mais il formoit, sous ses ordres, dans l'état, un tribunal souverain qui avoit un ressort particulier sur les territoires de Chaté, de Vaudemont, d'Haton-Châtel, & de quelques autres annexes de la Lorraine. Conformément à un règlement du 22 décembre 1633, le conseil recevoit l'appel des jugemens rendus dans tout le duché de Lorraine par le procureur-général, ses substituts ou autres officiers du duc, dans les matieres de garde-noble & de tutèle. Peut-être pourroit-on expliquer cette attribution particulière par les principes des anciens usages féodaux, qui déféroient aux suzerains seuls la garde des fiefs & des pupilles, lorsque l'âge de ceux-ci ne leur permettoit point d'acquitter les charges de l'ancien service militaire.

La chambre des comptes de Lorraine avoit l'administration économique des domaines particuliers des ducs, l'audition des comptes de ses receveurs & contrôleurs, l'inspection sur les officiers de ses bois, de ses salines, de ses mines & de sa monnoie : elle jugeoit en dernier ressort, en vertu des différentes lettres-patentes, les appels des sentences des juges de Blamont, Deneuvres, Dieuze, Saint-Nicolas, Varangéville, Nommeny, la Bresse, &c.

La compétence de cette chambre sur les domaines du duc dans la Lorraine, étoit au surplus très-limitée ; elle formoit à cet égard plutôt un bureau de direction & d'administration des revenus du prince, qu'un tribunal proprement dit : on le voit par ses propres titres, par les réclamations des états contre quelques actes de jurisdiction contentieuse, faits par cette compagnie, par les dispositions des anciennes loix & de la coutume, qui attribuoient à ceux de l'ancienne chevalerie, soit par appel, soit en première instance, la connoissance des procès élevés entre le duc & ses vassaux.

La chambre des comptes n'avoit pas non plus la jurisdiction contentieuse des aides & la répartition des impositions ; ces fonctions importantes appartenoient aux représentans des états généraux ; elles étoient exercées par une chambre particulière des aides, ou commission intermédiaire des états, composée de quatre commissaires, dont un étoit nommé par le duc, un par le clergé, & les deux autres par la noblesse.

Parmi les seigneurs & les prélats de la province, quelques-uns avoient le droit de juger en dernier ressort, dans des tribunaux désignés sous le nom de *buffet*, les appels de leurs juges subalternes.

Les appels des terres qui étoient communes à l'abbaye de Remiremont & aux ducs de Lorraine, qui, dans l'origine, avoient été les avoués plutôt que les souverains de cette église, se portoient à un tribunal commun, composé des officiers du duc & de ceux de l'abbaye.

Quelques villes, comme Epinal, Sarbourg, &c. avoient eu pour tribunaux de ressort, des conseils particuliers, composés de magistrats qu'elles choisissoient parmi leurs concitoyens.

Enfin, par une prérogative que les justices des villes, celles des seigneurs & du duc avoient conservée de l'ancienne administration germanique, elles jugeoient toutes en dernier ressort dans les matières criminelles ; elles étoient seulement obligées de prendre l'avis des échevins de Nanci, pour les affaires qui ne se portoient pas en première instance aux assises. Si l'on consulte la loi de Belmont, sur laquelle on a formé les chartres de commune de la ville de Nanci & de la plupart des autres villes de la province, ces échevins n'étoient

dès-lors que des officiers municipaux ou jurés, qui, choisis par leurs pairs, ou con-bourgeois, exerçoient, en matière criminelle, ce que l'on appelloit anciennement la justice par pairs.

Tous ces tribunaux n'étoient que pour la Lorraine.

Le Barrois avoit à Saint-Mihiel sa cour souveraine ou des hauts jours.

Il est difficile de fixer l'époque de l'établissement de cette compagnie.

Le Barrois ne consistoit d'abord que dans quelques terres éparses autour de la forteresse de Bar, élevée par Frédéric, duc bénéficiaire de Lorraine ; il étoit ensuite passé, comme terre allodiale, à la postérité féminine de ce prince, & s'étoit insensiblement accru de l'avouerie de l'abbaye de Saint-Mihiel, des démembremens de quelques autres églises, & de la réunion de plusieurs seigneuries situées sur les terres de France & de l'Empire, pour lesquels les ducs de Bar portoient leurs hommages aux grands feudataires de ces deux puissances, tels que les ducs de Lorraine & les comtes de Champagne.

Un état qui avoit aussi peu de consistance ne pouvoit avoir, dès l'instant de sa formation, un tribunal établi pour y rendre la justice souverainement & en dernier ressort ; cependant un acte du premier avril 1397, passé entre le roi & Edouard, duc de Bar, & une convocation faite de cette cour le 29 janvier 1374, prouvent que dès-lors on assembloit quelquefois à Saint-Mihiel, sous le nom de *hauts jours*, des magistrats qui recevoient les appels des jurisdictions subalternes du Barrois.

Mais quelle étoit l'étendue du pouvoir de ces officiers ? Jugeoient-ils en dernier ressort & sans appel les affaires de la partie du Barrois qui est située au-delà de la Meuse ? Il paroit que c'est seulement en vertu du traité de Nuremberg qu'ils ont acquis ce privilège. Leur jurisdiction s'étendoit-elle sur la partie du Barrois qui est en-deçà de cette rivière, & qui étoit mouvante de nos rois ? Les ducs de Lorraine ont quelquefois prétendu que les habitans de cette partie du Barrois avoient le choix de porter leurs appels au *parlement* de Paris, ou à la cour de Saint-Mihiel.

Nous ne connoissons que deux monumens qui soient relatifs à cette prétention ; le premier est un dénombrement de la terre de Gondrecourt, donné au roi le premier avril 1397, par Edouard, duc de Bar. Il y déclare, « que Gondrecourt & » tous les lieux qui y sont rappellés, ressortissent » en tous cas pardevant son prévôt de Gondrecourt » & pardevant son bailli en cause d'appel ; & en » ce qui touche souveraineté & ressort dudit lieu » de Gondrecourt, sont d'ancienneté ressortissant » audit Saint-Mihiel, & dudit Saint-Mihiel audit » Andelot (simple prévôté). Combien, ajoute le » duc, que tout ce que je tiens de monseigneur le » roi, pour raison de son comté de Champagne, » je le tiens nuement de lui, à cause de sa comté de » Champagne, & non au regard d'Andelot ; mais

PAR

» par ufage madite châtellenie reffortit audit Ande-
» lot de la manière deffufdite ».

Le fecond monument eft une fuite d'arrêts du
parlement de Pâris fur le poffeffoire du prieuré de
Selmont dans le Barrois mouvant. Un pourvu de
ce prieuré ayant invoqué un jugement rendu en
fa faveur par les grands jours, & l'avocat du
duc de Lorraine ayant allégué qu'il étoit libre aux
fujets du Barrois de fe poúrvoir par appel, foit aux
grands jours de Saint-Mihiel, foit au bailliage de
Sens (& non de plein faut au *parlement*), plufieurs arrêts ordonnèrent que l'avocat du duc fe
feroit avouer ou défavouer; & l'on ne voit pas
que ce prince ait porté plus loin fa prétention.

La cour des grands jours de Saint-Mihiel n'avoit
point d'abord de magiftrats permanens, ni de temps
fixe pour fes féances; fouvent il y avoit entre
elles des intervalles de plufieurs années. Il eft
vrai qu'alors les appels n'étoient pas, à beaucoup
près, auffi fréquens qu'ils le font aujourd'hui. Le
fouverain fixoit la durée de ces féances; il donnoit pour les tenir, des commiffions particulières
à des membres tirés de fon confeil, ainfi que
nos rois le pratiquoient, dans les treizième &
quartorzième fiècles, pour les confeillers jugeurs
& rapporteurs du *parlement* de Paris, qui n'étoient
alors que de fimples affeffeurs des pairs & des grands
du royaume, membres perpétuels de la cour de
France.

Les ducs de Lorraine ayant obtenu à Nuremberg
le privilège de *non appellando*, le duc Charles II
voulut fixer la légiflation & l'adminiftration de
la juftice dans toutes les parties de fes états,
& donner une nouvelle fplendeur aux grands
jours de Saint-Mihiel. Il déclara dans fon ordonnance du 8 octobre 1571, que fes prédéceffeurs
avoient établi d'anciennement en la ville de Saint-
Mihiel, « un jugement appellé communément les
» grands jours, où ils fouloient affifter en leurs
» perfonnes & accompagnés de plufieurs perfon-
» nages, leurs confeillers, oyr & vuider toutes
» caufes qui y étoient appellées.... Mais comme,
» par la malignité des temps, la fplendeur & auto-
» rité de cette cour a été obfcurcie & quafi réduite
» à néant.... il veut, en fe réfervant & à fes fuc-
» ceffeurs le droit de tenir lefdits grands jours, &
» de les préfider quand bon lui femblera, qu'il
» y ait à l'avenir, par forme de fiège permanent
» & perpétuel, un jugement fouverain ftable &
» récéant en la ville de Saint-Mihiel, pour con-
» noître, décider & mettre à exécution tous les
» procès & caufes defquels le cours & connoif-
» fance pourront venir auxdits grands jours, &
» en dernier reffort, fans aucun remède d'appel
» des arrêts y donnés ».

La nouvelle compofition de cette cour fut fixée
à un préfident, quatre confeillers, un greffier
& deux huiffiers; le nombre des confeillers fut
porté à huit avant 1613. Un réglement fait cette
année par le duc Henri, pour la réception de ces

magiftrats, ne rappelle leur compagnie que fous
la dénomination *de cour fouveraine*; il paroît qu'elle
prit & reçut bientôt celle de *parlement*.

Louis XIII s'étant emparé, en 1634, des duchés de Lorraine & de Bar, établit, par des lettres
patentes du 16 juillet de cette année, un intendant
à Saint-Mihiel pour tout le reffort du *parlement* de
cette ville, lui donna le droit d'y préfider & d'y
juger en dernier reffort tous les procès-civils &
criminels, affifté des confeillers de ce *parlement*.

Cette loi fut confirmée par un édit du même
roi, donné à Monceaux au mois de feptembre
fuivant. Un confeil fouverain fut en même temps
établi à Nanci pour tous les lieux qui obéiffoient
ci-devant au duc de Lorraine, excepté l'étendue
du reffort du *parlement* de Saint-Mihiel.

Ce confeil eut, en vertu de cet édit, l'attribution de toutes les affaires civiles, criminelles, de
police, de domaine, impofitions, aides, tailles,
finances, & tous autres généralement quelconques, dont le confeil d'état, *parlement* de Saint-
Mihiel, chàmbre des comptes, cour des aides, &
autres juges fouverains ci-devant établis en Lorraine, devoient connoître.

Sa jurifdiction devoit être générale pour la
Lorraine : à l'égard du duché de Bar & des lieux
qui reffortiffoient au *parlement* de Saint-Mihiel, elle
fut limitée aux affaires des domaines, impofitions,
aides, tailles & finances.

Les officiers du *parlement* de Saint-Mihiel refu-
fèrent de reconnoître l'autorité de Louis XIII, &
ils fe retirèrent avec leur préfident dans la ville
de Siert. Charles III, à caufe de la difficulté d'affembler les tribunaux ordinaires de la Lorraine,
étendit leur jurifdiction fur ce duché. Cependant
la ville de Saint-Mihiel ayant été obligée de fe
rendre de nouveau à Louis XIII, ce prince fupprima entièrement le *parlement* de Saint-Mihiel,
&, par fa déclaration du mois d'octobre 1635,
en réunit d'abord toute la jurifdiction au confeil
fouverain de Nanci; bientôt après, par des lettres-
patentes du 16 juillet 1637, il fupprima ce confeil, & ajouta les états de la Lorraine & du Barrois au reffort du *parlement* de Metz.

Cependant le *parlement* de Saint-Mihiel transféré
à Siert, n'y exerçoit pas un vain pouvoir. La
Mothe, Bitche, & quelques contrées avantageufement fituées, tenoient encore pour le duc Charles.

Les fujets attachés à ce duc continuèrent à
reconnoître fon autorité dans le temps qu'ils étoient
fous le joug d'une puiffance qui lui avoit enlevé
toutes fes places. Le *parlement*, réduit à chercher
un afyle chez les Efpagnols, à emprunter leur territoire, continua d'y rendre aux Lorrains la juftice civile & criminelle. Il exifte dans fes greffes
des regiftres remplis d'arrêts rendus à Luxembourg
fur toutes fortes de matières.

Dans ces momens de crife, cette cour n'abandonna point la patrie; elle défera la régence à la
ducheffe Nicole pendant la détention de fon
mari;

mari; & pendant le cours de ces révolutions, cette compagnie se concilia tellement la confiance des deux provinces, que Charles étant rentré une première fois dans ses états, crut pouvoir lui conserver une autorité dont elle avoit si bien usé pendant la guerre, &, à l'exemple de ce qui s'étoit pratiqué par d'autres grands vassaux du royaume & de l'empire, s'arroger par-là, pour lui-même, la jurisdiction des anciennes assises de la noblesse.

Par une ordonnance du 7 mai 1641, ce prince avoit *érigé son parlement en cour souveraine*, pour connoître, juger & décider souverainement toutes les appellations & plaintes qui ressortissoient ci-devant en dernier ressort en la cour dudit *parlement*, & pardevant *tous autres juges, tant en matière civile que criminelle, dans les duchés de Lorraine & de Bar*, & autres terres de son obéissance.

Mais Charles ne voulant pas remplir les engagemens qu'il avoit pris avec Louis XIII, & la cour souveraine les ayant déclarés nuls par arrêt du 30 août 1641, le roi rentra en Lorraine, & y rétablit l'autorité du *parlement* de Metz..... La cour souveraine, obligée de se refugier encore dans les pays voisins, continua d'y exercer sa jurisdiction.

Elle revint de nouveau en Lorraine avec le duc Charles, au mois de septembre 1664: ce prince la partagea alors en deux classes, l'une pour le duché de Lorraine & ses dépendances, composée du premier président, de douze conseillers, & du procureur-général; l'autre pour le Barrois, composée d'un président & de six conseillers, & du substitut du procureur-général.

L'ancienne chevalerie réclama en vain contre cette loi qui détruisoit entièrement l'espérance qu'elle avoit conçue du rétablissement des assises; les protestations authentiques furent aussi inutiles que l'avoient été les remontrances qu'elle avoit faites en 1635 à Louis XIII. Le duc, dit un historien, trouva moyen, en contentant la France, de mécontenter sans risque les plus puissans de ses sujets.

Enfin, les semences de guerre entre nos rois & les princes de la maison de Lorraine, ayant été entièrement étouffées en 1697, par le traité de Risvick, un des premiers soins du conseil de régence du duc Léopold, fut de convoquer à Nanci les membres dispersés de la cour souveraine, pour rendre la justice souverainement aux sujets de son altesse, & prendre soin de la conservation de ses droits & de son autorité, en la même forme & manière qu'ils faisoient au commencement de 1670. Les classes de cette cour restèrent dès-lors réunies & sédentaires à Nanci.

Cependant en 1735, de nouveaux événemens firent perdre pour jamais à la Lorraine ses anciens souverains, elle fut réunie à la couronne. La réunion qui n'étoit qu'éventuelle pendant la vie du

roi Stanislas, fut consommée au mois de février 1766.

Le parlement de Metz, auquel le ressort de la Lorraine avoit été attribué pendant qu'elle étoit occupée par les armes de Louis XIII & de Louis XIV, crut que le traité de Risvick, qui avoit anéanti les prétentions de nos rois, avoit laissé subsister ses droits, qui n'en étoient que la suite.

Il les réclama à la mort du roi Stanislas. Il demanda formellement la réunion à son ressort de la jurisdiction de la cour souveraine & des chambres des comptes de Lorraine & Barrois; il insista par un nouveau mémoire donné au mois de mars 1770.

La cour souveraine se tint toujours sur la défensive.

Mais le *parlement* de Metz avoit prétendu que les trois-évêchés n'étoient pas assez étendus pour la dignité & le ressort d'un *parlement*; que les différentes parties en étant séparées entre elles, & presque entièrement enclavées dans le ressort de la cour souveraine, il étoit indispensable de les réunir pour n'en former qu'un seul tribunal souverain.

Dans ces circonstances, & sur l'exposé des mémoires de tous les corps intéressés dans cette affaire, le conseil du roi Louis XV crut qu'il étoit plus convenable de faire cette réunion à Nanci, situé au centre des deux provinces, qu'à Metz, ville entièrement militaire, & placée à cet égard moins avantageusement.

Les contestations indécises furent terminées par un édit du mois d'octobre 1771, & le ressort du *parlement* de Metz fut uni à la cour souveraine, excepté pour la comptabilité & la jurisdiction des aides, qui furent attribuées à la chambre des comptes de Nanci; la connoissance des monnoies fut renvoyée à la cour des monnoies de Paris, mais cette réunion n'a pas duré.

Le *parlement* de Metz a été rétabli au mois de septembre 1775, les prétentions qu'il avoit élevées sur l'ancien ressort de la cour souveraine de Nanci, ont été en même temps proscrites, & cette cour a été confirmée dans son ancienne jurisdiction & qualification.

Elle est aujourd'hui composée d'un premier président, de cinq présidens à mortier, de vingt-neuf conseillers laïques, deux conseillers-clercs, un procureur-général, deux avocats-généraux, six substituts, deux greffiers en chef civil & criminel, un secrétaire & plusieurs greffiers commis. Il y a un avocat du roi, un substitut, un greffier & un huissier audiencier, particuliers pour la chambre des requêtes du palais.

De toutes ces charges, celle de l'avocat du roi aux requêtes, & celle de greffier en chef, sont les seules à finances. Les autres sont données gratuitement par le roi, ainsi que celles des chambres des comptes de Lorraine & de Bar (1).

Ces charges n'en sont pas moins inamovibles. Cette inamovibilité a été reconnue en 1758 par le conseil du feu roi Louis XV ; en conséquence M M. *Protin*, *Ariftay de Châteaufort*, & *Mauduit de Beaucharmois*, qui avoient été deftitués & exilés à l'occafion de la réfiftance faite par la cour souveraine à l'enregiftrement de l'établiffement du vingtième, ont été maintenus dans leurs offices, sur la réclamation de tous les ordres de l'état.

Le *parlement* de Nanci, en conféquence de l'édit d'octobre 1771, jouit de la plus belle de toutes les prérogatives, celle d'élire & de préfenter au roi trois fujets pour remplir les offices vacans des confeillers.

Indépendamment de fes membres ordinaires, le *parlement* de Nanci a fept confeillers d'honneur, dont trois chevaliers d'honneur étoient autrefois les trois premiers grands officiers de la couronne de Lorraine ; les quatre autres font confeillers prélats.

Ce font le primat de Lorraine, aujourd'hui évêque de Nanci ; l'évêque de Toul, le grand doyen de l'églife de Nanci, & le grand prévôt, aujourd'hui évêque de Saint-Diez. Des conteftations sur la préféance entre ce prélat & le grand doyen de la primatiale, ont empêché jufqu'ici l'exécution de la loi qui érige en faveur du premier une place de confeiller prélat.

Ces officiers font diftribués dans quatre chambres; la grand-chambre, la tournelle, les enquêtes, les requêtes du palais.

La chambre des enquêtes a été établie par édit du duc Léopold, du mois de novembre 1723. Cette loi ordonnoit que le premier jour de chaque année, après les vacations, la cour s'affembleroit pour dreffer la lifte des officiers qui compoferoient les deux chambres, enforte que le fervice fût alternatif, & que ceux qui auroient fervi pendant une année dans une chambre, ferviroient l'année fuivante dans l'autre, & que ceux dont les voix feroient incompatibles, feroient féparés, & ne pourroient fe trouver dans la même chambre.

Mais en vertu de l'édit d'octobre 1771, les confeillers montent par ancienneté, des enquêtes à la grand-chambre. Avant cet édit qui a créé la chambre de la tournelle, les affaires criminelles étoient portées aux enquêtes. Cette dernière chambre eft préfidée par deux préfidens à mortier. Les commiffions de confeillers préfidens, créées en 1771, ont été fupprimées en 1775.

La chambre des requêtes du palais a été formée, en 1710, d'officiers à finance, qui ont été fupprimés en 1711. Depuis cette loi, la jurifdiction en eft exercée par les quatre confeillers de la cour, derniers en réception : ils font préfidés par un des anciens confeillers de grand-chambre, nommé tous les ans par la compagnie. Le préfident & les confeillers chargés du fervice des requêtes, ne font pas difpenfés de faire celui des autres chambres.

La grand-chambre connoît feule, fans pouvoir renvoyer aux autres chambres, de toutes les matières concernant le poffeffoire des bénéfices, & de toutes celles qui font attribuées en première inftance à la cour, foit qu'elles foient appointées ou non.

La tournelle, outre les matières de grand & de petit criminel, peut, au civil, juger tous les procès par écrit qui lui font renvoyés par le premier préfident. Ce magiftrat a même le pouvoir de diftribuer à la tournelle & aux enquêtes les procès appointés en la grand-chambre.

La loi qui a permis à la grand-chambre, en 1771, de renvoyer les affaires d'audience aux enquêtes, n'eft point révoquée ; par-là, les audiences de chaque chambre n'étant point trop furchargées, il n'a pas fallu introduire dans ce *parlement*, les renvois aux anciens avocats, ni les appointemens fommaires qui font dépendre irrévocablement d'une feule perfonne, le fort & la fortune des citoyens & des familles.

Les préfidens de chambre ont le droit d'y former des bureaux particuliers pour le jugement des affaires. Les loix antérieures à 1771 leur accordoient même la faculté d'appeller dans ces bureaux les officiers des autres chambres, lorfqu'il ne s'en trouvoit pas un nombre fuffifant dans la leur.

Les procès diftribués à un rapporteur dans une chambre, le fuivent quand il paffe dans une autre, à la charge à la partie fuivante de le notifier à l'autre trois jours avant le jugement ; mais cela ne doit pas s'étendre aux cas où la chambre dans laquelle un rapporteur paffe, eft incompétente pour connoître d'une affaire dont il feroit chargé, ou à celui dans lequel elle eft fufpecte, comme fi un de fes membres étoit partie dans l'inftance.

Au furplus, l'ordonnance de difcipline donnée en 1775 pour toutes les cours fouveraines, a été enregiftrée librement par le *parlement* de Nanci.

---

(1) Les gages des officiers du *parlement* font fixés par les lettres-patentes du 5 octobre 1771, favoir :

Pour le premier préfident	12000 liv.
Chacun des préfidens	6000
Chacun des confeillers de grand-chambre	2400
Chacun des confeillers des enquêtes	2000
Le procureur-général	6000
Chacun des avocats-généraux	2400
Chacun des fubftituts	1000

En vertu de l'article 2 des mêmes lettres-patentes, le doyen des confeillers laiques jouit d'une penfion de 1500 liv., & le plus ancien des confeillers-clercs d'une penfion de 1000 liv.

L'édit du mois de novembre 1771, qui créa deux offices de greffiers en chef de la cour fouveraine, en fixe la finance à 60000 liv. chacun, & leurs gages à un denier pour cent du capital de cette finance.

Ainfi fes chambres obfervent à cêt égard l'ordre & la police qui y font prefcrits.

Ses membres jouiffent de tous les droits, honneurs, rangs & prérogatives dont jouiffent les officiers des autres parlemens du royaume.

Le reffort de cette cour s'étend fur la Lorraine & le Barrois, tels qu'ils étoient lors de la paix de Rifvick, en 1697, & du traité de Vienne, en 1737. La claufe de ce dernier traité, qui veut que les duchés de Lorraine & de Bar forment toujours un gouvernement féparé, s'oppofe à ce qu'on en démembre aucune partie pour augmenter le reffort des tribunaux étrangers à la province.

Il faut cependant excepter la partie du Barrois, dit *de la mouvance*, parce qu'avant le traité de Vienne elle relevoit de la couronne de France. Les deux bailliages de Bar & de la Marche, qui le compofent, continuent de reffortir au *parlement* de Paris.

La jurifdiction de celui de Nanci, dans fon territoire, eft à-peu-près la même que celle des autres *parlemens*.

Elle en diffère fur les objets fuivans.

1°. Le domaine de la couronne n'eft point fous fa garde; il n'y a pas fous fon reffort de tréforiers de France qui en aient l'adminiftration; les bailliages font juges domaniaux, fous l'autorité de la chambre des comptes de Lorraine.

Cependant lorfque les domaines font aliénés, & que le procureur-général n'eft pas feul partie, les appels des bailliages fe portent au *parlement*.

Il en eft de même de la connoiffance des actions intentées pour droit de main-morte, déshérence, aubaine & bâtardife, même dans les terres du roi, tant que les biens ne lui ont pas été adjugés.

2°. On ne connoît pas non plus de table de marbre dans ces provinces. Les appels des officiers des eaux & forêts fe portent au *parlement*, lorfqu'il ne s'agit pas des eaux & forêts du roi, ou de ceux des communautés du domaine. Ils s'y portent également lorfqu'il eft queftion des eaux & forêts qui dépendent des domaines aliénés, à moins que le procureur-général ne foit feul partie, ou que les maîtrifes n'aient connu par prévention, des délits & dégradations commis dans les eaux & forêts des domaines aliénés, avec la jurifdiction gruriale.

La jurifdiction du *parlement* a pareillement lieu en cas d'appel des juftices feigneuriales, lors même qu'il s'agit de la propriété du roi, & que les queftions en font propofées incidemment aux rapports & reprifes des foreftiers feigneuriaux.

Les bois accenfés ou défrichés rentrent dans la claffe des autres domaines aliénés. Un arrêt du confeil du 28 feptembre 1769, a maintenu le bailliage de Darnay & la cour fouveraine dans l'exercice de leur jurifdiction fur des terreins accenfés & défrichés dans les forêts du roi à Darnay. Il a ordonné le rapport de deux arrêts précédens qui avoient attribué à la maîtrife particulière de Darnay, & par

appel à la chambre des comptes de Lorraine, toute jurifdiction fur ces terreins.

3°. Les préfidiaux de Lorraine ne jugent en dernier reffort que jufqu'à 1200 livres.

L'édit de 1774, qui augmente la compétence de ceux du royaume, n'a pas été envoyé au *parlement* de Nanci.

Ils ont été établis en Lorraine en 1772, au nombre de quatre, Nanci, Dieuze, Mircourt, Saint-Diez; mais tous les bailliages de la province ne font point compris fous leurs arrondiffemens.

A l'époque de la création de ces préfidiaux, une partie des bailliages du Barrois & de la Lorraine allemande avoit été attachée aux préfidiaux de Metz, Toul & Verdun. Ils en font maintenant diftraits, en conféquence du rétabliffement du *parlement* de Metz; & les appels des bailliages qui fe portoient dans ces préfidiaux, reffortiffent immédiatement à la cour.

Tous les bailliages, foit qu'ils foient affujettis à la jurifdiction des préfidiaux ou non, jugent en dernier reffort, excepté dans le cas de police, jufqu'à concurrence de cent francs Barrois pour les grands bailliages, & de cinquante pour les autres bailliages; celui de Baffigny, féant à Bourmont, peut même juger en dernier reffort jufqu'à la fomme de cent cinquante francs.

Ce pouvoir, reftreint d'abord aux caufes fommaires & d'audience, a été étendu aux procès par écrit de la même qualité. Les officiers des grands bailliages doivent être au nombre de cinq, & ceux des petits bailliages au nombre de trois, pour rendre leur fentence en dernier reffort.

Quant à la jurifdiction criminelle des préfidiaux & des juges prévôtaux, elle eft la même en Lorraine que dans le furplus du royaume, & les ordonnances de nos rois fur cet objet y ont été publiées depuis la mort du roi Staniflas.

4°. C'eft pardevant les bailliages que les gentilshommes doivent être pourfuivis & jugés criminellement, ainfi que les anoblis, les officiers des prévôtés, & ceux des feigneurs, pour malverfations commifes en leurs charges.

Il en eft de même des officiers des maîtrifes, lorfqu'ils ne font pas attaqués à raifon de leurs fonctions.

Les magiftrats du *parlement* & ceux de la chambre des comptes ne peuvent être jugés, en matière criminelle, qu'au *parlement*, toutes les chambres affemblées. Les officiers de la couronne & de la maifon des ducs de Lorraine, & les membres de leurs confeils, avoient le même privilège: les officiers des bailliages ne peuvent être traduits qu'en la cour pour malverfations.

5°. Les évocations au grand-confeil, accordées à quelques ordres religieux, n'ont pas lieu dans le reffort du *parlement* de Lorraine, non plus que dans le Barrois mouvant. Ces provinces ne reconnoiffent dans aucun cas l'autorité de ce tribunal d'attribution.

Les évocations pour cause de parenté avec des membres du *parlement*, doivent être portées au conseil souverain de Colmar, & réciproquement de celui-ci au *parlement* de Lorraine.

Quant à la procédure, les ordonnances de Louis XIV sur l'administration de la justice, ne sont pas suivies au *parlement* de Lorraine, non plus que dans les autres tribunaux de cette province; le duc Léopold leur a donné, en 1707, un code qui est encore observé.

Les arrêts peuvent être rendus, au civil comme au criminel, au nombre de sept.

Les voix doivent être prises en commençant par le dernier reçu, après le rapporteur cependant, dans les affaires par écrit.

En cas de partage dans les affaires d'audience, les pièces doivent être mises sur le bureau, pour en être délibéré à l'issue de l'audience, ou le lendemain au plus tard.

Si le partage continue, l'affaire est appointée.

Dans les affaires qui viennent des tribunaux ecclésiastiques, on ne suit point la voie observée dans le royaume.

Le recours au *parlement* est qualifié d'opposition à fins de nullité, qui, sous un autre nom, est cependant la même chose que l'appel comme d'abus; mais les parties n'ont pas besoin d'obtenir des lettres de chancellerie, de consigner une amende, ni de se munir d'une consultation d'avocats.

Les jugemens de la chambre des requêtes doivent être rendus par trois des magistrats qui la composent; & lorsqu'ils sont au nombre de cinq, ils peuvent juger en dernier ressort jusqu'à la somme de deux cens cinquante francs Barrois définitivement, & de cinq cens francs par provision, en en donnant caution.

Ceux qui ont droit de *committimus* ne peuvent l'y exercer que pour la somme de deux cens francs & au-dessus.

Dans toutes les chambres, les conclusions des gens du roi ne sont pas délibérées entre eux.

Le procureur-général les arrête seul dans les actes & procédures où elles ne se donnent pas de vive voix; & réciproquement chacun des avocats-généraux & des substituts, dans les affaires d'audience, où il porte la parole.

Les gens du roi du *parlement* & de la chambre des comptes exercent chacun en droit soi une espèce de censure sur les consultations, factums, mémoires de tout genre, qui se font au barreau pour l'instruction des affaires indécises, & qui ne peuvent être imprimés sans leur *visa*.

Ils peuvent être en droit de retarder & même de refuser le *visa*, s'ils croient que la publicité & l'impression ne sont point nécessaires à la défense des parties, s'ils n'adoptent point le genre des moyens, leur exposition, le style, & jusqu'aux expressions : ils pensent être à cet égard juges souverains, & qu'on ne peut revenir, ni contre leur refus, ni contre leur radiation, ni contre leur

retard. Souvent on les a vu mander, inutilement à la vérité, les avocats qui refusoient de se soumettre à de pareilles corrections : plusieurs préfèrent de laisser l'honneur, l'état & les propriétés de leurs cliens, sans défense, au danger de la compromettre en la tronquant, & de dégrader la liberté de leur ministère, le dernier refuge des citoyens. Nous avons vu le sieur J.... qui avoit été outragé juridiquement par des libelles publics, ne pouvoir obtenir le *visa* d'un mémoire dans lequel il s'étoit contenté de repousser la satyre la plus sanglante.

La justice s'administre gratuitement par tous les magistrats du *parlement* de Nanci. La disposition de l'édit du mois d'octobre 1771, qui supprime l'usage des épices, a été confirmée par celui de septembre 1775 : on ne paie que les droits du greffe & ceux des secrétaires de la cour qui n'ont point de gages. Cependant l'usage s'est introduit à la tournelle & aux enquêtes, de taxer en jugeant les rapports, la rétribution des clercs des rapporteurs. Mais la grand-chambre a toujours conservé le même désintéressement. Les rapporteurs y font ordinairement leurs extraits. Il est vrai que les requêtes & les actes d'instruction doivent être répondus en pleine chambre.

PARLEMENT DE NOEL, étoit la séance que le *parlement* tenoit après Noël, *post nativitatem Domini*. Il y en a un exemple dans le recueil des ordonnances de la troisième race, en 1275. Philippe III, dit *le Hardi*, y fit une ordonnance touchant les amortissemens, qui est dite *facta in parlamento omnium sanctorum post nativitatem Domini*. C'est que la séance du *parlement* commencée à la Toussaint, avoit été prolongée jusqu'à Noël. *Voyez* PARLEMENT DE LA TOUSSAINT.

PARLEMENT NOIR, *parlamentum nigrum* : on entendoit par-là le jugement des barons qui connoissoient d'un crime capital; on disoit *nigrum quasi lethiferum*. *Voyez* Hector Boethius, lib. XIV, hist. scotor, pag. 305; & dans le *Glossaire* de Ducange, *placitum luthiferum, & parlamentum nigrum. (A)*

PARLEMENT DE NORMANDIE, qu'on appelle aussi *parlement de Rouen*, parce qu'il tient ses séances à Rouen, ville capitale de la province de Normandie, pour laquelle il a été établi, est le sixième *parlement* du royaume.

Il tire son origine de la cour de l'échiquier de Normandie, instituée par Rollo ou Raoul, premier duc de cette province. Cette cour fut érigée en cour souveraine, & rendue sédentaire à Rouen par Louis XII, en 1499. Chopin & Duhaillan prétendent que ce fut seulement en 1501, que cette cour fut rendue sédentaire.

Quoi qu'il en soit, ce ne fut qu'en 1515, que François I ordonna que le nom d'*échiquier* seroit changé en celui de *parlement*. *Voyez ci-devant* ECHIQUIER DE NORMANDIE.

Il étoit alors composé de quatre présidens, dont le premier & le troisième étoient clercs, & les deux autres laïques; de treize conseillers-clercs, & de quinze conseillers laïques; deux greffiers, l'un pour le civil, l'autre pour le criminel; un huissier-audiencier, & six autres huissiers; deux avocats-généraux, & un procureur-général.

Lorsque la cour de l'échiquier fut rendue perpétuelle, on la divisa en deux chambres, l'une pour juger le matin, l'autre pour juger de relevée. Cette seconde chambre est celle qui a été depuis appellée la *première des enquêtes*.

Quelques-uns disent que François I établit aussi une chambre des vacations en 1519; mais il paroît que l'on a voulu parler de la tournelle, dont la chambre fut en effet bâtie dans cette année; car pour la chambre des vacations, elle ne fut établie qu'en 1547.

Cette cour tint ses séances au château de Rouen jusqu'au premier octobre 1506, qu'elle commença à les tenir dans le palais dont la construction avoit été commencée du côté de la grand-chambre dès 1499; il ne fut pourtant achevé que long-temps après: c'est en ce lieu que le *parlement* siège encore présentement.

L'archevêque de Rouen & l'abbé de saint Ouen sont conseillers d'honneur-nés au *parlement*, suivant les lettres de l'an 1507.

Plusieurs de nos rois ont tenu leur lit de justice dans ce *parlement*.

Charles VIII y tint le sien le 27 avril 1485, & confirma les privilèges de la province, & celui de saint Romain.

Louis XII y vint le 24 octobre 1508, étant accompagné des principaux officiers de sa cour.

Le 2 août 1517, François I tint son lit de justice à Rouen; il étoit accompagné du chancelier Duprat, & de plusieurs officiers de sa cour.

Quelques jours après, le dauphin vint au *parlement*, où on lui rendit les mêmes honneurs qu'au roi même, ainsi que ce prince l'avoit ordonné.

Au mois de janvier 1518, il accorda à ce *parlement* les mêmes privilèges dont jouissoit celui de Paris; & par un édit du mois de février suivant, il l'exempta de l'arrière-ban.

Ce fut dans cette même année que l'on construisit la chambre de la tournelle.

Henri II tint son lit de justice à Rouen, le 8 octobre 1550, accompagné de cardinaux, du roi de Navarre, de plusieurs ducs, du connétable de Montmorency, de l'amiral, du duc de Longueville, du chancelier Olivier, & de plusieurs autres seigneurs.

Charles IX s'y fit déclarer majeur, étant accompagné du chancelier de l'Hôpital.

En 1523, François I accorda au *parlement* l'exemption de la gabelle, & ordonna qu'il seroit délivré à chacun de ses officiers & à sa veuve, autant de sel qu'il en faudroit pour sa maison, sans en fixer la quantité, en payant seulement le prix du marchand, à condition de ne point abuser de ce privilège.

Le chancelier Poyet ayant indisposé le roi contre le *parlement* de Rouen, cette cour fut interdite en 1540; il y eut en conséquence des commissaires nommés pour la tournelle, & un président & douze conseillers envoyés à Bayeux, pour rendre la justice aux sujets de la basse Normandie; mais le roi étant revenu des impressions défavorables qu'on lui avoit données contre le *parlement* de Rouen, leva l'interdiction; & voulant donner aux officiers de cette cour une marque de la satisfaction qu'il avoit de leur conduite, par un édit du mois de juin 1542, il leur accorda une exemption générale & perpétuelle de l'arrière-ban; au lieu que celle qu'il leur avoit accordée en 1518, n'étoit que pour une occasion passagère.

Par un édit du mois de février 1589, ce *parlement* fut transféré dans la ville de Caen; mais il fut rétabli à Rouen par un autre édit du 8 avril 1594.

Le *parlement* de Rouen fut encore interdit de ses fonctions en 1639, pour ne s'être pas opposé assez fortement à la sédition excitée par les va-nuds-pieds; on commit en sa place des commissaires du *parlement* de Paris, ce qui demeura sur ce pied jusqu'en 1641, que le *parlement* de Rouen fut rétabli par un édit du mois de janvier de ladite année; il fut alors rendu semestre: mais en 1649, il fut rétabli sur le pied d'ordinaire.

Au mois de décembre 1543, le roi créa la chambre des requêtes du palais; son attribution fut augmentée par un édit de janvier 1544. En 1560, sur les remontrances des états d'Orléans, cette chambre fut supprimée, ainsi que les autres chambres de même nature, à l'exception de celle de Paris. Les officiers qui composoient cette chambre furent réunis au *parlement* dont ils avoient été tirés; mais au mois de juin 1568, Charles IX la rétablit.

Au mois d'avril 1545, François I établit une chambre criminelle pour juger des affaires concernant les erreurs de Luther ou de Calvin, qui commençoient à se répandre dans le pays. Il y a apparence que cette chambre fut supprimée lorsqu'on établit une chambre de l'édit, en exécution de l'édit de Nantes, du mois d'avril 1598. Celle-ci fut à son tour supprimée au mois de janvier 1669, de même que celle du *parlement* de Paris.

Comme au moyen de cette suppression, on trouva que la chambre des enquêtes étoit surchargée par le nombre de cinquante-sept conseillers dont elle étoit composée, outre les deux présidens, il fut donné un édit au mois de juillet 1680, portant établissement d'une seconde chambre des enquêtes.

Le *parlement* de Rouen, ainsi que les autres, a été supprimé par édit du mois de septembre 1771; mais par autre édit du mois d'octobre 1774, il a été rétabli dans le même état qu'il l'avoit été auparavant.

Il est composé de cinq chambres; savoir, la grand-chambre, la tournelle, deux chambres des enquêtes, & la chambre des requêtes du palais.

La grand-chambre est composée du premier préfident, & deux autres préfidens à mortier, trois confeillers d'honneur nés, qui font l'archevêque de Rouen, l'abbé de faint Ouen & le marquis de Pont-Saint-Pierre. Il y a auffi quelquefois d'autres confeillers d'honneur, tel qu'eft préfentement l'évêque de Séez; outre ces confeillers d'honneur, il y a vingt-huit autres confeillers, dont huit clercs & vingt laïques.

C'eft en cette chambre que fe font, depuis 1728, les affemblées générales des députés des différentes cours & autres notables pour les affaires publiques, comme pour les befoins des hôpitaux & autres néceffités.

La tournelle eft compofée de trois préfidens à mortier, de fix confeillers de la grand-chambre, de fix de la première des enquêtes, & autant de la feconde, lefquels changent à tous les appeaux des bailliages.

Chaque chambre des enquêtes eft compofée de deux préfidens à mortier, & de vingt-huit confeillers, entre lefquels ils y en a neuf clercs, diftribués dans les deux chambres.

La chambre des requêtes du palais eft compofée de deux préfidens, & de onze confeillers.

Il y a un greffier en chef du *parlement*, & quatre notaires-fecrétaires du roi près ce *parlement*, un greffier des affirmations, un greffier de la tournelle, un greffier pour chaque chambre des enquêtes, & aux requêtes du palais un greffier en chef, & un commis-greffier.

Le parquet eft compofé de deux avocats-généraux & un procureur-général, & neuf fubftituts, qui font la fonction d'avocats du roi aux requêtes du palais.

Les huiffiers du *parlement* font au nombre de huit, fans compter le premier huiffier; il y a en outre trois huiffiers aux requêtes, & cinquante-fix procureurs.

La chancellerie près le *parlement* de Rouen fut établie par édit du mois d'avril 1499, lors de l'établiffement de l'échiquier, en cour fouveraine & fédentaire à Rouen; & l'office de garde-des-fceaux fut donné au cardinal d'Amboife; Georges d'Amboife, cardinal & archevêque de Rouen, & neveu du précédent, lui fuccéda en cet office.

Au mois d'octobre 1701, il fut créé une chancellerie près la cour des aides, laquelle, par un autre édit du mois de juin 1704, fut unie à celle du *parlement*.

Celle-ci eft préfentement compofée d'un garde-des-fceaux, de quatre fecrétaires du roi audienciers, de quatre contrôleurs, de deux fecrétaires du roi, receveurs & payeurs de gages, huit référendaires, fept gardes-minutes, & trois huiffiers.

Le *parlement* de Rouen comprend dans fon reffort les fept grands bailliages de Normandie, & ceux qui en ont été démembrés; ces fept bailliages font Rouen, Caudebec, Evreux, Andely, Caen, Coutances & Alençon. (*A*)

PARLEMENT NOUVEAU; c'étoit la féance du *parlement* qui fuivoit les précédentes. Les ordonnances du *parlement* faites en 1344, portent que le *parlement* fini, l'on publiera le *nouveau parlement*; ce qui fait connoître que quand le *parlement* terminoit fa féance actuelle, il annonçoit & publioit d'avance le temps où il devoit fe raffembler. *Voyez les ordonnances de la troifième race, tome 2, pag. 228.*

PARLEMENT DES OCTAVES DE LA CHANDELEUR, DES OCTAVES DE LA NATIVITÉ DE LA SAINTE VIERGE, c'étoient les féances que le *parlement* tenoit vers le temps de ces grandes fêtes & de quelques autres; on difoit *des octaves*, parce que ces féances duroient une, deux ou trois femaines, plus ou moins, felon l'exigence des cas. *Voyez* PARLEMENT DE LA TOUSSAINT, PARLEMENT DE LA CHANDELEUR.

PARLEMENT AUX OCTAVES DES BRANDONS, c'étoit celui qui étoit ouvert dans la première femaine de carême; on l'appelloit ainfi, parce qu'il commençoit après le premier dimanche de carême, appellé par quelques-uns le *dimanche des brandons*. Il y en eut un qui commença en ce temps, en 1311.

PARLEMENT DE PAQUES, c'étoit la féance que le *parlement* tenoit vers les fêtes de Pâques. Philippe-le-Bel ordonna en 1304 & 1305, qu'il y auroit deux *parlemens* à Paris par chaque année; l'un defquels commenceroit à l'octave de Pâques, c'eft-à-dire, après l'octave de Pâques; l'autre à l'octave de la Touffaint, & que chaque *parlement* ne dureroit que deux mois, le temps de la féance étoit plus ou moins long, felon le nombre des affaires; à mefure qu'elles fe multiplièrent, on avançoit le temps de la féance, & l'on tenoit auffi le *parlement* avant Pâques. On diftinguoit la féance d'avant Pâques de celle qui fe tenoit après; Philippe-le-Bel fit en 1308 une ordonnance, *Parifius in parlemento antè ramos palmarum*. On difoit auffi le *parlement d'avant Pâques fleuri*, & le *parlement d'après Pâques*.

PARLEMENT DE LA PENTECÔTE, *in parlamento Pentecoftes*, c'étoit la féance que le *parlement* tenoit la furveille de la Pentecôte; il y en a un exemple dès l'an 1273, dans le recueil des ordonnances de la troifième race. Philippe III y fit une ordonnance touchant les monnoies; Philippe-le-Bel en fit deux au *parlement de la Pentecôte*, en 1287 & 1288.

PARLEMENT DE PIÉMONT; le roi François I s'étant emparé des états de Savoie & de Piémont, y établit dans chacun de ces pays un *parlement*; celui de Piémont fut d'abord établi à Turin; il fut depuis transféré à Pignerol en 1564. Les préfidens & confeillers de ce *parlement*, & ceux de celui de Savoie, avoient entrée, féance & voix délibérative dans les autres *parlemens* du royaume, fuivant une déclaration du 24 novembre 1549. Ils étoient fupprimés en 1559, & devoient être incorporés dans d'autres compagnies; cependant le *parlement de Piémont* fubfiftoit encore à Pignerol en 1564. *Voyez* les *mémoires de la chambre des comptes, coté*

T, *fol. 79 & le 3 A , fol. 73 , & le 3 E , fol. 96.*

PARLEMENT PLEIN , *plenum parlamentum* ; c'étoit lorſque les ſeigneurs étoient au *parlement* avec les maîtres ou gens lettrés. On diſoit plus anciennement cour plénière, *curia ſolemnis*. Il eſt fait mention du *plein parlement* dans le ſecond regiſtre *olim* , fol. 65 recto , *in pleno parlamento* ..... *præceptum fuit mihi* , dit le greffier , à la ſuite d'une ordonnance de Philippe-le-Bel, de l'an 1287, qui eſt au tréſor des chartres ; il eſt parlé d'une autre ordonnance faite en 1295 , *in parlamento omnium ſanctorum præ-ſente toto parlamento*. Depuis ce temps , lorſque les pairs ont pris ſéance au *parlement* en nombre ſuffiſant pour juger un autre pair , on a dit que la cour étoit ſuffiſamment garnie de pairs. *Voyez* LIT DE JUSTICE. (*A*)

PARLEMENT DE PAU , eſt le neuvième *parlement* du royaume. Les anciens princes du pays avoient une cour capitale de juſtice qui s'appelloit *cour majour* , où ſe terminoient en dernier reſſort les conteſtations qui y étoient portées par appel des autres juſtices : elle étoit compoſée de deux évêques & de douze barons du pays.

En 1328, Philippe III , comte d'Evreux & roi de Navarre, après la bataille de Caſſel , où il accompagnoit le roi Philippe de Valois, retourna dans ſon royaume de Navarre ; & pour remédier aux déſordres qui s'étoient gliſſés pendant l'abſence des quatre rois ſes prédéceſſeurs, ayant aſſemblé les états à Pampelune , il fit pluſieurs belles ordonnances , & en outre établit un conſeil ou *parlement* pour le fait de la juſtice , appellé le *nouveau fort de Navarre*.

Les choſes demeurèrent ſur ce pied juſqu'en 1519, que Henri II , de la maiſon d'Albret , & roi de Navarre, commença à Pau un palais , & y établit un conſeil ſouverain pour réſider en cette ville.

Il y avoit en outre une chancellerie de Navarre qui étoit auſſi une cour ſupérieure.

De ces deux compagnies, Louis XIII forma, en 1620, le *parlement* de Navarre & Béarn , réſidant à Pau.

Au mois de janvier 1527, Henri II , roi de Navarre, établit une chambre des comptes à Pau , & lui donna pour reſſort la baſſe Navarre, le Béarn , les comtés de Foix & de Bigorre , les vicomtés de Marſan , Turſan , Gavardon & la baronnie de Captieux , les vicomtés de Lautrec , de Nebouzan , la baronnie d'After-Villemure , & les quatre vallées d'Aure.

Le roi Louis XIII unit à cette chambre des comptes celle de Nérac , pour ne former à l'avenir qu'un même corps , ſous le titre de chambre des comptes de Navarre. Cette chambre de Nérac comprenoit , outre le duché d'Albret , la comté d'Armagnac & toutes ſes dépendances , le pays d'Eauſſan , la ſeigneurie de Rivière-baſſe , le comté de Fezenſaguet & ſes dépendances , le comté de Ro-

dez , les quatre châtellenies de Rouergue , le comté de Périgord & la vicomté de Limoges.

Par un édit de l'an 1691 , le roi fit un nouveau changement dans ces compagnies , en uniſſant la chambre des comptes au *parlement* , & lui attribuant en cet état , la connoiſſance de tout ce qui appartient aux chambres des comptes des autres provinces , même celle des monnoies , dont la chambre des comptes avoit l'attribution dès ſon premier établiſſement.

Ce *parlement* eſt tout-à-la-fois chambre des comptes , cour des aides & des finances.

Mais comme on avoit été obligé de diſtraire pluſieurs terres & ſeigneuries du reſſort de cette chambre des comptes , pour former la juriſdiction des cours ſouveraines établies à Bordeaux & à Montauban , on a uni au *parlement* de Pau tout le pays de Soulle , qui dépendoit auparavant du *parlement* de Bordeaux.

Par un édit du mois de juin 1765, le feu roi avoit ſupprimé une partie des offices du *parlement* de Pau. La vénalité avoit été abolie par un autre édit du mois d'octobre 1771. Mais ces deux édits ont été révoqués par celui d'octobre 1775 , & le *parlement* rétabli ſur ſon ancien pied.

Il eſt préſentement compoſé d'un premier préſident , de ſept autres préſidens à mortier, deux chevaliers d'honneur , de cinquante-ſix conſeillers, de deux avocats-généraux , un procureur-général, quatre ſubſtituts , un greffier en chef , un premier huiſſier , & ſept autres huiſſiers de la cour , pluſieurs avocats, dont le nombre n'eſt pas fixe , & vingt-neuf procureurs.

Le *parlement* eſt partagé en quatre chambres , ou départemens , ſavoir , la grand-chambre , qui fait le premier bureau , un ſecond bureau , une tournelle & une chambre des comptes & finances. La grand-chambre eſt compoſée du premier préſident , de deux autres préſidens à mortier , & de quinze conſeillers.

Le ſecond bureau eſt compoſé d'un préſident à mortier & de neuf conſeillers.

La tournelle eſt compoſée de deux préſidens à mortier & de douze conſeillers.

Au département ou bureau des finances, il y a deux préſidens à mortier & onze conſeillers.

Le diſtrict de ce *parlement* comprend les évêchés de Leſcar & d'Oleron , ce qui embraſſe cinq ſénéchauſſées.

Le roi eſt ſeul ſeigneur haut-juſticier dans toute la province ; les ſeigneurs particuliers n'ont que la moyenne & baſſe-juſtice ; les jurats ou juges ne peuvent , en matière criminelle , ordonner aucune peine afflictive ; ils ont ſeulement le pouvoir de former leurs avis , & de les envoyer au *parlement*.

L'appel de leur jugement en matière civile peut être porté , au choix des parties , ou devant les ſénéchaux , ou au *parlement*.

Ce qui eſt encore de particulier à ce *parlement*, c'eſt que toute partie a droit , en quelque cauſe que ce foit, de fe pourvoir directement au *parle-ment*, fans effuyer la jurifdiction inférieure des ju-rats, ni celle des fénéchaux royaux, à l'exception néanmoins des caufes des fouletains. Les tribunaux de la foule en connoiffent en première inftance, & elles ne vont au *parlement* que par appel.

Il y a près de ce *parlement* une chancellerie.

Elle eft préfentement compofée d'un garde-des-fceaux, de quatre fecrétaires du roi audienciers, de quatre fécrétaires contrôleurs; & de douze fe-crétaires du roi; deux tréforiers-receveurs & payeurs des gages, un greffier-garde-minute-receveur des émolumens du fceau, &c.

Les huiffiers du *parlement* fervent à la chancelle-rie chacun à leur tour. *Voyez ci-devant au mot* CHAN-CELIER, *l'article* CHANCELIER DE NAVARRE. (*A*)

PARLEMENT DE POITIERS. Le premier qui porta ce titre fut celui de Bordeaux, lorfqu'il fut transféré de Bordeaux en cette ville par des lettres du mois de novembre 1469; la caufe de cette tranflation fut que la Guienne étoit donnée en apanage à Charles, duc de Berry; il refta à Poitiers jufqu'au mois de mai 1472, que l'apanage fut éteint; après quoi il fut rétabli à Bordeaux. *Voyez* PARLEMENT DE BORDEAUX.

Sous Charles VI, en 1418, le *parlement* de Pa-ris fut transféré à Poitiers par le dauphin, lequel s'y étoit retiré. Le *parlement* ne revint à Paris qu'en 1437.

Le *parlement* de Paris féant à Tours, fit tenir des grands jours à Poitiers en 1454, & 1455; il y en a d'autres tenus en divers temps dans cette même ville par le *parlement* de Paris, depuis l'an 1519 jufqu'en 1667.

PARLEMENT PRÉSENT, fignifioit la féance que tenoit actuellement le *parlement*. *Voyez* PARLEMENT FUTUR.

PARLEMENT PROCHAIN, on entendoit autrefois par ce terme, la féance que le *parlement* devoit tenir vers la fête la plus prochaine, auquel temps le *parlement* étoit indiqué, & avoit coutume de fe tenir. *Voyez* PARLEMENT FUTUR.

† Préfentement on entend par *parlement prochain*, celui qui doit recommencer à la faint-Martin de la même année, où il a terminé fes féances le 7 fep-tembre.

PARLEMENT DE PROVENCE, *voyez ci-devant* PARLEMENT D'AIX.

PARLEMENT DE RENNES, *voyez* PARLEMENT DE BRETAGNE.

PARLEMENT DE ROUEN, *voyez ci-devant* PAR-LEMENT DE NORMANDIES

PARLEMENT ROYAL, *parlamentum regium*; on donnoit quelquefois ce titre au *parlement* de Paris, pour le diftinguer des grands jours des ducs & des comtes, auxquels on donnoit auffi quelquefois le titre de *parlement*; il y en a un exemple dans des lettres de Philippe-le-Bel, données à Beziers au mois de février 1335, & dans une ordonnance de Charles V, alors régent du royaume, du mois

d'avril 1358, où le *parlement* de Paris eft nommé *parlamentum regium parifienfe*. *Voyez le recueil des ordonnances de la troifième race*, tome 2, pag. 107, & tome 3, pag. 336.

PARLEMENT DE LA SAINT ANDRÉ, étoit la même chofe que le *parlement* d'hiver, lequel com-mençoit quelquefois huit jours après la Touffaint, quelquefois le lendemain de la faint Martin, quel-quefois feulement à la faint André ou à Noël. *Voyez* PARLEMENT D'HIVER. (*A*)

PARLEMENT DE SAINT LAURENT, n'étoit d'a-bord autre chofe que les grands jours, inftitués par les anciens ducs & comtes de Bourgogne en la ville de faint-Laurent-les-Châlons; ils étoient pour le comté d'Auxonne & la Breffe châlon-noife; l'appel de ces grands jours reffortiffoit au *parlement* de Paris.

Le *parlement* de Dijon a pris la place de ces grands jours, de même que de ceux de Beaune. *Voyez* PARLEMENT DE DIJON. (*A*)

PARLEMENT DE LA SAINT MARTIN ou D'HIVER; *parlamentum fancti Martini* ou *fancti Martini hye-malis*, étoit la féance que le *parlement* tenoit à la faint-Martin d'hiver: il en eft parlé dans le premier des regiftres *olim* de 1260, *in parlamento fancti Mar-tini hyemalis*. Au regiftre *A*, fol. 130, col. 2, il eft parlé d'une mauvaife coutume qui avoit lieu à Ver-neuil, & que le roi abolit en 1263 *in parlamento fancti Martini*. (*A*)

PARLEMENT DE SAINT MIHEL, fut établi par les comtés de Bar dans la ville de Saint-Mihel ou Saint-Mihiel, pour décider en dernier reffort les procès de leurs fujets du Barrois non-mouvant. Louis XIII ayant foumis la Lorraine à fon obéif-fance, conferva d'abord le *parlement de faint-Mihel*; mais la ville de Saint-Mihel s'étant révoltée contre le roi, pour punir cette ville, par des lettres du mois d'octobre 1635, il fupprima le *parlement* qui y fiégeoit, & attribua fa jurifdiction au confeil fou-verain de Nanci. *Voyez* PARLEMENT DE NANCI.

PARLEMENT SÉANT ou NON SÉANT. Ce mot *féant* a deux fignifications différentes: quelquefois il fert à exprimer le temps où le *parlement* tient fes féances, & où il peut s'affembler à toute heure fans permiffion particulière du roi; quelquefois ce mot *féant* fert à exprimer comment les membres du *par-lement* font affis, comme quand on dit le *parlement* étoit *féant* fur les hauts fièges & fur les bas fièges. (*A*)

PARLEMENT DE SICILE, eft proprement une af-femblés des états du royaume. En effet, il eft compofé des trois ordres du royaume: favoir, de l'ordre militaire, qui comprend tous les barons; l'ordre eccléfiaftique, qui renferme les archevê-ques, évêques, abbés, prieurs & chefs de cou-vens; & l'ordre domanial, qui comprend toutes les villes royales.

Les Siciliens ne fe donnèrent au roi Pierre d'Aragon, qu'à condition de les maintenir dans leurs privilèges, & qu'il ne pourroit établir aucun impôt

impôt fans le confentement du *parlement*, non pas même lever aucunes troupes.

Quand le roi a befoin d'argent, il fait convoquer le *parlement* dans une ville choifie par le viceroi. Ceux qui compofent les deux premiers ordres, ne pouvant y affifter en perfonne, y envoient leurs procureurs; & l'ordre domanial y envoie fes députés, excepté la ville de Palerme & & celle de Catane qui y envoient leurs ambaffadeurs.

Lorfque le *parlement* eft ainfi affemblé, on fait la demande de la part du roi, & le *parlement* accorde ordinairement un don gratuit, proportionné aux befoins de l'état, laquelle fomme fe lève fur tous les fujets par forme de taxe.

S'agit-il de lever des impôts, le *parlement* donne fon confentement pour les payer pendant un temps.

Pendant ces affemblées, le *parlement* propofe au roi plufieurs loix pour le bien public; il demande auffi quelque grace ou privilège que le roi lui accorde ordinairement, & ce font-là les loix du royaume qu'on appelle *conftitutioni è capitoli del regno*.

Toutes les fois que le *parlement* s'affemble, les trois ordres élifent plufieurs députés, dont la commiffion dure jufqu'à une nouvelle convocation.

Ces députés forment une efpèce de fénat qui a le foin de faire obferver les privilèges, & de faire exécuter tout ce qui a été ordonné par le *parlement*, comme les dons gratuits & autres impofitions.

Il y a un traité des *parlemens généraux de Sicile* depuis 1446 jufqu'en 1748, avec des mémoires hiftoriques fur l'ufage ancien & moderne des *parlemens* chez les diverfes nations, &c. par dom Ant. Mongitore, chanoine-doyen de l'églife de Palerme. (A)

PARLEMENS SOMMAIRES. On donnoit ce nom anciennement aux *inftances fommaires* ou *inftructions* qui fe faifoient à la barre de la cour en fix jours de temps, en conféquence d'une requête qui étoit préfentée à la cour à cet effet. Ces inftructions avoient lieu dans les affaires de peu de conféquence ou qui requéroient célérité. Elles ont été abrogées par l'*article* 2 du *titre* 11 des délais & procédures de l'ordonnance de 1667; mais il y avoit déjà long-temps que ces inftructions n'étoient plus qualifiées de *parlemens fommaires*; le terme de *parlemens* étoit pris en cette occafion pour inftruction verbale. *Voyez* le *Dictionnaire de droit* de Ferrières, au mot *Inftances fommaires*. (A)

PARLEMENT DE LA TIPHAINE, *voyez* ci-devant PARLEMENT DE L'ÉPIPHANIE.

PARLEMENT DE TOULOUSE, eft le fecond des *parlemens* du royaume.

Si l'on en croit la chronique manufcrite de Bardin, auteur qui a écrit vers le milieu du quatorzième fiècle, le roi Robert ou le roi Henri (car il ne dit pas lequel) fit tenir un *parlement* à Touloufe en 1031, auquel affiftèrent l'archevêque de

Bourges, le comte Eudes, Amelius, évêque d'Albi, Guifred, évêque de Carcaffonne, deux abbés, deux chevaliers, deux jurifconfultes, & un fcribe ou greffier, dont il rapporte le nom.

Il ajoute que ceux-ci, après avoir fait ferment fur les évangiles, rendirent divers arrêts, & ftatuèrent entre autres chofes:

1°. Que quand les vicomtes & les viguiers ordonneroient le *gage de duel*, & que la partie condamnée à l'accepter en appelleroit au comte, elle auroit la liberté, après le jugement de ce dernier, d'en appeller au roi ou à fon *parlement*, à raifon de l'hommage.

2°. Que le comte de Touloufe qui prétendoit la dîme fur celle que levoit l'évêque de cette ville, fourniroit des preuves de fon droit au prochain *parlement*.

3°. Que les officiaux eccléfiaftiques feroient foumis aux ordonnances du *parlement*.

4°. Que la guerre qu'avoient fait naitre les différends qui étoient entre Berenger, vicomte, & Guifred, archevêque de Narbonne, feroit fufpendue.

5°. Qu'on paieroit les anciens péages, & que les vicaires ou viguiers fupprimeroient les nouveaux.

Ce qui pourroit donner quelque poids à ce que dit cet auteur au fujet de ce *parlement* qu'il fuppofe avoir été tenu à Touloufe, eft qu'à la tête de fon ouvrage il a déclaré qu'il a puifé tous les faits qu'il rapporte dans les anciens monumens, comme ayant affifté à ce *parlement*, vivoient en 1031; & que vers le même temps Berenger, vicomte de Narbonne, eut en effet un différend avec Guifred, archevêque de cette ville.

Mais les favans auteurs de l'*hiftoire générale de Languedoc*, qui rapportent ces faits d'après Bardin, tome II, page 161, les réfutent folidement, & foutiennent que tout ce que dit Bardin de ce prétendu *parlement*, tenu en 1031, n'eft qu'une fable; qu'en effet le terme de *parlement* dont on fe fert pour exprimer une cour de juftice, celui d'*arrêt*, & plufieurs autres qu'il emploie, n'étoient point encore alors en ufage, & ne le furent que long-temps après.

Ils obfervent que d'ailleurs Bardin fe contredit en ce qu'il fuppofe que dans ce *parlement* où affifta Guifred, évêque de Carcaffonne, qui effectivement vivoit alors, on y agita une affaire qu'avoit Hilaire, évêque de cette ville, contre Hugues de Gaigo, & Arnould de Saiffac, feigneur du diocèfe.

Ce qu'on peut inférer de plus vraifemblable du récit de Bardin, fuivant les hiftoriens de Languedoc, c'eft qu'en 1031 le roi, en qualité de fouverain, envoya des commiffaires à Touloufe pour y tenir, en fon nom, les affifes, & y rendre la juftice, & que les prélats & les feigneurs dont Bardin rapporte les noms, furent chargés de cette commiffion; mais ces affifes ne peuvent être confidérées comme l'origine du *parlement de Touloufe*.

La même chronique de Bardin porte que le roi Louis-le-Gros fit tenir un *parlement* en 1122 dans l'abbaye de faint Benoît de Caftres, & qu'Alphonfe, comte de Touloufe, y fut ajourné pour rendre hommage de ce comté. Ce fait paroît encore avancé fans preuve, & réfuté par les hiftoriens du Languedoc. Il en eft de même des *parlemens* que l'on fuppofe avoir été tenus dans l'abbaye de Clairac, en 1138; à Lavaur, en 1194.; dans l'abbaye de Sorezre, en 1273 ; & à Montpellier, en 1293.

La première juftice fupérieure qu'il y ait eu à Touloufe, qualifiée de *parlement*, ce furent les grands jours établis par les comtes de Touloufe, pour juger en dernier reffort dans l'étendue de leurs domaines.

Quelques-uns ont cru que ces grands jours n'avoient été établis que par Alphonfe, comte de Poitou, en 1266.

Mais il paroît que ces grands jours, ou *parlement comtal de Touloufe*, étoient plus anciens, puifque Aufrerius, préfident aux enquêtes de Touloufe, a écrit, dans fon ftyle du *parlement*, tit. des arrêts, qu'environ l'an 1207, M. Arnault de Montagu, Laurent Vicini, & Jean de Vefeuva, confeillers clercs, avoient fait certaines compilations d'arrêts donnés par la cour de *parlement de Touloufe*.

Et en effet, il eft certain que les comtes de Touloufe, & les autres grands vaffaux de la province, depuis qu'ils fe furent emparés des droits régaliens, fe maintinrent toujours dans l'ufage de juger fur les lieux, & en dernier reffort, leurs fujets & vaffaux, fans que le confeil du roi prît connoiffance de leurs affaires.

Alphonfe, comte de Touloufe, ayant fuccédé, du chef de Jeanne fa femme, au comté de Touloufe, & aux autres domaines que poffédoit le comte Raimond VII, jugea à propos d'avoir un *parlement* pour tous fes domaines, à l'exemple du roi faint Louis fon frère : il tenoit ce *parlement* dans le même lieu où il tenoit fa cour, y jugeoit par appel toutes les principales affaires de fes états, & évoquoit toutes celles qui lui étoient perfonnelles.

Ce prince étant à Long-Pont où il faifoit alors fa demeure, nomma en 1253 des commiffaires pour tenir fon *parlement* à la quinzaine de la fête de tous les Saints ; ce qui prouve qu'il avoit établi ce *parlement* dès fon avénement au comté de Touloufe, & qu'il en tenoit les féances à fa cour.

Mais comme, outre le comté de Touloufe, il tenoit auffi l'Auvergne avec le Poitou, il choifit, par permiffion du roi faint Louis, la ville de Paris pour y tenir fes grands jours, ou *parlement*, auquel il faifoit affigner tous fes fujets; autrement il lui eût fallu en avoir dans chaque province dont il

étoit feigneur, ce qui lui auroit été incommode & de dépenfe.

Ces grands jours étoient nommés *parlement*, du nom que l'on donnoit alors à toute affemblée publique où l'on parloit d'affaires.

Du Tillet dit qu'au tréfor des chartres il y a un regiftre des jugemens, délibérations & ordonnances du confeil de M. Alphonfe de France, comte de Poitou, frère de faint Louis, & pair de France, tenu à Paris depuis l'an 1258 jufqu'en 1266, lequel confeil y eft appelé *parlement*, & d'autres fois *comptes*. Il fe tenoit par affignation comme celui du roi; car il y a *parlement*, dudit comte de la Touffaint de l'an 1269, un autre de la Pentecôte.

On trouve dans les preuves de l'*hiftoire de Languedoc, tome III, page 507*, un acte de 1264, dans lequel il eft fait mention du *parlement de Touloufe*. Le comte de Rhodès avoit préfenté une requête au tréforier de l'églife de faint Hilaire de Poitiers, qui étoit un des membres du *parlement de Touloufe* : le tréforier répondit qu'il en délibéreroit au prochain *parlement* : *dixit fe deliberaturum in proximo parlamento dom. comitis Pictavienfis, Tolofæ*.

Dans un acte de l'an 1266, il en eft fait mention fous la dénomination de *colloquium*. Ce parlement fut convoqué par des lettres datées de Rampillon, la veille de faint Barnabé. Alphonfe y établit pour préfidens Evrard Malethans, chevalier, connétable ou gouverneur d'Auvergne, Jean de Montmorillon, chevalier & prêtre Poitevin, & Guillaume de Plapape, archidiacre d'Autun, avec pouvoir de choifir eux-mêmes leurs affeffeurs ou confeillers, tant clercs que laïques. Il eft fait mention de ce *parlement* dans des lettres d'Alphonfe, datées du dimanche après la fête de faint Barnabé, apôtre, l'an 1266; par lefquelles il ordonne à Evrard Malethans, chevalier, fon connétable d'Auvergne, d'entendre Jean, feigneur de Châtillon : « vous lui rendrez juftice, dit ce » prince, jufqu'à notre *parlement* qui fe tiendra le » lendemain de la quinzaine de la fête de tous les » Saints ; & vous aurez foin de nous faire favoir, » à notredit futur *parlement*, ce que vous aurez » fait ».

Tandis que le comte de Touloufe tenoit ainfi fon *parlement* à Paris, les peuples, les fujets étoient obligés de faire de grands voyages pour aller foutenir leurs caufes d'appel. C'eft pourquoi les habitans de Touloufe lui firent des remontrances en 1268, au fujet de leurs libertés & privilèges, & lui demandèrent, entre autres chofes, qu'il établît fur les lieux des perfonnes intelligentes pour juger en dernier reffort les caufes d'appel qui étoient portées devant lui. Alphonfe, acquiefçant à leur demande, confirma les divers articles des privilèges & libertés des Touloufains, enforte qu'il paroît qu'il établit à Touloufe, avant fa mort, un tribunal fupérieur, pour y décider fans appel les affaires du pays.

Cependant ce *parlement* fut encore depuis tenu quelquefois en d'autres endroits ; c'est ainsi qu'en 1283, Alphonse le tint à Carcassonne.

On ne peut pas douter qu'il n'y eût appel de ce *parlement* comtal à la cour de France ; c'étoit la loi générale pour toutes les cours de baronnies ou de pairies, quelque nom qu'on leur donnât. On voit même que le *parlement* de Paris, sous le règne de saint Louis, étendit sa jurisdiction dans les sénéchaussées de Beaune & de Carcassonne ; on en trouve des preuves dans l'*histoire de Languedoc*, 1258, 1262, 1269, & 1270.

Le comté de Toulouse ayant été réuni à la couronne en 1272 (1), par la mort d'Alphonse, sans enfans, il fut établi avec plus de solemnité un *parlement* dans le Languedoc, sous Philippe-le-Hardi. Ce premier établissement fut fait par manière d'accord & de contrat. Pour l'obtenir, les états généraux accordèrent au roi 5000 moutons d'or ; la première séance commença le mercredi après l'octave de Pâques, de l'an 1280.

Philippe-le-Hardi fit pour Toulouse ce qu'il faisoit pour l'échiquier de Normandie ; il députa des membres du *parlement* de Paris pour présider en son nom.

Ce *parlement* fut supprimé quelques années après : mais il fut rétabli à Toulouse, en 1287, par Philippe-le-Bel, & tint ses séances dans cette ville jusqu'en 1291, qu'il fut encore supprimé & réuni au *parlement* de Languedoc, c'est-à-dire, au *parlement* de Paris.

Ces députés n'étoient pas en aussi grand nombre qu'à l'échiquier ; ils n'étoient que trois, un abbé & deux maitres, qui se qualifioient *clerici domini regis tenentes pro domino rege parlamentum*. On les appelloit aussi les seigneurs tenans le *parlement de Toulouse*, *dominorum tenentium parlamentum Tolosæ* ; mais eux-mêmes se nommoient simplement tenans pour le roi *le parlement de Toulouse*, ou députés pour le roi à l'effet de tenir le *parlement*, *tenentes parlamentum Tolosæ pro eodem domino rege*, ou bien *qui pro domino rege deputati fuerint, ad tenendum parlamentum*.

Ils étoient donc députés pour tenir le *parlement* au nom du roi ; on trouve les noms de ces trois députés dans deux arrêts de 1287 & 1290 donnés en ce *parlement*.

Quoique les jugemens émanés de ce tribunal fussent dès-lors qualifiés d'arrêts, *arresta*, l'on n'en doit pas conclure que ce fût une cour souveraine ; car les jugemens des grands jours ou conseil de Champagne, ceux de l'échiquier & du *parlement* ducal de Bretagne étoient de même qualifiés d'arrêts ou jugemens, *arresta*, *judicia & consilia*, & *præcepta dierum trecensium*, & *fuit istud arrestatum*, &c. & il est également constant que l'on en pouvoit appeller au *parlement* de Paris.

On forma même dans ce *parlement* une chambre pour les affaires du pays de droit écrit, qu'on nomma *auditoire du pays de droit écrit* ou *chambre de la Languedoc* ; mais cet auditoire ne fut établi que dans le temps où le *parlement de Toulouse* étoit réuni au *parlement de Paris*.

La cour souveraine de *parlement* qui subsiste présentement à Toulouse, fut instituée par Philippe-le-Bel en 1302. Son ordonnance du 23 mars de ladite année, qui porte que le *parlement* se tiendra deux fois l'année à Paris, ordonne aussi que le *parlement* se tiendra à Toulouse : *at quod parlamentum apud Tolosam tenebitur*, *si gentes terræ prædictæ consentiant quod non appelletur à præsidentibus in parlamento prædicto*.

La Rocheflavin suppose qu'après ces mots, *apud Tolosam tenebitur*, il y a ceux-ci, *sicut teneri solebat temporibus retroactis* ; mais ils ne se trouvent pas dans cette ordonnance, telle qu'elle est à la chambre des comptes & au trésor des chartres, & dans le recueil des ordonnances de la troisième race, imprimées au Louvre.

La Rocheflavin remarque que, suivant l'ordonnance du 23 mars 1302, le *parlement* ne devoit tenir à Paris que deux fois l'année, qui étoient à Noël & à la Chandeleur ; au lieu qu'en parlant du *parlement* de Toulouse, Philippe-le-Bel ordonne qu'il tiendra sans en limiter le temps ; d'où la Rocheflavin conclut qu'il devoit tenir ordinairement & continuellement : la raison de cette différence peut être, selon lui, qu'alors le *parlement* de Toulouse s'étendoit non-seulement en Languedoc, mais par toute la Guienne, Dauphiné & Provence, avant l'érection des *parlemens* de Bordeaux, Grenoble & Aix, comme il se lit dans les registres de celui de Toulouse ; de sorte que pour l'expédition du grand nombre des affaires & des procès, auxquels les habitans de ce climat sont, dit-il, naturellement plus adonnés, il étoit nécessaire que le *parlement* y fût ordinairement séant, au lieu que le *parlement* de Paris étoit soulagé par le proche voisinage de l'échiquier de Rouen, & des grands jours de Troyes en Champagne, dont il est parlé dans cette même ordonnance de 1302, & qui étoient en effet d'autres *parlemens* pour la Normandie, Champagne & Brie.

Sur ces mots, *si gentes terræ consentiant*, la Rocheflavin remarque que les gens des trois états du pays de Languedoc ne voulurent consentir à l'érection de ce *parlement*, qu'avec pacte & convention expresse avec le roi qu'ils seroient régis & gouvernés, & leurs procès & différends jugés suivant le droit romain, dont ils avoient coutume d'user.

L'ordonnance du 23 mars 1302, n'avoit fait proprement qu'annoncer le dessein d'établir un *parlement* à Toulouse ; ce n'étoit même proprement qu'une députation de présidens du *parlement* de Paris, que le roi se proposoit d'y envoyer pour y tenir le *parlement*, & y juger souverainement, comme on l'a fait depuis en Normandie. Ce devoit être le *parlement* de France qui auroit tenu successivement ses séances à Paris, à Toulouse, & ensuite en Normandie ; il est vrai que les barons de Toulouse y auroient siégé, mais la souveraineté de jurisdiction ne devoit être vraiment attachée qu'aux députés de la cour de France qui y auroient présidé ; c'est pourquoi l'ordonnance de 1302 dit, *si gentes terræ consentiant quod non appelletur à præsidentibus* ; preuve certaine que les précédens *parlemens* n'étoient pas souverains du temps des comtes. Les auteurs de l'histoire du Languedoc ont cru que cette ordonnance étoit demeurée sans exécution.

Mais il y eut dans la même année un édit exprès pour l'établissement d'une cour souveraine de *parlement* à Toulouse.

On voit dans le préambule de l'édit, que cet établissement fut fait à la prière des trois états de Languedoc, & dans la vue d'illustrer la ville de Toulouse. Le roi, de sa certaine science, puissance & autorité royale, institue une cour de *parlement* à Toulouse pour tout le Languedoc & duché d'Aquitaine, & pour les pays qui sont au-delà de la Dordogne.

Cette institution est faite avec la clause *quandiu tamen placuerit nostræ voluntati*.

Le roi ordonne qu'à cette cour de *parlement* toutes les cours de sénéchaussées, bailliages, rectories, vigueries, judicatures, & autres jurisdictions quelconques des pays de Languedoc & d'Aquitaine, & des autres pays qui sont au-delà de la Dordogne, auront leur ressort & dernier recours, *ultimum refugium*.

Que le parlement ou cour commencera sa première séance le lendemain de la saint Martin d'hiver lors prochain, ou tel autre jour qu'il sera indiqué par sa majesté.

Qu'il sera tenu par quatorze personnes ; savoir, deux présidens laïques & douze conseillers, six clercs & six laïques, des pays de la Langued'oy & de la Languedoc, avec deux greffiers & huit huissiers.

Qu'un des présidens sera pour les causes civiles, l'autre pour les affaires criminelles.

Que les gens de ce *parlement* pourront juger au nombre de neuf ou dix, & que dans les affaires criminelles, un président & cinq conseillers pourront juger en appellant avec eux tel nombre de conseillers laïques qu'ils jugeront à propos. Mais le nombre de juges nécessaires a varié ; car anciennement on jugeoit à sept, & depuis long-temps & présentement on ne peut plus juger au *parlement de Toulouse* qu'au nombre de dix, soit au civil ou au criminel.

Qu'il n'y aura aucun appel de leurs jugemens.

Enfin il leur donne le même pouvoir qu'au *parlement* de Paris.

Il fut aussi établi dans le même temps un procureur du roi pour ce *parlement*.

Le roi fit lui-même l'ouverture de ce *parlement* le 20 janvier 1302, à huit heures du matin ; il étoit

vêtu d'une robe de douze aunes de drap d'or frisé ; sur un fond rouge broché de soie violette, parsemée de fleurs-de-lys d'or & fourrée d'hermine.

Il partit du château Narbonnois où il logeoit, accompagné des princes & seigneurs de sa cour, avec lesquels il se rendit à un grand salon de charpente que la ville avoit fait construire dans la place de saint Etienne, pour y tenir le *parlement*.

Le roi y étant entré, monta sur son trône ; & ceux qui avoient droit de s'asseoir prirent les places qui leur étoient destinées ; ensuite le roi dit que le peuple du pays de Languedoc l'ayant humblement supplié d'établir un *parlement* perpétuel dans la ville de Toulouse, il avoit consenti à ses demandes, aux conditions insérées dans les lettres d'érection, desquelles il commanda qu'on fît la lecture.

Le chancelier s'étant levé, & ayant fait une profonde révérence au roi, fit une harangue fort éloquente, après laquelle il donna à lire les lettres-patentes au grand secrétaire de la chancellerie, puis il lui remit le tableau où étoient écrits les noms de ceux qui devoient composer le *parlement* de Toulouse.

Le secrétaire les ayant lues tout haut, le roi fit dire à ces officiers de s'approcher, & ils reçurent des mains des hérauts leurs habits de cérémonie.

On donna aux présidens des manteaux d'écarlate fourrés d'hermine, des bonnets de drap de soie bordés d'un cercle ou tissu d'or, des robes de pourpre-violette, & des chaperons d'écarlate fourrés d'hermine.

Les conseillers laïques eurent des robes rouges avec des paremens violets, & une espèce de soutanne de soie violette pardessous la robe, avec des chaperons d'écarlate parés d'hermine.

Les conseillers-clercs furent revêtus de manteaux de pourpre-violette étroits par le haut, où il n'y avoit d'ouverture qu'aux endroits de mettre la tête & les bras. Leur soutanne étoit d'écarlate & les chaperons aussi.

Le procureur du roi étoit vêtu comme les conseillers laïques.

Le greffier portoit une robe distinguée par bandes d'écarlate & d'hermine.

Tous ces officiers ainsi vêtus, prêtèrent le serment au roi, ayant leurs deux mains sur les évangiles écrits en lettres d'or.

Après la prestation des sermens, le chancelier fit passer les magistrats dans les sièges qui leur étoient destinés, & le roi leur fit connoître en quoi consistoit leur devoir par un discours très-éloquent, dont le texte étoit *erudimini qui judicatis terram*.

Ce discours fini, les hérauts congédièrent l'assemblée par le cri accoutumé.

Quelques jours après, la compagnie commença ses séances dans le château Narbonnois, que le roi lui donna pour y rendre la justice, sans en ôter néanmoins le gouvernement au viguier de Toulouse, qui continua d'y faire sa demeure, avec la garnison ordinaire pour la défense du château.

Les fubfides extraordinaires que le roi faifoit lever en Languedoc, fans que les états de la province y euffent confenti, ayant occafionné une révolte prefque générale, le *parlement* foûtint, tant qu'il lui fut poffible, l'autorité du roi: mais enfin il fut contraint de fe retirer à Montauban.

Le roi irrité contre les Languedociens, & finguliérement contre les Touloufains, par un édit de l'an 1312, fupprima le *parlement de Touloufe*, l'unit & en incorpora les officiers à celui de Paris.

Il eft pourtant fait mention en divers endroits d'un *parlement* tenu à Touloufe par Charles IV, en 1324, & d'un prétendu *parlement* tenu dans cette même ville en 1328: enfin on trouve que Philippe de Valois tint fon *parlement* à Nîmes en 1336; mais le premier & le dernier de ces *parlemens* n'étoient apparemment que des commiffions émanées du *parlement* de Paris; le fecond, c'eft-à-dire, celui de 1328, ne paroît pas bien prouvé.

Le *parlement de Touloufe* fouffrit donc une éclipfe qui dura plus d'un fiècle; car il ne fut rétabli dans cette ville que par les lettres du dauphin régent du royaume, du 20 mars 1419; ce ne fut même que le 29 mai 1420, que le *parlement* fut inftallé à Touloufe.

Par cette feconde érection, il n'y eut qu'un préfident, qui étoit l'archevêque de Touloufe, onze confeillers & deux greffiers; il n'y eut point alors de procureur-général, attendu que les lettres n'en faifoient point mention.

Par édit du 23 feptembre 1425, le *parlement de Touloufe* fut transféré à Beziers, à caufe de la pefte qui étoit à Touloufe, & pour repeupler la ville de Beziers qui avoit foutenu un long fiège contre le comte de Clermont, & la dédommager de tout ce qu'elle avoit fouffert lorfqu'elle fut prife.

Mais le *parlement* ne demeura pas long-temps à Beziers: en effet, par des lettres-patentes du 7 octobre 1428, Charles VII le réunit une feconde fois à celui de Paris, lors féant à Poitiers; & en exécution de ces lettres-patentes, le *parlement de Touloufe* ordonna lui-même le 4 avril 1429, le renvoi à Poitiers de toutes les caufes dont il connoiffoit.

Ce changement fut occafionné par les guerres civiles que cauférent les factions des ducs de Bourgogne & d'Orléans, à la faveur defquelles les Anglois occupèrent toute la Guienne & la plus grande partie du reffort du *parlement de Touloufe*.

Pendant ces différentes réunions du *parlement de Touloufe* à celui de Paris, les officiers du *parlement de Touloufe* continuèrent l'exercice de leurs offices au *parlement* de Paris. On en trouve des preuves authentiques, 1°. dans le recueil des ordonnances de la troifième race, *tom. I, p.* 320, où l'on voit que Gilles Gamelin, qui étoit certainement confeiller au *parlement de Touloufe* lorfqu'il fut réuni à celui de Paris en 1291, exerça d'abord, après cette réunion, fon office au *parlement* de Paris; 2°. dans l'acte de réunion de 1428, rapporté *tome IV* de la

nouvelle hiftoire de Languedoc, pag. 434, où il eft dit: *præfidentibus, confiliariis & officiariis noftris, qui dictum parlamentum, Biterris tenere confueverunt..... injungimus...... fe ad dictam villam noftram Pictavienfem transferant fuorum officiorum debitum in dicta noftra parlamenti curia Pictavienfi, per quam cos ad hoc admitti volumus fecundùm ordinem & antiquitatem inftitutionis eorumdem exercituros...... cum regiftris fuis.*

Lorfque les Anglois furent chaffés de la Guienne, & que le *parlement* qui avoit été transféré à Poitiers eut été remis dans la capitale du royaume par édit du mois d'août 1436, Charles VII érigea un nouveau *parlement* pour le Languedoc, par édit du 18 avril 1437; il envoya d'abord dans ces pays des commiffaires généraux fur le fait de la juftice, avec pouvoir de juger fouverainement fur certaines matières. Quelque temps après il donna cette commiffion aux généraux de Montpellier; & enfin, par édit donné à Saumur le 11 octobre 1443, il rétablit un *parlement* à Touloufe, pour être ftable dans cette ville.

Cet édit fut envoyé au *parlement* de Paris par des lettres-patentes du 4 février 1443: on le trouve dans les regiftres dudit *parlement*, intitulé: *Ordin. Barbinæ*, coté *D*, fol. 111. Il ne fut lu & publié à Touloufe que le 4 juin 1444.

Ce nouveau *parlement* fut compofé comme l'ancien, de deux préfidens & de douze confeillers, fix clercs & fix laïques.

L'ouverture de ce *parlement* fut faite par des commiffaires du *parlement* de Paris, envoyés par le roi, l'un defquels étoit le premier préfident: après lui fiégeoit le lieutenant-général au gouvernement du Languedoc, l'archevêque de Touloufe, les évêques de Rieux & de Lavaur, & l'abbé de Saint-Sernin de Touloufe, avec un maître des requêtes de l'hôtel, & Jacques Cœur, confeiller & argentier du roi; commis & envoyés pour l'établiffement du *parlement*; & pour être en nombre fuffifant, ils appellèrent & admirent par provifion du roi pour confeillers laïques, le juge-mage de Nîmes, le juge criminel de Carcaffonne, le tréforier général du Languedoc, & le juge du petit fcel de Montpellier.

La déclaration donnée à Melun par Charles VII, en 1454, porte « que les préfidens & confeillers de » chacun des *parlemens* de Paris & de Touloufe » doivent être tenus & réputés uns, & recueillir » & honorer les uns & les autres, & comme fai-» fant tous un *parlement*..... fans fouffrir pour caufe » des limites d'iceux *parlemens*, avoir entre eux » aucune différence ». Il accorda par cette déclaration aux confeillers du *parlement* de Paris, le privilège d'avoir féance dans tous les autres *parlemens* du royaume, fans que ceux des autres *parlemens* euffent le même droit fur celui de Paris, à l'exception des confeillers du *parlement de Touloufe*, aufquels il permit d'avoir féance au *parlement* de Paris, fuivant la date de leur réception.

Ce *parlement* ayant donné un arrêt contre quelques

habitant de Montpellier, & Geoffroy de Chabanne, qui étoit lieutenant du duc de Bourbon, gouverneur du Languedoc, en ayant empêché l'exécution, le *parlement* décréta de prise-de-corps le fieur de Chabanne, & trois autres perfonnes qui lui étoient attachées.

Cette conduite déplut tellement au roi, qu'il interdit le *parlement*, & le transféra à Montpellier au mois d'octobre 1466.

Les trois états avoient déjà demandé que ce *parlement* fût tenu alternativement dans les trois fénéchauffées de la province; & le syndic de la fénéchauffée de Beaucaire lut, en 1529, dans l'affemblée des états, des lettres du 21 septembre 1467, fuivant lefquelles le *parlement de Toulouse* devoit être ambulatoire, & réfider pour un temps dans cette fénéchauffée. Les états convinrent même de demander l'exécution de ces lettres, mais le capitoul de Toulouse s'y oppofa, prétendant qu'il y avoit des lettres contraires; fur quoi on lui ordonna d'en rapporter la preuve aux états fuivans, & les chofes en demeurèrent-là.

Mais pour revenir à la tranflation qui fut faite du *parlement de Toulouse* à Montpellier, en 1466, les généraux des aides, qui étoient en ce temps-là du corps du *parlement*, eurent le même fort, & furent transférés avec lui à Montpellier.

Deux ans après il fut rétabli à Toulouse, où il revint avec les généraux des aides; mais ces derniers retournèrent peu de temps après à Montpellier, où ils furent depuis érigés fous le titre de *cour des aides*, laquelle eft demeurée dans cette ville.

L'établiffement de ce *parlement* fut confirmé par Louis XI le 2 octobre 1461; il l'a encore été en dernier lieu par un édit du mois de janvier 1705, dans le préambule duquel il eft dit que fa majefté veut maintenir dans toute fon étendue l'ancienne jurifdiction d'un *parlement* qui eft le fecond tribunal de fa juftice par fon ancienneté, par le rang qu'il tient entre les autres *parlemens* du royaume, & l'un des plus dignes de l'attention & des graces du roi, par fon zèle pour fon fervice, & par fa fidélité inviolable.

Le 4 août 1533, François I tint fon lit de juftice à Toulouse, accompagné des princes & des feigneurs de fa cour.

Charles IX tint auffi fon lit de juftice dans ce même *parlement*, le 5 février 1565, étant accompagné de même de plufieurs princes & feigneurs.

En 1589, ce *parlement* s'étant fouftrait de l'obéiffance du roi Henri III, ce prince le transféra de Toulouse dans telle ville du reffort qu'il jugeroit à propos; & peu de temps après, Henri IV le transféra à Carcaffonne, de-là il fut transféré à Béziers. Cependant la plupart des officiers qui le compofoient continuèrent de rendre la juftice à Toulouse, & demeurèrent attachés au parti de la ligue; ils s'oppofèrent aux entreprifes du duc de Joyeufe, & fe retirèrent la plupart à Caftel-Sarrafin. Ceux de Béziers fe réunirent avec ceux de Caftel-Sar-

rafin, & tous enfin fe réunirent à Toulouse, enregiftrèrent l'édit de Folembray, & fe foumirent au roi Henri IV.

Le 2 novembre 1610, Louis XIII confirma les officiers de ce *parlement* dans leurs fonctions, droits & privilèges; il y avoit alors fix préfidens & environ cent confeillers.

Le duc d'Uzès & les autres pairs dont les pairies font fituées dans le reffort de ce *parlement*, lui préfentoient autrefois des rofes, comme cela étoit alors d'ufage; les comtes de Foix, d'Armagnac, de Bigorre, de Lauraguais, de Rouergue, & tous les autres feigneurs des grandes terres de Languedoc, lui rendoient cet hommage. Les archevêques d'Aufch, de Narbonne & de Toulouse n'en étoient point exempts. La qualité de préfident des états, & celle de père fpirituel du *parlement*, ne difpenfoient point ces deux derniers de cette redevance. Enfin les rois de Navarre, en qualité de comtes de Foix, d'Armagnac, de Bigorre, & de Rhodez, Marguerite de France, fille du roi Henri II, fœur de trois rois & reine elle-même, comme comteffe de Lauraguais, lui ont rendu le même honneur.

Ce *parlement* a toujours paffé pour un des tribunaux des plus févères & des plus intègres du royaume: on croit que c'eft cette réputation qui lui valut l'honneur de juger plufieurs illuftres coupables, tels que Pierre de Rohan, maréchal de France, dit le *maréchal de Gié*, & le maréchal de Montmorency.

L'attachement inviolable de cette cour, & fon zèle pour la religion catholique, ont éclaté dans toutes occafions.

Les offices de ce *parlement* ont été fupprimés en 1771, par un édit du mois d'août; un fecond du même mois y en a créé de nouveaux, qui devoient être donnés gratuitement; mais ces édits ont été révoqués par un troifième du mois de février 1775, qui a rétabli dans l'exercice de leurs charges les officiers qui compofoient le *parlement* au commencement de 1771.

Il eft aujourd'hui compofé de cinq chambres; favoir, la grand-chambre, la tournelle, deux chambres des enquêtes & celle des requêtes.

La grand-chambre & la tournelle font de la première inftitution du *parlement*; du moins la tournelle fut-elle établie prefque auffi-tôt après le rétabliffement du *parlement*, en 1444, ainfi que l'attefte M. de la Rocheflavin.

Il y eut cependant une déclaration du 17 feptembre 1491, pour l'établiffement de cette chambre, apparemment pour en régler le fervice.

La grand-chambre eft compofée du premier préfident, des neufs préfidens à mortier, de deux confeillers-clercs, & trente confeillers laïques.

Le gouverneur de Languedoc & celui de Guienne ont entrée & féance au *parlement de Toulouse* après que leurs lettres ou provifions y ont été enregiftrées.

L'archevêque de Toulouse eft confeiller-né du

parlement, en vertu de lettres-patentes accordées par Charles IX, en 1563, au cardinal d'Armagnac, archevêque de cette ville, pour lui & pour fes fuc-ceffeurs à l'archevêché.

L'abbé de Saint-Sernin a auffi obtenu le titre de *confeiller-né de ce parlement*, en vertu de lettres-patentes.

Il y a encore deux charges en titre, nommées *épifcopales*, qui ne peuvent être remplies que par deux évêques du reffort, & pour lefquelles on prend des provifions du roi.

Il y a auffi deux chevaliers d'honneur qui ont féance avant le doyen.

La tournelle eft compofée des cinq derniers pré-fidens à mortier, & de treize confeillers de la grand-chambre.

Chaque chambre des enquêtes eft compofée de deux préfidens & de vingt confeillers, & plus, fuivant le département qui en eft fait dans chacune de ces chambres; il y a auffi deux confeillers-clercs.

Il y a un procureur-général & trois avocats-gé-néraux, un greffier en chef civil, un greffier en chef criminel, un greffier des préfentations, un premier huiffier & quinze autres huiffiers, & cent huit procureurs.

La chambre des requêtes fut d'abord établie par édit du mois de février 1543; elle fut fupprimée par un autre édit du mois de janvier 1547, & les officiers de cette chambre réunis au corps du *parlement*. Elle fut depuis rétablie par édits du mois d'avril 1558, & compofée de deux offices de préfi-dent, de huit confeillers, un greffier, deux huif-fiers; elle fut de nouveau fupprimée par édit du mois de juillet 1560; enfin elle fut rétablie par édit du mois de novembre 1573. Elle eft préfentement compofée de deux préfidens, de douze confeillers, d'un avocat & procureur du roi, & d'un autre avo-cat du roi pour le département des eaux & forêts, & fix huiffiers.

La chancellerie établie près ce *parlement*, eft com-pofée d'un garde-des-fceaux & de confeillers-fecré-taires du roi ancien collège, audienciers-contrô-leurs au nombre de neuf, & douze autres fecré-taires du roi non fujets à l'abonnement, & qui ont des gages, d'un fcelleur, un receveur de la chancellerie, deux tréforiers-payeurs des gages, neuf confeillers du roi rapporteurs-référendaires, fix greffiers-gardes-minutes, & huit huiffiers qui font concurremment les exploits pour le *parlement* & pour la chancellerie.

Le reffort de ce *parlement* s'étoit étendu peu-à-peu, par diverfes ordonnances, fur les provinces de Lan-guedoc, de Guienne, de Dauphiné & de Pro-vence : les états de ces différens pays y avoient confenti à condition qu'ils feroient régis par le droit écrit, & qu'ils ne pourroient être tirés de leur ref-fort pour aller plaider ailleurs. Mais les *parlemens* de Bordeaux & de Provence ayant été établis dans la fuite, l'on démembra de celui de Touloufe les

fénéchauffées de Gafcogne, de Guienne, des Landes, Agénois, Bazadois, Périgord, Sain-tonge, &c. enforte que le *parlement* de Touloufe ne comprend plus en fon reffort que les fénéchauf-fées & préfidiaux de Touloufe, Beaucaire, Nîmes, Carcaffonne, le Puy en Velay, Montpellier, Be-ziers, Limoux, Villefranche de Rouergue, Rho-dez, Cahors, Caftelnaudary, Montauban, Aufch, Leïtoure, Pamiers, Figeac, Lauferte, Uzès, fé-néchal ducal; Martel, partie du reffort, mais non le fiège; le fiège royal d'Appeaux du comté de Caftres, & le bailliage de Mende. (*A*)

PARLEMENT DE TOURS, c'étoit la portion du *parlement* de Paris, laquelle, pendant la ligue, étant demeurée attachée au parti du roi, fut transférée à Tours par édit du mois de février 1689. *Voyez* PARLEMENT DE CHALONS & PARLEMENT DE LA LIGUE (*A*).

PARLEMENT DE TOURNAI. *Voyez* PARLEMENT DE DOUAI.

PARLEMENT DE LA TOUSSAINT, *parlamenium omnium Sanctorum*, étoit la féance que le *parlement* tenoit après la Touffaint. On trouve dans le pre-mier des regiftres *olim* des arrêts rendus *in parla-mento omnium Sanctorum*, en 1259, 1260. Il y a une ordonnance de 1265, touchant le cours des eftelins, au bas de laquelle il eft dit, *facta fuit hæc ordinatio in parlamento omnium Sanctorum, anno*, &c. Il paroît que ce *parlement* avoit été tenu à Melun; car il eft dit en parlant de l'ordonnance, *fuit primo fcripta Meloduni*. Cette féance du *parlement*, qui commençoit après la Touffaint, duroit au moins huitaine, & fe prolongeoit quelquefois pendant une ou deux autres femaines, comme il paroît par l'ordonnance que Philippe-le-Bel fit touchant ce *parlement* en 1291, à la fin de laquelle il eft dit, qu'elle fut faite dans les trois femaines après la Touffaint, *actum Parifius* in parlamento *quod incepit in tribus hebdomadis poft feftum omnium Sanctorum* : la féance fe prolongeoit même quelquefois jufqu'à Noël, & encore par-delà. *Voyez* PARLEMENT DE NOËL.

PARLEMENT DE TURIN. *Voyez* PARLEMENT DE PIÉMONT.

PARLIER ET EMPARLIER, *ou* AVANT-PAR-LIER, font des termes anciens par lefquels on dé-fignoit autrefois les avocats. On les trouve ufités en ce fens dans les affifes de Jérufalem, les cou-tumes de Beauvoifis. Au ftyle de Liège & ailleurs, on donne ce nom aux procureurs des parties litigantes.

PARLOIR AUX BOURGEOIS, (*Droit public.*) c'étoit le nom de l'ancienne maifon commune de ville où les bourgeois de Paris s'affembloient pour parler de leurs affaires. Il y en a eu deux connues fous cette dénomination.

La première étoit fituée dans la ville entre faint Leufroy & le grand Châtelet.

La feconde étoit au bout de l'univerfité, derrière les Jacobins de la rue faint Jacques; celle-ci étoit encore fur pied en 1504; elle fut cédée aux Jacobins, & a été renfermée dans leur monaftère. L'hôtel-de-ville fut enfuite transporté à la grève dans l'endroit où il eft préfentement. *Voyez les antiquités de* Sauval, *tomes II & III.*

PARNAGE (*Droit féodal.*) on a autrefois employé ce mot au lieu de *panage* ou *paiffon.* Voyez *dom* Carpentier, *au mot* Parnagium *fous* Paftio ; & *le Gloffaire du droit françois.* (M. GARRAN DE COULON, *avocat au parlement.*)

PAROISSE, f. f. (*Droit civil & canon.*) eft le nom par lequel on défigne un certain territoire, dont les habitans font foumis, pour le fpirituel, à la conduite d'un curé. On donne auffi le nom de *paroiffe* à l'églife paroiffiale, & quelquefois ce mot fe prend encore pour tous les habitans d'une *paroiffe*, pris collectivement.

Les marques qui diftinguent les *paroiffes* des autres églifes, font les fonts baptifmaux, le cimetière, la defferte de l'églife faite par un curé, & la perception des dixmes. Il y a néanmoins quelques-unes de ces marques qui font auffi communes à d'autres églifes; mais il n'y a que les *paroiffes* qui foient régies par un curé.

Les droits des *paroiffes* font que les fidèles doivent y affifter aux offices & inftructions; que pendant la grande meffe paroiffiale, on ne devroit point célébrer de meffes particulières; que chacun doit rendre le pain béni à fon tour, s'acquitter du devoir pafchal dans fa *paroiffe*; que le curé de la *paroiffe*, ou celui qui eft commis par lui, peut feul adminiftrer les facremens aux malades; enfin, que chacun doit être baptifé, marié & inhumé dans la *paroiffe* où il demeure actuellement.

Les regiftres que les curés font obligés de tenir des baptêmes, mariages & fépultures, font ce que l'on appelle vulgairement les *regiftres des paroiffes.*

Autrefois les curés, avant de dire la meffe, interrogeoient les affiftans pour favoir s'ils étoient tous de la *paroiffe*; s'il s'en trouvoit d'étrangers, ils les renvoyoient dans leur églife.

Trois chofes peuvent donner lieu à l'érection des nouvelles *paroiffes.*

1°. La néceffité & l'utilité qu'il y a de le faire, par rapport à la diftance des lieux, l'incommodité que le public fouffre pour aller à l'ancienne *paroiffe*, & la commodité qu'il trouvera à aller à la nouvelle.

2°. La requifition des perfonnes de confidération, à la charge par ces perfonnes de doter la nouvelle églife.

3°. La requifition des peuples auxquels on doit procurer tous les fecours fpirituels autant qu'il eft poffible.

Avant de procéder à une nouvelle érection, il eft d'ufage de faire une information *de commodo & incommodo.*

Dix maifons font fuffifantes pour former une *paroiffe*; le concile d'Orléans, tenu dans le fixième fiècle, & celui de Tolède, l'ont ainfi décidé.

C'eft à l'évêque à procéder à la divifion & érection des *paroiffes.*

La direction des *paroiffes* dépendantes des monaftères, exempts ou non exempts, appartient à l'évêque diocéfain privativement aux religieux.

Les anciennes *paroiffes* qui ont été démembrées pour en former de nouvelles, font confidérées à l'égard de celles-ci, comme mères-églifes, ou églifes matrices; & les nouvelles *paroiffes* font quelquefois qualifiées de filles ou fillettes à l'égard de l'églife matrice.

Quelques *paroiffes* ont auffi des annexes & fuccurfales.

Quoique en général les *paroiffes* aient un territoire circonfcrit, il y en a plufieurs où il fe trouve des fermes ou terres, qui font pendant un an d'une *paroiffe*, & l'année fuivante d'une autre. C'eft furtout ce qu'on remarque pour différentes terres & fermes de la Beauce & de la Sologne.

Il y avoit auffi autrefois des *paroiffes* perfonnelles, & non territoriales, c'eft-à-dire, que la qualité des perfonnes les attachoit à une *paroiffe*, & le curé avoit droit de fuire fur fes paroiffiens. L'exemple le plus fingulier que l'on trouve de ces *paroiffes* perfonnelles, eft celui des églifes de fainte Croix & de faint Maclou, de la ville de Mantes. Suivant une tranfaction paffée entre les deux curés, l'églife de fainte Croix étoit la *paroiffe* des nobles & des clercs; dès qu'un homme avoit été tonfuré, il devenoit dépendant de cette *paroiffe*, & quand même il venoit à fe marier, lui & toute fa famille demeuroient toujours attachés à la même *paroiffe*; mais cette tranfaction fut, avec jufte raifon, déclarée abufive par arrêt du grand-confeil de l'année 1677, qui ordonna que ces deux *paroiffes* feroient divifées par territoire, & l'exécution en fut ordonnée par un autre arrêt du 31 mai 1715.

A Amboife, la paroiffe de la chapelle ne s'étend que fur le bailli, le lieutenant-général, l'avocat & le procureur du roi, le lieutenant de police, les officiers des eaux & forêts, les verdiers des bois, la nobleffe, les poffeffeurs de fiefs, les gardes du gouverneur, les nouveaux habitans de la ville pendant la première année de leur établiffement, les voyageurs, les officiers du roi & de la reine.

Une maifon bâtie fur les confins de deux *paroiffes*, eft de celle en laquelle fe trouve la principale porte & entrée de la maifon.

L'union de plufieurs *paroiffes* enfemble ne peut être faite que par l'évêque; il faut qu'il y ait néceffité ou utilité, & ouir les paroiffiens.

On fait au prône des *paroiffes* la publication de certains actes, tels que les mandemens & lettres paftorales des évêques.

Les criées de biens faifis fe font à la porte de l'églife paroiffiale.

On appelle *feigneur de paroiffe*, celui qui a la haute juftice fur le terrein où l'églife paroiffiale fe trouve bâtie, quoiqu'il ne foit pas feigneur de tout le territoire de la *paroiffe.*

Le

Le gouvernement spirituel des *paroisses* consiste dans tout ce qui concerne la célébration du service divin, l'administration des sacremens, les instructions, les cathéchismes, les cérémonies de la sépulture, &c.

Le gouvernement temporel comprend l'entretien de l'église paroissiale & des chapelles qui en dépendent, la réparation ou la nouvelle construction du clocher, des cloches, des murs du cimetière; du presbytère; la fourniture des choses nécessaires pour célébrer le service divin; l'administration des biens & revenus de la fabrique; l'élection & la nomination des marguilliers & des fabriciens; les fonctions des uns & des autres, &c.

Le curé est seul en droit de régler ce qui regarde le spirituel de la *paroisse*; mais il est obligé de se conformer aux statuts du diocèse & à l'usage des lieux.

Quant au temporel, c'est au corps des paroissiens à faire les réglemens qui y sont relatifs; mais il faut que ces réglemens soient conformes aux loix de l'état & aux statuts & usages du diocèse.

Le patronage d'une *paroisse* est dû à celui qui a fondé l'église paroissiale, ou qui a fourni à son entretien. *Voyez* CURÉ, FABRIQUE, MARGUILLIER, PATRON.

PAROLES DE PRÉSENT : suivant l'ancien droit canonique, on distinguoit deux sortes de fiançailles, celles qui se faisoient par *paroles de futur*, & celles qui se contractoient par *paroles de présent*. Celles-ci consistoient dans une déclaration faite par deux personnes, en présence du curé ou d'un notaire, qu'elles se prenoient pour mari & femme; elles étoient un véritable mariage contracté sans les cérémonies ordinaires. Elles ont été abolies en France, & il est défendu, soit aux curés, soit aux notaires, de recevoir de pareilles déclarations. *Voyez* FIANÇAILLES, MARIAGE.

PARQUET, s. m. est un terme de pratique, qui, dans sa première origine, signifioit seulement *une petite enceinte* renfermée par les sièges des juges, & par le barreau où se mettent les avocats, telle qu'est au châtelet l'enceinte de l'audience de la prévôté, nommée *parc civil*. Dans l'usage présent, on a donné à ce terme différentes significations, & il y a plusieurs sortes de *parquets*, savoir :

Parquet de la grand-chambre, c'est l'enceinte qui est renfermée entre les sièges couverts de fleurs-de-lys. Il n'est permis qu'aux princes du sang de croiser le *parquet*, c'est-à-dire, de le traverser debout pour aller prendre leur place sur les hauts sièges; les autres juges passent par des cabinets.

Parquet des gens du roi, est le lieu où les gens du roi s'assemblent pour recevoir les communications, entendre plaider les causes dont ils sont juges ou qui leur sont renvoyées, & pour entendre le rapport qui leur est fait par leurs substituts, & enfin

pour vaquer aux autres expéditions qui sont de leur ministère.

Quelquefois on personnifie le *parquet*, & par ce terme on entend les gens du roi eux-mêmes & leurs substituts.

Parquet des huissiers, est le vestibule qui est au-devant de la porte par où l'on entre ordinairement dans la grand-chambre du parlement; c'est le lieu où se tiennent les huissiers en attendant que l'on ouvre l'audience.

Grand & petit parquet de cour de Rome, sont deux endroits où se tiennent divers officiers de la daterie pour faire leurs expéditions. *Voyez* DATERIE.

PARQUIER, (*Droit féodal.*) on a donné ce nom aux sujets d'une seigneurie qui étoient tenus de garder les bêtes prises en agat par les sergens du seigneur, & mises au parc. *Voyez l'article* PARC. (*M. GARRAN DE COULON, avocat au parlement.*)

PARRAN, (*Droit féodal.*) les additionnaires de Ducange disent qu'on appelle ainsi le tenement possédé par un seul tenancier, à la différence de l'*hort* qui est possédé par plusieurs.

Ces auteurs ajoutent qu'on nomme ainsi dans le bas Languedoc les champs qui sont voisins de la ville, & qui touchent aux murs ou aux fossés. *Voyez le nouveau Glossaire de* Ducange, *au mot* Parranca, (*M. GARRAN DE COULON, avocat au parlement.*)

PARRAIN, s. m. (*Droit ecclés.*) c'est celui qui tient un enfant sur les fonts de baptême.

Il est défendu par l'article 9 du réglement des réguliers, aux religieux & aux religieuses de servir de *parrains* & de marraines.

On lit dans les mémoires du clergé, que le concile de Reims ne juge point convenable que l'évêque dans son diocèse, le curé dans sa paroisse, & le bénéficier dans son bénéfice, fassent les fonctions de *parrain*.

Le père & la mère du sujet baptisé ne peuvent pas non plus lui servir de *parrain* ni de marraine.

Par arrêt du 21 août 1736, le parlement de Provence a reçu le procureur-général du roi appellant comme d'abus des ordonnances synodales de l'archevêque d'Aix, en ce qu'on pouvoit en induire que les curés étoient autorisés à refuser ceux qui se présentoient pour être *parrains* ou marraines, sur le fondement de crimes prétendus notoires, d'une notoriété de fait; & la cour a fait défense au curé de Perillard, ainsi qu'à tous les autres du diocèse, de refuser ou différer le baptême, sous prétexte qu'ils réputeroient les *parrains* & marraines pour pêcheurs publics, ou pour infracteurs du précepte de la confession & communion paschale.

PARREUX, (*Droit féodal.*) on a dit autrefois ce mot pour désigner un copropriétaire ou coseigneur, celui qui tient en *pariage*. Voyez dom Carpentier, au mot Paragium 3. (*M. GARRAN DE COULON, avocat au parlement.*)

O o o

PARRICIDE ou PATRICIDE, f. m. (Code crim.) le premier a prévalu. On comprend, sous cette qualification, tout homicide commis par un fils ou par une fille, en la personne de ses père ou mère, aïeul ou aïeule, & autres ascendans même de ses oncles, tantes, &c.

L'assassinat du souverain, considéré comme le père de ses peuples, est également un parricide.

Ce mot s'emploie indifféremment pour exprimer le crime, & qualifier le criminel.

Le législateur d'Athènes n'avoit point prononcé de peine contre ce crime, parce qu'il ne croyoit pas qu'il pût exister ; quelle en eût donc été la punition, si l'attente de Solon avoit été trompée !

Les loix romaines avoient prévu ce crime, que Solon n'avoit pas même osé soupçonner, & les décemvirs ordonnèrent que celui qui s'en rendroit coupable, seroit jetté dans la rivière, ayant la tête voilée, & étant enfermé dans un sac de cuir. Quelque temps après la loi des douze tables, la punition des parricides fut aggravée, & il fut ordonné que dans le sac où ils seroient cousus, on enfermeroit un chien, une vipère & un singe, afin que, privé de tous les élémens, & livré à la fureur de ces animaux qui partageoient l'horreur de son supplice, il éprouvât tous les supplices, & que son corps fût privé de sépulture.

Les droits les plus sacrés de la nature, respectés pendant long-temps, firent presque oublier cette loi ; mais, vers l'an 600 de la fondation de Rome, un certain Lucius Hostilius ayant tué son père, en subit la peine, & Tite-Live rapporte un autre parricide qui suivit bientôt le premier ; c'est celui de Publius Matteolus qui, ayant tué sa mère, fut condamné au même supplice que Lucius Hostilius. Le sac dans lequel on enfermoit le parricide étoit appellé vas parricidale.

Ce supplice ordonné par la loi des douze tables, & par plusieurs autres postérieures, fut confirmé par Lucius Cornelius Sylla ; car dans le chapitre de la loi Cornelia, qui traite des meurtriers & parricides, il est parlé de la peine pœna culei ; & c'est par cette raison que dans la loi première, ff. de parricidiis, il est marqué que par la loi Pompeia, les parricides furent punis comme ils l'avoient été par la loi Cornelia.

La loi Pompeia de parricidiis fut faite par Cneius Pompeius, tandis qu'il étoit consul. Cette loi mit au nombre des parricides, non-seulement ceux qui tueroient de dessein prémédité leurs pères & mères, mais encore leurs frères & leurs sœurs, leurs oncles, cousins, cousines, maris, femme, en un mot tous ceux à qui l'on pouvoit tenir par les liens du sang, par alliance, par servitude, par affranchissement, & même par protection. La loi s'étendoit jusqu'à ceux qui avoient participé au complot. A l'égard de la peine prononcée par la loi Pompeia, elle étoit la même que celle qui avoit été portée par la loi Cornelia.

Auguste voulut ensuite qu'on ne punît, comme parricides, que ceux qui s'avoueroient coupables de ce crime ; c'est ce qui faisoit interroger ironiquement les accusés, en leur disant : certè patrem tuum non occidisti ? Alors si l'accusé confessoit son crime, on le condamnoit aux peines portées par la loi des douze tables, & suivantes.

Ce supplice fut en usage à Rome jusqu'au temps de l'empereur Adrien. Il fut alors ordonné que les parricides seroient brûlés vifs ou exposés aux bêtes. Le jurisconsulte Paul, dans le cinquième livre receptarum sententiarum, tit. 24, dit que de son temps, on les punissoit ainsi : hi etsi antea insuti culeo in mare præcipitabantur, hodie tamen vivi exuruntur vel ad bestias damnantur.

En Egypte, le parricide étoit condamné à être percé avec des roseaux pointus qu'on lui enfonçoit dans toutes les parties du corps ; on le jettoit en cet état sur un monceau d'épines auxquelles on mettoit le feu.

En France, les parricides sont condamnés à faire amende honorable, à avoir le poing coupé, à être rompus vifs & jettés au feu.

Le parricide commis en la personne du souverain est puni d'un supplice encore plus rigoureux. Voyez RÉGICIDE.

Le fils parricide est privé de la succession de son père, attendu l'énormité de son crime ; cependant ses enfans peuvent succéder à leur aïeul.

Le crime de parricide étoit imprescriptible chez les Romains, par quelque laps de temps que ce fût ; mais, parmi nous, il se prescrit, comme tous les autres crimes, par vingt ans, & par trente ans lorsqu'il y a eu un jugement de contumace exécuté en effigie. (Article de M. BOUCHER D'ARGIS, conseiller au châtelet, de l'académie royale des sciences, belles-lettres & arts de Rouen.

PARROCHAGE, (Droit féodal.) il paroît que ce mot a signifié autrefois une sorte de droit seigneurial ; mais il n'est pas facile de déterminer la nature de ce droit.

Le mot parrochage a aussi signifié le territoire d'une paroisse. Voyez le Glossarium novum de dom Carpentier, au mot Parrochagium 1 & 2. (M.G.D.C.)

PART, f. f. se dit en droit de la portion d'une chose qui se divise entre plusieurs personnes. Ce mot se joint à plusieurs dénominations que nous allons faire connoître.

PART AVANTAGEUSE, est la portion de l'aîné dans les fiefs outre son préciput : on l'appelle avantageuse, parce que l'aîné prend plus que les puînés.

PART D'ENFANT le moins prenant, est la portion de la succession du père ou de la mère qui compète à celui des enfans qui est le moins avantagé par eux. Les pères & mères qui se remarient ayant enfans de leur premier mariage, ne peuvent donner à leur second conjoint qu'une part d'enfant le moins prenant. Voyez SECONDES NOCES.

PART HÉRÉDITAIRE, est ce que quelqu'un prend à titre d'héritier dans une succession.

PART-METTANT & PART-PRENANT, (Droit

féodal.) on appelle ainſi les teneurs d'une eſpèce de parage conventionnel. *Voyez le commencement de l'article* PARAGE, *& les articles* GARIMENT & PARAGE CONVENTIONNEL. (*M. G. D. C.*)

PART-OFFERTE, *ou*, comme il eſt écrit dans la coutume de Metz, *tit.* 4, *art.* 34, *Paroferte*, eſt la conſignation judiciaire du principal d'un cens rachetable pour l'amortiſſement d'icelui, duement ſignifié à la partie. Cette conſignation fait ceſſer le cours de la rente du cens, du jour de la préſentation. *Voyez le Gloſſaire de* Laurière, *au mot* Paroferte.

PART PERSONNELLE, eſt celle dont un cohéritier, colégataire, ou codonataire, ou autre copropriétaire, eſt tenu dans quelque choſe, comme dans les dettes ; celui qui eſt héritier pour un tiers, doit un tiers des dettes : cela s'appelle *ſa part perſonnelle*. On la qualifie ainſi pour la diſtinguer de ce qu'il peut devoir autrement, comme à cauſe de l'hypothèque, en vertu de laquelle il eſt tenu pour le tout. *Voyez* ACTION, HÉRITIER, HYPOTHÈQUE, OBLIGATION.

PART, (*Droit civil & criminel.*) ſignifie quelquefois *accouchement*, quelquefois *le fruit* dont la mère eſt encore enceinte ; quelquefois enfin l'*enfant* dont elle eſt nouvellement accouchée.

L'expoſition de *part*, eſt lorſque les père & mère, pour ſe diſpenſer de prendre ſoin de leurs enfans, ou pour cacher leur naiſſance, les abandonnent & les laiſſent expoſés dans quelque lieu public. Ce crime devoit être puni de mort, ſuivant l'édit de Henri II, vérifié le 4 mars 1556 ; mais préſentement on ſe contente de fouetter & flétrir ceux qui ſont convaincus de ce crime, & cela pour prévenir un plus grand mal. *Voyez* ENFANT & EXPOSITION.

La ſuppreſſion & la ſuppoſition de *part*, ſont encore deux crimes très-graves. *Voyez aux mots* SUPPOSITION & SUPPRESSION. (*A*)

PARTABLES (*gens*), l'article 592 de la coutume de Bretagne donne ce nom aux roturiers, parce qu'ils partagent les ſucceſſions également, à l'exception d'un préciput très-modique, établi en faveur de l'aîné. (*M. G. D. C.*)

PARTAGE, ſ. m. (*Droit civil.*) eſt la ſéparation, diviſion & diſtribution qui ſe fait d'une choſe commune, entre pluſieurs copropriétaires qui en jouiſſoient par indivis.

On peut partager des meubles meublans, des grains, des deniers, & autres choſes mobiliaires ; on *partage* auſſi des immeubles, ſoit réels, ou fictifs.

Perſonne n'eſt tenu de jouir par indivis, quelque convention qui ait été faite de ne point demander de *partage*, parce que la communauté de biens eſt ordinairement une ſource de diſcuſſions.

Quand les choſes ſont indiviſibles de leur nature, comme un droit de ſervitude, un droit honorifique, &c. ou qu'elles ne peuvent commodément ſe partager, ſi les copropriétaires ne veulent plus en jouir en commun, il faut qu'ils s'accordent pour en jouir tour-à-tour, ou qu'ils en viennent à la licitation. *Voyez* LICITATION.

Le *partage* ſe fait en formant différens lots proportionnés au droit que chacun a dans la choſe.

On peut faire cette opération à l'amiable, ou par juſtice.

La manière de procéder à un *partage* à l'amiable, c'eſt de convenir par acte ſous ſignature-privée, ou par acte devant un notaire, du nombre des lots qu'il s'agit de faire, de ce qui doit entrer dans chaque lot, & de la deſtination de chacun des lots.

Lorſqu'on ne s'accorde pas ſur la deſtination des lots, on les tire au ſort.

Le *partage* s'ordonne par juſtice, lorſque les copropriétaires ne s'accordent pas ſur la néceſſité ou poſſibilité du *partage*, ou ſur les opérations qui ſont à faire en conſéquence. Alors on nomme des experts pour priſer les biens, & pour procéder enſuite au *partage* ; les experts font les lots, & ces lots ſont tirés au ſort.

Celui qui a fait des frais pour parvenir au *partage*, peut obliger ſes co-héritiers d'y contribuer chacun pour leur part & portion ; il a même un privilège pour répéter ces frais ſur les biens qui ſont l'objet du *partage*.

La bonne-foi & l'égalité ſont l'ame de tous les *partages* ; de ſorte que ſi l'un des copartageans ſouffre une léſion du tiers au quart ; il peut revenir contre le *partage*, en obtenant dans les dix ans des lettres de reſciſion.

Le *partage* n'eſt que déclaratif, c'eſt-à-dire, qu'il n'eſt pas cenſé attribuer un droit nouveau à celui qui demeure propriétaire de la part qui auroit pu avoir un autre copropriétaire, parce que chacun d'eux a un droit indivis à la totalité. C'eſt par cette raiſon que le *partage* entre copropriétaires ne produit point de droit au profit du ſeigneur ; mais il faut pour cela qu'ils ſoient co-propriétaires, en vertu d'un titre commun, comme des cohéritiers, des coacquéreurs, & non quand ils ſont copropriétaires en vertu de titres différens, comme quand un étranger a acquis les droits d'un des héritiers.

Tout *partage* eſt définitif ou proviſionnel. Le *partage définitif* eſt celui qui eſt fait à demeure & irrévocablement ; il peut être demandé par un héritier mineur, comme par un héritier majeur. Le mari étant maître des actions mobiliaires de ſa femme, peut demander, ſans ſa participation, le *partage* des ſucceſſions mobilières qui lui échoient ; à l'égard des immobilières, il peut également en provoquer le *partage* ſans ſon concours, ſi, par une clauſe de ſon contrat de mariage, elles doivent entrer en communauté.

Le *partage proviſionnel* eſt celui que l'on fait proviſoirement, ſoit de certaines choſes, en attendant que l'on puiſſe partager le ſurplus, ou même de tout ce qui eſt à partager, lorſque l'on n'eſt pas en état d'en faire un *partage* irrévocable, comme il arrive lorfqu'il y a des abſens ou des mineurs; car quand ceux qui étoient abſens reparoiſſent, ils peuvent demander un nouveau *partage*. Il en eſt de même des mineurs devenus majeurs; cependant ſi le mineur n'eſt point léſé, le *partage* proviſionnel demeure définitif.

Dans toutes ſortes de *partages*, les lots ſont garans les uns des autres, en cas d'éviction. *Voyez* ÉVICTION.

On fait *partage* d'une ſucceſſion, d'une communauté, &c...; il y a auſſi *partage* d'opinions: c'eſt ce que nous allons expliquer dans les ſubdiviſions ſuivantes.

PARTAGE *de communauté*, eſt la diviſion des meubles & autres effets mobiliers & des conquêts immeubles, qui étoient communs entre deux conjoints.

Ce *partage* n'a lieu qu'après la diſſolution de la communauté, laquelle arrive par le décès de l'un des conjoints; ainſi le *partage* ſe fait entre le ſurvivant & les héritiers du prédécédé.

Pour donner lieu à ce *partage*, il ne ſuffit pas qu'il y ait eu communauté ſtipulée par contrat de mariage, ou établie de plein droit par la coutume; il faut encore que la femme ou ſes héritiers n'aient pas renoncé à la communauté; car, en ce cas, il n'y a plus de *partage* à faire; tous les biens de la communauté appartiennent au mari ou à ſes héritiers.

Il y a encore deux cas où le *partage* n'a pas lieu; l'un eſt lorſque la femme a été déchue par un jugement du droit qu'elle avoit en la communauté pour cauſe d'indignité, comme pour crime d'adultère; l'autre cas eſt lorſqu'il eſt dit par le contrat de mariage, qu'en cas de prédécès de la femme, ſes héritiers ſeront exclus de la communauté.

Lorſqu'il n'y a point d'obſtacle au *partage* de la communauté, elle ſe *partage* en l'état qu'elle ſe trouvoit lors de la diſſolution, c'eſt-à-dire, que l'on prend les biens en l'état qu'ils ſont, & avec les dettes qui ſont à la charge de la communauté.

On fait une maſſe de tous les meubles qui ſe trouvent exiſtans, & de tous les autres effets mobiliers, de tous les conquêts immeubles, & de tout ce qui a dû entrer en la communauté, ſuivant le contrat de mariage.

Sur cette maſſe, chacun reprend d'abord le remploi de ſes propres & les récompenſes qui lui ſont dues; enſuite le ſurvivant prélève ſon préciput, s'il y en a un porté par le contrat de mariage; après quoi, le ſurplus ſe partage par moitié entre le ſurvivant & les héritiers du prédécédé.

Quoique la femme ait ordinairement moitié de la communauté, on peut ſtipuler par contrat de mariage qu'elle n'en aura qu'un tiers ou un quart.

On commence ordinairement le *partage* d'une communauté par le mobilier, enſuite par les immeubles. On peut auſſi ne faire qu'un *partage* de l'un & de l'autre, & même mettre le mobilier dans un lot, & les immeubles dans un autre, lorſque cet arrangement convient aux parties.

On procède à la vente des meubles, au lieu de les partager, lorſqu'il y a des mineurs ou des dettes à payer. Mais dans ce cas, les copartageans majeurs peuvent prendre leur part en nature, en ſe chargeant de payer la portion des dettes à laquelle ils doivent contribuer.

Le *partage* des biens d'une communauté a, comme celui des biens d'une ſucceſſion, l'effet de déterminer la part, que chaque partageant a dans les biens communs, aux choſes qui, par le *partage*, compoſent ſon lot. Ainſi le mari eſt cenſé avoir acquis pour ſon compte particulier, tous les conquêts qui lui ſont échus par le *partage*, & n'avoir jamais été propriétaire en ſon nom des conquêts qui forment le lot de la femme, ou de ſes repréſentans.

PARTAGE *d'opinions*, c'eſt lorſque les juges ſont diviſés en deux avis différens, de manière qu'il y a autant de voix d'un côté que de l'autre, ou du moins qu'il n'y en a pas aſſez d'un côté pour l'emporter ſur l'autre.

Les établiſſemens de ſaint Louis, *ch. 37*, portent que quand les jugeurs ſont *partagés*, le juge prononce en faveur de la franchiſe ou de l'accuſé; il y avoit pourtant d'autres cas où le juge devoit mettre l'affaire *au conſeil*; & quand le ſeigneur, en cas de *partage*, ne donnoit pas de conſeil, l'affaire étoit dévolue aux juges ſupérieurs.

Suivant une ordonnance faite par Philippe III, en 1277, touchant la manière de rendre les jugemens en Touraine, il y avoit *partage* d'avis, lorſque plus de deux chevaliers étoient d'un avis contraire à celui des autres jugeurs.

L'ordonnance de 1539, *art. 126*, porte qu'il ne ſe fera dorénavant aucun *partage* ès procès pendans aux cours ſouveraines, mais que les préſidens & conſeillers ſeront tenus de convenir en une même ſentence & opinion, à tout le moins en tel nombre qu'il puiſſe s'enſuivre arrêt & jugement avant de vaquer à autre affaire; & pour empêcher le *partage*, l'article ſuivant veut & ordonne que quand il paſſera d'une voix, le jugement ſoit conclu & arrêté.

La déclaration de la même année, donnée en interprétation de cette ordonnance, veut que les procès pendans ès parlemens & cours ſouveraines, ne ſoient point conclus qu'ils ne paſſent de deux voix & opinions, ainſi qu'on l'obſervoit d'ancienneté.

L'article 126 de l'ordonnance de Blois veut que quand un procès ſe trouve parti au parlement, ſoit en la grand-chambre ou chambre des enquêtes, il ſoit incontinent & ſans délai procédé au département de ce procès; & à cette fin, il eſt enjoint aux préſidens des chambres de donner promptement audience au rapporteur & au comparitent ſans aucune remiſe, afin que le même jour qu'ils se feront présentés, les procès soient mis sur le bureau, pour être départagés & jugés incontinent.

En matière criminelle, il n'y a jamais de *partage*, parce qu'en cas d'égalité de voix, c'est l'avis le plus doux qui prévaut.

Il étoit d'usage dans quelques présidiaux qu'il falloit deux voix de plus pour *départager*; mais par une déclaration du 30 septembre 1751, registrée le 10 décembre suivant, il a été ordonné que dans les jugemens des présidiaux au premier chef de l'édit, la pluralité d'une seule voix formera dorénavant le jugement, sans qu'il puisse y avoir de *partage* que dans le cas où il se trouvera un nombre égal de suffrages.

Nous avons dit sous le mot PARLEMENT DE PARIS, que dans les affaires d'audience, une seule voix étoit suffisante pour départager, mais qu'aux affaires de rapport, deux voix étoient nécessaires.

Le *partage* sur un procès empêche l'évocation, suivant un arrêt du conseil du 5 septembre 1698.

Au parlement de Doüai, en cas de *partage*, on confirmoit la sentence des premiers juges; cela ne s'observe plus, si ce n'est en cas d'appel en pleine cour des conseillers-commissaires aux audiences: dans ce même parlement, une seule voix *départage*.

PARTAGE *d'une société*: lorsqu'une société vient à se dissoudre, chaque associé peut seul former une demande en *partage* contre tous les autres. Pour procéder à ce *partage*, on dresse le compte de ce que chaque associé doit à la société, & de ce que la société lui doit; on forme ensuite un état ou masse des différentes choses dont la société est composée: d'après ces préliminaires, on partage les effets de la même manière que nous avons dit que cela se pratiquoit pour partager les biens d'une communauté entre conjoints.

PARTAGE *d'une succession*, est celui qui se fait entre cohéritiers, à l'effet que chacun d'eux ait la part & portion qui doit lui revenir dans la succession du défunt.

Au moment de son décès, chacun d'eux est propriétaire par indivis de la portion qui lui écheoit; mais il a aussi contre ses héritiers, pour les obliger au *partage*, une action tellement imprescriptible, que la convention faite entre eux de ne jamais exiger le *partage*, ne peut être valable, & que le défunt ne peut, par son testament, défendre à ses héritiers de partager ses biens. Cependant des cohéritiers peuvent convenir valablement, & un testateur peut ordonner que le *partage* soit différé jusqu'à un certain temps.

Il se trouve quelquefois dans les successions des effets qui n'entrent point en *partage*, tels que les titres & papiers, portraits de famille & pièces d'honneur qui demeurent en entier à l'aîné.

Tels sont aussi certains biens qui ne sont pas sujets à rapport. *Voyez ci-après* PRÉLEGS & RAPPORT.

Quand les héritiers ne s'accordent pas à l'amiable pour le *partage*, il se fait devant le juge du lieu où la succession est ouverte.

Le juge renvoie quelquefois les parties devant un notaire, pour procéder au *partage*, ou bien devant des experts.

Dans les *partages*, les meubles se règlent suivant la loi du domicile du défunt.

Les immeubles se *partagent* suivant la coutume du lieu où ils sont situés: c'est pourquoi l'on dit communément qu'il se fait autant de *partages* que de coutumes; ce qui ne signifie pas que l'on doive faire autant d'actes de *partages* qu'il y a de coutumes dans lesquelles il se trouve des biens de la succession, mais que chaque coutume règle le *partage* des biens de son territoire; ensorte que les biens de chaque coutume se *partagent* souvent d'une manière toute différente, selon la disposition des coutumes.

Les successions se *partagent* en l'état qu'elles se trouvent; ainsi le *partage* ne comprend que les biens existans, avec les dettes & les charges telles qu'elles se trouvent au temps de l'ouverture de la succession.

Il y a des coutumes, telles qu'Anjou & Maine, où l'aîné fait les lots & les cadets choisissent.

En Touraine, c'est l'aîné qui fait le *partage*, mais les puînés ont la liberté de faire ce qu'on appelle *la réfente*, c'est-à-dire, de diviser en deux la part que l'aîné avoit gardée pour lui; & d'en prendre la moitié au lieu du tiers qu'il leur avoit donné.

Dans les autres coutumes, les lots se font par convention entre les cohéritiers, ou par le ministère des experts; & quand les cohéritiers ne s'accordent pas sur le choix des lots, ils les tirent au sort.

Tout premier acte entre cohéritiers est réputé *partage*, c'est-à-dire, qu'il a la même faveur, qu'il ne les oblige point à payer des droits seigneuriaux, & qu'il peut être rescindé pour lésion du tiers au quart.

Quand le *partage* entre cohéritiers a le caractère d'une transaction, il ne peut être rescindé, quelque lésion qu'il y ait, à moins qu'il n'y ait eu du dol, de la fraude, ou de la violence.

La garantie du *partage* entre cohéritiers est du jour de l'addition d'hérédité.

Les créanciers particuliers de l'héritier n'ont droit de se venger que sur les biens qui sont échus en *partage* à leur débiteur. *Voyez* COMMUNAUTÉ, ÉVICTION, GARANTIE, RAPPORT, SUCCESSION.

PARTAGEUR, s. m. (*Droit particulier de la Flandre*:) est le nom qu'on donne dans cette province à certains officiers préposés pour les partages des successions. Cet office, dans la coutume de Bergues-Saint-Vinox, est incompatible avec celui d'échevin: celles de Bailleul, Bourbourg, Bruxelles & Cassel, exigent seulement que celui à qui il est confié soit demeurant dans la ville & châtellenie.

Ces coutumes varient entre elles sur le nombre des *partageurs* nécessaires pour procéder à un partage, mais elles exigent qu'il y en ait au moins un qui sache lire & écrire.

Les *partageurs* doivent achever & clorre les partages qu'ils ont commencés, avant d'en accepter d'autres, à moins que les gens de loi ne le leur permettent, lorsque des contestations survenues entre les partageans retardent la confection du partage commencé. Ils sont nommés d'office par le juge, ou requis par les parties; mais leur ministère n'est absolument nécessaire que lorsqu'il se trouve parmi des héritiers, des mineurs ou des non-bourgeois qui succèdent en tout ou en partie. Un testateur peut, par son testament, déroger à la nécessité d'appeller ces officiers au partage d'une succession déférée à des mineurs.

Les *partageurs* ont droit d'exiger que les partageans déclarent par serment qu'ils n'ont recélé, ni diverti aucun des effets qui doivent être compris dans le partage. Ils ne sont pas juges des contestations qui s'élèvent entre les copartageans, ils doivent les renvoyer pardevant la loi dont la maison mortuaire ressortit, en mettant la contestation par écrit, avec leur avis. Ils sont tenus de mettre en tous partages, meubles contre meubles, héritages contre héritages, maisons contre maisons, rentes contre rentes, catteux contre catteux, si ce n'est du consentement exprès des héritiers. Ils sont considérés, tant que durent leurs fonctions, comme les dépositaires des effets de la succession qu'ils partagent, & comme les transmetteurs légitimes des droits qui en dépendent; ensorte que les répartitions faites par eux ensaisinent chaque partageant dans le bien qui lui est échu, sans devoir user d'aucune autre formalité.

PARTIAIRE, adj. se dit de celui qui a une part dans quelque chose. On appelle *fermier partiaire*, celui qui rend au propriétaire une partie des fruits en nature, pour tenir lieu des fermages. *Voyez* MÉTAYER.

PARTIBUS (*IN*), (*Droit ecclés.*) est un terme latin que l'usage a rendu françois; on sous-entend *infidelium*, qu'on ajoute cependant quelquefois: il désigne un évêque dont le titre d'évêché est situé dans un pays occupé par les infidèles.

L'usage de nommer des évêques *in partibus* a commencé lorsque les Sarrasins eurent chassé les chrétiens de Jérusalem & de l'Orient. L'espérance de reconquérir ces contrées fit continuer de nommer des évêques dans les lieux où il y en avoit eu. Aujourd'hui l'on donne un titre *in partibus* à ceux à qui on accorde la coadjutorerie d'un évêché, par la raison qu'un coadjuteur doit avoir été sacré évêque, puisqu'il est obligé d'exercer toutes les fonctions de l'épiscopat. *Voyez* COADJUTEUR, ÉVÊQUE.

PARTICIPE, s. m. en *matière criminelle* signifie *celui qui a eu quelque part à un crime*. Un accusé a quelquefois plusieurs complices, *participes*, fauteurs & adhérens. On entend par *complices* ceux qui ont commis le crime conjointement avec l'accusé, ou qui savoient d'avance qu'il devoit le commettre; les *participes* sont ceux qui y ont eu part autrement; par exemple, ceux qui ont vendu ou fourni sciemment du poison ou des armes pour faire

mourir quelqu'un. *Voyez* ACCUSÉ, CRIME, DÉLIT. (*A*)

PARTICULIER, se dit *en droit*, de ce qui, ne touchant qu'une personne ou une chose, est opposé à *universel* ou général; par exemple, l'héritier *particulier* est celui qui ne succède qu'à un objet, & dont le droit est moins étendu que celui de l'héritier universel; il en est de même du legs *particulier* opposé au legs *universel*. Une substitution universelle ou générale est opposée à une substitution *particulière*, qui ne porte que sur certaines choses ou sur certaines personnes; le lieutenant-général d'une jurisdiction expresse sur le lieutenant *particulier*. (*A*)

PARTIE, s. f. (*terme de Palais.*) signifie *tout plaideur*; l'avocat ou le procureur, en parlant de son client, l'appelle sa *partie*; ce qui vient de ce que dans le style où les plaidoyers étoient relatés, dans les jugemens on disoit *ex parte N*,....

Partie adverse, est celui qui plaide contre un autre; le défendeur est la *partie adverse* du demandeur, & vice versâ.

Partie civile, en *matière criminelle*, c'est celui qui se déclare *partie* contre celui qu'il accuse d'avoir commis un crime.

On l'appelle *partie civile*, parce qu'en concluant sur la plainte, il ne peut demander qu'une réparation civile, que des intérêts civils; c'est à la *partie publique* à prendre des conclusions pour la vengeance & la punition du crime.

Celui qui a rendu plainte n'est pas pour cela réputé *partie civile*; car si la plainte ne contient pas une déclaration expresse que le plaignant se porte *partie civile*, elle ne tient lieu que de dénonciation, *ordonnance de 1670, tit. 3, art. 5*, & néanmoins si la plainte est calomnieuse, le plaignant peut être poursuivi comme calomniateur.

Pour pouvoir se porter *partie civile*, il faut avoir un intérêt personnel à la réparation civile du crime, comme sont ceux qui ont été volés, ou bien l'héritier de celui qui a été tué; ceux qui n'ont à réclamer que pour l'intérêt public, peuvent seulement servir d'instigateurs & de dénonciateurs.

Quand la *partie* civile est satisfaite, elle ne peut plus agir; il n'y a plus que le ministère public qui puisse poursuivre la vengeance du crime, bien entendu qu'il y ait un corps de délit constant. *Voyez* ACCUSATION, CRIME, DÉLIT, DÉNONCIATION, INTÉRÊTS CIVILS, PLAINTE, RÉPARATION CIVILE.

Partie comparante, est celle qui se présente en personne, ou par le ministère de son avocat ou de son procureur, soit à l'audience, soit devant le juge ou autre officier public, pour répondre à quelque interrogation, ou assister à quelque procès-verbal. *Voyez Partie défaillante*.

Parties contradictoires, c'est lorsque les deux parties qui ont des intérêts opposés & qui contestent ensemble, se trouvent l'une & l'autre en personne, ou par le ministère de leur avocat, ou de leur procureur, devant le juge, & prêtes à plaider, ou à répondre s'il s'agit d'interrogation, ou pour affister à un procès-verbal. *Voyez* ci-devant *Partie comparante*, & ci-après *Partie défaillante*.

Partie défaillante, eft lorfqu'une des perfonnes qui plaident ou qui font affignées pour comparoître devant un juge, commiffaire, ou autre officier public, fait défaut, c'eft-à-dire, ne comparoît pas en perfonne, ni par le miniftère d'un procureur.

Partie intervenante, c'eft celle qui, de fon propre mouvement, fe rend partie dans une conteftation déjà pendante entre deux autres *parties*.

Parties litigantes, font ceux qui font en procès enfemble.

Parties ouies, c'eft lorfque les parties qui plaident enfemble ont été entendues contradictoirement. Ces termes *parties ouies* font de ftyle dans les jugemens contradictoires, où ils précédent ordinairement le difpofitif.

Partie plaignante, eft celui qui a rendu plainte en juftice de quelque tort ou grief qu'on lui a fait. *Voyez* PLAINTE.

Partie principale, eft celui qui eft le plus intéreffé dans la conteftation; cette qualité fe donne auffi ordinairement à ceux entre lefquels a commencé la conteftation, pour les diftinguer de ceux qui ne font que *parties* intervenantes.

Partie publique, c'eft celui qui eft chargé de l'intérêt public, tels que font les avocats & procureurs-généraux dans les cours, les avocats & procureurs du roi dans les autres fièges royaux, les avocats & procureurs-fifcaux dans les juftices feigneuriales, & autres perfonnes qui ont un caractère pour exercer le miniftère public, comme le major dans les confeils de guerre. *Voyez* AVOCAT-FISCAL, AVOCAT-GÉNÉRAL, GENS DU ROI, MINISTÈRE PUBLIC, PARQUET, PROCUREUR-GÉNÉRAL, PROCUREUR DU ROI, PROCUREUR-FISCAL. (*A*)

PARTIES CASUELLES : ces termes ont plufieurs fignifications. On entend, 1°. par eux la finance qui revient au roi des offices vénaux qui ne font pas héréditaires : 2°. on donne le même nom au bureau où fe paie cette finance. Le tréforier des *parties cafuelles* eft celui qui la reçoit.

Les officiers de judicature & de finance, aufquels le roi n'a pas accordé l'hérédité, devoient payer aux *parties cafuelles* du roi, au commencement de chaque année, l'annuel ou paulette, afin de conferver leur charge à leurs veuve & héritiers, & auffi pour jouir de la difpenfe des quarante jours qu'ils étoient obligés de furvivre à leur réfignation, fuivant l'édit de François I, fans quoi la charge devenoit vacante au profit du roi; ce qu'on appelle *tomber aux parties cafuelles*. Ceux qui veulent racheter un tel office, le peuvent faire moyennant finance; ce que l'on appelle *lever un office aux parties cafuelles*. Le prix des offices eft taxé aux *parties cafuelles*. *Voyez* PAULETTE.

Le droit qui fe paie aux *parties cafuelles*, a quelque rapport avec celui que l'on appelloit chez les Romains, *cafus militiæ*, qui fe payoit aux héritiers pour les milices vénales & héréditaires, dont il eft parlé en la novelle 53, *ch.* 5. Ce n'eft pourtant pas précifément la même chofe.

Les princes apanagiftes ont leurs *parties cafuelles* pour les offices de l'apanage aufquels ils ont droit de pourvoir.

M. le chancelier a auffi fes *parties cafuelles* pour certains offices qui font à fa nomination.

Il y a de même certains offices de la maifon du roi qui tombent dans les *parties cafuelles* des grands offices de la couronne, dont dépendent ces offices. (*A*)

PASCAGE. *Voyez* PACAGE.

PASERAGE. Deux déclarations roturières rendues à l'abbaye de Saint-Jean d'Orbeftier, près les fables d'Olonne, les 19 juillet 1695, & 12 mai 1706, énoncent «le droit de paferage; à raifon de » la vingtième partie des brebis croiffans fur lefdits » lieux ».

Des déclarations plus récentes difent *paquerage*. *Voyez* les articles DIME, HERBAGE VIF & MORT, & PASQUEIRAGE. (*M. G. D. C.*)

PASQUEIRAGE, (*Droit féodal.*) le droit de *pafqueirage*, dit d'Efpeiffes, des droits feigneuriaux, *tit.* 6, *fect.* 11, *n.* 2, eft levé par le feigneur fur ceux qui font dépaître leur bétail dans fa terre. Ainfi le fieur de Chevrieres, baron de Serne, a ce droit dans fadite baronnie, que tous tenans bœufs arables doivent donner chacune année pour le *pafqueirage*, pour chacun defdits habitans, une hémine avoine, un fais de paille, & une geline; & ceux qui y tiennent autre efpèce de bétail labourant, doivent payer la moitié moins, favoir demi-hémine avoine, demi-fais de paille, & demi-geline, ainfi que j'ai vu par fes titres. (*M. G. D. C.*)

PASQUES, (*devoir de.*) Ragueau dans le Gloffaire du droit françois, qu'on appelle ainfi le droit d'un agneau fur chaque ménager tenant brebis en la paroiffe, qui a été adjugé au curé du bourg Beautré, par arrêt de Rennes du 16 octobre 1561. *Voyez* PASERAGE. (*M. G. D. C.*)

PASSAGE *ou* PASSAIGE, on appelle ainfi, 1°. le lieu où l'on paffe un bac; 2°. le péage ou le droit du paffeur; 3°. le voyage d'outre-mer, la guerre fainte. *Voyez le Gloffaire de* Ducange *& le Gloffarium novum de* dom Carpentier, *au mot* Paffagium. (*M. G. D. C.*)

PASSAIGE *Voyez* PASSAGE.

PASSENAGE, (*Droit féodal.*) on a dit autrefois ce mot pour défigner le droit de *péage* ou de *paffage* que l'on exigeoit de ceux qui paffoient l'eau dans un bac. *Voyez le* Gloffarium novum de *dom* Carpentier, *au mot* Paffagium (*M. G. D. C.*)

PASSIF adj. *en droit*, fignifie *ce qui eft fouffert*: il eft l'oppofé d'*actif*, qui fignifie ce qu'on peut exercer contre un autre. Un droit *paffif* de fervitude eft lorfqu'on eft obligé de foufrir que quelqu'un exerce une fervitude fur fon héritage. On appelle *dettes paffives* celles qui font à la charge du débiteur. Au contraire, un droit actif de fervitude eft celui que l'on exerce fur autrui, & les dettes actives font celles dont on peut exiger le paiement à fon profit.

PAST, Pas ou Paisse. 1°. On appelle *pas* ou *paft* un droit de repas, & le droit d'entrée que l'on payoit à cette occafion pour être admis dans un corps de métier ; 2°. une efpèce de fief. *Voyez le Gloffarium novum de dom* Carpentier, *au mot* Paftus 7 ; M. Salvaing *au liv. 2, chap. 74, & les articles* Fief de Paisse *&* Past de Chiens. (*M. G. D. C.*)

PAST DE CHIENS, (*Droit féodal.*) c'eft la charge que les feigneurs impofoient à leurs tenanciers de nourrir leurs chiens. *Voyez le Gloffaire du droit françois, au mot* Chiens, *& l'article* Chiénage. (*M. G. D. C.*)

PASTENC, (*Droit féodal.*) on a dit ce mot autrefois pour défigner le droit de pacage ou de panage dans un bois. *Voyez le Gloffarium novum de dom* Carpentier, *au mot* Paftinquum viridarium. (*M. G. D. C.*)

PATERNEL, adj. fe dit de tout ce qui appartient au père, ou qui vient de fon côté, comme l'autorité *paternelle*, la puiffance *paternelle*, un parent *paternel*, le bien *paternel*, la fucceffion *paternelle*, un propre *paternel*, le côté *paternel*, la ligne *paternelle*. *Voyez ces différens mots.*

Paterna paternis, materna maternis, termes latins dont on fe fert au barreau pour défigner une règle de notre droit françois, qui veut que dans une fucceffion, les biens provenans du côté du père du défunt appartiennent à fes parens paternels, & que ceux qui proviennent du côté de la mère, foient dévolus à fes parens maternels.

Les loix romaines n'avoient point ainfi diftingué les différentes lignes dont les biens étoient venus par fucceffion à un enfant ; elles les confondoient tous dans le même patrimoine, & elles déféroient la fucceffion entière d'un défunt à fon plus prochain héritier. On trouve cependant dans le code Théodofien, *tit. de maternis bonis, &c.* une loi qui établit, que fi l'enfant qui a fuccédé à fa mère, ou à fes autres parens maternels, vient à décéder, fon père ne lui fuccédera pas dans les biens provenus de ces fucceffions, mais qu'ils appartiendront à fes plus proches parens maternels ; & de même que fi l'enfant avoit fuccédé à fon père ou autres parens paternels, ceux-ci lui fuccéderoient dans ces biens. Le législateur en donne cette raifon, *ut ex utraque familiâ manentes facultates, fingulis quibufcumque ceffiffe potius, quam adepta effe videantur.*

Mais il ne paroît pas que cette loi ait été long-temps en vigueur, puifqu'on ne la retrouve pas dans le code de Juftinien. Auffi la règle *paterna paternis* n'eft-elle pas admife dans le reffort des parlemens de droit écrit, à l'exception de celui

de Provence ; ainfi qu'on peut l'inférer d'un arrêt du 10 novembre 1543, rapporté par le préfident Etienne, *décifion 48.* Le parlement de Touloufe l'admet feulement dans le cas où une veuve eft privée de la fucceffion de fes enfans, pour s'être mal comportée dans fon veuvage. Elle adjuge alors cette fucceffion aux parens paternels, en quelque éloignement qu'ils puiffent être, au préjudice de la mère & de tous les parens maternels.

La règle *paterna paternis, &c.* eft tellement propre au droit coutumier françois, que Dumoulin, *conf.* 7, *n. 48*, prétend qu'elle vient des Francs & des Bourguignons, & qu'une ordonnance de Charlemagne en a étendu les difpofitions au pays des Saxons. Prefque toutes les coutumes lui ont imprimé le fceau de la fanction légale, & par cette raifon on la fupplée dans celles qui ne l'ont pas adoptée expreffément, telle que celle de Chaumont en Baffigny. Il faut pour qu'elle n'ait pas lieu, que les coutumes aient une difpofition contraire. Telles font les coutumes d'Arras, de Lille, & quelques autres des Pays-Bas, qui appellent expreffément les plus proches parens à la fucceffion des biens qu'elles régiffent.

Elle éprouve cependant dans l'ufage & dans l'interprétation qu'on lui donne, quelques variations, & à cet égard on doit ranger nos coutumes en cinq claffes.

Dans la première, font celles où, pour fuccéder à un propre, il faut être parent du défunt du côté de celui qui a mis l'héritage dans la famille, & où par conféquent, lorfque l'on a cette qualité, on exclut les parens des autres côtés, quoique plus proches. On les appelle pour cette raifon, *coutumes de côté & ligne.*

Les coutumes de la feconde claffe font celles où l'on ne peut fuccéder à un propre confidéré comme tel, qu'autant qu'il a appartenu à un afcendant commun entre le défunt & fon héritier ; enforte qu'à défaut de parens venans de la même fouche que celui à qui il s'agit de fuccéder, le propre perd fa qualité & appartient à l'héritier le plus proche, fans diftinction de lignes. Ces coutumes font appellées *coutumes de tronc commun.*

Dans la troifième claffe, font celles où, pour fuccéder à un propre, il ne fuffit pas d'être parent au défunt du côté dont il provient, ni même de defcendre d'une même fouche quelconque ; mais il faut être defcendu comme lui de l'acquéreur qui a mis l'héritage dans la famille. On les appelle *coutumes fouchères.*

La quatrième claffe eft compofée des *coutumes de repréfentation à l'infini*, c'eft-à-dire, de celles où, dans l'ordre de fuccéder, on ne regarde point la proximité du degré du repréfentant avec le défunt, mais feulement la proximité & habileté de fuccéder de la perfonne repréfentée, avec celui qui a mis l'héritage dans la famille.

Enfin, dans la cinquième claffe font les *coutumes*

tumes de simple côté, ainsi appellées parce qu'elles défèrent l'héritage propre qui se trouve dans la succession d'une personne décédée sans enfans, à son plus prochain héritier du côté du parent, par le décès duquel cet héritage lui est échu, sans remonter plus haut, ni chercher plus loin de quelle part ce parent l'avoit eu lui-même.

La classe des coutumes de côté & ligne est la plus nombreuse. On met à la tête celle de Paris, & on range parmi elles toutes celles qui ne déterminent pas clairement le sens & l'usage de la règle *paterna paternis*, &c.

Les articles 326 & 329 de la coutume de Paris, portent: « qu'aux héritages propres succèdent les parens les plus proches du côté & ligne, dont sont advenus & échus au défunt lesdits héritages, encore qu'ils ne soient les plus proches parens du défunt, & sont réputés parens du côté & ligne, supposé qu'ils ne soient descendus de celui qui a acquis l'héritage ».

De-là il suit, 1°. qu'il n'est pas nécessaire dans ces coutumes de descendre de l'acquéreur de l'héritage, encore moins de celui dans la personne duquel il a formé un propre naissant; mais qu'il suffit d'être parent collatéral de l'acquéreur, & que c'est de son chef qu'il faut être parent au défunt pour succéder à un propre.

2°. Qu'entre les parens paternels, on ne fait aucune distinction de la ligne paternelle & maternelle de l'acquéreur, & qu'on n'accorde aucune préférence à l'agnation, au nom de famille & à la masculinité. Cependant il faut excepter la coutume de Normandie, dans le ressort de laquelle les descendans des mâles sont préférés pour les propres, aux descendans des femelles, de manière que, pour succéder à un propre, il faut être parent paternel de l'acquéreur du propre, & que s'il n'existe aucun parent paternel de l'estoc & ligne de l'acquéreur du propre, il passe au seigneur dominant ou au fisc, parce qu'en Normandie il n'y a point de subrogation d'une ligne à une autre.

Lorsqu'il s'agit de partager les propres d'une succession entre plusieurs lignagers parens du défunt au même degré, & que les uns descendent de celui qui a mis les héritages dans la famille, tandis que les autres ne lui sont que parens collatéraux; les premiers sont préférés aux seconds, suivant le vœu de la nature & le vœu particulier de l'acquéreur, & le sens littéral de la coutume de Paris, *art.* 230, qui donne la préférence sur tous les lignagers à ceux qui descendent de l'acquéreur du propre. Supposons, par exemple, que Pierre ait acquis un héritage qui est devenu propre naissant dans la personne de Jacques son fils, que celui-ci soit décédé sans héritiers descendans de lui, & qu'il se présente à la succession de ce propre, un oncle du défunt frère de l'acquéreur, & un neveu du même défunt, petit-fils de Pierre, quoique ces deux héritiers soient au même degré, & que l'oncle soit habile à recueillir la succession des biens

propres paternels du défunt; il sera, dans l'espèce, exclu par le neveu, parce que celui-ci est descendant de celui qui a mis le propre dans la famille. En général, on doit décider dans la coutume de Paris, & dans celles qui lui sont semblables, que les descendans de l'acquéreur sont toujours préférés à ses parens collatéraux, quoique ceux-ci soient plus proches qu'eux au défunt.

Dans la seconde classe des coutumes, que l'on appelle de *tronc commun*, il faut, ainsi que nous l'avons dit ci-dessus, que pour succéder à un héritage considéré comme propre, il faut, dis-je, que cet héritage ait appartenu à un ascendant commun du défunt & de son héritier; au lieu que dans les coutumes de côté & ligne, il suffit d'être parent du défunt du côté de celui qui a mis l'héritage dans la famille.

Par exemple, si mon père a acquis un héritage auquel j'ai succédé, & que je laisse en mourant un frère utérin, & un oncle paternel, l'oncle, suivant la coutume de Paris, succèderoit à cet héritage, parce qu'il est parent du côté & ligne du père qui l'a mis dans la famille; mais dans les coutumes de tronc, le frère utérin en recueilleroit la succession, parce que l'héritage n'ayant point appartenu à mon aïeul, qui est le tronc commun de l'oncle & du défunt; il ne peut pas être considéré comme propre; & par cette raison, il appartient au frère utérin, comme plus prochain héritier.

Le Brun compte trois coutumes de tronc, celles de Sens, d'Auxerre, & de la duché de Bourgogne. Mais il paroît qu'il n'y a réellement que celle de Bourgogne qui puisse être mise dans cette classe. Du Rousseau de la Combe cite un arrêt du 27 juillet 1748, qui décide, conformément à l'usage du pays, que la coutume de Sens est coutume de côté & ligne, & non souchère, ni de tronc commun. Il en est de même de celle d'Auxerre.

Les coutumes souchères qui forment la troisième classe, sont au nombre de quatre; Melun, Dourdan, Mantes & Montargis. L'ancienne coutume d'Orléans étoit également souchère, mais la nouvelle est de côté & ligne pour les successions, quoiqu'elle ait conservé quelques traces de ses anciennes maximes pour les retraits.

On ne peut mieux les faire connoître, ni mieux en exposer l'esprit, qu'en transcrivant ici leurs propres textes.

Celle de Melun, *art.* 264, veut « qu'en ligne collatérale, les propres d'aucun décédé sans hoirs, retournent à ses parens & lignagers habiles à lui succéder, qui sont les plus prochains d'icelui défunt; & s'entendent lesdits héritiers être de l'estoc & ligne d'où sont procédés lesdits héritages; quand iceux héritiers sont descendus de celui auquel lesdits héritages avoient appartenu; autrement non ». Ces mots *avoient appartenu*, ne décident pas bien clairement si cette coutume est souchère ou de tronc commun; mais l'article 137 lève tous les doutes; voici comme il est conçu: « si père ou

Ppp

mère ont acquis aucun héritage qui vienne par succession à leur enfant, tel héritage vendu par ledit enfant est retrayable par les frères & sœurs, & autres descendans venans desdits père ou mère acquéreurs, & non par les oncles, tantes, cousins-germains, & autres collatéraux qui ne sont descendus des acquéreurs, encore qu'ils soient leurs parens & lignagers ». Ce texte, à la vérité, ne dispose que pour le retrait ; mais il interprète & éclaircit ce que l'article 264 renferme d'équivoque à l'égard des successions ; & tel est l'usage, comme le prouvent deux arrêts rapportés par Thomas Chauvelin, dans une note sur le dernier des articles cités.

Dourdan, *article 116.* « Quand aucun va de vie à trépas les hoirs en ligne directe, les plus prochains parens & lignagers collatéraux, soit du côté paternel ou maternel, lui succèdent quant aux meubles & acquêts ; & quant aux propres héritages, le plus prochain de l'estoc & branchage dont lesdits héritages sont procédés, lui succède, encore qu'il ne soit le plus prochain dudit défunt ». *Art.* 117. « Et sont entendus les plus prochains de l'estoc & ligne, ceux qui sont descendus de celui duquel lesdits héritages sont procédés ; & qui les a mis en ligne ; & où ils n'en seroient descendus, encore qu'ils fussent parens de ce côté, ne peuvent prétendre lesdits héritages contre les plus prochains lignagers d'icelui défunt, posé qu'ils ne fussent lignagers du côté dont lesdits héritages sont procédés ». *Art.* 118. En manière que les biens acquis par le père & délaissés au fils, la sœur utérine du fils doit lui succéder, & non l'oncle, frère du père qui avoit acquis les biens, encore qu'iceux biens aient été propres au fils du côté dudit père ». Par la même raison, les ascendans non lignagers succèdent à l'exclusion des collatéraux qui sont de la ligne, sans descendre de l'acquéreur. C'est l'exception que met Brodeau à l'article 111, portant « qu'en succession en ligne directe, propres héritages ne remontent », & il l'appuie sur un arrêt du 16 février 1630, confirmatif d'une sentence du bailli de Dourdan, du 12 mars 1629.

Mantes, *art. 167.* « Et s'entendent lesdits héritiers être de l'estoc & branchage dont sont procédés lesdits héritages, quand iceux héritiers sont descendus de celui par qui lesdits héritages ont été premièrement acquis, auxquels ils succéderont, encore qu'ils ne soient les plus prochains parens dudit défunt ; autrement non. Comme si ledit défunt étoit décédé sans hoirs, délaissé frères ou sœurs utérins, & un oncle paternel ; car ledit oncle ne succédera ès biens acquis par son feu frère, qui auroient fait souche en la personne d'icelui défunt, ains lesdits utérins seuls y succéderont : mais si lesdits héritages avoient été acquis par l'aïeul paternel dudit défunt, audit cas, ledit oncle succéderoit seul à iceux, & non lesdits utérins ».

Montargis, *chap. 15, art. 3.* « En succession de ligne collatérale, les héritages du trépassé appartiennent à ses plus prochains parens étant de la souche & ligne dont procèdent lesdits héritages, & auxquels sont propres & retrayables, & en forcloent les autres parens d'autre ligne plus prochains ; & si lesdits héritages n'avoient fait souche au degré de la personne qui veut succéder, ne sont dits propres, & y succèdent les plus prochains en degré ». Dumoulin a fait sur cette disposition une note, dans laquelle il dit que l'usage notoire & constant est, qu'il n'y a que le propre ancien affecté à la souche & sujet au retrait ; & qu'il faut que l'héritage ait fait souche, non-seulement en la ligne, mais au degré de la personne qui veut succéder, de sorte que au propre naissant succède le plus proche sans considérer la ligne, ni plus ni moins qu'aux acquêts ; ce qui a été ainsi jugé par plusieurs sentences des juges des lieux.

Dans les coutumes de représentation à l'infini, qui forment la quatrième classe, on fait toujours remonter le prétendant à l'auteur de sa ligne, on s'arrête au degré de parenté de celui-ci avec l'acquéreur, & l'on ne se met nullement en peine en quel degré est l'héritier qui le représente avec le défunt à qui il est question de succéder.

De-là, deux conséquences : la première, que dans ces coutumes on ne révoque point en doute que les descendans de l'acquéreur, en quelque degré qu'ils se trouvent, ne doivent être préférés à ceux qui ne sont parens au défunt que de son côté. En effet, les descendans de l'acquéreur représentent toujours ses enfans, & par conséquent ils sont toujours censés les plus proches & les plus habiles.

La seconde est que dans ces coutumes, entre différens héritiers d'un défunt qui lui sont tous parens du côté de l'acquéreur, ceux qui descendent, par exemple, d'un frère de celui-ci, doivent exclure les descendans de son cousin-germain, quoique plus proches en degré ; parce que les descendans du frère étant mis, par l'effet de la représentation infinie, à la place du frère même, se trouvent fictivement plus proches que les représentans d'un cousin-germain.

Cette manière de partager est parfaitement expliquée par l'article 5 du titre 9 de l'ancienne coutume de Lorraine : « & quant aux héritages anciens, pour ce qu'ils doivent suivre le tronc & souche d'où ils sont mouvans, retournent aux parens de l'estocade des lignes dont ils sont mouvans & descendans, & selon que chacun s'y trouve capable de son chef, ou par représentation, sans aucune considération de la proximité des uns en degré plus que les autres, parce que représentation, tant en ligne collatérale que directe, a lieu infiniment, & sont telles formes de successions communément dites & appelées revêtemens de ligne ».

Toutes les coutumes de représentation infinie ne s'expliquent pas avec cette netteté ; mais comme elles adoptent uniformément le même principe, il faut leur donner à toutes le même effet, & y suivre la même manière de partager. *Voyez* RE-PRÉSENTATION.

Les coutumes de simple côté, qui forment la cinquième classe, sont les plus simples & les moins éloignées des principes du droit civil. La seule difficulté qu'il y ait à cet égard, est de savoir quelles sont ces coutumes.

Il y en a deux sur lesquelles il ne peut s'élever le moindre doute, ce sont Metz & Sedan.

La première porte, *tit. 115, art. 30* : « héritages sont réputés paternels, qui sont échus de la succession du père du défunt, ou de l'un des parens lignagers d'icelui du côté de sondit père, & ceux-ci sont réputés maternels qui sont échus de la succession de la mère ou des parens maternels dudit défunt ; & pour les faire juger paternels ou maternels ; ne faut enquérir plus ancienne ligne que de celui auquel l'héritage a fait souche, & lui est échu de succession, ou donné en faveur de mariage par avancement, & en attendant partage ».

L'article 182 de la coutume de Sedan renferme la même disposition.

Brodeau & le Brun soutiennent que l'on doit en user ainsi dans toutes les coutumes qui ne parlent point de tronc, de souche, d'estoc, ni de ligne ; à la vérité, disent-ils, il faut y suppléer la règle *paterna paternis* ; mais son effet doit y être restreint au premier degré de succession, parce que les principes veulent que l'on s'écarte le moins qu'il est possible du droit commun.

Il faudroit, suivant cette opinion, ranger les coutumes de Bordeaux, de Normandie, de Troies & de Chartres, dans la classe des coutumes de simple côté ; mais on ne doute plus aujourd'hui que ces quatre coutumes ne soient de côté & ligne comme celle de Paris, & cette jurisprudence est établie & confirmée par un grand nombre d'arrêts.

PATRIARCHE, s. m. (*Droit canonique.*) est un titre de dignité accordé aux évêques de quelques sièges principaux. Un *patriarche* a le gouvernement immédiat d'un diocèse particulier ; mais il jouit d'un pouvoir supérieur à celui des métropolitains dans un département composé de plusieurs provinces ecclésiastiques.

Les *patriarches* étoient au nombre de cinq : ils occupoient les cinq grands sièges de la chrétienté ; savoir, Rome, Constantinople, Alexandrie, Antioche & Jérusalem.

Les critiques ne sont pas d'accord sur le temps de leur institution. Le père Morin & M. de Marca soutiennent qu'ils sont de droit divin & d'institution apostolique ; mais ce sentiment n'est pas fondé. Il paroit au contraire que l'autorité patriarchale n'est que d'institution ecclésiastique. Elle a été inconnue dans le temps des apôtres & dans les trois premiers siècles ; on n'en trouve aucune trace dans les anciens monumens. Saint Justin, saint Irénée, Tertullien, Eusèbe, n'en parlent point. D'ailleurs, la supériorité des *patriarches* sur les autres évêques, & même sur les métropolitains, est trop éclatante

pour être demeurée si long-temps ignorée si elle eût existé. Enfin, quand le concile de Nicée, *canon 6*, accorde la dignité de *patriarche* à l'évêque d'Alexandrie, il ne dit pas qu'elle doive sa naissance à l'autorité apostolique ; il ne l'établit que sur l'usage & la coutume.

Voici quels étoient autrefois les principaux droits des *patriarches* : aussi-tôt après leur promotion, ils s'écrivoient réciproquement des lettres qui contenoient une espèce de profession de foi, afin d'unir toutes les églises par l'union des grands sièges. C'est dans le même esprit qu'on mettoit leurs noms dans les diptiques sacrés, & qu'on prioit pour eux au milieu du sacrifice : on ne terminoit les affaires importantes que par leur avis ; dans les conciles œcuméniques ils avoient un rang distingué, & quand ils ne pouvoient y assister en personne, ils y envoyoient leurs légats ; c'étoit à eux qu'il appartenoit de sacrer tous les métropolitains qui relevoient de leur siège. Le concile de Nicée donne même à l'évêque d'Alexandrie le droit de consacrer tous les évêques de son ressort, suivant l'usage de l'église romaine. On appelloit des jugemens des métropolitains au *patriarche*, mais il ne prononçoit sur ces appellations, quand les causes étoient importantes, que dans un concile, avec les prélats de son ressort. Les canons de ces conciles devoient être observés dans toute l'étendue du patriarchat. Le huitième concile général, *canon 17*, confirme deux droits des plus considérables attachés à la dignité des *patriarches :* l'un de donner la plénitude de puissance aux métropolitains, en leur envoyant le *pallium* ; l'autre de les convoquer au concile universel du patriarchat, afin d'examiner leur conduite, & de leur faire leur procès. Mais le quatrième concile de Latran, sous le pape Innocent III, diminua les droits des *patriarches*, en les obligeant à recevoir le *pallium* du saint-siège, & à lui prêter en même temps serment de fidélité ; à ne donner le *pallium* à un métropolitain de leur dépendance, qu'après en avoir reçu le serment d'obéissance au pape ; & enfin, en ne leur permettant de juger des appellations des métropolitains, qu'à la charge de l'appel au saint-siège. *Voyez* ARCHEVÊQUE, ÉVÊQUE.

PATRIE, s. f. (*Droit public.*) ce mot vient du latin *pater*, qui présente un père & des enfans ; ainsi le terme *patrie* exprime le sens que nous attachons à celui de *famille*, de *société*, d'*état libre*, dont nous sommes membres, & dont les loix assurent nos libertés, notre honneur & nos biens.

Nous ne nous étendrons pas sur ce mot qui sera traité dans le *Dictionnaire d'économie politique & diplomatique*, faisant partie de cette édition de l'Encyclopédie. Nous ne l'avons même mis que pour avoir occasion de placer ici quelques réflexions de M. le vicomte de Toustain, sur l'importance & la nécessité de l'harmonie entre les différens ordres de citoyens qui composent une nation, qui forment & habitent la même *patrie*. Ces réflexions auroient dû trouver leur place fous le mot ORDRE; mais, lors de l'impreſſion de cet article, le manuſcrit en étoit égaré.

Il y a quelques années que, dans une aſſemblée d'états provinciaux, les membres des trois ordres, quoique également animés par le patriotiſme, quoique reſpectivement pénétrés des ſentimens d'eſtime, d'équité, de décence & de concorde qu'ils ſe doivent, ſe virent entraînés dans quelques-unes de ces diſcuſſions preſque inévitables par-tout où il y a multitude, ne fût-elle compoſée que des diſciples de Socrate & de Platon. Les têtes s'échauffèrent momentanément, au point que l'égliſe & la nobleſſe, piquées d'un empiétement paſſager du troiſième ordre ſur le ſecond, lui refuſèrent net & lui conteſtèrent tout haut le titre de repréſentant des peuples (1). Pour donner une idée claire de notre opinion réfléchie ſur ces objets délicats, nous allons écrire la réponſe qu'il nous ſemble que nous aurions faite ſi nous avions été députés du tiers-état. L'expoſition des motifs principaux qui doivent entretenir la bonne intelligence & l'harmonie des ordres, ne ſera pas, eſpérons-nous, un verbiage inutile.

« Meſſieurs, craignons la diſpute; évitons les
» confuſions, & prenons garde de nous trop enga-
» ger en paſſant, avec tant de légèreté, d'une
» diſcuſſion purement pécuniaire & municipale, à
» ces grandes queſtions relatives aux maximes fon-
» damentales de notre conſtitution.
» Le clergé dans lequel, ſoit dit en paſſant,
» nous regrettons de ne point trouver ici quelques
» députés choiſis parmi les paſteurs des bourgades
» & des campagnes; le clergé, dis-je, eſt, ſans
» contredit, aujourd'hui le premier ordre de l'état.
» En le repréſentant dans cette qualité qui lui
» donne la préſéance, nous le chériſſons ſous un
» autre aſpect qui n'eſt peut-être pas moins impo-
» ſant, c'eſt que cet ordre illuſtre & vénérable

(1) Dans les Gaules, le peuple n'étoit repréſenté que par les druides & les chevaliers. Lors de l'établiſſement de la monarchie françoiſe & de la religion chrétienne dans cette contrée, la nobleſſe ſeule repréſentoit la nation. Bientôt l'ordre eccléſiaſtique, par une ſuite de la puiſſance que les mœurs & l'opinion ne pouvoient manquer de lui aſſurer, partagea cette grande prérogative. Charlemagne, qui, peut-être expia une partie de ſes conquêtes & de ſes perſécutions, par l'excellence de ſon adminiſtration intérieure & de ſa légiſlation, fut le premier de nos rois qui rendit le champ de mai véritablement aſſemblée nationale, en y faiſant entrer les députés du peuple. Voyez les Obſervations de l'abbé de Mably, liv. 2, c. 2. Mais cet uſage périt avec ſon inſtituteur, & le tiers-état ne reparut qu'aux états généraux de Philippe-le-Bel, qui, ſelon Paſquier, le convoqua par un motif encore plus onéreux qu'honorable à cet ordre eſſentiel & précieux. La préſence des gens des bonnes villes à l'aſſemblée de 1145, eſt un fait preſque iſolé, moins à citer comme exemple que comme exception. L'année 1309, où vivoit encore Philippe-le-Bel, qui, en 1297, avoit érigé la Bretagne en pairie, eſt l'époque de la première admiſſion formelle, authentique & bien conſtatée du troiſième ordre aux états de cette province.

» eſt ſouvent inſtructeur, & médiateur ou con-
» ciliateur.
» Autant il eſt ſage, Meſſieurs, de reconnoître
» l'effet, autant ſeroit-il indiſcret de remonter à
» la cauſe: celle-ci eſt plutôt du reſſort d'une aca-
» démie, que de celui des états.
» Ainſi je penſe, Meſſieurs, que monſeigneur
» l'évêque de** s'eſt un peu haſardé quand il a
» dit que l'égliſe paroît ici par caractère & par
» ſeigneurie.
» 1°. Quoique beaucoup plus riche que les deux
» autres ordres, à proportion du nombre de ſes
» membres, le clergé ne contribue point aux taxes
» délibérées ou conſenties dans l'aſſemblée na-
» tionale; & cet ordre ne peut, en aucune ma-
» nière, ſe prévaloir ici d'un caractère qui le ré-
» duiroit au ſpirituel, & nous rappelleroit à tous
» que le royaume de J. C. n'eſt pas de ce monde.
» 2°. Si, pour ſiéger & voter, l'égliſe veut
» abſolument s'autoriſer de ſes ſeigneuries, elle
» rentre dans la claſſe de la nobleſſe, & nous ne
» voyons plus à quel titre, & pour quel motif elle
» formeroit un ordre à part.
» Quant à vous, Meſſieurs de la nobleſſe, je
» ſais tous les égards que le gouvernement & la
» ſociété doivent aux citoyens qui les ſervent
» d'une manière diſtinguée quelconque, mais ſur-
» tout au gentilhomme habitant, cultivateur &
» bienfaiteur de ſon canton, ſoit qu'il borne ſon
» exiſtence aux honorables travaux de la vie pa-
» triarchale & champêtre, ſoit que les nobles &
» fructueuſes occupations de l'agriculture ne ſoient
» pour lui qu'un délaſſement à des-fonctions mili-
» taires ou politiques. Cependant, Meſſieurs, ne
» ſeriez-vous pas auſſi dans l'erreur en vous ima-
» ginant repréſenter ici vos vaſſaux? Depuis l'ex-
» tinction, ſinon abſolue, du moins générale, du
» régime de l'ancienne féodalité, un vaſſal n'eſt
» plus envers ſon ſuzerain que comme un débiteur
» ordinaire envers ſon créancier. Nul aſſerviſſe-
» ment ne l'engage, & cela eſt ſi vrai, que plu-
» ſieurs grands du royaume ſont devenus vaſſaux
» de leurs intendans. Rigoureuſement parlant,
» Meſſieurs, vous n'êtes ici que pour votre compte.
» Ce qui vous donne ſéance & voix délibérative,
» c'eſt le droit du ſang, ce droit acquis & tranſ-
» mis par vos pères, ou par ceux de vos femmes,
» & non celui des terres qu'un parvenu peut
» envahir.
» Reſte donc l'ordre du tiers. Je conviens que
» les députés de cet ordre n'étant pas mi-partis
» des villes & des campagnes, comme en Bi-
» gore (1) & en Berry, ils ne repréſentent pro-
» prement que la claſſe citadine. Cependant,
» Meſſieurs, n'eſt-il pas de convention expreſſe
» ou tacite, qu'en pareil cas la partie puiſſe faire
» pour le tout? C'eſt à-peu-près dans cet eſprit

(1) L'aſſemblée provinciale de haute Guienne n'étoit pas encore établie.

» que les parlemens qui ne font que l'émanation,
» que la portion judiciaire des anciennes assem-
» blées nationales ; c'est, dis-je, ainsi que les parle-
» mens, en l'absence desdites assemblées, se qua-
» lifient d'*états au petit pied*.

» Au reste, Messieurs, j'abandonne, par la
» crainte des inconvéniens & pour l'amour de la
» paix, cette comparaison ou prétention. Mais si
» vous n'accédez à la conciliation que je vais
» avoir l'honneur de vous proposer, que résul-
» tera-t-il de cette épineuse discussion ? Il en résul-
» tera, Messieurs, une vérité cruelle & désespé-
» rante. C'est que le peuple des campagnes, c'est
» que cette multitude précieuse que nous devons
» soutenir & protéger de concert, verra que, à
» proprement parler, elle n'aura point ici de vé-
» ritables représentans.

» Hé bien, Messieurs, prouvons qu'elle est mieux
» représentée qu'en Berri, qu'en Bigorre, qu'en
» Suède ; que les trois ordres se réunissent pour la
» consolation, l'avantage ou le soulagement de cette
» multitude intéressante ! Et puisque son intérêt
» exige que les débats instantanés qui nous divisent
» très-passagèrement, soient renfermés dans le sein
» des états ; puissent Messieurs du tiers se lier,
» à l'exemple de la noblesse, afin de donner à
» l'arbitrage d'un ordre équitable & pacificateur
» toute la force d'un jugement définitif & suprême,
» & d'étouffer à l'avenir tout germe de division
» dans une assemblée pénétrée des sentimens &
» des principes conservatoires de cette inestimable
» union qui fera notre bonheur, notre force & le
» bien de la province, en même temps qu'elle
» secondera les vues sages d'un gouvernement
» juste & paternel, qui laisse aux tyrans & aux
» esclaves les petites ressources de la maxime ty-
» rannique de diviser pour commander ! ».

Sans entrer dans les positions particulières & respectives des individus, lesquelles sont plus variées
& plus incalculables que le nombre des citoyens,
il est certain qu'en masse, & en général les trois
ordres constitutifs d'une monarchie tempérée, réunis sous l'autorité suprême d'un roi plein de lumières & d'équité, doivent se considérer ainsi. Le
clergé sera l'ordre instructeur & médiateur ; la
noblesse, l'ordre administrateur & défenseur ; le
tiers-état, l'ordre conservateur & nourricier. Puissent
ces trois ordres ne perdre de vue ni leurs prérogatives, ni leurs devoirs, ni leur fraternité, ni
leur classification ! *Voyez* aux mots CORVÉE, DE-
GRÉ DE NOBLESSE, MAGISTRAT & NOBLESSE.
(*M. le vicomte DE TOUSTAIN-RICHEBOURG.*)

PATRIMOINE, s. m. se prend *en droit*, pour
toute sorte de biens ; mais dans sa signification
propre, il se dit d'un bien de famille, & quelquefois même on n'entend par-là que ce qui est venu
à quelqu'un par succession ou donation en ligne
directe.

PATRIMONIAL, adj. se dit de ce qui vient
par succession, & quelquefois en général de tout
ce qui est *in bonis*, & que l'on possède héréditai-
rement. C'est en ce sens qu'on dit communément
que les justices sont patrimoniales.

PATRON, PATRONAGE, s. m. (*Droit civil, féodal
& canonique.*) en général, on donne la qualité de
patron à celui qui en prend un autre sous sa défense ; & le mot *patronage* signifie le droit qui appartient au *patron*.

Les loix romaines avoient établi deux espèces de
patronage. Par le premier, qu'on appelle *clientelaire*,
les grands de Rome prenoient sous leur protection
les plébéiens, & se chargeoient de les défendre.
Le second étoit une qualité relative entre un esclave
affranchi, & celui qui lui avoit donné la liberté ;
elle conservoit au *patron* plusieurs droits sur son
affranchi.

Les loix féodales se sont servi du terme de *patron*
pour désigner celui qui cédoit une partie de sa
terre à la charge du service militaire, & de la foi
& hommage ; & elles ont donné le nom de *patronage* aux droits réservés par le seigneur sur ses
vassaux.

En matière ecclésiastique, on appelle *patron* celui
qui a bâti, fondé ou doté une église ; & *patronage*, les droits que les canons lui ont conservés
sur cette même église.

Pour mettre plus d'ordre sur ce que nous avons
à dire sur ces mots, nous en formerons trois articles sous les titres de PATRONAGE CIVIL, PA-
TRONAGE ECCLÉSIASTIQUE, & PATRONAGE DES
SEIGNEURS.

PATRONAGE CIVIL : nous venons de dire que
les Romains reconnoissoient deux sortes de *patronages*, celui des grands sur leurs cliens, & celui
des maîtres sur leurs esclaves affranchis.

Le patronage clientelaire fut établi par les loix de
Romulus, suivant lesquelles les patriciens devoient,
pour ainsi dire, servir de pères aux plébéiens, &
de-là ils étoient appelés, *patroni quasi patres*.

Chaque plébéien se choisissoit dans l'ordre des
patriciens un *patron* ou protecteur : celui-ci aidoit
le plébéien de ses conseils ; il le dirigeoit dans ses
affaires, prenoit sa défense dans les tribunaux, &
le délivroit des charges publiques.

Les plébéiens, par un juste retour, étoient obligés de doter les filles de leurs *patrons*, lorsqu'ils
étoient pauvres, de les aider de services & d'argent lorsqu'il s'agissoit de quelque imposition publique, ou d'obtenir pour eux quelque magistrature.

Ces devoirs des plébéiens envers leurs *patrons*,
firent donner aux premiers le nom de *cliens, clien-
tes quasi colentes*.

Ce n'étoient pas seulement les particuliers qui
avoient des *patrons* ; les colonies, les villes alliées,
les nations vaincues se choisissoient pareillement
quelque patricien pour être le médiateur de leurs
différends avec le sénat.

Chaque corps de métier avoit aussi son *patron*.
Plusieurs d'entre ces *patrons* exercèrent toujours

gratuitement leur miniſtère ; leurs cliens leur faiſoient pourtant quelquefois des préſens, leſquels n'ayant d'autre ſource que la libéralité & la reconnoiſſance, furent appellés *honoraires*.

Mais il y en eut qui rançonnèrent tellement leurs cliens, ſous prétexte des avances qu'ils avoient faites pour eux, que l'on fut quelquefois obligé de faire des réglemens pour réprimer l'avidité de ces *patrons*.

Cet ancien *patronage* diminua inſenſiblement à meſure que le nombre des juriſconſultes augmenta.

On donna le nom de *patrons* à ces juriſconſultes, parce qu'à l'exemple des anciens *patrons*, ils répondoient aux particuliers ſur les queſtions qui leur étoient propoſées, & prenoient en main leur défenſe ; & par la même raiſon, ceux qui s'adreſſoient à ces juriſconſultes, furent appellés leurs *cliens*. Nous avons conſervé ces termes, & ſurtout celui de *client ;* car encore aujourd'hui au palais nous appellons *cliens* ceux qui ſont défendus dans leurs affaires par un procureur ou un avocat.

Le *patronage* des maîtres conſiſtoit en pluſieurs droits qu'ils conſervoient ſur ceux qu'ils avoient affranchis, & ils leur avoient été accordés en conſidération du bienfait de la liberté qu'ils avoient donnée à leurs eſclaves. Ce droit s'acquéroit par autant de manières que l'on pouvoit donner la liberté à un eſclave.

Le *patron* doit ſervir de tuteur, & de défenſeur à ſon affranchi, & en quelque façon de père ; & c'eſt de-là qu'on a formé le terme de *patron*.

L'affranchi doit à ſon *patron* ſoumiſſion, honneur & reſpect.

Il y avoit une loi qui autoriſoit le *patron* à reprendre l'affranchi de ſon autorité privée, lorſque celui-ci ne lui rendoit pas ſes devoirs aſſez aſſidument ; car il devoit venir tous les mois à la maiſon du *patron* lui offrir ſes ſervices, & ſe préſenter comme prêt à faire tout ce qu'il lui ordonneroit, pourvu que ce fût une choſe honnête & qui ne fût pas impoſſible ; il ne pouvoit auſſi ſe marier que ſuivant les intentions de ſon *patron*.

Il n'étoit pas permis à l'affranchi d'intenter un procès au *patron*, qu'il n'en eût obtenu la permiſſion du préteur ; il ne pouvoit pas non plus le traduire en jugement par aucune action fameuſe.

Le droit du *patron* ſur ſes affranchis étoit tel qu'il avoit le pouvoir de les châtier, & de remettre dans l'état de ſervitude ceux qui étoient réfracteurs ou ingrats envers lui ; & pour être réputé ingrat envers ſon *patron*, il ſuffiſoit d'avoir manqué à lui rendre ſes devoirs, ou d'avoir refuſé de prendre la tutèle de ſes enfans.

Les affranchis étoient obligés de rendre à leur *patron* trois ſortes de ſervices, *operæ ;* les unes appellées *officiales vel obſequiales ;* les autres *fabriles :* les premières étoient dues naturellement en reconnoiſſance de la liberté reçue ; il falloit pourtant qu'elles fuſſent proportionnées à l'âge, à la dignité & aux

forces de l'affranchi, & au beſoin que le *patron* pourroit en avoir : les autres appellées *fabriles*, dépendoient de la loi, ou convention faite lors de l'affranchiſſement ; elles ne devoient pourtant pas être exceſſives au point d'anéantir en quelque ſorte la liberté.

Les devoirs, *obſequia*, ne pouvoient pas être cédés par le *patron* à une autre perſonne, à la différence des œuvres ſerviles qui étoient ceſſibles.

Le *patron* devoit nourrir & habiller l'affranchi pendant qu'il s'acquittoit des œuvres ſerviles, au lieu qu'il n'étoit tenu à rien envers lui pour raiſon des ſimples devoirs, *obſequia*.

Il ne dépendoit pas toujours du *patron* de charger d'œuvres ſerviles celui qu'il affranchiſſoit, notamment quand il étoit chargé d'affranchir l'eſclave, ou qu'il recevoit le prix de ſa liberté, ou lorſque le *patron* avoit acheté l'eſclave des propres deniers de celui-ci.

Le *patron* qui ſouffroit que ſon affranchie ſe mariât, perdoit dès ce moment les ſervices dont elle étoit tenue envers lui, parce qu'étant mariée elle les devoit à ſon mari, ſans préjudice néanmoins des autres droits du *patronage*.

Celui qui celoit un affranchi étoit tenu de faire le ſervice en ſa place.

C'étoit auſſi un devoir de l'affranchi de nourrir le *patron* lorſqu'il tomboit dans l'indigence, & réciproquement le *patron* étoit tenu de nourrir l'affranchi lorſqu'il ſe trouvoit dans le même cas, autrement il perdoit le droit de *patronage*.

Le *patron* avoit droit de ſuccéder à ſon affranchi, lorſque celui-ci laiſſoit plus de cent écus d'or ; il avoit même l'action calviſienne pour faire révoquer les ventes qui auroient été faites en fraude de ſon droit de ſuccéder.

Le droit de *patronage* s'éteignoit lorſque le *patron* avoit refuſé les alimens à ſon affranchi, ou lorſqu'il avoit remis l'affranchi dans la ſervitude pour cauſe d'ingratitude, ou enfin lorſque le prince accordoit à l'affranchi le privilège de l'ingénuité, ce qui ne ſe faiſoit que du conſentement du *patron :* cette conceſſion d'ingénuité s'appelloit *reſtitutio natalium ;* quelquefois on accordoit ſeulement à l'affranchi le droit de porter un anneau d'or, *jus aureorum annulorum*, ce qui n'empêchoit pas le *patronage* de ſubſiſter.

Mais dans la ſuite cela tomba en non-uſage ; tous les affranchis furent appellés *ingenui*, ſauf le droit de *patronage*.

Le *patronage* ſe perdoit encore lorſque le fils ne vengeoit pas la mort de ſon père, l'eſclave qui découvroit les meurtriers avoit pour récompenſe la liberté.

La loi *Ælia ſentia* privoit auſſi du *patronage* celui qui exigeoit par ſerment de ſon affranchi qu'il ne ſe mariât point.

Enfin le *patronage* ſe perdoit lorſque le *patron* convertiſſoit en argent les ſervices qu'on lui devoit rendre, ne pouvant recevoir le prix des ſervices à venir, finon en cas de néceffité & à titre d'alimens. *Voyez* au ff. & au code les titres *de jure patronatus*, & au ff. le tit. *de operis libertorum*, &c.

En France où il n'y a plus d'efclave, il n'y a plus de *patronage*.

Dans les îles de l'Amérique où il y a des efclaves, les maîtres peuvent les affranchir; & l'édit du mois de mars 1685, appellé communément le *code noir*, ordonne à ces affranchis de porter un fingulier refpect à leurs anciens maîtres, à leurs veuves & à leurs enfans; enforte que l'injure qu'ils auront faite foit punie plus grièvement que fi elle étoit faite à une autre perfonne: du refte, l'édit les déclare francs & quittes envers eux de toutes autres charges, fervices & droits utiles que leurs anciens maîtres voudroient prétendre, tant fur leurs perfonnes que fur leurs biens, en qualité de *patrons*, & l'édit accorde à ces affranchis les mêmes privilèges qu'aux perfonnes nées libres. *Voyez* AFFRANCHISSEMENT, ESCLAVE.

PATRONAGE *en matière eccléfiaftique*, eft le droit qui appartient au *patron*, c'eft-à-dire, à celui qui a bâti, fondé ou doté une églife; en confidération de quoi il a ordinairement fur cette églife un droit que l'on appelle *patronage*, & qui confifte en honneurs, charges & profits.

Ce droit eft une fuite de celui de propriété; & en effet, celui qui bâtit fur fon terrein un édifice qu'il deftine à former une églife, eft le maître d'en accorder ou de n'en pas accorder la poffeffion à un miniftre eccléfiaftique pour y faire l'office divin, & de fe réferver fur ce bâtiment les droits qu'il juge à propos. Il en eft de même de celui qui donne une partie ou la totalité de fon bien pour fournir à la fubfiftance d'un eccléfiaftique.

L'ordination des miniftres, & leur deftination aux différens emplois de l'églife, appartient aux évêques, en vertu du pouvoir fpirituel que Jéfus-Chrift leur a confié; mais pour ce qui eft d'affigner au miniftre un lieu où il exercera le faint miniftère, l'églife ne le peut pas, parce que, comme églife, elle n'a rien fur la terre.

Ainfi le fondateur d'une églife reftant toujours le propriétaire du bâtiment, c'eft à lui & à fes fucceffeurs dans fa propriété, qu'il appartient perpétuellement de concéder à un miniftre la poffeffion de l'édifice, & par conféquent de le choifir.

Telle eft la doctrine des conciles & des loix. Nous nous contenterons de rapporter quelques-unes de celles qui font particulières à la France.

Le quatrième concile d'Orléans, en 541, *can. 33*, dit: que fi quelqu'un veut avoir une paroiffe en fa terre (ou, comme on s'exprimoit alors, un diocèfe), il doit lui affigner des terres fuffifantes, & nommer des eccléfiaftiques pour y faire l'office.

L'affemblée des ordres du royaume, fous Louis le Débonnaire en 816, & fous Charles-le-Chauve en 869, déclare que, dans quelque églife que ce foit, les prêtres ne feront ni établis ni renvoyés, fans l'autorité ou le confentement des évêques, &

que fi des laïques préfentent aux évêques des clercs de bonnes mœurs & de bonne doctrine, pour être confacrés & établis dans leurs églifes, que les évêques ne doivent les refufer à quelque occafion que ce foit. Le fixième concile de Paris reconnoît que les laïques font propriétaires des églifes qu'ils ont conftruites; il appelle clercs des laïques, *clerici laicorum*, ceux qu'ils choififfent; il ordonne à l'évêque d'ordonner ceux qu'ils lui préfenteront, & leur défend de les refufer, fans en mettre la raifon en évidence.

On ne connoiffoit pas, dans les premiers temps, les termes de droit de nomination & de préfentation dont nous nous fervons aujourd'hui. Les loix difoient alors avec plus de fimplicité, qu'il appartenoit aux propriétaires de l'églife à la faire defervir; ce qu'il faifoit, en choififfant un clerc auquel l'ordination ne pouvoit être refufée que pour les caufes marquées dans les canons. C'eft à raifon de cette propriété, que le *patronage* paffoit aux héritiers du fondateur, parce que l'édifice de l'églife lui paffoit par fucceffion: c'eft auffi par la même raifon, que dans le cas où les héritiers ne pouvoient s'accorder fur le choix d'un miniftre, l'évêque n'avoit pas le droit d'y établir un prêtre, mais les avertiffoit de s'accorder, & jufqu'à ce moment, il lui étoit libre, ou de la laiffer fans être deffervie; ou d'en ôter les reliques. Il a fallu que la puiffance publique vînt contraindre les *patrons* à faire un choix, pour ne pas laiffer les autels fans miniftres, & qu'elle limitât un temps, paffé lequel le *patron* feroit privé de fon droit.

On diftingue plufieurs efpèces de *patronage*. Il eft ou eccléfiaftique, ou laïque; mixte, perfonnel ou réel.

L'eccléfiaftique eft celui qui appartient à un clerc, à caufe du bénéfice dont il eft pourvu. Le laïque appartient foit à un laïque, foit à un eccléfiaftique, à caufe de fon patrimoine, ou parce qu'il eft de la famille du fondateur. Le mixte appartient à un ou plufieurs laïques, conjointement avec un ou plufieurs eccléfiaftiques. Le perfonnel eft celui qui eft affecté à une certaine perfonne, ou à une famille, à la différence du réel qui eft attaché à la glèbe.

On met dans la claffe du *patronage* laïque celui qui appartient aux corps mixtes, c'eft-à-dire, compofés d'eccléfiaftiques & de laïques, tels que les univerfités. On juge la même chofe par rapport aux marguilliers des paroiffes, lorfque cette qualité leur donne le droit de préfenter à quelque bénéfice.

On appelle *patronage* alternatif celui qui appartient à plufieurs perfonnes qui l'exercent tour à tour; aumôné, celui qui a été donné à l'églife à titre d'aumône; effectif, celui qui donne droit de préfenter au bénéfice; honoraire, lorfque le *patron* a cédé à quelque églife le droit de préfentation, & ne s'eft réfervé que les droits honorifiques.

Pour acquérir les droits de *patronage* par la conftruction d'une église, il faut l'avoir achevée; autrement celui qui l'auroit finie en feroit le *patron*.

On entend quelquefois par *fondateur* d'une église, celui qui l'a bâtie & dotée, quelquefois aussi celui qui l'a dotée simplement.

Celui qui dote une église, dont le revenu étoit auparavant très-modique, acquiert aussi par ce moyen le droit de *patronage* pour lui & pour ses héritiers.

Mais tout bienfaiteur d'une église n'est pas réputé *patron*, il faut que le bienfait soit tel, qu'il forme la principale dot d'une église.

Pour être réputé *patron*, il ne suffit pas d'avoir donné le fonds ou sol sur lequel l'église est bâtie, il faut encore l'avoir dotée.

Néanmoins, si trois personnes concourent à la fondation d'une église, que l'une donne le sol, l'autre y fasse construire une église, & la troisième la dote, ils jouiront tous trois solidairement du droit de *patronage*, mais celui qui a doté l'église a le rang & la préséance sur les autres.

Il peut encore arriver autrement qu'il y ait plusieurs *co-patrons* d'une même église ; savoir, lorsque plusieurs personnes ont succédé à un fondateur.

Le droit de *patronage* peut aussi s'acquérir par concession ; de sorte que si l'évêque diocésain ou le pape accordoit par privilège, à un particulier, le droit de *patronage* sur une église, cette concession seroit valable, pourvu qu'elle eût une cause légitime, & qu'on y eût observé toutes les formalités nécessaires pour l'aliénation des biens d'église.

Un *patron* peut aussi céder son droit, soit à son co-patron, ou à une autre personne, ou à une communauté.

Mais il ne peut pas céder son droit de présentation pour une fois seulement ; il peut seulement donner procuration à quelqu'un pour présenter en son nom.

Le droit de *patronage* s'acquiert de plein droit par la construction, dotation ou fondation de l'église, à moins que le fondateur ou dotateur n'ait expressément renoncé à ce droit ; il est cependant plus sûr de le stipuler dans le contrat de fondation, afin que les *patrons* & leurs héritiers puissent en faire plus aisément la preuve en cas de contestation ; il est même absolument nécessaire en Normandie de le stipuler, suivant l'article 142 de la coutume de cette province.

Si celui qui a bâti, fondé ou doté une église n'a jamais usé du droit de *patronage*, ni ses héritiers ou autres successeurs après lui, & que la fondation soit ancienne, on présume qu'ils ont renoncé à ce droit ; néanmoins, dans le doute, le droit de celui qui a bâti, fondé ou doté, est favorable.

Lorsque l'église est absolument détruite, ou que la dot est entièrement dissipée & perdue, celui qui fait reconstruire l'église, ou qui la dote de

nouveau, du consentement de l'évêque diocésain, y acquiert un droit de *patronage*, au cas que les anciens fondateurs ou dotateurs, auxquels appartenoit le *patronage*, ne veuillent pas faire la dépense pour la rebâtir ou pour la doter une seconde fois.

Anciennement, lorsqu'un droit de *patronage* étoit contesté entre deux seigneurs laïques ou ecclésiastiques, & que les titres ni les autres preuves n'offroient rien de clair, on avoit recours au jugement de Dieu, de même que cela se pratiquoit dans toutes sortes d'autres matières sacrées ou profanes. L'évêque de Paris & l'abbé de Saint-Denis se disputant le *patronage* sur un monastère, & Pepin-le-Bref ayant trouvé la question fort ambiguë, les renvoya à un jugement de Dieu par la croix. L'évêque & l'abbé nommèrent chacun un homme de leur part : ces hommes allèrent dans la chapelle du palais, où ils étendirent leurs bras en croix : le peuple attentif à l'événement paroît tantôt pour l'un, tantôt pour l'autre ; enfin l'homme de l'évêque se lassa le premier, baissa les bras, & lui fit perdre son procès. C'est ainsi que l'on décidoit alors la plupart des questions.

Tout droit de *patronage*, soit laïque ou ecclésiastique est indivisible ; il ne se partage point entre plusieurs *co-patrons*, ni entre les héritiers ou autres successeurs d'un *patron* laïque ; ainsi ceux qui ont droit au *patronage* ne peuvent pas présenter chacun à une partie de bénéfice ; ils doivent présenter tous ensemble ou alternativement : s'ils nomment tous ensemble, celui qui a le plus de voix est préféré, bien entendu que si ce sont des cohéritiers qui nomment, les voix se comptent par souches & non par tête.

Les *co-patrons* peuvent convenir qu'ils présenteront alternativement, ou que chacun présentera seul aux bénéfices qui vaqueront dans certains mois.

Le *patronage* réel suit la glèbe à laquelle il est attaché ; de sorte que si cette glèbe est un propre, il appartient à l'héritier des propres ; si la terre est un acquêt, le droit passe avec la terre à l'héritier des acquêts.

Si la terre est partagée entre plusieurs héritiers, il se fait aussi une espèce de partage du *patronage*, c'est-à-dire, qu'ils n'y ont droit chacun qu'à proportion de ce qu'ils ont de la terre ; par exemple, celui qui en a les deux tiers nomme deux fois, tandis que l'autre ne nomme qu'une fois.

Cette espèce de division de l'exercice du droit de *patronage* se fait par souches & non par tête.

Il y a des coutumes, comme Tours & Loudunois, où l'aîné mâle a seul par préciput tout le *patronage*, quoiqu'il n'ait pas tout le fief ; ce sont des exceptions à la règle générale.

Quand les mâles excluent les femelles en collatérale, celles-ci n'ont aucun droit au *patronage* réel.

Mais si le *patronage* est attaché à la famille, il suffit,

fuffit, pour y participer, d'être du même degré que les plus proches parens, & l'on ne perd pas ce droit, quoiqu'on renonce à la fucceffion.

Quelquefois le *patronage* eft affecté à l'aîné de la famille, quelquefois au plus proche parent, auquel cas l'aîné n'a pas plus de droit que le puîné; tout cela dépend des termes de la fondation.

Le père préfente à tous les bénéfices dont le *patronage*, foit réel ou perfonnel, appartient à fon fils, tant que celui-ci eft fous fa puiffance. Il en eft de même du gardien à l'égard du droit de *patronage* appartenant à fon mineur, parce que ce droit fait partie des fruits, lefquels appartiennent au gardien; de forte que s'il s'agiffoit du *patronage* réel attaché à un héritage roturier dont il n'auroit pas la jouiffance, comme cela fe voit dans quelques coutumes où le gardien ne jouit que des fiefs, il ne jouiroit pas non plus du droit de *patronage* attaché à une roture.

L'ufufruitier, la douairière, le preneur à rente ou à bail emphytéotique jouiffent pareillement du droit de *patronage* attaché à la glebe dont ils font poffeffeurs: le mari préfente auffi au bénéfice qui eft tenu en *patronage* réel de fa femme, à moins qu'elle ne foit féparée de biens, & autorifée généralement pour l'adminiftration de fes droits, ou que le *patronage* ne foit attaché à un paraphernal dans les pays où la femme a la libre difpofition de ces fortes de biens.

Le feigneur dominant qui jouit du fief de fon vaffal en vertu d'une faifie féodale, faute de foi & hommage, exerce le droit de *patronage* réel; mais il ne peut pas ufer de ce droit lorfqu'il jouit du fief de fon vaffal pour l'année du relief, ni lorfque la faifie féodale eft faite faute d'aveu feulement, parce qu'elle n'emporte pas perte de fruits.

Les fermiers conventionnels, fequeftres, commiffaires aux faifies-réelles, le fermier judiciaire, les créanciers faififfans & oppofans dans une terre à laquelle eft attaché le droit de *patronage*, ne peuvent pas préfenter; le propriétaire a feul ce droit tant qu'il n'eft point dépouillé par une vente ou adjudication.

Les engagiftes ne jouiffent pas du *patronage*, à moins que le contrat d'engagement n'en contienne une claufe expreffe; pour ce qui eft des apanagiftes, le roi leur accorde toujours le droit de préfenter aux bénéfices non confiftoriaux; mais pour les bénéfices confiftoriaux, ils n'en ont pas la préfentation, à moins qu'elle ne leur foit expreffément accordée.

Le *patronage* réel ou perfonnel ne peut être vendu ni tranfporté féparément par échange pour un bien temporel, ce droit étant fpirituel de fa nature.

Mais il change de main, de même que l'héritage auquel il eft attaché, foit par fucceffion, échange, vente; de manière qu'il eft compris tacitement dans la vente ou autre aliénation du fonds, à moins qu'il ne foit expreffément réfervé.

Il peut néanmoins arriver qu'en vendant la glebe à laquelle le *patronage* étoit attaché, on fe réferve le droit de *patronage*, auquel cas ce droit, de réel qu'il étoit, devient perfonnel.

Le droit de *patronage* perfonnel eft compris dans la vente que le *patron* fait de tous fes biens, droits, noms, raifons & actions.

En tranfigeant fur un droit de *patronage* contentieux, on ne peut pas convenir que l'un des contendans aura le *patronage*, & que l'autre percevra fur l'églife quelque droit temporel; car cette convention feroit fimoniaque.

Le droit de *patronage* qui appartient conjointement à des perfonnes laïques & eccléfiaftiques, eft réputé laïque, & en a toutes les prérogatives.

Lorfque le droit eft alternatif entre de telles perfonnes, c'eft-à-dire, que le laïque & l'eccléfiaftique préfentent tour-à-tour; en ce cas, le *patronage* eft eccléfiaftique pour le tour du bénéficier, & laïcal pour le tour du laïque.

Dans ce même cas, fi le droit eft alternatif, le pape peut prévenir dans le temps du *patron* eccléfiaftique; mais fi le droit demeure commun, & qu'il n'y ait que l'exercice qui foit divifé, le pape ne peut ufer de prévention, même dans le tour de l'eccléfiaftique.

Quand un *patron* laïque cède à l'églife fon droit, s'il eft perfonnel, il devient eccléfiaftique; s'il étoit réel, il demeure laïcal.

Un eccléfiaftique qui a droit de *patronage* à caufe de fa famille ou de quelque terre de fon patrimoine, eft réputé *patron* laïque, parce que l'on confidère la qualité du droit, & non celle de la perfonne.

Dans le doute, le droit de *patronage* eft réputé laïcal, parce qu'on préfume que les bénéfices ont été fondés par des laïques, s'il n'y a preuve au contraire.

Le droit de *patronage* confifte en trois chofes; favoir, la faculté de nommer ou préfenter au bénéfice, jouir des droits honorifiques dans l'églife, fe faire affifter dans fa pauvreté des revenus du bénéfice.

Pour jouir des droits honorifiques en qualité de *patron*, il faut avoir le *patronage* effectif, c'eft-à-dire, la préfentation au bénéfice, ou du moins avoir le *patronage* honoraire, fuppofé que le *patron* ait cédé le droit de préfentation à quelque églife.

Les droits honorifiques confiftent dans la préféance à l'églife, aux proceffions & aux affemblées qui regardent le bien de l'églife; à avoir le premier l'eau bénite, l'encenfement, le pain bénit, le baifer de la paix, la recommandation aux prières nominales, un banc permanent dans le chœur, & une litre ou ceinture funèbre autour de l'églife, tant au-dedans qu'au-dehors.

Dans l'églife, la litre du *patron* fe met au-deffus de celle du haut-jufticier; au-dehors, c'eft celle du haut-jufticier qui eft au-deffus.

Il faut obferver en cette occafion que les armoiries & litres ne prouvent point le droit de *patronage*, fi elles ne font mifes à la clef de la voûte du chœur, ou au frontifpice du portail.

Le droit de mettre des armoiries dans une églife eft perfonnel à la famille du fondateur; il ne paffe point à l'acquéreur, lors même que celui-ci fuccède au droit de patronage.

Le patron peut rendre le pain bénit tel jour qu'il juge à propos, quoiqu'il ne demeure pas dans la paroiffe. Voyez DROITS HONORIFIQUES.

Quand le patronage eft alternatif, celui qui nomme le premier a les premiers honneurs; l'autre le fuit immédiatement.

Le feigneur haut-jufticier n'a les honneurs dans l'églife qu'après les patrons; mais, hors de l'églife, il les précède.

Le patron jouit auffi des autres droits honorifiques, quand même il auroit cédé à l'églife fon droit de préfentation.

Le droit de fépulture au chœur eft même imprefcriptible contre le patron.

La préfentation au bénéfice eft, comme on l'a déjà dit, le principal droit attaché au patronage; elle fe fait par un écrit paffé devant notaire. Voyez PRÉSENTATION.

Quand il s'agit d'une églife conventuelle, dont le chef doit être choifi par la voie de l'élection, fuivant le droit commun, le patron n'a point d'autre droit que celui d'approuver l'élection, à moins qu'il ne fe foit expreffément réfervé le pouvoir de difpofer de la première dignité, ou d'affifter à l'élection, ou que fa qualité ne lui donne un droit particulier pour nommer.

Les bénéfices en patronages laïques font exempts des graces expectatives.

Un dévolut obtenu fans le confentement du patron laïque ne peut lui préjudicier, à moins que le patron fachant l'indignité ou l'incapacité du pourvu, n'ait négligé de préfenter.

Pour réfigner en faveur, permuter ou charger d'une penfion un bénéfice en patronage laïque, il faut le confentement du patron avant la prife de poffeffion, fous peine de nullité.

Une démiffion faite entre les mains du patron, fous le bon plaifir du collateur, eft valable.

Le patronage eccléfiaftique s'acquiert par quarante ans de poffeffion, lorfque, pendant ce temps, on a préfenté de bonne-foi, & fans être troublé par un autre patron, ni par le collateur ordinaire, fur-tout s'il fe trouve des préfentations fucceffives qui aient été admifes; mais le droit de patron n'eft pas prefcrit par trois collations faites fans la préfentation du patron.

Un patronage mixte peut devenir purement laïque, ou purement eccléfiaftique, lorfque l'un ou l'autre de ces co-patrons laiffe prefcrire fon droit.

On tient communément que le droit de patronage laïque eft imprefcriptible; mais il s'éteint par la renonciation expreffe ou tacite du patron, en faveur de l'églife; par la deftruction totale de l'églife; par l'extinction de la famille à laquelle ce droit étoit

réfervé; lorfque le patron a été homicide du titulaire, ou qu'il devient le collateur du bénéfice dont il avoit la fimple nomination; lorfque le patron tombe dans l'héréfie, l'apoftafie ou le fchifme.

PATRONAGE DES SEIGNEURS, (Droit féodal.) on doit reftreindre ce nom au patronage qui eft attaché à une feigneurie, & c'eft en cela que le patronage dont il s'agit ici, diffère du patronage perfonnel, qui appartient fouvent à des familles d'un rang diftingué.

On ne trouve prefque aucune lumière dans nos livres fur le patronage des feigneurs. Cependant il exifte, fur le droit de patronage, quatorze ou quinze traités au moins, dont quelques-uns rempliffent de gros volumes in-folio. Leurs auteurs font, Antoine de Butrio, Jean d'Ananie, Henri Boifeh, Jules Vivien, Cæfar Lambertinus, Roch de la Cour, ou de Curte; Paul de Cittadinis, Jean-Nicolas Dauphiné, ou Delphinas; Jean Davezan, Jacques Corbin, François de Roye, Michel Duperray; Claude de Ferrières, Denis Simon, & Finckeltaus, dont je ne connois l'ouvrage que pour l'avoir vu cité dans Brillon.

Aucun de ces auteurs n'a expliqué l'origine du patronage des feigneurs: tous fuppofent qu'il n'a, comme le patronage ordinaire, d'autre caufe que la fondation. Elle a fans doute concouru à établir un grand nombre de ces patronages; mais on y doit joindre une autre caufe bien plus générale, qui eft la jurifdiction même des feigneurs.

Frapaolo obferve très-bien, dans fon Traité des bénéfices, que, fous prétexte des troubles caufés par les élections, nos rois s'emparèrent de la nomination aux évêchés, dès la première race, en exigeant d'abord feulement qu'on obtînt d'eux la confirmation des élections. Il ajoute que les maires du palais, en fuivant leur exemple, s'attribuèrent la nomination aux abbayes, & fur-tout aux plus riches, telles qu'étoient la plupart de celles d'Italie. Dès-lors il fut établi que le gouvernement civil avoit droit à la nomination des miniftres de la religion, & cet ufage, fi conforme à la politique, ne tarda pas à fe propager.

Dans les fiècles fuivans, où le fyftème féodal amena un genre de police jufqu'alors fans exemple, la puiffance publique fe communiqua de branches en branches, prefque dans toute fon étendue, aux feigneurs des moindres lieux, qui étoient, à peu de chofe-près, fouverains dans leurs terres, malgré la dépendance où le vaffelage les mettoit eux-mêmes. Ceux fur-tout qui poffédoient ce qu'on appelle des fiefs de dignité, fans en excepter les feigneurs châtelains, & même les fimples hauts-jufticiers, dans quelques lieux, jouiffoient de plufieurs des régales majeures ou mineures. Ils jugeoient en dernier reffort, frappoient monnoie, levoient des tailles arbitraires fur leurs fujets, établiffoient des péages, exerçoient le droit de guerre contre leurs voifins, annobliffoient qui ils jugeoient à propos, par les fous-inféodations. Il ne doit pas paroître surprenant d'après cela qu'ils se soient aussi attribué la nomination des ministres ecclésiastiques dans leurs seigneuries.

Les capitulaires de Charlemagne, qui jetta les semences du gouvernement féodal dans toute l'Europe, & ceux de son successeur, prouvent que cet usage commença à s'introduire sous son règne, ou même avant lui. Les notes de M. Baluze sur ces capitulaires, renvoient à plusieurs monumens contemporains qui attestent le même usage. *Voyez concilium* Wormatense, *cap. 58*, *Capit.* Karol. Cal. *iii. 40, cap. 8*; Regino, *liv. 1, cap. 31*; Burchardus, *liv. 3, cap. 116*; Ivo, *part. 3, cap. 92*.

Une de ces loix, renouvellée par Charles-le-Chauve, veut que les évèques ne puissent refuser l'admission des clercs qui leur seront présentés *par les comtes ou les autres vassaux du prince* (*comites aut vassi nostri*), lorsqu'ils seront capables, & de bonnes mœurs, *probabilis vitæ & doctrinæ*.

Il est vrai que ce capitulaire donne le même droit aux abbés & aux abbesses, & même au reste des laïques, c'est-à-dire, au peuple. Mais on sait que le systême féodal n'avoit pas encore acquis toute sa force alors, & l'on peut croire même que les abbés & les abbesses ne nommoient ainsi qu'aux églises que les princes & les seigneurs leur avoient données.

Je ne parlerai point ici des anciens avoués des églises, connus aussi sous le nom de *gardiens* & de *défenseurs*. On peut voir ce que de Roye, dans son *Traité du droit de patronage*, & Ducange, dans son *Glossaire*, en ont dit. Ces auteurs, & M. Simon, ont mal-à-propos supposé que si les avoués présentoient aux bénéfices, ce ne pouvoit être que par usurpation; cela est arrivé sans doute plus d'une fois. Mais il est aussi très-naturel que les églises & leurs ministres aient choisi pour défenseurs ceux qui avoient l'autorité publique dans les lieux de la situation des bénéfices, & qui y nommoient les titulaires par cette raison. Il y a eu des avoués qui étoient incontestablement fondateurs. Dans plusieurs provinces, & notamment dans la Champagne & dans la Bourgogne, la garde des abbayes même appartenoit ou étoit-prétendue par les seigneurs des châtellenies dans lesquelles elles étoient situées. (Bruffel, *liv. 3, ch. 6, n°. 2.*)

En Angleterre même, où le roi s'étoit réservé la garde des abbayes, le *patronage* des cures & des simples bénéfices appartenoit de droit aux seigneurs du lieu. Il y est encore aujourd'hui connu sous le nom d'*avouerie* (*advowson.*)

Que l'on parcoure nos chartes les plus anciennes, le recueil d'Aubert le Mire, le *Gallia christiana*, les histoires de nos provinces & de nos grandes maisons, on y verra perpétuellement les seigneurs disposer non-seulement du *patronage*, mais aussi des églises qui existoient dans leurs terres, & même de celles qu'ils ne paroissoient point avoir fondées. Que l'on consulte même la dissertation de M. de

Feranville qui a perdu tant d'érudition pour élever un mur de séparation entre les fondateurs & les seigneurs hauts-justiciers, on verra bien des preuves de cette propriété des seigneurs, dans les chartres qu'il a extraites avec tant de choix, depuis la page 111, jusqu'à la page 130.

Rien n'étoit plus conséquent que cette attribution, indépendamment de la politique qui devoit porter les seigneurs à s'assurer de la nomination aux bénéfices; les seigneurs hauts-justiciers, à cause de la puissance publique dont ils étoient revêtus dans leurs terres, avoient & ont encore la propriété de ce qui n'appartient à personne. Ils devoient donc avoir aussi celle des églises, dont les fondateurs n'étoient pas connus.

La probabilité de la dotation venoit à l'appui de ce moyen de droit. C'est la puissance civile qui a attribué les dimes à l'église, comme on l'a fait voir au mot DIMES INFÉODÉES, §. 1; & ce sont sur-tout les seigneurs qui ont doté les paroisses de campagne, soit en les fondant, soit en appliquant particuliérement aux églises situées dans leurs terres les dimes qui se payoient aupavant au clergé du diocèse en général. M. Blackstone qui a fait cette observation, a eu raison de dire que ç'avoit été là la principale cause de la distinction des paroisses. Mais il paroît croire mal-à-propos que cela n'a eu lieu que dans les églises effectivement bâties & dotées par les seigneurs.

La même chose doit avoir eu lieu dans celles qui subsistoient avant l'établissement de leur seigneurie. Il n'y a pas eu plus d'usurpation à cela qu'il n'y en a eu dans tous les autres droits que la police de ces temps-là attribuoit aux seigneurs. En Normandie, où le droit ancien des fiefs s'est établi d'une manière plus raisonnée & plus uniforme, le *patronage* appartient presque toujours au seigneur du lieu.

On a déjà dit que le même usage paroît avoir été établi autrefois en Angleterre. Il y a néanmoins aujourd'hui dans ce royaume beaucoup de *patronages* personnels; c'est ce qu'on y appelle des *advowsons in gross*. Mais ils paroissent tous provenir de l'aliénation du *patronage* attaché à une seigneurie. (*Blackstones commentaries*, book 2, chap. 3, n°. 1.)

Ce nom même de *patron*, qu'on donne à ceux qui présentent aux bénéfices, paroît avoir été emprunté du droit romain plutôt par le droit féodal, que par le droit canonique. Les feudistes allemands & italiens, & beaucoup des nôtres, ont communément désigné par ce mot-là le seigneur supérieur qui a fait l'inféodation.

Le petit nombre de nos coutumes qui ont parlé du droit de *patronage*, confirment de plus en plus ces observations. Elles ne font mention que du *patronage* seigneurial, que la plupart regardent même comme une dépendance naturelle de la seigneurie, du moins lorsque la puissance publique, ou la jurisdiction, y est attachée dans un degré plus ou moins éminent.

La coutume de Normandie eſt la moins poſitive de toutes. Cependant l'article 142 dit : « celui qui » a fait don à l'égliſe n'y peut réclamer autre choſe » que ce qu'il a expreſſément réſervé ; néanmoins » s'il lui a fait don de *patronage* ſans réſervation, » les droits honorifiques lui demeurent entiers & » à ſes hoirs, ou ayans-cauſe *au fief ou glèbe* » *auquel étoit annexé ledit patronage* ».

Quoique cette coutume admette la preſcription de la franche-aumône, elle déclare encore dans l'article 75, « que les préſentés & pourvus » doivent porter *honneur & fidélité à leurs patrons*, » ſans toutefois leur faire foi & hommage ». Ce privilège même, comme celui de la franche-aumône, annonce que le *patronage* y eſt ſur-tout une dépendance des fiefs.

La coutume d'Amiens qui accorde à l'aîné des héritiers les quatre quints du fief, outre le principal manoir, avec la faculté de prendre le dernier quint, en récompenſant ſes puînés en d'autres terres, ou en argent, lui attribue auſſi dans l'article 75, « la » proviſion & inſtitution des officiers, fruits & » émolumens de la juſtice, & *préſentation aux* » *bénéfices* ».

On voit que le *patronage* eſt pris en ce lieu comme inhérent au fief, ou à la juſtice ; & de Heu l'a fort bien obſervé dans ſon commentaire.

L'article 29 du titre 1 de la coutume de la ſalle de Lille, & l'article 12 du titre 1 de la gouvernance de Douai, portent également que « le ſei» gneur haut-juſticier ou vicomtier ayant tous » ſes héritages, ou la plupart d'iceux abordant au » cimetière de l'égliſe paroiſſiale, étant de ſon gros » de fief ou tenu d'icelui, *eſt réputé ſeigneur temporel* » *& fondateur de ladite égliſe*, s'il n'appert du » contraire ».

Ces deux coutumes ajoutent qu'il appartient au ſeigneur en cette qualité de créer les clercs & les marguilliers, d'ouir les comptes de la fabrique, d'avoir la préféance à la proceſſion, de maintenir la dédicace, de faire danſer & méneſtrander ce jour-là, & *qu'il a toutes autres autorités & prééminences temporelles en icelle égliſe*.

La coutume de Metz paroît d'abord contraire à cette liaiſon du *patronage* & des ſeigneuries. L'article 15 du titre 3 de cette coutume attribue le droit de ſuccéder au *patronage* à l'aîné, en ligne directe, ou au plus proche héritier en collatérale, quoique cette coutume n'admette point le droit d'aîneſſe pour les fiefs. Mais l'article 10 du titre *des Succeſſions*, porte « que les enfans d'un même » lit, héritiers d'un défunt, viennent également » à ſa ſucceſſion, ſans conſidération des droits d'aî» neſſe, ſans avantage & ſans diſtinction de ſexe, » *ſans déroger au droit de fief* .... Il paroît par le » procès-verbal du 21 janvier 1617, que les gen» tilshommes du pays Meſſin avoient inſiſté à ce » que dans la coutume, on inſérât quelques ar» ticles, portant qu'entre nobles, il y auroit droit » d'aîneſſe ou précipur ; mais l'ancien uſage a

» prévalu. Ainſi, ſi ledit article 10 finit par ces » mots, *ſans déroger au droit de fief*, ils ne doivent » s'entendre que du privilège que l'article 15 donne » à l'aîné au ſujet du droit de *patronage* ».

Ce ſont-là les termes du commentateur de la coutume de Metz. Ainſi dans cette coutume même, le privilège des aînés eſt un privilège féodal, & le *patronage* a été conſidéré comme une appartenance du fief dans la thèſe générale.

L'article 1 du titre 5 des coutumes de Tours & de Loudun, met les collèges, aumôneries & maladreries au nombre des droits des ſeigneurs châtelains, comme la haute-juſtice, les foires & marchés, le ſcel aux contrats, &c.

L'article ſuivant des mêmes coutumes attribue encore aux ſeigneurs châtelains les droits honorifiques de toutes les égliſes ſituées dans l'étendue de leurs châtellenies, à l'excluſion de tous autres que leurs vaſſaux fondateurs deſdites égliſes, ſinon que ladite égliſe fût la principale égliſe paroiſſiale, en laquelle fût aſſis le châtel de la principale maiſon de la châtellenie. Dans ce dernier cas, les droits honorifiques appartiennent, ſans aucune exception, au ſeigneur châtelain.

La coutume de Nivernois exige même pour conſtituer une châtellenie, qu'il y ait droit de foire ou marché, ſcel aux contrats, *prieuré, ou maladrerie*, ou deſdites cinq choſes les trois.

L'article 93 de la coutume de Senlis, après avoir rapporté les droits des ſeigneurs châtelains, ajoute auſſi « qu'aucuns ont droit de travers, *prieuré, ou* » *égliſe collégiale*, hôtel-dieu & maladrerie, &c.»

Enfin les coutumes d'Anjou, *art.* 44 ; du Maine, *art.* 51 ; & du Perche, *art.* 4, mettent les ſacrilèges au nombre des cas dont la connoiſſance appartient aux ſeigneurs châtelains ; ce qui ſuppoſe bien que ces ſeigneurs ſont ſpécialement chargés de veiller à la défenſe des égliſes.

Ce ſont-là, je crois, les ſeules de nos coutumes qui aient des diſpoſitions à ce ſujet.

On connoît les abbés laïques du Béarn, & l'Eſpagne ſi religieuſe eſt pleine de *patronages* ſeigneuriaux. La plupart de ceux de la couronne n'y paroiſſent appartenir au roi, que comme le repréſentant des ſeigneurs particuliers.

Enfin dans toute la France, les ſeigneurs hauts-juſticiers d'une paroiſſe y jouiſſent des droits honorifiques égaux, ou preſque égaux à ceux des patrons, ſi l'on en excepte le droit de préſentation. Pourquoi donc n'ont-ils plus ce dernier droit, en vertu de la ſeule qualité de ſeigneur ?

Pluſieurs raiſons doivent avoir concouru à le leur enlever. Il y avoit eu, dès avant l'établiſſement du ſyſtême féodal, des fondateurs particuliers, & il y en a eu depuis encore qui n'étoient point les ſeigneurs du lieu. Les canons eccléſiaſtiques n'ont guère voulu reconnoître que cette ſorte de patron, dont l'autorité ne pouvoit guère faire ombrage ; & l'on ſait combien le droit canonique a eu d'influence ſur nos loix françoiſes. Il devoit en avoir une particulière fur un objet qui touche à l'église par tant de rapports.

A l'autorité du droit canonique s'eft jointe celle du droit civil, où les docteurs qui ne connoiffoient que ces deux loix ont auffi cherché les règles du droit de *patronage*, comme on peut le voir dans Paul *de Cittadinis*, dans une multitude d'autres ouvrages, & dans Domat lui-même, *part. 2, liv. 1, lib. 1, fect. 1, §. 16.* C'eft ainfi qu'on s'eft accoutumé à confidérer le *patronage* comme un droit particulier & indépendant des feigneuries.

Dans les temps même où le régime féodal embraffoit tout, la tentative que firent les feigneurs pour affimiler les bénéfices eccléfiaftiques aux bénéfices laïques, leur devint fatale. On fait quels incendies la querelle des inveftitures a excités, & quelle en fut l'iffue.

Si les papes & les prélats ont fouvent été obligés de céder aux fouverains une bonne partie de leurs prétentions à cet égard, il n'en a pas été de même du *patronage* appartenant aux feigneurs. Ceux-ci, pris féparément, étoient trop foibles pour défendre leurs droits, qui furent attaqués comme ceux des fouverains. Grégoire VII condamna l'inveftiture des fimples églifes, comme celle des évêchés & des abbayes dans le concile de Rome, tenu en 1078. « *Inveftituram epifcopatûs abbatiæ, vel* ecclefiæ » *de manû imperatoris, vel regis, vel alicujus laïcæ* » *perfonæ, viri, vel fæminæ* ».

Tous fes fucceffeurs fe font expliqués dans les mêmes termes.

Enfin, quand l'autorité royale s'éleva infenfiblement fur les ruines de celle des feigneurs, on ne leur laiffa rien de ce qu'on pouvoit leur contefter. Les feigneurs avoient contre eux les canoniftes, les docteurs du droit civil, & les tribunaux. Si les titres & la poffeffion d'un petit nombre conférvèrent leurs droits, la plupart n'oferent pas même défendre des prétentions, que tout fembloit profcrire. Les guerres de religion ont depuis achevé de tirer une ligne de démarcation entre leurs droits & ceux des eccléfiaftiques. Il n'eft plus douteux depuis bien long-temps que le titre de feigneur n'eft pas une préfomption légale du *patronage*, fuivant le droit commun.

Ces remarques prouvent du moins que cette qualité doit être de quelque poids dans les cas douteux. Elles conduifent encore à une autre conféquence. Le *patronage* dépendant d'une feigneurie en fait manifeftement partie. Il s'aliène avec elle, il eft fujet à confifcation comme elle, il tombe dans la faifie féodale, lors du moins qu'elle emporte la perte des fruits. Il doit donc fuivre les règles de la fucceffion des fiefs & de la juftice, qui font les mêmes, & ce mot feul réfout une queftion que les auteurs ont obfcurcie, pour ainfi dire, à l'envi.

Il n'en peut plus facile d'appliquer cette maxime à tous les cas & à tous les lieux. Par-tout où l'aîné prend le principal manoir, à titre de préciput, le *patronage feigneurial* doit lui appartenir

exclufivement, quand le lieu de l'exercice du bénéfice ou la chapelle fera dans l'enceinte affignée à ce même préciput. Il doit être encore impartable comme les fiefs de dignité, quand il en dépend, fuivant les difpofitions des coutumes de Tours & de Loudun. C'eft ce qu'a jugé l'arrêt cité par Chopin, fur la coutume d'Anjou, *liv. 2, part. 2, cap. 2, tit. 2, n. 11 ;* & d'après lui, par tant d'autres auteurs : « il a, dit-on, accordé le droit de *pa-* » *tronage* à l'aîné, quoique les domaines de la *châ-* » *pelle* fuffent fitués dans différens endroits *de la* » *baronnie* ». Il s'agiffoit d'une baronnie & d'une chapelle conftruite dans le principal manoir, & cela doit empêcher qu'on n'abufe de cet arrêt pour faire une règle générale.

Dans la coutume de Berry où les fiefs fe partagent également, fauf le principal manoir, le *patronage* qui n'aura pas pour objet la chapelle du château, fe partagera auffi également. Dans celle de Paris, l'aîné y fuccédera pour les deux tiers entre mâles ; les filles y fuccéderont également. Dans les coutumes d'Anjou, du Maine, de Poitou, & dans les autres où les fiefs ne fe partagent avec avantage pour l'aîné entre roturiers, que lorfqu'ils font venus à la troifième ou quatrième fois, le *patronage* ne fera fujet au partage noble entre roturiers, qu'à cette époque.

Il ne fert de rien de dire que ce droit eft indivifible par fa nature : il ne l'eft réellement que dans la perfonne du préfenté, comme l'obferve fort bien M. Simon, & comme le fuppofent prefque tous les auteurs, en convenant qu'il eft fufceptible de partage lorfqu'il eft perfonnel. Il peut être divifé, quant à l'exercice, comme le droit de juftice, ou le *patronage* eccléfiaftique qui appartient fouvent pour une moitié à l'évêque, & pour l'autre moitié au chapitre. (*M. GARRAN DE COULON.*)

PATRONNÉE. Dom Carpentier dit qu'on a ainfi nommé la dame du lieu, la dame de paroiffe. (*M. G. D. C.*)

PATRUISAGE, (*Droit féodal.*) c'eft la même chofe que le droit de *pertruifage.* Voyez *ce mot.* (*M. G. D. C.*)

PATURAGE, f. m. *Voyez* PACAGE, BERGER, BESTIAUX.

PATURE, f. f. eft fynonyme des mots *pacage* & *pâturage.* On entend par *vaine pâture,* les chemins, prés & prairies dépouillées, terres, bois, & autres héritages non clos, ni fermés, excepté toutefois, où & quand lefdits héritages font de défenfe par la coutume.

De droit commun les héritages non clos font fujets à la vaine *pâture ;* mais ceux qui en ufent ne peuvent acquérir fans titre, & par la fimple poffeffion, le droit de paffer dans le fonds d'autrui pour conduire leur bétail au pâturage. C'eft ce que décident plufieurs coutumes, & particulièrement celles de Blois & de Lorraine.

Les ordonnances défendent très-expreffément de faire paître le bétail la nuit, même dans les vaines *pâtures*, parce qu'il peut s'écarter & causer du dommage dans les héritages cultivés.

PAULETTE, f. f. est un droit que les officiers de judicature & de finance paient aux parties caselles du roi, afin de conserver leurs charges à leurs veuves ou héritiers. Il a été ainsi nommé de Charles Paulet, secrétaire de la chambre du roi, qui, en 1604, en fut l'inventeur & le premier fermier. *Voyez* ANNUEL & CENTIÈME-DENIER *des charges.*

PAULIENNE (*action*), c'est le nom que les jurisconsultes romains donnoient à l'action accordée aux créanciers, pour faire révoquer les aliénations faites par leur débiteur en fraude de leurs créances. *Voyez* BANQUEROUTE, FAILLITE.

PAURET. *Voyez* PARET.

PAVAGE, se disoit quelquefois anciennement pour *péage. Voyez* PÉAGE.

PAVÉ, f. m. (*Voierie.*) se dit tant des matériaux dont on se sert pour paver, que du lieu qui est *pavé.*

Les réglemens défendent aux ouvriers employés, soit à la fabrication, soit aux réparations du *pavé* des villes & des routes entretenues par les ordres du roi, de quitter, hors les temps de repos, leurs atteliers & les ouvrages commencés, sans un congé par écrit de l'entrepreneur auquel ils ont loué leur service; de vendre à d'autres qu'aux entrepreneurs, les *pavés* qu'ils auront façonnés; d'enlever des rues, chemins ou atteliers, aucuns *pavés*, sables ou autres matériaux destinés aux ouvrages publics, ou mis en œuvre.

Les mêmes réglemens défendent à toutes personnes, de quelque rang & qualité qu'elles soient, de troubler les paveurs dans leurs atteliers, d'arracher les pieux & barrières établis pour la sûreté de leurs ouvrages, d'endommager leurs bâtardeaux, d'entreprendre d'y passer avec voitures, d'injurier & maltraiter les ouvriers, à peine d'amende, & même, s'il y échoit, de peine afflictive.

PAYEMENT, f. m. (*Droit civil.*) signifie tout ce qui se donne pour acquitter une dette, une obligation.

Un débiteur ne fait un *payement* valable que lorsqu'il a le droit de disposer de la chose donnée en *payement*, c'est-à-dire, qu'il en est propriétaire, & qu'il a le droit d'en disposer. Cependant si le *payement* fait par une personne incapable consistoit dans une somme d'argent, ou autre chose qui se consume par l'usage, telle que du bled, du vin, &c. la consommation que le créancier en fait de bonne-foi valide le *payement.*

Le débiteur se libère d'une obligation de donner quelque chose, lorsque cette chose est donnée au créancier, soit par lui, soit par son commissionnaire: toute personne même peut faire le *payement* d'une dette semblable malgré le débiteur, & à son insu; & l'obligation n'en est pas moins éteinte.

Mais on demande si le créancier est obligé de recevoir le *payement*, lorsqu'il lui est offert par un étranger qui n'a aucun pouvoir pour gérer les affaires du débiteur, ni aucun intérêt à acquitter la dette.

La loi 72, §. 2, ff. *de solut.* décide que les offres de payer, qu'une personne quelconque fait au créancier au nom & à l'insu du débiteur, constituent ce créancier en demeure. Et l'article 3 du tit. 5 de l'ordonnance du commerce du mois de mars 1673, porte, qu'*en cas de protêt d'une lettre-de-change, elle pourra être acquittée par tout autre que celui sur qui elle aura été tirée, & qu'au moyen du* payement, *il demeurera subrogé en tous les droits du porteur de la lettre, quoiqu'il n'en ait point de transport, subrogation, ni ordre.*

Il résulte de ces décisions, que les offres de payer faites au créancier par l'étranger dont on a parlé, sont valables, & constituent le créancier en demeure, quand le débiteur a intérêt à ce *payement*, comme dans le cas où les offres sont faites pour arrêter des poursuites commencées, ou pour faire cesser le cours des intérêts, ou pour éteindre les hypothèques. Mais si les offres de payer ne procuroient aucun avantage au débiteur, & ne produisoient d'autre effet que de lui faire changer de créancier, elles pourroient être refusées, sans que par ce refus le créancier fût constitué en demeure.

Il faut aussi, pour la validité d'un *payement*, qu'il soit fait au créancier ou à quelqu'un qui ait pouvoir de lui ou qualité pour recevoir.

Il faut encore, pour la validité du *payement*, que le créancier, ou ceux qui le représentent, soient des gens capables d'administrer leur bien. Ainsi, dans le cas où le créancier seroit un mineur, un interdit, ou une femme sous puissance de mari, le *payement* qui lui seroit fait n'éteindroit pas la dette.

Le *payement* fait à celui que le créancier a chargé de recevoir pour lui, étant réputé fait au créancier lui-même, il faut en conclure qu'il importe peu au débiteur que celui qui a le pouvoir d'un créancier capable d'administrer son bien, soit un mineur, un religieux, ou une femme sous puissance de mari, le *payement* n'en est pas moins valable, parce que c'est la personne de celui qui a donné le pouvoir, qui doit être considérée, & non celle qui a reçu le pouvoir.

Lorsqu'un créancier a donné pouvoir à une personne de recevoir pour lui, tandis qu'il seroit absent, ou durant un certain temps, le *payement* fait à cette personne après l'expiration du temps, ou depuis le retour du créancier, ne seroit pas valable, parce que le pouvoir de recevoir ne subsisteroit plus.

Il en seroit de même si le créancier avoit révoqué le pouvoir par lui donné: mais il faudroit pour que le *payement* fait depuis la révocation ne fût pas valable, que le débiteur eût eu connoissance de cette révocation, ou qu'elle lui eût été signifiée.

Suivant le droit des novelles, le débiteur qui

devoit une fomme, & qui n'avoit ni argent, ni meubles à vendre, pouvoit obliger fon créancier à recevoir des immeubles en *payement*, conformément à l'eftimation qui en feroit faire, fi mieux n'aimoit le créancier, trouver des gens qui vouluffent acquérir ces immeubles; mais cette difpofition du droit romain n'eft pas fuivie en France: nous y tenons pour maxime, qu'un débiteur ne peut obliger fes créanciers à recevoir en *payement* autre chofe que ce qu'il leur doit. Voyez cependant ce que nous avons dit à l'article COLLOCATION, relativement à la Provence.

Le débiteur ne peut pas non plus obliger fon créancier à recevoir par parties le *payement* de fa créance ; d'où il fuit que la confignation d'une partie de la fomme due n'arrêteroit pas le cours des intérêts, même pour la partie confignée.

Il ne fuffit même pas au débiteur d'offrir la fomme principale, lorfqu'elle produit des intérêts, il faut encore qu'il offre ces intérêts, finon le créancier peut refufer le *payement*.

Obfervez néanmoins, que quelquefois le juge ordonne, en confidération de la pauvreté du débiteur, que la fomme due fera divifée en un certain nombre de *payemens* : c'eft auffi ce que les parties ftipulent fouvent par la convention. Dans ce cas, la fomme qui doit compofer chaque *payement* eft déterminée, ou elle ne l'eft pas : fi elle n'eft pas déterminée, on décide que les parties ont entendu que les *payemens* feroient égaux entre eux. C'eft pourquoi, fi la convention porte que vous me paierez douze mille francs en fix *payemens*, chaque *payement* fera néceffairement de deux mille francs ; mais vous pourrez faire deux ou trois *payemens* à la fois, fi vous le jugez à propos.

La règle, fuivant laquelle le débiteur ne peut pas obliger le créancier de recevoir fon *payement* par partie, fouffre une exception dans le cas où il y a conteftation fur la quantité de ce qui eft dû. Par exemple, par le compte que je rends de la geftion que j'ai faite d'une affaire commune, je me reconnois débiteur de dix mille francs feulement envers mes affociés : ceux-ci prétendent au contraire que je leur dois douze mille francs. La loi 31, ff. de reb. cred., veut qu'en ce cas je puiffe obliger mes créanciers de recevoir le *payement* de la fomme que j'ai déclaré leur devoir, fauf à payer le furplus, fi cela eft ainfi ordonné par le jugement qui décidera la conteftation.

La règle dont il s'agit fouffre une feconde exception dans le cas de la compenfation, attendu que le créancier eft obligé de compenfer la fomme qu'il doit, avec celle qui lui eft due, quoique cette dernière foit plus confidérable que l'autre.

Si vous êtes débiteur de plufieurs dettes envers le même créancier, vous pouvez l'obliger de recevoir le *payement* d'une dette, quoique vous n'offriez pas de payer les autres.

C'eft en conféquence de cette règle, que Dumoulin décide qu'un emphythéote qui, felon fon

bail, peut être privé de fon droit, s'il ceffe pendant trois années le *payement* de la redevance annuelle, évitera cette peine, en offrant le *payement* d'une année avant l'expiration de la troifième.

Lorfqu'une detté eft d'un corps certain & déterminé, elle peut être valablement payée en quelque état que la chofe foit, pourvu que, fi elle a été détériorée depuis la convention, ce n'ait été ni par le fait du débiteur, ni par fa faute, ni par celle dès gens dont il doit répondre.

Mais il en feroit différemment fi la dette étoit d'un corps indéterminé. Si, par exemple, je me fuis obligé de vous donner un mouton de mon troupeau, & que depuis la convention un de mes moutons foit devenu galeux, je ne pourrai pas acquitter la dette avec celui-ci ; il faudra que je vous en livre un qui foit fain.

Lorfqu'une obligation a été contractée fans terme, le créancier peut auffi-tôt en exiger le *payement* ; mais lorfqu'elle renferme un terme, le *payement* n'en peut être exigé avant l'expiration du terme.

Le terme diffère de la condition, en ce que la condition fufpend l'engagement que doit former la convention ; le terme au contraire ne fufpend pas l'engagement, mais en diffère feulement l'exécution. Celui qui a promis fous condition, n'eft pas débiteur avant l'échéance de la condition ; il y a feulement efpérance qu'il pourra l'être. C'eft pourquoi, s'il venoit à payer par erreur avant la condition, il feroit fondé à répéter ce qu'il auroit payé, comme chofe non due.

Mais il en eft autrement de celui qui doit à un certain terme ; il ne peut rien répéter, parce qu'il n'a payé que ce qu'il devoit effectivement.

Obfervez néanmoins que, quoiqu'en général le *payement* fait avant le terme foit valable, il y a néanmoins des exceptions à cette règle, quand il paroît par les circonftances, que le temps du *payement* a été limité en faveur du créancier, auffi bien qu'en faveur du débiteur. Par exemple, un teftateur lègue une fomme de dix mille francs à un mineur, & pour empêcher que le tuteur de ce mineur ne la diffipe, il ordonne qu'elle ne fera payée qu'à la majorité du légataire : il eft certain que fi le débiteur du legs vient à payer la fomme auparavant, il fe rendra refponfable de l'infolvabilité du tuteur.

Comme le terme que le créancier accorde au débiteur, eft cenfé avoir pour fondement la folvabilité de ce dernier, il faut en conclure, 1°. que s'il vient à faire faillite, & que le prix de fes meubles fe diftribue, le créancier peut demander fon *payement*, quoique le terme de la dette ne foit pas échu.

Remarquez à ce fujet, que fi de deux débiteurs folidaires, il y en a un qui faffe faillite, le créancier peut bien exiger de celui-ci le *payement* de fa dette avant le terme, mais il ne feroit pas fondé à faire payer celui qui eft demeuré folvable. Ce dernier ne peut même pas être obligé de donner caution à la place de son codébiteur en faillite.

Anne Robert rapporte un arrêt du 29 février 1592, qui l'a ainsi jugé. Cette décision est fondée sur ce que la faillite n'étant pas le fait du débiteur qui est demeuré solvable, elle ne peut pas lui préjudicier, en l'obligeant à plus que ne porte la convention. C'est le cas d'appliquer la maxime, *nemo ex alterius facto præcgravari debet.*

2°. Le créancier hypothécaire qui a formé opposition au décret des immeubles de son débiteur, & qui se trouve en ordre d'être utilement colloqué, peut aussi exiger le *payement* de sa créance, quoique le terme de crédit ne soit point écoulé. La raison en est, que son hypothéque venant à s'éteindre, l'effet du terme de crédit doit cesser.

Lorsque le débiteur qui se libere veut une quittance pardevant notaires, il doit en payer les frais.

Il arrive souvent que par l'effet d'un seul *payement*, plusieurs obligations de différentes personnes se trouvent acquittées, comme quand un débiteur paye par l'ordre de son créancier à un autre envers qui ce créancier étoit obligé : mais quoiqu'il ne paroisse en pareil cas qu'un seul *payement*, il s'en fait dans la vérité autant qu'il se trouve de dettes payées : en effet, il en est de même que si chacun de ceux qui se trouvent payés, & qui payent à d'autres par ce seul *payement*, recevoit des mains de son débiteur ce qui lui est dû, & le mettoit entre celles de son créancier.

Il peut aussi arriver qu'un même *payement* acquitte en un instant deux obligations d'une même personne envers un même créancier ; par exemple, si un testateur, créancier d'un mineur, qui peut se faire relever, lui fait un legs sous la condition qu'il payera la dette à l'héritier, le *payement* que fera le légataire acquittera sa dette, & remplira la condition imposée pour le legs.

Un débiteur qui paye volontairement une dette qu'il auroit pu faire déclarer nulle en justice, mais que l'équité naturelle rendoit légitime, ne peut revenir contre cette approbation. Ainsi un mineur devenu majeur, qui paye une dette contractée durant sa minorité, n'est pas fondé à répéter ce qu'il a payé. Il en est de même d'une femme qui ayant contracté une dette sans l'autorisation de son mari, la paye lorsqu'elle est veuve.

On exécute dans le commerce une sentence des juges-consuls de Paris du 9 janvier 1730, suivant laquelle les *payemens* de sommes un peu considérables doivent se faire en sacs de douze cens livres, de mille livres, ou de six cens livres.

On juge d'ailleurs dans tous les tribunaux, que celui qui paie douze cens livres dans un sac, peut exiger six sols pour le sac, cinq sols si le *payement* est de mille livres, & trois sols s'il est de six cens livres.

Par arrêt du premier août 1738, le conseil avoit réglé que ceux qui feroient des *payemens* au-dessus de quatre cens livres, ne pourroient obliger le créancier de recevoir plus d'un quarantieme en

sols ; mais, par un autre arrêt du 21 janvier 1781, il a ordonné que les sols ne se délivreroient plus dans les *payemens* que pour les appoints qui ne pourroient être payés en écus.

Des lettres-patentes du 11 décembre 1774, enregistrées à la cour des monnoies le 6 février 1775, ont pareillement ordonné que les pieces de six sols, douze sols & vingt-quatre sols, ne pourroient entrer dans les *payemens* que pour appoint & en especes découvertes. *Voy.* OBLIGATION, *n.* 5.

PAYEUR DES GAGES. On donne ce titre à l'officier chargé de payer à tous les membres d'une cour souveraine, les gages attribués à chacun de leurs offices. Ils sont eux-mêmes partie du corps auquel cette fonction les attache, jouissent de tous les droits, honneurs, prééminences & prérogatives dont jouissent les principaux officiers, notamment de la noblesse au premier degré, du droit de *committimus*, &c. Les *payeurs des gages* du parlement & de ceux de la cour des aides sont précéder ce titre de celui de trésoriers.

Le roi ayant reconnu que le service des officiers attachés à la chambre des comptes pour payer les gages de ses membres, quoique partagé entre plusieurs, pouvoit se faire par un seul, & que le prix des finances de leur charge avoit été porté à une somme si considérable, qu'il n'y avoit plus de proportion entre elle & les émolumens qui y avoient été fixés, sa majesté les a tous supprimés pour ne recréer qu'un seul & unique office de receveur & *payeur des gages*, dont la finance plus modérée mit le titulaire en état de remplir moins onéreusement les fonctions de sa charge : c'est ce qui a eu lieu par un édit du mois de juillet 1775.

PAYEURS DES RENTES. Les *payeurs des rentes* sont des officiers établis pour payer toutes les rentes, soit perpétuelles, soit viageres, dues par le roi : leur origine remonte à l'année 1576.

Les édits de création de leurs offices leur donnent la « qualité de conseillers du roi, trésoriers-» receveurs-généraux & *payeurs des rentes* de l'hô-» tel-de-ville de Paris, receveurs des consigna-» tions, dépositaires des débets de quittances, » commissaires aux rentes saisies réellement, & » greffiers des feuilles & immatricules ». Ces édits leur accordent différens priviléges & exemptions, & notamment ceux appartenans aux receveurs-généraux des finances, qui sont les mêmes que ceux attribués aux officiers des bureaux des finances : ces priviléges sont énoncés dans la déclaration du roi du 28 janvier 1576, & les édits d'avril 1594, mai 1608, & 5 avril 1707, auxquels les différens édits de création se référent.

Le grand intérêt qu'ont presque tous les ordres de citoyens dans les rentes dues par le roi, exige que nous donnions un détail un peu circonstancié des fonctions de ces officiers.

Les *payeurs des rentes* sont tenus de faire leurs payemens à bureau ouvert à l'hôtel-de-ville, sous les yeux de MM. les prévôt des marchands & échevins ;

échevins, jugés en première inftance de toutes les difficultés qui peuvent furvenir non-feulement au moment du paiement, mais antérieurement ou poftérieurement à icelui, defquels jugemens l'appel fe relève au parlement. Le paiement, conformément à l'ordonnance de 1672, doit être précédé de l'appel des rentiers qui ont dû fournir leur quittance au *payeur*, au moins huitaine auparavant, & cet appel doit être fait par ordre alphabétique; cette obligation de la part des rentiers de fournir leurs quittances & leurs pièces au *payeur* huit jours avant le paiement, paroît, au premier coup-d'œil, injufte & fujette à des inconvéniens; mais elle eft abfolument néceffaire pour les intérêts du roi, & par fuite pour ceux du *payeur*, qui ne doit acquitter que ce que le roi doit, & qui n'en doit faire le paiement qu'à ceux qui ont réellement droit de l'exiger. Cette remife de quittances, antérieurement au paiement, ne peut d'ailleurs entraîner aucun abus, parce que le *payeur* ne peut pas être libéré par la feule quittance des rentiers, mais feulement par la réunion de la quittance & du contrôle qui conftate que le paiement a été effectué. La preuve du contrôle eft de nature à être admife feule en cas de défaut de quittance, fi par cas fortuit le *payeur* fe trouvoit hors d'état de repréfenter les acquits des rentiers à l'appui de fon compte.

La forme du contrôle des paiemens de l'hôtel-de-ville eft peut-être la feule qui fubfifte en finance, fans abus; la feule où le contrôleur ait vraiment des fonctions utiles au roi, au public & au *payeur*. D'après fon inftitution, le contrôleur affifte toujours en perfonne aux paiemens; il tient regiftre de tous les rentiers qui répondent, examine fi ceux qui fe préfentent aux paiemens font les propriétaires des rentes, porteurs de contrats ou de procurations & pouvoir de rentiers; alors il décharge les parties aux noms de ceux qu'il trouve dans le cas de toucher, & le *payeur* en fait le paiement effectif. C'eft lui, fur-tout depuis l'arrêt du 4 mai 1785, qui eft véritablement le juge du paiement, dont il donne fon certificat au *payeur* au pied d'un double regiftre d'appel tenu par le *payeur*, & cet officier, à la fin de chaque paiement, fournit au bureau de la ville & à l'adminiftration, un extrait de ce même regiftre, contenant le total du paiement qui a été fait: par ce moyen, l'adminiftration a jour par jour le bordereau de la caiffe des *payeurs des rentes*.

Ce regiftre du contrôle a un autre grand avantage pour le public; c'eft qu'en vertu d'un extrait du contrôle, il peut obtenir la contrainte par corps contre un receveur infidèle & rétentionnaire.

Les *payeurs des rentes* n'étoient point, dans l'origine, receveurs des confignations, mais bien dépofitaires des débets de quittances; ce qui devoit opérer le même effet: mais dans un befoin de l'état, le gouvernement imagina de créer un receveur des confignations; cet office fut à peine créé par édit de feptembre 1625, qu'il fut fupprimé & uni pour

toujours aux offices de *payeurs de rentes*, d'abord par arrêt du confeil du 3 juin 1626, & enfin par édit de juillet de la même année.

Ces titres de receveurs des confignations, dépofitaires de débets, fubfiftent encore à l'avantage du public & de l'état feulement, parce qu'au moyen de ce que ces titres ne font point exercés par d'autres officiers, la plénitude des fonds faits par le roi, fert en entier à l'acquit des rentiers, & tous les débets de quittances, qui, fuivant différens édits, devoient plus ou moins long-temps refter ès mains des *payeurs*, avant d'être par eux reverfés au tréfor royal, doivent fervir journellement au paiement des arrérages courans & des remplacemens réclamés par les rentiers, qui n'ont plus à attendre qu'il foit ordonné un fonds nouveau pour ledit remplacement.

Ce nouvel ordre de finance qui ôte tout foupçon fur l'emploi que les *payeurs* pouvoient faire de leurs débets, a été fixé par l'article 8 de l'édit de mai 1772, qui ordonne, en dérogeant aux difpofitions de l'ordonnance de 1669, pour la préfentation des comptes, que les trente *payeurs* réfervés par ledit édit, ne feront plus tenus *de préfenter leurs comptes qu'après que les états de diftribution des rentes auront été arrêtés au confeil, lefquels états ne contiendront, à compter de l'année 1771, que les fommes qui auront été effectivement payées par lefdits payeurs, fur chacun de leurs exercices.*

Un arrêt du parlement de Paris, contradictoire, en date du 16 juin 1777, portant règlement, maintient les *payeurs* des rentes de l'hôtel-de-ville de Paris dans leur qualité de feuls receveurs des confignations, *commiffaires aux rentes faifies réellement, dépofitaires des débets de quittances & de feuls féqueftres des arrérages de rentes fur l'hôtel-de-ville; ordonne en outre que, conformément à l'article 10 de l'édit du mois de février 1716, concernant la police defdites rentes, ledit édit enregiftré en la cour, toutes fignifications d'arrêts, jugemens & fentences à faire, & toutes affignations à donner feront faites aux payeurs defdites rentes; qu'à cet effet, tous huiffiers, porteurs defdites affignations & fignifications, feront tenus de laiffer les originaux & copies defdits exploits de fignifications & affignations, auxdits payeurs defdites rentes, pour les reprendre dans vingt-quatre heures, vifés & paraphés; le tout à peine de nullité.*

La qualité de commiffaires aux faifies-réelles des rentes n'a point été conférée expreffément aux *payeurs des rentes*, lors de leurs premières créations; on voit cependant qu'elle avoit toujours été cenfée comprife dans celle de dépofitaires des débets de quittances: car le roi ayant, par édit de février 1626, créé en titre d'office des officiers commiffaires-receveurs des deniers des faifies-réelles, donna, le 24 mars 1727, une déclaration qui fixe les objets auxquels lefdits officiers pourront être établis commiffaires, & détermine ceux qui feront exceptés de leurs commiffions, du nombre defquels font les rentes fur la ville.

L'édit de création des commissaires aux saisies-réelles des jurisdictions de la ville de Paris, de décembre 1639, leur donnoit le droit d'être établis commissaires aux rentes saisies réellement ; mais, sur la réclamation du bureau de la ville, le roi, par édit de février 1642, révoqua ce titre à l'égard des commissaires aux saisies-réelles, & le conféra aux *payeurs des rentes*, pour être par eux exercé, comme lesdits commissaires avoient droit de le faire, aux termes de l'édit de leur création : le roi se détermina d'autant plus volontiers à conférer ce titre aux *payeurs des rentes*, qu'il supprimoit, d'après leurs offres, un droit de douze deniers pour livre, qui étoit attribué aux commissaires aux saisies-réelles sur les rentes saisies réellement.

Depuis cet édit de février 1642, la fonction de commissaires aux saisies-réelles a été confirmée aux *payeurs des rentes* par tous les édits de création de leurs offices ; & toutes les fois qu'elle a été attaquée, ce qui a été rare, elle a été confirmée, tant par les tribunaux ordinaires, que par le conseil. L'on se contentera de citer l'arrêt rendu contradictoirement au conseil, entre le sieur Forcadel, commissaire aux saisies-réelles, le premier avril 1704, qui fait défense audit Forcadel de s'immiscer en la recette des arrérages de rentes, & d'apporter aucun trouble aux *payeurs*; les édits d'août 1707, septembre 1712, juin 1714, & février 1716, confirment expressément cette qualité. L'enregistrement de la saisie-réelle chez le *payeur*, immobilise les arrérages, de manière qu'ils sont dans le cas d'être distribués par ordre d'hypothèque, après l'ordre fait ou ordonné en justice.

Enfin les *payeurs des rentes* sont greffiers des feuilles & immatricules, & principaux commis y joints. L'édit de juillet 1637 leur attribue, en cette qualité, trois livres pour l'immatricule des rentes de cent livres & au-dessus, trente sols pour celles au-dessous, vingt sous pour l'enregistrement de chaque saisie, & dix sous pour chaque main-levée. Tous les édits de création postérieure rappellent ou confirment ces qualités aux *payeurs des rentes*, & les attributions desdits droits.

L'édit de février 1642 est le premier qui ait érigé, en titre d'office, des commis principaux des *payeurs*, avec pouvoir de faire les paiements, signer les *visa* des saisies & autres actes, à la charge, par les *payeurs* qui jugeroient à propos de leur laisser lesdites fonctions, d'être garans de leurs gestions. Comme cet édit donnoit la permission aux *payeurs* d'unir & incorporer ces offices aux leurs, il y a grande apparence que cette réunion a été faite. Aussi les édits postérieurs créent les *payeurs* avec cette nouvelle qualité, d'où résulte le droit qu'ils ont de se faire suppléer, dans les cas forcés, par leurs commis, dont ils sont toujours garans.

Les anciens réglemens avoient statué, pour la commodité du public, que les *payeurs des rentes* consacreroient chaque semaine une matinée pour donner au public les éclaircissemens qu'il pourroit

desirer relativement à ses rentes : cet établissement subsiste dans toute sa vigueur.

Le desir de satisfaire de plus en plus le public, a donné lieu de former, en 1762, un autre établissement ; c'est celui du comité des *payeurs des rentes*. Ce comité, composé d'anciens officiers de la compagnie, se tient tous les jeudis de chaque semaine. Toutes les plaintes que le public peut avoir à former, toutes les questions qu'il peut avoir à faire résoudre, sont traitées, entendues & discutées ; & ce tribunal intérieur qui n'a aucune autorité coactive pour faire exécuter ses décisions, est néanmoins, par la considération qu'il s'est acquise de la part de tous les *payeurs* & du public, l'oracle qui décide sans frais de tout ce qui est journellement soumis à son jugement.

Avant de finir cet article, il faut dire que les *payeurs des rentes* jouissent encore d'un privilège qui leur est particulier ; c'est celui de ne pouvoir être contraints en leurs personnes, ou biens pour le fait des rentes dont ils sont *payeurs*; mais qu'ils peuvent l'être seulement en leurs bureaux, à l'hôtel-de-ville. L'édit d'avril 1671, qui enjoint à tous huissiers porteurs d'arrêts, jugemens ou sentences qui condamnent les *payeurs des rentes* à vuider leurs mains des arrérages d'icelles, de se rendre à l'hôtel-de-ville aux jours ordinaires des paiemens, pour exécuter les condamnations & recevoir les arrérages des *payeurs*, ordonne que lesdits huissiers porteurs de contraintes seront tenus de les communiquer huitaine avant aux *payeurs*, & de leur en laisser copie ; & qu'en cas de refus du *payeur*, il lui sera donné assignation pardevant les prévôt des marchands & échevins, pour être la cause jugée sur le champ.

L'ordonnance de 1672, chap. 31, art. 5, renouvelle les dispositions de cet édit. Une multitude d'arrêts, soit antérieurs, soit postérieurs à ces édits & ordonnances, l'ont ainsi jugé. Un arrêt de réglement, du 10 mars 1746, signifié à toutes les communautés d'huissiers de cette ville, ordonne l'exécution desdits édits & ordonnances, enjoint au bureau de la ville de tenir la main à l'exécution de l'arrêt & des réglemens concernant le paiement des rentes ; & en cas de contravention, rebellion & violence, permet de faire emprisonner les contrevenans, à la première réquisition du *payeur* refusant.

Ce n'est pas sans quelque fondement, que les *payeurs des rentes* sont persuadés qu'ils étoient autrefois membres du corps de ville, & qu'en conséquence ils avoient droit d'y siéger, lorsqu'il s'agissoit des affaires relatives aux rentes ou à leurs charges ; c'est, suivant toute apparence, ce titre que les quatre plus anciens d'entre eux recevoient autrefois annuellement, de la part de la ville, une certaine quantité de livres de bougies & de jetons. Ils ont laissé ensevelir sous le temps ces prérogatives, & il seroit peut-être difficile de les faire revivre,

Le nombre des rentiers augmentant infenfiblement, il fallut augmenter graduellement celui des
officiers prépofés à leur paiement. En 1719, ils
étoient portés au nombre de foixante-dix-neuf.

Ces officiers ayant été enveloppés dans la profcription générale qui frappa alors tous les offices
de la finance, furent fupprimés. Le papier-mon-
noie, qui étoit fubftitué aux contrats, rendoit effectivement leur fervice inutile; mais les chofes ayant
été rétablies en 1720, on en créa alors douze, &
à mefure que les liquidations des créances fur la
ville s'avançoient, on en augmenta le nombre
jufqu'à cinquante, nombre auquel ils ont été fixés
pendant trente-huit ans.

Les quatre pour cent de 1758, occafionnèrent
une création de dix *payeurs des rentes*; en 1760, on
leur en ajouta quatre. Enfin l'édit du mois de juin
1768, qui ordonnoit la converfion en contrats de
tous les effets au porteur, créa dix nouveaux officiers pour en faire le paiement; ce qui en remit le
nombre à foixante-quatorze.

Mais en 1772, première époque de tous les
orages qui ont fondu fucceffivement fur toutes les
parties de la comptabilité, les *payeurs des rentes*,
par la fuppreffion de quarante-quatre d'entre eux,
fe font réduits à trente.

Par édit du mois de feptembre 1784, qui porte
établiffement defdites nouvelles parties de rentes,
le nombre des *payeurs* a été augmenté de vingt;
ce qui le fixe aujourd'hui à foixante. Par cet édit,
les arrérages qui fe payoient à la caiffe des amor-
tiffemens, fe font actuellement à l'hôtel-de-ville,
la diftribution en eft répartie entre les *payeurs des
rentes*.

Par l'article VII de l'édit du mois de feptembre
1784, les *payeurs des rentes*, ainfi que les contrôleurs des rentes, font confirmés dans le droit d'hérédité de leurs offices, dans l'exemption de logement de gens de guerre, & dans tous les privilèges qui leur avoient été accordés par l'article X
de l'édit du mois de mai 1772.

Le droit que les *payeurs des rentes* ont de vifer
les exploits de faifies & oppofitions qui font faites
entre leurs mains, a donné lieu à quelques difficultés, relativement aux oppofitions pour des rentes
qui font infaififfables de leur nature, telles que
celles où cette claufe a été inférée, ou celles conftituées au profit des étrangers. Mais la plus faine
partie des *payeurs* a été d'avis que l'exploit d'oppofition ou de faifie devo't être vifé par le *payeur*,
avec proteftation & fans approbation, pour conftater l'acte juridique de l'huiffier.

Cette obfervation nous conduit à donner une
inftruction néceffaire à ceux qui croiroient pouvoir
prêter avec fûreté aux étrangers, par la raifon
qu'ils auroient des rentes fur l'hôtel-de-ville. Le gouvernement, pour attirer la confiance & déterminer
les habitans des autres dominations à verfer leurs
fonds dans les emprunts, a déclaré dans les édits de
création d'emprunt, que leurs rentes feroient in-

faififfables; & ils peuvent les tranfmettre aux
mêmes conditions aux nationaux, qui font difpenfés de prendre des lettres de ratification. La mauvaife foi, qui abufe de tout, n'abufe que trop fouvent de cette claufe, qui enlève au créancier la
feule reffource qu'il auroit pour fe faire payer d'un
débiteur éloigné, ou qui n'a pas d'autres natures
de biens.

Un édit de janvier 1634, porte, « qu'en cas de
» rachat & amortiffement des rentes, extinctions
» & fuppreffions defdits offices ou autrement, ne
» pourront lefdits receveurs être rembourfés fur
» le prix de la finance defdits offices, ains fur le
» prix courant, fuivant les dernières ventes &
» acquifitions qui en auront été faites par eux ou
» leurs confrères, par contrat ou compromis paffés
» devant notaires fans fraude, ou fur le pied du
» courant de la vente d'iceux, & de ce qu'ils au-
» ront payé pour jouir de ce que deffus, & de leurs
» frais & loyaux-coûts, dépens, dommages &
» intérêts ».

Cet édit qui, loin d'être révoqué par aucune loi
fubféquente, fe trouve au contraire confirmé par
ceux de mars 1760, & de juin 1714, a fait la bafe
de l'enregiftrement de la fuppreffion des *payeurs des
rentes* en 1772. On peut ajouter qu'a été invoqué
avec fuccès par ces officiers fupprimés; c'eft à la
juftice & à l'évidence de leurs repréfentations,
qu'eft due l'indemnité qu'ils ont d'abord obtenue
du miniftre même, auteur de leur deftruction, par
un intérêt dans les domaines; indemnité qui a été
enfuite remplacée par un contrat fur les aides &
gabelles.

La comptabilité des *payeurs des rentes* eft encore
un objet qui a fubi bien des variations, qu'il n'eft
pas inutile au moins d'indiquer.

Long-temps ils furent dépofitaires pendant vingt
ans des fommes qui n'étoient pas réclamées, & ce
n'étoit que la vingt-deuxième année qu'ils portoient
au tréfor royal le montant de ces fommes, que l'on
appelloit débets. Les befoins de la finance ayant
éveillé l'attention du miniftre fur cet objet, ces
vingt années furent réduites à fept; en 1770, on
reftreignit ces fept années à quatre. Enfin, l'édit de
1772 abolit entièrement les débets. Cet édit, qu'on
peut regarder comme un chef-d'œuvre, quant à
la partie de la comptabilité, a fervi de modèle à la
plupart de ceux qui l'ont fuivi. Les *payeurs des
rentes* ont donc été les premiers de tous les officiers
des finances dont ont été réduits à des taxations fixes
pour tout émolument.

Une autre difpofition de cette nouvelle comptabilité confifte en ce que les fonds ne font jamais
complétés fur un exercice, qu'après fa clôture entière, quant à la dépenfe. D'après un tel plan, point
d'excédent ni de déficit de fonds du fait des *payeurs
des rentes*, leurs comptes font toujours jugés *partant
quittes*. Quoique ce nouvel ordre de chofes paroiffe
tarir la fource des bénéfices qu'on attribuoit autrefois à ces charges, il n'en eft pas moins précieux

pour les titulaires. 1°. Il les lave de tout foupçon envers le public, de recourir à des fubtilités pour retarder des paiemens : 2°. comptables *de nom* feulement, ils font de fait moins comptables qu'aucun tréforier. La chambre des comptes a reconnu cette vérité par fon arrêt du 20 février 1779, lequel porte, « qu'en cas d'excédent de fonds fur aucuns » des comptes des *payeurs des rentes*, ces officiers, » au lieu d'en porter le montant au tréfor royal, » comme ils le faifoient ci-devant, en feront re- » prife dans un des exercices fuivans ».

Enfin, ce principe eft confirmé par l'édit du mois de feptembre 1784, qui fixe uniquement le privilège du roi fur la finance de la charge des *payeurs des rentes*, & affranchit tous leurs autres immeubles de toute hypothèque & privilège. (*Article de M. DE LA CROIX, avocat au parlement.*)

P E

PÉAGE, f. m. (*Droit féodal.*) eft le nom d'un droit qui fe lève fur les rivières, canaux, chemins, ponts, places, chauffées, &c. pour le paffage des voitures, beftiaux, marchandifes & denrées.

De *péage*, on a fait le mot *péager*, pour fignifier celui qui fait la recette du droit de *péage*.

L'impofition d'un tribut fur toutes les marchandifes que l'on transporte d'un lieu dans un autre, a été en ufage très-anciennement. Il paroît que les rois de Rome avoient établi des droits de *péage*, qu'on appelloit *portorium*. En effet, Plutarque, Denis d'Halicarnaffe & Tite-Live, nous apprennent que Publicola abolit les *péages*, ainfi que plufieurs autres charges dont le peuple étoit opprimé. Ils furent rétablis dans la fuite, & ils ont duré jufqu'au temps où Cecilius Metellus, préteur, les abolit, ainfi que le rapporte Dion. Cet affranchiffement a duré jufqu'à la fin de la république ; car, au rapport de Suétone, Jules-Céfar renouvella ces fubfides, qu'Augufte ne manqua pas de confirmer.

L'établiffement des *péages* eft très-ancien en France ; ils reçoivent des noms différens, felon l'objet particulier pour lequel ils fe perçoivent, comme *barrage*, *pontonage*, *paffage*, *travers*. Voyez ces mots.

On appelle auffi le *péage*, *billette* ou *branchiette*, à caufe du billot ou branche d'arbre où l'on attache la pancarte qui indique la quotité du droit à payer.

Le roi feul peut établir des *péages*, & en général, ce droit lui appartient, & ne doit être perçu qu'à fon profit, ou à celui foit des engagiftes du domaine, foit de ceux auxquels il a été concédé à titre d'inféodation ou d'octroi. Les feigneurs hautsjufticiers ne peuvent à ce titre exiger aucun *péage* ; il faut qu'ils en jouiffent en vertu d'une conceffion expreffe, ou qu'ils aient en leur faveur une poffeffion tellement immémoriale, qu'elle puiffe faire préfumer qu'il y a eu originairement une conceffion du roi.

Les feigneurs qui ont droit de *péage*, font obligés d'avoir une pancarte contenant le tarif du droit, & de la faire mettre dans un lieu apparent, afin que le fermier ne puiffe exiger plus grand droit qu'il n'eft dû, & que les paffans ne puiffent prétendre caufe d'ignorance du *péage*.

Celui qui a droit de *péage* dans un lieu, ne peut, fans permiffion du roi, transférer le bureau de fon *péage* en un autre endroit, ni établir de nouveaux bureaux fans permiffion.

La déclaration du 31 janvier 1663, contenant réglement fur la levée des *péages*, & l'ordonnance des eaux & forêts de 1669, ont fupprimé les *péages* établis depuis cent ans fans titre, & déterminé la manière de recevoir ceux de ces droits dont la perception feroit continuée. L'ordonnance de 1669 a même rejetté les droits de *péage* établis par titre & poffeffion, dans le cas où les feigneurs qui les levoient, n'étoient obligés à aucune dépenfe pour l'entretien des chemins, bacs, ponts & chauffées.

Les droits de *péage* ont été établis, dans l'origine, pour l'entretien des ponts, ports, paffages, & chemins, & même pour y procurer aux marchands & voyageurs la fûreté de leurs perfonnes & effets : c'eft pourquoi anciennement, lorfque quelqu'un étoit volé fur un chemin où le feigneur haut-jufticier avoit droit de *péage*, ce feigneur étoit tenu de rembourfer la perte ; cela fut ainfi jugé par arrêt donné à la Chandeleur 1254 contre le fieur de Crevecœur ; en 1269 contre le feigneur de Vicilon ; en 1273 contre le comte de Bretagne ; & en 1285 contre celui d'Artois.

On voit auffi par un arrêt de la Touffaint 1295, que le roi faifoit rembourfer de même le détrouffement fait en fa juftice.

Mais quand le meurtre ou vol arrivoit avant foleil levé, ou après foleil couché, le roi ou autre feigneur n'en étoit pas refponfable.

Cette garantie n'a plus lieu depuis que les feigneurs n'ont plus la liberté de mettre fous les armes leurs vaffaux & fujets, & que le roi a établi des maréchauffées pour la fûreté des chemins.

Quelques coutumes prononcent une amende au profit du feigneur contre ceux qui ont fraudé le *péage* ; cela dépend des titres & de la poffeffion.

Les *péages* font droits domaniaux, & non d'aides & de fubfides.

On ne peut nier que les *péages* n'entraînent avec eux une multitude d'inconvéniens. M. Linguet, *dans fes Canaux Navigables* imprimés en 1769, en a très-bien démontré les abus & les dangers.

« Examinez, dit-il, ce canal de Briare creufé fous Henri IV, celui de Languedoc follicité par Colbert : regardez le cours de la Saone, de la Loire... vous y verrez l'avidité étendre fes filets à chaque pont, à chaque éclufe, à chaque mafure tolérée dans le voifinage.

Vous verrez l'induftrie fe débattre en vain fous les efforts d'une multitude d'oifeaux de proie, appellés *buraliftes*, *receveurs*, *péagers*.... elle n'éappe de leurs ferres qu'en y laissant une partie e sa dépouille ; & comme à chaque pas la même xène se renouvelle, elle arrive enfin expirante u terme de son voyage.

Voilà le spectacle qu'offrent en France tous ces eaux ouvrages , tant célébrés par un tas d'écrivains flatteurs qui arrondissent des phrases dans eur cabinet.

N'élevez donc point, messieurs, de ces guêtes terribles, où se logera bientôt, malgré vous, a rapacité des traitans : sacrifiez sans retour & sans egret à l'établissement de vos enfans, la somme sont ils ont besoin pour leur dot.

Il vaut mieux ne point ouvrir de routes que de les voir infectées par les harpons meurtriers des péagers. Il est moins dangereux de laisser le commerce ramper sur la terre, que de le réduire dès l'entrée d'un canal à reculer d'épouvante à l'aspect de ces retraites perfides où s'embusquent ces ennemis dévorans qui l'attendent pour le sucer : écartez-en donc pour toujours ces pirates privilégiés qui rançonnent les passans, sans autres armes que des parchemins.

Le gouvernement a ouvert depuis long-temps les yeux sur ces abus ; &, pour y remédier, il a établi, par arrêt du conseil du 29 août 1724, un bureau composé de conseillers d'état, & de maîtres des requêtes, pour l'examen & la représentation des titres des propriétaires des droits de péages, passages, pontonages, travers, & autres qui se perçoivent sur les ponts, chaussées, chemins, rivières navigables, & ruisseaux y affluans, dans toute l'étendue du royaume. L'exécution de cet arrêt a été postérieurement ordonnée par d'autres arrêts des 24 avril 1725, & 4 mars 1727. Un dernier, du 15 août 1779, annonce que l'intention du roi est de supprimer, lorsque les circonstances le permettront, les péages établis sur les grandes routes & sur les rivières navigables, & de réserver seulement ceux qui se paient sur les canaux, ou les rivières qui ne sont navigables que par le moyen d'écluses, ou autres ouvrages de l'art, & qui exigent un entretien journalier.

M. Groley, éphem. troy. année 1760, rapporte un droit de péage fort singulier, qui existoit au xve siècle, dans le comté de Lesmont en Champagne.

Art. 14. Un cheval ayant les quatre pieds blancs, franc.

Art. 17. Un char chargé de poissons, 4 s. 2 d. & une carpe ou un brochet.

Art. 18. Un homme chargé de verres, 2 den. s'il vend ses marchandises au lieu dudit comté, doit un verre au choix du comte, qui doit au marchand du vin plein le verre.

Art. 22. Un juif passant dans ledit comté, se doit mettre à genoux devant la porte du château, & recevoir un soufflet du comte ou de son fermier.

Art. 23. Un chauderonnier passant avec ses chauderons, doit 2 den. ; si mieux n'aime, dire un pater & un ave devant le château.

PECEIZ, ou PECZAIS, (Droit féodal.) ce mot paroît signifier littéralement une pièce, un morceau. On l'a employé pour désigner un droit de bris ou de naufrage.

Dom Carpentier, qui en rapporte des exemples, dit qu'on s'est servi des mots Pécou ou Pecoy dans le même sens ; mais les textes qu'il cite paroissent désigner les laisses de la mer, les bas fonds qu'elle couvre & découvre, suivant l'expression d'une chartre qu'il cite, & si l'on veut, les lieux où elle jette ces débris. Voyez le Glossarium novum de cet auteur, au mot Peceium. (M. G. D. C.)

PÊCHE, s. f. (Droit naturel, des gens, & public.) se dit tant de l'action que du droit de pêcher.

La pêche & la chasse sont les deux manières d'acquérir que les hommes ont eu dès le commencement ; l'une & l'autre furent le premier art que la nature leur enseigna pour se nourrir.

La pêche continua d'être permise à tout le monde par le droit des gens, non-seulement dans la mer, mais aussi dans les fleuves, rivières, étangs, & autres amas d'eau. Mais le droit civil ayant distingué ce que chacun possédoit en propriété, il ne fut plus permis de pêcher dans les étangs & viviers d'autrui, mais seulement dans la mer, & dans les fleuves & rivières dont l'usage appartenoit au public.

La pêche qui se fait tant en pleine mer que sur les grèves, est toujours demeurée libre à tout le monde, suivant le droit des gens, & l'ordonnance du mois d'août 1681, l'a déclarée libre à tous les sujets du roi ; mais elle ne la permet dans les mers qui avoisinent la domination françoise qu'avec les filets permis ; & elle défend aux pêcheurs qui arrivent à la mer, de se mettre & jetter leurs filets en lieux où ils puissent nuire à ceux qui se seront trouvés les premiers sur le lieu de la pêche, ou qui l'auront déjà commencée, à peine de tous dépens, dommages & intérêts, & de cinquante livres d'amende.

Les réglemens concernant la pêche maritime sont contenus dans l'ordonnance de 1681, liv. 5, celle de mars 1702 ; les déclarations des 23 avril, 2 septembre & 24 décembre 1726, 18 mars 1727, 18 décembre 1728, & dans différens arrêts du conseil, qui déterminent le temps des différentes pêches, les filets & autres engins qui peuvent y être employés, les devoirs que doivent remplir les pêcheurs, les obligations auxquelles ils sont astreints. Nous ne nous étendrons pas sur ces objets, qui seront traités soit dans le Dictionnaire des Arts & Métiers, soit dans celui de la Marine. Voyez aussi les mots BORDIGUE, BOUCHOT, MADRIGUE, PRUDHOMMES, &c.

Le droit de pêche dans les fleuves & rivières navigables appartient en France au roi seul, parce que leur propriété lui appartient également.

Les anciennes ordonnances permettoient à chacun de pêcher à la ligne dans les fleuves & rivières navigables, parce que cela n'étoit regardé que comme un amusement; mais comme insensiblement on abuse des choses les plus innocentes, & qu'il y auroit une infinité de gens oisifs qui pêcheroient continuellement, & dépeupleroient les rivières, il n'est plus permis de pêcher, même à la ligne, dans les fleuves & rivières navigables, & autres eaux qui appartiennent au roi, à moins d'être fondé en titre spécial, ou d'être reçu maître pêcheur au siège de la maîtrise des eaux & forêts, à peine de cinquante livres d'amende, & de confiscation du poisson, filets & autres instrumens de *pêche*, pour la première fois, & pour la seconde, de cent livres d'amende, outre pareille confiscation, même de punition plus sévère, s'il y échet.

Pour être reçu maître pêcheur, il faut avoir au moins l'âge de vingt ans.

Les maîtres pêcheurs de chaque ville ou port dans les lieux où ils sont au nombre de huit & au-dessus, doivent élire tous les ans aux assises du maître particulier des eaux & forêts, un maître de communauté pour avoir l'œil sur eux, & avertir les officiers des maîtrises des abus qui se commettent; & dans les lieux où il y en a moins de huit, ils doivent convoquer ceux des deux ou trois plus prochains ports ou villes, pour faire entre eux la même élection.

Les maîtres pêcheurs & autres personnes qui peuvent avoir le droit de pêcher dans les fleuves & rivières navigables, & autres eaux appartenantes au roi, sont obligés d'observer les règles qui ont été faites pour la police de la *pêche* dans ces sortes d'eaux.

Ces règles sont, premiérement, qu'il est défendu de pêcher aux jours de dimanches & fêtes, à peine de cinquante livres d'amende & d'interdiction pour un an.

En quelque temps que ce soit, la *pêche* n'est permise que depuis le lever du soleil jusqu'à son coucher.

Les arches des ponts, les moulins & les gords où se tendent des guideaux, sont les seuls endroits où l'on peut pêcher la nuit comme le jour, pourvu que ce ne soit en des jours ou temps défendus.

Il est défendu de pêcher dans le temps de frai, excepté la *pêche* aux saumons, aux aloses & aux lamproies; le temps de frai pour les rivières où la truite abonde, est depuis le premier février jusqu'à la mi-mars, & dans les autres, depuis le premier avril jusqu'au premier juin.

Il n'est pas permis de mettre des birres ou nasses d'osier au bout des guideaux pendant le tems de frai, on peut seulement y mettre des chausses ou sacs du moule de dix-huit lignes en quarré, & non autrement; mais après le tems du frai, on peut y mettre des nasses d'osier à jour, pourvu que les verges soient éloignées les unes des autres de douze lignes au moins.

Les engins & harnois de *pêche* défendus par les anciennes ordonnances, sont le bas orborin, le chiffre garni, le valois, les amendes, le pinsoir,

le truble à bois, la bourache, la charte, le marchepié, le cliquet, le rouable, le clamecy, fascines, fagots, nasses pelées, jonchées, & lignes de long à menus hameçons.

L'ordonnance de 1669 y a joint les grilles, tramails, furets, éperviers, châlons, sabres, & tous autres qui pourroient être inventés au dépeuplement des rivières.

Elle défend aussi d'aller au barandage, & de mettre des bacs en rivière.

Elle défend en outre de bouiller avec bouilles ou rabots, tant sous les chevrins, racines, saules, osiers, terriers, & arches, qu'en autres lieux, ou de mettre lignes avec échets & amorces vives; comme aussi de porter des chaînes & clairons dans les batelets, d'aller à la fare ou *pêche* à grand bruit, ou de pêcher dans les noues avec des filets, & d'y bouiller pour prendre le poisson ou le frai qui auroit pu y être porté par le débordement des rivières.

Il est pareillement défendu à tous mariniers & bateliers d'avoir à leurs bateaux ou nacelles aucuns engins à pêcher, permis ou défendus.

On doit rejetter dans les rivières les truites, carpes, barbeaux, brêmes & meûniers qu'on a pris, quand ils n'ont pas au moins six pouces entre l'œil & la queue; & les tanches, perches & gardons qui en ont moins de cinq.

Il est défendu d'aller sur les étangs, fossés & mares lorsqu'ils sont glacés, pour en rompre la glace, & pour y faire des trous, & d'y porter des flambeaux, brandons & autres feux, pour voler du poisson.

L'ordonnance défend aussi, sous peine de punition corporelle, de jetter dans les rivières aucune chaux, noix vomique, coque de levant, momie, & autres drogues ou appâts.

Pour le rempoissonnement des étangs, le carpeau doit avoir six pouces au moins; la tanche quatre, perche, quatre; & le brocheton, tel échantillon qu'on veut; mais on ne doit le jetter aux étangs, mares & fossés, qu'un an après leur empoissonnement; ce qui doit être observé pour les étangs, mares & fossés des ecclésiastiques & communautés, de même que pour ceux du roi.

Les ecclésiastiques, seigneurs, gentilshommes & communautés qui ont droit de *pêche* dans les rivières navigables, sont tenus d'observer l'ordonnance par leurs domestiques & pêcheurs. Les communautés d'habitans qui ont droit de *pêche* dans les rivières navigables, sont obligées de l'affermer, parce que si chacun avoit la liberté d'aller pêcher, cela dégénéreroit en abus.

La *pêche* dans les ruisseaux & les rivières non navigables appartient aux seigneurs dans le territoire duquel ils coulent. Dans les pays de droit écrit, & dans quelques coutumes, telles que celles du Bourbonnois, Anjou & Tours, la *pêche* est attribuée au seigneur haut-justicier, à l'exclusion du seigneur de fief: mais dans les coutumes qui n'ont pas de pareille dispofition, on regarde le droit de *pêche* comme un droit de fief dont doit jouir le feigneur féodal du cours d'eau, quoique la juftice appartienne à un autre feigneur.

PÉCOU. *Voyez* PÉCEIZ.

PÉCOY. *Voyez* PÉCEIZ.

PÉCULAT, c'eft un crime qui eft devenu très-commun en France, quoiqu'on fe foit efforcé de le profcrire par les ordonnances les plus févères (1). Tout dépofitaire, tout receveur de deniers du roi qui fe permet d'en difpofer, foit pour fes affaires perfonnelles, foit pour fubvenir au befoin d'un autre, fe rend coupable de ce crime, & s'expofe à une peine très-rigoureufe. L'argent qu'il a reçu, & dont il eft le gardien, doit être pour lui fi facré, qu'il n'y a aucun cas où il foit excufable de s'en être fervi. Le befoin le plus preffant ne peut jamais l'y autorifer : mais il eft bien plus coupable lorfque, tourmenté par le defir de s'enrichir, il a la témérité d'employer ces fonds qui appartiennent à l'état, pour des entreprifes qui lui font perfonnelles, ou pour en retirer un intérêt quelconque.

En vain chercheroit-il à pallier fon infidélité, en difant qu'il a une fortune confidérable qui répond des emprunts faits à fa caiffe ; il n'en a pas moins prévariqué & trahi la confiance du fouverain, dont il reçoit des gages pour réunir, pour conferver fcrupuleufement les deniers dont il eft le dépofitaire, jufqu'au moment où il recevra des ordonnances tirées fur lui par le chef auquel il doit rendre fes comptes. Et en effet, qui lui a affuré que demain, qu'aujourd'hui, une opération imprévue n'exigera pas qu'on retire de fes mains tout l'argent qui lui a été confié ? Comment pourra-t-il raffembler, dans un moment, toutes les efpèces qu'il s'eft permis de difperfer ? Il parle de fa fortune, qui eft, dit-il, une fûreté pour l'état contre les banqueroutes & les pertes qu'il pourroit effuyer ; mais fi fa fuperbe habitation alloit devenir la proie des flammes, fi des procès alloient jetter de l'incertitude fur fes poffeffions, faudroit-il que l'état fût victime de fes malheurs ou des jugemens dont il auroit à fe plaindre ?

Enfin, s'il eft contre la probité d'expofer des fonds qui ne nous appartiennent pas, fans l'aveu de celui qui nous les a confiés, il eft bien plus mal encore de le faire contre fa volonté expreffe, & lorfque nous fommes payés pour n'en pas laiffer échapper une parcelle fans fon ordre.

Le tréforier public doit confidérer fa caiffe comme une fortereffe dont chaque écu eft un prifonnier mis fous fa garde.

La loi *Julia*, chez les Romains, comprenoit, fous le nom de *péculat*, deux crimes qui, à nos yeux, font biens différens; *le vol des deniers publics*, & *celui des chofes faintes*. Peut-être penfoit-on

que l'argent de la république étoit auffi facré que ce qui étoit deftiné au culte divin & aux cérémonies religieufes, & que celui qui touchoit à l'un ou à l'autre, commettoit également un facrilège.

La peine du *péculat* a beaucoup varié chez ce peuple légiflateur. Par la conftitution des empereurs, Grâtien & Valentinien, les officiers qui, dans la fonction de leurs charges, déroboient les deniers publics, devoient être dégradés de leurs offices, & réduits à la condition des derniers du peuple, fans pouvoir jamais afpirer à aucune dignité.

Par les loix 1 & 2 du code Théodorique, les magiftrats ou gouverneurs de province & receveurs qui avoient fouftrait les deniers publics, ou favorifé la fouftraction faite par d'autres pendant leur adminiftration, étoient condamnés au banniffement, aux mines, & même à la mort. *L. ult. Theodof. de crimine peculatûs, ubi nomine capitalis pænæ ultimum fupplicium intelligitur ; quia ibi dicitur eos feveriffima animadverfione coerciri.*

Après la mort de Théodofe-le-Grand, fon petit-fils ajouta, « que ceux qui auroient aidé de leur » miniftère les officiers, pour dérober les deniers » publics, encourroient la même peine qu'eux; » & qu'à l'égard des fimples citoyens romains qui » n'auroient pas été à même de commettre aucun » abus du pouvoir, ils feroient feulement condam- » nés à la *déportation* (c'eft-à-dire, déchus du droit » de citoyen romain), & à la confifcation de leurs » biens, s'ils étoient convaincus d'avoir volé les » deniers publics ».

Par une loi de Léon, furnommé le *Philofophe*, la peine capitale pour le *péculat* fut abfolument abrogée. Tous les coupables furent indiftinctement déchus du droit de citoyen romain, & condamnés à la reftitution du double.

Dans ce temps, où le plus beau titre que l'homme pût porter étoit celui de citoyen romain, combien la privation de ce titre devoit être une peine affreufe !

On avoit d'abord fait une diftinction entre celui qui déroboit les deniers d'une ville, & le coupable qui voloit ceux de l'état : la raifon que l'on en donnoit étoit, *quia pecunia civitatis propriè publica non eft.* Par la fuite, on a fenti que les intérêts particuliers de toutes les villes qui forment un même empire, ne peuvent pas être divifés de l'intérêt public, & il a été décidé, par les conftitutions des empereurs, que ces deux fortes de *péculats* feroient punis de même.

Toutes ces variations, toutes ces modifications prouvent l'embarras où font les légiflateurs les plus fages, de trouver le jufte point de punition contre le crime qu'ils veulent arrêter : ils commencent par lui oppofer la crainte de l'indigence, de la captivité, l'image des fupplices, & l'effroi de la mort. La multitude des coupables, groffie par l'intérêt, leur fait fentir enfuite l'impuiffance de ces châtimens. La néceffité de détruire ou de faire gémir tant de criminels, ajoute encore au malheur que

---

(1) Il vient du mot *Peculatus, quafi pecuniæ ablatio.*

produit le crime. On effaie alors des moyens plus modérés & plus relatifs au délit. Un receveur des deniers publics fe permet d'y toucher, ou pour éblouir fes concitoyens par fon luxe, ou pour groffir fa fortune. En le faifant defcendre dans la claffe inférieure à celle de fimple citoyen, & en le condamnant à reftituer le double de ce qu'il a dérobé, il eft puni, & dans fon orgueil, & dans fa cupidité; voilà donc le véritable degré de juftice faifi. La loi n'a point répandu le fang du coupable, parce qu'il n'en a point verfé. La république a perdu un citoyen, mais elle ne peut pas le regretter, puifqu'il trahiffoit fa confiance & immoloit l'intérêt général à fon intérêt particulier. Le citoyen n'eft plus, mais l'homme refte au milieu de ceux qui le font encore, pour leur fervir d'exemple, & leur prouver que l'amour de l'argent, au lieu de conduire à la fupériorité & à l'opulence, fait fouvent defcendre celui qui s'y livre à l'abaiffement & à la pauvreté.

On rencontre dans nos ordonnances fur la punition du *péculat*, la même inftabilité que dans les décifions des empereurs. La plus ancienne qui ait paru en France fur ce crime, eft du mois de juin 1532; elle porte, « que tous financiers, de quelque » état ou qualité qu'ils foient, qui fe trouveront » avoir falfifié acquits, quittances, comptes & » rôles, *foient pendus* ».

Par l'article 6 qui fuit, le roi « entend que l'ar-» gent de fes finances ne foit employé à autre » chofe, fi ce n'eft à fes affaires; & par ainfi, » eft-il ajouté, s'il fe trouve quelqu'un maniant fes » finances, qui prête fes deniers, les billonne, les » baille à ufure, les mette en marchandife, les » applique à fon profit particulier, ou les conver-» tiffe en autre chofe que les commiffions, les » ordonnances & leurs offices portent, ils foient » punis *de la même peine que ci-deffus* ».

Cette ordonnance, qui ne fut point exécutée, parce qu'elle avoit feulement été adreffée à la chambre des comptes, & n'avoit point été enregiftrée au parlement, manquoit de cette équité fagement graduée, qui caractérife les bonnes loix. Punir également de la peine de mort le tréforier qui a prêté l'argent du roi à ufure, & celui qui l'a prêté fans intérêt; celui qui a falfifié des quittances ou des comptes; & celui qui a fait de l'argent du roi un ufage différent de l'ordre porté en fes commiffions, c'étoit confondre un intérêt fordide, avec une bienfaifance téméraire, le crime de faux avec la fimple défobéiffance; & il y a pourtant des différences bien fenfibles entre ces diverfes prévarications.

En 1545, François premier publia une feconde ordonnance enregiftrée au parlement & en la chambre des comptes; celle-ci porte, « que le » crime de *péculat* fera puni par la confifcation de » corps & de biens; que fi le *délinquant eft noble*, » il fera privé de nobleffe lui & fes defcendans ». Cette loi, moins févère que la première, feroit

peut-être encore plus équitable, fi la confifcation de corps ne devoit avoir lieu que dans le cas où celle de biens ne fuffiroit pas pour payer ce que le coupable auroit détourné, & l'amende prononcée contre lui; alors fa perfonne feroit faifie comme la caution, comme le gage de l'état.

Quant à la dégradation de nobleffe, toucher à l'argent d'un autre eft une action fi baffe, fi vile, que celui qui l'a commife doit avoir abfolument terni pour lui l'éclat de la nobleffe que fes ancêtres lui avoient tranfmife; il ne pourroit plus que déshonorer l'ordre auquel il fe vanteroit d'appartenir. Mais dans un état où la nobleffe eft acquife à l'enfant au moment même où il a reçu le jour d'un noble, peut-être n'eft-il pas jufte que cet enfant foit tout-à-coup dépouillé d'un bien dont il étoit déjà en poffeffion, parce que fon père a prévariqué. Il nous femble que tout enfant *né noble* ne doit ceffer de l'être que pour fon propre fait. Ce ne devroit donc être que du jour où un coupable auroit été dégradé lui & fes defcendans, qu'il ne lui feroit plus poffible de donner le jour à des gentilshommes, parce que de ce moment, la fource de la nobleffe auroit été tarie en lui.

Il feroit trop long d'analyfer ici les ordonnances de Charles IX & de Louis XIII fur le *péculat*. La première paroît avoir plus gradué les peines fur la qualité du coupable & fur les circonftances qui caractérifoient fon infidélité; la feconde ne fait que renouveller ce que les autres ont prononcé.

En 1701, parut, contre le *péculat*, une déclaration d'une févérité effrayante, & pour les coupables, & même pour les juges: elle déclare vouloir que « les accufés reconnus coupables de *pécu-» lat* foient punis de mort, fans que les juges » puiffent modérer cette peine, à peine d'inter-» diction & de répondre, en leurs noms, des » dommages & intérêts ».

La preuve que l'effet des loix n'eft pas, à beaucoup près, en raifon de leur rigueur, c'eft qu'en 1716, les infidélités, les déprédations que commettoient les tréforiers, les caiffiers, les gens de finances, s'étoient multipliées à un tel point, malgré cette ordonnance de 1701, qu'on crut néceffaire de créer une chambre, appellée *la chambre de juftice*, comme fi toutes les autres n'euffent été que des chambres d'indulgence. Ce fut une efpèce de flambeau, à la lueur duquel on ne voyoit plus que des coupables tremblans, des familles alarmées. L'effroi fut fi univerfel, qu'il fallut, pour raffurer les efprits, convertir, par une déclaration du 18 feptembre 1716, en peine pécuniaire, les peines capitales ou afflictives que l'édit du mois de mars précédent avoit permis aux juges d'infliger.

En 1717, cette chambre fut fupprimée, & une amniftie générale ramena la fécurité dans l'ame de tous les comptables.

Depuis l'anéantiffement de la chambre de juftice, les cours fouveraines ont rendu plufieurs jugemens fur des accufations de *péculat*; les coupables

pables ont été condamnés, les uns en l'amende honorable, d'autres au banniſſement.

Contre quelques-uns, la peine des galères limitées, ou même des galères à perpétuité, a été prononcée ; ce qui annonce combien l'inſtabilité de la loi ſur un même point fait régner d'incertitude & d'arbitraire dans les déciſions les plus importantes, & qui doivent être les plus invariables.

Les criminaliſtes qui rangent dans la claſſe des coupables de *péculat*, ceux qui donnent ou qui reçoivent de l'argent pour ne pas preſſer les comptables, ſont trop ſévères : mais il ſeroit bien plus injuſte de juger comme tels, indiſtinctement, tous *ceux qui font des omiſſions, faux ou doubles emplois, fauſſes repriſes*, comme le prétend le dernier éditeur de la collection de juriſprudence, à moins d'avoir la preuve que ces omiſſions ou doubles emplois ne proviennent pas de l'oubli, mais de la fraude ; ce qui eſt preſque impoſſible à conſtater.

Une ordonnance du 14 juin 1531 condamnoit ceux qui avoient gagné beaucoup d'argent au jeu avec les receveurs des deniers du roi, *à rendre cet argent, & à la peine du double*. Quelque ſage que fût cette loi, il étoit difficile de l'exécuter, à moins que le gain n'eût été fait par les mêmes perſonnes dans un délai très-court, & dans un lieu où l'état de ceux qui ſe raſſemblent pour jouer fût connu de tous.

Une autre déclaration qui ſeroit encore d'une exécution difficile, c'eſt celle qui condamne les perſonnes *qui ont reçu de la main des comptables des deniers qu'ils n'ignorent pas appartenir au roi, à les rendre avec le quadruple*. Comment convaincre un homme qu'il ſavoit que l'argent dont un comptable lui a fait préſent ne lui appartenoit pas, & appartenoit au roi ? Aujourd'hui les héritiers ou donataires des tréſoriers, financiers, redevables envers le roi, ſont ſeulement condamnés à reſtituer juſqu'à concurrence de ce qui eſt dû par celui qui les a enrichis de deniers qui ne lui appartenoient pas. Cette juriſprudence eſt plus équitable, en ce qu'elle n'oblige les donataires à rapporter que ce qu'ils n'auroient jamais touché ſi le donataire eût été irréprochable dans ſes fonctions.

Par une déclaration du 7 février 1708, rendue contre les collecteurs des tailles, il eſt dit, « que » ceux qui, ayant touché aux deniers de leur » collecte, ne les rapporteront pas dans la quin- » zaine du jour que la vérification aura été faite, » ſeront condamnés au carcan & au fouet, & » même aux galères, lorſque le divertiſſement ſera » de plus de cent cinquante livres dans les paroiſſes » impoſées à cinq cens livres, ou de plus de trois » cens livres dans les paroiſſes impoſées à plus de » cinq cens livres ».

En ne confiant cette recette qu'à des habitans qui aient en fonds de terre au moins la valeur de la ſomme à laquelle cette recette peut monter, il ſeroit poſſible de les contenir par la crainte de

payer une forte amende, & de voir leurs héritages confiſqués au profit du roi.

En employant des malheureux qui n'ont que leur liberté & leur perſonne, on ſe met dans la néceſſité, pour ne pas laiſſer le crime impuni, de prononcer des peines corporelles. L'impuiſſance de punir utilement pour l'état, rend cruel envers le coupable indigent. Sa faute & ſon malheur proviennent ſouvent de ce qu'on a trop expoſé ſa miſère à la tentation de ſe ſoulager aux dépens de la juſtice ; & alors il eſt puni, moins pour avoir été criminel, que pour n'avoir pas eu le courage de la vertu.

L'article 8 de l'ordonnance de 1670 fait, en faveur des accuſés du crime de *péculat*, une exception particulière ; il permet aux juges de leur accorder *un conſeil après leur interrogatoire*. Il n'eſt pas aiſé de deviner pourquoi ce ſecours, qui ſera ſans doute un jour accordé indiſtinctement à tous les accuſés, parce que la raiſon & l'humanité le ſollicitent pour eux, a paru au légiſlateur ne devoir être toléré que pour ceux qui ſemblent en avoir le moins beſoin. Et en effet, perſonne ne ſait mieux qu'un caiſſier, qu'un receveur, s'il a effectivement touché l'argent dont il eſt chargé en recette, & quel emploi il en a fait.

Le crime de *péculat*, ſuivant le ſentiment de pluſieurs auteurs, ne ſe preſcrit que par vingt ans. D'autres, tels que Corbin, en ſes loix de France, veulent que ce crime ſe preſcrive par cinq ans : il faudroit au moins diſtinguer celui qui laiſſe des traces par écrit, de celui qui, s'étant manifeſté ſeulement par des actions paſſagères, ne peut plus ſe prouver que par témoins.

Il eſt d'une bonne légiſlation d'abréger les ſollicitudes des citoyens, & de ne pas ſuſpendre ſur leur tête, pendant tout le cours de leur vie, la crainte d'une accuſation criminelle & le danger d'une peine capitale ou infamante.

Suivant l'édit du mois de mars 1716, l'action civile pour le *péculat* s'étend juſqu'à trente ans.

Lacombe, dans ſon *Traité des matières criminelles* ; & Theveneau, dans ſon *Commentaire ſur les ordonnances*, ſont d'avis que trois témoins, dépoſant de trois faits ſinguliers, valent, dans une information ſur le crime de *péculat*, autant qu'un témoignage entier : mais ces diſtinctions ſubtiles ſont toujours dangereuſes à adopter. Lorſqu'il s'agit d'infliger à un accuſé une peine qui lui faſſe perdre l'honneur ou la vie, la juſtice ne doit pas varier ſur la force des preuves, de quelque crime qu'il ſoit queſtion. Si elle exige dix témoins de faits particuliers ſur l'accuſation de l'uſure, qui ſe commet toujours ſecrètement, pourquoi ſe contenteroit-elle de trois ſur l'accuſation du *péculat*, qui eſt un crime moins obſcur ?

Il ne faut pas croire que le crime de *péculat* ſoit excluſivement attaché à la claſſe des tréſoriers ou des financiers ; il s'étend ſur tous ceux qui, par leurs places, ont ou à recevoir, ou à diſtribuer les deniers du prince. L'histoire nous apprend qu'il s'est trouvé, parmi les hommes du plus haut rang, des coupables de *péculat*, & que l'élévation de leurs dignités, l'éminence de leurs places, ne les ont pas mis à l'abri du châtiment. En 1539, l'amiral Chabot accusé & convaincu *d'avoir diverti les deniers royaux*, fut, par arrêt rendu contre lui, *destitué de tous honneurs, condamné en l'amende, & relégué.*

Quatre ans après, le chancelier Poyet, sur l'accusation du même crime, fut condamné « en une » amende de cent mille francs, à être dégradé de » sa charge, & au bannissement pour cinq ans ».

Par arrêt du parlement de Toulouse, le maréchal de Biez, convaincu d'avoir détourné, à son profit, une partie des deniers destinés à la solde de sa compagnie des gendarmes, & à la paie de la garnison de Fronsac, fut déclaré « indigne de ses » charges, condamné à de fortes restitutions, destitué de son grade de maréchal de France pour » cinq ans, & banni de la cour ».

On peut mettre au nombre des illustres accusés qui furent punis pour crime de *péculat*, le maréchal de Marillac, auquel le cardinal de Richelieu fit faire son procès, & qui, par un jugement que rendirent des commissaires trop dévoués au cardinal, fut décapité en 1632.

Tout le monde sait quelle fut la punition du célèbre Fouquet, convaincu d'avoir, dans sa place de surintendant des finances, employé les deniers de l'état à se faire des créatures, à éclipser, par sa magnificence, par la pompe de ses fêtes, tous les courtisans de son siècle.

Ainsi donc un ministre qui seroit convaincu d'avoir grossi sa fortune, ou donné à sa représentation plus d'éclat avec une partie de l'argent consacré à son département; un gouverneur de province qui se seroit dégradé jusqu'à garder pour lui les fonds que la justice du roi auroit destinés à récompenser la valeur ou à soulager la noblesse indigente; un intendant qui auroit eu la témérité de disposer à son gré, & pour son intérêt personnel, des deniers consacrés à des travaux publics, à la sûreté des voyageurs, ou à des emplois de charité, courroient le risque d'être poursuivis comme coupables du crime de *péculat*, & de succomber sous des condamnations flétrissantes.

Mais comme les prévarications, les abus de confiance dont nous venons de parler, pourroient avoir des conséquences plus ou moins funestes, partir de motifs plus excusables les uns que les autres, il ne seroit pas juste qu'ils fussent punis de même; & c'est cependant malheureusement un des inconvéniens auxquels expose la pauvreté de notre langue, ou le laconisme des législateurs, qui, en désignant sous un même nom des délits très-différens, ont mis les juges, esclaves de la loi, dans la nécessité de prononcer contre eux indistinctement la même peine. Notre législation criminelle pèche souvent tout-à-la-fois, & par une dif-

fusion obscure & contradictoire, & par une précision barbare.

Quoi qu'il en soit, la difficulté de constater le crime de *péculat*, l'adresse de ceux qui le commettent, le crédit de ceux qui sont accusés, rendront toujours ce crime aussi fréquent qu'impuni.

La réforme récente de tant de caissiers ou trésoriers superflus, a coupé bien des branches au *péculat*, & détruit une partie de ses racines. Une administration des finances bien éclairée, qui suît le cours de la recette, subdivisée en une multitude de canaux presque invisibles, si attentivement que l'intérêt n'en puisse affoiblir ni détourner aucun, & qui, après l'avoir attiré dans un même réservoir, préside à sa distribution, de manière qu'elle retourne à sa source, en vivifiant tous les lieux qu'elle baigne sur son passage : une telle administration prévient plus d'infidélités, plus d'abus de confiance, que la meilleure loi sur le *péculat* n'en pourroit punir ou arrêter.

Nous croyons devoir, avant de terminer cet article, mettre sous les yeux des commis attachés aux receveurs des deniers publics, l'exposé d'une affaire qui a été récemment jugée au parlement de Paris.

Le sieur Marot, receveur des tailles à Angoulême, s'étant apperçu d'un déficit assez considérable dans sa caisse, & ayant reconnu, d'après la vérification de ses registres, qu'il y avoit de fausses additions pour faire cadrer sa recette avec ses envois, soupçonna le nommé Laplanche, son commis, d'être l'auteur des infidélités qui le constituoient débiteur d'une somme considérable envers le roi. Il dénonça d'abord Laplanche à la justice, & requit le transport des juges pour constater l'état de ses registres & de sa caisse.

Mais ayant plus pour objet d'obtenir la restitution des sommes qui lui avoient été volées, que de faire prononcer une peine capitale contre le coupable, il laissa à l'accusé la faculté de se libérer volontairement des sommes qui seroient reconnues avoir été distraites à son profit. Les juges voyant les parties sur le point de s'arranger, se retirèrent, & on procéda au compte; ce qui exigea un travail de quelques jours, pendant lesquels le sieur Laplanche demeura dans la maison du sieur Marot, sous la garde d'un huissier. Ses parens, ses amis, pour le tirer d'embarras, se rendirent ses cautions, & il fut mis en liberté. Un an après il eut l'imprudence d'attaquer la transaction qu'il avoit passée : alors on reprit contre lui la voie criminelle, & il fut condamné au bannissement par les juges d'Angoulême. Il interjetta appel de la sentence en la cour des aides de Paris; & par arrêt de cette cour, il fut condamné à être pendu; il obtint heureusement un sursis qui lui donna le temps de se pourvoir en cassation. L'arrêt de la cour des aides fut cassé, & l'affaire renvoyée au châtelet de Paris. Ce tribunal lui fut favorable, car il ordonna la résiliation des actes souscrits dans la maison du sieur

Marot, &, confidérant fa rétention chez le receveur des tailles, comme une chartre privée, la fentence prononça une admonition contre le fieur Marot, qui interjetta appel de la fentence au parlement. Mais cette cour envifagea l'affaire fous un point de vue bien différent que celui fous lequel les juges du châtelet l'avoient confidérée; il ne reconnut point une chartre privée véritable dans le féjour qu'avoit fait un commis chez le receveur des tailles, puifqu'il avoit eu la faculté de conférer avec les perfonnes du dehors qu'il avoit mandés pour venir à fon fecours, & l'aider à fe fouftraire aux pourfuites de la juftice. Un arrêt rendu en 1785, condamna, pour la feconde fois, le fieur Laplanche à être pendu; mais comme l'accufé avoit été mis en liberté pendant le cours de l'inftruction au châtelet, & qu'il ne parut point au dernier interrogatoire, l'arrêt n'a été exécuté qu'en effigie, & le coupable refpire encore dans la retraite où il s'eft refugié. (*Article de M. DE LA CROIX, avocat au parlement.*)

PÉCULE, f. m. *terme de Jurifprudence romaine* que nous avons adopté. Nous entendons par *pécule*, ce qu'un fils de famille, un efclave ou un religieux amaffe par fon induftrie, ou acquiert de quelque autre manière, & dont on lui laiffe l'adminiftration. Nous traiterons ici du *pécule* des enfans, & nous donnerons à la fuite ce qui concerne celui des clercs & religieux, fous le nom de PECULE (*Droit eccléf.*)

L'invention de *pécule* vient des Romains. Le *pécule, peculium*, a été ainfi appellé, *quafi pufilla pecunia, feu patrimonium pufillum*, ou plutôt *quafi res peculiaris*, chofe propre au fils de famille, ou autre qui a ce *pécule*.

Il n'y avoit originairement dans le droit qu'une forte de *pécule* pour les fils de famille & pour les efclaves. Le *pécule* des uns & des autres étoit une légère portion des biens du père de famille ou du maître, que celui-ci confentoit qui demeurât féparée du refte de fes biens, & pour le compte du fils de famille ou de l'efclave.

Il étoit au pouvoir du maître d'ôter à l'efclave le *pécule* entier, de l'augmenter ou de le diminuer : tout ce que l'efclave acquéroit étoit au profit du maître : fon *pécule* fe bornoit aux chofes dont le maître lui permettoit de jouir & de difpofer.

Il en étoit auffi de même anciennement des fils de famille; mais dans la fuite, on diftingua le *pécule* de ceux-ci du *pécule* des efclaves.

Dans les premiers temps de la république, on ne connut qu'une forte de *pécule*, qui confiftoit dans le butin qu'un fils de famille avoit fait à la guerre, & dont il eût la liberté de difpofer. Dans la fuite, on lui accorda le même droit fur ce qu'il avoit gagné au barreau. De-là la divifion la plus générale du *pécule*, en *pécule militaire*, & *pécule quafi militaire*.

On appelle *pécule militaire*, ce qui a été donné au fils étant au fervice militaire par fes parens ou amis, ou ce qu'il a lui-même acquis au fervice, & qu'il

n'auroit pas pu acquérir s'il n'avoit été au fervice; car ce qu'il auroit pu acquérir autrement n'étoit pas réputé *pécule caftrenfe*.

On entend par *pécule quafi militaire*, ce qui vient au fils de famille à l'occafion de la milice de robe.

On diftingue quatre fortes de *pécule quafi militaire*, favoir :

Le *clérical*, que les eccléfiaftiques acquièrent au fervice de l'églife : *l. cum lege, cod. de epifc. & cler.* Il n'a commencé à s'introduire que fous les empereurs chrétiens.

Le *pécule*, appellé *palatinum*, qui eft celui que les officiers du palais, c'eft-à-dire, de la maifon du prince, y ont acquis. *L. unic. cod. de pecul.*

Le *pécule forénfe*, du barreau, eft celui que les magiftrats, les avocats & autres gens de juftice, acquièrent à l'occafion de leurs dignités ou profeffions. *L. ult. cod. de inoff. teft.*

Le *pécule littéraire* eft celui que les profeffeurs des fciences & les médecins acquièrent dans leur profeffion. *Ibid.*

Le pouvoir des fils de famille fur le *pécule caftrenfe* & *quafi caftrenfe*, eft abfolu & entièrement indépendant de la puiffance paternelle; ils en peuvent difpofer entre vifs & à caufe de mort; ils peuvent même en difpofer par teftament. *§. 1, 2 & 3, inftit. quibus non eft permiffum fac. teft. tit, ff. & cod. de caftr. pecul. L. ult. de inoff. teft.*

On diftingue encore le *pécule* en *profectice* & *adventice*. Le *profectice* eft celui qui vient des biens dont le père a confié l'adminiftration à fon fils. L'*adventice* eft celui qu'un fils de famille acquiert par fon induftrie & fon travail, par la libéralité de fes amis, par les biens maternels auxquels il fuccède, & en général par tout ce qu'il fe procure fans le fecours de fon père.

La propriété & l'ufufruit du *pécule profectice* ont toujours appartenu au père; & Juftinien n'a introduit aucun changement à cet égard dans l'ancien droit. Nous fuivons encore aujourd'hui la même règle dans nos provinces régies par le droit romain.

Conftantin fut le premier qui accorda aux enfans la propriété des biens qui leur étoient échus du côté maternel, en en réfervant aux pères l'ufufruit. Juftinien, après lui, voulut que le fils de famille poffédât fans partage tout ce qu'il fe procuroit fans le fecours de fon père, dont le droit fut borné à un fimple ufufruit.

Il y a même cinq cas où le père n'a pas l'ufufruit de *pécule* adventice; favoir, 1°. lorfque le fils a accepté une fucceffion contre la volonté du père; 2°. lorfqu'on a donné un efclave au fils, à condition de lui donner la liberté; 3°. quand les biens ont été donnés au fils, à condition que le père n'en auroit pas l'ufufruit; 4°. dans le cas où le père a partagé avec un de fes enfans la fucceffion d'un autre enfant; 5°. lorfque le père, fans jufte caufe, a fait divorce avec fa femme.

Le père avoit anciennement le tiers du *pécule* adventice pour prix de l'émancipation qu'il accordoit au fils de famille ; mais Justinien, au lieu du tiers en propriété, lui a donné la moitié en ufufruit, de sorte que le fils en conserve seul toute la propriété. Le droit de la puissance paternelle, tel qu'il étoit chez les Romains, n'est point reconnu dans les provinces où les coutumes ont prevalu. Le père n'y acquiert rien par ses enfans ; le *pécule* & les loix qui le régissent y sont ignorés.

PÉCULE, (*Droit ecclés.*) c'est ainsi que l'on appelle ce que possède chaque religieux en particulier. On donnoit aussi autrefois ce nom aux épargnes que faisoient les ecclésiastiques sur les revenus de leurs bénéfices. Mais depuis que les clercs féculiers sont devenus les maîtres de disposer absolument de tous leurs biens, sans distinction de ceux qui leur étoient patrimoniaux, & de ceux qu'ils auroient pu acquérir ou amasser avec les revenus des biens de l'église, le nom de *pécule* n'a plus exprimé que ce que les religieux possédoient chacun en particulier. *Voyez* FRUITS DES BÉNÉFICES.

C'est une maxime constante que tout ce qu'un religieux acquiert, il l'acquiert pour son monastère ; *quidquid acquirit monachus, acquiritur monasterio.* Cette maxime prend sa source dans le vœu de pauvreté qui forme l'essence de la vie religieuse. Ce vœu produit un double effet ; il renferme un renoncement entier à toute propriété, de quelque nature qu'elle puisse être ; & ensuite il engage le religieux à n'avoir rien qui n'appartienne, même pour l'usage, à la communauté dont il est membre. Le premier de ces effets est si essentiel au vœu de pauvreté, qu'Innocent III, *cap. 6, ext. de statu monach.*, décide qu'il n'est pas au pouvoir du pape de dispenser un religieux du renoncement qu'il a fait à toute propriété. *Nec existimet abbas quod super habenda proprietate possit cum aliquo monacho dispensare, quia abdicatio proprietatis adeò est annexa regulæ monachali, ut contra eam nec summus pontifex possit licentiam indulgere.* Le souverain pontife va plus loin ; il ordonne que l'on prive de la sépulture ecclésiastique les religieux qui se trouveroient à leur mort, posséder quelque chose en propriété. *Quod si proprietas apud quemquam inventa fuerit in morte, ipsa cum eo insignum perditionis, extra monasterium, in sterquilinio subterretur, secundum quod beatus Gregorius narrat in dialogo se fecisse. Unde si quicquam alicui fuerit specialiter destinatum, non præsumat illud accipere, sed abbati, vel priori, vel cellerario assignetur.*

Le concile de Latran avoit déjà porté une décision à ce sujet. *Qui verò peculium habuerit, nisi ab abbate fuerit ei pro injunctâ administratione permissum, à communione removeatur altaris, & qui cum peculio inventus fuerit, & dignè non pœnituerit, nec oblatio pro eo fiat, nec inter fratres accipiat sepulturam : quod etiam de universis religiosis præcipimus observari.*

Avec quelque zèle que les conciles & les papes se soient élevés contre la réserve que les religieux faisoient d'un *pécule* uniquement destiné à leur usage particulier, on a cru pouvoir permettre cet usage en certain cas. L'exception portée par le concile de Latran, *nisi ab abbate fuerit ei pro injunctâ administratione permissum*, en a été la cause ou le prétexte.

La permission d'avoir un *pécule* n'eut d'abord lieu qu'en faveur de ceux qui étoient chargés de l'administration de quelques fermes éloignées. Ces administrations s'étant ensuite changées en titres de bénéfices, on laissa aux religieux bénéficiers la libre disposition des revenus de leurs bénéfices, qui par-là cessèrent de former le bien commun des monastères. On a regardé cela, avec raison, comme un abus, & on y a pourvu dans quelques nouvelles réformes. Les bénédictins de la congrégation de saint Maur, de saint Vannes & de Cluny, réformés, ne possèd. t point de *pécule*, parce que dans ces congrégations, les offices claustraux ont été réunis, quant à leurs revenus, ainsi que ceux des autres bénéfices possédés par les religieux, aux menses conventuelles.

Le *pécule* subsiste encore dans le grand ordre de saint Benoît, & dans la congrégation de Cluny, parmi les non-réformés, & même dans l'ordre de saint Augustin, à moins que cela n'ait été réglé par des concordats.

Quelque maîtres que soient les religieux de l'usage de leur *pécule*, on ne leur a jamais permis d'en être propriétaires. C'eût été étendre la dispense jusqu'à l'essence même du vœu de pauvreté, & conséquemment l'anéantir.

Il est donc de l'essence du *pécule* de ne renfermer qu'une simple jouissance qui exclue toute propriété. C'est par cette raison que les auteurs ont assimilé le *pécule* des religieux à celui des esclaves chez les Romains ; *peculium monachorum in multis cum peculio servorum convenit,* dit Van-Espen.

En suivant cette comparaison assez juste en elle-même, on voit que, de quelque manière que le *pécule* soit acquis, il forme une possession particulière, séparée des biens de la communauté. *Quod monachus,* continue Van-Espen, *parcimonia, vel labore, aut parentum sive amicorum liberalitate sibi acquisivit, atque à rationibus conventus permissu superioris, separatum servat sive retinet in suos usus particulares, & non in communes totius conventus.*

Mais cette possession se borne au simple usage ; elle n'emporte avec elle aucune espèce de propriété, dont le religieux est absolument incapable par ses vœux ; & comme la propriété de ce que possédoit l'esclave étoit réservée à son maître, de même le monastère conserve la propriété de ce dont le religieux n'a que la jouissance. *Quemadmodum,* dit encore Van-Espen, *peculium servi vocatur proprium patrimonium, tametsi proprietas civilis, cujus servus, jure romano, est incapax, sit pœnès dominum, quia tota utilitas & plenus usus est apud servum : ita quoque peculium monachi, tametsi ipsa civilis & nuda proprietas sit apud monasterium ; eo quod peculii five reditus vitalitii aliarumque rerum plenus usus monacho fit reservatus* : il résulte quatre conséquences de ces maximes.

1°. Le religieux n'ayant que la jouissance du *pécule*, il n'en peut disposer par testament.

2°. A la mort du religieux, le *pécule* appartient au monastère ; alors la jouissance se trouve consolidée à la propriété.

3°. Le droit du monastère, pour succéder à son religieux, est fondé sur le vœu que le religieux a fait entre les mains de ses supérieurs. Irrévocablement lié à la communauté, dans laquelle il a fait profession, elle seule a le droit de réclamer le droit de propriété auquel il a renoncé en sa faveur. Son vœu est le lien qui l'attache au monastère, & le titre qui assure son *pécule* au monastère, dont il est, en quelque manière, le serf.

4°. Tant que le religieux demeure lié au monastère, la propriété de son *pécule* ne peut qu'appartenir au monastère dont il est membre. Il faut donc que ce lien soit rompu ; il faut que le religieux ne tienne plus en rien au monastère, pour que le monastère perde une propriété qui lui est acquise, & qui emporte de plein droit la jouissance après le décès du religieux.

Ces principes que nous avons puisés dans M. Piales, servent à résoudre les différentes questions qui se présentent au sujet du *pécule*.

Prévenons d'abord nos lecteurs qu'il ne faut pas confondre le *pécule* avec la côte-morte : celle-ci est la dépouille ou succession des religieux-curés, & décédés pendant qu'ils sont curés. Les principes sur cette espèce de succession sont différens de ceux qui régissent le simple *pécule*. Nous les avons exposés à l'article COTE-MORTE. Il ne s'agit ici que du *pécule* proprement dit.

La première question qui se présente, est de savoir à qui doit appartenir le *pécule* du religieux décédé. D'après les principes exposés ci-dessus, cette question ne devroit souffrir aucune difficulté. Les liens réciproques qui unissent le monastère au religieux, & le religieux au monastère, semblent ne donner au religieux d'autre successeur à son *pécule* que son monastère. Cependant les commendataires réclament souvent les *pécules* des religieux des monastères dont ils sont abbés ou prieurs. Ils se fondent sur le chap. *statuum & abbatis* de Gratien, où il est dit : *si quis monachus peculiare aliquid habere præsumpserit, ab abbatibus auferatur, secundùm regulam monasterio præfuturam*. Mais il faut faire attention que ce texte du décret ne parle que des abbés réguliers, qui ne font, à proprement parler, qu'un avec le monastère ; & que d'ailleurs, la modification *secundùm regulam monasterio profuturam*, détruit presque le principe, en rappellant à la loi particulière du monastère.

Quelques jurisconsultes appuient le droit des commendataires aux *pécules* des religieux, sur une autre raison qui ne paroît pas plus solide. Ils disent que l'abbé a le même droit sur ses religieux, que

le père sur ses enfans, au mobilier desquels il succède. On sent que cette comparaison ne peut s'appliquer en rien aux commendataires, qui, sous aucun point de vue, ne peuvent être considérés comme les pères des religieux des monastères qui leur sont donnés en commende.

Quoi qu'il en soit, la jurisprudence du parlement de Paris & du grand-conseil est d'adjuger les *pécules* aux commendataires, à moins que les concordats passés entre eux & les communautés, n'en disposent autrement, soit en les partageant, soit en les laissant entiérement dans le lot de la mense conventuelle.

Pie V & Grégoire XIII ont défendu ces espèces de concordats, même sous peine d'excommunication encourue par le seul fait. Ils ne sont pas soufferts dans les ressorts des parlemens de Toulouse, Besançon, Dijon & Rennes, si l'on en croit Gibert & M. Catelan.

Si, de droit commun, les *pécules* des religieux appartiennent aux monastères, il en doit être de même de ceux des abbés réguliers qui ne sont pas plus capables de posséder rien en propriété que les simples religieux, & qui sont liés par les mêmes vœux. Il n'en est pas de même des religieux devenus évêques. *Voyez* ÉVÊQUES RÉLIGIEUX. Il y a aussi quelques exceptions par rapport aux *pécules* des chevaliers de Malthe. *Voyez* MALTHE.

Il arrive quelquefois qu'un religieux possède des bénéfices dépendans d'un autre monastère que celui dans lequel il a fait profession. On demande auquel des deux monastères le *pécule* doit appartenir. Si le religieux n'est point transféré, dit Brodeau sur Louet, *lettre R*, *som.* 42, tout ce qu'il acquiert même des fruits d'un bénéfice dépendant d'une autre abbaye, appartient, après son décès, à l'abbaye dont il est religieux, & non au monastère duquel dépend le bénéfice. *Quia quem vivum contempsit, non potest mortuum suum dicere.* Bloudeau s'explique dans les mêmes termes dans ses notes sur la *Bibliothèque canonique*, tom. 1, pag. 16. Cette doctrine est la conséquence nécessaire du principe posé ci-dessus, que tant que le religieux demeure lié à un monastère, la propriété de son *pécule* ne peut appartenir qu'à ce monastère. Ce lien ne peut être rompu que par une translation régulière, c'est-à-dire, qui ait été accompagnée de toutes les formalités prescrites ; ainsi jugé au grand-conseil, par arrêt du 19 janvier 1748, entre les religieux de Saint-Nicolas de la Chesnée, de l'ordre de saint Augustin, & ceux Duplessis Gimont, chanoines réguliers de la congrégation de France. L'arrêt adjugea aux premiers les cotes-mortes des frères le Carpentier & Rouillé, l'un & l'autre religieux profés de saint Nicolas de la Chesnée, & décédés titulaires de deux cures dépendantes du prieuré de Gimont.

Cette jurisprudence est contraire à l'opinion de plusieurs anciens auteurs, entre autres d'Augeard. Il en est d'autres qui ont été jusqu'à douter si la

tranflation pouvoit priver le monaftère de profeffion, du *pécule* du religieux transféré ; le plus grand
nombre s'eft décidé en faveur du monaftère de
tranflation, fur le principe, dit Fevret, que le religieux transféré devient ferf monaftique du monaftère où il eft transféré, & qu'avec fa perfonne,
il porte fon *pécule*. Encore, ajoute Fevret, y a-
t-on mis cette limitation équitable que les biens
acquis avant la tranflation, doivent, après la mort
du religieux, appartenir à l'ancien monaftère,
parce qu'il n'a pas pu perdre la propriété de fes
biens.

Mais aujourd'hui il paroît conftant qu'une tranflation régulière prive le monaftère de profeffion
du droit au *pécule* du religieux transféré. Nous difons
une tranflation régulière, car fi elle a quelque
vice effentiel, le lien qui attachoit le religieux à
fon premier monaftère, n'eft point rompu ; c'eft ce
qui a été jugé au grand-confeil le 11 mai 1748,
entre la congrégation de faint Maur & le fieur
Pecquet, abbé commendataire de l'abbaye de Nanteuil. Dom Eftevenon, qui avoit fait des vœux
dans la congrégation de faint Maur, avoit obtenu
un bref de tranflation adreffé à M. l'archevêque
de Paris. Ce bref fut fulminé le 15 mars 1740,
fans affigner les fupérieurs de la congrégation de
faint Maur, & fans en communiquer au promoteur. Le fieur abbé Pecquet avoit adreffé une
lettre *ad quemcumque priorem antiquæ obfervantiæ*,
en faveur de dom Eftevenon, pour les prier de
l'admettre au noviciat, fans cependant lui affigner
une place, ni l'agréger à Nanteuil. Dom Eftevenon fe rendit à l'abbaye de Gigny en Franche-
Comté, où il paffa quatre mois, & ne fit aucun
exercice de noviciat. Il fe retira enfuite dans un
village obfcur, où il termina fes jours en 1747.
Il étoit clair que le bref de tranflation lui-
même, & dans fon exécution, étoit abufif. Il avoit
été obtenu fur des motifs infuffifans ; il avoit été
fulminé fans être communiqué au promoteur, &
fans que les fupérieurs de la congrégation de faint
Maur euffent été appellés. Il n'avoit été fuivi,
ni du noviciat, ni de la profeffion dans l'ancien
ordre de faint Benoît. Le vœu de ftabilité dans la
congrégation de faint Maur, & l'engagement de
la première profeffion de dom Eftevenon, fubfiftoient donc dans toute leur force. Il n'eft donc
pas étonnant que l'arrêt fufdaté ait adjugé fon *pécule* à la congrégation de faint Maur. *Voyez* TRANS-
LATION.

La première des queftions que nous venons
d'examiner, ne fe préfentera plus fi fouvent, parce
quel 'édit de 1770 a déclaré les chanoines réguliers de l'ordre de faint Auguftin, incapables de
poffédar des bénéfices dépendans d'une autre congrégation que celle dans laquelle ils ont fait profeffion. Il n'y a plus que l'ordre de faint Benoît
dont les membres puiffent poffédar des bénéfices
d'une autre congrégation que celle à laquelle ils
font attachés. Tous les jours les religieux de la

congregation de faint Maur fe font pourvoir de
bénéfices dépendans de Cluny, & néanmoins ils
ne quittent pas leur état : ceux de Cluny, fans être
jaloux d'embraffer la réforme de faint Maur, ne
font pas moins ardens à impétrer des bénéfices
dépendans de cette congrégation.

Quelques auteurs ont avancé que le monaftère
eft privé du *pécule* du religieux fugitif, lorfqu'il a
été long-temps hors du couvent. Ils prétendent
que dans ce cas, le *pécule* appartient au fifc. Ils
difent qu'il en feroit autrement fi ce religieux décédoit dans l'intervalle des pourfuites faites par fes
fupérieurs, pour le forcer à rentrer dans fon monaftère. Ils citent à l'appui de leur opinion un
arrêt, dont voici l'efpèce. Aimé la Croix, capucin, avoit quitté fon couvent, & étoit allé à Rome,
où il avoit fait profeffion dans l'hôpital du faint
Efprit. Etant revenu en France, il y avoit vécu
comme féculier, & y avoit amaffé des biens. A fa
mort, fa fucceffion fut réclamée par les religieux
du faint Efprit, & par un donataire du roi. Par
arrêt du parlement de Paris, du 13 février 1702,
le donataire du roi fut déclaré non-recevable dans
fon appel comme d'abus de l'émiffion des vœux
d'Aimé la Croix dans l'hôpital du faint Efprit, &
les religieux du faint Efprit non-recevables dans
leurs demandes ; & au furplus, il fut dit que le
roi feroit informé de la qualité d'Aimé la Croix,
qui avoit dû être confidéré comme capucin jufqu'à fa mort, pour favoir à qui fes biens devoient
appartenir. Par arrêt du confeil du 8 mai 1702, le
roi déclara que fa volonté étoit que les biens du
défunt fuffent partagés entre le donataire du roi
& l'hôpital général de Paris, par moitié.

Cet arrêt eft une efpèce de préjugé en faveur du
domaine. On peut cependant dire qu'il n'a pas été
rendu avec de légitimes contradicteurs. Il eft évident que les religieux du faint Efprit n'avoient aucun droit au *pécule* d'Aimé la Croix ; fes vœux
dans leur ordre étoient radicalement nuls. Les
capucins feuls avoient qualité pour réclamer fon
pécule. Ils gardèrent le filence, & fa fucceffion dut
être confidérée comme vacante à défaut d'héritiers. Le roi s'en empara à titre de défhérence,
& la partagea avec les pauvres.

La même queftion s'eft préfentée en 1773, au
fujet du *pécule* du frère Mallet, chanoine régulier
de la maifon & communauté de Beaulieu, ordre
de faint Auguftin, qui décéda à Paris. Le fcellé
fut appofé fur fes effets à la requête du procureur
du roi de la chambre du domaine. Le prieur commendataire & les religieux de Beaulieu réclamèrent
contre la prétention du domaine.

Le receveur de cette partie du revenu public
foutenoit que fi le frère Mallet avoit été religieux
de Beaulieu, c'étoit un religieux abandonné de
fon monaftère, mort dans le fiècle dans un état
inconnu ; que fon *pécule* étoit un bien conquis fur
les fujets du roi ; que fon monaftère devoit en
être exclus comme coupable de fa faute, & qu'il

ne pouvoit appartenir qu'au roi. Il ajoutoit que le frère Mallet n'avoit pas été réellement religieux de l'ordre des chanoines de saint Augustin, parce que ses vœux n'avoient été reçus que par un official sans caractère, & sans le consentement des supérieurs : que, dans tous les cas, les religieux de Beaulieu n'avoient rien à prétendre dans sa succession ; que, dans le premier, ils en étoient indignes ; que, dans le second, ils étoient sans qualité.

Dans le fait, le frère Mallet avoit d'abord fait profession chez les religieux hermites de saint Augustin. Il passa ensuite dans l'ordre des chanoines réguliers de saint Augustin, avec un bref de translation qui fut suivi d'un second, qui autorisoit l'official de Lisieux, dans la vacance du siège, à recevoir ses vœux dans cet ordre.

Les religieux de Beaulieu commencèrent par établir qu'il n'y avoit ni ordonnance, ni arrêt qui ait décidé que le *pécule* d'un religieux qui erre hors de son monastère, appartienne au roi ; qu'un religieux porte un caractère ineffaçable, que ne peut lui faire perdre une vie vagabonde, & qu'il le suit jusqu'au tombeau ; que les vœux qu'il a proférés le lient pour la vie ; & que, quelque chose qu'il fasse, il meurt consacré à l'état religieux.

Ils établirent ensuite que le frère Mallet ne pouvoit être considéré comme religieux vagabond. Enfin ils prouvèrent que le receveur du domaine étoit non-recevable & mal fondé à attaquer sa translation & ses vœux dans l'ordre des chanoines réguliers de saint Augustin. Sur ces moyens, la chambre du domaine a jugé le 12 août 1733, en faveur du prieur & chanoines réguliers de la maison de Beaulieu.

M. Piales, qui rapporte fort au long les moyens des parties dans son *Traité des réparations, tom. 2,* dit qu'on auroit pu ajouter, de la part des religieux de Beaulieu ; que quand il y auroit eu abus dans la translation du frère Mallet, la prétention du domaine auroit été mal fondée ; parce que si la translation eût été abusive, au lieu de mourir chanoine régulier de l'ordre de saint Augustin, il seroit mort religieux Augustin ; & dans cette hypothèse, le *pécule* de ce religieux auroit appartenu à sa première maison de profession.

Ceux qui succèdent au *pécule* ne sont point héritiers proprement dits, mais simplement successeurs : ils ne peuvent par conséquent être condamnés qu'en cette qualité, au paiement des dettes, & jusqu'à concurrence de ce dont ils ont profité. Lorsque le religieux décédé est bénéficier, les réparations du bénéfice sont la première dette de son *pécule*. (M. l'abbé BERTOLIO, avocat au parlement,)

PECUNIA, mot latin qui signifie proprement *argent* ; mais, suivant les jurisconsultes romains, il signifie non-seulement l'argent comptant, mais encore toutes sortes de biens, meubles & immeubles, droits même ou prétentions.

Ce même mot se prend quelquefois, dans les anciens livres de droit anglois, pour le bétail, & quelquefois pour d'autres biens & marchandises, de même que pour de la monnoie ou de l'argent.

Lorsque Guillaume I réforma les loix d'Édouard le confesseur, il fut ordonné que *viva pecunia*, les biens vivans, c'est-à-dire, le bétail, ne seroit acheté ou vendu que dans les villes, & qu'en présence de trois témoins jugés capables.

Ainsi, dans le grand terrier d'Angleterre, le mot *pecunia* se prend fort souvent *pro pecude*, de même que pour pâture, *ad pecuniam villæ*.

Pecunia ecclesiæ se prenoit autrefois pour les biens de l'église, soit en fonds, soit en meubles.

Pecunia sepulchralis .... c'étoit anciennement un argent que l'on payoit au prêtre, à l'ouverture d'un tombeau ou d'une fosse pour le bien & le repos de l'ame du défunt.; & que les anciens Anglo-Saxons appelloient la *part de l'ame*, & *animæ symbolum.*

PECZAIS. *Voyez* PECEIZ.

PÉDANÉE (*Juge*). *Voyez* JUGE.

PÉGASIEN (*Senatusconsulte*). *Voyez* QUARTE-FALCIDIE, QUARTE-TRÉBELLIANIQUE.

PEINE, s. f. (*Droit naturel, civil & politique.*) on définit la *peine*, un mal dont le souverain menace ceux de ses sujets qui seront disposés à violer les loix, & qu'il leur inflige actuellement & dans une juste proportion ; lorsqu'ils les violent, indépendamment de la réparation du dommage, dans la vue de quelque bien à venir, & en dernier ressort pour la sûreté & la tranquillité de la société.

Nous disons, 1°. que la *peine* est un mal, & ce mal peut être de différente nature, selon qu'il affecte la vie, le corps, l'estime ou les biens : ce mal peut consister dans quelque travail pénible, ou bien à souffrir quelque chose de fâcheux.

Nous ajoutons en second lieu, que c'est le souverain qui dispense les *peines*, non que toute *peine* en général suppose la souveraineté, mais parce que nous traitons ici du droit de punir dans la société civile, & comme étant une branche du pouvoir souverain. C'est donc le souverain seul qui peut infliger des *peines* dans la société civile, & les particuliers ne sauroient se faire justice à eux-mêmes, sans se rendre coupables d'un attentat contre les droits du souverain.

Nous disons en troisième lieu, *dont le souverain,* &c. pour marquer les premières intentions du souverain. Il menace d'abord, puis il punit, si la menace n'est pas suffisante pour empêcher le crime. Il paroît encore de-là que la *peine* suppose toujours le crime, & que par conséquent on ne doit pas mettre au rang des *peines* proprement ainsi nommées, tous les maux auxquels les hommes se trouvent exposés, sans avoir commis antécédemment quelque crime.

Nous ajoutons, 4°. que la *peine* est infligée indépendamment de la réparation du dommage, pour faire voir que ce sont deux choses très-distinctes, & qu'il ne faut pas confondre. Tout crime emporte avec foi deux obligations ; la première, de réparer le tort que l'on a fait ; la feconde, de fouffrir la *peine*, & le délinquant doit fatisfaire à l'une & à l'autre. Il faut encore remarquer là-deffus, que le droit de punir dans la fociété civile paffe au magiftrat, qui en conféquence eft le feul qui puiffe, s'il l'eftime convenab'e, faire grace au coupable : mais il n'en eft pas de même du droit d'exiger la fatisfaction ou la réparation du dommage ; le magiftrat ne fauroit en difpenfer l'offenfeur, & la perfonne léfée conferve toujours fon droit ; enforte qu'on lui fait tort fi l'on empêche qu'elle n'obtienne la fatisfaction qui lui eft due.

5°. Enfin, en difant que la *peine* eft infligée dans la vue de quelque bien, nous indiquons par-là le but que le fouverain doit fe propofer dans l'infliction des *peines* ; & c'eft ce que nous expliquerons plus particuliérement dans la fuite.

Nous obferverons auparavant que les *peines* font ou civiles ou criminelles ; les premières font pécuniaires ; on en eft quitte en payant une certaine fomme convenue ou réglée par les ufages. Les criminelles font légales ; mais avec cette différence, que les unes font capitales, & les autres ne le font pas. On appelle *peines* capitales, celles qui emportent la perte de la vie, ou la privation des droits civils, qu'on appelle *mort civile*. Les peines qui notent d'infamie, ou qui privent d'une partie du bien que l'on a, ne font point réputées *peines* capitales dans le fens propre de ce terme.

§. I. *De la néceſſité des peines, & des obligations qui en réfultent.* Le fouverain, comme tel, eft non-feulement en droit, mais encore il eft obligé de punir le crime. L'ufage des *peines*, bien loin d'avoir quelque chofe de contraire à l'équité, eft abfolument néceffaire au repos public. Le pouvoir fouverain feroit inutile, s'il n'étoit revêtu du droit, & armé des forces fuffifantes pour intimider les méchans par la crainte de quelque mal, & pour leur faire fouffrir actuellement lorfqu'ils troublent la fociété par leurs défordres ; on a penfé même qu'il falloit que ce pouvoir pût aller jufqu'à faire fouffrir le plus grand de tous les maux naturels, je veux dire la *mort*, pour réprimer avec efficacité l'audace la plus déterminée, & balancer ainfi les différens degrés de la malice humaine par un contrepoids affez puiffant : c'eft ce que nous examinerons plus amplement fous le mot particulier PEINE DE MORT.

Tel eft le droit du fouverain ; mais fi le fouverain a droit de punir, il faut que le coupable foit dans quelque obligation à cet égard ; car on ne fauroit concevoir de droit fans une obligation qui y réponde. En quoi confifte cette obligation du coupable ? Eft-il obligé d'aller fe dénoncer lui-même de gaieté de cœur, & s'expofer ainfi volontairement à fubir la *peine* ? Je réponds que cela n'eft pas néceffaire pour le but qu'on s'eft propofé dans l'établiffement des *peines*, & qu'on ne fauroit raifonnablement exiger de l'homme qu'il fe trahiffe ainfi

lui-même ; cependant cela n'empêche pas qu'il n'y ait ici quelque obligation.

1°. Il eft certain que lorfqu'il s'agit d'une fimple *peine* pécuniaire, à laquelle on a été légitimement condamné, on doit la payer fans attendre que le magiftrat nous y force : non-feulement la prudence l'exige de nous, mais encore les règles de la juftice, qui veulent que l'on répare le dommage, & qu'on obéiffe à un juge légitime.

2°. Il y a plus de difficulté pour ce qui regarde les *peines* afflictives, & fur-tout celles qui s'étendent au dernier fupplice. L'inftinct naturel qui attache l'homme à la vie, & le fentiment qui le porte à fuir l'infamie, ne permettent pas que l'on mette un criminel dans l'obligation de s'accufer lui-même volontairement, & de fe préfenter au fupplice de gaieté de cœur ; & auffi le bien public, & les droits de celui qui a en main la puiffance du glaive, ne le demandent pas.

3°. C'eft par une conféquence du même principe, qu'un criminel peut innocemment chercher fon falut dans la fuite, & qu'il n'eft pas précifément tenu de refter dans la prifon, s'il s'apperçoit que les portes en font ouvertes, ou qu'il peut les forcer aifément ; mais il ne lui feroit pas permis de chercher à fe procurer la liberté par quelque nouveau crime, comme en égorgeant fes gardes, ou en tuant ceux qui font envoyés pour fe faifir de lui.

4°. Mais enfin, fi l'on fuppofe que le criminel eft connu, qu'il a été pris, qu'il n'a pu s'évader de la prifon, & qu'après un mûr examen, il fe trouve convaincu du crime, & condamné en conféquence à en fubir la *peine* ; alors il eft obligé de fubir cette *peine*, de reconnoître que c'eft avec juftice qu'il y eft condamné, qu'on ne lui fait en cela aucun tort, & qu'il ne fauroit raifonnablement fe plaindre de lui même, & beaucoup moins encore pourroit-il avoir recours aux voies de fait pour fe fouftraire à fon fupplice, & s'oppofer au magiftrat dans l'exercice de fon droit. Voilà en quoi confifte proprement l'obligation d'un criminel à l'égard de la *peine* ; voyons à préfent plus particuliérement quel but le fouverain doit fe propofer en infligeant les *peines*.

§. 2. *De la fin qu'on fe propofe dans les peines.* En général, il eft certain que le fouverain ne doit jamais punir qu'en vue de quelque utilité. Faire fouffrir quelque mal à quelqu'un, feulement parce qu'il en a fait lui-même, & ne faire attention qu'au paffé, c'eft une pure cruauté condamnée par la raifon ; car enfin, il eft impoffible d'empêcher que le mal qui a été fait, n'ait été fait. En un mot, la fouveraineté eft fondée en dernier reffort, fur une puiffance bienfaifante ; d'où il réfulte que lors même que le fouverain fait ufage du droit de glaive, il doit toujours fe propofer quelque avantage, quelque bien à venir, conformément à ce qu'exigent de lui les fondemens de fon autorité.

Le principal & dernier but des *peines* eft la fûreté & la tranquillité de la fociété ; mais comme il peut y avoir divers moyens de parvenir à ce but, fuivant les circonftances différentes, le fouverain fe propofe auffi, en infligeant les *peines*, plufieurs vues particulières & fubalternes, qui font toutes fubordonnées au but principal dont nous venons de parler, & qui s'y portent toutes en dernier reffort. Tout cela s'accorde avec la remarque de Grotius. « Dans les punitions, dit-il, on a en vue ou » le bien du coupable même, ou l'avantage de celui » qui avoit intérêt que le crime ne fût pas commis, » ou l'utilité de tous généralement ».

Ainfi le fouverain fe propofe quelquefois de corriger le coupable, & de lui faire perdre l'envie de retomber dans le crime, en guériffant le mal par fon contraire, & en ôtant au crime la douceur qui fert d'attrait au vice par l'amertume de la douleur. Cette punition, fi le coupable en profite, tourne par cela même à l'utilité publique : que s'il perfévère dans le crime, le fouverain a recours à des remèdes plus violens, & même à la mort.

Quelquefois le fouverain fe propofe d'ôter aux coupables les moyens de commettre de nouveaux crimes, comme en leur enlevant les armes dont ils pourroient fe fervir, en les enfermant dans une prifon, en les chaffant du pays, ou même en les mettant à mort. Il pourvoit en même temps à la fûreté publique, non-feulement de la part des criminels eux-mêmes, mais encore à l'égard de ceux qui feroient portés à les imiter, en les intimidant par ces exemples; auffi rien n'eft plus convenable au but des *peines* que de les infliger publiquement, & avec l'appareil le plus propre à faire impreffion fur l'efprit du commun peuple.

Toutes ces fins particulières des *peines* doivent donc toujours être fubordonnées & rapportées à la fin principale & dernière, qui eft la fûreté publique, & le fouverain doit mettre en ufage les unes ou les autres, comme des moyens de parvenir au but principal; enforte qu'il ne doit avoir recours aux *peines* rigoureufes, que lorfque celles qui font moindres font infuffifantes pour procurer la tranquillité publique.

§. 3. *Si l'on doit punir toutes les actions contraires aux loix.* On demande fi toutes les actions contraires aux loix peuvent être légitimement punies. On répond communément que le but même des peines, & la conftitution de la nature humaine, font voir qu'il peut y avoir des actes vicieux en eux-mêmes, qu'il n'eft pourtant pas convenable de punir dans les tribunaux humains.

On place dans cette claffe, 1°. les actes purement intérieurs, les fimples penfées qui ne fe manifeftent par aucun acte extérieur préjudiciable à la fociété ; par exemple, l'idée agréable qu'on fe fait d'une mauvaife action, les defirs de la commettre, le deffein que l'on en forme fans en venir à l'exécution, &c. tout cela, dit-on, n'eft point fujet aux *peines* humaines, quand même il arriveroit enfuite par hafard que les hommes en auroient connoiffance.

Cependant on fait là-deffus deux ou trois re-

marques : la première eft que fi ces fortes d'actes vicieux ne font pas fujets aux *peines* humaines, c'eft parce que la foibleffe humaine ne permet pas, pour le bien même de la fociété, que l'on traite l'homme à toute rigueur : il faut avoir un jufte fupport pour l'humanité dans les chofes qui, quoique mauvaifes en elles-mêmes, n'intéreffent pas confidérablement l'ordre & la tranquillité publique. La feconde remarque, c'eft que, quoique les actes purement intérieurs ne foient pas affujettis aux *peines* civiles, il n'en faut pas conclure pour cela que ces actes ne foient pas foumis à la direction des loix civiles. Enfin il eft inconteftable que les loix naturelles & la religion condamnent formellement ces fortes d'actions.

On dit, 2°. qu'il feroit très-rigoureux de punir les fautes légères que la fragilité de la nature humaine ne permet pas d'éviter, quelque attention que l'on ait à fon devoir : c'eft encore-là une fuite de cette tolérance que l'on doit à l'humanité.

3°. Qu'il faut néceffairement laiffer impunis les vices communs, qui font une fuite de la corruption générale, comme l'ambition, l'avarice, l'ingratitude, l'hypocrifie, l'envie, l'orgueil, la colère, &c. Car un fouverain qui voudroit punir rigoureufement tous ces vices, & autres femblables, feroit réduit à régner dans un défert; il faut fe contenter de punir ces vices quand ils portent les hommes à des excès éclatans.

Je penfe avec Puffendorf, & tous les auteurs qui ont traité du droit naturel & des gens, que les loix civiles ne doivent pas punir les actes purement intérieurs, ni ces fautes légères que la fragilité de notre nature ne nous permet pas d'éviter entièrement. Mais en ce qui regarde ces vices communs, fuite de la corruption générale des hommes, je croirois volontiers avec l'auteur de *l'état naturel des peuples* (1), dont j'emprunterai ici les expreffions, que ces vices doivent être punis, non pas autant que les attentats & les crimes, mais avec le même foin & la même inflexibilité.

« On trouve dans ces vices les trois caractères que les loix exigent dans une action pour la punir. On y trouve, 1°. une volonté qui accompagne l'action ; 2°. une action mauvaife par elle-même & directement ; 3°. une irrégularité dangereufe & importante. Parcourons fucceffivement les principaux de ces vices.

» Sans parler de la baffeffe de l'avarice, on fait qu'elle voudroit engloutir dans fon fein toutes les richeffes; qu'elle exerce journellement des duretés

---

(1) Cet ouvrage, imprimé à Paris dans la préfente année 1786, chez la veuve Hériffant, fous le titre : *De l'état naturel des peuples*, ou *Effai fur les points les plus importans de la fociété civile, & de la fociété générale des nations*, a été compofé par M. Gavoty, négociant à Toulon. L'auteur y ramène aux vrais principes de la civilifation, démontre les erreurs dans lefquelles font tombés les écrivains politiques, & puife dans les notions de la loi naturelle la poffibilité & les moyens de les réparer.

& des injuftices qui égalent prefque les vols publics & les affaffinats, & qui font d'autant plus à
craindre qu'elles fe paffent dans le filence, & que
ceux qui les effuient n'ont ni la force, ni la volonté d'y réfifter. Pourquoi ce vice ne feroit-il pas
fujet à une *peine?* Le tort qu'il fait à la fociété eft
fi important, que les loix civiles & eccléfiaftiques
en faifant un devoir de l'aumône, au moins pour
certaines perfonnes, indiquent par cela même l'éloignement qu'elles veulent infpirer contre l'avarice.
Voyez AUMÔNE.

» L'ambition a pour aliment l'orgueil, & pour
compagne la cruauté. Tous les gouvernemens fe
hâtent de la réprimer, quand elle eft portée à un
certain point; mais par quels motifs en méprife-t-on
les commencemens? L'hiftoire nous fournit de
terribles exemples des effets funeftes qu'elle a produits, & l'oftracifme des Grecs étoit une mefure
fage que l'état prenoit pour en arrêter ou prévenir
les progrès.

» Il fuffit de nommer l'inhumanité pour prouver
que fi ce vice eft une fuite de la corruption de la
nature humaine, il doit être d'autant plus réprimé
par les loix de la fociété, qu'il entraîne avec lui
l'idée de cruauté, qu'il eft capable de commettre
toutes fortes d'outrages contre le foible, & que fa
difpofition eft la plus oppofée au bonheur public
& particulier.

» Quoique le propre du bienfait confifte à ne point
exiger de reconnoiffance & de retour, il n'en eft
pas moins vrai que l'ingratitude doit être punie avec
la proportion qu'elle demande, comme toutes les
autres fautes commifes contre les loix. Ce vice,
par fon injuftice, nous met dans la fâcheufe néceffité de nous repentir en quelque forte de nos bienfaits; il refferre les cœurs, & rompt le nœud invi-
fible qui lie les hommes, la néceffité & le befoin
où ils font les uns des autres.

» L'envie, quoique moins redoutable que l'ambition, fait d'un honnête homme un méchant, &
attaque le bonheur particulier, fans lequel il ne
peut y en avoir de public. La médifance prouve
un caractère infiniment odieux & mauvais en foi,
digne par conféquent que les loix civiles le pu-
niffent quand il eft bien avéré & reconnu. La colère trouble la tête de l'homme le plus fage, & fait
fouvent commettre les mêmes crimes ou les méchans s'abandonnent de fang-froid. Les animofités
font d'autant plus répréhenfibles, qu'elles ouvrent
fans ceffe la porte à la vengeance; qu'elles rendent
l'homme d'autant plus cruel, qu'il croit faire des
actes de juftice, en fe procurant une fatisfaction
qu'il fe figure lui être due; & que pour des torts
vrais ou imaginaires dont il veut feul être le juge,
il cherche à faire, pour ainfi dire, une compenfation de ces torts prétendus avec la punition qu'il y
deftine.

» Il réfulte de tout ceci que les vices dont nous
venons de parler, doivent être réprimés par les
loix des fociétés; & les hommes d'état feront per-

fuadés de cette vérité, s'ils font attention que
l'exactitude à garder les petites chofes maintient
les grandes; que pour être fidèle à l'état, il faut
l'être à fes amis & à fes parens; qu'il faut avoir le
cœur pur & défintéreffé, & s'abftenir des moindres
pas qui nous écartent du chemin de la vertu. C'eft
ce qu'avoient bien fenti les anciens Egyptiens, en
s'appliquant à combattre tout ce qui étoit nuifible
aux vertus fociales, en faifant le procès aux morts,
en les louant ou en condamnant leur mémoire,
fuivant qu'ils avoient bien ou mal vécu, en les privant même de la fépulture, fi leur conduite avoit
été mauvaife.

» Les raifons fur lefquelles Puffendorf appuie l'o-
pinion de ne pas punir dans les tribunaux les vices
communs, fe réduifent à quatre, & font faciles
à détruire.

» I. La première, dit Puffendorf, c'eft *afin que
la pratique des chofes oppofées foit plus glorieufe &
plus louable, par l'entière liberté avec laquelle on s'y
porte.*

» Premièrement, répond M. Gavoty, dans l'ouvrage ci-deffus cité, *part. 2, fect. 2 ; n. 1, chap. 8,*
cette raifon prouveroit trop, parce que fi elle valoit
dans ces occafions, elle devroit valoir dans toutes
les autres, où les loix appliquent le glaive de la
juftice; & il n'eft pas plus befoin de la reftreindre,
une fois qu'elle eft jugée convenable, qu'il n'eft
permis de partager la vérité & de trouver un milieu à la vertu. L'action du vrai eft toujours uniforme, & ne fe contredit jamais. Il faut dans les
êtres moraux une certitude & un point fixe, comme
dans les corps phyfiques. Un motif qui me décide
d'une telle manière, dans une fituation donnée, &
que je trouve excellent & de devoir, doit me déterminer toujours quand je ferai dans les mêmes
circonftances. Ce principe inaltérable pour les particuliers, l'eft encore plus, fi on peut le dire, pour
les états, dont les démarches, expofées aux yeux
des fujets, font comme le modèle de ce qu'on a
à faire, & doivent être, par cette raifon, toutes
régulières & conféquentes. Plus il y aura d'unité
dans l'efprit de la loi, & plus les loix feront
refpectables. Et les circonftances, par rapport à
ces vices communs, qui donnent lieu à l'exception que j'examine, font bien, au fond, les
mêmes; car, ce n'eft point le plus ou moins de
vice que les actions humaines peuvent avoir,
comme dans les maladies le plus ou moins de dé-
rangement dans le corps, qui rend néceffaire l'ufage
des remèdes: c'eft parce qu'on n'eft plus dans l'état
de rectitude où l'on doit être, qu'on s'eft permis
des écarts qui déshonorent la raifon, & font pernicieux ou incommodes à l'humanité; c'eft enfin
parce qu'on n'a plus, dans fon entier, cette fanté
d'ame, pour ainfi parler, fi néceffaire au bonheur
général.

» Mais, fecondement, de ce que le légiflateur
n'aura point établi de peines contre tel & tel vice,
s'enfuit-il qu'on ait une entière liberté de s'y livrer ?

(car, fi je l'ai entière cette liberté, lorfque je m'en abftiens, je dois l'avoir tout de même lorfque je m'y porte). Et peut-on dire qu'il foit permis d'être *avare*, *ambitieux*, *inhumain*, *ingrat*, *hypocrite*, & tout le refte, de ce qu'on peut être tout cela impunément ? Malgré toute l'imperfection de nos loix & la corruption de nos mœurs, une certaine indignation naturelle s'élève contre des vices que nous devons blâmer ; & l'on fent, dans fa confcience, un langage bien plus fort que toutes les loix, qui nous crie qu'ils font déteftables, & les charge du plus grand mépris. Nous avons beau nous taire fur ce qui eft véritablement honteux & nuifible à l'efpèce humaine : la loi naturelle parle en ces occafions, & réprouve le vicieux, que nos foibles & imparfaits établiffemens n'ont pas condamné.

» Cela étant, d'où fe tire la gloire & le mérite d'une bonne action, fi ce n'eft de fa feule conformité à la règle, & du jufte ufage que l'on a fait en cela de fa liberté ? S'expofer aux plus grands dangers pour délivrer un malheureux qui périt, ou ne point faire ufage de fa liberté, afin de maintenir en force & vigueur dans la fociété un principe falutaire, c'eft, fans doute, ce qu'on peut nommer des actions beaucoup plus glorieufes, que fi on les avoit commifes hors de ces circonftances ; la vertu brille-là d'un éclat immortel ; & c'eft atteindre le rang fuprême que de furmonter ainfi les obftacles. Mais s'abftenir d'actions toujours mauvaifes, foit que la loi les déclare telles ou non ; ne point ufer d'un pouvoir phyfique, qui feroit en oppofition avec le pouvoir moral, c'eft agir feulement comme on eft obligé de faire ; & le feul éloge que l'on mérite, c'eft qu'on reconnoiffe qu'on a été plus éclairé & plus avifé que la loi écrite, ou qu'on a préfumé bien de fon intention : enfin, qu'on s'eft montré véritablement homme & raifonnable.

» II. *Ou afin que les juges n'aient pas la tête rompue d'une infinité de procès, ou pour des affaires de peu de conféquence.* Sur le premier chef, je réponds deux chofes : la première, que fi l'arrangement civil, par rapport aux loix, étoit porté à ce point *de punir ces vices communs que l'on a cru devoir excepter de la loi générale*, la juftice humaine ne feroit pas plus chargée d'affaires ; & peut-être en auroit-elle moins encore ; parce que ces grands crimes qui excitent fi fouvent le miniftère public, diminueroient dans la proportion, & n'affligeroient prefque plus là terre. C'eft une néceffité que la loi travaillera à épurer les confciences, & fuivra dê près les actes humains, plus ceux-ci foient à leur tour & plus retenus & plus réglés ; & que les fujets, par la raifon qu'ils auront fans ceffe la loi au-devant d'eux, la refpectent davantage. Tel eft le cours des chofes ; & ce qui fe pratique dans les fociétés des communautés religieufes en eft une preuve. Inutilement oppoferoit-on encore une différence de nature entre ces corps & les états civils : je n'y en vois point d'effentielle par rapport à la conftitution, comme

je l'ai démontré ; & je fuis d'avis que ce qui eft vrai dans le petit, l'eft également dans le grand, quoique avec plus de peine, fi l'on veut, ou plutôt avec plus de précifion & d'exactitude.

» La feconde chofe que j'ai à répondre fur le premier chef de la raifon alléguée, c'eft que dans la fuppofition que je fais, lès hommes auroient beaucoup moins de querelles & de procès entre eux ; foit parce qu'ils feroient fonciérement plus fages ; foit parce que, moins livrés à des objets d'intérêt & de cupidité, qu'il faudroit néceffairement réduire pour les mettre dans la fphère la plus convenable à l'état heureux, ils n'en auroient plus tant d'occafions ; ce qui eft le plus grand remède que la politique puiffe employer.

» Et pour ce qui eft de ce qu'on dit : *que ce feroient des affaires de peu de conféquence, dont s'occuperoient les juges, s'ils s'amufoient à punir ces vices, appellés communs,* &c. Je demande, après tout ce que j'ai remarqué, fi l'on pourroit avoir cette idée d'objets plus difficile que celle des grands crimes : Si je fuis *avare*, *ambitieux*, *inhumain*, *ingrat*, *hypocrite*, &c. je le ferai fans doute par des actes apparens ; & les témoins qui, en toute autre caufe concernant les faits, font la feule voie d'ufage & poffible pour connoître la vérité, dépoferont également contre moi, fi je fuis coupable. Il y a, de part & d'autre, des fignes fenfibles, & en celui qui eft dans le vice, & en une ou plufieurs perfonnes qui en feront léfées : on n'eft point avare communément fans avoir fait des ufures ; l'ambitieux cherche à s'élever aux dépens des autres ; l'inhumanité a des traits trop caractérifés, pour qu'on puiffe la méconnoître ; l'ingrat révolte tous les bienfaiteurs ; l'hypocrite joue Dieu & les hommes, &c. Tous ces actes de la coupable humanité font clairs & vifibles, & n'offrent rien qui mérite plus de difcuffion que tout le refte.

» IV. *Ou à caufe que le mal eft fi fort enracioé, qu'on*

Ttt 2

ne sauroit entreprendre d'y remédier sans troubler l'état. C'est la dernière raison de Puffendorf, pour trouver bon qu'on ne punisse pas ces sortes de crimes ; & c'est aussi la seule qui mérite quelque considération. J'avoue que, dans l'état actuel des choses, & au point où en sont nos institutions politiques & civiles, si l'on s'avisoit d'y apporter tout-à-coup une grande réforme, & qu'on vît la magistrature prendre connoissance d'actes, qu'on a regardés jusqu'aujourd'hui comme ne devant pas être l'objet des loix pénales, il se feroit dans les esprits une révolution capable d'ébranler la concorde publique ; & une pareille entreprise pourroit avoir, dans ces circonstances, de fâcheuses suites : c'est le cas de rappeller les grandes vérités que nos auteurs ont apperçues en parlant des devoirs des législateurs, & desquelles ils ont si mal profité, quand ils ont voulu nous donner des leçons sur la conduite intérieure des états. Je me propose, avant de finir cet ouvrage, de présenter un tableau succinct de la meilleure manière dont il me semble qu'on pourroit aujourd'hui faire les changemens convenables & nécessaires pour arriver au but de toute société civile, qui est le bonheur des peuples & leur force.

» Mais, indépendamment de cette possibilité, les vérités que j'ai établies, & qui me persuadent que la législation doit s'étendre jusqu'à punir aussi les vices qu'on appelle *communs*, ont une solidité qu'elles tirent que d'elles-mêmes. Il ne s'agit pas, en ce moment de réformer & de corriger des établissemens vicieux, qui sont trop enracinés ; il faut considérer la question, par rapport à un peuple nouveau, & avant toute institution humaine ; & sous ce point de vue, l'on conviendra qu'il est très-salutaire que la justice humaine tienne en bride les passions des hommes, en ne souffrant pas qu'ils puissent être cruels, avares, fourbes, ingrats, &c. impunément. La perfection morale est une ; toutes les diverses vertus en sont, pour ainsi dire, les parties. Mais si les plus grands crimes l'attaquent & la dégradent, les petits l'attaquent & la dégradent aussi : les manquemens divers, de quelle nature qu'ils soient, sont tous analogues, & forment, *par contraire à l'idée de perfection qu'on a*, ce qu'on entend par *imperfection morale*, en général. Ne punissez-vous que les grands écarts ? C'est donner à entendre que les autres sont légitimes ou permis ; & si l'on se croit en sûreté ou dans la règle, lorsqu'on en est dehors, bientôt on passera plus avant dans le chemin du vice. Tout dépend des idées que l'on nous donne des choses, & nos actions sont toutes calquées sur les images que nous nous en faisons. C'est pourquoi il importe tant que ces premières idées soient bonnes & justes. Si l'on avoit porté ses vues de ce côté-là, & réfléchi mûrement sur cette matière, l'on n'auroit jamais dit ce que j'ai relevé de Puffendorf, *qu'un souverain seroit réduit à régner dans un désert, s'il vouloit punir rigoureusement tous ceux qui y sont sujets* (parlant de ces vices appellés *communs*, comme

l'orgueil, l'ambition, l'avarice, la médisance, &c.) ; & l'on n'auroit point donné pour raison *que les effets en sont ordinaires*. On a pensé, en cela, comme le peuple ; & je ne peux revenir de ma surprise, qu'on ait été si aveugle, en même temps qu'on montre tant de lumières & d'application en d'autres choses».

§. 4. *Peut-on dispenser de la peine ?* Grotius, Puffendorf, ainsi que tous ceux qui ont écrit sur le droit public & naturel, pensent qu'il n'est pas toujours nécessaire de punir les crimes d'ailleurs punissables, qu'il y a des cas où le souverain peut faire grace, & que c'est de quoi il faut juger par le but même des *peines*.

Le bien public, disent-ils, est le grand but des *peines* : si donc il y a des circonstances où en faisant grace on procure autant ou plus d'utilité qu'en punissant, alors rien n'oblige précisément à punir, & le souverain doit user de clémence. Ainsi, si le crime est caché, qu'il ne soit connu que de très-peu de gens, il n'est pas toujours nécessaire, quelquefois même il seroit dangereux de le publier en le punissant ; car plusieurs s'abstiennent de faire du mal plutôt par l'ignorance du vice que par la connoissance & l'amour de la vertu. Cicéron remarque, sur ce que Solon n'avoit point fait des loix sur le parricide, que l'on a regardé ce silence du législateur comme un grand trait de prudence, en ce qu'il ne défendit point une chose dont on n'avoit point encore vu d'exemple, de peur que s'il en parloit, il ne semblât avoir dessein d'en faire prendre envie, plutôt que d'en détourner ceux à qui il donnoit des loix.

On peut considérer, ajoutent-ils, les services personnels que le coupable a rendus à l'état, ou quelqu'un de sa famille, & s'il peut encore actuellement lui être d'une grande utilité ; ensorte que l'impression que feroit la vue de son supplice, ne produiroit pas autant de bien qu'il est capable lui-même d'en faire. Si l'on est sur mer, & que le pilote ait commis quelque crime, & qu'il n'y ait d'ailleurs sur le vaisseau aucune personne capable de le conduire, ce seroit vouloir perdre tous ceux du vaisseau que de le punir. On peut aussi appliquer cet exemple à un général d'armée.

Enfin, l'utilité publique, qui est la mesure des *peines*, demande quelquefois que l'on fasse grace, à cause du grand nombre des coupables. La prudence du gouvernement veut que l'on prenne garde de ne pas exercer d'une manière à perdre l'état, la justice qui est établie pour la conservation de la société.

Mais ces motifs sont-ils suffisans pour établir, en faveur des souverains, le droit de faire grace, & ne pourroit-on pas dire avec l'auteur de l'*état naturel des peuples*, que nous avons déjà cité, que tous les sujets ayant également part aux avantages que l'on retire de l'établissement des *peines*, ils doivent y être également soumis quand ils faillissent, c'est-à-dire, qu'il ne doit y avoir entre eux à cet égard aucune diftinction de rang, ni de condition, parce que de pareilles exceptions font plus infupportables & plus fâcheufes pour l'efpèce humaine, que les préférences d'honneur & de prérogatives qu'on accorde à la naiffance ou à la faveur.

La néceffité de punir un crime fe tire du befoin de prévenir les maux & les injures que les hommes ont à craindre les uns des autres, & ils n'ont à craindre ces maux & ces injures, que quand ils les voient commettre impunément, & que ces maux font confidèrables. Le plus ou le moins de publicité d'un crime, le plus ou le moins de connoiffance qu'on en a, ne peuvent jamais être des motifs décififs. La publicité n'eft-elle pas inévitable, même en ne puniffant pas ? Une feule perfonne eft capable de répandre bien loin un fecret; & quand bien même on le fuppoferoit renfermé dans un petit nombre de perfonnes, il en réfulteroit toujours un très-mauvais effet. Les uns trembleront pour eux, & pourront craindre d'être fans ceffe l'objet on la proie des malfaiteurs : les autres fe croiront permis les mêmes attentats, & qui font penferont qu'il n'y a qu'à ofer, & que la même impunité leur eft affurée.

L'exemple de Solon n'a ici aucune application. Il y a une différence fenfible entre le légiflateur occupé à former un code pour une fociété naiffante, & le fouverain établi pour maintenir l'ordre & la fûreté dans une fociété déjà formée.

Le premier doit penfer aux fautes dans lefquelles les citoyens peuvent tomber; s'il prépare à l'avance des châtimens, dont l'infliction falutaire puiffe rebuter du crime; il les regarde non comme coupables, mais comme pouvant le devenir. Il peut bien ne pas parler de certains crimes, parce qu'il ne les croit pas, pour ainfi dire, poffibles, & qu'il ne préfume de mauvaifes difpofitions dans les fujets, que relativement aux foibleffes ordinaires de l'humanité, aux manquemens qui ne heurtent pas trop la nature, ou tout au plus à ceux dont on a déjà vu des exemples, & qui font connus. Le fouverain au contraire ne fuppofe rien, le crime a été commis, l'ordre & la fûreté publique ont été attaqués; il exifte un certain nombre d'hommes qui le favent, & qui le publieront; il ne peut donc être arrêté dans la punition du coupable, par la fauffe crainte d'infpirer du goût pour ce crime, en le faifant connoître.

Ce ne fera jamais la nouveauté ou la curiofité, pour ce qui eft nouveau, qui engageront les hommes à faire une chofe qui coûte à la bonté de notre cœur. On ne fe livre aux actions qui nous tirent du devoir & de la règle, que dans l'enivrement d'une paffion folle, que dans ces premiers mouvemens qui troublent & renverfent notre raifon. Ce n'eft pas les forfaits que l'on aime, on ne s'abandonne pas aux crimes pour le plaifir de les commettre; la nature n'a jamais fait des cœurs, dont le but foit le mal en tant que mal. On fe propofe, dans le chemin du vice, une fatisfaction paf-

fagère, une forte de bien-être qui tient à l'efprit & au corps, & une longue habitude à mal faire plonge dans une efpèce d'affoupiffement la raifon & la confcience, à un tel point, qu'elles n'ont prefque plus d'empire. L'homme ne met alors que l'abus de fa faculté de penfer, & de fa liberté, fource de tous les défordres.

On donne pour fecond motif de faire grate, les fervices rendus par le coupable, ou par quelqu'un de fa famille. Premièrement, il eft ridicule à un coupable de comprendre dans fon mérite celui de fes ancêtres, & de vouloir qu'on lui tienne compte de leurs vertus. Le prix des actions fe tire tout du moral; il n'y entre rien de phyfique. Les enfans n'ont participé en rien aux fervices rendus par leurs pères. Ils n'ont pas apporté en venant au monde, avec le fang qu'ils ont reçu de leurs parens, leurs vertus & leurs inclinations. Il faut foi-même aimer l'ordre & la règle, il faut agir & pratiquer la vertu. Si la naiffance influoit à nous en rendre le chemin plus facile, foit à raifon des exemples que l'on trouve dans fa famille, ou parce que le fang qui coule dans nos veines, eft, pour ainfi dire, accoutumé invinciblement à fe porter au bien, ce n'eft qu'une plus grande honte aux enfans de fe livrer à des actions indignes; & loin que les fervices rendus par les ancêtres foient un titre pour affranchir leurs defcendans de la peine, ce feroit au contraire une confidération qui les rendroit plus coupables, & une raifon plus forte pour les punir des mauvaifes actions qui font indignes du fang dont ils font fortis.

Secondement, les fervices rendus par un coupable ne peuvent fervir à lui faire éviter la peine qu'il a encourue par une mauvaife action poftérieure. C'eft une règle certaine qu'on ne doit pas compenfer dans la même perfonne les mauvaifes actions par les bonnes. Si celles-ci ont eu leur récompenfe, la dette eft payée; fi elles ne l'ont pas eue, c'eft qu'apparemment on ne les en a pas jugées dignes. D'ailleurs, toutes les bonnes actions n'exigent pas de récompenfes, on n'en accorde qu'à celles qui, par leur objet ou leur produit, intéreffent vivement la république; les autres partent des obligations & des devoirs impofés à l'homme; & en les faifant, il ne fait que remplir fa tâche. Mais toute mauvaife action doit être punie, rien à cet égard n'eft indifférent à la chofe publique; les moindres imperfections l'intéreffent, & c'eft l'accroiffement du vice qui fait périr les états. Chaque action a fon prix & fa valeur propre, & c'eft toujours le préfent qui doit gouverner le jugement que nous en portons. Ainfi, par rapport aux peines & aux moyens de les éviter, l'importance n'eft pas d'avoir rendu des fervices à la patrie, d'avoir fait des actions utiles au public, ce font des devoirs pour tout citoyen; mais d'abhorrer les crimes, & de ne rien faire de contraire aux règles de l'utilité générale. On ne doit pas vanter une action paffée, quelque belle qu'elle foit, fi elle a été suivie d'une autre qui eft criminelle, & réciproquement celle-ci, fi elle a précédé, n'encourra pas moins notre indignation.

L'utilité publique que l'on donne pour troifième motif de faire grace, lorfqu'il fe trouve un trop grand nombre de coupables, n'eft fondée fur aucune raifon légitime, mais feulement fur l'impoffibilité de punir. En effet, la raifon de la *peine* eft dans le crime même, fi la punition étoit jufte & néceffaire à l'égard d'un citoyen criminel, elle ne ceffe pas de l'être par la multitude ; la vérité n'eft point variable, & il ne peut y avoir dans l'infliction des *peines* deux poids & deux mefures, pour nous déterminer à agir d'une manière à l'égard d'un particulier ou d'un petit nombre, & nous mouvoir tout différemment à l'égard d'une multitude, ou de tout le corps entier. Suivant les règles de la juftice, il ne faut jamais punir d'un tel genre de punition, ou il faut qu'on l'applique à tous les fujets à la fois, fi le cas arrive, comme pour un feul.

Ce n'eft donc pas par aucune raifon vraie en foi, que dans l'état des fociétés politiques, on ne punit pas une armée entière qui s'eft révoltée contre fon chef, ou la plus grande partie des fujets, coupable de rebellion envers le prince ; mais parce que la punition ne peut être infligée. Comment, en effet, punir des gens qui font devenus les plus forts, & qui ont repris, en quelque façon, une autorité que l'on ne pouvoit exercer que par leur obéiffance ? Il eft évident qu'ils refuferont toujours de fubir la *peine* qu'ils méritent, & ce n'eft donc pas par l'injuftice de la peine qu'on fe détermine à faire grace à une multitude de coupables, mais par l'impoffibilité phyfique de le faire, & par la crainte de perdre l'état par cela même, qui étoit fait pour le conferver.

Nous pourrions rapporter encore un grand nombre de preuves pour démontrer la néceffité de punir les crimes fans acception de perfonnes ; mais la nature de cet ouvrage ne nous permet pas d'entrer dans des détails trop longs, & nous renvoyons nos lecteurs à l'ouvrage déjà cité. Cependant, qu'on ne croie pas que nous cherchions à aiguifer le fer des bourreaux, & que nous voulions engager les fouverains à renoncer au droit d'adoucir, dans certains cas, la rigueur des loix pénales, & même de remettre totalement la *peine*. Dans l'état où font les fociétés politiques, le droit de faire grace eft, ainfi que nous l'avons dit, fous le mot CLÉMENCE, le plus bel attribut de la fouveraineté ; mais comme il n'eft appuyé que fur la néceffité dans certains cas, & fur la dureté de la loi dans d'autres, il faut avoir recours à des moyens plus puiffans pour maintenir l'ordre & bannir les crimes ; & nous ne penfons pas qu'il puiffe y en avoir d'autre que celui de réformer la rigueur, l'injuftice, j'ai prefque dit la cruauté du code pénal de toutes les nations policées. Lorfque les *peines* feront analogues aux crimes, & conformes à l'humanité, il ne fera plus néceffaire de fufpendre l'exécution de la loi, & de faire grace aux coupables.

§. 5. *La punition doit être prompte, analogue au crime, & publique.* Plus la *peine* fera prompte & voifine du délit, plus elle fera jufte & utile. Elle fera plus jufte, parce qu'elle épargnera au criminel le tourment cruel & fuperflu de l'incertitude de fon fort, qui croît en raifon de la force de fon imagination & du fentiment de fa foibleffe ; & parce que la perte de la liberté étant une *peine*, elle ne peut être infligée avant la condamnation qu'autant que la néceffité l'exige. La prifon n'étant que le moyen de s'affurer de la perfonne d'un citoyen accufé, jufqu'à ce qu'il foit connu pour coupable, doit donc durer le moins, & être la plus douce qu'il eft poffible. La durée de la prifon doit être déterminée par le temps néceffaire à l'inftruction du procès, & par le droit des plus anciens prifonniers à être jugés les premiers. La rigueur de la prifon ne peut être que celle qui eft néceffaire pour empêcher la fuite de l'accufé, ou pour découvrir les preuves du délit. Le procès même doit être fini dans le moindre temps poffible. Quel plus cruel contrafte que l'indolence d'un juge & les angoiffes d'un accufé, les plaifirs & les commodités dont jouit un magiftrat infenfible, d'une part ; & l'état horrible d'un prifonnier ? En général, le poids de la *peine* & les effets fâcheux d'un crime, doivent être les plus efficaces qu'il eft poffible pour les autres, & les moins durs pour celui qui fouffre ; parce que les hommes, en fe réuniffant, n'ont voulu s'affujettir qu'aux plus petits maux poffibles ; & qu'il n'y a point de fociété légitime là où ce principe n'eft pas regardé comme inconteftable.

J'ai dit que la promptitude de la *peine* eft utile, parce que moins il s'écoulera de temps entre la *peine* & le délit, plus l'affociation de ces deux idées, *délit* & *peine*, fera forte & durable dans l'efprit de l'homme ; de forte qu'infenfiblement on confidérera le crime comme caufe, & la *peine* comme fon effet néceffaire. Il eft démontré que la liaifon des idées eft le ciment qui unit toutes les parties de l'édifice de l'entendement humain : union fans laquelle le plaifir & la douleur feroient des fentimens ifolés & fans effet. Tous les hommes qui manquent d'idées générales & de principes univerfels, c'eft-à-dire, qui font peuple, agiffent en conféquence des affociations des plus voifines & les plus immédiates, & négligent les plus compliquées & les plus éloignées ; celles-ci ne fe préfentent qu'à l'homme paffionné pour un objet, ou à l'efprit éclairé qui a acquis l'habitude de parcourir & de comparer rapidement un certain nombre d'idées & de fentimens, pour en former le réfultat le plus utile & le moins dangereux, c'eft-à-dire, pour agir.

Il eft donc de la plus grande importance de rendre la *peine* voifine du crime, fi l'on veut que dans l'efprit groffier du vulgaire la peinture féduifante d'un crime avantageux réveille fur le champ l'idée de la *peine* qui le fuit. Le retardement de la punition rendra l'union de ces deux idées moins étroite. Quelque impreſſion que faſſe la punition ſur les eſprits, elle en fait plus alors comme ſpectacle, que comme châtiment ; parce qu'elle ne ſe préſente aux ſpectateurs que lorſque l'horreur du crime qui contribue à fortifier le ſentiment de la *peine*, eſt déjà affoiblie dans les eſprits.

Un autre moyen ſervira efficacement à reſſerrer de plus en plus la liaiſon qu'il importe tant d'établir entre l'idée du crime & celle de la *peine* : ce moyen eſt que la peine ſoit, autant qu'il ſe peut, analogue & relative à la nature du délit, c'eſt-à-dire, qu'il faut que la *peine* conduiſe l'eſprit à un but contraire à celui vers lequel il étoit porté par l'idée ſéduiſante des avantages qu'il ſe promettoit : ce qui facilitera merveilleuſement le contraſte de la réaction de la *peine* avec l'impulſion au crime.

Chez pluſieurs nations, on punit les crimes moins conſidérables, ou par la priſon, ou par l'eſclavage dans un pays éloigné ; c'eſt-à-dire, dans ce dernier cas, qu'on envoie des criminels porter un exemple inutile à des ſociétés qu'ils n'ont pas offenſées, & que, dans l'un & dans l'autre, l'exemple eſt perdu pour la nation chez laquelle le crime a été commis. Ces deux uſages ſont mauvais, parce que la *peine* des grands crimes ſert peu pour en détourner les hommes qui ne ſe déterminent ordinairement à les commettre, qu'emportés par la paſſion du moment. Le plus grand nombre la regarde comme étrangère & comme impoſſible à encourir. Il faut donc faire ſervir à l'inſtruction la punition publique des légers délits, qui, plus voiſine d'eux, fera ſur leur ame une impreſſion ſalutaire, & les éloignera très-fortement des grands crimes, en les détournant de ceux qui les font moins.

§. 6. *De la ſévérité des peines.* La fin de l'établiſſement des *peines* ne ſauroit être de tourmenter un être ſenſible, mais ſeulement d'empêcher le coupable de nuire déſormais à la ſociété, & de détourner ſes concitoyens de commettre des crimes ſemblables. Un corps politique ne peut agir par paſſion, & ne doit pas par conſéquent adopter cette cruauté inutile, inſtrument de la fureur, de la foibleſſe ou du fanatiſme, qui emploie tant de tourmens barbares & inutiles.

La ſévérité des *peines* eſt, dit l'auteur de l'eſprit des loix, toute entière du génie du gouvernement deſpotique, dont le principe eſt la terreur ; mais dans les monarchies, dans les républiques, dans les états modérés, l'honneur, la vertu, l'amour de la patrie, la honte & la crainte du blâme, ſont des motifs réprimans qui peuvent arrêter bien des crimes. Dans ces états, un bon légiſlateur s'attachera moins à punir les fautes qu'à les prévenir ; il s'appliquera plus à donner des mœurs, qu'à infliger des ſupplices.

Dans les gouvernemens modérés, tout pour un bon légiſlateur peut ſervir à former des *peines*.

N'eſt-il pas bien extraordinaire qu'à Sparte, une des principales fût de ne pouvoir prêter ſa femme à un autre, ni recevoir celle d'un autre, de n'être jamais dans ſa maiſon qu'avec des vierges ? En un mot, tout ce que la loi appelle une *peine*, eſt effectivement une *peine*.

Il ſeroit aiſé de prouver que dans tous, ou preſque tous les états d'Europe, les *peines* ont diminué ou augmenté à meſure que l'on s'eſt rapproché ou éloigné de la liberté. Le peuple romain avoit de la probité ; cette probité eut tant de force, que ſouvent le légiſlateur n'eut beſoin que de lui montrer le bien pour le lui faire ſuivre. Il ſembloit qu'au lieu d'ordonnances, il ſuffiſoit de lui donner des conſeils.

Les *peines* des loix royales, & celles des loix des douze tables furent preſque toutes ôtées dans la république, ſoit par une ſuite de la loi Valérienne, ſoit par une conſéquence de la loi Porcia. On ne remarque pas que la république en fût plus mal réglée, & il n'en réſulta aucune léſion de police. Cette loi Valérienne qui défendoit aux magiſtrats toute voie de fait contre un citoyen qui avoit appellé au peuple, n'infligeoit à celui qui y contreviendroit, que la *peine* d'être réputé *méchant*.

Dès qu'un inconvénient ſe fait ſentir dans un état où le gouvernement eſt violent, ce gouvernement veut ſoudain le corriger ; & au lieu de ſonger à faire exécuter les anciennes loix, on établit une *peine* cruelle qui arrête le mal ſur le champ. Mais on uſe le reſſort du gouvernement : l'imagination ſe fait à cette grande *peine*, ainſi qu'elle s'étoit faite à la moindre ; & comme on diminue la crainte pour celle-ci, l'on eſt bientôt forcé d'établir l'autre dans tous les cas. Les vols ſur les grands chemins étoient communs dans quelques états : on voulut les arrêter ; on inventa le ſupplice de la roue, qui les ſuſpendit quelque temps ; depuis ce temps, on a volé comme auparavant ſur les grands chemins.

Il ne faut point mener les hommes par les voies extrêmes ; on doit être ménager des moyens que la nature nous donne pour les conduire. Qu'on examine la cauſe de tous les relâchemens, on verra qu'elle vient de l'impunité des crimes, & non pas de la modération des *peines*. Suivons la nature qui a donné aux hommes la honte comme leur fléau, & que la plus grande partie de la *peine* ſoit l'infamie de la ſouffrir ! Que s'il ſe trouve des pays où la honte ne ſoit pas une ſuite du ſupplice, cela vient de la tyrannie qui a infligé les mêmes *peines* aux ſcélérats & aux gens de bien. Et ſi vous en voyez d'autres où les hommes ne ſont retenus que par des ſupplices cruels, comptez encore que cela vient, en grande partie, de la violence du gouvernement, qui a employé ces ſupplices pour des fautes légères. Souvent un légiſlateur qui veut corriger un mal, ne ſonge qu'à cette correction : ſes yeux ſont ouverts ſur cet objet, & fermés ſur les inconvéniens. Lorſque le mal eſt une fois corrigé, on ne voit plus que la dureté du légiſlateur ; mais il reste un vice dans l'état, que cette dureté a produit : les esprits sont corrompus, ils se sont accoutumés au despotisme.

Une preuve de ce que les *peines* tiennent à la nature du gouvernement, peut encore se tirer des Romains, qui changeoient, à cet égard, de loix civiles à mesure que ce grand peuple changeoit de loix politiques. Les loix royales faites pour un peuple composé de fugitifs, furent très-sévères. L'esprit de la république auroit demandé que les décemvirs n'eussent pas mis ces loix dans les douze tables ; mais des gens qui aspiroient à la tyrannie, n'avoient garde de suivre l'esprit de la république. En effet, après leur expulsion, presque toutes les loix qui avoient fixé les *peines* furent ôtées : on ne les abrogea pas expressément ; mais la loi *Porcia* ayant défendu de mettre à mort un citoyen romain, elles n'eurent plus d'application. Presque toutes les loix de Sylla ne portoient que l'interdiction de l'eau & du feu ; César y ajouta la confiscation des biens, parce qu'il en avoit besoin pour ses projets. Les empereurs rapprochèrent les *peines* de celles qui sont établies dans une monarchie, ils divisèrent les *peines* en trois classes : celles qui regardoient les premières personnes de l'état, *sublimiores*, & qui étoient assez douces : celles qu'on infligeoit aux personnes d'un rang inférieur, *medios*, & qui étoient plus sévères ; enfin celles qui ne concernoient que les conditions basses, *infimos*, & qui furent les plus rigoureuses.

Le meilleur frein du crime n'est pas tant la sévérité de la *peine*, que la certitude d'être puni. De-là, dans le magistrat, la nécessité de la vigilance & de cette inexorable sévérité qui, pour être une vertu utile, doit être accompagnée d'une législation humaine & douce. La certitude d'un châtiment modéré fera toujours une plus forte impression, que la crainte d'une *peine* plus sévère jointe à l'espérance de l'éviter. Les maux, quelque légers qu'ils soient, lorsqu'ils sont certains, effraient les hommes, au lieu que l'espérance qui leur tient souvent lieu de tout, éloigne de l'esprit du scélérat l'idée des maux les plus grands, pour peu qu'elle soit fortifiée par les exemples d'impunité, que l'avarice ou la foiblesse accordent souvent.

Quelquefois on s'abstient de punir un léger délit, lorsqu'il l'offensé le pardonne ; acte de bienfaisance, mais contraire au bien public. Un particulier peut bien ne pas exiger la réparation du dommage qu'on lui a fait, mais le pardon qu'il accorde ne peut détruire la nécessité de l'exemple. Le droit de punir n'appartient à aucun citoyen en particulier, mais à tous & au souverain. L'offensé peut renoncer à sa portion de ce droit, mais non pas ôter aux autres la leur.

§. 7. *De la proportion entre les peines & les crimes.* Il est essentiel que les *peines* aient de l'harmonie entre elles, parce qu'il est essentiel que l'on évite plutôt un grand crime que le moindre ; ce qui attaque plus la société que ce qui la choque moins.

Un imposteur qui se disoit Constantin Ducas, suscita un grand soulévement à Constantinople. Il fut pris & condamné au fouet ; mais ayant accusé des personnes considérables, il fut condamné, comme calomniateur, à être brûlé. Il est singulier qu'on eût ainsi proportionné les *peines* entre le crime de lèse-majesté & celui de calomnie.

C'est un grand mal parmi nous de faire subir la même *peine* à celui qui vole sur un grand chemin, & à celui qui vole & assassine. Il est visible que pour la sûreté publique, il faudroit mettre quelque différence dans la *peine*. A la Chine, les voleurs cruels sont coupés en morceaux ; les autres, non : cette différence fait que l'on y vole, mais que l'on n'y assassine pas. En Moscowie, où la *peine* des voleurs & celle des assassins est la même, on assassine toujours : les morts, y dit-on, ne racontent rien. Quand il n'y a point de différence dans la *peine*, il faut en mettre dans l'espérance de la grace. En Angleterre, on n'assassine point, parce que les voleurs peuvent espérer d'être transportés dans les colonies, non pas les assassins.

C'est le triomphe de la liberté, lorsque les loix criminelles tirent chaque *peine* de la nature particulière du crime : tout l'arbitraire cesse : la *peine* ne dépend point du caprice du législateur, mais de la nature de la chose ; & ce n'est point l'homme qui fait violence à l'homme. Il y a quatre sortes de crimes ; ceux de la première espèce choquent la religion ; ceux de la seconde, les mœurs ; ceux de la troisième, la tranquillité ; ceux de la quatrième, la sûreté des citoyens. Les *peines* que l'on inflige doivent dériver de la nature de chacune de ces espèces.

Pour faire connoître à nos lecteurs tout ce qui concerne les *peines*, nous allons parler, par ordre alphabétique, des différentes espèces de *peines* que les loix prononcent, soit en matière civile, soit en matière criminelle.

PEINE AFFLICTIVE ou CORPORELLE, est celle qui s'inflige sur la personne même du condamné, & non pas seulement sur ses biens, comme le carcan, le fouet, la fleur-de-lys, le bannissement, les galères, la *peine* de mort.

Il n'y a que le ministère public qui puisse conclure à une *peine afflictive*, comme étant seul chargé de la vindicte publique.

Lorsqu'une procédure a été civilisée, le juge ne peut plus prononcer de *peine afflictive*, à moins que la partie publique ne vienne contre le jugement de civilisation par tierce-opposition, ou par la voie d'appel, ou que la partie civile n'interjette appel de ce même jugement.

Pour l'ordre des *peines afflictives*, l'ordonnance de 1670, *tit. 25*, *art. 13*, porte qu'après la *peine* de mort naturelle, la plus rigoureuse est celle de la question, avec réserve des preuves en leur entier ; des galères perpétuelles, du bannissement perpétuel, de la question sans réserve des preuves, des galères à temps, du fouet, de l'amende honorable, & du bannissement à temps. Mais on ne doit

doit plus compter aujourd'hui parmi les *peines afflictives*, la question avec réferve, ou fans réferve de preuves, depuis que le roi actuellement régnant a abrogé la question préparatoire, ainfi que nous le dirons fous le mot QUESTION.

PEINE D'AMENDE, c'est lorfque celui qui a contrevenu à quelque loi, eft condamné, pour réparation, à une amende. *Voyez* AMENDE.

PEINE ARBITRAIRE ; on appelle ainfi celle qui n'eft point fpécifiée précifément par la loi, mais qui dépend des circonftances & de l'arbitrage du juge.

PEINE CAPITALE, eft celle qui emporte mort naturelle ou civile ; ainfi toute *peine* afflictive n'eft pas *peine capitale*, puifqu'il y a de ces fortes de *peines* qui n'emportent ni la mort naturelle, ni la mort civile, telle que la fuftigation, l'application de la marque publique fur les épaules, le carcan, les galères au-deffous de dix ans. Les *peines capitales* font la mort naturelle, les galères perpétuelles, le banniffement à perpétuité hors du royaume, & la prifon perpétuelle.

PEINE COMMINATOIRE, eft celle qui n'eft pas encourue de plein droit & par le feul fait, mais pour laquelle il faut encore un fecond jugement qui la déclare encourue, comme quand il eft dit par un premier jugement, que faute par une partie de faire telle chofe dans un tel temps, elle fera déchue de quelque droit ou de quelque demande ; cette déchéance qui eft une peine, n'eft encourue que par un fecond jugement, qui déclare que, faute par ladite partie d'avoir fait telle chofe dans le temps qui avoit été prefcrit, elle demeure déchue ; & pour que la *peine* ne foit pas comminatoire, il faut que le jugement qui prononce la déchéance exprime que, paffé le temps prefcrit, elle aura lieu en vertu du même jugement, & fans qu'il en foit befoin d'autre.

Les *peines* prononcées par les loix contre les crimes, ne font jamais réputées comminatoires.

Il en eft de même des *peines* prononcées en matière civile par les loix & les ordonnances.

Mais les *peines* prononcées par le juge dans le cas dont on a parlé ci-devant, & dans les autres cas femblables où la *peine* ne doit être encourue qu'au cas que la partie n'ait pas fatisfait au jugement, ne font ordinairement que comminatoires.

PEINE DU COMPROMIS, eft celle qui eft ftipulée dans un compromis pour l'exécution d'icelui, comme quand les parties fe foumettent de payer une certaine fomme en cas d'inexécution du compromis, ou de la fentence arbitrale. *Voyez* ARBITRE, COMPROMIS & PEINE CONTRACTUELLE.

PEINE CONTRACTUELLE, eft celle par laquelle les parties qui contractent entre elles, s'engagent à quelque chofe en cas d'inexécution des promeffes qu'elles ont faites. L'objet de cette *peine* eft d'affurer l'exécution de l'obligation principale ; mais pour qu'elle puiffe être ftipulée, il faut que l'obligation à laquelle elle eft jointe, foit valable par elle-même ; que cette obligation ne foit pas de

nature à rejetter les chofes qui emportent quelque peine ; que la *peine* ftipulée n'ait rien d'impoffible, ni de contraire aux loix & aux bonnes mœurs.

La *peine contractuelle* n'éteint ni ne réfout l'obligation principale ; elle n'y porte même aucune atteinte : cependant, comme l'une n'eft que compenfatoire des dommages & intérêts produits par l'inexécution de l'autre, le créancier ne peut pas exiger les deux à la fois ; il faut qu'il fe contente de la *peine* ou de la chofe.

Cette règle reçoit néanmoins quelques exceptions. La première, lorfqu'il eft dit expreffément, que, faute par le débiteur d'accomplir fon obligation dans un certain temps, la *peine* fera encourue & exigible, fans préjudice de l'obligation principale ; la feconde, lorfque la *peine* eft ftipulée pour réparation du dommage que le créancier fouffre, non de l'inexécution abfolue de l'obligation, mais du fimple retard de fon accompliffement.

Les loix romaines ne permettoient pas au juge de modérer & de réduire à de juftes bornes la *peine* à laquelle un débiteur s'eft foumis en cas de contravention à fon engagement, parce que, difent-elles, s'il y eft volontairement engagé, & que fi elle eft exceffive, il ne peut l'imputer qu'à fon imprudence ou à fa légèreté. Mais la jurifprudence des arrêts, fondée fur l'autorité des jurifconfultes françois, a décidé que le juge, lorfque la *peine* étoit exceffive, pouvoit la modérer au dommage réel que fouffre le créancier, & à l'intérêt qu'il avoit que le contrat fût exécuté.

La raifon qu'en donne M. Pothier, eft que lorfqu'un débiteur fe foumet à une *peine* exceffive, en cas d'inexécution de l'obligation primitive qu'il contracte, il y a lieu de préfumer que c'eft la fauffe confiance qu'il a de ne pas manquer à fon obligation, qui le porte à fe foumettre à une *peine* auffi exceffive ; qu'il croit ne s'engager à rien en s'y foumettant, & qu'il eft dans la difpofition de ne s'y pas foumettre, s'il croyoit que le cas de cette *peine* pût arriver ; qu'ainfi le confentement qu'il donne à une *peine* trop confidérable, étant un confentement donné fur une erreur & fur une illufion qu'il fe fait, n'eft pas un confentement valable ; que, par ces raifons, les *peines* exceffives doivent être réduites à la valeur vraifemblable à laquelle peuvent monter au plus haut les dommages & intérêts du créancier, réfultans de l'inexécution de l'obligation primitive.

Nous ajouterons cependant que les juges ne doivent pas exercer indifcrètement la faculté que la jurifprudence des arrêts leur accorde, de réduire la *peine contractuelle* à la jufte indemnité. Ils ne doivent le faire que lorfque l'excès de l'une fur l'autre eft évident & palpable ; autrement, il pourroit arriver que la liquidation des dommages & intérêts cauferoit plus de peines & de frais, que le paiement d'une *peine* exceffive, eu égard à l'obligation primitive.

Dans les obligations qui confiftent à ne pas faire

quelque chofe , la *peine contraffuelle* eft exigible aufii-tôt que celui qui s'étoit engagé à ne pas faire cette chofe , a fait ce dont il devoit s'abftenir. Mais lorfque la promefle à laquelle on a ajouté une claufe pénale , eft de donner ou de faire quelque chofe , la *peine* eft encourue dès que , par une interpellation judiciaire , le débiteur a été mis en demeure de remplir fon obligation.

PEINE CORPORELLE , eft la même chofe que *peine affliffive ;* c'eft celle qui s'exécute fur le corps , c'eft-à-dire , fur la perfonne même , & non pas fur fes biens feulement. *Voyez* ci-devant PEINE AFFLICTIVE.

PEINE DE CORPS , eft toute autre chofe que *peine corporelle ;* on entend par-là , dans quelques coutumes , les falaires des manouvriers. C'eft dans ce fens que l'emploie la coutume de Sens , *art. 254.*

PEINE DU DOUBLE , DU TRIPLE , DU QUA-DRUPLE , eft celle que les ordonnances prononcent contre ceux qui commettent quelque faute ou contravention. Au lieu de leur faire payer le fimple droit , on leur fait payer le double , le triple ou le quadruple , pour avoir voulu frauder le droit , ou pour n'avoir pas fatisfait dans le temps à quelque formalité prefcrite. *Voyez le Diffionnaire des finances.*

PEINE DE FAUX , c'eft lorfque quelqu'un encourt les *peines* prononcées par les loix pour le crime de faux. *Voyez* FAUX.

PEINE GRAVE , s'entend d'une peine des plus rigoureufes , comme celle de mort ou mutilation de membres , *&c.*

PEINE INFAMANTE , eft celle qui ôte l'honneur à celui qui eft condamné , comme la *peine* de mort , ou autre *peine* affliffive , la dégradation ou condamnation à fe défaire de fa dignité , l'amende honorable , l'amende en matière criminelle , & la condamnation à une aumône en matière civile.

PEINE LÉGALE , eft celle qui eft prononcée par quelque loi , ordonnance ou coutume , comme une amende , une nullité ou déchéance , faute d'avoir fait quelque chofe , ou de l'avoir fait dans le temps prefcrit par la loi , comme la nullité d'une donation , faute d'infinuation dans les quatre mois.

Ces fortes de *peines* courent contre toutes fortes de perfonnes fans efpérance de reftitution , même contre les mineurs , fauf leur recours contre leur tuteur , au cas qu'il y ait négligence de fa part.

PEINE LÉGÈRE , eft celle qui eft peu rigoureufe , en égard à la qualité du délit & à celle de l'accufé , comme l'admonition & l'aumône en matière criminelle : elle eft oppofée à *peine capitale* & à *peine grave.*

PEINE DE MORT , eft toute condamnation qui doit être fuivie de la mort naturelle du condamné. Ici fe préfente une queftion intéreffante pour les fouverains & les fujets : la *peine de mort* eft-elle jufte & utile dans un gouvernement bien organifé ? Le droit de punir peut-il s'étendre jufqu'à faire périr fur l'échafaud un homme coupable ?

Un défenfeur ardent de la caufe de l'humanité ,

M. le marquis de Beccaria , dans fon *Traité des délits & des peines* , a prétendu que nulle puiffance fur la terre ne pouvoit avoir le droit de mort fur un fujet , même coupable du plus grand crime.

Le droit , dit-il , que les hommes s'attribuent d'égorger leurs femblables , n'eft certainement pas celui dont réfultent la fouveraineté & les loix. Les loix ne font que la fomme des portions de la liberté de chaque particulier , les plus petites que chacun ait pu céder. Elles repréfentent la volonté générale qui eft l'affemblage de toutes les volontés particulières. Or , qui jamais a voulu donner aux autres hommes le droit de lui ôter la vie ? Comment dans les plus petits facrifices de la liberté de chacun , peut fe trouver compris celui de la vie , le plus grand de tous les biens ? Et fi cela étoit , comment concilier ce principe avec cette autre maxime , que l'homme n'a pas le droit de fe tuer lui-même , puifqu'il a dû l'avoir , s'il a pu le donner à d'autres ou à la fociété ?

La *peine* de mort n'eft donc autorifée par aucun droit. Elle n'eft peut-être qu'une guerre de la nation contre un citoyen dont on regarde la deftruction comme utile & néceffaire à la confervation de la fociété. Si donc je démontre que , dans l'état ordinaire de la fociété , la mort d'un citoyen n'eft ni utile , ni néceffaire , j'aurai gagné la caufe de l'humanité.

Je dis dans l'état ordinaire ; car la mort d'un citoyen peut être néceffaire en un cas ; & c'eft lorfque , privé de fa liberté , il a encore des relations & une puiffance qui peuvent troubler la tranquillité de la nation ; quand fon exiftence peut produire une révolution dans la forme du gouvernement établi. Ce cas ne peut avoir lieu que lorfqu'une nation perd ou recouvre fa liberté , ou dans les temps d'anarchie , lorfque les défordres même tiennent lieu de loix. Mais pendant le règne tranquille de la légiflation , & fous une forme du gouvernement approuvée par les vœux réunis de la nation ; dans un état défendu contre les ennemis du dehors , & foutenu au-dedans par la force , & par l'opinion plus efficace que la force même ; où l'autorité eft toute entière entre les mains du fouverain ; où les richeffes ne peuvent acheter que des plaifirs & non du pouvoir ; il ne peut y avoir aucune néceffité d'ôter la vie à un citoyen.

Quand l'expérience de tous les fiècles ne prouveroit pas que la *peine* de mort n'a jamais empêché les hommes déterminés de nuire à la fociété , quand l'exemple des Romains , quand vingt années de règne de l'impératrice de Ruffie , Elifabeth , donnant aux pères des peuples un exemple plus beau que celui des plus brillantes conquêtes ; quand tout cela , dis-je , ne perfuaderoit pas les hommes à qui le langage de la raifon eft toujours fufpect , & qui fe laiffent plutôt entraîner à l'autorité ; il fuffiroit de confulter la nature de l'homme , pour fentir cette vérité.

Ce n'eft pas l'intenfité de la *peine* qui fait le plus

grand effet sur l'esprit humain, mais sa durée: parce que notre sensibilité est plus facilement & plus durablement affectée par des impressions foibles, mais répétées, que par un mouvement violent, mais passager. L'empire de l'habitude est universel sur tout être sensible; & comme c'est elle qui enseigne à l'homme à parler, à marcher, à satisfaire ses divers besoins, ainsi les idées morales se gravent dans l'esprit humain par des impressions répétées. La mort d'un scélérat sera par cette raison un frein moins puissant du crime, que le long & durable exemple d'un homme privé de sa liberté, & devenu un animal de service, pour réparer par les travaux de toute sa vie, le dommage qu'il a fait à la société.

Ce retour fréquent du spectateur sur lui-même: *si je commettois un crime, je serois réduit toute ma vie à cette malheureuse condition*, fait une bien plus forte impression que l'idée de la mort que les hommes voient toujours dans un lointain obscur.

La terreur que cause l'idée de la mort, a beau être forte, elle ne résiste pas à l'oubli si naturel à l'homme, même dans les choses les plus essentielles, sur-tout lorsque cet oubli est appuyé par les passions. Règle générale. Les impressions violentes surprennent & frappent, mais leur effet ne dure pas. Elles sont capables de produire ces révolutions qui font tout-à-coup d'un homme vulgaire un Lacédémonien, ou un Romain; mais dans un gouvernement tranquille & libre, elles doivent être plus fréquentes que fortes.

La *peine de mort* infligée à un criminel n'est, pour la plus grande partie des hommes, qu'un spectacle, ou un objet de compassion ou d'indignation. Ces deux sentimens occupent l'ame des spectateurs bien plus que la terreur salutaire que la loi prétend inspirer. Mais pour celui qui est témoin d'une *peine* continuelle & modérée, le sentiment de la crainte est le dominant, parce qu'il est le seul. Dans le premier cas, il arrive au spectateur du supplice la même chose qu'au spectateur d'un drame; & comme l'avare retourne à son coffre, l'homme violent & injuste retourne à ses injustices.

Afin qu'une peine soit juste, elle ne doit avoir que le degré d'intensité qui suffit pour éloigner les hommes du crime. Or, je dis qu'il n'y a point d'homme qui, avec un peu de réflexion, puisse balancer entre le crime, quelque avantage qu'il s'en promette, & la perte entière & perpétuelle de sa liberté. Donc l'intensité de la *peine* d'un esclavage perpétuel a tout ce qu'il faut pour détourner du crime l'esprit le plus déterminé, aussi bien que la *peine de mort*. J'ajoute qu'elle produira cet effet encore plus sûrement. Beaucoup d'hommes envisagent la mort d'un œil ferme & tranquille, les uns par fanatisme, d'autres par cette vanité qui nous accompagne au-delà même du tombeau, d'autres par un dernier désespoir qui les pousse à sortir de la misère, ou à cesser de vivre. Mais le fanatisme & la vanité abandonnent le criminel dans

les chaînes, sous les coups, dans une cage de fer: & le désespoir ne termine pas ses maux, mais les commence. Notre ame résiste plus à la violence & aux dernières douleurs qui ne sont que passagères, qu'au temps & à la continuité de l'ennui; parce que dans le premier cas, elle peut, en se rassemblant, pour ainsi dire, toute en elle-même, repousser la douleur qui l'assaillit, & dans le second, tout son ressort ne suffit pas pour résister à des maux dont l'action est longue & continuée.

Dans une nation où la *peine de mort* est employée, tout exemple de punition suppose un nouveau crime commis. Au lieu que l'esclavage perpétuel d'un seul homme donne des exemples fréquens & durables. S'il est important que les hommes aient souvent sous les yeux les effets du pouvoir des loix, il est nécessaire qu'il y ait souvent des criminels punis du dernier supplice. Ainsi la *peine de mort* suppose des crimes fréquens, c'est-à-dire que, pour être utile, il faut qu'elle ne fasse pas toute l'impression qu'elle devroit faire.

On me dira qu'un esclavage perpétuel est une *peine* aussi douloureuse que la mort, & par conséquent aussi cruelle. Je réponds qu'en rassemblant en un point tous les momens malheureux de la vie d'un esclave, sa *peine* seroit peut-être encore plus terrible que le supplice le plus grand; mais ces momens sont répandus sur toute la vie, au lieu que la *peine de mort* exerce toute sa force dans un court espace de tems. C'est un avantage de la *peine* de l'esclavage pour la société, qu'elle effraie plus celui qui en est le témoin, que celui qui la souffre; parce que le premier considère la somme de tous les momens malheureux, & le second est distrait de l'idée de son malheur futur par le sentiment de son malheur présent. Tous les maux s'agrandissent dans l'imagination, & celui qui souffre trouve des ressources & des consolations que les spectateurs de ses maux ne connoissent point, & ne peuvent croire, parce que ceux-ci jugent d'après leur propre sensibilité, de ce qui se passe dans un cœur devenu insensible par l'habitude du malheur.

Je sais que c'est un art difficile & que l'éducation seule peut donner, que de développer les sentimens de son propre cœur. Mais, quoique les scélérats ne puissent rendre compte de leurs principes, ces principes ne les conduisent pas moins. Or, voici à-peu-près le raisonnement que fait un voleur ou un assassin, qui n'est détourné du crime que par la crainte de la potence ou de la roue. « Quelles sont donc ces loix, qu'on veut que je » respecte, & qui mettent une si grande différence » entre moi & un homme riche ? Il me refuse un » léger secours que je lui demande, & il me ren- » voie à un travail qu'il n'a jamais connu. Qui les » a faites ces loix ? Les riches & les grands, qui » n'ont jamais daigné entrer dans la chaumière du » pauvre, & qui ne lui ont jamais vu partager un » morceau de pain moisi à ses enfans affamés & à

» leur mère éplorée. Rompons ces conventions » funestes au plus grand nombre des hommes, & » utiles à quelques tyrans. Attaquons l'injustice » dans sa source. Je retournerai à mon état d'in- » dépendance naturelle ; je vivrai libre & heureux » des fruits de mon industrie & de mon courage. » Il arrivera peut-être un temps de douleur & de » repentir : mais ce temps sera court, & pour un » jour de peine j'aurai plusieurs années de plaisir » & de liberté. Roi d'un petit nombre d'hommes » déterminés comme moi, je corrigerai les mé- » prises de la fortune, & je verrai ces tyrans » pâlir à la vue de celui que leur faste insultant » mettoit au-dessous de leurs chevaux & de leurs » chiens ».

Alors la religion se présentant à l'esprit du scé- lérat qui abuse de tout, & lui mettant devant les yeux un repentir facile & une espérance presque assurée d'une félicité éternelle, achevera de dimi- nuer pour lui l'horreur de la dernière tragédie.

Mais celui qui voit un grand nombre d'années, ou même tout le cours de sa vie, à passer dans la servitude & dans la douleur, esclave de ces mêmes loix dont il étoit protégé, & cela sous les yeux de ses concitoyens, avec lesquels il vit actuellement libre & en société, fait une comparai- son utile de tous ces maux, de l'incertitude de succès du crime, & de la brièveté du temps, pendant lequel il en goûteroit les fruits, avec les avantages qu'il peut s'en promettre. L'exemple continuelle- ment présent des malheureux qu'il voit victimes de leur imprudence, le frappe plus que celui du supplice qui l'endurcit, au lieu de le corriger.

La peine de mort est encore un mal pour la so- ciété, par l'exemple d'atrocité qu'elle donne. Si les passions ou la nécessité de la guerre ont en- seigné à répandre le sang humain, au moins les loix dont le but est d'inspirer la douceur & l'hu- manité, ne doivent pas multiplier les exemples de cette barbarie, exemples d'autant plus horribles, que la mort légale est donnée avec plus d'appareil & de formalité.

Il me paroît absurde que les loix qui ne sont que l'expression de la volonté publique, laquelle déteste & punit l'homicide, en commettent une elles-mêmes, & que, pour détourner les citoyens du meurtre, elles ordonnent un meurtre public. Quelles sont les loix vraies & utiles ? Celles que tous proposeroient & voudroient observer dans ces momens auxquels se tait l'intérêt dont la voix est toujours écoutée, ou lorsque cet intérêt parti- culier se combine avec l'intérêt général : or, quels sont les sentimens naturels des hommes sur la peine de mort ? Nous pouvons les découvrir dans l'indi- gnation & le mépris avec lesquels on regarde le bourreau, qui n'est pourtant qu'un exécuteur in- nocent de la volonté publique, un bon citoyen qui contribue au bien général, un défenseur nécessaire de la sûreté de l'état au-dedans, comme de valeu- reux soldats contre les ennemis du dehors. Quelle

est donc l'origine de cette contradiction, & pour- quoi ce sentiment d'horreur est-il ineffaçable dans l'homme, malgré tous les efforts de sa raison ?

C'est que dans une partie reculée de notre ame, où les formes originelles de la nature se sont mieux conservées, nous retrouvons un sentiment qui nous a toûjours dicté que notre vie n'est au pou- voir légitime de personne, que de la nécessité qui régit l'univers.

Que doivent penser les hommes en voyant des sages magistrats & des ministres sacrés de la justice, faire traîner un coupable à la mort en cérémonie, avec indifférence & tranquillité ; & tandis que, dans l'attente du coup fatal, le malheureux est en proie aux convulsions & aux dernières angoisses, le juge qui vient de le condamner, quitter son tribunal pour goûter les plaisirs & les douceurs de la vie, & peut-être s'applaudir en secret de son autorité ?

Ah ! diront-ils, ces loix, ces formes cruelles & ré- fléchies ne sont que le manteau de la tyrannie ; elles ne sont qu'un langage de convention, un glaive pro- pre à nous immoler avec plus de sécurité, comme des victimes dévouées en sacrifice à l'idole insatiable du despotisme. L'assassinat qu'on nous représente comme un crime horrible, nous le voyons pra- tiqué froidement, & sans remords. Autorisons- nous de cet exemple, la mort violente nous pa- roissoit une scène terrible dans les descriptions qu'on nous en faisoit ; mais nous voyons que c'est une affaire d'un moment. Ce sera moins encore dans celui qui, en allant au-devant d'elle s'épar- gnera presque tout ce qu'elle a de douloureux.

Tels sont les funestes paralogismes qu'ont, au moins confusément, les hommes disposés au crime, sur lesquels l'abus de la religion peut plus que la religion même.

Si l'on m'oppose que presque tous les siècles & toutes les nations ont décerné la peine de mort contre certains crimes, je réponds que cet exemple n'a aucune force contre la vérité à laquelle on ne peut opposer de prescription. L'histoire des hom- mes est une mer immense d'erreurs, où l'on voit surnager çà & là, & à de grandes distances entre elles, un petit nombre de vérités mal connues.

Presque toutes les nations ont eu des sacrifices humains. Je puis me prévaloir avec bien plus de raison de l'exemple de quelques sociétés qui se sont abstenues d'employer la peine de mort, quoique pen- dant un court espace de temps ; car c'est la nature & le sort des grandes vérités, que leur durée n'est qu'un éclair en comparaison de la longue & ténébreuse nuit qui enveloppe le genre humain. Ces temps fortunés ne sont pas arrivés encore, où la vérité sera, comme l'a été jusqu'à présent l'erreur, le partage du plus grand nombre.

Mais toutes les raisons alléguées par M. le mar- quis de Beccaria, ne seroient-elles que d'ingénieux sophismes ? La plupart des auteurs qui ont écrit sur cette matière, pensent que le droit de punir de mort eſt un attribut de la ſouveraineté. L'auteur célèbre de l'eſprit des loix, en plaçant dans la quatrième claſſe des crimes ceux qui, en troublant la tranquillité, attaquent en même temps la ſûreté, ajoute que les ſupplices ſont les *peines* qu'on leur inflige. C'eſt, dit-il, une eſpèce de talion qui fait que la ſociété refuſe la ſûreté à un citoyen qui en a privé, ou qui a voulu en priver un autre. Cette *peine* eſt tirée de la nature de la choſe, puiſée dans la raiſon & dans les ſources du bien & du mal. Un citoyen mérite la mort lorſqu'il a violé la ſûreté au point qu'il a ôté la vie, ou qu'il a entrepris de l'ôter. Cette *peine de mort* eſt comme le remède de la ſociété malade.

On répond à M. de Beccaria, qu'il ne paroît pas exactement vrai de dire que chaque homme, en ſe réuniſſant en ſociété, n'a pas voulu accorder aux autres le droit de lui ôter la vie, qu'il n'avoit pas lui-même. Il eſt certain, lui dit-on, que la loi naturelle défend à tout homme de s'ôter la vie, mais elle lui donne celui de la défendre lorſqu'elle eſt attaquée. Or, de quelque manière que la puiſſance publique ſe ſoit formée, il a fallu, pour la conſervation de la ſociété, que chaque individu en particulier ſe dépouillât de ſa force & de ſa liberté, pour en former une ſomme de forces, qui, n'agiſſant que par le moyen d'un ſeul mobile, protégeât la perſonne & les biens de chaque aſſocié. Ce mobile, cette réunion de force eſt le ſouverain, qui ſeul ſe trouve chargé de la défenſe de la ſociété, & de repouſſer la force par la force; d'où il ſuit qu'il peut légitimement établir la *peine de mort* lorſqu'il croit que l'intérêt de la ſociété l'exige, & chaque citoyen ne peut refuſer ſon aſſentiment à une loi qui a pour objet de protéger ſes jours.

Si dans l'état de nature, ajoute-t-on, & pour l'intérêt légitime de ma propre conſervation, j'ai le droit d'ôter la vie à celui qui attaque la mienne; j'ai par conſéquent, dans l'état de ſociété civiliſée, le droit de voter pour la mort de celui qui attente à ma vie; & ſi j'enfrains la loi à laquelle j'ai concouru, la ſociété entière a le droit d'en réclamer contre moi l'exécution: ſi je n'ai pas le droit de m'ôter la vie, je n'ai pas celui de l'ôter à mes ſemblables, & de prétendre que la mienne doive être reſpectée. Il y a plus: prétendre, comme le fait M. de Beccaria, que la *peine de mort* n'eſt ni utile, ni néceſſaire; c'eſt affecter de méconnoître cette loi puiſſante, à laquelle la nature a ſoumis l'homme, en l'obligeant de s'occuper ſans ceſſe des moyens de conſerver ſa vie. Elle eſt le plus grand de tous les biens, & la crainte de la perdre eſt la plus grande de toutes les craintes, & par conſéquent le plus grand obſtacle qui puiſſe empêcher un ſcélérat de commettre un crime qui entraîne la *peine de mort*. Elle eſt donc utile; elle eſt donc néceſſaire pour le maintien de l'ordre.

Si M. de Beccaria ſe fonde encore ſur ce que, ſelon lui, l'expérience de tous les ſiècles prouve que la *peine de mort* n'a jamais empêché les ſcélérats

déterminés de nuire à la ſociété: cela peut être vrai, lui dit-on, les paſſions de l'homme ſont quelquefois aſſez violentes pour l'engager à les ſatisfaire malgré les dangers qu'il court, & les malheurs auxquels il s'expoſe. Mais ne pourroit-on pas auſſi demander où ſont les monumens qui établiſſent cette expérience? Ne ſeroit-il pas au contraire démontré, ſi l'on avoit une confeſſion exacte de tous les ſcélérats, que la crainte du dernier ſupplice a ſeule empêché qu'ils ne commiſſent une infinité de crimes? Ne pourroit-on pas aſſurer que ſi un homme, livré à une haine atroce, étoit ſûr de conſerver ſa vie en poignardant ſon ennemi, ſa paſſion lui feroit commettre ce crime, parce que les paſſions, toutes aveugles qu'elles ſont, ne laiſſent pas de calculer, & que le réſultat du calcul en pareil cas, eſt qu'on fait plus de dommage à ſon ennemi, qu'on ne peut en recevoir ſoi-même; ce qui ſuffit pour déterminer la haine & la vengeance.

M. de Beccaria cite à l'appui de ſa doctrine, l'exemple de l'impératrice de Ruſſie, Eliſabeth, ſous le règne de laquelle on n'a puni de mort aucun criminel. Mais ſi une pitié exceſſive a déterminé cette princeſſe à faire ſubir une moindre *peine*, elle n'a point abrogé, par une loi expreſſe, la *peine de mort*. On peut alléguer contre cet exemple, celui de toutes les légiſlations, même de celles qui ont eu les plus grands égards pour l'humanité, telles que celle des Chinois & celle de Solon dans Athènes. La *peine de mort* y a été décernée contre l'aſſaſſinat de guet-à-pens.

On voudroit en vain s'en diſſimuler la juſtice, dit M. Vermeil, dans ſon *Eſſai ſur les réformes à faire dans la légiſlation criminelle*: c'eſt la *peine du talion*, celle qui touche de plus près aux premiers principes de l'équité naturelle. Si, à la perte d'un citoyen, elle ajoute la mort d'un autre, cette mort doit paroître utile; elle délivre la ſociété d'un homme pervers qui ne doit plus lui appartenir, puiſqu'il a rompu le lien des conventions ſociales. Le ſupplice de cet aſſaſſin prévient d'ailleurs de nouveaux crimes, qu'il auroit pu commettre, & ſon châtiment devient un exemple impoſant pour la perverſité.

Tels ſont les motifs ſur leſquels tous les auteurs qui ont traité de la *peine de mort*, ont cru en établir & en juſtifier la néceſſité. Mais pour ne rien laiſſer à deſirer ſur une queſtion auſſi importante pour les ſociétés policées, nous allons donner un précis des raiſons ſur leſquelles M. Gavoty, dans l'ouvrage que nous avons déjà cité, s'appuie pour prouver que l'on n'a pu concéder à perſonne le droit de vie & de mort.

« Les ſociétés civiles, dit-il, peuvent être comparées à celles qui ont exiſté les premières, c'eſt-à-dire, à celles qui ont été formées entre le mari & la femme, le père & les enfans. L'union conjugale eſt fondée ſur une égalité réciproque, ſur la néceſſité où ſont le mari & la femme de s'aſſiſter, s'aider & fe foulager mutuellement ; fon but eft le bien commun , & par conféquent le bien particulier de chacun des affociés ; ce qui exclut néceffairement toute idée de droit meurtrier & deftructif.

» L'homme, à la vérité, par fes qualités naturelles, par fa force de corps & d'efprit, eft fondé à prétendre en fa faveur la prépondérance du commandement, parce qu'il eft le chef de la famille ; qu'il feroit irrégulier qu'il y eût deux chefs, ou qu'un membre de la famille ne dépendît pas du chef, mais au fond il n'eft pas plus maître que la femme, à caufe des befoins où il eft d'elle, & de toutes les néceffités qui leur font communes. Son autorité fur la femme procède de fon rang & de fes attributs perfonnels, mais elle ne va pas plus loin que les befoins du mariage ne le demandent ; fi elle pouvoit s'étendre jufqu'au droit de la punir de mort, elle détruiroit l'amour, la confiance, la liberté d'efprit & la gaieté de cœur, dans lefquelles la femme doit toujours être vis-à-vis de fon mari.

» L'autorité du père fur fes enfans eft d'un autre genre, & eft beaucoup plus étendue que celle qu'il a fur fa femme, mais elle ne peut aller jufqu'au droit de vie & de mort. La nature écarte toute idée pareille. Le but de l'autorité paternelle eft de rendre les enfans heureux, en les conduifant, dès l'enfance, jufqu'à l'âge où ils peuvent agir d'eux-mêmes, & former d'autres familles. Ce but renferme feulement foin, adminiftration, pouvoir de gérer pour autrui, & la puiffance néceffaire à cet effet, mais rien qui approche du droit de vie & de mort.

» Il en eft de même du fondement & de l'étendue du pouvoir paternel. Son fondement eft dans la foibleffe de l'enfant ; car une fois qu'il eft parvenu à l'âge de raifon, & qu'il n'a plus befoin de fecours, la nature le livre à lui-même, & l'oblige à faire ufage de fes forces & de fes connoiffances, Son étendue ne peut pas être plus grande que le befoin qui le fait naître, befoin qui eft tout entier pour le bien & l'avantage des enfans,

» Si, par la nature du pouvoir du mari fur fa femme, & du père fur fes enfans, l'un & l'autre ne peuvent avoir acquis le droit de vie & de mort fur les membres de la fociété qu'ils régiffent, il me femble que c'eft déjà avoir prouvé que le fouverain n'a pu acquérir ce même droit. En effet, il y a une reffemblance exacte entre l'autorité fouveraine & l'autorité paternelle. Toutes les deux fe propofent le même but, elles ont toutes deux la même obligation de veiller aux intérêts communs, & de procurer le bien de ceux qui leur font foumis.

» Mais il exifte encore des raifons tirées plus directement de la chofe même. 1°. Le fouverain ne peut avoir d'autre droit fur les membres qui compofent une fociété, que celui que chacun d'eux avoit fur lui-même. Car, pour pouvoir transférer à un autre un droit, il faut en être foi-même revêtu. Or, perfonne n'a le droit de s'ôter la vie.

Non-feulement le fuicide ne corrige rien, mais même cette action eft un crime qui offenfe Dieu directement, puifqu'il attaque fon ouvrage, & qu'il s'arroge un pouvoir qui n'eft dû qu'à lui. L'homme coupable ne peut exercer ce pouvoir fur lui-même, parce qu'il ne peut jamais être juge dans fa propre caufe.

» 2°. On ne peut pas dire que le droit de vie & de mort foit dans la main du fouverain la réunion du droit qui appartient à tous les hommes dans l'état de nature, de punir dans autrui la violation des loix naturelles. Car, fous ce point de vue, l'homme n'a fur fon femblable le droit de le punir de mort ; tout ce que la nature lui accorde eft de repouffer la force par la force, & de fe défendre d'un injufte agreffeur, même en lui ôtant la vie, fi c'eft le feul moyen qu'il ait d'empêcher qu'on ne lui raviffe la fienne. Mais ce droit n'exifte que dans le moment de l'attaque ; & celui qui excède les bornes d'une défenfe légitime, devient lui-même coupable d'homicide, lorfqu'après le danger paffé, il ôte la vie à fon adverfaire.

» 3°. Le droit de punir dans le fouverain ne vient pas proprement de la volonté des fujets, ni de la conceffion qu'on fuppofe qu'ils en ont faite, mais de la nature du contrat focial, qui veut que le corps entier de la nation, repréfenté par celui qui gouverne, puiffe non-feulement contraindre chacun des particuliers à pratiquer les loix qui leur font communes, mais même intimider par des menaces ou des punitions, ceux d'entre eux qui les violeront d'une manière funefte à tout le corps, ou feulement à quelqu'un des membres.

» Ce droit eft une volonté forcée, parce que, fans le droit de punir, il n'eft pas poffible que la fociété fe maintienne. Les hommes ont voulu non pas être punis, mais qu'on pût les contraindre à l'être, non par juftice & motif de confcience, mais parce que c'eft une extrémité à laquelle la confervation même de la fociété oblige de venir. La juftice effentielle & primitive n'eft pas proprement l'objet & la caufe de la punition ; les châtimens ne font infligés à l'infracteur des loix civiles que par une infinuation de prudence, & par des vues de politique : d'où il fuit que le droit de punir ne peut avoir qu'une étendue très-bornée, & foumife à ce qu'exige uniquement le bien actuel & preffant de la nation : or, ce bien n'exigera jamais, en aucun cas, la mort d'un homme convaincu d'un crime : fon fang répandu, pour quelque caufe que ce foit, ne fera jamais qu'un acte de barbarie & un exemple dangereux à donner.

» L'auteur de la nature, Dieu, en mettant l'homme fur la terre, ne lui a pas confié le droit de punir, encore moins d'étendre la punition jufqu'à la *peine de mort* ; il s'eft contenté de livrer le malfaiteur aux efforts naturels de la perfonne attaquée ; il a mis pour cela en nous une merveilleufe adreffe à nous défendre, & une difpofition prochaine à repouffer les coups qu'on nous porte, comme à réparer les maux qu'on nous fait; ce qui ne se passe pas sans qu'il en coûte beaucoup à l'agresseur, & qu'il n'essuie lui-même bien des traverses. La punition se trouve ici dans la défense même comme dans son centre.

» Cette vérité se confirme par l'exemple de Caïn, le premier des homicides. Lorsqu'il s'écrie, après le meurtre d'Abel, que quiconque le rencontrera, le tuera, il ne veut pas dire qu'il fût permis de le traiter comme il avoit traité son frère. Il venoit de donner un exemple de ce qui étoit possible, & non de ce qui se devoit. Il craignoit de ressentir sur lui-même une action pareille à celle qu'il avoit commise : cette idée le faisoit trembler. Le sang humain qu'il avoit versé étoit pour lui un crime absolu, & toujours crime, & il ne s'imaginoit pas qu'on pût le verser innocemment; mais il avoit eu la foiblesse ou l'aveuglement de commettre ce crime, il en avoit donné l'exemple à ses semblables, & il étoit effrayé de l'idée qu'un autre pourroit le commettre à son égard.

» Les premières sociétés dont les histoires font mention, plus près que nous de l'état naturel de l'homme, ont bien connu les bornes de l'autorité dans la punition des coupables, & elles ont toujours gardé une sage économie dans la conservation du sang humain. Platon, dans sa république, veut qu'on évite le commerce & même l'attouchement des meurtriers, & non qu'on leur ôte la vie. Cela se pratiquoit dans l'ancienne Grèce, ainsi qu'il paroît par une tragédie d'Euripide; où il est dit qu'il avoit été sagement établi dans les anciens temps, que quiconque auroit trempé ses mains dans le sang d'autrui, ne se présenteroit plus aux yeux de ses concitoyens. L'exil étoit la peine qu'on lui imposoit pour expiation du meurtre, & il n'étoit pas permis de lui ôter la vie, comme l'avoit ôtée au défunt. Pline a remarqué que le premier jugement de mort a été rendu dans le tribunal de l'aréopage. Lactance dit aussi que, pendant un temps, on avoit cru qu'il n'étoit pas permis de faire mourir les hommes, qui, quelque méchans qu'ils soient, sont toujours hommes. Il observe aussi que les anciens Romains ne faisoient mourir aucun citoyen, qu'ils ne bannissoient même pas formellement un coupable, mais défendoient seulement à chacun de lui fournir le feu & l'eau, ce qui réduisoit le criminel à la nécessité de se bannir lui-même du pays. La plupart des peuples anciens n'infligeoient pour le meurtre que des peines pécuniaires. C'étoit à la vérité une bien mauvaise manière que d'apprécier, par un vil métal, ce que nous avons de plus cher au monde. Mais il résulte de cette conduite, que ces peuples, encore voisins de l'état de nature, faisoient un grand cas de la vie des hommes, & ne se croyoient pas permis de verser, de propos délibéré, le sang humain. » Qu'a-t-on gagné depuis avec les roues, les gibets, les tortures? Les prisons ne désemplissent

pas, & les exécutions sanglantes se renouvellent tous les jours. La condition des hommes réunis dans les sociétés politiques n'est pas devenue meilleure. Il semble que plus on a versé le sang des coupables, plus on leur a appris que le sang humain pouvoit être versé. Ils ne sont pas frappés de la différence du droit, mais de la ressemblance du fait; aussi l'expérience nous apprend que l'excessive rigueur des peines n'a produit aucun effet. Il y a naturellement dans tous les hommes un instinct sûr, qui les fait appercevoir des moindres disproportions qui les blessent : quelque sensibles qu'ils soient à la peine, quand elle sera disproportionnée, mais éloignée, l'impression de ce qui les meut actuellement les déterminera davantage; & plus cette peine sera excessive par rapport au crime, moins elle sera de sensation sur lui. Nous ne craignons bien naturellement en ces sortes de choses que celles qui sont justes, & notre esprit alors se plie comme de lui-même à ce qu'on veut exiger de nous. C'est ainsi que la peine de mort, toute terrible qu'elle est, n'a encore été d'aucune utilité pour les états, parce qu'une peine cruelle, comme dit Montesquieu, peut bien arrêter le mal sur le champ; mais qu'elle use le ressort du gouvernement; que l'imagination se fait à cette grande peine, comme elle s'étoit faite à la moindre; & que comme on diminue la crainte pour celle-ci, l'on est bientôt forcé d'établir l'autre dans tous les cas.

» La peine de mort n'est point puisée dans les sources du bien & du mal. Le mal moral, comme le mal physique, est une espèce de destruction, & il n'y en a point dans les idées éternelles. C'est le propre de toute créature d'être foible & sujette à faillir; la plus parfaite est celle qui manque le moins; tout doit se porter dans l'homme à parvenir à la santé du corps & de l'ame. Or, les maladies de l'ame & les infirmités du corps ont tant d'analogie ensemble dans notre esprit, que c'est éloigner l'idée de la possibilité des premières, que de ne point admettre les secondes quand elles existent réellement; c'est-à-dire, que prétendre pouvoir détruire le corps, c'est supposer en même temps que cet acte, par lui-même, n'est pas mauvais, tandis que c'est une règle souveraine que le mal ne puisse se commettre en aucune façon. En vain veut-on distinguer l'action du motif; le moral ne peut pas être ici en contradiction avec le physique, & les principes de conduite faits pour nous déterminer au bien, ne peuvent exiger des démarches qui soient si diamétralement contraires à l'esprit du divin législateur, qui est la conservation de ses créatures, & leur correction. Les meurtres sont opposés à cet esprit, mais les punitions de mort le sont aussi. Détruire le meurtrier, c'est offenser doublement la nature; c'est faire périr deux hommes à la fois; & pour conserver les membres de la société, on en multiplie la perte. Le bien que nous devons nous procurer, c'est le bien seul qui peut le faire, il ne faut agir que par les voies les plus douces, & qui ne ressemblent en rien au mal lui-même. On ne se décide à perdre un bras, que quand il n'y a plus moyen de le conserver ; mais les hommes coupables peuvent-ils jamais être dans cet état ? On ne coupe un membre gangréné que lorsqu'il peut attirer la ruine de tout le corps, mais en est-il de même d'un sujet prévenu du crime ? Il peut vivre sans nuire par cela même à ses concitoyens ; il n'est besoin que de s'assurer de sa personne, ou de le bannir de la société. Le couper, s'il est permis de se servir de ce terme pour se faire entendre, c'est pour lui uniquement le séparer de l'ensemble, ou le contenir de manière qu'il ne soit plus libre de mal faire. Lui ôter la vie, c'est supposer ce qui est en question, c'est prétendre qu'il est entiérement gangréné dans l'ame, & qu'il entraîneroit la dissolution de la société.

» C'est une mauvaise raison de dire que la loi qui punit de mort un coupable, a été faite en sa faveur. Cette loi paroît au contraire avoir été faite contre lui & contre le genre humain. Elle a appris qu'ôter la vie, n'étoit pas toujours un crime, & par conséquent que ce n'étoit pas une mauvaise chose en soi, & dès-lors qu'il y avoit des cas où elle étoit faisable. De-là l'idée du bien & du mal s'est embrouillée ; on a cru pouvoir faire, en certaines occasions, ce qu'on a vu pratiquer dans d'autres. Chacun a eu son objet & ses motifs : le duelliste a eu son honneur à conserver, le voleur simple à subsister, le voleur meurtrier à subsister & à se garantir dans le moment présent de la défense que pouvoit faire l'attaqué, & ensuite de ses rapports & de ses perquisitions. Tout fourmille d'excuses & de raisons capables de séduire, & qui, malheureusement, dans certaines circonstances délicates, ou bien pressantes, n'entraînent que trop au crime les ames foibles ou grossières.

» Les peines sont de la nature des remèdes destinés à guérir nos corps malades, dont le ministère est fâcheux, qui ne sont pas bons par eux-mêmes, & qui n'entrent point dans la classe des choses que l'on desire. Il ne faut donc user des peines qu'à la dernière extrémité, & nous devons préférer celles qui, à vertu égale, sont les moins onéreuses à la société & au coupable, & n'en déployer, pour ainsi dire, que la plus petite quantité possible. Ce ressort s'affoiblit s'il n'est pas ménagé ; & si on lui fait faire tout son effort, bientôt il ne sera plus. C'est la raison pour laquelle les peines les plus rigoureuses ne sont pas, à la longue, plus utiles que les plus modérées ; & c'est pour n'avoir pas observé cette règle sage, qu'on en est venu insensiblement à ces excès où nous les voyons, & à trouver même que la peine de mort n'étoit pas assez forte.

» Cette peine est d'ailleurs entiérement opposée aux trois fins que l'on se propose dans la punition des coupables : car ces fins sont ou le bien & la correction du coupable, ou l'avantage de celui qui

avoit intérêt que le crime ne fût pas commis, ou l'utilité de tous généralement. Or, il est aisé de prouver que ces trois motifs engagent à s'abstenir de la peine de mort.

» Il est absurde de vouloir réduire quelqu'un pour le corriger, à un état où il ne sauroit donner aucune marque de changement, c'est-à-dire, de détruire : le but alors est entiérement manqué : la correction suppose l'amour, & l'amour le bien de la personne punie. Quel amour, quel bien pour cette personne, que de lui ôter la vie ! Mettre à mort un coupable pour le corriger, quelle inconséquence !

» La peine de mort est également inutile pour l'avantage de la personne lésée. De deux choses l'une : cette peine est infligée ou pour des délits moindres que l'homicide, ou pour réparation d'un meurtre. Dans le premier cas, la peine est déraisonnable & injuste ; il ne peut y avoir aucune proportion entre la vie d'un homme & un tort considérable qu'il a commis vis-à-vis un tiers. La loi qui autorise ou qui ordonne une punition si grave, est irréguliére & excessive. Dans le cas où l'on suppose la personne périe des mains d'un assassin, la mort du coupable devient inutile pour elle ; le motif de l'avantage de la personne lésée est une chimère, & le but dont on nous entretient une vision, puisque cette personne est mise hors d'état d'être exposée désormais à de pareilles insultes. Cette fin des peines qui est en faveur de celui qui avoit intérêt que le crime ne fût pas commis, lorsque le mal est irréparable, comme dans l'homicide, ne peut plus qu'être confondue dans la dernière, l'utilité de tous généralement.

» Mais cette utilité générale exige seulement que le coupable soit puni d'une manière qui l'empêche de continuer à commettre le mal, & que les autres soient détournés de se porter à de pareilles actions par l'espérance de l'impunité. Or, sous ce point de vue, la peine de mort est absurde par son inconséquence, déraisonnable par son inutilité, & injuste par son défaut de proportion ; c'est ce qu'il faut démontrer.

» On a dit ci-dessus qu'il étoit absurde de faire périr l'assassin, parce qu'il étoit impossible que la personne morte pût tirer aucun avantage de sa punition, & dans la question présente, toutes les personnes intéressées à ce qu'un pareil forfait n'arrive plus, sont en vie, de sorte qu'il n'est point ici de parité entre la crainte d'un danger & la peine que l'on inflige, & qu'on peut conclure qu'il est souverainement injuste de faire mourir un homme sur le simple soupçon qu'il seroit capable d'ôter la vie à un autre. Comment concevoir que s'il n'est pas permis de punir les criminels pour l'avantage de la personne lésée, il puisse l'être pour le bien de tous généralement ? Leurs intérêts sont-ils différens ? Et la personne lésée est-elle d'une autre espèce ? ou bien tous les autres ensemble sont-ils d'une qualité supérieure ? L'avantage de tout le

monde

monde, n'eft que l'avantage de tous en particulier. Or, fi l'avantage du particulier ne demande point cette punition, celui de tout le corps ne fauroit la demander : il y répugne même.

» En effet, il y auroit en cela une contradiction manifefte : ce ne font pas de petits intérêts d'un moment & du caprice que la loi générale envifage, en établiffant fes décrets; elle va au bien effentiel, au bien propre & folide de la chofe, & c'eft toujours celui qui, dans le particulier, s'accorde entiérement avec le bien de tout le monde; & qui, dans le bien de tout le monde, fuppofe toujours celui de tous les particuliers. Le vrai, le bon & le jufte font trois mots qui fe réuniffent au même but, & que l'on retrouvera toujours enfemble, quoi qu'on faffe : ils expriment abfolument la même idée, à différens égards. Par exemple, il eft vrai qu'il ne faut point voler; cela fe fent par l'intérêt que nous avons tous, qu'on ne nous enlève point ce que nous poffédons; car autrement, de quoi ferions-nous affurés quand nous tiendrions quelque chofe ? & nous ne pourrions dire avoir véritablement à nous que les alimens que nous aurions pris pour appaifer notre faim : l'on fent qu'il faut une certaine poffeffion affurée. Quant à la bonté de cette maxime, elle fuit fans doute de ce que nous venons de dire : fi elle contient vérité, elle eft bonne. Le voleur ne fauroit la trouver mauvaife, car elle vient à fon appui pour les mêmes chofes qu'il poffède; & il n'a même point entendu, en prenant celles des autres, qu'on les lui volât. Et pour la juftice, qui n'eft que l'exacte obfervation de l'ordre & de l'harmonie qui doivent régner partout (fans quoi point de lumière & d'accord, & le monde entier n'eft qu'un chaos & une confufion), il eft inconteftable que la maxime de ne point voler, fe trouve jufte dans toutes fes parties, & cadre avec les idées naturelles que nous avons, que tout foit mis à fa place, & qu'on ne dérange point le bonheur particulier, non plus que le bonheur public qui en eft inféparable.

» De cet exemple, il faut conclure que quand nous trouvons vrai ce que nous avons dit, qu'il eft inutile & déraifonnable de faire mourir les criminels pour l'avantage de la perfonne léfée, quand cette perfonne n'exifte plus, cela eft bon & jufte en même temps : bon, en ce que l'on ne fait point alors un acte contraire au fens commun, & qu'il n'en peut méfarriver pour perfonne; au contraire, puifqu'il eft d'autres précautions à prendre, dont nous parlerons dans peu; & jufte, en ce que l'on n'étend point un pouvoir au-delà de fes bornes, & que nous n'entreprenons point fur les voies du créateur.

» Mais j'ai dit que la loi, en établiffant fes décrets, va au plus grand bien & au vrai bien des particuliers, lorfqu'elle prononce pour le général. Elle ne ftatue jamais fur des fantaifies, je le répète, ni fur des intérêts mal entendus. Elle embraffe la généralité, fans perdre de vue les membres; & après tout, c'eft de ceux-ci qu'elle s'occupe : je parle, comme on le conçoit, de la loi non écrite, mais de cette loi qui eft gravée dans les cœurs, & qui devroit être le modèle de toutes les loix pofitives.

» Or, il eft impoffible, encore une fois, que ce qu'elle entend être vrai, bon & jufte, pour les hommes en particulier, ceffe d'être tel, en les confidérant raffemblés en corps de nation. La vérité ne change point par cet affemblage, ce font encore les mêmes hommes; & leurs intérêts perfonnels (je parle des vrais & des folides), font ceux précifément de la communauté. S'il eft mal de punir de mort les homicides, par rapport à la perfonne léfée, dans les cas mêmes où elle ne vit plus, il l'eft femblablement à l'égard du corps entier, quoique les autres vivent encore.

» Voilà donc les trois fins des peines devenues abfurdes, contradictoires, tout-à-fait déraifonnables; & néanmoins l'on doit convenir qu'elles font bien & fidellement prifes d'après la nature de la chofe & le bon fens, & rempliffent tout ce que l'on doit fe propofer dans cette fâcheufe obligation de punir des hommes; car cette fin de maintenir le refpect des loix & de la magiftrature (dont parle Puffendorf), eft tacitement renfermée dans les autres; & l'on ne peut mettre en ligne de compte cette autre fin, de fatisfaire à la juftice, ou d'expier le crime; c'eft-à-dire, de redreffer, pour ainfi dire, l'obliquité que l'on conçoit dans une action qui s'écarte de la règle ou de la loi; ce qui regarde uniquement la juftice divine, ainfi que Puffendorf le dit, & que je l'ai obfervé en différens endroits de cet ouvrage.

» Mais d'où leur viendra (à ces trois fins véritables), un contrafte auffi étonnant, & un changement fi confidérable à l'occafion de la peine de mort, fi ce n'eft qu'on les a écoutées féparément, & qu'on leur a donné, à chacune en particulier, une force & une action qu'on ne devoit chercher que dans leur enfemble ? Oui, la caufe fecrète qui a introduit cette peine énorme, eft qu'on ne les a pas confultées à la fois, & qu'on n'a pas penfé que c'étoit dans leur union feule & leur parfait accord, que confiftoit la règle du droit de punir. Cette vérité-ci eft fouveraine & palpable : regardez les trois fins, dans l'adminiftration des peines, comme trois juges prépofés à connoître des crimes ou des fautes des particuliers, & dont l'intervention à la fois eft abfolument requife pour rendre un jugement valide. Si l'un d'eux manque, les deux autres font infuffifans : ainfi va la maxime commune que tres faciant capitulum, & que deux ne peuvent le faire. Il en doit être de même quand il s'agit de punir un homicide; fi vous n'écoutez que la fûreté publique, c'eft-à-dire, l'avantage de ceux qui reftent, il pourra vous apparoître qu'on ne fera jamais mieux à couvert d'une pareille offenfe qu'en faifant mourir l'aggreffeur, puifqu'il fera impoffible qu'il commette jamais plus une action fi noire. Mais fi vous entendez ce que vous remontre la première fin, qui eſt la correction du coupable, & ſi vous vous rendez attentifs à ce qui ſe voit évidemment dans la ſeconde, au moyen que la perſonne léſée ne vit plus, vous comprendrez bien vite que le deſſein de faire périr le coupable eſt un renverſement de la raiſon & de l'ordre public : car il eſt toujours beſoin, & il faut néceſſairement corriger ce même coupable, qui eſt un malade à guérir ; & il eſt, d'autre part, contre le bon ſens, de faire, par rapport à lui, quelque choſe d'inutile.

» L'oubli, l'ignorance, ou le mépris de la vérité que j'expoſe, ont donné jour à tant de maximes ſanguinaires que nous avons vûes, & ont fait établir la *peine de mort*, & l'ont fait regarder comme très-légitime. Il n'eſt pas douteux encore, qu'en ſe frappant du dernier but des *peines*, qui eſt de préſerver le corps entier de tout pareil attentat, on n'ait d'autre idée que d'y être enclin à ſacrifier les deux autres fins, qu'on a été ſéduit par ce principe, vrai en ſoi, mais qui a beſoin d'être entendu, que *l'intérêt particulier doit toujours céder au général, & que la perte d'un ſeul homme n'eſt rien, pourvu qu'on ſauve les autres.* Cette dernière propoſition trouvera ſa place ailleurs ; mais pour l'autre, c'eſt-à-dire, l'intérêt particulier, &c. le principe n'eſt vrai qu'autant qu'il ne s'agit point de la perte de la vie en celui qu'on veut punir ; & que l'intérêt général non plus, n'exige pas un ſacrifice de cette nature ; ce que je ne penſe pas pouvoir jamais arriver ; car, comme nous l'avons dit, il eſt mille autres moyens de ſe garantir de toute récidive de la part d'un aſſaſſin, ſans lui ôter la vie ; & Grotius & Puffendorf en conviennent, puiſqu'avec la *peine de mort*, ils indiquent les autres voies par leſquelles on le met dans l'impuiſſance d'exécuter ſes mauvais deſſeins ; comme en l'enfermant dans une priſon, en lui ôtant les armes & tous les autres inſtrumens dont il pourroit ſe ſervir pour faire du mal, en l'envoyant dans quelque lieu éloigné, &c., ou enfin en lui apprenant à devenir ſage par l'expérience du mal qu'on lui fait ſouffrir.

» Mais ſi la *peine de mort* eſt contraire au droit naturel, comment a-t-elle pu s'établir dans toutes les ſociétes policées ? L'origine de l'introduction de cette *peine* eſt aiſée à découvrir. On a été ſéduit par l'opinion, qu'il n'étoit pas injuſte par le droit de nature, que chacun ſouffrit autant de mal qu'il en avoit fait, & que la juſtice, en matière de *peine*, conſiſtoit à faire ſouffrir au coupable le même mal qu'il avoit fait. C'eſt de ces principes qu'on a formé la *peine* du talion, & qu'on a introduit le funeſte uſage de faire mourir les homicides, & que de-là ſont ſorties toutes les autres libertés qu'on s'eſt données depuis de répandre le ſang humain pour des crimes beaucoup moins conſidérables.

» Il n'eſt pas injuſte, à la vérité, par le droit naturel, que chacun ſouffre autant de mal qu'il en fait ; mais c'eſt dans une attaque actuelle, ou bien lorſque l'agreſſeur peut être encore un ſujet de crainte grave pour la perſonne attaquée ; & encore

eſt-il toujours ſous-entendu, qu'il n'eſt pas néceſſaire que l'identité du mal ſoit obſervée, c'eſt-à-dire, que l'agreſſeur ſouffre préciſément le même genre de mal qu'il a fait ſouffrir. Il doit ſeulement être mis hors d'état de nuire. Il eſt des voies toujours ouvertes pour cette fin, ſans employer celle du ſang, quand on n'eſt pas actuellement aux priſes avec l'ennemi ou l'agreſſeur, & en riſque ſoi-même de perdre la vie.

» Cette *peine* du talion, introduite à la naiſſance des ſociétés, dont la ſimplicité faiſoit le partage, ne s'eſt pas même conſervée long-temps. On s'eſt bientôt apperçu de ſa rigueur ou de ſa modération, & même qu'elle ne pouvoit pas être pratiquée, lorſque l'inégalité des conditions & un plus grand commerce ſe ſont introduits parmi les hommes. Le talion a été entiérement aboli à Rome : en d'autres lieux, on le permettoit en certains cas, on le défendoit dans d'autres : tous les auteurs conviennent qu'il ne ſauroit ſervir de règle juſte pour punir les crimes, puiſqu'il y a même beaucoup de crimes où ſon uſage ne ſerviroit qu'à les multiplier : auſſi ces expreſſions, *œil pour œil, pour dent*, ne ſont qu'une façon de parler proverbiale, dont le ſens ſe réduit à ſignifier, que la *peine* en général doit être proportionnée à l'énormité du crime.

Telles ſont les raiſons ſur leſquelles M. Gayoty s'appuie pour demander qu'on retranche la *peine de mort* du code pénal de toutes les nations, & l'on ne peut diſconvenir qu'elles ſont puiſées dans la nature de la choſe, dans le bon ſens & dans la loi de nature. Il eſt difficile de ne pas penſer avec lui que l'homme, en ſe réuniſſant en corps de ſociété civile, n'a eu pour but que de veiller à ſa conſervation, & de ne faire ſouffrir à ſes frères, prévenus de crimes, que des maux capables de les corriger & de les contenir ; que la vie de ſon ſemblable n'a jamais été en ſon pouvoir, & qu'il n'y a que celui qui l'a donnée qui puiſſe en diſpoſer. Puiſſent les ſouverains, les légiſlateurs & les magiſtrats, méditer des vérités auſſi importantes pour le bonheur des peuples confiés à leurs ſoins, & hâter une réforme des codes criminels, qui doit être l'ouvrage d'un ſiècle auſſi éclairé que le nôtre !

La réviſion de notre code pénal eſt d'autant plus néceſſaire, que nos loix criminelles ont été l'ouvrage de pluſieurs ſouverains ; qu'elles ont été promulguées à des époques très-éloignées les unes des autres, ſuivant les beſoins du moment ; qu'elles ne peuvent former un plan de légiſlation combiné ; qu'elles ont été extraites, ainſi que notre forme de procéder, dans un code de ſang, celui de l'inquiſition ; & que l'extrême rigueur des plus anciennes a influé ſur les plus récentes.

Quand nous réuniſſons ces loix éparſes, nous y trouvons preſque par-tout la *peine de mort* infligée à des crimes qui n'ont aucun rapport, & qui n'admettent aucune comparaiſon avec l'homicide & l'aſſaſſinat. L'édit de juillet 1682 punit de mort, comme le meurtre, les profanations facrilèges; l'ordonnance de Blois, *art. 42*, le crime de rapt; l'édit de 1680, le faux commis par un officier public; l'ordonnance de 1531, le faux témoignage en matière grave; la déclaration de 1726, la fabrication de fauſſe monnoie; celle du 24 janvier 1724, ceux qui ſe ſervent de faux poinçons dans les ouvrages d'orfévrerie; l'ordonnance de Blois, *art. 160*, les greffiers qui reçoivent au-delà du ſalaire porté par les réglemens, quoiqu'il leur ſoit volontairement offert; celle d'Orléans, *art. 143*, la banqueroute frauduleuſe; celle de François I, de 1545, le péculat; la déclaration du 2 août 1729, les contrebandiers attroupés au nombre de cinq; celle du 30 mars 1724, le vol domeſtique le plus modique; l'ordonnance de François I, du 15 janvier 1534, le vol dans les maiſons avec effraction, le vol ſur les grands chemins & dans les rues, même ſans port d'armes; celle de Blois, *art. 190*, les rebellions à juſtice, même ſans homicide; l'édit de 1679, *art. 13*, le duel, par le ſeul fait que l'on ſe ſera battu, ſans qu'il en ſoit réſulté d'inconvénient.

De cette extrême rigueur, remarque très-bien M. Vermeil, dans ſon *Eſſai ſur les réformes à faire dans notre légiſlation criminelle*, réſulte l'inexécution de pluſieurs de nos loix. Dans le nombre de banqueroutes frauduleuſes, dont nous ſommes les témoins, quels ſont les débiteurs infidèles qu'on punit de mort? Parmi les dépoſitaires des deniers royaux, quels ſont ceux que l'on condamne au dernier ſupplice, pour avoir abuſé de leurs caiſſes? & dans les duels même, malgré la ſévérité des loix de Louis XIV, nous ne voulons voir que des rencontres imprévues, pour n'avoir pas à infliger contre le courage du faux honneur, des *peines* qui ſemblent ne devoir être infligées qu'au lâche aſſaſſin. Mais ſi les loix ne ſont point exécutées, il eſt donc néceſſaire de les réformer, car le frein politique eſt affoibli, lorſque la légiſlation devient impuiſſante & ſans vigueur, même dans la moindre de ſes parties.

PEINE DE NULLITÉ, eſt une diſpoſition de quelque loi ou jugement qui prononce la nullité de quelque acte ou procédure, ſoit que l'acte ſoit vicieux en lui-même, ſoit parce que l'on n'a pas ſatisfait à quelque autre choſe qui devoit précéder ou accompagner l'acte. *Voyez* NULLITÉ.

PEINE PÉCUNIAIRE, eſt une condamnation dont l'effet eſt ſeulement d'obliger de payer une ſomme d'argent, comme une amende ou une aumône, des intérêts & réparations civiles, des dommages & intérêts.

On l'appelle ainſi pour la diſtinguer de la *peine* corporelle.

PEINE DE LA PLUS PÉTITION. *Voyez ci-après* PLUS PÉTITION.

PEINE DU QUADRUPLE, eſt celle qui conſiſte à faire payer trois fois autant que ce qui étoit dû originairement. *Voyez* PEINE DU DOUBLE.

PEINE SERVIE, ſe dit dans la coutume de Cambreſis, de tout acte paſſé devant des perſonnes publiques, par lequel un débiteur ſoumet ſa perſonne & ſes biens aux exécutions de la juſtice, ſous peine de ſoixante ſous Cambreſiens.

Pour mettre à exécution un acte de cette eſpèce, on s'adreſſe à l'officier du lieu qui remplit les fonctions de haut-juſticier, parce que, ſuivant l'article 7 du titre 22 de la coutume, *matière de commandement concerne la haute-juſtice*; on lui ſert *la peine*, ou, en d'autres termes, on lui paie les ſoixante ſous, & il donne commiſſion à l'un de ſes ſergens d'exécuter le débiteur.

L'article 45 du titre 25 porte, que cette exécution ſe fait ordinairement en la cité contre manans; par appréhenſion de la perſonne obligée par *peine ſervie*; mais contre forains ou hors de la cité, ſe peut faire, tant par appréhenſion de la perſonne que des biens-meubles. On voit par ces termes, que la coutume ne permet pas de ſaiſir les meubles des bourgeois; &, en effet, dit M. Deſjaunaux dans ſon *Commentaire*, ils ne ſont jamais ſujets aux exécutions des ſaiſies & arrêts, ſi ce n'eſt par clain de dégagement pour ſalaires & journées de domeſtiques ou artiſans, ou lorſque le débiteur ſera ſpécialement hypothéqués par obligation paſſée devant échevins, ou enfin dans les cauſes privilégiées de louages, rentes, &c.

La coutume, dit encore le même commentaire ſur l'article 1 du titre cité, en a ainſi diſpoſé par rapport aux bourgeois, parce qu'elle a eſtimé que la honte & la crainte de la priſon les engageroient plus puiſſamment que tout autre motif à ſatisfaire promptement leurs créanciers.

L'article 46 du même titre déclare, conformément aux principes du droit commun, que contre l'héritier ou héritiers de la perſonne obligée, le créancier ne peut faire procéder par voie d'exécution par *peine ſervie*, mais doit procéder par clain ou ſimple action.

L'article 47 porte, qu'une obligation paſſée par-devant bailli, prévôt, châtelain & juſtice, n'eſt exécutoire par *peine ſervie*, ſinon en la ſeigneurie où elle eſt paſſée.

L'article 50 décide, d'après le même principe, qu'une obligation paſſée hors du pays de Cambreſis, ne vaut en icelui que pour cédule, & n'eſt exécutoire par *peine ſervie*.

PEINE DU TALION, eſt celle qui conſiſte à faire ſouffrir au condamné le même traitement qu'il a fait à autrui. *Voyez* TALION.

PEINE DES TÉMÉRAIRES PLAIDEURS, c'eſt la condamnation des dépens, qui eſt ordinairement la ſeule *peine* que ſupportent ceux qui ſuccombent dans leur demande ou conteſtation, à moins qu'il n'y ait eu vexation, auquel cas il y auroit lieu à accorder des dommages & intérêts. *Voyez aux Inſtitutes*, le titre *de pœnâ temerè litigantium, lib. VI, tit. 16*.

PEINE TESTAMENTAIRE, eſt celle que le teſtateur prononce entre ſes héritiers & légataires, pour les cas où ils n'exécuteroient pas ſes dernières volontés. *Voyez* TESTAMENT.

PEINE DU TRIPLE, ce droit conſiſte à faire payer deux fois en ſus autant qu'il étoit dû pour le ſimple droit. *Voyez ci-devant* PEINE DU DOUBLE. (*A*)

PÉLAGE. *Voyez* PELLAGE.

PÉLERINAGE, ſ. m. ſignifie tout voyage entrepris par dévotion pour aller prier Dieu, ou invoquer les Saints, dans certains endroits fameux par le concours des peuples, & la vénération de quelques reliques. Ces voyages, ſur-tout lorſqu'ils ont lieu dans les pays étrangers, ont donné lieu à pluſieurs abus conſidérables. Ils ont engagé nos rois à y pourvoir par pluſieurs loix, dont la dernière eſt une déclaration du 13 août 1738, qui fait défenſe à tout François d'aller en *pélerinage* hors du royaume, ſans une permiſſion expreſſe du roi, ſignée d'un ſecrétaire d'état, en conféquence de l'approbation de l'évêque diocéſain, à peine des galéres à perpétuité contre les hommes, & de telle peine afflictive que les juges trouveront convenable contre les femmes.

PELLAGE, (*Droit féodal.*) ce mot ſe trouve dans l'article 196 de la coutume de Mantes.

Galland dit que c'eſt un droit particulier aux ſeigneurs qui ont des terres & des ports dans la rivière de Seine, & qu'il conſiſte dans quelques deniers ſur chaque muid de vin qui eſt chargé ou déchargé en leur port, qui eſt mis dans les bateaux, ou qui en eſt tiré.

Cet auteur ajoute que ce mot ſemble être pris du latin *appellere*, comme qui diroit *appellere*, *ad lius appellere*, & qu'on dit *pellage* pour *appellage*.

Il eſt auſſi queſtion dans les lettres-patentes d'érection de la terre de Freſne en châtellenie, du droit de *pellage* dû ſur la rivière du Maine, par les bateaux qui garent en ladite rivière, & abordent le long d'icelle ſeigneurie. (*Gloſſaire du droit françois*, aux mots *Palage* & *Pélage*.)

On trouve pluſieurs autres pièces qui conſervent cette interprétation, aux mots *Adripagium* & *Palagium* du nouveau Ducange. Il en réſulte que ce droit a été connu dans bien des lieux qui ne ſont pas ſoumis à la coutume de Mantes. Il ſuffira de citer ici l'extrait ſuivant d'un cenſier tabulaire de l'abbaye de Lagny, de l'an 1442, qui contient une explication détaillée de ce droit.

« Les religieux de l'égliſe de ſaint Pierre de » Lagny ont en leur terre & ſeigneurie un droit » ſeigneurial, nommé & appellé le *pallage*, en » toute leur terre & ſeigneurie, le long de la ri-» vière de Marne....... C'eſt aſſavoir que toutes » & quantes fois que aucuns baſteaulx, nefs ou » naſſelles vuides & chargées, menant denrées ou » marchandiſes, eſtoient arrivez ou arrivoient à » port ſur ladite terre & arrivaige, & que les mar-» chands baſtelliers, voituriers, menant, condui-» ſant iceux baſteaulx, mettoient ou affichoient » en ladite terre, rivaige, aucuns pieulx, ou pieu,

» attacher & lier leurſdits baſteaulx ou baſteau; » ſoit qu'ils les affichent, ou qu'ils trouvent leſ-» dits pieulx affichez, iceulx marchands voituriers » ſont tenus & doivent payer auxdits religieux » ledit droit de palaige & attache, c'eſt aſſavoir » huit deniers tournois avant qu'ils puiſſent ou » doyent deſlier leurſdits baſteaulx ».

Au reſte, dans la coutume de Mantes même, le droit de *pellage* n'appartient pas indiſtinctement à tous les ſeigneurs, mais ſeulement à ceux qui en ont par ci-devant joui, comme le dit la coutume. Galland dit que les ſeigneurs de Hennecourt, d'Iſſon, les céleſtins près Mantes, & pluſieurs autres, en jouiſſent & l'emploient en leur aveu, & qu'il a été autoriſé par les arrêts. (*G. D. C.*)

PENAIGE, *ou* PENNAIGE, (*Droit féodal.*) c'eſt la même choſe que le droit de *paſſage*. *Voyez ce mot* & *le Gloſſaire de* Ducange, *au mot* Paſnagium *ſous* Paſtio. (*G. D. C.*)

PÉNAL, adj. ſignifie tout ce qui a rapport à quelque peine. On appelle *loi pénale* & *clauſe pénale*, celles qui menacent d'une peine les membres de la ſociété politique, ou les contractans, qui contreviendront aux diſpoſitions de la loi ou de la clauſe *pénale*.

PÉNITENCERIE, ſ. f. (*Juriſprud. canonique.*) ſignifie parmi nous deux choſes très-différentes.

On entend d'abord par *pénitencerie*, le bénéfice ou titre de celui qui eſt grand-pénitencier de l'évêque, c'eſt-à-dire, celui qui a le pouvoir d'abſoudre des cas réſervés. La *pénitencerie*, priſe dans ce ſens, eſt ordinairement une des dignités des égliſes cathédrales. *Voyez* PÉNITENCIER.

Nous donnons enſuite le nom de *pénitencerie* à un office, tribunal ou conſeil de la cour de Rome, dans lequel s'examinent & ſe délivrent les bulles, les brefs ou graces & diſpenſes ſecrettes qui regardent les fautes cachées, & par rapport au for intérieur de la conſcience, ſoit pour l'abſolution des cas réſervés au pape, ſoit pour les cenſures, ſoit pour lever les empêchemens de mariages contractés ſans diſpenſe.

Les expéditions de la *pénitencerie* ſe font au nom du pape; elles ſont ſcellées en cire rouge, & s'envoient cachetées à un docteur en théologie, approuvé par l'évêque pour entendre les confeſſions, mais ſans déſigner aucun ſpécialement, ſoit par ſon nom, ſoit par ſon emploi.

Le grand-pénitencier de Rome, au nom duquel le bref eſt expédié, enjoint au confeſſeur d'abſoudre du cas exprimé, après avoir entendu la confeſſion ſacramentelle de celui qui a obtenu le bref, en cas que le crime ou l'empêchement du mariage ſoit ſecret. Il eſt enſuite ordonné au confeſſeur de déchirer le bref auſſi-tôt après la confeſſion, ſous peine d'excommunication, ſans qu'il lui ſoit permis de le rendre à la partie.

Les abſolutions obtenues & les diſpenſes accordées en vertu des lettres de la *pénitencerie*, ne peuvent jamais ſervir dans le for extérieur; ce

qui doit fur-tout s'obferver en France, où les tribunaux, tant eccléfiaftiques que féculiers, ne reconnoiffent point ce qui eft émané de la *pénitencerie.*

Le grand-pénitencier de Rome eft ordinairement un cardinal ; il a fous lui un régent de la
pénitencerie, & vingt-quatre procureurs ou défenfeurs de la facrée-pénitence ; il eft auffi le chef de
plufieurs autres prêtres pénitenciers établis dans
les églifes patriarchales de Rome, qui vont le confulter fur les cas difficiles.

Les expéditions de la *pénitencerie* fe font toutes
gratis, & l'on peut fe les procurer par toutes fortes
de voies, fans aucune obligation de recourir pour
cet effet, au miniftère des banquiers expédition-
naires en cour de Rome. (*A*)

PÉNITENCIER, f. m. (*Jurifprud. canonique.*)
qu'on appelloit auffi autrefois *pénancier,* piatorum
exhedra, eft un eccléfiaftique qui exerce l'office de
la pénitencerie.

On donnoit au commencement le titre de *pénitencier* à tous les prêtres qui étoient établis par
l'évêque pour ouir les confeffions. Anaftafe le bibliothécaire dit que le pape Simplicius choifit
quelques-unes des prêtres de l'églife romaine pour
préfider aux pénitences ; les autres évêques firent
la même chofe chacun dans leur églife.

A mefure que la diftinction des paroiffes fut établie, les fidèles alloient à confeffe à leur propre
pafteur.

Il n'y avoit que les prêtres qui fe confeffoient à
l'évêque, & les laïques qui avoient commis quelqu'un des cas dont l'évêque s'étoit réfervé l'abfolution.

Mais bientôt les évêques établirent dans leur
cathédrale un *pénitencier* en titre pour les cas réfervés ; & pour diftinguer ces *pénitenciers* des confeffeurs ordinaires, auxquels on donnoit auffi anciennement le titre de *pénitenciers,* on les furnomma grands-*pénitenciers* ; ils font auffi nommés
l'oreille de l'évêque.

L'inftitution des grands-*pénitenciers* eft fort ancienne. Quelques-uns la font remonter jufqu'au
temps du pape Corneille, qui fiégeoit en 251.
Gomez tient que cet office ne fut établi à Rome
que par Benoît II, qui parvint au pontificat en 684.

Il eft fait mention des *pénitenciers* dans les conciles d'Yorck, en 1194 ; de Londres, en 1237 ;
& d'Arles, en 1260. Les *pénitenciers* y font appellés
les confeffeurs généraux du diocèfe.

Le quatrième concile de Latran, tenu en 1215,
fous Innocent III, ordonne aux évêques d'établir
des *pénitenciers,* tant dans leurs cathédrales que
dans les églifes collégiales de leur diocèfe, pour les
foulager dans la confeffion des cas réfervés. Peu-à-
peu les évêques fe déchargèrent entièrement de
cette fonction fur leur grand-*pénitencier.*

Le concile d'Arles, dont nous avons déjà parlé,
ordonne aux évêques d'envoyer dans les campagnes, au temps de carême, des prêtres péni-

tenciers pour abfoudre des cas réfervés ; & que ces
prêtres feront tenus de renvoyer aux curés pour
les cas ordinaires. Un évêque d'Amiens, qui fonda
dans fon églife la pénitencerie en 1218, excepta
les curés, les barons & les autres grands du diocèfe de ceux qui pourront être confeffés par le
pénitencier.

Enfin, le grand-*pénitencier* eft le vicaire de l'é-
vêque pour les cas réfervés. Il eft ordinairement
établi en dignité dans la cathédrale, ou plutôt en
perfonnat ; car le grand-*pénitencier* n'a point de jurifdiction, ni dans le chœur, ni en-dehors, ni
dans le diocèfe. Il a fous lui un ou plufieurs *fous-
pénitenciers,* mais ceux-ci ne font pas en titre de
dignité, ni de bénéfice ; ils n'ont qu'une fimple
commiffion verbale du grand-*pénitencier,* laquelle
eft révocable *ad nutum.*

La fonction de *pénitencier* a toujours été regardée comme fi importante, que le concile de Trente,
& plufieurs conciles provinciaux du royaume ont
ordonné que la première prébende vacante feroit
affectée au *pénitencier,* & que cette place feroit remplie par un perfonnage doué de toutes les qualités
néceffaires, & qui foit docteur ou licencié en
théologie ou en droit canon, & âgé de quarante ans, ou le plus idoine que l'on pourra trouver.

Ce décret du concile de Trente a été renouvellé par l'affemblée de Melun, en 1579 ; par les
conciles de Bordeaux & de Tours, en 1583 ; par
ceux de Bourges, en 1584 ; d'Aix, en 1585 ; de
Bordeaux, en 1624, & par le premier concile de
Milan fous faint Charles.

L'ufage du royaume eft que dans les églifes où
la pénitencerie eft un titre de bénéfice, il faut
être gradué en théologie ou en droit canon pour
la poffeder, quand même ce bénéfice n'auroit pas
titre de dignité.

Le *pénitencier* eft obligé à réfidence, c'eft pourquoi il ne peut poffeder en même temps un béné-
fice-cure ; auffi le concile de Trente veut-il qu'il
foit tenu préfent au chœur quand il vaquera à fon
miniftère ; & fi on l'en privoit, il y auroit abus.

La fonction d'official & celle de promoteur font
incompatibles avec celle de grand-*pénitencier.*

Le concordat comprend la pénitencerie dans les
bénéfices qu'il affujettit à l'expectative des gradués.

Mais, fuivant l'ordonnance de 1606, les dignités des églifes cathédrales en font exceptées, &
conféquemment la pénitencerie dans les églifes
où elle eft érigée en dignité.

Un eccléfiaftique peut être pourvu de la pénitencerie par réfignation, en faveur, ou par d'autres voies qui en rendent la collation néceffaire.
(*A*)

Par une déclaration du 13 mars 1780, vérifiée
au parlement le 14 avril fuivant, le roi a ordonné
qu'à l'avenir, la pénitencerie du diocèfe de Beauvais demeureroit affranchie de toute expectative
royale ou non royale, & qu'elle ne pourroit être
impétrée en cour de Rome, ni tranfmife par réfi-

gnation ou permutation, à peine de nullité des provifions, mais que la difpofition en refteroit à l'évêque diocéfain, fur tous les genres de vacances, à la charge qu'il ne pourroit la conférer qu'à un prêtre âgé au moins de quarante ans.

PENNAIGE. *Voyez* PENAIGE & PANAGE.

PENSION, f. f. (*Droit civil & canon.*) fignifie en général une certaine rétribution qui fe paie en retour de quelque chofe que l'on a reçu.

On entend quelquefois, par le terme de *penfion*, les cens & fervices dus au feigneur par le tenancier; quelquefois les fermages dus par l'emphitéote ou fermier au propriétaire.

Le terme de *penfion* fe prend auffi pour le falaire que l'on paie à quelqu'un pour fa nourriture, entretien, éducation, & autres preftations.

On appelle auffi *penfion*, ce qui eft donné ou légué à quelqu'un pour fa fubfiftance.

Penfion viagère, eft celle qui eft donnée à quelqu'un fa vie durant feulement.

On appelle *maîtres de penfion*, ceux qui fe chargent de nourrir, garder, élever & inftruire les jeunes perfonnes de l'un & l'autre fexe. L'ufage à Paris eft de faire payer, par quartiers, le prix convenu pour la penfion, quand on n'a ftipulé aucun terme pour faire ce paiement. Plufieurs arrêts du parlement ont maintenu les *maîtres de penfion* de l'univerfité de Paris, dans le droit & poffeffion d'être payés de la totalité du quartier commencé, lorfque l'écolier ou penfionnaire fe retire de chez eux volontairement.

Nous traiterons ici particuliérement des *penfions* ecléfiaftiques, & de celles qui font accordées par le roi, parce qu'elles font fujettes à différentes loix & réglemens qu'il eft néceffaire de connoître.

§. 1. *Des penfions ecléfiaftiques.* Une *penfion* ecléfiaftique, ou fur un bénéfice, eft une portion des fruits & du revenu d'un bénéfice, affignée par l'autorité du pape, ou pour caufe légitime, à un autre que le titulaire du bénéfice.

On peut réferver à titre de *penfion*, une certaine quantité de fruits en nature, comme tant de feptiers de grain, tant de muids de vin; mais cette portion ne doit pas être affignée par quotité, comme du tiers ou du quart; ce feroit une efpèce de fection du bénéfice qui eft prohibée par les canons. La *penfion* doit être d'une certaine fomme d'argent, ou d'une certaine quantité de fruits; & en l'un & l'autre cas, elle ne doit pas excéder le tiers des revenus.

Il faut même que la *penfion* payée, il refte encore au titulaire la fomme de 300 livres, franche de toute charge, fans comprendre dans ces 300 livres, le cafuel & le creux de l'églife, qui appartiennent au curé, ni les diftributions manuelles, fi c'eft un canonicat. Telles font les difpofitions de l'édit du mois de juin 1671.

L'ufage des *penfions ecléfiaftiques* eft fort ancien, puifque dans le concile de Chalcédoine, tenu en 451, on en trouve trois exemples. Maxime, évêque

d'Antioche, pria l'affemblée d'affigner à Domnus, fon prédéceffeur, un certaine portion des revenus de fon églife pour fa fubfiftance; la fixation en fut laiffée à Maxime. L'évêque d'Ephèfe fut auffi obligé de payer, chaque année, deux cens écus d'or à deux évêques auxquels on le fubrogeoit. Celui qui fut maintenu dans la poffeffion de l'évêché de Perrha, fut contraint de donner une penfion à fon compétiteur.

Mais pendant long-temps les *penfions* ne s'accordèrent que difficilement, & pour des confidérations fort importantes. Jean Diacre dit que le pape faint Grégoire, mort en 604, vouloit qu'on donnât des penfions aux évêques, lorfque par infirmité, ils étoient forcés d'abandonner leurs fonctions, & de demander des fucceffeurs. M. Fleury & le Père Thomaffin rapportent que faint Perpétue, évêque de Tours, défendit par fon teftament de rétablir deux curés qu'il avoit dépofés; mais il ajouta qu'il falloit que l'églife les affiftât dans leur indigence. Mais dans la fuite on a multiplié le nombre des cas où les réferves de *penfion* ont été cenfées légitimes. On les a principalement autorifées pour les réfignations en faveur & les permutations, lorfque les bénéfices permutés font de valeur inégale. On en accorde même quelquefois fans caufe, ainfi que nous le dirons.

Pour pouvoir poffeder une *penfion* fur un bénéfice, il faut être au moins clerc-tonfuré, & avoir l'âge de fept ans.

Les laïques ne peuvent jouir de telles *penfions*; on excepte néanmoins les chevaliers de faint Lazare, qui, quoique laïques, & même mariés, peuvent poffeder des *penfions ecléfiaftiques* jufqu'à la valeur de cinq cens ducats de la chambre apoftolique; mais ils perdent ce privilège lorfqu'ils convolent en troifièmes noces.

Le concile d'Aix, tenu en 1585, déclare fimoniaque toutes *penfions* fur bénéfices, lorfqu'elles ne font pas autorifées par le pape, qui peut feul en créer & difpenfer de la févérité des canons. Cependant cette règle reçoit quelques exceptions.

L'ordinaire peut valablement conftituer une *penfion* en faveur d'un réfignant, quand la réfignation n'a lieu que pour parvenir à l'union d'un bénéfice à un autre. Un arrêt du parlement de Provence, rapporté par Boniface, permet au vice-légat d'Avignon d'admettre une démiffion pure & fimple, avec réferve d'une penfion lorfque fes facultés lui donnent ce pouvoir. L'évêque de Tournai a été maintenu par arrêt du parlement de Flandre, du 22 mars 1728, dans le droit & poffeffion de créer des *penfions* réelles fur les cures, & autres bénéfices de fon diocèfe, pour caufe légitime & canonique.

Les fignatures de cour de Rome, pour la création ou l'extinction d'une *penfion*, & les procurations pour y confentir, doivent être infinuées dans les trois mois, au greffe des infinuations ecléfiaftiques du diocèfe, dans lequel les bénéfices font fittiés. Les trois mois fe comptent du jour que les banquiers ont reçu les fignatures.

Les caufes légitimes admifes en France pour la création des *penfions* font,

1°. Pour que le réfignant ne fouffre pas un préjudice notable:

2°. Pour le bien de la paix, c'eft-à-dire, dans le cas d'un bénéfice en litige; mais il faut que ce foit fans fraude:

3°. Dans le cas de permutation, pour compenfer l'inégalité des bénéfices:

4°. Lorfqu'on donne un coadjuteur à un bénéficier infirme.

Il y a néanmoins une autre efpèce de *penfion*, que l'on appelle *penfion fans caufe*, pour la validité de laquelle il faut obtenir d'abord un brevet du roi, & le faire enregiftrer du confentement du bénéficier, fur lequel la *penfion* eft affignée; enfuite fe pourvoir à Rome pour y faire admettre la *penfion*, en payant le droit de componende.

Les bénéfices qui font à la collation du roi ne peuvent être chargés de *penfions*, fi ce n'eft en vertu d'un brevet du roi, ou autres lettres émanées de lui.

Anciennement, lorfque le roi, pendant la régale, admettoit une réfignation en faveur faite entre fes mains, fous la réferve d'une *penfion*, on n'avoit pas befoin de fe pourvoir à Rome pour faire autorifer cette *penfion*; mais le garde-des-fceaux du Vair introduifit l'ufage de renvoyer à Rome pour faire créer & autorifer la *penfion*. Le pape n'admet point la *penfion*, à moins que l'on ne faffe une nouvelle réfignation entre fes mains; mais pour ne pas préjudicier à la provifion du roi, on met dans la procuration *ad refignandum*, que c'eft à l'effet de faire créer la *penfion* en cour de Rome; & néanmoins la *penfion* a lieu du jour du brevet du roi, lorfque cela eft ainfi porté par le brevet.

On ne peut créer une penfion au profit d'un tiers qui n'a aucun droit au bénéfice, fi ce n'eft du confentement du roi, ce qui ne fe pratique ordinairement que fur des bénéfices confiftoriaux, & quand la *penfion* eft créée dans un temps poftérieur à l'admiffion de la nomination; en ce cas, il faut payer à la chambre apoftolique un droit de componende.

En France, on peut, du confentement du roi, & de l'autorité du pape, réferver au lieu de *penfion* fur les bénéfices confiftoriaux, la collation des bénéfices qui en dépendent.

En réfervant une *penfion* pour caufe de réfignation, on ne peut pas ftipuler qu'elle ceffera d'être payée lorfque le réfignataire aura fait avoir au réfignant un bénéfice de valeur égale à la penfion.

Le collateur ni le patron ne peuvent pas fe réferver une *penfion* fur le bénéfice qu'ils donnent.

Il n'eft pas permis non plus de réferver une *penfion* fur un bénéfice dont on fe démet pour caufe d'incompatibilité, fur-tout lorfque le bénéfice que l'on garde eft fuffifant pour la fubfiftance du titulaire.

Une *penfion* ne peut être permutée contre un bénéfice; & en cas de permutation d'un bénéfice contre un autre, on ne peut réferver de *penfion* que fur le bénéfice qui fe permute.

Les deux permutans ne peuvent pas créer une *penfion* dont la jouiffance ne doive commencer qu'au profit du furvivant.

Mais quand le bénéfice eft déjà chargé d'une *penfion*, telle qu'il la peut fupporter, le réfignant peut fe réferver une *penfion* de même valeur, à condition qu'elle ne fera payable qu'après l'extinction de la première.

Un bénéfice peut être chargé d'une double *penfion*, pourvu que les deux *penfions*, jointes enfemble, n'excèdent pas le tiers du revenu, non compris le cafuel & les autres obventions. Il eft même néceffaire dans la fupplique qu'on préfente au pape, pour obtenir la création de la feconde *penfion*, de faire mention expreffe de la première.

Il y auroit fubreption, fi l'on n'exprimoit pas la première *penfion* dont le bénéfice eft chargé, ou fi celui qui a déjà une *penfion* fur un autre bénéfice, ne le déclaroit pas.

Lorfque celui qui a une *penfion* fur un prieuré dépendant d'une abbaye, eft enfuite pourvu de cette abbaye, il ne conferve plus la *penfion* qu'il avoit.

On ne peut pas réferver de *penfion* fur une commanderie de l'ordre de Malte, ou de celui de faint Lazare, parce que ces commanderies ne font pas des bénéfices.

Il en eft de même des hôpitaux, à moins qu'ils ne foient érigés en titre de bénéfice.

Les bénéfices en patronage laïque ne peuvent pas non plus être grevés de *penfion*, fi ce n'eft du confentement du patron laïque; & fi c'eft un patronage mixte, & que le bénéfice vienne à vaquer dans le tour du patron laïque, la *penfion* demeure éteinte.

Les *penfions* ne peuvent pas être transférées d'une perfonne à une autre, même du confentement des parties intéreffées.

Le pape ne peut pas admettre la réfignation & rejetter la *penfion*; car l'acte ne fe divife pas.

On peut inférer dans le refcrit de Rome, que la *penfion* fera payée franche & quitte de décimes & de toutes autres charges ordinaires, à l'exception du don gratuit, à la contribution duquel on ne peut déroger par aucune claufe; mais les curés qui ont réfigné fous *penfion* après quinze années de fervice, ou même plutôt à caufe de quelque notable infirmité, font ordinairement déchargés des décimes par les contrats paffés entre le roi & le clergé; & même en général tous penfionnaires ne font point taxés pour les décimes ordinaires & anciennes; mais on les fait contribuer aux dons gratuits à proportion de leurs *penfions*.

On peut donner une caution pour le paiement de la *penfion*; cependant au grand-confeil on n'admet point les ftipulations de cautions.

Quand la *penſion* excède le tiers des revenus du bénéfice ; elle eſt réduďible *ad legitimum modum*. Le grand-conſeil excepte les *penſions* réſervées ſur les bénéfices qui ſont à la nomination du roi, leſquelles, ſuivant la juriſprudence de ce tribunal, ne ſont réduďibles qu'au cas ſeulement où il ne reſteroit pas au titulaire de quoi ſoutenir la dignité de ſes fonďions.

Le réſignataire d'un bénéfice ſimple à charge de *penſion*, & celui qui lui ſuccède par réſignation en faveur ou permutation, ne peuvent pas demander la réduďion de la *penſion* ; mais le pourvu *per obitum*, le peut faire ; & même ſi c'eſt une curé ou autre bénéfice à réſidence, le réſignataire lui-même peut demander la réduďion de la *penſion* au tiers ; ou quand elle n'excéderoit pas le tiers, il peut encore la faire réduire, s'il ne lui reſte pas 300 livres, les charges payées.

Les *penſions* ſont auſſi ſujettes à diminution pour les mêmes cauſes pour leſquelles on accorde une diminution au fermier ; mais cette diminution momentanée ceſſe quand la cauſe a ceſſé.

Dans le cas d'union du bénéfice, la *penſion* qui eſt créée n'eſt pas réduďible.

La minorité du bénéficier qui s'eſt chargé de payer la *penſion*, n'eſt pas un moyen de reſtitution.

Enfin, quelque exceſſive que ſoit la *penſion*, cela ne rend pas la réſignation nulle.

Une *penſion* ne peut être vendue ; il y auroit ſimonie.

Il n'eſt pas permis de ſtipuler que le réſignant rentrera dans ſon bénéfice, faute de paiement de la *penſion*. Cependant, à défaut de paiement, le réſignant peut uſer du regrès, qu'on appelle *regrès de droit* ; & pour cet effet, il doit obtenir ſentence.

Quand le regrès n'eſt pas admis, on adjuge quelquefois une *penſion* alimentaire au réſignant, mais différente de celle qui avoit été ſtipulée.

Les *penſions* s'éteignent par la mort du penſionnaire, ou par ſon mariage, par ſa profeſſion religieuſe, & par les autres cauſes qui font vaquer le bénéfice de plein droit : enfin, par le rachat de la *penſion* ; ce qui ne peut ſe faire qu'en vertu d'un concordat autoriſé par le pape. (*A*)

§. 2. *Des penſions accordées par le roi.* Les réglemens qui concernent les *penſions* & autres graces pécuniaires que le roi accorde, ſont contenus dans une ordonnance du 22 décembre 1776, des lettres-patentes du 8 novembre 1778, deux déclarations des 7 janvier & 8 août 1779.

D'après ces loix, les demandes de *penſions* doivent être préſentées au roi dans le mois de décembre de chaque année ; elles ne peuvent être payées à l'avenir que par celui des gardes du tréſor royal, choiſi par le roi, & il eſt défendu à la chambre des comptes d'en paſſer la dépenſe, ſous quelque prétexte que ce ſoit, dans les comptes de tout autre comptable. Elles ſont payées ſur les ſimples quittances du penſionnaire, auxquelles il

doit joindre un certificat de vie dans la forme ordinaire, ſans être obligé de ſolliciter, chaque année, une ordonnance. Celles qui n'ont point été réclamées pendant trois ans, ſont cenſées éteintes, ſauf néanmoins à les rétablir lorſque les penſionnaires juſtifient de leur exiſtence, & rapportent un certificat du ſecrétaire d'état, dans le département duquel le brevet en a été expédié, pour conſtater qu'ils n'en ont encouru la perte.

Les *penſions* & graces viagères ne peuvent être ſaiſies ni cédées, pour quelque cauſe ou raiſon que ce ſoit, ſauf aux créanciers d'un penſionnaire à exercer, après ſon décès, ſur le décompte de ſa penſion, toutes les pourſuites & diligences néceſſaires pour la conſervation de leurs droits & aďions, & ſans préjudice des ordres particuliers qui peuvent être donnés par les ſecrétaires d'état, pour arrêter le paiement de quelques-unes de ces graces.

Les femmes mariées, les mineurs, les religieux, & les autres perſonnes de même état, qui ont obtenu des *penſions* & autres graces du roi, ſont affranchies de l'obligation de ſe faire autoriſer par leurs maris, tuteurs ou ſupérieurs, pour la validité des quittances qu'ils donnent eux-mêmes relativement à ces objets, & pour celle des procurations qu'ils paſſent, à l'effet de recevoir pour eux.

PÉRAMBULATION *d'une forêt*, ſignifie en Angleterre l'arpentage ou la viſite d'une forêt & de ſes limites, faite par des officiers de juſtice, ou par d'autres nommés pour cet effet, afin de déterminer les bornes de la forêt, & de fixer ce qui y eſt compris ou ce qui n'y eſt pas compris. *Voyez* PURLIEU & FORÊT.

En général, le terme de *pérambulation* chez les Anglois, eſt ſynonyme à ce que nous appellerions *deſcente ſur les lieux*, faite à l'effet d'en déterminer l'étendue, & d'en fixer les limites. Et en effet, on pratique la *pérambulation* en matière de bornage, auſſi-bien qu'en matière de purlieu. *Voyez* BORNAGE.

PERCEPTION DE FRUITS, *terme de pratique*, qui ſignifie la manière dont le poſſeſſeur de bonne-foi, l'uſufruitier & le fermier acquièrent les fruits civils, naturels & induſtriaux du fonds qui les a produits.

Cette *perception* eſt un aďe par lequel les fruits naturels ſimplement, ou naturels induſtriaux, ſont détachés du fonds qui les a produits ; ou par lequel les fruits civils ſont ſuppoſés ſéparés du fonds qui les a engendrés par fiďion. On peut donner pour exemple de la première *perception*, l'aďion conſommée de couper du foin, de cueillir du raiſin ; en un mot, de faire que le fruit ne tienne plus au ſol. Il n'eſt pas néceſſaire que le foin ſoit mis en meule, que le jus ſoit exprimé du raiſin, &c. ; il ſuffit que l'adhérence au ſol ſoit détruite. Un poiſſon dans un étang eſt ſuppoſé faire partie de l'étang, qui eſt le fonds d'où il eſt né ; il eſt fruit, & ſuppoſé perçu, quand il eſt hors de l'eau, & au pouvoir de celui qui l'a pêché. La *perception de fruits* civils s'opère dans une rente, dans un loyer de maiſon, quand ces re-devances ſont échues, quoiqu'on ne les ait pas reçues ; la fiction les fait regarder comme perçues.

La *perception de fruits*, conſidérée, non pas phi-ſiquement, mais en droit, comme une manière d'acquérir, ſuppoſe intention de percevoir. La propriété ne peut ſubſiſter ſans l'intention du pro-priétaire. Si donc celui qui eſt interdit pour cauſe de démence, celui qui a manifeſté une intention contraire à l'eſprit de propriété, au moins ſur les fruits, les a perçus, il n'a pas acquis la propriété de ces fruits.

Le poſſeſſeur eſt celui qui tient véritablement ou par fiction une choſe quelconque, dans l'in-tention de l'avoir pour lui. On l'appelle poſſeſ-ſeur civil ; & en cela il eſt diſtinct du poſſeſ-ſeur naturel, tel qu'un eſclave qui n'eſt pas ſup-poſé avoir d'intention qui dirige à ſon profit ſon acte de détention. Ce poſſeſſeur civil eſt injuſte, quand il a un titre vicieux, tel que celui de vol ; il eſt juſte, quand il a un titre approuvé par la loi, tel que le prêt à uſage, la donation. Il n'y a que la poſſeſſion juſte qui profite pour acqué-rir par *perception* ; car il faut, ſelon le §. 35, *inſtit. de rerum diviſ.* que le poſſeſſeur ſoit de bonne foi.

Dans la loi 109, ff. *de verb. ſign.* le poſſeſſeur de bonne foi eſt défini celui qui ignore que la choſe qu'il poſſède appartient à un autre, ou qui penſe que celui qui a aliéné en ſa faveur, avoit le droit d'aliéner, comme étant propriétaire, ou procureur, ou tuteur.

Il faut, dit le §. 35, des inſtitutes, *de rerum di-viſione*, que le poſſeſſeur de bonne-foi *ait recueilli*. Eſt-il néceſſaire que la récolte ait été faite par lui-même ? Le poſſeſſeur de bonne-foi eſt traité plus favorablement que tous ceux qui acquièrent par *perception* ; il gagne non-ſeulement les fruits qu'il a perçus par lui-même ou par d'autres recueillant en ſon nom, mais auſſi ceux qui, par un moyen quelconque, ſont ſéparés du terrein, *quoquo modo à ſolo ſeparati fuerint*, dit la loi 25, §. 1, ff. *de uſuris.* On voit donc que le poſſeſſeur de bonne-foi a encore une manière de gagner les fruits, qui eſt diſtincte de la *perception* ; c'eſt la ſéparation d'avec le ſol : ce qui ne ſuppoſe aucun acte de la part du poſſeſſeur de bonne foi : il ſuffit qu'il ait l'inten-tion habituelle d'acquérir.

Le titre en vertu duquel il détient la choſe dont il gagne les fruits, doit être tranſlatif de propriété, tel que l'achat, la donation, l'échange, afin qu'il puiſſe ſe croire propriétaire. Il n'eſt pas néceſſaire que, par la nature du titre, cette propriété ſoit incommutable ; il ſuffit qu'à l'inſtant que les fruits ſont ſéparés du ſol, elle ſoit ſuppoſée apparte-nir à celui qui en veut profiter. Ainſi, la conſtitu-tion de dot ſuffit au mari : il eſt vrai qu'après la diſſolution du mariage il ſera obligé de rendre

la dot ; mais, tant que dure le mariage, il en a la propriété fictive, dont le premier effet eſt de lui en acquérir les fruits même non perçus, ſi la dot a été conſtituée par le véritable propriétaire, & dont l'effet actuel, dans la ſuppoſition con-traire, eſt de lui acquérir les fruits ſéparés du fonds qui les a produits. Tout autre titre qui ne ſeroit pas tranſlatif de propriété, ne pourroit pas faire admettre la fiction de propriété dans le poſ-ſeſſeur.

Pour que cette poſſeſſion profite, il faut qu'elle ſoit accompagnée de bonne-foi, qui n'eſt autre choſe que la croyance du poſſeſſeur, que la choſe qu'il tient lui appartient à titre de propriété : cette croyance doit avoir un fondement apparent. En effet, elle eſt un ſentiment qui ne peut avoir d'effet légitime, que s'il eſt préſumé & prouvé. Pour établir cette préſomption, il eſt néceſſaire d'abord qu'il n'y ait aucune preuve au contraire ; & comme il ſeroit aiſé à tous les poſſeſſeurs de ſe prétendre en bonne-foi, on exige qu'ils aient un titre par lequel ils puiſſent montrer qu'ils ont été juſtement induits en erreur. Celui qui di-roit s'être trompé ſur l'exiſtence du titre, ne pourroit pas acquérir par *perception* ou ſépara-tion du ſol, parce qu'en ce genre l'erreur ſeroit groſſière. On doit dire la même choſe de celui qui prétendroit s'être trompé ſur l'effet du titre, ſi l'erreur étoit de droit ; telle que dans celui qui diroit avoir cru qu'une vente ne devant être con-ſommée que ſous condition, transféreroit la pro-priété avant l'événement de la condition. La ſeule erreur qui ne détruiſe pas ſa bonne-foi, eſt l'erreur de fait ſur la validité du titre, en ce qu'on a cru que l'auteur duquel on a acquis avoit le pouvoir de transférer la propriété. C'eſt cette croyance qui a mérité au poſſeſſeur de bonne-foi de le faire jouir des avantages du propriétaire.

Le §. 35, *inſtit. de rerum diviſione, &c.* ſemble exiger, outre la bonne-foi, une autre condition, pour que le poſſeſſeur gagne les fruits, *ejus eſſe pro culturâ & curâ* ; ils lui appartiennent pour la culture & le ſoin. Mais il faut tenir pour certain que la bonne-foi ſuffit & que le poſſeſſeur de bonne-foi gagne non-ſeulement les fruits induſ-triaux, mais encore les naturels. Cette clauſe *pro culturâ & curâ*, ſignifie ſimplement à raiſon du ſoin quelconque, de la ſollicitude qu'a eue le poſſeſſeur de bonne-foi pour poſſéder la choſe & faire la récolte. Si l'on prétendoit que ce paſſage ſignifiât que les ſeuls fruits induſtriaux appartien-nent au poſſeſſeur de bonne-foi, à l'excluſion des fruits purement naturels, on feroit dire à Juſtinien une contradiction.

Quand une fois le propriétaire eſt revenu, tous les fruits exiſtans, même induſtriaux, doi-vent lui être rendus, *& ideo ſi poſteà dominus ſu-pervenerit & fructus vindicet, de fructibus ab eo con-ſumptis agere non poteſt.* Si une fois le propriétaire re-vendique la choſe & les fruits, même ceux qui ont été perçus, il le peut, parce que la propriété qui a paſſé au poſſeſſeur de bonne-foi, n'eſt qu'une propriété éventuelle, qui dépend de cette condition, ſi le maître ne la revendique pas. S'il la redemande, ce qu'il peut faire par action réelle, il pourra ſe faire rendre compte, par le poſſeſſeur de bonne-foi, de tous les fruits exiſtans : il n'y a que les fruits conſommés, que celui-ci gagne irrévocablement. Toutes les loix qui parlent de *perception de fruits* par le poſſeſſeur de bonne-foi, ſont ſur ce point d'un parfait accord.

Celui au contraire qui poſſède de mauvaiſe foi le fonds d'autrui, eſt obligé de rendre tous les fruits, même ceux qui ſont conſommés, §. 35, *inſt. de rerum diviſ.* Les fruits exiſtans lui ſont redemandés par l'action réelle, appellée revendication, parce que la *perception*, c'eſt-à-dire, la ſéparation d'avec le ſol, n'a pas changé le droit du propriétaire, qui conſerve toujours ſon domaine ſur la choſe. Ce droit réel n'eſt pas ſuſpendu un ſeul inſtant : on n'admet pas ici la fiction introduite pour le poſſeſſeur de bonne-foi, qui, en attendant que le maître revienne, gagne les fruits d'une manière irrévocable envers tout le monde, & qui les gagne envers le maître conditionnellement, ſi le maître ne revendique pas, ou abſolument s'il a fini la preſcription.

Les fruits conſommés ſont redemandés au poſſeſſeur de mauvaiſe foi par action perſonnelle. La raiſon eſt, qu'il n'exiſte rien autre choſe de ces fruits, que l'obligation impoſée aux injuſtes détenteurs d'en rendre l'eſtimation ; ce qui eſt une preſtation perſonnelle. On pourroit auſſi les pourſuivre par action réelle, ſelon cette maxime, que celui qui, pour commettre une fraude, a ceſſé de poſſéder, eſt réputé poſſeſſeur. On doit regarder comme étant de mauvaiſe foi, tous les poſſeſſeurs après la conteſtation en cauſe. Ils devoient, à cette époque, ſe défier du droit qu'ils croyoient avoir, & ils n'ont pas dû riſquer, par la conſomption des fruits, une dépenſe qui pouvoit leur devenir onéreuſe.

Ils ſont contraints de rendre les fruits, même ceux qu'ils n'ont pas perçus, mais qu'un bon père de famille auroit pu percevoir. Loi 25, §. 4, *ff. de hæred. petit.*

On a vu que le poſſeſſeur de bonne-foi gagne, au moins en attendant le maître, tous les fruits qui ſont ſéparés du ſol par un moyen quelconque, quand même il ne les auroit pas perçus. Le droit eſt différent pour l'uſufruitier. Le paragraphe 36 des inſtitutes *de rerum diviſione*, prononce ainſi : *celui à qui appartient l'uſufruit d'un fonds, ne devient le maître des fruits que ſi lui-même les a perçus. Ainſi quand il meurt, s'il n'a pas encore recueilli les fruits, quoiqu'ils ſoient mûrs, ils ne paſſent pas à ſes héritiers, mais ils demeurent au maître de la propriété.*

En effet, l'uſufruitier n'a que le droit de jouir, qui eſt une ſervitude perſonnelle, c'eſt-à-dire, inhé-

rente à la perſonne. La jouiſſance demande un acte de la part de celui à qui cette faculté appartient, pour manifeſter qu'il a voulu uſer de cette faculté. Il ne ſuffit pas que l'uſufruitier indique ſon intention d'une manière quelconque. Il s'agit d'acquérir ; or, ſelon ce que Juſtinien appelle le droit des gens, la propriété des choſes corporelles ne s'acquiert qu'avec le concours de l'intention & du corps. Il faut qu'il y ait une envie d'acquérir, & de plus une tradition ou vraie ou feinte. Avant la *perception des fruits*, le propriétaire du fonds, retenant le fonds, retient les fruits qui en font partie ; il a encore les fruits dans ſa main par la convention de laiſſer l'uſufruit à un autre ; il eſt ſuppoſé avoir l'intention de livrer. L'uſufruitier, de ſon côté, eſt cru dans la diſpoſition de profiter de la tradition ; mais pour que cette tradition ſoit effectuée, il mettra réellement ou par fiction ſa main ſur les fruits qu'on lui livre ; &, les ſéparant du fonds qui les produit, il opérera le déplacement par lequel il acquiert la propriété des objets perçus. Si donc les fruits ſont en état d'être recueillis, ils ne ceſſent pas pour cela de faire partie du fonds. Pour qu'ils appartiennent à l'uſufruitier, ils doivent être détachés du fonds par celui qui a droit de recueillir. La convention conſtitutive de l'uſufruit eſt que cette faculté eſt attachée à l'uſufruitier. Il ſuit néceſſairement qu'elle finit avec ſa perſonne, & qu'elle ne paſſe pas à ſes héritiers.

Les fruits naturels ſont quelquefois, par une convention, changés en civils, quand ils ſont affermés. Si la mort de l'uſufruitier arrive après la récolte faite par le fermier & avant le terme du paiement, on demande ce que pourront prétendre les héritiers. *La loi romaine 58, ff. de uſufructu,* fait en France la déciſion : voici ſes termes. *Un uſufruitier meurt au mois de décembre; ſes fermiers avoient recueilli dès le mois d'octobre tous les fruits qui naiſſoient dans ſes terres. On a demandé ſi l'héritier de l'uſufruitier devoit toucher l'argent du fermier, quoique l'uſufruitière fût morte avant les calendes de mars, temps auquel les fermiers ont coutume de payer; ou ſi ce paiement doit être partagé entre l'héritier de l'uſufruitière & la république à qui la propriété eſt léguée. J'ai répondu que la république n'avoit aucune action contre le fermier, & que l'héritier de l'uſufruitière, ſuivant cet expoſé, recevroit le paiement entier à l'échéance.* Tel eſt donc le ſens de la loi; ſi la récolte a été faite par le fermier de l'uſufruitier, du vivant de celui-ci, le prix appartient à ſes héritiers. La raiſon eſt, que s'il ne l'eût pas donné à ferme, il eût recueilli; ou, ce qui eſt plus direct, qu'il a recueilli par l'interpoſition de ſon fermier. Si au contraire la mort de l'uſufruitier eſt précédée du terme auquel le fermier doit payer, & ſuivie de la récolte, les héritiers de l'uſufruitier n'ont rien à prétendre. Ainſi jugé au parlement de Paris.

On ne peut pas tirer contre cette théorie une objection de l'article 48 *de la coutume de Paris.* Ilne s'agit pas là d'ufufruit par rapport au feigneur féodal, mais feulement d'un revenu annuel, qui, entre autres différences, préfente celle-ci très-confidérable, que l'ufufruit d'une année peut fe perdre chaque jour de l'année; au lieu que le droit de relief eft dû tout entier à l'inftant qu'il eft ouvert, quoique dans certains cas il ne puiffe fe percevoir qu'à mefure.

Les bénéficiers, quoiqu'ils ne foient qu'ufagers, font cependant regardés comme ufufruitiers. Mais dans le partage des fruits entre leurs héritiers & leurs fucceffeurs au bénéfice, on ne fuit pas la règle des fruits pendans & perçus; mais on partage le produit total, eu égard au temps que le défunt a poffédé. Si donc des fruits n'ont pas été recueillis du vivant du dernier titulaire, les héritiers pourront quelquefois partager avec le fucceffeur. La raifon eft qu'il n'y a pas concours entre l'ufufruitier & le propriétaire, mais entre deux ufufruitiers, & que l'ufufruitier défunt a fon ufufruit à titre onéreux, pour fervice rendu à l'églife.

Les fruits s'eftiment fuivant l'article 104 de l'ordonnance de Villers-Cotterets, & l'année commence au mois de janvier.

Quoique l'ufufruitier ne puiffe pas tranfmettre par fucceffion ce droit perfonnel, il a cependant la poffibilité de faire cueillir par un autre, qui, dans ce cas, ne fait qu'agir par fes ordres & lui prêter le miniftère corporel; & de même que l'on peut acquérir par un autre une poffeffion, on peut auffi opérer une perception; & l'ufufruitier eft fuppofé avoir recueilli par lui-même.

Il eft plus difficile de déterminer fi le ceffionnaire d'un ufufruit peut exercer le droit du cédant. Juftinien, dans fes *Inftitutes*, au titre *de ufufruflu*, §. 3, dit, en parlant des manières de finir l'ufufruit; *cedendo extraneo nihil agitur*: en cédant à un autre, la ceffion eft fans effet. Cela veut-il dire que l'on ne puiffe point céder à un autre que le propriétaire, le droit que l'on a de jouir aux mêmes conditions qu'il appartient au cédant? Ce feroit contraire à la jurifprudence. Il eft conftant que tout ufufruitier peut céder à un tiers fon droit tel qu'il l'a lui-même, c'eft-à-dire, inhérent à fa perfonne; de manière que, par le changement d'état ou la la mort du cédant, il périffe pour le ceffionnaire. Le nouvel acquéreur fuccède au droit de fon auteur, mais fans nuire, en aucune manière, au propriétaire. Il pourra recueillir, & tous les fruits perçus feront acquis à fon profit.

Le fermier a prefque les mêmes droits que l'ufufruitier, dit Juftinien, §. 36, inft. de rerum divif. Il y a cette différence notable, que, règle générale, l'ufufruitier perd fon ufufruit par la mort, & que le droit de cueillir ne paffe pas à fes héritiers; au lieu que le droit du fermier eft tranfmis, avec fa fucceffion, à celui qui le repréfente à titre univerfel.

L'ufufruitier & le fermier diffèrent du poffeffeur de bonne-foi, en ce que l'ufufruitier & le fermier

ne gagnent les fruits perçus dans le fens expofé plus haut, que s'ils les ont perçus eux-mêmes, ou par leurs prépofés; au lieu que le poffeffeur de bonne-foi les gagne de quelque manière qu'ils aient été féparés du fonds qui le produit, même quand un autre les auroit recueillis, afin d'en profiter & d'en dépouiller le poffeffeur de bonne-foi. *Voyez* POSSESSION, USUFRUIT.

PERCHÉE DE TERRE, (*Code rural.*) eft une certaine étendue de terre qui contient en fuperficie une perche en quarré, ou fur tout fens : la *perche* ou *mefure* eft communément de 22 pieds de long, ce qui fait pour la *perchée* 484 pieds quarrés de fuperficie; dans d'autres endroits, la perche, qu'on appelle auffi *verge* ou *corde*, a 18, 20, 24 ou 25 pieds. Il faut à cet égard fuivre l'ufage des lieux. (*A*)

PERCHÉEL, (*Droit féodal.*) ce mot fe trouve dans une chartre de l'an 1177, donnée par un évêque de Nimègue. Il y eft dit..... « *Dedit..... quidquid terræ habebat in territorio de Brancort, cum perchéel, & omni interprefurâ* ».

Dom Carpentier, qui rapporte cet extrait au mot *Percheia 2*, foupçonne que ce mot eft fynonyme de *pergie*. Peut-être n'eft-ce qu'un nom de lieu. (*G. D. C.*)

PÈRE, f. m. (*Droit naturel & civil.*) relation la plus étroite qu'il y ait dans la nature. « Tu es » père, dit le bramine infpiré; ton enfant eft un » dépôt que le ciel t'a confié; c'eft à toi d'en » prendre foin. De fa bonne ou de fa mauvaife » éducation dépendra le bonheur ou le malheur » de tes jours; fardeau honteux de la fociété, fi » le vice l'emporte, il fera ton opprobre; utile à fa » patrie, s'il eft vertueux, il fera l'honneur de tes » vieux jours. »

On ne connoît jamais bien la joie des *pères*, ni leurs chagrins, dit Bacon, parce qu'ils ne peuvent exprimer leur plaifir, & qu'ils n'ofent parler de leurs peines. L'amour paternel leur rend les foins & les fatigues plus fupportables, mais il rend auffi les malheurs & les pertes doublement amères; toutefois fi cet état augmente les inquiétudes de la vie, il eft mêlé de plaifirs indicibles, & à l'avantage d'adoucir les horreurs & l'image de la mort.

Une femme, des enfans, autant d'ôtages qu'un homme donne à la fortune. Un *père* de famille ne peut être méchant, ni vertueux impunément. Celui qui vit dans le célibat, devient aifément indifférent fur l'avenir qui ne doit point l'intéreffer; mais un *père* qui doit fe furvivre dans fa race, tient à cet avenir par des liens éternels. Auffi remarque-t-on en particulier que les *pères* qui ont fait la fortune ou l'élévation de leur famille, aiment plus tendrement leurs enfans; fans doute, parce qu'ils les envifagent fous deux rapports également intéreffans, & comme leurs héritiers, & comme leurs créatures; il eft beau de fe lier ainfi par fes propres bienfaits.

Mais que l'avarice & la dureté des *pères* est condamnable & mal entendue, puisqu'elle ne tourne qu'à leur préjudice! Leurs enfans en contractent une bassesse de sentimens, un esprit de fourberie & de mauvaise conduite, qui les déshonore, & qui fait méprifer une famille entière; c'est d'ailleurs une grande fottife d'être avare, pour faire tôt ou tard des prodigues.

C'est une autre coutume fort mauvaife, quoique ordinaire chez les *pères*, de mettre dès le bas-âge entre fes enfans des diftinctions & des prééminences, qui produifent enfuite des difcordes, lorfqu'ils font dans un âge plus avancé, & caufent des divifions dans les familles.

Il eft honteux de facrifier des enfans à fon ambition par des deftinations forcées; il faut feulement tâcher de tourner de bonne heure leurs inclinations vers le genre de vie dont on a fait choix pour eux, quand ils n'étoient pas encore dans l'âge de fe décider; mais, dès qu'un enfant a une répugnance ou un penchant bien marqué pour une autre vocation que celle qu'on lui deftinoit, c'est la voix du deftin, il y faut céder.

On remarque prefque toujours dans une nombreufe famille, qu'on fait grand cas d'un des aînés, qu'il y en a un autre parmi les plus jeunes qui fait les délices du *père* & de la mère, & ceux qui font entre deux fe voient prefque oubliés; c'est une injuftice; le droit d'aineffe en eft une autre. Enfin, les cadets réuffiffent très-rarement, ou, pour mieux dire, ne réuffiffent jamais, lorfque, par une prédilection injufte, l'on a pour l'amour d'eux déshérité les aînés.

L'obligation naturelle qu'a le *père* de nourrir fes enfans, a fait établir le mariage, qui déclare celui qui doit remplir cette obligation; mais comme les enfans n'acquièrent de la raifon que par degrés, il ne fuffit pas aux *pères* de les nourrir, il faut encore qu'ils les élèvent & qu'ils les conduifent; déjà ils pourroient vivre, & ils ne peuvent pas fe gouverner. Enfin, quoique la loi naturelle ordonne aux *pères* de nourrir & d'élever leurs enfans, elle ne les oblige pas de les faire héritiers. Le partage des biens, les loix fur ce partage, les fucceffions après la mort de celui qui a eu ce partage, tout cela ne peut être réglé que par la fociété, & par conféquent par des loix politiques ou civiles. Il eft vrai que l'ordre politique ou civil demande ordinairement que les enfans fuccèdent aux *pères*; mais il ne l'exige pas toujours.

Les *pères* & mères doivent des alimens à leurs enfans, foit naturels ou légitimes, du moins jufqu'à ce qu'ils foient en état de gagner leur vie. *Voyez* ALIMENS.

Les enfans doivent auffi des alimens à leurs *père* & mère, au cas que ceux-ci tombent dans l'indigence.

Chez les Romains, le pouvoir des *pères* fur leurs enfans étoit extrêmement étendu; ils devoient tuer ceux qui leur naiffoient avec des difformités confidérables; ils avoient auffi droit de vie & de mort fur ceux même qui étoient bien conftitués, & pouvoient les vendre; ils pouvoient auffi les expofer & leur faire fouffrir toutes fortes de fupplices.

Les Gaulois & plufieurs autres nations pratiquoient la même chofe; mais ce pouvoir trop rigoureux fut reftreint par Juftinien, & préfentement les *pères* n'ont plus, à cet égard, fur leurs enfans, qu'un droit de correction modérée. Quant aux autres droits attachés à la qualité de *père*, *voyez* GARDE, EMANCIPATION, ENFANT, MARIAGE, PUISSANCE PATERNELLE, &c.

Les enfans doivent porter honneur & refpect à leurs *pères* & mères; c'est la loi divine qui le leur commande.

Les *pères* font obligés de doter leurs enfans, & finguliérement leurs filles; mais cette obligation naturelle ne produit point d'action civile.

Le *père* & le fils font cenfés une même perfonne, foit par rapport à leur fuffrage ou témoignage, foit en matière de donations.

La fucceffion des meubles & acquêts des enfans décédés fans enfans, appartient aux *pères* & mères, comme plus proches parens. *Voyez* ACQUÊTS, PROGRÈS, SUCCESSION, RETOUR.

En matière criminelle, le *père* eft refponfable civilement du délit de fon fils mineur.

On appelle *père naturel*, celui qui a eu un enfant d'une perfonne avec laquelle il n'étoit pas marié: *père légitime*, celui dont les enfans font nés d'un mariage légitime: *père putatif*, celui qui eft réputé le *père* d'un enfant, quoiqu'il ne le foit pas en effet; & *père adoptif*, celui qui a adopté quelqu'un pour fon enfant.

PÉRÉGRINITÉ, f. f. fignifie l'état de celui qui eft étranger dans un pays. On appelle *vice de péregrinité*, l'incapacité réfultante de la qualité d'étranger. *Voyez* AUBAIN, ÉTRANGER.

PÉREMPTION *d'inftance*, f. f. (*terme de Pratique.*) eft l'anéantiffement d'une procédure qui eft regardée comme non avenue, lorfqu'il y a eu difcontinuation de pourfuite pendant trois ans.

Elle tire fon origine de la loi *properandum*, au code *de judiciis*, fuivant laquelle tous les procès criminels devoient être terminés dans deux ans, & les procès civils dans trois ans, à compter du jour de la conteftation en caufe.

Mais cette loi ne prononçoit pas l'anéantiffement des procédures par une difcontinuation de pourfuites, comme il a lieu parmi nous; la litifconteftation perpétuoit même l'action pendant quarante ans.

La loi *properandum* a toujours été fuivie en France, du moins ainfi qu'il eft juftifié par l'ancien ftyle du parlement; mais la *péremption* étoit autrefois encourue par une difcontinuation de procédure pendant un an, à moins que l'on n'obtînt des lettres de relief contre le laps d'une année.

Dans la fuite, la *péremption* ne fut acquife qu'au

bout de trois ans; elle étoit déjà ufitée avant l'or-donnance de 1539, puifque celle-ci porte, *art. 120*, que dorénavant il ne fera expédié des lettres de relevement de la *péremption d'inftance*.

Cette pratique ayant été négligée, on la renou-vella par l'ordonnance de Rouffillon, *art. 15*, qui porte que l'inftance intentée, quoique conteftée, fi par le laps de trois ans elle eft difcontinuée, n'aura aucun effet de perpétuer ni de proroger l'action, ains aura la prefcription fon cours, comme fi ladite inftance n'avoit été formée ni introduite, & fans qu'on puiffe dire ladite prefcription avoir été interrompue.

L'ordonnance de 1629, *art. 91*. ordonne l'exé-cution de celle de Rouffillon dans tout le royaume.

Cependant la *péremption* n'a pas lieu en Dau-phiné, ni en Franche-Comté, fi ce n'eft au bout de trente ans.

En Artois & au parlement de Bordeaux elle a lieu au bout d'un an de ceffation de procédures.

Au parlement de Touloufe la *péremption* de trois ans a eu lieu, mais on obferve fur cela plufieurs diftinctions. Un arrêt de réglement qu'on trouve dans le recueil de l'ordre judiciaire de cette cour, porte, qu'une inftance arrêtée, conclue & diftri-buée, & dont la fommation à produire a été faite, ne tombera pas en *péremption* par la ceffation des pourfuites pendant trois ans; que les caufes mifes au rôle n'y feront pas fujettes pendant le temps qu'elles y feront; mais que quand elles en feront tirées, ou qu'elles feront appointées, elles fui-vront le fort des autres procès conclus. Le décès d'une des parties ou d'un des procureurs, fuffit pour interrompre cette prefcription. Les arrêts interlocutoires y font regardés comme des actes d'inftruction, & font fujets à la *péremption;* mais s'ils jugent définitivement quelque chef, ils pro-rogent pendant trente ans, le temps de l'interlo-cution.

Le parlement de Paris a fait, en 1691, un ar-rêt fur les *péremptions*, portant:

1°. Que les inftances intentées, bien qu'elles ne foient conteftées, ni les affignations fuivies de conftitution & de préfentation de procureur par aucune des parties, feront déclarées péries, en cas que l'on ait ceffé & difcontinué les procé-dures pendant trois ans, & n'auront aucun effet de perpétuer ni de proroger l'action, ni d'interrompre la prefcription.

2°. Que les appellations tomberont en *péremp-tion*, & emporteront de plein droit la confirma-tion des fentences, fi ce n'eft qu'en la cour les appellations foient conclues ou appointées au confeil.

3°. Que les faifies-réelles & les inftances de criées des terres, héritages, & autres immeubles, ne tomberont en *péremption* lorfqu'il y aura établiffe-ment de commiffaire, & baux faits en conféquence.

4°. Que la *péremption* n'aura lieu dans les affai-res qui y font fujettes, fi la partie qui a acquis

la *péremption* reprend l'inftance, fi elle forme quel-que demande, fournit des défenfes, ou fi elle fait quelque autre procédure, & s'il intervient quel-que appointement ou arrêt interlocutoire ou défi-nitif, pourvu que lefdites procédures foient con-nues de la partie & faites par fon ordre.

La *péremption* n'eft point acquife de plein droit, il faut qu'elle foit demandée & prononcée, & la moindre procédure faite avant la demande fuffit pour couvrir la *péremption*.

Au confeil du roi il n'y a jamais de *péremption*, ni même pour les procès portés devant les intendans de province.

Au parlement elle n'a pas lieu pour les appel-lations conclues ou appointées au confeil.

On juge auffi aux requêtes du palais que les inf-tances appointées ne périffent point.

On tient pour maxime au palais, que le décès d'une des parties, ou de fon procureur, empé-che la *péremption*.

Il y a certaines matières dans lefquelles la *pé-remption* n'a point lieu, telles que les caufes du do-maine, de régale, les appellations comme d'abus, & en général toutes les caufes qui concernent le roi, le public, ou la police, l'état des perfonnes, & les procès criminels, à moins qu'ils ne foient civilifés. Mais elle a lieu contre les mineurs, fauf leur recours contre leurs tuteurs ou cura-teurs. Aux parlemens de Bordeaux & de Provence, on juge qu'elle n'a pas lieu contre l'églife: mais au parlement de Paris, on penfe qu'elle peut s'acqué-rir contre l'églife, lorfqu'il n'eft queftion que des fruits qui concernent l'intérêt d'un bénéficier, mais non lorfqu'il s'agit de la perte d'un fonds. En Lorraine on fuit, en matière de *péremption*, les règles établies par le titre 11 de l'ordonnance du duc Léopold, du mois de novembre 1707.

PÉREMPTOIRE, adj. fe dit en droit, de ce qui tranche toute difficulté, comme une raifon, ou un moyen, ou une exception *péremptoire*. L'ordonnance de 1667, *tit. 5, art. 5*, veut que, dans les défenfes, foient employées les fins de non-recevoir, nullité des exploits, ou autres exceptions *péremptoires*, fi aucunes y a, pour y être préalablement fait droit. *Voyez* EXCEPTION, MOYEN, NULLITÉ, PÉ-REMPTION.

PERGÉE & PERGIE, (*Droit féodal.*) 1°. ces mots, comme celui de *Pargée*, fignifient l'amende due au feigneur, pour les bêtes prifes en dégât. On les trouve fouvent dans les titres de la Champagne, de la Lorraine, du pays Meffin, &c. On peut auffi en voir des exemples dans le Gloffaire de du Cange, au mot *Pergia*.

2°. Dom Carpentier dit dans le fupplément du même ouvrage, au mot *Pergia* & dans fon Gloffaire françois, que le mot de *pergée* ou *pergie* a auffi fignifié ce qu'on paie au feigneur, pour qu'il établiffe des meffiers. Mais les textes cités par cet auteur, ne font pas bien décififs; ils paroiffent même défigner plutôt un droit de pacages, ou de vif herbage. (*G.D. C.*)

PÉRIMÉ, adj. fe dit de ce qui eft anéanti par l'effet de la péremption, comme une inftance *pé-rimée. Voyez* PÉREMPTION.

PERINDE VALERE, (*Droit. eccl.*) En terme de chancellerie romaine, on appelle *perinde valere* un refcrit du pape, qui fert à couvrir les défauts qui fe trouvent dans un autre refcrit déjà obtenu, ou qui revalide une grace révoquée, foit expreffé-ment, foit par un décret irritant. Quelquefois *le perinde valere* eft une fimple claufe qui s'infère dans des provifions de bénéfices, & qui produit plufieurs effets, felon les officiers de la chancel-lerie romaine. Ainfi l'on peut confidérer le *perinde valere,* ou comme un refcrit particulier qui a rap-port à un refcrit déjà accordé, ou comme une fim-ple claufe de forme, inférée dans plufieurs pro-vifions de cour de Rome. Nous ne le confidérerons ici que fous le premier rapport; pour le fecond, *voyez* BULLE, CONCESSION, PROVISION DE COUR DE ROME.

Sous le premier rapport & qui eft le plus gé-néral, il faut confidérer le *perinde valere* comme une grace que le pape accorde, pour en valider une déjà accordée. Par exemple, fi une perfonne a reçu la tonfure d'un autre que de fon propre évêque, & fans un dimiffoire régulier, elle peut demander au pape un *perinde valere,* à l'effet de rendre la tonfure légitime, *ut tonfura perinde va-leat.* Il s'opère alors une efpèce de fiction, qui par un effet rétroactif, fe rapporte à l'inftant où la tonfure a été reçue, & lui fait produire tous fes effets. Les canoniftes appliquent à ces cas, la règle de droit *cum tantum debet operari fictio in cafu ficto, quantum veritas in cafu vero.*

Rebuffe, dans fa *Pratique bénéficiale,* explique fort au-long les différens cas où le *perinde va-lere* a lieu, & les effets qu'il produit. Mais, felon Amydenius, on ne peut établir de règles certaines en matière de revalidation de graces. *Poffet hic quæri, fuper quibus gratiis & quibus cafibus conce-datur* perinde valere: *refponfio eft non poffe hujus rei præfcribi normam. Nam cum in omnibus gratiis poffit irrepere error, tot erunt fpecies gratiarum revalidato-rarum, quot funt ipfæ gratiæ, quarum numerus cum certâ lege reftringi non poffit, ita neque revalidationum, quæ omnibus materiis applicari poffunt, ut dixit Rota.*

Les auteurs ont foin d'obferver touchant les *pe-rinde valere,* 1°. que le pape ne peut pas fuppléer es défauts naturels, il ne peut pas faire qu'un fou foit réputé fage; c'eft l'obfervation de Rebuffe: 2°. que dans la nouvelle fupplique du *perinde valere,* il faut exprimer tous les défauts qui ont rendu la première grace invalide. *Opportet exprimere omnes defectus, alioqui expreffio unius non fupplet alios non expreffos.* Quand il s'agit d'un bénéfice fitué en pays d'obédience, on doit exprimer fi l'on a perçu les fruits du bénéfice, en vertu de la première pro-

vifion. Les officiers de cour de Rome l'exigent pour fixer la componende.

En matière de bénéfices, il ne faut pas confondre les *perinde valere* avec les nouvelles provifions qu'on obtient quelquefois avec la claufe *jura juribus ad-dendo.* Il ne faut pas non plus les confondre avec les fignatures appellée *cui prius.* Selon Drapier, l'on n'obtient le refcrit de *perinde valere,* que quand les provifions ont été expédiées par bulles. Si les provifions ont été expédiées par fimple fignature, on les rectifie par une autre fignature, appellée *cui prius.* Ces provifions ainfi réformées, n'ont force que du jour de leur date; enforte que fi dans l'intervalle des deux provifions, quelqu'un en a obtenu de valables, les dernières feront inutiles.

La provifion réformée, appellée *cui prius,* eft une feconde grace concernant la même chofe que la première provifion, avec quelque expreffion qui n'étoit pas dans la première fignature. On lui donne la même date, lorfqu'il n'y a que quelque défaut d'expreffion, omiffion, ou autre chofe qui n'auroit pas été refufée dans la première fignature; enforte que la provifion *cui prius* n'eft différente de la première provifion, qu'en ce qu'on y infère ce qui manquoit à la première, dont on ne fait au-cune mention, & à laquelle elle eft d'ailleurs en-tièrement femblable.

Il n'en eft pas de même de la provifion *perinde valere,* qui eft d'une autre date, & où la première provifion eft énoncée.

Pour avoir la réformation nommée *cui prius,* il faut renvoyer à l'expéditionnaire de Rome la pre-mière fignature dont il fait une copie, dans la-quelle il corrige les défauts de la première, ou y infère ce qui y étoit omis, & porte l'un & l'autre au fous-dataire qui met au bas de la copie, comme d'une feconde fupplique, *cui prius adverte ad datam,* afin que le préfet des dates voyant l'ordre, ne faffe point de difficulté d'y mettre la première date; enfuite l'expéditionnaire la porte dans les offices où la première a paffé, laquelle eft déchirée comme inutile: ainfi la feconde fignature eft comme s'il n'y en avoit point eu de première.

Le *cui prius* n'eft donc en ufage que pour réfor-mer le défaut d'expreffion ou les omiffions, & on n'a recours au *perinde valere* que lorfque les pro-vifions font nulles par obreption, fubreption ou autrement. Alors l'impétrant demande dans fa fup-plique, que les premières lettres qui ont été expé-diées vaillent de même que fi les défauts qui les rendent nulles, ne s'y trouvoient pas.

Ces efpèces de provifions ne peuvent jamais nuire à un tiers dont le droit eft acquis avant qu'elles aient été obtenues. D'Héricourt ajoute que le *perinde valere,* par lequel le pape confirme une grace qu'il a révoquée, n'a point lieu en France; parce que le pape ne peut révoquer les graces qu'il a accordées pour des bénéfices de France. (*M. l'abbé* BERTOLIO*, avocat au parlement.*)

PÉRISSOCHOREGIE, f. f. (*Droit romain.*) ce

mot fe trouve dans le code; mais on ne convient pas de ce qu'il fignifie. Quelques auteurs veulent que ce foit un nom de charge & d'office. Alciat prétend que le *périffochorège* étoit celui qui avoit foin de l'aumône : Dominique Macri croit que *périffochoregie* fignifie un *donatif*, une diftribution qui fe faifoit aux foldats au-deffus de leur paie ordinaire. *Voyez* Lexicon juridicum, de Jean Calvin. (D. J.)

PERNAGE, (*Droit féodal.*) dom Carpentier dit dans fon *Gloffaire françois*, que ce mot fignifie un préfent ou redevance en jambon. Il renvoie en preuve au mot *Nefrendicium*, de fon fupplément. Mais ce qu'on lit dans cet ouvrage ne paroît indiquer rien autre chofe qu'un droit de paffage, quoique le mot de *Nefrendicium* paroiffe avoir été pris tout à la fois pour ce dernier droit, & pour une redevance en cochon, fuivant les glofes d'Ifidore. (G. D. C.)

PERMUTATION, f. f. (*Droit eccl.*) on entend par *permutation*, une réfignation en faveur double & réciproque. C'eft une efpèce d'échange d'un bénéfice avec un autre, fait par l'autorité du fupérieur, & qui renferme toujours une tranflation des bénéficiers d'une églife à une autre églife.

La *permutation* comprend donc toujours une double tranflation & une double réfignation en faveur.

Les fimples tranflations étoient prohibées par l'ancien droit canonique. Le quatrième concile de Tours, tenu l'an 813, punit de la peine d'excommunication les évêques & les curés qui cherchent à paffer d'un bénéfice à un autre. Le vingtième canon du concile, tenu à Reims cette même année, ne veut pas que les prêtres paffent d'un moindre titre à un plus grand. Cependant les tranflations qui fe faifoient par l'autorité de l'évêque, & pour le bien de l'églife, n'étoient pas prohibées. Il eût été contraire à la raifon & à l'utilité publique qu'un clerc qui, par fes talens & fa capacité, étoit capable de conduire une églife plus confidérable que celle à laquelle il avoit d'abord été attaché, ne pût être transféré. C'eft dans ce fens qu'Urbain III a dit, *fi autem epifcopus caufam infpexerit neceffariam, licite poterit de uno loco ad alium transferre perfonas. Cap. quæfitum 5 extr. de rer. permut.*

Mais on étoit alors bien éloigné de penfer que deux benéficiers puffent s'entendre entre eux, de manière que l'évêque fût obligé de confentir à ce que l'un paffât dans l'églife de l'autre, fans prendre aucune connoiffance de ce changement, comme cela eft arrivé dans la fuite.

On prétend que le concile de Tours, tenu l'an 1163, & préfidé par Alexandre III, eft le premier qui ait autorifé les *permutations*, en défendant la divifion des prébendes & la *permutation* des dignités. *Divifionem præbendarum & permutationem dignitatum fieri prohibemus.* Dumoulin, & quelques autres auteurs ont conclu de ce décret que le concile n'a entendu condamner que la divifion des prébendes,

& non la *permutation* des titres. Cette conféquence eft fi peu naturelle, que Dumoulin, qui femble l'avoir adoptée, convient dans fon commentaire fur la règle de *infir. refig. n°. 39*, que les *permutations* étoient prohibées par le droit commun. *Nam ipfa permutatio, & jure communi prohibita, nifi in quantum epifcopus infpexerit caufam fubeffe neceffariam.*

L'interprétation donnée par les auteurs au décret du concile de Tours, n'étoit pas encore généralement reçue fous le pontificat d'Urbain III, puifqu'on lui demanda fi la défenfe portée par ce décret de permuter les dignités, renfermoit auffi les prébendes. La réponfe de ce pape eft pleine de fageffe, & n'autorife point l'interprétation générale donnée au concile de Tours. *Quæfitum ex parte tuâ, fi commutationes fieri valeant præbendarum, cum commutatio dignitatum in Turonenfi concilio fuerit interdicta. Generaliter itaque teneas, quod commutationes præbendarum de jure fieri non poffunt, præfertim pactione præmiffa, quæ circa fpiritualia, vel connexa fpiritualibus, labem femper continet fimoniæ. Si autem epifcopus caufam infpexerit neceffariam, licite poterit de uno loco ad alium transferre perfonas, ut qui uni loco minus funt utiles, alibi fe valeant utilius exercere; cap. quæfit. ext. de rer. permut.*

L'exception par laquelle finit cette réponfe, nous femble prouver évidemment, que fi du temps d'Urbain III, qui monta fur le faint fiège l'an 1185, un évêque pouvoit, fuivant l'ancien ufage, placer de fon propre mouvement, pour l'utilité de l'églife, deux bénéficiers aux bénéfices l'un de l'autre, il n'étoit pas permis à ces derniers, de prévenir eux-mêmes cette tranflation réciproque, par des conventions que l'évêque dût rectifier; c'eût été, fuivant ce pape, commettre le crime de fimonie.

On peut donc fe demander avec une efpèce de furprife, comment la difcipline a pu changer au point qu'aujourd'hui les *permutations* fe font & fe confomment, avant même que l'évêque ou le pape en foit inftruit. On préfume que les *permutations* fe font introduites à-peu-près comme les réfignations en faveur : que fur le fondement du chapitre *quæfitum*, les eccléfiaftiques ont propofé aux évêques la démiffion de leurs bénéfices en faveur les uns des autres, fous des prétextes qu'il eft toujours facile de colorer du bien de l'églife : que les évêques fe rendant faciles à des changemens qui ne leur paroiffoient qu'utiles, les ont autorifés conformément aux vues des permutans : & qu'infenfiblement un exemple en attirant d'autres, les évêques n'ont plus fait ces tranflations par eux-mêmes, mais feulement fur la propofition de deux bénéficiers qui ne fe fuffent pas démis de leurs bénéfices, fi l'évêque ne les eût en quelque forte affurés de fuivre leurs intentions.

On ne peut douter que les chofes n'en fuffent à ce point, lorfque Boniface VIII décida que les expectans, ou mandataires apoftoliques, ne pourroient exercer leurs expectatives ou leurs mandats, fur les bénéfices permutés, quoique dans la rigueur on dût les regarder comme ayant vaqué en vertu des démiffions des titulaires. Il donne pour raifon de fa décifion, qu'il faut préférer l'équité à la rigueur : *æquitatem præferentes in hac parte rigori*. Puifque Boniface VIII penfoit que l'équité vouloit que l'évêque conférât aux permutans, les bénéfices dont ils s'étoient démis en fes mains, il falloit que l'ufage des *permutations* fût tel, que l'évêque, en recevant les démiffions, s'engageât à fe conformer aux volontés des démettans.

Cet ufage prit fans doute force de loi, puifque Clément V déclara expreffément, que fi les bénéfices réfignés pour caufe de *permutation*, étoient conférés à d'autres qu'aux copermutans, les collations feroient nulles. *Ne conceffione juris utentibus illudatur, præfertim circa fpiritualia, fi qua beneficia ex caufa permutationis, ab aliquibus refignata, aliis quam ipfis permutare volentibus conferantur, nullius hoc effe volumus firmitatis.*

On peut regarder cette décrétale de Clement V, comme la véritable origine du droit nouveau fur les *permutations*; c'eft ce que fait entendre l'auteur de la glofe, fur ces mots *ne conceffione*, lorfqu'il dit, *ponens jus novum & æquiffimum.* Dèslors les *permutations* ne furent plus des tranflations faites par les fupérieurs, par le feul motif du bien de l'églife, mais de véritables échanges de bénéfices propofés & conclus par les copermutans, & confommés par l'autorité de l'évêque. Dès-lors on regarda l'admiffion des *permutations* comme forcée, parce que, felon la décrétale de Clément V, les évêques n'ont pas, dans les collations de cette nature, la même liberté que dans les collations par mort ou par fimple démiffion, ne pouvant conférer les bénéfices à d'autres qu'aux permutans.

Ce fentiment eft tellement établi, que tous les auteurs des derniers temps affurent que c'eft un ufage certain de regarder l'admiffion des *permutations*, comme néceffaire, & que cette jurifprudence étoit fuivie du temps de M. Ruzé, qui écrivoit il y a plus de deux fiècles. C'eft ce qui a fait dire à M. Louet, *legitima permutatio neceffitatem collatori imponit.*

Les bénéficiers ne courant plus aucun rifque à réfigner entre les mains des évêques pour caufe de *permutation*, & les évêques ne pouvant plus librement difpofer des bénéfices ainfi réfignés, les *permutations* font devenues fort communes. On ne peut affigner avec précifion l'époque à laquelle on a commencé à exprimer dans ces fortes de réfignations, que c'eft pour caufe de *permutation* & non autrement; on peut feulement affurer que cet ufage eft ancien, puifqu'il en eft fait mention dans la glofe fur la clémentine unique, *rerum permutatione.*

Après avoir fait connoître l'origine des *permutations*, voyons, 1°. quels bénéfices peuvent être permutés; 2°. les fupérieurs qui peuvent admettre les *permutations*; 3°. les caufes des *permutations*; 4°. les formalités qui doivent être obfervées dans les *permutations*.

Quels bénéfices peuvent être permutés ? On ne peut permuter que les bénéfices que l'on poffede en titre. *Permutatio debet fieri beneficiorum quæ funt in titulum.* M. Louet, fur Dumoulin, *de public refign.* n°. 153. Tout ce qui n'eft donc point bénéfice en titre, ne peut être l'objet d'une *permutation*, telles font les chapellenies amovibles, les penfions fur bénéfices, & ces fortes de preftimonies que l'on appelle *bénéfices temporels & profanes.*

Delà il fuit qu'il faut avoir plus que *jus ad beneficium* pour pouvoir permuter. Il faut avoir *jus in beneficio*. M. Louet fur Dumoulin, explique ces principes en termes fort clairs. *Jus ad beneficium permutari non poteft cum alio beneficio : is enim qui haberet hujufmodi jus caret titulo beneficii. Aliud effet fi haberet jus in beneficio etiam litigiofo. Hoc enim jus poffet permutari cum beneficio.* On peut donc permuter un bénéfice litigieux, avec un bénéfice paifible. Mais il faut dans ce cas faire mention du litige dans la procuration pour permuter.

On peut regarder comme une règle générale que tout bénéfice qui peut être réfigné en faveur, peut être réfigné pour caufe de *permutation. Voyez* RÉSIGNATION. Il eft des auteurs qui prétendent que la *permutation* eft à cet égard plus favorable que la réfignation en faveur, parce que par celle-ci le collateur ordinaire eft entièrement privé de fon droit, au lieu que dans la réfignation pour caufe de *permutation*, il confère, quoique non librement. Cette raifon ne nous paroît pas frappante. Elle ne peut s'appliquer aux *permutations* qui fe font en cour de Rome. D'ailleurs le droit des collateurs ordinaires ne s'exerce pas plus à leur avantage par des provifions données fur des réfignations faites dans leurs mains pour caufe de *permutation*, que par des *vifa* donnés fur des provifions *in forma dignum*, expédiés en cour de Rome. Dans l'un & l'autre cas, ils font également collateurs forcés.

On doutoit autrefois fi les bénéfices en patronage eccléfiaftique pouvoient être permutés fans le confentement des patrons; mais c'eft aujourd'hui une maxime conftante que ce confentement n'eft pas néceffaire. *Permutatio fpreto patrono eccléfiaftico ab ordinario admitti poteft.* M. Louet fur la *reg. de infir. refign.* n°. 90:

Il n'en eft pas de même des bénéfices en patronage laïque. *In permutatione ficut in refignatione beneficii, quod ad patronatum laicum pertinet confenfus patroni neceffarius eft, non verò collatoris eccléfiaftici*, dit encore M. Louet.

Il faut cependant diftinguer entre les mains de qui eft faite la *permutation* d'un bénéfice en patronage laïque. Si c'eft entre les mains du pape, les provifions données fans le confentement du patron, font radicalement nulles, & aucun-laps de temps

ne

ne peut couvrir ce défaut, parce que le pape ne peut déroger en France aux droits & aux privilèges des patrons laïques.

Quand la *permutation* est reçue par l'évêque, le consentement du patron laïque est à la vérité nécessaire pour la validité des provisions. Mais, selon plusieurs canonistes, le défaut de ce consentement, ne les rend pas radicalement nulles; leur effet est seulement en suspens, jusqu'à ce que le patron ait consenti ou se soit plaint.

Il est des auteurs qui ont prétendu que les patrons laïques n'avoient que quatre mois pour se plaindre & faire annuller une *permutation* effectuée sans leur consentement. Ce sentiment paroît directement contraire à la déclaration de 1678, adressée au parlement de Bordeaux. Elle a pour but de réformer l'usage qui s'étoit introduit dans le ressort de cette cour, de disposer des bénéfices en patronage laïque, sans le consentement des patrons. « Voulons & nous plaît, porte la dispo- » sitif de cette loi, que dorénavant tous les con- » cordats de *permutations* de bénéfices, étant en pa- » tronage laïque & les résignations des actes passés en » conséquence, demeurent nuls & abusifs, si les pa- » trons laïques n'ont accordé leur présentation ou » donné leur consentement par écrit, avant la prise » de possession, quoique lesdits patrons en aient été » requis, lesquelles requisitions & sommations, » nous déclarons de nul effet & valeur ».

Les expressions de la déclaration *demeurent nuls & abusifs*, semblent proscrire, non seulement l'opinion de ceux qui annoncent que le patron laïque n'a que quatre mois pour faire annuller une *permutation* faite sans son consentement, mais même le sentiment de ceux qui prétendent qu'une possession paisible de trois ans couvre ce défaut. Nous pensons que dans le ressort du parlement de Bordeaux, où la déclaration de 1678 a été enregistrée, aucun laps de temps ne peut couvrir l'abus résultant de sa disposition textuelle. Mais dans les autres parlemens une possession paisible & triennale semble à des auteurs graves, former une fin de non-recevoir, qui doit repousser les plaintes du patron laïque, « si après » que le permutant, dit M. Piales, traité des *per-* » *mutations* pag. 36, a joui paisiblement du bé- » néfice pendant trois années consécutives, le » patron en faisoit pourvoir, sur sa présentation, un » autre sujet : le possesseur triennal pourroit se sem- » ble, s'aider du décret *de pacificis*, & objecter que » le vice de sa provision n'est point un vice ra- » dical, que c'étoit une simple nullité extrinsèque » à l'acte de collation, semblable à celle qui ré- » sulte d'un défaut d'insinuation, & qui est cou- » verte par une possession triennale. Il pourroit » objecter, en second lieu, que le patron, par un » aussi long silence que celui de trois ans, doit » être censé avoir approuvé la *permutation*. »

Gohard, *tome, 3 pag. 541*, paroît regarder la *permutation* d'un bénéfice à patronage laïque, sans le consentement du patron, comme radicalement

Jurisprudence, Tome VI.

nulle, & par conséquent comme ne pouvant jamais former un titre coloré. « Pour qu'une *per-* » *mutation*, dit-il, soit canonique, il faut que les » permutans puissent disposer librement de leurs » bénéfices : quand ils sont en patronage laïque, » il faut qu'ils demandent & même qu'ils obtiennent » le consentement du patron, sans quoi elle seroit » déclarée nulle. Louis XIV l'a ainsi décidé, par » sa déclaration de l'an 1678, laquelle a terminé » les contestations qui étoient entre nos canonis- » tes à ce sujet (Nous venons de la citer). Quoi- » que cette déclaration n'ait été adressée qu'au » parlement de Bordeaux, elle est néanmoins sui- » vie dans tous les tribunaux du royaume, at- » tendu qu'elle n'attribue point aux patrons un » droit nouveau, & ne fait que confirmer celui » qui leur a toujours appartenu ».

Sans oser prononcer sur une question qui n'est décidée par aucun arrêt, nous observerons seulement, qu'il nous paroît difficile d'assimiler, comme le fait M. Piales, le défaut de consentement du patron laïque, à un défaut d'insinuation, & de le regarder en conséquence comme une nullité extrinsèque à l'acte de *permutation*. Le préambule de la déclaration de 1678, ne le considère pas sous ce point de vue. Le législateur y dit au contraire, que l'usage introduit au parlement de Bordeaux, est opposé aux maximes reçues dans tout le royaume & établies par les arrêts de tous les autres parlemens; contraire aux droits de la couronne, & aux libertés de l'église gallicane & préjudiciable à ceux qui possèdent des terres auxquelles le patronage laïque est attaché comme un droit réel. Lorsqu'après s'être expliqué ainsi, le législateur déclare nulles & abusives les *permutations* des bénéfices à patronage laïque, faites sans le consentement des patrons, il n'est pas facile de concevoir comment une nullité & un abus de cette nature, pourroit n'être qu'extrinsèque à la *permutation*, & se couvrir par une possession paisible de trois ans.

Les bénéfices à patronage mixte, sont dans le même cas que ceux à patronage laïque; ils participent aux mêmes privilèges & aux mêmes prérogatives. Les cures de l'ordre de Malte sont placées dans cette classe.

Les bénéfices à pleine collation laïcale ne peuvent être résignés pour cause de *permutation*, entre les mains des supérieurs ecclésiastiques quels qu'ils soient.

Quels supérieurs peuvent admettre les permutations. M. Louet a avancé, comme un principe certain, que les copermutans tirent tout leur droit de leur *permutation*, & ne doivent rien au collateur. Co-*permutantes ab ipsâ permutatione totum jus percipiunt, nihil verò à liberalitate collatoris.* Vaillant a repris M. Louet en ces termes. *Hoc intellige, modo permutatio sit canonica, & adhuc semper copermutantes totum jus à collatore accipiunt; nec dixeris quod ordinarius sit collator necessarius; quia potest ex legitimis causis respuere resignationem factam ob causam permutationis.*

PER

Pourvu que l'on faſſe attention que toute *permütation* eſt une double réſignation, ou une double démiſſion, on ſera convaincu que l'intervention du ſupérieur eſt néceſſaire, ſoit pour admettre la démiſſion, ſoit pour donner des proviſions.

De droit commun, les évêques ſont les ſeuls ſupérieurs auxquels il appartient d'admettre les *permutations*. Cependant les collateurs inférieurs aux évêques, ſont en poſſeſſion de les admettre. Le concile de Bordeaux de l'an 1624, s'eſt en vain élevé contre cette poſſeſſion ; on a crû devoir la favoriſer, pour empêcher les courſes en cour de Rome, qui ne manqueroient pas de ſe multiplier, ſi on rendoit les *permutations* plus difficiles, en laiſſant aux évêques ſeuls le droit de les recevoir. C'eſt la raiſon qu'en apporte Dumoulin. *Inferiores collatores beneficiorum ad ſuam collationem pertinentium permutationes, inconſultis diœceſanis apud nos expediunt, & hoc contra jus pontificum in Gallia toleratur, ne in deterius contingat, ſcilicet negotium nihilominus inconſultis diœceſanis expediri Romœ, regnicolaſque vexari & pecunias transferri. De infir. reſign.* n°. 41.

M. Louet atteſte que l'uſage eſt en faveur des collateurs ordinaires. *An epiſcoporum negligentiâ aut aliâ ratione factum fuerit ; aut toleratum neſcio.*

L'article 13 de l'édit des inſinuations de 1691, ſuppoſe que tous les collateurs inférieurs aux évêques, ont droit d'admettre les *permutations*, par un uſage univerſellement reçu.

Depuis que les collateurs inférieurs ont eu le pouvoir d'admettre les *permutations* des bénéfices à leur collation, ils ont conteſté aux évêques, le droit de concourir avec eux dans ces ſortes de proviſions. Les auteurs ſont partagés ſur cette queſtion. Gohart & le rédacteur des mémoires du clergé penſent que l'extenſion du pouvoir des collateurs inférieurs d'admettre les *permutations*, ne leur a été accordé que *cumulative* avec les évêques, ſans dépouiller ceux-ci du droit qu'ils avoient, & qui ne leur a été enlevé par aucun décret & par aucune ordonnance. Les partiſans de l'opinion contraire, parmi leſquels ſe trouve Duperray, penſent que les évêques ne peuvent pas admettre les *permutations* des bénéfices qui ne ſont pas à leur collation. Un bénéfice, diſent-ils, ne peut avoir deux collateurs en France : en donnant aux collateurs inférieurs la liberté d'admettre les *permutations*, on a voulu établir une uniformité pour les *permutations* & les autres collations. Les évêques ont ceſſé d'être collateurs ſur *permutation* des bénéfices dont les inférieurs ſont devenus collateurs ordinaires.

On a beaucoup agité autrefois la queſtion de ſavoir, ſi les chapitres, *ſede vacante*, pouvoient admettre les *permutations*. D'anciens canoniſtes leur ont refuſé ce droit. L'uſage contraire, dit l'auteur des *mémoires du clergé*, tome 10, *pag. 1721*, a prévalu, ſur la maxime ſoutenue par le plus grand nombre de nos auteurs, que de droit commun les chapitres, pendant la vacance du ſiége,

peuvent dans le gouvernement du diocèſe, tout ce qui ne leur eſt pas défendu par la diſpoſition du droit ; & d'ailleurs pour empêcher les préventions, & faciliter les diſpoſitions des bénéfices, on a ſouffert cet uſage qui regarde plus l'utilité des bénéficiers qui veulent permuter, que l'avantage des collateurs. Il faut obſerver que les chapitres, *ſede vacante*, ne peuvent admettre que la *permutation* des cures, les autres bénéfices du diocèſe étant à la diſpoſition du roi, en vertu de ſon droit de régale.

C'eſt un ſentiment communément reçu, dit M. Piales, que les grands-vicaires ne peuvent conférer les bénéfices qui ſont à la collation de l'évêque, à moins que le prélat ne leur en ait donné expreſſément le pouvoir, par les lettres de vicariat qu'il leur a accordées. Donc pour décider ſi un grand-vicaire peut, au lieu & place du prélat, admettre une *permutation*, il n'eſt queſtion que de jetter les yeux ſur ſes lettres de vicariat, pour voir ſi cette faculté y eſt exprimée. Cependant c'eſt un principe généralement admis, que pour les collations forcées, le grand-vicaire n'a pas beſoin d'un mandat ſpécial. Or une collation ſur *permutation*, eſt certainement une collation forcée.

Le roi peut admettre les *permutations* de tous les bénéfices qui ſont à ſa diſpoſition ; il le peut également pour tous ceux auxquels il nommeroit pendant que la régale eſt ouverte. Quand ce ſont des bénéfices conſiſtoriaux & que les brevets de nomination ſont expédiés, l'un des permutans ne peut pas révoquer ſa procuration. Le grand-conſeil eſtime qu'une telle variation ſeroit une eſpèce d'injure faite à la perſonne même du roi. Dans le cas où des deux bénéfices permutés, l'un eſt à la nomination du roi, & l'autre à la collation pure & ſimple de l'ordinaire, il n'eſt point libre à l'un des copermutans de révoquer ſa démiſſion & procuration *ad reſignandum* ſans le conſentement du roi, après que ſa majeſté a donné ſon brevet de nomination, quoique les bulles du bénéfice de nomination royale ne ſoient point expédiées, ni la réſignation de l'autre bénéfice admiſe en cour de Rome. Ainſi jugé au grand-conſeil le 21 mars 1665. Cependant quoique le roi ait accordé ſon brevet de nomination, la révocation de la procuration d'un des permutans a ſon effet, ſi le copermutant l'accepte, & quand il l'a acceptée, il n'eſt plus en droit de demander que la *permutation* s'effectue : c'eſt ce qui a encore été jugé au grand-conſeil le 2 mars 1669.

Quand les bénéfices que l'on veut permuter ſont ſitués en deux différens diocèſes, il faut que la réſignation ſe faſſe entre les mains de deux évêques, s'ils ſont collateurs. La minute de cet acte doit demeurer dans l'étude du notaire, qui eſt tenu d'en délivrer une expédition à chacune des parties, leſquelles ſe préſentent chacune de ſon côté à l'évêque, dans le diocèſe duquel eſt ſitué le bénéfice dont elles demandent les provifions. Quelquefois, pour accélérer, un des deux évêques donne à l'autre le pouvoir de conférer les deux bénéfices. Il faut suivre la même marche lorfque les deux bénéfices permutés dépendent de deux collateurs, quoique situés dans le même diocèfe.

Outre les évêques, les collateurs inférieurs, & le roi, nous recoinnoiffons encore en France, que le pape a le pouvoir d'admettre les permutations, comme les réfignations en faveur. C'eft fans doute un abus, mais il exifte, & c'eft cet abus qui a rendu parmi nous, les collations des ordinaires fur permutation, des collations forcées. Il eft évident que le pape ayant le pouvoir d'admettre les permutations, & ne pouvant refufer les provifions, fuivant les privilèges des François, on fe feroit toujours adreffé à lui, fi les ordinaires avoient eu la faculté d'admettre ou de rejetter à leur volonté les réfignations pour caufe de permutation. Delà l'obligation où font les collateurs, comme le difoit M. l'avocat-général Talon, de les admettre ou bien de déclarer & exprimer les caufes de leur refus, dont le fupérieur doit connoître. M. Bignon portant la parole dans une caufe de régale le 4 février 1678, avançoit, comme une maxime conftante, qu'en matière de permutation, l'évêque ne peut prendre connoiffance de caufe, qu'il eft obligé de l'admettre ; qu'il n'eft pas tenu de donner le bénéfice digniori ; qu'il fuffit qu'il le donne digno, & qu'en un mot la permutation eft in neceffariis.

L'ufage de fe pourvoir par appel comme d'abus devant les cours, du refus des ordinaires d'admettre les permutations, eft autorifé par les arrêts. Celui du 7 septembre 1688, y eft formel : cet ufage remonte bien plus haut, puifque dès l'an 1577, le clergé s'en plaignit dans le cahier qu'il préfenta au roi, & demanda que les permutans ne puffent plus dans ce cas, s'adreffer aux parlemens, mais aux fupérieurs immédiats des évêques, c'eft-à-dire, aux metropolitains. Le roi n'a eu aucun égard à ces plaintes, du moins on ne connoît aucune déclaration à ce fujet. Louis XIV a autorifé, il eft vrai, par celle du 11 mai 1684, adreffée au parlement de Guyenne, le recours aux fupérieurs eccléfiaftiques, en difant : « Voulons que les permutations » foient effectuées de part & d'autre, & que pour » cet effet les provifions fur icelles, foient expé- » diées ou par les ordinaires, ou par les fupérieurs » fur leur refus. » Mais cette loi n'a point ôté aux permutans la faculté de s'adreffer aux cours fouve- raines, par la voie de l'appel comme d'abus, dans le cas où ils le croiroient néceffaire pour faire ceffer l'effet d'un refus injufte.

Quoique les collateurs qui admettent les permutations foient collateurs forcés, ils n'en ont pas moins le droit d'examiner les qualités perfonnelles des copermutans, leur vie, mœurs & doctrine. Mais c'eft-là où fe bornent leurs pouvoirs, & ils les excéderoient, s'ils portoient leur examen fur les titres mêmes des copermutans & fur la nature de leurs bénéfices.

C'eft fans doute pour éviter l'arbitraire & les injuftices, que l'on exige des collateurs qui refufent d'admettre une permutation, la déclaration & l'expreffion des caufes de leurs refus. Il y a long-temps que cette maxime eft confacrée par la jurifprudence des arrêts. « Il eft vrai, difoit M. Talon en » 1631, que dans la première pureté de l'églife, les » réfignations des bénéfices faites, foit purement » & fimplement, foit en faveur ou pour caufe de » permutation, dépendoient abfolument de la vo- » lonté des collateurs qui avoient le pouvoir de les » admettre ou de les rejetter : mais depuis qu'on a » négligé dans les bénéfices ce qui y étoit de meil- » leur, l'honneur & le culte de Dieu, & qu'on » a cherché ce qu'il y avoit de moindre & de plus » vil, le lucre & le revenu temporel, les règles ont » été changées. Les réfignations des bénéfices qui » auparavant étoient volontaires, ont été rendues » néceffaires, particulièrement celles qui font faites » fans fraude, pour caufe de permutation : car le » collateur ordinaire eft abfolument obligé de les » admettre, ou bien de déclarer où exprimer les cau- » fes de fon refus : & ces caufes fe trouvant légi- » times, alors la permutation eft rejettée : mais fi » elles ne le font ou qu'il n'y en ait point du tout, » le refus n'eft aucunement confidérable, & le fupé- » rieur du collateur qui a fait le refus, peut légiti- » mement admettre la permutation ».

Quand la permutation fe fait entre les mains de l'ordinaire, elle doit être exempte de toutes claufes & conditions, autres que celles qui y entrent effentiellement, & qui fe réduifent à ce que le bénéfice réfigné foit donné au copermutant. Quant aux autres qui n'ont rien de contraire au droit & aux bonnes mœurs, elles ne peuvent être admifes que par le pape. Il faut que les parties qui en conviennent paffent devant un notaire apoftolique, & envoient à Rome deux actes féparés. Le premier eft la procuration ad refignandum permutationis caufâ : le fecond eft le concordat fait fous le bon plaifir de fa fainteté qui contient leurs conventions On en expédie auffi deux à la chancellerie apoftolique ou à la daterie, l'un par lequel le pape confère les bénéfices réfignés, & l'autre par lequel il homologue les conventions ftipulées entre les copermutans. Voyez CONCORDATS ENTRE BÉNÉFICIERS, CONCORDATS TRIANGULAIRES, PENSION.

Quelles peuvent être les caufes des permutations ? Il n'en eft plus d'autres actuellement, que la volonté des copermutans : nous ne prétendons pas pour cela autorifer dans le for intérieur, les motifs d'intérêt & de cupidité qui fouvent les animent ; ces motifs ne font cependant pas toujours ceux qui les font agir. Il en eft qui ont des raifons valables pour permuter, & que les fupérieurs eux-mêmes ne peuvent que louer. Il n'eft pas fans doute néceffaire d'obferver ici que toute réfignation permutationis caufâ doit être l'effet de la volonté libre des réfignans. Le défaut de liberté vicieroit radicalement la procuration ad refignandum. Il faut appli-

-quer aux *permutations*, tout ce qui a été dit à ce sujet à l'article DÉMISSION, & tout ce que nous pourrons dire à l'article RÉSIGNATION.

Formalités qui doivent être observées dans les permutations. La première formalité à remplir pour parvenir à une *permutation*, est l'acte de résignation réciproque, passé par les bénéficiers qui veulent permuter. Cet acte est soumis à tout ce qu'exige la déclaration de 1737, pour les résignations en faveur, *Voyez* PROCURATION ad *resignandum*.

La procuration *ad resignandum* doit être admise par celui ou ceux qui sont collateurs des bénéfices permutés. *Voyez* ci-dessus, quels sont les supérieurs qui peuvent admettre les *permutations*.

Nous ne connoissons point dans l'état actuel des choses, d'autre preuve de l'admission d'une *permutation*, que les provisions qui sont expédiées en conséquence de la procuration *ad resignandum*.

Les provisions sur *permutation* sont sujettes à l'insinuation & à la règle de *publicandis resignationibus*.

Mais si l'admission de la *permutation* est nécessaire pour la valider, suffit-elle pour la rendre parfaite? Cette question nous conduit à cette autre, qu'est-ce qu'il faut pour que la *permutatiom* soit réellement effectuée? Cette question est une des plus difficiles de notre droit bénéficial; plusieurs loix ont été promulguées pour la décider, & cependant l'on peut dire qu'elle ne l'est pas encore bien textuellement. Est-ce la faute des loix, est-ce la faute des commentateurs qui souvent obscurcissent ce qu'ils commentent? C'est ce que nous n'oserons pas décider.

L'ancienne jurisprudence regardoit la *permutation* comme consommée, du moment que la procuration *ad resignandum* étoit passée, sous prétexte que les permutans avoient fait tout ce qui dépendoit d'eux pour l'accomplissement de leur traité.

Dumoulin s'est élevé avec force contre cette jurisprudence, & avec raison. Il est évident que la résignation pour cause de *permutation* étant conditionnelle, son effet reste en suspens, jusqu'à ce que les conditions soient accomplies, & la première de toutes est que chacun des permutans soit pourvu du bénéfice qui lui est résigné. Or tant que la *permutation* n'est pas admise, il est incertain si les permutans seront pourvus des bénéfices qu'ils se résignent réciproquement.

Cette première difficulté applanie, s'en présente une seconde plus considérable. Quand est-ce que la *permutation* est censée admise?

Si la *permutation* est faite entre les mains du pape, elle est censée admise du jour de l'arrivée du courier à Rome, selon l'axiome des François, date retenue, grace accordée. Lorsque les bénéfices permutés dépendent du même collateur, la *permutation* est admise du moment que les provisions sont expédiées: si les bénéfices dépendent de deux collateurs, la *permutation* est-elle admise, lorsqu'un des deux collateurs aura fait expédier des provisions à l'un des deux copermutans?

Si l'on connoissoit en France deux actes séparés, l'un par lequel le supérieur admît la *permutation*, & l'autre par lequel il donnât des provisions, on pourroit alors distinguer avec fondement l'admission des procurations ad *resignandum*, d'avec les provisions des bénéfices résignés. Mais on n'est point dans l'usage de séparer ces deux actes; ce qui fait que l'on confond l'admission avec les provisions, & que plusieurs auteurs n'ont regardé les *permutations* comme admises & effectuées, que lorsqu'elles sont suivies de provisions.

L'ancienne jurisprudence du grand conseil, étoit de déclarer les *permutations* effectuées, après que chacun des permutans avoit passé procuration pour résigner, quoiqu'elles ne fussent pas encore admises par les collateurs, &, par conséquent, quoiqu'il n'y eût pas encore de provisions expédiées.

Le législateur voulut faire changer cette jurisprudence. L'article 21 de l'édit du mois de novembre 1637, adressé au grand conseil, déclare nulles & de nul effet les provisions par *permutation*, si celui qui veut s'en servir n'a fait tout ce qui étoit en son pouvoir afin que son copermutant fût pourvu du bénéfice à lui résigné par ladite *permutation*. Le grand-conseil n'enregistra qu'à la charge que les *permutations* seront censées effectuées & exécutées, après que chacun des copermutans aura passé procuration pour résigner respectivement.

Le roi ne crut pas devoir laisser subsister cette modification; il donna, le 25 août 1738, des lettres de jussion, qui portent: voulons les *permutations* être censées effectuées & exécutées aux fins contenues audit vingt-unième article, après que l'un des copermutans aura été pourvu du bénéfice à lui résigné, & que de sa part il aura passé la procuration nécessaire pour ladite *permutation*.

Le grand-conseil enregistra ces lettres le 4 septembre 1738, & ordonna que les *permutations* des bénéfices seront censées effectuées, quand les copermutans auront passé leurs procurations, & que l'un d'iceux aura été pourvu du bénéfice permuté.

Tel est le fondement de la jurisprudence actuelle du grand-conseil. On y tient que la *permutation* est effectuée, toutes les fois que les procurations ad *resignandum* ayant été consenties par les copermutans, l'un d'eux aura obtenu des provisions du bénéfice qui lui a été résigné.

Mais l'édit de 1637 n'ayant été enregistré qu'au grand-conseil, ne pouvoit faire loi pour les autres tribunaux du royaume; & la question de savoir ce qui étoit nécessaire pour que la *permutation* fût effectuée, restoit toujours livrée à la fluctuation des raisonnemens des canonistes. L'article 14 de la déclaration de 1646 semble avoir eu pour objet de faire cesser cette incertitude; il porte: » pour retrancher un notable abus qui s'est glissé

» dans quelques provinces de notre royaume, en
» ce qu'on tient les *permutations* bonnes & vala-
» bles, bien qu'elles n'aient été effectuées par l'une
» des parties, ce qui est contre la nature & forme
» essentielle des *permutations* : Nous, sans en rien
» déroger à la règle de *publicandis*, & en cas que
» l'un des permutans meure après le temps de la-
» dite règle, sans avoir pris possession du bénéfice
» permuté, voulons & ordonnons que le survi-
» vant desdits permutans demeure entiérement
» privé du bénéfice par lui baillé, & du droit
» qu'il avoit en icelui, & qu'il n'y puisse rentrer
» sans nouvelles provisions, soit que ladite pro-
» curation ait été faite en maladie ou autrement.
» Voulons pareillement que les *permutations* soient
» effectuées de part & d'autre, & que pour cet
» effet les provisions soient expédiées par les or-
» dinaires ou par leurs supérieurs, sur leur refus,
» s'il y échet, auparavant le décès de l'un des
» permutans ; à faute de quoi, si le décès arrive,
» lesdites *permutations* demeureront nulles & sans
» effet ». La déclaration de 1684, adressée au parlement de Guienne, est entiérement conforme à
cet article 14 de celle de 1646.

Les auteurs n'ont pas interprété de la même manière ces deux déclarations. Il y en a qui prétendent que, suivant ces loix, il est nécessaire, pour
que les *permutations* soient effectuées, 1°. que les
provisions aient été expédiées aux deux permutans ; 2°. que les deux permutans aient pris possession des bénéfices qui leur ont été résignés ;
d'autres pensent qu'aux termes des déclarations,
ces deux conditions ne sont pas essentielles, &
qu'il suffit, pour que la permutation soit effectuée,
que les deux résignations aient été admises par les
collateurs.

Les déclarations de 1646 & de 1684 ne font
pas mention de la prise de possession, comme
d'une condition nécessaire pour que la *permutation*
soit effectuée. Or, on ne peut suppléer, par des
raisonnemens, à une disposition qui n'est pas dans
la loi. Ce qui prouve incontestablement que la
prise de possession n'est pas nécessaire pour que la
permutation soit effectuée ; c'est qu'après son admission par le collateur, il n'est plus au pouvoir des
permutans de révoquer leurs procurations ; chacun
d'eux, du moment de l'admission de la *permutation*,
a un droit tellement acquis au bénéfice qui lui a
été permuté, qu'il peut le résigner en faveur ;
il n'a pas pour cela besoin d'en prendre possession.
La prise de possession n'est donc pas une condition
essentielle pour que la *permutation* soit effectuée ;
il suffit de l'admission du collateur.

Mais, reste à examiner ce qui caractérise l'admission de la *permutation* de la part du collateur.
Nous avons déja observé que l'admission d'une résignation n'est point distinguée parmi nous de la
collation faite en conséquence de la procuration.
ad resignandum. Si c'est le pape qui est collateur,
l'admission n'est pas distinguée des provisions,

puisque celles-ci sont expédiées du jour que la
date a été retenue. La distinction de l'admission de
la *permutation* & des provisions n'a pas plus lieu,
lorsque les deux bénéfices dépendent du même
collateur.

M. Piales paroît penser que l'on a une preuve
certaine de l'admission de la procuration, lorsqu'un
des copermutans a obtenu des provisions ; son raisonnement peut avoir quelque force, lorsque les
deux bénéfices permutés dépendent du même collateur ; mais il est plus applicable lorsque le concours de deux collateurs est nécessaire pour admettre la *permutation*.

Toutes ces difficultés s'évanouissent en prenant
la déclaration de 1646 & celle de 1684 à la lettre.
« Voulons que les *permutations* soient effectuées de
» part & d'autre, & que, pour cet effet, les pro-
» visions soient expédiées par les ordinaires, ou
» par leurs supérieurs sur leur refus, s'il y échet,
» auparavant le décès de l'un des permutans, à
» faute de quoi les *permutations* demeureront nulles
» & de nul effet ». Il est sans doute difficile, d'après
une disposition aussi claire, de ne pas croire que
le législateur exige que les provisions soient expédiées du vivant des deux copermutans, pour
que la *permutation* soit effectuée ; aussi M. Piales,
qui a traité *ex professo* & très-profondément cette
question, finit par dire, qu'il faut convenir que
dans tous les parlemens où la déclaration de 1646
a été enregistrée, & où elle est exécutée à la
lettre, il seroit difficile de faire maintenir le permutant survivant dans la possession du bénéfice
qui lui a été résigné pour cause de *permutation*,
dans le cas où le copermutant seroit décédé, après
que la *permutation* auroit été admise, mais avant
que les provisions lui eussent été expédiées, quoiqu'elles ne pussent lui être refusées, la grace étant
même déja accordée.

Pour résumer en peu de mots cette question
très-délicate, il faut tenir qu'au grand-conseil les
permutations sont regardées comme effectuées,
lorsque sur la double procuration *ad resignandum*,
un des deux copermutans a obtenu des provisions
du bénéfice à lui résigné, l'édit de 1637 n'en exigeant pas davantage ; & la déclaration de 1646
n'y ayant pas été enregistrée. Il faut également
tenir que dans les parlemens où la déclaration de
1646 & celle de 1684 ont été enregistrées, la
permutation n'est effectuée que lorsque les deux copermutans ont obtenu des provisions des bénéfices
respectivement résignés.

Quoique la prise de possession ne soit pas, comme
nous l'avons déja dit, de l'essence de la *permutation*
qui est effectuée sans elle, cependant elle est le
plus souvent nécessaire pour son accomplissement,
soit en vertu de la règle de *publicandis resignationi-*
bus, qui a lieu dans les *permutations* comme dans
les *résignations* en faveur, soit en vertu des ordonnances du royaume.

Suivant la règle de *publicandis*, lorsque la *per-*

mutation a été admise, & que les deux permutans ont obtenu des provisions, ils doivent prendre possession du bénéfice qui leur a été conféré sur *permutation*, dans le mois ou dans les six mois de la date des provisions, selon qu'elles ont été accordées par l'ordinaire ou par le pape. S'ils laissent passer ce délai sans avoir pris possession, & que l'un des permutans vienne à décéder sans avoir dépossédé son copermutant, & sans avoir été dépossédé par lui, la *permutation* est résolue; c'est-à-dire, que le bénéfice résigné par le décédé, & dont il étoit encore en possession à l'époque de son décès, vaque *per obitum*, de la même manière que s'il n'y avoit jamais eu de *permutation*.

Si le permutant décédé avoit dépossédé son copermutant, sans avoir été dépossédé par lui, les deux bénéfices vaqueroient *per obitum*, & le permutant survivant seroit privé du bénéfice qu'il avoit résigné, parce qu'en ayant perdu le titre & la possession, il n'y auroit plus aucun droit, & il ne pourroit y rentrer sans une nouvelle provision. Il seroit en outre privé du bénéfice qui lui a été résigné, pour n'avoir pas satisfait à la règle.

Tels sont, pour les *permutations*, les effets de la règle *de publicandis resignationibus*, dont l'exécution a été ordonnée par les loix du royaume, & notamment par l'édit du contrôle de 1637, la déclaration des insinuations de 1646, & l'édit des insinuations de 1691.

Ces loix ont été plus loin que la règle *de public. resign.*, car elles y ont ajouté une nouvelle peine; elles veulent que si l'un des permutans meurt après le mois, ou après les six mois, en possession du bénéfice qu'il avoit résigné, & sans avoir pris possession de celui qui lui avoit été résigné par le copermutant qui lui survit, celui-ci perde, non-seulement le bénéfice qui lui avoit été donné en *permutation*, mais qu'il soit encore privé de celui qu'il avoit résigné. C'est la disposition textuelle de la déclaration de 1646 : « Nous, sans en rien déro- » ger à la règle *de publicandis*, & en cas que l'un » des permutans meure après le temps de ladite » règle, sans avoir pris possession du bénéfice per- » muté, voulons & ordonnons que le survivant » desdits permutans demeure entièrement privé » du bénéfice par lui baillé, & du droit qu'il avoit » en icelui, & qu'il n'y puisse rentrer sans nou- » velles provisions, soit que ladite *permutation* ait » été faite en maladie ou autrement ». Cette dis- position a été renouvellée par la déclaration de 1584.

Mais il ne suffit pas encore d'avoir satisfait à la règle *de publicandis* dans les délais qui sont fixés; il faut encore, si ces délais sont expirés, que les provisions & la prise de possession aient été insi- nuées & publiées, au plus tard deux jours francs auparavant le décès du résignant ou copermutant, sans que le jour de la prise de possession, publica- tion & insinuation d'icelles, & celui de la mort

du résignant, soit compris dans ledit temps des deux jours.

Nous avons deux loix qui ordonnent cette pu- blication & cette insinuation, dans le temps qu'elles déterminent, l'édit du contrôle de 1637, & celui des insinuations du mois de décembre 1691. Ces deux loix se réunissent à déclarer vacans les béné- fices, lorsque les formalités qu'elles prescrivent n'auront point été remplies. Il n'y a qu'une dif- férence qui est prise dans une clause qui termine l'article 17 de l'édit du contrôle, & qui ne se trouve point à l'article 12 de celui des insinuations. Cette clause porte : « Nous les déclarons vacans » (les bénéfices) par la mort du résignant, quand » bien même ladite possession auroit été prise, » contrôlée & enregistrée, ledit résignant étant en » pleine santé ».

L'omission de cette clause dans l'édit de 1691, a fait naître une diversité de jurisprudence entre le grand-conseil & le parlement, sur la question de sa- voir si le copermutant survivant, qui auroit rempli les formalités prescrites par la règle *de publicandis*, par les édits de 1637 & de 1691, doit être privé du bénéfice à lui résigné. Il est certain que le bénéfice doit être déclaré vacant; même dans ce cas, si l'on suit à la lettre l'article 17 de l'édit du con- trôle. Le grand-conseil l'ayant enregistré, il y est resté fortement attaché, & juge que, quoique le copermutant survivant se soit conformé à l'édit, les bénéfices permutés n'en sont pas moins va- cans, parce que cette vacance est textuellement prononcée par la loi; & il faut convenir que c'est le moyen le plus efficace pour obvier à toute es- pèce de fraude dans les *permutations*.

Le parlement, qui n'a point enregistré l'édit du contrôle, mais seulement celui des insinuations, n'est pas si sévère. Il ne dépouille point le coper- mutant qui a satisfait à la loi, quoique le coper- mutant décédé n'y ait pas satisfait de son côté. « Il est certain, dit Rousseau de la Combe, que la » *permutation* étant une fois admise de bonne-foi, » par des provisions ou du pape ou des collateurs » ordinaires, les deux copermutans ont été dé- » pouillés réciproquement des titres des bénéfices » qu'ils possédoient auparavant; que le titre de l'un » a passé canoniquement sur la tête de l'autre; que » celui qui, en vertu des provisions, a pris pos- » session, & a fait insinuer le tout deux jours francs » avant le décès de son copermutant, l'avoit dé- » pouillé non-seulement du titre, mais encore de » sa possession, & étoit devenu titulaire légitime » du bénéfice qui lui avoit été conféré par *permu- » tation*; que quand l'article 12 de l'édit de 1691 » dit qu'il déclare les bénéfices vacans par la mort » du résignant, c'est qu'il suppose que ni l'un ni » l'autre n'avoit pris possession, & icelle fait in- » sinuer deux jours francs avant le décès de l'un » des deux; aussi, par arrêt de la grand-chambre, » du 9 février 1713, rendu sur les conclusions de » M. Chauvelin, avocat-général, il fut jugé que

» la formalité de l'infinuation requife par cet ar-
» ticle 12 de l'édit de 1691, deux jours francs
» avant le décès de l'un des copermutans, n'étoit
» néceffaire que dans les provifions du furvivant,
» qui fut maintenu dans la poffeffion du béné-
» fice, préférablement à un obituaire, quoique le
» prédécédé n'eût point fait infinuer fes provi-
» fions ».

M. Piales dit que fi cette conteftation eût été
portée au grand-confeil, il y a apparence que l'o-
bituaire eût été maintenu en vertu de la claufe qui
termine l'article 17 de l'édit du contrôle.

D'Héricourt eft abfolument de l'avis de la Combe.
« Si le premier décédé des deux copermutans avoit
» manqué à faire infinuer fes provifions deux jours
» francs avant fon décès, & que le furvivant eût
» fait obferver toutes les formalités prefcrites pour
» la validité des *permutations*, fes provifions ne fe-
» roient point nulles, parce que le motif de l'or-
» donnance n'étant que d'empêcher que les *per-
» mutations* ne fe faffent qu'à l'extrémité de la vie,
» en fraude des expectans ou du patron eccléfiaf-
» tique, on y a fatisfait par l'infinuation des provi-
» fions du furvivant ».

Sur quoi le nouvel annotateur de d'Héricourt
obferve que l'on juge ainfi au parlement, comme
il paroît par un arrêt de la grand-chambre du 9 février 1713; mais qu'au grand-confeil on fuit
exactement la difpofition très-rigoureufe de l'édit
du contrôle de 1637, qui veut que fi les deux
permutans ayant laiffé paffer le temps de la règle
de publicandis fans y avoir fatisfait, l'un des deux
vient à mourir avant que d'avoir pris poffeffion,
ou d'en avoir fait infinuer l'acte deux jours francs
avant fon décès, les deux bénéfices, tant celui
du permutant qui a fatisfait à toutes les formalités
de la règle, que celui du copermutant qui a négligé d'y fatisfaire, demeureront vacans par fon
décès.

Les loix que nous venons de citer au fujet des
permutations, ont aboli l'ancienne maxime, ou plutôt l'ancienne erreur, felon laquelle l'un des permutans venant à décéder fans avoir pris poffeffion du bénéfice qui lui avoit été conféré en vertu
de la *permutation*, le furvivant confervoit l'un &
l'autre bénéfice. Cet événement s'appelloit une
bonne fortune, *gaudere bonâ fortunâ*.

D'Héricourt, & plufieurs autres auteurs, affurent que, lorfqu'un des permutans ne peut jouir du
bénéfice dont il a été pourvu en vertu de la *permutation*, foit parce qu'il n'a pu obtenir le confentement du patron laïque, foit parce qu'un tiers
l'évince d'un bénéfice, foit parce que le bénéfice
eft chargé d'une penfion dont on n'a point fait
mention dans la procuration pour permuter, il
rentre en poffeffion du bénéfice dont il a été dépouillé, en vertu d'un fimple jugement, fans obtenir de nouvelles provifions; ce qui a même lieu
contre un tiers fucceffeur du permutant. *Voyez*
REGRÈS.

Lorfque la *permutation* eft faite en cour de Rome,
les permutans ne font point affujettis à exprimer
les autres bénéfices dont ils font pourvus.

Le droit de contrôle des actes de *permutation*
eft fixé à cinq livres en principal, par l'article 1er
du tarif du 29 feptembre 1722. On n'eft point
fondé à exiger deux droits de contrôle d'un acte
de *permutation*, fous prétexte qu'il renferme les
démiffions de deux titulaires, parce que ces deux
démiffions réciproques font néceffaires pour former la *permutation*, & que le légiflateur n'a affujetti cette *permutation* qu'à un feul droit fixé à cinq
livres, de même qu'il n'a affujetti l'échange des
biens temporels qu'à un feul droit de contrôle,
quoiqu'il s'y trouve deux aliénations. Il paroît néanmoins que la prétention d'un double droit a été
élevée; mais elle a été condamnée par une décifion du confeil du 28 mars 1733, qui, en jugeant qu'il n'eft dû qu'un droit de contrôle pour
les *permutations*, a ordonné la reftitution de ce qui
pouvoit avoir été perçu de plus.

Il feroit bien à defirer qu'une loi nouvelle, en
réuniffant tout ce qui eft effentiel au fujet des
permutations, dans l'édit du contrôle de 1637,
dans les déclarations de 1646 & 1684, & dans
l'édit des infinuations de 1691, établit une uniformité de jurifprudence dans tous les tribunaux
du royaume. Cela leveroit bien des difficultés, &
tariroit la fource d'une foule de conteftations qui
tournent toujours au préjudice de l'églife & de
fes miniftres. (*M. l'abbé* BERTOLIO, *avocat au
parlement.*)

PER OBITUM. On appelle ainfi les provifions
des bénéfices, données fur une vacance occafion-
née par le décès des derniers titulaires.

On connoît à Rome deux efpèces de provifions
per obitum, les unes principales, & les autres accidentelles. Lorfque dans la fupplique préfentée au
pape, on lui demande le bénéfice comme vacant
par mort, & que le genre de vacance eft celui
qui fournit l'occafion d'envoyer à Rome, les provifions expédiées font alors des provifions *per
obitum* proprement dites; lorfqu'au contraire une
réfignation, ou quelque autre motif, eft exprimé
dans la fupplique, & que le pape, dans les provifions, fait inférer la claufe *five per obitum, vel
quovis alio modo vacet*, les provifions, par l'effet des
circonftances, peuvent devenir des provifions *per
obitum*; mais alors elles ne le font qu'accidentellement. *Voyez* PROVISIONS.

Il y a à Rome, à la daterie, un officier que
l'on appelle dataire ou révifeur *per obitum*.

PERPÈTRES, (*Droit féodal.*) ce mot fe trouve
dans la *Somme rurale, liv. 1, tit. 36.* Selon Carondas, dans fes *notes marginales, de l'édition in-4°.
de 1621, p. 250*, les perpètres font des terres communes, qui ne font dans la poffeffion d'aucun particulier.

Cet auteur cite, pour cette interprétation, un
vieux praticien manufcrit, « qui ufe des mots

» *perpendre* & *perprinſe*, pour occuper telles terres
» & occupation d'icelles ». *Voyez* l'article PER-
PRISE.

Il paroît néanmoins douteux que le mot *perpètres*
ait le ſens indiqué par Carondas, du moins dans la
Somme rurale de Boutiller. Il y eſt dit, en parlant des biens acquis par l'égliſe : « & puiſque en
» nom de Dieu ſont achetez, ſoient *perpètres* ou
» autres poſſeſſions, jamais ne peuvent ne ne doi-
» vent être remiſes à l'uſage mondain ». (*G. D. C.*)

PERPÉTUITÉ, ſ. f. (*Droit civil & canon.*)
ſignifie la ſtabilité de quelque choſe qui doit durer
toujours. La plupart des loix ſont faites pour avoir
lieu à *perpétuité*. Un père de famille établit ſes enfans, & fait des ſubſtitutions, pour aſſurer la *perpétuité* de ſa race & de ſa maiſon.

En terme de *Droit canonique*, le mot *perpétuité*
ſignifie la qualité d'un bénéfice concédé irrévocablement, ou dont on ne ſauroit priver celui qui
en eſt pourvu, excepté en certains cas déterminés
par la loi. *Voyez* BÉNÉFICE.

Pluſieurs auteurs prétendent avec raiſon que
la *perpétuité* des bénéfices eſt établie par les anciens canons, & que les prêtres ſont inſéparablement attachés à leurs égliſes par un mariage ſpirituel; il eſt vrai que la corruption s'étant introduite avec le temps, & les prêtres ſéculiers étant
tombés dans un grand déſordre, & même dans
un grand mépris, les évêques furent obligés de
ſe faire aider dans l'adminiſtration de leurs dioce-
ſes, par des moines, à qui ils confioient le ſoin
des ames & le gouvernement des paroiſſes, ſe réſervant le droit de renvoyer ces moines dans leurs
monaſtères quand ils le jugeroient à propos, &
de les révoquer ainſi dès qu'il leur en prenoit
envie.

Mais cette adminiſtration vague & incertaine
n'a duré que juſqu'au donzieme ſiècle, après quoi
les bénéfices ſont revenus à leur première & ancienne *perpétuité*.

PERPRENDEMENT, (*Droit féodal.*) ce mot
a été employé autrefois pour ſignifier une exaction, une mauvaiſe coutume. *V.* le *Gloſſarium
Novum* de Dom Carpentier, *au mot* Porprenſio,
& *l'art.* PERPRISE. (*G. D. C.*)

PERPRENDRE. *Voyez* PERPRISE.

PERPRINSE. *Voyez* PERPÈTRES & PERPRISE.

PERPRISE, (*Droit féodal.*) *perprendre*, uſer de
perpriſe, *perprinſe* ou *perpriſion*, ſignifie littéralement uſurper, invader, s'emparer. Le mot *perprendere* & ſes dérivés, ſe trouvent employés en
ce ſens dans les *Loix barbares* & dans les *Capitulaires. V.* le *Gloſſaire* de Ducange.

Les mots françois correſpondans, qu'on vient
de rapporter, ont d'abord été employés pour clorre
un terrein, l'entourer de murs, de haies ou de
foſſés; & c'eſt peut-être de-là qu'on a fait le
mot *pourpris*, qui ſe trouve dans nos coutumes,
pour déſigner un enclos.

Perprendre, ou uſer de *perpriſe*, ou *perpriſion*,

ſignifie aujourd'hui prendre, de ſa propre autorité,
des terres communes pour les cultiver.

Cette faculté, qui ſubſiſtoit autrefois dans une
grande partie du royaume, n'eſt plus connue, je
crois, que dans la coutume de Dax ou d'Acqs. Il en
reſte néanmoins des traces dans quelques autres
provinces. Ainſi, la coutume de Nivernois permet
à chacun, dans le titre 11, « de labourer terres ou
» vignes d'autrui, non labourées par le proprié-
» taire, ſans autre requiſition, en payant les droits
» de champart, ou partie, ſelon la coutume ou
» uſance du lieu où l'héritage eſt aſſis, juſqu'à ce
» que, par le propriétaire, lui ſoit défendu ».

Le droit de *perpriſe* n'eſt pas reçu dans tout le
reſſort de la coutume de Dax; il n'a lieu que dans
les lieux qui paient cette eſpèce de taille ſeigneuriale, qu'on appelle *queſte* & *aubergade*. Telles
ſont la vicomté de Maremnes, les baronnies de
Marenſin, Herbe-Faveire, Laſarie, Majeſc, Saubuſſe & Sabres, les paroiſſes de Gorbie, Derin &
Gorberar, tant que s'étendent les fiefs du ſeigneur
de Poylhoaut. (*tit.* 9, *art.* 11 & 18.)

Lors de la rédaction de la coutume de Dax, le
droit de *perpriſe* a même été aboli dans les baronnies de Goſſe & de Senham & dans la paroiſſe de
Saubuſſe, quoique ce ſoient des terres de queſte.
(*ibid. art.* 11.)

Dans la baronnie de Cap-Breton, qui eſt auſſi
terre de queſte, les habitans ne peuvent uſer du
droit de *perpriſe*, ſans la permiſſion du bayle & des
habitans du lieu. (*ibid. art.* 11 & 12.)

M. Polverel a donné, dans le *Répertoire univerſel*,
un excellent article ſur ce droit de *perpriſe*, qui,
comme il l'a fort bien prouvé, n'eſt pas auſſi barbare que le mot peut le paroître. Sans nous occuper des réflexions qu'il a faites pour montrer le
parti que la ſaine politique pourroit tirer de cette
manière de rendre à la culture des terres preſque
inutiles, nous allons extraire de ſa *Diſſertation* les
remarques qui ſe rapportent uniquement à la juriſprudence.

Le droit de *perpriſe* n'a lieu, dans chaque communauté, qu'entre les habitans, membres de la
communauté; les étrangers en ſont exclus.

Chaque habitant a la faculté de prendre, de
clorre & de cultiver à ſon profit, telle partie des
terres communes qu'il juge à propos.

Il les prend de ſa propre autorité, ſans le conſentement du ſeigneur, ſans être aſſujetti à aucune
formalité, & même ſans être obligé de demander
le conſentement des autres habitans.

La baronnie de Cap-Breton eſt la ſeule où cette
règle ſouffre une exception, comme on vient de
le voir.

Ce n'eſt que ſur les terres vraiment vacantes,
qu'on peut exercer ce droit. La coutume dit qu'on
ne pourra *perprendre* terre connue d'autre voiſin,
c'eſt-à-dire, la terre qui eſt connue pour appartenir
à un autre membre de la communauté; car tel eſt
lg

le fens du mot *voifin*, dans la coutume de Dax & dans celles de Bayonne & de Saint-Sever.

La coutume dit auffi qu'on ne pourra, par le droit de *perprife*, empêcher chemin public ni privé, ni chemin de bétail.

Celui qui s'empare, par droit de *perprife*, d'une portion de terre commune, n'eft obligé de payer aucuns lods & ventes.

Il eft feulement obligé, tant qu'il poffède la terre *perprife*, de contribuer au paiement de la quête ou rente générale, en proportion de ce qu'il poffède.

Ce droit de *perprife* n'anéantit point la propriété de la communauté fur la terre *perprife*, & cependant il procure à l'habitant qui perprend, à-peu-près tous les avantages de la pleine propriété.

Cet habitant emploie la terre *perprife* à telle efpèce de culture & de production qu'il juge à propos, en perçoit les fruits, en ufe, en difpofe comme de fa chofe propre, la tranfmet à fes héritiers, peut la donner ou la vendre, pourvu que l'héritier, le donataire ou l'acquéreur, foit auffi membre de la communauté.

Mais il ne peut la tranfmettre, la donner, ni la vendre à un étranger.

S'il l'abandonne, ou qu'il meure fans laiffer d'héritiers membres de la communauté, la terre *perprife* rentre dans la communauté primitive, redevient foumife à l'ufage commun de tous les habitans, jufqu'à ce qu'elle foit dénoncée ou *perprife* par quelque autre habitant. *Voyez* PERPRENDEMENT, PERPÉTRES, QUESTE & AUBERGADE. (*G. D. C.*)

PERPRISION. *Voyez* PERPRISE.

PERQUISITEUR, f. m. terme ufité en matière bénéficiale, qui fignifie une expédition qu'on lève en la chancellerie romaine, afin de certifier qu'il y a eu telle demande formée, tel acte, telles lettres expédiées. On produit fouvent, dans les procès pour bénéfices, des *perquifiteurs*. Ce terme vient du mot *perquiratur* par lequel commence la commiffion que donne le dataire pour connoître fi, dans les regiftres, il n'a pas été retenu telle ou telle date dans un tel temps. Le *perquifiteur* eft inutile dans nos tribunaux, parce qu'on n'admet d'autre preuve de la rétention d'une date, que le regiftre du banquier expéditionnaire, chargé de la commiffion. *Voyez* DATE.

PERSEVÉRIE, (*Droit féodal.*) On a employé autrefois ce mot pour défigner le droit de fuite en matière de main-morte, ou la pourfuite des ferfs. *Voyez* dom Carpentier, au mot *Perfeverantia*. (*G. D. C.*)

PERSONNAT, f. m. (*Jurifp. canoniq.*) eft un bénéfice auquel il y a quelque prééminence attachée, mais fans jurifdiction, à la différence des dignités eccléfiaftiques, qui ont tout-à-la fois prééminence & jurifdiction: ainfi la place de chantre d'une églife cathédrale ou collégiale, eft ordinairement un *perfonnat*, parce qu'elle n'a qu'une fim-

ple prééminence fans jurifdiction; que fi le chantre a jurifdiction dans le chœur, alors c'eft une dignité. *Voyez* BÉNÉFICE, DIGNITÉ, OFFICE. (*A*)

PERSONNEL, adj. fe dit en droit de ce qui eft attaché à la perfonne, ou deftiné à fon ufage, ou qui s'exerce fur la perfonne, comme un droit *perfonnel*, une fervitude *perfonnelle*, une obligation *perfonnelle*, une action *perfonnelle*, une charge *perfonnelle*. Le *perfonnel* eft ordinairement oppofé au *réel* qui fuit le fond. *Voyez* ACTION, BAIL A RENTE, CHARGE, OBLIGATION, RENTE, SERVITUDE. (*A*)

PERSONNIER, (*Droit féodal.*) ce mot fe trouve employé dans un rôle des os *ou* hofts dus au duc de Bretagne de l'année 1294, pour défigner les co-teneurs d'un même fief. *Voyez la page* 437 des *Preuves de l'hiftoire de cette province*, par dom Lobineau.

On trouve le même terme employé dans des fens analogues, en divers titres cités par Ducange & dom Carpentier, *au mot* Perfonarii. (*G. D. C.*)

PERTINENT, adj. fe dit, en terme de pratique, d'un fait articulé qui vient bien à la chofe, & dont la preuve eft admiffible; quand le fait n'eft pas de cette nature, on dit qu'il eft *impertinent* & *inadmiffible*. *Voyez* FAIT.

PERTRUISAGE, PERTUISAGE, PÉTRUISAGE, PATRUISAGE & PERTUSAGE. Il n'eft pas bien certain que tous ces mots foient fynonymes, quoiqu'ils aient tous défigné un droit feigneurial.

On fait du moins que le mot *pertuis* a fignifié autrefois un trou, une ouverture; & l'on voit, dans *Ducange*, que l'on a dit *pertufare* en baffe latinité, pour *percer*. C'eft de-là qu'on a formé le mot latin *pertufagium*, & le françois *pertufage*, qui paroiffent défigner un droit de forage ou d'afforage.

Doublet cite, à la *page* 434 de fon *Hiftoire de l'abbaye de faint Denis*, des anciennes pancartes où le droit de forage eft ainfi décrit : « le forage, » gros, & rouage des vins que l'on vend en la » terre de faint Denis à taverne eft tel.

» Se aucune perfonne vend vin en ladite terre » à taverne, il doit l'argent d'un feptier de vin » pour chacune piece que vendra, foit queue, ton-» nel ou poinfon, au prix qu'il eft premier afféré ; » & fi doit quatre deniers de *pertufage* pour cha-» cune pièce, depuis le jour de faint Denis juf-» qu'à la faint Andry, du vin afféré en icelui » tems, &c. »

Il y a lieu de croire que le mot *pertufagium* a été dit dans le même fens. Cependant les deux textes cités par Ducange, indiquent fous ce nom un droit de foire. Ce font deux chartres, l'une du monaftère de faint Nicolas d'Angers; & l'autre, d'Eraclius, archevêque de Lyon, de 1157; la première porte : « *dedit quoque eis* pertufagium feriæ » *S. Petri, ad quod colligendum famulos fuos mit-* » *tent* ; la feconde dit : *elemofinam* XL *fol. quos il-* » *luftris comes palatinus Henricus ecclefiæ Lingonenfis*

» *ad menſam canonicorum apud Barrum ſuper Albam* » *in pertuſagio nundinarum donavit* ».

Une chartre donnée par Philippe V, en 1319, porte auſſi : « laquelle foire (de S. Quentin) du- » rant, certaines redevances appellées *pertruiſage* » étoient à nous dues & payées des marchands & » repairans, vendans & achetans & des hoſtellains, » herbergens en icelle ». On trouve plus bas *petrui-ſage* & *patruiſage*.

On lit également dans le *Cartulaire* de Lagny : « ce ſont aucunes fermes qui eſtoient de proufit » à l'abbaye de Laigny, ès foires de Champagne & » Brye à Laigny ſur Marne.... le *pertuiſage* cent » ſols ».

Enfin, une chartre de 1270, tirée du *Cartulaire de Langres*, emploie le mot *pertuſagium* pour un droit qui ſe percevoit aux portes de la ville : « *item*, » y eſt-il dit, *ſciendum quod nos dicti decanus & ca-* » *pitulum redditum noſtrum, qui vulgariter dicitur per-* » *tuſagium, quem percipiebamus in portâ de ſub muro* » *in die apparitionis & craſtino admodiavimus in per-* » *petuum dicto reverendo patri & ſucceſſoribus ſuis* » *per xx ſolidos Lingonenſium* ».

Il ſemble réſulter de-là que le *pertruiſage* étoit un droit d'entrée qui ſe percevoit en temps de foire ou dans d'autres temps. On le nommoit apparemment ainſi, parce que les marchandiſes paſſoient par une fauſſe porte, qu'on appelloit *pertuis*. (*G. D. C.*)

PERTUISAGE. *Voyez* PERTRUISAGE.

PERTURBATEUR. Le *perturbateur* eſt l'homme qui trouble le repos & la ſécurité publique, qui porte atteinte à l'ordre, & rompt l'harmonie d'où réſulte le bonheur & la paix des individus qui vivent en ſociété.

Le *perturbateur* ſe montre ſous des aſpects ſi différens, le mal qu'il occaſionne a des meſures ſi diſtantes l'une de l'autre, qu'il eſt difficile de fixer, d'une manière préciſe, ce qui le caractériſe eſſentiellement, & la peine qui doit lui être infligée. C'eſt-là, il faut en convenir, un des inconvéniens des mots qui préſentent une idée trop vague, parce qu'on court le riſque, en ſe rendant trop eſclave de la lettre, d'appliquer à une action peu importante, à un délit léger, un ſens plus grave, & par conſéquent une peine plus rigoureuſe qu'elle ne le mérite.

Il ne faut pas confondre le ſéditieux avec le *perturbateur*. Le ſéditieux ne trouble pas ſeulement par lui-même le repos public, il excite encore les autres à le troubler. Le *perturbateur* n'eſt dangereux que par le mal qu'il fait ; le ſéditieux eſt puniſſable par le mal qu'il veut faire commettre.

Celui qui cherche à répandre l'effroi, pour dominer dans les aſſemblées, pour ſe faire rendre des honneurs qui ne lui ſont pas dus, pour troubler les jeux, les ſpectacles, eſt un *perturbateur*. Il mérite ce nom, lorſqu'abuſant de la foibleſſe des femmes ou de la timidité du citadin paiſible, auquel ſon air menaçant en impoſe, il bleſſe ouvertement la pudeur, offenſe les mœurs publiques, ou excite, par une conduite bruyante, injuſte, vexatoire, un murmure général contre lui. On peut regarder auſſi comme *perturbateurs*, ceux qui interrompent les cérémonies religieuſes, qui empêchent les miniſtres de la juſtice de remplir leurs fonctions. Mais il faut convenir qu'il y a une grande diſtance entre ces délits, qui ne ſont, pour ainſi dire, que des importunités, & ceux d'un ſeigneur qui contraindroit ſes habitans à faire des corvées qu'il n'auroit pas droit d'exiger.

Ou d'un audacieux qui eſcaladeroit les maiſons pendant la nuit, & s'y introduiroit, ſoit pour ſatisfaire ſes paſſions, ſoit pour jetter l'épouvante.

Les premiers ne méritent que d'être contenus, tandis que les autres, au contraire, doivent être punis ſévérement. Jouſſe met au rang des *perturbateurs*, les prédicateurs qui, dans leurs ſermons, uſent de paroles ſcandaleuſes, & qui tendent à émouvoir le peuple.

« Ceux qui ont pour objet d'établir un ſchiſme » dans l'état, ſous prétexte de réforme, ou qui, » par un concert injuſte, veulent ſe ſéparer de la » communion de certaines perſonnes, ſoit en re- » fuſant de communiquer avec eux, ſoit en leur » refuſant publiquement les ſacremens auxquels ils » ont droit de prétendre, & des prières publiques » qui leur ſont demandées pour eux, ou la ſépul- » ture eccléſiaſtique. Ceux qui compoſent ou ſe- » ment des écrits qui peuvent troubler la tranquil- » lité de l'état & corrompre les mœurs ».

Suivant la loi finale, *de re militari*, le *perturbateur* devoit être *puni de mort* ; c'eſt auſſi la diſpoſition des articles 1 & 2 de l'édit du mois de juillet 1561. Mais comme il étoit contraire à toute juſtice d'envelopper dans la même punition, des délits d'une conſéquence plus ou moins dangereuſe, émanés d'un principe plus ou moins criminel, des ordonnances poſtérieures ont apperté de ſages modifications à cette déciſion trop générale & beaucoup trop ſévère ; elles ont même adouci la peine prononcée contre quelques-uns de ces délits déſignés particuliérement. Ainſi, quoique l'édit de 1561 prononce la peine de mort contre les prédicateurs ſéditieux, la déclaration du 22 ſeptembre 1595 condamne *au banniſſement & à avoir la langue percée*. La douceur de nos mœurs actuelles ne permettroit pas que l'on infligeât cette dernière peine à un prédicateur, quelque audacieux qu'il eût été, à moins que ſes diſcours n'euſſent eu l'effet le plus funeſte.

A l'égard des eccléſiaſtiques qui, par un accord injuſte, refuſent publiquement la ſépulture eccléſiaſtique, ou les ſacremens & les prières à ceux qui ont droit d'y participer, pluſieurs arrêts rendus depuis 1752, ont prononcé contre les coupables la peine du banniſſement à temps ou à perpétuité hors du royaume.

Quant à ceux qui ſont convaincus d'avoir compoſé & fait imprimer des ouvrages tendans à troubler la tranquillité de l'état, & qui, par cette raison, peuvent être regardés comme des *perturbateurs* du repos public, la déclaration du 11 mai 1728 les condamne, pour la première fois, au banniffement à temps, & en cas de récidive, à perpétuité hors du royaume.

C'eft en faifant une très-fauffe application de cette déclaration à un ouvrage (qui avoit reçu l'approbation d'un cenfeur royal), que les juges du châtelet condamnèrent, il y a quelques années, au banniffement, un homme de lettres très-eftimé & dont la captivité excita en fa faveur un intérêt prefque univerfel. Auffi leur fentence fut-elle infirmée par le parlement, trop éclairé pour ne pas fentir qu'une pareille févérité porteroit la crainte & le découragement dans l'ame de tous les écrivains diftingués, qui peuvent embraffer un faux fyftême, fans être criminel & fans avoir eu l'intention de jetter le trouble dans la fociété, fur laquelle ils ne fe propofent au contraire que de répandre la lumière de la vérité.

En fuppofant que Jean-Baptifte Rouffeau, dont la verfification riche & harmonieufe a tant fait d'honneur à la poéfie françoife, fût, comme l'arrêt qui l'a banni hors du royaume nous autorife à le croire, véritablement l'auteur des couplets qu'on lui attribua, il étoit certainement plus coupable qu'un écrivain emporté par le feu de fon imagination dans un fyftême oppofé à celui qu'une raifon éclairée nous a fait adopter; le premier n'eut certainement pour objet que de calomnier, que de diffamer ceux contre lefquels il avoit compofé ces couplets, & il leur fit un mal réel; l'autre, au contraire, peut être de bonne-foi dans fes erreurs, & il ne fait fouvent qu'exciter la pitié pour fes écarts. Ce n'eft donc, en général, qu'aux auteurs des libelles diffamatoires, ou des ouvrages qui peuvent véritablement jetter le trouble dans la fociété, que l'on doit appliquer la févérité de l'article 4 de la déclaration du 11 mai 1728. Les articles 23 & 10 de la même déclaration, condamnent ceux qui les ont imprimés & colportés, pour la première fois, au carcan, & en-cas de récidive, aux galères pour cinq ans.

Ceci mérite encore, de la part des juges, une grande attention; car ils n'ignorent pas que fouvent l'imprimeur a multiplié machinalement, & par le fecours de mains étrangères, les copies du manufcrit qui lui a été apporté, & qu'il n'a fouvent pas lu. Il eft lui-même tout étonné, après l'impreffion, que l'ouvrage dont on lui cite quelques fragmens, foit forti de fes preffes: certainement il y auroit une rigueur exceffive à punir cet homme comme un *perturbateur*, & à le déshonorer lui & toute fa famille par une condamnation auffi flétriffante que celle du carcan. Une interdiction plus ou moins longue, fuivant la nature du libelle qu'il a eu l'imprudence d'imprimer, eft ordinairement la peine dont on punit fon infraction aux réglemens de la librairie. Cette peine eft d'autant

plus fage, qu'elle porte fur la véritable caufe du délit, qui eft le defir aveugle du gain.

Il en eft de même du colporteur ignorant que le befoin détermine à fe charger des exemplaires qu'on lui confie, pour les préfenter à ceux chez lefquels fon commerce l'introduit; auffi arrive-t-il rarement qu'on condamne au carcan ou aux galères ces prétendus *perturbateurs*, à moins que l'ouvrage qu'ils ont débité n'offenfe la majefté royale, & qu'il ne foit néceffaire d'en arrêter la diftribution par un exemple de févérité capable d'épouvanter le befoin & la cupidité.

L'ordonnance de Blois, *article 280*, prononce contre les gentilshommes & autres nobles du royaume « qui auroient vexé leurs habitans par » des contributions injuftes de deniers ou grains, » corvées ou autres exactions indues », la peine *d'être déclarés ignobles & roturiers, & privés à jamais de tous les droits qu'ils auroient à exercer légitimement.* On n'a pas befoin d'obferver que pour qu'un gentilhomme ou un feigneur de terre encore cette peine, il faut qu'il foit démontré qu'il eft de mauvaife foi dans fes perceptions. Car s'il étoit induit en erreur par une poffeffion ancienne, par de fauffes déclarations ou de faux titres, certainement il ne mériteroit pas d'être dégradé, par la raifon qu'il auroit exigé d'injuftes contributions.

L'article 192 de l'ordonnance de Blois, pour éviter les troubles qui naiffent fouvent de la force & de la fupériorité des armes, veut « que les hauts» jufticiers qui fouffriront les ports d'armes, & » qu'il foit fait des violences en leurs terres, foient » privés de leurs juftices, & les officiers, en cas » de connivence, privés de leur état ».

Malgré cette fage difpofition, on ne rencontre dans les villes, dans les villages, que trop d'hommes armés, auxquels le libertinage, la chaleur des difputes, les fumées du vin, font commettre des meurtres qui n'euffent point troublé l'ordre de la fociété, fi l'on en eût ôté les moyens aux coupables.

Tous les criminaliftes s'élèvent avec force contre ceux qui efcaladent de nuit les maifons des particuliers, *five amoris caufâ*, foit pour d'autres motifs, quand même ce ne feroit pas pour y commettre des vols, parce que ces *perturbateurs* violent l'afyle le plus facré, & dans le temps où le citoyen doit repofer tranquille fous la protection des loix.

Comme les délits du *perturbateur* attaquent la fociété, ils font mis au nombre de ceux défignés fous le titre de *cas royaux*, & que l'article 11 de l'ordonnance de 1670 déclare « devoir être con» nus & jugés, privativement aux autres juges & » à ceux des feigneurs, par les baillis, fénéchaux, » & juges préfidiaux ».

Si par un effet de fon crédit ou de la terreur, que fon courage, que fa force infpirent, ou enfin par l'éloignement que l'on a pour les fuites d'une accufation criminelle, pas un des offenfés ne rend plainte contre le *perturbateur*, le ministère public, en sa qualité de protecteur de l'ordre, doit le poursuivre à sa requête, sur les faits qui lui ont été dénoncés, ou que la renommée a portés jusqu'à lui ; d'après l'information qui est suivie de décrets plus ou moins sévères, les juges ayant ensuite égard à la gravité du trouble, prononcent contre l'accusé, ou une injonction, ou une admonition, ou une forte amende, ou même le blâme.

L'auteur d'un nouvel ouvrage, qui a pour titre *Essai sur les réformes à faire dans notre législation criminelle*, propose de punir, principalement par un temps de prison plus ou moins long, suivant la gravité des circonstances, « les *perturbateurs* du » repos public, ceux qui cherchent querelle dans » les rues, injurient & battent les autres ; ceux » qui, par esprit d'insubordination, refusent d'obéir » aux officiers de police dans leurs fonctions, & » leur manquent de respect ; ceux qui commettent » du scandale dans les églises & assemblées publi- » ques ; ceux qui auront gêné la liberté des au- » tres, en les tenant en chartre privée, ou qui » auront surpris du gouvernement, sur un faux » exposé, des ordres pour faire renfermer un ci- » toyen ».

L'auteur, avant d'indiquer la prison pour peine de ces délits, avoit observé, avec raison, que dans l'ordre judiciaire, tel qu'il existe parmi nous, « la » prison n'est point une peine ; cependant, ajoute- » t-il, il semble que l'homme est assez jaloux de » sa liberté, pour que la peine de prison trouve sa » place parmi celles qu'il est permis de lui infliger. » Dans l'état social, il ne jouit que d'une liberté » restreinte, cette liberté est subordonnée à ses » devoirs ; elle dégénère en licence s'il les en- » freint. Cette licence, dans tous les cas, qui n'ont » trait ni à vol ni à assassinat, & qui ne présen- » tent qu'un trouble passager, peut être justement » punie par un temps de prison : une telle peine » contraste même parfaitement avec l'esprit d'indé- » pendance qui porte l'homme à de pareils écarts ; » elle est donc efficacement réprimante pour cette » nature de délits ».

Ces réflexions nous ont paru dictées dans un esprit de modération & d'équité : au surplus, elles ont été en partie d'avance adoptées ; car dans les villes où il y a un juge de police établi, sur-tout pour arrêter le trouble, contenir l'audace & veiller à la tranquillité publique, il arrive rarement que la justice des tribunaux ordinaires soit dans le cas de juger les *perturbateurs*, qui sont pour l'ordinaire punis ministériellement, c'est-à-dire, condamnés à subir une captivité plus ou moins longue, plus ou moins humiliante, en raison de leurs délits, & de la considération attachée à leur nom, à leur fortune & à leur profession.

On sent bien que nous ne comprenons pas, dans cet article, l'action de ceux qui portent le dommage aux habitations, aux héritages, & qui, par cette raison, s'exposent à être poursuivis, soit au civil, soit au criminel, & à être condamnés en des réparations & des indemnités proportionnées au tort réel qu'ils ont occasionné, & aux moyens qu'ils ont employés pour nuire. Ces sortes d'attentats, qui offensent plus les particuliers que la société, sont compris sous la dénomination de *trouble*, qui fait le sujet d'un autre article.

Un moyen bien facile, disions-nous dans nos *Réflexions philosophiques sur la civilisation*, de simplifier la législation d'un empire, seroit, après avoir séparé les délits qui touchent à l'ordre public d'avec les délits domestiques, de considérer tous les sujets qui se feroient rendus coupables des premiers, comme de véritables *perturbateurs*, qu'on placeroit sur *une échelle de justice*, les régicides feroient portés au premier degré ; au-dessous feroient rangés les traîtres envers l'état ; les incendiaires, les empoisonneurs & tous ces monstres qui causent la mort par des moyens cachés. Après ces criminels viendroient les brigands qui attaquent à main armée les voyageurs, ou s'introduisent avec violence dans les maisons, pour y voler & tuer ceux qui s'opposent à leur audace.

Plus bas, on verroit les sujets qui vivent de rapines, mais qui n'ont jamais répandu le sang, les banqueroutiers frauduleux ; peut-être devroit-on placer avant ceux-ci les concussionnaires, les tyrans des campagnes, les officiers qui ont excédé le peuple par l'abus de leur pouvoir.

On mettroit au rang des *perturbateurs* du cinquième ordre, les coupables qui ont ravi au père de famille, ou à l'époux, une fille qui étoit encore dans l'âge de la séduction.

Sur le degré suivant, on rangeroit les sujets qui, par avarice ou par méchanceté, auroient nui à la population, ou détourné à leur profit l'abondance des récoltes ; au-dessous feroient placés ceux qui, par fanatisme, auroient troublé les cérémonies de la religion, l'ordre de la justice, ou insulté à leurs ministres.

On verroit ensuite les écrivains, dont la plume audacieuse auroit offensé la majesté royale, ébranlé les maximes sacrées sur lesquelles repose la sécurité publique.

Dans le dernier degré, seroit rassemblée cette foule tumultueuse que le délire de l'ivresse, ou la grossiéreté, porte à des excès momentanés & peu dangereux.

Un supplice dans lequel on feroit entrer plus d'appareil que de cruauté, inspireroit au peuple l'horreur & l'effroi pour le criminel du premier ordre.

Une mort moins prolongée que celle dans laquelle expireroit le régicide, mais accompagnée des signes caractéristiques du forfait, purgeroit la société des criminels du second rang : considérant ceux du troisième comme de véritables ennemis de l'état, on useroit envers eux du droit de la guerre, & on les extermineroit avec le fer.

Un esclavage limité suivant la nature des vols

& le lieu où ils auroient été commis , puniroit , dans de fages proportions , les criminels du quatrième degré.

La confifcation de biens avec le blâme pour les riches ; la dégradation avec une captivité plus ou moins longue pour les gentilshommes , le banniffement avec amende pour les officiers publics , vengeroient le peuple des excès & des injuftices des coupables du cinquième rang.

La peine du carcan , fuivie de celle du banniffement , donneroit au père de famille & au mari fatisfaction de l'audace du ravifleur.

La confifcation de biens , & un temps limité d'efclavage , dédommageroient l'état du tort que lui auroient fait l'avarice & la méchanceté.

L'amende jointe à un temps de prifon , & même le blâme , fuivant la gravité du trouble & de l'offenfé , felon le caractère de l'aggreffeur & de l'offenfé , effraieroient les coupables du huitième degré.

L'interdiction de la preffe , la lacération de fon ouvrage , la privation des honneurs littéraires , puniroient l'écrivain de fa témérité & de fes écarts.

La prifon de police , ou les maifons de correction , mettroient la fociété à l'abri de l'infolence & du tumulte des coupables du dernier rang.

Par ces diftinctions , le mot trop vague de *perturbateur* acquerroit un fens clair & précis , & les miniftres de la juftice ne courroient plus le rifque d'appliquer à un délit léger une peine plus grave que la loi ne le prefcrit. (*Cet article eft de* M. DE LA CROIX , *avocat au parlement.*)

PERTUSAGE, *Voyez* PERTRUISAGE.

PESADE, (*Droit féodal.*) on nomme ainfi , dans le Languedoc , le droit de *pefage* , c'eft-à-dire , ce qu'on paie pour pefer quelque marchandife au poids public. *Voyez* le *Traité des droits feigneuriaux de la Roche-Flavin* , & *Graverol* , *chap. 36 , art. 1.* (G. D. C.)

PESAGGE & PESATGE , (*Droit féodal.*) Dom Carpentier , *dans fon Gloffaire françois* , dit que ce mot fignifie un droit de péage , ou forte d'impôt. Il renvoie en preuve au mot *Pedagium* fous *Pefagium* du *Gloffaire de Ducange.* Mais il y a tout lieu de croire que les textes cités dans ce dernier ouvrage ne concernent qu'un droit de pefage. (G.D.C.)

PESATGE, *Voyez* PESAGGE.

PESSELAGE , (*Droit féodal.*) c'eft le droit de prendre du bois dans une forêt pour en faire des peffeaux ou échalas. *Voyez* le *Gloffaire du droit françois* , au mot *Maronage.* (G. D. C.)

PÉTITION, f. f. en *droit* , fignifie *demande* , & ce terme eft principalement ufité en matière de fucceffion. On appelle *pétition d'hérédité* , l'action univerfelle & mixte , donnée à l'héritier , ou à celui qui eft à fes droits , contre celui qui poffède , ou qui , par le droit , eft fuppofé poffeder , afin qu'il reftitue au demandeur l'hérédité , les acceffoires , les fruits , les dommages & intérêts. *Voyez* HÉRÉDITÉ.

On fe fert encore de l'expreffion , *pétition de principe* , lorfqu'on veut défigner que quelqu'un fonde fes demandes fur de prétendus principes qu'on ne lui accorde pas.

PÉTITOIRE , f. m. (*terme de Pratique.*) c'eft la conteftation au fond fur le droit qui eft prétendu refpectivement par deux parties à un héritage , ou droit réel , ou à un bénéfice.

Le *pétitoire* eft oppofé au *poffeffoire* , lequel fe juge par la poffeffion d'an & jour , au lieu que le *pétitoire* fe juge par le mérite du fond fur les titres & la poffeffion immémoriale.

L'action *pétitoire* ou au *pétitoire* ne peut être intentée par celui contre lequel la complainte ou réintégrande a été jugée qu'après la ceffation du trouble , & que le demandeur a été rétabli avec reftitution de fruits , & qu'il n'ait été payé des dommages & intérêts , s'il lui en a été adjugé.

S'il eft en demeure de faire taxer les dépens & liquider les fruits dans le temps ordonné , l'autre partie peut pourfuivre le *pétitoire* , en donnant caution de payer le tout , après la taxe & la liquidation , conformément à l'article 14 du titre 18 de l'ordonnance de 1667.

L'article 5 du même titre porte que les demandes en complainte ou réintégrande ne pourront être jointes au *pétitoire* , ni le *pétitoire* pourfuivi , que le poffeffoire n'ait été terminé , & la condamnation exécutée ; ce même article défend d'obtenir des lettres pour cumuler le *pétitoire* avec le poffeffoire.

En matière bénéficiale , on diftingue également le *pétitoire* du poffeffoire. L'action *pétitoire* d'un bénéfice ne peut être portée que devant le juge d'églife. Mais l'action poffeffoire doit être portée devant le juge laïque. C'eft un des principaux articles des libertés de l'églife gallicane. Mais , en matière de régale , la grand'chambre du parlement de Paris connoit feule du *pétitoire* , d'après la difpofition de l'art. 19 , tit. 15 de l'ordonnance de 1667. Au refte , quoique dans les autres matières bénéficiales , les juges féculiers ne prononcent que fur le poffeffoire , cela revient au même ; car quand le juge royal a maintenu en poffeffion , comme le poffeffoire eft jugé fur les titres , le juge d'églife ne peut plus connoitre du *pétitoire. Voyez* COMPLAINTE , MAINTENUE , POSSESSOIRE , RÉINTÉGRANDE. (A)

PÉTRUISAGE. C'eft la même chofe que le droit de *pertruifage. Voyez* ce mot. (G. D. C.)

PETTOUR , (*Droit féodal.*) on voit , dans Cambden & dans Ducange , qu'on a donné ce nom à un nommé Baldin , parce qu'il tenoit des terres à titre de fergenterie du roi d'Angleterre , à Hémingfton , dans le comté de Suffolk , à la charge de faire à Noël , devant le roi , une chofe qu'on ne demande & qu'on ne fait guère en bonne compagnie. *Unum faltum , unum fufletum & unum bombulum* ; ou , comme le dit Spelmann , *faltum , fufflum & pettum.* (G. D. C.)

PEXE. L'article 10 de la Rubrique de Bocage , des

fors de Béarn parle de la *servitude de Pexe*. C'eſt, dit Laurière, le droit de faire paître. (*G. D. C.*)

PEZADE, (*Droit féodal.*) c'eſt une eſpéce de taille, ou de capitation ſeigneuriale, due par les perſonnes & par les beſtiaux, dans le dioceſe d'Alby.

Ce droit eſt très-ancien ; il paroît tirer ſon origine des ſtatuts que Guillaume Petri, évêque d'Alby, & Raimond, comte de Toulouſe, dreſſèrent en 1191, du conſeil de Roger, vicomte de Beziers ; de Sicard, vicomte de Lautrec, & des barons & notables d'Albigeois, pour faire obſerver la paix dans le pays. On y convint, entre autres choſes, que les laboureurs & les bêtes de labourage ou de charge, qui porteroient le ſigne de la paix, ſeroient ſous la ſauve-garde du comte, à la charge de payer au comte & à l'évêque, pour le ſoutien de cette paix, un ſetier de grain par charrue, dix deniers monnoie d'Alby pour chaque bête de charge, & ſix deniers pour chaque âne ou âneſſe. Ce droit a depuis éprouvé diverſes variations, & il a été payé pour les perſonnes comme pour les beſtiaux. *Voyez* ALBY.

Il réſulte de l'origine qu'on vient de donner, que le droit de *pezade* eſt à-peu-près la même choſe que celui de *commun de paix ;* il a été ainſi nommé du latin barbare *pacqia* ou *paſſata. Voyez* l'*Hiſtoire de Languedoc, tome 3, page 83, 486, 493, & aux preuves, p. 297 & 495.* (*G. D. C.*)

P H

PHEW, (*Droit féodal.*) on lit dans le gloſſaire qui eſt à la fin des *preuves de l'hiſtoire de Bretagne*, par Dom Lobineau, qu'on a dit autrefois *en phew*, pour *en fief*. (*G. D. C.*)

PHIÉ, (*Droit féodal.*) on a dit, on écrit autrefois ce mot, pour celui de *fief. Voyez* Dom Carpentier *au mot* Feodum. (*G. D. C.*)

P I

PIE, adj. terme ancien, dont on ſe ſert encore aujourd'hui pour ſignifier quelque choſe de pieux, comme cauſe *pie*, ou pieuſe, donation *pie*, legs *pie*, meſſe *pie, Voyez* CAUSE, LEGS, &c. (*A*)

PIE ſignifie auſſi, en Breſſe, une portion qui appartient à quelqu'un dans l'aſſée d'un étang, comme étant propriétaire de cette portion de terrein dont il a été obligé de ſouffrir l'inondation pour la formation de l'étang. Les propriétaires des *pies* contribuent aux réparations de l'étang avec les propriétaires de l'évolage ; ils jouiſſent de l'aſſée pendant la troiſième année. *Voyez* ÉTANG. (*A*)

PIÉ DE FIEF, (*Droit féodal.*) il paroît par ce que dit Paſquier, dans ſes *Recherches, liv. 8, chap. 37,* qu'on a dit autrefois ce mot pour *dépié de fief.* (*G. D. C.*)

PIÉCE, ſ. f. (*terme de Pratique,*) qui ſignifie tous les titres, papiers & procédures qui ſervent pour quelque affaire.

On appelle *pièce adirée*, celle qui ſe trouve à dire, qui eſt en *déficit.*

Pièce arguée de faux ou *inſcrite de faux*, eſt celle que l'on maintient fauſſe. *Voyez* FAUX.

Pièce arguée de nullité, eſt celle que l'on ſoutient nulle.

Pièce authentique eſt celle qui eſt en forme probante.

Pièce collationnée. Voyez COPIE COLLATIONNÉE.

Pièce de comparaiſon eſt celle dont l'écriture & la ſignature ſont reconnuës, & que l'on compare à une *pièce* arguée de faux, pour voir ſi l'écriture eſt la même. *Voyez* FAUX.

Pièce compulſée eſt celle dont on a tiré une copie, ſoit en entier ou par extrait, par la voie du compulſoire.

Pièce contrôlée eſt celle qui a été viſée & enregiſtrée au contrôle, & duquel il eſt fait mention ſur ladite *pièce. Voyez* CONTRÔLE.

Pièce dépoſée eſt celle que l'on a miſe dans un dépôt public, ou que l'on a remiſe entre les mains de quelque perſonne par forme de dépôt.

Pièce inſcrite de faux, voyez *pièce arguée de faux*, & FAUX.

Pièce inventoriée, eſt celle qui eſt compriſe & énoncée dans un inventaire fait par un notaire ou autre officier public, ou qui eſt produite dans un inventaire de production fait par un procureur.

Pièce paraphée eſt celle qui eſt marquée d'un paraphe. *Voyez* PARAPHE.

Pièce par extrait eſt celle dont on n'a tiré qu'un extrait, & non une copie entière.

Pièce de production eſt une *pièce* produite dans une inſtance ou procès.

Pièce de production principale. Voyez PRODUCTION PRINCIPALE.

Pièce de production nouvelle. Voyez PRODUCTION NOUVELLE.

Pièces vues, c'eſt lorſque les pièces ont été remiſes devant le juge.

Pièce vidimée, c'étoit la même choſe que ce que nous appellons aujourd'hui *copie collationnée. Voyez* VIDIMUS. (*A*)

PIED-CORNIER, ſ. m. (*Eaux & Forêts.*) eſt l'arbre qu'on laiſſe à l'extrémité d'un arpentage, d'un héritage, pour ſervir de marque & de renſeignement, ſuivant les diſpoſitions de l'ordonnance des eaux & forêts de 1669. Les *pieds-corniers* doivent être marqués du marteau du roi & de ceux du grand-maître & de l'arpenteur, ſur les deux faces qui regardent directement les lignes ou briſées à droite & à gauche.

Lorſqu'il ne ſe trouve pas directement dans l'angle d'arbre ſur lequel on puiſſe appliquer les marteaux, l'arpenteur eſt autoriſé à en emprunter ; & les arbres ainſi empruntés doivent être ſpécialement déſignés dans les procès-verbaux d'aſſiette, par leur âge, qualité, nature & groffeur, & par la diftance où ils fe trouvent de l'angle & des autres *pieds-corniers*.

L'amende pour chaque *pied-cornier* abattu, eft de cent livres ; & s'il a été arraché ou déplacé, de deux cens livres.

Lorfque, pendant l'ufance ou exploitation, un *pied-cornier* vient à être abattu par le vent ou autre accident, l'adjudicataire doit en avertir le fergent à garde, qui, de fon côté, eft obligé d'en informer les officiers de la maîtrife, pour marquer un autre *pied-cornier*, fans frais, conformément aux difpofitions de *l'art.* 46 du *tit.* 15.

PIED-DROIT, (*Droit féodal.*) un aveu de la feignerie de Broyes, à la châtellenie de Sézannes en Brie, porte entre autres chofes : « item, y a le *pied-droit* de chacune bête, qui fe tue audit Broyes. » Vaut par commune année, & fe met à prix à la » fomme de 5 f. » (*G. D. C.*)

PIEDS POUDREUX (*Cour des*), eft le nom d'une ancienne cour de juftice, dont il eft fait mention dans plufieurs ftatuts d'Angleterre, qui devoit fe tenir dans les foires, pour rendre juftice aux acheteurs & aux vendeurs, & pour réformer les abus ou les torts réciproques qui pouvoient s'y commettre. *Voyez* FOIRE.

Elle a pris fon nom de ce qu'on la tenoit le plus fouvent dans la faifon de l'été, & que les caufes n'y étoient guère pourfuivies que par des marchands qui y venoient les pieds couverts de pouffière, & que l'on appelloit par cette raifon, *pieds poudreux* : ou bien elle a été ainfi nommée, parce qu'on s'y propofoit d'expédier les affaires de fon reffort, avant que la pouffière fût tombée des pieds du demandeur & du défendeur.

Cette cour n'avoit lieu que pendant le temps que duroient les foires. Elle avoit quelque rapport avec notre jurifdiction des juges & confuls. *Voyez* CONSULS.

PIGEON, f. m. (*Droit féodal. Police.*) nous inférons ici ce mot, pour compléter l'article COLOMBIER. Nous ajouterons en conféquence, que des lettres-patentes données par Charles V, en 1368, & un arrêt du confeil du 10 décembre 1689, ont fait défenfes de nourrir des *pigeons* dans la ville, fauxbourgs & banlieue de Paris.

Plufieurs villes ont des réglemens de police qui contiennent de pareilles défenfes, fondées fur ce que ces oifeaux peuvent altérer la falubrité de l'air.

Un arrêt du confeil du 12 décembre 1737, a ordonné à tous les fermiers du roi, ayant colombiers de *pigeons* bizets, & aux particuliers ayant colombiers ou volières dans les parcs du roi, d'en détruire les *pigeons*.

Par arrêt du 16 juillet 1779, le parlement de Paris a autorifé les officiers, tant des fièges royaux que des hautes-juftices, de faire tels réglemens qu'ils jugeroient convenables, pour empê-

cher que les *pigeons* ne caufaffent du dommage aux bleds couchés par les pluies.

L'article 12 de l'ordonnance du mois de juillet 1607, défend à toute perfonne, *de quelque état & condition qu'elle foit*, de tirer de l'arquebufe fur les *pigeons*, à peine de vingt livres d'amende.

Suivant l'article 193 de la coutume d'Etampes, quiconque prend des *pigeons* avec des filet ou collets, doit être puni comme pour larcin.

L'article 390 de la coutume de Bretagne, porte, *qu'on ne doit tirer ni tendre aux pigeons de colombier avec filets, glu, cordes ni autrement, fi l'on n'a droit de le faire, fur peine de punition corporelle.*

La coutume de Bordeaux veut, article 112, que ceux qui fe rendent coupables de cette forte de délit, foient condamnés à une amende de foixante fols pour la première fois, & au fouet en cas de récidive, indépendamment de l'obligation de réparer le dommage.

PIGNORATIF, (*Contrat*) eft le nom qu'on donne à une efpèce de vente d'un héritage, qu'un débiteur paffe à fon créancier, avec ftipulation que le vendeur pourra retirer l'héritage pendant un certain temps, & qu'il en jouira à titre de loyer, moyennant une certaine fomme, qui eft ordinairement égale aux intérêts de la fomme prêtée & pour laquelle la vente a été faite.

Ce contrat eft appellé *pignoratif*, parce qu'il ne contient qu'une vente fimulée, & que fon véritable objet eft de donner l'héritage en gage au créancier, & de procurer à celui-ci des intérêts d'un prêt, en le déguifant fous un autre nom.

Le droit civil & le droit canon admettent également ces fortes de contrats, pourvu qu'ils foient faits fans fraude.

Ils font pareillement autorifés par différentes coutumes, telles que celles de Touraine, d'Anjou, du Maine, & quelques autres. Comme dans ces coutumes un acquéreur qui a le tenement de cinq ans, c'eft-à-dire, qui a poffédé paifiblement pendant cinq années, peut fe défendre de toutes rentes, charges & hypothèques, les créanciers, pour éviter cette prefcription, acquièrent par vente la chofe qui leur eft engagée, afin d'en conferver la poffeffion fictive, jufqu'à ce qu'ils fe foient payés de leur dû.

Les contrats *pignoratifs* diffèrent de la vente à faculté de réméré & de l'antichrèfe, en ce que la première tranfmet à l'acquéreur la poffeffion de l'héritage, & n'eft point mêlée de relocation ; & à l'égard de l'antichrèfe, quoiqu'elle ait pour objet, comme le contrat *pignoratif*, de procurer les intérêts d'un prêt, il y a néanmoins cette différence, que dans l'antichrèfe, c'eft le créancier qui jouit de l'héritage, pour lui tenir lieu de fes intérêts, au lieu que dans le contrat *pignoratif*, c'eft le débiteur qui jouit lui-même de fon héritage, & en paie le loyer à son créancier, pour lui tenir lieu des intérêts de sa créance.

Quoique ces sortes de contrats semblent contenir une vente de l'héritage, cette vente est purement fictive, tellement qu'après l'expiration du temps stipulé pour le rachat, l'acquéreur, au lieu de prendre possession réelle de l'héritage, proroge au contraire la faculté de rachat & la relocation ; ou à la fin, lorsqu'il ne veut plus la proroger, il fait faire un commandement au vendeur de lui payer le principal & les arrérages, sous le nom de *loyers* ; & faute de paiement, il fait saisir réellement l'héritage en vertu du contrat ; ce qui prouve bien que la vente n'est que simulée.

Dans les pays où ces contrats sont usités, ils sont regardés comme favorables au débiteur, pourvu qu'il n'y ait pas de fraude, & que le créancier ne déguise pas le contrat, pour empêcher le débiteur d'user de la faculté de rachat.

Les circonstances qui servent à connoître si le contrat est *pignoratif*, sont, 1°. la relocation, qui est la principale marque d'impignoration : 2°. la vérité du prix : 3°. *consuetudo fœnerandi*, c'est-à-dire, lorsque l'acquéreur est connu pour un usurier. La stipulation de rachat perpétuel peut aussi concourir à prouver l'impignoration ; mais elle ne formeroit pas seule une preuve, attendu qu'elle peut être accordée dans une vente sérieuse. Les autres circonstances ne formeroient pareillement pas seules une preuve, il faut au moins le concours des trois premières.

Les principales règles que l'on suit en cette matière, sont que le temps du rachat étant expiré, le débiteur doit rendre la somme qu'il a reçue, comme étant le prix de son héritage, sinon il ne peut en empêcher la vente par décret, ni forcer son créancier à proroger la grace, ou à consentir la conversion du contrat *pignoratif* en constitution de rente.

Il est aussi de règle que les intérêts sans demande, du jour que le temps du rachat est expiré, & alors le créancier peut demander son remboursement ; mais jusqu'à ce que le remboursement soit fait, le contrat *pignoratif* est réputé immeuble, quand même il y auroit déjà un jugement qui condamneroit à rembourser.

PILAGE, (*Droit féodal.*) Dom Carpentier dit que c'est une espèce de servitude, c'est-à-dire, une corvée, par laquelle on est tenu de mettre en pile ou d'entasser les gerbes ou le foin de son seigneur, & qu'on a donné le même nom à l'abonnement de ce droit. *Voyez le Glossarium novum* de cet auteur au mot *Pilagium 2.* (G. D. C.)

PILAGE ; (*Droit féodal.*) ce mot a au moins deux acceptions différentes.

1°. En Picardie & dans le pays de Caux, on appelle terres de *pillage*, les terres vuides, c'est-à-dire, les terres qu'on a dépouillées de leurs fruits, & qui sont sujettes au droit de vaine pâture. Mais il y a à cet égard, une différence entre ces deux provinces.

En Normandie, les laboureurs, qui ont des troupeaux dans la paroisse, se cantonnent entre eux, c'est-à-dire, qu'ils partagent chaque année les terres de *pillage*. Ce partage se fait eu égard au nombre des terres que chacun possède ; & le cantonnement une fois fait, les co-partageans ne peuvent, durant le banon ou la vaine-pâture, entreprendre sur leurs tournées respectives. Un fermier peut cependant s'en tenir au pâturage de ses propres terres. Mais dans ce cas il renonce aux champs de *pillage* de la paroisse. On ne peut avoir des moutons sur ses terres, & il ne peut faire paître celles de ses voisins.

En Picardie l'usage est différent : tous les habitans ont un berger commun, & chaque particulier lui confie un nombre de moutons, proportionné aux terres qu'il occupe. Chacun jouit dans la même proportion du droit de parcage, c'est-à-dire, que le parc pose sur ses terres pendant un temps proportionné à leur étendue.

Au reste, il ne faut pas comprendre dans les champs de *pillage*, ceux qui sont semés en trefles ou tremaines, ces prairies artificielles sont en défens en tout temps. Un arrêt du 27 mars 1743, l'a ainsi jugé. On ne peut pas dire en effet, que ce soient des terres vuides. *Voyez* le dictionnaire du droit Normand, au mot *Banon.*

2°. L'autre sens du mot *pillage* est connu en Bretagne. Suivant l'art. 588 de la coutume de cette province, « entre bourgeois & autres du tiers-état, » le fils aîné aura maison & logis suffisant, soit » en la ville ou aux champs, à son choix, selon la » quantité des biens, faisant récompense aux au- » tres, s'il la veut avoir ; & s'il ne la veut avoir, » le prochain après lui la pourra avoir, faisant la- » dite récompense. Et où il y en auroit deux, l'une » aux champs, l'autre en la ville, ne pourra choi- » sir que l'une des deux. »

C'est ce droit de l'aîné que les praticiens appellent *pillage, voce flagitium testante,* comme le dit Sauvageau.

Il y a une belle dissertation sur ce droit de *pillage*, dans les annotations d'Hevin, sur le plaidoyer 132 de Frain. Il suffira de présenter ici les réflexions que Sauvageau en a extraites dans son commentaire. « Ce droit, dit-il, ayant dégénéré » en vexation, & en fraude, & en intérêt de pure » malice, qui avoit été autorisé par quelques anciens » arrêts, la cour l'a enfin réduit fort étroitement, » par les derniers arrêts des 29 octobre 1671, & » 29 décembre 1682, qui ont jugé contre les » sieurs de Gabil, de Lourmet & de Pontauroux- » Pasquier, qu'ayant eu dans leurs lotties chacun » une maison noble de campagne, réputée la prin- » cipale de chaque succession, ils n'étoient pas » admissibles à exercer aucun *pillage* sur les autres » maisons ».

» Les arrêts ont aussi jugé que l'aîné reçu au *pil-* » *lage* étoit obligé de faire récompense au prisage, à » ses frais ; & que quand il la faisoit sur une maison » aux champs, il y seroit joint des terres à propor- » tion,

» tion, pour rendre la récompenfe utile, & que la » récompenfe feroit faite fur les biens de la même » fucceffion, fans aucun treffaut, & que s'il n'y » en avoit pas fuffifamment, le *pillage* n'étoit pas » récevable ; & que la fille n'eft pas fondée par la » coutume à le prétendre ; & que l'aîné ne le peut » exercer qu'une fois dans les fucceffions de père & » de mère. (*G. D. C.*)

PILLAGE. *Voyez* BUTIN, & le *Dictionnaire de l'Art militaire.*

PILORI, f. m. (*Code criminel.*) eft un petit bâtiment en forme de tour avec une charpente à jour, dans laquelle eft une efpèce de carcan qui tourne fur fon centre. Ce carcan eft formé de deux pièces de bois pofées l'une fur l'autre, entre lefquelles il y a des trous pour paffer la tête & les mains de ceux que l'on met au *pilori*, c'eft-à-dire, que l'on expofe ainfi pour fervir de rifée au peuple & pour les noter d'infamie : c'eft la peine ordinaire des banqueroutiers frauduleux ; on leur fait faire amende honorable au pied du *pilori*, on les promène dans les carrefours, enfuite on les expofe pendant trois jours de marché, deux heures chaque jour, & on leur fait faire quatre tours de *pilori*, c'eft-à-dire, qu'on fait tourner le *pilori* quatre fois pendant qu'ils y font attachés.

On tient que ce genre de peine fut introduit par l'empereur Adrien contre les banqueroutiers, leurs fauteurs & entremetteurs ; c'eft ce que Diogène Laërce entend, *lib. VI*, lorfqu'il dit, *voluit eos catamidiari in amphiteatro, id eft derideri & ibi ante confpectum omnium exponi.*

On donne aussi quelquefois le nom de *pilori* aux fimples poteaux & échelles patibulaires qui fervent à-peu-près au même ufage ; mais la conftruction des uns & des autres eft différente, & le *pilori* proprement dit eft celui qui eft conftruit de la façon dont on vient de le dire. *Voyez* ECHELLE PATIBULAIRE.

Sauval, en fes *antiquités de Paris*, dit que dans un contrat de l'année 1295, le *pilori* des halles de Paris s'appelle *puteus dictus lori* ; il conclut delà que *pilori* eft un nom corrompu & tiré du *puits Lori*, c'eft-à-dire, puits d'une perfonne nommée *Lori*, & que ce gibet fut à la place ou aux environs de ce puits, & qu'il en prit le nom.

Cependant Ducange, au mot *Pilorium* ou *Spilorium*, fait venir *pilori* de *pila* & en françois *pilier*, d'où l'on a fait *pilorier* ; il cite les anciens textes où ce terme fe trouve, tels que les loix des bourgs d'Ecoffe, le *monafticum anglicanum*, une chartre de Thibaut, comte de Champagne, de l'an 1227, qui eft dans le tréfor de l'églife de Meaux ; l'ouvrage intitulé *fleta*, les coutumes de Nevers, de Melun, de Meaux, de Sens, d'Auxerre.

Menage le dérive de *piluricium*, comme qui diroit *petit poteau*.

Spelman le dérive du mot françois *pillent*, mais l'opinion de Ducange paroît la plus vraifemblable.

Quoi qu'il en foit de l'étymologie de ce mot, il eft conftant que le *pilori* des halles de Paris eft un

Jurifprudence. Tome VI.

des plus anciens, & que Sauval croit que, jufqu'au xiij & xiv⁰ fiecles, & même jufqu'au xv⁰, ce fut peut-être le feul lieu patibulaire qu'il y eût à Paris, & où les criminels du plus haut rang fubirent la peine de leur révolte & de leurs autres crimes.

L'ancien *pilori* confiftoit en une cour accompagnée d'une écurie, d'un appentis haut de fept pieds fur neuf de longueur, & d'un couvert où fe gardoient la nuit les corps des malfaiteurs, avant que d'être portés à Montfaucon.

Celui qui fubfifte préfentement a été conftruit plus de trois cens ans après. On n'y fait plus d'exécutions à mort, il ne fert que pour expofer les banqueroutiers frauduleux ; on y expofe auffi en bas les corps des criminels qui ont été exécutés dans la ville, en attendant qu'on leur donne la fépulture.

Près de ce *pilori* eft une croix, au pied de laquelle les ceffionnaires devoient venir déclarer qu'ils faifoient ceffion, & recevoir le bonnet verd des mains du bourreau ; mais il y a long-temps que cela ne fe pratique plus.

Bacquet, Loifel & Defpeiffes prétendent qu'un feigneur haut-jufticier ne peut avoir un *pilori* en forme dans une ville où le roi en a un ; qu'en ce cas le feigneur doit fe contenter d'avoir une échelle ou carcan.

Cependant Sauval remarque qu'à la place de la barrière des Sergens du petit marché du fauxbourg faint Germain, il y avoit autrefois un autre *pilori*, & près de-là une échelle, & que l'un ou l'autre fervoit pour exécuter ceux que les juges de l'abbé avoient condamnés, felon le genre de peine que le condamné devoit fubir ; lorfqu'il y avoit peine de mort, le jugement s'exécutoit au *pilori*.

Le *pilori* eft un figne de haute-juftice ; néanmoins Laurière, en fon gloffaire, au mot *Pilier*, dit qu'en quelques endroits les moyens-jufticiers ont auffi droit de *pilori*.

Dans la ville de Lyon, où il n'y a point de *pilori*, on fe fervit, en 1745, d'une cage de fer portée fur une charrette pour tenir lieu de *pilori*, à l'égard d'un banqueroutier frauduleux qui fut ainfi promené par la ville.

Du mot *pilori*, on a fait le verbe *pilorier*, qui fignifie expofer un criminel au *pilori*, & lui faire faire les tours ordonnés par fon jugement de condamnation. (*A*)

PINTAGE, (*Droit féodal.*) on a ainfi nommé autrefois le droit d'étalonner les mefures de liquide (les *pintes*), & ce qu'on paie pour cela. *Voyez* dom Carpentier, *au mot* Pinta. (*G. D. C.*)

P L

PLACAGE, PLASSAGE, ou PLASSAIGE, (*Droit féodal.*) c'eft le droit qu'on paie au feigneur pour le droit de *place*, ou d'étalage dans les marchés, ou dans les rues. *Voyez* les *Gloffaires* de Ducange & dom Carpentier, *au mot* Plaffagium, & le *Gloffaire du droit françois*, au mot *Plaffage*. (*G. D. C.*)

PLACARD, f. m. *en terme de pratique*, fignifie ordinairement quelque chofe que l'on affiche publiquement.

À la chancellerie & dans les greffes, on appelle un acte expédié en *placard*, celui qui eft écrit fur une feule feuille de papier ou parchemin non ployée, & qui n'eft écrite que d'un côté.

Dans les Pays-Bas, on donne le nom de *placards* aux ordonnances des anciens fouverains de Flandre & de Brabant.

Ces *placards* font la plupart en flamand; il y en a pourtant quelques-uns en françois : il y en a quatre volumes de ceux de Flandres, & autant de ceux de Brabant. Le confeil d'Artois a dans fon dépôt des regiftres des *placards*.

Ceux qui ont précédé la conquête, ou ceffion des places des refforts du parlement de Flandre, font obfervés, à moins que le roi n'y ait dérogé depuis.

Anfelme a fait un répertoire, intitulé : *Code belgique*, & un commentaire fur les *placards* les plus importans, intitulé : *Tribonian belgique*.

Zypæus, introduct. ad notit. juris belg. en rapporte plufieurs. Il dit, *n. 6*, que les *placards* n'obligent pas les fujets de chaque province en particulier, s'ils n'y ont été fpécialement publiés.

Le plus important de tous ces *placards*, eft l'édit perpétuel des archiducs Albert & Ifabelle, du 12 juillet 1611. Anfelme l'a commenté, & Romilius a fait un commentaire fur l'article 9 feulement. *Voyez l'inflit. au droit belgique de* Ghewiet.

En Hollande, *placard* fe dit des affiches par lefquelles on rend publiques les réfolutions & ordonnances des Etats-généraux des provinces unies, foit pour le gouvernement, foit pour la police, foit pour le commerce.

Enfin, les loix ont fouvent défigné, par le mot *placard*, les libelles féditieux & diffamatoires que des coupables fe permettent quelquefois d'afficher la nuit dans les rues, contre le gouvernement ou les particuliers. *Voyez* LIBELLE.

PLACE, f. f. ce terme, en droit, a plufieurs fignifications. 1°. On appelle *place*, un lieu public deftiné à l'embelliffement d'une ville, ou à la commodité du commerce. On ajoute alors communément au mot *place*, la qualification de *publique*.

Les *places publiques* des villes royales, les lieux où l'on rend la juftice au nom du roi, & les autres lieux femblables font cenfés dans la cenfive de fa majefté, & font partie de fon domaine : c'eft pourquoi les particuliers ne peuvent y pofféder des maifons, boutiques, &c. fans une conceffion expreffe, & fans payer pour cela une redevance au fouverain.

Le roi eft pareillement, en vertu de fa fouveraineté, propriétaire de toutes les *places* qui ont fervi aux foffés, contrefcarpes, murs, remparts, portes & fortifications, tant anciennes que nouvelles, de toutes les villes du royaume, foit qu'elles appartiennent à fa majefté ou à des feigneurs particuliers : il en faut dire autant de l'efpace qui eft en-dedans des villes, près des murs, jufqu'à concurrence de neuf pieds : ainfi la directe des maifons & édifices conftruits fur ces *places*, ne peut appartenir qu'au roi. C'eft ce qui réfulte d'un édit du mois de décembre 1681, & d'une déclaration du 20 février 1696.

Les *places* & terreins où les marchands & débitans expofent leurs marchandifes, dépendent la plupart du domaine; cependant il y a quelques marchés qui dépendent des feigneurs hauts-jufticiers.

2°. *Place* fe prend pour le lieu où l'on fiège dans un tribunal, ou autre affemblée.

3°. *Place* fe prend pour le rang, ou pour la dignité même de celui qui l'occupe, comme la *place* de chancelier, celle de premier préfident.

4°. On entend auffi par le terme de *place* certains états & offices qui ne font point vénaux, comme la *place* de confeiller d'état.

5°. *Place* fignifie quelquefois un terrein vain & vague, comme une *place* à bâtir, une *place* qui eft ordinairement en pacage.

6°. On appelle *place du change*, ou *place commune des marchands*, un lieu public établi dans les villes de négoce, où les marchands, négocians, banquiers, courtiers ou agens de change, & autres perfonnes qui fe mêlent du commerce des lettres & billets de change, ou qui font valoir leur argent, fe trouvent à certains jours de la femaine, pour y parler & traiter des affaires de leur commerce, & favoir le cours du change.

A Paris, on dit fimplement *la place*; à Lyon, on la nomme auffi *la place* ou *la place du change*; à Touloufe, à Londres, à Amfterdam, & prefque dans tous les pays étrangers, *la bourfe*.

7°. Quelquefois le mot *place* fe prend pour tout le corps des marchands & négocians d'une ville. On dit en ce fens que la *place de Lyon eft la plus confidérable & la plus riche de France*, pour dire qu'il n'y a point dans le royaume de banquiers & de marchands plus riches, ni plus accrédités que ceux de Lyon.

8°. On dit auffi une *place* de barbier, c'eft-à-dire, l'état de barbier; ces *places* ne font point des offices.

9°. Les *places* monachales font les lieux deftinés à loger & entretenir un certain nombre de religieux : ces *places* ne font point des bénéfices; mais quand un monaftère eft fondé pour tant de religieux, le chapitre général peut obliger ce monaftère de recevoir des religieux à proportion du nombre qu'il y a de *places* vacantes.

PLACET, f. m. *en terme de pratique*, fe dit d'une demande fuccincte, formée par écrit pour obtenir juftice, grace ou faveur. On préfente des *placets* au roi, aux miniftres, &, en général, à toutes les perfonnes conftituées en dignités, ou revêtues de quelque portion de la puiffance publique, lorfqu'on veut en obtenir quelque faveur.

Dans les fiéges de juftice, où les affaires font en fi grand nombre, que les parties ne peuvent pas être entendues à mefure qu'elles fe préfentent, on donne un *placet* au chef de la compagnie ; pour demander audience.

PLACITÉ, (adj. du latin *placitum*, fignifioit, dans l'origine, *plaît* ou *plaifir*, volonté. Le feigneur convoquoit fes vaffaux & fujets *ad placitum fuum*, c'eft-à-dire, pour venir à fon mandement, pour entendre fa volonté ; & comme dans cette convocation ou affife, on rendoit la juftice, on a pris *placitum* pour *plaid*, ou affife de juftice.

Nos rois des deux premières races avoient leur *placité* général, ou grande affife, leur cour plénière qu'ils tenoient avec les grands du royaume, laquelle affemblée, fous la troifième race, a été appellée *parlement*.

En Normandie, on appelle *placités* ou *articles placités*, certains articles arrêtés par le parlement, les chambres affemblées, le 6 avril 1666, contenant plufieurs ufages de la province ; lefquels articles furent envoyés au roi, avec prière à fa majefté de trouver agréable qu'ils fuffent lus & publiés, tant en l'audience de la cour, qu'en toutes les jurifdictions du reffort. (*A*)

PLAET, (*Droit féodal.*) dom Carpentier dit qu'on a ainfi nommé un droit de relief, & toute efpèce d'impôt. Il renvoie en preuve au gloffaire de Ducange, au mot *Placitum*, où il eft effectivement parlé d'un droit de *plaët* dû au feigneur de la Peroufe, fuivant la chartre de cette terre. Mais Ducange croit qu'on ne doit entendre par-là qu'un droit de plaffage. (*G. D. C.*)

PLAGIAT, f. m. (*Code criminel.*) ce mot qui, dans l'acception ordinaire, fignifie le vol qu'un auteur fait à un autre, de la totalité ou d'une partie de fes ouvrages, a une fignification bien différente dans notre code criminel.

Au palais, on appelle *plagiat*, le crime de celui qui vole des enfans, ou qui retient de force chez lui, la femme, les enfans, ou les domeftiques d'autrui.

Chez les Romains, on prononçoit pour crime de *plagiat*, la peine de la condamnation aux mines contre les perfonnes diftinguées, & celle de mort contre les autres.

Il n'y a parmi nous aucune loi particulière contre ce genre de crime ; mais on punit ceux qui en font convaincus, comme les voleurs, quelquefois de mort, & quelquefois d'une moindre peine, felon les circonftances. Par exemple, on condamne à mort les mendians qui volent des enfans & qui les mutilent, & l'on ne prononce contre eux que la peine des galères, quand il n'y a point de mutilation.

Godefroi rapporte dans fon hiftoire de Charles-VII, que le famedi 18 avril 1449, on pendit deux hommes & une femme convaincus d'avoir volé de petits enfans.

Une mendiante qui avoit enlevé à Paris un enfant, & qui l'avoit gardé plufieurs années avant de l'y ramener, a été condamnée, par arrêt du 6 juillet 1740, au fouet, à la marque, & à être en-

fermée à perpétuité dans la maifon de force de l'hôpital général.

Par un autre arrêt du 23 janvier 1756, le parlement de Paris a prononcé les mêmes peines contre Françoife Chabanoue, convaincue d'avoir volé un enfant de fix mois.

PLAID, f. m. (*terme de Pratique.*) ce terme, pris à la lettre, fignifie *plaidoirie* : c'eft en ce fens que Loifel dit, *pour peu de chofe peu de plaid.*

Néanmoins on entend auffi par *plaid*, une affemblée de juftice. On dit *tenir les plaids.*

On en diftingue de deux fortes : les *plaids* ordinaires & les *plaids* généraux.

Les *plaids* ordinaires font les jours ordinaires d'audience.

Les *plaids* généraux, qu'on appelle, en quelques endroits, *affifes*, font une affemblée extraordinaire des officiers de la juftice à laquelle ils convoquent tous les vaffaux, cenfitaires & jufticiables du feigneur.

Ce que l'on appelle fervice de *plaids* dans la comparution que les hommes du feigneur doivent faire à fes *plaids*, quand ils font affignés à cette fin.

Ces fortes de *plaids* généraux fe règlent fuivant la coutume, & dans celles qui n'en parlent pas fuivant les titres du feigneur, ou fuivant l'ufage des lieux, tant pour le droit de tenir ces fortes de *plaids* en général, que pour la manière de les tenir & pour le temps : ce qui n'eft communément qu'une fois, ou deux au plus, dans une année.

La tenue des *plaids* généraux ne fe pratique guère, parce qu'il y a plus à perdre qu'à gagner pour le feigneur, étant obligé de donner les affignations à fes dépens.

Quand le feigneur veut faire tenir fes *plaids*, il doit faire affigner fes vaffaux à perfonne ou domicile, ou faire donner l'affignation au fermier & détenteur du fief. Cette affignation doit être donnée par le miniftère d'un huiffier ou fergent, & revêtue des formalités prefcrites pour les ajournemens.

Le délai doit être d'une quinzaine franche.

Le vaffal doit comparoître en perfonne, ou par procureur fondé de fa procuration fpéciale.

Faute par lui de comparoître à l'affignation, s'il n'a point d'empêchement légitime, il doit être condamné en l'amende, laquelle eft différente felon les coutumes ; & pour le paiement de cette amende, le feigneur peut faifir ; mais il ne fait pas les fruits fiens, & la faifie tient jufqu'à ce que le vaffal ait payé l'amende & les frais.

Le feigneur peut faire tenir fes *plaids* dans toute l'étendue de fon fief & dans les maifons de fes vaffaux.

On tenoit autrefois ces *plaids* généraux dans des lieux ouverts & publics, en plein champ, fous des arbres, fous l'orme, dans la place, ou devant la porte du château ou de l'églife.

Il y a encore quelques juftices dans lefquelles les *plaids* généraux ou affifes fe tiennent fous l'orme, comme à Afnières près Paris, dont la feigneurie appartient à faint Germain-des-prés.

L'objet de la comparution des vaffaux aux *plaids* généraux, eft pour reconnoître les redevances qu'ils doivent, & déclarer en particulier les héritages pour lefquels elles font dues, & fi depuis les derniers aveux ils ont acheté ou vendu quelques héritages vénus de la feigneurie, à quel prix, de qui ils les ont achetés, à qui ils en ont vendu, enfin devant quel notaire le contrat a été paffé. (*A*)

PLAIDER, v. a. fignifie foutenir une conteftation en juftice, ce qui s'applique, non-feulement aux plaidoieries proprement dites, ou affaires d'audience, mais auffi aux inftances & procès par écrit.

PLAIDOIERIE, f. f. eft l'aélion de plaider, c'eft-à-dire, de difcuter une caufe à l'audience. *Voyez* PLAIDOYER.

PLAIDOYABLE, adj. ne fe dit qu'en parlant des jours auxquels il y a audience au tribunal, que l'on appelle *jours plaidoyables*.

PLAIDOYER, f. m. (*terme de Pratique.*) eft un difcours fait en préfence des juges pour la défenfe d'une caufe.

Dans les tribunaux où il y a des avocats, ce font eux qui plaident la plupart des caufes, à l'exception de quelques caufes légères qui ne roulent que fur le fait & la procédure, que les procureurs font admis à plaider.

Une partie peut plaider pour elle-même, pourvu que le juge la difpenfe.

Un *plaidoyer* contient ordinairement fix parties; favoir, les conclufions, l'exorde, le récit du fait, celui de la procédure, l'établiffement des moyens, & la réponfe aux objeélions.

Les anciens *plaidoyers* étoient chargés de beaucoup d'érudition; on y entaffoit les citations des textes de droit & des doéleurs, les unes fur les autres. On peut dire des orateurs de ce temps qu'*erubefcebant fine lege loqui*; ils mêloient même fouvent dans les *plaidoyers* le facré avec le profane, & des paffages tirés de l'Ecriture & des faints pères, avec d'autres tirés des poëtes, des orateurs & des hiftoriens.

Non-feulement les *plaidoyers* étoient ainfi furchargés de citations; mais la plupart étoient mal appliquées: les orateurs de ce temps étoient plus curieux de faire parade d'une vaine érudition, que de s'attacher au point folide de la caufe.

Depuis environ un fiècle, on s'eft corrigé de ce défaut; on a banni des *plaidoyers* toutes les citations déplacées; mais on eft tombé dans une autre extrémité prefque auffi vicieufe, qui eft de négliger par trop l'ufage du droit romain.

Parmi les anciens, on doit prendre pour modèle les *plaidoyers* de le Maître, de Patru & de Gauthier; & parmi les modernes, ceux d'Evrard, de Gillet, de Terraffon & de Cochin.

Autrefois les *plaidoyers* des avocats étoient rapportés, du moins par extrait, dans le vu du jugement; c'eft pourquoi les procureurs étoient obligés d'aller au greffe après l'audience pour corriger les *plaidoyers*, c'eft-à-dire, pour vérifier fi les faits rapportés par le greffier étoient exaéls; mais depuis l'établiffement du papier timbré en 1674, on a ceffé prefque par-tout de rapporter les *plaidoyers*.

Les conclufions ne fe prenoient autrefois qu'à la fin du *plaidoyer*; le juge difoit à l'avocat de conclure, & le difpofitif du jugement étoit toujours précédé de cette claufe du ftyle, *poftquam conclufum fuit in caufâ*; mais depuis long-temps il eft d'ufage que les avocats prennent leurs conclufions avant de commencer leur *plaidoyer*; ce qui a été fagement établi, afin que les juges fachent d'abord exaélement quel eft l'objet de la caufe.

Il y a cependant quelque chofe qui implique de conclure avant d'avoir commencé la plaidoierie; & pour parler plus correélement, il faudroit fe contenter de dire, *la requête tend à ce que*, &c. & l'on ne doit régulièrement conclure qu'à la fin du *plaidoyer*; en effet, jufques-là on peut augmenter ou diminuer fes conclufions.

Auffi dans les caufes du rôle qui font celles que l'on plaide avec le plus d'apparat, & où les anciens ufages font le mieux obfervés, les avocats reprennent leurs conclufions à la fin de leur plaidoierie. *Voyez* AUDIENCE, AVOCAT, CAUSE, CONCLUSIONS, RÔLES. (*A*)

PLAIGNANT, participe, (*Code criminel.*) eft celui qui a rendu plainte au juge de quelque injure qu'il a reçue, ou de quelque délit, ou quafi-délit qui lui caufe préjudice. *Voyez* DÉLIT, INJURE, QUASI-DÉLIT, PLAINTE. (*A*)

PLAINE COUR, (*Droit féodal.*) dans la coutume de Beauquefne, comme dans quelques autres de Picardie, il faut avoir plufieurs vaffaux ou hommes de fief pour exercer la juftice. Lorfqu'un feigneur a un feul vaffal, il a ce qu'on appelle commencement de cour; il peut alors emprunter d'autres vaffaux de fon feigneur, pour l'aider à tenir fa cour, au moyen de quoi il jouit de la juftice vicomtière. Lorfqu'il a plufieurs vaffaux, il peut tenir fa cour fans emprunter aucun homme de fief: c'eft ce que la coutume appelle *pleine cour* ou *court*. (*G. D. C.*)

PLAINTE, f. f. (*Code criminel.*) eft une déclaration que l'on fait devant le juge ou devant le commiffaire dans les lieux où il en a de prépofés à cet effet, par laquelle on défère à la juftice quelque injure, dommage, ou autre excès, que l'on a fouffert de la part d'un tiers.

Chez les Romains, on diftinguoit les délits privés des crimes publics: pour ces premiers, la *plainte* ou accufation n'étoit recevable que de la part de ceux qui y avoient intérêt, au lieu que l'accufation pour les crimes publics étoit ouverte *cuilibet è populo*.

Parmi nous il y a dans tout crime ou délit deux

fortes de perfonnes qui peuvent rendre *plainte*, fa-voir, celui qui a été offenfé, & le miniftère public.

Tout procès criminel commence par une *plainte*, ou par une dénonciation.

La *plainte* contient bien la dénonciation du délit ou quafi-délit dont on fe plaint ; mais elle diffère de la fimple dénonciation, en ce que celle-ci peut être faite par un tiers qui n'a point d'intérêt per-fonnel à la réparation du délit ou quafi-délit ; au lieu que la *plainte* ne peut être rendue que par celui qui a été offenfé en fa perfonne, en fon honneur, ou en fes biens.

Lorfqu'un homme a été homicidé, fa veuve, fes enfans, ou autre plus proche parent, peuvent rendre plainte.

Le monaftère peut auffi rendre *plainte* pour les exeès commis en la perfonne d'un de fes religieux.

Lorfque plufieurs perfonnes ont intérêt à l'of-fenfe, elles peuvent rendre *plainte* en même temps ; mais une feule fuffit pour la pourfuite du procès criminel.

On peut rendre *plainte* par un fimple acte, fans préfenter requête, & fans fe porter partie civile ; mais on peut auffi rendre *plainte* par requête, & en ce cas, la *plainte* n'a de date que du jour que le juge, ou, en fon abfence, le plus ancien praticien du lieu, la répondue.

Les *plaintes* peuvent auffi être écrites par le gref-fier en préfence du juge ; mais il eft défendu aux huiffiers, fergens & archers, de les recevoir, à peine de nullité ; & aux juges de les leur adreffer, à peine d'interdiction.

Les commiffaires au châtelet doivent remettre au greffe, dans les vingt-quatre heures, les *plaintes* qu'ils ont reçues, avec les informations & procé-dures par eux faites, & en faire faire mention par le greffier au bas de leur expédition, & fi c'eft avant ou après midi, à peine de cent livres d'a-mende, dont moitié pour le roi, l'autre pour la partie qui s'en plaindra.

Tous les feuillets des *plaintes* doivent être fignés par le juge & par le plaignant, s'il fait ou peut figner, ou par fon procureur fondé de procura-tion fpéciale ; & il doit être fait mention expreffe fur la minute & fur la groffe, de fa fignature ou de fon refus : la même chofe doit être obfervée par les commiffaires au châtelet.

Le juge d'inftruction ne doit permettre d'infor-mer ni recevoir aucune *plainte*, qu'autant que les faits allégués peuvent être confidérés comme gra-ves. Lorfqu'il s'agit de légers délits, d'injures ver-bales, il doit renvoyer fur la *plainte* à fe pourvoir à fins civiles, ou ordonner que les parties en vien-dront à l'audience.

Les plaignans ne font point réputés parties ci-viles, à moins qu'ils ne le déclarent formellement ou par la *plainte*, ou par un acte fubféquent qui fe pourra faire en tout état de caufe, dont ils pourront fe départir dans les vingt-quatre heures, & non

après ; & en cas de défiftement, ils ne font point tenus des frais faits depuis qu'il a été fignifié, fans préjudice néanmoins des dommages & intérêts des parties.

Dans le cours de la procédure, & lorfque les informations ont été decrétées, le plaignant eft regardé comme l'accufateur, & celui contre qui la *plainte* eft rendue, demeure accufé.

Les accufateurs ou plaignans qui fe trouvent mal fondés, font condamnés aux dépens, dommages & intérêts des accufés ; & à plus grande peine, s'il y échet. La même chofe a lieu pour les plaignans qui ne fe feroient point portés parties, ou qui s'é-tant rendus parties, fe feroient défiftés, fi leurs *plaintes* font jugées calomnieufes.

Quand le plaignant ne fe porte point partie ci-vile, & qu'il s'agit d'un délit ou quafi-délit, à la réparation duquel le public eft intéreffé, le procès doit être pourfuivi à la diligence du miniftère public.

Lorfqu'il y a *plainte* refpective, le juge, après les interrogatoires, doit commencer par juger lequel des deux plaignans demeurera accufé ou accufateur ; & après avoir examiné les charges & informations, il doit déclarer accufé celui contre lequel les char-ges font les plus fortes, & déclarer l'autre l'ac-cufateur.

L'accufateur ne peut, par fa *plainte*, conclure qu'à la réparation civile du crime ou délit ; il ne peut conclure à aucune peine corporelle, mais il peut requérir la jonction du miniftère public.

Quand on a pris la voie civile, ou que l'on a tranfigé fur le criminel, on ne peut plus rendre *plainte*, à moins qu'elle ne foit faite au nom de quelque autre partie intéreffée à la réparation du délit. *Voyez* ACCUSATION, ACCUSÉ, CRIME, DÉNONCIATION, PROCÉDURE CRIMINELLE. (*A*)

PLAINTE, (*Droit civil.*) les chartres & cou-tumes du Hainaut fe fervent de ce terme pour dé-figner une action purement civile, & particuliére-ment les actions réelles ; enforte qu'on diftingue dans cette province trois manières d'intenter une action civile, la requête, la *plainte* & la complainte.

Les actions perfonnelles fe motivent par requête, les actions réelles s'intentent par *plainte*, les actions poffeffoires par complaintes. Les requêtes fe pré-fentent au chef de la jurifdiction, qui les répond d'un foit communiqué ; la *plainte*, au contraire, doit être donnée à tout le fiège, & répondue par tout le fiège, & fignée de chaque juge, ou du gref-fier par ordonnance.

On y appelle *plainte de cens & de loi*, la requête par laquelle le créancier d'une rente hypothéquée demande que les meubles & effets mobiliers qui fe trouvent, tant fur le fonds foumis à l'hypothèque, que dans les autres endroits du territoire du juge, foient pris par exécution, & vendus publiquement pour fatisfaire aux arrérages échus.

La requête qui tend à faire féparer deux ou plu-fieurs héritages, eft connue fous le nom de *plainte de cerquemanage :* celle qui tend à faire décréter un héritage, dont le débiteur s'est déshérité entre les mains des juges fonciers de la situation, s'appelle *plainte d'exécution :* la demande en licitation se nomme *plainte impartable ;* toute action qui tend à sortir d'indivision, *plainte de partage ;* la demande en retrait, *plainte en retrait.*

On entend par les termes de *plainte de querelle atteinte,* l'espèce de requête par laquelle un plaideur conclut à ce que, faute par sa partie adverse d'avoir comparu, ou d'avoir fourni ses moyens de défense, elle soit déclarée défaillante & forclose.

PLAINTE A LOI, terme employé dans la coutume de la châtellenie de Lille, pour désigner une espèce de *clain* ou saisie introductive d'instance.

Les jurisdictions féodales & cotières de la châtellenie de Lille ne peuvent régulièrement connoître que des causes intentées *reellement,* c'est-à-dire, par appréhension judiciaire de biens meubles ou immeubles situés dans leurs territoires ; de-là vient que l'usage des *plaintes à loi* est très-fréquent dans cette province, & que la coutume a pris tant de soins pour en régler la forme.

Une *plainte à loi* peut avoir deux objets : elle tend ou à la revendication par retrait lignager ou autrement, des biens sur lesquels elle est pratiquée, ou à procurer sur ces mêmes biens le paiement d'une dette.

Lorsqu'on veut poursuivre par *plainte à loi* le paiement d'une dette ou l'exécution d'un contrat, il faut attendre pour le faire, que la dette soit échue, ou que le terme apposé au contrat soit arrivé : les rendages de fermes sont exceptés de cette règle, mais le propriétaire qui veut s'en assurer le paiement avant l'échéance, doit supporter tous les frais de la *plainte à loi.*

L'exception que renferme la coutume en faveur des rendages, semble devoir exclure toutes les autres que l'on pourroit imaginer ; cependant il est d'un usage constant de regarder comme valables les *plaintes à loi* qui se pratiquent pour des dettes non échues, à la charge de personnes insolvables.

Il a été pareillement jugé par arrêt du parlement de Flandres, du 23 juin 1706, qu'un décimateur peut, pour sûreté du paiement de sa dîme, saisir par *plainte à loi* les grains sur pied qui la doivent.

La forme de procéder à une *plainte à loi* mérite une attention particulière, & il faut observer exactement toutes les formalités prescrites par la coutume.

PLAINTE ; ou QUERELLE D'INOFFICIOSITÉ. *Voyez* INOFFICIOSITÉ.

PLAISIR, (*Droit féodal.*) on a ainsi nommé quelquefois cette espèce de relief, qu'on appelle plus communément *plait seigneurial.* (*v. D. C.*)

PLAISIRS DU ROI, (*Eaux & Forêts.*) c'est ainsi qu'on appelle l'étendue de pays qui est dans une capitainerie royale, où la chasse est réservée pour le roi.

Suivant les articles 14 & 15 du titre 30 de l'or-

donnance des eaux & forêts, du mois d'août 1669 ; il est défendu aux seigneurs & autres, de chasser sur leurs terres au menu gibier, lorsqu'elles ne sont pas à la distance d'une lieue des *plaisirs du roi,* & de chasser au chevreuil & aux bêtes noires, à moins que ce ne soit dans des endroits éloignés de trois lieues des mêmes *plaisirs.*

Il leur est pareillement défendu, par l'article 16, de tirer au vol, si ce n'est dans la même distance de trois lieues des *plaisirs du roi,* à peine de deux cens livres d'amende pour la première fois, du double pour la seconde, & du triple pour la troisième, outre le bannissement à perpétuité hors de l'étendue de la maîtrise.

PLAIST, (*Droit féodal.*) le mot *plait* se trouve quelquefois écrit de cette manière. *Voyez les Glossaires de dom* Carpentier. (*G. D. C.*)

PLAIT, ou PLAIST SEIGNEURIAL, (*Droit féodal.*) c'est une espèce de relief qui est dû dans plusieurs seigneuries, & particulièrement en Dauphiné, aux mutations de seigneur & de vassal, ou aux mutations de l'un ou l'autre seulement, suivant ce qui a été stipulé par le titre d'inféodation, ou par le bail emphytéotique.

Ce droit est très-ancien ; il subsistoit en France dès l'an 1141, & il y formoit dès-lors l'usage commun, du moins dans bien des pays. Une notice de Goslen, évêque de Soissons, dit en expliquant la manière dont Yves de Nesle succéda cette année-là à Renault le Lepreux, comte de Soissons. « *Sed quoniam in regno Francorum* moris & juris » est quatenùs ad hereditatem ex caduco venientem » nullus accedat, nisi prius ad arbitrium domini de » cujus feudo descendit placitum fecerit, multâ prece » & supplicatione nos rogavit, quod singulis annis » ego & successores mei in perpetuum in reditibus » comitatus in quibuscumque nobis placuerit, 60 libras » suessionis currentis monetæ acciperemus, decemque » modios salis ».

Une chartre d'Yves de Nesle, faite pour le même sujet en 1147, porte également : « *quia verò in* » regno Franciæ consuetudinis & juris est ut quicum- » que ad hereditatem venit ex casurâ, placitum domino » faciat de cujus feodo casamentum movet, rogavi ».

On nommoit cette espèce de relief *placitum,* parce que n'étant pas réglé, il dépendoit, à la rigueur, de la volonté des seigneurs dominans. C'est de-là qu'on a formé les mots de *plait* & de *plaisir,* par lesquels on a désigné dans quelques pays ce droit de relief. *Voyez* RELEVOISONS A PLAISIR, & PLAIT A MERCI.

Le nom de *plait* n'est plus guère en usage qu'en Dauphiné & dans le Poitou, où l'on dit communément *plect.* Comme il y a plusieurs différences entre les usages actuels de ces deux provinces, on ne parlera ici que du *plait* de Dauphiné. On renverra au mot PLECT ce qui concerne le droit connu dans la province de Poitou.

Le *plait seigneurial* n'est point dû de plein droit. Les seigneurs qui n'en ont pas de reconnoissances ne peuvent pas l'exiger. Il n'a point lieu par cette raison, dans le finage du comté de Vienne.

Dans le Dauphiné, comme dans la plupart des pays de droit écrit, il y a beaucoup plus de rapport entre les fiefs & les rotures, ou emphytéofes, qu'il n'y en a entre les fiefs & les cenfives dans les pays coutumiers : auffi font-ils le plus fouvent fujets aux mêmes droits de mutation.

Le droit de *plait feigneurial* eft dans ce cas. Dans bien des terres il fe paie pour les héritages roturiers comme pour les héritages nobles. Dans quelques feigneuries néanmoins il n'eft dû que pour les héritages nobles feulement. C'eft ce qu'on lit particuliérement dans une reconnoiffance de la terre de la Buiffière, de l'an 1262. Mais on y voit auffi que plufieurs vaffaux l'avoient indiftinctement fur tous les fonds. Dans quelques autres encore, il n'eft dû que pour les rotures : on trouve de pareils droits dus pour les domaines roturiers dans la plupart des pays de droit écrit. Telles font les acaptes du Languedoc & de la Guienne, les reconnoiffances du Lyonnois, du Forez, & des provinces voifines, &c.

Il n'y a pas plus d'uniformité pour la manière de fixer les mutations qui donnent lieu au droit de *plait*. Dans quelques terres, il fe paie à toutes mutations, tant à celles du feigneur, qu'à celles du vaffal ou du tenancier. Dans d'autres, il n'eft dû qu'aux mutations de tenanciers feulement. Dans d'autres feigneuries, il n'eft dû qu'aux mutations du feigneur. Souvent même il y a des diverfités à cet égard dans les différentes parties d'une feigneurie.

Lorfque le *plait* eft dû à mutation de feigneur, & qu'il s'agit de terres mouvantes du domaine, c'eft par la mutation du roi, & non pas par celle du dauphin, que le *plait* eft dû, à moins que le roi ne lui ait cédé le Dauphiné. C'eft ce qu'on doit induire du difcours d'Etienne Guillon, préfident du confeil de Dauphiné, aux états de cette province, en 1440, lorfque Louis XI en prit poffeffion par fes ambaffadeurs. « Plufieurs ont erré, dit-il, en ce » qu'ils cuidoient que le premier né du roi de » France, pour ce qu'il s'appelloit dauphin, fût » vrai feigneur & adminiftrateur du Dauphiné, » mais il ne l'eft point jufques à tant que le roi » lui remette & tranfporte la feigneurie & admi-» niftration d'icelui ».

Au refte, le *plait feigneurial* n'eft point dû ordinairement en cas de vente. Il y a néanmoins quelques feigneuries où les lods & les plaids font dus concurremment dans ce cas. Dans la châtellenie de la Tour-du-Pin, le *plait* n'eft point dû par le décès de feigneur ou de l'emphytéote, mais feulement en cas de vente, de rachat, d'échange, ou de donation.

De droit commun, le *plait feigneurial* eft dû en fucceffion directe, foit qu'il ait lieu à mutation de feigneur ou de poffeffeur, ou à toutes les deux enfemble. Mais c'eft une grande queftion de favoir

fi lorfqu'il arrive deux mutations en une année, il eft dû deux *plaits*, ou un feul. Comme l'ufage du Dauphiné ne l'a point réfolue, il paroît naturel de la décider fuivant les principes du droit commun. *Voyez* RELIEF.

On a douté autrefois fi les arrérages du *plait* étoient fujets à la prefcription de neuf ans, qui eft admife en Dauphiné pour les arrérages des cens qui excèdent la valeur de cinq fols : mais un arrêt du 19 décembre 1643, a profcrit cette prétention. Il n'y a effectivement aucune comparaifon à faire entre un droit cafuel & des arrérages annuels. On ne doit donc admettre que la prefcription trentenaire pour les arrérages du *plait*.

Il refteroit deux queftions à examiner ; la première, s'il fe faut tenir à l'ancien titre du *plait* ou à la poffeffion, lorfqu'ils ne font pas conformes; la féconde, fi le *plait* eft à la charge de l'ufufruitier ou du propriétaire; mais comme la jurifprudence du Dauphiné ne contient rien de particulier à ce fujet, il fuffira de renvoyer aux mots PRESCRIPTION (*Droit féodal.*) & RELIEF, où ces deux queftions font traitées. On peut auffi confulter les queftions 6 & 9 du traité de M. Salvaing.

Il y a au traité trois efpèces de *plait feigneurial*, dont on parle aux mots fuivans. (*G. D. C.*)

PLAIT ACCOUTUMÉ, (*Droit féodal.*) c'eft celui dont la quotité fe règle fuivant l'ufage du lieu, ou de la province. Cette efpèce de *plait* eft très-commune en Dauphiné. Il paroît même qu'elle y forme le droit commun, enforte qu'on doit fuivre l'ufage dans toutes les feigneuries dont les titres ne s'expliquent point.

Mais il faut diftinguer à cet égard la coutume générale & la coutume particulière. La première ne fait que fuppléer la dernière.

La coutume particulière, dit M. Salvaing, eft le plus fouvent déclarée dans la reconnoiffance des droits univerfels de la terre qui fe fait par la communauté, repréfentée par la plus grande partie de fes habitans, ou par fes confuls & fyndics; à quoi fe rapportent les particuliers quand ils reconnoiffent le *plait accoutumé*. Si la taxe ne fe trouve pas déclarée dans les titres, cette coutume peut être juftifiée dans les terres du domaine du roi, par les anciens comptes des châtelains qui ont prefque tous un chapitre du *plait* aux lieux où il eft dû ; & pour les autres, la preuve en peut être tirée des anciens papiers de recette.

A défaut de titre ou d'une poffeffion fuffifamment prouvée dans une feigneurie, il faut recourir à la coutume générale du Dauphiné. Voici en quoi elle confifte. Quand la cenfe eft due en argent, elle doit être doublée pour le *plait*. Si c'eft en grains, il n'eft dû que quatre fous pour feftier de froment, trois fous pour celui de feigle, deux fous pour celui d'avoine, & des autres efpèces à proportion ; cela eft ainfi expliqué dans un regiftre de la chambre des comptes, de l'an 1436, & par divers autres monumens cités par Salvaing.

Quelques perſonnes néanmoins prétendent que le *plait accoutumé* eſt toujours le double de la cenſe, en quoi qu'elle conſiſte ; & Salvaing, qui s'eſt élevé avec beaucoup de force contre cette opinion, convient qu'elle a été ſuivie par deux arrêts du parlement de Grenoble, du 3 mars 1637, & du 9 décembre 1643. C'eſt ainſi qu'on le pratique effectivement pour les reconnoiſſances du Lyonnois & du Forez, qui ſont une ſorte de *plait*.

Quoi qu'il en ſoit, on a demandé, dans les cas & dans les lieux où le *plait* ſeigneurial eſt le double de la cenſe, ſi ce doublement comprenoit l'année courante ; ou non, c'eſt-à-dire, ſi le tenancier devoit, dans l'année du *plait*, la valeur de deux arrérages pour le droit de *plait*, & de plus un autre arrérage pour l'année courante de la cenſe, ou s'il n'étoit dû que deux années en tout. Comme il y a diverſité d'uſage à cet égard dans le Dauphiné, on doit ſe décider ſur la poſſeſſion ; mais s'il n'y a pas d'uſage certain dans la ſeigneurie, & que les titres ne s'expliquent pas, l'équité veut qu'on ſuive la réſolution la plus favorable au tenancier, & qu'en la double cenſe, l'année courante ſoit compriſe.

Cette fixation du *plait accoutumé* ne peut avoir lieu que pour les rotures. M. Salvaing, qui a fait un traité ſur le droit de *plait*, ne dit point quel eſt l'uſage général de la province pour le *plait accoutumé* des fiefs. (G. D. C.)

PLAIT CONVENTIONNEL. On donne proprement ce nom au *plait* dont la fixation eſt faite par le titre, à la différence de celui qui eſt réglé par la coutume ou par la volonté du ſeigneur, & qu'on appelle, par cette raiſon, *plait accoutumé*, ou *plait à merci*. Les anciens regiſtres latins de la chambre des comptes de Grenoble appellent le *plait conventionnel*, *placitum nominatum*, *limitatum*, *taxatum*.

On trouve des exemples de *plait conventionnel* dû en argent, en grains, ou en plumes. On doit entendre par ce dernier, les poules, les chapons, les oies, les perdrix, les faiſans, & les autres oiſeaux de table ; ceux de leurre ou de proie, comme les faucons, les éperviers ; ceux de chant ou de curioſité, comme les roſſignols, les perroquets. Il y a auſſi des *plaits conventionnels* qui conſiſtent en draps de lit, en écharpes, en une paire de gants, en fourrures, &c. On peut voir des exemples de tout cela dans l'ouvrage de M. Salvaing, ſur le droit de *plait*. (G. D. C.)

PLAIT A MERCI, (*Droit féodal.*) on appelloit ainſi une eſpèce de *plait* dont la fixation ſe régloit uniquement par la volonté du ſeigneur à chaque mutation. Cette eſpèce de *plait*, qui étoit la plus commune, &, pour ainſi dire, la ſeule qui ſubſiſtât dans l'origine, eſt très-rare aujourd'hui ; & ſi l'on parloit rigoureuſement, on pourroit dire qu'elle ne ſubſiſte plus.

On trouve à la vérité des fiefs qui, ſuivant les titres, ſont ſujets au *plait à merci*, comme la terre d'Hoſtun, au bailliage de Saint-Marcellin, pour

laquelle Salvaing rapporte une reconnoiſſance du premier janvier 1334, & un hommage du 22 octobre 1347.

Il y a auſſi beaucoup d'héritages roturiers qui ſont ſujets au *plait à merci*. Mais comme les corvées à volonté ont été réduites à certain nombre par la juriſprudence des cours ; comme les tailles à diſcrétion, & les autres droits de cette nature ont été pareillement réduits à de certaines bornes, ſoit par les coutumes, ſoit par la juriſprudence, l'uſage de la province de Dauphiné a auſſi réglé le *plait à merci*, pour les fiefs, à la jouiſſance d'une année, déduction faite des droits de culture qui emportent la moitié des fruits, ſuivant un arrêt de la chambre des comptes, de l'an 1268.

M. Salvaing, qui cite beaucoup de monumens qui fixent le *plait à merci* au revenu d'une année, obſerve qu'il n'en trouve point qui juſtifient que le ſeigneur ait eu la jouiſſance actuelle de la choſe ſujette *au plait*, mais ſeulement la valeur au dire de prud'hommes, qu'on règle ſouvent par une compoſition à l'amiable.

C'eſt une grande queſtion de ſavoir ſi les alimens du vaſſal, qui n'a pour y ſubvenir que le fief ſujet au *plait à merci*, doivent être déduits ſur les fruits de l'année deſtinée au ſeigneur. Le droit commun des pays-coutumiers pour le relief, ſemble contraire au vaſſal : mais il paroît qu'on ſuit l'uſage contraire en Dauphiné. On trouve du moins un hommage de Jean de Bardonenche, du . . . . . . qui porte ces mots, *hoſpitio tamen ſuo proviſo remanente ſecundùm facultatem ſuam, prout conſuetum eſt tempore prætérito*.

M. Salvaing obſerve cependant qu'on doit réduire le droit du vaſſal, dans ce cas, à une portion de l'année de jouiſſance, par exemple, au tiers, comme le fait la coutume d'Anjou dans l'art. 108.

Au reſte, lorſqu'il s'agit d'un héritage emphytéotique, le *plait à merci* ſe trouve communément réglé au double de la cenſe. C'eſt ainſi que l'acapte de la Guienne & du Languedoc, & les reconnoiſſances du Lyonnois & du Forez ſont communément fixés. L'uſage, dit M. Salvaing, en doit être la règle, & à défaut d'uſage ou de titre, j'eſtime qu'il s'en faut tenir à ce qui eſt plus favorable au tenancier.

Quant à la manière dont on doit faire ce doublement, *voyez* PLAIT ACCOUTUMÉ. (G. D. C.)

PLAIT DE MORTE-MAIN. *Voyez* PLECT DE MORTE-MAIN.

PLAIX. *Voyez* PLESSIS.

PLAIZ. *Voyez* PLESSIS.

PLANCHÉEUR, ſ. m. eſpèce d'officiers dont il eſt parlé dans l'ordonnance de décembre 1672, rendue pour la ville de Paris. Suivant la diſpoſition de l'art. 8, chap. 4, il leur eſt enjoint de mettre ſur les bateaux de fortes planches portées ſur un tel nombre de trétaux qu'il conviendra, depuis le bord de la rivière, juſques ſur les bateaux chargés de marchandiſes, & d'en mettre de travers

ſur

fur les bateaux qui fe trouveront vuides auxdits ports, autrement demeureront lefdits *planchéeurs* déchus & privés des droits à eux attribués, & condamnés aux dommages & intérêts des bourgeois, marchands, officiers, ou gagne-deniers, travaillans fur lefdits ports : enjoint auffi aux *planchéeurs* du port au vin, de fournir & mettre des planches pour aller du bord de la rivière dans les bateaux, par autres endroits que ceux où les déchargeurs de vins auront fait leurs chemins & pofé leurs chantiers, fous les peines ci-deffus, & d'amende arbitraire.

PLANCHETTE (*faire*), eft une expreffion ufitée dans les coutumes de Ponthieu, de Boulonnois & de Saint-Pol, pour défigner un ordre de fucceffion tout-à-fait particulier à ces loix.

La coutume de Ponthieu n'admet qu'un héritier dans chaque fucceffion, & cet héritier eft toujours le plus âgé de tous les parens du même degré. Suivant l'article 15, quand les parens collatéraux d'un défunt font frères & fœurs, ou, comme dit la coutume, *nés d'un même ventre*, c'eft à l'aîné mâle qu'appartient la fucceffion ; mais s'ils font collatéraux entre eux comme au défunt, c'eft-à-dire, s'ils font *nés de divers ventres*, en ce cas, on ne diftingue plus un fexe d'avec l'autre, & c'eft à l'aîné mâle ou femelle que tous les biens font dévolus : tel eft du moins le témoignage qu'ont rendu de leur coutume la plupart des praticiens de Ponthieu ; car il s'eft trouvé, dit l'article cité, *aucuns autres coutumiers dudit Ponthieu, qui n'ont voulu dépofer la coutume être telle, mais ils les ont par ci-devant remis & remettent au droit*. Ce partage d'opinions a été caufe que les commiffaires prépofés pour la rédaction de cette coutume, ont laiffé la queftion indécife, avec déclaration expreffe, « que tous & » chacun qui ont & pourront avoir procès tou- » chant ladite fucceffion en ligne collatérale, pour- » ront conduire, démener, & mettre à fin leurf- » dits procès, ainfi qu'ils verront bon être & qu'il » appartiendra ».

De la manière qu'étoit rédigé l'article dont il s'agit, on pouvoit aifément s'appercevoir que l'opinion la plus générale & même la plus favorifée des commiffaires, étoit celle qui donnoit la préférence à une fille aînée fur un mâle puîné d'une autre branche, & c'eft en effet celle qui a prévalu dans la fuite.

Mais de-là eft venu une autre queftion : c'étoit de favoir fi la fille aînée, qui excluoit un puîné mâle d'une autre branche, ne devoit pas être elle-même exclufe par un puîné mâle de la fienne. L'affirmative a été adoptée par deux arrêts remarquables, qui nous ont été confervés par Ricard & Brodeau, dans leurs notes fur l'article cité.

La coutume de Boulonnois ne s'explique guère plus clairement que celle de Ponthieu ; voici ce qu'elle porte, articles 81 & 82 :

« Si aucun va de vie & adhérité d'aucuns héritages féodaux ou cotiers, fans enfans de

fa chair procréés en mariage, délaiffant plufieurs de fes parens en ligne collatérale en pareil degré, iffus de divers ventres, tous venus du côté dont font fuccédés les héritages, à l'aîné, foit mâle ou femelle, appartient la totale fucceffion féodale ou cotière. Mais fi lefdits parens étoient tous d'un ventre, & le fils en déboute du tout la fille, pofé qu'elle fût aînée : & *ab inteftat* s'en fait pareillement des biens-meubles, catels & acquêts ».

On voit que cette coutume garde pareillement le filence fur la queftion de favoir fi la fille aînée eft exclufe par fon frère cadet, lorfqu'elle exclut elle-même un parent d'une autre branche plus âgé que celui-ci ; mais ce doute eft nettement réfolu par la manière dont s'explique M. le Camus d'Houlouve, en fon *Commentaire*, tome 1, pag. 377 : la coutume, dit-il, admet un ordre de fucceffion entre neveux & nièces ou autres parens plus éloignés, qui paroît affez fingulier. Quand ces parens, quoique en parité de degrés, font iffus de diverfes branches, & tous également des lignes des propres, foit féodaux, foit roturiers, font provenus, elle défère la totalité de la fucceffion au plus âgé d'entre eux, mâle ou femelle ; & elle ne préfère le mâle à la femelle que quand ils font également iffus d'une même branche. Il y a plus ; fi plufieurs branches d'héritiers en parité de degré viennent à la fucceffion, lorfque dans une de ces branches il ne fe trouve qu'une feule femelle plus âgée que tous les autres, elle recueille la fucceffion à leur exclufion ; mais fi cette femelle a un frère moins âgé qu'elle & que tous les autres parens, celui-ci fe fert de fa fœur pour exclure tous les autres, qui, fans elle, l'auroient exclu lui-même, & il devient le feul héritier du défunt : c'eft ce qu'on appelle en Boulonnois, *faire planchette*, c'eft-à-dire, de la part d'une fœur, fervir de degré à fon frère pour lui procurer un avantage dont elle ne profite pas. Cette façon de fuccéder de la part d'un mâle par l'âge de fa fœur, réfulte du texte comme de l'efprit de la coutume ; elle accorde le droit d'aîneffe dans une fucceffion à la femelle la plus âgée, à défaut de mâle ; mais il fuffit qu'il y ait un mâle, quoique moins âgé qu'elle, dans une même branche, pour qu'il lui donne l'exclufion. Ainfi il étoit jufte de ne pas faire paffer dans une autre branche ce qu'elle avoit arrêté dans la fienne, & ce qu'elle auroit eu fans fon frère, comme il eft convenable de donner à fon frère ce qu'elle ne peut recueillir à fon exclufion ».

La coutume de Saint-Pol eft des trois coutumes de *planchette*, celle qui développe le mieux la nature de ce droit ; & ce qu'elle en dit eft exactement conforme à ce que les arrêts & les commentateurs ont décidé par rapport au Ponthieu & au Boulonnois. Après avoir établi, titre 2, art. 4, qu'en fucceffion collatérale les fiefs & anciens manoirs appartiennent à l'aîné, foit mâle ou femelle, des parens *iffus de divers ventres*, & à l'aîné mâle, encore qu'il y eût femelle plus ancienne, fi c'étoit tout *d'un ventre* ; elle ajoute, *art.* 5, & d'abondant, advenant contre les cohéritiers de divers ventres en même degré, encourent frère & fœur de même ventre, en ce cas, le frère, quoique puîné de la femelle plus ancienne, néanmoins que les autres cohéritiers fuffent mâle & femelle, exclura lefdits autres cohéritiers mâles plus anciens que lui, par le bénéfice de fadite fœur plus ancienne que lefdits autres cohéritiers, laquelle lui fert de *planchette* en ce cas, comme l'on dit ordinairement audit comté de Saint-Pol.

PLANT, f. m. (*Eaux & Forêts.*) on donne ce nom aux jeunes arbres d'une forêt.

L'article 11 du titre 27 de l'ordonnance des eaux & forêts du mois d'août 1669, a très-expreffément défendu d'arracher aucun *plant* de chêne, charme, ou autre bois, dans les forêts du roi, fans une permiffion expreffe de fa majefté, & l'attache du grand-maître, à peine de punition exemplaire & de cinq cens livres d'amende.

Et par l'article 18 du titre 3, il eft défendu aux grands-maîtres des eaux & forêts de permettre ou fouffrir qu'il foit arraché aucun de ces *plants*, à peine d'amende arbitraire & des dommages & intérêts du roi.

Ces difpofitions ont été confirmées par un arrêt du confeil du 17 janvier 1688, par lequel il a en outre été ordonné que les *plants* néceffaires pour les parcs & jardins des maifons royales, ne pourroient être arrachés qu'en vertu d'un ordre exprès du roi ou du furintendant des bâtimens, lequel ordre contiendroit la qualité & quantité des *plants* à arracher, & feroit vifé du grand-maître des eaux & forêts du département, ou, en fon abfence, par le maître particulier dans le reffort duquel les *plants* s'arracheroient, & que cette dernière opération fe feroit en préfence du garde du canton, qui en drefferoit procès-verbal, & le dépoferoit au greffe, pour y avoir recours au befoin.

PLANTATION, f. f. (*Eaux & Forêts.*) c'eft l'action de planter.

L'article 6 du titre 27 de l'ordonnance des eaux & forêts du mois d'août 1669, a défendu à tout particulier de faire des *plantations* de bois à la diftance de cent perches des forêts du roi, fans une permiffion expreffe de fa majefté, à peine de cent livres d'amende, & de voir arracher & confifquer les arbres plantés.

L'article 42 du même titre a pareillement défendu, fous peine d'amende arbitraire, de faire aucune *plantation* d'arbres qui puffent nuire au cours de l'eau & à la navigation dans les fleuves & rivières du royaume, à peine d'amende arbitraire.

PLASSAGE. *Voyez* PLAÇAGE.

PLASSAIGE. *Voyez* PLAÇAGE.

PLASSIS. *Voyez* PLESSIS.

PLAT NUPTIAL, (*Droit féodal.*) c'eft la même chofe que le *mets de mariage*. *Voyez* MARIAGE (*mets de*), & MÉTRIQUET.

On doit ajouter ici que les prêtres ont auffi pré-

tendu ce droit pour la célébration du mariage. Des ftatuts de l'églife de Meaux, rédigés au milieu du quatorzième fiècle, les autorifent à l'exiger par la voie de l'excommunication.

On trouve même un arrêt rendu au parlement de Touloufe, en 1468, au profit du prieur de Dumière, qui lui adjuge le droit « de prendre, » lever & percevoir des habitans dudit lieu, toutes » & quantes fois ilz ou leurs enfans, ou leurs » gens étant en leur pouvoir & gouvernement, » folemniferont nopces dedans l'églife dudit lieu..... » trois pichiers de vin, un pain ou tourtre de la » grandeur de la tierce partie d'un métainh de » fégle..... & une befanche de lart, ou chair falée ».

J'ignore fi les prieurs de Dumière font feigneurs du lieu. *Voyez les Gloffaires de* Ducange *& de dom* Carpentier, *au mot* Miffus 1. (*G. D. C.*)

PLATAGE, (*Droit féodal.*) dom Carpentier dit dans fon gloffaire françois, que c'eft une forte d'impôt qu'on paie pour les marchandifes qu'on porte par les places ou par les rues. On a du moins nommé en latin *platagium* & *plateaticum*, un droit dû pour cet objet ou pour l'étalage dans les places publiques. *Voyez* Ducange, *fous ces derniers mots*. (*G. D. C.*)

PLAYE LEYAU, *ou* LOYAU, (*Droit féodal.*) il en eft queftion dans les coutumes de Béarn, *tit.* 47, *art.* 4 & 9 ; de Saint-Sever, *tit.* 18, *art.* 1 ; & de Navarre, *tit.* 28, *art.* 53, 54, 55 & 9. Ce mot fignifie *plaie légale.*

Dans les loix barbares, toutes les bleffures, comme les autres délits, étoient taxés plus ou moins cher, fuivant leur nature. Les coutumes qu'on vient de citer ont retenu cet ufage. Elles ont appellé *playe leyau* une plaie qui a de longueur, & incifion ou profondeur, une once de pouce ou la cinquième partie du pan de canne, parce qu'il eft dû au haut-jufticier une groffe amende, lorfque cette efpèce de *playe* eft faite malicieufement & avec armes défendues. La coutume de Saint-Sever règle cette amende à 7 liv. 8 f. 6 den.

La même coutume appelle *loix*, toute efpèce d'excès. (*G. D. C.*)

PLAZEZAGE, (*Droit féodal.*) c'eft le droit de *plaçage* qu'on paie au feigneur pour l'étalage des marchandifes dans les foires & marchés. *Voyez le* Gloffarium novum de dom Carpentier, *au mot* Plaffagium 1. (*G. D. C.*)

PLÉBISCITE, f. m. (*Jurifprudence romaine.*) étoit ce que le peuple romain ordonnoit féparément des fénateurs & des patriciens fur la requifition d'un de fes magiftrats, c'eft-à-dire, d'un tribun du peuple.

Il y avoit, au commencement, plufieurs différences entre les *plébifcités* & les loix proprement dites.

1°. Les loix, *leges*, étoient les conftitutions faites par les rois & par les empereurs, ou par le corps de la république, au lieu que les *plébifcites* étoient l'ouvrage du peuple feul, c'eft-à-dire, des plébéiens.

2°. Les loix faites par tout le peuple du temps de la république, étoient provoquées par un magiftrat patricien. Les *plébifcites* fe faifoient fur la requifition d'un magiftrat plébéien, c'eft-à-dire, d'un tribun du peuple.

3°. Pour faire recevoir une loi, il falloit que tous les différens ordres du peuple fuffent affemblés, au lieu que le *plébifcite* émanoit du feul tribunal des plébéiens ; car les tribuns du peuple ne pouvoient pas convoquer les patriciens, ni traiter avec le fénat.

4°. Les loix fe publioient dans le champ de Mars ; les *plébifcites* fe faifoient quelquefois dans le cirque de Flaminius, quelquefois au capitole, & plus fouvent dans les comices.

5°. Pour faire recevoir une loi, il falloit affembler les comices par centuries ; pour les *plébifcites*, on affembloit feulement les tribus, & l'on n'avoit pas befoin d'un fénatus-confulte ni d'arufpices : il y a cependant quelques exemples de *plébifcites* pour lefquels les tribuns examinoient le vol des oifeaux, & obfervoient les mouvemens du ciel avant de préfenter le *plébifcite* aux tribus.

6°. C'étoient les tribuns qui s'oppofoient ordinairement à l'acceptation des loix, & c'étoient les patriciens qui s'oppofoient aux *plébifcites*.

Enfin, la manière de recueillir les fuffrages étoit fort différente ; pour faire recevoir un *plébifcite*, on recueilloit fimplement les voix des tribus, au lieu que pour une loi il y avoit beaucoup plus de cérémonie.

Ce qui eft fingulier, c'eft que les *plébifcites*, quoique faits par les plébéiens feuls, ne laiffoient pas d'obliger aufli les patriciens.

Le pouvoir que le peuple avoit de faire des loix ou *plébifcites*, lui avoit été accordé par Romulus, lequel ordonna que quand le peuple feroit affemblé dans la grande place, ce que l'on appelloit l'*affemblée des comices*, il pourroit faire des loix ; Romulus vouloit, par ce moyen, rendre le peuple plus foumis aux loix qu'il avoit faites lui-même, & lui ôter l'occafion de murmurer contre la rigueur de la loi.

Sous les rois de Rome, & dans les premiers temps de la république, les *plébifcites* n'avoient force de loi qu'après avoir été ratifiés par le corps des fénateurs affemblés.

Mais fous le confulat de L. Valerius, & de M. Horatius, ce dernier fit publier une loi qui fut appellée de fon nom *Horatia* ; par laquelle il fut arrêté que tout ce que le peuple féparé du fénat ordonneroit, auroit la même force que fi les patriciens & le fénat l'euffent décidé dans une affemblée générale.

Depuis cette loi, qui fut renouvellée dans la fuite par plufieurs autres, il y eut plus de loix faites dans les affemblées particulières du peuple, que dans les affemblées générales où les fénateurs fe trouvoient.

Les plébéiens enflés de la prérogative que leur avoit accordée la loi *Horatia*, affectèrent de faire grand nombre de *plébifcites* pour anéantir (s'il étoit poffible) l'autorité du fénat ; ils allèrent même jufqu'à donner le nom de loix à leurs *plébifcites*.

Le pouvoir légiflatif que le fénat & le peuple exerçoient ainfi par émulation, fut transféré à l'empereur du temps d'Augufte, par la loi *Regia*, au moyen de quoi il ne fe fit plus de *plébifcites*. (A)

PLECT. *Voyez* PLAIT SEIGNEURIAL & PLECT DE MORTE-MAIN.

PLECT ACCOUTUMÉ. *Voyez* PLAIT ACCOUTUMÉ.

PLECT CONVENTIONNEL. *Voyez* PLAIT CONVENTIONNEL.

PLECT A MERCI. *Voyez* PLAIT A MERCI.

PLECT DE MORTE-MAIN, (*Droit féodal.*) c'eft un droit dû pour la mutation des fiefs dans une partie du Poitou, lorfque cette mutation ne fe fait pas à titre de vente. On écrit aufli *plait* ou *pléet de morte-main*. Ragueau, que Lelet a copié dans fon commentaire fur l'article 173 de la coutume de Poitou, prétend qu'il y a cette différence entre le *plect* & le *plait de morte-main*, que l'un s'applique au rachat dû pour la mort du vaffal, & l'autre au rachat dû pour la mutation du vaffal autrement que par mort. Il ajoute même : *hæc vulgus pragmaticorum tam nefcit quàm fcire non vult.*

Mais cette diftinction qu'on ne pourroit défendre qu'en fubtilifant fur le mot, eft abfolument contraire à l'efprit de la coutume. Theveneau, à qui Ducange a prêté la même diftinction, a dit bien plus fenfément : « le *plect* eft appelé *plait de morte-main*, non qu'il y ait différence entre *plect* & *plect de morte-main*, car ce font noms fynonymes, fignifiant autant l'un que l'autre, étant dit *plect de morte-main* par la loi, comme fi elle vouloit dire, que *plect*, c'eft quand le vaffal change, & *plect de morte-main*, quand il meurt ; pouvant toutefois ufurper l'un pour l'autre, car ce n'eft qu'un ».

Quoi qu'il en foit, le *plect* n'étoit rien autre chofe dans l'origine que le rachat dû à la volonté du feigneur *ad placium*, & c'eft de-là qu'il tire fa dénomination. On trouve dans l'hiftoire généalogique de la maifon de Chataigner, dans Ducange & dans beaucoup d'autres ouvrages, plufieurs textes qui en font la preuve. Il fuffira de rapporter ici l'extrait d'une charte d'Aimeric, vicomte de Thouars, qui fe trouve dans le *traité du franc-aleu* de Galand. « Et eft affavoir, y eft-il dit, que ledit vicomte de Thoars nos a quitté icele partie que nous douffent mettre *au plait & à rachat*, que il a fait au comte de Peitiers d'audevant dites chofes, & fe il avenoift que rachat ou *plait de morte-main* fu fait au viage de moi Aimeric dauvant dit des chofes dauvant dites, je ne fus tenû à rien mettre : més après ma mort ma devant dite feme & mi hoir & mi fucceffor font tenu à mettre *au plait & à rachat de morte-main* fegond noftre partie deffus nom-

» mée, que nous avons des chofes & fegond çou
» que noftre autre mettront au *plait* & à rachat,
» por raifon de la partie fegun le ufage & la cof-
» tume du pays ».

M. Salvaing a mal rapporté l'extrait de cette pièce
dans fon *traité du plait-feigneurial*, p. 2. Voyez au
furplus PLAIT SEIGNEURIAL.

Le *pleét de mort-main* eft aujourd'hui abonné,
non pas au revenu d'une année, fuivant le droit
commun qui s'obferve pour le rachat, mais à une
modique fomme de 50 fols par mafure, de 25 fols
par borderie & ainfi du refte. *Voyez* MASURE.

Il eft affez extraordinaire qu'on n'ait aucunes lumières fur l'époque de cet abonnement & fur la
manière dont il a été fait.

On trouve bien dans le *traité contre le franc-aleu*
de Galand & dans quelques autres ouvrages, une
ordonnance faite en 1269 ou 1270, pour les rachats
du Poitou, par Alphonfe, comte de cette province,
à la requête de divers feigneurs. On y fixa le *ra-*
chat à merci qui avoit eu lieu jufqu'alors, au revenu
d'une année. Mais comme cette convention ne fut
faite qu'avec les feigneurs de Thouars, de Parthe-
nay, de Vouvant & quelques autres, on convint
que ceux qui ne voudroient pas y accéder, demeureroient en la première condition & continueroient
le *rachat à merci* comme par le paffé. Cependant
les rachats font aujourd'hui abonnés dans la majeure
partie du Poitou à des devoirs très-modiques qui
font réglés par les titres du fief; la coutume prc-
nonce même un abonnement général au tiers du
revenu d'une année pour les fiefs à l'égard defquels
il n'y a pas d'abonnement particulier établi par
titre. *Voyez* l'art. 171.

Il faut excepter de cet abonnement général l'ancien vicomté de Châtelleraut, où les fiefs font fujets
au *rachat*, lorfqu'ils tombent en main de femme
feulement, & une partie du bas Poitou, la Gâtine
& les pays voifins, où les fiefs d'hommages liges doivent le *rachat*. C'eft dans ce même pays que le
droit de *pleét* eft dû avec le cheval de fervice à chaque mutation; mais pour les fiefs d'hommages
plains feulement. Les fiefs d'hommages liges,
comme on vient de dire, doivent le *rachat*, à
moins qu'il n'y ait un abonnement particulier,
établi par titre ou par poffeffion. Les articles 148 &
172 fixent la partie de la province fujette à ce droit
de *pleét* & de cheval de fervice pour les fiefs plains,
& de *rachat* pour les fiefs liges. Ce font la viçomté
(aujourd'hui duché) de Thouars, le pays de
Gâtine, les terres du fief-franc, Mauléon (aujourd'hui Châtillon) Talmond, les châtellenies,
terres & reffort de Fontenay, Vouvant, Mervant
& autres terres de Poitou, d'entre la Sayvre & la
Dive, & d'entre la Sayvre & la mer.

Il y a néanmoins une partie de ces châtellenies,
fituée depuis l'Arcanfon jufqu'à la mer, où le *rachat*
eft dû, même pour les hommages plains, indépendamment du cheval de fervice, fuivant l'art. 149.
Mais c'eft mal-à-propos que le fommaire, mis à cet

article, dans l'édition de Theveneau & dans beaucoup d'autres, fuppofe que le *pleét* y eft auffi dû.
Il n'y a aucune portion du Poitou où le *pleét* foit dû,
concurremment avec le *rachat*, & cela n'eft point
étonnant, puifque le *pleét* eft l'abonnement du *ra-*
chat, à la différence du cheval de fervice, qui y eft
abfolument étranger.

Au refte, le *pleét de morte-main* eft dû à toutes mutations, même en ligne directe, mais feulement à
celles de vaffal. Comme il tient lieu du *rachat*, il
eft dû à l'entrée de l'an, tandis que le cheval de
fervice, qui n'eft dû que pour l'entrée en jouiffance
du vaffal, n'eft dû qu'à l'expiration de l'année du
rachat, & par conféquent à la fin de l'an. Ainfi,
quand il y a mutation d'un fief d'hommage plain,
tenu d'un fief d'hommage lige, fi la mutation du
fief lige arrive après la mutation du fief plain,
mais dans la même année, comme le fief lige
tombe en *rachat*, le *pleét de morte-main*, dû pour la
mutation du fief plain appartiendra au vaffal d'hommage lige, tandis que le cheval de fervice dû pour
la même mutation appartiendra au feigneur fuzerain, qui lève le *rachat* du fief d'hommage lige.

C'eft le réfultat des articles 164 & 167.

Ce n'eft point là une coutume locale du pays de
Gâtine, comme le dit Harcher, d'après d'autres
auteurs, dans fon *traité des fiefs du Poitou*, chap. 3,
fect. 1, §. 15. C'eft le droit général de tous les
lieux où les *pleéts de morte-main* font dus en Poitou.

A la vérité l'article 167 ne parle que du pays de
Gâtine. Mais la raifon en eft que cet article ne fait
qu'un même corps de difpofitions avec les articles
fuivans, qui contiennent effectivement des ufages
locaux pour la Gâtine, relativement aux chevaux
de fervice.

Ainfi, le *pleét de morte-main*, dans toutes les parties du Poitou où il a lieu, pour les mutations des
fiefs plains, appartient toujours au vaffal d'hommage lige, feigneur dominant du fief plain, quand
bien même il décéderoit peu de jours après fon
vaffal plain, parce qu'il eft dû pour la mort ou
changement de vaffal, tandis que le cheval de fervice, qui eft dû à la fin de l'année, appartient dans ce
cas au feigneur fuzerain qui lève le *rachat* du fief lige.

Si au contraire, le vaffal lige prédécède, & que
fon vaffal plain décède auffi dans l'année du *rachat*,
il eft dû par la mort du vaffal plain, « *pleét* & che-
» val de fervice, & ledit *pleét* fera au feigneur qui
» leve le *rachat*, parce qu'il eft dû à l'entrée de
» l'an & le cheval de fervice qui eft dû à la fin de
» l'an, fera dû aux héritiers de celui qui tient
» par hommage-lige ». (*Art.* 169.)

Enfin, quoique dans les pays où les fiefs-liges
font fujets au rachat, & les fiefs plains au *pleéts*,
& au cheval de fervice, c'eft-à-dire, dans ceux indiqués par les articles 148 & 172, la furvenance
du fecond rachat faffe ceffer le premier, lorfqu'il
y a deux mutations dans une année, le concours
de deux mutations du fief fervant dans une feule
année, n'empêche pas que le feigneur ne prenne

un *pleɛt* & un cheval de fervice à chaque mutation ; c'eſt ce que dit l'article 184 : « ſi le nouvel vaſſal, » qui tient à hommage plain, va de vie à trépas » dedans l'an ou tôt après la mort de ſon prédécef- » ſeur, ſera auſſi dû au ſeigneur un autre *pleɛt* & » cheval ; car , par chacune mutation d'homme » plein , encore qu'elles vinſſent en une année , » voire un jour après l'autre , eſt dû ledit *pleɛt* & » le cheval de ſervice. Et n'eſt pas comme ès hom- » mages-liges , eſquels leſdits rachats finiſſent au » commencement du dernier rachat qui aviendroit. » Et pour ce , ſi pluſieurs rachats d'une même terre » avenoient en un an, le premier finit par l'avéne- » ment du ſecond , & le ſecond par l'avénement » du tiers , & ainſi des autres ſemblablement ». (*G. D. C.*)

PLÉES, ou PLECT, (*Droit féodal.*) on a donné ce nom aux plaids de la ſeigneurie où l'on jugeoit les procès , & où l'on exigeoit les droits ſeigneu- riaux. *Voyez* le *Gloſſaire de* Ducange, *au mot* Pla- cita coronæ *ſous* Placitum, & *le Gloſſaire françois de dom* Carpentier , *au mot* Pleɛt. (*G. D. C.*)

PLEIGE, ſ. f. eſt un ancien terme de pratique, qui ſignifie *caution* ou *fidéjuſſeur.* Ducange le dérive de *plegius*, terme de la baſſe latinité , qui ſignifioit la même choſe.

Dans quelques coutumes, *pleige* s'entend ſingu- lièrement de celui qui ſe porte caution judiciaire ; mais dans d'autres , *pleige* ſe prend pour toute cau- tion en général.

L'article des placités de Normandie porte que l'obligation du *pleige* eſt éteinte quand la dette eſt payée par le principal obligé , lequel néanmoins peut ſubroger celui qui fournit les deniers pour ac- quitter la dette , à l'hypothèque d'icelles ſur ſes biens ſeulement , & non ſur ceux du *pleige.* *Voyez* CAU- TION , FIDÉJUSSEUR , OBLIGATION PRINCIPALE. (*A*)

PLEIN, adj. ſe dit en droit , de tout ce qui eſt entier, complet & parfait.

PLEIN FIEF , (*Droit féodal.*) ce mot a, dans notre droit coutumier , au moins quatre acceptions diffé- rentes.

1°. L'on entend par-là un fief d'hommage *plain* ou *plane* , c'eſt-à-dire , d'hommage ſimple. Mais dans ce cas, on devroit écrire *plain fief* , & non pas *plein fief*, comme le font beaucoup d'auteurs. *Voyez* FIEF PLEIN & HOMMAGE PLAIN.

2°. On a appellé *plein fief* en Normandie, un fief entier qui doit au ſeigneur la totalité de l'aide ou du ſervice', à la différence du *demi-fief*, qui ne doit au ſeigneur que demi-aide ou demi-ſervice , & des autres portions de fief, qui ne doivent auſſi qu'une partie de l'aide & du ſervice.

On dit auſſi dans le même ſens un *plein fief de haubert,* pour déſigner un fief entier de cette ef- pèce qui jouit des prééminences appartenantes au premier ordre des fiefs en Normandie , & pour le diſtinguer des membres ou portions de fief de haubert. *Voyez* HAUBERT.

Enfin , c'eſt encore dans le même ſens que quelques coutumes , telles que les anciennes côu- tumes de Saint-Paul , *art.* 21, & les nouvelles cou- tumes de Heſdin , *art.* 26 & 27, appellent *fiefs tenus à plein lige* , les fiefs nobles tenus à plein hommage, comme le dit l'article 13 de l'ancienne coutume d'Amiens , à la différence des fiefs tenus à demi-lige & à quart-lige, qui ne ſont que des portions des premiers.

3°. On appelle *plein fief,* le fief immédiat qui relève nuement du ſeigneur , à la différence du fief par moyen qui n'en relève qu'en arrière-fief.

4°. Enfin, ſuivant Ragueau , le ſtyle de Liège , *chap. 25 , art. 1 , & chap. 26* , donne le nom de *plein fief* à un fief de plus grande importance , & décoré d'une juriſdiction , par oppoſition au menu fief qui n'a pareille valeur , & qui n'a aucune ju- riſdiction. (*G. D. C.*)

PLEIN FIEF DE HAUBERT. *Voyez* PLEIN FIEF , *n°. 2.*

PLEIN HOMMAGE. *Voyez* PLEIN FIEF & HOM- MAGE PLAIN.

PLEIN-LIGE, *Voyez* PLEIN FIEF, *n°. 2.*

PLEIN POSSESSOIRE , eſt la même choſe que *pleine maintenue.* *Voyez* MAINTENUE.

PLEINE-COUR ou COURT. *Voyez* PLAINE COUR.

PLEINE MAIN-LEVÉE , ſignifie une main-levée entière & définitive. *Voyez* MAIN-LEVÉE , SAISIE.

PLEINE PUISSANCE & *autorité royale* , ſont des termes de ſtyle dans les ordonnances, qui ſervent à exprimer une puiſſance des plus étendues , & à laquelle il ne manque rien pour ſe faire obéir.

PLÉJURE. *Voyez* FIEF DE PLÉJURE , HOM- MAGE DE PLÉJURE , HOMME DE PLÉJURE.

PLÉNI-PRÉBENDÉ , ſ. m. (*Matière bénéficiale.*) ſe dit dans une égliſe cathédrale ou collégiale d'un chanoine qui poſſède une prébende entière , à la différence d'autres chanoines ou chapelains qui n'ont qu'une demi-prébende , & que , par cette raiſon , on appelle chanoines *ſemi-prébendés.* *Voyez* CHANOINE.

PLÉS. *Voyez* PLET CERTAIN.

PLESSÉE. *Voyez* PLESSIS.

PLESSEIS. *Voyez* PLESSIS.

PLESSER. *Voyez* PLESSIS.

PLESSÉS. *Voyez* PLESSIS.

PLESSEUR. *Voyez* PLESSIS.

PLESSIE. *Voyez* PLESSIS.

PLESSIER. *Voyez* PLESSIS.

PLESSIS , PLESSÉS , PLESSÉE , PLESSEIS , PLES- SIÉ , PLESSIER , PLAISSAY , PLAISSIE , PLAIX & PLAIZ (*Droit féodal.*), tous ces mots ſont ſyno- nymes. Ils ont tous déſigné autrefois une eſpèce de parc ou de clos fermé de haies pliées , lequel eſt joignant au château , ou à une autre habitation , & principalement deſtiné à l'agrément de la mai- ſon. On a dit *pleſſer* pour plier , *entrelacer* , & *pleſ- ſeur,* pour celui qui faiſoit les haies en pliant du bois de cette manière.

On peut voir des exemples de tous ces termes

dans les gloffaires de Ducange & de dom Carpentier. Celui de *pleffis*, qui a été le plus ufité, fe trouve encore dans l'article 12 de la coutume de Chartres, qui contient l'eftimation coutumière des fonds pour les cinq barónnies du Perche-Gouet. Il y eft dit: que « l'arpent de bois en *pleffis*, que les » aucuns appellent *touche*, vaut dix fols ».

Ces *pleffis*, ou touches, ont donné leur nom à bien des lieux & à plufieurs familles. (*G. D. C.*)

PLET, (*Droit féodal.*) ce mot a été employé indifféremment pour *plaid*, ou pour *plait*. Dans la première acception, il défigne la cour féodale, où l'on juge les procès, & où l'on reçoit les foi & hommage, les droits feigneuriaux, &c. *Voyez* PLET CENTAIN & PLET DE L'ÉPÉE. Dans la feconde, il défigne cette efpèce de relief dont on a parlé au mot PLAIT SEIGNEURIAL. *Voyez le Gloffaire de* Ducange, *au mot* Placitum, col. 521 & 528 *de la nouvelle édition.* (*G. D. C.*)

PLET CENTAIN, *ou* PLÉS CENTAINS, (*Droit féodal.*) c'eft le plaid général ou les grandes affifes du canton d'une feigneurie où tous les fujets devoient fe trouver. On le nommoit ainfi, parce que les comtés étoient autrefois divifés en certains diftricts, qui comprenoient originairement cent feux, & qu'on appelloit *centaines*, par cette raifon. Le registre des revenus du comté de Namur, de l'an 1289, qu'on appelle *le papier aux aiffelles*, dit au *folio 23 verfo*: « encor i a (à Spies) li » cuens trois fiés l'an à trois nautaus de l'an trois » plés k'on appelle *plés centains*, c'eft à chafcun » natal un plait, à queis plais to li homme &c dou » comte & de l'eveske doivent venir par le femenfe » do fergant le comte ». *Voyez* Ducange & dom Carpentier, *au mot* Placitum centenarii, & *l'article* PLET. (*G. D. C.*)

PLET, *ou* PLAID DE L'ÉPÉE, (*Droit féodal.*) on a ainfi nommé, fur-tout en Normandie, le droit de haute juftice ou de jugement à mort. On peut en voir plufieurs preuves au mot *Placitum fpadæ*, du gloffaire de Ducange.

Ce terme a néanmoins été pris quelquefois dans une acception moins étendue. Car, dans des lettres du mois de mai 1278, Philippe III, dit *le Hardi*, veut que le maire & les bourgeois de Rouen aient la connoiffance du *plait de l'épée* & de toute juftice; à l'exception de la mort, du mchaing & du gage de bataille, que ce prince fe réferve. Il y a lieu de croire, comme le dit Laurière, que par *plaid de l'épée*, on doit ici entendre le droit d'ordonner les duels, qui avoient lieu même en matière civile. (*G. D. C.*)

PLÉVINE, f. f. eft un terme particulier de la coutume de Bretagne, qui fignifie *caution, cautionnement*,

PLOMB, f m. (*Droit eccl.*) on a établi en principe dans la chancellerie romaine, que les bulles ne font cenfées expédiées que lorfqu'elles font plombées.

On diftingue à Rome le *plomb* de la chambre

d'avec celui de la chancellerie: le premier eft ordonné & béni par le pape; le fecond, par le vice-chancelier ou le régent, & coûte plus que le premier. Ces *plombs* repréfentent, d'un côté, les images de faint Pierre & de faint Paul; de l'autre, celui du pape qui accorde la grace.

Pour *plomber* les bulles, il y a un moulinet & un officier que l'on appelle le caiffier du *plomb*, auquel on paie certains droits. Outre cet officier, il y en a d'autres qui forment avec lui une efpèce de tribunal. Ce font le préfident, les collateurs, les maîtres du confalon qui perçoivent un droit pour le rachat des captifs, & le plombateur qui porte la foutane violette, & dépend du préfident.

PLUME, (*Droit féodal.*) on défigne ainfi dans nos coutumes, & dans beaucoup d'anciens titres, les redevances en volailles, à favoir, comme le dit l'article 9 de la coutume de Théroanne, poule, géline, jan, ou chapon de rente.

L'article 3 du titre 6 de la coutume de Nivernois, donne pour caractère diftinctif de la tenure en bordelage, « une redevance annuelle qui eft confi- » tuée en trois chofes, c'eft à favoir, en argent, » bled & plume, ou des trois les deux; & où lef- » dites trois efpèces y font ou les deux d'icelles, » le contrat eft réputé bordelier, & s'ils n'y font, » il n'eft réputé tel s'il n'y a convenance au con- » traire ».

L'article 124 de la coutume de la Marche dit auffi, « que quiconque doit à fon feigneur à caufe » d'aucun héritage argent à trois tailles payables à » trois termes, avoine & *géline*, chacun an eft ré- » puté ferf coutumier; s'il doit tels devoirs à » homme lai, & s'il les doit à l'églife, il eft réputé » être homme mortaillable ».

La feule raifon qu'on puiffe donner de ces préfomptions fi dures, c'eft que les domaines champêtres & leurs détenteurs étoient ordinairement fujets à la fervitude, & ces redevances en plumes & en grains étoient dues communément fur les héritages champêtres. (*G. D. C.*)

PLUMITIF, f. m. qu'on appelloit autrefois *plumétif*, (*terme de Pratique.*) eft un registre ou cahier, fur lequel les greffiers écrivent fommairement fur le champ les fentences & arrêts, à mesure que le juge les prononce à l'audience; ce qu'ils ne peuvent faire qu'à la hâte, & même communément par abrégé, en attendant qu'ils en écrivent la minute tout au long & au net. On met auffi fur le *plumitif* les délibérations de la compagnie.

On appelle *greffier du plumitif*, celui qui tient la plume à l'audience. *Voyez au mot* GREFFIER.

Les experts font auffi fur les lieux une efpèce de *plumitif* ou fommaire, qui leur fert enfuite à dreffer la minute de leur rapport à tête repofée. Lorfque les juges font préfens à la vifite, ils ne fignent guère ce *plumitif*, à moins que les parties ne le requièrent.

L'ordonnance de 1667 enjoint à celui qui a préfidé l'audience, de voir dans le même jour ce que le greffier a rédigé, de figner le *plumitif*, & de parapher chaque jugement.

PLURALITÉ, f. f. eft une quantité difcrète, qui confifte en deux ou plus grand nombre d'unités Ce terme n'eft ufité en droit que dans les matières bénéficiales, où l'on fe fert de l'expreffion *pluralité des bénéfices*, pour fignifier la poffeffion de deux ou un plus grand nombre de bénéfices par un même eccléfiaftique.

L'églife n'a jamais approuvé la *pluralité* des bénéfices, quoiqu'elle l'ait tolérée. La modicité des bénéfices a fervi d'abord de prétexte à leur pluralité. On permit à un clerc d'en avoir plufieurs, lorfqu'il ne pouvoit fubfifter avec un feul. Mais bientôt il n'y eut plus de bornes à l'abus : pour le réprimer, le concile de Latran, fous Alexandre III, fit défenfe de poffeder plus d'un bénéfice ; un autre concile de Latran, fous Innocent III, confirma la même règle. Mais le même canon ayant permis au pape d'en difpenfer en faveur des perfonnes diftinguées, les difpenfes font devenues fi fréquentes, que la défenfe eft elle-même inutile. *Voyez* BÉNÉFICE, INCOMPATIBILITÉ.

PLUS-PÉTITION, f. f. fe dit en *terme de procédure*, lorfque quelqu'un demande plus qu'il ne lui eft dû.

La *plus-pétition* a lieu en plufieurs manières ; favoir, pour la quantité, pour la qualité, pour le temps, pour le lieu du paiement, & pour la manière de l'exiger ; par exemple, fi on demande des intérêts d'une chofe qui n'en peut pas produire, ou que l'on conclut à la contrainte par corps dans un corps où elle n'a pas lieu.

Par l'ancien droit romain, la *plus-pétition* étoit punie ; celui qui demandoit plus qu'il ne lui étoit dû, étoit déchu de fa demande, avec dépens.

Dans la fuite, cette rigueur du droit fut corrigée par les ordonnances des empereurs : la loi 3, au code, *liv. 3, tit. 10*, dit qu'on évite la peine de la *plus-pétition*, en réformant fa demande avant la conteftation en caufe.

En France, les peines établies par les loix romaines contre ceux qui demandent plus qu'il ne leur eft dû, n'ont jamais eu lieu ; mais fi celui qui eft tombé dans le cas de la *plus-pétition*, eft jugé avoir fait une mauvaife demande, on le condamne aux dépens. (*A*)

P O

PODESTAZ, (*Droit féodal & municipal.*) ce mot fe trouve dans l'article 18 de la traduction de la première convention faite entre Henri I d'Anjou, & les citoyens d'Arles. Il y fignifie une efpèce de gouverneur ou d'officier municipal. « Item, » y eft-il dit, quant aux ventes ou aliénations des » revenus de la communauté d'Arles, lefquelles » par les *podeftaz*, ou gouverneurs d'icelle ville » jadis furent faites pour certain temps qui n'eft en-

» core accompli, a été ordonné que le fieur conte » les ratifie, &c. ».

Le texte latin dit *poteftates*. On a auffi dit *poeftat* dans le même fens. Dans bien des villes d'Italie, on a donné le nom de *podefta* à une efpèce de magiftrats, & l'on voit dans le dictionnaire de l'académie efpagnole, qu'on a auffi nommé *poteftad*, en Efpagne, une dignité qui correfpondoit à celle de corrégidor d'une ville.

Enfin, la coutume de Soles, *tit. 2*, donne le nom de *poteftats* à dix feigneurs, dont elle donne la lifte, & qu'elle oblige de venir au moins de huitaine en huitaine, à la cour de Leixoure, pour la tenir avec le caftellan ou capitaine de Mauléon, ou fon lieutenant. Pour les en dédommager, cette coutume leur accorde le droit de troupeau à part, pour un nombre confidérable de beftiaux, & la jurifdiction de faymi-dret fur leurs tenanciers.

Il eft auffi queftion de *poteftats* dans les ufages de Catalogne. (*G. D. C.*)

POESTAT. *Voyez* PODESTAZ.

POESTE. *Voyez* POETE.

POESTÉ. *Voyez* POETE.

POETE, POÉTÉ, POESTE, POESTÉ, POSTE ou POTE, (*Droit féodal.*) c'eft le nom qu'on donne à une efpèce de roturiers, parce qu'ils font plus particuliérement en la puiffance du feigneur (*in ejus poteftate*). Il ne faut pas néanmoins confondre les *gens de poete* avec les ferfs & les main-mortables. Beaumanoir, dans tout le corps de fon ouvrage, n'appelle point autrement les roturiers, qu'*hommes de poete*, qu'il diftingue bien des ferfs ; & il y a tout lieu de croire que ce n'eft que dans les derniers fiécles qu'on a reftraint la fignification de ce mot à ceux qui n'ont point de commune. *Voyez l'article* GENS DE CORPS. (*G. D. C.*)

POÉTÉ. *Voyez* POETE.

POHER, (*Droit féodal.*) ce mot qui, comme ceux de *poete*, *poefte*, &c. fignifie littéralement *pouvoir*, paroît auffi avoir été employé pour défigner le diftrict ou le territoire d'une feigneurie. Une chartre de 1270, tirée des archives de Saint-Michel en l'Herm, porte : « les conqueftes que » lefdits religieux . . . . . feront, conquerront defo- » refenavant en leurs ou en nos fiez, rirefiez ou » pohers, &c. ». *Voyez le* Gloffarium novum *de dom* Carpentier, *au mot* Poteftas, *& l'article* POOIR. (*G. D. C.*)

POINÇON, f. m. (*Arts & Métiers. Police.*) eft un inftrument dont on fe fert pour marquer les pièces d'orfévrerie. Les déclarations de janvier 1724, & d'avril 1739, condamnent à l'amende honorable & à la peine de mort, ceux qui calquent, contretirent, contrefont, ou abufent, de quelque manière que ce foit, des poinçons de marque & de contremarque des fermiers du roi, ou des orfèvres, foit de Paris, foit des autres villes où il y a jurande. *Voyez* MARQUE & ORFÈVRE *dans le Dictionnaire des arts & métiers.*

POISON, f. m. (*Code criminel.*) les phyficiens

qualifient de *poison*, toutes substances animales ou végétales qui peuvent détruire ou altérer les principes de la vie, soit qu'on les prenne intérieurement, soit qu'on les applique extérieurement.

En matière criminelle, le crime de *poison* le plus connu, est celui de ceux qui mêlent dans la boisson ou dans les alimens d'autrui, des compositions ou substances vénéneuses.

Le crime de *poison* par application extérieure, est infiniment rare ; il ne peut guère être commis que par des médecins, chirurgiens ou autres personnes chargées de panser des malades, & qui substitueroient ou mêleroient des venins aux cataplasmes d'une blessure ou d'un ulcère.

De quelque manière qu'il soit commis, ce crime est, sans contredit, le plus lâche & le plus abominable des homicides ; car il n'existe aucun moyen de défense contre l'assassin que l'on ne soupçonne pas, contre l'homme qui empoisonne, à l'insu de sa victime, les alimens destinés à sa nourriture, & qui souvent même abuse, par la plus horrible de toutes les trahisons, d'une confiance volontaire ou nécessaire.

Il est assez extraordinaire que ce crime ait été long-temps inconnu à Rome, où la politique avoit ouvert un asyle à tous les transfuges des nations voisines ; ce qui suppose, au moins dans les commencemens, un peuple composé d'hommes d'une probité plus qu'équivoque. Cependant Gravina prétend qu'avant l'année 422 de la fondation de Rome, on n'avoit point encore fait de loi contre les empoisonneurs. Mais le système de Gravina doit céder à l'argument que Terrasson puise dans la loi des douze Tables, qui furent affichées dans Rome dès l'année 304, & qui ordonnèrent que celui qui auroit préparé du *poison* ou qui en auroit fait prendre à quelqu'un, seroit puni de mort comme homicide. Il est vrai qu'on ne trouve rien dans l'histoire, qui annonce qu'on ait été obligé de faire usage de cette loi avant l'année 422 ; mais elle subsistoit plus de cent années auparavant, & Gravina n'auroit pas dû confondre la première époque où cette loi fut appliquée, avec celle de sa publication. Ce fut en effet vers l'année 422, c'est-à-dire, sous le consulat de Valerius Flaccus, & de M. Claudius Marcellus, que Rome fut effrayée par la quantité d'empoisonnemens dont un grand nombre de femmes se rendirent coupables. Elles furent trahies par une esclave, & emprisonnées. Plusieurs nièrent le crime ; d'autres crurent échapper au supplice en s'annonçant comme médecins, & en supposant que leurs préparations vénéneuses avoient pour objet de guérir certaines maladies. On jugea à propos d'éprouver sur elles-mêmes l'effet de leurs drogues, & leur mort, suivant les expressions de Terrasson, *servit en même-temps à les convaincre & à les punir de leurs crimes.*

Un peu plus de deux cens ans après, Lucius Cornélius Sylla fit une loi appelée de son nom *lex Cornelia de veneficiis*, par laquelle il décerna contre les empoisonneurs la même peine que contre les homicides, c'est-à-dire, l'exil & le bannissement, qui sont la même chose que l'interdiction de l'eau & du feu.

En France, le crime de *poison* est puni de mort, conformément aux ordonnances du royaume, & notamment à l'édit du mois de juillet 1682 ; mais cette loi n'a point déterminé le genre de supplice auquel doivent être condamnés les empoisonneurs. Il semble que le législateur ait voulu laisser à l'arbitrage des juges la faculté d'en augmenter ou d'en diminuer la rigueur suivant les circonstances ; aussi les jugemens rendus sur cette matière, présentent-ils beaucoup de différences. Par arrêt du 16 juillet 1676, la trop fameuse marquise de Brinvilliers fut condamnée à être décapitée seulement, quoique convaincue d'avoir fait empoisonner son père & ses deux frères, d'avoir attenté à la vie de sa sœur, & d'avoir essayé ses *poisons* sur une foule de malheureux qu'elle avoit fait périr, en feignant d'aller leur porter des secours dans les asyles de l'indigence.

Par un autre arrêt du 7 octobre 1734, le parlement a condamné Pierre Guet à être brûlé vif, pour crime de *poison*.

Nous n'accumulerons pas les exemples de ce genre de peine, ils sont assez nombreux pour nous autoriser à dire que cette jurisprudence est la plus généralement adoptée ; cependant deux arrêts assez récens semblent devoir nous ramener à dire, que la peine du crime de *poison* peut varier suivant les circonstances ; il paroît que dans certains cas, les tribunaux ont voulu cumuler les supplices pour aggraver la peine du crime, & effrayer par la multiplicité des tourmens.

Par un arrêt du 29 mai 1775, le parlement a condamné Jean Fouasson à être rompu vif, & à être ensuite jetté dans un bûcher ardent, pour avoir empoisonné sa belle-mère & ses beaux-frères.

Et par un autre arrêt du 5 mai 1777, Antoine-François Desrues a été condamné à être rompu vif, & à l'instant jetté dans un bûcher ardent qui seroit dressé au pied de l'échafaud, pour avoir empoisonné, de dessein prémédité, la dame de la Motte & son fils.

Puisque nous avons cité cet arrêt de Desrues, nous ne pouvons nous dispenser de consigner ici quelques réponses aux critiques de certaines gens qui, sans avoir vu ni les charges, ni les pièces d'un procès, se permettent souvent néanmoins de réformer les jugemens des tribunaux en matière criminelle, tandis que le juge le plus expérimenté, craint encore de donner son opinion, après le plus scrupuleux examen de tous les détails de la procédure.

Aucun jugement peut-être n'a été autant discuté que celui de Desrues. On a, entre autres raisonnemens, beaucoup équivoqué sur une alternative qui se trouve dans l'atteint & convaincu. On y lit que Desrues est déclaré *duement atteint & convaincu d'avoir, dans le dessein de s'approprier sans bourse*

bourſe délier, &c. &c. &c., empoiſonné de deſſein prémédité, la dame de la Motte, ſoit dans une médecine par lui compoſée, & préparée le 30 janvier dernier, & à elle adminiſtrée le lendemain, ſoit dans les tiſanes & breuvages qu'il lui a ſeul adminiſtrés après ladite médecine, ledit jour 31 janvier dernier, ayant pris la précaution d'envoyer ſa ſervante à la campagne pour deux ou trois jours, & d'écarter les étrangers de la chambre de la dame de la Motte, &c. &c. Il n'étoit donc pas certain, s'écrioit-on, que Defrues eût empoiſonné la dame de la Motte, puiſque les juges n'ont pas oſé dire comment il l'avoit empoiſonnée, puiſqu'ils ont été réduits à dire que cette femme avoit été empoiſonnée dans une médecine ou dans des tiſannes.

J'ai peine, je l'avoue, à concevoir comment un raiſonnement auſſi abſurde a pu trouver quelque créance. Comment ! il eſt douteux que Defrues fût coupable, lorſque les gens de l'art ont reconnu l'action du poiſon ſur les viſcères de la dame de la Motte, lorſqu'il eſt prouvé que pour mieux immoler ſa victime en la dérobant à tous les regards, Defrues avoit eu la précaution d'envoyer ſa ſervante à la campagne pour deux ou trois jours ? Comment ! il eſt douteux que Defrues fût coupable, lorſqu'il eſt prouvé que la malheureuſe de la Motte entièrement livrée au ſcélérat Defrues, n'a rien reçu que de ſa main, lorſqu'il eſt prouvé qu'il lui a préparé une médecine le 30 janvier, lorſqu'il eſt prouvé qu'elle a pris cette médecine le 31, lorſqu'il eſt prouvé que tous les breuvages qu'elle a pris après cette médecine ont été préparés par Defrues, lui ont été préſentés par Defrues ; lorſqu'il eſt prouvé que la médecine, ou l'un de ces breuvages, & peut-être tous, étoient empoiſonnés ; lorſqu'il eſt prouvé que, &c. &c. &c. ; & qu'importe que Defrues ait empoiſonné la dame de la Motte dans une médecine, ou dans un bouillon ? en eſt-il moins coupable, & doit-on ſoupçonner l'équité du jugement, parce que les magiſtrats n'ayant pu connoître que l'effet du poiſon, n'ont pu décider quelle étoit la boiſſon avec laquelle il étoit deſcendu dans les entrailles de la dame de la Motte !

Ce ſcélérat, dont on a tant vanté l'eſprit, ne m'a pas paru plus adroit que ceux de ſon eſpèce ; & ſi ſon procès a été plus difficile à juger qu'un autre du même genre, cette difficulté ne doit point être attribuée au genre de défenſe du coupable, mais à la complication de faits & d'incidens peu merveilleux, à l'aide deſquels il s'étoit flatté de dérober la connoiſſance de ſon crime. Enfin, s'il reſtoit quelques doutes encore ſur la conviction de ce monſtre dans l'eſprit de quelques perſonnes, ils pourroient être levés par ces mots remarquables qui lui échappèrent dans les tourmens de la queſtion, maudit argent ! maudit argent ! J'ai entendu cette exclamation lui échapper deux fois, ainſi que je viens de la tranſcrire. Je ſuis bien éloigné, ſans doute, de tirer avantage contre un coupable des aveux que lui arrachent les douleurs de la torture ;

perſonne n'eſt plus convaincu que moi, & de la cruauté, & de l'inutilité de la torture, même préalable, telle qu'elle ſubſiſte aujourd'hui ; mais qu'on ne confonde pas le ſens des expreſſions du coupable : ce n'eſt point ici un aveu que lui arrachent les tourmens, c'eſt l'expreſſion la plus énergique du remords & du repentir d'avoir cédé à la ſoif de l'or. *Maudit argent ! maudit argent !*

Quo non mortalia pectora cogis
Auri ſacra fames !

J'ai dû cette digreſſion, née de mon ſujet, à la vérité & à l'honneur du tribunal dont j'ai l'avantage d'être membre ; puiſſent ceux qui la liront, en tirer au moins cette concluſion, qu'on a ſouvent beaucoup de peine à apprécier ce que l'on voit de ſes propres yeux, & qu'il eſt ſouverainement abſurde de s'ériger en juge des procès dont on ne connoît ni les charges, ni les procédures, qui, par leur nature, doivent être ſecrets pour tout le monde. Je reviens à la matière des empoiſonnemens en général.

L'édit de juillet 1682 prononce la peine de mort indiſtinctement, 1°. contre ceux qui ſont convaincus de s'être ſervi de poiſon ; 2°. contre ceux qui ſont convaincus d'avoir compoſé ou diſtribué du poiſon pour empoiſonner ; 3°. contre ceux qui ſont convaincus d'avoir attenté à la vie de quelqu'un par vénéfice & poiſon, enſorte qu'il n'ait pas tenu à eux que le crime ait été conſommé ; 4°. contre les fauteurs & complices de ce crime.

L'article 6 de cet édit met au nombre des poiſons, non-ſeulement ceux qui peuvent cauſer une mort prompte & violente, mais auſſi ceux qui, en altérant peu-à-peu la ſanté, cauſent des maladies, ſoit que leſdits poiſons ſoient ſimples, naturels ou compoſés, &c. *Voyez* ce que nous en avons dit *au mot* ENDORMEUR.

Comme les crimes qui ſe commettent par le poiſon ſont *non-ſeulement les plus déteſtables & les plus dangereux de tous, mais encore les plus difficiles à découvrir*, le légiſlateur veut, par une ſeconde diſpoſition de l'article 4, que tous ceux, ſans exception, qui auront connoiſſance qu'il aura été travaillé à faire du poiſon ; qu'il en aura été demandé ou donné, ſoient tenus de dénoncer inceſſamment ce qu'ils en ſauront aux procureurs-généraux, ou à leurs ſubſtituts ; &, en cas d'abſence, au premier officier public des lieux, à peine d'être extraordinairement procédé contre eux, & punis ſuivant les circonſtances & l'exigence des cas, comme fauteurs & complices deſdits crimes.

Il eſt cependant quelques poiſons qu'il eſt permis de vendre à certaines perſonnes ; mais tout le monde même ne peut pas faire également ce commerce, qui eſt aſſujetti à des formalités.

L'article 7 de l'édit de 1682 eſt conçu en ces termes.

« A l'égard de l'arſenic, du réalgal, de l'orpi-
» ment & du ſublimé, quoiqu'ils ſoient *poiſons*

» dangereux de toute leur subſtance, comme ils
» entrent & ſont employés en pluſieurs compo-
» ſitions néceſſaires, nous voulons, afin d'empê-
» cher à l'avenir la trop grande facilité qu'il y a
» eue juſqu'ici d'en abuſer, qu'il ne ſoit permis
» qu'aux marchands qui demeurent dans les villes
» d'en vendre & d'en livrer eux-mêmes ſeulement
» aux médecins, apothicaires, chirurgiens, or-
» fèvres, teinturiers, maréchaux, & autres per-
» ſonnes publiques qui, par leur profeſſion, ſont
» obligées d'en employer, leſquels néanmoins écri-
» ront, en les prenant, ſur un regiſtre particulier,
» tenu pour cet effet par leſdits marchands, leurs
» noms, qualités & demeures, enſemble la quan-
» tité qu'ils auront priſe deſdits minéraux; & ſi au
» nombre deſdits artiſans qui s'en ſervent, il s'en
» trouve qui ne ſavent écrire, leſdits marchands
» écriront pour eux; quant aux perſonnes incon-
» nues auxdits marchands, comme peuvent être
» les chirurgiens & maréchaux des bourgs & vil-
» lages, ils apporteront des certificats en bonne
» forme, contenant leurs noms, demeures & pro-
» feſſions, ſignés du juge des lieux, ou d'un no-
» taire & de deux témoins, ou du curé & de deux
» principaux habitans, leſquels certificats & atteſta-
» tions demeureront chez leſdits marchands pour
» leur décharge, &c. à peine de 5000 liv. d'amende
» en cas de contravention, même de punition cor-
» porelle, s'il y échet ».

Ceux qui, par état, ont droit de vendre des
poiſons, ſont obligés de les enfermer dans des lieux
ſûrs, dont ils doivent garder eux-mêmes la clef.
Ils ſont également aſtreints à tenir un regiſtre particulier, ſur lequel ils ſont aſſujettis à écrire la
qualité des remèdes dans leſquels ils ont employé
ces *poiſons*, les noms de ceux pour qui ces remèdes
ont été compoſés, & la quantité d'arſenic, ou réalgal, orpiment ou ſublimé, qui y eſt entrée. *Voyez*
l'article 8 de l'édit de 1682.

Nous ne répéterons point ici ce que nous avons
dit relativement à une claſſe particulière d'empoi-
ſonneurs, connus ſous le nom d'*endormeurs*. Nous
y avons déjà renvoyé dans le cours de cet article.
Voyez ENDORMEURS. (*Article de M. BOUCHER*
D'ARGIS, conſeiller au châtelet, de l'académie royale
des ſciences, belles-lettres & arts de Rouen.)

POISSONNAGE, (*Droit féodal.*) on a ainſi
déſigné un droit ſeigneurial qui ſe percevoit apparemment ſur les poiſſons vendus au marché. Un
regiſtre de Jean, duc de Berry, cité par dom Carpentier, *au mot* Poiſonerius, dit au *fol. 118 verſo*:
« ci s'enſuivent li cens & li *poiſſonnage* dudit monſ.
» le duc, à poïer la ſaint André ». (*G. D. C.*)

POISSONS DE MORZ, (*Droit féodal.*) c'eſt
une eſpèce de droit ſeigneurial dont il eſt parlé dans
une chartre donnée, en 1312, par Louis, comte
de Nevers: « *item*, y eſt-il dit, deniers deus à Cone,
» appellez les *poiſſons de morz*, priſiez dix ſous tour-
» nois de rente chaſcun an, & ſont païez chaſcun an

» le jour des brandons ». *Voyez le* Gloſſarium novum
de dom Carpentier, *au mot* Piſcis ſacer. (*G. D. C.*)

POIZAGE. On nomme ainſi le droit qu'on paie
pour les marchandiſes peſées au poids public. *Voyez*
Ducange, *au mot* Ponderatio *ſous* Pondus. (*G. D. C.*)

POLAGE & POLLAGE, (*Droit féodal.*) on a
ainſi nommé autrefois de la *poulaille* ou de la volaille, & les cens & redevances dues en poulets.
Voyez Ducange & *dom* Carpentier, *aux mots* Pola-
gium & Pulagium. (*G. D. C.*)

POLICE, ſ. f. (*Droit public.*) ce mot vient de
πόλις, *ville*, dont les Grecs ont fait πολιτεία,
& nous, *police*. Il a différentes acceptions qui demandent quelque détail pour être bien entendues.
La vie commode & tranquille fut le premier objet
des ſociétés: mais les erreurs étant plus communes
peut-être, l'amour-propre plus raffiné, les paſſions,
ſinon plus violentes, du moins plus étendues dans
les hommes raſſemblés que dans les hommes épars,
il eſt preſque arrivé le contraire de ce qu'on s'étoit
propoſé; & celui qui n'entendant que la valeur des
mots, tâcheroit, ſur celui de *ſociété*, de ſe former
une idée de la choſe, devineroit exactement le contraire de ce que c'eſt. On a cherché les remèdes à
ce terrible inconvénient, & l'on a fait les loix. Les
loix ſont des règles de conduite tirées de la droite
raiſon & de l'équité naturelle que les bons ſuivent
volontairement, & auxquelles la force contraint
les méchans de ſe ſoumettre du moins en apparence.
Entre les loix, les unes tendent au bien général de
la ſociété; les autres ont pour but le bien des particuliers. La connoiſſance des premières eſt ce
qu'on entend par la ſcience du droit public. La
ſcience du droit privé a pour objet la connoiſſance
des ſecondes.

Les Grecs donnoient le nom de *police* à la première branche: leur πολιτεία s'étendoit donc à
toutes les formes différentes de gouvernement: on
pouvoit même dire en ce ſens, la *police* du monde,
monarchique ici, ariſtocratique ailleurs, &c. &
c'étoit l'art de procurer à tous les habitans de la
terre une vie commode & tranquille. En reſtrei-
gnant ce terme à un ſeul état, à une ſeule ſociété,
la *police* étoit l'art de procurer les mêmes avantages
à un royaume, à une ville, &c.

Le terme *police* ne ſe prend guère parmi nous
que dans ce dernier ſens. Cette partie du gouvernement eſt confiée à un magiſtrat, qu'on appelle
lieutenant de police. C'eſt lui qui eſt particulièrement
chargé de l'exécution des loix publiées pour procurer aux habitans d'une ville, de la capitale, par
exemple, une vie commode & tranquille, malgré
les efforts de l'erreur & les inquiétudes de l'amour-
propre & des paſſions.

On voit évidemment que la *police* a dû varier
chez les différens peuples. Quoique ſon objet fût le
même par-tout, la commodité & la tranquillité de
la vie, c'eſt le génie des peuples, la nature des lieux
qu'ils habitoient, les conjonctures dans leſquelles

ils fe trouvoient, &c. qui ont décidé des moyens propres à obtenir ces avantages.

Les Hébreux, les premiers peuples de la terre, ont été les premiers policés. Qu'on ouvre les livres de Moïfe, on y verra des loix contre l'idolâtrie, le blafphème, l'impureté; des ordonnances fur la fanctification du jour du repos & des jours de fêtes; les devoirs réciproques des pères, des mères, des enfans, des maîtres & des ferviteurs fixés; des décrets fomptuaires en faveur de la modeftie & de la frugalité; le luxe, l'intempérance, la débauche, les proftitutions, &c. profcrites : en un mot, un corps de loix qui tendent à entretenir le bon ordre dans les états eccléfiaftiques, civils & militaires; à conferver la religion & les mœurs; à faire fleurir le commerce & les arts; à procurer la fanté & la fûreté; à entretenir les édifices; à fuftenter les pauvres, & à favorifer l'hofpitalité.

Chez les Grecs, la *police* avoit pour objet la confervation, la bonté, & les agrémens de la vie. Ils entendirent par la confervation de la vie ce qui concerne la naiffance, la fanté & les vivres. Ils travailloient à augmenter le nombre des citoyens, à les avoir fains, un air falubre, des eaux pures, de bons alimens, des remèdes bien conditionnés, & des médecins habiles & honnêtes gens.

Les Romains, en 312, envoyèrent des ambaffadeurs en Grèce chercher les loix & la fageffe. De-là vient que leur police fuivit à-peu-près la même divifion que celle des Athéniens.

Les François & la plupart des habitans actuels de l'Europe ont puifé leur *police* chez les anciens. Avec cette différence, qu'ils ont donné à la religion une attention beaucoup plus étendue. Les jeux & les fpectacles étoient chez les Grecs & les Romains une partie importante de la *police* : fon but étoit d'en augmenter la fréquence & la fomptuofité; chez nous, elle ne tend qu'à en corriger les abus & à y empêcher le tumulte.

Les objets particuliers de la *police* parmi nous, font la religion, les mœurs, la fanté, les vivres, la fûreté, la tranquillité, la voirie, les fciences & arts libéraux; le commerce, les manufactures & arts méchaniques, les domeftiques, manœuvres & pauvres.

Nous venons de voir quels étoient les objets de la *police* chez les différens peuples; paffons aux moyens dont ils ont ufé pour la faire.

L'an 2904 du monde, Menès partagea l'Egypte en trois parties, chaque partie en dix provinces ou dynafties, & chaque dynaftie en trois préfectures. Chaque préfecture fut compofée de dix juges, tous choifis entre les prêtres; c'étoit la nobleffe du pays. On appelloit de la fentence d'une préfecture à celle d'un nomos, ou de la jurifdiction d'une des trois grandes parties.

Hermès Trifmégifte, fecrétaire de Menès, divifa les Egyptiens en trois claffes; le roi, les prêtres, & le peuple : & le peuple en trois condi-

tions; le foldat, le laboureur & l'artifan. Les nobles ou les prêtres pouvoient feuls entrer au nombre des miniftres de la juftice & des officiers du roi. Il falloit qu'ils euffent au moins vingt ans, & des mœurs irréprochables. Les enfans étoient tenus de fuivre la profeffion de leurs pères. Le refte de la *police* des Egyptiens étoit renfermé dans les loix fuivantes. Première loi, les parjures feront punis de mort. Seconde loi, fi l'on tue ou maltraite un homme en votre préfence, vous le fecourrez fi vous pouvez, à peine de mort : finon, vous dénoncerez le malfaiteur. Troifième loi, l'accufateur calomnieux fubira la peine du talion. Quatrième loi, chacun ira chez le magiftrat déclarer fon nom, fa profeffion : celui qui vivra d'un mauvais commerce, ou fera une fauffe déclaration, fera puni de mort. Cinquième loi, fi un maître tue fon ferviteur, il mourra; la peine devant fe régler, non fur la condition de l'homme, mais fur la nature de l'action. Sixième loi, le père ou la mère qui tuera fon enfant, fera condamné à en tenir entre fes bras le cadavre pendant trois jours & trois nuits. Septième loi, le parricide fera percé dans tous les membres de rofeaux pointus, couché nud fur un tas d'épines, & brûlé vif. Huitième loi, le fupplice de la femme enceinte fera différé jufqu'après fon accouchement : en agir autrement, ce feroit punir deux innocens, le père & l'enfant. Neuvième loi, la lâcheté & la défobéiffance du foldat feront punies à l'ordinaire : cette punition confiftoit à être expofé trois jours de fuite en habit de femme, rayé du nombre des citoyens, & renvoyé à la culture des terres. Dixième loi, celui qui révélera à l'ennemi les fecrets de l'état, aura la langue coupée. Onzième loi, quiconque altérera la monnoie, ou en fabriquera de fauffe, aura les poings coupés. Douzième loi, l'amputation du membre viril fera la punition du viol. Treizième loi, l'homme adultère fera battu de verges, & la femme aura le nez coupé. Quatorzième loi, celui qui niera une dette dont il n'y aura point de titre écrit, fera pris à fon ferment. Quinzième loi, s'il y a titre écrit, le débiteur paiera; mais le créancier ne pourra faire excéder les intérêts au double du principal. Seizième loi, le débiteur infolvable ne fera point contraint par corps : la fociété partageroit la peine qu'il mérite. Dix-feptième loi, quiconque embraffera la profeffion de voleur, ira fe faire infcrire chez le chef des voleurs qui tiendra regiftre des chofes volées, & qui les reftituera à ceux qui les réclameront, en retenant un quart pour fon droit & celui de fes compagnons. Le vol ne pouvant être aboli, il vaut mieux en faire un état, & conferver une partie que de perdre le tout.

Nous avons rapporté ces règles de la *police* des Egyptiens, parce qu'elles font en petit nombre, & qu'elles peuvent donner une idée de la juftice de ces peuples. Il ne fera pas poffible d'entrer dans le même détail fur la *police* des Hébreux. Mais nous aurons ici ce qui nous manque d'un autre côté; je

veux dire une connoiſſance aſſez exaᶜte des miniſtres à qui l'exécution des loix fut confiée.

Moïſe, ſur les avis de Jéthro ſon beau-père, re-
connoiſſant, malgré l'étendue de ſes lumières & ſa
capacité, ſon inſuffiſance pour l'èxercice entier de
la *police*, confia une partie de ſon autorité à un certain nombre d'hommes craignant Dieu, ennemis du
menſonge & de l'avarice; partagea le peuple en tribus de 1000 familles chacune, chaque tribu en départemens de 100 familles, chaque département en
quartiers de 50, & chaque quartier en portion de
10; & créa un officier intendant d'une tribu entière,
avec d'autres employés ſubalternes pour les départemens & leurs diviſions. Cet intendant s'appella
ſara alaphem, ou préfet, ou intendant de tribu;
ſes ſubalternes, *ſara meot*, préfet de 100 familles;
ſara hhamiſchein, ou préfet de 50 familles; *ſara
haẓaroth*, préfet de 10 familles.

Il forma de plus un conſeil de ſoixante-dix perſonnes, appellées de leur âge & de leur autorité,
ẓekemni, *ſeniores* & *magiſtri populi*. Ce conſeil étoit
nommé le *ſanhedrin*. Le grand-prêtre y préſidoit.
On y connoiſſoit de toutes les matières de religion.
Il veilloit à l'obſervation des loix. Il jugeoit ſeul
des crimes capitaux, & on y portoit appel des juriſdictions inférieures.

Au-deſſous du ſanhedrin, il y avoit deux autres
conſeils, où les matières civiles & criminelles
étoient portées en première inſtance; ces tribunaux
ſubalternes étoient compoſés chacun de ſept juges,
entre leſquels il y avoit toujours deux lévites.

Tel fut le gouvernement & la *police* du peuple
dans le déſert: mais lorſque les Hébreux furent
fixés, l'état des *ſare* changea; ils ne veillèrent plus
ſur des familles, mais ſur des quartiers ou portions
de ville, & s'appellèrent *ſare pelakim*, le *kireiah*.

Jéruſalem qui ſervit de modèle à toutes les autres
villes de la Judée, fut diſtribuée en quatre régions
appellées *pelek bethacaram*, ou le quartier de la maiſon de la vigne; *pelek bethſur*, le quartier de la maiſon de force; *pelek malpha*, le quartier de la gué-
rite; *pelek ceila*, le quartier de la diviſion. Il y eut
pour chaque quartier deux officiers chargés du ſoin
de la *police* & du bien public; l'un ſupérieur, qui
avoit l'intendance de tout le quartier, on l'appelloit
ſare pelek, préfet du quartier. Le *ſarahhtſi pelek*,
l'officier ſubalterne, n'avoit inſpection que ſur une
portion du quartier. C'étoit à-peu-près comme le
commiſſaire ancien & les nouveaux commiſſaires
parmi nous; & leurs fonctions étoient, à ce qu'il
paroît, entièrement les mêmes. Voilà en général
ce qui concerne la *police* & le gouvernement des
Hébreux.

Police des Grecs dans Athènes. Ce fut auſſi chez
les Grecs la maxime de partager l'autorité de la magiſtrature entre pluſieurs perſonnes. Les Athéniens
formoient un ſénat annuel de cinq cens de leurs
principaux citoyens. Chacun préſidoit à ſon tour,
& les autres membres de cette aſſemblée ſervoient
de conſeil au préſident.

Ces cinq cens juges ſe diſtribuoient en dix claſſes
qu'on appelloit *prytanes*; & l'année étant lunaire &
ſe partageant auſſi chez eux en dix parties, chaque
prytane gouvernoit & faiſoit la *police* pendant 35
jours; les quatre jours reſtans étoient diſtribués
entre les quatre premières prytanes qui avoient
commencé l'année.

Entre les cinquante juges qui étoient de mois, on
en éliſoit dix toutes les ſemaines qu'on nommoit
préſidens, *proeres*; & entre ces dix on en tiroit ſept
au ſort, qui partageoient entre eux les jours de la
ſemaine; celui qui étoit de jour s'appelloit l'*archai*.
Voilà pour la *police* de la ville.

Voici pour l'adminiſtration de la république.
Entre les dix prytanes ils en prenoient une pour
ces fonctions. Les neuf autres leur fourniſſoient
chacune un magiſtrat, qu'on appelloit *archonte*. De
ces neuf archontes, trois étoient employés à rendre au peuple la juſtice pendant le mois: l'un avoit
en partage les affaires ordinaires & civiles, avec la
police de la ville: on le nommoit *poliarque*, *préfet*
ou *gouverneur de la ville*: l'autre, les affaires de religion, & s'appelloit *baſileus*, le roi: le troiſième,
les affaires étrangères & militaires, d'où il tiroit le
nom de *polemarque* ou *commandant des armées*. Les
ſix autres archontes formoient les conſeils du poliarque, du roi & du polemarque. Ils examinoient
en corps les nouvelles loix, & ils en faiſoient au
peuple le rapport; ce qui les fit nommer du nom
générique de *theſmotetes*.

Tous les officiers étoient amovibles & annuels.
Mais il y avoit un tribunal toujours compoſé des
mêmes perſonnes, c'étoit l'aréopage. C'étoit une
aſſemblée formée de citoyens qui avoient paſſé par
l'une des trois grandes magiſtratures, & toutes les
autres juriſdictions leur étoient ſubordonnées. Mais
ce n'étoient pas-là les ſeuls officiers ni du gouvernement ni de la *police*; les Grecs avoient conçu
qu'il n'étoit guère poſſible d'obvier aux inconvéniens qu'à force de ſubdiviſions; auſſi avoient-ils
leurs *dœſiſmates* ou *exploratores*, leurs *panepiſcopes* ou
inſpectores omnium rerum, leurs *chorepiſcopes* ou *inſpectores regionum urbis*. Les Lacédémoniens comprenoient tous ces officiers ſous le nom commun de
nomophulaques, dépoſitaires & gardiens de l'exécution des loix.

Les autres villes de la Grèce étoient pareillement
diviſées en quartiers, les petites en deux, les
moyennes en trois, & les grandes en quatre. On
appelloit les premières *dipolis*, les ſecondes *tripolis*,
& les troiſièmes *tetrapolis*. Dans Athènes, chaque
quartier avoit ſon ſophroniſte, & dans Lacédémone, ſon armoſin, ou inſpecteur de la religion
& des mœurs; un gunaiconome, ou inſpecteur de
la décence & des habits des femmes; un opſi-
nome, ou inſpecteur des feſtins; un aſtunome, ou
inſpecteur de la tranquillité & commodité publique;
un agoranome, ou inſpecteur des vivres, marchés
& commerce; un métronome, ou inſpecteur des

poids & mesures. Tels furent les officiers & l'ordre de la *police* des Grecs.

Les Romains eurent la leur, mais qui ne fut pas toujours la même. Voyons ce qu'elle fut sous les rois & ce qu'elle devint sous les consuls & les empereurs. Les Romains renfermés dans une petite ville qui n'avoit que mille maisons & douze cens pas de circuit, n'avoient pas besoin d'un grand nombre d'officiers de *police*; leur fondateur suffisoit, & dans son absence un vice-gérent, qu'il nommoit sous le titre de préfet, *præfectus urbis.*

Il n'y avoit que les matières criminelles qui fussent exceptées de la jurisdiction du souverain ou du préfet de la ville; les rois qui se réservèrent la distribution des grâces, renvoyoient au peuple la punition des crimes; alors le peuple s'assembloit ou nommoit ses rapporteurs.

Il n'y avoit encore d'autre juge de *police* que le souverain & son préfet, car le sénateur n'étoit qu'un citoyen du premier des trois ordres, dans lesquels Romulus avoit divisé le peuple romain; mais la ville s'agrandissant, & le peuple devenant nombreux, on ne tarda pas à sentir la nécessité d'en créer d'autres. On institua donc deux officiers pour la recherche des crimes, sous le nom de *quesseurs*; voilà tout ce qui se fit sous les rois, soit jalousie de leur part, soit peu de besoin d'un plus grand partage de l'autorité.

Tarquin fut chassé & on lui substitua deux consuls. Les consuls tinrent la place du souverain, & créèrent, à son exemple, un préfet de la ville, en cas d'absence. Les choses demeurèrent cent seize ans dans cet état; mais le peuple las de ne donner aucun magistrat à l'état, fit des efforts pour sortir de cet avilissement. Il demanda des tribuns tirés de son ordre; il étoit le plus fort, & on lui en accorda deux. Les tribuns demandèrent des aides, & les édiles furent créés: les tribuns veilloient à la conservation des droits du peuple, & les édiles à celle des édifices.

Cependant les consuls étoient toujours les seuls législateurs de l'état. Le peuple exigea, par la bouche des tribuns, des loix écrites auxquelles il pût se conformer. Il fallut encore céder & envoyer en Grèce des députés, pour en obtenir de ces peuples policés.

Les députés séjournèrent trois ans dans la Grèce, & en apportèrent un recueil de ce qu'ils avoient observé de plus sage. On en forma dix tables, auxquelles deux autres furent ajoutées dans la suite, & l'on eut la loi des douze tables.

Cependant Rome s'étendoit, & les officiers se multiplièrent au point que deux consuls n'y suffisoient plus. On créa donc deux nouveaux officiers sous le nom de *censeurs*. L'emploi des censeurs étoit de faire tous les cinq ans le dénombrement du peuple, de veiller aux édifices considérables, à la propreté des rues, aux réparations des grands chemins, aux aqueducs, au recouvrement des revenus pu-

blics, à leur emploi, & à tout ce qui concerne les mœurs & la discipline des citoyens.

Ce district étoit étendu, & les censeurs se choisirent des édiles comme ils en avoient le droit, sur lesquels ils se déchargèrent du soin des rues. On fut si content de ces officiers, qu'on ajouta à leur intendance, celle des vivres, des jeux & des spectacles, & leur emploi fut le premier degré aux grandes charges de la république. Ils prirent le titre de *curatores urbis*, celui d'édiles ne leur convenant plus.

Les édiles étoient tirés de l'ordre plébéïen; l'importance de leur charge excita la jalousie des sénateurs, qui profitèrent d'une demande du peuple, pour leur ravir une partie de cet avantage. Le peuple demandoit qu'il y eût un consul plébéïen; & les sénateurs, en revanche, demandèrent deux édiles de l'ordre patricien. Le peuple fut étonné de cette démarche du sénat; mais les édiles se trouvant alors dans l'impossibilité de donner au peuple les grands jeux dont la dépense excédoit leurs moyens, la jeune noblesse s'offrit à en faire les frais, à condition de partager la dignité. On accepta cette proposition, & il y eut un consul plébéïen & deux édiles patriciens ou curules: ils tenoient ce nom d'un petit siège d'ivoire qu'ils faisoient porter dans leur char.

L'autorité des consuls se bornoit à la réprimande, *ignominia*: lorsque la sentence des juges confirmoit cette réprimande, la perte entière de la réputation, ou l'infamie, *infamia*, s'ensuivoit.

L'accroissement des affaires occasionna une nouvelle création d'officiers. On sépara les affaires de la république & du gouvernement de celles de la *police* & de la jurisdiction contentieuse, & il y eut un préteur; ce magistrat rendit la justice, & fit pour les consuls ce que les rois avoient fait par eux-mêmes pendant deux cens quarante ans, & les consuls pendant cent quarante-quatre.

Le préteur devint donc, pour ainsi dire, collègue des consuls, & fut distingué par les mêmes marques de dignité, & eut droit, ainsi que les questeurs, de se donner des aides; les édiles lui furent subordonnés, & n'agirent jamais que par ses ordres & comme ses commis.

Les loix s'accumulèrent nécessairement à mesure que le nombre des magistrats différens augmenta. Il fallut du tems pour s'en instruire, & plus de savoir qu'un seul homme n'en pouvoit acquérir; ce fut par cette raison que le préteur créa les centumvirs, de cinq hommes pris dans chacune des trente-cinq tribus. Il avoit recours à ce conseil dans les affaires de droit. Il se nommoit dans celle de fait tels assesseurs qu'il jugeoit à propos: quant aux matières criminelles, c'étoit l'affaire des questeurs de en informer le peuple à qui il avoit appartenu de tout temps d'en juger.

Mais l'inconvénient d'assembler le peuple dans toute occasion capitale, donna lieu à la création des questeurs perpétuels, & au renvoi de la plainte des quefteurs au tribunal du préteur, qui fit par conféquent la *police* pour le civil & pour le criminel. Les quefteurs, qui jufqu'alors avoient dépendu du peuple, commencèrent donc à être foumis au préteur, qui eut fous lui les édiles & les quefteurs.

On donna aux édiles des aides au nombre de dix, fous le nom de *décemvirs* : ces aides fans titres trouvèrent de la difficulté dans l'exercice de leurs fonctions, & ils obtinrent celui d'édiles, mais reftraints aux incendies, *ædiles incendiorum extinguendorum*. Jules Céfar en créa dans la fuite deux pour les vivres, *ædiles cereales* : il y eut donc feize édiles, deux plébéiens, deux curules, dix *incendiorum extinguendorum*, & deux *cereales*; mais tous furent foumis au préteur; ils agirent feulement *delegatione & vice prætoris*.

Ces officiers firent dans la fuite quelques tentatives pour fe fouftraire à cette jurifdiction & former un corps indépendant; ils réuffirent au point de jouir du droit de publier en leur nom collectif, un édit fous le titre d'*edictum ædilium*; mais ce défordre dura peu; ils rentrèrent dans leur devoir; & pour les empêcher dorénavant d'en fortir, on écrivit dans les loix que, *edicta ædilium funt pars juris prætorii*; mais que *edicta prætorum habent vim legis*.

Ce fut ainfi que l'autorité du préteur fe conferva pleine & entière jufqu'au tems où des factions fe propofant la ruine de la république, & s'appercevant quel obftacle faifoit à leurs deffeins la puiffance de ce magiftrat, fe propofèrent de l'affoiblir d'abord, puis de l'anéantir entièrement en le divifant. Le préteur de Rome avoit un collègue pour les affaires étrangères, fous le titre de *prætor peregrinus*. Les mécontens parvinrent à lui faire donner fix adjoints pour les affaires criminelles. Ces adjoints furent pris du nombre des préteurs défignés pour les provinces, fous prétexte qu'ils avoient befoin d'inftruction. On ajouta encore dans la fuite deux préteurs pour les vivres; enfin le partage fut pouffé fi loin, que fous le triumvirat qui acheva la ruine de la *police* & du bon ordre, on comptoit jufqu'à foixante-quatre préteurs, qui tous avoient leurs tribunaux : ce fut alors que recommencèrent les attentats des édiles; & comme fi l'on eût eu peur que ce fût fans fuccès, on continua d'affoiblir les préteurs en les multipliant.

Tel étoit l'état des chofes lorfqu'Augufte parvint à l'empire. Il commença la réforme par la réduction du nombre des préteurs à feize, dont il fixa la compétence aux feules matières civiles en première inftance. Il les fubordonna à un préfet de la ville, dont la jurifdiction s'étendoit fur Rome & fur fon territoire jufqu'à cinquante ftades aux environs, ce qui revient à trente-cinq de nos lieues. Il fut le feul magiftrat de *police*, & cette préfecture qui avoit toutes les prérogatives de notre lieutenance de *police*, fut un pofte fi important, qu'Augufte en pourvut pour la première fois fon gendre Agrippa, qui eut pour fucceffeur Mécène, Meffala, Corvinus, Statilius Taurus, &c.

Le nouveau magiftrat fut chargé de tout ce qui concerne l'utilité publique & la tranquillité des citoyens, des vivres, des ventes, des achats, des poids & mefures, des arts, des fpectacles, de l'importation des bleds, des greniers publics, des jeux, des bâtimens, du parc, de la réparation des rues & grands chemins, &c.

Augufte attaqua enfuite le corps remuant des édiles; il en retrancha dix, & ôta à la jurifdiction de ceux qui reftoient ce qu'ils avoient ufurpé fur le dernier préteur, qu'il fupprima. Il fubftitua aux préteurs & aux édiles quatorze *curatores urbis*, infpecteurs de ville ou commiffaires, qui fervirent d'aides au préfet de la ville, *adjutores præfecti urbis*. Il inftitua autant de quartiers dans Rome qu'il avoit créé de commiffaires; chaque commiffaire eut un quartier pour fon diftrict.

L'innovation d'Augufte entraîna, fous Conftantin, la fuppreffion des édiles. Les quatorze commiffaires étoient plébéiens. Ce nombre fut doublé par Alexandre Sévère, qui en choifit quatorze autres dans l'ordre patricien, ce qui fait préfumer que Rome fut fubdivifée en quatorze autres quartiers.

Les Romains, convaincus de la néceffité d'entretenir foigneufement les greniers publics, avoient créé, fous Jules Céfar, deux préteurs & deux édiles, pour veiller à l'achat, au tranfport, au dépôt, & à la diftribution des grains. Augufte fupprima ces quatre officiers, & renvoya toute cette intendance au préfet de la ville, à qui il donna pour foulagement un fubdélégué, qu'il nomma *præfectus annonæ*, le préfet des provifions; cet officier fut tiré de l'ordre des chevaliers.

La fûreté de la ville pendant la nuit fut confiée à trois officiers, qu'on appelloit *triumvirs nocturnes*. Ils faifoient leurs rondes, & s'affuroient fi les plébéiens, chargés du guet, étoient à leur devoir. Les édiles fuccédèrent à ces triumvirs nocturnes; & pour cet effet, leur nombre fut augmenté de dix, qu'Augufte fupprima, comme nous avons dit. Il préféra à ce fervice celui de mille hommes d'élite, dont il fit fept cohortes qui eurent chacune leur tribun. Une cohorte avoit par conféquent la garde de deux quartiers; tous ces tribuns obéiffoient à un commandant en chef, appellé *præfectus vigilum*, commandant du guet; cet officier étoit fubordonné au préfet de la ville. Il ajouta à ces officiers fubordonnés au préfet de Rome, un commiffaire des canaux & autres ouvrages conftruits, foit pour la conduite, foit pour la confervation des eaux, un commiffaire du canal ou lit du Tibre & des cloaques; quant à la cenfure, il s'en réferva l'autorité, confiant feulement à un officier, qui portoit le titre de *magifter cenfûs*, le foin de taxer les citoyens, & de recouvrer les deniers publics. Il créa un commiffaire des grands édifices, un commiffaire des moindres édifices, un commiffaire des ftatues, un infpecteur des rues & de leur nettoiement, appellé *præfectus rerum nitentium*.

Pour que les commiffaires de quartiers fuffent

bien inftruits, il leur fubordonna trois fortes d'officiers, des dénonciateurs, des vicomaires, & des ftationnaires. Les dénonciateurs, au nombre de dix pour chaque quartier, inftruifoient les commiffaires des défordres; pour favoir ce que c'étoit que les vicomaires, il faut obferver que chaque quartier étoit fubdivifé en départemens; quatre officiers annuels avoient l'infpection de chaque département. Ils marchoient armés & prêtoient main forte aux commiffaires: tel étoit l'emploi des vicomaires. Il y avoit à Rome quatorze quartiers; chaque quartier fe fubdivifoit en quatre cens vingt-quatre départemens, *vici*. Il y avoit donc pour maintenir l'ordre & la tranquillité publique, & faire la *police* dans cette étendue, foixante-dix-huit commiffaires, vingt-huit dénonciateurs, & mille fix cens quatre-vingt-feize vicomaires. Les ftationnaires occupoient les poftes fixés dans la ville, & leur fonction étoit d'appaifer les féditions.

Voilà pour la *police* de Rome, mais quelle fut celle du refte de l'empire? Les Romains, maîtres du monde, poferent pour premier principe d'un fûr & folide gouvernement, cette maxime cenfée, *omnes civitates debent fequi confuetudinem urbis Romæ.* Ils envoyèrent dans toutes les provinces fubjuguées un proconful; ce magiftrat avoit dans la province l'autorité & les fonctions du préfet de Rome, & du conful. Mais c'en étoit trop pour un feul homme; on le foulagea donc par un député du proconful, *legatus proconfulis.* Le proconful faifoit la *police* & rendoit la juftice. Mais dans la fuite on jugea à propos, pour l'exactitude de la *police*, qui demande une préfence & une vigilance ininterrompue, de fixer, dans chaque ville principale, des députés du proconful, fous le titre de *fervatores locorum.* Augufte ne toucha point à cet établiffement, il fongea feulement à le perfectionner, en divifant les lieux dont les députés du proconful étoient les confervateurs, en des départemens plus petits, & en augmentant le nombre de ces officiers.

Les Gaules furent partagées en dix-fept provinces, en trois cens cinq peuples ou cités, & chaque peuple en plufieurs départemens particuliers. Chaque peuple avoit fa capitale, & la capitale du premier peuple d'une province s'appella la *métropole de la province.* On répandit des juges dans toutes les villes. Le magiftrat, dont la jurifdiction comprenoit une des dix-fept provinces entières, s'appella *préfident* ou *proconful*, felon que la province étoit du partage de l'empereur ou du fénat. Les autres juges n'avoient d'autres titres que celui de juges ordinaires, *judices ordinarii*, dans les grandes villes; de juges pédanés, *judices pedanei*, dans les villes moyennes; & de maires des bourgs ou villages, *magiftri pagorum*, dans les plus petits endroits. Les affaires fe portoient des maires aux juges ordinaires de la capitale, de la capitale à la métropole, & de la métropole à la primatie, & de la primatie quelquefois à l'empereur. La primatie fut une jurifdiction établie dans chacune des quatre plus anciennes

villes des Gaules, à laquelle la jurifdiction des métropoles étoit fubordonnée.

Mais tous ces appels ne pouvoient manquer de jetter les peuples dans de grands frais. Pour obvier à ces inconvéniens, Conftantin foumit tous ces tribunaux à celui d'un préfet du prétoire des Gaules, où les affaires étoient décidées en dernier reffort, fans fortir de la province.

Les juges romains conferverent leurs anciens noms jufqu'au temps d'Adrien; ce fut fous le règne de cet empereur qu'ils prirent ceux de ducs & de comtes: voici à quelle occafion. Les empereurs commencèrent alors à fe former un confeil; les membres de ce confeil avoient le titre de comtes, *comites.* Ils en furent tellement jaloux, que quand ils paflerent du confeil de l'empereur à d'autres emplois, ils jugèrent à propos de le conferver, ajoutant feulement le nom de la province où ils étoient envoyés; mais il y avoit des provinces de deux fortes; les unes pacifiques, & les autres militaires. Ceux qu'on envoyoit dans les provinces militaires étoient ordinairement les généraux des troupes qui y réfidoient; ce qui leur fit prendre le titre de ducs, *duces.*

Il y avoit peu de chofe à reprocher à la *police* de Rome; mais celle des provinces étoit bien imparfaite. Il étoit trop difficile, pour ne pas dire impoffible, à des étrangers de connoître affez bien le génie des peuples, leurs mœurs, leurs coutumes, les lieux, une infinité d'autres chofes effentielles, qui demandent une expérience confommée, & de ne pas faire un grand nombre de fautes confidérables. Auffi cela arriva-t-il; ce qui détermina l'empereur Augufte, ou un autre, car la date de cette innovation n'eft pas certaine, à ordonner que les députés des confuls & les confervateurs des lieux feroient tirer du corps même des habitans, un certain nombre d'aides qui les éclaireroient dans leurs fonctions. Le choix de ces aides fut d'abord à la difcrétion des préfidens ou premiers magiftrats des provinces; mais ils en abuferent au point qu'on fut obligé de le transférer à l'affemblée des évêques, de leur clergé, des magiftrats, & des principaux citoyens. Le préfet du prétoire confirmoit cette élection. Dans la fuite, les empereurs fe réfervèrent le droit de nommer à ces emplois.

Ces aides eurent différens noms; ils s'appellèrent, comme à Rome, *curatores urbis*, commiffaires; *fervatores locorum*, défenfeurs des lieux; *vicarii magiftratuum*, vice-gérens des magiftrats; *parentes plebis*, pères du peuple; *defenfores difciplinæ*, *inquifitores*, *difcuffores*; & dans les provinces grecques, *irenarchi*, modérateurs ou pacificateurs. Leurs fonctions étoient très-étendues; & afin qu'ils les exerçaffent fûrement, on leur donna deux huiffiers: les huiffiers des barrières, *apparitores ftationarii*, avoient auffi ordre de leur obéir.

Il y eut entre ces nouveaux officiers de *police*, & les officiers romains, des démêlés qui auroient eu des fuites fâcheufes, fi les empereurs ne les euffent prévenues , en ordonnant que les aides des députés du conful & des confervateurs des lieux feroient pris entre les principaux habitans , ce qui écarta d'eux le mépris qu'en faifoient les officiers romains. L'hiftoire de la *police* établie par les Romains dans les Gaules, nous conduit naturellement à celle de France, où nous allons entrer.

Police de France. Il y avoit 470 ans que les Gaules étoient fous la domination des Romains, lorfque Pharamond paffa le Rhin à la tête d'une colonie, s'établit fur fes bords , & jetra les fondemens de la 'monarchie françoife à Tréves, où il s'arrêta. Clodion s'avança jufqu'à Amiens : Mérovée envahit le refte de la province , la Champagne , l'Artois , une partie de l'île de France , & la Normandie. Childéric fe rendit maître de Paris ; Clovis y établit fon féjour, & en fit la capitale de fes états. Alors les Gaules prirent le nom de *France*, du nom des peuples qui fuivoient fes conquérans.

Trois peuples partageoient les Gaules dans ces commencemens ; les Gaulois , les Romains & les François. Le feul moyen d'accorder ces peuples , que la prudence de nos premiers rois mit en ufage , ce fut de maintenir la *police* des Romains. Pour cet effet , ils diftribuèrent les primaties , les duchés & les comtés du premier ordre à leurs officiers-généraux ; les comtés du fecond ordre à leurs meftresde-camp & colonels , & les mairies à leurs capitaines , lieutenans , & autres officiers fubalternes. Quant aux fonctions, elles demeurèrent les mêmes ; on accorda feulement à ces magiftrats , à titre de récompenfe , une partie des revenus de la jurifdiction.

Les généraux , meftres-de-camp & colonels , acceptèrent volontiers les titres de *patrice* , *primat* , *duc & comte* ; mais les capitaines & autres officiers aimèrent mieux conferver leurs noms de *centeniers* , *cinquanteniers* & *dixainiers* , que de prendre ceux de *juges pédanés* , ou *maires de village*. La jurifdiction des dixainiers fut fubordonnée à celle des cinquanteniers, & celle-ci à celle des centeniers ; c'eft de-là que viennent apparemment les diftinctions de haute, moyenne & baffe juftice.

On fubftitua au préfet du prétoire des Gaules, dont le tribunal dominoit toutes ces jurifdictions, le comte du palais, *comes palatii*, qui s'appella dans la fuite, *maire du palais*, *duc de France*, *duc des ducs*.

Tel étoit l'état des chofes fous Hugues Capet. Les troubles dont fon règne fut agité, apportèrent des changemens dans la *police* du royaume. Ceux qui poffédoient les provinces de France s'avifèrent de prétendre que le gouvernement devoit en être héréditaire dans leur famille. Ils étoient les plus forts; & Hugues Capet y confentit, à condition qu'on lui en feroit foi & hommage, qu'on le fervi-roit en guerre ; & qu'au défaut d'enfans mâles, elles feroient réverfibles à la couronne. Hugues Capet ne put mieux faire.

Voilà donc le roi maître d'une province, & les feigneurs fouverains des leurs. Bientôt ceux-ci ne fe fouciêrent plus de rendre la juftice; ils fe dé-

chargèrent de ce foin fur des officiers fubalternes ; & de-là vinrent les vicomtes, *vice comites* ; les prévôts, *præpofiti juridicundò* ; les viguiers, *vicarii* ; les châtelains , *caftellorum cuftodes* ; les maires, *majores villarum*, premiers des villages.

Les ducs & comtes qui s'étoient réfervé la fupériorité fur ces officiers, tenoient des audiences folemnelles quatre fois ou fix fois l'année, ou plus fouvent, & préfidoient dans ces affemblées compofées de leurs pairs ou principaux vaffaux, qu'ils appelloient *affifes*.

Mais les affaires de la guerre les demandant tout entiers, ils abandonnèrent abfolument la difcuffion des matières civiles aux baillis ; *bailli* eft un vieux mot gaulois, qui fignifie *protecteur* ou *gardien*. En effet, les baillis n'étoient originairement que les dépofitaires ou gardiens des droits des ducs & comtes. On les nomma, dans certaines provinces, *fénéchaux* ; fénéchal eft un terme allemand, qui fe rend en françois par *ancien domeftique*, ou *chevalier*, parce que ceux à qui les ducs & comtes confioient préférablement leur autorité, avoient été leurs vaffaux. Telle eft l'origine des deux degrés de jurifdiction qui fubfiftent encore dans les principales villes du royaume, la vicomté, viguerie, ou prévôté, & le bailliage ou la fénéchauffée.

La création des prévôts fuccéda à celle des baillis. Les prévôts royaux eurent dans les provinces de la couronne toute l'autorité des ducs & des comtes, mais ils ne tardèrent pas à en abufer. Les prélats & chapitres élevèrent leurs cris ; nos rois les entendirent, & leur accordèrent pour juge le feul prévôt de Paris. Voilà ce que c'eft que le droit de garde-gardienne, par lequel les affaires de certaines perfonnes & communautés privilégiées font attirées dans la capitale.

On eut auffi quelque égard aux plaintes de ceux qui ne jouiffoient pas du droit de garde-gardienne. On répandit dans le royaume des commiffaires pour redreffer les torts des prévôts , des ducs & des comtes, ce que ces feigneurs trouvèrent mauvais ; & comme on manquoit encore de force, on fe contenta de réduire le nombre des commiffaires à quatre , dont on fixa la réfidence à Saint-Quentin, autrefois Vermande, à Sens, à Mâcon, & à Saint-Pierre-le-Moutier. Auffi-tôt plufieurs habitans des autres provinces demandèrent à habiter ces villes, où le droit de bourgeoifie leur fut accordé à condition qu'ils y acquerroient des biens, & qu'ils y féjourneroient. De-là viennent les droits de bourgeoifie du roi, & les lettres de bourgeoifie.

Ces quatre commiffaires prirent le titre de *baillis*, & le feul prévôt de Paris fut excepté de leur jurifdiction. Mais, au moins de deux fiècles, la couronne recouvra les duchés & comtés aliénés ; les bailliages & fénéchauffées devinrent des juges royaux, & il en fut de même de ces juftices qui ont retenu leurs anciens noms de *vicomtés*, *duchés & prévôtés*.

Les titres de *bailli* & de *fénéchal* ne convenoient proprement qu'aux vice-gérens des ducs & des

comtes ;

comtes; cependant de petits feigneurs fubalternes en honorèrent leurs premiers officiers, & l'abus fubfifta; & de-là vint la diftinction des grands, moyens & petits bailliages fubordonnés les uns aux autres, ceux des villages à ceux des villes, ceux-ci à ceux des provinces. De ces petits bailliages, il y en eut qui devinrent royaux, mais fans perdre leur fubordination.

Les baillis & fénéchaux avoient droit de fe choifir des lieutenans, en cas de maladie ou d'abfence; mais les loix s'étant multipliées, & leur connoiffance demandant une longue étude, il fut ordonné que les lieutenans des baillis & fénéchaux feroient licenciés en droit.

Tel étoit à-peu-près l'état de la *police* de France. Ce royaume étoit divifé en un grand nombre de jurifdictions fupérieures, fubalternes, royales & feigneuriales, & ce fut à-peu-près dans ces temps que le bon ordre penfa être entièrement bouleverfé par ceux qui manioient les revenus du roi. Leur avidité leur fit comprendre dans l'adjudication des domaines royaux, les bailliages & fénéchauffées. La prévôté de Paris n'en fut pas même exceptée.

Mais, pour bien entendre le refte de notre *police*, & fes révolutions, il faudroit examiner comment les conflits perpétuels de ces jurifdictions donnèrent lieu à la création des bourgeois intendans de *police*, & fe jetter dans un dédale d'affaires dont on auroit bien de la peine à fe tirer; & fur lequel on peut confulter l'excellent ouvrage de M. de la Mare. Il fuffira feulement de fuivre ce que devint la *polize* dans la capitale, *&c.*

Elle étoit confiée en 275, fous l'empereur Aurélien, à un principal magiftrat romain, fous le titre de *præfectus urbis*, qu'il changea, par oftentation, en celui de comte de Paris, *comes Parifienfis*. Il fe nommoit, en cas de maladie ou d'abfence, un vice-gérent, fous le titre de vicomte, *vicecomes*.

Hugues-le-Grand obtint, en 554, de Charlesle-fimple fon pupille, l'inféodation du comté de Paris, à la charge de réverfion au défaut d'hoirs mâles. En 1082, Odon, comte de Paris, mourut fans enfant mâle; le comté de Paris revint à la couronne, & Falco le dernier vicomte de Paris. Le magiftrat que la cour donna pour fuccefeur à Falco, eut le titre de *prévôt*, avec toutes les fonctions des vicomtes dont le nom ne convenoit plus.

Saint Louis retira la prévôté de Paris d'entre les mains des fermiers, fous lequel la finance fût féparée de la magiftrature dans la capitale. Philippe-le-Bel & Charles VII achevèrent la réforme dans le refte du royaume, en féparant des revenus royaux, les fénéchauffées, bailliages, prévôtés, & autres juftices fubalternes.

L'innovation utile de faint Louis donna lieu à la création d'un receveur du domaine, d'un fcelleur & de foixante notaires. Originairement le nom de notaire ne fignifioit point un officier, mais une perfonne gagée pour écrire les actes qui fe paffoient entre les particuliers. On ne trouve aucun acte

paffé pardevant notaire comme officier avant 1270; ces écritures étoient enfuite remifes au magiftrat, qui leur donnoit l'autorité publique en les recevant *inter acta*, & qui en délivroit aux parties des expéditions fcellées.

La prévôté de Paris fut un pofte important jufqu'à la création des gouverneurs. Louis XII en avoit établi dans fes provinces. François I en donna un à Paris; & ce nouveau magiftrat ne laiffa bientôt au prévôt, de toutes fes fonctions, que celle de convoquer & conduire l'arrière-ban; ce fut un grand échec pour la jurifdiction du châtelet. Elle en fouffrit un autre, ce fut la création d'un magiftrat fupérieur, fous le titre de *bailli de Paris*, à qui l'on donna un lieutenant-confervateur, douze confeillers, un avocat, un procureur du roi, un greffier & deux audienciers. Mais cet établiffement ne dura que quatre ans, & le nouveau fiège fut réuni à la prévôté de Paris.

Le prévôt de Paris, les baillis & les fénéchaux jugeoient autrefois en dernier reffort; car le parlement, alors ambulatoire, ne s'affembloit qu'une ou deux fois l'année au lieu que le roi lui défignoit, & tenoit peu de jours. Il ne connoiffoit que des grandes affaires; mais la multitude des affaires obligea Philippe-le-Bel, par édit de 1302, de fixer fes féances, & d'établir en différens endroits de femblables cours, & l'ufage des appels s'introduifit.

Le prévôt de Paris avec fes lieutenans, exerçoient la jurifdiction civile & criminelle en 1400; mais il furvint, dans la fuite, des conteftations entre les lieutenans même de ce magiftrat, occafionnées par les ténèbres qui couvrent les limites de leurs charges. Ces conteftations durèrent jufqu'en 1630, que la *police* fut confervée au tribunal civil du châtelet. Les chofes demeurèrent en cet état jufques fous le règne de Louis XIV. Ce monarque, reconnoiffant le mauvais état de la *police*, s'appliqua à la réformer. Son premier pas fut de la féparer de la jurifdiction civile contentieufe, & de créer un magiftrat exprès, qui exerçât feul l'ancienne jurifdiction du prévôt de Paris. A cet effet, l'office de lieutenant du prévôt de Paris, fut éteint en 1667, & l'on créa deux offices de lieutenans du prévôt de Paris, dont l'un fut nommé & qualifié *confeiller & lieutenant civil* de ce prévôt, & l'autre *confeiller & lieutenant du même prévôt pour la police*. L'arrêt qui créa ces charges fut fuivi d'un grand nombre d'autres, dont les uns fixent les fonctions, d'autres portent défenfes aux baillis du palais de troubler les deux nouvelles jurifdictions du châtelet. Il y eut, en 1674, réunion de l'office de lieutenant de *police* de 1667, avec celui de la même année 1674, en la perfonne de M. de la Reynie. Voilà donc un tribunal de *police* érigé dans la capitale, & ifolé de tout autre.

Après avoir conduit les chofes où elles font, il nous refte un mot à dire des officiers qui doivent concourir avec ce premier magiftrat, à la confervation du bon ordre.

Les premiers qui fe préfentent font les commiffaires ; on peut voir à l'*article* COMMISSAIRE, & dans le traité de M. de la Mare, l'origine de cet office, & les révolutions qu'il a fouffertes. Je dirai feulement que très-anciennement les commiffaires affiftoient les magiftrats du châtelet dans l'exercice de la *police* ; qu'il y avoit 184 ans qu'ils étoient fixés au nombre de feize, par l'édit de Philippe de Valois, du 21 avril 1337, lorfque François I doubla ce nombre ; qu'on en augmenta encore le nombre ; que ce nombre fut enfuite réduit ; enfin qu'il fut fixé à cinquante-cinq. Je ne finirois point fi j'entrois dans le détail de leurs fonctions : c'eft ce qu'il faut voir dans le traité de M. de la Mare, *page 220, tome 1,* où cette énumération remplit plufieurs pages. On peut cependant les réduire à la confervation de la religion, à la pureté des mœurs, aux vivres & à la fanté ; mais ces quatre tiges ont bien des branches.

Les commiffaires font aidés dans leurs fonctions par des infpecteurs, des exempts, des archers, &c. dont on peut voir les fonctions aux articles de ce dictionnaire qui les concernent.

Quelques perfonnes defireroient peut-être que nous entraffions dans la *police* des autres peuples de l'Europe. Mais outre que cet examen nous meneroit trop loin, on y verroit à-peu-près les mêmes officiers fous des noms différens ; la même attention pour la tranquillité & la commodité de la vie des citoyens ; mais on ne la verroit nulle part peut-être pouffée auffi loin que dans la capitale de ce royaume.

Je fuis toutefois bien éloigné de penfer qu'elle foit dans un état de perfection. Ce n'eft pas affez que d'avoir connu les défordres, que d'en avoir imaginé les remèdes ; il faut encore veiller à ce que ces remèdes foient appliqués ; & c'eft-là la partie du problème qui femble qu'on ait négligée ; cependant, fans elle, les autres ne font rien.

Il en eft du code de la *police* comme de l'amas des maifons qui compofent la ville. Lorfque la ville commença à fe former, chacun s'établit dans le terrein qui lui convenoit, fans avoir aucun égard à la régularité ; & il fe forma de-là un affemblage monftrueux d'édifices, que des fiècles entiers de foins & d'attention pourront à peine débrouiller. Pareillement lorfque les fociétés fe formèrent, on fit d'abord quelques loix, felon le befoin qu'on en eut ; le befoin s'accrut avec le nombre des citoyens, & le code groffit d'une multitude énorme d'ordonnances fans fuite, fans liaifon, & dont le défordre ne peut être comparé qu'à celui des maifons. Nous n'avons de villes régulières que celles qui ont été incendiées ; & il fembleroit que pour avoir un fyftème de *police* bien lié dans toutes fes parties, il faudroit brûler ce que nous avons de recueilli. Mais ce remède, le feul bon, eft peut-être encore impraticable. Cependant une expérience que chacun eft à portée de faire, & qui démontre combien notre *police* eft imparfaite, c'eft

la difficulté que tout homme de fens rencontre à remédier d'une manière folide, au moindre inconvénient qui furvient. Il eft facile de publier une loi ; mais quand il s'agit d'en affurer l'exécution, fans augmenter les inconvéniens, on trouve qu'il faut prefque tout bouleverfer de fond en comble.

D'après la difpofition des édits du mois de décembre 1666, & de mars 1667, les foins du lieutenant-général de *police* peuvent fe rapporter à onze objets principaux : la religion, la difcipline des mœurs, la fanté, les vivres, la fûreté & la tranquillité publique, la voirie, les fciences & les arts libéraux, le commerce, les manufactures & les arts méchaniques, les ferviteurs domeftiques, les manouvriers, & les pauvres.

Les fonctions de la *police*, par rapport à la religion, confiftent à ne rien fouffrir qui lui foit préjudiciable, comme d'écarter toutes les fauffes religions & pratiques fuperftitieufes ; faire rendre aux lieux faints le refpect qui leur eft dû ; faire obferver exactement les dimanches & les fêtes ; empêcher pendant le carême la vente & diftribution des viandes défendues ; faire obferver dans les proceffions & autres cérémonies publiques, l'ordre & la décence convenables ; empêcher les abus qui fe peuvent commettre à l'occafion des confrairies & pélerinages ; enfin, veiller à ce qu'il ne fe faffe aucuns nouveaux établiffemens, fans y avoir obfervé les formalités néceffaires.

La difcipline des mœurs, qui fait le fecond objet de la *police*, embraffe tout ce qui eft néceffaire pour réprimer le luxe, l'ivrognerie, & la fréquentation des cabarets à des heures indues, l'ordre convenable pour les bains publics, pour les fpectacles, pour les jeux, pour les loteries, pour contenir la licence des femmes de mauvaife vie, les jureurs & blafphémateurs, & pour bannir ceux qui abufent le public fous le nom de *magiciens, devineurs, & pronoftiqueurs*.

La fanté, autre objet de la *police*, l'oblige d'étendre fes attentions fur la conduite des nourrices & des recommandareffes, fur la falubrité de l'air, la propreté des fontaines, puits & rivières, la bonne qualité des vivres, celle du vin, de la bière, & autres boiffons, celle des remèdes ; enfin, fur les maladies épidémiques & contagieufes.

Indépendamment de la bonne qualité des vivres, la *police* a encore un autre objet à remplir pour tout ce qui a rapport à la confervation & au débit de cette partie du néceffaire ; ainfi la *police* veille à la confervation des grains lorfqu'ils font fur pied ; elle prefcrit des règles aux moiffonneurs, glaneurs, laboureurs, aux marchands de grain, aux blatiers, aux mefureurs-porteurs de grains, meûniers, boulangers ; il y a même des loix particulières pour ce qui concerne les grains en temps de cherté.

La *police* étend pareillement fes attentions fur les viandes, & relativement à cet objet fur les pâturages, fur les bouchers, fur les chaircuitiers, fur ce qui concerne le gibier & la volaille.

La vente du poiffon, du lait, du beurre, du fromage, des fruits & légumes, font auffi foumifes aux loix de la *police*.

Il en eft de même de la compofition & du débit des boiffons, de la garde des vignobles, de la publication du ban de vendanges, & de tout ce qui concerne la profeffion des marchands de vin, des braffeurs & diftillateurs.

La voirie, qui eft l'objet de la *police*, embraffe tout ce qui concerne la folidité & la fûreté des bâtimens, les règles à obferver à cet égard par les couvreurs, maçons, charpentiers, plombiers, ferruriers, menuifiers.

Les précautions que l'on doit prendre au fujet des périls éminens; celles que l'on prend contre les incendies; les fecours que l'on donne dans ces cas d'accidens; les mefures que l'on prend pour la confervation des effets des particuliers, font une des branches de la voirie.

Il en eft de même de tout ce qui a rapport à la propreté des rues, comme l'entretien du pavé, le nettoiement, les obligations que les habitans & les entrepreneurs du nettoiement ont chacun à remplir à cet égard, le nettoiement des places & marchés, les égouts, les voiries, les inondations; tout cela eft du reffort de la *police*.

Elle ne néglige pas non plus ce qui concerne l'embelliffement & la décoration des villes, les places vuides, l'entretien des places publiques, la faillie des bâtimens, la liberté du paffage dans les rues.

Ses attentions s'étendent auffi fur tous les voituriers de la ville ou des environs, relativement à la ville, fur l'ufage des carroffes de place, fur les charretiers & bateliers-paffeurs d'eau, fur les chemins, ponts & chauffées de la ville & fauxbourgs, & des environs, fur les poftes, chevaux de louage, & fur les meffageries.

La fûreté & la tranquillité publique, qui font le fixième objet de la *police*, demandent qu'elle prévienne les cas fortuits & autres accidens; qu'elle empêche les violences, les homicides, les vols, larcins, & autres crimes de cette nature.

C'eft pour procurer cette même fûreté & tranquillité, que la *police* oblige de tenir les portes des maifons clofes paffé une certaine heure; qu'elle défend les gens fufpectes & clandeftines; qu'elle écarte les vagabonds & gens fans aveu; défend le port d'armes aux perfonnes qui font fans qualité pour en avoir; qu'elle prefcrit des règles pour la fabrication & le débit des armes, pour la vente de la poudre à canon & à giboyer.

Ce n'eft pas tout encore; pour la tranquillité publique, il faut empêcher les affemblées illicites, la diftribution des écrits féditieux, fcandaleux & diffamatoires, & de tous les livres dangereux.

Les magiftrats de *police* ont auffi infpection fur les auberges, hôtelleries, & chambres garnies, pour favoir ceux qui s'y retirent.

Le jour fini, il faut encore pourvoir à la tranquillité & fûreté de la ville pendant la nuit; les cris publics doivent ceffer à une certaine heure, felon les différens temps de l'année: les gens qui travaillent du marteau ne doivent commencer & finir qu'à une certaine heure; les foldats doivent fe retirer chacun dans leur quartier quand on bat la retraite; enfin, le guet & les patrouilles bourgeoifes, & autres, veillent à la fûreté des citoyens.

En temps de guerre, & dans les cas de trouble & émotion populaire, la *police* eft occupée à mettre l'ordre, & à procurer la fûreté & la tranquillité.

Les fciences & les arts libéraux, qui font le feptième objet de la *police*, demandent qu'il y ait un ordre pour les univerfités, collèges & écoles publiques, pour l'exercice de la médecine & de la chirurgie, pour les fages-femmes, pour l'exercice de la Pharmacie, & pour le débit des remèdes particuliers, pour le commerce de l'imprimerie & de la librairie, pour les eftampes, pour les colporteurs, & généralement pour tout ce qui peut intéreffer le public dans l'exercice des autres fciences & arts libéraux.

Le commerce, qui fait le huitième objet de la *police*, n'eft pas moins intéreffant: il s'agit de régler les poids & mefures, & d'empêcher qu'il ne foit commis aucune fraude par les marchands, commiffionnaires, agens de change ou de banque, & par les courtiers de marchandifes.

Les manufactures & les arts méchaniques font un objet à part: il y a des réglemens particuliers concernant les manufactures particulières; d'autres concernant les manufactures privilégiées: il y a auffi une difcipline générale à obferver pour les arts méchaniques.

Les ferviteurs, domeftiques & manouvriers, font auffi un des objets de la *police*, foit pour les contenir dans leur devoir, foit pour leur affurer le paiement de leurs falaires.

Enfin, les pauvres honteux, les pauvres malades ou invalides, qui font le dernier objet de la *police*, excitent auffi fes foins, tant pour diffiper les mendians valides, que pour le renfermement de ceux qui font malades ou infirmes, & pour procurer aux uns & aux autres les fecours légitimes.

Nous pafferions les bornes de cet ouvrage, fi nous entreprenions de détailler ici toutes les règles que la *police* prefcrit par rapport à chacun de ces différens objets. Pour s'inftruire plus à fond de cette matière, on peut confulter l'excellent *Traité de la police*, du commiffaire de la Mare, continué par M. le Clerc du Brillet; le *Code de la police*, de M. Duchefne, lieutenant-général de *police* à Vitryle-françois; & le nouveau *Dictionnaire de police*, que publie actuellement M. Defeffarts, avocat au parlement. (*A*)

Nous obferverons cependant, avant de finir cet article, que les officiers chargés de la *police* doivent s'affujettir aux règles prefcrites pour empêcher les abus de l'autorité; que, quelque légère que foit la peine qu'ils prononcent, la preuve du délit qui y donne lieu , doit être acquise , soit par une enquête sommaire, soit par un procès-verbal qui fasse foi; que cette règle doit particuliérement être observée quand il s'agit de faire emprisonner quelqu'un ; & que plusieurs officiers municipaux ont été pris à partie, pour avoir négligé ces formalités.

Le ministère des procureurs n'est pas nécessaire dans les affaires de *police*. Elles doivent être traitées sommairement, & jugées sur le champ. L'appel des sentences de *police* se relève au parlement, mais elles s'exécutent provisoirement. Une ordonnance du lieutenant de *police* de Paris, du 21 juillet 1769, a renouvellé l'ancienne discipline & les anciens réglemens, pour empêcher que la procédure sur les contestations portées devant lui, ne devînt plus longue & plus dispendieuse.

Les amendes & la prison, prononcées en matière de *police*, n'emportent point infamie.

On ne peut pas décliner la jurisdiction de la *police*, en vertu de lettres de *committimus*, ou de garde-gardienne, parce qu'il n'y a point de privilège qui doive l'emporter sur celui de l'ordre public, auquel les délais d'un renvoi, en cas pareil, pourroient être très-préjudiciables. *Voyez* COMMISSAIRE, LIEUTENANT-GÉNÉRAL DE POLICE.

POLICE D'ASSURANCE, (*Code maritime.*) est l'instrument du contrat qui règle les conventions arrêtées entre l'assureur & l'assuré. *Voyez* ASSURANCE.

POLLAGE. *Voyez* POLAGE.

POLLICITATION, s. f. (*Droit romain.*) est une promesse faite au public, qui produit une obligation, quoiqu'elle n'ait été acceptée de personne.

Réguliérement toute promesse de faire ou de donner, ne ferme une obligation que par le consentement & l'acceptation de celui en faveur de qui elle est faite; mais chez les Romains, la loi étoit censée accepter toutes les promesses faites à la république ou à un corps municipal. Cependant, pour qu'on pût exiger l'accomplissement de la *pollicitation*, il falloit qu'elle eût été faite en personne, par quelqu'un capable de s'obliger, & qu'elle eût une juste cause, par exemple, celle d'obtenir quelque honneur , quelque dignité. Cependant, si elle avoit été faite sans cause, & que le prometteur eût commencé à l'exécuter, on pouvoit le contraindre à remplir entiérement sa *pollicitation*. Lorsque ses facultés ne lui permettoient pas d'exécuter ses engagemens, il en étoit libéré en abandonnant la cinquième partie de son patrimoine.

Comme l'article 3 de l'ordonnance de février 1731 , sur les donations , décide formellement qu'il n'y a que deux manières de disposer de ses biens à titre gratuit, par donation entre vifs ou par testament, il s'ensuit que là *pollicitation* ne produit parmi nous aucune obligation.

POLLUTION, s. f. (*Droit can. & criminel.*) signifie souillure : la *pollution* d'une église arrive , lorsqu'on y a commis quelque profanation , comme quand il y a eu effusion de sang en abondance.

En cas de *pollution* des églises, les évêques avoient coutume autrefois de les consacrer de nouveau; mais présentement la simple réconciliation suffit. *Voyez* RÉCONCILIATION. (*A*)

POLYGAMIE, s. f. (*Code criminel.*) ce mot est composé des deux mots grecs πολυς & γαμος ; πολυς, plusieurs ; & γαμος, mariage. Ainsi la *polygamie* est le fait d'un homme qui a contracté plusieurs mariages.

Le terme de *polygamie*, que l'on prend communément dans un sens défavorable, demande cependant un discernement particulier dans l'application que l'on en peut faire ; car on distingue deux sortes de *polygamies*, comme deux espèces de bigamie : la *polygamie* simultanée , & la *polygamie* successive.

La *polygamie* simultanée est celle d'un homme qui a plusieurs femmes en même temps.

La *polygamie* successive est celle d'un homme qui a épousé plusieurs femmes l'une après l'autre, c'est-à-dire, qui en a pris une seconde après le décès de la première , une troisième après le décès de la seconde, &c. &c.

La *polygamie* simultanée est la seule qui soit défendue par les loix, & punie comme un crime. *Voyez* BIGAMIE.

La *polygamie* successive est autorisée par les loix civiles & par la religion, quoique quelques écrivains se soient permis de l'appeller un adultère honorable, *adulterium decorum ;* une fornication mitigée, *castigatam fornicationem.*

Les *polygames* sont punis de la même manière que les bigames , avec cette différence qu'on ordonne qu'ils porteront autant de quenouilles ou de chapeaux, qu'il y a eu de mariages simultanés, & que la peine des galères que l'on prononce contre les hommes, doit être aggravée par la durée, en raison du nombre de profanations, ainsi que la peine du bannissement ou de la détention à laquelle on condamne les femmes. *Voyez* BIGAMIE. (*Article de M.* BOUCHER D'ARGIS, conseiller au châtelet *de Paris, de l'académie royale des sciences, belles-lettres & arts de Rouen.*)

PONTAGE , PONTENAGE , PONTONAGE & PONTONATGE, (*Droit féodal.*) tous ces mots sont synonymes. Ils désignent une espèce de péage, dû pour le passage sur les ponts , ou même dessous.

Le mot *pontage* se trouve dans la coutume de Béarn , *tit.* 46 ; & celui de *pontenage* , dans l'article 192 de celle d'Amiens. Les deux autres se trouvent dans des titres cités par Ducange , *au mot* Pontomagium *sous* Pontaticum. (*G. D. C.*)

PONTENAGE. *Voyez* PONTAGE.

PONTONAGE. *Voyez* PONTAGE.

PONTONATGE. *Voyez* PONTAGE.

POOIR, (*Droit féodal.*) ce mot, qui signifie littéralement *pouvoir*, a été autrefois employé pour désigner le district ou le territoire d'une seigneurie. *Voyez les Glossaires de* Ducange *& de dom* Carpentier , *au mot* Potestas , *& l'art.* POHER. (*G. D. C.*)

POOTE. *Voyez* POETE.

POQUINAGE, (*Droit féodal.*) on a appellé *poquin*, une certaine mesure de grains ; & l'on a, par cette raison, nommé *poquinage*, une redevance en grains, qui se paie dans cette mesure. *Voyez le Glossaire de Ducange, au mot Polkinus ; & celui de dom Carpentier, au mot Poquinus.* (G. D. C.)

PORCAING, (*Droit féodal*) dom Carpentier dit au mot *Porcagium*, qu'une chartre de l'an.... nomme ainsi un droit dû sur les pourceaux. (G.D.C.)

PORPRENDRE. *Voyez* PERPRISE.

PORPRISSON. *Voyez* PERPRISE.

PORT, s. m. (*Code maritime.*) est un lieu propre à recevoir les vaisseaux, & à les tenir à couvert des tempêtes. La police des *ports* est un objet important, & sur lequel l'ordonnance de la marine de 1681 contient plusieurs dispositions. On les trouvera dans le *Dictionnaire de marine*, auquel nous renvoyons.

PORT-D'ARMES. *Voyez* ARMES.

PORTAGE, PORTAIGE, *ou* POURTAGE, (*Droit féodal.*) ce mot a eu plusieurs acceptions dans notre droit.

1°. Il signifie le transport des marchandises par terre, ou par mer, & le droit de faire exclusivement ce transport. *Voyez dom Carpentier, au mot Portagium* 1.

2°. Un registre ancien des péages de Bapaume, nomme ainsi une espèce de droit de péage dû pour les marchandises qu'on porte au cou. *Voyez* Ducange, *au mot* Portagium 2.

3°. On a encore donné ce nom dans la Bourgogne, dans l'Auvergne, & dans d'autres pays, à un droit d'entrée dû aux portes des villes. *Voyez* Ducange, *au mot* Portagium *sous* Portaticum ; & *dom Carpentier, au mot* Portagium 3.

4°. On a ainsi nommé autrefois une espèce de cens, ou droit réel. Une chartre, de l'an 1293, tirée du livre rouge de la chambre des comptes de Paris, *fol.* 154 *recto*, *col.* 2, porte : « item, vij solz » x deniers à la saint Jehan deus chapons, ij solz » pour *portage* de trois ans en trois ans sur xxij acres » de terre.... *Item*, vj solz à la saint Jehan, & » ij solz pour *portage* de trois ans en trois ans sur » diz & oict acres de terre ». *Voyez dom* Carpentier, *au mot* Portagium 7.

5°. Enfin, on nomme aussi portage dans le Lyonnois, un droit qu'on paie au receveur, ou *salairier* du seigneur, c'est-à-dire, à celui qui perçoit les droits du seigneur, qui les lui donne. On donne le droit de *portage* pour son salaire. Bretonnier, au premier volume des *Observations sur Henrys*, *chap.* 3, *quest.* 31 *de l'édition de 1708*, ne croit pas ce droit bien fondé, parce qu'il ne l'a point vu nommément exprimé dans les terriers. Il ne doute pas que si les emphytéotes réclamoient contre, & que le procès vînt à la cour, ils ne fussent déchargés.

Cependant, continue ce jurisconsulte, la plupart de ces salairiers font payer ce droit au pardessus du lods, quoiqu'il doive être pris sur les lods dont il fait partie. Il est ordinairement de la huitième partie des lods, & il doit diminuer à proportion de la remise que le seigneur juge à propos de faire ; quand le seigneur donne une quittance générale des lods à lui dus sans réserve du droit de *portage*, le salairier ne peut plus rien demander.

Bretonnier ajoute néanmoins au *tome* 2, *liv.* 5, *quest.* 57, que M. Ferrary, l'un de ses confrères, lui a communiqué l'extrait d'un ancien terrier du chapitre de Lyon, où il est parlé de ce droit. Mais ce terrier confirme du moins ses autres observations, puisqu'il y est dit que les lods dans le cas de vente sont de quatre sols deux deniers pour livre, « & que *sur lesdits quatre sous deux deniers* » *pour livre* sont levez les *portages* du prévôt & » du receveur de mesdits seigneurs ». *Voyez les articles* DROUILLES & RIÈRE-LODS. (G. D. C.)

PORTAIRIEN, PORTÉRIEN, *ou* PORTERRIEN, (*Droit féodal.*) ce mot, dont on m'a demandé l'interprétation, se trouve dans trois articles des coutumes de Gorze, & dans un article de la coutume de Saint-Mihiel. J'ignore s'il se trouve dans aucune autre coutume : mais il en est aussi question dans plusieurs titres du pays Messin, qui m'ont passé sous les yeux.

L'article 19 du titre 14 de la coutume de Gorze, dit « encore que les sujets *portériens*, ou autres, » auroient été moudre, cuire, ou pressurer, aux » usines seigneuriales, ou autres, de moulins, » fours, ou pressoirs, par l'espace de vingt ans & » vingt jours, jà pour cela ne seroit contre eux » acquis le droit de bannalité ».

L'article 21 ajoute : « si toutefois le seigneur » abbé interpellant, ou faisant interpeller par ses » officiers lesdits sujets, *portériens* ou autres, par » voie légitime de venir moudre, cuire, ni pres- » surer en ses moulins, fours & pressoirs, & ils » s'y seroient soumis volontairement & de gré à » gré, continuez par vingt ans vingt jours sans » réclamer, former plaintes, oppositions ou pro- » testations, au contraire pour empêcher l'effet » de la prescription, adonc le droit de bannalité » aura lieu ».

Ces deux articles sembleroient annoncer que les sujets *portériens* sont les sujets bannaux, qu'on a peut-être ainsi nommés, parce qu'ils étoient obligés *de porter* leur bled, leur pain, ou leurs fruits, aux moulins, au four, ou au pressoir du seigneur, ou parce que le seigneur étoit tenu de les leur faire *porter*, à cause du droit de bannalité. On voit que les articles 19 & 21 parlent uniquement de ces droits de bannalité.

Enfin, on trouve le mot *portare* employé d'une manière fort approchante de cette dernière interprétation dans plusieurs titres de l'église de Langres, cités par dom Carpentier, au n°. 6. de ce mot. « *Qui habebit*, y est-il dit, *parvum molindinum por-* » *tat homines suos pro molendo in suo molendino....* » *quilibet dominorum portat homines suos rant, bant,* » *justitiam*, &c...... *Dominus qui habebit parvum mo-*

» *lendinum , habet jus exinde , ut ipsius homines in*
» *dicto molendino molere teneantur , &c.* ».

Il faut néanmoins avouer que la coutume de saint Mihiel paroît entendre par *portériens*, les *forains* qui ont feulement des poffeffions dans une feigneurie , puifqu'elle les oppofe aux fujets. Cette coutume dit dans l'article 27 du titre 2 , que le feigneur qui a juftice , « peut procéder de plain faut par exécu-
» tion & gagière à l'encontre de fes fujets ou
» *porterriens*, pour le paiement de fes droits ou
» devoirs feigneuriaux ». Divers titres , qui m'ont paffé fous les yeux , ont la même oppofition ; & c'eft ainfi qu'on paroiffoit entendre le mot *portai-rien*, dans un mémoire à confulter qui m'a été remis.

Enfin , l'article 16 du titre cité de la coutume de Gorze , paroît conforme à cette interprétation. L'article 15 dit d'abord qu'il n'y a point de prefcrip-tion entre le feigneur & le vaffal pour preftations féodales & redevances feigneuriales ; après quoi l'article 16 ajoute immédiatement : « non plus que
» les droitures feigneuriales , droits de tailles , cor-
» vées , charrois , cens , rentes , chapelers , &
» telles autres redevances & preftations réelles
» ou perfonnelles , ne fe prefcrivent par les fujets
» *portériens* ou redevables d'icelles ».

Il faut fans doute une virgule entre le mot fujet & le mot *porterrien* dans ce dernier article , & dans les autres articles ci-deffus cités du même titre.

Il fe pourroit auffi qu'on eût nommé *portériens*, tous ceux qui font tenus de *porter* des redevances au feigneur.

Au refte , il eft bon d'obferver que cette coutume de Gorze n'a aucune efpèce d'autorité , quoiqu'elle foit inférée au tome 2 du *Coutumier général de Ri-chebourg*. On peut en voir la preuve à la fin du commentaire anonyme de la coutume de Metz. (*G. D. C.*)

PORTE MÉRIDIONALE , dans les anciennes coutumes , fignifioit la *porte* d'une églife tournée au midi , vers laquelle fe faifoit autrefois la purgation canonique , c'eft-à-dire , que lorfqu'on ne pouvoir conftater fuffifamment le fait d'un crime , on con-duifoit l'accufé à la *porte méridionale* de l'églife , où il faifoit ferment , en préfence du peuple , qu'il étoit innocent du crime dont il étoit accufé. *Voyez* Pur-gation.

Cette purgation étoit appellée *jugement de Dieu* ; & c'eft pour cette raifon que l'on faifoit ancienne-ment de vaftes portiques à la *porte méridionale* des églifes. *Voyez* Jugement de Dieu.

PORTER LA FOI ET HOMMAGE, (*Droit féodal.*) cette expreffion , qui eft fynonyme de celle-ci , *faire la foi & hommage*, fe trouve dans la coutume de Berry , *tit. 9 , art. 83*. (*G. D. C.*)

PORTERAGE , (*Droit féodal.*) ce droit eft connu dans quelques terres d'Auvergne , comme celle de Vals près Bort. C'eft une redevance per-fonnelle due pour chaque feu , à raifon du domi-cile , comme fi on difoit par chaque porte , la par-

tie fe prenant alors pour le tout (qui eft la maifon) : il y a des lieux où l'on paie une poule par feu , *gallinam foci*. Voyez *le Commentaire de M. Chabrol, fur la coutume d'Auvergne , chap. 25 , art. 22*, & *l'ar-ticle* GELINE DE COUTUME. (*G. D. C.*)

PORTÉRIEN. *Voyez* Portairien.

PORTERRIEN. *Voyez* Portairien.

PORTEUR , f. m. ce mot a , en droit , plu-fieurs fignifications.

On appelle *billet au porteur*, celui qui n'eft rem-pli du nom de perfonne en particulier , & par le-quel on promet d'en payer la valeur à celui qui en fera le *porteur*. *Voyez* BILLET.

Porteur d'ordre, eft celui au profit duquel on a paffé l'ordre d'un billet ou d'une lettre-de-change. *Voyez* BILLET , LETTRE-DE-CHANGE.

Porteur de pièces, fe dit d'un huiffier ou fergent , entre les mains duquel on a remis un arrêt , fen-tence , obligation , ou autres pièces , pour pouvoir exercer des contraintes contre quelqu'un. *Voyez* CONTRAINTE , EXÉCUTION , HUISSIER.

PORTION , f. f. ce terme , fynonyme de celui de *part*, en droit , eft ufité dans différens cas , que nous expliquerons en joignant à ce mot les diffé-rentes qualifications qu'on y ajoute , & qui en di-verfifient le fens.

PORTION CANONIQUE , (*Droit can.*) c'eft une *portion* des biens délaiffés à l'églife par un défunt. Cette *portion* appartient ou à l'évêque , ou au curé. Quand elle appartient à l'évêque , on l'appelle *por-tion canonique épifcopale* : quand elle appartient au curé , elle fe nomme *portion canonique paroiffiale*.

La *portion canonique* eft plus connue parmi nous , fous le nom de *quarte canonique* ou *funéraire*. *Voyez* QUARTE CANONIQUE.

PORTION CONGRUE , (*Droit eccléf.*) on appelle *portion congrue*, une certaine rétribution qui fe paie à un curé ou à un vicaire , pour fon honnête en-tretien. On ne connoiffoit point la *portion congrue* dans les premiers fiècles de l'églife : on n'avoit pas encore imaginé de féparer le titre & les revenus d'un curé , d'avec les fonctions curiales , & de mettre les fruits & les honneurs d'un côté , & les charges de l'autre. On trouve le mot de *portion con-grue* employé dans les décrets & les décifions des conciles , dès le commencement du treizième fiècle : nous aurons bientôt occafion de les rapporter.

Nous connoiffons deux efpèces de *portion congrue*: celle des curés , & celle des vicaires. Nous traite-rons fucceffivement de l'une & de l'autre.

Portion congrue des curés. Pour mettre de l'ordre dans une matière auffi importante , nous diviferons cet article en cinq paragraphes. Dans le premier , nous chercherons à développer l'origine de la *por-tion congrue*, & nous fixerons fon état actuel. Dans le fecond , nous examinerons à quels curés elle eft due ; dans le troifième , par qui elle eft due ; dans le quatrième , nous verrons quels font les privi-lèges & quelles font les charges de la *portion con-grue*; enfin , dans le cinquième , quels font les juges qui doivent connoître des contestations qui s'élèvent au sujet de la *portion congrue.*

§. I. *Origine de la portion congrue & son état actuel.* Nous ne retracerons point ici à nos lecteurs l'origine des cures & des curés ; on la trouvera au mot CURÉ. Nous nous contenterons de leur rappeller que dans les six premiers siècles de l'église, on ne connoissoit point les ordinations vagues, c'est-à-dire, les ordinations sans titre. Dès qu'une paroisse ou une église quelconque avoit besoin d'un prêtre, l'évêque choisissoit celui qu'il croyoit le plus digne de remplir la place vacante ; & après avoir consulté son clergé, & souvent même le peuple, il lui conféroit les saints ordres, & l'attachoit à l'église qu'il devoit desservir. L'inamovibilité & la stabilité étoient les conséquences nécessaires d'une pareille ordination. On ne pouvoit, sans raisons & sans motifs valables, ôter un prêtre de son église pour le faire passer à une autre, & luimême n'avoit pas la faculté de changer à sa volonté.

Dans les premiers temps, les revenus des églises particulières n'étoient qu'une *portion* du revenu général, destiné à l'entretien de tout le clergé d'un diocèse. Chaque église eut ensuite des biens particuliers qui consistoient dans les aumônes & dans quelques fonds de terre, auxquels on ajouta les dixmes que les peuples payèrent d'abord volontairement.

Jusqu'au septième siècle, on ne voit point ce partage inique qui depuis s'est tant multiplié, des revenus d'une église paroissiale & des fonctions curiales. Le premier exemple en est fourni par un concile de Mérida, de l'an 666. Douze évêques, assemblés dans cette ville d'Espagne, permirent à un évêque qui auroit besoin des conseils d'un prêtre de son diocèse, de le tirer de la paroisse pour laquelle il avoit été ordonné, & de le placer dans sa cathédrale. Ils établirent en même temps que, quoique ce prêtre eût quitté son premier titre, la paroisse qu'il avoit desservie ne seroit pas regardée comme lui étant étrangère ; ils l'autorisèrent à mettre, avec le consentement de l'évêque, un autre prêtre à sa place, & laissèrent à sa discrétion de déterminer ce qu'il voudroit donner pour le nécessaire, soit au prêtre qui le suppléeroit, soit aux clercs attachés à la même paroisse : le motif de ce décret fut la disette des prêtres.

Il est difficile de justifier les motifs de ce décret. Si les besoins de quelques églises d'Espagne, si la disette des prêtres suffisans, forçoit à dépeupler les paroisses pour remplir les cathédrales, falloit-il diviser les revenus affectés à la desserte des paroisses, & ne plus laisser aux curés les revenus qui leur appartenoient de droit ? Falloit-il favoriser la cupidité de ceux qui, après avoir été curés dans les campagnes, vouloient joindre aux revenus de leur nouvelle place, les revenus qui étoient attachés à l'église qu'ils quittoient ? Pourquoi partager ainsi entre deux personnes, dont l'une est simplement spectatrice des fatigues & de la sollicitude de l'autre, le

prix & la récompense du travail ? Ces réflexions ont déterminé plusieurs auteurs à soutenir que la décision particulière du concile de Mérida, n'a jamais formé une discipline générale, & qu'elle doit plutôt être considérée comme une exception que comme une règle.

Les vrais principes & la sage discipline de l'église l'auroient probablement emporté sur la décision d'un concile provincial, si des événemens d'un plus grand poids n'eussent porté le trouble dans la majeure partie de l'Europe, & n'eussent fait à la discipline ecclésiastique des plaies qui n'ont jamais été entièrement fermées. Les guerres occasionnées par l'ambition de Charles Martel, causèrent des désordres, au milieu desquels il étoit bien difficile que la voix des évêques & des conciles fût étouffée par le bruit des armes. D'avides conquérans, de féroces guerriers ne se firent point de scrupule d'envahir des biens que l'on avoit destinés à l'entretien des autels & des prêtres. Ces biens fournirent des ressources abondantes à Pepin, fils de Charles Martel. Il en dépouilla les évêques & les autres légitimes possesseurs, pour les donner, soit aux officiers qui conduisoient ses troupes, soit aux grands dont l'appui lui étoit nécessaire ; ils furent pour lui un moyen de récompenser les uns & de s'attacher les autres. Cet abus ne cessa point avec son règne ; d'une part, les laïques conservèrent les églises qui leur avoient été données, ou qu'ils avoient usurpées ; de l'autre, les successeurs de Pepin continuèrent à en disposer en faveur des laïques. Une foule de chartres du neuvième siècle, nous ont transmis ces espèces de dons. Les églises, soit monastères, soit paroisses, devinrent des biens patrimoniaux qui se partageoient dans les successions comme les propriétés ordinaires. Elles entrèrent même dans le commerce : on les vendoit ; on croyoit faire beaucoup en obligeant ces bénéficiers laïques à faire desservir leurs églises par des prêtres auxquels ils donnoient la rétribution qu'ils jugeoient à propos. Dans les capitulaires dressés par Lothaire, en 824, il est dit, que, quand une église se trouvera partagée entre des cohéritiers, ils auront soin de la faire desservir, suivant que le prince & l'évêque le prescriront ; & que s'ils refusent de satisfaire à ce qui leur sera ordonné, l'évêque pourra ôter les reliques de l'église. *Si autem hoc contradixerint, in episcopi potestate maneat, utrum eas ita consistere permittat aut reliquias exinde auferat.*

Il faut cependant avouer qu'il y eut des églises qui appartinrent légitimement à des laïques : les grands propriétaires étant parvenus à défricher une grande partie de leurs terres, y établirent des colons & des serfs. Des villages & des hameaux se formèrent. Les seigneurs firent bâtir des églises qui servirent de paroisses : ils en conservèrent la propriété. Ces fondateurs eurent le droit de présenter à l'évêque des clercs pour les desservir, & l'évêque ne pouvoit refuser de les ordonner, s'il n'alléguoit une caufe légitime, comme mauvaifes mœurs ou mauvaife doctrine. C'eft ce que porte un capitulaire de 801, *& fi laici clericos probabilis vitæ & doctrinæ epifcopis confecrandos, fuifque in ecclefiis conftituendos obtulerint, nulla quâlibet eos occafione rejiciant.* Mais on abufe de tout: les fondateurs de ces églifes prétendirent devoir partager les oblations, les offrandes, & autres droits cafuels, avec les prêtres qui les defservoient. Dès l'an 572, le concile de Brague fut obligé de déclarer que fi quelqu'un vouloit fonder une églife, à la charge de partager les oblations avec les clercs, aucun évêque ne la confacreroit comme étant fondée plutôt par intérêt que par dévotion.

De cet état des chofes, foit par rapport aux fondateurs, foit par rapport aux ufurpateurs des églifes, il réfultoit deux abus également nuifibles à la religion. 1°. Les prêtres defservant les églifes même paroiffiales, étoient amovibles au gré & à la volonté des propriétaires de ces églifes; 2°. les revenus que les propriétaires des églifes accordoient aux defservans étoient fi modiques, qu'ils ne fuffifoient pas à leur fubfiftance; ce qui les plongeoit dans la mifère, & les forçoit fouvent à abandonner leurs fonctions.

De pareils défordres ne pouvoient fubfifter dans l'églife. On chercha à y remédier, lorfque des temps plus tranquilles permirent de s'occuper de la difcipline eccléfiaftique. Quant aux fondateurs, leur droit de patronage fut renfermé dans des bornes légitimes, dans celles où il eft reftraint aujourd'hui. A l'égard des églifes dont les laïques s'étoient emparés directement, & par eux-mêmes, ou qui les avoient reçues des mains de ceux qui les avoient ufurpées, le feul remède étoit de les reftituer à leurs légitimes propriétaires. Cette reftitution eut effectivement lieu. Les conciles eurent affez d'afcendant fur les efprits pour la faire opérer. Mais des circonftances particulières influèrent fur ces reftitutions qui furent très-nombreufes. L'ignorance & l'inconduite du clergé féculier, le refpect & la confidération des moines s'étoient attirés par la fainteté de leur vie & par les lumières qui s'étoient confervées jufqu'à un certain degré, dans les cloîtres, déterminèrent les laïques à donner les églifes aux monaftères, & à leur abandonner le foin du fpirituel, ainfi que les fruits temporels. Par ce moyen, les ufurpateurs crurent mettre leur confcience en fûreté, & procurer aux peuples un nombre fuffifant de miniftres zélés, & d'abondantes aumônes.

Ces donations ne furent pas les feules voies par lefquelles les monaftères acquirent des églifes paroiffiales. Ils en achetèrent un grand nombre. Le concile de Poitiers de 1100, défendit ce trafic. *Ut neque clerici, neque monachi per pecuniam altaria vel decimas..... acquirant, fub excommunicatione interdicimus.* Ces défenfes furent plufieurs fois renouvellées, ce qui prouve que l'abus étoit invétéré & difficile à détruire. Il faut cependant convenir que les monaftères peu-

vent être regardés comme les fondateurs de plufieurs églifes paroiffiales, & qu'il n'eft pas étonnant qu'ils s'en fuffent réfervés la defserte & les revenus.

Les chapitres qui avoient prefque tous embraffé la vie commune, reçurent auffi des donations d'églife, mais en moindre quantité que les monaftères.

On reconnut enfin, que c'étoit aller contre les vrais principes, que de confier les églifes paroiffiales & leurs revenus, à des corps qui, la plupart du temps, ne pouvoient pas les defservir par eux-mêmes, & dont l'inftitution étoit de vivre dans la folitude & la retraite, & non de fe charger du foin des ames. D'ailleurs, le clergé féculier fortit peu-à-peu de fon ignorance, & fes mœurs s'épurèrent. Alors la caufe principale qui avoit fait paffer aux monaftères les églifes paroiffiales, ceffa. Les conciles des onzième & douzième fiècles, en ordonnant aux laïques de reftituer les revenus des églifes dont ils étoient en poffeffion, voulurent qu'ils les remiffent entre les mains des prêtres qui les defservoient, & défendirent aux abbés & autres chefs des communautés eccléfiaftiques, d'en recevoir fans la permiffion de l'évêque.

Différentes caufes empêchèrent l'exécution de ces fages réglemens. Enfin, on déclara les moines incapables d'exercer les fonctions curiales: il leur fut ordonné de confier le foin des paroiffes qui leur appartenoient, à des prêtres féculiers, qui feroient tenus de rendre compte du fpirituel aux évêques, & du temporel aux abbés; c'eft ce qu'ordonna le concile de Clermont, de l'an 1095; ceux de Rouen, de 1074; de Winchefter, de 1076; de Poitiers, des années 1078 & 1100. Les chanoines réguliers fe firent excepter de cette règle générale, & jouiffent encore de l'exception.

Mais tous ces réglemens ne remédioient point à deux abus confidérables. Les prêtres, placés dans les paroiffes par les communautés, étoient amovibles & fouvent déplacés. Il arrivoit que, n'ayant ni attachement, ni affection pour elles, ils ne fe concilioient ni le refpect, ni la confiance des paroiffiens. D'un autre côté, les monaftères & les chapitres ne donnoient à ces defservans amovibles, que la rétribution la plus modique qu'ils pouvoient, de manière qu'ils avoient à peine de quoi fubfifter.

Dès le douzième fiècle, les conciles s'efforcèrent de détruire le premier de ces abus, en ordonnant que les prêtres qui feroient placés dans les paroiffes, le feroient en titre & à perpétuité; c'eft ce que nous apprenons du dixième canon du concile de Reims, auquel le pape Eugène préfida en 1148; du feptième concile d'Arles, tenu en 1260; de celui de Wirtzbourg, de l'an 1287, & de celui d'Avignon, de l'an 1326: on pourroit en ajouter ici une infinité d'autres, que l'on retrouve dans tous les auteurs, & particuliérement celui de Latran, de 1215, dont la difpofition eft précife relativement aux titulaires des prébendes & dignités des églifes cathédrales: *Qui parochialem habet ecclefiam non per vicarium fed per feipfun illi defserviat, in ordine quem ipsius ecclesiæ cura requirit : nisi forte dignitati vel præbendæ parochialis ecclesia sit annexa ; in quo casu concedimus ut qui talem habet præbendam vel dignitatem , cum opporteat eum in majori ecclesiá deservire , in ipsâ parochiali ecclesiá idoneum & perpetuum habeat vicarium canonicè institutum.*

Ces loix ne furent point exécutées. Le concile de Trente les renouvella , *sess. 7 , cap. 7 de reform.* *Beneficia ecclesiastica curata quæ , cathedralibus , collegiatis , seu aliis ecclesiis , vel monasteriis , beneficiis , seu collegiis aut piis locis quibuscumque perpetuò unita & annexa reperiuntur , ab ordinariis locorum singulis annis visitentur , qui sollicitè providere procurent , ut per idoneos vicarios , etiam perpetuos , nisi ipsis ordinariis pro bono ecclesiarum regimine aliter expedire videbitur , ab eis cum tertiæ partis fructuum , aut majori vel minori , arbitrio ipsorum ordinariorum , portione etiam sub certâ re assignandâ , ibidem deputandos , animarum cura laudabiliter exerceatur.*

Ce décret n'a point été exécuté en France , soit parce qu'en général la discipline du concile de Trente n'y a point été reçue , soit à cause de l'exception , *nisi ipsis ordinariis aliter expedire videatur.* Mais les ordonnances de nos rois sont enfin venues au secours de l'église gallicane. Louis XIII , par l'article 12 de l'ordonnance de 1629 , & Louis XIV , par la déclaration de 1657 , ont ordonné qu'il y auroit un titulaire inamovible dans toutes les paroisses du royaume.

L'ordonnance de 1629 n'ayant point été enregistrée au parlement de Paris , suivant les formes ordinaires , ou , selon quelques auteurs , étant tombée en discrédit par la disgrace du garde-des-sceaux de Marillac , elle ne fut point exécutée dans le ressort de cette cour. Elle ne fut pas davantage dans quelques autres parlemens où elle ne fut point envoyée. Il n'y a que dans le ressort des parlemens où elle fut enregistrée purement & simplement , comme Toulouse , Dijon & Pau , que l'on peut faire remonter à cette époque l'établissement des vicaires perpétuels par une loi de l'état.

Quant à la déclaration de 1657 , elle n'a été enregistrée dans aucune cour , & pouvoit encore moins faire loi que l'ordonnance de 1629.

Enfin , après plusieurs décisions , soit du parlement de Paris , soit du conseil-d'état , parut la déclaration du 29 janvier 1686 , par laquelle le législateur ordonna « que les cures qui sont unies » à des chapitres , ou autres communautés ecclé» siastiques , & celles où il y a des curés primitifs , » soient desservies par des curés ou vicaires perpé» tuels , qui seront pourvus en titre , sans qu'on » y puisse mettre à l'avenir des prêtres amovibles , » sous quelque prétexte que ce puisse être ». C'est ainsi qu'il faut souvent plusieurs siècles pour détruire un abus qu'un instant a vu naître.

L'église & l'état n'étoient pas moins intéressés à procurer aux curés une subsistance suffisante , qu'à leur donner un établissement solide ; & il ne fut pas plus facile de parvenir à l'un qu'à l'autre. Dès l'an

1215 , Innocent III se plaignit dans le concile général de Latran , qu'il y avoit des curés primitifs qui ne donnoient à leurs desservans que la seizième partie des dixmes , ce qui étoit cause qu'on ne trouvoit que des ignorans qui voulussent remplir ces places. *Nam ut pro certo didicimus , in quibusdam regionibus parochialis presbyter pro suâ sustentatione non obtinent nisi quartam quartæ , id est , sextam decimam decimarum : unde fit ut in his regionibus penes nullus inveniatur sacerdos parochialis , qui ullam vel modicam habeat peritiam litterarum. Cum igitur os bovis ligari non debeat triturantis , sed qui altari servit de altari vivere debeat , statuimus ut , consuetudine qualibet episcopi vel patroni , seu cujuslibet alterius nonobstante , portio presbiteris ipsis assignetur.* Le même concile de Latran ordonna qu'il seroit placé dans toutes les églises paroissiales des vicaires inamovibles , avec une portion suffisante des revenus attachés à chaque église. *In ipsâ ecclesiá parochiali idoneum & perpetuum studeat habere vicarium canonicè institutum qui congruentem habeat de ipsius ecclesiæ proventibus portionem.* C'est de ce décret que la *portion* des revenus appartenant aux vicaires , placés par les décimateurs ou les curés primitifs , s'est appellée *portion congrue.*

Le concile de Latran , de 1215 , ne fit que pallier le mal , en ne fixant point la quotité de la *portion congrue,* qui continua à dépendre de la volonté des curés primitifs ou des décimateurs. Sept ans après le concile de Latran , celui d'Oxfort fixa la *portion congrue* à sept marcs d'argent. Un réglement fait par un évêque de Troyes , dans le même temps , la porta à dix livres par an , monnoie de Paris , qui reviennent à cent trente-trois livres de la nôtre. Un concile de Rouen , tenu en 1231 , ordonna qu'il seroit payé à un curé qui n'auroit qu'un clerc , quinze livres monnoie de Tours , & vingt-deux livres & demie à celui qui auroit deux clercs. Le concile de Cognac , de l'an 1266 , régla la *portion congrue* à trois cens sols , revenant à cent cinquante livres de notre monnoie. Un concile d'Avranches , tenu en 1172 par deux légats de Rome , veut qu'on laisse aux curés le tiers des dîmes. *De tertiâ parte decimarum nihil presbitero qui servit ecclesiæ auferatur.*

Les conciles de Vienne & de Trente , croyant qu'il étoit difficile de déterminer , d'une manière uniforme , la quotité des *portions congrues ,* laissèrent aux évêques le pouvoir de la régler suivant leur zèle & leur prudence , de la faire monter jusqu'au tiers du revenu des cures , & même davantage , s'ils le jugeoient nécessaire. Mais le pouvoir illimité des évêques fut restraint par une bulle de Pie V , rendue sur les plaintes des décimateurs & des curés primitifs ; il leur fut défendu de fixer aucune *portion congrue* au-delà de cent écus , & au-dessous de cinquante. Le concile de Cambray , de l'an 1586 , fit une distinction entre les curés des villes & ceux de la campagne. Il assigna aux premiers deux cens florins , & seulement cent aux seconds.

Si les décrets & les réglemens ecclésiastiques ont tant varié sur la quotité de la *portion congrue ,* il n'est pas étonnant de trouver la même variation dans les ordonnances des princes. Il faut cependant avouer que c'est à l'autorité civile que l'on doit l'état actuel des *portions congrues*.

La déclaration de Charles IX, de l'an 1571, fixe la *portion congrue* à cent vingt livres, ou plutôt défend aux curés & vicaires perpétuels qui ont cette somme de revenu annuel, les charges ordinaires déduites, de demander aucune augmentation, & permet aux juges d'église de fixer, selon leur prudence, la *portion* de ceux qui en auront moins. La jurisprudence du parlement de Paris, à cette époque, selon Chopin, étoit d'adjuger aux curés la quatrième partie des fruits de la cure. En vérifiant la déclaration de 1571, cette cour ajouta dans son arrêt, sans déroger à ce que les conciles, anciens décrets & pragmatiques, ont réglé sur cette matière. Mais ensuite, sur des ordres exprès du roi, elle fut forcée d'enregistrer purement & simplement.

L'ordonnance du 15 janvier 1629, augmenta les *portions congrues*, & les porta, par son article 23, à trois cens livres. Une déclaration du 17 août 1732, rendue sur les plaintes des prélats & des agens généraux du clergé, ordonna que la réduction des *portions congrues* à trois cens livres, auroit lieu pour les provinces de deçà de la Loire; & pour les diocèses de Bretagne & provinces au-delà de la Loire, à deux cens livres seulement, comprenant dans lesdites portions les petites dixmes, le fonds des cures, les fondations des obits, & autres revenus ordinaires, & à la charge aussi qu'és lieux, où de tout temps & ancienneté, il y a portion de dîmes & revenus, entre les évêques, chapitres, abbés, prieurs, & lesdits curés & vicaires perpétuels esdites cures, iceux curés ou vicaires seront tenus de se contenter de leursdits anciens partages. Cette déclaration ne fut enregistrée qu'au grand-conseil.

La différence mise entre les curés d'en-deçà & d'au-delà de la Loire, excita les plaintes des décimateurs d'en-deçà de la Loire, qui se prétendirent n'être pas de pire condition que ceux d'au-delà. Pour faire cesser ces plaintes, le roi rendit une nouvelle déclaration le 18 décembre 1734, laquelle modéra les *portions congrues* des vicaires perpétuels & curés, étant en deçà de la Loire, à la somme de deux cens livres par an pour lesdits curés des églises paroissiales qui n'ont point de vicaires, & de trois cens livres pour ceux qui en ont eu ci-devant, & sont obligés à présent d'avoir des vicaires, dont nous remettons le jugement aux évêques diocésains. Voulons, continue la déclaration, qu'outre lesdites sommes, les offrandes & droits casuels desdites églises, ensemble les fondations des obits, demeurent aux susdits curés & vicaires perpétuels, & non les petites dîmes, les revenus des fonds des domaines des cures, & autres revenus ordinaires, qui feront précomptés sur lesdites *portions congrues*.

Cette seconde déclaration ne fut encore enregistrée qu'au grand-conseil, & lui attribua la con-

noissance de toutes les contestations qui en feroient la suite. La jurisprudence de ce tribunal établit que les deux cens livres portées par les déclarations, devoient être franches de toutes charges, & en particulier de décimes.

Il paroît que les deux déclarations ne furent pas exécutées à la lettre. On en peut juger par l'arrêt de règlement, rendu aux grands jours de Clermont, le 30 décembre 1665, qui ordonna qu'il seroit payé aux curés, pour leur *portion congrue*, la somme de trois cens livres, franche & exempte de toutes charges, en ce non compris le creux de l'église, les fondations, obits & novales, qui arriveront après que les curés auront fait l'option de leur *portion congrue*.

Cet arrêt de règlement, & beaucoup d'autres particuliers, déterminèrent l'assemblée du clergé à solliciter une nouvelle déclaration, confirmative de celle de 1634; tel est l'objet de la déclaration du 30 mars 1666: elle fut, comme les précédentes, enregistrée au grand-conseil.

Tous les évêques de France ne pensoient pas comme l'assemblée de 1665. On voit, en 1668, celui de Châlons obtenir un arrêt du conseil d'état, qui règle la *portion congrue* à trois cens livres pour les curés de son diocèse. Celui d'Aleth, séant en personne à son officialité, adjugea à cinq curés demandeurs contre le chapitre de saint Paul de Fenouilledes, à chacun cent écus de *portion congrue*. Cette sentence fut déclarée abusive par le parlement de Toulouse, & confirmée par un arrêt du conseil de 1676.

Malgré cela, dans l'assemblée du clergé de 1685, M. l'archevêque d'Auch se plaignit d'un arrêt du parlement de Paris, qui, sur le requisitoire fait d'office par M. l'avocat-général, & sans qu'il y eût de cause, avoit adjugé cent écus de portion congrue avec les novales & les vertes dîmes, à un vicaire perpétuel d'une cure unie à l'évêché d'Acqs. Sur quoi il fut arrêté d'examiner de quelle manière on pourroit obtenir que les *portions congrues* fussent réglées sur le pied de la déclaration de 1666, enregistrée au grand-conseil.

Il étoit sans doute nécessaire de faire cesser cette diversité d'opinions & de jurisprudence; c'est ce que produisit la déclaration du 29 janvier 1686. « Voulons & nous plaît, y est-il dit, que les *portions congrues* que les décimateurs sont obligés de payer aux curés & vicaires perpétuels, demeurent à l'avenir fixées dans toute l'étendue de notre royaume, terres & pays de notre obéissance, à la somme de trois cens livres par chacun an; & ce, outre les offrandes, les honoraires & droits casuels que l'on paie, tant pour les fondations que pour autres causes, ensemble les dîmes novales sur les terres qui seront défrichées depuis que lesdits curés auront fait l'option de la *portion congrue*, au lieu du revenu de ladite cure ou vicairerie ». La connoissance des contestations relatives aux *portions congrues*, fut rendue aux juges qui dévoient naturellement en connoître. | Les évêques, dans leur assemblée de 1690, se plaignirent de cette déclaration : ils demandèrent qu'elle fût révoquée, ou que l'exécution en fût suspendue pendant cinq ans. Le roi ne consentit ni à l'une ni à l'autre de ces demandes : il donna seulement la déclaration du 30 juin 1690, qui interpréta, en quelques points, celle de 1685, mais laissa les *portions congrues* sur le pied de trois cens livres. Nous aurons occasion de revenir dans la suite de cet article, sur les dispositions de cette loi.

Trois cens livres, les novales & le casuel, pouvoient fournir le nécessaire à la subsistance des curés, à l'époque de 1686 & 1690 ; mais l'augmentation progressive des denrées rendit cette somme insuffisante. Les curés firent entendre leurs plaintes dès 1736. Il parut, sous le nom de ceux du diocèse de Comminges, un écrit dont l'objet principal étoit de demander l'augmentation des *portions congrues*. On y représentoit que, dans le temps où elles avoient été réglées à trois cens livres, les monnoies étoient sur un pied beaucoup inférieur à celui où elles se trouvoient en 1737. Par un arrêt du conseil du 5 février 1737, cet écrit fut supprimé à la sollicitation des agens généraux du clergé.

Cet arrêt ne fit point cesser les justes causes des plaintes des curés ; elles empêchèrent seulement qu'elles n'éclatassent par la voie de l'impression. Mais, en 1765, il parut sur le même objet deux mémoires, l'un adopté par plus de cent soixante curés du diocèse de Chartres, & l'autre signé de plus de soixante curés de Normandie. Les curés de Dauphiné en firent aussi paroître un, qui fut supprimé par arrêt du conseil du 27 avril 1765.

Ces plaintes renouvellées & justement accueillies du public, fixèrent enfin l'attention du clergé, qui sentit lui-même la nécessité d'un nouveau réglement ; il s'en occupa sérieusement dans les assemblées de 1760 & de 1765, & présenta au roi le projet d'une nouvelle loi, qui donna naissance à l'édit du mois de mai 1768.

Cette loi étant celle qui fixe l'état actuel des *portions congrues*, nous croyons nécessaire d'en mettre l'analyse sous les yeux de nos lecteurs.

Les articles 1 & 2 fixent à perpétuité la *portion congrue* des curés & vicaires perpétuels, à la valeur, en argent, de vingt-cinq septiers froment, mesure de Paris ; & celle des vicaires à la valeur, en argent, de dix septiers froment, même mesure.

L'article 3 fixe, quant à présent, la valeur en argent des vingt-cinq septiers pour les curés, à 500 liv., & celle des dix septiers pour les vicaires, à 200 liv., & en cas de changement considérable dans le prix des grains, le roi se réserve de faire une nouvelle fixation.

L'article 4 porte que les curés & vicaires perpétuels jouiront, outre ladite *portion congrue*, des maisons & bâtimens composant le presbytère, des cours & jardins en dépendans, ensemble des obla-

tions, honoraires, offrandes ou casuel, en tout ou en partie, suivant l'usage des lieux ; comme aussi des fonds & rentes donnés aux curés pour acquit des obits & fondations pour le service divin, à la charge par lesdits curés ou vicaires perpétuels, de prouver, par titres constitutifs, que les biens laissés à leurs cures depuis 1686, sont effectivement chargés d'obits & de fondations ; & à l'égard des biens dont ils étoient en possession avant cette époque, ils pourront les retenir en justifiant par baux, & autres actes non suspects, qu'ils sont chargés d'obits & de fondations qui s'acquittent encore actuellement.

L'article 5 affranchit les décimateurs de toutes charges, autres que la *portion congrue*, la fourniture des ornemens, & les réparations du chœur.

L'article 6 ordonne que les *portions congrues* seront payées sur toutes les dîmes ecclésiastiques, grosses & menues, de quelque espèce qu'elles soient, & au défaut, & en cas d'insuffisance d'icelle, par les possesseurs des dîmes inféodées. Si toutes les dîmes sont insuffisantes, le roi veut que les corps & communautés qui se prétendent exempts, même de l'ordre de Malte, fournissent le supplément jusqu'à concurrence du montant de la dîme que dévroient supporter les mêmes héritages, si mieux ils n'aiment les soumettre à la payer. Les décimateurs en sont pareillement affranchis, s'ils veulent abandonner aux curés la dîme dont ils jouissent.

Suivant l'article 7, les curés primitifs ne peuvent se soustraire à cette charge, qu'en abandonnant, outre les dîmes qu'ils possèdent, tous les biens de l'ancien patrimoine de la cure, ensemble le titre & les droits des curés primitifs.

L'article 8 règle qui sont ceux qui doivent être réputés curés primitifs.

L'article 9 ordonne que les *portions congrues* seront payées de quartier en quartier, & par avance, franches & quittes de toutes impositions, sans préjudice des décimes.

L'article 10 permet aux curés & vicaires perpétuels, même à ceux de l'ordre de Malte, d'opter en tout temps la *portion congrue* fixée par l'édit, en abandonnant les fonds & dîmes grosses, menues, vertes, de lainage, charnage, & autres, de quelque espèce qu'elles soient, & sous quelque dénomination qu'elles se perçoivent, même les novales, ainsi que les revenus & droits dont ils seront en possession au jour de ladite option, autres que ceux réservés par l'article 4.

L'article 11 veut que les abandons faits par les décimateurs, demeurent à perpétuité irrévocables ; de même que les options faites par les curés, mais seulement lorsque les formalités, prescrites par l'article suivant, auront été remplies.

L'article 12 ordonne que les actes d'option & d'abandon seront homologués dans les cours souveraines, sur les conclusions des procureurs-généraux, sans frais ; & que, pour y parvenir, il soit procédé à une estimation par experts, nommés d'office, par lesdites cours, ou par les juges des lieux qu'elles voudront commettre, sans qu'en aucun cas, les frais puissent excéder le tiers du revenu des biens estimés.

L'article 13 laisse aux curés qui ne feront point l'option, la jouissance de tout ce qu'ils se trouveront posséder au jour de l'enregistrement de l'édit.

L'article 14 veut qu'à l'avenir il ne soit fait aucune distinction entre les dîmes anciennes & les dîmes novales, même dans les paroisses où les curés n'auroient point fait l'option de la *portion congrue*; en conséquence les dîmes de toutes les terres qui seront défrichées, appartiendront, lorsqu'elles auront lieu, au gros décimateur de la paroisse ou canton, soit curé, soit autres, soit laïques ou ecclésiastiques. N'entend néanmoins sa majesté, que les curés qui ne feront point l'option, soient troublés dans la jouissance des novales dont ils seront en possession lors de la publication de l'édit, sans que les curés qui en jouissent, puissent être assujettis à autres ou plus grandes charges que celles qu'ils supportoient auparavant.

Par l'article 15, le roi veut que les honoraires des prêtres commis par les archevêques ou évêques, à la desserte des cures vacantes de droit ou de fait, ou à celles des cures sujettes au déport, ne puissent être fixées au-dessous des trois cinquièmes du montant de la *portion congrue*; leur laissant néanmoins la liberté d'assigner aux desservans des curés qui ne sont point à *portion congrue* une rétribution plus forte.

Par l'article 16, si les abandons dont on a parlé ci-dessus, ne suffisent pas pour la *portion congrue*, le roi exhorte les archevêques ou évêques, & néanmoins leur enjoint de pourvoir à la subsistance & à l'entretien des curés par union de bénéfices.

L'article 17 porte que l'augmentation des *portions congrues* fixées par l'édit, n'aura lieu qu'au premier janvier 1769.

L'article 18 ordonne que les actes d'option & d'abandon n'auront d'exécution qu'après avoir été insinués au greffe des insinuations ecclésiastiques du diocèse, & règle les droits d'insinuation & de contrôle.

L'article 19 enfin veut que les contestations qui pourront naître au sujet de l'exécution de l'édit, soient portées, en première instance, devant les baillis & sénéchaux, & autres juges des cas royaux ressortissans nuement aux cours de parlement, sans que l'appel desdites sentences puisse être relevé ailleurs que dans lesdites cours, nonobstant toute évocation.

L'intention du législateur étoit de promulguer une loi générale, & d'établir pour les *portions congrues* une uniformité de jurisprudence dans tous les parlemens du royaume. Celui de Paris enregistra avec des modifications qui ne touchent point au fond même de la loi. Il se contenta de veiller à l'exécution de la déclaration de 1710, au sujet de la rétribution des desservans placés par les arche-

vêques ou évêques dans leurs cures vacantes de fait ou de droit, & il témoigna le desir qu'il avoit de voir la *portion congrue* des vicaires amovibles portée à deux cens cinquante livres. L'enregistrement du parlement de Rouen est absolument semblable à celui de Paris.

À Rennes, à Dijon, à Colmar, à Besançon, à Perpignan, à Grenoble, à Metz, à Arras, à Aix, à Pau, à Nancy, l'enregistrement fut pur & simple, à l'exception de quelques modifications relatives à des usages locaux, que chaque cour crut devoir conserver.

Il n'en fut pas de même à Toulouse. L'édit y fut d'abord rejetté : le parlement présenta des remontrances. Le 29 mars 1769, le roi lui envoya des lettres de jussion. Il enregistra, mais son arrêt d'enregistrement sera un monument éternel de sa vigilance & de son attention sur la portion la plus utile & la plus négligée du clergé. Il pourvut d'abord à l'entretien des objets relatifs à la décence du service divin dont il chargea les décimateurs au défaut des fabriques. Il dérogea à son ancienne jurisprudence, selon laquelle les novales n'appartenoient que pendant un certain temps aux curés à *portion congrue. Voyez* NOVALE. Il s'éleva avec force contre l'insuffisance de la quotité de la nouvelle *portion congrue*, relativement à l'augmentation des baux des décimateurs, & à l'augmentation du prix survenu dans tous les objets de consommation : il insista sur la nécessité d'exempter de toute charge, même des décimes, la *portion congrue* qui doit être regardée comme une pension alimentaire, & sur la justice qu'il y auroit à ne pas exiger des curés les preuves auxquelles ils sont tenus d'après l'article 4 de l'édit, pour pouvoir conserver les fonds & les rentes annexés aux cures pour les obits & fondations, & de se contenter de les soumettre à prouver qu'ils continuent de faire le même service que leurs prédécesseurs immédiats avoient toujours fait, à l'acquit desdits obits & fondations.

Le parlement de Bordeaux, après des remontrances, enregistra l'édit pour être exécuté selon sa forme & teneur, *conformément à la volonté de sa majesté.*

Le parlement de Douai a ordonné des remontrances, & n'a point enregistré l'édit. Il a conservé son ancienne jurisprudence : nous aurons bientôt occasion d'en parler.

L'édit de 1768, quoique rédigé avec le plus grand soin & dans les meilleures vues, a excité des réclamations de la part de toutes les parties intéressées. Beaucoup de décimateurs se sont plaint des nouvelles charges qui leur étoient imposées, & les curés ont réclamé contre la modicité de la nouvelle *portion congrue.* Au milieu de ces plaintes, le législateur donna deux déclarations interprétatives de l'édit de 1768, l'une du 18 novembre 1771, adressée au parlement de Grenoble; l'autre du 10 mai 1772, adressée au parlement de Toulouse.

Ces déclarations n'améliorèrent point, à proprement parler, le fort des curés à *portion congrue*, qui continuèrent à faire entendre leurs plaintes. Ceux de Dauphiné & de Normandie firent paroître des mémoires. Des arrêts du conseil les supprimèrent, & il fut défendu à tous les curés du royaume de s'assembler & de se réunir pour agir en corps, & faire imprimer de pareils mémoires.

D'un autre côté, les évêques, guidés par l'esprit de justice & par le desir de procurer une aisance nécessaire à leurs principaux coopérateurs, se font occupés du soin d'augmenter les *portions congrues*. Nous regrettons que la nature de cet ouvrage ne nous permette pas d'entrer dans les détails de tout ce qu'a fait, à ce sujet M. l'archevêque de Toulouse dans son diocèse. M. l'archevêque d'Auch a adressé une circulaire à tous ses curés pour leur faire part d'un projet, formé pour améliorer leur fort. Cette lettre a donné lieu à une réponse, dans laquelle les curés établissent l'insuffisance des cinq cens livres qui leur font accordées par l'édit de 1768. Ils entrent à cette occasion dans des détails que nous consignerons ici, parce qu'ils pourront fournir par la suite des moyens de comparaison, & qu'ils font même précieux pour l'histoire des usages & des mœurs de notre siècle.

Les curés du diocèse d'Auch établissent que leur dépense annuelle & indispensable, sans parler de leur nourriture, se monte à 777 liv. : voici leur calcul.

Un cheval, ferrures, entretien du harnois.	200 l.
Un domestique, nourriture & gages. . .	200
Tous les trois ans un manteau une soutanelle, qui coûteront au moins 60 liv., forme la dépense annuelle de	20
Chaque année une soutane, une ceinture, une veste & deux culottes.	100
Une paire de guêtres.	6
Un chapeau.	6
Trois paires de bas.	15
Trois paires de souliers.	12
Trois chemises.	18
Pour du blanchissage du linge du curé, de celui de son domestique, des draps de lit, du linge de cuisine, de table, &c.	30
Pour du bois à brûler.	100
Pour des chandelles & de l'huile à brûler.	40
Pour des collets & des mouchoirs. . . .	10
Pour le paiement des décimes.	20
Total	777 l.

Cette dépense ne paroît point enflée, & convient, à peu de chose près, à tous les curés de nos campagnes. On n'y a cependant point compris la nourriture, les frais de maladies, les réparations usufruitières des maisons curiales, &c. Qu'on juge, d'après cela, si la *portion congrue* de 500 liv. est suffisante.

Les objets qu'on vient de détailler, ajoutent les curés d'Auch, ne coûtoient pas 150 liv. en 1686.

Les gages d'un domestique ne se payoient alors que 15 liv. ; ils se paient aujourd'hui 80 liv. La mesure de bois qui se vendoit 15 sols, coûte aujourd'hui 4 liv. 10 s. La même proportion existe dans le prix des étoffes, meubles, effets, provisions, &c. Il n'y a donc point d'égalité entre 300 liv. en 1686, & 500 liv. en 1785. Cent vingt livres, sous Charles IX, représentoient cent septiers de bled ; & d'après l'édit de 1768, 500 liv. ne représentent que vingt-cinq septiers. De-là les curés d'Auch concluent que 500 liv. font bien au-dessous de ce que la justice exige qu'on leur fournisse. Ils excipent de l'exemple de l'empereur, qui a fixé à 1500 liv. les *portions congrues* des cures nouvellement érigées dans ses états héréditaires.

Il ne paroît point douteux que les *portions congrues* ne soient bientôt augmentées. On en sent la nécessité ; on n'est arrêté que par les difficultés. Des évêques, des chapitres, des communautés qui font ou curés primitifs, ou gros décimateurs des paroisses dont les curés font à *portion congrue*, essuieront par-là des diminutions considérables dans leurs revenus ; il est même des chapitres dont les prébendes se trouveront insensiblement réduites à très-peu de chose ; & cependant on voudroit les conserver.

Ces obstacles, on l'avoue, font difficiles à vaincre. On peut même dire qu'ils se renouvelleront dans d'autres temps, si l'on ne porte, comme on l'assure, les *portions congrues*, qu'à 7 ou 800 liv. Il est à présumer que l'étendue du commerce, la multiplication du numéraire qui augmentent journellement, ameneront, dans peu d'années, l'époque à laquelle 7 ou 800 liv. ne seront pas plus suffisantes pour un curé, que 500 ne le font aujourd'hui. On ne fera donc que pallier le mal au lieu de le détruire dans sa source : l'on verra renaître les mêmes plaintes, & on éprouvera les mêmes difficultés pour les appaiser.

Nous sommes bien loin de nous croire plus sages & plus éclairés que les représentans du clergé, qui, au moment où nous écrivons, s'occupent des moyens d'augmenter les *portions congrues*. On peut s'en rapporter à leur prudence & à leur intention connue d'opérer un bien que la nation desire depuis si long-temps. Cependant, qu'il nous soit permis, non pas de présenter un projet, la nature de cet ouvrage s'y oppose, mais d'indiquer quelques idées qui, plus approfondies, pourroient peut-être fournir des moyens d'assurer le sort des curés, sans diminuer les revenus des corps ou bénéficiers séculiers.

Selon l'esprit & la lettre de l'édit du mois de mars 1768, les monastères doivent être composés au moins de huit religieux de chœur, non compris le supérieur. Ceux qui ne peuvent se procurer un pareil nombre de sujets, doivent être évacués. Cette partie d'une loi très-sage est restée sans exécution ; & il n'est pas rare de trouver des communautés où il y a moins de huit religieux. En supprimant ces maifons, on en pourroit conferver les manfes ab-batiales, pour ne pas diminuer le nombre des graces ou des récompenfes qui font dans les mains du roi, & affecter le revenu des manfes conven-tuelles, à l'augmentation des *portions congrues*. Des bureaux diocéfains feroient chargés de l'adminiftra-tion de ces biens; & fi le revenu excédoit les *por-tions congrues* à payer dans le diocèfe, le furplus feroit employé dans les diocèfes voifins qui pour-roient en avoir befoin, ou à des œuvres pies qui feroient déterminées felon les circonftances. Par-là le fort des curés feroit affuré, & celui des décima-teurs feroit à l'abri des viciffitudes. Les corps ecclé-fiaftiques féculiers ne recevroient aucune atteinte, les ordres religieux eux-mêmes n'auroient pas à fe plaindre, puifqu'il leur refteroit autant de maifons qu'ils en peuvent defervir. Ce feroit une efpèce de reftitution que le clergé régulier feroit au fécu-lier; & l'on peut dire que cet emploi de fes biens ne feroit point contraire à l'intention des fondateurs.

Ce projet feroit fufceptible de développement. Nous ne pouvons nous y livrer; nous ne nous fommes déterminés à en donner l'apperçu, que pour ne pas laiffer échapper une occafion de mettre au jour une idée, que nous croyons pouvoir être avantageufe au public.

§. 2. *A qui la portion congrue eft-elle due?* La *por-tion congrue* eft due indiftinctement à tous les curés; mais elle ne peut être demandée que par ceux dont les revenus fixes & certains ne montent point à la fomme de 500 liv. réglée par l'édit de 1768, ou à celle qui le fera par la fuite. Les curés ne peuvent l'exiger que fous les conditions portées par les loix. *Voyez* OPTION.

Un curé qui poffèderoit un bénéfice abfolument indépendant de fa cure, n'en feroit pas moins fondé à demander la *portion congrue* au curé primitif ou au décimateur. Si le bénéfice étoit uni à la cure, comme il eft à préfumer que cette union n'auroit été faite que pour procurer une fubfiftance hon-nête au curé, celui-ci feroit non-recevable dans fa demande, à moins qu'il n'offrît d'abandonner, tant les fonds de fa cure, que ceux du bénéfice y annexé.

Dans le cas de l'union de deux cures, il ne fe-roit dû qu'une *portion congrue*.

Dans la thèfe générale, la *portion congrue* n'eft pas moins due aux curés des villes qu'à ceux de la campagne. Les loix promulguées à ce fujet n'ont fait aucune diftinction entre ces deux efpèces de curés. Cependant les cours fouveraines ont cru devoir en faire une entre les curés des villes. Elles ont cru devoir examiner fi celui qui demande la *portion congrue* a befoin de ce fecours. Lorfqu'il ré-fulte de cet examen que le curé a de quoi vivre honnêtement au moyen des fondations & du ca-fuel qui, dans les grandes villes, varie peu, elles le déclarent non-recevable, ou le déboutent de fa demande. Mais lorfqu'elles eftiment que le revenu d'une cure de ville eft vraiment infuffifant pour

un honnête entretien, elles accueillent fa demande, & condamnent le curé primitif, ou les gros déci-mateurs, à lui payer la *portion congrue* telle qu'elle eft fixée par la loi. C'eft pourquoi on trouve des arrêts qui ont accordé des *portions congrues* aux curés des villes murées, & d'autres qui les leur ont refufées.

Il faut remarquer que s'il y a un grand nombre de curés de ville qui ne jouiffent point de la *por-tion congrue*, c'eft que dans leurs paroiffes il n'y a ni dîmes, ni curés primitifs poffédans des fonds que l'on puiffe fuppofer avoir anciennement fait partie du domaine de la cure. C'eft dans cette efpèce que font intervenus deux arrêts affez récens, l'un à la grand-chambre pour le féminaire de Langres contre le curé de Saint-Amable; & l'autre à la première des enquêtes pour le chapitre de Soiffons, contre le curé des fonds.

Les curés réguliers en général font compris dans la faveur des *portions congrues* affectées à l'entretien de ceux qui, dans les paroiffes, portent le poids du jour & de la chaleur, *pondus æftus & diei:* mais comme il n'eft point de ces curés réguliers qui ne foient de riches prieurés, ou dont les dîmes n'ap-partiennent aux communautés des religieux qui les deffervent, la *portion congrue* de ces curés ne fe règle pas ordinairement comme celle des curés fé-culiers. Il ne leur en eft point dû lorfqu'ils font membres de la communauté au monaftère auquel la cure eft attachée, & dans lequel ils réfident. Ils ont alors une place monachale, qui fuffit à leur en-tretien; & ils ne font pas dans le cas d'avoir befoin d'alimens. Cependant M. de Catelan rapporte un arrêt du parlement de Touloufe, du 11 août 1670, par lequel il fut jugé que dans la *portion congrue* d'un religieux de l'abbaye d'Eaunes, vicaire perpétuel de ce lieu-là, ne devoit point entrer dans le revenu de fa place monachale, quoique l'économe de l'abbaye lui oppofât que n'ayant & ne pouvant avoir que comme religieux, la vicairerie perpétuelle qu'il fervoit réfidant dans le monaftère, il devoit d'au-tant plus en imputer le revenu fur fa *portion congrue*.

Si la cure étoit defervie hors du monaftère, & que le curé n'eût pas une fubfiftance fuffifante, il ne paroît pas douteux qu'il auroit droit à la *portion congrue*, comme les curés féculiers.

L'ordre de Malte avoit obtenu en fa faveur une dérogation à la déclaration de 1686. En confé-quence il avoit arbitré la *portion congrue* de fes curés à 250 liv.; ce qui les affimiloit à-peu-près aux autres curés, parce qu'ils ne paient point de dé-cimes, ni autres impofitions du clergé. L'ordre ayant été nommément compris dans l'article 10 de l'édit de 1768, des lettres-patentes du 30 dé-cembre même année, y dérogèrent, & ordonnent que les curés dépendans dudit ordre foient & de-meurent exceptés dudit édit, lequel fera comme non avenu à leur égard, fauf aux prieurs, baillis, commandeurs & chapitres dudit ordre, à augmenter les *portions congrues* des commanderies dans une proportion convenable, sans néanmoins qu'elles puissent être fixées au-dessous de 350 liv. pour chaque cure exempte de toute charge. Par délibération du chapitre du grand-prieuré de France, du 16 juin 1769, M. le prince de Conti, grand-prieur présidant, les *portions congrues* des curés de l'ordre furent fixées à quatre cens livres, & celles des vicaires au *prorata*.

Si une même cure avoit deux titulaires, comme cela arrive quelquefois, l'un & l'autre curé auroit droit à la *portion congrue* dans le cas où les revenus de la cure ne seroient pas suffisans pour leur entretien. A l'égard des biscantats, c'est-à-dire des curés qui font l'office dans deux églises, ils ne peuvent réclamer une double *portion congrue*, parce que leur double service n'a ordinairement pour cause que l'indigence des paroisses qui, chacune, sont insuffisantes pour nourrir un pasteur.

Les curés peuvent en tout temps faire l'option de la nouvelle *portion congrue*, en se conformant aux règles prescrites par l'édit de 1768. Mais une fois que cette option est revêtue de toutes les formalités, elle est irrévocable, soit par le curé qui l'a faite, soit par ses successeurs.

La forme de l'option est prescrite par l'article 12 de l'édit de 1768. Il résulte de cet article, que c'est aux curés qui demandent la *portion congrue* à se pourvoir & à se mettre en règle, & par conséquent à faire toutes les démarches convenables : c'est à eux à faire signifier aux gros décimateurs leur acte d'option, & à les faire assigner pour voir procéder à l'estimation des fonds qu'ils abandonnent.

Les curés qui optent la *portion congrue*, peuvent dans le cas où il y a plusieurs décimateurs dans leur paroisse, attaquer celui qu'ils jugent à propos, sauf à celui-ci à appeller en cause ses codécimateurs, & de régler avec eux la part dont chacun doit contribuer au paiement de la *portion congrue*, & celle dont il doit jouir dans les fonds abandonnés.

Les auteurs se proposent la question de savoir, si la *portion congrue* peut s'arrérager, & si les curés sont en droit d'exiger le paiement des arrérages qu'ils ont laissé échoir. Quelques-uns soutiennent qu'il n'est dû de *portion congrue* à un curé qu'autant qu'il en a besoin, & que s'il laisse passer plusieurs années sans la demander, c'est un aveu de sa part qu'il peut facilement s'en passer. On leur répond, qu'un curé ne doit pas être la victime de ses égards pour un décimateur, dont la dignité exige souvent de lui des ménagemens & des déférences, & qu'il seroit injuste de le priver de ce qui lui est dû, parce qu'il auroit différé de le demander judiciairement.

Il est un milieu à prendre entre ces deux opinions. Il faut laisser aux curés la liberté de demander les arrérages de leur *portion congrue*, qu'ils ont laissé échoir sans les exiger : mais en même tems il faut limiter cette liberté. Il paroit conforme à la raison & à l'équité, d'appliquer aux arrérages de la *portion congrue* la prescription de cinq ans, comme aux arrérages des rentes constituées. Quelques jurisconsultes regardent la *portion congrue* dont l'option a été faite avec les formalités prescrites par l'édit de 1768, comme une redevance annuelle dont le créancier peut demander vingt-neuf années en deniers ou quittances. Nous ne connoissons point de préjugés sur cette question.

La *portion congrue*, telle qu'elle est fixée par les ordonnances, n'étant point une *portion* à prendre dans les dîmes, n'est pas susceptible d'augmentation dans les années d'abondance, ni de diminution dans les années de stérilité. Quelque variation qu'i puisse y avoir dans le produit des dîmes, les décimateurs & curés primitifs ne peuvent en exciper pour faire éprouver des variations dans la *portion congrue*, qui doit être toujours la même.

Un curé qui, en exécution de la déclaration de 1690, jouit de certains fonds en déduction de sa *portion congrue*, ne seroit pas fondé à demander un supplément en argent s'il arrivoit une année de stérilité absolue ; ce seroit un accident sans doute fâcheux pour lui : mais comme dans les années d'abondance, il n'a pas rendu aux décimateurs ce qu'il a recueilli au-delà de la valeur fixée pour la *portion congrue*, il n'est pas naturel qu'il ait un recours contre les décimateurs pour une mauvaise année. *Qui sentit commodum & onus sentire debet.* Lacombe a embrassé l'opinion contraire.

Mais si les fonds abandonnés au curé pour sa *portion congrue* disparoissoient par quelque accident que ce fût, le curé n'en seroit pas moins en droit d'agir contre les décimateurs, ou curés primitifs, pour se faire donner une nouvelle *portion congrue* : c'est la décision de Rebuffe. *Si portio fuisset destructa & extincta bello vel alio casu & adhuc fructus sufficientes remanerent apud rectorem, vel patronum, eo casu iterum petenda esset congrua portio : Tract. port. congr. n. 93.* La totalité des dîmes ou fonds de la cure est tellement affectée au paiement de la *portion congrue*, que ceux qui en jouissent ne peuvent alléguer aucun prétexte pour se dispenser de l'acquitter.

Depuis l'édit de 1768, les décimateurs ou curés primitifs ne peuvent plus forcer les curés à garder des fonds de la cure, en déduction de la somme à laquelle a été fixée la *portion congrue*. Ce n'est qu'en vertu de la déclaration de 1690, que les décimateurs ont eu cette faculté. Or, d'un côté cette déclaration n'est qu'une modification de celle de 1686, & de l'autre elle n'a point été rappellée dans le nouvel édit. Des jurisconsultes très-éclairés, sont cependant d'un avis contraire. L'obligation que le législateur impose de faire l'estimation des fonds abandonnés par le curé, semble autoriser leur opinion. De Joui, dans ses *Principes sur les dîmes*, ne pense pas ainsi. Il se fonde principalement sur l'esprit de la nouvelle loi, qui est d'assurer aux curés sans embarras, une subsistance nette en une somme fixe en argent.

C'est d'après ce principe, que le même auteur décide que quoique un curé eût consenti à garder des biens de la cure, en déduction de la *portion congrue* de cinq cens livres, même après une estimation faite en la forme prescrite par l'article 12 de l'édit, il pourroit néanmoins revenir contre un pareil arrangement. « L'édit ne déclare irrévocable » pour la *portion congrue* des curés, que les actes » faits relativement à sa disposition d'assurer aux » curés une subsistance aisée, & en une somme fixe » & invariable de cinq cens livres : pareil arrange- » ment qui donne aux curés 500 liv., partie en ar- » gent, partie en fonds ou en rente, dont l'exploi- » tation ou la recette peut causer des frais ou des » non valeurs, n'est point l'objet du législateur. » S'il est fait, il n'est d'aucune tenue contre le » curé qui peut, en tous les temps, abandonner » ce qu'il possède en fonds & dîmes de la cure, » pour avoir sa *portion congrue* en argent ».

Quand un curé auroit promis, par une transaction, de se contenter de 200 liv. pour la totalité de sa *portion congrue*, cela n'empêcheroit pas qu'il ne fût bien fondé à demander la somme de 500 liv., parce que l'on ne peut transiger sur les alimens que la loi assigne comme nécessaires.

§. 3. *Par qui la portion congrue est-elle due ?* Les déclarations de 1686 & de 1690 paroissent n'avoir assujetti au paiement de la *portion congrue* que les décimateurs. Elles ne font aucune mention des curés primitifs. Mais le silence de la loi n'a pu anéantir les vrais principes, selon lesquels les fonds affectés à une église paroissiale, se font nécessairement à la nourriture & à l'entretien de celui qui la dessert. C'est le langage de Van-Espen, & de tous les canonistes tant anciens que modernes.

Mais les prétentions des curés primitifs à l'exemption du paiement de la *portion congrue*, ne sont plus soutenables depuis les déclarations de 1728 & de 1731, & sur-tout depuis l'édit de 1768. Ces loix veulent expressément que les curés primitifs ne puissent être déchargés de l'obligation de fournir la *portion congrue* aux vicaires perpétuels, qu'en abandonnant non-seulement les dîmes, mais encore tous les fonds dépendans de la cure, & même le titre de curé primitif. Le législateur a donc voulu que les curés primitifs fussent tenus au paiement de la *portion congrue*, comme curés primitifs, & non pas seulement comme décimateurs.

Les curés primitifs doivent-ils être chargés seuls du paiement de la *portion congrue*, de manière que les autres décimateurs de la paroisse, s'il y en a, ne soient point tenus à y contribuer ? Le parlement de Paris & celui de Toulouse ont, dit-on, jusqu'à présent jugé différemment cette question. La première de ces cours a toujours assujetti les curés primitifs à payer seuls les *portions congrues*, lorsqu'il en étoit l'usage. La seconde, au contraire, a toujours jugé que tous les codécimateurs d'une paroisse devoient contribuer au paiement de la *portion congrue*, au *prorata* des dîmes dont ils jouis-

soient, sans aucune distinction entre ceux qui étoient curés primitifs & ceux qui ne l'étoient pas.

Cette différence de jurisprudence entre les deux cours est attestée par Lacombe, qui s'appuie, pour établir ce fait, sur une consultation de M. Nouet, de 1732. D'Héricourt parle de cette même jurisprudence du parlement de Paris, dans une consultation de 1749.

Il auroit été à desirer, dit M. Camus sur l'article 7 de l'édit de 1768, que l'auteur du recueil de jurisprudence canonique, & d'Héricourt, eussent cité quelques exemples de ce qu'ils assurent être la jurisprudence du parlement de Paris. Nous ne nions pas qu'il puisse y avoir des cas particuliers où un curé primitif décimateur soit tenu seul de la *portion congrue*, nous avons reconnu sur l'article précédent qu'il pouvoit arriver qu'entre plusieurs décimateurs, un seul fût chargé de la *portion congrue* ; il doit être décidé de la même manière dans des circonstances pareilles, à l'égard du curé primitif : mais ces cas particuliers ne forment que des exceptions, & il paroit impossible d'établir, comme règle générale, qu'il suffit que le curé primitif ait payé seul la *portion* avant 1686, pour qu'il soit tenu de continuer à la payer seul après cette déclaration.

En thèse générale, il paroît certain que tout décimateur ecclésiastique, tel qu'il soit, est tenu au paiement de la *portion congrue*, au prorata des dîmes dont il jouit, & que la qualité de curé primitif n'influe en rien sur cette obligation, à moins qu'il n'y ait quelque circonstance particulière qui fonde l'exemption des autres codécimateurs.

Mais si le curé primitif n'étoit point décimateur dans la paroisse, ce qui peut arriver, est-il tenu de contribuer avec les décimateurs au *prorata* du revenu de ses domaines & du revenu des dîmes ? Lacombe se décide pour l'affirmative. Durand de Maillane, dans son dictionnaire, rapporte la décision de Lacombe, & ajoute que telle est la jurisprudence du grand-conseil & du parlement de Paris.

M. Camus, dans l'endroit déjà cité, observe judicieusement que les motifs qui ont décidé Lacombe, ne doivent pas l'emporter sur la déclaration de 1686, qui ne parle que des décimateurs, & sur celles de 1726 & 1731, qui n'obligent les curés primitifs à une contribution sur les revenus de leurs bénéfices, que subsidiairement, & lorsque toutes les dîmes étant épuisées, il faut encore un supplément. Quant à la jurisprudence du grand-conseil & du parlement de Paris, invoquée par Durand de Maillane, M. Camus répond que cet auteur laisse ignorer sur quel fondement porte son assertion, & qu'elle ne doit pas faire perdre de vue les principes, ni l'emporter sur le texte des déclarations, qui ne charge de la *portion congrue* dans les cas ordinaires que des dîmes, & qui n'exigent sur les domaines des curés primitifs qu'en cas d'insuffisance des dîmes.

Ce font donc les dîmes qui font principalement affectées

affectées au paiement de la *portion congrue*. Si elles font divifées entre plufieurs poffeffeurs, chacun d'eux doit contribuer à cette charge, au *prorata* de celles dont il jouit. S'il arrivoit qu'un d'entre eux l'eût fupportée feul pendant quelque temps que ce fût, il n'en feroit pas moins en droit de faire contribuer fes codécimateurs. Le fondement de cette décifion eft que les déclarations de 1686, 1690, & l'édit de 1768, forment un droit public qui n'eft point fujet à la prefcription. La poffeffion n'eft, en cette matière, d'aucun avantage pour les décimateurs. Il faut qu'elle foit accompagnée d'un titre qui porte l'exemption, ou au moins de quelque jugement contradictoire qui puiffe le faire préfumer.

Le décimateur qui demande la contribution à fes codécimateurs, peut réclamer contre eux vingt-neuf années d'arrérages. Un arrêt du parlement de Paris, du 27 juillet 1759, l'a jugé ainfi en faveur du commandeur de Vathanges, contre les religieux de Pommiers, qui n'avoient jamais contribué aux réparations de l'églife de Verrières, ni à la *portion congrue* du curé. Les religieux furent condamnés, felon leurs offres, à contribuer pour l'avenir, & de plus à rembourfer au chevalier de Vathanges, tant les arrérages de la *portion congrue*, que les fommes qu'il juftifieroit avoir avancées pour les réparations, depuis vingt-neuf années, au *prorata* de leurs dîmes.

Cet arrêt, rendu contre une communauté, pourroit difficilement s'appliquer à un titulaire de bénéfice, qui n'eft tenu ni des faits, ni des dettes de fes prédéceffeurs. Tout ce que l'on pourroit faire alors, ce feroit de le condamner à reftituer, à compter du jour de fon entrée dans le bénéfice. C'eft ce qui a été jugé au parlement de Touloufe, contre M. l'évêque de Pamiers, les 6 mars & 9 feptembre 1711. Ce prélat fut condamné à reftituer à fes codécimateurs ce qu'ils avoient payé à fa décharge pour des *portions congrues*, depuis fa prife de poffeffion de fon évêché.

Un troifième arrêt du même parlement, du 3 mars 1712, en le condamnant également au paiement des arrérages d'une *portion congrue*, qu'il devoit comme codécimateur, ne fit remonter le paiement qu'en 1699, époque poftérieure à fa prife de poffeffion. Par arrêt du confeil du 29 mars 1713, les trois arrêts furent confirmés, & M. l'évêque de Pamiers débouté de fa demande en caffation, malgré les follicitations des agens du clergé.

Quoique tous les décimateurs d'une paroiffe foient tenus au paiement de la *portion congrue*, ils ne font cependant folidaires entre eux que dans le cas où ils n'auroient pas fait le régalement, c'eft-à-dire, qu'ils n'auroient pas fixé entre eux la proportion dans laquelle chacun doit contribuer. C'eft ce que décide textuellement la déclaration de 1686, à laquelle l'édit de 1768 n'a point dérogé en cette partie; « que dans les lieux où il y a plufieurs décimateurs, ils y contribuent (à la *portion congrue*) chacun en proportion de ce qu'ils poffèdent

» de dîmes : enjoignons auxdits décimateurs d'en » faire le régalement entre eux, dans trois mois » après la publication de notre préfente déclara-» tion dans nos bailliages, fénéchauffées, & autres, » fièges dans l'étendue defquels ils perçoivent la » dîme. Voulons qu'après ledit temps de trois mois, » & jufqu'à ce que ledit régalement ait été fait, » chacun defdits décimateurs puiffe être contraint » folidairement au paiement defdites fommes, en » vertu d'une ordonnance qui fera décernée par » nos juges, fur une fimple requête préfentée par » les curés ou vicaires perpétuels, contenant leur » option de ladite *portion congrue*, fans qu'il foit » befoin d'y joindre d'autres pièces que l'acte de » ladite option fignifié auxdits décimateurs : & fe-» ront les ordonnances de nos juges rendues fur » ce fujet, exécutées par provifion, nonobftant » oppofitions ou appellations quelconques ».

Depuis l'édit de 1768, toutes les dîmes ecclé-fiaftiques, de quelque nature qu'elles foient, groffes ou menues, font affectées au paiement de la *portion congrue*. L'article 6 y eft formel, ce qui fait ceffer toutes les queftions fur lefquelles nos auteurs étoient divifés relativement aux dîmes menues, vertes, &c.

Le même article 6 fixe auffi d'une manière très-précife, quels font ceux qui, en cas d'infuffifance des dîmes eccléfiaftiques, doivent être chargés de la *portion congrue*, ou du moins y contribuer. « En » cas d'infuffifance d'icelles (des dîmes eccléfiaf-» tiques), les poffeffeurs des dîmes inféodées fe-» ront tenus de payer lefdites *portions congrues*, ou » d'en fournir le fupplément; & après l'épuifement » defdites dîmes eccléfiaftiques & inféodées, les » corps & communautés féculières & régulières » qui fe prétendent exempts de dîmes, même » l'ordre de Malte, feront tenus de fournir le fup-» plément defdites *portions congrues*, & ce, jufqu'à » concurrence du montant de la dîme que de-» vroient fupporter les héritages qui jouiffent de » ladite exemption ». Ainfi, au défaut des dîmes eccléfiaftiques, les dîmes inféodées font affectées au paiement ou au fupplément de la *portion congrue*. Après l'épuifement des unes & des autres, les exempts doivent contribuer jufqu'à la concurrence de ce que peut valoir leur exemption.

Dans l'état actuel de notre jurifprudence, les ordres que l'on reconnoit exempts du paiement des dîmes, font ceux de Cîteaux, de Clugni, des Chartreux, de Prémontré & de Malte. L'ordre de Grandmont, qui eft éteint, jouiffoit du même privilège.

L'exemption ne s'étend point indifféremment fur toutes les terres de la dépendance de ces ordres. On exige deux conditions : la première, que ce foit des terres qu'ils aient poffédées avant le quatrième concile de Latran, tenu en 1215, ou qui leur aient été aumônées pour la première fondation des monaftères : la feconde, qu'ils les faffent valoir par eux-mêmes, ou s'ils les afferment, que les baux n'excèdent pas neuf années.

Il est un moyen, pour les décimateurs & les privilégiés, de se soustraire à la charge de la *portion congrue*. Les premiers le peuvent en faisant l'abandon des dîmes de la paroisse. Les seconds, en renonçant à leur privilège. « Si mieux n'aiment, dit » l'article 6 déjà cité de l'édit de 1768, les gros » décimateurs abandonner à la cure lesdites dîmes, » soit ecclésiastiques, ou inféodées ; & lesdits » exempts se soumettre à payer la dîme, auquel » cas les uns & les autres seront déchargés à per- » pétuité de toutes prétentions pour raison de la- » dite *portion congrue* ».

Les curés primitifs ne se libéreroient point du paiement de la *portion congrue* en abandonnant les dîmes qu'ils perçoivent ; il faut de plus qu'ils se dépouillent de tout ce qui compose l'ancien patrimoine de la cure, & du titre & des droits de curés primitifs ; c'est la disposition textuelle de l'article 7 de l'édit de 1768, conforme en cela aux déclarations de 1726 & de 1731. « Voulons en outre, » conformément à nos déclarations des 15 octobre » 1726, & 15 janvier 1731, que le curé primitif » ne puisse être déchargé de la contribution à la » *portion congrue*, sous prétexte de l'abandon qu'il » auroit ci-devant fait, ou pourroit faire auxdits » curés & vicaires perpétuels des dîmes par lui » possédées, mais qu'il soit tenu d'en fournir le » supplément, à moins qu'il n'abandonne tous les » biens, sans exception, qui composent l'ancien » patrimoine de la cure, ensemble le titre & les » droits de curé primitif ».

Si un curé primitif, en faisant son abandon, prétendoit conserver des biens dépendans de son bénéfice, sous prétexte qu'ils ne forment pas partie de l'ancien patrimoine de la cure, la preuve de ce fait seroit à sa charge. La faveur, disoient les commissaires du clergé dans l'assemblée de 1765, paroît devoir être pour celui qui demande sa subsistance. Il nous a semblé juste de regarder les biens que possèdent les curés primitifs dans l'étendue de la paroisse, comme l'ancien patrimoine de la cure, tant que les curés primitifs n'auront pas fait la preuve du contraire.

Il est cependant un cas où la présomption qui est en faveur du vicaire perpétuel, cesse : c'est lorsque les biens possédés par le curé primitif, sont situés hors de la paroisse. Si dans ce cas le vicaire perpétuel les réclame, c'est à lui à prouver qu'ils font partie de la dotation de la cure. Cette preuve doit être précise & concluante, parce que la présomption est ici contre le vicaire perpétuel : il n'est pas en effet à présumer que des biens situés hors les limites de la paroisse, aient servi de dotation à la cure.

La déclaration de 1771, donnée en interprétation de l'édit de 1768, & adressée au parlement de Grenoble, a adopté le principe & l'exception. L'article 3 porte : « les biens possédés dans une paroisse, » seront présumés de droit composer l'ancien pa-

» trimoine de la cure, à moins que le curé primi- » tif ne soit en état de justifier, par titres, que » ces biens ont une autre origine ».

L'article 4 établit l'exception : « voulons que » ceux qui auront fait l'abandon du titre & des » droits de curé primitif, ne puissent, sous aucun » prétexte, être inquiétés, ni recherchés à raison » des fonds à eux appartenans dans d'autres pa- » roisses, à moins que les curés, vicaires perpé- » tuels, à qui ils auroient fait cet abandon, ne » justifient par titres, que les fonds procèdent de » l'ancien patrimoine de la cure ».

Si les dîmes & l'ancien patrimoine de la cure ne suffisent pas pour compléter la *portion congrue* fixée par l'édit de 1768, comment faudra-t-il suppléer à ce *deficit* ? L'article 16 de l'édit a prévu cette question. « A l'égard des curés & vicaireries per- » pétuelles dont les revenus se trouveroient au- » dessous de la somme de cinq cens livres, même » dans le cas des abandons ci-dessus, nous exhor- » tons les archevêques & évêques, & néanmoins » leur enjoignons d'y pourvoir par union de béné- » fices-cures ou non cures, conformément à l'ar- » ticle 22 de l'ordonnance de Blois ; nous réser- » vant au surplus, d'après le compte que nous » nous ferons rendre du nombre desdits curés, & » du revenu de leurs bénéfices, de prendre les » mesures nécessaires, tant pour faciliter lesdites » unions, que pour procurer auxdits curés un re- » venu égal à celui des autres curés à *portion con-* » *grue* de notre royaume ».

Il suit évidemment de cet article, que les habitans & communautés ne sont point tenus de contribuer à la *portion congrue* de leurs curés, même en cas d'insuffisance des dîmes & des fonds abandonnés par les décimateurs & curés primitifs. C'est alors aux évêques à y pourvoir par des unions de bénéfices.

Il est cependant un cas où les habitans peuvent être forcés à fournir la *portion congrue* à leur curé ; c'est lorsque la cure n'a été érigée que sous cette condition : c'est ce qui arrive quelquefois, lorsque l'érection de la nouvelle paroisse n'est pas nécessaire & indispensable, & qu'elle n'a été accordée que pour la plus grande commodité des habitans. On a vu aussi des seigneurs se soumettre au paiement de la *portion congrue*, pour jouir de l'agrément d'avoir une paroisse dans leur terre, ou auprès de leur château.

Mais hors de ces cas particuliers, & lorsque l'érection de la cure est faite par raison de nécessité, & après toutes les formalités requises, les décimateurs sont obligés de payer la *portion congrue* du nouveau curé. Celui de l'église démembrée est obligé d'y contribuer au *prorata* de la part qu'il prend dans les dîmes, & les autres décimateurs de fournir le surplus. L'obligation des décimateurs en général, de fournir la *portion congrue* aux curés des paroisses nouvellement érigées, est une suite nécessaire de toutes nos loix sur cette matière. La jurisprudence a également consacré ce principe,

Dufresne rapporte un arrêt du 9 décembre 1664, rendu au profit du nouveau curé de la paroisse de saint Léonard, diocèse de Reims, auquel il a adjugé les menues dîmes du territoire de ce lieu, que les religieux de saint Remy possédoient, jusqu'à concurrence de trois cens livres; & en cas d'insuffisance, que le surplus sera payé par les gros décimateurs. Cet arrêt, cité par Goard, est remarquable, en ce qu'il affecte les menues dîmes avant les grosses, au paiement de la *portion congrue* des nouveaux curés.

Les curés qui possèdent des portions de dîmes, doivent concourir, avec les autres décimateurs, au paiement de la *portion congrue* des cures nouvellement érigées: ainsi jugé par arrêt du 11 août 1716, rendu au rapport de M. l'abbé Pucelle, tant contre le curé de la paroisse de Villevenard, dans l'étendue de laquelle M. l'évêque de Châlons-sur-Marne avoit érigé une nouvelle cure, que contre les religieuses d'Andresy qui en partageoient les dîmes avec lui, & qui prétendoient se dispenser de la contribution, sous prétexte qu'elles n'avoient jamais rien payé pour l'entretien des vicaires de la paroisse. Le curé qu'elles vouloient en charger seul, montra qu'il falloit mettre une grande différence entre un vicaire amovible que le curé prend pour l'aider dans ses fonctions, & un vicaire perpétuel que l'évêque institue en titre, avec les formalités prescrites par le droit; qu'il est, à la vérité, tenu seul de payer le salaire du premier; mais que les loix, tant civiles que canoniques, & sur-tout les déclarations de Louis XIV (on peut aujourd'hui y ajouter l'édit de 1768), ont assigné celui du second sur tous les gros décimateurs. Quant à l'objection prise du décret du concile de Trente, qui dit que la subsistance du nouveau curé doit se prendre sur le revenu de l'église matrice, & sur-tout sur ceux qu'elle perçoit dans le lieu qu'on en distrait; il répondit, & avec raison, que ce décret ne pouvoit avoir lieu que pour les paroisses où le curé est seul & unique décimateur.

§. 3. *Privilèges & charges de la portion congrue.* La *portion congrue* des curés étant une espèce de pension alimentaire, devroit être franche & quitte de toutes charges, même des décimes. La déclaration de 1686. sembloit l'ordonner par ces expressions, *seront payées franches & exemptes de toutes charges.* Les arrêts interprétèrent ainsi la loi, & ils condamnèrent les débiteurs de la *portion congrue* à acquitter les décimes à la décharge des curés. Le clergé se plaignit de cette jurisprudence. La déclaration de 1690 fit droit sur ses plaintes. Elle ordonna que sur la *portion congrue* de trois cens livres, les curés & vicaires perpétuels paieroient par chacun an à l'avenir leur part des décimes qui seront imposées sur les bénéfices........ sans que ladite part & portion puisse excéder la somme de cinquante livres, pour les décimes ordinaires & extraordinaires, dons gratuits, & toutes sommes qui pour-

roient à l'avenir être imposées sur le clergé, sous quelque prétexte que ce puisse être.

Des lettres-patentes du 12 avril 1711, autorisèrent une délibération du clergé, par laquelle il avoit arrêté que les curés & vicaires perpétuels qui jouïssent de la *portion congrue*, & qui n'auroient qu'un modique casuel, pourroient être imposés au total jusqu'à la somme de soixante livres, & que s'ils avoient d'ailleurs quelques biens propres, ou s'ils jouïssoient d'un casuel considérable, ils pourroient être imposés au-delà de cette somme. Cette délibération fut pendant long-temps la règle des impositions des *portions congrues.* Mais en 1755, l'assemblée du clergé ayant distribué les contribuables en vingt-quatre classes, les curés à simple *portion congrue* furent taxés à-peu-près à raison du trentième; ceux au-dessus & jusqu'à six cens livres, à-peu-près à raison du vingtième. Suivant un nouveau département arrêté dans les assemblées de 1760 & 1765, les bénéfices contribuables furent partagés en huit classes. Les cures à simple *portion congrue* ne payèrent que douze livres dix sols.

L'édit de 1768 ne détermine rien sur la quotité des décimes imposées sur les *portions congrues*, il se contente de dire que les curés & vicaires perpétuels continueront de payer les décimes en proportion du revenu de leurs bénéfices; ce qui semble laisser toujours une place à l'arbitraire. Cette crainte est d'autant plus fondée, que le clergé n'entend par curés à simple *portion congrue*, que ceux qui sont payés en argent, qui n'ont aucun fonds, soit en paiement de la *portion congrue*, soit pour obits & fondations; qui n'ont point de novales, & dont le casuel est si médiocre, qu'il ne mérite pas d'être évalué. Car dans le cas où le curé à *portion congrue* a des fonds ou novales, ou que le casuel qu'il perçoit fait un objet, le bureau diocésain est autorisé à augmenter l'imposition, suivant l'évaluation qu'il aura cru devoir faire de tout ce qui va au-delà de la somme de trois cens livres. C'est ainsi que le clergé s'exprime dans les instructions dressées en conséquence de ses délibérations de 1760 & de 1765: l'imposition des curés congruistes dépend donc le plus souvent des évaluations arbitraires des bureaux diocésains.

Depuis que les *portions congrues* ont été portées à cinq cens livres, le clergé s'est occupé de l'augmentation des décimes sur les curés qui feroient l'option permise par la nouvelle loi. L'assemblée de 1770 a fait une nouvelle taxe pour eux. Des lettres-patentes du 7 juillet 1768 avoient autorisé les bureaux diocésains à reporter, jusqu'à ce que l'assemblée prochaine y eût pourvu, sur les vicaires perpétuels & les vicaires amovibles, les impositions dont il seroit juste de décharger les gros décimateurs en conséquence de la diminution de leurs revenus.

Le vœu du parlement de Toulouse n'a donc point été rempli; c'est en vain que dans son arrêt d'enregistrement, il a supplié le roi d'ordonner que la

portion congrue ne pourroit être affujettie au paiement des décimes, mais qu'elle demeureroit franche
de toutes charges, conformément aux defirs de
la déclaration de 1686.

Les curés à *portion congrue* étant curés en titre,
peuvent réfigner leurs bénéfices. On demande fi,
après les avoir deffervis pendant quinze années, ils
peuvent, en les réfignant, fe réferver une penfion.
Une des conditions requifes par l'édit de 1671,
pour la validité de ces fortes de penfions, eft qu'il
reftera au titulaire, déduction faite de la penfion,
la fomme de trois cens livres, franche & quitte de
toute charge, dans laquelle on ne comprendra ni
le cafuel, ni les diftributions manuelles.

Aujourd'hui que les *portions congrues* font fixées
à cinq cens livres, & que l'édit de 1768 déclare
que la fomme de trois cens livres eft devenue
infuffifante pour mettre les curés en état de remplir avec décence les fonctions importantes qui
leur font confiées, on ne fauroit douter que la
fomme réfervée aux curés par l'édit de 1671, ne
doive être augmentée jufqu'à celle de cinq cens
livres. Un curé qui n'auroit abfolument que cinq
cens livres & fon cafuel, ne peut donc être grevé
de penfion. Toute convention, en vertu de laquelle il ne lui refteroit pas cette fomme, feroit
radicalement nulle. Le réfignataire lui-même pourroit réclamer contre une pareille convention,
& fa réclamation feroit accueillie dans les tribunaux; perfonne ne peut tranfiger fur les alimens
que la loi lui affigne comme néceffaires. Des arrêts
en grand nombre ont confacré la vérité de ce principe qui tient au droit public.

Cependant il eft une exception à ce principe,
fur laquelle les auteurs ne font pas d'accord. Il eft
des curés à *portion congrue* qui jouiffent d'un revenu bien au-deffus de cinq cens livres, foit parce
qu'il leur a été abandonné, en exécution de la déclaration de 1690, des fonds dont la valeur a
doublé, foit parce qu'ils ont beaucoup de fondations & d'obits, foit enfin parce que les novales
leur donnent un produit confidérable. Lacombe &
M. Piales prétendent que l'édit de 1671 doit s'appliquer à ces fortes de curés comme à ceux qui
n'ont d'autre revenu que cinq cens livres en argent,
& leur cafuel. Ils appuient leur opinion fur un
arrêt de 1736, qui fupprima une penfion de deux
cens quatre livres, établie fur la cure de Breteuil,
quoiqu'il fût démontré que le revenu de cette cure
montoit, année commune, à fept cens livres.
L'arrêt ordonna même la reftitution des arrérages
de la penfion depuis le jour de la demande.

M. Camus, dans fon commentaire fur l'édit de
1768, embraffe l'opinion contraire, malgré l'autorité de l'arrêt de 1736. Il eft bien vrai, dit-il, qu'il
y a eu un temps où il étoit abfolument défendu
de créer des penfions fur les bénéfices à charge
d'ames; la jurifprudence qui rejettoit ces penfions
avoit des motifs importans. Mais le fait eft qu'elle
ne fubfifte plus, & que la loi fous laquelle nous

vivons, eft l'édit de 1671, qui, en impofant certaines conditions pour la validité des penfions,
veut par conféquent que toutes celles où ces conditions fe trouveront, foient maintenues...... Il eft
évident que ce feroit faire une exception à l'édit
de 1671, que de ne pas confirmer une penfion fur
une cure, qui laifferoit libre au titulaire la fomme
de cinq cens livres, indépendamment du cafuel.
En un mot, la règle générale eft que la penfion
confentie par un curé, ne doit pas le priver de
ce qui eft néceffaire pour fa fubfiftance. Ce néceffaire eft fixé, par l'édit de 1768, à cinq cens livres:
il ne lui eft donc pas permis d'entamer cette fomme
par la ftipulation d'une penfion; mais il ceffe d'en
être de même par rapport à ce qui excède la fomme
réglée par l'édit. Aucune loi n'en gêne la difpofition
entre les mains du curé.

La première de ces opinions a pour elle la faveur
qui eft due aux curés titulaires. La feconde nous
paroît plus conforme à la loi.

La *portion congrue* étant une penfion alimentaire,
il paroît au premier coup-d'œil, qu'elle n'eft pas
faififfable à la requête des créanciers des curés.
Duperrai penfe ainfi, & fes motifs font capables
de faire impreffion. La *portion congrue*, dit-il, étant
confidérée comme le néceffaire & la légitime d'un
curé pour vivre, elle ne peut être empêchée par
faifie, ni affoiblie par quelque caufe que foit......
Cette *portion congrue* eft tellement privilégiée, que
l'on n'en peut faire éclipfer aucune portion: c'eft
ce qui a été jugé par plufieurs arrêts rendus en
faveur des curés contre leurs créanciers.

Routier compte auffi parmi les privilèges de la
portion congrue, qu'elle ne peut être arrêtée, faifie, ni compenfée, parce qu'elle tient lieu d'alimens aux curés ou vicaires perpétuels. Rebuffe,
Tournet, Baffet, Boucheul, font du même avis,
& citent des arrêts qu'ils difent avoir jugé la queftion comme ils la décident.

D'autres auteurs ont embraffé l'opinion contraire,
& citent des arrêts qui ont confirmé des faifies,
les uns pour un tiers, les autres pour les deux
tiers de la *portion congrue*. Duperrai en rapporte
deux: le premier, qu'il ne date point, concerne
le gros d'un chanoine, & ne peut être applicable aux
portions congrues, qui nous paroiffent mériter plus
de faveur que les prébendes. Le fecond eft du
24 mai 1703: celui-ci confirma effectivement la
faifie d'une *portion congrue*, & ordonna que, déduction faite de toutes les charges, le créancier toucheroit le tiers du reftant, jufqu'à l'entier rembourfement de fa créance en principal, intérêts,
frais & dépens. Le curé portionnaire fut condamné
aux dépens.

Raviot fur Perrier, affure que quoique la *portion congrue* ait tout le privilège & toute la faveur
de la caufe alimentaire, elle peut néanmoins être
faifie par les créanciers du curé; mais que comme il
n'eft pas jufte que le pafteur demeure fans fubfiftance, les arrêts ont réduit au tiers l'effet de la

faifie, & il cite un arrêt du parlement de Dijon, du 15 octobre 1700.

Il paroît que la jurisprudence du parlement de Toulouse est qu'on peut faifir le tiers des *portions congrues*.

Lacombe rapporte, d'après Brillon, un arrêt rendu au grand-conseil le 17 mai 1706, contre le curé de Blefle, dans l'efpèce duquel il fut jugé que, déduction faite de cinquante livres pour les décimes, fi autant elles fe montoient, le tiers des deux cens cinquante livres reftantes demeureroit aux créanciers fuffifans, le furplus réfervé au curé.

Dans cette diverfité d'arrêts & d'opinions, il paroîtroit jufte de diftinguer les efpèces de créances pour lefquelles les créanciers d'un curé exerceroient des faifies fur fa *portion congrue*. S'il s'agiffoit de dettes contractées pour des alimens, ou autres chofes néceffaires à la vie, la *portion congrue* doit être faififfable, du moins en partie. C'est le cas d'appliquer l'obfervation de la Combe, qu'il feroit préjudiciable aux curés même de déclarer leur *portion congrue* abfolument infaififfable, parce qu'il ne feroit plus poffible de traiter avec eux. Mais s'il s'agit d'autres objets moins effentiels & d'agrément, plutôt que de néceffité, il paroît que les principes fur les alimens affignés par la loi, doivent être fuivis à la rigueur, & que l'on doit regarder les curés congruiftes comme frappés d'une incapacité qui les empêche de former des engagemens défavantageux, & propres à les détourner des fonctions de leur miniftère.

Les auteurs qui regardent la *portion congrue* comme infaififfable pour dettes, avouent que les arrérages échus, à l'exception de ceux de la dernière année, peuvent être faifis, *quia non vivitur in præteritum*.

La *portion congrue* est tellement privilégiée, qu'elle doit paffer avant les réparations du chœur & cancel, dont le gros décimateur est tenu. Il est naturel que l'entretien des miniftres & des temples fpirituels foit préférable à celui des matériels, qui, fans le fecours & le fervice des autres, ne feroient d'aucune utilité aux fidèles. C'est ce qui a été expreffement réglé par l'arrêt des grands jours de Clermont, du 30 octobre 1665, où il est dit que les réparations du chœur des églifes paroiffiales feront prifes fur les dîmes, diftraction préalablement faite de la portion du curé. Quelque privilégiées que foient les décimes qui font réputées deniers royaux, un arrêt du parlement de Grenoble, de 1675, a jugé qu'elles ne devoient venir en paiement qu'après la *portion congrue*.

Les *portions congrues* font payables de quartier en quartier, & par avance ; ce font les propres termes de l'article 9 de l'édit de 1768. Quelques gros décimateurs voudroient affujettir les curés à leur fournir caution, dans l'appréhenfion de perdre leurs avances en cas du décès des curés. Cette prétention est fans fondement : la loi ne l'autorife pas ; elle feroit d'ailleurs inutile, parce que

du moment que le décimateur a payé, conformément à la loi, il est libéré. Il n'a rien à craindre du fucceffeur à la cure, qui ne peut avoir de recours que contre la fucceffion de fon prédéceffeur.

C'est encore un des privilèges de la *portion congrue* de pouvoir être exigée provifoirement. Les jugemens rendus fur ce fujet doivent être exécutés, nonobftant oppofitions ou appellations quelconques. La déclaration de 1686 l'a ainfi décidé.

§. 4. *Quels juges doivent connoître des conteftations au fujet des portions congrues ?* Les évêques & leurs officiaux connoiffoient autrefois de tout ce qui pouvoit concerner la fubfiftance des curés, & par conféquent ces *portions congrues*. Cette compétence des juges eccléfiaftiques a été autorifée par des arrêts. L'ordonnance du 16 avril 1571, défend aux juges royaux de prendre aucune connoiffance de ces conteftations. Cette jurifprudence varia au commencement du dix-feptième fiècle. Les cours féculières rendirent des arrêts qui adjugèrent la *portion congrue* à des curés qui la demandoient. On en cite, entre autres, un du parlement de Rennes, du 10 juillet 1619, rapporté par Devolant. Il faut cependant obferver que les fièges d'églife ne connoiffoient des *portions congrues* que lorfqu'elles étoient demandées fur les dîmes eccléfiaftiques. Si elles étoient demandées fur les dîmes inféodées, le juge laïque pouvoit feul en connoître.

Les déclarations de 1632, 1634 & 1666, n'ayant été adreffées qu'au grand-conseil, lui attribuèrent toute cour, jurifdiction & connoiffance des différends quelconques, qui pourroient être mus en exécution d'icelles, & icelle interdifoit à tous autres juges quelconques.

Il paroît que, malgré ces déclarations, les juges d'églife conferverent le pouvoir de prononcer fur les *portions congrues*, au moins lorfque les parties conteftoient volontairement devant eux. C'est ce qui réfulte de l'arrêt du confeil d'état du mois de mai 1676, déjà cité, qui confirma une fentence de M. l'évêque d'Alet, par laquelle il avoit adjugé trois cens livres de *portion congrue* à cinq curés de fon diocèfe, quoique cette fentence eût été déclarée abufive par un arrêt du parlement de Touloufe.

La déclaration de 1686 ordonna que toutes les conteftations qui pourroient furvenir pour fon exécution, feroient portées en première inftance pardevant les baillis & fénéchaux royaux, & en cas d'appel, dans les cours de parlement. Les expreffions *baillis & fénéchaux*, avoient fait croire à quelques auteurs que les juges royaux qui n'étoient pas baillis ou fénéchaux, n'étoient pas compétens pour connoître des *portions congrues*. Mais l'édit de 1768 a levé tout doute à ce fujet. L'article 19 est conçu en termes qui ne peuvent être fufceptibles d'une double interprétation. « Les conteftations qui pour-
» roient naître au fujet de l'exécution de notre pré-
» fent édit, feront portés, en première inftance,
» devant nos baillis & fénéchaux, & autres juges

» des cas royaux reffortiffans nuement à nos cours
» de parlement, dans le territoire defquels les
» curés fe trouveront fituées, fans que l'appel des
» fentences & jugemens par eux rendus, puiffe
» être relevé ailleurs qu'en nofdites cours de par-
» lement, & ce nonobftant toutes évocations qui
» auroient été accordées par le paffé, ou qui pour-
» roient l'être par la fuite, à tous ordres, congré-
» gations, communautés, ou particuliers ».

Trois difpofitions font remarquables dans cet
article : la première, qu'outre les baillis & les fénéchaux, tous juges des cas royaux reffortiffans
nuement aux parlemens, font compétens pour connoître des *portions congrues* : la feconde, que les
actions intentées à raifon des *portions congrues*
doivent être portées devant les juges royaux, dans
le territoire defquels les cures font fituées : la troifième enfin, que les curés ne peuvent être diftraits
des juges que leur donne la loi, fous prétexte d'é-
vocation, ni de *committimus* ; & que par conféquent le grand-confeil eft incompétent quand il
s'agit de *portion congrue*, même pour les ordres qui
y ont leurs caufes évoquées.

Le parlement de Pau a mis une modification à
l'article 19 de l'édit, en déclarant dans fon arrêt
d'enregiftrement, que les habitans de Béarn & de
Navarre pourroient continuer à porter en première
inftance au parlement, les conteftations qui naîtroient au fujet de l'exécution de l'édit en conformité de l'ufage & des privilèges de ces provinces.

Portion congrue des vicaires. La *portion congrue*
des vicaires a la même origine que celle des curés.
Comme celle-ci, elle doit fe prendre fur les dîmes
& fur la dotation de la cure qui font également
affectées à la fubfiftance & à l'entretien des miniftres néceffaires à la defferte de la paroiffe.

La déclaration de 1686 avoit fixé la *portion congrue* des vicaires à cent cinquante livres. L'édit
de 1768 l'a portée à deux cens livres. Enfin, une
déclaration de 1778 l'a augmentée jufqu'à deux
cens cinquante.

Les curés devant naturellement jouir de toutes
les dîmes de la paroiffe, & des fonds attachés à
leur bénéfice, on a établi en principe que c'étoit à
eux à falarier les auxiliaires dont ils pourroient
avoir befoin. Ce principe eft vrai en lui-même ;
mais n'a-t-il pas ceffé de l'être du moment que les
curés ont ceffé de jouir de tous les biens appartenans à leur cure ? Il n'eft pas jufte d'avoir laiffé
aux curés la charge de payer leurs vicaires, en leur
ôtant une grande partie des biens deftinés à fupporter cette charge. Cependant, c'eft une maxime.
généralement reçue, que tout curé qui n'eft point
à *portion congrue*, doit payer fes vicaires, & ne
peut point inquiéter à ce fujet les décimateurs, ni
les curés primitifs. Cette maxime a été adoptée
par prefque tous les auteurs, & confacrée par une
foule d'arrêts, tant anciens que modernes.

Il eft cependant quelques canoniftes qui penfent
que le curé doit être déchargé de l'obligation de
falarier fon vicaire, lorfque ce dont il jouit n'excède pas la fomme fixée pour la *portion congrue*
des curés. Selon cette opinion, il faudroit entrer
dans l'examen de la valeur des revenus d'un curé
non portionnaire, & confidérer fi ce revenu fuffit
pour fournir à fes alimens & à ceux de fon vicaire.
Cette opinion, qui paroît très-équitable, a été adoptée par le parlement de Douai, & fa jurifprudence
eft de ne foumettre les curés à payer leurs vicaires, que quand il eftime leurs revenus fuffifans,
fans confidérer s'ils font à *portion congrue*, ou non.

Mais on diftingue plufieurs efpèces de curés à
portion congrue : ceux qui, ayant fait l'option depuis
1768, ne jouiffent que de cinq cens livres en argent, & ceux qui, ayant opté en 1686, ont été
forcés de conferver les fonds en déduction de leur
portion congrue, & ont en outre des novales. Quant
aux premiers, il n'y a point de difficulté ; ils ne
peuvent être foumis au paiement de la *portion congrue* de leurs vicaires. Quant aux feconds, ils ne
pouvoient pas l'être davantage d'après l'option
qu'ils ont faite en 1686, quoique, par la fuite des
temps, leur revenu foit monté à plus de trois cens
livres. On demande, par rapport à ces derniers, fi
l'augmentation des *portions congrues* des vicaires,
ordonnée par l'édit de 1768, & par les lettres-
patentes de 1778, doit être à leur charge, ou à
celle des décimateurs & curés primitifs. Cette
queftion partage les opinions des canoniftes : les
uns prétendent que cette augmentation doit être
fupportée par les curés qui, n'optant point la nouvelle *portion congrue*, font cenfés avoir plus qu'il
ne leur eft néceffaire pour leur fubfiftance, & rentrer par-là dans la claffe des curés non à *portion
congrue*, qui, de droit commun, doivent être chargés de l'entretien des vicaires. Les autres argu-
mentent de la difpofition de l'édit de 1768, qui déclare que les curés qui n'opteront point la nouvelle
portion congrue, continueront de jouir de tout ce
qu'ils fe trouveront pofféder au jour de l'enregiftrement ; fans qu'il puiffe leur être oppofé par les
gros décimateurs qu'ils perçoivent plus du montant de ladite *portion congrue*, à raifon des fonds
qui auroient été précédemment abandonnés. Cette
difpofition de la loi ne permet pas de diminuer le
revenu des curés, qui, ayant autrefois opté la
portion congrue, jouiffent de plus de cinq cens livres,
à raifon des fonds à eux abandonnés. Elle défend
donc de les charger de l'augmentation de la *portion
congrue* de leurs vicaires. Cette conféquence eft
encore fortifiée par l'article 14 de la nouvelle loi,
qui, parlant de ces fortes de curés, défend de les
affujettir, à caufe des anciennes novales qu'ils confervent, à autres & plus grandes charges que celles
qu'ils fupportoient auparavant. Le fort de ces curés
fe trouve irrévocablement fixé par cet article ; on
ne peut donc rien exiger d'eux au-delà de ce dont
ils étoient chargés avant 1768 ; on ne peut donc
les forcer à payer l'augmentation de la *portion congrue* de leurs vicaires. Cette dernière opinion nous

paroît plus conforme à l'esprit & à la lettre de la nouvelle loi ; & on assure que la question a été jugée en 1772, à Dijon, en faveur des curés.

Quant à ceux dont le sort a été fixé par des transactions avec les gros décimateurs antérieurement à la déclaration de 1686, on les soumet au paiement de la *portion congrue* des vicaires, sur-tout s'ils jouissent de quelque *portion* de dîme. Cependant s'ils n'avoient qu'un gros en argent, ou en denrées, & qu'à l'époque de la fixation de ce gros, la paroisse n'eût pas besoin de vicaire, ce gros n'ayant été donné que pour l'entretien d'un seul ministre, il paroît contraire à l'équité de vouloir le faire servir à l'entretien de deux, devenus nécessaires par des circonstances particulières. On répond pour les décimateurs, que les curés, s'ils se trouvent trop chargés, ont la ressource de faire l'option de la *portion congrue* de cinq cens livres, & que c'est le seul moyen de se soustraire à l'obligation d'entretenir leurs vicaires.

Lorsque les décimateurs paient la *portion congrue* des vicaires, c'est à eux que ceux-ci doivent s'adresser directement pour en percevoir les arrérages ; c'est ce que porte l'article 3 de la déclaration du 22 février 1724. « Les vicaires ou secon- » daires dont les *portions congrues*, ou autres rétri- » butions, sont à prendre sur les gros décimateurs, » & autres que les curés, en seront directement » payés par ceux qui en sont tenus, sans que le » paiement en puisse être fait aux curés : voulons » que nonobstant les quittances, que lesdits gros » décimateurs, ou autres, tenus desdites *portions* » *congrues*, pourroient avoir prises desdits curés, » ils soient contraints, sur la simple requête des- » dits vicaires, ou secondaires, à leur payer les » sommes qui leur sont dues. »

Tout ce que nous venons de dire, quant à la fixation des *portions congrues* des curés & de leurs vicaires, n'a point lieu dans le ressort du parlement de Douai. Cette cour, malgré la déclaration de 1686, & autres loix postérieures, a conservé son ancienne jurisprudence, selon laquelle les *portions congrues* des curés sont fixées selon les circonstances. Elles ne peuvent cependant l'être au-dessous des trois cens livres portées par la déclaration du 29 janvier 1686.

Selon la jurisprudence du même parlement, les curés primitifs sont obligés d'employer à l'acquittement des *portions congrues*, toute la part qu'ils ont dans la dîme, avant que les autres décimateurs soient tenus d'y contribuer. *Voyez* CURÉS, RÉPARATIONS, VICAIRES. (*M. l'abbé* BERTOLIO, avocat au parlement.)

PORTION VIRILE, *virilis pars*, est celle qu'un héritier a dans une succession, soit *ab intestat*, ou testamentaire, & qui est égale à celle des autres héritiers.

On l'appelle *virile*, à cause de l'égalité qui est entre cette *portion* & celle des autres héritiers.

On entend quelquefois singulièrement par *por-*

tion virile, celle que les père & mère prennent en propriété dans la succession d'un de leurs enfans, auquel ils succèdent avec leurs autres enfans frères & sœurs du défunt.

Il y a encore une autre sorte de *portion virile*, qui est celle que le conjoint survivant gagne en propriété dans les gains nuptiaux quand il demeure en viduité ; mais pour distinguer celle-ci des autres, on l'appelle ordinairement *virile* simplement ; & celle des héritiers qui est égale entre eux, *portion virile*. *Voyez* AUGMENT, BAGUES & JOYAUX, CONTRE-AUGMENT, GAINS NUPTIAUX ET DE SURVIE, & VIRILE. (*A*)

POSITIF, adj. se prend en droit dans deux significations différentes. On appelle droit *positif*, celui que les hommes ont établi, & qui est arbitraire, à la différence du droit naturel & du droit divin, qui sont immuables. On donne le nom de fait *positif*, à un fait articulé nettement, précisément, & sans termes équivoques.

POSSESSEUR, s. m. est celui qui détient quelque chose.

On distingue deux sortes de *possesseurs*, l'un de bonne-foi, l'autre de mauvaise foi.

Le *possesseur* de bonne-foi est celui qui a lieu de penser que sa possession est légitime.

A moyens égaux & dans le doute, la cause de celui qui possède est toujours la meilleure.

Il a aussi l'avantage de faire les fruits siens, & de répéter en tout événement les impenses utiles & nécessaires, & même voluptuaires qu'il fait de bonne-foi.

Le *possesseur* de mauvaise foi est celui qui ne peut ignorer qu'il détient la chose d'autrui.

Il est obligé de restituer tous les fruits qu'il a perçus ou dû percevoir.

A l'égard des impenses, il ne peut répéter que les nécessaires ; & quant à celles qui ne sont qu'utiles ou voluptuaires, elles sont perdues pour lui, à moins qu'il ne puisse enlever ce qu'il a édifié sans endommager le surplus.

Depuis la contestation en cause, le *possesseur* de bonne-foi devient, pour l'avenir, de même condition que le *possesseur* de mauvaise foi, c'est-à-dire, qu'il ne gagne plus les fruits. *Voyez* POSSESSION. (*A*)

POSSESSION, s. f. (*Droit civil.*) dans le sens naturel & grammatical, est la simple détention d'une chose ; mais dans la signification que les loix lui donnent, c'est la détention d'une chose corporelle avec intention de se la conserver. On possède une chose mobilière, lorsqu'on la tient dans ses mains ; la *possession* d'un immeuble, ou d'un droit réputé immeuble, s'acquiert, se conserve par des actes tendans à user de la jouissance, ou à en disposer comme propriétaire.

Les marques de la *possession* sont différentes, comme les choses que l'on possède varient. On possède des meubles, en les tenant sous la clef, ou autrement dans sa disposition; des animaux en les renfermant, ou en les faisant garder; une maison, quand on en a les clefs, qu'on l'habite, qu'on la loue, ou qu'on y fait bâtir; des champs, des prés, en les cultivant & en recueillant les fruits qu'ils produisent; des droits réels, tels que ceux de justice, de bannalité, de péage, &c. en exerçant son droit dans l'occasion; une servitude par l'usage qu'on en fait; par exemple, celui qui a droit de passer par l'héritage de son voisin, possède cette servitude en se servant du passage.

On ne doit pas confondre la *possession* avec la propriété, puisque l'une peut subsister sans l'autre. En effet, si Pierre vend à Paul votre maison, & la lui délivre, Paul, acquéreur de bonne-foi, en a la *possession*, mais vous en conservez la propriété, jusqu'à ce que Paul l'ait acquise par la prescription. C'est par cette raison que les jurisconsultes romains disent que la *possession* est de fait & non de droit. En effet, quoique la *possession* paroisse donner quelque droit au possesseur, tel que la faculté de la conserver, ou de la recouvrer lorsqu'elle est perdue, elle n'en est pas moins proprement de fait, puisqu'elle ne consiste que dans la détention actuelle & corporelle d'une chose, détention qui est momentanée, & qui se perd par l'enlevement.

Il faut remarquer que toute jouissance d'une chose n'est pas une véritable *possession*; on ne peut considérer comme telle, que celle de la personne qui possède la chose à titre de maître : ainsi le dépositaire, le locataire, le fermier jouissent de la chose qui leur est confiée ou louée, sans en avoir la *possession*.

Il est contre la nature des choses que deux personnes puissent avoir chacune pour le total la *possession* du même objet. Cette règle cependant souffre une exception dans le cas où deux personnes possèdent par indivis, car alors chacune possède conjointement pour le total.

§. I. *Des différentes sortes de possession.* On distingue deux principales sortes de *possession*; savoir, la *possession civile* & la *possession naturelle.*

La *possession civile* est la *possession* de celui qui possède une chose comme propriétaire, soit qu'il le soit en effet, ou qu'il ait un juste sujet de croire qu'il l'est réellement.

La *possession civile* doit procéder d'un juste titre, c'est-à-dire, d'un titre tel qu'il puisse transférer la propriété de la chose au possesseur. Tels sont un contrat de vente, un legs, un échange, &c.

Remarquez à ce sujet que la *possession* n'est censée juste *possession*, qu'autant que la tradition de la chose énoncée dans le titre nous a été faite. C'est pourquoi si un testateur vous lègue un bien quelconque, & que vous vous en empariez de votre autorité privée, sans le consentement de l'héritier, votre *possession* sera injuste : mais il en seroit différemment si, sur le refus de l'héritier, vous aviez été mis par le juge en *possession* de la chose léguée, votre

possession seroit une juste *possession*. *Justè possidet qui auctore prætore possidet.*

Pour que la *possession* soit censée procéder d'un juste titre, & être par conséquent *possession civile*, il est nécessaire que le possesseur jouisse de ce titre, ou qu'on puisse en supposer l'existence par la durée de sa jouissance.

Lorsqu'une *possession* est fondée sur un juste titre, c'est une juste *possession*, une *possession civile*, quand même la propriété de la chose ne seroit pas transférée au possesseur par ce titre; mais il faut dans ce cas, que le possesseur soit de bonne-foi, c'est-à-dire, qu'il ait ignoré que celui de qui il acquéroit la chose n'étoit pas en droit de l'aliéner.

La bonne-foi se présume dans le possesseur qui a un titre; c'est pourquoi celui qui prétend qu'une *possession* est illégitime, comme fondée sur un titre injuste, doit justifier que le possesseur n'a point ignoré que la personne de qui il a acquis n'avoit pas la propriété de la chose aliénée.

La *possession naturelle* se divise en plusieurs espèces :

La première est celle qui est sans titre, & que le possesseur ne justifie qu'en disant qu'il possède parce qu'il possède. Lorsqu'une telle *possession* ne paroit infectée d'aucun vice, & qu'elle a duré assez long-tems pour faire présumer un titre, on doit la considérer comme *possession* civile, & non comme *possession* purement naturelle.

La seconde espèce de *possession naturelle* est celle qui, quoique fondée sur un titre de nature à transférer la propriété, est néanmoins infectée de mauvaise foi, en ce que le possesseur n'a point ignoré que celui dont il acquéroit la chose n'avoit pas le droit de l'aliéner.

La troisième espèce de *possession naturelle*, est celle qui est fondée sur un titre nul : tel seroit le don qu'un conjoint feroit à l'autre conjoint, durant le mariage, contre la disposition de la loi.

La quatrième espèce de *possession naturelle* est celle qui est fondée sur un titre valable, mais sans qu'il soit de nature à transférer la propriété. Telle est la *possession* d'un engagiste, celle d'un usufruitier, celle d'un sequestre, & celle de celui qui jouit à titre de précaire.

Il y a cette différence entre la première espèce de *possession naturelle* & les trois autres, qu'elle n'est censée *possession* purement naturelle, que quand elle n'a pas duré assez de temps pour faire présumer un titre; autrement elle est réputée fondée sur un titre valable, & en conséquence on la considère comme *possession* civile.

Mais les trois autres espèces de *possession naturelle* ne peuvent jamais être réputées *possession* civile, parce que la mauvaise foi dont l'une est infectée, de même que la nullité ou la qualité du titre sur lequel les deux autres sont fondées, sont des obstacles perpétuels à ce que le possesseur puisse se regarder comme propriétaire; c'est de-là qu'est

venue

venue la maxime, *qu'il vaut mieux ne point avoir de titre, que d'en avoir un qui soit vicieux.*

On diftingue encore plufieurs efpèces de *poffeffion*, que nous allons faire connoître fuivant l'ordre alphabétique.

La *poffeffion actuelle*, eft celle que l'on a réellement & dans le moment préfent.

La *poffeffion d'an & jour*, eft celle qui a duré pendant un an entier & un jour pardelà.

La *poffeffion de bonne-foi*, eft celle où le poffeffeur eft convaincu qu'il poffède légitimement : c'eft par cette *poffeffion* qu'il acquiert la prefcription.

La *poffeffion centenaire*, eft celle qui dure depuis cent ans ; elle eft auffi appellée *poffeffion ancienne & immémoriale :* elle vaut titre, lorfqu'elle eft jufte, & cette qualité eft toujours fuppofée, tant que le contraire n'eft pas prouvé. Cependant pour qu'une *poffeffion* foit cenfée *immémoriale*, il n'eft pas néceffaire de prouver cent ans de *poffeffion*, il fuffit qu'elle excède la mémoire des perfonnes vivantes, ce que l'on eftime ordinairement par le laps de trente ans.

La *poffeffion clandeftine*, eft celle qui s'acquiert fecrètement : elle ne peut être utile pour la prefcription.

La *poffeffion continue*, eft celle qui a toujours été fuivie & non interrompue.

La *poffeffion de mauvaife foi*, eft celle où le poffeffeur a connoiffance que la chofe ne lui appartient pas.

La *poffeffion paifible*, eft celle qui n'a été interrompue ni de fait, ni de droit.

La *poffeffion précaire*, eft celle que l'on tient d'autrui & pour autrui, & dont l'objet n'eft point de transférer la propriété au poffeffeur : telle eft celle d'un fermier ou locataire, d'un dépofitaire ou fequeftre.

La *poffeffion publique*, eft celle qui a été acquife au vu & au fu de tous ceux qui étoient naturellement à portée d'en être témoins.

La *poffeffion vicieufe*, eft celle qui eft infectée de quelque défaut.

On appelle *quafi poffeffion*, celle que le détenteur n'acquiert pas pour lui, mais pour un autre, de manière qu'il n'eft pas cenfé être perfonnellement en *poffeffion* : telles font les *poffeffions* précaires des fermiers, dépofitaires & autres femblables.

§. II. *Des vices de la poffeffion.* Le vice le plus commun d'une *poffeffion* eft la mauvaife foi, qui confifte en ce que le poffeffeur eft inftruit que la chofe qu'il poffède appartient à autrui.

Quoiqu'on ne préfume pas ce vice dans une *poffeffion* qui procède d'un jufte titre, il peut néanmoins s'y rencontrer ; mais il faut que celui qui attaque la légitimité d'une telle *poffeffion*, prouve la mauvaife foi du poffeffeur.

On préfume au contraire cette mauvaife foi dans le poffeffeur qui ne fonde fa *poffeffion* fur aucun titre, à moins toutefois qu'elle n'ait duré affez long-temps pour en faire préfumer un.

La violence eft un autre vice des *poffeffions*. Elle

confifte en ce que, pour acquérir la *poffeffion*, on a dépouillé par violence l'ancien poffeffeur, foit en raviffant un meuble dont il avoit la jouiffance, foit en s'emparant de l'héritage qu'il poffédoit.

Peut-on confidérer comme une *poffeffion* violente celle que Pierre a acquife en s'introduifant dans l'héritage de Paul, où il n'a trouvé perfonne, & où il a poftérieurement empêché Paul de rentrer avant qu'il fe fût écoulé un an & jour depuis le commencement de la nouvelle *poffeffion* ? La raifon de douter eft que Pierre n'a employé aucune violence pour entrer dans l'héritage : cependant il eft décidé par la loi 6, §. 1, *D. de acquir. poffeff.* que dans ce cas la *poffeffion* de Pierre eft une *poffion violente*.

Cette décifion eft fondée fur ce que Paul qui étoit forti de fon héritage, en confervoit la *poffeffion* par la volonté qu'il avoit d'y rentrer : ce n'eft par conféquent que quand Pierre l'a empêché d'y rentrer, qu'il l'a dépouillé de fa *poffeffion* : & comme Pierre a employé pour cela la violence, il faut en conclure que la *poffeffion* qu'il a de l'héritage de Paul eft une *poffeffion* violente.

Un autre vice des *poffeffions* eft la clandeftinité, qui confifte à acquérir la *poffeffion* d'une chofe par des voies clandeftines, c'eft-à-dire, en fe cachant des perfonnes qui peuvent la revendiquer.

Enfin, un autre vice ou défaut des *poffeffions*, eft celui qui dérive d'un titre tel qu'il ne peut pas transférer la propriété.

§. 3. *Des manières d'acquérir & de conferver la poffeffion, & comment elle fe perd.* On conçoit que pour acquérir la *poffeffion* d'une chofe, il faut avoir intention de la pofféder. C'eft pourquoi, fi étant chez vous, j'y prends un bijoux pour l'examiner, je n'en acquiers pas la *poffeffion*, quoique je le tienne dans mes mains, attendu que je n'ai pas l'intention de le pofféder.

De même, fi je vais prendre dans votre maifon un appartement tandis que vous êtes abfent, je n'en acquiers pas pour cela la *poffeffion*, parce que je n'ai pas l'intention de l'acquérir. C'eft ce qui eft établi par la loi 41, *D. de acquir. poffeff.*

Mais il ne fuffit pas d'avoir l'intention de poffé-der une chofe, pour en acquérir la *poffeffion*, il faut encore la jouiffance même de la chofe ; c'eft-à-dire, que s'il s'agit d'un meuble, il faut qu'il vous foit remis en main, ou que quelqu'un le reçoive de votre part en votre nom ; & s'il s'agit d'un immeuble, tel qu'un pré, un champ, une maifon, il faut que vous vous y transportiez pour prendre *poffeffion*, ou que vous y envoyiez quelqu'un pour la prendre de votre part. Au furplus, vous êtes cenfé avoir acquis la *poffeffion* de tout le fonds ; auffi-tôt que vous vous y êtes tranf-porté, ou que quelqu'un s'y eft tranfporté pour vous, fans que vous ou votre repréfentant ayez été obligé de vous transporter fur toutes les pièces de terre dont l'héritage eft compofé.

Cependant il faut obferver que cette règle-ci n'a lieu qu'à l'égard de celui qui acquiert la *poffef-*

fion d'un héritage avec le consentement de l'ancien possesseur : il en seroit différemment d'un usurpateur qui, de son autorité privée, s'empareroit d'un héritage ; il ne pourroit acquérir la *possession* que pied à pied des parties de cet héritage qu'il usurperoit.

Les gens dont la raison est aliénée ou n'est pas formée, tels que les fous & les enfans, ne peuvent acquérir la *possession* d'aucune chose, attendu qu'il faut pour cela la volonté de l'acquérir, & que ces sortes de gens sont incapables de volonté. Mais ces mêmes gens peuvent acquérir la *possession* par le ministère de leurs tuteurs ou curateurs, parce que la volonté d'acquérir qu'ont ceux-ci, supplée à la volonté qui manque à ceux-là.

Ce que nous venons de dire des enfans, ne doit pas s'appliquer au mineur qui est âgé suffisamment pour comprendre ce qu'il fait. Celui-ci n'a pas besoin de l'autorité de son tuteur pour faire sa condition meilleure : c'est pourquoi il peut valablement accepter par lui-même une donation, & acquérir, par la tradition qui lui est faite de la chose donnée, la *possession* & même la propriété de cette chose.

Tout ainsi que vous pouvez acquérir la *possession* d'une chose non-seulement par vous-même, mais encore par quelqu'un qui la reçoive pour vous & en votre nom, vous pouvez pareillement conserver cette *possession* par vous-même & par autrui.

Ceci n'empêche pas qu'il n'y ait deux différences principales entre l'acquisition & la conservation de la *possession*.

Premièrement, nous avons observé que pour acquérir la *possession* d'une chose, il falloit, avec l'intention de l'acquérir, la jouissance même ou la tradition de la chose. Mais il en est autrement de la conservation de la *possession*. La seule intention de posséder suffit pour vous faire conserver la *possession*, quoique vous n'ayez pas la jouissance de la chose. L'intention de conserver la *possession* se présume toujours, à moins qu'il ne paroisse une intention contraire bien caractérisée. C'est pourquoi, si vous laissez votre maison sans l'habiter ni la faire habiter, on ne suppose pas pour cela que votre intention soit d'en abandonner la *possession* : on présume au contraire que vous voulez la conserver. Il suffit pour cela que la volonté que vous avez eue de posséder lorsque vous avez acquis la *possession*, n'ait pas été révoquée par une volonté contraire.

Secondement, pour pouvoir acquérir la *possession* d'une chose par autrui, il est nécessaire que l'intention de celui par qui vous acquérez, soit conforme à la vôtre : mais pour retenir la *possession* d'une chose que vous avez acquise par quelqu'un, il n'est pas nécessaire qu'il conserve l'intention qu'il lui a fallu pour acquérir.

Il suit de-là, que si celui qui a acquis la *possession* d'une chose pour vous, venoit à changer de

volonté & vouloit posséder en son nom, il n'en seroit pas moins censé posséder pour vous. Cela est fondé sur cet ancien principe de droit, qu'on ne peut par sa seule volonté, ni par le seul laps de temps, se changer à soi-même la cause de sa *possession*.

Si la personne par qui vous possédez une chose vient à mourir, & que cette chose soit sous la main de son héritier, vous continuez votre *possession* par cet héritier. Par exemple : si votre locataire meurt, vous continuez de posséder par son héritier la maison que vous possédiez par le défunt.

Ce n'est pas assez pour perdre la *possession* d'une chose, que vous cessiez d'en avoir la jouissance, il faut encore que vous ayez eu l'intention d'abandonner cette *possession*, ou qu'on vous en ait privé malgré vous.

Vous pouvez perdre volontairement la *possession* d'une chose, lorsque vous faites tradition de cette chose à quelqu'un, dans le dessein de lui en transférer la *possession*, ou que vous abandonnez cette chose purement & simplement.

La *possession* se perd non-seulement par une tradition réelle de la chose, mais encore par une tradition feinte. Ainsi, lorsque vous vendez une maison à quelqu'un qui vous la loue par le même acte, la tradition feinte que renferme le bail, lui en fait acquérir la *possession* par vous-même, qui reconnoissez tenir cette maison en son nom & comme son locataire, & vous perdez en même tems la *possession* que vous en aviez.

Si la tradition n'a eu lieu que sous condition, on ne perd la *possession* que quand la condition est accomplie.

La *possession* se perd aussi par l'abandon pur & simple de la chose possédée. Tel est, par exemple, l'abandon que l'on fait d'un mauvais chapeau, d'une bouteille cassée, &c. que l'on jette dans la rue, comme choses inutiles & qu'on ne veut plus posséder.

On fait pareillement l'abandon pur & simple de la *possession* d'un héritage, lorsqu'on renonce à la jouissance de cet héritage.

Le déguerpissement que vous faites d'un immeuble chargé d'une rente foncière, pour être à l'avenir déchargé de cette rente, doit être considéré comme un abandon pur & simple que vous faites de la *possession* de cet immeuble. Votre projet, en déguerpissant cet immeuble, est d'en perdre la *possession*, pour être dispensé des charges attachées à cette *possession*.

On perd malgré soi la *possession* d'un héritage, lorsqu'on en est chassé par quelqu'un.

Vous êtes censé dépossédé, & vous perdez la *possession* d'un héritage, non-seulement lorsqu'on vous en chasse vous-même, mais encore lorsqu'on en chasse votre fermier ou les autres personnes qui tiennent l'héritage pour vous & en votre nom.

Vous êtes pareillement censé chassé de votre héritage, lorsque celui qui s'en est emparé pendant votre abfence, empêche, ou eſt difpofé d'empêcher par force que vous n'y rentriez.

Vous perdez auſſi la *poſſeſſion* d'un héritage malgré vous, lorſque vous l'avez laiſſé uſurper par quelqu'un qui l'a gardé pendant un an & jour, ſans que de votre part vous ayez interrompu ſa jouiſſance par aucun acte de *poſſeſſion*.

Vous perdez encore malgré vous la *poſſeſſion* d'un héritage, lorſqu'il vient.à être ſubmergé par la mer ou par une rivière : mais il en eſt autrement d'une inondation paſſagère ; vous conſervez votre *poſſeſſion*, en attendant que les.eaux ſe ſoient retirées.

Vous perdez malgré vous la *poſſeſſion* des choſes mobiliaires, lorſqu'elles ceſſent d'être dans un lieu où vous puiſſiez en jouir ſelon votre volonté. Ainſi, lorſqu'on vous prend vôtre tabatière, ou qu'elle tombe de votre poche dans la rue, ſans que vous vous en apperceviez, vous êtes cenſé en avoir perdu la *poſſeſſion*.

Il en eſt de même à l'égard d'un cheval qui vous appartient, & qui vient à prendre la fuite ſans que vous ſachiez où il eſt allé.

Obſervez qu'il ne faut pas confondre avec les choſes perdues, celles qui, n'étant pas ſorties de chez vous, y ſont ſeulement égarées ; vous conſervez ſans difficulté la *poſſeſſion* de celles-ci.

§. 4. *Des droits qui dérivent de la poſſeſſion.* La *poſſeſſion* donne au poſſeſſeur différens droits, dont les uns ſont particuliers aux poſſeſſeurs de bonne foi, & les autres ſont communs à tous les poſſeſſeurs.

Les droits qui ſont particuliers aux poſſeſſeurs de bonne-foi ſont, premiérement, le droit de preſcription, c'eſt-à-dire, d'acquérir par la *poſſeſſion* la propriété de la choſe poſſédée, lorſque cette *poſſeſſion* a eu lieu pendant un certain temps fixé par la loi.

Secondement, le poſſeſſeur de bonne-foi perçoit à ſon profit les fruits de la choſe, juſqu'à ce qu'elle ſoit revendiquée par le propriétaire.

Mais auſſi-tôt qu'il y a une demande formée contre le poſſeſſeur de bonne-foi, par un exploit, en tête duquel on lui donne copie des titres de propriété du demandeur, il ceſſe d'être réputé poſſeſſeur de bonne-foi ; c'eſt pourquoi il doit être condamné à la reſtitution des fruits qu'il peut avoir perçus depuis la demande.

Troiſiémement, le poſſeſſeur de bonne foi qui a perdu la *poſſeſſion* de la choſe, eſt fondé, quoiqu'il n'en ſoit pas le propriétaire, à la revendiquer contre celui qui la poſſède ſans titre.

L'action que peut, en cas pareil, exercer le poſſeſſeur de bonne-foi, eſt fondé ſur l'équité, qui veut qu'on le préfère à l'uſurpateur qui s'eſt mis injuſtement en *poſſeſſion*.

Il n'eſt pas abſolument néceſſaire que le titre en vertu duquel vous poſſédez, ſoit un titre valable, pour que vous ſoyez réputé avoir été juſte poſſeſſeur, & qu'en conſéquence vous ſoyez autoriſé

à exercer l'action en revendication ; il ſuffit pour cela que vous ayez eu quelque ſujet de croire ce titre valable. Par exemple : vous avez acheté un héritage d'une femme que vous croyiez veuve, & qui ne l'étoit pas ; quoique la vente qu'elle vous a faite ſoit nulle, vous ne laiſſez pas d'être réputé juſte poſſeſſeur, & d'être en droit d'exercer l'action en revendication contre l'uſurpateur qui vous a dépouillé.

Ce n'eſt communément que contre ceux qui poſſèdent ſans titre, que l'ancien poſſeſſeur de bonne-foi, qui n'eſt point encore propriétaire, peut revendiquer la choſe dont il a perdu la *poſſeſſion* : cette revendication ne pourroit pas avoir lieu contre le véritable propriétaire, ni même contre un poſſeſſeur, qui, ſans être propriétaire, poſſéderoit en vertu d'un juſte titre. La raiſon en eſt, que les deux parties étant alors d'égale condition, la préférence eſt due au poſſeſſeur actuel.

Il y a cependant des cas où l'ancien poſſeſſeur de bonne-foi eſt fondé à revendiquer la choſe dont il a perdu la *poſſeſſion*, même contre le propriétaire qui la tient, & à plus forte raiſon contre un autre poſſeſſeur de bonne-foi.

Le premier cas a lieu lorſque le propriétaire qui tient la choſe dont vous avez perdu la *poſſeſſion*, a conſenti à la vente qui vous en a été faite, comme dans l'eſpèce ſuivante.

Un agent vend, du conſentement du propriétaire, une choſe dont enſuite le même propriétaire défend de faire la tradition à l'acheteur : il eſt certain que cette tradition étant faite contre la volonté du propriétaire, ne tranſmet pas la propriété à l'acheteur : cependant comme l'équité ne permet pas que le propriétaire contrevienne au conſentement qu'il a donné à la vente, non-ſeulement il ne peut pas être admis à revendiquer la choſe contre l'acheteur, mais encore ſi celui-ci vient à perdre la *poſſeſſion* de cette choſe, & qu'elle ſe trouve entre les mains du propriétaire, il peut la revendiquer contre ce dernier par l'action publicienne.

Le ſecond cas où l'ancien poſſeſſeur de bonne-foi doit être admis à revendiquer la choſe même contre le propriétaire de cette choſe, a lieu quand ce propriétaire eſt, ou celui qui l'avoit vendue & livrée, avant qu'il en ſoit propriétaire, ou quelqu'un qui la tient de ce propriétaire, comme dans l'eſpèce ſuivante, que rapporte le juriſconſulte Ulpien.

Vous avez acheté de Titius un héritage qui appartenoit à Sempronius : après la tradition que Titius vous en a faite, il en eſt devenu propriétaire en qualité d'héritier de Sempronius : vous avez depuis perdu la *poſſeſſion* de cet héritage, & Titius, qui s'en eſt emparé, l'a vendue à Mœvius ; vous êtes, dans ce cas, fondé à revendiquer l'héritage contre Mœvius, ſans qu'il puiſſe vous oppoſer valablement ſon droit de propriété, parce que Titius n'a pu lui transférer plus de droit qu'il n'en avoit lui-même. Or, le droit que Titius avoit n'étoit pas tel qu'il l'eût pu valablement oppofer à l'action que vous pouviez intenter contre lui.

A l'égard des droits qui font communs à tous les poffeffeurs, le principal confifte en ce que la *poffeffion* les fait réputer par provifion propriétaires de la chofe qu'ils poffèdent, jufqu'à ce que ceux qui viennent à la revendiquer aient juftifié de leur droit.

Puifque le poffeffeur, quel qu'il foit, eft réputé propriétaire de la chofe qu'il poffède, jufqu'à ce qu'il en foit évincé, il faut conclure qu'il doit en percevoir les fruits & jouir de tous les droits, tant honorifiques qu'utiles, attachés à la propriété.

Tout poffeffeur a d'ailleurs une action pour être maintenu dans fa *poffeffion*, lorfqu'il y eft troublé par quelqu'un, & pour y être rétabli quand quelqu'un l'en a dépoffédé par violence.

Le poffeffeur de bonne-foi qui a conftruit un bâtiment ou qui a augmenté la valeur du fonds, peut, en cas d'éviction, répéter le prix des améliorations qu'il a faites, jufqu'à concurrence toutefois de ce que le fonds fe trouve augmenté de valeur : mais le poffeffeur de mauvaife foi n'a rien à répéter en cas d'éviction, & les améliorations appartiennent au propriétaire. Le parlement de Paris l'a ainfi jugé, le 30 août 1721, par arrêt rendu en faveur de Me Pafquier contre Jean Devaux.

A l'égard des impenfes & réparations néceffaires, elles doivent être rembourfées au poffeffeur de mauvaife foi, comme au poffeffeur de bonnefoi, attendu qu'il ne feroit pas jufte que le propriétaire fût difpenfé du paiement d'une dépenfe qu'il auroit été obligé de faire lui-même pour conferver fon héritage.

POSSESSION *en matière bénéficiale.* La *poffeffion* qui produit tant d'effets dans la légiflation civile, en produit auffi dans la légiflation eccléfiaftique. Par elle, l'églife peut acquérir, comme elle peut perdre. Son empire s'étend même entre eccléfiaftiques, jufqu'à certains droits incorporels, autres que ceux qui font effentiellement attachés à la puiffance d'ordre, & qui font imprefcriptibles. C'eft par la *poffeffion* que tant de prélats inférieurs, & tant de chapitres font parvenus à jouir, fans pouvoir en être dépouillés, de plufieurs droits qui, dans leur origine, appartenoient aux évêques feuls, & exercent une jurifdiction quafi-épifcopale. C'eft fans doute un abus, mais il n'a pas paru de nature à ne pouvoir être couvert par la *poffeffion* qui, jufqu'à ce que le contraire foit démontré, fait toujours fuppofer un titre légitime de la part de celui qui poffède. Nous ne nous propofons point de traiter ici la *poffeffion* fous ce point de vue général, nous croyons qu'il eft plus naturel d'en parler à l'article PRESCRIPTION : nous n'examinerons dans ce moment la *poffeffion* que relativement aux bénéfices.

Prife de poffeffion. Il n'y a point, à proprement parler, de véritable *poffeffion* d'un bénéfice, fans

l'acte que l'on appelle *prife de poffeffion.* Il ne fuffit pas pour jouir des revenus, ou en exercer les fonctions, d'être porteur d'une collation, & de l'avoir acceptée, il faut de plus s'être mis en *poffeffion* ; c'eft ordinairement un prêtre qui eft le miniftre de cette cérémonie, mais l'acte doit en être rédigé par un notaire apoftolique, fuivant l'édit du mois de décembre 1691. Il n'y a d'exception à cette règle générale, que lorfque le titre de bénéfice eft dans une églife cathédrale, collégiale ou conventuelle, ayant un greffier qui eft dans l'ufage de recevoir ces fortes d'actes. Cette exception fe trouve dans la loi même qui a établi la règle générale.

Lorfque les provifions émanent du collateur ordinaire, le pourvu n'a befoin de rien de plus pour prendre *poffeffion.* Mais il n'en eft pas de même fi elles ont été obtenues en cour de Rome. Il faut alors diftinguer la nature du bénéfice & le genre de provifions. Si les provifions font en forme gracieufe, elles fuffifent au pourvu, & il peut prendre provifion du bénéfice *fans* aucun autre préalable ; fi elles font fimplement *in formâ dignum*, le pourvu doit alors s'adreffer à l'évêque que les provifions elles-mêmes établiffent juge de la capacité du pourvu, & il ne peut prendre *poffeffion* fans vifa.

Les provifions en forme gracieufe ne donnent droit de prendre *poffeffion* fans le concours de l'ordinaire, que pour les bénéfices fimples. Quant aux bénéfices-cures, ou à charge d'ames, les provifions de cour de Rome, en quelque forme qu'elles foient, ne peuvent difpenfer du *vifa*, fans lequel la *prife de poffeffion* feroit radicalement nulle, & une véritable intrufion : c'eft la difpofition textuelle de l'article 2 de l'édit ou règlement de 1695. *Voyez* PROVISIONS, VISA.

La prife de *poffeffion* d'une cure, d'une chapelle, ou autre bénéfice, fe fait ordinairement par l'entrée du pourvu dans l'églife, accompagné de celui qui le met en *poffeffion*, & de deux notaires apoftoliques, ou d'un feul notaire, avec deux témoins.

Les formalités de la *prife de poffeffion* dépendent de la qualité des bénéfices & de l'ufage des églifes où ils font fitués. Communément, par rapport aux cures, les fymboles de la *poffeffion* font l'entrée de l'églife, l'afperfion de l'eau bénite, le baifer du maître autel & des fonts baptifmaux, &c. A l'égard des bénéfices fimples, c'eft l'attouchement du miffel, de l'antiphonaire, ou de quelque autre livre des facremens. Quant aux canonicats, c'eft l'affignation d'une place dans le chapitre, & d'une ftale au chœur.

Il faut cependant obferver que, relativement aux canonicats, la feule *prife de poffeffion* ne met pas dans le cas de jouir des fruits, & d'être ce qu'on appelle *è gremio capituli.* Il faut de plus avoir fait le ftage, tel qu'il eft prefcrit par les ufages du chapitre. *Voyez* STAGE.

Lorfque le bénéfice eft un canonicat, une prébende, ou tout autre titre dépendant d'une églife cathédrale ou collégiale, le pourvu doit se préfenter au chapitre affemblé, & demander à être inftallé & reçu. Si le chapitre agrée la demande, l'inftallation fe fait fur le champ, & c'eft le greffier du chapitre qui en reçoit l'acte; fi au contraire la demande eft rejettée, alors le pourvu prend acte du refus, & peut fe faire inftaller enfuite dans le chœur, en obfervant les cérémonies d'ufage. Dans ce cas, il a befoin du miniftère d'un notaire apoftolique.

Si l'on refufoit d'ouvrir l'églife au pourvu qui fe préfente pour prendre *poffeffion*, il peut, après le refus conftaté, prendre *poffeffion* en fe mettant à genoux, & touchant la ferrure de la porte de l'églife.

S'il y avoit impoffibilité ou danger de fe préfenter à l'églife, dans ce cas on prend *poffeffion* à la vue du clocher.

Il arrive même que l'on prend *poffeffion* dans une autre églife que celle à laquelle eft affecté le titre du bénéfice; mais alors il faut une permiffion du juge, qui ne l'accorde qu'à la charge de la réitérer fur les lieux. Le grand-confeil eft dans cet ufage, & il permet de prendre *poffeffion* dans fa chapelle.

Dumoulin diftingue deux efpèces de *prife de poffeffion*; l'une, qu'il appelle *continue*; & l'autre, qu'il appellée *momentanée*.

La *prife de poffeffion* eft continue quand le titulaire, en conféquence de cet acte, poffède réellement & effectivement le bénéfice, comme, par exemple, quand un curé réfide au presbytère, fait le prône, &c.

La *prife de poffeffion* eft momentanée quand elle n'eft fuivie d'aucun acte de propriétaire ou de titulaire. Elle a lieu lorfqu'un réfignataire veut laiffer à fon réfignant le temps de fe retirer, ou lorfque le bénéfice eft rempli par un contendant.

On peut à ces deux efpèces en ajouter une troifième, que l'on appelle *poffeffion civile*. Elle a lieu lorfqu'un eccléfiaftique, ayant un droit acquis à un bénéfice, éprouve cependant un refus, foit de la part du pape, foit de la part de l'ordinaire. Dans ces fortes de cas, on s'adreffe au juge royal, dans l'étendue duquel le bénéfice eft fitué. On lui préfente une requête expofitive des faits, & fur cette requête il accorde la permiffion de prendre *poffeffion ad confervationem juris*. Cette *prife de poffeffion* ne regarde uniquement que le temporel, puifque les juges féculiers ne peuvent donner aucun droit fur le fpirituel. On s'y abftient même des cérémonies qui font l'image ou le type des fonctions fpirituelles; on s'abftient de faire toucher l'autel & les vafes facrés à celui qu'on met en *poffeffion civile*. On fe contente de l'introduire dans l'églife, où il fait fa prière, prend de l'eau bénite, & s'affeoit à la place qu'il doit occuper. De-là il fuit que le titulaire n'eft point mis en *poffeffion* canonique, & que fi, par la fuite, il vient à vaincre les obftacles qui lui font oppofés, il fera tenu de prendre une nouvelle *poffeffion*. La *prife de poffeffion* canonique doit donc toujours fuivre la *prife de poffeffion* civile.

Ainfi la *prife de poffeffion* civile n'empêche point la vérité du principe, que la *prife de poffeffion* ne fe réitère point *ex novo titulo fuperveniente*, parce que le principe ne s'applique qu'à la *prife de poffeffion* canonique.

Le principe que la *poffeffion* canonique ne fe réitère point, parce qu'elle eft *facti non juris*, reçoit cependant une exception. C'eft lorfque le titre, en vertu duquel elle a été prife, eft radicalement nul: il eft évident que la *poffeffion* prife en conféquence, eft une véritable intrufion. Il en feroit de même fi on avoit pris *poffeffion* fans aucun titre; dans l'un & l'autre cas, l'eccléfiaftique qui viendroit à être pourvu valablement, feroit tenu de prendre une feconde fois *poffeffion*.

Quelquefois on ne prend point perfonnellement *poffeffion*, on la prend par un fondé de pouvoir *ad hoc*. Cette efpèce de *prife de poffeffion* produit ordinairement les mêmes effets que la *prife de poffeffion* perfonnelle. Il eft cependant des circonftances où cette dernière eft néceffaire. La régale, par exemple, n'admet point de fiction. La *prife de poffeffion* par procureur, qui n'eft, à proprement parler, qu'une fiction, n'empêcheroit point par conféquent le bénéfice de vaquer en régale, fi la régale venoit à s'ouvrir. De-là il fuit encore que le régalifte eft obligé de prendre *poffeffion* perfonnelle, puifqu'autrement le bénéfice feroit toujours cenfé vacant. Un clerc qui eft nommé pendant le cours de fes études à un canonicat, ne peut jouir du privilège des étudians, s'il n'en prend perfonnellement *poffeffion*.

Si quelqu'un s'oppofe à une *prife de poffeffion*, prétendant que le bénéfice lui appartient, celui qui prend *poffeffion* doit paffer outre, remplir toutes les formalités néceffaires pour la forme de cet acte, y inférer l'oppofition qui fera faite; & alors ce fera à celui qui prétend être en la *poffeffion* de ce bénéfice, de former fa complainte contre celui qui vient l'y troubler, & d'obtenir une commiffion du juge royal pour faire affigner celui qui l'inquiète dans fa *poffeffion*.

L'oppofition formée à une *prife de poffeffion* peut être également regardée comme un trouble, & être un motif pour intenter la complainte. Mais on n'y eft jamais recevable qu'après la *prife de poffeffion*.

On demande dans quels délais un pourvu eft obligé de prendre *poffeffion* d'un bénéfice. Pour répondre à cette queftion, il faut diftinguer les différens titres qui donnent droit au bénéfice. Les réfignataires ont trois ans pour prendre *poffeffion*: les dévolutaires doivent la prendre dans l'an. Quant aux autres pourvus, les opinions font partagées. Drapier dit que le fentiment commun des canoniftes eft de ne leur donner qu'un an. Mais il eft des auteurs graves qui leur en accordent trois, & même trente. Ce dernier fentiment ne pourroit être admis que pour les bénéfices qui feroient entièrement vacans; car fi les

bénéfices avoient un titulaire, la *poffeffion* triennale couvriroit les vices de fon titre, en fuppofant qu'il en eût, & rendroit inutiles les provifions
de tout autre. Ce cas ne doit pas fe préfenter fouvent, parce qu'il eft rare qu'un bénéfice refte vacant pendant trois ans, & encore plus rare qu'un
pourvu laiffe écouler ce temps fans prendre *poffef-*
fion. Au refte, on ne voit pas pourquoi nos ordonnances ayant accordé un délai de trois ans aux réfignataires pour prendre *poffeffion*, on refuferoit
ce même temps aux pourvus *per obitum* : la caufe
des derniers eft certainement plus favorable que
celle des premiers. On pourroit oppofer que l'intérêt de l'églife veut que les bénéfices ne reftent pas
long-temps dépourvus de titulaires, & que ce feroit autorifer les longues vacances que de donner
aux pourvus *per obitum*, trois ans pour prendre
poffeffion. Cette réflexion a encore bien plus de
force contre ceux qui leur accordent 30 ans. Il eft
plus prudent de la prendre dans l'année de la date
des provifions.

Quand on dit que les réfignataires ont trois ans
pour prendre *poffeffion*, cela doit s'entendre pourvu
que le réfignant foit vivant. Car, fi celui-ci meurt
après les fix mois, à compter de la date des provifions du réfignataire, & fans avoir été dépoffédé,
le bénéfice vaque par mort, comme s'il n'avoit
pas été réfigné. *Voyez* PERMUTATION, RÉSIGNA-
TION.

Il faut faire infinuer au greffe des infinuations la
prife de poffeffion, & ce dans le mois, & enfemble
les procurations pour prendre *poffeffion*, les *vifa*,
les atteftations de l'ordinaire pour obtenir des provifions en forme gracieufe, les fentences & les
arrêts qui permettent de prendre *poffeffion* civile.
Cette formalité doit être remplie dans le mois après
la *prife de poffeffion*. C'eft la difpofition textuelle de
l'article 14 de l'édit de 1691.

Poffeffion paifible. Les canoniftes difent qu'on
poffède paifiblement une chofe, quand on la pof-
féde fans aucun trouble de fait ou de droit, en &
hors jugement. *Quis dicitur pacifice poffidere, quando
nullam patitur contradictionem, juris vel facti, nec in
judicio, nec extra judicium.* Voyez ci-deffous *Pof-*
feffion triennale.

Poffeffion annale. On appelle *poffeffion annale*, la
poffeffion du bénéficier qui jouit paifiblement depuis
un an de fon bénéfice. Cette *poffeffion* fe compte
du jour de la prife de *poffeffion*, & doit être paifible
& non interrompue. Elle donne droit au pourvu,
en cas de conteftation, de demeurer en *poffeffion*
du bénéfice, jufqu'à ce que le pétitoire foit jugé.
Il y a une règle de chancellerie appellée, *de
annali poffeffore.* Cette règle étoit obfervée en
France du temps de Rebuffe & de Dumoulin. Mais
préfentement elle n'y eft plus fuivie, & il n'y a
point de provifions par dévolut dans lefquelles le
pape n'y déroge. *Voyez* DÉVOLUT.

Poffeffion triennale. L'églife a, comme on vient
de l'obferver, un intérêt vifible à ce que les béné-

fices ne reftent pas long-temps vacans, ou ne demeurent pas incertains fur la tête des titulaires. Il
eft donc tout à la fois très-utile de forcer les collateurs à nommer aux bénéfices de leur collation, &
de mettre les titulaires qui ont poffédé pendant un
certain temps, à l'abri des recherches de la cupidité & de l'ambition. Pour parvenir à ce double
but, l'églife & les loix civiles ont établi la dévolution, & ont fixé le temps après lequel un dévolutaire feroit non-recevable à attaquer un paifible
poffeffeur. Ce temps a été fixé à trois ans. Cette
efpèce de prefcription triennale eft ancienne dans
l'églife. On la trouve dans un canon d'un ancien
concile de Carthage. Mais c'eft le concile de Bafle
qui, le premier, a rédigé en décret formel, la loi
d'après laquelle celui qui a poffédé paifiblement
& fans trouble, pendant trois ans, une prélature,
une dignité, un office, un bénéfice, ne peut plus
être inquiété, tant au pétitoire, qu'au poffeffoire,
même à raifon d'un droit nouvellement acquis,
pourvu que le poffeffeur ait joui en vertu d'un-
titre qui foit au moins coloré, qu'il ne foit ni fimoniaque, ni intrus, & que fa *poffeffion* ne foit point
fondée fur la force & la violence. Ce décret excepte néanmoins le cas d'hoftilité & de tout autre
empêchement légitime, en obligeant celui qui ne
peut agir, de protefter & de dénoncer les caufes de
fon empêchement. Il déclare au furplus que le litige ou le trouble s'entend, en cette occafion, d'une
affignation fuivie d'exhibition ou communication
de titres.

Ce décret étoit affurément très-fage. Quoiqu'il
émanât d'un concile que la cour de Rome n'a jamais vu de bon œil, les papes en ont formé la
trente-fixième règle de chancellerie, fous le nom
de regulá triennali.

L'affemblée de Bourges infére dans la pragmatique-fanction, au titre *de Pacificis*, le décret du
concile de Bafle. *Quicumque non violentus, fed habens coloratum titulum, pacifice & fine lite prælatu-
ram, dignitatem, beneficium vel officium, trienno
proximo hactenus poffedit vel in futurum poffidebit,
non poffit poftea in petitorio vel poffefforio, à quoquam
etiam ratione juris noviter impetrari, moleftari, ex-
cepto hoftilitatis incurfu vel alterius legitimi impedimenti, de quo proteftari & illud juxta concilium Viennenfe intimare teneatur. Lis autem hoc cafu intelliga-
tur, fi ad executionem citationis jurifque fui in judicio
exhibitionem ac terminorum omnium obfervationem proceffum fuerit. Ordinarii autem diligenter inquirant, ne
quis fine jufto titulo beneficium poffideat ; quod fi talem
quandocumque repererint, declarent jus illi non competere.*

Le concordat a adopté en entier ce décret. Il y
a feulement ajouté, *cujufvis temporis detentione*
nonobftante.

La règle de chancellerie romaine ne diffère prefque en rien de la pragmatique & du concordat.
*Item voluit, S. D. N. ut fi quis quæcumque beneficia
ecclefiaftica qualiacumque fint abfque fimoniaco ingreffu
ex apoftolicá vel ordinariá collatione per triennum pací*

fice possiderit, si se non intruserit, super hujusmodi beneficiis, molestari nequeat, nec non impetrationes de beneficiis sic possessis factas, irritas & inanes censeri decrevit, antiquas lites super illis motas penitus extinguendo.

L'effet de la *possession triennale* & paisible, accompagnée de bonne-foi, est de couvrir les défauts qui vicient le titre. De ce principe qui est reçu tant pour le for intérieur, que pour le for extérieur, il suit que la première qualité de la *possession triennale* est de prendre son origine dans un titre. *Statuimus ut quicumque habens titulum.* Ici, comme l'on voit, la *possession* en matière bénéficiale diffère de la *possession* en matière civile, en vertu de laquelle on peut acquérir quoique sans titre, pourvu qu'elle ait duré pendant le temps fixé par la loi. En matière bénéficiale, il faut nécessairement commencer à posséder avec un titre : rien n'en peut dispenser. *Beneficium sine canonica institutione obtineri non potest.* Ainsi un bénéficier qui seroit inquiété ne peut s'exempter de produire son titre, quand même sa *possession* seroit plus que triennale. Duperrai & Rebuffe rapportent des arrêts qui l'ont ainsi jugé. D'ailleurs, ni le décret de la pragmatique, ni la règle *de pacificis*, ne sont faits en faveur des intrus, & l'on est intrus dans un bénéfice toutes les fois qu'on le possède sans titre.

Il ne suffit pas que la *possession triennale* commence avec un titre, il faut encore que ce titre soit coloré. *Habens titulum coloratum.* Mais que faut-il entendre par un titre coloré ? Quelques canonistes le définissent ainsi : *titulus coloratus ille est qui obtentus fuit ab eo, qui conferendi potestatem habebat, sed propter obicem conferre impediebatur.* Cette définition est appuyée sur la règle de chancellerie rapportée ci-dessus, qui demande seulement que *beneficium ex apostolicâ vel ordinariâ collatione possideatur.* Ces canonistes, pour rendre leur définition plus sensible, rapportent pour exemple d'un titre coloré, celui que seroit un évêque qui confèreroit un bénéfice dont la disposition lui appartiendroit en qualité d'ordinaire, sans égard à une suspense qui lui ôte l'exercice de sa jurisdiction, à un délit qui le prive, *ipso facto*, de sa dignité, ou à une expectative qui lui lie les mains.

Ces canonistes ont raison en ce sens, qu'un titre ne peut pas être coloré sans être émané de celui qui a le pouvoir de le donner. En fait de collation de bénéfices, il n'y a pas plus grand défaut que celui de pouvoir dans la personne qui confère. Mais est-il bien vrai que tout titre de collation qui émane de l'ordinaire, ou du pape, soit toujours un titre coloré ? Nous ne le pensons pas. Il faut encore que celui auquel il est accordé soit capable de le recevoir ; il faut que le bénéfice soit de nature à pouvoir faire impression sur la tête du collateur. Au défaut de puissance dans le collateur, il faut donc ajouter l'incapacité dans la personne du collataire, comme mettant un titre à un bénéfice dans la classe des titres non colorés. Un troisième défaut peut encore le rendre non

coloré : c'est lorsqu'il pèche essentiellement dans la forme, ou qu'il n'est pas revêtu des formalités prescrites par la loi, à peine de nullité. Dans ce troisième cas, le titre n'est pas coloré, & son vice ne peut être couvert par la *possession triennale.* Ainsi, plusieurs obstacles empêchent, en fait de bénéfices, un titre d'être coloré, & rendent par conséquent inutile la *possession* même triennale. 1°. Le défaut de pouvoir dans le collateur ; 2°. l'incapacité absolue dans la personne du pourvu ; 3°. une faute essentielle dans la forme ; 4°. l'omission d'une formalité exigée, à peine de nullité. *Voyez* TITRE COLORÉ.

C'est un principe constant dans le droit canonique, que la *possession* sans bonne-foi est absolument inutile au possesseur, quelque temps qu'elle ait duré. *Possessor malæ fidei nullo tempore præscribit.* De-là il suit qu'un des caractères de la *possession triennale* doit être la bonne-foi : c'est à celui qui attaque le possesseur d'un bénéfice à prouver que sa *possession* est dénuée de ce caractère. S'il fait cette preuve, le titre cesse alors d'être coloré, & l'intrusion devient manifeste, car on est intrus lorsqu'on occupe un bénéfice, non-seulement par violence, mais encore injustement & sciemment. *Intrusus dicitur, cum quis sciens absque canonico & legitimo titulo, vel cum imperfecto beneficium accipit.* L'obreption & la subreption étant évidemment une mauvaise foi, vicient donc tellement le titre obtenu en cour de Rome, que la *possession triennale* ne peut garantir de l'éviction le pourvu s'il est attaqué. Le concile de Trente paroît avoir admis ce principe dans la session 25 *de regularibus*, ch. 21; lorsqu'après avoir ordonné que dans les provisions des bénéfices réguliers qu'on obtient en commende, la qualité de l'impétrant soit exactement exprimée, il ajoute, *aliter facta provisio subreptitia esse censeatur, nullaque subsequenti possessione etiam triennali adjuvetur.* Le parlement de Paris a consacré ce principe par plusieurs de ses arrêts. On en trouve des années 1613, 1674 & 1683, qui ont jugé que la *possession triennale* étoit inutile à des pourvus dont les provisions de cour de Rome étoient obreptices ou subreptices, par le défaut d'expression de la qualité ou de la nature du bénéfice. Si avant l'expiration des trois ans, le possesseur découvre le vice qui rend son titre nul, il tombe dans la mauvaise foi, parce que, dès ce moment, il commence à posséder *cum rei alienæ conscientia* : mais s'il ne l'apperçoit qu'après, il ne doit pas en souffrir, parce que ce droit lui est alors acquis.

Il est nécessaire pour que la *possession triennale* produise ses effets, qu'elle soit complette & continue : il ne doit pas lui manquer un seul jour, *currit de momento ad momentum.*

Il faut qu'elle ait été paisible & sans trouble ; *pacificè & sine lite possiderit*, disent la pragmatique & le concordat. Selon la glose de la pragmatique-sanction, il ne suffit pas pour troubler la *possession triennale*, que l'assignation ait été donnée dans les trois ans; il faut encore que tous les délais soient échus dans le même terme. Cette opinion paroît très-conforme à la loi qui porte : *lis autem intelligitur fi ad executionem citationis , aut terminorum omnium obfervationem , proceffum fuerit.*

Nos auteurs, & entre autres Drapier, affurent qu'afin qu'un titulaire foit troublé dans la *poffeffion* de fon bénéfice, d'une manière qui puiffe empêcher la prefcription triennale, il faut trois conditions, 1°. qu'il y ait eu affignation donnée au poffeffeur; 2°. qu'en conféquence de cette affignation, les parties fe foient refpectivement communiqué leurs droits.; 3°. que les délais établis par les ordonnances avant que d'entrer dans la véritable conteftation foient expirés.

Il faut donc donner copie de fes titres & capacités à la partie adverfe. On entend par titres, les provifions, la prife de *poffeffion* & le *vifa*, fi on en a eu befoin. Par capacités, on entend les lettres d'ordre, de démiffoires, &c. On doit avoir foin de donner cette communication le plutôt que l'on peut, fi l'on craint que la partie n'acquière la *poffeffion triennale* ; car la *poffeffion* n'eft point interrompue jufqu'à ce que cette communication ait été faite.

Quant à la troifième condition, on entend par délais, tous les préliminaires qu'on accorde aux parties avant d'entrer dans la véritable conteftation ; par exemple, le délai qu'il faut donner entre la première affignation & la comparution.; & fi la partie faifoit défaut, le temps qu'il faudroit pour le délai entre la réaffignation fur le défaut, & le jour auquel on eft affigné. Ce font les feuls délais que le gloffateur de la pragmatique dit qu'il faut entendre.

Cependant il eft des parlemens où la fimple affignation interrompt la *poffeffion triennale* du bénéficier. M. Catelan nous apprend que telle eft la jurifprudence de celui de Touloufe, où l'on fuit l'opinion de Rebuffe, qui décide que, *fufficit citatio ante triennium.* Il rapporte un arrêt du 7 février 1668, qui l'a ainfi jugé. L'auteur des mémoires du clergé incline pour ce dernier fentiment : la fimple affignation, dit-il, fuffit pour interrompre toutes fortes de prefcriptions, pourquoi n'interromperoit-elle pas auffi celle du triennal poffeffeur, qui, fans doute dès l'affignation, ceffe d'être paifible ?

Si un pourvu a obtenu une fentence de récréance, & qu'il poffède pendant trois ans, fans être inquiété par fon compétiteur, il peut s'aider du décret *de pacificis.* L'appel même de la fentence ne nuiroit point à la *poffeffion triennale*, s'il n'eft fuivi d'aucune procédure ; il y auroit alors péremption d'appel.

Il eft trois obfervations bien importantes fur cette matière ; 1°. le trouble formé par une partie ne fert qu'à elle feule, & un tiers qui viendroit, fous ce prétexte, attaquer un poffeffeur après les trois ans, ne pourroit pas en tirer avantage ; 2°. fi le bénéfice contefté eft mis en fequeftre, aucun des

contendans ne peut fe prévaloir de la *poffeffion* ; puifque ni l'un ni l'autre ne poffède réellement ; 3°. la *poffeffion* de trois ans peut être oppofée aux mineurs comme aux majeurs : *quia minor in beneficialibus reputatur major.* Mais s'ils ont été trompés & féduits, la foibleffe de leur âge eft mife au nombre des empêchemens légitimes qui ne permettent pas de laiffer couvrir la prefcription contre eux.

Pinfon, dans fon *Traité des bénéfices*, rapporte plufieurs arrêts du parlement de Paris, qui ont permis à des mineurs de fe pourvoir par lettres de refcifion contre des poffeffeurs triennaux. Gohard cite à l'appui des arrêts de Pinfon, ceux qu'on lit dans le *tom. 10, p. 1692 des Mém. du clergé.* Ils ont été rendus contre des précepteurs qui avoient abufé de la foibleffe de leurs écoliers mineurs, pour fe faire réfigner leurs bénéfices, & dont par conféquent la *poffeffion* étoit de mauvaife foi. Ce vice étoit également reproché à leurs copermutans ; ainfi ces mineurs étoient dans un cas particulier ; ce n'étoit pas précifément leur minorité qui faifoit obftacle à la *poffeffion triennale*, acquife par leur réfignataire, mais la mauvaife foi de ces réfignataires.

La *poffeffion triennale* n'eft point réputée paifible contre celui qui a été légitimement empêché d'agir. C'eft la difpofition de la pragmatique & du concordat.; *præterquam pretextu hoftilitatis , aut alterius legitimi impedimenti , de quo proteftari , & illud juxta concilium Viennenfe intimari debeat.* D'après cette loi, il ne fuffit pas qu'une perfonne qui a droit à un bénéfice ait été légitimement empêchée de pourfuivre fes droits dans les trois années , foit par la guerre , foit par la pefte , ou autrement, il faut encore qu'elle protefte lors de l'empêchement, & que, par cette proteftation, les juges demeurent entièrement perfuadés qu'elle a eu deffein de troubler le poffeffeur, & qu'elle l'auroit effectivement fait fans cet obftacle. Gohard va plus loin : il veut que la proteftation faite pardevant notaire, & en préfence de témoins , foit fignifiée au domicile du poffeffeur du bénéfice, ou à celui de fon procureur ; & dans le cas où cette fignification feroit impraticable, on doit, felon cet auteur, la faire dans l'églife même du bénéfice, ou du moins dans la cathédrale du diocèfe.

Le défaut de proteftation ne rend point non-recevable à agir contre un poffeffeur triennal, fi fon compétiteur a été dans l'impoffibilité abfolue de la faire. C'eft ce qui paroît réfulter d'un arrêt du parlement de Paris, rapporté au tome 12 des mémoires du clergé. Le fieur de Montillot , curé de Givry, diocèfe de Châlons-fur-Saone, & titulaire de la chapelle de Saint-Germain , avoit été banni à perpétuité du royaume par un arrêt du parlement de Dijon, du 12 octobre 1737. Cette condamnation emportoit mort civile, & opéroit la vacance de tous les bénéfices dont étoit pourvu le fieur de Montillot. Le fieur de la Foffe, fous-chantre de l'églife cathédrale de Châlons, obtint le 25 du même mois, des provifions de la chapelle de Saint-Germain, &

en prit *poſſeſſion* le 30. Le ſieur de Montillot parvint le 2 juillet 1743, à ſe faire accorder par le roi des lettres de réviſion de ſon procès, adreſſées au parlement de Paris, qui, par ſon arrêt du 8 août 1744, anéantit la condamnation au banniſſement perpétuel. Le 30 mars 1745, le ſieur de Montillot fit ſommer le ſieur de la Foſſe de lui délaiſſer la *poſſeſſion* de la chapelle de Saint-Germain. Alors le ſieur de la Foſſe avoit plus de ſept années d'une *poſſeſſion* paiſible & ſans trouble. La conteſtation ayant été portée au bailliage de Mâcon, le ſieur de Montillot fut débouté de ſa demande. Sur l'appel au parlement de Paris, le ſieur de la Foſſe invoqua le décret *de pacificis* : ſon titre étoit certainement plus que coloré ; ſa *poſſeſſion* étoit plus que triennale. Il inſiſta particulièrement ſur la partie du décret, qui veut que dans le cas d'un empêchement légitime de la part de celui qui n'a pu agir pour s'oppoſer à la *poſſeſſion triennale*, il ſoit tenu de proteſter contre l'empêchement, & de notifier ſa proteſtation. Le ſieur de Montillot répondit au moyen pris dans le décret *de pacificis*, que la *poſſeſſion triennale* n'avoit pu courir contre lui avant l'arrêt du parlement de Paris, parce que juſques-là il n'avoit pu agir ; que depuis cet arrêt, il avoit fait les diligences néceſſaires pour interrompre la *poſſeſſion* du ſieur de la Foſſe ; que le défaut de proteſtation ne pouvoit lui être oppoſé, puiſque cet acte lui avoit été impoſſible pendant tout le temps qu'avoit ſubſiſté l'arrêt, qui, en le privant de la vie civile, lui avoit interdit la faculté de faire aucun acte valable, outre que le reſpect qu'il devoit avoir pour une cour ſouveraine, juſqu'à ce qu'il eût été rétracté, ne pouvoit lui préjudicier dans une matière auſſi peu favorable que la preſcription.

Par arrêt du 22 août 1749, la ſentence de Mâcon fut infirmée, & le ſieur de Montillot maintenu dans la *poſſeſſion* de la chapelle de Saint-Germain, avec reſtitution des fruits, à compter du jour de la demande, & le ſieur de la Foſſe condamné en tous les dépens.

Il faut enfin que le titre de poſſeſſeur triennal ſoit exempt de toute ſimonie, & par conſéquent de confidence. Il eſt vrai que la pragmatique & le concordat gardent le ſilence à ce ſujet. Mais la règle de chancellerie rapportée ci-deſſus, y a ſuppléé en ces termes ; *ſi quis abſque ingreſſu ſimoniaco*, & cela en haine d'un crime qui ne mérite aucune faveur. Le parlement de Paris a adopté cette diſpoſition de la règle, comme nous l'apprend l'arrêt du 15 février 1655, qui a adjugé la cure de Preſle à celui qui l'avoit dévolutée ſur un confidenciaire, quoique paiſible poſſeſſeur depuis vingt-un ans.

Le parlement de Grenoble eſt moins ſévère. Il eſtime, ſelon Baſſet, que la ſimonie eſt couverte par une *poſſeſſion* de dix ans ; & qu'après ce temps, le titulaire ne peut plus être inquiété.

La ſimonie peut être commiſe à l'inſu du bénéficier. On demande ſi dans ce cas le poſſeſſeur peut exciper de la *poſſeſſion triennale*. Les auteurs ſont par-

Juriſprudence. Tome VI.

tagés ſur cette queſtion. Rebuffe eſt pour la négative, & ſon ſentiment a été ſuivi au parlement d'Aix, par un arrêt que cite Paſtor, rendu contre un nommé Laurent, pourvu ſimoniaquement, mais à ſon inſu, d'un canonicat de Barjols, dans lequel il prétendoit ſe maintenir en vertu de la *poſſeſſion triennale*.

Le parlement de Paris paroît, ſi on en juge par ſes arrêts de 1574 & de 1581, rapportés par Papon & par Carondas, ſe contenter d'une *poſſeſſion* de dix ans pour couvrir cette eſpèce de ſimonie.

A Toulouſe, on laiſſe jouir le coupable du privilège de la *poſſeſſion triennale*, ſi la ſimonie n'eſt ni réelle, ni complette. Maynard aſſure qu'il y a été ainſi jugé par arrêt du 3 mars 1734, rendu au profit d'un eccléſiaſtique qui avoit ſon bénéfice par une convention, à la vérité ſimoniaque, mais qui n'avoit encore rien payé ſur la ſomme promiſe. Si les deniers ſont délivrés en tout ou en partie, le même parlement ne maintient point le bénéficier malgré ſa *poſſeſſion triennale*. M. Catelan le prouve par un arrêt du 26 juin 1652.

Cette diverſité de juriſprudence a de quoi étonner. Il paroît que l'on ne devroit, dans aucun cas, s'écarter de la maxime, que l'abus ne ſe couvre par aucune eſpèce de *poſſeſſion*, & par conſéquent par une *poſſeſſion triennale*. Il eſt certain que le décret *de pacificis*, ni la règle *de triennali poſſeſſore*, n'ont pas eu en vue d'effacer les incapacités abſolues, telles que celle qui réſulte de la ſimonie. Jamais un ſimoniaque ne devroit donc être admis à invoquer l'un ou l'autre : au ſurplus, *voyez* SIMONIE.

On ne peut pas joindre deux *poſſeſſions* enſemble, parce que pour que la *poſſeſſion* puiſſe donner lieu au décret *de pacificis*, il faut qu'elle ſoit continue, & qu'elle ait été acquiſe pendant trois années conſécutives & non interrompues.

Drapier aſſure que la *poſſeſſion triennale* a lieu pour les bénéfices conſiſtoriaux, comme pour les autres. Ainſi, dit-il, celui qui auroit obtenu des bulles du pape pour un évêché, une abbaye, ou un prieuré vraiment électif, ſans nomination du roi, & qui auroit en ſa faveur une *poſſeſſion triennale*, ne pourroit être dépouillé du bénéfice : & il cite à l'appui de ſon ſentiment l'article 6 des libertés de l'égliſe gallicane. Mais cet article ne dit rien de ſemblable, & nous avons de la peine à croire que les droits de nomination du roi aux bénéfices conſiſtoriaux, étant conſidérés avec raiſon comme des droits de la couronne, on ſouffrît que la *poſſeſſion triennale* leur fût oppoſée.

Suivant l'ancien uſage, le décret *de pacificis* n'avoit point lieu en la régale, laquelle étoit prorogée juſqu'à trente ans par l'ordonnance de Louis XII. Cet uſage ne ſubſiſte plus, & après trois ans, le poſſeſſeur paiſible triennal, bien & canoniquement pourvu, ne peut être troublé par la régaliſte. C'eſt la diſpoſition formelle de l'article 27 de l'édit de 1606. Mais la ſeule *poſſeſſion triennale* ſans titre canonique ne peut empêcher l'ouverture en régale. Cependant il faut faire, avec Gohard, une obfervation bien importante ; quoique la difpofition de l'édit de 1766, en faveur de la *poffeffion triennale* foit abfolue, le parlement de Paris fait une diftinction, & n'adjuge le bénéfice au poffeffeur triennal contre le régalifte, que quand le collateur ordinaire en a difpofé après la clôture de la régale ; fi le collateur en a difpofé pendant que la régale étoit ouverte, le bénéfice eft adjugé au régalifte. Il y a dans cette efpèce des arrêts des 9 juillet 1697, 4 décembre 1703, 21 juillet 1705, & 19 août 1710, contre de paifibles poffeffeurs de plus de fix années, parce que dans ce cas on a jugé que les titulaires avoient été pourvus *à non habénte poteftatem.*

Tournet rapporte un arrêt du parlement de Paris, du 17 mai 1704, qui juge que le décret *de pacificis* a lieu entre régaliftes. Il s'agiffoit d'une prébende de l'églife de Troies.

Le litige ne fait point vaquer le bénéfice en régale, lorfque le titulaire inquiété eft poffeffeur paifible de trois ans, avec titre canonique. Ainfi jugé par arrêt du parlement de Paris, du premier décembre 1739, contre un régalifte, au fujet de la chapelle de Macheferrière, diocéfe du Mans. *Voyez* RÉGALE.

Des auteurs, parmi lefquels on compte Dumoulin & Van-Efpen, ont prétendu que le décret *de pacificis* n'avoit de force que contre les dévolutaires qui inquiètent les poffeffeurs paifibles & triennaux, mais qu'il ne pouvoit être oppofé aux évêques qui font toujours en droit d'exiger des bénéficiers la repréfentation d'un titre canonique, &, faute de repréfentation, de les dépouiller de leurs bénéfices. Rebuffe & Duaren rejettent ce fentiment, & avec raifon. Il eft évident que les poffeffeurs dont il s'agit ne font point des poffeffeurs fans titre, puifqu'ils doivent en avoir un au moins coloré. D'ailleurs, les évêques, ou autres fupérieurs eccléfiaftiques, n'ont pas droit en France de forcer les poffeffeurs des bénéfices à leur exhiber leurs titres. S'ils le faifoient, même en cours de vifite, on déclareroit leur procédure abufive, parce qu'alors ils entreprendroient fur le poffeffoire des bénéfices, qui eft de la compétence des tribunaux féculiers, & qu'ils prendroient connoiffance de la validité des titres, ce qui leur eft prohibé parmi nous.

Les poffeffeurs qui vouloient s'aider de la *poffeffion triennale*, étoient autrefois obligés de prendre en chancellerie des lettres *de pacificis*, qui étoient adreffées aux juges devant lefquels la conteftation étoit pendante. Ils en demandoient l'entérinement, fans quoi ils n'étoient pas maintenus dans leur *poffeffion*. Drapier a donné la formule de ces lettres : aujourd'hui l'ufage en eft aboli. Il fuffit de prouver dans le cours de l'inftance, que la *poffeffion* eft triennale, continue, paifible, & revêtue de tous les autres caractères exigés par la loi, ou de préfenter requête tendante à ce que la partie adverfe

foit déclarée non-recevable. (*M. l'abbé* BERTOLIO, *avocat au parlement.*)

POSSESSOIRE, adj. eft en général quelque chofe relative à la poffeffion.

On entend quelquefois par *poffeffoire*, la poffeffion même ou l'inftance de complainte, comme quand on dit que l'on a jugé le *poffeffoire.*

Aétion poffeffoire, eft celle qui ne tend qu'à être maintenu ou réintégré dans la poffeffion. *V.* COMPLAINTE, POSSESSION. (*A*)

POSSESSOIREMENT, adv. fe dit de ce qui eft fait relativement à la poffeffion. Agir *poffeffoirement*, c'eft former complainte, agir au poffeffoire.

POSTE, (*Droit féodal.*) *Voyez* POETE.

POSTEIS. Ce mot a fignifié autrefois un feigneur, un homme puiffant, un *potentat*. Voyez dom Carpentier *au mot* Poteftativus. (*G. D. C.*)

POSTÉRIORITÉ, f. f. eft oppofée à *priorité*. Ces deux termes ne font guère reftés au palais, qu'en matière d'hypothèques & d'ordre entre créanciers : en procédant à cet ordre, on a égard à la priorité ou *poftériorité* de l'hypothèque de chacun d'eux.

POSTHUME, adj. (*Jurifprud.*) eft un enfant né depuis le décès de fon père, on l'appelle *pofthume*, parce qu'il eft venu *poft humatum patrem.*

Les *pofthumes* font réputés déjà nés, toutes les fois qu'il eft queftion de leur avantage, & notamment dans les fucceffions.

Suivant l'ancien droit romain, il falloit les inftituer ou déshériter nommément ; mais par le droit du code, un *pofthume* ne peut être déshérité, parce qu'il ne peut pas avoir démérité.

Quand il eft prétérit dans le teftament de fon père, il n'eft pas réduit à demander fa légitime, mais à demander fa part entière, fans avoir égard au teftament, lequel en ce cas eft caffé.

La prétérition du *pofthume* dans le teftament du père, rompt le teftament, quand même ce *pofthume* mourroit auffi-tôt, & même entre les mains de la fage-femme.

Quand il eft prétérit par fa mère, laquelle a été prévenue de la mort fans avoir eu le temps de changer fon teftament, il eft tenu pour inftitué fi ce font les autres enfans qui font nommés *héritiers* ; mais fi ce font des étrangers, le teftament eft rompu.

Lorfque des enfans veulent procéder au partage des biens de la fucceffion de leur père, qui laiffe en mourant fa femme enceinte, il faut faire la portion de l'enfant à naître, & lui nommer un curateur pour défendre fes droits. Il eft même plus à propos en pareil cas de furfeoir au partage jufqu'à la naiffance du *pofthume*, à caufe de l'incertitude où l'on eft du nombre des *pofthumes* qui naîtront, & s'il en naîtra de vivant.

Une veuve peut demander fur la fucceffion de fon mari, une provifion pour fon entretien & fa fubfiftance, à caufe de l'enfant dont elle eft enceinte, & on doit la lui accorder felon la qualité des

perfonnes, & les biens du défunt. *Voyez* HÉRI-
TIER, SUCCESSION, TESTAMENT.

POSTULANT, part. (*en terme de Pratique.*) fignifie un procureur ; parce que la fonction d'un procureur eft de poftuler pour les parties. On donne quelquefois le nom de *poftulant* à de fimples praticiens
qui font la poftulation, tels que ceux qui font admis
en cette qualité aux confuls de Paris où il n'y a point
de procureurs en titre. *Voyez* PROCUREUR.

Poftulant fe dit auffi de celui qui follicite pour entrer dans une maifon religieufe, & y prendre l'habit. *Voyez* POSTULATION. (*Droit eccléf.*)

POSTULATION, f. f. & POSTULER, v. act.
(*en terme de Palais.*) fignifient l'expofition qui fe fait
devant le juge des demandes & défenfes des parties.

La loi 1, au digefte *de poftulando*, définit ainfi
la poftulation : *poftulare eft defiderium fuum vel amici
fui in jure apud eum qui jurifdictioni præeft exponere,
vel alterius defiderio côntradicere.*

Il y avoit certaines perfonnes qui, fuivant les
loix romaines, étoient exclufes de la *poftulation*,
favoir, un mineur jufqu'à l'âge de dix-neuf ans,
un fou ou imbécille, un muet, un aveugle, celui
qui étoit affligé de quelque autre infirmité, un prodigue, celui qui avoit été condamné publiquement
pour calomnie, un hérétique, un infâme, un
parjure, celui qui avoit été interdit par le juge de la
faculté de *poftuler*, celui qui s'étoit loué pour combattre contre les bêtes.

L'avocat du fifc ne pouvoit pas *poftuler* contre le
fifc, ni les décurions contre leur patrie ; il étoit
auffi interdit de *poftuler* à l'avocat qui avoit refufé
fon miniftère au mandement du juge.

On voit par ce qui vient d'être dit, qu'à Rome
les avocats pouvoient *poftuler* ; leur profeffion en
elle-même étoit cependant différente, & s'appelloit
patrocinium. Il y avoit des procureurs *ad lites*, dont
l'emploi étoit finguliérement de *poftuler* & de faire
la procédure.

Parmi nous la *poftulation* eft totalement diftincte
du miniftère des avocats, fi ce n'eft dans quelques
bailliages où les avocats font en même temps la profeffion de procureur.

Dans tous les tribunaux où il y a des procureurs
en titre, eux feuls peuvent faire la *poftulation*. Il
eft défendu à leurs clercs & autres perfonnes fans
qualité, de fe mêler de *poftulation* ; c'eft ce qui
réfulte de l'ordonnance de Charles VII de l'an
1455, de celle de Louis XII en 1507, & de
François I en 1610, & de plufieurs arrêts de
réglemens conformes, notamment d'un arrêt du
6 feptembre 1570, en conféquence duquel la
communauté des procureurs nomme tous les fix
mois quelques-uns de fes membres pour tenir la
main à l'exécution des réglemens. Cette commiffion eft ce qu'on appelle *la chambre de la poftulation.*

Quand ceux qui font la *poftulation* font décou-
verts, leurs papiers font faifis, & leur procès leur
eft fait à la requête de M. le procureur-général,
pourfuite & diligence des prépofés ; & lorfqu'ils

fe trouvent convaincus d'avoir *poftulé*, ils font
condamnés aux peines portées par les réglemens,
ainfi que les procureurs qui ont figné pour eux.
Ces peines, fuivant une délibération de la communauté des procureurs, homologuée par arrêt du
parlement du 15 janvier 1675, font contre les
procureurs convaincus d'avoir figné pour des poftulans, folliciteurs & clercs, d'être interdits pour
fix mois, condamnés par corps à cinq cens livres
de dommages & intérêts envers les pauvres de
leur communauté, & en cas de récidive, d'être
interdits pour toujours, fans efpérance de pouvoir
être rétablis : à l'égard des poftulans & folliciteurs,
les frais qu'ils ont faits fous le nom des procureurs,
ne peuvent être répétés contre les parties, & appartiendroient au contraire aux pauvres de la communauté.

Poftuler, c'eft demander quelque chofe au juge,
ce qui fe fait en lui préfentant requête, & en
prenant devant lui les conclufions des requêtes ;
c'eft auffi *poftuler*, que de faire les procédures
néceffaires à l'occafion des demandes & défenfes
des parties, tout cela eft effentiellement attaché à
la fonction de procureur ; tellement qu'autrefois les
procureurs étoient toujours préfens à la plaidoirie ;
ils prenoient les conclufions de leurs requêtes, &
lifoient les procédures & autres pièces à mefure
que le cas le requéroit, l'avocat ne faifoit qu'expofer les moyens de fait & de droit, il ne prenoit point de conclufions, & ce n'eft que pour
une plus prompte expédition, que l'on a introduit que les avocats prennent eux-mêmes les
conclufions.

POSTULATION, (*Matière bénéficiale.*) elle
confifte à demander au fupérieur qui a le droit
de confirmer une élection, la grace de pourvoir
de la dignité élective, une perfonne qu'on lui
nomme, & qui, pour quelque défaut, comme d'âge,
d'ordre, ou de naiffance, ne peut être élue. *Poftu-
latio eft ejus qui eligi non poteft in prælatum, concors
capituli facta petitio.* Cette définition de Lancelot,
dans fes inftituts, s'applique à l'élection d'un évêque par le chapitre, & peut s'entendre de toute
dignité élective. La *poftulation* a été introduite pour
faciliter une élection dans certains cas.

Les canoniftes diftinguent deux fortes de *poftula-
tions*, la folemnelle & la fimple ; la première eft celle
que l'on vient de définir ; *quæ ad prælatum ipfum
rectè intenditur, qui poteft omne poftulati impedimentum
removere.* L'autre eft celle qui fe fait auprès d'une
perfonne intéreffée en l'élection, pour avoir fon
confentement, comme dans le cas où, pour élever un religieux à quelque prélature, on doit poftuler le confentement de l'abbé. Il en faut dire
autant d'un patron. Cette forte de *poftulation* bien
différente de l'autre, n'eft proprement qu'une fimple
demande de confentement. Après qu'on a obtenu
ce confentement, ou avant, on doit procéder à
l'élection & à la confirmation de l'élection, comme
dans les cas ordinaires.

Les canoniftes établiffent pour règle en cette matière, 1°. que celui qui a le droit de confirmer l'élection, doit recevoir aussi la *postulation*, quand le défaut qui en est la cause ne demande pas une difpenfe qu'il ne peut accorder; 2°. quiconque n'eft pas exclus de l'élection par des irrégularités, *ex vitio animi vel corporis*, peut être postulé: le mineur, par exemple, le laïque font dans ce cas; 3°. quand tous les fuffrages fe réuniffent à l'avis de la *postulation*, il faut poftuler le fujet que l'on a en vue: mais fi l'élection eft en concours avec la *postulation*, en ce cas, la *postulation* ne l'emporte que par le double des fuffrages; 4°. il y a cela de commun entre l'élection & la *postulation*, qu'elles font l'une & l'autre fujettes aux mêmes rigueurs d'examen, & à toutes les autres formalités préalables de l'élection. Elles différent en ce que l'élection eft irrévocable dès la publication du fcrutin, au lieu que la *postulation* peut être révoquée avant qu'elle foit portée ou admife; 5°. la *postulation* fe fait dans la forme de *postulo*. La fupplique préfentée à cet effet au fupérieur doit faire généralement mention de tous les défauts du postulé qui font capables d'annuller l'élection; ce qui doit être également exprimé dans les provifions, fous peine, pour le fupérieur, de perdre fes droits à cet égard, s'il admettoit la *postulation* d'un fujet dont on n'eût pas exprimé les défauts qui lui font connus.

Les principes fur la *postulation* ne font pas d'un grand ufage en France, où l'on ne connoît que très-peu de bénéfices électifs-confirmatifs.

POTÉ. *Voyez* POÈTE.

POTÉES. (*Droit féodal.*) On voit dans Ducange au mot *Homines poteftatis* fous *Poteftas*, qu'on a nommé *les potées*, un territoire mouvant de l'églife de Reims; de même qu'on a nommé *gens de pote* les fujets roturiers d'un feigneur. (*G. D. C.*)

POTESTATS. *Voyez* PODESTAZ.

POTURE, PAUTURE, ou APOTURE. (*Droit féodal.*) Ces mots font encore en ufage aujourd'hui dans le Baffigny & dans quelques pays voifins, pour défigner un bail au rabais des bêtes prifes en agât.

On doit fans doute rapporter au même fens les mots *apau*, *apauter* & *apauteor*, qui fe trouvent au chap. 289 des affifes de Jérufalem. Il y eft dit que lorfque le fénéchal voudra que les rentes du roi foient *apautées*, il les fera crier : « & que, quand fe vendra à livre, le fénéchau » le droit livrer par fon office, par le comman- » dement dou roi ou de celui qui tiendra fon leuc, » de tous les propres *apaux* dou roi, que l'on » ne puiffe être de trop enginé; & que il fache » leur value de tout ce gaing que les apautéors » gaigneront en chacun apau ».

Dom Carpentier dit qu'*apau* eft bail à cens; *apauter*, donner à cens; & *apauteor*, le cenfier, ou le preneur à titre de cens; il n'en donne point d'autre preuve que ce chapitre des affifes de Jérufalem, & le mot latin *apeamentus* qui a été d'ufage

en Italie pour fignifier un livre terrier; mais il me femble que ce chapitre même des affifes de Jérufalem prouve le contraire : on n'accenfe point les rentes. Il y a lieu de croire que le mot *apau* fignifie un bail à ferme : on pouvoit bien affermer à forfait les rentes dues au roi, afin d'avoir des revenus certains à des époques fixes. (*G. D. C.*)

POUDRAGE, (*Droit féodal.*) Ce mot fe trouve dans des lettres de l'an 1290, tirées du livre rouge de la chambre des comptes de Paris. On y énonce le moulin de Chanteloup & fes dépendances, avec les droits & bannalités qui en dépendent; « & le » poudrage afdit lieu . . . . à tenir, à avoir » & à pourfoïer dorénavant ».

Une charte de Henri, roi d'Angleterre, contient auffi la donation à un monaftère de la dîme du *poudrage* : « *Decima foreftarum fuarum*, ... *cum decima* » *pafnagii*, *carati* & *poudragii*, *broftagii* & *herbagii* & » *omnium placitorum ad eafdem foreftas pertinentium* ».

Dom Carpentier qui rapporte ces deux textes au mot *poudragium*, penfe que ce mot fignifie comme celui de *pulveraticum*, toute efpèce d'impôt. Mais *voyez* l'article PULVERAGE. (*G. D. C.*)

POUILLÉ, f. m. appellé dans la baffe latinité *polypticum*, eft un terme dérivé du grec πολύπτοχον, d'où l'on a fait par corruption *politicum* : *poleticum*, *puleticum*, *puletum*, qui fignifie en général un regiftre où l'on écrivoit tous les actes publics & privés, mais particuliérement un regiftre où l'on écrivoit les noms de tous les cenfitaires & redevables, avec une note de ce qu'ils avoient payé.

On a de même appellé *pouillé* les regiftres dans lefquels on écrivoit les actes concernant les églifes & la defcription de leurs biens.

Mais, dans le dernier ufage, on entend par ce terme un catalogue des bénéfices, dans lequel on marque le nom de l'églife, celui du collateur & du patron, s'il y en a un, le revenu du bénéfice, & autres notions.

Il y a des *pouillés* généraux, & d'autres particuliers.

Le *pouillé* le plus général eft celui des archevêchés & évêchés du monde chrétien, *orbis chriftiani*.

On appelle auffi *pouillés généraux*, ceux qui comprennent tous les archevêchés & évêchés d'un royaume, ou autre état.

Le meilleur ouvrage que nous ayons pour la connoiffance des églifes de France, eft la *Gallia chriftiana* de MM. de Sainte-Marthe, que l'on peut regarder comme un commencement de *pouillé*, mais néanmoins qui ne comprend pas toutes les notions qui doivent entrer dans un *pouillé* proprement dit.

On a fait divers *pouillés* généraux & particuliers de chaque diocèfe.

En 1516, chaque diocèfe nomma des commiffaires pour l'eftimation des revenus & la confection de fon *pouillé*; le clergé nomma des commiffaires généraux pour dreffer fur ces *pouillés* un département.

Il y eut un *pouillé* général, imprimé *in-8°*. vers

l'an 1626, qui eſt devenu très-rare, mais qui ne peut être d'aucun uſage tant il eſt rempli de fautes.

Celui qui parut in-4°. en 1648, eſt un peu plus exact, parce qu'il fut fait ſur les regiſtres du clergé, qui furent communiqués à l'auteur par ordre de l'aſſemblée de Mantes, tenue l'an 1641 ; il s'y eſt néanmoins gliſſé encore beaucoup de fautes ; il eſt d'ailleurs imparfait, en ce qu'il n'y en a que huit parties de faites, qui ſont les archevêchés de Paris, Sens, Reims, Lyon, Bordeaux, Bourges, Tours & Rouen : les autres archevêchés ne ſont pas faits.

Le clergé délibéra en 1726 que tous les bénéficiers & communautés donneroient des déclarations aux chambres diocéſaines, qui en feroient des pouillés ; & que ces chambres enverroient ces pouillés à une aſſemblée générale, qui les reviſeroit & feroit un département. L'exécution de cette délibération fut ordonnée par arrêt du conſeil du 3 mai 1727, & lettres-patentes du 15 juin ſuivant.

Il a paru depuis quelques pouillés particuliers, tels que ceux des égliſes de Meaux & de Chartres, & un nouveau pouillé de Rouen en 1738.

Le clergé aſſemblé à Paris en 1740, renouvella le deſſein de former un pouillé général ſur le plan qui fut propoſé à l'aſſemblée par M. l'abbé le Beuf, de l'académie des inſcriptions & belles-lettres. Ce même deſſein fut confirmé par une autre délibération du clergé en 1745 ; & en conſéquence, des lettres circulaires, écrites par MM. les agens du clergé à MM. les archevêques & évêques du royaume, il a été envoyé à M. l'abbé le Beuf divers pouillés, tant imprimés que manuſcrits, de différens diocèſes pour en former un pouillé général auquel M. l'abbé le Beuf avoit commencé à travailler : mais n'ayant point reçu tous les pouillés de chaque diocèſe, & ne s'étant même trouvé aucune province dont la collection fût complete, cet ouvrage eſt demeuré juſqu'à préſent imparfait.

Il y a divers pouillés particuliers des bénéfices qui ſont de nomination royale, de ceux qui ſont à la nomination des abbayes, prieurés, chapitres, dignités.

Le père le Long, dans ſa bibliothèque hiſtorique, a donné le catalogue de tous les pouillés, imprimés & manuſcrits qui ſont connus.

Les pouillés ne ſont pas des titres bien authentiques par eux-mêmes, & ne peuvent balancer des titres en bonne forme ; mais quand on ne rapporte pas des actes qui juſtifient poſitivement à la collation de qui ſont les bénéfices, les pouillés ne laiſſent pas de former un préjugé. Cela fut poſé pour maxime en diverſes occaſions par M. de Saint-Port, avocat général au grand-conſeil. (A)

POULE DE COUTUME. Voyez GÉLINE DE COUTUME.

POUOIR, (Droit féodal.) On a autrefois employé ce mot pour déſigner le territoire ou le diſtrict d'une ſeigneurie, ou d'une juriſdiction. Voy. dom Carpentier au mot Poſie 3. (G. D. C.)

POURCENS. (Droit féodal.) La Thaumaſſiere dit dans ſa préface ſur le chapitre ſecond de la coutume de Montargis, qu'on a ainſi nommé le chef-cens. (G. D. C.)

POURCOURS DE BÊTES, (Droit féodal. Ce mot ſe trouve dans une tranſaction du mois de novembre 1248, relative à la ſeigneurie de Porhouet en Bretagne. Il y eſt dit : » Ne cil Pierre » de Chemillé, ne Olivier de Montauban, ne » leurs femmes devant dites, ne leurs hoirs ne » peuvent demander pourcours de nulle bête en » la forêt de Lannois, ne cil Raol de Fougières, » ne ſes hoirs ne peuvent demander pourcours de » nulle bête en la forêt de Loudeac ». Voyez les preuves de l'hiſtoire de Bretagne par dom Lobineau, col. 396.

Ce pourcours eſt ſans doute le droit de ſuivre dans la ſeigneurie d'autrui les bêtes que le chaſſeur a fait lever dans ſon propre fief. Voyez PARCOURS. (G. D. C.)

POURPRETURE ou PORPRISE & PORPRISON, du latin purpreſtura. Terme fort uſité dans beaucoup d'actes & d'ouvrages du moyen âge, comme on le voit dans un roman manuſcrit de Virgile.

Donc ont pourpris Meullent & toute la contrée.

Purpreſtura ou propreſtura, pourprêture ou pourpriſure, ſe dit quand quelqu'un s'empare injuſtement de quelque choſe qui appartient au roi, comme dans ſes domaines ou ailleurs, & généralement tout ce qui ſe fait au détriment du tenement royal. On peut commettre cette injuſtice contre ſon ſeigneur, ou contre ſon voiſin, & dans pluſieurs de ces occaſions on trouve le même mot employé dans la même ſignification dans Mathieu Paris, dans Briſſon, Jacques de Vitry & pluſieurs autres.

Il ſemble auſſi que pourpriſure, dans d'autres auteurs, ſignifie les appartenances, les terres circonvoiſines d'un lieu, d'une maiſon, la banlieue d'une ville, comme dans le roman d'Athis manuſcrit.

Hors la ville à telle pourpriſure,
Trois grands lieue la place endure.

Dans le cartulaire de l'hôtel-dieu de Pontoiſe on trouve ces mots, cum pourpriſurâ eidem domui adjacente ; & dans une chartre du monaſtère de Lagni, de l'an 1195, conceſſi in elemoſinam abbati & conventui Sancti Petri Latigniacenſis... locum capellæ eum purpuriſurâ adjacente.

On peut voir dans le gloſſaire de Ducange, dans l'Hiſtoire de Paris des PP. dom Felibien & Lobineau, & dans celle de Bretagne de ce dernier, les autres ſignifications de ce terme. Suppl. de Moréri, Tome II.

POURPRINSE, (Droit féodal.) c'eſt un pour-

pris, un enclos, une enceinte fermée de murs ou de haies. *Voyez le Gloffaire de* Ducange, *au mot* Porprifum *fous* Perprendere, *& les articles* Per-PRISE *&* POURPRÊTURE. (*G. D. C.*)

POURSUITE, f. f. (*terme de Pratique*,) qui fignifie quelquefois en général toutes les démarches & diligences que l'on fait pour parvenir à quelque chofe, comme quand on dit que l'on pourfuit le recouvrement d'une créance, la liquidation d'un compte ; que l'on pourfuit fa réception dans un office.

Quelquefois le terme de *pourfuite* ne s'entend que des procédures qui font faites en juftice contre quelqu'un, notamment contre un débiteur, pour le contraindre de payer.

Enfin le terme de *pourfuite* s'entend quelquefois fpécialement de la conduite & direction d'une procédure, comme quand on dit la *pourfuite* d'une inftance de préférence ou de contribution, la *pourfuite* d'une faifie-réelle, la *pourfuite* d'un ordre. Dans cette acception, celui qui a la *pourfuite*, & qu'on appelle le *pourfuivant*, eft celui qui fait toutes les diligences & opérations néceffaires ; les autres créanciers font feulement oppofans pour la confervation de leurs droits. Si le pourfuivant eft négligent, un autre créancier peut fe faire fubroger à la *pourfuite*.

Les frais de *pourfuite* font privilégiés fur la chofe, parce qu'ils font faits pour l'intérêt commun ; c'eft pourquoi, lorfque le pourfuivant obtient quelque condamnation de dépens contre ceux avec lefquels il a des conteftations en fa qualité de pourfuivant, il a foin de faire ordonner qu'il pourra les employer en frais de *pourfuite*. *Voyez* POURSUIVANT.

POURSUITE (*Droit de*). Voyez le §. 6 *de l'art.* MAIN-MORTE, *droit féodal*, *& l'article* SERF DE POURSUITE.

POURSUIVANT, (*terme de Pratique*.) eft celui qui fait des diligences pour parvenir à quelque chofe. On dit d'un récipiendaire, qu'il eft *pourfuivant* fa réception dans un tel office.

On appelle auffi *pourfuivant* celui d'entre les créanciers qui a le premier introduit une inftance de préférence ou de contribution, de faifie-réelle, d'ordre, & qui fait les diligences néceffaires pour mettre ladite inftance à fin.

On appelle *pourfuivant* la faifie-réelle, criées, vente & adjudication par décret, celui qui a fait faifir réellement un immeuble de fon débiteur, pour le faire vendre, & être payé fur le prix.

Quand l'adjudication eft faite, celui qui étoit *pourfuivant* la faifie-réelle devient *pourfuivant* l'ordre & diftribution du prix de l'adjudication.

Lorfque plufieurs créanciers ont fait faifir réellement les immeubles de leur débiteur, il arrive fouvent des conteftations entre eux pour favoir qui reftera *pourfuivant*. C'eft la date des faifies-réelles qui doit fervir de moyen de décifion dans ces fortes de conteftations ; car, fuivant l'ancienne maxime de notre droit françois, *faifie fur faifie ne vaut* ; la

première faifie l'emporte fur les fuivantes ; qui doivent être converties en oppofition. Mais depuis l'établiffement des commiffaires aux faifies-réelles, ce n'eft point celui qui fait faire le premier exploit de faifie qui eft regardé comme le premier faififfant ; on préfère celui qui a le premier fait enregiftrer la faifie réelle, parce que la première faifie enregiftrée eft celle qui a eu la première quelque effet ; c'eft pourquoi la feconde ne doit pas même être enregiftrée, fi on la préfente au bureau où la première a été portée. Cependant fi la feconde eft beaucoup plus ample que la première, c'eft-à-dire, fi l'on y a compris beaucoup plus de bien, l'ufage eft de donner la pourfuite au fecond faififfant, & de convertir la première faifie en oppofition, quoique la feconde faifie n'ait point été enregiftrée la première. Le fecond faififfant devient en ce cas le premier, par rapport aux biens que le plus diligent n'avoit point fait faifir ; & ce feroit multiplier les frais inutilement, que de faire faire des pourfuites & des procédures différentes, pour parvenir à l'adjudication des biens faifis : il vaut donc mieux joindre ces faifies, & donner la préférence pour la pourfuite à celui dont la faifie eft la plus ample.

Quand on a fujet de craindre des intelligences entre la partie qui a fait une faifie-réelle plus ample, & la partie faifie, on ordonne que le premier faififfant demeurera *pourfuivant*, en rembourfant celui qui a fait la feconde faifie. C'eft l'efpèce de l'arrêt rendu au rapport de M. de Vienne, le 7 feptembre 1713, contre un fils qui demandoit la pourfuite de la faifie-réelle des biens de fon père, fous prétexte que la faifie qu'il avoit faite étoit plus ample que celle du premier faififfant.

Si celui qui eft chargé de la pourfuite de la faifie-réelle, vient à donner main-levée, un autre créancier oppofant peut fe faire fubroger à la pourfuite. La raifon en eft, qu'en ce cas, tout oppofant eft cenfé faififfant ; c'eft le plus diligent qui eft alors préféré. Il en eft de même fi le *pourfuivant* néglige de faire continuer les procédures, foit parce qu'il fe trouve hors d'état d'avancer les frais, foit par pure négligence, foit par collufion avec la partie faifie. Mais dans le cas de la demande en fubrogation, formée par l'un des oppofans à caufe de la main-levée donnée par le faififfant, on accorde d'abord la fubrogation ; au lieu que quand on ne fe plaint que du défaut de pourfuite, on a coutume de rendre un jugement, par lequel on ordonne que le *pourfuivant* juftifiera, dans un certain temps, de fes diligences pour parvenir à la vente & à l'adjudication par décret des biens faifis, finon qu'il fera fait droit fur la requête de l'oppofant. Si le *pourfuivant* ne juftifie pas de fes diligences dans le temps prefcrit, on rend un jugement définitif, par lequel la fubrogation eft ordonnée ; & on condamne le procureur du premier *pourfuivant* à remettre entre les mains du procureur du fubrogé la faifie, & les autres pièces & procédures du décret, en le rembourfant & le *pourfuivant* des frais ordinaires, fur les pièces qui font repréfentées, & fuivant la taxe qui en eft faite. On accorde quelquefois au parlement de Paris un fecond délai au *pourfuivant* avant de rendre un arrêt de fubrogation pure & fimple. Aux requêtes du palais & à celles de l'hôtel, celui qui demande la fubrogation obtient trois fentences de trois mois en trois mois, qui portent, que dans trois mois le *pourfuivant* fera tenu de mettre le décret à fin, finon qu'il fera fait droit fur la demande en fubrogation ; après ces délais, on accorde une fubrogation pure & fimple, à moins que les circonftances n'engagent les juges à accorder un nouveau délai.

POURTAGE. *Voyez* PORTAGE.

POURTAIRIEN. *Voyez* PORTAIRIEN & POUR-TERRIEN.

POURTERRIEN, (*Droit féodal.*) ce mot paroît avoir fignifié des cenfitaires, ou les détenteurs d'une terre. Des lettres de grace de l'an 1374, citées au mot *Terrarius* du *Gloffarium novum* de dom Carpentier, portent : « comme Gauthier de Bou-» lain, efcuyer, tiengne en fié une mairie de » condition en la ville de Saumercy, de laquelle » mairie il ait plufieurs perfonnes fes *pourterriens*, » de luitenans terres par certains cens ou rente &c. » *Voyez l'article* POURTAIRIEN. (G. D. C.)

POURTERRIER. (*Droit féodal.*) Une charte donnée en 1312, par Jean de Commercy, nomme ainfi les gardes foreftiers. *Voyez* Ducange *au mot* Portarius ; *col. 673 de la nouvelle édition.* (G. D. C)

POURVOIR, (*en terme de Palais*) fignifie *mettre ordre à quelque chofe*, en difpofer.

Celui qui préfente requête au juge, & qui fe plaint de quelque trouble, entreprife ou fpoliation qui fe fait à fon préjudice, conclut à ce qu'il plaife au juge y *pourvoir*, c'eft-à-dire, y mettre ordre.

On fe fait *pourvoir* d'un office ou d'un bénéfice. Cela s'appelle auffi *pourvoir*, parce que celui qui donne des provifions *pourvoit* à ce que l'office ou le bénéfice foit rempli & deffervi. (A)

POUVOIR, f. m. (*Droit naturel, civil & poli-tique.*) eft la puiffance ou faculté de faire quelque chofe. *Voyez* PUISSANCE.

PRAAGE, (*Droit féodal.*) On a ainfi nommé autrefois une efpèce de cens dû fur les prés. *Voy.* dom Carpentier *au mot* Preagium, & *l'art.* PRÉAGE. (G. D. C.)

PRAGMATIQUE-SANCTION, (*Droit eccl.*) ce terme eft emprunté du code, où les refcrits impériaux pour le gouvernement des provinces font appellés *formules pragmatiques*, ou *pragmatiques-fanc-tions*. Il vient du mot latin *fanctio*, ordonnance, & d'un mot grec qui fignifie *affaire*. On l'emploie pour exprimer les ordonnances qui concernent les objets les plus importans de l'adminiftration civile ou eccléfiaftique, fur-tout lorfqu'elles ont été rendues dans une affemblée des grands du royaume,

& de l'avis de plufieurs jurifconfultes. Il nous refte deux *pragmatiques* célèbres dans notre droit ; l'une eft de faint Louis, l'autre de Charles VII.

De la pragmatique-fanction de faint Louis. Le plus faint de nos rois fe préparant à un feconde expédition contre les Sarrafins, voulut affurer la tranquillité de l'églife gallicane, & prévenir les troubles que pouvoit occafionner, pendant fon abfence, le défaut d'une loi précife. L'ordonnance rendue à ce fujet règle les droits des collateurs & patrons des bénéfices ; elle affure la liberté des élections, promotions & collations ; elle confirme nos liber-tés, privilèges & franchifes ; elle modère les taxes & les exactions de la cour de Rome. Cette *pragma-tique* eft divifée en fix articles, dont voici la teneur.

1. Les églifes, les prélats, les patrons & les col-lateurs ordinaires des bénéfices, jouiront pleine-ment de leur droit, & on confervera à chacun fa jurifdiction.

2. Les églifes cathédrales & autres auront la liberté des élections, qui fortiront leur plein & en-tier effet. Un manufcrit du collège de Navarre ajoute après les mots *electiones*, les deux qui fui-vent, *promotiones*, *collationes*.

3. Nous voulons que la fimonie, ce crime fi pernicieux à l'églife, foit banni de tout notre royaume.

4. Les promotions, collations, provifions & difpofitions des prélatures, dignités & autres béné-fices ou offices eccléfiaftiques, quels qu'ils foient, fe feront fuivant le droit commun, les conciles, & les inftitutions des anciens pères.

5. Nous ne voulons aucunement qu'on lève ou qu'on recueille les exactions pécuniaires & les charges très-pefantes que la cour de Rome a impo-fées ou pourroit impofer à l'églife de notre royau-me, & par lefquelles il eft miférablement appau-vri, fi ce n'eft pour une caufe raifonnable & très-urgente, ou pour une inévitable néceffité, & du confentement libre & exprès de nous & de l'églife.

6. Nous renouvellons & approuvons les libertés, franchifes, prérogatives & privilèges accordés par les rois nos prédéceffeurs & par nous, aux églifes, aux monaftères, & autres lieux de piété, auffi-bien qu'aux perfonnes eccléfiaftiques.

Quelques exemplaires ne renferment point l'ar-ticle contre les exactions de Rome ; mais on croit, avec raifon, que des flatteurs de la cour-romaine l'ont retranché de cette ordonnance, qui tend prin-cipalement à réprimer les entreprifes des papes fur les droits des ordinaires pour les élections, les collations des bénéfices, & la jurifdiction conten-tieufe. Le célèbre d'Héricourt, & quelques autres, ont révoqué en doute l'authenticité de la pièce elle-même ; mais ce doute nous paroît fans fonde-ment. Fontanon, dans fa *Collection des édits* ; Bouchel, dans fon *Décret* ; du Boulay, dans fon *Hif-toire de l'univerfité* ; les PP. Labbe & Coffart, dans la *Collection des conciles* ; Laurière, dans fon *Recueil des ordonnances* ; Fleuri, dans fon *Inftitution au droit* ecclésiastique & dans son *Histoire*, attribuent au saint roi la *pragmatique* dont il s'agit. Pinsson l'a publiée sous le même titre, avec des commentaires; du Tillet assure qu'elle se trouve dans les anciens registres de la cour; par-tout elle porte le nom de Louis, & la date de 1268; les partisans même de Rome l'ont reconnue, comme les défenseurs de nos libertés. S'il n'en est pas mention dans l'histoire des démêlés de Philippe-le-Bel avec Boniface VIII, c'est qu'elle est absolument étrangère à cette dispute. Si Charles VII, dans celle qu'il publia sur le même sujet, ne s'autorise point de l'exemple de saint Louis, c'est un argument négatif qui ne peut pas suppléer au défaut des preuves positives. Est-ce une raison pour s'inscrire en faux contre le testament de Philippe-Auguste, parce qu'il n'est point rappellé dans ce même édit de Charles, quoiqu'il ordonne la même chose sur la liberté des chrétiens? On trouve d'ailleurs la *pragmatique* de saint Louis, citée par Jean Juvénal des Ursins, dans sa remontrance à Charles VII. N'est-ce donc pas vouloir faire illusion, que de représenter le père Alexandre comme le chef des modernes qui soutiennent la vérité & l'authenticité de cette loi? Ignore-t-on que le parlement, en 1461, que les états assemblés à Tours en 1483, que l'université de Paris en son acte d'appel de 1491, l'ont consacrée dans des actes publics, comme l'ouvrage du pieux monarque? Est-il croyable qu'ils la lui aient attribuée solemnellement, sans s'être bien assurés du fait? Dès l'an 1315, Guillaume du Breuil, célèbre avocat, l'avoit rapportée sous le même nom dans la troisième partie de son recueil, connu sous le titre d'ancien style du parlement; alors elle n'avoit point de contradicteurs: elle a donc pour elle l'ancienneté des suffrages; les vrais modernes sont ceux qui osent la combattre.

De la pragmatique-sanction de Charles VII. Le roi Charles VII étant à Tours au mois de janvier 1438 (nouveau style), écouta les plaintes qu'on vint lui faire de la part du concile de Bâle, sur la conduite d'Eugène IV, & sur la convocation du nouveau concile de Ferrare: peu de temps après, il se rendit à Bourges avec un grand nombre de princes du sang, de seigneurs & de prélats, pour délibérer sur les affaires présentes de l'église. Il y eut dans cette assemblée l'archevêque de Crète, nonce du pape, les archevêques de Reims, de Tours, de Bourges & de Toulouse. On y compta vingt-cinq évêques, plusieurs abbés, & une multitude de députés des chapitres & des universités du royaume. Ce fut-là qu'on dressa le réglement célèbre, appellé *pragmatique-sanction*, décret très-renommé dans nos histoires & dans toute notre jurisprudence ecclésiastique, sans en excepter même celle d'aujourd'hui: car, comme le remarque M. de Marca, « quoique la *pragmatique-sanction* ait été » abolie sous Leon X & François I, cependant la » plupart des réglemens qu'on y avoit insérés ont » été adoptés dans le concordat; il n'y a que les

» élections qui soient demeurées entièrement » éteintes, pour faire place aux nominations » royales ».

Les séances des prélats de l'église gallicane s'ouvrirent dans le chapitre de la sainte Chapelle de Bourges, dès le premier jour de mai de l'an 1438; mais il paroît que ce furent d'abord de simples conférences particulières, & que l'assemblée ne fut publique, générale & solemnelle, que le 5 juin. Alors le roi y présida en personne, & les envoyés, tant du pape que du concile de Bâle, se présentèrent pour soutenir les intérêts de leurs maîtres. Les premiers qui parlèrent furent les nonces d'Eugène; ils prièrent le roi de reconnoître le concile de Ferrare, d'y envoyer ses ambassadeurs, d'y laisser aller tous ceux qui voudroient faire le voyage, de rappeller les François qui étoient à Bâle, de révoquer & de mettre à néant le décret de suspense porté contre le pape.

La requête des députés du concile fut toute différente: ils demandèrent que les décrets publiés pour la réformation de l'église dans son chef & dans ses membres, fussent reçus & observés dans le royaume; qu'il fût fait défense à tous les sujets du roi d'aller au concile de Ferrare, attendu que celui de Bâle étoit vrai & légitime; qu'il plût au roi d'envoyer une nouvelle ambassade aux pères de Bâle, pour achever, de concert avec eux, ce qu'il restoit à faire pour le bien & la réformation de l'église; qu'enfin le droit de suspense porté contre Eugène, fût gardé & mis en exécution dans toutes les terres de la domination françoise.

Le principal orateur de cette députation fut le célèbre docteur Thomas de Courcelles, alors chanoine d'Amiens, & depuis curé de Saint-André-des-arcs, doyen de Notre-Dame de Paris, & proviseur de Sorbonne. Quand le roi & l'assemblée eurent entendu les propositions du pape & celles du concile de Bâle, on fit retirer les envoyés; & l'archevêque de Reims, chancelier de France, prenant la parole, dit que le roi avoit convoqué tant de personnes de considération, pour prendre leur avis sur le démêlé qui troubloit l'église, que son intention étoit d'empêcher les éclats d'un schisme, & qu'en cela il suivoit l'exemple de ses ancêtres, princes toujours remplis d'amour & de respect pour la religion. Cette courte harangue fut suivie du choix qu'on fit de deux prélats, pour parler le lendemain sur la matière présente; ce furent l'évêque de Castres, confesseur du roi, & l'archevêque de Tours. Le premier s'attacha beaucoup à relever le concile au-dessus du pape, dans le cas d'hérésie, de schisme, & de réformation générale. L'autre insista particulièrement sur cette réformation, & il en montra la nécessité, non-seulement par rapport à l'église, mais aussi à l'égard de l'état. Le chancelier demanda ensuite à l'assemblée si le roi devoit offrir sa médiation au pape & au concile, & il fut conclu que cela seroit digne de sa piété & de son zèle. Mais comme l'objet principal étoit de rassembler

bler les points de difcipline eccléfiaftique qu'on jugeoit propres au gouvernement de l'églife galli-cane, on députa dix perfonnes, tant prélats que docteurs, pour examiner les décrets du concile de Bâle. Cette révifion dura jufqu'au 7 juillet, jour auquel le roi publia l'édit folemnel, appellé *prag-matique-fanction*; c'eft, à proprement parler, un recueil des réglemens dreffés par les PP. de Bâle, auxquels on ajouta quelques modifications relatives aux ufages du royaume, ou aux circonftances ac-tuelles. Voici la fubftance de cette pièce divifée en vingt-trois titres, dont Côme Guymier nous a donné un commentaire très-favant, très-long, & trop peu lu. Elle eft précédée d'une préface, dont le commencement explique le deffein de Dieu dans l'inftitution de la puiffance temporelle; on y éta-blit qu'une des principales obligations des fouve-rains eft de protéger l'églife, & d'employer leur autorité pour faire obferver la religion de Jéfus-Chrift aux pays foumis à leur obéiffance.

TITRE I. *De autoritate & poteftate facrorum gene-ralium conciliorum temporibufque & modis eadem con-vocandi & celebrandi.* « Les conciles généraux fe-» ront célébrés tous les dix ans; & le pape, de » l'avis du concile finiffant, doit défigner le lieu » de l'autre concile, lequel ne pourra être changé » que pour de grandes raifons, & par le confeil » des cardinaux. Quant à l'autorité du concile gé-» néral, on renouvelle les décrets publiés à Conf-» tance, par lefquels il eft dit que cette fainte » affemblée tient fa puiffance immédiatement de » Jefus-Chrift; que toute perfonne, même de di-» gnité papale, y eft foumife en ce qui regarde la » foi, l'extirpation du fchifme, & la réformation » de l'églife dans le chef & dans les membres, & » que tous y doivent obéir, même le pape, qui eft » puniffable, s'il y contrevient. En conféquence, » le concile de Bâle définit, qu'il eft légitime-» ment affemblé, & que perfonne, pas même le » pape, ne peut le diffoudre, le transférer, ni le » proroger fans le confentement des pères de ce » concile ».

TITRE II. *De electionibus.* « Il fera pourvu dé-» formais aux dignités des églifes cathédrales, » collégiales & monaftiques, par la voie des élec-» tions; & le pape, au jour de fon exaltation, » jurera d'obferver ce décret. Les électeurs fe com-» porteront en tout felon les vues de leur conf-» cience; ils n'auront égard ni aux prières, ni aux » promeffes, ni aux menaces de perfonne; ils re-» commanderont l'affaire à Dieu; ils fe confeffe-» ront & communieront le jour de l'élection; ils » feront le ferment de choifir celui qui leur pa-» roîtra le plus digne. La confirmation fe fera par » le fupérieur; on y évitera tout foupçon de fimo-» nie, & le pape même ne recevra rien pour celles » qui feront portées à fon tribunal. Quand une » élection canonique, mais fujette à des inconvé-» niens, aura été caffée à Rome, le pape ren-» verra pardevant le chapitre ou le monaftère,

» pour qu'on y procède à un autre choix, dans » l'efpace de temps marqué par le droit ».

La *pragmatique*, en adoptant ce décret du con-cile de Bâle, y ajoute : 1°. que celui dont l'élec-tion aura été confirmée par le pape, fera renvoyé à fon fupérieur immédiat, pour être confacré ou béni, à moins qu'il ne veuille l'être *in curiâ*, & que dans ce cas-là même, auffi-tôt après fa con-fécration, il faudra le renvoyer à fon fupérieur immédiat pour le ferment d'obéiffance; 2°. qu'il n'eft point contre les règles canoniques, que le roi ou les grands du royaume recommandent des fu-jets dignes de leur protection, en quoi elle mo-dère les défenfes que fait le concile de Bâle par rapport aux prières ou recommandations en faveur des fujets à élire dans les chapitres ou monaftères.

TITRE III. *De refervationibus.* « Toutes réfer-» ves de bénéfices, tant générales que particu-» lières, font & demeureront abolies, excepté » celles dont il eft parlé dans le corps du droit, ou » quand il fera queftion des terres immédiatement » foumifes à l'églife romaine ».

TITRE IV. *De collationibus.* « Il fera établi dans » chaque églife des miniftres favans & vertueux. » Les expectatives faifant fouhaiter la mort d'au-» trui, & donnant lieu à une infinité de procès, » les papes n'en accorderont plus dans la fuite; feu-» lement il fera permis à chaque pape, durant fon » pontificat, de pourvoir à un bénéfice fur un col-» lateur qui en aura dix, & à deux bénéfices fur » un collateur qui en aura cinquante & au-deffus, » fans qu'il puiffe néanmoins conférer deux pré-» bendes dans la même églife pendant fa vie. On » n'entend pas non plus priver le pape du droit » de prévention ». Mais le décret touchant la ré-ferve d'un ou de deux bénéfices, quoique rapporté dans la *pragmatique*, n'a point été approuvé par l'églife gallicane, non plus que le décret touchant la prévention, qui a été jugé contraire aux droits des collateurs & des patrons, *item circà* 23. Afin d'obliger les collateurs ordinaires à donner des bénéfices aux gens de lettres, voici l'ordre de dif-cipline qu'on prefcrit à cet égard. « Dans chaque » cathédrale, il y aura une prébende deftinée pour » un licencié ou un bachelier en théologie, lequel » aura étudié dix ans dans une univerfité. Cet » eccléfiaftique fera tenu de faire des leçons au » moins une fois la femaine; s'il y manque, il fera » puni par la fouftraction des diftributions de la » femaine; & s'il abandonne la réfidence, on don-» nera fon bénéfice à un autre. Cependant, pour » lui laiffer le temps d'étudier, les abfences du » chœur ne lui feront point comptées.

» Outre cette prébende théologale, le tiers des » bénéfices, dans les cathédrales & les collégiales, » fera pour les gradués, c'eft-à-dire, les docteurs, li-» cenciés, bacheliers qui auront étudié dix ans en » théologie, ou les docteurs & licenciés en droit ou » en médecine, qui auront étudié fept ans dans ces » facultés; ou bien les maîtres-ès-arts qui auront

» étudié cinq ans depuis la logique ; tout cela dans
» une université privilégiée. On accorde aux no-
» bles *ex antiquo genere*, quelque diminution par
» rapport au temps de leurs études : on les réduit
» à fix ans pour la théologie, & à trois pour les
» autres facultés inférieures ; mais il faudra que
» les preuves de nobleffe, du côté de père & de
» mère, foient conftatées.

» Les gradués déjà pourvus d'un bénéfice qui
» demande réfidence, & dont la valeur monte à
» deux cens florins, ou bien qui poffederoit deux
» prébendes dans des églifes cathédrales, ne pour-
» ront plus jouir du privilège de leurs grades.

» On aura foin de ne donner les cures des villes
» murées qu'à des gradués, ou du moins à des
» maîtres-ès-arts. On oblige tous les gradués à
» notifier chaque année leurs noms aux collateurs,
» ou à leurs vicaires, dans le temps du carême ;
» s'ils y manquent, la collation faite à un non
» gradué ne fera pas cenfée nulle ». L'affemblée
de Bourges ajouta quelques explications à ces réglemens. Par exemple, elle confentit à ce que les
expectatives déjà accordées euffent leur exécution
juſqu'à la fête de Pâques de l'année fuivante, & que
le pape pût difpofer, pendant le refte de fon pontificat, des bénéfices qui viendroient à vaquer par
la promotion des titulaires à d'autres bénéfices incompatibles. A l'égard des grades, elle voulut que
les cures & les chapelles entraffent dans l'ordre des
bénéfices affectés aux gradués. Elle permit aux univerfités de nommer aux collateurs un certain nombre de fujets, laiffant toutefois à ces collateurs la
liberté de choifir dans ce nombre ; c'eft, comme
on voit, l'origine des gradués nommés. Enfin, la
même affemblée recommande fort aux univerfités
de ne conférer les bénéfices qu'à des eccléfiaftiques
recommandables par leur vertu & par leur fcience.
Nam, ajoute le texte, *ut omnibus notum eſt & ridicu-
loſum, multi magiſtrorum nomen obtinent, quos adhuc
diſcipulos magis eſſe deceret.*

TITRE V. *De cauſis.* « Toutes les caufes ecclé-
» fiaftiques des provinces à quatre journées de
» Rome, feront terminées dans le lieu même,
» hors les caufes majeures & celles des églifes qui
» dépendent immédiatement du faint-fiége. Dans
» les appels, on gardera l'ordre des tribunaux ; ja-
» mais on n'appellera au pape, fans paffer aupara-
» vant par le tribunal intermédiaire. Si quelqu'un
» fe croyant léfé par un tribunal immédiatement
» fujet au pape, porte fon appel au faint-fiége, le
» pape nommera des juges *in partibus* fur les lieux
» même, à moins qu'il n'y ait de grandes raifons
» d'évoquer entièrement les caufes à Rome. Enfin,
» on ne pourra appeller d'une fentence interlocu-
» toire, à moins que les griefs ne foient irrépa-
» rables en définitive ».

TITRE VI. *De frivolis appellationibus.* « Celui
» qui appellera avant la définitive, fans titre bien
» fondé dans fon appel, paiera à la partie une

» amende de quinze florins d'or, outre les dépens,
» dommages & intérêts ».

TITRE VII. *De pacificis poſſeſſoribus.* « Ceux qui
» auront poffédé fans troubles pendant trois ans,
» avec un titre coloré, feront maintenus dans leurs
» bénéfices : les ordinaires feront tenus de s'enqué-
» rir s'il y a des intrus, des incapables ».

TITRE VIII. *De numero & qualitate cardinalium.*
« Le nombre des cardinaux n'excédera pas vingt-
» quatre ; ils auront trente ans au moins, & feront
» docteurs ou licenciés ». Les évêques de France
jugèrent qu'il falloit modifier le décret du concile
de Bâle, en ce qu'il excluoit les neveux des papes
du cardinalat, & voulurent qu'on pût décorer de
la pourpre, tous ceux qui en feroient dignes par
leurs vertus & par leurs talens.

TITRE IX. *De annatis.* « On n'exigera plus rien
» déformais, foit en cour de Rome, foit ailleurs,
» pour la confirmation des élections, ni pour toute
» autre difpofition en matière de bénéfices, d'or-
» dres, de bénédictions, de droits de *pallium*, &
» cela fous quelque prétexte que ce foit, de bulles,
» de fceau, d'annates, de menus fervices, de pre-
» miers fruits & de déports. On fe contentera de
» donner un falaire convenable aux fcribes, abré-
» viateurs & copiftes des expéditions. Si quelqu'un
» contrevient à ce décret, il fera foumis aux peines
» portées contre les fimoniaques ; & fi le pape ve-
» noit à fcandalifer l'églife, en fe permettant
» quelque chofe contre cette ordonnance, il fau-
» dra le déférer au concile général ».

L'affemblée de nos prélats modéra ce décret en
faveur du pape Eugène : elle lui laiffa pour tout le
refte de fa vie la cinquième partie de la taxe impofée avant le concile de Conftance, à condition que
le paiement fe feroit en monnoie de France ; que
fi le même bénéfice venoit à vaquer plufieurs fois
dans une année, on ne paieroit toujours que ce
cinquième, & que toute autre efpèce de fubfide
cefferoit.

TITRE X. *Quomodò divinum officium fit celebrandum.* « L'office divin fera célébré avec décence,
» gravité, la médiante obfervée ; on fe levera à
» chaque *gloria patri* ; on inclinera la tête au nom
» de *Jéfus* ; on ne s'entretiendra point avec fon
» voifin, &c. ».

TITRE XI. *Quo tempore quiſque debeat eſſe in choro.*
« Celui qui, fans néceffité & permiffion demandée
» & obtenue du préfident du chœur, n'aura pas
» affifté à matines avant la fin du *venite exultemus* ;
» aux autres heures, avant la fin du premier
» pfeaume, & à la meffe avant la fin du dernier
» *kyrie eleifon*, & qui n'y aura pas demeuré juf-
» qu'à la fin, fera réputé abfent pour cette heure,
» fans déroger aux ufages plus ftricts des églifes :
» Celui qui n'aura pas affifté aux proceffions depuis
» le commencement jufqu'à la fin, éprouvera le
» même traitement ; le pointeur s'obligera, par fer-
» ment, à être fidèle, & à épargner perfonne ».

» Lorſqu'il n'y aura pas de diſtributions établies pour » chacune des heures, elles feront priſes ſur les » gros fruits; celui qui n'aura aſſiſté qu'à une heure, » ne gagnera pas les diſtributions de tout le jour; » on abolira l'uſage de donner au doyen & aux » officiers les diſtributions quotidiennes, ſans aſſiſ- » ter aux heures, quoiqu'ils ne ſoient pas actuelle- » ment abſens pour l'utilité de l'égliſe ».

TITRE XII. *Qualiter horæ canonicæ ſunt dicendæ extrà chorum.*

TITRE XIII. *De his qui tempore divinorum offi- ciorum vagantur per eccleſiam.*

TITRE XIV. *De tabulâ pendente in choro.* « Chaque » chanoine, ou autre bénéficier, pourra voir ſur ce » tableau ce qu'il y aura à faire à chaque heure pen- » dant la ſemaine; & s'il néglige de ſatisfaire par » lui-même, ou par un autre, à ce qui lui ſera » preſcrit, il perdra les diſtributions d'un jour pour » chaque heure ».

TITRE XV. *De his qui in miſſâ non complent credo, vel cantant cantilenas, vel nimis baſſê miſſam legunt, præter ſecretas orationes, aut ſine miniſtro.*

TITRE XVI. *De pignorantibus cultum divinum.* « Les chanoines qui s'obligeront à ſatisfaire leurs » créanciers dans un temps preſcrit, ſous peine de » ceſſer l'office divin, s'ils manquent à leur enga- » gement, perdront, *ipſo facto*, trois mois de leur » prébende ».

TITRE XVII. *De tenentibus capitula tempore miſſæ.* « Il eſt défendu de tenir chapitre dans le temps de » la meſſe, particuliérement aux jours ſolemnels, » ſans une urgente & évidente néceſſité ».

TITRE XVIII. *De ſpectaculis in eccleſiâ non fa- ciendis.* Cet article condamne la fête des foux, & tous autres ſpectacles dans l'égliſe.

TITRE XIX. *De concubinariis.* « Tout concu- » binaire public ſera ſuſpens *ipſo facto*, & privé » pendant trois mois des fruits de ſes bénéfices au » profit de l'égliſe dont ils proviennent. Il perdra » ſes bénéfices en entier après la monition du ſupé- » rieur; s'il reprend ſa mauvaiſe habitude après » avoir été puni par le ſupérieur & rétabli dans ſon » premier état, il ſera déclaré inhabile à tout office, » dignité, ou bénéfice; ſi les ordinaires négligent de » ſévir contre les coupables, il y ſera pourvu par les » ſupérieurs, par les conciles provinciaux, par le » pape même, s'il eſt néceſſaire ». Au reſte, on appelle *concubinaires publics*, non-ſeulement ceux dont le délit eſt conſtaté par ſentence, ou par l'aveu des accuſés, ou par la notoriété du fait, mais en- core quiconque retient dans ſa maiſon une femme ſuſpecte, & qui ne la renvoie pas après en avoir été averti par ſon ſupérieur. On ajoute que les pré- lats auront ſoin d'implorer le bras ſéculier, pour ſéparer les perſonnes de mauvaiſe réputation de la compagnie de leurs eccléſiaſtiques, & qu'ils ne permettront pas que les enfans nés d'un commerce illicite habitent dans la maiſon de leurs pères.

Le titre 20, *de excommunicatis non vitandis*, lève la défenſe d'éviter ceux qui ont été frappés de cen-

ſures, à moins qu'il n'y ait une ſentence publiée contre eux, ou bien que la cenſure ne ſoit ſi nô- toire, qu'on ne puiſſe ni la nier ni l'excuſer.

Le titre 21, *de interdictis indifferenter non po- nendis*, condamne les interdits jettés trop légére- ment ſur tout un canton. Il eſt dit qu'on ne procé- dera de cette manière, que quand la faute aura été commiſe par le ſeigneur, ou le gouverneur du lieu ou leurs officiers, & qu'après avoir publié la ſentence d'excommunication contre eux.

Le titre 22, *de ſublatione clementinæ litteris, tit. de probat.* ſupprime une décrétale qui ſe trouve parmi les clémentines, & dit que de ſimples énon- ciations dans les lettres apoſtoliques, portant qu'un tel eſt privé de ſon bénéfice, ou autre droit, ou qu'il y a renoncé, n'eſt pas pas ſuffiſante, & qu'il faut des preuves.

Le titre 23, *de concluſione eccleſiæ gallicanæ*, contient la concluſion de l'égliſe gallicane pour la réception des décrets du concile de Bâle, qui y ſont énoncés, avec les modifications dont nous avons parlé. Les évêques prient le roi, en finiſſant, d'agréer tout ce corps de diſcipline, de le faire publier dans ſon royaume, & d'obliger les officiers de ſon parlement, & des autres tribunaux, à s'y conformer ponctuellement. Le roi entra dans ces vues, & envoya la *pragmatique-ſanction* au parle- ment de Paris, qui l'enregiſtra le 13 de juillet de l'année ſuivante 1439. Mais, par une déclaration du 7 août 1441, il ordonna que les décrets du concile de Bâle, rapportés dans la *pragmatique*, n'auroient leur exécution qu'à compter du jour de la date de cette ordonnance, ſans avoir égard à la date des décrets du concile. On voit dans toute cette pièce une grande attention à recueillir tout ce qui paroiſſoit utile dans les décrets du concile de Bâle, & une déclaration néanmoins bien poſi- tive de l'attachement qu'on vouloit conſerver pour la perſonne du pape Eugène IV; ce furent en effet les deux points fixes du roi Charles VII, & de l'égliſe gallicane, durant tous les démêlés qui affligeoient alors l'égliſe.

La *pragmatique*, maintenue dans ſon entier ſous Charles VII, qui en ordonna de nouveau l'exécu- tion en 1453, reçut dans la ſuite de grandes at- teintes. On ne voulut jamais l'approuver à Rome; elle fut même regardée, dit Robert Gaguin, comme *une héréſie pernicieuſe*, tant il eſt vrai que cette cour a, de tout temps, érigé ſes prétentions en articles de foi ! « C'étoit, s'il en faut croire Pie II, une » tache qui défiguroit l'égliſe de France, un décret » qu'aucun concile général n'avoit porté, qu'au- » cun pape n'avoit reçu; un principe de confuſion » dans la hiérarchie eccléſiaſtique, puiſqu'on voyoit » depuis ce temps-là que les laïques étoient deve- » nus maîtres & juges du clergé; que la puiſſance » du glaive ſpirituel ne s'exerçoit plus que ſous » le bon plaiſir de l'autorité ſéculière; que le pon- » tife romain, malgré la plénitude de juriſdiction » attachée à ſa dignité, n'avoit plus de pouvoir en

» France, qu'autant qu'il plaifoit au parlement de » lui en laiffer ». Ainfi paroit aux ambaffadeurs de France, dans l'affemblée de Mantoue en 1459, un pontife bien différent alors de ce qu'il avoit été au concile de Bâle, où la *pragmatique* paffoit pour une œuvre toute fainte, pour un plan admirable de réformation. La politique de Louis XI ofa abattre ce mur de divifion, élevé depuis plus de vingt ans entre les cours de France & de Rome. Ce monarque crut voir bien des avantages dans la deftruction de la *pragmatique*. C'étoit d'abord une des règles de fa conduite, de prendre en tout le contrepied du roi fon père. La *pragmatique* étoit l'ouvrage de Charles VII, c'en étoit affez pour qu'elle déplût à Louis XI. D'ailleurs, la difcipline établie par cette ordonnance, ramenant tout au droit commun, laiffant fes élections aux chapitres & aux abbayes, déférant aux évêques la collation des bénéfices, il arrivoit que dans chaque province, dans chaque évêché, les feigneurs particuliers fe rendoient maîtres, par leur crédit ou par leurs menaces, des principales dignités eccléfiaftiques ; ce qui augmentoit l'autorité des feigneurs vaffaux de la couronne, au grand déplaifir de Louis. Ce prince crut qu'il n'en feroit pas de même fur l'influence qu'auroit le faint-fiège dans le gouvernement de l'églife gallicane, après l'abolition de la *pragmatique* : car, comme le roi feroit toujours plus puiffant auprès des papes que les feigneurs fubalternes, il devoit auffi en être plus écouté, quand il demanderoit des graces eccléfiaftiques : Louis fe flattoit même que peu-à-peu la cour acquerroit une forte de direction générale pour le choix des fujets, & que les fujets placés à la recommandation de la cour, fe trouveroient liés à elle par des motifs de reconnoiffance ; de plus, il efpéra qu'en faifant le facrifice de la *pragmatique*, il détermineroit le pape à abandonner le parti des princes Aragonois, pour favorifer celui des princes Angevins : toutes ces confidérations l'engagèrent à écrire au pontife une lettre en date du 27 novembre 1461, dans laquelle il reconnoit que « la *pragmatique* a été faite dans un temps de » fchifme & de fédition ; qu'elle ne peut caufer » que le renverfement des loix & du bon ordre ; » qu'elle rompt l'uniformité qui doit régner entre » tous les états chrétiens ; qu'il caffe dès-à-préfent » cette ordonnance, & que fi quelques prélats » ofent le contredire, il faura les réduire au parti » de la foumiffion ». L'intrigant évêque d'Arras, Jean Geoffroi ou Jouffroy, confident de Louis en tout ce qui concernoit l'abolition de la *pragmatique*, fut le chef de l'ambaffade folemnelle que le roi envoya au pape peu de temps après, pour mettre le dernier fceau à cette affaire ; il porta la parole dans la première audience de Pie, & reçut le chapeau des mains du faint père, pour prix de fa flatterie & de fes artifices. Un autre ambitieux, connu par fa perfidie, l'évêque d'Angers, Balue, obtint le même honneur de Paul II, par les mêmes

moyens. L'abolition de la *pragmatique* n'étoit pas encore revêtue des formes légales : Louis XI, pour procurer la pourpre à fon favori, rendit une déclaration à ce fujet. Balue la porta au parlement, le premier jour d'octobre 1467, & en requit l'enregiftrement ; mais il y trouva des oppofitions invincibles de la part du procureur-général Jean de Saint-Romain, qui déclara que la *pragmatique* étoit une ordonnance utile à l'églife gallicane, & qu'il falloit la maintenir. Ce refpectable magiftrat protefta qu'il aimeroit mieux perdre fa charge, & la vie même, que de rien faire contre fa confcience, contre le fervice du roi & le bien de l'état. Louis, informé des oppofitions du procureur-général, fit publier fa déclaration au châtelet, & voulut, en outre, qu'on lui préfentât par écrit les motifs qui avoient empêché le parlement d'enregiftrer fes lettres. Cette cour fit dreffer alors les longues remontrances qu'on nous a confervées ; on y lit que la *pragmatique-fanction* étoit le réfultat des conciles de Conftance & de Bâle ; qu'elle avoit été dreffée du confentement des princes du fang, des évêques, des abbés, des communautés monaftiques, des univerfités du royaume ; que l'état & l'églife jouiffoient d'une grande tranquillité depuis qu'on l'obfervoit ; qu'on avoit vu dans les évêchés, des prélats recommandables par leur fainteté ; qu'on ne pourroit la détruire fans tomber dans quatre grands inconvéniens, la confufion de l'ordre eccléfiaftique, la défolation de la France, l'épuifement des finances du royaume, & la ruine totale des églifes. Cet écrit détaille chacune de ces conféquences, infiftant toutefois davantage fur le premier & fur le troifième article, prétendant que, par la deftruction de la *pragmatique*, on va donner lieu au rétabliffement des réferves, des expectatives, des évocations de procès en cour de Rome ; qu'enfuite on verra le royaume furchargé d'annates & d'une multitude d'autres taxes. On fait fentir combien ce tranfport d'argent hors du royaume eft préjudiciable à l'état ; on rappelle à cette occafion les fommes qui avoient été payées à la chambre apoftolique dans l'efpace de trois ans, & l'on en fait monter le total à deux millions cinq cens mille écus d'or. L'univerfité de Paris fe joignit au parlement. A peine la déclaration de Louis XI eut-elle paru, que les docteurs en appellèrent fur le champ au concile-général ; ils envoyèrent même des députés à Jouffroy, appelé alors le cardinal d'Albi, légat du pape, pour lui fignifier l'acte d'appel. Tous ces mouvemens pour la *pragmatique* empêchèrent encore cette fois fa deftruction totale. Louis XI s'engagea encore à l'abolir entièrement, dans l'efpérance que Sixte IV refuferoit la difpenfe dont le duc de Guienne, frère du monarque, avoit befoin pour époufer Marie de Bourgogne. La mort de ce jeune prince fit ceffer ce motif ; Louis XI n'en parut pas moins difpofé à terminer les conteftations qui divifoient les cours de France & de Rome : il traita même avec Sixte en 1472, par des envoyés qui, de concert avec le pape, arrêtèrent, entre autres choses, que le saint-siège auroit six mois, à commencer par le mois de janvier, & les ordinaires six mois, à commencer par février, & ainsi de suite alternativement, dans lesquels ils conféreroient les bénéfices vacans, comme s'il n'y avoit aucune expectative. Mais cet accord n'eut pas lieu, & Louis, en 1479, tenta de rétablir la *pragmatique* dans une assemblée tenue à Lyon, qui en rappella les dispositions principales. Louis XII confirma ce décret dès son avénement à la couronne, & jusqu'en 1512, plusieurs arrêts du parlement en maintinrent l'autorité ; ce qui n'empêchoit pas qu'on n'y dérogeât de temps en temps, sur-tout quand la cour de France étoit en bonne intelligence avec celle de Rome ; au reste, la *pragmatique* étoit toujours une loi de discipline dans l'église gallicane. Jules II crut qu'il étoit temps de rétablir pleinement son autorité par rapport aux bénéfices & au gouvernement ecclésiastique. Il fit lire dans la quatrième session du concile de Latran, tenue le 10 décembre 1512, les lettres données autrefois par Louis XI pour supprimer la *pragmatique*. Un avocat consistorial prononça ensuite un long discours, & requit l'abolition totale de cette loi. Un promoteur du concile demanda que les fanteurs de la *pragmatique*, quels qu'ils pussent être, rois ou autres, fussent cités au tribunal de cette assemblée, dans le terme de soixante jours, pour faire entendre les raisons qu'ils auroient de soutenir un décret si contraire à l'autorité du saint-siège. On fit droit sur le requisitoire, & l'on décida que l'acte de monition feroit affiché à Milan, à Ast & à Paris, parce qu'il n'étoit pas fûr de le publier en France. L'adresse des envoyés du roi & la mort de Jules II ralentirent la vivacité des procédures. Enfin, Léon X & François premier, dans leur entrevue à Boulogne, conçurent l'idée du concordat, qui règle encore aujourd'hui la discipline de l'église gallicane. Le saint père, non content d'approuver ce traité par une bulle du 18 août 1516, abrogea, par une autre bulle, la *pragmatique*, qu'il appelle *la corruption françoise établie à Bourges*. La vérification du concordat excita des mouvemens qui en suspendirent l'exécution ; & lors même qu'il fut enregistré, on vit bien que la *pragmatique* occupoit toujours le premier rang dans l'estime des ecclésiastiques & des magistrats françois. Reconnoissons néanmoins, avec M. de Marca, « que le concordat a rétabli la paix dans l'église gallicane, & qu'il » a fait plus de bien au royaume que la *pragmatique*-» *sanction*. Il n'est pas étonnant que ce décret ait » trouvé dans sa naissance tant de contradicteurs. » Le clergé ne put voir tranquillement qu'on le » privât d'un de ses plus beaux droits ; il sentit vi-» vement cette perte ; il en appella au futur concile » général : le parlement entra dans ses vues. Un » changement si subit & si considérable dans le » gouvernement des églises, étonnoit tous les » esprits ; il n'y avoit que le temps & l'habitude

qui pussent les calmer ». Nous ajouterons, qu'en faisant passer dans la main du souverain le droit d'élire les pasteurs, on pourvoit au gouvernement des églises, de manière à n'exciter ni brigues, ni violences ; que d'ailleurs il est important, pour la sûreté du royaume, que nos rois placent dans les évêchés & dans les grands bénéfices, ceux de leurs sujets dont ils connoissent la fidélité, & dont les talens s'étendent au maintien de l'ordre public, comme aux choses de la religion.

Avant de finir sur cette matière, nous examinerons quelques questions. D'abord, on demande si la *pragmatique* a été dressée par toute l'assemblée de Bourges, comme quelques auteurs l'ont avancé, ou si elle est l'ouvrage du clergé convoqué dans cette assemblée. Le texte même lève les doutes qui pourroient s'élever à ce sujet. Il dit formellement qu'il n'y a eu que les prélats & autres ecclésiastiques représentans l'église de France, qui aient apporté des modifications aux décrets du concile, & même que les pères de Bâle n'envoyèrent leurs décrets qu'au roi & à l'église. On en peut juger par les paragraphes de la préface, *quæ quidem, quibus attente, & quæ omnia*. Le corps de la *pragmatique* en renferme autant de preuves qu'il y a de titres : à la suite de chaque titre, l'assemblée accepte ou modifie les décrets ; il est marqué à la fin du premier, que par l'assemblée on n'entend que les évêques & les autres ecclésiastiques qui représentent toute l'église de France ; *acceptavit & acceptat prout jacent, jam doctorum prælatorum, cæterorumque virorum ecclesiasticorum ipsam ecclesiam repræsentantium congregatio sæpe dicta*. Presque tous les mots du paragraphe *ea propter*, qui contient l'approbation ou confirmation du roi, sont autant de preuves que la *pragmatique* n'a été faite que par l'église de France.

Voici une autre question qui concerne l'autorité de la *pragmatique*. On demande si elle a été faite dans le schisme. Plusieurs l'ont cru, fondés sur le témoignage du roi Louis XI, qui le dit dans une lettre au pape Pie II, *ut potè quæ in seditionis & schismatis tempore nata sit* ; le pape Léon X le dit aussi dans une lettre rapportée dans le cinquième concile de Latran. Ce même pape avance dans le titre premier du concordat, que c'est le motif qui obligea Louis XI de l'abroger. Le parlement de Paris, dans ses remontrances, & le plus grand nombre de nos meilleurs auteurs, ont soutenu avec raison que la *pragmatique* n'a point été faite dans le schisme ; une grande partie des décrets qu'elle renferme ont été dressés, il est vrai, après que les brouilleries du concile de Bâle avec Eugène IV eurent commencé. Le pape vouloit faire finir le concile, ou le transférer ; le pères assemblés s'y refusèrent, & firent plusieurs décrets contre le pontife. Mais le schisme ne commença qu'à la déposition d'Eugène en 1439, au mois de juin, & fut consommé par l'élection de Félix, au mois de novembre de la même année. Or, l'assemblée de Bourges avoit accepté les décrets du concile de Bâle avant cette époque, & le roi Charles VII les avoir confirmés le 7 juillet 1438. Il est même à remarquer que le vingt-deuxième titre de la *pragmatique*, qui précède immédiatement la conclusion de l'église gallicane, est un décret du mois de mars 1436. D'ailleurs, le pape lui-même a confirmé les seize premières sessions dans un temps où il n'y avoit pas de division entre lui & les pères assemblés. En un mot, le titre de l'*autorité des conciles*, tiré de la première & de la seconde session, suppose évidemment que le concile a pu faire tous les autres, sans qu'on puisse les arguer de nullité, sous prétexte que, n'ayant pas été agréables au saint père, ils ont été faits en temps de schisme.

Il est donc certain que les décrets du concile de Bâle, insérés dans la *pragmatique*, émanèrent d'une autorité légitime. Mais, nous dira-t-on, de quel droit l'église gallicane a-t-elle apposé des modifications à un réglement qui devroit être révéré comme celui de l'église universelle? Nous répondrons, avec l'auteur des mémoires du clergé, *tome 10, page 58 & suivantes*, que le roi & l'église de France, assemblés à Bourges, n'ont pas voulu diminuer l'autorité du concile de Bâle, mais que le décret des conciles, sur ce qui regarde la discipline extérieure & le gouvernement, ne doivent être reçus qu'ils en sont utiles aux peuples qu'on veut conduire, & qu'il en faut de différens, suivant les circonstances, les temps & les mœurs des états & des siècles. Les conciles généraux ont fait leurs réglemens de la manière la plus convenable à la plus grande partie des nations. Quoiqu'il y eût des pays qui parussent demander d'autres loix dans leur état présent, les évêques de ces contrées n'ont pas cru devoir s'opposer aux décrets des conciles où ils se sont trouvés; ils ont supposé que ces dispositions regardoient seulement les peuples & les églises placés dans certaines circonstances, & qu'ailleurs on y apposeroit les modifications nécessaires pour les rendre utiles. Tels sont les vrais principes consacrés dans la préface de la *pragmatique*, §. *quæ omnia*. Ces règles sur la discipline de l'église sont bien expliquées dans le procès-verbal de la chambre ecclésiastique des états de 1614, au sujet du concile de Trente, dont cinquante-cinq prélats du clergé demandoient la réception avec certaines modifications. Cette manière de recevoir les décrets des conciles généraux en matière de discipline, n'est point nouvelle; les grandes églises ont été persuadées, dans tous les temps, que, sans faire injure à ces assemblées, on pouvoit maintenir les coutumes anciennes dont les peuples étoient édifiés, & qui convenoient aux circonstances. On sait la vénération que toutes les églises avoient pour le premier concile de Nicée; c'est néanmoins un sentiment ordinaire, que le vingtième canon de ce concile, qui ordonne de prier debout aux jours de dimanche, & depuis Pâques jusqu'à la Pentecôte, n'a point été suivi

dans plusieurs églises, & sur-tout dans celles d'Occident, qui conservèrent toujours leur usage de prier à genoux. Chaque pays a eu ses règles & ses coutumes particulières, non-seulement dans ce qui concerne l'ordre & les cérémonies du service divin, la solemnité des fêtes, & les autres choses de discipline, que l'on regarde comme moins considérables, mais aussi dans les empêchemens qui peuvent rendre nuls les mariages des catholiques, & sur d'autres points dont les suites sont considérées comme moins importantes.

Alexandre III, dans une réponse à un évêque d'Amiens, rapportée dans la collection de Bernard de Pavie, la première des anciennes collections des décrétales, *liv. 4, tit. 16, de frigidis & maleficiatis*, §. *3, ch. 3*, suppose qu'un mariage reconnu à Rome pour légitime, pourroit être nul en France. On croit devoir ajouter sur les usages de l'église gallicane, que plusieurs, qui lui étoient particuliers, sont devenus la discipline générale de toute l'église.

La coutume de faire publier des bans, pour empêcher les mariages clandestins, a commencé dans l'église de France, & a été érigée en loi générale par un décret d'Innocent III, rapporté dans le cinquante-unième canon, entre ceux qui sont attribués au quatrième concile de Latran, tenu en 1215, & par les pères du concile de Trente, *sess. 24, cap. 1*. Il en est de même de l'usage observé dans les chapitres, d'affecter une prébende pour la subsistance du théologal, & une autre pour la préceptoriale, qui a passé du clergé de France dans toute l'église.

Ce que nous venons de dire nous a paru d'autant plus important, qu'il justifie les modifications apposées par l'assemblée de Bourges aux décrets du concile de Bâle, & qu'il nous fait voir dans l'ancienneté des coutumes qui nous ont été propres, un des principaux fondemens de nos franchises & de nos libertés.

Enfin, la question la plus utile sur la *pragmatique*, est de savoir quelle autorité on lui donne dans l'usage de notre siècle; si une partie de ses dispositions fait encore la règle de notre discipline, ou si elle y est regardée comme abrogée dans toutes ses parties.

Quelques auteurs ont avancé que la *pragmatique* est entièrement abrogée dans l'église de France. Ils sont fondés sur le discours de Pie II, dans l'assemblée de Mantoue; sur la lettre de Louis XI au même pontife; sur plusieurs bulles & actes de Jules II & de Léon X, & spécialement sur la bulle de ce dernier pape, *pastor æternus*; mais cette opinion ne peut plaire qu'à des ultramontains, pour qui tous les décrets de Rome sont des oracles. C'est la doctrine commune du royaume, que les articles de la *pragmatique* non contraires à ceux du concordat qui y sont suivis, n'ont pas été abrogés; plusieurs même ont été confirmés par d'autres ordonnances & par la jurisprudence des arrêts: les articles dont le concordat ne parle point, ont été confervés. François I s'en explique affez clairement dans le préambule, lorfqu'il expofe les raifons qui l'ont déterminé à conclure ce traité avec Léon X. *Itâ conſecta temperataque ſunt ea conventa, ut pleraque pragmaticæ ſanctionis capita, firma nobis poſthac, rataque futura ſint, qualia ſunt ea quæ de reſervationibus in univerſum aut ſigillatim factis ſtatuunt, de collationibus, de cauſis, de fruſtatoriis appellationibus, de antiquatione conſtitutionis clementinæ quam litteris vocant, de liberè quietèque poſſidentibus, de concubinariis, quædamque alia quibus nihil iis conventis, derogatum, abrogatumque fuit, niſi (ſi in quibuſdam capitibus nonnulla interpretenda, immutandave cenſuimus), quod itâ referre utilitatis publicæ arbitraremur.* Les gens du roi difent la même chofe dans l'avis qu'ils donnèrent en 1586, fur les fommes que les officiers du pape entreprenoient de faire lever dans le royaume. *Le concordat n'a dérogé à la pragmatique, ſinon ès points qu'il a expreſſément corrigés ou révoqués.* On doit obferver néanmoins qu'il y a des articles dans la *pragmatique* dont il n'eſt point parlé dans le concordat, & qui ne font pas fuivis; tel eſt le titre 8 *de numero & qualitate cardinalium*, qui n'eſt pas obfervé; tel eſt le titre 9 *de annatis*. Ainſi, il peut y avoir des articles de la *pragmatique* concernant le pape & la cour de Rome, qui ne foient plus en ufage, quoiqu'ils ne foient point mentionnés dans l'accord des reſtaurateurs des lettres; mais ceux qui règlent la difcipline intérieure de l'églife de France ont toujours force de loi, s'ils n'ont pas été révoqués : on a maintenu dans toute leur vigueur les titres qui regardent la célébration de l'office divin, & ceux qui fuivent, jufqu'à la conclufion de l'églife gallicane. Plufieurs arrêts confirment cette explication. Le chapitre d'Orléans avoit dreffé des ſtatuts contraires aux règlemens de la *pragmatique*; *quomodò divinum officium ſit celebrandum, quo tempore quiſque debeat eſſe in choro. Qualiter horâ canonicæ ſint dicendæ, & de his qui tempore divinorum officiorum vagantur per eccleſiam.* Le procureur-général du parlement de Paris fe rendit appellant comme d'abus de ces nouveaux ſtatuts, qui furent annullés par arrêt du 5 août 1535. Il paroît, par un arrêt de la même cour, rendu le premier janvier 1551, que, peu de temps après, le chapitre d'Orléans ayant ceffé d'exécuter ce règlement, le parlement réitéra ce qu'il avoit ordonné. Autres arrêts rendus contre le chapitre de faint Etienne de Troies, le 12 octobre 1535; le chapitre de faint Pierre de Mâcon, le 11 juillet 1672; le chapitre de Meaux, le 5 août 1705. Il eſt ordonné par celui-ci, « que les doyen, chanoines & chapelains, » & autres du clergé de ladite églife, feront tenus » d'obferver l'article de la *pragmatique*, tiré du concile de Bâle, au titre *quo tempore quiſque debeat eſſe in choro*. Et en conféquence, que nul ne feroit » payé de la rétribution fixée pour les heures de » l'office, s'il n'y a affifté, à moins d'une excufe » légitime au cas de droit ». On en rapporte quel-

ques autres, *tome 10 des Mémoires du clergé*, page 84, 85 & 86.

Nous ne croyons pas pouvoir terminer nos recherches fur la *pragmatique*, d'une manière plus intéreffante pour le lecteur, qu'en tranfcrivant ce que dit l'auteur du clergé de France, dans fon difcours préliminaire, page 38, tome 1. « La pragmatique, revêtue de l'autorité de Charles VII, éleva » un mur de féparation entre les cours de France » & de Rome. Louis XI ofa l'abattre ; mais, changeant au gré des caprices de fa politique, il tenta » de le rétablir. Sixte IV fut temporifer, & le nuage » fe diffipa. Bien différens de ces deux hommes, » Louis XII & Jules II firent éclater leurs querelles. » Au lieu de ménager fon ennemi par fes délais, » à l'exemple de Sixte, Jules, ardent & belliqueux, fe montra auffi prompt à prendre les » armes, qu'à lancer des anathèmes. Au lieu de fe » borner à des menaces comme Louis XI, Louis XII » fe vengea par des procédures mal entreprifes & » mal foutenues. Léon X & François I ouvrirent » une fcène nouvelle ; les reſtaurateurs des lettres » le furent de la difcipline eccléfiaftique. François » acquit plus de gloire à Boulogne que dans les » champs de Marignan. Quoi de plus capable de » fignaler fon règne que le concordat, ce chefd'œuvre de fageffe & de juſtice ? Préparé par les » lumières d'une trifte expérience, établi par le » concours des deux autorités, cimenté par les » contradictions, ce traité fi libre a fait ceffer les » brigues, les réferves, & l'abus des expectatives ».

PRATICIEN, f. m. eſt celui qui eſt verfé dans la pratique judiciaire, qui entend l'ordre & la manière de procéder en juſtice, & qui fuit le barreau.

Ce n'eſt pas feulement aux huiffiers & aux procureurs que la connoiffance de la pratique eſt néceffaire ; le ſtyle des procédures qui font de leur miniſtère, doit leur être familier pour les rédiger comme il faut. Les avocats & les juges doivent être également inſtruits des règles de la pratique pour connoître fi les actes qu'on leur préfente font dans la forme où ils doivent être ; fi les conclufions font bien libellées, bien dirigées, s'il n'y a point quelque nullité dans la procédure.

On dit d'un avocat qu'il eſt meilleur *praticien* que jurifconfulte, lorfqu'il s'arrête à des fubtilités de procédure plutôt qu'à difcuter le fond.

Quand on parle d'un *praticien* fimplement, on entend quelqu'un qui n'a d'autre emploi que celui de poſtuler dans quelque juſtice fous un officier public ; on comprend auffi fous ce terme les clercs des procureurs, ceux des greffiers & huiffiers.

Les juges abfens peuvent être fuppléés par de fimples *praticiens* à défaut de gradués ; ainſi lorfqu'il n'y a point de gradués dans un fiège, les procureurs tiennent la place du juge, & en rempliffent les fonctions, fuivant l'ordre de leur réception.

Le *praticien françois* eſt un traité de pratique com-

poſé par M. Lange, avocat au parlement. *Voyez*
PRATIQUE.

PRATIQUE *du barreau* ou *du palais, tritura fori*, c'eſt l'uſage qui s'y obſerve pour l'ordre judiciaire. *Voyez* PROCÉDURE & STYLE.

On appelle *pratique* d'un procureur le fond de doſſiers, de ſacs & autres papiers qu'il a concernant les affaires dont il eſt chargé.

La *pratique* d'un notaire conſiſte dans ſes minutes.

Un procureur ou un notaire peut vendre ſa *pratique* avec ſa charge, ou vendre ſa *pratique* ſeule, ou vendre l'un & l'autre ſéparément.

La *pratique* d'un procureur ou d'un notaire eſt meuble. (*A*)

PRÉAGE, (*Droit féodal.*) Ce mot ſignifie, 1°. une redevance annuelle due ſur les prés.

2°. On a appellé en latin *preagium* ou *pratagium* une eſpèce de corvée qui avoit pour objet la ſauche des prés du ſeigneur, ou la redevance pour laquelle ces corvées avoient été abonnées.

3°. Il paroît aſſez probable d'après une chartre de l'an 1252, qu'on a donné le même nom aux prés, quoique Ducange qui en donne l'extrait, paroiſſe l'entendre autrement. Voyez ſur ces trois dernières acceptions *le Gloſſaire de cet auteur aux mots* Pratagium *&* Preagium, *& celui de dom Carpentier ſous ce dernier mot.*

4°. La coutume de Touraine appelle *préage* une eſpèce particulière de droit de pacage, dont il eſt parlé dans le titre 10 de cette coûtume, & qu'on appelle droit de *fautrage.*

Ménage, au mot *fautrage*, dit que c'eſt le droit qu'ont quelques ſeigneurs d'envoyer leurs beſtiaux dans les prairies de leurs vaſſaux, non encore fauchées, *les faiſant faucher* devant ceux qui mènent ces beſtiaux.

Ce mot, continue Ménage, vient de *falcetragium*, comme qui diroit le droit de ſauchage, *falcitra, falcitrare, falcitragium, fautrage, falcitrare, falcitrare*, ſe trouve ès gloſſes d'Iſidore, *falcitrat, putat, ſecat.*

Quelque jugement qu'on porte de cette étymologie, il eſt certain que la définition de Ménage donne une fauſſe idée du droit de *fautrage.*

Dom Carpentier eſt encore moins exact, lorſqu'il dit dans ſon gloſſaire françois, que c'eſt le droit de faire parquer ſes moutons ſur les terres de ſes vaſſaux.

Jacquet a mieux défini ce droit dans ſon commentaire ſur la coutume de Tours. Le droit de *fautrage*, dit-il, conſiſte à pouvoir mettre une certaine quantité de beſtiaux dans les prairies communes & les y faire repaître *depuis le 8 mars juſqu'à la faux.* Mais cet auteur obſerve qu'on doit entendre par prairie commune dans la coutume de Touraine, les prés non clos de foſſés ou haies, dans leſquels les chevaux, bœufs, ânes, chèvres, moutons, &c. peuvent pâturer depuis que l'herbe eſt fauchée, fanée & emmenée, juſqu'au 8 mars;

enſorte que les propriétaires des prés n'en ont la jouiſſance que pendant le reſte de l'année.

Le titre 10 de la coutume de Tours donne les règles de ce droit extraordinaire en deux articles.

Suivant l'article 100, « qui a droit de fautrage
» ou *préage* le tiendra en ſa main ſans l'affermer,
» ſoit particulièrement ou avec la totalité de la-
» dite ſeigneurie, & en uſera comme s'enſuit:
» c'eſt à ſavoir qu'il ſera tenu garder ou faire garder
» les prés dudit *fautrage* ou *préage*, & quand il
» mettra ou fera mettre les bêtes dudit *fautrage*
» ou *préage* accoutumées y être miſes, il les fera
» toucher de pré en pré ſans intervalle, & leſ-
» dites bêtes qui au commencement dudit *fautrage*
» ou *préage*, y auront été miſes, ne pourront
» être changées; & ſi leſdites bêtes ſont trouvées
» ſans guides, elles pourront être menées en
» priſon; & ceux qui ont droit de mettre bêtes
» chevalines & vaches avec leur ſuite, n'y mette-
» ront que le croiſſ & ſuite de l'année ſeulement ».

L'article 102 ajoute « que, ſi par le défaut de
» garder leſdites bêtes, elles font aucuns dom-
» mages, ledit ſeigneur en répondra; & s'il uſe
» dudit *fautrage* ou *préage* autrement qu'il eſt con-
» tenu au précédent article, il perd & eſt déchu
» dudit droit à perpétuité ».

La châtellenie des Ecluſes a néanmoins ſur le droit de *fautrage*, des uſages particuliers qui dérogent à la coutume générale, & qui s'écartent moins de l'interprétation donnée par dom Carpentier. On y voit, 1°. que le ſeigneur a droit de mettre des bêtes, aumailles & chevalines dans la prairie du lieu des Ecluſes étant à Langès, depuis le 8 mars juſqu'au 15 avril, quoique ſuivant la coutume générale, il ne ſoit permis (aux particuliers) de mettre les bêtes dans les prairies que juſqu'au 8 mars.

2°. Que chaque bête aumaille & chevaline lui paie quatre deniers, & trois moutons ou brebis un denier.

3°. Qu'en vertu de ſon droit de *fautrage*, que ſes prédéceſſeurs ont affermé, quand ils l'ont jugé à propos, il peut mettre dans ſa prairie des Ecluſes trois jumens, avec leur fruit de l'année.

4°. Que ni lui, ni ſon fermier ne ſont tenus les faire toucher, mais qu'après qu'elles ont été 15 jours d'un côté de la prairie, ſon ſergent prairier eſt tenu de les mettre de l'autre côté durant trois ſemaines & de les remettre enſuite où il les a priſes.

Palu, dans ſon commentaire ſur la coutume de Tours, compare le droit de *fautrage* aux bannalités. Il aſſure même que le premier de ces droits, eſt plus onéreux, & qu'il ne ſe peut acquérir ſans titre valable ou aveu & dénombrement ancien, conformément à l'article 71 de la coutume de Paris, quoique la poſſeſſion ſuffiſe pour établir la bannalité, ſuivant les articles 16 & 49 de la coutume de Tours.

Jacquet va plus loin encore. Il ſoutient qu'il
faut

faut nécessairement au seigneur un titre contradictoire avec ses sujets, auxquels les aveux & dénombremens sont-étrangers. Mais il y a lieu de croire qu'on autoriseroit la possession immémoriale, qui seroit soutenue d'aveux & dénombremens. Car le seigneur ne doit pas avoir besoin de faire reconnoître à ses sujets des droits qui lui sont purement personnels & qui sont généraux dans toute sa terre. Les déclarations que lui rendent ses sujets, ne concernent guère que les charges particulières de chaque domaine.

Le même auteur observe néanmoins avec beaucoup de raison, qu'il seroit à desirer que le droit de *fautrage* fût converti en une redevance, parce qu'il cause aux sujets un dommage beaucoup plus considérable que l'avantage que le seigneur en retire. On sent effectivement que du bétail touché dans un pré peu de temps avant la fauche, gâte vingt fois plus d'herbe qu'il n'en consomme.

Un arrêt rendu au grand-conseil le 15 mars 1759, a jugé que la dame de Valory avoit droit de justice & jurisdiction de police dans la prairie de Verron, au moyen de sa châtellenie de Bertilly, à laquelle est annexé le droit de *fautrage* & de *préage*, & par-là pouvoit user de son droit dans les prés dépendans du fief de Baudiment, appartenant aux dames de l'abbaye de Fontevrault, situés dans cette prairie. Jacquet qui rapporte cet arrêt, observe que la dame de Valory avoit prouvé son droit par des titres authentiques & contradictoires avec les dames de Fontevrault.

Au reste, quoique la coutume de Touraine soit la seule qui parle de ce droit de *fautrage* ou de *préage*, il y en a néanmoins des exemples dans les provinces voisines. Un seigneur du bas-Poitou a, dit-on, le droit de mettre ainsi ses bestiaux dans la prairie du lieu, en les faisant conduire par son berger, qui est obligé de jouer du flageolet, pour annoncer qu'il est toujours à garder ce bétail. *(G. D. C.)*

PRÉBENDE, s. f. *(Droit eccl.)* c'est une portion des biens d'une église cathédrale ou collégiale, affignée à un ecclésiastique, à la charge par lui de remplir certaines fonctions.

On confond quelquefois le canonicat & la *prébende*; c'est à tort. Les canonistes soutiennent avec fondement, *aliud esse canonicatum, aliud præbendam.*

Les canonicats sont ordinairement accompagnés d'une *prébende*, & la *prébende* ne l'est pas toujours du canonicat.

On ne connoît de canonicats sans *prébende*, que ceux appellés *ad effectum*, qui ont été imaginés pour donner droit aux dignités dans les chapitres où il faut être chanoine pour devenir dignitaire. *Voyez* CANONICAT, CHANOINE.

La *prébende*, même sans canonicat, est le plus souvent un véritable titre de bénéfice. Il y a des églises où elle donne au titulaire voix délibérative au chapitre, & d'autres droits semblables à ceux des chanoines. Quelquefois elle ne consiste que dans un revenu

venu que perçoit un ecclésiastique, tant qu'il remplit certaines fonctions auxquelles il est commis, & dont il peut cesser d'être chargé, à la volonté des supérieurs : ce sont alors de simples prestimonies.

Les *prébendes* ainsi distinctes du canonicat, peuvent être divisées & même conférées à des laïques. On les appelle alors *semi-prébendes*. Lorsqu'elles sont possédées par des ecclésiastiques, elles forment des titres de bénéfices irrévocables ou amovibles, selon l'usage des chapitres. De-là il suit qu'il y a des églises où le chapitre ne peut révoquer les semi-prébendés, quoiqu'il les ait nommés, & où les semi-prébendés peuvent résigner leurs semi-prébendes. Tout cela dépend de l'usage & de la possession.

Nous connoissons en France des *prébendes* laïcales, possédées par des seigneurs. L'acte de fondation de la sainte Chapelle de Dijon, par Hugues de Bourgogne, en 1172, & confirmé par Innocent III, porte qu'aussi-tôt que ses successeurs auront pris possession du duché, ils seront tenus de se présenter au chapitre de cette église pour lui demander d'y être associé, de jurer l'observation des statuts, & de donner, en signe de fraternité, le baiser de paix à chacun des chanoines. On trouve dans les actes capitulaires du chapitre de Toulouse, un acte de 1163, par lequel le seigneur d'Escalquens & son épouse sont reçus au nombre des chanoines, avec association à leurs prières, & droit de prendre leur subsistance sur les revenus du chapitre, quand ils le jugeront à propos.

Nous voyons encore aujourd'hui plusieurs seigneurs en possession de ces espèces de *prébendes*. Le comte d'Armagnac en a une dans l'église d'Auch, dont il est premier chanoine : le seigneur de Chatelux en a une dans l'église d'Auxerre; celui de Chailly, proche Melun, une dans l'église collégiale de cette ville, où il se place sur les staux, l'aumusse sur le bras, & l'épée au côté; celui de la Groye, une dans l'église de Notre-Dame de Chatellerault, que le chapitre accorda, en 1494, à Galchaud d'Aloigny, & à ses successeurs, avec la faculté de venir à l'église en bottes & en éperons, & portant un oiseau de proie à la main.

Nos rois, comme successeurs des anciens grands vassaux de la couronne, ont conservé les *prébendes* qu'ils possédoient dans différentes églises : c'est ce qui les rend chanoines-nés d'Angers, Auxerre, Tours, Lyon, Aix, le Mans, &c. Lorsqu'ils font leur première entrée dans les églises de ces villes, on leur présente à la porte une aumusse, qu'ils mettent sur leur bras & qu'ils donnent en sortant à un ecclésiastique, avec droit de requérir la première *prébende* qui viendra à vaquer. *Voyez* DROIT D'ENTRÉE.

Les *prébendes* ecclésiastiques, considérées comme des portions des revenus des églises cathédrales & collégiales attachées aux canonicats, devroient être égales entre elles ; *cum æquum sit, ut qui officiorum similitudine juncti sunt, æquâ reddituum communione focientur;* ainfi que porte une ancienne ordonnance d'un archevêque de Tours. Cependant il eft beaucoup de chapitres dans lefquels cette égalité de revenu dans les *prébendes* n'exifte point. Cet état des chofes eft contraire au vœu de l'églife & à la jurifprudence du parlement de Paris, dont plufieurs arrêts ont ramené les prébendes à l'égalité. Chopin en rapporte pour les églifes d'Orléans, Poitiers, Luçon, Vendôme, Laval, &c. Cet auteur obferve que celui pour le chapitre de Vendôme, qui eft du 14 août 1570, n'eut pas même égard à la diverfité du temps des fondations, dont fix étoient du onzième fiècle, & huit du quinzième.

Dans la plupart des chapitres, l'inégalité des *prébendes* vient des partages que les chanoines firent entre eux lorfqu'ils abandonnèrent la vie commune. Ces partages, quelque anciens qu'ils foient, ne doivent être regardés que comme provifionnels, & n'empêchent point que la maffe des biens continue toujours d'appartenir au corps entier, & que chacun des membres n'y ait un droit égal. Auffi les arrêts des 15 mars 1549, 5 décembre de la même année, 13 août 1588, & 25 janvier 1597, rendus pour le Mans & Poitiers, veulent que le partage des *prébendes* fe renouvelle tous les vingt ans; & cela, dit Gohard, fe pratique encore à Notre-Dame de Paris.

La prefcription ne pourroit être oppofée à ceux qui demanderoient que leur *prébende* fût égalée en revenu à celles des autres chanoines. Duperrai, dans fon *Traité des portions congrues,* rapporte deux arrêts des 26 janvier 1668, & 2 avril 1700, rendus au profit des chanoines réguliers prébendés dans les églifes de Senlis & d'Amiens, à qui la feuille fut accordée en entier, quoique depuis deux cens ans, leur portion eût été réduite à une fomme d'argent, & que leurs prédéceffeurs s'en fuffent contentés. Le grand-confeil rendit un femblable arrêt le 10 mai 1692, pour le chanoine de faint Victor, prébendé dans l'églife de faint Marcel de Paris.

Ces principes & cette jurifprudence doivent être fuivis, à moins que les fondateurs n'aient expreffément ftipulé que le revenu fera attaché aux *prébendes* qu'ils fondent. Il eft encore un cas où l'inégalité des *prébendes* doit être tolérée, c'eft lorfque les anciens chanoines, en acceptant la fondation de nouvelles *prébendes,* ont fait des réferves, & déclaré que ce feroit fans préjudice de leurs droits. Cette feconde exception eft propofée par Sanleger, qui affure que dans ce cas, les nouveaux chanoines n'ont rien à prétendre dans les diftributions qui proviennent des anciens fonds du chapitre. On pourroit peut-être oppofer avec fondement, à la décifion de Sanleger, l'arrêt rendu pour le chapitre de Vendôme, & y ajouter qu'une réferve dictée à des ufufruitiers par l'intérêt pécuniaire, ne peut fervir à leurs fucceffeurs, ni détruire le principe de faint Grégoire-le-Grand, que les anciens & nouveaux revenus de l'églife doivent être partagés également entre ceux d'une même

qualité, & qui rendent les mêmes fervices. (*M l'abbé* BERTOLIO, *avocat au parlement.*)

PRÉBENDÉ, fe dit d'un eccléfiaftique qui a une prébende dans une églife cathédrale ou collégiale, c'eft-à-dire, une portion des revenus de cette églife qui lui eft affignée pour fa fubfiftance, en rempliffant par lui certaines fonctions.

Semi-prébendé, eft celui qui n'a que la moitié de cette portion.

PRÉCAIRE, adj. pris fubft. (*Droit civil & canon.*) Suivant le droit romain, le *précaire* eft un prêt à ufage, accordé à la prière de celui qui emprunte une chofe pour en ufer pendant le temps que celui qui la prête voudra la laiffer, & à la charge de la rendre, quand il plaira au maître de la retirer.

Il diffère du prêt ordinaire, appellé en droit *commodat,* en ce que celui-ci eft pour un temps proportionné au befoin de l'emprunteur, ou pour un certain temps réglé par la convention, au lieu que le *précaire* eft indéfini, & ne dure qu'autant qu'il plaît à celui qui prête : c'eft plutôt une efpèce de libéralité qu'un contrat. Il ne transfère à l'emprunteur aucun droit dans la chofe prêtée; il ne peut paffer à fes héritiers, à moins que le maître du *précaire* ne leur en accorde de nouveau la poffeffion & l'ufage; il finit également par la mort du prêteur.

Le *précaire* doit être reftitué à la première réquifition du prêteur, & fi l'emprunteur ne le rend pas, fa poffeffion eft tellement regardée comme frauduleufe, que la loi le rend refponfable de la faute la plus légère, & même des cas fortuits.

Sous la première race de nos rois, il s'eft introduit en France une efpèce de contrat de bail d'héritage, auquel on a donné le nom de *précaire,* en latin *precaria* ou *precariæ* : ce *précaire* étoit un bail que l'on renouvelloit tous les cinq ans, qui fe faifoit quelquefois à titre d'emphytéofe, ou à vie; on en a vu dont la jouiffance devoit paffer jufqu'à la cinquième génération. Ces fortes de baux à rente fe faifoient ordinairement en faveur de l'églife. Les vieux cartulaires font remplis de ces fortes d'actes, qui confiftoient en une donation que les particuliers faifoient de leurs biens aux églifes; enfuite de quoi ils obtenoient de ces mêmes églifes, fur des lettres que l'on appelloit *precaria* ou *precariæ,* les mêmes biens pour les pofféder à titre de bail emphytéotique. On en trouve un grand nombre faits pour cinq, fix, & même fept générations, à condition de donner à l'églife, ou à un monaftère un certain revenu tous les ans.

On en rapporte la preuve par des formules de *précaires,* où les particuliers donnoient ou vendoient leurs biens à l'églife, & en obtenoient enfuite des lettres, pour en jouir pendant un certain temps, après lequel l'églife pouvoit en difpofer librement. Quelquefois même, lorfque quelqu'un donnoit fon bien à l'églife, on lui accordoit la jouiffance de deux ou trois fois autant de biens de l'églife, pour un temps fixé par le contrat de *précaire*, & fouvent le poffeffeur étoit chargé de payer à l'églife une petite rente annuelle, en reconnoiffance de la propriété qui lui appartenoit.

Sous Ebroin, maire du palais, en 660, l'ufage s'introduifit de gratifier les feigneurs des biens de l'églife, à la charge du fervice militaire, & on fe fervit dans ces actes de la forme des lettres *précaires*. Pépin rendit à l'églife les biens qu'on lui avoit enlevés par ces contrats. Charles-Martel renouvella l'ufage des *précaires*. En 743 & 744 les conciles de Leptine & de Soiffons permirent au prince de prendre une partie des biens de l'églife à titre de *précaire*. En 779, Charlemagne ordonna de renouveller les *précaires*, & d'en faire de nouvelles.

Aujourd'hui on entend par *précaire* toute autre poffeffion que celle du propriétaire: ainfi celui qui poffède une chofe à titre de prêt, d'ufufruit, de nantiffement; le mari, la douairière, les tuteurs, curateurs, fyndics, économes, adminiftrateurs, féqueftres, & généralement tous ceux qui poffèdent pour autrui, font dits n'avoir qu'une poffeffion *précaire*: & ce terme emporte tellement l'idée d'une poffeffion de la chofe d'autrui, qu'on s'en fert pour exprimer une tradition feinte.

C'eft ainfi qu'un vendeur, qu'un donateur, qui retiennent un droit d'ufufruit fur la chofe donnée ou vendue, déclarent ne tenir cette chofe qu'à titre de conftitut & de *précaire:* ce qui fignifie qu'ils ne poffèdent pas pour eux, mais qu'ils fe reconnoiffent débiteurs de la chofe. De même dans une conftitution de rente, hypothéquée fur un héritage, la claufe de *précaire* fignifie que le débiteur, qui hypothèque fon héritage, ne le poffède plus qu'à la charge de la rente, & qu'il s'en deffaifir jufqu'à la concurrence de la valeur de la fomme qu'il emprunte.

Une poffeffion *précaire*, quelque longue qu'elle foit, ne peut opérer la prefcription. La raifon en eft évidente; la prefcription n'eft que la confirmation, l'affurance que la loi donne à celui qui a joui pendant le temps qu'elle a déterminé, de ne pas être troublé à l'avenir dans fa jouiffance. La loi ne peut donner cette affurance qu'à celui qui a joui comme propriétaire; comment la maintiendroit-elle dans celui qui a joui précairement, qui poffédoit pour un autre, puifque par la nature même de fa poffeffion il étoit obligé de la reftituer? Nonfeulement le poffeffeur lui-même, mais encore fes héritiers, ne peuvent pas prefcrire, parce qu'ils repréfentent leur auteur, & que leur qualité n'opère pas de changement dans la poffeffion qui leur eft tranfmife.

On a cependant douté, dans cette efpèce, fi l'héritier de celui qui jouiffoit à titre d'ufufruit, n'étant pas lui-même ufufruitier, ne pouvoit pas prefcrire. La raifon de douter étoit, que l'ufufruit finit par la mort de l'ufufruitier; l'héritier ne

fuccède par conféquent pas à cet ufufruit qui ne fubfifte plus; le titre de fa poffeffion eft changé par la nature de la chofe; & s'il continue de poffëder, ce n'eft plus au même titre que fon auteur, mais d'une manière qui lui eft propre & particulière. On décide cependant au contraire, que le vice qui fe trouve dans la poffeffion du défunt, nuit à l'héritier, quand même il ignoreroit ce vice, parce qu'il faut remonter au principe: l'héritier tient fon droit du défunt; il eft tenu de toutes les obligations du défunt, & ne peut pas prefcrire, parce que fon auteur ne l'auroit pu faire.

Quoique le poffeffeur *précaire* ni fon héritier ne puiffent pas prefcrire, ils peuvent cependant, par leur fait, donner ouverture à la prefcription. En aliénant la chofe, le nouvel acquéreur qui poffède *animo domini*, pourra acquérir la prefcription, quoiqu'il tienne fon droit d'un poffeffeur *précaire*. Il y a cette différence entre le fucceffeur à titre particulier & le fucceffeur à titre univerfel, que le premier n'eft pas tenu des faits du défunt comme le fecond.

Il eft cependant des cas où le poffeffeur *précaire* peut prefcrire: 1°. lorfqu'il a acquis la chofe de celui qu'il croyoit en être le propriétaire. Dans ce cas, il ne faut plus le confidérer comme un poffeffeur *précaire*, mais comme un acquéreur.

2°. S'il y a eu contradiction, par exemple, s'il a été affigné en reftitution, & qu'il ait foutenu dans fes défenfes qu'il jouiffoit comme propriétaire, la prefcription commencera à courir du jour de la contradiction; mais il faut que les actes de contradiction foient formels & pofitifs; enforte qu'on puiffe juftifier qu'on a eu deffein de poffëder ce qu'on a prefcrit. Ce ne feroit pas affez qu'un fermier prétendît jouir comme maître, s'il ne le manifeftoit pas par quelque acte, quand même il demeureroit cent ans fans payer le prix de fa ferme, parce qu'il paroîtroit toujours au dehors fous la qualité de fermier.

PRÉCAIREMENT, *adv.* fe dit de ce qui fe fait à titre précaire, *precario nomine;* par exemple, poffëder *précairement*, c'eft lorfqu'on ne poffède pas *animo domini*, comme un dépofitaire, féqueftre ou fermier, lequel ne jouit pas de la chofe comme fienne. *Voyez* POSSESSION & PRÉCAIRE. (*A*)

PRÉCEPTEUR, PRÉCEPTORIALE, (*Droit eccl. & civ.*) l'églife, comme nous avons eu plufieurs fois occafion de l'obferver dans le cours de cet ouvrage, a toujours regardé l'ignorance comme la fource d'une infinité de maux & d'une infinité de défordres. Elle a cherché à y remédier, en favorifant l'éducation publique, fur-tout dans ces temps où les univerfités n'étoient pas multipliées, où les collèges étoient rares, & où les féminaires n'étoient pas encore établis. Les pauvres clercs & les jeunes écoliers furent l'objet de fes foins. Des évêques fe firent un devoir de former des écoles deftinées à leur inftruction. Les conciles le leur prefcrivirent comme une loi. Celui de Latran, tenu en 1179, fit un réglement pour affurer la fubfiftance des perfonnes prépofées à cette inftruction gratuite. Il crut que les biens eccléfiaftiques ne pouvoient être mieux employés. Il ordonna qu'on affignât un bénéfice au *précepteur* chargé de donner aux enfans les principes de la religion & des fciences. *Magiftro qui clericos ecclefiæ & pauperes fcholares gratis docet, competens affignetur beneficium.* Ce que le concile de Latran appelle *magifter*, nous l'avons appellé *précepteur.*

C'eft rendre juftice à la légiflation françoife, que de dire qu'elle a adopté avec empreffement toutes les inftitutions de l'églife qui tendoient au bien public. C'eft pourquoi une foule de loix eccléfiaftiques font devenues parmi nous des loix civiles. C'eft dans ce même efprit que l'ordonnance de Blois ordonna par fon article 9, « qu'outre la prébende » théologale, une autre prébende, ou le revenu » d'icelle, demeureroit deftinée pour l'entretene- » ment d'un précepteur, qui feroit tenu, moyen- » nant ce, d'inftruire les jeunes gens de la ville » gratuitement, lequel *précepteur* feroit élu par l'é- » vêque du lieu, appellés les chanoines de fon » églife, & les maires, échevins, capitouls & con- » fuls de la ville, & feroit deftituable par l'évêque, » de l'avis des fufdits ».

Cette difpofition a été depuis confirmée par l'article 33 de l'ordonnance de Blois, avec cette limitation néanmoins qu'elle n'auroit lieu que dans les églifes où il y auroit plus de dix prébendes, outre la première dignité. Cette limitation fut appofée à l'ordonnance d'Orléans, à la follicitation du clergé, qui craignit de voir le fervice divin perdre de fon éclat & de fa dignité dans les chapitres où les prébendes étoient en petit nombre.

L'édit de Melun a réglé, par fon article 13, que le revenu deftiné pour un *précepteur*, doit être pris fur le nombre ordinaire des prébendes, vacation avenant feulement, fans qu'il puiffe être prélevé fur les fruits & revenus de l'évêque. Mais, au furplus, il n'a point dérogé aux ordonnances d'Orléans & de Blois.

A l'époque où les ordonnances du royaume fixèrent ainfi le fort des *précepteurs*, le concile de Trente, en fe référant aux décrets des conciles précédens, ftatuoit que dans les églifes dont le revenu eft foible, & où il y a un fi petit nombre d'eccléfiaftiques & de peuple, qu'on ne peut pas y entretenir commodément des leçons de théologie, il y aura au moins un maître choifi par l'évêque, avec l'avis du chapitre, qui enfeigne gratuitement la grammaire aux clercs, & autres pauvres écoliers, pour les mettre en état de paffer enfuite à l'étude des faintes lettres, fi Dieu les y appelle. Pour cela on affignera à ce maître de grammaire le revenu de quelque bénéfice fimple, dont il jouira tant qu'il continuera effectivement d'enfeigner, enforte néanmoins que les charges & fonctions de ce bénéfice ne manquent pas d'être remplies, ou bien on lui fera quelques appointe-

mens honnêtes & raifonnables de la menfe de l'évêque ou du chapitre ; ou l'évêque enfin trouvera quelque autre moyen convenable à fon églife & à fon diocèfe, pour empêcher que, fous quelque prétexte que ce foit, un établiffement fi faint, fi utile & fi profitable, ne foit négligé, & ne demeure fans exécution.

On peut actuellement comparer les loix eccléfiaftiques avec nos loix civiles fur l'établiffement & l'entretien du *précepteur* ; & des unes & des autres, on peut facilement tirer la définition du *précepteur.*

On entend par *précepteur*, la perfonne chargée d'enfeigner gratuitement dans les villes, aux pauvres clercs & aux pauvres enfans, les premiers élémens des connoiffances humaines.

On entend par *préceptoriale*, la prébende deftinée à la fubfiftance & à l'entretien du *précepteur.*

Les ordonnances rendues au fujet des *précepteurs*, ont reçu leur exécution, non-feulement dans les villes épifcopales, mais encore dans celles où il n'y avoit que des collégiales. On n'a mis aucune différence entre les efpèces de chapitres, & tous ont été affujettis à fournir la prébende *préceptoriale.*

D'après l'ordonnance d'Orléans, on pouvoit attacher la prébende même, c'eft-à-dire, le titre & le revenu à la place du *précepteur*, ou n'y attacher fimplement que le revenu. C'eft pourquoi il y a des chapitres où le *précepteur* eft chanoine, & jouit de toutes les prérogatives de la prébende ; & dans d'autres, il n'eft, pour ainfi dire, que le penfionnaire du chapitre. Il y a plufieurs villes où le revenu de la prébende *préceptoriale* a été affecté aux collèges qui y ont été établis.

Mais dans tous les cas, les arrêts ont jugé que l'entier revenu de la prébende *préceptoriale* devoit appartenir à ceux qui étoient chargés de l'inftruction de la jeuneffe, & que les chapitres ne pouvoient en réferver aucune portion, fous prétexte de conventions faites avec les *précepteurs* ou les collèges. Les tranfactions particulières n'ont aucune force dans cette matière, parce qu'elle appartient au droit public. Il en eft de même des fentences ou des arrêts qui auroient confirmé ces tranfactions, ou fixé la fomme qui appartiendroit aux *précepteurs.* On n'y a aucun égard, & l'on accueille favorablement les réclamations des parties intéreffées, quel que foit le laps de temps, pendant lequel les fentences & arrêts aient été exécutés.

En 1591, il intervint un arrêt entre Daniel Boulanger, *précepteur* de la ville de Loudun, & les chanoines & chapitre de la même ville, qui, faifant droit fur la demande dudit Boulanger, a réuni & réunit au revenu ordinaire du chapitre, le revenu affecté à la prébende vacante par la mort de feu Mathurin Bourdeau, & en ce faifant, a condamné lefdits chanoines & chapitre à payer audit Boulanger la fomme de vingt écus, tant & fi long-temps qu'il fera maître d'école audit Loudun, & les arrérages d'icelles depuis le 11 feptembre

1591, depuis qu'il a inftruit les écoliers dudit Loudun.

L'arrangement prescrit par l'arrêt, a été exécuté jufqu'en 1753 ; alors le fieur du Sallecy étoit pourvu de la principalité du collège de Loudun : il avoit ratifié lui-même, par des actes, l'arrangement exécuté avec fes prédécefleurs, depuis 1591. Mais, mieux inftruit des droits du collège, il forma fa demande au bailliage contre le chapitre, & conclut à ce qu'il fût tenu, en exécution de l'article 9 de l'ordonnance d'Orléans, & de l'article 33 de celle de Blois, de lui délivrer le revenu de la prébende *précepteriale*, pareil à celui des autres chanoines, tant en gros fruits qu'en diftributions manuelles.

Cette caufe fut jugée par défaut au bailliage de Loudun : l'appel en fut porté au parlement de Paris ; le chapitre y fit valoir fon ancienne poffeffion ; le confentement fucceffif de tous les principaux du collège ; celui du principal actuel ; enfin, l'autorité de l'arrêt de 1591 : mais les vrais principes prévalurent. Le fieur Sallecy avoit formé tierce-oppofition à l'arrêt ; il avoit pris des lettres de réfcifion contre fes acquiefcemens. Le parlement, par arrêt du 31 mars 1759, fans qu'il fût befoin de s'arrêter à la tierce-oppofition, ni aux lettres de réfcifion du fieur Sallecy, ordonna que le chapitre feroit tenu de lui délivrer le revenu entier d'une prébende, tant en gros fruits qu'en diftributions manuelles.

Les mêmes principes ont été développés, & ont prévalu dans une conteftation récemment élevée entre le chapitre & la ville de Vaucouleurs.

A peine l'ordonnance d'Orléans avoit paru, qu'elle reçut fon exécution à Vaucouleurs, quant à l'article qui concerne les *précepteurs*. Deux fentences du bailliage de Chaumont, des 17 février 1567, & 20 août 1570, prouvent que le chapitre qui étoit alors compofé de douze prébendes, en confacra une pour falarier un régent ou *précepteur* ; c'eft ce qui réfulte de la fentence de 1570, dans laquelle on lit que « Pierre Gallois, recteur des » écoles, eft convenu avoir reçu la douzième par- » tie des revenus du chapitre, & qu'il continuera » de la recevoir jufqu'au dernier jour de feptembre, » auquel jour il jouira de la penfion de fix vingt » livres tournois, & que les fieurs vénérables, » moyennant ce, demeureroient déchargés de tout » le refte de ladite prébende fupprimée, qui demeu- » rera à ce moyen, à leurs périls & fortune, & fans » que ledit demandeur s'en puiffe entremettre ».

Cette fentence qui étoit en même temps une efpèce de tranfaction, a été exécutée pendant plus de deux cens ans. Enfin, la ville de Vaucouleurs, confidérant qu'il n'y avoit plus aucune proportion entre cent vingt livres & les revenus des prébendes du chapitre qui avoient pris un accroiffement confidérable, interjetta appel des fentences de 1567 & 1570, & demanda que l'arrangement provifoire qu'elles avoient pour objet fût annullé, & que le chapitre payât au *précepteur* le revenu en-

tier de la prébende, qu'il avoit, conformément à la loi, confacré à cet ufage.

Par arrêt du 5 novembre 1780, rendu au parlement de Paris, la ville de Vaucouleurs a été reçue appellante des deux fentences de 1567 & 1570, qui ont été mifes au néant ; & il a été ordonné que le revenu d'une prébende du chapitre de Vaucouleurs feroit & continueroit d'être affecté pour le paiement d'un *précepteur* & régent de ladite ville, tant en gros fruits qu'en diftributions manuelles.

Le chapitre de Vaucouleurs s'eft pourvu en caffation. Dans l'inftance au confeil, on difcuta la valeur des fentences de 1567 & 1570. Le chapitre fit valoir les principes fur l'irrévocabilité des jugemens acquiefcés & des tranfactions fur procès. Mais on lui répondit que ces principes, vrais en eux-mêmes, ne recevoient point d'application aux chofes qui n'étoient point dans le commerce, & qui tenoient au droit public, & que des fentences & des tranfactions ne pouvoient jamais déroger à des loix femblables aux ordonnances d'Orléans, de Blois & de Melun.

Le chapitre foutenoit dans le point de fait, qu'il n'étoit pas compofé de dix prébendes, outre la première dignité. On lui répondoit que ce fait étoit inutile à examiner, parce qu'ayant lui-même exécuté l'ordonnance d'Orléans, il ne pouvoit exciper de celle de Blois qui n'avoit pas entendu détruire les établiffemens déjà faits en exécution de celle d'Orléans. D'ailleurs il étoit prouvé par la fentence même de 1570, qu'il y avoit avant l'ordonnance de Blois, douze prébendes à Vaucouleurs.

Un troifième moyen de caffation étoit employé par le chapitre de Vaucouleurs. Il prétendoit que les collégiales qui étoient de fondation & de collation laïcale & royale, ne pouvoient être foumifes aux loix eccléfiaftiques qui avoient affecté des prébendes à l'entretien des *précepteurs*.

La ville de Vaucouleurs répondoit que l'établiffement des *précepteurs* parmi nous, n'avoit point lieu en vertu des loix de l'églife, mais en exécution de celles du prince ; que ces dernières ne faifoient aucune diftinction entre les chapitres, & devoient s'appliquer à ceux de fondation & de collation laïcale comme aux autres : elle le prouva par plufieurs exemples. Dès 1563, Charles IX donna l'expectative du premier canonicat vacant dans l'églife de Saint-Quentin, au fieur Potier, précepteur de cette ville. Cette vacance étant arrivée en 1564, le roi donna au fieur Potier de nouvelles lettres-patentes, par lefquelles, en rappellant l'article 9 de l'ordonnance d'Orléans, *& defirant icelle être en cela fuivie, gardée & obfervée de point en point, comme chofe grandement requife, utile & profitable pour un bien public,* il confère audit Potier pour tant & fi longuement qu'il aura & continuera l'inftruction defdits enfans, & non autrement, la prébende vacante, laquelle, fuivant ladite ordonnance, il veut & entend lui être affectée, & à fes fucceffeurs qui auront la charge defdits enfans,

Les chapitres d'Abbeville, Péronne, Roye, tous de fondation royale, fourniſſent une prébende au *précepteur* de leur ville. La collégiale de ſaint Etienne de Troyes y a été condamnée par arrêt du grand-conſeil, du 26 mai 1646. Celle de Montbriſon qui ne donnoit, par abonnement, qu'une ſomme de 180 liv., a été condamnée par ſentence de la ſénéchauſſée de cette ville, à payer le revenu de la prébende entière. Celle d'Hériſſon, réunie en 1767 à celle de Moulin, ne l'a été qu'à la charge que l'une des prébendes dudit chapitre d'Hériſſon continuera d'être affectée au *précepteur* de ladite ville. Ce ſont les propres expreſſions des lettres-patentes enregiſtrées au parlement de Paris le 15 décembre 1768.

C'eſt donc avec raiſon que Gohard a dit, « que » nos ſouverains ont bien voulu eux-mêmes aſſu-» jettir à cette charge (du *précepteur*), les prébendes » qui ſont à leur collation; & Henri IV, non con-» tent d'en avoir affecté une au principal du col-» lège de la ville de Saint-Quentin, depuis & ſui-» vant l'ordonnance d'Orléans, conſentit qu'une » ſeconde le fût à l'entretien des régens. Ils en ex-» ceptent ſeulement les ſaintes Chapelles de Paris, » Bourges & Dijon; à l'effet de quoi Charles IX » leur accorda, en 1566, ſes lettres-patentes, qui, » au reſte, n'étoient pas abſolument néceſſaires, » attendu qu'il y avoit dans les villes des univer-» ſités & des collèges établis depuis long-temps, » pour l'inſtruction de la jeuneſſe; au moyen de » quoi l'établiſſement d'un *précepteur* devient inu-» tile ».

Il n'y a peut-être que la ſainte Chapelle de Vincennes qui n'ait point de prébende affectée au *précepteur*; ce village, ſitué à la porte de Paris, n'a ſans doute jamais penſé à la demander.

Sur toutes ces raiſons, le chapitre de Vaucouleurs a été débouté de ſa demande en caſſation, & l'arrêt du parlement de Paris, du 5 novembre 1780, a été confirmé.

Nous avons cru devoir rapporter l'eſpèce & les ſuites de cet arrêt, avec quelques détails, parce que cela nous a donné occaſion de préſenter les principes reçus, & la juriſprudence actuelle.

On trouve dans le rapport des agens du clergé de 1745, un arrêt du grand-conſeil, qui a également jugé que, malgré d'anciennes tranſactions, les chapitres ne pouvoient refuſer le revenu entier de la prébende *préceptoriale*. Cet arrêt du 24 août 1742, entérina des lettres de reſciſion priſes par les jéſuites comme deſſervans le collège de Châlons-ſur-Marne, contre une tranſaction paſſée entre eux & le chapitre de cette ville le 24 août 1644, par laquelle le chapitre s'engageoit à payer annuellement au collège, la ſomme de trois cens livres, pour lui tenir lieu de la prébende *préceptoriale*; en conſéquence, ſans s'arrêter à ladite tranſaction, condamna le chapitre à payer le revenu entier d'une prébende en gros fruits & diſtributions manuelles; ſuivant l'état qui en ſera fourni annuel-

lement par le chapitre, ſauf auxdits pères à contredire ledit état.

La prébende *préceptoriale* ne peut être requiſe par des brévetaires de joyeux avénement & de ſerment de fidélité; c'eſt une conſéquence néceſſaire des ordonnances qui veulent que le *précepteur* ſoit élu par l'évêque, le chapitre & la ville. Il n'y auroit plus d'élection ſi les prébendes *préceptoriales* pouvoient être requiſes par des brévetaires; il faut en dire de même des gradués.

Cette déciſion qui ſe trouve dans les mémoires du clergé, ne doit cependant pas être priſe dans ſa généralité, & ſouffre une diſtinction.

Lorſqu'on ne donne au *précepteur* que les revenus ſans le titre de la prébende, il eſt alors au choix des électeurs déſignés par les ordonnances. Dans ce cas, il eſt évident que la prébende *préceptoriale* ne peut être fournie à aucune expectative. Il n'y a point, à proprement parler, de titre de bénéfice; il n'y a plus que des revenus affectés à un emploi, pour lequel les électeurs peuvent choiſir qui bon leur ſemblera, même un laïque.

Mais lorſque la prébende *préceptoriale* reſte en véritable titre de bénéfice, & qu'elle eſt conférée comme telle par le collateur ordinaire, alors elle eſt ſoumiſe aux expectatives, & peut être requiſe par ceux qui ont les qualités néceſſaires pour remplir les fonctions qui y ſont attachées. Elle peut être réſignée, permutée comme tout autre bénéfice eccléſiaſtique. On tient aujourd'hui comme un principe certain, dit Gohard, *tome 1, page 574*, que les prébendes théologales, pénitencielles & *préceptoriales*, peuvent être requiſes par les expectans qui ont les qualités requiſes. C'eſt également la déciſion de M. Piales, dans l'article *Gradué* qu'il a fourni à la première édition du nouveau Répertoire de juriſprudence. Dans les lieux, dit-il, où le titre de la *préceptoriale* a continué d'exiſter, & d'être conféré au *précepteur* de la jeuneſſe, cette prébende peut être requiſe par un gradué.

Quand on ne donne au *précepteur* que le revenu d'une prébende ſans le titre, le choix doit en appartenir à l'évêque, à la charge néanmoins d'appeller à ſa nomination les chanoines, avec les maire & échevins de la ville, leſquels n'ont que voix conſultative. Si l'évêque ne juge pas à propos de s'en mêler, les officiers municipaux & le chapitre doivent y procéder conjointement dans une aſſemblée tenue aux lieux & à l'heure réglés par l'uſage, ou dont ils conviennent. Mais ils ne peuvent être qu'un nombre égal de votans de part & d'autre; de ſorte que ſi les officiers du corps-de-ville ne ſont que trois, le chapitre ne doit pas envoyer à l'aſſemblée un plus grand nombre de députés. C'eſt ce qui a été décidé par le conſeil du roi, le 5 mai 1594, contre le chapitre de ſaint Vulfran d'Abbeville, & par le parlement de Paris, le 3 ſeptembre 1742, contre le chapitre de Saint-Quentin. En cas d'égalité de ſuffrage, le lieutenant-général du bailliage a le droit de départager. Il

PRE

doit alors, fuivant l'arrêt de 1594, fe tranfporter à l'hôtel-de-ville, & y prendre féance au-deffus des chanoines qui feront à fa droite, & des officiers municipaux qui feront à fa gauche.

De tout ce que nous venons de dire fur le *précepteur*, on doit conclure que fon état n'eft pas le même dans toutes les églifes. Il y a à ce fujet beaucoup de variation, & il eft par conféquent difficile d'établir des principes généraux dont l'application foit toujours certaine. Gohard, d'après Pinfon, affure que le *précepteur* qui a le titre de la prébende, doit jouir au chœur, comme les chanoines, de la féance dans les hauts fièges, s'il eft prêtre, ou diacre, & de tous les autres honneurs qu'on a coutume de leur rendre, mais qu'il ne peut prétendre l'entrée au chapitre, & encore moins voix dans la nomination des bénéfices. Cependant le parlement de Paris, par fon arrêt de 1652, a accordé tous ces droits au *précepteur* de Saint-Quentin.

M. l'évêque de Saint-Malo, dans une ordonnance de vifite de fon églife cathédrale, avoit réglé que le *précepteur*, s'il étoit prêtre, auroit dans le chœur rang & féance au-deffus des chanoines qui ne feroient pas prêtres; mais un arrêt du confeil, du 16 mai 1733, réforma ce réglement, & ftatua que le *précepteur* de l'églife de Saint-Malo, quoique prêtre, ne pourroit précéder les chanoines, même fimples clercs. Il faut obferver qu'à Saint-Malo, le *précepteur* n'eft pas titulaire de la prébende *préceptoriale*. (*M. l'abbé BERTOLIO, avocat au parlement.*)

PRÉCENTEUR, f. m. (*Jurifpr. canonique.*) *præcentor quafi primus cantor* eft le premier chantre, qu'on appelle auffi *grand chantre* ou *chantre* fimplement. Le *précenteur* eft ordinairement établi en dignité dans les églifes cathédrales & collégiales; il eft quelquefois le premier en dignité; dans d'autres endroits il eft précédé par d'autres dignitaires: dans quelques églifes il a jurifdiction dans le chœur pour tout ce qui regarde le chant. A Paris, le grand-chantre a jurifdiction fur les maîtres & maîtreffes des petites écoles. *Voyez* CHANTRE. (*A*)

PRÉCHANTRERIE, f. f. (*Jurifpr. canonique.*) eft la dignité de préchantre ou premier chantre, qu'on appelle en d'autres églifes *grand chantre* ou *chantre* fimplement, & ailleurs *précenteur*. *Voyez* CHANTRE & PRÉCENTEUR. (*A*)

PRÉCIPUITÉ, (*Droit féodal.*) fuivant du Lorens, fur l'article 3 de la coutume de Châteauneuf, la coutume de Boulonnois donne ce nom au préciput. (*G. D. C.*)

PRÉCIPUT, f. m. (*en Droit*) fignifie une portion qui fe prend avant partage. Ce terme eft dérivé du latin *præcipua pars.*

Les officiers qui font bourfe commune, prennent un *préciput* fur ce qui provient de leur travail. Il y a en outre trois fortes de *préciput*: le *préciput* d'aîné, le *préciput* légal, & le *préciput* conventionnel. Nous allons les traiter féparément.

PRÉCIPUT D'AÎNÉ, (*Droit féodal.*) on ap-

pelle ainfi l'avantage que la plupart des coutumes attribuent, dans certaines efpèces de biens, à l'un des cohéritiers, & fur-tout à l'aîné de plufieurs enfans, pardeffus les autres, avec lefquels néanmoins il partage le refte des mêmes biens, foit également, foit en y prenant une portion avantageufe.

Quoique plufieurs auteurs, & trop fouvent le texte des coutumes même, aient confondu le *préciput* & la portion avantageufe, il faut les diftinguer foigneufement. Le *préciput* qui confifte ordinairement dans la principale maifon noble, ou chef-lieu d'un fief, appartient en totalité à l'aîné feul, qui doit le prendre avant toute efpèce de partage. Il ne fait point partie de l'avantage qui eft attribué dans le partage, enforte que l'aîné a encore les deux tiers, la moitié, ou telle autre portion avantageufe que les coutumes lui attribuent fur tout ce qui refte après le prélevement de fon *préciput.*

On a expliqué au mot AÎNÉ, en quoi confifte le *préciput*; & au mot DETTES, quelles en font les charges. On renvoie également au mot AÎNÉ, & à quelques autres mots, tels que TIERCE-FOI, QUART-HOMMAGE, &c. plufieurs autres queftions qui n'intéreffent pas plus le *préciput d'aîné*, que la portion avantageufe.

On va donc fe borner à parler ici, 1°. des fucceffions qui font fujettes au *préciput d'aîné*; 2°. des perfonnes auxquelles ce *préciput* peut appartenir; 3°. des biens qui y font fujets, & s'il peut y en avoir plus d'un dans une même fucceffion; 4°. enfin, du *préciput* de la branche aînée, dans le partage des fucceffions qu'on recueille à titre de repréfentation, & de celui de l'aîné de chaque branche dans la fubdivifion des lots.

§. I. *Des fucceffions fujettes au préciput.* Suivant le droit commun, énoncé dans les articles 13 & 331 de la coutume de Paris, le *préciput* n'a lieu que dans les fucceffions qui font recueillies en ligne directe. Mais ce droit eft admis indiftinctement par cette coutume, dans les fucceffions des perfonnes de tout état, fans qu'il y ait de différence entre les héritiers nobles & ceux qui font roturiers: plufieurs coutumes ont néanmoins des difpofitions contraires fur ce dernier objet. On en a déjà parlé à la fin de l'article AINESSE, & l'on y reviendra aux mots TIERCE-FOI, QUINT HÉRÉDITAL, QUINT VIAGER, &c. Il fuffit de parler ici des coutumes qui fe font écartées de celle de Paris, précifément en ce qu'elle accorde le *préciput* dans toutes les fucceffions de ligne directe, & dans ces fucceffions de ligne directe feulement.

On peut les divifer en deux claffes.

La première claffe a pour objet les coutumes qui ont reftreint le nombre des fucceffions où le *préciput* peut avoir lieu. On doit y mettre celles qui n'accordent au fils aîné qu'un feul *préciput* dans l'une des fucceffions de fon père & de fa mère feulement. Telles font les coutumes d'Auxerre, art. 55; de Bar, art. 115; de Château-neuf, art. 51; de

PRE 639

Normandie, *art. 347 & 348* ; d'Orléans, *art. 97* ; & plufieurs coutumes locales de celle de Blois.

La coutume de Dreux paroît être auffi dans la même claffe que les précédentes. Elle porte dans l'article 3 : « le fils aîné entre plufieurs enfans, » pour fa part & portion de père ou de mère, doit avoir » pour fon droit d'aîneffe le principal manoir....... » avec la moitié de tous les fiefs........ & il n'y a » qu'un droit d'aîneffe quant au principal manoir ».

Cependant Dumoulin veut dans fon apoftille fur cet article, que l'aîné ne foit obligé de fe contenter d'un feul *préciput* dans les deux fucceffions de père & de mère, que lorfqu'il s'agit des enfans d'un feul & même lit. Il en feroit autrement, dit-il, fi celui dans la fucceffion duquel l'aîné a pris un *préciput*, n'étoit pas un auteur commun.

Mais quoique du Lorens ait défendu cette opinion dans fon *Commentaire fur la coutume de Dreux*, il n'en paroît pas moins certain que Frerot a eu raifon de la critiquer, comme il l'a fait dans fes notes fur l'article 4 de la coutume de Chartres. Les principes que fuit la coutume de Dreux fur le double lien, n'indiquent rien qui puiffe autorifer le fentiment de Dumoulin.

La feconde claffe des coutumes contraires à celle de Paris, comprend celles qui ont étendu le nombre des fucceffions où le *préciput* a lieu. On doit mettre à la tête de cette claffe les coutumes qui accordent le *préciput* dans les fucceffions de ligne collatérale, comme dans celles de ligne directe : telles font les coutumes d'Angoumois, *art. 90 & 91* ; & de Poitou, *art. 295*.

La coutume de Bretagne fait une diftinction particulière dans les articles *541*, *543 & 546*. Elle donne à l'aîné par *préciput*, le château & principal manoir avec le pourpris, & en outre une portion avantageufe des deux tiers, tant en ligne directe, que *pour les acquêts & autres biens nobles n'étant du tige & tronc commun, qui fe trouveront ès fucceffions collatérales*. Mais en collatérale, elle veut de plus que « l'aîné, ou la perfonne qui le repréfente, » recueille feul les héritages, fiefs, & autres chofes » qui auront procédé du tige & tronc commun, » & qui auront été baillés par l'aîné, ou celui qui » le repréfente par partage à fes puînés ».

Ces derniers mots expliquent les fondemens de cette diftinction bifarre ; c'est qu'autrefois dans la coutume de Bretagne, les puînés n'avoient qu'une portion viagère qu'ils étoient cenfés avoir reçue de leur aîné à titre d'apanage.

Dans plufieurs autres coutumes, l'aîné mâle, & l'aînée femelle, à défaut de mâle, a la totalité des fiefs en ligne collatérale, tandis qu'il n'a que l'hôtel principal & les deux tiers, ou telle autre portion avantageufe dans les fiefs des fucceffions échues en ligne directe. Les coutumes de Tours & de Loudun, celles de Noyon, de Péronne, & d'autres coutumes de Picardie, font dans ce cas. *Voyez l'article* QUINT HÉRÉDITAL & QUINT VIAGER.

Les coutumes d'Anjou, *art. 229*, & du Maine,

art. 246, ont pris le fyftême contraire. L'aîné ou l'aînée entre nobles & entre roturiers, dans le cas où ils partagent noblement, y a feulement le *préciput* & les deux tiers en ligne collatérale ; mais en ligne directe, il a non-feulement la totalité du principal manoir à titre de *préciput*, mais encore la propriété du furplus des fiefs : ces deux coutumes fe contentent dans ce cas de laiffer aux puînés, pendant leur vie, un tiers entre eux tous, à titre de *bienfait*. Mais, entre roturiers, on partage à cet égard comme en ligne directe, & entre nobles même, les filles qui n'ont pas été *emparagées noblement*, ont auffi leur tiers en propriété, même en ligne directe.

Au refte, lorfque les coutumes, comme celle de Paris, attribuent à l'aîné un principal manoir à titre de *préciput*, dans chacune des deux fucceffions de père ou de mère, & des autres afcendans, Dumoulin penfe que l'aîné doit prendre à ce titre deux maifons dans le fief qui auroit été acquis à titre de conquêt dans la communauté de fes père & mère, s'il s'y trouve plufieurs maifons deftinées à l'habitation. « *Ideò*, dit-il, *fi fint duæ manfiones in* » *illo feudo, utramque habebit primogenitus, unam ref-* » *pectu fucceffionis patris, alteram refpectu fucceffionis* » *matris* ».

D'autres auteurs ont adopté cette décifion.

Dupleffis, *Traité des fucceffions, liv. 1, chap. 2*, penfe au contraire que dans tous ces cas indiftinctement, l'aîné ne peut prendre qu'un feul manoir & fes dépendances, ou, à défaut de manoir, un feul arpent pour les deux fucceffions. Il en donne une raifon qui paroît très-folide : « c'est que le *pré-* » *ciput* eft le principal manoir en fief de la fucceffion » du père ; la fucceffion n'a que la moitié par indi- » vis dans ce principal manoir. Donc il eft vrai » de dire que cette moitié eft le *préciput* de la fuc- » ceffion du père, & que l'autre moitié eft la fuc- » ceffion de la mère ».

L'opinion de Dupleffis a été adoptée par le Maître, fur la *Coutume de Paris* ; & par Guyot, dans fon *Traité des fiefs*.

Il fembleroit, par la même raifon, que dans les coutumes qui n'accordent qu'un feul *préciput* pour les fucceffions de père & de mère, lorfqu'il n'y a pour les deux fucceffions qu'un feul fief & un feul hôtel noble qui a été acquis durant la communauté, le fils n'en devroit prendre que la moitié à titre de *préciput*. Cependant la coutume de Château-neuf en Thimerais, dit dans l'article 5 : « que » le fils prendra l'hôtel *intégralement* pour fon prin- » cipal manoir, après le trépas de fes père & mère, » fans que fes autres frères & fœurs y puiffent rien » prétendre, ni demander de ce qui fera échu de » la fucceffion de la mère ».

Cette coutume eft, je crois, la feule qui ait prévu la queftion. Sans doute elle a cru que l'objet du *préciput*, qui eft d'affurer une habitation honorable à l'aîné dans le fief, ne feroit pas rempli fi on ne lui donnoit qu'une portion de fief.

§. II.

§. II. *Des personnes auxquelles le préciput d'aîné peut appartenir.* On peut considérer les personnes auxquelles le *préciput d'aîné* est attribué, sous trois qualités différentes, c'est-à-dire, relativement à leur sexe, à leur condition, & à l'ordre de leur naissance.

1°. *Quant au sexe,* la coutume de Paris & le plus grand nombre des autres ne donnent le droit d'aînesse, & par conséquent le *préciput,* qu'à l'aîné mâle. L'article 19 de celle de Paris, dit expressément que, « quand il n'y a que fille venant à suc-
» cession directe ou collatérale, droit d'aînesse n'a
» lieu, & partissent également ».

D'autres coutumes accordent le droit d'aînesse aux femelles comme aux mâles, avec cette différence néanmoins qu'en ligne directe, le mâle est toujours préféré aux femelles pour jouir des prérogatives de l'aînesse, quand même il seroit né le dernier.

Les coutumes de Clermont, *art. 83 ;* & de Poitou, *art. 296,* accordent aussi le même *préciput* à l'aînée entre filles, qu'à l'aîné mâle ; mais elles diffèrent des précédentes en ce qu'elles refusent néanmoins à la fille aînée la portion avantageuse qu'elles accordent, outre le *préciput* à l'aîné mâle.

2°. *Quant à la condition des héritiers ou de leurs auteurs,* il y a beaucoup de variété dans nos coutumes. Suivant le droit commun, la qualité des personnes est absolument indifférente, ensorte que les fiefs se partagent noblement entre roturiers, comme entre nobles ; mais plusieurs autres exigent pour le partage noble, que la succession provienne de personnes nobles.

Ainsi la coutume de Péronne, *art. 169 & 180,* attribue à l'aîné, entre nobles, la totalité des fiefs, sauf un quint hérédital qu'elle accorde aux puînés, *sans y comprendre le chatel & principal manoir & pourpris d'icelui, auxquels les puînés ne prennent rien ; mais entre roturiers en successions de fiefs appartient à l'aîné pour son droit d'aînesse & par préciput, de chaque succession de père & mère, le chef-lieu & manoir seigneurial tel qu'il voudra choisir,* avec les deux tiers du surplus des fiefs, s'il n'y a qu'un puîné, & la moitié seulement, s'il y a plusieurs puînés.

Dans la coutume de Ribemont, & dans plusieurs autres coutumes locales du Vermandois, l'aîné noble a la totalité des fiefs, sauf un quint viager que la coutume accorde aux puînés ; mais, entre roturiers, l'aîné a seulement un *préciput* & une portion avantageuse, plus ou moins forte, selon le nombre des enfans.

L'article 541 de la coutume de Bretagne attribue à l'aîné, entre nobles seulement, *le principal manoir avec le pourpris,* & en outre les deux tiers des terres nobles. Mais, suivant l'article 589, « l'aîné
» des bourgeois, & autres du tiers-état, ou ses
» enfans, fils ou filles, qui auroient terres & fiefs
» nobles, soit fils ou filles, aura par *préciput* sur
» lesdites terres nobles, *un sou pour livre,* partage

» faisant, & ce en la succession directe seule-
» ment ».

3°. *Quant à l'ordre de la naissance,* presque toutes les coutumes n'accordent le *préciput* qu'à l'aîné. Cependant la coutume de Sedan, en attribuant d'abord un *préciput* à l'aîné, en accorde néanmoins aussi un aux puînés, à proportion du nombre des châteaux ou maisons fortes qui se trouveront dans la succession. *Voyez les articles* 158, 159 & 160.

Suivant les articles 337, 338 & 339 de la coutume de Normandie, l'aîné peut prendre la totalité d'un fief *par préciput,* en abandonnant le surplus de la succession à ses puînés, si mieux il n'aime choisir également avec eux. Dans le premier cas, les autres frères *peuvent aussi choisir un fief par préciput selon leur aînesse,* chacun à leur rang. Mais on sent que cette espèce de choix ne forme qu'improprement un *préciput,* puisqu'il comprend toute la portion héréditaire de celui qui le fait.

Il en est à-peu-près de même des coutumes de Cambrai, *tit. 10 & 11 ;* de Hainaut, *chap. 90, art. 7 ;* de la châtellenie de Lille, titre *des Successions, art. 19 ;* & de Tournai, *tit. 11, art. 3,* qui attribuent aussi le choix d'un fief à chacun des puînés, après le choix fait par leur aîné, tant qu'il y a des fiefs dans la succession.

Au reste, il y a souvent des difficultés pour décider quelle personne doit être réputée aîné en général, ou aîné noble en particulier. Mais ces questions n'intéressent pas plus le droit de *préciput* que le surplus du droit d'aînesse.

§. III. *Des biens sujets au préciput d'aîné, & s'il peut y en avoir plusieurs dans une même succession.* Régulièrement le *préciput,* comme tout autre droit d'aînesse, ne peut avoir lieu que sur les fiefs & les autres biens réputés nobles. Les rotures n'y sont point sujettes, quand même elles auroient été contre-échangées pour un fief, & que, lors de l'échange, il auroit été stipulé que l'aîné prendroit son droit d'aînesse sur cette roture, parce qu'il ne se fait point de subrogation des qualités intrinsèques. Telle est la doctrine de Dumoulin sur l'article 30 de la coutume d'Amiens ; de le Brun, *Traité des successions, liv. 2, chap. 2, sect. 1, n°. 52 ;* & de Guyot, *Traité des fiefs, tome 5, sect. 3, pag. 323 & 324.*

Quelques coutumes ont néanmoins des dispositions contraires. La coutume du grand Perche par exemple, porte, dans l'article 153, que « l'aîné
» peut prendre sondit *préciput* en telle terre de cha-
» cune desdites successions qu'il voudra choisir,
» *soit féodale ou roturière,* étant ladite roturière ès
» champs, & non en la ville ».

La coutume de Normandie, *art. 295 & 356,* attribue à l'aîné *le manoir & pourpris* dans les rotures, *sans aucune estimation ou récompense,* à moins que ce manoir ne forme la totalité de la succession.

Les coutumes de Bayonne & de Saint-Jean d'Angely ont des dispositions peu différentes. *Voyez* LAR & MAISON ROTURIÈRE.

Dans les coutumes même où, suivant le droit commun, le *préciput* n'a lieu que sur les fiefs, tous les biens nobles n'y sont pas indistinctement sujets. Tous les droits incorporels, tels que la justice, les mouvances, les cens, les péages, les droits de main-morte, de bannalité, &c. sont dans ce cas. Si donc il n'y avoit pas de maison, ni de fonds nobles dans la succession, l'aîné ne pourroit prétendre aucun *préciput*, quand même il y auroit des fiefs en l'air avec des droits de mouvance considérables. Les coutumes, n'attribuant ce *préciput* que pour l'habitation de l'aîné, ne le lui accordent que sur la maison, ou, à défaut de maison, sur le fonds de terre.

Il y a néanmoins quelques coutumes, telles que celle d'Anjou, *art. 15*, qui accordent à l'aîné le droit de choisir un hommage, & d'autres qui, comme celle de Romorantin, *art. 2*, & de la Rüe-d'Indre, l'autorisent également à prendre « un » homme de serve condition, tel qu'il voudra élire, » si aucuns en y a dépendant dudit manoir ». Dans ces coutumes il n'est pas douteux que l'aîné ne puisse prendre ces droits à titre de *préciput*, lors même que le fief auquel ils sont attachés, est sans domaine. Mais le *préciput* du serf ne peut plus avoir d'objet depuis que la servitude personnelle est abolie. *Voyez* MAIN-MORTE, *Droit féodal.*

La règle 80 de Loisel, *liv. 3, tit. 4* de ses *Institutes coutumières*, porte : que s'il y a diverses successions, *coutumes & bailliages*, l'aîné prendra droit d'aînesse, c'est-à-dire, son *préciput* en chacune d'icelles.

Plusieurs coutumes se servent d'expressions assez analogues.

La coutume d'Anjou dit, par exemple, dans l'article 223, « que si les choses d'une même suc-» cession sont assises *en divers bailliages ou sénéchaus-*» *sées royales*, toutefois l'aîné ou héritier princi-» pal aura un *préciput* & avantage en chacun bail-» liage & sénéchaussée ».

Cette décision étoit fort bonne dans le temps où il n'y avoit qu'un bailliage dans chaque province, ou dans chaque coutume ; & c'est même la diversité des usages établis dans les principales jurisdictions, qui est l'une des causes de la diversité des coutumes. Voilà pourquoi Loisel confond à cet égard les bailliages & les coutumes. Mais depuis qu'on a multiplié les bailliages, comme ils le sont aujourd'hui, il seroit injuste d'en conclure qu'on a aussi multiplié les *préciputs*. On tient avec Dumoulin que l'aîné ne peut prendre un *préciput* que dans chaque coutume ; & le Febvre qui critique cette observation dans ses notes sur la coutume d'Anjou, convient lui-même « que l'usage » est ainsi, & qu'on n'en a point usé autrement que » selon le sens de Dumoulin ».

Il faut même observer que la multiplicité des *préciputs* qu'on accorde à raison de la diversité des coutumes, n'a lieu que pour les coutumes générales, & non pour les coutumes locales qui y sont

subordonnées. *Voyez* Brodeau, *sur l'art. 15 de la coutume de Paris, n°. 3.*

La coutume du Maine a à cet égard une disposition singulière, dont le fondement confirme néanmoins les principes qu'on vient d'établir. L'article 240 porte, que « si les choses d'une même suc-» cession noble sont assises ès pays d'Anjou & du » Maine, toutefois l'aîné ou héritier principal n'y » aura qu'un *préciput* & avantage, posé qu'il y ait » en chacun pays une maison demeurée d'icelle » succession ».

La raison de cette singularité est qu'il n'y avoit autrefois qu'un seul coutumier entièrement semblable pour les deux provinces, dont encore aujourd'hui les coutumes sont fort peu différentes ; la coutume du Maine, dans l'article 240, n'a point cessé de les considérer comme réunies par la même loi, malgré ces légères différences.

§. IV. *Du préciput de la branche aînée dans les successions qu'on recueille par représentation, & du préciput de l'aîné de chaque branche dans la subdivision.* C'est une question très-controversée que de savoir si les représentans succèdent aux droits, comme au degré du représenté. On convient du moins assez généralement de l'affirmative dans les coutumes où la représentation est admise jusqu'à l'infini, même en ligne collatérale.

L'application de cette règle paroît se faire naturellement au *préciput*. Il semble en résulter que dans une succession qui se partage entre plusieurs branches d'héritiers, la branche aînée doit en avoir un dans son lot, s'il y a des biens qui y soient sujets dans la succession ; & que l'aîné de chaque subdivision a droit d'en réclamer aussi un sur le lot échu à sa branche dans les coutumes, & dans les cas où les représentans succèdent à tous les droits du représenté, de même qu'il n'en jouit point lorsque les représentans ne succèdent qu'au degré, & non pas au droit du représenté.

Cependant, quoique ce dernier point ne forme pas de doute, les articles 223 & 224 de la coutume d'Anjou décident « qu'en une succession, soit » directe, ou collatérale, n'a qu'un *préciput* & » avantage ». Ensorte que dans la succession du père, les représentans de la fille prédécédée, ou dans la succession collatérale, ceux de ses frères ou sœurs auront la portion de leur auteur, qu'ils partageront également entre eux.

La coutume du Maine a la même disposition dans l'article 240.

La coutume d'Angoumois rejette aussi le *préciput* ou quint des fiefs, qui est le seul avantage qu'elle accorde à l'aîné, mais seulement dans le cas où celui dont il s'agit de partager la succession, auroit lui-même pris un *préciput* dans la succession du représenté. C'est la disposition des articles 88 & 89 de cette coutume.

Des jurisconsultes ont voulu faire de cette décision une règle du droit commun. La raison qu'ils en donnent est assez plausible ; c'est qu'il ne peut pas y avoir plus d'un *préciput* dans chaque fucceffion, & que dans ce cas, les biens qu'on recueille à titre de repréfentation, font cenfés procéder de la même fucceffion. Ils prétendent fort conféquemment qu'il en doit être ainfi dans la fubdivifion de la part du repréfenté, quand l'aîné des repréfentans a déjà pris un *préciput* dans fa fucceffion, parce qu'autrement ce feroit admettre un fecond *préciput*.

Boucheul & Harcher ont fur-tout voulu faire adopter cette règle dans la coutume de Poitou, & ce qui eft affez extraordinaire, ils fe font fondés pour cela fur les coutumes d'Anjou & du Maine, qui, comme on vient de le voir, ont un tout autre efprit, & rejettent indiftinctement tout *préciput* dans la fubdivifion d'une portion de fucceffion directe ou collatérale.

Quelque fpécieufe que cette diftinction paroiffe au premier coup-d'œil, elle femble néanmoins contraire à l'efprit général de nos coutumes, à celui de la coutume de Poitou en particulier, & même à la lettre de fes difpofitions.

C'eft une règle du droit commun, que lorfqu'une fucceffion eft ouverte, elle doit fe régler dans l'état où elle fe trouve; abftraction faite de toutes celles qui ont pu écheoir jufqu'alors, ou qui écherront dans la fuite aux perfonnes qui font habiles à la recueillir: il n'importe pas pour cela que la première des deux fucceffions ait été répudiée ou acceptée, que l'une foit avantageufe ou défavantageufe.

Dans toutes les coutumes de repréfentation, la renonciation à la fucceffion du repréfenté n'empêche pas qu'on ne puiffe recueillir, en le repréfentant, la fucceffion d'une autre perfonne; fi l'on avoit accepté la fucceffion du repréfenté fous bénéfice d'inventaire, on pourroit en accepter une autre purement & fimplement de fon chef, & réciproquement. Lors même que les deux fucceffions font acceptées de la même manière, les dettes dont on eft tenu à raifon de l'une, font abfolument étrangères aux dettes dont on eft tenu à raifon de l'autre; & par cette raifon, les obligations, foit perfonnelles, foit hypothécaires, que l'acceptation & le partage de chacune des deux fucceffions peuvent produire, n'ont aucune forte d'influence les unes fur les autres.

Pour venir à des exemples plus particulièrement applicables à la coutume de Poitou, cette coutume admet la fubrogation des meubles aux acquêts, & des acquêts aux propres; mais lorfqu'on a recueilli toutes ces fortes de biens dans la fucceffion de fon père ou de fa mère, cela n'empêche pas qu'on ne puiffe demander la fubrogation des acquêts aux propres, ou des meubles aux acquêts dans la fucceffion de l'aïeul ou de l'aïeule, à laquelle on vient par repréfentation.

De même encore l'article 208 de la coutume de Poitou admet le cumul du tiers de tous les meubles & acquêts en faveur des enfans, lorfque les propres qui forment leurs réferves coutumières font d'une valeur trop modique; perfonne néanmoins n'oferoit foutenir que les enfans qui ont opté le cumul dans la fucceffion paternelle ou maternelle, ne puiffent fe tenir à la réferve des propres dans la fucceffion de l'aïeul, qu'ils recueillent à titre de repréfentation, ou tout au contraire.

Toutes ces décifions, qu'on pourroit multiplier encore, dépendent de la maxime que les fucceffions font étrangères les unes aux autres, & que celle qui a été recueillie n'eft plus confidérée comme une fucceffion, mais comme le patrimoine de l'héritier, fuivant cet axiome: *hæreditas, femel adita, non eft jam hæreditas, fed patrimonium hæredis*.

Les difpofitions de la coutume de Poitou fur le *préciput* en particulier, paroiffent conformes à ce fyftême général.

L'article 289 attribue un *préciput* à l'aîné entre nobles, *tant en fucceffion directe que collatérale*, fans aucune exception, ni réferve. L'article 296 dit auffi indiftinctement, « que fi aucune fucceffion » directe ou collatérale, écheoit à filles, & qu'il » n'y ait enfans mâles, *ou qui le repréfentent*, la » fille, ou fœur aînée, ou *qui la repréfente*, doit » avoir par aîneffe, ou prérogative, le châtel ou » principal hôtel noble qu'elle voudra élire ».

Le *préciput* de l'hôtel noble eft même le feul avantage de l'aînée.

L'article 290 dont on a voulu fe prévaloir pour foutenir l'opinion contraire, n'a point le fens qu'on y voudroit donner. Cet article eft une fuite de l'article 289, avec lequel il ne faifoit qu'un feul article dans l'ancien coutumier de la province. Il y eft encore aujourd'hui lié par la conjonction &. Or, cet article 289 règle uniquement le *préciput*.

C'eft après cette fixation du *préciput*, que l'article 290 ajoute immédiatement: « & quant au *fur-* » *plus* des terres & revenus nobles obvenus d'icelle » fucceffion, l'aîné en prend les deux tiers, & tous » les puînés fils ou filles, ou qui les repréfentent, » prennent l'autre tierce partie à icelle divifer éga- » lement entre eux; & où il écherroit *fubdivifion*, » pour la fucceffion de l'un ou plufieurs des puî- » nés prédécédés, fera gardé l'avantage à l'aîné, » ou à celui qui le repréfente *felon que deffus* ».

Il eft clair que ces derniers mots doivent s'entendre du *préciput*, comme de la portion avantageufe. Auffi le même article ajoute-t-il immédiatement après: « & où il n'y auroit aucun châtel, » ou hôtel noble, ou hébergement, foit pour le » feigneur ou pour le métayer, aura l'aîné le chef » d'hommage au lieu deftiné pour ledit hôtel, avec » une feptérée de terres au lieu de précloture ».

C'eft mal-à-propos que Boucheul prête une opinion contraire aux commentateurs qui l'ont précédé. Il eft certain au contraire que Conftant, Lelet, Filleau, Barraud, & Liège, fur les articles 290 & 294, attribuent le *préciput* à l'aîné de la fubdivifion en toute fucceffion directe ou collatérale, fans aucune diftinction.

Conftant ajoute que cela a été jugé de cette

manière par un arrêt qu'il dit avoir Ju & tenu , & par un autre arrêt de 1577, connu sous le nom de la *Tour-Landry*. Il convient seulement que quelques personnes citoient mal-à-propos ce dernier arrêt pour l'opinion contraire. Ni lui, ni Chopin, qui donnent l'espèce de cet arrêt , & d'autres semblables , dans son traité *de privilegiis rusticorum*, *lib. 5*, part. 3, cap. 9, n°. 2 de l'édition *in-folio*, ne parlent en aucune sorte de la restriction importante qu'on suppose communément d'après eux , que cet arrêt a adoptée.

Les additionnaires de la Let & Liège citent un autre arrêt de l'an 1635, qui adjugea les deux tiers à l'aîné dans la subdivision d'un lot , *avec le principal manoir*. Ce dernier auteur en allègue , à la vérité, un contraire , qu'il ne date pas : mais il en écarte le préjugé par ces mots : « *ce que les con-*» *sultans n'approuvent pas* ».

Il faut avouer néanmoins que la jurisprudence n'est point absolument fixée sur ce dernier point. Dans l'espèce de la plupart des arrêts précédens, on ne voit point si l'aîné des représentans avoit déjà pris un *préciput* dans la succession du représenté.

Bry , dans son *Commentaire sur la coutume du Perche*, art. 151, cite bien deux sentences arbitrales, qui ont adjugé le *préciput* à l'aîné dans la subdivision , & deux arrêts conformes des années 1553 & 1583, pour la maison de Thorouvre ; le premier contradictoire, & l'autre rendu par acquiescement à une sentence du bailli de Chartres , laquelle étoit aussi contradictoire. Mais outre que cet auteur trouve de *grandes contradictions à cette doctrine*, & qu'il ne dit point non plus si l'aîné de la subdivision avoit déjà pris un *préciput* dans la succession du représenté, Guyné , dans son *Traité de la représentation*, p. 131; & Chauvelin, dans ses *Notes sur l'article 154 de la coutume du Perche*, rapportent une sentence arbitrale du 10 juin 1665, rendue par Auzanet , Langlois, & Caillard, célèbres avocats au parlement, qui refusa le *préciput* aux représentans de l'aîné , parce qu'on supposa que le représenté en avoit pris un dans la succession de sa mère, auteur commun. (*M. GARRAN DE COULON*, *avocat au parlement*.)

PRÉCIPUT CONVENTIONNEL, est un avantage que l'on stipule ordinairement par contrat de mariage, dans les pays coutumiers, en faveur du survivant des conjoints. Il consiste à prendre sur la communauté, avant partage, & hors part, des meubles , jusqu'à concurrence d'une certaine somme, pour la prisée de l'inventaire , ou ladite somme, au choix du survivant.

Il n'y a ouverture au *préciput conventionnel* que par le prédécès de l'un des conjoints. Ainsi lorsque la communauté a été dissoute du vivant des deux époux, en vertu d'un jugement de séparation, si la femme accepte la communauté, ce qui est bien rare, le partage doit se faire sans *préciput*, à la charge que la succession du prédécédé en fera

raison au survivant ; néanmoins si la dissolution de communauté arrive par la mort civile de l'un des conjoints , la jurisprudence actuelle accorde le *préciput* comme dans le cas du prédécès.

Le mot de *préciput* emporte nécessairement l'idée de prélèvement sur une masse commune , ensorte qu'il ne peut avoir lieu, lorsqu'il y a renonciation à la communauté. Cela est incontestable, quand c'est le mari qui survit , & que les héritiers de la femme renoncent à la communauté , puisqu'en ce cas il retient seul la totalité de la masse, sur laquelle le *préciput* doit être pris. Mais on doit suivre la même règle , lorsque c'est la veuve qui survit , & qu'elle renonce à la communauté, parce que sa renonciation a détruit à son égard tous les effets de la communauté, à moins qu'il ne soit dit par le contrat, qu'elle prendra son *préciput*, même en renonçant.

Comme la convention de *préciput* est purement volontaire dans les contrats de mariage , on sent bien qu'il dépend des contractans d'y mettre telles clauses que bon leur semblera , & de les étendre ou de les resserrer. Le plus souvent cette convention est ainsi conçue : *le survivant des futurs époux prendra à titre de préciput, si c'est le futur époux ses habits , linges & bijoux à son usage, ses armes & chevaux* (si c'est un homme de guerre) ; *ses livres* (si c'est un homme de lettres) ; *ses outils* (si c'est un ouvrier) ; *& si c'est la future épouse, ses habits, linges, dentelles, joyaux & diamans à son usage, ou telle somme d'argent au choix du survivant.*

La convention du *préciput* ne doit point être étendue au-delà des choses prescrites par le contrat. Lorsqu'il a pour objet des meubles en nature, & qu'il est illimité, il comprend toutes les choses qui appartiennent au genre dont parle la clause qui le règle, telles qu'elles se trouvent dans les biens de la communauté au moment de sa dissolution, à moins que le prix auquel elles se monteroient ne fût excessif, eu égard à l'état & aux facultés des parties ou qu'elles ne parussent avoir été achetées en fraude, pendant la dernière maladie du prédécédé, dans la vue de grossir le *préciput* ; dans ces cas, il est réductible à la volonté du juge.

Lors du partage de la communauté, on prélève tous les objets qui y sont étrangers, tels que les reprises des deniers stipulés propres, le remploi des propres aliénés, les récompenses & les indemnités dues à chacun des conjoints, les dettes dont elle est tenue ; & ce n'est qu'après l'acquit de toutes ces charges, que le survivant peut prendre son *préciput*, par moitié sur la part du prédécédé, parce qu'il confond l'autre moitié sur lui-même. Mais s'il avoit été stipulé par le contrat de mariage, que le *préciput* du survivant seroit pris sur la part du prédécédé, la communauté se partage en deux portions égales, après les prélévemens dont nous venons de parler, & en attribue au furvivant fon *préciput* plein fur la moitié du prédécédé, avec les dons & avantages qu'il en avoit reçus. Mais il faut remarquer que, quoique les dettes doivent fe prélever fur la maffe de la communauté, ou être payées par moitié par le furvivant & par les héritiers du prédécédé, le furvivant n'eft pas néanmoins tenu de rien payer au-delà de fa moitié, fous prétexte de fon *préciput*.

Si, après qu'on a exercé refpectivement la reprife des remplois & des deniers ftipulés propres, il ne reftoit rien dans la communauté, le *préciput* feroit caduc; s'il reftoit feulement de quoi remplir le furvivant d'une partie de fon *préciput*, ce droit feroit caduc pour le furplus, parce qu'il ne fe prend que fur les effets de la communauté. Mais ne reftât-il que ce qui feroit néceffaire pour remplir le furvivant, il prendroit la totalité de fon *préciput*. Tout cela a lieu dans le cas même où le *préciput* doit fe prendre fur la portion du prédécédé. Elle peut bien être abforbée entièrement par le *préciput* du furvivant; mais il ne peut rien prétendre à ce titre fur les biens de la fucceffion du prédécédé, qui ne faifoient point partie de la communauté. Il faudroit une claufe expreffe, pour que le *préciput* fe prélevât fur les biens particuliers du prédécédé, & cette claufe même feroit moins un *préciput* qu'un avantage particulier qui fuivroit d'autres règles. Il en feroit de même dans le cas où il auroit été convenu que la femme prendroit fon *préciput*, en cas de furvie, même en renonçant à la communauté. Dans ce cas, fi elle accepte, le *préciput* ne changera pas de nature, & fera toujours borné à la communauté; mais fi elle renonce, elle exercera le *préciput* comme une donation fimple, d'abord fur la communauté, & fubfidiairement fur les propres du mari.

Lorfque le furvivant a le droit de prendre des meubles en nature, fuivant la prifée de l'inventaire & fans crue, jufqu'à concurrence d'une certaine fomme, il peut empêcher les héritiers du prédécédé de faire vendre les meubles qu'il a choifis jufqu'à concurrence de cette fomme. Mais cela ne peut pas empêcher les créanciers d'en provoquer la vente, parce que les meubles n'ont pas de fuite par hypothèque. Le furvivant vient dans ce cas à contribution fur ces meubles, non-feulement pour la fomme à laquelle fon *préciput* en meubles étoit fixé, mais encore pour le quart en fus. Outre l'action en contribution fur les meubles vendus, la veuve a, pour le *préciput*, hypothèque fur les immeubles du mari, du jour du contrat de mariage. Cette hypothèque, qui a lieu pour toutes fes reprifes, doit s'étendre au *préciput* comme à toutes les autres, puifqu'il eft dans ce cas une véritable reprife. Mais le *préciput* n'a pas la même faveur que le douaire, car les intérêts n'en peuvent être dus que du jour de la demande.

Le *préciput* légal des nobles, dont on parlera

dans l'article fuivant, n'eft pas un obftacle au *préciput conventionnel*, & ils concourent enfemble, parce qu'ils font réclamés à deux titres différens; l'un en vertu de la loi, l'autre en vertu de la convention. Mais l'on fent que lorfque le *préciput conventionnel* a pour objet des meubles en nature, qui fe trouvent auffi être l'objet du *préciput* légal, l'exercice de l'un de ces droits exclut néceffairement l'exercice de l'autre, foit pour le tout, foit pour partie, quand la totalité du *préciput conventionnel* n'a pas pour objet des meubles fujets au *préciput* légal.

Il faut obferver enfin que le *préciput conventionnel*, à la différence du *préciput* légal, eft fujet à la réduction de l'édit des fecondes noces, quelque fréquente qu'en foit la convention, parce que les difpofitions de cet édit s'étendent à tous les avantages que les conjoints peuvent fe faire, lors même qu'ils font mutuels. Lors donc qu'on eft convenu, dans le contrat de mariage d'une veuve, que le furvivant auroit par *préciput* une certaine fomme, par exemple, trois mille livres, & que le mari furvit cette convention, en cas d'acceptation de la communauté, renferme un avantage au profit du fecond mari furvivant, de la moitié de cette fomme, & cet avantage eft fujet à la réduction de l'édit, fi la portion de l'enfant moins prenant montoit à moins que la fomme de quinze cens livres, moitié du *préciput*.

Par la même raifon, fi le contrat de mariage où fe trouve cette convention de *préciput*, portoit auffi une donation de part d'enfant au profit du fecond mari, il ne peut plus prendre de *préciput*, parce que la part d'enfant qui lui a été donnée comprend tout ce qu'il a été permis à la femme de lui donner.

Lorfque c'eft un homme veuf qui a époufé une feconde femme, laquelle a furvécu, la convention de *préciput* forme pareillement, au profit de cette femme, un avantage de la moitié de la fomme convenue pour le *préciput* du furvivant; & fi elle renonce à la communauté, & qu'il y ait claufe qu'elle aura fon *préciput*, même en cas de renonciation à la communauté, la convention du *préciput* forme, en ce cas, au profit de la feconde femme, un avantage de toute la fomme convenue pour le *préciput*; dans les deux cas, l'avantage eft fujet à la réduction de l'édit.

A tout autre égard néanmoins, le *préciput conventionnel* eft plutôt regardé comme convention de mariage que comme donation, & en conféquence le défaut d'infinuation ne le rend pas fujet à la peine de nullité, mais feulement aux peines pécuniaires prononcées par l'édit de décembre 1703, & la déclaration du 10 mars 1708.

PRÉCIPUT LÉGAL, eft un avantage que quelques coutumes accordent au furvivant des époux, & qui confifte ou dans la propriété des meubles, ou dans l'ufufruit des acquêts faits pendant le mariage, ou dans l'un & l'autre de ces avantages. Il eft appellé *légal*, pour le distinguer du *préciput* conventionnel, qu'on stipule ordinairement dans les contrats de mariage; le premier dérive de la loi, c'est-à-dire, de la coutume; le second, des conventions faites entre les époux.

La plupart des coutumes qui accordent un *préciput légal* au survivant des conjoints, exigent qu'ils jouissent de la qualité de nobles, & qu'ils vivent noblement; cependant il n'est pas nécessaire qu'ils jouissent l'un & l'autre d'une extraction noble; le mari noble communique sa noblesse à sa femme roturière, & le privilège qui y est attaché. Mais les coutumes d'Anjou, du Maine, de Coucy, de Lille, de Luxembourg, de Bruxelles, & quelques coutumes locales d'Artois, accordent le *préciput légal* au survivant de deux conjoints, sans distinction des nobles & des roturiers. La plupart exigent également qu'il y ait eu communauté de biens entre les conjoints, pour que le *préciput légal* ait lieu en faveur du survivant. Celle du Maine en a une disposition précise; & on l'infère de ces termes de l'article 238 de la coutume de Paris, *le survivant prendra les meubles qui communs étoient entre lui & le prédécédé.* La seule coutume de Cambrai veut encore que le survivant possède un fief pour jouir de l'avantage du *préciput légal.*

A l'exception de quelques coutumes, telles que celles d'Anjou, du Maine, de Luxembourg, de Reims, de Noyon, &c. le *préciput légal* n'a pas lieu en faveur du survivant lorsqu'il existe des enfans du mariage; quelques-unes même ne l'accordent que dans le cas où il n'y a pas d'enfans de quelque mariage que ce soit. Il faut à cet égard suivre la disposition de chaque coutume.

Dans la plupart des coutumes, le *préciput légal* consiste dans la propriété des meubles. Celle de Paris ne donne au survivant que les meubles étant hors de la ville & fauxbourgs de Paris, sans fraude. Celles d'Anjou & du Maine accordent au survivant, pour *préciput*, l'usufruit de la moitié des conquêts; mais celle de Poitou lui donne la propriété de tous les meubles, & l'usufruit de la moitié des acquêts.

Pour que le survivant puisse jouir du *préciput légal*, il faut qu'il en fasse une acceptation expresse, ou un inventaire des meubles qui en font l'objet.

Quant à l'acceptation, elle est requise par la coutume de Sens, dont l'article 3 porte, que le *survivant sera tenu de faire son acceptation ou sa renonciation dans le délai de huitaine du jour du décès;* ce qu'il faut entendre, pourvu que le décès soit venu à la connoissance du survivant. La coutume de Troies, *tit. 2, art. 11*, fait la distinction des époux nobles vivant noblement, & des époux nobles vivant roturiérement; elle accorde, à droit de *préciput légal*, les meubles au survivant des uns & des autres; mais les premiers prennent les meubles, & ceux vivant roturiérement doivent accepter les meubles en justice dedans quarante jours après le trépas du premier mourant; *aliàs*, où ladite accep-

tation ne feroit faite en justice dedans lesdits quarante jours, entre le survivant & les héritiers du trépassé, se partiront les meubles.

La coutume de Sedan exige aussi, *art. 79*, une acceptation expresse en justice, dans le délai d'un mois; & à faute, dit-elle, d'avoir fait ladite déclaration; le survivant sera présumé avoir choisi le privilège des nobles, sans qu'il soit plus reçu à choisir ou retourner au droit des roturiers.

Dans ces deux coutumes de Troies & de Sedan, où le survivant doit faire sa déclaration qu'il accepte le *préciput légal*, l'omission de cette formalité produit un effet différent & contraire: dans l'une, il est forcé de prendre la totalité des meubles; dans l'autre, il est réduit à n'en prendre que la moitié.

Les coutumes de Châlons, *art. 28*; Reims, *art. 281*; Saint-Quentin, *art. 6*, exigent aussi une acceptation expresse en justice, & dans le même délai de quarante jours; mais elles ne disent pas, comme celle de Troies, que ce délai est fatal, & que, faute d'avoir fait dans ce délai l'acceptation, le survivant est déchu de son droit.

La coutume de Saint-Quentin exige, outre cela, que les héritiers du conjoint prédécédé soient appellés par le survivant, lorsque celui-ci fait son acceptation judiciaire. Enfin, la coutume de Chaulny, *tit. 24, art. 129*, requiert aussi, mais de la part de la femme seulement, qu'elle fasse son acceptation en justice, & dans le délai de trois mois.

Comme dans la plupart des coutumes où le *préciput légal* consiste dans la propriété des meubles, il n'a lieu que dans le cas où il n'y a pas d'enfans, la formalité d'un inventaire ne paroissoit être d'aucune nécessité, on pourroit dire même d'aucune utilité: mais dans les coutumes qui imposent au survivant la condition de ne pas se remarier, & qui, dans le cas où il se remarie, l'obligent de partager ces meubles avec les héritiers du conjoint prédécédé, il étoit à propos de faire un inventaire de ces meubles.

C'est dans cette vue que l'article 2 de la coutume de Coucy exige, de la part du survivant, qu'il fasse un inventaire, parce qu'elle veut que, dans le cas où il se remarieroit, il fasse partage avec l'héritier du prédécédé, des biens dont il jouissoit à droit de *préciput légal*; & même, pour mieux assurer les intérêts de cet héritier, le survivant, outre l'inventaire, est tenu de donner caution de la valeur des choses inventoriées.

C'est encore par le même motif que la coutume de Melun, *chap. 13, art. 218*, exige qu'il soit fait un inventaire par le survivant des conjoints, lorsqu'il y a des enfans; afin, dit-elle, de pouvoir en faire avec eux un partage égal & exact, dans le cas où il viendroit à se remarier.

D'autres coutumes ont eu moins de prévoyance, & ont pris moins de soin de l'intérêt des enfans, ou des héritiers du prédécédé: elles accordent le *préciput légal*, quoiqu'il y ait des enfans, pour en jouir par le survivant, s'il ne se remarie pas: dans le cas où il se remarieroit, elles le forcent de partager les meubles avec les héritiers du prédécédé; mais ce sont les meubles que le *survivant a alors*, comme dit la coutume d'Ostrincourt, locale de la coutume de la châtellenie de Lille.

La coutume de Verdun a une disposition plus singulière encore. Suivant elle, le survivant de deux personnes nobles a la propriété des meubles: entre époux qui ne sont pas nobles, le mari seul, s'il est survivant, & non la femme, a la faculté de demeurer *meublier*; c'est-à-dire, aux termes de l'article 2 du titre 4, *qu'il tient, sa vie durant, les meubles & les acquêts, à la charge des frais funéraux & des dettes de la défunte, & de nourrir & entretenir les enfans, si aucuns y en a*....... Cependant ce mari survivant, qui n'a que l'usufruit des meubles, *n'est tenu*, article 5 du même titre 4, *faire inventaire desdits meubles, les exhiber, ni en bailler sûreté ni caution.*

La coutume de Sens a une disposition qui paroît plus sage: elle donne les meubles au survivant de deux conjoints nobles, lorsqu'il n'y a pas d'enfans, sans exiger du survivant qu'il fasse faire un inventaire; mais elle laisse aux héritiers la faculté de requérir qu'il en soit fait un.

On retrouve le même usage à-peu-près dans la coutume de Château-Neuf en Thimerais. Le survivant des époux nobles y gagne les meubles, soit qu'il y ait des enfans, soit qu'il n'y en ait pas. Dans ce dernier cas, il n'est pas tenu de requérir un inventaire; mais s'il y a des enfans, le survivant, comme dit l'article 140 de cette coutume, *n'est pas excusé de faire inventaire des héritages, titres & enseignemens des mineurs*; cela est cependant, à ce qu'il semble, uniquement fondé sur ce que le survivant, outre l'avantage du *préciput légal* qu'il recueille, a de plus, dans l'hypothèse de l'article cité, le bail & la garde des enfans; aussi la coutume ne requiert pas d'inventaire des meubles, puisqu'elle les donne au survivant en propriété, mais seulement un inventaire *des héritages, titres & enseignemens des meubles.*

Le *préciput légal* n'est pas un avantage purement gratuit; les coutumes ne l'accordent que sous certaines charges, mais elles varient entre elles sur l'étendue des charges qu'elles y attachent.

Suivant l'article 238 de la coutume de Paris, le survivant est tenu *de payer les dettes mobilières & les obsèques & funérailles du défunt*. On trouve la même disposition dans les coutumes de Calais, de Coucy, de Cambrai, de Bar, de Senlis, de Clermont en Beauvoisis, d'Arras, & de Reims.

D'autres coutumes chargent de plus le survivant d'acquitter les legs: parmi celles-là, les unes ne parlent que des legs pieux, consistant en deniers ou en meubles, comme Sens, Troies & Châlons.

Cette dernière coutume excepte formellement les autres legs: & *au regard*, dit-elle, *du surplus du testament, il se paie par les héritiers du trépassé, auxquels appartient le propre du décédé.* Les autres parlent des legs, sans distinction des legs pieux & des legs

ordinaires, comme Chaumont en Bassigny; d'où il semble que l'on devroit conclure que le survivant seroit tenu d'acquitter généralement tous les legs, comme paroissent le dire formellement la coutume de Saint-Quentin & celle de Ribemont. Cette dernière porte, que le survivant *est tenu de payer toutes les dettes mobilières, & d'accomplir le testament du défunt.*

Cela doit-il s'entendre indistinctement & sans réserve, de manière que le survivant soit tenu d'acquitter ces charges à quelque somme qu'elles montent? Il semble que l'on doit distinguer, avec Pothier, les charges mobilières, dettes ou legs, des charges immobilières. Celles-ci seront acquittées par les héritiers des immeubles, & celles-là seulement seront sur le compte de l'époux survivant; c'est du moins ce qu'ordonnent plusieurs coutumes, en restreignant la charge des dettes aux dettes mobilières, & la charge des legs aux legs mobiliers, & à une fois payer, comme disent Péronne, Sedan, Montargis, & Touraine.

Quelques coutumes, comme Poitou, Mantes, & quelques autres encore, n'obligent le survivant à payer que les dettes mobilières & personnelles. On demande si dans ces coutumes on doit comprendre au nombre de ces dettes mobilières & personnelles, les legs mobiliers faits par le prédécédé? A ne considérer que la nature de ces legs, qui ne consistent qu'en sommes mobilières, il semble que l'on doit décider que le survivant qui gagne tous les meubles, doit acquitter les legs. Cependant ces legs, quoique mobiliers, diffèrent en un point essentiel des dettes mobilières; savoir, en ce que celles-ci qui étoient dues dès avant la mort du prédécédé, pouvoient être exigées avant son décès, & sont, par cette raison, censées avoir diminué d'autant les meubles; les legs, au contraire, ne commencent à devenir des dettes qu'après la mort du conjoint qui les a faits, & après que le survivant a recueilli le *préciput légal* qu'il tient de la coutume, & non du prédécédé; d'où l'on doit conclure qu'il en est des legs comme des frais funéraires, & que les uns & les autres ne sont point à la charge du survivant, à moins que les coutumes ne le disent expressément.

PRÉCLOTURE, (*Droit féodal.*) on entend par-là un enclos dépendant d'une maison. Mais on applique sur-tout ce mot aux domaines qui joignent le manoir d'un fief, que l'aîné prend pour son préciput, & qui en font partie. *Voyez l'article* AINÉ. (*G. D. C.*)

PRÉCONISATION, s. f. (*Jurispr. canonique.*) du latin *præconium*, qui signifie *proclamation* ou *louange d'une personne*, est la lecture & publication que le cardinal *proposant* fait dans le sacré consistoire à Rome, des mémoriaux & informations qui lui ont été remis touchant la personne nommée par le roi à un bénéfice consistorial: ces mémoriaux sont proprement une instruction & un extrait des titres & qualités du nommé, & du procès-verbal de ſes vie, mœurs, profeſſion de foi & de l'état de l'égliſe vacante, fait pardevant le nonce du pape, ou pardevant l'ordinaire de celui qui eſt nommé. La *préconiſation* ſe fait en ces termes: *beatiſſime pater, ego N. cardinalis, in proximo conſiſtorio, ſi ſanctitati veſtræ placuerit, proponam eccleſiam N. quæ vacat per obitum N. ultimi illius epiſcopi : ad eam nominat rex chriſtianiſſimus D. D.....* *ut illi eccleſiæ præficiatur in epiſcopum & paſtorem; illius autem qualitates & alia requiſita latiùs in eodem conſiſtorio declarabuntur.* Cet acte de *préconiſation* eſt ſuivi de pluſieurs autres formalités, en conſéquence deſquelles, ſi le ſujet nommé eſt jugé digne, on lui expédie ſes bulles. (*A*)

PRÉDIAL, adj. ſe dit de tout ce qui eſt relatif à quelque héritage, comme loi *prédiale*, dîme *prédiale*, ſervitude *prédiale*. *Voyez* DIME, SERVITUDE.

PRÉDICATEUR, ſ. m. PRÉDICATION, ſ. f. (*Juriſpr. eccl.*) la prédication eſt la fonction propre des évêques, & leur premier devoir. C'eſt aux évêques que Jéſus-Chriſt adreſſe ces paroles dans l'évangile: *allez, enſeignez toutes les nations.* Matthieu, 28, ℣. 19. Les apôtres n'établiſſent les diacres que pour ſe réſerver entiérement à cette fonction importante. « Il n'eſt pas juſte, diſent-ils, d'abandonner » le miniſtère de la parole, pour nous charger de » celui des tables ; choiſiſſons ſept hommes d'entre » nous, de bon témoignage & remplis de l'Eſprit » ſaint, auxquels nous confierons le ſoin des pau- » vres & la diſtribution des aumônes ». Acte 6, ℣. 2. Saint Paul écrit aux Corinthiens, que Dieu ne l'a point envoyé pour baptiſer, mais pour prê- cher : *non miſit me Dominus baptiſare, ſed evangeliſare.* Corinth. 1, ℣. 17. C'eſt pourquoi le concile de Trente appelle la *prédication* le principal devoir des évêques : *præcipuum munus epiſcoporum.*

Les évêques ne rempliſſent pas leurs obligations à cet égard, en faiſant prêcher par d'autres ; ils ſont tenus de prêcher eux-mêmes. Le premier devoir que nous impoſe le ſacerdoce, dit ſaint Ambroiſe, eſt celui d'enſeigner : *officium docendi nobis impoſuit. ſacerdotii neceſſitudo*, liv. 1 offic. ch. 10. Saint Thomas remarque auſſi que le miniſtère de la parole a été confié par Jéſus-Chriſt aux apôtres, & par eux aux évêques, leurs ſucceſſeurs, afin que ceux-ci s'en acquittent par eux-mêmes. C'eſt donc avec grande raiſon que Fagnan obſerve que les évêques ne peuvent pas s'exempter de prêcher, ſous prétexte qu'il n'eſt plus d'uſage qu'ils rempliſſent eux-mêmes ce miniſtère, parce que cet uſage étant contraire à un précepte divin, ne peut jamais être qu'une corruption & un abus.

La fonction de prêcher étoit regardée, dans les premiers ſiècles de l'égliſe, comme tellement propre à l'épiſcopat, que c'étoit l'évêque ſeul qui prêchoit alors. Quelques évêques, que leurs infirmités ou d'autres raiſons empêchoient de s'acquitter de ce devoir, commencèrent à faire prêcher un prêtre à leur place. Valère, évêque d'Hyp-

pone, étant Grec d'origine, & ne s'exprimant pas facilement en latin, qui étoit la langue de ſon peuple, commit ſaint Auguſtin, encore prêtre, pour prêcher en ſa préſence. Le premier prêtre qui paroiſſe chargé de cette fonction dans l'égliſe d'O- rient, eſt ſaint Jean Chryſoſtôme. Bientôt la religion ſe répandant dans l'intérieur des campagnes, & le nombre des chrétiens ſe multipliant, il ne fut plus poſſible d'aſſembler tout le peuple dans la même égliſe. Il fallut en établir d'autres où les fidèles reçuſſent tous les ſacremens, & les inſtructions qu'ils recevoient auparavant de l'évêque dans l'égliſe principale. C'eſt-là l'établiſſement des paroiſſes. La *prédication* devint alors le premier devoir des prêtres chargés de les deſſervir, comme elle avoit été juſques-là la première fonction des évêques.

Il eût été avantageux ſans doute de ne pas étendre à un plus grand nombre de perſonnes le mi- niſtère de la *prédication.* Des *prédicateurs* étrangers, qui prêchent en paſſant dans une égliſe à laquelle ils ne ſont point attachés, n'ont jamais le reſpect & la confiance des fidèles, comme leurs propres paſteurs ; ils n'ont point l'autorité ſuffiſante pour s'élever avec fruit contre le vice, & pour faire ceſſer les ſcandales ; ils ne peuvent entreprendre des inſtructions ſuivies, comme celui qui eſt atta- ché à une certaine égliſe, ni entrer dans le détail des mœurs, comme celui qui connoît les beſoins de ſon troupeau. Mais l'ignorance des paſteurs obli- gea, dans le dixième & le onzième ſiècles, d'ad- mettre à cette fonction tous ceux qui avoient quelque talent pour la remplir.

Les ordres mendians qui ſe deſtinoient par état à ſecourir les paſteurs, & les différentes ramifications dans leſquelles ils ſe diviſèrent depuis, obtinrent, dès leur origine, la permiſſion de prêcher pour tous leurs membres ; mais depuis on a rendu ce miniſtère ſi commun, qu'il eſt, pour ainſi dire, abandonné au premier venu, & même aux plus incapables.

Approbation des prédicateurs. Si la *prédication* eſt principalement le devoir des évêques & la fonc- tion qui leur eſt propre, aucun membre du clergé ne peut l'exercer ſans leur conſentement. Les curés reçoivent d'eux cette permiſſion par l'inſtitution autoriſable qu'ils obtiennent pour pouvoir exercer toutes les fonctions du miniſtère dans leurs paroiſſes. Mais les autres prêtres ſéculiers ou régu- liers qui ſe deſtinent à la *prédication*, ne peuvent prêcher ſans avoir obtenu à cet effet une permiſſion ſpéciale. Cet uſage a été conſtamment obſervé dans l'égliſe, depuis que le miniſtère de la *prédication* eſt exercé par d'autres que par les évêques & les curés. Il ſubſiſte dans l'égliſe grecque, depuis qu'elle eſt ſéparée par le ſchiſme, comme il paroît par une remarque de Balſamon, ſur le ſoixante- quatrième canon du concile de Trullo. Ce prélat, qui vivoit dans le treizième ſiècle, dit que le droit de prêcher n'a été confié par le Saint-Eſprit qu'aux ſeuls évêques & à ceux qui ont obtenu leur con- ſentement.

fentement chez nous. Le concile de Trente le décide expreffément, feffion 5, *de reformai.* où il veut que les réguliers foient obligés de fe préfenter à l'évêque, & de demander fa bénédiction, pour prêcher dans les églifes de leur ordre, & d'obtenir, outre cela, fa permiffion pour prêcher dans celles qui ne font point de leur ordre. *Regulares verò cujufcumque ordinis, nifi à fuis fuperioribus, de vitâ, moribus & fcientiâ examinati & approbati fuerint, ac de eorum licentiâ, etiam in ecclefiis fuorum ordinum prædicare non poffint; cum quâ licentiâ perfonaliter fe coram epifcopis præfentare & ab eis benedictionem petere teneantur, antequàm prædicare incipiant: in ecclefiis verò quæ fuorum ordinum non funt, ultra licentiam fuorum fuperiorum, etiam epifcoporum licentiam habere teneantur.* Seff. 5, *de reformat.* A la vérité, le concile met une différence entre les réguliers & les autres églifes du diocèfe. Il exige qu'ils obtiennent la permiffion de l'évêque pour prêcher dans les églifes du diocèfe, il veut feulement qu'ils fe préfentent à lui, & demandent fa bénédiction pour prêcher dans leurs propres églifes; mais il n'entend certainement point par-là leur donner la permiffion d'y prêcher malgré lui, & lorfqu'il s'y oppofe formellement.

Nos ordonnances ont auffi établi la néceffité de l'approbation de l'évêque, par rapport aux *prédicateurs.* C'eft ainfi que s'exprime l'édit de 1606, donné fur les remontrances du clergé: « les prédicateurs ne pourront obtenir la chaire des églifes, même pour l'avent & le carême, fans la miffion & permiffion des archevêques & évêques, ou leurs grands-vicaires, chacun en leur diocèfe. N'entendons néanmoins y affujettir les églifes où il y a coutume au contraire, éfquelles fuffira d'obtenir l'approbation defdits archevêques & évêques, du choix ou élection qu'ils auront fait ». *Article* 11, *édit de* 1606.

Nonobftant des loix fi formelles, les réguliers prétendirent encore, dans le fiècle paffé, qu'il leur fuffifoit de demander la permiffion de l'évêque, pour prêcher dans les différentes églifes du diocèfe, fans qu'il fût néceffaire de l'obtenir; que quand ils étoient une fois approuvés dans un diocèfe, l'évêque qui les avoit approuvés, ni fes fucceffeurs, ne pouvoient plus retirer ni révoquer leur approbation; qu'ayant été une fois approuvés par un évêque, ils étoient cenfés approuvés pour tous les diocèfes. Ils fondoient des prétentions fi extraordinaires & fi contraires aux règles de toute l'antiquité, fur les privilèges qui leur avoient été accordés par quelques papes. Regardant le pape comme ordinaire des ordinaires, & comme évêque immédiat dans tous les diocèfes du monde chrétien, felon l'opinion fi commune & fi accréditée parmi les réguliers; & fuppofant que l'approbation de leurs règles & de leurs privilèges leur tenoit lieu d'approbation pour exercer par-tout les fonctions du miniftère facerdotal, ils en concluoient qu'ils

n'avoient aucun befoin de celle des évêques.

Ces prétentions qui cauférent tant de fcandales dans les diocèfes de Sens, d'Angers, d'Agen, & à la Chine, furent réprimées par les arrêts du confeil des 9 janvier 1657, & 4 mars 1669. Ce dernier arrêt fait la même diftinction que le concile de Trente. Il fuffit, pour autorifer les réguliers à prêcher dans les églifes de leur ordre, que l'évêque ne s'y oppofe pas, & qu'ils fe foient préfentés à lui pour recevoir fa bénédiction: mais s'ils veulent prêcher dans les autres églifes du diocèfe, ce n'eft pas affez que l'évêque ne s'y oppofe pas, fa permiffion eft néceffaire, & il peut la révoquer quand bon lui femble.

Les prétentions des réguliers n'ont été véritablement anéanties qu'à dater de l'édit de 1695, dont voici la difpofition: « aucuns réguliers ne pourront prêcher dans leurs églifes & chapelles, » fans s'être préfentés en perfonnes aux archevêques, ou évêques diocéfains, pour leur demander leur bénédiction, ni y prêcher contre leur volonté; & à l'égard des autres églifes, les féculiers & les réguliers ne pourront y prêcher, fans en avoir obtenu la permiffion des archevêques ou évêques, qui pourront la limiter & révoquer ainfi qu'ils le jugeront à propos; & ès églifes dans lefquelles il y a titre ou poffeffion valable pour la nomination des *prédicateurs*, ils ne pourront pareillement prêcher fans l'approbation & miffion defdits archevêques ou évêques. Faifons défenfes à nos juges & à ceux defdits feigneurs ayant juftice, de commettre & autorifer des *prédicateurs*, & leur enjoignons d'en laiffer la libre & entière difpofition aux prélats; voulant que ce qui fera par eux ordonné fur ce fujet, foit exécuté nonobftant toutes oppofitions ou appellations, & fans y préjudicier ». *Article* 10, *édit de* 1695.

Cet article, comme on le voit, termine toutes les queftions qui pouvoient être élevées fur l'approbation néceffaire, foit aux eccléfiaftiques féculiers, foit aux réguliers. 1°. Tous les féculiers ne peuvent prêcher dans aucune églife du diocèfe, même dans celle des réguliers, fans une approbation expreffe de l'évêque.

D'où il fuit que les curés primitifs, ou leurs députés, ne peuvent, aux fêtes annuelles, prêcher dans leurs paroiffes, fans être approuvés par l'évêque. L'article 14 du règlement des réguliers en contenoit déjà une difpofition expreffe.

D'où il fuit encore que les curés même ne peuvent faire prêcher dans leurs paroiffes un prêtre qui n'a point l'approbation de l'évêque.

Mais, par *prédications*, on n'entend point les inftructions familières, telles que les prônes, les prières du foir, & les catéchifmes. Les curés peuvent commettre tels eccléfiaftiques qu'ils jugent à propos, pour les faire dans leurs paroiffes, fans que ces eccléfiaftiques aient pour cela befoin d'être approuvés par l'évêque: c'eft ce qui a été jugé par arrêt du parlement de Paris, le 9 mars 1756. Cet arrêt reçoit les curés d'Auxerre appellans comme d'abus de deux ordonnances de l'évêque d'Auxerre, des 20 janvier & 26 février de la même année, en ce qu'elles exigent l'approbation de l'évêque pour les catéchismes, prières du soir, prônes, & autres instructions familières qui ne font pas comprises dans l'article 10 de l'édit de 1695, leur permet de faire intimer qui bon leur semblera...... & cependant fans préjudice du droit des parties au principal, fait défenses de mettre lesdites ordonnances à exécution aux chefs dont est appel, passer outre & faire ailleurs pourfuites.

2°. Les réguliers ne font point tenus, pour prêcher dans les églises de leur ordre, d'obtenir la permission de l'évêque; il suffit qu'ils se préfentent à lui pour recevoir fa bénédiction : mais ils ne peuvent pas plus prêcher dans leurs églises que dans les autres, lorsque l'évêque s'y oppose. Quand ils veulent prêcher dans les églises du diocèse, ou dans celles des réguliers d'autres ordres, ils font dans le cas des ecclésiastiques féculiers, & il leur faut une approbation expresse de l'évêque.

S'il n'est question que d'exhortations qui doivent être faites dans le chapitre ou dans les autres lieux du monastère, pour l'instruction seulement des religieux, les réguliers n'ont pas besoin pour cela de l'approbation de l'évêque.

3°. Les évêques font en droit de refuser la permission de prêcher à qui bon leur semble, fans qu'il y ait de voie ouverte pour les forcer à la donner. C'est ce qui suit évidemment de cette clause, « lesquels évêques la pourront limiter pour les » lieux, les personnes, le temps, ou les cas, ainsi » qu'ils le jugeront à propos, & la révoquer même » avant le temps expiré, pour causes survenues » depuis à leur connoissance, lesquelles ils ne se » ront pas tenus d'exprimer ». De forte que quand l'évêque ne fait pas paroître les causes de son refus, il n'y a point lieu à l'appel comme d'abus, ni à l'appel simple.

Cependant si l'évêque, en révoquant une permission de prêcher, exprimoit la caufe de la révocation, & que cette cause se trouvât abusive, elle donneroit lieu à l'appel simple ou à l'appel comme d'abus. C'est en ce sens qu'il faut entendre cette dernière clause de l'article 10 : « voulant que ce » qui fera par eux ordonné fur ce sujet, foit exé- » cuté, nonobstant toutes oppositions & appella- » tions, & fans y préjudicier ».

4°. Le prédicateur qui est approuvé pour prêcher dans un diocèse, ne peut prêcher dans une autre fans l'approbation spéciale de l'évêque du lieu.

L'approbation des prédicateurs est un droit qui appartient uniquement aux évêques, de forte que les exempts, quelle que foit la jurisdiction dont ils jouissent, ne peuvent approuver les prédicateurs, même pour les églises de leur territoire, & que les prédicateurs qui font nommés pour y prêcher, doivent avoir l'approbation de l'évêque diocésain.

De-là il fuit que quand un prêtre est approuvé de l'évêque, & qu'il est nommé pour prêcher dans les églises qui dépendent de la jurisdiction des exempts, il n'est point obligé de leur repréfenter son approbation, quelle que foit la possession contraire.

Le doyen du chapitre royal de Saint-Florent de Roye, official-né de l'évêque d'Amiens, & commis pour l'exercice de la jurisdiction spirituelle du chapitre, rendit une ordonnance le 27 décembre 1706, par laquelle il fit défense à Me Bains, curé du Quesnoi, de prêcher ce même jour dans l'église des religieux de la charité de Roye, & à l'avenir dans les autres églises de la ville de la jurisdiction du chapitre, fans auparavant lui avoir fait voir son approbation de l'évêque d'Amiens, & fans avoir obtenu fa nomination. Il prononçoit contre lui la peine d'interdit, ipso facto, en cas qu'il entreprît de prêcher malgré la défense qui lui en étoit faite. Les religieux de la charité se pourvurent contre cette entreprife du chapitre, & fur la fentence qui intervint aux requêtes du palais entre les religieux & le chapitre, le 6 septembre 1707, les religieux furent maintenus en la possession de prendre & choisir tels prêtres & ecclésiastiques qu'ils voudroient, pour prêcher & administrer les facremens en leurs églife, maifon, hôpital de la charité de Roye, pourvu qu'ils fussent approuvés de l'évêque d'Amiens; défenses au chapitre de les y troubler; le chapitre fut maintenu & gardé en la possession de se faire repréfenter les approbations de l'évêque d'Amiens, par tous les prêtres & ecclésiastiques, pour prêcher & administrer les facremens dans toutes les églises & lieux de la ville de Roye; & il fut en conféquence ordonné que les religieux feroient tenus de s'y conformer.

Les religieux s'étant pourvus par la voie de l'appel contre cette fentence, & ayant appellé comme d'abus de l'ordonnance du chapitre, & le fieur Bains s'étant rendu intervenant; par arrêt du 23 mars 1709, la cour, fur l'appel de ladite ordonnance, a dit qu'il y avoit abus; fur l'appel de ladite fentence, a mis l'appellation & ce dont est appel au néant; émandant, déboute lesdits du chapitre de Saint-Florent de Roye de leur demande : ce faifant, maintient les religieux de la charité de Roye dans le droit & possession de se servir, pour prêcher & administrer les facremens dans leurs églife & hôpital, de tels prêtres féculiers ou réguliers qu'ils jugeront à propos, pourvu qu'ils foient du nombre de ceux qui font approuvés par l'évêque d'Amiens, fans que le prêtre féculier ou régulier par eux choisi, foit obligé, non plus que les religieux de la charité, avant que de s'immifcer dans les fonctions ecclésiastiques, de repréfenter l'approbation au chapitre : fait défenses au chapitre de Roye de les y troubler; condamne le chapitre en tous les dépens, tant des caufes principales d'appel, que demandes envers lesdits religieux de la Charité & Bains, chacun à leur égard.

Duperrai rapporte cet arrêt dans son commentaire sur l'édit de 1695, art. 10. On voit qu'il juge différement que l'évêque peut donner les approbations pour prêcher dans le territoire des exempts, & que les exempts n'ont pas droit d'approuver les *prédicateurs*, puisqu'ils ne peuvent pas même se faire représenter les approbations accordées par l'évêque.

La bénédiction que celui qui prêche devant l'évêque est obligé de lui demander, est une reconnoissance que la *prédication* est principalement la fonction de l'évêque ; qu'il n'exerce cette fonction qu'à sa place, & qu'il a besoin pour cela de son consentement. Les exempts y sont assujettis comme les autres ; & lorsque les évêques assistent dans leurs églises au sermon, le *prédicateur* est tenu de leur demander leur bénédiction. C'est ce qui a été jugé au grand-conseil le 22 septembre 1663, en faveur de l'évêque de Laon, contre les religieux de l'abbaye de saint Martin de cette ville. Par cet arrêt, il est enjoint aux religieux & aux autres ecclésiastiques qui prêcheront dans leur église, de demander la bénédiction de l'évêque, lorsqu'il sera présent.

L'approbation que les évêques donnent aux *prédicateurs* doit être accordée sans frais : c'est la disposition précise de l'article 11 de l'édit de 1695. « Voulons, y est-il dit, que lesdites permissions » (ce qui comprend celle de prêcher, comme celle » de confesser) soient délivrées sans frais. Le con- » cile de Trente l'avoit déjà ordonné », *sess. 8, de reformat. cap. 2, ipsam autem licentiam (prædi- candi) gratis episcopi concedant.*

Il n'en est point des curés comme des autres ecclésiastiques séculiers ou réguliers ; ayant, par leur titre, droit de prêcher dans leurs paroisses, ils n'ont pas besoin d'une mission particulière de l'évêque, pour s'acquitter de cette fonction. L'évêque ne peut leur interdire le ministère de la *prédication*, qu'en prononçant contre eux une peine de suspense, après leur avoir fait leur procès selon les formes canoniques, ou en les privant de leur bénéfice pour quelque crime. Aussi l'article 2 de l'édit de 1695, les exempte-t-il formellement de l'obligation imposée aux autres ecclésiastiques d'obtenir des évêques une permission particulière. « N'entendons comprendre dans les articles précé- » dens les curés, tant séculiers que réguliers, qui » pourront prêcher & administrer le sacrement de » pénitence dans leurs paroisses ; comme aussi les » théologaux qui pourront prêcher dans les églises » où ils sont établis, sans aucune permission plus » spéciale ». Edit de 1695, art. 12.

Comme on ne peut jamais empêcher les curés de prêcher eux-mêmes, il faut non-seulement le consentement de l'évêque pour qu'un ecclésiastique séculier ou régulier puisse prêcher dans une paroisse, mais encore le consentement du curé. En effet, toutes les fois que l'évêque jugera à propos d'envoyer un ecclésiastique pour prêcher dans une

paroisse, cet ecclésiastique ne montera point en chaire, si le curé le juge à propos, parce que celui-ci pourra toujours se présenter pour remplir cette fonction par lui-même.

Mais il arrivera aussi que lorsque le curé ne sera pas en état de prêcher, ou d'instruire son peuple de quelque manière que ce soit, il sera toujours obligé de recevoir celui que lui enverra l'évêque. Il faudra que le curé choisisse quelque autre ecclésiastique pour le faire prêcher à sa place : mais l'évêque est le maître de révoquer les approbations qu'il a données, sans être tenu d'en déduire les causes. Il pourra donc toujours révoquer celui que le curé aura choisi ; & comme le peuple doit être instruit, il forcera toujours le curé à consentir à ce que celui qu'il commet, prêche dans sa paroisse.

D'après cela, il est aisé de résoudre la question de savoir si les curés peuvent refuser d'admettre dans leurs paroisses les *prédicateurs* que les évêques ont coutume d'envoyer pendant l'avent & le carême pour un certain nombre d'églises de la campagne. Ces *prédicateurs* n'étant donnés au curé que pour le soulager, & le curé pouvant lui-même se présenter pour prêcher, il est évident qu'il est libre de ne pas les admettre, & que l'évêque ne peut le forcer à les recevoir.

Quand il seroit question d'une station d'avent & de carême, fondée dans une paroisse considérable, & à laquelle d'autres que le curé auroient droit de nommer, il pourroit toujours exclure le *prédicateur* nommé pour le remplir, parce que ces stations n'étant fondées que pour sa décharge, il seroit libre de les remplir lui-même.

Mais il n'en est pas de même des missions extraordinaires que les évêques établissent par intervalles dans certains cantons de leurs diocèses, pour y ranimer la piété des peuples. Les instructions de ces missions se font à des heures qui n'interrompent point le cours des offices de la paroisse, & n'empêchent point par conséquent le curé d'y instruire son peuple, comme il a coutume de le faire. Ces missions sont rares, & on ne peut pas supposer qu'elles aient pour but de nuire à ses droits : elles produisent les plus heureux effets, & souvent on en apperçoit encore les fruits très-longtemps après dans les paroisses où elles se sont faites. Ainsi un curé qui refuseroit de les admettre dans sa paroisse, seroit tout-à-fait déraisonnable. Et il y a lieu de croire qu'il seroit condamné, au cas qu'il se pourvût par l'appel simple, ou par l'appel comme d'abus, pour qu'elles n'eussent pas lieu chez lui.

Si l'évêque trouve toujours le moyen d'obliger un curé qui ne peut pas prêcher par lui-même, à recevoir le *prédicateur* qu'il lui envoie, lors même qu'il a jetté les yeux sur un autre, il peut l'y forcer absolument, quand il néglige de prêcher ou de faire prêcher. Le curé manque alors à son devoir ; c'est le cas où le supérieur doit suppléer à son défaut, & la jurisdiction ne lui a été donnée que pour cela. L'évêque peut donc commettre alors un *prédicateur* pour prêcher à sa place, quoiqu'il refuse d'y confentir. Le concile de Trente veut que lorfque les curés négligeront de s'acquitter de ce devoir, les évêques nomment des *prédicateurs* pour le faire à leur défaut, & que les curés foient tenus de les payer. C'eft la difpofition du quatrième chapitre *de reformat. feff.* 24. *Sanƈta fynodus......* *mandat...... ut...... in aliis ecclefiis per parochos, five, iis impediiis, per alios ab epifcopo, impenfis eorum qui eas præftare vel tenentur, vel folent, deputandos in civitate, aut in quacumque parte diœcefeos cenfebunt expedire, faltem omnibus dominicis....... facras fcripturas divinamque legem annuntient.*

Mais quand le curé ne feroit point négligent de prêcher, qu'il fe préfenteroit même pour le faire, l'évêque peut toujours l'en empêcher, s'il juge à propos de prêcher ce jour-là dans la paroiffe. L'évêque eft le premier pafteur du diocèfe, & par conféquent de la paroiffe; la prédication fur-tout eft fa fonƈtion, & le curé ne s'en trouve jamais chargé qu'en fecond, & à fa décharge. Il faut pourtant obferver qu'il n'y a que l'évêque feul, & en perfonne, qui foit en droit de prêcher lorfque le curé fe propofe de prêcher lui-même.

On peut demander ici fi les curés ont le droit de prêcher ailleurs que dans leurs paroiffes, fans la permiffion de l'évêque. Il eft certain qu'il leur faut alors une permiffion fpéciale, comme aux autres prêtres du diocèfe; que cette permiffion, après leur avoir été accordée, peut être révoquée au gré de l'évêque, fans qu'il foit obligé de déduire les raifons pour lefquelles il la révoque. Par leur titre, ils ont droit de remplir toutes les fonƈtions du miniftère dans leur paroiffe; mais ce droit ne s'étend pas ailleurs. Ils ne font pas plus, par rapport aux paroiffes voifines, que les autres eccléfiaftiques du diocèfe, qui ne font point attachés au miniftère par le titre de curé.

L'exception qui a lieu par rapport aux curés, a lieu auffi à l'égard des théologaux. Nous avons vu que l'article 12 de l'édit de 1695, déclare que les théologaux, de même que les curés, ne font point obligés d'obtenir une permiffion fpéciale pour prêcher dans les églifes où ils font établis, « comme auffi les théologaux qui pourront prêcher dans » les églifes où ils font établis, fans aucune per- » miffion plus fpéciale ». Edit de 1695, *art.* 12.

L'établiffement des théologaux n'eft pas de la première antiquité. Sans le chercher dans l'églife grecque, où l'on prétend qu'ils ont exifté d'abord, l'opinion commune eft qu'il ne remonte point au-delà du troifième concile de Latran, en 1179.

Cependant, il ne faut pas même l'attribuer à ce concile, parce que le dix-huitième canon, où il eft queftion de les établir, confeille feulement de le faire, fans contenir de difpofition précife à cet égard. C'eft du quatrième concile de ce nom qu'il faut véritablement dater leur établiffement, parce que Innocent III ordonne expreffément d'en inftituer dans toutes les églifes cathédrales. *Undè cùm*

fæpè contingat quòd epifcopi, propter fuas occupationes multiplices, vel invaletudines corporalis..... per feipfos non fufficiunt miniftrare verbum Dei populo, maximè per amplas diœcefes & diffufas, generali conftitutione fancimus, ut epifcopi viros idoneos ad fanƈtæ prædicationis officium falubriter exequendum affumant, potentes in opere & fermone..... undè præcipimus..... in cathedralibus...... viros idoneos ordinari, quos epifcopi poffint coädjutores & cooperatores habere..... in prædicationis officio...... Innocen. III in concil. Lateran. cap. inter cætera extra. de officio judicis ordinarii.

Quoi qu'il en foit, ils ne furent d'abord établis que dans les églifes métropolitaines. Le concile de Bâle en 1438, *feff.* 31, *ch.* 3; la pragmatique, *tit. de collat. feff.* 10; le concordat, *tit. de collat.* ont ordonné d'en établir dans les cathédrales. L'ordonnance d'Orléans, *art.* 8, a adopté ces difpofitions. « En chacune églife cathédrale ou collégiale, » fera réfervée une prébende affeƈtée à un doc- » teur en théologie, de laquelle il fera pourvu » par l'archevêque, évêque ou chapitre, à la » charge qu'il préchera & annoncera la parole de » Dieu, chacun jour de dimanche & fêtes folem- » nelles, & ès autres jours, il fera & continuera » trois fois la femaine une leçon publique d'é- » criture fainte, & feront tenus & contraints les » chanoines d'y affifter, par privation de leurs » diftributions ». L'article 33 de l'ordonnance de Blois a excepté du nombre des collégiales où l'établiffement du théologal devoit avoir lieu, celles où le nombre des prébendes ne feroit que de dix, outre la principale dignité. « Nous voulons que » l'ordonnance faite à la requifition des états tenus » à Orléans, tant pour les prébendes théologales » que préceptoriales, foit exaƈtement gardée, fors » & excepté toutefois pour le regard des églifes où » le nombre des prébendes ne feroit que de dix, » outre la principale dignité ».

Les fonƈtions du théologal étoient de deux efpèces différentes; il devoit prêcher dans la cathédrale tous les dimanches & fêtes de l'année, « à la » charge, dit l'article déjà cité de l'ordonnance » d'Orléans, qu'il préchera & annoncera la parole » de Dieu chacun jour de dimanche & fêtes fo- » lemnelles ». Il étoit tenu, de plus, de faire des leçons d'écriture fainte-ou de théologie aux chanoines, une où deux fois la femaine. Cette feconde partie de fes fonƈtions eft exprimée dans la fuite du même article. « Et ès autres jours, il » fera & continuera, trois fois la femaine, une » leçon publique d'écriture fainte, ou de théolo- » gie, aux chanoines ».

Les leçons des théologaux ne font plus en ufage aujourd'hui. La célébrité des univerfités, le concours des étudians qui s'y rendoient de toutes parts, la réputation des maîtres qui y enfeignoient, ont fait que les chanoines qui étoient dans le cas d'étudier la théologie, ont mieux aimé y aller prendre des leçons de cette fcience, que de la recevoir du théologal dans leurs églifes, & les théologaux ont ceffé de donner des leçons, faute d'avoir des difciples pour les entendre.

A l'égard de la *prédication*, ils font toujours obligés de s'en acquitter. Les conciles & les ordonnances qui les établiffent leur impofent le devoir de prêcher tous les dimanches & fêtes de l'année. Ainfi, régulièrement parlant, ils font tenus de le faire tous les dimanches & fêtes. Cependant ils font difpenfés ordinairement de prêcher l'avent & le carême, parce que les fermons d'avent & de carême font prefque toujours fondés. En général, le plus ou le moins de befoins des lieux, les différentes fondations de fermons dans les églifes, ainfi que les claufes des actes d'établiffement des prébendes théologales, font des circonftances qui peuvent diminuer les charges & les devoirs des théologaux. Il y a même des églifes, comme celles de Paris, où les théologaux ne font chargés que de trois ou quatre fermons par an, foit à caufe de la modicité de leurs prébendes, foit parce que tous les autres fermons font fondés.

Les théologaux étant chargés, par leur titre même, du miniftère de la *prédication*, il en eft d'eux comme des curés, & tout ce que nous avons dit par rapport aux curés, peut fe dire à leur égard. Ainfi ils n'ont pas befoin de permiffion fpéciale pour prêcher; l'évêque ne peut les empêcher de s'acquitter de cette fonction, fans leur faire leur procès. Ce n'eft que lorfqu'ils refufent de prêcher ou de faire prêcher, que l'évêque a droit de nommer un autre *prédicateur*, pour le faire à leur place; & lorfqu'ils commettent un prêtre pour prêcher dans la cathédrale, il faut qu'il foit du nombre de ceux qui font approuvés par l'évêque. L'édit de 1695 en contient une difpofition formelle. « Les » théologaux ne pourront fubftituer autres per-» fonnes pour prêcher à leur place, fans la per-» miffion des archevêques & évêques ». *Article 13.*

De même ils ne peuvent être empêchés de prêcher que par l'évêque en perfonne. S'ils veulent prêcher ailleurs que dans la cathédrale, ils ne peuvent le faire fans la permiffion de l'évêque; & les théologaux qui font pourvus par d'autres que par les évêques, ne peuvent exercer leurs fonctions fans avoir obtenu la miffion de l'évêque, ou de fes grands-vicaires. Toutes ces propofitions font autant de conféquences naturelles de l'autorité qu'ont les évêques, en vertu de leur jurifdiction épifcopale, dans l'approbation des *prédicateurs*.

Nomination des prédicateurs. Il y a une grande différence entre la nomination des *prédicateurs*, & leur approbation. L'approbation dépend de la jurifdiction, & la nomination, de la poffeffion & du titre; il n'y a que les évêques qui puiffent approuver les *prédicateurs*, au lieu qu'un grand nombre de perfonnes peuvent avoir le droit de les nommer. Tels font les curé & marguilliers d'une paroiffe, les particuliers qui ont fondé des fermons, ou ceux à qui les fondateurs ont jugé à propos d'en affurer le droit.

Que faut-il donc penfer d'un arrêt cité par Duperrai, dans fon commentaire fur l'édit de 1695, qui femble contraire à ces maximes? Cet arrêt, rendu, felon lui, le 24 janvier 1699, déboute les habitans de Moulins de la demande qu'ils avoient formée contre l'évêque d'Autun, afin de faire preuve de la poffeffion où ils étoient de nommer un *prédicateur*.

Si cet arrêt exifte, il eft folitaire & contraire aux règles, & par conféquent ne peut être tiré à conféquence; d'ailleurs, il peut avoir été rendu dans des circonftances particulières, qui ne font point connues aujourd'hui, & d'après lefquelles il ne feroit pas même contraire aux principes que nous établiffons. Au refte, l'évêque de Boulogne ayant voulu obtenir la même chofe contre les habitans de Saint-Pol en Artois, qui étoient en poffeffion de nommer un *prédicateur*, il en fut débouté par arrêt du 30 décembre 1710. On trouve encore dans le journal des audiences un arrêt du 2 février 1624, qui juge que la nomination des *prédicateurs* appartient au curé & aux marguilliers, & non à l'évêque ou à fon grand-vicaire.

Mais il faut un titre valable ou une poffeffion fuffifante pour être en droit de nommer les *prédicateurs*. L'article 10 de l'édit de 1695 décidant que l'approbation eft néceffaire où il y a titre & poffeffion valable pour nommer les *prédicateurs*, fuppofe qu'on ne peut avoir droit à la nomination fans un titre ou une poffeffion fuffifante. Ainfi, les curé & marguilliers d'une paroiffe ne peuvent prétendre au droit de nommer leurs *prédicateurs*, qu'ils n'aient un titre qui le leur accorde, ou qu'ils ne foient en poffeffion de le faire.

Les femmes font exclues du droit de nommer un *prédicateur*, quoiqu'il leur foit accordé expreffément par la fondation. C'eft ce qui réfulte d'un arrêt rendu au parlement de Paris, le 24 feptembre 1578. Le cardinal de Créqui avoit laiffé, par fon teftament, une rente de trois cens livres pour entretenir un *prédicateur*, qui feroit choifi par fes fucceffeurs évêques d'Amiens, du confentement du chapitre & de la dame de Gouvrain, fa fœur & fon héritière. Après fon décès, l'évêque d'Amiens choifit un *prédicateur*: il confulta pour cet effet fon chapitre, mais il n'eut aucun égard à la claufe qui exigeoit qu'il demandât le confentement de la dame de Gouvrain: celle-ci le fit appeler au bailliage d'Amiens. La fentence rendue en conféquence fut favorable à l'évêque; & fur l'appel interjetté de cette fentence par la dame de Gouvrain, intervint l'arrêt qui la déclara non-recevable dans fa demande.

Avant l'édit de 1695, les évêques étoient en quelque façon forcés de laiffer prêcher tous ceux qui étoient nommés par les perfonnes qui avoient titre ou poffeffion pour les nommer, parce que les parlemens les obligeoient prefque toujours à les approuver. Mais cet édit a rétabli les évêques dans tous leurs droits par rapport à l'approbation des *prédicateurs*. Il décide que les *prédicateurs* ne pourront prêcher dans les églises, même où il y a titre ou possession pour nommer les *prédicateurs*, sans avoir obtenu l'approbation de l'évêque. « Et » ès églises où il y a titre ou possession valable » pour la nomination des *prédicateurs*, ils ne pour- » ront pareillement prêcher sans l'approbation & » mission desdits archevêques ou évêques ». *Article 10*, édit de 1695. Et comme, par le même article, les évêques font maîtres de refuser ou de révoquer les approbations, ainsi qu'ils le jugent à propos, sans être tenus d'en rendre compte à personne, les évêques ne font jamais forcés aujourd'hui de laisser prêcher malgré eux un *prédicateur*, quoique nommé par ceux qui en ont le droit, parce qu'ils peuvent lui refuser leur approbation, ou la révoquer, en cas qu'il l'ait déjà obtenue.

Et ceci est vrai, non-seulement par rapport aux *prédicateurs* nommés par les curés & marguilliers des paroisses, ou par les fondateurs, mais même à l'égard de ceux qui font nommés par les chapitres des cathédrales pour prêcher dans leurs églises. Lorsqu'ils ont titre ou possession pour nommer les *prédicateurs*, c'est à eux à le faire ; mais l'évêque n'est jamais tenu de donner son approbation à ceux qu'il lui a plu de choisir ; & peu importe que le chapitre soit exempt ou non ; quelle que soit l'étendue de son exemption & de ses privilèges, il n'est pas plus dispensé que les autres chapitres de choisir des prêtres qui aient l'approbation de l'évêque.

Dans toutes les églises qui n'ont point titre ou possession valable pour nommer leurs *prédicateurs*, c'est à l'évêque qu'il appartient de les nommer ; ce qui doit s'entendre même des chapitres exempts, comme de toutes les autres églises du diocèse. En effet, la cathédrale, quand on la supposeroit exempte, est toujours l'église de l'évêque, celle où est établie la chaire épiscopale, & où il doit exercer les fonctions de son ministère. C'est-là par conséquent qu'il est obligé de prêcher, s'il le peut, ou de faire prêcher si ses infirmités, ou d'autres raisons l'empêchent de s'acquitter de ce devoir. Tous ceux qui y prêchent, ne prêchent qu'à sa place ; c'est proprement une de ses fonctions qu'ils exercent, & une de ses obligations qu'ils acquittent. A quel autre donc le pouvoir de les choisir peut-il appartenir de droit commun ? Le chapitre de Châlons en Champagne, qui se prétend exempt, contesta ce droit à son évêque dans le quatorzième siècle ; mais il fut condamné par arrêt du 15 février 1364. Cet arrêt est rapporté dans Fevret, *liv. 3, chap. 1, n. 12.*

Mais quand même le chapitre exempt seroit en possession de nommer les *prédicateurs*, il ne pourroit empêcher l'évêque de prêcher lui-même dans sa cathédrale, lorsqu'il le juge à propos. Les fondations de sermons, quelles qu'elles soient dans la cathédrale, ne font établies qu'à la décharge de

l'évêque. Il est le pasteur de son peuple, le docteur de son église ; tous les autres *prédicateurs*, soit qu'il ne les nomme pas lui-même, soit que le choix lui en appartienne, ne font que ses substituts ; rien ne peut donc l'empêcher de faire entendre sa voix à ses ouailles, & de s'acquitter par lui-même de ses devoirs.

Cependant, comme pour nommer un *prédicateur* on est obligé de prendre ses mesures quelque temps d'avance, par rapport à cette nomination, & que ce seroit compromettre le chapitre que de lui laisser nommer un *prédicateur*, pour l'empêcher ensuite de prêcher, l'évêque est obligé d'avertir quelque temps auparavant qu'il se dispose à prêcher un tel jour. C'est ce qu'ordonne expressément un concile de Narbonne, de l'an 1585.

Les curés ont aussi le même droit, comme nous l'avons remarqué plus haut ; mais ils font également obligés, lorsqu'ils veulent prêcher eux-mêmes, de prévenir un certain temps auparavant ceux qui ont la nomination des *prédicateurs*. Ce temps a été déterminé dans une espèce un peu différente du cas que nous examinons ici, par un arrêt contradictoire du conseil privé, du 26 janvier 1644, rendu entre l'évêque d'Amiens & le chapitre de son église, à trois mois d'avance pour les *prédications* du carême.

Cet arrêt, rendu au rapport de M. Thiersault, après en avoir communiqué à M. l'évêque de Meaux, à M. de Marca, & à MM. de Léon & d'Ormesson, tous conseillers d'état, ordonne que l'évêque d'Amiens ayant nommé un *prédicateur* pour prêcher le carême dans l'église d'Amiens, en donnera par chacun an avis au chapitre, trois mois avant ledit carême, afin de lui faire entendre s'ils trouvent à redire quelque chose en sa personne. Lorsque c'est au chapitre ou aux marguilliers qu'appartient la nomination des *prédicateurs* du carême, & que l'évêque ou le curé veulent prêcher pendant ce temps, il est raisonnable de penser qu'ils font tenus de les avertir le même temps d'avance, pour ne pas leur faire faire de fausses démarches, en retenant mal-à-propos les *prédicateurs*, ou pour ne pas donner lieu à ceux-ci de se préparer inutilement, s'ils ont été déjà retenus.

Il faut observer que lorsqu'il y a quelque contestation au sujet de l'heure de la *prédication*, le jugement de cette contestation dépend de l'ordinaire, ainsi qu'il a été jugé par arrêt du 30 mars 1647, rendu en faveur de l'évêque de Langres, contre le chapitre de l'église cathédrale de la même ville.

Nonobstant l'exemption du chapitre, l'évêque peut faire la mission dans son église cathédrale, y faire alors prêcher & confesser, & y établir tous les autres exercices de piété qui ont lieu dans les missions ; mais à condition qu'il en donnera avis au chapitre, & qu'il prendra, pour la *prédication* & les autres exercices de piété, les heures commodes pour ne point troubler l'office canonial. La raifon en eft, que l'églife cathédrale eft l'églife matrice du diocéfe , & que c'eft la chaire épifcópale qui lui donne le titre de cathédrale. C'eft ce qui a été jugé contre le chapitre d'Amiens par l'arrêt déja cité du 26 janvier 1644. Il eft dit par cet arrêt, que ledit évêque pourra faire faire la miffion, quand bon lui femblera, dans fon églife cathédrale, & y faire prêcher, confeffer & adminiftrer les facremens fans troubler l'office canonial, après en avoir fait donner avis au chapitre.

L'article 12 du réglement des réguliers, porte que l'évêque, en cas de proceffions qui fe font dans les églifes des monaftères exempts, peut prêcher ou faire prêcher devant lui quelles perfonnes il juge à propos.

Salaire des prédicateurs. Le concile de Trente, en ordonnant que les évêques auront foin que les peuples foient inftruits, foit par leurs propres curés, foit, au défaut de leurs propres curés, par des prêtres qu'ils commettront à cet effet, aux dépens de ceux qui ont coutume ou qui font obligés de payer les *prédicateurs*, *impenfis eorum qui eas vel præftare tenentur, vel folent*, fuppofe que ce qui regarde le falaire des *prédicateurs* eft de la connoiffance des évêques. L'article 11 de l'édit de 1606, fe conformant en cela à la difpofition du concile de Trente, ordonnoit auffi que les feuls juges eccléfiaftiques pourroient connoitre des difficultés qui s'éleveroient touchant le falaire des *prédicateurs*: « pour le falaire defquels *prédicateurs*, au cas qu'il » y eût différend, ne s'en pourront adreffer à nos » juges ordinaires, mais feulement pardevant nof- » dits archevêques & évêques, ou leurs officiers ». Mais par l'arrêt d'enregiftrement de cet édit, il eft ordonné que cette dernière claufe fera ôtée. Ainfi ce n'eft point aux évêques à fixer le falaire des *prédicateurs*, ni à leurs officiaux à connoitre des difficultés qui s'élèvent à ce fujet.

La fonction de *prédicateur* eft trop noble & trop augufte pour que les *prédicateurs* puiffent en faire un trafic & la regarder comme une efpèce de commerce; c'eft pourquoi les conciles leur défendent toutes conventions au fujet de leur falaire. Ils peuvent recevoir ce qui leur a été affigné par les fondateurs, &, au défaut de fondations, attendre de la générofité des fidèles quelque marque de leur reconnoiffance; mais il feroit indécent de mettre à prix & de vendre, pour ainfi dire, la parole de Dieu. Ce font les raifons fur lefquelles le concile de Touloufe, de 1590; & celui de Narbonne, de 1609, fondent la défenfe qu'ils en font.

Dans la plupart des églifes importantes, comme font les cathédrales & les paroiffes des villes, où les prédications de l'avent & du carême font fondées, il n'y a jamais de difficulté au fujet du falaire des *prédicateurs*. Ils reçoivent ce qui leur eft attribué par la fondation pour l'avent ou le carême qu'ils prêchent.

Il ne peut y en avoir que lorfqu'il eft dans l'ufage immémorial d'envoyer un *prédicateur* dans un en-

droit pour l'avent & le carême, & qu'il n'y a aucune fondation faite pour fes honoraires. On demande alors qui doit être chargé de payer le falaire du *prédicateur*.

Ordinairement ces *prédicateurs* font des mendians qui n'ont point d'autre falaire que la permiffion de quêter dans l'endroit où ils prêchent. Les maires & les habitans des villes ne font point admis, dans un pareil cas, à leur refufer la permiffion de quêter. C'eft ce qui fut jugé, en 1633, par un arrêt du confeil privé. Les maire & habitans de la ville de Blois prétendoient être en droit de nommer les *prédicateurs*: l'évêque de Chartres, évêque diocéfain, avant l'érection de Blois en évêché, foutint, de fon côté, que c'étoit à lui qu'appartenoit le choix des *prédicateurs*. La nomination des *prédicateurs* fut confervée à l'évêque par cet arrêt; & comme les *prédicateurs* ne fubfiftoient que des quêtes qui fe faifoient pour eux dans la ville, & que les maire & échevins vouloient empêcher ces quêtes, l'arrêt leur défendit de mettre aucun obftacle à ce que les quêtes fe fiffent à l'ordinaire pour la fubfiftance des *prédicateurs*. Cet arrêt a donc jugé que dans les lieux où l'ufage eft que les *prédicateurs* ne fubfiftent & ne foient payés que par le moyen des quêtes qu'on leur permet de faire, les habitans ne peuvent les empêcher.

La jurifprudence n'eft pas conftante au fujet des autres moyens de pourvoir à leur falaire. Celle du parlement de Touloufe eft de condamner tous ceux qui partagent les fruits décimaux, à contribuer au falaire des *prédicateurs*, pour la part des fruits qu'ils perçoivent, & d'obliger les habitans à les nourrir; c'eft ce qui réfulte d'un grand nombre d'arrêts rapportés par Maynard. Selon Baffet, cette jurifprudence eft auffi fuivie en Dauphiné.

En général, c'eft l'ufage qui fait la règle en cette matière; & comme cet ufage eft différent, felon la diverfité des lieux, il ne faut point être étonné de la différence & de l'efpèce de contradiction qui fe rencontre entre les arrêts rendus au fujet du falaire des *prédicateurs*. Quelquefois les habitans font condamnés à fournir le logement, la nourriture & l'entretien des *prédicateurs* qui leur font envoyés par l'évêque; ce qui eft arrivé aux habitans de Saulieu, diocéfe d'Autun, par arrêt du confeil privé du 22 juin 1687: quelquefois auffi les décimateurs y font obligés pour le tout ou en partie: ainfi jugé au parlement d'Aix, par arrêt du 5 mai 1676, qui a condamné le prieur d'Argou, en qualité de décimateur de l'endroit, à payer trente livres au falaire du *prédicateur* de l'avent.

Privilège des chanoines prédicateurs. Les dignités ou chanoines employés par l'évêque aux miffions & aux *prédications* dans le diocéfe, font réputés préfens au chœur, & gagnent toutes les diftributions, tant quotidiennes que manuelles, comme ceux qui y affiftent. Mais ils font obligés d'apporter des certificats des curés & marguilliers des paroiffes dans lefquelles ils travaillent; ils ne peuvent être employés qu'en certain nombre en même temps, afin qu'il en reſte aſſez pour deſſervir l'égliſe ; & avant de partir pour les miſſions, ils ſont tenus d'en donner avis au chapitre.

C'eſt ce qui a été jugé par arrêt du conſeil d'état du 30 octobre 1640, pour le chapitre de Chartres. Comme ce chapitre eſt un des plus nombreux du royaume, l'arrêt permet que les chanoines ſoient députés en même temps au nombre de quinze pour le ſervice des miſſions ; trois pour les *prédications*, & douze pour le reſte des exercices de la miſſion. On ſent que dans un chapitre moins nombreux, le nombre de ceux qui ſeroient tenus préſens ſeroit bien moins conſidérable, parce que la règle eſt qu'il reſte un nombre de chanoines & de dignités ſuffiſant pour faire le ſervice ordinaire de l'égliſe.

PRÉDICATEURS SÉDITIEUX, (*Code criminel.*) les *prédicateurs ſéditieux* forment une claſſe particulière de coupables, dont le crime eſt d'autant plus grave qu'ils abuſent de l'empire que leur donne un caractère reſpectable, pour ſoulever les peuples contre les loix ou l'autorité légitime. On ſent combien de tels enthouſiaſtes peuvent être dangereux. Notre hiſtoire en fournit malheureuſement des exemples trop célèbres.

Lorſque des *prédicateurs* ſubſtituent des erreurs aux vérités qu'ils ſont chargés d'annoncer, ce ſont les juges eccléſiaſtiques qui doivent les réformer & les punir, en prononçant contre eux les peines preſcrites par les canons, & conformes à la diſcipline de l'égliſe ; mais ſi leurs diſcours tendent à ſoulever les peuples contre l'autorité, les loix & le gouvernement ; ſi leur effet eſt de troubler la tranquillité de l'état, ſi leurs déclamations indiſcrètes attaquent l'honneur de quelque citoyen, alors les tribunaux ordinaires doivent les pourſuivre & les punir ſuivant les circonſtances.

M. Jouſſe, l'un de nos meilleurs criminaliſtes, qualifie de *perturbateurs*, les *prédicateurs qui, dans leurs ſermons, uſent de paroles ſcandaleuſes, & qui tendent à émouvoir le peuple*. Il met au même rang ceux qui, ſous prétexte de réformer, ont pour objet d'établir un ſchiſme dans l'état, qui compoſent ou répandent des écrits qui peuvent en troubler la tranquillité & corrompre les mœurs.

Suivant la loi romaine *de re militari*, le perturbateur devoit être puni de mort. Les articles 1 & 2 de l'édit du mois de juillet 1561, prononçoient la même peine ; mais comme il étoit d'une ſouveraine injuſtice de punir du même ſupplice des délits d'une conſéquence plus ou moins dangereuſe, & qui avoient pour principe une intention plus ou moins criminelle, les ordonnances poſtérieures ont apporté de ſages modifications à cette déciſion trop générale & beaucoup trop ſévère ; elles ont même adouci la peine contre pluſieurs de ces délits qui y ſont diſtingués plus particulièrement ; ainſi, quoique l'édit de 1561 prononçât la peine de mort contre les *prédicateurs ſéditieux*, Henri IV, par une loi

du 22 ſeptembre 1595 , ſe contenta d'ordonner qu'ils ſeroient bannis du royaume à perpétuité, après avoir eu la langue percée d'un fer chaud. Peut-être ce monarque auroit-il pu porter la rigueur encore plus loin ; mais on ne ſauroit trop admirer la modération d'un prince qui avoit été tant de fois menacé des poignards du fanatiſme, & qui même a fini par tomber ſous leurs coups. Obſervons avec M. de la Croix, avocat, auteur d'un excellent ouvrage ſur la civiliſation & les moyens de remédier aux abus qu'elle entraîne, que la douceur de nos mœurs actuelles ne permettroit pas aujourd'hui que l'on perçât d'un fer chaud la langue d'un *prédicateur* téméraire, à moins que ſes diſcours n'euſſent produit l'effet le plus funeſte.

Il eſt une claſſe particulière de *prédicateurs ſéditieux* que nous ne pouvons paſſer ici ſous ſilence, quoique ce ne ſoit point du haut de la tribune ſacrée qu'ils ſèment dans l'état l'eſprit de révolte & de trouble dont ils ſont animés, mais ils ſont d'autant plus coupables, que leurs délits tendent ſouvent à compromettre les choſes les plus ſacrées, & à transformer en deſpotiſme cruel l'autorité douce & bienfaiſante de la religion ; ce ſont les prêtres qui, ſous le vain prétexte d'opinions différentes qu'ils flétriſſent à leur gré du nom odieux d'héréſies, ſe permettent de torturer l'ame d'un malheureux au lit de la mort, & de lui refuſer les conſolations de la religion & les ſacremens de l'égliſe. Ces ſcandales ſi multipliés depuis 1752 juſqu'en 1770, ſe reproduiſent moins aujourd'hui ; nos tribunaux ont cru devoir déployer toute leur ſévérité contre leurs auteurs, pluſieurs ont été condamnés au banniſſement à temps, ou à perpétuité ; mais nous aimons à croire que la prudence & la modération de nos lévites actuels eſt l'effet de la ſageſſe de nos pontifes, plus encore que celui de la crainte des peines. (*Article de M. BOUCHER D'ARGIS, conſeiller au châtelet de Paris, de l'académie royale des ſciences, belles-lettres & arts de Rouen.*)

PRÉFÉRENCE, ſ. f. (*terme de Pratique.*) eſt un avantage que l'on donne à l'un de pluſieurs concurrens ou contendans ſur les autres.

Par exemple, en matière bénéficiale, dans les mois de rigueur, le gradué nommé le plus ancien eſt préféré aux autres.

En matière civile, on préfère en général celui qui a le meilleur droit ; & dans le doute, on donne la *préférence* à celui qui a le droit le plus apparent. C'eſt ſur ce dernier principe qu'eſt fondée cette règle de droit, *in pari cauſâ, melior eſt poſſidentis*.

De même dans le doute, celui qui conteſte pour éviter le dommage ou la diminution de ſon bien, eſt préférable à celui *qui certat de lucro captando*.

Entre créanciers hypothécaires, les plus anciens ſont préférés, *qui prior eſt tempore, potior eſt jure*. Ce principe eſt obſervé par-tout pour la diſtribution du prix des immeubles.

A l'égard des meubles, il y a quelques parlemens
où

où le prix s'en diftribue par ordre d'hypothèque, quand ils font encore entre les mains du débiteur, comme aux parlemens de Grenoble, Toulouse, Bordeaux, Bretagne & Normandie.

Mais au parlement de Paris, & dans la plupart des provinces du royaume, où les meubles ne peuvent être fuivis par hypothèque, c'eft le créancier le plus diligent, c'eft-à-dire, le premier faififfant qui eft préféré fur le prix des meubles, à moins qu'il n'y ait déconfiture ; auquel cas, les créanciers viennent tous également par contribution au fol la livre.

L'inftance qui s'inftruit pour régler la diftribution des deniers faifis ou provenans de la vente des meubles, s'appelle *inftance de préférence* : c'eft ordinairement le premier faififfant qui en eft le pourfuivant, à moins qu'il ne devienne négligent, ou fufpect de collufion avec le débiteur, auquel cas un autre créancier fe fait fubroger à la pourfuite.

Cette inftance de *préférence* s'inftruit comme l'inftance d'ordre ; mais l'objet de l'un & de l'autre eft fort différent, car l'inftance d'ordre tend à faire diftribuer le prix d'un immeuble entre les créanciers, fuivant l'ordre de leurs privilèges ou hypothèques, au lieu que l'inftance de *préférence* a pour objet de faire diftribuer des deniers provenans d'effets mobiliers, par priorité de faifie, ou par contribution au fol la livre. *Voyez* CRÉANCIER, CONTRIBUTION, HYPOTHÈQUE, MEUBLES, PRIORITÉ, SAISIE, SUITE. (*A*)

PRÉFÉRENCE *entre les gradués.* Les univerfités étant compofées de différentes facultés, & les mêmes facultés conférant plufieurs efpèces de degrés, il étoit naturel que le concordat réglât le rang que devoient tenir entre elles les différentes facultés & les différens degrés, de manière que dans le cas de concours entre les gradués, on fût quel eft celui qui doit être préféré.

L'ordre & le rang que doivent tenir entre eux les gradués, font expreffément marqués dans le concordat, au §. *ftatuimus quoque* du titre *de collationibus.* Nous allons mettre fous les yeux de nos lecteurs les difpofitions de cette loi, en y ajoutant quelques obfervations pour en faciliter l'intelligence.

Quo vero ad beneficia, in menfibus graduatis nominatis deputatis, antiquiori nominato conferre, feu antiquiorem nominatum, qui litteras nominationis, temporis ftudii & atteftationis nobilitatis debitè infinuaverit, prefentare feu nominare teneantur.

Ici la loi décide que, dans les mois de rigueur, le gradué le plus ancien en nomination doit l'emporter, abftraction faite de l'ancienneté, de la nature du grade, & même de la faculté par laquelle le grade a été conféré : *antiquiori nominato.*

Cette ancienneté de nomination ne fe compte point du jour de l'expédition des lettres de nomination, ou de leur fignification, mais du jour même où elles ont été accordées, c'eft-à-dire, du jour où le gradué préfente fa fupplique au recteur

de l'univerfité, dans fes affemblées générales ou particulières, & que fe préfentant devant lui, il dit, *fupplico pro litteris nominationis* ; à quoi le recteur répond, *placet concedi.* Il eft évident que l'univerfité le nomme en lui accordant des lettres de nomination, & en l'admettant au nombre de ceux qu'elle veut gratifier. Le greffier eft obligé de tenir un regiftre exact de ces fuppliques, & de dater les lettres de nomination de ce jour-là, quoiqu'il s'écoule fouvent un long intervalle de temps avant qu'il les expédie.

Tel avoit toujours été l'ufage de l'univerfité de Paris, jufqu'au commencement de ce fiècle, qu'il fut changé par quelques greffiers qui s'avifèrent de ne plus dater les lettres de nomination que du jour de l'expédition, afin d'engager les gradués à les lever plus promptement ; ce qui leur procureroit des émolumens confidérables. Mais l'univerfité ne voulant pas que ceux qui pourroient manquer d'argent, ou qui voudroient délibérer à loifir fur quelles prélatures ils placeroient leurs grades, fuffent dans le cas de perdre leur ancienneté de nomination, ordonna dans fon affemblée du 8 juin 1707, que dorénavant on donneroit deux dates à fes lettres, en les terminant par ces mots *datum die*, qui eft le jour où la fupplique a été préfentée, & la nomination accordée, *expeditum vero die*, qui eft celui de l'expédition. Ce feroit en vain qu'on oppoferoit l'arrêt du parlement de Paris, rendu en la troifième des enquêtes le 8 janvier 1708, qui défendit au greffier de l'univerfité d'exécuter ce réglement. Cet arrêt, fondé fur une erreur de fait, n'a pas reçu fon exécution, n'ayant pas d'ailleurs été fignifié à l'univerfité. MM. de la troifième des enquêtes crurent que l'ufage étoit de réitérer les fuppliques chaque fois que l'on prenoit des lettres de nomination. En conféquence, ils défendirent au greffier de délivrer aucunes lettres de nomination, fous une autre date que celle de la nomination accordée par l'univerfité, fur un ou plufieurs collateurs particuliers, & non fous la date de la fupplique faite en général à ladite univerfité, pour parvenir à l'obtention des lettres de nomination. Il eft évident que cet arrêt étoit impraticable, puifque le gradué ne fait jamais qu'une fupplique pour des lettres de nomination en général, qui lui font enfuite expédiées quand il le juge à propos, & fur le collateur qu'il choifit.

Malgré l'arrêt de 1708, il a été jugé en 1713 & en 1723, que la date des lettres de nomination ne fe prend pas du jour que l'expédition en a été délivrée, mais du jour qu'elles ont été accordées par l'univerfité fur la fupplique du gradué : ainfi l'arrêt de 1708 ne peut plus fervir de préjugé.

Quoique les lettres de nomination portent la date du jour où elles ont été accordées, c'eft cependant l'année même de la nomination qui décide la *préférence entre les gradués*, lorfque d'ailleurs toutes chofes ne font pas égales entre eux. Citons d'abord le texte de la loi, ceci s'éclaircira.

QQqq

Concurrentibus autem nominatis ejufdem anni, docto-res, licentiatis, licenciatos baccalaureis, demptis bacca-laureis formatis in theologia, quos favore ftudii theo-logici, licenciatis in jure canonico, civili aut medi-cina, præferendos effe decernimus, baccalaureos juris ca-nonici, aut civilis, magiftris in artibus volumus præferri.

Dans le concours de gradués nommés dans la même année, *nominatis ejufdem anni*, il faut pré-férer les docteurs aux licenciés, & ceux-ci aux ba-cheliers, & les bacheliers aux maîtres-ès-arts. Ce n'eft pas au jour feulement, mais à l'année de la nomination qu'il faut recourir pour établir la *pré-férence entre les gradués*; ce n'eft pas la priorité des jours ou des mois qui donne l'antiquité néceffaire pour la *préférence*, mais c'eft l'année. Par conféquent celui qui a été nommé le premier janvier, n'eft pas plus ancien en nomination que celui qui l'a été le premier mars. En un mot, pour faire ceffer la dif-parité dans les degrés, il faut l'emporter fur fon concurrent d'une même année. Ainfi, entre les gradués nommés la même année, c'eft celui qui a le grade le plus élevé qui doit l'emporter.

Obfervons qu'il ne s'agit point ici de l'année civile, mais de l'année académique, qui, dans l'uni-verfité de Paris, commence au premier octobre, jour où elle reprend fes exercices publics. Cette diftinction de l'année académique & de l'année ci-vile a été, felon Gohard, le fondement de l'arrêt du 5 juin 1708, qui a adjugé la cure de faint Mar-tin-fur-Ouance à un fimple maître-ès-arts, par pré-férence à un bachelier en théologie, quoique tous les deux euffent des lettres de nomination de l'an-née 1690 : mais il y avoit cette différence que le premier avoit été nommé au mois de mars, & le fecond au mois d'octobre, & par conféquent dans l'année académique 1691.

Obfervons encore que la *préférence* que le con-cordat donne aux bacheliers formés en théologie, fur les licenciés des autres facultés, ne peut plus avoir lieu aujourd'hui qu'il n'y a plus de bacheliers formés. L'auteur des mémoires du clergé eft d'une opinion contraire. Il prétend que l'on doit regar-der comme bacheliers formés en théologie tous ceux qui ont été promus à ce degré, après un temps d'étude compétent. Cependant il paroît qu'on n'en-tendoit autrefois par bacheliers formés, que ceux qui, après avoir reçu le baccalaureat, avoient en-feigné la théologie pendant quatre ans. Ils pou-voient mériter des privilèges, qu'il n'eft pas natu-rel d'adapter aux bacheliers de nos jours, qui ne font que ce qu'on appelloit anciennement bache-liers fimples. Il feroit moins déraifonnable d'affimi-ler aux bacheliers formés ceux qui courent la licence.

Après avoir réglé que la *préférence entre les gra-dués* nommés dans la même année, feroit donnée à la fupériorité du grade, le concordat décide ce qui doit fe pratiquer, fi les gradués concourent & par l'année de nomination, & par le grade.

Concurrentibus autem pluribus doctoribus in diverfis

facultatibus, doctorem theologum, doctori in jure; doc-torem in jure canonico, doctori in jure civili; doctorem in jure civili, doctori in medicina, præferendos effe decernimus; & idem in licentiatis & baccalaureis fer-vari debere volumus.

Ainfi, en fuppofant même année de nomina-tion, mêmes degrés, ce feront les facultés qui déci-deront la *préférence entre les gradués*. La théologie l'emportera fur le droit, le droit canon fur le droit civil, le droit fur la médecine, & la médecine fur les arts.

Mais qui fera préféré, fi tout eft égal, quant à l'année de la nomination, quant au degré & quant à la faculté ? Le concordat a encore prévu ce cas, *& fi in eis facultate & gradu concurrant ad datam nomi-nationis, feu gradus recurrendum effe volumus.* C'eft donc alors la date, & non plus feulement l'année de la nomination qui doit décider, & l'on s'apper-çoit combien il étoit important de déterminer de quelle date devoient partir les nominations. Si la date eft la même, c'eft-à-dire, fi la nomination eft du même jour, il faudra alors avoir recours au degré, & celui dont les lettres de degré feront plus anciennes, devra être préféré. C'eft ce que fait clairement entendre le concordat, par ces expref-fions, *ad datam nominationis feu gradus.*

Enfin, fi tout eft parfaitement égal entre les gradués, le collateur ordinaire pourra gratifier celui d'entre eux qu'il jugera à propos. *Et fi in omnibus iis concurrant, tunc volumus quod collator ordinarius inter eofdem concurrentes gratificari poffit.*

Les principes que nous venons d'expofer fur ce qui conftitue l'ancienneté des gradués entre eux, font puifés dans le texte même du concordat. Nous avons fuivi l'opinion de Rebuffe, de Ducaffe, de l'auteur du *Traité des gradués*, imprimé en 1710, de Boutaric & de Gohard. Cependant, ces prin-cipes ne font pas admis par tous nos auteurs; il en eft de très-refpectables qui foutiennent que, dans tous les cas, l'ancienneté de la nomination fe prend du jour même où elle a été admife, de forte qu'un fimple maître-ès-arts nommé, doit l'emporter fur un docteur en théologie, dont la nomination feroit poftérieure d'un feul jour; c'eft ce que développe M. Piales, *Traité des gradués*, tome 3, page 330. « Il eft remarquable, dit-il, que le concordat re-» garde comme également anciens, deux gradués » nommés qui ont fait leurs cours d'études en » même temps, & qui, après leurs cours d'étude, » ont obtenu l'un & l'autre des lettres de nomina-» tion ; enforte que la priorité de la date des lettres » de nomination n'opère pas en ce cas un droit » de *préférence*; parce que, dit M. l'avocat-général » Talon, portant la parole à la grand-chambre du » parlement de Paris, le 20 mars 1631, la priorité » de la date eft de fi peu de temps, qu'elle n'eft » pas confidérable. En ce cas, le docteur devroit » être préféré au licencié, le licencié au bachelier, » le bachelier au maître-ès-arts. Cependant l'ufage » préfent eft contraire : la priorité de la date des

» lettres de nomination, ne fût-elle que d'un seul
» jour, fait préférer le maître-ès-arts au docteur ».

M. Piales, dans l'article *Gradué* qu'il a fourni
au nouveau Répertoire de jurisprudence, & qui a
été imprimé en 1779, après avoir cité le texte du
concordat qui règle l'ordre & la *préférence* qui
doivent régner entre les gradués, persiste dans l'opinion qu'il a annoncée dans son *Traité des gradués*,
imprimé en 1757. « Il est remarquable, dit-il,
» 1°. que l'ancienneté à laquelle, par ces disposi-
» tions du concordat, la *préférence* doit être accor-
» dée, ne doit s'entendre que de celle de la nomi-
» nation; de sorte qu'il n'y a point lieu de recou-
» rir à ces différens ordres de *préférence*, lorsque
» parmi les gradués nommés qui ont requis,
» & qui ont été pourvus du même bénéfice, l'un
» d'entre eux se trouve plus ancien en nomination;
» 2°. qu'un gradué nommé doit être réputé plus
» ancien, quand même ses lettres de nomination
» ne seroient antérieures en date que d'un jour à
» celles de ses concurrens; 3°. que dans le cas
» de l'antériorité de la date d'un jour, le gradué
» qui seroit maître-ès-arts l'emporte sur un autre
» gradué docteur en théologie; 4°. qu'à cause de la
» supériorité de la science théologique à toutes les
» autres, le bachelier formé en théologie l'em-
» porte sur le licencié en droit & en médecine;
» 5°. que l'on ne doit avoir recours à l'ancienneté
» du degré qu'au défaut de tout autre motif de
» *préférence*, ou lorsque toutes choses sont d'ailleurs
» égales; ainsi dans le cas où il y auroit plusieurs
» docteurs en théologie, dont les lettres de nomi-
» nation seroient de même date, il faudroit accor-
» der la *préférence* à celui qui auroit été promu le
» premier au doctorat ».

Drapier paroît être du même sentiment que
M. Piales; mais il ne développe pas parfaitement
son idée. Lacombe & Duperrai gardent le silence
sur cette question. Les mémoires du clergé, &
d'Héricourt, disent en général qu'il ne faut recourir à la supériorité du degré ou de la faculté, que
dans le cas où les deux gradués auroient été nommés en même temps, & citent le concordat, sans
expliquer ce qu'ils entendent, par être nommés en
même temps. Durand de Maillane, dans son dictionnaire, a très-souvent copié M. Piales, & c'est
ce qu'il n'a pas fait de plus mal. Denisart s'explique très-confusément; ainsi, en dernière analyse, nous ne connoissons que M. Piales qui atteste
que l'usage a dérogé à la disposition expresse du
concordat, selon laquelle, entre gradués inégaux
par les degrés ou les facultés, l'ancienneté de la
nomination ne se compte que par l'année, de manière que pour qu'un maître-ès-arts soit plus ancien
nommé qu'un docteur en théologie, il ne faut pas
que la nomination de l'un & de l'autre soit faite
dans la même année, mais que celle du maître-ès-
arts soit de l'année antérieure à celle du docteur.

L'usage contraire, attesté par M. Piales, ne doit
pas être bien ancien, puisque Boutaric & Gohard

ne le connoissoient pas: l'un est décédé en 1733,
& l'autre en 1749. Il n'a encore été adopté par
aucun arrêt, du moins que nous connoissions. Il
reste actuellement à décider, si cet usage dans le
cas où on l'invoqueroit, devroit l'emporter sur la
disposition textuelle de la loi.

Il est un titre de *préférence entre les gradués* qui
ne se trouve pas dans le concordat. Il prend son
origine dans les réglemens de quelques-unes de
nos universités, qui ont cru devoir favoriser ceux
de leurs professeurs qui ont enseigné pendant un
certain nombre d'années. Ces réglemens autorisés &
modifiés par nos rois, ont force de loi dans une
partie de la France. *Voyez* RÉGENS SEPTÉNAIRES.
(*M. l'abbé* BERTOLIO, *avocat au parlement*,)

PRÉFET, s. m. (*Droit ecclés.*) est le nom qu'on
donne à Rome aux chefs des différens bureaux.

Il y a un *préfet* des petites dates, *voyez* DATE;
un *préfet* de la componende, *voyez* COMPONENDE;
un *préfet* des vacances *per obitum*, *voyez* VACANCE.

Le *préfet* des brefs est le cardinal chargé de revoir & de signer les minutes des brefs sujets à la
taxe. *Voyez* BREF.

On appelle *préfet de la signature de grace*, l'officier de la cour de Rome, qui, dans les signatures de grace, fait les mêmes fonctions que le
préfet de la signature de justice exerce dans les affaires qui sont de son ressort. On appelle *signature
de grace*, celle qui se tient en présence du pape,
qui, étant souverain dans ses états, peut dispenser
de la rigueur des loix ceux qu'il juge à propos d'en
dispenser. En l'absence du pape, le cardinal *préfet*
doit être assisté de douze prélats; & plusieurs juges
des autres tribunaux assistent aussi à son audience,
mais sans voix délibérative, & seulement pour
soutenir les droits de leurs tribunaux quand l'occasion s'en présente. Il a les mêmes appointemens
que le *préfet* de la signature de justice.

Le *préfet* de la signature de justice est un cardinal jurisconsulte qui approuve les requêtes, & qui
y met son nom à la fin, pour servir de *visa*; mais
quand elles sont douteuses, il en confère avec les
officiers de la signature, avant que de les signer.
Il donne de même pour les provinces, des rescrits
de droit, qui sont aussi authentiques que si le pape
lui-même les signoit, suivant une constitution de
Paul IV.

La jurisdiction de *préfet* de la signature de justice
s'étend à donner des juges aux parties qui prétendent avoir été lésées par les juges ordinaires.
Tous les jeudis il s'assemble chez lui douze prélats,
qui sont les plus anciens référendaires de la signature, & qui ont voix délibérative. Il entre aussi
dans cette assemblée un auditeur de rote, & le
lieutenant-civil du cardinal-vicaire, pour maintenir les droits de leurs tribunaux; mais l'un & l'autre
n'ont point de voix délibérative.

La chambre apostolique donne au cardinal *préfet*
de la signature de justice, quinze cens écus d'appointemens par an. Il a sous lui deux officiers, le

préfet des minutes dont l'office coûte douze mille écus, & en rend environ douze cens ; & le maître des brefs dont l'office coûte trente mille écus, & en produit au moins trois mille de revenu. Ce tribunal rend la juſtice avec lenteur, & c'eſt une choſe très-préjudiciable en elle-même.

PRÉFIX, adj. *en droit*, ſe dit de ce qui eſt fixé d'avance à un certain jour ou à une certaine ſomme.

L'aſſignation eſt donnée à jour *préfix*, lorſqu'à l'échéance du délai porté par l'exploit, il faut néceſſairement ſe préſenter.

On appelle *douaire préfix*, celui qui eſt fixé par le contrat de mariage à une certaine ſomme en argent ou rente, à la différence du douaire coutumier qui eſt plus ou moins conſidérable, ſelon ce qu'il y à de biens que la coutume déclare ſujets à ce douaire.

PRÉFIXION, f. f. ſignifie, *en terme de pratique*, la durée d'un délai qui eſt accordé pour faire quelque choſe, paſſé lequel temps on n'y eſt plus recevable : ainſi quand la coutume permet d'intenter le retrait dans un certain temps, celui qui veut uſer de retrait doit le faire dans le temps marqué par la loi, ſans autre *préfixion* ni délai. (*A*)

PRÉJUDICE, f. m. ce terme, *en droit*, a pluſieurs acceptions. Il ſignifie quelquefois *tort, grief, dommage* ; comme quand on dit que quelqu'un ſouffre un *préjudice* notable par le fait d'autrui : quelquefois il ſert à exprimer une réſerve de quelque choſe, comme quand on met à la ſuite d'une clauſe, que c'eſt ſans *préjudice* de quelque autre droit ou action.

PRÉJUDICIAUX, FRAIS, (*Procédure.*) ſont des frais de contumace, que le défaillant eſt obligé de rembourſer avant d'être admis à pourſuivre ſur le fonds. (*A*)

PRÉJUDICIELLE (*queſtion*), (*terme de Palais.*) ſignifie toute queſtion qui peut jetter de la lumière ſur une autre, & qui par conſéquent doit être jugée avant celle-là. Si, par exemple, dans une queſtion ſur la part que quelqu'un doit avoir dans une ſucceſſion, on lui conteſte la qualité de parent, la queſtion d'état eſt une queſtion *préjudicielle*, qu'il faut vuider avant de pouvoir décider quelle part appartient au ſoi-diſant parent.

PRÉJUGÉ, *en terme de palais*, ſignifie ce qui eſt jugé d'avance, ainſi quand on admet les parties à la preuve d'un fait, on regarde la queſtion comme *préjugée*, parce que le fait étant prouvé, il n'y a ordinairement plus qu'à prononcer ſur le fond.

On appelle auſſi *préjugés* les jugemens qui ſont rendus dans des eſpèces ſemblables à celles qui ſe préſentent ; les arrêts rendus en forme de règlement ſervent de règle pour les jugemens, les autres ne ſont que de ſimples *préjugés* auxquels la loi veut que l'on s'arrête peu, parce qu'il eſt rare qu'il ſe trouve deux eſpèces parfaitement ſemblables, *non exemplis ſed legibus judicandum*, dit la loi 13 au code *de ſententiis & interlocut*. Cependant une ſuite de jugemens uniformes, rendus ſur une même queſ-

tion, forment une juriſprudence qui acquiert force de loi. *Voyez* AUTORITÉ DES LOIX. (*A*)

PRÉLAT, f. m. (*Droit canonique*.) ſignifie en général, un homme placé, élevé au-deſſus des autres, avec quelques droits, privilèges & prérogatives. Mais l'uſage en a reſtreint l'application aux perſonnes, qui, dans l'état eccléſiaſtique, ſont revêtues de quelques-unes des places & dignités, que l'on déſigne ſous le nom de *prélature*. *Voyez* PRÉLATURE.

PRÉLATION, (*Droit féodal.*) on appelle ainſi, dans le pays de droit écrit, le droit qu'a le ſeigneur de refuſer l'inveſtiture à l'acquéreur d'un fonds noble ou roturier, ſitué dans ſa directe, & de retenir le fonds pour lui, en en rembourſant le prix à l'acquéreur.

On voit combien ce droit a de rapport avec le droit de retenue accordé au ſeigneur dans les pays coutumiers. Pluſieurs auteurs, & des ſtatuts même de quelques pays de droit écrit, n'ont pas fait de difficulté de l'appeller auſſi *retrait ſeigneurial, retrait féodal* ou *cenſuel*, ſuivant ſon objet. Mais comme il diffère ſur un grand nombre de points, de ce qui ſe pratique pour les différentes eſpèces de retrait ſeigneurial dans les pays coutumiers ; & qu'il n'y a guère moins de variété dans la juriſprudence des différens parlemens de droit écrit entre eux à cet égard, on a dû expoſer ces différences dans un article ſéparé.

On traitera donc dans onze paragraphes.

1°. De l'origine du droit de *prélation*.

2°. Des pays où il eſt admis.

3°. Des choſes qui y ſont ſujettes.

4°. Des contrats qui y donnent ouverture.

5°. Des ſeigneurs qui peuvent uſer de la *prélation*.

6°. De la ceſſion du droit de *prélation*.

7°. De la préférence du droit de *prélation* ſur le retrait lignager.

8°. Du cas où le ſeigneur n'a la directe que d'une partie des objets vendus.

9°. Du temps dans lequel la *prélation* doit être exercée, & des fins de non-recevoir qu'on peut y oppoſer.

10°. De l'exercice du droit de *prélation*.

11°. Des effets de la *prélation*.

§. I. *De l'origine du droit de prélation.* Le droit de *prélation* a été établi par la loi dernière au code *de jure emphyt*. On avoit beaucoup agité ſi le preneur à titre d'emphytéote pouvoit diſpoſer des améliorations qu'il avoit faites, & transférer ſes droits à un tiers ; ou s'il devoit attendre le conſentement du ſeigneur, c'eſt-à-dire, de celui qui avoit le domaine direct. Juſtinien, conſulté là-deſſus, ordonne, par cette loi, que ſi le bail emphytéotique a quelques diſpoſitions ſur cet objet, on les ſuive exactement ; mais qu'à défaut de titre, l'emphytéote ne puiſſe aliéner ſans le conſentement du ſeigneur.

Dans la crainte néanmoins que, ſous ce prétexte, les seigneurs n'empêchent les emphytéotes de retirer le prix de leurs améliorations, & ne cherchent à les priver de tout l'avantage qu'ils en pourroient recueillir, ce prince ordonne que l'acquéreur sera tenu d'affirmer au seigneur la valeur du fonds, & de lui déclarer combien il pourroit véritablement en retirer d'un étranger; sur quoi le seigneur pourra prendre le fonds pour le même prix, & acquérir les droits de l'emphytéote, en lui en payant la valeur. Si le seigneur laisse passer l'espace de deux mois sans prendre ce parti, l'emphytéote peut disposer de ses droits en faveur de qui bon lui semblera, pourvu que ce ne soit pas en faveur de ceux à qui les loix défendent de prendre des baux emphytéotiques. Si l'acquéreur est dans le cas de bien payer le canon emphytéotique, le seigneur est obligé de l'agréer & de le mettre en possession, non par le ministère d'un fermier ou d'un agent, mais par lui-même ou par ses lettres, autant que cela sera possible; & si le seigneur ne le peut ou ne le veut pas, on s'adressera aux magistrats préposés à cet effet.

Enfin, pour empêcher encore que les seigneurs n'exigent à cette occasion de grosses sommes d'argent, comme ils l'avoient fait jusqu'alors, l'empereur leur défend de prendre, pour accorder leur agrément au cessionnaire, plus du cinquantième du prix de l'aliénation ou de l'estimation de l'objet de l'aliénation. Si l'acquéreur ne se conforme pas à ce que prescrit cette constitution, il est privé de tous ses droits.

Il est douteux que le droit de *prélation*, tel qu'il subsiste aujourd'hui parmi nous, ait été établi par cette loi du code. On sait que ce recueil de Justinien n'eut jamais d'autorité dans les Gaules, que les Barbares avoient déjà conquises de son temps; il paroît même que les emphytéoses n'ont été connues dans les pays de droit écrit, que depuis le renouvellement des études, qui fit adopter le corps de droit de Justinien, comme la loi de ces pays-là. *Voyez l'addition au mot* EMPHYTÉOSE.

Long-temps auparavant, il y avoit dans ces provinces, comme dans les pays coutumiers, des fiefs & des concessions à cens, qu'on y connoissoit plus communément sous le nom d'*albergations*, ou *albergues*, *acapits*, ou *acaptes*, &c. L'aliénation de ces domaines donnoit ouverture à des droits de lods, dès le dixième siècle. On en voit la preuve dans l'histoire générale du Languedoc, *tome 2*, *pag. 109*, & à la *page 98* des preuves.

Il ne paroît point que le retrait seigneurial, ou droit de *prélation*, fût encore connu. Mais l'aliénabilité des fiefs ne tarda pas à introduire le droit de retrait féodal. Il en est question dans les assises de Jérusalem, & dans une chartre de Thiebaut, comte de Champagne, de l'an 1198. (Pithou, *sur l'article 27 de la coutume de Troyes*.)

Les assises de Jérusalem parlent de ce droit, comme d'un usage existant depuis long-temps. Tous les monumens postérieurs de notre jurisprudence

féodale en font aussi mention). Les livres des fiefs l'avoient même admis dans le temps où les vassaux pouvoient aliéner la moitié de leurs fiefs, comme on le voit au §. *porrò*, *tit. 9*, *lib. 2*, *qualiter ólim poterat feud. alien.* Mais le droit de retrait seigneurial pour les fiefs, n'entraînoit pas nécessairement le droit de retrait seigneurial pour les rotures. Encore aujourd'hui dans les pays coutumiers, le retrait censuel est contraire au droit commun.

On pourroit croire que cette dernière espèce de retrait a été établie à l'imitation du retrait féodal, ou même du retrait lignager. Mais comme elle subsiste principalement dans les pays de droit écrit & dans les provinces voisines, il seroit aussi naturel de croire qu'on en a pris l'idée dans la loi du code dont on vient de parler. Il est probable que toutes ces causes ont contribué à la modifier. Voilà pourquoi sans doute le droit de *prélation* des pays de droit écrit tient le milieu entre le retrait seigneurial de nos coutumes, & le droit de préférence établi par la constitution de Justinien.

§. II. *Des pays où le droit de prélation est admis.* La différence qui subsiste entre le droit de *prélation* actuel & celui du code, est la principale raison sur laquelle l'annotateur de Boutaric s'est fondé pour soutenir que cette espèce de retrait ne formoit point le droit commun. « Outre que le bail à cens est, » dit-il, » un contrat différent de l'emphytéose, on » peut dire que la disposition de cette loi a été » abrogée par un usage général ». (*Des Droits seigneuriaux*, pag. 216, n°. 2.)

Mais de ce que l'usage a modifié la *prélation*, il ne s'ensuit pas qu'elle n'existe plus dans le droit commun. L'emphytéose elle-même n'étant plus qu'un bail à cens, il se trouve seulement que le droit de *prélation* n'est, à bien des égards, qu'un retrait censuel. Aussi les titres & les auteurs confondent-ils sans cesse les mots de *prélation* & de retrait censuel. L'article 87 de la coutume de Bordeaux dit : « le seigneur foncier ne peut prétendre » aucun droit sur les choses vendues, aliénées ou » données par sondit emphytéote, fors seulement » sur les choses vendues, ventes & honneurs, ou » les retenir par puissance de fief ».

L'article 89, qui explique la manière d'user de ce droit, lui donne le nom de *prélation*, & l'on trouve des dispositions semblables dans toutes les coutumes du ressort du parlement de Guienne.

Outre ces coutumes, on peut opposer à l'autorité de l'annotateur de Boutaric, Boutaric lui-même, & un grand nombre d'autres auteurs. Despeisses, *Traité des droits seigneuriaux*, chap. 5, n. 16; la Rocheflavin, *même Traité*, chap. 13, art. 1; M. Catelan, *tom. 1*, *liv. 3*, *chap. 14*, assurent que le droit de *prélation* est admis dans le ressort du parlement de Toulouse, tant pour les fiefs que pour les biens emphytéotiques.

M. de Clapiers, *cauf. 103*, *quest. 1*, *n. 32*; Duperrier, *tom. 2*, *pag. 26*, *n. 123*; & Julien, dans son *Commentaire sur le statut de 1456*, en disent autant pour le parlement de Provence , & ce statut suppose la même chose en mettant le retrait & le lods dans la même classe.

Bretonnier, au mot *Retrait* , & l'annotateur de Boutaric, citent à la vérité Mourgues sur les statuts de Provence, comme s'il disoit que l'usage de cette province est contraire au droit de *prélation*. Mais la Touloubre a fort bien prouvé qu'ils avoient mal pris le sens de ce commentateur.

Ce droit est aussi généralement admis dans le comté de Bourgogne, suivant Dunod de Charnage, *chap.* 10 & 11 de son *Traité des retraits.*

Il en est de même de l'ancien ressort du parlement de Dijon, où il est connu sous le nom de *retenue féodale* ou *censuelle: Voyez* Davot , *Traité des fiefs* , *n°.* 75.

Quant au parlement de Guienne , voici ce que dit la Peyrère , *lettre R* , *n.* 119 : « il est d'usage en » ce parlement , & l'on ne fait pas aujourd'hui de » difficulté sur ce point en France, que le droit » de rétrait seigneurial a lieu , tant aux ventes de » fief qu'aux ventes d'emphytéose ».

Toutes les coutumes du ressort du parlement de Bordeaux, comme on vient de le voir, admettent effectivement ce droit.

Il en est de même de celles qui sont du ressort du parlement de Pau.

Le droit de *prélation* paroît aussi avoir été généralement admis autrefois dans le Dauphiné. Mais quelle que soit la cause du changement d'usage de cette province, où les usages féodaux tiennent encore beaucoup à ceux de l'Italie , la *prélation* y est *abrogée* pour les emphytéoses , & l'on doute même qu'elle y soit admise pour les fiefs , lorsque le seigneur n'est pas fondé en titre , comme il y en a beaucoup d'exemples en Dauphiné. (Dunod de Charnage , *ibid.* Salvaing , *chap.* 20 & 21.)

Il est certain encore que le retrait censuel n'est pas en usage dans les pays du droit écrit du ressort du parlement de Paris , lorsqu'il n'est pas stipulé dans les terriers , suivant le témoignage de Papon , *tom.* 1 , *liv.* 3 , *tit.* 2 ; de Henrys & de ses annotateurs , *tom.* 2 , *liv.* 3 , *quest.* 22.

Il n'est pas reçu non plus dans la Bresse , suivant Revel , dans sa *Remarque* 51, *pag.* 218.

Il est même vrai qu'il n'est point admis dans le ressort de la coutume de Toulouse , ou du moins dans la ville & le gardiage, quoique cette coutume ne le rejette pas expressément. Mais c'est-là une exception au droit commun du parlement de Languedoc, & la jurisprudence des arrêts paroît même l'admettre dans la viguerie de Toulouse, qui est soumise, comme la ville & le gardiage, à la coutume de Toulouse. (Soulatges , *sur cette coutume* , *part.* 4 , *art.* 9.)

§. III. *Des choses sujettes au droit de prélation.* Il n'y a point de différence à cet égard entre le droit de *prélation* & le retrait féodal ou censuel. Il faut seulement observer qu'il y a des pays de droit écrit, tels que ceux du ressort du parlement de

Paris , où le seigneur ne peut pas exercer le retrait sur les rotures , quoiqu'il l'exerce sur les fiefs , comme on l'a dit au §. précédent.

Dans la règle générale , la vente d'une partie du domaine , ou celle des droits qui en dépendent, donne ouverture au droit de *prélation.* Cependant on tient en pays de droit écrit , comme en pays coutumier , que l'imposition à prix d'argent d'une servitude sur un fonds n'y est pas sujette.

Duperrier, après avoir donné cette maxime générale , *tom.* 1 , *liv.* 3 , *quest.* 10 , ajoute qu'il doute fort qu'elle doive avoir lieu en deux cas : 1°. lorsque l'emphytéote ou le vassal transporte , à prix d'argent , l'eau destinée à l'arrosage de son fonds ; 2°. quand il vend une source d'eau qui se trouve dans son fonds , quoiqu'elle ne puisse pas servir à l'arroser. On peut en effet considérer ces deux espèces de vente comme l'aliénation d'une partie du fonds. Plusieurs auteurs tiennent en conséquence que la vente des eaux donne ouverture aux droits de mutation. *Voyez le Traité des lods & ventes*, *n°.*162 ; & *les articles* ÉGAGE & TIERS-LODS.

§. IV. *Des contrats qui donnent ouverture au droit de prélation.* La règle générale est que les contrats de vente , ou tous ceux qui sont équipollens à vente , donnent ouverture à la *prélation* , à moins qu'il ne se trouvât dans les titres quelque clause particulière qui étendît ou qui restreignît ce droit. Ce principe est , en général , sujet aux mêmes exceptions dans les pays de droit écrit , que le retrait féodal dans les pays de coutume. On se contentera donc d'une observation à cet égard.

Dans la plupart des pays de droit écrit , les baux à locatairie perpétuelle font comme la même chose que nos baux à rente , ne font sujets , ni aux lods , ni à la *prélation* , non plus que les baux emphytéotiques, suivant le témoignage de M. de Catelan & Boutaric , lors du moins qu'ils sont faits sans deniers d'entrée.

On convient bien aussi que le bail emphytéotique n'y est pas non plus sujet en Provence. Cependant on prétend que le bail à locatairie perpétuelle est sujet à la *prélation* , quoiqu'on convienne encore qu'il n'est point sujet au retrait lignager. Tel est , dit-on, l'usage de la province, qui a été autorisé par un arrêt du 16 décembre 1678. (*Jurisprudence féodale de la* Touloubre , *part.* 2 , *titre* 3 , *n°.* 3 , & *titre* 8 , *n°. 36*; *Commentaire de* Julien, *tom.* 1 , *pag.* 279.)

La raison qu'on donne de cette jurisprudence particulière , c'est que la locatairie perpétuelle dépouille entièrement l'ancien propriétaire, & lui conserve seulement une hypothèque pour la rente réservée. C'est apparemment sur ce motif, que cette espèce de bail donne ouverture aux lods en Provence : mais il faut avouer qu'on ne voit pas de raison pour établir à cet égard une différence entre les baux à locatairie perpétuelle de la Provence, & ceux des autres pays. Dans les uns comme dans les autres , ce bail est censé conserver le domaine direct au seigneur ; & d'ailleurs il ne peut pas être réputé contrat de vente, puisqu'il n'est point fait moyennant un prix une fois donné. Voilà pourquoi il est affranchi par-tout des lods, & du retrait lignager en Provence. Il faut même observer que Bomi, *page 69*, cite un arrêt contraire du 26 octobre 1618, qui y a rejetté le retrait féodal. (*Ibid.*)

§. V. *Des seigneurs qui peuvent user de la prélation.* Le droit de *prélation* est une suite de la directe, comme on l'a vu au §. III. Tous les seigneurs de fief peuvent donc en user, à moins qu'il n'y ait contre eux une exclusion positive dans nos loix.

On a prétendu que le roi étoit dans le cas de cette exclusion, qui est effectivement prononcée contre lui, par trois coutumes du ressort du parlement de Bordeaux ; celles d'Acqs, *tit. 10, art. 23 ;* de Bordeaux, *art. 90 ;* & de Xaintes, *art. 6.*

Il paroît que c'étoit autrefois le droit commun du royaume. L'ancien Masuer atteste cet usage, & le fameux Chopin, qui a le premier débrouillé la jurisprudence du domaine, en dit autant. Parmi les modernes, la Rocheflavin, Henrys, Bretonnier, Taisand & Davot, sont du même avis. Ils se fondent principalement sur ce que le domaine étant inaliénable, la réunion tireroit les biens hors du commerce.

Mais l'opinion contraire que Salvaing de Boissieu a défendue l'un des premiers, paroît avoir généralement prévalu ; on doit présumer que le roi n'usera du droit de *prélation* que pour l'avantage de l'état.

A plus forte raison, les apanagistes peuvent-ils user de ce droit. Les engagistes le pouvoient aussi autrefois, quand la clause s'en trouvoit dans leur contrat ; la déclaration du 19 juillet 1695 l'accordoit même expressément à tous ceux qui se rendroient adjudicataires du domaine, en vertu de l'édit du mois de mars précédent. Mais ils ne peuvent plus user de ce droit depuis que l'arrêt du conseil du 26 mai 1771, a réservé au roi la perception des droits dus à cause des mutations des biens assis dans ses mouvances & directes, tant dans les domaines étant dans la main du roi, que dans ceux engagés, à quelque titre que ce soit.

Au reste, les engagistes n'ont jamais eu le droit de *prélation* dans les trois coutumes qu'on vient de citer ; l'exclusion y a toujours été maintenue dans toute sa force, quoique les gens du roi eussent formé une opposition formelle à cette disposition des coutumes. MM. de la Mothe citent sur l'article 90 de la coutume de Bordeaux, deux arrêts remarquables rendus en très-grande connoissance de cause, contre des cessionnaires du roi.

Les mêmes coutumes prononcent aussi l'exclusion contre l'église. Elles en exceptent seulement le cas « où il y auroit quelque héritage joignant au-
» cune église ou château du roi, maisons épisco-
» pales, des abbayes, couvens, prieurés & églises
» cathédrales, collégiales ou cures, ou d'autres
» bénéfices, pour approprier auxdits châteaux,
» églises, maisons ou jardins, & autres cas èsquels
» on peut être contraint à vendre pour le bien pu-
» blic du roi, royaume & desdites églises ».

Cette exclusion des églises est de droit commun : elle tient à l'incapacité où sont les gens de main-morte d'acquérir des domaines sans la permission du roi, & ce point ne peut plus faire de difficulté aujourd'hui, d'après l'article 25 de l'édit de 1749 sur les acquisitions des gens de main-morte. Mais voyez, pour la cession de ce droit, la fin du §. suivant.

Il y a au contraire des personnes qui, sans être véritablement propriétaires du fief, peuvent user de la *prélation* sur les domaines qui sont dans la mouvance du fief dont ils ont la jouissance ; tels sont le mari pour les biens dotaux, le grevé de substitution, les engagistes & les apanagistes, comme on vient de le voir, & généralement tous les usufruitiers. Cette opinion a été adoptée dans les cahiers pour la réformation de la coutume de Bourgogne, *art. 50 & suiv.*

Cependant la Touloubre, Boutaric, & son annotateur, tiennent que l'usufruitier ne peut point retirer. La raison sur laquelle ils se fondent est que le droit de *prélation* n'étant pas un fruit, il est plus conséquent de l'attribuer au propriétaire. Mais n'est-ce pas-là mettre en thèse l'objet même de la question. Il paroît néanmoins que leur sentiment a prévalu en Provence, contre celui de Pastour. Un arrêt du 22 mai 1759, rapporté par Julien, a adjugé en conséquence le droit de *prélation* au mari de la demoiselle le Brun, sur un domaine dont le sieur le Brun son aïeul, avoit reçu les lods en qualité d'usufruitier.

Au reste, lorsqu'on aliène un fief ou une directe avec tous ses droits sans réserve, l'exercice du droit de *prélation*, à raison des ventes des objets qui en relèvent, faites antérieurement à l'aliénation, appartient à l'acquéreur, & non pas au vendeur ; c'est l'avis de Duperrier, *tome 2, page 72*, & de la Touloubre. De Cormis, *tome 1, col. 1036*, paroît d'un avis différent ; mais il cite lui-même, *col. 1061*, un arrêt rapporté dans les mémoires de M. de Tharon, qui l'a ainsi jugé.

§. VI. *De la cession du droit de prélation.* L'incessibilité du droit de *prélation* a été enseignée par tous les docteurs françois & italiens, jusqu'à Dumoulin qui est lui-même de cet avis. (*Ad consuet. Paris.* §. 20, n°. 22. Voyez aussi Salvaing, *au chap. 22.*)

On trouve néanmoins un statut de 1456, qui déclare le droit de *prélation* cessible en Provence ; & Peissonnel observe que l'usage de cette cession qui s'est toujours maintenu depuis, y est bien plus ancien que le statut. (*De l'hérédité des fiefs de Provence, pag. 320 & 321.*)

Cependant l'incessibilité de la *prélation* subsiste encore aujourd'hui dans les parlemens de Grenoble & de Toulouse. On en excepte, suivant Boutaric & Catelan, le cas où la cession est faite par un seigneur à son coseigneur.

L'incessibilité étoit aussi adoptée autrefois au parlement de Dijon, suivant l'article 49 des cahiers pour la réformation ; mais cet ancien système y est entièrement abandonné.

Tous les autres parlemens tiennent aussi avec celui de Paris, pour les pays de droit écrit de son ressort, que le droit de *prélation* est cessible. Il y a des loix précises, & notamment un édit de 1708, qui le décide ainsi pour la Franche-Comté en particulier.

Le souverain y a néanmoins déclaré à la requisition des états, en 1607, que toute obtention du droit de retenue féodale à lui appartenant avant la vente & délivrance des biens, seroit tenue pour obreptice & subreptice. Mais Dunod de Charnage observe au *chap. 10, pag. 52* de son *Traité des retraits*, que cette disposition ne s'applique qu'aux ventes forcées qui se font par les décrets ; elle a eu pour objet de remédier à ce qu'il arrivoit que, dans cette espèce de vente, il ne se présentoit pas des appréciateurs quand on savoit que le retrait avoit été accordé ; ce qui nuisoit également au débiteur & à ses créanciers. La justice de ce motif, ajoute Dunod, fait qu'on doit l'appliquer aux seigneurs particuliers comme aux souverains, & au retrait censuel comme au féodal.

Le retrait ne peut pas être cédé de nouveau par le cessionnaire du seigneur. Le parlement de Provence l'a ainsi décidé par un arrêt & réglement du premier avril 1596, rapporté par Mourgues, *pag. 25* ; & par un autre arrêt du 9 avril 1707, qui se trouve dans le recueil de Cormis, *pag. 1068*.

Il faut en excepter le cessionnaire du roi, à l'égard duquel il a été jugé par plusieurs arrêts rapportés par les mêmes auteurs, qu'il pouvoit céder de nouveau le droit qui lui avoit été transmis. La raison de différence qu'en donne la Touloubre, est que dans la thèse générale, la seconde cession causeroit un préjudice réel au seigneur, en lui donnant un vassal ou un emphytéote qui ne seroit pas de son choix, au lieu de celui qu'il auroit choisi lui-même ; mais on a cru que le roi voulant bien ne pas user lui-même du retrait, quoiqu'il en eût le droit, il étoit juste d'accorder au sujet qu'il gratifie de la cession, l'avantage d'être regardé comme exerçant le retrait directement, & de son propre chef. On pourroit conclure du moins de ce raisonnement, qu'il n'y a que le seigneur, & non pas l'acquéreur, qui puisse s'opposer à l'exercice du droit de *prélation* par celui qui se l'est fait céder par un premier cessionnaire. Mais il faut avouer que la *prélation*, & sur-tout la cession qui en est faite, doit plutôt être restreinte que favorisée.

Dans les pays où le droit de *prélation* est incessible, comme en Dauphiné, le roi ne doit point avoir, à cet égard, de privilège sur les seigneurs particuliers. « L'engagiste même du domaine, dit » M. Salväing, *chap. 23*, ne peut user du droit » de *prélation*, quelques lettres qu'il rapporte de » sa majesté.

» On ne doit point les vérifier, à moins d'introduire une nouveauté contraire à l'usage & » à la maxime constante du palais, qui rend le » commerce plus libre quand un acheteur n'appréhende pas d'être évincé par un donataire du » seigneur féodal. L'on est contraint aux provinces » où la cession du retrait féodal est pratiquée, de » tenir secrètes les ventes des fiefs jusqu'à ce que » l'acquéreur ait obtenu de sa majesté le don & remise des droits seigneuriaux, & souvent il arrive » que la diligence d'un autre prévient le secrétaire » d'état, ou ses ennemis ».

Il est beau de voir le chef d'une cour souveraine, établie, de temps immémorial, pour la conservation des domaines du roi dans une grande province, préférer le plus grand bien de l'état au vain honneur d'accroître les prérogatives du souverain, & montrer par son exemple, que c'est la manière la plus digne d'en conserver le domaine dans sa véritable splendeur.

Dans le pays même où le droit de *prélation* est cessible, mais où le roi n'en a pas le droit, il ne peut pas le céder à un tiers. MM. de la Mothe, dans leur commentaire sur ces mots de l'article 90 de la coutume de Bordeaux, *le roi & l'église n'ont droit de prélation*, rapportent deux arrêts qui l'ont ainsi jugé le 19 février 1704, & le 10 avril 1764.

On avoit douté si l'édit de 1749, en interdisant aux gens de main-morte la faculté d'exercer le retrait seigneurial, leur en interdisoit aussi la cession.

Un arrêt du 27 juin 1754, rendu au parlement de Provence, avoit jugé en faveur de la cession. (*Statuts par* Julien, *tom. 1, pag. 324*.)

MM. de la Mothe citent un arrêt contraire, rendu au parlement de Bordeaux, le 13 mai 1755. Mais une première déclaration du 20 juillet 1762, enregistrée dans ce dernier parlement, & dans quelques autres, mais non pas au parlement de Paris, a permis expressément aux gens de main-morte « de » céder le retrait féodal ou censuel, ou droit de » *prélation*, dans les lieux où, suivant les loix, » coutumes & usages, cette faculté leur a appartenu jusqu'à présent ».

L'article 6 de la déclaration du 26 mai 1774, interprétative de l'édit du mois d'août 1749, a fait de cette décision particulière à quelques parlemens, une règle générale.

Cette déclaration enregistrée en la commission intermédiaire de Paris, le premier juin 1774, porte expressément qu'elle *déroge à cet égard à l'article 25 de l'édit de 1749*. Il en résulte qu'on avoit bien entendu cet édit en en appliquant la prohibition à la cession du retrait, & qu'il faudroit juger contre la cession les contestations qui pourroient être survenues avant les déclarations de 1764 & 1774.

A plus forte raison est-il bien certain que ces deux loix ne portent aucune atteinte à la jurisprudence, qui répute incessible, par les gens de main-morte, le droit de *prélation*, que les coutumes ou

des

des ufages locaux leur avoient interdit long-temps avant l'édit de 1749.

§. VII. *De la préférence du droit de prélation fur le retrait lignager.* Suivant l'efprit d'un ftatut de 1472, qui a introduit le retrait lignager en Provence, le feigneur qui exerce la *prélation* par lui-même eft bien préféré au retrayant lignager ; mais fon ceffionnaire ne jouit pas du même avantage, & telle eft la jurifprudence qu'on fuit dans toutes les provinces de droit écrit, où le droit de *prélation* eft préférable au retrait lignager, lorfqu'on peut le céder à des tiers ; comme cette préférence eft principalement fondée fur la faveur de la réunion du domaine utile, forti des mains du feigneur au domaine direct qu'il a confervé, on n'a pas cru devoir étendre cet avantage au fimple ceffionnaire.

Cependant l'acquéreur qui eft muni de la ceffion du retrait féodal, exclut le retrait lignager. Cette jurifprudence, dit la Touloubre, *n°. 22* ; n'a jamais varié depuis les deux arrêts rapportés dans les mémoires de M. de Thoron, & imprimés dans le fecond volume des œuvres de Duperrier, *page 388.*

Le ceffionnaire du roi a encore un autre privilège qui eft fondé fur le même motif que les précédens, celui d'exclure les retrayans lignagers, qui, dans la règle générale, font préférés au ceffionnaire. Boniface, *tom. 4, liv. 1, tit. 1, chap. 2*, rapporte même un arrêt qui paroît avoir jugé que le ceffionnaire du ceffionnaire du roi a le même avantage. Mais il y avoit deux circonftances particulières dans cette affaire ; 1°. le ceffionnaire qui tiroit fes droits du fermier du domaine, foutenoit que le fermier ne devoit pas être regardé comme un premier ceffionnaire, mais comme ayant, en vertu de fon bail, le droit de céder directement le retrait, ainfi que le roi lui-même auroit pu le céder ; 2°. ce ceffionnaire avoit pris la précaution d'obtenir des lettres-patentes, par lefquelles le roi confirmoit la ceffion faite par le fermier du domaine.

Cette dernière circonftance décida fans doute ; mais on doit tenir dans la règle générale, avec de Cormis, que le ceffionnaire du ceffionnaire du roi ne peut pas avoir plus d'avantage qu'un ceffionnaire ordinaire. C'eft déjà un privilège affez beau, que d'accorder au ceffionnaire du roi la préférence fur les lignagers qui excluent les ceffionnaires ordinaires.

§. VIII. *Du cas où le feigneur n'a la directe que d'une partie des objets vendus.* Dans les pays coutumiers il eft bien conftant que le feigneur n'eft obligé de retirer que les objets mouvans de fa directe, lorfqu'ils font vendus pour un feul & même prix avec des domaines qui ne relèvent point de lui. La raifon qu'en donne Dumoulin, c'eft que l'unité du contrat de vente qui procède du fait & de la volonté des parties, ne peut nuire au droit du feigneur qui a fon droit féparé & fon action diftincte pour un feul objet. Il faut feulement obferver que Dumoulin ne paroît avoir traité la queftion que relativement au retrait féodal.

On a conclu de-là avec cet auteur, que lorfque la vente comprenoit, fous un feul prix, plufieurs fiefs diftincts, mais relevans du même feigneur, il pouvoit ufer du retrait féodal pour l'un des fiefs feulement, dans le cas même où il a la mouvance à caufe d'un feul fief dominant.

Le parlement de Befançon obferve les mêmes règles, fuivant Dunod de Charnage, *Traité des retraits, chap. 10, pag. 54.* Mais il ne faut pas dire avec l'annotateur de Boutaric, que Dunod rapporte un arrêt du 12 mars 1702, qui l'a jugé de cette manière. Il fuffit de recourir au texte de Dunod, *pag. 58*, pour s'affurer que la queftion ne fut pas même agitée lors de l'arrêt de 1702.

Dans tous les autres parlemens de droit écrit, on tient au contraire que l'acquéreur n'eft point obligé de morceler fon contrat. M. de Catelan dit à la vérité dans fon recueil, *liv. 9, chap. 14*, que la jurifprudence du parlement de Touloufe eft enfin fixée pour accorder au feigneur le droit de ne retirer que ce qui relève de lui. Mais il cite lui-même un arrêt qui a jugé tout le contraire en faveur d'un acquéreur par décret. Prefque tous les autres auteurs penfent qu'il en doit être de même dans les ventes volontaires.

Boutaric veut néanmoins qu'on faffe une diftinction entre le retrait cenfuel & le retrait féodal, & qu'on fe décide en faveur du feigneur lorfque la *prélation* a un fief pour objet, parce que Dumoulin n'a parlé que de ce cas feul. Mais Sudre fur Boutaric, Maynard, la Rocheflavin, Graverol, Guipape, & Salvaing, rejettent tous cette diftinction. Ils citent divers arrêts qui ont refufé au feigneur le droit de ne retirer que les objets mouvans de lui, lors même que c'étoient des domaines féodaux.

Cette règle reçoit une exception lorfque le prix de chaque objet a été diftingué dans le contrat. Boutaric & Salvaing en ont fait l'obfervation. Il paroît que c'eft-là tout ce qu'ont voulu dire Mourgues, Paftour, Julien & de Cormis, lorfqu'ils ont rendu compte des ufages de la Provence fur cette queftion.

C'eft donc mal-à-propos que la Touloubre leur fait dire généralement qu'on ne peut pas forcer l'un des feigneurs qui exerce le retrait, à fe charger de la totalité du contrat, foit qu'on ait fpécifié le prix de chaque objet, foit qu'on ait acheté le tout à un feul prix. Il cite bien un arrêt rendu au parlement de Touloufe le premier juillet 1748, qui l'a ainfi jugé dans ce dernier cas. Mais quoiqu'il dife que *cette circonftance eft communément regardée comme indifférente*, telle n'eft pas, qu'on tient généralement dans les pays coutumiers où le retrait lignager ne peut aller à quartier, que, dans ce cas, le lignager doit être admis à ne retirer que l'objet procédant de fon eftoc,

Il faut avouer néanmoins que cette diftinction peut entraîner beaucoup d'inconvéniens. Sudre fur Boutaric, d'après M. Coras, affure même qu'on ne recevroit pas le retrait d'une partie, fi les chofes vendues avoient tant de rapport les unes aux autres, qu'elles ne fiffent qu'un corps, ou *qu'il y eût lieu de penfer que l'acquéreur n'auroit rien acheté, s'il n'eût acheté le tout.* Cette dernière modification pourroit jetter dans l'arbitraire. Mais l'unité de la chofe mouvante de deux feigneurs forme une exception très-équitable. Un arrêt du parlement de Provence, du 23 juin 1708, a jugé contre un ceffionnaire du feigneur, qu'il ne pouvoit pas exercer la *prélation* d'une portion de maifon qui étoit dans la directe d'un feigneur, fans retirer le furplus de la maifon qui étoit allodiale. Ces deux portions de maifon faifoient deux maifons autrefois : mais on en avoit formé une feule qui n'avoit qu'une même entrée & un même efcalier. (*Arrêts de Béfieux, liv. 4, chap. 7, §. 9.*)

Lorfque le contrat de vente a pour objet un domaine unique mouvant d'une même feigneurie indivifé entre plufieurs perfonnes, on convient bien que le retrait ne peut pas être exercé par un des cofeigneurs pour fa portion feulement, fi l'acquéreur ne veut pas confentir à la divifion. La Touloubre & Julien citent divers arrêts du parlement de Provence, qui autorifent le cofeigneur à retirer la totalité fans l'aveu de l'acquéreur, ou de fes cofeigneurs. Mais ils conviennent que la jurifprudence des autres parlemens eft contraire : elle paroît auffi la plus jufte ; le cofeigneur n'ayant droit qu'à la directe d'une portion, ne doit pas pouvoir retenir plus que cette portion.

Quoi qu'il en foit, on tient auffi au parlement de Provence, en vertu du même principe, que lorfque l'un des cofeigneurs réunit la propriété du fonds à la cofeigneurie, fon cofeigneur peut le retirer pour le tout en cas de vente. Mais un arrêt du 2 juin 1744 a jugé que le ceffionnaire du cofeigneur n'avoit pas le même avantage. Un autre arrêt du 18 juin 1765, a auffi jugé que l'acquéreur invefti par l'un des deux cofeigneurs, ne pouvoit plus être évincé même pour moitié, par le ceffionnaire du droit de *prélation* de l'autre cofeigneur. (*Julien, tome 2, pag. 329 & 330.*)

§. IX. *Du temps dans lequel la prélation doit être exercée, & des fins de non-recevoir qu'on peut y oppofer.* Il y a à cet égard beaucoup de variétés dans les pays de droit écrit, comme dans les pays coutumiers. Il eft vrai que l'édit des infinuations de 1703, veut « que le temps fixé par les coutumes » pour le retrait féodal ou lignager, ne puiffe cou- » rir, même après l'exhibition des contrats & » autres titres de propriété à l'égard du retrait féo- » dal, ou après l'enfaifinement à l'égard du retrait » lignager, que du jour de l'infinuation ou enre- » giftrement ». Mais on doute fi cette loi burfale & rigoureufe s'exécute dans les pays même cou- tumiers. A plus forte raifon cela fait-il de la dif- ficulté pour le droit de *prélation* des pays de droit écrit, dont cette loi ne fait aucune mention, quoique la Touloubre, dans fa jurifprudence féo-

dale de Provence, la rappelle comme y étant obfervée.

Il eft certain du moins que l'édit de 1703 ne difpenfe pas des formalités qui étoient précédemment en ufage pour faire courir le temps du retrait, ou de la *prélation.*

Bretonnier dit dans fes queftions alphabétiques, « que dans les pays de droit écrit où les fiefs » doivent des profits, le feigneur a un an pour » exercer le retrait depuis l'exhibition du contrat » à lui faite (Catelan, *tom. 1, liv. 3, chap. 110.*), » & que dans les provinces où les fiefs font fim- » plement d'honneur, & ne doivent aucun profit, » le terme du retrait eft d'une année depuis la foi » & hommage ». Mais cet auteur ne dit point où il a pris cette diftinction, qui ne paroît pas fondée. Il y a beaucoup de variété dans les pays de droit écrit à cet égard.

La coutume de Bordeaux, art. 88 & 89, n'accorde que huit jours au feigneur pour opter la *prélation* après l'exhibition qui lui a été faite. La plupart des autres coutumes du parlement de Bordeaux ont des difpofitions peu différentes.

Au parlement de Touloufe, le droit de *prélation* doit être exercé dans l'an, à compter du jour que le nouveau vaffal a dénoncé fon acquifition au feigneur, & lui a demandé l'inveftiture.

En Provence, on n'accorde au feigneur que le temps de deux mois, fuivant la loi 3 au code *de jure emphyt.* Ce délai ne commence à courir que du jour où l'acquéreur a exhibé fon contrat d'acquêt au feigneur, en lui demandant l'inveftiture.

Au parlement de Franche-Comté, le feigneur a un an & un jour pour les fiefs, à compter du jour de l'exhibition du contrat, & quarante jours pour les cenfives, après que le contrat d'acquifition lui a auffi été préfenté, & que les lods lui ont été offerts.

En Bourgogne, fuivant Davot, *Traité des fiefs, n. 81*, le feigneur n'a que quarante jours, à compter du jour de la dénonciation qui lui a été faite du contrat. Mais fi, au lieu de lui faire perfonnellement cette dénonciation, on ne l'a faite qu'à fes officiers, le feigneur a une année entière, felon l'article 48.

Par-tout ailleurs l'exhibition des contrats doit être faite au feigneur, même au chef-lieu du fief. Il faut en excepter la comté de Bourgogne, où, fuivant l'article 13 de la coutume, au titre *des Fiefs,* l'exhibition doit être faite au feigneur, ou à fon domicile, quand même il ne feroit pas fur les lieux, pourvu qu'il foit dans la province. S'il eft abfent, on doit la faire au principal officier du fief dominant.

Lorfque l'exhibition n'a pas été faite dans la forme prefcrite par l'ufage des lieux, le feigneur a trente ans pour ufer de la *prélation.* On l'obferve ainfi en Provence même, fuivant la Touloubre, quoique Paftour ait fuppofé que le droit du folgneur ne duroit que dix ans. (*De feudis, lib. 6, tit. 2, n. 2.*)

Outre le temps qui s'est écoulé depuis l'exhibition, on peut opposer au seigneur deux fins de non-recevoir contre l'exercice de la *prélation*. La première résulte de l'investiture que le seigneur a accordée. En reconnoissant l'acquéreur pour vassal, il a renoncé au droit de le rejeter, comme il pouvoit le faire en usant de la *prélation*. Un arrêt du conseil du 19 avril 1689, a ordonné que l'investiture ou l'ensaisinement pris à la chambre des comptes de Provence, pour les fiefs & domaines mouvans du roi, excluroient le roi de l'exercice du droit de *prélation*. Mais on ne peut pas obliger les acquéreurs à la prendre, & généralement les seigneurs ne peuvent pas exiger que les acquéreurs lui donnent connoissance de leurs acquisitions. Un arrêt de 1711 l'a ainsi jugé au parlement de Provence. (La Touloubre, n. 15.)

La réception en foi qui renferme implicitement l'investiture, devroit opérer la même fin de non-recevoir; & tel est en effet le droit commun. On voit dans la décision 112 de Grivel, que le parlement de Besançon inclinoit aussi pour cette opinion. Mais on y suit la jurisprudence contraire, du moins pour les mouvances du domaine, d'après une lettre du roi d'Espagne, Philippe III, écrite au gouverneur en 1607, & enregistrée au parlement & à la chambre des comptes. Ce prince y déclare « qu'il veut, nonobstant la réception de » foi & hommage, demeurer entier en son droit » de retenue pour lui ou à celui à qui il en fera la » cession ».

Dunod de Charnage pense que la même chose doit être observée pour les fiefs mouvans des vassaux, parce qu'il y a même raison. Mais une exception contraire au droit commun ne doit-elle pas être restreinte ?

On pourroit distinguer le cas où c'est le seigneur lui-même, où son fondé de procuration spéciale, qui a reçu le vassal en foi & hommage, & celui où l'admission à la foi & hommage n'a été faite que par les officiers ordinaires de la seigneurie, sans qu'ils eussent de pouvoir spécial. Il semble que le seigneur devroit conserver la faculté d'opter la retenue féodale dans le dernier cas, mais qu'il devroit en être irrévocablement déchu dans le premier.

La seconde fin de non-recevoir résulte du paiement des lods. Il paroît que les principes sont les mêmes, à cet égard, dans les pays de droit écrit que dans les pays coutumiers, & qu'il y souffrent les mêmes restrictions lorsque ce n'est pas le seigneur même qui a reçu les lods. (La Touloubre, *part. 2, tit. 8, n. 8.*)

Le paiement des cens n'a point le même effet que celui des lods & ventes. Comme tout possesseur en est indistinctement chargé, le droit du seigneur demeure en son entier, tant qu'on ne lui a pas dénoncé la vente d'une manière légale. On trouve des arrêts de presque tous les parlemens de droit

écrit, qui l'ont ainsi jugé. *Voyez* la Touloubre, Julien, Catelan, Villers, Davot, Dunod, &c.

§. X. *De l'exercice du droit de prélation.* L'offre réelle du prix dans le délai accordé au seigneur est la seule formalité requise, lors de la demande en *prélation*, dans presque tous les pays de droit écrit. La consignation, ou *consing*, comme on l'appelle en quelques pays, n'est nécessaire que pour gagner les fruits. Dans le Languedoc & dans le Dauphiné, où le seigneur ne peut céder son droit, il est de plus obligé d'affirmer, si l'acquéreur l'exige, qu'il retient pour lui-même, & non pour autrui. Par une inconséquence qu'il seroit de la sagesse du parlement de Provence de réformer, le seigneur qui peut y céder le droit de *prélation*, est tenu néanmoins d'affirmer, lorsqu'il retire par lui-même, que son retrait est pour lui & non pour autrui. Un arrêt du 15 décembre 1623, & d'autres arrêts rapportés par Mourgues, *page 136*, l'ont ainsi jugé.

Cet auteur propose une distinction qui devroit du moins être suivie, mais qui ne l'est cependant point, suivant la Touloubre; où c'est, dit-il, l'acquéreur lui-même qui veut exiger le serment, ou c'est un retrayant lignager. L'acquéreur ne doit pas être écouté à demander cette affirmation, parce qu'à son égard le simple cessionnaire du seigneur l'excluroit. Peu lui importe que ce soit pour lui-même, ou pour autrui, que le seigneur exerce le retrait; mais si c'est vis-à-vis du retrayant lignager que le seigneur réclame la préférence, le serment peut être exigé, parce que ce retrayant lignager excluroit le cessionnaire du seigneur. *Voyez* le §. VII.

Quoi qu'il en soit, le serment doit être prêté par le seigneur en personne, & non par procureur. C'est la disposition précise d'un arrêt de réglement rendu au parlement de Provence le 18 mars 1638, lequel défend à tous juges du ressort d'admettre à pareil serment sur une simple procuration, à peine d'amende arbitraire, dépens, dommages-intérêts des parties.

Il n'importe pas que le seigneur fasse le remboursement en même temps que sa demande, ou postérieurement, pourvu qu'il soit encore dans les délais que l'usage des lieux lui accorde. Lorsque l'acquéreur ne veut pas accepter le remboursement, il faut lui faire des offres réelles à découvert, dont on aura soin de faire dresser un procès-verbal par un huissier ou par des notaires, sinon le seigneur sera déchu irrévocablement de son droit, pour cette fois, quand même il auroit déclaré qu'il use du retrait, & qu'il se seroit mis en possession du fief. Dunod de Charnage cite un arrêt du parlement de Besançon, qui l'a ainsi jugé le 7 septembre 1723. (*Traité des retraits, chap. 10, pag. 57.*)

Au reste, le seigneur qui use du droit de *prélation* doit profiter de tous les délais & des facilités qui étoient personnelles à l'acquéreur. La jurisprudence est aujourd'hui fixée sur cette question qui étoit douteuse autrefois, suivant Boutaric

Par une conséquence de ce principe, on tient même au parlement de Provence, que lorsqu'on exerce le droit de *prélation* après une collocation faite par un créancier sur des biens situés hors du lieu de son domicile, le seigneur profite de la quinte-part qui a été distraite, sur la valeur des biens, par forme d'indemnité pour le créancier; c'est la décision de Mourgues sur les statuts, *pag.* 97, où il explique celui qui accorde cette indemnité au créancier, de M. de Clapiers, *causf.* 100, *quest.* 2, *n. 33*; & de la Touloubre, *n.* 49.

§. XI. *Des effets de la prélation.* L'exercice du droit de *prélation* a généralement les mêmes effets dans les pays de droit écrit, que le retrait seigneurial dans les pays coutumiers. Il faut seulement observer que la jurisprudence des cours n'est pas la même par-tout relativement aux fruits du domaine retiré par le seigneur.

En Provence, suivant la Touloubre, on adjuge à l'acquéreur tous ceux qui ont été cueillis avant la demande, & l'on partage entre le seigneur & l'acquéreur ceux qui sont pendans lors du retrait, à proportion du temps qui s'est écoulé avant & après la demande, à moins que le seigneur n'ait différé par affectation de la former jusqu'à la parfaite maturité des fruits.

Cette exception a été proposée par Dumoulin. Elle a même été suivie par un arrêt rapporté dans Boniface, *tom.* 4, *liv.* 2, *tit.* 3, *chap.* 5; lequel adjugea tous les fruits à l'acquéreur dans cette circonstance. Cependant il paroît que Duperrier a eu raison de trouver de la difficulté à cette décision. Dès que les fruits se partagent à proportion du temps, l'acquéreur ne peut guère souffrir de l'affectation que le seigneur a pu mettre dans l'exercice du retrait, & l'on sent qu'il n'est pas bien facile de savoir si le retrait a été exercé à la veille de la récolte par affectation, ou autrement. Si l'acquéreur a exhibé son contrat dans les formes de droit, le seigneur ne doit pas être privé du délai que la loi ou l'usage lui accordent. Si l'acquéreur ne s'est pas mis en règle, il ne doit s'en prendre qu'à lui-même des suites de sa négligence.

Dunod pense même que le seigneur qui exerce le droit de *prélation* sur un emphytéote, doit avoir les fruits recueillis avant les offres, « parce que » la vente demeure en suspens à l'égard du sei- » gneur, jusqu'à ce qu'il accorde l'investiture; » que l'acquéreur doit lui présenter son contrat » dans un bref délai, & que le seigneur doit user » de son droit dans un délai qui est aussi fort » court ».

Cet auteur cite un arrêt du parlement de Besançon qui l'a ainsi jugé. Il pense qu'on doit décider la même chose pour le retrait des fiefs, parce que l'acquéreur n'en peut pas prendre possession sans le consentement du seigneur, mais que dans l'un & l'autre cas, le seigneur doit offrir les intérêts de l'argent.

Quelque fortes que puissent être ces raisons,

l'usage contraire s'observe incontestablement dans le droit commun, & l'on sent même que la dernière ne peut pas être proposée par-tout où les fiefs ne sont pas de danger. *Voyez* FIEF DE DANGER. (*M. GARRAN DE COULON, avocat au parlement.*)

PRÉLATURE, s. f. (*Droit canonique.*) n'est usité que pour marquer les places & rangs ecclésiastiques qui donnent une jurisdiction, & assignent des inférieurs qui doivent la reconnoître.

Ce terme a moins d'étendue que celui de *dignité*; toutes les *prélatures* sont bien dignités, mais toutes les dignités ne sont pas *prélatures*. Pour obtenir ce titre, il faut que celles-ci donnent à ceux qui en sont revêtus le droit de gouverner, & celui de punir.

On distingue les *prélatures* en supérieures & en inférieures : les premières sont celles qui donnent une plénitude de jurisdiction sur les sujets; les secondes sont celles qui ne donnent qu'une jurisdiction limitée.

Il faut placer dans la première classe les évêchés, archevêchés & titres supérieurs. Depuis long-temps on est dans l'usage d'y comprendre aussi les abbayes, à raison de la jurisdiction qu'elles donnent aux titulaires sur tous ceux qui composent les monastères dépendans de ces abbayes.

Dans la seconde classe se trouvent les premières dignités des églises cathédrales & collégiales, lorsqu'elles donnent une jurisdiction sur le corps. Celles des collégiales semblent même avoir à cet égard une sorte de prérogative, parce que leur vacance rend ses églises veuves, ce que ne fait pas la vacance des premières dignités des cathédrales, les titulaires de ces dignités n'étant pas regardés comme les époux de ces églises, attendu que cette qualité appartient de préférence aux évêques. On regarde aussi comme *prélatures* du second ordre, les archidiaconats qui ont conservé un exercice de jurisdiction. On a douté s'il falloit mettre les cures dans le même rang. Plusieurs conciles ont donné la qualité de prélats du second ordre aux ecclésiastiques qui en étoient pourvus, & il seroit bien difficile de ne pas reconnoître en eux une sorte de *prélature*, pour peu que l'on fasse attention à la nature de leur titre & aux pouvoirs qui y sont attachés. On sait qu'en vertu de leur titre, les curés sont les coopérateurs des évêques dans le gouvernement des ames; qu'en vertu de ce titre, ils ont le droit d'instruire les peuples qui leur sont confiés, leur administrer les sacremens, & les absoudre; qu'ils peuvent déléguer ces fonctions, & que s'il en est quelques-unes que, d'après les nouvelles dispositions des conciles & des ordonnances, ils ne doivent commettre qu'à des ecclésiastiques approuvés par les ordinaires, ces ecclésiastiques ainsi approuvés ne doivent aussi exercer les fonctions du saint ministère dans l'étendue des paroisses, qu'avec le consentement des curés. Tant de prérogatives marquent dans les curés une prééminence bien capable de leur assurer le titre de prélats du fecond ordre ; titre, au refte, bien plus fait pour animer leur vigilance que pour exciter la vanité, l'idée de fupériorité qu'il emporte ne devant fervir qu'à leur rappeller les devoirs qu'il impofe.

On regarde auffi comme *prélatures*, les prieurés conventuels, par la même raifon qui a fait accorder ce titre aux abbayes ; mais avec la différence que doit établir la fubordination de ces deux titres.

Quoique les abbayes foient regardées comme *prélatures* du premier ordre, les premières dignités des églifes cathédrales, ou, pour mieux dire, les titulaires de ces dignités ont fouvent difputé la préféance aux abbés titulaires. Il n'y a point de loi précife fur cet objet, l'ufage feul peut fervir de règle.

Les qualités, les devoirs & les obligations des prélats font la matière de plufieurs titres du droit canonique, dont il feroit trop long d'entreprendre ici l'analyfe ; il vaut mieux renvoyer à ces titres, que les prélats ne peuvent trop confulter.

C'étoit par la voie de l'élection que l'on pourvoyoit autrefois aux *prélatures* du premier ordre. La pragmatique-fanction, *tit. 2, de elect.* en avoit renouvellé & prefcrit très-impérieufement l'ufage par rapport à la France. Le concordat y a formellement dérogé. On a fuffifamment difcuté cet objet fous les mots CONCORDAT & PRAGMATIQUE-SANCTION ; il fuffira d'obferver ici les qualités & conditions que la dernière de ces deux loix exige dans ceux qui font promus aux grandes *prélatures*. La *pragmatique*, §. 10 du titre cité, s'étoit contentée d'ordonner aux électeurs de ne choifir pour prélats que des hommes d'un âge mûr, de mœurs graves, d'une fcience fuffifante, qui fuffent conftitués dans les ordres facrés, & qui d'ailleurs euffent les qualités requifes par les faints canons. Le concordat a prefcrit, d'une manière plus précife, l'âge & le degré de fcience que doivent avoir ceux que le roi nommera aux évêchés & archevêchés. Il y eft dit, au titre 3 de la nomination royale aux *prélatures*, que, vacance arrivant de quelques évêchés ou archevêchés, le roi, dans les fix mois, préfentera au fouverain pontife, pour remplir le fiège vacant, un docteur ou licencié, foit en théologie, foit en droit, de quelque univerfité fameufe, qui ait au moins atteint la vingt-feptième année de fon âge, & qui ait d'ailleurs les qualités requifes. Le même titre renferme une difpenfe, quant au grade de docteur ou de licencié, en faveur des parens de fa majefté, ou des religieux mendians des ordres qui ne prennent point de degrés dans les univerfités, & qui, fuivant les ftatuts de leur ordre, y auroient obtenu les mêmes grades.

Il eft enfuite réglé au même titre, que pour des abbayes & prieurés conventuels véritablement électifs, c'eft-à-dire, dans lefquels on fuivoit la forme du chapitre *quia propter*, dans l'élection des abbés & prieurs, le roi, en cas de vacance, préfentera,

pour abbé ou prieur, un religieux du même ordre, qui aura au moins atteint fa vingt-troifième année.

C'eft à quoi fe réduit ce que l'on trouve dans nos loix de plus précis à l'égard des *prélatures*. Il faut, quant au furplus, s'en tenir à l'ufage, puifque les décrétales qui renferment plufieurs difpofitions à cet égard, n'ont point, parmi nous, l'autorité ni la force de loi.

PRÉLEGS, f. m. (*Droit civil.*) eft un legs fait par préciput à un ou plufieurs de ceux qui doivent partager une fucceffion. Il eft ainfi appellé, parce qu'il doit être prélevé hors part avant partage ; comme toutes les autres charges de la fucceffion.

Le *prélegs* ne peut être que des chofes particulières, comme d'une terre, d'une maifon, d'une fomme : s'il étoit d'une univerfalité, comme du tiers, du quart de la fucceffion, ce feroit un legs univerfel ; ce qu'il eft important de remarquer, à caufe de la contribution aux dettes. L'héritier ou légataire univerfel ne contribue pas au paiement des dettes, à caufe du *prélegs* particulier qui lui eft fait, parce qu'il eft regardé comme une charge de la fucceffion, mais feulement à caufe du legs univerfel qui y contribue.

Suivant le droit romain, on peut faire un legs à un de fes héritiers, foit teftamentaires, foit *ab inteftat*, foit en ligne directe, foit en ligne collatérale, & il en eft de même dans les provinces de France qu'il régit ; mais la coutume de Paris, ainfi que plufieurs autres, ne permettent pas d'avantager un de fes héritiers plus que l'autre : aucun ne peut y être héritier & légataire d'un défunt tout enfemble.

Plufieurs auteurs ont cherché la raifon de cette décifion, & ont cru que la qualité de légataire étoit incompatible avec celle d'héritier, parce que le legs ne donne qu'un titre particulier, qui fe confond dans le titre univerfel de l'héritier. Mais cette raifon n'eft bonne que lorfqu'il n'y a qu'un héritier ; comme dans ce cas l'univerfalité de la fucceffion lui appartient, le titre qui lui donne un objet particulier de cette même fucceffion, eft inutile.

S'il y a plufieurs héritiers, celui d'entre eux auquel il a été fait un *prélegs*, n'en confond que jufqu'à concurrence de fa portion héréditaire ; il prélève le furplus fur la portion de fes cohéritiers ; c'eft toujours un avantage dont il peut profiter. Cette incompatibilité ne réfulte donc pas de la nature de la chofe, mais de la difpofition de la loi ; c'eft une de ces règles dont on ne peut pas bien rendre raifon, & cependant qu'il faut exécuter à la lettre, puifque la coutume s'eft expliquée clairement.

Il y a même des coutumes, telles que celles d'Anjou & du Maine, qui veulent que l'égalité foit fi parfaitement confervée entre les héritiers venant à une même fucceffion, qu'elles défendent d'avantager un des héritiers préfomptifs, enforte que la renonciation de cet héritier ne le difpenfe pas du rapport de ce qu'il a reçu excédant sa part dans la succession.

Il est évident que dans ces coutumes on ne peut pas faire de *prélegs* au profit de son héritier, ni l'avantager directement en le faisant légataire universel; car les autres, dont la portion se trouveroit diminuée, ne manqueroient pas de prendre la qualité d'héritiers, & de demander la réduction des avantages & du legs universel, à la portion que la coutume donne à l'héritier.

Il est cependant quelques coutumes qui permettent d'avantager les enfans, ou tous autres héritiers, les uns plus que les autres, pourvu que cet avantage soit fait à titre de *prélegs*. Telle est la coutume de Péronne, qui porte, *article 205*, que nul ne peut être héritier & légataire ensemble d'une même personne, si le legs n'est par forme de *prélegs* & hors part. Ainsi, dans cette coutume, si un testateur avoit fait un legs à un de ses héritiers présomptifs, sans déclarer que cet héritier prendroit son legs avant partage, le légataire ne pourroit en demander la délivrance en venant au partage de la succession. Ce seroit en vain qu'on chercheroit à interpréter le testament, la coutume exigeant impérieusement cette formalité.

La coutume de Poitou, *art. 216*, permet d'avantager un de ses héritiers plus que l'autre, pourvu que le testateur ait des propres. S'il n'a pas de propres, il ne peut avantager un de ses héritiers que de la moitié de ses meubles & acquêts; l'autre moitié lui tient lieu de propres par une espèce de subrogation légale. *Voyez* HÉRITIER, SUCCESSION.

PRÉLIBATION (*droit de*), (*Code féodal.*) signifie le droit honteux que quelques seigneurs s'étoient arrogé sur leurs vassales roturières, de coucher avec les nouvelles mariées la première nuit de leurs noces. *Voyez* CULLAGE, MARQUETTE.

PRÉMESSE, terme particulier de la coutume de Bretagne, qui signifie *retrait lignager*. On y trouve un titre intitulé des *prémesses*; c'est le seizième. *Voyez* RETRAIT.

PRÉMICES, s. f. plur. (*Droit ecclés.*) ce sont les premiers fruits qu'on recueille de la terre, ou des animaux.

Il étoit d'usage dans l'ancien testament d'offrir les *prémices* au prêtre : il est fait mention de ces oblations dans l'*Exode*.

Elles devinrent même de précepte, suivant le *Lévitique*, ch. XXIV, *feretis manipulos spicarum primitias messis vestræ ad sacerdotem*; & dans le livre des *Nombres*, ch. 5, il est dit qu'elles appartiennent au prêtre, *omnes primitiæ quas offerent filii Israel ad sacerdotem pertinent*. Ces *prémices* se payoient depuis la trentième jusqu'à la cinquantième partie.

Suivant le *Deutéronome*, chap. 14, on étoit aussi obligé d'offrir les premiers-nés des troupeaux, *primogenita de jumentis & ovibus suis*.

Les Israélites payoient en outre la dime.

Dans les premiers siècles de l'église, les fidèles mettoient tous leurs biens en commun; les ministres de l'église vivoient d'oblations en général, sans qu'il y eût aucun précepte pour leur donner les *prémices*, ni la dime.

La première rétribution qui fut établie en leur faveur, ce fut la dime.

Alexandre II y ajouta les *prémices*; il se fonda, pour établir ce nouveau droit, sur l'ancien Testament. Ces *prémices* étoient offertes sur l'autel, & bénites à la messe. C'est à ces fruits que s'appliquoit cette prière qui se dit au canon de la messe. *Per quem & hæc omnia Domine semper bonæ creas, sanctificas, benedicis & prestas nobis*, &c. Présentement que les *prémices* ne s'offrent plus ainsi, ces paroles s'appliquent au pain & au vin déjà consacrés.

La quotité des *prémices* n'étoit pas fixée par la loi de Moïse. Saint Jérôme tient que les Rabins établirent qu'elle seroit au moins du soixantième, & qu'elle n'excéderoit pas le quarantième.

Dans un concile de Bordeaux, tenu en 1255, on fixa les *prémices* depuis la trentième jusqu'à la quarantième.

Dans un autre concile tenu à Tours en 1282, il fut réglé que les *prémices* seroient estimées au moins à la soixantième partie.

Présentement, l'obligation de donner les *prémices*, outre la dime, n'est point de droit commun; cela dépend de l'usage, & le droit de les percevoir est prescriptible par quarante ans. *Voyez* DÎME. (*A*)

PREMIER-OCCUPANT (*droit du*), (*Droit naturel.*) est la manière d'acquérir la propriété des biens qui n'appartiennent à personne. Cette manière s'appelle *occupation*.

Les hommes sont convenus entre eux que toutes choses qui n'étoient point entrées dans le premier partage, & dont le propriétaire se trouvoit inconnu, seroient laissées à celui qui s'en empareroit avant tout autre, soit par prise de possession, soit autrement, ensorte que ce moyen il acquerroit légitimement la propriété de ces sortes de choses.

Ce qui fonde le droit du *premier-occupant* dans le cas dont il s'agit ici, c'est qu'il a donné à connoître avant tout autre le dessein qu'il avoit de s'emparer de telle ou telle chose, étant à portée de le faire. Si donc il témoigne son intention par quelque acte significatif, comme par un acte corporel, par une marque faite à certaines choses, &c. ou si les autres ont manifestement renoncé en sa faveur au droit qu'ils avoient aussi-bien que lui sur une chose, il peut alors acquérir la propriété originaire de cette chose, sans aucune prise de possession actuelle.

C'est ainsi que l'on se rend maître des pays déserts que personne ne s'étoit encore appropriés; car ils commencent à appartenir au premier qui y met le pied avec intention de les posséder, & qui, pour cet effet, les cultive, & y plante ou y établit des bornes par lesquelles il distingue ce dont il veut s'emparer d'avec ce qu'il veut laisser en commun. Que si plusieurs à la fois s'emparent de certaines contrées, l'expédient le plus ordinaire est d'assigner à chacun une certaine portion de terre, après quoi on regarde celles qui restent comme appartenantes à tout le corps.

On acquiert aussi par droit de *premier-occupant*, les bêtes sauvages, les oiseaux, les poissons de mer, des rivières, des lacs ou des étangs, & les perles ou autres choses semblables, que la mer jette sur le rivage en certains endroits; bien entendu que le souverain n'ait pas expressément défendu aux particuliers de prendre ces sortes de choses.

En effet, le chef de l'état est censé s'être emparé de toutes les choses mobilieres qui se trouvent dans l'enceinte de ses terres; lorsqu'il ne les donne pas à d'autres; si donc il ne témoigne pas qu'il veut laisser ces sortes de biens en communauté, ils lui appartiennent véritablement autant que leur constitution naturelle le permet; je dis autant que leur constitution naturelle le permet, car les bêtes sauvages, par exemple, qui sont dans les forêts du pays, peuvent passer dans les forêts d'un autre état, où l'on n'a pas droit de les aller réclamer: mais il ne s'ensuit point de-là qu'elles n'appartinssent pas auparavant au maître des forêts qu'elles ont quitté. Le droit de propriété que celui-ci avoit n'en étoit pas moins réel pour être chancelant & sujet à s'évanouir: il en est ici comme des rivières. L'eau qui coule chaque jour dans nos campagnes est *nôtre*, quoiqu'elle s'enfuie incessamment pour passer sur les terres d'autrui, d'où elle ne reviendra plus.

Enfin, on peut acquérir par droit de *premier-occupant*, une chose qui a déjà eu un autre maître, pourvu que le droit de celui-ci ait été entièrement éteint, comme quand le propriétaire d'une chose l'a jettée ou abandonnée avec un dessein formel & suffisamment manifesté de ne plus la tenir pour sienne; ou lorsque l'ayant perdue malgré lui, il la regarde ensuite comme ne lui appartenant plus, & ne pense point à la recouvrer.

Il faut rapporter à ceci, ce qu'on appelle un *trésor*, c'est-à-dire, un argent dont on ignore le maître, car il est au premier qui le trouve, à moins que les loix civiles n'en disposent autrement. Ce trésor devroit encore appartenir au premier qui le découvre, quand même il l'auroit trouvé dans le fonds-d'autrui; car ce n'est pas un accessoire du fonds, comme les métaux, les minéraux, & autres choses semblables qui y sont censées attachées, & dont à cause de cela, le propriétaire du fonds peut être regardé comme en possession.

Il y a des excellentes notes de M. Barbeyrac sur cette matiere, dans son édition de Puffendorf; voyez-les. *Voyez* OCCUPATION. (*D. J.*)

PRENEUR, terme usité dans les baux à ferme, à cens ou à rente, pour exprimer celui qui prend un héritage à bail, cens ou rente. Il est opposé à celui de *bailleur*. Le bailleur est celui qui donne l'héritage; le *preneur*, celui qui le reçoit. *Voyez* BAIL, CENS, RENTE. (*A.*)

PRÉPARANÇA. *Voyez* PRÉPARANCES.

PRÉPARANCES, (*Droit féodal.*) ce mot se trouve dans deux pièces citées par dom Carpentier, au mot *Præparantiæ;* mais ce savant n'en a point donné l'interprétation.

La première de ces pièces est une chartre de l'an 1389, qui est tirée d'un cartulaire de Henri V & Henri VI, rois d'Angleterre, & couronnés rois de France. « Il y est dit : vingt solz de morlans de » fins avec tous capsons, présentations & *prépa-* » *rances*, & autres droits & appartenances ».

La seconde est une confirmation de l'an 1461, du partage établi entre le roi & l'abbé de Saint-Sever : « *item*, y est-il dit, retindrent iceulx reli- » gieux à eulx appartenans toutes les leides, » péages, coustumes, veues, lausinces, *prépa-* » *rances*, sportules, tous les fiefs, cens, & autres » droits ».

Ce mot de *préparances* désigne ici le droit de prélation. Les fors & coutumes de Béarn, *rubr. 37. de contractu & tornino*, la nomment encore aujourd'hui *preparança*. La table jointe à l'édition donnée par des Barats, en 1715, emploie le mot de *prélation* comme synonyme; & les deux extraits de titre qu'on vient de citer, se rapportent évidemment à des pays voisins du Béarn, puisqu'il y est question de *sous-morlans*, ou *morlais*, & de l'abbé de Saint-Sever.

Suivant l'article 21, il paroît que ce mot vient de ce que l'acquisition pouvant être retenue par le seigneur, elle est, pour ainsi dire, *préparée pour* lui. Cet article porte que le seigneur sera tenu de rembourser le prix du contrat dans un mois du jour de la présentation qui lui aura été faite, s'il veut user du droit de retenue, *en retenen la pessa per lui preparada*.

Au reste, l'article précédent préfère le seigneur pour les *préparances* à tous les lignagers, à l'exception du fils & des filles, qui pourront retirer sur lui. (*G. D. C.*)

PRÉPARATOIRE, adj. *en terme de pratique*, se dit de ce qui n'est qu'une préparation à quelque autre chose; ainsi on appelle jugement *préparatoire*, celui qui ne tend qu'à quelque éclaircissement, comme celui qui ordonne une enquête, une visite ou descente, un procès-verbal, une communication de pièces.

On appelle question *préparatoire*, en matière criminelle, la torture qui est donnée à un accusé avant son jugement définitif, pour tâcher de tirer de lui la vérité & la révélation de ses complices, si l'on pense qu'il puisse en avoir quelqu'un. *Voyez* QUESTION. (*A*)

PRÉROGATIVE, s. f. *en droit*, signifie *privilège, prééminence, avantage* qu'une personne a sur une autre. Les provisions d'une charge la conferent avec tous ses droits, privilèges, *prérogatives*, franchises & immunités. Ce terme vient du nom que portoit à Rome la centurie, qui donnoit la première son suffrage dans les comices pour l'élection des magistrats. *Prærogativa quasi prærogata*. (*A*)

PRESBYTÉRAL. *Voyez* FIEF ÉPISCOPAL.

PRESBYTÈRE, f. m. (*Droit eccl.*) est la maison destinée à servir de logement au curé d'une paroisse.

Suivant les canons des conciles tenus jusques dans le treizième siècle, l'entretien & la construction des *presbytères* étoient à la charge des curés, lorsqu'ils avoient des revenus suffisans : les vicaires perpétuels à portion congrue avoient droit de les faire réparer par les curés primitifs ; & les décimateurs y étoient obligés, lorsque la cure n'avoit point de fonds. C'est ce que prescrivent les conciles de Rouen, en 1231 ; de Londres, en 1268 ; & d'Arles, en 1274. Mais cette discipline a changé dans le seizième siècle ; les conciles de Rouen, en 1581 ; & de Bourges, en 1584, chargent les évêques de faire construire & réparer les *presbytères* aux dépens des paroissiens. Le parlement de Paris avoit adopté dans le même temps cette jurisprudence, comme on le voit par les arrêts des 11 décembre 1540, & 30 juin 1567, rapportés par Chopin, *liv. 3, tit. 3, n. 14*; il obligeoit même les paroissiens de fournir au curé les meubles nécessaires au ménage.

La première loi positive qui oblige les paroissiens à la construction des *presbytères*, est l'édit de Melun, qui y contraint également les marguilliers, les paroissiens, & même les curés, pour les parts & portions qui seront arbitrées par les évêques. En 1657, une déclaration rendue sur la demande du clergé, a imposé cette charge aux paroissiens seuls. Mais cette déclaration n'ayant été enregistrée dans aucune cour, n'a eu aucun effet. Ce n'est que depuis l'édit de 1695, qu'on regarde en France comme une maxime certaine & constante, que la construction & réparation des *presbytères* regardent entièrement les habitans des lieux ; à moins que l'ancien usage n'y assujettisse la fabrique. Dans ce cas, on juge que les habitans ne sont pas tenus de cette charge. Un arrêt du 17 août 1745, oblige les marguilliers de saint Sauveur de Péronne à faire les grosses réparations du *presbytère*, parce que depuis long-temps c'étoit eux qui les avoient faites.

En Flandre, les curés sont tenus des réparations de leurs maisons presbytérales, lorsque leurs revenus sont considérables ; dans le cas contraire, les décimateurs en sont tenus subsidiairement, & les habitans n'y sont obligés que lorsqu'ils y sont assujettis par un usage immémorial.

En Provence, on ne distingue point entre les réparations qui sont à la charge des décimateurs & des paroissiens : on joint ensemble celle des *presbytères* & des églises : les deux tiers sont à la charge des habitans, & l'autre tiers à la charge des décimateurs. Cette manière de contribuer paroit propre à lever les difficultés qui naissent fréquemment entre les décimateurs & les paroissiens, sur la distinction des réparations qui sont à la charge de chacun d'eux.

L'obligation imposée aux paroissiens de loger leurs curés, s'étend seulement à lui donner un logement convenable pour lui & ses vicaires, si la nécessité d'en avoir pour la desserte de la cure a été reconnue par l'évêque, ou s'il y a des places de vicaires fondées dans la paroisse. Mais les habitans ne sont pas tenus de lui construire des granges pour serrer ses dimes, des étables & des écuries pour ses bestiaux.

Lorsque le curé est obligé, faute de *presbytère*, de prendre à loyer une maison, les paroissiens sont tenus de lui donner une somme annuelle pour l'indemniser du prix du loyer. Il est impossible de fixer par tout le royaume une somme égale pour cet objet, parce que le prix des loyers varie suivant les lieux & les circonstances. Il faut à cet égard s'en rapporter à l'arbitrage des juges, qui doivent déterminer le loyer d'un curé sur l'intérêt de la somme que coûteroit la construction d'un *presbytère*. *Voyez* CURÉ, RÉPARATION.

PRESCRIPTIBLE, adj. se dit *en droit*, de tout ce qui est sujet à la prescription. Ce terme est opposé à celui d'*imprescriptible*, qui se dit des choses que l'on ne peut prescrire, telles que le domaine du roi. *Voyez* PRESCRIPTION. (*A*)

PRESCRIPTION, f. f. (*Droit civil & des gens.*) est le droit qui nous fait acquérir le domaine de propriété d'une chose, par la possession paisible & non interrompue que nous en avons eu, pendant le temps réglé par la loi.

On entend aussi quelquefois par le terme de *prescription*, le droit résultant de la possession nécessaire pour prescrire ; comme quand on dit que l'on a acquis la *prescription*, ce qui signifie que par le moyen de la *prescription*, on est devenu propriétaire d'une chose, ou que l'on est libéré de quelque charge ou action.

La *prescription* paroit en quelque sorte opposée au droit des gens, suivant lequel le domaine ne se transfère que par la tradition que fait le propriétaire d'une chose dont il a la liberté de disposer ; elle paroit aussi d'abord contraire à l'équité naturelle, qui ne permet pas que l'on dépouille quelqu'un de son bien malgré lui & à son insu, & que l'un s'enrichisse de la perte de l'autre.

Mais comme, sans la *prescription*, il arriveroit souvent qu'un acquéreur de bonne-foi seroit évincé après une longue possession, & que celui-là même qui auroit acquis du véritable propriétaire, ou qui se seroit libéré d'une obligation par une voie légitime, venant à perdre son titre, pourroit être dépossédé ou assujetti de nouveau, le bien public ou l'équité même exigeoient que l'on fixât un terme après lequel il ne fût plus permis d'inquiéter les possesseurs, ni de rechercher des droits trop long-temps abandonnés.

Ainsi, comme la *prescription* a toujours été nécessaire pour assurer l'état & les possessions des hommes, & conséquemment pour entretenir la paix entre eux, & qu'il n'y a guère de nation qui n'admette la *prescription*, son origine doit être rapportée

portée au droit des gens. Le droit civil n'a fait à cet égard que suppléer au droit des gens, & perfectionner la *prescription* en lui donnant la forme qu'elle a aujourd'hui.

Les motifs qui l'ont fait introduire ont été d'assurer les fortunes des particuliers, en rendant certaines, par le moyen de la possession, les propriétés qui seroient douteuses ; d'obvier aux procès qui pourroient naître de cette incertitude, & de punir la négligence de ceux qui, ayant des droits acquis, tardent trop à les faire connoître, & à les exercer ; la loi présume qu'ils ont bien voulu perdre, remettre ou aliéner ce qu'ils ont laissé prescrire ; aussi on donne à la *prescription* la même force qu'à la transaction.

Justinien, dans une de ses novelles, qualifie la *prescription*, d'*impium præsidium* ; cette expression pourroit faire croire que la *prescription* est odieuse : mais la novelle n'applique cette expression qu'à propos d'usurpateurs du bien d'église, & qui le retiennent de mauvaise foi ; & il est certain qu'en général, la *prescription* est un moyen légitime d'acquérir & de se libérer : les loix même disent qu'elle a été introduite pour le bien public, *bono publico usucapio introducta est* ; & ailleurs la *prescription* est appellée *patronam generis humani*.

Pour traiter avec plus d'ordre ce qui regarde la *prescription*, nous diviserons cet article en quatre sections. Nous traiterons dans la première, de la *prescription* en matière civile ; dans la seconde, de la *prescription* en matière criminelle ; dans la troisième, de la *prescription* en matière ecclésiastique ; & dans la quatrième, de la *prescription* en matière féodale.

SECTION PREMIÈRE.

De la prescription en matière civile.

La loi des douze tables avoit autorisé & réglé la *prescription* : on prétend même qu'elle étoit déjà établie par des loix plus anciennes.

On ne connoissoit d'abord chez les Romains d'autre *prescription* que celle qu'ils appelloient *usucapion.*

Pour entendre en quoi l'usucapion différoit de la *prescription*, il faut savoir que les Romains distinguoient deux sortes de biens, les uns appellés *res mancipi* ; les autres, *res nec mancipi.*

Les biens appellés *res mancipi*, dont les particuliers avoient la pleine propriété, étoient les meubles, les esclaves, les animaux privés, & les fonds situés en Italie ; on les appelloit *res mancipi*, *quod quasi manu caperentur*, & parce qu'ils passoient en la puissance de l'acquéreur par l'aliénation qui s'en faisoit par fiction, *per æs & libram*, *de manu ad manum*, que l'on appelloit *mancipatio.*

Les biens *nec mancipi* étoient ainsi appellés, parce qu'ils ne pouvoient pas être aliénés par la mancipation ; les particuliers étoient censés n'en avoir que l'usage & la possession ; tels étoient les animaux

sauvages & les fonds situés hors de l'Italie, que l'on ne possédoit que sous l'autorité & le domaine du peuple romain auquel on en payoit un tribut annuel.

On acquéroit irrévocablement du véritable propriétaire, en observant les formes prescrites par la loi.

On acquéroit aussi par l'usage, *usu*, lorsqu'on tenoit la chose à quelque titre légitime ; mais de celui qui n'en étoit pas le véritable propriétaire, & qu'on l'avoit possédée pendant un an si c'étoit un meuble, & pendant deux ans, si c'étoit un immeuble.

Telle étoit la disposition de la loi des douze tables, & cette façon d'acquérir par l'usage ou possession, est ce que l'on appelloit *usucapion*, terme formé de ces deux-ci, *usu capere* ; les anciens Romains ne connoissoient la *prescription* que sous ce nom d'*usucapion.*

Pour acquérir cette sorte de *prescription*, il falloit un titre légal, qu'il y eût tradition, & la possession pendant un certain temps.

Elle n'avoit lieu qu'en faveur des citoyens romains, & de ceux auxquels ils avoient communiqué leurs droits, & ne servoit que pour les choses dont les particuliers pouvoient avoir la pleine propriété ; aussi produisoit-elle le même effet que la mancipation.

Le peuple romain ayant étendu ses conquêtes, & les particuliers leurs possessions bien au-delà de l'Italie, il parut aussi nécessaire d'y étendre un moyen si propre à assurer la tranquillité des familles.

Pour cet effet, les anciens jurisconsultes introduisirent une nouvelle jurisprudence, qui fut d'accorder aux possesseurs de dix ans des fonds situés hors l'Italie, le droit de s'y maintenir par une exception tirée du laps de temps, & qu'ils appellèrent *prescription*. Cette jurisprudence fut ensuite autorisée par les empereurs qui précédèrent Justinien. *Cod. 7, tit. 33 & 39.*

Mais il y avoit encore cette différence entre l'usucapion & la *prescription*, que la première donnoit le domaine civil & naturel, au lieu que la *prescription* ne communiquoit que le domaine naturel seulement.

Justinien rejetta toutes ces distinctions & ces subtilités ; il supprima la distinction des choses appellées *mancipi* & *nec mancipi*, des biens situés en Italie, & de ceux qui étoient hors de cette province, & déclara que l'exception tirée de la possession auroit lieu pour les uns comme pour les autres ; savoir ; pour les meubles après trois ans de possession, & pour les immeubles, après dix ans entre présens, & vingt ans entre absens ; & par ce moyen l'usucapion & la *prescription* furent confondues ; & c'est que l'on ne s'en sert plus du droit on emploie plus volontiers le terme d'usucapion pour les choses corporelles, & celui de *prescription* pour les immeubles & pour les droits incorporels.

La *preſcription* de trente ans qui s'acquiert ſans titre, ſut introduite par Théodoſe-le-Grand.

Celle de quarante ans fut établie par l'empereur Anaſtaſe; elle eſt néceſſaire contre l'égliſe, & auſſi quand l'action perſonnelle concourt avec l'hypothécaire.

La *preſcription* de cent ans a été introduite à ce terme en faveur de certains lieux ou de certaines perſonnes privilégiées; par exemple, l'égliſe romaine n'eſt ſujette qu'à cette *preſcription* pour les fonds qui lui ont appartenu.

La *preſcription* qui s'acquiert par un temps immémorial, eſt la ſource de toutes les autres; auſſi eſt-elle dérivée du droit des gens; le droit romain n'a fait que l'adopter & la modifier en établiſſant d'autres *preſcriptions* d'un moindre eſpace de temps.

Les conditions néceſſaires pour acquérir la *preſcription* en général, ſont la bonne-foi, un juſte titre, une poſſeſſion continuée ſans interruption pendant le temps requis par la loi, & que la choſe ſoit preſcriptible.

La bonne-foi en matière de *preſcription*, conſiſte à ignorer le droit qui appartient à autrui dans ce que l'on poſſède; la mauvaiſe foi eſt la connoiſſance de ce droit d'autrui à la choſe.

Suivant le droit romain, la bonne-foi eſt requiſe dans les *preſcriptions* qui exigent un titre, comme ſont celles de trois ans pour les meubles, & de dix & vingt ans pour les immeubles; mais il ſuffit d'avoir été de bonne-foi en commençant à poſſéder; la mauvaiſe foi qui ſurvient par la ſuite n'empêche pas la *preſcription*.

Ainſi, comme ſuivant ce même droit civil, les *preſcriptions* de trente & quarante ans, & par un temps immémorial, ont lieu ſans titre, la mauvaiſe foi qui ſeroit dans le poſſeſſeur même au commencement de ſa poſſeſſion, ne l'empêche pas de preſcrire.

Au contraire, ſuivant le droit canon, que nous ſuivons en cette partie, la bonne-foi eſt néceſſaire dans toutes les *preſcriptions*, & pendant tout le temps de la poſſeſſion.

Mais il faut obſerver que la bonne-foi ſe préſume toujours, à moins qu'il n'y ait preuve du contraire, & que c'eſt à celui qui oppoſe la mauvaiſe foi à en rapporter la preuve.

Le juſte titre requis pour preſcrire eſt toute cauſe légitime propre à transférer au poſſeſſeur la propriété de la choſe, comme une vente, un échange, un legs, une donation; à la différence de certains titres qui n'ont pas pour objet de transférer la propriété, tels que le bail, le gage, le prêt, & en vertu deſquels on ne peut preſcrire.

Il n'eſt pourtant pas néceſſaire que le titre ſoit valable; autrement, on n'auroit pas beſoin de la *preſcription*; il ſuffit que le titre ſoit coloré.

La poſſeſſion néceſſaire pour acquérir la *preſcription*, eſt celle où le poſſeſſeur jouit *animo domini*, comme quelqu'un qui ſe croit propriétaire. Celui qui ne jouit que comme fermier, ſequeſtre ou dé-

poſitaire, ou à quelque autre titre précaire, ne peut preſcrire.

Il faut auſſi que la poſſeſſion n'ait point été acquiſe par violence, ni clandeſtinement, mais qu'elle ait été paiſible, & non interrompue de fait ni de droit.

Quand la *preſcription* eſt interrompue, la poſſeſſion qui a précédé l'interruption ne peut ſervir pour acquérir dans la ſuite la *preſcription*.

Mais quand la *preſcription* eſt ſeulement ſuspendue, la poſſeſſion qui a précédé & celle qui a ſuivi la ſuspenſion, ſe joignent pour former le temps néceſſaire pour preſcrire; on déduit ſeulement le temps intermédiaire pendant lequel la *preſcription* a été ſuspendue.

Suivant le droit romain, la *preſcription* de trente ans ne court pas contre les pupilles; la plupart des coutumes ont étendu cela aux mineurs, &, en général, la *preſcription* eſt ſuspendue à l'égard de tous ceux qui ſont hors d'état d'agir, tels qu'une femme en puiſſance de mari, un fils de famille en la puiſſance de ſon père.

C'eſt par ce principe que le droit canon ſuspend la *preſcription* pendant la vacance des bénéfices & pendant la guerre; les docteurs y ajoutent le temps de peſte, & les autres calamités publiques qui empêchent d'agir.

La *preſcription* de trente ans, & les autres dont le terme eſt encore plus long, courent contre ceux qui ſont abſens, de même que contre ceux qui ſont préſens; il n'en eſt pas de même de celle de dix ans, il faut, ſuivant la plupart des coutumes, doubler le temps de cette *preſcription* à l'égard des abſens, c'eſt-à-dire, de ceux qui demeurent dans un autre bailliage ou ſénéchauſſée.

Ceux qui ſont abſens pour le ſervice de l'état ſont à couvert pendant ce temps de toute *preſcription*.

L'ignorance de ce qui ſe paſſe n'eſt point un moyen pour interrompre ni pour ſuspendre la *preſcription*, cette circonſtance n'eſt même pas capable d'opérer la reſtitution de celui contre qui on a preſcrit.

Il y a des choſes qui ſont impreſcriptibles, de leur nature, ou qui ſont déclarées telles par la diſpoſition de la loi.

Ainſi l'on ne preſcrit jamais contre le droit naturel, ni contre le droit des gens primitif, ni contre les bonnes mœurs, & contre l'honnêteté publique; une coutume abuſive, quelque ancienne qu'elle ſoit, ne peut ſe ſoutenir; car l'abus ne ſe couvre jamais; il en eſt de même de l'uſure.

On ne preſcrit pas non plus contre le bien public, la police générale, la ſûreté, l'ornement & la décoration des villes.

Le domaine du roi eſt de même impreſcriptible.

L'obéiſſance que l'on doit à ſon ſouverain, & à ſes autres ſupérieurs, eſt auſſi impreſcriptible.

La *preſcription* n'a pas lieu entre le ſeigneur & ſon vaſſal ou cenſitaire, & dans la plupart des coutumes, le cens eſt impreſcriptible ; mais un ſeigneur peut preſcrire contre un autre ſeigneur.

Les droits de pure faculté, tels qu'un droit de paſſage, ne ſe perdent point par le non-uſage.

La faculté de racheter des rentes conſtituées à prix d'argent, ne ſe preſcrit jamais par quelque laps de temps que ce ſoit.

Enfin, on ne preſcrit point contre la vérité des faits, ni contre ſon propre titre.

Outre les preſcriptions dont nous avons parlé, il y en a encore nombre d'autres beaucoup plus courtes, & qui ſont plutôt des fins de non-recevoir, que des preſcriptions proprement dites.

Telle eſt la preſcription de vingt-quatre heures contre le retrayant qui n'a pas rembourſé ou conſigné dans les vingt-quatre heures de la ſentence qui lui adjuge le retrait.

Telle eſt auſſi la preſcription de huitaine contre ceux qui n'ont pas formé leur oppoſition à une ſentence.

Il y a une autre preſcription de neuf jours en fait de vente de chevaux. Voyez CHEVAUX & REDHIBITION.

Une preſcription de dix jours pour faire payer ou proteſter dans ce délai les lettres-de-change. Voyez CHANGE & LETTRES.

Une preſcription de quinze jours, faute d'agir en garantie dans ce temps contre les tireurs & endoſſeurs d'une lettre-de-change proteſtée.

Une preſcription de vingt jours dans la coutume de Paris, article 77, pour notifier le contrat au ſeigneur.

Une de quarante jours pour faire la foi & hommage, fournir l'aveu, intenter le retrait féodal, réclamer une épave.

Une de trois mois pour mettre à exécution les lettres de grace, pardon & rémiſſion.

Une de quatre mois pour l'inſinuation des donations;

Une de ſix pour la publication des ſubſtitutions, pour ſe pourvoir par requête civile, pour faire demande du prix des marchandiſes énoncées en l'article 126 de la coutume de Paris, & en l'article 8 du titre 1 de l'ordonnance du commerce.

Une preſcription d'un an pour les demandes & actions énoncées en l'article 125 de la coutume de Paris, & en l'article 127 du titre de l'ordonnance du commerce, pour former complainte, pour exercer le retrait-lignager, pour relever les fourches patibulaires du ſeigneur ſans lettres, pour demander le paiement de la dime, pour intenter l'action d'injure, & pour faire uſage des lettres de chancellerie.

Il y a une preſcription de deux ans contre les procureurs, faute par eux d'avoir demandé leurs frais & ſalaires dans ce temps, à compter du jour qu'ils ont été révoqués, ou qu'ils ont ceſſé d'occuper.

La preſcription de trois ans a lieu, comme on l'a dit, pour les meubles, & en outre pour la péremption d'inſtance, & pour celle du compromis. Les domeſtiques ne peuvent demander que trois ans de leurs gages.

Toute action reſciſoire eſt preſcrite par le laps de dix ans, ce qui a lieu même entre les communautés d'habitans, ainſi qu'il a été jugé par pluſieurs arrêts rapportés par Brodeau ſur Louet, lett. P, num. 14.

La preſcription de cinq ans a lieu pour les fonds en Anjou & Maine ; c'eſt ce qu'on appelle le tenement de cinq ans. Son effet eſt de procurer à l'acquéreur d'un immeuble, qui le tient & le poſſède par cinq ans continus, paiſiblement, à juſte titre, de bonne-foi, & ſans ajournement d'interruption, ou autre inquiétation, la libération de toutes charges, rentes & hypothèques, conſtituées ſur l'immeuble par le vendeur, ou autre aliénateur, depuis trente ans, à moins que le contrat d'aliénation ne charge l'acquéreur de la preſtation de la rente ou hypothèque. Cette eſpèce de preſcription n'a pas lieu contre le ſeigneur, & ne peut être oppoſée par l'héritier préſomptif de celui qui aliène, lorſque l'aliénation a été faite en ſa faveur, parce qu'elle eſt préſumée faite en fraude des créanciers. Les coutumes de Tours & Loudun ont une diſpoſition à-peu-près ſemblable.

La preſcription de cinq ans a lieu pareillement pour les arrérages d'une rente conſtituée, pour l'accuſation d'adultère, pour la plainte d'inofficioſité, pour les fermages & loyers, quand on a été cinq ans après la fin du bail ſans les demander. Les lettres & billets de change ſont auſſi réputés acquittés après cinq ans de ceſſation de pourſuite. Un officier qui a joui paiſiblement d'un droit pendant cinq ans, n'y peut plus être troublé par un autre. On ne peut, après cinq ans, réclamer contre ſes vœux, ni purger la contumace. Les veuves & héritiers des avocats & procureurs ne peuvent, après ce temps, être recherchés pour les papiers qu'ils ont eus, ſoit que les procès ſoient jugés ou non.

Enfin il y a une preſcription de ſix années contre les procureurs, leſquels dans les affaires non jugées ne peuvent demander leurs frais, ſalaires & vacations pour les procédures faites au-delà de ſix années. (A)

SECTION II.

De la preſcription en matière criminelle.

Les injures verbales ſe preſcrivent par un an, à moins que celui qui a ſouffert l'injure n'en ait point eu connoiſſance ; car l'année n'eſt cenſée courir que du jour qu'il en a été informé. L'action pour de telles injures ne paſſe pas aux héritiers de l'injurié, elle eſt éteinte par ſa mort. Il n'en eſt pas de même de l'injure réelle, elle ne ſe preſcrit que par vingt ans.

En général, les crimes & les peines dont ils doivent être punis, ſe preſcrivent par vingt ans, quand il n'y a point eu de jugement exécuté. Mais l'exécution par effigie, ou tableau attaché dans une place publique, proroge la *preſcription* juſqu'à trente ans. Un arrêt du parlement de Paris, rapporté par Brodeau ſur Louet, *lett. C, n. 20*, a condamné un criminel, quoiqu'il y eût trente-un ans que le crime eût été commis, parce qu'il n'y avoit que vingt-huit ans que l'exécution avoit été faite par effigie.

La *preſcription* de vingt ans ſe compte du jour que le crime a été commis, même lorſqu'il y a eu plainte, informations, & même jugement, s'il n'a point été exécuté. La ſeule difficulté à cet égard eſt de ſavoir s'il eſt néceſſaire que les vingt ans ſoient accomplis, ou s'il ſuffit que la vingtième année ſoit commencée, pour qu'il y ait lieu à la *preſcription*. Mais la juriſprudence des arrêts a décidé que les vingt ans doivent être comptés *de momento ad momentum*, & que la *preſcription* n'eſt acquiſe que par le laps complet de vingt ans; ce qui me paroît conforme aux principes. En effet, puiſque la *preſcription* eſt une faveur accordée par la loi, elle ne doit avoir lieu que dans les temps, & ſous les conditions impoſées par la loi. Elle exige, en matière civile, un temps plus ou moins long, ſuivant la nature des choſes qui ſe preſcrivent, & la *preſcription* n'a effet qu'après l'expiration de ce temps; il en doit être de même en matière criminelle, & la *preſcription* ne peut s'opérer qu'après la vingtième année accomplie.

La *preſcription* de vingt ou trente ans opère la décharge de l'accuſé, non-ſeulement pour la peine prononcée par la loi, mais encore par rapport à la peine pécuniaire & aux réparations civiles qui ſont dues à celui qui a ſouffert du dommage par le crime. La raiſon en eſt que la *preſcription* fait préſumer l'innocence en matière criminelle, comme en matière civile; elle fait préſumer la bonne-foi du poſſeſſeur: d'ailleurs, la peine & le crime étant éteints, tout ce qui ſuit le crime doit être pareillement effacé, puiſque l'effet de la *preſcription* eſt de laver & innocenter pleinement l'accuſé. Cependant l'infamie qui eſt la ſuite du crime, eſt perpétuelle, & empêche de requérir un bénéfice après les vingt ans, ainſi qu'il a été jugé par arrêt de la cinquième chambre des enquêtes, le 9 mai 1731, ſur un partage de la quatrième.

Il y a des crimes qui ſemblent ſe preſcrire par un moindre temps que de vingt années; tels ſont, par exemple, le crime de péculat, lequel, ſuivant la loi 7, ff. *ad legem Jul. peculatus*, ne peut pas être pourſuivi après cinq ans, à compter du jour que le crime a été commis: mais nous ne ſuivons pas en cela le droit romain, ce crime étant regardé comme capital, & pouvant être puni de peines afflictives, ſuivant les circonſtances; il ne ſe preſcrit, de même que les autres crimes, que par l'eſpace de vingt années.

Le crime d'adultère, qui ſe preſcrit par cinq ans, du jour qu'il a été commis; mais lorſque l'adultère eſt joint à l'inceſte, & qu'il a été commis par force, il ne ſe preſcrit point dans ce terme; il faut, dans ce cas, la *preſcription* ordinaire de vingt ou trente

années, ainſi qu'il a été jugé par un arrêt du parlement de Bordeaux, rapporté par Papon en ſes arrêts, *liv. 24, tit. 11, art. 2*, conformément à la diſpoſition du droit, en la loi 39, §. 5, ff. *ad leg. Jul. de adult.* & en la loi 5, au code du même titre.

La ſimonie en matière bénéficiale, qui ſe preſcrit par l'eſpace de dix années; ce qu'il faut entendre de manière qu'après dix années, le poſſeſſeur du bénéfice acquis par ſimonie, ne peut pas être troublé dans ſa poſſeſſion, mais non du crime par lui-même, qui ne peut ſe preſcrire par aucun eſpace de temps, tant que dure la poſſeſſion du ſimoniaque; ainſi, ce n'eſt que lorſque le bénéfice acquis par ſimonie a été poſſédé par un autre que le ſimoniaque, que la poſſeſſion de dix ans met le poſſeſſeur à l'abri de toute recherche, & non lorſque c'eſt le ſimoniaque même qui en eſt en poſſeſſion, parce que, n'ayant aucun titre canonique pour poſſéder ce bénéfice, il ne peut pas par conſéquent preſcrire la peine due à ce crime, qui eſt la privation du bénéfice ainſi acquis. Sur quoi on peut voir les arrêts rapportés par Catelan & ſon obſervateur, *liv. 1, chap. 31*; & Rouſſeau de Lacombe.

Quand nous diſons que tous les crimes ſe preſcrivent par vingt ans, c'eſt par une règle générale qui ſouffre pluſieurs exceptions, dont la première peut être appliquée au crime de faux-incident, qui dure autant que l'action civile en laquelle la pièce fauſſe a été produite; comme, par exemple, ſi un homme s'étoit emparé, par voie de fait ou autrement, d'un bien appartenant à des pupilles ou à des mineurs, & que ces pupilles ou mineurs aſſignaſſent, dans les trente années de l'action, le tiers-poſſeſſeur en délaiſſement de ce bien, & que ce poſſeſſeur, pour ſa défenſe, oppoſât incidemment un teſtament ou une donation, ou quelque autre acte faux qui lui en donnât la propriété; il eſt évident que, dans cette eſpèce, la *preſcription* contre cet acte faux ne commenceroit à courir contre les demandeurs que du jour de la ſignification de cet acte, & non du jour que la fauſſeté de l'acte auroit été commiſe, parce que le faux incident doit durer autant que l'action principale.

Il faut encore excepter de la *preſcription* de vingt ans le crime de duel, ſuivant l'édit du mois d'août 1679, qui porte expreſſément, à l'article 35, que le crime de duel ne pourra être éteint, ni par la mort, ni par aucune *preſcription* de vingt ni trente années, ni par aucune autre, à moins qu'il n'y ait eu ni exécution, ni condamnation, ni plainte, & pourra être pourſuivi après quelque temps que ce ſoit, contre la perſonne ou contre ſa mémoire.

Cet article ajoute que ceux qui ſe trouveront coupables de duel depuis l'édit de 1651, pourront être recherchés pour les autres crimes par eux commis auparavant ou depuis, nonobſtant ladite *preſcription* de vingt ou de trente ans, pourvu que le procès leur ſoit fait en même temps pour crime de duel & par les mêmes juges, & qu'ils en demeurent convaincus. D'où il faut conclure, 1°. que s'il n'y a eu ni plainte ni condamnation pour crime de duel pendant vingt ans, on peut, après ce délai, opposer la *prescription*, comme pour tous les autres crimes; 2°. que la conviction de l'accusé pour crime de duel, empêche la *prescription* des autres crimes qu'il peut avoir commis, soit avant ou après l'accusation pour duel, pourvu que le procès lui soit fait en même temps & par les mêmes juges, pour crime de duel, c'est-à-dire, que les autres crimes doivent être joints & poursuivis en même temps que le crime de duel, sans quoi les autres crimes seroient prescrits par l'espace de vingt ans, & l'accusé ne pourroit plus être poursuivi pour raison de ces crimes.

Le crime de lèse-majesté est le seul excepté de toute *prescription*, soit qu'il y ait eu plainte ou condamnation, soit qu'il n'y en ait pas eu, parce que l'action de ce crime est imprescriptible. Quand il s'agit de venger la majesté du prince offensé, on passe pardessus toutes les règles, jusques-là, que si le coupable vient à mourir pendant l'instruction de la procédure, ou qu'il soit mort depuis long-temps, on fait le procès au cadavre, s'il existe; ou s'il n'existe plus, on le fait à sa mémoire; que l'on condamne pour crime de lèse-majesté, nonobstant toute *prescription*, quelque longue qu'elle soit, conformément à la disposition du droit, en la loi dernière, *ad leg. Jul. majestatis*; & en la loi 6 & 7, *cod. eod.*

SECTION III.

De la prescription en matière ecclésiastique & bénéficiale.

Nous n'avons à rappeller ici sur la matière des *prescriptions*, que ce qui peut concerner l'église, soit dans ses droits, soit dans ses biens. Quelles sont les choses ecclésiastiques qui peuvent être prescrites, comment peuvent-elles être prescrites? Telles sont les deux questions que nous examinerons, & qui doivent renfermer tout ce qui intéressant pour la *prescription en matière ecclésiastique & bénéficiale.*

§. I. *Quelles sont les choses ecclésiastiques qui sont sujettes à la prescription?* Faire connoître ce qui est imprescriptible en matière ecclésiastique, est une manière abrégée de faire connoître ce qui peut se prescrire. Il seroit d'ailleurs difficile d'entrer dans le détail de toutes les espèces de droits & de biens dont jouissent l'église & ses ministres, pour appliquer à chacun d'eux les principes sur les *prescriptions*. Voyons donc ce qui, par rapport à l'église, n'est pas sujet à la *prescription.*

Les canons, comme les loix civiles, établissent que l'on ne peut prescrire contre le droit naturel. *nemo sanæ mentis intelligit naturali juri quâcumque consuetudine posse aliquatenus derogari.* Il en est de même de tout ce qui induit au péché, & est contraire aux bonnes mœurs.

L'abus est imprescriptible, *abusus enim perpetuò clamat. Voyez* ABUS.

L'on ne peut se soustraire par la *prescription*, quelque longue qu'elle soit, à l'obéissance due aux supérieurs : de même, bien qu'un prélat puisse prescrire contre un autre le droit de visiter & de corriger certains inférieurs, ceux-ci ne peuvent pas acquérir, par le secours du temps, le droit de n'être visités ni corrigés par aucun supérieur. *Voyez* EXEMPTION.

Les choses purement spirituelles, ne pouvant être possédées, ne sont pas prescriptibles; *nullius enim sunt res sacræ, religiosæ & sanctæ : quod enim divini juris est, id nullius in bonis est.* C'est, d'après ce principe, que les églises, les cimetières, & autres lieux destinés à l'usage, non pas des particuliers, mais du public, ne sont sujets à aucune *prescription*, quelque long-temps qu'on les ait possédés. Le terrein même est imprescriptible, selon les loix romaines, quoique les bâtimens soient tombés en ruine. *Si ædes sacra esset, licet collapsa sit, religio occupavit locum ..... locus autem in quo ædes sacræ sunt ædificata, etiam diruto ædificio, sacer adhuc manet.* La loi 34 du §. 1 *de relig. & sumptibus funer.* porte que le lieu où l'on enterre les défunts, ne cesse d'être religieux & ne rentre dans le commerce, qu'après qu'on en a retiré les ossemens avec la permission du pontife. Au reste, si on avoit cessé d'enterrer dans un cimetière depuis un temps immémorial, il n'y a point de doute qu'on ne pourroit acquérir le fonds par *prescription*, parce qu'un si long temps fait présumer un titre légitime & accompagné des formalités requises.

Les choses qui sont attachées aux spirituelles, qui en sont comme l'accessoire, *spiritualibus annexæ*, peuvent être prescrites par les ecclésiastiques, & non par des laïques, à moins qu'il ne s'agisse de choses que ceux-ci puissent posséder par quelque privilège particulier, comme le patronage & les dimes inféodées. *Voyez* PATRONAGE, DIME.

Les droits épiscopaux qui dérivent non pas de la puissance d'ordre, mais de la jurisdiction, sont susceptibles de *prescription*. C'est par ce moyen, que beaucoup d'abbés & de chapitres sont parvenus à jouir d'une jurisdiction quasi-épiscopale.

Lacombe, *verbo Prescription*, n. 7, met en principe que les fondations & prestations annuelles, dues à l'église pour le service divin, sont imprescriptibles, même les arrérages qui en sont dus, pourvu que le service ait été acquitté. Il cite plusieurs auteurs à l'appui de son sentiment. Il faut cependant distinguer entre les pays de droit écrit & les pays coutumiers. Il paroît que la jurisprudence des pays de droit écrit est de regarder comme imprescriptibles les rentes de fondation perpétuelle, & de juger que les débiteurs ne peuvent s'en libérer par quelque espace de temps que ce soit. Cette jurisprudence paroît appuyée sur la loi *sancimus, cod. de episcop.*, où Justinien parlant de ces rentes, sous le nom de *legs annuels*, dit : *hi qui præsunt locis piis licentiam habeant persequi & exigere ipsa, nullâ tem-*

poris' habitâ præfcriptione opponenda ipſis, cum per unum quemque annum talis naſcatur actio, ne perpetua defuncti memoria ob quam annuum reliquit, extinguatur. Louis XIV paroît avoir eu cette loi fous les yeux, lorſqu'il a adreſſé aux parlemens de droit écrit, la déclaration du mois de février 1657, où il eſt dit : « d'autant que les rentes foncières qui ſont
» dues à l'égliſe, ſoit par le titre des anciennes fon-
» dations, ſoit par bail d'héritage, lui doivent
» être ſoigneuſement conſervées, nous ordonnons
» qu'elles ne puiſſent être preſcrites par le cours d'un
» moindre temps, que celui qui eſt requis pour
» la *preſcription* des cenſives & rentes ſeigneuriales ».

Si cette déclaration eût été enregiſtrée dans les parlemens qui ſuivent le droit coutumier, il n'eſt pas douteux que les rentes foncières dues à l'égliſe, ſeroient impreſcriptibles, puiſqu'elles ſont aſſimilées aux cens, qui, dans preſque toutes les coutumes, n'eſt point ſujet à la *preſcription*. Cette impreſcriptibilité du cens & des droits ſeigneuriaux reçoit quelques nuances dans les pays de droit écrit. Suivant l'auteur de la collection de juriſprudence féodale de ces provinces, *tome 1, pag. 7*, la poſſeſſion même centenaire, ou immémoriale, n'eſt d'aucun ſecours pour acquérir l'exemption, ou affranchiſſement des droits ſeigneuriaux ; mais une contradiction ou dénégation formelle de la part du vaſſal ou emphytéote, ouvre le cours de la *preſcription* de trente ans contre le ſeigneur laïque, & de quarante ans contre le ſeigneur eccléſiaſtique. La déclaration de 1657 ſuppoſe qu'il y a une *preſcription* qui peut acquérir la libération des cenſives & droits ſeigneuriaux, lorſqu'elle dit que les rentes foncières dues à l'égliſe, ne pourront être preſcrites par le cours d'un moindre temps que celui qui eſt requis pour la *preſcription* des cenſives & rentes ſeigneuriales. Il faut donc conclure que l'impreſcriptibilité des rentes foncières dues à l'égliſe, n'eſt pas abſolue dans les pays de droit écrit, & que la libération de ces ſortes de rentes peut s'acquérir par une poſſeſſion de quarante ans, précédée d'une contradiction ou dénégation formelle de la part du débiteur. On ne ſuit point dans les pays coutumiers la loi *ſancimus*, ni la déclaration de 1657. En Anjou & en Maine, on diſtingue les biens qui ſont cenſés être de la première fondation des égliſes, d'avec ceux qui ſont acquêts depuis quarante ans avant la réformation de la coutume. Les premiers ſont impreſcriptibles, les ſeconds peuvent ſe preſcrire, même par trente ans. Anjou, *art. 431*; Maine, *art. 446.*

Dunod traite la queſtion de ſavoir, ſi les rentes & redevances annuelles, dues pour obits & fondations, ſont preſcriptibles, & par quel temps elles peuvent ſe preſcrire. Il faut, ſelon cet auteur, examiner ſi elles dépendent d'un capital ; en ce cas, elles ſe preſcrivent par quarante ans avec leur capital, comme ſi un teſtateur a légué cent livres à l'égliſe, & a chargé ſes héritiers d'en payer annuellement la rente. Si elles ne dépendent pas d'un

capital, comme ſi le teſtateur a légué annuellement cent livres pour rétribution d'un obit qu'il a fondé, les docteurs & les parlemens, continue Dunod, ſont partagés en ce cas entre les ſentimens de Martin & de Bulgare. Le premier tient que l'action naiſſant chaque année, & pour chaque preſtation, il n'y a point de *preſcription* contre l'obligation de payer la redevance ; le ſecond, qu'elle eſt preſcriptible par trente ou quarante ans. Ce ſecond ſentiment eſt ſuivi en Franche-Comté, & y eſt d'ailleurs établi par une ordonnance de 1564. Ainſi l'égliſe, dans cette province, ne ſeroit pas admiſe à demander une rente due pour obit & fondation après quarante ans de ceſſation de paiement, quand même cette rente ne dépendroit d'aucun capital.

Serres, dans ſes *Inſtitutions au droit françois, liv. 2, tit. 6*, traite cette même queſtion dans les principes admis au parlement de Toulouſe. Les biens qui ſont en propriété à l'égliſe, à quelque titre qu'ils lui appartiennent, même à la charge d'un ſervice ou fondation, peuvent être preſcrits par quarante ans (l'auteur n'entend ici parler que des immeubles). Mais on a attaché le privilège de l'impreſcriptibilité aux rentes établies en faveur de l'égliſe, pour ſervice divin, obits, ou fondations ſur les biens des particuliers : ainſi, ſi un homme a donné des biens à l'égliſe, même pour une fondation, ils ſeront ſujets à la *preſcription* quarantenaire : mais ſi, ſans donner ſes biens, il les a chargés ſeulement d'une rente obituaire au profit de l'égliſe, cette rente devient impreſcriptible, de quelque façon qu'elle ait été établie, ſoit par contrat ou par teſtament, & tant pour l'action perſonnelle que pour l'action hypothécaire, c'eſt-à-dire, que les héritiers de celui qui a établi la rente obituaire ſur ſes biens, pourront être toujours attaqués perſonnellement pour le paiement de cette rente, quelque long-temps qu'ils aient reſté ſans la payer, & que les tiers-poſſeſſeurs ou acquéreurs des biens ſujets à ladite rente, pourront être auſſi, nonobſtant tout laps de temps, attaqués hypothécairement pour le paiement, & condamnés les uns & les autres à la payer à l'avenir. Bien plus, l'égliſe, pour ces rentes obituaires ou de fondation, a la liberté de s'en prendre aux acquéreurs des biens, ſans être tenue de diſcuter préalablement les héritiers des fondateurs, & de s'en prendre même à un ſeul des héritiers ou acquéreurs ſolidairement, & ſans diviſion, ſauf à celui-ci ſon recours contre les autres. Les arrérages de ces rentes peuvent ſe demander depuis vingt-neuf ans. Mais des tiers-acquéreurs qui ignoreroient la charge impoſée ſur les biens par eux acquis, ne ſeroient tenus aux arrérages que du jour de la demande.

L'opinion de Serres ainſi développée, ſemble établir qu'au parlement de Toulouſe, les rentes dues par des particuliers, & chargées d'obits, ſont impreſcriptibles ; & c'eſt ſans doute ce qu'a voulu dire Lacombe dans l'endroit ci-deſſus rapporté.

Si les rentes ſur particuliers pour obits & fondations ne font pas prefcriptibles, il eft naturel que les conditions appofées aux fondations, ne puiffent pas non plus être prefcrites, particuliérement lorfqu'elles conftituent la nature du bénéfice. C'eft pourquoi on tient en France que le pape ne peut pas y déroger, & que le roi lui-même, lorfqu'il nomme en régale, eft obligé de s'y conformer. L'exemption de ces conditions n'eft donc pas prefcriptible ; ni le patron, ni le pourvu ne peuvent être admis à oppofer un ufage ou une poffeffion contraire. Cependant fi ces conditions font de telle nature qu'elles puiffent être changées par les circonftances des temps, & par le fupérieur eccléfiaftique, du confentement du patron, dans ce cas, dit Dunod, un temps immémorial fait fuppofer une caufe canonique du changement arrivé.

Dans les pays d'obédience, peut-on oppofer la *prefcription* aux règles de la chancellerie romaine, ou, ce qui revient au même, les droits acquis au pape en vertu des règles de chancellerie, font-ils imprefcriptibles ? Dunod examine cette queftion relativement à la règle *de menfibus*, qui attribue au pape la collation des bénéfices dans certains mois de l'année. Son opinion eft favorable aux collateurs qui fe font maintenus dans la poffeffion de conférer dans les mois réfervés au faint-fiège. Il cite plufieurs arrêts du parlement de Befançon, & du confeil privé de Flandre. Ce dernier tribunal maintint, en 1621, un pourvu par l'évêque d'Ypres, par la feule raifon que le pape n'avoit pas encore pourvu à ce bénéfice, en vertu de la règle *de refervationibus*. M. Grivel, confeiller au confeil privé de Flandre, rend ainfi compte des motifs de cet arrêt. *Cum regula refervatoriæ menfium fit odiofa, quatenus detrahit poteftati ordinariorum, & corrigit jus commune, quo ordinariis conceditur facultas conferendi in omni menfe, ideoque reftringi debeat & ftrictè interpretari, quatenus alium lædit ; confuliius vifum fuit, & magis bono publico congruum, placitum denegare, ut fic non turbaretur epifcopus Iprenfis, in fua poffeffione liberè conferendi præbendas, quas cum hactenus nunquam contulerit fummus pontifex, per-hoc nihil difcedere videtur de jure fuo, fed ea via id tantum præcavetur ne refervationes, hic ulterius ferpant & progrediantur, quam hactenus confueverant. Ita refolutum & conclufum die 21 octobris 1621.*

En 1730, le parlement de Befançon a jugé dans les mêmes principes, & a maintenu dans la cure de Lioffans, qui avoit vaqué dans un mois réfervé au pape, le pourvu par l'ordinaire fur la préfentation de l'abbé de Lure, parce que le pape n'avoit jamais nommé à ce bénéfice. Nous ne connoiffons point d'arrêt des parlemens de nos autres pays d'obédience, qui ait jugé la queftion. Peut-être ne s'y eft-elle jamais préfentée, parce que les collateurs auront eu plus de déférence pour la cour de Rome, que ceux de Franche-Comté & de la Flandre même autrichienne.

Les droits de patronage font prefcriptibles de patron à patron ; le font-ils également du collateur au patron ; c'eft-à-dire, les évêques peuvent-ils, par la poffeffion de conférer librement, dépouiller les patrons de leur droit de préfentation ? *Voyez* PATRONAGE.

Les dîmes peuvent-elles fe prefcrire entre décimateurs, ou perfonnes capables de les pofféder ? Les décimables peuvent-ils s'en affranchir par la poffeffion ou le non-ufage de ne pas les payer ? *Voyez* DÎMES, FRANCHE-COMTÉ.

Les biens de l'ordre de Malte font-ils imprefcriptibles ? *Voyez* MALTE.

L'état des bénéfices peut-il fe prefcrire ? *Voyez* BÉNÉFICE, COMMENDE, CONVENTUALITÉ.

§. II. *Forme & manière de prefcrire en matière eccléfiaftique & bénéficiale.* La poffeffion eft la feule manière de prefcrire, parce qu'on ne prefcrit qu'en poffédant. Mais il y a des caractères que doit avoir la poffeffion, & qui ne font pas les mêmes en matière civile, & en matière eccléfiaftique.

Les droits & les biens de l'églife peuvent être diftingués en réels & corporels, & en incorporels & fpirituels.

Par biens & droits réels & corporels, on doit entendre fes meubles, fes immeubles.

Par incorporels, fes hypothèques & autres droits de cette nature.

Par fpirituels, ceux qui dérivent du caractère & des fonctions de fes miniftres.

Les meubles de l'églife, deftinés à des ufages pieux, font hors du commerce ; ils ne peuvent être aliénés ni engagés aux laïques que pour des œuvres de piété, comme pour racheter des captifs, ou fubvenir aux miferes publiques. On a vu plufieurs faints évêques employer jufqu'aux vafes facrés, pour foulager leurs peuples dans des temps de calamités, & cette conduite leur a mérité la reconnoiffance de leurs contemporains, & les éloges de la poftérité. Les befoins urgens de l'état peuvent encore être un motif pour aliéner des meubles deftinés à des ufages pieux. Mais, hors de ces cas, ils ne peuvent être aliénés, & la poffeffion que des tiers pourroient en avoir, ne pourroit équivaloir pour eux à un titre de propriété. Quand on eft obligé de les vendre à des laïques, on doit en changer la forme s'il fe peut, pour ne pas les expofer aux abus & au mépris.

Ceux qui ne font pas deftinés à des ufages pieux, & dont la valeur n'eft pas d'ailleurs confidérable, peuvent être vendus fans formalités par les perfonnes qui en ont l'adminiftration. Ni les canons, ni les loix civiles n'en prohibent l'aliénation, parce que d'un côté, leur confervation eft peu intéreffante, & d'un autre, ils périffent & fe confument par l'ufage. C'eft pourquoi ils peuvent être prefcrits par trois ans, comme les meubles des laïques.

Les immeubles, appartenans à l'églife, peuvent-ils être acquis par la *prefcription*, & quel temps eft néceffaire pour opérer cette *prefcription* ?

On dit en général que les immeubles poffédés

par l'églife, font inaliénables. Si cette maxime étoit vraie dans toute fon étendue, il s'enfuivroit néceffairement qu'ils font imprefcriptibles, parce qu'il n'y a de fujet à la *prefcription* que ce qui eft aliénable de fa nature, que ce qui eft dans le commerce ; mais l'inaliénabilité des immeubles de l'églife n'eft pas abfolue. Elle eft feulement affujettie à certaines conditions & à certaines formalités.

L'églife peut aliéner fes biens quand fa condition en devient meilleure, & cela arrive, difent les canoniftes, en trois manières : 1°. lorfqu'on les vend pour payer des dettes preffantes, & qu'il n'y a pas de meubles pour y fatisfaire ; 2°. lorfqu'on aliéne les héritages ruinés, ftériles ou infruêtueux, qui ne rapportoient aucun revenu, ou qui coûtoient trop de dépenfes par leur éloignement ; 3°. fi l'on vend pour acquérir un fonds meilleur, plus convenable, & d'un plus grand revenu. Ainfi, il n'y a que la néceffité ou l'utilité évidente qui puiffe autorifer l'aliénation des immeubles de l'églife.

Cette néceffité ou cette utilité doit être conftatée de la manière que les loix & l'ufage le prefcrivent, & l'omiffion des formalités requifes opère une nullité dans l'aliénation. *Voyez* ALIÉNATION.

Dès que les biens immeubles de l'églife ne font pas abfolument hors du commerce, & qu'ils peuvent être aliénés pour caufe, & avec des formalités, on peut fuppofer qu'ils ont été acquis avec un titre valable, quoiqu'il n'en confte pas, & par conféquent ils peuvent être prefcrits.

Quel eft le temps néceffaire pour opérer la *prefcription* des immeubles de l'églife ? Ils étoient d'abord prefcriptibles par trente ans. Mais ils ne peuvent plus être prefcrits que par quarante ; ce qui a lieu, foit qu'il s'agiffe de la *prefcription* d'églife à églife, ou du laïque contre l'églife ; foit que les biens viennent de la fondation primitive, ou qu'ils foient affeêtés aux menfes des bénéfices ; foit qu'ils n'y aient pas été affeêtés, ou qu'ils aient été acquis depuis la fondation.

Perfonne ne révoque en doute la prefcriptibilité des immeubles de l'églife par quarante ans, lorfqu'il ne paroît point de titre, ou que celui qui paroît ne fait point obftacle à la *prefcription*. Mais lorfque le titre paroît, & eft vicieux, il faut diftinguer. Si celui qui poffède eft un tiers-acquéreur, & s'il poffède à titre particulier depuis plus de quarante ans, rien n'empêche qu'il n'ait prefcrit, parce qu'il étoit de bonne-foi, & qu'il n'eft pas tenu des vices de fon auteur. Si, au contraire, l'immeuble eft encore entre les mains du premier acquéreur, ou de fes fucceffeurs à titre univerfel, qui le repréfentent & qui font refponfables du vice de fa poffeffion, les opinions font partagées, & la jurifprudence des tribunaux eft différente.

La grand-chambre du parlement de Paris, le grand-confeil, & le parlement de Touloufe, jugent que quand le titre de la poffeffion eft vicieux, & qu'il paroît, il empêche toute *prefcription*, même

celle de cent ans, dans la perfonne des acquéreurs & de leurs héritiers, parce qu'il les conftitue en mauvaife foi, & qu'il s'élève fans ceffe contre leur poffeffion, *perpetuò clamat*.

Les chambres des enquêtes du parlement de Paris décident que, dans le cas même d'un titre nul & vicieux, l'acquéreur & fes héritiers prefcrivent le domaine de l'églife par cent ans.

C'eft Dunod qui attefte cette variété de jurifprudence. Cependant il paroît qu'il s'eft trompé fur celle qu'il attribue au parlement de Touloufe, ou que du moins cette cour en a changé. Boutaric, dans fes *Inftituts*, s'exprime ainfi, *page 188* :

« On jugeoit autrefois que pour prefcrire contre
» l'églife, il falloit au poffeffeur un titre tel qu'il
» pût le conftituer en bonne-foi, c'eft-à-dire, re-
» vêtu de toutes les formalités prefcrites pour
» l'aliénation des biens eccléfiaftiques ; mais cette
» jurifprudence a changé, & l'on juge aujourd'hui
» que dans le cas même où on feroit paroître un
» titre vicieux, la poffeffion de quarante ans fans
» trouble, & fans interruption, à compter du dé-
» cès de l'eccléfiaftique qui a mal aliéné, fuffit pour
» mettre l'acquéreur à l'abri de toute recherche ;
» de manière qu'on n'a plus befoin aujourd'hui
» du confeil que Dumoulin donnoit de fon temps
» à ceux qui étoient attaqués par l'églife, de fe
» défendre uniquement par la *prefcription*, & de ne
» point remettre leurs titres s'ils étoient vicieux,
» *melius eft non habere titulum quàm habere viciofum* ».

Serres qui a écrit depuis Boutaric, adopte la même doctrine. « On juge même aujourd'hui, que
» quand on auroit poffédé de mauvaife foi, ou
» avec un titre vicieux & non revêtu de formali-
» tés, le terme de quarante années, fans interrup-
» tion, fuffiroit pour prefcrire contre l'églife ».

Le parlement de Provence, fuivant Durand de Maillanne, fuit la même jurifprudence que les chambres des enquêtes du parlement de Paris ; il admet la *prefcription* de cent ans contre les aliénations des biens d'églife faites fans formalités.

Il feroit à defirer que l'arrêté de M. de Lamoignon, fur cette matière, fût devenu une loi générale : rien de plus clair & de plus précis. « Biens
» d'églife aliénés au profit d'autres perfonnes que
» des parens ou alliés du titulaire qui a fait l'alié-
» nation, demeureront prefcrits par l'efpace de
» quarante ans, quand le titre de l'aliénation ne
» paroîtra pas : mais fi par la repréfentation du
» titre, l'aliénation fe trouve nulle ou défeêtueufe
» par le défaut des claufes & des formalités, le
» vice ne fe prefcrit point en la perfonne de l'ac-
» quéreur ou de fes fucceffeurs, à titre univerfel,
» par quelque efpace que ce foit moindre de cent
» ans. Mais quant au tiers-acquéreur de bonne-foi,
» il prefcrit par quarante ans ». Une loi femblable anéantiroit une diverfité de jurifprudence, qui ne devroit pas exifter dans une matière auffi importante.

Les opinions font également partagées fur l'époque

l'époque à laquelle la *prescription* commence à courir contre l'église ; les uns veulent que ce soit du moment que l'église a aliéné ou cessé de posséder. Les autres soutiennent que ce ne doit être qu'à partir du décès du bénéficier qui a mal aliéné ou laissé usurper. Boutaric, Serres, Dunod, embrassent cette dernière opinion : « sur ce que dans
» la *prescription* de quarante ans ; dit Boutaric, *loc.*
» *cit.* on ne compte point le temps qu'a vécu le
» bénéficier qui a fait l'aliénation, & qu'on la fait
» courir seulement du jour de sa mort, j'ai vu
» rendre, il n'y a pas long-temps, un arrêt singu-
» lier, qui, par la raison que la *prescription* est
» elle-même une aliénation, *vix est ut non videatur*
» *alienare qui patitur usucapi*, jugea que lorsque le
» possesseur n'avoit pour tout titre que la *prescrip-*
» *tion*, il ne falloit point compter le temps qui
» avoit couru pendant la vie du bénéficier, sous
» lequel la *prescription* avoit commencé, le béné-
» ficier étant regardé comme celui qui a fait l'aliéna-
» tion : cet arrêt fut rendu le 13 août 1723, à la pre-
» mière des enquêtes, au rapport de M. l'abbé
» d'Avisard, en la cause & en faveur du sieur de
» Serres, prieur de Cassargues ».
Serres dit également « cette *prescription* de qua-
» rante années ne commence point à courir du jour
» du contrat nuisible à l'église ou de l'usurpation,
» mais seulement du jour de la mort de l'ecclésiaf-
» tique, ou bénéficier, qui a mal aliéné, ou qui
» a laissé usurper le bien de l'église, & pendant la
» vie duquel la *prescription* a commencé ; cette *pref-*
» *cription*, commencée de son vivant, étant regar-
» dée comme une aliénation de sa part ».
Dunod motive ainsi son avis : « quoique celui
» qui a mal aliéné ait pu agir lui-même, il y auroit
» du danger à faire courir la *prescription* de son
» temps. Il faudroit qu'il vienne contre son propre
» fait, & il a ordinairement de la répugnance & de
» la pudeur à le faire. Il y a même souvent des vues
» d'intérêt ou de faveur dans les bénéficiers qui
» font des aliénations préjudiciables, & quand il
» n'y en auroit point eu, celui qui a fait l'alié-
» nation se feroit souvent une peine d'avouer sa
» faute & sa mauvaise administration. Il craindroit
» peut-être aussi de s'exposer à quelque restitution
» d'argent qu'il auroit reçu, & à des dommages
» & intérêts. Il est donc juste de supposer pour
» règle générale, que la *prescription* ne court pas
» de son temps, quand l'église a été lésée, & que
» les principales solemnités ont été omises parce
» qu'elle n'est pas valablement défendue ». Dunod appuie cette opinion sur un ancien canon rapporté par Gratien. *Si sacerdotes vel ministri, dum gubernacula ecclesiarum administrari videntur, contra patrum sanctiones, de rebus ecclesiæ, aliqua cognoscuntur definisse, non ex die quo talia vivendo decreverunt, sed ex quo moriendo desinita reliquerunt, supputationis ordo substabit.* C'est l'avis de Dumoulin & de Mornac. M. Louet cite trois arrêts qui l'ont ainsi jugé ; la jurisprudence du parlement de Grenoble est la *Jurisprudence.* **Tome VI.**

même, ainsi que celle du parlement de Besançon, comme le prouve son arrêt du 4 mai 1728, qui a déclaré nulle l'aliénation d'une maison dépendante d'une chapelle, quoiqu'il y eût cinquante ans que cette aliénation étoit faite & exécutée ; mais il n'y avoit que huit ans que le chapelain qui avoit aliéné étoit mort.

La *prescription* ne court point contre l'église pendant la vacance du bénéfice : personne ne peut alors en prendre la défense. *Contra non valentem agere, non currit præscriptio.* La raison seule l'enseigneroit quand les canons ne l'auroient pas décidé. C'est, d'après ce principe, que la déclaration du 20 février 1725, défend aux économes des églises vacantes, d'intenter aucuns procès pour leurs droits, ou même d'y défendre contre ceux qui les attaquent, sans qu'il en puisse naître aucune prétention de part ni d'autre, de péremption d'instance, ou de *prescription*, durant tout le temps que la vacance durera.

Les droits incorporels & les actions qui appartiennent à l'église ne se perdent que par un non-usage ou une non-possession de quarante ans. Ils sont comptés au nombre de ses biens, & elle doit jouir pour eux des mêmes privilèges que pour ses immeubles. C'est la disposition du droit civil dans la novelle 131, dont est tirée l'authentique qui dit, *quas actiones, alias decennalis, alias vicennalis, alias tricennalis præscriptio excludit : hæ si loco religioso competant, quadraginta annis excluduntur.* Les canons ont adopté cette loi civile. Par arrêt du parlement de Besançon, du 25 février 1709, le droit qu'avoit l'infirmier de l'abbaye de Saint-Claude, comme dépendant de son office, de se faire donner les langues & les filets de cochon que l'on tuoit à la boucherie publique de cette ville, fut jugé prescrit, parce qu'il y avoit quarante ans qu'il n'en avoit pas usé.

Lorsque la *prescription* fait perdre ainsi les droits d'un bénéfice, le titulaire qui les laisse prescrire, ou ses héritiers, peuvent être actionnés en dommages & intérêts par le successeur au bénéfice.

On a douté, dit Boutaric, si la *prescription* de quarante ans avoit lieu en faveur de l'église, à l'égard même de l'action hypothécaire, contre un tiers-acquéreur ; mais c'est chose dont on ne doute plus aujourd'hui : de quelque nature que soient les actions, il faut toujours quarante ans pour les prescrire contre l'église ; jusques-là que les arrêts ont accordé ce privilège à l'église dans le cas même qu'elle succède à un particulier contre qui la *prescription* étoit commencée & déjà avancée : j'institue héritière l'église ; il se trouve dans la succession une dette, à raison de laquelle il n'a été fait de ma part aucune poursuite pendant vingt années : cette dette qui, après dix autres années, auroit été prescrite sur ma tête, ne le sera qu'après vingt années en faveur de l'église devenue mon héritière.

Serres enseigne les mêmes principes. On ne reconnoît, selon lui, contre l'église, ou la cause pie, d'autre *preſcription* que celle de quarantè ans : ainſi la *preſcription* trentenaire eſt toujours de quarante ans, ou ſe proroge à ce terme quand on l'oppoſe à l'égliſe, bien qu'elle ne faſſe que ſuccéder à un particulier contre qui elle auroit déjà commencé de courir. Il en eſt de même de la *preſcription* de l'hypothèque par dix années, enſorte qu'il faut toujours ajouter, en faveur de l'égliſe, dix années à la *preſcription* trentenaire, & trente années à celle de l'action hypothécaire.

Quoique ces principes ſoient ceux du droit canonique, & forment, pour ainſi dire, notre droit commun en cette matière, ils ne ſont cependant pas ſuivis au parlement d'Aix & de Bordeaux. On y juge que le tiers-acquéreur de bonne-foi peut oppoſer à l'hypothèque de l'égliſe la *preſcription* de dix ans. Ces deux cours ſe fondent ſur ce que les loix, qui portent à quarante années la *preſcription* des biens de l'égliſe, ne doivent être entendues que de ceux qui ſont dans ſon domaine, & qu'elles ne parlent point de l'action hypothécaire dont la *preſcription* eſt favorable pour le tiers-poſſeſſeur qui ſe défend de cette action par voie d'exception, & pour ſe conſerver un bien qu'il a légitimement acquis.

Les actions qui s'éteignent par une *preſcription* au-deſſous de dix ans, & ſe perdent de plein droit par le ſilence & la négligence de celui à qui elles appartenoient, ſans qu'il y ait du fait de celui contre lequel on pouvoit les exercer, & ſans qu'on exige de ſa part ni titre, ni poſſeſſion, ni bonne-foi, ne ſont pas prorogées à quarante ans en faveur de l'égliſe. On en donne deux raiſons : la première, qu'il n'eſt parlé dans la novelle & dans les canons que des actions qui ne ſe preſcrivent que par dix ans & plus ; la ſeconde, que les *preſcriptions* moindres de dix ans courent contre les mineurs.

Dans l'uſage, on n'accorde à l'égliſe aucune reſtitution contre la *preſcription*. Il eſt donc inutile d'examiner la queſtion, ſi après quarante ans, elle en a encore quatre pour être reſtituée.

Il nous reſte actuellement à parler des droits ſpirituels de l'égliſe : ces droits appartiennent au corps ou ſes membres. Les droits qui appartiennent au corps, comme de prononcer ſur les matières de la foi, ou ſur des points de diſcipline, ne ſont pas ſuſceptibles d'être preſcrits, parce qu'ils tiennent à l'eſſence même de l'égliſe.

Quant aux droits des membres, lorſqu'ils dérivent de l'ordre, ils ne ſont pas plus ſujets à la *preſcription* ; l'étendue de leur exercice peut ſeulement ſe preſcrire. C'eſt ainſi que, par la ſeule force de la poſſeſſion, il eſt des diocèſes où les curés peuvent confeſſer hors de leurs paroiſſes, quoique dans d'autres, ils n'en aient pas la faculté ſans y être ſpécialement autoriſés par leur évêque.

Les droits ſpirituels qui dérivent de la juriſdiction ſont plus faciles à preſcrire. La cour de Rome, par exemple, argumente de ſa poſſeſſion, pour ſe

maintenir dans l'exercice de pluſieurs droits qui naturellement appartiennent aux évêques. Si ceux-ci ne peuvent plus accorder les diſpenſes de certains empêchemens dirimans, c'eſt qu'ils ſe ſont laiſſés dépouiller, & ont permis que les papes uſaſſent ſeuls de ce pouvoir. Par la même raiſon, il eſt des évêques qui, dans ces ſortes de matières, exercent leur juriſdiction avec plus d'étendue que les autres ; ils ont oppoſé plus de réſiſtance aux prétentions de la cour de Rome, & ne lui ont pas permis une poſſeſſion qui, dans ſes principes, s'eſt changée pour elle en un titre inattaquable.

Mais cette *preſcription* de la cour de Rome, ſur les droits ſpirituels des évêques, pourroit-elle ſoutenir un examen ſérieux ? Les évêques ne pourroient-ils pas répondre avec avantage que ces droits ſont impreſcriptibles de leur nature, & qu'une poſſeſſion qui prend néceſſairement ſon origine dans une véritable uſurpation, eſt incapable de dépouiller de légitimes propriétaires ? Si ces queſtions étoient traitées d'après les principes reçus dans la primitive égliſe, principes qui n'ont pu ceſſer d'être vrais, nous croyons qu'il ſeroit facile de démontrer que la poſſeſſion, quelque longue qu'elle ſoit, n'a pu former un titre en faveur du pape ; & qu'en rendant aux évêques le libre exercice des droits qu'ils n'étoient pas eux-mêmes les maîtres d'abandonner, on feroit un acte tout à la fois de juſtice & de bonne adminiſtration. (*M. l'abbé* BERTOLIO, *avocat au parlement.*)

SECTION IV.

De la preſcription en matière féodale.

§. I. *Obſervation préliminaire.* Cette diſſertation a pour objet la *preſcription* des droits ſeigneuriaux.

Les droits ſeigneuriaux ſont de deux ſortes : les uns récognitifs de la ſeigneurie directe, tels que l'hommage & le cens, ou les droits qui en tiennent lieu : les autres ne tiennent à la féodalité que par des rapports accidentels, tels que le ſurcens & les rentes ſecondes. C'eſt aux premiers ſeuls que la dénomination de droits ſeigneuriaux appartient eſſentiellement : les autres ne ſont que des preſtations purement foncières ; &, comme toutes les rentes foncières, elles ſont ſujettes aux loix générales de la *preſcription* ; il n'y a de difficultés que relativement aux droits ſeigneuriaux proprement dits. Ce ſont ces difficultés que nous nous propoſons de diſcuter.

§. II. *De l'ancienne opinion qui rejettoit toute eſpèce de preſcription entre le ſeigneur & le vaſſal.* L'hiſtoire des fiefs ſe partage en deux grandes époques : d'abord, ils obéiſſoient à la loi politique ; depuis, c'eſt la loi civile qui les régit.

Originairement les fiefs étoient amovibles à la volonté du ſeigneur. Bientôt ils furent à vie, enſuite ils paſſèrent aux deſcendans du vaſſal. Pendant toute la durée de ce premier période, le cas de la réverſion arrivant, le ſeigneur reprenoit le fief tel qu'il l'avoit donné; ſi le vaſſal en avoit détaché des parties, ſoit par des inféodations, ſoit par des baux à cens, toutes ces aliénations étoient réſolues; tout rentroit dans les mains du dominant. D'ailleurs, tous les fiefs formoient le patrimoine de l'état; les conceſſions s'en faiſoient dans les aſſemblées nationales, & la manière de les donner & de les reprendre étoit le principal objet de la politique de ces temps-là. Ces uſages ſubſiſtèrent juſques vers la troiſième race. On ſent que, pendant toute leur durée, il ne pouvoit pas être queſtion de preſcription. Ainſi la maxime de l'impreſcriptibilité avoit déjà de très-profondes racines, lorſque les poſſeſſions féodales paſſèrent entiérement dans le commerce. Cette innovation, en plaçant les fiefs ſous la loi civile, auroit dû naturellement introduire les règles de la preſcription dans le régime féodal. Mais pluſieurs circonſtances s'y oppoſèrent.

Tout le monde connoît ces guerres continuelles qui déchirèrent ſi long-temps le ſein malheureux de la France; les ſeigneurs, perpétuellement en armes les uns contre les autres, étoient trop intéreſſés à conſerver leurs vaſſaux, pour les perdre un ſeul inſtant de vue; & ceux-ci, expoſés ſans ceſſe à l'oppreſſion de cette multitude de tyrans, avoient trop beſoin de la protection de leurs ſeigneurs pour ſecouer le joug de la dépendance féodale. Loin que le ſeigneur & le vaſſal cherchaſſent alors à preſcrire, l'un la propriété du fief ſervant, l'autre la libération des devoirs féodaux, il étoit très-commun de voir les propriétaires des aleux en transférer la dominité directe à quelque ſeigneur puiſſant, pour les tenir d'eux en fief; & les ſeigneurs ſe dépouiller de leurs domaines, pour multiplier le nombre de leurs vaſſaux.

Tous les fiefs étoient alors de danger; non-ſeulement les acquéreurs, mais les héritiers, même ceux en directe, étoient obligés de reprendre le fief des mains du ſeigneur; s'ils négligeoient cette formalité, le fief tomboit en commiſe; & les ſeigneurs avoient trop d'intérêt à avoir des vaſſaux fidèles, pour ne pas exercer rigoureuſement leurs droits à cet égard. Ainſi l'intérêt réciproque du ſeigneur & du vaſſal les rapprochant néceſſairement à chaque mutation, & dans une infinité d'autres circonſtances, il eſt ſenſible qu'ils ne devoient pas même avoir l'idée de preſcrire l'un contre l'autre.

La juriſprudence étoit alors toute en procédés, ſuivant l'expreſſion de Monteſquieu; tous les procès, principalement ceux entre les propriétaires de fiefs, ſe réduiſoient à des démêlés ſur le point d'honneur. Lorſqu'un ſeigneur prétendoit que tel fief relevoit de lui, il ſommoit le propriétaire de comparoir à la cour du dominant; là, il produiſoit des témoins; ſi leur dépoſition étoit défavorable au ſeigneur, il les accuſoit d'être faux & menteurs; il échoyoit alors gage de bataille, & l'adreſſe ou la force décidoient la conteſtation.

L'on ſent aiſément combien de pareils uſages

devoient éloigner toute idée de preſcription; auſſi voyons-nous dans les aſſiſes de Jéruſalem, que, non-ſeulement entre le ſeigneur & le vaſſal, mais même entre celui-ci & des tiers, la preuve par témoins décidoit toujours de la mouvance féodale, ſans conſidérer la longueur de la poſſeſſion.

Une pareille forme de procéder, qui réduiſoit tout à la preuve teſtimoniale, au combat, en un mot, à une eſpèce de point d'honneur, devoit néceſſairement éloigner juſqu'à l'idée de la preſcription. C'eſt ce qui arriva effectivement; & de-là cette règle fameuſe, le ſeigneur ne peut preſcrire contre ſon vaſſal, &c.; non pas qu'on trouve cette règle érigée en loi, par les monumens qui nous reſtent de notre ancienne juriſprudence; elle fut le produit naturel des uſages féodaux & des formalités judiciaires; & lorſque ces uſages & ces formalités diſparurent, la règle reſta, parce que les eſprits en étoient imbus; & comme il eſt malheureuſement arrivé pour toutes les parties de notre droit coutumier, la loi ne ſuivit point la révolution des mœurs & les progrès de l'eſprit national.

Ces progrès ſe firent enfin ſentir au commencement du ſeizième ſiècle. Ce ſiècle étoit marqué pour de grandes révolutions dans tous les genres; le deſir de connoître agitoit tous les eſprits; de toutesparts on remuoit les anciennes bornes: au barreau il ſe trouva des hommes qui eurent le courage de douter, qui oſèrent ſonder le chaos des loix, demander compte aux ſiècles paſſés des maximes qu'ils leur avoient tranſmiſes; & celle de l'impreſcriptibilité entre le ſeigneur & le vaſſal fut diſcutée. Mais l'ancienne maxime avoit encore un empire trop univerſel; & le peu de lumières qui jaillit de cette diſcuſſion, ne brilla pas, à beaucoup près, pour tous les yeux. A l'exception d'un très-petit nombre de coutumes qui déclarent les droits ſeigneuriaux preſcriptibles, toutes celles que l'on rédigea dans les premières années du ſeizième ſiècle, ou ſont muettes ſur ce point, ou rejettent toute eſpèce de preſcription entre le ſeigneur & le vaſſal. Telle étoit la coutume de Paris de la rédaction de 1510. Elle dit en termes abſolus: le ſeigneur ne peut preſcrire contre ſon vaſſal, ni le vaſſal contre ſon ſeigneur.

Ce texte d'une coutume, rédigée dans le centre des talens, des connoiſſances, & ſous les yeux du premier ſénat du royaume, en érigeant en loi l'ancienne erreur, l'auroit peut-être à jamais perpétuée, ſi, bientôt après, Dumoulin n'eût écrit ſon traité des fiefs.

Avant lui, on s'étoit à peine apperçu des changemens arrivés dans le régime féodal, parce que ces changemens s'étoient opérés par des gradations inſenſibles, parce que les mots étant reſtés, on croyoit la choſe toujours la même. Il ſentit que les fiefs étant devenus patrimoniaux; que ne tenant plus à l'ordre public que par des rapports très-indirects, la loi civile ſeule devoit les régir, & que cette révolution exigeoit une nouvelle théorie. Cependant, forcé de paroître plier ſous l'ancien préjugé, puisqu'il étoit érigé en loi, il commence par dire que le seigneur & le vassal sont dans l'impuissance réciproque de prescrire. Mais après avoir rendu cette espèce d'hommage au texte de la coutume sur laquelle il écrivoit, il fait les plus grands efforts pour en resserrer les effets dans les bornes les plus étroites.

Il décide, 1° que la possession centenaire n'est pas comprise dans la prohibition de la coutume ; 2°. que le seigneur peut prescrire la propriété du fief de son vassal, s'il le possède *jure plenâ proprietatis* ; 3°. que l'on peut, par la seule force de la possession, changer la nature de la tenue féodale ; par exemple, la rendre censuelle ; 4°. que le seigneur & le vassal peuvent, par la voie de la *prescription*, acquérir l'un contre l'autre la féodalité sur des héritages libres ; 5°. qu'un tiers peut priver le seigneur de sa mouvance, si elle lui est reportée par le vassal pendant le temps nécessaire pour prescrire ; 6°. que tous les droits échus se prescrivent par trente ans ; enfin il établit pour maxime, que cette prohibition de la coutume doit s'entendre dans le sens le plus étroit. *Et itâ intelligo consuetudinem nostram, ut excludat solùm meram præscriptionem, non autem ut excludat præsumptionem resultantem ex præscriptione, sive præscriptionem cum allegatione tituli, quando non constat de contrario, sur l'art. 7, n°. 17.*

En 1580, on procéda à une nouvelle réformation de la coutume de Paris. Les commissaires, éclairés par les ouvrages de Dumoulin, modifièrent l'ancienne règle de l'imprescriptibilité des fiefs, & substituèrent à l'article 7 de l'ancienne coutume, le douzième de la nouvelle, qui porte : « le seigneur féodal ne peut prescrire contre son vassal le fief sur lui saisi, ou mis en sa main par faute d'hommes, droits & devoirs non faits, ou dénombremens non baillés, ni le vassal la foi qu'il doit à son seigneur, par quelque temps qu'il en ait joui, encore que ce fût par cent ans & plus. Toutefois les profits de fiefs échus se prescrivent par trente ans, s'il n'y a saisie ou instance pour raison d'iceux ».

Cet article a, comme l'on voit, deux parties : la première concerne la *prescription* du fief ; la seconde, la *prescription* des droits féodaux échus.

A l'égard de la *prescription* du fief, cet article renferme deux dispositions bien différentes. La première concerne le seigneur ; la seconde, le vassal. *Le seigneur féodal ne peut prescrire contre son vassal ;* telle étoit la disposition de l'ancienne coutume. La nouvelle ajoute, *le fief sur lui saisi, ou mis en sa main par faute d'hommes,* &c. Il résulte de la manière dont cet article est conçu, que la prohibition de prescrire se réduit, à l'égard du seigneur, au seul cas de la saisie féodale ; & que dans tous les autres, il peut prescrire contre son vassal, suivant les loix ordinaires de la *prescription* : & même, si l'on examine le motif de cette disposition, on verra qu'elle n'est rien moins qu'une règle féodale ; que cette prohibition n'a rien de commun avec la

nature des fiefs, & qu'elle auroit lieu quand même elle ne seroit pas exprimée dans la coutume. Quel est en effet le motif de cette disposition ? C'est parce que le seigneur qui a saisi le fief de son vassal n'en jouit qu'à titre précaire, que comme dépositaire de justice. Or, c'est une règle du droit commun, que le dépositaire ne peut acquérir la propriété du dépôt par la seule possession, quelque longue qu'elle puisse être.

La seconde disposition de la première partie de cet article est conçue en termes bien différens ; elle met le vassal dans l'impossibilité absolue de prescrire la foi qu'il doit à son seigneur, quand même il auroit été plus de cent ans sans la lui reporter. Si l'on examine encore de près cette disposition, on verra qu'elle n'appartient pas plus que la première à la matière féodale. Le droit qu'a le seigneur d'exiger la foi à toutes les mutations, est une faculté qui sort de la nature de la chose ; & c'est une maxime de droit commun, que l'on ne perd point ces sortes de facultés par quelque espace de temps que l'on ait cessé de les exercer. C'est encore une autre maxime du droit commun, que la possession continue toujours de la manière dont elle a commencé ; or, le vassal ayant commencé de posséder à la charge de porter la foi, sa possession est donc censée continuer sous cette même condition.

De cette exposition, il résulte qu'il y a des circonstances, & beaucoup de circonstances où le seigneur & le vassal peuvent prescrire l'un sur l'autre. Cette assertion sera justifiée par les détails dans lesquels nous allons entrer.

§. III. *De la prescription entre le seigneur & le vassal.* Lorsqu'en 1580, on procéda, comme nous venons de le dire, à une seconde rédaction de la coutume de Paris, les magistrats réformateurs, éclairés par les ouvrages de Dumoulin, franchirent la barrière qu'il avoit cru devoir respecter, & substituèrent à cet article 7 de l'ancienne coutume, l'article 12 de la nouvelle, qui réduit cette prohibition à deux cas seulement ; en voici les termes : le seigneur féodal ne peut prescrire *contre son vassal le fief sur lui saisi faute d'homme . . . . . ni le vassal la foi qu'il doit à son seigneur.*

Cet article, comme l'on voit, renferme deux dispositions très-distinctes ; l'une relative au seigneur, l'autre relative au vassal.

Le seigneur ne peut prescrire contre son vassal ; tel étoit la disposition de l'ancienne coutume ; la nouvelle ajoute : *le fief sur lui saisi.* Ainsi, la prohibition de prescrire se réduit, à l'égard du seigneur, au seul cas de la saisie féodale.

Quant au vassal, on se rappelle que l'ancienne coutume portoit en termes généraux, *ni le vassal contre son seigneur :* à ces expressions indéfinies, la nouvelle coutume ajoute, *la foi.* Cette addition *la foi,* addition évidemment limitative, concentre dans la foi seule, dans la seule domnité, l'impuissance où le vassal étoit précédemment de prescrire contre son seigneur.

Tel eſt donc aujourd'hui le véritable ſens de cette fameuſe règle, *le vaſſal & le ſeigneur ne preſ-crivent pas*, &c. Le ſeigneur ne peut pas preſcrire le fief de ſon vaſſal, lorſqu'il en jouit à titre de ſaiſie, c'eſt-à-dire, à titre précaire. Le vaſſal ne peut pas preſcrire la libération de la foi qu'il doit à ſon ſeigneur par quelque eſpace de temps qu'il ait ceſſé de la lui rendre; mais dans tous les autres cas, rien de particulier à la matière féodale : les loix générales de la *preſcription* conſervent tout leur empire; le ſeigneur & le vaſſal peuvent preſcrire l'un ſur l'autre de la même manière que deux étrangers pourroient le faire; conſéquemment le vaſſal peut acquérir, par la *preſcription*, le domaine, le château, le fief entier de ſon ſeigneur, & *vice verſâ*.

Mais cette diſpoſition de la coutume de Paris doit-elle être reſſerrée dans ſon diſtrict, ou formera-t-elle le droit commun? Sans doute elle doit former le droit commun, elle doit être étendue à toutes les coutumes. La raiſon, c'eſt que cet article 12 n'eſt pas, comme pluſieurs autres, le pro-duit des circonſtances locales, des uſages particuliers à la vicomté de Paris, mais le réſultat de longues & ſérieuſes méditations; en un mot, l'expreſſion des vrais principes.

Auſſi voyons-nous tous les auteurs mettre en principe général, qu'à l'exception des deux cas déſignés par l'article 12 de la coutume de Paris, le fief dominant & le fief ſervant, le ſeigneur & le vaſſal ſont réciproquement aſſujettis aux règles générales de la *preſcription*.

« L'ancienne coutume qui rejettoit indéfiniment » la *preſcription* entre le ſeigneur & le vaſſal, eſt » reſtrainte, par cet article 12, à l'égard du ſei-» gneur, au cas de la ſaiſie féodale; de ſorte que, » aux autres cas non exprimés..... *la preſcription* » *ordinaire & coutumière a lieu de la part du ſeigneur* » *contre le vaſſal* ». Brodeau, *ſur l'article* 12 *de la coutume de Paris*, 4, 7.

« Quand le ſeigneur & le vaſſal ne poſſèdent » point *jure feudi, ſed jure dominii*, ils jouiſſent du » droit commun, & peuvent preſcrire ». Dupleſſis, *Traité du franc-aleu*, liv. 2, ch. 1.

Tronçon & Ferrières, ſur ce même article 12 de la coutume de Paris, s'expriment à-peu-près dans les mêmes termes.

A la vérité, ces auteurs écrivoient ſur la coutume de Paris, mais on voit qu'ils énoncent le principe en termes généraux; au ſurplus, les commentateurs de la coutume de Paris ne ſont pas les ſeuls qui étabenſſent cette maxime; on la retrouve preſque par-tout.

« On peut mettre en doute ſi le ſuzerain ou le » roi, qui eſt le ſeigneur ſupérieur, *peuvent preſ-* » *crire la directe de l'arrière-fief contre leur vaſſal im-* » *médiat*; ce qui eſt amplement traité par M. Ex-» pilly, en ſon plaidoyer 27, où il ſoutient l'af-» firmative...... Quand le ſeigneur poſſède à » autre titre que celui de la ſaiſie féodale, *il uſe du*

» *droit commun de la preſcription contre ſon vaſſal*, » comme fait réciproquement le vaſſal contre ſon » ſeigneur ». Salvaing, *Uſage des fiefs*, ch. 16.

Si dominus prædium ſerviens 30 annis, pro ſuo poſ-ſederit vaſſallum excludit, vaſſallus viciſſim dominum. D'Argentré, *ſur l'article* 281 *de la coutume de Bretagne*, n. 2.

« Si le poſſeſſeur du fief dominant jouit du fief » ſervant en qualité de propriétaire, & non comme » ſeigneur direct, il peut le preſcrire, comme » feroit toute autre perſonne; car il eſt regardé en » ce cas comme un étranger, & il a poſſédé *animo* » *domini*, ſous une qualité qui n'empêchoit pas la » *preſcription*. Sur ces raiſons, par arrêt rendu au » rapport de M. Arviſenet d'Auxangs, en la » chambre des enquêtes du parlement de Beſançon, » le 7 août 1709, il fut jugé que M. de Monjoie » avoit pu acquérir par la *preſcription*, une cenſive » que le ſieur Petit, ſeigneur de Laviron, tenoit » en fief de lui, en ayant joui *jure proprio*, & comme » maître pendant trente ans ». Dunod, *des Preſcriptions*, part. 3, ch. 9.

Pothier, dans ſes notes ſur l'article 86 de la coutume d'Orléans, article qui, comme le ſeptième de l'ancienne coutume de Paris, ſemble mettre le ſeigneur dans l'impuiſſance abſolue de preſcrire contre ſon vaſſal, n'héſite cependant pas à reſtraindre cette prohibition au ſeul cas de la ſaiſie féodale. « Mais (ce ſont les termes de Pothier) » lorſque le ſeigneur poſſède le fief de ſon vaſſal, » comme s'en réputant le vrai propriétaire, en » vertu de quelque titre particulier d'acquiſition, » ſoit que le titre ſoit rapporté, *ſoit qu'il ſoit ſeule-* » *ment préſumé*, il peut preſcrire comme tout étran-» ger le pourroit : c'eſt pourquoi la coutume réfor-» mée de Paris, *article* 12, en expliquant cette » maxime, l'a reſtrainte au cas de la ſaiſie féodale. » Il eſt vrai que M. Guyot prétend que les termes » de cet article ne ſont pas reſtrictifs, & que la » maxime doit encore être entendue dans le ſens » dans lequel l'entendoit Dumoulin : mais il con-» vient lui-même que ſon opinion eſt contraire à » celle de tous les auteurs; & les raiſons qu'il » donne ne ſont pas aſſez puiſſantes pour faire aban-» donner le ſentiment commun ».

Guyot commence en effet ſa diſſertation contre la *preſcription*, en ces termes : « je commence par » convenir que j'élève un ſyſtème *qui va contre* » *l'opinion commune*, que le ſeigneur ne poſſédant » point à titre de ſaiſie féodale, peut, comme tout » autre, preſcrire contre ſon vaſſal ».

On trouve, à la vérité, des opinions contraires. Mais ce ſont d'anciens auteurs, qui, comme Dumoulin, étoient ſubjugués par la première rédaction de la coutume de Paris, & par quelques autres coutumes de la même époque, & conçues dans les mêmes termes : il falloit bien plier ſous l'autorité de la loi, ou du moins le paroître.

Mais depuis, les opinions ont bien changé, & ce n'eſt pas ſeulement la nouvelle coutume de Paris qui a fait la révolution ; dans plusieurs autres, les réformateurs ont pris soin de détruire le préjugé que les premières rédactions avoient consacrées.

Les coutumes suivantes concentrent, comme celle de Paris, l'imprescriptibilité entre le seigneur & le vassal, dans le cas où le seigneur jouiroit en vertu d'une saisie féodale, & dans celui où le vassal voudroit s'affranchir de l'hommage. Sedan, *tit. 1*, *art. 74*; Saintonge, *tit. 13*, *art. 112*; Normandie, *art. 116*; Nivernois, *chap. 4*, *art. 12*; Châlons, *art. 211*; Laon, *art. 185*; Clermont, *art. 172*: & enfin les articles 450 du Maine, & 439 & 440 d'Anjou, disent, en termes formels, que le seigneur & le vassal peuvent réciproquement prescrire le domaine, les droits, les mouvances du fief dominant & du fief servant, & cela sans titre & par le seul effet d'une possession de trente ans. « Le seigneur » de fié peut acquérir l'héritage & autres droits de » son sujet, ou autre servitude par *prescription* ou » tenement de trente ans, sans titre sur l'héritage » tenu de lui ». Anjou, *art. 439.*

Ainsi les coutumes & les jurisconsultes se réunissent pour établir qu'à l'exception de l'hommage & du cas de la saisie féodale, le seigneur & le vassal sont respectivement assujettis aux loix générales de la *prescription.*

Et cette maxime a d'autant plus d'autorité, qu'elle n'est autre chose que la conséquence de ce principe universellement reçu : *tout ce qui tombe en convention, tombe en prescription ; tout ce que la convention peut faire, la prescription peut l'opérer.*

« En vérité, puisque l'aliénation du fief est per- » mise, c'est une conséquence que la *prescription* » l'est aussi : *si quidem potestas alienationis præsuppo-* » *nit potestatem præscriptionis ;* & même l'on peut » dire que la conséquence de l'aliénation à la *pres-* » *cription* est toujours infaillible ; ensorte que ce » qui peut être aliéné, peut être prescrit ». Salvaing, *Usage des fiefs*, chapitre 13.

Cum feudi naturâ possint pacto alterari, magis præscriptionis vis id potest. Pontanus, *sur l'article 37 de la coutume de Blois*, *§. 5.*

Certainement le vassal peut acheter de son seigneur un domaine, une mouvance ; & réciproquement le seigneur ; ils peuvent donc prescrire l'un sur l'autre, & ce domaine, & cette mouvance : autrement, ce seroit les mettre dans l'impossibilité de faire entre eux aucune espèce de négociation. En effet, quel est le seigneur qui voudroit acquérir de son vassal, s'il étoit sûr que quarante, que quatre-vingts ans de possession ne suppléeront pas à son contrat, si par hasard il vient à le perdre ?

Répétons donc, que de droit commun & par une conséquence nécessaire des principes les plus universellement reçus, & dont le maintien importe le plus à la conservation des propriétés, à l'exception de l'hommage & du cas de la saisie féodale, le seigneur peut prescrire sur son vassal tout ce qu'il peut acquérir de lui. Mais de quelle manière se consomme cette *prescription ?*

A cet égard, nous ne pouvons rien faire de mieux que de transcrire le passage suivant du traité de la possession de M. Pothier, passage qui renferme la doctrine de tous ceux qui ont écrit avant cet auteur. Voici ses termes : « dans les coutumes » qui ne s'en sont pas expliquées (de la manière » dont les mouvances se prescrivent), il n'est pas » nécessaire de rapporter des saisies féodales ; le » seigneur qui prescrit établit suffisamment sa pos- » session trentenaire par des aveux qui lui ont été » passés par les propriétaires & possesseurs de l'hé- » ritage, *pourvu qu'il y en ait au moins deux*, & » qu'il se soit écoulé un temps de trente ans, ou » plus, depuis le premier aveu jusqu'au dernier ».

§. IV. De la libération des droits seigneuriaux par la voie de la prescription, & premièrement de la foi & hommage. Feudum in solâ fidelitate consistit. L'obligation de porter la foi & hommage n'est donc pas de l'essence du fief. Le vassal pourroit donc en prescrire la libération sans choquer la nature des choses, sans altérer la substance du contrat originaire ; en un mot, sans cesser d'être vassal.

Cependant, c'est un principe certain que l'hommage est imprescriptible.

Outre les motifs d'imprescriptibilité qui sont communs à l'hommage & au cens, motifs que nous développerons dans le paragraphe suivant, il en est un, & très-puissant, particulier à l'hommage ; c'est que l'obligation de le rendre ne s'ouvre, pour l'ordinaire, qu'à des intervalles très-éloignés ; & comment se pourroit-il que le seigneur perdît à jamais le droit de l'exiger, par cela seul qu'il ne l'auroit pas fait depuis trente ans ? Si le droit ne s'est pas ouvert, s'il ne s'est ouvert qu'une seule fois, ou même que deux ou trois, où pourroit être le principe de la *prescription ?* Le débiteur d'une rente, d'un droit quelconque, n'en prescrit pas la libération, parce que deux ou trois fois il a négligé de payer son créancier. Il faut une cessation continuelle pendant trente années ; il faut que le droit n'ait pas été servi aux trente dernières échéances.

De toutes les coutumes, nous ne connoissons que celle de Bretagne qui se soit directement occupée des droits seigneuriaux de cette espèce, droits que l'on peut appeler intermittens, & elle les déclare imprescriptibles. « Les devoirs de lods & » ventes, rachats, & autres droits seigneuriaux *qui* » *n'échéent d'an en an.. ne se prescrivent* ». Art. 281.

Ajoutons que ce cérémonial étant onéreux au feudataire, & absolument stérile pour le seigneur, sa négligence à cet égard doit être regardée moins comme un oubli de ses droits que comme un acte de condescendance, de bienveillance pour son vassal.

Aussi la coutume de Paris dit-elle que la foi est imprescriptible par quelque laps de temps que ce soit, *encore que ce fût par cent ans & plus.*

Aussi des différentes coutumes qui déclarent le cens prescriptible, n'en est-il pas une seule qui assujettisse l'hommage à la même règle,

Au contraire, dans la coutume de Nivernois qui admet la *prescription* du cens, nous lisons, *article 13 du chapitre des fiefs* : « si le vassal cesse de » faire la foi & hommage, reconnoissance ou re- » prise de son fief, il ne peut acquérir contre son » seigneur liberté de la chose féodale, ni aucun » droit pétitoire [ou possessoire, par quelque laps » de temps que ce soit ».

§. V. *De la libération du cens par la voie de la prescription. Cens est imprescriptible* : telle est la règle. Cette règle reçoit-elle des exceptions ? Dans quelles coutumes, dans quelles provinces, dans quelles circonstances ces exceptions ont-elles lieu ? Voilà les difficultés à résoudre ; pour le faire, sinon avec une entière certitude, du moins avec précision & méthode, il faut d'abord voir les motifs qui mettent ainsi le cens à l'abri de la *prescription.*

Ces motifs sont au nombre de quatre. Le premier, particulier aux coutumes censuelles, est fondé sur la maxime *nulle terre sans seigneur* ; & les trois autres, communs à toutes les coutumes, aux pays de franc-aleu, comme à ceux où le cens établi par la loi territoriale, peut être regardé comme étant de droit public.

Les trois motifs communs à toutes les coutumes, sont : deux propriétaires par indivis ne peuvent prescrire l'un contre l'autre ; pour prescrire, il faut posséder ; personne ne peut prescrire contre son titre.

Un coup-d'œil sur la manière dont se forme le bail à cens, sur les caractères particuliers de cette espèce de contrat, fera sentir l'application de ces principes.

Le contrat d'inféodation ou d'accensement se forme par la séparation du domaine direct & du domaine utile, avec imposition sur ce dernier d'un devoir féodal ou censuel : le domaine utile appartient seul au tenancier ; le direct est demeuré entre les mains du seigneur ; ces deux domaines, l'utile & le direct sont deux parties intégrantes du même tout : l'immeuble féodal ou censuel appartient donc conjointement & indivisément à deux copropriétaires, le seigneur & le tenancier.

Cette vérité, que l'inféodation & l'accensement emportent la séparation des deux domaines, l'utile & le direct, & la réserve du premier entre les mains du seigneur, est reconnue, adoptée, consacrée par tous les auteurs. Dumoulin la présente à la tête de son commentaire sur le titre *des Censives*, comme la base de ses décisions : *apud nos contractus censualis est, quando dominium utile certi fundi transfertur, sub annuâ & perpetuâ pensione nomine census, retento dominio directo, & juribus dominicalibus, & ita generaliter accipitur in toto hoc regno.*

Ainsi, l'accensement, pour le dire encore une fois, ne transfère pas au preneur la totalité de l'objet donné à cens ; il en demeure une partie, & même la plus noble, entre les mains du seigneur. Le seigneur & le tenancier sont donc bien réellement deux copropriétaires qui possèdent indivisé-

ment le même objet : aussi voyons-nous que toutes les fois qu'un héritage censuel est vendu, le seigneur en partage le prix avec le propriétaire utile.

Or, il est de principe qu'un associé, un copropriétaire ne prescrit pas sur l'autre. *In communione rerum est quidam quasi continuus contractus, & singulis quodammodo momentis actio nasci videtur.* Voilà la règle : M. de Catelan, *liv. 7, ch. 8*, qui rapporte un arrêt conforme, ajoute : « la bonne-foi des asso- » ciés ne leur permet pas de prescrire l'un contre » l'autre, & l'union qui est entre eux, les engage à » veiller réciproquement à l'intérêt commun ».

Sous ce premier point de vue, le cens est, comme l'on voit, imprescriptible. Continuons.

Pour prescrire, il faut posséder. Il n'y a pas de maxime plus certaine dans toute la jurisprudence.

D'abord, qu'est-ce qu'un héritage allodial ? La coutume de Normandie répond : *c'est celui qui ne reconnoît supérieur en féodalité*, celui qui est possédé *optimo jure*, dont le propriétaire réunit tout-à-la-fois le domaine utile & le domaine direct ; en un mot, ce que l'on appelle le plein domaine.

Lorsqu'une fois un héritage est frappé de l'empreinte de la féodalité ; lorsqu'une fois la séparation des deux domaines est consommée, pour transformer cet héritage en aleu, il faut donc nécessairement que le domaine direct se réunisse à l'utile, que le tenancier, auquel ce dernier seul appartient, devienne également propriétaire de l'autre.

Mais comment concevoir que cette acquisition, cette réunion, puissent être l'effet de la seule cessation du paiement du cens ? Eh quoi ! parce que le tenancier aura négligé de reconnoître, de servir le domaine direct, par cela seul il en sera devenu propriétaire ? Cependant le domaine direct est un être incorporel, & telle est la prérogative des droits de cette espèce, que la propriété s'en conserve *solo animo*, par la seule intention de le posséder, & jusqu'à ce que le véritable propriétaire soit averti, par quelques actes extérieurs, qu'un autre s'en prétend, & en est effectivement en possession. Cette vérité est encore du nombre de celles que personne ne conteste.

Nonobstant le défaut de paiement du cens, le seigneur demeure donc propriétaire du domaine direct ; ce défaut de paiement ne suffit donc pas pour le transférer au tenancier ; mais s'il n'en est pas en possession, il ne peut le prescrire ; il ne peut pas le réunir par la *prescription* à la propriété utile.

Cette conséquence est écrite dans le traité de la *prescription* de Dunod, *p. 354.* « Par la simple cessation » du paiement, le censitaire n'acquiert pas le plein » domaine, *parce qu'il ne le possède pas* ; il ne peut » pas plus l'acquérir par cent ans que par qua- » rante, *rebus sic stantibus, & nihil extrinsecùs ad- » veniente* ; le seigneur conserve le domaine direct » & sa possession civile *solo animo.*

Ajoutons enfin que personne ne peut prescrire contre son titre, ne peut, seul & par son fait, changer la cause de sa possession. Cette règle, née dans le berceau des sociétés, est aussi ancienne que la civilisation. *A veteribus præceptum est neminem sibi ipsi causam possessionis mutare posse.*

Rapprochons de cette maxime l'effet que le défaut de paiement du cens produiroit, s'il opéroit la *prescription*, l'extinction de la directe : le tenancier a reçu à la charge d'un cens, & il posséderoit librement ; il a reçu, pour tenir sous la dépendance seigneuriale, & il posséderoit en franc-aleu ; quelle interversion du titre primitif ? Et cette interversion, le fait seul du censitaire l'auroit opérée ; lui-même auroit changé la cause de sa possession, le titre de sa propriété.

« Celui qui a la possession (c'est Pothier qui » parle), ne peut, non plus que les héritiers, » par une simple destination, ni par quelque laps » de temps que ce soit, changer la cause ni les » qualités de sa possession, tant qu'il ne paroit au-» cun nouveau titre d'acquisition ». *Traité de la possession*, page 29.

Que cette règle s'applique au censitaire qui prétendroit avoir prescrit la libération de la directe, c'est ce dont tous les jurisconsultes rendent témoignage. Ecoutons encore l'auteur du traité des *prescriptions* : « le censitaire, dit Dunod, *page 354*, » possède pour le seigneur, par conséquent il n'est » pas plus capable de prescrire contre lui que le » fermier contre son maitre ; son titre étant précaire, » sa possession l'est aussi ; *il ne change pas la cause* » *de sa possession par la simple cessation de paiement.*

» Il n'est que le seigneur utile, ou quasi-sei-» gneur, ajoute Charondas, sur l'article 124 de » Paris ; il possède non-seulement pour lui, mais » aussi pour son seigneur direct ; d'où il résulte » qu'il ne peut prescrire par quelque laps de temps » que ce soit, même par cent années.

» Cette raison est bonne, dit M. de Laurière, le » plus savant des jurisconsultes modernes ; la preuve » s'en tire de ce que dans tous nos livres, le sei-» gneur direct est nommé seigneur *très-foncier* de » l'héritage tenu de lui ».

Rien de plus judicieux : telle est en effet la nature du titre précaire ; jamais la seule possession ne peut le convertir en titre absolu de propriété.

Combien d'autres témoignages de cette vérité ! M. de Catelan atteste que telle est la jurisprudence du parlement de Toulouse ; la Peirère, que c'est celle du parlement de Bordeaux. Duperrier, qui écrivoit dans le ressort de celui de Provence, dit que l'on n'en doute plus ni au palais, ni dans les écoles : on le juge, on l'a toujours jugé de même au parlement de Paris, non-seulement pour les provinces coutumières, mais pour celles régies par le droit écrit : enfin, le savant Faber nous apprend que telle est également la jurisprudence des tribunaux étrangers.

Que l'on ne dise pas qu'il faut resserrer ces maximes dans les provinces qui obéissent à la règle *nulle terre sans seigneur*. 1°. On voit qu'elles régnent

également dans les pays de droit écrit ; 2°. elles ne sont pas liées à tel ou tel système de législation ; ce n'est pas même dans le droit féodal qu'elles prennent leur source ; elles sont puisées dans les principes généraux des conventions ; principes communs à tous les peuples civilisés.

Ces trois motifs ont donc par-tout la même autorité dans les pays allodiaux comme dans les coutumes censuelles.

Quant au moyen particulier à ces dernières, il est aussi simple que tranchant.

Dans les coutumes de cette espèce, tous les héritages qui ne sont pas affranchis par un titre formel, sont nécessairement tenus en fief ou en censive : telle est la loi publique du territoire. Or, personne ne peut prescrire contre le droit public, contre l'autorité de la loi. Nul ne peut pareillement prescrire contre son titre ; & dans tous les actes d'aliénation, la loi consigne elle-même l'obligation de reconnoître un seigneur, lorsque les parties négligent de le stipuler. Enfin, la loi réclame perpétuellement, & cette réclamation constitue le propriétaire en mauvaise foi pendant toute la durée de sa possession.

Il y a sur ce point un beau passage de d'Argentré. *Dixi ex non solutione non probari prescriptionem ejus juris, quod ipse consuetudinis textus debitum faceret & probaret, nec propter ea vassallos esse in possessione exemptionis, & consuetudinem semper esse in viridi observatione.*

A ces quatre motifs d'imprescriptibilité du cens, se joint encore l'autorité de la loi *cum notissimi.* On sait qu'il existe une très-grande analogie entre le canon emphytéotique & le cens seigneurial ; & cette loi *cum notissimi*, déclare imprescriptibles les redevances dues par les emphytéotes. Voici ses termes : *nulla danda licentia ei qui jure emphyteutico rem aliquam per 40 vel alios quoscunque annos detinuerit, dicenti ex transacto tempore dominium sibi in eisdem rebus quæsitum esse.*

Les anciens interprètes voyoient encore dans la loi *comperit*, un obstacle à la *prescription* du cens.

Cette loi déclare en effet le cens imprescriptible, même quant à la quotité ; mais quelle différence entre le cens des Romains & notre cens seigneurial, tel qu'il existe aujourd'hui ! ils n'ont de commun que le nom. Les Romains imposoient un cens sur les terres conquises, & cette prestation formoit le patrimoine de l'état. Chez nous le cens n'est qu'une redevance privée qui n'a aucun trait à la chose publique. Cette loi *comperit*, faite uniquement pour la conservation des tributs, ne peut donc s'appliquer à une prestation absolument étrangère aux tributs publics, qui n'a rien de commun avec les tributs. C'est ainsi que les auteurs qui ont le mieux pénétré le sens de cette loi, l'ont interprétée. C'est ainsi qu'en parle Cujas. *Item quod dicitur in L. comperit est tantum de tributis aliisque pensitationibus publicis, quibus prædia nullo temporis spatio redduntur immunia, non de alio jure publico principali*

cipali fine fifcali, non de jure feudi. α Quant à la
» loi *comperit*, dit Salvaing, elle ne parle que des
» droits qui font dus *in fignum fubjectionis & fuperio-*
» *ritatis*, & non pas de ceux qui font dus *in recogni-*
» *tionem directi domini*, comme l'a fort bien re-
» marqué Bartole ».

Dunod a également remarqué le véritable fens
de cette loi, & l'abus que l'on en avoit fait avant
lui. « Pour prouver, dit-il, *de prefcrip. part. 3 ,*
» *chap. 10*, que le cens feigneurial n'eft pas pref-
» criptible, on allègue que c'eft le tribut même
» qui étoit réfervé à la république romaine dans
» les provinces, & que la loi *comperit* déclare
» n'être pas fujet à la *prefcription*, que les droits
» de fupériorité ne fe prefcrivent pas, & que
» le cens feigneurial eft de cette efpèce, fur-
» tout quand il eft dû au feigneur qui a la juftice
» fur fes fonds. Mais ces raifons ne paroiffent pas
» applicables au cens feigneurial, car la loi ro-
» maine ne déclare les tributs imprefcriptibles, que
» parce qu'ils font dus à caufe de la fouveraineté
» & reconnoiffance du domaine univerfel que les
» Romains s'étoient réfervé fur les terres qu'ils
» avoient conquifes, & parce qu'il étoit de droit
» public & employé au fervice de l'état : or, il
» n'y a aucun de ces motifs qui convienne au
» cens feigneurial. L'on a fait voir qu'il a été conf-
» titué par des conventions faites de particulier à
» particulier, dans la feule vue de leurs intérêts
» refpectifs, & auxquelles les parties intéreffées
» peuvent déroger à leur gré . . . . . . d'ailleurs, il
» ne dépend pas de la juftice, il n'en tire pas fon
» origine, car il eft émané de la propriété, & la
» juftice des feigneurs vient de l'autorité publique
» dont elle fait partie ».

Maintenant que nous connoiffons les motifs de
la règle qui met le cens feigneurial à l'abri de la
prefcription, voyons les exceptions dont cette règle
eft fufceptible.

§. VI. *Première exception à la maxime de l'impref-*
criptibilité du cens. Poffeffion précédée de contradiction.
Dans les coutumes cenfuelles, la loi qui elle-même
a établi le cens, veille fur fa confervation, &
d'après la maxime qu'il n'y a point de *prefcription*
contre le droit public, on peut mettre en doute fi
la poffeffion, lors même qu'elle eft précédée de
contradiction, a l'efficacité d'opérer l'extinction du
cens.

Mais dans les pays de franc-aleu les motifs de
l'imprefcriptibilité du cens ne font pas, à beaucoup près, auffi impofans. Ces motifs font que le
cenfitaire poffède non-feulement pour lui, mais
pour le feigneur, & qu'il eft toujours cenfé pofféder conformément à fon titre.

Cette imprefcriptibilité eft encore fondée fur un
autre principe. Tout le monde connoît la diftinction du domaine direct & du domaine utile ; ce
dernier feul appartient au vaffal ; le premier eft
refté dans les mains du feigneur : ce domaine eft
un droit incorporel, facultatif, & par un privi-

lège particulier aux droits de cette efpèce, celui
qui en eft propriétaire les conferve *folo animo pof-*
fidendi. Ainfi un feigneur une fois en poffeffion
d'une directe, continue de la poffèder *folo animo,*
quand même il ne feroit aucun ufage des facultés
qui en dérivent. Mais fi le tenancier annonce qu'il
poffède, & qu'il continuera de poffèder allodiale-
ment, alors il n'eft plus poffible de lui fuppofer
une intention conforme à fon titre ; une déclaration auffi précife détruit toute préfomption contraire ; de même s'il déclare formellement au feigneur qu'il méconnoît fa directe, qu'il tient &
entend tenir dans fa main, & le domaine direct &
le domaine utile de fes héritages, il eft pareillement impoffible que le feigneur fe prévale contre
lui de la poffeffion intellectuelle dont on vient de
parler. Or, la contradiction opère ce double effet ;
elle intervertit la poffeffion du feigneur, elle détermine le caractère de la poffeffion du vaffal. La
contradiction habilite donc le cenfitaire à prefcrire
la libération de la directe, au moins dans les coutumes de franc-aleu.

Voici comme les jurifconfultes fe font expliqués
fur cette importante queftion. « Si la poffeffion du
» feigneur, dit Salvaing, eft intervertie par le
» refus du vaffal, il n'eft pas de doute qu'il fuffit
» de trente ans pour prefcrire contre, parce que
» dès-lors le vaffal a commencé de poffèder *nomine*
» *fuo non alieno ;* & ce défaveu étant une interver-
» fion du droit du feigneur, il acquiert au vaffal
» la poffeffion de la liberté ; à quoi fe trouvent con-
» formes les docteurs du droit françois & coutu-
» mier ». *Ufage des fiefs, chap. 15.*

« Il eft hors de doute, dit Dunod, que le cens
» en directe, quoique imprefcriptible par la feule
» ceffation de paiement & défaut de reconnoif-
» fance, peut être prefcrit après une contradiction
» capable d'intervertir la poffeffion du feigneur ».
Des prefcript. 3 , ch. 10.

Dans le chapitre fuivant, le même auteur s'occupe de la main-morte, de tous les droits feigneuriaux le plus imprefcriptible, & il dit : « il faut
» cependant excepter le cas auquel le main-mor-
» table fe feroit mis en poffeffion de la liberté par
» un acte de contradiction, *fciente & patiente do-*
» *mino ;* car il pourroit prefcrire en ce cas ». M. le
préfident Bouhier, de tous les auteurs le plus favorable à la main-morte, & en général aux feigneurs,
penfe néanmoins de même. « Un fujet ne fauroit
» parmi nous s'affranchir d'aucun droit feigneurial,
» par la voie de la *prefcription*, s'il n'y a quelque
» jugement, ou *prefcription* de trente ans au moins,
» précédé de contradiction ». *Sur la coutume de*
Bourgogne, ch. 45.

Initium prefcriptionis, dit d'Argentré, *non fit à*
fimplici folutionis ceffatione ; fed ab eo die quo vaffal-
lus petente domino debitum negaverit, fi dominus non
interceffit, & ita vaffallo in poffeffione libertatis confti-
tuto, fecuta fit prefcriptio decennalis ex titulo, aut quin-

decennalis noſtra , aut appropriamentum. Sur l'art. 281 de la coutume de Bretagne , n°. 3.

On trouve dans les auteurs ſuivans , la même déciſion conçue dans les mêmes termes. Bœrius , *ſur la coutume de Bourges , titre des Preſcript.* §. 4, *verbo Item ;* Buridan , *ſur l'article* 212 *de Vermandois ,* &c.

« Suppoſons, dit Henrys, *tome* 2, *liv.* 3, *queſt.* 2, » que le vaſſal déſavoue le ſeigneur ; c'eſt ſans doute » que par cette contradiction le vaſſal peut preſ- » crire ».

Coquille, *coutume de Nivernois, titre des Fiefs , art.* 13, accorde les mêmes effets à la contradic- tion. « Quand il y a contradiction du vaſſal , dit » cet auteur , après laquelle il eſt demeuré trente » ans ſans être inquiété, la *preſcription* ordinaire de » trente ans eſt ſans difficulté ». Telle eſt encore la déciſion d'Aruvius , feudiſte allemand très-connu : il s'explique ainſi en parlant du cenſitaire : *de feodis, ch. 5 : ſi poſſeſſionem dominii directi interverterit, & in poſſeſſione libertatis per 30 annos fuerit , dominium directum erit preſcriptum.*

La Peirère , *décif. ſomm. lett.* P , *n°.* 55, décide de même « que le droit ſeigneurial ne ſe preſcrit » point contre le ſeigneur par le vaſſal , non pas » même par cent ans , s'il n'y a contradiction ; au- » quel cas ſuffit les trente ans : la juriſprudence de » notre reſſort eſt, dit-il, conforme à cette déciſion ».

Cette opinion ſi univerſelle n'eſt pas, comme tant d'autres, fondée uniquement ſur l'autorité des ju- riſconſultes ; elle eſt conſacrée par la diſpoſition expreſſe de pluſieurs coutumes. *Le contrediſant ſei- gneur ou vaſſal reſpectivement, preſcrivent par l'eſ- pace de trente ans , à compter du jour de la con- tradiction tolérée ;* coutume de Nivernois , titre des fiefs , art. 14. *Après laquelle contradiction la preſ- cription commence.* Bourbonnois , chap. 3, art. 29.

Nous avons préſenté le motif eſſentiel de cette déciſion ; elle eſt en outre fondée ſur ce qu'une poſſeſſion , précédée de contradiction , n'opère pas une ſimple *preſcription*, mais une uſance ; c'eſt-à- dire , une véritable coutume , qui par conſéquent doit avoir la vertu d'abolir ce qu'un titre con- traire a établi. C'eſt ce que d'Argentré a voulu dire en diſtinguant entre ce qui eſt *preſcrit* & ce qui eſt *accoutumé* ſur l'article 277 de la coutume de Bretagne. Enfin , cette faculté de l'uſance eſt bien formellement déterminée par l'article 330 des cahiers de la coutume de Bourgogne.

C'eſt donc , comme nous l'avons dit , un prin- cipe certain que la poſſeſſion , précédée de contra- diction , acquiert aux tenanciers la libération de tous les droits ſeigneuriaux , même de la directe.

Mais ſuffit-il , pour opérer la *preſcription*, que cette dénégation ſoit faite par un acte extrajudiciaire ? ou bien eſt-il néceſſaire qu'elle ſoit faite en juſtice ? Il y a des auteurs qui tiennent ce dernier parti. C'eſt la remarque de Dunod à l'endroit cité ci- deſſus : « il y a , dit-il , des auteurs qui exigent » que cette dénégation ait été faite en juſtice ».

Catelan , d'après lequel Dunod donne ſa déci-

ſion , rapporte trois arrêts, *liv.* 3 , *ch.* 30 ; le pre- mier , du 19 juillet 1655 ; le ſecond , du 20 dé- cembre 1674 ; le troiſième , de l'année 1679 , qui ont jugé , dit cet auteur , « que la dénégation doit » être expreſſe & faite en juſtice pour habiliter le » cenſitaire à preſcrire contre ſon ſeigneur ».

M. de la Roche tient la même opinion , *Traité des droits ſeigneuriaux , chap.* 20 , *article premier.* « Jamais , dit-il , l'emphytéote ne preſcrit la di- » recte contre ſon ſeigneur foncier , ſauf au cas » qu'il y eût interverſion de poſſeſſion ; ſavoir , » quand après avoir l'emphytéote formellement » dénié & conteſté en juſtice au ſeigneur le fonds » demandé , n'être point mouvant de ſa directe , & » qu'après le ſeigneur eſt ſi négligent que de laiſſer » jouir paiſiblement & franchement l'emphytéote » ſans lui rien demander par l'eſpace de trente ans , » auquel cas la *preſcription* a lieu , & ne pourra » après le ſeigneur , lui rien demander ».

Graverol , annotateur de M. de la Roche , ap- porte une ſeconde limitation à la règle générale : il prétend que la contradiction eſt ſans effet , ſi le fonds ſur lequel elle frappe eſt aſſis dans une en- clave cenſuelle & bien déterminée. « En matière » d'emphytéoſe , dit cet auteur , il eſt conſtant que » depuis le jour de la contradiction , l'emphytéote » peut preſcrire contre ſon ſeigneur ; en effet , » ayant dénié ſa cenſe & conteſté ſa prétention , » il faut regarder le cenſitaire comme demeuré de- » meuré depuis ce temps-là *in poſſeſſione libertatis ;* » laquelle liberté s'acquiert dans trente ans utiles : » ainſi l'emphytéote preſcrivant contre le ſeigneur » *à die contradictionis ſeu interverſæ poſſeſſionis* , il eſt » à couvert , *ſola temporis exceptione* , même contre » le titre primordial , pourvu néanmoins que l'in- » terverſion de poſſeſſion ait bien commencé , en » conteſtant avec une perſonne légitime , ou que » dès le jour de la contradiction , *patientia ſubſecuta » fuerit ,* c'eſt-à-dire , que celui contre lequel on » veut preſcrire du jour de la contradiction , eſt » demeuré dans le ſilence , & a ſouffert volontai- » rement la poſſeſſion de celui qui a voulu preſ- » crire , pourvu qu'il ne s'agiſſe pas d'un terroir » uni & limité , *de fundo ſito in loco ſervili* ».

Il ſeroit difficile de juſtifier cette opinion de Gra- verol ; on ne voit pas même ſur quel motif elle peut être fondée. Que m'importe que les héri- tages qui environnent le mien , ſoient aſſujettis au cens ? Comment ſe pourroit-il que cette circonſtance qui m'eſt abſolument étrangère , me privât d'une faculté que je tiens de la loi , de la faculté de preſ- crire après contradiction ? Que mes voiſins ſoient libres ou ſerfs , il n'en eſt pas moins vrai que , par la contradiction , j'ai interverti & ma poſſeſſion , & celle du ſeigneur ; & il n'en faut pas davan- tage pour preſcrire la libération du cens.

Quant à l'opinion de ceux qui exigent que la contradiction ſoit faite en jugement , elle eſt ſans doute fondée ſur le préjudice qu'un acte de cette eſpèce peut faire au ſeigneur , ſur la facilité avec laquelle on peut fouftraire aux parties intéreffées la connoiffance des actes extrajudiciaires.

Ce motif eft très-raifonnable ; mais n'admettre que les contradictions judiciaires, n'eft-ce pas en porter trop loin les conféquences ? Que l'on rejette tous les actes de cette efpèce, dont il eft poffible que le feigneur ait ignoré l'exiftence, cela eft jufte ; mais ne peut-il les connoître que par la voie des tribunaux ? Par exemple, lorfque la contradiction eft confignée dans un acte contradictoire avec lui ; certainement il la connoît, & mieux encore que fi dans un procès elle eût été fignifiée à fon procureur ; pourquoi donc une contradiction de cette efpèce n'auroit-elle pas la même efficacité que celle faite en jugement ?

§. VII. *Seconde exception à la maxime de l'imprefcriptibilité du cens : du tiers-acquéreur dans les coutumes allodiales.* Le preneur à cens, fes héritiers, fes repréfentans à titre univerfel, font dans l'impuiffance de prefcrire la libération de la directe dans les coutumes allodiales, comme dans les coutumes cenfuelles, parce qu'à leur égard l'imprefcriptibilité du cens dérive de la loi des conventions, abfolument indépendante de la règle *nulle terre fans feigneur.*

Mais il n'en eft pas de même du tiers-acquéreur ; il peut prefcrire l'affranchiffement du domaine direct, lorfque fon contrat porte que l'héritage qu'il acquiert eft franc & allodial ; & c'eft-là le point de divifion entre les coutumes cenfuelles & les coutumes allodiales.

Dans les premières, l'imprefcriptibilité du cens repofe fur une double bafe, la loi conventionnelle & la loi publique ; & cette dernière rejette toute efpèce de prefcription.

Au contraire, dans les coutumes allodiales, la directe ne doit fon exiftence qu'à la convention : le titre qui l'établit peut donc feul mettre obftacle à la prefcription. Mais ce titre ne lie que le preneur à cens, fes héritiers & repréfentans à titre univerfel ; à l'égard du tiers-acquéreur, fa poffeffion n'a rien de commun avec celle de fes auteurs, avec le bail primitif ; fon contrat d'acquifition forme fon titre, & fa poffeffion commence en fa perfonne : elle n'eft pas une continuation de celle de fon vendeur, elle ne peut par conféquent en avoir ni les qualités, ni les vices : ainfi les raifons qui empêchent le preneur à cens de prefcrire, ceffent à l'égard du tiers-acquéreur. En effet, la caufe de fa poffeffion eft changée par fon titre, & celle du feigneur eft intervertie par la nouvelle acquifition : *re alteri vendita & tradita, intervertitur poffeffio.* Le plein domaine eft vendu, le tiers-acquéreur a intention de le pofféder, & il le poffède en effet, puifqu'il ne le reconnoît pas dans un autre ; il peut par conféquent le prefcrire.

Tel eft, pour le répéter encore, la ligne qui fépare les deux genres de coutumes ; dans celles où règne la maxime *nulle terre fans feigneur,* aucune efpèce de prefcription, parce que la loi publique la rejette dans le feul cas où la loi conventionnelle pourroit la permettre. Dans les autres, le tiers-acquéreur, lorfque l'héritage lui eft vendu comme allodial, peut prefcrire, parce que la convention entre le feigneur & le preneur à cens eft fans autorité contre lui.

§. VIII. *Troifième exception à la maxime de l'imprefcriptibilité du cens. Des coutumes qui déclarent le cens prefcriptible.* Le droit commun, les loix des conventions, la jurifprudence des arrêts, le fuffrage des auteurs, tout, comme on l'a vu plus haut, tout fe réunit contre l'extinction du cens par la feule ceffation du paiement.

Cependant, il n'eft pas impoffible que des coutumes autorifent cette manière d'acquérir la libération du cens. De pareilles difpofitions feront, fi l'on veut, bifarres, contraires aux faines maximes, aux vrais principes ; mais fi elles font écrites, fi elles font énoncées en termes qui ne préfentent ni obfcurité, ni équivoque ; enfin, fi elles commandent fi impérieufement qu'il foit impoffible d'en méconnoître le vœu, il faudra déférer à leur autorité. *Non de legibus fed fecundùm leges judicandum.*

Exifte-t-il en effet des coutumes de cette efpèce ? Oui.

Ces coutumes font au nombre de neuf. Anjou, Auvergne, Bourbonnois, la Marche, Loudunois, Maine, Nivernois, Normandie & Lorraine. Voici leurs difpofitions.

Nivernois. *Cens, lods & ventes, & autres droits appartenans au feigneur cenfier, font prefcriptibles par prefcription coutumière, qui eft de trente ans.* Art. 22 du chap. *des Cens.*

Normandie. *Prefcription de quarante ans vaut titre en toute juftice, pour quelque caufe que ce foit, pourvu que le poffeffeur en ait joui paifiblement pendant ledit temps, excepté le droit de patronage appartenant, tant au roi, qu'autres.* Art. 521.

Bourbonnois. *Cens portant directe feigneurie, & autres devoirs annuels, font prefcriptibles par l'efpace de trente années.* Art. 12. *Arrérages de cens & autres devoirs portans directe feigneurie, fe prefcrivent par dix ans.*

Auvergne. *Droits & actions, cens, & autres droits quelconques, prefcriptibles, fe prefcrivent, s'acquièrent & fe perdent par le laps & efpace de trente années.* Tit. 17, art. 2. *Les arrérages du cens ne fe peuvent demander que des trois dernières années.*

Anjou. *Le fujet ne peut prefcrire, ni acquérir l'héritage, rentes, devoirs, & autres droits de fon feigneur, ni exemption contre lui de fes droits ou devoirs dus fur l'héritage & chofes immeubles, tenus de lui par tenement moindre de trente ans.* Art. 440.

Maine. *Art.* 451, conçu dans les mêmes termes.

Loudunois. *Cens & rentes foncières ne feront prefcriptibles par moindre de temps que de trente ans.* Chap. 20, art. 3.

La Marche. *Cens, rentes & devoirs quelconques, prefcriptibles, fe prefcrivent & acquièrent, & perdent fans titres par trente ans continus & accomplis.* Art. 91.

Quiconque prétend aucun cens ou rente sur autrui, encore qu'il ait lettres d'accensement, ou de constitution d'icelle, doit vérifier néanmoins qu'elle lui a été payée depuis trente ans; autrement si le titre est de temps excédent celui de trente ans, est tenue pour prescrite au profit du débiteur prétendu d'icelle. Lorraine, *des Cens, art. 13.*

Telles sont les coutumes qui disposent sur la prescriptibilité du cens; toutes, comme l'on voit, ont une disposition commune : *cens se prescrit par trente ans.* Mais il en est deux qui vont plus loin, qui ajoutent : les arrérages du cens se prescrivent par dix ans, *Bourbonnois;* par trois ans, *Auvergne.*

Les deux espèces de *prescription* que ces coutumes établissent, la précision avec laquelle elles distinguent le cens & les arrérages du cens, semblent ne pas permettre d'élever le moindre doute sur leur véritable esprit. Puisqu'elles disent que les arrérages du cens se prescrivent par dix & par trois ans, les articles qui portent que le cens est prescriptible par trente années, doivent nécessairement s'appliquer au fond même du droit : il paroît impossible de les entendre différemment; que cela soit ou non contre les principes, n'importe. La loi est écrite, elle est claire, elle est impérieuse, & il faut bien plier sous son autorité.

Cependant on s'est permis de lever des doutes sur le sens de ces deux coutumes. Un jurisconsulte qui, après avoir été pendant quarante ans la lumière & le conciliateur de sa province, vient de faire imprimer un commentaire sur la coutume d'Auvergne, dans lequel, après avoir longuement & très-sérieusement discuté les différentes opinions des commentateurs, comme s'il pouvoit y avoir deux opinions lorsque la loi est précise, il finit sa dissertation en ces termes : « il seroit peut- » être possible de concilier ces deux opinions (celle » qui admet & celle qui rejette la *prescription* du » *cens*), en distinguant les cens dus au seigneur » haut-justicier, ou à un corps de fief circons- » crit, & ceux qui dépendent de simples directes » volantes ». *Continent. de M. de Chabrol, sur l'article 2 du chap. 17 de la coutume d'Auvergne.*

Si la précision avec laquelle s'expriment les coutumes d'Auvergne & de Bourbonnois, n'en a pas imposé aux commentateurs, on se doute bien qu'ils ont encore moins respecté les autres, qui, rédigées en termes plus vagues, prêtent un champ plus vaste aux dissertations, aux distinctions, au desir malheureusement trop naturel d'élever son opinion particulière au-dessus de l'autorité de la loi. Aussi voyons-nous la plupart des interprètes de ces coutumes, sur-tout les modernes, soutenir que l'effet de leurs dispositions doit être restreint aux arrérages échus, & que le fond du droit, le droit d'exiger le cens à l'avenir est imprescriptible.

C'est l'opinion de Coquille dans son commentaire sur l'article 22 du chapitre 5 de la coutume de Nivernois : « le mot *cens*, en cet article, s'en- » tend, dit-il, des arrérages du cens ».

« Je tiens, dit Guyot, sur la coutume de la » Marche, que le terme *cens* ne doit pas s'en- » tendre du cens emportant directe seigneurie, » par deux raisons : 1°. le cens emportant directe » seigneurie est, de sa nature & de droit commun, » imprescriptible en pays de coutume, même en » pays de droit écrit. L'article 93 dit que le droit » de fief est imprescriptible : or, le cens empor- » tant directe seigneurie est un droit de fief; com- » bien de fiefs qui ne consistent qu'en censives » !

Après avoir rapporté l'article de la coutume de Tours, transcrit plus haut, Pallu, commentateur de cette coutume, continue en ces termes : « le » présent article ne s'entend du chef-cens...... » marque ou symbole de la seigneurie qui est im- » prescriptible, quoique le terme de cens y soit » compris, qui ne doit s'appliquer par notre ar- » ticle qu'au cens foncier ou rentes foncières ».

Pocquet de Livonière, *Traité des fiefs, liv. 6; chap. 1,* pense de même relativement aux coutumes d'Anjou & du Maine : « parce que la mou- » vance est imprescriptible entre le seigneur & le » sujet : on a jugé, dit cet auteur, que le cens » qui est la marque de la dépendance du sujet, » devoit être de même nature, & pareillement » imprescriptible. Bodereau, sur l'article 451 de la » coutume du Maine, en rapporte un arrêt du » mois de mai 1565, après enquêtes par turbes, » en la ville du Mans; & la même chose se trouve » jugée en la coutume d'Anjou, par un arrêt du » 12 mars 1667, rapporté au journal des audiences, » *tom. 3, liv. 1, chap. 20;* ensorte qu'on y tient » aujourd'hui pour indubitable que le cens est im- » prescriptible, suivant le sentiment de M. du » Pinau, en ses *Observations sur ledit article 440 » de la coutume d'Anjou* ».

Outre ces deux arrêts pour les coutumes d'Anjou & du Maine, il en existe trois pour la coutume de Nivernois, des années 1599, 1721 & 1763, qui jugent, disent les arrétistes qui les citent, que dans cette coutume le cens est imprescriptible, & que la disposition de l'article 22 du titre des cens, ne frappe que sur les arrérages.

Ces trois arrêts sont rapportés; le premier, par M. Louët, *lett. C, somm. 21;* le second, par Guyot, *tom. 2, pag. 55;* & le troisième, par Denisart, *verbo Prescription.*

C'est ainsi que les opinions des jurisconsultes influent sur les décisions des tribunaux, & que la jurisprudence finit par prendre la place de la loi. Mais de quelle autorité les interprètes s'érigent-ils en réformateurs des coutumes? où est leur mission pour changer une loi revêtue du sceau de la volonté publique?

Mais ce desir de paroître plus sage que la loi, n'a pas, à beaucoup près, entraîné tous les commentateurs. Les anciens, ceux qui, plus près de l'époque de la rédaction des coutumes, connoissoient mieux leur esprit, puisqu'ils connoissoient mieux & les usages précédemment reçus, &

l'intention des rédacteurs, penſoient bien diffé-remment. Ces hommes plus inſtruits que nous ne le ſommes aujourd'hui, où avec de l'eſprit, on croit pouvoir ſe paſſer de connoiſſances, voyoient dans les textes que nous venons de tranſcrire, ce qu'ils renferment en effet, c'eſt-à-dire, une faculté accordée aux cenſitaires d'acquérir la libération du cens par la ſeule ceſſation du paiement. Ainſi pen-ſoit Maſuer, qui écrivoit les uſages de l'Auvergne avant la rédaction de la coutume de cette pro-vince, Maſuer, que l'on met, à juſte titre, au rang des docteurs, & à la tête des praticiens fran-çois. *Item per lapſum 30 annorum, cenſus ſeu quævis annua preſtatio preſcribitur etiam adverſus principem, ſeu eccleſiam, quocumque privilegio non obſtante.*

On lit dans le commentaire de Baſmaiſon, qu'en 1582, il fut décidé après enquêtes par turbes, que dans l'Auvergne le droit de cens ſe preſcrit par la ſeule ceſſation du paiement pendant trente années.

Brodeau, dans ſa *Note ſur l'art. 2 du titre 17 de cette même coutume d'Auvergne*, dit qu'il y a eu divers arrêts qui ont jugé le cens preſcriptible, même contre l'égliſe. Il en cite ſpécialement un du 7 février 1643, rendu en la cinquième chambre des enquêtes, au rapport de M. de Berulles, en faveur de Pierre Textoris, contre le prieur de Champagnat.

Rigaltius conſidère le cens comme preſcriptible en Auvergne, ſi l'on en prouve que la *preſcrip-tion* a été interrompue. Enfin, Prohet obſerve ſur cet article que la *preſcription* du chef-cens eſt re-çue dans cette province, même en faveur de ceux qui ont reconnu ou qui ont été condamnés à payer.

Chopin, dans ſon *Commentaire ſur l'article 4 de la coutume d'Anjou*, rapporte un jugement rendu après enquêtes par turbes, qui a jugé conformé-ment au texte de l'article 440 de cette coutume, que le cenſitaire preſcrit la libération du cens par trente ans. *De quo turmatim rogati pragmatici ex curiæ decreto, ſive in hanc ſententiam, cenſus bene-ficiariaque jura omnia tolli tricenna preſcriptione apud andos, circiter annum 1576.*

Rouillé, dans ſon *Commentaire gothique de la cou-tume du Maine, imprimé en 1535,* penſe de même, que l'article 451 de cette coutume autoriſe la *preſ-cription* du cens.

Duret, qui écrivoit dans le ſeizième ſiècle un commentaire ſur la coutume de Bourbonnois, dit dans ſes notes ſur l'article 22 du titre *des Preſ-criptions* : « pluſieurs ont rendu les cens impreſ-» criptibles; outre la raiſon commune que le cens » eſt une marque de reconnoiſſance envers ſon » ſeigneur, ils diſent que nulle *preſcription* ſans » poſſeſſion : or, quand le débiteur ceſſe de payer, » il ne poſſède rien. Ces argumens ſont froids, » parce que toute eſpèce de cens n'eſt illation va-» lable de ſouveraineté; pour le ſecond, la poſ-» ſeſſion n'eſt néceſſaire quand il eſt queſtion de » choſes incorporelles, comme de preſcrire quelques

» devoirs : qui plus eſt, le débiteur n'eſt-il pas » poſſeſſeur, au moins rétenteur du droit d'autrui, » quand il ne paie ce qu'il doit au créancier ? .... » & ce que les docteurs ont dit que quatre choſes » doivent être à la *preſcription*, l'interpellation du » detteur, ſa bonne-foi, la ſcience & tolérance du » ſeigneur n'a point de lieu aux *preſcriptions* de » trente ans; la ſeule pareſſe du ſeigneur, ſans » autre formalité, eſt ſuffiſante pour faire accom-» plir la *preſcription* ».

Baſnage, dans ſon *Commentaire de la coutume de Normandie,* ſi univerſellement eſtimé, non-ſeule-ment penſe de même, mais il regarde la *preſcrip-tion* du cens comme favorable. Voici ſes termes ſur l'article 116 : « les rentes ſeigneuriales peuvent » être preſcrites par le vaſſal & par le ſeigneur » après le laps de quarante ans. Cette *preſcription* » de la part du vaſſal eſt favorable. *Nec enim ad* » *lucrum quærendum ſpectat, ſed liberati omnem con-* » *cernit, ex ſolâ non petentis negligentiâ.* Quand le » cens eſt pris pour ce droit qui eſt dû en recon-» noiſſance de la ſeigneurie directe, il ſemble qu'il » ne ſoit pas plus ſujet à la *preſcription* que la foi » & hommage ; c'eſt pourquoi Pontanus a fait » deux ſortes de cens.... Nous ne faiſons point » ces diſtinctions, & toutes les rentes ſeigneu-» riales ſont preſcriptibles ». *Voyez auſſi* Beraut, *ſur l'art. 116, &* Penelle, *ſur l'art. 117 de la coutume de Normandie.* Ces auteurs rapportent deux arrêts du 23 décembre 1523, & 15 juillet 1541.

Enfin, M. Salvaing, qui, quoique magiſtrat dans une province régie par le droit écrit, connoiſſoit très-bien les diſpoſitions féodales de nos coutumes, décide, de la manière la plus affirmative, que dans celles qui font l'objet de cette diſſertation, le cens ſe preſcrit par trente ans.

Voilà les ſuffrages pour & contre la *preſcription* du cens : ſoit qu'on les compte, ou qu'on les pèſe, on voit que ceux qui admettent cette *preſcription,* font au moins l'équilibre avec ceux qui la rejettent; & quel poids n'ajoute pas au premier la lettre, le texte formel des coutumes !

Même variété dans les monumens de la juriſ-prudence : des deux côtés arrêts & enquêtes par turbes ; mais le dernier eſt pour la *preſcription.*

Dans l'affaire jugée par cet arrêt, il s'agiſſoit d'une rente bordelière due au chapitre de Nevers, ſur des héritages aſſis dans le Nivernois. Le ſieur Gaſcoin, propriétaire de ces héritages, conve-noit de l'exiſtence de la rente ; mais il s'en pré-tendoit affranchi par la *preſcription.* Il ajoutoit que rien ne conſtatoit que ce bordelage fût ſeigneurial ; qu'il falloit le regarder comme roturier, & con-ſéquemment en juger comme d'une ſimple rente foncière.

Le chapitre prouvoit, & prouvoit très-bien que le bordelage en litige étoit ſeigneurial, qu'il for-moit la preſtation récognitive d'ſa directe, en un mot, que c'étoit un véritable ſens. Quant à la *preſcription,* le chapitre écartoit l'article 22 du titre des cens, par le paffage de Coquille que nous avons tranfcrit plus haut; il difoit avec ce commentateur : la difpofition de cet article n'eft rélative qu'aux arrérages échus. Le droit en lui-même, le bordelage feigneurial, en un mot, toutes les prélations récognitives de la directe, font imprefcriptibles ; & tel eft l'ufage immémorial de la province. C'eft aujourd'hui, pour la première fois, que l'on met en problème le point de favoir fi le cens eft prefcriptible.

La première des enquêtes, où l'affaire étoit pendante, frappée de l'importance de la queftion, de fon influence, & de l'efpèce d'arbitraire qui, jufqu'alors, avoit régné fur un point auffi intéreffant, a penfé qu'il étoit de fa fageffe de confulter les claffes; & les premiers magiftrats de toutes les chambres réunies ont jugé d'abord que le bordelage dû au chapitre étoit feigneurial, & tenoit lieu de cens ; en fecond lieu, faute par le chapitre de rapporter des reconnoiffances ou des preuves de preftation pendant les quarante dernières années, ils ont déclaré le bordelage éteint par la prefcription. Cet arrêt eft du 14 mars 1781.

D'après un arrêt auffi folemnel, précédé du plus férieux examen, & rendu dans une forme qui annonce le vœu de toutes les chambres du parlement, quel doute peut-il encore refter fur le véritable efprit de la coutume de Nivernois, & des huit autres qui, rédigées dans les mêmes termes, difent en termes fi clairs, fi pofitifs, que le cenfitaire peut acquérir, par la prefcription, la libération du cens? Qu'eft-ce qui pourra fixer les idées, fi ce n'eft par un arrêt de cette efpèce ?

Au fond, cette manière de voir a-t-elle de fi grands inconvéniens ? Eft-elle contraire à l'effence des chofes ? Peut-on même dire qu'elle choque les principes ?

Des inconvéniens, il n'y en a pas de réels ; la preuve en eft fous les yeux de tout le monde. En Normandie, l'article 521 s'exécute littéralement ; le cens eft prefcriptible par la feule ceffation du paiement. Cet ufage a lieu de temps immémorial ; & jamais on n'y a vu d'autre inconvénient que celui d'obliger les feigneurs de veiller à la confervation de leurs droits. A la vérité, cette obligation, en quelque forte impofée aux feigneurs, peut devenir une efpèce de furcharge pour les cenfitaires, par l'attention que l'on aura d'en exiger des reconnoiffances tous les trente ans; mais ce léger préjudice n'eft-il pas bien compenfé par l'ineftimable avantage de pouvoir prefcrire la libération du cens, preftation fouvent modique, mais fouvent très-onéreufe? Que l'on demande aux tenanciers de la Normandie ce qu'ils préfèrent, ou de cette faculté, ou d'être des fiècles entiers fans donner de nouvelles reconnoiffances.

Quel poids n'ajoute pas cet ufage de la Normandie aux motifs qui militent pour la prefcriptibilité du cens? Dans une province où les hommes naiffent avec un jugement droit, un efprit actif &

vigoureux, une grande aptitude à la méditation & au travail, & peut-être un goût particulier pour les combinaifons de la jurifprudence, les opinions des jurifconfultes & les décifions des tribunaux doivent naturellement avoir beaucoup d'autorité. Puifque, & tous les jurifconfultes, & tous les tribunaux de la Normandie ont toujours penfé que l'article 521 de leur coutume autorife la prefcription du cens, c'eft donc un très-grand motif de voir du même œil celles des autres coutumes qui font rédigées dans les mêmes termes. Cette réflexion nous a ramené un inftant fur nos pas : continuons.

La prefcriptibilité du cens eft-elle contraire à la nature des chofes, à l'effence de la tenure cenfuelle ? Nullement.

Dans les neuf textes de coutumes que nous avons tranfcrits plus haut, on a remarqué que celle de Nivernois eft la feule qui affujettiffe à la prefcription le droit de lods (objet fur lequel nous reviendrons) ; ainfi dans les autres, le cens prefcrit, reftent encore les lods & ventes ; & cette preftation eft fuffifante pour que la confervation de la feigneurie, pour qu'il foit vrai de dire que l'effence de la directe n'a reçu aucune efpèce d'altération.

Il eft de l'effence de la directe d'être attachée à un droit feigneurial ; point de directe fans une preftation récognitive. Autrement, pour nous fervir des expreffions de Bafnage, fur l'article 204 de Normandie, ce feroit plutôt un fantôme & une chimère qu'un véritable fief, pour l'ordinaire deux efpèces de droits récognitifs de la directe, un cens annuel, & les lods aux mutations par vente. Mais le concours de ces deux preftations n'eft rien moins que néceffaire; une feule fuffit pour l'exiftence de la directe, une feule remplit le vœu des loix.

Il y a des coutumes, des provinces entières, où cette réunion du cens & des lods eft prefque inconnue, où la feigneurie directe n'emporte que l'un ou l'autre de ces droits. Par exemple, dans la coutume de Chaumont, & cinq ou fix autres de droit commun, le cens n'eft pas productif du droit de lods; il faut au feigneur un titre formel pour l'exiger. Au contraire, dans une partie du Morvant & de l'Anjou, dans plufieurs cantons des différentes provinces, les terres cenfuelles affranchies du cens, ne doivent que les lods aux mutations par vente : cette preftation eft la feule que les cenfitaires doivent à leurs feigneurs.

De même, en Normandie, la coutume regarde le cens comme fi peu effentiel à la conftitution de la feigneurie directe, qu'elle n'impofe pas au feigneur qui fe joue de fon fief, l'obligation d'en ftipuler la réferve. Avant 1580, date de la feconde rédaction de la coutume de Paris, dans cette coutume, dans un grand nombre d'autres, la réferve d'un cens annuel étoit également inutile pour la régularité du jeu de fief.

« Le cens, dit la Touloubre, Recueil de jurif- » prudence féodale, tom. 2, tit. 5, n. 2, qui doit fon

» origine à la directe, n'est pas cependant de l'es-
» sence de cette même directe qui peut subsister
» sans lui. Ainsi, dans la pancarte contenant le ta-
» rif ou taux des lods dûs au roi dans la Provence,
» rapportée dans le quatrième volume des arrêts
» recueillis par Boniface, l'on trouve souvent ces
» expressions : *solvuntur laudimia ad rationem de de-*
» *nariis viginti pro libra qualibet de possessionibus fran-*
» *chis & de non franchis, solvuntur ad rationem*, &c. ».
Ainsi rien dans la prescriptibilité du cens qui
choque la nature des choses, rien qui altère l'essence de la directe, puisque après l'extinction du
cens, les lods restent, & qu'il n'en faut pas davantage pour la reconnoissance de la dominité.

A l'égard des principes, la faculté de prescrire
le cens est, à la vérité, contraire à la maxime
nulle terre sans seigneur, & aux règles des conventions. Mais cela se concilie par deux maximes également certaines; la première, que les loix peuvent
modifier leurs dispositions; & la seconde, que les
parties peuvent, en contractant, déroger aux règles
générales des conventions.

Les loix peuvent modifier leurs dispositions.
Après avoir établi ou supposé la règle *nulle terre
sans seigneur*, il est donc très-permis aux rédacteurs
d'une coutume d'ajouter que, nonobstant cette
règle, que malgré l'obstacle qu'elle oppose à la
prescription du cens, néanmoins les censitaires auront la faculté d'en prescrire la libération ; & voilà
ce que l'on a fait dans les coutumes d'Anjou, du
Maine, &c. Ces coutumes étant homologuées,
cette modification ayant, comme tous les autres
articles, la sanction du pouvoir législatif, par quels
motifs l'exception auroit-elle moins d'autorité que
la règle ?

Les motifs de l'imprescriptibilité du cens, puisés
dans les règles des conventions, sont, comme nous
l'avons déjà dit, au nombre de trois : deux propriétaires par indivis ne peuvent prescrire l'un
contre l'autre ; pour prescrire, il faut posséder ;
personne ne peut prescrire contre son titre. Mais
seroit-il impossible qu'un bail à cens renfermât une
clause portant, que malgré ces règles ; que malgré
l'indivision entre le seigneur & le censitaire ; que,
quoique le titre de ce dernier ne soit, en quelque
sorte, qu'un titre précaire ; enfin que, quoiqu'il
soit vrai de dire qu'il ne devient pas possesseur
du domaine direct par la seule cessation de paiement
du cens, néanmoins il pourra prescrire la libération de ce même cens ? Non, sans doute, une pareille clause, si elle étoit écrite, seroit exécutée,
puisqu'elle ne seroit contraire ni aux bonnes mœurs,
ni au droit public.

Or, les dispositions féodales des coutumes sont
bien moins des loix que des conventions. En les
rédigeant, on n'a fait autre chose que transcrire
les clauses les plus ordinaires dans les inféodations,
dans les baux à cens de chaque province ; il faut
donc les regarder comme les images, les copies
des titres primordiaux ; il faut donc croire que si

ces titres existoient encore, nous y lirions tout ce
que la coutume décide. Dans celles qui disent que
le cens est prescriptible, c'est donc une vérité légale que, quoique originairement cette faculté de
prescrire formoit le droit commun de ces différentes provinces ; que, par une dérogation expresse aux règles générales, les censitaires se l'é-
toient réservée dans les baux à cens ; &, pour le
répéter encore, une pareille convention formant la
condition essentielle du contrat, doit être respectée.

Voilà les motifs qui nous déterminent à croire
que les neuf coutumes dont nous avons transcrit
les textes plus haut, autorisent les censitaires à
prescrire la libération du cens, & que c'est en
choquer l'esprit autant que la lettre, que d'en concentrer l'effet sur les seuls arrérages. Nous pensions, il y a quelques années, différemment ; nous
avons même fait imprimer un écrit pour établir
l'assertion contraire ; mais des réflexions nouvelles
nous ont ramené à cette opinion.

§. IX. *Quatrième exception à la maxime de l'imprescriptibilité du cens. Coutume de Berry.* L'article 14
du titre *des Prescriptions* de la coutume de Berry,
par une disposition toute particulière, autorise la
prescription du cens par le tiers-acquéreur. Voici
les termes de cet article : « le nouvel acquéreur
» d'aucun héritage chargé de cens ou de rente fon-
» cière, ne prescrit ledit cens ou rente à l'encontre
» du seigneur auquel il est dû, tant qu'icelui sei-
» gneur est payé de son cens ou rente par l'ancien
» seigneur utile dudit héritage qui a icelui aliéné,
» mais seulement commencera la *prescription* du
» jour que l'ancien seigneur utile dudit héritage
» chargé de cens ou rente qui a icelui aliéné, aura
» cessé de faire & continuer le paiement desdits
» cens ou rentes : si n'est qu'au précédent, le sei-
» gneur censier eût été duement averti de ladite
» aliénation & possession de l'acquéreur, auquel
» cas commencera la *prescription* de liberté courir
» du temps de ladite science dudit seigneur ».

§. X. *Cinquième exception à la maxime de l'imprescriptibilité du cens. Dauphiné.* La jurisprudence du
Dauphiné tient le milieu entre celle qui rejette
toute espèce de *prescription* du cens, & celle qui
admet la *prescription* trentenaire. Dans cette province le cens est prescriptible par l'espace de cent
années.

« C'est, dit Salvaing, *Usage des fiefs, ch. 13,*
» une maxime constante en Dauphiné que l'em-
» phytéote prescrit contre le seigneur direct par
» l'espace de cent ans ; ensorte que le fonds re-
» prend sa condition naturelle sans être sujet au
» droit de cens & de lods pour l'avenir, dont
» M. d'Expilly, *chap. 183*, rapporte six arrêts
» du parlement de Grenoble ».

Ainsi dans le Dauphiné, le cens est imprescriptible, mais on modifie cette règle par l'ancienne
maxime que dans quelques termes qu'un statut rejette la *prescription*, il n'est jamais censé exclure
la *prescription* centenaire.

Ainſi penſoient Cujas , Duaren , Dumoulin , d'Argentré , tous les juriſconſultes des quinzième & ſeizième ſiècles , qui ſeront à jamais les lumières de notre juriſprudence.

La règle eſt , dit d'Argentré ſur l'article 56 de la coutume de Bretagne , *notes 2 , 4 & 5* , qu'il ſuffit qu'un ſtatut prohibitif opère en un ſeul cas , & de-là il tire cette conſéquence : *generali præscriptionum abrogatione eam quæ centenaria eſt abrogari non fit putandum ; quia talis derogatio ſatis virium & effectus habet ad cæteras minores ; nec porrò producenda fit ad hanc immemorialem extraordinariam & ſingularem.*

Præterea nec loquimur de præſcriptione centum annorum , quæ poſſeſſio eſt immemorabilis , cum inter vaſſallum & dominum præſcriptionem vetari dicimus neque hæc præſcriptio unquam excluditur his verbis ; præſcriptione non obſtante. Duaren , *in conſuetudines feud.* , ch. 16.

Præſcriptio centenaria nunquam cenſetur excluſa , etiam per legem prohibitivam , & per univerſalia negativa geminata verba , omnem quamcumque præſcriptionem excludentia. Dumoulin , *ſur la coutume de Paris* , §. 12 , n. 14. Alciat , Rippa , Cujas tiennent la même doctrine.

Pourquoi cette prérogative de la poſſeſſion centenaire ? C'eſt qu'une poſſeſſion auſſi longue eſt un véritable titre. *Habet vim tituli* , dit Dumoulin ; c'eſt qu'elle a la force d'une convention paſſée entre les parties : *talis conſuetudo habetur pro pacto* , ajoute Duaren , *loc. cit.* ; c'eſt qu'elle emporte une préſomption *juris & de jure* ; c'eſt qu'elle rend vrai tout ce qui eſt poſſible , *facit verum omne poſſibile* , *facitque ut videantur interfuiſſe omnia quæ opporterat , quibuſque opus eſſet , ad perficiendam talem præſcriptionem vel tale jus inducendum.* Vaſgius , *controverſ. illuſt. lib. 2* , ch. 81 , n. 11.

« Le domaine direct , dit-on , eſt demeuré entre » les mains du ſeigneur ; le cenſitaire ne l'a pas » poſſédé , & l'on ne peut preſcrire que ce que l'on » poſſède , *in tantum præſcriptum in quantum poſ-* » *ſeſſum* ». Salvaing répond à cette difficulté : « il » ne faut pas , *Uſage des fiefs* , chap. 13 , s'amuſer , » comme M. le préſident Expilly l'a dit judicieu- » ſement , chap. 182 de ſes *Arrêts* , à la ſubtilité de » quelques docteurs qui diſent que , *emphiteuta non* » *poſſidet dominium directum* : il faut tenir que nul ne » l'a poſſédé , puiſque durant cent ans , nul ne » s'en eſt ſervi , & que s'il y a eu un ſeigneur di- » rect autrefois , il s'en eſt départi , l'a quitté & » rem's par un ſi long ſilence ; on l'a perdu par » oubli , ou pour ne s'en être ſervi , ou pour ne » l'avoir au moins fait connoître ». L'on peut ajouter à ce que dit Salvaing , que la vertu de la *preſcription* centenaire étant de faire préſumer vrai tout ce qui eſt poſſible , *facit verum omne poſſibile* , elle tient lieu au tenancier d'un titre émané de tous les ſeigneurs directs de ſon héritage , en remontant juſqu'au dernier ſuzerain ; car ce concours eſt certainement très-poſſible.

§. XI. *De la preſcription de la ſolidité du cens.*
Le cens eſt une charge réelle , hypothécaire & indiviſible ; lorſque l'héritage ou le territoire qui en eſt grevé vient à être partagé entre pluſieurs copropriétaires , chacun d'eux en eſt tenu ſolidairement , & chaque partie du tout eſt affectée au paiement de la ſolidité du cens ; le cens , en un mot , eſt *totus in qualibet parte.* Cette ſolidité eſt fort onéreuſe aux tenanciers ; peuvent-ils en preſcrire la libération ?

M. le Camus , en ſes *Obſervations ſur l'article 124 de la coutume de Paris* , prétend que la ſolidité du cens eſt impreſcriptible. « On a agité , dit-il , une » queſtion ; ſavoir , ſi le cens payé par par- » celles pendant pluſieurs années , c'eſt-à-dire , » trente ans , ſe diviſe ; la plus commune opinion » eſt qu'il ne ſe diviſe point , parce que le titre » primordial empêche toutes ſortes de *preſcriptions* » contre les ſeigneurs , hors la quotité & les arré- » rages du cens , mais qu'on ne peut pas malgré » lui partager le cens en pluſieurs parties , pourvu » qu'il juſtifie par quelque titre , quelque ancien » qu'il ſoit , qu'autrefois il n'étoit pas diviſé ».

Loiſeau tient au contraire , que ſi les tenanciers ont payé diviſément pendant l'eſpace de trente ans , ils ont preſcrit la libération de la ſolidité.

« Le détenteur ne peut être convenu ſolidai- » rement , ſi , par l'eſpace de trente ans , il a payé » ſeulement à proportion de ce qu'il détient ; car , » tout ainſi que la quotité du cens , la ſolidité eſt » preſcriptible ». *Du Déguerpiſſement* , liv. 2 , *chapitre dernier.* Ferrière eſt du même avis ſur le titre des *Cens* , §. 1 , n°. 20. Cette opinion eſt fondée ſur cette maxime de droit commun , *cens eſt diviſible* ; Loiſel , *inſt. cout. liv.* 4 , tit. 2 ; & cette maxime elle-même a pour baſe la loi 1 , *C , de col. jus patrim.* Cette loi porte : *omnes qui patrimoniales fundos , ſive communiter ſive ex aſſe detinent , pro his conveniendi ſunt ad univerſorum munerum ad eoſdem fundos pertinentium pro ratâ portione.*

Avant ces auteurs , Dumoulin avoit ouvert une opinion différente ; il eſtime que lorſque le ſeigneur a reçu diviſément la preſtation ſolidaire , ne fût-ce qu'une ſeule fois , il eſt privé par-là de l'exiger à l'avenir ſolidairement , pourvu qu'il ait reçu de ce cenſitaire , *pro parte ſuâ , pro portione ſuâ & ſine proteſtatione* ; voici ſes termes : *verum eſt quod ex quo dominus ſemel ſcienter partem cenſûs ab uno ex poſſeſſoribus pro parte , ſeu portione ſuâ & ſine proteſtatione recepit , ex eo ipſo cenſetur diviſiſſe , ſeu diviſionem approbaſſe etiam reſpectu hypothecas & in futurum.*

Dunod s'eſt rangé du parti de Dumoulin. « Je » crois , dit-il , que le laps de temps n'eſt pas né- » ceſſaire , parce que la ſolidité n'eſt pas de l'eſſence » du cens , & qu'elle ne ſe perd pas au cas que » l'on propoſe , par la *preſcription* , mais par la vo- » lonté du ſeigneur qui la diviſe , & qui peut être » connue ſans le ſecours du temps , par des con- » jectures & par la manière dont il s'eſt expliqué

dans

» dans ses quittances ; en un mot, dès qu'il paroît
» que le seigneur a quitté un de ses censitaires de
» la solidité, il ne peut plus la prétendre contre au-
» cun des autres. Le parlement de Besançon l'a
» ainsi jugé le 4 septembre 1729 ». *Des Prescrip-*
tions, part. 3, chap. 10.

Ces trois avis partagent les auteurs ; le premier a pour base un principe évidemment faux ;
le titre empêche toute espèce de prescriptions, hors la
quotité & les arrérages du cens. Tout est prescriptible, excepté ce qui est de la nature de la mouvance féodale & censuelle : on n'a jamais porté
plus loin le système de l'imprescriptibilité. Or,
qu'est-ce que la solidité fait à la nature de la mouvance ? Que le cens soit solidaire ou non, en est-il
moins récognitif de la seigneurie ?

La seconde opinion est dans les principes féodaux, mais elle choque ceux qui doivent régir les
contrats. Un seigneur a incontestablement le droit
de renoncer à la solidité, dès qu'il résulte des
termes dont il s'est servi dans la quittance, que
telle a été sa volonté ; pourquoi cette volonté auroit-elle besoin d'être confirmée par la possession
trentenaire ? La décision de Dumoulin est donc
plus équitable : cette décision est également conforme à la nature des cens & aux dispositions des
loix romaines. Le cens est une prestation purement réelle, la charge porte directement sur la
chose, & ce n'est que par contre-coup que la personne est obligée. *Res rei, non personâ personæ sub-*
jicitur, c'est l'expression d'Argentré ; ensorte
que le tenancier n'est obligé qu'à raison de ce qu'il
possède. De-là dérive la conséquence, que la nature du cens est d'être divisible comme les héritages sur lesquels il est assis.

Les loix romaines décident très-expressément que
la division s'opère de plein droit, si le créancier
admet un des coobligés à payer la partie de la
dette dont il est tenu *pro portione suâ,* & sans aucune réserve. *natura obligationis plurium reorum de-*
bendi, est hujusmodi, ut inter eos fit mutuum pericu-
lum, quod quidem periculum creditor tollit admittendo
unum ex debitoribus pro portione suâ solventem ; ideoque
fit divisio debiti inter omnes reos debendi in solidum obli-
gatos. Liv. 3, & L. propter C. de duobus reis. §. pen.
inst. eo, §. si pluris & de fide. Si creditoris vestros ex
parte debiti admisisse, quemquam vestrum pro suâ personâ solventem probaveritis, aditus rector provinciæ,
pro sua gravitate, ne alter pro altero exigatur, provi-
debit. Liv. 18, C. de pactis.

On a vu le passage de Dunod, que l'on
vient de citer, que dès qu'il paroît que le seigneur
a remis la solidité à un de ses censitaires, il ne
peut plus la prétendre contre aucun des autres ;
cette décision étant très-importante, & Dunod
ayant négligé de l'appuyer, il ne sera pas inutile
de rapporter les motifs sur lesquels elle est fondée ;
on trouve ces motifs très-bien développés par Bacquet, *des Droits de justice, chap. 21, n. 245.* « La
» raison peut être que le créancier, en déchargeant

» un des débiteurs solidairement obligé, a ôté à
» chacun des autres débiteurs & cooibligés, le re-
» cours solidaire ; partant est raisonnable que la
» dette soit divisée entre tous les débiteurs d'icelle,
» & qu'ils soient de même condition, suivant
» l'obligation par tous ensemblement passée ; joint
» que la loi présume que le créancier, lequel a
» déchargé un des débiteurs de la solidité d'obli-
» gation, par la réception de sa part & portion,
» a eu vouloir, & que son intention a été faire le
» semblable pour le regard des autres coobligés ».
On trouve cette décision dans les auteurs les plus
respectables. *Pactum tacitum divisionis,* dit Bartole,
uni ex debitoribus in solidum obligatis, factum cæteris,
etiam absentibus & ignorantibus, prodest. L'opinion
de Bartole, ajoute Bacquet, est suivie tant au palais qu'au châtelet, *tam in simplici debito, quàm an-*
nuo. Loco cit.

Ferrière fait une réflexion qui terminera ce paragraphe. « Néanmoins si la quittance ne portoit
» ces mots, *pour la part & portion,* encore que le
» créancier confessât purement & simplement avoir
» reçu telle somme, qui seroit la part & portion
» de celui qui la paieroit, toutefois la rente ne
» seroit pas présumée être divisée ; tant à l'égard
» de celui qui auroit payé, que de ses coobligés ».
Sur l'article 1 du titre *des Censives,* §. 1, n. 21.

§. XII. *De la prescription de la quotité du cens,*
de la part du censitaire. Si le censitaire a payé le
cens à une quotité moindre que celle portée dans
les titres pendant trente ans, à un seigneur laïque,
ou pendant quarante à l'église, il a prescrit la libération du surplus ; ainsi, pour me servir des
termes de la coutume de Montargis, *droits cen-*
suels sont prescriptibles à tanto. Cette décision est
de droit commun ; elle est écrite dans beaucoup
de coutumes, Paris, Nivernois, Auvergne, Berry,
Lille, Péronne, &c.

Mais pour que le vassal puisse ainsi prescrire
la libération du surplus de ce qu'il a payé, il faut
le concours de deux circonstances ; la première,
que les prestations aient été uniformes pendant le
temps nécessaire pour la *prescription* ; la deuxième,
que ces prestations aient été faites *sub nomine totius.*
On trouve ces deux règles écrites, l'une dans la
coutume de Nivernois, l'autre dans Dumoulin.
« Le seigneur utile, comme censier, bordellier ou
» rentier, qui a payé partie de la redevance par
» lui due pour paiement uniforme pour trente ans,
» a acquis la liberté du surplus d'icelle redevance ».
Nivernois, *chap. 36, art. 2.* La quotité du cens se
peut prescrire par trente ans, *scilicet quando* le censitaire *solvit sub nomine totius, tanquam non plus de-*
bens ; secùs si sub commemoratione majoris census, quia
tunc totus conservatur. Dumoulin, sur l'article 6 du
chapitre 17 de la coutume d'Auvergne.

§. XIII. *De la prescription de l'espèce du cens.* Le
censitaire qui, depuis trente ans, paie en deniers
un cens constitué originairement en grains, peut il
être contraint à payer dans la suite, conformément

au titre. originaire ? Presque tous les auteurs qui ont écrit sur les censives, ont traité cette question. La plus grande partie distingue le tiers-acquéreur de l'héritier ou représentant le premier censitaire. Voici le résultat des opinions sur ces deux objets, présenté par Dunod, dans son *Traité des prescription*, *part. 3*, *chap. 10.* « presque tous les auteurs » estiment qu'il n'y a pas lieu à la *prescription*, » parce que, disent-ils, elle détruiroit le cens en » détruisant son espèce & sa qualité, à moins que » ce ne soit en faveur d'un tiers-acquéreur auquel » on auroit donné une qualité ou une espèce diffé- » rente du titre primitif, qui posséderoit en vertu » d'un titre nouveau, & qui seroit en bonne-foi ».

Le tiers-acquéreur peut donc prescrire l'espèce du cens, encore faut-il qu'il trouve dans son contrat un fondement à cette *prescription*. A l'égard des autres tenanciers, la possession la plus longue est insuffisante pour convertir le cens d'une espèce en une autre ; & si-tôt que le titre est représenté, il faut se conformer à ses dispositions. Telle est l'opinion régnante, elle est très-ancienne, & on la trouve par-tout : est-il donc permis de la discuter ? Pourquoi non ? Les jurisconsultes seroient-ils les seuls condamnés à se traîner sur les idées des autres ?

Si on examine les motifs qui ont décidé les auteurs, on voit qu'ils se fondent singulièrement sur trois arrêts du parlement de Paris ; le premier est du 24 mai 1581, rendu en faveur du roi de Navarre, en qualité de comte de Marle en Vermandois : cet arrêt a condamné un tenancier à donner au seigneur de Marle une poule par année, conformément au titre primitif, quoique ce tenancier fût en possession depuis soixante ans de ne payer que cinq sous. Cet arrêt est le premier que je connoisse sur cette question : Chopin le rapporte sur la coutume d'Anjou, *part. 2*, *chap. 1*, *tit. 1*, *n. 4*. D'après lui, tous les auteurs le citent ; mais on ne voit nulle part ni l'espèce, ni les moyens des parties, ni les motifs sur lesquels il a été rendu. Comment asseoir une décision sur une pareille autorité ? Qui sait s'il n'est pas le résultat de quelques circonstances de faits ? Il n'est rendu que contre un particulier, peut-être l'universalité payoit-elle la prestation en espèce. Si cela étoit, l'arrêt n'auroit jugé autre chose, sinon que la possession d'un droit universel sur la plus grande partie le conserve sur tous. Puisqu'il est très-possible que cet arrêt n'ait pas jugé la question, commençons donc par l'écarter. Les deux autres sont rapportés par Mornac, *ff. ad leg. de contrah. emptione*. Le premier est du 29 décembre 1611, & le second du 8 mars 1612.

Cet auteur nous a transmis quelque chose du fait & des moyens sur lesquels ces arrêts ont été rendus. On voit que celui de 1612 n'est nullement l'espèce ; il s'agissoit, non d'un cens, mais d'une redevance de cinquante livres de cire dues par un évêque à sa cathédrale, redevance que l'évêque avoit convertie en une prestation de huit livres en

argent, & qu'il fut contraint de payer en cire, conformément au titre de fondation. Quelle conséquence peut-on tirer pour la censive, d'un pareil arrêt ? Cependant quantité d'auteurs le rapportent comme ayant jugé une question censuelle. Quelle confiance peut-on accorder après cela à cette foule de citations d'arrêts qui remplissent les livres de jurisprudence ?

Reste donc uniquement l'arrêt du 26 décembre 1611. Mornac nous a conservé les moyens du seigneur ; le principal étoit tiré de la loi *in venditionibus de contrah. empt. ff.* Cette loi porte effectivement, *nihil facit error nominis cùm de corpore constat*. On a conclu de-là que lorsqu'un seigneur avoit reçu par erreur une prestation pour une autre, cette erreur ne devoit avoir aucune influence, si-tôt que le corps & l'espèce de la prestation étoient déterminés par le titre ; mais il ne faut que jetter les yeux sur l'espèce de cette loi, pour sentir qu'elle ne peut avoir aucune application au cas dont il s'agit. Le jurisconsulte suppose qu'un objet a été vendu sous une autre dénomination que celle qui lui appartient, & il décide que la vente est valable, lorsque l'erreur tombe uniquement sur le mot, & non sur la chose ; c'est-à-dire, lorsque le vendeur reçoit ce qu'il entendoit réellement acquérir. *Si in nomine dissentiamus verum de corpore constat venditio valet*. Telle est la lettre de cette loi ; quelle analogie a-t-elle avec notre objet ? Certainement le jurisconsulte n'entendoit pas décider une question de *prescription*, encore moins une question de mouvance. Comment donc ces hommes éclairés ont-ils pu donner dans une pareille méprise ? La chose est fort simple. Après dix siècles d'oubli, le droit romain reparut en Europe comme une espèce de météore : la lumière qu'il répandit fixa tous les regards ; on l'avoit négligé avec la plus étrange barbarie ; on l'étudia avec une sorte d'enthousiasme, & l'on crut y voir la décision de tous les cas possibles. Voilà la marche de l'esprit humain ; le premier pas qu'il fait après être sorti d'un extrême, est presque toujours pour se jetter dans un autre.

Tels sont les trois arrêts que l'on trouve cités par-tout comme le fondement de la jurisprudence actuelle ; le premier ne prouve rien ; le dernier n'est pas dans l'espèce, & le second porte sur une équivoque.

Les auteurs qui n'ont pas voulu plier uniquement sous l'autorité de la jurisprudence, ont raisonné sur cette question ; & voici à quoi se réduit leur raisonnement : cette *prescription* ne peut pas avoir lieu, parce qu'elle détruiroit son espèce & sa qualité. On convient qu'il faudroit rejetter une *prescription* qui détruiroit le cens ; mais est-ce là l'effet dont il s'agit ? qu'opère-t-elle ? Rien autre chose qu'une simple conversion qui n'influe en aucune manière sur la nature des choses, puisque avant, comme après cette conversion, il existe toujours un cens ayant, comme l'ancien, espèce & qualité. Mais laissons cette discussion critique, & cherchons dans les loix féodales la décision de notre difficulté.

Les droits féodaux font de trois fortes, les effentiels, les naturels, & les accidentels : on distingue pareillement dans une mouvance censuelle, ce qui est de son essence, ce qui est de sa nature, & ce qui ne lui est qu'accidentel. La rétention du domaine direct est la seule chose qui soit de l'essence de cette mouvance, elle peut exister sans aucune prestation qui en soit récognitive ; il y en a des exemples : ainsi un fief peut être affranchi du quint, du relief, même de la présentation de la foi au dominant ; mais cette espèce de mouvance a paru trop métaphysique, on a cru devoir y attacher des prestations réelles. Les coutumes admettent ou supposent ces prestations ; elles sont de la nature de la mouvance, & le seigneur peut les exiger sans autres titres que la coutume & l'existence de sa directe ; mais quelle que soit cette prestation, en espèces ou en argent, considérable ou de la plus mince valeur, elle remplit également le vœu de la loi ; elle veut bien cette loi se charger d'établir & de conserver une redevance récognitive, un cens, en un mot, mais non pas tel ou tel cens ; la forme, la quotité, l'espèce de cette prestation, tout cela est donc purement accidentel ; ainsi la rétention du domaine direct forme l'essence de la mouvance censuelle. Le cens est la seule chose qui dérive de la nature de cette mouvance ; mais l'espèce du cens est purement accidentelle, & ne dérive que des conventions. Or, c'est un principe incontestable, que ce qui n'est qu'accidentel & conventionnel, est sujet à la prescription.

Encore un mot : les auteurs tiennent tous que le tenancier peut prescrire la quotité du cens ; mais cette diminution ne détruit-elle pas bien davantage le cens, que sa conversion d'une espèce en une autre ? La plupart de ces mêmes auteurs admettent la prescription de l'espèce en faveur du tiers-acquéreur ; ils ne la regardent donc pas comme formant la substance de la prestation.

§. XIV. De la prescription de l'obligation de porter le cens. Cens est portable, & non requérable ; c'est une maxime du droit commun. Le seigneur qui a eu la facilité d'envoyer chercher le cens pendant trente ans, a-t-il perdu le droit d'exiger qu'on le lui apporte chez lui ? Ricard, sur l'article 35 de la coutume de Paris, rapporte un arrêt du 24 mai 1586, rendu en la troisième chambre des enquêtes, « qui » a jugé que le droit de faire porter par les tenan- » ciers, en la maison du seigneur, le cens qu'ils » lui devoient, ne peut être prescrit par quelque » temps que le tenancier ait payé en sa maison ». Je crois cet arrêt dans les vrais principes ; le cens est une prestation tout à la fois utile & honorifique ; ce double caractère en forme l'essence, & l'obligation de porter le cens constitue, au moins en plus grande partie, cet honorifique. Prescrire contre cette obligation, ce seroit dénaturer la chose & convertir le cens en redevance foncière ; con-

version que la seule prescription ne peut pas opérer, parce que la nature de la censive réclame perpétuellement.

§. XV. De la prescription des arrérages du cens & des droits échus. Dans l'article septième de l'ancienne coutume de Paris, il n'étoit pas parlé des droits & profits féodaux dus par le vassal ; il étoit seulement dit que la prescription n'avoit pas lieu entre le seigneur & le vassal ; mais les réformateurs de la coutume trouvèrent à propos de mettre à la fin de l'article 12 de la nouvelle, que les profits de fiefs échus se prescrivent contre le seigneur par trente ans, avec l'exception qui est ensuite, conformément à l'avis de Dumoulin sur cet article, nombre 16, où il dit que ces droits & profits casuels se peuvent prescrire par trente ans contre les seigneurs séculiers, & par quarante contre l'église.

C'est aussi l'avis de Brodeau, sur l'article 12, n. 2, à moins qu'il n'y ait saisie ou instance pour raison de ces droits, laquelle interromproit le cours de la prescription.

Sur ce point il y eut contestation dans l'assemblée des états ; celui des ecclésiastiques requérant qu'au lieu de trente ans, il fût mis quarante ans pour l'église, comme il s'observoit avant la réformation ; & les religieux, abbé & couvent de Saint-Denis en France, & de saint Jean de Jérusalem, remontrèrent que, par privilège spécial, confirmé par les papes & par les arrêts de la cour, on ne pouvoit point prescrire contre eux-mêmes par cent années, la noblesse & le tiers-état soutenant, au contraire, que la prescription de trente ans devoit avoir lieu en ce cas contre toutes personnes sans distinction, & le procureur du roi protestant que cet article ne pourroit nuire ni préjudicier aux droits du roi.

Cependant ces profits se prescrivent par trente ans contre l'église.

Bacquet, en son Traité du droit de déshérence, remarque une sentence des requêtes du palais, du 9 mars 1585, qui l'a jugé ainsi contre les religieux, prieur & couvent de saint Martin-des-champs, au profit de Me Louis Bernage, avocat au parlement, qui fut renvoyé absous de la demande à lui faite pour le paiement des lods & vente d'une maison par lui acquise dans la censive desdits religieux, avec condamnation de dépens, parce qu'il y avoit plus de trente ans que l'acquisition étoit faite.

Ce même auteur remarque une sentence du prévôt de Paris, par laquelle il fut jugé que les religieux ne pouvoient demander que vingt-neuf années d'arrérages des rentes, & un arrêt donné à l'audience, entre Mathurin Cordac, appellant d'une sentence donnée par le juge de Loudun, le 22 juin 1571, d'une part, & les religieuses, abbesse & couvent de Poitiers, intimés, d'autre.

La raison en est, que ce sont des fruits séparés du fonds, qui n'en sont qu'une partie ; quarum obventionum, scilicet conditio ex lege municipali, & ea propter illis prescribitur spatio 30 annorum, ut in omnibus *actionibus personalibus obtinet. L. sicut, C. de Prescript. 30 vel 40 annor. Bartole, sur la loi *malè agitur, d. L. ajonte que ces droits appartiennent non à l'église, mais aux bénéficiers & titulaires des bénéfices ; ainsi il ne s'agit pas de l'intérêt de l'église. Il est juste que les titulaires soient punis de leur négligence, s'ils n'ont pas exigé les droits & profits casuels qui leur étoient dus dans un temps aussi considérable que celui de trente ans.

« Les droits féodaux qui sont échus se prescrivent » par trente ans contre le seigneur, même contre » l'église, à moins qu'il n'y ait saisie ou instance » pour raison d'iceux ». Billecocq, *des Fiefs*, *liv.* 4, *chap.* 70.

C'est donc un principe certain, que les droits féodaux échus se prescrivent par trente ans, même contre l'église : la même *prescription* a-t-elle lieu contre le roi ?

Dumoulin tient l'affirmative, & son opinion a été suivie par les modernes.

« A l'égard des lods & ventes, quints, requints, » reliefs, & autres profits dus au roi, à cause des » venditions, aliénations & mutations de fiefs » mouvant de sa couronne, patrimoine & autres » héritages tenus en censive de sa majesté ; & » tient-on que tels droits se prescrivent contre le » roi & pareillement contre les personnes ecclé-» siastiques par trente ans »? Bacquet, *du Droit de déshérence*, *chap.* 7, n. 21.

« On tient que cette *prescription* de trente ans a » lieu, même contre le roi ». Duplessis, *sur Paris*, *du Franc-aleu*, *liv.* 2, *chap.* 1.

« Cette *prescription* a aussi lieu contre le roi, » Billecocq, *des Fiefs*, *liv.* 4, *chap.* 70, parce » qu'il use du droit commun à cet égard ». Bro-deau, *sur l'article 12 de Paris*, n. 12.

A-t-elle lieu contre les mineurs ? Dumoulin estime non ; *voyez* les raisons qu'il en donne, §. 7 *de l'ancienne coutume de Paris*, n. 41. Bille-cocq se range de son parti, *loco citato*. « Profits de » fiefs se prescrivent par trente ans *entre majeurs* », dit Brodeau, *loco citato*. D'où il résulte, suivant cet auteur, que cette *prescription* ne court point contre les mineurs. *Idem.* Duplessis, *du Franc-aleu*, *liv.* 2, *chap.* 1.

L'opinion contraire a trouvé des partisans.

« Néanmoins, parce que la coutume parle gé-» néralement & établit une *prescription* statutaire, » il est certain que les mineurs ne sont pas excep-» tés, & qu'après trente ans ils ne sont plus en » état d'exercer le retrait féodal, demander les » ventes & honneurs, quoique le contrat ne leur » ait pas été exhibé ». Boucheul, *sur l'article 26 de Poitiers*, n°. 28. *Voyez* Thevenot, Lelet, Constant & Filleau *sur cet article*. Il y en a un arrêt du par-lement de Bordeaux, de l'an 1599, cité par Au-tomne, en sa *Conférence sur la loi 5, C. in quib. caus. in integr. restit.* (*Article de M.* HENRION, *avo-cat au parlement.*)

PRÉSÉANCE, s. f. (*Droit public.*) on entend par ce mot, le droit de se placer dans un ordre où dans un rang plus honorable qu'un autre.

Les hommes, trop souvent aveuglés par l'or-gueil ou la vanité, sont si portés à se croire-supé-rieurs à ceux auxquels ils sont inférieurs en dignité & en mérite, qu'il a été nécessaire d'assigner les différences qu'établissent entre eux le pouvoir, les charges, & la profession qu'ils exercent.

Ce n'a pas été sans difficulté & sans de fortes réclamations qu'on est parvenu à régler ces *pré-séances*. Nous nous bornerons à indiquer ici celles qui ont été fixées par l'usage, par les ordonnances ou les arrêts.

L'usage général du royaume est de regarder comme la première place, celle qui est à main droite. Ainsi, par exemple, si le lieu d'assemblée est une église, ce sera la place à droite en entrant au chœur par la porte de la nef, qui sera la plus honorable. De même, dans les marches, le corps qui va à la droite de l'autre indique sa *préséance*.

Préséance du clergé. Il est de principe qu'après le roi & les princes de son sang, le clergé est, dans notre monarchie, reconnu pour le premier corps ; il précède tous les autres ; c'est lui qui occupe le premier rang dans les assemblées des états.

La raison de cette prééminence, suivant Domat, est « que les ecclésiastiques sont les ministres de » Jésus-Christ ; les dispensateurs des mystères de » la religion ; c'est cette importance & cette élé-» vation d'un ministère si auguste, qui donnent » à cet ordre, au-dessus de tous les autres qui ne » regardent que le temporel, un rang distingué, » à proportion de leurs différences ; & quoique » tous ceux qui sont de ce corps ne soient pas » élevés au ministère sacré de ces premières fonc-» tions, toutes celles qu'ils exercent se rappor-» tant à cette administration de l'église, l'ordre du » clergé a sa dignité au-dessus de toutes celles des » autres ordres les plus élevés ». Cette règle n'est pas aussi générale que Domat le prétend, & elle souffre beaucoup d'exceptions & de distinctions.

Par l'article 45 des lettres-patentes du mois d'avril 1695, le clergé est qualifié *le premier corps du royaume* ; le parlement de Bordeaux a rendu hommage à cette loi, en déclarant, par acte du 15 juillet 1630, « que les présidens & conseil-» lers de ladite cour n'ont jamais prétendu au-» cune *préséance* sur les évêques ».

Mais à l'égard du second ordre du clergé, non-seulement les officiers des cours souveraines, mais souvent ceux des juridictions inférieures, ont pré-tendu le précéder ; & ce sont ces prétentions qui ont fait naître la multitude de réglemens dont nous ne pourrons pas nous dispenser de rendre compte.

Un arrêt du conseil d'état du 4 janvier 1629, porte, que le parlement de Toulouse allant en corps à l'église métropolitaine, prendra séance en la première chaire attenant celle de l'archevêque, & aux suivantes ; & qu'en toutes autres assemblées & cérémonies, les archevêques qui s'y trouveront

En camail & en rochets, précéderont les présidens & conseillers.

Préséance des cours souveraines sur les chapitres. La cour des comptes, celle des aides & finances de Montpellier, est en possession de précéder le chapitre de la cathédrale de cette ville, dans les cérémonies où ces corps se trouvent. Il paroît que l'on a voulu faire exception en faveur des chapitres nobles, & accorder à ceux-ci la *préséance* même sur les cours souveraines ; car l'édit de création de la cour des monnoies à Lyon, en ordonnant qu'elle précéderoit toutes les autres compagnies, ainsi que tous les chapitres de la même ville, a néanmoins excepté le chapitre & comtes de Lyon, à l'égard desquels le législateur *entend qu'il ne soit rien innové.*

Préséance des chapitres sur les officiers de justices inférieures. Les mêmes lettres-patentes qui accordent la *préséance* aux magistrats des cours supérieures sur les chapitres ordinaires, rendent à ceux-ci la supériorité sur les officiers des justices inférieures, car le législateur déclare vouloir que « les corps des » chapitres des églises cathédrales précèdent en tous » les lieux ceux des bailliages & sièges présidiaux ».

Il veut aussi que ceux qui sont « titulaires des » dignités desdits chapitres, précèdent les présidens » des présidiaux, les lieutenans-généraux, & les » lieutenans-criminels & particuliers desdits sièges».

Enfin il veut que les chanoines précèdent les conseillers & tous les autres officiers « des mêmes » sièges, & que même les laïques, dont on est » obligé de se servir en certain temps pour aider au » service divin, y reçoivent pendant ce temps » les honneurs de l'église, préférablement à tous » les autres laïques ».

Leroi de Lozembrune rapporte un arrêt du conseil du 27 janvier 1667, sur l'article 9 de la coutume de Boulonnois, par lequel « le président lieu-» tenant-général du Boulonnois & le lieutenant-» criminel du même siège ont été maintenus en » la possession de prendre place dans les hautes » stalles du chœur, du côté gauche de l'église ca-» thédrale de Boulogne, entre les dignitaires, au-» dessus des chanoines ; savoir, le président lieu-» tenant-général entre le chantre & le pénitencier, » & le lieutenant-criminel entre le pénitencier & » les chanoines, pourvu qu'ils fussent en robe de » magistrature ».

Ces modifications, au lieu de satisfaire les différens corps, & de prévenir les dissensions de la vanité, n'ont fait au contraire que les multiplier.

En 1740, M. le duc d'Orléans ayant passé à Amiens, le corps de la ville & le chapitre se rendirent au même instant dans la maison où ce prince s'étoit arrêté, pour le complimenter. Le doyen du chapitre s'étoit déjà avancé, avoit fait sa révérence, & se disposoit à porter la parole, lorsque l'intendant de la province appella le premier échevin, & lui dit que c'étoit à lui de parler le premier : le chapitre s'en plaignit, mais nonobstant ses obser-

vations, l'honneur de haranguer le premier fut déféré au corps de ville.

Les agens du clergé disent, dans leur rapport de 1745, que M. de Saint-Florentin, alors ministre, écrivit que le roi avoit désapprouvé la conduite des maire & échevins.

Il résulte de ce que nous venons de dire, que quoique en général le clergé soit regardé comme le premier corps de la monarchie, il y a bien des cas particuliers où les laïques, constitués en dignités, ont le pas ou la place au-dessus des ecclésiastiques ; il y a même tout lieu de croire que les lettres-patentes de 1695, n'accordant la *préséance* sur les bailliages & sièges présidiaux, qu'aux chapitres des églises cathédrales, ceux des églises collégiales ne pourroient s'en faire un titre pour prétendre le même honneur sur les officiers des bailliages. Et en effet, comme l'observe Denisart, si le législateur eût entendu accorder indistinctement à tous les chapitres le pas sur les officiers de justice, il n'eût pas employé dans l'édit la restriction de chapitre des églises cathédrales.

Au surplus, c'est bien moins par leurs dignités que par leurs vertus, que les ecclésiastiques doivent ambitionner les *préséances* & les distinctions ; toutes les fois que des corps du clergé ont une loi positive en leur faveur, il leur est sans doute permis de la faire valoir & de se maintenir dans les honneurs que le législateur leur a accordés ; mais comme la modestie est la vertu qui leur sied le mieux, ils doivent éviter de paroître jaloux d'usurper les premières places, parce qu'une vanité trop apparente choque les autres corps, & occasionne des scandales qui nuisent à la religion & à ses ministres.

C'étoit avec raison que M. l'avocat-général Gilbert de Voisin, portant la parole dans une contestation qui s'étoit élevée entre le siège présidial & le chapitre de Vitry, relativement à la *préséance*, disoit, « que lorsqu'il s'agissoit de la *préséance* des » différens corps de chaque ordre, un corps laïque » pouvoit avoir la *préséance* sur un corps ecclé-» siastique, suivant que différentes considérations » rendoient l'un ou l'autre plus ou moins recom-» mandable ». Conformément à cette opinion, le parlement rendit, le 12 juin 1731, un arrêt par lequel il jugea que dans tous les cas où il ne s'agiroit pas de fonctions ecclésiastiques, le présidial précéderoit le chapitre, soit de corps à corps, soit de députés à députés.

Nous avons parlé des *préséances* entre les ecclésiastiques & les laïques ; mais il en est de particulières à l'ordre du clergé, & qui résultent, soit de la dignité de leurs fonctions, comme les cardinaux, les patriarches, les archevêques, les évêques, les abbés commendataires ; soit de leurs avancemens dans les ordres sacrés, comme les prêtres, les diacres, les sous-diacres ; ou de leurs ministères de pasteurs, archidiacres, doyens ruraux, curés ; ou des qualités de leurs bénéfices, comme chanoines d'église cathédrale ou de collégiale : toutes ces nuances dans les titres , dans les dignités , donnent lieu à des *préféances* qui font confacrées par l'ufage.

Il eft effentiel d'obferver que les perfonnes pour-vues de dignités ou de charges auxquelles la *pré-féance* eft accordée fur d'autres , ne peuvent l'exi-ger que lorfqu'elles font revêtues des marques de leurs fonctions. C'eft ce qui fut expofé avec beau-coup de juftefse , en 1761 , par M. de Saint-Fargeau , dont les conclufions furent fuivies par l'arrêt du 19 décembre , rendu en faveur du lieu-tenant-criminel de Saumur , contre le lieutenant-général d'épée au même fiège. Cet arrêt pronon-çoit que , quoique le lieutenant-général d'épée eût la *préféance* fur les officiers de ce fiège après le lieutenant-général de robe longue , « il ne pourroit » néanmoins la prétendre lorfqu'il feroit vêtu en » perfonne privée , & que les autres officiers fe-» roient revêtus de l'habit de magiftrat ».

Préféance du parlement fur la cour des aides. L'ar-ticle 48 de la déclaration du 24 août 1734 , con-tenant réglement entre le parlement & la cour des aides de Bordeaux , porte , que « dans toutes les affem-» blées particulières où il fe trouvera des officiers des » deux cours , le premier préfident de la cour des » aides aura le pas , le rang & la féance immédiate-» ment après le dernier des préfidens du parlement , » & avant le doyen des confeillers de ladite cour , » & tous les confeillers de la grand-chambre , » préfidens & confeillers des requêtes ; & à l'égard » des autres préfidens de ladite cour des aides , ils » auront le pas , le rang & la féance immédiate-» ment après lefdits préfidens aux enquêtes & » confeillers de grand-chambre , & avant le doyen » & tous les confeillers des enquêtes ; & pour ce » qui concerne les confeillers de ladite cour des » aides , ils n'auront rang & féance qu'après le » dernier des confeillers du parlement ».

Préféance du fénéchal fur le préfidial. Il feroit peut-être à defirer qu'il y eût une déclaration dont les articles fixaffent auffi clairement le rang que doi-vent occuper les membres des différens corps ; cela préviendroit beaucoup de conteftations. En 1747 , il s'en éleva une entre le comte de Mouchy , fénéchal & gouverneur de Ponthieu , & le lieutenant-général au préfidial & à la féné chauffée d'Abbe-ville ; l'arrêt qui fut rendu à ce fujet au confeil , & qui eft du 28 août 1747 , ordonna « que dans » toutes les affemblées , cérémonies & réjouif-» fances publiques , M. de Mouchy , en fa qua-» lité de fénéchal , auroit la *préféance* fur le pré-» fidial , & marcheroit à la droite du préfident , » fur la même ligne ».

Le même arrêt décida , « que ledit fieur de » Mouchy feroit averti par le greffier dudit fiège , » des ordres qui auroient été donnés pour lefdites » cérémonies & réjouiffances publiques , lorfque » ledit fénéchal feroit préfent en ladite ville ».

La jurifprudence des arrêts eft en contradiction avec les opinions les plus fortement établies. Nous

vénons de voir que quoiqu'il fût généralement reçu que le clergé étoit le premier des ordres des états , il y avoit plufieurs réglemens qui donnoient la *préféance* à de fimples laïques , particulièrement aux officiers des cours fouveraines.

Il eft également reçu dans l'opinion publique , qu'après le clergé , c'eft l'ordre militaire qui a le pas fur les autres corps : on va voir que cette maxime fouffre encore beaucoup d'exceptions.

Préféance des officiers de juftice qui jouiffent de la nobleffe , fur les gentilshommes militaires. D'abord , il eft de principe que ceux qui poffèdent des offices qui annobliffent , ont la *préféance* fur les gentils-hommes. La raifon que l'on donne de cette fupé-riorité , eft que les premiers étant annoblis par leur charge , font cenfés égaux aux gentilshommes , & qu'ils ont de plus l'honneur d'être officiers du roi ; d'être revêtus de la puiffance publique , & de rem-plir une fonction que les fimples gentilshommes n'ont pas.

Loifeau , dans fon *Traité des ordres* , établit cette opinion. Ce qui paroît plus étonnant , c'eft que les confeillers du préfidial de Vaux obtinrent , le 10 février 1740 , un arrêt du grand-confeil , qui jugea qu'un de leurs membres devoit avoir la *pré-féance* fur le fieur du Vaucel , écuyer , & de plus chevalier de faint Louis. Cet arrêt « maintint tous » les officiers de ce fiège dans le droit & poffeffion » de précéder les fimples gentilshommes , tant en » corps que de particuliers à particuliers , en toutes » affemblées & cérémonies publiques ou particu-» lières , lorfqu'ils feroient en habits décens , c'eft-» à-dire , dans l'habit qui diftingue les gens de » robe. C'eft ici le lieu d'appliquer la maxime fi » connue , *cedant arma togæ* ».

Le grand-confeil ordonna , par arrêt du 21 jan-vier 1739 , que les tréforiers de France précéde-roient les gardes-du-corps.

Préféance des fecrétaires du roi. Il n'eft pas inu-tile de citer ici un autre arrêt du 24 décembre 1749 , également rendu par le grand-confeil en faveur des fecrétaires du roi. Cet arrêt jugea que « le fieur de la Hogue auroit la *préféance* en toutes » les affemblées publiques & particulières , procef-» fions , & autres cérémonies , avant le vicomte , » le lieutenant-général de police & officiers de la » vicomté de Granville , s'ils n'étoient en corps » de compagnie ». Le même arrêt ajoute , « que les » mêmes officiers ne feront réputés être en corps » & ordre de cérémonie , que lorfque s'étant affem-» blés au lieu où fe tient la jurifdiction , ils en fe-» ront partis en corps & ordre de cérémonie , pré-» cédés par les huiffiers du fiège , pour fe rendre » au lieu de la proceffion ou affemblée ».

Le même arrêt a encore ordonné que le fieur de la Hogue « opineroit & figneroit avant les » prêtres habitués en fa paroiffe , en toutes les » affemblées de la paroiffe , pour affaires de la fa-» brique , élection de marguilliers , de fyndic ou » facriftain ».

» Mais dans la concurrence d'un fecrétaire du
» roi avec un feigneur haut-jufticier, la *préféance*
» & les droits honorifiques ont été accordés au fei-
» gneur haut-jufticier par arrêt rendu au grand-
» confeil le 7 mars 1730 ».

Nous ne finirions pas, fi nous voulions rapporter tous les arrêts, foit du parlement, foit du
confeil ou du grand-confeil, concernant les *préféances*.

*Préféance des gentilshommes fur les officiers des hauts-
jufticiers.* Il s'éleva une queftion qui fut jugée, en
1685, au confeil; il s'agiffoit de favoir qui devoit avoir le pas, dans les cérémonies publiques,
ou des gentilshommes, ou des officiers des feigneurs hauts-jufticiers du Bas-Poitou : il fut décidé, « que les gentilshommes auroient toute l'an-
» née les *préféances* au-deffus des fénéchaux &
» juges des feigneurs hauts-jufticiers, dans les
» proceffions, offrandes, diftributions de pain
» bénit, & autres honneurs de l'églife, affemblées
» & cérémonies publiques, à la réferve feulement
» des jours de fêtes des patrons defdites paroiffes,
» auxquels jours lefdits fénéchaux & juges defdits
» feigneurs auroient la même *préféance* fur les gen-
» tilshommes ».

Gens du roi. Toutes les fois que les gens du roi
font en marche, le premier avocat-général a le
pas fur le procureur-général, qui précède les
autres avocats-généraux. Un arrêt de réglement
du parlement, du 7 feptembre 1712, rendu pour
la fénéchauffée de Château du Loir, marque le
rang que doivent tenir, foit au parquet, foit à
l'audience, foit dans les cérémonies, tout ce qui
compofe le miniftère public.

*Préféance des avocats fur les médecins & anciens
marguilliers.* La *préféance* a été accordée aux avocats de Saumur fur les médecins, par arrêt rendu
en la grand-chambre, conformément aux conclufions de M. le procureur-général, le premier juillet
1723.

Ils ont obtenu auffi la *préféance* fur les anciens
marguilliers comptables d'une paroiffe de Paris,
par arrêt du 15 juin 1688. Un arrêt du confeil
du 21 février 1683, ordonne que les avocats au
confeil & ceux du parlement, garderont entre
eux, dans les affemblées générales & particulières,
confultations, arbitrages, & ailleurs, le rang &
la *préféance*, fuivant la date de leurs matricules.
Quoique cet arrêt ait été confirmé par une déclaration du 6 février 1709, regiftrée au parlement,
néanmoins la différence du travail, la délicateffe
dès principes fur les honoraires, ne permettent pas
aux avocats du parlement de laiffer marcher fur
la même ligne les avocats du confeil.

Un arrêt rendu le 12 juillet 1730, fur les conclufions de M. Gilbert, prononça que le prévôt
de Rofai en Brie, quoique juge de feigneur, précéderoit les marguilliers aux proceffions publiques.

Le famedi 3 mars 1742, la cour, par arrêt rendu
fur les conclufions de M. l'avocat-général d'Or-

meffon, a encore jugé que les officiers d'un bailliage précéderoient les anciens marguilliers aux proceffions & autres cérémonies publiques de l'églife.

*Préféance des juges hauts-jufticiers fur les échevins
des mêmes lieux.* Plufieurs autres arrêts donnent la
préféance aux juges fur les officiers municipaux. On
trouve dans le code des curés, *tome 3*, un arrêt
rendu au parlement de Touloufe, par lequel il eft
ordonné que les juges des terres dépendantes de
l'abbaye de Saint-Sernin, précéderont les confuls,
ce qui fignifie *échevins*, & autres particuliers, dans
l'églife, aux proceffions, affemblées générales &
particulières, & autres endroits; qu'ils préfideront
auxdites affemblées, & allumeront les feux de joie.
Fait défenfes aux confuls de convoquer aucune
affemblée des communautés, fans y appeller les
juges ou lieutenans pour y préfider.

Le même parlement a rendu un autre arrêt le 27
janvier 1756, par lequel en déclarant communs
avec le marquis d'Aramont, les arrêts de réglement des 23 juillet 1746, 10 & 27 juillet 1747,
il a ordonné que les baillis, juges, leurs lieutenans
& procureurs jurifdictionnaires des feigneuries appartenantes audit fieur marquis d'Aramont, jouiroient du droit de précéder les confuls defdites
terres, dans toutes les affemblées générales ou
particulières; de préfider, d'aller les premiers à
l'offrande après le marquis d'Aramont. Mais cette
jurifprudence n'eft pas la même dans tous les parlemens; celui de Provence a au contraire rendu
un arrêt en faveur des confuls de Pélifannes, le
19 février 1727, par lequel a maintenu ces confuls dans le droit d'avoir la *préféance* fur les officiers de l'abbé de Montmajour. Il eft vrai que les
confuls de Pélifannes font feigneurs hauts-jufticiers du lieu, & qu'ils avoient pour eux la poffeffion immémoriale. Il y a d'autant plus lieu de
croire que ce furent ces confidérations qui déterminèrent le parlement de Provence à rendre cet
arrêt, qu'il avoit, en 1618, accordé la *préféance*,
aux juges ordinaires fur les confuls.

Avant l'établiffement d'un préfident, créé à Befançon au mois de feptembre 1696, il avoit été
ordonné par lettres-patentes du mois de feptembre
1677, & par arrêt du confeil du 20 octobre 1678,
que les vicomtes, maieur, échevins, & autres
officiers du magiftrat, auroient rang & féance avant
les officiers du bailliage. Mais depuis l'érection du
préfidial, il a été rendu au confeil un arrêt contradictoire le 10 juin 1698, qui donne le pas à l'officier du préfidial fur celui du magiftrat.

Préféance du châtelet de Paris fur le corps de ville.
Lorfque le tribunal du châtelet affifte en corps à
la publication de la paix, M. le lieutenant de police, & les confeillers qui l'accompagnent, ont la
droite fur les officiers de la ville.

Au furplus, cette queftion a été fi pofitivement
jugée au confeil du roi, qu'elle ne peut plus faire
de doute.

Un arrêt rendu entre les officiers de la fénéchauffée, siège préfidial de Clermont, & les maire, échevins, & procureur du roi de la même ville, a ordonné « qu'aux proceffions, cérémo-» nies publiques, les officiers du préfidial, tant en » corps qu'en particulier, *précéderoient les maire,* » *échevins, & autres officiers de ville* ».

Malgré le dégoût qui doit naître de cette multi-tude de citations d'arrêts, nous croyons devoir ne pas omettre les principaux, pour apprendre à ceux qui feroient tentés de réclamer d'injuftes *pré-féances*, le fort auquel ils doivent s'attendre.

Préféance du préfidial fur la prévôté. Un arrêt du 9 août 1656, ordonne que les conseillers du pré-fidial du Mans précéderont les préfidens au fiège de la prévôté de la même ville, en toutes affem-blées publiques & particulières.

Le prévôt d'Abbeville & celui de Crefpy ont effuyé le même jugement, l'un en 1627, l'autre en 1635.

Un réglement du 13 août 1698, a auffi ordonné que le prévôt d'Avalon n'auroit de rang & féance dans les affemblées publiques, qu'après les con-feillers du bailliage de la même ville; il eft vrai qu'il a obtenu, par le même réglement, un dé-dommagement, car il lui accorde la *préféance* fur les avocat & procureur du roi du même bailliage.

Préféance de la juftice royale fur la juftice feigneu-riale. Quand, dans une même ville, il y a une juftice royale & une juftice de feigneur ayant haute-juftice, la *préféance* appartient aux juges royaux, même dans le territoire de la juftice fei-gneuriale. Le parlement l'a ainfi jugé contre le bailli & l'évêque de Langres, en faveur des offi-ciers de la juftice royale de cette ville. Il paroît qu'il a été fait une exception contre les élus, en faveur des juges hauts-jufticiers; du moins ceux du duché de Mazarin, & le fénéchal de l'évêque de Limoges, ont obtenu la *préféance* fur les officiers de l'élection.

Préféance des élus fur les officiers de la maîtrife des eaux & forêts, accordée & refufée. Ces derniers ont, dans quelques villes du royaume, obtenu la *pré-féance* fur les officiers des eaux & forêts; mais ceux-ci ont, à leur tour, fait juger quelquefois qu'ils devoient précéder les officiers de l'élection & ceux du grenier à fel: ils peuvent faire valoir un arrêt rendu au conseil le 6 octobre 1738, pour la maîtrife d'Angers; & un fecond, du 14 août 1741, pour celle de Tours. Ce qui établit principalement la *préféance* à l'égard de ce corps, c'eft la poffeffion.

Préféance des tréforiers de France fur les officiers des préfidiaux. En général, il eft de principe, que la jurifdiction ordinaire doit avoir la *préféance* fur la jurifdiction extraordinaire, & que le juge du lieu doit avoir le pas fur un autre juge qui n'eft pas fon fupérieur. C'eft d'après ces principes, que le parlement a donné la *préféance* au préfidial de Caen fur les tréforiers de France, par arrêt du 24 juil-let 1652. Cependant le conseil privé ayant égard, foit aux privilèges attribués aux tréforiers de

France, foit à la poffeffion fondée fur un édit du mois d'avril 1694, & fur un arrêt contradictoire du 24 février 1691, a accordé la *préféance* au bu-reau des finances de Bordeaux fur les officiers de la fénéchauffée & préfidial de la même ville: les tréforiers de France, d'Amiens & de Soiffons, jouiffent de la même *préféance*.

Préféance des juges des bailliages fur le prévôt de la maréchauffée. Le parlement a jugé, par arrêt rendu fur les conclufions de M. Joly de Fleury, le 7 avril 1702, entre les officiers du bailliage de Montfort-l'Amaury, & le prévôt de la maréchauf-fée du même lieu, « que dans les affemblées où » les officiers du bailliage fe trouveroient envoyés, » ils auroient la droite, & que le prévôt de la ma-» réchauffée feroit au côté gauche du bailliage, & » dans une ligne parallèle à celle du lieutenant-» général, comme auffi que les officiers dudit bail-» liage auroient rang & féance dans l'églife fur le » banc qui eft à droite, dans les cérémonies où ils » affifteroient en corps, & le prévôt fur le banc » qui eft à gauche; & que, lorfque le bailliage » ne feroit point en corps dans l'églife, le pré-» vôt de la maréchauffée auroit rang & féance fur » l'un des bancs avant le premier confeiller dudit » bailliage; & quand lefdits officiers & le prévôt » de la maréchauffée feroient obligés de défiler dans » le cours des proceffions & autres affemblées, » même lorfque dans l'églife ils iroient à l'offrande, » tous les officiers du bailliage pafferoient avant le » prévôt de la maréchauffée ».

Préféance des gardes de l'hôtel fur les officiers d'une juftice feigneuriale. Par arrêt rendu contradictoire-ment au grand-conseil, le 5 mars 1716, entre deux gardes de la prévôté de l'hôtel, & les officiers de la juftice feigneuriale de Doulevaat, la *préféance* a été accordée aux gardes de la prévôté de l'hôtel.

Préféance des confuls fur les notaires. Les juges-confuls du Mans, tant anciens qu'en exercice, ont obtenu, par arrêt du 27 juin 1746, la *préféance* fur les notaires.

Les confuls d'Abbeville avoient reçu, le 16 octobre 1743, la même diftinction.

Ceux d'Amiens, tant anciens qu'en exercice, & ceux de Montauban, jouiffent de cette fupé-riorité. Mais comme il n'y a rien de fi incertain & de fi contradictoire que les jugemens des hom-mes, les notaires d'Amiens ont fait juger, en 1762, qu'ils devoient avoir la *préféance* fur les confuls qui n'étoient plus en exercice.

Préféance des officiers municipaux fur les juges-confuls. Un autre arrêt rendu le 23 juin 1759, & d'après les conclufions de M. l'avocat-général Séguier, ordonna que les officiers municipaux au-roient la *préféance* fur les juges-confuls de la ville de Châlons, dans toutes les affemblées. L'auteur de la collection de jurifprudence, qui rapporte cet arrêt, prétend que le motif qui l'a dicté, eft que les juges-confuls font des juges d'attribution qui n'ont point de territoire.

Les

Les rang & *préséance* des officiers royaux, maire & consuls de Languedoc, ont été réglés par un arrêt du conseil du 30 mai 1701, contenant sept articles ; un autre arrêt du conseil du 12 juin 1702, a depuis ordonné que le réglement de 1701 seroit exécuté entre les officiers des seigneurs & les maire & consuls.

L'article 6 de l'édit du mois de janvier 1718, portant établissement d'une jurisdiction consulaire à Valenciennes, ordonne qu'entre les personnes convoquées pour l'élection des juge & consuls, la *préséance* sera donnée aux anciens juges, puis aux anciens consuls, ensuite aux secrétaires du roi, puis aux gradués, & enfin à l'âge.

Préséance du lieutenant-criminel de robe-courte sur le prévôt des maréchaux de France. Le lieutenant-criminel de robe-courte a la *préséance* sur le prévôt des maréchaux de France ; cela a été jugé ainsi par arrêt du 27 mai 1715.

Il y a pourtant une circonstance, mais c'est la seule dans laquelle le prévôt des maréchaux de France précède même les bailliages ; c'est celle où les gouverneurs, lieutenans-généraux des provinces, lieutenans de roi & commandans, se trouveront aux cérémonies publiques ; alors les lieutenans des maréchaux de France peuvent prendre séance après lesdits gouverneurs & commandans, avant les officiers des bailliages & présidiaux, conformément à l'édit du mois de mars 1693, & à la déclaration du 20 juillet 1694.

Commissaires & greffiers du châtelet. Il a été jugé par un arrêt provisoire du 22 mai 1713, entre les commissaires & le greffier en chef du châtelet, qui se disputoient la *préséance*, que le greffier en chef auroit séance entre les commissaires ; ensorte qu'il y auroit toujours un nombre égal de commissaires avant & après lui.

Huissiers au parlement & procureurs. Un arrêt du conseil du 16 avril 1747, a ordonné que le premier huissier au parlement de Grenoble précédera le doyen des procureurs dans toutes les assemblées générales & particulières, & que les autres procureurs & huissiers au parlement marcheront par ordre de leur réception.

La charge dont on est revêtu ne donne pas la *préséance* dans un lieu où l'on ne l'exerce point. Cela a été jugé par arrêt du 27 août 1767, contre le sieur Chevery, président au grenier à sel de Provins, qui prétendoit, à ce titre, avoir des distinctions & la *préséance* dans l'église paroissiale d'un village où il possédoit quelques fonds roturiers.

La *préséance* n'a lieu que dans les cérémonies publiques ou dans les assemblées, mais ne peut être réclamée dans des cérémonies particulières où les individus sont indistinctement invités, telles que les célébrations de mariages, ou les enterremens.

Nous n'avons jusqu'à présent considéré que les *préséances* particulières ; mais il en est de plus étendues & qui semblent résider plus dans l'opinion

que dans le fait ; ce sont celles de la naissance, des grands emplois. Ainsi, quoique les hommes qui descendent des maisons illustres, qui portent un grand nom, qui ont des décorations, ne puissent pas toujours exiger rigoureusement la *préséance* dans les cérémonies publiques ; cependant une raison éclairée s'empresse de la leur accorder.

Malgré ce que l'on vient de lire, & tous les arrêts que nous avons rapportés, on n'en doit pas moins adopter les idées sages de Domat, qui prétend que de tous les ordres laïques, le premier est celui de la profession des armes, dont l'usage fait la gloire du prince & la sûreté publique : le roi est le chef de ce corps ; il a pour membres les princes du sang, les officiers de la couronne, les gouverneurs des provinces, & toutes les personnes les plus illustres par leur naissance.

Le second ordre des laïques, ajoute le même auteur, est celui des ministres & de ceux que le prince honore d'une place dans son conseil secret.

Le troisième de ces ordres est celui des personnes qui exercent les fonctions de l'administration de la justice, soit au conseil des parties, soit dans les diverses compagnies de justice.

Le quatrième ordre est celui des officiers dont les professions regardent les finances, ou qui sont relatives à l'ordre des deniers publics.

Il place dans le cinquième ordre ceux qui professent les sciences ou les arts libéraux.

Il met dans le sixième les marchands & tous ceux qui exercent une espèce de commerce.

Le septième est rempli par les ouvriers, les artisans.

Il range dans le huitième les cultivateurs & les pasteurs, qui, par l'importance & la nécessité de leurs travaux si précieux à la société, devroient être placés les premiers, si leur ignorance & leur grossiéreté ne les mettoient au-dessous des autres hommes.

Après ces divisions, Domat observe judicieusement que les rangs des classes ne se règlent pas tous par les rangs de l'ordre. « Ainsi, par exemple, » le rang des premiers officiers qui ont la direction » des finances, est au-dessus de plusieurs officiers » de justice ; mais l'effet de la distinction des or- » dres, pour ce qui regarde les rangs, est que les » premiers d'un ordre qui est au-dessus d'un autre, » ont leur place au-dessus des premiers de l'ordre » qui est au-dessous. Ainsi les premiers officiers de » justice ont leur rang au-dessus des premiers offi- » ciers de finance ».

La volonté seule du prince peut établir des *préséances* ; il en est d'autres qui ne sont point arbitraires, telles que celle du chancelier, que sa dignité élève au-dessus de tous les officiers qui sont employés dans l'administration de la justice.

Dans le même ordre, les parlemens ont la *préséance* sur toutes les autres compagnies ; les présidens sur tous les simples conseillers. L'ancienneté de réception établit ensuite les *préséances* entre les officiers revêtus de la même charge.

Autrefois l'âge étoit une raison de *préséance* ; les vieillards avoient des droits aux premières places ; mais aujourd'hui le vieux militaire est précédé par un jeune homme favorisé de la fortune. L'ancien magistrat marche après un jeune président. Depuis que tout se donne aux richesses, & rien à l'expérience, la vieillesse n'a plus de dédommagement à espérer sur la terre. Combien il seroit à souhaiter qu'une bonne réputation, que la vertu, que le savoir, fussent des titres de *préséances* ! Mais elles seroient une source d'inimitiés & de jalousies ; car tous les hommes prétendent à l'honneur de la vertu & du savoir, au milieu même du vice & de l'ignorance.

Nous n'avons pas besoin de dire que dans les assemblées du parlement, ou dans les lits de justice, les princes du sang ont la *préséance* sur les ducs & pairs, & que ceux-ci siégent après eux, selon l'ordre & la dignité de leur pairie : les exceptions faites en faveur de princes légitimés, sont des graces particulières accordées par la souveraineté, qui, en dérogeant aux anciens principes de notre monarchie, n'y portent qu'une ateinte passagère.

Domat voudroit qu'on accordât la *préséance* aux pères de famille qui ont le plus d'enfans : cette idée est celle d'un bon citoyen, qui sent combien il importe à la prospérité d'un royaume, que la population y soit encouragée, & qu'on accorde des honneurs à ceux qui donnent des soldats & des cultivateurs à la patrie. (*Article de M. DE LA CROIX, avocat au parlement.*)

PRÉSENT, adj. ce terme, *en droit*, a plusieurs significations. Les coutumes appellent *présent*, celui qui demeure dans le-même bailliage ou sénéchaussée, qu'une autre personne.

Celui qui a plusieurs domiciles en diverses provinces, est réputé *présent* dans toutes.

Celui qui n'a aucun domicile certain est réputé absent. *Voyez* PRESCRIPTION.

Dans le style judiciaire, on est réputé *présent*, quoiqu'on ne comparoisse pas en personne, lorsque l'on est représenté par son avocat ou par son procureur.

PRÉSENTATION, s. f. (*terme de Procédure.*) est une formalité établie par les ordonnances, qui consiste en ce que dans tous les siéges où il y a un greffier des *présentations*, le procureur de chaque partie est obligé de se présenter dans ce greffe, c'est-à-dire, d'y mettre une cédule de *présentation* ; celle du demandeur est ainsi conçue : *défaut à tel..... contre tel, défendeur, du.....jour de..... & le procureur signe.* Le procureur du défendeur met *congé*, au lieu de *défaut.*

L'ordonnance de 1661, *tit. 4*, avoit abrogé l'usage des *présentations* pour les demandeurs, pour les appellans & anticipans ; mais l'édit du mois d'avril 1695, & la déclaration du 12 juillet de la même année, ont rétabli la *présentation* à l'égard du demandeur ; de sorte qu'il ne peut lever son défaut, s'il ne s'est présenté ; au parlement & dans les autres cours, la *présentation* doit se faire dans la quinzaine, aux autres siéges dans la huitaine ; & dans les matières sommaires, trois jours après l'échéance de l'assignation. Les *présentations* peuvent se faire tous les jours sans distinction.

Un acte d'occuper signifié par le procureur, ne dispense pas de faire sa *présentation*. Elle est indispensable en toute matière civile & criminelle, de première instance ou d'appel, en assistance de cause, anticipation, sommation, contre-sommation, intervention, exécution de jugement, sentences ou arrêts, & autres.

On excepte de cette règle générale, 1°. les affaires où il n'y a point de parties adverses, & qui, par conséquent, sont portées à l'audience sans assignation, parce qu'il n'y a point de motif pour déclarer quel sera le procureur qui occupera. *Article 4 de la déclaration du 5 novembre 1661.* 2°. D'après l'article 8 de la déclaration du 12 juillet 1695, les causes sommaires qui sont portées à l'audience, & dans lesquelles on ne juge point le fond des contestations des parties, & les instructions qui se font devant les commissaires.

Suivant l'article 9 de cette même déclaration, il ne doit être payé qu'un droit de *présentation* relativement aux assignations données pour voir & clore les inventaires & les comptes, à moins que, sur les contestations & débats, les parties ne soient renvoyées en jugement ; auquel cas les procureurs sont tenus de se présenter sur les assignations.

Par l'article 10 de la même déclaration, il est ordonné que dans les causes des pauvres mercenaires demandant paiement de leurs salaires & journées, il ne sera par eux payé que la moitié des droits de *présentation*, défaut ou congé, lorsque leurs demandes portées par les exploits n'excéderont pas dix livres ; mais que les droits seront payés en entier par le défendeur.

Suivant un arrêt du conseil du 14 septembre 1728, le demandeur & le défendeur sont dispensés de lever des *présentations* dans les causes portées devant les officiers des greniers à sel.

PRÉSENTATION, (*Matière bénéficiale.*) est l'acte par lequel un patron présente un sujet au collateur du bénéfice dont il est patron, pour qu'il lui en soit accordé des provisions.

Les actes de *présentation* doivent contenir, 1°. l'adresse & le salut, si l'acte n'est pas passé pardevant notaires ; 2°. la déclaration des droits que le patron & le collateur ont sur le bénéfice. Le patron doit y énoncer comment & à quel titre le patronage lui appartient, & en quelle qualité le collateur le confère ; 3°. la déclaration du genre de vacance ; 4°. la *présentation* d'un sujet comme capable ; 5°. la prière faite au collateur d'accorder les lettres de collation & provision ; 6°. l'énonciation de l'expédition des lettres, de leur signature, &

du fceau ; 7°. la date ; 8°. la mention de la préfence des témoins.

On confond quelquefois la nomination avec la *préfentation* ; mais à proprement parler, on ne doit appeller *préfentation* que les lettres ou les actes par lefquels les patrons eccléfiaftiques ou laïques défignent un fujet à l'ordinaire, pour qu'il lui confère un bénéfice dont ils ont droit de difpofer. Le terme *nomination* doit être reftreint, 1°. aux lettres que les univerfités accordent aux gradués fur différens collateurs ou patrons ; 2°. aux brevets d'indult du parlement, de ferment de fidélité, de joyeux avènement, de joyeufe entrée, & ceux par lefquels le roi nomme au pape des fujets pour être promus aux bénéfices confiftoriaux en exécution du concordat.

L'acte de *préfentation* doit-il être reçu par un notaire, à peine de nullité ? L'article 5. de l'édit de 1691, veut que ces fortes d'actes foient reçus par deux notaires apoftoliques, ou par un notaire apoftolique en préfence de deux témoins. Mais il ne prononce point la peine de nullité. Il y a plufieurs patrons qui fe font maintenus dans l'ufage de préfenter par fimples lettres fous feing-privé, & les cours tolèrent cet ufage. Mais c'eft une exception à la règle générale.

Il eft cependant intéreffant pour les préfentés par les patrons eccléfiaftiques, que l'acte de *préfentation* foit reçu par des notaires. Dans ce cas, il fait obftacle à la prévention, à compter du jour qu'il a été reçu, parce qu'alors il exifte une preuve que le patron a choifi un titulaire, & que les chofes ne font plus entières à fon égard. *Res non funt omnino integræ :* ce qui fuffit pour empêcher la prévention. La maxime établie par Dumoulin & nos anciens canoniftes, que le pape peut prévenir les préfentés tant qu'ils n'ont pas frappé l'oreille de l'ordinaire, ceffe donc d'être vraie toutes les fois que la *préfentation* eft faite pardevant notaires : elle ne doit plus avoir lieu que pour les *préfentations* faites fous feing-privé, qui n'ont, aux yeux de la loi, aucune date affurée. Il faut, pour leur en donner une, faire une requifition à l'évêque, prendre acte de fa réponfe, & la faire infinuer au bureau des infinuations, tant du diocèfe où l'on aura fait la réquifition, que de celui de la fituation du bénéfice. Cependant, comme toute *préfentation* dont la date eft affurée, empêche la prévention, nous ferions portés à croire que l'infinuation d'une *préfentation* fous feing-privé, que l'on auroit pris la précaution de faire au bureau des infinuations le plus prochain du domicile du patron, fuffiroit pour en affurer la date, & par conféquent empêcher la prévention.

La *préfentation* ne donne point un droit complet au bénéfice auquel on eft préfenté. Elle n'eft qu'un choix imparfait & fubordonné au jugement du fupérieur qui peut ne pas le confirmer : c'eft un acte incomplet. Elle ne devient un titre parfait que lorfqu'elle eft fuivie de l'inftitution canonique, fans laquelle on ne peut pofféder légitimement un bénéfice. *Beneficium fine canonicâ inftitutione poffideri non poteft.*

Cette inftitution, ou collation eft effentielle, parce que le patronage ne donne point droit de pourvoir & de conférer, mais fimplement de préfenter. *Cum ex vi juris patronatûs, non conceffio, fed præfentatio pertineat ad patronum, cap. tranfmiffa, de jur. patron.* Sur quoi la glofe obferve : *aliud eft concedere ecclefiam, aliud præfentare.* Vainement le patron feroit un choix ; il ne produira aucun effet, fi l'autorité de l'évêque n'intervient pour le rendre canonique & valable. C'eft ce qui a fait dire à d'Héricourt : celui qui s'eft mis en poffeffion d'un bénéfice, n'ayant qu'une *préfentation* du patron, fans une inftitution du collateur, eft privé par le feul fait de tout le droit que la *préfentation* lui donnoit.

Ces principes ont été expofés très-clairement par de Roye, dans fes prolégomènes *ad titul. de jur. patron. cap.* 22. *Inutilis eft præfentatio, nifi ordinario facta fit... nec aliter ea parit jus ad rem quam duo illa concurrant, acceptatio præfentati clerici & ut ordinario facta fit.... præfentatio ipfo jure nullius eft momenti præcipuè verò cum deeft ordinarius, nam ille eft terminus ad quem & in quo præfentatio vires ad effectum accipit.... rata non eft præfentatio antequam epifcopus eam approbaverit.... præfentatio, nondum realiter ordinario exhibita, propriè non eft præfentatio.... & nullum jus tribuit.*

Toutes ces maximes ne doivent cependant point être prifes à la rigueur. Il n'eft pas exact de dire qu'une *préfentation* qui n'a point encore été exhibée à l'ordinaire, ne foit pas proprement une *préfentation*, & qu'elle ne donne aucun droit au bénéfice. Le droit qu'elle donne n'eft point, à la vérité, complet, mais il n'eft pas nul ; il n'eft pas *jus in re*, mais il eft *jus ad rem*. Faite devant notaires, la *préfentation* empêche la prévention : lorfqu'elle eft donnée dans les délais prefcrits aux patrons, elle annulle la collation faite par l'ordinaire à leur mépris, *fpreto patrono*.

La *préfentation* donne tellement droit au bénéfice, que l'ordinaire ne peut valablement refufer l'inftitution ou la collation, fans motiver fon refus. C'eft la difpofition précife de l'article 5 de l'édit de 1695, qui regarde les préfentés par les patrons, comme les expectans & les pourvûs en cour de Rome. On peut même dire que les fujets préfentés par les patrons, méritent plus d'égards, & de faveur que les pourvûs en cour de Rome. Ils ont pour eux une préfomption qui réfulte néceffairement du choix que les patrons ont fait d'eux.

Il y a même quelque chofe de plus fort ; un préfenté par un patron à un bénéfice qui exige les ordres facrés ou la prêtrife, a droit de demander l'ordination à l'évêque, & celui-ci ne peut le refufer fans donner des motifs. Cette opinion eft conforme à l'ancienne difcipline de l'églife, & défendue par les auteurs les plus refpectables. Dans le temps où l'on ne connoiffoit point les ordinations vagues, & l'ordination étoit inféparable de la collation du bénéfice, l'évêque ne pouvoit, fans motifs valables, refufer d'ordonner ceux qui leur étoient préfentés pour defservir des bénéfices, & de rendre compte de ces motifs. Le concile de Paris, de l'an 829, le décide expreffément : *de clericis verò laïcorum, undè nonnulli conqueri videntur eo quod quidam epifcopi, ad eorum precés nolint in ecclefiis fuis, cum utiles fint ordinare, vifum nobis fuit, ut in utriufque partibus pax & concordia fervetur, & cum charitate utiles & idonei eligantur ; & fi laïcus idoneum utilemque clericum obtulerit, nulla qualibet occafione ab epifcopo finè certa ratione repellatur. Et fi rejiciendus eft, diligens examinatio & evidens ratio, ne fcandalum generetur, manifeftum faciat.*

On trouve dans les capitulaires une difpofition abfolument femblable au canon du concile de Paris, que l'on vient de rapporter. *Si laïcus idoneum, utilemque clericum obtulerit, nulla qualibet occafione ab epifcopo fine certa ratione repellatur ; & fi rejiciendus eft, propter fcandalum vitandum, evidenti ratione manifeletur.* Deux autres capitulaires dès années 816 & 869, prefcrivent la même conduite aux évêques.

Si l'on vouloit fuivre tous les conciles qui ont renouvellé ces loix anciennes, on feroit peut-être étonné d'entendre aujourd'hui quelques partifans de l'autorité, foutenir le fentiment contraire. Rapportons feulement les décifions de nos derniers conciles provinciaux, pour prouver que le corps épifcopal n'a pas les idées de defpotifme que l'on fait quelquefois infpirer à certains de fes membres.

Le concile de Rouen de l'an 1581, s'exprime en ces termes. *Si praefentato & petenti collationem, fibi dari de quocumque beneficio renuerit epifcopus dare, cogatur caufas recufationis, in fcriptis exprimere, nec liceat fuperiori collationem decernere, nifi priùs difcuffis caufis & examinatis, propter quàs epifcopus recufaverit collationem dare, alioquin fuperioris collatio nulla erit.* Celui de Cambrai, de 1565, avoit fait les mêmes injonctions aux évêques, & elles furent renouvellées par celui de Reims, tenu en 1583. *Si praefentato & collationem beneficii poftulanti, epifcopus dare renuerit, caufas recufationis teneatur exhibere.*

Que l'on ne dife pas que ces dernières loix n'ont rapport qu'à la collation des bénéfices, & non pas à la promotion aux ordres facrés. Car, dès qu'un préfenté par un patron a droit au bénéfice en vertu de fa *préfentation*, il a droit à tout ce qui lui eft néceffaire pour pofféder le bénéfice ; l'ordination étant dans ce cas, l'évêque ne peut la lui refufer, fans lui faire perdre la chofe à laquelle il a droit ; & pour la lui faire perdre, il faut des raifons & des motifs fuffifans. Ces principes font ceux des plus célèbres canoniftes. Le compilateur des décrétales grégoriennes, fur le chapitre *ex tenore*, & la décrétale *ad aures*, eft abfolument de cette opinion. *Si habet clericus jus petendi ordinem, forte beneficii cui ordo eft annexus, non poteft epifcopus eum prohibere, quamvis fciat illum commiffe peccatum occultum ; & ità poteft intelligi illa, ex tenore. Si verò non habet jus petendi, non tenetur eum epifcopus ordinare ; & ita intelligas, ad aures.*

Barbofa tient les mêmes maximes. *Illud notari opportet, denegare ordines aut dimifforias non poffe epifcopum, ei qui obtinet beneficium, vel in ecclefiaftica dignitate conftitutus ; nifi canonicum habeat impedimentum ; aliis verò ordines non tenetur conferre epifcopus.* De offic. & poteft. epifcop. part. 2, alleg. 4, n°. 66.

Fagnan dit : *cum olim de hoc dubitatum effet, facra congregatio, re ad Gregorium decimum-tertium relata, edidit decifionem quae poftea perpetuo obtinuit in dataria ; videlicet quotiefcumque ordinarius recufaverit quemquam ordinare, committendum effe metropolitano, vel viciniori epifcopo, ut ab eodem ordinario priùs requirat cur recufaverit, quo caufam legitimam non allegante, liceat illi eumdem recufatum ordinare.*

Thomaffin, Duperrai, & beaucoup d'autres auteurs françois, défendent ces maximes ; & fi elles font conformes aux anciennes loix, elles ne le font pas moins à la juftice. Il eft vrai qu'un évêque, lorfqu'il ne s'agit que de l'ordre feul, eft libre de ne pas y promouvoir tout fujet qui fe préfente. Il ne doit compte de fes motifs à perfonne ; c'eft une prérogative attachée à l'autorité épifcopale, abfolument indépendante en cette partie. Mais fi la provifion du bénéfice concourt avec la promotion à l'ordre, & qu'elle en foit inféparable comme dans l'efpèce de la *préfentation* d'un patron à un bénéfice qui exige la prêtrife, il paroît conftant que l'évêque ne peut pas fans abus fe difpenfer de donner les motifs de fon refus ; il contreviendroit aux loix de l'état, qui l'affujettiffent à cette formalité, par rapport à la collation des bénéfices.

Le rédacteur des mémoires du clergé n'eft pas, comme il eft affez naturel, de cette opinion. Il cite un arrêt du confeil du 20 août 1692, qu'il annonce comme un préjugé confidérable en faveur de la prétention des évêques. Si l'on veut bien réduire cet arrêt à fa jufte valeur, on verra qu'il n'eft autre chofe qu'un arrêt d'appointement, par lequel le roi retenant à foi & à fon confeil le procès, ordonne que les parties ajouteront à leurs productions, écriront & produiront dans huitaine, fur le fond de la conteftation, tout ce que bon leur femblera, pour enfuite être fur le tout fait droit, ainfi qu'il appartiendra. Un femblable arrêt ne prouve rien, finon que fa majefté a voulu mettre l'eccléfiaftique auquel on refufoit l'ordination néceffaire à la poffeffion du bénéfice dont il avoit la *préfentation*, à portée de prouver combien les refus qu'il effuyoit étoient peu fondés.

De tout ce que nous venons d'expofer, il réfulte que fi la *préfentation* ne donne point un droit complet au bénéfice, il en donne un réel que l'évêque ne peut s'empêcher de rendre parfait, par une collation, ou même par la promotion aux ordres, à moins qu'il n'ait pour refufer l'un ou l'autre, des motifs valables, qu'il eft obligé de déclarer.

Quelque droit que la *préfentation* puiffe donner à un bénéfice, ce droit, comme nous l'avons dit, eft incomplet, jufqu'à ce que le préfenté ait reçu la collation ou l'inflitution de l'évêque. En quel temps doit-on la demander ? Les fentimens font partagés fur cette queflion, & elle n'eft décidée par aucune loi de l'églife ou de l'état. Suivant quelques canoniftes, les préfentés ont pour requérir des provifions, fix mois, à compter du jour de l'acte de *préfentation*; d'autres eftiment que les préfentés par les patrons laïques n'ont que quatre mois pour demander l'inftitution, & que les préfentés par les patrons eccléfiaftiques en ont fix. Il y en a qui foutiennent indiftinctement qu'il eft de néceffité de demander l'inftitution dans les fix mois, à compter du jour de la vacance du bénéfice. Enfin, il eft une quatrième opinion felon laquelle, ce n'eft pas feulement du jour de la *préfentation*, mais du jour de la vacance connue dans le lieu où le bénéfice eft fitué, que court le délai donné pour demander l'inftitution ou la collation, & ce délai doit être de quatre mois pour les préfentés par les patrons laïques, & de fix pour ceux qui l'ont été par les patrons eccléfiaftiques.

Les patrons n'ayant que quatre ou fix mois, à compter du jour de la vacance du bénéfice, pour y préfenter, les porteurs de leurs *préfentations* n'ont pas d'autres délais pour requérir la collation ou l'inftitution. S'il en étoit autrement, il s'enfuivroit que les bénéfices pourroient refter vacans très-long-temps. Si un patron faifoit fa *préfentation* à la fin du délai qui lui eft accordé par la loi, & que le préfenté eût un nouveau délai de quatre ou fix mois, à compter du jour de la *préfentation*, le bénéfice pourroit refter vacant huit mois & un an, & l'ordinaire ne pourroit le conférer qu'après ces délais. Il eft cependant reconnu par tout le monde que les patrons eccléfiaftiques n'ont que fix mois, & les patrons laïques que quatre, pour préfenter; de manière que ces fix ou quatre mois expirés, l'ordinaire rentre dans la plénitude de fes droits, & peut conférer librement. D'après cela, nous penfons que les préfentés n'ont pas plus de temps pour obtenir ou demander la collation de l'ordinaire, que les patrons n'en ont pour faire leur *préfentation*; & que les délais accordés aux uns & aux autres doivent être comptés du jour du décès du dernier titulaire. Le fyftème de ceux qui prétendent qu'il ne faut partir que du jour où le décès a pu vraifemblablement être connu dans le chef-lieu du bénéfice, eft fujet à trop d'inconvéniens.

Si le préfenté a fait dans un temps utile les démarches néceffaires pour obtenir fes provifions, & qu'il ait effuyé un refus qui ait été légalement conftaté, alors il n'eft plus obligé, à peine de déchéance de fa *préfentation*, d'obtenir fes provifions dans les délais ordinaires. Il faut qu'il ait le temps de fe pourvoir devant les tribunaux féculiers par l'appel comme d'abus, ou de recourir au fupérieur eccléfiaftique, pour faire déclarer nul le refus qu'il a effuyé. Sa *préfentation* refte dans toute fa force, tant qu'un tiers canoniquement pourvu n'a pas acquis contre lui la poffeffion paifible & triennale.

Un pourvu en cour de Rome, qui obtiendroit enfuite la *préfentation* d'un patron à ce même bénéfice, & voudroit s'en fervir *jura juribus addendo*, feroit obligé d'obtenir la collation de l'ordinaire fur cette *préfentation*, quoiqu'il eût déjà eu le *vifa* fur les provifions de cour de Rome. C'eft une fuite du principe établi ci-deffus, que la *préfentation* feule & fans la collation de l'ordinaire accordée, ou du moins demandée, ne donne qu'un droit incomplet au bénéfice.

Si le patronage appartient à deux ou plufieurs patrons par indivis, & que leur *préfentation* foit effectuée par des actes différens, qui n'ont pas été notifiés enfemble à l'ordinaire, & que le préfenté ait obtenu une collation fur une feule de ces *préfentations*, il faudra obtenir autant d'actes de collation qu'il y a d'actes de *préfentation*. C'eft le feul moyen de donner à ces *préfentations* partielles l'efficacité & le complément dont elles ont befoin pour donner un droit entier au bénéfice. D'ailleurs, chacun des copatrons peut l'exiger pour la confervation de fon droit, & pour empêcher la prefcription qui a lieu de patron à patron.

Il y a quelquefois trois degrés à parcourir pour parvenir aux bénéfices qui font en patronage, la nomination, la *préfentation*, & la collation ou inftitution, ou bien la *préfentation*, la représentation, & la collation: il faut alors trois actes différens. Par exemple, le patron préfente au représentateur, & celui-ci représente au collateur. Ce font ordinairement les archidiacres qui font les représentateurs, & cet ufage a lieu dans le diocèfe de Paris. Les représentations font foumifes aux mêmes formalités que les *préfentations*. On trouve des formules de tous ces actes dans le *Notaire apoftolique*, & dans le *Dictionnaire de droit canon* de Durand de Maillane.

Les *préfentations* faites par les patrons eccléfiaftiques ou laïques, font comprifes dans la première fection de l'article premier de l'édit du mois de feptembre 1722, qui en fixe le droit de contrôle à cinq livres en principal; ce qui a été confirmé par l'article 4 de l'arrêt de réglement du 30 août 1740.

Préfentation alternative, eft celle qui fe fait par plufieurs copatrons, chacun à leur tour.

Préfentation forcée, eft celle qu'un patron eccléfiaftique fait en faveur d'un expectant qui a requis le bénéfice.

Préfentation par côté, eft celle que chacun des côtés du chœur dans un chapitre, fait alternativement.

Préfentation par femaine, eft celle que chaque chanoine fait pendant la femaine qui lui eft affignée à fon tour pour célébrer les offices divins, préfider au chœur, & représenter le chapitre. (*M. l'abbé Bertolio, avocat au parlement.*)

Présentation au seigneur, (*Droit féodal.*) c'eft dans la coutume d'Acqs, l'exhibition que le vendeur eft tenu de faire au feigneur de fief. L'article premier du titre 9 de cette coutume porte, que l'on ne peut vendre chose tenue d'aucun seigneur direct & foncier, sans en faire *présentation* au seigneur du fief avant qu'en bailler la possession ; & si autrement le fait, le vendeur encourt l'amende de six livres tournois envers le seigneur.

L'article suivant en excepte diverses seigneuries « où les tenanciers du seigneur haut-justicier, » vendeurs, ne font aucune *présentation*. Mais ésdits » lieux les tenanciers des seigneurs caviers sont » tenus faire *présentation* auxdits seigneurs caviers ».

Dans la baronnie de Pontons, cette présentation n'est pas nécessaire quand on ne vend que partie de l'héritage. Mais lorsqu'on le vend en entier, on doit la faire sous peine de six livres tournois d'amende, si le seigneur duquel on tient, est seigneur haut-justicier ; & onze sols trois deniers tournois si le seigneur est simple cavier. (*Art. 3.*)

La même amende est due aux seigneurs caviers dans la baronnie de Montfort. Mais la coutume ajoute que c'est « sans préjudice des caviers dudit » lieu, qui sont opposans ; attendu que au roi qui » est haut-justicier dudit lieu, n'est faite aucune *pré-* » *sentation* par ses tenanciers, ne lui est dû aucune » amende par défaut de présenter ».

L'acquéreur est sujet à payer une amende de six livres tournois, s'il prend possession sans le congé du seigneur, dans les terres où la *présentation* a lieu. Il y a néanmoins quelques baronnies où cette amende n'est point admise, quoique la *présentation* y soit due au seigneur. (*Art. 5 & 6.*)

En conséquence de cette *présentation*, les seigneurs ont le choix du droit de *prélation*, ou des *lods & ventes*. *Voyez les articles* RÉTENTION, ENTRÉES & ISSUES.

L'article 21 du titre *de contractu & tornius* des fors de Béarn, emploie aussi le mot de *présentation* dans le même sens. *Voyez* PRÉPARANCES.

Des lettres de grace de l'an 1379, citées par dom Carpentier, au mot *Præsentatio*, paroissent entendre par-là les jours d'audience du rôle de telle ou telle province au parlement. Il y est dit : « comme l'ex- » posant fust venuz à Paris aux *présentations* des » jours de Vermandois ». *Voyez* NOTIFICATION, *droit féodal.* (*G. D. C.*)

PRÉSIDENCE, s. f. on entend par ce mot l'action de présider à quelque assemblée : quelquefois ce terme est pris pour la place ou office de celui qui préside.

Ce n'est pas toujours celui qui a la première place qui préside à une assemblée ; il y a, par exemple, des officiers d'épée qui ont, par honneur, la première place dans un tribunal, où le premier officier de robe, qui siège après eux, préside ; car la *présidence* consiste principalement dans le droit de convoquer l'assemblée, d'ordonner aux ministres du siège de recueillir les opinions, & de prononcer. (*A*)

PRÉSIDENT, s. m. (*Droit public.*) est un officier pourvu d'une charge en vertu de laquelle il a le droit de présider une compagnie de judicature. Nous n'entrerons ici dans aucun détail sur les droits,

prérogatives & fonctions des *présidens:* on les trouvera sous le mot propre des compagnies qu'ils président.

PRÉSIDIAL, s. m. (*Droit public.*) ce mot vient du latin *præsidium*, qui signifie *secours*, *protection* ; c'étoit un titre que l'on donnoit indifféremment à tous les bailliages, sénéchaussées, qu'on appelloit ainsi *présidiaux* ou *cours présidiales*, parce qu'ils étoient établis pour porter secours & protection aux sujets du roi vexés par les juges inférieurs. On trouve ce terme ainsi employé dans l'ordonnance de Charles VIII, en 1490, *art. 35* ; & dans celle de François I, en 1536, où ce titre de *présidiaux* ne signifioit autre chose sinon que c'étoient des *juges supérieurs*, devant lesquels on appelloit des *juges inférieurs*.

Mais présentement on entend par le terme de *présidiaux* des juges ordinaires établis dans certains bailliages & sénéchaussées, pour juger par appel en dernier ressort jusqu'à la somme de deux mille livres, tant en principal qu'intérêts ou arrérages échus avant la demande.

Ces tribunaux furent institués par Henri II, par édit du mois de janvier 1551, appelé communément l'édit des *présidiaux* : l'objet de cet édit a été en général l'abréviation des procès, & singulièrement de décharger les cours souveraines d'un grand nombre d'appellations qui y étoient portées pour des causes légères.

Cet édit ordonne que dans chaque bailliage & sénéchaussée qui le pourra commodément porter, il y aura une siege *présidial* pour le moins, en tel lieu & endroit qui paroîtra le plus utile ; que ce siege sera composé de neuf magistrats pour le moins, y compris les lieutenans-généraux & particuliers, civil & criminel, de sorte qu'il doit y avoir sept conseillers.

Il est dit que ces magistrats connoîtront de toutes matières criminelles, selon le règlement qui en avoit été fait par les précédentes ordonnances.

Qu'ils connoîtront de toutes matières civiles qui n'excéderont la somme de 250 livres tournois pour une fois, ou 10 liv. tournois de rente ou revenu annuel, de quelque nature que soit le revenu, droits, profits & émolumens, dépendans d'héritages nobles ou roturiers qui n'excéderont la valeur pour une fois de 250 liv. qu'ils en jugeront sans appel, & comme juges souverains & en dernier ressort, tant en principal qu'incident, & des dépens procédant desdits jugemens, à quelque somme qu'ils pourroient monter.

Que si par la demande il n'appert pas de la valeur des choses contestées, les parties seront interrogées, & que selon ce qu'ils en accorderont ou qu'il paroîtra par baux à ferme, actes, cédules, instrumens authentiques ou autrement, selon que le demandeur le voudra déclarer & réduire sa demande à ladite somme de 250 liv. lesdits juges en ce cas pourront en connoître comme souverains, & sans appel.

Ce pouvoir de juger en dernier reffort jufqu'à 250 liv. de principal, ou 10 liv. de rente, eft ce que l'on appelle le premier chef de l'édit des *préfidiaux.*

Ils ne peuvent pas connoître en dernier reffort de plus de 250 liv. quand même la demande feroit pour différentes fommes.

Il en eft de même des dommages & intérêts.

Les jugemens rendus à ce premier chef de l'édit font qualifiés de jugemens derniers, ou en dernier reffort; mais les préfidiaux ne peuvent pas en prononçant, ufer des termes d'*arrêt* ni de *-cour*, ni mettre l'appellation *au néant*, ils doivent prononcer par *bien* ou *mal jugé & appellé.*

Ce même édit ordonne que les fentences rendues par lefdits juges pour chofes non excédant la fomme de 500 liv., ou 20 liv. de rente, feront exécutées par provifion nonobftant l'appel, tant en principal que dépens, à quelque fomme que les dépens puiffent monter, en donnant caution par ceux au profit defquels les fentences auront été rendues, ou du moins fe conftituant pour raifon de ce, acheteurs de biens & dépofitaires de juftice; au moyen de quoi, les appels qui feront interjettés de ces fentences, n'auront aucun effet fufpenfif, mais feulement dévolutif.

Le pouvoir que donne ce fecond chef de l'édit aux *préfidiaux*, eft ce qu'on appelle *juger au fecond chef de l'édit*, ou *juger préfidialement.*

Les *préfidiaux* ne peuvent juger qu'au nombre de fept juges; & s'ils ne fe trouvent pas en nombre fuffifant, les parties peuvent convenir d'avocats du fiège pour compléter le nombre de juges; & à leur refus, les juges peuvent choifir les plus fameux & les plus notables.

Pour que le jugement foit en dernier reffort au *préfidial*, il faut que [cela foit exprimé dans le jugement même, & que les juges qui y ont affifté au nombre de fept, foient nommés dans le jugement.

L'édit ordonne que toutes les appellations des fièges particuliers & fubalternes reffortiront au *préfidial* pour les matières de fa compétence, fans plus attendre la tenue des affifes.

Il leur eft défendu de connoître du domaine ni des eaux & forêts du roi, foit pour le fond, foit pour les dégâts, entreprifes & malverfations.

Ils ne peuvent pas non plus connoître du retrait lignager, des qualités d'héritier ou de commune, ni de la mouvance féodale ou propriété du cens, parce que toutes ces chofes ont une valeur que l'on ne peut pas définir.

L'édit veut que les confeillers foient âgés de vingt cinq ans, licenciés & gradués, & approuvés par examen du chancelier ou du garde-des-fceaux.

Il fut réfervé alors à ftatuer fur ce qui concernoit les fièges du châtelet de Paris, de Touloufe, Bordeaux, Dijon & Rouen.

Ce premier édit fut interprêté par plufieurs autres, que l'on a appelé *édits d'ampliation des préfidiaux.*

Le premier de ces édits, qui fut donné pour le parlement de Paris au mois de mars de la même

année, porte création de trente-deux *préfidiaux* dans le reffort de ce parlement, y compris le *préfidial* qui fut établi au châtelet, & il règle le nombre d'officiers dont chaque *préfidial* doit être compofé.

On fit la même chofe pour le pays de Normandie, où l'on établit des *préfidiaux* par un autre édit du même mois.

Dans le même temps, on en créa fix pour la Bretagne.

Enfin, on en créa dans tous les parlemens; il en fut même établi quelques-uns dans les villes où il n'y avoit point de bailliage ou fénéchauffée royale.

Mais, par l'ordonnance de Moulins de 1566, on fupprima tous ceux qui étoient établis dans les fièges particuliers des bailliages & fénéchauffées, & il fut réglé qu'il n'y auroit qu'un fiège *préfidial* dans le principal fiège & ville capitale de chaque bailliage & fénéchauffée, de manière que les juges du *préfidial* ne font qu'une même compagnie avec les juges des bailliages & fénéchauffées où ils font établis; ils jugent à l'ordinaire les caufes qui excèdent les deux chefs de l'édit des *préfidiaux*, & en dernier reffort, ou préfidialement, celles qui font au premier ou au fecond chef de l'édit.

Il fut auffi défendu par l'ordonnance de Moulins aux juges des *préfidiaux* de tenir deux féances différentes, une pour les caufes au premier chef de l'édit, l'autre pour les caufes au fecond chef.

Cette même ordonnance porte qu'ils connoîtront par concurrence & prévention des cas attribués aux prévôts des maréchaux, vice-baillifs, vice-fénéchaux pour inftruire les procès, & les juger en dernier reffort au nombre de fept, & de même pour les vagabonds & gens fans aveu; c'eft ce qu'on appelle les *cas prévôtaux & préfidiaux.* On peut voir fur cette matière l'arrêt de règlement du 10 décembre 1665, le titre premier de l'ordonnance criminelle, la déclaration du roi du 29 mai 1702, & celle du 5 février 1731.

On ne peut fe pourvoir contre un jugement *préfidial* au premier chef de l'édit que par requête civile adreffée au *préfidial* même qui a rendu le jugement.

Henri II, par l'édit du mois de juin 1557, créa dans chaque *préfidial* un office de préfident, avec la préféance fur le lieutenant-général à l'audience du *préfidial.* Ces offices de préfidens furent fupprimés par les ordonnances d'Orléans & de Moulins, mais ils furent rétablis en 1568.

Le nombre des confeillers & autres officiers des *préfidiaux* a été augmenté & diminué par divers édits, qu'il feroit trop long de détailler ici.

Les magiftrats de plufieurs *préfidiaux* ont la prérogative de porter la robe rouge les jours de cérémonie; ce qui dépend des titres & de la poffeffion.

Dans toutes les villes où il y a un fiège *préfidial*, & où il ne fe trouve point de chancellerie établie près de quelque cour fouveraine, il y a une chancellerie *préfidiale* deftinée à fceller toutes les lettres de juftice néceffaires pour l'expédition des affaires du *préfidial.* (*A*)

Le changement des valeurs numéraires, & l'augmentation du commerce avoient fait perdre peu-à-peu aux *préfidiaux* l'autorité dont ils devoient jouir, ces motifs ont donné lieu aux édits de novembre 1774, & août 1777, & à la déclaration du 29 août 1778, par lesquels le roi a augmenté la compétence de ces tribunaux, déterminé d'une manière plus précife, les objets de leur reffort, & pris des mefures plus efficaces pour l'inftruction & le jugement des conteftations portées devant eux, fuffent auffi fommaires & auffi peu difpendieux qu'il feroit poffible, & qu'il ne puiffe être porté atteinte à la compétence & au dernier reffort qui leur eft attribué.

D'après la difpofition de ces loix, les *préfidiaux* ne connoiffent, foit en première inftance, foit par appel, que des demandes & conteftations qui n'excèdent pas la fomme de deux mille livres, tant en principal qu'intérêts, ou arrérages échus avant la demande : ceux qui échoient après la demande formée, ainfi que les reftitutions de fruits, les dépens, dommages & intérêts, ne font pas compris dans la fomme qui détermine leur compétence.

Toute partie qui pourfuit le paiement d'une créance excédente la fomme de deux mille livres, peut reftraindre fa demande à cette fomme, tant en principal qu'intérêts, à l'effet d'être jugé en dernier reffort. Il en eft de même lorfqu'il s'agit d'effets mobiliers ou immobiliers, ou de droits incorporels, le demandeur peut porter ces objets au *préfidial*, en les évaluant à la fomme de deux mille livres, ou au-deffous. Mais en cas d'évaluation ou de reftriction, le défenfeur eft quitte en payant la fomme évaluée ou reftrainte, fans pouvoir être pourfuivi ou inquiété à l'avenir en vertu du même titre de créance. Mais ces évaluations ou reftrictions ne peuvent être faites par les adminiftrateurs des biens eccléfiaftiques ou laïques, les bénéficiers, lorfqu'il s'agit du fonds d'un droit appartenant à leurs bénéfices ; les mineurs émancipés, les tuteurs, curateurs, maris, & généralement tous adminiftrateurs, & autres perfonnes qui n'ont pas la libre difpofition de leurs immeubles, à moins qu'ils n'y foient dûement autorifés. Ces évaluations ou reftrictions peuvent être faites en tout état de caufe, dans les conteftations dont les bailliages & fénéchauffées qui ont le droit de juger préfidialement, feront faifis, foit en première inftance, foit par appel. Mais elles n'ont pas lieu lorfque les cours font faifies par la voie de l'appel, & les parties ne peuvent plus demander leur renvoi au *préfidial*.

Aucune conteftation ne doit être jugée préfidialement que fur la requifition d'une des parties ; & lorfqu'elle demande d'être jugée en dernier reffort, les juges font tenus de ftatuer préalablement & féparément fur leur compétence préfidiale. Ce jugement doit être rendu par cinq juges au moins, & eft fujet à l'appel, dans le cas où ils ont retenu la caufe pour être jugée en dernier reffort. Cet

appel doit être interjetté dans la huitaine de la fignification du jugement de compétence à perfonne ; & relevé dans le délai de quinzaine, & d'un jour par dix lieues. Il n'eft pas fufpenfif, enforte qu'il peut être procédé au jugement des conteftations, & que les fentences, foit interlocutoires, foit définitives, qui font rendues pendant l'appel, font exécutées en dernier reffort, fi le jugement de compétence eft confirmé. Mais les cours ne peuvent accorder d'arrêt pour défendre aux juges *préfidiaux* de paffer outre au jugement des conteftations, à peine de nullité, & de tous dépens, dommages & intérêts, payables tant par la partie, que par fon procureur folidairement, même d'amende contre le procureur.

Quand les *préfidiaux* font en corps dans une cathédrale, pour quelque cérémonie publique, ils doivent y occuper un certain nombre de places dans les hautes ftalles du chœur. Ce nombre eft proportionné à celui des ftalles qui peuvent être occupées, & des officiers du corps qui affiftent à la cérémonie.

Dans les cérémonies publiques, les *préfidiaux* ont le rang au-deffus des maires, gouverneurs & échevins des villes. C'eft ce qui réfulte des lettres-patentes du 11 mai 1557, rendues en faveur des *préfidiaux* du royaume.

Divers arrêts & réglemens ont été rendus poftérieurement en conformité de cette difpofition. Joly en rapporte deux, l'un du 7 avril 1564, en faveur du *préfidial* de Bordeaux, contre les maire & jurats de la même ville ; & l'autre du 8 juin 1581, en faveur du *préfidial* de Tulles, contre les maire & confuls de cette ville.

Chenu en rapporte trois autres, l'un du 16 mars 1598, en faveur du *préfidial* d'Amiens, contre les maire & échevins de cette ville ; le fecond du 11 février 1606, en faveur du *préfidial* de Chaumont en Baffigny, contre les maire & échevins de cette ville, & le troifième du 11 mars 1609, en faveur du *préfidial* de Touloufe, contre les capitouls de cette ville.

Par un autre arrêt du 13 mai 1751, le parlement de Bordeaux a attribué aux officiers du *préfidial* de Tulles, tant en corps qu'en particulier, la préféance fur le fieur de la Combe, gouverneur de cette ville.

Par un autre arrêt rendu au confeil le 2 mai 1749, la préféance a pareillement été accordée aux officiers des *préfidiaux* fur les lieutenans des maréchaux de France, à moins que ceux-ci n'accompagnent les gouverneurs, lieutenans-généraux des provinces, lieutenans de roi, ou commandans, dans lequel cas ils peuvent prendre rang & féance immédiatement après eux.

Les *préfidiaux* ont auffi la préféance en toute affemblée publique fur les tréforiers des bureaux des finances. C'eft ce qui réfulte de divers arrêts du confeil, des 2 décembre 1622, 16 avril 1680,

30 décembre 1681, & 11 octobre 1684, rendus pour Lyon, Amiens, Riom & Orléans.

Deux arrêts du grand-conseil des 28 juin 1618, & 31 janvier 1651, & un arrêt du conseil du 4 février 1687, ont jugé en faveur des *présidiaux* de Troyes, de Riom & de Mantes, qu'en toute assemblée publique ils devoient précéder les secrétaires du roi.

Il a pareillement été jugé, par divers arrêts, que les officiers des *présidiaux*, même quand ils n'étoient pas en corps, devoient avoir la préséance sur les gentilshommes en toute assemblée publique & particulière.

On jugeoit autrefois que les *présidiaux*, de corps à corps, & de député à député, devoient avoir la préséance sur les chapitres des cathédrales, hors de leurs fonctions ecclésiastiques; mais l'article 45 de l'édit du mois d'avril 1695, a changé ce droit. Cette loi a ordonné que les chapitres des cathédrales précéderoient en tout lieu les bailliages & les *présidiaux*; que les dignitaires de ces chapitres précéderoient les présidens des *présidiaux*, les lieutenans-généraux & les lieutenans-particuliers, & que les chanoines précéderoient les conseillers & les autres officiers de ces sièges.

A l'égard des autres chapitres, même royaux, comme l'édit n'en parle point, les choses sont restées dans l'ancien état, c'est-à-dire, que les officiers des *présidiaux* doivent précéder les membres de ces chapitres, lorsqu'ils ne font aucune fonction ecclésiastique.

PRESME. *Voyez* PREMESSE.

PRÉSOMPTIF, adj. signifie en droit, celui qui est présumé avoir une qualité. Ainsi *présomptif* héritier est celui que l'on regarde comme l'héritier, quoiqu'il n'en ait pas encore pris la qualité, ni fait aucun acte d'héritier. *Voyez* HÉRITIER & SUCCESSION. (*A*)

PRÉSOMPTION, s. f. (*Droit criminel.*) on appelle *présomption*, en matière criminelle, les conséquences que l'on peut tirer d'un fait connu pour parvenir à la preuve d'un autre fait. Ainsi, il y a eu un vol de commis, le fait du vol est prouvé, mais le voleur est inconnu; un particulier est arrêté & trouvé saisi d'effets qui proviennent du vol, il n'en résulte pas qu'il soit auteur du vol, mais on peut le présumer. Une *présomption* de ce genre est du nombre de celles qu'on peut appeler *violentes*, car il y en a de plusieurs espèces. Nous ne répéterons pas tout ce que nous avons dit précédemment au mot INDICES & PREUVE. (*Article de M.* BOUCHER D'ARGIS, *conseiller au châtelet de Paris, de l'académie royale des sciences, belles-lettres & arts de Rouen.*)

PRESSOIR BANNAL. *Voyez* BANNALITÉ DE PRESSOIR.

PRESSURAGE, (*Droit féodal.*) ce mot signifie le droit qu'on paie au seigneur pour l'usage du pressoir. *Voyez l'article* BANNALITÉ DE PRESSOIR; Ducange, *aux mots* Pressoragium *sous* Pressorium *Jurisprudence. Tome VI.*

& Pressurato. & *dom* Carpentier, *au mot* Pressoraticum, & *les preuves de l'Histoire de Bretagne, par dom* Lobineau, *pag.* 342. (*G.D.C.*)

PRESTATION, s. f. *en terme de palais,* signifie *l'action de fournir* quelque chose; on entend aussi quelquefois par ce terme, la chose même que l'on fournit; par exemple, on appelle *prestation annuelle,* une redevance payable tous les ans, soit en argent, grains, volailles, & autres denrées, même en voitures & autres devoirs. *Voyez* CENS, REDEVANCE, RENTE.

PRESTHAYE, (*Droit féodal.*) ce mot se trouve dans une chartre de l'an 1340, rapportée au tome premier des *Preuves de l'histoire de Bretagne, col.* 1408. Il y est dit: « item, est adjoutée aussi o cette partie toutes les rentes de fruits, comme prez, moulins, étangs, & autres chouses, o lour *presthayes,* & appartenances ».

Dom Carpentier, qui cite cet extrait au mot *Presteria* de son *Glossarium novum,* pense qu'on doit entendre par *presthaye,* une espèce de cens, ou de *prestation* annuelle.

PRESTIMONIE, s. f. (*Droit ecclés.*) Il est des expressions qui se trouvent dans la bouche de tout le monde; & dont cependant tout le monde ne donne pas la même définition. Tel est le mot *prestimonie.*

Durand de Maillane, dans son dictionnaire de droit canon, dit qu'on appelle *præstimonie,* plusieurs bénéfices simples; & sur le champ il cite une définition latine, qui semble contredire celle qu'il vient de donner en françois. *Dicitur prestimonium, quòd præstat munium, & etiam quia perpetuò conceditur sicut beneficium.* Ces dernières expressions, *sicut beneficium,* désignent que la *præstimonie* a quelque rapport avec un bénéfice, lorsqu'elle est accordée à perpétuité; mais la définition latine semble par-là même exclure les *prestimonies* du nombre des véritables bénéfices.

La véritable nature des *prestimonies,* continue Durand de Maillane, est de n'avoir aucun service à acquitter, mais de fournir seulement de quoi vivre à de pauvres étudians, ou à ceux qui combattent contre les infidèles ou hérétiques; d'où vient que la plupart sont laïcales, & que l'on en peut posséder plusieurs sans dispense. L'auteur que nous citons, puise ces dernières idées dans Staphilée. *Fuerunt enim instituta præstimoniæ pro studentibus & pro subsidio contra infideles & nullum habent communiter servitium annexum, nec aliquod onus, ideo multa teneri possunt sine dispensatione ...* Ces dernières idées de la *prestimonie* ne s'accordent encore point avec celle que commence à en donner Durand de Maillane, en disant qu'on appelle de ce nom, plusieurs bénéfices simples.

Cet auteur n'est pas plus d'accord avec lui-même, lorsqu'après avoir avancé que les *prestimonies* n'ont aucun service à acquitter, il cite sur le champ Rebuffe qui dit le contraire. *Sed ego vidi communius habere onus aliquod annexum, videlicet dicendi missas.*

Denisard, quoiqu'on ne puisse pas le réputer

au nombre des canonistes, paroît avoir mieux saisi la nature des *prestimonies*. C'est ainsi, dit-il, que l'on nomme un bénéfice d'une espèce particulière. Quelques-uns ont appellé *prestimonies* des chapelles presbytérales, qui ne peuvent être possédées que par des prêtres; mais la plus vraie signification de ce mot, est la desserte d'une chapelle sans titre ni collation, comme sont la plupart de celles qui sont dans les châteaux où l'on dit la messe, qui sont de simples oratoires non dotés.

Gohard, *tome 1, page 69*, donne la véritable idée des *prestimonies*, lorsqu'il dit, ce sont presque toujours de pieuses fondations que les évêques n'ont jamais érigées en titre, dont les familles des fondateurs disposent à leur gré, & qui ont été faites, soit en faveur des pauvres étudians, soit plutôt en faveur de quelques prêtres, qu'on charge à perpétuité de célébrer certain nombre de messes chaque année ou chaque semaine; car c'est en ce sens qu'on les prend aujourd'hui communément.

Nous entendrons donc ici par *prestimonie* une fondation faite sans le concours de la puissance ecclésiastique par laquelle un clerc est chargé de remplir certaines fonctions spirituelles, ou qui ont quelque chose de spirituel, comme de dire des messes, de réciter des prières, d'enseigner aux pauvres enfans les premiers élémens de la religion.

Il faut distinguer deux sortes de *prestimonies*, les unes amovibles & révocables *ad nutum*; les autres inamovibles & don on ne peut être privé sans un jugement qui en déclare déchu. Les premières sont des *prestimonies* improprement dites, on ne doit les regarder que comme des commissions passagères & momentanées. Les secondes sont les véritables *prestimonies*. On les appelle encore *bénéfices profanes*.

Dumoulin sur la règle de *infirm. resig.* n° 417, les a parfaitement caractérisées, *Magis secularia & prophana beneficia sunt quàm ecclesiastica, quamvis non nisi clericis conferantur, quia talibus ex voluntate fundatoris destinata sunt, unde non habent de re ullam administrationem clavium, vel sacramentorum administrationem. . . . . Hinc est quod in hujusmodi beneficiis, non solum de possessorio, sed etiam de petitorio judex regius cognoscere potest, etiam privative ad judices ecclesiasticos, in hoc regno. . . . . & idem de similibus beneficiis spectantibus ad liberam collationem dominorum temporalium hujus regni, ut dominus de Lusarches juxtà Pontisaram, ... qui quidem dominus de Lusarches simplex nobilis laicus, pleno jure ratione sui castri, confert præbendas ecclesiæ collegiatæ sancti Cosmæ, idem de similibus dominis locorum, &c.*

Les *prestimonies* inamovibles doivent donc être distinguées des bénéfices ecclésiastiques & spirituels. Ceux-ci ont reçu le sceau de l'autorité ecclésiastique, & n'existent qu'en vertu d'un décret émané d'elle, par lequel ils ont été spiritualisés. Les autres ne doivent leur existence qu'à la volonté d'un laïque qui a destiné des biens pour l'exercice de quelques fonctions qui ne peuvent être

remplies que par des clercs. Les uns & les autres ont un but de même nature, mais leur origine est différente, & ils sont régis par des loix qui ne sont pas toujours les mêmes.

On donne souvent aux *prestimonies* des noms qui paroissent ne devoir convenir qu'à des bénéfices vraiment ecclésiastiques. On les appelle prébendes, chapelles, vicaireries. Nous avons même en France des chapitres dont les prébendes ne sont que de simples *prestimonies*, telles que les chapelles de Paris, de Vincennes, de Dijon, les chapitres de Creil, & plusieurs autres dont nous avons fait mention au mot *précepteur*. Ce n'est donc pas leur dénomination qu'il faut consulter pour juger de leur nature; mais le titre même de la fondation.

On reconnoîtra une *prestimonie*, ou bénéfice profane, à la réunion des circonstances suivantes. Il faut que le fondateur ait destiné des revenus ou des fonds pour la subsistance & l'entretien d'un clerc qu'il charge de plusieurs fonctions spirituelles, telles que de célébrer des messes, de réciter des prières, &c. Il faut que la puissance ecclésiastique n'ait concouru en rien à cet établissement. Nous avons eu sous les yeux de ces sortes de fondations, dans lesquelles les fondateurs prohiboient expressément toute érection en véritable bénéfice. Telle est la prébende fondée en 1506 dans l'église de Lacenas, diocèse de Lyon; on y trouve cette clause: *Minusque dictarum missarum commissionem in beneficium procreare, quia illud expressè prohibuit & prohibet.* Il faut enfin que la pleine disposition ou collation de la place fondée, appartienne aux parens, héritiers ou successeurs du fondateur, ou à un corps laïque quelconque, sans qu'ils aient le pouvoir de révoquer le clerc qu'ils ont nommé ou choisi. Ce sont les trois caractères réunis qui forment la *prestimonie* proprement dite, ou le bénéfice profane.

La *prestimonie* diffère en beaucoup de choses des bénéfices ecclésiastiques; elle ne peut être résignée en cour de Rome; & le pape ne peut jamais en disposer. Elle ne peut être réunie à un bénéfice ecclésiastique. Le parlement de Paris cassa par son arrêt du 6 juillet 1542, l'union qu'on avoit faite à la chapelle de Notre-Dame de Compiègne, d'une *prestimonie* dont le titulaire étoit tenu d'acquitter plusieurs messes.

La *prestimonie* ne peut être permutée avec un bénéfice ecclésiastique. « La *permutation* d'un bénéfice, dit Gohard, *tome 3, page 543*, avec une » pension, laquelle, à proprement parler, n'est » point une chose spirituelle, ou avec une *prestimonie* non érigée en titre, est vicieuse, & ne » manqueroit pas d'être déclarée abusive, ainsi » que l'enseignent Fevret & Fuet ». L'auteur des maximes du droit canonique de France, s'exprime en termes aussi clairs. Après avoir parlé des pensions & des hôpitaux non érigés en titre, il continue: « il en est de même d'une chapelle qui n'a

» pas été érigée en titre de bénéfice par le décret
» de l'évêque, & ne confiste qu'en une fimple
» rétribution pour la defferte. Elle ne peut pas être
» permutée, & celui à qui elle auroit été donnée,
» n'en peut pas acquérir la paifible poffeffion, par
» quelque temps que ce foit, n'en ayant pas même
» un titre coloré ; ce qui auroit lieu quand même
» elle feroit perpétuelle, parce que fes revenus
» ne font que des falaires deftinés à ceux qui la
» deffervent ; fi ce n'eft que l'évêque n'en ait au-
» torifé la fondation, à caufe de quelque office
» fpirituel ».

On n'eft point obligé d'exprimer dans les provifions de cour de Rome, ni dans les lettres de nomination des univerfités, les *preftimonies* dont on peut
être titulaire, & elles ne rempliffent point les gradués. *Præftimoniæ non funt tituli beneficiorum ; præftimoniæ enim funt piæ donationes ecclefiis factæ, & ad
beneficium deftinatæ ; fed non funt beneficia ; ideo non
debent exprimi in provifionibus apoftolicis, nec computantur in replètione graduati.* Louet, fur la règle
de inform. refign. nº. 147.

On peut poffèder plufieurs *preftimonies*, à moins
qu'elles ne foient fujettes à un fervice qui exige
une réfidence perfonnelle. Alors l'incompatibilité
provient des conditions appofées à la fondation.

Les *preftimonies* ne font point fujettes à l'expecta-
tion des gradués, ni à l'indult du parlement. M. de
Saint-Vallier a cherché à reftraindre ce principe à
l'égard de l'indult. Il fembleroit vouloir diftinguer
les *preftimonies* amovibles & les inamovibles, &
faire confidérer ces dernières comme de véritables
bénéfices, à raifon de leur inamovibilité. Il cite
Bengey, qui, après être convenu que les bourfes
& les principalités des collèges n'étoient pas des
bénéfices, y met cependant cette exception, &
*tamen illud ita verum, fi ad tempus conferantur, nam
fi in titulum & clericis tantum, non laicis, quid vetat
in beneficiis adfcribi ?* On pourroit répondre à Bengey
& à M. de Saint-Vallier, qu'il n'y a point de véritables bénéfices fans un décret d'érection de la part
de la puiffance eccléfiaftique ; & que fi ce décret
ne paroît pas, il faut au moins qu'un nombre fuffifant d'actes de collation eccléfiaftique le faffe fuppofer ; & que par conféquent les bourfes & les
principalités du collèges, quoique conférées à des
clercs & en titre, ne font pas pour cela de véritables
bénéfices fujets à l'indult. Ce n'eft pas feulement
l'inamovibilité qui conftitue le bénéfice eccléfiaftique.

Après avoir effayé d'affujettir à l'indult les
bourfes & les principalités de collège, conférée à
vie à des clercs, M. de Saint-Vallier en vient aux
preftimonies proprement dites. Il cite un paffage de
Staphilée, qui dit, *præftimonium fi detur in titulum
perpetuum, & habet annexum aliquod obfequium fpi-
rituale, quod non poffit expediri per laicum. verum eft
beneficium eccléfiafticum.* M. de Saint-Vallier ajoute :
telle eft une fondation de meffes, décrétée par l'é-
vêque ; *fecus eft quoddam ftependium* ; telles font,

par exemple, les meffes que l'on fait dire comme
annuel, &c. L'obfervation de M. de Saint-Vallier
détruit donc le principe général pofé par Staphilée.
Une *preftimonie* n'eft point un bénéfice eccléfiaftique, parce qu'elle eft donnée en titre perpétuel,
& qu'elle eft chargée de fonctions que ne peut
remplir un laïque ; il faudroit de plus qu'elle fût
érigée par un décret de l'évêque ; & alors ce ne
feroit plus une fimple *preftimonie*, mais un véritable bénéfice. Concluons donc qu'il n'eft pas poffible d'affujettir les *preftimonies* à l'indult du parlement. Elles en feroient d'ailleurs affranchies par
une autre raifon, c'eft qu'elles font prefque toutes
de collation laïcale.

Quoique les *preftimonies* ne foient pas de véritables bénéfices eccléfiaftiques, elles jouiffent cependant de la plupart des privilèges attachés aux
bénéfices eccléfiaftiques. C'eft ce qu'en penfe très-
clairement M. Louet, fur Dumoulin, *reg. de infirm. refign. n. 417. Multis fummorum tribunalium fe-
natufconfultis judicatum, talia beneficia, licet non
vere & mere ecclefiaftica, conftitutionibus ecclefiafticis
quæ politiam, regulam & decorem ecclefiæ concernunt,
contineri : gaudent libertate ecclefiaftica, ecclefiafticis
utuntur privilegiis, funt in catalogo publico beneficiorum, communia cum aliis fubeunt onera ; æqualia
in honore, fimilia in onere effe debent.*

De-là il réfulte qu'un eccléfiaftique pourvu d'une
preftimonie, a par-là le même droit d'exercer les
fonctions qui y font attachées. Il eft, à cet égard,
à l'inftar des véritables bénéficiers ; il eft véritable
titulaire. Les fupérieurs eccléfiaftiques ne peuvent
l'interdire, qu'après avoir procédé contre lui felon
les formes judiciaires. Il ne dépend point d'un
évêque d'interdire arbitrairement & fans un jugement contradictoire ou par défaut, un chanoine
ou un chapelain des faintes Chapelles de Paris,
Dijon, Vincennes. Il en eft de même des titulaires des collégiales à la pleine collation des feigneurs laïques.

Les biens attachés à la fondation des *preftimonies*
jouiffent des privilèges des biens eccléfiaftiques. Ils
ne peuvent être valablement aliénés fans les formalités prefcrites pour l'aliénation des biens d'é-
glife ; ils ne peuvent être prefcrits que par quarante ans.

Les dotations des *preftimonies* font réputées biens
eccléfiaftiques, & font impofées aux décimes, dons
gratuits, & autres charges du clergé : c'eft pourquoi, comme l'obferve M. Louet, les *preftimonies*
font comprifes dans les pouillés des diocèfes au
nombre des bénéfices. *Sunt in catalogo publico beneficiorum, & communia cum aliis fubeunt onera.*

Ce qui concerne les *preftimonies* n'eft point du
reffort des juges eccléfiaftiques. S'il s'élève quelque
conteftation à leur fujet, les juges royaux doivent
en connoître : c'eft ce qu'enfeigne Dumoulin. *In
ejufmodi beneficiis, non folum de poffefforio, fed etiam
de petitorio, judex regius cognofcere poteft, etiam privative ad judices ecclefiafticos.*

La dévolution à l'évêque ne peut avoir lieu, dans le cas où le collateur laïque laïsseroit la *preſtimonie* vacante. Il n'y a d'autre moyen pour le forcer à la remplir, que de s'adreſſer au roi, qui eſt le ſeul ſupérieur des collateurs laïques en France, & en faveur duquel ſeul peut s'ouvrir la dévolution des *preſtimonies* ou bénéfices à leur collation.

Mais l'évêque eſt le ſupérieur des titulaires des *preſtimonies*, en tout ce qui concerne leur vie, mœurs, & doctrine. C'eſt à lui à régler ce qui a rapport au ſervice divin & au culte public. Les chapitres dont les prébendes ne ſont que des *preſtimonies*, ſont aſſujettis pour la réſidence, l'aſſiſtance aux offices, & les autres devoirs des chanoines, à toutes les loix canoniques reçues dans le royaume, & aux arrêts de réglemens que les cours ſouveraines ont rendus à ce ſujet. (*M. l'abbé BERTOLIO, avocat au parlement.*)

PRÊT, ſ. m. (*Droit naturel & civil.*) eſt l'action par laquelle on prête de l'argent, ou autre choſe.

On diſtingue pluſieurs ſortes de *prêts* : le *prêt à uſage*, appellé en latin *commodatum*, qui eſt un contrat de bienfaiſance, par lequel on accorde à autrui, gratuitement, l'uſage d'une choſe qui nous appartient. Le *prêt de conſomption*, par lequel on transfère à quelqu'un la propriété d'une choſe mobilière, à la charge de rendre une pareille eſpèce & quantité ; on l'appelle en droit romain, *mutuum*. Le *prêt à intérêt*, par lequel le prêteur reçoit de l'emprunteur un profit du capital d'argent qu'il lui a fourni.

On donne encore le nom de *prêt* à un droit qui ſe payoit autrefois par les titulaires des offices, qu'on a depuis aſſujettis au droit de centième denier. Nous avons parlé de cette dernière eſpèce de *prêt* ſous les mots ANNUEL, CENTIÈME DENIER.

Nous avons traité du *prêt à uſage*, ſous le mot COMMODAT ; nous parlerons du *prêt à intérêt*, ſous le mot USURE ; c'eſt pourquoi nous nous bornerons à donner ici les règles établies ſur le *prêt de conſomption*, appellé en droit, *mutuum*, ou *mutui datio*.

Le *prêt de conſomption* eſt un contrat par lequel un des contractans, qu'on appelle *le prêteur*, transfère à l'autre contractant, qu'on appelle *l'emprunteur*, la propriété d'une choſe qui ſe conſomme par l'uſage, & qui eſt ſuſceptible de remplacement, à la charge par l'emprunteur de rendre, dans un certain temps, autant qu'il a reçu de la même eſpèce, & de pareille qualité. *Mutui datio*, dit le droit romain, *in iis rebus conſiſtit, quæ pondere, numero, menſurâ conſtant : veluti vino, oleo, frumento, pecuniâ numeratâ, ære, argento, auro, quas res, aut numerando, aut metiendo, aut adpendendo, in hoc damus, ut accipientium fiant. Et quoniam nobis non eadem res, ſed aliæ ejuſdem naturæ, & qualitatis redduntur : inde etiam appellatum eſt, quia itâ a me tibi datur, ut ex meo tuum fiat. Inſtit. lib. III, tit. 15.*

Les choſes que l'on *prête à conſomption*, ſont dites ſuſceptibles de remplacement, parce que chacune tient lieu de toute autre ſemblable ; enſorte que

quiconque reçoit autant qu'il avoit donné, de la même eſpèce, & de pareille qualité, eſt cenſé recouvrer la même choſe préciſément ; tel eſt l'argent monnoyé prêté, l'or maſſif, & les autres métaux non travaillés, le bled, le vin, le ſel, l'huile, la laine, le pain.

Les choſes qui entrent dans le *prêt à conſomption*, ſe donnent au poids, au nombre & à la meſure qui ſervent à déterminer & ſpécifier ce qu'il faut rendre ; & c'eſt pour cela qu'on les déſigne par le nom de quelque quantité, au lieu que les autres ſont appellées des choſes en eſpèce : on dit, par exemple, *je vous prête mille écus, trois mille livres de fer, vingt boiſſeaux de bled, dix muids de vin, cent meſures d'huile*.

Le caractère propre des choſes ſuſceptibles de remplacement, eſt qu'elles ſe conſument par l'uſage. Or, il y a deux ſortes de conſomption, l'une naturelle, & l'autre civile. La conſomption naturelle a lieu ou en matière de choſes qui périſſent d'abord par l'uſage, comme celles qui ſe mangent ou qui ſe boivent, ou en matière de choſes qui ſont d'ailleurs ſujettes à ſe gâter aiſément, quand même on n'y toucheroit pas, tels que ſont les fruits des arbres, &c. car pour celles qui s'uſent inſenſiblement à meſure qu'on s'en ſert, mais qui ne périſſent pas tout-à-fait, comme les habits, la vaiſſelle de terre, &c. elles n'appartiennent point ici.

La conſomption civile a lieu dans les choſes dont l'uſage conſiſte en ce qu'on les aliène, quoique en elles-mêmes elles ſubſiſtent toujours. Tel eſt non-ſeulement l'argent monnoyé, mais encore tout ce que l'on troque, comme auſſi ce que l'on donne pour être employé à bâtir, ou pour entrer dans toute autre compoſition, ou dans tout autre ouvrage.

Sur ce pied-là, il y a deux ſortes de choſes ſuſceptibles de remplacement ; les unes qui ſont telles de leur nature, & invariablement ; les autres qui dépendent de la volonté arbitraire des hommes, & d'une deſtination variable. Les premières ſont celles dont l'uſage ordinaire conſiſte dans leur conſomption ou naturelle, ou civile. Je dis l'uſage ordinaire, car, quoique l'on puiſſe quelquefois prêter, par exemple, une ſomme d'argent, ſimplement pour la forme, ou pour la parade, & une poutre pour appuyer un échaffaudage, comme cela eſt rare, on n'y a aucun égard en matière de loix qui roulent ſur ce qui arrive ordinairement.

L'autre claſſe de choſes ſuſceptibles de remplacement, renferment celles qui, quoiqu'on puiſſe s'en ſervir & les prêter ſans qu'elles ſe conſument, ſont ſouvent deſtinées à être vendues, ou à entrer dans le commerce ; enſorte que, ſelon la deſtination de celui de qui on les emprunte, c'eſt tantôt un *prêt à conſomption*, & tantôt un *prêt à uſage*. Lors, par exemple, qu'un homme qui a une bibliothèque pour ſon uſage, me prête un livre qui lui eſt précieux, par des notes manuſcrites, ou autres raiſons particulières, il entend que je lui rende le même exemplaire ; de forte que, quand je voudrois lui en donner un autre auffi bien conditionné, il n'eft pas obligé ordinairement de s'en contenter. Mais, fi celui de qui j'ai emprunté un livre eft marchand libraire, ou fait trafic de livres, il fuffit que je lui rende un autre exemplaire auffi bien conditionné, parce que, comme il ne gardoit ce livre que pour le vendre, il lui doit être indifférent que je lui rende l'exemplaire même qu'il m'a donné, ou un autre femblable.

Il en eft de même des marchandifes, hormis de celles qui font extrêmement rares, ou travaillées avec beaucoup d'art, comme certaines drogues peu communes, une montre, des inftrumens de mufique, de mathématiques, une pompe pneumatique, ou autres machines à faire des expériences, &c. car il eft bien difficile d'en trouver qui foient précifément de même qualité & de même bonté, enforte qu'elles puiffent tenir lieu de telle ou telle que l'on a empruntée.

Il eft de l'effence du contrat de *prêt de confomption*, que le prêteur faffe à l'emprunteur la tradition de la chofe prêtée, foit réellement, foit au moins par fiction, parce que la tranflation de propriété en fait le caractère diftinctif, & qu'elle ne peut s'opérer que par la tradition. Il faut par conféquent, pour la validité du *prêt de confomption*, que le prêteur foit propriétaire de la chofe qu'il prête, & qu'il ait le droit de l'aliéner. Ainfi le *prêt* que feroit un mineur ou un interdit, ne feroit pas valable.

Il eft auffi de l'effence du contrat de *prêt de confomption*, qu'en recevant la chofe prêtée, l'emprunteur s'oblige à en rendre autant. S'il s'obligeoit à rendre davantage, comme fi, ayant reçu vingt feptiers de bled, il s'obligeoit à en rendre dans un an vingt & un feptiers ; ou fi, ayant reçu mille écus, il s'obligeoit à rendre trois mille cent cinquante livres, le contrat ne vaudroit que jufqu'à concurrence de la quantité ou de la fomme que l'emprunteur auroit reçue. La convention feroit nulle, comme ufuraire, pour le furplus, qui pourroit être répété par l'emprunteur, s'il l'avoit payé.

Si l'emprunteur ne s'obligeoit à rendre qu'une fomme, ou quantité moindre que celle qui lui auroit été livrée, il n'y auroit contrat de *prêt* que jufqu'à concurrence de ce que l'emprunteur fe feroit obligé de rendre ; le furplus feroit confidéré comme une donation.

Comme le confentement des parties eft néceffaire fur tout ce qui forme la fubftance d'un contrat, il faut en conclure que fi Pierre vous a remis une fomme dont il comptoit vous rendre fimplement dépofitaire, & que vous avez cru recevoir à titre de *prêt*, il n'y a point de contrat de *prêt* ; d'où il fuit, que la fomme demeure aux rifques de Pierre, à qui elle continue d'appartenir.

Le contrat de *prêt de confomption* eft de la claffe des contrats du droit des gens : il fe régit par les feules règles du droit naturel, & n'eft, quant à fa fubftance, affujetti à aucune formalité par le droit civil. Il peut avoir lieu avec des étrangers comme avec des régnicoles.

Ce contrat eft auffi de la claffe des contrats de bienfaifance, attendu que le prêteur n'en retire aucun avantage que celui d'obliger l'emprunteur.

L'obligation que contracte l'emprunteur par le contrat de *prêt de confomption*, donne au prêteur une action perfonnelle qu'il peut exercer contre l'emprunteur & contre fes héritiers ou fucceffeurs à titre univerfel, pour fe faire rendre la même fomme ou la même quantité qu'il a prêtée.

L'argent prêté doit-il être rendu fur le pied qu'il vaut au temps du paiement, ou fur le pied qu'il valoit au temps du contrat ? On tient pour maxime parmi nous, qu'il doit être rendu fur le pied qu'il vaut au temps du paiement. Cette jurifprudence eft fondée fur ce que dans la monnoie, on ne confidère que la valeur que le fouverain y a attachée. Il réfulte de-là cette conféquence, que ce ne font pas les pièces de monnoie, mais feulement la valeur qu'elles fignifient, qui font la matière du contrat de *prêt* : ainfi c'eft cette valeur, plutôt que ces pièces de monnoie, que l'emprunteur emprunte & s'oblige de rendre ; d'où il fuit, qu'en la rendant, il remplit fon engagement, quoique le fouverain ait apporté du changement dans les fignes qui la repréfentent, & qu'il faille, par exemple, pour faire cette valeur, un nombre plus confidérable de pièces de monnoie que celui qui a été délivré par le prêteur.

Il fe préfente une autre queftion : peut-on, au lieu de prêter une certaine fomme, telle, par exemple, que 2400 livres, prêter cent louis d'or, avec ftipulation que l'emprunteur rendra un pareil nombre d'efpèces d'or, de même poids & aloi, quand même le fouverain viendroit par la fuite à en augmenter ou diminuer la valeur ; & que, dans le cas où les efpèces qui feroient à rendre fe trouveroient de moindre poids & aloi, l'emprunteur y fuppléeroit, ou feroit récompenfé, fi elles étoient d'un poids plus fort ou d'un meilleur aloi que celles qui auroient fait la matière du *prêt* ?

Il faut répondre qu'une telle ftipulation ne produiroit aucun effet. La raifon en eft que le fouverain diftribuant fa monnoie aux particuliers pour leur fervir de figne de la valeur des chofes, elle n'appartient aux particuliers que fous ce rapport : on ne peut donc prêter la monnoie en elle-même, comme matière d'or ou d'argent, mais feulement comme figne de la fomme que le fouverain a jugé à propos de lui faire fignifier ; d'où il fuit qu'on ne peut obliger l'emprunteur à rendre autre chofe que cette fomme : ainfi toute convention contraire doit être rejettée comme une contravention au droit public & à la deftination que le fouverain a faite de la monnoie.

Outre l'action qu'a le prêteur pour fe faire rendre la fomme prêtée, il peut auffi demander les intérêts de cette fomme, à compter du jour qu'il a mis l'emprunteur en demeure de la lui rendre. *Voyez* INTÉRÊT.

Quand le *prêt* confiste dans une certaine quantité de chofes fongibles, le prêteur peut obliger l'emprunteur à rendre une pareille quantité de chofes de la même efpèce. Il faut d'ailleurs que ces chofes foient de la même qualité que celles qui ont été prêtées : & lorfque l'emprunteur ne peut pas rendre les chofes prêtées, en pareille qualité & quantité qu'il les a reçues, il doit être condamné à les payer felon l'eftimation.

Mais quelle règle doit-on fuivre pour cette eftimation? Lorfque le temps & le lieu où le paiement doit fe faire font fpécifiés par le contrat, l'eftimation fe fait relativement à ce que valoient les chofes prêtées dans ce temps & dans ce lieu. Si le temps & le lieu n'ont pas été fpécifiés, les chofes doivent, fuivant le droit romain, être eftimées, eu égard au temps de la demande, & au lieu où elle a été formée. Mais cette décifion ne doit être fuivie que quand l'emprunteur n'a pas été mis en demeure de rendre, & qu'immédiatement après la demande formée, les parties font convenues, pour leur commodité réciproque, que l'emprunteur paieroit l'eftimation à la place de la chofe : mais fi ce dernier avoit été mis en demeure de remplir fon obligation, & que la valeur de la chofe prêtée fût augmentée depuis la demande, il faudroit le condamner à payer cette chofe fur le pied qu'elle vaudroit au moment de la condamnation. La raifon en eft, que la peine de la demeure confifte en ce que le débiteur eft tenu d'indemnifer le créancier, nonfeulement de la perte que cette demeure lui a fait fouffrir, mais encore du profit dont elle l'a privé.

La chofe prêtée doit être rendue au prêteur, & elle lui eft cenfée rendue, lorfqu'on la rend à une perfonne à qui il a donné pouvoir de la recevoir pour lui.

La chofe eft pareillement cenfée rendue au prêteur, lorfqu'on la rend à quelqu'un qui a qualité pour la recevoir. Ainfi, une chofe eft cenfée rendue à la femme ou au mineur qui l'ont prêtée, lorfqu'on la rend au mari de cette femme, ou au tuteur de ce mineur.

Il arrive quelquefois que la chofe prêtée ne doit pas être rendue à la perfonne qui a fait le *prêt*; ceci a lieu lorfque, depuis le *prêt*, le prêteur a perdu la vie civile par la profeffion religieufe ou par une condamnation à une peine capitale. Dans le premier cas, la chofe ne peut plus être rendue valablement qu'aux héritiers ou autres fucceffeurs univerfels du religieux : dans le fecond cas, la chofe doit être rendue au feigneur au profit duquel la confifcation des biens du prêteur a été prononcée.

On ne peut pas non plus rendre valablement la chofe à la perfonne qui l'a prêtée, lorfque depuis le *prêt* elle a changé d'état. Par exemple,

fi une fille qui vous a prêté de l'argent s'eft mariée depuis le *prêt*, c'eft à fon mari que vous devez rendre cet argent : fi vous le rendiez à elle-même, vous ne feriez pas déchargé de votre engagement, à moins qu'elle n'eût été autorifée à recevoir, ou que vous n'euffiez eu un jufte fujet d'ignorer qu'elle avoit changé d'état.

Ce que nous venons de dire doit auffi s'appliquer au prêteur, qui, depuis le *prêt*, a été interdit pour caufe de folie ou de prodigalité; ce n'eft plus à lui, c'eft à fon curateur que doit être rendue la chofe prêtée.

Lorfqu'on a prêté une fomme d'argent fans que les parties fe foient expliquées fur le lieu où elle feroit rendue, le débiteur doit la payer au lieu de fon domicile. La raifon en eft, qu'une convention à l'égard d'une chofe fur laquelle les parties ont gardé le filence, doit s'interpréter de la manière la moins onéreufe au débiteur.

Cependant, fi le prêteur étoit domicilié dans le même lieu que l'emprunteur, il conviendroit que celui-ci payât dans la maifon du prêteur. C'eft, felon l'obfervation de Dumoulin, une déférence que le débiteur doit au créancier.

Si vous prêtez vos deniers à quelqu'un dont le domicile eft éloigné du vôtre, vous pouvez valablement ftipuler qu'ils vous feront rendus dans le lieu où vous réfidez, parce que s'il en coûte quelque chofe à l'emprunteur pour faire fa remife, il n'y a point d'ufure de votre part : en effet, l'ufure eft un profit que le prêteur retire du *prêt*; or, il eft clair qu'en vous rendant vos deniers au lieu où vous les avez prêtés & où ils feroient encore fi vous ne les euffiez point prêtés, vous ne retirez aucun profit du *prêt*.

Si le *prêt* eft d'une certaine quantité de chofes fongibles, comme de cent bouteilles de vin, de vingt chapons, &c. ces chofes doivent fe rendre dans le lieu où s'eft fait le *prêt*, plutôt qu'au domicile du débiteur. La raifon en eft, que la valeur de ces chofes n'étant pas la même dans les différens lieux, il pourroit arriver que l'emprunteur rendroit plus qu'on ne lui auroit prêté, s'il étoit obligé de les rendre ailleurs que dans le lieu où elles lui auroient été livrées; ce qui feroit contraire à la nature du *prêt*.

PRÉTENDU, part. on fe fert au palais de cette expreffion pour fignifier celui que l'on fuppofe avoir une qualité, quoiqu'il ne l'ait pas, ou celui dont on ne veut pas reconnoître la qualité; c'eft ainfi qu'on appelle *prétendu* donataire, ou *prétendu* héritier, celui dans lequel on ne reconnoît point cette qualité, ce qui a lieu lors même que l'on veut pas entrer dans la difcuffion de favoir s'il a en effet cette qualité ou non.

On appelle auffi *prétendu* fimplement celui qui recherche une fille en mariage, & dont la recherche eft agréée par les parens. (*A*)

PRÉTENTION, f. f. *en terme de pratique*, fe dit d'une chofe que l'on fe croit fondé à foutenir ou à demander, mais qui n'est pas reconnue ni adjugée.

On joint ordinairement ensemble ces mots, *droits*, *actions* & *prétentions*, non pas qu'ils soient synonymes; car *droit* est quelque chose de formé & de certain. *Action* est ce que l'on demande, au lieu qu'une *prétention* n'est souvent point encore accompagnée d'une demande. (*A*)

PRÉTÉRITION, (*terme de Jurisprudence romaine*) qui, en matière de testament, signifie l'omission qui est faite par le testateur de quelqu'un qui a droit de légitime dans sa succession, & qui donne lieu à la querelle d'inofficiosité.

Chez les Romains, la *prétérition* des enfans faite par la mère passoit pour une exhérédation faite à dessein; il en étoit de même du testament d'un soldat, lequel n'étoit pas assujetti à tant de formalités.

Mais la *prétérition* des fils de la part du père étoit regardée comme une injure, & suffisoit seule pour annuller de plein droit le testament. Le même droit fut ensuite établi en faveur des ascendans qui n'avoient pas été institués héritiers par leurs enfans.

Parmi nous, suivant l'ordonnance des testamens, dans les pays où l'institution d'héritiers est nécessaire pour la validité du testament, ceux qui ont droit de légitime doivent être institués au moins en ce que le testateur leur donnera.

Dans le nombre de ceux qui ont droit de légitime, l'ordonnance comprend tacitement les père, mère, aïeuls & aïeules, lesquels ont droit de légitime dans la succession de leurs enfans & petits-enfans décédés sans postérité.

Il n'est pas permis de passer sous silence les enfans même qui ne seroient pas nés au temps du testament, s'ils sont nés ou conçus au temps de la mort du testateur.

Quelque modique que soit l'effet ou la somme pour lesquels ceux qui ont droit de légitime auront été institués héritiers, le vice de la *prétérition* ne peut être opposé contre le testament, encore que le testateur eût disposé de ses biens en faveur d'un étranger.

En cas de *prétérition* d'aucuns de ceux qui ont droit de légitime, le testament doit être déclaré nul quant à l'institution d'héritier, sans même qu'elle puisse valoir comme fidéi-commis; & si elle a été chargée de substitution, cette substitution demeure pareillement nulle; le tout encore que le testament contînt la clause codicillaire, laquelle ne produit aucun effet à cet égard, sans préjudice néanmoins de l'exécution du testament en ce qui concerne le surplus des dispositions du testateur.

Ce qui vient d'être dit dans l'article précédent est aussi observé, même à l'égard des testamens faits entre enfans ou en temps de peste; mais pour ce qui concerne les testamens militaires, l'ordonnance déclare qu'elle n'entend rien in-

nover à ce qui est porté par les loix romaines à cet égard. *Voyez* INOFFICIOSITÉ. (*A*)

PRÉTERMISSION, s. f. signifie l'omission de quelque chose, comme la *prétérition* est l'oubli de quelqu'un.

PRÉTEUR, *droit du*, (*jurisprudence romaine.*) *jus prætorium*, c'est une partie considérable du droit romain, qui tire son origine des édits annuels que publioit chaque *préteur*, ou magistrat revêtu d'une jurisdiction civile, pour une année seulement, & que Cicéron appelle loi annuelle, *lex annua*.

Chaque *préteur*, au commencement de sa magistrature, publioit un édit concernant la formule ou la méthode, suivant laquelle il rendroit, durant l'année, la justice touchant les affaires de son ressort. Par ce moyen, il expliquoit, corrigeoit ou suppléoit ce qu'il trouvoit obscur & défectueux dans le droit écrit, où les coutumes reçues ne pouvoient que varier beaucoup.

Mais les *préteurs* étant souvent guidés dans leurs jugemens par l'ambition & la faveur, C. Cornélius, tribun du peuple, porta une loi, appellée de son nom, l'an 686 de Rome, par laquelle il obligea les *préteurs* de suivre exactement leurs édits dans leurs jugemens. Cependant, comme chaque *préteur* étoit le maître des dispositions de l'édit qu'il donnoit, ces édits n'eurent force de loi que par l'usage, jusqu'à ce que Salvius Julianus en composa, par ordre de l'empereur Adrien, un édit perpétuel, qui depuis eut la même autorité que les autres parties du droit romain, dont il demeura néanmoins distingué, & par ses effets, & par le nom de *droit du préteur*, opposé au droit civil.

On entendoit par *droit civil*, 1°. les loix proprement ainsi nommées, qui avoient été établies sur la proposition de quelques magistrats du corps du sénat; 2°. les plébiscites ou ordonnances du peuple, faites sur la proposition des magistrats, qu'il choisissoit lui-même de son ordre; 3°. les senatus-consultes ou arrêts du sénat seul; 4°. les décisions des jurisconsultes, autorisées par la coutume, qui, par elle-même, avoit aussi force de loi; 5°. enfin, les constitutions des empereurs.

PRÉVARICATEUR, s. m. PRÉVARICATION, s. f. (*Code criminel.*) est une malversation commise par un officier public dans l'exercice de ses fonctions.

Ainsi un juge prévarique lorsqu'il dénie de rendre la justice à quelqu'un, ou lorsque par argent, ou autre considération, il favorise une partie au préjudice de l'autre.

Un greffier ou notaire prévarique lorsqu'il délivre des expéditions qui ne sont pas conformes à la minute. Un huissier prévarique lorsqu'il antidate un exploit, ou qu'il n'en laisse pas de copie au défendeur; & ainsi des autres fonctions publiques.

Les peines qu'encourent les officiers publics qui

prévariquent font plus ou moins graves, felon les circonftances; quelquefois la peine ne confifte qu'en dommages & intérêts; quelquefois on interdit l'officier pour un temps, ou même pour toujours; quelquefois enfin on le condamne à faire amende honorable, & aux galeres, & même à une peine capitale. *Voyez* le Bret, *tr. de la fouveraineté du roi*, liv. II. c. ij & iij. & le code pénal. (*A*)

PRÉVENIR, v. act. (*en droit*) fignifie *devancer* quelqu'un ou quelque chofe.

En matiere bénéficiale, *prévenir*, de la part d'un impétrant, c'eft requérir le premier. Le collateur fupérieur *prévient* quand il confere avant l'inférieur. *Voyez* PRÉVENTION.

Prévenir les délais, c'eft les abréger; c'eft agir fans attendre l'échéance. *Voyez* PRÉVENU. (*A*)

PRÉVENTION, f. f. (*Droit civil.*) eft le droit qu'un juge a de connoître d'une affaire, parce qu'il en a été faifi le premier, & qu'il a prévenu un autre juge à qui la connoiffance de cette même affaire appartenoit naturellement, ou dont il pouvoit également prendre connoiffance par *prévention*.

La *prévention* eft ordinairement un droit qui eft réfervé au juge fupérieur pour obliger celui qui lui eft inférieur de remplir fon miniftere; cependant elle eft auffi accordée refpectivement à certains juges égaux en pouvoir & indépendans les uns des autres, pour les exciter mutuellement à faire leur devoir, dans la crainte d'être dépouillés de l'affaire par un autre juge plus vigilant.

On diftingue deux fortes de *préventions*; favoir, la *prévention parfaite*, qui a lieu fans charge de renvoi, & la *prévention imparfaite*, qui a lieu à la charge du renvoi, c'eft-à-dire, qui laiffe le droit de décliner la jurifdiction, & de demander que la caufe foit renvoyée devant un autre juge.

La *prévention* peut avoir lieu par l'office du juge, ou fur la requête d'une partie privée.

La *prévention* d'office eft toujours parfaite, & elle a lieu de la part du juge fupérieur fur l'inférieur, en matiere de police, en matiere de voirie, & en général en toute matiere qui concerne le bien public, & qui intéreffe le miniftere des gens du roi.

La *prévention* parfaite peut avoir lieu, à la requête des parties privées, en faveur des baillis & des prévôts royaux, fur les juges des feigneurs, en matiere de complainte. C'eft une difpofition de l'édit de Cremieu, & c'eft ce qu'ont jugé divers arrêts, & particuliérement un du 21 juin 1614, rendu pour les officiers du préfidial de Riom, contre ceux du duché de Montpenfier.

Cette *prévention* produit fon effet, nonobftant toute revendication de la part des feigneurs hauts-jufticiers.

Au refte, cette *prévention* parfaite qui avoit autrefois lieu en faveur des baillis fur les prévôts royaux de leur reffort, n'y a plus lieu depuis la déclaration du mois de juin 1559, rendue en interprétation de l'édit de Cremieu.

Quand il s'agit de la confervation des priviléges des univerfités, les baillis ont la *prévention* parfaite fur les prévôts, dans les endroits où la connoiffance de ces priviléges leur eft attribuée.

Les baillis & les autres juges d'appel ont pareillement la *prévention* parfaite fur les juges inférieurs de leur reffort, pour raifon des caufes des hôpitaux. C'eft ce qui réfulte d'une déclaration du 20 août 1732, fervant de réglement entre le parlement, les requêtes du palais, & les préfidiaux de Bretagne.

Les baillis ont auffi la *prévention* parfaite fur les prévôts aux fieges des affifes. C'eft une difpofition de l'édit de Cremieu, & d'un arrêt du 5 juin 1659, rendu entre les officiers de la prévôté & ceux du bailliage de Montdidier, rapporté au journal des audiences.

En matiere réelle, le juge de l'endroit où la chofe eft fituée, a la *prévention* parfaite fur le juge du domicile du défendeur.

La *prévention* eft pareillement parfaite en faveur des juges ordinaires ou des juges-confuls, lorfqu'un bourgeois a fait affigner devant les uns ou devant les autres un marchand ou artifan, pour raifon de fon commerce. C'eft ce qui réfulte de l'article 10 du titre 12 de l'ordonnance du mois de mars 1673.

La *prévention* imparfaite du juge fupérieur fur l'inférieur, dans les caufes intentées à la requête des parties privées, a toujours lieu en faveur des baillis & des prévôts royaux fur les juges des feigneurs, à la charge du renvoi lorfque le feigneur le demande. Mais fi le feigneur ne le demande pas, le juge royal fupérieur a le droit de connoître de la caufe par *prévention*, quand même la partie affignée demanderoit le renvoi devant le premier juge de fon domicile. C'eft ce qui réfulte de l'arrêt du parlement du 15 novembre 1554, portant vérification de la déclaration du 7 juin de la même année, donnée en interprétation de l'édit de Cremieu.

Dans quelques coutumes la *prévention* du juge fupérieur fur l'inférieur, a lieu tant au civil qu'au criminel, comme en Anjou, où la coutume, *art. 65*, dit que le roi, comme duc d'Anjou, a reffort & fuzeraineté fur les fujets dudit pays, tant en cas d'appel, qu'autrement; que les comtes, vicomtes, barons, châtelains & autres feigneurs de fief l'ont auffi chacun à leur égard; qu'en outre ledit duc d'Anjou & lefdits comtes, vicomtes, barons, feigneurs, châtelains & autres de degré en degré, ont par *prévention* la connoiffance de tous cas criminels & civils, & en toutes actions civiles, réelles & perfonnelles, fur leurs vaffaux, jufqu'à ce que litifconteftation foit faite, pour laquelle les parties foient appointées en faits contraires & requêtes.

Il y a encore quelques autres coutumes qui ont des dispositions à-peu-près semblables.

Le châtelet de Paris jouit du droit de *prévention* sur les justices seigneuriales de la ville, des fauxbourgs & de la banlieue de Paris, tant en matière civile que criminelle, quoique la coutume soit muette sur cela; & il a été maintenu dans ce droit par un grand nombre d'arrêts anciens & modernes.

La *prévention* a aussi lieu entre le juge ordinaire & l'official. Tant que l'ecclésiastique, assigné devant un juge laïque, ne demande pas son renvoi pardevant l'official, ou que celui-ci ne revendique pas la cause, il doit être jugé, comme les autres sujets du roi, par les juges ordinaires.

Les parlemens & les autres cours souveraines, n'étant pas juges de premières instances, n'ont pas droit de *prévention* sur les juges inférieurs de leur ressort, soit royaux ou autres, sur-tout dans les causes poursuivies à la requête des parties privées.

Lorsque des juges qui peuvent connoître d'une même affaire concurremment & par *prévention* parfaite, préviennent en même temps & à la même heure : celui qui a la jurisdiction la plus distinguée, doit être préféré.

Telles sont les règles de la *prévention* en matière civile; mais elle a plus souvent lieu en matière criminelle, où elle a été établie pour exciter l'émulation & la vigilance des juges, & pour empêcher que les crimes ne demeurent impunis.

L'exercice de ce droit est fort ancien. On voit dans les *Etablissemens* de S. Louis, *chap.* 144, que la *prévention* avoit dès-lors lieu en certains endroits dans les matières criminelles; c'étoit celui qui avoit arrêté le criminel qui lui faisoit son procès. Dans les lieux où il n'y avoit pas de *prévention*, par l'ancien usage de la France, l'aveu emportoit l'homme, & l'homme étoit justiciable de corps & de châtel où il couchoit & levoit; ce qui fut aboli par l'ordonnance de Moulins, *art.* 35, qui décida que les délits seroient punis où ils auroient été commis. La *prévention* avoit lieu par-tout, lorsque celui qui avoit arrêté le criminel l'avoit pris sur le fait.

L'ordonnance d'Orléans, *art.* 72, autorisoit les juges royaux ordinaires à prendre connoissance par *prévention* sur les malfaiteurs qui sont de la compétence des prévôts des maréchaux.

L'article 116 de la même ordonnance porte que comme plusieurs habitans des villes, fermiers & laboureurs se plaignoient souvent des torts & griefs des gens & serviteurs des princes, seigneurs & autres qui sont à la suite du roi, lesquels exigeoient d'eux des sommes de deniers pour les exempter du logement, & ne vouloient payer qu'à discrétion, il est enjoint aux prévôts de l'hôtel du roi, & aux juges ordinaires des lieux, de procéder sommairement par *prévention* & con-

currence, à la punition desdites exactions & fautes, à peine de s'en prendre à eux.

Il y a une différence essentielle entre la *prévention* & la concurrence; celle-ci est le droit que divers juges ont de connoître du même fait, de manière que les parties peuvent s'adresser à l'un ou à l'autre indifféremment; au lieu que la *prévention* est le droit qu'a un juge d'attirer à soi la connoissance du crime, parce qu'il a prévenu & qu'il en a été saisi le premier.

Il y a plusieurs cas où la *prévention* parfaite a lieu en matière criminelle : c'est ainsi que lorsque le juge du lieu du délit a prévenu dans le cas d'un crime ordinaire, les autres juges qui sont compétens pour connoître du même crime, tels que ceux du domicile de l'accusé, ou de la capture, ne sont pas fondés à demander le renvoi de l'affaire.

L'ordonnance de Moulins, *art.* 46, veut que les présidiaux connoissent par concurrence & *prévention*, des cas attribués aux prévôts des maréchaux, vice-baillis & vice-sénéchaux, pour instruire les procès, & les juger en dernier ressort, au nombre de sept, & semblablement contre les vagabonds & gens sans aveu; comme aussi que les prévôts des maréchaux, vice-baillis, vice-sénéchaux pourront faire le semblable, &c.

Ce droit de concurrence & de *prévention* attribué aux présidiaux, pour les cas de la compétence des prévôts des maréchaux, vice-baillis & vice-sénéchaux, leur a été confirmé par l'*art.* 201 de l'ordonnance de Blois, & par l'ordonnance criminelle, *tit. de la compétence des juges*, *art.* 15 : à l'exception des cas qui concernent les déserteurs & les personnes qui les subornent & les favorisent : la connoissance de ce délit est réservée aux prévôts des maréchaux par les déclarations des 29 mai 1702 & 5 février 1731.

L'*article* 7 de l'ordonnance de 1670, *tit.* 1, dit que les juges royaux n'auront aucune *prévention* entre eux; & néanmoins qu'au cas que trois jours après le crime commis, les juges royaux ordinaires n'aient pas informé & décrété, que les juges supérieurs pourront en connoître.

L'*article* 8 ordonne que la même chose sera observée entre les juges des seigneurs.

Les baillis & sénéchaux ne peuvent, suivant l'*art.* 9, prévenir les juges subalternes, s'ils ont informé & décrété dans les vingt-quatre heures après le crime commis; sans déroger néanmoins aux coutumes contraires, ni à l'usage du châtelet.

L'ajournement fait la *prévention* en matière civile; en matière criminelle, c'est le décret; & lorsqu'il y a deux décrets de même date, c'est celui qui a été mis le premier à exécution qui donne la prévention. *Voyez* CAS, COMPÉTENCE, BAILLIAGE, PRÉVÔT.

PRÉVENTION, (*Matière bénéficiale.*) est le droit dont jouit le pape, de conférer les bénéfices vacans, lorsque les provisions qu'il en accorde, précèdent la collation de l'ordinaire, ou la présentation du patron ecclésiastique, au collateur.

Ce droit a été inconnu pendant les douze premiers siècles de l'église : il l'étoit encore du temps du troisième concile de Latran, tenu sous Alexandre III, l'an 1179. Ce concile donne six mois aux collateurs ordinaires, pour pouvoir conférer librement les bénéfices, & n'établit qu'après ce délai, la dévolution en faveur du supérieur immédiat, & ainsi de degré en degré jusqu'au pape. Selon l'esprit du concile, rien ne doit gêner la liberté des collateurs pendant les premiers six mois de la vacance, ce qui exclut toute *prévention* de la part du pape, c'est-à-dire, tout droit de conférer au préjudice de l'ordinaire.

Il n'est point fait mention de la *prévention* dans les nombreuses lettres & réponses d'Innocent III, ni dans le Recueil des décrétales de Grégoire IX, quoique l'un & l'autre de ces papes y parlent souvent des réserves & des mandats. Mais les principes qui étoient déjà établis & conduisoient naturellement. Les papes s'accoutumèrent insensiblement à se regarder comme les maîtres absolus de toute l'église, comme la source d'où émanoit toute espèce de jurisdiction. Ils prétendirent que les droits & les pouvoirs dont jouissoient les évêques & les collateurs inférieurs, n'étoient qu'une concession de leur part, & qu'en leur permettant de les exercer, ils ne s'étoient pas eux-mêmes entièrement dépouillés, de manière que les évêques & les ordinaires ne pouvoient se plaindre que les papes exerçassent cumulativement leurs droits avec eux. C'est en se prétendant revêtus d'un pouvoir absolu que les successeurs de saint Pierre dans le siège de Rome, parvinrent à établir les mandats & les réserves. Il n'y avoit plus qu'un pas à faire pour établir la *prévention*, & ce pas fut fait. On ne sait à quel pape il faut l'attribuer, mais on trouve une décision de Boniface VIII, qui suppose la *prévention* déjà en vigueur. Cette décision porte que, si le pape ou le légat ont conféré un bénéfice, & que le même jour le collateur ordinaire l'ait conféré de son côté, enforte que l'on ne puisse connoître lequel a conféré le premier, il faudra préférer le pourvu qui aura pris possession le premier ; que si les deux pourvus n'ont pris ni l'un ni l'autre possession, celui du pape ou du légat doit l'emporter, *propter conferentis ampliorem prærogativam.* Cette décision suppose évidemment que le pape a le droit de prévenir l'ordinaire, puisqu'il n'y a de difficulté qu'à raison du concours des deux provisions dont on ne peut connoître la priorité.

Le droit de *prévention* jetta de si profondes racines, que le concile de Bâle, quoique très-opposé aux prétentions de la cour de Rome, n'osa y porter atteinte. Il sembla au contraire le con-

firmer. *Neque enim collationes per preventionem faciendas, synodus intendit impedire.*

L'assemblée de Bourges, tenue en 1438, ne vit pas la *prévention* du même œil. Elle arrêta que le concile seroit instamment supplié d'abroger absolument le droit de *prévention* que les papes & leurs légats s'étoient attribué ; enforte que les collateurs ordinaires puissent conférer librement & sans aucune crainte d'être prévenus pendant les six mois que le concile de Latran leur a accordé. Le concile ayant été dissipé, ne put faire droit sur cette demande des François.

Le parlement de Paris entrant dans les vues de l'assemblée de Bourges, fit, en 1446, un réglement qui abolissoit la *prévention* en renouvellant les anciennes ordonnances, & sur-tout celle de saint Louis, dont l'article 1 porte, que les collateurs ordinaires seront conservés dans l'exercice de leurs droits & de leur jurisdiction.

Mais le concordat rendit inutile la résistance que la France opposoit avec tant de courage au droit de *prévention.* On y laissa insérer le décret : *Declarantes nos & successores nostros, jure præventionis, dignitates, personatus administrationes & officia, cæteraque beneficia ecclesiastica sæcularia, & quorumvis ordinum regularia, quæcumque, & quomodocumque qualificata, tam in mensibus graduatis simpliciter & nominatis, quàm ordinariis collatoribus præfatis assignatis vacantia, & etiam sub dictis mandatis comprehensa liberè conferre.*

Quelques auteurs ont pensé que cet article avoit été adroitement inséré dans le paragraphe où il se trouve, & que les députés du roi qui assistèrent à sa rédaction avoient été trompés par les officiers de la cour de Rome ; mais cette opinion n'a aucun fondement.

Les états du royaume, assemblés à Orléans en 1560, profitant de la mésintelligence qui régnoit entre la cour de France & la cour de Rome, soutinrent que le concordat n'étoit qu'un traité particulier qui étoit expiré avec ses auteurs ; que par conséquent le roi pouvoit faire rentrer l'église gallicane dans ses droits & ses privilèges, & abroger le droit de *prévention.* Charles IX accueillit la demande des états, & l'article 22 de l'ordonnance d'Orléans défendit à tous juges en jugeant le possessoire des bénéfices, d'avoir aucun égard aux provisions obtenues par *prévention*, & à tous les sujets du roi de s'en servir sans son congé & sans sa permission. Mais deux ans après, cette défense fut révoquée par la déclaration du 10 janvier 1562, enregistrée au parlement le 25 du même mois.

Les François firent, au concile de Trente, une nouvelle tentative contre la *prévention* ; leur ambassadeur fut chargé de faire valoir, pour en obtenir l'abolition, tous les inconvéniens & les abus qui en résultoient. « Pour le regard des *pré-*
» *ventions* (portent les instructions données au
» président Ferrier, ambassadeur de Charles IX),

» il fe trouve que plufieurs ignorans & mal vi-
» vans font pourvus de bénéfices, pour être, par
» le moyen defdites *préventions*, conférés à ceux
» qui courent le mieux, & non à ceux qui plus
» le méritent ; que les ordinaires auxquels le con-
» cile de Latran donne fix mois pour pourvoir,
» afin d'avoir le temps de faire un digne choix,
» & de s'informer foigneufement du mérite de
» ceux fur qui ils jettent les yeux, font obligés
» de précipiter leur choix, ce qui eft caufe que
» plufieurs & divers fcandales arrivent en l'églife,
» & s'engendrent troubles en la religion, tels que
» nous les voyons aujourd'hui ».

Quelque puiffans que fuffent ces motifs, le concile de Trente fe contenta d'abroger les mandats & les expectatives, & ne prononça rien contre la *prévention*.

Le clergé de France crut devoir recourir à la puiffance royale ; il follicita auprès de Henri IV, non pas l'abrogation de la *prévention*, mais des modifications qui en reftreindroient l'exercice. Les lettres-patentes du mois de mai 1596, portent, *art.* 11 : « les premières dignités des églifes, tant » cathédrales que collégiales, pénitenceries, pré-
» bendes, théologales & préceptoriales, èfquelles » particuliérement la qualité & capacité de la » perfonne eft requife, ne feront dorefnavant » fujettes, n'affectées au gradués nommés, ni » autres graces expectatives, & ne pourront les » collateurs être prévenus en cour de Rome, » mais procéderont aux élections & provifions » defdites dignités & prébendes, dans les fix » mois qui leur font ordonnés par les conftitu-
» tions canoniques ».

Le clergé de France portoit alors fes vues trop loin ; il faifoit marcher la *prévention* fur une même ligne avec les grades & les autres expectatives reçues parmi nous. Il vouloit donner à ces dernières les mêmes entraves qu'à la *prévention*, & c'eft ce qui l'empêcha de réuffir. Les cours refuférent d'enregiftrer les lettres-patentes de 1596 ; & la *prévention* fubfifta dans toute fon étendue. Tout ce que les évêques, à ce que rapporte Gohard, ont pu obtenir en 1700, par l'entremife du cardinal de Noailles, qui affifta à l'élection de Clément XI, a été, non pas fon abolition pour les cures & autres bénéfices à charge d'ame, les canonicats des cathédrales, les premières dignités des collégiales, comme quelques-uns l'ont cru, lorfque les impétrans ne font pas munis de certificats des évêques fur leur mœurs & leur bonne doctrine ; mais feulement qu'on n'expédieroit point de fignatures aux réfignataires & permittans qui y demandent ces fortes de bénéfices, à moins qu'ils ne rapportent ces certificats. Cet arrangement ou concordat particulier n'a pas même force de loi. *Voyez* RÉSI-
GNATION, VISA.

Quoi qu'il en foit, prefque tous nos auteurs s'accordent à regarder la *prévention* comme odieufe ;

ils mettent les préventionnaires prefque de niveau avec les dévolutaires, & ils fe font un plaifir de rapporter l'opinion de Dumoulin, qui fe plaint en termes énergiques des inconvéniens qui réfultent de la prévention. Au milieu des reproches que Dumoulin adreffe avec raifon à la cour de Rome, il ne peut fe difpenfer d'en faire aux collateurs ordinaires, qui, par leur conduite, ont eux-mêmes donné de la confiftance au droit de *prévention*. *Sed certe non folùm id metu preventionum romanarum & ad eas excludendas factum eft, fed alia quoque ratione, videlicet ad vitandum abufum ipforummet ordi-
nariorum, qui fæpius mammonæ ferviunt, nec zelo Dei ducuntur, quare ut minorem habeant occafionem de his negotiandi, latum eft illud arreftum à fenatu noftro. Reg. de infir.,* n°. 4.

C'eft ce qui a fait dire à Gohard : « au refte, » quelque odieufe que la *prévention* paroiffe, on ne » peut nier qu'elle remédie à plufieurs abus qui » viennent affez fouvent de la part des ordinaires » même, qui négligent les petits bénéfices & les » laifferoient vaquer des années entières, s'ils » n'appréhendoient d'être prévenus. Dumoulin » affure que de fon temps, ils alloient encore » bien plus loin, & que les exactions qu'ils fai-
» foient fur leurs collateurs, étoient fi grandes, » qu'on aimoit mieux avoir affaire aux officiers » de la cour de Rome qu'à eux ».

On trouvoit donc des abus de tous les côtés. La *prévention* gênoit la liberté des collateurs ; cela eft conftant. D'un autre côté, les collateurs mé-
fufoient de leur liberté en fe permettant des exactions fur les collataires. Il étoit, fans doute, difficile de remédier à la fois à ces deux inconvé-
niens. C'eft pourquoi on a laiffé fubfifter, ou, pour mieux dire, on a continué à tolérer la *prévention*, & on a en même temps impofé au pape, la néceffité de conférer à tout François qui lui demanderoit un bénéfice. Ce n'eft que de cette manière, que l'on peut concilier l'efpèce de contradiction que préfentent les articles 47 & 55 de nos libertés.

L'article 55 porte : « & quant à la *prévention*, » le pape n'en ufe que par fouffrance, au moyen » du concordat, publié du très-exprès comman-
» dement du roi, contre plufieurs remontrances » de fa cour de parlement, oppofitions formées, » proteftations & appellations interjettées : & de-
» puis encore, tous les trois états du royaume » affemblés en firent plainte, fur laquelle furent » envoyés ambaffadeurs à Rome, pour faire ceffer » cette entreprife qu'on a par fois diffimulée & » tolérée en la perfonne du pape ; mais non d'autre, » quelque délégation, vicariat, ou faculté qu'il eût » de fa fainteté ; & fi l'a-t-on reftreint tant qu'on » a pu, jufques à juger que la collation nulle de » l'ordinaire empêche telle *prévention* ».

L'article 47 veut, « que quand un François » demande au pape un bénéfice affis en France, » le pape eft tenu de lui en faire expédier la » fignature, du jour que la requifition & fupplication

» lui en est faite ; sauf à disputer par après de
» la validité ou invalidité, pardevant les juges
» du roi, auxquels la connoissance en appartient ;
» & au cas de refus, celui qui y prétend peut
» présenter sa requête en la cour, laquelle or-
» donne que l'évêque diocésain ou autre en don-
» nera la provision ; pour être du même effet
» qu'eût été la date prise en cour de Rome, si
» elle n'eût été refusée ».

Le rapprochement de ces deux articles fournit
à Boutaric les observations suivantes : « que le
» droit de *prévention* soit odieux ou favorable, il
» n'en est pas de mieux établi. Ce qu'il y a de
» bisarre, c'est que le pape, en se réservant le
» droit de prévenir les collateurs ordinaires dans
» la collation des bénéfices, s'est assujetti à la
» nécessité de conférer à celui qui demande le
» premier : & que par-là les bénéfices sont moins
» le prix & la récompense du mérite, que de la
» diligence ; & ce qu'il y a de plus bisarre encore,
» c'est que nous comptons parmi les priviléges de la
» nation, cette nécessité où est le pape de con-
» férer *jure præventionis*, & de conférer *diligentiori* ;
» ensorte qu'il dépend aussi peu du pape de re-
» fuser absolument, que de refuser à l'un pour
» conférer à l'autre ».

Au premier coup-d'œil, l'observation de Boutaric paroît juste. Peut-on regarder en France,
comme odieux, un droit que le pape ne peut
refuser d'exercer ; un droit dont on le contraint
d'user ? Puisqu'on cherchoit tant à le restreindre,
n'étoit-il pas plus simple, de laisser au pape la
simple faculté de prévenir les collateurs ordinaires,
au lieu d'autoriser les François à le forcer à conférer ? Mais si ensuite on examine les circonstances qui ont engagé à établir la maxime, *date
retenue, grace accordée*, on verra que c'étoit
pour parer aux inconvéniens des collations libres
dont on se plaignoit si amérement en France. Si
les collateurs ordinaires eussent été toujours guidés
par l'amour du bien & par le zèle de la religion,
la *prévention* ne se fût peut-être jamais soutenue
parmi nous. Il étoit assez indifférent que de mauvais choix fussent faits, ou par le pape, ou par
les ordinaires. Il ne s'étoit de faire cesser les
exactions, la simonie & l'intrigue. La *prévention*
y formoit un obstacle. Mais elle eût été la source
des mêmes désordres, si le pape, en prévenant
l'ordinaire, eût été collateur libre. On eût acheté
& vendu les bénéfices à Rome, comme on les
achetoit & vendoit en France. Il a donc fallu
établir que le pape seroit collateur forcé. On
mettoit par-là les ordinaires dans la nécessité de
conférer promptement, & par conséquent on ne
donnoit pas le temps aux intrigans & aux ambitieux de dresser leurs batteries, & aux collateurs de leur faire des loix injustes. On n'avoit
rien à craindre à cet égard du pape, en l'obligeant à conférer au plus diligent. Voilà comment
on peut concilier les articles 47 & 55 de nos

libertés. La *prévention* est défavorable, parce qu'elle
prend son origine dans l'ambition de la cour de
Rome, & dans le mauvais usage que les collateurs ordinaires faisoient de leur liberté de conférer. Sous ce point de vue, on doit seulement
la tolérer, & la restreindre autant qu'il est possible ;
mais dès qu'elle subsiste, le pape, en conférant
par *prévention*, doit être collateur forcé, parce
qu'autrement on gêneroit inutilement la liberté
des collateurs ; il en résulteroit seulement que
Rome deviendroit le centre de la cabale, de l'intrigue & de la simonie.

Ce seroit sans doute un bien d'abolir la *prévention* ; mais, ce ne seroit qu'un demi-bien, si en
l'abolissant on n'établissoit point quelque loi qui
remédiât à la disposition trop arbitraire des bénéfices de la part des collateurs ordinaires. Dans l'état
dès choses, il existe des prêtres respectables par
leurs mœurs & leurs talens, qui ont bien mérité
de l'église par leurs services, & qui cependant
ne seroient jamais sortis de l'état de vicaire, si la
prévention n'eût été pour eux un moyen de parvenir à des bénéfices, que, sans elle, ils n'auroient point obtenus. C'est sur cette portion inférieure & intéressante du clergé, qu'il faudroit
porter des regards attentifs, en dépouillant la cour
de Rome d'un droit qui, dans la vérité, est sans
aucun fondement, mais qui, modifié comme il est
parmi nous, pare à des inconvéniens qui ne doivent
pas subsister dans une législation sage, telle que
doit être celle de l'église. Pour détruire avec fruit
des abus qui se sont introduits lorsque l'ancienne
discipline a fait place à un droit nouveau, il seroit
nécessaire de la rétablir elle-même, & il est certain que dans l'ancienne discipline, les évêques
ne choisissoient pas seuls & arbitrairement leurs
co-opérateurs dans les fonctions du saint ministère.
Le clergé & le peuple avoient beaucoup d'influence sur le choix ; & il étoit rare que le mérite
& la vertu ne décidassent les suffrages. Nous savons qu'il seroit peut-être impossible de rétablir
les élections & de rendre au peuple & au clergé
ses anciens droits dans la nomination aux places
ecclésiastiques. Nous savons encore que la *prévention* n'a pas remédié aux plaies qu'a reçues
l'église lors de l'introduction du nouveau droit
canonique ; nous disons seulement qu'en abolissant
la *prévention*, il seroit nécessaire d'établir quelque
réglement qui présentât au travail & au mérite,
la perspective assurée d'une place inamovible ;
perspective que n'ont pas actuellement les ecclésiastiques du second ordre, puisque le choix des
ordinaires tombe souvent, & même malgré eux,
sur des sujets que la protection & d'autres motifs
semblables les forcent de mettre en place.

Concluons de toutes ces observations, que la
prévention est un droit défavorable en lui-même,
mais qu'il perd de cette défaveur par les circonstances, & que cette voie d'obtenir des bénéfices,
quoique contraire à l'ancienne discipline de l'église,

doit être au moins tolérée jusqu'à ce qu'on ait pourvu à une juste distribution des bénéfices, soit en remettant les anciens canons en vigueur, soit en promulguant de nouvelles loix adaptées à notre manière d'être & de vivre.

Le pape, dans l'état actuel des choses, peut prévenir les collateurs ordinaires; mais peut-il communiquer ce pouvoir? A s'en rapporter à l'art. 55 de nos libertés, il ne le peut pas. « Et depuis » encore tous les trois états du royaume assemblés » en firent plainte, sur laquelle furent envoyés » ambassadeurs à Rome pour faire cesser cette en- » treprise, qu'on a par fois dissimulée & tolérée » en la personne du pape, *mais non d'autre, quelque* » *délégation, vicariat ou faculté qu'il eût de sa* » *sainteté* ».

Lorsqu'il est venu des légats en France, les parlemens se sont fortement opposés à ce qu'ils exerçassent le droit de *prévention*. Mais leurs réclamations ont été inutiles. Le crédit des légats, presque tous élevés au cardinalat, & quelques-uns employés dans le ministère, comme les cardinaux d'Amboise & Duprat, l'a emporté sur ces oppositions: les nouveaux légats s'autorisant de l'exemple de leurs prédécesseurs, le pouvoir de prévenir, inséré dans leurs bulles de légation, a passé pour eux comme pour les autres, sous les clauses générales de ne déroger aux saints décrets des conciles & aux libertés de l'église gallicane, ni particulièrement aux règles de *verisimili notitia, & de infirmis resignantibus*.

Il est certain, dit M. Pialès, que la faculté de conférer les bénéfices & de prévenir les ordinaires a été accordée par les papes aux légats qui ont été envoyés en France, même depuis la publication du traité de M. Pithou. au cardinal de Ferrare en 1596, au cardinal de Lorraine en 1604, au cardinal de Joyeuse en 1606, au cardinal Barberin en 1625, & au cardinal Chisy en 1664; & il n'est pas douteux du moins dans l'usage, que le pape ne puisse communiquer à ses légats, le pouvoir de conférer par *prévention*.

Le vice-légat d'Avignon a joui & jouit encore du même privilège dans les provinces du ressort de sa légation. La déclaration du mois de novembre 1748 en a beaucoup diminué l'exercice. Le vice-légat se trouvant réduit par ce nouveau réglement à la date du jour, & par conséquent, soumis à la loi meurtrière du concours pour les provisions qu'il accorde par *prévention*, & l'usage des légations n'ayant plus lieu dans le royaume, la question de savoir si le pape peut communiquer à d'autres le droit de *prévention*, est devenue presque sans conséquence. Cependant, comme dans ces sortes de matières, la prescription ne peut pas faire loi, nous pensons que la maxime de M. Pithou reste toujours dans son entier, & que s'il s'agissoit d'examiner de nouveau la question, on seroit fondé à soutenir que le droit de *prévention* toléré parmi nous dans la personne du

pape est incommunicable & incessible. Le concordat, qui est la seule loi en France que la cour de Rome puisse réclamer en sa faveur, est conçu en ces termes : *nosque & successores nostros jure preventionis..... liberè conferre*; ce qui n'attribue qu'au pape même le droit qu'il se réserve, & non à d'autres. Cette observation paroit d'autant plus juste, que lorsqu'il s'agit de déroger au droit commun, les termes dérogatoires doivent toujours être pris dans le sens le plus étroit.

En supposant que le droit de *prévention* puisse être communiqué par le pape à ses légats, il faut regarder comme certain que les légats n'en peuvent faire usage avant que leurs bulles de légation aient été revêtues de lettres-patentes vérifiées dans les cours; jusqu'à ce moment, leurs pouvoirs sont censés ne pas exister, & les actes qu'ils voudroient faire, seroient censés émaner *à non habente potestatem*. C'est ce qu'enseigne Dumoulin, *reg. de infir. resig.*, n°. 198. *Certum est quod in hoc regno non potest papa legatum etiam de latere mittere, nec legatus potestatem suam exercere sine expressa permissione regis. Autoritas quidem legati pendet à papa, sed admissio & executio à rege, & senatu suo in hoc regno, ut etiam multis arrestis supremi nostri senatus judicatum fuit.*

Chopin nous a transmis la même maxime : *sacri legati potestas initium sumit apud gallos, ex quo primum ornatissima curia bullatas tabulas approbavit, quemadmodum ab eadem judicatum invenimus.*

Il n'est pas douteux que des provisions données par un légat ou par le vice-légat d'Avignon, avant l'enregistrement de leurs bulles, ne pourroient préjudicier à des provisions de l'ordinaire, quoique postérieures.

Après avoir fait connoître l'origine de la *prévention*, combien elle est peu favorable, & par qui elle doit être exercée, il reste à faire voir quels bénéfices & quels collateurs y sont assujettis, & quelle étendue on lui donne parmi nous.

Il est des bénéfices qui, par leur nature, ne sont pas sujets à la *prévention*; il est des collateurs qui en sont exempts à raison de leur dignité ou des privilèges dont ils jouissent.

Les bénéfices consistoriaux, ceux qui vaquent en régale, & généralement tous ceux dont le roi est patron, nominateur ou collateur, sont exempts de la *prévention*. Le roi ne connoît point de supérieur, ou même d'égal qui puisse concourir avec lui dans l'exercice de ses droits.

Les bénéfices à pleine collation laïcale ne sont point non plus soumis à la *prévention*. *Voyez* PRESTIMONIE.

Suivant l'article 30 de nos libertés, le pape ne peut déroger ni préjudicier par provisions bénéficiales ou autrement aux fondations laïcales & droits des patrons laïques du royaume. Il ne peut, par conséquent, conférer par *prévention* un bénéfice qui est en patronage laïque, dans les quatre mois, ou, si c'est en Normandie, dans les six mois qui sont accordés aux patrons laïques pour présenter. S'il confère pendant ce temps, sa collation est radicalement nulle. Le silence du patron ou son consentement tacite ne peut la valider, & les quatre mois expirés, l'ordinaire pourra en disposer valablement.

Lorsque les patrons laïques ont un droit commun avec les ecclésiastiques, ils se communiquent réciproquement leurs privilèges; ainsi, le pape ne peut pas user de *prévention*. Mais si le patronage est alternatif, le pape peut prévenir dans le tour des ecclésiastiques, & cette collation est imputée à l'ecclésiastique comme faisant tour.

Tous les autres bénéfices à la collation ou à la présentation des ecclésiastiques, & qui peuvent être résignés en faveur, sont sujets à la *prévention*. Il n'y a pas d'exception, même pour les premières dignités des cathédrales. Cela a fait autrefois quelque difficulté, parce qu'il en est plusieurs qui sont électives-confirmatives, & que l'on prétendoit que le concordat ne soumet à la *prévention* que les bénéfices collatifs. Mais il n'y a plus dans le royaume de bénéfices véritablement électifs-confirmatifs qui ne soient à la nomination du roi. Il n'en faut excepter que ceux qui sont marqués dans l'article 3 de l'ordonnance de Blois. Les premières dignités des cathédrales seroient donc à la nomination du roi, si elles étoient vraiment électives-confirmatives; dans ce cas, elles ne seroient sûrement pas soumises à la *prévention*.

Il faut convenir que ces premières dignités, quoiqu'on emploie pour y pourvoir, l'élection, même suivant les formes établies par le chapitre *quia propter*, ne sont cependant pas vraiment électives-confirmatives, les titulaires n'étant point les époux de leurs églises. Les doyennés des collégiales, même exemptes, sont dans ce cas. Et nos cours ne reconnoissent dans le royaume d'autres dignités électives-confirmatives que celles qui, par une faveur singulière, ont été exceptées du concordat, & que le roi, par des lettres-patentes, a maintenues dans ce droit. C'est pourquoi elles ont déclaré les doyennés des cathédrales & des collégiales assujettis à la loi de la résignation en faveur, & par conséquent à la *prévention*.

Le droit du pape de prévenir les collateurs & patrons ecclésiastiques, a lieu dans tous les pays de concordat; il n'y a que les pays d'obédience, c'est-à-dire, les provinces, qui, comme la Bretagne, se sont soumis à la règle de *mensibus*, où ce droit n'est point en usage. Ces collateurs ordinaires y sont déjà assez grevés. M. Piales dit qu'il ne paroît pas que ce soit l'usage en Bretagne que le pape confère en aucun mois, les bénéfices de patronage ecclésiastique. Les patrons laïques jouissent dans toute la France des mêmes privilèges, abstraction faite des pays de concordat ou d'obédience.

Il est des collateurs qui, par leur dignité ou

leurs privilèges, sont affranchis du droit de *prévention* par rapport aux bénéfices de leur collation.

Les prélats exempts de la *prévention* en vertu de leur dignité sont les cardinaux. Ils jouissent de ce droit ou privilège depuis la bulle de Paul IV, appellée *Compact.*, ou *bulla Compacti*, parce qu'elle contient la confirmation des articles dont les cardinaux étoient convenus entre eux dans le conclave où le pape fut élu. Un de ces articles est l'affranchissement de la *prévention*. Le privilège des cardinaux s'étend à tous les bénéfices dont ils ont la collation, présentation, institution ou autre disposition. Boutaric s'est trompé, lorsqu'il a assuré que le pape peut prévenir un cardinal qui ne confère que sur la présentation d'un patron ecclésiastique. Le parlement de Paris a jugé le contraire par son arrêt du 29 décembre 1707, rapporté aux mémoires du clergé, *tom. 10*, au sujet de la cure d'Antoni, à la présentation des bénédictins & à la collation de M. le cardinal de Noailles. Non-seulement les patrons ecclésiastiques profitent de l'exemption des cardinaux, mais ce privilège met même les gradués à l'abri de la *prévention*; de sorte qu'ils n'ont rien à craindre de la cour de Rome, pendant les six mois qu'ils ont pour faire leur réquisition. Un cardinal ne peut renoncer à son privilège au préjudice du gradué. M. Louet étoit d'une opinion contraire, & il a été suivi par Boutaric. Mais Vaillant a combattu Louet; & si l'on fait attention à la nature du compact, on conviendra que ce dernier canoniste doit l'emporter. Il faut tenir avec Drapier, *tom. 1, pag. 330*, que le compact étant une loi générale du royaume, il ne dépend pas d'un cardinal d'y déroger. Cette loi doit toujours avoir son effet, & par conséquent exclure la *prévention*, quand même il ne voudroit pas en faire usage. M. Louet partoit ailleurs d'un faux principe, en disant que le cardinal n'avoit aucun intérêt à ce que le compact profitât aux patrons, aux gradués & autres expectans. Comme collateur ordinaire, il peut conférer pendant les six mois donnés au patron ecclésiastique, & sa collation sera valide *non conquerente patrono*; la collation lui sera dévolue si le patron présente un indigne, ou s'il néglige de présenter pendant ses six mois. Or, tous ces droits sont restreints, si les patrons dont les bénéfices sont à la collation du cardinal, peuvent être prévenus. Il est donc faux que le cardinal n'ait aucun intérêt à ce que les patrons qui dépendent de lui soient exempts de la *prévention*. Le cardinal est encore intéressé à être libéré le plutôt possible des expectatives dont il est grevé. Il est donc intéressé à ce que les gradués ne puissent être prévenus pendant les six mois qu'ils ont pour requérir. *Voyez* CARDINAL, COMPACT.

Les autres prélats qui jouissent de l'exemption de la *prévention*, sont quelques évêques ou abbés, qui ont obtenu, par grace spéciale, des indults particuliers & perfonnels. Il ne fuffit pas que ces indults accordent la faculté de conférer en commende; pour opérer l'affranchiſſement de la *prévention*, il eſt encore néceſſaire qu'ils contiennent la clauſe *licitè & liberè*, ou autre équivalente. Ces indults font très-favorables; on les conſidère moins comme des privilèges que comme un retour au droit commun. Ils font favorablement accueillis dans les tribunaux, où l'on ne fait aucune difficulté de les enregiſtrer, pour qu'ils reçoivent leur exécution dans le royaume. Mais on aſſujettit ceux qui en font porteurs à ſe conformer aux différentes clauſes y énoncées, & aux formalités qui y font preſcrites & qui n'ont rien de contraire à nos uſages.

Gohard, *tom. 2, pag. 562*, aſſure que ces indults ne font point obſtacle à la *prévention*, à moins qu'ils ne ſoient revêtus de lettres-patentes enregiſtrées dans les cours ſouveraines. Il cite, à l'appui de cette aſſertion, un arrêt du grand-conſeil du 25 juin 1706, rapporté par Brillon au mot *Indult*. Il en cite enſuite un ſecond, rendu à la grand-chambre du parlement de Paris, le 12 avril 1728. M. Piales ſoutient que le premier de ces arrêts n'a pas jugé la queſtion, parce qu'il n'étoit pas prouvé que M. l'abbé d'Auvergne eût l'indult avec la clauſe *liberè & licitè*, au moment de la vacance du bénéfice contentieux. Mais il n'en eſt pas moins vrai que M. de Saint-Port, avocat-général, établit dans ſon plaidoyer, que l'indult non enregiſtré ne pouvoit produire aucun effet, & qu'il devoit être mis au nombre de ces graces ſecrètes qui ne doivent point déroger au droit public, que le concordat, en établiſſant ou en approuvant la *prévention*, donne au ſujet du roi. La meilleure preuve que le grand-conſeil ne prend point pour baſe de ſa juriſprudence les maximes de M. de Saint-Port, eſt ſon arrêt du 29 avril 1734, qui a jugé que l'indult du prince Eugène de Savoie avoit fait obſtacle à la *prévention*, quoique non enregiſtré.

Quant à l'arrêt du parlement de Paris, de 1728, Gohard ne paroît pas fondé à le citer à l'appui de ſon aſſertion. Il convient lui-même qu'il a ſeulement jugé qu'on n'exige pas que l'indult ſoit enregiſtré dans la cour où la conteſtation eſt portée, mais qu'il ſuffit qu'il l'ait été au grand-conſeil. Reſte à ſavoir ſi le parlement de Paris regarde cet enregiſtrement comme valable, relativement aux conteſtations qui font ſoumiſes à ſa déciſion. M. Piales le penſe, puiſqu'il dit, comme Gohard, que l'arrêt de 1728 a jugé que l'indult accordé avec la clauſe *liberè & licitè commendare & conferre valeas*, non enregiſtré au parlement, mais ſeulement au grand-conſeil, eſt capable d'empêcher la *prévention* du pape.

La même queſtion s'eſt récemment préſentée au parlement de Paris dans l'eſpèce ſuivante. Dom Martin, religieux de la congrégation de ſaint Maur, après avoir voulu ſe ſéculariſer, avoit obtenu une bulle de tranſlation pour une maiſon de l'ancienne obſervance de ſaint Benoît, & un bénévole pour la maiſon de Moreuil, diocèſe d'Amiens. Sa bulle fut fulminée par l'official d'Amiens. Il ſe fit enſuite réſigner le prieuré de Capi, dépendant de Cluny, & à la collation du prieur de ſaint Martin-des-Champs de Paris. Dom le Moine, prieur clauſtral de ſaint Martin-des-Champs, dévoluta le prieuré de Capi, fous prétexte que dom Martin étoit encore religieux de la congrégation de ſaint Maur, & n'avoit pas rempli les formalités preſcrites par la déclaration de 1719. Pour faire valoir ce moyen, il interjetta appel comme d'abus de la bulle de tranſlation de dom Martin & de tout ce qui s'étoit enſuivi. Les religieux de Moreuil intervinrent dans la cauſe, & adhérèrent à l'appel comme d'abus de dom le Moine.

Dom Martin ſe retrancha fur des fins de non-recevoir. La principale conſiſtoit à ſoutenir que dom le Moine n'avoit aucun titre pour l'attaquer. Ses proviſions, diſoit-il, étoient radicalement nulles, comme ayant été obtenues au préjudice de l'indult accordé par le pape à M. l'abbé de Breteuil, prieur commendataire de ſaint Martin-des-Champs, & en cette qualité, collateur du prieuré de Capi. En ſuppoſant ce prieuré devenu vacant par l'omiſſion des formalités preſcrites par la déclaration de 1719, M. l'abbé de Breteuil avoit ſix mois pour y nommer. Le pape avoit les mains liées pendant ce temps, & ne pouvoit le conférer *ob defectum poteſtatis*, à dom le Moine; cet impétrant étoit donc non-recevable dans ſon appel comme d'abus.

Dom le Moine démontra que ſon appel comme d'abus étoit fondé; & quant à la fin de non-recevoir, il ſoutint que l'indult de M. l'abbé de Breteuil ne pouvoit faire obſtacle à ſes proviſions en cour de Rome, parce qu'il n'étoit point enregiſtré en la cour, lorſqu'il les avoit obtenues.

Par arrêt du vendredi 17 mars 1780, il fut dit y avoir abus dans la bulle de tranſlation, fulmination, bénévole, &c. de dom Martin. Il fut dit pareillement y avoir abus dans les proviſions de dom le Moine, & le prieuré de Capi fut déclaré vacant & impétrable. En déclarant les proviſions de dom le Moine abuſives, & le prieuré de Capi vacant, il a certainement été jugé qu'un indult, quoique non enregiſtré en la cour, lioit les mains au pape; de manière que dans les ſix mois donnés au collateur ordinaire pour conférer, toute proviſion en cour de Rome eſt nulle. Il n'y a que ce ſeul motif qui ait pu faire déclarer vacant le prieuré de Capi dans la circonſtance où ſe trouvoit dom le Moine.

La juriſprudence qui établiroit qu'il n'eſt pas néceſſaire qu'un indult fût revêtu d'aucun enregiſtrement pour faire obſtacle à la *prévention*, ſeroit fondée ſur l'opinion de Dumoulin, qui regarde un ſemblable indult, moins comme une grace &

un privilège, que comme un simple retour des choses au droit commun. *Hujufmodi indulta nulla indigent notificatione., vel publicatione ut pote facta ad ritum & obfervationem juris communis & libertatis ordinariorum ad quam reverfio etiam cum extentione fit ipfo jure.*

Quoi qu'il en foit, il eft toujours très-prudent aux prélats porteurs d'indults, de les faire enregiftrer dans les cours dans le reffort defquelles font fitués les bénéfices de leur collation qu'ils veulent fouftraire au droit de *prévention*, ou du moins dans celle dans le reffort de laquelle eft fitué le chef-lieu de leur prélature. Cela éviteroit des conteftations fur lefquelles on peut dire que les magiftrats prononceront ce qu'il voudront tant qu'il n'y aura pas de loi qui décide formellement la queftion.

Comme l'indult dont il s'agit n'eft pas toujours donné à vie, mais pour un temps limité, & ordinairement pour cinq ans, fi le collateur le fait renouveller, il eft fujet à la *prévention* pendant le temps qui s'écoule depuis l'expiration jufqu'au renouvellement; ainfi jugé par arrêt du grand-confeil du 30 juin 1733, au fujet du prieuré du vieux Poufange, dépendant de l'abbaye de faint Nicolas d'Angers.

L'indult particulier accordé avec la claufe *licité & liberè*, affranchit de la *prévention* les bénéfices dont les porteurs ne font que patrons, comme ceux dont ils font pleins collateurs. Les patrons gradués & brévetaires profitent de cet indult comme du privilège des cardinaux. Il n'eft pas néceffaire qu'il foit infinué au greffe des différens diocéfes dans lefquels le prélat qui en eft porteur, a des bénéfices à fa collation ou préfentation; il fuffit qu'il foit infinué au bureau des infinuations du chef-lieu de la prélature. *Voyez* INDULT.

Il y a, relativement au droit de *prévention*, des privilégiés d'une autre efpèce que ceux dont nous venons de parler; ce font les indultaires du parlement de Paris : ils font à l'abri de la *prévention* de cour de Rome, lorfqu'ils ont une fois fignifié leurs lettres de nomination au patron ou au collateur. La requifition qu'ils font d'un bénéfice qui a vaqué depuis la fignification de leur indult, fait tomber les provifions que le pape auroit données à un préventionnaire. Ce privilège leur a été refufé pendant long-temps. On ne les en a fait jouir que depuis qu'on a apprécié à fa jufte valeur, la claufe *licité & liberè* qui fe trouve dans la bulle de confirmation de Paul III, & dans celle d'ampliation de Clement IX. Cela ne fait plus de difficulté depuis 50 ans. *Voyez* INDULT DU PARLEMENT.

Les gradués n'ont pas été fi heureux. L'ancienne jurifprudence du parlement de Paris fuppofoit que la *prévention* n'avoit point lieu à leur préjudice. On cite plufieurs arrêts rendus en leur faveur. Mais les termes du concordat font trop précis, & il eft certain depuis long-temps que

leur requifition feule peut empêcher la *prévention.* *Voyez* GRADUÉS.

M. de Selve, dans fon traité des bénéfices, a avancé que les collateurs monocules, c'eft-à-dire, ceux qui n'ont qu'un feul bénéfice à leur difpofition, font affranchis de la *prévention*. L'auteur des notes marginales a relevé cette erreur, & a remarqué que la glofe fur la pragmatique, que l'on cite en faveur de l'opinion de de Selve, ne parle que des mandataires & autres expeétans.

Paffons actuellement à la dernière partie de cet article, & voyons comment l'exercice de la *prévention* eft permis en France.

D'après l'article 55 de nos libertés, ci-deffus cité, on doit refter convaincu que l'on a cherché à reftreindre, autant qu'il a été poffible, l'exercice de la *prévention*. On a, en conféquence, établi la maxime que le pape & fes légats ne peuvent ufer de ce droit & lier les mains des ordinaires, que quand les chofes font dans leur entier, *rebus integris*. Le principe eft certain. Il n'y a de difficulté que dans l'application; il n'y a de difficulté qu'à déterminer ce qui eft néceffaire pour que les chofes ne foient plus entières.

Quand le bénéfice eft électif, tout acte préparatoire à l'élection fait ceffer les chofes d'être dans leur entier. Il n'eft pas même néceffaire que les électeurs aient commencé à traiter de l'élection & à donner leurs fuffrages. Des actes qui ont un rapport moins immédiat à l'élection, fuffifent. Nos auteurs foutiennent que la convocation du chapitre au fon de la cloche, pour appeller ceux qui ont droit de fe trouver à l'élection; qu'une affemblée tenue pour délibérer fur la forme de l'élection, ou pour nommer des députés à l'effet d'obtenir du fupérieur, la permiffion pour y procéder, empêche la *prévention*. Brodeau rapporte un arrêt qui a ainfi jugé pour la chantrerie de la collégiale de faint Honoré de Paris, qui eft élective par le chapitre & confirmative par M. l'archevêque de Paris. Augeard, *tom. 2, chap. 2*, en cite un autre du 20 janvier 1684, qui a auffi jugé que le moindre acte préparatoire à l'élection empêche la *prévention*.

Mais la majeure partie de nos bénéfices font collatifs. Lorfque le collateur eft libre, il n'y a aucun acte préparatoire qui précède la collation. L'acte même de collation eft donc le feul dans ce cas, qui puiffe faire obftacle à la *prévention*. Cet acte produit-il cet effet fi la collation eft faite à un abfent? Dumoulin a foutenu l'affirmative & avec raifon. M. Louet penfe de même. *Jus ad rem in beneficio, poteft impedire præventionem fummi pontificis, cum res non fit amplius integra ideoque collatio facta abfenti impedit pariter papæ præventionem, etiam ante acceptationem ejus cui beneficium collatum eft.* M. Piales accufe Gohard d'avoir attribué à Dumoulin une opinion contraire. Mais c'eft à tort. Voici le paffage de Gohard, *tom. 2, pag. 551,* nous le rapportons d'autant plus volontiers, qu'en

justifiant

justifiant cet auteur, nous remettrons fous les yeux de nos lecteurs, des principes vrais & admis par M. Piales lui-même. « Il ne doit point y avoir de » difficulté fur la provision donnée à un abfent qui » n'a pu ou n'a pas voulu l'accepter, jufqu'au jour » de fa répudiation, ainfi que Brodeau le prouve » folidement après Dumoulin, qui établit comme » une maxime conftante que *collatio pendens impedit præventionem*. On peut la confirmer par l'arrêt » du grand-confeil, rendu au mois de mai 1725, » (M. Piales date cet arrêt du 17 mars 1723), » au profit d'un chanoine régulier, pourvu de la » cure de Turquan, diocèfe d'Angers, quoiqu'il » eût laiffé paffer un an entier fans l'accepter & » en prendre poffeffion, contre le fieur Valet, » qui l'avoit impétrée en cour de Rome ». Gohard eft donc d'accord avec Dumoulin, Louet, Brodeau & M. Piales; & il faut regarder comme un principe conftant que la collation faite à un abfent, quoique non acceptée, empêche la *prévention*, jufqu'à ce que le pourvu l'ait refufée. Ce principe fouffre cependant une exception : c'eft le cas où un collateur agiroit de mauvaife foi en retenant les provifions fans les envoyer ou les notifier. Alors, fans doute, elles ne feroient point obftacle à la *prévention*. D'où il réfulte que le collateur doit avoir foin de donner à fa collation une publicité qui la mette à l'abri de tout foupçon de fraude.

Le principe que la *prévention* ne peut avoir lieu que lorfque les chofes font dans leur entier, a donné naiffance à la maxime *collatio nulla impedit præventionem.*

Pithou l'a confacrée dans l'article 55 de nos libertés : « fi l'a-t-on reftreinte tant qu'on a pu, » jufqu'à juger que la collation nulle empêche telles » préventions ». Mais ce feroit mal entendre cette maxime, & lui donner une trop grande extenfion, que de l'appliquer généralement à toutes fortes de collations nulles, fans diftinguer la qualité de la nullité. Il y a des nullités intrinfèques, radicales & abfolues; il y en a d'autres qui font extrinfèques & purement relatives. L'effet des premières eft de vicier la fubftance de l'acte de provifion : l'effet des autres eft fimplement d'annuller une provifion feulement, dans le cas où un tiers, au préjudice duquel elle auroit été donnée, fe préfenteroit pour être pourvu d'un même bénéfice, auquel il a un droit acquis. La provifion qui eft infectée d'une nullité effentielle & radicale ne peut produire aucun effet; *quod nullum eft nullum producit effectum*, & par conféquent empêcher la *prévention*. La maxime, *collatio etiam nulla impedit præventionem*, ne peut donc avoir une jufte application qu'aux collations nulles, non en elles-mêmes, mais refpectivement aux droits des préfentés par les patrons, des indultaires, gradués & autres expectans. M. Piales, dont nous empruntons ces principes, obferve avec raifon que fi la maxime dont il s'agit avoit été conçue en ces termes, *collatio etiam annullanda impedit præventionem*, elle

Jurifprudence. Tome VI.

auroit été exactement vraie. En effet, toutes les provifions des ordinaires qui empêchent la *prévention*, font plutôt annullables que nulles. Si on les qualifie de nulles, ce n'eft que dans un fens impropre, & feulement par rapport à leur fin ou à leur effet, qui eft empêché par le droit d'un tiers. Telles font les maximes généralement adoptées aujourd'hui. Il a fallu bien du temps pour parvenir à convenir du véritable fens de cet axiome tant répété, *collatio etiam nulla impedit præventionem.* Il eft enfin fixé par deux arrêts, dès 6 juillet 1730, & 1 feptembre 1747. Nos anciens auteurs avoient, pour la plupart, plus d'érudition que de logique. Voilà pourquoi l'obfcurité & l'incertitude ont régné fi long-temps dans plufieurs parties de notre droit canon, & y règnent même encore.

Le principe qu'une collation radicalement nulle n'empêche point la *prévention*, quoique certain en lui-même, n'eft pas toujours facile dans l'application. Nous rapporterons pour exemple cette queftion : la collation faite par l'évêque diocéfain d'un bénéfice dépendant d'un collateur inférieur pendant les fix mois qui lui font accordés pour conférer, empêche-t-elle la *prévention* du pape? On fent que la décifion dépend de cette autre queftion. La collation de l'évêque dans le cas fuppofé eft-elle radicalement nulle? Si elle eft radicalement nulle, elle n'empêche point la *prévention*; fi elle n'eft nulle que d'une nullité relative, elle fait obftacle à la *prévention*.

Pour éclaircir cette queftion, qui s'eft déjà préfentée plufieurs fois, & qui n'a pas encore été décidée *in terminis*, nous croyons qu'il eft néceffaire d'examiner cette maxime générale : les évêques font de droit collateurs ordinaires de tous les bénéfices fitués dans leurs diocèfes. Pour cela, il faut diftinguer les différentes efpèces de bénéfices qui exiftent parmi nous. Ils font à charge d'ames, ou ce qu'on appelle bénéfices fimples.

Les évêques font les premiers pafteurs de leurs diocèfes. Tout ce qui a un rapport néceffaire au falut des fidèles confiés à leur vigilance, eft une fuite de leur caractère & de leur ordination. La difpofition des bénéfices à charge d'ames a certainement un rapport néceffaire au falut des peuples, & fous ce point de vue, il eft très-vrai de dire que les évêques font, de droit, les collateurs ordinaires de tous les bénéfices à charge d'ames, fitués dans leurs diocèfes. Ils répondent de leurs coopérateurs dans le faint miniftère; le choix doit donc leur en appartenir.

Quant aux bénéfices fimples, ils font ou en patronage ou à la libre difpofition des collateurs inférieurs. La loi des bénéfices en patronage eft portée dans leur fondation dans leur érection; la fimple préfentation a été réfervée aux patrons, & la pleine collation confervée aux évêques; de manière que les évêques ont plus de droit fur ces bénéfices que les patrons mêmes. *Plus juris habet in collatione epifcopus, quam in præfentatione patronus.*

Il eſt donc naturel que, malgré l'eſpèce de ſervitude impoſée par les patronages, les évêques aient toujours conſervé la qualité de collateurs ordinaires de ces ſortes de bénéfices.

Nous connoiſſons deux eſpèces de collateurs inférieurs aux évêques. Les chapitres & les abbayes.

Autrefois les chapitres & leurs évêques ne formoient qu'un ſeul & même tout. Des intérêts particuliers ont fait naître entre eux des partages : les bénéfices ont ſuivi la diviſion des biens, & ceux qui ſe ſont trouvés être les acceſſoires & les fruits des biens tombés dans les menſes capitulaires, ont appartenu aux chapitres. Ces partages n'ont pu détruire l'unité eſſentielle qui doit ſubſiſter entre les membres & le chef ; ils n'ont pas rendu les évêques totalement étrangers à leurs chapitres ; ils n'ont pu les priver abſolument du droit primitif qui leur appartenoit, conjointement avec leur chapitre, dans la collation des bénéfices qui étoient en commun ; c'eſt pourquoi on les a toujours conſidérés comme collateurs ordinaires de ces ſortes de bénéfices. Il n'eſt donc pas étonnant que les collations des évêques, faites dans les ſix mois accordés aux patrons & aux chapitres collateurs, n'aient point été regardées comme radicalement nulles par défaut de pouvoir, & que la haine de la *prévention* ait fait établir la maxime, qu'elles y formoient obſtacle.

Mais en doit-il être de même pour les collations des bénéfices ſimples qui ſont à la pleine & entière diſpoſition des abbayes ou des abbés ? Les évêques ont-ils ſur ces bénéfices les mêmes droits que ſur ceux en patronage & ſur ceux dépendans des chapitres ? Pour ſe convaincre qu'ils ne les ont pas, il ſuffit de jetter un coup-d'œil ſur l'origine de ces bénéfices. Pour la plupart ce ſont d'anciennes fermes ou d'anciens hoſpices ; quelques-uns ſont d'anciens monaſtères, dans leſquels la conventualité a ceſſé. Jamais il n'eſt intervenu de décret de la puiſſance eccléſiaſtique pour les ériger en bénéfices. L'uſage ſeul en a fait des titres ; de manière que les titulaires ne repréſentent aujourd'hui que les prépoſés que les communautés envoyoient pour cultiver & régir les fermes éloignées, ou les ſupérieurs des monaſtères particuliers, dans leſquels la conventualité a ceſſé. Or, les évêques n'ont jamais eu la diſpoſition de ces ſortes de places ; elles ont toujours dépendu des abbés ou des ſupérieurs clauſtraux, ou même quelquefois des communautés en corps. Si la ſuite des temps a formé de ces places des titres inamovibles qui, par la commende ou la ſécularisation, ont paſſé entre les mains du clergé ſéculier, elles n'ont pas ceſſé pour cela d'être à la diſpoſition des abbés.

Les abbés forment dans le clergé, tel qu'il exiſte actuellement, une claſſe de collateurs ordinaires, qui, quoique inférieurs aux évêques, ſoit par la juriſdiction, ſoit par la dignité, ont cependant des droits qui leur ſont propres, & ſur leſquels

on ne peut faire d'entrepriſe ſans manquer à la juſtice & aux loix. La collation faite par l'évêque d'un bénéfice de leur dépendance pendant les ſix mois qui leur ſont accordés pour conférer, tend à dépouiller des collateurs ordinaires d'un droit inhérent à leur qualité d'abbés ; elle renverſe les loix de la dévolution établies entre les abbés & les évêques. Dès-lors elle doit être regardée comme eſſentiellement nulle, puiſqu'elle eſt tout-à-la-fois oppoſée à la juſtice & aux loix canoniques. On ne peut la comparer à une collation faite par le diocéſain pendant les délais accordés aux patrons ou aux chapitres collateurs. La raiſon de différence ſuit des principes que l'on a établis ci-deſſus : vis-à-vis des patrons, vis-à-vis de ſon chapitre, l'évêque conſerve toujours la qualité de collateur ordinaire. Il n'en eſt pas de même pour les abbés, parce que l'origine du patronage & de la collation des chapitres eſt d'une toute autre nature que celle de la collation des abbés. La collation du bénéfice à patronage appartient aux évêques en vertu de l'érection même du bénéfice. Ce droit n'eſt que ſuſpendu, & ſon plein exercice n'eſt arrêté que par un autre droit purement facultatif, dont le patron peut uſer ou ne pas uſer, à ſa volonté. Le droit des chapitres n'eſt, ſi l'on peut parler ainſi, qu'une branche d'un arbre, dont l'évêque forme toujours le tronc. Toujours ſolidaires entre eux, le droit des uns n'eſt que le droit de l'autre ; il n'y en a que l'exercice qui ſoit diviſé ; mais les abbés & les abbayes n'ont jamais eu rien de commun avec les évêques quant à la collation de leurs bénéfices. Ainſi, du patron à l'évêque, jamais de véritable dévolution, puiſque l'évêque n'a jamais ceſſé d'être ordinaire par rapport au patron. Du chapitre à l'évêque, dévolution improprement dite, puiſque l'évêque, malgré les diviſions & les partages, reſte toujours chef du chapitre, & ne peut perdre ſa qualité d'ordinaire. Mais des abbés à l'évêque, dévolution proprement dite, dévolution de même nature que celle de l'évêque au métropolitain ; & comme la collation du métropolitain pendant les ſix mois donnés à l'évêque, eſt radicalement nulle, de même la collation de l'évêque pendant les ſix mois donnés à l'abbé eſt frappée d'une nullité radicale. C'eſt ce qu'aſſure Dumoulin en termes précis. Après avoir prouvé la nullité de la première, il ajoute : *idem dicendum eſt de epiſcopo quantum ad beneficia quorum collatio ſpectat ad inferiorem.* Regul. de inf, reſig. n°. 67.

Cette collation eſt radicalement nulle, puiſqu'elle ne pouvoit appartenir à l'évêque que dans le ſeul cas de la dévolution, *niſi in caſu canonicæ devolutionis,* pour nous ſervir encore des expreſſions de Dumoulin, *loc. cit.* Il eſt impoſſible en effet de cumuler ſur la même tête les qualités de ſupérieur & d'ordinaire ; elles ſont incompatibles. Si l'évêque eſt ſupérieur à l'abbé, relativement à la collation des bénéfices dépendans de ſon abbaye, il eſt impoſſible qu'il ſoit ordinaire, relativement à ces mêmes bénéfices ; & s'il n'eſt pas ordinaire, ſa collation eſt radicalement nulle, puiſqu'il ne l'a faite qu'en qualité d'ordinaire.

Il ne faut pas donner à cette maxime, *l'évêque eſt collateur ordinaire & de droit, de tous les bénéfices ſitués dans ſon dioceſe*, plus d'étendue qu'elle ne doit en avoir. Il a été ſans doute un temps où elle étoit vraie dans toute ſa généralité; c'étoit dans ces temps où l'évêque étoit le ſeul prélat dans ſon dioceſe; dans ces temps où tout le clergé du dioceſe n'étoit compoſé que de l'évêque & de ſon presbytère ; dans ces temps où l'ordination n'étant point ſéparée du titre des bénéfices, l'ordination & la collation n'étoient qu'un ſeul & même acte. Mais depuis la naiſſance des prélats inférieurs; depuis qu'une nouvelle diſcipline a établi ces prélats, comme les premiers titulaires, les véritables époux de leurs égliſes, alors on a vu ſe former un nouvel ordre de choſes ; on a vu une ſeconde claſſe de collateurs & de prélats, à qui la qualité d'ordinaire a été accordée, & qui ont joui de toutes les prérogatives qui n'étoient point eſſentiellement attachées au caractère épiſcopal. De-là ils ont eu la pleine & entière diſpoſition des places ou des bénéfices qui étoient des dépendances de leurs égliſes, & il a fallu une loi préciſe & particulière pour établir la dévolution en faveur des évêques. Il ne faut pas la chercher dans le concile de Latran, qui ne l'a établie qu'entre les chapitres & les évêques, mais dans le concile de Vienne, dont la diſpoſition eſt rapportée, *clem. uni. de ſupll. neglig. præl.* Dans l'état actuel des choſes, les évêques n'ont donc point de pouvoirs ſur les bénéfices dépendans des abbés collateurs inférieurs, que ceux qui leur ſont attribués par les loix de la dévolution, & toutes les fois qu'elle n'eſt pas ouverte, leurs collations émanent, *à non habente poteſtatem.*

On nous oppoſera ſûrement l'autorité des mémoires du clergé & de M. Piales.

L'auteur des mémoires du clergé, *tome 10, page 336*, propoſe cette queſtion : ſi un évêque, ayant conféré les bénéfices, dont la collation appartient à ſon chapitre, ou à quelque collateur particulier de ſon dioceſe, on demande ſi la proviſion de l'évêque empêcheroit la *prévention*. On voit d'abord qu'il cumule deux queſtions tout-à-fait différentes. Il fait marcher d'un pas égal les collations des chapitres, & celles des autres collateurs inférieurs, qui ſont, comme on l'a fait voir, très-différentes. Il les traite très-ſommairement, & il finit par dire : *cette collation...... PAROIT ſuffiſante pour être oppoſée à la prévention.* Cette expreſſion *paroît*, n'annonce pas une opinion bien décidée.

M. Piales, dans ſon traité de la *prévention, tome 1, p. 255, ch. 16*, propoſe la queſtion que l'on examine, & y joint celle de ſavoir ſi les proviſions données par un chapitre d'un bénéfice qui eſt à la collation de l'abbé, empêche la *prévention*. « Ces » queſtions, dit-il, *dont il eſt aiſé de ſentir toute la difficulté*, ſe ſont préſentées à juger au mois de » juin 1755, à la ſeconde chambre des requêtes du » palais ». Après avoir annoncé qu'il regarde ces queſtions comme très-difficiles, M. Piales ne les traite point par lui-même ; il ſe contente de rapporter le plaidoyer de M. de Senozan, alors ſubſtitut du procureur-général au parlement de Paris. Il eſt vrai que ce magiſtrat combat l'opinion que nous embraſſons ici. Malgré cela, on ne peut pas dire que la ſentence des requêtes du palais ait jugé la queſtion *in terminis*, puiſque quand même la collation de M. l'évêque de Saint-Flour eût été radicalement nulle, celle faite par le chapitre d'Aurillac auroit toujours fait obſtacle à la *prévention;* le chapitre & l'abbé ne faiſant qu'un même tout, & exerçant toujours les mêmes droits, tous les actes de l'un ſont cenſés faits par l'autre, en vertu de la ſolidarité qui exiſte entre eux. La ſentence de 1755, qui ne forme point d'ailleurs une déciſion ſouveraine, n'a donc pas abſolument jugé notre queſtion, & l'on peut dire : *adhuc ſub judice lis eſt.*

On ne s'eſt point contenté, pour reſtreindre l'exercice du droit de *prévention*, de la maxime *collatio etiam nulla impedit præventionem ;* nos canoniſtes en ont créé une ſeconde de même nature, & en faveur des gradués ; *requiſitio etiam nulla impedit præventionem.* Elle ne doit pas être bien ancienne ; juſqu'au commencement du dernier ſiecle, le parlement de Paris affranchiſſoit les gradués de la *prévention ;* ils le ſont encore aujourd'hui dans le reſſort du parlement de Dijon.

La maxime, *la requiſition nulle d'un gradué empêche la prévention*, n'a point pour fondement la faveur des collateurs, mais celle des grades. On a conſidéré les gradués du royaume comme ne formant qu'un ſeul corps, dont tous les membres étoient ſolidaires entre eux, & devoient également veiller à l'intérêt commun. On a regardé le droit aux bénéfices qui leur étoient affectés, comme un droit dont ils jouiſſoient tous par indivis ; & de ces principes, on a conclu que tout acte fait par un gradué, étoit conſervatoire du droit de tous les autres gradués. Ainſi, lorſque dans un mois de rigueur un gradué requiert, ſa requiſition, quoique annullée par celle d'un plus ancien, empêche la *prévention ;* cette requiſition annullée par l'événement, n'eſt pas radicalement nulle dans ſon principe ; c'eſt un acte qui, quoique inutile à celui qui l'a fait, profite à un tiers qui exerce un droit qui étoit ſolidaire entre tous les deux : voilà un des cas où la requiſition nulle empêche la *prévention ;* on peut la comparer à une collation faite par l'ordinaire *ſpreto patrono*. Il en ſeroit de même d'une requiſition relativement nulle, c'eſt-à-dire, à laquelle on n'auroit à reprocher que quelques défauts de formalités, qui n'attaqueroient pas ſa ſubſtance même.

Mais une requiſition radicalement nulle produira-t-elle le même effet qu'une requisition qui n'aura que des nullités relatives ? empêchera-t-elle la *prévention* ? On ne le pense pas ; le pape ou son légat peut prévenir toutes les fois que les choses sont entières, *rebus adhuc integris.* Quand la requisition d'un gradué fait obstacle à la *prévention*, c'est qu'alors les choses ne sont plus supposées entières, & qu'on regarde cet acte comme tendant à faire cesser la vacance du bénéfice. « Si la requisition d'un gra- » dué, dit M. Piales, *Traité de l'expect. des grad.* » tome 3, page 39, empêche la *prévention* de cour » de Rome, c'est sans doute sur le fondement de la » maxime, qu'il n'y a pas lieu à la *prévention* lorsque » les choses ne sont plus entières ». La question que nous examinons se réduit donc à celle-ci. Une re- quisition radicalement nulle laisse-t-elle les choses dans leur entier ? Cette question ne paroît pas sus- ceptible de difficulté ; ce qui est radicalement nul ne peut produire aucun effet ; tout acte radicale- ment nul est censé non avenu ; ce n'est point, à proprement parler, un acte : mais si une requisi- tion radicalement nulle ne peut produire aucun effet ; si elle est censée non avenue, elle ne change rien à l'état des choses, elle les laisse par conséquent dans leur entier. Comment en effet changeroit-elle l'état des choses ? Seroit-ce par rapport au requé- rant ? Seroit-ce par rapport au collateur ? Par rap- port au requérant, elle ne lui donne aucune espèce de droit au bénéfice ; par rapport au collateur, ce n'est point un acte émané de lui. S'il n'a point conféré sur cette requisition, il n'a rien fait qui tende à faire cesser la vacance. Les choses sont donc toujours entières, soit par rapport au requérant, qui n'a acquis aucune espèce de droit au bénéfice, soit de la part du collateur, qui n'a encore rien fait pour le remplir. Si le pape donne alors des provisions par *prévention*, le requérant n'a point à se plaindre ; ses droits ne sont point lésés, puisque sa requisition, radicalement nulle, ne lui en donne aucun ; le col- lateur est prévenu, puisque aucun acte émané de lui ne tend à faire cesser la vacance du bénéfice. Concluons donc que même après une requisition radicalement nulle, & avant toute provision, soit sur cette requisition, soit à tout autre titre, les choses sont encore dans leur entier, & que par conséquent rien n'a pu empêcher la *prévention* du pape. Ces principes paroissent incontestables, sur- tout lorsque c'est un non gradué qui chercheroit à profiter de la requisition radicalement nulle d'un gradué.

Il est certain que si l'on reconnoît actuellement que la collation nulle de l'ordinaire n'empêche point la *prévention*, c'est qu'une collation nulle, ne pou- vant produire aucun effet, laisse les choses dans leur entier ; c'est qu'une collation radicalement nulle n'est point, à proprement parler, une colla- tion. Or, si une collation radicalement nulle, qui est cependant un acte émané du collateur, dans l'intention de remplir le bénéfice, laisse toujours

les choses dans leur entier, à plus forte raison, une requisition radicalement nulle, qui n'at- tribue aucun droit à personne, doit-elle les y laisser ?

On nous objectera sans doute la foule des au- teurs, & sur-tout M. Piales, dans son traité de la *prévention*, & dans celui de l'expectative des gra- dués. Nous répondrons que les auteurs ont parlé de la requisition comme de la collation de l'ordinaire ; tous ont dit qu'une collation nulle empêche la *pré- vention* ; cependant aujourd'hui il est certain que cette maxime ne s'applique qu'à une collation rela- tivement nulle ; il en doit être de même de la re- quisition.

Quant à M. Piales, il ne faut pas croire, même d'après ses ouvrages, qu'il regarde comme un prin- cipe certain que la requisition radicalement nulle empêche la *prévention* ; pour s'en convaincre, il suffit de lire ce qu'il dit à ce sujet, page 3 du tome 3 de l'expectative des gradués. « Mais si la » requisition d'un gradué étoit radicalement nulle, » arrêteroit-elle le cours de la *prévention* ? On con- » vient aujourd'hui, c'est même une maxime cons- » tante dans la jurisprudence la plus moderne, » qu'une provision radicalement nulle n'empêche » pas la *prévention*. N'en doit-il pas être de même » de la requisition qui est infectée du même vice ? » mais quel est le défaut qui annulle radicalement » cet acte ? C'est sur quoi il n'est pas facile de » convenir ». On voit que dans ce passage, M. Piales est bien loin de paroître penser que la requisition radicalement nulle empêche la *prévention*, puisqu'il ne fait tomber la difficulté que sur la question de savoir quel est le défaut qui annulle radicalement cet acte.

Cependant, dans quelques autres endroits de ses ouvrages, il semble décider que la requisition, même radicalement nulle, empêche la *prévention*. Dans son traité de la *prévention*, tome 1, ch. 25, il s'appuie principalement sur plusieurs arrêts ; le premier est celui du 13 août 1763 : mais les cir- constances de cet arrêt, qui ont été recueillies par Duperaï, prouvent qu'il ne peut pas s'appliquer à notre espèce ; la requisition & les provisions du sieur Amillaud étoient antérieures à la date du sieur Regnard ; & l'ordinaire ayant inséré dans les provisions du sieur, Amillaud les clauses *ac alids capaci & idoneo*, ce n'est pas la requisition nulle qui a empêché la *prévention*, mais la provision de l'ordinaire, qui étoit très-valable, au moyen de la clause *omni alio meliori modo* : M. Piales con- vient lui-même de la justesse de cette observation, & il avoue que l'arrêt de 1693 n'a pas jugé notre question. Quant à celui de 1713, M. Piales n'in- dique point les sources où il l'a puisé, & il n'entre pas dans d'assez grands détails pour connoître pré- cisément quels ont été les motifs qui ont décidé les magistrats. L'auteur rapporte ensuite celui de 1714, qui a maintenu le sieur Chesnebrun contre un préventionnaire : mais en recourant à fon traité des gradués, *tome 3*, *page 36*, on y verra que le fieur Chefnebrun foutenoit que la requifition dont il argumentoit pour empêcher la *prévention*, n'étoit pas radicalement nulle ; *ne font-ce pas*, difoit-il, *autant de nullités relatives*, QUÆ VENIUNT IRRI-TANDÆ, *comme parle Chopin* ? & il l'établiffoit, en entrant dans les détails des nullités oppofées à la requifition dont il s'agiffoit. Les autres arrêts cités par M. Piales. fervent feulement à prouver quels font les effets de la claufe *aliàs fufficienti*, ajoutée à celle *tanquam graduato*, & que le collateur peut conférer de nouveau, mais *jure libero*, à celui qui a fait une requifition nulle, pourvu qu'il n'y ait point de gradués duement qualifiés. Qu'on examine les autres arrêts rapportés par le même auteur, on n'y verra pas la queftion de favoir, fi une requifition radicalement nulle empêche la *prévention* jugée *in terminis*, entre un romipete & un pourvu par l'ordinaire. Ce font des préventionnaires contre des gradués, qui couvroient les vices de leur requifition par la claufe *omni alio meliori modo*, inférée dans leurs provifions.

Mais écoutons M. Gilbert de Voifins, portant la parole lors de l'arrêt de 1725, rapporté par M. Piales, *loco cit.* Ce magiftrat établit trois principes ; le premier, que la *prévention* n'avoit lieu que quand les chofes font abfolument entières, *rebus omnino integris* ; le fecond, que les chofes ceffoient d'être entières, 1°. par la collation faite par l'ordinaire d'un bénéfice en patronage, dans le délai accordé aux patrons pour préfenter ce qui s'appelle *collatio pendens*, qui n'eft ni nulle, ni caduque, mais qui peut le devenir ; 2°. par la collation faite à un abfent qui n'accepte point ; 3°. par le *jus ad rem* que donne la requifition d'un gradué, & la préfentation du patron qui frappe les oreilles de l'ordinaire ; le troifième principe fut que le droit des gradués étoit folidaire entre eux, & qu'un tiers pouvoit fe fervir de la requifition d'un autre gradué, faite antérieurement aux provifions de cour de Rome, pour exclure le pourvu du pape. De ces principes développés par M. Gilbert de Voifins, en réfulte-t-il qu'une requifition radicalement nulle empêche la *prévention*, foit au profit d'un gradué, duement qualifié, ou d'un pourvu par l'ordinaire ? on ne le croit pas. M. Gilbert de Voifins établit que la *prévention* ne peut avoir lieu que *rebus omnino integris*, il ajoute que les chofes ne font plus entières par le *jus ad rem* que donne la requifition d'un gradué : mais il eft évident qu'une requifition qui donne le *jus ad rem* ne peut pas être une requifition *radicalement* nulle. M. Gilbert de Voifins n'entendoit donc parler que d'une requifition *relativement* nulle, & à laquelle on n'a à reprocher que quelque défaut de formalités. On peut certainement raifonner d'une requifition radicalement nulle, comme d'une requifition vague & indéterminée ; l'une & l'autre doivent être dans la même claffe : or, de l'aveu même de M, Piales., une requifition vague & indéter-

minée ne peut arrêter la *prévention* : donc une requifition radicalement nulle ne peut pas plus l'arrêter.

Après cette difcuffion, on fe croit fondé à penfer qu'une requifition radicalement nulle ne peut mettre obftacle à la *prévention*. Les principes en cette matière font, comme on l'a fait voir, que la *prévention* peut avoir lieu toutes les fois que les chofes font entières ; qu'elles ne peuvent ceffer d'être entières, que par un acte valide en lui-même, qui tende à faire ceffer la vacance du bénéfice ; qu'une requifition radicalement nulle ne peut être un acte de cette nature, puifqu'elle ne donne pas même le *jus ad rem* au requérant, & qu'étant nulle d'une nullité qui affecte fa fubftance, ce n'eft pas une requifition, mais un acte fauffement qualifié de requifition. *Voyez* GRADES, REQUISITION.

Ce principe, que la *prévention* n'a pas lieu toutes les fois que les chofes ne font plus entières, a fait naître la queftion de favoir, fi la feule préfentation faite par le patron empêche les chofes d'être dans leur entier. Les anciens canoniftes foutenoient que la feule préfentation ne fuffifoit pas, & qu'il falloit encore qu'elle eût frappé les oreilles du collateur, c'eft-à-dire, qu'elle lui eût été notifiée. Dumoulin embraffa cette opinion. *Præventionibus locus non eft, poftquam præfentatio patroni etiam ecclefiaftici pulfaret aures ordinarii & jus ad rem quæfitum*, de infirm. refig. n°. 41. M. Louet la combattit ; il foutint que depuis le concordat on ne devoit plus fuivre l'ancienne jurifprudence ; que le pape ne s'étoit réfervé la *prévention* que pour les bénéfices vacans ; qu'il ne pouvoit prévenir que dans le cas d'une pleine & entière vacance. *Prævenire autem quis dicitur re integrâ quando in negotio nihil geftum ; eft denegari autem quis poteft per præfentationem patroni legitimè factam, & quâ legitimè conftat, negotium effe inceptum, & rem non effe integram, jus ad beneficium quæfitum, ideo ceffare præventionem.* M. Louet va encore plus loin ; il foutient que la fimple nomination d'un fujet faite au patron, fi elle eft acceptée par le nommé & par le patron, donne droit au bénéfice, *jus ad rem*, & empêche la *prévention* du pape, avant même que fur cette nomination le patron ait fait fa préfentation. *Ex quibus colligere licet, nominationem patrono factam, à nominato acceptam, jus ad beneficium dare & papæ præventionem impedire, ut puta, quando beneficium eft in nominatione Titii, & præfentatione Mævii, & collatione Sempronii : quamprimum enim à patrono facta eft nominatio, & acceptata, tribuit jus ad beneficium etiam ante præfentationem collatori factam.*

Les raifons de M. Louet étoient frappantes ; une préfentation *de quâ legitimè conftat* ne laiffe certainement plus les chofes dans leur entier ; elle donne au préfenté *jus ad rem*, & elle eft pour le collateur un acte tout au moins auffi préparatoire, que le fon de la cloche qui appelle les électeurs pour procéder à une élection.

Cependant l'ancienne opinion subsista, sous prétexte que toute présentation renferme nécessairement trois personnes, *debet constare tribus personis, scilicet patrono præsentante, clerico præsentato, & clerico instituente & præsentationem admittente;* de manière que la présentation n'est complette que lorsqu'elle est exhibée au collateur : tel étoit le raisonnement de Vaillant. *Presentatio sola non impedit præventionem papæ & in hoc fallitur dominus Louetius. Et respectu præventionis, res est adhuc integra, donec præsentatio fuerit exhibita collatori.*

L'opinion de M. Loüet a eu le sort que doit toujours avoir la vérité ; elle a triomphé du sophisme & du préjugé, & il est généralement reconnu aujourd'hui qu'une présentation faite devant un notaire, ou toute autre personne publique, relativement au patron, & dont la date est assurée, fait obstacle à la *prévention. Voyez* PRÉSENTATION. Ainsi jugé par deux arrêts du parlement de Paris, des 7 juillet 1755 & 20 août 1757, M. Piales dit à l'occasion du premier : « nous savons de quelques-uns des » juges, que le motif de l'arrêt a été qu'un acte de pré- » sentation en bonne forme doit suffire pour empê- » cher la *prévention,* quoiqu'il n'ait pas été visé par le » collateur ». Le même auteur observe sur le second de ces arrêts, aux additions de son traité des commendes, « que les juges ont estimé qu'il ne doit » pas y avoir de difficulté d'attribuer aux actes » de présentation l'effet d'empêcher la *prévention* » de cour de Rome, depuis que les patrons sont » assujettis à faire recevoir ces actes par deux no- » taires, ou par un notaire, en présence de deux » témoins, connus & domiciliés ; aussi l'arrêt a-t-il » été rendu à l'unanimité des suffrages » Ce qui confirme le sentiment de M. Loüet, que la présentation du patron doit faire obstacle à la *prévention* toutes les fois qu'il en conste légalement, *de quâ legitimè constat.*

Si l'ordinaire confère le même jour que le pape ou le légat, quand même l'heure seroit marquée dans la collation du pape, & qu'elle ne seroit pas marquée dans la collation de l'ordinaire, le pourvu par l'ordinaire doit être préféré ; on en donne deux raisons ; la première, c'est que l'on présume que l'ordinaire a prévenu, parce qu'il est sur les lieux ; la seconde, c'est que le droit de l'ordinaire est favorable. Ajoutons que si l'on accorde au pape la *prévention,* on ne lui accorde point la concurrence ; nous ne connoissons point la maxime que le pape doit l'emporter, *ob majorem conferentis dignitatem.* On étoit autrefois dans l'usage d'inférer l'heure dans les provisions expédiées en la vice-légature d'Avignon, & d'y avoir égard : mais cet abus a été réformé par la déclaration de 1748. *Voyez* DATE.

Pour restreindre de plus en plus le droit de *prévention,* on a établi parmi nous une autre maxime ; c'est que les dates se détruisent par le concours, de manière que si deux ou plusieurs prévention-

naires ont retenu date le même jour, les provisions expédiées sur ces dates sont nulles. *Mutuo concursu sese destruunt.* Et la collation faite par l'ordinaire ce même jour ou le suivant, doit l'emporter. *Voyez* DATE, PROVISIONS. (*M. l'abbé* BERTOLIO, *avocat au parlement.*)

PRÉVENTION, (*Jurisprudence féodale.*) nous avons parlé de la *prévention* à l'article *Juges des seigneurs,* mais très-sommairement. En conséquence, nous revenons sur cette importante matière. Ce que nous allons dire aura pour objet principal la *prévention* imparfaite.

La *prévention* parfaite peut être regardée comme une loi du fief, comme une des conditions de l'investiture. Mais la *prévention* imparfaite n'a d'autre fondement que cette grande maxime ; que quoique dépouillé de la jurisdiction ordinaire par la concession des justices seigneuriales, le roi n'en est pas moins le juge primitif, naturel & immédiat de tous ses sujets. Ce principe sort de la nature des choses. Le droit de jurisdiction est de l'essence de la souveraineté, même en la communiquant, le roi le conserve donc dans toute sa plénitude ; ainsi, dans chaque arrondissement le juge royal est le juge naturel de tous les sujets du roi, même des justiciables des seigneurs. Par conséquent, toutes les fois que l'un de ces justiciables est traduit au bailliage du ressort, il peut ni refuser de comparoître, ni décliner la jurisdiction, ni récuser le tribunal comme incompétent.

On conçoit que ce principe a dû rester long-temps étouffé sous la puissance des seigneurs : en effet, avant le quinzième siècle peut-être seroit-il bien difficile de trouver des traces de ce que nous appellons *prévention* imparfaite. Au contraire, en 1302 & 1357, Philippe-le-Bel & Charles V, disoient : *hoc perpetuo prohibemus edicto ne subditi, vel justiciabiles prælatorum aut baronum, aut aliorum subjectorum nostrorum trahantur in causam, nec eorum causæ, nisi in casu resorti in nostris curiis audiantur, vel in casu alio ad nos pertineni.* « Pour ce que » plusieurs de nos officiers se sont mêlés d'attri- » buer à eux la jurisdiction des seigneurs & juges » ordinaires dont le peuple est moult grevé, nous » qui désirons que chacun use de son droit de » justice & jurisdiction, ordonnons que toutes » justices soient laissées aux juges ordinaires & à » chacun singulièrement la jurisdiction, sans que » nos baillis & autres nos justiciers les puissent » traire pardevant eux, sinon que ce fût en pur » cas de ressort & de souveraineté.

» Ordonnance notable, dit Loiseau, *des seign.* » *ch. 13, n. 27,* en ce qu'elle qualifie les juges » des seigneurs, *juges ordinaires,* à l'exclusion des » juges royaux supérieurs, & qu'elle n'excepte » pas même les cas royaux ». En effet, par cette ordonnance, Charles V ne se réserve que deux choses, le ressort & la souveraineté.

Mais dans le siècle suivant, les idées se développèrent ; & dès le commencement du seizième il étoit généralement reçu, du moins dans les tribunaux du roi, que les juges royaux avoient la *prévention* imparfaite fur tous les juges des feigneurs.

L'arrêt d'enregiftrement des lettres-patentes en forme de déclaration, du 17 juin 1554, porte : « la cour a ordonné & ordonne.... ; que toutes » les fois que les fujets des gentilshommes & juges » fubalternes des juges royaux, feront pourfuivis » pardevant les baillis ou prévôts royaux, & ne » feront requis par les feigneurs hauts-jufticiers, » la *prévention* aura lieu ».

La troifième déclaration, interprétative de l'édit de Cremieu, du mois de novembre 1559, porte : « déclarons que nos baillis & fénéchaux n'aient à » entreprendre aucune connoiffance de caufe des » matieres poffeffoires de nouvelleté ou autres, » quelles qu'elles foient, fous couleur de *prévention* » fur les nuement jufticiables de nous au-dedans » des prévôtés & châtellenies (royales). Laquelle » *prévention* toutefois aura lieu tant feulement » pour le regard des fujets des hauts - jufticiers, » ès cas éfquels elle eft attribuée par nos ordon- » nances & arrêts de nos cours, à nofdits baillis » ou fénéchaux, *art.* 2 ».

Il exiftoit effectivement à cette époque de 1559, plufieurs arrêts en faveur de la *prévention*, notamment trois des années 1551, 1552 & 1553, fur lefquels nous reviendrons dans un inftant.

A la même époque, on procédoit à la rédaction des coutumes ; la *prévention* imparfaite fut érigée en loi dans plufieurs, & même dans quelques-unes la *prévention* parfaite.

Quoiqu'alors & même depuis affez long-temps les tribunaux du roi regardaffent la *prévention* imparfaite comme une prérogative inconteftable & de droit commun, il paroit cependant qu'à cette époque les feigneurs n'étoient pas encore tout-à-fait familiarifés avec cette innovation. Cela réfulte de leurs réclamations confignées dans les procès-verbaux de quelques coutumes.

Mais on n'eut aucun égard à ces oppofitions. La prérogative royale prévalut ; la *prévention* déjà autorifée par la jurifprudence, déjà établie par des loix formelles, reçut encore une nouvelle fanction par la rédaction des coutumes ; & dès la fin du feizième fiècle, le droit de *prévention* étoit tellement affermi, que malgré tous fes efforts pour le détruire, Loifeau convient qu'*il eft tourné en droit commun & ufage ordinaire.*

C'eft donc aujourd'hui un point de notre droit public, qu'il n'eft permis ni de contefter, ni de méconnoître, que les juges royaux ont la *prévention* fur tous les juges des feigneuries de leur arrondiffement ; & que les jufticiables des feigneurs affignés devant eux, doivent comparoître & défendre comme devant leur juge naturel.

Mais comme les juftices font patrimoniales, le refpect dû à la propriété exigeoit que l'on mo-

difiât cette prérogative, & que l'on en tempérât les effets, de manière qu'elle ne devînt pas un moyen de fpoliation. C'eft ce que l'on a fait en autorifant les feigneurs à réclamer leurs jufticiables, & en obligeant les tribunaux du roi de déférer à cette revendication. Cette faculté de revendiquer eft, comme nous l'avons déjà dit, ce qui donne à cette efpèce de *prévention* la dénomination de *prévention* imparfaite.

De ce mot feul *revendication*, réfulte une conféquence très-notable.. C'eft que le jufticiable ne peut pas demander fon renvoi. En effet, on ne fe revendique pas foi-même : d'ailleurs, l'intérêt eft la mefure des actions ; & comment le jufticiable pourroit-il dire à des juges royaux, qu'il a intérêt de n'être pas jugé par eux ?

Par qui donc & en quelle forme cette revendication doit-elle être faite ?

D'anciens arrêts, Bacquet, Loifeau, la coutume de Normandie, *art. 15*; parmi les modernes, Jouffe, dans l'introduction à fon commentaire fur l'ordonnance de 1667, difent que la revendication doit être faite par le feigneur ; ce qui donne, ou du moins femble donner l'exclufion au procureur-fifcal de la feigneurie. On peut donner à cette exclufion un motif très - raifonnable, & même d'ordre public. Ce n'eft que, dans fa juftice, que le feigneur peut plaider par le miniftère de fon procureur-fifcal. Dans les autres tribunaux, il eft donc, comme tous les citoyens, obligé de comparoître en nom perfonnel. L'affranchiffement de cette règle eft une des prérogatives du trône.

Mais, d'un autre côté, les coutumes d'Anjou, *art. 65*, & du Maine, *art. 75*, laiffent au feigneur la liberté de revendiquer lui - même, ou par l'organe de fon procureur ; dans un jugement du confeil, du 1644, rendu fur l'inftruction la plus approfondie, & pour fervir de réglement entre le bailliage royal de Châlons-fur-Marne & les officiers de la juftice-pairie de la même ville, nous lifons : « permet fa majefté » au procureur-fifcal du fieur Lorgue, & de fe pré- » fenter aux audiences des jours ordinaires dudit » bailliage & fiège préfidial, pour revendiquer fes » jufticiables lorfque leurs caufes l'y appelleront » publiquement, lefquelles les officiers royaux » feront tenus de renvoyer pardevant le bailli » dudit fieur Lorgue, finon qu'il y eût appointe- » ment en droit ou de contrariété, fans que, pour » raifon des renvois qu'il requerra, il foit tenu » de payer aucun droit de préfentation ».

Cet arrêt, ainfi que les difpofitions des coutumes du Maine & d'Anjou, paroiffent avoir pris cela fur l'ancienne règle. Aujourd'hui, l'ufage le plus général eft de déférer aux revendications faites par les procureurs-fifcaux.

Outre la difpofition, qui a pour objet la revendication par le procureur - fifcal, l'arrêt du 1644 en renferme encore trois autres, relatives à la forme & à l'époque de la revendication.

Nous y reviendrons dans un inſtant. Il nous reſte encore une obſervation à faire ſur le point de ſavoir par qui la revendication doit être faite.

Ce n'eſt que dans le cas où le juſticiable eſt traduit en première inſtance devant le juge royal, qu'il eſt dans l'impuiſſance de ſe revendiquer lui-même ; il pourroit le faire, il pourroit ſeul, ſans l'intervention du ſeigneur, demander ſon renvoi, ſi après le jugement de première inſtance, ſon adverſaire franchiſſant un degré de juriſdiction, en portoit l'appel au juge ſupérieur, mais *omiſſo medio.*

Les coutumes du Maine & d'Anjou le diſent expreſſément dans les articles 75 & 65 ; en voici les termes : « toutefois en cauſe d'appel relevé ou » anticipé en cour ſuzeraine, *omiſſo medio*, ledit » ſeigneur immédiat relaiſſé en auroit le renvoi » avant conteſtation ; *auſſi le peut requérir la partie » intimée ou anticipée ».*

Sur ces derniers mots, *auſſi le peut requérir, &c.* Dumoulin a mis la note que voici : *Etiam domino tacente, quia ſua intereſt, non perdere gradum juriſdictionis. Quamvis in prima inſtantia non poſſit privatus, ſine domino, declinare juriſdictionem ſuperioris generalis & naturalis, quod etiam generaliter ſervatur in hoc regno.*

Quant à la forme de la revendication, cela ſe réduit à un point fort ſimple. La revendication doit être faite à l'audience ; elle ſeroit irrégulière, & le juge ſupérieur ſeroit autoriſé à ne pas y déférer, ſi le ſeigneur ſe contentoit de déclarer, par un acte ſignifié au greffe, qu'il revendique ſon juſticiable.

La conduite du ſeigneur ſeroit également irrégulière, s'il appelloit de la permiſſion d'aſſigner. Le juge d'appel le déclareroit non-recevable, & le renverroit former ſa revendication à l'audience.

On a exigé que la revendication ſe fît à l'audience & non ailleurs, parce que l'on a voulu que cet acte de la puiſſance ſeigneuriale fût lui-même un hommage à la juſtice du roi, & une reconnoiſſance de ſa ſuprématie.

Pour être régulier, pour que le juge royal ſoit obligé de renvoyer le juſticiable, il faut encore que la revendication ſoit formée avant ce que l'on appelle la *conteſtation en cauſe. Sed non poſt*, dit Dumoulin dans ſa note ſur l'article 75 de la coutume du Maine.

« Après conteſtation en cauſe on ne pourroit » alléguer ni compétence, ni décliner la juriſdic-» tion en laquelle on auroit été ajourné, ni de-» mander à être renvoyé pardevant le juge de » ſon domicile : auſſi les ſeigneurs juſticiers ſont » tenus de revendiquer leurs hôtes & juſticiables, » auparavant que la cauſe ſoit conteſtée, & les » ſeigneurs juſticiers ſe doivent imputer de ce que » eux & leurs officiers n'ont veillé à la conſer-» vation de leur juſtice ». Bacquet, des droits de

juſtice, ch. 8, n. 33. On ſe rappelle que l'arrêt de 1644 a la même diſpoſition.

Cet arrêt ajoute, qu'*à raiſon des renvois qu'il requerra, le ſeigneur ne ſera tenu de payer aucun droit de préſentation.* La règle eſt en effet que les revendications ne donnent lieu à aucun frais.

Enfin, c'eſt encore une des règles de cette matière, que le ſeigneur n'a pas le droit de faire des défenſes à ſes juſticiables de porter leurs cauſes devant le juge royal, & encore moins aux juges royaux d'en connoître. Cette règle eſt écrite dans l'art. 15 de la coutume de Normandie, *ſans que les hauts-juſticiers puiſſent uſer de défenſes à l'encontre deſdits juges royaux & des ſujets du roi.*

Cette matière préſente encore une difficulté : celle de ſavoir ſi les juges royaux ont la *prévention* ſur les juges des pairies qui ſe trouvent dans leur arrondiſſement.

La raiſon de douter, c'eſt que les juſtices-pairies ayant le privilège de reſſortir nuement au parlement, les bailliages & préſidiaux n'ont ſur elles aucune eſpèce de ſupériorité.

Bacquet & Jouſſe décident cette queſtion contre les pairs de France ; & cette déciſion déjà confirmée par l'arrêt de 1644, vient encore de recevoir une ſanction nouvelle.

Le ſieur de Chatillon, ſeigneur d'Oger, avoit fait aſſigner au bailliage royal de Châlons-ſur-Marne, le ſieur de Laire, juſticiable du juge de la pairie de Vertus, ſiſe dans l'arrondiſſement du bailliage de Châlons, mais dont les appels reſſortiſſent au parlement. Attendu cette circonſtance, le ſieur de Laire ne crut pas devoir ſe faire revendiquer par le ſeigneur de Vertus, M. le prince de Soubiſe ; il demanda lui-même ſon renvoi, comme s'il eût été traduit devant un juge incompétent. Sentence du bailliage royal du 16 avril 1782, qui le déboute de ſa demande, appel au parlement. Arrêt confirmatif de la ſentence.

Nous terminerons cette diſſertation par le paſſage ſuivant de Bacquet, qui renferme la plupart des principes que nous venons de préſenter.

« Bien eſt vrai que, pour conſerver l'autorité » & prééminence que le roi a ſur tous les ſei-» gneurs juſticiers de ſon royaume, & montrer » que le droit de juſtice procède de ſa majeſté, » on a toujours gardé que ſi le ſujet d'un ſei-» gneur ſubalterne eſt ajourné pardevant le juge » royal, au bailliage & prévôté duquel il eſt de-» meurant, ledit ſujet, encore qu'il ſoit juſticiable » d'un pair de France ou autre ſeigneur, ne peut » décliner la juriſdiction ; & s'il appelle du déni » de renvoi, il ſera déclaré non-recevable, parce » qu'il ne peut nier qu'il ne ſoit ſujet du roi. » Mais il eſt néceſſaire que le ſeigneur haut-juſti-» cier compare devant le juge & le vendique » comme ſon ſujet & juſticiable....., ou bien ſi » le ſeigneur haut-juſticier n'a vendiqué ſon » ſujet pardevant le juge royal, & le ſujet ſoit » appellant de déni de renvoi, le ſeigneur, en

» cauſe

» caufe d'appel, fe joindra à fon fujet, le ven-
» diquera, & avec lui conclura en l'appel; &
» fans ladite jonction & vendication du feigneur,
» le fujet ne feroit recevable en fon appel.....
» ainfi qu'il fut plaidé & jugé pour le nommé
» Rouffeau, médecin, contre un gentilhomme
» jufticiable du feigneur de Bleré, le 3 feptembre
» 1554, & que les pairs de France foient tenus
» requérir leur fujet, fut jugé contre M. de Nevers,
» feigneur de Donziois, le 20 feptembre 1559.
» Ainfi eft porté par la vérification faite en la
» cour de parlement, le 15 novembre 1554, des
» lettres-patentes en forme de déclaration, ob-
» tenues par les prévôts royaux, le 17 juin audit
» an ». *Bacquet des droits de juftice*, ch. 9, n. 3,
4 & 5.

PRÉVENU : en matière criminelle, on appelle
prévenu d'un crime, celui qui en eft accufé. *Voyez*
ACCUSÉ, CRIMINEL.

PREVOST. *Voyez* PRÉVOT.

PRÉVOT, f. m. (*Droit public.*) du latin *præpofitus*, qui fignifie *prépofé*, eft le titre que les premiers juges, foit royaux ou feigneuriaux, prennent
dans beaucoup d'endroits.

On donne auffi ce titre au chef de certaines
communautés d'artifans.

Enfin, dans certains chapitres, il y a un *prévôt*, qui, dans quelques-uns, eft la première ou la
feconde dignité; dans d'autres, c'eft un fimple
office. Nous traiterons par ordre alphabétique des
différens offices auxquels on donne le titre de
prévôt.

PRÉVÔT DES BANDES ou DES BANDES FRAN-
ÇOISES, eft un *prévôt* d'armée attaché au régiment
des gardes-françoifes, il y a auffi un *prévôt des
bandes* fuiffes; ces fortes de *prévôts* font pour ce
corps en particulier, ce que les *prévôts* de la connétablie & maréchauffée de France, font pour le
refte de l'armée. *V.* PRÉVÔT DES MARÉCHAUX. (*A*)

PRÉVÔT FERMIER, on donnoit ce nom aux
prévôts royaux du temps que les prévôtés étoient
données à ferme. *Voyez* PRÉVÔT ROYAL.

PRÉVÔT FERMIER, (*Droit féodal.*) il en eft queftion dans quelques-unes de nos coutumes, & dans
beaucoup de vieux titres. Pour les bien entendre,
il faut recourir à notre ancien droit fur les jurifdictions feigneuriales.

Les premiers juges établis par les feigneurs, paroiffent avoir été les officiers de leurs maifons, &
fur-tout les intendans chargés de la perception de
leurs revenus. Les feigneurs réuniffant dans leurs
mains la jurifdiction & l'autorité néceffaire pour
faire exécuter leurs jugemens, autoriférent d'abord
leurs intendans à ufer de contrainte pour le paiement de leurs droits, & à juger des queftions relatives à cet objet. Bientôt ils fe firent repréfenter
par eux en jugement, pour toutes fortes de caufes.

On nommoit ces officiers *bailes* ou *baillis*, *fénéchaux*, *châtelains*, *miftraux*, *prévôts*, &c. Tous nos
monumens atteftent qu'ils étoient également char-

Jurifprudence. Tome VI.

gés de la perception des revenus & de l'adminiftration de la juftice. Encore aujourd'hui les baillis
des manoirs d'Angleterre font des receveurs. Leurs
provifions les autorifent à faire la recette des revenus fixes & cafuels qui dépendent du manoir,
& à contraindre au paiement les redevables. *Voy.*
Boyers new-law dictionnary & l'article PRÉVÔT SEI-
GNEURIAL.

Malheureufement les droits de fief & de jurifdiction formoient un revenu fi confidérable, que
l'adminiftration de la juftice ne fut confidérée que
comme un acceffoire. On prétend que le roi
Louis IX, qui défendit de vendre les offices de
judicature, donna le malheureux exemple d'affermer les bailliages & les prévôtés.

Cette méthode devint bientôt générale, & les
officiers ne ceffèrent pas pour cela de juger les
caufes de leurs bailliages, ou de leurs prévôtés.
On fent quels abus dûrent en réfulter, fur-tout
lorfque l'ufage de rendre les jugemens par pairs,
fut tombé en défuétude, puifque ces fermiers
étoient véritablement juges & parties, non-feulement dans les caufes domaniales, mais auffi
dans les affaires ordinaires, à caufe des amendes
confidérables qui étoient fi multipliées dans notre
ancienne procédure. Il paroît même, par ce que dit
Brüffel, que les amendes & les autres droits
cafuels de la jurifdiction étoient ordinairement le
feul objet de la ferme des *prévôts*. On lit dans
les chroniques de Flandres, *chap. 33*, que le pape
répondit à Philippe-le-Bel, qui follicitoit la ca-
nonifation de faint Louis, « que pour la caufe qu'il
» avoit mis fes bailliages & fes prévôtés à ferme,
» de quoi maint pauvre homme en étoit déshérité,
» il ne l'oferoit lever à faint ».

Cet abus fut fupprimé & rétabli alternativement,
comme on peut le voir dans l'ordonnance de
Philippe-le-Bel de 1302, dans l'édit du roi Charles V de l'an 1358, *art. 1.* Dans un autre édit de
Charles VIII, *art. 65*, & dans un dernier du
roi Louis XII de l'an 1499, *art. 60 & 61*. Il y eft
dit que les prévôtés feront baillées en garde, en
ce qui eft de l'exercice de la juftice, à perfonnes
lettrées, & que tels juges n'auront aucune participation ni intelligence avec les *prévôts fermiers*.

C'eft l'obfervation de Coquille fur l'art. 25 du
titre 1 de la coutume de Nivernois. Cet article
porte auffi « qu'un *prévôt fermier* ne peut être juge
» ès caufes procédantes de fon office, & èfquelles
» y a amende qui ne peut avenir ».

Lorfque la diftinction des juges & des fermiers
fut bien établie, le fermier ne ceffa pas pour cela
de s'appeler *prévôt*. Mais on diftingua les *pré-
vôts-juges* des *prévôts fermiers*. C'eft ainfi qu'il faut
entendre l'art. 56 de la coutume de Senlis. Il y eft
dit : « Si les appellans des *prévôts* (juges) & fer-
» gens royaux ont mal appellé, ils font condamnés
» ès dépens & en l'amende de 60 fols parifis que
» prend le *prévôt fermier*, chacun en fes terres ».
Voyez les recherches de Pafquier, *liv. 4, chap. 17.*

Ce dernier auteur fait voir que l'usage d'affermer les prévôtés, n'a point été introduit par S. Louis. (*M. Garran de Coulon*, avocat au parlement.)

Prévôt en garde, est le titre que l'on donnoit aux *prévôts royaux*, depuis qu'il eut été défendu de donner en ferme les prévôtés, ainsi que nous le dirons sous le mot Prévôt royal.

Prévôt de France (Grand) *ou* Prévôt de l'hôtel du roi, qu'on appelle ordinairement, par abréviation, *prévôt de l'hôtel* simplement, est un officier d'épée qui est le juge de tous ceux qui sont à la suite de la cour, en quelque lieu qu'elle se transporte.

Du Tillet, & après lui quelques autres auteurs, ont avancé que le roi des ribauds exerçoit autrefois la charge de *grand-prévôt*, & qu'il fut intitulé *prévôt de l'hôtel*, sous le règne de Charles VI.

Miraulmont, au contraire, fait descendre le *prévôt de l'hôtel* des comtes du palais.

Mais les uns & les autres se sont trompés : ce que l'on peut dire de plus certain à ce sujet, est que l'autorité du *prévôt de l'hôtel* dérive de celle du grand sénéchal qui existoit en même temps que le comte du palais, mais dont l'autorité n'étoit pas si étendue que celle du comte du palais ; du sénéchal elle passa au bailli du palais, de celui-ci au grand-maitre, du grand-maitre aux maitres d'hôtel, & de ceux-ci au *prévôt de l'hôtel*.

Ces officiers avoient sous leurs ordres le roi des ribauds.

Sous le terme de *bauds* ou *ribauds*, on entendoit, dans l'origine, des hommes forts & déterminés, propres à faire un coup de main ; ce terme de *ribauds* se prit dans la suite en mauvaise part, à cause de la licence & des débauches auxquelles s'adonnoient ces ribauds.

Le roi des ribauds étoit le chef des sergens de l'hôtel du roi, il avoit lui-même son *prévôt* ou préposé qui exécutoit ses ordres : ses fonctions consistoient à chasser de la cour les vagabonds, filoux, femmes débauchées, ceux qui tenoient des brelans & autres gens de mauvaise vie, que l'on comprenoit tous sous le nom de *ribauds* : il avoit soin que personne ne restât dans la maison du roi pendant le dîner & le souper, que ceux qui avoient bouche en cour, & d'en faire sortir tous les soirs ceux qui n'avoient pas droit d'y coucher ; enfin il prêtoit main-forte à l'exécution des jugemens qui étoient rendus par le bailli du palais ou autre, qui avoit alors la jurisdiction à la suite de la cour.

Quelques-uns croient que le roi des ribauds fut supprimé en 1422, que le *prévôt de l'hôtel* lui succéda ; d'autres disent qu'il ne fut établi qu'en 1475. Mais Boutillier, qui florissoit en 1459, parle du roi des ribauds, comme étant encore existant ; & d'un autre côté, les historiens nous apprennent que le *prévôt de l'hôtel* étoit déjà établi dès 1455,

puisque les grandes chroniques de l'abbaye de saint Denis rapportent qu'en cette année, Jean de la Gardette, *prévôt de l'hôtel*, arrêta sur le pont de Lyon, le roi y étant, Otho Castellan, Florentin, argentier de S. M., & que le *prévôt de l'hôtel* assista en 1458 au jugement du procès du duc d'Alençon. Ainsi cet officier & le roi des ribauds existans en même temps, l'un ne peut avoir succédé à l'autre.

Le roi des ribauds qui étoit ordinairement l'un des archers du *prévôt de l'hôtel*, se trouva par la suite confondu parmi les archers de ce *prévôt* : ses sergens subsistèrent encore quelque temps sous le *prévôt de l'hôtel* ; mais ils furent aussi supprimés, lorsque Louis XI créa des gardes sous le *prévôt de l'hôtel*.

Il résulte aussi de ce qui vient d'être dit, que le *prévôt de l'hôtel* n'a pas non plus succédé aux *prévôts* des maréchaux qui exerçoient leur office à la suite de la cour, puisque du temps de Tristan l'Hermite, lequel vivoit encore en 1472, & qui est le dernier qui ait exercé cet office, il y avoit déjà un *prévôt de l'hôtel* ; il existoit même, comme on l'a déjà vu, avant 1455.

Le *prévôt de l'hôtel* prêtoit autrefois serment entre les mains du chancelier de France. Le sieur de Richelieu fut le premier qui le prêta entre les mains du roi, ainsi que cela s'est toujours pratiqué depuis ce temps.

L'office de *grand-prévôt de France*, qui est uni à celui de *prévôt de l'hôtel*, est aussi fort ancien. Les provisions de messire François du Plessis, seigneur de Richelieu, vingt-unième *prévôt de l'hôtel*, nous apprennent que la charge de *grand-prévôt de l'hôtel* fut possédé avant lui par le sieur Chardion qui exerçoit dès 1524. Il fut peut-être le premier des *grands-prévôts*, à moins que cette charge n'eût été créée pour Tristan & pour Monterad ; on croit que ce dernier posséda la charge de *grand-prévôt* depuis qu'il se fut démis de celle de *prévôt de l'hôtel*.

Comme la charge de *grand-prévôt* paroissoit éteinte à cause qu'il n'y avoit pas été pourvu depuis la mort de Monterad, le roi, par les provisions de M. de Richelieu, la rétablit en sa faveur pour la tenir conjointement avec celle de *prévôt de l'hôtel*.

Par un arrêt du conseil du 3 juin 1589, le roi déclara n'avoir jamais entendu & qu'il n'entendoit pas qu'à l'avenir la qualité de *grand-prévôt* fût attribuée à d'autre qu'au *prévôt de son hôtel* & *grand-prévôt de France* ; ce qui a encore été confirmé par deux autres arrers.

Le tribunal de la prévôté de l'hôtel est composé dudit *prévôt* & de plusieurs autres officiers, savoir, de deux lieutenans-généraux civils, criminels & de police qui servent alternativement, l'un à Paris, l'autre à la cour, un procureur du roi, un substitut, un greffier-receveur des consignations, deux commis-greffiers, un trésorier-payeur des gages, douze procureurs, quatorze huissiers, trois notaires, dont deux ont été créés en 1543, à l'instar de ceux de Paris, pour la suite de la cour & des conseils du roi ; le troisième a été établi par commission du conseil.

Outre ces officiers de robe-longue, le *prévôt de l'hôtel* a sous lui une compagnie, qui après avoir été supprimée par édit du mois de mars 1778, enregistré à la chambre des comptes le 21 du même mois, a été créée de nouveau par cet édit sur un nouveau plan. Elle est aujourdh'ui composée d'un lieutenant-général d'épée, d'un major, un aide-major, quatre lieutenans, six sous-lieutenans, six brigadiers, six sous-brigadiers, soixante gardes, six gardes surnuméraires appointés, & un trompette. Il y a en outre un commissaire aux revues de la compagnie, un maréchal des logis, un secrétaire, un aumônier & un chirurgien.

Tous les officiers doivent être pourvus par le roi, sur la présentation du *grand-prévôt*, à l'exception du commissaire, dont sa majesté s'est réservé le choix. Les bas-officiers, gardes, appointés & trompettes doivent pareillement obtenir leurs provisions sur la présentation du *grand-prévôt*.

Tous les offices de la compagnie du *prévôt de l'hôtel*, sont dans le casuel de cet officier, à l'exception de l'office de commissaire aux revues.

Deux ordonnances des 9 & 15 mars de la même année ont réglé les titres, qualités, privilèges & prérogatives attachés aux différens membres de la compagnie du *prévôt de l'hôtel*, ainsi que le service qu'ils doivent faire, & la police qu'ils doivent observer.

La jurisdiction de la prévôté de l'hôtel a éprouvé beaucoup de variations & d'accroissemens. Nous n'en ferons pas ici l'extrait, on peut les voir dans l'ouvrage de Miraulmont, intitulé *le prévôt de l'hôtel, & grand-prévôt de France*. Nous remarquerons seulement que cet officier connoît en première instance des causes civiles de toutes les personnes qui sont à la suite de la cour, conformément aux édits, déclarations & réglemens concernant cette jurisdiction ; l'appel de ses jugemens en matière civile se relève au grand-conseil.

Le *prévôt de l'hôtel* est juge sans appel de toutes les causes criminelles & de police qui surviennent à la suite de la cour.

Les officiers de la prévôté de l'hôtel ont aussi la manutention de la police dans les lieux où se trouve la cour, y font porter les vivres & denrées, y mettent le taux, connoissent les malversations dans les logemens à la craie, & de tout ce qui concerne les voitures publiques de la cour.

Ces mêmes officiers ont droit de jurisdiction, & d'instrumenter chacun en ce qui concerne leurs fonctions dans les maisons royales & leurs dépendances, hôtels d'équipages des seigneurs, chez les officiers

du roi & de la reine étant dans leur quartier de service, chez les commis des bureaux des ministres dans les villes & endroits où la cour se trouve, à l'exclusion de toutes autres jurisdictions & officiers ordinaires.

Ils jouissent de tous les privilèges des commensaux de la maison du roi.

L'exercice de cette jurisdiction a occasionné dans tous les temps un grand nombre de conflits entre la prévôté de l'hôtel & les autres tribunaux. Pour les faire cesser, le roi a fait rendre en son conseil, le premier avril 1762, un arrêt de réglement, contenant 49 articles, dans lesquels la compétence de ces différens sièges est fixée avec clarté & précision.

PRÉVÔT DE L'ISLE DE FRANCE, qu'on appelle communément *prévôt de l'île* simplement par abréviation, est le *prévôt* des maréchaux, qui a pour district l'étendue de pays qu'on appelle l'*île de France*. Il fait dans ce pays les mêmes fonctions que les autres *prévôts* des maréchaux font chacun dans la province de leur département, & juge les cas prévôtaux arrivés dans son district, avec les officiers du présidial à Paris. Ce *prévôt* n'a précisément que l'île de France pour son département, il y a un autre *prévôt* pour le surplus de la généralité de Paris, qu'on appelle le *prévôt* de la généralité de Paris, & qui a son siège à Melun. *Voyez* PRÉVÔT DES MARÉCHAUX. (*A*)

PRÉVÔT-MAIRE. (*Droit féodal.*) On donne ce nom aux juges de première instance dans quelques lieux. *Voyez* les articles 58 & 72 de la coutume de Senlis, & l'article MAIRIE, (*Droit féodal.*). (*G. D. C.*)

PRÉVÔT DE LA MARINE est un officier établi dans les principaux ports du royaume, pour tenir la main à l'exécution des ordonnances concernant la marine. Il a un lieutenant, un exempt, un *prévôt* du roi, un greffier, des archers ; il reçoit les dénonciations des déserteurs, instruit le procès contre eux, & le rapporte au conseil de marine ou à son lieutenant.

Ces prévôtés de la marine ont été établies par édit d'avril 1704, dans les ports de Brest, Rochefort, Marseille, Dunkerque, le Havre, Port-Louis & Bayonne. (*A*)

PRÉVÔT DES MARCHANDS est un magistrat qui préside au bureau de la ville, pour exercer avec les échevins la jurisdiction qui leur est confiée.

L'office de *prévôt des marchands* est municipal ; on ne connoît que deux *prévôts des marchands* en France, celui de Paris & celui de Lyon ; ailleurs le chef du bureau de la ville est communément nommé maire.

En 1170, une compagnie des plus riches bourgeois de Paris établit dans cette ville une confrairie sous le titre de *confrairie des marchands de l'eau.*

Ils achetèrent, des abbesse & religieuses de Haute-Bruyère, une place hors de la ville, & fondèrent leur confrairie dans l'églife de ce monaftère. Cet établiffement fut confirmé par des lettres-patentes de la même année.

Quelques-uns prétendent néanmoins que l'établiffement de la prévôté des marchands à Paris remonte jufqu'au temps des Romains ; que les marchands de Paris fréquentant la rivière, par laquelle fe faifoit alors prefque tout le commerce , formoient dès-lors entre eux un collège ou communauté fous le titre de *nautæ parifiaci*. Suivant un monument qui fut trouvé en 1710 en fouillant fous le chœur de l'églife de Notre-Dame ; il eft à croire que ces nautes avoient un chef qui tenoit la place qu'occupe aujourd'hui *le prévôt des marchands.*

Quoi qu'il en foit de cette origine, il eft certain que l'inftitution du *prévôt des marchands* eft fort ancienne.

Il paroît que dans les commencemens, ceux de la confrairie des marchands qui furent choifis pour officiers, étoient tous nommés prévôts des marchands, c'eft-à-dire prépofés, *præpofiti mercatorum aquæ* : c'eft ainfi qu'ils font nommés dans un arrêt de l'an 1268, rapporté dans les *olim*.

Dans un autre arrêt du parlement de la Pentecôte en 1273, ils font nommés *fcabini*, & leur chef *magifter fcabinorum.*

Il y en avoit donc dès-lors un qui étoit diftingué des autres par un titre particulier, & qui eft aujourd'hui repréfenté par le *prévôt des marchands.*

En effet, dans l'ancien recueil manufcrit des ordonnances de police de Paris, qui fut fait du temps de S. Louis, les échevins & leur chef font défignés fous ces différens titres, *li prevoft de la confrairie des marchands & li echevins; li prevoft & li jurés de la marchandife ; li prévoft & li jurés de la confrairie des marchands* : ailleurs il eft nommé *prévôt de la marchandife de l'eau*, parce qu'en effet la jurifdiction à la tête de laquelle il eft placé n'a principalement pour objet que le commerce qui fe fait par eau.

Il devoit être préfent à l'élection qui fe faifoit par le *prévôt* de Paris ou par les auditeurs du chatelet de quatre prud'hommes , pour faire la police fur le pain, & il partageroit avec les prud'hommes la moitié des amendes.

C'étoit lui & les échevins qui élifoient les vendeurs de vin de Paris, ils avoient le droit du cri de vin , & levoient une impofition fur les cabaretiers de cette ville. Le *prévôt* avoit la moitié des amendes auxquelles ils étoient condamnés ; c'étoit lui qui recevoit la caution des courtiers de vin.

Il avoit conjointement avec le *prévôt* de Paris infpection fur le fel.

On l'appelloit aufti à l'élection des jurés de la marée & du poiffon d'eau douce.

Il étoit pareillement appellé , comme le *prévôt* de

Paris , pour connoître avec les maîtres des métiers de la bonté des marchandifes amenées à Paris par les marchands forains.

On l'appella aufti au parlement en 1350, pour faire une ordonnance de police concernant la pefte.

Il recevoit avec plufieurs autres officiers le ferment des jurés du métier des bouchers & chandeliers.

On trouve que dans plufieurs occafions le *prévôt des marchands* fut appellé à des affemblées confidérables.

Par exemple , en 1370 il fut appellé à une affemblée pour faire un règlement fur le pain ; & en 1379 à une autre affemblée , où il s'agiffoit de mettre un impôt fur la marée.

Il affifta le 21 mai 1375 à l'enregiftrement de l'édit de la majorité des rois.

Mais le 27 janvier 1382 , à l'occafion d'une fédition arrivée à Paris , Charles VI fupprima le *prévôt des marchands* & l'échevinage de la ville de Paris , & réunit le tout à la prévôté de la même ville, enforte qu'il n'y eut plus alors de *prévôt des marchands* , ni des échevins ; ce qui demeura dans cet état jufqu'au premier mars 1388 , que le roi rétablit le *prévôt des marchands* & les échevins ; mais il paroît que la jurifdiction ne leur fut rendue que par une ordonnance de Charles VI du 20 janvier 1411.

Le *prévôt des marchands* préfide à cette jurifdiction.

Il eft nommé par le roi, & fa commiffion eft pour deux ans ; mais il eft continué trois fois, ce qui fait en tout huit années de prévôté.

Cette place eft ordinairement remplie par un magiftrat du premier ordre.

Le *prévôt des marchands* a le titre *de chevalier.* Il porte dans les cérémonies la robe de fatin cramoifi. *Voyez* ÉCHEVIN , MAIRE , HÔTEL-DE-VILLE. (*A*)

PRÉVÔT DES MARÉCHAUX DE FRANCE , ou , comme on dit vulgairement par abréviation , *prévôt des maréchaux* , eft un officier d'épée établi pour battre la campagne avec d'autres officiers & cavaliers ou archers qui lui font fubordonnés , afin de procurer la fûreté publique : il eft aufti établi pour faire le procès à tous vagabonds, gens fans aveu & fans domicile, & même pour connoître , en certains cas , des crimes commis par des perfonnes domiciliées.

On peut rapporter aux Romains la première inftitution de ces fortes d'officiers , les Romains ayant des milices deftinées à battre la campagne, arrêter les malfaiteurs & les livrer aux juges ; les chefs de ces milices étoient appellés *latrunculatores.*

En France , les comtes étoient pareillement chargés de veiller à la fûreté des provinces.

Les baillis & fénéchaux qui leur fuccédèrent furent chargés du même foin. Le *prévôt* de Paris qui tient le premier rang entre les baillis, avoit pour ce service 220 sergens à cheval qui venoient tous les jours à l'ordre, & une compagnie de cent maîtres qui battoit continuellement la campagne, & à la tête de laquelle il se trouvoit lui-même dans les occasions importantes. Les baillis & sénéchaux faisoient la même chose chacun dans leur province.

Il n'y avoit, jusqu'au temps de François I, que deux maréchaux de France; ce prince les augmenta jusqu'à quatre. Ils commandoient les armées avec le connétable, comme ses lieutenans, & en chef lorsqu'il étoit absent. La jurisdiction militaire attachée à ce commandement, étoit exercée, sous leur autorité, par un *prévôt* qui devoit être gentilhomme, & avoir commandé; il étoit à la suite des armées, & en temps de paix, il n'avoit point de fonction.

Charles VI fixa ce *prévôt des maréchaux* à la suite de la cour, d'autant que sous son règne la cour ne fut presque point séparée de l'armée. Cet arrangement subsista sous les règnes suivans, on a même fait de ce *prévôt des maréchaux* l'un des grands officiers de la couronne, sous le titre de *grand-prévôt de France*.

Cet officier unique ne pouvant veiller sur toutes les troupes qui étoient tant en garnison qu'à l'armée, envoyoit de côté & d'autre ses lieutenans, pour informer des excès commis par les gens de guerre.

Louis XI permit en 1494 au *prévôt des maréchaux*, de commettre en chaque province un gentilhomme pour le représenter, avec pouvoir d'assembler, selon les occasions, les autres nobles & autres gens du pays pour s'opposer aux gens de guerre, aventuriers & vagabonds débandés des armées, courant les champs, volant & opprimant le peuple, les prendre & saisir au corps, & les rendre aux baillis & sénéchaux pour en faire justice.

Dans la suite ces commissions furent érigées en offices pour diverses provinces, tellement que vers la fin du règne de Louis XI il ne resta presque aucune province qui n'eût un *prévôt des maréchaux*.

Chacun de ces *prévôts* eut la liberté de se choisir des lieutenans, & un certain nombre d'archers pour servir sous ses ordres.

Dans les grands gouvernemens, tels que ceux de Guienne, Normandie, Picardie, les *prévôts des maréchaux* prirent le titre de *prévôts généraux* avec le surnom de la province; ceux des moindres provinces furent simplement *prévôts* d'un tel lieu; on les appella *prévôts provinciaux*.

Ils n'avoient d'abord de jurisdiction que sur les gens de guerre, suivant l'édit de François I du mois de janvier 1514: en 1536 & 1537, il y eut des lettres qui leur attribuèrent jurisdiction sur les voleurs, vagabonds, & dans les cas appellés depuis

prévôtaux; mais ces commissions n'étoient que pour un temps.

Ce ne fut que par un édit du 3 octobre 1544, que François I accorda, pour la première fois, aux *prévôts des maréchaux*, par concurrence & prévention avec les baillis & sénéchaux, la justice, correction & punition des gens de guerre qui désemparoient le service ou les garnisons, & de tous les vagabonds & autres malfaiteurs qui tiennent les champs, & y commettent des vols, des violences & autres semblables crimes.

Il rétablit en 1546 un *prévôt des maréchaux* pour la ville, prévôté, vicomté & élection de Paris, & pour les élections de Senlis, Beauvais, Clermont, Montfort-l'Amaury & Estampes.

Les *prévôts des maréchaux* étant ainsi obligés de résider dans leurs provinces, on établit d'autres *prévôts des maréchaux* pour la suite des troupes; ce sont ceux qu'on appelle *prévôts de l'armée*.

Le *prévôt* général de Guienne ayant négligé ses fonctions, son office fut supprimé; on créa en sa place trois vice-sénéchaux, à chacun desquels on donna pour département une partie de la Guienne.

Il y eut encore de semblables offices établis dans quelques autres sénéchaussées sous le même titre de *vice-sénéchaux*, & dans quelques bailliages sous le titre de *vice-baillis*; présentement ils ont tous le titre de *prévôts des maréchaux*.

Les *prévôts* provinciaux ou particuliers furent supprimés par l'édit du mois de novembre 1544; il y en eut pourtant depuis quelques-uns de rétablis; mais présentement il n'y en a plus, si ce n'est dans la province de Bourgogne.

Les *prévôts généraux des maréchaux*, qui sont présentement au nombre de trente-un, ont tous le titre d'*écuyers* & de *conseillers du roi*, avec voix délibérative dans les affaires de leur compétence, quand ils ne seroient pas gradués.

Ils ont rang & séance aux présidiaux après le lieutenant-criminel du siége.

Ils ne peuvent posséder en même temps aucun autre office.

Pour les fautes qu'ils peuvent commettre dans leurs fonctions, ils ne sont justiciables que du parlement.

Ils ont ordinairement un assesseur pour leur servir de conseil, quelquefois aussi un lieutenant. Il y a aussi en quelques endroits un procureur du roi pour la jurisdiction de la maréchaussée; ailleurs c'est le procureur du roi au présidial qui fait cette fonction.

La compétence & les fonctions des *prévôts des maréchaux* ont été fixées par divers réglemens, notamment par des lettres-patentes du 5 février 1549, 14 octobre 1563, août 1564, ordonnance de Moulins en 1466, par l'ordonnance criminelle de 1670, enfin, par la déclaration du 5 février 1731, qui forme le dernier état sur cette matière. *Voy.* CAS PRÉVÔTAUX & MARÉCHAUSSÉE. *(A)*.

PRÉVÔT GÉNÉRAL DES MONNOIES *ou* GRAND PRÉVÔT DES MONNOIES, eſt un officier qui eſt à la tête d'une compagnie d'ordonnance, établi pour faciliter l'exécution des édits & réglemens donnés ſur le fait des monnoies, prêter main-forte aux députés de la cour des monnoies, & exécuter les arrêts de cette cour, & les ordonnances de ſes commiſſaires. *Voyez* MONNOIE.

PRÉVÔT DE PARIS, eſt un magiſtrat d'épée qui eſt le chef du châtelet, ou prévôté & vicomté de Paris, juſtice royale ordinaire de la capitale du royaume.

L'établiſſement de cet office remonte juſqu'à Hugues-Capet; la ville de Paris & tout le territoire qui en dépend, étoient alors gouvernés par des comtes qui réuniſſoient en leur perſonne le gouvernement politique & militaire, l'adminiſtration de la juſtice & celle des finances. Ils rendoient la juſtice en perſonne dans Paris, & avoient ſous eux un vicomte qui n'étoit pas juge de toute la ville, mais ſeulement d'une petite portion qui formoit le fief de la vicomté & d'un certain territoire au dehors. Hugues-Capet, qui étoit d'abord comte de Paris, étant parvenu à la couronne en 987, y réunit le comté de Paris qu'il tenoit en fief; & l'office de vicomté ayant été ſupprimé vers l'an 1032, le *prévôt de Paris* fut inſtitué pour faire toutes les fonctions du comte & du vicomte : c'eſt pourquoi le titre de vicomté eſt toujours demeuré joint avec celui de prévôté de Paris.

Le *prévôt de Paris* fut donc inſtitué non pas ſeulement pour rendre la juſtice, il étoit auſſi chargé, comme les comtes, du gouvernement politique & des finances dans toute l'étendue de la ville, prévôté & vicomté de Paris.

On ne doit pas le confondre avec les autres prévôts royaux, qui ſont ſubordonnés aux baillis, ſénéchaux. Il n'a jamais été ſubordonné à aucun bailli ou ſénéchal, ni même au bailli de Paris, tandis qu'il y en a eu un. Il précède même tous les baillis & ſénéchaux, & a pluſieurs prérogatives qui lui ſont particulières.

Jean le Cocq dit que le *prévôt de Paris* eſt le premier dans la ville après le prince, & MM. du parlement, qui repréſentent le prince, qu'il précède tous les baillis & ſénéchaux; & l'auteur du grand coutumier dit qu'il repréſente la perſonne du roi au fait de la juſtice.

Auſſi voit-on que cette place a toujours été poſſédée par des perſonnes de diſtinction, & même par les plus grands ſeigneurs du royaume.

Le premier qui ſoit connu ſe nommoit *Etienne*. Il ſouſcrivit en 1060 & 1067 deux chartres de fondation de ſaint Martin, faites par Henri I. & Philippe I, ſuivant l'uſage où étoient alors nos rois de faire ſouſcrire leurs chartres par leurs principaux officiers. Il y eſt qualifié *Stephanus prœpoſitus pariſienſis.*

Philippe-Auguſte établit en 1192 pour *prévôt de Paris,* Anſelme de Garlande, fils de Guillaume, qui étoit *dapifer,* ou grand-maître de la maiſon de Louis-le-Gros, & d'une maiſon des plus diſtinguées qu'il y eût alors.

On voit dans pluſieurs chartres, que nos rois, en parlant du *prévôt de Paris,* l'appelloient par excellence *notre prévôt,* enſorte qu'il étoit le *prévôt* du roi; c'eſt ainſi qu'il eſt qualifié dans une chartre de Louis-le-Gros en 1126, qui le commit pour rendre en ſon nom à l'évêque de Paris certains droits, comme cela ſe pratiquoit alors.

En 1134, le même roi Louis-le-Gros donna aux bourgeois de Paris le privilège de pouvoir faire arrêter leurs débiteurs forains, & attribua la connoiſſance de ce privilège au *prévôt de Paris* & à ſes ſucceſſeurs : *ad hoc ſint,* eſt-il dit, *in perpetuum adjutores.*

Il avoit autrefois ſon ſceau particulier comme tous les autres magiſtrats, dont il ſcelloit les actes de ſa juriſdiction contentieuſe & volontaire ; ce qui ſuffiſoit alors pour les rendre authentiques, ſans autre ſignature.

Vers la fin du règne de Philippe-Auguſte, on introduiſit l'abus de donner les bailliages & les prévôtés royales à ferme. La prévôté de Paris ne fut pas exempte de ce déſordre ; il y eut auſſi des *prévôts* fermiers ; on voit même qu'en 1245 & en 1251 elle étoit tenue par deux marchands, qui en exerçoient collectivement les fonctions. Ces *prévôts*-fermiers ne jugeoient point, cela leur étoit même défendu ; ils convoquoient ſeulement les parties ; les avocats leur donnoient conſeil pour les cauſes qui ſe jugeoient en l'audience ; ils jugeoient par leur avis. On prétend que c'eſt de-là que vient le ſerment que les avocats prêtoient ci-devant au châtelet ; lorſqu'il s'agiſſoit de fait & de preuves, ils renvoyoient aux commiſſaires ; ſi c'étoit un point de droit, ils renvoyoient aux conſeillers qui jugeoient en la chambre civile.

La prévôté de Paris ne demeura dans cet état que pendant 30 ans, dans un beſoin extrême d'argent, ſur la fin du règne de Philippe-Auguſte, ſous celui de Louis VIII, & pendant la minorité de ſaint Louis. Dès que ce prince fut en âge de gouverner par lui-même, il réforma cet abus pour ſa capitale, ce qui n'eut lieu pour les provinces que plus d'un ſiècle après, de ſorte que l'office de *prévôt de Paris* en reçut un grand éclat ; ce magiſtrat ayant été commis par nos rois pour viſiter les provinces, & y réprimer les déſordres que faiſoient les baillis & ſénéchaux fermiers. C'eſt ce que l'on voit dans pluſieurs ordonnances de la troiſième race, où le *prévôt de Paris* eſt nommé *viſiteur* & *réformateur* par tout le royaume.

Ce fut en 1254 que ſaint Louis retira à lui la prévôté de Paris ; il la ſépara pour toujours des fermes de ſon domaine, & la donna en garde à Etienne Boileau ou Boiſleve, homme de grand mérite, & lui aſſigna des gages pour lui & ſes ſucceſſeurs.

Depuis ce temps, ceux qui rempliſſoient les fonctions de cet office ne prenoient ordinairement dans leurs provisions que le titre de garde de la prévôté de Paris, & non celui de *prévôt*, quelques-uns prétendant que le roi lui-même étoit *prévôt de Paris*; mais depuis 1685, on n'a plus fait de difficulté de donner le titre de *prévôt de Paris* au magistrat qui en fait les fonctions.

Saint Louis débarrassa aussi le *prévôt de Paris* du soin de recevoir les actes de jurisdiction volontaire, & de les faire expédier, en créant à cet effet soixante notaires.

Il paroît par des ordonnances & réglemens généraux de 1302, 1320, 1327 & 1420, que le *prévôt de Paris* rendoit autrefois assidûment la justice en personne. L'ordonnance du châtelet, de l'an 1485, lui enjoint d'être au châtelet à sept heures du matin, & d'y être tous les jours que les conseillers du parlement y seront. Un arrêt de réglement du 22 juin 1486 lui enjoignit d'aller à Corbeil pour y tenir ses assises en personne. Il lui étoit même défendu d'avoir des lieutenans qu'en cas de maladie ou autre légitime empêchement, & alors il les choisissoit à sa volonté; il commettoit des auditeurs, qui lui faisoient le rapport des causes importantes; il jugeoit les procès avec ses conseillers, qu'il choisissoit conjointement avec M. le chancelier & quatre conseillers du parlement; il commettoit aussi à la place des auditeurs, greffiers, procureurs, notaires, sergens; il n'a cessé de nommer les différens officiers qu'à mesure qu'ils ont été érigés en titres d'office.

Dans les affaires de la prévôté de Paris qui étoient portées au parlement, & dans lesquelles le roi se trouvoit intéressé, c'étoit le *prévôt de Paris* qui parloit pour le roi.

Le gouvernement militaire ne fut séparé de la prévôté que sous François I, & le *prévôt de Paris* a toujours conservé le droit de convoquer & de commander le ban & l'arrière-ban, & de connoître des contestations qui arrivent à ce sujet.

Le bailliage de Paris, que François I avoit établi en 1522, pour la conservation des privilèges royaux de l'université, fut réuni à la prévôté de Paris en 1526.

L'ordonnance de Moulins, *art. 21*, veut que le *prévôt de Paris*, & les baillis & sénéchaux des provinces, soient de robe-courte & gentilshommes, & de l'âge & suffisance requise par les ordonnances, entendant que lesdits *prévôts*, baillis & sénéchaux puissent entrer & présider en leur siège, tant en l'audience qu'au conseil, & que les sentences & commissions soient expédiées en leur nom.

En 1674, lorsque la jurisdiction du châtelet fut séparée en deux, on créa un *prévôt de Paris* pour le nouveau siège du châtelet; & par un autre édit du mois d'août de la même année, l'ancien office de Paris fut supprimé, & le roi en créa un nouveau pour François I; pour jouir par ces deux *prévôts* des mêmes dignités, rangs, séances, honneurs, prérogatives & prééminences dont jouis-

soit l'ancien *prévôt de Paris*. Les choses demeurèrent dans cet état jusqu'au mois de septembre 1684, que le nouveau châtelet ayant été supprimé & réuni à l'ancien, les deux offices de *prévôt de Paris* furent, par ce moyen, réunis; & le roi créa & rétablit, en tant que besoin seroit, l'ancien office de *prévôt*, dont le duc de Coislin avoit été le dernier pourvu & non reçu, pour jouir des mêmes honneurs, rangs, séances & droits dont il jouissoit avant la suppression. Il permit de plus à celui qui en seroit pourvu, de prendre le titre de *conseiller en ses conseils*.

Pour pouvoir être pourvu de l'office de *prévôt de Paris*, il faut être né dans cette ville : il y a une ordonnance expresse à ce sujet, qui est rapportée dans Joly, *tome II*, pag. *1827*.

Les principales prérogatives dont jouit présentement le *prévôt de Paris*, sont :

1°. Qu'il est le chef de justice; il y représente la personne du roi pour le fait de la justice: en cette qualité, il est le premier juge ordinaire, civil & politique de la ville de Paris, capitale du royaume. Il peut venir siéger quand il le juge à propos, tant au parc civil, qu'en la chambre du conseil, & y a voix délibérative, droit que n'ont pas les baillis & sénéchaux d'épée. Il n'a pas la prononciation à l'audience, mais lorsqu'il y est présent, la prononciation se fait en ces termes: *M. le prévôt de Paris dit*, nous ordonnons, &c. Il signe les délibérations de la compagnie à la chambre du conseil.

2°. Il a une séance marquée au lit de justice, au dessous du grand-chambellan. Du Tillet, *des grands officiers*, dit que quand le roi est au conseil au parlement, que le *prévôt de Paris* se place aux pieds du roi, au-dessous du chambellan, tenant son bâton en main, couché sur le plus bas degré du trône; que quand le roi vient à l'audience, le *prévôt de Paris*, tenant un bâton blanc à la main, est au siège du premier huissier; étant à l'entrée du parquet, comme ayant la garde & défense d'icelui, à cause de ladite prévôté; que c'est lui qui tient le parquet fermé; les capitaines des gardes n'ont que la garde des portes de la salle d'audience.

On trouve un grand nombre d'anciennes ordonnances, qui sont adressées au *prévôt de Paris*, auquel le roi enjoignoit de les faire publier, ce qu'il faisoit en conformité de ces lettres.

Suivant une ordonnance du mois de février 1327, on voit que c'étoit lui qui mettoit les conseillers au châtelet; qu'il mandoit quand il vouloit au châtelet les conseillers de ce siège; qu'il pouvoit priver de leur office les officiers de son siège qui manquoient à leur devoir, puis en écrire au roi pour savoir sa volonté. Il paroît même qu'il fut nommé pour la réformation des abus du châtelet. On mettoit les procès du châtelet dans un coffre dont il avoit la clef, & c'étoit lui qui en faisoit la distribution; c'étoit lui qui instituoit les notaires, & qui nommoit les sergens à cheval.

Il étoit chargé, en 1348, de faire observer dans son ressort, les ordonnances sur le fait des monnoies. Il avoit le tiers des confifcations; & fi le roi faifoit remife d'une partie de la confifcation, le *prévôt de Paris* n'en avoit pas moins fon tiers.

Il avoit infpection fur tous les métiers & marchandifes; c'eft pourquoi il étoit appellé avec les maîtres des métiers pour connoître de la bonté des marchandifes amenées à Paris par les marchands forains.

Il modéroit la taxe que le *prévôt* des marchands & les échevins de la ville de Paris levoient fur les cabaretiers de cette ville, lorfque cette taxe étoit trop forte.

Les bouchers lui devoient une obole tous les dimanches qu'ils coupoient de la viande.

Les anciens ftatuts des métiers portoient qu'il pourroit y faire des changemens lorfqu'il le jugeroit à propos; on voit même qu'il en dreffoit de nouveaux, appellant à cet effet avec lui le procureur du roi & le confeil du châtelet; & même, du temps du roi Jean, cette infpection s'étendoit fur le fel.

Il avoit auffi alors infpection fur tout ce qui concernoit la marée; c'étoit lui qui élifoit les jurés de la marée & du poiffon d'eau douce; il recevoit le ferment des prud'hommes du métier de la marée : les vendeurs de marée donnoient caution devant lui.

C'étoit lui qui faifoit exécuter les jugemens du concierge & bailli du palais en matière criminelle. Lorfqu'il s'agiffoit d'un criminel laïque, les officiers de fa juftice le livroient hors la porte du palais au *prévôt de Paris* pour en faire l'exécution; ils retenoient feulement les meubles des condamnés.

Le roi Charles VI, par des lettres du 27 janvier 1382, fupprima la prévôté des marchands de Paris, l'échevinage & le greffe de cette ville, & ordonna que leur jurifdiction feroit exercée par le *prévôt de Paris*, auquel il donna la maifon de ville, fituée dans la place de Grève, afin que le *prévôt de Paris* eût une maifon où il pût fe retirer lui & fes biens, & dans laquelle ceux qui feroient dans le cas d'avoir recours à lui, comme à leur juge, puffent le trouver; & il ordonna que cette maifon feroit nommée dans la fuite *la maifon de la prévôté de Paris*.

L'auteur du grand coutumier, qui écrivoit fous le règne de Charles VI, dit que le *prévôt de Paris* eft le chef du châtelet, & inftitué par le roi, & qu'il repréfente fa perfonne, quant au fait de juftice.

Jean le Cocq (*Joannes Galli*), célèbre avocat de ce tems-là, & qui fut auffi avocat du roi, dit en plaidant, en 1392, une caufe pour le roi contre l'évêque de Paris, au fujet d'un prifonnier qui avoit été reconnu dans une églife par le *prévôt de Paris*, que ce *prévôt* étoit le premier après le roi dans la ville de Paris, & après MM. du parlement, qui repréfentent le roi; qu'il lui appartenoit de conferver & défendre les droits royaux, & que ce que le *prévôt de Paris* avoit fait, c'étoit en confervant les droits du roi & ceux de fon office, qui lui avoient été adjugés par arrêt.

Dans ce même fiècle, en 1350, le roi Jean commit le *prévôt de Paris* pour rendre hommage à l'évêque de Paris des châtellenies de Tournan & de Torcy en Brie, comme avoit déjà fait Louis-le-Gros en 1126; il eft toujours qualifié *præpofitus nofter*, le *prévôt du roi.*

Il a la garde du parquet, & le droit d'affifter aux états généraux, comme premier juge ordinaire & politique de la capitale du royaume.

3°. Il a un dais toujours fubfiftant au châtelet, prérogative dont aucun autre magiftrat ne jouit, & qui vient de ce qu'autrefois nos rois, & notamment S. Louis, venoient fouvent au châtelet pour y rendre la juftice en perfonne.

4°. Le *prévôt de Paris* eft le chef de la nobleffe de toute la prévôté & vicomté, & la commande à l'arrière-ban, fans être fujet aux gouverneurs, comme le font les baillis & fénéchaux.

5°. Il a douze gardes, appellés *fergens de la douzaine*, qui doivent l'accompagner foit à l'auditoire, ou ailleurs par la ville & dans toutes les cérémonies. Ce droit lui fut accordé dès 1309, par Philippe-le-Bel. L'habillement de ces gardes eft un hoqueton ou efpèce de cote d'armes : ils font armés de hallebardes. Le *prévôt de Paris* a été maintenu en poffeffion de ces gardes & de leur habillement, par un arrêt folemnel du 27 juin 1566, *comme premier juge ordinaire de la ville de Paris.*

6°. Son habillement, qui eft diftingué, eft l'habit court, le manteau & le collet, l'épée au côté, un bouquet de plumes fur fon chapeau; il porte un bâton de commandant, couvert de toile d'argent ou de velours blanc.

7°. Il vient dans cet habillement à la tête de la colonne du parc civil, en la grand-chambre du parlement à l'ouverture du rôle de Paris, & après l'appel de la caufe, il fe couvre de fon chapeau, ce qui n'eft permis qu'aux princes, ducs & pairs, & à ceux qui font envoyés de la part du roi.

8°. Suivant une ordonnance de Charles VI, en 1413, pour être *prévôt* de Paris, il faut être né dans cette ville; tandis qu'au contraire cette même ordonnance défend de prendre pour baillis & fénéchaux ceux qui font natifs du lieu.

9°. Les ordonnances diftinguent encore le *prévôt de Paris* des baillis & fénéchaux, en le défignant toujours nommément & avant les baillis & fénéchaux, lorfqu'on a voulu le comprendre dans la difpofition, ou l'en excepter.

10°. Il connoît du privilège qu'ont les bourgeois de Paris, de faire arrêter leurs débiteurs forains; il eft le confervateur des privilèges de l'univerfité; il a la connoiffance du fceau du châtelet, attributif de jurifdiction; & c'eft de lui que plufieurs communautés tiennent leurs lettres de garde gardienne.

11°. Il eft inftallé dans fes fonctions par un préfident à mortier & quatre confeillers de grand-chambre, deux laïques & deux clercs, tant au parc civil qu'au préfidial, en la chambre du confeil & au criminel. Il doit faire préfent d'un cheval au préfident

préfident qui l'a inftallé. Les cérémonies qui s'obfervent à fa réception & inftallation, font au long
détaillées dans le *dictionn. des arrêts, au mot* Châtelet.

: M. de Ségur, actuellement *prévôt de Paris*, le
jour de fa réception en la grand-chambre, qui fut
le 7 févrïer 1755, vint au palais en carroffe avec
deux autres carroffes de fuite, accompagné de fes
douze hoquetons, de tout le guet à pied, & de la
compagnie de robe-courte. Après fa réception en
la grand-chambre, il alla avec le même cortège
au châtelet; pour y être inftallé. Après la lecture
de fes provifions, M. le préfident Molé qui l'inftalloit;
lui dit de prendre place. Il fe mit après les deux
confeillers laïques, qui étoient à la droite du préfident; le lieutenant civil & les confeillers au châtelet reftent en place. Le préfident fait appeller
deux placets, & continue les caufes au lendemain
en ces termes : *la cour a continué la caufe à demain
au parc civil.*

12°. Il eft reçu au paiement du droit annuel de fa
charge, fur le pied de l'ancienne évaluation, fans
être tenu de payer aucun prêt.

Le paiement même de l'annuel fe fait fictivement,
en vertu d'une ordonnance de comptant donnée
par le roi annuellement à cet effet ; la même
chofe fe pratique par les trois lieutenans-généraux, les deux particuliers, le procureur du roi,
le premier avocat du roi, les quarante-huit
commiffaires, les officiers & archers du *prévôt* de
l'île, de la robe-courte, du guet à cheval, du guet
à pied.

13°. Il y a plufieurs lieutenans, dont trois ont
le titre de lieutenant-général, favoir les lieutenant civil, criminel & de police, deux lieutenans particuliers, un lieutenant-criminel de robe-
courte ; il y avoit auffi autrefois le chevalier
du guet, qui devoit être reçu par le *prévôt*,
& qui eft aujourd'hui remplacé par un commandant.

14°. L'office de *prévôt de Paris* ne vaque jamais ;
lorfque le fiège eft vacant, c'eft le procureur-général du roi qui le remplit ; c'eft lui que l'on intitule
dans toutes les fentences & commiffions, & dans
tous les contrats, comme garde de la prévôté de
Paris, le fiège vacant.

Le *prévôt de Paris* jouit encore de beaucoup d'au-
tres honneurs & prérogatives ; on peut confulter à
ce fujet ce qui eft dit ci-devant aux *mots* CHATELET,
CONSEILLERS AU CHATELET, LIEUTENANT-CIVIL,
LIEUTENANT-CRIMINEL DE ROBE-COURTE, MON-
TRE DU CHATELET.

Lors de la furféance de la charge de chevalier du
guet, ordonnée par arrêt du confeil du 31 mars
1733, le *prévôt de Paris* a été commis par autre arrêt
du 31 juillet fuivant pour recevoir le ferment des
officiers & archers du guet.

Le *prévôt de Paris* a le droit d'avoir un piquet du
guet chez lui, & d'y faire monter la garde.

Anciennement il avoit la fonction d'affigner les
pairs dans les procès criminels. (*A*)

Jurifprudence. Tome VI.

PRÉVÔT PROVINCIAL, eft un *prévôt* des maréchaux attaché à une petite province, & dépendant d'un *prévôt* général, dont le diftrict s'é-
tend dans tout un grand gouvernement : il y en
avoit autrefois dans toutes les provinces ; mais
ils furent fupprimés en 1544 ; il n'en refte plus
qu'en Bourgogne. *Voyez* PRÉVÔT DES MARÉ-
CHAUX. (*A*)

PRÉVÔT ROYAL, *præpofitus*, eft un officier qui
eft le chef d'une jurifdiction royale, appellée *prévôté*.

En quelques endroits les premiers juges font appellés *châtelains* ; en Normandie on les appelle *vicomtes* ; en Languedoc & en Provence, on les appelle *viguiers, vicarii*, comme tenans la place du
comte ; & en effet, les *prévôts*, vicomtes ou viguiers,
furent établis à la place des comtes, lorfque ceux-
ci fe furent rendus propriétaires & feigneurs de leur
gouvernement.

Les *prévôts* font inférieurs aux baillis & fénéchaux ; ceux-ci ont l'infpection fur eux ; ils avoient
même autrefois le pouvoir de les deftituer ; mais
Philippe-Augufte en 1190, leur défendit de le faire,
à moins que ce ne fût pour meurtre, rapt, homicide,
ou trahifon,

Philippe-le-Bel ordonna en 1302, que les baillis
ne foutiendroient point les *prévôts* à eux fubordonnés, qui commettroient des injuftices, vexations,
ufures, ou autres excès ; qu'au contraire ils les
corrigeroient de bonne-foi, felon qu'il paroîtroit
jufte.

Les *prévôts* devoient, fuivant cette même ordonnance, prêter ferment de ne rien donner à leurs
fupérieurs, à leurs femmes, leurs enfans, leurs domeftiques, leurs parens, leurs amis, & qu'ils ne
feroient pas à leurs fervices.

Il n'étoit pas au pouvoir du *prévôt* de taxer les
amendes.

Il ne pouvoit pas non plus pourfuivre le paiement
de fon dû dans fa juftice.

Une prévôté étoit la recette des droits du roi dans
une certaine étendue de pays ; il ne devoit y avoir
qu'un *prévôt*, ou deux au plus dans chaque prévôté ;
cela s'obfervoit encore en 1351.

Ces prévôtés étoient d'abord vendues, c'eft-à-
dire, affermées à l'enchère par les baillis & fénéchaux, auxquels il étoit défendu de les vendre à
leurs parens ni à des nobles.

Les baillis faifoient ferment de n'affermer les prévôtés du roi qu'à des perfonnes capables.

Saint-Louis ne voulut plus que la prévôté de Paris
fût donnée à ferme comme par le paffé; mais il la
donna en garde en 1251, à Etienne Boileau.

Les autres prévôtés continuèrent néanmoins encore pendant quelque temps d'être affermées.

En effet, Louis Hutin accorda en 1315 aux habitans d'Amiens, que dans l'étendue du bailliage de
cette ville, les prévôtés ne pourroient être affermées
pour plus de trois ans, & que ceux qui les auroient
une fois affermées ne pourroient plus les tenir enfuite.

Philippe de Valois commença à réformer cet abus ; il ordonna en 1331 , que la prévôté de Laon ne feroit plus donnée à ferme, mais qu'elle feroit donnée à garde avec gages compétens.

Par une ordonnance du 15 février 1345, il annonça qu'il defiroit fort pouvoir fupprimer tous les *prévôts ;* & que dans la fuite les prévôtés fuffent données en garde à des personnes fuffifantes.

Et en effet, par des lettres du 20 janvier 1346, il fit une défenfe générale de plus donner les prévôtés à ferme, attendu les grands griefs & dommages que les fujets du roi en fouffroient ; il ordonna que dorénavant elles feroient données en garde à perfonnes convenables qui feroient élues en forme prefcrite par cette ordonnance pour les deffervir, & que les clergies des prévôtés, c'eft-à-dire, les greffes, feroient annexées & adjointes aux prévôtés, en paiement des gages des *prévôts.*

Cependant ce réglement fi fage n'eut pas long-temps fon exécution ; parce que, felon que le difoit Philippe de Valois, la juftice en étoit bien moins rendue ; que les domaines dépériffoient ; que d'ailleurs les *prévôts* & gardes ne pouvoient par eux-mêmes faire aucune grace ni rémiffion d'amendes, même dans les cas les plus favorables ; mais qu'il falloit fe pourvoir pardevers le roi, ce qui ne pouvoit fe faire fans de grands frais. C'eft pourquoi, par une autre ordonnance du 22 juin 1349, il ordonna que les prévôtés, les fceaux, & les greffes des bailliages & prévôtés, feroient données à ferme à l'enchère ; mais cependant qu'ils ne feroient pas adjugés au plus offrant, à moins que celui-ci fût reconnu pour homme capable de bonne renommée, par le jugement des perfonnes fages des lieux ou feroient ces fermes.

Il régla encore depuis en 1351, que les prévôtés ne feroient données à ferme qu'à des gens habiles, fans reproches, & non clercs ; que les perfonnes notées ne pourroient les avoir, quand même elles en donneroient plus que les autres ; que les *prévôts* fermiers ne pourroient pas taxer les amendes. Cette fonction fut réfervée aux baillis ou aux échevins, felon l'ufage des lieux.

Charles V n'étant encore que régent du royaume, défendit auffi de plus donner les prévôtés à ferme ; il en donna pour raifon dans une ordonnance de 1356, que les fermiers exigeoient des droits exorbitans.

Mais l'année fuivante il ordonna le contraire, & déclara naturellement que c'étoit parce qu'elles rapportoient plus, lorfqu'elles étoient données à ferme, & parce que quand elles étoient données en garde, la dépenfe excédoit fouvent la recette.

En conféquence, on faifoit donner caution aux *prévôts* fermiers, lefquels étoient comptables du prix de leur ferme ; & l'on faifoit, de trois ans en trois ans, des enquêtes fur la conduite de ces *prévôts.*

Il leur étoit défendu de faire commerce ni perfonnellement, ni par des perfonnes interpofées, ni d'être affociés avec des commerçans.

Les gens d'églife, les nobles, les avocats, les fergens d'armes, & autres officiers royaux, ne pouvoient être reçus à prendre à ferme les prévôtés, de peur qu'ils n'empêchaffent d'autres perfonnes d'y mettre leurs enchères, & que par leur puiffance ils n'opprimaffent les habitans de ces prévôtés.

Cependant on faifoit toujours des plaintes contre les *prévôts* fermiers ; c'eft pour les faire ceffer qu'il fut ordonné par des lettres du 7 janvier 1407, qu'il feroit fait dans la chambre des comptes avec quelques confeillers du grand-confeil & du parlement, & quelques-uns des tréforiers, une élection de *prévôts* en garde que l'on choifiroit entre ceux qui demeuroient dans les lieux même, ou dans le voifinage, & qu'il leur feroit pourvu de gages.

Depuis ce temps, les *prévôts royaux* ont été créés en titre d'office, de même que les autres offices de judicature. (*A*)

Suivant les difpofitions de l'édit de Cremieu, la déclaration du mois de juin 1559, & la jurifprudence des arrêts, les *prévôts* connoiffent en première inftance de toute caufe en matière civile, perfonnelle & poffeffoire, & de toute convention entre les roturiers & non nobles domiciliés dans l'étendue de leurs juftices, & en général de toutes les autres matières ordinaires, dont la connoiffance n'eft point attribuée aux baillis & fénéchaux ou à quelques autres juges ; à moins que parmi les parties litigantes, il ne s'en trouve une décorée du titre de noble ; car alors la caufe doit être portée pardevant le bailliage ou la fénéchauffée.

Il en eft de même lorfqu'il s'agit de la propriété des fiefs, de la qualité ou quotité des droits de ces fortes d'héritages, du poffeffoire, de la foi & hommage, des aveux & dénombremens, de la réception par main fouveraine, & du retrait féodal.

Les nominations des tuteurs & des curateurs, & la confection des inventaires des roturiers, font de la compétence des *prévôts.* C'eft pardevant les mêmes officiers que doivent être rendus les comptes des mineurs non nobles, quand même il s'agiroit d'héritages nobles, & que le rendant compte feroit noble.

Ils peuvent auffi appofer les fcellés, même ceux qui feroient requis par les nobles ou autres privilégiés, fur les biens des roturiers décédés, ou des eccléfiaftiques non nobles, fauf à renvoyer au bailliage les demandes qui pourroient être formées par les nobles ou privilégiés.

Ils connoiffent entre eccléfiaftiques de toutes les caufes pour lefquelles ils font obligés de plaider devant les juges ordinaires. La même règle doit être obfervée relativement aux officiers royaux des préfidiaux, des élections, & autres, s'ils font roturiers, pourvu qu'il ne foit pas queſtion des droits concernant leurs offices.

Ils ont la connoiſſance des cauſes des égliſes, chapelles, communautés, abbayes, prieurés, chapitres, fabriques, commanderies, hôpitaux & maladreries, fitués dans l'étendue de leurs prévôtés, quand même ces égliſes, chapelles, &c. feroient de fondation royale, à moins qu'elles n'euſſent des lettres de garde-gardienne duement vérifiées. Cependant fi les conteſtations avoient pour objet la propriété, qualité ou quotité, les droits & les domaines de ces égliſes, communautés, &c. la connoiſſance en appartiendroit aux baillis ou fénéchaux, à l'excluſion des prévôts & des hauts-juſticiers, par la raiſon que le roi eſt protecteur & conſervateur de tous les biens eccléfiaſtiques du royaume.

Ils connoiſſent également des cauſes où les maires & les échevins des villes de leur réſidence font parties, des conteſtations relatives aux réparations des murs, portes, tours & fortifications, quais, chemins & fentiers des villes & prévôtés royales, dans les lieux où la connoiſſance n'en a point été attribuée aux baillis ou à d'autres juges particuliers.

Mais quand la conteſtation a pour objet la propriété ou le fonds des biens, droits & domaines des villes, la connoiſſance en appartient aux baillis ou fénéchaux.

Ils doivent connoître de toute action réelle & hypothécaire concernant les héritages roturiers fitués dans l'étendue de leurs prévôtés, quand même les parties feroient nobles; des matières de partage de ſucceſſion univerſelle entre roturiers, quand même la ſucceſſion feroit compoſée de fiefs ou héritages nobles.

Les décrets des immeubles faiſis doivent être pourſuivis devant les prévôts, lorſqu'il s'agit d'héritages roturiers, & que les parties faiſies ne font pas nobles : mais fi les immeubles faiſis étoient des fiefs ou héritages nobles, ou que la partie faiſie fût une perſonne noble, il faudroit que la pourſuite du décret ſe fît au bailliage.

Les prévôts royaux connoiſſent, privativement aux juges feigneuriaux, des cauſes royaux fimples & ordinaires, tels que les cauſes concernant les offices royaux & les droits qui en dépendent, lorſque les titulaires de ces offices font leurs juſticiables : mais ils n'ont pas le droit d'appofer le fcellé ſur les regiſtres des receveurs des confignations, des commiſſaires aux faiſies-réelles, & des notaires décédés; ils peuvent ſeulement l'appofer ſur les autres effets délaiſſés par ces officiers non nobles, lorſqu'ils en font requis par les parties intéreſſées ou par la partie publique. Il faut, à l'égard des titres, papiers, deniers de recette, & autres choſes concernant les offices des défunts, que les prévôts les faſſent mettre à part, afin qu'il y foit pourvu par le bailli ou ſon lieutenant.

L'exécution des lettres de chancellerie adreſſées fimplement au juge royal, ſans ſpécifier fi c'eſt le bailli ou le prévôt, eſt un cas royal fimple, dont la connoiſſance appartient indiſtinctement à l'un ou à l'autre; mais s'il s'agit de lettres de reſciſion entre des juſticiables du prévôt, c'eſt à lui-même à en connoître.

Les prévôts connoiſſent, à l'excluſion des juges feigneuriaux, de tout ce qui concerne les privilèges royaux.

Ils connoiſſent auſſi, en première inſtance, des cauſes concernant les fermes du domaine du roi & les autres particuliers, lorſque les droits ne font pas conteſtés, ou que le miniſtère public n'y eſt pas partie principale ou intéreſſée : dans ces cas-ci, la connoiſſance des cauſes dont il s'agit appartient aux tréſoriers de France; excepté dans quelques endroits où elle a été conſervée aux juges ordinaires, comme ils en jouiſſoient au temps de l'édit de Cremieu.

Les prévôts connoiſſent, concurremment avec les baillis ou fénéchaux royaux, des cauſes relatives aux économats. Voyez ÉCONOMAT.

Les prévôts connoiſſent pareillement en première inſtance, par prévention avec les baillis ou fénéchaux, des cauſes des juſticiables des feigneurs, dont l'appel reſſortit médiatement ou immédiatement devant eux, juſqu'à ce qu'elles foient revendiquées par les feigneurs ou par leurs procureurs fiſcaux. Et même la prévention a lieu nonobſtant la revendication du feigneur, lorſqu'il s'agit de complainte en matière poſſeſſoire. Ils ont auſſi privativement aux baillis ou fénéchaux, la connoiſſance en première inſtance des cauſes relatives aux accords & conventions intervenus entre les juſticiables roturiers de leurs prévôtés, quand même les contrats porteroient foumiſſion à la juriſdiction des baillis.

Si par un contrat paſſé entre les juſticiables d'une feigneurie, fous le fcel royal, il y a foumiſſion à la juriſdiction du prévôt, cet officier connoît de ce contrat à l'excluſion des juges feigneuriaux; mais il n'auroit pas cette connoiſſance fi la foumiſſion n'étoit pas ſtipulée.

Le prévôt connoît, privativement aux juges des feigneurs, des oppofitions aux mariages entre leurs juſticiables, des mariages clandeſtins, ou faits contre la diſpoſition des ordonnances.

Il connoît pareillement, à l'excluſion des juges des feigneurs, & concurremment avec les baillis ou fénéchaux, des conteſtations relatives aux ordonnances rendues par les évêques & les archidiacres, dans le cours de leurs viſites, touchant les réductions de bancs, ſépultures, réparations d'égliſe, comptes de fabrique, &c. ainſi que des pourſuites & contraintes qui peuvent avoir lieu en vertu des fentences du juge d'égliſe.

Il connoît encore, concurremment avec les baillis ou fénéchaux, de l'exécution des fentences confulaires : c'eſt devant lui que doivent être homologuées · les fentences arbitrales intervenues entre leurs jufticiables non nobles.

Les *prévôts* ont droit d'affifes fur leurs jufticiables, comme les feigneurs hauts-jufticiers fur les leurs ; mais ils ne peuvent point appeller à leurs affifes les juges dont les appellations reffortiffent pardevant eux. C'eft à eux qu'appartient l'exécution des jugemens rendus aux affifes des baillis ou fénéchaux fur des caufes portées originairement aux prévôtés ; & qui depuis ont été jugées aux affifes. La même règle doit être obfervée relativement à l'inftruction & à la décifion des caufes qui n'ont point été jugées aux affifes.

S'il arrive que, dans une caufe de la compétence du *prévôt*, les parties fe pourvoient au bailliage en première inftance, le bailli doit les renvoyer à la prévôté ; & s'il refufe ce renvoi, le procureur du roi de la prévôté doit fe rendre appellant de ce refus, comme de juge incompétent.

PRÉVÔT DE LA SANTÉ, eft un officier de police qu'on établit extraordinairement dans les temps de contagion pour faire exécuter les ordres de la police, notamment pour s'informer des lieux où il y a des malades, les faire vifiter par les médecins & chirurgiens, faire tranfporter les pauvres attaqués de la contagion dans les hôpitaux, faire inhumer les morts ; on établit quelquefois plufieurs de ces *prévôts* ; on leur donne auffi les noms de *capitaine* ou *bailli* de la fanté. Ils ont un certain nombre d'archers pour fe faire obéir. *Voyez le tr. de la police, tome , I page 652.* (*A*)

PRÉVÔT-SEIGNEURIAL. (*Droit féodal.*) 1°. On appelloit ainfi autrefois le juge de première inftance des feigneurs châtelains, & des autres feigneurs qui avoient double degré de jurifdiction. Mais cette dénomination eft à-peu-près fans objet, depuis la fuppreffion de ces deux degrés de jurifdiction, qui a eu lieu prefque dans tout le royaume, du moins à l'égard de celles qu'on exerçoit dans le même lieu. *Voyez le §. 6 de l'article* JUSTICE DES SEIGNEURS.

2°. On donne auffi ce nom dans la coutume de Normandie à une efpèce de fergens, chargés de la recette des droits du feigneur. L'ufage de ces *prévôts* eft très-ancien en Normaudie & en Angleterre, & leurs fonctions s'étendoient autrefois bien au-delà de cette recette. Elles comprenoient toutes celles d'un intendant.

Le Fléta, *liv.* 2, *chap.* 67, nous repréfente le *prévôt* des feigneurs, comme le plus habile cultivateur de fon manoir, choifi comme tel par tous les vaffaux, & préfenté à fon feigneur ou à fon fénéchal comme digne de toute leur confiance.

C'étoit le *prévôt* qui, dès le point du jour, faifoit difpofer les charrues, & examinoit les attelages & les conducteurs, ou indiquoit les terres qui devoient être fumées, marnées, labourées, ratelées ou femées. Il défignoit les pailles propres à l'engrais des terres, ou qui devoient fervir de litière aux beftiaux. Enfin il déterminoit la tâche de chaque ouvrier, décidoit de l'ufage que l'on devoit faire des divers beftiaux, &c. (*G. D. C.*)

PRÉVOTAL, adj. fe dit de ce qui a rapport à la prévôté : un cas *prévôtal* eft celui qui eft de la compétence des prévôts des maréchaux : jugement *prévôtal* eft un jugement rendu par un prévôt des maréchaux. *Voyez* PRÉVÔT. (*A*)

PRÉVÔTÉ, f. f. fignifie la place & fonction de prévôt.

Il y a des *prévôtés* royales & des *prévôtés* feigneuriales.

On entend auffi quelquefois par le terme de *prévôté* la jurifdiction qu'exerce le prévôt & l'auditoire où il rend la juftice.

En matière bénéficiale, *prévôté* eft une dignité d'un chapitre. *Voyez* PRÉVÔT.

PRÉVÔTÉ, (*droit de*) ce mot a plufieurs acceptions.

1°. Le Gloffaire de Lauriere dit qu'on nomme ainfi le droit que paient les prévôts-fermiers, *quæfta præpofitorum*, dans la coutume d'Aix de l'an 1301, qui fait partie des coutumes locales de Berry, recueillies par la Thaumaffière.

2°. On appelle *droit de prévôté*, ou de grande coutume dans quelques provinces une efpèce de droit de traite, qui fe prend fur les marchandifes qui paffent dans la feigneurie. La coutume d'Anjou, *art.* 49, attribue ce droit aux comtes, vicomtes, barons & feigneurs châtelains. Les feigneurs inférieurs ont feulement le droit de petite coutume ou de levages.

Les droits de prévôté ou grande coutume ne font pas néanmoins tellement inhérens à la châtellenie, ou aux feigneuries fupérieures, qu'on puiffe en inférer que les feigneurs de ces fiefs de dignité puiffent les établir lorfqu'ils ne font pas en poffeffion de les percevoir. Ils auroient beau dire que ce ne font là que de fimples droits de faculté, qu'on n'a pu prefcrire pour l'avenir. Car par l'article 59 de la coutume d'Anjou, il paroît qu'il y a des lieux où il n'y a point de *prévôté*, & par l'art. 440 de la même coutume, les fujets peuvent par 30 ans acquérir l'affranchiffement des droits feigneuriaux.

Ces obfervations qu'on trouve dans Livonière font d'ailleurs conformes aux ordonnances du royaume fur les droits de péage. Une fentence de la fénéchauffée d'Angers du 12 février 1683, qui a paffé en force de chofe jugée, a fait défenfes au feigneur châtelain de Lanceneuil, de prendre le *droit de prévôté* fur la rivière du Maine, & fur les marchandifes voiturées fur ladite rivière.

Il faut néanmoins obferver qu'on oppofoit auffi au feigneur de Lanceneuil, que les *droits de prévôté* ne fe perçoivent point fur l'eau dans la coutume d'Anjou, quoique l'ancienne coutume de la province, conforme au chap. 143 du premier liv. des établiffemens de faint Louis, & l'art. 2 du titre des péages de la coutume de Tours, paroiffent autorifer le *droit de prévôté* fur les rivières.

Il n'y a régulierement que les marchands qui foient fujets à ce droit pour les marchandifes dont ils font le commerce. Les particuliers en font exempts pour les chofes qu'ils recueillent dans leurs fonds, pour les denrées de leur crû & pour celles qu'ils ont achetées pour leur provifion. C'eft la difpofition de l'article 57 de la coutume d'Anjou.

Les nobles, les gens d'églife & les privilégiés, tels que les écoliers, en font exempts indiftinctement, fuivant l'art. 55.

Le *droit de prévôté* affujettit d'ailleurs ceux qui en jouiffent aux mêmes obligations que le péage, & notamment aux réparations des ponts & des chemins, fuivant l'article 59, ce qui rend bien fouvent ce droit plus onéreux que profitable.

La coutume du Maine a fur cet objet, comme fur tant d'autres, des difpofitions pareilles à celles de la coutume d'Anjou dans les articles 57 & fuivans. Les coutumes de Tours & de Loudun ne font guère qu'énoncer ce droit en expofant ceux des feigneurs châtelains. (*G. D. C.*)

PRÉVÔTÉ, (*fervice de*) c'eft un fervice particulier qui eft dû au feigneur dans la coutume de Normandie par les tenanciers roturiers. On a vu au mot GAGE-PLÉGE que le juge de chaque feigneurie devoit en convoquer une fois par an, tous les fujets pour faire l'élection de l'un d'entre eux, à l'effet de percevoir les rentes & les redevances qui font dues au feigneur.

On nomme *prévôt* celui qui eft ainfi élu pour faire la recette. Le *fervice de prévôté* confifte donc dans la double obligation d'affifter aux gages-plèges pour faire l'élection d'un *prévôt*, & de remplir les fonctions de *prévôt*, lorfqu'on eft nommé par fes conforts.

La règle eft qu'il n'y a d'aftreints à cette fervitude, que ceux qui poffèdent des mafures, c'eftà-dire, des terres bâties. Ceux qui tiennent des terres non bâties, ou des maifons nobles, en font exempts, à moins qu'il n'y ait titre au contraire. Mais un titre général fuffit, quoiqu'il ne difpenfe point nommément de la néceffité d'avoir une maifon, du moins dans les bailliages de Caen & de Cotentin. *Traité des fiefs de la Tournerie, p. 85.*

Comme ce fervice eft fort onéreux, & qu'il donnoit lieu à bien des abus, Laurière obferve que le parlement de Rouen a ordonné par un arrêt de réglement du 7 janvier 1702, que ceux qui y font fujets, pourroient s'en exempter, en payant le dixième denier des rentes de la feigneurie.

La même chofe avoit été déjà ordonnée par l'art. 29 du célèbre réglement de 1666 & par divers arrêts. Dans l'addition mife à la fin de la feconde édition de Bafnage, on en trouve un du 17 juillet 1693, qui contient diverfes décifions fur la manière dont le *fervice de la prévôté* doit être fait.

On diftingue au furplus dans la coutume de Normandie trois efpèces de ces *prévôtés*, qui font toutes également éligibles, les *prévôtés commandereffes* ou *commandeufes*, les *prévôtés receveufes* & les *prévôtés côtières*.

Les *prévôts commandeurs* font toutes les diligences contre les redevables de la feigneurie; mais ils ne font pas garans de leur folvabilité.

Les *prévôts receveurs* font chargés de recueillir toutes les redevances dues au feigneur, & ils font refponfables envers lui, même de ce qu'ils ne perçoivent pas.

Le *prévôt côtier* eft obligé de veiller aux échouemens qui fe font le long des côtes de la mer, ou fur le bord des rivières dans l'étendue du fief. Mais le fervice de cette *prévôté* ne doit pas être exigé avec trop de rigueur. Il ne doit s'entendre que d'une vigilance telle que celle dont le feigneur lui-même fe contenteroit, s'il s'en acquittoit perfonnellement. Un arrêt du confeil du 1 feptembre 1746, rapporté dans le dictionnaire du droit Normand, a déchargé un vaffal du marquis de Gratot du fervice de *prévôté*, qui auroit employé tout fon temps à la garde, & à la confervation des droits de ce feigneur.

Un arrêt du parlement de Rouen du 22 décembre 1771, a jugé, fuivant Terrien, que les tenanciers de la feigneurie qui élifoient le prévôt, étoient tenus folidairement de fa geftion.

Au refte, il y a des feigneuries où le fervice de la *prévôté* eft dû par des vaffaux, qui ont pris cette charge à titre d'inféodation, c'eft ce qu'on appelle des *prévôtés fieffées*. Voyez *les articles* SERGENTERIE FÉODALE & ECROE.

Mais le plus fouvent le fervice de *prévôté* eft dû par les détenteurs des mafures, chacun à leur tour. Quelques auteurs appellent ces fortes de *prévôtés*, par cette raifon, *prévôtés tournoyantes*. C'eft donc à tort que M. Houard dit que toutes les *prévôtés* font éligibles. (*M. GARRAN DE COULON, avocat au parlement.*)

PRÉVÔTÉ COMMANDERESSE *ou* COMMANDEUSE. *Voyez* PRÉVÔTÉ (*fervice de*).

PRÉVÔTÉ CÔTIÈRE. *Voyez* PRÉVÔTÉ (*fervice de*).

PRÉVÔTÉ FIEFFÉE. *Voyez* PRÉVÔTÉ (*fervice de*).

PRÉVÔTÉ RECEVEUSE. *V.* PRÉVÔTÉ (*fervice de*).

PRÉVÔTÉ TOURNOYANTE. *Voyez* PRÉVÔTÉ (*fervice de*).

PREUVE, f. f. (*Droit civil.*) eft ce qui fert à juftifier qu'une chofe eft véritable.

On peut faire la *preuve* d'un fait, de la vérité d'un écrit ou de quelque autre pièce, comme d'une monnoie, d'un fceau, &c.

On apporte auffi la *preuve* d'une propofition ou d'un point de droit, que l'on a mis en avant; cette *preuve* fe fait par des citations & des autorités; mais ces fortes de *preuves* font ordinairement défignées fous le nom de *moyens*; & quand on parle de *preuve*, on entend ordinairement la *preuve* d'une vérité de fait en général.

L'ufage des *preuves* ne s'applique qu'aux faits qui ne font pas déjà certains; ainsi lorfqu'un fait est établi par un acte authentique, on n'a pas befoin d'en faire la *preuve*, à moins que l'acte ne foit attaqué par la voie de l'infcription de faux; auquel cas, c'est la vérité de l'acte qu'il s'agit de prouver.

Il faut néanmoins distinguer entre les faits contenus dans un acte authentique, ceux qui font attestés par l'officier public comme s'étant passés devant lui, de ceux qu'il attefte feulement à la relation des parties; les premiers font certains, & n'ont pas befoin d'autre *preuve* que l'acte même; les autres peuvent être conteftés, auquel cas celui qui a intérêt de les foutenir véritables, doit en faire la *preuve*.

La maxime commune par rapport à l'obligation de faire *preuve*, est que la *preuve* est à la charge du demandeur, & que le défendeur doit prouver fon exception, parce qu'il devient demandeur en cette partie; & en général il est de principe que, lorfqu'un fait est contefté en juftice, c'est à celui qui l'allègue à le prouver.

Le juge peut ordonner la *preuve* en deux cas, favoir, quand l'une des parties le demande, & lorfque les parties fe trouvent contraires en faits.

On ne doit pas admettre la *preuve* de toutes fortes de faits indifféremment.

On diftingue d'abord les faits affirmatifs des faits négatifs.

La *preuve* d'une négative ou d'un fait purement négatif est impoffible, & conféquemment ne doit point être admife: par exemple, quelqu'un dit fimplement, *je n'étois pas un tel jour à tel endroit*; ce fait est purement négatif: mais il ajoute, *parce que je fus ailleurs*: la négative étant reftrainte à des circonftances, & fe trouvant jointe à un fait qui est affirmatif, la *preuve* en est admiffible.

On ne doit pareillement admettre que la *preuve* des faits qui paroiffent pertinents, c'est-à-dire, de ceux dont on peut tirer des conféquences qui fervent à établir le droit de celui qui les allègue.

Il faut d'ailleurs que la *preuve* que l'on demande faire foit admiffible; car il y a des cas où l'on n'admet pas un certain genre de *preuve*.

On diftingue en général trois fortes de *preuves*. Les *preuves* vocales ou teftimoniales, les *preuves* littérales par écrit, & les *preuves* muettes.

Lorfque celui qui demande à faire *preuve* d'un fait, offre de le prouver par écrit, on lui permet auffi de le prouver par témoins; car quoique les *preuves* par écrit foient ordinairement plus fûres, néanmoins comme ces fortes de *preuves* peuvent être infuffifantes, ou manquent en certaines occafions, on fe fert de tous les moyens propres à éclaircir la vérité; c'est pourquoi l'on emploie auffi là *preuve* par témoins & les *preuves* muettes, qui font les indices & les préfomptions de fait & de droit; on cumule tous ces différens genres de *preuves*, lefquelles fe prêtent un mutuel fecours.

La *preuve* par écrit peut fuffire toute feule pour établir un fait.

Il n'en est pas toujours de même de la *preuve* teftimoniale: il y a des cas où elle n'est pas admiffible, à moins qu'il n'y ait déjà un commencement de *preuve* par écrit.

En général une *preuve* non écrite n'est pas admife en droit contre un écrit.

Il faut néanmoins diftinguer fi c'est en matière civile ou en matière criminelle, & fi l'acte est infcrit de faux ou non.

L'ufage de la *preuve* par témoins en matière civile commença d'être reftreint par l'ordonnance de Moulins, qui, *art. 54*, pour obvier à la multiplication de faits, dont on demandoit à faire *preuve*, ordonna que dorénavant de toutes chofes excédant la fomme ou valeur de 100 liv. pour une fois payer, il feroit paffé des contrats devant notaires & témoins, par lefquels contrats feroit feulement faite & reçue toute *preuve* dans ces matières, fans recevoir aucune *preuve* par témoins, outre le contenu au contrat, ni fur ce qui feroit allégué avoir été dit ou convenu avant icelui, lors & depuis, en quoi l'ordonnance de Moulins déclara qu'elle n'entendoit exclure les conventions particulières & autres, qui feroient faites par les parties fous leurs fceau & écritures privées.

L'ordonnance de 1667, *tit*. 20 des faits qui giffent en *preuve* vocale ou littérale, a expliqué la difpofition de celle de Moulins: elle ordonne qu'il fera paffé acte devant notaires, ou fous fignature privée, de toutes chofes excédant la fomme ou valeur de 100 l. même pour dépôt volontaire, & qu'il ne fera reçu aucune *preuve* par témoins contre & outre le contenu aux actes, ni fur ce qui feroit allégué avoir été dit avant, lors ou depuis les actes, encore qu'il s'agit d'une fomme ou valeur moindre de 100 liv. fans toutefois rien innover pour ce regard, à ce qui s'obferve en la juftice des juges & confuls des marchands.

Le roi déclare, par l'article fuivant, qu'il n'entend pas exclure la *preuve* par témoins pour dépôt néceffaire en cas d'incendie, ruine, tumulte ou naufrage, ni en cas d'accidens imprévus, où on ne pourroit avoir fait des actes, & auffi lorfqu'il y aura un commencement de *preuve* par écrit.

Il ajoute qu'il n'entend pas pareillement exclure la *preuve* par témoins pour dépôt fait en logeant dans une hôtellerie entre les mains de l'hôte ou de l'hôteffe, laquelle *preuve* pourra être ordonnée par le juge, fuivant la qualité des perfonnes & les circonftances du fait.

Si dans une même inftance la partie fait plufieurs demandes dont il n'y ait point de *preuve* ou commencement de *preuve* par écrit, & que, jointes enfemble, elles foient au-deffus de 100 liv., elles ne pourront être vérifiées par témoins, encore que ce foit diverfes fommes qui viennent de différentes caufes, & en différens temps; fi ce n'étoit que les droits procédaffent par fucceffion, donation, ou autrement, de perfonnes différentes.

On peut admettre la *preuve* par témoins contre un acte au-deffus de 100 liv. lorfque la vérité de cet écrit eft conteftée, ou qu'il eft argué de nullité dans fa forme, ou lorfqu'il y a foupçon de fraude, ou qu'il y a femi-preuve par écrit, ou préfomption violente du contraire de ce qui eft contenu dans l'écrit.

En matière d'état des perfonnes, la *preuve* par témoins n'eft pas admife contre les *preuves* écrites, à moins qu'il n'y ait déjà un commencement de *preuve* contraire par écrit.

En matière criminelle, la *preuve* par témoins eft admiffible, à quelque fomme que l'objet fe monte, à moins qu'il ne fût vifible que l'on n'a pris la voie criminelle que pour avoir la facilité de faire la *preuve* par témoins, qui autrement n'eût pas été admife, auquel cas le juge doit civilifer l'affaire.

Il y a des actes, qui, quoique revêtus d'écriture & de fignatures, ne font point une foi pleine & entière, s'ils ne font faits en préfence d'un certain nombre de témoins : par exemple, pour un acte qui n'eft figné que d'un feul notaire, il faut deux témoins ; pour un teftament nuncupatif, ou pour un teftament myftique, il en faut fept en pays de droit écrit ; dans quelques coutumes le nombre en eft réglé différemment.

Mais lorfqu'il s'agit de la *preuve* d'un fait que l'on articule en juftice, deux témoins fuffifent, lorfque leur dépofition eft conforme & précife.

En matière civile, on ne peut entendre plus de dix témoins fur un même fait, autrement les frais des dépofitions n'entrent pas en taxe.

La *preuve* d'un fait peut fe tirer de différentes dépofitions qui contiennent chacune diverfes circonftances ; mais chaque circonftance n'eft point réputée prouvée, à moins qu'il n'y ait fur ce point deux dépofitions conformes.

Pour que la *preuve* foit valable, il faut que l'enquête ou information foit en la forme prefcrite par les ordonnances, & que les témoins aient les qualités requifes.

C'eft au juge à pefer le mérite des *preuves*, eu égard aux différentes circonftances : par exemple, les *preuves* écrites font plus fortes en général que la *preuve* teftimoniale ; entre les *preuves* écrites, celles qui réfultent d'actes authentiques l'emportent auffi ordinairement fur celles qui fe tirent d'écrits privés.

En fait de *preuve* teftimoniale, on doit avoir égard à l'âge & à la qualité des témoins.

Il en eft de même des *preuves* muettes, c'eft-à-dire des indices & des préfomptions ; on doit faire attention aux circonftances dont il peut réfulter quelques conféquences pour la *preuve* du fait dont il s'agit.

Quand les *preuves* font infuffifantes, c'eft-à-dire, qu'elles ne font pas claires & précifes, ou qu'il y a

manque quelque chofe du côté de la forme, on ne peut pas affeoir un jugement fur de telles *preuves* ; le juge doit chercher à inftruire plus amplement fa religion, foit en ordonnant une nouvelle enquête, fi c'eft en matière civile, ou en ordonnant un plus amplement informé, fi c'eft en matière criminelle.

Si toutes les reffources font épuifées, & que les *preuves* ne foient pas claires, on doit, dans le doute, prononcer la décharge de celui qui eft pourfuivi, plutôt que de le condamner.

Il faut néanmoins obferver qu'en fait de crimes qui fe commettent fecrétement, tels que la fornication, l'adultère, comme il eft plus difficile d'en acquérir des *preuves* par écrit, & même par témoins, on n'exige pas pour la condamnation des coupables que les *preuves* foient fi claires ; les lettres tendres & paffionnées, les colloques fréquens, la familiarité, les tête-à-tête, les embraffemens, les baifers, & autres libertés, font des préfomptions très-violentes du crime que l'on foupçonne, & peuvent tenir lieu de *preuve*, ce qui dépend de la prudence du juge.

Dans ces cas, & dans toutes les matières criminelles en général, on admet pour témoins les domeftiques, & autres perfonnes qui font dans la dépendance de l'accufé, attendu que ce font communément les feuls qui puiffent avoir connoiffance du crime, & que ce font des témoins néceffaires.

Preuve affirmative, eft celle qui établit directement un fait, comme quand un témoin dépofe de *vifu*, à la différence de la *preuve* négative, qui confifte feulement à dire qu'on n'a pas vu telle chofe.

Preuve authentique, eft celle qui mérite une foi pleine & entière, tel que le témoignage d'un officier public, qui attefte folemnellement ce qui eft paffé devant lui ; par exemple, un acte paffé devant notaire fait une *preuve authentique* des faits qui fe font paffés aux yeux du notaire, & qu'il a atteftés dans cet acte.

Preuve canonique, eft celle qui eft autorifée par les canons, telle que la purgation canonique, qui fe faifoit par le ferment d'un certain nombre de perfonnes que l'accufé faifoit jurer en fa faveur pour attefter fon innocence, à la différence de la *preuve* vulgaire, que la fuperftition des peuples avoit introduite. *Voyez* PURGATION CANONIQUE & PURGATION VULGAIRE.

Preuve par commune renommée, eft celle que l'on admet d'un fait dont les témoins n'ont pas une connoiffance de *vifu*, mais une fimple connoiffance fondée fur la notoriété publique ; comme quand on admet la *preuve* du fait qu'un homme, à fon décès, étoit riche de cent mille écus, il n'eft pas befoin que les témoins difent avoir vu chez lui cent mille écus d'efpèces au moment de fon décès, il fuffit qu'ils dépofent qu'ils croyoient cet homme riche de cent mille écus, & qu'il paffoit pour tel. Il ne doit pas dépendre des témoins de fixer le plus ou le moins de l'objet dont il s'agit, comme d'attefter qu'un homme étoit riche de cent mille francs, ou de deux cens mille francs ; c'eſt au juge à fixer la ſomme qui eſt en conteſtation, & ſur le fait de laquelle les témoins doivent dépoſer. *Voyez* COMMUNE RENOMMÉE.

Preuve par comparaiſon d'écritures, eſt celle qui ſe fait pour la vérification d'un écrit ou d'une ſignature, en les comparant avec d'autres écritures ou ſignatures reconnues pour être de la main de celui auquel on attribue l'écrit ou la ſignature dont la vérité eſt conteſtée. *Voyez* COMPARAISON D'ÉCRITURES.

Preuve concluante, eſt celle qui prouve pleinement le fait en queſtion, de manière que l'on peut conclure de cette *preuve* que le fait eſt certain.

Preuve démonſtrative, eſt celle qui établit le fait d'une manière ſi ſolide, que l'on eſt certain qu'il ne peut être faux ; il n'y a que les vérités de principe qui puiſſent être prouvées de cette manière ; car pour les vérités de fait, quelque complettes que paroiſſent les preuves que l'on en peut apporter, elles ne ſont jamais démonſtratives.

Preuve directe, eſt celle qui prouve directement le fait dont il s'agit, par des actes authentiques ou par témoins, à la différence de la *preuve* oblique ou indirecte, qui ne prouve pas préciſément le fait en queſtion, mais qui conſtate un autre fait de la *preuve* duquel on peut tirer quelque conſéquence pour le fait en queſtion.

Preuve domeſtique, eſt celle qui ſe tire des papiers domeſtiques de quelqu'un, ou de la dépoſition de ſa femme, de ſes enfans & domeſtiques.

Preuve écrite, ou *preuve par écrit*, qu'on appelle auſſi *preuve littérale*, eſt celle qui ſe tire de quelque écrit, ſoit public ou privé, à la différence de la *preuve* non écrite, qui ſe tire de quelque fait, ou de la dépoſition des témoins.

Preuve géminée, eſt celle qui ſe trouve double & triple ſur un même fait.

Preuve imparfaite, eſt celle qui n'établit pas ſuffiſamment le fait en queſtion, ſoit que les témoins ne ſoient pas en nombre ſuffiſant, ſoit que leurs dépoſitions ne ſoient pas aſſez préciſes.

Preuve indirecte ou *oblique*, eſt quand le fait dont il s'agit n'eſt pas prouvé préciſément par les actes ou par la dépoſition des témoins ; mais un autre fait de la *preuve* duquel on peut tirer une conſéquence de la vérité de celui dont il s'agit. *Voyez Preuve directe*.

Preuve juridique, eſt celle qui eſt, ſelon le droit, admiſe en juſtice.

Preuve littérale, eſt la même choſe que la *preuve* écrite ou par écrit ; on l'appelle *littérale*, parce que ce ſont les lettres qui forment l'écriture, & que d'ailleurs anciennement on appelloit lettres tout écrit.

Preuve muette, eſt celle qui ſe tire de certaines circonſtances & préſomptions qui ſe trouvent établies indépendamment des *preuves* écrites & de la *preuve* teſtimoniale. *Voyez* INDICE & PRÉSOMPTION.

Preuve néceſſairement véritable, eſt celle qui établit

le fait conteſté, de manière qu'il n'eſt pas poſſible qu'il ait été autrement ; par exemple, qu'une perſonne n'a point paſſé une obligation à Paris un certain jour, quand il eſt prouvé que ce même jour elle étoit à Bourges. *Voyez Preuve vraiſemblable*.

Preuve négative, eſt celle qui n'établit pas directement le fait en queſtion, comme quand un témoin ne dit pas que l'accuſé n'a pas fait telle choſe, mais ſeulement qu'il ne lui a pas vu faire. *Voyez Preuve affirmative*.

Preuve non écrite, eſt celle qui réſulte de faits non écrits, ou de la dépoſition des témoins. *Voyez Preuve écrite*.

Preuve oblique, eſt la même choſe que *preuve* indirecte. *Voyez Preuve indirecte & Preuve directe*.

Preuve pleine & entière, eſt celle qui eſt parfaite & concluante, & qui établit le fait en queſtion d'une manière conforme à la loi.

Semi-preuve, eſt celle qui eſt imparfaite, comme celle qui réſulte de la dépoſition d'un ſeul témoin ; tels ſont auſſi les ſimples indices ou préſomptions de droit. *Voyez* INDICE & PRÉSOMPTION.

Preuve par ſerment, eſt celle qui réſulte du ſerment déféré par le juge ou par la partie. *Voyez* SERMENT.

Preuve par témoins ou *teſtimoniale*, qu'on appelle auſſi *preuve vocale*, eſt celle qui réſulte de la dépoſition des témoins entendus dans une enquête ou information. *Voyez* TÉMOINS.

Preuve par titres, eſt la même choſe que *preuve* littérale ; ou comprend ici ſous le terme de *titres* toutes ſortes d'écrits, ſoit authentiques ou privés. On permet ordinairement de faire *preuve* d'un fait, tant par titres que par témoins.

Preuve vraiſemblable, eſt celle qui eſt fondée ſur quelque préſomption de droit ou de fait, cette *preuve* eſt moins forte que la *preuve* néceſſairement véritable dont on a parlé ci-devant. *Voyez* Danty, en ſes obſervations ſur l'avant-propos.

Preuve vulgaire, étoit celle qui ſe faiſoit par les épreuves ſuperſtitieuſes, qu'on appelloit *jugemens de Dieu*, telle que l'épreuve de l'eau bouillante & de l'eau froide, du fer ardent, du combat en champ clos, & de la croix, & autres ſemblables. *Voyez* PURGATION VULGAIRE.

PREUVE (*Code crim.*) On appelle *preuve* en général tout ce qui perſuade l'eſprit d'une vérité, & en matière civile comme en matière criminelle, on qualifie de *preuve* tout ce qui tend à découvrir une vérité.

On diſtingue quatre ſortes de *preuves* ; la *preuve* teſtimoniale, qui ſe forme de la dépoſition des témoins ; la *preuve* inſtrumentale, qui ſe tire des écrits ; la *preuve* vocale, qui ſe tire des aveux de l'accuſé ; & la *preuve* conjecturale, qui réſulte des indices & préſomptions. *Voyez* ce que nous avons dit au mot INDICES.

La *preuve* teſtimoniale, en matière criminelle, paroît avoir été en uſage chez tous les peuples. Moïſe,

Moïfe, cependant le premier légiflateur des Juifs ne leur prefcrivit la *preuve* par témoins que pour le jugement des crimes qui méritoient condamnation de mort. Lorfqu'il ne fe trouvoit point de témoins, on avoit recours à une efpèce de divination, qu'on appelloit *exploratio*. Le chapitre 5 des nombres parle de l'épreuve que l'on faifoit par les eaux amères dans le cas d'adultère ; & l'hiftorien Jofeph, *livre 4, chapitre 8*, en rapporte une autre efpèce dans le cas d'un homicide.

La *preuve* par témoins en matière criminelle, comme en matière civile, étoit également en ufage chez les Grecs. Joachim Etienne, en fon traité *de jurifdict.* liv. 2, chapitre 5, *de judicio heliaftico*, obferve qu'à Athènes, ceux qui étoient choifis pour juges dans l'affemblée appellée *judicium heliafticum*, faifoient la même fonction que les préteurs à Rome. On les nommoit *arcontes* & *thefmotæ* ; ils examinoient fi la demande que l'on vouloit intenter méritoit d'être portée en juftice ; & fi la caufe fe réduifoit à une queftion de fait, ils examinoient fi la *preuve* de ce fait devoit être produite par titre ou par témoins. Si l'action étoit admife, on donnoit aux parties des juges que l'on tiroit au fort. La même chofe étoit ufitée en matière criminelle. Les témoins faifoient ferment fur l'autel de Minerve, & leurs dépofitions rédigées par écrit étoient mifes en dépôt dans ces archives, pour y avoir recours quand on jugeoit le procès. Enfuite, quand l'affaire étoit trop obfcure, foit en matière civile, foit en matière criminelle, on avoit recours à l'oracle de Delphes.

Les Romains qui adoptèrent, comme l'on fait, la majeure partie des loix grecques, reçurent auffi de leurs légiflateurs, l'ufage de la *preuve* teftimoniale. Il en eft parlé dans la loi des douze tables, qui condamne les faux témoins à être précipités du haut de la roche Tarpéienne. Il y avoit à Rome des juges appellés *quæfitores* & *cognitores* qui recevoient les dépofitions des témoins en matière criminelle. Rofinus en parle dans fes antiquités romaines, *liv. 9, chap. 14*, & prouve leur exiftence par la loi Manilia, & par un paffage de Probus, *de recuperatorio judicio.* Ligonius, *liv. 2, de judiciis romanis, chap. 19*, fait auffi mention de certains témoins appellés *laudatores*, qui, ne fachant rien fur le fait dont on informoit, dépofoient feulement de la probité de l'accufé.

La *preuve* teftimoniale, tant en matière civile que criminelle, étoit fort commune en France au commencement de la monarchie. Mais la facilité de corrompre les témoins rendit leurs dépofitions fufpectes, & cette forme de procéder, quelque dangereufe qu'elle fût, céda, pendant les neuvième, dixième, onzième, douzième & treizième fiècles, à ces *preuves* extravagantes qu'on qualifioit de *jugemens de Dieu* ; telle étoit la pieufe bonhomie de nos aïeux, qu'ils croyoient que le ciel ne pouvoit refufer un miracle en faveur de l'innocence. Ils ne foupçonnoient même pas les artifices, à la

faveur defquels le coupable pouvoit fe foumettre impunément à ces différens genres d'épreuves. On cite cependant un homme qui, dans ces temps d'ignorance & de barbarie, eut affez de philofophie & de courage pour refufer de fubir l'épreuve du fer chaud, en difant qu'il n'étoit pas un charlatan. C'étoit-à-peu-près vers le treizième fiècle : le juge lui faifant quelques inftances pour l'engager à obéir à la loi : *je prendrai volontiers le fer ardent*, répondit-il, *pourvu que je le reçoive de votre main* ; le juge ne voulant pas partager les dangers de l'épreuve, décida qu'il ne falloit pas tenter Dieu.

On diftinguoit alors deux fortes de *preuves* ; l'une appellée *la purgation vulgaire* ; & l'autre, *la purgation canonique.*

La purgation vulgaire fe faifoit de fix manières différentes, par l'eau froide, par l'eau bouillante, par le feu, par le fer ardent, par le combat en champ clos, par la croix & par l'eucharistie ; quelquefois auffi en cas d'homicide, par la cruentation, c'eft-à-dire, lorfqu'il découloit du fang de la plaie de l'homme homicidé, en préfence de celui qui étoit accufé du meurtre. Nous n'entreprendrons pas d'expliquer ici de quelle manière fe faifoient ces épreuves, & de quelles cérémonies elles étoient précédées & accompagnées. Tous ces détails fe trouvent réunis, tant dans la partie hiftorique que dans celle de jurifprudence dans cet ouvrage, au mot *Epreuves. Voyez* ÉPREUVES. Nous nous réduirons à dire que l'épreuve du combat en champ clos étoit la plus fréquente, & qu'elle a duré jufqu'au quatorzième fiècle.

On fera fans doute étonné, dit Montefquieu, de voir que nos pères fiffent ainfi dépendre l'honneur, la fortune & la vie des citoyens, de chofes qui étoient moins du reffort de la raifon que du hafard ; qu'ils employaffent fans ceffe des *preuves* qui ne prouvoient point & qui n'étoient liées ni avec l'innocence ni avec le crime.

Le même auteur obferve cependant que la *preuve* par le combat fingulier avoit quelque raifon, fondée fur l'expérience. Dans une nation uniquement guerrière, la poltronnerie fuppofe d'autres vices : elle prouve qu'on a réfifté à l'éducation qu'on a reçue, & que l'on n'a pas été fenfible à l'honneur, ni conduit par les principes qui ont gouverné les autres hommes ; elle fait voir qu'on ne craint point leur mépris, & qu'on ne fait point de cas de leur eftime : pour peu qu'on y foit bien né, on n'y manquera pas ordinairement de l'adreffe qui doit s'allier avec la force, ni de la force qui doit concourir avec le courage, parce que faifant cas de l'honneur, on fe fera, toute fa vie, exercé à des chofes fans lefquelles on ne peut l'obtenir. De plus, dans une nation guerrière où la force, le courage & la proueffe font en honneur, les crimes véritablement odieux font ceux qui naiffent de la fourberie, de la fineffe & de la rufe, c'eft-à-dire, de la poltronnerie.

La purgation canonique fe faifoit par le ferment ;

l'accusé faisoit jurer en sa faveur plusieurs personnes qu'elles le croyoient innocent du crime dont on l'accusoit. L'accusateur en produisoit de son côté qui juroient que son accusation étoit juste; & celui des deux qui avoit un plus grand nombre de témoins gagnoit sa cause. La loi salique *T. de chrene cruda*, *n. 61*, parle du nombre de douze témoins que la loi appelle *plenum sacramentum*, & M. Bignon, sur le *chap. 38 du liv. premier des formules de Marculphe*, dit que Frédegonde, accusée d'adultère par Chilpéric, son mari, fit jurer trois évêques & trois cens seigneurs de sa cour, qu'ils croyoient que l'enfant né d'elle étoit légitime.

Indépendamment de ces deux différentes manières de prouver le crime ou l'innocence, les anciens criminalistes admettoient encore trois autres genres de *preuves*. Celles qui résultoient de l'évidence du fait, du bruit commun & de la fuite. *Ab evidentiâ facti, famâ publicâ, & fugâ*. Nous croyons inutile d'entrer dans aucun détail sur une jurisprudence aussi dangereuse, & qui d'ailleurs est entièrement proscrite aujourd'hui.

On ne connoît plus dans les tribunaux que les quatre genres de *preuves* dont nous avons donné la définition en commençant cet article; mais la *preuve* elle-même, quelle qu'elle soit, a deux objets, 1°. le corps de délit, 2°. l'auteur du délit.

La *preuve* du délit est la première dont le juge doive s'occuper, car où il n'y auroit point de délit prouvé, il n'y auroit certainement pas de coupable.

On appelle *corps de délit*, l'existence reconnue d'un crime quelconque; ainsi, avant qu'un homme puisse être convaincu de meurtre, il faut qu'il soit établi qu'il y a eu un homme tué; mais tous les crimes ne laissent pas des traces après eux comme l'homicide, l'incendie, le vol avec effraction. Une plainte de la partie ou du ministère public suffit pour former le corps de délit dans le cas des autres crimes dont l'existence ne peut être constatée avant l'information.

La *preuve* du délit dans les cas d'homicide, d'incendie, de vol avec effraction, doit se faire par la représentation du cadavre, par le procès-verbal des lieux incendiés, par le procès-verbal des lieux ou meubles effractionnés; dans les cas d'homicide, il faut même que les médecins ou chirurgiens dressent un rapport de l'état du cadavre & des causes de sa mort.

Cette *preuve* est tellement de rigueur, qu'elle ne peut être suppléée ni par la déposition des témoins, ni par des conjectures, pas même par l'aveu de l'accusé.

La *preuve* du délit une fois établie, il ne reste plus qu'à en connoître l'auteur, & cette connoissance résulte, suivant la nature du crime, ou de la *preuve* testimoniale, ou de la *preuve* instrumentale, ou de la *preuve* vocale, ou de la *preuve* conjecturale; quelquefois aussi de plusieurs ou de tous ces genres de *preuve* réunis & combinés.

La *preuve* testimoniale n'est complète en matière de grand criminel, qu'autant que les témoins ont été récolés & confrontés. Il faut qu'il y ait au moins deux témoins précis sur un même fait. Cependant, une seule déposition suffit quand d'ailleurs elle se trouve conforme à l'aveu de l'accusé.

Il n'y a qu'un seul genre de crime qui puisse être prouvé par des dépositions isolées; c'est l'usure, parce que ce délit ne pouvant être commis que dans le secret, & le coupable ayant soin d'écarter tous ceux qui pourroient être témoins de ses exactions, il seroit impossible de l'en convaincre; mais on exige au moins que le nombre des dépositions sur des faits différens, supplée à leur réunion sur un même fait. Il en faut dix, suivant la plupart des auteurs, d'autres en veulent vingt; mais il paroît, d'après une jurisprudence constante, qu'on peut se contenter d'un moindre nombre, & que huit ou dix témoins suffisent.

La *preuve* instrumentale peut, dans certains cas, être préférable à la *preuve* testimoniale, comme en matière d'usure, de subornation de témoins, de faux, &c. Il y a d'autres circonstances où ces deux genres de *preuve* peuvent concourir ensemble.

La *preuve* instrumentale que quelques criminalistes qualifient de *littérale*, résulte des pièces produites dans un procès criminel. On comprend sous la dénomination générale de pièces, les écrits publics & les écrits privés.

On appelle *écrits publics*, ceux qui sont souscrits, non-seulement par les parties contractantes, mais encore par les personnes publiques, qui, par le caractère de leurs charges, donnent à ces écrits le caractère d'authenticité. On appelle aussi de ce nom les actes qui sont passés en justice; ce qui les a fait diviser en *judiciaires* & *extrajudiciaires*.

Sous le nom d'*actes judiciaires*, en matière criminelle, on entend principalement les procès-verbaux des juges, les rapports des médecins & chirurgiens, & autres experts qui ont serment en justice.

Les actes publics *extrajudiciaires* sont ceux qui sont passés par les notaires.

On appelle *écrits privés* ceux qui sont faits par toutes personnes qui n'ont point la qualité d'officiers publics, ou qui, étant officiers publics, n'agissent point en cette qualité.

A l'égard de la *preuve* vocale, il y en avoit autrefois de deux espèces. Celle qui étoit volontaire, & celle qui étoit forcée. Cette dernière ne peut plus avoir lieu depuis la suppression de la torture préparatoire. Il faut cependant observer que la *preuve* qui résulte contre un accusé des aveux qui lui échappent, ne suffit pas pour le convaincre, si d'ailleurs elle n'est confirmée par la *preuve* testimoniale ou instrumentale; c'est ce qui résulte de ce brocard, si familier à tous les criminalistes, *non auditur perire volens*. Il faut de plus que cet aveu de l'accusé ait été fait sous la religion du fermént, & dans l'un des actes de la procédure; autrement il seroit regardé comme non avenu.

La *preuve* conjecturale n'est jamais qu'imparfaite, & dès-là doit toujours être regardée comme insuffisante pour la condamnation d'un accusé. Quoique nous nous soyons déjà expliqué sur cette matière aux mots INDICES & PRÉSOMPTIONS, nous ne pouvons néanmoins nous empêcher de terminer cet article par une citation puisée dans un plaidoyer de l'immortel d'Aguesseau.

« Parmi les règles qu'on est obligé de suivre dans les matières criminelles, sur-tout lorsqu'il s'agit de la vie & de l'honneur des hommes, la première & la plus essentielle, est qu'il ne peut jamais être permis de condamner des accusés sans *preuves* légitimes & portées jusqu'à la conviction.

» Il est vrai que les présomptions sont admises quand il s'agit d'établir la vérité des faits, mais, selon les loix, elles n'acquièrent le degré de *preuves* suffisantes, qu'autant qu'elles peuvent produire une certitude aussi parfaite que les *preuves* même, & que les conséquences qui en résultent *sont aussi claires que le jour*, suivant les expressions de ces loix même.

» Mais pour avoir ce caractère d'évidence (& c'est une règle aussi constante que la première), il faut qu'il y ait une liaison nécessaire entre le fait qui forme la présomption & le crime qu'il s'agit de prouver, en telle sorte que l'un étant certain, il soit impossible que l'autre ne soit pas véritable; telle est l'idée générale que les plus grands auteurs qui ont traité la matière des présomptions, nous ont donnée de celles qui peuvent tenir lieu de *preuves* dans les accusations capitales. Toute autre espèce d'indices ne forme qu'une conjecture, une probabilité, un soupçon plus ou moins vraisemblable, & ce n'est pas par des probabilités ou des vraisemblances, que l'on doit juger de la vie des hommes, si ce n'est dans les cas où la loi même a établi des présomptions de droit, qu'elle oblige les juges à recevoir comme de véritables *preuves*; c'est alors la loi qui juge, plutôt que l'homme : mais ces sortes de présomptions sont en très-petit nombre, l'accusation de duel & celle des femmes qui recèlent leur grossesse, en fournissent des exemples presque uniques, & à l'exception de ces cas, il ne peut y avoir d'indices équivalens à une *preuve* que ceux qui ont le caractère que je viens de marquer.

» A l'égard des autres présomptions qui, quoique moins fortes, peuvent former un commencement de *preuve*, c'est au juge à les peser au poids du sanctuaire, & de mettre dans la balance celles qui sont contraires à l'accusé, avec celles qui peuvent lui être favorables.

» Si les premières font plus d'impression sur leur esprit, ils peuvent bien chercher de plus grands éclaircissemens, & prendre toutes les voies que les règles de l'ordre public autorisent pour découvrir pleinement la vérité, mais jamais un degré

plus ou moins grand de probabilité (sur quoi même les meilleurs esprits se trouvent partagés), ne peut servir de base à une condamnation, & sur-tout à une condamnation capitale.

» La même règle doit avoir lieu, à plus forte raison lorsque les présomptions du crime sont tellement balancées par celles de l'innocence, qu'il n'en résulte qu'un doute, & encore plus lorsque les conjectures qui tendent à la décharge de l'accusé, sont plus fortes que celles qui peuvent former un soupçon fâcheux contre lui ». *Tom.* 12 des œuvres de M. d'Aguesseau, pag. 647.(*Article de M.* D'ARGIS, *conseiller au châtelet, de l'académie royale des sciences, belles-lettres & arts de Rouen, &c.*)

PRIÈRE, (*Droit féodal.*) On a donné ce nom à deux droits que les seigneurs exigeoient comme une espèce de don gratuit.

1°. Dans le premier sens, c'étoit une espèce d'aides ou de taille aux quatre cas : des statuts manuscrits, donnés en 1336 par Jean, seigneur de Commercy, portent : « *item*, retenons sur lesdits » habitans l'ost & la chevauchie & la *prière* des » nouvelz seigneurs & de chevallerie, & de leurs » mariages & du voyage d'oultre-mer ». *Voyez* d'autres exemples dans le glossaire de du Cange, au mot *Preces*.

2°. Le mot de *prières* ou *proïères* & ses corrélatifs latins, se trouvent plus communément employés dans les anciens titres de France ou d'Angleterre, pour désigner des corvées. On peut en voir une foule d'exemples aux mots *Precaria*, *Precatio* 3 & *Preces* 2 du même glossaire, & dans celui de dom Carpentier au mot *Preces* 2.

Ce dernier auteur dit que le droit de corvées a été quelquefois abonné. Il cite en preuve l'extrait suivant d'une chartre de l'an 1339 : « *item*, des » proïères trois fois l'an & deux de herce, valent » quatre livres douze sols ».

Il est très-probable que les *prières* ont été effectivement abonnées quelquefois, comme les autres corvées; mais il ne paroît point que le texte cité par dom Carpentier puisse s'appliquer à ces abonnemens. Il indique des corvées en nature, & il étoit commun dans les anciens titres d'une terre & même dans les aveux, d'en apprécier en argent tous les revenus. (*G. D. C.*)

PRIÈRES PUBLIQUES, (*Droit ecclésiaf.*) Dans toutes les religions, on a toujours consacré des actes publics, soit pour rendre graces au ciel des événemens heureux pour l'état & la nation, soit pour attirer la bénédiction sur des entreprises importantes, soit enfin pour fléchir sa colère dans des temps de calamités. Le christianisme a adopté cet usage; il est très-ancien, puisqu'il en est parlé dans les novelles de Justinien, & dans nos capitulaires. Il a fallu le régler par des loix positives, pour éviter le désordre qu'auroit pu faire naître le concours de l'autorité des différens corps qui ont cru être en droit de les ordonner, ou pour·

fixer le rang qu'ils devoient tenir entre eux lorfqu'ils y affiftent.

L'article 14 de la déclaration de 1647 porte, que
lorfqu'il écherra de rendre graces pour quelques
faveurs obtenues du ciel, ou pour en demander de
nouvelles, les évêques ou leurs vicaires-généraux
en feront avertis par les lettres du roi, & en donneront l'heure, s'accommodant aux plus ordinaires
& propres à telles cérémonies, & en donneront
avis aux gouverneurs, aux cours de parlement, &
autres officiers, & aux maisons-de-ville, afin qu'ils
affiftent en corps où fe feront les *prières publiques.*
La déclaration de 1666 contient le même réglement.

Ces deux déclarations n'ayant point été enregiftrées, Louis XIV fit un nouveau réglement à ce
fujet : par l'article 46 de l'édit de 1695, « lorfque
» nous aurons ordonné de rendre graces à Dieu,
» ou de faire des prières pour quelque occafion,
» fans en marquer le jour & l'heure, les évêques
» les donneront, fi ce n'eft que nos lieutenans-gé-
» néraux, ou gouverneurs pour nous dans nos pro-
» vinces, ou nos lieutenans en leur abfence, fe
» trouvent dans les villes où la cérémonie devra
» être faite, ou qu'il n'y ait aucunes de nos cours
» de parlement, chambres des comptes & cours
» des aides qui y foient établies ; auquel cas ils en
» conviendront enfemble, s'accommodant récipro-
» quement à la commodité des uns & des autres,
» & particulièrement à ce que les prélats eftimeront
» de plus convenable pour le fervice divin ».

Cet article eft exécuté ; on trouve dans les mémoires du clergé, *tome V, page 1457,* un ordre
particulier, par lequel fa majefté veut & ordonne
que lors des *Te Deum* qui feront chantés par fes
ordres, ou autres occafions de prières, où les officiers de la cour des aides de Montauban devront
fe trouver en corps à l'églife cathédrale, l'évêque
enverra le maître des cérémonies de fon églife au
premier préfident, ou à celui qui fe trouvera à
la tête de la compagnie, pour convenir du jour
& heure du *Te Deum,* fuivant l'article 46 de l'édit
de 1695.

Il s'eft élevé très-peu de difficultés depuis 1695,
entre les évêques & les gouverneurs, & les lieutenans généraux des provinces, ou les cours fouveraines, au fujet des *prières publiques* ordonnées
par le prince : mais il n'en a pas été de même
avec les monaftères exempts & les chapitres des
cathédrales.

La déclaration du 30 juillet 1710 a eu pour
objet, dans fon premier article, de les faire ceffer,
ou de les prévenir. « Les mandemens des arche-
» vêques & évêques, ou leurs vicaires-généraux,
» qui feront purement de police extérieure, ecclé-
» fiaftique, comme pour les fonneries générales,
» ftations de jubilé, proceffions & prières pour les
» néceffités publiques, actions de graces & autres
» femblables fujets, tant pour les jours & heures,
» que pour la manière de les faire, feront exécutés
» par toutes les églifes & communautés eccléfiaf-

» tiques, féculières & régulières, exemptes & non
» exemptes, fans préjudice à l'exemption de celles
» qui fe prétendent exemptes en autres chofes ».

Malgré cette difpofition formelle de la déclaration de 1710, on a vu des chapitres vouloir au-
moins concourir avec les évêques, pour régler &
fixer le jour, l'heure & l'ordre des *Te Deum* &
prières publiques. On a vu également des religieux
exempts prétendre que c'étoit à eux à les déterminer pour les territoires dans lefquels leur exemption s'étendoit. Les entreprifes des uns & des autres
ont été plus ou moins réprimées par des arrêts du
confeil : en en citant quelques-uns, on fera connoître les principes de notre légiflation en cette
matière.

L'arrêt rendu au confeil d'état, le 4 octobre 1727,
qui décide plufieurs articles conteftés entre M. l'é-
vêque de Saint-Malo & fon chapitre, a ordonné
que conformément auxdites déclarations, & autres
arrêts du confeil rendus fur ce fujet, le chapitre
ne fera aucunes prières, ni proceffions extraordinaires pour caufe publique, foit difpofition du temps,
ou telle autre que ce foit, qu'elles n'aient été réglées, indiquées & ordonnées par le fieur évêque,
ou fon grand-vicaire en fon abfence, les députés
du chapitre appellés pour en conférer avec eux ;
que les *prières publiques,* proceffions, les *Te Deum,*
les jubilés & fervices folemnels qui fe feront par
ordre du roi, ou ordres fupérieurs, feront pareillement indiqués ou ordonnés par le fieur évêque,
ou fes vicaires en fon abfence, dont le chapitre
fera gracieufement averti.

On voit que cet arrêt, que l'on peut regarder
comme un arrêt de réglement, diftingue deux efpèces de *prières publiques ;* celles qui fe feront par
ordre du roi, ou ordres fupérieurs, feront indiquées par l'évêque feul, ou fes grands-vicaires
en fon abfence ; le chapitre ne fera pas même con-
fulté ; il fuffira, pour remplir la loi, de l'avertir
gracieufement : Quant aux autres prières extraordinaires, qui auront cependant pour objet la caufe
publique, elles feront réglées, indiquées & ordonnées par l'évêque, ou fes grands-vicaires en fon
abfence ; mais on fera obligé d'appeller les députés
du chapitre, *pour en conférer avec eux.* Ces expreffions défignent affez que le chapitre par fes députés, n'aura que voix confultative ; c'eft un refte
de déférence, que l'on a cru devoir conferver à ces
corps qui autrefois formoient le fénat de l'évêque,
& gouvernoient, de concert avec lui, le diocèfe.
Un arrêt du confeil, du 2 janvier 1714, avoit prefcrit les mêmes règles à l'évêque d'Evreux &
fon chapitre, au fujet des *prières publiques.*

Les corps religieux exempts, & jouiffans d'une
jurifdiction quafi-épifcopale, ne font pas encore
tout-à-fait foumis aux mêmes règles que les chapitres, relativement aux *prières publiques* qui ne
font point ordonnées par le roi, mais feulement
par l'évêque. En 1745, M. l'archevêque de Paris
donna un mandement, par lequel il ordonna qu'il

feroit fait, dans toutes les églises du diocèse, des prières de quarante heures, pour la prospérité des armes de sa majesté, & il indiqua, par son mandement, les églises où ces prières devoient être faites succeſſivement, & entre autres, celles du Temple & de Saint-Jean-de-Latran. Par un autre mandement, du 19 du même mois, il ordonna qu'il seroit chanté un *Te Deum* pour la victoire remportée par sa majesté. On vit paroître en même temps un mandement de M. le grand-prieur de France, qui ordonna des *prières publiques* pour le même objet ; il étoit adreſſé à tous prieurs, curés, vaſſaux, & habitans dudit grand-prieuré. Le grand-prieur y disoit, qu'il ordonnoit lesdites prières en vertu de la juriſdiction comme épiscopale dont l'ordre de Malte jouit, ainſi que du titre & des fonctions de vrai ordinaire. Le mandement contient une injonction au prieur-curé de l'église du Temple de régler la forme des prières ; ce qu'il fit par un règlement mis à la suite du mandement. M. l'archevêque publia, le 28 du même mois, un mandement, par lequel il déclara nul & de nul effet celui du grand-prieur, & fit défenses, sous peine de suspense, au prieur du Temple, & aux autres prieurs-curés, de le mettre à exécution, & leur enjoignit, sous la même peine, d'exécuter ses mandemens. Les prieurs-curés du grand-prieuré n'obéirent point.

Le clergé, qui étoit alors aſſemblé, se joignit à M. l'archevêque de Paris, & l'affaire fut portée au conseil d'état, qui, par arrêt du 5 juin 1745, ordonna que les requêtes de M. l'archevêque & de l'aſſemblée du clergé, seroient communiquées au grand-prieur, pour y fournir réponse ; & cependant par provision, que les mandemens de M. l'archevêque de Paris, des 8 & 19 mai, & tous autres qui avoient été ou seroient donnés par les archevêques & évêques, ou leurs vicaires-généraux, seroient exécutés dans les églises de l'ordre de Malte, ainſi que dans toutes les églises de leurs diocèses, exemptes ou non exemptes, même dans celles prétendant avoir juriſdiction comme épiscopale.

Peu de temps après, il s'éleva une conteſtation semblable, entre le chapitre de la métropole de Paris, & le prieur de Saint-Germain-des-Prés, prenant la qualité de grand-vicaire de l'abbé de Saint-Germain. L'archevêché de Paris étant vacant, les vicaires-généraux du chapitre donnèrent, en conséquence des ordres du roi, un mandement le 5 mai 1746, au sujet des *prières publiques* & des quarante heures, pour la prospérité des armes de sa majesté, dans toutes les églises exemptes & non exemptes, & nommément dans celle de l'abbaye de Saint-Germain. Au mépris de ce mandement, il en parut un affiché dans l'enclos & hors de l'enclos de l'abbaye, au nom du grand-prieur de l'abbaye, & pour le même objet.

Le chapitre de l'église de Paris s'étant adreſſé au conseil du roi, il en obtint, le 21 mai 1746, un

arrêt, qui, en confirmant celui du 5 juin 1745, ordonna que le mandement des vicaires-généraux de l'église de Paris seroit exécuté dans l'église de l'abbaye de Saint-Germain-des-Prés, & dans celles de tout le territoire, ainſi que dans toutes les églises du diocèse, exemptes & non exemptes, même dans celles prétendant avoir juriſdiction comme épiscopale, avec défenses au prieur de l'abbaye, & à tous autres, de publier aucun mandement sur le fait des *prières publiques* ordonnées par sa majesté, jusqu'à ce qu'autrement il en ait été ordonné ; le tout sans préjudice du droit des parties au principal.

Ces deux arrêts provisoires, qui se trouvent dans le rapport des agens du clergé, de 1750, n'ont pas jugé la queſtion au fond : mais ils forment deux préjugés conſidérables en faveur des évêques & des chapitres pendant la vacance du siège. Ces préjugés sont encore fortifiés par les arrêts suivans.

M. l'évêque de Perpignan n'ayant pas voulu accorder la permiſſion d'expoſer le Saint-Sacrement à un *Te Deum* ordonné en 1753, le chapitre se pourvut devant le juge viguier de Rouſſillon, qui enjoignit aux grands-vicaires de faire expoſer le Saint-Sacrement, à peine de 1000 livres d'amende. La séchereſſe ayant déterminé l'évêque à ordonner des *prières publiques*, les syndics de la communauté des prêtres de l'église de S. Jean, & les religieux de trois monaſtères, en ordonnèrent auſſi de leur côté, se prétendant les uns & les autres en poſſeſſion d'une juriſdiction particulière qui les y autoriſoit. M. l'évêque de Perpignan présenta requête au conseil, pour se plaindre des différentes entrepriſes sur son autorité & sa juriſdiction. Il obtint deux arrêts ; le premier du 7 décembre 1753, qui ordonna, par provision, que l'évêque de Perpignan, ou ses vicaires-généraux en son abſence, pourront seuls régler ce qu'ils jugeront convenir concernant l'expoſition du Saint-Sacrement, avec injonction à tous chapitres, communautés, &c. de se conformer aux ordonnances qui seront rendues à ce sujet ; le second eſt du 16 février 1754 ; il ordonne que par provision il ne puiſſe se faire dans la ville de Perpignan, & autres lieux du diocèse, aucunes prières extraordinaires pour causes publiques, qu'elles n'aient été réglées, indiquées ou ordonnées par l'évêque ou ses vicaires-généraux, ainſi que les prières qui se feront par ordre supérieur de sa majesté, & notre saint père le pape, dont le chapitre sera gracieuſement averti.

Le chapitre collégial de Saint-Hilaire de Poitiers, ayant, de sa propre autorité, ordonné les prières de quarante heures, avec expoſition du Saint-Sacrement, pour demander à Dieu la ceſſation de la pluie, sa majeſté étant en son conseil, rendit, le 28 septembre 1771, un arrêt, par lequel elle veut qu'il ne puiſſe être fait dans la ville de Poitiers, & autres lieux, aucunes *prières publiques*, ni expoſition du Saint-Sacrement, pour quelques causes que ce puiſſe être , qu'elles n'aient été indiquées , réglées & ordonnées par l'évêque.

Il eſt inconcevable combien il s'élève de difficultés au ſujet des *prières* ou cérémonies publiques. Le chapitre de Die refuſa d'aller chercher proceſſionnellement , & conduire ainſi à l'égliſe ſon évêque , qui devoit officier dans la cathédrale pour le ſervice de la feue reine, femme de Louis XV. Les parties s'adreſſèrent au roi pour faire décider cette queſtion , & fournirent leurs mémoires reſpectifs. Le roi décida par une lettre du duc de Choiſeul, écrite de ſa part aux agens généraux du clergé, le 20 décembre 1768, que dans tous les ſervices ſolemnels indiqués par ſa majeſté , & auxquels l'évêque juge à propos d'officier pontificalement, le chapitre doit lui rendre les mêmes honneurs qu'aux principales ſolemnités de l'année où le prélat officie , quel que ſoit le jour fixé pour la célébration des ſervices extraordinaires dont il s'agit.

Voici une conteſtation d'une autre eſpèce. Il eſt d'uſage à Tarbes que les curés, les religieux , la ſénéchauſſée & les officiers municipaux , ſe rendent à la cathédrale pour aſſiſter aux proceſſions des rogations. En 1765 le chapitre, autoriſé par les vicaires-généraux de l'évêque , crut devoir anticiper l'heure de la cérémonie à raiſon des grandes chaleurs , & eût ſoin d'en faire avertir les parties intéreſſées. Le lieutenant-général de la ſénéchauſſée , ſur la requête du procureur du roi , parce que ce changement avoit été fait ſans leur participation , rendit une ordonnance , qui fit proviſoirement défenſes aux chapitre , curés & religieux , à peine d'être enquis , de ſe trouver à la proceſſion des rogations , à moins qu'elle ne ſe fît, ſuivant la coutume , à neuf heures du matin. Le chapitre obéit, pour éviter l'éclat & le ſcandale : mais il ſe pourvut au conſeil contre l'ordonnance , & ſur-tout contre l'incompétence du juge qui l'avoit rendue. Sur quoi intervint arrêt le 16 février 1771 , qui porte que ſa majeſté étant en ſon conſeil , en ce qui regarde le changement d'heure de la proceſſion des rogations , ordonne que l'article 46 de l'édit du mois d'avril 1695 , concernant l'indication des jours & heures des *prières publiques*, ſera exécuté ; en conſéquence , maintient les évêques de Tarbes & leurs vicaires-généraux en ſon abſence , dans le droit de les fixer ; ordonne que les officiers de la ſénéchauſſée ſeront tenus de ſe conformer à l'arrêt du conſeil du 30 ſeptembre 1659 , renouvellant ſa majeſté auxdits officiers les défenſes faites de connoître du ſervice divin & des réglemens pour les proceſſions. D'après tous ces différens arrêts , on ne peut conteſter aux évêques le droit d'indiquer & de régler les *prières* & les proceſſions publiques. Ils ont auſſi celui d'y faire aſſiſter les réguliers ; le concile de Trente l'a ainſi décidé , & il n'excepte que les religieux qui gardent une clôture perpétuelle. Il paroît par les novelles de Juſtinien , que de ſon temps les moines & même les moniales , aſſiſtoient aux proceſſions.

Le droit des évêques de convoquer le clergé , tant ſéculier que régulier , pour aſſiſter aux proceſſions , a été confirmé par pluſieurs arrêts de nos cours ſouveraines. Joannès Galli , ou le Coq, en rapporte un du parlement de Paris , rendu il y a plus de trois cens ans. *Fuit dictum per arreſtum quod canonici,* du Mans, *non erant recipiendi ad poſſeſſionem per eos allegatam , quod cum epiſcopo ,* du Mans, *diœceſano non tenebantur ire ad proceſſionem , & in emendam condemnati ratione exceſſuum commiſſorum in hoc impediendo , ſed per ſe ire volebant , & revera iverant per ſe , epiſcopum dimittendo ſeorſum.*

Maynard rapporte que des chanoines au pays de Languedoc avoient eu le même deſſein que ceux du Mans, dont parle Jean le Coq ; mais qu'ayant été avertis du châtiment qu'on leur préparoit , & mieux conſeillés , ils avoient changé de conduite & fait leurs devoirs.

Le parlement de Touloufe , par arrêt du 12 mai 1703 , ordonna , par proviſion , aux religieux de la ville de Touloufe , de ſe trouver dans l'égliſe de ſaint Sernin , pour y aſſiſter aux proceſſions du jour de la Pentecôte , & y porter les reliques.

C'eſt un ancien uſage dans la diſcipline de l'égliſe, d'accorder aux fondateurs & aux patrons , l'honneur d'être nommés & recommandés dans les *prières publiques* qui ſe font dans les égliſes de leur patronage & fondation. Dans l'origine , ce n'étoit qu'une conceſſion gratuite , une marque de reconnoiſſance , qui , dans la ſuite , eſt devenue un droit de rigueur, que les curés ne pourroient refuſer ſans s'expoſer à eſſuyer des condamnations. Les ſeigneurs hauts-juſticiers , les moyens & les bas, même les ſeigneurs de fief dans quelques endroits , jouiſſent de cette prérogative. *Voyez* DROITS HONORIFIQUES, HAUTS-JUSTICIERS, PATRONS. (*M. l'abbé BERTOLIO , avocat au parlement.*)

PRIEUR , PRIEURÉ , (*Droit ecclé ſ.*) Le mot *prieur*, pris littéralement , déſigne une perſonne qui en a pluſieurs au-deſſous d'elle , *prior quaſi primus inter alios* : & l'on appelle *prieuré* la dignité , l'emploi ou le bénéfice attaché à la qualité de *prieur*.

On diviſe les *prieurés* en ſéculiers & réguliers.

§. I. *Prieurés ſéculiers.* L'auteur des définitions du droit canonique , dit que l'on entend par *prieurés ſéculiers* , « ceux qui ſont poſſédés par des perſonnes qui ne ſont point engagées dans la profeſſion monachale , c'eſt-à-dire , qui ne ſont point obligés à porter un habit de moine , ni à ſuivre aucune des quatre règles que l'égliſe ſouffre & que les chrétiens reconnoiſſent ».

Cette définition eſt critiquée , & avec raiſon, par Perrard Caſtel. « Elle n'eſt pas aſſez claire, dit-il , & elle renferme une équivoque maniфеſte , d'autant que tous les *prieurés* réguliers qui ſont poſſédés en commende , ſont poſſédés par des perſonnes qui ne ſont point engagées dans la profeſſion monachale , & cependant on ne dira point que ce ſont des *prieurés ſéculiers* ; de ſorte que ce qu'on nomme *prieurés ſéculiers*, ſont

» ceux qui font poffédés en titre, & non point
» en commende par des perfonnes féculières ».

Les *prieurés* féculiers ne diffèrent des autres bénéfices que par le nom, il y en a de fimples, il
y en a de doubles, il y en a même qui forment
des dignités. On remarque en France plufieurs
collégiales, dont le premier dignataire porte le
titre de *prieur*. Telles font celles de Loches, de
Châtillon-fur-Indre dans la Touraine, lefquelles,
dans les actes qui fe paffent avec elles, font qualifiés de *prieur, chanoines & chapitres*. Telle eft
encore celle de la collégiale de faint Germain-de-
la-Châtre.

Les loix ou conftitutions, foit canoniques, foit
civiles, qui parlent des *prieurés* conventuels, ne
s'entendent jamais des *prieurés* féculiers. C'eft ce
qu'enfeigne l'abbé de Palerme fur le chapitre *cùm
contingat*, aux décrétales *de foro competenti*, &
Dominique *de fanéto Geminiano*, en fon confeil 131.
L'auteur des définitions canoniques établit la même
chofe d'après eux. « La conftitution du pape, dit-il,
» qui parle ou fait mention d'un *prieuré* conven-
» tuel, n'eft jamais étendue aux *prieurés* des églifes
» collégiales, non plus qu'aux prévôtés ou doyennés
» & dignités féculières, lefquels néanmoins ont &
» exercent la jurifdiction fur les chanoines de leur
» églife par la puiffance qui leur eft attribuée ».
Par-là fe réfout la queftion de favoir fi les
prieurés féculiers font compris dans la claufe du
concordat, qui affujettit à la nomination du roi,
tous les *prieurés* électifs : « ceux qui tenoient pour
» l'affirmative, dit le même auteur, foutenoient
» que toutes les dignités & prélatures font fujettes
» à la nomination du roi, c'eft-à-dire, celles qui
» fe conféroient à la pluralité des voix du cha-
» pitre affemblé pour cet effet.... M. le procu-
» reur-général du grand-confeil, où cette queftion
» fut agitée, le foutenoit ainfi, & interjetta appel
» comme d'abus de l'élection qui avoit été faite
» du *prieur* féculier de Pont-Mone, fitué au dio-
» cèfe de Bazas dans la province de Guienne : il
» établiffoit fa principale défenfe fur le droit de
» nomination du roi. Mais comme les élections font
» tout-à-fait favorables, à caufe qu'elles font plus
» conformes à la pureté des anciens canons & à
» la difcipline eccléfiaftique...... Meffieurs du
» grand-confeil déclarèrent M. le procureur-général
» non-recevable dans fon appel comme d'abus,
» par arrêt du 10 feptembre de l'année 1526 ».
On pourroit dire que la véritable raifon de décider, eft que ces fortes de *prieurés* ne font pas
des bénéfices électifs-confirmatifs dans le fens du
concordat, ni de véritables prélatures.

§. II. *Des prieurés réguliers*. Les *prieurés* réguliers
font, ou des bénéfices, ou des offices qui ne
peuvent être poffédés en titre que par des perfonnes engagées dans la profeffion religieufe.

On peut les divifer en conventuels, en clauftraux,
en forains &. en curés. Pour ces derniers, *voyez*
l'article CURE.

Des prieurés conventuels. On entend par *prieur*
conventuel, celui qui gouverne des religieux dans
un couvent, & qui ne reconnoît point de fupérieur, foit en titre, foit en commende.

Il ne faut pas conclure de cette définition, que
toute maifon régulière dans laquelle exiftent plufieurs religieux fous la direction d'un *prieur*, forme
un *prieuré* conventuel. Cette dénomination ne
s'applique proprement dans l'ufage, qu'aux couvens où il y a un noviciat établi, & un fcel commun, *figillum commune* ; & c'eft, dit Brillon, par
le défaut de ces deux circonftances, que le *prieuré*
de faint Denis-de-la-Châtre à Paris, n'a pas été
jugé conventuel, mais feulement focial.

Le défaut de noviciat dans un *prieuré*, n'empêcheroit cependant pas qu'on ne le regardât comme
conventuel dans les congrégations où il y a des
maifons communes pour le noviciat de tous les
monaftères qui les compofent.

Le mot *prieur* conventuel étoit autrefois fynonyme avec celui d'*abbé*. Dans plufieurs règles,
& principalement dans celle de faint Benoît, ils
font fouvent employés l'un pour l'autre. Aujour-
d'hui on ne les confond plus, mais ils ne laiffent
pas encore d'exprimer la même idée ; celle d'un
fupérieur qui n'a perfonne au-deffus de lui dans
le monaftère même.

Différentes caufes ont contribué à faire donner
à ce fupérieur le nom de *prieur* dans certains endroits, tandis qu'il s'appelloit *abbé* dans d'autres.
Ici, c'eft parce qu'une congrégation, compofée
de plufieurs monaftères, ne reconnoît qu'un feul
abbé, celui du chef-lieu de l'ordre ; là, c'eft parce
que les fondateurs n'ont pas voulu que le titre
d'*abbé*, qui déjà étoit l'annonce du fafte & du
luxe, décorât les fupérieurs des maifons qu'ils
élevoient à la piété & à l'humilité.

Les *prieurés* conventuels font-ils bénéfices ou
fimples offices ? Ils font bénéfices, lorfqu'ils fe
confèrent à vie, & fimples offices, lorfque la
collation eft limitée à un certain temps, comme
trois ans.

Il ne faut cependant pas croire que dans le
dernier cas, on puiffe révoquer librement & fans
caufe, un *prieur* conventuel qui n'a pas encore
atteint le terme de fon adminiftration. Le contraire eft décidé par la décrétale *monachi, de ftatu
monachor. Priores autem cum in eccleftis conventualibus per electionem capitulorum fuorum canonicè fuerint
inftituti, nifi pro manifefta & rationabili caufâ, non
mutentur : videlicet fi fuerint dilapidatores, fi incon-
tinenter vixerint, aut tale aliquid egerint pro quo
amovendi meritò videantur*. Mais, comme l'obfervent
Fagnan & Van-Efpen, il ne faut pas des raifons
auffi graves pour deftituer un *prieur* conventuel,
que pour dépofféder un bénéficier ; & c'eft ce que
porte expreffément la décrétale *qualiter & quando.
De accufationibus hunc tamen ordinem circa regulares
perfonas non credimus ufque quaque fervandum : quæ-*

*um caufa requirit, faciliùs & liberiùs à fuis pof-
funt adminiftrationibus amoveri.*

Par arrêt du 22 juin 1701, rapporté au journal
des audiences, il a été jugé qu'un *prieur* dans
l'ordre de faint Dominique, élu & confirmé, ne
peut refufer de fubir un examen, quand on a lieu
de douter de fa capacité. L'événement ayant juftifié les doutes qu'on avoit fur lui, il a été deftitué
par fentence des commiffaires du général.

L'élection eft de toutes les manières de pourvoir aux *prieurés* conventuels, lors même qu'ils
font bénéfices, celle qui eft la plus conforme au
droit commun. Il y en a cependant qui, par titre
ou poffeffion, font à la collation des abbés, chefs
d'ordres, ou autres fupérieurs immédiats des congrégations auxquelles ils font affiliés.

De-là, cette diftinction que l'on fait actuellement
en France, entre les *prieurs* qui, au temps du
concordat étoient électifs-confirmatifs, & ceux
qui, à la même époque, étoient fimplement collatifs. ;

Par ce traité, les premiers font tombés à la
nomination du roi; les feconds, au contraire, font
demeurés dans leur ancien état.

Quelques auteurs étendent fort loin les droits
du roi fur les *prieurés* conventuels. Pour fe former
une jufte idée de leur fyftème, il faut d'abord
pefer les termes du concordat; voici ce qu'il porte :
*monafteriis verò & prioratibus conventualibus & verè
electivis, videlicet in quorum electionibus forma capituli, quâ propter, fervari, & confirmationes electionum
hujufmodi folemniter peti confueverunt. . . .*

On prétend, d'après ces termes, que le roi doit
avoir la nomination de tous les *prieurés* conventuels, qui, dans l'origine, étoient des abbayes, quoique aujourd'hui on les regarde comme purement
collatifs. C'eft ce que foutient principalement l'auteur d'un traité qui a paru fur cette matière dans
le fiècle dernier. Pour juftifier cette opinion, il
établit, 1°. que le mot *monafterium* ne peut pas être
entendu d'un *prieuré*, mais feulement d'une abbaye; 2°. que toutes les abbayes, avant le concordat, étoient réellement électives; 3°. que, par
conféquent, les termes *verè electivis videlicet*, ne
s'appliquent qu'aux *prieurés* conventuels; & de ces
trois propofitions, il conclut que, pour favoir fi
un *prieuré* conventuel eft à la nomination du roi,
il faut, non pas examiner s'il étoit électif-confir-
matif au temps du concordat, mais s'il a autrefois
exifté avec le titre d'abbaye; car, dit-il, le concordat portant généralement que le roi nommera
aux monaftères ou abbayes, fans diftinguer, comme
il le fait par rapport aux *prieurés* conventuels, s'ils
font vraiment électifs, ou s'ils ne le font pas, on
doit affujettir à la nomination royale tous les *prieurés*
qui étoient originairement de véritables abbayes,
parce que l'état n'a pu en être changé au préjudice
du fouverain.

Mais comment a pu s'opérer ce changement ?
C'eft ce que l'auteur explique fort bien. Les ab-

bayes de Cluny, de la Chaife-Dieu, de faint
Denis & quelques autres, étant devenues puiffantes & recommandables par l'obfervance exacte
de la difcipline monaftique, plufieurs moindres
abbayes s'y aggrégèrent & s'y foumirent; les
unes d'elles-mêmes, les autres par l'autorité des
rois ou des papes : quelques-unes, à la vérité, fe
maintinrent dans leur gouvernement primitif; mais
la plupart perdirent infenfiblement leur ancien
régime, & l'on s'accoutuma peu-à-peu à les regarder comme des membres de ces grandes abbayes & des *prieurés* de leur dépendance.

La bibliothèque de Cluny nous fournit en effet
plufieurs exemples de cette réduction d'abbayes en
prieurés. On y voit, *page 514*, un privilège donné
en 1088 par le pape Urbain II, à Hugues, abbé
de Cluny, dans lequel on qualifie d'*abbayes*, des
bénéfices qui ne font plus que des *prieurés* : *hoc
infuper adjicientes ut monafterium fanctæ Mariæ de
charitate, monafterium fancti Martini de campis apud
Parifios, monafterium fancti Dionifii apud Nungen-
tum*, &c. La page 1429 du même recueil, nous
offre une chartre de Louis-le-Jeune, de 1166,
qui prouve que l'abbaye d'Ambierle avoit été
réduite en *prieuré* de la manière qu'on vient de
l'expliquer : *domum Ambertæ ditioni noftræ fubjectam,
quæ quondam abbatia fuit, dono illuftrium virorum
Bernardi & Theodeberti fratris fui redactam effe cogno-
vimus ut majoris religionis formâ infigneretur.* Les pages
274 & 314 contiennent la preuve de pareils changemens pour Charlieu & faint Marcel-lès-Châlons;
& cette preuve eft fortifiée à l'égard de ce dernier endroit, par ce paffage d'un ancien auteur :
*fancti Marcelli abbatia olim, nunc prioratus ordinis
Cluniafenfis, in territorio Sequanorum.*

Saint Julien, en fon traité de l'origine des Bourguignons, fait auffi mention de plufieurs abbayes qui,
s'étant foumifes à celle de Cluny, ont été réduites
en *prieurés*; telles font, dit-il, Gigni, Noirmouftier,
Nantua, faint Marcel, Cunam, le Godet, l'Odun, &c.

Sauxillanger, qui n'eft aujourd'hui qu'un *prieuré*
conventuel, étoit, dans fon origine, une abbaye
qui fut fondée en 928, par Acfred II, comte
d'Auvergne; mais en 1062, Hugues II, qui en
fut le onzième abbé, & qui l'étoit en même temps
de Cluny, la changea en *prieuré*.

On voit auffi, dans le pouillé des bénéfices de
faint Michel de la Clufe en Piémont, que plufieurs *prieurés* qui en dépendent, ont eu autrefois
le titre d'*abbayes*.

Il eft donc certain, conclut l'auteur cité, que
dans le nombre des *prieurés* que les abbés de Cluny,
de Marmouftier & autres grandes abbayes, prétendent être à leur nomination, il s'en trouve
beaucoup qui ont été des abbayes; par conféquent,
on doit, aux termes du concordat, les regarder
comme fujets à la nomination du roi.

Ce fyftème ne pouvoit manquer d'être accueilli
par l'auteur du traité des droits du roi fur les
bénéfices ». Il eft très-vrai, dit-il, que le concordat

» cordat porte, en général, que le roi nommera
» aux monaftères, & qu'on ne fait dans ce traité
» aucune diftinction ni réferve des monaftères fou-
» mis ou non foumis, unis ou non unis, agrégés
» ou non agrégés. Ainfi, il s'enfuit de cette dif-
» pofition générale, que tout ce qui eft monaftère,
» c'eft-à-dire, abbaye, fe trouve compris dans le
» concordat : de même que fi, par un traité entre
» les deux couronnes, de France & d'Efpagne,
» le roi d'Efpagne cédoit au roi les villes d'une
» province, tout ce qui feroit ville dans cette
» province feroit compris dans ce traité, & pré-
» fumé avoir été abandonné au roi, .& qu'on
» allégueroit inutilement que telle ville eft membre
» & une dépendance de telle principauté ou fei-
» gneurie; le traité étant général & fans réferve,
» cette exception ne feroit pas écoutée ».

Mais cette comparaifon ne fe tourne-t-elle pas
contre l'auteur ? Un traité qui céderoit des villes
ne feroit certainement pas un titre, en vertu duquel
on pût prétendre les villages qui ont été villes
autrefois ; pourquoi donc le concordat, c'eft-à-dire,
un traité qui accorde au roi la nomination à toutes
les abbayes de fon royaume, lui donneroit-il le
droit de nommer aux *prieurés* qui, ayant été abbayes dans leur origine, n'étoient plus, au temps
de cet acte, que de fimples membres d'autres monaftères, & fujets à la collation des abbés de
ceux-ci ? N'eft-il pas évident qu'en donnant au
roi la nomination aux abbayes, on n'a eu en
vue que les bénéfices qui avoient alors cette
qualité ?

Cette objection paroît infurmontable. Voici cependant ce que répond notre auteur : l'intention
de nos rois & des feigneurs particuliers, en fondant des monaftères, n'a point été d'établir de
fimples habitations pour des religieux ; il paroît
au contraire, par les titres mêmes des fondations,
que leur deffein a été d'ériger de véritables abbayes. Il y a même des fondateurs qui ont prévu
que les abbés, chefs d'ordre, pourroient tenter de
réduire en *prieurés* les abbayes qu'ils fondoient,
& qui ont pris des précautions contre cet abus.
En 1106, Robert, comte de Flandres, agrège
l'abbaye de faint Bertin à la congrégation de
Cluny, & dit à ce fujet, en parlant à l'abbé de
Cluny : *fancti Bertini monafterium vobis veftrifque.*
fucceffforibus omnino liberè ordinandum perpetuo jure
concedimus, eâ tamen conditione præfixâ ut abbatia
nunquam in prioratum redigatur. En 821, le comte
Vaibert donne à l'abbé Geilo, un terrein nommé
Rodunion, à la charge d'y conftruire, non une
fimple habitation dépendante d'un chef-lieu, mais
un monaftère, *eâ videlicet ratione, ut nulli alio loco*
fubjectus habeatur, fed ibi monafterium Deo & præ-
dictis fanctis conftituat.

D'après cela, ne peut-on pas dire que la converfion de certaines abbayes en prieurés eft contraire à l'intention des fondateurs ? Et puifqu'elle
n'a été nullement autorifée par les deux puiffances,

fpirituelle & temporelle, qui ont le plus grand
intérêt à la confervation de ces titres, ne doit-on
pas confidérer ces maifons religieufes comme étant
encore dans leur état primitif, & conféquemment
comme de véritables abbayes ?

Dira-t-on que le laps de temps & le défaut de
réclamation doit faire préfumer une approbation
de la part des perfonnes qui repréfentent les fondateurs & les deux puiffances ? Non, répond notre
auteur. « Pour couvrir un pareil changement, il
» feroit néceffaire que les puiffances euffent agi
» de concert par des actes formels & pour des
» caufes légitimes. Les titres qui exiftent font
» autant de réclamations perpétuelles contre lef-
» quelles la prefcription ne peut avoir lieu, d'au-
» tant plus qu'il s'agit des droits du roi & d'en-
» tretenir les fondations de fes auteurs, qu'il eft
» du bien de l'églife & de l'honneur de l'état de
» conferver. Ainfi, il eft donc vrai que dans le
» temps que le concordat a été paffé, quoique ces
» monaftères ne fuffent connus que fous le nom
» de *prieurés*, ils étoient véritablement des abbayes,
» & que les entreprifes qu'on a faites pour ren-
» verfer leur état, n'ont pu opérer ce change-
» ment ».

L'auteur ajoute que le roi nomme conftamment
aux abbayes de Tiers, de faint Martial de Limoges,
& à plufieurs autres, quoiqu'elles aient été foumifes à l'ordre de Cluny ; que par conféquent
toutes les autres abbayes qui ont été fondées comme
telles, doivent être à la nomination du roi, fous
quelque nom qu'on les connoiffe aujourd'hui.

Il convient cependant qu'entre les monaftères
agrégés, foit à l'abbaye de Cluny, foit aux chefs
d'ordre, il peut y en avoir que les fondateurs ont
voulu y foumettre, avec pouvoir aux abbés de
ces grandes abbayes d'y envoyer, au cas de vacance, de leurs religieux pour en être les abbés
& les gouverner avec cette fubordination ; mais
il foutient que cette exception ne peut avoir lieu
qu'à l'égard des abbayes dont les titres de fondation en difpofent expreffément ainfi.

« Il ne refte donc plus, dit enfin notre auteur,
» qu'à connoître le nombre de ces monaftères ainfi
» réduits en *prieurés*. Le moyen le plus fimple &
» le plus fûr pour parvenir à cette connoiffance,
» eft d'obliger les collateurs de ces prétendus
» *prieurés* à repréfenter les titres de fondation de
» ces bénéfices, ou du moins des actes équivalens,
» & qui foient en bonne forme ; faute de quoi
» le roi pourra y nommer ».

Ce fyftème, que l'on a cherché plufieurs fois
à accréditer, femble avoir été profcrit par un
célèbre arrêt du confeil des dépêches, du 16 août
1781, que l'on trouve au *tom.* 2 du journal des
audiences. Le roi avoit accordé des brevets de
nomination pour cinq *prieurés* collatifs de l'ordre
de Cîteaux, qui avoient été autrefois des abbayes,
& même des abbayes de moniales. La conteftation
qui s'éleva au fujet de ces brevets, fuivis de bulles

de cour de Rome, ayant d'abord été portée au grand-conseil, fut évoquée au conseil d'état par un arrêt dont le dispositif présente le véritable état de la question. « Le roi ayant fait examiner les mé- » moires qui lui avoient été présentés, par lesquels » sa majesté avoit été informée que les abbés » de Cîteaux, de Clairvaux & autres dudit ordre, » s'étoient appropriés la nomination de certaines » abbayes; que, pour en avoir l'entière disposition, » ils les avoient érigées en *prieurés* simples & con- » ventuels, sous prétexte qu'elles étoient de leur » filiation, & dans cet esprit, ils auroient con- » féré les unes à leurs religieux & uni les autres » à leurs propres monastères, le tout de leur » autorité privée & par la qualité qu'ils prenoient » de pères & de supérieurs majeurs de toutes ces » maisons, &c. »

Ainsi, la question est bien établie. Des *prieurés* collatifs au temps du concordat, & qui avoient été autrefois des abbayes, sont-ils à la nomination du roi? Le célèbre Vaillant défendit l'ordre de Cîteaux; il soutint qu'un laps de temps de plusieurs siècles assuroit l'état & la qualité des bénéfices. Que des abbayes avoient pu devenir licitement & légale-ment de simples *prieurés* collatifs. Et qu'une longue possession devoit faire supposer la légitimité de ce changement. Il démontra qu'une bulle de 1519, dont excipoient les brévetaires du roi, étoit une pièce supposée & fausse. Après une instruction aussi solemnelle qu'étendue, intervint l'arrêt suivant : « oui le rapport du sieur de Bezons, conseiller » d'état ordinaire, qui en a communiqué au sieur » archevêque de Paris, aux sieurs de Breteuil, » Pussort, & d'Argouges, conseillers d'état, au père » de la Chaise, confesseur de sa majesté, commis- » saires à ce députés, le roi étant en son conseil, » sans égard aux brevets de nomination, accordés » auxdits. . . . . : a maintenu & gardé les abbés, » prieur & religieux de Clairvaux, dans la pos- » session & jouissance des fruits, domaines & biens » dépendans du Val-des-Vignes & de Clairmarais, » sans aucune réserve (Clairmarais étoit, dans le » quatorzième siècle, une abbaye de fille, unie » dans le quinzième à l'abbaye de Clairvaux); a » pareillement maintenu & gardé, maintient & » garde lesdits. . . . (ce sont les *prieurs* réguliers » nommés par l'abbé de Cîteaux) dans la posses- » sion & jouissance des *prieurés* collatifs, des Ro- » siers, la Joie & Belleau; fait défenses de les y » troubler, &c.» Ces trois derniers *prieurés* avoient été autrefois des abbayes. Il a donc été jugé, que des *prieurés* collatifs au temps du concordat, ne dévoient pas être à la nomination du roi, quoi-qu'ils eussent été autrefois des abbayes. Nous ne devons pas dissimuler que dans une contestation actuellement pendante au conseil, on a formé une tierce-opposition à l'arrêt de 1681. *Voyez* NOMI-NATION.

Les *prieurés* conventuels des Pays-Bas sont sou-mis, dans les mêmes cas que ceux de France.

à la nomination royale : mais la forme de cette nomination y est différente.

On a demandé si cette forme devoit être suivie pour les *prieurés* conventuels qui sont en congré-gation? Les chanoines réguliers d'Answyck, *prieuré* de la congrégation du Val-des-Ecoliers, ont sou-tenu la négative, & combattu, par ce prétexte, la nomination faite par l'empereur de la personne de frère Marc-Canthals. La cause fut d'abord portée au conseil privé de Bruxelles, & ensuite renvoyée au grand-conseil de Malines. L'abbé de Sainte-Ge-neviève y intervint pour les chanoines réguliers, & le ministère public pour les droits de la couronne. On prétendoit, d'un côté, que l'élection apparte-noit aux religieux, & la confirmation à l'abbé général; on démontroit, de l'autre, que l'empe-reur étoit autorisé, par les indults de Rome, & par une possession immémoriale, de faire élire qui bon lui sembloit, & de confirmer l'élection; que les seuls *prieurs* triennaux étoient exceptés de cette règle; que celui d'Answyck étoit perpétuel; qu'ainsi rien ne pouvoit l'affranchir d'une loi générale & commune à toutes les provinces belgiques.

En conséquence, il est intervenu arrêt conçu en ces termes : « la cour, faisant droit sur les con- » clusions du suppliant (frère Marc-Cantha's), dé- » clare qu'il a été dûment pourvu du *prieuré* d'Ans- » wyck; & disposant sur celles des conseillers » fiscaux, déclare que sa majesté est en droit de » nommer & députer, à chaque vacance dudit » *prieuré*, des commissaires, dont un soit de l'ordre » du Val-des-Ecoliers, & de le conférer sur le » pied des derniers collateurs. . . . . condamne les » rescribens (les chanoines réguliers d'Answick, » & l'abbé de Sainte-Geneviève) aux dépens du » différend au taux de la cour. Prononcé à Malines, » le 21 février 1724 ».

Cet arrêt, & les requêtes *des conseillers fiscaux*, qui en contiennent les motifs, sont rapportés dans le recueil du comte de Colma, imprimé à Malines en 1781.

Peut-on pourvoir à un *prieuré* conventuel par la voie de la coadjutorerie? Cette question a été agitée dans un grand procès entre M. de Saint-Albin, archevêque de Cambrai, & M. l'abbé d'Auvergne. Le 13 septembre 1717, l'abbé de Lionne, *prieur*-commendataire de Saint-Martin-des-Champs, passa procuration pour demander au pape un coadjuteur, « sur le motif que son grand âge ne lui permet- » tant plus de remplir toutes les fonctions aux- » quelles l'engageoit la qualité de *prieur*, il dési- » roit procurer à son *prieuré* un successeur, qui » pût contribuer dans la suite à en conserver les » droits, & faire revenir, par son crédit, ceux » qui avoient été aliénés, ou procurer le paie- » ment des sommes dues audit *prieuré* depuis tant » d'années par le roi, soit pour l'aliénation de la » justice dont jouissoit le *prieuré*, ou pour d'autres » causes ».

Le 22 du même mois, M. de Saint-Albin obtint

en cour de Rome des bulles de coadjutorerie, contenant dérogation à toutes difpofitions canoniques qui y feroient contraires. Le 8 octobre fuivant, le roi donna des lettres-patentes pour l'exécution de ces bulles, dérogeant à cet effet à tous édits & déclarations qui pourroient y mettre obftacle, *pour ce regard feulement, & fans tirer à conféquence*. Le 13, les bulles furent fulminées par l'official de Paris, & le 18, elles furent enregiftrées au grand-confeil, avec les lettres-patentes. Ce n'étoit cependant pas au grand-confeil que les lettres-patentes étoient adreffées, mais au parlement. En conféquence, M. de Saint-Albin en demanda l'enregiftrement en cette cour. Par un premier arrêt du 21 janvier 1718, le parlement ordonna, qu'avant faire droit, les bulles, les lettres-patentes, & la requête en enregiftrement, feroient communiquées tant au collateur qu'au titulaire du prieuré.

Le 23 du même mois, M. l'archevêque de Vienne, abbé de Cluni, collateur, & M. de Lionne, *prieur-commendataire*, déclarèrent confentir à l'enregiftrement. Le premier donna une requête pour réitérer fa déclaration; & afin que l'on ne révoquât pas en doute la liberté de fon confentement, il vint prendre féance au parlement le 7 février; & il fut rendu en fa préfence un arrêt, par lequel « la cour, ayant égard à fa requête, lui
» donne acte de fon confentement porté par icelle;
» & en conféquence, ordonne que lefdites lettres-
» patentes & bulles feront enregiftrées, pour jouir
» par l'impétrant de l'effet & contenu en icelles,
» & être exécutées felon leur forme & teneur, *fans
» tirer à conféquence, & fans préjudice des droits du
» roi, des ufages du royaume, & des libertés de l'é-
» glife gallicane* ».

L'abbé de Lionne étant décédé le 5 janvier 1721, M. l'archevêque de Vienne conféra le *prieuré* à M. l'abbé d'Auvergne fon frère, comme s'il eût été vacant par mort. Le 14 janvier 1724, M. l'abbé d'Auvergne, après avoir tenu fes provifions fecrètes pendant trois ans, fit affigner M. l'archevêque de Cambrai au grand-confeil, pour voir dire qu'il feroit maintenu dans le bénéfice.

Il y avoit alors près de fix ans que M. de Saint-Albin étoit poffeffeur paifible. Le 29 le roi, informé de cette conteftation importante, voulut en être le juge; il l'évoqua en fon confeil. M. l'abbé d'Auvergne a prouvé, dans fes mémoires, que les coadjutoreries ne font reçues en France que pour les prélatures, & qu'elles ne peuvent être autorifées pour un *prieuré* conventuel, poffédé en commende. M. de Saint-Albin eft affez convenu de ces principes; mais il a foutenu que la prohibition d'étendre les coadjutoreries aux autres bénéfices, n'étant que de droit pofitif, pouvoit être levée par le concours des deux puiffances, furtout avec le confentement du collateur ordinaire; & que dans le fait celui-ci ayant expreffément renoncé à fon droit, ce n'étoit pas à fon pourvu

à le contredire. Par arrêt du 20 octobre 1725, le confeil a déclaré M. l'abbé d'Auvergne non-recevable dans fa demande.

Nous avons rapporté tous ces détails, pour faire voir que cet arrêt n'eft pas, comme le croient bien des perfonnes, un préjugé pour la légitimité des coadjutoreries des *prieurés* conventuels.

Quoique les *prieurs* conventuels ne foient pas au rang des prélats, on ne laiffe pas de les réputer dignitaires; & ils font, en cette qualité, habiles à exercer une commiffion apoftolique: c'eft ce que porte la clémentine 2, *de referiptis*.

Sur les autres points relatifs aux *prieurés* conventuels, *voyez* les articles CONVENTUELS & COMMENDE.

Des prieurés clauftraux. On appelle *prieur* clauftral celui qui gouverne les religieux, foit fous un abbé régulier, foit dans les abbayes ou *prieurés* qui font en commende.

Un *prieuré* clauftral n'eft affez généralement confidéré que comme un fimple office. S'il y a des maifons où il exifte en titre de bénéfice, au moins il ne donne nulle part, à celui qui en eft pourvu, la qualité de dignitaire. C'eft la différence que met la clémentine 2, *de referiptis*, entre un *prieur* conventuel & un *prieur* clauftral.

De droit commun, lorfque les abbayes font en règle, les *prieurs* clauftraux font à la nomination des abbés, & il dépend de ceux-ci de les révoquer quand il leur plaît: auffi les fonctions de ces *prieurs* ceffent-elles de plein droit à la mort des abbés qui les ont commis.

Il y a cependant quelques abbayes où l'on en ufe autrement; telles font Sainte-Geneviève de Paris, Anchin en Artois, S. Aubert de Cambrai: les *prieurs* de ces maifons font élus par les religieux, & l'on ne peut les deftituer que pour des caufes légitimes.

L'ufage particulier de ces trois abbayes, lorfqu'elles font en titre, eft, dans certaines provinces, un droit commun pour celles qui font en commende. Ainfi, dans les Pays-Bas, les religieux qui ont des abbés commendataires, choififfent toujours eux-mêmes leurs *prieurs*; mais ils ne le font qu'à l'intervention de leurs abbés, qui, en ce cas, font en droit de voter aux élections, foit en perfonne, foit par procureur.

Nous avons cependant fous les yeux l'expédition d'un arrêt du confeil d'état du 14 novembre 1684, rendu entre les religieux de Saint-Gerard, diocèfe de Namur, & leur abbé commendataire, qui « ordonne que de trois en trois ans il fera
» procédé à la nomination du *prieur* par les reli-
» gieux capitulairement affemblés, lequel fera tenu,
» avant d'en faire les fonctions, de demander la
» confirmation à l'évêque, qui ne pourra la lui
» refufer fans caufe légitime ».

En général, le droit à la nomination du *prieur* clauftral n'a rien de fixe par rapport aux abbayes poffédées en commende; dans les unes il appartient aux religieux, dans les autres à l'abbé. On ne doit confulter en cela que la poffeffion & les ftatuts des différens ordres.

Lorfque l'abbaye eft en règle, le *prieur* clauftral eft fubordonné à l'abbé dans toutes les fonctions de fon office ; & l'on peut alors lui appliquer ce que dit faint Benoît du cellerier, *fine juffione abbatis nihil faciat*..... *omnia menfuraté faciat & fecundùm juffionem abbatis*... *omnia quæ ei injunxerit abbas, ipfe habeat fub curâ fuâ, à quibus cum prohibuerit non præfumat.*

Dans les abbayes qui font poffédées en commende, ce n'eft point aux abbés, mais aux *prieurs* clauftraux, qu'appartient le gouvernement fpirituel. Ce principe a été confirmé par l'arrêt du 14 novembre 1694, que nous venons de citer ; voici ce qu'il porte à ce fujet : « pourra ledit *prieur* » exercer toute jurifdiction fpirituelle immédiate, » donnera l'habit à ceux que le chapitre aura ad-» mis au noviciat, & recevra les novices qui » auront été pareillement admis par le chapitre à » faire profeffion ».

Quelques canoniftes, & entre autres Van-Efpen, exceptent de cette jurifprudence les abbayes qui font poffédées en commende par des cardinaux ; & c'eft d'après eux que l'on dit ordinairement, « que l'abbé commendataire n'a aucun droit au » gouvernement fpirituel ni à la correction des » moines, *excepté lorfqu'il eft cardinal* ». Mais cette reftriction n'eft pas admife fans contradiction ; différens auteurs citent, comme un monument de fa profcription, l'arrêt du grand-confeil du 30 mars 1694 : c'eft une méprife. Il eft vrai que cet arrêt déboute le cardinal d'Eftrées de fa prétention au droit exclufif de nommer le grand-*prieur* de l'abbaye d'Anchin, qu'il tenoit en commende ; mais on ne peut en tirer aucune conféquence pour les autres abbayes, ni même pour les autres parties du gouvernement fpirituel de celle d'Anchin, parce que les religieux de cette maifon ayant, comme on l'a dit ci-deffus, le droit d'élire leur grand-*prieur*, lors même qu'ils ont un abbé régulier, le cardinal d'Eftrées ne pouvoit avoir aucun prétexte pour s'en faire adjuger la nomination.

Mais un arrêt qui prouve directement que les abbés cardinaux n'ont pas en France le droit que leur attribuent les canoniftes à l'adminiftration intérieure des abbayes dont ils font commendataires, eft celui du 19 feptembre 1697, qui a été pareillement rendu au grand-confeil, entre le cardinal d'Eftrées & les religieux d'Anchin. Cet arrêt, qui n'a point encore été recueilli dans nos livres, déclare qu'il y a abus dans les provifions données par le cardinal, tant pour les offices clauftraux de tréforier & maître des bois de l'abbaye, que pour la place de préfident ou principal du collège d'Anchin de Douai ; ce faifant, maintient & garde le grand-*prieur* dans le droit & poffeffion de commettre, révoquer, inftituer & deftituer, en la manière accoutumée, à la préfidence de Douai,

& à tous les offices clauftraux dépendans de l'abbaye.

L'ordre de Cluni nous offre, par rapport aux *prieurs* clauftraux, un ufage fingulier, dont il faut ici rendre compte. « Cet ufage, dit M. Piales, » fondé fur les principes de l'équité naturelle, » établi par des décrets des chapitres généraux, » & confirmé par des lettres-patentes duement en-» regiftrées, confifte à donner au *prieur* clauftral » de chaque monaftère une double menfe ou une » portion double. Il a été introduit à l'imitation de » ce qui s'étoit pratiqué dans les partages des menfes » capitulaires des églifes cathédrales & collégiales, » où nous voyons que le chef de la compagnie » jouit communément de deux prébendes, quelle » que foit fa qualité, foit celle de doyen ou de » prévôt. Le chef d'un corps, d'une compagnie, » d'une communauté féculière ou régulière, eft » toujours expofé à une plus grande dépenfe que » les fimples membres qui ne font point en di-» gnité. Il eft obligé de donner à manger de temps » en temps à la compagnie, & à différentes per-» fonnes qui y ont rapport. Il ne peut fe difpenfer, » pour le bien de la compagnie, & à certaines re-» lations, qui donnent toujours lieu à certaines » dépenfes. S'il vient quelque étranger qui ait quel-» que affaire avec la compagnie, c'eft communé-» ment au chef qu'il s'adreffe. Combien d'autres » devoirs relatifs à la fociété civile, qu'un chef » eft tenu de remplir, & qui le mettent dans la » néceffité d'avoir plus de domeftiques & un lo-» gement plus vafte que celui de fimples parti-» culiers. Un chef eft préfumé être le premier par » fon mérite auffi bien que par fa place ; il lui » faut donc une plus grande quantité de livres & » autres meubles, qu'aux fimples membres de la » compagnie. Par ces différentes raifons, le revenu » qui fuffit à un chanoine ne fuffit pas à un doyen. » Ces motifs militent en faveur des *prieurs* clauf-» traux, pour leur faire attribuer une double menfe » dans tous les monaftères où chaque religieux a » fa portion en menfe féparée. S'ils ne militent » pas avec la même force en faveur des *prieurs* » clauftraux des monaftères où il n'y a qu'une » menfe commune, du moins militent-ils en fa-» veur de la communauté. Auffi toutes les fois » que les abbés & *prieurs* titulaires & commen-» dataires des abbayes & *prieurés* de l'ordre de » Cluni, tant de l'ancienne que de l'étroite obfer-» vance, ont entrepris de contefter aux *prieurs* » clauftraux leur double menfe, ils ont été con-» damnés à la leur payer à raifon de trois cens » livres par an, & cela, foit que la communauté » des religieux jouiffe d'un tiers des biens du mo-» naftère en vertu d'un partage judiciaire, foit » que les religieux ne jouiffent que d'une fimple » penfion ou portion monachale ».

M. Piales rapporte enfuite deux arrêts qui juftifient ce qu'il avance. Le premier a été rendu au grand-confeil, le 16 mai 1735, fur les conclufions de M. l'avocat-général Bignon, en faveur du *prieur* clauftral de Lhoris en Santerre, contre le fieur Ozenne, *prieur* commendataire de ce *prieuré*; le fecond eft du 6 février 1744; il a été rendu fur les conclufions de M. l'avocat-général le Bret, entre le *prieur* titulaire & le *prieur* clauftral de Saint-Martin de Layrac.

Des prieurés forains. Les *prieurés* forains font ceux qui dépendent d'une abbaye ou *prieuré* conventuel, & en font en quelque forte partie. On les connoît auffi en certains endroits fous le nom de prévôtés.

On en diftingue de deux fortes; les uns font appellés fimples, les autres fociaux.

Les *prieurés* forains fimples font ceux dans lefquels il n'exifte point de conventualité; & l'on entend par *prieuré* focial, celui dans lequel plufieurs religieux du monaftère d'où il dépend, vivent enfemble fous la conduite d'un *prieur*.

Cette diftinction vient du relâchement de la difcipline monaftique. Les loix de l'églife & de l'état ont toujours exigé que la conventualité fût établie & maintenue dans les *prieurés* forains. Le chap. 44 du capitulaire d'Aix-la-Chapelle, tiré du réglement fait dans l'affemblée des abbés, tenue en cette ville en 817, par ordre de Louis-le-Débonnaire, qui l'approuva enfuite, porte qu'il eft permis *abbatibus habere cellas in quibus aut monachi fint aut canonici;* & veut que l'abbé *provideat ne minùs de monachis ibi habitare permittat quàm fex.* Dans la fuite, on a fixé à trois le nombre des religieux qui doivent habiter chaque *prieuré* forain. Le concile de Montpellier, de 1214, & la clémentine *in agro*, en contiennent des difpofitions expreffes, & veulent que fi les revenus d'un *prieuré* ne fuffifent pas pour remplir cet objet, on uniffe plufieurs petits *prieurés*, à la charge de faire deffervir, par des eccléfiaftiques féculiers, ceux où il n'y auroit plus de religieux réfidens: mais ces réglemens, & plufieurs autres femblables, n'ont produit que des fruits très-imparfaits.

On a cependant tenté de les faire revivre, & même de les étendre, par l'article 10 de l'édit du mois de février 1773, concernant les réguliers. Cet article fait défenfe aux *prieurs* forains de réfider dans leurs *prieurés*, à moins qu'il n'y exifte une conventualité régulière; & leur ordonne de fe retirer, & vivre dans les monaftères auxquels ils font attachés.

Cette difpofition eft générale; elle embraffe par conféquent tous les *prieurés* où il fe trouveroit moins de quinze religieux, fans compter le fupérieur, pour les monaftères non réunis en congrégation, & moins de huit religieux, fans compter le fupérieur, pour ceux qui font fous les chapitres généraux, puifque l'art. 7 a déterminé, par ce nombre, le caractère de leur conventualité.

Mais il y a tout lieu de croire que les circonftances dans lefquelles la première de ces loix a été portée & enregiftrée, en affoibliront toujours

l'autorité, & la feront infenfiblement tomber dans l'oubli. Déjà même le roi l'a expreffément révoquée pour le reffort du parlement de Flandres, par une déclaration du 17 décembre 1774, qui veut, *art. 11*, « que les prévôtés, *prieurés* ou dé-
» pendances defdits monaftères, dans lefquels il
» n'exifteroit plus de conventualité régulière, con-
» tinuent d'être habités, ainfi qu'ils l'ont été ci-
» devant, par les religieux que les fupérieurs def-
» dits monaftères jugeront à propos d'y envoyer ».

Les abbayes d'Artois ont pareillement obtenu au confeil un arrêt du 18 avril 1778, qui furfit, à leur égard, à l'exécution de l'édit du mois de février 1773, & ordonne fpécialement qu'il ne fera rien innové en ce qui touche les *prieurés* & prévôtés de leur dépendance.

Cependant le parlement de Paris, par fon enregiftrement de la nouvelle déclaration du 2 feptembre de la préfente année 1786, pour l'augmentation des portions congrues, femble n'avoir point perdu de vue l'édit de mars 1768. « Arrêté en
» outre, dit-il, que ledit feigneur roi fera très-
» humblement fupplié d'autorifer les archevêques
» & évêques à procéder, par préférence, à la
» fuppreffion & union des bénéfices réguliers,
» exempts ou non exempts, même des monaftères
» réguliers, qui fe trouveroient dans les cas portés
» par les articles VII, VIII, IX & X de l'édit
» de mars 1768, regiftré le 26 des mêmes mois
» & an, comme auffi des monaftères dont les
» religieux pourroient être retirés dans d'autres mai-
» fons, fans être à charge auxdites maifons, &c. ».
Le vœu du parlement paroît tendre à la fuppreffion des maifons où la conventualité preferite par l'édit de 1768, ne fe trouve pas, faute d'un nombre de religieux fuffifant; de celles dont les religieux pourroient être retirés dans d'autres maifons fans y être à charge; & par une conféquence bien naturelle, de celles qui ne font que des *prieurés* forains.

Il a été un temps où certaines religieufes avoient auffi des *prieurés* forains, dans lefquels elles faifoient leur réfidence. Sœur Geneviève Maillart s'étant fait pourvoir en cour de Rome du *prieuré* de Mirabeau, fur la réfignation de fœur Anne Pinart, fœur Catherine Govaut en obtint des provifions à titre de dévolut, fondé fur l'indignité de la réfignataire. La caufe portée à l'audience de la grand-chambre, fur l'appel d'une fentence des requêtes du palais, M. l'avocat-général Bignon obferva qu'il y avoit, de la part de fœur Maillart, *de l'ordure & de la honte*; que cela arrivoit, parce que le *prieuré* étoit champêtre, & qu'il étoit important que la cour y pourvût par fa prudence, afin de tarir la fource de tels fcandales. Par arrêt du 4 juin 1637, rapporté dans le recueil de Bardet, « la cour mit l'appellation au néant; évoquant le
» principal & y faifant droit, maintint & garda
» fœur Catherine Govaut en la poffeffion & jouif-
» fance du *prieuré* contentieux, à la charge de n'y
» point réfider, mais de fe retirer dans un couvent

» & maifon régulière; & à la charge pareillement
» de ne pouvoir le réfigner; & qu'après fon
» décès, il feroit pourvu par l'archevêque de Sens
» à l'union dudit *prieuré* à l'abbaye du Val-de-
» Grace, d'où il dépend ».

Une des plus importantes queftions qu'il y ait
fur la matière des *prieurés* forains, foit fimples,
foit fociaux, eft de favoir quelle eft leur véritable
nature, c'eft-à-dire, s'ils exiftent en titre de bénéfices, ou s'ils ne forment que de fimples obédiences ou adminiftrations.

Pour répandre fur cette queftion tout le jour
dont elle eft fufceptible, il faut remonter à l'établiffement des *prieurés* forains, & les confidérer
dans les différens états par lefquels ils ont paffé.
On peut réduire ces états à trois époques principales, qui font l'origine des *prieurés* ; le troifième
concile de Latran de 1179, & le concile de Vienne,
tenu en 1311.

Plufieurs caufes ont concouru à donner naiffance aux *prieurés* forains. La première & la plus
commune a été une raifon d'économie & de fage
adminiftration. Lorfque les monaftères eurent été
enrichis, foit par la libéralité des fidèles, foit par
les travaux des pieux folitaires qui venoient s'y
retirer, on fut obligé d'en partager le gouvernement temporel, & d'en charger différens religieux.
Le fupérieur du monaftère ne pouvant être par-
tout, envoyoit quelques-uns de fes inférieurs dans
les différentes fermes qui en compofoient le patrimoine, pour en faire valoir les biens, en rapporter
les fruits à la menfe commune, veiller fur fes colons, & contenir les ferfs dans le devoir. Ces adminiftrations, connues des auteurs eccléfiaftiques fous le nom de *celles*, *granges*, *fermes* ou
oratoires, étoient des places fubordonnées & toujours dépendantes; le fupérieur pouvoit les révoquer quand il le jugeoit à propos. Comme il étoit
défendu d'envoyer un religieux hors du monaftère
pour vivre feul & fans règle, l'abbé donnoit des
compagnons à ces adminiftrateurs, & ceux-ci tirèrent de-là le nom de *priores*, premiers, ou de *præpofiti*, prépofés.

Une autre caufe donna lieu à la formation des
prieurés forains. Souvent les monaftères étoient
hors d'état de contenir le grand nombre de religieux qui venoient y chercher un afyle contre la
corruption du fiècle; dans ce cas, on envoyoit
une colonie dans un des domaines de l'abbaye,
& ces religieux étoient fubordonnés à un chef ou
prieur, qui pouvoit, comme eux, être deftitué &
rappellé au monaftère par le fupérieur. On trouve
dans la chronique de Cambrai, écrite par Baudry,
évêque de Noyon, *liv. 2*, *chap. 20*, *pag. 242*, un
exemple d'un établiffement de cette efpèce. Il
parle de la prévôté de Berclau, dépendante de
l'abbaye de faint Waaft d'Arras. *Eft autem vicus
ex rebus fanfti Vedafti, nomine Berclaus. . . . Illuc
ergo Heduinus abbas, confideratâ rei opportunitate,
monafterium fundare difpofuit, fi quidem ei epifcopalis*

*aufloritas afpiraret. Quippè duplici ufu fatis compé-
tenter provifo, quod inibi videlicet partem ex monachis
qui ad cænobium fanfti Vedafti frequentiores confluxe-
rant, delegaret, & bona ecclefiaftica circumjacentia tutius
poffiderentur.* On reconnoît ici deux des caufes qui
ont contribué à l'établiffement des *prieurés*, 1°. la
décharge de l'abbaye de faint Waaft, dont la communauté étoit devenue trop nombreufe; 2°. la
fûreté & la bonne adminiftration des biens de cette
abbaye.

Enfin, il arrivoit auffi dans ce temps, où la
faveur des moines leur attiroit cette confidération
qui fuit prefque toujours la vertu, que des feigneurs defiroient d'en avoir quelques-uns dans leur
voifinage, pour profiter de leurs inftruftions & de
leurs bons exemples. S'ils n'étoient pas affez riches
pour fonder un monaftère capable de fe foutenir
par lui-même, ils prioient un abbé voifin d'envoyer dans leur terre un certain nombre de religieux. Ils leur bâtiffoient une retraite & un oratoire, & ces établiffemens devenoient des membres
dépendans des abbayes d'où ces religieux avoient
été tirés.

Mais de quelque manière qu'il arrivât qu'un
petit monaftère s'établît ainfi par une colonie tirée
d'un monaftère plus confidérable, les biens de
l'un, ou ne ceffoient pas d'être, ou devenoient
ceux de l'autre; l'abbé de celui-ci n'en laiffoit au
prieur ou prévôt de celui-là, que ce qui étoit néceffaire pour fon entretien & la fubfiftance des
religieux chargés d'y célébrer le fervice divin. Cette
dépendance étoit de droit à l'égard des *prieurés*
formés du patrimoine des abbayes, c'eft-à-dire,
par l'une des deux premières caufes que nous venons de rappeler; mais elle avoit auffi lieu à
l'égard de ceux qui s'étoient établis de la troifième
manière. C'eft la remarque du père Mabillon dans
fes annales de l'ordre de faint Benoît, *tom. 1, liv. 9,
pag. 26, n°. 41, & tom. 2, liv. 24, pag. 207*, où
il rapporte l'exemple de la celle de faint Goar,
qui fut donnée par Charlemagne au monaftère de
Prum : *hanc cellam monafterio Prumiæ regio diplomate
tradidit in perpetuum deinceps cum rebus fuis in ufus
fratrum ibidem fervientium ceffuram.*

Tel fut affez généralement l'état des *prieurés*
forains jufqu'au troifième concile de Latran de
1179; à cette époque, il s'introduifit dans ces
petits monaftères un abus qui, infenfiblement opéra
un changement total dans leur manière d'exifter.
Le troifième concile de Latran avoit établi pour
maxime, qu'aucun religieux ne pouvoit avoir un
pécule, mais il en avoit excepté les officiers du
monaftère, à qui l'abbé auroit permis d'en tenir
un, non pour le pofféder en propre, mais pour
l'employer aux dépenfes communes qu'ils étoient
obligés de faire dans l'exercice de leurs fonftions.
Les officiers clauftraux ayant étendu fort loin cette
exception, les *prieurs* forains, qui ne fe croyoient
pas d'une condition moins avantageufe, s'empref-
fèrent de fuivre leur exemple : en conféquence,

ils prirent, comme à forfait, les adminiſtrations auxquelles ils étoient prépoſés; ils ſe chargèrent de la dépenſe, & l'abbé ſe contenta d'exiger d'eux des penſions modiques. Bientôt ces adminiſtrations ſe donnèrent à l'enchère; l'abbé força les penſions, & les augmenta au point qu'il ne reſtoit plus aux *prieurs forains* un revenu ſuffiſant pour entretenir le nombre de religieux qui devoient les accompagner.

Le pape Grégoire IX chercha à remédier à cet abus par ſa bulle de l'an 1232, adreſſée à l'ordre de Cluny : *quoniam*, ce ſont ſes termes, *abbas Cluniaſenſis, necnon abbates & priores ejuſdem ordinis, prioratus ſibi ſubjectos exactionibus & extorſionibus conſueverunt adeò aggravare, quòd in eiſdem prioratibus antiquus & conſuetus monachorum numerus eſt nimiùm diminutus, nos de cætero fieri ſub atteſtatione divini judicii prohibemus.*

Cette bulle ne condamnoit que l'excès des penſions. Le concile de Saumur, de l'an 1253, alla plus loin : il défendit d'en impoſer de nouvelles, & même d'exiger celles qui n'avoient été impoſées que depuis un certain temps; ce qui fut expreſſément confirmé par la bulle de Nicolas IV, de l'an 1290.

Ces réglemens ne touchoient nullement à la nature des *prieurés* forains. Ils ne tendoient qu'à en prévenir la ruine; auſſi remarquons-nous que dans le temps même où ils ont paru, c'eſt-à-dire, dans le treizième ſiècle, on regardoit encore les *prieurés* forains comme de ſimples adminiſtrations. Pluſieurs religieux avoient tenté d'obtenir en cour de Rome des reſcrits pour être maintenus pendant toute leur vie dans les obédiences qui leur étoient confiées. Le pape Innocent III s'élève avec force contre cet abus dans les décrétales *ad noſtram & porrecta, de confirmatione utili vel inutili.* Si ces lettres, dit le pontife, portent que l'impétrant eſt un religieux, elles ſont fauſſes, parce que nous n'en avons point accordé de ſemblables. Si, au contraire, l'impétrant a tu ſa qualité de religieux, elles ſont nulles & ſubreptices. *Cum igitur à cancellariâ noſtrâ hujuſmodi litteras emanaſſe non credamus, mandamus quatenus illos qui tales litteras exhibuerint, in quibus prioratus vel adminiſtrationes tanquam religioſis conferantur, eoſdem punias tanquam falſtatis autores. Si verò in eis non fit mentio religionis epſorum, illas tanquam tacitâ veritate ſubreptas denunties non valere.* Ce n'étoit donc pas encore l'uſage de donner ces adminiſtrations à perpétuité; & ſi l'on en voyoit quelques exemples, ils étoient l'effet de la fraude & de la ſurpriſe.

Les abus même de ce ſiècle juſtifient cette vérité. Les abbés, pour gratifier des clercs ſéculiers, imaginèrent de leur donner des places monachales dans les *prieurés*, où ils vivoient avec les religieux; d'un autre côté, des *prieurs* forains obtenoient des reſcrits de Rome pour réſider ſeuls dans leurs *prieurés*. Le pape Honoré III réforma ces deux abus; le premier, par la décrétale *ca quæ*,

de ſtatu monachorum, & le ſecond, par les décrétales *ex parte & ad audiéntiam, de capellis monachorum.* Ainſi, plus les religieux du treizième ſiècle faiſoient d'efforts pour ſecouer le joug de la diſcipline monaſtique, plus les papes s'appliquoient à la maintenir dans toute ſa vigueur, ſans permettre, ni aux abbés d'abuſer de leurs pouvoirs pour employer à leurs uſages les revenus des *prieurés* forains, ni aux *prieurs* de ſe faire des titres pour poſſéder à vie & ſans charge de rendre compte des revenus dont le ſoin leur étoit confié à titre d'obédience & de pure adminiſtration.

Il faut convenir cependant que les papes eux-mêmes ont, dans ce ſiècle, fait faire aux *prieurés* un grand pas vers la qualité de bénéfices. Déjà Nicolas IV, par ſa bulle de 1290, adreſſée à l'ordre de Cluny, les avoit expreſſément ſoumis à la dévolution; déjà Innocent III avoit déclaré, dans le chapitre *cùm ad monaſterium de ſtatu monachorum*, qu'un *prieur* forain ne peut être deſtitué & rappellé à ſon monaſtère, ſans une cauſe légitime, *nec alicui committatur aliqua obedientia perpetuò poſſidenda, tanquam in ſuâ ſibi vitâ locetur, ſed CVM OPORTUERIT amoveri, ſine contradictione quáliber revocetur;* déjà les commendes de ces *prieurés*, en faveur des clercs ſéculiers, étoient devenues aſſez communes; & comme les commendaraires n'étoient pas ſujets à la loi de la révocation, eſt-il étonnant qu'on ſe ſoit accoutumé peu-à-peu à attribuer au titre, la perpétuité, qui ne venoit que de la perſonne?

Tel étoit l'état des *prieurés*, lorſque s'eſt tenu le concile-général de Vienne, en 1311; les décrets qu'il fit ſur ces établiſſemens ont paru ſi intéreſſans, qu'on les a inſérés dans le corps du droit canonique, où ils forment les clémentines *ne in agro de ſtatu monachorum, & quia regulares, de ſupplendâ negligentiâ prælatorum.*

Par les décrets contenus dans la première de ces loix, le concile de Vienne, en défendant aux religieux de réſider ſeuls dans les *prieurés*, ordonne aux abbés de faire réunir, par l'autorité de l'égliſe, ceux de ces bénéfices dont les revenus ne ſuffiſent pas pour la ſubſiſtance de deux religieux au moins. Il règle l'âge & les qualités néceſſaires pour être nommés à ces *prieurés* & adminiſtrations régulières : il veut que les pourvus ſoient profés & âgés de vingt-cinq ans pour les *prieurés* conventuels, & de vingt ans au moins pour les autres : il exige qu'ils ſoient prêtres, ou tenus de ſe faire promouvoir au ſacerdoce dans l'année de leurs proviſions, ou au plus tard à l'âge de vingt-cinq ans : il les oblige à une réſidence exacte, & leur défend même de réſider dans le principal monaſtère, ſi ce n'eſt pour un temps & pour de juſtes cauſes.

La clémentine *quia regulares*, ajoute, en renouvellant quelques loix particulières du treizième ſiècle : 1°. que les abbés diſpoſeront des *prieurés* dans les ſix mois de la vacance, & qu'après ce délai, les évêques ſuppléeront à leur négligence, en *conférant* par droit de dévolution; 2°. que ces mêmes abbés ne pourront s'approprier les revenus des *prieurés*, ni même leur imposer de nouvelles pensions ou augmenter les anciennes; 3°. que l'on suivra, à l'égard des *prieurés*, la décrétale du pape Boniface VIII, par laquelle il est défendu aux prélats & autres, de s'emparer des fruits des *bénéfices vacans*; 4°. qu'un religieux ne pourra réunir sur sa tête plusieurs *prieurés* à la fois, quand même ils seroient sans charge d'ames; 5°. que toutes ces dispositions ne concernent pas les *prieurés* unis à la mense du principal monastère, *præmissâ verò de prioratibus, ecclesiis, administrationibus & beneficiis intelligimus quæ non sunt de mensâ prælatorum ipsorum*, mais seulement ceux qui sont gouvernés par des *prieurs*, administrateurs ou régisseurs particuliers, *sed speciales priores, administratores seu rectores consueverunt habere*, quoique ces *prieurs* ou administrateurs puissent être rappellés au monastère pour des causes légitimes, *licet priores, seu administratores liberè possint ad claustrum, cùm oportuerit, revocari*.

Cette quatrième disposition peut servir à éclaircir bien des doutes, & à dissiper bien des équivoques que l'on élève ordinairement sur cette matière. D'abord, elle excepte des décrets du concile, les *prieurés* unis à la mense abbatiale; & de peur que l'on ne regarde comme tels tous ceux dont les possesseurs sont tenus de rendre compte à l'abbé, elle décide formellement que cette exception est limitée aux *prieurés* qui n'ont point de *prieurs*, d'administrateurs ou de régisseurs particuliers. En second lieu, elle déclare, conformément au chapitre *cùm ad monasterium*, rapporté ci-devant, que les titulaires de ces *prieurés*, qu'elle a qualifiés un peu plus haut de bénéfices, peuvent être destitués & contraints de retourner au monastère principal, *cùm oportuerit*, lorsque de justes raisons l'exigent. Il est donc prouvé par-là que l'amovibilité du *prieur* n'empêche pas que le *prieuré* n'existe en titre de bénéfice. C'est aussi ce qu'enseignent Garcias, *de beneficiis*, partie 1, chap. 1, sect. 1; Lotherius, *de re beneficiariâ*, liv. 1, quest. 33, n°. 115 le glossateur de la pragmatique, titre *de collationibus*, §. *item quod ad dictas*; Rebuffe, au même endroit; M. de Selve, *de beneficiis*, partie 3, quest. 21.

Faut-il donc dire que le concile de Vienne a érigé tous les *prieurés* forains en vrais titres de bénéfices? Il est difficile de ne le pas penser ainsi, quand on prend l'ensemble de tous les décrets de cette assemblée; quand on voit qu'elle assujettit tous les *prieurés* qui ne sont point *de mensâ*, à la loi de la dévolution; quand on voit qu'elle a autorisé les évêques à les *conférer* en titre après les six mois de la vacance; quand on voit qu'elle a défendu aux abbés de s'en approprier les revenus, même pendant la vacance; quand on voit qu'elle leur a appliqué le décret du troisième concile de Latran, qui défend aux collateurs d'imposer des cens sur les bénéfices dont ils disposent; & qu'enfin elle déclare tous ces *prieurés* incompatibles les uns

avec les autres, même lorsque la charge des ames n'y est point annexée. Il en faut convenir, quoique chacune de ces dispositions séparées ne soit pas suffisante pour établir que le concile a, par un réglement universel, imprimé le caractère de bénéfice à tous les *prieurés* & administrations régulières, néanmoins, réunies & considérées sous un point de vue qui les embrasse toutes à la fois, elles semblent annoncer que telle a été l'intention des pères du concile.

Aussi, voyons-nous Dumoulin, ce flambeau de notre jurisprudence canonique & civile, appliquer la règle des vingt jours aux *prieurés* même révocables *ad nutum*. Voici comme il s'explique : *etiam sint prioratus liberè revocabiles ad nutum.... hæc etiam faciunt numerum in mandatis papæ, ut olim tempore pragmaticæ, ante concordata, faciebant turnum in nominais & graduais*. Il n'excepte de sa décision que les *prieurés de mensâ*, conformément au concile de Vienne, *secùs de unitis mensæ quæ inter beneficia nullomodo computantur*. (Sur la règle de *infirmis*, n°. 320.)

Comment d'ailleurs contester que les *prieurés* administrations aient été de vrais bénéfices depuis le concile de Vienne, quand on voit que le concile de Bâle, la pragmatique & le concordat les ont assujettis à l'expectative des gradués? *Quod si quis.... contra prædictum ordinem de beneficiis, dignitatibus, personatibus, officiis & administrationibus quovismodo disposuerit, eo ipso sit irritum & inane*. Texte de la pragmatique, au titre *de collationibus*.

Ordinarii tertiam partem omnium dignitatum, personatuum, administrationum, cæterorumque beneficiorum... graduatis... conferre teneantur. Texte du concordat, au même titre.

Et c'est ce qui a été jugé par plusieurs arrêts. Nous en trouvons un du parlement d'Aix, du 30 juin 1744; il a été rendu entre M. d'Esclapon & les religieux de Lerins, au sujet des *prieurés* de Valauroi & de la Napoule : on les soutenoit simples obédiences; l'arrêt les a jugés bénéfices. Il est rapporté dans les consultations de d'Héricourt, tom. 1, pag. 79.

Le parlement de Paris a décidé la même chose en 1766 au sujet du *prieuré* de Bar : la contestation étoit entre les religieux de saint Mihiel & le sieur le Fevre, pourvu en cour de Rome. Un autre arrêt de la même cour, du 26 janvier 1768, a pareillement jugé en faveur de l'abbé de Saintignon, régaliste, contre les religieux de Marmoutiers en Alsace, que le *prieuré* de saint Quirin étoit un vrai bénéfice, & comme tel, susceptible de l'impression d'un brevet de régale.

Cependant, on ne peut se cacher que le concile de Vienne n'érige point expressément les *prieurés* forains en bénéfices; il en parle, à la vérité, comme s'ils l'étoient à-peu-près tous; mais ce n'est point lui qui les rend tels, il les laisse dans l'état où il les a trouvés; & quoiqu'il les assujettisse à certaines loix qui, jusqu'alors ne s'étoient n'étoient guère observées que pour les bénéfices, on ne peut pas dire pour cela qu'il les dénature. Appliquer à un établissement une loi faite pour les bénéfices, c'est assimiler cet établissement aux bénéfices, dans un point; mais ce n'est point l'ériger en bénéfice. Une chose peut ressembler à une autre, être soumise aux mêmes loix à certains égards, sans être identiquement la même.

Le concile de Vienne n'a eu d'autre objet que de réformer différens abus qui s'étoient introduits relativement aux prieurés, soit bénéfices, soit simples administrations. Un premier abus étoit de les laisser vacans; un second, qui étoit la conséquence du premier, c'est que les abbés s'emparoient des revenus & en faisoient leur profit; enfin, un troisième abus étoit d'en donner plusieurs au même religieux.

Le concile remédie à ce triple abus, & il dit: il n'est pas question d'examiner si un prieuré est bénéfice, ou si ce n'est qu'une simple administration. Dans l'un & dans l'autre cas, il faut remplir l'intention du fondateur, qui a voulu qu'il s'y fît un service particulier, & qui a fixé la destination des biens au soulagement des habitans des lieux. Dans l'un & dans l'autre cas, l'administration d'un prieuré, la desserte de l'oratoire qui y est construit, est incompatible avec une autre administration du même genre, parce que l'on ne peut être en plusieurs lieux à la fois. Ainsi, dans l'un & dans l'autre cas, le prieuré doit être rempli, soit d'un titulaire, soit d'un administrateur; il doit être donné en titre ou en commission, committi vel conferri.

Si le concile eût voulu ériger tous les prieurés en titre de bénéfices, il l'auroit dit expressément. Au lieu de leur en appliquer l'une après l'autre, trois des loix relatives aux bénéfices, il auroit dit: les prieurés, ceux même qui n'étoient jusqu'ici que de simples administrations, seront désormais des bénéfices; nous les érigeons comme tels, & comme tels, ils seront soumis à toutes les loix des bénéfices. Il auroit dit: les prieurs ne seront plus des administrateurs révocables, ils seront tous titulaires & bénéficiers. Il auroit dit: on ne confiera plus les prieurés à temps, on ne les donnera plus par commission, mais on les conférera. Or, loin de trouver ces idées dans le concile, on y voit tout le contraire: il ordonne de commettre aux prieurés, ou de les conférer; la différence de ces expressions indique assez la différence des objets auxquels elles s'appliquent. Le concile reconnoît donc que parmi ces prieurés il y en a qui ne sont point bénéfices.

En un mot, le concile paroît bien supposer que la plupart des prieurés forains existent en titre de bénéfices; mais cette supposition n'est point une disposition pour tous; il en résulte, à la vérité, que le droit commun est pour la qualité de bénéfice, & que dans le doute on doit présumer qu'un prieuré est tel; mais ce droit commun peut être écarté, cette présomption peut être détruite par la preuve d'une possession contraire.

Les exemples viennent en foule confirmer ce que nous avançons. Suivant un certificat donné le 20 février 1693 par le prieur de l'abbaye de Saint-Victor de Paris, « toutes les administrations » des prieurés forains qui en dépendent, ne sont » que des commissions, toutes révocables ad nu- » tum ». C'est, en effet, ce qu'ont jugé six arrêts du parlement.

Les sénieurs de la chambre de Saint-Victor ayant révoqué frère Jean Desconis, qu'ils avoient commis à l'administration de Villiers-le-Bel, il se pourvut en cour de Rome pour empêcher sa révocation. Sur l'appel comme d'abus interjetté par les sénieurs, arrêt intervint en 1470, qui déclara y avoir abus, & maintint dans son administration le religieux qui avoit été commis à la place de Desconis.

Jean Bardin ayant obtenu en cour de Rome, le 19 avril 1518, des provisions en titre du prieuré de Puisseaux, avec la clause de ne pouvoir être révoqué; sur l'appel comme d'abus de l'abbaye de Saint-Victor, arrêt qui dit qu'il y a abus. (Malingre, Antiquités de Paris, liv. 4.)

Rebuffe, de pacificis, n. 335, cite un pareil arrêt du premier mars 1546, qui, sur l'appel comme d'abus interjetté par les abbé & religieux de Saint-Victor, déclare abusives des provisions expédiées en cour de Rome pour leurs prieurés forains, qu'ils soutenoient n'être que des administrations révocables.

M. de Longueil, conseiller au parlement, ayant fait placer son indult sur l'abbaye de Saint-Victor, les prieur & religieux se pourvurent le 14 mai 1578, par requête au roi, pour faire révoquer la nomination, comme n'étant leurs prieurés forains que simples mansions & administrations comptables & révocables à volonté. Le roi ayant renvoyé la requête en son conseil-privé, M. de Longueil se désista par acte du 24 juillet de la même année, & jamais ces prieurés n'ont été sujets à l'indult de la cour.

Antoine Vaultier, chanoine régulier de Sainte-Barbe-en-Auge, requit, comme gradué nommé sur l'abbaye de Saint-Victor, le prieuré du Bois-Saint-Père. Les religieux, sans avoir égard à sa réquisition, nommèrent le frère l'Huillier pour nouvel administrateur. La contestation s'engagea entre les deux prétendans, & fut portée aux requêtes du palais, où, par sentence rendue sur productions respectives, le 12 mars 1636, l'Huillier a été maintenu dans la possession & jouissance de ce prieuré & administration d'icelui; & cette sentence a été confirmée par arrêt.

La question se présenta encore en 1684. Jean Guillot, chanoine régulier, avoit surpris en cour de Rome, des provisions du prieuré forain de Saint-Paul-des-Aulnois, dont Alexandre Vaillant, chanoine régulier de Saint-Victor, avoit l'administration. Sur l'appel comme d'abus de la communauté, arrêt intervint en la cour, le 13 juillet 1684, sur les conclusions de M. Talon, avocat-général, qui dit qu'il a été mal, nullement & abusivement impétré & concédé, & maintient les *prieur* & fénieurs de la chambre dans le droit de commettre à ce *prieuré*.

Jean Guillot, déchu par cet arrêt de l'effet de fes provifions, tourna fes vues fur le *prieuré* du Bois-Saint-Père, & le requit comme gradué. Les abbé & religieux prirent le fait & caufe d'Etienne Favière, qui y avoit été commis ; & l'univerfité de Paris intervint, pour foutenir que les *prieurés* dépendans de cette abbaye étoient fujets à l'expectative des gradués. La caufe portée aux requêtes du-palais, fentence confirmée par arrêt du 23 août 1687, qui, fans s'arrêter à l'intervention de l'univerfité, ayant égard à celle de M. de Coiffin, évêque d'Orléans, abbé de Saint-Victor, & aux demandes des *prieur* & chanoines de la même abbaye, « les maintient & garde dans la poffeffion, » en laquelle ils font, de commettre & prépofer » l'un de leurs religieux, chanoine régulier de » ladite abbaye, dans l'adminiftration des *prieurés* » dont eft queftion, & de le révoquer *ad nutum*, » & lui faire rendre compte toutes fois & quantes » il plaira à la chambre, compofée des fénieurs » de la maifon de Saint-Victor, conformément à » leurs anciens ftatuts, & à l'ufage de ladite maifon » de Saint-Victor ». Et en conféquence, il a été ordonné qu'Etienne Favière, par eux commis & prépofé à l'adminiftration du *prieuré* du Bois-Saint-Père, continueroit d'en jouir en la manière accoutumée.

Il a été rendu deux arrêts femblables pour deux *prieurés* dépendans de l'abbaye de Prémontré. Le premier eft rapporté en ces termes au fupplément du journal des audiences : « le 6 juillet 1647, plai-» dant Me Pucelle & Me Dubois, intervint arrêt, » conformément aux conclufions de M. l'avocat-» général Talon, par lequel la cour jugea que le » *prieuré* du collège de Prémontré, fis à Paris, » proche le couvent des Cordeliers, & dans le-» quel les religieux de l'ordre de Prémontré, qui » viennent à Paris pour étudier, font demeurans, » n'étoit point un bénéfice en titre, mais un » fimple office amovible & révocable à la volonté » du général de l'ordre, qui feul a droit d'y » pourvoir ».

Le fecond arrêt eft plus récent. Bonneuil avoit été donné à l'abbaye de Prémontré par Alard de Ham, comme un fimple domaine qui devoit appartenir à perpétuité aux abbé & religieux. Il s'y étoit établi depuis, une communauté de religieux de l'ordre de Prémontré. Cette communauté s'étant éteinte, on avoit confervé l'église, qui étoit deffervie par un religieux, fous le titre de *maître* ou *prieur de Bonneuil*. Il paroît même que quelques religieux s'en étoient fait pourvoir en cour de Rome, & qu'il avoit été réfigné. Le fieur Labat impétra ce prétendu bénéfice. Il fit valoir contre l'abbaye de Prémontré toutes les difpofitions du concile de Vienne, de la pragmatique & du concordat, que nous avons rapportées ci-deffus, & il y ajouta

une objection bien forte, celle réfultante des différentes provifions qui avoient été données en cour de Rome du *prieuré* de Bonneuil. Cependant, par arrêt rendu au mois d'avril 1779, au rapport de M. le Febvre d'Amécourt, le parlement a déclaré fes provifions abufives, & l'a débouté de toutes fes demandes, avec dépens.

C'eft fur-tout dans les Pays-Bas que les abbayes ont maintenu leurs *prieurés* forains dans la qualité primitive de fimples adminiftrations. D'Héricourt en parle ainfi dans fes confultations, *tom. 1, pag. 80* : « Il y a néanmoins des reftes de l'ancienne dif-» cipline, fur-tout dans la province de Flandres, » où il y a un grand nombre de *prieurés*, qu'on » appelle *prévôtés*, dont les prévôts font comptables » & amovibles ».

Dénifart dit la même chofe au mot *Prieuré*. « L'ancien ufage fubfifte encore pour les *prieurés* » dépendans des abbayes d'Artois & de Flandres... » Ces *prieurs* ne font pas titulaires, mais fimples » adminiftrateurs comptables & révocables ».

Pour décider fi cette affertion eft exacte ou non, il faut connoître toutes les autorités qui l'appuient & la combattent refpectivement.

La première preuve que l'on emploie pour la juftifier, eft le témoignage des abbayes même des Pays-Bas. M. Talon, avocat-général, regardoit ce témoignage comme décifif fur ces fortes de conteftations.

Les abbés & grands *prieurs* de Saint-Waaft d'Arras, de Saint-Pierre de Labbes, d'Anchin, de Saint-Martin de Tournai, & du Mont-Saint-Eloi, ont attefté par leurs certificats des 26 octobre, 17, 18, & 20 novembre 1713, que les prévôtés ou *prieurés* dépendans de ces abbayes, & qui en font membres, ne font pas de véritables bénéfices, mais des adminiftrations pures & fimples, & des offices révocables *ad nutum;* que les religieux qui font pourvus de ces prévôtés ou *prieurés*, pour les régir fous l'autorité de leurs fupérieurs, font comptables & obligés de rendre chaque année un compte exact & fidèle de leur adminiftration & des revenus temporels qui ont paffé par leurs mains ; que les revenus fe confomment fur les lieux, pour y faire l'office divin, y entretenir les édifices, recevoir les étrangers, affifter les pauvres, & en acquitter les autres charges, fans qu'il en revienne aucune chofe à la maffe de ces abbayes, & fans qu'elles en retirent aucun émolument ; qu'elles y font au contraire fouvent de leurs propres deniers, des dépenfes affez confidérables, lorfqu'il s'agit d'y faire des réparations & autres bâtimens, & que lorfque les miferes de la guerre & autres femblables accidens mettent les prévôts & religieux de ces prévôtés hors d'état de fubfifter dans leurs maifons, les abbayes en retirent des religieux pour les foulager, les nourriffent & fourniffent à leurs dépenfes ; qu'enfin, ces prévôts ou *prieurs* ne peuvent faire aucun contrat, ni entreprendre aucun procès, ni même planter & abattre aucun bois, qu'avec la permiffion des fupérieurs des abbayes dont ils dépendent.

Les grand-*prieur* & religieux de Saint-Waaft ont encore attefté la même chofe par un certificat du 27 octobre 1744.

Le 22 du même mois, treize anciens avocats au parlement de Flandres ont donné une confultation qui certifie pareillement cet ufage ; & le lendemain, meffieurs les gens du roi de la même cour, ont figné un acte de notoriété, portant, « qu'il » eft fans exemple & contre les ufages, libertés » & privilèges des Pays-Bas, que les prévôtés » dépendantes des abbayes fituées en ces pro- » vinces foient impétrées en cour de Rome à titre » de dévolut, prévention, commende, réferve, » réfignation, ou de toute autre manière que ce » puiffe être ».

On invoque, à l'appui de ces atteftations, plu- fieurs jugemens qui les confirment. Voici d'abord ceux qui ont été rendus en faveur de l'abbaye de Saint-Waaft. Jean Delelague, religieux de ce mo- naftère, avoit été commis par fon abbé à l'ad- miniftration de la prévôté de Hafpres en Hainaut : un cardinal ayant obtenu cette prévôté en com- mende, l'abbé en porta fes plaintes au concile de Bâle, & repréfenta qu'elle n'exiftoit pas en titre de bénéfice, mais de fimple office révocable *ad nutum*, & foumis à la plus exacte comptabilité. Par jugement du 2 décembre 1747, les commif- faires du concile déclarèrent, que ni le cardinal pourvu en commende, ni aucun autre, n'avoient eu droit de troubler dans fa poffeffion le religieux commis par l'abbé.

Une fentence du bailliage d'Amiens, du 4 mai 1519, porte, en homologuant un accord paffé le 19 avril précédent, entre l'abbé & les religieux de Saint-Waaft, « que quand il fera befoin de » réédifier de neuf aucuns principaux membres » des prévôtés dépendantes dudit monaftère, & » que la ruine ne fera procédée par la coulpe & » négligence du prévôt, faute d'entretenement, » tels ouvrages fe feront aux dépens d'icelle ab- » baye, & que l'abbé ne chargera lefdites pré- » vôtés d'autres nouvelles charges que celles qui » font de toute ancienneté ». Si ces prévôtés étoient des bénéfices formés, feroit-ce à l'abbaye à en faire les réparations ?

Il avoit été accordé à Jean Delahaie un *pain d'abbé*, en qualité d'oblat, fur la prévôté de Haf- pres. Les abbé & religieux de Saint-Vaaft s'y op- poférent, fur le fondement que l'on ne peut affu- jettir à ces *pains d'abbé*, les biens des abbayes ad- miniftrées par des religieux comptables, fous la qualité de prévôt ou *prieurs*, par la raifon que ces biens *ne font qu'un gros avec les autres* de l'ab- baye, & que l'on n'a jamais vu qu'un oblat ait été reçu dans ces prévôtés ou *prieurés*. « La prévôté » de Hafpres, ajoutoient-ils, n'eft pas un bénéfice » de fondation royale, ni à la nomination du roi ; » mais c'eft un office & une adminiftration com-

ptable, n'étant que membre de l'abbaye de Saint- » Vaaft, & ne pouvant admettre aucun religieux ; » d'ailleurs, l'abbaye elle-même ayant depuis peu » été chargée de femblable pain d'abbé en faveur » de Philippe de Dromet, elle ne peut & ne doit » en fes membres être ultérieurement chargée, » comme il a été jugé au confeil privé de Bruxelles, » au mois de novembre 1608, en faveur de la » prévôté de Saint-Michel-lès-Arras, qui a été » déchargée d'un pareil pain d'abbé ». Sur ces raifons, arrêt du grand-confeil de Malines, du 15 octobre 1637, qui déboute Delahaie de fa demande. « Le motif de cet arrêt, dit M. Dulaury, *p. 86*, a » été la dépendance où la prévôté de Hafpres étoit » de l'abbaye de Saint-Vaaft, une fois chargée d'un » oblat par le roi d'Efpagne ». Si la prévôté de Hafpres eût été un titre de bénéfice diftinct & fé- paré de celui de l'abbaye, la circonftance que l'abbé de Saint-Vaaft étoit chargé d'un oblat, eût-elle été une raifon pour en décharger un autre béné- fice qui lui eût été étranger ?

Ces décifions ont été confirmées par les lettres- patentes du mois de mai 1775, portant union des abbayes de Saint-Vaaft & de Saint-Bertin à la con- grégation de Cluni. L'article 10 du décret dont cette loi ordonne l'exécution, déclare que « les pré- » vôtés & *prieurés* dépendans des deux abbayes » continueront d'être régis & adminiftrés par des » religieux de l'abbaye dont ils dépendent, lef- » quels feront commis & révocables felon l'ufage ». Ces lettres-patentes ont été enregiftrées au parle- ment de Paris.

L'abbé de Saint-Martin de Tournai a obtenu, le 7 mai 1746, un arrêt qui paroît affimiler fes *prieurés* à ceux de l'abbaye de Saint-Vaaft. Le fieur Bef- tremieux s'étoit fait pourvoir en commende des *prieurés* de Saint-Simon & Saint-Jude de Chante- rude, diocèfe de Laon, & de Saint-Amand-lès- Machemond, diocèfe de Noyon, tous deux dépen- dans de cette abbaye. Il tenta d'abord, fous dif- férens prétextes, d'attirer la conteftation au con- feil ; mais, par arrêt contradictoire du 8 novembre 1743, il fut ordonné que les parties continueroient de procéder au parlement de Paris ; & après une plaidoierie folemnelle, fuivie d'un appointement, l'affaire fut jugée en faveur des abbé & religieux. Ils étoient appellans comme d'abus des provifions du fieur Beftremieux. Ils foutenoient les *prieurés* dépendans des abbayes des Pays-Bas ne font point des bénéfices, & ils le prouvoient par les conful- tation, acte de notoriété & certificats des 22, 24 & 27 novembre 1744, rapportés ci-deffus ; & c'eft d'après ces pièces que l'arrêt cité, « en tant » que touche les appellations comme d'abus inter- » jettées par les abbé régulier, prieur & religieux » de l'abbaye de Saint-Martin de Tournai, des pro- » vifions obtenues par ledit Beftremieux des *pré- » tendus prieurés* de Saint-Simon & Saint-Jude de » Chanterude, & de Saint-Amand-lès-Machemond, » *comme bénéfices réguliers en titre*, avec difpenfe de

» les posséder en commende, dit qu'il y a abus ;
» en conséquence, déboute ledit Beftremieux de
» toutes fes demandes, fait main-levée des faifies
» par lui faites fur les fruits & revenus de cha-
» cune defdites fermes de Chanterude & de Saint-
» Amand-lès-Machemond, dépendantes de la même
» abbaye ; le condamne en 300 livres de dom-
» mages-intérêts, & aux dépens ».

· Il n'eft pas un feul des termes de cet arrêt qui
ne foit précieux. Sur quoi la cour fait-elle tomber
·l'abus ? Sur ce que le fieur Beftremieux s'étoit fait
pourvoir de deux *prieurés* comme *bénéfices réguliers
en titre*, & parce qu'il avoit abufé du terme de
prieurés, pour en induire que c'étoient des bénéfices : l'arrêt ne les nomme que *prétendus prieurés* ;
il fait main-levée des faifies ; mais ces faifies font
dites *des fruits & revenus de chacune des fermes de
Chanterude & de Saint-Amand*, *dépendantes de la même
abbaye*. La cour a donc qualifié de fermes ce que le
fieur Beftremieux prétendoit être des bénéfices :
& les *prieurés* en effet s'appelloient anciennement
cellæ, *firmæ*, *grangiæ*.

L'impartialité dont nous nous fommes fait un
devoir, ne nous permet pas cependant de laiffer
ignorer la réponfe que font à cet arrêt les partifans de l'opinion contraire à celle qu'il nous paroît avoir adoptée. Voici comme s'exprime à ce
fujet M. Laget-Bardelin, dans un mémoire fait
pour l'abbé de Langeac, dans une caufe dont nous
rendrons compte ci-après. « Les religieux de Tour-
» nai ont démontré que les *prieurés* de Chanterude
» & de Saint-Amand étoient de pures obédiences,
» des *prieurés de menfâ*. Ils l'ont prouvé par la te-
» neur des commiffions qui en ont toujours été
» données ; ils ont juftifié que ces commiffions,
» depuis plus de trois fiècles, étoient de fimples
» *procurations* ; que chaque prieur étoit établi pro-
» cureur-général' & meffager fpécial de l'abbaye, *au
» nom de* laquelle il étoit autorifé à *régir* & *ad-
» miniftrer*, avec claufe de révocabilité *ad nutum* ;
» qu'il y étoit dit expreffément que ces *prieurés
» font de la menfe & table*. Ils ont prouvé que les
» prieurs ne prenoient point poffeffion ; que tous les
» ans ils rendoient compte, & *payoient le reliquat*
» à l'abbaye ; ils en ont conclu que les deux
» *prieurés* étoient précifément dans le cas de l'ex-
» ception établie par la clémentine *quia regulares*,
» par rapport aux adminiftrations qui appartiennent
» à *la menfe*. Voilà ce qui a procuré gain de caufe
» aux religieux de Tournai ; &, pour le mieux
» marquer, la cour n'a qualifié dans fon arrêt les
» deux *prieurés* que de *fermes* ».

De toutes les abbayes des Pays-Bas, c'eft celle
d'Anchin qui a éprouvé le plus de conteftations
fur l'état & la nature de fes *prieurés* forains, &
qui par conféquent nous fournit à cet égard le
plus de préjugés.

Le plus ancien arrêt que l'on trouve fur cette
matière dans fes archives, eft du 19 janvier 1442,
poftérieur par conféquent de plus d'un fiècle au

concile de Vienne. Bertrand des Foffeux s'étoit
fait pourvoir du *prieuré* de Saint-Sulpice près Doullens, comme fi c'eût été un bénéfice ; Jacques de
Herdigneul avoit été commis par l'abbé d'Anchin
à l'adminiftration de ce même *prieuré*, comme membre dépendant de fon abbaye. La complainte s'engagea entre les deux pourvus, & fut portée devant le prévôt de Paris. Les religieux d'Anchin
fe joignirent à Jacques de Herdigneul, & foutinrent qu'il étoit libre à l'abbé, ou de confier en
même temps l'adminiftration fpirituelle & temporelle à un feul religieux, qui eft *prieur* & prévôt
tout enfemble, *fique prior & præpofitus*, ou de
commettre féparément cette adminiftration à deux
religieux, dont l'un ne doit être chargé que du
fpirituel en qualité de *prieur*, & l'autre ne doit
régir que le temporel en qualité de prévôt ; &,
comme rien n'eft plus oppofé à l'effence d'un bénéfice formé que cette féction du titre, ils en concluoient que le *prieuré* de Saint-Sulpice n'étoit conftamment qu'une fimple adminiftration.

Par la fentence du prévôt de Paris, les parties
furent appointées en faits contraires, & la recréance
fut adjugée à dom Jacques de Herdigneul & à
l'abbaye d'Anchin. Sur l'appel interjetté par des
Foffeux, arrêt qui infirme la fentence, & néanmoins prononce par nouveau jugement les mêmes
chofes que le prévôt de Paris. Des Foffeux abandonna le fonds.

Le *prieuré* d'Aimeries, près de Maubeuge, étant
devenu vacant par la mort de Jacques de Landas,
fut impétré en cour de Rome par Jean Larfel ou
Anfelmy, religieux profès de l'abbaye de Haut-
mont. De fon côté, l'abbé d'Anchin y commit Jacques Penel, l'un de fes religieux, par acte du premier octobre 1439. Les parties s'adreffèrent au
pape, qui délégua des juges fur les lieux. Dom
Anfelmy, prétendant que le *prieuré* étoit un bénéfice, demandoit que fon titre fût déclaré canonique. L'abbaye d'Anchin & dom Penel foutenoient
au contraire que ce *prieuré* n'avoit jamais eu le
titre de bénéfice ; que l'abbé feul avoit le droit
d'y commettre qui il jugeoit à propos, avec la
claufe de révocabilité pure & fimple ; qu'ainfi les
provifions de dom Anfelmy devoient être annullées.

Les juges délégués, par leur jugement du 15
avril 1445, maintinrent dom Penel dans le *prieuré*,
comme ayant été légitimement commis par l'abbé
d'Anchin, & déclarèrent que dom Anfelmy n'a-
voit pas eu droit de le troubler dans fon adminiftration.

Dans le vu d'un arrêt du 30 mars 1694, fe
trouve un extrait compulfé de l'hiftoire manufcrite de la même abbaye, compofée par dom de
Bar, où l'on voit que la queftion s'eft encore
préfentée au fujet du *prieuré* de Saint-Sulpice, pour
lequel avoit été rendu l'arrêt de 1442. Comme
l'abbaye d'Anchin & ce *prieuré* étoient fous deux
dominations différentes, les longues guerres que

François I eut à foutenir contre Charles-Quint, fervirent de prétexte au fieur Bouchavanne, gouverneur de Doullens, pour s'emparer de la prévôté de Saint-Sulpice, après la mort du *prieur*, dont il prétendoit faire valoir une réfignation, *afferens fibi legitimo jure refignatam.* Mais après la paix de Crepy, du 18 feptembre 1544, Jean Affet, élu abbé d'Anchin en 1546, fe pourvut au parlement de Paris contre le réfignataire, & il obtint un arrêt, par lequel il rentra dans fes droits, fur le fondement, dit l'hiftorien, que ce *prieuré* n'étoit point un bénéfice, *eo præfertim nomine, quòd non effet beneficium, fed officium fimplex monafticum, à quo removeri poffet quilibet religiofus ad nutum abbatis, neque de eo difponendi aliquam, aut ad alium transferendi haberet autoritatem.*

Peu de temps après, la queftion fe renouvella pour le *prieuré* de Saint-Georges, près d'Hefdin. On avoit fait entendre à François I que ce *prieuré* étoit conventuel & électif, & que par conféquent la nomination lui en appartenoit, fuivant le concordat : en conféquence, après la mort de dom Brognet, qu'y avoit été nommé par l'abbé d'Anchin, ce prince ordonna au bailli d'Hefdin d'en faifir les revenus, & d'y établir des commiffaires. Après bien des démarches inutiles, dom d'Ofterel, muni de la commiffion de l'abbé d'Anchin, fe pourvut au confeil privé de Henri II, où, après une inftruction contradictoire avec le procureur-général, & du confentement de celui-ci, il obtint un arrêt du 11 juin 1547, qui lui fit mainlevée du *prieuré* de Saint-Georges, *fruits & profits d'icelui.* « Après que par le titre & provifion de » dom d'Ofterel, & par autres provifions des précédens prieurs dudit *prieuré*, eft apparu audit procureur-général ledit *prieuré* n'être bénéfice titulé » ni électif, mais une adminiftration révocable *ad » nutum* de l'abbé ».

La guerre qui s'éleva entre Louis XIII & le roi d'Efpagne, donna lieu à une nouvelle conteftation pour le même *prieuré.* La mort de dom Créancier l'ayant laiffé vacant, dom de Foreft, religieux de Saint-Martin de Pontoife, s'y fit nommer par le roi, *attendu* portoit le brevet, *que l'abbé d'Anchin eft dans les pays de nos ennemis.* Cette circonftance força l'abbé d'Anchin de fe relâcher un peu de fon droit ; il tranfigea, le 25 avril 1658, avec dom de Foreft, qui fe défifta, moyennant une penfion. Après la paix des Pyrénées, en 1659, dom de Foreft fe pourvut au confeil pour faire annuler fa tranfaction, & fe faire rétablir dans le *prieuré* ; de fon côté l'abbé d'Anchin confentit à la réfiliation du contrat, qu'il n'avoit foufcrit que par force majeure : mais il demanda en même temps d'être maintenu dans l'ancien droit qu'il avoit de commettre, pour l'adminiftration de ce *prieuré*, des religieux profés de fon monaftère. Par jugement du confeil privé du 15 mars 1661, rendu fur productions refpectives, l'abbé d'Anchin a été maintenu & gardé « au droit & en la poffeffion &

» jouiffance d'envoyer au *prieuré* de Saint-Georges » des religieux de ladite abbaye, pour l'adminif- » tration & defservice d'icelui ». Et néanmoins il a été ordonné, *fans tirer à conféquence*, que la transaction de 1658 feroit exécutée, & que dom de Foreft jouiroit toute fa vie de la penfion ftipulée en fa faveur par cet acte.

Ces cinq jugemens militent, comme l'on voit, avec la plus grande force, contre l'opinion de ceux qui regardent les *prieurés* dépendans de l'abbaye d'Anchin comme des bénéfices. Cependant on a prétendu que poftérieurement, un arrêt du grand-confeil du 19 feptembre 1667, les avoit tous jugés tels. Pour l'apprécier, il faut rappeler les circonftances dans lefquelles il a été rendu.

Il s'agiffoit de la difpofition des offices, foit clauftraux, foit forains, que le cardinal d'Eftrées, abbé commendataire, vouloit s'attribuer à lui feul. Ce prélat mettoit en principe, qu'un abbé commendataire doit jouir de toutes fes prérogatives des abbés réguliers, & exercer la jurifdiction intérieure fur les religieux, fur-tout lorfqu'il eft cardinal. De-là il concluoit que l'inftitution & la deftitution de tous les *pricurs* lui appartenoit ; en conféquence, il avoit nommé tant aux *prieurés* forains qu'aux offices clauftraux. Le grand-*prieur* y avoit nommé de fon côté ; & c'eft fur ce droit de nomination, refpectivement prétendu, que rouloit la conteftation.

M. le cardinal d'Eftrées établiffoit fa défenfe fur cinq propofitions, dont les quatre premières n'avoient trait qu'à la jurifdiction qu'il prétendoit appartenir aux abbés commendataires, & fur-tout aux cardinaux. La cinquième étoit la feule qui eût rapport à la queftion actuelle ; & il foutenoit qu'à lui feul appartenoit la nomination des *prieurés* & des offices clauftraux : mais il paroit qu'à l'égard des *prieurés*, il n'entendoit que les *prieurés-cures.* On voit en effet que, par fa requête du 2 janvier 1691, il demandoit d'être maintenu & gardé dans le droit & poffeffion, non pas de conférer les *prieurés*, mais *d'inftituer & deftituer* tous les *prieurs-curés* de l'abbaye d'Anchin.

Les grand-*prieur* & religieux foutinrent au contraire, que le droit de nommer aux *prieurés* & offices clauftraux, appartenoit au grand-*prieur* pour deux raifons ; la première, que ces *prieurés* n'étoient point des titres de bénéfices, mais des offices manuels, de pures adminiftrations révocables & comptables ; la feconde, parce qu'un abbé commendataire, même cardinal, ne peut exercer aucune jurifdiction fur l'intérieur du cloître, & que l'inftitution & la deftitution des *prieurés* forains, & des officiers clauftraux, étant un acte de jurifdiction, elle lui étoit interdite.

La conteftation fe réduifoit donc au feul point de favoir à qui appartenoit l'inftitution & la deftitution des *prieurs* & des officiers clauftraux. Tout ce qui fut dit fur la nature des *prieurés* forains ne fut proposé que comme moyen, & non pas comme la question à juger.

C'est dans cet état qu'intervint l'arrêt du 19 septembre 1697, par lequel, 1°. il fut dit « n'y avoit » abus dans les provisions données par le cardi- » nal d'Estrées des *prieurés* forains dépendans de » l'abbaye ; ce faisant, ce prélat fut maintenu dans » le droit & possession de pourvoir aux *prieurés* » de Saint-Georges, d'Aymeries, d'Evin, de Saint- » Sulpice, & de la trésorerie d'Equerchin, en » faveur des religieux profès de ladite abbaye feu- » lement, sans préjudice toutefois au grand-*prieur* » de pouvoir destituer les religieux pourvus des- » dits *prieurés* forains, pour cause légitime ». 2°. Dom Carpentier fut maintenu & gardé dans la possession & jouissance du *prieuré* d'Evin, dont il avoit été pourvu par le cardinal ; dom de Rente, nommé par le grand-*prieur*, & les religieux d'Anchin furent condamnés solidairement à lui resti- tuer les fruits dudit *prieuré* par eux perçus, sur lesquels il seroit pris, par chacun an, la somme de trois cens livres, pour la desserte & rétribu- tion du service divin fait audit *prieuré* par ledit de Rente. 3°. Il fut dit qu'il y avoit abus dans les provisions données par le cardinal d'Estrées des offices claustraux & de la présidence de Douai. 4°. Il fut fait défenses auxdits religieux de trou- bler ledit cardinal d'Estrées dans les inventaires des cotes-mortes des religieux de ladite abbaye ; « auxquels inventaires lesdits religieux pourront » assister & être présens, si bon leur semble, » ainsi qu'au compte que ledit cardinal sera tenu » de rendre desdites cotes-mortes, pour le reli- » quat en être par lui employé, conformément » aux arrêts du grand-conseil, aux réparations & » au profit des *bénéfices* & *offices* dont lesdits reli- » gieux se trouveront pourvus au jour de leur » décès ».

Ces différentes dispositions font la matière de plusieurs argumens dont on se sert pour établir que le grand-conseil a considéré comme bénéfices tous les *prieurés* forains dépendans de l'abbaye d'An- chin : mais ils ne sont pas sans réponse ; voici à- peu-près de quelle manière on la présente.

Pourquoi le grand-conseil a-t-il maintenu le grand- *prieur* dans le droit de commettre & de révoquer les officiers claustraux ? Parce qu'il a jugé que c'étoient de pures administrations, de simples offi- ces, dont la disposition étoit un acte de la police intérieure, de la jurisdiction claustrale, qui ne peut appartenir à un abbé commendataire. Pourquoi au contraire a-t-il déclaré n'y avoir abus dans les pro- visions en titre que le même cardinal avoit don- nées des *prieurés* forains ? Pourquoi l'a-t-il main- tenu dans le droit & possession d'y pourvoir, si ce n'est parce qu'il a jugé que c'étoient de véri- tables bénéfices, dont la collation, qui est *in fructu*, appartient toujours à l'abbé commendataire ?

Mais, dit-on, il ne falloit pas aller jusques-là pour attribuer au cardinal la nomination des *prieurés*

forains ; il suffisoit que ce fussent des offices qui s'exercent au-dehors, & dont l'administration n'in- téresse point la discipline intérieure.

La présidence du collège de Douai étoit cer- tainement un office qui s'exerçoit, & même de- mandoit résidence hors du cloître, & cependant le droit d'y nommer fut adjugé au grand-*prieur*. Il a donc fallu considérer les *prieurés* forains comme de vrais bénéfices, pour maintenir l'abbé commen- dataire dans le droit d'y pourvoir.

On objecte encore que l'arrêt du grand-conseil réserve au grand-*prieur* le pouvoir de *destituer pour cause légitime*, les religieux que le cardinal aura nommés aux *prieurés* forains ; & l'on conclut de-là que ce ne sont pas des bénéfices, parce qu'en fait de bénéfices, *ejus est destituere, cujus est instituere*, ou qu'au moins la destitution ne peut jamais ap- partenir à un inférieur de celui qui a le droit d'ins- tituer.

Mais il n'y a rien dans cette réserve qui soit extraordinaire ni incompatible avec la qualité de bénéfice. Le grand-conseil a jugé que la collation des bénéfices étoit un fruit appartenant à l'abbé commendataire ; c'est ce qui a fait maintenir le cardinal d'Estrées dans le droit & possession de conférer les *prieurés* forains vrais bénéfices, quoique révocables pour causes légitimes. Mais le jugement des causes de révocation est un acte de police in- térieure, de jurisdiction claustrale, qu'un abbé com- mendataire ne peut exercer ; il a donc été réservé au grand-*prieur* par le même principe qui l'a fait maintenir dans le droit & possession de commettre & révoquer les officiers claustraux.

Ce qui écarte d'ailleurs toute difficulté, c'est que les *prieurés* forains sont expressément désignés dans l'arrêt dont il s'agit, sous la qualification de *bé- néfices* ; c'est, comme on se le rappelle, dans la clause concernant l'application des cotes-mortes, « aux réparations & profit des *bénéfices* & *offices* » dont lesdits religieux se trouveront pourvus au » jour de leur décès ». L'abbaye d'Anchin n'a d'autres bénéfices réguliers dans sa dépendance que ses *prieurés* forains : ce sont donc les *prieurés* forains qui sont là désignés par la qualification de *bénéfices*, comme les offices claustraux le sont par celle d'*offices*.

Ainsi raisonnent ceux qui regardent les *prieurés* dépendans de l'abbaye d'Anchin, comme jugés bénéfices par l'arrêt dont il s'agit.

Parmi les réponses que donnent à ces inductions les partisans du sentiment contraire, il en est quel- ques-unes qui nous paroissent victorieuses & pé- remptoires.

1°. L'arrêt déclare qu'il n'y a abus dans la no- mination des *prieurés* forains faite par le cardinal d'Estrées ; mais il ne prononce rien sur leur nature ; il décide seulement que la faculté d'en disposer est un droit honorifique, réservé à l'abbé commen- dataire ; & l'on ne peut en étendre les termes au-delà de leur sens naturel.

2°. Le grand-conſeil, lors du partage fait en 1688 entre le cardinal d'Eſtrées & les religieux d'Anchin, avoit jugé bien nettement que le *prieuré* de Saint-Sulpice n'étoit point un bénéfice, puiſqu'il en avoit fait entrer tous les biens dans la maſſe ; cependant, par l'arrêt de 1697, il le ſoumet nommément aux mêmes diſpoſitions que les autres *prieurés* : donc ces diſpoſitions s'appliquent à des établiſſemens qui ne ſont point bénéfices : donc l'arrêt de 1697 ne conclut rien.

3°. On peut faire le même raiſonnement à l'égard du *prieuré* d'Evin ; il dépendoit ordinairement de l'abbaye de Saint-Nicolas-aux-Bois, dioceſe de Laon ; il fut uni dans la ſuite à l'abbaye d'Anchin. Cette union, attaquée en 1668, avoit été déclarée abuſive, ſur le fondement qu'elle n'avoit pas été revêtue de lettres-patentes : mais ce défaut fut depuis réparé, & le parlement de Paris enregiſtra, par arrêt du 26 août 1676, les lettres-patentes confirmatives de l'union. Cependant le cardinal d'Yorck, abbé actuel d'Anchin, donna, en 1758, une collation de ce *prieuré* au ſieur Foucault. Celui-ci, comprenant qu'on n'avoit pas pu lui conférer un *prieuré* éteint & uni à l'abbaye d'Anchin, prit le parti d'obtenir en cour de Rome de nouvelles proviſions, ſur le fondement deſquelles il attaqua l'union comme abuſive. Oubliant donc le titre que M. le cardinal d'Yorck lui avoit accordé, il ne s'attacha qu'à faire valoir les vices prétendus de l'union : mais ſes efforts furent inutiles ; &, par arrêt du premier avril 1762, l'union fut confirmée, & les proviſions de l'abbé de Foucault déclarées abuſives.

Que l'on rapproche maintenant cet arrêt du jugement de 1697 ; celui-ci maintient M. le cardinal d'Eſtrées dans le droit de pourvoir nommément au *prieuré* d'Evin, dont le titre, dès 1676, avoit été éteint & uni à l'abbaye d'Anchin. Donc l'arrêt de 1697 ne décide point que les *prieurés*, dont il accorde la proviſion au cardinal d'Eſtrées, ſoient de vrais bénéfices, puiſque celui d'Evin, qu'il comprend dans la même diſpoſition que les autres, n'exiſtoit plus comme bénéfice dans le temps de cet arrêt.

4°. La clauſe de ce même arrêt, qui ordonne l'application des côtes-mortes des religieux aux *réparations & profit des bénéfices & offices dont leſdits religieux ſe trouveront pourvus au jour de leur décès*, ne détruit nullement tout ce que l'on vient de dire. Il eſt vrai que l'abbaye d'Anchin n'a point de bénéfices réguliers dans ſa dépendance ; mais ſes religieux peuvent en obtenir d'autres abbayes ; la maxime *regularia regularibus* les y rend habiles : il ne faut donc pas que les *prieurés* forains ſoient bénéfices, pour que la clauſe dont il s'agit puiſſe recevoir ſon exécution.

Tout cela prouve bien clairement que l'arrêt de 1697 n'a point changé la nature des *prieurés* en queſtion. Mais peut-on dire la même choſe de cet arrêt, plus préciſ & plus célèbre, qui eſt in-

tervenu, en 1775, entre les religieux d'Anchin & l'abbé de Langeac ? Expliquons-en l'eſpèce.

Le *prieuré* d'Aymeries ayant vaqué en 1751, M. le prince de Modène, alors abbé d'Anchin, y nomma en commende M. Billard, évêque d'Olimpe, qui mourut la même année ; M. le prince de Modène le ſuivit de près, & fut remplacé par M. le cardinal d'Yorck, qui, en 1752, conféra le même *prieuré* au ſieur Paris. La conteſtation qui s'y engagea fut évoquée au conſeil du roi ; elle y étoit encore pendante en 1769, lorſque l'abbé Paris réſigna ſon droit à l'abbé de Langeac ; celui-ci obtint en même temps un brevet de régale, en vertu duquel il fit aſſigner ſes contendans en la grand-chambre du parlement de Paris : Aymeries étant ſitué dans le dioceſe de Cambrai, où la régale n'a pas lieu, ce ſecond titre fut bientôt écarté. Après un aſſez long conflit de juriſdiction entre différens tribunaux, le roi a donné, le 2 juin 1770, des lettres-patentes, qui ont attribué la connoiſſance de la cauſe au parlement de Paris.

Les états d'Artois, de Lille & de Cambrai, & le cardinal d'Yorck, ſont intervenus, les uns pour ſoutenir que les bénéfices des Pays-Bas ſont exempts de la commende, & le cardinal d'Yorck, pour défendre ſon droit de diſpoſer en commende des *prieurés* dépendans de ſon abbaye.

De leur côté, les grand-prieur & religieux ont ſoutenu que le *prieuré* d'Aymeries n'exiſtoit pas en titre de bénéfice ; ils ont produit une foule de pièces pour le prouver, mais inutilement. Par arrêt du 11 juillet 1775, rendu en la grand-chambre, au rapport de M. l'abbé d'Eſpagnac, après un appointement prononcé ſur une plaidoierie ſolemnelle, le 7 août 1770, l'abbé de Langeac a été maintenu dans le *prieuré* d'Aymeries. L'abbé d'Anchin & les états ont tenté de le faire caſſer au conſeil : mais leur requête a été rejettée par jugement du 24 octobre 1776.

L'abbé de Langeac avoit eu pour agent dans cette affaire le ſieur de Guilhem de Saint-Marc, qui, s'imaginant que l'arrêt jugeoit la queſtion pour tous les *prieurés* d'Anchin, obtint, pour ſon fils, vicaire-général du dioceſe de Périgueux, le 11 octobre 1778, un brevet de collation en régale du *prieuré* de Saint-Georges. Dès le mois d'août précédent, le ſieur de Taſtes, vicaire-général du dioceſe de Condom, l'avoit impétré en cour de Rome ; tous deux ſe pourvurent, chacun de leur côté, contre dom Ochin, *prieur* actuel de Saint-Georges, dont M. le cardinal d'Yorck, le grand-prieur & les religieux d'Anchin s'empreſſèrent de prendre le fait & cauſe.

Après une plaidoierie de ſix audiences, M. l'avocat-général Seguier conclut à un interlocutoire & au ſequeſtre des fruits & revenus du *prieuré*, en obſervant qu'il y avoit huit religieux à Saint-Georges, & qu'il falloit pourvoir à leur ſubſiſtance. Par arrêt du 6 ſeptembre 1779, la cour appointa les parties au conſeil, donna acte au ſieur de Saint-Marc de ce qu'il ne prétendoit, quant à présent, que la jouissance provisionnelle de la moitié des revenus du *prieuré* ; en conséquence, ordonna que le grand-*prieur*, les religieux & dom Ochin, jouiroient du surplus, en donnant par le sieur de Saint-Marc bonne & suffisante caution.

Le sieur de Saint-Marc crut pouvoir, en vertu de cet arrêt, expulser les fermiers, & passer de nouveaux baux : mais sa prétention fut hautement proscrite par arrêt du 12 janvier 1780.

Ces deux arrêts formoient le préjugé le plus favorable pour l'abbaye d'Anchin ; car le sieur de Saint-Marc se présentoit comme régaliste, & cependant on ne lui laissoit que la moitié de la jouissance provisionnelle, sous la charge d'une caution que jamais régaliste n'avoit été dans le cas de donner.

Enfin, le 31 juillet 1781, après que le procès eut été examiné pendant cent vacations, & vu quatre fois de commissaires, il est intervenu, au rapport de M. l'abbé Pommiers, un arrêt dont voici le dispositif.

« La cour, faisant droit sur le tout, en tant » que touche l'appel comme d'abus interjetté par » Henri-Benoît-Marie-Clément, cardinal, duc » d'Yorck, abbé commendataire de l'abbaye de S. » Sauveur d'Anchin, & les grand-*prieur* & reli- » gieux de ladite abbaye, des provisions obtenues » en cour de Rome par Antoine-Gaspard de Taftes, » & de l'acte de prise de possession par lui faite » de la celle de Saint-Georges, membre dépendant » de ladite abbaye, dit qu'il y a abus ; en con- » séquence, déboute ledit de Taftes de toutes ses » demandes ; faisant pareillement droit sur l'appel » comme d'abus interjetté par ledit de Taftes, & » par Guillaume de Guilhem de Saint-Marc, des » lettres de nomination données à Ambroise Ochin, » prêtre, religieux-profés de ladite abbaye, par » le vicaire-général dudit cardinal d'Yorck, & de » la prise de possession par lui faite de ladite celle, » les déclare non-recevables dans ledit appel, & » les condamne en l'amende, suivant l'ordonnance ; » ce faisant, sans s'arrêter aux requêtes & de- » mandes dudit Guilhem de Saint-Marc, dont il » est débouté, maintient & garde ledit cardinal » d'Yorck, en sa qualité d'abbé d'Anchin, dans le » droit, possession & jouissance du droit de no- » mination à ladite celle ; maintient & garde pa- » reillement lesdits grand-*prieur* & religieux de » ladite abbaye dans le droit, possession & jouis- » sance des fruits & revenus de ladite celle ; fait » défenses audit de Taftes & audit Guilhem de » Saint-Marc de les y troubler ; condamne ledit » Guilhem à restituer auxdits grand-*prieur* & reli- » gieux d'Anchin les fruits & revenus par lui per- » çus de ladite celle ; condamne ledit de Taftes » & ledit Guilhem de Saint-Marc, chacun en leur » égard, en tous les dépens de causes d'appel, » intervention & demandes envers lesdits abbé, » grand-*prieur* & religieux, & ledit Ochin, &

» même en ceux réservés. Les dépens d'entre les- » dits de Taftes & Guilhem de Saint-Marc com- » pensés ; & sur le surplus des demandes, fins & » conclusions, a mis & met les parties hors de » cour. Si mandons, &c. ».

On voit que cet arrêt juge en termes exprès, que le *prieuré* de Saint-Georges n'est point un bé- néfice, mais une simple celle. Ce n'étoit cependant point là l'unique question du procès. Les religieux d'Anchin soutenoient que quand même ce *prieuré* eût été bénéfice, les sieurs de Taftes & de Saint-Marc eussent encore été mal fondés, & ils donnoient plusieurs raisons également décisives ; mais la cour n'y a fait aucune attention ; elle s'est arrêtée au point principal & essentiel de savoir, si le *prieuré* étoit bénéfice ou non ; elle a trouvé si lumineuses & si péremptoires les preuves que l'on apportoit de la négative, qu'elle l'a adoptée *tout d'une voix* ; & pour ne laisser là-dessus aucune équi- voque, & donner à son arrêt un caractère d'évi- dence, auquel il ne fût pas possible de se mé- prendre, elle a substitué par-tout le mot *celle* aux termes *prieuré* ou *prévôté*, dont les religieux eux- mêmes se servoient dans leurs conclusions.

On demandera sans doute quel a pu être le motif d'une différence aussi frappante entre deux arrêts, rendus sur la nature de deux *prieurés* dé- pendans de la même abbaye. Nous ne pouvons mieux le faire connoître, qu'en comparant ici les titres de fondation de l'un & l'autre établissemens.

La chapelle Saint-Georges, près du château d'Hes- din, étoit abandonnée depuis long-temps, & l'on n'y célébroit plus les saints mystères, lorsqu'en 1094 Enguerrand, comte d'Hesdin, qui la tenoit en fief de l'église de Térouane, la donna à l'église d'Anchin, pour la posséder à perpétuité, *comme une simple* celle ou obédience, à la charge d'y en- tretenir autant de religieux que les revenus de Saint-Georges le permettoient. *Ecclesiam Sancti- Georgii juxta hoc castrum Hesdin.... Ecclesiæ Sancti Salvatoris de acquicinêto in cellam jure perpetuo liberè possidendam attribuo, eo tenore, ut de aquicinensis ca- nobii fratribus, ibi tot monachi habeantur, quòd fa- cultas rerum Sanêto Georgio datarum admiserit.* Le fondateur n'accorde que l'usage des biens aux re- ligieux d'Anchin qui demeureront à Saint-Georges, *eorum usibus dono* ; la propriété en est donnée uni- quement à l'abbaye, & ce n'est qu'à ces conditions que les chanoines de Saint-Martin, qui avoient quelque droit sur Saint-Georges, consentent à la donation d'Enguerrand : *in tantum, ut prædictam ecclesiam ecclesiæ de Aquicinêto tribuam, quamobrem prædicti canonici quidquid in ecclesiâ Sancti Georgii habebant ecclesiæ Sancti Salvatoris de Aquicinêto contu- lerunt.* Le fondateur n'a donc pas entendu ériger un bénéfice, mais donner une simple *celle* à l'ab- baye d'Anchin.

L'autorité de l'évêque concourut aux desirs du comte d'Hesdin. Gerard, évêque de Térouane, confirma la même année la donation faite à l'abbaye

baye d'Anchin ; il s'adreſſa à l'abbé : *Aimerico*, *Aquicinenci abbati* : & voici de quelle manière il s'exprime : *ecclefiam Sancti Georgii martyris.... cum omnibus quæ tam ab Ingeiramno, quàm ab aliis eidem ecclefiæ funt, tibi, Aimerice, Aquicinenſis cænobii abbas, tuiſque ſuccefforibus in cellam omni tempore poſſidendam concedimus.*

Il a donc voulu que Saint-Georges ne fût qu'une celle, *in cellam;* que cette celle appartînt aux abbés d'Anchin, *tibi, Aquicinenſis cænobii abbas, tuiſque ſuccefforibus;* qu'ils la poſſédaſſent librement, *liberè poſſidendam.*

Le prélat ne veut pas que, fous prétexte même d'y ériger une abbaye, on puiſſe jamais enlever aux abbés d'Anchin l'églife de Saint-Georges, *nullus, ſub occaſione conſtruendæ abbatiæ, Sancti Georgii ecclefiam, tibi, Aimerice, Aquicinenſis cænobii abbas, vel tuis ſuccefforibus auferre præfumat.*

Outre que les termes de ces actes ne laiſſent aucun doute ſur la nature de la prévôté, de la *celle* de Saint-Georges, ils prouvent encore que cette chapelle n'avoit jamais été un titre de bénéfice. En effet, Enguerrand n'auroit pu en diſpoſer en maître ; Gerard auroit été obligé de l'éteindre, de l'unir à l'abbaye, d'écouter le titulaire, d'avoir ſon conſentement, &c. Le fond de l'acte, & les expreſſions qui ſont employées, concourent donc à exclure toute idée de bénéfice à Saint-Georges.

A l'égard du *prieuré* d'Aymeries, tout étoit bien différent ; le titre de fondation n'en étoit point rapporté ; mais on produifoit une chartre, qui prouvoit que ce *prieuré* étoit déjà habité par des religieux avant d'avoir été donné à l'abbaye d'Anchin. On ne pouvoit donc pas dire qu'il eût été, dans le principe, une *celle* dépendante de cette abbaye, puiſqu'il avoit ſon exiſtence propre, & une conventualité, avant que l'abbaye d'Anchin y eût aucun droit.

Le titre que l'on produifoit étoit une confirmation donnée par Gerard, évêque de Cambrai & d'Arras, des dons faits au *prieuré* d'Aymeries. Le prélat y annonce qu'il a donné à l'abbaye d'Anchin, & à ſon abbé Aymeric, l'églife d'Aymeries pour la gouverner. *Ecclefiam de Aymeries fubjectam & quaſi filiam Aquicinenci ecclefiæ & ejufdem abbati Aymerico regendam conſtituiſſe.* Il rappelle les dons qu'Hermengarde de Mons avoit faits à ce *prieuré. Hermengardis verò de Mons.... eamdem ecclefiam ad uſus fratrum ibidem Deo ſervientium de alodiis ſuis honeſtè dotavit.* Après le détail des biens donnés par Hermengarde, le prélat ajoute : *hæc omnia annuentibus filiis & filia ab omni advocatione conceſſit libera ſub altare Dei genitricis, undè fratres viverent Deo ſervituri.* L'acte eſt terminé par les clauſes ſuivantes : *tali verò ratione ecclefiam de Aymeries cum ſuis appenditiis ſeu beneficiis curâ & arbitrio præfati abbatis & ipſius ſuccefforibus conſtitui, ut ſi ipſa aliquandò per ſe ſuum poſſet habere paſtorem, unum ſemper de fratribus aquicinenſis ecclefiæ ſibi ab hoc eligeret, & ſic deinceps omni tempore eidem aquicinenſi Jurifprudence. Tome VI.*

ecclefiæ ipſa annis ſingulis unam argenti marcam debito cenſu perfolveret.

Ainſi, le *prieuré* d'Aymeries, dans ſon premier état, avoit été fondé par Hermengarde, fous l'invocation de la ſainte Vierge. Elle y avoit établi des religieux qu'elle avoit dotés & ſoumis à l'autorité de l'évêque de Cambrai. Il y avoit donc une communauté exiſtante avant qu'il fût queſtion d'y attribuer aucun droit à l'abbaye d'Anchin.

Saint-Georges, au contraire, n'étoit qu'une ſimple chapelle de dévotion, où même depuis long-temps on ne célébroit plus la meſſe, & qui ne ſervoit aux chanoines de Saint-Martin, dans la paroiſſe defquels elle étoit ſituée, qu'à dépofer les ſaintes huiles pour les malades. Enguerrand, fondateur du *prieuré*, le donne directement à l'abbaye d'Anchin, pour le poſſéder à perpétuité comme une ſimple *celle;* c'eſt à cette abbaye qu'il donne auſſi les biens qu'il affecte à Saint-Georges ; c'eſt elle qu'il charge d'y envoyer de ſes religieux pour former ce nouvel établiſſement.

Par la chartre d'Aymeries, Hermengarde engage l'évêque Gérard à ſoumettre les religieux qui exiſtoient à Aymeries, au gouvernement ſpirituel de l'abbaye d'Anchin.

Enguerrand, au contraire, donne, dès le principe, directement à l'abbaye, non-ſeulement la ſupériorité & la juriſdiction, mais la propriété même des biens de Saint-Georges.

Hermengarde n'avoit point entendu doter l'abbaye d'Anchin, mais uniquement l'églife d'Aymeries, *eamdem ecclefiam honeſtè dotavit.* Enguerrand, au contraire, donne à l'abbaye d'Anchin l'églife même de Saint-Georges.

Par la chartre d'Aymeries, la donation s'adreſſe au *prieuré* même d'Aymeries, & non pas à l'abbaye d'Anchin. Elle eſt faite ſur l'autel de la Vierge, *ſub altare Dei genitricis*, fous l'invocation de laquelle eſt le *prieuré* d'Aymeries. La chartre de Saint-Georges s'adreſſe directement à l'abbé d'Anchin ; c'eſt à l'abbaye que la donation eſt faite, pour par elle en jouir à perpétuité.

Hermengarde prévoit le cas où le *prieuré* d'Aymeries pourra être érigé en abbaye. Les titres de Saint-Georges défendent, au contraire, de jamais enlever à l'abbaye d'Anchin les biens de Saint-Georges, fous prétexte même de l'ériger en abbaye.

Il y avoit déjà des religieux à Aymeries lors de la donation d'Hermengarde ; ils étoient ſuffiſamment dotés ; ils formoient un établiſſement. Tout ce que deſire la donation, c'eſt que cette communauté ſoit foumiſe à l'abbaye, qu'elle en ſoit comme la fille, *fubjectam & quaſi filiam;* & que ſi jamais elle eſt érigée en abbaye, l'abbé foit pris parmi les religieux d'Anchin. Il n'exiſtoit rien, au contraire, à Saint-Georges, lors de la donation de 1094, qu'une chapelle en ruine, *ſine curâ & cultis.* Ce n'eſt qu'en 1112 que l'abbaye d'Anchin y envoya, pour la première fois, des religieux, ſans qu'ils aient ceffé d'être membres de l'abbaye & de lui appartenir ; enfin, c'eft l'abbaye qui a acquis de fes deniers la plupart des fonds qui fervent aujourd'hui à leur fubfiftance.

Ce n'eft pas dans le titre d'Hermengarde, mais dans des titres poftérieurs & fimplement confirmatifs, qui n'ont pu déroger au titre primitif, qu'Aymeries a été qualifié de fimple *celle*, qui doit être, à perpétuité, poffédée librement par l'abbaye d'Anchin.

Si Aymeries n'eût été qu'une *celle* dans fon principe, & que la poffeffion eût été conforme, la caufe de l'abbé de Langeac n'auroit pas été propofable ; mais il n'avoit pas été fondé comme tel, des titres confirmatifs n'avoient pu en altérer la nature. C'eft tout le contraire pour Saint-Georges.

Tant de différences dans les titres primitifs de ces deux établiffemens, ne permettoient pas, fans doute, de les regarder comme étant de même nature. Les principes qui, en 1775, avoient fait juger bénéfice le *prieuré* d'Aymeries, devoient, en 1781, faire prononcer que celui de Saint-Georges n'étoit qu'une fimple obédience.

L'abbaye de Saint-Amand a dans fa dépendance trois prévôtés confidérables, qui ont occafionné plufieurs conteftations, relativement à leur nature. Ce font Barifis dans le diocèfe de Soiffons, Courtrai dans la Fandre impériale, & Siraut dans le Hainaut autrichien.

En 1684, le roi d'Efpagne confifqua les biens de la prévôté de Siraut, comme appartenant aux religieux de Saint-Amand, fujets du-Roi avec qui il étoit en guerre. Dom Romain Baccart, qui poffédoit alors cette prévôté, préfenta au confeil des finances de Bruxelles une requête, par laquelle il demanda main-levée des faifies faites à titre de confifcation & foutint que les biens dont il s'agiffoit ne pouvoient y être fujets, par la raifon que le religieux qui jouiffoit de cette prévôté, & y réfidoit avec plufieurs de fes confrères en avoit l'ufufruit ; « c'eft-à-dire, le droit d'en jouir par fon » titre pour leurs entretien & alimens ». Par arrêt du 4 mai 1684, rendu fur l'avis du confeiller fifcal de Hainaut, & contradictoirement avec le receveur des domaines, le confeil des finances accorda la main-levée, moyennant par le prévôt payer une rétribution annuelle de 600 liv. tant que la guerre dureroit. Les motifs de cette décifion furent, fuivant une lettre du 11 du même mois, écrite au prévôt par le confeiller fifcal, que la prévôté de Siraut étoit un titre indépendant de Saint-Amand ; mais que, comme parmi les biens réclamés par le prévôt, il s'en trouvoit une certaine quantité qui paroiffoit dépendre immédiatement de l'abbaye, le roi d'Efpagne, avoit bien voulu, pour éviter toute difcuffion fur ce point, fe contenter de la rétribution des 600 liv. portée dans l'arrêt.

En 1714, le cardinal de la Trémouille, abbé commendataire de Saint-Amand, prétendit que les

biens des trois prévôtés devoient être rapportés dans la maffe des biens de l'abbaye, pour entrer en partage. Cette conteftation fut foumife à l'arbitrage de M. de Bernieres, intendant de Flandres, & de MM. Doremieux, Nouet. & Chevalier, célèbres avocats au parlement de Paris, autorifés par arrêt du confeil, à donner leur avis à fa majefté fur cette affaire. Le 20 juillet 1714, les arbitres rendirent une ordonnance qui enjoignoit aux religieux de s'expliquer nettement fur la nature de leurs prévôtés. En conféquence, le 26 du même mois, le prévôt de Siraut déclara que « lef-» dites prévôtés font des lieux fondés pour y » faire l'office divin par des religieux de l'abbaye » de Saint-Amand, laquelle feule a droit d'y en-» voyer & d'y prépofer un defdits religieux, au-» quel appartient l'adminiftration de tous les biens » de la prévôté à laquelle il eft prépofé, ainfi » que l'explique Van-Efpen dans fon droit, ec-» cléfiaftique, *part. 1, tit. 31, chap. 2*, fuivant » le canon 30 du concile de Montpellier tenu en » 1214 ». Le 30 du même mois les grand-*prieur* & religieux de Saint-Amand déclarèrent pareillement, que « les prévôtés dépendantes de leur » abbaye font ce que la clémentine *quia regulares* » appelle *prieurés*, qui, felon cette clémentine, ne » peuvent être conférés qu'aux religieux de leur ab-» baye, & ne peuvent être appliqués ni réunis à la » menfe abbatiale, non pas même par les abbés régu-» liers, ni à plus forte raifon, par les abbés commen-» dataires ; fur laquelle clémentine lefdits grand-» *prieur* & religieux ont déclaré qu'ils fe fondoient » au fens & à la maniere qu'elle eft obfervée & » fuivie dans les Pays-Bas, comme à Saint-Waaft » d'Arras & autres abbayes tombées en commende ». Le 7 novembre fuivant, les arbitres ont donné un avis unanime, portant que les prévôtés de Barifis, Courtrai & Siraut, continueront d'être adminiftrées en la maniere accoutumée par les prévôts, qui feront nommés, vacation arrivant, par l'abbé commendataire, à la charge pour lui de nommer des religieux de l'abbaye de Saint-Amand feulement, fans préjudice au grand-*prieur* de deftituer les religieux pourvus defdités prévôtés, pour caufe légitime.

Il avoit été rendu le 9 août précédent, un arrêt au confeil privé de Bruxelles, qui contenoit la même difpofition, fur la queftion de favoir fi les biens des prévôtés devoient être rapportés à la maffe de l'abbaye, pour entrer en partage. Le prévôt de Courtrai l'avoit demandé & obtenu fur requête, dans la crainte que les grand-*prieur* & religieux ne-fuccombaffent à Paris. En voici les termes : « déclare que le prévôt de Courtrai n'eft » obligé de rapporter & conférer à l'abbaye Saint-» Amand, ni au cardinal de la Trémoille, aucuns » revenus des biens, appendences & dépendan-» ces, qui, fous la domination de l'empereur, » lui appartiennent en fa qualité de prévôt de » Courtrai, ni pour le paffé ni pour l'avenir, &

» ordonne à tous ceux qu'il appartiendra de se ré-
» gler & conformer selon ce décret ».

Le cardinal de Gêvres ayant succédé au cardinal de la Trémoille, renouvella, par rapport à la
prévôté de Siraut, les prétentions qui avoient été
jugées au défavantage de celui-ci. Aussi-tôt le religieux qui en étoit pourvu, s'adressa au conseil de
Bruxelles, & y obtint sur requête un arrêt du 20
avril 1732, conçu dans les mêmes termes que
celui rendu le 9 août 1714, pour le prévôt de
Courtrai. Le cardinal de Gêvres, désespérant de
réussir dans les tribunaux des Pays-Bas autrichiens,
se pourvut directement contre les grand-prieur &
religieux de Saint-Amand, & fit rendre au conseil
un arrêt qui renvoya l'affaire devant MM. Duha-
mel, Perinelle & Normant, avocats au parlement
de Paris. Les grand-prieur & religieux disoient
pour leur défense; 1°. que de droit commun les
celles ou prieurés, de quelque manière qu'elles
aient été établies, ont été reconnues indirectement pour de vrais titres ecclésiastiques réguliers;
2°. qu'il est défendu aux abbés, sur-tout depuis
les conciles du quatorzième siècle, de rien retirer
des revenus des prieurés, si ce n'est les écus ou pensions qu'ils étoient dans une ancienne possession
d'exiger des prieurs, sans pouvoir les augmenter; 3°. que l'abbaye de Saint-Amand ne jouissant pas personnellement de la prévôté de Siraut, ce n'étoit point contre elle, mais contre le
prévôt que l'abbé devoit diriger ses poursuites.
Sur ces raisons, est intervenu le 7 août 1737, un
jugement en dernier ressort, conçu en ces termes : « Nous, commissaires susdits, en vertu du
» pouvoir à nous donné par sa majesté, ayant au-
» cunement égard aux requêtes desdits grand-prieur
» & religieux de Saint-Amand, les renvoyons des
» demandes contre eux formées par ledit sieur
» cardinal de Gêvres, en partage des biens dont
» est question, & à fin de restitution des
» fruits desdits biens ; sauf audit sieur cardinal
» de Gêvres à diriger son action, ainsi qu'il avi-
» sera, contre le prévôt de Siraut, & les défen-
» ses dudit prévôt réservées au contraire ».

Que conclure de ces différens préjugés ? Rien
de précis. Il y auroit autant d'inconséquence de
prétendre indistinctement que les prieurés dépendans des abbayes des Pays-Bas ne sont pas bénéfices, que de soutenir qu'ils le sont tous sans exception. La seule règle qu'il y ait à ce sujet, est
de consulter les titres & la possession. Quelques
abbayes les ont pour elles, quelques autres les
ont contre. Delà une différence qui est marquée
bien clairement dans les articles 1 & 2 du traité
du 14 octobre 1775.

Après avoir discuté la nature des prieurés forains, il faut examiner à qui en appartient la nomination. De droit commun, c'est à l'abbé du
monastère dont ils dépendent, & comme le prouvent l'arrêt du 19 septembre 1697, & le jugement
arbitral du 7 novembre 1714, rapportés ci-devant;

on ne distingue pas à cet égard un abbé commendataire d'avec un abbé régulier.

Il y a cependant quelques exceptions à cette
règle. On verra ci-après que les prieurés dépendans
de Saint-Germain-des-Prés sont à la collation du
prieur de cette abbaye. Le certificat du prieur de
Saint-Victor, du 30 février 1693, que nous avons
déjà cité, porte que les prieurés dépendans de cette
abbaye « sont conférés par les pères du conseil,
» ou, autrement dit, par les pères de la chambre,
» qui sont au nombre de sept, dont le père prieur
» est le chef, lesquels, à la pluralité des voix,
» choisissent tel sujet de la compagnie qu'ils veu-
» lent, pour remplir les offices & les prieurés
» vacans, & qui révoquent aussi, quand ils trouvent
» à propos, ceux qu'ils ont commis pour remplir
» lesdits offices ou administrations ».

D'Héricourt, en ses œuvres posthumes, tom. 4,
pag. 54, observe « qu'en Franche-Comté, tous les
» prieurés simples sont à la pleine & libre colla-
» tion du pape, comme les prieurés conventuels
» sont à la nomination du roi ; cela est établi par
» d'anciens indults renouvellés en différens temps.
» Il est vrai que les collateurs françois, qui ont
» des bénéfices de leur dépendance situés en
» Franche-Comté, prétendent que le chef-lieu
» n'y étant pas situé, ils doivent jouir de leur
» droit de collation, nonobstant ces indults : mais
» cette prétention a été plusieurs fois condamnée
» par le parlement de Besançon ». On trouve la
même observation dans les œuvres de Cochin,
tom. 6, pag. 486.

On a autrefois prétendu que le roi devoit nommer
aux prieurés sociaux, en vertu du concordat : mais
ce système étoit trop contraire à l'esprit, & même
à la lettre de ce traité, pour être accueilli dans
les tribunaux, & il a été proscrit par un arrêt
du conseil, de l'année 1572, rendu au sujet du
prieuré de Fleury, dépendant de l'abbaye de Saint-
Victor. On a déjà cité un semblable arrêt du 11
juin 1547, pour le prieuré de Saint-Georges, dépendant de l'abbaye d'Anchin.

Il en est de même dans les Pays-Bas, soit françois, soit autrichiens. On lit, dans une requête
des gens du roi du grand-conseil de Malines, en
date du premier juin 1723, « que sa majesté ne
» confère point les prieurés, lorsqu'ils sont simples
» ou d'obédience ».

On a vu plus haut que le concile de Vienne,
ou, si l'on veut, la clémentine quia regulares, ordonne aux évêques qui disposent des prieurés forains
à titre de dévolution, de les conférer à des profés
des monastères d'où ces prieurés dépendent, religiosis monasteriorum quorum prælati hujusmodi negli-
gentes fuerint, conferendo.

Cette disposition n'est que l'expression de l'ancien droit commun, suivant lequel tout religieux
étoit regardé comme incapable de posséder un
prieuré qui ne dépendoit pas de son abbaye, parce
que c'auroit été le soustraire à l'abbaye dans

laquelle il avoit fait vœu de ftabilité, & au fupérieur à qui il avoit promis obéiffance pour toute la vie.

Cet ancien droit n'a changé en France qu'en conféquence des congrégations qui s'y font formées. Tous les monaftères d'une même congrégation étant foumis au même fupérieur général, on les a regardés comme ne formant qu'un feul corps. Les profès d'une abbaye n'ont plus paru étrangers aux autres abbayes de la même congrégation, & infenfiblement on les a reconnus pour habiles à pofféder les bénéfices qui en dépendoient. Enfuite cette capacité s'eft étendue à tous les religieux du même ordre, & militant fous la même règle, quoique de différentes congrégations; & c'eft ainfi que s'eft formée la maxime *regularia regularibus ejufdem ordinis*, devenue loi du royaume depuis qu'elle a été confignée dans le concordat.

Cependant, la cour de Rome, toujours attachée aux anciens ufages, ne s'eft pas prêtée à cette innovation, & toutes les fois qu'un religieux qui fe déclare profès d'un monaftère, demande un *prieuré* dépendant d'une autre abbaye, quoique de la même congrégation, les officiers de la daterie ne manquent jamais d'inférer dans la provifion une claufe de tranflation *de monafterio ad monafterium*, & d'affujettir le pourvu à fe faire recevoir *in fratrem*, dans l'abbaye d'où dépend le *prieuré* régulier qu'il impètre, afin de ne pas contrarier l'ancienne maxime, qu'*il faut être religieux de l'abbaye matrice, pour pofféder les prieurés forains qui en dépendent.*

Cette maxime forme encore le droit commun des Pays-Bas: les *prieurés* forains de ces provinces ne peuvent, conformément aux difpofitions du concile-général de Vienne, être donnés qu'aux religieux-profès des abbayes dont ils dépendent refpectivement; &, comme on l'a déjà remarqué, cet ufage a été fpécialement confirmé à l'égard des abbayes d'Anchin, de Saint-Amand & de Saint-Waaft, par l'arrêt du grand-confeil, du 19 feptembre 1697, par le jugement arbitral du 7 novembre 1714, & par les lettres-patentes du mois de mai 1775.

Peut-on conclure de-là, que les *prieurés* dépendans des abbayes des Pays-Bas ne peuvent être tenus en commende par des eccléfiaftiques féculiers? Les grand-*prieur* & religieux d'Anchin foutenoient l'affirmative dans l'inftance contre l'abbé de Langeac. Mais, comme nous l'avons déjà dit, ils ont fuccombé, & l'on a jugé que l'abbé de Langeac étoit habile à pofféder en commende leur *prieuré* d'Aymeries.

L'abbaye de Saint-Germain-des-Prés vient de faire valoir avec plus de fuccès l'affectation de fes *prieurés* à fes religieux-profès. La conteftation étoit entre l'abbé Mallaffis, pourvu en cour de Rome du *prieuré* de Septeuil, avec la claufe *de titulo in commendam*, d'une part, & les *prieur* & religieux

de Saint-Germain-des-Prés, prenant le fait & caufe de dom Bourdon, nommé au même *prieuré* par fon fupérieur régulier, d'autre part.

Voici comme on établiffoit la défenfe de ceux-ci. Toute la queftion fe réduit à favoir, fi le *prieuré* de Septeuil eft affecté à la menfe conventuelle de l'abbaye de Saint-Germain-des-Prés, tellement que le *prieur* de cette abbaye ait feul droit de le conférer; que le pape ne puiffe ufer, à fon égard, de fon droit de prévention, & que les feuls religieux-profès foient capables de le pofféder.

Or, ces trois points font prouvés par le texte précis du concordat de 1543, paffé entre le cardinal de Tournon, abbé de Saint-Germain, les *prieur* & religieux de l'abbaye, & le chapitre général de la congrégation de Chézal-Benoît. *Quæ omnia & fingula officia & beneficia ad prædictum conventum & menfam conventualem fpectabunt & pertinebunt cum omnibus reditibus, fructibus & emolumentis ab ipfis dependentibus, & omnes fructus eorum menfæ conventuali affecti erunt & uniti, ex nunc prout extunc uniuntur & incorporantur.* Commenter ces termes, feroit en diminuer l'énergie. Le droit de collation du *prieur* à l'exclufion de tous autres, n'eft pas moins certain. *Omnimoda difpofitio & collatio eorum beneficiorum, vacatione occurrente, ad prædictum vicarium pleno jure pertinebit.* Le pape renonce formellement à pouvoir jamais conférer, *ita ut neque per romanum pontificem, neque per abbatem, neque per alium quácumque autoritate præfulgeat, præterquàm per præfatum vicarium collatio fieri poffit, & collationes per alium factæ nullæ erunt & irritæ.* Le prieur de Saint-Germain ne peut conférer les bénéfices qu'aux religieux de cette abbaye, *ita tamen quòd præfatus vicarius aliis perfonis quàm regularibus & religiofis prædicti monafterii fancti Germani in obfervantiá regulari viventibus providere non poterit.*

Ce concordat a été fuivi de trois autres, des années 1550, 1556, 1588, qui le confirment. Les papes l'ont ratifié par plufieurs bulles; trois de nos rois l'ont revêtu de leurs lettres-patentes, qui ont été enregiftrées fans modification, & l'exécution en a été expreffément ordonnée par un arrêt de 1643, rendu en faveur de dom Ferry, nommé par le *prieur* de l'abbaye de Saint-Germain au *prieuré* de Bailly, contre l'abbé Grangier, impétrant en cour de Rome de provifions *per obitum* du même bénéfice, antérieures d'un mois à la nomination de fon adverfaire.

L'abbé Mallaffis objectoit, 1°. que le concordat de 1643 contenoit fi peu une affectation générale & exclufive, que le cardinal de Tournon s'obligeoit, par cet acte, d'indemnifer les religieux, au cas qu'ils vinffent à perdre leurs bénéfices par l'effet d'une réfignation des titulaires.

Réponse. Avant l'introduction de la réforme de Chézal-Benoît dans l'abbaye de Saint-Germain-des-Prés, les religieux jouiffoient perfonnellement de leurs bénéfices. L'affectation portée par le concordat de 1543 ne pouvoit par elle-même leur ôter le droit de les réfigner; ce concordat ne faifoit point loi; il ne pouvoit le devenir que par l'agrément & le concours des deux puiffances; les titulaires confervoient leur libre difpofition, jufqu'à ce qu'on eût obtenu des lettres-patentes, & qu'elles fuffent enregiftrées : il falloit donc prendre des précautions contre les réfignations qui auroient pu fe faire dans cet intervalle.

La feconde objection de l'abbé Mallaffis étoit de dire, que les titres des bénéfices exiftoient; que le concordat de 1543 n'avoit pu priver les indultaires, les brévetaires, les régaliftes & les gradués, de leurs expectatives; que l'ordinaire lui-même confervoit tous fes droits.

Réponfe. L'ordinaire n'a rien perdu, puifque les bénéfices étoient à la collation de l'abbé. On n'appelle jamais les indultaires, les brévetaires, ni les gradués, lorfqu'il s'agit d'une union. Les régaliftes ceffent d'avoir des droits, lorfque le roi renonce aux fiens par des lettres-patentes, & que le parlement fes enregiftre.

La troifième objection de l'abbé Mallaffis étoit tirée du défaut d'enregiftrement des bulles du pape, qui ont adopté le concordat de 1543.

Réponfe. Ces bulles ont été fuivies de lettres-patentes, qui ordonnent l'exécution du concordat qu'elles avoient reçu; ce font elles qui lui donnent force de loi. Il eft bien vrai que des bulles ne peuvent s'exécuter en France fans le confentement du roi; mais quand les lettres-patentes & les bulles ordonnent la même chofe, l'enregiftrement des premières fuffit. Le concours des deux puiffances étoit néceffaire; auffi le pape a-t-il donné des bulles qui engagent fes fucceffeurs, & le roi des lettres-patentes qui ont formé une loi parfaite d'après l'enregiftrement.

La quatrième objection de l'abbé Mallaffis étoit la plus foible de toutes. Le préambule des lettres-patentes, difoit-il, annonce que leur objet eft feulement d'autorifer la réforme de Chézal-Benoît, introduite dans l'abbaye de Saint-Germain-des-Prés; mais il n'y eft pas dit un mot de l'union des bénéfices.

Réponfe. La réforme de Chézal-Benoît ordonne expreffément l'affectation de tous les bénéfices à la menfe conventuelle. *Ordinamus quòd omnes reditus, tam conventûs quàm officiorum, nec non prioratuum ad noftram communitatem perveniant, & beneficia ex tunc unita cenfeantur communitati noftri monafterii.* Art. 53 des ftatuts de Chézal-Benoît. Cette réforme eft établie par le concours des deux puiffances de la manière la plus folemnelle; ainfi, quand on admettroit que les lettres-patentes n'euffent eu pour objet que l'introduction de la réforme de Chézal-Benoît dans l'abbaye de Saint-Germain, elles n'en auroient pas moins approuvé l'union des bénéfices à la menfe conventuelle, puifqu'elle étoit ordonnée par la règle même qu'on recevoit.

Ces moyens ont été développés par M. l'avocat-général Séguier; &, par arrêt du vendredi 20 mars 1778, conforme à fes conclufions, l'abbé Mallaffis a été déclaré non-recevable dans fes demandes, appels comme d'abus & oppofitions, & dom Bourdon maintenu dans le *prieuré* de Septeuil.

L'arrêt du grand-confeil du 30 mars 1694, déjà cité plus haut, a encore jugé que l'office de *prieur* clauftral de l'abbaye d'Anchin étoit incompatible avec le *prieuré* de Saint-Georges, dépendant du même monaftère. Dom d'Oye étoit pourvu à la fois de l'un & de l'autre; les religieux d'Anchin le firent affigner au grand-confeil, pour voir dire qu'il feroit tenu d'opter entre ces deux titres. Ils appuyèrent leur demande fur le décret du concile de Vienne, qui affujettit les *prieurs* forains à la réfidence la plus exacte, & leur ôte même la liberté de demeurer dans le principal monaftère, fi ce n'eft pour un temps & pour de juftes caufes. Dom d'Oye ne fe défendit qu'en prétendant que Saint-Georges étoit un *prieuré de menfà*; les religieux foutinrent, au contraire, qu'il étoit détaché de la menfe conventuelle, & l'arrêt dont il s'agit leur donna gain de caufe : faute par dom d'Oye d'avoir fait l'option du grand-*prieuré* d'Anchin, ou du *prieuré* de Saint-Georges, il déclara le grand-*prieuré* vacant. *Voye{* ABBAYE, BÉNÉFICE, CARDINAL, COMMENDE. (M. MERLIN, avocat au parlement de Flandres.)

PRIMAT, f. m. (*Droit eccléfiaf.*) ce nom, qui emporte un titre de dignité, ne s'eft introduit dans l'églife, ainfi que ceux d'archevêques, de patriarches & de papes, que quelques fiècles après l'établiffement du chriftianifme. Les évêques des plus grands fièges s'étoient contentés jufqu'alors de la feule dénomination d'évêques, qui leur étoit commune avec ceux des fièges moins confidérables : on ne vit qu'avec une forte de peine les prélats des premières villes, affecter ou recevoir ces titres plus relevés : mais l'ufage prévalut, & on appella *archevêque* ou *métropolitain,* l'évêque de la principale ville de chaque diftrict. On donna le nom de *primat* ou d'*archevêque* à ceux dont les fièges fe trouvoient placés dans des villes qui tenoient le rang de capitales par rapport à plufieurs diftricts.

Les évêques des villes qui étoient elles-mêmes regardées comme capitales à l'égard de plufieurs grandes provinces ou royaumes, furent appellés patriarches. Leur autorité & leur jurifdiction s'étendoient fur les *primats* eux-mêmes, & abforba dans la fuite l'autorité de ces derniers. Ce fut particuliérement dans l'églife grecque ou d'Orient que ces différentes dénominations furent d'abord admifes. L'églife latine n'eut pendant long-temps d'autres manières de défigner les évêques des principaux fièges, que la qualité d'archevêques; fi les noms de *patriarche* ou de *primat* y furent enfuite reçus, ce fut dans un fens bien moins étendu, & avec des prérogatives bien inférieures à celles dont jouissoient les prélats, revêtus des mêmes titres dans l'église orientale. Deux choses sur-tout contribuèrent à rendre plus difficile l'introduction de ces titres, & des pouvoirs & droits qui s'y trouvoient attachés. La grande autorité dont l'évêque de Rome a toujours joui dans l'église latine, s'opposoit à l'accroissement de l'autorité des siéges inférieurs; & lorsque les évêques de Rome voulurent dans la suite employer cette même autorité pour étendre celle de quelques-uns des principaux métropolitains, la résistance qu'ils éprouvèrent de la part des métropolitains voisins, & même de quelques-uns de leurs suffragans, rendit presque toujours ces tentatives inutiles.

Quoique l'on rencontre quelquefois le titre de *primat* accordé à des évêques ou archevêques de l'église latine, ce titre n'annonce point en leur faveur les mêmes avantages qu'il indiquoit relativement aux évêques orientaux. Ce n'étoit guère pendant les onze premiers siècles (sur-tout dans les Gaules) qu'un simple titre d'honneur accordé quelquefois à l'ancienneté de l'ordination; d'autres fois au mérite personnel, mais sans aucune prééminence ni supériorité de droit.

Malgré tout le crédit que le pape saint Léon s'étoit si justement acquis par ses vertus & sa doctrine, il ne put réussir à faire agréer à l'église des Gaules, le dessein qu'il avoit d'y établir différens *primats*, auxquels des métropolitains fussent subordonnés. L'attachement de l'église gallicane à ses anciens usages, écarta cette nouveauté.

Presque tous les auteurs conviennent que jusqu'après le milieu du onzième siècle, on ne reconnut dans les Gaules l'autorité d'aucun *primat*, & que tous les métropolitains étoient immédiatement soumis au saint siège. Si quelques-uns avoient eu quelque prééminence sur les autres, ce n'avoit été qu'en vertu des vicariats dont les papes avoient voulu les honorer, & qui étoient uniquement attachés à leurs personnes. Depuis long-temps, ces vicariats ont cessé d'être en usage & ne seroient plus aujourd'hui reçus.

Le plus ancien *primat*, en vertu d'un titre perpétuel, que l'on reconnoisse en France, est l'archevêque de Lyon. Cette dignité lui fut conférée en 1079 par Grégoire VII, qui occupoit alors le saint siège, & qui, par une bulle, accorda à l'église de Lyon le droit de primatie sur les quatre provinces Lyonnoises, qui sont celles de Lyon, de Sens, de Rouen & de Tours. L'antiquité de l'église de Lyon, que l'on peut regarder comme la première des églises de France qui ait eu un siège épiscopal, sembloit mériter cette distinction. Il paroît même que Grégoire VII crut moins accorder un droit nouveau à cette église, que la remettre en possession d'anciens droits que le défaut d'usage avoit, en quelque sorte, fait oublier.

Ces motifs n'en eurent pas plus de force sur deux des métropolitains que le pape assujettissoit à la primatie de Lyon. L'archevêque de Tours fut le seul qui la reconnut volontairement & s'y soumit de gré. Robert, archevêque de Sens, y opposa la plus vive résistance, & fut privé, par le pape, de l'usage du *pallium* dans sa province, en punition de cette désobéissance prétendue. Quel crime pouvoit-on faire à ce prélat de vouloir conserver la liberté de son église, & les prérogatives de son siège? D'Aimbert, qui le remplit après lui, ne montra pas la même vigueur, & se soumit à la primatie de Lyon. Ses successeurs regardèrent cette conduite comme une foiblesse de sa part, qui n'avoit pu préjudicier à leurs droits, & ne s'en opposèrent pas moins fortement à l'autorité que les archevêques de Lyon vouloient prendre dans leur province. Ils eurent l'avantage d'être, en cela, soutenus par nos rois, qui ne voyoient qu'avec peine qu'on entreprît d'assujettir l'archevêque de la province dans laquelle ils résidoient d'ordinaire, à une puissance étrangère. L'archevêque de Lyon jouissoit en effet alors de la souveraineté sur cette ville.

Les disputes renouvellées souvent entre ce petit souverain & ses sujets, engagèrent ces derniers à recourir à la protection de nos rois, & à desirer de se soumettre à leur autorité. Un des articles du traité fut que les droits de primatie seroient conservés sur la province de Sens. Le dédommagement n'étoit pas fort avantageux pour les archevêques, Depuis cette époque, ceux de Sens furent obligés de reconnoître la primatie.

Lorsqu'en 1622 l'évêché de Paris fut distrait de la métropole de Sens & érigé en archevêché, ce ne fut qu'à condition que la nouvelle métropole relèveroit immédiatement de la primatie de Lyon à laquelle elle demeureroit soumise: c'est ce qui est stipulé dans les bulles & lettres patentes données à ce sujet. *Ita tamen*, porte la bulle, *quod ecclesia ipsa Parisiensis, ecclesiæ primatiali Lugdunensi, & illius archiepiscopo, adinstar dictæ ecclesiæ Senonensis, subjacere debeat.* Il n'est donc pas étonnant que, malgré tous les efforts de feu M. de Beaumont, archevêque de Paris, le droit & l'exercice de la primatie de l'église de Lyon sur celle de Paris aient été confirmés par un autre arrêt du parlement de Paris, prononcé à l'occasion du jugement rendu par M. de Montazet, archevêque de Lyon, en faveur des hospitalières du fauxbourg Saint-Marceau. Le même parlement a jugé dans les mêmes principes, par un autre arrêt du 30 avril 1779, par lequel les demoiselles Rallet & le Febvre, novices ursulines de la rue Sainte-Avoie à Paris, à l'examen desquelles M. l'archevêque de Paris avoit refusé de procéder conformément à la déclaration du 10 février 1742, ont été renvoyées pardevant M. l'archevêque de Lyon, pour être examinées, quoique M. de Beaumont eût subsidiairement conclu à ce qu'il lui fût donné acte, de ce que dans le cas où la cour jugeroit l'examen des novices légitime, lors même que le temps de leur noviciat eſt paſſé depuis onze ans comme dans l'eſpèce, il offroit de le faire ſubir aux deux novices dont il s'agiſſoit.

La province de Tours a fait des tentatives au commencement de ce ſiècle, pour ſe ſouſtraire à la primatie de Lyon; mais elle n'a pas réuſſi.

Quant à la métropole de Rouen, elle n'a-voit jamais ſupporté que fort impatiemment les prétentions de celle de Lyon. Depuis l'érec-tion de la dernière en primatie, pluſieurs conteſ-tations s'étoient élevées entre les prélats des deux ſièges: elles ſe renouvellèrent avec plus de cha-leur vers la fin du ſiècle dernier. M. de Saint-Georges rempliſſoit alors le ſiège de Lyon: celui de Rouen étoit occupé par M. Colbert. L'affaire fut portée au conſeil d'état; elle fut inſtruite avec tout le ſoin poſſible; les plus célèbres juriſcon-ſultes écrivirent ou furent conſultés: on publia de part & d'autre les mémoires les plus appro-fondis. Enfin, par arrêt du 2 mai 1702, le roi, ſans s'arrêter aux requêtes & demandes de l'archevê-que de Lyon, tendantes à être maintenu dans le droit de primatie ſur la province de Rouen, comme ſur celle de Lyon, Tours, Sens & Paris, ayant égard à celles de l'archevêque de Rouen, & à l'intervention des évêques de la province de Normandie, maintient l'archevêque de Rouen & ſes ſucceſſeurs dans le droit & poſſeſſion où étoit, de temps immémorial, l'égliſe de Rouen de ne reconnoître d'autre ſupérieur immédiat que le ſaint ſiège: fait défenſes à l'archevêque de Lyon, ſes grands-vicaires, officiaux, & à tous autres de l'y troubler à l'avenir; & en conſéquence, déclare qu'il y avoit abus dans les proviſions & viſa donnés par l'archevêque de Lyon & ſes grands-vicaires, de bénéfices ſitués dans le diocèſe de Rouen, ſur le refus de l'archevêque de Rouen ou de ſes grands-vicaires; déclare abuſives les appellations de l'of-ficial de Rouen, relevés à l'officialité primatiale de Lyon, permiſſion de citer, citations, pro-cédures & jugemens rendus en conſéquence: or-donne que les appellations des ordonnances & jugemens de l'archevêque de Rouen, ſes grands-vicaires ou officiaux, ſeront relevés immédia-tement à Rome: fait défenſes à toutes perſon-nes de les relever à l'officialité primatiale de Lyon, à peine de nullité: en ce qui concerne les appel-lations comme d'abus interjettées, tant par l'ar-chevêque de Rouen, des deux bulles de Gre-goire VII de l'année 1079, que par l'archevê-que de Lyon, de la ſentence rendue par le car-dinal de Sainte-Croix, le 12 novembre 1455, & des bulles de Caliſte III des 23 mai 1453 & 12 juillet 1458, le roi les déclare reſpectivement non-recevables dans leſdites appellations comme d'abus, ſans amende: ordonne que l'arrêt ſera lu, publié, enregiſtré par tout où beſoin ſera, & que toutes lettres-patentes néceſſaires ſeront ſur ce expédiées.

En conſéquence de cet arrêt, le roi a donné ſes lettres-patentes le 4 août 1702, adreſſées aux par-lemens de Paris & de Rouen & à tous autres officiers juſticiers qu'il appartiendra, &c.

Les lettres-patentes ont été enregiſtrées au par-lement de Paris le 13 décembre 1702, & au par-lement de Rouen le 20 du même mois.

L'auteur du recueil de juriſprudence canonique, après avoir rapporté le diſpoſitif de l'arrêt de 1702, obſerve que dans cette célèbre conteſtation, il a été jugé qu'un évêque peut être *primat* ſans avoir ſous lui de métropolitain. On ne voit cepen-dant pas que l'arrêt donne cette qualité à l'arche-vêque de Rouen. Il eſt vrai qu'il ſe qualifie de *primat* de Normandie; & quoique ce nom ne convienne qu'à un prélat qui a juriſdiction ſur d'au-tres métropoles, il n'en jouit pas moins réelle-ment de quelques-uns des droits primatiaux, dans toute l'étendue de ſa province eccléſiaſtique.

L'archevêque de Bourges jouit auſſi du droit de primatie. Ce droit attaché depuis long-temps à ſon ſiège lui fut confirmé par les papes Eu-gène III & Grégoire IX. Sa primatie paroît s'être autrefois étendue ſur la province de Bordeaux: d'anciens monumens atteſtent que les archevêques de Bourges y ont fait des viſites, & que les arche-vêques de Bordeaux ont reconnu cette primatie: mais depuis long-temps ces derniers ont ſecoué le joug: ils prennent même la qualité de *primat* d'A-quitaine. Ce privilège leur fut accordé en 1306, par le pape Clément V, françois de nation, & qui, avant ſa promotion au ſouverain pontificat, avoit rempli le ſiège de Bordeaux. Il exempta en même temps cette province de la juriſdiction de l'archevêque de Bourges; ce qui confirme que la primatie de ce dernier s'étendoit anciennement, comme nous venons de le dire, ſur la province ec-cléſiaſtique de Bordeaux, & ce qui prouve le droit, ou pour mieux dire, le pouvoir que s'étoient ar-rogé les ſouverains pontifes, de ſoumettre ou de ſouſtraire les métropoles à la juriſdiction les unes des autres.

L'attention qu'ont eu les archevêques de Bor-deaux de ſe maintenir dans l'exemption que leur avoit accordée le ſaint ſiège, a donné plus de force à cette exemption, qu'elle n'en tenoit du reſcrit pontifical.

La primatie de l'archevêque de Bourges, qui par-là ſe trouvoit réduite à un titre ſans fonctions, a repris la dignité & l'éclat qui paroiſſent devoir l'accompagner, lors de l'érection faite en 1675, de l'évêché d'Albi en archevêché. Les archevê-ques de Bourges, dont les évêques d'Albi étoient ſuffragans, ne conſentirent à cette érection que ſous la réſerve & la condition, que le nouvel archevêché, ainſi que les évêchés de Rhodez, de Caſtries, de Cahors, de Vabres & de Mendes, que l'on détachoit auſſi de la province de Bour-ges, pour en former la nouvelle province d'Albi, reſteroient ſoumis à la juriſdiction primitiale de l'archevêché de Bourges.

La qualité de *primat* eſt encore priſe par pluſieurs archevêques du royaume de France ; mais elle n'eſt qu'un ſimple titre pour eux. Ainſi l'archevêque de Bordeaux, comme on vient de le dire, s'intitule *primat* d'Aquitaine ; l'archevêque de Sens, quoique ſoumis à la primatie de Lyon, ſe qualifie de *primat* de Germanie ; l'archevêque de Vienne ſe donne le titre de *primat des primats* ; cependant il n'a de juriſdiction ſur aucun *primat*, ni même ſur aucun métropolitain : l'archevêque d'Arles lui conteſte la qualité de *primat* de la Gaule narbonnoiſe, qui eſt en même temps révendiquée par l'archevêque de Narbonne.

Ces différentes prétentions ont pu tirer leur origine des vicariats que les papes s'étoient mis dans l'uſage de donner à différens évêques dans les cinquième & ſixième ſiècles. Le pape Zozime revêtit Patrocle, évêque d'Arles, du titre de ſon vicaire dans les Gaules. Hormiſdas, ou ſelon d'autres, Symmaque accorda la même faveur à ſaint Remi, évêque de Reims. *Vices noſtras per omne regnum dilecti & ſpiritualis filii noſtri Ludovici, ſalvis privilegiis quæ metropolitanis decrevit antiquitas, tibi committimus.* En vertu de ce reſcrit, les archevêques de Reims ont réclamé les droits de *primat*, juſqu'à Grégoire VII, qui, ſollicité par les métropolitains françois, s'oppoſa à ce que jamais celui de Reims exerçât ſur eux aucune autorité. Depuis cette époque, l'archevêque de Reims s'eſt borné à ſe dire *primat* de la Gaule belgique, ſans faire aucun acte de juriſdiction primatiale.

Les droits & pouvoirs des *primats* ne répondent point parmi nous, à la magnificence du titre. Les prélats qui en jouiſſent, même avec fonctions, ne peuvent, ni faire des viſites dans les métropoles des archevêques qui relèvent d'eux, ni indiquer les aſſemblées des conciles provinciaux, ni faire porter devant eux la croix, ni ſe ſervir du *pallium*, ni officier pontificalement dans les mêmes métropoles. Fevret, *liv. 3* de ſon traité de l'abus, *chap. 3*, rapporte fort au long les permiſſions & conſentemens que M. de Marquemont, archevêque de Lyon, demanda & obtint pour célébrer pontificalement dans l'égliſe paroiſſiale de ſaint Euſtache, à Paris.

Toute l'autorité & juriſdiction des *primats* ſe réduiſent, d'une part, à juger par eux-mêmes des appels interjettés devant eux des ordonnances des métropolitains qui leur ſont ſoumis, en matière volontaire, & à pourvoir ſur les refus de *viſa* ou collations, lorſqu'ils ſont collateurs forcés, même à les ſuppléer en cas de déni de juſtice ; & d'un autre côté, à faire prononcer dans leurs officialités primatiales, ſur les appels des ſentences des officiaux métropolitains. Ils ont encore le droit de conférer par dévolution, les bénéfices auxquels les métropolitains auroient négligé de pourvoir dans le temps qui leur eſt preſcrit par les loix canoniques. *Voyez* ARCHEVÊQUE, DÉVOLUTION, DIOCÈSE, ÉVÊQUE, PATRIARCHE,

VISA. (*M. l'abbé* REMY, *avocat au parlement.*)

PRIMATIE. Ce mot, dérivé du précédent, déſigne la dignité & la qualité en vertu deſquelles les prélats de certains ſièges métropolitains ont une prééminence de juriſdiction ſur d'autres métropolitains. *Voyez* PRIMAT.

PRIME D'ASSURANCE, (*Code maritime.*) eſt la ſomme qu'un négociant, qui fait aſſurer ſa marchandiſe, paie à l'aſſureur pour le prix de l'aſſurance. *Voyez* ASSURANCE.

PRIM-FIEF. *Voyez* PRIN-FIEF.

PRIMICIER, ſ. m. (*Droit eccl.*) ce nom ſe donnoit autrefois à tous ceux qui étoient à la tête de quelque corps ; c'eſt dans ce ſens que le prêtre Lucien, qui compoſa, en 1415, l'hiſtoire de l'invention des reliques de ſaint Étienne, appelle ce ſaint martyr, le *primicier* des diacres de l'égliſe de Jéruſalem, quoiqu'il en fût proprement l'archidiacre. Ce nom tire ſon origine de l'uſage où l'on étoit d'écrire ſur des tablettes cirées ; celui qui y étoit inſcrit le premier étoit appelé *primicerius, primus in cera.* C'eſt ce que nous apprend Ducange dans ſon gloſſaire. *Primicerius non eſt is qui primum cereum ante epiſcopum portat, ſed qui primus eſt in ceram ſeu tabulam relatus in quacumque ſchola, ſive militum, ſive judicum, ſive cantorum.* De-là viennent encore les noms de *ſecundocerius, tertiocerius,* pour déſigner ceux qui tenoient le ſecond & le troiſième rangs.

Le clergé des grandes égliſes étoit partagé en différentes claſſes, qui toutes avoient un chef. Celle des prêtres étoit dirigée par l'archiprêtre ; celle des diacres avoit à ſa tête l'archidiacre ; les ſous-diacres & les clercs inférieurs étoient conduits par le *primicier.*

On ne peut douter que, dès le ſeptième ſiècle, le *primicier* ne tînt dans l'égliſe un des premiers rangs. On le voit ſouſcrire aux actes du concile de Tolède, tenu en 688, immédiatement avant l'archidiacre ; ſon office étoit regardé comme un des principaux emplois de l'égliſe. Pendant la vacance du ſiège épiſcopal, ou dans l'abſence de l'évêque, il en faiſoit toutes les affaires conjointement avec l'archidiacre & l'archiprêtre. La quinzième lettre du pape S. Martin, écrite vers le milieu du ſixième ſiècle, porte : *in abſentia pontificis, archidiaconus, archipresbiter & primicerius, locum præſentant pontificis.*

On trouve dans une lettre de ſaint Iſidore de Séville, inſérée dans les décrétales de Grégoire IX, le détail des fonctions du *primicier. Ad primicerium pertinent acolythi, exorciſtæ, pſalmiſtæ, atque lectores : ſignum quoque dandi pro officio clericorum, & pro vita honeſtate : & officium meditandi, & peragendi ſollicitudo : lectiones, benedictiones, pſalmum, laudes, offertorium, & reſponſoria, quis clericorum dicere debeat : ordo quoque & modus pſallendi pro ſolemnitate & tempore, ordinatio pro luminariis de portandis. Si quid etiam neceſſarium pro reparatione baſilicarum quæ ſunt funt in urbe, ipse denuntiet sacerdoti; epistolas epis-copi pro diebus jejuniorum parochianis per ostiarios ipse dirigit; basilicarios ipse constituit & matricularios disponit.* Le soin du luminaire, dont le *primicier* étoit alors chargé, a été depuis laissé au chevecier.

Nous voyons peu d'églises cathédrales, du moins en France, où le titre de *primicier* se soit conservé, si ce n'est celle de Metz, où on l'appelle *primicier*; il tient, après l'évêque, le premier rang dans le clergé du diocèse, & préside ses assemblées.

Dans les autres églises, les fonctions de *primicier* ont été partagées entre le chantre, l'écolâtre & le trésorier.

Le titre de *primicier* s'est encore conservé dans l'église de Saint-Marc de Venise; il s'y donne au chef du chapitre, qui exerce une jurisdiction quasi-épiscopale, porte la crosse & la mitre, bénit le peuple, donne les ordres mineurs & la tonsure. Il y a aussi, dans l'église de Capoue, un *primicier* qui jouit d'une partie des droits primitifs de son office, ayant inspection sur les acolythes & autres clercs inférieurs: mais ce n'est ni une dignité, ni un bénéfice, puisqu'il est amovible à la volonté du chapitre.

On voit encore le nom de *primicier* donné dans quelques universités au chef du corps des facultés, avec des prérogatives, & même quelque droit de jurisdiction. (*M. l'abbé* BERTOLIO, *avocat au parlement.*)

PRIMITIF, adj. se dit, *en droit*, de ce qui se rapporte au premier état d'une chose, comme l'église *primitive* ou ancienne, l'état *primitif* d'un monastère.

Le curé *primitif* d'une église est celui qui, dans l'origine, en faisoit véritablement les fonctions; mais qui depuis les fait exercer par un vicaire perpétuel & inamovible, en conservant néanmoins le titre & les honneurs de curé. *Voyez* CURÉ, VICAIRE PERPÉTUEL.

On appelle titre *primitif*, le premier titre constitutif de quelque établissement ou de quelque droit.

PRIMOGÉNITURE, s. f. est la même chose que droit d'aînesse. *Voyez* AÎNESSE.

PRIMORDIAL, adj. se dit de ce qui remonte à l'origine d'une chose; ainsi le titre *primordial* est le premier titre constitutif de quelque établissement. *Voyez* TITRE. (*A*)

PRIN, (*Droit féodal.*) ce mot se trouve dans une chartre de l'an 1318, & dans le registre coté *Bel* de la chambre des comptes de Paris, fol. 114, recto.

Dom Carpentier, qui donne l'extrait de ces deux titres, ne dit point ce que c'est que le droit de *prin*. On le percevoit à Chinon, & c'étoit probablement le droit de choisir ou de prendre une partie du poisson pêché dans la seigneurie.

La chartre de 1318 porte: « *item*, sur le *prin* » & l'estivaige, *piscium apud Caynonem* ». Le re-

gistre de la chambre des comptes dit aussi: « le » *prin* & les *cenages* des poissons à Chinon, vij liv. » tourn. ».

On a nommé *cenage* un droit qui se percevoit pour la permission de pêcher à la *céne* ou *cesne*; & *estivandier*, une espèce de fermier à moitié fruits. *Voyez* Dom Carpentier lui-même, *aux mots* Cenagium & Æstiva. (*G. D. C.*)

PRIN-FIEF, *ou* PRIM-FIEF, (*Droit féodal.*) ce mot se trouve dans la coutume de Bayonne, & dans celle de Labourd.

Le glossaire du droit françois ne donne point une idée juste de sa signification. Il est bien certain que les deux coutumes qu'on vient de nommer mettent le *prin-fief* en opposition avec l'arrière-fief, & que le seigneur de *prin-fief* est la même chose que le seigneur direct. L'art. 13 du titre 6 de la coutume de Labourd dit que « si le seigneur de » *prin-fief*, qui est le seigneur direct, fait mettre en » criées, à défaut de paiement, la chose tenue de » lui, le parent le plus proche du seigneur utile » doit être préféré.

Les articles 10 & 11 du titre 5 de la coutume de Bayonne, disent aussi que l'exhibition ou présentation du contrat de rente doit être faite *au seigneur direct*, dit vulgairement le seigneur de *prin-fief*. *Voyez* encore *les art.* 33, 37 & 38 *du même titre*.

Mais dans ces deux coutumes on doit entendre par seigneur de *l'arrière-fief*, non pas le seigneur suzerain ou médiat, comme dans le droit commun; mais celui qui, tenant originairement le domaine du seigneur direct, l'a donné à titre de surcens ou d'arrentement. Ainsi, le seigneur direct ou de *prin-fief* est le seigneur censier, & le seigneur de l'arrière-fief est le propriétaire de la rente foncière.

L'article 1 du titre 8 de la coutume de Bayonne dit, en conséquence, que le seigneur de *prin-fief* ou arrière-fief peut faire saisir les meubles de son tenancier, pour raison du dernier terme qui lui est dû. L'article 8 ajoute que le *seigneur du fief ou arrière-fief* doit faire notifier la saisie au greffe.

L'art. 10 accorde la faculté de déguerpir à *tout tenancier*, de quelque qualité que ce soit, soit de prin-fief, ou arrière-fief. L'article 7 du titre 13 dit que *le tenancier de prin-fief perd la seigneurie utile*, lorsqu'il est en demeure de payer, après avoir été dûment interpellé durant sept ans par son *seigneur direct*, & que cette seigneurie utile *est consolidée avec la directe*.

Les articles 9, 10 & suivans du titre 17 sont encore plus décisifs; ils permettent aux syndics de la ville de faire vendre les places & maisons ruinées; & si l'on ne peut pas trouver d'acquéreur, parce qu'elles sont trop chargées de rente ou autrement, « peut icelui syndic sommer & re- » quérir *le seigneur de fief ou rière-fief* de bâtir les- » dites places & maisons ruineuses, & sera préféré » *le seigneur de rière-fief à bâtir*.

Sur leur refus, on peut bailler le fonds, sans charge d'aucunes rentes, à ceux qui voudront s'engager à les bâtir ou à les réparer. Dans ce cas, *le seigneur de fief ou rière-fief*, & celui qui auparavant avoit été seigneur utile desdites places, pourront les relever ; mais seulement dans six ans, à compter du jour de l'édifice ou réparation faite, en remboursant les frais faits par le preneur.

« Si le seigneur de *prin-fief*, ou rière-fief, & le » seigneur utile, qui étoit auparavant ladite bail- » lette concurrent à vouloir recouvrer lesdites » places & maisons ruineuses, ainsi bâties ou ré- » parées par celui qui les a prinses ; *le seigneur* » *utile*, qui auparavant étoit, & ses héritiers, des- » cendans en droite ligne, *est préféré au seigneur* » *de prin-fief ou rière-fief*, & *le seigneur de rière-* » *fief au seigneur de prin-fief.*

« Et celui qui a ainsi recouvert lesdites places, » ou maisons ruineuses, n'est tenu payer aucuns » arrérages de rente, mais dès-lors en avant, con- » tinuera seulement le paiement des devoirs deuz » pour raison desdites choses.

» Si n'est que le seigneur de prin-fief & direct, le » retirast en deffaut des autres, qui n'est tenu payer » aucune sous rente en sous acasement. »

Au reste, on appelle aussi quelquefois prin-fief le cens ou devoir dû au seigneur direct. C'est dans ce sens que l'art. 9 du titre 8 de la coutume de Bayonne dit encore, qu'en cas de vente d'un do- maine tenu d'autrui, il est dû pour droits de mu- tation au seigneur direct, tant par le vendeur que par l'acheteur, *autant que monte le prin-fief & re- venu d'une année.* (G. D. C.)

PRINCE, s. m. (*Droit public & politique.*) signifie d'abord une personne revêtue du suprême comman- dement sur un état, ou un pays, & qui est indé- pendant de tout autre supérieur. Dans ce sens, il est synonyme de *souverain, monarque, roi.*

En second lieu, on appelle *prince* celui qui com- mande souverainement à son pays, quoiqu'il ait un supérieur à qui il paie tribut ou rend hom- mage : tels sont les électeurs & autres *princes* im- médiats de l'empire d'Allemagne.

Nous donnons en France la qualité de *princes du sang* à tous ceux qui sont issus de la maison royale par les mâles, & celle de *princes légitimés,* aux enfans naturels des rois, & à leurs descen- dans : mais leur légitimation ne leur donne aucun droit à la couronne ; elle les rend seulement ca- pables des dons & bienfaits qui leur sont accordés, & de posséder des offices & dignités.

Prince, dans les anciens titres, ne signifioit que *seigneur.* Ducange en a donné un grand nombre de preuves. En effet, le mot latin *princeps,* d'où on a formé *prince,* signifie dans son origine *pre- mier, chef* ; c'est proprement un titre de dignité & de charge, & non de domination ou de souverai- neté. *Voyez* le *Dictionn. d'économ. polit. & diplom.*

PRINCIER, *Voyez* PRIMICIER.

PRINCIPAL, adj. pris subst. (*en terme de Prati- que*) se dit de ce qui est le plus important & le plus

considérable entre plusieurs personnes ou entre plusieurs choses.

On distingue le *principal* de ce qui est accessoire. Ce *principal* peut être sans les accessoires ; mais les accessoires ne peuvent être sans le *principal,* par exemple, dans un héritage le fonds est le *principal,* les fruits sont l'accessoire.

Le *principal* d'une cause est le fonds considéré re- lativement à un incident. *Voyez ci-dessus* CAUSE & ÉVOCATION.

Le *principal commis* du greffe est un officier qui tient la plume pour le greffier en chef à sa décharge ; ces sortes d'officiers prennent ordinairement le titre de greffiers ; cependant ils ne sont vraiment que *prin- cipaux commis.*

Un *principal héritier* est celui auquel on assure la plus grande partie de ses biens. *Voyez* HÉRITIER.

Le *principal manoir* est le lieu seigneurial & le château ou maison qui est destiné dans un fief pour l'habitation du seigneur féodal.

En succession de fief, en ligne directe, le *princi- pal manoir* appartient à l'aîné ; c'est au *principal manoir* des fiefs dominans que les vassaux sont obli- gés de faire la foi. *Voyez Paris,* art. 13, 17, 18, 63, 64 & 65, & les autres coutumes indiquées par Fortin sur ces articles.

Le *principal obligé* est celui d'entre plusieurs co- obligés que la dette concerne spécialement, & au- quel on est d'abord en droit de s'adresser pour le paie- ment. On l'appelle *principal obligé* pour le distinguer des cautions ou fidéjusseurs, dont l'obligation n'est qu'accessoire à l'obligation *principale. Voyez* CAU- TION, FIDÉJUSSEUR, OBLIGATION ACCESSOIRE & PRINCIPALE, OBLIGÉ.

Le *principal* d'une rente ou d'une somme, est le fonds qui produit des arrérages ou des intérêts : il y a des cas où l'on est en droit d'exiger des intérêts du *principal,* ou de demander le remboursement. Ils sont expliqués aux mots ARRÉRAGES, CONTRAT DE CONSTITUTION, INTÉRÊT, REMBOURSEMENT, RENTE. (*A*)

PRINCIPAL DE COLLÈGE est celui qui en est le supérieur, qui a la direction générale des études, & l'inspection sur les professeurs dans quelques col- lèges ; on l'appelle *senieur, maître,* ou *grand-maître.*

La place de *principal* n'est point un bénéfice, & ne se peut réshgner. Les prévarications qu'un *princi- pal* commet dans ses fonctions ne sont pas de la compétence du juge d'église.

Les *principaux,* même des petits collèges, aux- quels il n'y a pas plein exercice, ne devoient, sui- vant l'ordonnance de Blois, recevoir en leurs col- lèges aucune autre personne que les étudians & éco- liers, ayant maîtres & pédagogues : il leur étoit défendu d'avoir des gens mariés, solliciteurs de procès & autres semblables, sous peine de 100 liv. parisis d'amende, & de privation de leurs principa- lités. Mais cette loi n'a plus d'objet aujourd'hui, depuis la suppression de tous ces petits collèges, &

la réunion des bourſiers qu'ils renfermoient au collège de Louis-le-grand.

Dans quelque collège que ce ſoit, ils ſont obligés de réſider en perſonne, & de remplir les fonctions auxquelles les ſtatuts les obligent, faire lec-
tures, diſputes & autres charges contenues dans les
ſtatuts. Il leur eſt défendu de ſouffrir qu'aucun bour-
ſier y demeure plus de temps qu'il n'eſt porté par les
ſtatuts, ſous peine de privation de leur principauté,
& de s'en prendre à eux en leur propre & privé nom,
pour la reſtitution des deniers qui en auront été perçus par ceux qui auroient demeuré dans le collège
au-delà du temps porté par les ſtatuts.

Ils ne peuvent donner à ferme leurs principautés,
ni prendre argent des régens pour leur donner des
claſſes ; mais il leur eſt enjoint de pourvoir gratuitement les régens deſdites claſſes, ſelon leur ſavoir &
ſuffiſance, à peine de privation de leur charge &
privilèges.

Il leur eſt défendu, ſous les mêmes peines, de
s'entremettre de ſolliciter aucun procès.

On ne peut élire à une place de *principal* un eccléſiaſtique pourvu d'un bénéfice à charge d'ames, ou
qui requiert réſidence ; & ſi après avoir été élu à
une telle place, il étoit pourvu d'un bénéfice de la
qualité que l'on vient de dire, la place de *principal*
deviendra vacante, ſans qu'il puiſſe la retenir. On
excepte néanmoins les bénéfices qui ſont dans la
même ville où eſt l'univerſité, ou qui en ſont à
telle diſtance, que l'on y peut aller & venir en un
jour. Il faut néanmoins obſerver que la faveur de
cette exception ne s'étend pas aux cures, quoique
ſituées dans la même ville où eſt établie l'univerſité, parce que les cures demandant tous les ſoins
d'un paſteur, paroiſſoient incompatibles avec les
principalités des collèges, qui exigent la même vigilance. Cette juriſprudence établie par pluſieurs
anciens arrêts, a été confirmée par un arrêt de réglement du parlement de Paris, du 6 ſeptembre
1784, qui a été envoyé aux bailliages & ſénéchauſſées du reſſort, ainſi qu'aux bureaux d'adminiſtration des collèges, pour être inſcrit ſur leurs regiſtres, & notifié aux principaux & régens. (*A*)

PRINSE. *Voyez* PRISE.

PRIORITÉ, ſ. f. ſe dit en *droit* de l'antériorité
que quelqu'un a ſur un autre. Cette *priorité* donne
ordinairement la préférence entre créanciers de
même eſpèce ; ainſi la *priorité* de ſaiſie donne la
préférence ſur les autres créanciers à moins qu'il
n'y ait déconfiture. La *priorité* d'hypothèque donne
la préférence au créancier plus ancien ſur celui qui
eſt poſtérieur. Pour ce qui eſt de la *priorité* de privilège, elle ſe règle non pas *ex tempore*, mais *ex cauſâ*.
Voyez HYPOTHÈQUE, PRIVILÈGE, SAISIE. (*A*)

PRIS. *Voyez* PRISE.

PRISAGE, ſ. m. terme uſité dans quelques coutumes pour exprimer l'action de priſer quelque choſe ;
ce terme eſt auſſi ſouvent employé pour ſignifier
la priſée même qui eſt faite par des experts. *Voyez la*
cout. de Bretagne, titre des exécutions & appréciations.

PRISE, **PRIS** *ou* **PRINSE**, (*Droit féodal.*) 1°. On
a ainſi nommé des redevances ou des droits de
différentes eſpèces, que les ſeigneurs prenoient
dans leurs terres. Mais on a particuliérement appliqué ce mot à un droit qu'on exigeoit des bouchers
de la ſeigneurie, ou à celui que les ſeigneurs s'attribuoient, de prendre pour leurs uſages, chez leurs
ſujets, des vivres, des denrées & des uſtenſiles.

On a commis autrefois de ces exactions ſous le
nom de nos rois même. Une ordonnance donnée
par Charles V le 4 décembre 1377, pour abolir ces
priſes dans la ville de Paris, prouve combien ce droit
étoit étendu. Il y eſt dit : « pour cauſe de *prinſe*
» que l'en a fait par long-temps & que chacun jour
» l'en faiſoit, de chevaux, de charrettes, de bleds,
» de vin, de foin, d'avoine, de fourrages, de
» couſtes, de coiſſins, de draps, de couvertures,
» de cuivre, chiefs de bétail, de poulailles, de
» tables, & autres biens & choſes que l'on pre-
» noit pour les garniſons de notre hôtel, & des
» hôtels de la royne, de nos frères, de notre
» connétable & d'autres de notre lignage ».

Cette ordonnance réſerve même le droit de prendre à l'avenir, en payant, des couettes, des traver-
ſins, du foin, de la paille & de l'avoine pour les
chevaux, en en payant la valeur.

On trouve dans le gloſſaire de dom Carpentier
au mot *Prinzia*, divers exemples de l'autre acception du mot de *priſe* qu'on vient d'indiquer. Il ſuffira d'en citer un ici. Le cartulaire de Lagny dit,
au fol. 144 : « & pareillement auſſi à cauſe dudit
» droit ou redevance nommé & appellé la *priſe*,
» étoient & ſont tenus leſdits bouchers, & mê-
» mement leſdits conſorts & chacun d'eux à cauſe
» de leur eſtaux à boucher (*payer*) par chacune
» ſemaine ſept deniers tournois ».

2°. Dans quelques pays, tels que le Poitou
& l'Anjou, on emploie le mot *priſe* pour déſigner
un tènement, c'eſt-à-dire tout ce qui eſt compris
dans un bail à cens, ou ce qu'on a *pris* en une
ſeule fois à ce titre. *Voyez le chapitre 15, ſect. 3,*
§. 5 & 6. du traité des fiefs ſur la coutume de Poitou
par Harcher.

L'article 138 de la coutume d'Auxerre ſe ſert
de ce mot dans un ſens aſſez analogue. Elle l'emploie comme corrélatif du mot *bail*, pour exprimer
le droit du *preneur*, dans le contrat de bail à ferme,
ou à louage.

On peut voir dans Ducange & dom Carpentier
quelques autres acceptions du mot *priſe*, leſquelles
ſont étrangères au droit féodal. (*G. D. C*)

PRISE, (*Code maritime*) ſe dit d'un navire *pris*
ſur les ennemis de l'état. *Voyez* le *dictionnaire de*
Marine.

PRISE, (*conſeil des*) *voyez* ſous le mot CONSEIL.

PRISE A PARTIE, (*Procédure.*) eſt un recours
extraordinaire accordé à une partie contre ſon juge,
dans les cas portés par l'ordonnance, à l'effet de le
rendre reſponſable de ſon mal-jugé, & de tous dépens, dommages & intérêts.

On appelle ainſi ce recours *intimation* contre le juge, parce que pour *prendre le juge à partie* il faut l'intimer ſur l'appel de ſa ſentence.

Chez les Romains un juge ne pouvoit être *pris à partie* que quand il avoit fait un grief irréparable par la voie de l'appel.

Parmi nous, l'uſage des *priſes à partie* paroît venir de la loi ſalique, & de la loi des ripuaires, ſuivant leſquelles les juges nommés *rachimbourgs* qui avoient jugé contre la loi, ſe rendoient par cette faute amendables d'une certaine ſomme envers la partie qui ſe plaignoit de leur jugement.

Du temps de S. Louis, ſuivant ſes établiſſemens, on en uſoit encore de même: on pouvoit ſe pourvoir contre un jugement par voie de plainte ou par fauſſer le jugement. Tous juges, tant royaux que ſubalternes, pouvoient être intimés ſur l'appel de leurs jugemens: on intimoit le juge, on ajournoit la partie. Les juges étoient appelés devant leurs ſupérieurs pour ſoutenir le jugement qu'ils avoient rendu.

Mais cela eſt demeuré abrogé par un uſage contraire, ſur-tout depuis l'ordonnance de Rouſſillon, *article 37*, qui porte que les hauts-juſticiers reſſortiſſans nuement au parlement, ſeront condamnés ſuivant l'ancienne ordonnance en 60 livres pariſis, pour le mal-jugé de leurs juges.

Il eſt ſeulement reſté de cet ancien uſage, que le prévôt de Paris, & autres officiers du châtelet, ſont obligés d'aſſiſter à l'audience de la grand-chambre à l'ouverture du rôle de Paris.

Du reſte, il s'eſt établi que l'appel d'un jugement devoit être dirigé contre la partie à laquelle il eſt favorable; d'où eſt venu la maxime *que le fait du juge eſt celui de la partie*. Par cette raiſon, il n'eſt plus permis d'intimer & *prendre à partie* aucun juge, ſoit royal ou ſubalterne, à moins qu'il ne ſoit dans quelqu'un des cas portés par l'ordonnance de Blois, c'eſt-à-dire, lorſqu'il a jugé par dol, fraude ou concuſſion, ou que les cours trouvent qu'il eſt en fraude manifeſte, pour laquelle il doit être condamné en ſon nom: encore dans ces cas même, il faut être autoriſé par arrêt à *prendre* le juge *à partie*, lequel arrêt ne s'accorde qu'en connoiſſance de cauſe, & ſur les concluſions du procureur général.

L'ordonnance de 1667 enjoint à tous juges de procéder inceſſamment au jugement des cauſes, inſtances & procès qui ſeront inſtruits & en état d'être jugés, à peine de répondre en leur nom des dépens, dommages & intérêts des parties.

Quand des juges dont il y a appel refuſent ou ſont négligens de juger une cauſe, inſtance ou procès qui eſt en état, on peut leur faire deux ſommations par le miniſtère d'un huiſſier; ces ſommations doivent leur être faites à domicile, ou au greffe de leur juriſdiction, en parlant au greffier ou aux commis des greffes.

Après deux ſommations de huitaine en huitaine pour les juges reſſortiſſans nuement à quelque cour

ſupérieure, & de trois jours en trois jours pour les autres ſièges, la partie peut appeler comme de déni de juſtice, & faire intimer en ſon nom le rapporteur s'il y en a un, ſinon celui qui devra préſider, leſquels ſont condamnés aux dépens, en leur nom, au cas qu'ils ſoient déclarés bien intimés.

Le juge qui a été intimé ne peut être juge du différend, à peine de nullité, & de tous dépens, dommages & intérêts des parties, ſi ce n'eſt qu'il ait été follement intimé, ou que les deux parties conſentent qu'il demeure juge; il doit être procédé au jugement par autre des juges & praticiens du ſiège, non ſuſpect, ſuivant l'ordre du tableau, ſi mieux n'aime l'autre partie attendre que l'intimation ſoit jugée.

Il y a lieu à la *priſe à partie* toutes les fois que le juge a agi dans un procès par dol ou fraude, par faveur ou par argent, & qu'il a commis quelque concuſſion.

Il y a encore pluſieurs autres cas où la *priſe à partie* a lieu ſuivant l'ordonnance; ſavoir,

1°. Lorſque le juge a jugé contre la diſpoſition des nouvelles ordonnances.

2°. Quand il refuſe de juger un procès qui eſt en état; mais on ne peut *prendre à partie* les juges ſouverains pour un ſimple déni de juſtice, il n'y a que la voie d'en porter ſa plainte verbale à M. le chancelier. On peut auſſi ſe pourvoir au conſeil du roi, pour y obtenir la permiſſion de les *prendre à partie* après que leur arrêt a été caſſé, au cas qu'il y ait une iniquité évidente.

3°. Quand le juge a fait acte de juriſdiction, quoiqu'il fût notoirement incompétent; comme quand il évoque une inſtance dont la connoiſſance ne lui appartient pas.

4°. Quand il évoque une inſtance pendante au ſiège inférieur, ſous prétexte d'appel ou de connexité, & qu'il ne la juge pas définitivement à l'audience.

5°. Lorſqu'une demande originaire n'étant formée que pour traduire le garant hors de ſa juriſdiction, le juge néanmoins la retient au lieu de la renvoyer pardevant ceux qui en doivent connoitre.

6°. Quand il juge nonobſtant une récuſation formée contre lui, ſans l'avoir fait décider.

7°. S'il ordonne quelque choſe ſans être requis par l'une ou l'autre des parties.

8°. Lorſqu'un juge attente à l'autorité de la cour, en paſſant outre au préjudice des défenſes à lui faites.

Enfin il y a lieu à la *priſe à partie* lorſque le juge laïque empêche le juge eccléſiaſtique d'exercer ſa juriſdiction, mais non pas lorſqu'il ſimplement connoiſſance d'une affaire qui eſt de la compétence du juge d'égliſe: celui-ci en ce cas peut ſeulement revendiquer la cauſe.

L'article xliij de l'édit de 1695, porte que les archevêques, évêques ou leurs grands-vicaires, ne peuvent être *pris à partie* pour les ordonnances qu'ils auront rendues dans les matières qui dépendent de la jurisdiction volontaire ; & à l'égard des ordonnances & jugemens que lesdits prélats ou leurs officiaux auront rendús, & que leurs promoteurs auront requis dans la jurisdiction contentieuse, l'édit décide qu'ils ne pourront pareillement être *pris à partie* ni intimés en leurs propres & privés noms, si ce n'est en cas de calomnie apparente, & lorsqu'il n'y aura aucune partie capable de répondre des dépens, dommages & intérêts, qui ait requis ou qui soutienne leurs ordonnances & jugemens ; & ils ne sont tenus de défendre à l'intimation qu'après que les cours l'ont ainsi ordonné en connoissance de cause. (*A*)

PRISE DE CORPS, (*Code criminel.*) est l'action par laquelle on saisit un homme au corps, en vertu d'un décret ou ordonnance du juge. On appelle aussi *prise de corps*, le décret ou jugement qui l'ordonne.

Pour décréter un accusé de *prise de corps*, il faut non-seulement que le crime dont il est question mérite une peine afflictive ou infamante, mais encore qu'il y ait contre l'accusé une preuve ou du moins une sémi-preuve résultante d'une information préalable.

L'article 8 du titre 10 de l'ordonnance du mois d'août 1670, admet néanmoins diverses exceptions à cette règle : il permet de décréter de *prise de corps*, 1°. pour le crime de duel, sur la simple notoriété ou bruit public ; 2°. contre les vagabonds & gens sans aveu, sur la seule plainte de la partie publique ; 3°. lorsqu'il s'agit de vol ou délit domestique, sur la plainte des maîtres. L'usage a encore admis une quatrième exception, c'est en faveur d'une fille séduite par un garçon sans domicile certain : elle peut alors le faire arrêter, en vertu d'une ordonnance du juge, rendue sur requête, sans aucune information précédente.

Le décret de *prise de corps* peut aussi avoir lieu contre un accusé pris en flagrant délit, ou à la clameur publique ; mais dans ce cas le juge doit ordonner, suivant l'article 9 du titre cité, que cet accusé conduit en prison sera écroué, & que l'écrou lui sera signifié parlant à sa personne.

Le décret de *prise de corps* emporte de droit interdiction contre les officiers ; & comme il a pour objet de s'assurer de la personne d'un criminel, rien ne doit en arrêter l'exécution, pas même une récusation ni un appel comme de juge compétent, ou comme d'abus. Il ne faut d'ailleurs ni permission, ni *pareatis* pour exécuter un tel décret : au surplus, comme il importe que le prisonnier sache à qui s'adresser dans l'endroit même où il est emprisonné, pour faire les significations que sa défense peut exiger, celui à la requête duquel le décret s'exécute, est tenu, par l'article 13 du titre cité, d'élire domicile dans cet endroit : mais cette élection de domicile n'attribue aucune sorte de jurisdiction au juge du domicile élu. Ce juge ne peut même, sous prétexte que la police des prisons lui appartient, décider de la translation du prisonnier, ou ordonner qu'à défaut par la partie civile de le faire transférer dans un certain temps, le prisonnier sera élargi. Ce seroit donner à ce juge la faculté de favoriser un criminel & de le mettre hors des prisons impunément. Il doit donc demeurer pour certain, qu'il n'y a que le juge qui a décerné le décret qui puisse connoître de son exécution, dans quelque lieu qu'elle se fasse.

L'édit de 1695 contient la même disposition par rapport aux décrets émanés des officiaux : ils peuvent s'exécuter, non-seulement hors du ressort de l'officialité, mais encore sans *pareatis* des juges royaux & des seigneurs. Il faut cependant observer qu'il n'y a que les huissiers royaux qui puissent mettre à exécution les décrets des officiaux ; ceux des officialités ou des justices seigneuriales n'ont pas ce pouvoir. *Voyez* DÉCRET (*Jurispr. criminelle.*)

PRISE D'EAU, (*Code rural.*) c'est lorsqu'on détourne d'une rivière ou d'un étang une certaine quantité d'eau, soit pour faire tourner un moulin, ou pour quelque autre artifice, ou pour l'irrigation d'un pré.

Pour faire une *prise d'eau*, il faut être propriétaire de la rivière ou autre lieu dans lequel on prend l'eau, ou avoir une concession de celui auquel l'eau appartient.

On entend quelquefois par *prise d'eau*, la concession qui est faite à cette fin, ou l'eau même qui est *prise*. *Voyez* ABÉNÉVIS, EAU, MOULIN. (*A*)

PRISE D'HABIT, (*Droit canon.*) est lorsqu'une personne qui postule pour entrer dans une maison religieuse, est admise à *prendre l'habit* qui est propre à l'ordre dont dépend cette maison ; c'est ce que l'on appelle aussi *vêture*. *Voyez* VÊTURE. (*A*)

PRISE DE POSSESSION, (*Droit civil.*) est l'acte par lequel on se met en possession de quelque chose.

On prend possession d'un bien de diverses manières.

Quand c'est un meuble ou effet mobilier, on en prend possession manuellement, c'est-à-dire en le prenant dans ses mains.

Pour un immeuble on ne prend possession que par des fictions de droit qui expriment l'intention que l'on a de s'en mettre en possession, comme en ouvrant & fermant les portes, coupant quelques branches d'arbres, *&c.*

On prend possession de son autorité privée, ou en vertu de quelque jugement.

Quand on prend possession en vertu d'un jugement, il est d'usage de faire dresser un procès-verbal de *prise de possession* par un huissier ou par un notaire en présence de témoins, tant pour constater le jour & l'heure à laquelle on a pris possession, que pour conſtater l'état des lieux & les dégradations qui peuvent s'y trouver.

La *priſe de poſſeſſion* d'un immeuble ne peut avoir lieu, qu'après que le titre a été inſinué, s'il eſt ſujet à cette formalité. L'acte par lequel elle ſe fait eſt ſujet au contrôle. Si elle eſt faite en vertu d'un contrat d'acquiſition volontaire, déjà contrôlé, le droit n'eſt que du quart de celui qui a été réglé pour `e co` trat ; mais s'il s'agit d'immeubles échus à titre ſucceſſif, ou adjugés par quelque acte judiciaire, non ſujet au contrôle, le droit ſe perçoit ſur le pied de la valeur des immeubles, ſi elle eſt exprimée ; & dans le cas où elle ne l'eſt pas, ſur le pied réglé par l'article 9 du tarif. Mais les *priſes de poſſeſſion* de biens adjugés au roi, à titre de confiſcation, d'aubaine ou autrement, ou réunis au domaine, ne ſont aſſujetties à aucun droit, parce que le ſouverain ne doit pas payer les droits qu'il impoſe ſur ſes ſujets.

PRISE DE POSSESSION (*en matière bénéficiale.*) *Voyez* POSSESSION.

PRISÉE, ſ. f. (*terme de Pratique*) ſignifie l'eſtimation qui eſt faite d'une choſe.

Il eſt d'uſage dans les inventaires de faire priſer les meubles par les huiſſiers ou ſergens.

Quand il y a des choſes qui paſſent la connoiſſance de l'huiſſier, comme des livres, des pierreries, on fait venir des perſonnes de l'art pour priſer ces ſortes de choſes.

Dans beaucoup de pays, la *priſée* de l'inventaire eſt toujours cenſée faite à la charge de la crue, à moins que le contraire ne ſoit dit dans l'inventaire. *Voyez* CRUE, ESTIMATION.

Lorſqu'il s'agit de priſer des immeubles que l'on veut partager, on fait faire la *priſée* par des experts & gens à ce connoiſſant. *Voyez* PARTAGE. (*A*)

PRISEUR, officier qui met le prix aux choſes, dont la vente ſe fait par ordonnance du juge. *Voyez* HUISSIER.

PRISON, ſ. f. (*Droit public & criminel.*) c'eſt un lieu de ſûreté dans lequel on retient l'accuſé qui a mérité qu'on décernât contre lui un décret de priſe de corps, & le débiteur contre lequel il a été rendu un jugement qui le condamne par corps à payer une ſomme quelconque, & auquel il n'a pas ſatisfait.

La *priſon* n'étant pas inſtituée par la loi comme un ſéjour de peine, elle ne devroit donner à celui qui y eſt retenu d'autre contradiction que celle d'être privé de ſa liberté. *Carcer ad continendos homines, non ad puniendos haberi debet. Leg. aut damnum* ff. *ſolent.* ff. *de pœnis.* Cependant il n'eſt que trop reconnu qu'elle l'expoſe au danger d'y voir ſa ſanté détruite par l'air qu'il y reſpire, & à contracter des maladies contagieuſes, ſi le priſonnier n'eſt pas en état de ſe procurer une retraite particulière : de ſorte que l'objet de la loi eſt véritablement trompé ; car en voulant ſeulement arrêter les pas d'un accuſé & l'empêcher d'échapper à la punition, s'il eſt réellement coupable, elle court le riſque de

donner la mort à un innocent, ou de hâter celle d'un criminel avant qu'il ſoit convaincu de ſon crime.

A cette conſidération puiſſante, dictée par l'humanité & la juſtice, il s'en joignoit d'autres qui auroient dû accélérer la réforme que nous avons tant demandée, & que nous avons enfin obtenue : c'étoient les diſpoſitions préciſes de l'ordonnance de 1670 & celles des arrêts de règlement du 18 juin & du 17 octobre 1717, par leſquels le parlement s'étoit propoſé d'apporter quelques ſoulagemens au ſort des priſonniers, d'étouffer de grands abus, de mettre un frein à la cupidité des geoliers, enfin, de faire régner l'ordre au milieu même des perturbateurs de l'ordre.

Et en effet, l'article 17 du titre 13 de l'ordonnance de 1670, porte, « que les *priſons* ſoient ſûres » & diſpoſées *de manière que la ſanté du priſonnier* » *n'en puiſſe être incommodée* ».

Comment, diſions-nous dans un ouvrage qui a pour objet de répandre quelques lumières ſur la légiſlation criminelle, & dont le premier cahier a paru en 1778 ſous le titre de *Réflexions philoſophiques ſur l'origine de la civiliſation & ſur le moyen de remédier à quelques-uns des abus qu'elle entraîne ;* » comment, après une volonté ſi ſage, ſi impé- » rieuſe, & ſi clairement énoncée il y a plus » d'un ſiècle, *les cachots exiſtent-ils encore ?* Auroit- » on penſé que la ſanté du captif qui y eſt, » pour ainſi dire, englouti, *n'en pouvoit pas* » *être incommodée ?* Il auroit ſuffi pour ſortir de » cette cruelle erreur, d'arrêter les yeux ſur les » hommes qui les ont habités, & qu'on rend à la » lumière.

Si nous voulons ſuivre le véritable eſprit de l'ordonnance, « commençons donc par transférer » nos *priſons* dans un lieu bien aéré ; qu'une » cour vaſte y entretienne la ſalubrité & donne à » ceux qui ne peuvent que la parcourir, le moyen » d'y prendre un exercice ſalutaire ; que les » chambres y ſoient aſſez exhauſſées, pour que » l'humidité n'y pénètre pas ; que des chambres » plus commodes & ſéparées de la foule, ſoient » deſtinées à recevoir des accuſés d'une condi- » tion plus relevée ; ceux-là ont encore plus be- » ſoin de la ſolitude, pour méditer leur défenſe » & repouſſer l'injuſtice. Au lieu de condamner, » comme on le fait, les priſonniers vulgaires à » une oiſiveté funeſte, il ſeroit bien important » de leur faciliter tous les moyens de travailler » utilement pour eux ; ils ne ſortiroient pas des » *priſons* plus pareſſeux, plus vicieux qu'ils n'y » ſont entrés. Ces robuſtes ouvriers, qui perdent » l'uſage de leurs bras, & paſſent le jour à s'eni- » vrer, ſcieroient du marbre, broieroient des » couleurs, & échapperoient, par le mouvement, » aux idées qui les tourmentent. Il eſt de toute » juſtice, ajoutions-nous, que les accuſés & les » débiteurs ne ſoient point renfermés dans les mê- » mes *priſons* ; que l'on en ſépare cette foule tu-

❋ multueufe & bruyante de gens fans aveu, auxquels la police enlève pour quelque temps une liberté funefte.

» Si l'on croit devoir laiffer fubfifter les *prifons* qui font adhérentes à nos tribunaux, toutes affreufes qu'elles foient, qu'on n'y amène que des accufés dont l'affaire eft fur le point de s'inftruire, afin que le prifonnier n'y coure d'autres rifques que celui de fuccomber fous la force des preuves qu'on lui oppofera ; & que, s'il eft innocent, il n'ait pas d'abord été févérement puni avant d'avoir été abfous.

» Il feroit à fouhaiter qu'on bannît le cruel ufage de foumettre les prifonniers à l'avidité d'un geolier, qui fait de fa *prifon* fon domaine, & vend ce que le fouverain doit donner gratuitement à ceux lefquels il exerce la partie douloureufe de fon pouvoir. Ce ne doit jamais être l'argent qui établiffe des différences dans la manière de traiter les prifonniers ; c'eft leur profeffion, leur exiftence fociale, qui, en marquant le degré de leur fenfibilité, indiquent les égards qu'on leur doit ».

Ces réflexions fimples ont fait une forte impreffion fur un homme d'état qui a été précieux à la nation. Il nous a invités à lui fournir fur le même fujet un mémoire plus étendu, & qui n'a point été infructueux, puifque, peu de temps après, il a été fait, au nom du roi, l'acquifition d'un hôtel vafte, dont on a formé une nouvelle *prifon* deftinée à recevoir les prifonniers pour dettes.

Sa majefté, en adoptant un projet fi utile, a fait éclater des fentimens fi noblement & fi fagement exprimés dans fa déclaration du 30 août 1780, enregiftrée au parlement le 5 septembre fuivant, que nous croyons devoir éternifer, autant qu'il dépend de nous, ce monument de fa bonté & de fa juftice, en le tranfcrivant ici.

« Pleins du defir de foulager les malheureux & de prêter une main fecourable à ceux qui ne doivent leur infortune qu'à leurs égaremens, nous étions touchés depuis long-tems de l'état des *prifons* dans la plupart des villes de notre royaume, & nous avons, malgré la guerre, contribué, de nos propres deniers, à diverfes reconftructions qui nous ont été préfentées comme indifpenfables, regrettant feulement que les circonftances nous aient empêchés de deftiner à un objet fi digne de nos foins tous les fonds qui pourroient le porter à fa perfection : mais nous ne le perdrons pas de vue, lorfque la paix nous fournira de nouveaux moyens : cependant, informés plus particuliérement du trifte état des *prifons* de notre *capitale*, nous n'avons pas cru qu'il nous fût permis de différer d'y porter remède. Nous fommes inftruits qu'à l'époque reculée de leur établiffement, l'on y avoit adapté des bâtimens deftinés, lors de leur conftruction, à d'autres ufages ; enforte que nulle commo-

» dité & nulle précaution pour la falubrité n'avoient pu y être ménagées ; que cependant tous ces inconvéniens étoient devenus plus fenfibles, à mefure que les bâtimens avoient vieilli, & que la population de Paris s'étoit accrue ; qu'ainfi des prifonniers de tout âge, de tout fexe, ou pour dettes ou pour crimes, & pour des égaremens paffagers, refferrés dans un trop petit efpace, & fouvent confondus, préfentoient le fpectacle le plus affligeant, & digne, fous tous les rapports, de notre férieufe attention : qu'il réfultoit en effet d'un pareil mélange, ou une injufte augmentation de peines pour ceux qui ne doivent leur captivité qu'à des revers de fortune, ou de nouveaux moyens de dépravation pour ceux que les premières erreurs avoient conduits dans ces lieux de corruption.

» Déterminés par ces motifs, déjà nous avons donné tous nos foins à la conciergerie, nous y avons fait préparer de nouvelles infirmeries, aérées & fpacieufes, où tous les prifonniers malades font feuls dans chaque lit, & nous avons ordonné toutes les difpofitions d'ordre & d'humanité qui nous ont été propofées. Il nous reftoit à trouver un lieu convenable pour fuppléer aux autres *prifons* ; mais l'efpace néceffaire à un pareil établiffement, l'obligation de le former à portée des auditoires & des jurifdictions, & d'autres circonftances encore, préfentoient des obftacles à l'exécution de nos projets.

» Enfin, après beaucoup d'examen & diverfes recherches, nous avons fait choix de l'hôtel de la Force : fa pofition, fon étendue, fes diftributions, & la modicité des fonds demandés pour le mettre en état de remplir nos vues, tout nous a déterminé à en faire l'acquifition. Nous y ferons préparer des habitations & des infirmeries particulières, ainfi que des préaux féparés pour les hommes, pour les femmes, pour les différens genres de prifonniers ; & la totalité du terrein étant dix fois plus confidérable que celui du Fort-l'évêque & du petit châtelet réunis, on a pu ménager à ces diverfes diftributions un efpace fuffifant.

» Cependant, avant d'adopter le plan que nous annexons à la préfente déclaration, nous avons recherché, fur tous les moyens de fûreté & de falubrité, les fuffrages les plus éclairés.

» On nous a fait efpérer que tous les travaux néceffaires feroient achevés dans peu de temps, & nous aurons foin qu'on s'occupe à l'avance de la rédaction d'un réglement fur la police intérieure de cette *prifon*, afin de prévenir avec foin l'oifiveté, la débauche, l'abus des pouvoirs fubalternes.

» Cet établiffement une fois formé, notre intention eft de faire abattre le petit châtelet, afin de rendre plus facile les abords d'un quartier de la ville extrèmement frequenté, & de procurer à l'hôpital de l'hôtel-dieu un plus grand volume

» d'air , avantage désiré depuis long-temps. En
» même temps nous ferons vendre le Fort-l'évê-
» que , & le capital qui en proviendra , joint à
» l'épargne que nous ferons fur les frais de tranf-
» port des prisonniers , balanceront à-peu-près la
» nouvelle dépense que nous serions obligés de
» faire ; enforte que nous aurons la satisfaction
» de concilier l'exécution d'un projet infiniment fa-
» lutaire , avec nos vues générales d'économie.

» Enfin , au moyen des diverses dispositions que
» nous venons de déterminer , le grand châtelet
» ne sera plus destiné qu'aux prisonniers poursuivis
» en matière criminelle ; & leur nombre n'étant
» pas disproportionné avec l'espace qui devra le
» renfermer , nous comptons pouvoir , avec quel-
» ques réparations & de nouvelles distributions ,
» faire arranger l'intérieur de cette *prison* d'une
» manière convenable , & sur-tout détruire alors
» tous les cachots pratiqués sous terre , ne voulant
» plus risquer que des hommes , accusés ou soup-
» çonnés injustement, & reconnus ensuite innocens
» par les tribunaux , aient essuyé d'avance une pu-
» nition rigoureuse par leur seule détention dans
» des lieux ténébreux & mal-sains ; & notre pitié
» jouira même d'avoir pu adoucir pour les crimi-
» nels ces souffrances inconnues & ces peines obf-
» cures , qui , du moment qu'elles ne contribuent
» point au maintien de l'ordre par la publicité &
» par l'exemple , deviennent inutiles à notre juf-
» tice & n'intéressent plus que notre bonté. A ces
» causes , & autres à nous mouvant , de l'avis
» de notre conseil , & de notre certaine science ,
» pleine puissance & autorité royale , nous avons
» dit , déclaré & ordonné & par ces présentes ,
» signées de notre main , disons , déclarons & or-
» donnons , voulons & nous plaît ce qui suit :

» ARTICLE I. L'hôtel de la Force & ses dé-
» pendances demeureront destinés , comme nous
» les destinons par ces présentes , à servir de *prisons*
» pour renfermer spécialement les prisonniers ar-
» rêtés pour dettes civiles. La distribution du local
» sera faite de manière qu'il y soit formé de lo-
» gemens & des infirmeries particulières , ainsi que
» des préaux séparés pour les hommes & pour les
» femmes , suivant & conformément au plan an-
» nexé sous le contre-scel des présentes.

» II. Lorsque les lieux seront disposés , il sera
» par des commissaires de notre parlement qui
» seront nommés à cet effet , sur la requête de
» notre procureur-général & en présence d'un de
» ses substituts , dressé procès-verbal de l'état des-
» dits lieux , & procédé de suite en la forme qui
» sera jugée la plus convenable à la translation
» dans ladite *prison* , des personnes de l'un & de
» l'autre sexe qui se trouveront détenues pour les
» causes ci-dessus exprimées , dans les *prisons* de
» la conciergerie de notre palais à Paris , & dans
» celles dites des grand & petit châtelet & du Fort-
» l'évêque.

» III. Voulons qu'à compter du jour auquel la-

» dite translation aura été effectuée , lesdites *prisons*
» de la conciergerie & du grand châtelet ne soient
» plus destinées qu'aux seuls prisonniers détenus
» pour ester à droit en personne , à l'effet de
» l'instruction & du jugement de leur procès ; &
» à l'égard des prisonniers du même genre qui
» pourroient être restés détenus dans les *prisons*
» du petit châtelet & du Fort-l'évêque , après la
» translation ci-dessus ordonnée & effectuée , ils
» seront distribués , ainsi qu'il sera avisé par les
» commissaires de notredite cour , dans les *prisons*
» de la conciergerie & du grand châtelet , sans
» que les bâtimens du petit châtelet & du Fort-
» l'évêque puissent à l'avenir , être destinés à dé-
» tenir aucuns prisonniers , nous réservant de
» nous expliquer sur la destination des terreins
» & matériaux étant sur iceux , ainsi qu'il appar-
» tiendra.

» 4. Il sera par nous pourvu à la liquidation
» & remboursement des offices de greffiers des-
» dites *prisons* supprimées , & aux indemnités des
» geoliers-guichetiers , tant de la nouvelle *prison* ,
» que de celles subsistantes de la conciergerie & du
» grand châtelet. Si donnons en mandement , *&cn.*
Il est bien à desirer que cette heureuse réforme ,
ne se borne pas aux *prisons* de la capitale , & s'é-
tende encore à celles des villes de province. Il
en a été construite une à *Valence* , il y a quelques
années , qui fait honneur aux magistrats & au
corps municipal de cette ville , par l'attention
qu'on a eue de procurer aux prisonniers tous les
soulagemens qui peuvent adoucir leur état.

C'est sur-tout sur les *prisons* des seigneurs hauts-
justiciers que le ministère public doit arrêter ses
regards. Il existe un arrêt de réglement du 1 septembre 1717 , qui porte , « que les seigneurs hauts-
» justiciers seront tenus d'avoir des *prisons* à rez-
» de-chaussée , en bon état , sinon qu'elles seroient
» construites & rétablies à la diligence des procu-
» reurs du roi des sièges où les appellations de ces
» justices ressortissent médiatement ou immédiate-
» ment , ou connoissent des cas royaux dans l'é-
» tendue de ces justices. Pourquoi il sera délivré
» exécutoire auxdits procureurs du roi , de l'au-
» torité des juges , contre les receveurs des terres
» & seigneuries d'où dépendent ces hauts-justi-
» ciers (1) ».
Ce n'est pas assez d'avoir fait élever un édifice

(1) L'article 39 du titre 13 de l'ordonnance de 1670,
porte , « que les baux à ferme des *prisons* seigneuriales
» doivent être faits en présence des juges royaux , chacun
» dans leur ressort , & qu'ils en taxeront la redevance
» annuelle , qui ne pourra être excédée par les seigneurs ,
» ni affermée à d'autres , à peine de déchéance du droit
» de haute-justice ».
Par une déclaration du roi, du 11 juin 1724, les baux
des *prisons* royales des villes du royaume ont été « dif-
» traits de la ferme des domaines du roi, sans pouvoir ,
» à l'avenir , y être compris , sous quelque prétexte que
» ce soit ».

bien sûr & bien salubre pour garder les prisonniers, il faut les recevoir d'une manière légale & conforme à l'article 13 de l'ordonnance de 1670 ; les conduire aux interrogatoires, les ramener avec précaution, les nourrir, les servir, & les élargir lorsque la justice l'a ordonné.

C'est pour remplir ces diverses obligations envers les prisonniers, qu'on a établi dans chaque *prison* un greffier, ou du moins un geolier qui en fait les fonctions, & des guicheteries.

L'article 25 de l'ordonnance de 1670, porte, « que les prisonniers pour crime ne pourront pré- » tendre d'être nourris par la partie civile, & qu'il » leur sera fourni, par le geolier, *du pain, de l'eau* » *& de la paille bien conditionnés* ».

Si la charité publique ne venoit pas au secours de ces malheureux, il seroit trop affligeant de penser que la loi réduit ces accusés, qui peut-être sont innocens (& auxquels elle enlève la faculté de travailler), à un régime pire que celui de nos animaux domestiques.

L'article que nous venons de citer s'observe exactement dans le ressort du parlement de Paris. Mais il a été rendu, le 4 août 1731, un arrêt de réglement au parlement de Rouen, qui ordonne « que » la provision alimentaire des accusés à la requête » des parties civiles, sera de 3 sous 4 deniers par » jour, si mieux n'aime le prisonnier prendre deux » livres de pain en essence ».

L'article 11 de l'arrêt du 18 juin 1717, pour les *prisons* de la ville de Paris, n'accorde aux prisonniers *qu'une livre & demie de pain de bonne qualité de bled*. Malgré l'inaction à laquelle ils se trouvent condamnés, ils en est beaucoup qui dépériroient s'ils n'avoient pas d'autre nourriture. Voilà l'inconvénient des réglemens généraux & uniformes, à l'égard des individus entre lesquels la nature a mis de grandes différences.

Le même article ajoute « qu'on leur fournira » de la paille fraîche tous les 15 jours, à l'égard » des *cachots noirs*, & tous les mois à l'égard » des *cachots clairs* ».

Nous rendons trop de justice à l'humanité des auteurs de ce réglement, pour ne pas être persuadés que ce ne fut qu'avec répugnance qu'ils se servirent de ces mots affreux, *cachots noirs* & *cachots clairs*, & qu'ils formoient alors des vœux pour que ces gouffres affreux fussent à jamais comblés.

En 1665, le parlement donna un juste exemple de sévérité envers les geoliers, souvent assez avides pour s'engraisser de la substance des misérables confiés à leur garde : le 19 mars de cette année, il rendit un arrêt qui condamna un geolier à être *pendu*, pour avoir laissé mourir un prisonnier sans secours, & vraisemblablement d'inanition.

Quoiqu'en général, dans le ressort du parlement, le prisonnier détenu pour crime ne puisse prétendre à être nourri par la partie civile, il y a cependant des cas particuliers où il est fondé à

lui demander des alimens. En voici un exemple, que l'on trouve dans le recueil de jurisprudence. Le sieur *Lozier*, accusé du crime d'adultère, & poursuivi à la requête du nommé *Cagé*, fut condamné par arrêt du 2 juin 1766, au bannissement pour trois ans, & la femme de Cagé à la peine de l'authentique. L'un & l'autre furent en outre condamnés solidairement en 1500 livres de réparations civiles, au profit de *Cagé* : celui-ci consigna d'abord les alimens pour Lozier, qui resta en prison pour les 1500 liv. de dommages & intérêts ; mais, lui ayant ensuite paru onéreux de nourrir celui qui avoit déshonoré sa couche, il discontinua de fournir des alimens. *Lozier* demanda à être mis hors de *prison*, faute d'alimens ; *Cagé* s'y opposa, en soutenant que Lozier ne devoit pas être considéré comme prisonnier pour dettes civiles, mais *pour crime* ; que par conséquent la consignation des alimens ne devoit regarder que le procureur-général, qui veille à ce que les jugemens rendus contre les criminels soient mis à exécution. Sur cette contestation, il fut rendu un arrêt qui jugea que si, sous trois jours, à compter de l'arrêt, *Cagé* ne consignoit pas les alimens, Lozier seroit mis hors de *prison*.

L'annotateur de *Denisart*, qui rapporte cet arrêt, prétend que les opinions furent très-débattues. Nous avons peine à le croire ; car alors Lozier ne pouvoit plus être considéré que comme simple débiteur de *Cagé* d'une somme de 1500 livres. Or, la partie publique n'étoit pas intéressée à ce que cette somme fût payée ou ne le fût pas à la partie civile. C'étoit donc à celle-ci seule à user de ses droits, pour forcer son débiteur à s'acquitter envers elle.

C'est par cette même raison que la nourriture des prisonniers pour dettes n'est pas fournie à ces derniers par le roi.

L'huissier qui écroue un débiteur doit au même moment consigner des alimens pour un mois, entre les mains du greffier ou du geolier, *à peine de nullité de l'emprisonnement*. A l'égard de la fixation de ces alimens, elle varie suivant les lieux où sont situées les *prisons* ; & en effet, il est juste que le créancier paie en raison de l'augmentation ou de la diminution du prix des vivres, & qu'il n'y ait pas à cet égard un réglement invariable ; il ne faut pas que, dans des temps de calamités où le pain devient très-cher, le prisonnier pour dette soit exposé à mourir de faim dans sa captivité. Il est d'usage de payer à Paris une pistole par mois pour le débiteur emprisonné. Il a été rendu différens arrêts à ce sujet. Les plus récens sont du 4 décembre 1709, du 1 juillet & du 1 décembre 1710, & du 28 août 1711. Il étoit nécessaire d'assurer, d'une manière indépendante des évènemens, cette nourriture que le roi accorde aux accusés retenus captifs. C'est dans cette vue que l'article 26 de l'ordonnance de 1670 porte ce qui suit : « Celui » qui sera commis par notre procureur ou ceux » de nos seigneurs, pour fournir le pain des pri-

» fonniers , fera remboursé fur le fonds des amen-
» des , s'il eft fuffifant , finon fur le revenu de
» nos domaines ; & où notre domaine fe trou-
» veroit engagé, les engagiftes y feront contraints,
» & ailleurs les feigneurs hauts-jufticiers , même
» les receveurs & fermiers de nos domaines , ceux
» des engagiftés hauts-jufticiers , refpectivement ,
» nonobftant oppofition ou appellation , *prétendu*
» *manque de fonds* , & paiement fait par avance ,
» & toutes faifies ; fauf à être pourvu de fonds
» au receveur fur l'année fuivante ; ou faire dé-
» duction aux fermiers fur l'année fuivante ».

C'eft dans des cas femblables qu'il faut faire
exception à la règle générale , & foumettre les apparences de la juftice à l'empire de la néceffité.
Nam alimentis mora fieri-non debet , dit la loi , cod.
de alimentis pupillo præftandis.

Le prifonnier fe trouve encore dans une circonftance plus critique que le pupille : retranché
de la fociété , il ne peut pas même offrir la vue
de fa mifère à la commifération publique , & faire
verfer fur elle les dons de la charité : lorfque celui
au nom duquel il a été arrêté ne lui fournit pas
de quoi fubfifter , il faut qu'il meure de faim , fi
on ne lui rend pas l'ufage de fes bras.

C'eft par cette raifon que , d'un côté , on a ap-
plani tous les obftacles pour alimenter des accufés
détenus à la requête du miniftère public ; & que,
que , de l'autre , on ouvre au prifonnier pour dettes
les portes de fa *prifon* , au même inftant où fon
créancier a négligé de configner fes alimens. Voici
ce que l'article 24 de l'ordonnance de 1670 , titre
13 , dit à ce fujet : « Sur deux fommations faites
» à différens jours aux créanciers qui feront en
» demeure de fournir la nourriture au prifonnier ,
» & trois jours après la dernière , le juge pourra
» ordonner fon élargiffement , partie préfente ou
» duement appelée ».

La néceffité de faire deux fommations , & d'attendre encore trois jours après , avant de demander & d'efpérer d'obtenir fon élargiffement , a paru
fans doute trop dure. L'article 5 de la déclaration
du 10 janvier 1680 , porte , « qu'après l'expira-
» tion des premiers quinze jours du mois , pour
» lequel la chofe néceffaire aux alimens du pri-
» fonnier n'aura point été payée , les confeillers
» des cours , commis pour la vifite des *prifons* ,
» ou les juges des lieux , ordonneront l'élargiffe-
» ment du prifonnier , fur fa fimple réquifition ,
» fans autre procédure , en rapportant le certifi-
» cat du greffier ou geolier , que la fomme pour
» la continuation des alimens n'a point été payée ».

Mais pour que les juges puiffent fur cette fimple expofition & le feul vu du certificat du greffier , ordonner l'élargiffement , il faut que les caufes de l'emprifonnement & des recommandations
n'excèdent pas la fomme de deux mille livres ; car
fi la fomme eft plus forte , le prifonnier doit fe
pourvoir par requête , qui eft rapportée , & fur
laquelle les cours prononcent fon élargiffement ;

il doit être fait mention du certificat du greffier
ou geolier dans le jugement. Il faut auparavant ,
dans le fecond cas , que la requête ait été fignifiée au créancier , au domicile par lui élu dans
l'acte d'écrou ou de recommandation.

L'article 6 de la même déclaration porte , « que
» le prifonnier qui aura été une fois élargi faute
» d'alimens , ne pourra une feconde fois être em-
» prifonné ou recommandé à la requête des mêmes
» créanciers , qu'en payant par eux les alimens par
» avance pour fix mois ».

L'article 25 de l'arrêt de réglement du 17 feptembre 1717 , porte , « que lorfqu'un prifonnier
» fera obligé de faire des fignifications ou d'ob-
» tenir des jugemens ou arrêts contre fes créan-
» ciers , pour être payé de fes alimens , les gref-
» fiers des geoles ou geoliers ne recevront les
» créanciers à configner les alimens pour l'a-
» venir , qu'en confignant en même temps ceux
» qui n'avoient point été payés , & en rembour-
» fant le prifonnier des frais defdites fignifications
» & jugemens , qui feroient liquidés , fans autre
» procédure , par le lieutenant-général ou autre
» premier officier du fiège ordinaire des lieux où
» les *prifons* feront fituées , à peine contre lefdits
» greffiers & geoliers de payer de leurs deniers ce
» qui pourra être dû au prifonnier , tant pour fes
» alimens , que pour les frais qu'il aura faits ».

Cette jufte difpofition a été confirmée par l'article
35 de l'arrêt de réglement du 18 juin 1717 , rendu
pour les *prifons* de Paris.

Plus le féjour des *prifons* eft affreux , plus les
juges doivent avoir attention de ne pas y envoyer
légèrement l'accufé ou le débiteur ; auffi ils
doivent apporter de foin pour que celui qu'ils renferment ne foit point molefté par les geoliers , guichetiers , & par les autres prifonniers. Et pour qu'il
puiffe recevoir librement toutes les confolations ,
tous les adouciffemens fi néceffaires à fon état ,
l'article 11 de l'ordonnance de 1670 veut que le
juge *ait égard à la qualité des perfonnes , parce que
le féjour de la prifon ,* qui eft prefque indifférent
aux gens du commun , eft un fupplice pour les
honnêtes domiciliés , & les flétrit , pour ainfi
dire , dans l'opinion publique : elle expofe un
marchand à perdre fon crédit , à *manquer* , & à
entraîner dans fa ruine plufieurs autres dont les
intérêts font liés au fuccès de fes affaires ; elle fait
perdre à un commis fon emploi ; enfin elle nuit
à fon honneur & à fa fortune. Auffi l'article 19
de l'ordonnance que nous venons de citer , déclare
expreffément « qu'il ne fera décerné prife de corps
» contre les domiciliés , fi ce n'eft pour crime *qui*
» *doit être puni de peine afflictive ou infamante* ».

Malheureufement le juge peut fe tromper , &
non feulement décréter de prife de corps un accufé innocent ou prévenu d'un délit léger , mais
même le condamner à une peine afflictive ou infamante. Ce feroit bien pire encore fi , pour juftifier la févérité de fon décret , il condamnoit à

une peine afflictive ou infamante ; celui contre lequel il auroit prononcé une simple condamnation d'amende ou de dédommagement, s'il n'eût pas eu d'abord l'imprudence de le décréter de prise de corps : cela n'est peut-être que trop souvent arrivé ; car une première injustice nous conduit presque toujours à une plus forte.

Le juge, avant de faire mener un accusé en *prison*, doit donc avoir une grande attention à la gravité du crime dont on le charge, aux degrés de probabilités qui s'élèvent contre lui, au tort qui peut en résulter en raison de son crédit, de son état, de son âge, de sa famille ; il doit aussi lui épargner, autant qu'il lui est possible, l'humiliation d'être mené publiquement & à pied en *prison*, lorsque l'accusé peut s'y faire transporter en voiture & se dérober à la curiosité insultante de la populace : ce n'est pas tout ; il est obligé de le protéger lorsqu'il est en *prison*, d'ordonner qu'on ait des égards à son âge, à ses infirmités, à son caractère. Un vieillard, une femme, un prêtre, un homme de loi, un militaire décoré, méritent des ménagemens particuliers, à moins qu'ils n'aient visiblement commis des crimes qui les rangent dans la classe des plus vils scélérats. Le juge doit aussi, & à bien plus forte raison, mettre la plus grande célérité dans l'instruction des procès criminels, afin de ne pas laisser languir long-temps dans les horreurs de la captivité, l'accusé qui sera peut-être absous, ou auquel il ne sera infligé qu'une peine légère, lorsque la vérité aura été éclaircie par l'information.

L'article 1 du titre 7 de l'ordonnance de 1673, porte, « que ceux qui auront signé des lettres ou » billets de change pourront être contraints par » corps, ensemble ceux qui auront mis leur aval, » qui auront promis d'en fournir avec remise de » place en place, qui auront fait de promesses » pour lettres-de-change à eux fournies, ou qui » le devront être ; entre tous négoc'ans ou mar- » chands qui auront signé des billets pour valeur » reçue comptant ou en marchandises, soit qu'ils » doivent être acquittés à un particulier, à son » ordre, ou au porteur ».

Il résulte de cet article, que non-seulement tout marchand commerçant qui fait des billets ou lettres-de-change, mais même tout autre particulier, s'expose, si la lettre qu'il a eu l'imprudence de tirer ou d'endosser n'est pas acquittée, à être mis en *prison* ; mais il ne s'ensuit pas, comme le remarque très-bien le commentateur, que le juge doive toujours autoriser le créancier à faire conduire son débiteur en *prison*, parce qu'il n'a pas payé son billet ou sa lettre-de-change. Le mot *pourront*, indique que le juge est le maître de ne pas ordonner la contrainte par corps, lorsque le débiteur a été surpris, lorsqu'il n'y a pas de mauvaise foi dans ses retards, ou qu'il existe une impossibilité avérée de payer ce qu'il doit.

Un réglement très-sage, c'est celui qui déclare que toutes les lettres que l'on a fait souscrire à des enfans de famille étrangers au commerce, ne seront réputées que simples billets, & n'emporteront pas la contrainte par corps.

Lorsque nous avons fait sentir l'injustice & la dureté qu'il y avoit à confondre le débiteur avec le criminel, nous avions sur-tout en vue ceux auxquels on n'a pas d'autre reproche à faire que de s'être rendu trop légèrement caution d'un ami malheureux, que de n'avoir pas mis assez d'ordre dans leurs affaires, d'avoir trop compté sur des recouvremens qui leur ont manqué : mais nous n'avons pas entendu parler des banqueroutiers frauduleux, en faveur desquels il ne doit pas y avoir d'exception ; ceux-ci n'ont pas seulement mérité de perdre la liberté, ils ont mérité de perdre l'honneur ; & une fois qu'ils sont poursuivis au criminel, il est juste qu'ils soient renfermés dans la même *prison* que les autres criminels.

Lorsqu'un accusé arrive en *prison*, l'ordonnance veut qu'il soit mis au secret, & qu'il lui soit interdit toute communication avec quelque personne que ce soit, avant d'avoir subi son interrogatoire.

Lorsque le juge a complété cet interrogatoire, il laisse ordinairement la liberté d'écrire dans ce que l'on nomme *le préau*, qui est une cour commune à tous les prisonniers, de recevoir ses amis, ses conseils, de communiquer avec le compagnon de sa captivité.

Il a paru important à la découverte de la vérité, que l'accusé ne pût, avant de subir interrogatoire, voir personne, afin que ses complices ou les intéressés à sa conservation ne lui dictassent pas des réponses qui le sauvassent de la punition due au crime.

C'est par cette raison qu'on ne lui permet pas même d'écrire des lettres, & que l'ordonnance fait défense aux geoliers de lui fournir de l'encre & du papier : s'il obtient la permission d'écrire, ces lettres doivent passer sous les yeux du juge avant d'être portées à leur adresse.

Si néanmoins l'accusé, après l'interrogatoire, paroissoit au juge, coupable d'un crime capital, il n'obtiendroit pas la liberté de communiquer au-dehors & d'aller sur *le préau*. Ce sont les accusés de cette espèce que l'on avoit cru devoir condamner à habiter les cachots ; le même séjour est encore réservé pour les accusés dont le premier jugement renferme peine de mort, ou même peine afflictive, quoiqu'il en eût été interjetté appel, soit par eux, soit par le procureur du roi.

Ces malheureux, ainsi isolés, ne sont pourtant pas privés de l'approche des personnes charitables, qui sont connues pour venir habituellement visiter les prisonniers, les exhorter & les assister par une attention singulière. On a soin de ne pas laisser ces misérables absolument seuls ; mais puisqu'on croit devoir briser leurs sombres réflexions, écarter leurs idées de désespoir par la présence d'un être semblable à eux, qui leur parle, qui agisse sous leurs yeux ; il seroit à desirer qu'on ne mît pas à leurs côtés un homme tout-à-fait oppofé à eux par fon état & par le genre de fon crime.

Nous fommes bien éloignés de vouloir rien diminuer de l'horreur des fautes qu'avoit commifes *la Barre*, cet imprudent jeûne homme, accufé d'avoir infulté un chrift, d'avoir troublé des cérémonies religieufes par des chanfons fcandaleufes; transféré de la *prifon* d'Abbeville dans les cachots de la conciergerie, il les a habités jufqu'au jour où il a été renvoyé pour fubir fon jugement. Certainement fi l'on eût placé près de ce gentilhomme un affaffin qui l'eût entretenu de fes cruautés, de fes brigandages, en s'étonnant de l'en voir frémir, c'eût été un tourment de plus pour lui, que d'avoir fans ceffe devant les yeux une bête féroce fous les traits d'un homme, & d'être condamné à l'entendre.

On a l'attention de féparer les prifonniers qui font accufés de complicité, & de leur interdire toute communication; on ufe de cette précaution même envers les maris & les femmes, que l'on tient exactement féparés lorfque l'on a à craindre qu'ils ne s'entendent & ne concertent leurs réponfes.

Il eft des fcélérats que le regret d'être renfermés rend furieux, & qui, dans leurs tranfports, dans leur aliénation, veulent, ou fe détruire, ou s'élancer fur leurs gardiens. On eft forcé de les enchaîner pour les contenir, pour les empêcher de porter fur eux ou fur les captifs des mains homicides; mais on ne doit leur mettre ces terribles entraves que dans la plus grande néceffité, & encore doit-on éviter, autant qu'il eft poffible, de faire fouffrir celui qui les endure.

Le geolier, tant que les cachots fubfiftent, n'a le droit d'y mettre aucun prifonnier, ni de lui attacher des fers, avant d'en avoir reçu un ordre par écrit du juge. L'art. 19 du titre 13 de l'ordonnance, en fait la plus expreffe défenfe, fous *peine de punition exemplaire.*

Lorfqu'il eft abfolument néceffaire de mettre un prifonnier aux fers, s'il n'y en a pas, c'eft au procureur du roi ou fifcal à en faire faire aux dépens du domaine.

Il eft d'ufage, par exemple, d'unir par des fers les pieds des prifonniers que l'on transfère de la province dans les *prifons* de Paris; ces malheureux, dont l'extrémité des jambes eft meurtrie, fouffrent beaucoup au moment où on *dérive* leurs fers avec un marteau, dont les coups redoublés les expofent à de nouveaux froiffemens.

Il feroit poffible de leur éviter ce furcroît de douleur, en fixant leurs fers de manière à pouvoir les féparer fans le fecours du marteau. Une des principales obligations impofées aux greffiers & guichetiers, c'eft de ne faire paffer aucun prifonnier, foit dans les chambres, foit au fecret, fans qu'il leur ait été donné communication des arrêts, jugemens & actes en vertu defquels les écrous & recommandations ont lieu. « Ils doivent

» inférer fur leurs regiftres, reliés, cotés, paraphés par première & dernière page, lefdits écrous & recommandations, le nom de la jurifdiction dont ils font émanés, ou des notaires qui les ont reçus; le nom, furnom & qualité du prifonnier, & ceux de la partie qui aura fait faire les écrous & recommandations, avec le domicile qui aura été par elle élu ».

Il eft enjoint, par l'article 24 de l'arrêt de réglement de 1717, à tous les huiffiers, de donner eux-mêmes, *en mains propres*, à ceux qu'ils « conftituent prifonniers ou qu'ils recommandent, des » copies lifibles, en bonne forme, de leurs écrous » & recommandations; à l'effet de quoi, ajoute » le même article, lefdits prifonniers feront amenés » entre les deux guichets, en préfence defdits » greffiers ou geoliers, qui feront tenus d'en mettre » leur certificat fur leur regiftre, à la fin de chacun » defdits écrous & recommandations, *à peine d'interdiction* contre les huiffiers, pour la première » fois, & de privation de leurs charges pour la » feconde; & contre les greffiers & geoliers, de » vingt liv. d'amende pour chacune des contraventions, & de tous dépens, dommages & » intérêts, même de plus grande peine s'il y » échet ».

Ces précautions font bien fages, elles ont pour objet d'éviter les méprifes ou les prévarications; elles empêchent qu'un citoyen, victime du reffentiment d'un huiffier ou de celui qui l'auroit corrompu, ne fe trouve arrêté & conduit en *prifon* fans un ordre légal. Les greffiers & concierges deviennent, par ce moyen, juges, en quelque façon, de l'huiffier ou de l'officier qui leur amènent un prifonnier; ils voient fur quel fondement ce prifonnier leur eft livré, & en vertu de quoi il eft privé de fa liberté; ils font certifier la vérité des pièces qui leur font produites par l'huiffier, qui s'expofe à des peines très-graves fi fon énoncé eft faux.

La copie de l'écrou, celle de la fentence ou de l'arrêt fur lequel il porte, délivrées au prifonnier, font très-effentielles, parce qu'elles le mettent à même d'attaquer le jugement rendu contre lui, s'il eft injufte; d'actionner celui qui l'a furpris; d'en obtenir des dommages & intérêts, & de faire même condamner l'huiffier, s'il y a des irrégularités dans fa procédure. Tout ce qui peut affurer la tranquillité publique, arrêter l'oppreffion, intimider les prévaricateurs, ne peut être trop rigoureufement maintenu.

Des lettres-patentes du 6 février 1753, regiftrées le 20 mars fuivant, portent, « que la police » générale des *prifons* appartiendra aux lieutenans-» généraux des fénéchauffées & bailliages royaux, » & autres premiers juges des autres juftices or-» dinaires du reffort des cours, chacun en ce qui » concerne les perfonnes dépendantes de leur ju-» rifdiction, fous quelque dénomination qu'ils aient » été créés, & ce privativement aux lieutenans

» criminels ou de police defdits fièges, même
» aux officiers des chambres des comptes ou cours
» des aides, des élections, grenier à fel, & autres
» jurifdictions ».

Par les mêmes lettres-patentes, « la réception
» des geoliers, des greffiers des *prifons*; les pa-
» raphes des regiftres que lefdits geoliers & gref-
» fiers font obligés de tenir, conformément aux
» articles 6 & 9 de l'ordonnance de 1670, titre 13 ;
» les taxes des alimens, appartiennent au lieute-
» nant-général, juge-mage ou autre premier offi-
» cier, privativement au lieutenant-criminel, le-
» quel néanmoins a, ainfi que le lieutenant de
» police & les autres juges, le droit de faire la
» vifite particulière des prifonniers dont les caufes
» ou procès font pardevant lui ».

L'arrêt de la cour du 25 juin 1659, rendu pour
Chaumont en Baffigny, porte, « que quoique la
» police des *prifons* appartienne au lieutenant-gé-
» néral, néanmoins s'il fe commet quelque crime
» ou délit dans les *prifons* par les geoliers ou gui-
» chetiers, la connoiffance en appartiendra au lieu-
» tenant-criminel ».

C'eft aux juges qui ont la police des *prifons* à
faire la réception des geoliers, des greffiers des
prifons; ce font eux qui doivent parapher, *fans
frais*, leurs regiftres, fuivant la déclaration du 6
février 1753, & l'article 3 de l'arrêt du 11 feptembre 1717. La police des *prifons* appartient au
lieutenant-criminel, & enfuite au premier officier
du fiège, lorfque le lieutenant-général eft abfent.

Il y a des abus que rien ne peut détruire; il
exifte des défenfes très-expreffes d'exiger de ceux
qui arrivent en *prifon* ce que l'on nomme *une bien-
venue*. L'article 14 du titre 15 le défend *fous peine
de punition exemplaire.*

L'article 8 de l'arrêt de réglement de 1717 s'exprime ainfi : « fait défenfes aux prévôts & autres
» anciens prifonniers, d'exiger ou de prendre au-
» cune chofe *des nouveaux venus*, en argent, vivres
» ou autrement, fous prétexte de *bien-venue*,
» chandelle, balais, & généralement fous quelque
» prétexte que ce puiffe être, quand même que
» leur feroit volontairement offert, ni de cacher
» leurs hardes ou de les maltraiter, à peine d'être
» enfermés dans un cachot noir pendant quinze
» jours, & d'être mis enfuite dans une autre
» chambre ou cabinet que celui où ils étoient
» prévôts, *ou même de punition corporelle*, s'il y
» échet; à l'effet de quoi leur procès leur fera fait
» & parfait extraordinairement». Qui croiroit que,
malgré ces défenfes, fi fortes, fi réitérées, l'abus
de faire payer *la bien-venue* à un miférable qui
arrive en *prifon* fubfifte encore, & qu'il court le
rifque d'être très-maltraité s'il fe refufe à cet impôt
mis fur le malheur ?

Le vice qui règne dans la conftruction des *prifons*, le défaut de gages fuffifans accordés par le
roi aux concierges ou geoliers, a forcé le parlement d'autorifer, par fes arrêts de réglement de

1717, les geoliers à percevoir des droits d'une
conféquence très-onéreufe pour le prifonnier qui
eft pauvre.

Par l'article 5, il recommande « aux geoliers
» de mettre enfemble les prifonniers *d'honnête con-
» dition*, & *d'obferver que* chacun, fuivant fon
» ancienneté, ait la chambre ou la place la plus
» commode. Il leur fait défenfes de recevoir de
» l'argent des prifonniers pour les mettre dans une
» chambre plutôt que dans une autre, le tout à
» peine de reftitution du quadruple, & de defti-
» tution s'il y échet ».

Il n'y a rien de fi équitable, de fi conforme à
l'humanité que cet article; mais fon effet devient
nul, fi le prifonnier eft fans reffource, & fi fes
facultés pécuniaires font épuifées, puifque l'article 12 du même réglement autorife le geolier
« à exiger de ceux qui veulent coucher feuls dans
» un lit, cinq fous par jour, trois fous de ceux
» qui coucheront deux, trois livres quinze fous s'ils
» veulent être à la penfion du geolier & avoir une
» chambre particulière, même quatre livres fi la chambre
» eft à cheminée »; & que l'article 18 permet auxdits
geoliers de faire *paffer à la paille les prifonniers de
la penfion & des chambres huit jours après qu'ils
feront en demeure de payer leur gîte & nourriture.*
Alors, quelles que foient leur condition, leur
qualité, leur ancienneté, ils fe trouveront donc
confondus avec la plus méprifable canaille ?

L'article 30 du titre 13 dit expreffément, « que
» les geoliers, greffiers des geoles, guichetiers,
» cabaretiers ou autres, *ne pourront empêcher l'élar-
» giffement des prifonniers pour frais, nourriture, gîte,
» geolage, ou aucune autre dépenfe* ».

Cette défenfe eft fondée fur un principe d'équité :
comme le défaut de paiement des frais de nourriture, de gîte, &c. n'emporteroit pas la contrainte
par corps, le créancier ne peut pas, fous le prétexte qu'il eft concierge d'une *prifon*, être plus
févère que la loi, & fe faire une juftice plus
preffante que celle qui lui feroit accordée; mais
il peut, après l'élargiffement du prifonnier, exercer
fon action contre lui, ou faire ufage de fon privilège fur les effets qu'il laiffe dans la *prifon*.

Les prifonniers qui ne font point enfermés au
fecret peuvent fe faire apporter de dehors les vivres
& tout ce qui peut leur être néceffaire, même un
meilleur lit que celui de la *prifon*.

On n'a pas cru devoir accorder cette liberté à
ceux qui habitent les cachots, parce que, devant
s'attendre à un jugement au moins flétriffant, il
feroit à craindre que leurs parens, pour s'éviter
le déshonneur qui s'étend fur la famille du coupable, ne lui fiffent porter des mets empoifonnés,
ou que les coupables eux-mêmes ne s'en procu-
raffent. La crainte que l'on a auffi qu'ils ne mettent
le feu dans leur *prifon*, ou qu'ils ne s'étouffent à
deffein, l'expofe impitoyablement, dans l'hiver,
au plus grand froid.

Le règlement de 1717 défend aux geoliers-guichetiers de battre les prisonniers. Il leur arrive néanmoins, lorsqu'ils en trouvent de mutins, de séditieux, de les frapper de leurs bâtons, ou d'envoyer leurs chiens sur eux ; mais comme ils sont censés n'employer ces moyens répréhensibles que lorsqu'ils sont eux-mêmes en danger & pour arrêter les prisonniers, on ferme les yeux sur cette contravention.

Au surplus, si les prisonniers éprouvent de la part de leur gardien de mauvais traitemens, s'ils n'en reçoivent pas les soins que les réglemens & l'ordonnance prescrivent, tels *que de visiter au moins tous les jours une fois ceux qui sont au cachot;* s'il refuse de donner aux procureurs du roi ou à ceux des seigneurs avis des maladies qui peuvent exiger qu'ils soient transférés dans l'infirmerie ; enfin, s'il les gêne plus que les réglemens ne le permettent, ils ont la faculté de porter leur plainte & de demander justice aux commissaires des *prisons*, au lieutenant-général, qui doivent faire de fréquentes visites dans les *prisons*, pour y maintenir le bon ordre & empêcher les vexations & les oppressions.

On n'a pas cru devoir tenir rigoureusement la main à l'article 7 du règlement de 1717, qui fait défenses « aux geoliers & guichetiers, à peine de » destitution, de laisser entrer dans les *prisons* au- » cunes femmes ou filles, autres que les mères, » femmes, filles ou sœurs des prisonniers ; les- » quelles même, d'après l'article que nous citons, » ne pourroient leur parler dans leur chambre, » même dans la chambre de la pension, mais seu- » lement dans le préau, ou dans la cour en pré- » sence du guichetier, à l'exception des femmes » des prisonniers ».

Tous les jours les prisonniers reçoivent dans leurs chambres les femmes qui vont les visiter, & on ne s'informe pas à quel degré elles leur sont parentes, & même si elles le sont.

Mais l'article 6 du règlement qui veut que les filles & femmes prisonnières soient mises dans des chambres séparées & éloignées de celles des hommes, qu'elles ne puissent aller sur le préau qu'à une certaine heure où les hommes sont renfermés, s'exécute littéralement ; s'il en étoit autrement, la *prison* deviendroit un lieu de débauche épouvantable. On permet quelquefois au mari & à la femme qui sont renfermés dans la même *prison*, pour un crime qui n'est pas capital ou pour dette, *d'habiter la même chambre.* Il seroit peut-être à désirer qu'on ne tolérât pas, autant qu'on le fait, l'excès avec lequel les prisonniers prennent le vin qu'on leur vend ; mais l'avidité des cabaretiers trouveroit toujours le moyen de passer pardessus les bornes qu'on leur a prescrites : lorsque la passion & l'intérêt sont d'accord pour tromper la loi, il est bien difficile qu'elle ne soit pas éludée.

Ce n'est pas assez de veiller à ce que le prisonnier ne souffre aucun dommage dans sa *prison*, il faut aussi veiller à ce qu'il n'en fasse aucun ; c'est par cette raison que, sur la requête de M. le procureur-général, le 23 décembre 1732, il a été enjoint aux prisonniers de Paris « de se comporter » sagement ; qu'il leur a fait défenses de couper » & de déchirer les couvertures, matelas, tra- » versins & paillasses, pour les appliquer à leurs » vêtemens ou besoins particuliers ; même de » casser les piliers & planches de leurs lits, les » tables & autres meubles des *prisons*, & de les » brûler, à peine d'être mis pour un mois *au » cachot* pour la première contravention, &, en » cas de récidive, d'être mis au carcan *sur le préau* » des *prisons* pendant deux heures, & ensuite remis » au cachot, pour y rester enfermés pendant tout » le temps qu'ils resteront *prisonniers* ».

Quelque affreuse que puisse être la situation d'un prisonnier, quelque puissant que soit le motif qu'il a d'en sortir, il ne lui est pas permis de briser sa captivité, & d'employer la force pour recouvrer sa liberté. Il a été rendu & publié un arrêt du parlement, le 4 mars 1608, dont le prononcé est d'une sévérité capable de contenir ceux qui auroient le projet de s'évader. Nous allons le rapporter : « sur la plainte faite par le procu- » reur-général du roi, que les prisonniers détenus » en la conciergerie attentoient jour & nuit, par » effraction des portes & des murailles & autres » voies illicites, pour s'évader des *prisons*, & se » trouvoient garnis à cet effet de plusieurs instru- » mens & ferremens propres à ce ; & outre qu'ils » outrageoient les uns & les autres, ils poussoient » leur insolence jusqu'à battre ceux qui alloient » visiter aucuns d'eux, avec tel excès, qu'il s'en » trouve en danger de leurs personnes, à quoi il » a requis être pourvu. La matière mise en déli- » bération, la cour a fait & fait inhibitions & dé- » fenses à tous prisonniers d'attenter sortir des » *prisons* par escalade, effraction ou autre voie » illicite, en quelque sorte que ce soit, & à toutes » personnes de leur bailler ou porter aucuns fer- » remens & instrumens propres à faire effraction, » leur aider & assister à évader desdites *prisons*, » sur peine *d'être atteints & convaincus de crime ca- » pital.* Enjoint aux geoliers de faire exacte visite » par chacun jour, des lits, paillasses & coffres » des prisonniers, & aux prisonniers de souffrir » lesdites visites sans y faire résistance, ni entre- » prendre sur le concierge, ses gens & guichetiers ; » & en cas *qu'aucuns prisonniers soient surpris fai- » sant effraction aux murailles ou portes, seront pendus » sans autre forme ni figure de procès, à une potence » qui, pour cet effet, sera plantée au milieu du préau » de la conciergerie.* Fait défenses auxdits prisonniers » de se battre ni s'outrager les uns les autres, ni » ceux qui viendront en ladite conciergerie, ni » même extorquer *bien-venue des prisonniers nouvel- » lement amenés* esdites *prisons*, sous peine du fouet, » & de plus grande s'il y échet ».

Le crime *de bris de prison* est si grave, que

lorfqu'un accufé qui a voulu s'évader eft repris, le juge doit informer fur ce crime, indépendamment de la première information relative à l'emprifonnement de l'accufé. Par arrêt du parlement de Paris du 14 août 1736, la procédure du juge de la ville d'*Eu* fut déclarée nulle, pour n'avoir pas inftruit le crime *de bris de prifon* par information, comme les autres crimes, & s'être contenté d'interroger l'accufé fur ce délit, fans avoir fait une inftruction entière. *Voyez* le traité des matières criminelles par la Combe, *troifième partie, chapitre 10.*

Il faudroit pourtant diftinguer la manière dont le prifonnier fe feroit évadé, & s'il étoit retenu pour dette ou pour crime. Un prifonnier qui verroit la porte de fa *prifon* ouverte, & profiteroit de la négligence du geolier pour recouvrer fa liberté, feroit trop excufable d'avoir fuivi le premier mouvement de la nature, pour devoir être puni; mais fi, retenu pour crime, il corrompoit le geolier, & parvenoit à le déterminer à fe fauver avec lui, dans le cas où ils viendroient à être repris, tous deux courroient le rifque d'être punis de mort.

Nous ne devons pas diffimuler que l'on fe relâche beaucoup de la rigueur de cette jurifprudence criminelle, & que, comme de tous les délits, le plus excufable eft celui qui a pour objet de fouftraire fa perfonne au fupplice ou à l'infamie, il arrive très rarement que le parlement faffe le procès à ceux qui s'en font rendus coupables. Il fe paffe peu d'années fans que quelque prifonnier ne s'échappe de la conciergerie. On vérifie les moyens qu'ils ont, dit-on, employés pour s'enfuir; on oppofe de nouveaux obftacles à ceux qui pourroient en ufer, & on finit par oublier le fugitif.

Lorfque le débiteur retenu pour dettes s'évade par l'inattention du guichetier, le geolier, qui répond de ceux qu'il emploie, eft expofé à être pourfuivi par les créanciers, qui peuvent demander & obtenir la contrainte par corps contre le gardien infidèle ou négligent, qui étoit le dépofitaire de leur gage.

Si, au contraire, le prifonnier trouve le moyen de s'enfuir, foit à l'aide d'échelles de corde, foit en faifant une ouverture dans le mur, enfin, de manière que l'on ne puiffe convaincre le geolier de dol ou de négligence, il eft à l'abri de toutes pourfuites, foit de la part de la juftice, foit de la part des créanciers. S'il en étoit autrement, il ne feroit pas poffible de trouver des hommes affez imprudens pour fe charger de la garde des prifonniers.

Le prifonnier, tant qu'il eft dans fa *prifon*, c'eft-à-dire, au milieu de la gêne & de l'horreur de la captivité, ne peut contracter aucun engagement qui lui foit onéreux, parce que le premier caractère d'un acte, la condition la plus effentielle à fa validité, c'eft la liberté, & que l'on peut croire que celui qui a contracté telle ou telle obligation ne l'auroit pas foufcrite s'il eût été libre, & qu'il y a acquiefcé, foit dans la crainte de prolonger, par fon refus, fa captivité, foit dans l'efpérance d'y mettre fin.

Mais comme il eft néanmoins de l'intérêt du prifonnier qu'il puiffe fe concilier avec fes créanciers, faire des arrangemens avec eux, ou contracter avec d'autres prêteurs, pour fe procurer les moyens de faire ceffer fon emprifonnement, on a fixé dans les *prifons* un lieu où il lui eft poffible de foufcrire un engagement valable; c'eft celui qui fépare les *deux guichets*. Le prifonnier eft là confidéré comme libre; néanmoins le mérite de l'acte qu'il foufcriroit dans ce prétendu lieu de liberté, dépend beaucoup du fond & des conditions qui y font inférées. On examine donc s'il eft préjudiciable au prifonnier; s'il eft tel qu'il ne l'eût pas paffé étant libre, on le déclare nul : mais fi, au contraire, le prifonnier n'a fait entre les deux guichets que ce qu'il auroit pu ou dû faire hors des *prifons*, on déclare l'acte valable.

Le parlement de Paris, par arrêt rendu en la tournelle, le 1 juin 1714, a admis deux particuliers au bénéfice de reftitution contre une tranfaction paffée entre deux guichets fur une accufation de banqueroute fraduleufe, parce qu'il y avoit tout lieu de préfumer que les prifonniers n'avoient acquiefcé aux conditions énoncées dans la tranfaction, que par le défir de recouvrer la liberté, fi chère à l'homme, & pour laquelle les facrifices ne lui coûtent rien.

Auffi-tôt que le jugement qui met fin au procès d'un accufé, a été rendu, on doit le lui lire, parce que, s'il eft reconnu innocent, il y auroit une injuftice criante à le retenir un inftant de plus que la loi ne le veut; s'il eft condamné à une peine pécuniaire par forme de dédommagement, il ne faut pas, dans le cas où il pourroit s'acquitter fur le champ, que la négligence du greffier ajoute à fa peine pécuniaire, celle de la prolongation de fa captivité. C'eft conformément à ces fages confidérations que l'article 29 du titre 12 de l'ordonnance de 1670 s'exprime ainfi : « tous greffiers, même de nos cours, & ceux » des feigneurs, feront tenus de prononcer aux » accufés les arrêts, fentences & jugemens d'ab» folution ou d'élargiffement *le même jour qu'ils* » *auront été rendus*; & s'il n'y a point d'appel » par nos procureurs ou ceux des feigneurs *dans* » *les vingt-quatre heures*, mettre les accufés hors des » *prifons*, & l'écrire fur le regiftre de la geole » comme auffi ceux qui n'auront été condamnés » qu'en des peines & réparations pécuniaires, en » confignant ès mains du greffier les fommes ad» jugées pour amendes, aumône & intérêts civils, » fans que, faute de paiement d'épices ou d'avoir » levé les arrêts, fentences & jugemens, les pronon» ciations ou élargiffemens puiffent être différés, » *à peine, contre le greffier, d'interdiction,* de trois

» cens livres d'amende, dépens, dommages &
» intérêts des parties ».

Les prisonniers accusés de crime, dont le procès
est jugé, ne peuvent être mis hors de *prison* lorsqu'il y a eu des conclusions contre eux qui tendoient à une peine corporelle ou infamante, & qu'il
y a appel à minimâ.

Il est défendu aux geoliers de mettre en liberté
un prisonnier décrété, même sur le consentement
de la partie civile & du procureur-général, ou du
procureur du roi, si le juge ne l'a ordonné.

Lorsqu'un prisonnier doit être transféré de la
prison de la jurisdiction où il a été jugé, dans une
autre où ressortit l'appel, il doit être mené avec
une escorte suffisante, & toujours entre deux soleils, pour éviter les surprises & les complots
nocturnes.

Un arrêt imprimé, rendu en forme de réglement, le 20 mars 1690, & dont la publication a
été ordonnée dans les bailliages & sénéchaussées
du ressort du parlement de Paris, enjoint « au
» conducteur de la messagerie de Niort à Paris,
» lorsqu'il sera chargé de la conduite des prison-
» niers, de les mener avec une escorte suffisante,
» & de marcher entre deux soleils, à peine d'en
» répondre ».

Ce même arrêt a encore ordonné « que les
» messagers & autres conducteurs de prisonniers,
» qui meneront des prisonniers en la conciergerie
» du palais, prendront leur décharge au greffe de
» la geole de ladite conciergerie, pour la remettre
» dans le mois ès mains des greffiers des sièges
» & jurisdictions des *prisons* desquelles lesdits pri-
» sonniers auront été transférés, & que ceux qui
» transféreront des prisonniers des *prisons* de ladite
» conciergerie en celles d'autres sièges, s'en char-
» geront sur le registre de la geole de ladite con-
» ciergerie, & seront tenus de rapporter dans le
» mois, au greffe de ladite geole, un certificat des
» geoliers des *prisons* desdits sièges, visé par le
» juge de la *prison*, & le substitut du procureur-
» général ou le procureur-fiscal, faisant mention
» du jour que les prisonniers auront été amenés
» en leur *prison*, pour être ledit certificat remis
» ès mains dudit procureur-général du roi, à peine
» de cinq cens livres d'amende ». Toutes les dispositions de cet arrêt ont été confirmées par un
autre du 17 août 1747, qui est rapporté dans le
recueil chronologique de Jousse.

On trouve aussi dans le recueil des réglemens
de justice, tome 2, un autre arrêt de réglement du
26 août 1704, qui ordonne « que lorsque les pri-
» sonniers seront transférés des *prisons* des sièges
» & jurisdictions du ressort de la cour en celles
» de la conciergerie du palais, les substituts du
» procureur-général & les procureurs-fiscaux seront
» tenus d'envoyer audit procureur-général copie
» de l'acte par lequel les conducteurs des prison-
» niers s'en seront chargés, contenant les noms,
» qualités & demeures des prisonniers & des con-

» ducteurs, le jour de leur départ, & ce dans le
» jour dudit départ, & *par une autre voie que celle*
» *des conducteurs*, à peine par lesdits substituts &
» procureurs-fiscaux d'en répondre en leur propre
» & privé nom ».

Le but de ces arrêts est d'assurer la marche des
prisonniers, & d'empêcher que leurs guides ne
puissent, à leur gré, la retarder & les retenir plus
qu'il n'est nécessaire dans les endroits par lesquels
ils doivent passer.

Par un arrêt rendu le 9 août 1724, sur la requisition *des fermiers des coches & messageries du*
royaume, la cour « a maintenu lesdits fermiers &
» leurs préposés dans le droit de se charger, à
» l'exclusion de tous autres, de tous les prison-
» niers qui se trouveroient dans l'étendue du dé-
» partement de leurs messageries, & dont la transla-
» tion devroit être faite dans la conciergerie &
» ailleurs, ainsi que des procès civils & criminels
» dont le transport seroit ordonné ».

Le même arrêt fait défenses « à tous greffiers,
» tant de la conciergerie qu'autres, de délivrer
» aucun prisonnier ou procès, ou donner aucune
» décharge, aucun exécutoire, qu'auxdits fermiers
» ou préposés, sous les peines portées par les édits
» & arrêts ».

Lorsqu'un prisonnier est une fois arrêté, il faut
qu'il reste à demeure dans sa *prison*; l'ordonnance
défend, sous peine de galères, aux geoliers de
laisser vaguer les prisonniers, c'est-à-dire errer
dehors, quand même *ils les accompagneroient*: il
est pourtant quelquefois arrivé de permettre à
des prisonniers malades un élargissement momentané, & sous une bonne garde; mais cela arrive
très-rarement: il y a un arrêt, rendu le 10 janvier 1730, sur le requisitoire de messieurs les
gens du roi, qui ordonne « qu'aucun prisonnier
» détenu même pour dettes civiles, ne pourra
» être mis hors des *prisons* à la garde d'un huis-
» sier ou autre, *sous quelque prétexte que ce soit*,
» si ce n'est dans le cas de quelque procédure ou
» acte où la présence du prisonnier seroit néces-
» saire, & qui ne pourroit se faire dans la *prison*,
» pour raison de quoi pourra être ordonné que
» le prisonnier sera conduit sur le lieu, sous
» bonne & sûre garde, *à la charge de le réintégrer*
» dans les *prisons* chaque jour, sans qu'il puisse
» séjourner hors des *prisons*, s'il y en a dans le
» lieu, sinon détenu sous bonne & sûre garde ».

Le parlement se relâcha de la sévérité de cet
arrêt l'année suivante. Un particulier décrété &
emprisonné, sur les effets duquel le scellé étoit
apposé, prétendit que le gardien dissipoit ces mêmes
effets, & demanda à la cour qu'il lui fût permis
de se transporter, sous la garde d'un huissier,
non-seulement dans sa maison, *mais par-tout où*
besoin seroit, pour saisir & revendiquer ses effets.

La cause ayant été mise au rôle, & personne
ne paroissant pour la partie civile, M. l'avocat-
général, après avoir observé que le règlement
du

du 10 janvier 1730, fembloit s'oppofer à la demande du prifonnier, finit par dire, que puifque perfonne ne combattoit cette demande qui paroiffoit fondée, il ne croyoit pas devoir s'y oppofer, pourvu que le prifonnier fût tous les foirs réintégré dans les *prifons*.

La cour, par arrêt rendu le 10 février 1731, voulut bien acquiefcer à la demande du prifonnier; l'arrêt étoit conçu en ces termes : « lui » a permis de fortir des *prifons* à la garde d'un » huiffier de la cour, pour être transféré dans les » lieux où font fes effets, pour les revendiquer, » à la charge qu'il fera réintégré tous les foirs » dans les *prifons* du lieu où il fe trouvera; à le » recevoir tous geoliers contraints, leur enjoint » de le laiffer fortir le matin, accompagné de » l'huiffier, à la garde duquel il fera commis ».

Enfin, ce qui prouve que l'humanité & les cas particuliers doivent l'emporter fur la rigueur des réglemens, c'eft qu'en 1762 on préfenta à l'audience la queftion de favoir fi un prifonnier pour dettes, attaqué de maladies auxquelles le féjour des *prifons* pouvoit être fatal, étoit recevable à demander fa liberté pour fe faire traiter chez lui, en donnant caution de fe réintégrer après fa guérifon.

M. Séguier, qui portoit la parole dans cette caufe, expofa que la maladie étant certaine & prouvée par l'atteftation des médecins, la liberté ne pouvoit être refufée au malade, & que puifque les feptuagénaires font déchargés de la contrainte par corps, par la raifon que les infirmités de leur âge ne leur permettent pas de fupporter la *prifon*, l'humanité demandoit la même indulgence pour les prifonniers malades, auxquels la *prifon* pouvoit donner la mort. Il alloit jufqu'à dire que puifque le prifonnier dont il s'agiffoit avoit offert de donner caution, il étoit naturel de l'y affujettir; mais que, quand il n'auroit pas fait de femblables offres, fa liberté ne pourroit lui être refufée dans l'état de maladie où il fe trouvoit, parce que la confervation d'un citoyen & de la poftérité qui pouvoit en fortir, demandoit qu'on employât tous les moyens en fa faveur, & étoit préférable à des intérêts particuliers. D'après ces touchantes confidérations, l'arrêt rendu le 12 juin 1762, accorda la liberté au prifonnier, en donnant la caution qu'il avoit offerte.

Le créancier eft auffi le maître d'accorder à fon débiteur la faculté de fortir, pour un certain temps, de fa *prifon*, à la condition d'y rentrer de lui-même, dans le cas où il le délai expiré, il ne l'auroit pas payé. Cela eft récemment arrivé. Un des trois officiers condamnés à payer, par forme de réparation & de dommages, quatre-vingts mille francs au fieur Damade, & à garder *prifon* jufqu'au paiement de cette fomme, s'étant trouvé très-malade, & foupirant après l'air libre de la campagne, fit demander au fieur Damade la liberté de fortir un mois de la conciergerie, fous la caution de

fon défenfeur & d'un magiftrat; le fieur Damade y ayant confenti, le prifonnier fortit & revint au bout du mois rendre fa perfonne à fon créancier, & délier fes cautions de leur engagement.

Les paroles de M. l'avocat-général Séguier, que nous venons de rapporter, relativement à la demande du malade, qui obtint de fe faire transférer chez lui pour fa guérifon, nous difpenfent de parler de cette louable difpofition de la loi, qui ouvre au prifonnier feptuagénaire les portes de fa *prifon*, & met fa perfonne à couvert des atteintes que l'on voudroit porter à fa liberté. On n'a pas voulu que la vieilleffe infirme & débile eût encore pour furcroît de maux l'affliction d'être dans les fers, & que le peu de jours qui lui reftoient à exifter s'écoulaffent dans la captivité : mais cette difpofition favorable ne s'applique qu'au prifonnier pour dettes; car fi un centenaire pouvoit commettre un homicide, la juftice enchaineroit fon bras meurtrier, & couperoit de fon glaive la trame de fes vieux jours, qu'il auroit fouillés par le crime.

Les prifonniers pour dettes, qui, par leur mifère, font dans l'impoffibilité de s'acquitter, peuvent, malgré l'état déplorable de leurs affaires, fe livrer à l'efpérance de fortir de *prifon*. Il y a, à Paris fur-tout, des perfonnes charitables, qui penfent, avec raifon, qu'une des meilleures œuvres dont ils puiffent s'occuper, c'eft de rendre la liberté aux prifonniers, qui font des hommes perdus pour l'état, pour leur famille, tant que leur infortune les condamne à l'inaction. Ces gens fecourables, foit de leur propre argent, foit du produit de leur quête, forment ce que l'on appelle *un fonds de charité*, qui fert à la délivrance des prifonniers; & pour que ce fonds s'épuife moins vite & tourne au profit d'un plus grand nombre de malheureux, le parlement de Paris tient, aux grandes fêtes de l'année, fes féances dans les différentes *prifons* de cette ville. Le prifonnier que la charité veut bien fecourir, n'a befoin alors que de faire l'offre du tiers de la fomme pour laquelle il eft retenu; avec une caution pour le furplus, & il obtient fa liberté. Mais comme il pourroit arriver qu'un débiteur de mauvaife foi offrît de fes propres deniers le tiers de fa dette pour fortir de *prifon*, on exige, pour prévenir cet abus, que le prifonnier préfente un certificat du geolier, qui attefte que c'eft véritablement des deniers de charité que provient l'offre qu'il fait.

Lorfque c'eft la bonté du monarque ou celle de la reine qui vient au fecours de fes fujets captifs, au lieu du tiers, le quart fuffit pour les délivrer, & on n'exige pas de caution pour le furplus. Cette différence eft établie pour donner plus d'effet & un plus libre cours à la bienfaifance royale.

Le débiteur qui fort en offrant un tiers, n'eft pas, comme on le voit, quitte envers fon créancier, puifqu'il eft tenu de lui donner une bonne

IIiii

caution pour le furplus. Nous ne fommes pas affurés que dans les *prifons* des autres parlemens il exifte, en faveur des prifonniers pour dettes, les mêmes fecours ; mais ils ne peuvent être trop multipliés, lorfqu'ils ne s'étendent que fur de pauvres débiteurs qui languiroient éternellement en *prifon*, fans cet effet falutaire de la bienfaifance humaine.

Il étoit d'ufage, chez les Romains, à certaines fêtes folemnelles, de rendre la liberté aux prifonniers. Nous avons quelque temps imité ce grand exemple d'indulgence ; mais il encourageoit la mauvaife foi des débiteurs, & donnoit aux criminels le dangereux efpoir de l'impunité. Ce n'eft plus qu'aux facres des rois que cette faveur s'étend fur les criminels : mais à tous les heureux événemens publics, la famille royale & les corps municipaux manifeftent leur joie par la délivrance d'un certain nombre de prifonniers pour dettes.

Ceux fur lefquels tombent principalement, & avec raifon, les regards de la charité, font les pères de familles, qui, en ne payant pas à l'étrangère qui a allaité leurs enfans le prix de fa nourriture, fe font expofés à la contrainte par corps : ce qui doit déterminer à aller au fecours de ces malheureux de préférence aux autres, c'eft que le créancier doit être vu auffi favorablement que le débiteur. Ces prifonniers ne font pas à la charge du créancier, parce qu'il ne feroit pas jufte qu'une pauvre nourrice, qui s'épuife pour nourrir l'enfant, fe ruinât encore pour alimenter le père : elle ne fe mêle pas même de le faire arrêter, l'emprifonnement fe fait par l'entremife de femmes que l'on nomme des *recommandareffes*, & dont les devoirs font de veiller à la confervation des nourriffons, & à ce que les nourrices foient payées de leurs foins.

On a établi dans les villes des receveurs qui touchent les revenus des fondations établies pour le foulagement des pauvres prifonniers, ainfi que les legs & aumônes qui leur font faits. Ce font ordinairement des perfonnes charitables qui fe chargent de faire ces recouvremens, & qui les font gratuitement ; néanmoins ces généreux dépofitaires doivent avoir prêté ferment devant le juge qui a la police des *prifons*. L'article 10 du réglement de la cour, du 18 juin 1717, porte que les aumônes particulières feront diftribuées aux prifonniers en préfence des perfonnes qui les auront faites.

Lorfque le mari & la femme font emprifonnés, & que l'un des deux offre de refter en *prifon* jufqu'à ce que les créanciers foient fatisfaits, on donne indiftinctement au mari ou à la femme la liberté de fortir, à moins que tous deux ne foient arrêtés par des créanciers différens, par la raifon que tous deux feroient un commerce particulier ; mais autrement on ne retiendroit pas celui qui, par fon travail, peut parvenir à retirer l'autre de captivité.

Il nous refte à parler d'une troifième efpèce de prifonniers qui ne font renfermés, ni en vertu de décrets, ni pour dettes, & qui devroient, comme nous l'avons dit plus haut, être retenus dans une *prifon* particulière. Ce font les *tapageurs*, les joueurs fufpects, & tous ceux que la police fait arrêter de nuit ou envoie de jour en *prifon*.

Dans une ville immenfe comme la capitale, remplie de gens de toute efpèce, de toute nation, dont les uns n'exiftent que par la rufe & la fraude, qui fe livrent à toutes fortes d'excès, d'injuftices, d'emportemens, de tyrannies, qui abufent de leurs facultés, de leurs armes, il eft néceffaire qu'il y ait une force dominante, un pouvoir rapide, qui les contienne & les puniffe. On a répandu à cet effet, dans les différens quartiers de la ville, des juges fubalternes, mais qui font revêtus d'une autorité fuffifante pour en impofer au peuple, & pour réprimer les perturbateurs ; ce font les commiffaires. La garde de Paris, qui parcourt la ville la nuit & le jour, leur amène tous ceux qui ont troublé l'ordre public, ou commis quelques injuftices.

Un arrêt de réglement du 17 août 1750 prononce, « que les ordonnances & arrêts de réglement de la cour pour la police de la ville & » fauxbourgs de Paris, feront exécutés felon leur » forme & teneur ; ce faifant, que les officiers & » archers, tant du guet que de robe-courte & » autres chargés de capture pour contravention à » la police pendant le jour, feront tenus, lorfqu'ils » arrêteront des *contrevenans*, de les conduire fur » le champ dans la maifon du commiffaire dans le » quartier duquel lefdites captures auront été faites, » & de remettre entre fes mains les pièces fervant » à conviction, dont ils feront faifis, à l'effet par » lui d'interroger lefdits contrevenans, d'entendre » les témoins, fi aucun y a, & de faire toutes » les procédures néceffaires pour affurer la preuve » de la contravention, pour enfuite ordonner par » le commiffaire, s'il y échet & s'il le jugé à » propos, *l'élargiffement de celui ou de ceux qui auront » été arrêtés*, ou faire conduire lefdits contrevenans » dans les *prifons*, ou en donner avis fur le champ » au lieutenant-général de police, ou au lieute- » nant-criminel du châtelet, fuivant l'exigence des » cas, pour être par eux ordonné ce qu'il appar- » tiendra, dont & de tout fera dreffé procès-verbal, » enfemble les pièces fervant à conviction, qui » lui auront été remifes, dépofées au greffe dans » les vingt-quatre heures ».

Cet arrêt a donné une jufte interprétation à la difpofition d'un autre précédent, en date du 7 feptembre 1725, qui ordonnoit que *quand les officiers ou archers du guet arrêteroient ceux qui commettent du défordre la nuit, ils les conduiroient dans les prifons du grand châtelet, fans les pouvoir conduire en aucunes maifons particulières, fi ce n'eft chez les commiffaires au châtelet.* Il feroit d'une conféquence dangereufe de livrer la liberté d'un citoyen domicilié, au caprice ou à l'humeur d'un archer du guet : il eſt très-eſſentiel que le guet ne puiſſe, de ſa ſeule autorité, conduire en *priſon* aucun particulier, ſous prétexte de déſordre, & ſans auparavant l'avoir mené chez un commiſſaire qui entend l'accuſateur & l'accuſé.

Dans le cas même où celui-ci ſeroit mécontent de l'ordonnance du commiſſaire, & la trouveroit injuſte, il eſt le maître de demander un référé, ſoit devant le lieutenant de police, s'il eſt arrêté pour fait de police, ſoit devant le lieutenant criminel, ſi c'eſt pour un délit qui concerne ce magiſtrat.

Quoique nous ayons dit que la *priſon* ne doive pas être conſidérée comme une peine, il eſt pourtant vrai qu'elle s'inflige par forme de correction à ceux qui ſont arrêtés d'ordre du roi, ou de la police, & qui, après avoir ſubi une captivité plus ou moins longue en proportion de leur délit, ſont rendus à la liberté.

Il y a des cas, très-rares à la vérité, où un accuſé eſt condamné à la *priſon* perpétuelle ; mais ce n'eſt qu'en commutation d'une peine plus forte, telle que celle des galères, ou de la peine de mort, & elle eſt prononcée par *lettres du prince*. Les tribunaux ordinaires, qui n'ont pas le droit de l'infliger, inſèrent quelquefois dans leurs arrêts, que le roi ſera ſupplié d'ordonner que l'accuſé ſera renfermé à perpétuité dans un château fort. Cela eſt arrivé à l'égard du ſieur de la *Maugerie*, qui depuis a été élargi & admis à ſe pourvoir au conſeil, où ſon affaire a été vue ſous un jour bien différent, puiſqu'il a obtenu le ſuccès le plus complet contre ſon adverſaire. La *priſon* perpétuelle ordonnée dans pareille circonſtance, emporte la mort civile & la confiſcation des biens.

Elle ne produit pas cet effet lorſqu'elle eſt prononcée contre un gentilhomme ou contre un militaire par le tribunal des maréchaux de France.

Nous pourrions ſans doute donner à cet article beaucoup plus d'étendue, ſi nous voulions nous arrêter ſur tout ce qui concerne les priſonniers, les greffiers, & ſur-tout les geoliers, auxquels on ne peut trop recommander de ne pas aggraver, par une brutalité qui n'eſt que trop ordinaire, les contradictions du priſonnier. Si l'accuſé eſt coupable d'un grand crime, ſon jugement le punira aſſez ; s'il ne l'eſt pas, c'eſt une raiſon de plus pour diminuer, autant qu'il eſt poſſible, les funeſtes inconvéniens des erreurs de la juſtice.

Que les geoliers ne ſe contentent donc pas de viſiter une fois le jour le malheureux qui eſt au ſecret, ainſi que l'ordonnance le leur preſcrit.

Il faut qu'ils obſervent attentivement s'il n'eſt pas livré à une douleur meurtrière, s'il n'eſt pas incommodé par la préſence des animaux qui viennent lui diſputer ſa pâture ; ſi ſa ſanté n'eſt pas altérée par le mauvais air : ils doivent apporter remède, autant qu'ils le peuvent, à tous ſes

maux ; en donner avis au juge, aux médecins, pour qu'il ſoit transféré à l'infirmerie avant que ſa maladie n'empire.

Le geolier doit veiller ſur les guichetiers qu'il emploie à ſon ſervice, leur donner des gages ſuffiſans pour qu'ils ne ſoient pas dans la néceſſité de vivre aux dépens des priſonniers ; qu'il ſe garde d'abuſer de l'empire qu'il peut avoir ſur une femme captive, pour ſatisfaire ſa paſſion ; car il s'expoſeroit, par ſon audace, à la peine de mort. Il doit ſavoir lire & écrire, afin de pouvoir lire les jugemens, transcrire les écrous, donner des décharges, & porter au procureur du roi, ou au procureur-général, dans les vingt-quatre heures au plus tard, des notes des priſonniers qui lui ſont amenés pour crime, avec copies des écrous & recommandations.

Dans les *priſons* ſeigneuriales, le geolier fait les fonctions de greffier, parce qu'il ne peut y avoir de greffier que dans les *priſons* royales.

Un des devoirs que l'humanité preſcrit aux geoliers, c'eſt de donner une entrée facile aux perſonnes charitables qui viennent apporter des ſecours aux pauvres priſonniers ; d'empêcher que ces ſecours ne tournent à leur détriment, en les laiſſant s'enivrer de vin & d'eau-de-vie.

Enfin, il ne doit uſer de ſévérité envers les priſonniers qu'à propos, & épuiſer les avis, les menaces avant d'employer la violence contre eux ; ne pas oublier qu'à moins qu'un danger preſſant ne l'ait requis, il n'eſt pas excuſable de contrevenir à l'ordonnance, qui lui fait les plus expreſſes défenſes *de battre les priſonniers, de les mettre au cachot ou aux fers, de ſa ſeule autorité & ſans auparavant en avoir reçu l'ordre par écrit du juge*, auquel il doit faire part des troubles & des délits qui exigent cet acte de ſévérité.

Il eſt très-répréhenſible lorſqu'il n'a pas d'égard à la qualité du priſonnier, & lorſque l'intérêt le porte à traiter ſans pitié, & à livrer aux horreurs *de la paille*, un accuſé d'une condition honnête qui ſe trouve dans une impoſſibilité abſolue de s'acquitter envers lui.

Il mérite d'être ſévèrement puni, s'il exige des droits d'emprisonnement, de tranſlation, qui ne lui ſont pas dus, ou des avances de *gîte*, de nourriture, de geolage ; s'il a la baſſeſſe de s'appliquer les aumônes ; s'il ne met pas la plus grande attention dans la tenue de ſes livres, en évitant toute abréviation ; enfin, s'il compromet, par ſa négligence, l'honneur ou la liberté d'un citoyen.

Comme on ne peut pas attendre, de la part de ceux qui ſe dévouent à l'état de geolier, une exactitude volontaire à remplir les devoirs que la loi leur impoſe, les juges ne peuvent apporter trop d'attention à les ſurveiller. Combien il ſeroit à ſouhaiter que l'article 35 du titre 13 de l'ordonnance de 1670, & l'arrêt de réglement de la cour du mois de ſeptembre 1717, qui veut que les procureurs du roi & ceux des seigneurs hauts-justiciers visitent les *prisons une fois chaque semaine, pour y recevoir les plaintes des prisonniers*, fussent observés ! Le même arrêt de règlement exige des procureurs du roi, *qu'ils entendent les prisonniers sans que les greffiers, geoliers, ou guichetiers soient présens, pour savoir si les arrêts & réglemens de la cour, concernant les prisons, sont fidellement exécutés.* Comme il seroit peut-être dangereux pour un juge d'aller seul au milieu des prisonniers, les interroger tous ensemble sur les traitemens qu'ils éprouvent de la part des gardiens, & sur la qualité des alimens qu'on leur fournit, il est de la prudence du juge, pour ne pas compromettre sa personne & la dignité de sa place, de faire venir dans une chambre particulière plusieurs prisonniers les uns après les autres, de comparer leur rapport, & de s'assurer du fondement de leurs plaintes. Il doit ensuite, accompagné des guichetiers, & même, s'il le veut, d'une escorte plus forte, visiter toutes les chambres, les infirmeries, observer les prisonniers, leur montrer de l'intérêt, prendre des informations sur les causes de leur détention, & protéger le malheur & l'indigence.

Nous finirons cet article par une réflexion peut-être décourageante. Il y a peu d'objet de la législation criminelle, sur lequel il ait été fait de plus sages réglemens, & rendu des ordonnances plus louables, plus humaines que sur les *prisons*; & cependant il n'y a pas de lieux plus affreux, où l'humanité soit plus dégradée, plus exposée à la contagion du mauvais air & des maladies.

Nous espérons que la retraite du ministre, qui, au milieu des soins & des embarras de son administration, s'est occupé de remédier à de si grands abus, n'influera pas sur le sort des prisonniers, & n'empêchera pas l'exécution de la déclaration du 30 août 1780, qui fait tant d'honneur au règne de Louis XVI.

Des prisons d'état. Les *prisons d'état* sont celles où un sujet est renfermé par ordre du roi, lequel doit être signé d'un secrétaire d'état. La seule puissance qui y retient le captif, peut lui en ouvrir les portes. Comme des raisons politiques sont censées déterminer, abréger, ou prolonger ces détentions, le souverain ne rend compte à personne des motifs qui les lui ont fait ordonner.

Il s'en faut de beaucoup cependant qu'on doive regarder tous les prisonniers d'état comme des hommes suspects, contre lesquels des intérêts politiques ont fait décerner des ordres qui assurent de leur personne.

Le plus grand nombre y est détenu pour des fautes particulières, soit à la requête des parens, soit par égard pour leur nom, & afin de les préserver de la honte d'une *prison* civile, & des suites d'un décret.

Voici les réflexions que ce sujet nous a fait naître.

Dans un état où les fautes seroient personnelles,

où la honte attachée à la punition des crimes n'obscurciroit que la tête du coupable; où l'accusé, saisi par la main de la justice, se trouveroit tout-à-coup isolé, & ne tenir qu'aux loix qu'il pourroit seules invoquer; les *prisons* perpétuelles ne devroient retenir que des furieux, que des insensés, & être absolument supprimées à l'égard des criminels. En effet, pourquoi l'état se chargeroit-il de nourrir & de faire surveiller un sujet qui auroit porté atteinte à l'ordre social, & qui, condamné à demeurer oisif le reste de ses jours, ne pourroit, en aucune manière, le dédommager des soins que l'on prendroit de lui, & de la perte des hommes consacrés à le garder & à le servir?

S'il est véritablement criminel, pourquoi ne pas tirer un exemple utile du châtiment qui lui seroit infligé, en le punissant d'une manière légale, ou dans ses biens, ou corporellement? Pourquoi, lorsqu'il peut réparer le dommage privé ou le dommage public, par sa force, par son industrie, & par son courage, l'enchaîner dans l'inaction?

Un homme captif dans un *donjon*, dans une *citadelle*, ne répare rien; il ne fait, au contraire, que continuer le dommage, puisqu'il devient tous les jours à charge à la société. Il perd tellement ses facultés physiques & morales, que ce qui peut lui arriver de pire, s'il est sans fortune, est qu'après un certain nombre d'années on lui ouvre les portes de sa *prison*; sans force, sans industrie, il se trouve au milieu de la société, comme les oiseaux domestiques, qui n'ont pas plutôt recouvré leur liberté, que, méconnus des oiseaux de leur espèce, ils périssent de misère, en regrettant leur cage & la main qui les nourrissoit.

Malheureusement il existe parmi nous un préjugé barbare, plus fort que la raison, qui, confondant les innocens & les coupables, répand la honte & l'opprobre sur tous ceux qui tiennent par les liens du sang à un criminel que la loi a frappé de son glaive; qui force de braves guerriers de quitter les étendards de la victoire, d'aller s'ensevelir dans la solitude, & d'y rester inutiles pour leur patrie; qui condamne à une funeste incapacité, à un fatal repos, des magistrats intègres, éclairés, que la justice voudroit en vain retenir dans ses tribunaux, pour y combattre la mauvaise foi. Tant que ce préjugé insensé subsistera, les *prisons* d'état, qui ne déroberont au châtiment public que des criminels dont la destruction ou l'infamie entraîneroit la perte de plusieurs sujets utiles, doivent être consolidées par une sage politique; &, loin de nous alarmer, loin qu'elles doivent jetter de l'effroi dans nos ames, elles doivent au contraire rassurer les familles, dont elles protègent & conservent l'honneur.

Si nous voulons que les *prisons* d'état, près desquelles nous ne passons pas sans frémir, soient abattues, hâtons-nous d'étouffer l'opinion abfurde qui en rend l'exiftence néceffaire ; ne nous éloignons plus du citoyen, par la feule raifon que fon fils, que fon frère, ont expiré fous la main du bourreau. Plaignons-le ; mais ne le méprifons pas : s'il eft brave, honnête, qu'il lui foit permis de fervir fa patrie, foit dans les camps, foit dans les cités ; qu'on ne lui refufe pas l'honneur de prouver que le crime & la vertu peuvent croître dans une même famille, & y produire leurs fruits fi différens.

Alors, il n'y aura plus de raifons pour épargner le criminel & l'enfevelir dans une éternelle captivité ; il marchera fans obftacle à l'échafaud, fi la loi le condamne à y offrir au peuple affemblé le fpectacle affreux de fa deftruction.

Oui, malgré l'ennui & l'effroyable privation attachés à la captivité perpétuelle, on ne peut pas fe diffimuler que ce ne foient l'humanité & l'efprit de douceur, de modération, qui l'aient enfantée ; elle eft un des effets de la civilifation. Comment des fauvages, des barbares retiendroient-ils éternellement prifonniers leurs ennemis, ou ceux d'entre eux qui auroient violé les loix que la nature leur a dictées ? Leur ôter la vie, ou les bannir de la fociété, voilà la vengeance qu'il leur eft feulement poffible d'en tirer ; ce n'eft donc que pour éviter de répandre le fang, ou pour ne pas réduire au défefpoir un exilé, qu'on a imaginé, parmi les hommes civilifés, de renfermer & de nourrir dans une *prifon*, des hommes dont on auroit à fe plaindre ou que l'on redoutoit, pour les y laiffer attendre languiffamment le terme de leur vie.

Des fentimens de bonté, des diftinctions particulières, ont infenfiblement multiplié parmi nous ces éternelles détentions ; ainfi, en blâmant les abus qui en réfultent, on ne peut qu'en louer le motif.

Si l'on excepte quelques gentilshommes ou militaires, que des jugemens émanés du tribunal des maréchaux de France retiennent dans les *prifons* d'état, la plupart de ces châteaux ne font habités que par des fujets condamnés miniftériellement. Différens délits provoquent ces condamnations, ou plutôt ces ordres fupérieurs ; les uns font, comme nous venons de le dire, prononcés fur le vœu d'une famille qui a lieu de craindre que l'inconduite d'un feul de fes membres n'amène la honte & l'opprobre fur tous ; d'autres font rendus du propre mouvement du roi. Sous des règnes moins équitables que celui fous lequel nous vivons, & à la juftice duquel nous devons la plus douce des fécurités, plufieurs de ces ordres ont été fignés d'après des délations fecrètes, ou de fimples foupçons faciles à diffiper, fi l'on eût attaché plus d'importance à la liberté de celui fur qui ils s'étendoient.

Avant donc de fe récrier contre ces détentions en général, il en faudroit approfondir les motifs particuliers. Par exemple, lorfqu'un fujet a bleffé, par des écrits féditieux, ou même par des paroles menaçantes, la majefté royale, pour arrêter, d'un côté,

les effets de fa licence audacieufe, ne pas laiffer fon crime impuni ; & de l'autre, pour fauver cet homme téméraire des peines très-graves prononcées contre lui par nos loix, le gouvernement croit devoir l'enlever à la fociété, & l'enfermer plus ou moins févérement dans une des fortereffes confacrées à la détention des criminels d'état. Certainement, fi le captif eft véritablement auteur de l'écrit qu'on lui attribue ; fi la publication de cet écrit pouvoit offenfer la dignité du roi, affoiblir le refpect des fujets pour leur fouverain, lui faire perdre, aux yeux des nations étrangères, une partie de l'éclat dont il brille, ou du pouvoir qui leur en impofe, cet écrivain feroit très-criminel ; la main qui l'enchaîneroit ne feroit point une main de vengeance, mais une main tout à la fois équitable & bienfaifante, puifqu'elle fouftrait la perfonne du coupable aux peines infamantes & corporelles que la loi prononce contre lui. Ainfi, quand au fond, ce captif, ni nul autre pour lui, ne peut murmurer contre l'autorité qui le prive de fa liberté, à moins qu'il ne préférât d'être puni fuivant la rigueur de la loi. Mais, dira-t-on, fi par hafard il avoit été injuftement dénoncé, s'il n'étoit pas coupable, comment auroit-il pu fe défendre ? Si nos loix s'oppofent à ce qu'un accufé perde la vie, lorfqu'il n'exifte pas contre lui une preuve irréfiftible de fon crime, n'eft-ce pas éluder ces loix fages & humaines, que de ravir à un accufé, fur de fimples préfomptions, le feul bien qui puiffe donner quelque prix à la vie ? Pour que la main qui le fauve de la mort, en le fixant dans la captivité, foit réellement bienfaifante, il faut donc qu'elle ne l'y retienne qu'après que l'accufé aura eu les mêmes moyens de fe juftifier, que s'il eût été livré au cours de la juftice ordinaire. J'avoue que je n'ai point de réponfe raifonnable à faire à cette objection ; & c'eft fans doute parce qu'elle avoit été preffentie par un homme vertueux, qui a porté, dans une place éminente, les principes de la magiftrature, que nous avons vu, fous fon miniftère, les *prifons* d'état forcées de rendre tant de captifs qu'elles retenoient depuis nombre d'années dans leur fein, & un tribunal s'élever pour apprécier les dénonciations qui tendoient à priver un citoyen des privilèges communs à tous les autres.

Comme notre objet n'eft point de prendre ici la défenfe de ceux que le gouvernement a cru devoir féparer de la fociété, & qu'il ne nous appartient pas de fonder les raifons particulières des ordres fecrets, devenus infiniment plus rares, à mefure que nous avons eu des rois moins impérieux, & des miniftres plus juftes ; nous ne nous arrêterons qu'à faire fentir combien ces longues détentions font affreufes, combien elles font nuifibles à ceux qui y languiffent, & combien, par cette raifon, il eft jufte de faire précéder ces condamnations rigoureufes, d'un examen auffi attentif que celui qui doit éclairer les jugemens que la juftice ordinaire prononce. Eh ! qui peut refuser sa pitié à un être que la nature avoit rendu libre, auquel elle a donné le besoin de se transporter d'un lieu dans un autre, de promener ses regards sur des objets divers ; à qui elle a accordé un doux penchant à se rapprocher de ses semblables, à leur communiquer ses pensées, & qui seroit condamné à ne plus parcourir qu'un espace rétréci, pour lequel le sol immense qu'il habitoit se trouve tout à coup réduit à quelques pieds ; dont le cœur né peut plus produire que de stériles sentimens ; qui n'a plus que les mêmes objets à voir, les mêmes voix à entendre, les mêmes actions à répéter ; enfin, dont tous les jours sont enveloppés de la plus ennuyeuse uniformité ! Son imagination ne lui rappelle que des jouissances perdues pour jamais, ne lui ramène que des regrets accumulés & des privations éternelles ; s'il veut marcher, un mur épais l'arrête dès ses premiers pas ; heureux encore si sa tête n'est pas courbée sous la voûte qui lui dérobe l'aspect du ciel ! Combien de fois ne lui arrive-t-il pas de se jetter avec rage, avec désespoir sur son grabat, de s'y rouler furieux, de s'irriter de plus en plus de son impuissance, & d'y demeurer épuisé de ses vains emportemens. Si l'on pouvoit calculer ou réunir sur un même point tous les instans de souffrances physiques & morales qui agitent ce captif isolé, abandonné à lui-même, on verroit que la vie qu'on lui laisse est souvent convertie en une douloureuse sensibilité ; cruellement prolongée, & peut-être pire que le supplice dont on a cru lui faire grace. Mais c'est sur-tout en raison du sentiment intérieur qu'il peut avoir de son innocence, ou de l'excessive rigueur du châtiment qu'il endure, que le regret de ses privations le déchire ; car, s'il est vraiment criminel, s'il ne peut pas se dissimuler qu'il ait mérité l'infamie ou la mort, l'horreur du jugement auquel il a échappé peut alors transformer à ses yeux sa captivité en une sorte de jouissance. Chaque instant où il respire lui semble un don ; peut-être, pour le pénétrer davantage de ce sentiment, seroit-il avantageux pour lui qu'il eût toujours sous les regards la preuve de son crime, & la disposition terrible de la loi, afin qu'il pût faire une comparaison de son existence actuelle avec l'horreur du néant ou d'un opprobre public, qui auroit déshonoré tous les siens.

L'isolement total, la privation de toutes les jouissances naturelles, l'ennui, la gêne, & l'éternelle contradiction dans laquelle les prisonniers d'état passent leur vie, rendent leur sort si malheureux, qu'il y auroit de la cruauté à ajouter quelque chose de plus à cette punition, que l'on a cru devoir substituer à la peine légale qu'ils ont encourue. Le calme dans lequel ils paroissent languir, ne fait que donner aux remords plus de prise sur leur esprit. S'ils n'éprouvent pas d'autres tourmens que celui de la captivité, ils ne détestent que les actions qui les y ont plongés ; mais si on

aggrave leur supplice par de continuelles vexations, par des injustices tyranniques, alors ils ne haïssent plus que les autres hommes ; &, loin de se reprocher le mal qu'ils ont fait à la société, ils regrettent au contraire de n'en avoir pas fait davantage à leurs bourreaux dans le temps où ils en avoient le pouvoir. Il règne en général beaucoup plus de modération & d'équité dans les prisons d'état qui sont sous l'empire d'un gouverneur militaire, que dans celles qui sont sous l'inspection des religieux. Peut-être ces derniers ont-ils besoin, pour se faire respecter des prisonniers, d'user envers eux de plus de sévérité ; peut-être aussi, séparés par état des autres hommes, ne regardent-ils plus ceux qu'on met sous leur garde comme leurs semblables, & se vengent-ils sur eux du mépris qu'ils leur ont montré dans le monde.

Il n'y a pas long-temps qu'une femme de qualité, qui étoit venue me demander des conseils, me fit frémir, en me peignant la déplorable situation dans laquelle elle avoit trouvé son mari. Ce malheureux, presque sexagénaire, détenu depuis plusieurs années, d'après le vœu de sa famille, dans une prison d'état située sur les limites de la France, & dont l'administration est confiée à des moines, parut devant elle si pâle, si défait, si changé, qu'elle l'envisagea long-temps sans le reconnoître. Le premier mouvement qu'il fit en la voyant, fut d'ouvrir un vieux manteau déchiré qui le couvroit à peine, pour lui prouver qu'on ne lui donnoit point de linge. Surprise, indignée de le trouver sous les apparences d'une misère aussi affreuse, elle lui demande pourquoi sa famille, payant une pension assez forte pour subvenir à tous ses besoins, il est dénué des choses les plus nécessaires ?

Avant de répondre à cette question, il promène des regards inquiets autour de lui, & semble craindre que sa réponse ne soit entendue. Nous sommes, lui dit-il d'une voix basse, sous une tyrannie qui n'a point d'exemple ; dépouillés, condamnés à vivre d'alimens grossiers, & que la faim seule peut nous faire dévorer, nous n'osons pousser le moindre murmure. Si, lorsque l'intendant de la province fait sa visite & nous interroge sur les sujets de plainte que nous pouvons avoir contre nos gardiens, un d'entre nous prend sur lui de dénoncer quelques injustices, quelques vexations, à peine le protecteur que le roi nous donne est-il éloigné, que le prisonnier, devenu sans appui, est puni de sa témérité, non-seulement par une captivité plus resserrée, mais encore par des traitemens si cruels, qu'il court souvent le risque d'en perdre la vie. Et moi-même, ajouta-t-il, je l'ai éprouvé au point d'avoir été plus de quinze jours privé de l'usage de mes membres.

Des abus aussi punissables, si opposés à l'esprit du gouvernement, si contraires à son intention, ne peuvent être trop hautement dénoncés aux miniftres, & fur-tout aux intendans des provinces, chargés fpécialement de les prévenir : le repos forcé eft fi funefte à l'homme, qu'il y auroit de la cruauté à refufer aux prifonniers, condamnés à fouffrir une longue détention, les moyens de fe procurer un exercice falutaire.

Qu'il leur foit permis fur-tout de diffiper leur mélancolie, autant qu'il eft poffible, par le travail auquel leur inclination les conduit. Si vous voulez qu'ils meurent, ne foyez pas plus cruels que les bourreaux, tranchez rapidement le fil de leurs jours. Si au contraire votre humanité croit devoir refpecter leur vie, ne l'abrégez donc pas, en les fatiguant par d'inutiles & injuftes contradictions, qui amènent à leur fuite des maladies douloureufes.

Si l'on pouvoit douter que la longue & étroite captivité ne fût pas elle feule un fupplice prefque infupportable, il fuffiroit, pour s'en convaincre, de fe rappeller tous les efforts qu'ont employés, tous les dangers auxquels fe font expofés des prifonniers d'état pour recouvrer la liberté, le continuel objet de leurs defirs & de leurs regrets.

Les uns, par une conftance incroyable, font parvenus, fans outils, fans autres inftrumens que leurs mains, à brifer, à détacher les barreaux de fer, à féparer des pierres énormes, à foulever des portes monftrueufes, à creufer de longs fouterreins.

D'autres fe font courageufement précipités du haut d'une tour dans la mer qui baigne le pied de leur prifon, au rifque d'être brifés fur la roche, ou engloutis dans les eaux. Plufieurs ont eu l'imprudence de confier tout le poids de leurs corps à de fragiles lanières, qui ne pouvoient tout au plus (en ne fe brifant pas) les conduire qu'à une diftance de quarante ou de cinquante pieds de la terre, tant la mort leur paroiffoit peu effrayante en comparaifon de la continuité de leur tourment.

Il y a à Venife une prifon qui eft un chef-d'œuvre de barbarie; celui qui en a donné la conftruction, mérite d'être placé à côté de ces monftres de cruauté dont l'antiquité nous a tranfmis les noms avec horreur. Au haut d'une tour très-élevée, font plufieurs efpèces de cages de trois pieds en carré, recouvertes de lames de plomb, & expofées à toute l'ardeur du foleil, qui dardé, dans toute fa force, fes rayons fur leur voûte ; le malheureux dont le corps eft ramaffé dans cet efpace rétreci, y fouffre des douleurs plus affreufes que celles qui faifoient pouffer des mugiffemens aux victimes renfermées dans le taureau de Phalaris, puifqu'elles font plus durables.

Quoiqu'on ne condamne à ce fupplice horrible que les grands criminels, il faut avouer qu'il n'eft pas poffible d'imaginer qu'ils aient commis des crimes affez énormes, pour entrer en balance avec un tourment auffi prolongé.

Les prifons d'état, en France, étant deftinées

à retenir feulement les fujets que le fouverain y fait conduire en fon nom, de fon autorité expreffe, tous ceux qui y font renfermés ne doivent y éprouver d'autres peines que celles de la captivité, parce que la main royale peut bien contenir un fujet rebelle ou perturbateur; mais il feroit contraire à fa dignité qu'elle le bleffât elle-même, & lui fît fentir autre chofe que fon pouvoir & fa force.

N'arrêtons pas nos regards fur cette prifon qui reçoit dans fon fein & l'extrême mifère, & la débauche honteufe (1). Nous rendons trop de juftice à l'équité du magiftrat qui préfide à la police de la capitale, pour ne pas être perfuadé qu'il préfervera toujours un citoyen qui attacheroit quelque prix à l'eftime publique, du malheur d'être plongé dans ce gouffre de corruption & d'ignominie ; une captivité auffi flétriffante feroit, pour l'homme honnête, la mort de l'ame. Obligé de renoncer à tout efpoir d'eftime, de confidération, exclus de toutes les charges, de tous les emplois, il ne verroit plus autour de lui que honte, qu'aviliffement : dédaigné des gens dont l'eftime lui feroit précieufe, méprifant les autres, la fociété deviendroit pour lui une folitude, & la vie un fupplice.

Malgré la gêne inféparable du fujet que nous traitons, effayons de réfumer les idées qu'il nous a fait naître. Les prifons d'état doivent, fous un prince dur, alarmer les fujets, parce qu'elles préfentent l'image d'un pouvoir trop impérieux & fupérieur aux loix. Sous un prince doux, bienfaifant, tel enfin que nous avons lieu d'efpérer que fera toujours le nôtre, elles font un adouciffement à la rigueur de la loi, confervent l'honneur des familles innocentes, étouffent des crimes honteux, fourniffent aux pères un moyen falutaire de prévenir des défordres d'une conféquence très-funefte, & qu'ils ne pourroient arrêter, fi la puiffance royale ne venoit au fecours de la leur.

Plus, fous ce point de vue les prifons d'état font utiles, plus il eft néceffaire de les environner de la lumière de la juftice, d'extirper les abus qui multiplient & prolongent les détentions nuifibles à l'exiftence des prifonniers, & onéreufes au gouvernement. Tel enfant diffipateur, tel citoyen perturbateur, tel fujet téméraire, ont mérité d'être féparés de la fociété, pour être livrés à la réflexion de la folitude, qui, au bout de fix mois d'emprifonnement, peuvent, fans danger pour l'état, & utilement pour eux, recouvrer leur liberté. Il feroit donc à fouhaiter qu'il exiftât un commiffaire général des prifons d'état, qui remplît, à l'égard de ceux qui y font renfermés, les mêmes fonctions que celles dont font chargés les gens du roi envers les autres citoyens ; c'eft-à-dire, qu'il fût leur appui, leur organe auprès de l'autorité fouveraine ;

_____

(1) Bicêtre.

qui fût le dépofitaire de leurs plaintes, de leurs demandes, même de leur juftification; qui balançât les caufes de leurs détentions, avec les motifs de leur élargiffement, fît valoir les uns & les autres, & ne craignît pas de fe rendre quelquefois important, pour fauver des citoyens du malheur d'être totalement oubliés de l'autorité qui a cru devoir s'en affurer.

Si ces vues, que nous avons déjà préfentées dans un des chapitres de nos réflexions philofophiques fur la civilifation, n'ont pas encore été fuivies dans toute leur étendue, M. le baron de Breteuil, miniftre & fecrétaire d'état, en a du moins adopté une partie, dans une lettre imprimée qu'il a adreffée à tous les intendans des provinces. Par cette lettre, qui refpire la juftice & l'humanité, il leur preferit de vifiter fouvent les *prifons* d'état, d'interroger les prifonniers, de s'informer avec foin, de la manière dont ils font traités. Il limite le temps de leur captivité en raifon de leur âge; & des délits dont ils font coupables. La *prifon* de Saint-Venant, & d'autres de la même nature, nous paroiffent, d'après le rapport de plufieurs prifonniers, mériter une attention particulière, & une grande réforme dans les abus qui s'y commettent.

Il feroit bien à defirer que la commiffion qui avoit été créée par M. de Malesherbes, ancien miniftre, pour juger du mérite des demandes qui ont pour objet d'obtenir ou de prolonger la détention des fujets qu'on prétend devoir fouftraire à la fociété, fût un jour rétablie. Ce tribunal, compofé de magiftrats intègres & humains, feroit une lumière dont l'autorité du miniftre s'environneroit, & qui préviendroit bien des furprifes faites à la juftice. Son pouvoir légitime n'en recevroit aucune atteinte. La faculté de faire emprifonner un citoyen fur une fimple déclaration, & fans examen, peutelle jamais être enviée d'un miniftre vertueux! Il n'y a que celle de rendre les hommes heureux qui devroit être fans bornes.

Prifons des officialités. Ces *prifons*, qui dépendent des tribunaux des eccléfiaftiques, ne doivent recevoir que ceux qui doivent être jugés par l'official ou par le bailli de l'évêché.

Il a été rendu au bailliage d'Orléans, le 11 juillet 1653, une fentence qui fait défenfes au nommé Bataille, concierge de l'officialité d'Orléans, de recevoir d'autres prifonniers que ceux de l'official ou du bailli de l'évêché.

Un arrêt du confeil avoit, depuis, fait exception en faveur des collecteurs des tailles; mais ils ont été enfuite compris dans la règle générale.

Prifons militaires. Lorfque nous avons dit que la *prifon* n'étoit pas une peine, mais feulement un lieu de fûreté, dans lequel la loi fixe celui qu'elle foupçonne d'être l'auteur d'un délit, nous n'avons entendu parler ni des *prifons* d'état, ni des *prifons* militaires.

Les hommes enrôlés au fervice de l'état font foumis à des ordonnances, à des châtimens diftincts de ceux des autres citoyens. Une des peines particulières à la claffe militaire, c'est la *prifon*; elle eft également infligée au foldat & à l'officier par fon fupérieur, & il n'y a que celui qui a pu l'y condamner qui puiffe la limiter.

Un juge civil n'a pas le droit de faire élargir un foldat emprifonné par l'ordre d'un officier militaire; mais fi le foldat commettoit un délit dans la *prifon* qui eût donné lieu à une plainte, le lieutenant-criminel feroit autorifé à l'y retenir pour faire l'inftruction de fon procès, & à le juger fuivant la rigueur de fes ordonnances.

Nous nous garderons bien de donner notre opinion dans une matière qui eft fi étrangère à notre profeffion; mais qu'il nous foit permis de rappeler ce qui a été dit par des officiers fupérieurs, & exprimé dans une ordonnance militaire qui n'a pas eu fon exécution, parce qu'elle étoit trop oppofée au fentiment de la nation françoife. La *prifon* eft en général très-funefte au foldat; elle le plonge dans une inaction nuifible, elle l'énerve, elle l'abrutit, elle rejette le poids de fon fervice fur les bons fujets. Il eft donc à defirer qu'on fubftitue à la *prifon* militaire une autre peine, qui, loin d'attaquer les qualités principales du foldat, leur donne au contraire un nouveau développement: c'eft aux feuls gens du métier qu'il appartient de l'indiquer. (*Cet article eft de M.* DE LA CROIX, *avocat au parlement.*)

PRISONNIER, f. m. (*Code crim.*) eft celui qui eft arrêté pour être mis en prifon, ou qui y eft détenu. *Voyez* CONTRAINTE PAR CORPS, GARDES DU COMMERCE, PRISON.

On voit, par les anciennes ordonnances, que les habitans de certains pays avoient autrefois des privilèges pour n'être pas emprifonnés; par exemple, on ne pouvoit pas arrêter *prifonniers* les habitans de Nevers, s'ils avoient dans la ville ou dans le territoire des biens fuffifans pour payer ce à quoi ils pouvoient être condamnés; & au cas qu'ils n'en euffent pas, en donnant des ôtages; ils pouvoient cependant être conftitués prifonniers dans le cas de vol, de rapt & d'homicide, lorfqu'ils étoient pris fur le fait, ou qu'il fe préfentoit quelqu'un qui s'engageoit à prouver qu'ils avoient commis ces crimes.

On ne pouvoit pas non plus mettre en prifon un habitant de la ville de Saint-Géniez en Languedoc, pour des délits légers, s'il donnoit caution de payer ce à quoi il feroit condamné.

De même à Villefranche en Périgord, on ne pouvoit pas arrêter un habitant, ni faifir fes biens, s'il donnoit caution de fe préfenter en juftice, à moins qu'il n'eût fait un meurtre ou une plaie mortelle, ou commis d'autres crimes, emportant confifcation de corps & de biens.

Les habitans de Boifcommun, & ceux de Chagny, jouiffoient du même privilège.

Les Caftillans commerçant dans le royaume, ne pouvoient

pouvoient être mis en prison avant d'avoir été menés devant le juge ordinaire.

Celui qui n'avoit pas le moyen de payer une amende, étoit condamné à une prison équipollente à cette amende.

Les prisonniers du châtelet de Paris dévoient avoir une certaine quantité de pain, de vin & de viande le jour de la fête de la confrairie des drapiers de Paris, & les gentilshommes devoient avoir le double.

Les orfévres de Paris donnoient aussi à dîner le jour de Pâques aux *prisonniers* qui vouloient l'accepter.

Une partie des marchandises de rôtisserie qui étoient confisquées, étoit donnée aux pauvres *prisonniers* du châtelet.

Les privilèges accordés par le roi Jean à la ville d'Aigues-Mortes en 1350, portent que les femmes *prisonnières* seront séparées des hommes, & qu'elles seront gardées par des femmes sûres. (A)

PRIVAGE D'AGE, ou PRIVAIGE D'AIGE, (*Droit féodal.*) il paroît qu'on a entendu par-là autrefois un droit appartenant aux seigneurs sur leurs sujets mineurs. J'ai vu un acte d'échange fait par l'abbaye de Montierender en Champagne, le 8 mai 1675, par lequel elle aliène, entre autres droits sur les terres de Puelle-Montier, la Borde & Survilliers, « les tailles de 12 sous par chacun » an & tout tel droit & action de main-morte, » qui pourroit lui compter à faute de paiement » de ladite taille quatraine, *privaige d'âge*, déportz & » tous tels autres droits de gruerie & droit de ban-» vin ». *Voyez* DÉPORT DE MINORITÉ & GARDE SEIGNEURIALE. (G. D. C.)

PRIVÉ-CONSEIL. *Voyez* CONSEIL DU ROI.

PRIVILÈGE, s. m. (*Droit public.*) signifie toute distinction utile ou honorable, dont jouissent certains membres de la société, & dont les autres ne jouissent point.

Il y en a de plusieurs sortes ; 1°. de ceux qu'on peut appeler *inhérens* à la personne par les droits de sa naissance ou de son état, tel est le *privilège* dont jouit un pair de France ou un membre du parlement, de ne pouvoir, en matière criminelle, être jugé que par le parlement ; l'origine de ces sortes de *privilèges* est d'autant plus respectable, qu'elle n'est point connue par aucun titre qui l'ait établie, & qu'elle remonte à la plus haute antiquité ; 2°. de ceux qui ont été accordés par les lettres du prince, registrées dans les cours où la jouissance des *privilèges* pouvoit être contestée.

Cette deuxième espèce se subdivise encore en deux autres, suivant la différence des motifs qui ont déterminé le prince à les accorder. Les premiers peuvent s'appeler *privilèges de dignité* ; ce sont ceux qui, ou pour services rendus, ou pour faire respecter davantage ceux qui sont à rendre, sont accordés à des particuliers qui ont rendu quelque service important ; tels que le *privilège* de noblesse accordé gratuitement à un roturier ; & tels

aussi que sont toutes les exemptions de taille, & autres charges publiques accordées à de certains offices.

Entre ceux de cette dernière espèce, il faut encore distinguer ceux qui n'ont réellement pour objet que de rendre les fonctions & les personnes de ceux qui en jouissent plus honorables, & ceux qui ont été accordés moyennant des finances payées dans les besoins de l'état ; mais toujours, & dans ce dernier cas même, sous l'apparence de l'utilité des services.

Enfin, la dernière espèce de *privilège* est de ceux qu'on peut appeler *de nécessité.* J'entends par ceux-ci les exemptions particulières, qui n'étant point accordées à la dignité des personnes, & des fonctions, le sont à la simple nécessité de mettre ces personnes à couvert des vexations auxquelles leurs fonctions même les exposent de la part du public. Tels sont les *privilèges* accordés aux commis des fermes, & autres préposés à la perception des impositions. Comme leur devoir les oblige de faire les recouvremens dont ils sont chargés, ils sont exposés à la haine & aux ressentimens de ceux contre qui ils sont obligés de faire des poursuites ; de sorte que s'il étoit à la disposition des habitans des lieux de leur faire porter une partie des charges publiques, ou ils en seroient bientôt surchargés, ou la crainte de cette surcharge les obligeroit à des ménagemens qui seroient préjudiciables au bien des affaires dont ils ont l'administration.

De la différence des motifs qui ont produit ces différentes espèces de *privilèges*, naît aussi, dans celui qui en a la manutention, la différence des égards qu'il doit à ceux qui en sont pourvus. Ainsi, lorsqu'un cas de nécessité politique & urgent, & celui-ci fait cesser tous les *privilèges* ; lorsque ce cas, dis-je, exige qu'il soit dérogé à ces *privilèges*, ceux qui, par leur nature, sont les moins respectables, doivent être aussi les premiers auxquels il soit dérogé ! En général, & hors le cas des *privilèges* de la première espèce, j'entends ceux qui sont inhérens à la personne ou à la fonction, & qui sont en petit nombre ; on ne doit reconnoître aucuns *privilèges* que ceux qui sont accordés par lettres du prince duement enregistrées dans les cours qui ont à en connoître. Il faut en ce cas même qu'ils soient réduits dans l'usage à leurs justes bornes, c'est-à-dire, à ceux qui sont différemment énoncés dans le titre constitutif, & ne soient point étendus au-delà.

Ils ne sont point du tout dans l'esprit de la maxime *favores ampliandi*, parce qu'autrement, étant déjà par leur nature, une surcharge pour le reste du public, cette surcharge portée à un trop haut point, deviendroit insoutenable, ce qui n'a jamais été ni pu être l'intention du législateur. Il seroit fort à souhaiter que les besoins de l'état, la nécessité des affaires, ou des vues particulières, n'eussent pas, autant qu'il est arrivé, multiplié les *privilèges*, & que de temps en temps on revînt fur les motifs auxquels ils doivent leur origine, qu'on les examinât foigneufement, & qu'ayant bien diftingué la différence de ces motifs, on fe réfolût à ne conferver que les *privilèges* qui auroient des vues utiles au prince & au public.

Il en eft des *privilèges* comme des loix. Les *privilèges* accordés à un ordre de l'état, ou à une communauté, pour l'avantage du public, lui deviennent très-pernicieux quelques fiècles après, lorfque les circonftances ont entièrement changé. Il eft de la prudence du fouverain de paffer en revue, au moins tous les fiècles, les *privilèges* accordés dans fes états, & de retrancher ceux qu'il trouvera contraires à la loi fuprème de leur fage gouvernement, bien entendu qu'il en dédommage les privilégiés par d'autres plus conformes aux circonftances.

Il eft très-jufte que la nobleffe, dont le devoir eft de fervir l'état dans les armées, ou du moins d'élever des fujets pour remplir cette obligation; que des magiftrats confidérables par l'étendue & l'importance de leurs fonctions, & qui rendent la juftice dans les tribunaux fupérieurs, jouiffent de diftinctions honorables, qui en même temps font la récompenfe des fervices qu'ils rendent, & leur procurent le repos d'efprit & la confidération dont ils ont befoin pour vaquer utilement à leurs fonctions. La portion des charges publiques dont ils font exempts retombe, à la vérité, fur le furplus des citoyens; mais il eft jufte auffi que ces citoyens, dont les occupations ne font ni auffi importantes, ni auffi difficiles à remplir, concourent à récompenfer ceux d'un ordre fupérieur.

Il eft jufte & décent pareillement que ceux qui ont l'honneur de fervir le roi dans fon fervice domeftique, & qui approchent de fa perfonne, & dont les fonctions exigent de l'affiduité, de l'éducation & des talens, participent, en quelque façon, à la dignité de leur maître, en ne reftant pas confondus avec le bas ordre du peuple. Mais il femble qu'il faudroit encore diftinguer, dans tous les cas, les perfonnes dont les fervices font réels & utiles, foit au prince, foit au public, & ne pas avilir les faveurs dont ceux-ci jouiffent légitimement, en les confondant avec un grand nombre de gens inutiles à tous égards, & qui n'ont pour titres qu'un morceau de parchemin, acquis prefque toujours à très-bas prix.

De l'abus des *privilèges* naiffent deux inconvéniens fort confidérables; l'un, que la partie des citoyens la plus pauvre eft toujours furchargée au-delà de fes forces: or, cette partie eft cependant la plus véritablement utile à l'état, puifqu'elle eft compofée de ceux qui cultivent la terre, & procurent la fubfiftance aux ordres fupérieurs; l'autre inconvénient eft que les *privilèges* dégoûtent les gens qui ont du talent & de l'éducation d'entrer dans les magiftratures ou des profeffions qui exigent du travail & de l'application, & leur font préférer de petites charges & de petits emplois où il ne faut que de l'avidité, de l'intrigue &

de la morgue, pour fe foutenir, & en impofer au public.

De ces réflexions, il faut conclure ce qui a déjà été obfervé ci-devant, que foit les tribunaux ordinaires, chargés de l'adminiftration de la partie de la juftice qui a rapport aux impofitions & aux *privilèges*, foit ceux qui, par état, font obligés de veiller à la répartition particulière des impofitions & des autres charges publiques, ne peuvent rien faire de plus convenable & de plus utile, que d'être fort circonfpects à étendre les *privilèges*, & qu'ils doivent, autant qu'il dépend d'eux, les réduire aux termes précis auxquels ils ont été accordés, en attendant que des circonftances plus heureufes permettent, à ceux qui font chargés de cette partie du miniftère, de les réduire au point unique où ils feroient tous utiles.

Cette vérité leur eft parfaitement connue; mais la néceffité de pourvoir à des rembourfemens ou des équivalens, arrête fur cela leurs defirs, & les befoins publics renaiffans à tous momens, fouvent les forcent non-feulement à en éloigner l'exécution, mais même à rendre cette exécution plus difficile pour l'avenir. De-là auffi eft arrivé que la nobleffe, qui par elle-même eft ou devroit être la récompenfe la plus honorable dont le fouverain pourroit reconnoître des fervices importans ou des talens fupérieurs, a été prodiguée à des milliers de familles, dont les auteurs n'ont eu, pour fe la procurer, que la peine d'employer des fommes même fouvent affez modiques, à acquérir des charges qui la leur donnoient, & dont l'utilité pour le public étoit nulle, foit par défaut d'objet, foit par défaut de talens.

C'eft une règle générale, & qu'on doit fuivre conftamment, que les *privilèges* ne s'étendent pas par interprétation d'une perfonne à une autre, d'une chofe à une autre, & d'un cas à un autre. Au refte, c'eft à celui qui allègue un *privilège* à le prouver.

Nous ne parlerons pas ici des *privilèges* qui appartiennent à chaque office, chaque corps, chaque particulier, parce qu'ils font détaillés dans les articles qui concernent les uns ou les autres. Nous ne traiterons pas non plus la queftion intéreffante des *privilèges exclufifs*; elle trouve naturellement fa place dans le *Dictionn. d'écon. polit. & diplom.*

PRIVILÈGE, (*terme de Pratique.*) fignifie la préférence que l'on accorde à un créancier fur les autres, non pas eu égard à l'ordre des hypothèques, mais à la nature des créances, & felon qu'elles font plus ou moins favorables, & qu'un créancier fe trouve avoir un droit fpécial fur un certain effet.

Les loix & la jurifprudence ont établi divers *privilèges*, tant fur les effets mobiliers que fur les immeubles.

Les créances privilégiées fur les effets mobiliers font, 1°. les frais de juftice qui font faits pour parvenir à la vente & à la diftribution des effets, attendu que c'est par le moyen de ces frais que ces créances peuvent être acquittées.

2°. Les frais funéraires. *Voyez* FRAIS FUNÉRAIRES.

3°. Les loyers des maisons & les fermages des biens de campagne. *Voyez* BAIL.

4°. L'article 175 de la coutume de Paris accorde un *privilège* aux aubergistes sur le prix des choses que les voyageurs ont amenées dans leurs auberges.

5°. Les frais de voiture & de messagerie sont pareillement une créance privilégiée sur les choses voiturées. On autorise même les voituriers à garder les effets qu'ils ont conduits, jusqu'à ce que la voiture en soit payée.

6°. Les médecins, les chirurgiens & les apothicaires ont un *privilège* sur le prix des effets mobiliers d'une succession, pour le prix de leurs visites, pansemens & médicamens concernant la dernière maladie du défunt.

7°. Les gages des domestiques sont aussi une créance privilégiée sur les meubles du maître, pour la dernière année qu'ils l'ont servi.

8°. La jurisprudence des arrêts a attribué aux bouchers & aux boulangers un *privilège* sur les meubles de leur débiteur pour ce qu'ils lui ont fourni durant la dernière année. *Voyez* BOUCHER & BOULANGER.

9°. Lorsque des créanciers saisissent des meubles, celui qui les a vendus peut s'opposer à la vente, & doit être préféré sur la chose aux autres créanciers.

Le parlement de Paris a même jugé, par arrêt du 21 mai 1767, qu'un tapissier qui avoit reçu d'avance mille écus pour le tiers du prix des meubles qu'il s'étoit obligé de fournir à une actrice, devoit être préféré pour le reste de sa créance, sur le produit de la vente des meubles qu'il avoit fournis.

Lorsqu'il s'agit de distribuer le prix d'un immeuble vendu, la préférence entre les créanciers privilégiés ne se règle point sur la date de l'obligation, mais sur le plus ou le moins de faveur de la créance. Ceux qu'on préfère à tous les autres privilégiés sont, 1°. les seigneurs pour les droits seigneuriaux ; 2°. le poursuivant, pour les frais des criées & de l'ordre ; 3°. les frais funéraires du défunt, & ceux de sa dernière maladie, lorsque le bien est décrété sur l'héritier ou sur le curateur à la succession vacante, & que ces créanciers n'ont pas pu être payés sur les effets mobiliers. La nécessité de ces dépenses a introduit ce *privilège* en faveur de ceux qui les ont faites.

Mais doit-on colloquer ces trois sortes de créances privilégiées dans l'ordre où nous venons de les ranger ? Il y a là-dessus quelque difficulté relativement aux droits seigneuriaux échus avant la vente du bien. La coutume d'Auvergne, qui est suivie par quelques autres, dit, en parlant de la distribution du prix des biens décrétés, que les frais

des criées seront pris & payés *avant tous autres, & après les arrérages des cens des héritages criés ; si aucuns en sont dus & demandés.* D'autres coutumes veulent seulement que les frais du décret soient payés avant toutes les autres dettes. D'un autre côté, la coutume de Paris porte, que le seigneur sera payé des droits qui lui sont dus, avant tout autre créancier ; la coutume de Bretagne, *art. 179,* & plusieurs autres coutumes s'expliquent de la même manière. Il n'y a point de doute que chacune de ces coutumes ne doive être suivie dans son ressort, n'y ayant point d'ordonnance qui y déroge. Dans les coutumes muettes à cet égard, il faut suivre la disposition de celle de Paris ; car les créanciers que le poursuivant représente ne devroient, dans la rigueur, avoir qu'une hypothèque, tant pour être payés du principal de leur créance, que pour les frais, au lieu que le seigneur conserve toujours le domaine direct du fief ou de la censive ; & pour marque de reconnoissance de ce domaine direct, il est présumé s'être réservé des droits ordinaires ou casuels par l'acte d'inféodation, ou du contrat de censive, sans lequel le créancier n'auroit eu aucun droit sur le fonds. Ainsi, le *privilège* du seigneur est plus favorable que celui du poursuivant. C'est pour cela que la saisie féodale l'emporte sur la saisie réelle, & que si un seigneur saisit féodalement un fief mis à bail judiciaire, il fait les fruits siens jusqu'à ce qu'on lui ait fait la foi & hommage. L'usage de colloquer le seigneur pour les droits féodaux échus avant les frais extraordinaires du décret, est fort ancien au parlement de Paris. M. le Maître en rapporte un arrêt de 1467.

4°. Après les créanciers privilégiés dont on vient de parler, on doit colloquer dans l'ordre ceux qui ont vendu le fonds, ou qui ont contribué, par leurs deniers ou par des travaux, à le conserver à la partie saisie, ou à l'améliorer. Il est juste que le vendeur, qui n'a point été payé, soit préféré à tous les autres créanciers : la raison en est, qu'il n'est censé avoir vendu que sous la condition tacite que l'acquéreur ne deviendroit propriétaire absolu que quand il auroit payé le prix entier de son acquisition.

Il en est de même d'un entrepreneur qui auroit fait quelque ouvrage sans lequel le fonds auroit été emporté par la mer ou par une rivière ; car cet entrepreneur a conservé ce fonds pour l'intérêt commun du propriétaire & de ses créanciers : *Salutem fecit totius pignoris. Voyez* BATIMENT, MAÇON.

5°. Celui qui a prêté les deniers pour acquérir les fonds, ou pour faire faire les réparations & les améliorations, a le même *privilège* sur les fonds qu'auroient eu le vendeur, les entrepreneurs ou les ouvriers ; pourvu que, suivant le réglement du parlement de Paris, du 6 juillet 1690, avant le paiement du prix du fonds, & dans le temps du paiement, il ait été stipulé par un acte passé

Pardevant notaire, que les deniers feroient employés à payer le vendeur, & que dans l'acte qui
tient lieu de quittance, passé aussi pardevant notaire, il soit dit que le paiement a été fait des
deniers qui ont été prêtés à cet effet : mais il
n'est pas besoin que la subrogation soit consentie
par le vendeur ou par les autres créanciers, ni
ordonnée en justice.

6°. Lorsqu'un cohéritier est créancier pour soute
de partage, il doit être regardé comme vendeur
d'une partie de sa part dans la succession, & avoir
privilège jusqu'à concurrence de cette soute, sur
tous les biens que son cohéritier a eus en partage. Le parlement de Paris l'a ainsi jugé par arrêt
du 27 mars 1689, rapporté au journal des audiences.

7°. Les opposans à fin de distraire ou à fin de
charge, dont l'opposition, formée trop tard, a
été convertie en opposition à fin de conserver,
doivent, relativement à la portion du fonds dont
ils avoient la propriété, être colloqués au même
rang que le vendeur, & concurremment avec lui,
puisqu'en effet c'est une partie de leurs fonds qui
se trouve vendue.

8°. Le fermier qui, par le bail judiciaire, a
été empêché de recueillir les fruits des terres qu'il
avoit ensemencées, doit être remboursé par préférence de ses frais de culture, attendu que, s'il
ne les eût pas faits, les créanciers n'auroient pas
profité de la récolte.

9°. Suivant la loi *assiduis*, au code *qui potio-
res*, la femme devoit être préférée, pour la restitution de sa dot, à tous les créanciers du mari,
quoique antérieurs à son contrat de mariage : mais
cette loi ne s'exécute en France que dans le ressort
du parlement de Toulouse. *Voyez* Dot.

10°. Chez les Romains, le fisc avoit une hypothèque sur tous les biens des fermiers & des
comptables par le titre de leur engagement ; &
sur les biens qu'ils acquéroient postérieurement à
leur engagement, le fisc étoit préféré à tous les
autres créanciers, quoique leurs créances fussent
antérieures à la sienne. Parmi nous, l'édit du mois
d'août 1669 a attribué de semblables *privilèges*
au roi sur les biens des officiers comptables, des
fermiers & des autres personnes qui ont le maniement de ses deniers.

11°. Suivant l'article 4 du titre commun pour
toutes les fermes de l'édit du mois de juillet 1681,
les fermiers des droits du roi ont contre les sous-
fermiers les mêmes actions, *privilèges* & hypothèques qu'il a sur les biens des fermiers, pourvu qu'ils
exercent leur action dans les cinq ans, à compter
du jour de l'expiration des fermes. Le roi, expliquant son intention d'une manière encore plus
précise, par sa déclaration du 11 octobre 1707,
a ordonné que les fermiers des gabelles, aides,
cinq grosses fermes, domaines & autres revenus,
auroient, sur les offices des receveurs généraux
& particuliers, & des autres officiers qui ont le
maniement des deniers de ses fermes, pour tout,

ce qui se trouveroit dû de l'exercice de ces offices,
la même préférence sur tout créancier, même sur
les vendeurs & ceux qui auroient prêté les deniers
pour acquérir les offices, qu'il a sur les offices
comptables en ses chambres des comptes ; il a même
dispensé les fermiers de former opposition aux
sceaux des provisions de ces offices, & il a voulu
qu'il fût fait mention, dans ces provisions, que
l'office demeureroit affecté & hypothéqué, par
privilège & préférence à tous créanciers, aux dettes
tant des exercices des nouveaux pourvus, que de
leurs prédécesseurs.

Le *privilège* qu'ont les créanciers de l'officier,
pour fait de son office, d'être préférés à tous les
autres créanciers, même aux vendeurs, n'est point
particulier aux offices des fermes. Cette règle a
lieu pour tous les offices dont les pourvus ont la
gestion & le maniement des deniers publics. *Voyez*
FAIT DE CHARGE.

PRIVILÈGE D'IMPRESSION, *en terme de Librairie*,
se dit de l'acte par lequel le roi accorde à quelqu'un le droit exclusif de faire imprimer & publier un livre.

La permission d'imprimer s'obtient au grand-
sceau, doit être enregistrée tout au long, sans
interlignes ni ratures, sur le registre de la communauté des libraires & imprimeurs de Paris, dans
les trois mois qu'elle a été obtenue.

Le *privilège* exclusif d'imprimer paroît n'avoir
commencé que sous Louis XII, en 1507 ; depuis
cette époque, plusieurs édits, déclarations du roi,
& arrêts du conseil ont donné des réglemens sur
le fait & la durée des *privilèges en librairie*, & sur
la propriété des ouvrages ; mais ils étoient insuf-
fisans. Quelques-uns même étoient contraires au
bien & à l'avantage du commerce de la librairie.

Une guerre vive, allumée il y a plus de soixante
ans, entretenue de part & d'autre par de longs
mémoires, divisoit depuis long-temps la librairie
de Paris & celle de province : l'esprit de con-
fraternité n'existoit plus, toute harmonie étoit
détruite, l'anarchie étoit générale.

Le principal objet d'une si grande querelle, étoit
de savoir si les *privilèges* du roi en librairie
doivent être sans cesse renouvellés, ou si à leur
expiration ils deviennent le patrimoine commun
de toute la librairie. La question étoit délicate,
parce qu'on a cherché à la lier à celle de la propriété à laquelle il est toujours dangereux de
toucher (1).

_____

(1). « M. de Colbert, dont l'autorité doit être d'un si
» grand poids en matière d'administration, crut devoir
» remontrer à Louis XIV les inconvéniens qui résul-
» toient de ce que les libraires de la capitale, plus à
» portée que ceux des provinces d'obtenir & de faire
» renouveller des *privilèges*, étoient presque les seuls
» qui imprimassent. Il parle avec force du tort que fai-
» soient au commerce ces renouvellemens de *privilèges*,
» & de la nécessité de rendre à une multitude de fa-
» milles la liberté de s'employer dans un commerce
» utile & légitime. »

Les libraires de province , en attendant la décifion du procès , paroiffoient l'avoir jugé en leur
faveur , & même ils donnoient au gain qu'ils en
efpéroient , une extenfion dont les libraires de
Paris n'avoient que trop à fe plaindre. En effet ,
depuis une dixaine d'années , les contrefaçons fe
font multipliées à un point , que le magiftrat pourra
fe convaincre aujourd'hui qu'il exifte pour une
fomme plus confidérable de livres contrefaits dans
les provinces , que de livres originaux dans la
capitale. A proprement parler , tout a été contrefait , grands & petits ouvrages ; rien n'a été refpecté. Il y a des libraires en province qui ont des
fonds de contrefaçons de cinq à fix cens mille livres.
Ce commerce étoit devenu fi familier à quelques-
uns d'entre eux , qu'ils en faifoient parade : ils
s'en vantoient publiquement , & produifoient leurs
contrebandes avec l'étalage le plus indifcret : fouvent même les livres étoient contrefaits en province , avant qu'ils paruffent à Paris , parce qu'on
avoit dans les imprimeries des ouvriers gagés , qui
envoyoient les feuilles à mefure qu'elles fortoient
de deffous la preffe. Le commerce de la librairie
de Paris étoit anéanti. Il n'étoit plus poffible de
rien entreprendre , une concurrence deftructive
arrêtoit toutes les fpéculations auxquelles on auroit pu fe livrer. Nous pourrions citer des ouvrages publiés , qui auroient pu affurer à leurs
auteurs & aux libraires un profit honnête , &
dont on a fait des éditions fi multipliées dans
les provinces , qu'on n'a pu même retirer les frais
des éditions originales.

De-là ces rabais multipliés de nombre de petits
ouvrages , qui ont fait la honte de la librairie ,
& dont la police a cru devoir enfin arrêter le cours ;
rabais cependant néceffaire , puifque la contrefaçon
de ces mêmes ouvrages en province rendoit ces
maffes de livres inutiles dans la capitale.

D'où venoient ces étranges abus ? D'un abus
peut-être encore plus grand , de ces privilèges
illimités , éternels , dont la librairie de Paris ne
ceffoit de folliciter le renouvellement ; cette ombre de propriété qui rendoit nulle pour elle la
rigueur des ordonnances , parce que les magiftrats
ne pouvoient être favorables à une propriété de
plufieurs fiècles , dont le titre & le prix n'étoient
fouvent que la grace même du privilège que le fouverain avoit voulu accorder.

Les libraires de province fe plaignoient que
ceux de la capitale vouloient concentrer toute
la librairie du royaume dans leurs mains: exclus
même des ventes de la chambre fyndicale , ils
ne pouvoient pas profiter des avantages qu'elles
préfentoient pour s'affortir , acquérir des privilèges ,
augmenter leurs fonds , entretenir leurs preffes ;
ils fentoient qu'ils étoient réduits à n'être que les
revendeurs , les facteurs de ceux de Paris ; ils fe
plaignoient qu'on leur refufoit même d'exécuter ce
qu'on ne vouloit pas entreprendre , & qu'on aimoit
mieux laiffer manquer un ouvrage dont on avoit

le privilège , & dont le public avoit befoin , que
de le laiffer réimprimer en province. Ces injuftices
les révoltoient : ils ne pouvoient concevoir auffi
qu'ils n'euffent pas le droit de réimprimer au bout
de deux ou trois cens ans un ouvrage dont les
étrangers pouvoient s'emparer à chaque inftant :
ils alléguoient qu'un livre fans privilège appartenoit à tout le monde , & ils défioient même les
libraires de Paris de montrer les titres d'une foule
de livres dont ils avoient les privilèges. Le commerce fouffroit de tous ces débats , la confiance
étoit détruite , on avoit renoncé aux échanges fi
utiles dans ce commerce. Les libraires de province
fuyoient la capitale , le défordre étoit à fon comble , & tout annonçoit le dépériffement général
de la librairie ; lorfque le chef de la juftice s'étant
fait rendre un compte détaillé des plaintes réciproques , a cru devoir mettre fin à ces guerres in-
teftines par de nouveaux arrêts qui concilieroient
les combattans. A peine cependant ces réglemens
furent-ils publiés , qu'un deuil univerfel s'empara
de toute la librairie de Paris : la défolation fut générale. Quand tous les libraires auroient perdu
leur état , quand on leur auroit enlevé tous leurs
magafins , la confternation n'eût pas été plus grande.

On répandit le bruit que la propriété étoit attaquée ; quelques gens de lettres , que les plaintes
douloureufes des libraires avoient touchés , fe
rangèrent d'abord de leur côté : on préfenta des
mémoires aux différentes académies ; l'univerfité
follicitée crut devoir faire des repréfentations ;
les papetiers , les relieurs , crurent devoir auffi fe
mettre de la partie : quelques libraires même ré-
pandirent le bruit qu'ils fufpendroient leurs paiemens , & qu'ils renonçoient pour toujours à acheter des manufcrits. Les veuves de la librairie , en
longs habits de deuil , allèrent à Fontainebleau
folliciter M. le garde des fceaux. On crut qu'on
feroit céder le magiftrat , en réuniffant tant d'efforts ; mais le chef de la juftice ne vit dans toutes
ces clameurs & l'importunité de tous ces mouvemens , que l'effet ordinaire de tout réglement nouveau , dont on n'a pas encore bien faifi l'efprit ,
& qui doit dans les commencemens jetter dans
quelques alarmes : il fut inébranlable , parce qu'il
devoit l'être.

Un écrivain , que nous ne connoiffons pas ,
s'étant permis de difcuter ces arrêts , nous croyons
devoir lui répondre : nous le ferons fans aigreur
& avec toute l'impartialité dont nous fommes capables , perfuadés d'ailleurs que cette difcuffion peut
être très-utile aux libraires de Paris , & fervir à
éclairer les gens de lettres fur leurs véritables
intérêts.

De la propriété. La propriété eft un droit fi
facré , que le moindre réglement qui y donneroit
atteinte , devroit néceffairement jetter l'alarme dans
les efprits ; car les loix ne font établies que pour
la défendre , & les nouveaux réglemens ne doivent avoir pour objet que de la maintenir.

Comment feroit-il donc poffible que fous un jeune monarque, dont tous les actes n'ont été jufqu'à préfent que des monumens de bienfaifance, les libraires fuffent les feuls dont les propriétés fe trouvaffent attaquées?

Ne feroit-ce pas l'abus du mot qui feroit trouver de l'injuftice dans les réglemens? Eft-il bien fûr que les nouveaux arrêts, en limitant les *privilèges*, attaquent la propriété? Les libraires de Paris affurent que le *privilège* n'eft point le titre véritable de la propriété; ils ne le regardent que comme une formule qui leur donne le droit de vendre un livre dont ils ont traité, & qui étoit néceffaire pour défendre à tout autre d'ufer de la même permiffion.

Les libraires de province difent, au contraire, que fi le *privilège* n'eft point le titre de la propriété, les libraires de Paris en ont fait un fingulier abus; car ils citent des milliers d'ouvrages dont les libraires de Paris fe difent les propriétaires, & dont ils n'ont d'autres titres que les *privilèges*.

Tâchons de concilier ces oppofitions, & de nous former une véritable idée de la propriété en librairie. Le feul moyen d'y parvenir eft de la confidérer fous plufieurs faces.

De la propriété en librairie confidérée dans le privilège. Peut-on comparer la propriété d'un ouvrage à celle d'une maifon, d'une vigne, d'un pré? Pourquoi non? Un homme de lettres, un libraire, ont fans doute à perpétuité la propriété de leurs ouvrages; tant qu'un homme de lettres garde fon manufcrit, il lui appartient, c'eft un bien qui n'eft uniquement qu'à lui; tant qu'il n'a pas jugé à propos de le publier ou de le céder, perfonne ne peut le lui enlever ou le forcer à l'abandonner, fa poffeffion a toujours été inviolable à cet égard. Quand il le vend à un libraire, ce dernier a également un droit de propriété inviolable fur les éditions qu'il donne; en tout temps il doit conferver, & conferve en effet fon fonds pour lui & fes ayans caufe. Les jurifconfultes anciens & modernes, ont tous défini la propriété, *jus in re.* La propriété ne peut exifter fans un objet; les livres, tant qu'ils font dans la main de l'auteur ou de fes repréfentans, font certainement leurs propriétés; & ce n'eft qu'en confidérant la propriété en librairie de cette manière, qu'on peut raifonnablement la comparer à celle d'une maifon, d'un champ; mais fi elle eft la même, quant au fonds, que celle des autres propriétés, il faut convenir en l'envifageant fous d'autres faces, qu'elle eft bien différente, quant à l'effet & au produit. Les étrangers s'en emparent à chaque inftant, en temps de paix, quoiqu'ils ne puiffent s'emparer ni de nos champs, ni de nos maifons; par répréfailles nous leur prenons les livres que nous croyons être à notre convenance, nous les réimprimons, nous en demandons le *privilège*, & les

libraires fe difent propriétaires d'ouvrages, qui dans ce cas, n'ont d'autres titres de propriété que le *privilège*.

Dans toute l'Europe, les libraires paroiffent être, relativement à leur propriété, dans un état de guerre continuelle; on fe fait même un honneur de cette efpèce de vol, quand il n'a lieu que de nation à nation; car on dit qu'on enrichit fa patrie des productions de l'induftrie étrangère: cette propriété diffère encore de celle qui conftitue une maifon, une terre, en ce que ces derniers biens font affujettis au centième denier, paient des droits de lods & ventes, de mutations, & que les livres ne paient rien de femblable.

En confidérant donc nos livres fans *privilèges*, nous verrons que ce que les étrangers fe permettent, les libraires nationaux fe croient en droit de les imiter. Les contrefacteurs foit de France, foit de l'étranger, ne croient pas commettre un vol, ni attaquer la propriété de l'auteur ou de fes ceffionnaires, en réimprimant leurs ouvrages, parce qu'ils ne peuvent pas fe perfuader que le ftyle, les penfées, une fois mis au jour, ont un droit de propriété perpétuelle: les contrefaçons cependant font un véritable impôt fur l'efprit d'autrui; en multipliant les copies, il eft certain qu'on diminue la valeur des originaux, & c'eft par cette facilité qu'on a d'imiter les productions de l'efprit, que ce genre de propriété diffère encore de tout autre.

La propriété en librairie étant bien réelle, quant au fond, on voit qu'elle eft bien différente, quant à l'ufage & au produit.

La concurrence emporte ici une partie de la valeur du fonds: la queftion eft donc de favoir fi elle doit être permife ou défendue? Si l'imprimerie n'exiftoit pas (& elle n'a pas toujours exifté) la concurrence alors étoit certainement permife.

Du temps d'Horace & de Virgile, où les livres ne fe multiplioient que par la voie des copies à la main, tout le monde n'avoit-il pas le droit, quand il avoit acheté une copie, d'en faire faire d'autres; il n'y avoit pas fans doute de droit exclufif de propriété qui pût empêcher la multiplication de ces copies. Or l'art de l'imprimerie n'eft qu'une manière abrégée de multiplier les copies, & la différence dans l'inftrument peut-elle en faire une dans le droit? Depuis l'invention de ce bel art, cette propriété même exclufive a-t-elle eu lieu? L'hiftoire des faits ne nous prouve-t-elle pas qu'avant la création des *privilèges*, un libraire qui donnoit un ouvrage au public n'avoit que l'efpérance de la nouveauté, il étoit fur le champ contrefait par la voie de l'impreffion dans toutes les provinces: il l'eft encore aujourd'hui chez les étrangers, quand l'ouvrage mérite les honneurs de la réimpreffion; actuellement même, les livres qui ne font pas dans le cas de la grace du *privi-*

lège, ne font-ils pas un bien commun de toute la librairie ?

Personne ne s'eſt jamais élevé contre les contrefaçons de ce genre : on ne s'eſt jamais cru en droit de pourſuivre ceux qui réimpriment les ouvrages qui n'ont qu'une ſimple permiſſion, quoique la propriété étant une, devroit s'étendre ſur tous les livres indiſtinctement.

Il eſt donc certain que s'il n'y avoit pas de *privilèges*, non-ſeulement les étrangers s'empareroient de nos meilleurs ouvrages, comme ils le font tous les jours, mais tous les livres donnés dans le public, deviendroient un bien commun de tous ceux qui exercent l'imprimerie ou la librairie, puiſque cela a lieu tous les jours pour les ouvrages qui n'ont point de *privilège*; la propriété dans ce cas ne s'étendroit que ſur les éditions qu'on a faites, qu'on ſeroit en droit de refaire ; tous les livres rentreroient dans la claſſe ordinaire des produits de l'induſtrie humaine, & n'auroient point de droit à une jouiſſance excluſive. Cette poſition ne ſeroit pas bien favorable ni à l'homme de lettres, ni au libraire ſon ceſſionnaire : ſi elle eût long-temps ſubſiſté, il eſt probable que l'imprimerie auroit eu très-peu d'activité, parce que les gens de lettres ſentant l'impoſſibilité de retirer du fruit de leurs travaux, s'y ſeroient livrés avec moins d'ardeur.

Le gouvernement conſidérant qu'un ouvrage exige ſouvent, de la part de l'auteur, pluſieurs années d'un travail aſſidu & difficile, & de la part du libraire, des avances conſidérables, a cru devoir venir à leur ſecours ; car il devoit paroître ſouverainement injuſte qu'un homme de lettres qui avoit employé une partie de ſa vie dans la compoſition d'un ouvrage dont la nation quelquefois s'honoroit, ne fût pas favoriſé, & que le libraire ſon ceſſionnaire, n'eût pas le temps de jouir de ſon acquiſition. Ce fut donc pour diminuer le tort que les contrefaçons occaſionnoient, que le ſouverain jugea à propos d'accorder des lettres de *privilège*, qui donnoient pendant un temps limité, le droit excluſif de vendre un ouvrage, & qui aſſujettiſſoient à des peines celui qui, dans l'intervalle de ce temps, le contrefaiſoit.

De la propriété en librairie, unie avec le privilège. Le *privilège* fut donc établi pour arrêter les contrefaçons, & favoriſer les plus belles productions de l'eſprit humain. L'envie de les répandre ſoutenue de l'appât du gain, donna lieu d'abord à cette eſpèce de contrebande que le ſouverain crut, avec raiſon, devoir réprimer ; car, quoique la contrefaçon n'ôte pas la propriété proprement dite, il faut convenir qu'elle la bleſſe, & lui ôte de ſa valeur. Mais n'en eſt-il pas de même de toutes les productions de l'induſtrie ? Un ſecret ne perd-il pas de ſon prix pour l'inventeur, lorſqu'il eſt découvert ? Une gravure, un deſſin dont les copies ſe multiplient par la voie des contrefaçons ou de l'imitation, n'éprouvent-ils pas les mêmes dé-

ſagrémens ? Tous les arts mécaniques ſont dans le même cas. Tous pourroient réclamer une jouiſſance excluſive, qu'on n'a pas cru devoir leur accorder, parce qu'elle ſeroit contraire à l'intérêt commun du public, & aux progrès de l'induſtrie. Il eſt ſi vrai qu'ils auroient les mêmes droits à cette jouiſſance excluſive, qu'elle a été accordée à Londres aux peintres, & aux graveurs. Un acte du parlement de 1734, renouvellé en 1766, leur donne pendant 28 années le droit excluſif de vendre leurs ouvrages, & ſoumet à des peines ceux qui les contrefont ou les copient.

Le *privilège* a donc pour objet de favoriſer l'homme de génie. C'eſt une grace du ſouverain qui donne pendant un certain nombre d'années une jouiſſance excluſive, qui n'auroit pas eu lieu ſans le *privilège*. Si le *privilège* devoit être perpétuel, on ne l'eût pas de tout temps limité à 6, 9, 12, 15 années, &c. On n'eût donné qu'un ſeul *privilège* qui auroit confirmé le droit d'un auteur ou d'un libraire pour l'éternité. Le *privilège* en librairie n'eſt point différent des autres *privilèges* que le roi accorde dans les autres commerces. Tous ces *privilèges* ne ſont-ils pas limités ? Et le bien public n'exige-t-il pas qu'ils le ſoient ? Le gouvernement n'eſt-il pas même expoſé à des réclamations continuelles contre ces *privilèges* excluſifs, quoique limités ?

Un livre donné au public n'eſt-il pas un objet de commerce, & ne doit-il pas en ſuivre les règles ? Mais, dira-t-on, la prééminence de ce genre d'ouvrages mérite une diſtinction particulière : en eſt vingt ans à faire un bon livre, & il n'y a pas de production dans les arts, d'invention dans la mécanique, qui exige un temps auſſi conſidérable (1).

L'homme de lettres doit être encouragé, il faut lui donner ſon travail utile : auſſi le ſouverain, conſidérant que les livres méritoient ſon attention particulière, s'eſt-il déterminé à donner des *privilèges* pour mettre cette eſpèce de propriété à l'abri de la concurrence pendant un certain temps ; & la plus grande marque de faveur qu'il ait jamais accordée au talent, eſt de convertir en immeubles, comme il vient de le faire par les nouveaux arrêts, en propriété perpétuelle pour les gens de lettres, pour eux & leurs deſcendans, une jouiſſance qui juſqu'à préſent avoit toujours été limitée.

Les libraires de Paris citent ſans ceſſe le célèbre chancelier M. d'Agueſſeau, ſous le miniſtère duquel le réglement de 1723, ſi favorable aux renouvellemens de *privilège*, fut promulgué.

_____

(1). Il y a cependant des machines qui ont coûté 40 ans d'aſſiduité & de travail à leurs auteurs. La *montre marine* de M. *Harriſſon* eſt dans ce cas, & on ne lui a point accordé de *privilège* excluſif : on pourroit encore citer la *pompe à feu*, où le génie a eu beſoin d'être aidé des lumières de la phyſique.

Les libraires de province, leurs adversaires, leur objectent que M. le chancelier d'Aguesseau n'eut aucune part à ce réglement; ils assurent qu'il fut entièrement rédigé par des libraires de Paris, sous les yeux de la chambre syndicale, & ils le prouvent, parce que ce réglement n'est point digne de ce grand magistrat; ils le trouvent rempli de futilités, de détails minutieux, que l'esprit mercantil seul peut avoir enfanté & suggéré. Les libraires de province représentent qu'autrefois les *privilèges* n'étoient pas éternels. Leur renouvellement est une invention moderne des libraires de la capitale.

Ils disent qu'il leur suffisoit autrefois de représenter devant les juges des lieux que le *privilège* d'un ouvrage étoit expiré, pour obtenir la permission de le réimprimer.

Ce n'est que depuis que les lettres-patentes surprises le 2 octobre 1701 par les libraires de Paris, contre le texte de la loi, qui n'en dit pas un mot, que cette prétention de renouvellement perpétuel de *privilège* s'est établie. C'est depuis cette époque qu'on a pensé à convertir une jouissance de grace en une propriété de droit, & de vouloir la rendre perpétuelle. Les lettres-patentes du premier juin 1618, sont bien formelles à ce sujet; elles défendent expressément ces renouvellemens de *privilèges*,

Les nouveaux statuts de 1620, dressés par la librairie de Paris, y sont conformes. Le réglement du parlement de Paris, de 1657, n'autorise le renouvellement de *privilège*, que dans le cas d'augmentation du quart.

La contrefaçon n'a fait tant de ravages dans les provinces, que depuis que la librairie de Paris a voulu tout envahir; ses prétentions excessives ont produit ses malheurs. Les dépositaires de l'autorité ne pouvoient être favorables à des *privilèges* exclusifs & éternels qui mettoient tout dans les mains des libraires de la capitale, & ne laissoient rien à ceux des provinces. Si on eût appellé ces derniers aux ventes de la chambre syndicale de Paris, comme il eût été prudent de le faire; si on leur eût permis la réimpression de quelques ouvrages anciens, dont on se disoit propriétaire, quoique souvent on eût été fort embarrassé de montrer le titre de propriété, ils ne se seroient pas jettés à corps perdu dans les contrefaçons. On ne cherche point à faire un commerce périlleux, qui expose à chaque instant, & qui compromet l'honneur & la réputation, quand on peut trouver des ressources dans un commerce sûr & réglé. L'effet de tout *privilège* étant la permission exclusive d'imprimer & de publier pendant un certain temps un ouvrage qui, sans ce *privilège*, seroit exposé à l'imitation, à la concurrence, à la contrefaçon, il faut avouer qu'il devient le principal attribut de la propriété; ce *privilège* étant une grace du souverain, est tout entier dans ses mains. Autrefois même, quand les bibliothèques étoient

moins multipliées, & que le nombre des amateurs n'étoit pas à beaucoup près aussi grand qu'il l'est aujourd'hui, les imprimeurs, sentant l'impossibilité de consommer une édition dans l'intérieur du royaume, furent quelquefois obligés de recourir aux puissances étrangères, à l'empereur, aux rois d'Espagne, pour leur demander des *privilèges* exclusifs; mais ils ne furent jamais accordés que pour un temps limité.

Nous avons encore actuellement des ouvrages, comme les usages de l'ordre de Cîteaux, qui jouissent de cette faveur, Les éditions que M. Lambert, imprimeur, fait à Paris des livres d'usage des Bernardins, sont pour tous les ordres de l'Europe; & cette grace étoit nécessaire, parce que l'impression de ces sortes de livres étant très-coûteuse, & cette espèce de fonds étant toujours subsistante, exige des avances qui demandent sans cesse à être renouvellées. Tous les livres d'usage, par cette raison, ont été distingués dans les nouveaux arrêts.

Mais si le roi ne dispose pas de nos propriétés, pourquoi à l'expiration du *privilège* d'un ouvrage, le donne-t-il à tous ceux qui veulent l'obtenir? Pourquoi en fait-il une grace commune à toute la librairie? On confond toujours la propriété avec le *privilège*. Votre fonds est à vous, le roi ne veut point en disposer; mais comme il vous a fait la grace de joindre à votre propriété un *privilège* qui vous accordoit une jouissance exclusive pendant un certain temps, ce qui étoit un peu contraire à l'intérêt du bien commun du public, il veut à l'expiration, parce qu'il est le maître de ses graces, en disposer en faveur de ce même public; & sans vous ôter la propriété de votre ouvrage, en permettre la concurrence, l'imitation à tous ceux qui exercent la librairie ou l'imprimerie.

« Vous prétendez que l'origine de la fixation » des *privilèges* ne doit être attribuée qu'aux ou- » vrages dont la propriété n'appartenoit à per- » sonne, comme un *nouveau Testament*, une *Imi-* » *tation*, un *Virgile*, parce que ces livres n'appar- » tenant pas plus à un imprimeur qu'à un autre, » aucun n'ayant payé l'auteur, la justice vouloit » qu'on restreignît le droit commun que tous » avoient de l'imprimer, autant qu'il étoit né- » cessaire pour remplir l'imprimeur de ses frais. » Si cela est, pourquoi n'en accorde-t-on pas pour une foule d'ouvrages nouveaux qui paroissent avec de simples permissions? Pourquoi de tout temps les *privilèges* ont-ils été limités? Pourquoi autrefois étoit-il défendu de demander des renouvellemens de *privilèges*? Pourquoi les libraires de province ont-ils toujours réclamé contre ces renouvellemens? Pourquoi avez-vous toujours regardé comme une grace plus étendue la durée d'un *privilège* qui excédoit le terme ordinaire de six années? La propriété ne réside pas dans le *privilège*, c'est la cession, la vente, le transport d'un auteur à un libraire; on en convient; mais bornez ſtez-vous-y donc. Si vous ſollicitez les graces du roi , pour augmenter le prix de votre acquiſition , pour convertir une jouiſſance que vous n'auriez qu'en concurrence , en une jouiſſance excluſive , pourquoi donc exigez-vous que ces graces ſoient éternelles ? Le roi en eſt-il le maître ? Vous n'oſeriez le lui conteſter : & s'il l'eſt , pourquoi voudriez-vous le forcer à donner à ſes bienfaits une extenſion qu'ils n'ont jamais eue , & que le bien public & le progrès de l'induſtrie exigent qu'ils n'aient pas ?

En Angleterre , où les droits ſacrés de la propriété ſont plus inviolables qu'ailleurs , les privilèges ſont limités à 14 années , & ſi l'auteur ſurvit à ces 14 années , il obtient un dernier privilège de 14 autres années. On a bien ſenti qu'il ne falloit pas confondre les propriétés avec le privilège. L'un eſt une grace du ſouverain , l'autre eſt le jus in re.

En 1774 les libraires de Londres ont élevé contre les libraires d'Ecoſſe , les mêmes prétentions que les libraires de Paris élèvent aujourd'hui contre les libraires de province ; l'affaire a été diſcutée par les hommes les plus célèbres de l'Angleterre , jugée en plein parlement , c'eſt-à-dire , par la nation aſſemblée : les libraires de Londres ont perdu , & le ſtatut de la reine Anne a été confirmé.

Il eſt aiſé maintenant de ſe former une idée nette de la propriété en librairie & du privilège.

Un auteur & un libraire , n'ont à proprement parler , que la propriété du manuſcrit & des éditions qu'ils ont dans leurs magaſins ; ils peuvent les renouveller tant qu'il leur plaît à perpétuité.

Cette propriété ne ſeroit pas excluſive ſans la volonté du ſouverain , puiſqu'une foule de productions de l'eſprit humain n'ont pas encore ce droit , & qu'elles auroient les mêmes raiſons de les réclamer , ſi les droits naturels de la ſociété ne s'y oppoſoient pas.

Le privilège ne donne , ni n'ôte la propriété ; c'eſt une grace du ſouverain qui augmente la valeur de la propriété en librairie , en accordant à de certains ouvrages une jouiſſance excluſive , quoique limitée , dont ils ne jouiroient pas ſans cette faveur. (Cet article eſt de M. PANCKOUCKE , éditeur de cette Encyclopédie par ordre de matières.)

PRIVILÉGIÉ , ſ. m. ſe dit , en droit , de quelqu'un qui jouit de certains privilèges , ou de quelque lieu dans lequel on jouit de certaines exemptions.

Il y a des marchands privilégiés ſuivant la cour ; d'autres qui vendent dans des lieux privilégiés : les uns & les autres n'ont pas beſoin de maîtriſe.

On entend auſſi par privilégiés ceux qui ont droit de committimus ou de garde-gardienne , &c.

Les privilégiés ſont encore certaines perſonnes qui , par une prérogative attachée à leur office , ſont exemptes de payer des droits pour les biens

qu'elles vendent ou achètent dans la mouvance du roi.

Il y a auſſi des égliſes privilégiées par rapport à certaines exemptions dont elles jouiſſent relativement à la juriſdiction de l'ordinaire. Voyez EXEMPTION.

Un créancier privilégié eſt celui dont la créance eſt plus favorable que les créances ordinaires , & qui , par cette raiſon , doit être préféré aux autres créanciers , même hypothécaires. Voyez PRIVILÈGE. (A)

PRIVILEGIUM , (Juriſprudence rom.) ce mot répond à-peu-près à notre décret perſonnel. Le privilegium étoit ſouvent compris ſous le mot général de loi , & n'en différoit que parce qu'il ne regardoit qu'une ſeule perſonne , comme l'indique l'érymologie , au lieu que la loi étoit énoncée en termes généraux , ſans application à aucun particulier. Les décrets nommés privilegia , étoient défendus par les loix des douze tables , & ne pouvoient s'ordonner contre un citoyen que dans une aſſemblée par centuries. Celui du banniſſement de Cicéron étoit , par cette raiſon , contre les loix ; mais le parti de l'abrogation lui parut plus ſûr , que de faire intervenir en ſa faveur un décret du ſénat. (D. J.)

PRIX , ſ. m. (Droit naturel & civil.) quantité morale ou meſure commune , à la faveur de laquelle on peut comparer enſemble & réduire à une juſte égalité , non-ſeulement les choſes extérieures , mais encore les actions qui entrent en commerce , & que l'on ne veut pas faire gratuitement pour autrui.

La propriété des biens établie , les hommes n'auroient pourvu qu'imparfaitement à leurs beſoins , s'ils n'avoient pas établi entre eux le commerce , au moyen duquel , par des échanges réciproques , ils puſſent ſe procurer ce qui leur manquoit , en donnant en retour des choſes dont ils pouvoient ſe paſſer. Mais pour que le commerce pût ſe faire à l'avantage commun des parties , il étoit néceſſaire que l'on y obſervât l'égalité , enſorte que chacun reçût autant qu'il donnoit lui-même.

Les choſes qui entrent en commerce , ſont , pour l'ordinaire , de différente nature , & de différent uſage ; de-là la néceſſité d'attacher à chacune d'elle une certaine idée ou qualité , au moyen de laquelle on pût les comparer enſemble , & les réduire à une juſte égalité. C'eſt-là l'origine du prix des choſes , qui n'eſt autre choſe que cette qualité ou quantité morale , cette valeur que l'on attribue aux choſes & aux actions qui entrent dans le commerce , & au moyen deſquelles on peut les comparer enſemble , & juger ſi elles ſont égales ou inégales.

L'on dit que le prix eſt une qualité morale , parce qu'elle eſt d'inſtitution humaine , & que l'on y conſidère moins quelle eſt la conſtitution phyſique & naturelle des choſes , que le rapport qu'elles ont à notre avantage, ou à nos plaisirs, & qu'ainsi elle sert de règle aux mœurs. Ce n'est pas cependant que la quantité physique n'entre dans l'estimation des choses qui se trouvent de la même nature & de la même bonté ; car tout le reste d'ailleurs égal, un gros diamant, par exemple, vaut beaucoup plus qu'un petit. Mais on n'a pas toujours égard à cela dans l'estimation des choses de différente espèce & différente qualité ; une grosse masse de plomb ne vaut pas plus qu'une petite pièce d'or.

On peut diviser le *prix* en *prix* propre ou intrinsèque, & *prix* virtuel ou éminent. Le premier, c'est celui que l'on conçoit dans les choses même, ou dans les actions qui entrent en commerce, selon qu'elles sont plus ou moins capables de servir à nos besoins, à nos commodités & à nos plaisirs. L'autre est celui qui est attaché à la monnoie & à tout ce qui en tient lieu, en tant qu'elle renferme virtuellement la valeur de toutes ces sortes de choses ou d'actions, & qu'elle sert de règle commune pour comparer & ajuster ensemble la variété infinie de degrés d'estimation dont elles sont susceptibles.

Le fondement intérieur du *prix* propre ou intrinsèque, c'est l'aptitude qu'ont les choses ou les actions à servir médiatement ou immédiatement aux besoins, aux commodités ou aux plaisirs de la vie. Ajoutez à cette idée de Puffendorf que les choses susceptibles de *prix*, doivent être non-seulement de quelque usage, véritablement ou idéalement, mais encore être de telle nature qu'elles ne suffisent pas aux besoins de tout le monde. Plus une chose est utile, ou rare en ce sens-là, & plus son *prix* propre ou intrinsèque hausse ou baisse. L'eau, qui est une chose si utile, n'est point mise à *prix*, excepté en certains lieux, & en certaines circonstances particulières où elle se trouve rare.

Il n'y a rien qui ne puisse être mis à *prix* ; car il suffit que ceux qui traitent ensemble estiment tant ou tant une chose, pour qu'elle soit susceptible d'évaluation. Mais il y a des choses qui sont d'une telle nature, qu'il seroit fort inutile de les mettre à *prix*, comme la haute région de l'air, le vaste Océan, &c. qui ne sont point susceptibles de propriété.

Il y a d'autres choses qui ne doivent pas être mises à *prix*, parce qu'il y a quelque loi divine & humaine qui le défend ; si donc on met à *prix* ces sortes de choses défendues, c'est un *prix* déshonnête, quoiqu'en lui-même aussi réel que celui qu'on attache aux choses les plus légitimes & les plus innocentes. Il faut cependant bien remarquer que ce n'est point mettre à *prix*, par exemple, la justice ou les choses saintes, lorsque les juges & les ministres publics de la religion reçoivent quelque salaire pour la peine qu'ils prennent & le temps qu'ils donnent aux fonctions de leurs emplois. Mais un juge vend la justice, lorsqu'il se

laisse corrompre par des présens, & un ministre public de la religion vend les choses sacrées, lorsqu'il ne veut exercer les fonctions particulières de sa charge qu'en faveur de ceux qui ont de quoi lui faire des présens. Les collateurs des bénéfices & des emplois ecclésiastiques, trafiquent aussi des choses saintes, lorsqu'ils confèrent ces bénéfices & ces emplois, non au plus digne, mais par faveur ou par l'argent.

Il y a diverses raisons qui augmentent ou diminuent le *prix* d'une seule & même chose, & qui font préférer une chose à l'autre, quoique celle-ci paroisse d'un égal ou même d'un plus grand usage dans la vie. Car bien loin que le besoin qu'on a d'une chose, ou l'excellence des usages qu'on en tire décide toujours de son *prix*, on voit, au contraire, que les choses dont la vie humaine ne sauroit absolument se passer sont celles qui se vendent à meilleur marché, parce que tout le monde les cultive ou les fabrique. On peut dire, en général, que toutes les circonstances qui augmentent le *prix* des choses, n'ont cette vertu qu'à cause qu'elles font, d'une manière ou d'autre, que ce qui étoit plus commun le devient moins ; & quant aux choses qui sont d'un usage ordinaire ou continuel, c'est le besoin ou la nécessité, jointes à la rareté, qui en augmente le plus le *prix*.

Quelquefois une personne, par quelque raison particulière, estime beaucoup plus certaine chose que ne fait toute autre personne ; c'est ce que l'on appelle *prix d'inclination*, lequel ne décide rien pour la valeur réelle de la chose ; *prix* néanmoins que le vendeur peut exiger légitimement de l'acquéreur, comme un dédommagement du plaisir que lui procure la possession de cette chose : ce qui paroît d'autant plus équitable qu'il ne force pas l'acheteur, qui, de son côté, ne se détermine à l'acheter au *prix* d'inclination, que parce que la chose lui fait autant de plaisir que la somme demandée en fait au vendeur.

Quand il s'agit de déterminer le *prix* de telle ou telle chose en particulier, on se règle encore sur d'autres considérations outre celles des circonstances dont nous avons parlé ; & c'est alors les loix qui fixent le *prix* des choses. Mais pour juger plus précisément du *prix* de chacune d'elles en particulier, il faut distinguer l'état de nature de l'état civil.

Dans l'indépendance de l'état de nature, les conventions particulières décident du *prix* de chaque chose, parce qu'il n'y a point de maître commun qui puisse établir les loix du commerce. Il est donc libre à chacun dans l'état de nature de vendre ou d'acheter sur le pied qu'il lui plaît : cette liberté cependant doit être réglée par ce qu'exigent le bien du commerce & les besoins de l'humanité, sur-tout lorsqu'il s'agit de choses absolument nécessaires à la vie, dont on a en abondance, & dont quelque autre qui en a grand besoin ne peut se pourvoir ailleurs ; car alors il y auroit de l'in-humanité à se prévaloir de son indigence, pour exiger de lui un *prix* excessif d'une chose essentielle à ses besoins.

Mais dans une société civile, l'on a cru devoir mettre quelques bornes à la liberté des particuliers, par rapport au *prix* des choses. Il se règle de deux manières, ou par l'ordonnance du magistrat & par les loix, ou par l'estimation commune des particuliers, accompagnée du consentement des contractans. La première sorte de *prix* est appellée par quelques-uns *prix légitime*, parce que le vendeur ne sauroit légitimement exiger rien au-delà ; l'autre sorte de *prix* se nomme *prix courant commun* ou *conventionnel*.

Voilà qui peut suffire sur le *prix* propre & intrinsèque. Passons au *prix* virtuel & éminent.

Depuis que la plupart des peuples se furent écartés de la simplicité des premiers siècles, le commerce devenant tous les jours plus étendu, on s'apperçut bientôt que le *prix* propre & intrinsèque ne suffisoit pas pour en faciliter l'exécution. Car, dans ces circonstances, on ne pouvoit trafiquer autrement que par des échanges des choses ou du travail. Or, il étoit très-difficile que chacun eût toujours des marchandises que les autres voulussent prendre en troc, & qui fussent précisément de même valeur, ou qu'il pût travailler pour eux d'une manière qui leur convînt.

Pour remédier à ces inconvéniens, & pour augmenter les douceurs & les commodités de la vie, la plupart des nations jugèrent convenable d'attacher à certaines choses une valeur imaginaire, un *prix* virtuel ou éminent, qui renfermoit virtuellement la valeur de toutes celles qui entrent en commerce.

On peut donc considérer le *prix* de la monnoie comme une mesure commune du *prix* intrinsèque de chaque chose, comme un moyen universel par lequel on peut se pourvoir de tout ce qui nous est nécessaire, & faire toutes sortes de commerce, avec cette sûreté, qu'avec la même quantité de cette monnoie, pour laquelle nous nous sommes défaits de quelque chose, nous pourrons dans la suite nous en procurer d'autres qui vaudront tout autant. Telle a été l'origine de la monnoie. C'est ce que les jurisconsultes romains ont fort bien expliqué. *Origo emendi vendendique à permutationibus cœpit : olim enim non ita erat nummus ; neque aliud merx, aliud pretium vocabatur ; sed unusquisque, secundùm necessitatem temporum ac rerum, utilibus inutilia permutabat, quando plerumque evenit ut quod alteri superest alteri desit. Sed quia non semper, nec facilè concurrebat, ut cùm tu haberes*

quod ego desiderarem, invicem haberem quod tu accipere velles, electa materia est, cujus publica ac perpetua æstimatio difficultatibus permutationum æqualitate quantitatis subveniret ; eaque materia formâ publicâ percussa, usum dominiumque, non tàm ex substantiâ, præbet quàm ex quantitate ; nec ultra merx utrumque, sed alterum pretium vocatur, leg. 1, ff. de contra. emp.

Ce n'est pas sans raison que l'on a choisi les métaux les plus rares & les plus estimés, l'or, l'argent & le cuivre, pour établir le *prix* virtuel ; car il étoit tout-à-fait convenable que la matière à laquelle on vouloit attribuer ce *prix* eût certaines conditions, qui se rencontrent toutes dans ces métaux.

Et 1°. il falloit que cette matière fût d'une certaine rareté, afin qu'elle eût une certaine valeur intrinsèque : & que le commerce pût se faire plus commodément ; 2°. il étoit nécessaire qu'elle fût compacte & solide, afin qu'elle ne s'usât que très-peu, & à la longue ; 3°. qu'elle pût aisément se réduire en petites parties ; 4°. enfin, que l'on pût aisément la garder & la manier. Toutes ces qualités étoient essentielles à une chose qui devoit tenir lieu de mesure commune dans le commerce, & elles se trouvent toutes dans les métaux que l'on a choisi pour cela.

Cependant on a été contraint quelquefois, dans des cas de nécessité, de se servir de quelque autre matière, qui tenoit lieu de monnoie, comme de cuir, de papier, auxquels on donne une certaine empreinte. C'est ainsi que Timothée, général des Athéniens, voyant que l'argent manquoit dans son camp, persuada aux marchands de prendre son cachet en place de monnoie, avec promesse que dès qu'il auroit des espèces, il rendroit pour ces cachets de la monnoie ordinaire. Ce qu'il exécuta ponctuellement.

La monnoie a été établie pour être une mesure commune dans le commerce, &, par conséquent, égale pour tous les particuliers d'un même état. Il suit de-là que c'est au souverain à en fixer le *prix*, & aux particuliers de s'y conformer. C'est aussi pourquoi les monnoies sont frappées au coin de l'état, ensorte que cette marque en règle exactement la valeur.

Quand on dit que le *prix* d'une chose a changé, il faut bien distinguer si c'est proprement la valeur intrinsèque de la chose, ou bien la valeur de la monnoie. Le premier arrive, lorsque y ayant une même quantité d'argent, la chose devient plus rare ou plus abondante. L'autre a lieu, lorsque y ayant une même quantité de cette chose, l'argent devient lui-même plus abondant ou plus rare dans le commerce.

ERRATA.

PAGE 5, colonne 2, ligne 22, *ennemi*, lisez *nourri*.
Pag. 6, col. 1, lig. 34, *servira*, lisez *survivra*.
Idem, col. 2, lig. dernière du texte, *1681*, lisez *1687*.
Pag. 7, col. 2, lig. 23, *partageront*, lisez *participeront*.

De l'Imprimerie de STOUPE, rue de la Harpe. 1786.